에듀윌과 함께 시작하면,
당신도 합격할 수 있습니다!

대학 진학 후 진로를 고민하다 1년 만에
서울시 행정직 9급, 7급에 모두 합격한 대학생

용기를 내 계리직공무원에 도전해
4개월 만에 합격한 40대 주부

직장생활과 병행하며 7개월간 공부해
국가공무원 세무직에 당당히 합격한 51세 직장인까지

누구나 합격할 수 있습니다.
시작하겠다는 '다짐' 하나면 충분합니다.

마지막 페이지를 덮으면,

**에듀윌과 함께
공무원 합격이 시작됩니다.**

eduwill

누적판매량 260만 부 돌파!
68개월 베스트셀러 1위 공무원 교재

7·9급공무원 교재

기본서
(국어/영어/한국사)

기본서
(행정학/행정법총론)

단원별 기출&예상 문제집
(국어/영어/한국사)

단원별 기출&예상 문제집
(행정학/행정법총론)

9급공무원 교재

기출문제집
(국어/영어/한국사)

기출문제집
(행정학/행정법총론/사회복지학개론)

기출PACK
공통과목(국어+영어+한국사)

실전동형 모의고사
(국어/영어/한국사)

7급공무원 교재

민경채 PSAT 기출문제집

7급 PSAT 기출문제집

국어 집중 교재

매일 기출한자(빈출순)

국어 문법 단권화 요약노트

영어 집중 교재

빈출 VOCA

매일 3문 독해(4주 완성)

빈출 문법(4주 완성)

한국사 집중 교재

한국사 흐름노트

계리직공무원 교재

기본서
(우편일반/예금일반/보험일반)

기본서
(컴퓨터일반·기초영어)

단원별 기출&예상 문제집
(우편일반/예금일반/보험일반)

단원별 기출&예상 문제집
(컴퓨터일반·기초영어)

군무원 교재

기출문제집
(국어/행정법/행정학)

파이널 적중 모의고사
(국어+행정법+행정학)

더 많은
공무원 교재

1초 합격예측 모바일 성적분석표

1초 안에 '클릭' 한 번으로 성적을 확인하실 수 있습니다!

활용 GUIDE

실시간 성적분석 방법!

STEP 1
QR 코드
스캔

STEP 2
모바일
OMR 입력

STEP 3
자동채점 &
성적분석표 확인

STEP 1

QR 코드 스캔

- 교재의 QR 코드를 모바일로 스캔 후
  에듀윌 회원 로그인
- QR 코드 하단의 바로가기 주소로도
  접속 가능

STEP 2

모바일 OMR 입력

- 회차 확인 후 '응시하기' 클릭
- 모바일 OMR에 답안 입력
- 문제풀이 시간까지 측정 가능

STEP 3

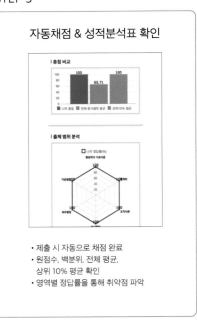

자동채점 & 성적분석표 확인

- 제출 시 자동으로 채점 완료
- 원점수, 백분위, 전체 평균,
  상위 10% 평균 확인
- 영역별 정답률을 통해 취약점 파악

※ 본 서비스는 에듀윌 공무원 교재(연도별, 회차별 문항이 수록된 교재)를 구입하는 분에게 제공됨.

공무원,
에듀윌을 선택해야 하는 이유

합격자 수 수직 상승
2,100%

명품 강의 만족도
99%

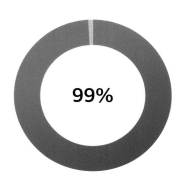

공무원

베스트셀러 1위
68개월(5년 8개월)

5년 연속 공무원 교육
1위

1위 에듀윌만의
체계적인 합격 커리큘럼

원하는 시간과 장소에서
온라인 강의

① 업계 최초! 기억 강화 시스템 적용
② 과목별 테마특강, 기출문제 해설강의 무료 제공
③ 초보 수험생 필수 기초강의와 합격필독서 무료 제공

쉽고 빠른 합격의 첫걸음 합격필독서 무료 신청

최고의 학습 환경과 빈틈 없는 학습 관리
직영 학원

① 현장 강의와 온라인 강의를 한번에
② 확실한 합격관리 시스템, 아케르
③ 완벽 몰입이 가능한 프리미엄 학습 공간

COUPON 당일 등록 회원
시크릿 할인 혜택

합격전략 설명회 신청 시 당일 등록 수강 할인권 제공

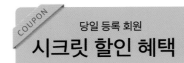

GUIDE	
WARM UP	회독 가이드 확인하기 (기출문제편 p.12)
1회독	영역별 OMR 카드로 실전처럼 풀기
2회독	틀린 문제를 체크하고 집중 학습하기
3회독	취약유형을 체크하고 오답노트 정리하기

회차		1회독	2회독	3회독
2024	언어논리	월 일 / 분 ✓		
	상황판단	월 일 / 분 ☐	월 일 / 분 ☐	
	자료해석	월 일 / 분 ☐		월 일 / 분 ☐
2023	언어논리	월 일 / 분 ☐		
	상황판단	월 일 / 분 ☐	월 일 / 분 ☐	
	자료해석	월 일 / 분 ☐		
2022	언어논리	월 일 / 분 ☐		
	상황판단	월 일 / 분 ☐	월 일 / 분 ☐	
	자료해석	월 일 / 분 ☐		월 일 / 분 ☐
2021	언어논리	월 일 / 분 ☐		
	자료해석	월 일 / 분 ☐	월 일 / 분 ☐	
	상황판단	월 일 / 분 ☐		
2020	언어논리	월 일 / 분 ☐		
	자료해석	월 일 / 분 ☐	월 일 / 분 ☐	
	상황판단	월 일 / 분 ☐		월 일 / 분 ☐
2019	언어논리	월 일 / 분 ☐		
	자료해석	월 일 / 분 ☐	월 일 / 분 ☐	
	상황판단	월 일 / 분 ☐		
2018	언어논리	월 일 / 분 ☐		
	자료해석	월 일 / 분 ☐	월 일 / 분 ☐	
	상황판단	월 일 / 분 ☐		월 일 / 분 ☐
2017	언어논리	월 일 / 분 ☐		
	자료해석	월 일 / 분 ☐	월 일 / 분 ☐	
	상황판단	월 일 / 분 ☐		
2016	언어논리	월 일 / 분 ☐		
	자료해석	월 일 / 분 ☐	월 일 / 분 ☐	
	상황판단	월 일 / 분 ☐		월 일 / 분 ☐
2015	언어논리	월 일 / 분 ☐		
	자료해석	월 일 / 분 ☐	월 일 / 분 ☐	
	상황판단	월 일 / 분 ☐		
2014	언어논리	월 일 / 분 ☐		
	자료해석	월 일 / 분 ☐	월 일 / 분 ☐	
	상황판단	월 일 / 분 ☐		월 일 / 분 ☐
2013	언어논리	월 일 / 분 ☐		
	자료해석	월 일 / 분 ☐	월 일 / 분 ☐	
	상황판단	월 일 / 분 ☐		
2012	언어논리	월 일 / 분 ☐		
	자료해석	월 일 / 분 ☐	월 일 / 분 ☐	
	상황판단	월 일 / 분 ☐		월 일 / 분 ☐
2011	언어논리	월 일 / 분 ☐		
	자료해석	월 일 / 분 ☐	월 일 / 분 ☐	
	상황판단	월 일 / 분 ☐		

※ 학습 일자와 시간을 적으며 회독 플래너를 완성해 보세요!

영역별 3회독 플래너

GUIDE	
WARM UP	회독 가이드 확인하기 (기출문제편 p.12)
1회독	영역별 OMR 카드로 실전처럼 풀기
2회독	틀린 문제를 체크하고 집중 학습하기
3회독	취약유형을 체크하고 오답노트 정리하기

영역		1회독	2회독	3회독
언어논리	2024	월 일 / 분 ☐		
	2023	월 일 / 분 ☐	월 일 / 분 ☐	
	2022	월 일 / 분 ☐		월 일 / 분 ☐
	2021	월 일 / 분 ☐		
	2020	월 일 / 분 ☐	월 일 / 분 ☐	
	2019	월 일 / 분 ☐		
	2018	월 일 / 분 ☐		
	2017	월 일 / 분 ☐	월 일 / 분 ☐	
	2016	월 일 / 분 ☐		월 일 / 분 ☐
	2015	월 일 / 분 ☐		
	2014	월 일 / 분 ☐	월 일 / 분 ☐	
	2013	월 일 / 분 ☐		
	2012	월 일 / 분 ☐		
	2011	월 일 / 분 ☐	월 일 / 분 ☐	월 일 / 분 ☐
상황판단	2024	월 일 / 분 ☐		
	2023	월 일 / 분 ☐		월 일 / 분 ☐
	2022	월 일 / 분 ☐	월 일 / 분 ☐	
	2021	월 일 / 분 ☐		
	2020	월 일 / 분 ☐		
	2019	월 일 / 분 ☐	월 일 / 분 ☐	
	2018	월 일 / 분 ☐		월 일 / 분 ☐
	2017	월 일 / 분 ☐		
	2016	월 일 / 분 ☐	월 일 / 분 ☐	
	2015	월 일 / 분 ☐		
	2014	월 일 / 분 ☐		
	2013	월 일 / 분 ☐	월 일 / 분 ☐	월 일 / 분 ☐
	2012	월 일 / 분 ☐		
	2011	월 일 / 분 ☐		
자료해석	2024	월 일 / 분 ☐	월 일 / 분 ☐	
	2023	월 일 / 분 ☐		
	2022	월 일 / 분 ☐		
	2021	월 일 / 분 ☐	월 일 / 분 ☐	
	2020	월 일 / 분 ☐		월 일 / 분 ☐
	2019	월 일 / 분 ☐		
	2018	월 일 / 분 ☐	월 일 / 분 ☐	
	2017	월 일 / 분 ☐		
	2016	월 일 / 분 ☐		
	2015	월 일 / 분 ☐	월 일 / 분 ☐	
	2014	월 일 / 분 ☐		월 일 / 분 ☐
	2013	월 일 / 분 ☐		
	2012	월 일 / 분 ☐	월 일 / 분 ☐	
	2011	월 일 / 분 ☐		

※ 학습 일자와 시간을 적으며 회독 플래너를 완성해 보세요!

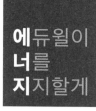

에듀윌이
너를
지지할게
ENERGY

세상을 움직이려면
먼저 나 자신을 움직여야 한다.

− 소크라테스(Socrates)

2025

에듀윌
민간경력자 PSAT
14개년
기출문제집

기출문제편

집필진

안바라
· 중앙대학교 국어국문학과 졸업
· 이화여자대학교 교육대학원 외국어로서
  의 한국어교육 졸업
· 현) 고려대학교 한국어센터 한국어 강사
· 〈에듀윌PSAT 단기완성 기본서언어논리〉
  감수
· 〈스스로 배우는 교과 속 어휘〉(교육부)
  집필
· 〈중학교 국어 1,2,3〉, 〈고등학교 국어
  상,하〉 검정 교과서 및 교사용 지도서,
  e-book 개발

임현아
· 고려대학교 국어교육학과 졸업
· 전) 서울 배재고등학교 국어 교사
· 에듀윌 PSAT, 공기업 NCS, 대기업 직무
  적성검사 집필

윤은주
· 동국대학교 국어국문학과 졸업
· 현) 서울시교육청 소속 독서교육전문가
  위원
· 전) 서일중학교 국어 교사
· 에듀윌 PSAT, 공기업 NCS, 대기업 직무
  적성검사 집필

기노혁
· 한양대학교 철학과 졸업
· 한양대학교 교육대학원 국어교육 전공
  졸업
· 한양대학교 일반대학원 국어교육 전공
  박사 수료
· 현) 경화여자 English Business 고등학
  교 교사
· 〈에듀윌 공무원 국어 문법 단권화 요약노
  트〉, 〈에듀윌 공기업 NCS 통합 기본서〉,
  〈에듀윌 한국전력공사 NCS 봉투모의고
  사〉, 〈EBS 수능특강 국어 영역 독서〉 집필

김매실
· 고려대학교 에너지환경대학원 재학
· 현) SOC분야 중앙공기업 재직
· 행정고시 5급 PSAT 다수 합격
· 에듀윌 PSAT, 공기업 NCS, 대기업 직무
  적성검사 집필

이슬비
· 서울대학교 작물생명과학과 졸업
· 가천대학교 약학과 졸업
· 〈에듀윌 PSAT형 NCS 수리 문제해결 자
  원관리능력 대비 자료해석 실전 380제〉,
  〈에듀윌 공기업 NCS 통합 봉투모의고사〉
  집필
· 〈에듀윌 PSAT 단기완성 기본서 자료해
  석〉, 〈시작부터 뻥 뚫리는 피셋입문〉 감수

박상현
· 인하대학교 수학과 졸업
· 현) 인하대학교 과학영재교육센터 강사
· 에듀윌 PSAT, 공기업 NCS, 대기업 직무
  적성검사 집필

이연우
· 동국대학교 수학과 졸업
· 에듀윌 PSAT, 공기업 NCS, 대기업 직무
  적성검사 집필

감수진

차선우
· 서울대학교 법학부 졸업
· 고려대학교 법학전문대학원 졸업
· 현) 에듀윌 PSAT 언어논리 전임 강사
· 전) 메가로스쿨 언어이해 및 면접 전임
· 〈에듀윌PSAT 단기완성 기본서 언어논리〉,
  〈시작부터 뻥 뚫리는 피셋입문〉 집필

전아라
· 현) 에듀윌 PSAT 상황판단 전임 강사
· 전) 메가스터디 대입적성 수학 강사

강현민
· 현) 에듀윌 PSAT 자료해석 전임 강사
· 전) 메가스터디 대입적성 수학 강사

강호균
· 현) 에듀윌 PSAT 자료해석 전임 강사
· 현) 합격의 법학원 PSAT 자료해석 강사
· 전) 부산가톨릭대 NCS 직업기초능력 강사

홍일호
· 현) 에듀윌 PSAT 언어논리 전임 강사
· 전) 메가스터디 대입적성 국어 강사

박효빈
· 한국외국어대학교 행정학과 졸업
· 위포트 공기업/대기업 취업 수험서, 7급
  공무원 PSAT 수험서 개발

김민환
· 동국대학교 국어교육과, 수학교육과 졸업
· 시대고시기획 대기업 취업 수험서 개발
· 코앤(KOAP) 출제연구원

최소운
· 동덕여자대학교 국어국문학과 졸업
· 〈에듀윌 7·9급공무원 기본서 국어〉, 〈에
  듀윌 9급공무원 기출문제집 국어〉 등 다수
  국어 교재 감수

김응주
· 고려대학교 영어영문과 졸업
· 〈에듀윌 PSAT 단기완성 기본서 상황판단〉,
  〈시작부터 뻥 뚫리는 피셋입문〉 등 다수
  상황판단 영역 교재 감수

김대환
· 서울과학기술대학교 산업공학과 졸업
· 〈에듀윌 코레일 한국철도공사 NCS 봉투
  모의고사〉, 〈에듀윌 지역농협 6급 NCS 모
  의고사〉 등 다수 NCS 수리영역 교재 감수

PSAT는 공직자에게 필요한 이해력, 논리적·비판적 사고능력, 상황판단능력, 분석 및 정보추론능력 등 종합적 사고력을 평가하는 시험으로 언어논리, 상황판단, 자료해석 세 영역에서 출제됩니다. 5·7급 민간경력자 일괄채용시험 PSAT와 7급 국가직 공개경쟁채용시험 PSAT의 문항 수는 영역별 25문항이며, 2022년부터는 언어논리와 상황판단을 묶어 1교시(120분 진행), 자료해석을 2교시(60분 진행)로 치르고 있습니다. 단순 계산 시, 1문항당 약 2분 30초, OMR 카드 마킹까지 포함한다면 2분 안팎의 시간이 주어집니다. 결코 길지 않은 시간입니다.

〈에듀윌 민간경력자 PSAT 14개년 기출문제집〉은 낯선 과목과 촉박한 시간, 그 안에서 최종 합격이라는 목표를 달성하고자 고군분투하실 여러분을 위해 각 분야의 전문가들이 모여 설계한 교재입니다.

1. 기출분석과 유형분석 기반의 분석서

정답에 대한 해설만을 담은 단순한 기출문제집이 아닙니다. 민간경력자 PSAT 총 14개년 기출문제를 철저하게 분석한 기출분석과 유형분석 기반의 기출문제집입니다.

2. 실전 문제풀이가 가능한 실전서

시험지와 같은 디자인, OMR 카드를 제공합니다. 빠르고 정확하게, 실전처럼 문제풀이 연습이 가능한 기출문제집입니다.

3. 접근전략과 취약유형을 빠르게 파악하는 전략서

전 회차, 전 영역, 전 문항을 분석하여 유형을 뽑아내고, 유형별 접근전략을 수록하였으며, 회차별 취약유형을 분석할 수 있도록 구성하였습니다. 또한 1~3회독 가이드라인을 제시하고, [기출문제편]뿐만 아니라 [분석해설편]에도 기출문제를 동일하게 수록함으로써 자동 2회독이 가능하게 하여 보다 효과적으로 기출 회독을 할 수 있습니다.

※ 시험공고의 내용은 사정에 따라 변경될 수 있으므로, 자세한 내용은 해당 시험의 공고문을 꼭 확인하시기 바랍니다.

5 · 7급 민간경력자 일괄채용시험

민간경력자 일괄채용시험이란?

- 다양한 경력을 가진 민간 전문가를 선발해 공직의 개방성과 전문성을 높이고, 채용의 공정성과 투명성을 강화하기 위해 도입
- 2011년 5급 공무원 선발에 도입한 후, 2015년부터 7급 공무원 선발에도 도입

※ 선발단위별 응시자격요건인 경력 · 학위 · 자격증에 기재된 사항 중 1개 이상에 해당되면 응시가 가능하나, 응시원서 작성 시에는 경력 · 학위 · 자격증 중 하나만 선택해야 하며, 반드시 본인이 선택한 응시자격요건을 충족해야 함

채용 절차

필기시험(PSAT)	서류전형	면접시험
업무수행에 필요한 기본적인 판단력, 사고력 등 평가	자격요건에 대한 적합성 심사 (공무원 적합성, 담당예정 업무와의 연관성 등)	직무수행에 필요한 능력 및 적격성 종합 평가 (정신자세, 전문지식, 응용능력 등)
선발예정인원의 10배수	선발예정인원의 3배수	최종 합격자 결정

※ 필기시험(PSAT)은 각 과목 만점의 40% 이상을 득점하지 못하면 불합격 처리

필기시험(PSAT) 평가 영역 문항 수 시험 시간

평가 영역	문항 수	시험 시간
언어논리	25문항	120분
상황판단	25문항	
자료해석	25문항	60분

※ 2022년부터 5 · 7급 민경채 PSAT와 7급 국가직 공채 시험은 동일한 문제로 출제되고 있음

※ 2022년 시험부터 1교시에는 언어논리 영역과 상황판단 영역이 동시에 치러지며, 2교시에는 자료해석 영역이 치러짐

FAQ (출처: 사이버국가고시 센터 시행계획 공고)

Q1. 민간경력자에 응시하기 위한 필요 경력의 범위에 공무원이나 직업군인 경력은 포함되지 않는가?

민간경력자는 우수한 민간전문가의 역량을 공직에서 활용하고자 시행하는 시험으로, 그 취지상 공무원이나 군인(특정직 공무원에 해당) 재직경력은 인정하지 않는다. 다만, 임기제(계약직) 공무원 및 국공립대 교원(강의·연구) 경력, 공중보건의사 · 병역판정검사전담의사 · 군의관, 공익법무관 · 군법무관 공중방역수의사 · 수의장교 단기 의무복무기간 등은 예외적으로 인정하며, 외국공무원 경력은 국가 및 지방자치단체 공무원 경력과 동일한 것이 아니므로 관련 분야에 해당한다면 인정된다.

Q2. 민간경력자 5급과 7급 시험에 동시에 지원할 수 있는가?

민간경력자 5급과 7급은 필기시험 날짜가 동일하므로 동시에 지원하는 것은 불가능하며, 응시원서는 1회(1개 선발단위, 1개 응시자격요건)만 제출 가능하다.

PSAT, 절대 고득점을 받는 시험이 아닙니다
한정된 시간 내에 일정 점수에만 도달하면 됩니다

7급 국가직 공개경쟁 채용시험

채용 절차

제1차 시험(PSAT)	제2차 시험(전문과목)	제3차 시험(면접)
업무수행에 필요한 기본적인 판단력, 사고력 등 평가	실제 직무수행에 필요한 전문지식 평가	공무원으로서 갖춰야 할 기본자세, 공공성 등을 심층 평가
선발예정인원의 10배수	선발예정인원의 1.5배수	최종 합격자 결정

제1차 시험(PSAT)
평가 영역
평가 항목
문항 수
시험 시간

평가 영역	평가 항목	문항 수	시험 시간
언어논리	글의 이해, 표현, 추론, 비판과 논리적 사고	25문항	120분
상황판단	상황의 이해, 추론과 분석, 문제해결, 판단과 의사결정	25문항	
자료해석	수치자료의 정리와 이해, 처리와 응용계산, 분석과 정보추출	25문항	60분

영어 · 한국사 대체 시험의 인정기준

시험	인정범위	기준점수
영어능력 검정시험	2020.1.1. 이후 국내에서 실시된 시험으로서, 제1차 시험 시행예정일 전날까지 점수(등급)가 발표된 시험으로 한정하며 기준점수 이상으로 확인된 시험만 인정됨	• TOEFL: PBT 530점 이상, IBT 71점 이상 • TOEIC: 700점 이상 • TEPS: 340점 이상 • G-TELP: 65점 이상(LEVEL 2) • FLEX: 625점 이상 ※ 외무영사직렬은 기준점수가 상이하므로 시험공고 참고
한국사능력 검정시험	제1차 시험 시행예정일 전날까지 점수(등급)가 발표된 시험으로 한정하며 기준점수 이상으로 확인된 시험만 인정됨	2급 이상(국사편찬위원회)

※ 영어능력검정시험의 인정범위와 관련된 추가 내용은 반드시 시행처의 공고문을 확인해야 함
※ 2023년부터 한국사능력검정시험의 성적 인정기간(기존 5년)이 폐지됨

FAQ
(출처: 사이버국가고시센터 채용시험 종합안내)

Q1. 원서접수 시 따로 유의해야 할 사항들이 있는가?

[사이버국가고시센터] – [원서접수] – [응시원서 확인] 화면에서 결제 여부가 '접수/결제완료'라고 표기되어 있다면 응시원서가 제대로 접수된 것이다. 참고로, 접수기간이 종료된 후에는 어떠한 경우에도 추가 접수가 불가능하며, 응시직렬, 응시지역, 지방인재 여부 등에 대한 수정 또한 불가능하니 원서접수 시에 신중하게 선택해야 한다.

Q2. 응시원서를 제출한 이후, 연락처가 바뀌었다면 어떻게 해야 하는가?

주소, 휴대전화 번호, 전자우편 등의 정보는 원서 접수기간 종료 후라도 언제든지 [사이버국가고시센터]의 [개인정보 수정] 메뉴에서 본인이 직접 수정 가능하다. 그러나 성명, 주민등록번호 등의 필수 인적정보는 수험생이 임의로 변경할 수 없다.

이 책의 구성
STRUCTURE

기출분석과 유형분석 기반의 분석서

영역별
기출분석
&
접근전략

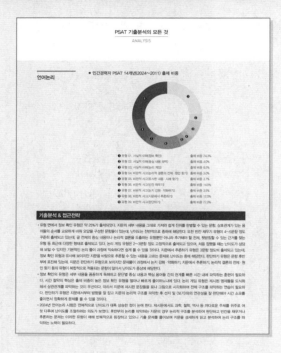

영역별 14개년 기출분석

- 영역별 14개년 전 회차 기출문제를
  분석하여 출제 비중 및 출제 경향 제시

영역별 접근전략

- 14개년 전 회차 기출분석 기반의
  영역별 접근전략 제시

영역별
유형분석

- 쉽고 빠르게 유형을 파악할 수 있도록
  영역별 유형을 정리하고, 유형에 대한
  학습전략 수록

기출분석과 유형분석 기반의 분석서입니다

실전 문제풀이가 가능한 실전서입니다

접근전략과 취약유형을 빠르게 파악하는 전략서입니다

실전 문제풀이가 가능한 실전서

기출문제

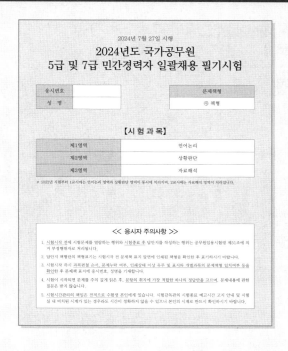

- 연도별 > 영역별로 기출문제 수록
- 실제 시험지와 유사한 디자인으로 실전처럼 문제풀이 가능
- 컴퓨터용 사인펜으로 마킹&지우개로 지워지는 OMR 카드 제공
- 2014~2011년 [기출문제편]은 PDF 제공

영역별 성적
&
취약유형 분석표

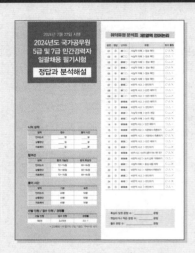

- **연도별·영역별 성적 확인&취약유형 파악 및 보완**
  - 나의 성적: 나의 점수와 풀이 시간을 기재하여 성적과 풀이 시간 관리 가능
  - 합격선: 연도별 난이도를 고려하여 합격 가능권과 확실권으로 구분하여 합격선 제시
  - 풀이 시간: 기본과 숙련으로 구분하여 적정 풀이 시간 제시
  - 선발 인원/응시 인원/경쟁률: 연도별 민간경력자 PSAT 원서접수 결과 자료에 기반하여 제시
  - 취약유형 분석표: 전 문항의 맞고 틀림을 기재하여 현재 실력 점검 및 취약유형 파악과 보완 가능

기출 총평
&
문항별 정답률 및
선지별 선택률

- **기출분석을 통한 연도별 출제 경향과 비중 파악**
  - 기출 총평: 연도별·영역별로 상세한 기출 총평을 수록하여 출제 경향 파악
  - 문항별 정답률 및 선지별 선택률: 실제 수험생의 정답률, 선지별 선택률을 통해 본인의 학습 수준 파악
  - 출제 비중: 영역별로 출제 비중을 그래프로 정리하여 한눈에 확인

자동 2회독
&
상세한 분석해설

- **[분석해설편]에 전 문항을 반복 수록하여 자동 2회독 효과 &상세한 분석해설**
  - 정답률 TOP 3: 정답률이 가장 낮은 TOP 3 문항 파악
  - 접근전략: 유형에 대한 해설과 출제 의도를 포함한 접근전략 제시
  - 선지 분석: 정답뿐 아니라 오답까지 전 문항, 모든 선지에 대한 분석 해설 수록

무료 합격팩

최신기출 해설특강 (3개년)

- **최신기출 해설강의 3개년 제공**
  - ※ 해설강의 수강 방법: 에듀윌 도서몰(https://book.eduwill.net)
    - ▶ 동영상 강의실에서 수강 또는 좌측 QR코드를 통해 바로 접속

자료해석 핵심노트 (PDF)

- **자료해석 핵심노트 PDF**
  - – 자료해석 문제풀이를 위한 핵심이론과 유형별 특징 수록
  - – 자료해석 핵심이론 & 예제 제시
  - – 자료해석 유형별 특징 & 접근전략 수록
  - ※ PDF 다운로드 방법: 에듀윌 도서몰(https://book.eduwill.net) ▶ 도서자료실
    - ▶ 부가학습자료에서 다운로드 또는 좌측 QR코드를 통해 바로 접속

5급 공채 기출문제 (PDF) & 무료 해설강의

PDF 다운로드   해설강의 수강

- **5급 공채 기출문제 PDF & 무료 해설강의**
  - – 고난도 대비를 위한 최신 3개년(2022~2020) 5급 공채 기출문제 및 해설 PDF 제공
  - ※ PDF 다운로드 방법: 에듀윌 도서몰(https://book.eduwill.net) ▶ 도서자료실
    - ▶ 부가학습자료에서 다운로드 또는 좌측 QR코드를 통해 바로 접속
  - – 영역별로 60분 내에 문제풀이가 가능하도록 25문항 엄선 및 전 문항 해설 강의 무료 제공
  - ※ 해설강의 수강 방법: 에듀윌 도서몰(https://book.eduwill.net)
    - ▶ 동영상 강의실에서 수강 또는 좌측 QR코드를 통해 바로 접속

기출 재구성 모의고사(PDF)

- **기출 재구성 모의고사 PDF**
  - – 최종 마무리를 위한 PSAT 기출 재구성 모의고사 PDF 제공
  - ※ PDF 다운로드 방법: 에듀윌 도서몰(https://book.eduwill.net) ▶ 도서자료실
    - ▶ 부가학습자료에서 다운로드 또는 좌측 QR코드를 통해 바로 접속

이 책의 100% 활용법

■ 1회독: 시간 내 문제풀이&취약유형 파악에 중점

1. 문제풀이	• [기출문제편] 맨 앞에 있는 QR 코드를 활용하여 문제풀이를 시작합니다. • **제한된 시간 안**에 문제를 풀이합니다. • 문제풀이 시간에는 OMR 마킹 시간까지 포함되어야 합니다.

↓

2. 모바일 성적분석표 확인	• OMR 채점 결과는 **답안제출 버튼을 누른 즉시** 바로 확인할 수 있습니다. • OMR 채점 결과, 모바일 성적분석표가 발급되며, 경쟁자와 나의 위치를 확인할 수 있습니다.

↓

3. 취약유형 파악	• **모바일 성적분석표의 영역별 정답률을 통해 나의 취약유형을 확인**합니다. 그리고 **[분석해설편]의 취약영역 분석표**에 헷갈려서 틀린 문제와 몰라서 틀린 문제를 표시합니다. • **헷갈려서 틀린 문제와 몰라서 틀린 문제를 다시 풀이**합니다. 다시 풀이할 때에는 **왜 틀렸는지**에 집중하여 풀이합니다. • 필요한 경우 **기본서**로 돌아가 해당 유형 풀이 방법을 복습합니다.

■ 2회독: 시간 내 문제풀이&취약유형 보완에 중점

1. 문제풀이	• [기출문제편] 맨 앞에 있는 QR 코드를 활용하여 문제풀이를 시작합니다. • **제한된 시간 안**에 문제를 풀이합니다. • 문제풀이 시간에는 OMR 마킹 시간까지 포함되어야 합니다.

↓

2. 모바일 성적분석표 확인	• OMR 채점 결과는 **답안제출 버튼을 누른 즉시** 바로 확인할 수 있습니다. • OMR 채점 결과, 모바일 성적분석표가 발급되며, 경쟁자와 나의 위치를 확인할 수 있습니다. • **1회독 점수와 2회독 점수를 비교**합니다.

↓

3. 취약유형 보완	• **모바일 성적분석표의 영역별 정답률을 통해 나의 취약유형을 확인**합니다. 그리고 **[분석해설편]의 취약영역 분석표**에 헷갈려서 틀린 문제와 몰라서 틀린 문제를 표시합니다. • **1회독과 2회독에서 틀린 문제를 비교**합니다. • 1회독과 2회독에서 반복해서 틀린 문제의 유형은 반드시 **기본서**로 돌아가 해당 유형의 풀이 방법을 복습합니다.

↓

4. 오답노트	• 2회독부터는 헷갈려서 틀린 문제와 몰라서 틀린 문제를 **오답노트에 작성**합니다. • 오답노트 작성 시, **틀린 이유**를 기재하고, **옳은 정답과 그 이유**, 문항 접근 전략을 기재합니다.

■ 3회독: 취약유형 완벽 보완에 중점

1. 틀린 문제 선별적 풀이	• 문항별 제한 시간을 두고 **틀린 문제만 선별하여 풀이**합니다. • **문항별 풀이 시간은 2~3분**이 적절합니다.

↓

2. 취약유형 점검	• 채점 후, 틀린 문제는 **왜 틀렸는지**에 집중하여 해설을 확인합니다. • 필요시 **기본서**로 돌아가 해당 유형의 풀이 방법을 복습합니다.

↓

3. 오답노트	• 3회독 시 추가로 틀린 문제를 **오답노트에 작성**합니다. • 오답노트 작성 시, **틀린 이유**를 기재하고, **옳은 정답과 그 이유**, 문항 접근 전략을 기재합니다. • **오답노트를 반복 학습**하고, 완전히 파악된 유형과 문제는 오답노트에서 과감히 삭제합니다.

PSAT 유형의 모든 것

PATTERN

언어논리

사실적 이해	유형 01. 정보 확인	지문과 선지 내용의 일치 여부를 확인하는 유형으로, 비교적 쉽게 출제되는 편이므로 단시간에 내용을 파악할 수 있어야 한다.
	유형 02. 중심 내용 파악	지문의 주제를 파악하는 유형으로, 글의 내용을 종합적으로 이해하고 글 전체를 포괄하는 핵심 내용을 찾아야 한다.
	유형 03. 논리 게임	제시된 조건을 바탕으로 참·거짓을 판별하는 유형으로, 여러 명제를 도식화하고 해당 명제의 역, 이, 대우를 도출해 조건들 간의 관계를 파악할 수 있어야 한다.
비판적 사고	유형 04. 논리적 결론의 전제·원인 찾기	지문에 제시되지 않은 전제나 원인을 추론하는 유형으로, 지문의 전반적인 흐름을 파악하여 결론을 도출하기 위해 추가해야 할 전제를 찾아야 한다.
	유형 05. 유사한 내용·사례 찾기	지문에 등장하는 특정 내용의 의미를 묻거나 구체적인 사례를 찾는 유형으로, 해당 내용의 앞뒤 맥락을 바탕으로 선지의 내용이 조건에 충족되는지 판단해야 한다.
	유형 06. 빈칸 채우기	빈칸에 들어갈 말을 찾는 문제 유형으로, 지문의 논리적 흐름을 이해하고 빈칸 앞뒤 문장을 연결할 수 있는 선지를 찾아야 한다.
	유형 07. 논지 강화·약화하기	지문의 논지를 강화하거나 약화하는 선지를 찾는 유형으로, 글의 논지를 정확하게 파악하여 이를 지지하는 견해인지 반박하는 견해인지를 판별해야 한다.
	유형 08. 지문에서 추론하기	지문의 논리 흐름에 따라 추론할 수 있는 내용을 고르는 유형으로, 논리적 비약 없이 지문의 내용을 바탕으로 타당하게 추론한 내용을 찾아야 한다.
	유형 09. 판단하기	지문의 내용에 대한 평가나 비판, 분석으로 적절한 것을 고르는 유형으로, 제시된 평가 기준이나 비판의 관점을 파악하고 이에 따라 적절히 서술하고 있는지 판단해야 한다.

상황판단

제시문형	유형 01. 정보확인	다양한 제시문을 바탕으로 해당 내용의 옳고 그름을 판단하는 문제 유형이다. 글을 정확하고 빠르게 읽는 독해 능력이 필수적으로 요구된다.
	유형 02. 분석추론	제시문에서 주어진 조건, 정보 등을 분석하고, 이를 특정한 상황에 적용함으로써 발생하는 결과나 문제점을 추론하는 문제 유형이다.
법조문형	유형 03. 규정확인	주어진 규정이나 법조문의 내용을 올바르게 해석하고 판단할 수 있는지를 묻는 유형이다.
	유형 04. 규정적용	주어진 규정이나 법조문의 내용을 올바르게 해석한 후 다양한 사례와 상황에 적용하고, 비교할 수 있는지를 묻는 유형이다. 예외로 규정하거나 조건으로 제시되는 내용들을 놓치지 않고 파악해야 한다.
연산 추론형	유형 05. 수리계산	주어진 수식, 공식을 통해 점수, 금액 등을 산출하거나 주어진 조건, 상황에서의 확률, 결괏값을 구하는 문제 유형이다.
	유형 06. 대입비교	주어진 지침, 규칙 등을 활용하여 값을 도출하고 그 값을 비교·대입하거나 추론하는 유형으로, 값을 계산한 후에 추가 과정을 통해 정답을 찾아야 하므로 정확한 수치를 구해야 한다.
퍼즐형	유형 07. 논리퀴즈	일부분만 제시된 규칙, 조건들을 종합적·논리적으로 짜맞추어 부합하는 상황, 결과를 도출해 내는 유형이다.
	유형 08. 수리퀴즈	불확실한 규칙, 조건들을 통해 경우의 수를 따지는 과정에서 산술적인 계산이나 응용이 요구되는 유형이다.
	유형 09. 게임·규칙	경기, 투표, 대회, 퍼즐, 토너먼트의 규칙, 결정 기준 등이 제시되고, 이를 이용하여 결과를 추론하는 유형이다.
	유형 10. 최댓값·최솟값 도출	여러 예외, 제약 조건을 이용하여 특정 목적을 달성하기 위한 최댓값, 최솟값을 도출하는 유형이다.

자료해석

자료 읽기	유형 01. 표/그림/빈칸 제시형	〈표〉, 〈그림〉, 빈칸이 1개 혹은 그 이상으로 복합적으로 제시되어 이를 정확하게 분석하여 문제를 해결할 수 있는 능력을 파악하는 유형이다. 〈표〉나 〈그림〉의 수치의 크기를 비교하거나 증감방향 등을 묻는 문제가 출제된다.
자료 읽기/ 추론	유형 02. 계산형	〈표〉나 〈그림〉 아래 별도의 계산식을 함께 제시하여 이를 이용하거나 응용하여 수치를 파악하는 유형이다. 연도별 수치의 변화를 분석하거나 대상 간의 수치 비교를 묻는 문제가 출제된다.
	유형 03. 매칭형	제시된 〈조건〉을 통해 자료의 내용을 분석하여 이에 알맞은 항목끼리 짝을 이룬 것을 찾는 유형이다. 제시된 〈조건〉을 모두 파악하지 않고 일부분만 파악해도 선지에 제시된 항목의 짝을 찾을 수 있으므로 제시된 〈조건〉에서 먼저 파악 가능한 내용을 찾는 것이 관건이다.
자료 추론	유형 04. 추가로 필요한 자료 찾기	일반적으로 〈표〉, 〈그림〉 등과 함께 〈보고서〉가 제시되고, 〈보고서〉의 내용 중 제시된 〈표〉나 〈그림〉 이외에 〈보고서〉의 내용을 파악하기 위해 추가로 필요한 자료를 찾는 유형이다.
자료 변환응용	유형 05. 표/그림 전환형	〈표〉나 〈그림〉 형식의 자료를 제시하고, 이를 다른 유형인 〈표〉나 〈그림〉으로 전환하여 나타냈는지를 파악하는 유형이다. 단순하게 〈표〉나 〈그림〉의 수치를 형식적으로 달리 표현하거나 기존에 제시된 자료를 응용하여 수치를 별도로 계산하여 전환하는 것으로 출제된다.
	유형 06. 자료/보고서 전환형	일반적으로 〈보고서〉가 제시되고 이를 작성하기 위해 사용한 〈표〉나 〈그림〉을 찾거나, 〈표〉나 〈그림〉을 제시하고 이를 〈보고서〉로 작성한 내용의 옳고 그름을 판단하는 유형이다.

언어논리

■ 민간경력자 PSAT 14개년(2024~2011) 출제 비중

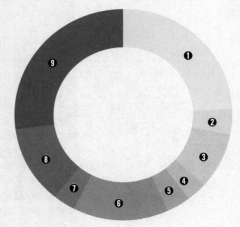

❶ 유형 01. 사실적 이해(정보 확인)	출제 비중	24.3%
❷ 유형 02. 사실적 이해(중심 내용 파악)	출제 비중	4.0%
❸ 유형 03. 사실적 이해(논리 게임)	출제 비중	8.5%
❹ 유형 04. 비판적 사고(논리적 결론의 전제·원인 찾기)	출제 비중	3.0%
❺ 유형 05. 비판적 사고(유사한 내용·사례 찾기)	출제 비중	3.7%
❻ 유형 06. 비판적 사고(빈칸 채우기)	출제 비중	14.0%
❼ 유형 07. 비판적 사고(논지 강화·약화하기)	출제 비중	3.5%
❽ 유형 08. 비판적 사고(지문에서 추론하기)	출제 비중	12.0%
❾ 유형 09. 비판적 사고(판단하기)	출제 비중	27.0%

기출분석 & 접근전략

• 유형 면에서 정보 확인 유형은 약 25%가 출제되었다. 지문의 세부 내용을 그대로 가져와 쉽게 진위를 판별할 수 있는 문항, 상호관계가 있는 용어들의 순서를 교묘하게 바꿔 오답을 구성한 문항들이 있는데, 난이도는 전반적으로 중하에 해당한다. 또한 빈칸 채우기 유형이 4~5문항 정도 꾸준히 출제되고 있는데, 글 전체의 중심 내용이나 논리적 결론을 도출하는 유형뿐만 아니라 추가해야 할 전제, 뒷받침할 수 있는 근거를 찾는 유형 등 최근에 다양한 형태로 출제되고 있다. 논리 게임 유형은 2~3문항 정도 고정적으로 출제되고 있으며, 처음 접했을 때는 난이도가 상당해 보일 수 있지만 기본적인 논리 풀이 과정에 익숙하다면 쉽게 풀 수 있을 것이다. 지문에서 추론하기 유형은 3문항 정도씩 출제되고 있는데, 정보 확인 유형과 유사해 보이지만 지문을 바탕으로 추론할 수 있는 내용을 고르는 문제로 난이도는 중에 해당한다. 판단하기 유형은 문항 후반부에 포진해 있는데, 지문은 판단하기 유형으로 보이지만 문제풀이 과정에서 논지 강화·약화하기, 지문에서 추론하기, 논리적 결론의 전제·원인 찾기 등의 유형이 복합적으로 적용되는 문항이 많아서 난이도가 중상에 해당한다.

• 정보 확인의 유형은 세부 내용을 꼼꼼하게 독해하고 문단별 중심 내용과 핵심 용어들 간의 관계를 빠른 시간 내에 파악하는 훈련이 필요하다. 시간 절약의 핵심은 출제 비중이 높은 정보 확인 유형을 얼마나 빠르게 풀이하느냐에 있다. 논리 게임 유형은 제시된 명제들을 도식화해서 상관관계를 파악하는 것이 우선이다. 따라서 지문에 제시된 문장들을 표나 그림으로 시각화하여 전체 구조를 파악하는 연습이 필요하다. 판단하기 유형은 지문에서부터 방향을 잘 잡고 지문의 논리적 구조를 파악한 후 선지 및 〈보기〉와의 연관성을 잘 판단해야 시간 소모를 줄이면서 정확하게 문제를 풀 수 있을 것이다.

• 2024년 언어논리 시험은 전체적으로 난이도가 대폭 상승한 점이 눈에 띈다. 제시문에서도 과학, 철학, 역사 등 까다로운 주제를 위주로 여럿 다루며 난이도를 조절하려는 의도가 보였다. 후반부의 논리를 파악하는 지문의 경우 논리적 구조를 분석하여 판단하고 빈칸을 채우거나 추론하는 문제는 이러한 유형이 매해 반복적으로 등장하고 있으니 기출 문제를 풀어보며 지문을 섬세하게 읽고 분석하여 논리 구조를 파악하는 노력이 필요하다.

상황판단

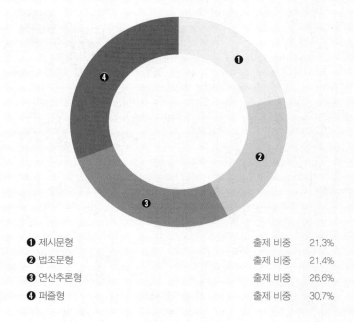

■ 민간경력자 PSAT 14개년(2024~2011) 출제 비중

❶ 제시문형	출제 비중	21.3%
❷ 법조문형	출제 비중	21.4%
❸ 연산추론형	출제 비중	26.6%
❹ 퍼즐형	출제 비중	30.7%

기출분석 & 접근전략

- 상황판단 영역에서는 시행 초기 제시문형의 출제 비중이 40%가 넘는 경우가 있을 정도로 큰 비중을 차지했는데 점점 네 유형의 편차가 줄어드는 경향이 나타나고 있다. 특히 2022년에는 전년에 비해 법조문형의 출제 비중이 줄면서 그 이후 각 유형이 비교적 고른 분포를 보이는 경향이 확연해졌다. 실제 공직 사회에서 벌어질 만한 상황들을 빠르고 정확하게 판단해야 하는 문항과 문제해결능력을 확인하는 문항이 제시되는 흐름은 앞으로도 지속될 것으로 예상되는데, 이는 문항의 난이도를 통해 변별력을 주기보다는 상황을 빠르고 정확하게 판단하는 것이 실제 직무능력에 중요하기 때문이라고 파악된다. 제시된 글의 내용을 빠르고 정확하게 판단하고 선지의 내용과 비교하여 정오를 판별할 수 있는 훈련이 요구되며, 다양한 문제 해결 방법을 연습해 난도 높은 문제에 대비할 필요가 있다.

- 유형별 접근전략을 살펴보면, 제시문형은 글을 읽으며 내용을 빠르고 정확하게 파악하는 것이 중요하다. 제시된 글을 먼저 읽다 보면 중간에 내용 흐름을 놓치거나 어떤 내용들이 제시될 것인지 예상하며 읽기가 어렵다. 따라서 선지를 먼저 확인해 지문에서 파악해야 할 요소를 눈에 익힌 뒤 글을 읽는 것이 내용을 파악하는 데 용이하다. 법조문형은 다양한 조건과 예외 사항들에 따라 구체적 해석이나 상황 적용 방법이 달라지는 것에 유의하며 문항을 해결해야 한다. 연산추론형은 전문적인 수학적 지식이 요구되는 것이 아니기 때문에 계산에서의 사소한 실수를 줄이기 위한 노력이 필요하고, 문항에서 묻고 있는 유형에 따라 선지의 내용을 거꾸로 대입하며 선지의 옳고 그름을 판단하는 것이 시간을 효율적으로 사용하는 방법이 될 수 있다. 퍼즐형은 규칙이나 논리적인 사고의 기본적인 내용들을 제시해 주기 때문에, 해당 내용을 바탕으로 문항을 풀어나가면 어렵지 않게 해결할 수 있는 경우가 많다.

- 2024년 상황판단 영역은 전년도에 비하여 법조문형 및 제시문 문항이 줄었고, 연산추론형과 퍼즐형 문항이 늘어났다. 상황판단 영역의 평균 점수는 계속해서 상승하는 추세이므로 앞으로도 이러한 추세는 유지될 것으로 보인다. 최근 상황판단의 출제 경향을 볼 때, 본 기출문제집을 통해 과년도 기출문제를 완벽히 분석한다면 향후 PSAT 상황판단 영역 시험 대비에 큰 도움이 될 것이다.

자료해석

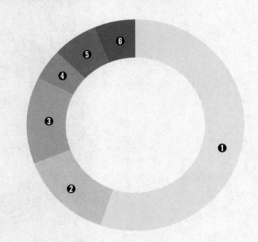

❶ 유형 01. 자료 읽기(표/그림/빈칸 제시형)   출제 비중 55.5%
❷ 유형 02. 자료 읽기/추론(계산형)   출제 비중 13.9%
❸ 유형 03. 자료 읽기/추론(매칭형)   출제 비중 13.3%
❹ 유형 04. 자료 추론(추가로 필요한 자료 찾기) 출제 비중 4.6%
❺ 유형 05. 자료 변환응용(표/그림 전환형)   출제 비중 6.7%
❻ 유형 06. 자료 변환응용(자료/보고서 전환형) 출제 비중 6.0%

기출분석 & 접근전략

- 14개년 기출문제를 분석해 보면, 표/그림/빈칸 제시형인 자료 읽기 유형이 55%가 넘게 출제되어 가장 큰 비중을 차지하고 있으며, 뒤를 이어 자료 읽기/추론 계산형과 자료 읽기/추론 매칭형 문제의 출제비중이 약 14% 정도, 추가로 필요한 자료 찾기, 표/그림 전환형, 자료/보고서 전환형 문제가 약 5~6% 정도로 꾸준히 출제되고 있다.

- 매년 출제 경향은 조금씩 다를 수 있으나 답을 찾아가는 과정은 동일하다. 자료해석 영역을 공부할 때 계산기로 문제를 풀듯 정석적으로 계산을 하는 것보다는 유사한 수치로 어림잡아 계산하거나 곱하고, 나누는 수의 비교를 통해 대소관계를 파악하는 연습이 반드시 필요하다.

- 계산형 문항은 복잡한 식들이 여러 개 제시되고, 해당 식들을 이용하여 여러 번의 계산을 거친 뒤 답을 도출해야 한다. 그러나 이렇게 정석적으로 풀이하지 않아도 미리 주어진 식들을 변형하여 최종 답을 구하기 위한 식을 도출해낼 수 있다면 문제를 빠르게 해결할 수 있다. 무작정 주어진 값을 식에 대입하지 말고, 각 식들의 연관성을 파악하고 식을 변형한 뒤, 대입해야 하는 수들의 대소에 따라 최종적으로 구하고자 하는 값의 대소가 어떻게 변화하는지 파악한 다음 문제풀이를 시작해야 한다. 또한 시험에 출제된 〈보고서〉 형태의 매칭형 문제는 읽어내야 할 지문이 길다는 압박이 있으나 실제로 문제풀이를 하기 위해서는 일부 문장만이 필요한 경우가 많다. 문제를 풀기 위해 읽어야 할 문장을 먼저 파악하고, 그중 계산이 간단한 문장부터 읽어내는 연습이 필요하다.

- 2024년 자료해석 시험에서는 표/그림/빈칸 제시형의 자료 읽기 문제의 비중이 52%로 전년 대비 다소 높게 출제되었고, 계산형 문제의 비중은 4%로 전년도 비중(28%)보다 큰 폭으로 감소한 대신 매칭형 문제의 비중이 증가하였다. 이 외에 전반적인 문제 유형 및 난이도는 이전 연도와 비슷한 수준으로 출제되었다. 따라서 이전 연도 기출 문제를 반드시 확인하고 접근할 필요가 있으며, 기출 문제를 해결함으로써 문제 해결 시간을 단축해야 한다.

이 책의 차례
CONTENTS

시험 시간표

시험시간		진행단계 및 시험과목	진행방식
~12:50		시험실 입실	• 오후 12시 50분까지 시험실에 입실한다. ※ 시험실은 12시 이후 개방된다. • 지정된 좌석에 앉아 시험 감독관의 지시에 따른다.
12:50~13:29	39분	응시자 교육 및 문제책 배부	• 시험시간, 답안지 작성요령 등의 시험 관련 유의사항이 안내 방송되므로 주의 깊게 청취한다. • 신분증, 컴퓨터용 사인펜, 수정테이프, 필기도구를 제외한 소지품을 가방에 넣고, 가방을 교실 앞에 둔다. • 답안지를 받으면 상단에 인쇄된 성명, 응시번호, 생년월일이 응시자 본인정보와 일치하는지 확인하며, 인쇄되지 않은 답안지를 교부받은 경우라면 본인의 응시표를 확인 후 직접 기재한다. • 감독관 지시에 따라 문제책 앞면에 인쇄된 책형을 확인한 후, 답안지 책형란에 해당 책형을 표기한다. ※ 시험 시작 전 시험지에 손을 대거나 답안을 작성하면 부정행위로 간주될 수 있다.
1교시 **13:30~15:30**	 **120분**	**언어논리 영역, 상황판단 영역**	시험이 시작되면 문제책 편철과 문제책의 과목명이 답안지와 일치하는지 여부, 문제 누락·파손 등 문제책 인쇄상태를 확인한다. ※ 1교시에는 2개 과목(언어논리 영역, 상황판단 영역)이 1개의 문제책으로 합본되어 같이 배부되며, 과목별 문제풀이 시간은 구분되지 않는다. ※ 시험 중 화장실 사용은 가능하다. 다만, 본인확인과 답안작성 등 시험 진행을 위해 화장실 사용 시간대 및 횟수를 제한한다. – 사용 시간: 1교시 13:50~15:20, 2교시 16:50~17:20 – 사용 횟수: 교시별 1회 – 단, 화장실 사용 시간대·횟수 외에 화장실 사용 시 재입실 불가
15:30~16:00	30분	휴식 및 입실	휴식한 후 오후 4시까지 입실하여 시험 감독관의 지시에 따른다.
16:00~16:30	30분	응시자 교육 및 문제책 배부	시험 관련 유의사항을 듣고, 소지품 검사 및 답안지 배부 등의 절차가 진행된다.
2교시 **16:30~17:30**	 **60분**	**자료해석 영역**	시험이 시작되면 문제책 편철과 문제책의 과목명이 답안지와 일치하는지 여부, 문제 누락·파손 등 문제책 인쇄상태를 확인한다.

※ 시험 진행방식은 변경될 수 있으므로 시험 전 반드시 시행처의 응시자 주의사항을 확인하시기 바랍니다.

2024년 7월 27일 시행

2024년도 국가공무원
5급 및 7급 민간경력자 일괄채용 필기시험

응시번호	
성 명	

문제책형
㉠ 책형

【시 험 과 목】

제1영역	언어논리
제2영역	상황판단
제3영역	자료해석

※ 2022년 시험부터 1교시에는 언어논리 영역과 상황판단 영역이 동시에 치러지며, 2교시에는 자료해석 영역이 치러집니다.

<< 응시자 주의사항 >>

1. 시험시작 전에 시험문제를 열람하는 행위와 시험종료 후 답안지를 작성하는 행위는 공무원임용시험령 제51조에 의거 부정행위자로 처리됩니다.

2. 답안지 책형란의 책형표기는 시험시작 전 문제책 표지 앞면에 인쇄된 책형을 확인한 후 표기하시기 바랍니다.

3. 시험시작 즉시 과목편철 순서, 문제누락 여부, 인쇄상태 이상 유무 및 표지와 개별과목의 문제책형 일치여부 등을 확인한 후 문제책 표지에 응시번호, 성명을 기재합니다.

4. 시험이 시작되면 문제를 주의 깊게 읽은 후, 문항의 취지에 가장 적합한 하나의 정답만을 고르며, 문제내용에 관한 질문은 받지 않습니다.

5. 시험시간관리의 책임은 전적으로 수험생 본인에게 있습니다. 시험감독관의 시험종료 예고시간 고지 안내 및 시험실 내 비치된 시계가 있는 경우라도 시간이 정확하지 않을 수 있으니 본인의 시계로 반드시 확인하시기 바랍니다.

제1영역 언어논리

1초 합격예측! 모바일 성적결과분석표 발급 서비스

QR 코드로 접속하여 문제 풀이 시간을 측정하고, 자동채점 & 성적결과분석 서비스를 통해 지금 바로 실력을 점검해 보세요.
◀ https://eduwill.kr/fkCe

풀이 시간	• 시작: ____시 ____분 ~ 종료: ____시 ____분
	• 총 : ____분

문 1. 다음 글의 내용과 부합하는 것은?

현재 서울의 청량리 근처에는 홍릉이라는 곳이 있다. 을미사변으로 일본인들에게 시해된 명성황후의 능이 조성된 곳이다. 고종은 홍릉을 자주 찾아 참배했는데, 그때마다 대규모로 가마꾼을 동원하는 등 불편이 작지 않았다. 개항 직후 우리나라에 들어와 경인철도회사를 운영하던 미국인 콜브란은 이 점을 거론하며 서대문에서 청량리까지 전차 노선을 부설해야 한다고 주장했다.

이전부터 전기와 전차 사업에 관심이 많았던 고종은 콜브란의 주장을 받아들여 전차 사업을 목적으로 하는 회사를 설립하기로 결심했다. 고종은 황실이 직접 회사를 설립하는 대신 민간인인 김두승과 이근배로 하여금 농상공부에 회사를 만들겠다는 청원서를 내도록 권유했다. 이에 따라 김두승 등은 전기회사 설립 청원서를 농상공부에 제출한 뒤 허가를 받아 한성전기회사를 설립했다. 한성전기회사는 서울 시내 각지에 전기등을 설치하는 한편 전차 노선 부설 사업을 추진했다. 한성전기회사는 당초 남대문에서 청량리까지 전차 노선을 부설하기로 했으나 당시 부설 중이던 경인철도의 종착역이 서대문역으로 정해졌기 때문에 이와 연결하기 위해 계획을 수정해 서대문에서 청량리까지 부설하기로 변경했다. 이후, 변경된 계획대로 전차 노선이 부설되었으며, 1899년 5월에 정식 개통식이 거행되었다.

한성전기회사는 고종이 단독 출자한 자본금을 바탕으로 설립되고 운영되었지만, 전차 노선 부설에 필요한 공사비가 부족해지자 회사 재산을 담보로 콜브란으로부터 부족분을 빌려 공사를 마무리할 수 있었다. 콜브란은 1902년에 그 상환 기일이 돌아오자 회사 운영을 지원하기 위해 상환 기일을 2년 연장해 주었다. 이후 1904년 상환 기일이 다가오자, 고종은 콜브란과 협의하여 채무액의 절반인 75만 원만 상환하고 나머지 금액만큼의 회사 자산을 콜브란에게 넘겨주었다. 이로써 콜브란은 고종과 함께 회사의 대주주가 되어 경영에 참여할 수 있게 되었다. 이때 고종과 콜브란은 한성전기회사를 한미전기회사로 재편하였고, 한미전기회사가 전차 및 전기등 사업을 이어받았다.

① 한성전기회사가 경인철도회사보다 먼저 설립되었다.
② 전차 노선의 시작점은 원래 서대문이었으나 나중에 남대문으로 바뀌었다.
③ 한성전기회사가 전차 노선을 부설하는 데 부족한 자금은 미국인 콜브란이 빌려주었다.
④ 서울 시내에 처음으로 전차 노선을 부설한 회사는 황실이 주도해 농상공부가 설립하였다.
⑤ 서울 시내에서 전기등 설치 사업을 벌인 한미전기회사는 김두승과 이근배의 출자로 설립되었다.

문 2. 다음 글에서 알 수 있는 것은?

사고(史庫)는 실록을 비롯한 국가의 귀중한 문헌을 보관하는 곳이었으므로 아무나 열 수 없었고, 반드시 중앙 정부에서 파견된 사관이 여는 것이 원칙이었다. 하지만 사관은 그 수가 얼마 되지 않아 사관만으로는 실록 편찬이나 사고의 도서 관리에 관한 모든 일을 담당하기에 벅찼다. 이에 중종 때에 사관을 보좌하기 위해 중앙과 지방에 겸직사관을 여러 명 두었다.

사고에 보관된 도서는 해충이나 곰팡이 피해를 입을 수 있었으므로 관리가 필요했다. 당시 도서를 보존, 관리하는 가장 효과적인 방법은 포쇄였다. 포쇄란 책을 서가에서 꺼내 바람과 햇볕에 일정 시간 노출시켜 책에 생길 수 있는 해충이나 곰팡이 등을 방지하거나 제거하는 것을 말한다. 사고 도서의 포쇄는 3년마다 정기적으로 실시되었다.

사고 도서의 포쇄를 위해서는 사고를 열어 책을 꺼내야 했고, 이 과정에서 귀중한 도서가 분실되거나 훼손될 수 있었다. 따라서 책임 있는 관리가 이 일을 맡아야 했고, 그래서 중앙 정부에서 사관을 파견토록 되어 있었다. 그런데 중종 14년 중종은 사관을 보내는 것은 비용이 많이 드는 등의 폐단이 있다고 하며, 지방 사고의 경우 지방 거주 겸직사관에게 포쇄를 맡기는 것이 효율적이라고 주장했다. 이에 대해 사고 관리의 책임 관청이었던 춘추관이 반대했다. 춘추관은 정식 사관이 아닌 겸직사관에게 포쇄를 맡기는 것은 문헌 보관의 일을 가벼이 볼 수 있는 계기가 될 거라고 주장했다. 그러나 중종은 이 의견을 따르지 않고 사고 도서의 포쇄를 겸직사관에게 맡겼다. 하지만 중종 23년에는 춘추관의 주장에 따라 사관을 파견하는 것으로 결정되었다.

포쇄 때는 반드시 포쇄 상황을 기록한 포쇄형지안이 작성되었다. 포쇄형지안에는 사고를 여닫을 때 이를 책임진 사람의 이름, 사고에서 꺼낸 도서의 목록, 포쇄에 사용한 약품 등을 자세하게 기록했다. 포쇄 때마다 포쇄형지안을 철저하게 작성하여, 사고에 보관된 문헌의 분실이나 훼손을 방지하고 책임 소재를 명확하게 함으로써 귀중한 문헌이 후세에 제대로 전달되도록 했다.

① 겸직사관은 포쇄의 전문가 중에서 선발되어 포쇄의 효율성이 높았다.

② 중종은 포쇄를 위해 사관을 파견하면 문헌이 훼손되는 폐단이 생긴다고 주장했다.

③ 춘추관은 겸직사관이 사고의 관리 책임을 맡으면 문헌 보관의 일을 경시할 수 있게 된다고 하며 겸직사관의 폐지를 주장했다.

④ 사고 도서의 포쇄 상황을 기록한 포쇄형지안은 3년마다 정기적으로 작성되었다.

⑤ 도서에 피해를 입히는 해충을 막기 위해 사고 안에 약품을 살포했다.

문 3. 다음 글에서 알 수 있는 것은?

미국 헌법의 전문은 "우리 미합중국의 사람들은"이라는 구절로 시작한다. 여기서 '사람들'에 해당하는 대한민국 헌법상의 용어는 헌법 제정 주체로서의 '국민'이다. 대한민국 헌법의 전문은 "유구한 역사와 전통에 빛나는 우리 대한국민은"으로 시작한다. 이 구절들에서 '사람들'과 '국민'은 맥락상 동일한 의미를 지닌다. 그러나 이 단어들의 사전적 의미 사이에는 간극이 크다. '사람'은 보편적 인간을, '국민'은 국가의 구성원을 의미하기 때문이다. 그래서 '인민'이 '국민'보다 더 적절한 표현이라는 주장이 종종 제기되는데, 사실 대한민국의 제헌헌법 초안에서는 이 단어가 사용되었다.

대한민국 역사에서 '인민'은 개화기부터 통용된 자연스러운 말이며 정부 수립 전까지의 헌법 관련 문헌들 대부분에 빈번히 등장한다. 법학자 유진오가 기초한 제헌헌법의 초안도 "유구한 역사와 전통에 빛나는 우리들 조선 인민은"으로 시작한다. 그러나 '인민'은 공산당의 용어인데 어째서 그러한 말을 쓰려고 하느냐는 공박을 당했고, '인민'은 결국 제정된 제헌헌법에서 '국민'으로 대체되었다.

이에 유진오는 '인민'이 예부터 흔히 사용되어 온 말로 '국민'으로 환원될 수 없는 의미를 지니며, 미국 헌법에서도 국적을 가진 자들로 한정될 수 없는 경우에 '사람들'이 사용되었다고 지적했다. 또한 '국민'은 국가의 구성원이라는 점이 강조된 국가 우월적 표현이기 때문에, 국가조차도 함부로 침범할 수 없는 자유와 권리의 주체로서의 보편적 인간까지 함의하기에는 적절하지 못하다고 비판했다.

'인민'이 모두 '국민'으로 대체되면서 대한민국 헌법에서 혼란의 여지가 생긴 것은 사실이다. '국민'이 국적을 가진 자뿐만 아니라 천부인권을 지니는 보편적 인간까지 지칭하게 되었기 때문이다. 예를 들어 대한민국으로 여행을 온 외국인은 전자에 해당하지 않지만 후자에 속하는 것이 명백하다. 따라서 선거권, 사회권 등 국적을 기반으로 하는 권리까지 주어지는 것은 아니지만, 헌법상의 평등권, 자유권 등 기본적 인권은 보장되는 것이다. 이에 향후 헌법 개정이 있다면 그 기회에 보편적 인간을 의미하는 경우의 '국민'을 '사람들'로 바꾸자는 제안도 있다.

① 대한민국 역사에서 '인민'은 분단 후 공산주의 사상이 금기시되면서 사용되기 시작한 말이다.

② 대한민국으로 여행을 온 외국인은 대한민국 헌법상의 자유권을 보장받지 못한다.

③ 미국 헌법에서 '사람들'은 보편적 인간이 아니라 미국 국적을 가진 자를 의미한다.

④ 법학자 유진오는 '국민'이 보편적 인간을 의미하기에는 적절하지 않다고 비판했다.

⑤ 대한민국 제헌헌법에서는 '인민'이 사용되었으나 비판을 받아 이후의 개정을 통해 헌법에서 삭제되었다.

문 4. 다음 글에서 알 수 있는 것은?

필사문화와 초기 인쇄문화에서 독서는 대개 한 사람이 자신이 속한 집단 내에서 다른 사람들에게 책을 읽어서 들려주는 사회적 활동을 의미했다. 개인이 책을 소유하고 혼자 눈으로 읽는 묵독과 같은 오늘날의 독서 방식은 당시 대다수 사람에게 익숙한 일이 아니었다. 근대 초기만 해도 문맹률이 높았기 때문에 공동체적 독서와 음독이 지속되었다.

'공동체적 독서'는 하나의 읽을거리를 가족이나 지역·직업공동체가 공유하는 것을 의미한다. 이는 같은 책을 여러 사람이 돌려 읽는 윤독이 이루어졌을 뿐 아니라, 구연을 통하여 특정 공간에 모인 사람들이 책의 내용을 공유했음을 알려준다. 여기에는 도시와 농촌의 여염집 사랑방이나 안방에서 소규모로 이루어진 가족 구성원들의 독서, 도시와 촌락의 장시에서 주로 이루어진 구연을 통한 독서가 포함된다. 공동체적 독서의 목적은 독서에 참여한 사람들로 하여금 책의 사상과 정서에 공감하게 하는 데 있다.

음독은 '소리 내어 읽음'이라는 의미로서 낭송, 낭독, 구연을 포함한다. 낭송은 혼자서 책을 읽으며 암기와 감상을 위하여 읊조리는 행위를, 낭독은 다른 사람들에게 들려주기 위하여 보다 큰 소리로 책을 읽는 행위를 의미한다. 이에 비해 구연은 좀 더 큰 규모의 청중을 상대로 하며 책을 읽는 행위가 연기의 차원으로 높아진 것을 일컫는다. 이런 점에서 볼 때 음독은 공동체적 독서와 긴밀한 연관을 가질 수밖에 없지만, 음독이 꼭 공동체적 독서라고는 할 수 없다.

전근대 사회에서는 개인적 독서의 경우에도 묵독보다는 낭송이 더 일반적인 독서 형태였다. 그렇다고 해서 도식적으로 공동체적 독서와 음독을 전근대 사회의 독서 형태라 간주하고, 개인적 독서를 근대 이후의 독서 형태라 보는 것은 곤란하다. 현대 사회에서도 필요에 따라 공동체적 독서와 음독이 많이 행해지며, 반대로 전근대 사회에서도 지배계급이나 식자층의 독서는 자주 묵독으로 이루어졌을 것이기 때문이다. 다만 '공동체적 독서'에서 '개인적 독서'로의 이행은 전근대 사회에서 근대 사회로 이행하는 과정에서 확인되는 독서 문화의 추이라고 볼 수 있다.

① 필사문화를 통해 묵독이 유행하기 시작했다.

② 전근대 사회에서 낭송은 공동체적 독서를 의미한다.

③ 공동체적 독서와 개인적 독서 모두 현대사회에서 행해지는 독서 형태이다.

④ 근대 초기 식자층의 독서 방식이었던 음독은 높은 문맹률로 인해 생겨났다.

⑤ 근대 사회에서 윤독은 주로 도시와 촌락의 장시에서 이루어진 독서 형태였다.

문 5. 다음 글에서 알 수 없는 것은?

의학적 원리만을 놓고 볼 때 '인두법'과 '우두법'은 전혀 차이가 없다. 둘 다 두창을 이미 앓은 개체에서 미량의 딱지나 고름을 취해서 앓지 않은 개체에게 접종하는 방식이다. 그렇지만 인두법 저작인 정약용의 『종두요지』와 우두법 저작인 지석영의 『우두신설』을 비교하면 접종대상자의 선정, 사후 관리, 접종 방식 등 세부적인 측면에서 적지 않은 차이가 발견된다.

먼저, 접종대상자의 선정 과정을 보면 인두법이 훨씬 까다롭다. 접종대상자는 반드시 생후 12개월이 지난 건강한 아이여야 했다. 중병을 앓고 얼마 되지 않은 아이, 몸이 허약한 아이, 위급한 증세가 있는 아이는 제외되었다. 이렇게 접종대상자의 몸 상태에 세심하게 신경을 쓰는 까닭은 비록 소량이라고 하더라도 사람에게서 취한 두(痘)의 독이 강력했기 때문이다. 한편, 『우두신설』에서는 생후 70~100일 정도의 아이를 접종대상자로 하며, 아이의 몸 상태에 특별히 신경을 쓰지 않는다. 이는 우두의 독력이 인두보다 약한 데서 기인한다. 우두법은 접종 시기를 크게 앞당김으로써 두창 감염에 따른 위험을 줄였고, 아이의 몸 상태에 크게 좌우되지 않는다는 장점이 있었다.

인두와 우두의 독력 차이로 사후 관리 또한 달랐음을 위 저작들에서 발견할 수 있다. 정약용은 접종 후에 나타나는 각종 후유증을 치료하기 위한 처방을 상세히 기재하고 있는 데 반해, 지석영은 그런 처방을 매우 간략하게 제시하거나 전혀 언급하지 않는다.

접종 방식의 차이도 두드러진다. 『종두요지』의 대표적인 접종 방식으로 두의 딱지를 말려 코 안으로 불어넣는 한묘법, 두의 딱지를 적셔 코 안에 접종하는 수묘법이 있다. 한묘법은 위험성이 높아서 급하게 효과를 보려고 할 때만 쓴 반면, 수묘법은 일반적으로 통용되었고 안전성 면에서도 보다 좋은 방법이었다. 이에 반해 우두 접종은 의료용 칼을 사용해서 팔뚝 부위에 일부러 흠집을 내어 접종했다. 종래의 인두법에서 코의 점막에 불어넣거나 묻혀서 접종하는 방식은 기도를 통한 발병 위험이 매우 높았기 때문이다.

① 우두법은 접종을 시작할 수 있는 나이가 인두법보다 더 어리다.

② 인두 접종 방식 가운데 수묘법이 한묘법보다 일반적으로 통용되는 접종 방식이었다.

③ 『종두요지』에는 접종 후에 나타나는 후유증을 치료하기 위한 처방이 제시되어 있었다.

④ 인두법은 의료용 칼을 사용하여 팔뚝 부위에 흠집을 낸 후 접종하는 방식이었다.

⑤ 『우두신설』에 따르면 몸이 허약한 아이에게도 접종할 수 있었다.

문 6. 다음 글에서 알 수 있는 것은?

과학자가 고안한 새로운 이론이 과학적 진보에 기여하는지를 평가할 때, 다음의 세 가지 조건이 고려된다.

첫째는 통합적 설명 조건이다. 새로운 이론은 여러 현상들을 통합하여 설명할 수 있는 단순한 개념 틀을 제공해야 한다. 예컨대 뉴턴의 새로운 이론은 오랫동안 서로 다르다고 여겨졌던 지상계의 운동과 천상계의 운동을 단지 몇 가지 개념을 통해 설명할 방법을 제시하였다. 하지만 통합적 설명 조건만을 만족한다고 해서 과학적 진보에 기여한다고 보기는 어렵다.

둘째는 새로운 현상의 예측 조건이다. 새로운 이론은 기존의 이론이 예측할 수 없는 새로운 현상을 예측해야 한다. 새로운 현상을 예측하면, 과학자들은 그 예측이 맞는지 확인하기 위해 다양한 반증 시도를 하게 된다. 그 과정에서 과학자들은 기존에 관심을 두지 않았던 영역을 탐구하게 되고 새로운 관측 방법을 개발한다. 통합적 설명 조건을 만족하면서 동시에 새로운 현상을 예측하여 반증 시도를 허용하는 이론이 과학적 진보에 기여하게 되는 것이다.

셋째는 통과 조건이다. 이 조건은 위 두 조건을 모두 만족하는 이론이 제시한 새로운 예측이 실제 관측이나 실험 결과에 들어맞아야 한다는 것을 뜻한다. 혹자는 통과 조건을 만족하지 못하고 반증된 이론은 실패한 이론이고 과학적 진보에 기여하지 못한다고 생각하지만, 그렇지 않다. 그런 이론도 새로운 이론을 고안하도록 과학자를 추동하는 역할을 하기 때문이다. 따라서 통과 조건을 만족하지 못하더라도 통합적 설명 조건과 새로운 현상의 예측 조건을 모두 만족하는 이론은 과학적 진보에 기여하는 것으로 평가할 수 있다.

① 단순하면서 통합적인 개념 틀을 제공하는 이론은 통과 조건을 만족한다.

② 통과 조건을 만족하지 못하더라도 과학적 진보에 기여하는 이론이 있을 수 있다.

③ 반증된 이론은 과학자들이 새로운 이론을 고안하도록 추동하는 역할을 하지 못한다.

④ 새로운 현상의 예측 조건을 만족하지 못하는 이론은 통합적 설명 조건을 만족하지 못한다.

⑤ 통합적 설명 조건과 새로운 현상의 예측 조건 중 하나만 만족하는 이론도 과학적 진보에 기여한다.

문 7. 다음 글의 ㉠~㉤을 문맥에 맞게 수정한 것으로 가장 적절한 것은?

『논어』「자한」편 첫 문장은 일반적으로 "공자께서는 이익, 천명, 인(仁)에 대해서 드물게 말씀하셨다."라고 해석된다. 그런데 『논어』 전체에서 인이 총 106회 언급되었다는 사실이 이 문장 안에 포함된 '드물게(罕)'라는 말은 상충하는 것처럼 보인다. 이러한 충돌을 해결하기 위한 시도는 크게 두 가지 방향에서 이루어졌다. 먼저 해당 한자의 의미를 ㉠기존과 다르게 해석하여 이 문장에 대한 일반적 해석을 변경하는 방식으로 이를 해결하려는 시도가 있다. 하지만 이와 다른 방식으로 충돌을 해결할 수 있다고 믿었던 이들도 있다. 그들은 이 문장의 일반적 해석을 바꾸지 않고 다음과 같은 방법들로 문제를 풀려고 시도했다.

첫째, 어떤 이들은 정도를 나타내는 표현이 상대성을 가질 수 있다는 점에 주목했다. 사실, '드물게'라는 것이 과연 어느 정도의 횟수를 의미하는지는 분명하지 않다. '드물다'는 표현은 동일 선상에 있는 다른 것과의 비교를 염두에 둔 것이다. 따라서 ㉡인이 106회 언급되었다고 해도 다른 것에 비해서는 드물다고 평가할 수 있다.

둘째, 다른 이들은 텍스트의 형성 과정에 주목했다. 『논어』는 발화자와 기록자가 서로 다른데, 공자 사후 공자의 제자들은 각자가 기억하는 스승의 말이나 스승에 대한 그간의 기록을 모아서 『논어』를 편찬하였다. 이를 염두에 둔다면 다음과 같은 상황을 상상할 수 있다. 공자는 인에 대해 실제로 드물게 말했다. 공자가 인을 중시하면서도 그에 대해 드물게 언급하다 보니 제자들이 자주 물을 수밖에 없었다. 그 대화의 결과들을 끌어모은 것이 『논어』인 까닭에, 『논어』에는 ㉢인에 대한 기록이 많아질 수밖에 없었다.

셋째, ㉣이 문장을 기록한 제자의 개별적 특성에 주목했던 이들도 있다. 즉, 다른 제자들은 인에 대해 여러 차례 들었지만, 이 문장의 기록자만 드물게 들었을 수 있다. 공자는 질문하는 제자가 어떤 사람인지에 따라 각 제자에게 주는 가르침을 달리했다. 그렇다면 '드물게'는 이 문장을 기록한 제자의 어떤 특성 때문에 나타난 결과일 수 있다.

넷째, 어떤 이들은 시간의 변수를 도입했다. 기록자가 공자의 가르침을 돌아보면서 ㉤이 문장을 기록한 시점 이후에 공자는 정말로 인에 대해 드물게 말했는지도 모른다. 그리고 그 뒤 어느 시점부터 공자가 빈번하게 인에 대해 설파하기 시작했으며, 『논어』에 보이는 인에 대한 106회의 언급은 그 결과일 수 있다.

① ㉠을 "기존과 동일하게 해석하여 이 문장에 대한 일반적 해석을 준수하는 방식"으로 고친다.

② ㉡을 "인이 106회 언급되었다면 다른 어떤 것에 비해서도 드물다고 평가할 수 없다"로 고친다.

③ ㉢을 "인에 대한 기록이 적어질 수밖에 없었다"로 고친다.

④ ㉣을 "『논어』를 편찬한 공자 제자들의 공통적 특성"으로 고친다.

⑤ ㉤을 "이 문장을 기록했던 시점까지"로 고친다.

문 8. 다음 글의 (가)와 (나)에 들어갈 말을 짝지은 것으로 가장 적절한 것은?

　　오늘날 우리는 끊임없이 무엇인가를 전시하고 이에 대한 주변인의 반응을 기다린다. 특히 전시의 공간이 온라인 플랫폼으로 확장되면서 우리의 삶 자체가 전시물이 되는 시대에 살고 있다. 전시된 삶에 공감하는 익명의 사람들은 '좋아요' 버튼을 누른다. '좋아요'의 수가 많을수록 전시된 콘텐츠의 가치가 높아진다. 이제 얼마나 많은 수의 '좋아요'를 확보하느냐가 관건이 된다.

　　그러다 보니 우리는 손에 잡히지 않지만 눈으로 확인할 수 있는 누군가의 '좋아요'를 좇게 된다. '좋아요'는 전시된 콘텐츠에 대한 공감의 표현 방식이었지만, 어느 순간 관계가 역전되어 '좋아요'를 얻기 위해 콘텐츠를 가상 공간에 전시하기 시작한다. 이제 우리는 '좋아요'를 많이 얻을 수 있는 콘텐츠를 만들어내는 데 최선의 노력을 기울이게 된다.

　　이 관계의 역전은 문제를 일으킨다. '좋아요'의 선택을 받기 위해 노력하다 보면 어느 순간 현실에 존재하는 '나'가 사라지고 만다. 타인이 좋아할 만한 일상과 콘텐츠를 선별하거나 심지어 만들어서라도 전시하기 때문이다. 　(가)　. 타인의 '좋아요'를 얻기 위해 현실에 존재하는 내가 사라지고 마는 아이러니를 직면하는 순간이다.

　　'좋아요'의 공동체 안에서는 타자도 존재하지 않는다. 이 공동체는 '좋아요'를 매개로 모인 서로 '같음'을 공유하는 사람들로 구성된다. 그래서 같은 것을 좋아하고 긍정하는 '좋아요'의 공동체 안에서 각자의 '다름'은 점차 사라진다. 　(나)　. 이제 공동체에서 그러한 타자를 환대하거나 그의 말을 경청하려는 사람은 점점 줄어들고, '다름'은 '좋아요'가 용납하지 않는 별개의 언어가 된다.

　　'좋아요'는 그 특유의 긍정성 덕분에 뿌리치기 힘든 유혹으로 다가온다. 하지만 '좋아요'에 함몰되는 순간 나와 타자를 동시에 잃어버릴 수 있다. 우리는 '좋아요'를 거부하는 타자들을 인정하고 그들의 말에 귀를 기울여야 한다. 이렇게 '좋아요'가 축출한 '다름'의 언어를 되찾아오기 시작할 때 '좋아요'의 아이러니에서 벗어날 수 있을 것이다.

① (가): '좋아요'를 얻기 위해 현실의 나와 다른 전시용 나를 제작하는 셈이다
　(나): '좋아요'를 거부하고 다른 의견을 내는 사람은 불편한 대상이자 배제의 대상이 된다
② (가): '좋아요'를 얻기 위해 현실의 나와 다른 전시용 나를 제작하는 셈이다
　(나): '좋아요'의 공동체에서는 어떠한 갈등이나 의견 대립도 발생하지 않는다

③ (가): '좋아요'를 얻기 위해 나의 내면과 사생활까지도 타인에게 적극적으로 개방한다
　(나): '좋아요'를 거부하고 다른 의견을 내는 사람은 불편한 대상이자 배제의 대상이 된다
④ (가): '좋아요'를 얻기 위해 나의 내면과 사생활까지도 타인에게 적극적으로 개방한다
　(나): '좋아요'의 공동체에서는 어떠한 갈등이나 의견 대립도 발생하지 않는다
⑤ (가): '좋아요'를 얻기 위해 현실의 내가 가진 매력적 콘텐츠를 더욱 많이 발굴하는 것이다
　(나): '좋아요'의 공동체에서는 어떠한 갈등이나 의견 대립도 발생하지 않는다

문 9. 다음 글의 빈칸에 들어갈 내용으로 가장 적절한 것은?

　　여행가들은 종종 여행으로 세계에 대한 새로운 지식을 얻었을 뿐만 아니라 차별과 편견을 제거할 수 있었다고 말한다. 이 깨달음은 신경과학자들 덕분에 사실로 입증되었다. 신경과학자들은 여행이 뇌의 전측대상피질(ACC)을 자극한다는 것을 알아냈다. ACC는 자신이 가진 세계 모델을 기초로 앞으로 들어올 지각 정보의 기대치를 결정하고 새로 들어오는 지각 정보들을 추적한다. 새로 들어온 정보가 기대치에 맞지 않으면 ACC는 경보를 발령하고, 이 정보에 대한 판단을 지연시켜 새로운 정보를 분석할 시간을 제공한다. 정보에 대한 판단이 지연되면, 그에 대한 말과 행동 또한 미뤄진다. ACC의 경보가 발령되면 우리는 어색함을 느끼고 멈칫한다. 결국 ACC는 주변 환경을 더 면밀히 관찰하라고 촉구한다.

　　우리의 뇌는 의식적으로든 반사적으로든 끊임없이 판단을 내린다. 이와 관련하여 인지과학자들은 판단을 늦출수록 판단의 정확성이 높아진다는 사실을 발견했다. 오랜 시간을 들여 더 많은 관련 정보를 파악하는 것이 정확한 판단의 핵심이기 때문이다. 최후의 순간까지 정보에 대한 판단을 유보할수록 정확한 판단을 내릴 가능성이 커진다.

　　낯선 장소를 방문할 때 우리는 늘 어색함을 느낀다. 음식, 지리, 날씨 등 모든 게 기존의 세계 모델과 일치하지 않기 때문이다. 여행은 ACC를 자극하고, ACC의 경보 발령으로 우리는 신속한 판단이나 반사적 행동을 자제하게 된다. 따라서 더 이질적인 문화를 경험하면, 우리의 뇌는 　　　　　　.

① ACC를 덜 활성화시킨다
② 더 적은 정보를 처리한다
③ 주변 환경에 더 친숙해진다
④ 기존의 세계 모델을 더 확신한다
⑤ 정보에 대한 판단을 더 지연시킨다

문 10. 다음 글의 빈칸에 들어갈 내용으로 가장 적절한 것은?

갑은 이번에 들어온 신입 사원 민철에 대해서 '그는 결혼하지 않았다.'라는 정보와 '그는 비혼이다.'라는 정보를 획득했다. 한편 을은 민철에 대해서 '그는 결혼하지 않았다.'라는 정보와 '그에게는 아이가 있다.'라는 정보를 획득했다. 갑이 획득한 정보 집합과 을이 획득한 정보 집합 중에서 무엇이 더 정합적인가? 다르게 말해 어떤 집합 내 정보들이 서로 더 잘 들어맞는가? 갑의 정보 집합이 더 정합적이라고 여기는 것이 상식적이다.

그렇다면 이런 정보 집합의 정합성을 어떻게 측정할 수 있을까? 그 방법 중 하나인 C는 확률을 이용해 그 정합성의 정도, 즉 정합도를 측정한다. 여러 정보로 이루어진 정보 집합 S가 있다고 해보자. 방법 C에 따르면, S의 정합도는 ▢▢▢▢▢ 으로 정의된다.

그 정의에 따라 정합도를 측정하면, 위 갑과 을이 획득한 정보 집합의 정합성을 우리의 상식에 맞춰 비교할 수 있다. 갑이 획득한 정보에서 '그가 결혼하지 않았으며 비혼일 확률'과 '그가 결혼하지 않았거나 비혼일 확률'은 모두 '그가 비혼일 확률'과 같다. 왜냐하면 결혼하지 않았다는 것과 비혼이라는 것은 서로 같은 말이기 때문이다. 따라서 방법 C에 따르면 갑이 획득한 정보 집합의 정합도는 1이다.

한편, '그가 결혼하지 않았으며 아이가 있을 확률'은 '그가 결혼하지 않았거나 아이가 있을 확률'보다 낮다. 왜냐하면 그가 결혼하지 않았거나 아이가 있는 경우에 비해, 그가 결혼하지 않고 아이가 있는 경우는 드물기 때문이다. 따라서 방법 C에 따르면 을의 정보 집합의 정합도는 1보다 작다. 이런 식으로 방법 C는 갑의 정보 집합의 정합도가 을의 정보 집합의 정합도보다 크다고 말해 준다. 그리고 그 점에서 갑의 정보 집합이 을의 정보 집합보다 더 정합적이라고 판단한다. 이는 우리 상식에 부합하는 결과이다.

① S의 정보 중 적어도 하나가 참일 확률을 S의 모든 정보가 참일 확률로 나눈 값

② S의 모든 정보가 참일 확률을 S의 정보 중 적어도 하나가 참일 확률로 나눈 값

③ S의 정보 중 기껏해야 하나가 참일 확률을 S의 모든 정보가 참일 확률로 나눈 값

④ S의 모든 정보가 참일 확률을 S의 정보 중 기껏해야 하나가 참일 확률로 나눈 값

⑤ S의 정보 중 기껏해야 하나가 참일 확률을 S의 정보 중 적어도 하나가 참일 확률로 나눈 값

문 11. 다음 글의 ㉠을 이끌어 내기 위해 추가해야 할 전제로 가장 적절한 것은?

우리는 보고, 듣고, 냄새를 맡는 등 지각적 경험을 한다. 우리가 지각적 경험이 가능한 이유는 이러한 지각을 야기하는 원인이 존재하기 때문이다. 나는 ㉠신의 마음이 바로 나의 지각을 야기하는 원인임을 논증을 통해 보이고자 한다.

이 세상에 존재하는 모든 것은 지각되는 것이고, 그러한 지각을 야기하는 원인이 존재한다. 그러한 원인이 존재한다면 그 원인은 내 마음속 관념이거나 나의 마음이거나 나 이외의 다른 마음 중 하나일 것이다. 하지만 나의 지각을 야기하는 원인은 내 마음속 관념이 아니다. 왜냐하면 지각이 관념의 원인이 될 수는 있지만 관념이 지각을 야기할 수는 없기 때문이다.

나의 지각을 야기하는 원인은 내 마음도 아니다. 왜냐하면 내 마음이 내 지각의 원인이라면 나는 내가 지각하는 바를 조종할 수 있어야 한다. 예를 들어, 내가 내 앞의 빨간 사과를 보고 있다고 해보자. 나는 이 사과를 빨간색으로 지각할 수밖에 없다. 아무리 내가 이 사과 색깔을 빨간색 대신 노란색으로 지각하려고 안간힘을 쓰더라도 이를 내 마음대로 바꿀 수는 없다. 그러므로 나의 지각을 야기하는 원인은 나 이외의 다른 마음이다.

나 이외의 다른 마음은 나 이외의 다른 사람의 마음이거나 사람이 아닌 다른 존재의 마음이다. 다른 사람의 마음이 내 지각을 야기하는 원인이 될 수 없다. 그들이 내가 지각하는 바를 조종할 수는 없기 때문이다. 그러므로 나의 지각을 야기하는 원인은 사람이 아닌 다른 존재의 마음이다.

① 내 마음속 관념이 곧 신이다.

② 사람과 신 이외에 마음을 지닌 존재는 없다.

③ 신의 마음은 나의 마음을 야기하는 원인이다.

④ 감각기관을 통한 지각적 경험은 신뢰할 수 있다.

⑤ 나 이외의 다른 마음만이 내가 지각하는 바를 조종할 수 있다.

문 12. 다음 글의 내용이 참일 때 반드시 참인 것은?

> A부서에서는 새로 시작된 프로젝트에 다섯 명의 주무관 가은, 나은, 다은, 라은, 마은의 참여 여부를 점검하고 있다. 주무관들의 업무 전문성을 고려할 때, 다음과 같은 예측을 할 수 있었고 그 예측들은 모두 옳은 것으로 밝혀졌다.
>
> ○ 가은이 프로젝트에 참여하면 나은과 다은도 프로젝트에 참여한다.
> ○ 나은이 프로젝트에 참여하지 않으면 라은이 프로젝트에 참여한다.
> ○ 가은이 프로젝트에 참여하거나 마은이 프로젝트에 참여한다.

① 가은이 프로젝트에 참여하지 않으면 나은이 프로젝트에 참여한다.
② 다은이 프로젝트에 참여하면 마은이 프로젝트에 참여한다.
③ 다은이 프로젝트에 참여하거나 마은이 프로젝트에 참여한다.
④ 라은이 프로젝트에 참여하면 마은이 프로젝트에 참여한다.
⑤ 라은이 프로젝트에 참여하거나 마은이 프로젝트에 참여한다.

문 13. 다음 글의 내용이 참일 때 반드시 참인 것은?

> 가훈은 모든 게임에서 2인 1조로 다른 조를 상대해야 한다. 게임은 구슬치기, 징검다리 건너기, 줄다리기, 설탕 뽑기 순으로 진행되며 다른 게임은 없다. 이에 가훈은 남은 참가자 갑, 을, 병, 정, 무 중 각각의 게임에 적합한 서로 다른 인물을 한 명씩 선택하여 조를 구성할 계획을 세웠다. 게임의 총괄 진행자는 가훈의 선택에 대해 다음과 같이 예측하였다.
>
> ○ 갑은 설탕 뽑기에 선택되고 무는 징검다리 건너기에 선택된다.
> ○ 을이 구슬치기에 선택되거나 정이 줄다리기에 선택된다.
> ○ 을은 구슬치기에 선택되지 않고 무는 징검다리 건너기에 선택되지 않는다.
> ○ 병은 어떤 게임에도 선택되지 않고 정은 줄다리기에 선택된다.
> ○ 무가 징검다리 건너기에 선택되거나 정이 줄다리기에 선택되지 않는다.
>
> 가훈의 조 구성 결과 이 중 네 예측은 옳고 나머지 한 예측은 그른 것으로 밝혀졌다.

① 갑이 어느 게임에도 선택되지 않았다.
② 을이 구슬치기에 선택되었다.
③ 병이 줄다리기에 선택되었다.
④ 정이 징검다리 건너기에 선택되었다.
⑤ 무가 설탕 뽑기에 선택되었다.

문 14. 다음 글의 빈칸에 들어갈 말로 적절한 것은?

> 문 주무관과 공 주무관은 하나의 팀을 이루어 문공 팀 제안서를 제출하였다. 이와 관련하여 공 주무관은 자신이 수집, 정리한 인사 관련 정보를 문 주무관과 다음과 같이 공유하였다. "강 주무관이 업무 평가에서 S등급을 받았다고 가정하면, 남 주무관이 업무 평가에서 S등급을 받은 경우 문공 팀 제안서가 폐기될 것입니다. 그런데 문공 팀 제안서가 폐기되는 일과 도 주무관이 전보 발령 대상이 되는 일, 둘 중 적어도 하나는 일어날 것입니다. 강 주무관과 남 주무관 둘 중 적어도 한 사람은 S등급을 받은 것이 분명합니다. 그런데 강 주무관만 S등급을 받고 남 주무관은 못 받는 그런 일은 없습니다. 다행히도, 문공 팀 제안서가 폐기되지 않고 심층 검토될 예정이라는 소식입니다."
>
> 그러나 공 주무관이 공유한 정보를 살펴보던 문 주무관은 자신이 입수한 정보를 공유하면서 공 주무관에게 말하였다. "공 주무관님, 그런데 조금 전 확인된 바로, ▢▢▢▢▢▢. 그렇다고 보면, 공 주무관님이 말씀하신 정보는 내적 일관성이 없고 따라서 전부 참일 수는 없습니다. 어딘가 최소한 한 군데는 잘못된 정보라는 말이지요. 지금으로선 어느 부분이 문제인지 알 수 없으니, 수고스럽더라도 어느 부분에 문제가 있는지 다시 확인해주셔야 하겠습니다."

① 남 주무관은 업무 평가에서 S등급을 받았습니다
② 강 주무관은 업무 평가에서 S등급을 받지 못했습니다
③ 도 주무관이 전보 발령 대상이 아닌 경우, 문공 팀 제안서가 폐기됩니다
④ 남 주무관이 업무 평가에서 S등급을 받은 경우, 도 주무관은 전보 발령 대상이 아닙니다
⑤ 강 주무관이 업무 평가에서 S등급을 받은 경우, 남 주무관도 업무 평가에서 S등급을 받습니다

문 15. 다음 글에서 추론할 수 있는 것만을 〈보기〉에서 모두 고르면?

종이와 같이 전류가 흐르지 않는 성질을 가진 물질을 절연체라 한다. 절연체는 전기적으로 중성이며 전하를 띠지 않는다. 그러나 어떤 상황에서는 전하 사이에 작용하는 힘인 전기력에 의한 운동이 가능하다. 어떻게 이러한 절연체의 운동이 가능한가를 알아보자.

절연체는 전기적으로 중성이지만 그 안에는 무수히 많은 전하가 존재한다. 다만, 음전하와 양전하가 똑같은 숫자로 존재하며 물체에 균일하게 분포되어 있다. 이들에게 외부의 전하가 작용할 때 발생하는 전기력인 척력과 인력이 서로 상쇄되어 아무런 힘이 작용하지 않을 것처럼 보인다.

그런데 외부에서 전기력이 작용하면 절연체 내부의 전하들은 개별적으로 그 힘에 반응한다. 가령, 양으로 대전된 물체에 의해서 절연체에 전기력이 작용하는 경우, 절연체 내부의 음전하는 대전된 물체 방향으로 끌려가는 힘인 인력을 받고, 양전하는 밀려나는 힘인 척력을 받는다.

절연체 내부의 전하들은 이러한 전기력에 의해 미세하게 이동할 수 있는데, 음전하는 양으로 대전된 물체와 가까워지는 방향으로, 양전하는 멀어지는 방향으로 이동하게 된다. 그 결과 대전된 물체의 양전하와 절연체의 음전하 간의 인력이 대전된 물체의 양전하와 절연체의 양전하 간의 척력보다 커져 절연체는 대전된 물체 방향으로 끌려가게 된다. 전기력은 전하 간 거리가 멀수록 작아지는 특성이 있기 때문이다. 다만 절연체의 무게가 충분히 작아야만 이러한 전기력이 절연체의 무게를 극복하고 절연체를 끌어당길 수 있다.

〈보기〉

ㄱ. 절연체 내부 전하의 위치는 절연체 외부의 영향에 의해서 변할 수 있다.

ㄴ. 대전된 물체는 절연체 내 음전하와 양전하의 구성 비율을 변화시킬 수 있다.

ㄷ. 음으로 대전된 물체를 특정 무게 이하의 절연체에 가까이 함으로써 절연체를 밀어내는 것이 가능하다.

① ㄱ
② ㄴ
③ ㄱ, ㄷ
④ ㄴ, ㄷ
⑤ ㄱ, ㄴ, ㄷ

문 16. 다음 글에서 추론할 수 있는 것은?

사람의 근육 운동은 근육 세포의 수축과 이완이 반복되면서 일어나며, 근육 세포의 수축과 이완이 정상적으로 일어나지 않으면 근육 마비가 일어난다. 근육 세포의 수축과 이완은 근육 세포와 인접해 있는 운동 신경 세포에서 아세틸콜린의 방출을 조절함으로써 일어날 수 있다.

운동 신경 세포에 작용하는 신호에 의해 운동 신경 세포에서 아세틸콜린이 방출된다. 방출된 아세틸콜린은 근육 세포의 막에 있는 아세틸콜린 결합 단백질에 결합하고 이 근육 세포가 수축되게 한다. 뇌의 운동피질에서 유래한 신호가 운동 신경 세포에 작용하여 이와 같은 현상을 일으킬 수 있다.

운동 신경 세포에서 아세틸콜린의 방출은 운동 신경 세포와 접하고 있는 억제성 신경 세포에 의해서도 조절될 수 있다. 억제성 신경 세포는 글리신을 방출하는데, 이 글리신은 운동 신경 세포에 작용하여 아세틸콜린의 방출을 막음으로써 근육 세포가 이완되게 한다.

사람의 근육 운동에 영향을 미치는 물질 중에는 보툴리눔 독소와 파상풍 독소가 있다. 두 독소는 각각 병원균인 보툴리눔균과 파상풍균이 분비하는 독성 단백질이다. 보툴리눔 독소는 운동 신경 세포에 작용하여 아세틸콜린이 방출되는 것을 막아 근육 세포가 이완된 상태로 있게 하여 근육 마비를 일으킨다. 파상풍 독소는 억제성 신경 세포에 작용하여 글리신이 방출되는 것을 막아 근육 세포가 수축된 상태로 있게 하여 근육 마비를 일으킨다.

① 근육 세포의 막에는 글리신 결합 단백질이 있다.

② 보툴리눔 독소는 근육 세포의 수축이 일어나지 않게 하여 근육 마비를 일으킨다.

③ 운동 신경 세포에서 방출된 아세틸콜린은 억제성 신경 세포에서 글리신의 방출을 막는다.

④ 뇌의 운동피질에서 유래된 신호는 운동 신경 세포에서 아세틸콜린의 방출을 막아서 근육의 수축을 일으킨다.

⑤ 파상풍 독소는 운동 신경 세포에서 방출된 아세틸콜린이 근육 세포의 막에 있는 결합 단백질에 결합할 수 없게 한다.

문 17. 다음 글의 (가)와 (나)에 들어갈 말을 짝지은 것으로 가장 적절한 것은?

진공 상태에서 금속이나 반도체 물질에 높은 전압을 가하면 그 표면에서 전자가 방출된다. 방출된 전자가 형광체에 충돌하면 빛이 발생하는데, 이 빛을 이용하여 디스플레이를 만들 수 있다. 이런 디스플레이를 만들기 위해, 금속이나 반도체 물질로 만들어진 원기둥 형태의 나노 구조체가 기판에 고밀도로 존재하도록 제작하는 기술이 개발되고 있다.

고밀도의 나노 구조체가 있는 기판을 제작하려는 것은 나노 구조체의 밀도가 높을수록 단위 면적당 더 많은 양의 전자가 방출될 것이라는 가설 H1에 근거하고 있다. 그러나 기판의 단위 면적당 방출되는 전자의 양은 나노 구조체의 밀도가 일정 수준 이상으로 높아지면 오히려 줄어들게 될 것이라는 가설 H2를 주장하는 과학자들의 수가 많아지고 있다. 이는 나노 구조체가 너무 조밀하게 모여 있으면 나노 구조체 각각에 가해지는 실제 전압이 오히려 감소한다는 사실에 기반을 두고 있다.

과학자 L은 가설 H1과 가설 H2를 확인하기 위한 원기둥 형태의 금속 재질의 나노 구조체 X가 있는 기판을 제작하였다. 이 기판에 동일 거리에서 동일 전압을 가하여 다음의 실험을 수행하였다.

〈실험〉

실험 1: X가 있는 기판 A와 A보다 면적이 두 배이고 X의 개수가 네 배인 기판 B를 제작하였다. 이때 단위 면적당 방출된 전자의 양은 기판 A와 기판 B가 같았다.

실험 2: 단위 면적당 방출된 전자의 양은, 기판 C에 10,000개의 X가 있을 때보다 20,000개의 X가 있을 때 더 많았고, 기판 C에 20,000개의 X가 있을 때보다 30,000개의 X가 있을 때 더 적었다.

두 실험 중 실험 1은 가설 H1을 [(가)], 실험 2는 가설 H2를 [(나)].

	(가)	(나)
①	강화하고	강화한다
②	강화하고	약화한다
③	약화하지 않고	약화한다
④	약화하고	약화한다
⑤	약화하고	강화한다

문 18. 다음 글의 실험 결과를 가장 잘 설명하는 것은?

광검출기는 빛을 흡수하고 이를 전기 신호인 광전류로 변환하여 빛의 세기를 측정하는 장치로, 얼마나 넓은 범위의 세기를 측정할 수 있는지가 광검출기의 성능을 결정하는 주요 지표이다.

광검출기에서는 빛이 조사되지 않아도 열에너지의 유입 등 외부 요인에 의해 미세한 전류가 발생할 수 있는데, 이러한 전류를 암전류라 한다. 그런데 어떤 광검출기에 세기가 매우 작은 빛이 입력되어 암전류보다 작은 광전류가 발생한다면, 발생한 전류가 암전류에 의한 것인지 빛의 조사에 의한 것인지 구분할 수 없다. 따라서 이 빛의 세기는 이 광검출기에서 측정할 수 없다.

한편, 광검출기에는 광포화 현상이 발생하는데, 이는 광전류의 크기가 빛의 세기에 따라 증가하다가 특정 세기 이상의 빛이 입력되어도 광전류의 크기가 더 이상 증가하지 않고 일정하게 유지되는 것을 뜻한다. 광포화가 일어나기 위한 빛의 최소 세기를 광포화점이라 하고, 광검출기는 광포화점 이상의 세기를 갖는 서로 다른 빛에 대해서는 각각의 세기를 측정할 수 없다. 결국, 어떤 광검출기가 측정할 수 있는 빛의 최소 세기를 결정하는 암전류의 크기와 빛의 최대 세기를 결정하는 광포화점의 크기는 광검출기의 성능을 결정하는 주요 지표이다.

한 과학자는 세기가 서로 다른 빛 A∼D를 이용하여 광검출기 I과 II의 성능 비교 실험을 하였다. 이때 빛의 세기는 A>B>C이며 D>C이다. 광검출기 I과 II로 A∼D 각각의 빛의 세기를 측정할 수 있는 경우를 ○, 측정할 수 없는 경우를 ×로 정리하여 실험 결과를 아래 표에 나타내었다.

빛 광검출기	A	B	C	D
I	○	○	×	×
II	×	○	×	○

① 두 광검출기가 각각 검출할 수 있는 빛의 최소 세기는 I과 II가 같고, 광포화점은 I이 II보다 작다.

② 두 광검출기가 각각 검출할 수 있는 빛의 최소 세기는 I이 II보다 크고, 광포화점은 I이 II보다 작다.

③ 두 광검출기가 각각 검출할 수 있는 빛의 최소 세기는 I이 II보다 작고, 광포화점은 I이 II보다 작다.

④ 두 광검출기가 각각 검출할 수 있는 빛의 최소 세기는 I이 II보다 작고, 광포화점은 I이 II보다 크다.

⑤ 두 광검출기가 각각 검출할 수 있는 빛의 최소 세기는 I이 II보다 크고, 광포화점은 I이 II보다 크다.

[19~20] 다음 글을 읽고 물음에 답하시오.

우리가 임의의 명제 p를 지지하는 증거를 지니면 p에 대한 우리의 믿음은 인식적으로 정당화되고, p를 지지하는 증거를 지니지 않으면 p에 대한 우리의 믿음은 인식적으로 정당화되지 않는다. p에 대한 믿음이 인식적으로 정당화된 상황에서 p를 믿는 것은 우리의 인식적 의무일까? p를 믿는 것이 우리의 인식적 의무라면 이와 관련해 발생하는 문제는 없을까? 이 질문들과 관련해 의무론 논제, 비의지성 논제, 자유주의 논제를 고려해보자.

○ 의무론 논제: ㉠만약 우리가 p를 믿는다는 것이 인식적으로 정당화된다면 그것을 믿어야 하고, 만약 우리가 p를 믿는다는 것이 인식적으로 정당화되지 않는다면 그것을 믿어야 하는 것은 아니다. 즉 우리가 p를 믿어야 한다는 것은 우리가 p를 믿는다는 것이 인식적으로 정당화되기 위한 필요충분조건이다. 이것이 의무론 논제라 불리는 이유는 '우리가 p를 믿어야 한다.'는 것을 인식적 의무로 간주하기 때문이다.

○ 비의지성 논제: ㉡우리가 p를 믿는다는 것은 자유롭게 선택할 수 있는 것이 아니다. 즉 믿음은 선택의 대상이 아니다. 예를 들어, 갑이 창 밖에 있는 나무를 바라보며 창 밖에 나무가 있다는 것을 믿는다고 해보자. 이때 갑이 이를 믿지 않으려고 해도 그는 그럴 수 없다.

○ 자유주의 논제: ㉢만약 우리가 p를 믿는다는 것이 자유롭게 선택할 수 있는 것이 아니라면, 우리에게 p를 믿어야 할 인식적 의무는 없다. 예를 들어, 창 밖에 나무가 있다는 갑의 믿음이 비의지적이라면, 갑에게는 창 밖에 나무가 있다는 것을 믿어야 할 인식적 의무가 없다.

그런데 의무론 논제, 비의지성 논제, 자유주의 논제를 모두 받아들이면 ㉣우리가 p를 믿는다는 것은 인식적으로 정당화되지 않는다는 받아들이기 힘든 결론을 얻는다. 왜 그러한가? 이 논증은 다음과 같이 구성된다. 우선 우리가 p를 믿는다는 것이 자유롭게 선택할 수 있는 것이 아니라고, 즉 우리의 p에 대한 믿음이 비의지적이라고 하자. 그렇다면 자유주의 논제에 따라, 우리에게 p를 믿어야 할 인식적 의무는 없다. 그리고 의무론 논제에 따라, 우리가 p를 믿는다는 것은 인식적으로 정당화되지 않는다. 이러한 결론을 거부하려면 위 세 논제 중 적어도 하나를 거부해야 한다.

철학자 A는 자유주의 논제와 비의지성 논제는 받아들이면서 의무론 논제를 거부하여 위 논증의 결론을 거부한다. A에 따르면 위 논증에서 우리에게 p를 믿어야 할 인식적 의무가 없다는 것은 성립하지만, 우리에게 인식적 의무가 없더라도 그 믿음이 인식적으로 정당화될 수 있는 그런 경우가 있다. 위 예처럼 창 밖에 나무가 있다는 것을 믿어야 할 인식적 의무가 없더라도, 창 밖의 나무를 실제로 보고 있다는 것으로부터 그 믿음은 충분히 인식적으로 정당화될 수 있다. 따라서 위 논증의 결론은 거부된다.

철학자 B는 의무론 논제와 비의지성 논제는 받아들이면서 자유주의 논제를 거부하여 위 논증의 결론을 거부한다. B에 따

르면 위 논증에서 우리의 p에 대한 믿음이 비의지적이더라도 그 믿음에 대한 인식적 의무는 있을 수 있다. 비유적으로 생각해 보자. 돈이 없어서 빚을 갚을지 말지에 대해 선택의 여지가 없다고 하더라도 빚을 갚아야 한다는 의무는 있다. B에 따르면 이러한 방식으로 비의지적인 믿음에 대한 인식적 의무에 대해 말할 수 있다.

문 19. 위 글의 ㉠~㉣에 대한 분석으로 적절한 것만을 〈보기〉에서 모두 고르면?

〈보기〉

ㄱ. ㉠과 ㉡만으로는 ㉣이 도출되지 않는다.

ㄴ. ㉡의 부정으로부터 ㉢의 부정이 도출된다.

ㄷ. ㉢과 "'지금 비가 오고 있다.'를 믿는다는 것이 비의지적이다."라는 전제로부터 "우리에게 '지금 비가 오고 있다.'를 믿어야 할 인식적 의무가 없다."는 것이 도출된다.

① ㄱ
② ㄴ
③ ㄱ, ㄷ
④ ㄴ, ㄷ
⑤ ㄱ, ㄴ, ㄷ

문 20. 위 글에 대한 평가로 적절한 것만을 〈보기〉에서 모두 고르면?

〈보기〉

ㄱ. "우리가 p를 믿는다는 것은 자유롭게 선택할 수 있는 것이다."는 것이 사실이면, 철학자 A의 입장은 약화된다.

ㄴ. "우리에게 p를 믿어야 할 인식적 의무가 있다면 우리의 p에 대한 믿음이 인식적으로 정당화된다."는 것이 사실이면, 철학자 B의 입장은 강화된다.

ㄷ. "우리가 p를 믿는다는 것이 자유롭게 선택할 수 있는 것이 아니더라도 우리에게 p를 믿어야 할 인식적 의무가 있다."는 것이 사실이면, 철학자 A와 B의 입장은 약화된다.

① ㄱ
② ㄷ
③ ㄱ, ㄴ
④ ㄴ, ㄷ
⑤ ㄱ, ㄴ, ㄷ

문 21. 다음 대화의 ㉠으로 적절한 것만을 〈보기〉에서 모두 고르면?

갑: 현재 지방자치단체들에서는 아동학대 피해자들을 위해 아동보호 전문기관과 연계하여 적극적인 보호조치를 취하는 대응체계를 구축하고 있는데요. 그럼에도 불구하고 아동학대로부터 제대로 보호받지 못하는 피해자들이 여전히 많은 이유는 무엇일까요?

을: 제 생각에는 신속한 보호조치가 미흡한 것 같습니다. 현행 대응체계에서는 신고가 접수된 이후부터 실제 아동학대로 판단되어 보호조치가 취해지기까지 긴 시간이 소요됩니다. 신고를 해 놓고 보호조치를 기다리는 동안 또다시 학대를 받는 아동이 많은 것은 아닐까요?

병: 글쎄요. 저는 다른 이유가 있다고 생각합니다. 현행 대응체계에서는 일단 아동학대 신고가 접수되면 실제 아동학대로 판단될 수 있는 사례인지를 조사합니다. 그 결과 아동학대로 판단되지 않은 사례에 대해서는 보호조치가 취해지지 않는데요. 당장은 직접적인 학대 정황이 포착되지 않아 아동학대로 판단되지 않았으나, 실제로는 아동학대였던 경우가 많았을 것이라고 생각합니다.

정: 옳은 지적이긴 합니다. 하지만 저는 더 근본적인 문제가 있다고 생각합니다. 아동학대가 가까운 친인척에 의해 발생한다는 점, 그리고 피해자가 아동이라는 점 등으로 인해 신고 자체가 어려운 경우가 많습니다. 애당초 신고를 하기 어려우니 보호조치가 취해질 가능성 또한 낮은 것이지요.

갑: 모두들 좋은 의견 감사합니다. 오늘 회의에서 제시하신 의견을 뒷받침할 수 있는 ㉠자료 조사를 수행해 주세요.

〈보기〉

ㄱ. 을의 주장을 뒷받침하기 위해, 신고가 접수된 시점과 아동학대 판단 후 보호조치가 시행된 시점 사이에 아동학대가 재발한 사례의 수를 조사한다.

ㄴ. 병의 주장을 뒷받침하기 위해, 아동학대로 판단되지 않은 신고 사례 가운데 보호조치가 취해지지 않은 사례가 차지하는 비중을 조사한다.

ㄷ. 정의 주장을 뒷받침하기 위해, 아동학대 피해자 가운데 친인척과 동거하지 않으며 보호조치를 받지 못한 사례의 수를 조사한다.

① ㄱ
② ㄴ
③ ㄱ, ㄷ
④ ㄴ, ㄷ
⑤ ㄱ, ㄴ, ㄷ

문 22. 다음 글에서 추론할 수 있는 것은?

현재 갑국의 소매업자가 상품을 판매할 수 있는 방식을 정리하면 〈표〉와 같다.

〈표〉 판매 유형 및 방법에 따른 구분

방법 유형	주문 방법	결제 방법	수령 방법
대면	영업장 방문	영업장 방문	영업장 방문
예약 주문	온라인	영업장 방문	영업장 방문
스마트 오더	온라인	온라인	영업장 방문
완전 비대면	온라인	온라인	배송

갑국은 주류에 대하여 국민 건강 증진 및 청소년 보호를 이유로 스마트 오더 및 완전 비대면 방식으로 판매하는 것을 금지해 왔다. 단, 전통주 제조자가 관할 세무서장의 사전 승인을 받은 경우, 그리고 음식점을 운영하는 음식업자가 주문받은 배달 음식과 함께 소량의 주류를 배달하는 경우에 예외적으로 주류의 완전 비대면 판매가 가능했다.

그러나 IT 기술 발전으로 인터넷 상점이나 휴대전화 앱 등을 이용한 재화 및 서비스의 구매 비중이 커져 주류 판매 관련 규제도 변해야 한다는 각계의 요청이 있었다. 이에 갑국 국세청은 관련 고시를 최근 개정하여 주류 소매업자가 이전과 다른 방식으로 주류를 판매하는 것도 허용했다.

이전에는 슈퍼마켓, 편의점 등을 운영하는 주류 소매업자는 대면 및 예약 주문 방식으로만 주류를 판매할 수 있었다. 그러나 개정안에 따르면 주류 소매업자가 스마트 오더 방식으로도 소비자에게 주류를 판매할 수 있게 되었다. 다만 완전 비대면 판매는 이전처럼 예외적인 경우에만 허용된다.

① 고시 개정과 무관하게 음식업자는 주류만 완전 비대면으로 판매할 수 있다.

② 고시 개정 이전에는 슈퍼마켓을 운영하는 주류 소매업자는 온라인으로 주류 주문을 받을 수 없었다.

③ 고시 개정 이전에는 주류를 구매하는 소비자는 반드시 영업장을 방문하여 상품을 대면으로 수령해야 했다.

④ 고시 개정 이전에는 편의점을 운영하는 주류 소매업자는 주류 판매 대금을 온라인으로 결제받을 수 없었다.

⑤ 고시 개정 이후에는 전통주를 구매하는 소비자는 전통주 제조자의 영업장에 방문하여 주류를 구입할 수 없다.

문 23. 다음 글의 〈표〉에 대한 판단으로 적절한 것만을 〈보기〉에서 모두 고르면?

갑 부처는 민감정보 및 대규모 개인정보를 처리하는 공공기관에 대해 매년 「공공기관 개인정보 보호수준 평가」(이하 '보호수준 평가')를 실시한다. 갑 부처는 공공기관의 개인정보 보호 업무에 대한 관심도와 관리 수준을 평가하여 우수기관은 표창하고 취약기관에는 과태료를 부과할 수 있다.

보호수준 평가는 접근권한 관리, 암호화 조치, 접속기록 점검의 총 세 항목에 대해서 이루어진다. 각 항목에 대해 '상', '중', '하' 중 하나의 등급을 부여하며, 평가 대상 기관이 세 항목 모두 하 등급을 받으면 취약기관으로 지정된다. 평가 대상 기관이 두 항목에서 하 등급을 받는다면, 그것만으로는 취약기관으로 지정되지 않는다. 그러나 하 등급을 받은 항목의 수가 2년 연속 둘이라면, 그 기관은 취약기관으로 지정된다.

우수기관으로 지정되기 위해서는 당해 연도와 전년도에 각각 둘 이상의 항목에서 상 등급을 받고 당해 연도에는 하 등급을 받은 항목이 없어야 한다.

A기관과 B기관은 2023년과 2024년에 보호수준 평가를 받았으며, 각 항목에 대한 평가 결과는 〈표〉와 같다.

〈표〉 2023년과 2024년 보호수준 평가 결과

기관	항목 연도	접근권한 관리	암호화 조치	접속기록 점검
A	2023	㉠	중	㉡
	2024	㉢	하	상
B	2023	㉣	상	하
	2024	중	㉤	㉥

〈보기〉

ㄱ. ㉠과 ㉢이 다르면 A기관은 2024년에 우수기관으로도 취약기관으로도 지정되지 않는다.

ㄴ. ㉤과 ㉥이 모두 '하'라면 B기관은 2024년에 취약기관으로 지정된다.

ㄷ. 2024년에 A기관은 취약기관으로 지정되었고 B기관은 우수기관으로 지정되었다면, ㉡과 ㉣은 같지 않다.

① ㄱ
② ㄴ
③ ㄱ, ㄷ
④ ㄴ, ㄷ
⑤ ㄱ, ㄴ, ㄷ

문 24. 다음 갑~무의 대화에 대한 분석으로 적절하지 않은 것은?

갑: 2017년부터 우리 A시에 주민등록을 하여 거주해 오는 주민이 출산 직후인 2024년 4월 22일에 출산장려금과 산후관리비의 지원을 신청했습니다. 그런데 그 주민은 2023년 8월 30일부터 2023년 9월 8일까지 다른 지역으로 주민등록을 옮겨서 거주한 일이 있어서, 지원 대상이 될 수 없다고 통보하자 민원을 제기했습니다.

을: 안타까운 일이군요. 민원인은 요건상의 기간 중에 배우자의 직장 문제로 열흘 정도 다른 지역에 계셨을 뿐, 줄곧 우리 A시에 살고 계십니다.

갑: 「A시 산후관리비 및 출산장려금 지원에 관한 조례」(이하 'A시 조례') ㉠제3조의 산후관리비 지원 자격 요건은 "출산일 기준으로 12개월 전부터 신청일 현재까지 계속하여 A시에 주민등록을 둔 산모"라고 규정합니다. 어쩔 수 없습니다.

을: ㉡제7조의 출산장려금 지원 자격 요건은 제3조에서와 동일하게 규정되어 있는데 "계속하여"라는 문구는 없습니다. 그러니 출산장려금은 지급했어야 하는 것 아닙니까?

병: 그것도 또한 계속성을 요구한다고 해석해야 합니다. 우리와 인접한 B시의 「B시 출산장려금 지원 조례」(이하 'B시 조례') ㉢제2조의 출산장려금 지원 자격 요건은 A시 조례 제7조와 같은 취지와 형식의 문구로 되어 있으면서 계속성을 명시합니다. 다른 지방자치단체들의 조례도 마찬가지입니다.

정: 그러나 B시 조례를 잘 보면 출산 전 주민등록의 기간은 우리의 절반밖에 되지 않습니다. 이 점을 고려하면, 둘을 동일 선상에 놓고 보아서는 안 됩니다.

무: 판례를 고려하여 해석하는 것이 적절해 보입니다. 갱신되거나 반복된 근로계약에서는 그 사이 일부 공백 기간이 있더라도 근로관계의 계속성을 인정해야 한다는 판결이 있습니다. 근로자를 보호하는 취지인데요, 자녀를 두는 가정을 보호하려는 A시 조례의 두 지원 사업은 그와 일맥상통합니다. 계속성은 유연하게 해석합시다.

① 갑은 민원인이 ㉠을 갖추었는지 여부에 대한 판단에서 병과는 같고 무와는 다르다.

② 을은 ㉠에 관한 조항에 나오는 "계속하여"라는 문구의 의미를 갑, 병과 달리 이해한다.

③ 병은 ㉢에서처럼 주민등록의 계속성을 명시하는 것이 ㉡과 같은 경우보다 일반적이라고 이해한다.

④ 정은 조문의 해석에서 ㉢에서의 주민등록 기간이 ㉡에서와 다르다는 점을 고려할 수 있다고 본다.

⑤ 무는 ㉠과 관련하여 일시적인 단절이 있어도 계속성의 요건이 충족될 수 있다고 본다.

문 25. 다음 글의 〈논쟁〉에 대한 분석으로 적절한 것만을 〈보기〉에서 모두 고르면?

K국의 「형법」 제7조(이하 '현행 조항')는 다음과 같다.

> 제7조 죄를 지어 외국에서 형의 전부 또는 일부가 집행된 사람에 대해서는 선고하는 형을 감경 또는 면제할 수 있다.

최근 K국 의회에서는 현행 조항에서 "할 수 있다"의 문구를 "해야 한다"(이하 '개정 문구')로 개정하려 한다. 이에 대하여 갑과 을이 논쟁한다.

〈논쟁〉

쟁점 1: 갑은, 이중처벌 금지의 원칙에 따르면 외국에서 받은 형 집행은 K국에서 반드시 반영되어야 하는 것인데도 현행 조항은 법관이 그것을 아예 반영하지 않을 수 있는 재량까지 부여하기 때문에 어떻게든 개정은 해야 한다고 주장한다. 그러나 을은, 현행 조항은 이중처벌 금지의 원칙과 무관하기 때문에 개정 문구가 타당한지를 따질 것도 없이 그 원칙을 개정의 논거로 삼을 수 없다고 주장한다.

쟁점 2: 갑은, 현행 조항은 신체의 자유를 과도하게 제한하는 위헌적 조문이라서 향후 국민 기본권의 침해를 피할 수 없으므로 개정이 필요하다고 주장한다. 그러나 을은, 현재 K국 법원은 법률상의 재량을 합리적으로 행사하여 위헌의 사례 없이 사실상 개정 문구대로 운영하므로 현행 조항을 유지해도 된다고 맞선다.

〈보기〉

ㄱ. 쟁점 1과 관련하여, 을은 이중처벌 금지가 하나의 범죄행위에 대해 동일한 국가가 형벌권을 거듭 행사해서는 안 된다는 의미라고 해석하는 것이라면, 갑과 을 사이의 주장 불일치를 설명할 수 있다.

ㄴ. 쟁점 2와 관련하여, 갑은 현행 조항으로 말미암아 헌법상 신체의 자유가 침해될 것이라고 전망하지만, 을은 그러한 전망에 동의하지 않는다.

ㄷ. '외국에서 형의 집행을 받은 피고인에게 K국 법원이 형을 선고할 때에는 이미 집행된 형량을 공제해야 한다.'는 내용으로 K국 의회가 현행 조항을 개정한다면, 갑과 을은 개정에 반대할 것이다.

① ㄱ

② ㄷ

③ ㄱ, ㄴ

④ ㄴ, ㄷ

⑤ ㄱ, ㄴ, ㄷ

※ 수고하셨습니다.

※ 기출문제편 맨 마지막에 있는 OMR 카드에 마킹을 하세요.

정답과 분석해설편 ▶ P.12

제2영역 상황판단

1초 합격예측! 모바일 성적결과분석표 발급 서비스

 QR 코드로 접속하여 문제 풀이 시간을 측정하고, 자동채점 & 성적결과분석 서비스를 통해 지금 바로 실력을 점검해 보세요.
◀ https://eduwill.kr/ekCe

| 풀이 시간 | • 시작: ____시 ____분 ~ 종료: ____시 ____분 |
| | • 총 : ____분 |

문 1. 다음 글을 근거로 판단할 때 옳은 것은?

제00조 ① A부장관은 클라우드컴퓨팅(cloud computing)에 관한 정책의 효과적인 수립·시행에 필요한 산업 현황과 통계를 확보하기 위한 실태조사(이하 '실태조사'라 한다)를 할 수 있다.
② A부장관은 실태조사를 위하여 필요한 경우에는 클라우드컴퓨팅서비스 제공자나 그 밖의 관련 기관 또는 단체에 자료의 제출이나 의견의 진술 등을 요청할 수 있다.
③ A부장관은 클라우드컴퓨팅의 발전과 이용 촉진 및 이용자 보호와 관련된 중앙행정기관(이하 '관계 중앙행정기관'이라 한다)의 장이 요구하는 경우 실태조사 결과를 통보하여야 한다.
④ A부장관은 실태조사를 할 때에는 다음 각 호의 사항을 내용에 포함하여야 한다.
 1. 클라우드컴퓨팅 관련 기업 현황 및 시장 규모
 2. 클라우드컴퓨팅기술 및 클라우드컴퓨팅서비스의 이용·보급 현황
 3. 클라우드컴퓨팅 산업의 인력 현황 및 인력 수요 전망
 4. 클라우드컴퓨팅 관련 연구개발 및 투자 규모
⑤ 실태조사는 현장조사, 서면조사, 통계조사 및 문헌조사 등의 방법으로 실시하되, 효율적인 실태조사를 위하여 필요한 경우에는 정보통신망 및 전자우편 등의 전자적 방식으로 실시할 수 있다.
제00조 ① 관계 중앙행정기관의 장은 클라우드컴퓨팅기술 및 클라우드컴퓨팅서비스에 관한 연구개발사업을 추진할 수 있다.
② 관계 중앙행정기관의 장은 기업·연구기관 등에 제1항에 따른 연구개발사업을 수행하게 하고 그 사업 수행에 드는 비용의 전부 또는 일부를 지원할 수 있다.
제00조 국가와 지방자치단체는 클라우드컴퓨팅기술 및 클라우드컴퓨팅서비스의 발전과 이용 촉진을 위하여 조세감면을 할 수 있다.

① 실태조사는 전자적 방식으로 실시하는 것을 원칙으로 하되, 필요한 경우 현장조사, 서면조사 등의 방법으로 실시할 수 있다.
② 클라우드컴퓨팅기술 및 클라우드컴퓨팅서비스의 발전과 이용 촉진을 위하여 지방자치단체가 조세감면을 할 수는 없다.
③ A부장관은 실태조사의 내용에 클라우드컴퓨팅 산업의 인력 현황을 포함해야 하지만, 인력 수요에 대한 전망을 포함시킬 필요는 없다.
④ A부장관은 관계 중앙행정기관의 장에게 실태조사 결과를 요구할 수 있고, 이 경우 관계 중앙행정기관의 장은 그 결과를 A부장관에게 통보하여야 한다.
⑤ 관계 중앙행정기관의 장이 연구기관에 클라우드컴퓨팅기술 및 클라우드컴퓨팅서비스에 관한 연구개발사업을 수행하게 한 경우, 그 사업 수행에 드는 비용을 지원할 수 있다.

문 2. 다음 글을 근거로 판단할 때 옳은 것은?

> 제00조 이 법에서 사용하는 용어의 뜻은 다음과 같다.
> 1. "산림병해충"이란 산림에 있는 식물과 산림이 아닌 지역에 있는 수목에 해를 끼치는 병과 해충을 말한다.
> 2. "예찰"이란 산림병해충이 발생할 우려가 있거나 발생한 지역에 대하여 발생 여부, 발생 정도, 피해 상황 등을 조사하거나 진단하는 것을 말한다.
> 3. "방제"란 산림병해충이 발생하지 아니하도록 예방하거나, 이미 발생한 산림병해충을 약화시키거나 제거하는 모든 활동을 말한다.
>
> 제00조 ① 산림소유자는 산림병해충이 발생할 우려가 있거나 발생하였을 때에는 예찰·방제에 필요한 조치를 하여야 한다.
> ② 산림청장, 시·도지사, 시장·군수·구청장 또는 지방산림청장은 산림병해충이 발생할 우려가 있거나 발생하였을 때에는 예찰·방제에 필요한 조치를 할 수 있다.
> ③ 시·도지사, 시장·군수·구청장 또는 지방산림청장(이하 '시·도지사 등'이라 한다)은 산림병해충이 발생할 우려가 있거나 발생하였을 때에는 산림소유자, 산림관리자, 산림사업 종사자, 수목의 소유자 또는 판매자 등에게 다음 각 호의 조치를 하도록 명할 수 있다. 이 경우 명령을 받은 자는 특별한 사유가 없으면 명령에 따라야 한다.
> 1. 산림병해충이 있는 수목이나 가지 또는 뿌리 등의 제거
> 2. 산림병해충이 발생할 우려가 있거나 발생한 산림용 종묘, 베어낸 나무, 조경용 수목 등의 이동 제한이나 사용 금지
> 3. 산림병해충이 발생할 우려가 있거나 발생한 종묘·토양의 소독
> ④ 시·도지사 등은 제3항 제2호에 따라 산림용 종묘, 베어낸 나무, 조경용 수목 등의 이동 제한이나 사용 금지를 명한 경우에는 그 내용을 해당 기관의 게시판 및 인터넷 홈페이지 등에 10일 이상 공고하여야 한다.
> ⑤ 시·도지사 등은 제3항 각 호의 조치이행에 따라 발생한 농약대금, 인건비 등의 방제비용을 예산의 범위에서 지원할 수 있다.

① 산림병해충이 발생하지 않도록 예방하는 활동은 방제에 해당하지 않는다.

② 산림병해충이 발생할 우려가 있는 경우, 수목의 판매자는 예찰에 필요한 조치를 하여야 한다.

③ 산림병해충 발생으로 인한 조치 명령을 이행함에 따라 발생한 인건비는 시·도지사 등의 지원 대상이 아니다.

④ 산림병해충이 발생한 종묘에 대해 관할 구청장이 소독을 명한 경우, 그 내용을 구청 게시판 및 인터넷 홈페이지에 10일 이상 공고하여야 한다.

⑤ 산림병해충이 발생하여 관할 지방산림청장이 해당 수목의 소유자에게 수목 제거를 명령하였더라도, 특별한 사유가 있으면 그 명령에 따르지 않을 수 있다.

문 3. 다음 글을 근거로 판단할 때 옳은 것은?

> 제00조 ① 게임물의 윤리성 및 공공성을 확보하고 사행심 유발 또는 조장을 방지하며 청소년을 보호하고 불법 게임물의 유통을 방지하기 위하여 ○○ 관리위원회(이하 '위원회'라 한다)를 둔다.
> ② 위원회는 위원장 1명을 포함한 9명 이내의 위원으로 구성하되, 위원장은 상임으로 한다.
> ③ 위원회의 위원은 문화예술·문화산업·청소년·법률·교육·정보통신·역사 분야에 종사하는 사람으로서 게임산업·아동 또는 청소년에 대한 전문성과 경험이 있는 사람 중에서 관련 단체의 장이 추천하는 사람을 A부장관이 위촉하며, 위원장은 위원 중에서 호선한다.
> ④ 위원장 및 위원의 임기는 3년으로 한다.
> 제00조 ① 위원회는 법인으로 한다.
> ② 위원회는 A부장관의 인가를 받아 주된 사무소의 소재지에서 설립등기를 함으로써 성립한다.
> 제00조 ① 위원회의 업무 및 회계에 관한 사항을 감사하기 위하여 위원회에 감사 1인을 둔다.
> ② 감사는 A부장관이 임명하며, 상임으로 한다.
> ③ 감사의 임기는 3년으로 한다.

① 감사와 위원의 임기는 다르다.

② 위원장과 감사는 상임으로 한다.

③ 위원장은 A부장관이 위원 중에서 지명한다.

④ 위원회는 감사를 포함하여 9명으로 구성하여야 한다.

⑤ 위원회는 A부장관의 인가 여부와 관계없이 주된 사무소의 소재지에서 설립등기를 함으로써 성립할 수 있다.

문 4. 다음 글과 〈상황〉을 근거로 판단할 때, 제사주재자를 옳게 짝지은 것은?

사망한 사람의 제사를 주재하는 사람(이하 '제사주재자'라 한다)은 사망한 사람의 공동상속인들 간 협의에 의해 정하는 것이 원칙이다. 다만 공동상속인들 사이에 협의가 이루어지지 않을 때, 누구를 제사주재자로 결정할 것인지 문제가 된다.

종전 대법원 판례는, 제사주재자의 지위를 유지할 수 없는 특별한 사정이 없는 한 사망한 사람의 직계비속으로서 장남(장남이 이미 사망한 경우에는 장손자)이 제사주재자가 되고, 공동상속인들 중 아들이 없는 경우에는 장녀가 제사주재자가 된다고 하였다. 이 판례에 대해, 사망한 사람에게 아들, 손자가 있다는 이유만으로 여성 상속인이 자신의 의사와 무관하게 제사주재자가 되지 못한다는 점에서 양성평등의 원칙에 어긋난다는 비판이 있었다.

이를 반영해서 최근 대법원은 연령을 기준으로 하여 제사주재자가 결정되는 것으로 판례를 변경하였다. 즉, 공동상속인들 사이에 협의가 이루어지지 않으면, 제사주재자의 지위를 유지할 수 없는 특별한 사정이 없는 한 사망한 사람의 직계비속 가운데 남녀를 불문하고 최근친(最近親) 중 연장자가 제사주재자가 된다고 하였다.

〈상황〉

甲과 乙은 혼인하여 자녀 A(딸), B(아들), C(아들)를 두었다. B는 혼인하여 자녀 D(아들)가 있고, A와 C는 자녀가 없다. B는 2023. 5. 1. 43세로 사망하였고, 甲은 2024. 5. 1. 사망하였다. 2024. 6. 1. 현재 甲의 공동상속인인 乙(73세), A(50세), C(40세), D(20세)는 각자 자신이 甲의 제사주재자가 되겠다고 다투고 있다. 이들에게는 제사주재자의 지위를 유지할 수 없는 특별한 사정이 없다.

	종전 대법원 판례	최근 대법원 판례
①	A	C
②	C	A
③	C	乙
④	D	A
⑤	D	乙

문 5. 다음 글을 근거로 판단할 때 옳은 것은?

자기조절력은 스스로 목표를 설정하고 그 목표를 달성하기 위해 집념과 끈기를 발휘하는 능력을 말한다. 또한 자기조절력은 자기 자신의 감정을 잘 조절하는 능력이기도 하며, 내가 나를 존중하는 능력이기도 하다. 자기조절을 하기 위해서는 도달하고 싶으나 아직 구현되지 않은 나의 미래 상태를 현재 나의 상태와 구별해 낼 수 있어야 한다. 자기조절력의 하위 요소로는 자기절제와 목표달성 등이 있다. 이러한 하위 요소들은 신경망과도 관련이 있는 것으로 알려져 있다.

우선 자기절제는 충동을 통제하고, 일상적이고도 전형적인 혹은 자동적인 행동을 분명한 의도를 바탕으로 억제하는 것이다. 이처럼 특정한 의도를 갖고 자신의 행동이나 생각을 의식적으로 억제하거나 마음먹은 대로 조절하는 능력은 복외측전두피질과 내측전전두피질을 중심으로 한 신경망과 관련이 깊다.

한편 목표달성을 위해서는 두 가지 능력이 필요하다. 첫 번째는 자기 자신에 집중할 수 있는 능력이다. 나 자신에 집중하기 위해서는 끊임없이 자신을 되돌아보며 현재 나의 상태를 알아차리는 자기참조과정이 필요하다. 자기참조과정에 주로 관여하는 것은 내측전전두피질을 중심으로 후방대상피질과 설전부를 연결하는 신경망이다. 두 번째는 자신이 도달하고자 하는 대상에 집중할 수 있는 능력이다. 특정 대상에 주의를 집중하는 데 필요한 뇌 부위는 배외측전두피질로 알려져 있다. 배외측전두피질은 주로 내측전전두피질과 연결되어 작동한다. 내측전전두피질과 배외측전두피질 간의 기능적 연결성이 강할수록 목표를 위해 에너지를 집중하고 지속적인 노력을 쏟아부을 수 있는 능력이 높아진다.

① 자기조절을 위해서는 현재 나의 상태와 아직 구현되지 않은 나의 미래 상태를 구분할 수 있어야 한다.

② 내측전전두피질과 배외측전두피질 간의 기능적 연결성이 약할수록 목표를 위한 집중력이 높아진다.

③ 목표달성을 위해서는 일상적이고 전형적인 행동을 강화하는 능력이 필요하다.

④ 자신이 도달하고자 하는 대상에 집중하는 과정을 자기참조과정이라 한다.

⑤ 자기조절력은 자기절제의 하위 요소이다.

문 6. 다음 글을 근거로 판단할 때, 보이지 않는 숫자를 모두 합한 값은?

> 甲~丁은 매일 최대한 많이 걷기로 하고 특정 시간에 만나서 각자의 걸음 수와 그 합을 기록하였다. 그 기록한 걸음 수의 합은 199,998걸음이었다. 그런데 수명이 다 된 펜으로 각자의 걸음 수를 쓴 탓이었는지 다음날에 보니 아래와 같이 다섯 개의 숫자(□)가 보이지 않았다.
>
> | | | | | | |
> |---|---|---|---|---|---|
> | 甲: | □ | 5 | 7 | 0 | 1 |
> | 乙: | 8 | 4 | □ | 9 | 8 |
> | 丙: | 8 | 3 | □ | □ | 4 |
> | 丁: | □ | 6 | 7 | 1 | 5 |

① 13
② 14
③ 15
④ 16
⑤ 17

문 7. 다음 글을 근거로 판단할 때, 〈보기〉에서 옳은 것만을 모두 고르면?

> 甲은 아래 3가지 색의 공을 〈조건〉에 따라 3개의 상자에 나누어 모두 담으려고 한다.
>
> | 색 | 무게(g) | 개수 |
> |---|---|---|
> | 빨강 | 30 | 3 |
> | 노랑 | 40 | 2 |
> | 파랑 | 50 | 2 |
>
> 〈조건〉
> ○ 각 상자에는 100g을 초과해 담을 수 없다.
> ○ 각 상자에는 적어도 2가지 색의 공을 담아야 한다.

〈보기〉

ㄱ. 빨간색 공은 모두 서로 다른 상자에 담기게 된다.

ㄴ. 각 상자에 담긴 공 무게의 합은 서로 다르다.

ㄷ. 빨간색 공이 담긴 상자에는 파란색 공이 담기지 않는다.

ㄹ. 3개의 상자 중에서 공 무게의 합이 가장 작은 상자에는 파란색 공이 담기게 된다.

① ㄱ, ㄴ
② ㄱ, ㄷ
③ ㄴ, ㄷ
④ ㄴ, ㄹ
⑤ ㄷ, ㄹ

문 8. 다음 글을 근거로 판단할 때, A사가 투자할 작품만을 모두 고르면?

> ○ A사는 투자할 작품을 결정하려고 한다. 작품별 기본점수 등 현황은 다음과 같다.
>
> | 작품 \ 현황 | 기본점수 (점) | 스태프 인원 (명) | 장르 | 감독의 최근 2개 작품 흥행 여부 (개봉연도) | |
> |---|---|---|---|---|---|
> | 성묘 | 70 | 55 | 판타지 | 성공 (2009) | 실패 (2015) |
> | 서울의 겨울 | 85 | 45 | 액션 | 실패 (2018) | 실패 (2020) |
> | 만날 결심 | 75 | 50 | 추리 | 실패 (2020) | 성공 (2022) |
> | 빅 포레스트 | 65 | 65 | 멜로 | 성공 (2011) | 성공 (2018) |
>
> ○ 최종점수는 작품별 기본점수에 아래 기준에 따른 점수를 가감해 산출한다.
>
> | 기준 | 가감 점수 |
> |---|---|
> | 스태프 인원이 50명 미만 | 감점 10점 |
> | 장르가 판타지 | 가점 10점 |
> | 감독의 최근 2개 작품이 모두 흥행 성공 | 가점 10점 |
> | 감독의 직전 작품이 흥행 실패 | 감점 10점 |
>
> ○ 최종점수가 75점 이상인 작품에 투자한다.

① 성묘, 만날 결심
② 성묘, 빅 포레스트
③ 서울의 겨울, 만날 결심
④ 만날 결심, 빅 포레스트
⑤ 서울의 겨울, 빅 포레스트

[9～10] 다음 글을 읽고 물음에 답하시오.

　암호 기술은 일반적인 문장(평문)을 해독 불가능한 암호문으로 변환하거나, 암호문을 해독 가능한 평문으로 변환하기 위한 원리, 수단, 방법 등을 취급하는 기술을 말한다. 이 암호 기술은 암호화와 복호화로 구성된다. 암호화는 평문을 암호문으로 변환하는 것이며, 반대로 암호문에서 평문으로 변환하는 것은 복호화라 한다.

　암호 기술에서 사용되는 알고리즘, 즉 암호 알고리즘은 대상 메시지를 재구성하는 방법이다. 암호 알고리즘에는 메시지의 각 원소를 다른 원소에 대응시키는 '대체'와 메시지의 원소들을 재배열하는 '치환'이 있다. 예를 들어 대체는 각 문자를 다른 문자나 기호로 일대일로 대응시키는 것이고, 치환은 단어, 어절 등의 순서를 바꾸는 것이다.

　암호 알고리즘에서는 보안을 강화하기 위해 키(key)를 사용하기도 한다. 키는 암호가 작동하는 데 필요한 값이다. 송신자와 수신자가 같은 키를 사용하면 대칭키 방식이라 하고, 다른 키를 사용하면 비대칭키 방식이라 한다. 대칭키 방식은 동일한 키로 상자를 열고 닫는 것이고, 비대칭키 방식은 서로 다른 키로 상자를 열고 닫는 것이다. 비대칭키 방식의 경우에는 수신자가 송신자의 키를 몰라도 자신의 키만 알면 복호화가 가능하다. 그리고 비대칭키 방식은 서로 다른 키를 사용하기 때문에, 키의 유출 염려가 덜해 조금 더 보안성이 높다고 알려져 있다.

　한편 암호 알고리즘에 사용하기 위해 만들 수 있는 키의 수는 키를 구성하는 비트(bit)의 수에 따른다. 비트는 0과 1을 표현할 수 있는 가장 작은 단위인데, 예를 들어 8비트로 만들 수 있는 키의 수는 2^8, 즉 256개이다. 키를 구성하는 비트의 수가 많으면 많을수록 모든 키를 체크하는 데 시간이 오래 걸려 보안성이 높아진다. 256개 정도의 키는 컴퓨터로 짧은 시간에 모두 체크할 수 있으나, 100비트로 구성된 키가 사용되었다면 체크해야 할 키의 수가 2^{100}개에 달해 초당 100만 개의 키를 체크할 수 있는 컴퓨터를 사용하더라도 상당히 많은 시간이 걸릴 것이다.

　56비트로 구성된 키를 사용하여 만든 암호 알고리즘에는 DES(Data Encryption Standard)가 있다. 그런데 오늘날 컴퓨팅 기술의 발전으로 인해 DES는 더 이상 안전하지 않아, DES보다는 DES를 세 번 적용한 삼중 DES(triple DES)나 그 뒤를 이은 AES(Advanced Encryption Standard)를 사용하고 있다.

문 9. 윗글을 근거로 판단할 때, 〈보기〉에서 옳은 것만을 모두 고르면?

─〈보기〉─

ㄱ. 복호화를 통하여 암호문을 평문으로 변환할 수 있다.

ㄴ. 비대칭키 방식의 경우, 수신자는 송신자의 키를 알아야 암호를 해독할 수 있다.

ㄷ. 대체는 단어, 어절 등의 순서를 바꾸는 것이다.

ㄹ. 삼중 DES 알고리즘은 DES 알고리즘보다 안전성이 높다.

① ㄱ, ㄴ

② ㄱ, ㄹ

③ ㄴ, ㄷ

④ ㄴ, ㄹ

⑤ ㄷ, ㄹ

문 10. 윗글과 〈상황〉을 근거로 판단할 때, (가)에 해당하는 수는?

─〈보기〉─

　2^{56}개의 키를 1초에 모두 체크할 수 있는 컴퓨터의 가격이 1,000,000원이다. 컴퓨터의 체크 속도가 2배가 될 때마다 컴퓨터는 10만 원씩 비싸진다. 60비트로 만들 수 있는 키를 1초에 모두 체크할 수 있는 컴퓨터의 최소 가격은 　(가)　 원이다.

① 1,100,000

② 1,200,000

③ 1,400,000

④ 1,600,000

⑤ 2,000,000

문 11. 다음 글을 근거로 판단할 때 옳은 것은?

제00조 ① A부장관은 김치산업의 활성화를 위한 제조기술 및 김치와 어울리는 식문화 보급을 위하여 필요한 전문인력을 양성할 수 있다.
② A부장관은 제1항에 따른 전문인력 양성을 위하여 대학·연구소 등 적절한 시설과 인력을 갖춘 기관·단체를 전문인력 양성기관으로 지정·관리할 수 있다.
③ A부장관은 제2항에 따라 지정된 전문인력 양성기관에 대하여 예산의 범위에서 그 양성에 필요한 경비를 지원할 수 있다.
④ A부장관은 김치산업 전문인력 양성기관이 다음 각 호의 어느 하나에 해당하는 경우에는 지정을 취소하거나 6개월 이내의 범위에서 기간을 정하여 업무의 전부 또는 일부를 정지할 수 있다. 다만, 제1호에 해당하는 경우에는 지정을 취소하여야 한다.
 1. 거짓이나 그 밖의 부정한 방법으로 지정을 받은 경우
 2. 지정받은 사항을 위반하여 업무를 행한 경우
 3. 지정기준에 적합하지 아니하게 된 경우
제00조 ① 국가는 김치종주국의 위상제고, 김치의 연구·전시·체험 등을 위하여 세계 김치연구소를 설립하여야 한다.
② 국가와 지방자치단체는 세계 김치연구소의 효율적인 운영·관리를 위하여 필요한 경비를 예산의 범위에서 지원할 수 있다.
제00조 ① 국가와 지방자치단체는 김치산업의 육성, 김치의 수출 경쟁력 제고 및 해외시장 진출 활성화를 위하여 김치의 대표 상품을 홍보하거나 해외시장을 개척하는 개인 또는 단체에 대하여 필요한 지원을 할 수 있다.
② A부장관은 김치의 품질향상과 국가 간 교역을 촉진하기 위하여 김치의 국제규격화를 추진하여야 한다.

① 김치산업 전문인력 양성기관으로 지정된 기관이 부정한 방법으로 지정을 받은 경우, A부장관은 그 지정을 취소하여야 한다.
② A부장관은 김치의 품질향상과 국가 간 교역을 촉진하기 위하여 김치의 국제규격화는 지양하여야 한다.
③ A부장관은 적절한 시설을 갖추지 못한 대학이라도 전문인력 양성을 위하여 해당 대학을 김치산업 전문인력 양성기관으로 지정할 수 있다.
④ 국가와 지방자치단체는 김치종주국의 위상제고를 위해 세계 김치연구소를 설립하여야 한다.
⑤ 지방자치단체가 김치의 해외시장 개척을 지원함에 있어서 개인은 그 지원대상이 아니다.

문 12. 다음 글을 근거로 판단할 때, 인쇄에 필요한 A4용지의 장수는?

甲주무관은 〈인쇄 규칙〉에 따라 문서 A~D를 각 1부씩 인쇄하였다.

〈인쇄 규칙〉
○ 문서는 A4용지에 인쇄한다.
○ A4용지 한 면에 2쪽씩 인쇄한다. 단, 중요도가 상에 해당하는 보도자료는 A4용지 한 면에 1쪽씩 인쇄한다.
○ 단면 인쇄를 기본으로 한다. 단, 중요도가 하에 해당하는 문서는 양면 인쇄한다.
○ 한 장의 A4용지에는 한 종류의 문서만 인쇄한다.

종류	유형	쪽수	중요도
A	보도자료	2	상
B	보도자료	34	중
C	보도자료	5	하
D	설명자료	3	상

① 11장
② 12장
③ 22장
④ 23장
⑤ 24장

문 13. 다음 글을 근거로 판단할 때 옳은 것은?

이름 뒤에 성이 오는 보통의 서양식 작명법과 달리, A국에서는 별도의 성을 사용하지 않고 이름 뒤에 '부칭(父稱)'이 오도록 작명을 한다. 부칭은 이름을 붙이는 대상자의 아버지 이름에 접미사를 붙여서 만든다. 아들의 경우 그 아버지의 이름 뒤에 s와 손(son)을 붙이고, 딸의 경우 s와 도티르(dottir)를 붙여 '~의 아들' 또는 '~의 딸'이라는 의미를 가지는 부칭을 만든다. 예를 들어, 욘 스테파운손(Jon Stefansson)의 아들 피얄라르(Fjalar)는 '피얄라르 욘손(Fjalar Jonsson)', 딸인 카트린(Katrin)은 '카트린 욘스도티르(Katrin Jonsdottir)'가 되는 식이다.

같은 사회적 집단에 속해 있는 사람끼리 이름과 부칭이 같으면 할아버지의 이름까지 써서 작명하기도 한다. 예를 들어, 욘 토르손이라는 사람이 한 집단에 두 명 있는 경우에는 욘 토르손 아이나르소나르(Jon Thorsson Einarssonar)와 욘 토르손 스테파운소나르(Jon Thorsson Stefanssonar)와 같이 구분한다. 전자의 경우 '아이나르의 아들인 토르의 아들인 욘'을, 후자의 경우 '스테파운의 아들인 토르의 아들인 욘'을 의미한다.

한편 공식적인 자리에서 A국 사람들은 이름을 부르거나 이름과 부칭을 함께 부르며, 부칭만으로 서로를 부르지는 않는다. 또한 A국에서는 부칭이 아닌 이름의 영어 알파벳 순서로 정렬하여 전화번호부를 발행한다.

① 피얄라르 토르손 아이나르소나르(Fjalar Thorsson Einarssonar)로 불리는 사람의 할아버지의 부칭을 알 수 있다.

② 피얄라르 욘손(Fjalar Jonsson)은 공식적인 자리에서 욘손으로 불린다.

③ A국의 전화번호부에는 피얄라르 욘손(Fjalar Jonsson)의 아버지의 이름이 토르 아이나르손(Thor Einarsson)보다 먼저 나올 것이다.

④ 스테파운(Stefan)의 아들 욘(Jon)의 부칭과 손자 피얄라르(Fjalar)의 부칭은 같을 것이다.

⑤ 욘 스테파운손(Jon Stefansson)의 아들과 욘 토르손(Jon Thorsson)의 딸은 동일한 부칭을 사용할 것이다.

문 14. 다음 글과 〈상황〉을 근거로 판단할 때, 〈보기〉에서 옳은 것만을 모두 고르면?

甲국은 국내 순위 1~10위 선수 10명 중 4명을 국가대표로 선발하고자 한다. 국가대표는 국내 순위가 높은 선수가 우선 선발되나, A, B, C팀 소속 선수가 최소한 1명씩은 포함되어야 한다.

〈상황〉

○ 국내 순위 1~10위 중 공동 순위는 없다.
○ 선수 10명 중 4명은 A팀, 3명은 B팀, 3명은 C팀 소속이다.
○ C팀 선수 중 국내 순위가 가장 낮은 선수가 A팀 선수 중 국내 순위가 가장 높은 선수보다 국내 순위가 높다.
○ B팀 소속 선수 3명의 국내 순위는 각각 2위, 5위, 8위이다.

〈보기〉

ㄱ. 국내 순위 1위 선수의 소속팀은 C팀이다.
ㄴ. A팀 소속 선수 중 국내 순위가 가장 낮은 선수는 9위이다.
ㄷ. 국가대표 중 국내 순위가 가장 낮은 선수는 7위이다.
ㄹ. 국내 순위 3위 선수와 4위 선수는 같은 팀이다.

① ㄱ, ㄴ
② ㄱ, ㄷ
③ ㄱ, ㄹ
④ ㄴ, ㄷ
⑤ ㄴ, ㄹ

문 15. 다음 글을 근거로 판단할 때, Q를 100리터 생산하는데 드는 최소 비용은?

○ 화학약품 Q를 생산하려면 A와 B를 2:1의 비율로 혼합해야 한다. 이 혼합물을 가공하면 B와 같은 부피의 Q가 생산된다. 예를 들어, A 2리터와 B 1리터를 혼합하여 가공하면 Q 1리터가 생산된다.
○ A는 원료 X와 Y를 1:2의 비율로 혼합하여 만든다. 이 혼합물을 가공하면 X와 같은 부피의 A가 생산된다. 예를 들어, X 1리터와 Y 2리터를 혼합하여 가공하면 A 1리터가 생산된다.
○ B는 원료 Z와 W를 혼합하여 만들거나, Z나 W만 사용하여 만든다. Z와 W를 혼합하여 가공하면 혼합비율에 관계없이 원료 절반 부피의 B가 생산된다. 예를 들어, Z와 W를 1리터씩 혼합하여 가공하면 B 1리터가 생산된다. 두 재료를 혼합하지 않고 Z나 W만 사용하여 가공하는 경우에도 마찬가지로 원료 절반 부피의 B가 생산된다.
○ 각 원료의 리터당 가격은 다음과 같다. 원료비 이외의 비용은 발생하지 않는다.

원료	X	Y	Z	W
가격(만 원/리터)	1	2	4	3

① 1,200만 원
② 1,300만 원
③ 1,400만 원
④ 1,500만 원
⑤ 1,600만 원

문 16. 다음 글과 〈상황〉을 근거로 판단할 때, 〈보기〉에서 옳은 것만을 모두 고르면?

　두 선수가 맞붙어 승부를 내는 스포츠 경기가 있다. 이 경기는 개별 게임으로 이루어져 있으며, 한 게임의 승부가 결정되면 그 게임의 승자는 1점을 얻고 패자는 점수를 얻지 못한다. 무승부는 없다. 개별 게임을 반복적으로 진행하여 한 선수의 점수가 다른 선수보다 2점 많아지면 그 선수가 경기의 승자가 되고 경기가 종료된다.

〈상황〉

　두 선수 甲과 乙이 맞붙어 이 경기를 치른 결과, n번째 게임을 끝으로 甲이 경기의 승자가 되고 경기가 종료되었다. 단, n＞3이다.

〈보기〉

ㄱ. n이 홀수인 경우가 있다.
ㄴ. (n−1)번째 게임에서 乙이 이겼을 수도 있다.
ㄷ. (n−2)번째 게임 종료 후 두 선수의 점수는 같았다.
ㄹ. (n−3)번째 게임에서 乙이 이겼을 수도 있다.

① ㄱ
② ㄷ
③ ㄱ, ㄴ
④ ㄴ, ㄹ
⑤ ㄷ, ㄹ

문 17. 다음 글과 〈상황〉을 근거로 판단할 때, 甲이 치른 3경기의 순위를 모두 합한 수는?

10명의 선수가 참여하는 경기가 있다. 현재까지 3경기가 치러졌다. 참여한 선수에게는 매 경기의 순위에 따라 다음과 같이 점수를 부여한다.

순위	점수	순위	점수
1	100	6	8
2	50	7	6
3	30	8	4
4	20	9	2
5	10	10	1

만약 어떤 순위에 공동 순위가 나온다면, 그 순위를 포함하여 공동 순위자의 수만큼 이어진 순위 각각에 따른 점수의 합을 공동 순위자에게 동일하게 나누어 부여한다. 예를 들어 공동 3위가 3명이면, 공동 3위 각각에게 부여되는 점수는 (30＋20＋10)÷3으로 20이다. 이 경우 그다음 순위는 6위가 된다.

─────〈상황〉─────
○ 甲은 3경기에서 총 157점을 획득하였으며, 공동 순위는 한 번 기록하였다.
○ 치러진 3경기에서 공동 순위가 4명 이상인 경우는 없었다.

① 8
② 9
③ 10
④ 11
⑤ 12

문 18. 다음 글을 근거로 판단할 때 옳지 않은 것은?

인터넷 장애로 인해 甲～丁은 '메일', '공지', '결재', '문의' 중 접속할 수 없는 메뉴가 각자 1개 이상 있다. 다음은 이에 관한 甲～丁의 대화이다.
甲: 나는 결재를 포함한 2개 메뉴에만 접속할 수 있고, 乙, 丙, 丁은 모두 이 2개 메뉴에 접속할 수 있어.
乙: 丙이나 丁이 접속하지 못하는 메뉴는 나도 전부 접속할 수 없어.
丙: 나는 문의에 접속해서 이번 오류에 대해 질문했어.
丁: 나는 공지에 접속할 수 없고, 丙은 공지에 접속할 수 있어.

① 甲은 공지에 접속할 수 없다.
② 乙은 메일에 접속할 수 없다.
③ 乙은 2개의 메뉴에 접속할 수 있다.
④ 丁은 문의에 접속할 수 있다.
⑤ 甲과 丙이 공통으로 접속할 수 있는 메뉴가 있다.

문 19. 다음 글을 근거로 판단할 때, 1층 바닥면에서 2층 바닥면까지의 높이는?

1층 바닥면과 2층 바닥면이 계단으로 연결된 건물이 있다. A가 1층 바닥면에 서 있고, B가 2층 바닥면에 서 있을 때, A의 머리 끝과 B의 머리 끝의 높이 차이는 240cm이다. A와 B가 위치를 서로 바꾸는 경우, A와 B의 머리 끝의 높이 차이는 220cm이다. A와 B의 키는 1층 바닥면에서 2층 바닥면까지의 높이보다 크지 않다.

① 210cm
② 220cm
③ 230cm
④ 240cm
⑤ 250cm

문 20. 다음 글을 근거로 판단할 때, 가장 많은 액수를 지급받을 예술단체의 배정액은?

> □□부는 2024년도 예술단체 지원사업 예산 4억 원을 배정하려 한다. 지원 대상이 되는 예술단체의 선정 및 배정액 산정·지급 방법은 다음과 같다.
> ○ 2023년도 기준 인원이 30명 미만이거나 운영비가 1억 원 미만인 예술단체를 선정한다.
> ○ 사업분야가 공연인 단체의 배정액은 '(운영비 × 0.2)+(사업비 × 0.5)'로 산정한다.
> ○ 사업분야가 교육인 단체의 배정액은 '(운영비 × 0.5)+(사업비 × 0.2)'로 산정한다.
> ○ 인원이 많은 단체부터 순차적으로 지급한다. 다만 예산 부족으로 산정된 금액 전부를 지급할 수 없는 단체에는 예산 잔액을 배정액으로 한다.
> ○ 2023년도 기준 예술단체(A~D) 현황은 다음과 같다.
>
> | 단체 | 인원(명) | 사업분야 | 운영비(억 원) | 사업비(억 원) |
> |---|---|---|---|---|
> | A | 30 | 공연 | 1.8 | 5.5 |
> | B | 28 | 교육 | 2.0 | 4.0 |
> | C | 27 | 공연 | 3.0 | 3.0 |
> | D | 33 | 교육 | 0.8 | 5.0 |

① 8,000만 원
② 1억 1,000만 원
③ 1억 4,000만 원
④ 1억 8,000만 원
⑤ 2억 1,000만 원

문 21. 다음 글과 〈대화〉를 근거로 판단할 때, 직무교육을 이수하지 못한 사람만을 모두 고르면?

> 甲~丁은 월요일부터 금요일까지 5일 동안 실시되는 직무교육을 받게 되었다. 교육장소에는 2 × 2로 배열된 책상이 있었으며, 앞줄에 2명, 뒷줄에 2명을 각각 나란히 앉게 하였다. 교육기간 동안 자리 이동은 없었다. 교육 첫째 날과 마지막 날은 4명 모두 교육을 받았다. 직무교육을 이수하기 위해서는 4일 이상 교육을 받아야 한다.

〈대화〉

> 甲: 교육 둘째 날에 내 바로 앞사람만 결석했어.
> 乙: 교육 둘째 날에 나는 출석했어.
> 丙: 교육 셋째 날에 내 바로 뒷사람만 결석했어.
> 丁: 교육 넷째 날에 내 바로 앞사람과 나만 교육을 받았어.

① 乙
② 丙
③ 甲, 丙
④ 甲, 丁
⑤ 乙, 丁

문 22. 다음 글을 근거로 판단할 때, (가)에 해당하는 수는?

> A공원의 다람쥐 열 마리는 각자 서로 다른 개수의 도토리를 모았는데, 한 다람쥐가 모은 도토리는 최소 1개부터 최대 10개까지였다. 열 마리 다람쥐는 두 마리씩 쌍을 이루어 그날 모은 도토리 일부를 함께 먹었다. 도토리를 모으고 먹는 이런 모습은 매일 동일하게 반복됐다. 이때 도토리를 먹는 방법은 정해져 있었다. 한 쌍의 다람쥐는 각자가 그날 모은 도토리 개수를 비교해서 그 차이 값에 해당하는 개수의 도토리를 함께 먹는다. 예를 들면, 1개의 도토리를 모은 다람쥐와 9개의 도토리를 모은 다람쥐가 쌍을 이루면 이 두 마리는 8개의 도토리를 함께 먹는다.
> 열 마리의 다람쥐를 이틀 동안 관찰한 결과, '첫째 날 각 쌍이 먹은 도토리 개수'는 모두 동일했고, '둘째 날 각 쌍이 먹은 도토리 개수'도 모두 동일했다. 하지만 '첫째 날 각 쌍이 먹은 도토리 개수'와 '둘째 날 각 쌍이 먹은 도토리 개수'는 서로 달랐고, 그 차이는 　(가)　개였다.

① 1
② 2
③ 3
④ 4
⑤ 5

문 23. 다음 글을 근거로 판단할 때, 처음으로 물탱크가 가득 차는 날은?

　　신축 A아파트에는 용량이 10,000리터인 빈 물탱크가 있다. 관리사무소는 입주민의 입주 시작일인 3월 1일 00:00부터 이 물탱크에 물을 채우려고 한다. 관리사무소는 매일 00:00부터 00:10까지 물탱크에 물을 900리터씩 채운다. 전체 입주민의 1일 물 사용량은 3월 1일부터 3월 5일까지 300리터, 3월 6일부터 3월 10일까지 500리터, 3월 11일부터는 계속 700리터이다. 3월 15일에는 아파트 외벽 청소를 위해 청소업체가 물탱크의 물 1,000리터를 추가로 사용한다. 물을 채우는 시간이라도 물탱크가 가득 차면 물 채우기를 중지하고, 물을 채우는 시간에는 물을 사용할 수 없다.

① 4월 4일
② 4월 6일
③ 4월 7일
④ 4월 9일
⑤ 4월 10일

문 24. 다음 글을 근거로 판단할 때, 〈보기〉에서 옳은 것만을 모두 고르면?

　　甲～丁은 6문제로 구성된 직무능력시험 문제를 풀었다.
○ 정답을 맞힌 경우, 문제마다 기본점수 1점과 난이도에 따른 추가점수를 부여한다.
○ 추가점수는 다음 식에 따라 결정한다.

$$추가점수 = \frac{해당\ 문제를\ 틀린\ 사람의\ 수}{해당\ 문제를\ 맞힌\ 사람의\ 수}$$

○ 6문제의 기본점수와 추가점수를 모두 합한 총합 점수가 5점 이상인 사람이 합격한다.

　　甲～丁이 6문제를 푼 결과는 다음과 같고, 5번과 6번 문제의 결과는 찢어져 알 수가 없다.

(○: 정답, ×: 오답)

구분	1번	2번	3번	4번	5번	6번
甲	○	×	○	○		
乙	○	×	○	×		
丙	○	○	×	×		
丁	×	○	○	×		
정답률(%)	75	50	75	25	50	50

〈보기〉

ㄱ. 甲이 최종적으로 받을 수 있는 최대 점수는 $\frac{32}{3}$점이다.
ㄴ. 1～4번 문제에서 받은 점수의 합은 乙이 가장 낮다.
ㄷ. 4명 모두가 합격할 수는 없다.
ㄹ. 4명이 받은 점수의 총합은 24점이다.

① ㄱ, ㄷ
② ㄴ, ㄷ
③ ㄴ, ㄹ
④ ㄱ, ㄴ, ㄷ
⑤ ㄱ, ㄴ, ㄹ

문 25. 다음 〈상황〉을 근거로 판단할 때, 〈보기〉에서 옳은 것만을 모두 고르면?

〈상황〉

○ 테니스 선수 랭킹은 매달 1일 발표되며, 발표 전날로부터 지난 1년간 선수들이 각종 대회에 참가하여 획득한 점수의 합(이하 '총점수'라 한다)이 높은 순으로 순위가 매겨진다.
○ 매년 12월에는 챔피언십 대회(매년 12월 21일~25일)만 개최된다. 이 대회에는 당해 12월 1일 기준으로 랭킹 1~4위의 선수만 참가한다.
○ 매년 챔피언십 대회의 순위에 따른 획득 점수 및 2023년 챔피언십 대회 전후 랭킹은 아래와 같다. 단, 챔피언십 대회에서 공동 순위는 없다.

챔피언십 대회 성적	점수
우승	2000
준우승	1000
3위	500
4위	250

〈2023년 12월 1일〉

랭킹	선수	총점수
1위	A	7500
2위	B	7000
3위	C	6500
4위	D	5000
⋮	⋮	⋮

⇒

〈2024년 1월 1일〉

랭킹	선수	총점수
1위	C	7500
2위	B	7250
3위	D	7000
4위	A	6000
⋮	⋮	⋮

○ 총점수에는 지난 1년간 획득한 점수만 산입되므로, 〈2024년 1월 1일〉의 총점수에는 2022년 챔피언십 대회에서 획득한 점수는 빠지고, 2023년 챔피언십 대회에서 획득한 점수가 산입되었다.

〈보기〉

ㄱ. 2022년 챔피언십 대회 우승자는 A였다.
ㄴ. 2023년 챔피언십 대회 4위는 B였다.
ㄷ. 2023년 챔피언십 대회 우승자는 C였다.
ㄹ. 2022년 챔피언십 대회 3위는 D였다.

① ㄱ, ㄴ
② ㄱ, ㄷ
③ ㄴ, ㄷ
④ ㄴ, ㄹ
⑤ ㄱ, ㄴ, ㄹ

※ 수고하셨습니다.
※ 기출문제편 맨 마지막에 있는 OMR 카드에 마킹을 하세요.

정답과 분석해설편 ▶ P.26

제3영역 자료해석

1초 합격예측! 모바일 성적결과분석표 발급 서비스

QR 코드로 접속하여 문제 풀이 시간을 측정하고, 자동채점 & 성적결과분석 서비스를 통해 지금 바로 실력을 점검해 보세요.

◀ https://eduwill.kr/pkCe

풀이 시간
- 시작: ____시 ____분 ~ 종료: ____시 ____분
- 총 : ____분

문 1. 다음 〈표〉는 2023년 도시 A~E의 '갑' 감염병 현황에 관한 자료이다. 이를 근거로 치명률이 가장 높은 도시와 가장 낮은 도시를 바르게 연결한 것은?

〈표〉 2023년 도시 A~E의 '갑' 감염병 현황

(단위: 명)

도시 \ 구분	환자 수	사망자 수
A	300	16
B	20	1
C	50	2
D	100	6
E	200	9

※ 치명률(%) = $\frac{\text{사망자 수}}{\text{환자 수}} \times 100$

	가장 높은 도시	가장 낮은 도시
①	A	C
②	A	E
③	D	B
④	D	C
⑤	D	E

문 2. 다음 〈그림〉은 2023년 A~C구 공사 건수 및 평균 공사비를 나타낸 자료이다. 이를 근거로 계산한 2023년 A~C구 전체 공사의 평균 공사비는?

〈그림〉 2023년 A~C구 공사 건수 및 평균 공사비

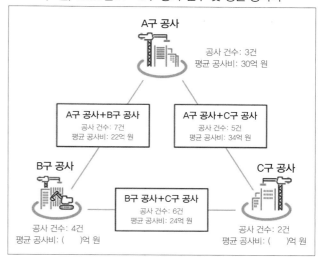

① 26억 원
② 27억 원
③ 28억 원
④ 29억 원
⑤ 30억 원

문 3. 다음 〈보고서〉는 '갑'시 시민의 2023년 문화예술교육 수강 현황에 관한 자료이다. 〈보고서〉를 작성하는 데 사용되지 않은 자료는?

─〈보고서〉─

'갑'시 시민 1,000명을 대상으로 2023년 한 해 동안의 문화예술교육 수강 현황을 조사한 결과, 316명이 수강 경험이 있다고 응답하였다. 문화예술교육 수강 경험이 있는 응답자가 가장 많이 수강한 상위 5개 분야는 기타를 제외하고 영화, 사진, 음악, 공예, 미술 순이었다. 문화예술교육 수강자의 평균 지출 비용은 38만 8천 원이었는데, 연령대별로는 40대가 48만 4천 원으로 가장 많았다. 또한 문화예술교육 수강자의 동반자 유형 구성을 살펴보면, '혼자(동반자 없음)' 수강한 비율은 50% 이상이었고, '친구 및 연인'과 함께 수강한 비율은 18.4%였다. 문화예술교육 인지 경로는 '인터넷 검색'이 33.2%로 가장 높았고, 다음으로 '주변 지인'이 19.0%였다. 수강한 문화예술교육의 교육방식은 '예술적 기량 향상을 위한 강습'이 27.5%로 가장 높았다. 문화예술교육 수강 장소별 만족도는 미술관이 가장 높았고, 그 다음으로 박물관, 공연장, 지역문화재단의 순이었다.

① 문화예술교육 수강 경험 유무 및 수강 분야 구성비

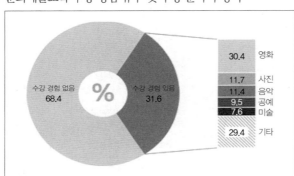

② 문화예술교육 수강자의 연령대별 평균 지출 비용

(단위: 만 원)

연령대	20대 이하	30대	40대	50대	60대 이상	전체
평균 지출 비용	36.8	46.9	48.4	39.5	19.9	38.8

③ 문화예술교육 수강자의 동반자 유형 구성비

(단위: %)

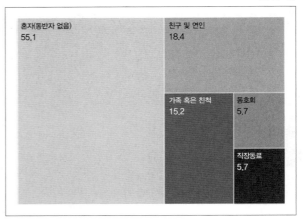

④ 문화예술교육 인지 경로 상위 5개 비율

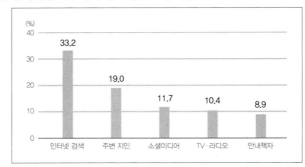

⑤ 문화예술교육 수강 이유 상위 5개 비율

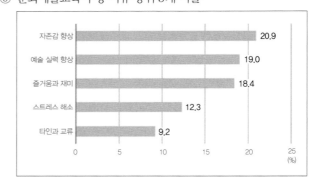

문 4. 다음은 2023년 '갑'국의 연근해 어선 감척지원금 산정에 관한 자료이다. 이를 근거로 어선 A～D 중 산정된 감척지원금이 가장 많은 어선과 가장 적은 어선을 바르게 연결한 것은?

〈정보〉

○ 감척지원금＝어선 잔존가치＋(평년수익액 × 3)＋(선원 수 × 선원당 월 통상임금 고시액 × 6)
○ 선원당 월 통상임금 고시: 5백만 원/명

〈표〉 감척지원금 신청 어선 현황

(단위: 백만 원, 명)

어선	어선 잔존가치	평년수익액	선원 수
A	170	60	6
B	350	80	8
C	200	150	10
D	50	40	3

	가장 많은 어선	가장 적은 어선
①	A	B
②	A	C
③	B	A
④	B	D
⑤	C	D

문 5. 다음은 2022년과 2023년 '갑'국 주택소유통계에 관한 자료이다. 제시된 〈표〉와 〈정보〉 이외에 〈보고서〉를 작성하기 위해 추가로 필요한 자료만을 〈보기〉에서 모두 고르면?

〈표〉 2022년과 2023년 주택소유 가구 수

(단위: 만 가구)

연도	2022	2023
주택소유 가구 수	1,146	1,173

〈정보〉

$$\text{가구 주택소유율(\%)} = \frac{\text{주택소유 가구 수}}{\text{가구 수}} \times 100$$

〈보고서〉

'갑'국의 주택 수는 2022년 1,813만 호에서 2023년 1,853만 호로 2.2% 증가하였다. 개인소유 주택 수는 2022년 1,569만 호에서 2023년 1,597만 호로 1.8% 증가하였다. 주택소유 가구 수는 2022년 1,146만 가구에서 2023년 1,173만 가구로 2.4% 증가하였지만, 가구 주택소유율은 2022년 56.3%에서 2023년 56.0%로 감소하였다. 2023년 지역별 가구 주택소유율을 살펴보면, 상위 3개 지역은 A(64.4%), B(63.0%), C(61.0%)로 나타났다.

〈보기〉

ㄱ. 2019～2023년 '갑'국 주택 수 및 개인소유 주택 수

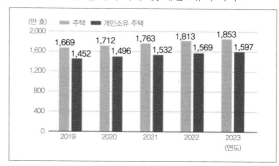

ㄴ. 2022년과 2023년 '갑'국 가구 수

(단위: 만 가구)

연도	2022	2023
가구 수	2,034	2,093

ㄷ. 2023년 '갑'국 지역별 가구 주택소유율 상위 3개 지역

(단위: %)

지역	A	B	C
가구 주택소유율	64.4	63.0	61.0

ㄹ. 2023년 '갑'국 가구주 연령대별 가구 주택소유율

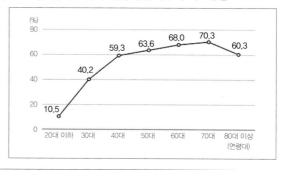

① ㄱ, ㄴ
② ㄱ, ㄹ
③ ㄴ, ㄷ
④ ㄴ, ㄹ
⑤ ㄱ, ㄴ, ㄷ

문 6. 다음은 '갑'국이 구매를 고려 중인 A～E전투기의 제원과 평가방법에 관한 자료이다. 이를 근거로 A～E 중 '갑'국이 구매할 전투기를 고르면?

〈표〉 A～E전투기의 평가항목별 제원

(단위: 마하, 개, km, 억 달러)

평가항목 \ 전투기	A	B	C	D	E
최고속력	3.0	1.5	2.5	2.0	2.7
미사일 탑재 수	12	14	9	10	8
항속거리	1,400	800	1,200	1,250	1,500
가격	1.4	0.8	0.9	0.7	1.0
공중급유	가능	가능	불가능	가능	불가능
자체수리	불가능	가능	불가능	가능	가능

─〈평가방법〉─

○ 평가항목 중 최고속력, 미사일 탑재 수, 항속거리, 가격은 평가항목별로 전투기 간 상대평가를 하여 가장 우수한 전투기부터 5점, 4점, 3점, 2점, 1점 순으로 부여한다.
○ 최고속력은 높을수록, 미사일 탑재 수는 많을수록, 항속거리는 길수록, 가격은 낮을수록 전투기가 우수하다고 평가한다.
○ 평가항목 중 공중급유와 자체수리는 평가항목별로 '가능'이면 1점, '불가능'이면 0점을 부여한다.
○ '갑'국은 평가항목 점수의 합이 가장 큰 전투기를 구매한다. 단, 동점일 경우 그중에서 가격이 가장 낮은 전투기를 구매한다.

① A
② B
③ C
④ D
⑤ E

문 7. 다음 〈표〉는 2023년 '갑'국에서 배달대행과 퀵서비스 업종에 종사하는 운전자 실태에 관한 자료이다. 제시된 〈표〉 이외에 〈보고서〉를 작성하기 위해 추가로 필요한 자료만을 〈보기〉에서 모두 고르면?

〈표 1〉 운전자 연령대 구성비 및 평균 연령

(단위: %, 세)

구분 \ 업종	연령대					평균 연령
	20대 이하	30대	40대	50대	60대 이상	
배달대행	40.0	36.1	17.8	5.4	0.7	33.2
퀵서비스	0.0	3.1	14.1	36.4	46.4	57.8

〈표 2〉 이륜자동차 운전 경력 및 서비스 제공 경력의 평균

(단위: 년)

구분 \ 업종	배달대행	퀵서비스
이륜자동차 운전 경력	7.4	19.8
서비스 제공 경력	2.8	13.7

〈표 3〉 일평균 근로시간 및 배달건수

(단위: 시간, 건)

구분 \ 업종	배달대행	퀵서비스
근로시간	10.8	9.8
운행시간	8.5	6.1
운행 외 시간	2.3	3.7
배달건수	41.5	15.1

─〈보고서〉─

'갑'국에서 배달대행과 퀵서비스 업종에 종사하는 운전자 실태를 조사한 결과는 다음과 같다. 두 업종 모두 이륜자동차를 이용하여 유사한 형태의 서비스를 제공하지만, 운전자 특성에는 큰 차이가 있었다. 우선, 운전자 평균 연령은 퀵서비스가 57.8세로 배달대행 33.2세보다 높았다. 이는 배달대행은 30대 이하 운전자 비중이 전체의 70% 이상이지만 퀵서비스는 50대 이상 운전자가 전체의 80% 이상을 차지하기 때문이다. 운전자의 이륜자동차 운전 경력의 평균과 서비스 제공 경력의 평균도 각각 퀵서비스가 배달대행에 비해 10년 이상 길었다. 한편, 운전자가 배달대행이나 퀵서비스 시장에 진입하기 위해서는 이륜자동차 구입 비용이 소요되는데, 신차와 중고차 구입 각각에서 배달대행이 퀵서비스보다 평균 구입 비용이 높았다. 또한, 운행시간과 운행 외 시간을 합한 일평균 근로시간은 배달대행이 퀵서비스보다 1.0시간 길었고, 월평균 근로일수도 배달대행이 퀵서비스보다 3일 이상 많은 것으로 나타났다.

〈보기〉

ㄱ. 이륜자동차 운전 경력 구성비

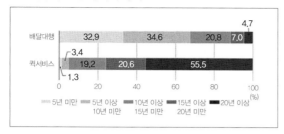

ㄴ. 서비스 제공 경력 구성비

(단위: %)

경력 업종	5년 미만	5년 이상 10년 미만	10년 이상 15년 미만	15년 이상 20년 미만	20년 이상	전체
배달대행	81.9	15.8	2.3	0.0	0.0	100
퀵서비스	14.8	11.3	26.8	14.1	33.0	100

ㄷ. 배달대행 및 퀵서비스 시장 진입을 위한 이륜자동차 평균 구입 비용

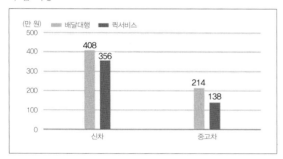

ㄹ. 월평균 근로일수

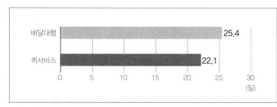

① ㄱ, ㄴ

② ㄴ, ㄷ

③ ㄷ, ㄹ

④ ㄱ, ㄴ, ㄹ

⑤ ㄱ, ㄷ, ㄹ

문 8. 다음은 2023년 '갑'국 주요 10개 업종의 특허출원 현황에 관한 자료이다. 이를 근거로 A~C에 해당하는 업종을 바르게 연결한 것은?

〈표〉 주요 10개 업종의 기업규모별 특허출원건수 및 특허출원기업 수

(단위: 건, 개)

구분 업종	기업규모별 특허출원건수			특허출원 기업 수
	대기업	중견기업	중소기업	
A	25,234	1,575	4,730	1,725
전기장비	6,611	501	3,265	1,282
기계	1,314	1,870	5,833	2,360
출판	204	345	8,041	2,550
자동차	5,460	1,606	1,116	617
화학제품	2,978	917	2,026	995
의료	52	533	2,855	1,019
B	18	115	3,223	1,154
건축	113	167	2,129	910
C	29	7	596	370

※ 기업규모는 '대기업', '중견기업', '중소기업'으로만 구분됨.

〈정보〉

○ '중소기업' 특허출원건수가 해당 업종 전체 기업 특허출원건수의 90% 이상인 업종은 '연구개발', '전문서비스', '출판'이다.
○ '대기업' 특허출원건수가 '중견기업'과 '중소기업' 특허출원건수 합의 2배 이상인 업종은 '전자부품', '자동차'이다.
○ 특허출원기업당 특허출원건수는 '연구개발'이 '전문서비스'보다 많다.

	A	B	C
①	연구개발	전자부품	전문서비스
②	전자부품	연구개발	전문서비스
③	전자부품	전문서비스	연구개발
④	전문서비스	연구개발	전자부품
⑤	전문서비스	전자부품	연구개발

문 9. 다음 〈표〉는 2018~2023년 짜장면 가격 및 가격지수와 짜장면 주재료 품목의 판매단위당 가격에 관한 자료이다. 이에 대한 설명으로 옳은 것은?

〈표 1〉 2018~2023년 짜장면 가격 및 가격지수

(단위: 원)

연도 구분	2018	2019	2020	2021	2022	2023
가격	5,011	5,201	5,276	5,438	6,025	( )
가격지수	95.0	98.6	100	103.1	114.2	120.6

※가격지수는 2020년 짜장면 가격을 100으로 할 때, 해당 연도 짜장면 가격의 상대적인 값임.

〈표 2〉 2018~2023년 짜장면 주재료 품목의 판매단위당 가격

(단위: 원)

연도 품목	판매단위	2018	2019	2020	2021	2022	2023
춘장	14kg	26,000	27,500	27,500	33,000	34,500	34,500
식용유	900mL	3,890	3,580	3,980	3,900	4,600	5,180
밀가루	1kg	1,280	1,280	1,280	1,190	1,590	1,880
설탕	1kg	1,630	1,680	1,350	1,790	1,790	1,980
양파	2kg	2,250	3,500	5,000	8,000	5,000	6,000
청오이	2kg	4,000	8,000	8,000	10,000	10,000	15,000
돼지고기	600g	10,000	10,000	10,000	13,000	15,000	13,000

※ 짜장면 주재료 품목은 제시된 7개뿐임.

① 짜장면 가격지수가 80.0이면 짜장면 가격은 4,000원 이하이다.

② 2023년 짜장면 가격은 2018년에 비해 20% 이상 상승하였다.

③ 2018년에 비해 2023년 판매단위당 가격이 2배 이상인 짜장면 주재료 품목은 1개이다.

④ 2020년에 식용유 1,800mL, 밀가루 2kg, 설탕 2kg의 가격 합계는 15,000원 이상이다.

⑤ 매년 판매단위당 가격이 상승한 짜장면 주재료 품목은 2개 이상이다.

문 10. 다음 〈표〉는 2017~2023년 '갑'국의 '어린이 안전 체험 교실' 사업 운영 현황에 관한 자료이다. 이를 바탕으로 작성한 〈보고서〉의 A~C에 해당하는 내용을 바르게 연결한 것은?

〈표〉 2017~2023년 '어린이 안전 체험 교실' 사업 운영 현황

(단위: 개, 회, 명)

구분 연도	참여 자치 단체 수	운영 횟수	교육 참여		자원 봉사자 수
			어린이 수	학부모 수	
2017	9	11	10,265	6,700	2,083
2018	15	30	73,060	19,465	1,600
2019	14	38	55,780	15,785	2,989
2020	18	35	58,680	13,006	2,144
2021	19	39	61,380	11,660	2,568
2022	17	38	59,559	9,071	2,406
2023	18	40	72,261	8,619	2,071

〈보고서〉

　안전 체험 시설이 없는 지역으로 찾아가는 '어린이 안전 체험 교실' 사업이 2017년부터 2023년까지 운영되었다. 해당 기간 동안 참여 자치 단체 수, 운영 횟수 등이 변화하였는데 그중 참여 자치 단체 수와 교육 참여 ▭ A ▭ 수의 전년 대비 증감 방향은 매년 같았다.

　2021년은 사업 기간 중 참여 자치 단체 수가 가장 많았던 해로 2020년보다 운영 횟수와 교육 참여 어린이 수가 늘었다. 운영 횟수당 교육 참여 어린이 수는 2021년이 2020년보다 ▭ B ▭.

　본 사업에 자원봉사자도 꾸준히 참여하였다. 2019년에는 사업 기간 중 가장 많은 자원봉사자가 참여하였다. 자원봉사자당 교육 참여 어린이 수는 2019년이 2017년보다 ▭ C ▭.

	A	B	C
①	어린이	많았다	많았다
②	어린이	적었다	많았다
③	어린이	적었다	적었다
④	학부모	많았다	적었다
⑤	학부모	적었다	적었다

문 11. 다음 〈표〉는 2019～2023년 '갑'국의 항공편 지연 및 결항에 관한 자료이다. 이에 대한 〈보기〉의 설명 중 옳은 것만을 모두 고르면?

〈표 1〉 2019～2023년 항공편 지연 현황

(단위: 편)

구분		국내선					국제선				
분기	연도\월	2019	2020	2021	2022	2023	2019	2020	2021	2022	2023
1	1	0	0	0	0	0	1	0	0	1	0
	2	0	0	0	0	0	0	0	0	0	2
	3	0	0	0	0	0	6	0	0	0	0
2	4	0	0	0	0	0	0	0	2	0	1
	5	1	0	0	0	0	5	0	0	1	0
	6	0	0	0	0	0	0	0	10	11	1
3	7	40	0	0	3	68	53	23	11	83	55
	8	3	0	0	3	1	27	58	61	111	50
	9	0	0	0	0	161	7	48	46	19	368
4	10	0	93	0	23	32	21	45	44	98	72
	11	0	0	0	1	0	0	0	0	5	11
	12	0	0	0	0	0	2	1	6	0	17
전체		44	93	0	30	262	122	175	180	329	577

〈표 2〉 2019～2023년 항공편 결항 현황

(단위: 편)

구분		국내선					국제선				
분기	연도\월	2019	2020	2021	2022	2023	2019	2020	2021	2022	2023
1	1	0	0	0	0	0	0	0	0	0	0
	2	0	0	0	0	0	0	0	0	0	14
	3	0	0	0	0	0	0	0	0	0	0
2	4	1	0	0	0	0	0	0	0	0	0
	5	6	0	0	0	0	10	0	0	0	0
	6	0	0	0	0	0	0	0	0	1	0
3	7	311	0	0	187	507	93	11	5	162	143
	8	62	0	0	1,008	115	39	11	71	127	232
	9	0	0	4	0	1,351	16	30	42	203	437
4	10	0	85	0	589	536	4	48	49	112	176
	11	0	0	0	0	0	0	0	0	0	4
	12	0	0	0	0	0	0	4	4	0	22
전체		380	85	4	1,784	2,509	162	104	171	605	1,028

─〈보기〉─

ㄱ. 2022년 3분기 국제선 지연 편수는 전년 동기 대비 100편 이상 증가하였다.

ㄴ. 2023년 9월의 결항 편수는 국내선이 국제선의 3배 이상이다.

ㄷ. 매년 1월과 3월에는 항공편 결항이 없었다.

① ㄱ
② ㄷ
③ ㄱ, ㄴ
④ ㄴ, ㄷ
⑤ ㄱ, ㄴ, ㄷ

문 12. 다음 〈표〉는 2022학년도 '갑'대학교 졸업생의 취업 및 진학 현황에 관한 자료이다. 이에 대한 설명으로 옳지 않은 것은?

〈표〉 2022학년도 '갑'대학교 졸업생의 취업 및 진학 현황

(단위: 명, %)

구분\계열	졸업생 수	취업자 수	취업률	진학자 수	진학률
A	800	500	( )	60	7.5
B	700	400	57.1	50	7.1
C	500	200	40.0	40	( )
전체	2,000	1,100	55.0	150	7.5

※ 1) 취업률(%) = $\dfrac{\text{취업자 수}}{\text{졸업생 수}} \times 100$

2) 진학률(%) = $\dfrac{\text{진학자 수}}{\text{졸업생 수}} \times 100$

3) 진로 미결정 비율(%) = 100 − (취업률 + 진학률)

① 취업률은 A계열이 B계열보다 높다.

② 진로 미결정 비율은 B계열이 C계열보다 낮다.

③ 진학자 수만 계열별로 20%씩 증가한다면, 전체의 진학률은 10% 이상이 된다.

④ 취업자 수만 계열별로 10%씩 증가한다면, 전체의 취업률은 60% 이상이 된다.

⑤ 진학률은 A～C계열 중 C계열이 가장 높다.

문 13. 다음 〈그림〉은 오이와 고추의 재배방식별 파종, 정식, 수확 가능 시기에 관한 자료이다. 이에 대한 설명으로 옳지 않은 것은?

〈그림〉 오이와 고추의 재배방식별 파종, 정식, 수확 가능 시기

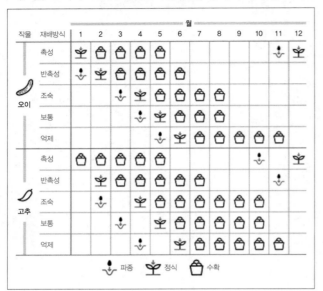

① '촉성' 재배방식에서 정식이 가능한 달의 수는 오이가 고추보다 많다.
② 고추의 각 재배방식에서 파종 가능 시기와 정식 가능 시기의 차이는 1개월 이상이다.
③ 오이는 고추보다 정식과 수확이 모두 가능한 달의 수가 더 많다.
④ 고추의 경우, 수확이 가능한 재배방식의 수는 7월이 가장 많다.
⑤ 오이의 재배방식 중 수확이 가능한 달의 수가 가장 적은 것은 '보통'이다.

문 14. 다음 〈표〉는 2019～2023년 '갑'국의 양식 품목별 면허어업 건수에 관한 자료이다. 이에 대한 설명으로 옳은 것은?

〈표〉 2019～2023년 양식 품목별 면허어업 건수

(단위: 건)

연도 양식 품목	2019	2020	2021	2022	2023
김	781	837	853	880	812
굴	1,292	1,314	1,317	1,293	1,277
새고막	1,076	1,093	1,096	1,115	1,121
바지락	570	587	576	582	565
미역	802	920	898	882	678
전체	4,521	4,751	4,740	4,752	4,453

※ 양식 품목은 '김', '굴', '새고막', '바지락', '미역'뿐임.

① '김' 면허어업 건수는 매년 증가한다.
② '굴'과 '새고막'의 면허어업 건수 합은 매년 전체의 50% 이상이다.
③ '바지락' 면허어업 건수의 전년 대비 증가율은 2020년이 2022년보다 낮다.
④ '미역' 면허어업 건수는 2023년이 2020년보다 많다.
⑤ 2023년에 면허어업 건수가 전년 대비 증가한 양식 품목은 2개이다.

문 15. 다음은 2019~2022년 우리나라의 원산지별 목재펠릿 수입량에 관한 자료이다. 이를 근거로 A~E국 중 우리나라에 해당하는 국가를 고르면?

〈보고서〉

목재펠릿은 작은 원통형으로 성형한 목재 연료로, 재생 가능한 청정에너지원이며 바이오매스 발전에 사용되고 있다. 2022년 기준 국내 목재펠릿 이용량의 84%가 수입산으로, 전체 수입량은 전년 대비 10% 이상 증가하였다. 매년 전체 목재펠릿 수입량의 절반 이상이 베트남산으로, 베트남에 대한 과도한 의존이 지속되고 있다. 2021년부터 충청남도 서산과 당진에 있는 바이오매스 발전소에 캐나다산 목재펠릿을 공급하면서 캐나다산 목재펠릿 수입이 증가하여 2022년 캐나다산 목재펠릿 수입량은 2019년 대비 30배 이상이 되었다. 또한, 2022년에는 유럽 시장에 수출길이 막힌 러시아산 목재펠릿의 수입량이 크게 증가하여 2022년 기준 러시아산이 우리나라 목재펠릿 수입량 2위를 차지하였다. 인도네시아산 목재펠릿 수입량은 2019년 이후 꾸준히 증가해 2022년에는 말레이시아산 목재펠릿 수입량을 추월하였다.

〈표 1〉 2019~2021년 우리나라의 원산지별 목재펠릿 수입량

(단위: 천 톤)

원산지 \ 연도	베트남	말레이시아	캐나다	인도네시아	러시아	기타	전체
2019	1,941	520	11	239	99	191	3,001
2020	1,912	508	52	303	165	64	3,004
2021	2,102	406	329	315	167	39	3,358

〈표 2〉 2022년 A~E국의 원산지별 목재펠릿 수입량

(단위: 천 톤)

원산지 \ 국가	베트남	말레이시아	캐나다	인도네시아	러시아	기타	전체
A	2,201	400	348	416	453	102	3,920
B	2,245	453	346	400	416	120	3,980
C	2,264	416	400	346	453	106	3,985
D	2,022	322	346	416	400	40	3,546
E	2,010	346	322	400	416	142	3,636

① A
② B
③ C
④ D
⑤ E

문 16. 다음 〈표〉는 2017~2022년 '갑'시 공공한옥시설의 유형별 현황에 관한 자료이다. 이에 대한 〈보기〉의 설명 중 옳은 것만을 모두 고르면?

〈표〉 2017~2022년 '갑'시 공공한옥시설의 유형별 현황

(단위: 개소)

유형 \ 연도	2017	2018	2019	2020	2021	2022
문화전시시설	8	8	10	11	12	12
전통공예시설	14	14	11	10	( )	9
주민이용시설	3	3	5	6	8	8
주거체험시설	0	0	1	3	4	( )
한옥숙박시설	2	2	( )	0	0	0
전체	27	27	28	30	34	34

※ 공공한옥시설의 유형은 '문화전시시설', '전통공예시설', '주민이용시설', '주거체험시설', '한옥숙박시설'로만 구분됨.

〈보기〉

ㄱ. '전통공예시설'과 '한옥숙박시설'의 전년 대비 증감 방향은 매년 같다.
ㄴ. 전체 공공한옥시설 중 '문화전시시설'의 비율은 매년 20% 이상이다.
ㄷ. 2020년 대비 2022년 공공한옥시설의 유형별 증가율은 '주거체험시설'이 '주민이용시설'의 2배이다.
ㄹ. '한옥숙박시설'이 '주거체험시설'보다 많은 해는 2017년과 2018년뿐이다.

① ㄱ, ㄴ
② ㄴ, ㄷ
③ ㄴ, ㄹ
④ ㄱ, ㄷ, ㄹ
⑤ ㄴ, ㄷ, ㄹ

문 17. 다음 〈그림〉은 2015～2023년 '갑'국의 해외직접투자 규모와 최저개발국 직접투자 비중에 관한 자료이다. 이에 대한 설명으로 옳은 것은?

〈그림〉 해외직접투자 규모와 최저개발국 직접투자 비중

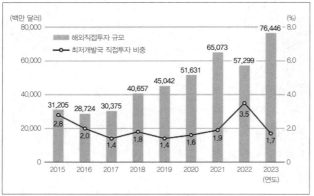

※최저개발국 직접투자 비중(%) = $\dfrac{\text{최저개발국 직접투자 규모}}{\text{해외직접투자 규모}} \times 100$

① 최저개발국 직접투자 규모는 2023년이 2015년보다 크다.

② 2021년 최저개발국 직접투자 비중은 전년보다 감소하였다.

③ 2018년 최저개발국 직접투자 규모는 10억 달러 이상이다.

④ 2023년 해외직접투자 규모는 전년 대비 40% 이상 증가하였다.

⑤ 2017년에 해외직접투자 규모와 최저개발국 직접투자 비중 모두 전년 대비 증가하였다.

문 18. 다음 〈표〉는 '갑'국의 가맹점 수 기준 상위 5개 편의점 브랜드 현황에 관한 자료이다. 이에 대한 〈보기〉의 설명 중 옳은 것만을 모두 고르면?

〈표〉 가맹점 수 기준 상위 5개 편의점 브랜드 현황

(단위: 개, 천 원/개, 천 원/m²)

순위	브랜드	가맹점 수	가맹점당 매출액	가맹점 면적당 매출액
1	A	14,737	583,999	26,089
2	B	14,593	603,529	32,543
3	C	10,294	465,042	25,483
4	D	4,082	414,841	12,557
5	E	787	559,684	15,448

※ 가맹점 면적당 매출액(천 원/m²) = $\dfrac{\text{해당 브랜드 전체 가맹점 매출액의 합}}{\text{해당 브랜드 전체 가맹점 면적의 합}}$

〈보기〉

ㄱ. '갑'국의 전체 편의점 가맹점 수가 5만 개라면 편의점 브랜드 수는 최소 14개이다.

ㄴ. A～E 중, 가맹점당 매출액이 가장 큰 브랜드가 전체 가맹점 매출액의 합도 가장 크다.

ㄷ. A～E 중, 해당 브랜드 전체 가맹점 면적의 합이 가장 작은 편의점 브랜드는 E이다.

① ㄱ

② ㄴ

③ ㄷ

④ ㄴ, ㄷ

⑤ ㄱ, ㄴ, ㄷ

문 19. 다음 〈표〉는 2023년 '갑'시 소각시설 현황에 관한 자료이다. 이에 대한 설명으로 옳은 것은?

〈표〉 2023년 '갑'시 소각시설 현황

(단위: 톤/일, 톤, 명)

소각시설	시설용량	연간소각실적	관리인원
전체	2,898	689,052	314
A	800	163,785	66
B	48	12,540	34
C	750	169,781	75
D	400	104,176	65
E	900	238,770	74

※시설용량은 1일 가동 시 소각할 수 있는 최대량임.

① '연간소각실적'이 많은 소각시설일수록 '관리인원'이 많다.
② '시설용량' 대비 '연간소각실적' 비율이 가장 높은 소각시설은 E이다.
③ '연간소각실적'은 A가 D의 1.5배 이하이다.
④ C의 '시설용량'은 전체 '시설용량'의 30% 이상이다.
⑤ B의 2023년 가동 일수는 250일 미만이다.

[20 ~ 21] 다음 〈표〉는 2019 ~ 2023년 '갑'국 및 A지역의 식량작물 생산 현황에 관한 자료이다. 다음 물음에 답하시오.

〈표 1〉 2019 ~ 2023년 식량작물 생산량

(단위: 톤)

연도 구분	2019	2020	2021	2022	2023
'갑'국 전체	4,397,532	4,374,899	4,046,574	4,456,952	4,331,597
A지역 전체	223,472	228,111	203,893	237,439	221,271
미곡	153,944	150,901	127,387	155,501	143,938
맥류	270	369	398	392	201
잡곡	29,942	23,823	30,972	33,535	30,740
두류	9,048	10,952	9,560	10,899	10,054
서류	30,268	42,066	35,576	37,112	36,338

〈표 2〉 2019 ~ 2023년 식량작물 생산 면적

(단위: ha)

연도 구분	2019	2020	2021	2022	2023
'갑'국 전체	924,470	924,291	906,106	905,034	903,885
A지역 전체	46,724	47,446	46,615	47,487	46,542
미곡	29,006	28,640	28,405	28,903	28,708
맥류	128	166	177	180	98
잡곡	6,804	6,239	6,289	6,883	6,317
두류	5,172	5,925	5,940	5,275	5,741
서류	5,614	6,476	5,804	6,246	5,678

※A지역 식량작물은 미곡, 맥류, 잡곡, 두류, 서류뿐임.

문 20. 위 〈표〉에 대한 설명으로 옳지 않은 것은?

① 2023년 식량작물 생산량의 전년 대비 감소율은 A지역 전체가 '갑'국 전체보다 낮다.
② 2019년 대비 2023년 생산량 증감률이 가장 큰 A지역 식량작물은 맥류이다.
③ 미곡은 매년 A지역 전체 식량작물 생산 면적의 절반 이상을 차지한다.
④ 2023년 생산 면적당 생산량이 가장 많은 A지역 식량작물은 서류이다.
⑤ A지역 전체 식량작물 생산량과 A지역 전체 식량작물 생산 면적의 전년 대비 증감 방향은 매년 같다.

문 21. 위 〈표〉를 이용하여 작성한 〈보기〉의 자료 중 옳은 것만을 모두 고르면?

〈보기〉

ㄱ. 2020~2023년 '갑'국 전체 식량작물 생산 면적의 전년 대비 감소량

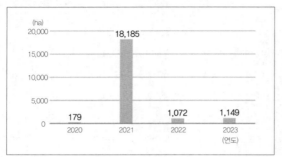

ㄴ. 연도별 A지역 잡곡, 두류, 서류 생산량

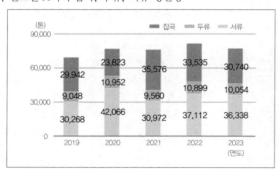

ㄷ. 2019년 대비 연도별 A지역 맥류 생산 면적 증가율

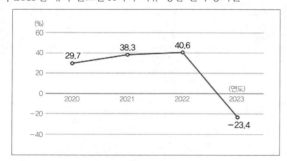

ㄹ. 2023년 A지역 식량작물 생산량 구성비

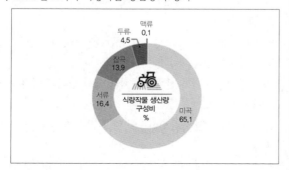

① ㄱ, ㄴ
② ㄱ, ㄷ
③ ㄴ, ㄹ
④ ㄱ, ㄷ, ㄹ
⑤ ㄴ, ㄷ, ㄹ

문 22. 다음 〈표〉는 2022년 3월 기준 '갑'시 A～L동의 지방소멸위험지수 및 지방소멸위험 수준에 관한 자료이다. 이에 대한 설명으로 옳지 않은 것은?

〈표 1〉 2022년 3월 기준 '갑'시 A～L동의 지방소멸위험지수

(단위: 명)

동	총인구	65세 이상 인구	20～39세 여성 인구	지방소멸 위험지수
A	14,056	2,790	1,501	0.54
B	23,556	3,365	( )	0.88
C	29,204	3,495	3,615	1.03
D	21,779	3,889	2,614	0.67
E	11,224	2,300	1,272	( )
F	16,792	2,043	2,754	1.35
G	19,163	2,469	3,421	1.39
H	27,146	4,045	4,533	1.12
I	23,813	2,656	4,123	( )
J	29,649	5,733	3,046	0.53
K	36,326	7,596	3,625	( )
L	15,226	2,798	1,725	0.62

※ 지방소멸위험지수 = $\dfrac{20～39세\ 여성\ 인구}{65세\ 이상\ 인구}$

〈표 2〉 지방소멸위험 수준

지방소멸위험지수	지방소멸위험 수준
1.5 이상	저위험
1.0 이상 1.5 미만	보통
0.5 이상 1.0 미만	주의
0.5 미만	위험

① 지방소멸위험 수준이 '주의'인 동은 5곳이다.

② '20～39세 여성 인구'는 B동이 G동보다 적다.

③ 지방소멸위험지수가 가장 높은 동의 '65세 이상 인구'는 해당 동 '총인구'의 10% 이상이다.

④ '총인구'가 가장 많은 동은 지방소멸위험지수가 가장 낮다.

⑤ 지방소멸위험 수준이 '보통'인 동의 '총인구' 합은 90,000명 이상이다.

문 23. 다음 〈표〉는 2023년 '갑'국의 생활계 폐기물 처리실적에 관한 자료이다. 이에 대한 설명으로 옳은 것은?

〈표〉 2023년 처리방법별, 처리주체별 생활계 폐기물 처리실적

(단위: 만 톤)

처리방법 처리주체	재활용	소각	매립	기타	합
공공	403	447	286	7	1,143
자가	14	5	1	1	21
위탁	870	113	4	119	1,106
계	1,287	565	291	127	2,270

① 전체 처리실적 중 '매립'의 비율은 15% 이상이다.

② 기타를 제외하고, 각 처리방법에서 처리실적은 '공공'이 '위탁'보다 많다.

③ 각 처리주체에서 '매립'의 비율은 '공공'이 '자가'보다 높다.

④ 처리주체가 '위탁'인 생활계 폐기물 중 '재활용'의 비율은 75% 이하이다.

⑤ '소각' 처리 생활계 폐기물 중 '공공'의 비율은 90% 이상이다.

문 24. 다음 자료는 2020~2023년 우리나라 시도 행정심판 위원회 사건 처리 현황이다. 이에 대한 〈보고서〉의 설명 중 옳은 것만을 모두 고르면?

〈표〉 2020~2022년 시도 행정심판위원회 인용률

(단위: %)

연도 시도	2020	2021	2022
서울	18.4	15.9	16.3
부산	22.6	15.9	12.8
대구	35.9	39.9	38.4
인천	33.3	36.0	38.1
광주	22.2	30.6	36.0
대전	28.1	47.7	35.8
울산	33.0	38.1	50.9
세종	7.7	16.7	0.0
경기	23.3	19.6	22.3
강원	21.4	14.1	18.2
충북	23.6	28.5	24.3
충남	26.7	19.9	23.1
전북	31.7	34.0	22.1
전남	36.2	34.5	23.8
경북	10.6	23.3	22.9
경남	18.5	25.7	12.4
제주	31.6	25.3	26.2

※ 인용률(%) = $\dfrac{\text{인용 건수}}{\text{처리 건수}} \times 100$

〈그림〉 2022년과 2023년 시도 행정심판위원회 처리 건수 상위 5개 시도 현황

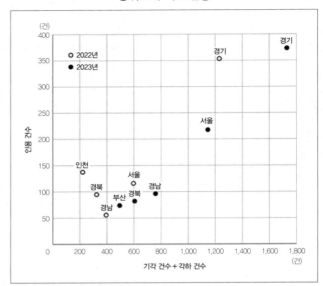

※ 처리 건수 = 인용 건수 + 기각 건수 + 각하 건수

─〈보고서〉─

　2023년 우리나라 시도 행정심판위원회 처리 건수 상위 5개 시도는 경기, 서울, 경남, 경북, 부산이었다. 2022년에는 인천이 처리 건수 362건으로 상위 5개 시도에 속했으나, 2023년 부산에 자리를 넘겨주었다. 또한, ㉠2023년 처리 건수 상위 5개 시도의 처리 건수는 각각 전년 대비 증가하였다. 인용 건수를 살펴보면, ㉡2023년 처리 건수가 가장 많은 시도의 2023년 인용 건수는 2022년 인용률이 가장 높은 시도의 2022년 인용 건수의 1.5배 이상이다. 인용률을 살펴보면, ㉢2020년부터 2023년까지 인용률이 매년 감소한 시도는 3개이다.

① ㄱ

② ㄴ

③ ㄷ

④ ㄱ, ㄴ

⑤ ㄱ, ㄴ, ㄷ

문 25. 다음 〈표〉는 A회사 전체 임직원 100명의 직급별 인원과 시간당 임금에 관한 자료이다. 이에 대한 〈보기〉의 설명 중 옳은 것만을 모두 고르면?

〈표〉 A회사의 직급별 임직원 수와 시간당 임금

(단위: 명, 원)

구분 / 직급	임직원 수	시간당 임금					
		평균	최저	Q1	중간값	Q3	최고
공장 관리직	4	25,000	15,000	15,000	25,000	30,000	( )
공장 생산직	52	21,500	12,000	20,500	23,500	26,500	31,000
본사 임원	8	( )	24,000	25,600	48,000	48,000	55,000
본사 직원	36	22,000	11,500	16,800	23,500	27,700	29,000

※ 1) 해당 직급 임직원의 시간당 임금을 낮은 값부터 순서대로 나열하여 4등분한 각 집단을 나열 순서에 따라 1분위, 2분위, 3분위, 4분위로 정함.
2) Q1과 Q3은 각각 1분위와 3분위에 속한 값 중 가장 높은 값임.
3) 해당 직급 임직원 수가 짝수인 경우, 중간값은 2분위에 속한 값 중 가장 높은 값과 3분위에 속한 값 중 가장 낮은 값의 평균임.

〈보기〉

ㄱ. 공장 관리직의 '시간당 임금' 최고액은 35,000원이다.
ㄴ. '시간당 임금'이 같은 본사 임원은 3명 이상이다.
ㄷ. 본사 임원의 '시간당 임금' 평균은 40,000원 이상이다.
ㄹ. '시간당 임금'이 23,000원 이상인 임직원은 50명 미만이다.

① ㄱ, ㄴ
② ㄱ, ㄹ
③ ㄴ, ㄷ
④ ㄷ, ㄹ
⑤ ㄱ, ㄴ, ㄷ

※ 수고하셨습니다.
※ 기출문제편 맨 마지막에 있는 OMR 카드에 마킹을 하세요.

정답과 분석해설편 ▶ P.38

ENERGY

할 수 있다고 믿는
사람은 그렇게 되고

할 수 없다고 믿는
사람 역시 그렇게 된다.

− 샤를 드 골(Charles De Gaulle)

2023년도 국가공무원
5급 및 7급 민간경력자 일괄채용 필기시험

응시번호	
성　명	

문제책형
㉑ 책형

【시 험 과 목】

제1영역	언어논리
제2영역	상황판단
제3영역	자료해석

※ 2022년 시험부터 1교시에는 언어논리 영역과 상황판단 영역이 동시에 치러지며, 2교시에는 자료해석 영역이 치러집니다.

<< 응시자 주의사항 >>

1. 시험시작 전에 시험문제를 열람하는 행위와 시험종료 후 답안지를 작성하는 행위는 공무원임용시험령 제51조에 의거 부정행위자로 처리됩니다.

2. 답안지 책형란의 책형표기는 시험시작 전 문제책 표지 앞면에 인쇄된 책형을 확인한 후 표기하시기 바랍니다.

3. 시험시작 즉시 과목편철 순서, 문제누락 여부, 인쇄상태 이상 유무 및 표지와 개별과목의 문제책형 일치여부 등을 확인한 후 문제책 표지에 응시번호, 성명을 기재합니다.

4. 시험이 시작되면 문제를 주의 깊게 읽은 후, 문항의 취지에 가장 적합한 하나의 정답만을 고르며, 문제내용에 관한 질문은 받지 않습니다.

5. 시험시간관리의 책임은 전적으로 수험생 본인에게 있습니다. 시험감독관의 시험종료 예고시간 고지 안내 및 시험실 내 비치된 시계가 있는 경우라도 시간이 정확하지 않을 수 있으니 본인의 시계로 반드시 확인하시기 바랍니다.

제1영역 언어논리

풀이 시간	• 시작: ＿＿＿＿시 ＿＿＿＿분 ～ 종료: ＿＿＿＿시 ＿＿＿＿분
	• 총 : ＿＿＿＿분

문 1. 다음 글에서 알 수 있는 것은?

고려 정부는 범죄를 예방하고 사회질서를 유지하기 위하여 여러 가지 방책을 마련하였다. 특히, 수도인 개경은 국왕을 위시하여 정부 관료 등 주요 인사들이 거주하고 있을 뿐 아니라 중요 기관이 밀집된 가장 핵심적인 곳이었다. 그래서 고려 정부는 개경의 중요한 기관과 거점을 지키기 위한 군사 조직을 두었다. 도성 안의 관청과 창고를 지키는 간수군, 도성의 여러 성문을 방어하는 위숙군, 시장이나 시가의 주요 장소에 배치되는 검점군이 그것이다. 간수군을 포함한 이들 세 군사 조직은 본연의 업무뿐 아니라 순찰을 비롯한 도성 안의 치안 활동까지 담당하였다.

하지만 개경의 도시화가 진전됨에 따라 전문적인 치안 기구의 필요성이 증대되었다. 이에 성종은 개경 시내를 순찰하고 검문을 실시하는 전문적인 치안 조직인 순검군을 조직하였다. 순검군의 설치는 도성을 방위하고 국왕을 지키는 군대의 기능과 도성의 치안 유지를 위한 경찰의 기능이 분리되고 전문화된 것을 의미한다. 기존 군사 조직은 본연의 업무만을 담당하게 되었으며, 순검군은 치안과 질서 유지를 위하여 도성 안에서 순찰 활동, 도적 체포, 비행이나 불법을 저지르는 사람에 대한 단속 등의 활동을 담당하게 되었다.

그런데 범죄 행위나 정치적 음모, 범죄자의 도피 등은 주로 야간에 많이 일어났다. 이에 정부는 야간 통행을 금지하고 날이 저물면 성문을 닫게 하였으며, 급한 공무나 질병, 출생 등 부득이한 경우에만 사전 신고를 받고 야간에 통행하도록 하였다. 야간 통행이 금지되는 매일 저녁부터 새벽까지 도성 내를 순찰하는 활동, 즉 야경은 순검군의 중요한 업무가 되었다. 순검군은 도성 내의 군사 조직인 간수군, 위숙군, 검점군과 함께 개경의 안전을 책임지는 핵심적인 역할을 수행하였던 것이다.

① 개경은 고려의 다른 어떤 지역보다 범죄 행위가 많이 발생한 곳이었다.

② 순검군이 설치된 이후에도 도성의 성문을 지키는 임무는 위숙군에게 있었다.

③ 야간에 급한 용무로 시내를 통행하려는 사람은 먼저 시가지를 담당하는 검점군에 신고를 하였다.

④ 순검군은 야간 통행이 금지되는 저녁부터 새벽 시간까지 순찰 활동을 하며 성문 방어에도 투입되었다.

⑤ 순검군의 설치 이후에 간수군을 비롯한 개경의 세 군사 조직은 군대의 기능과 경찰의 기능을 모두 수행하였다.

문 2. 다음 글의 내용과 부합하는 것은?

고려 숙종 9년에 여진이 고려 동북면에 있는 정주성을 공격하였다. 고려는 윤관을 보내 여진을 막게 하였으며, 윤관이 이끄는 군대는 정주성 북쪽의 벽등수라는 곳에서 여진과 싸워 이겼다. 이에 여진은 사신을 보내 화의를 요청하였고, 고려는 이를 받아들였다. 그러나 윤관은 전투 과정에서 여진의 기병을 만나 고전하였기 때문에 대책을 세워야 한다고 생각하고, 숙종의 허락을 받아 별무반을 창설하였다. 별무반에는 기병인 신기군과 보병인 신보군, 적의 기병을 활로 막아내는 경궁군 등 다양한 부대가 편성되어 있었다.

윤관은 숙종의 뒤를 이은 예종 2년에 별무반을 이끌고 여진 정벌에 나섰다. 그는 정주성 북쪽으로 밀고 올라가 여진의 영주, 웅주, 복주, 길주를 점령하고 그곳에 성을 쌓았다. 이듬해 윤관은 정예 병사 8,000여 명을 이끌고 가한촌이라는 곳으로 나아갔다. 그런데 가한촌은 병목 지형이어서 병력을 지휘하기 어려웠다. 여진은 이러한 지형을 이용하여 길 양쪽에 매복하고 있다가 고려군을 기습하였다. 이때 윤관은 큰 위기를 맞이하였지만 멀리서 이를 본 척준경이 10여 명의 결사대를 이끌고 분전한 덕분에 영주로 탈출할 수 있었다. 이후 윤관은 여진의 끈질긴 공격을 물리치면서 함주, 공험진, 의주, 통태진, 평융진에도 성을 쌓아 총 9개의 성을 완성하였다. 윤관이 별무반을 이끌고 출정한 후 여진 지역에 쌓은 성이 모두 9개였기 때문에 그 지역을 동북 9성이라고 부른다.

하지만 여진은 이후 땅을 되찾기 위하여 여러 차례 웅주와 길주 등을 공격하였다. 윤관이 이끄는 고려군은 가까스로 이를 물리쳤지만, 여진이 성을 둘러싸고 길을 끊는 바람에 고립되는 일이 잦았다. 고려는 윤관 외에도 오연총 등을 파견하여 동북 9성에 대한 방비를 강화하였지만, 전투가 거듭될수록 병사들이 계속 희생되었고 물자 소비도 점점 많아졌다. 그래서 예종 4년에 여진이 자세를 낮추며 강화를 요청했을 때 고려는 이를 받아들이고 여진에 동북 9성 지역을 돌려주기로 하였다.

① 고려는 동북 9성을 방어하는 과정에서 병사들이 계속 희생되고 물자 소비도 늘어났기 때문에 여진의 강화 요청을 받아들였다.

② 오연총은 웅주에 있던 윤관이 여진군에 의해 고립된 사실을 알고 길주로부터 출정하여 그를 구출하였다.

③ 윤관은 여진군과의 끈질긴 전투 끝에 가한촌을 점령하고 그곳에 성을 쌓아 동북 9성을 완성하였다.

④ 척준경은 가한촌 전투에서 패배한 고려군을 이끌고 길주로 후퇴하였다.

⑤ 예종이 즉위하고 다음 해에 신기군과 신보군, 경궁군이 창설되었다.

① 윤리적으로 잘 먹기 위해서는 육식을 지양해야 한다.

② 먹는 행위에 대해서도 윤리적 차원을 고려하여야 한다.

③ 건강 증진이나 취향 만족을 위한 먹는 행위는 개인적 차원의 평가 대상일 뿐이다.

④ 먹는 행위는 동물, 식물, 토양 등의 비인간 존재와 인간 사이의 관계를 만들어낸다.

⑤ 먹는 행위를 평가할 때에는 먹거리의 소비자보다 생산자의 윤리적 책임을 더 고려하여야 한다.

문 3. 다음 글의 핵심 논지로 가장 적절한 것은?

우리는 보통 먹거리의 생산에 대해서는 책임을 묻는 것이 자연스럽다고 생각하면서도 먹거리의 소비는 책임져야 하는 행위로 생각하지 않는다. 우리는 무엇을 먹을 때 좋아하고 익숙한 것 그리고 싸고, 빠르고, 편리한 것을 찾아서 먹을 뿐이다. 그런데 먹는 일에도 윤리적 책임이 동반된다고 생각해 볼 수 있지 않을까?

먹는 행위를 두고 '잘 먹었다' 혹은 '잘 먹는다'고 말할 때 '잘'을 평가하는 기준은 무엇일까? 신체가 요구하는 영양분을 골고루 섭취하는 것은 생물학적 차원에서 잘 먹는 것이고, 섭취하는 음식을 통해 다양한 감각들을 만족시키며 개인의 취향을 계발하는 것은 문화적인 차원에서 잘 먹는 것이다. 그런데 이 경우들의 '잘'은 윤리적 의미를 띠고 있는 것 같지 않다. 이 두 경우는 먹는 행위를 개인적 경험의 차원으로 축소하기 때문이다.

'잘 먹는다'는 것의 윤리적 차원은 우리의 먹는 행위가 그저 개인적 차원에서 일어나는 일이 아니라, 다른 사람들, 동물들, 식물들, 서식지, 토양 등과 관계를 맺는 행위임을 인식하기 시작할 때 비로소 드러난다. 오늘날 먹거리의 전 지구적인 생산·유통·소비 체계 속에서, 우리는 이들을 경제적 자원으로만 간주하는 특정한 방식으로 이들과 관계를 맺고 있다. 그러한 관계의 방식은 공장식 사육, 심각한 동물 학대, 농약과 화학비료 사용에 따른 토양과 물의 오염, 동식물의 생존에 필수적인 서식지 파괴, 전통적인 농민 공동체의 파괴, 불공정한 노동 착취 등을 동반한다.

우리가 무엇을 어떻게 먹는가 하는 것은 결국 우리가 그런 관계망에 속한 인간이나 비인간 존재를 어떻게 대우하고 있는가를 드러내며, 불가피하게 이러한 관계망의 형성이나 유지 혹은 변화에 기여하게 된다. 우리의 먹는 행위에 따라 이런 관계망의 모습은 바뀔 수도 있다. 그렇기에 이러한 관계들은 먹는 행위를 윤리적 반성의 대상으로 끌어 올린다.

문 4. 다음 글의 핵심 논지로 가장 적절한 것은?

지방분권화 시대를 맞아 지역의 균형 발전과 경제 활성화를 함께 도모할 수 있는 방안으로 지역문화콘텐츠의 역할이 강조되고 있다. 이와 관련하여 생태환경, 문화재, 유적지 등의 지역 자원을 이용해 지역에 생명을 불어넣고 지역의 특화된 가치를 창출하는 사례가 늘고 있다. 지역문화콘텐츠의 성공은 지역 산업의 동력이 될 뿐 아니라 지역민의 문화향유권 확장에 이바지한다는 점에서도 주목할 만하다.

그러나 지역문화콘텐츠의 전망이 밝기만 한 것은 아니다. 지역 내부의 문제로 우수한 문화자원이 빛을 보지 못하거나 특정 축제를 서로 자기 지역에 유치하기 위한 과잉 경쟁으로 지방자치단체가 몸살을 앓기도 한다. 또한, 불필요한 시설과 인프라 구축, 유사한 콘텐츠의 양산 및 미흡한 활용 등의 문제로 지역 예산을 헛되이 낭비한 사례도 적지 않다.

이러한 문제들이 많아지자, ○○부는 유사·중복 축제 행사를 통폐합하는 지방재정법 시행령과 심사 규칙 개정안을 내놓았다. 이 개정안은 특색 없는 콘텐츠를 정리하고 경쟁력 있는 콘텐츠 개발을 장려하는 것이 주목적이다. 하지만 이러한 방식만으로는 지역문화콘텐츠의 성공을 기대하기 어렵다.

그동안 지역문화 정책과 사업이 새로운 콘텐츠를 발굴·제작하는 데만 주력해 온 탓에 향유의 지속성 측면을 고려하지 못했다. 이로 인해, 관련 사업은 일부 향유자만을 대상으로 하거나 단발적인 제작 지원에 그쳐 지역민의 문화자원 향유가 지속되는 데 어려움이 있었다. 향유자에 초점을 둔 실효성 있는 정책을 실현하려면, 향유의 지속성까지 염두에 두어야 한다. 콘텐츠와 향유자를 잇고, 향유자의 향유 경험을 지속시킬 때 콘텐츠는 영속할 수 있다. 향유자에 의한 콘텐츠의 공유와 확산이 활발하게 이루어지는 향유, 아울러 향유자가 콘텐츠의 소비·매개·재생산의 주체가 되는 향유를 위한 방안이 개발되어야 한다. 이러한 방안을 통해 이미 만들어진 우수한 지역문화콘텐츠의 생명력을 연장하고 콘텐츠 향유의 활성화를 꾀할 수 있다.

① 중앙정부와 지방자치단체의 협력을 통해 지역문화콘텐츠의
경쟁력을 강화해야 한다.
② 새로운 콘텐츠의 발굴과 제작을 통해 지역문화콘텐츠의 생명
력을 연장하고 활성화해야 한다.
③ 지역문화콘텐츠를 향유자와 연결하고 향유자의 향유 경험을
지속하게 할 방안을 마련해야 한다.
④ 지역문화콘텐츠 향유자 스스로 자신이 콘텐츠의 소비·매개·
재생산의 주체임을 인식해야 한다.
⑤ 지역문화콘텐츠가 지역 산업의 발전과 지역민의 문화 향유
기회 확대에 기여할 수 있도록 중앙정부의 경제적 지원이 증
대되어야 한다.

문 5. 다음 글의 내용과 부합하지 않는 것은?

정부는 공공사업 수립·추진 과정에서 사회적 갈등이 예상되
는 경우 갈등영향분석을 통해 해결책을 마련하여야 한다. 갈등
은 다양한 요인 및 양태 그리고 복잡한 이해관계를 갖고 있다.
따라서 갈등영향분석의 실시 여부는 공공사업의 규모, 유형,
사업 관련 이해집단의 분포 등 다양한 지표들을 고려하여 판단
하여야 한다.
갈등영향분석 실시 여부의 대표적인 판단 지표 중 하나는 실
시 대상 사업의 경제적 규모이다. 해당 사업을 수행하는 기관
장은 예비타당성 조사 실시 기준인 총사업비를 판단 지표로 활
용하여 갈등영향분석의 실시 여부를 판단하되, 그 경제적 규모
가 실시 기준 이상이라도 갈등 발생 여지가 없거나 미미한 경우
에는 갈등관리심의위원회 심의를 거쳐 갈등영향분석을 실시하
지 않을 수 있다.
실시 대상 사업의 유형도 갈등영향분석 실시 여부의 판단 지
표가 된다. 쓰레기 매립지, 핵폐기물처리장 등 기피 시설의 입
지 선정은 지역사회 갈등을 유발하는 대표적 유형이다. 이러한
사업 유형은 경제적 규모와 관계없이 반드시 갈등영향분석이
이루어져야 한다. 해당 사업을 수행하는 기관장은 대상 시설이
기피 시설인지 여부를 판단할 때, 단독으로 판단하지 말고 지
역 주민 관점에서 검토할 수 있도록 민간 갈등관리전문가 등의
자문을 거쳐야 한다.
갈등영향분석을 시행하기로 결정했다면, 해당 사업을 수행
하는 기관장 주관으로, 갈등관리심의위원회의 자문을 거쳐 해당
사업과 관련된 주요 이해당사자들이 중립적이라고 인정하는
전문가가 갈등영향분석서를 작성하여야 한다. 이렇게 작성된
갈등영향분석서는 반드시 모든 이해당사자들의 회람 후에 해
당 기관장에게 보고되고 갈등관리심의위원회에서 심의되어야
한다.

① 정부가 갈등영향분석 실시 여부를 판단할 때 예비타당성 조
사 실시 기준인 총사업비를 판단 지표로 활용한다.
② 기피 시설 여부를 판단할 때 해당 사업을 수행하는 기관장이
별도 절차 없이 단독으로 판단해서는 안 된다.
③ 갈등영향분석서는 정부가 주관하여 중립적 전문가의 자문하
에 해당 기관장이 작성하여야 한다.
④ 갈등영향분석서를 작성한 후에는 이해당사자가 회람하는 절
차가 있어야 한다.
⑤ 갈등관리심의위원회는 갈등영향분석 실시 여부의 판단에 관
여할 수 있다.

문 6. 다음 글에서 알 수 있는 것은?

○○시 교육청은 초·중학교 기초학력 부진학생의 기초학력
향상을 위해 3단계의 체계적인 지원체계를 구축하였다. 이는
학습 사각지대에 놓여있는 학생들을 조기에 발견하고, 학생 여
건과 특성에 맞는 서비스를 제공하여 기초학력 부진을 해결하
기 위한 조치이다.
1단계 지원은 기초학력 부진 판정을 받은 모든 학생을 대상
으로 하며, 해당 학생에 대한 지도는 학교 내에서 담임교사가
담당한다. 학교 내에서 교사가 특별학습 프로그램을 진행하는
것이다.
2단계 지원은 기초학력 부진 판정을 받은 학생 중 복합적인
요인으로 어려움을 겪는 것으로 판정된 학생인 복합요인 기초
학력 부진학생을 대상으로 권역학습센터에서 이루어진다. 권역
학습센터는 권역별 1곳씩 총 5곳에 설치되어 있으며, 이곳에서
학습멘토 프로그램을 운영한다. 이 프로그램에 참여하는 지원
인력은 ○○시의 인증을 받은 학습상담사이며, 기초학력 부진
학생의 학습멘토 역할을 담당하게 된다.
3단계 지원은 복합요인 기초학력 부진학생 중 주의력결핍
과잉행동장애 또는 난독증 등의 문제로 학습에 어려움을 겪는
학생을 대상으로 ○○시 학습종합클리닉센터에서 이루어진다.
○○시 학습종합클리닉센터는 교육청 차원에서 지역사회 교육
전문가를 초빙하여 해당 학생들을 위한 전문학습클리닉 프로그
램을 운영한다. 이에 더해 소아정신과 전문의 등으로 이루어진
의료지원단을 구성하여 의료적 도움을 줄 수 있도록 한다.

① ○○시 학습종합클리닉센터는 ○○시에 총 5곳이 설치되어 있다.

② 기초학력 부진학생으로 판정된 학생은 학습멘토 프로그램에 참여할 수 없다.

③ 복합요인 기초학력 부진학생으로 판정된 학생 중 의료지원단의 의료적 도움을 받는 학생이 있을 수 있다.

④ 학습멘토 프로그램 및 전문학습클리닉 프로그램에 참여하는 지원 인력은 ○○시의 인증을 받지 않아도 된다.

⑤ 난독증이 있는 학생은 기초학력 부진 판정을 받지 않았더라도 ○○시 학습종합클리닉센터에서 운영하는 프로그램에 참여할 수 있다.

문 7. 다음 대화의 ㉠에 따라 〈안내〉를 수정한 것으로 적절하지 않은 것은?

갑: 지금부터 회의를 시작하겠습니다. 이 자리는 A시 시민안전보험의 안내문을 함께 검토하기 위한 자리입니다. A시 시민안전보험의 내용을 시민들에게 효과적으로 전달하기 위해서 수정 및 보완이 필요한 부분이 있다면 자유롭게 말씀해 주시기 바랍니다.

을: 시민안전보험의 혜택을 누릴 수 있는 대상이 더 정확하게 표현되면 좋겠습니다. 단순히 A시에서 생활하는 사람이 아닌 A시에 주민으로 등록한 사람이라는 점이 명확하게 드러나야 한다고 생각합니다.

병: 2024년도부터는 시민안전보험의 보장 항목이 기존의 8종에서 10종으로 확대되었습니다. 보장 항목을 안내하면서 새롭게 추가된 두 가지 항목인 개 물림 사고와 사회재난 사망 사고를 포함하면 좋겠습니다.

정: 시민안전보험의 보험 기간뿐만 아니라 청구 기간에 대한 정보도 필요합니다. 보험 기간 내에 발생한 사고에 대해서 사고 발생 시점을 기준으로 할 때 보험금을 언제까지 청구할 수 있는지에 대한 안내가 추가되면 좋을 것 같습니다.

무: 보험금을 어디로 그리고 어떻게 청구할 수 있는지에 대한 구체적 정보도 부족합니다. 시민안전보험에 관심을 가진 시민이라면 연락처 정보만으로는 부족하다고 여길 것 같습니다. 안내문에 보험금 청구에 필요한 대표적인 서류들을 제시하면 어떨까요?

갑: 좋은 의견을 개진해 주셔서 감사합니다. 참고로 최근 민간기업과의 업무 협약을 통해 A시 누리집뿐만 아니라 코리아톡 앱을 통해서도 A시 시민안전보험에 관한 정보를 확인할 수 있게 되어 이 점 역시 이번에 안내할 계획입니다. 그럼 ㉠오늘 회의에서 논의된 내용을 반영하여 안내문을 수정하도록 하겠습니다. 감사합니다.

─〈안내〉─

우리 모두의 안전은 2024년 A시 시민안전보험 가입으로!

○ 가입 대상: A시 구성원 누구나
○ 보험 기간: 2024. 1. 1. ~ 2024. 12. 31.
○ 보장 항목: 대중교통 이용 중 상해·후유장애 등 총 8종의 사고 보장
○ 청구 방법: B보험사 통합상담센터로 문의
○ 참고 사항: 자세한 관련 내용은 A시 누리집을 통해서도 확인 가능

① 가입 대상을 'A시에 주민으로 등록한 사람 누구나'로 수정한다.

② 보험 기간을 '2024. 1. 1.~2024. 12. 31.(보험 기간 내 사고발생일로부터 3년 이내 보험금 청구 가능)'로 수정한다.

③ 보장 항목을 '대중교통 이용 중 상해·후유장애, 개 물림 사고, 사회재난 사망 사고 등 총 10종의 사고 보장'으로 수정한다.

④ 청구 방법을 '청구 절차 및 필요 서류는 B보험사 통합상담센터(Tel. 15××-××××)로 문의'로 수정한다.

⑤ 참고 사항을 '자세한 관련 내용은 A시 누리집 및 코리아톡 앱을 통해서도 확인 가능'으로 수정한다.

문 8. 다음 대화의 ㉠으로 적절한 것만을 〈보기〉에서 모두 고르면?

갑: 최근 전동킥보드, 전동휠 등 개인형 이동장치 사고가 급증하고 있습니다. 도대체 무엇 때문에 이러한 현상이 나타나는 것일까요? 이에 대해 여러분은 어떤 의견을 가지고 있나요?

을: 원동기 면허만 있으면 19세 미만 미성년자도 개인형 이동장치를 이용할 수 있습니다. 하지만 원동기 면허가 없는 사람들도 많이 이용하고 있습니다. 안전 의식이 부족한 이용자가 증가해 사고가 더 많이 발생하는 것이지요.

병: 저는 개인형 이동장치의 경음기 부착 여부가 사고 발생 확률에 유의미한 영향을 미친다고 생각합니다. 현재 상당수의 개인형 이동장치는 경고음을 낼 수 있는 경음기가 부착되어 있지 않기 때문에 개인형 이동장치가 빠른 속도로 달려와도 주변에서 이를 인지하지 못하는 경우가 많습니다. 이것이 사고가 발생하는 주요한 원인이라고 생각합니다.

정: 저는 개인형 이동장치를 이용할 수 있는 인프라가 부족하다는 점이 가장 큰 원인이라고 생각합니다. 개인형 이동장치 이용자들은 안전한 운행이 가능한 도로를 원하고 있으나, 그러한 개인형 이동장치 전용도로를 갖춘 지역은 드뭅니다. 이처럼 인프라 수요를 공급이 따라가지 못해 사고가 발생하는 것입니다.

갑: 여러분 좋은 의견 제시해 주셔서 감사합니다. 그렇다면 말씀하신 의견을 검증하기 위해 ㉠필요한 자료를 조사해 주세요.

〈보기〉

ㄱ. 미성년자 중 원동기 면허 취득 비율과 19세 이상 성인 중 원동기 면허 취득 비율

ㄴ. 경음기가 부착된 개인형 이동장치 1대당 평균 사고 발생 건수와 경음기가 부착되지 않은 개인형 이동장치 1대당 평균 사고 발생 건수

ㄷ. 개인형 이동장치 등록 대수가 가장 많은 지역의 개인형 이동장치 사고 발생 건수와 개인형 이동장치 등록 대수가 가장 적은 지역의 개인형 이동장치 사고 발생 건수

① ㄱ
② ㄴ
③ ㄱ, ㄷ
④ ㄴ, ㄷ
⑤ ㄱ, ㄴ, ㄷ

문 9. 다음 글의 (가)와 (나)에 들어갈 말을 적절하게 짝지은 것은?

갑은 국민 개인의 삶의 질을 1부터 10까지의 수치로 평가하고 이 수치를 모두 더해 한 국가의 행복 정도를 정량화한다. 예를 들어, 삶의 질이 모두 5인 100명의 국민으로 구성된 국가의 행복 정도는 500이다.

갑은 이제 국가의 행복 정도가 클수록 더 행복한 국가라고 하면서 어느 국가가 더 행복한 국가인지까지도 서로 비교하고 평가할 수 있다고 주장한다. 하지만 갑의 주장은 받아들이기 어렵다. 행복한 국가라면 그 국가의 대다수 국민이 높은 삶의 질을 누리고 있다고 보는 것이 일반적인 직관인데, 이 직관과 충돌하는 결론이 나오기 때문이다. 예를 들어, A국과 B국의 행복 정도를 비교하는 다음의 경우를 생각해 보자. 　(가)　. B국에서 가장 높은 삶의 질을 지닌 국민이 A국에서 가장 낮은 삶의 질을 지닌 국민보다 삶의 질 수치가 낮다. 그러면 갑은 　(나)　. 그러나 이러한 결론에 동의할 사람은 거의 없을 것이다.

① (가): A국의 행복 정도가 B국의 행복 정도보다 더 크지만
　(나): B국이 A국보다 더 행복한 국가라고 말해야 할 것이다

② (가): A국의 행복 정도가 B국의 행복 정도보다 더 크지만
　(나): A국이 B국보다 더 행복한 국가라고 말해야 할 것이다

③ (가): A국의 행복 정도와 B국의 행복 정도가 같지만
　(나): B국이 A국보다 더 행복한 국가라고 말해야 할 것이다

④ (가): B국의 행복 정도가 A국의 행복 정도보다 더 크지만
　(나): B국이 A국보다 더 행복한 국가라고 말해야 할 것이다

⑤ (가): B국의 행복 정도가 A국의 행복 정도보다 더 크지만
　(나): A국이 B국보다 더 행복한 국가라고 말해야 할 것이다

문 10. 다음 글의 (가)와 (나)에 들어갈 말을 〈보기〉에서 골라 적절하게 짝지은 것은?

> 고대 철학자 A가 궁극적인 목적으로 삼았던 것은 행복한 삶이었다. 그런데 A가 가진 행복 개념은 현대인들이 가지고 있는 행복 개념과 다소 차이가 있다. 우리가 일상적으로 '행복'이라는 말을 사용할 때는 단순히 주관적 심리 상태를 지칭하는 경우가 많다. 하지만 A는 행복이 주관적 심리 상태만으로는 충분하지 않고, 그런 심리 상태를 뒷받침하는 객관적 조건이 반드시 갖추어져 있어야 한다고 생각했다. 요컨대, A가 사용한 행복 개념에 따르면, ⎡　(가)　⎤. 그러나 A는 행복이 주관적 심리 상태만으로는 충분하지 않다고 하더라도, 주관적 심리 상태가 행복의 필수 조건임은 부정할 수 없다고 보았다. 따라서 A에게는 ⎡　(나)　⎤.

〈보기〉

ㄱ. 자신이 행복하다고 느끼고 있으면서도 행복하지 않은 경우란 있을 수 없다

ㄴ. 자신이 행복하다고 느끼고 있으면서도 행복하지 않은 경우가 있을 수 있다

ㄷ. 자신이 행복하지 않다고 느끼고 있으면서도 행복한 경우란 있을 수 없다

	(가)	(나)
①	ㄱ	ㄴ
②	ㄱ	ㄷ
③	ㄴ	ㄱ
④	ㄴ	ㄷ
⑤	ㄷ	ㄴ

문 11. 다음 글에서 추론할 수 있는 것만을 〈보기〉에서 모두 고르면?

> 진수는 병원에서 급성 중이염을 진단 받고, 항생제 투여 결과 이틀 만에 크게 호전되었다. 진수의 중이염 증상이 빠르게 호전된 것을 '항생제 투여 때문'이라고 답하는 것은 자연스러운 설명이다. 그런데 이것이 좋은 설명이 되려면, 그러한 증상의 치유에 항생제의 투여가 관련되어 있음을 보여 줄 필요가 있다.
>
> 확률의 차이는 이러한 관련성을 보여 주는 한 가지 방식이다. 예컨대 급성 중이염 증상에 대해 항생제 투여 없이 그대로 자연 치유에 맡기는 경우, 그 증상이 치유될 확률이 20%라고 하자. 이를 기준으로 삼아서 항생제 투여가 급성 중이염의 치유에 대해 갖는 긍정적 효과와 부정적 효과를 구분할 수 있다. 가령 항생제 투여를 할 경우에 그 확률이 80%라면, 이는 항생제 투여가 급성 중이염의 치유에 긍정적 효과가 있음을 보여 주는 것이다. 거꾸로, 급성 중이염의 치유를 위해 개발 과정에 있는 신약을 투여했더니 그 확률이 10%라는 조사 결과가 있다면, 이는 신약 투여가 급성 중이염의 치유에 부정적 효과가 있음을 보여 주는 것이다. 물론 두 경우 모두, 급성 중이염의 치유에 투여된 약 이외의 다른 요인이 개입하지 않았다는 점이 보장되어야 한다.

〈보기〉

ㄱ. 투여된 약이 증상의 치유에 어떠한 효과도 없다는 것을 보이기 위해서는, 약을 투여하더라도 증상이 치유될 확률에 변화가 없을 뿐 아니라 약의 투여 이외의 다른 요인이 개입되지 않았다는 것이 밝혀져야 한다.

ㄴ. 투여된 약이 증상의 치유에 긍정적인 효과가 있다는 것을 보이기 위해서는 증상이 치유될 확률이 약의 투여 이전보다 이후에 더 높아지는 것을 보이는 것으로 충분하다.

ㄷ. 약 투여 이외의 다른 요인이 개입되지 않았다고 전제할 경우에, 투여된 약이 증상의 치유에 긍정적인 효과가 없다는 것을 보이기 위해서는 증상이 치유될 확률이 약의 투여 이전보다 이후에 더 낮아지는 것을 보이는 것이 필요하다.

① ㄱ
② ㄴ
③ ㄱ, ㄷ
④ ㄴ, ㄷ
⑤ ㄱ, ㄴ, ㄷ

문 12. 다음 갑~정의 논쟁에 대한 분석으로 적절한 것만을 〈보기〉에서 모두 고르면?

갑: 우리는 보통 인간이나 동물이 어떤 특성을 지니고 있어서 그에 부합하는 도덕적 지위를 갖는다고 생각한다. 의식이 바로 그런 특성이다. 나는 인공지능 로봇도 같은 방식으로 그 도덕적 지위를 결정해야 한다고 생각한다. 그래서 우리는 그런 로봇에게 의식이 있는지를 따져 봐야 할 것이다. 나는 인공지능 로봇이 의식을 갖는다고 생각한다.

을: 도덕적 지위를 결정하는 기준에 대해서는 나도 갑과 생각이 같다. 하지만 나는 바로 그런 이유에서 인공지능 로봇에게 도덕적 지위를 부여할 수 없다고 생각한다. 로봇은 기계이므로 의식을 갖는 것이 가능하지 않기 때문이다.

병: 나는 인공지능 로봇에게 의식이 있는지 없는지가 그것에게 도덕적 지위를 부여하느냐 마느냐를 결정하는 근거가 될 수 없다고 생각한다. 인공지능 로봇에게 의식이 있을 수도 있겠지만, 인간의 필요에 의해서 만든 도구적 존재에게 도덕적 지위를 부여하는 것은 말이 안 된다.

정: 어떤 존재의 도덕적 지위는 우리가 그 존재와 어떤 관계를 맺고 있는지에 따라 결정된다. 우리가 로봇과 가족이나 친구와 같은 유의미한 관계를 맺고 있다면, 인공지능 로봇이 의식을 갖지 않는 경우라 해도, 로봇에게 도덕적 지위를 부여해야 한다.

〈보기〉

ㄱ. 을과 정은 인공지능 로봇에게는 의식이 없다고 생각한다.

ㄴ. 인공지능 로봇에게 의식이 있어도 도덕적 지위를 부여할 수 없다고 생각하는 사람이 있다.

ㄷ. 인공지능 로봇에게 실제로 의식이 있다고 밝혀진다면, 네 명 중 한 명은 인공지능 로봇에게 도덕적 지위를 부여해야 하는가에 대한 입장을 바꿔야 한다.

① ㄱ
② ㄴ
③ ㄱ, ㄷ
④ ㄴ, ㄷ
⑤ ㄱ, ㄴ, ㄷ

문 13. 다음 글에서 추론할 수 있는 것만을 〈보기〉에서 모두 고르면?

○○부는 올여름 폭염으로 국가적 전력 부족 사태가 예상됨에 따라 '공공기관 에너지 절약 세부 실천대책'을 발표하였다. 이에 따르면 공공기관은 냉방설비를 가동할 때 냉방 온도를 25℃ 이상으로 설정하여야 한다. 또한 14~17시에는 불필요한 전기 사용을 자제하여야 한다.

○○부는 추가적으로, 예비전력을 기준으로 전력수급 위기단계를 준비단계(500만kW 미만 400만kW 이상), 관심단계(400만kW 미만 300만kW 이상), 주의단계(300만kW 미만 200만kW 이상), 경계단계(200만kW 미만 100만kW 이상), 심각단계(100만kW 미만) 순의 5단계로 설정하였다. 전력수급 상황에 따라 위기단계가 통보되면 공공기관은 아래 〈표〉에 따라 각 위기단계의 조치 사항을 이행하여야 한다. 이때의 조치 사항에는 그 전 위기단계까지의 조치 사항이 포함되어야 한다.

〈표〉 전력수급 위기단계별 조치 사항

위기단계	조치 사항
준비단계	실내조명과 승강기 사용 자제
관심단계	냉방 온도 28℃ 이상으로 조정
주의단계	냉방기 사용 중지, 실내조명 50% 이상 소등
경계단계	필수 기기를 제외한 모든 사무기기 전원 차단
심각단계	실내조명 완전 소등, 승강기 가동 중지

다만 장애인 승강기는 전력수급 위기단계와 관계없이 상시 가동하여야 한다. 또한 의료기관, 아동 및 노인 등 취약계층 보호시설은 냉방 온도 제한 예외 시설로서 자체적으로 냉방 온도를 설정하여 운영할 수 있다.

〈보기〉

ㄱ. 예비전력이 50만kW일 때 모든 공공기관은 실내조명을 완전 소등하여야 하며, 예비전력이 180만kW일 때는 50% 이상 소등하여야 한다.

ㄴ. 취약계층 보호시설에 해당하지 않는 공공기관은 예비전력이 280만kW일 때 냉방 온도를 24℃로 설정할 수 없으나, 예비전력이 750만kW일 때는 설정할 수 있다.

ㄷ. 전력수급 위기단계가 심각단계일 때 취약계층 보호시설에 해당하는 공공기관은 장애인 승강기를 가동할 수 있으나 취약계층 보호시설에 해당하지 않는 공공기관은 장애인 승강기 가동을 중지하여야 한다.

① ㄱ
② ㄷ
③ ㄱ, ㄴ
④ ㄴ, ㄷ
⑤ ㄱ, ㄴ, ㄷ

문 14. 다음 글의 내용이 참일 때, 반드시 참인 것만을 〈보기〉에서 모두 고르면?

> 갑은 〈공직 자세 교육과정〉, 〈리더십 교육과정〉, 〈글로벌 교육과정〉, 〈직무 교육과정〉, 〈전문성 교육과정〉의 다섯 개 과정으로 이루어진 공직자 교육 프로그램에 참여할 것을 고려하고 있다. 갑이 〈공직 자세 교육과정〉을 이수한다면 〈리더십 교육과정〉도 이수한다. 또한 갑이 〈글로벌 교육과정〉을 이수한다면 〈직무 교육과정〉과 〈전문성 교육과정〉도 모두 이수한다. 그런데 갑은 〈리더십 교육과정〉을 이수하지 않거나 〈전문성 교육과정〉을 이수하지 않는다.

〈보기〉

> ㄱ. 갑은 〈공직 자세 교육과정〉을 이수하지 않거나 〈글로벌 교육과정〉을 이수하지 않는다.
> ㄴ. 갑이 〈직무 교육과정〉을 이수하지 않는다면 〈글로벌 교육과정〉도 이수하지 않는다.
> ㄷ. 갑은 〈공직 자세 교육과정〉을 이수하지 않는다.

① ㄱ
② ㄷ
③ ㄱ, ㄴ
④ ㄴ, ㄷ
⑤ ㄱ, ㄴ, ㄷ

문 15. 다음 글에서 갑이 새롭게 입수한 '정보'로 적절한 것은?

> 월요일부터 목요일까지 하루에 한 차례씩 시험 출제 회의가 열렸다. 회의에 참석한 시험위원들에 관한 자료를 정리하던 주무관 갑은 다음의 사실을 파악하였다.
> ○ 월요일에 참석한 시험위원은 모두 수요일에도 참석했다.
> ○ 화요일에 참석한 시험위원은 누구도 수요일에는 참석하지 않았다.
> ○ 수요일에 참석한 시험위원 중 적어도 한 사람은 목요일에도 참석했다.
> 갑은 이 사실에 새롭게 입수한 '정보'를 더하여 "월요일에는 참석하지 않았지만 목요일에는 참석한 시험위원이 적어도 한 사람은 있다."는 것을 알아내었다.

① 월요일에 참석하지 않은 시험위원이 적어도 한 사람은 있다.
② 화요일에 참석하지 않은 시험위원이 적어도 한 사람은 있다.
③ 수요일에 참석한 시험위원 중 적어도 한 사람은 목요일에 참석하지 않았다.
④ 목요일에는 참석하지 않았지만 월요일에는 참석한 시험위원이 적어도 한 사람은 있다.
⑤ 월요일에 참석한 시험위원 중에는 목요일에 참석한 시험위원은 없다.

문 16. 다음 글의 내용이 참일 때, 반드시 참인 것만을 〈보기〉에서 모두 고르면?

> 국제해양환경회의에 5명의 대표자가 참석하여 A, B, C, D 4개 정책을 두고 토론회를 열었다. 대표자들은 모두 각 정책에 대해 찬반 중 하나의 입장을 분명하게 표명했으며, 각자 하나 이상의 정책에 찬성하고 하나 이상의 정책에 반대한 것으로 드러났다. 그들의 입장을 정리한 결과는 다음과 같다.
> ○ A에 찬성하는 대표자는 2명이다.
> ○ A에 찬성하는 대표자는 모두 B에 찬성한다.
> ○ B에 찬성하는 대표자 중에 C에 찬성하는 사람과 반대하는 사람은 동수이다.
> ○ B와 D에 모두 찬성하는 대표자는 아무도 없다.
> ○ D에 찬성하는 대표자는 2명이다.
> ○ D에 찬성하는 대표자는 모두 C에 찬성한다.

〈보기〉

> ㄱ. 3개 정책에 반대하는 대표자가 있다.
> ㄴ. B에 찬성하는 대표자는 2명이다.
> ㄷ. C에 찬성하는 대표자가 가장 많다.

① ㄱ
② ㄴ
③ ㄱ, ㄷ
④ ㄴ, ㄷ
⑤ ㄱ, ㄴ, ㄷ

문 17. 다음 글에서 추론할 수 있는 것만을 〈보기〉에서 모두 고르면?

포유동물의 발생 과정에서 폐는 가장 늦게 그 기능을 발휘하는 기관 중 하나이다. 폐 내부의 폐포는 숨을 들이마시면 부풀어 오르는데 이때 폐포로 들어온 공기와 폐포를 둘러싸고 있는 모세혈관의 혈액 사이에 기체교환이 일어난다. 즉 공기 중의 산소를 혈액으로 전달하고 혈액에 있는 이산화탄소가 폐포 내에 있는 공기로 배출된다. 폐포가 정상적으로 기능을 발휘하려면 폐포가 접촉해도 서로 들러붙지 않도록 하는 충분한 양의 계면 활성제가 필요하다. 폐포 세포가 분비하는 이 계면 활성제는 임신 기간이 거의 끝날 때쯤, 즉 사람의 경우 임신 약 34주째쯤, 충분히 폐포에 분비되어 비로소 호흡할 수 있는 폐가 형성된다.

태아의 폐가 정상 기능을 하게 되면 곧이어 출산이 일어난다. 쥐 실험을 통해 호흡이 가능한 폐의 형성과 출산이 어떻게 연동되는지 확인되었다. 임신한 실험 쥐의 출산일이 다가오면, 쥐의 태아 폐포에서는 충분한 양의 계면 활성제가 분비되고 그 중 일부가 양수액으로 이동하여 양수액에 있는 휴면 상태의 대식세포를 활성화시킨다. 활성화된 대식세포는 양수액에서 모태 쥐의 자궁 근육 안으로 이동하여, 자궁 근육 안에서 물질 A를 분비하게 한다. 물질 A는 비활성 상태의 효소 B에 작용하여 그것을 활성 상태로 바꾸고 활성화된 효소 B는 자궁 근육 안에서 물질 C가 만들어지게 하는데, 물질 C는 효소 B가 없으면 만들어지지 않는다. 이렇게 만들어진 물질 C가 일정 수준의 농도가 되면 자궁 근육을 수축하게 하여 쥐의 출산이 일어나게 하는데, 물질 C가 일정 수준의 농도에 이르지 않으면 자궁 근육의 수축이 일어나지 않는다.

〈보기〉

ㄱ. 태아 시기 쥐의 폐포에서 물질 A가 충분히 발견되지 않는다면, 그 쥐의 폐는 정상적으로 기능을 발휘할 수 없다.

ㄴ. 임신 초기부터 효소 B가 모두 제거된 상태로 유지된 암쥐는 출산 시기가 되어도 자궁 근육의 수축이 일어나지 않는다.

ㄷ. 출산을 며칠 앞둔 암쥐의 자궁 근육에 물질 C를 주입하여 물질 C가 일정 수준의 농도에 이르게 되면 출산이 유도된다.

① ㄱ
② ㄴ
③ ㄱ, ㄷ
④ ㄴ, ㄷ
⑤ ㄱ, ㄴ, ㄷ

문 18. 다음 글에서 추론할 수 없는 것은?

물속에서 눈을 뜨면 물체를 뚜렷하게 볼 수 없다. 이는 공기에 대한 각막의 상대 굴절률이 물에 대한 각막의 상대 굴절률과 달라서 물속에서는 상이 망막에 선명하게 맺히기 힘들기 때문이다. 그런데 수경을 쓰면 빛이 공기에서 각막으로 굴절되어 망막에 들어오므로 상이 망막에 선명하게 맺혀서 물체를 뚜렷하게 볼 수 있다.

초기 형태의 수경은 덮개 형태의 두 부분으로 구성되어 있고 두 부분은 각각 오른쪽 눈과 왼쪽 눈을 덮고 있다. 한쪽 부분 안의 공기량이 약 7.5mL인 이 수경을 쓸 경우 3m 이상 잠수하면 결막 출혈이 생길 수 있다. 이런 현상은 다음과 같은 이유로 나타난다. 잠수를 하면 몸은 물의 압력인 수압을 받게 되는데, 수압은 잠수 깊이가 깊어질수록 커진다. 잠수 시 수압에 의해 신체가 압박되어 신체의 부피가 줄어들면서 체내 압력이 커져 수압과 같아지게 되는 반면, 수경 내부 공기의 부피는 변하지 않으므로 수경 내의 공기압인 수경 내압은 변하지 않는다. 이때 체내 압력이 수경 내압보다 일정 수준 이상 커지면 안구 안팎에 큰 압력 차이가 나타나 눈의 혈관이 압력차를 견디지 못하고 파열되어 결막 출혈이 일어난다. 초기 형태의 수경을 사용하던 해녀들은 깊이 잠수해 들어갈 때 흔히 이러한 결막 출혈을 경험하였다.

이러한 문제를 극복할 수 있도록 만들어진 수경 '부글래기'는 기존 수경에 공기가 담긴 고무주머니를 추가한 것인데 이 고무주머니는 수경 내부와 연결되어 있다. 이 수경은 잠수 시 수압에 의해 고무주머니가 압축되면, 고무주머니 내의 공기가 수압과 수경 내압이 같아질 때까지 수경 내로 이동하여 안구 안팎에 압력 차이가 나타나는 것을 막아 잠수 시 나타날 수 있는 결막 출혈을 방지한다. 우리나라에서는 모슬포 지역의 해녀들이 부글래기를 사용한 적이 있다.

오늘날 해녀들은 '큰눈' 또는 '왕눈'으로 불리는, 눈뿐만 아니라 코까지 덮는 수경을 사용한다. 이런 수경을 쓰면 잠수 시 수압에 의하여 폐가 압축되어 수압과 수경 내압이 같아질 때까지 폐의 공기가 기도와 비강을 거쳐 수경 내로 들어온다. 따라서 잠수 시 결막 출혈이 일어나지 않는다.

① 부글래기를 쓰고 잠수하면 빛이 공기에서 각막으로 굴절되어 망막에 들어와 물체를 뚜렷하게 볼 수 있다.
② 수경 내압은 큰눈을 쓰고 잠수했을 때보다 초기 형태의 수경을 쓰고 잠수했을 때가 더 크다.
③ 잠수 시 결막 출혈을 방지할 수 있는 수경이 모슬포 지역에서 사용된 적이 있다.
④ 왕눈을 쓰고 잠수하면 수경 내압과 체내 압력이 같아진다.
⑤ 체내 압력은 잠수하기 전보다 잠수했을 때가 더 크다.

문 19. 다음 글의 〈실험〉의 결과를 가장 잘 설명하는 것은?

　소자 X는 전류가 흐르게 되면 빛을 발생시키는 반도체 소자로, p형 반도체와 n형 반도체가 접합된 구조를 가지고 있다. X에 전류가 흐르게 되면, p형 반도체 부분에 정공이 주입되고 n형 반도체 부분에 전자가 주입된다. 이때 p형 반도체와 n형 반도체의 접합 부분에서는 정공과 전자가 서로 만나 광자, 즉 빛이 발생한다. 그런데 X에 주입되는 모든 정공과 전자가 빛을 발생시키지는 않는다. 어떤 정공과 전자는 서로 만나지 못하기도 하고, 어떤 정공과 전자는 서로 만나더라도 빛을 발생시키지 못한다. 내부 양자효율은 주입된 정공-전자 쌍 중 광자로 변환된 것의 비율을 의미한다. 예를 들어, X에 정공-전자 100쌍이 주입되었을 때 이 소자 내부에서 60개의 광자가 발생하였다면, 내부 양자효율은 0.6으로 계산된다. 이는 X의 성능을 나타내는 중요한 지표 중 하나로, X의 불순물 함유율에 의해서만 결정되고, 불순물 함유율이 낮을수록 내부 양자효율은 높아진다.

　X의 성능을 나타내는 또 하나의 지표로 외부 양자효율이 있다. 외부 양자효율은 X 내에서 발생한 광자가 X 외부로 방출되는 정도와 관련된 지표이다. X 내에서 발생한 광자가 X를 벗어나는 과정에서 일부는 반사되어 외부로 나가지 못한다. X 내에서 발생한 광자 중 X 외부로 벗어난 광자의 비율이 외부 양자효율로, 예를 들어 X 내에서 발생한 광자가 100개인데 40개의 광자만이 X 외부로 방출되었다면, 외부 양자효율은 0.4인 것이다. 외부 양자효율은 X의 굴절률에 의해서만 결정되며, 굴절률이 클수록 외부 양자효율은 낮아진다. 같은 개수의 정공-전자 쌍이 주입될 경우, X에서 방출되는 광자의 개수는 외부 양자효율과 내부 양자효율을 곱한 값이 클수록 많아진다.

　한 연구자는 X의 세 종류 A, B, C에 대해 다음과 같은 실험을 수행하였다. A와 B의 굴절률은 서로 같았지만, 모두 C의 굴절률보다는 작았다.

〈실험〉

　같은 개수의 정공-전자 쌍이 주입되는 회로에 A, B, C를 각각 연결하고 방출되는 광자의 개수를 측정하였다. 실험 결과, 방출되는 광자의 개수는 A가 가장 많았고 B와 C는 같았다.

① 불순물 함유율은 B가 가장 높고, A가 가장 낮다.
② 불순물 함유율은 C가 가장 높고, A가 가장 낮다.
③ 내부 양자효율은 C가 가장 높고, A가 가장 낮다.
④ 내부 양자효율은 A가 B보다 높고, C가 B보다 높다.
⑤ 내부 양자효율은 C가 A보다 높고, C가 B보다 높다.

문 20. 다음 글의 논증에 대한 평가로 적절한 것만을 〈보기〉에서 모두 고르면?

　사람의 특징 중 하나는 옷을 입는다는 것이다. 그렇다면 사람은 언제부터 옷을 입기 시작했을까? 사람이 옷을 입기 시작한 시점을 추정하기 위해 몇몇 생물학자들은 사람에 기생하는 이에 주목하였다. 사람을 숙주로 삼아 기생하는 이에는 두 종이 있는데, 하나는 옷에서 살아가며 사람 몸에서 피를 빨아 먹는 '사람 몸니'이고 다른 하나는 사람 두피에서 피를 빨아 먹으며 사는 '사람 머릿니'이다.

　사람 몸니가 의복류에 적응한 것을 볼 때, 그것들은 아마 사람이 옷을 입기 시작했던 무렵에 사람 머릿니에서 진화적으로 분기되었을 것이다. 생물의 DNA 염기서열은 시간이 지나면서 조금씩 무작위적으로 변하는데 특정한 서식 환경에서 특정한 염기서열이 선택되면서 해당 서식 환경에 적응한 새로운 종이 생겨난다. 그러므로 현재 사람 몸니와 사람 머릿니의 염기서열의 차이를 이용하여 두 종의 이가 공통 조상에서 분기된 시점을 추정할 수 있다. 이를 위해 우선 두 종의 염기서열을 분석하여 두 종 간의 염기서열에 차이가 나는 비율을 산출한다. 그러나 이것만으로 두 종이 언제 분기되었는지 결정할 수는 없다.

　사람 몸니와 사람 머릿니의 분기 시점을 추정하기 위해 침팬지의 털에서 사는 침팬지 이와 사람 머릿니를 이용할 수 있다. 우선 침팬지 이와 사람 머릿니의 염기서열을 비교하여 두 종 간의 염기서열에 차이가 나는 비율을 산출한다. 침팬지와 사람이 공통 조상에서 분기되면서 침팬지 이와 사람 머릿니도 공통 조상에서 분기되었다고 볼 수 있고, 화석학적 증거에 따르면 침팬지와 사람의 분기 시점이 약 550만 년 전이므로, 침팬지 이와 사람 머릿니 사이의 염기서열 차이는 550만 년 동안 누적된 변화로 볼 수 있다. 이로부터 1만 년당 이의 염기서열이 얼마나 변화하는지 계산할 수 있다. 이렇게 계산된 이의 염기서열의 변화율을 사람 머릿니와 사람 몸니의 염기서열의 차이에 적용하면, 사람이 옷을 입기 시작한 시점을 설득력 있게 추정할 수 있다. 연구 결과, 사람이 옷을 입기 시작한 시점은 약 12만 년 전 이후인 것으로 추정된다.

〈보기〉

ㄱ. 염기서열의 변화가 일정한 속도로 축적되는 것이 사실이라면 이 논증은 강화된다.
ㄴ. 침팬지 이와 사람 머릿니의 염기서열의 차이가 사람 몸니와 사람 머릿니의 염기서열의 차이보다 작다면 이 논증은 약화된다.
ㄷ. 염기서열 비교를 통해 침팬지와 사람의 분기 시점이 침팬지 이와 사람 머릿니의 분기 시점보다 50만 년 뒤였음이 밝혀진다면, 이 논증은 약화된다.

① ㄴ
② ㄷ
③ ㄱ, ㄴ
④ ㄱ, ㄷ
⑤ ㄱ, ㄴ, ㄷ

※ 다음 글을 읽고 물음에 답하시오. [문 21.~문 22.]

공리주의에 따르면, 행복은 쾌락의 총량에서 고통의 총량을 뺀 값으로 수치화하여 나타낼 수 있고, 어떤 행위에 대한 도덕적 판단은 그 행위가 산출하는 행복의 증감에 의존하고, 더 큰 행복을 낳는 선택을 하는 것이 옳은 행위이다.

공리주의자 A는 한 개체로 인한 행복의 증감을 다른 개체로 인한 행복의 증감으로 대체할 수 있다는 대체가능성 논제를 받아들여, 육식이 도덕적으로 옳은 행위가 될 수 있다고 주장한다. 예를 들어, 닭고기를 먹는 일은 닭에게 죽음을 발생시키지만, 더 많은 닭의 탄생에도 기여한다. 태어나는 닭의 수를 고려하면 육식을 위한 도축은 거기 연루된 고통까지 고려하더라도 닭 전체의 행복의 총량을 증진한다. 왜냐하면 한 동물이 일생 동안 누릴 쾌락의 총량은 고통의 총량보다 크기 때문이다.

공리주의자 B는 A의 주장이 틀렸다고 비판한다. A가 받아들이는 대체가능성 논제가 존재하지 않는 대상의 고통과 쾌락을 도덕적 판단의 근거로 삼기 때문이다.

이에 A는 두 여인의 임신에 관한 다음의 사고실험을 토대로 B의 주장을 반박한다. 갑은 임신 3개월 때 의사로부터 태아에게 심각하지만 쉽게 치유 가능한 건강 문제가 있다는 진단을 받았다. 갑이 부작용 없는 약 하나만 먹으면 아이의 건강 문제는 사라진다. 을은 의사로부터 만일 지금 임신하면 아이가 심각한 건강 문제를 갖게 되지만, 3개월 후에 임신하면 아무런 문제가 없을 것이라는 진단을 받았다. 이 상황에서 갑은 약을 먹지 않아서, 을은 기다리지 않고 임신해서 둘 다 심각한 건강 문제를 가진 아이를 낳았다고 하자. B의 주장에 따르면 둘 사이에는 중요한 차이가 있다. 갑의 경우에는 태어난 아이에게 해악을 끼쳤다고 할 수 있는 반면, 을의 경우는 그렇지 않다. 을이 태어난 아이에게 해악을 끼쳤다고 평가하려면 그 아이가 건강하게 태어날 수도 있었다는 전제가 필요한데, 만일 을이 3개월을 기다려 임신했다면 그 아이가 아닌 다른 아이가 잉태되었을 것이기 때문이다. 그러나 A에 따르면, 갑과 마찬가지로 을도 도덕적 잘못을 저질렀다는 것이 일반적인 직관이므로 이에 반하는 B의 주장은 수용하기 어렵다.

A는 B의 주장을 수용하기 어려운 이유를 미래세대에 대한 도덕적 책임 문제에서도 찾을 수 있다고 말한다. 만일 현세대가 지금과 같은 삶의 방식을 고수한다면, 온난화가 가속되어 지구 환경은 나빠질 것이다. 그 결과 미래세대의 고통이 증가되었다면 현세대는 이에 대한 도덕적 책임이 있다는 것이 일반적인 직관이다. 그러나 B의 주장에 따르면 그렇게 평가할 수 없다. 왜냐하면 현세대가 미래세대를 고려하여 기존과 다른 삶의 방식을 취하게 되면, 현세대가 기존 방식을 고수했을 때와는 다른 구성원으로 이루어진 미래세대가 생겨나기 때문이다. 그래서 을이 태어난 아이에게 잘못을 저질렀다고 말할 수 없는 것과 마찬가지로, 현세대도 미래세대가 겪는 고통에 대해 도덕적 책임이 없다고 말해야 한다. 그러나 A가 보기에 ㉠이는 수용하기 어렵다.

문 21. 위 글에 대한 분석으로 적절한 것만을 〈보기〉에서 모두 고르면?

〈보기〉

ㄱ. A의 주장에 따르면, 을의 행위는 도덕적으로 옳은 행위가 아니다.

ㄴ. 갑의 행위에 대한 B의 도덕적 평가는 대체가능성 논제의 수용 여부에 따라 달라지지 않는다.

ㄷ. B의 주장에 따르면, 을의 행위에 대한 도덕적 평가를 할 때 잉태되지 않은 존재의 쾌락이나 고통을 고려해서는 안 된다.

① ㄱ
② ㄷ
③ ㄱ, ㄴ
④ ㄴ, ㄷ
⑤ ㄱ, ㄴ, ㄷ

문 22. 위 글의 ㉠에 대한 평가로 적절한 것만을 〈보기〉에서 모두 고르면?

〈보기〉

ㄱ. 미래세대 구성원이 달라질 경우 미래세대가 누릴 행복의 총량이 변한다면, ㉠은 약화되지 않는다.

ㄴ. 아직 현실에 존재하지 않는다는 이유로 미래세대를 도덕적 고려에서 배제하는 것이 불합리하다면, ㉠은 약화된다.

ㄷ. 일반적인 직관에 반하는 결론이 도출된다고 해도 그러한 직관이 옳은지의 여부가 별도로 평가되어야 한다면, ㉠은 약화된다.

① ㄱ
② ㄴ
③ ㄱ, ㄷ
④ ㄴ, ㄷ
⑤ ㄱ, ㄴ, ㄷ

문 23. 다음 글의 〈표〉에 대한 판단으로 적절한 것만을 〈보기〉에서 모두 고르면?

주무관 갑은 국민이 '적극행정 국민신청'을 하는 경우, '적극행정 국민신청제'의 두 기준을 충족하는지 검토한다. 이때 두 기준을 모두 충족한 신청안에만 적극행정 담당자를 배정하고, 두 기준 중 하나라도 충족하지 못한 신청안은 반려한다.

우선 신청안에 대해 '신청인이 같은 내용으로 민원이나 국민제안을 제출한 적이 있는지 여부'를 기준으로 하여 '제출한 적 있음'과 '제출한 적 없음'을 판단한다. 그리고 '신청인이 이전에 제출한 민원의 거부 또는 국민제안의 불채택 사유가 근거 법령의 미비나 불명확에 해당하는지 여부'를 기준으로 '해당함'과 '해당하지 않음'을 판단한다. 각각의 기준에서 '제출한 적 있음'과 '해당함'을 충족하는 신청안에만 적극행정 담당자가 배정된다.

최근에 접수된 안건 (가)는 신청인이 같은 내용의 민원을 제출한 적이 있으나, 근거 법령의 미비나 불명확 때문이 아니라 민원의 내용이 사인(私人) 간의 권리관계에 관한 것이어서 거부되었다. (나)는 신청인이 같은 내용의 국민제안을 제출한 적이 있으나, 근거 법령이 불명확하다는 이유로 불채택되었다. (다)는 신청인이 같은 내용으로 민원을 제출한 적이 있으나 근거 법령의 미비를 이유로 거부되었다. (라)는 신청인이 같은 내용으로 민원이나 국민제안을 제출한 적이 없었다.

접수된 안건 (가)～(라)에 대해 두 기준 및 그것의 충족 여부를 위의 내용을 바탕으로 다음과 같은 형식의 〈표〉로 나타내었다.

〈표〉 적극행정 국민신청안 처리 현황

기준＼안건	(가)	(나)	(다)	(라)
A	㉠	㉡	㉢	㉣
B	㉤	㉥	㉦	㉧

〈보기〉

ㄱ. A에 '신청인이 같은 내용의 민원이나 국민제안을 제출한 적이 있는지 여부'가 들어가면 ㉠과 ㉡이 같다.

ㄴ. ㉠과 ㉢이 서로 다르다면, B에 '신청인이 이전에 제출한 민원의 거부 또는 국민제안의 불채택 사유가 근거 법령의 미비나 불명확에 해당하는지 여부'가 들어간다.

ㄷ. ㉤과 ㉥이 같다면 ㉦과 ㉧이 같다.

① ㄱ

② ㄴ

③ ㄱ, ㄷ

④ ㄴ, ㄷ

⑤ ㄱ, ㄴ, ㄷ

문 24. 다음 대화의 빈칸에 들어갈 말로 가장 적절한 것은?

갑: 안녕하세요. 저는 A도의회 사무처에 근무하는 ○○○입니다. 「재난안전법」 제25조의2제5항에 따라, 재난 상황에 대비하여 기능연속성계획을 수립해야 한다는 말씀을 듣고 문의드립니다. A도의회도 기능연속성계획을 수립해야 하는지, 만일 수립해야 한다면 그 업무는 A도의회 의장의 업무인지 궁금합니다.

을: 「재난안전법」상 기능연속성계획을 수립하도록 규정된 기관에는 재난관리책임기관인 중앙행정기관·지방자치단체, 그리고 국회·법원·헌법재판소·중앙선거관리위원회가 있습니다. 재난관리책임기관에서는 해당 기관의 장인 장관이나 시·도지사가, 국회·법원·헌법재판소·중앙선거관리위원회에서는 해당 기관의 행정사무를 처리하는 조직의 장이 기능연속성계획을 수립해야 합니다.

갑: 그러면 도의회는 성격상 유사한 의결기관인 국회의 경우에 준하여 도의회 사무처장이 기능연속성계획을 수립하면 될까요?

을: 도의회가 국회와 같은 의결기관이기는 하지만 국회에 준하여 판단해서는 안 됩니다. 「재난안전법」은 재난관리책임기관을 제3조제5호의 각 목에서 규정하고 있습니다. 가목에서는 중앙행정기관 및 지방자치단체를, 그리고 나목에서는 지방행정기관·공공기관·공공단체 및 재난관리의 대상이 되는 중요 시설의 관리기관 등으로서 대통령령으로 정하는 기관을 규정하고 있습니다. 그리고 「지방자치법」 제37조에 따르면 "지방자치단체에 주민의 대의기관인 의회를 둔다."라고 규정하여 도의회는 지방자치단체의 기관이기 때문에 도의회는 그 자체로 「재난안전법」에 명시된 재난관리책임기관이 아닙니다.

갑: 그렇다면 도의회에 관한 기능연속성계획은 수립되지 않아도 되는 것인가요?

을: 재난 발생 상황에서도 도의회가 연속성 있게 수행할 필요가 있는 핵심 기능이 있다고 판단되는지가 관건이겠습니다. 「재난안전법」상 그것을 판단할 권한은 해당 지방자치단체의 장에게 있습니다.

갑: 예, 그러면 ▢▢▢▢▢▢▢▢▢▢▢▢▢▢.

① 재난 상황이 발생하면 A도의회의 핵심 기능 유지를 위해 A도지사의 판단을 거쳐 신속하게 기능연속성계획을 수립해야 하겠군요

② A도의회는 재난 발생 시에도 수행해야 할 핵심 기능이 있기에 자체적으로 기능연속성계획을 수립해야 하겠군요

③ A도의회는 재난관리책임기관이므로 A도의회 의장이 재난에 대비한 기능연속성계획을 수립해야 하겠군요

④ A도의회는 국회 같은 차원의 의결기능을 갖고 있지 않으므로 기능연속성계획을 수립할 일이 없겠군요

⑤ A도의회에 관한 기능연속성계획이 수립되어야 하는지 여부는 A도지사의 판단에 따라 결정되겠군요

문 25. 다음 글의 ㉠의 내용으로 적절한 것만을 〈보기〉에서 모두 고르면?

A시에 주민등록을 두고 거주하는 갑은 B시 관내에 있는 고등학교에, B시에 주민등록을 두고 거주하는 을은 A시 관내에 있는 고등학교에 신입생으로 입학하게 되었다. 갑과 을이 입학할 예정인 고등학교는 모두 교복을 입는 학교이다. 갑과 을은 A시와 B시에서 교복 구입비 지원사업을 시행하는 것을 확인하고, 교복 구입비 지원을 받을 수 있을 것으로 기대하였다. 그러나 확인 결과, 둘 중 한 명은 A시와 B시 어느 곳에서도 교복 구입비 지원을 받을 수 없다는 문제가 드러났다. A시와 B시는 ㉠이 학생의 문제를 해결하기 위해 조례의 일부를 개정하려 한다.

「A시 교복 지원 조례」
제2조(정의) 이 조례에서 사용하는 용어의 뜻은 다음과 같다.
1. "학교"란 「초·중등교육법」 제2조에 따른 학교 중 A시 관내 중·고등학교를 말한다.
제4조(지원대상) 교복 구입비 지원대상은 다음 각 호의 어느 하나에 해당하는 사람으로 한다.
1. 교복을 입는 학교에 신입생으로 입학하는 1학년 학생
2. 다른 시·도 또는 국외에서 제1호의 학교로 전입학하거나 편입학한 학생

「B시 교복 지원 조례」
제2조(정의) 이 조례에서 사용하는 용어의 정의는 다음과 같다.
1. "학교"란 「초·중등교육법」 제2조 규정에 해당하는 학교를 말한다.
제4조(지원대상) ① 교복 구입비 지원대상은 B시에 주민등록이 되어 있고, 중·고등학교에 입학하는 학생을 대상으로 한다.
② 제1항에 따른 입학생은 당해년도 신입생으로 한다.

〈보기〉
ㄱ. 「A시 교복 지원 조례」 제2조제1호의 '학교 중 A시 관내 중·고등학교'를 '학교'로, 제4조제1호의 '교복을 입는 학교에 신입생으로 입학하는 1학년 학생'을 'A시에 주민등록이 되어 있고, 교복을 입는 A시 관내 학교에 입학하는 신입생'으로 개정한다.
ㄴ. 「A시 교복 지원 조례」 제4조제1호의 '교복을 입는 학교에 신입생으로 입학하는 1학년 학생'을 'A시에 주민등록이 되어 있고, 교복을 입는 학교에 신입생으로 입학하는 1학년 학생'으로 개정한다.
ㄷ. 「B시 교복 지원 조례」 제4조제1항의 'B시에 주민등록이 되어 있고, 중·고등학교에 입학하는 학생'을 'B시 관내 중·고등학교에 입학하는 학생'으로 개정한다.

① ㄱ
② ㄷ
③ ㄱ, ㄴ
④ ㄴ, ㄷ
⑤ ㄱ, ㄴ, ㄷ

※ 수고하셨습니다.
※ 기출문제편 맨 마지막에 있는 OMR 카드에 마킹을 하세요.

정답과 분석해설편 ▶ P.58

제2영역 상황판단

1초 합격예측! 모바일 성적결과분석표 발급 서비스

 QR 코드로 접속하여 문제 풀이 시간을 측정하고, 자동채점 & 성적결과분석 서비스를 통해 지금 바로 실력을 점검해 보세요.
◀ https://eduwill.kr/e5Ef

풀이 시간	• 시작: ____시 ____분 ~ 종료: ____시 ____분
	• 총 : ____분

문 1. 다음 글을 근거로 판단할 때 옳은 것은?

> 제00조(정의) 이 법에서 사용하는 용어의 정의는 다음과 같다.
> 1. "천문업무"란 우주에 대한 관측업무와 그에 따른 부대업무를 말한다.
> 2. "천문역법"이란 천체운행의 계산을 통하여 산출되는 날짜와 천체의 출몰시각 등을 정하는 방법을 말한다.
> 3. "윤초"란 지구자전속도의 불규칙성으로 인하여 발생하는 세계시와 세계협정시의 차이가 1초 이내로 되도록 보정하여주는 것을 말한다.
> 4. "그레고리력"이란 1년의 길이를 365.2425일로 정하는 역법체계로서 윤년을 포함하는 양력을 말한다.
> 5. "윤년"이란 그레고리력에서 여분의 하루인 2월 29일을 추가하여 1년 동안 날짜의 수가 366일이 되는 해를 말한다.
> 6. "월력요항"이란 관공서의 공휴일, 기념일, 24절기 등의 자료를 표기한 것으로 달력 제작의 기준이 되는 자료를 말한다.
> 제00조(천문역법) ① 천문역법을 통하여 계산되는 날짜는 양력인 그레고리력을 기준으로 하되, 음력을 병행하여 사용할 수 있다.
> ② 과학기술정보통신부장관은 천문역법의 원활한 관리를 위하여 윤초의 결정을 관장하는 국제기구가 결정·통보한 윤초를 언론매체나 과학기술정보통신부 인터넷 홈페이지 등을 통하여 지체 없이 발표하여야 한다.
> ③ 과학기술정보통신부장관은 한국천문연구원으로부터 필요한 자료를 제출받아 매년 6월 말까지 다음 연도의 월력요항을 작성하여 관보에 게재하여야 한다.

① 그레고리력은 윤년을 제외하는 양력을 말한다.

② 달력 제작의 기준이 되는 자료인 월력요항에는 24절기가 표기된다.

③ 과학기술정보통신부장관은 세계시와 세계협정시를 고려하여 윤초를 결정한다.

④ 천문역법을 통해 계산되는 날짜는 음력을 사용할 수 없고, 양력인 그레고리력을 기준으로 한다.

⑤ 과학기술정보통신부장관은 한국천문연구원으로부터 자료를 제출받아 매년 6월 말까지 그해의 월력요항을 작성하여 관보에 게재하여야 한다.

문 2. 다음 글을 근거로 판단할 때 옳은 것은?

> 제00조(법 적용의 기준) ① 새로운 법령 등은 법령 등에 특별한 규정이 있는 경우를 제외하고는 그 법령 등의 효력 발생 전에 완성되거나 종결된 사실관계 또는 법률관계에 대해서는 적용되지 아니한다.
> ② 당사자의 신청에 따른 처분은 법령 등에 특별한 규정이 있거나 처분 당시의 법령 등을 적용하기 곤란한 특별한 사정이 있는 경우를 제외하고는 처분 당시의 법령 등에 따른다.
> 제00조(처분의 효력) 처분은 권한이 있는 기관이 취소 또는 철회하거나 기간의 경과 등으로 소멸되기 전까지는 유효한 것으로 통용된다. 다만, 무효인 처분은 처음부터 그 효력이 발생하지 아니한다.
> 제00조(위법 또는 부당한 처분의 취소) ① 행정청은 위법 또는 부당한 처분의 전부나 일부를 소급하여 취소할 수 있다. 다만, 당사자의 신뢰를 보호할 가치가 있는 등 정당한 사유가 있는 경우에는 장래를 향하여 취소할 수 있다.
> ② 행정청은 제1항에 따라 당사자에게 권리나 이익을 부여하는 처분을 취소하려는 경우에는 취소로 인하여 당사자가 입게 될 불이익을 취소로 달성되는 공익과 비교·형량(衡量)하여야 한다. 다만, 다음 각 호의 어느 하나에 해당하는 경우에는 그러하지 아니하다.
> 1. 거짓이나 그 밖의 부정한 방법으로 처분을 받은 경우
> 2. 당사자가 처분의 위법성을 알고 있었거나 중대한 과실로 알지 못한 경우

① 새로운 법령 등은 법령 등에 특별한 규정이 있는 경우에는 그 법령 등의 효력 발생 전에 종결된 법률관계에 대해 적용될 수 있다.

② 무효인 처분의 경우 그 처분의 효력이 소멸되기 전까지는 유효한 것으로 통용된다.

③ 행정청은 부당한 처분의 일부는 소급하여 취소할 수 있으나 전부를 소급하여 취소할 수는 없다.

④ 당사자의 신청에 따른 처분은 처분 당시의 법령 등을 적용하기 곤란한 특별한 사정이 있는 경우에도 처분 당시의 법령 등에 따른다.

⑤ 당사자가 부정한 방법으로 자신에게 이익이 부여되는 처분을 받아 행정청이 그 처분을 취소하고자 하는 경우, 취소로 인해 당사자가 입게 될 불이익과 취소로 달성되는 공익을 비교·형량하여야 한다.

문 3. 다음 글을 근거로 판단할 때 옳은 것은?

제00조(조직 등) ① 자율방범대에는 대장, 부대장, 총무 및 대원을 둔다.
② 경찰서장은 자율방범대장이 추천한 사람을 자율방범대원으로 위촉할 수 있다.
③ 경찰서장은 자율방범대원이 이 법을 위반하여 파출소장이 해촉을 요청한 경우에는 해당 자율방범대원을 해촉해야 한다.
제00조(자율방범활동 등) ① 자율방범대는 다음 각 호의 활동 (이하 '자율방범활동'이라 한다)을 한다.
  1. 범죄예방을 위한 순찰 및 범죄의 신고, 청소년 선도 및 보호
  2. 시·도경찰청장, 경찰서장, 파출소장이 지역사회의 안전을 위해 요청하는 활동
② 자율방범대원은 자율방범활동을 하는 때에는 자율방범활동 중임을 표시하는 복장을 착용하고 자율방범대원의 신분을 증명하는 신분증을 소지해야 한다.
③ 자율방범대원은 경찰과 유사한 복장을 착용해서는 안 되며, 경찰과 유사한 도장이나 표지 등을 한 차량을 운전해서는 안 된다.
제00조(금지의무) ① 자율방범대원은 자율방범대의 명칭을 사용하여 다음 각 호의 어느 하나에 해당하는 행위를 해서는 안 된다.
  1. 기부금품을 모집하는 행위
  2. 영리목적으로 자율방범대의 명의를 사용하는 행위
  3. 특정 정당 또는 특정인의 선거운동을 하는 행위
② 제1항 제3호를 위반한 자에 대해서는 3년 이하의 징역 또는 600만 원 이하의 벌금에 처한다.

① 파출소장은 자율방범대장이 추천한 사람을 자율방범대원으로 위촉할 수 있다.
② 자율방범대원이 범죄예방을 위한 순찰을 하는 경우, 경찰과 유사한 복장을 착용할 수 있다.
③ 자율방범대원이 영리목적으로 자율방범대의 명의를 사용한 경우, 3년 이하의 징역에 처한다.
④ 자율방범대원이 청소년 선도활동을 하는 경우, 자율방범활동 중임을 표시하는 복장을 착용하면 자율방범대원의 신분을 증명하는 신분증을 소지하지 않아도 된다.
⑤ 자율방범대원이 자율방범대의 명칭을 사용하여 기부금품을 모집했고 이를 이유로 파출소장이 그의 해촉을 요청한 경우, 경찰서장은 해당 자율방범대원을 해촉해야 한다.

문 4. 다음 글과 〈상황〉을 근거로 판단할 때 옳은 것은?

제○○조(허가신청) ① 대기관리권역에서 총량관리대상 오염물질을 배출량 기준을 초과하여 배출하는 사업장을 설치하거나 이에 해당하는 사업장으로 변경하려는 자는 환경부장관으로부터 사업장 설치의 허가를 받아야 한다. 허가받은 사항을 변경하는 경우에도 같다.
② 제1항의 허가 또는 변경허가를 받으려는 자는 사업장의 설치 또는 변경의 허가신청서를 환경부장관에게 제출하여야 한다.
제□□조(허가제한) 환경부장관은 제○○조 제1항에 따른 설치 또는 변경의 허가신청을 받은 경우, 그 사업장의 설치 또는 변경으로 인하여 지역배출허용총량의 범위를 초과하게 되면 이를 허가하여서는 아니 된다.
제△△조(허가취소 등) ① 사업자가 거짓이나 그 밖의 부정한 방법으로 제○○조 제1항에 따른 허가 또는 변경허가를 받은 경우, 환경부장관은 그 허가 또는 변경허가를 취소할 수 있다.
② 환경부장관은 다음 각 호의 자에 대하여 해당 사업장의 폐쇄를 명할 수 있다.
  1. 거짓이나 그 밖의 부정한 방법으로 제○○조 제1항에 따른 허가 또는 변경허가를 받은 자
  2. 제○○조 제1항에 따른 허가 또는 변경허가를 받지 아니하고 사업장을 설치·운영하는 자
제◇◇조(벌칙) 다음 각 호의 어느 하나에 해당하는 자는 7년 이하의 징역 또는 2억 원 이하의 벌금에 처한다.
  1. 제○○조 제1항에 따른 허가 또는 변경허가를 받지 아니하고 사업장을 설치하거나 변경한 자
  2. 제△△조 제2항에 따른 사업장폐쇄명령을 위반한 자

─────〈상황〉─────

甲~戊는 대기관리권역에서 총량관리대상 오염물질을 배출량 기준을 초과하여 배출하는 사업장을 설치하려 한다.

① 甲이 사업장 설치의 허가를 받은 경우, 이후 허가받은 사항을 변경하는 때에는 별도의 허가가 필요없다.
② 乙이 허가를 받지 않고 사업장을 설치한 경우, 7년의 징역과 2억 원의 벌금에 처한다.
③ 丙이 허가를 받지 않고 사업장을 설치·운영한 경우, 환경부장관은 해당 사업장의 폐쇄를 명할 수 있다.
④ 丁이 사업장 설치의 허가를 신청한 경우, 그 설치로 인해 지역배출허용총량의 범위를 초과하더라도 환경부장관은 이를 허가할 수 있다.
⑤ 戊가 사업장 설치의 허가를 부정한 방법으로 받은 경우에도 환경부장관은 그 허가를 취소할 수 없다.

문 5. 다음 글을 근거로 판단할 때 옳은 것은?

두부의 주재료는 대두(大豆)라는 콩이다. 50여 년 전만 해도, 모내기가 끝나는 5월쯤 대두의 씨앗을 심어 벼 베기가 끝나는 10월쯤 수확했다. 두부를 만들기 위해서 먼저 콩을 물에 불리는데, 겨울이면 하루 종일, 여름이면 반나절 정도 물에 담가둬야 한다. 콩을 적당히 불린 후 맷돌로 콩을 간다. 물을 조금씩 부어가며 콩을 갈면 맷돌 가운데에서 하얀색의 콩비지가 거품처럼 새어 나온다. 이 콩비지를 솥에 넣고 약한 불로 끓인다. 맷돌에서 막 갈려 나온 콩비지에서는 식물성 단백질에서 나는 묘한 비린내가 나는데, 익히면 이 비린내는 없어진다. 함지박 안에 삼베나 무명으로 만든 주머니를 펼쳐 놓고, 끓인 콩비지를 주머니에 담는다. 콩비지가 다 식기 전에 주머니의 입을 양쪽으로 묶고 그 사이에 나무 막대를 꽂아 돌리면서 마치 탕약 짜듯이 콩물을 빼낸다. 이 콩물을 두유라고 한다. 콩에 함유된 단백질은 두유에 녹아 있다.

두부는 두유를 응고시킨 음식이다. 두유의 응고를 위해 응고제가 필요한데, 예전에는 응고제로 간수를 사용했다. 간수의 주성분은 염화마그네슘이다. 두유에 함유된 식물성 단백질은 염화마그네슘을 만나면 응고된다. 두유에 간수를 넣고 잠시 기다리면 응고된 하얀 덩어리와 물로 분리된다. 하얀 덩어리는 주머니에 옮겨 담는다. 응고가 아직 다 되지 않았기 때문에 덩어리를 싼 주머니에서는 물이 흘러나온다. 함지박 위에 널빤지를 올리고 그 위에 입을 단단히 묶은 주머니를 올려놓는다. 또 다른 널빤지를 주머니 위에 얹고 무거운 돌을 올려놓는다. 이렇게 한참을 누르고 있으면 주머니에서 물이 빠져나오고 덩어리는 굳어져 두부의 모양을 갖추게 된다.

① 50여 년 전에는 5월쯤 그해 수확한 대두로 두부를 만들 수 있었다.
② 콩비지를 염화마그네슘으로 응고시키면 두부와 두유가 나온다.
③ 익힌 콩비지에서는 식물성 단백질로 인해서 비린내가 난다.
④ 간수는 두유에 함유된 식물성 단백질을 응고시키는 성질이 있다.
⑤ 여름에 두부를 만들기 위해서는 콩을 하루 종일 물에 담가둬야 한다.

문 6. 다음 글을 근거로 판단할 때, 처방에 따라 아기에게 더 먹여야 하는 해열시럽의 양은?

아기가 열이 나서 부모는 처방에 따라 해열시럽 4mL를 먹여야 하는데, 아기가 약 먹기를 거부했다. 부모는 꾀를 내어 배즙 4mL와 해열시럽 4mL를 균일하게 섞어 주었지만 아기는 맛이 이상했는지 4분의 1만 먹었다. 부모는 아기가 남긴 것 전부와 사과즙 50mL를 다시 균일하게 섞어 주었다. 아기는 그 절반을 먹더니 더 이상 먹지 않았다.

① 1.5mL
② 1.6mL
③ 2.0mL
④ 2.4mL
⑤ 2.5mL

문 7. 다음 글을 근거로 판단할 때, 甲주무관이 이용할 주차장은?

○ 甲주무관은 출장 중 총 11시간(09:00~20:00) 동안 요금이 가장 저렴한 주차장 한 곳을 이용하고자 한다.
○ 甲주무관의 자동차는 중형차이며, 3종 저공해차량이다.
○ 주차요금은 기본요금과 추가요금을 합산하여 산정하고, 할인대상인 경우 주차요금에 대하여 할인이 적용된다.
○ 일 주차권이 있는 주차장의 경우, 甲은 주차요금과 일 주차권 중 더 저렴한 것을 선택한다.
○ 주차장별 요금에 대한 정보는 아래와 같다.

구분	기본요금 (최초 1시간)	추가요금 (이후 30분마다)	비고
A주차장	2,000원	1,000원	–
B주차장	3,000원	1,500원	– 경차 전용 주차장 – 저공해차량 30% 할인
C주차장	3,000원	1,750원	– 경차 50% 할인 – 일 주차권 20,000원 (당일 00:00~24:00 이용 가능)
D주차장	5,000원	700원	–
E주차장	5,000원	1,000원	– 경차, 저공해차량 (1, 2종) 50% 할인 – 저공해차량(3종) 20% 할인 – 18:00~익일 07:00 무료

① A주차장
② B주차장
③ C주차장
④ D주차장
⑤ E주차장

문 8. 다음 글과 〈상황〉을 근거로 판단할 때, 2023년 현재 甲～戊 중 청년자산형성적금에 가입할 수 있는 사람은?

> A국은 청년의 자산형성을 돕기 위해 비과세 혜택을 부여하는 청년자산형성적금을 운영하고 있다.
>
> 청년자산형성적금은 가입일이 속한 연도를 기준으로 직전과세년도의 근로소득과 사업소득의 합이 5,000만 원 이하인 청년이 가입할 수 있다. 단, 직전과세년도에 근로소득과 사업소득이 모두 없는 사람과 직전 2개년도 중 한 번이라도 금융소득종합과세 대상자였던 사람은 가입할 수 없다.
>
> 청년은 19～34세인 사람을 의미한다. 단, 군복무기간은 나이를 계산할 때 포함하지 않는다. 예를 들어, 3년간 군복무를 한 36세인 사람은 군복무기간 3년을 제외하면 33세이므로 청년에 해당한다.

〈상황〉

이름	나이	직전과세년도 소득		최근 금융소득 종합과세 해당년도	군복무 기간
		근로소득	사업소득		
甲	20세	0원	0원	없음	없음
乙	36세	0원	5,000만 원	없음	없음
丙	29세	3,500만 원	1,000만 원	2022년	2년
丁	35세	4,500만 원	0원	2020년	2년
戊	27세	4,000만 원	1,500만 원	2021년	없음

① 甲
② 乙
③ 丙
④ 丁
⑤ 戊

※ 다음 글을 읽고 물음에 답하시오. [문 9. ～ 문 10.]

> 향수를 만드는 데 사용되는 향료는 천연향료와 합성향료로 나눌 수 있다. 천연향료에는 꽃, 잎, 열매 등의 원료에서 추출한 식물성 향료와 사향, 용연향 등의 동물성 향료가 있다. 합성향료는 채취하기 어렵거나 소량 생산되는 천연향료의 성분을 화학적으로 합성한 것이다. 오늘날 향수의 대부분은 천연향료와 합성향료를 배합하여 만들어진다.
>
> 천연향료는 다양한 방법을 통해 얻을 수 있는데, 다음 3가지 방법이 대표적이다. 첫째, 가장 널리 쓰이는 방법은 수증기 증류법이다. 이는 향수 원료에 수증기를 통과시켜서 농축된 향의 원액인 향유를 추출하는 방법이다. 이 방법은 원료를 고온으로 처리하기 때문에 열에 약한 성분이 파괴된다는 단점이 있으나, 한꺼번에 많은 양을 값싸게 얻을 수 있다는 장점이 있다. 둘째, 압착법은 과일 껍질 등과 같은 원료를 압착해서 향유를 얻는 방법이다. 열에 비교적 강하며 물에 잘 녹지 않는 향료에는 수증기 증류법이 이용되지만, 감귤류처럼 열에 약한 것에는 압착법이 이용된다. 셋째, 흡수법은 지방과 같은 비휘발성 용매를 사용하여 향유를 추출하는 방법이다. 원료가 고가이고 향유의 함유량이 적으며 열에 약하고 물에 잘 녹는 경우에는 흡수법이 이용된다.
>
> 한편, A국에서 판매되는 향수는 EDC, EDT, EDP, Parfum으로 나뉜다. 이는 부향률, 즉 향료의 함유량 정도에 따른 구분이다. 향수는 부향률이 높을수록 향이 강하고 지속시간이 길다. 먼저 EDC(Eau De Cologne)는 부향률이 2～5%로 지속시간이 1～2시간이다. 향의 지속시간이 가장 짧고 잔향이 거의 없으며, 향이 가볍고 산뜻하다. EDT(Eau De Toilette)는 부향률이 5～15%로 3～5시간 지속되며 일반적으로 가장 많이 사용된다. EDP(Eau De Parfum)는 부향률이 15～20%로 5～8시간 지속된다. 풍부한 향을 가지고 있으며, 오랜 시간 향이 유지되는 것을 선호하는 사람들에게 알맞다. Parfum은 부향률이 20～30%로 8～10시간 지속되며, 가장 향이 강하고 오래간다.

문 9. 윗글을 근거로 판단할 때 옳은 것은?

① EDP의 부향률이 EDC의 부향률보다 높다.
② 흡수법은 많은 양의 향유를 값싸게 얻을 수 있는 방법이다.
③ 오늘날 많이 사용되는 향수의 대부분은 식물성 천연향료로 만들어진다.
④ 고가이고 향유의 함유량이 적은 원료에서 향유를 추출하고자 할 때는 흡수법보다는 압착법이 이용된다.
⑤ 부향률이 높은 향수일수록 향이 오래 지속되므로, 부향률이 가장 높은 향수가 일반적으로 가장 많이 사용된다.

문 10. 윗글과 〈대화〉를 근거로 판단할 때, 甲~戊 중 가장 늦은 시각까지 향수의 향이 남아 있는 사람은?

〈대화〉

甲: 나는 오늘 오후 4시에 향수를 뿌렸어. 내 향수에는 EDC라고 적혀 있었어.

乙: 난 오늘 오전 9시 30분에 향수를 뿌렸는데, 우리 중 내가 뿌린 향수의 향이 가장 강해.

丙: 내 향수의 부향률은 18%라고 적혀 있네. 나는 甲보다 5시간 전에 향수를 뿌렸어.

丁: 난 오늘 오후 2시에 戊와 함께 향수 가게에 들렀어. 난 가자마자 EDT라고 적힌 향수를 뿌렸고, 戊는 나보다 1시간 뒤에 EDP라고 적힌 걸 뿌렸어.

① 甲
② 乙
③ 丙
④ 丁
⑤ 戊

문 11. 다음 글을 근거로 판단할 때 옳은 것은?

제○○조(해수욕장의 구역) 관리청은 해수욕장을 이용하는 용도에 따라 물놀이구역과 수상레저구역으로 구분하여 관리·운영하여야 한다. 다만, 해수욕장 이용이나 운영에 상당한 불편을 초래하거나 효율성을 떨어뜨린다고 판단되는 경우에는 그러하지 아니하다.
제□□조(해수욕장의 개장기간 등) ① 관리청은 해수욕장의 특성이나 여건 등을 고려하여 해수욕장의 개장기간 및 개장시간을 정할 수 있다. 이 경우 관리청은 해수욕장협의회의 의견을 듣고, 미리 관계 행정기관의 장과 협의하여야 한다.
② 관리청은 해수욕장 이용자의 안전 확보나 해수욕장의 환경보전 등을 위하여 필요한 경우에는 해수욕장의 개장기간 또는 개장시간을 제한할 수 있다. 이 경우 제1항 후단을 준용한다.
제△△조(해수욕장의 관리·운영 등) ① 해수욕장은 관리청이 직접 관리·운영하여야 한다.
② 관리청은 제1항에도 불구하고 해수욕장의 효율적인 관리·운영을 위하여 필요한 경우 관할 해수욕장 관리·운영업무의 일부를 위탁할 수 있다.
③ 관리청은 제2항에 따라 해수욕장 관리·운영업무를 위탁하려는 경우 지역번영회·어촌계 등 지역공동체 및 공익법인 등을 수탁자로 우선 지정할 수 있다.
④ 제2항 및 제3항에 따라 수탁자로 지정받은 자는 위탁받은 관리·운영업무의 전부 또는 일부를 재위탁하여서는 아니 된다.
제◇◇조(과태료) ① 다음 각 호의 어느 하나에 해당하는 자에게는 500만 원 이하의 과태료를 부과한다.
　1. 거짓이나 부정한 방법으로 제△△조에 따른 수탁자로 지정받은 자
　2. 제△△조 제4항을 위반하여 위탁받은 관리·운영업무의 전부 또는 일부를 재위탁한 자
② 제1항에 따른 과태료는 관리청이 부과·징수한다.

① 관리청은 해수욕장의 효율적인 관리·운영을 위하여 필요한 경우, 관할 해수욕장 관리·운영업무의 전부를 위탁할 수 있다.
② 관리청은 해수욕장을 운영함에 있어 그 효율성이 떨어진다고 판단하더라도 물놀이구역과 수상레저구역을 구분하여 관리·운영하여야 한다.
③ 관리청이 해수욕장 관리·운영업무를 위탁하려는 경우, 공익법인을 수탁자로 우선 지정할 수 있으나 지역공동체를 수탁자로 우선 지정할 수는 없다.
④ 관리청으로부터 해수욕장 관리·운영업무를 위탁받은 공익법인이 이를 타 기관에 재위탁한 경우, 관리청은 그 공익법인에 대해 300만 원의 과태료를 부과할 수 있다.
⑤ 관리청은 해수욕장의 개장기간 및 개장시간을 정함에 있어 해수욕장의 특성이나 여건 등을 고려해야 하나, 관계 행정기관의 장과 협의할 필요는 없다.

문 12. 다음 글을 근거로 판단할 때 옳은 것은?

제○○조(119구조견교육대의 설치·운영 등) ① 소방청장은 체계적인 구조견 양성·교육훈련 및 보급 등을 위하여 119구조견교육대를 설치·운영하여야 한다.
② 119구조견교육대는 중앙119구조본부의 단위조직으로 한다.
③ 119구조견교육대가 관리하는 견(犬)은 다음 각 호와 같다.
 1. 훈련견: 구조견 양성을 목적으로 도입되어 훈련 중인 개
 2. 종모견: 훈련견 번식을 목적으로 보유 중인 개
제□□조(훈련견 교육 및 평가 등) ① 119구조견교육대는 관리하는 견에 대하여 입문 교육, 정기 교육, 훈련견 교육 등을 실시한다.
② 훈련견 평가는 다음 각 호의 평가로 구분하여 실시하고 각 평가에서 정한 요건을 모두 충족한 경우 합격한 것으로 본다.
 1. 기초평가: 훈련견에 대한 기본평가
  가. 생후 12개월 이상 24개월 이하일 것
  나. 기초평가 기준에 따라 총점 70점 이상을 득점하고, 수의검진 결과 적합판정을 받을 것
 2. 중간평가: 양성 중인 훈련견의 건강, 성품 변화, 발전 가능성 및 임무 분석 등의 판정을 위해 실시하는 평가
  가. 훈련 시작 12개월 이상일 것
  나. 중간평가 기준에 따라 총점 70점 이상을 득점하고, 수의진료소견 결과 적합판정을 받을 것
  다. 공격성 보유, 능력 상실 등의 결격사유가 없을 것
③ 훈련견 평가 중 어느 하나라도 불합격한 훈련견은 유관기관 등 외부기관으로 관리전환할 수 있다.
제△△조(종모견 도입) 훈련견이 종모견으로 도입되기 위해서는 제□□조 제2항에 따른 훈련견 평가에 모두 합격하여야 하며, 다음 각 호의 요건을 갖추어야 한다.
 1. 순수한 혈통일 것
 2. 생후 20개월 이상일 것
 3. 원친(遠親) 번식에 의한 견일 것

① 중앙119구조본부의 장은 구조견 양성 및 교육훈련 등을 위하여 119구조견교육대를 설치하여야 한다.
② 원친 번식에 의한 생후 20개월인 순수한 혈통의 훈련견은 훈련견 평가결과에 관계없이 종모견으로 도입될 수 있다.
③ 기초평가 기준에 따라 총점 80점을 득점하고, 수의검진 결과 적합판정을 받은 훈련견은 생후 15개월에 종모견으로 도입될 수 있다.
④ 생후 12개월에 훈련을 시작해 반년이 지난 훈련견이 결격사유 없이 중간평가 기준에 따라 총점 75점을 득점하고, 수의진료소견 결과 적합판정을 받는다면 중간평가에 합격한 것으로 본다.
⑤ 기초평가에서 합격했더라도 결격사유가 있어 중간평가에 불합격한 훈련견은 유관기관으로 관리전환할 수 있다.

문 13. 다음 글을 근거로 판단할 때, ㉠에 해당하는 수는?

○ 산타클로스는 연간 '착한 일 횟수'와 '울음 횟수'에 따라 어린이 甲~戊에게 선물 A, B 중 하나를 주거나 아무것도 주지 않는다.
○ 산타클로스가 선물을 나눠주는 방식은 다음과 같다. 어린이별로 ('착한 일 횟수' × 5)−('울음 횟수' × ㉠)의 값을 계산한다. 그 값이 10 이상이면 선물 A를 주고, 0 이상 10 미만이면 선물 B를 주며, 그 값이 음수면 선물을 주지 않는다. 이때, ㉠은 자연수이다.
○ 이 방식을 적용한 결과, 甲~戊 중 1명이 선물 A를 받았고, 3명이 선물 B를 받았으며, 1명은 선물을 받지 못했다.
○ 甲~戊의 연간 '착한 일 횟수'와 '울음 횟수'는 아래와 같다.

구분	착한 일 횟수	울음 횟수
甲	3	3
乙	3	2
丙	2	3
丁	1	0
戊	1	3

① 1
② 2
③ 3
④ 4
⑤ 5

문 14. 다음 글을 근거로 판단할 때, 甲이 작성한 보고서 한 건의 쪽수의 최댓값은?

A회사 직원인 甲은 근무일마다 동일한 쪽수의 보고서를 한 건씩 작성한다. 甲은 작성한 보고서를 회사의 임원들 각각에게 당일 출력하여 전달한다. 甲은 A회사에 1개월 전 입사하였으며 총 근무일은 20일을 초과하였다. 甲이 현재까지 출력한 총량은 1,000쪽이며, 임원은 2명 이상이다.

① 5
② 8
③ 10
④ 20
⑤ 40

문 15. 다음 글을 근거로 판단할 때, A~E 중 한 명만 화상강의 시스템에 접속해 있던 시각으로 가능한 것은?

○ 어제 9:00부터 9:30까지 진행된 수업시간 중 학생 A~E가 화상강의 시스템에 접속해 있던 시간은 아래와 같다.

학생	A	B	C	D	E
시간(분)	13	15	17	21	25

○ 학생들의 접속 횟수는 각 1회였다.
○ A와 C가 접속해 있던 시간은 서로 겹치지 않았다.

① 9:04
② 9:10
③ 9:15
④ 9:21
⑤ 9:24

문 16. 다음 글을 근거로 판단할 때, 甲이 만든 비밀번호 각 자리의 숫자를 모두 곱한 값은?

○ 甲은 1, 2, 3, 4 중에서 숫자를 골라 네 자리 비밀번호를 만들었다.
○ 비밀번호 각 자리의 숫자를 '모두 더한 값'과 '모두 곱한 값'이 같았다.

① 8
② 9
③ 10
④ 12
⑤ 16

문 17. 다음 글과 〈상황〉을 근거로 판단할 때, 甲에게 배정되는 금액은?

A부서는 소속 직원에게 원격지 전보에 따른 이전여비를 지원한다. A부서는 다음과 같은 지침에 따라 지원액을 배정하고자 한다.

○ 지원액 배정 지침
  - 이전여비 지원 예산 총액: 160만 원
  - 심사를 통해 원격지 전보에 해당하는 신청자만 배정대상자로 함
  - 예산 한도 내에서 지원 가능한 최대의 금액 배정
  - 배정대상자 신청액의 합이 지원 예산 총액을 초과할 경우에는 각 배정대상자의 '신청액 대비 배정액 비율'이 모두 같도록 삭감하여 배정

〈상황〉

다음은 이전여비 지원을 신청한 A부서 직원 甲~戊의 신청액과 원격지 전보 해당 여부이다.

구분	이전여비 신청액(원)	원격지 전보 해당 여부
甲	700,000	해당
乙	400,000	해당하지 않음
丙	500,000	해당
丁	300,000	해당
戊	500,000	해당

① 525,000원
② 560,000원
③ 600,000원
④ 620,000원
⑤ 630,000원

문 18. 다음 글과 〈상황〉을 근거로 판단할 때, 甲~戊 중 사업자로 선정되는 업체는?

△△부처는 □□사업에 대하여 용역 입찰공고를 하고, 각 입찰업체의 제안서를 평가하여 사업자를 선정하려 한다.

○ 제안서 평가점수는 입찰가격 평가점수(20점 만점)와 기술능력 평가점수(80점 만점)로 이루어진다.

○ 입찰가격 평가점수는 각 입찰업체가 제시한 가격에 따라 산정한다.

○ 기술능력 평가점수는 다음과 같은 방식으로 산정한다.
 – 5명의 평가위원이 평가한다.
 – 각 평가위원의 평가결과에서 최고점수와 최저점수를 제외한 나머지 3명의 점수를 산술평균하여 산정한다. 이때 최고점수가 복수인 경우 하나를 제외하며, 최저점수가 복수인 경우도 마찬가지이다.

○ 기술능력 평가점수에서 만점의 85% 미만의 점수를 받은 업체는 선정에서 제외한다.

○ 입찰가격 평가점수와 기술능력 평가점수를 합산한 점수가 가장 높은 업체를 선정한다. 이때 동점이 발생할 경우, 기술능력 평가점수가 가장 높은 업체를 선정한다.

〈상황〉

○ □□사업의 입찰에 참여한 업체는 甲~戊이다.

○ 각 업체의 입찰가격 평가점수는 다음과 같다.

(단위: 점)

구분	甲	乙	丙	丁	戊
평가점수	13	20	15	14	17

○ 각 업체의 기술능력에 대한 평가위원 5명의 평가결과는 다음과 같다.

(단위: 점)

구분	甲	乙	丙	丁	戊
A위원	68	65	73	75	65
B위원	68	73	69	70	60
C위원	68	62	69	65	60
D위원	68	65	65	65	70
E위원	72	65	69	75	75

① 甲
② 乙
③ 丙
④ 丁
⑤ 戊

문 19. 다음 글을 근거로 판단할 때, 甲~戊 중 금요일과 토요일의 초과근무 인정시간의 합이 가장 많은 근무자는?

○ A기업에서는 근무자가 출근시각과 퇴근시각을 입력하면 초과근무 '실적시간'과 '인정시간'이 분 단위로 자동 계산된다.
 – 실적시간은 근무자의 일과시간(월~금, 09:00~18:00)을 제외한 근무시간을 말한다.
 – 인정시간은 실적시간에서 개인용무시간을 제외한 근무시간을 말한다. 하루 최대 인정시간은 월~금요일은 4시간이며, 토요일은 2시간이다.
 – 재택근무를 하는 경우 실적시간을 인정하지 않는다.

○ A기업 근무자 甲~戊의 근무현황은 다음과 같다.

구분	금요일			토요일	
	출근시각	퇴근시각	비고	출근시각	퇴근시각
甲	08:55	20:00	–	10:30	13:30
乙	08:00	19:55	–	–	–
丙	09:00	21:30	개인용무시간 (19:00~19:30)	13:00	14:30
丁	08:30	23:30	재택근무	–	–
戊	07:00	21:30	–	–	–

① 甲
② 乙
③ 丙
④ 丁
⑤ 戊

문 20. 다음 글을 근거로 판단할 때, 〈보기〉에서 甲의 시험과목별 점수로 옳은 것만을 모두 고르면?

○○국제교육과정 중에 있는 사람은 수료시험에서 5개 과목(A~E) 평균 60점 이상을 받고 한 과목도 과락(50점 미만)이 아니어야 수료할 수 있다.

甲은 수료시험에서 5개 과목 평균 60점을 받았으나 2개 과목이 과락이어서 ○○국제교육과정을 수료하지 못했다. 甲이 돌려받은 답안지에 점수는 기재되어 있지 않았고, 각 문항에 아래와 같은 표시만 되어 있었다. 이는 국적이 서로 다른 각 과목 강사가 자신의 국가에서 사용하는 방식으로 정답·오답 표시만 해놓은 결과였다.

과목	문항									
	1	2	3	4	5	6	7	8	9	10
A	○	○	×	○	×	○	×	○	○	○
B	∨	×	∨	∨	∨	×	∨	×	∨	∨
C	/	○	○	○	○	/	/	○	/	○
D	○	○	∨	∨	∨	○	○	∨	∨	∨
E	/	/	/	/	×	×	/	/	/	/

※ 모든 과목은 각 10문항이며, 각 문항별 배점은 10점이다.

〈보기〉

	시험과목	점수
ㄱ.	A	70
ㄴ.	B	30
ㄷ.	C	60
ㄹ.	D	40
ㅁ.	E	80

① ㄱ, ㄴ

② ㄱ, ㄷ

③ ㄱ, ㄹ, ㅁ

④ ㄴ, ㄷ, ㄹ

⑤ ㄴ, ㄷ, ㅁ

문 21. 다음 글을 근거로 판단할 때, 식목일의 요일은?

다음은 가원이의 어느 해 일기장에서 서로 다른 요일의 일기를 일부 발췌하여 날짜순으로 나열한 것이다.

(1) 4월 5일 ○요일

오늘은 식목일이다. 동생과 한 그루의 사과나무를 심었다.

(2) 4월 11일 ○요일

오늘은 아빠와 뒷산에 가서 벚꽃을 봤다.

(3) 4월 □□일 수요일

나는 매주 같은 요일에만 데이트를 한다. 오늘 데이트도 즐거웠다.

(4) 4월 15일 ○요일

오늘은 친구와 미술관에 갔다. 작품들이 멋있었다.

(5) 4월 □□일 ○요일

내일은 대청소를 하는 날이어서 오늘은 휴식을 취했다.

(6) 4월 □□일 ○요일

나는 매달 마지막 일요일에만 대청소를 한다. 그래서 오늘 대청소를 했다.

① 월요일

② 화요일

③ 목요일

④ 금요일

⑤ 토요일

문 22. 다음 글을 근거로 판단할 때, 〈보기〉에서 옳은 것만을 모두 고르면?

○ 엘리베이터 안에는 각 층을 나타내는 버튼만 하나씩 있다.
○ 버튼을 한 번 누르면 해당 층에 가게 되고, 다시 누르면 취소된다. 취소된 버튼을 다시 누를 수 있다.
○ 1층에 계속해서 정지해 있던 빈 엘리베이터에 처음으로 승객 7명이 탔다.
○ 승객들이 버튼을 누른 횟수의 합은 10이며, 1층에서만 눌렀다.
○ 승객 3명은 4층에서, 2명은 5층에서 내렸다. 나머지 2명은 6층 이상의 서로 다른 층에서 내렸다.
○ 1층 외의 층에서 엘리베이터를 탄 승객은 없으며, 엘리베이터는 승객이 타거나 내린 층에서만 정지했다.

〈보기〉

ㄱ. 각 승객은 1개 이상의 버튼을 눌렀다.
ㄴ. 5번 누른 버튼이 있다면, 2번 이상 누른 다른 버튼이 있다.
ㄷ. 4층 버튼을 가장 많이 눌렀다.
ㄹ. 승객이 내리지 않은 층의 버튼을 누른 사람은 없다.

① ㄱ
② ㄴ
③ ㄱ, ㄷ
④ ㄴ, ㄹ
⑤ ㄷ, ㄹ

문 23. 다음 글을 근거로 판단할 때 옳은 것은?

A ~ E 간에 갖고 있는 상대방의 연락처에 대한 정보는 다음과 같다.

○ A는 3명의 연락처를 갖고 있는데, 그 중 2명만 A의 연락처를 갖고 있다. 그런데 A의 연락처를 갖고 있는 사람은 총 3명이다.
○ B는 2명의 연락처를 갖고 있는데, 그 2명을 제외한 2명만 B의 연락처를 갖고 있다.
○ C는 A의 연락처만 갖고 있는데, A도 C의 연락처를 갖고 있다.
○ D는 2명의 연락처를 갖고 있다.
○ E는 B의 연락처만 갖고 있다.

① A는 B의 연락처를 갖고 있다.
② B는 D의 연락처를 갖고 있다.
③ C의 연락처를 갖고 있는 사람은 3명이다.
④ D의 연락처를 갖고 있는 사람은 A뿐이다.
⑤ E의 연락처를 갖고 있는 사람은 2명이다.

문 24. 다음 글을 근거로 판단할 때, ㉠에 들어갈 내용으로 옳은 것은?

시계수리공 甲은 고장 난 시계 A를 수리하면서 실수로 시침과 분침을 서로 바꾸어 조립하였다. 잘못 조립한 것을 모르고 있던 甲은 A에 전지를 넣어 작동시킨 후, A를 실제 시각인 정오로 맞추고 작업을 마무리하였다. 그랬더니 A의 시침은 정상일 때의 분침처럼, 분침은 정상일 때의 시침처럼 움직였다. 그 후 A가 처음으로 실제 시각을 가리킨 때는 　㉠　 사이였다.

① 오후 12시 55분 0초부터 오후 1시 정각
② 오후 1시 정각부터 오후 1시 5분 0초
③ 오후 1시 5분 0초부터 오후 1시 10분 0초
④ 오후 1시 10분 0초부터 오후 1시 15분 0초
⑤ 오후 1시 15분 0초부터 오후 1시 20분 0초

문 25. 다음 글을 근거로 판단할 때 옳은 것은?

> 제○○조(정의) 이 법에서 사용하는 용어의 뜻은 다음과 같다.
> 1. "한부모가족"이란 모자가족 또는 부자가족을 말한다.
> 2. "모(母)" 또는 "부(父)"란 다음 각 목의 어느 하나에 해당하는 자로서 아동인 자녀를 양육하는 자를 말한다.
>   가. 배우자와 사별 또는 이혼하거나 배우자로부터 유기된 자
>   나. 정신이나 신체의 장애로 장기간 노동능력을 상실한 배우자를 가진 자
>   다. 교정시설·치료감호시설에 입소한 배우자 또는 병역복무 중인 배우자를 가진 자
>   라. 미혼자
> 3. "아동"이란 18세 미만(취학 중인 경우에는 22세 미만을 말하되, 병역의무를 이행하고 취학 중인 경우에는 병역의무를 이행한 기간을 가산한 연령 미만을 말한다)의 자를 말한다.
> 제□□조(지원대상자의 범위) ① 이 법에 따른 지원대상자는 제○○조 제1호부터 제3호까지의 규정에 해당하는 자로 한다.
> ② 제1항에도 불구하고 부모가 사망하거나 그 생사가 분명하지 아니한 아동을 양육하는 조부 또는 조모는 이 법에 따른 지원대상자가 된다.
> 제△△조(복지 급여 등) ① 국가나 지방자치단체는 지원대상자의 복지 급여 신청이 있으면 다음 각 호의 복지 급여를 실시하여야 한다.
> 1. 생계비
> 2. 아동교육지원비
> 3. 아동양육비
> ② 이 법에 따른 지원대상자가 다른 법령에 따라 지원을 받고 있는 경우에는 그 범위에서 이 법에 따른 급여를 실시하지 아니한다. 다만, 제1항 제3호의 아동양육비는 지급할 수 있다.
> ③ 제1항 제3호의 아동양육비를 지급할 때에 다음 각 호의 어느 하나에 해당하는 경우에는 예산의 범위에서 추가적인 복지 급여를 실시하여야 한다.
> 1. 미혼모나 미혼부가 5세 이하의 아동을 양육하는 경우
> 2. 34세 이하의 모 또는 부가 아동을 양육하는 경우

① 5세인 자녀를 홀로 양육하는 자가 지원대상자가 되기 위해서는 미혼자여야 한다.

② 배우자와 사별한 자가 18개월간 병역의무를 이행한 22세의 대학생 자녀를 양육하는 경우, 지원대상자가 될 수 없다.

③ 부모의 생사가 불분명한 6세인 손자를 양육하는 조모에게는 복지 급여 신청이 없어도 생계비를 지급하여야 한다.

④ 30세인 미혼모가 5세인 자녀를 양육하는 경우, 아동양육비를 지급할 때 추가적인 복지 급여를 실시할 수 없다.

⑤ 지원대상자가 다른 법령에 따른 지원을 받고 있는 경우에도 국가나 지방자치단체는 아동양육비를 지급할 수 있다.

※ 수고하셨습니다.
※ 기출문제편 맨 마지막에 있는 OMR 카드에 마킹을 하세요.

정답과 분석해설편 ▶ P.73

제3영역 자료해석

1초 합격예측! 모바일 성적결과분석표 발급 서비스

QR 코드로 접속하여 문제 풀이 시간을 측정하고, 자동채점 & 성적결과분석 서비스를 통해 지금 바로 실력을 점검해 보세요.
◀ https://eduwill.kr/F5Ef

풀이 시간	• 시작: ____시 ____분 ~ 종료: ____시 ____분
	• 총 : ____분

문 1. 다음 〈그림〉은 '갑' 지역의 리조트 개발 후보지 A~E의 지리정보 조사 결과이다. 이를 근거로 A~E 중 〈입지조건〉을 모두 만족하는 리조트 개발 후보지를 고르면?

〈그림〉 리조트 개발 후보지 A~E의 지리정보 조사 결과

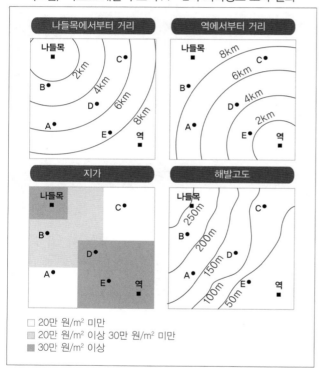

─────〈입지조건〉─────
○ 나들목에서부터 거리가 6km 이내인 장소
○ 역에서부터 거리가 8km 이내인 장소
○ 지가가 30만 원/m² 미만인 장소
○ 해발고도가 100m 이상인 장소

① A   ② B   ③ C
④ D   ⑤ E

문 2. 다음 〈표〉는 4월 5일부터 4월 11일까지 종합병원 A의 날짜별 진료 실적에 관한 자료이다. 4월 7일의 진료의사 1인당 진료환자 수는?

〈표〉 종합병원 A의 날짜별 진료 실적

(단위: 명)

구분 날짜	진료의사 수	진료환자 수	진료의사 1인당 진료환자 수
4월 5일	23	782	34
4월 6일	26	988	38
4월 7일	( )	580	( )
4월 8일	25	700	28
4월 9일	30	1,050	35
4월 10일	15	285	19
4월 11일	4	48	12
계	143	4,433	–

① 20
② 26
③ 29
④ 32
⑤ 38

문 3. 다음 〈표〉는 2022년 '갑'국 주요 수입 농산물의 수입경로별 수입량에 관한 자료이다. 이를 근거로 육로수입량 비중을 농산물별로 비교할 때, 육로수입량 비중이 가장 큰 농산물은?

〈표〉 2022년 '갑'국 주요 수입 농산물의 수입경로별 수입량

(단위: 톤)

수입경로 농산물	육로	해상	항공
콩	2,593	105,340	246,117
건고추	2,483	78,437	86,097
땅콩	2,260	8,219	26,146
참깨	2,024	12,986	76,812
팥	2,020	7,102	42,418

※ 1) 농산물별 수입량
＝농산물별 육로수입량 + 농산물별 해상수입량 + 농산물별 항공수입량

2) 농산물별 육로수입량 비중(%) = $\dfrac{\text{농산물별 육로수입량}}{\text{농산물별 수입량}} \times 100$

① 건고추

② 땅콩

③ 참깨

④ 콩

⑤ 팥

문 4. 다음 〈표〉는 '갑'시 공공정책 홍보사업에 입찰한 A～F 홍보업체의 온라인 홍보매체 운영현황에 관한 자료이다. 이를 근거로 A～F홍보업체 중 〈선정방식〉에 따라 홍보업체를 고르면?

〈표〉 A～F홍보업체의 온라인 홍보매체 운영현황

(단위: 만 명)

구분 홍보업체	미디어채널 구독자 수	SNS 팔로워 수	공공정책 홍보경력
A	90	50	유
B	180	0	무
C	50	80	유
D	80	60	무
E	100	40	무
F	60	45	유

〈선정방식〉

○ 공공정책 홍보경력이 있는 홍보업체 중 인지도가 가장 높은 1곳과 공공정책 홍보경력이 없는 홍보업체 중 인지도가 가장 높은 1곳을 각각 선정함

○ 홍보업체 인지도 ＝
(미디어채널 구독자 수 × 0.4) + (SNS 팔로워 수 × 0.6)

① A, D

② A, E

③ B, C

④ B, F

⑤ C, D

문 5. 다음은 2013~2022년 '갑'국 국방연구소가 출원한 지식재산권에 관한 자료이다. 제시된 〈표〉 이외에 〈보고서〉를 작성하기 위해 추가로 필요한 자료만을 〈보기〉에서 모두 고르면?

〈표〉 2013~2022년 '갑'국 국방연구소의 특허 출원 건수

(단위: 건)

연도\구분	2013	2014	2015	2016	2017	2018	2019	2020	2021	2022
국내 출원	287	368	385	458	514	481	555	441	189	77
국외 출원	34	17	9	26	21	13	21	16	2	3

〈보고서〉

'갑'국 국방연구소는 국방에 필요한 무기와 국방과학기술을 연구·개발하면서 특허, 상표권, 실용신안 등 관련 지식재산권을 출원하고 있다.

2013~2022년 '갑'국 국방연구소가 출원한 연도별 특허 건수는 2017년까지 매년 증가하였고, 2019년 이후에는 매년 감소하였다. 2013~2022년 국외 출원 특허 건수를 대상 국가별로 살펴보면, 미국에 출원한 특허가 매년 가장 많았다.

2013~2022년 '갑'국 국방연구소는 2015년에만 상표권을 출원하였으며, 그중 국외 출원은 없었다. 또한, 2016년부터 2년마다 1건씩 총 4건의 실용신안을 국내 출원하였다.

〈보기〉

ㄱ. '갑'국 국방연구소의 연도별 전체 특허 출원 건수

(단위: 건)

연도	2013	2014	2015	2016	2017	2018	2019	2020	2021	2022
전체	321	385	394	484	535	494	576	457	191	80

ㄴ. '갑'국 국방연구소의 국외 출원 대상 국가별 특허 출원 건수

(단위: 건)

연도\대상 국가	2013	2014	2015	2016	2017	2018	2019	2020	2021	2022
독일	1	1	1	0	0	0	0	0	0	0
미국	26	15	8	18	20	11	16	15	2	3
일본	0	1	0	2	0	0	1	1	0	0
영국	0	0	0	5	1	1	0	0	0	0
프랑스	7	0	0	0	0	0	0	0	0	0
호주	0	0	0	0	0	0	3	0	0	0
기타	0	0	0	1	0	1	1	0	0	0
계	34	17	9	26	21	13	21	16	2	3

ㄷ. '갑'국 국방연구소의 연도별 상표권 출원 건수

(단위: 건)

연도\구분	2013	2014	2015	2016	2017	2018	2019	2020	2021	2022
국내 출원	0	0	2	0	0	0	0	0	0	0
국외 출원	0	0	0	0	0	0	0	0	0	0

ㄹ. '갑'국 국방연구소의 연도별 실용신안 출원 건수

(단위: 건)

연도\구분	2013	2014	2015	2016	2017	2018	2019	2020	2021	2022
국내 출원	0	0	0	1	0	1	0	1	0	1
국외 출원	0	0	0	0	0	0	0	0	0	0

① ㄱ, ㄴ
② ㄱ, ㄷ
③ ㄴ, ㄷ
④ ㄷ, ㄹ
⑤ ㄴ, ㄷ, ㄹ

문 6. 다음 〈표〉는 2022년 A∼E국의 연구개발 세액감면 현황에 관한 자료이다. 이에 대한 〈보기〉의 설명 중 옳은 것만을 모두 고르면?

〈표〉 2022년 A∼E국의 연구개발 세액감면 현황

(단위: 백만 달러, %)

구분 국가	연구개발 세액감면액	GDP 대비 연구개발 세액감면액 비율	연구개발 총지출액 대비 연구개발 세액감면액 비율
A	3,613	0.20	4.97
B	12,567	0.07	2.85
C	2,104	0.13	8.15
D	4,316	0.16	10.62
E	6,547	0.13	4.14

〈보기〉

ㄱ. GDP는 C국이 E국보다 크다.

ㄴ. 연구개발 총지출액이 가장 큰 국가가 B국이다.

ㄷ. GDP 대비 연구개발 총지출액 비율은 A국이 B국보다 높다.

① ㄱ

② ㄴ

③ ㄷ

④ ㄴ, ㄷ

⑤ ㄱ, ㄴ, ㄷ

문 7. 다음 〈표〉는 2013∼2022년 '갑'국의 농업진흥지역 면적에 관한 자료이다. 이에 대한 〈보고서〉의 설명 중 옳은 것만을 모두 고르면?

〈표〉 2013∼2022년 '갑'국의 농업진흥지역 면적

(단위: 만ha)

구분 연도	전체 농지	농업진흥지역		
			논	밭
2013	180.1	91.5	76.9	14.6
2014	175.9	81.5	71.6	9.9
2015	171.5	80.7	71.0	9.7
2016	173.0	80.9	71.2	9.7
2017	169.1	81.1	71.4	9.7
2018	167.9	81.0	71.3	9.7
2019	164.4	78.0	67.9	10.1
2020	162.1	77.7	67.9	9.8
2021	159.6	77.8	68.2	9.6
2022	158.1	77.6	68.7	8.9

〈보고서〉

'갑'국은 우량농지를 보전하고 농지이용률을 높인다는 취지로 농업진흥지역을 지정하고 있다. 그러나, ㉠2014년부터 2022년까지 매년 농업진흥지역 면적은 전체 농지 면적의 50% 이하에 그치고 있다. 또한, ㉡같은 기간 농업진흥지역 면적은 매년 감소하여, 농업기반이 취약해지는 것으로 분석된다.

농업진흥지역 면적은 2013년 91.5만ha에서 2022년 77.6만ha로 15% 이상 감소했으며, 이는 같은 기간 전체 농지 면적의 감소율보다 크다. 한편, ㉢농업진흥지역 면적에서 밭 면적이 차지하는 비중은 2013년 이후 매년 15% 이하이다.

① ㄱ

② ㄴ

③ ㄱ, ㄴ

④ ㄱ, ㄷ

⑤ ㄴ, ㄷ

문 8. 다음은 '갑'군의 농촌관광 사업에 관한 〈방송뉴스〉이다. 〈방송뉴스〉의 내용과 부합하는 자료는?

─〈방송뉴스〉─

MHR NEWS

앵커: 농촌경제 활성화를 위하여 ○○부가 추진해오고 있는 농촌관광 사업이 있습니다. 최근 감염병으로 인해 농촌관광 사업도 큰 어려움을 겪고 있다고 합니다. □□□기자가 어려움을 겪고 있는 농촌관광 사업에 대해 보도합니다.

기자: …(중략)… '갑'군은 농촌의 소득 다변화를 위하여 다양한 농촌관광 사업을 추진했습니다. 하지만 감염병 확산으로 2020년 '갑'군의 농촌관광 방문객 수와 매출액이 크게 줄었습니다. 농촌체험마을은 2020년 방문객 수와 매출액이 2019년에 비해 75% 이상 감소하였습니다. 농촌민박도 2020년 방문객 수와 매출액이 전년과 비교하여 30% 이상 줄어들었습니다. 다만, 농촌융복합사업장은 2020년 방문객 수와 매출액이 전년과 비교해 줄어든 비율이 농촌체험마을보다는 작았습니다.

① (단위: 명, 천 원)

구분 / 연도	농촌체험마을 방문객 수	매출액	농촌민박 방문객 수	매출액	농촌융복합사업장 방문객 수	매출액
2019	1,118	12,280	2,968	98,932	395	6,109
2020	266	3,030	2,035	67,832	199	1,827

② (단위: 명, 천 원)

구분 / 연도	농촌체험마을 방문객 수	매출액	농촌민박 방문객 수	매출액	농촌융복합사업장 방문객 수	매출액
2019	1,118	12,320	2,968	98,932	395	6,109
2020	266	3,180	2,035	67,832	199	1,827

③ (단위: 명, 천 원)

구분 / 연도	농촌체험마을 방문객 수	매출액	농촌민박 방문객 수	매출액	농촌융복합사업장 방문객 수	매출액
2019	1,118	12,280	2,968	98,932	395	6,309
2020	266	3,030	2,035	67,832	199	1,290

④ (단위: 명, 천 원)

구분 / 연도	농촌체험마을 방문객 수	매출액	농촌민박 방문객 수	매출액	농촌융복합사업장 방문객 수	매출액
2019	1,118	12,320	2,968	96,932	395	6,309
2020	266	3,180	2,035	70,069	199	1,290

⑤ (단위: 명, 천 원)

구분 / 연도	농촌체험마을 방문객 수	매출액	농촌민박 방문객 수	매출액	농촌융복합사업장 방문객 수	매출액
2019	1,118	12,280	2,968	96,932	395	6,109
2020	266	3,030	2,035	70,069	199	1,827

문 9. 다음 〈그림〉은 2020년과 2021년 '갑'국의 농림축수산물 종류별 수출입량에 관한 자료이다. 이에 대한 〈보기〉의 설명 중 옳은 것만을 모두 고르면?

〈그림〉 2020년과 2021년 농림축수산물 종류별 수출입량

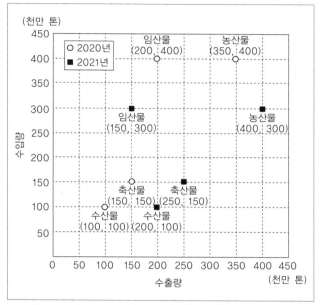

※ 농림축수산물 종류는 농산물, 임산물, 축산물, 수산물로만 구분됨

─────〈보기〉─────

ㄱ. 2021년 농산물, 축산물, 수산물의 수출량은 각각 전년 대비 증가하였다.

ㄴ. 2021년 농림축수산물 총수입량은 전년 대비 증가하였다.

ㄷ. 수출량 대비 수입량 비율이 가장 높은 농림축수산물 종류는 2020년과 2021년이 같다.

ㄹ. 2021년 수출량의 전년 대비 증가율은 축산물이 가장 높다.

① ㄱ, ㄴ

② ㄱ, ㄷ

③ ㄱ, ㄹ

④ ㄴ, ㄷ

⑤ ㄴ, ㄹ

문 10. 다음 〈표〉는 조선왕조실록에 수록된 1401~1418년의 이상 기상 및 자연재해 발생 건수에 관한 자료이다. 이에 대한 〈보기〉의 설명 중 옳은 것만을 모두 고르면?

〈표〉 1401~1418년 이상 기상 및 자연재해 발생 건수

(단위: 건)

유형 / 연도	천둥번개	큰비	벼락	폭설	큰바람	우박	한파 및 이상고온	서리	짙은 안개	황충 피해	가뭄 및 홍수	지진 및 해일	전체
1401	2	1	6	0	2	8	3	7	5	1	3	1	39
1402	3	0	5	3	1	3	5	0	( )	2	2	2	41
1403	7	13	12	3	1	3	2	3	9	0	4	0	57
1404	1	18	0	0	1	4	2	0	3	0	0	0	29
1405	8	27	0	6	7	9	5	4	0	5	1	2	74
1406	4	( )	11	3	1	3	3	10	1	0	2	0	59
1407	4	14	8	4	1	3	4	2	4	2	3	0	49
1408	0	4	3	1	1	3	1	0	( )	3	0	0	23
1409	4	7	6	5	2	8	3	2	4	0	2	0	43
1410	14	14	5	1	2	6	1	1	5	2	6	1	58
1411	3	11	6	1	2	6	1	3	1	0	9	1	44
1412	4	8	4	2	5	6	2	0	3	2	2	0	38
1413	5	20	4	3	6	1	0	2	1	5	5	0	52
1414	5	21	8	3	3	5	0	2	1	5	5	0	58
1415	9	18	9	1	3	2	3	2	3	3	2	2	57
1416	5	11	5	1	2	5	2	0	3	4	2	0	40
1417	0	9	5	1	7	4	3	6	1	7	3	0	46
1418	5	17	0	0	6	2	0	2	0	3	3	1	39
합	83	( )	96	38	56	76	43	52	64	37	57	10	846

─〈보기〉─

ㄱ. 연도별 전체 발생 건수 상위 2개 연도의 발생 건수 합은 하위 2개 연도의 발생 건수 합의 3배 이상이다.

ㄴ. '큰 비'가 가장 많이 발생한 해에는 '우박'도 가장 많이 발생했다.

ㄷ. 1401~1418년 동안의 발생 건수 합 상위 5개 유형은 '천둥번개', '큰 비', '벼락', '우박', '짙은 안개'이다.

ㄹ. 1402년에 가장 많이 발생한 유형은 1408년에도 가장 많이 발생했다.

① ㄱ, ㄴ
② ㄱ, ㄷ
③ ㄴ, ㄹ
④ ㄷ, ㄹ
⑤ ㄴ, ㄷ, ㄹ

문 11. 다음 〈표〉는 위원회 회의참석수당 지급규정에 대한 자료이다. 이를 근거로 〈회의〉의 (가)~(라) 중 총지급액이 가장 큰 회의와 세 번째로 큰 회의를 바르게 연결한 것은?

〈표 1〉 위원회 회의참석수당 지급규정

(단위: 천 원/인)

구분		전체위원회		조정위원회		전문위원회	기타위원회
		전체회의	소위	전체회의	소위		
안건검토비	위원장	300	250	200	150	200	150
	위원	250	200	150	100	150	100
회의참석비		회의시간이 2시간 미만인 경우 150 회의시간이 2시간 이상인 경우 200					
교통비		교통비 지급규정에 따라 정액 지급					

※ 1) 총지급액은 위원장과 위원의 회의참석수당 합임
  2) 위원(장) 회의참석수당 = 위원(장) 안건검토비 + 회의참석비 + 교통비

〈표 2〉 교통비 지급규정

(단위: 천 원/인)

회의개최장소	1급지	2급지	3급지	4급지
교통비	12	16	25	30

※ 교통비는 회의개최장소의 등급에 따라 지급하고, 회의개최장소는 1~4급지로 구분됨

─〈회의〉─

(가) 1급지에서 개최되고 위원장 1인과 위원 2인이 참석하며, 회의시간이 1시간인 전체위원회 소위

(나) 2급지에서 개최되고 위원장 1인과 위원 2인이 참석하며, 회의시간이 3시간인 조정위원회 전체회의

(다) 3급지에서 개최되고 위원장 1인과 위원 2인이 참석하며, 회의시간이 1시간인 전문위원회

(라) 4급지에서 개최되고 위원장 1인과 위원 2인이 참석하며, 회의시간이 4시간인 기타 위원회

	총지급액이 가장 큰 회의	총지급액이 세 번째로 큰 회의
①	(나)	(가)
②	(나)	(다)
③	(나)	(라)
④	(라)	(나)
⑤	(라)	(다)

문 12. 다음은 '갑'국의 특허 출원인 A~E의 IT 분야 등록특허별 피인용 횟수에 관한 자료이다. 이를 근거로 영향력 지수가 가장 큰 출원인과 기술력 지수가 가장 작은 출원인을 바르게 연결한 것은?

〈표〉 '갑'국의 특허 출원인 A~E의 IT 분야 등록특허별 피인용 횟수

(단위: 회)

특허 출원인	등록특허	피인용 횟수
A	A1	3
	A2	25
B	B1	1
	B2	3
	B3	20
C	C1	3
	C2	2
	C3	10
	C4	5
	C5	6
D	D1	12
	D2	21
	D3	15
E	E1	6
	E2	56
	E3	4
	E4	12

※ A~E는 IT 분야 외 등록특허가 없음

〈정보〉

○ 해당 출원인의 영향력 지수 =

$$\frac{\text{해당 출원인의 피인용도 지수}}{\text{IT 분야 전체 등록특허의 피인용도 지수}}$$

○ 해당 출원인의 기술력 지수 =

해당 출원인의 영향력 지수 × 해당 출원인의 등록특허 수

○ 해당 출원인의 피인용도 지수 =

$$\frac{\text{해당 출원인의 등록특허 피인용 횟수의 합}}{\text{해당 출원인의 등록특허 수}}$$

○ IT 분야 전체 등록특허의 피인용도 지수 =

$$\frac{\text{IT 분야 전체의 등록특허 피인용 횟수의 합}}{\text{IT 분야 전체의 등록특허 수}}$$

	영향력 지수가 가장 큰 출원인	기술력 지수가 가장 작은 출원인
①	A	B
②	D	A
③	D	C
④	E	B
⑤	E	C

문 13. 다음 〈표〉는 2018~2022년 '갑'국의 양자기술 분야별 정부 R&D 투자금액에 관한 자료이다. 〈표〉를 이용하여 작성한 자료로 옳지 않은 것은?

〈표〉 양자기술 분야별 정부 R&D 투자금액

(단위: 백만 원)

연도 분야	2018	2019	2020	2021	2022	합
양자컴퓨팅	61	119	200	285	558	1,223
양자내성암호	102	209	314	395	754	1,774
양자통신	110	192	289	358	723	1,672
양자센서	77	106	125	124	209	641
계	350	626	928	1,162	2,244	5,310

※ 양자기술은 양자컴퓨팅, 양자내성암호, 양자통신, 양자센서 분야로만 구분됨

① 2019~2022년 양자통신 분야 정부 R&D 투자금액의 전년 대비 증가율

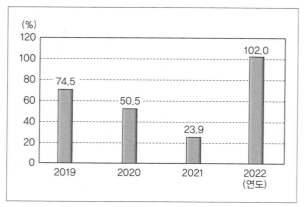

② 연도별 양자컴퓨팅, 양자통신 분야 정부 R&D 투자금액

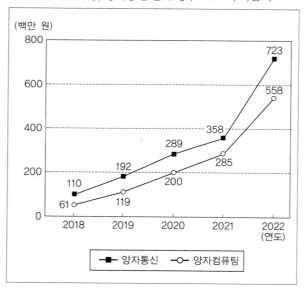

③ 2018~2022년 양자기술 정부 R&D 총투자금액의 분야별 구성비

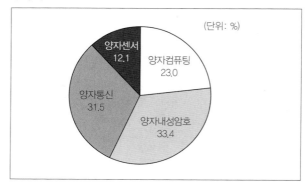

④ 연도별 양자내성암호 분야 정부 R&D 투자금액 대비 양자센서 분야 정부 R&D 투자금액 비율

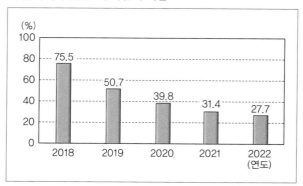

⑤ 2018~2022년 양자기술 정부 R&D 투자금액의 분야별 비중

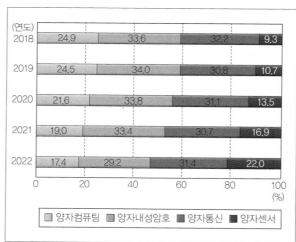

문 14. 다음 〈표〉는 2017~2022년 '갑'국의 병해충 발생면적에 관한 자료이다. 이에 대한 〈보기〉의 설명 중 옳은 것만을 모두 고르면?

〈표〉 2017~2022년 '갑'국의 병해충 발생면적

(단위: ha)

연도 병해충	2017	2018	2019	2020	2021	2022
흰불나방	35,964	32,235	29,325	29,332	28,522	32,627
솔잎혹파리	35,707	38,976	( )	27,530	27,638	20,840
솔껍질깍지벌레	4,043	7,718	6,380	5,024	3,566	3,497
참나무시들음병	1,733	1,636	1,576	1,560	1,240	( )
전체	77,447	( )	69,812	63,446	60,966	58,451

〈보기〉

ㄱ. 2019~2022년 발생면적이 매년 감소한 병해충은 '솔껍질깍지벌레'뿐이다.

ㄴ. 전체 병해충 발생면적이 전년 대비 증가한 해는 2018년뿐이다.

ㄷ. 2019년 '솔잎혹파리' 발생면적은 2022년 '참나무시들음병' 발생면적의 30배 이상이다.

ㄹ. 2022년 병해충 발생면적의 전년 대비 증가율은 '참나무시들음병'이 '흰불나방'보다 낮다.

① ㄱ
② ㄷ
③ ㄱ, ㄴ
④ ㄷ, ㄹ
⑤ ㄱ, ㄴ, ㄹ

문 15. 다음은 '갑'국의 2017년과 2022년 A~H학생의 신장 및 체중과 체질량지수 분류기준에 관한 자료이다. 이에 대한 설명으로 옳지 않은 것은?

〈그림〉 2017년과 2022년 A~H학생의 신장 및 체중

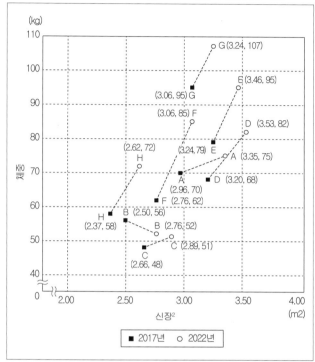

〈표〉 '갑'국의 체질량지수 분류기준

(단위: kg/m²)

체질량지수	분류
20 미만	저체중
20 이상 25 미만	정상
25 이상 30 미만	과체중
30 이상 40 미만	비만
40 이상	고도비만

※ 체질량지수(kg/m²) = $\dfrac{체중}{신장^2}$

① '저체중'으로 분류된 학생의 수는 2022년이 2017년보다 많다.

② 2022년 A~H학생 체중의 평균은 2017년 대비 10% 이상 증가하였다.

③ 2017년과 2022년에 모두 '정상'으로 분류된 학생은 2명이다.

④ 2017년과 2022년 신장의 차이가 가장 큰 학생은 A이다.

⑤ 2022년 A~H학생의 체질량지수 중 가장 큰 값은 가장 작은 값의 2배 이상이다.

문 16. 다음은 2016~2022년 '갑'국의 스마트농업 정부연구비에 관한 자료이다. 이에 대한 〈보기〉의 설명 중 옳은 것만을 모두 고르면?

〈그림〉 연도별 스마트농업 정부연구비 및 연구과제 수

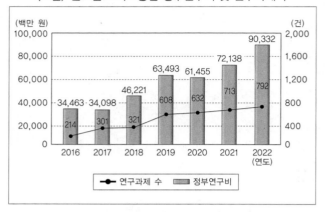

〈표〉 연도별·분야별 스마트농업 정부연구비

(단위: 백만 원)

연도 분야	2016	2017	2018	2019	2020	2021	2022	전체
데이터기반구축	3,520	4,583	8,021	10,603	11,677	16,581	18,226	73,211
자동화설비기기	27,082	19,975	23,046	25,377	22,949	24,330	31,383	( )
융합연구	3,861	9,540	15,154	27,513	26,829	31,227	40,723	( )

※ 스마트농업은 데이터기반구축, 자동화설비기기, 융합연구 분야로만 구분됨

〈보기〉

ㄱ. 스마트농업의 연구과제당 정부연구비가 가장 많은 해는 2016년이다.

ㄴ. 전체 정부연구비가 가장 많은 스마트농업 분야는 '자동화설비기기'이다.

ㄷ. 스마트농업 정부연구비의 전년 대비 증가율이 가장 높은 해는 2022년이다.

ㄹ. 2019년 대비 2022년 정부연구비 증가율이 가장 높은 스마트농업 분야는 '데이터기반구축'이다.

① ㄱ, ㄴ
② ㄱ, ㄷ
③ ㄷ, ㄹ
④ ㄱ, ㄴ, ㄹ
⑤ ㄴ, ㄷ, ㄹ

문 17. 다음 〈표〉는 A지역 산불피해 복구에 대한 국비 및 지방비 지원금액에 관한 자료이다. 이에 대한 〈보기〉의 설명 중 옳은 것만을 모두 고르면?

〈표 1〉 A지역 산불피해 복구에 대한 지원항목별, 재원별 지원금액

(단위: 천만 원)

재원 지원항목	국비	지방비	합
산림시설 복구	32,594	9,000	41,594
주택 복구	5,200	1,800	7,000
이재민 구호	2,954	532	3,486
상·하수도 복구	10,930	260	11,190
농경지 복구	1,540	340	1,880
생계안정 지원	1,320	660	1,980
기타	520	0	520
전체	55,058	( )	( )

〈표 2〉 A지역 산불피해 복구에 대한 부처별 국비 지원금액

(단위: 천만 원)

부처	행정 안전부	산림청	국토 교통부	환경부	보건 복지부	그 외	전체
지원금액	2,930	33,008	( )	9,520	350	240	55,058

〈보기〉

ㄱ. 기타를 제외하고, 국비 지원금액 대비 지방비 지원금액 비율이 가장 높은 지원항목은 '주택 복구'이다.

ㄴ. 산림청의 '산림시설 복구' 지원금액은 1,000억 원 이상이다.

ㄷ. 국토교통부의 지원금액은 전체 국비 지원금액의 20% 이상이다.

ㄹ. 전체 지방비 지원금액은 '상·하수도 복구' 국비 지원금액보다 크다.

① ㄱ, ㄴ
② ㄱ, ㄷ
③ ㄴ, ㄷ
④ ㄴ, ㄹ
⑤ ㄷ, ㄹ

문 18. 다음 〈표〉는 2022년도 '갑'국의 운전면허 종류별 응시자 및 합격자 수에 관한 자료이다. 이에 대한 설명으로 옳은 것은?

〈표〉 '갑'국의 운전면허 종류별 응시자 및 합격자 수

(단위: 명)

구분 종류	응시자	남자	여자	합격자	남자	여자
전체	71,976	56,330	15,646	44,012	33,150	10,862
1종	29,507	( )	1,316	16,550	15,736	814
대형	4,199	4,149	50	995	991	4
보통	24,388	23,133	1,255	15,346	14,536	810
특수	920	909	11	209	209	0
2종	( )	( )	14,330	27,462	17,414	10,048
보통	39,312	25,047	14,265	26,289	16,276	10,013
소형	1,758	1,753	5	350	349	1
원동기	1,399	1,339	60	823	789	34

※ 합격률(%) = $\dfrac{\text{합격자 수}}{\text{응시자 수}} \times 100$

① 2종 면허 응시자 수는 1종 면허 응시자 수의 2배 이상이다.

② 전체 합격률은 60% 미만이다.

③ 1종 보통 면허 합격률은 2종 보통 면허 합격률보다 높다.

④ 1종 면허 남자 응시자 수는 2종 면허 남자 응시자 수보다 많다.

⑤ 1종 대형 면허 여자 합격률은 2종 소형 면허 여자 합격률보다 높다.

문 19. 다음 〈표〉는 2022년 A~E국의 국방비와 GDP, 군병력, 인구에 관한 자료이다. 이에 대한 〈보기〉의 설명 중 옳은 것만을 모두 고르면?

〈표〉 2022년 A~E국의 국방비와 GDP, 군병력, 인구

(단위: 억 달러, 만 명)

구분 국가	국방비	GDP	군병력	인구
A	8,010	254,645	133	33,499
B	195	13,899	12	4,722
C	502	16,652	60	5,197
D	320	20,120	17	6,102
E	684	30,706	20	6,814

〈보기〉

ㄱ. 국방비가 가장 많은 국가의 국방비는 A~E국 국방비 합의 80% 이상이다.

ㄴ. 인구 1인당 GDP는 B국이 C국보다 크다.

ㄷ. 국방비가 많은 국가일수록 GDP 대비 국방비 비율이 높다.

ㄹ. 군병력 1인당 국방비는 A국이 D국의 3배 이상이다.

① ㄱ, ㄴ

② ㄱ, ㄹ

③ ㄴ, ㄷ

④ ㄱ, ㄷ, ㄹ

⑤ ㄴ, ㄷ, ㄹ

문 20. 다음은 '갑'국의 건설공사 안전관리비에 관한 자료이다. 이에 대한 〈보기〉의 설명 중 옳은 것만을 모두 고르면?

〈표〉 '갑'국의 건설공사 종류 및 대상액별 안전관리비 산정 기준

공사 종류 ＼ 대상액／구분	5억 원 미만 요율(%)	5억 원 이상 50억 원 미만 요율(%)	5억 원 이상 50억 원 미만 기초액 (천 원)	50억 원 이상 요율(%)
일반건설공사(갑)	2.93	1.86	5,350	1.97
일반건설공사(을)	3.09	1.99	5,500	2.10
중건설공사	3.43	2.35	5,400	2.46
철도·궤도신설공사	2.45	1.57	4,400	1.66
특수 및 기타 건설공사	1.85	1.20	3,250	1.27

─〈안전관리비 산정 방식〉─

○ 대상액이 5억 원 미만 또는 50억 원 이상인 경우,
안전관리비 = 대상액 × 요율

○ 대상액이 5억 원 이상 50억 원 미만인 경우,
안전관리비 = 대상액 × 요율 + 기초액

─〈보기〉─

ㄱ. 대상액이 10억 원인 경우, 안전관리비는 '일반건설공사(을)'가 '중건설공사'보다 적다.

ㄴ. 대상액이 4억 원인 경우, '일반건설공사(갑)'와 '철도·궤도신설공사'의 안전관리비 차이는 200만 원 이상이다.

ㄷ. '특수 및 기타 건설공사' 안전관리비는 대상액이 100억 원인 경우가 대상액이 10억 원인 경우의 10배 이상이다.

① ㄱ
② ㄴ
③ ㄱ, ㄷ
④ ㄴ, ㄷ
⑤ ㄱ, ㄴ, ㄷ

문 21. 다음 〈표〉는 '갑'국 재외국민의 5개 지역별 투표 결과에 관한 자료이다. 이에 대한 〈보기〉의 설명 중 옳은 것만을 모두 고르면?

〈표〉 재외국민 지역별 투표 결과

(단위: 개소, 명, %)

지역 ＼ 구분	제20대 선거 투표소 수	제20대 선거 선거인 수	제20대 선거 투표자 수	제20대 선거 투표율	제19대 선거 투표자 수	제19대 선거 투표율
아주	( )	110,818	78,051	70.4	106,496	74.0
미주	62	( )	50,440	68.7	68,213	71.7
유럽	47	32,591	25,629	( )	36,170	84.9
중동	21	6,818	5,658	83.0	8,210	84.9
아프리카	21	2,554	2,100	82.2	2,892	85.4
전체	219	226,162	161,878	71.6	221,981	75.3

※ 1) 투표율(%) = $\dfrac{투표자 수}{선거인 수} \times 100$

2) '아주'는 '중동'을 제외한 아시아 및 오세아니아 지역을 의미함

─〈보기〉─

ㄱ. 제20대 선거에서 투표소 수는 '아주'가 '중동'의 4배 이상이다.

ㄴ. 제20대 선거에서 투표율이 가장 높은 지역과 가장 낮은 지역의 투표율 차이는 15%p 이상이다.

ㄷ. 제20대 선거에서 투표소당 선거인 수는 '미주'가 '유럽'보다 많다.

ㄹ. 제20대 선거와 제19대 선거의 선거인 수 차이가 큰 지역부터 순서대로 나열하면 '아주', '미주', '유럽', '중동', '아프리카' 순이다.

① ㄱ
② ㄹ
③ ㄷ, ㄹ
④ ㄱ, ㄴ, ㄷ
⑤ ㄴ, ㄷ, ㄹ

문 22. 다음 〈표〉는 2017~2021년 '갑'국의 해양사고 유형별 발생 건수와 인명피해 인원 현황이다. 〈표〉와 〈조건〉을 근거로 A~E에 해당하는 유형을 바르게 연결한 것은?

〈표 1〉 2017~2021년 해양사고 유형별 발생 건수

(단위: 건)

연도＼유형	A	B	C	D	E
2017	258	65	29	96	160
2018	250	46	38	119	162
2019	244	110	61	132	228
2020	277	108	69	128	203
2021	246	96	54	149	174

〈표 2〉 2017~2021년 해양사고 유형별 인명피해 인원

(단위: 명)

연도＼유형	A	B	C	D	E
2017	35	20	25	3	60
2018	19	25	1	0	52
2019	10	19	0	16	52
2020	8	25	2	8	79
2021	9	27	3	3	76

※ 해양사고 유형은 '안전사고', '전복', '충돌', '침몰', '화재폭발' 중 하나로만 구분됨

────〈조건〉────

○ 2017~2019년 동안 '안전사고' 발생 건수는 매년 증가한다.
○ 2020년 해양사고 발생 건수 대비 인명피해 인원의 비율이 두 번째로 높은 유형은 '전복'이다.
○ 해양사고 발생 건수는 매년 '충돌'이 '전복'의 2배 이상이다.
○ 2017~2021년 동안의 해양사고 인명피해 인원 합은 '침몰'이 '안전사고'의 50% 이하이다.
○ 2020년과 2021년의 해양사고 인명피해 인원 차이가 가장 큰 유형은 '화재폭발'이다.

	A	B	C	D	E
①	충돌	전복	침몰	화재폭발	안전사고
②	충돌	전복	화재폭발	안전사고	침몰
③	충돌	침몰	전복	화재폭발	안전사고
④	침몰	전복	안전사고	화재폭발	충돌
⑤	침몰	충돌	전복	안전사고	화재폭발

문 23. 다음 〈표〉는 2017~2022년 '갑'시의 택시 위법행위 유형별 단속건수에 관한 자료이다. 이에 대한 설명으로 옳은 것은?

〈표〉 2017~2022년 '갑'시의 택시 위법행위 유형별 단속건수

(단위: 건)

연도＼유형	승차거부	정류소 정차질서문란	부당요금	방범등 소등위반	사업구역 외 영업	기타	전체
2017	( )	1,110	125	1,001	123	241	4,166
2018	1,694	701	301	( )	174	382	4,131
2019	1,991	1,194	441	825	554	349	5,354
2020	717	1,128	51	769	2,845	475	( )
2021	130	355	40	1,214	1,064	484	( )
2022	43	193	268	( )	114	187	2,067

① 위법행위 단속건수 상위 2개 유형은 2017년과 2018년이 같다.
② '부당요금' 단속건수 대비 '승차거부' 단속건수 비율이 가장 높은 연도는 2017년이다.
③ 전체 단속건수가 가장 많은 연도는 2020년이다.
④ 전체 단속건수 중 '방범등 소등위반' 단속건수가 차지하는 비중은 매년 감소한다.
⑤ 2017년 '승차거부' 단속건수는 2022년 '방범등 소등위반' 단속건수보다 적다.

※ 다음 〈표〉는 '갑'국의 2022년 4～6월 A～D정유사의 휘발유와 경유 가격에 관한 자료이다. 다음 물음에 답하시오.
[문 24.～문 25.]

〈표〉 정유사별 휘발유와 경유 가격

(단위: 원/L)

정유사	유종	휘발유			경유		
	월	4	5	6	4	5	6
A		1,840	1,825	1,979	1,843	1,852	2,014
B		1,795	1,849	1,982	1,806	1,894	2,029
C		1,801	1,867	2,006	1,806	1,885	2,013
D		1,807	1,852	1,979	1,827	1,895	2,024

※ 가격은 해당 월의 정유사별 공시가임

문 24. 위 〈표〉에 대한 설명으로 옳은 것은?

① 휘발유와 경유의 가격 차이가 가장 큰 정유사는 매월 같다.
② 4월에 휘발유 가격보다 경유 가격이 낮은 정유사는 1개이다.
③ 5월 휘발유 가격이 가장 높은 정유사는 5월 경유 가격도 가장 높다.
④ 각 정유사의 경유 가격은 매월 높아졌다.
⑤ 각 정유사의 5월과 6월 가격 차이는 경유가 휘발유보다 크다.

문 25. 위 〈표〉와 다음 〈정보〉를 근거로 〈보기〉의 설명 중 옳은 것만을 모두 고르면?

─〈정보〉─
○ 가격 = 원가 + 유류세 + 부가가치세
○ 4월 유류세는 원가의 50%임
○ 부가가치세는 원가와 유류세를 합한 금액의 10%임

─〈보기〉─
ㄱ. 5월 B의 휘발유 유류세가 원가의 40%라면, 5월 B의 휘발유 원가는 1,300원/L 이상이다.
ㄴ. 5월 C의 경유 원가가 전월과 같다면, 5월 C의 경유 유류세는 600원/L 이상이다.
ㄷ. 6월 D의 경유 유류세가 4월과 같은 금액이라면, 6월 D의 경유 유류세는 원가의 50% 이상이다.

① ㄱ
② ㄴ
③ ㄷ
④ ㄱ, ㄴ
⑤ ㄴ, ㄷ

※ 수고하셨습니다.
※ 기출문제편 맨 마지막에 있는 OMR 카드에 마킹을 하세요.

정답과 분석해설편 ▶ P.86

2022년 7월 23일 시행

2022년도 국가공무원
5급 및 7급 민간경력자 일괄채용 필기시험

응시번호	
성 명	

문제책형
㉮ 책형

【시 험 과 목】

제1영역	언어논리
제2영역	상황판단
제3영역	자료해석

※ 2022년 시험부터 1교시에는 언어논리 영역과 상황판단 영역이 동시에 치러지며, 2교시에는 자료해석 영역이 치러집니다.

<< 응시자 주의사항 >>

1. 시험시작 전에 시험문제를 열람하는 행위와 시험종료 후 답안지를 작성하는 행위는 공무원임용시험령 제51조에 의거 부정행위자로 처리됩니다.

2. 답안지 책형란의 책형표기는 시험시작 전 문제책 표지 앞면에 인쇄된 책형을 확인한 후 표기하시기 바랍니다.

3. 시험시작 즉시 과목편철 순서, 문제누락 여부, 인쇄상태 이상 유무 및 표지와 개별과목의 문제책형 일치여부 등을 확인한 후 문제책 표지에 응시번호, 성명을 기재합니다.

4. 시험이 시작되면 문제를 주의 깊게 읽은 후, 문항의 취지에 가장 적합한 하나의 정답만을 고르며, 문제내용에 관한 질문은 받지 않습니다.

5. 시험시간관리의 책임은 전적으로 수험생 본인에게 있습니다. 시험감독관의 시험종료 예고시간 고지 안내 및 시험실 내 비치된 시계가 있는 경우라도 시간이 정확하지 않을 수 있으니 본인의 시계로 반드시 확인하시기 바랍니다.

제1영역 언어논리

1초 합격예측! 모바일 성적결과분석표 발급 서비스

QR 코드로 접속하여 문제 풀이 시간을 측정하고, 자동채점 & 성적결과분석 서비스를 통해 지금 바로 실력을 점검해 보세요.
◀ http://eduwill.kr/46RV

| 풀이 시간 | • 시작: ____시 ____분 ~ 종료: ____시 ____분 |
| | • 총 : ____분 |

문 1. 다음 글의 내용과 부합하는 것은?

979년 송 태종은 거란을 공격하러 가는 길에 고려에 원병을 요청했다. 거란은 고려가 참전할 수도 있다는 염려에서 크게 동요했다. 하지만 고려는 송 태종의 요청에 응하지 않았다. 이후 거란은 송에 보복할 기회를 엿보는 한편, 송과 다시 싸우기 전에 고려를 압박해 앞으로도 송을 군사적으로 돕지 않겠다는 약속을 받아내고자 했다.

당시 거란과 고려 사이에는 압록강이 있었는데, 그 하류 유역에는 여진족이 살고 있었다. 이 여진족은 발해의 지배를 받았었지만, 발해가 거란에 의해 멸망한 후에는 어느 나라에도 속하지 않은 채 독자적 세력을 이루고 있었다. 거란은 이 여진족이 사는 땅을 여러 차례 침범해 대군을 고려로 보내는 데 적합한 길을 확보했다. 이후 993년에 거란 장수 소손녕은 군사를 이끌고 고려에 들어와 몇 개의 성을 공격했다. 이때 소손녕은 "고구려 옛 땅은 거란의 것인데 고려가 감히 그 영역을 차지하고 있으니 군사를 일으켜 그 땅을 찾아가고자 한다."라는 내용의 서신을 보냈다. 이 서신이 오자 고려 국왕 성종과 대다수 대신은 "옛 고구려의 영토에 해당하는 땅을 모두 내놓아야 군대를 거두겠다는 뜻이 아니냐?"라며 놀랐다. 하지만 서희는 소손녕이 보낸 서신의 내용은 핑계일 뿐이라고 주장했다. 그는 고려가 병력을 동원해 거란을 치는 일이 없도록 하겠다는 언질을 주면 소손녕이 철군할 것이라고 말했다. 이렇게 논의가 이어지고 있을 때 안융진에 있는 고려군이 소손녕과 싸워 이겼다는 보고가 들어왔다.

패배한 소손녕은 진군을 멈추고 협상을 원한다는 서신을 보내왔다. 이 서신을 받은 성종은 서희를 보내 협상하게 했다. 소손녕은 서희가 오자 "실은 고려가 송과 친하고 우리와는 소원하게 지내고 있어 침입하게 되었다."라고 했다. 이에 서희는 압록강 하류의 여진족 땅을 고려가 지배할 수 있게 묵인해 준다면, 거란과 국교를 맺을 뿐 아니라 거란과 송이 싸울 때 송을 군사적으로 돕지 않겠다는 뜻을 내비쳤다. 이 말을 들은 소손녕은 서희의 요구를 수용하기로 하고 퇴각했다. 이후 고려는 북쪽 국경 너머로 병력을 보내 압록강 하류의 여진족 땅까지 밀고 들어가 영토를 넓혔으며, 그 지역에 강동 6주를 두었다.

① 거란은 압록강 유역에 살던 여진족이 고려의 백성이라고 주장하였다.

② 여진족은 발해의 지배에서 벗어나기 위해 거란과 함께 고려를 공격하였다.

③ 소손녕은 압록강 유역의 여진족 땅을 빼앗아 강동 6주를 둔 후 그곳을 고려에 넘겼다.

④ 고려는 압록강 하류 유역에 있는 여진족의 땅으로 세력을 확대한 거란을 공격하고자 송 태종과 군사동맹을 맺었다.

⑤ 서희는 고려가 거란에 군사적 적대 행위를 하지 않겠다고 약속하면 소손녕이 군대를 이끌고 돌아갈 것이라고 보았다.

문 2. 다음 글에서 알 수 있는 것은?

　　세종이 즉위한 이듬해 5월에 대마도의 왜구가 충청도 해안에 와서 노략질하는 일이 벌어졌다. 이 왜구는 황해도 해주 앞바다에도 나타나 조선군과 교전을 벌인 후 명의 땅인 요동반도 방향으로 북상했다. 세종에게 왕위를 물려주고 상왕으로 있던 태종은 이종무에게 "북상한 왜구가 본거지로 되돌아가기 전에 대마도를 정벌하라!"라고 명했다. 이에 따라 이종무는 군사를 모아 대마도 정벌에 나섰다.

　　남북으로 긴 대마도에는 섬을 남과 북의 두 부분으로 나누는 중간에 아소만이라는 곳이 있는데, 이 만의 초입에 두지포라는 요충지가 있었다. 이종무는 이곳을 공격한 후 귀순을 요구하면 대마도주가 응할 것이라 보았다. 그는 6월 20일 두지포에 상륙해 왜인 마을을 불사른 후 계획대로 대마도주에게 서신을 보내 귀순을 요구했다. 하지만 대마도주는 이에 반응을 보이지 않았다. 분노한 이종무는 대마도주를 사로잡아 항복을 받아내기로 하고, 니로라는 곳에 병력을 상륙시켰다. 하지만 그곳에서 조선군은 매복한 적의 공격으로 크게 패했다. 이에 이종무는 군사를 거두어 거제도 견내량으로 돌아왔다.

　　이종무가 견내량으로 돌아온 다음 날, 태종은 요동반도로 북상했던 대마도의 왜구가 그곳으로부터 남하하던 도중 충청도에서 조운선을 공격했다는 보고를 받았다. 이 사건이 일어난 지 며칠 지나지 않았음을 알게 된 태종은 왜구가 대마도에 당도하기 전에 바다에서 격파해야 한다고 생각하고, 이종무에게 그들을 공격하라고 명했다. 그런데 이 명이 내려진 후에 새로운 보고가 들어왔다. 대마도의 왜구가 요동반도에 상륙했다가 크게 패배하는 바람에 살아남은 자가 겨우 300여 명에 불과하다는 것이었다. 이 보고를 접한 태종은 대마도주가 거느린 병사가 많이 죽어 그 세력이 꺾였으니 그에게 다시금 귀순을 요구하면 응할 것으로 판단했다. 이에 그는 이종무에게 내린 출진 명령을 취소하고, 측근 중 적임자를 골라 대마도주에게 귀순을 요구하는 사신으로 보냈다. 이 사신을 만난 대마도주는 고심 끝에 조선에 귀순하기로 했다.

① 해주 앞바다에 나타나 조선군과 싸운 대마도의 왜구가 요동반도를 향해 북상한 뒤 이종무의 군대가 대마도로 건너갔다.

② 조선이 왜구의 본거지인 대마도를 공격하기로 하자 명의 군대도 대마도까지 가서 정벌에 참여하였다.

③ 이종무는 세종이 대마도에 보내는 사절단에 포함되어 대마도를 여러 차례 방문하였다.

④ 태종은 대마도 정벌을 준비하였지만, 세종의 반대로 뜻을 이루지 못하였다.

⑤ 조선군이 대마도주를 사로잡기 위해 상륙하였다가 패배한 곳은 견내량이다.

문 3. 다음 글에서 알 수 없는 것은?

　　인간에 대한 혐오의 감정을 긍정적으로 바라보는 인식을 바탕으로, 이를 사회 안정의 도구로 활용해야 한다거나 법적 판단의 근거로 삼아야 한다는 주장은 영미법의 오래된 역사에서 그리 낯설지 않다. 그러나 혐오의 감정이 특정 개인과 집단을 배척하기 위한 강력한 무기로 이용되었다는 사실을 고려하면 이러한 주장이 얼마나 그릇된 것인지 이해할 수 있다.

　　일반적으로 우리는 분비물이나 배설물, 악취 등에 대해 그리고 시체와 같이 부패하고 퇴화하는 것들에 대해 혐오의 감정을 갖는다. 인간은 타자를 공격하는 데 이러한 오염물의 이미지를 사용한다. 이때 혐오는 특정 집단을 오염물인 것처럼 취급하고 자신은 오염되지 않은 쪽에 속함으로써 얻게 되는 심리적인 우월감 및 만족감과 연결되어 있다. 역사적으로 볼 때 이런 과정을 거쳐 오염물로 취급된 집단 중 하나가 유대인이다.

　　중세 이후 반유대주의 세력이 유대인에게 부여한 부정적 이미지는 점액성, 악취, 부패, 불결함과 같은 혐오스러운 것들과 결부되어 있다. 히틀러는 유대인을 깨끗하고 건강한 독일 민족의 몸속에 숨겨진, 썩어 가는 시체 속의 구더기라고 표현했다. 혐오스러운 적대자를 설정함으로써 자신의 야욕을 달성하려 했던 것이다. 불행하게도 대다수의 독일인은 이러한 야만적인 정치적 선동에 동의를 표했다. 심지어 유대인을 암세포, 종양, 세균 등으로 묘사하면서 이들을 비인간적 존재로 전락시키는 의학적 담론이 유행하기도 했다. 비인간적으로 묘사되는 유대인의 이미지는 나치가 만든 허상이었음에도 불구하고, 유대인과 연관된 혐오의 이미지는 아이들이 보는 당대의 동화 속에 담겨 있을 정도로 널리 퍼져 있었다.

① 혐오는 정치적 선동의 도구로 이용되지 않았다.

② 개인뿐만 아니라 집단도 혐오의 대상이 될 수 있다.

③ 혐오의 대상이 되는 집단은 비인간적으로 묘사되기도 한다.

④ 혐오의 감정을 법적 판단의 근거로 삼아야 한다는 입장이 있었다.

⑤ 인간에 대한 혐오의 감정은 타자를 혐오함으로써 주체가 얻을 수 있는 심리적인 만족감과 연관되어 있다.

문 4. 다음 글에서 알 수 없는 것은?

'계획적 진부화'는 의도적으로 수명이 짧은 제품이나 서비스를 생산함으로써 소비자들이 새로운 제품을 구매하도록 유도하는 마케팅 전략 중 하나이다. 여기에는 단순히 부품만 교체하는 것이 가능함에도 불구하고 새로운 제품을 구매하도록 유도하는 것도 포함된다.

계획적 진부화의 이유는 무엇일까? 첫째, 기업이 기존 제품의 가격을 인상하기 곤란한 경우, 신제품을 출시한 뒤 여기에 인상된 가격을 매길 수 있기 때문이다. 특히 제품의 기능은 거의 변함없이 디자인만 약간 개선한 신제품을 내놓고 가격을 인상하는 경우도 쉽게 볼 수 있다. 둘째, 중고품 시장에서 거래되는 기존 제품과의 경쟁을 피할 수 있기 때문이다. 자동차처럼 사용 기간이 긴 제품의 경우, 기업은 동일 유형의 제품을 팔고 있는 중고품 판매 업체와 경쟁해야만 한다. 그러나 기업이 새로운 제품을 출시하면, 중고품 시장에서 판매되는 기존 제품은 진부화되고 그 경쟁력도 하락한다. 셋째, 소비자들의 취향이 급속히 변화하는 상황에서 계획적 진부화로 소비자들의 만족도를 높일 수 있기 때문이다. 전통적으로 제품의 사용 기간을 결정짓는 요인은 기능적 특성이나 노후화·손상 등 물리적 특성이 주를 이루었지만, 최근에는 심리적 특성에도 많은 영향을 받고 있다. 이처럼 소비자들의 요구가 다양해지고 그 변화 속도도 빨라지고 있어, 기업들은 이에 대응하기 위해 계획적 진부화를 수행하기도 한다.

기업들은 계획적 진부화를 통해 매출을 확대하고 이익을 늘릴 수 있다. 기존 제품이 사용 가능한 상황에서도 신제품에 대한 소비자들의 수요를 자극하면 구매 의사가 커지기 때문이다. 반면, 기존 제품을 사용하는 소비자 입장에서는 크게 다를 것 없는 신제품 구입으로 불필요한 지출과 실질적인 손실이 발생할 수 있다는 점에서 계획적 진부화는 부정적으로 인식된다. 또한 환경이나 생태를 고려하는 거시적 관점에서도, 계획적 진부화는 소비자들에게 제공하는 가치에 비해 에너지나 자원의 낭비가 심하다는 비판을 받고 있다.

① 계획적 진부화로 소비자들은 불필요한 지출을 할 수 있다.
② 계획적 진부화는 기존 제품과 동일한 중고품의 경쟁력을 높인다.
③ 계획적 진부화는 소비자들의 요구에 대응하기 위하여 수행되기도 한다.
④ 계획적 진부화를 통해 기업은 기존 제품보다 비싼 신제품을 출시할 수 있다.
⑤ 계획적 진부화로 인하여 제품의 실제 사용 기간은 물리적으로 사용 가능한 수명보다 짧아질 수 있다.

문 5. 다음 글에서 알 수 없는 것은?

재화나 용역 중에는 비경합적이고 비배제적인 방식으로 소비되는 것들이 있다. 먼저 재화나 용역이 비경합적으로 소비된다는 말은, 그것에 대한 누군가의 소비가 다른 사람의 소비 가능성을 줄어들게 하지 않는다는 것을 뜻한다. 예컨대 10개의 사탕이 있는데 내가 8개를 먹어 버리면 다른 사람이 그 사탕을 소비할 가능성은 그만큼 줄어들게 된다. 반면에 라디오 방송 서비스 같은 경우는 내가 그것을 이용한다고 해서 다른 사람의 소비 가능성이 줄어들게 되지 않는다는 점에서 비경합적이다.

재화나 용역이 비배제적으로 소비된다는 말은, 그것이 공급되었을 때 누군가 그 대가를 지불하지 않았다고 해서 그 사람이 그 재화나 용역을 소비하지 못하도록 배제할 수 없다는 것을 뜻한다. 이러한 의미에서 국방 서비스는 비배제적으로 소비된다. 정부가 국방 서비스를 제공받는 모든 국민에게 그 비용을 지불하도록 하는 정책을 채택했다고 하자. 이때 어떤 국민이 이런 정책에 불만을 표하며 비용 지불을 거부한다고 해도 정부는 그를 국방 서비스의 수혜에서 배제하기 어렵다. 설령 그를 구속하여 감옥에 가두더라도 그는 국방 서비스의 수혜자 범위에서 제외되지 않는다.

비경합적이고 비배제적인 방식으로 소비되는 재화와 용역의 생산과 배분이 시장에서 제대로 이루어질 수 있을까? 국방의 예를 이어나가 보자. 대부분의 국민은 자신의 생명과 재산을 보호받고자 하는 욕구가 있고 국방 서비스에 대한 수요도 있기 마련이다. 그러나 만약 국방 서비스를 시장에서 생산하여 판매한다면, 경제적으로 합리적인 국민은 국방 서비스를 구매하지 않을 것이다. 왜냐하면 다른 이가 구매하는 국방 서비스에 자신도 무임승차할 수 있기 때문이다. 결과적으로 국방 서비스는 과소 생산되는 문제가 발생하고, 그 피해는 모든 국민에게 돌아가게 될 것이다. 따라서 이와 같은 유형의 재화나 용역을 사회적으로 필요한 만큼 생산하기 위해서는 국가가 개입해야 하기에 이런 재화나 용역에는 공공재라는 이름을 붙이는 것이다.

① 유료 공연에서 일정한 돈을 지불하지 않은 사람의 공연장 입장을 차단한다면, 그 공연은 배제적으로 소비될 수 있다.
② 국방 서비스를 소비하는 모든 국민에게 그 비용을 지불하도록 한다면, 그 서비스는 비경합적으로 소비될 수 없다.
③ 이용할 수 있는 수가 한정된 여객기 좌석은 경합적으로 소비될 수 있다.
④ 무임승차를 쉽게 방지할 수 없는 재화나 용역은 과소 생산될 수 있다.
⑤ 라디오 방송 서비스는 여러 사람이 비경합적으로 소비할 수 있다.

문 6. 다음 글의 핵심 논지로 가장 적절한 것은?

독일 통일을 지칭하는 '흡수 통일'이라는 용어는 동독이 일방적으로 서독에 흡수되었다는 인상을 준다. 그러나 통일 과정에서 동독 주민들이 보여준 행동을 고려하면 흡수 통일은 오해의 여지를 주는 용어일 수 있다.

1989년에 동독에서는 지방선거 부정 의혹을 둘러싼 내부 혼란이 발생했다. 그 과정에서 체제에 환멸을 느낀 많은 동독 주민들이 서독으로 탈출했고, 동독 곳곳에서 개혁과 개방을 주장하는 시위의 물결이 일어나기 시작했다. 초기 시위에서 동독 주민들은 여행·신앙·언론의 자유를 중심에 둔 내부 개혁을 주장했지만 이후 "우리는 하나의 민족이다!"라는 구호와 함께 동독과 서독의 통일을 요구하기 시작했다. 그렇게 변화하는 사회적 분위기 속에서 1990년 3월 18일에 동독 최초이자 최후의 자유총선거가 실시되었다.

동독 자유총선거를 위한 선거운동 과정에서 서독과 협력하는 동독 정당들이 생겨났고, 이들 정당의 선거운동에 서독 정당과 정치인들이 적극적으로 유세 지원을 하기도 했다. 초반에는 서독 사민당의 지원을 받으며 점진적 통일을 주장하던 동독 사민당이 우세했지만, 실제 선거에서는 서독 기민당의 지원을 받으며 급속한 통일을 주장하던 독일동맹이 승리하게 되었다. 동독 주민들이 자유총선거에서 독일동맹을 선택한 것은 그들 스스로 급속한 통일을 지지한 것이라고 할 수 있다. 이후 동독은 서독과 1990년 5월 18일에 「통화·경제·사회보장동맹의 창설에 관한 조약」을, 1990년 8월 31일에 「통일조약」을 체결했고, 마침내 1990년 10월 3일에 동서독 통일을 이루게 되었다.

이처럼 독일 통일의 과정에서 동독 주민들의 주체적인 참여를 확인할 수 있다. 독일 통일을 단순히 흡수 통일이라고 부른다면, 통일 과정에서 중요한 역할을 담당했던 동독 주민들을 배제한다는 오해를 불러일으킬 수 있다. 독일 통일의 과정을 온전히 이해하기 위해서는 동독 주민들의 활동에도 주목할 필요가 있다.

① 자유총선거에서 동독 주민들은 점진적 통일보다 급속한 통일을 지지하는 모습을 보여주었다.

② 독일 통일은 동독이 일방적으로 서독에 흡수되었다는 점에서 흔히 흡수 통일이라고 부른다.

③ 독일 통일은 분단국가가 합의된 절차를 거쳐 통일을 이루었다는 점에서 의의가 있다.

④ 독일 통일 전부터 서독의 정당은 물론 개인도 동독의 선거에 개입할 수 있었다.

⑤ 독일 통일의 과정에서 동독 주민들의 주체적 참여가 큰 역할을 하였다.

문 7. 다음 글의 (가)와 (나)에 들어갈 말을 적절하게 나열한 것은?

서양 사람들은 옛날부터 신이 자연 속에 진리를 감추어 놓았다고 믿고 그 진리를 찾기 위해 노력했다. 그들은 숨겨진 진리가 바로 수학이며 자연물 속에 비례의 형태로 숨어 있다고 생각했다. 또한 신이 자연물에 숨겨 놓은 수많은 진리 중에서도 인체 비례야말로 가장 아름다운 진리의 정수로 여겼다. 그래서 서양 사람들은 예로부터 이러한 신의 진리를 드러내기 위해서 완벽한 인체를 구현하는 데 몰두했다. 레오나르도 다빈치의 「인체 비례도」를 보면, 원과 정사각형을 배치하여 사람의 몸을 표현하고 있다. 가장 기본적인 기하 도형이 인체 비례와 관련 있다는 점에 착안하였던 것이다. 르네상스 시대 건축가들은 이러한 기본 기하 도형으로 건축물을 디자인하면 ▢▢(가)▢▢ 위대한 건물을 지을 수 있다고 생각했다.

건축에서 미적 표준으로 인체 비례를 활용하는 조형적 안목은 서양뿐 아니라 동양에서도 찾을 수 있다. 고대부터 중국이나 우리나라에서도 인체 비례를 건축물 축조에 활용하였다. 불국사의 청운교와 백운교는 3:4:5 비례의 직각삼각형으로 이루어져 있다. 이와 같은 비례로 건축하는 것을 '구고현(勾股弦)법'이라 한다. 뒤꿈치를 바닥에 대고 무릎을 직각으로 구부린 채 누우면 바닥과 다리 사이에 삼각형이 이루어지는데, 이것이 구고현법의 삼각형이다. 짧은 변인 구(勾)는 넓적다리에, 긴 변인 고(股)는 장딴지에 대응하고, 빗변인 현(弦)은 바닥의 선에 대응한다. 이 삼각형은 고대 서양에서 신성불가침의 삼각형이라 불렸던 것과 동일한 비례를 가지고 있다. 동일한 비례를 아름다움의 기준으로 삼았다는 점에서 ▢▢(나)▢▢는 것을 알 수 있다.

① (가): 인체 비례에 숨겨진 신의 진리를 구현한
(나): 조형미에 대한 동서양의 안목이 유사하였다

② (가): 신의 진리를 넘어서는 인간의 진리를 구현한
(나): 인체 실측에 대한 동서양의 계산법이 동일하였다

③ (가): 인체 비례에 숨겨진 신의 진리를 구현한
(나): 건축물에 대한 동서양의 공간 활용법이 유사하였다

④ (가): 신의 진리를 넘어서는 인간의 진리를 구현한
(나): 조형미에 대한 동서양의 안목이 유사하였다

⑤ (가): 인체 비례에 숨겨진 신의 진리를 구현한
(나): 인체 실측에 대한 동서양의 계산법이 동일하였다

문 8. 다음 글의 ㉠~㉤에서 문맥에 맞지 않는 곳을 찾아 적절하게 수정한 것은?

반세기 동안 지속되던 냉전 체제가 1991년을 기점으로 붕괴되면서 동유럽 체제가 재편되었다. 동유럽에서는 연방에서 벗어나 많은 국가들이 독립하였다. 이 국가들은 자연스럽게 자본주의 시장경제를 받아들였는데, 이후 몇 년 동안 공통적으로 극심한 경제 위기를 경험하게 되었다. 급기야 IMF(국제통화기금)의 자금 지원을 받게 되는데, 이는 ㉠갑작스럽게 외부로부터 도입한 자본주의 시스템에 적응하는 일이 결코 쉽지 않다는 점을 보여준다.

이 과정에서 해당 국가 국민의 평균 수명이 급격하게 줄어들었는데, 이는 같은 시기 미국, 서유럽 국가들의 평균 수명이 꾸준히 늘었다는 것과 대조적이다. 이러한 현상에 대해 ㉡자본주의 시스템 도입을 적극적으로 지지했던 일부 경제학자들은 오래전부터 이어진 ㉢동유럽 지역 남성들의 과도한 음주와 흡연, 폭력과 살인 같은 비경제적 요소를 주된 원인으로 꼽았다. 즉 경제 체제의 변화와는 관련이 없다는 것이다.

이러한 주장에 의문을 품은 영국의 한 연구자는 해당 국가들의 건강 지표가 IMF의 자금 지원 전후로 어떻게 달라졌는지를 살펴보았다. 여러 사회적 상황을 고려하여 통계 모형을 만들고, ㉣IMF의 자금 지원을 받은 국가와 다른 기관에서 자금 지원을 받은 국가를 비교하였다. 같은 시기 독립한 동유럽 국가 중 슬로베니아만 유일하게 IMF가 아닌 다른 기관에서 돈을 빌렸다. 이때 두 곳의 차이는, IMF는 자금을 지원받은 국가에게 경제와 관련된 구조조정 프로그램을 실시하게 한 반면, 슬로베니아를 지원한 곳은 그렇게 하지 않았다는 점이다. IMF 구조조정 프로그램을 실시한 국가들은 ㉤실시 이전부터 결핵 발생률이 크게 증가했던 것으로 나타났다. 그러나 슬로베니아는 같은 기간에 오히려 결핵 사망률이 감소했다. IMF 구조조정 프로그램의 실시 여부는 국가별 결핵 사망률과 일정한 상관관계가 있었던 것이다.

① ㉠을 "자본주의 시스템을 갖추지 않고 지원을 받는 일"로 수정한다.
② ㉡을 "자본주의 시스템 도입을 적극적으로 반대했던"으로 수정한다.
③ ㉢을 "수출입과 같은 국제 경제적 요소"로 수정한다.
④ ㉣을 "IMF의 자금 지원 직후 경제 성장률이 상승한 국가와 하락한 국가"로 수정한다.
⑤ ㉤을 "실시 이후부터 결핵 사망률이 크게 증가했던 것"으로 수정한다.

문 9. 다음 글에서 추론할 수 없는 것은?

감염병 우려로 인해 △△시험 관리본부가 마련한 대책은 다음과 같다. 먼저 모든 수험생을 확진, 자가격리, 일반 수험생의 세 유형으로 구분한다. 그리고 수험생 유형별로 시험 장소를 안내하고 마스크 착용 규정을 준수하도록 한다.

〈표〉 수험생 유형과 증상에 따른 시험장의 구분

수험생	시험장	증상	세부 시험장
확진 수험생	생활치료센터	유·무 모두	센터장이 지정한 센터 내 장소
자가격리 수험생	특별 방역 시험장	유	외부 차단 1인용 부스
		무	회의실
일반 수험생	최초 공지한 시험장	유	소형 강의실
		무	중대형 강의실

모든 시험장에 공통적으로 적용되는 마스크 착용 규정은 다음과 같다. 첫째, 모든 수험생은 입실부터 퇴실 시점까지 의무적으로 마스크를 착용해야 한다. 둘째, 마스크는 KF99, KF94, KF80의 3개 등급만 허용한다. 마스크 등급을 표시하는 숫자가 클수록 방역 효과가 크다. 셋째, 마스크 착용 규정에서 특정 등급의 마스크 의무 착용을 명시한 경우, 해당 등급보다 높은 등급의 마스크 착용은 가능하지만 낮은 등급의 마스크 착용은 허용되지 않는다.

시험장에 따라 달리 적용되는 마스크 착용 규정은 다음과 같다. 첫째, 생활치료센터에서는 각 센터장이 내린 지침을 의무적으로 따라야 한다. 둘째, 특별 방역 시험장에서는 KF99 마스크를 의무적으로 착용해야 한다. 셋째, 소형 강의실과 중대형 강의실에서는 각각 KF99와 KF94 마스크 착용을 권장하지만 의무 사항은 아니다.

① 일반 수험생 중 유증상자는 KF80 마스크를 착용하고 시험을 치를 수 없다.
② 일반 수험생 중 무증상자는 KF80 마스크를 착용하고 시험을 치를 수 있다.
③ 자가격리 수험생 중 유증상자는 KF99 마스크를 착용하고 시험을 치를 수 있다.
④ 자가격리 수험생 중 무증상자는 KF94 마스크를 착용하고 시험을 치를 수 없다.
⑤ 확진 수험생은 생활치료센터장이 허용하는 경우 KF80 마스크를 착용하고 시험을 치를 수 있다.

문 10. 다음 글의 〈표〉를 수정한 것으로 적절한 것만을 〈보기〉에서 모두 고르면?

○○부는 철새로 인한 국내 야생 조류 및 가금류 조류인플루엔자(Avian Influenza, AI) 바이러스 감염 확산 여부를 추적 조사하고 있다. AI 바이러스는 병원성 정도에 따라 고병원성과 저병원성 AI 바이러스로 구분한다. 발표 자료에 따르면, 2020년 10월 25일 충남 천안시에서는 야생 조류 분변에서 고병원성 AI 바이러스가 검출되었으며 이는 2018년 2월 1일 충남 아산시에서 검출된 이래 2년 8개월 만의 검출 사례였다.

최근 야생 조류 고병원성 AI 바이러스 검출 사례는 2020년 10월 25일부터 11월 21일까지 경기도에서 3건, 충남에서 2건이 발표되었고, 가금류 고병원성 AI 바이러스 검출 사례는 전국에서 총 3건이 발표되었다. 같은 기간에 야생 조류 저병원성 AI 바이러스 검출 후 발표된 사례는 전국에 총 8건이다. 또한 채집된 의심 야생 조류의 분변 검사 결과, 고병원성·저병원성 AI 바이러스 모두에 해당하지 않아 바이러스 미분리로 분류된 사례는 총 7건이다. 야생 조류 AI 바이러스 검출 현황은 고병원성 AI, 저병원성 AI, 검사 중으로 분류하고 바이러스 미분리는 야생 조류 AI 바이러스 검출 현황에 포함하지 않는다. 야생 조류 AI 바이러스가 검출되고 나서 고병원성 여부를 확인하기 위해 정밀 검사를 하는 데 상당한 기간이 소요되므로, 아직 검사 중인 것이 9건이다. 그중 하나인 제주도 하도리의 경우 11월 22일 고병원성 AI 바이러스 검출 여부를 발표할 예정이다.

○○부 주무관 갑은 2020년 10월 25일부터 11월 21일까지 발표된 야생 조류 AI 바이러스 검출 현황을 아래와 같이 〈표〉로 작성하였으나 검출 현황을 적절히 반영하지 않아 수정이 필요하다.

〈표〉 야생 조류 AI 바이러스 검출 현황

(기간: 2020년 10월 25일~2020년 11월 21일)

고병원성 AI	저병원성 AI	검사 중	바이러스 미분리
8건	8건	9건	7건

〈보기〉

ㄱ. 고병원성 AI 항목의 "8건"을 "5건"으로 수정한다.

ㄴ. 검사 중 항목의 "9건"을 "8건"으로 수정한다.

ㄷ. "바이러스 미분리" 항목을 삭제한다.

① ㄱ

② ㄴ

③ ㄱ, ㄷ

④ ㄴ, ㄷ

⑤ ㄱ, ㄴ, ㄷ

문 11. 다음 글의 A~C에 대한 평가로 적절한 것만을 〈보기〉에서 모두 고르면?

인간 존엄성은 모든 인간이 단지 인간이기 때문에 갖는 것으로서, 인간의 숭고한 도덕적 지위나 인간에 대한 윤리적 대우의 근거로 여겨진다. 다음은 인간 존엄성 개념에 대한 A~C의 비판이다.

A: 인간 존엄성은 그 의미가 무엇인지에 대해 사람마다 생각이 달라서 불명료할 뿐 아니라 무용한 개념이다. 가령 존엄성은 존엄사를 옹호하거나 반대하는 논증 모두에서 각각의 주장을 정당화하는 데 사용된다. 어떤 이는 존엄성이란 말을 '자율성의 존중'이라는 뜻으로, 어떤 이는 '생명의 신성함'이라는 뜻으로 사용한다. 결국 쟁점은 존엄성이 아니라 자율성의 존중이나 생명의 가치에 관한 문제이며, 존엄성이란 개념 자체는 그 논의에서 실질적으로 중요한 기여를 하지 않는다.

B: 인간의 권리에 대한 문서에서 존엄성이 광범위하게 사용되는 것은 기독교 신학과 같이 인간 존엄성을 언급하는 많은 종교적 문헌의 영향으로 보인다. 이러한 종교적 뿌리는 어떤 이에게는 가치 있는 것이지만, 다른 이에겐 그런 존엄성 개념을 의심할 근거가 되기도 한다. 특히 존엄성을 신이 인간에게 부여한 독특한 지위로 생각함으로써 인간이 스스로를 지나치게 높게 보도록 했다는 점은 비판을 받아 마땅하다. 이는 인간으로 하여금 인간이 아닌 종과 환경에 대해 인간 자신들이 원하는 것을 마음대로 해도 된다는 오만을 낳았다.

C: 인간 존엄성은 인간이 이성적 존재임을 들어 동물이나 세계에 대해 인간 중심적인 견해를 옹호해 온 근대 휴머니즘의 유산이다. 존엄성은 인간종이 그 자체로 다른 종이나 심지어 환경 자체보다 더 큰 가치가 있다고 생각하는 종족주의의 한 표현에 불과하다. 인간 존엄성은 우리가 서로를 가치 있게 여기도록 만들기도 하지만, 인간 외의 다른 존재에 대해서는 그 대상이 인간이라면 결코 용납하지 않았을 폭력적 처사를 정당화하는 근거로 활용된다.

〈보기〉

ㄱ. 많은 논란에도 불구하고 존엄사를 인정한 연명의료결정법의 시행은 A의 주장을 약화시키는 사례이다.

ㄴ. C의 주장은 화장품의 안전성 검사를 위한 동물실험의 금지를 촉구하는 캠페인의 근거로 활용될 수 있다.

ㄷ. B와 C는 인간에게 특권적 지위를 부여하는 인간 중심적인 생각을 비판한다는 점에서 공통적이다.

① ㄱ

② ㄷ

③ ㄱ, ㄴ

④ ㄴ, ㄷ

⑤ ㄱ, ㄴ, ㄷ

문 12. 다음 글의 〈논증〉에 대한 분석으로 적절한 것만을 〈보기〉에서 모두 고르면?

우리는 죽음이 나쁜 것이라고 믿는다. 죽고 나면 우리가 존재하지 않기 때문이다. 루크레티우스는 우리가 존재하지 않기 때문에 죽음이 나쁜 것이라면 우리가 태어나기 이전의 비존재도 나쁘다고 말해야 한다고 생각했다. 그러나 우리는 태어나기 이전에 우리가 존재하지 않았다는 사실에 대해서 애석해 하지 않는다. 따라서 루크레티우스는 죽음 이후의 비존재에 대해서도 애석해 할 필요가 없다고 주장했다. 다음은 이러한 루크레티우스의 주장을 반박하는 논증이다.

〈논증〉

우리는 죽음의 시기가 뒤로 미루어짐으로써 더 오래 사는 상황을 상상해 볼 수 있다. 예를 들어, 50살에 교통사고로 세상을 떠난 누군가를 생각해 보자. 그 사고가 아니었다면 그는 70살이나 80살까지 더 살 수도 있었을 것이다. 그렇다면 50살에 그가 죽은 것은 그의 인생에 일어날 수 있는 여러 가능성 중에 하나였다. 그런데 ㉠내가 더 일찍 태어나는 것은 상상할 수 없다. 물론, 조산이나 제왕절개로 내가 조금 더 일찍 세상에 태어날 수도 있었을 것이다. 하지만 여기서 고려해야 할 것은 나의 존재의 시작이다. 나를 있게 하는 것은 특정한 정자와 난자의 결합이다. 누군가는 내 부모님이 10년 앞서 임신할 수 있었다고 주장할 수도 있다. 그러나 그랬다면 내가 아니라 나의 형제가 태어났을 것이다. 그렇기 때문에 '더 일찍 태어났더라면'이라고 말해도 그것이 실제로 내가 더 일찍 태어났을 가능성을 상상한 것은 아니다. 나의 존재는 내가 수정된 바로 그 특정 정자와 난자의 결합에 기초한다. 그러므로 ㉡내가 더 일찍 태어나는 일은 불가능하다. 나의 사망 시점은 달라질 수 있지만, 나의 출생 시점은 그렇지 않다. 그런 의미에서 출생은 내 인생 전체를 놓고 볼 때 하나의 필연적인 사건이다. 결국 죽음의 시기를 뒤로 미뤄 더 오래 사는 것은 가능하지만, 출생의 시기를 앞당겨 더 오래 사는 것은 불가능하다. 따라서 내가 더 일찍 태어나지 않은 것은 나쁜 일이 될 수 없다. 즉 죽음 이후와는 달리 ㉢태어나기 이전의 비존재는 나쁘다고 말할 수 없다.

〈보기〉

ㄱ. 냉동 보관된 정자와 난자가 수정되어 태어난 사람의 경우를 고려하면, ㉡은 거짓이다.

ㄴ. ㉠에 "어떤 사건이 가능하면, 그것의 발생을 상상할 수 있다."라는 전제를 추가하면, ㉡을 이끌어 낼 수 있다.

ㄷ. ㉢에 "태어나기 이전의 비존재가 나쁘다면, 내가 더 일찍 태어나는 것이 가능하다."라는 전제를 추가하면, ㉡의 부정을 이끌어 낼 수 있다.

① ㄱ
② ㄷ
③ ㄱ, ㄴ
④ ㄴ, ㄷ
⑤ ㄱ, ㄴ, ㄷ

※ 다음 글을 읽고 물음에 답하시오. [문 13. ~ 문 14.]

인간은 지구상의 생명이 대량 멸종하는 사태를 맞이하고 있지만, 다른 한편으로는 실험실에서 인공적으로 새로운 생명체를 창조하고 있다. 이런 상황에서, 자연적으로 존재하는 종을 멸종으로부터 보존해야 한다는 생물 다양성의 보존 문제를 어떤 시각으로 바라보아야 할까? A는 생물 다양성을 보존해야 한다고 주장한다. 이를 위해 A는 다음과 같은 도구적 정당화를 제시한다. 우리는 의학적, 농업적, 경제적, 과학적 측면에서 이익을 얻기를 원한다. '생물 다양성 보존'은 이를 위한 하나의 수단으로 간주될 수 있다. 바로 그 수단이 우리가 원하는 이익을 얻는 최선의 수단이라는 것이 A의 첫 번째 전제이다. 그리고 ⎯(가)⎯는 것이 A의 두 번째 전제이다. 이 전제들로부터 우리에게는 생물 다양성을 보존할 의무와 필요성이 있다는 결론이 나온다.

이에 대해 B는 생물 다양성 보존이 우리가 원하는 이익을 얻는 최선의 수단이 아님을 지적한다. 특히 합성 생물학은 자연에 존재하는 DNA, 유전자, 세포 등을 인공적으로 합성하고 재구성해 새로운 생명체를 창조하는 것을 목표로 한다. B는 우리가 원하는 이익을 얻고자 한다면, 자연적으로 존재하는 생명체들을 대상으로 보존에 애쓰는 것보다는 합성 생물학을 통해 원하는 목표를 더 합리적이고 체계적으로 성취할 수 있을 것이라고 주장한다. 인공적인 생명체의 창조가 우리가 원하는 이익을 얻는 더 좋은 수단이므로, 생물 다양성 보존을 지지하는 도구적 정당화는 설득력을 잃는다는 것이다. 그래서 B는 A가 제시하는 도구적 정당화에 근거하여 생물 다양성을 보존하자고 주장하는 것은 옹호될 수 없다고 말한다.

한편 C는 모든 종은 보존되어야 한다고 주장하면서 생물 다양성 보존을 옹호한다. C는 대상의 가치를 평가할 때 그 대상이 갖는 도구적 가치와 내재적 가치를 구별한다. 대상의 도구적 가치란 그것이 특정 목적을 달성하는 데 얼마나 쓸모가 있느냐에 따라 인정되는 가치이며, 대상의 내재적 가치란 그 대상이 그 자체로 본래부터 갖고 있다고 인정되는 고유한 가치를 말한다. C에 따르면 생명체는 단지 도구적 가치만을 갖는 것이 아니다. 생명체를 오로지 도구적 가치로만 평가하는 것은 생명체를 그저 인간의 목적을 위해 이용되는 수단으로 보는 인간 중심적 태도이지만, C는 그런 태도는 받아들일 수 없다고 본다. 생명체의 내재적 가치 또한 인정해야 한다는 것이다. 그 생명체들이 속한 종 또한 그 쓸모에 따라서만 가치가 있는 것이 아니다. 그리고 내재적 가치를 지니는 것은 모두 보존되어야 한다. 이로부터 모든 종은 보존되어야 한다는 결론에 다다른다. 왜냐하면 ⎯(나)⎯ 때문이다.

문 13. 위 글의 (가)와 (나)에 들어갈 내용을 적절하게 나열한 것은?

① (가): 어떤 것이 우리가 원하는 이익을 얻는 최선의 수단이라면 우리에게는 그것을 실행할 의무와 필요성이 있다
   (나): 생명체의 내재적 가치는 종의 다양성으로부터 비롯되기

② (가): 어떤 것이 우리가 원하는 이익을 얻는 최선의 수단이 아니라면 우리에게는 그것을 실행할 의무와 필요성이 없다
   (나): 생명체의 내재적 가치는 종의 다양성으로부터 비롯되기

③ (가): 어떤 것이 우리가 원하는 이익을 얻는 최선의 수단이라면 우리에게는 그것을 실행할 의무와 필요성이 있다
   (나): 모든 종은 그 자체가 본래부터 고유의 가치를 지니기

④ (가): 어떤 것이 우리가 원하는 이익을 얻는 최선의 수단이 아니라면 우리에게는 그것을 실행할 의무와 필요성이 없다
   (나): 모든 종은 그 자체가 본래부터 고유의 가치를 지니기

⑤ (가): 우리에게 이익을 제공하는 수단 가운데 생물 다양성의 보존보다 더 나은 수단은 없다
   (나): 모든 종은 그 자체가 본래부터 고유의 가치를 지니기

문 14. 위 글에 대한 분석으로 적절한 것만을 〈보기〉에서 모두 고르면?

〈보기〉

ㄱ. A는 생물 다양성을 보존해야 한다고 주장하지만, B는 보존하지 않아도 된다고 주장한다.

ㄴ. B는 A의 두 전제가 참이더라도 A의 결론이 반드시 참이 되지는 않는다고 비판한다.

ㄷ. 자연적으로 존재하는 생명체가 도구적 가치를 가지느냐에 대한 A와 C의 평가는 양립할 수 있다.

① ㄱ

② ㄷ

③ ㄱ, ㄴ

④ ㄴ, ㄷ

⑤ ㄱ, ㄴ, ㄷ

문 15. 다음 논쟁에 대한 분석으로 적절한 것만을 〈보기〉에서 모두 고르면?

갑: 입증은 증거와 가설 사이의 관계에 대한 것이다. 내가 받아들이는 입증에 대한 입장은 다음과 같다. 증거 발견 후 가설의 확률 증가분이 있다면, 증거가 가설을 입증한다. 즉 증거 발견 후 가설이 참일 확률에서 증거 발견 전 가설이 참일 확률을 뺀 값이 0보다 크다면, 증거가 가설을 입증한다. 예를 들어보자. 사건 현장에서 용의자 X의 것과 유사한 발자국이 발견되었다. 그럼 발자국이 발견되기 전보다 X가 해당 사건의 범인일 확률은 높아질 것이다. 그렇다면 발자국 증거는 X가 범인이라는 가설을 입증한다. 그리고 증거 발견 후 가설의 확률 증가분이 클수록, 증거가 가설을 입증하는 정도가 더 커진다.

을: 증거가 가설이 참일 확률을 높인다고 하더라도, 그 증거가 해당 가설을 입증하지 못할 수 있다. 가령, X에게 강력한 알리바이가 있다고 해보자. 사건이 일어난 시간에 사건 현장과 멀리 떨어져 있는 X의 모습이 CCTV에 포착된 것이다. 그러면 발자국 증거가 X가 범인일 확률을 높인다고 하더라도, 그가 범인일 확률은 여전히 높지 않을 것이다. 그럼에도 불구하고 갑의 입장은 이러한 상황에서 발자국 증거가 X가 범인이라는 가설을 입증한다고 보게 만드는 문제가 있다. 이 문제는 내가 받아들이는 입증에 대한 다음 입장을 통해 해결될 수 있다. 증거 발견 후 가설의 확률 증가분이 있고 증거 발견 후 가설이 참일 확률이 1/2보다 크다면, 그리고 그런 경우에만 증거가 가설을 입증한다. 가령, 발자국 증거가 X가 범인일 확률을 높이더라도 증거 획득 후 확률이 1/2보다 작다면 발자국 증거는 X가 범인이라는 가설을 입증하지 못한다.

〈보기〉

ㄱ. 갑의 입장에서, 증거 발견 후 가설의 확률 증가분이 없다면 그 증거가 해당 가설을 입증하지 못한다.

ㄴ. 을의 입장에서, 어떤 증거가 주어진 가설을 입증할 경우 그 증거 획득 이전 해당 가설이 참일 확률은 1/2보다 크다.

ㄷ. 갑의 입장에서 어떤 증거가 주어진 가설을 입증하는 정도가 작더라도, 을의 입장에서 그 증거가 해당 가설을 입증할 수 있다.

① ㄴ

② ㄷ

③ ㄱ, ㄴ

④ ㄱ, ㄷ

⑤ ㄱ, ㄴ, ㄷ

문 16. 다음 글에서 추론할 수 있는 것은?

국제표준도서번호(ISBN)는 전세계에서 출판되는 각종 도서에 부여하는 고유한 식별 번호이다. 2007년부터는 13자리의 숫자로 구성된 ISBN인 ISBN-13이 부여되고 있지만, 2006년까지 출판된 도서에는 10자리의 숫자로 구성된 ISBN인 ISBN-10이 부여되었다.

ISBN-10은 네 부분으로 되어 있다. 첫 번째 부분은 책이 출판된 국가 또는 언어 권역을 나타내며 1~5자리를 가질 수 있다. 예를 들면, 대한민국은 89, 영어권은 0, 프랑스어권은 2, 중국은 7 그리고 부탄은 99936을 쓴다. 두 번째 부분은 국가별 ISBN 기관에서 그 국가에 있는 각 출판사에 할당한 번호를 나타낸다. 세 번째 부분은 출판사에서 그 책에 임의로 붙인 번호를 나타낸다. 마지막 네 번째 부분은 확인 숫자이다. 이 숫자는 0에서 10까지의 숫자 중 하나가 되는데, 10을 써야 할 때는 로마 숫자인 X를 사용한다. 부여된 ISBN-10이 유효한 것이라면 이 ISBN-10의 열 개 숫자에 각각 순서대로 10, 9, …, 2, 1의 가중치를 곱해서 각 곱셈의 값을 모두 더한 값이 반드시 11로 나누어 떨어져야 한다. 예를 들어, 어떤 책에 부여된 ISBN-10인 '89-89422-42-6'이 유효한 것인지 검사해 보자. $(8 \times 10) + (9 \times 9) + (8 \times 8) + (9 \times 7) + (4 \times 6) + (2 \times 5) + (2 \times 4) + (4 \times 3) + (2 \times 2) + (6 \times 1) = 352$이고, 이 값은 11로 나누어 떨어지기 때문에 이 ISBN-10은 유효한 번호이다. 만약 어떤 ISBN-10의 숫자 중 어느 하나를 잘못 입력했다면 서점에 있는 컴퓨터는 즉시 오류 메시지를 화면에 보여줄 것이다.

① ISBN-10의 첫 번째 부분에 있는 숫자가 같으면 같은 나라에서 출판된 책이다.

② 임의의 책의 ISBN-10에 숫자 3자리를 추가하면 그 책의 ISBN-13을 얻는다.

③ ISBN-10이 '0-285-00424-7'인 책은 해당 출판사에서 424번째로 출판한 책이다.

④ ISBN-10의 두 번째 부분에 있는 숫자가 같은 서로 다른 두 권의 책은 동일한 출판사에서 출판된 책이다.

⑤ 확인 숫자 앞의 아홉 개의 숫자에 정해진 가중치를 곱하여 합한 값이 11의 배수인 ISBN-10이 유효하다면 그 확인 숫자는 반드시 0이어야 한다.

문 17. 다음 글의 내용이 참일 때, 갑이 반드시 수강해야 할 과목은?

갑은 A~E 과목에 대해 수강신청을 준비하고 있다. 갑이 수강하기 위해 충족해야 하는 조건은 다음과 같다.
○ A를 수강하면 B를 수강하지 않고, B를 수강하지 않으면 C를 수강하지 않는다.
○ D를 수강하지 않으면 C를 수강하고, A를 수강하지 않으면 E를 수강하지 않는다.
○ E를 수강하지 않으면 C를 수강하지 않는다.

① A   ② B
③ C   ④ D
⑤ E

문 18. 다음 글의 내용이 참일 때, 반드시 참인 것만을 〈보기〉에서 모두 고르면?

△△처에서는 채용 후보자들을 대상으로 A, B, C, D 네 종류의 자격증 소지 여부를 조사하였다. 그 결과 다음과 같은 사실이 밝혀졌다.
○ A와 D를 둘 다 가진 후보자가 있다.
○ B와 D를 둘 다 가진 후보자는 없다.
○ A나 B를 가진 후보자는 모두 C는 가지고 있지 않다.
○ A를 가진 후보자는 모두 B는 가지고 있지 않다는 것은 사실이 아니다.

〈보기〉
ㄱ. 네 종류 중 세 종류의 자격증을 가지고 있는 후보자는 없다.
ㄴ. 어떤 후보자는 B를 가지고 있지 않고, 또 다른 후보자는 D를 가지고 있지 않다.
ㄷ. D를 가지고 있지 않은 후보자는 누구나 C를 가지고 있지 않다면, 네 종류 중 한 종류의 자격증만 가지고 있는 후보자가 있다.

① ㄱ   ② ㄷ
③ ㄱ, ㄴ   ④ ㄴ, ㄷ
⑤ ㄱ, ㄴ, ㄷ

문 19. 다음 글의 내용이 참일 때, 반드시 참인 것만을 〈보기〉에서 모두 고르면?

신입사원을 대상으로 민원, 홍보, 인사, 기획 업무에 대한 선호를 조사하였다. 조사 결과 민원 업무를 선호하는 신입사원은 모두 홍보 업무를 선호하였지만, 그 역은 성립하지 않았다. 모든 업무 중 인사 업무만을 선호하는 신입사원은 있었지만, 민원 업무와 인사 업무를 모두 선호하는 신입사원은 없었다. 그리고 넷 중 세 개 이상의 업무를 선호하는 신입사원도 없었다. 신입사원 갑이 선호하는 업무에는 기획 업무가 포함되어 있었으며, 신입사원 을이 선호하는 업무에는 민원 업무가 포함되어 있었다.

〈보기〉

ㄱ. 어떤 업무는 갑도 을도 선호하지 않는다.

ㄴ. 적어도 두 명 이상의 신입사원이 홍보 업무를 선호한다.

ㄷ. 조사 대상이 된 업무 중에, 어떤 신입사원도 선호하지 않는 업무는 없다.

① ㄱ

② ㄷ

③ ㄱ, ㄴ

④ ㄴ, ㄷ

⑤ ㄱ, ㄴ, ㄷ

문 20. 다음 글에서 추론할 수 있는 것만을 〈보기〉에서 모두 고르면?

식물의 잎에 있는 기공은 대기로부터 광합성에 필요한 이산화탄소를 흡수하는 통로이다. 기공은 잎에 있는 세포 중 하나인 공변세포의 부피가 커지면 열리고 부피가 작아지면 닫힌다.

그렇다면 무엇이 공변세포의 부피에 변화를 일으킬까? 햇빛이 있는 낮에, 햇빛 속에 있는 청색광이 공변세포에 있는 양성자 펌프를 작동시킨다. 양성자 펌프의 작동은 공변세포 밖에 있는 칼륨이온과 염소이온이 공변세포 안으로 들어오게 한다. 공변세포 안에 이 이온들의 양이 많아짐에 따라 물이 공변세포 안으로 들어오고, 그 결과로 공변세포의 부피가 커져서 기공이 열린다. 햇빛이 없는 밤이 되면, 공변세포에 있는 양성자 펌프가 작동하지 않고 공변세포 안에 있던 칼륨이온과 염소이온은 밖으로 빠져나간다. 이에 따라 공변세포 안에 있던 물이 밖으로 나가면서 세포의 부피가 작아져서 기공이 닫힌다.

공변세포의 부피는 식물이 겪는 수분스트레스 반응에 의해 조절될 수도 있다. 식물 안의 수분량이 줄어듦으로써 식물이 수분스트레스를 받는다. 수분스트레스를 받은 식물은 호르몬 A를 분비한다. 호르몬 A는 공변세포에 있는 수용체에 결합하여 공변세포 안에 있던 칼륨이온과 염소이온이 밖으로 빠져나가게 한다. 이에 따라 공변세포 안에 있던 물이 밖으로 나가면서 세포의 부피가 작아진다. 결국 식물이 수분스트레스를 받으면 햇빛이 있더라도 기공이 열리지 않는다.

또한 기공의 여닫힘은 미생물에 의해 조절되기도 한다. 예를 들면, 식물을 감염시킨 병원균 α는 공변세포의 양성자 펌프를 작동시키는 독소 B를 만든다. 이 독소 B는 공변세포의 부피를 늘려 기공이 닫혀 있어야 하는 때에도 열리게 하고, 결국 식물은 물을 잃어 시들게 된다.

〈보기〉

ㄱ. 한 식물의 동일한 공변세포 안에 있는 칼륨이온의 양은, 햇빛이 있는 낮에 햇빛의 청색광만 차단하는 필름으로 식물을 덮은 경우가 덮지 않은 경우보다 적다.

ㄴ. 수분스트레스를 받은 식물에 양성자 펌프의 작동을 못하게 하면 햇빛이 있는 낮에 기공이 열린다.

ㄷ. 호르몬 A를 분비하는 식물이 햇빛이 있는 낮에 보이는 기공 개폐 상태와 병원균 α에 감염된 식물이 햇빛이 없는 밤에 보이는 기공 개폐 상태는 다르다.

① ㄱ

② ㄴ

③ ㄱ, ㄷ

④ ㄴ, ㄷ

⑤ ㄱ, ㄴ, ㄷ

문 21. 다음 글의 ㉠과 ㉡에 대한 평가로 적절한 것만을 〈보기〉에서 모두 고르면?

진화론에 따르면 개체는 배우자 선택에 있어서 생존과 번식에 유리한 개체를 선호할 것으로 예측된다. 그런데 생존과 번식에 유리한 능력은 한 가지가 아니므로 합리적 선택은 단순하지 않다. 예를 들어 배우자 후보 α와 β가 있는데, 사냥 능력은 α가 우수한 반면, 위험 회피 능력은 β가 우수하다고 하자. 이 경우 개체는 더 중요하다고 판단하는 능력에 기초하여 배우자를 선택하는 것이 합리적이다. 이를테면 사냥 능력에 가중치를 둔다면 α를 선택하는 것이 합리적이라는 것이다. 그런데 α와 β보다 사냥 능력은 떨어지나 위험 회피 능력은 β와 α의 중간쯤 되는 새로운 배우자 후보 γ가 나타난 경우를 생각해 보자. 이때 개체는 애초의 판단 기준을 유지할 수도 있고 변경할 수도 있다. 즉 애초의 판단 기준에 따르면 선택이 바뀔 이유가 없음에도 불구하고, 새로운 후보의 출현에 의해 판단 기준이 바뀌어 위험 회피 능력이 우수한 β를 선택할 수 있다.

한 과학자는 동물의 배우자 선택에 있어 새로운 배우자 후보가 출현하는 경우, ㉠애초의 판단 기준을 유지한다는 가설과 ㉡판단 기준에 변화가 발생한다는 가설을 검증하기 위해 다음과 같은 실험을 수행하였다.

〈실험〉

X 개구리의 경우, 암컷은 두 가지 기준으로 수컷을 고르는데, 수컷의 울음소리 톤이 일정할수록 선호하고 울음소리 빈도가 높을수록 선호한다. 세 마리의 수컷 A~C는 각각 다른 소리를 내는데, 울음소리 톤은 C가 가장 일정하고 B가 가장 일정하지 않다. 울음소리 빈도는 A가 가장 높고 C가 가장 낮다. 과학자는 A~C의 울음소리를 발정기의 암컷으로부터 동일한 거리에 있는 서로 다른 위치에서 들려주었다. 상황 1에서는 수컷 두 마리의 울음소리만을 들려주었으며, 상황 2에서는 수컷 세 마리의 울음소리를 모두 들려주고 각 상황에서 암컷이 어느 쪽으로 이동하는지 비교하였다. 암컷은 들려준 울음소리 중 가장 선호하는 쪽으로 이동한다.

〈보기〉

ㄱ. 상황 1에서 암컷에게 들려준 소리가 A, B인 경우 암컷이 A로, 상황 2에서는 C로 이동했다면, ㉠은 강화되지 않지만 ㉡은 강화된다.

ㄴ. 상황 1에서 암컷에게 들려준 소리가 B, C인 경우 암컷이 B로, 상황 2에서는 A로 이동했다면, ㉠은 강화되지만 ㉡은 강화되지 않는다.

ㄷ. 상황 1에서 암컷에게 들려준 소리가 A, C인 경우 암컷이 C로, 상황 2에서는 A로 이동했다면, ㉠은 강화되지 않지만 ㉡은 강화된다.

① ㄱ　　　　　　② ㄷ
③ ㄱ, ㄴ　　　　④ ㄴ, ㄷ
⑤ ㄱ, ㄴ, ㄷ

문 22. 다음 글의 ㉠과 ㉡에 대한 평가로 적절한 것만을 〈보기〉에서 모두 고르면?

18세기에는 빛의 본성에 관한 두 이론이 경쟁하고 있었다. ㉠입자이론은 빛이 빠르게 운동하고 있는 아주 작은 입자들의 흐름으로 구성되어 있다고 설명한다. 이에 따르면, 물속에서 빛이 굴절하는 것은 물이 빛을 끌어당기기 때문이며, 공기 중에서는 이런 현상이 발생하지 않기 때문에 결과적으로 물속에서의 빛의 속도가 공기 중에서보다 더 빠르다. 한편 ㉡파동이론은 빛이 매질을 통하여 파동처럼 퍼져 나간다는 가설에 기초한다. 이에 따르면, 물속에서 빛이 굴절하는 것은 파동이 전파되는 매질의 밀도가 달라지기 때문이며, 밀도가 높아질수록 파동의 속도는 느려지므로 결과적으로 물속에서의 빛의 속도가 공기 중에서보다 더 느리다.

또한 파동이론에 따르면 빛의 색깔은 파장에 따라 달라진다. 공기 중에서는 파장에 따라 파동의 속도가 달라지지 않지만, 물속에서는 파장에 따라 파동의 속도가 달라진다. 반면 입자이론에 따르면 공기 중에서건 물속에서건 빛의 속도는 색깔에 따라 달라지지 않는다.

두 이론을 검증하기 위해 다음과 같은 실험이 고안되었다. 두 빛이 같은 시점에 발진하여 경로 1 또는 경로 2를 통과한 뒤 빠른 속도로 회전하는 평면거울에 도달한다. 두 개의 경로에서 빛이 진행하는 거리는 같으나, 경로 1에서는 물속을 통과하고, 경로 2에서는 공기만을 통과한다. 평면거울에서 반사된 빛은 반사된 빛이 향하는 방향에 설치된 스크린에 맺힌다. 평면거울에 도달한 빛 중 속도가 빠른 빛은 먼저 도달하고 속도가 느린 빛은 나중에 도달하게 되는데, 평면거울이 빠르게 회전하고 있으므로 먼저 도달한 빛과 늦게 도달한 빛은 반사 각도에 차이가 생기게 된다. 따라서 두 빛이 서로 다른 속도를 가진다면 반사된 두 빛이 도착하는 지점이 서로 달라지며, 더 빨리 평면거울에 도달한 빛일수록 스크린의 오른쪽에, 더 늦게 도달한 빛일수록 스크린의 왼쪽에 맺히게 된다.

〈보기〉

ㄱ. 색깔이 같은 두 빛이 각각 경로 1과 2를 통과했을 때, 경로 1을 통과한 빛이 경로 2를 통과한 빛보다 스크린의 오른쪽에 맺힌다면 ㉠은 강화되고 ㉡은 약화된다.

ㄴ. 색깔이 다른 두 빛 중 하나는 경로 1을, 다른 하나는 경로 2를 통과했을 때, 경로 1을 통과한 빛이 경로 2를 통과한 빛보다 스크린의 왼쪽에 맺힌다면 ㉠은 약화되고 ㉡은 강화된다.

ㄷ. 색깔이 다른 두 빛이 모두 경로 1을 통과했을 때, 두 빛이 스크린에 맺힌 위치가 다르다면 ㉠은 약화되고 ㉡은 강화된다.

① ㄱ　　　　　　② ㄴ
③ ㄱ, ㄷ　　　　④ ㄴ, ㄷ
⑤ ㄱ, ㄴ, ㄷ

문 23. 다음 대화의 빈칸에 들어갈 내용으로 가장 적절한 것은?

> 갑: 2022년에 A보조금이 B보조금으로 개편되었다고 들었습니다. 2021년에 A보조금을 수령한 민원인이 B보조금의 신청과 관련하여 문의하였습니다. 민원인이 중앙부처로 바로 연락하였다는데 B보조금 신청 자격을 알 수 있을까요?
>
> 을: B보조금 신청 자격은 A보조금과 같습니다. 해당 지자체에 농업경영정보를 등록한 농업인이어야 하고 지급 대상 토지도 해당 지자체에 등록된 농지 또는 초지여야 합니다.
>
> 갑: 네. 민원인의 자격 요건에 변동 사항은 없다는 것을 확인했습니다. 그 외에 다른 제한 사항은 없을까요?
>
> 을: 대상자 및 토지 요건을 모두 충족하더라도 전년도에 A보조금을 부정한 방법으로 수령했다고 판정된 경우에는 B보조금을 신청할 수가 없어요. 다만 부정한 방법으로 수령했다고 해당 지자체에서 판정하더라도 수령인은 일정 기간 동안 중앙부처에 이의를 제기할 수 있습니다. 이의 제기 심의 기간에는 수령인이 부정한 방법으로 수령하지 않은 것으로 봅니다.
>
> 갑: 우리 중앙부처의 2021년 A보조금 부정 수령 판정 현황이 어떻게 되죠?
>
> 을: 2021년 A보조금 부정 수령 판정 이의 제기 신청 기간은 만료되었습니다. 부정 수령 판정이 총 15건이 있었는데, 그중 11건에 대한 이의 제기 신청이 들어왔고 1건은 심의 후 이의 제기가 받아들여져 인용되었습니다. 9건은 이의 제기가 받아들여지지 않아 기각되었고 나머지 1건은 아직 이의 제기 심의 절차가 진행 중입니다.
>
> 갑: 그렇다면 제가 추가로 □□□□□□만 확인하고 나면 다른 사유를 확인하지 않고서도 민원인이 현재 B보조금 신청 자격이 되는지를 바로 알 수 있겠네요.

① 민원인의 부정 수령 판정 여부, 민원인의 이의 제기 여부, 이의 제기 심의 절차 진행 중인 건이 민원인이 제기한 건인지 여부

② 민원인의 부정 수령 판정 여부, 민원인의 이의 제기 여부, 이의 제기 기각 건에 민원인이 제기한 건이 포함되었는지 여부

③ 민원인의 농업인 및 농지 등록 여부, 민원인의 이의 제기 여부, 이의 제기 심의 절차 진행 중인 건의 심의 완료 여부

④ 민원인의 부정 수령 판정 여부, 민원인의 이의 제기 여부, 이의 제기 인용 건이 민원인이 제기한 건인지 여부

⑤ 민원인의 농업인 및 농지 등록 여부, 민원인의 부정 수령 판정 여부, 민원인의 이의 제기 여부

문 24. 다음 대화의 빈칸에 들어갈 내용으로 가장 적절한 것은?

> 갑: 안녕하십니까? 저는 공립학교인 A고등학교 교감입니다. 우리 학교의 교육 방침을 명확히 밝히는 조항을 학교 규칙(이하 '학칙')에 새로 추가하려고 합니다. 이때 준수해야 할 것이 무엇입니까?
>
> 을: 네. 학교에서 학칙을 제정하고자 할 때에는 「초·중등교육법」(이하 '교육법')에 어긋나지 않는 범위에서 제정이 이루어져야 합니다.
>
> 갑: 그렇군요. 그래서 교육법 제8조 제1항의 학교의 장은 '법령'의 범위에서 학칙을 제정할 수 있다는 규정에 근거해서 학칙을 만들고 있습니다. 그런데 최근 우리 도(道) 의회에서 제정한 「학생인권조례」의 내용을 보니, 우리 학교에서 만들고 있는 학칙과 어긋나는 것이 있습니다. 이러한 경우에 법적 판단은 어떻게 됩니까?
>
> 을: [   ].
>
> 갑: 교육법 제8조 제1항에서는 '법령'이라는 용어를 사용하고, 제10조 제2항에서는 '조례'라는 용어를 사용하고 있으니 교육법에서는 법령과 조례를 구분하는 것으로 보입니다.
>
> 을: 그것은 다른 문제입니다. 교육법 제10조 제2항의 조례는 법령의 위임을 받아 제정되는 위임 입법입니다. 제8조 제1항에서의 법령에는 조례가 포함된다고 해석하고 있으며, 이 경우에 제10조 제2항의 조례와는 그 성격이 다르다고 할 수 있습니다.
>
> 갑: 교육법 제8조 제1항은 초·중등학교 운영의 자율과 책임을 위한 것인데 이러한 조례로 인해서 오히려 학교 교육과 운영이 침해당하는 것 아닙니까?
>
> 을: 교육법 제8조 제1항의 목적은 학교의 자율과 책임을 당연히 존중하는 것입니다. 다만 학칙을 제정할 때에도 국가나 지자체에서 반드시 지킬 것을 요구하는 최소한의 한계를 법령의 범위라는 말로 표현한 것입니다. 더욱이 학생들의 학습권, 개성을 실현할 권리 등은 헌법에서 보장된 기본권에서 나오고 교육법 제18조의4에서도 학생의 인권을 보장하도록 규정하고 있습니다. 최근 「학생인권조례」도 이러한 취지에서 제정되었습니다.

① 학칙의 제정을 통하여 학교 운영의 자율과 책임뿐 아니라 학생들의 학습권과 개성을 실현할 권리가 제한될 수 있습니다

② 법령에 조례가 포함된다고 해석할 여지는 없지만 교육법의 체계상 「학생인권조례」를 따라야 합니다

③ 교육법 제10조 제2항에 따라 조례는 입법 목적이나 취지와 관계없이 법령에 포함됩니다

④ 「학생인권조례」에는 교육법에 어긋나는 규정이 있지만 학칙은 이 조례를 따라야 합니다

⑤ 법령의 범위에 있는 「학생인권조례」의 내용에 반하는 학칙은 교육법에 저촉됩니다

문 25. 다음 글의 〈논쟁〉에 대한 분석으로 적절한 것만을 〈보기〉에서 모두 고르면?

갑과 을은 △△국 「주거법」 제○○조의 해석에 대해 논쟁하고 있다. 그 조문은 다음과 같다.

> 제○○조(비거주자의 구분) ① 다음 각 호에 해당하는 △△국 국민은 비거주자로 본다.
> 　　1. 외국에서 영업활동에 종사하고 있는 사람
> 　　2. 2년 이상 외국에 체재하고 있는 사람. 이 경우 일시 귀국하여 3개월 이내의 기간 동안 체재한 경우 그 기간은 외국에 체재한 기간에 포함되는 것으로 본다.
> 　　3. 외국인과 혼인하여 배우자의 국적국에 6개월 이상 체재하는 사람
> ② 국내에서 영업활동에 종사하였거나 6개월 이상 체재하였던 외국인으로서 출국하여 외국에서 3개월 이상 체재 중인 사람의 경우에도 비거주자로 본다.

〈논쟁〉

쟁점 1: △△국 국민인 A는 일본에서 2년 1개월째 학교에 다니고 있다. A는 매년 여름방학과 겨울방학 기간에 일시 귀국하여 2개월씩 체재하였다. 이에 대해, 갑은 A가 △△국 비거주자로 구분된다고 주장하는 반면, 을은 그렇지 않다고 주장한다.

쟁점 2: △△국과 미국 국적을 모두 보유한 복수 국적자 B는 △△국 C법인에서 임원으로 근무하였다. B는 올해 C법인의 미국 사무소로 발령받아 1개월째 영업활동에 종사 중이다. 이에 대해, 갑은 B가 △△국 비거주자로 구분된다고 주장하는 반면, 을은 그렇지 않다고 주장한다.

쟁점 3: △△국 국민인 D는 독일 국적의 E와 결혼하여 독일에서 체재 시작 직후부터 5개월째 길거리 음악 연주를 하고 있다. 이에 대해, 갑은 D가 △△국 비거주자로 구분된다고 주장하는 반면, 을은 그렇지 않다고 주장한다.

〈보기〉

ㄱ. 쟁점 1과 관련하여, 일시 귀국하여 체재한 '3개월 이내의 기간'이 귀국할 때마다 체재한 기간의 합으로 확정된다면, 갑의 주장은 옳고 을의 주장은 그르다.

ㄴ. 쟁점 2와 관련하여, 갑은 B를 △△국 국민이라고 생각하지만 을은 외국인이라고 생각하기 때문이라고 하면, 갑과 을 사이의 주장 불일치를 설명할 수 있다.

ㄷ. 쟁점 3과 관련하여, D의 길거리 음악 연주가 영업활동이 아닌 것으로 확정된다면, 갑의 주장은 그르고 을의 주장은 옳다.

① ㄱ　　　　② ㄷ　　　　③ ㄱ, ㄴ
④ ㄴ, ㄷ　　　⑤ ㄱ, ㄴ, ㄷ

※ 수고하셨습니다.

※ 기출문제편 맨 마지막에 있는 OMR 카드에 마킹을 하세요.

정답과 분석해설편 ▶ P.104

제2영역 상황판단

1초 합격예측! 모바일 성적결과분석표 발급 서비스

QR 코드로 접속하여 문제 풀이 시간을 측정하고, 자동채점 & 성적결과분석 서비스를 통해 지금 바로 실력을 점검해 보세요.
◀ http://eduwill.kr/PVRV

| 풀이 시간 | • 시작: ____시 ____분 ~ 종료: ____시 ____분 |
| | • 총 : ____분 |

문 1. 다음 글을 근거로 판단할 때 옳은 것은?

> 제00조 재해경감 우수기업(이하 '우수기업'이라 한다)이란 재난으로부터 피해를 최소화하기 위한 재해경감활동으로 우수기업 인증을 받은 기업을 말한다.
> 제00조 ① 우수기업으로 인증받고자 하는 기업은 A부 장관에게 신청하여야 한다.
> ② A부 장관은 제1항에 따라 신청한 기업의 재해경감활동에 대하여 다음 각 호의 기준에 따라 평가를 실시하고 우수기업으로 인증할 수 있다.
> 　1. 재난관리 전담조직을 갖출 것
> 　2. 매년 1회 이상 종사자에게 재난관리 교육을 실시할 것
> 　3. 재해경감활동 비용으로 총 예산의 5% 이상 할애할 것
> 　4. 방재관련 인력을 총 인원의 2% 이상 갖출 것
> ③ 제2항 각 호의 충족 여부는 매년 1월 말을 기준으로 평가하며, 모든 요건을 갖춘 경우 우수기업으로 인증한다. 다만 제3호의 경우 최초 평가에 한하여 해당 기준을 3개월 내에 충족할 것을 조건으로 인증할 수 있다.
> ④ 제3항에서 정하는 평가 및 인증에 소요되는 비용은 신청하는 자가 부담한다.
> 제00조 A부 장관은 인증받은 우수기업을 6개월마다 재평가하여 다음 각 호의 어느 하나에 해당하는 때에는 인증을 취소할 수 있다. 다만 제1호의 경우에는 인증을 취소하여야 한다.
> 　1. 거짓이나 그 밖의 부정한 방법으로 인증을 받은 경우
> 　2. 인증 평가기준에 미달되는 경우
> 　3. 양도·양수·합병 등에 의하여 인증받은 요건이 변경된 경우

① 처음 우수기업 인증을 받고자 하는 甲기업이 총 예산의 4%를 재해경감활동 비용으로 할애하였다면, 다른 모든 기준을 충족하였더라도 우수기업으로 인증받을 여지가 없다.

② A부 장관이 乙기업을 평가하여 2022. 2. 25. 우수기업으로 인증한 경우, A부 장관은 2022. 6. 25.까지 재평가를 해야 한다.

③ 丙기업이 우수기업 인증을 신청하는 경우, 인증에 소요되는 비용은 A부 장관이 부담한다.

④ 丁기업이 재난관리 전담조직을 갖춘 것처럼 거짓으로 신청서를 작성하여 우수기업으로 인증을 받은 경우라도, A부 장관은 인증을 취소하지 않을 수 있다.

⑤ 우수기업인 戊기업이 己기업을 흡수합병하면서 재평가 당시 일시적으로 방재관련 인력이 총 인원의 1.5%가 되었더라도, A부 장관은 戊기업의 인증을 취소하지 않을 수 있다.

문 2. 다음 글과 〈상황〉을 근거로 판단할 때, 김가을의 가족관계등록부에 기록해야 하는 내용이 아닌 것은?

> 제○○조 ① 가족관계등록부는 전산정보처리조직에 의하여 입력·처리된 가족관계 등록사항에 관한 전산정보자료를 제□□조의 등록기준지에 따라 개인별로 구분하여 작성한다.
> ② 가족관계등록부에는 다음 사항을 기록하여야 한다.
> 　1. 등록기준지
> 　2. 성명·본·성별·출생연월일 및 주민등록번호
> 　3. 출생·혼인·사망 등 가족관계의 발생 및 변동에 관한 사항
> 제□□조 출생을 사유로 처음 등록을 하는 경우에는 등록기준지를 자녀가 따르는 성과 본을 가진 부 또는 모의 등록기준지로 한다.

〈상황〉

> 경기도 과천시 ☆☆로 1-11에 거주하는 김여름(金海 김씨)과 박겨울(密陽 박씨) 부부 사이에 2021년 10월 10일 경기도 수원시 영통구 소재 병원에서 남자아이가 태어났다. 이 부부는 태어난 아이의 이름을 김가을로 하고 과천시 ▽▽주민센터에 출생신고를 하였다. 김여름의 등록기준지는 부산광역시 남구 ◇◇로 2-22이며, 박겨울은 서울특별시 마포구 △△로 3-33이다.

① 서울특별시 마포구 △△로 3-33

② 부산광역시 남구 ◇◇로 2-22

③ 2021년 10월 10일

④ 金海

⑤ 남

문 3. 다음 글을 근거로 판단할 때 옳은 것은?

제00조 정비사업이란 도시기능을 회복하기 위하여 정비구역에서 정비사업시설을 정비하거나 주택 등 건축물을 개량 또는 건설하는 주거환경개선사업, 재개발사업, 재건축사업 등을 말한다.
제00조 특별자치시장·특별자치도지사·시장·군수·구청장(이하 '시장 등'이라 한다)은 노후불량건축물이 밀집하는 구역에 대하여 정비계획에 따라 정비구역을 지정할 수 있다.
제00조 시장 등이 아닌 자가 정비사업을 시행하려는 경우에는 토지 등 소유자로 구성된 조합을 설립해야 한다.
제00조 ① 시장 등이 아닌 사업시행자가 정비사업 공사를 완료한 때에는 시장 등의 준공인가를 받아야 한다.
② 제1항에 따라 준공인가신청을 받은 시장 등은 지체 없이 준공검사를 실시해야 한다.
③ 시장 등은 제2항에 따른 준공검사를 실시한 결과 정비사업이 인가받은 사업시행 계획대로 완료되었다고 인정되는 때에는 준공인가를 하고 공사의 완료를 해당 지방자치단체의 공보에 고시해야 한다.
④ 시장 등은 직접 시행하는 정비사업에 관한 공사가 완료된 때에는 그 완료를 해당 지방자치단체의 공보에 고시해야 한다.
제00조 ① 정비구역의 지정은 공사완료의 고시가 있는 날의 다음 날에 해제된 것으로 본다.
② 제1항에 따른 정비구역의 해제는 조합의 존속에 영향을 주지 않는다.

① 甲특별자치시장이 직접 정비사업을 시행하려는 경우에는 토지 등 소유자로 구성된 조합을 설립해야 한다.

② A도 乙군수가 직접 시행하는 정비사업에 관한 공사가 완료된 때에는 A도지사에게 준공인가신청을 해야 한다.

③ 丙시장이 사업시행자 B의 정비사업에 관해 준공인가를 하면, 토지 등 소유자로 구성된 조합은 해산된다.

④ 丁시장이 사업시행자 C의 정비사업에 관해 공사 완료를 고시하면, 정비구역의 지정은 고시한 날 해제된다.

⑤ 戊시장이 직접 시행하는 정비사업에 관한 공사가 완료된 때에는 그 완료를 戊시의 공보에 고시해야 한다.

문 4. 다음 글을 근거로 판단할 때 옳은 것은?

제00조 ① 선박이란 수상 또는 수중에서 항행용으로 사용하거나 사용할 수 있는 배 종류를 말하며 그 구분은 다음 각 호와 같다.
 1. 기선: 기관(機關)을 사용하여 추진하는 선박과 수면비행선박(표면효과 작용을 이용하여 수면에 근접하여 비행하는 선박)
 2. 범선: 돛을 사용하여 추진하는 선박
 3. 부선: 자력(自力) 항행능력이 없어 다른 선박에 의하여 끌리거나 밀려서 항행되는 선박
② 소형선박이란 다음 각 호의 어느 하나에 해당하는 선박을 말한다.
 1. 총톤수 20톤 미만인 기선 및 범선
 2. 총톤수 100톤 미만인 부선
제00조 ① 매매계약에 의한 선박 소유권의 이전은 계약당사자 사이의 양도합의만으로 효력이 생긴다. 다만 소형선박 소유권의 이전은 계약당사자 사이의 양도합의와 선박의 등록으로 효력이 생긴다.
② 선박의 소유자(제1항 단서의 경우에는 선박의 매수인)는 선박을 취득(제1항 단서의 경우에는 매수)한 날부터 60일 이내에 선적항을 관할하는 지방해양수산청장에게 선박의 등록을 신청하여야 한다. 이 경우 총톤수 20톤 이상인 기선과 범선 및 총톤수 100톤 이상인 부선은 선박의 등기를 한 후에 선박의 등록을 신청하여야 한다.
③ 지방해양수산청장은 제2항의 등록신청을 받으면 이를 선박원부(船舶原簿)에 등록하고 신청인에게 선박국적증서를 발급하여야 한다.
제00조 선박의 등기는 등기할 선박의 선적항을 관할하는 지방법원, 그 지원 또는 등기소를 관할 등기소로 한다.

① 총톤수 80톤인 부선의 매수인 甲이 선박의 소유권을 취득하기 위해서는 매도인과 양도합의를 하고 선박을 등록해야 한다.

② 총톤수 100톤인 기선의 소유자 乙이 선박의 등기를 하기 위해서는 먼저 관할 지방해양수산청장에게 선박의 등록을 신청해야 한다.

③ 총톤수 60톤인 기선의 소유자 丙은 선박을 매수한 날부터 60일 이내에 해양수산부장관에게 선박의 등록을 신청해야 한다.

④ 총톤수 200톤인 부선의 소유자 丁이 선적항을 관할하는 등기소에 선박의 등기를 신청하면, 등기소는 丁에게 선박국적증서를 발급해야 한다.

⑤ 총톤수 20톤 미만인 범선의 매수인 戊가 선박의 등록을 신청하면, 관할 법원은 이를 선박원부에 등록하고 戊에게 선박국적증서를 발급해야 한다.

문 5. 다음 글을 근거로 판단할 때 옳은 것은?

조선 시대 쌀의 종류에는 가을철 논에서 수확한 벼를 가공한 흰색 쌀 외에 밭에서 자란 곡식을 가공함으로써 얻게 되는 회색 쌀과 노란색 쌀이 있었다. 회색 쌀은 보리의 껍질을 벗긴 보리 쌀이었고, 노란색 쌀은 조의 껍질을 벗긴 좁쌀이었다.

남부 지역에서는 보리가 특히 중요시되었다. 가을 곡식이 바닥을 보이기 시작하는 봄철, 농민들의 희망은 들판에 넘실거리는 보리뿐이었다. 보리가 익을 때까지는 주린 배를 움켜쥐고 생활할 수밖에 없었고, 이를 보릿고개라 하였다. 그것은 보리를 수확하는 하지, 즉 낮이 가장 길고 밤이 가장 짧은 시기까지 지속되다가 사라지는 고개였다. 보리 수확기는 여름이었지만 파종 시기는 보리 종류에 따라 달랐다. 가을철에 파종하여 이듬해 수확하는 보리는 가을보리, 봄에 파종하여 그해 수확하는 보리는 봄보리라고 불렀다.

적지 않은 농부들은 보리를 수확하고 그 자리에 다시 콩을 심기도 했다. 이처럼 같은 밭에서 1년 동안 보리와 콩을 교대로 경작하는 방식을 그루갈이라고 한다. 그렇지만 모든 콩이 그루 갈이로 재배된 것은 아니었다. 콩 수확기는 가을이었으나, 어떤 콩은 봄철에 파종해야만 제대로 자랄 수 있었고 어떤 콩은 여름에 심을 수도 있었다. 한편 조는 보리, 콩과 달리 모두 봄에 심었다. 그래서 봄철 밭에서는 보리, 콩, 조가 함께 자라는 것을 볼 수 있었다.

① 흰색 쌀과 여름에 심는 콩은 서로 다른 계절에 수확했다.
② 봄보리의 재배 기간은 가을보리의 재배 기간보다 짧았다.
③ 흰색 쌀과 회색 쌀은 논에서 수확된 곡식을 가공한 것이었다.
④ 남부 지역의 보릿고개는 가을 곡식이 바닥을 보이는 하지가 지나면서 더 심해졌다.
⑤ 보리와 콩이 함께 자라는 것은 볼 수 있었지만, 조가 이들과 함께 자라는 것은 볼 수 없었다.

문 6. 다음 글을 근거로 판단할 때, 〈보기〉에서 옳은 것만을 모두 고르면?

甲의 자동차에 장착된 내비게이션 시스템은 목적지까지 운행하는 도중 대안경로를 제안하는 경우가 있다. 이때 이 시스템은 기존경로와 비교하여 남은 거리와 시간이 어떻게 달라지는지 알려준다. 즉 목적지까지의 잔여거리(A)가 몇 km 증가·감소하는지, 잔여시간(B)이 몇 분 증가·감소하는지 알려준다. 甲은 기존경로와 대안경로 중 출발지부터 목적지까지의 평균속력이 더 높을 것으로 예상되는 경로를 항상 선택한다.

〈보기〉

ㄱ. A가 증가하고 B가 감소하면 甲은 항상 대안경로를 선택한다.
ㄴ. A와 B가 모두 증가하면 甲은 항상 대안경로를 선택한다.
ㄷ. A와 B가 모두 감소할 때 甲이 대안경로를 선택하는 경우가 있다.
ㄹ. A가 감소하고 B가 증가할 때 甲이 대안경로를 선택하는 경우가 있다.

① ㄱ, ㄴ
② ㄱ, ㄷ
③ ㄴ, ㄷ
④ ㄴ, ㄹ
⑤ ㄷ, ㄹ

문 7. 다음 글을 근거로 판단할 때 옳은 것은?

甲은 정기모임의 간식을 준비하기 위해 과일 가게에 들렀다. 甲이 산 과일의 가격과 수량은 아래 표와 같다. 과일 가게 사장이 준 영수증을 보니, 총 228,000원이어야 할 결제 금액이 총 237,300원이었다.

구분	사과	귤	복숭아	딸기
1상자 가격(원)	30,700	25,500	14,300	23,600
구입 수량(상자)	2	3	3	2

① 한 과일이 2상자 더 계산되었다.
② 두 과일이 각각 1상자 더 계산되었다.
③ 한 과일이 1상자 더 계산되고, 다른 한 과일이 1상자 덜 계산되었다.
④ 한 과일이 1상자 더 계산되고, 다른 두 과일이 각각 1상자 덜 계산되었다.
⑤ 두 과일이 각각 1상자 더 계산되고, 다른 두 과일이 각각 1상자 덜 계산되었다.

문 8. 다음 글과 〈상황〉을 근거로 판단할 때, 甲~戊 중 휴가 지원사업에 참여할 수 있는 사람만을 모두 고르면?

〈2023년 휴가지원사업 모집 공고〉

□ 사업 목적
　○ 직장 내 자유로운 휴가문화 조성 및 국내 여행 활성화
□ 참여 대상
　○ 중소기업·비영리민간단체·사회복지법인·의료법인 근로자. 단, 아래 근로자는 참여 제외
　　－ 병·의원 소속 의사
　　－ 회계법인 및 세무법인 소속 회계사·세무사·노무사
　　－ 법무법인 소속 변호사·변리사
　○ 대표 및 임원은 참여 대상에서 제외하나, 아래의 경우는 참여 가능
　　－ 중소기업 및 비영리민간단체의 임원
　　－ 사회복지법인의 대표 및 임원

〈상황〉

甲~戊의 재직정보는 아래와 같다.

구분	직장명	직장 유형	비고
간호사 甲	A병원	의료법인	근로자
노무사 乙	B회계법인	중소기업	근로자
사회복지사 丙	C복지센터	사회복지법인	대표
회사원 丁	D물산	대기업	근로자
의사 戊	E재단	비영리민간단체	임원

① 甲, 丙
② 甲, 戊
③ 乙, 丁
④ 甲, 丙, 戊
⑤ 乙, 丙, 丁

※ 다음 글을 읽고 물음에 답하시오. [문 9.~문 10.]

'국민참여예산제도'는 국가 예산사업의 제안, 심사, 우선순위 결정과정에 국민을 참여케 함으로써 예산에 대한 국민의 관심도를 높이고 정부 재정운영의 투명성을 제고하기 위한 제도이다. 이 제도는 정부의 예산편성권과 국회의 예산심의·의결권 틀 내에서 운영된다.

국민참여예산제도는 기존 제도인 국민제안제도나 주민참여예산제도와 차이점을 지닌다. 먼저 '국민제안제도'가 국민들이 제안한 사항에 대해 관계부처가 채택 여부를 결정하는 방식이라면, 국민참여예산제도는 국민의 제안 이후 사업심사와 우선순위 결정과정에도 국민의 참여를 가능하게 함으로써 국민의 역할을 확대하는 방식이다. 또한 '주민참여예산제도'가 지방자치단체의 사무를 대상으로 하는 반면, 국민참여예산제도는 중앙정부가 재정을 지원하는 예산사업을 대상으로 한다.

국민참여예산제도에서는 3~4월에 국민사업제안과 제안사업 적격성 검사를 실시하고, 이후 5월까지 각 부처에 예산안을 요구한다. 6월에는 예산국민참여단을 발족하여 참여예산 후보사업을 압축한다. 7월에는 일반국민 설문조사와 더불어 예산국민참여단 투표를 통해 사업선호도 조사를 한다. 이러한 과정을 통해 선호순위가 높은 후보사업은 국민참여예산사업으로 결정되며, 8월에 재정정책자문회의의 논의를 거쳐 국무회의에서 정부예산안에 반영된다. 정부예산안은 국회에 제출되며, 국회는 심의·의결을 거쳐 12월까지 예산안을 확정한다.

예산국민참여단은 일반국민을 대상으로 전화를 통해 참여의사를 타진하여 구성한다. 무작위로 표본을 추출하되 성·연령·지역별 대표성을 확보하는 통계적 구성방법이 사용된다. 예산국민참여단원은 예산학교를 통해 국가재정에 대한 교육을 이수한 후, 참여예산 후보사업을 압축하는 역할을 맡는다. 예산국민참여단이 압축한 후보사업에 대한 일반국민의 선호도는 통계적 대표성이 확보된 표본을 대상으로 한 설문을 통해, 예산국민참여단의 사업선호도는 오프라인 투표를 통해 조사한다.

정부는 2017년에 2018년도 예산을 편성하면서 국민참여예산제도를 시범 도입하였는데, 그 결과 6개의 국민참여예산사업이 선정되었다. 2019년도 예산에는 총 39개 국민참여예산사업에 대해 800억 원이 반영되었다.

문 9. 윗글을 근거로 판단할 때 옳은 것은?

① 국민제안제도에서는 중앙정부가 재정을 지원하는 예산사업의 우선순위를 국민이 정할 수 있다.
② 국민참여예산사업은 국회 심의·의결 전에 국무회의에서 정부예산안에 반영된다.
③ 국민참여예산제도는 정부의 예산편성권 범위 밖에서 운영된다.
④ 참여예산 후보사업은 재정정책자문회의의 논의를 거쳐 제안된다.
⑤ 예산국민참여단의 사업선호도 조사는 전화설문을 통해 이루어진다.

문 10. 윗글과 〈상황〉을 근거로 판단할 때, 甲이 보고할 수치를 옳게 짝지은 것은?

─────〈상황〉─────

2019년도 국민참여예산사업 예산 가운데 688억 원이 생활밀착형사업 예산이고 나머지는 취약계층지원사업 예산이었다. 2020년도 국민참여예산사업 예산 규모는 2019년도에 비해 25% 증가했는데, 이 중 870억 원이 생활밀착형사업 예산이고 나머지는 취약계층지원사업 예산이었다. 국민참여예산제도에 관한 정부부처 담당자 甲은 2019년도와 2020년도 각각에 대해 국민참여예산사업 예산에서 취약계층지원사업 예산이 차지한 비율을 보고하려고 한다.

	2019년도	2020년도
①	13%	12%
②	13%	13%
③	14%	13%
④	14%	14%
⑤	15%	14%

문 11. 다음 글을 근거로 판단할 때, 네 번째로 보고되는 개정안은?

△△처에서 소관 법규 개정안 보고회를 개최하고자 한다. 보고회는 아래와 같은 기준에 따라 진행한다.
○ 법규 체계 순위에 따라 법−시행령−시행규칙의 순서로 보고한다. 법규 체계 순위가 같은 개정안이 여러 개 있는 경우 소관 부서명의 가나다순으로 보고한다.
○ 한 부서에서 보고해야 하는 개정안이 여럿인 경우, 해당 부서의 첫 번째 보고 이후 위 기준에도 불구하고 그 부서의 나머지 소관 개정안을 법규 체계 순위에 따라 연달아 보고한다.
○ 이상의 모든 기준과 무관하게 보고자가 국장인 경우 가장 먼저 보고한다.

보고 예정인 개정안은 다음과 같다.

개정안명	소관 부서	보고자
A법 개정안	예산담당관	甲사무관
B법 개정안	기획담당관	乙과장
C법 시행령 개정안	기획담당관	乙과장
D법 시행령 개정안	국제화담당관	丙국장
E법 시행규칙 개정안	예산담당관	甲사무관

① A법 개정안
② B법 개정안
③ C법 시행령 개정안
④ D법 시행령 개정안
⑤ E법 시행규칙 개정안

문 12. 다음 글과 〈상황〉을 근거로 판단할 때, 甲이 선택할 사업과 받을 수 있는 지원금을 옳게 짝지은 것은?

○○군은 집수리지원사업인 A와 B를 운영하고 있다. 신청자는 하나의 사업을 선택하여 지원받을 수 있다. 수리 항목은 외부(방수, 지붕, 담장, 쉼터)와 내부(단열, 설비, 창호)로 나누어진다.

〈사업 A의 지원기준〉
○ 외부는 본인부담 10%를 제외한 나머지 소요비용을 1,250만 원 한도 내에서 전액 지원
○ 내부는 지원하지 않음

〈사업 B의 지원기준〉
○ 담장과 쉼터는 둘 중 하나의 항목만 지원하며, 각각 300만 원과 50만 원 한도 내에서 소요비용 전액 지원
○ 담장과 쉼터를 제외한 나머지 항목은 내·외부와 관계없이 본인부담 50%를 제외한 나머지 소요비용을 1,200만 원 한도 내에서 전액 지원

〈상황〉

甲은 본인 집의 창호와 쉼터를 수리하고자 한다. 소요비용은 각각 500만 원과 900만 원이다. 甲은 사업 A와 B 중 지원금이 더 많은 사업을 선택하여 신청하려고 한다.

	사업	지원금
①	A	1,250만 원
②	A	810만 원
③	B	1,250만 원
④	B	810만 원
⑤	B	300만 원

문 13. 다음 글을 근거로 판단할 때, 〈보기〉에서 옳은 것만을 모두 고르면?

이번 주 甲의 요일별 기본업무량은 다음과 같다.

요일	월	화	수	목	금
기본업무량	60	50	60	50	60

甲은 기본업무량을 초과하여 업무를 처리한 날에 '칭찬'을, 기본업무량 미만으로 업무를 처리한 날에 '꾸중'을 듣는다. 정확히 기본업무량만큼 업무를 처리한 날에는 칭찬도 꾸중도 듣지 않는다.

이번 주 甲은 방식 1~방식 3 중 하나를 선택하여 업무를 처리한다.
방식 1: 월요일에 100의 업무량을 처리하고, 그다음 날부터는 매일 전날 대비 20 적은 업무량을 처리한다.
방식 2: 월요일에 0의 업무량을 처리하고, 그다음 날부터는 매일 전날 대비 30 많은 업무량을 처리한다.
방식 3: 매일 60의 업무량을 처리한다.

〈보기〉

ㄱ. 방식 1을 선택할 경우 화요일에 꾸중을 듣는다.
ㄴ. 어느 방식을 선택하더라도 수요일에는 칭찬도 꾸중도 듣지 않는다.
ㄷ. 어느 방식을 선택하더라도 칭찬을 듣는 날수는 동일하다.
ㄹ. 칭찬을 듣는 날수에서 꾸중을 듣는 날수를 뺀 값을 최대로 하려면 방식 2를 선택하여야 한다.

① ㄱ, ㄷ
② ㄱ, ㄹ
③ ㄴ, ㄷ
④ ㄴ, ㄹ
⑤ ㄴ, ㄷ, ㄹ

문 14. 다음 글을 근거로 판단할 때, 〈보기〉에서 옳은 것만을 모두 고르면?

○○부의 甲국장은 직원 연수 프로그램을 마련하기 위하여 乙주무관에게 직원 1,000명 전원을 대상으로 연수 희망 여부와 희망 지역에 대한 의견을 수렴할 것을 요청하였다. 이에 따라 乙은 설문조사를 실시하였고, 甲과 乙은 그 결과에 대해 대화를 나누고 있다.

甲: 설문조사는 잘 시행되었나요?

乙: 예. 직원 1,000명 모두 연수 희망 여부에 대해 응답하였습니다. 연수를 희망하는 응답자는 43%였으며, 남자직원의 40%와 여자직원의 50%가 연수를 희망하는 것으로 나타났습니다.

甲: 연수 희망자 전원이 희망 지역에 대해 응답했나요?

乙: 예. A지역과 B지역 두 곳 중에서 희망하는 지역을 선택하라고 했더니 B지역을 희망하는 비율이 약간 더 높았습니다. 그리고 연수를 희망하는 여자직원 중 B지역 희망 비율은 연수를 희망하는 남자직원 중 B지역 희망 비율의 2배인 80%였습니다.

〈보기〉

ㄱ. 전체 직원 중 남자직원의 비율은 50%를 넘는다.

ㄴ. 연수 희망자 중 여자직원의 비율은 40%를 넘는다.

ㄷ. A지역 연수를 희망하는 직원은 200명을 넘지 않는다.

ㄹ. B지역 연수를 희망하는 남자직원은 100명을 넘는다.

① ㄱ, ㄷ

② ㄴ, ㄷ

③ ㄴ, ㄹ

④ ㄱ, ㄴ, ㄹ

⑤ ㄱ, ㄷ, ㄹ

문 15. 다음 글을 근거로 판단할 때, 〈보기〉에서 甲이 지원금을 받는 경우만을 모두 고르면?

○ 정부는 자영업자를 지원하기 위하여 2020년 대비 2021년의 이익이 감소한 경우 이익 감소액의 10%를 자영업자에게 지원금으로 지급하기로 하였다.

○ 이익은 매출액에서 변동원가와 고정원가를 뺀 금액으로, 자영업자 甲의 2020년 이익은 아래와 같이 계산된다.

구분	금액	비고
매출액	8억 원	판매량(400,000단위) × 판매가격(2,000원)
변동원가	6.4억 원	판매량(400,000단위) × 단위당 변동원가(1,600원)
고정원가	1억 원	판매량과 관계없이 일정함
이익	0.6억 원	8억 원－6.4억 원－1억 원

〈보기〉

ㄱ. 2021년의 판매량, 판매가격, 단위당 변동원가, 고정원가는 모두 2020년과 같았다.

ㄴ. 2020년에 비해 2021년에 판매가격을 5% 인하하였고, 판매량, 단위당 변동원가, 고정원가는 2020년과 같았다.

ㄷ. 2020년에 비해 2021년에 판매량은 10% 증가하고 고정원가가 5% 감소하였으나, 판매가격과 단위당 변동원가는 2020년과 같았다.

ㄹ. 2020년에 비해 2021년에 판매가격을 5% 인상했음에도 불구하고 판매량이 25% 증가하였고, 단위당 변동원가와 고정원가는 2020년과 같았다.

① ㄴ

② ㄹ

③ ㄱ, ㄴ

④ ㄴ, ㄷ

⑤ ㄷ, ㄹ

문 16. 다음 글과 〈상황〉을 근거로 판단할 때 옳지 <u>않은</u> 것은?

□□시는 부서 성과 및 개인 성과에 따라 등급을 매겨 직원들에게 성과급을 지급하고 있다.

○ 부서 등급과 개인 등급은 각각 S, A, B, C로 나뉘고, 등급별 성과급 산정비율은 다음과 같다.

성과 등급	S	A	B	C
성과급 산정비율(%)	40	20	10	0

○ 작년까지 부서 등급과 개인 등급에 따른 성과급 산정비율의 산술평균을 연봉에 곱해 직원의 성과급을 산정해왔다.

　성과급 = 연봉 × {(부서 산정비율 + 개인 산정비율)/2}

○ 올해부터 부서 등급과 개인 등급에 따른 성과급 산정비율 중 더 큰 값을 연봉에 곱해 성과급을 산정하도록 개편하였다.

　성과급 = 연봉 × max{부서 산정비율, 개인 산정비율}

※ max{a, b} = a와 b 중 더 큰 값

〈상황〉

작년과 올해 □□시 소속 직원 甲~丙의 연봉과 성과 등급은 다음과 같다.

구분	작년 연봉 (만 원)	작년 성과 등급 부서	작년 성과 등급 개인	올해 연봉 (만 원)	올해 성과 등급 부서	올해 성과 등급 개인
甲	3,500	S	A	4,000	A	S
乙	4,000	B	S	4,000	S	A
丙	3,000	B	A	3,500	C	B

① 甲의 작년 성과급은 1,050만 원이다.

② 甲과 乙의 올해 성과급은 동일하다.

③ 甲~丙 모두 작년 대비 올해 성과급이 증가한다.

④ 올해 연봉과 성과급의 합이 가장 작은 사람은 丙이다.

⑤ 작년 대비 올해 성과급 상승률이 가장 큰 사람은 乙이다.

문 17. 다음 글을 근거로 판단할 때 옳은 것은?

甲부처 신입직원 선발시험은 전공, 영어, 적성 3개 과목으로 이루어진다. 3개 과목 합계 점수가 높은 사람순으로 정원까지 합격한다. 응시자는 7명(A~G)이며, 7명의 각 과목 성적에 대해서는 다음과 같은 사실이 알려졌다.

○ 전공시험 점수: A는 B보다 높고, B는 E보다 높고, C는 D보다 높다.

○ 영어시험 점수: E는 F보다 높고, F는 G보다 높다.

○ 적성시험 점수: G는 B보다도 높고 C보다도 높다.

합격자 선발 결과, 전공시험 점수가 일정 점수 이상인 응시자는 모두 합격한 반면 그 점수에 달하지 않은 응시자는 모두 불합격한 것으로 밝혀졌고, 이는 영어시험과 적성시험에서도 마찬가지였다.

① A가 합격하였다면, B도 합격하였다.

② G가 합격하였다면, C도 합격하였다.

③ A와 B가 합격하였다면, C와 D도 합격하였다.

④ B와 E가 합격하였다면, F와 G도 합격하였다.

⑤ B가 합격하였다면, B를 포함하여 적어도 6명이 합격하였다.

문 18. 다음 글을 근거로 판단할 때, 〈보기〉에서 옳은 것만을 모두 고르면?

○ 甲과 乙이 아래와 같은 방식으로 농구공 던지기 놀이를 하였다.
 – 甲과 乙은 각 5회씩 도전하고, 합계 점수가 더 높은 사람이 승리한다.
 – 2점 숏과 3점 숏을 자유롭게 선택하여 도전할 수 있으며, 성공하면 해당 점수를 획득한다.
 – 5회의 도전 중 4점 숏 도전이 1번 가능한데, '4점 도전'이라고 외친 후 뒤돌아서 숏을 하여 성공하면 4점을 획득하고, 실패하면 1점을 잃는다.
○ 甲과 乙의 던지기 결과는 다음과 같았다.

(성공: ○, 실패: ×)

구분	1회	2회	3회	4회	5회
甲	○	×	○	○	○
乙	○	○	×	×	○

〈보기〉

ㄱ. 甲의 합계 점수는 8점 이상이었다.
ㄴ. 甲이 3점 숏에 2번 도전하였고 乙이 승리하였다면, 乙은 4점 숏에 도전하였을 것이다.
ㄷ. 4점 숏뿐만 아니라 2점 숏, 3점 숏에 대해서도 실패 시 1점을 차감하였다면, 甲이 승리하였을 것이다.

① ㄱ
② ㄴ
③ ㄱ, ㄴ
④ ㄱ, ㄷ
⑤ ㄴ, ㄷ

문 19. 다음 글을 근거로 판단할 때, A군 양봉농가의 최대 수는?

○ A군청은 양봉농가가 안정적으로 꿀을 생산할 수 있도록 양봉농가 간 거리가 12km 이상인 경우에만 양봉을 허가하고 있다.
○ A군은 반지름이 12km인 원 모양의 평지이며 군 경계를 포함한다.
○ A군의 외부에는 양봉농가가 존재하지 않는다.

※ 양봉농가의 면적은 고려하지 않음

① 5개
② 6개
③ 7개
④ 8개
⑤ 9개

문 20. 다음 글을 근거로 판단할 때, ㉠에 해당하는 수는?

甲: 그저께 나는 만 21살이었는데, 올해 안에 만 23살이 될 거야.
乙: 올해가 몇 년이지?
甲: 올해는 2022년이야.
乙: 그러면 네 주민등록번호 앞 6자리의 각 숫자를 모두 곱하면 ㉠ 이구나.
甲: 그래, 맞아!

① 0
② 81
③ 486
④ 648
⑤ 2,916

문 21. 다음 글과 〈상황〉을 근거로 판단할 때, 올해 말 A검사국이 인사부서에 증원을 요청할 인원은?

> 농식품 품질 검사를 수행하는 A검사국은 매년 말 다음과 같은 기준에 따라 인사부서에 인력 증원을 요청한다.
> ○ 다음 해 A검사국의 예상 검사 건수를 모두 검사하는 데 필요한 최소 직원 수에서 올해 직원 수를 뺀 인원을 증원 요청한다.
> ○ 직원별로 한 해 동안 수행할 수 있는 최대 검사 건수는 매년 정해지는 '기준 검사 건수'에서 아래와 같이 차감하여 정해진다.
> – 국장은 '기준 검사 건수'의 100%를 차감한다.
> – 사무 처리 직원은 '기준 검사 건수'의 100%를 차감한다.
> – 국장 및 사무 처리 직원을 제외한 모든 직원은 매년 근무 시간 중에 품질 검사 교육을 이수해야 하므로, '기준 검사 건수'의 10%를 차감한다.
> – 과장은 '기준 검사 건수'의 50%를 추가 차감한다.

〈상황〉

> ○ 올해 A검사국에는 국장 1명, 과장 9명, 사무 처리 직원 10명을 포함하여 총 100명의 직원이 있다.
> ○ 내년에도 국장, 과장, 사무 처리 직원의 수는 올해와 동일하다.
> ○ 올해 '기준 검사 건수'는 100건이나, 내년부터는 검사 품질 향상을 위해 90건으로 하향 조정한다.
> ○ A검사국의 올해 검사 건수는 현 직원 모두가 한 해 동안 수행할 수 있는 최대 검사 건수와 같다.
> ○ 내년 A검사국의 예상 검사 건수는 올해 검사 건수의 120%이다.

① 10명
② 14명
③ 18명
④ 21명
⑤ 28명

문 22. 다음 글을 근거로 판단할 때, 〈보기〉에서 옳은 것만을 모두 고르면?

> ○ 甲, 乙, 丙 세 사람은 25개 문제(1~25번)로 구성된 문제집을 푼다.
> ○ 1회차에는 세 사람 모두 1번 문제를 풀고, 2회차부터는 직전 회차 풀이 결과에 따라 풀 문제가 다음과 같이 정해진다.
> – 직전 회차가 정답인 경우: 직전 회차의 문제 번호에 2를 곱한 후 1을 더한 번호의 문제
> – 직전 회차가 오답인 경우: 직전 회차의 문제 번호를 2로 나누어 소수점 이하를 버린 후 1을 더한 번호의 문제
> ○ 풀 문제의 번호가 25번을 넘어갈 경우, 25번 문제를 풀고 더 이상 문제를 풀지 않는다.
> ○ 7회차까지 문제를 푼 결과, 세 사람이 맞힌 정답의 개수는 같았고 한 사람이 같은 번호의 문제를 두 번 이상 푼 경우는 없었다.
> ○ 4, 5회차를 제외한 회차별 풀이 결과는 아래와 같다.
> (정답: ○, 오답: ×)

구분	1	2	3	4	5	6	7
甲	○	○	×			○	×
乙	○	○	○			×	○
丙	○	×	○			○	×

〈보기〉

> ㄱ. 甲과 丙이 4회차에 푼 문제 번호는 같다.
> ㄴ. 4회차에 정답을 맞힌 사람은 2명이다.
> ㄷ. 5회차에 정답을 맞힌 사람은 없다.
> ㄹ. 乙은 7회차에 9번 문제를 풀었다.

① ㄱ, ㄴ
② ㄱ, ㄷ
③ ㄴ, ㄷ
④ ㄴ, ㄹ
⑤ ㄷ, ㄹ

문 23. 다음 글을 근거로 판단할 때 옳지 않은 것은?

> △△팀원 7명(A∼G)은 새로 부임한 팀장 甲과 함께 하는 환영식사를 계획하고 있다. 모든 팀원은 아래 조건을 전부 만족시키며 甲과 한 번씩만 식사하려 한다.
>
> ○ 함께 식사하는 총 인원은 4명 이하여야 한다.
> ○ 단둘이 식사하지 않는다.
> ○ 부팀장은 A, B뿐이며, 이 둘은 함께 식사하지 않는다.
> ○ 같은 학교 출신인 C, D는 함께 식사하지 않는다.
> ○ 입사 동기인 E, F는 함께 식사한다.
> ○ 신입사원 G는 부팀장과 함께 식사한다.

① A는 E와 함께 환영식사에 참석할 수 있다.

② B는 C와 함께 환영식사에 참석할 수 있다.

③ C는 G와 함께 환영식사에 참석할 수 있다.

④ D가 E와 함께 환영식사에 참석하는 경우, C는 부팀장과 함께 환영식사에 참석하게 된다.

⑤ G를 포함하여 총 4명이 함께 환영식사에 참석하는 경우, F가 참석하는 환영식사의 인원은 총 3명이다.

문 24. 다음 글을 근거로 판단할 때, ㉠에 해당하는 수는?

> 甲과 乙은 같은 층의 서로 다른 사무실에서 근무하고 있다. 각 사무실은 일직선 복도의 양쪽 끝에 위치하고 있으며, 두 사람은 복도에서 항상 자신만의 일정한 속력으로 걷는다.
>
> 甲은 약속한 시각에 乙에게 서류를 직접 전달하기 위해 자신의 사무실을 나섰다. 甲은 乙의 사무실에 도착하여 서류를 전달하고 곧바로 자신의 사무실로 돌아올 계획이었다.
>
> 한편 甲을 기다리고 있던 乙에게 甲의 사무실 쪽으로 가야 할 일이 생겼다. 그래서 乙은 甲이 도착하기로 약속한 시각보다 　㉠　 분 일찍 자신의 사무실을 나섰다. 乙은 출발한 지 4분 뒤 복도에서 甲을 만나 서류를 받았다. 서류 전달 후 곧바로 사무실로 돌아온 甲은 원래 예상했던 시각보다 2분 일찍 사무실로 복귀한 사실을 알게 되었다.

① 2

② 3

③ 4

④ 5

⑤ 6

문 25. 다음 글과 〈상황〉을 근거로 판단할 때 옳은 것은?

> 제00조 ① 재외공관에 근무하는 공무원(이하 '재외공무원'이라 한다)이 공무로 일시귀국하고자 하는 경우에는 장관의 허가를 받아야 한다.
> ② 공관장이 아닌 재외공무원이 공무 외의 목적으로 일시귀국하려는 경우에는 공관장의 허가를, 공관장이 공무 외의 목적으로 일시귀국하려는 경우에는 장관의 허가를 받아야 한다. 다만 재외공무원 또는 그 배우자의 직계존·비속이 사망하거나 위독한 경우에는 공관장이 아닌 재외공무원은 공관장에게, 공관장은 장관에게 각각 신고하고 일시귀국할 수 있다.
> ③ 재외공무원이 공무 외의 목적으로 일시귀국할 수 있는 기간은 연 1회 20일 이내로 한다. 다만 다음 각 호의 어느 하나에 해당하는 경우에는 이를 일시귀국의 횟수 및 기간에 산입하지 아니한다.
> 　1. 재외공무원의 직계존·비속이 사망하거나 위독하여 일시귀국하는 경우
> 　2. 재외공무원 또는 그 동반가족의 치료를 위하여 일시귀국하는 경우
> ④ 제2항에도 불구하고 다음 각 호의 어느 하나에 해당하는 경우에는 장관의 허가를 받아야 한다.
> 　1. 재외공무원이 연 1회 또는 20일을 초과하여 공무 외의 목적으로 일시귀국하려는 경우
> 　2. 재외공무원이 일시귀국 후 국내 체류기간을 연장하는 경우

> ─────────〈상황〉─────────
> A국 소재 대사관에는 공관장 甲을 포함하여 총 3명의 재외공무원(甲∼丙)이 근무하고 있다. 아래는 올해 1월부터 7월 현재까지 甲∼丙의 일시귀국 현황이다.
> ○ 甲: 공무상 회의 참석을 위해 총 2회(총 25일)
> ○ 乙: 동반자녀의 관절 치료를 위해 총 1회(치료가 더 필요하여 국내 체류기간 1회 연장, 총 17일)
> ○ 丙: 직계존속의 회갑으로 총 1회(총 3일)

① 甲은 일시귀국 시 장관에게 신고하였을 것이다.

② 甲은 배우자의 직계존속이 위독하여 올해 추가로 일시귀국하기 위해서는 장관의 허가를 받아야 한다.

③ 乙이 직계존속의 회갑으로 인해 올해 3일간 추가로 일시귀국하기 위해서는 장관의 허가를 받아야 한다.

④ 乙이 공관장의 허가를 받아 일시귀국하였더라도 국내 체류기간을 연장하였을 때에는 장관의 허가를 받았을 것이다.

⑤ 丙이 자신의 혼인으로 인해 올해 추가로 일시귀국하기 위해서는 공관장의 허가를 받아야 한다.

※ 수고하셨습니다.

※ 기출문제편 맨 마지막에 있는 OMR 카드에 마킹을 하세요.

정답과 분석해설편 ▶ P.119

제3영역 자료해석

1초 합격예측! 모바일 성적결과분석표 발급 서비스

QR 코드로 접속하여 문제 풀이 시간을 측정하고, 자동채점 & 성적결과분석 서비스를 통해 지금 바로 실력을 점검해 보세요.

◀ http://eduwill.kr/nVRV

풀이 시간	• 시작: ____시 ____분 ~ 종료: ____시 ____분
	• 총 : ____분

문 1. 다음 〈그림〉은 2021년 7월 '갑'지역의 15세 이상 인구를 대상으로 한 경제활동인구조사 결과를 정리한 자료이다. 〈그림〉의 A, B에 해당하는 값을 바르게 나열한 것은?

〈그림〉 2021년 7월 경제활동인구조사 결과

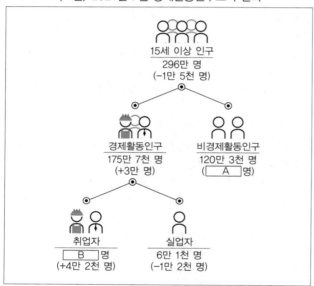

※ ( )는 2020년 7월 대비 증감 인구수임

	A	B
①	−4만 5천	169만 6천
②	−4만 5천	165만 4천
③	−1만 2천	172만 7천
④	−1만 2천	169만 6천
⑤	+4만 2천	172만 7천

문 2. 다음 〈표〉는 2017~2021년 '갑'국의 청구인과 피청구인에 따른 특허심판 청구건수에 관한 자료이다. 이에 대한 〈보기〉의 설명 중 옳은 것만을 모두 고르면?

〈표〉 청구인과 피청구인에 따른 특허심판 청구건수

(단위: 건)

연도	청구인	내국인		외국인	
	피청구인	내국인	외국인	내국인	외국인
2017		765	270	204	172
2018		889	1,970	156	119
2019		795	359	191	72
2020		771	401	93	230
2021		741	213	152	46

〈보기〉

ㄱ. 2019년 청구인이 내국인인 특허심판 청구건수의 전년 대비 감소율은 50% 이상이다.

ㄴ. 2021년 피청구인이 내국인인 특허심판 청구건수는 피청구인이 외국인인 특허심판 청구건수의 3배 이상이다.

ㄷ. 2017년 내국인이 외국인에게 청구한 특허심판 청구건수는 2020년 외국인이 외국인에게 청구한 특허심판 청구건수보다 많다.

① ㄱ

② ㄷ

③ ㄱ, ㄴ

④ ㄴ, ㄷ

⑤ ㄱ, ㄴ, ㄷ

문 3. 다음 〈보고서〉는 2018～2021년 '갑'국의 생활밀접업종 현황에 대한 자료이다. 〈보고서〉의 내용과 부합하지 않는 자료는?

〈보고서〉

생활밀접업종은 소매, 음식, 숙박, 서비스 등과 같이 일상생활과 밀접하게 관련된 재화 또는 용역을 공급하는 업종이다. 생활밀접업종 사업자 수는 2021년 현재 2,215천 명으로 2018년 대비 10% 이상 증가하였다. 2018년 대비 2021년 생활밀접업종 중 73개 업종에서 사업자 수가 증가하였는데, 이 중 스포츠시설운영업이 가장 높은 증가율을 기록하였고 펜션·게스트하우스, 애완용품점이 그 뒤를 이었다.

그러나 혼인건수와 출생아 수가 줄어드는 사회적 현상은 관련 업종에도 직접 영향을 미친 것으로 나타났다. 산부인과 병·의원 사업자 수는 2018년 이후 매년 감소하였다. 또한, 2018년 이후 예식장과 결혼상담소의 사업자 수도 각각 매년 감소하는 것으로 나타났다.

한편 복잡한 현대사회에서 전문직에 대한 수요는 꾸준히 증가하고 있다. 생활밀접업종을 소매, 음식, 숙박, 병·의원, 전문직, 교육, 서비스의 7개 그룹으로 분류했을 때 전문직 그룹의 2018년 대비 2021년 사업자 수 증가율이 17.6%로 가장 높았다.

① 생활밀접업종 사업자 수

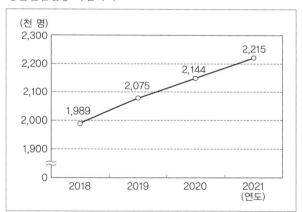

② 2018년 대비 2021년 생활밀접업종 사업자 수 증가율 상위 10개 업종

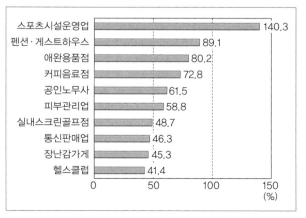

③ 주요 진료과목별 병·의원 사업자 수

(단위: 명)

진료과목＼연도	2018	2019	2020	2021
신경정신과	1,270	1,317	1,392	1,488
가정의학과	2,699	2,812	2,952	3,057
피부과·비뇨의학과	3,267	3,393	3,521	3,639
이비인후과	2,259	2,305	2,380	2,461
안과	1,485	1,519	1,573	1,603
치과	16,424	16,879	17,217	17,621
일반외과	4,282	4,369	4,474	4,566
성형외과	1,332	1,349	1,372	1,414
내과·소아과	10,677	10,861	10,975	11,130
산부인과	1,726	1,713	1,686	1,663

④ 예식장 및 결혼상담소 사업자 수

⑤ 2018년 대비 2021년 생활밀접업종의 7개 그룹별 사업자 수 증가율

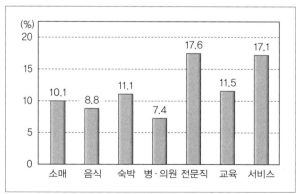

문 4. 다음 〈표〉는 '갑'국 A위원회의 24～26차 회의 심의결과에 관한 자료이다. 이에 대한 〈보기〉의 설명 중 옳은 것만을 모두 고르면?

〈표〉 A위원회의 24～26차 회의 심의결과

회차	24		25		26	
위원 ＼ 동의 여부	동의	부동의	동의	부동의	동의	부동의
기획재정부장관	○		○		○	
교육부장관	○			○	○	
과학기술정보통신부장관	○		○			○
행정안전부장관	○			○	○	
문화체육관광부장관				○	○	
농림축산식품부장관		○	○		○	
산업통상자원부장관		○		○		○
보건복지부장관	○		○		○	
환경부장관		○				○
고용노동부장관		○		○	○	
여성가족부장관		○	○		○	
국토교통부장관	○		○		○	
해양수산부장관	○		○		○	
중소벤처기업부장관		○	○		○	
문화재청장	○		○		○	
산림청장	○			○	○	

※ 1) A위원회는 〈표〉에 제시된 16명의 위원으로만 구성됨
　 2) A위원회는 매 회차 개최 시 1건의 안건만을 심의함

〈보기〉
ㄱ. 24～26차 회의의 심의안건에 모두 동의한 위원은 6명이다.

ㄴ. 심의안건에 부동의한 위원 수는 매 회차 증가하였다.

ㄷ. 전체 위원의 $\frac{2}{3}$ 이상이 동의해야 심의안건이 의결된다면, 24～26차 회의의 심의안건은 모두 의결되었다.

① ㄱ
② ㄴ
③ ㄱ, ㄷ
④ ㄴ, ㄷ
⑤ ㄱ, ㄴ, ㄷ

문 5. 다음 〈표〉는 1990년대 이후 A～E도시의 시기별 및 자본금액별 창업 건수에 관한 자료이고, 〈보고서〉는 A～E 중한 도시의 창업 건수에 관한 설명이다. 이를 근거로 판단할때, 〈보고서〉의 내용에 부합하는 도시는?

〈표〉 A～E도시의 시기별 및 자본금액별 창업 건수

(단위: 건)

시기 ＼ 도시 ＼ 자본금액	1990년대		2000년대		2010년대		2020년 이후	
	1천만 원 미만	1천만 원 이상	1천만 원 미만	1천만 원 이상	1천만 원 미만	1천만 원 이상	1천만 원 미만	1천만 원 이상
A	198	11	206	32	461	26	788	101
B	46	0	101	5	233	4	458	16
C	12	2	19	17	16	17	76	14
D	27	3	73	34	101	24	225	27
E	4	0	25	0	53	3	246	7

〈보고서〉
이 도시의 시기별 및 자본금액별 창업 건수는 다음과 같은 특징이 있다. 첫째, 1990년대 이후 모든 시기에서 자본금액 1천만 원 미만 창업 건수가 자본금액 1천만 원 이상 창업 건수보다 많다. 둘째, 자본금액 1천만 원 미만 창업 건수와 1천만 원 이상 창업 건수의 차이는 2010년대가 2000년대의 2배 이상이다. 셋째, 2020년 이후 전체 창업 건수는 1990년대 전체 창업 건수의 10배 이상이다. 넷째, 2020년 이후 전체 창업 건수 중 자본금액 1천만 원 이상 창업 건수의 비중은 3% 이상이다.

① A
② B
③ C
④ D
⑤ E

문 6. 다음 〈표〉는 '갑'국의 원료곡종별 및 등급별 가공단가와 A~C지역의 가공량에 관한 자료이다. 이에 대한 〈보기〉의 설명 중 옳은 것만을 모두 고르면?

〈표 1〉 원료곡종별 및 등급별 가공단가

(단위: 천 원/톤)

원료곡종 \ 등급	1등급	2등급	3등급
쌀	118	109	100
현미	105	97	89
보리	65	60	55

〈표 2〉 A~C지역의 원료곡종별 및 등급별 가공량

(단위: 톤)

지역	원료곡종 \ 등급	1등급	2등급	3등급	합계
A	쌀	27	35	25	87
	현미	43	20	10	73
	보리	5	3	7	15
B	쌀	23	25	55	103
	현미	33	25	21	79
	보리	9	9	5	23
C	쌀	30	35	20	85
	현미	30	37	25	92
	보리	8	30	2	40
전체	쌀	80	95	100	275
	현미	106	82	56	244
	보리	22	42	14	78

※ 가공비용 = 가공단가 × 가공량

〈보기〉

ㄱ. A지역의 3등급 쌀 가공비용은 B지역의 2등급 현미 가공비용보다 크다.

ㄴ. 1등급 현미 전체의 가공비용은 2등급 현미 전체 가공비용의 2배 이상이다.

ㄷ. 3등급 쌀과 3등급 보리의 가공단가가 각각 90천 원/톤, 50천 원/톤으로 변경될 경우, 지역별 가공비용 총액 감소폭이 가장 작은 지역은 A이다.

① ㄱ

② ㄷ

③ ㄱ, ㄴ

④ ㄱ, ㄷ

⑤ ㄴ, ㄷ

문 7. 다음 〈표〉는 재해위험지구 '갑', '을', '병'지역을 대상으로 정비사업 투자의 우선순위를 결정하기 위한 자료이다. '편익', '피해액', '재해발생위험도' 3개 평가 항목 점수의 합이 큰 지역일수록 우선순위가 높다. 이에 대한 〈보기〉의 설명 중 옳은 것만을 모두 고르면?

〈표 1〉 '갑'~'병'지역의 평가 항목별 등급

지역 \ 평가 항목	편익	피해액	재해발생위험도
갑	C	A	B
을	B	D	A
병	A	B	C

〈표 2〉 평가 항목의 등급별 배점

(단위: 점)

등급 \ 평가 항목	편익	피해액	재해발생위험도
A	10	15	25
B	8	12	17
C	6	9	10
D	4	6	0

〈보기〉

ㄱ. '재해발생위험도' 점수가 높은 지역일수록 우선순위가 높다.

ㄴ. 우선순위가 가장 높은 지역과 가장 낮은 지역의 '피해액' 점수 차이는 '재해발생위험도' 점수 차이보다 크다.

ㄷ. '피해액' 점수와 '재해발생위험도' 점수의 합이 가장 큰 지역은 '갑'이다.

ㄹ. '갑'지역의 '편익' 등급이 B로 변경되면, 우선순위가 가장 높은 지역은 '갑'이다.

① ㄱ, ㄴ

② ㄱ, ㄷ

③ ㄴ, ㄹ

④ ㄱ, ㄷ, ㄹ

⑤ ㄴ, ㄷ, ㄹ

문 8. 다음 〈그림〉은 2017~2021년 '갑'국의 반려동물 사료 유형별 특허 출원건수에 관한 자료이다. 이에 대한 〈보기〉의 설명 중 옳은 것만을 모두 고르면?

〈그림〉 반려동물 사료 유형별 특허 출원건수

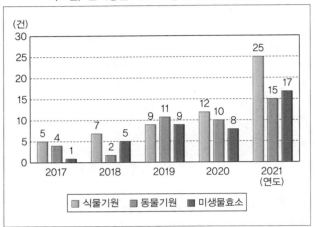

※ 반려동물 사료 유형은 식물기원, 동물기원, 미생물효소로만 구분함

─〈보기〉─

ㄱ. 2017~2021년 동안의 특허 출원건수 합이 가장 작은 사료 유형은 '미생물효소'이다.

ㄴ. 연도별 전체 특허 출원건수 대비 각 사료 유형의 특허 출원 건수 비율은 '식물기원'이 매년 가장 높다.

ㄷ. 2021년 특허 출원건수의 전년 대비 증가율이 가장 높은 사료 유형은 '식물기원'이다.

① ㄱ

② ㄷ

③ ㄱ, ㄴ

④ ㄱ, ㄷ

⑤ ㄴ, ㄷ

문 9. 다음 〈표〉는 2019년과 2020년 지역별 전체주택 및 빈집 현황에 관한 자료이다. 이를 바탕으로 작성한 〈보고서〉의 A~C에 해당하는 내용을 바르게 나열한 것은?

〈표〉 2019년과 2020년 지역별 전체주택 및 빈집 현황

(단위: 호, %)

연도\구분\지역	2019			2020		
	전체주택	빈집	빈집비율	전체주택	빈집	빈집비율
서울특별시	2,953,964	93,402	3.2	3,015,371	96,629	3.2
부산광역시	1,249,757	109,651	8.8	1,275,859	113,410	8.9
대구광역시	800,340	40,721	5.1	809,802	39,069	4.8
인천광역시	1,019,365	66,695	6.5	1,032,774	65,861	6.4
광주광역시	526,161	39,625	7.5	538,275	41,585	7.7
대전광역시	492,797	29,640	6.0	496,875	26,983	5.4
울산광역시	391,596	33,114	8.5	394,634	30,241	7.7
세종특별자치시	132,257	16,437	12.4	136,887	14,385	10.5
경기도	4,354,776	278,815	6.4	4,495,115	272,358	6.1
강원도	627,376	84,382	13.4	644,023	84,106	13.1
충청북도	625,957	77,520	12.4	640,256	76,877	12.0
충청남도	850,525	107,609	12.7	865,008	106,430	12.3
전라북도	724,524	91,138	12.6	741,221	95,412	12.9
전라남도	787,816	121,767	15.5	802,043	122,103	15.2
경상북도	1,081,216	143,560	13.3	1,094,306	139,770	12.8
경상남도	1,266,739	147,173	11.6	1,296,944	150,982	11.6
제주특별자치도	241,788	36,566	15.1	246,451	35,105	14.2
전국	18,126,954	1,517,815	8.4	18,525,844	1,511,306	8.2

※ 빈집비율(%) = $\frac{빈집}{전체주택}$ × 100

─〈보고서〉─

2020년 우리나라 전체주택 수는 전년 대비 39만 호 이상 증가하였으나 빈집 수는 6천 호 이상 감소하여 빈집비율은 전년 대비 감소하였다. 특히 세종특별자치시의 빈집비율이 가장 큰 폭으로 감소하였다.

하지만 2020년에는 ⎡ A ⎤개 지역에서 빈집 수가 전년 대비 증가하였고, 전년 대비 빈집비율이 가장 큰 폭으로 증가한 지역은 ⎡ B ⎤였다. 빈집비율이 가장 높은 지역과 가장 낮은 지역의 빈집비율 차이는 2019년에 비해 2020년이 ⎡ C ⎤하였다.

	A	B	C
①	5	광주광역시	감소
②	5	전라북도	증가
③	6	광주광역시	증가
④	6	전라북도	증가
⑤	6	전라북도	감소

문 10. 다음 〈표〉와 〈보고서〉는 2021년 '갑'국의 초등돌봄교실에 관한 자료이다. 제시된 〈표〉 이외에 〈보고서〉를 작성하기 위해 추가로 필요한 자료만을 〈보기〉에서 모두 고르면?

〈표 1〉 2021년 초등돌봄교실 이용학생 현황

(단위: 명, %)

구분	학년	1	2	3	4	5	6	합
오후돌봄교실	학생 수	124,000	91,166	16,421	7,708	3,399	2,609	245,303
	비율	50.5	37.2	6.7	3.1	1.4	1.1	100.0
저녁돌봄교실	학생 수	5,215	3,355	772	471	223	202	10,238
	비율	50.9	32.8	7.5	4.6	2.2	2.0	100.0

〈표 2〉 2021년 지원대상 유형별 오후돌봄교실 이용학생 현황

(단위: 명, %)

구분	지원대상 유형	우선지원대상					일반 지원 대상	합
		저소득층	한부모	맞벌이	기타	소계		
오후돌봄교실	학생 수	23,066	6,855	174,297	17,298	221,516	23,787	245,303
	비율	9.4	2.8	71.1	7.1	90.3	9.7	100.0

〈보고서〉

2021년 '갑'국의 초등돌봄교실 이용학생은 오후돌봄교실 245,303명, 저녁돌봄교실 10,238명이다. 오후돌봄교실의 경우 2021년 기준 전체 초등학교의 98.9%가 참여하고 있다.

오후돌봄교실의 우선지원대상은 저소득층 가정, 한부모 가정, 맞벌이 가정, 기타로 구분되며, 맞벌이 가정이 전체 오후돌봄교실 이용학생의 71.1%로 가장 많고 다음으로 저소득층 가정이 9.4%로 많다.

저녁돌봄교실의 경우 17시부터 22시까지 운영하고 있으나, 19시를 넘는 늦은 시간까지 이용하는 학생 비중은 11.2%에 불과하다. 2021년 현재 저녁돌봄교실 이용학생은 1~2학년이 8,570명으로 전체 저녁돌봄교실 이용학생의 83.7%를 차지한다.

초등돌봄교실 담당인력은 돌봄전담사, 현직교사, 민간위탁업체로 다양하다. 담당인력 구성은 돌봄전담사가 10,237명으로 가장 많고, 다음으로 현직교사 1,480명, 민간위탁업체 565명 순이다. 그중 돌봄전담사는 무기계약직이 6,830명이고 기간제가 3,407명이다.

〈보기〉

ㄱ. 연도별 오후돌봄교실 참여 초등학교 수 및 참여율

(단위: 개, %)

구분	연도	2016	2017	2018	2019	2020	2021
학교 수		5,652	5,784	5,938	5,972	5,998	6,054
참여율		96.0	97.3	97.3	96.9	97.0	98.9

ㄴ. 2021년 저녁돌봄교실 이용학생의 이용시간별 분포

(단위: 명, %)

구분	이용시간	17~18시	17~19시	17~20시	17~21시	17~22시	합
이용학생 수		6,446	2,644	1,005	143	0	10,238
비율		63.0	25.8	9.8	1.4	0.0	100.0

ㄷ. 2021년 저녁돌봄교실 이용학생의 학년별 분포

(단위: 명, %)

구분	학년	1~2	3~4	5~6	합
이용학생 수		8,570	1,243	425	10,238
비율		83.7	12.1	4.2	100.0

ㄹ. 2021년 초등돌봄교실 담당인력 현황

(단위: 명, %)

구분	돌봄전담사			현직교사	민간위탁업체	합
	무기계약직	기간제	소계			
인력	6,830	3,407	10,237	1,480	565	12,282
비율	55.6	27.7	83.3	12.1	4.6	100.0

① ㄱ, ㄴ

② ㄱ, ㄷ

③ ㄷ, ㄹ

④ ㄱ, ㄴ, ㄹ

⑤ ㄴ, ㄷ, ㄹ

문 11. 다음 〈표〉는 2016~2020년 '갑'국의 해양사고 심판 현황이다. 이에 대한 〈보기〉의 설명 중 옳은 것만을 모두 고르면?

〈표〉 2016~2020년 해양사고 심판현황

(단위: 건)

구분 \ 연도	2016	2017	2018	2019	2020
전년 이월	96	100	( )	71	89
해당 연도 접수	226	223	168	204	252
심판대상	322	( )	258	275	341
재결	222	233	187	186	210

※ '심판대상' 중 '재결'되지 않은 건은 다음 연도로 이월함

─〈보기〉─

ㄱ. '심판대상' 중 '전년 이월'의 비중은 2018년이 2016년보다 높다.

ㄴ. 다음 연도로 이월되는 건수가 가장 많은 연도는 2016년이다.

ㄷ. 2017년 이후 '해당 연도 접수' 건수의 전년 대비 증가율이 가장 높은 연도는 2020년이다.

ㄹ. '재결' 건수가 가장 적은 연도에는 '해당 연도 접수' 건수도 가장 적다.

① ㄱ, ㄴ
② ㄱ, ㄷ
③ ㄴ, ㄷ
④ ㄴ, ㄹ
⑤ ㄷ, ㄹ

문 12. 다음 〈표〉는 '갑'주무관이 해양포유류 416종을 4가지 부류(A~D)로 나눈 후 2022년 기준 국제자연보전연맹(IUCN) 적색 목록 지표에 따라 분류한 자료이다. 이를 근거로 작성한 〈보고서〉의 A, B에 해당하는 해양포유류 부류를 바르게 연결한 것은?

〈표〉 해양포유류의 IUCN 적색 목록 지표별 분류 현황

(단위: 종)

지표 \ 해양포유류 부류	A	B	C	D	합
절멸종(EX)	3	–	2	8	13
야생절멸종(EW)	–	–		2	2
심각한위기종(CR)	–	–	–	15	15
멸종위기종(EN)	11	1	–	48	60
취약종(VU)	7	2	8	57	74
위기근접종(NT)	2			38	40
관심필요종(LC)	42	2	1	141	186
자료부족종(DD)	2	–		24	26
미평가종(NE)	–			–	0
계	67	5	11	333	416

─〈보고서〉─

국제자연보전연맹(IUCN)의 적색 목록(Red List)은 지구 동식물종의 보전 상태를 나타내며, 각 동식물종의 보전 상태는 9개의 지표 중 1개로만 분류된다. 이 중 심각한위기종(CR), 멸종위기종(EN), 취약종(VU) 3개 지표 중 하나로 분류되는 동식물종을 멸종우려종(threatened species)이라 한다.

조사대상 416종의 해양포유류를 '고래류', '기각류', '해달류 및 북극곰', '해우류' 4가지 부류로 나눈 후, IUCN의 적색 목록 지표에 따라 분류해 보면 전체 조사대상의 약 36%가 멸종우려종에 속하고 있다. 특히, 멸종우려종 중 '고래류'가 차지하는 비중은 80% 이상이다. 또한 '해달류 및 북극곰'은 9개의 지표 중 멸종우려종 또는 관심필요종(LC)으로만 분류된 것으로 나타났다.

한편 해양포유류에 대한 과학적인 이해가 부족하여 26종은 자료부족종(DD)으로 분류되고 있다. 다만 '해달류 및 북극곰'과 '해우류'는 자료부족종(DD)으로 분류된 종이 없다.

	A	B
①	고래류	기각류
②	고래류	해우류
③	기각류	해달류 및 북극곰
④	기각류	해우류
⑤	해우류	해달류 및 북극곰

문 13. 다음 〈표〉와 〈조건〉은 공유킥보드 운영사 A~D의 2022년 1월 기준 대여요금제와 대여방식이고 〈보고서〉는 공유킥보드 대여요금제 변경 이력에 관한 자료이다. 〈보고서〉에서 (다)에 해당하는 값은?

〈표〉 공유킥보드 운영사 A~D의 2022년 1월 기준 대여요금제

(단위: 원)

구분＼운영사	A	B	C	D
잠금해제료	0	250	750	1,600
분당대여료	200	150	120	60

〈조건〉

○ 대여요금 = 잠금해제료 + 분당대여료 × 대여시간
○ 공유킥보드 이용자는 공유킥보드 대여시간을 분단위로 미리 결정하고 운영사 A~D의 대여요금을 산정한다.
○ 공유킥보드 이용자는 산정된 대여요금이 가장 낮은 운영사의 공유킥보드를 대여한다.

〈보고서〉

　2022년 1월 기준 대여요금제에 따르면 운영사 　(가)　 는 이용자의 대여시간이 몇 분이더라도 해당 대여시간에 대해 운영사 A~D 중 가장 낮은 대여요금을 제공하지 못하는 것으로 나타났다. 자사 공유킥보드가 1대도 대여되지 않고 있음을 확인한 운영사 　(가)　 는 2월부터 잠금해제 이후 처음 5분간 분당대여료를 면제하는 것으로 대여요금제를 변경하였다.
　운영사 　(나)　 가 2월 기준 대여요금제로 운영사 A~D의 대여요금을 재산정한 결과, 이용자의 대여시간이 몇 분이더라도 해당 대여시간에 대해 운영사 A~D 중 가장 낮은 대여요금을 제공하지 못하는 것을 파악하였다. 이에 운영사 　(나)　 는 3월부터 분당대여료를 50원 인하하는 것으로 대여요금제를 변경하였다.
　그 결과 대여시간이 20분일 때, 3월 기준 대여요금제로 산정된 운영사 　(가)　 와 　(나)　 의 공유킥보드 대여요금 차이는 　(다)　 원이다.

① 200
② 250
③ 300
④ 350
⑤ 400

문 14. 다음 〈보고서〉는 2021년 '갑'국 사교육비 조사결과에 대한 자료이다. 〈보고서〉의 내용과 부합하지 않는 자료는?

〈보고서〉

2021년 전체 학생 수는 532만 명으로 전년보다 감소하였지만, 사교육비 총액은 23조 4천억 원으로 전년 대비 20% 이상 증가하였다. 또한, 사교육의 참여율과 주당 참여시간도 전년 대비 증가한 것으로 나타났다.

2021년 전체 학생의 1인당 월평균 사교육비는 전년 대비 20% 이상 증가하였고, 사교육 참여학생의 1인당 월평균 사교육비 또한 전년 대비 6% 이상 증가하였다. 2021년 전체 학생 중 월평균 사교육비를 20만 원 미만 지출한 학생의 비중은 전년 대비 감소하였으나, 60만 원 이상 지출한 학생의 비중은 전년 대비 증가한 것으로 나타났다.

한편, 2021년 방과후학교 지출 총액은 4,434억 원으로 2019년 대비 50% 이상 감소하였으며, 방과후학교 참여율 또한 28.9%로 2019년 대비 15.0%p 이상 감소하였다.

① 전체 학생 수와 사교육비 총액

(단위: 만 명, 조 원)

구분 \ 연도	2020	2021
전체 학생 수	535	532
사교육비 총액	19.4	23.4

② 사교육의 참여율과 주당 참여시간

(단위: %, 시간)

구분 \ 연도	2020	2021
참여율	67.1	75.5
주당 참여시간	5.3	6.7

③ 학생 1인당 월평균 사교육비

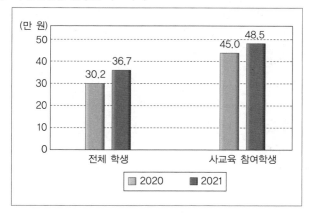

④ 전체 학생의 월평균 사교육비 지출 수준에 따른 분포

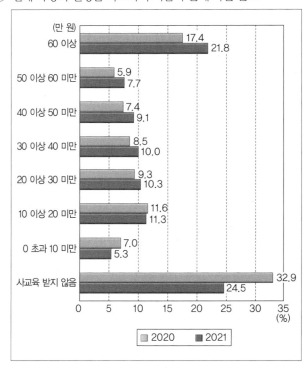

⑤ 방과후학교의 지출 총액과 참여율

(단위: 억 원, %)

구분 \ 연도	2019	2021
지출 총액	8,250	4,434
참여율	48.4	28.9

문 15. 다음 〈표〉는 '갑'국의 학교급별 여성 교장 수와 비율을 1980년부터 5년마다 조사한 자료이다. 이에 대한 설명으로 옳은 것은?

〈표〉 학교급별 여성 교장 수와 비율

(단위: 명, %)

학교급 구분 조사연도	초등학교		중학교		고등학교	
	여성 교장 수	비율	여성 교장 수	비율	여성 교장 수	비율
1980	117	1.8	66	3.6	47	3.4
1985	122	1.9	98	4.9	60	4.0
1990	159	2.5	136	6.3	64	4.0
1995	222	3.8	181	7.6	66	3.8
2000	490	8.7	255	9.9	132	6.5
2005	832	14.3	330	12.0	139	6.4
2010	1,701	28.7	680	23.2	218	9.5
2015	2,058	34.5	713	24.3	229	9.9
2020	2,418	40.3	747	25.4	242	10.4

※ 1) 학교급별 여성 교장 비율(%) = $\dfrac{\text{학교급별 여성 교장 수}}{\text{학교급별 전체 교장 수}} \times 100$

2) 교장이 없는 학교는 없으며, 각 학교의 교장은 1명임

① 2000년 이후 중학교 여성 교장 비율은 매년 증가한다.
② 초등학교 수는 2020년이 1980년보다 많다.
③ 고등학교 남성 교장 수는 1985년이 1990년보다 많다.
④ 1995년 초등학교 수는 같은 해 중학교 수와 고등학교 수의 합보다 많다.
⑤ 초등학교 여성 교장 수는 2020년이 2000년의 5배 이상이다.

문 16. 다음 〈표〉는 도지사 선거 후보자 A와 B의 TV 토론회 전후 '가'~'마'지역 유권자의 지지율에 대한 자료이고, 〈보고서〉는 이 중 한 지역의 지지율 변화를 분석한 자료이다. 〈보고서〉의 내용에 해당하는 지역을 '가'~'마' 중에서 고르면?

〈표〉 도지사 선거 후보자 TV 토론회 전후 지지율

(단위: %)

지역	시기 후보자	TV 토론회 전		TV 토론회 후	
		A	B	A	B
가		38	52	50	46
나		28	40	39	41
다		31	59	37	36
라		35	49	31	57
마		29	36	43	41

※ 1) 도지사 선거 후보자는 A와 B뿐임
2) 응답자는 '후보자 A 지지', '후보자 B 지지', '지지 후보자 없음' 중 하나만 응답하고, 무응답은 없음

〈보고서〉

도지사 선거 후보자 TV 토론회를 진행하기 전과 후에 실시한 이 지역의 여론조사 결과, 도지사 후보자 지지율 변화는 다음과 같다. TV 토론회 전에는 B후보자에 대한 지지율이 A후보자보다 10%p 이상 높게 집계되어 B후보자가 선거에 유리한 것으로 보였으나, TV 토론회 후에는 지지율 양상에 변화가 있는 것으로 분석된다.

TV 토론회 후 '지지 후보자 없음'으로 응답한 비율이 줄어 TV 토론회가 그동안 어떤 후보자에 투표할지 고민하던 유권자의 선택에 영향을 미친 것으로 판단된다. 또한, A후보자에 대한 지지율 증가폭이 B후보자보다 큰 것으로 나타나 TV 토론회를 통해 A후보자의 강점이 더 잘 드러났던 것으로 분석된다. 그러나 TV 토론회 후 두 후보자간 지지율 차이가 3%p 이내에 불과하여 이 지역에서 선거의 결과는 예측하기 어렵다.

① 가
② 나
③ 다
④ 라
⑤ 마

문 17. 다음 〈그림〉은 '갑'공업단지 내 8개 업종 업체 수와 업종별 스마트시스템 도입률 및 고도화율에 관한 자료이다. 이에 대한 〈보기〉의 설명 중 옳은 것만을 모두 고르면?

〈그림 1〉 업종별 업체 수

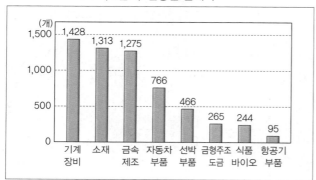

〈그림 2〉 업종별 스마트시스템 도입률 및 고도화율

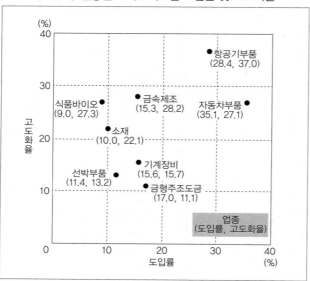

※ 1) 도입률(%) = (업종별 스마트시스템 도입 업체 수 / 업종별 업체 수) × 100

2) 고도화율(%) = (업종별 스마트시스템 고도화 업체 수 / 업종별 스마트시스템 도입 업체 수) × 100

〈보기〉

ㄱ. 스마트시스템 도입 업체 수가 가장 많은 업종은 '자동차부품'이다.

ㄴ. 고도화율이 가장 높은 업종은 스마트시스템 고도화 업체 수도 가장 많다.

ㄷ. 업체 수 대비 스마트시스템 고도화 업체 수가 가장 높은 업종은 '항공기부품'이다.

ㄹ. 도입률이 가장 낮은 업종은 고도화율도 가장 낮다.

① ㄱ, ㄴ   ② ㄱ, ㄷ   ③ ㄱ, ㄹ
④ ㄴ, ㄷ   ⑤ ㄴ, ㄹ

문 18. 다음 〈표〉는 운전자 A∼E의 정지시거 산정을 위해 '갑'시험장에서 측정한 자료이다. 〈표〉와 〈정보〉에 근거하여 맑은 날과 비 오는 날의 운전자별 정지시거를 바르게 연결한 것은?

〈표〉 운전자 A∼E의 정지시거 산정을 위한 자료

(단위: m/초, 초, m)

구분 운전자	자동차	운행속력	반응시간	반응거리	마찰계수	
					맑은 날	비 오는 날
A	가	20	2.0	40	0.4	0.1
B	나	20	2.0	( )	0.4	0.2
C	다	20	1.6	( )	0.8	0.4
D	나	20	2.4	( )	0.4	0.2
E	나	20	1.4	( )	0.4	0.2

〈정보〉

○ 정지시거 = 반응거리 + 제동거리

○ 반응거리 = 운행속력 × 반응시간

○ 제동거리 = $\dfrac{(운행속력)^2}{2 \times 마찰계수 \times g}$

(단, g는 중력가속도이며 10m/초² 으로 가정함)

	운전자	맑은 날 정지시거[m]	비 오는 날 정지시거[m]
①	A	120	240
②	B	90	160
③	C	72	82
④	D	98	158
⑤	E	78	128

문 19. 다음 〈표〉와 〈그림〉은 '갑'국 8개 어종의 2020년 어획량에 관한 자료이다. 이에 대한 〈보기〉의 설명 중 옳은 것만을 모두 고르면?

〈표〉 8개 어종의 2020년 어획량

(단위: 톤)

어종	갈치	고등어	광어	멸치	오징어	전갱이	조기	참다랑어
어획량	20,666	64,609	5,453	26,473	23,703	19,769	23,696	482

〈그림〉 8개 어종 2020년 어획량의 전년비 및 평년비

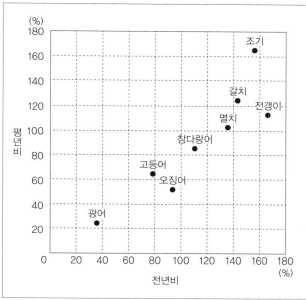

※ 1) 전년비(%) = $\frac{2020년 어획량}{2019년 어획량} \times 100$

2) 평년비(%) = $\frac{2020년 어획량}{2011\sim2020년 연도별 어획량의 평균} \times 100$

〈보기〉

ㄱ. 8개 어종 중 2019년 어획량이 가장 많은 어종은 고등어이다.

ㄴ. 8개 어종 각각의 2019년 어획량은 해당 어종의 2011~2020년 연도별 어획량의 평균보다 적다.

ㄷ. 2021년 갈치 어획량이 2020년과 동일하다면, 갈치의 2011~2021년 연도별 어획량의 평균은 2011~2020년 연도별 어획량의 평균보다 크다.

① ㄱ
② ㄴ
③ ㄱ, ㄷ
④ ㄴ, ㄷ
⑤ ㄱ, ㄴ, ㄷ

문 20. 다음 〈표〉는 2021년 A시에서 개최된 철인3종경기 기록이다. 이에 대한 〈보기〉의 설명 중 옳은 것만을 모두 고르면?

〈표〉 A시 개최 철인3종경기 기록

(단위: 시간)

종합기록 순위	국적	종합	수영	T1	자전거	T2	달리기
1	러시아	9:22:28	0:48:18	0:02:43	5:04:50	0:02:47	3:23:50
2	브라질	9:34:36	0:57:44	0:02:27	5:02:30	0:01:48	3:30:07
3	대한민국	9:37:41	1:04:14	0:04:08	5:04:21	0:03:05	3:21:53
4	대한민국	9:42:03	1:06:34	0:03:33	5:11:01	0:03:33	3:17:22
5	대한민국	9:43:50	( )	0:03:20	5:00:33	0:02:14	3:17:24
6	일본	9:44:34	0:52:01	0:03:28	5:25:59	0:02:56	3:20:10
7	러시아	9:45:06	1:08:32	0:03:55	5:07:46	0:03:02	3:21:51
8	독일	9:46:48	1:03:49	0:03:53	4:59:20	0:03:00	( )
9	영국	( )	1:07:01	0:03:37	5:07:07	0:03:55	3:26:27
10	중국	9:48:18	1:02:28	0:03:29	5:16:09	0:03:47	3:22:25

※ 1) 기록 '1:01:01'은 1시간 1분 1초를 의미함

2) 'T1', 'T2'는 각각 '수영'에서 '자전거', '자전거'에서 '달리기'로 전환하는 데 걸리는 시간임

3) 경기 참가 선수는 10명뿐이고, 기록이 짧을수록 순위가 높음

〈보기〉

ㄱ. '수영'기록이 한 시간 이하인 선수는 'T2'기록이 모두 3분 미만이다.

ㄴ. 종합기록 순위 2~10위인 선수 중, 종합기록 순위가 한 단계 더 높은 선수와의 '종합'기록 차이가 1분 미만인 선수는 3명뿐이다.

ㄷ. '달리기'기록 상위 3명의 국적은 모두 대한민국이다.

ㄹ. 종합기록 순위 10위인 선수의 '수영'기록 순위는 '수영'기록과 'T1'기록의 합산 기록 순위와 다르다.

① ㄱ, ㄴ
② ㄱ, ㄷ
③ ㄷ, ㄹ
④ ㄱ, ㄴ, ㄹ
⑤ ㄴ, ㄷ, ㄹ

문 21. 다음 〈표〉는 제품 A~E의 제조원가에 관한 자료이다. 제품 A~E 중 매출액이 가장 작은 제품은?

〈표〉 제품 A~E의 고정원가, 변동원가율, 제조원가율

(단위: 원, %)

구분 제품	고정원가	변동원가율	제조원가율
A	60,000	40	25
B	36,000	60	30
C	33,000	40	30
D	50,000	20	10
E	10,000	50	10

※ 1) 제조원가 = 고정원가 + 변동원가

2) 고정원가율(%) = $\frac{고정원가}{제조원가} \times 100$

3) 변동원가율(%) = $\frac{변동원가}{제조원가} \times 100$

4) 제조원가율(%) = $\frac{제조원가}{매출액} \times 100$

① A
② B
③ C
④ D
⑤ E

※ 다음 〈표〉는 2018~2020년 '갑'국 방위산업의 매출액 및 종사자 수에 관한 자료이다. 다음 물음에 답하시오.
[문 22.~문 23.]

〈표 1〉 2018~2020년 '갑'국 방위산업의 국내외 매출액

(단위: 억 원)

구분	2018	2019	2020
총매출액	136,493	144,521	153,867
국내 매출액	116,502	( )	( )
국외 매출액	19,991	21,048	17,624

〈표 2〉 2020년 '갑'국 방위산업의 기업유형별 매출액 및 종사자 수

(단위: 억 원, 명)

구분 기업유형	총매출액	국내 매출액	국외 매출액	종사자 수
대기업	136,198	119,586	16,612	27,249
중소기업	17,669	16,657	1,012	5,855
전체	153,867	( )	17,624	33,104

〈표 3〉 2018~2020년 '갑'국 방위산업의 분야별 매출액

(단위: 억 원)

분야	2018	2019	2020
항공유도	41,984	45,412	49,024
탄약	24,742	21,243	25,351
화력	20,140	20,191	21,031
함정	18,862	25,679	20,619
기동	14,027	14,877	18,270
통신전자	14,898	15,055	16,892
화생방	726	517	749
기타	1,114	1,547	1,931
전체	136,493	144,521	153,867

〈표 4〉 2018~2020년 '갑'국 방위산업의 분야별 종사자 수

(단위: 명)

분야	2018	2019	2020
A	9,651	10,133	10,108
B	6,969	6,948	6,680
C	3,996	4,537	4,523
D	3,781	3,852	4,053
E	3,988	4,016	3,543
화력	3,312	3,228	3,295

화생방	329	282	228
기타	583	726	674
전체	32,609	33,722	33,104

※ '갑'국 방위산업 분야는 기타를 제외하고 항공유도, 탄약, 화력, 함정, 기동, 통신전자, 화생방으로만 구분함

문 22. 위 〈표〉에 근거한 〈보기〉의 설명 중 옳은 것만을 모두 고르면?

─〈보기〉─

ㄱ. 방위산업의 국내 매출액이 가장 큰 연도에 방위산업 총매출액 중 국외 매출액 비중이 가장 작다.

ㄴ. '기타'를 제외하고, 2018년 대비 2020년 매출액 증가율이 가장 낮은 방위산업 분야는 '탄약'이다.

ㄷ. 2020년 방위산업의 기업유형별 종사자당 국외 매출액은 대기업이 중소기업의 4배 이상이다.

ㄹ. 2020년 '항공유도' 분야 대기업 국내 매출액은 14,500억 원 이상이다.

① ㄱ, ㄴ

② ㄱ, ㄷ

③ ㄴ, ㄹ

④ ㄷ, ㄹ

⑤ ㄱ, ㄴ, ㄹ

문 23. 위 〈표〉와 다음 〈보고서〉를 근거로 '항공유도'에 해당하는 방위산업 분야를 〈표 4〉의 A ~ E 중에서 고르면?

─〈보고서〉─

2018년 대비 2020년 '갑'국 방위산업의 총매출액은 약 12.7% 증가하였으나 방위산업 전체 종사자 수는 약 1.5% 증가하는 데 그쳤다. '기타'를 제외한 7개 분야에 대해 이를 구체적으로 분석하면 다음과 같다.

2018년 대비 2020년 방위산업 분야별 매출액은 모두 증가하였으나 종사자 수는 '통신전자', '함정', '항공유도' 분야만 증가하고 나머지 분야는 감소한 것으로 나타났다. 2018 ~ 2020년 동안 매출액과 종사자 수 모두 매년 증가한 방위산업 분야는

'통신전자'뿐이고, '탄약'과 '화생방' 분야는 종사자 수가 매년 감소하였다. 특히, '기동' 분야는 2018년 대비 2020년 매출액 증가율이 방위산업 분야 중 가장 높았지만 종사자 수는 가장 많이 감소하였다. 2018년 대비 2020년 '함정' 분야 매출액 증가율은 방위산업 전체 매출액 증가율보다 낮았으나 종사자 수는 방위산업 분야 중 가장 많이 증가하였다. 이에 따라 방위산업의 분야별 종사자당 매출액 순위에도 변동이 있었다. 2018년에는 '화력' 분야의 종사자당 매출액이 가장 컸고, 다음으로 '함정', '항공유도' 순으로 컸다. 한편, 2020년에는 '화력' 분야의 종사자당 매출액이 가장 컸고, 다음으로 '기동', '항공유도' 순으로 컸다.

① A

② B

③ C

④ D

⑤ E

문 24. 다음 〈표〉는 2021년 국가 A ~ D의 국내총생산, 1인당 국내총생산, 1인당 이산화탄소 배출량에 관한 자료이다. 이를 근거로 국가 A ~ D를 이산화탄소 총배출량이 가장 적은 국가부터 순서대로 바르게 나열한 것은?

〈표〉 국가별 국내총생산, 1인당 국내총생산, 1인당 이산화탄소 배출량

(단위: 달러, 톤CO₂eq.)

구분 국가	국내총생산	1인당 국내총생산	1인당 이산화탄소 배출량
A	20조 4,941억	62,795	16.6
B	4조 9,709억	39,290	9.1
C	1조 6,194억	31,363	12.4
D	13조 6,082억	9,771	7.0

※ 1) 1인당 국내총생산 $= \dfrac{\text{국내총생산}}{\text{총인구}}$

2) 1인당 이산화탄소 배출량 $= \dfrac{\text{이산화탄소 총배출량}}{\text{총인구}}$

① A, C, B, D

② A, D, C, B

③ C, A, D, B

④ C, B, A, D

⑤ D, B, C, A

문 25. 다음 〈표〉는 2019~2021년 '갑'국의 장소별 전기차 급속충전기 수에 관한 자료이다. 이에 대한 〈보기〉의 설명 중 옳은 것만을 모두 고르면?

〈표〉 장소별 전기차 급속충전기 수

(단위: 대)

구분	장소	2019	2020	2021
다중이용시설	쇼핑몰	807	1,701	2,701
	주유소	125	496	( )
	휴게소	( )	( )	2,099
	문화시설	757	1,152	1,646
	체육시설	272	498	604
	숙박시설	79	146	227
	여객시설	64	198	378
	병원	27	98	152
	소계	2,606	5,438	8,858
일반시설	공공시설	1,595	( )	( )
	주차전용시설	565	898	1,275
	자동차정비소	119	303	375
	공동주택	( )	102	221
	기타	476	499	522
	소계	2,784	4,550	6,145
전체		5,390	9,988	15,003

─〈보기〉─

ㄱ. 전체 급속충전기 수 대비 '다중이용시설' 급속충전기 수의 비율은 매년 증가한다.

ㄴ. '공공시설' 급속충전기 수는 '주차전용시설'과 '쇼핑몰' 급속충전기 수의 합보다 매년 많다.

ㄷ. '기타'를 제외하고, 2019년 대비 2021년 급속충전기 수의 증가율이 가장 큰 장소는 '주유소'이다.

ㄹ. 급속충전기 수는 '휴게소'가 '문화시설'보다 매년 많다.

① ㄱ, ㄴ

② ㄱ, ㄷ

③ ㄱ, ㄹ

④ ㄴ, ㄷ

⑤ ㄴ, ㄹ

※ 수고하셨습니다.

※ 기출문제편 맨 마지막에 있는 OMR 카드에 마킹을 하세요.

정답과 분석해설편 ▶ P.132

2021년 7월 10일 시행

2021년도 국가공무원
5급 및 7급 민간경력자 일괄채용 필기시험

응시번호	
성 명	

문제책형
㉯ 책형

【시 험 과 목】

제1영역	언어논리
제2영역	자료해석
제3영역	상황판단

<< 응시자 주의사항 >>

1. 시험시작 전에 시험문제를 열람하는 행위와 시험종료 후 답안지를 작성하는 행위는 공무원임용시험령 제51조에 의거 부정행위자로 처리됩니다.

2. 답안지 책형란의 책형표기는 시험시작 전 문제책 표지 앞면에 인쇄된 책형을 확인한 후 표기하시기 바랍니다.

3. 시험시작 즉시 과목편철 순서, 문제누락 여부, 인쇄상태 이상 유무 및 표지와 개별과목의 문제책형 일치여부 등을 확인한 후 문제책 표지에 응시번호, 성명을 기재합니다.

4. 시험이 시작되면 문제를 주의 깊게 읽은 후, 문항의 취지에 가장 적합한 하나의 정답만을 고르며, 문제내용에 관한 질문은 받지 않습니다.

5. 시험시간관리의 책임은 전적으로 수험생 본인에게 있습니다. 시험감독관의 시험종료 예고시간 고지 안내 및 시험실 내 비치된 시계가 있는 경우라도 시간이 정확하지 않을 수 있으니 본인의 시계로 반드시 확인하시기 바랍니다.

6. 시험시간은 영역별 60분씩입니다.

제1영역 언어논리

1초 합격예측! 모바일 성적결과분석표 발급 서비스

QR 코드로 접속하여 문제 풀이 시간을 측정하고, 자동채점 & 성적결과분석 서비스를 통해 지금 바로 실력을 점검해 보세요.

◀ http://eduwill.kr/OzBF

풀이 시간	• 시작: ____시 ____분 ~ 종료: ____시 ____분
	• 총 : ____분

문 1. 다음 글의 내용과 부합하는 것은?

고려 초기에는 지방 여러 곳에 불교 신자들이 모여 활동하는 '향도(香徒)'라는 이름의 단체가 있었다. 당시에 향도는 석탑을 만들어 사찰에 기부하는 활동과 '매향(埋香)'이라고 불리는 일을 했다. 매향이란 향나무를 갯벌에 묻어두는 행위를 뜻한다. 오랫동안 묻어둔 향나무를 침향이라고 하는데, 그 향이 특히 좋았다. 불교 신자들은 매향한 자리에서 나는 침향의 향기를 미륵불에게 바치는 제물이라고 여겼다. 매향과 석탑 조성에는 상당한 비용이 들어갔는데, 향도는 그 비용을 구성원으로부터 거두어들여 마련했다. 고려 초기에는 향도가 주도하는 매향과 석탑 조성 공사가 많았으며, 지방 향리들이 향도를 만들어 운영하는 것이 일반적이었다. 향리가 지방에 거주하는 사람들 가운데 비교적 재산이 많았기 때문이다. 고려 왕조는 건국 초에 불교를 진흥했는데, 당시 지방 향리들도 불교 신앙을 갖고 자기 지역의 불교 진흥을 위해 향도 활동에 참여했다.

향리들이 향도의 운영을 주도하던 때에는 같은 군현에 속한 향리들이 모두 힘을 합쳐 그 군현 안에 하나의 향도만 만드는 경우가 대다수였다. 그러한 곳에서는 향리들이 자신이 속한 향도가 매향과 석탑 조성 공사를 할 때마다 군현 내 주민들을 마음대로 동원해 필요한 노동을 시키는 일이 자주 벌어졌다. 그런데 12세기에 접어들어 향도가 주도하는 공사의 규모가 이전에 비해 작아지고 매향과 석탑 조성 공사의 횟수도 줄었다. 이러한 분위기 속에서도 하나의 군현 안에 여러 개의 향도가 만들어져 그 숫자가 늘었는데, 그중에는 같은 마을 주민들만을 구성원으로 한 것도 있었다. 13세기 이후를 고려 후기라고 하는데, 그 시기에는 마을마다 향도가 만들어졌다. 마을 단위로 만들어진 향도는 주민들이 자발적으로 만든 것으로서 그 대부분은 해당 마을의 모든 주민을 구성원으로 한 것이었다. 이런 향도들은 마을 사람들이 관혼상제를 치를 때 그것을 지원했으며 자기 마을 사람들을 위해 하천을 정비하거나 다리를 놓는 등의 일까지 했다.

① 고려 왕조는 불교 진흥을 위해 지방 각 군현에 향도를 조직하였다.

② 향도는 매향으로 얻은 침향을 이용해 향을 만들어 판매하는 일을 하였다.

③ 고려 후기에는 구성원이 장례식을 치를 때 그것을 돕는 일을 하는 향도가 있었다.

④ 고려 초기에는 지방 향리들이 자신이 관할하는 군현의 하천 정비를 위해 향도를 조직하였다.

⑤ 고려 후기로 갈수록 석탑 조성 공사의 횟수가 늘었으며 그로 인해 같은 마을 주민을 구성원으로 하는 향도가 나타났다.

문 2. 다음 글에서 알 수 있는 것은?

　　1883년에 조선과 일본이 맺은 조일통상장정 제41관에는 "일본인이 조선의 전라도, 경상도, 강원도, 함경도 연해에서 어업 활동을 할 수 있도록 허용한다."라는 내용이 있다. 당시 양측은 이 조항에 적시되지 않은 지방 연해에서 일본인이 어업 활동을 하는 것은 금하기로 했다. 이 장정 체결 직후에 일본은 자국의 각 부·현에 조선해통어조합을 만들어 조선 어장에 대한 정보를 제공하기 시작했다. 이러한 지원으로 조선 연해에서 조업하는 일본인이 늘었는데, 특히 제주도에는 일본인들이 많이 들어와 전복을 마구 잡는 바람에 주민들의 전복 채취량이 급감했다. 이에 제주목사는 1886년 6월에 일본인의 제주도 연해 조업을 금했다. 일본은 이 조치가 조일통상장정 제41관을 위반한 것이라며 항의했고, 조선도 이를 받아들여 조업 금지 조치를 철회하게 했다. 이후 조선은 일본인이 아무런 제약 없이 어업 활동을 하게 해서는 안 된다고 여기게 되었으며, 일본과 여러 차례 협상을 벌여 1889년에 조일통어장정을 맺었다.

　　조일통어장정에는 일본인이 조일통상장정 제41관에 적시된 지방의 해안선으로부터 3해리 이내 해역에서 어업 활동을 하고자 할 때는 조업하려는 지방의 관리로부터 어업준단을 발급받아야 한다는 내용이 있다. 어업준단의 유효기간은 발급일로부터 1년이었으며, 이를 받고자 하는 자는 소정의 어업세를 먼저 내야 했다. 이 장정 체결 직후에 일본은 조선해통어조합연합회를 만들어 자국민의 어업준단 발급 신청을 지원하게 했다. 이후 일본은 1908년에 '어업에 관한 협정'을 강요해 맺었다. 여기에는 앞으로 한반도 연해에서 어업 활동을 하려는 일본인은 대한제국 어업 법령의 적용을 받도록 한다는 조항이 있다. 대한제국은 이듬해에 한반도 해역에서 어업을 영위하고자 하는 자는 먼저 어업 면허를 취득해야 한다는 내용의 어업법을 공포했고, 일본은 자국민도 이 법의 적용을 받게 해야 한다는 입장을 관철했다. 일본은 1902년에 조선해통어조합연합회를 없애고 조선해수산조합을 만들었는데, 이 조합은 어업법 공포 후 일본인의 어업 면허 신청을 대행하는 등의 일을 했다.

① 조선해통어조합은 '어업에 관한 협정'에 따라 일본인의 어업 면허 신청을 대행하는 업무를 보았다.

② 조일통어장정에는 제주도 해안선으로부터 3해리 밖에서 조선인이 어업 활동을 하는 것을 모두 금한다는 조항이 있다.

③ 조선해통어조합연합회가 만들어져 활동하던 당시에 어업 준단을 발급받고자 하는 일본인은 어업세를 내도록 되어 있었다.

④ 조일통상장정에는 조선해통어조합연합회를 조직해 일본인이 한반도 연해에서 조업할 수 있도록 지원한다는 내용이 있다.

⑤ 한반도 해역에서 조업하는 일본인은 조일통상장정 제41관에 따라 조선해통어조합으로부터 어업 면허를 발급받아야 하였다.

문 3. 다음 글에서 알 수 있는 것은?

　　비정규직 근로자들이 늘어나면서 '프레카리아트'라고 불리는 새로운 계급이 형성되고 있다. 프레카리아트란 '불안한(precarious)'이라는 단어와 '무산계급(proletariat)'이라는 단어를 합친 용어로 불안정한 고용 상태에 놓여 있는 사람들을 의미한다. 프레카리아트에 속한 사람들은 직장 생활을 하다가 쫓겨나 실업자가 되었다가 다시 직장에 복귀하기를 반복한다. 이들은 고용 보장, 직무 보장, 근로안전 보장 등 노동 보장을 받지 못하며, 직장 소속감도 없을 뿐만 아니라, 자신의 직업에 대한 전망이나 직업 정체성도 결여되어 있다. 프레카리아트는 분노, 무력감, 걱정, 소외를 경험할 수밖에 없는 '위험한 계급'으로 전락한다. 이는 의미 있는 삶의 길이 막혀 있다는 좌절감과 상대적 박탈감, 계속된 실패의 반복 때문이다. 이러한 사람들이 늘어나면 자연히 갈등, 폭력, 범죄와 같은 사회적 병폐들이 성행하여 우리 사회는 점점 더 불안해지게 된다.

　　프레카리아트와 비슷하지만 약간 다른 노동자 집단이 있다. 이른바 '긱 노동자'다. '긱(gig)'이란 기업들이 필요에 따라 단기 계약 등을 통해 임시로 인력을 충원하고 그때그때 대가를 지불하는 것을 의미한다. 예를 들어 방송사에서는 드라마를 제작할 때마다 적합한 사람들을 섭외하여 팀을 꾸리고 작업에 착수한다. 긱 노동자들은 고용주가 누구든 간에 자신이 보유한 고유의 직업 역량을 고용주에게 판매하면서, 자신의 직업을 독립적인 '프리랜서' 또는 '개인 사업자' 형태로 인식한다. 정보통신 기술의 발달은 긱을 더욱더 활성화한다. 정보통신 기술을 이용하면 긱 노동자의 모집이 아주 쉬워진다. 기업은 사업 아이디어만 좋으면 인터넷을 이용하여 필요한 긱 노동자를 모집할 수 있다. 기업이 긱을 잘 활용하면 경쟁력을 높여 정규직 위주의 기존 기업들을 앞서나갈 수 있다.

① 긱 노동자가 자신의 직업 형태에 대해 갖는 인식은 자신을 고용한 기업에 따라 달라지지 않는다.

② 정보통신 기술의 발달은 프레카리아트 계급과 긱 노동자 집단을 확산시킨다.

③ 긱 노동자 집단이 확산하면 프레카리아트 계급은 축소된다.

④ '위험한 계급'이 겪는 부정적인 경험이 적은 프레카리아트일수록 정규직 근로자로 변모할 가능성이 크다.

⑤ 비정규직 근로자에 대한 노동 보장의 강화는 프레카리아트 계급을 축소시키고 긱 노동자 집단을 확산시킨다.

문 4. 다음 글에서 알 수 없는 것은?

1859년에 프랑스의 수학자인 르베리에는 태양과 수성 사이에 미지의 행성이 존재한다는 가설을 세웠고, 그 미지의 행성을 '불칸'이라고 이름 붙였다. 당시의 천문학자들은 르베리에를 따라 불칸의 존재를 확신하고 그 첫 번째 관찰자가 되기 위해서 노력했다. 이렇게 확신한 이유는 르베리에가 불칸을 예측하는 데 사용한 방식이 해왕성을 성공적으로 예측하는 데 사용한 방식과 동일했기 때문이다. 해왕성 예측의 성공으로 인해 르베리에에 대한, 그리고 불칸의 예측 방법에 대한 신뢰가 높았던 것이다.

르베리에 또한 죽을 때까지 불칸의 존재를 확신했는데, 그가 그렇게 확신할 수 있었던 것 역시 해왕성 예측의 성공 덕분이었다. 1781년에 천왕성이 처음 발견된 뒤, 천문학자들은 천왕성보다 더 먼 위치에 다른 행성이 존재할 경우에만 천왕성의 궤도에 대한 관찰 결과가 뉴턴의 중력 법칙에 따라 설명될 수 있다고 생각했다. 이에 르베리에는 관찰을 통해 얻은 천왕성의 궤도와 뉴턴의 중력 법칙에 따라 산출한 궤도 사이의 차이를 수학적으로 계산하여 해왕성의 위치를 예측했다. 천문학자인 갈레는 베를린 천문대에서 르베리에의 편지를 받은 그날 밤, 르베리에가 예측한 바로 그 위치에 해왕성이 존재한다는 사실을 확인하였다.

르베리에는 수성의 운동에 대해서도 일찍부터 관심을 가지고 있었다. 르베리에는 수성의 궤도에 대한 관찰 결과 역시 뉴턴의 중력 법칙으로 예측한 궤도와 차이가 있음을 제일 먼저 밝힌 뒤, 1859년에 그 이유를 천왕성 – 해왕성의 경우와 마찬가지로 수성의 궤도에 미지의 행성이 영향을 끼치기 때문이라는 가설을 세운다. 르베리에는 이 미지의 행성에 '불칸'이라는 이름까지 미리 붙였던 것이며, 마침 르베리에의 가설에 따라 이 행성을 발견했다고 주장하는 천문학자까지 나타났던 것이다. 하지만 불칸의 존재에 대해 의심하는 천문학자들 또한 있었고, 이후 아인슈타인의 상대성이론을 이용해 수성의 궤도를 정확하게 설명하는 데 성공함으로써 가상의 행성인 불칸을 상정해야 할 이유는 사라졌다.

① 르베리에에 의하면 수성의 궤도를 정확하게 설명하기 위해서는 뉴턴의 중력 법칙을 대신할 다른 법칙이 필요하지 않다.
② 르베리에에 의하면 천왕성의 궤도를 정확하게 설명하기 위해서는 뉴턴의 중력 법칙을 대신할 다른 법칙이 필요하다.
③ 수성의 궤도에 대한 르베리에의 가설에 기반하여 연구한 천문학자가 있었다.
④ 르베리에는 해왕성의 위치를 수학적으로 계산하여 추정하였다.
⑤ 르베리에는 불칸의 존재를 수학적으로 계산하여 추정하였다.

문 5. 다음 글의 빈칸에 들어갈 말로 가장 적절한 것은?

서구사회의 기독교적 전통하에서 이 전통에 속하는 이들은 자신들을 정상적인 존재로, 이러한 전통에 속하지 않는 이들을 비정상적인 존재로 구별하려 했다. 후자에 해당하는 대표적인 것이 적그리스도, 이교도들, 그리고 나병과 흑사병에 걸린 환자들이었는데, 그들에게 부과한 비정상성을 구체적인 형상을 통해 재현함으로써 그들이 전통 바깥의 존재라는 사실을 명확히 했다.

당연하게도 기독교에서 가장 큰 적으로 꼽는 것은 사탄의 대리자인 적그리스도였다. 기독교 초기, 몽티에랑데르나 힐데가르트 등이 쓴 유명한 저서들뿐만 아니라 적그리스도의 얼굴이 묘사된 모든 종류의 텍스트들에서 그의 모습은 충격적일 정도로 외설스러울 뿐만 아니라 받아들이기 힘들 정도로 추악하게 나타난다.

두 번째는 이교도들이었는데, 서유럽과 동유럽의 기독교인들이 이교도들에 대해 사용했던 무기 중 하나가 그들을 추악한 얼굴의 악마로 묘사하는 것이었다. 또한 이교도들이 즐겨 입는 의복이나 진미로 여기는 음식을 끔찍하게 묘사하여 이교도들을 자신들과는 분명히 구분되는 존재로 만들었다.

마지막으로, 나병과 흑사병에 걸린 환자들을 꼽을 수 있다. 당시의 의학 수준으로 그런 병들은 치료가 불가능했으며, 전염성이 있다고 믿어졌다. 때문에 자신을 정상적 존재라고 생각하는 사람들은 해당 병에 걸린 불행한 사람들을 신에게서 버림받은 죄인이자 공동체에서 추방해야 할 공공의 적으로 여겼다. 그들의 외모나 신체 또한 실제 여부와 무관하게 항상 뒤틀어지고 지극히 흉측한 모습으로 형상화되었다.

정리하자면, _____

① 서구의 종교인과 예술가들은 이방인을 추악한 이미지로 각인시키는 데 있어 중심적인 역할을 하였다.
② 서구의 기독교인들은 자신들보다 강한 존재를 추악한 존재로 묘사함으로써 심리적인 우월감을 확보하였다.
③ 정상적 존재와 비정상적 존재의 명확한 구별을 위해 추악한 형상을 활용하는 것은 동서고금을 막론하고 지속되어 왔다.
④ 서구의 기독교적 전통하에서 추악한 형상은 그 전통에 속하지 않는 이들을 전통에 속한 이들과 구분 짓기 위해 활용되었다.
⑤ 서구의 기독교인들이 자신들과는 다른 타자들을 추악하게 묘사했던 것은 다른 종교에 의해 자신들의 종교가 침해되는 것을 두려워했기 때문이다.

문 6. 다음 글의 흐름에 맞지 않는 곳을 ㉠～㉤에서 찾아 수정할 때 가장 적절한 것은?

에르고딕 이론에 따르면 그룹의 평균을 활용해 개인에 대한 예측을 이끌어낼 수 있는데, 이를 위해서는 다음의 두 가지 조건을 먼저 충족해야 한다. 첫째는 그룹의 모든 구성원이 ㉠질적으로 동일해야 하며, 둘째는 그 그룹의 모든 구성원이 미래에도 여전히 동일해야 한다는 것이다. 특정 그룹이 이 두 가지 조건을 충족하면 해당 그룹은 '에르고딕'으로 인정되면서, ㉡그룹의 평균적 행동을 통해 해당 그룹에 속해 있는 개인에 대한 예측을 이끌어낼 수 있다.

그런데 이 이론에 대해 심리학자 몰레나는 다음과 같은 설명을 덧붙였다. "그룹 평균을 활용해 개인을 평가하는 것은 인간이 모두 동일하고 변하지 않는 냉동 클론이어야만 가능하겠지요? 그런데 인간은 냉동 클론이 아닙니다." 그런데도 등급화와 유형화 같은 평균주의의 결과물들은 정책 결정의 과정에서 중요한 근거로 쓰였다. 몰레나는 이와 같은 위험한 가정을 '에르고딕 스위치'라고 명명했다. 이는 평균주의의 유혹에 속아 집단의 평균에 의해 개인을 파악함으로써 ㉢실재하는 개인적 특성을 모조리 무시하게 되는 것을 의미한다.

지금 타이핑 실력이 뛰어나지 않은 당신이 타이핑 속도의 변화를 통해 오타를 줄이고 싶어 한다고 가정해 보자. 평균주의식으로 접근할 경우 여러 사람의 타이핑 실력을 측정한 뒤에 평균 타이핑 속도와 평균 오타 수를 비교하게 된다. 그 결과 평균적으로 타이핑 속도가 더 빠를수록 오타 수가 더 적은 것으로 나타났다고 하자. 이때 평균주의자는 당신이 타이핑의 오타 수를 줄이고 싶다면 ㉣타이핑을 더 빠른 속도로 해야 한다고 말할 것이다. 바로 여기가 '에르고딕 스위치'에 해당하는 지점인데, 사실 타이핑 속도가 빠른 사람들은 대체로 타이핑 실력이 뛰어난 편이며 그만큼 오타 수는 적을 수밖에 없다. 더구나 ㉤타이핑 실력이라는 요인이 통제된 상태에서 도출된 평균치를 근거로 당신에게 내린 처방은 적절하지 않을 가능성이 높다.

① ㉠을 '질적으로 다양해야 하며'로 고친다.

② ㉡을 '개인의 특성을 종합하여 집단의 특성에 대한 예측'으로 고친다.

③ ㉢을 '실재하는 그룹 간 편차를 모조리 무시'로 고친다.

④ ㉣을 '타이핑을 더 느린 속도로 해야 한다'로 고친다.

⑤ ㉤을 '타이핑 실력이라는 요인이 통제되지 않은 상태에서'로 고친다.

문 7. 다음 대화의 빈칸에 들어갈 내용으로 가장 적절한 것은?

갑: 이번 프로젝트는 정보 보안이 매우 중요해서 1인당 2대의 업무용 PC를 사용하기로 하였습니다. 원칙적으로, 1대는 외부 인터넷 접속만 할 수 있는 외부용 PC이고 다른 1대는 내부 통신망만 이용할 수 있는 내부용 PC입니다. 둘 다 통신을 제외한 다른 기능을 사용하는 데는 아무런 제한이 없습니다.

을: 외부용 PC와 내부용 PC는 각각 별도의 저장 공간을 사용하나요?

갑: 네, 맞습니다. 그러나 두 PC 간 자료를 공유하려면 두 가지 방법만 쓰도록 되어 있습니다. 첫 번째 방법은 이메일을 이용하는 것입니다. 본래 내부용 PC는 내부 통신망용이라 이메일 계정에 접속할 수 없지만, 프로젝트 팀장의 승인을 받아 ○○메일 계정에 접속한 뒤 자신의 ○○메일 계정으로 자료를 보내는 것만 허용하였습니다.

을: 그러면 첫 번째 방법은 내부용 PC에서 외부용 PC로 자료를 보낼 때만 가능하겠군요. 두 번째 방법을 이용하면 외부용 PC에서 내부용 PC로도 자료를 보낼 수 있나요?

갑: 물론입니다. 두 번째 방법은 내부용 PC와 외부용 PC에 설치된 자료 공유 프로그램을 이용하는 것인데, 이를 이용하면 두 PC 간 자료의 상호 공유가 가능합니다.

을: 말씀하신 자료 공유 프로그램을 이용하면 두 PC 사이에 자료를 자유롭게 공유할 수 있는 건가요?

갑: 파일 개수, 용량, 공유 횟수에는 제한이 없습니다. 다만, 이 프로그램을 사용할 때는 보안을 위해 프로젝트 팀장이 비밀번호를 입력해 주어야만 합니다.

을: 그렇군요. 그런데 외부용 PC로 ○○메일이 아닌 일반 이메일 계정에도 접속할 수 있나요?

갑: 아닙니다. 원칙적으로는 외부용 PC에서 자료를 보내거나 받기 위하여 사용 가능한 이메일 계정은 ○○메일뿐입니다. 그러나 예외적으로 필요한 경우에 한해 보안 부서에 공문으로 요청하여 승인을 받으면, 일반 이메일 계정에 접속하여 자료를 보내거나 받을 수 있습니다.

을: 아하! 외부 자문위원의 자료를 전달받아 내부용 PC에 저장하기 위해서는 [　　　　　　　　　　　]

① 굳이 프로젝트 팀장이 비밀번호를 입력할 필요가 없겠군요.

② 사전에 보안 부서에 요청하여 외부용 PC로 일반 이메일 계정에 접속할 수 있는 권한을 부여받는 방법밖에 없겠네요.

③ 외부 자문위원의 PC에서 ○○메일 계정으로 자료를 보낸 뒤, 내부용 PC로 ○○메일 계정에 접속하여 자료를 내려받으면 되겠군요.

④ 외부 자문위원의 PC에서 일반 이메일 계정으로 자료를 보낸 뒤, 사전에 보안 부서의 승인을 받아 내부용 PC로 일반 이메일 계정에 접속하여 자료를 내려받으면 되겠네요.

⑤ 외부 자문위원의 PC에서 ○○메일 계정으로 자료를 보낸 뒤, 외부용 PC로 ○○메일 계정에 접속해 자료를 내려받아 자료 공유 프로그램을 이용하여 내부용 PC로 보내면 되겠네요.

문 8. 다음 글에 비추어 볼 때, 아래 〈그림〉의 ㉠～㉣에 들어 갈 말을 적절하게 나열한 것은?

도시재생 사업의 목표는 지역 역량의 강화와 지역 가치의 제고라는 두 마리 토끼를 잡는 것이다. 그 결과, 아래 〈그림〉에서 지역의 상태는 A에서 A'으로 변화한다. 둘 중 하나라도 이루어지지 않는다면 도시재생 사업의 목표가 달성되었다고 볼 수 없다. 그러한 실패 사례의 하나가 젠트리피케이션이다. 이는 지역 역량이 강화되지 않은 채 지역 가치만 상승하는 현상을 의미한다.

도시재생 사업의 모범적인 양상은 지역 자산화이다. 지역 자산화는 두 단계로 이루어진다. 첫 번째 단계는 공동체 역량 강화 과정이다. 이는 지역 문제 해결을 위한 프로그램 및 정책 수립, 물리적 시설의 개선, 운영 관리 등으로 구성된 공공 주도 과정이다. 이를 통해 지역 가치와 지역 역량이 모두 낮은 상태에서 일단 지역 역량을 키워 지역 기반의 사회적 자본을 형성하게 된다. 그 다음 두 번째 단계로 전문화 과정이 이어진다. 전문화는 민간의 전문성과 창의성을 적극적으로 활용함으로써, 강화된 지역 역량의 토대 위에서 지역 가치 제고를 이끌어낸다. 이 과정에서 주민과 민간 조직의 전문성에 대한 신뢰를 바탕으로, 공유 시설이나 공간의 설계, 관리, 운영 등 많은 권한이 시민단체를 비롯한 중간 지원 조직에 통합적으로 위임된다.

〈그림〉

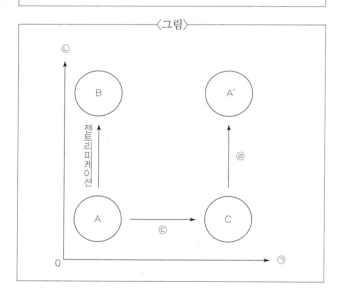

	㉠	㉡	㉢	㉣
①	지역 역량	지역 가치	공동체 역량 강화	전문화
②	지역 역량	지역 가치	공동체 역량 강화	지역 자산화
③	지역 역량	지역 가치	지역 자산화	전문화
④	지역 가치	지역 역량	공동체 역량 강화	지역 자산화
⑤	지역 가치	지역 역량	지역 자산화	전문화

문 9. 다음 글의 (가)와 (나)에 대한 판단으로 적절한 것만을 〈보기〉에서 모두 고르면?

확률적으로 가능성이 희박한 사건이 우리 주변에서 생각보다 자주 일어나는 것처럼 보인다. 왜 이러한 현상이 발생하는지를 설명하는 다음과 같은 두 입장이 있다.

(가) 만일 당신이 가능한 모든 결과들의 목록을 완전하게 작성한다면, 그 결과들 중 하나는 반드시 나타난다. 표준적인 정육면체 주사위를 던지면 1에서 6까지의 수 중 하나가 나오거나 어떤 다른 결과, 이를테면 주사위가 탁자 아래로 떨어져 찾을 수 없게 되는 일 등이 벌어질 수 있다. 동전을 던지면 앞면 또는 뒷면이 나오거나, 동전이 똑바로 서는 등의 일이 일어날 수 있다. 아무튼 가능한 결과 중 하나가 일어나리라는 것만큼은 확실하다.

(나) 한 사람에게 특정한 사건이 발생할 확률이 매우 낮더라도, 충분히 많은 사람에게는 그 사건이 일어날 확률이 매우 높을 수 있다. 예컨대 어떤 불행한 사건이 당신에게 일어날 확률은 낮을지 몰라도, 지구에 현재 약 70억 명이 살고 있으므로, 이들 중 한두 사람이 그 불행한 일을 겪고 있다는 것은 이상한 일이 아니다.

〈보기〉

ㄱ. 로또 복권 1장을 살 경우 1등에 당첨될 확률은 낮지만, 모든 가능한 숫자의 조합을 모조리 샀을 때 추첨이 이루어진다면 무조건 당첨된다는 사례는 (가)로 설명할 수 있다.

ㄴ. 어떤 사람이 교통사고를 당할 확률은 매우 낮지만, 대한민국에서 교통사고는 거의 매일 발생한다는 사례는 (나)로 설명할 수 있다.

ㄷ. 주사위를 수십 번 던졌을 때 1이 연속으로 여섯 번 나올 확률은 매우 낮지만, 수십만 번 던졌을 때는 이런 사건을 종종 볼 수 있다는 사례는 (가)로 설명할 수 있으나 (나)로는 설명할 수 없다.

① ㄱ

② ㄷ

③ ㄱ, ㄴ

④ ㄴ, ㄷ

⑤ ㄱ, ㄴ, ㄷ

문 10. 다음 논쟁에 대한 평가로 적절한 것만을 〈보기〉에서 모두 고르면?

> A: 현실적으로 과학 연구를 위해서는 상당한 규모의 연구비가 필요하기 때문에, 연구자들에게 공공 자원을 배분하는 역할을 하는 사람들은 자신의 결정이 해당 분야의 발전에 큰 영향을 미친다는 사실을 유념해야 한다. 그들의 의사결정에서 가장 중요한 문제는 공공 자원을 어떤 원칙에 따라 배분할 것인가이다. 각 분야의 주류 견해를 형성하고 있는 연구자들에게만 자원이 편중되어 비주류 연구들이 고사된다면, 그 결과 해당 분야 전체의 발전은 저해될 것이다.
>
> B: 과학 연구에 공공 자원을 배분하는 기준으로는 무엇보다 연구 성과가 우선되어야 한다. 객관적으로 드러난 연구 성과가 가장 우수한 연구자에게 자원을 우선 배분하는 것이 공정성에도 부합할 뿐 아니라, 투자의 사회적 효율성도 높일 수 있다.
>
> A: 그와 같은 원칙으로는 한 분야의 주류 연구자들이 자원을 독점하게 될 가능성이 높다. 비주류 연구에서 우수한 연구 성과가 나오는 일은 상대적으로 드물거나 오랜 시간이 걸리기 때문이다. 특정 분야 내에 상충되는 내용을 가진 연구들이 많을수록 그 분야의 발전 가능성도 커진다. 이는 한 연구의 문제점을 파악하는 것이 자체 시각만으로는 쉽지 않으며, 문제가 감지되더라도 다른 연구자의 관점이 개입되어야 그 문제의 성격이 명확히 파악될 수 있다는 것을 뜻한다.
>
> B: 우수한 연구에 자원을 집중하는 것이 효율성 측면에서 바람직하다. 최근의 과학 연구에서는 연구비 규모가 큰 과제일수록 더 우수한 성과를 얻는 경향이 강해지고 있기 때문이다. 과학의 발전을 위해 성과가 저조한 연구자들이 난립하는 것보다 우수한 연구자에게 자원을 집중적으로 투입하는 것이 낫다.

〈보기〉

ㄱ. 공공 자원을 연구 성과에 따라 배분하지 않으면 도덕적 해이가 발생할 가능성이 커진다는 사실은 A의 주장을 강화한다.

ㄴ. 연구 성과에 대한 평가가 시간이 지나 뒤집히는 경우가 자주 있다는 사실은 B의 주장을 강화한다.

ㄷ. 성과만을 기준으로 연구자들을 차등 대우하면 연구자들의 사기가 저하되어 해당 분야 전체의 발전이 저해된다는 사실은 A의 주장을 강화하지만 B의 주장은 강화하지 않는다.

① ㄴ

② ㄷ

③ ㄱ, ㄴ

④ ㄱ, ㄷ

⑤ ㄱ, ㄴ, ㄷ

문 11. 다음 글에서 알 수 있는 것은?

> 우리나라 국기인 태극기에는 태극 문양과 4괘가 그려져 있는데, 중앙에 있는 태극 문양은 만물이 음양 조화로 생장한다는 것을 상징한다. 또 태극 문양의 좌측 하단에 있는 이괘는 불, 우측 상단에 있는 감괘는 물, 좌측 상단에 있는 건괘는 하늘, 우측 하단에 있는 곤괘는 땅을 각각 상징한다. 4괘가 상징하는 바는 그것이 처음 만들어질 때부터 오늘날까지 변함이 없다.
>
> 태극 문양을 그린 기는 개항 이전에도 조선 수군이 사용한 깃발 등 여러 개가 있는데, 태극 문양과 4괘만 사용한 기는 개항 후에 처음 나타났다. 1882년 5월 조미수호조규 체결을 위한 전권대신으로 임명된 이응준은 회담 장소에 내걸 국기가 없어 곤란해 하다가 회담 직전 태극 문양을 활용해 기를 만들고 그것을 회담장에 걸어두었다. 그 기에 어떤 문양이 담겼는지는 오랫동안 알려지지 않았다. 그런데 2004년 1월 미국 어느 고서점에서 미국 해군부가 조미수호조규 체결 한 달 후에 만든 『해상 국가들의 깃발들』이라는 책이 발견되었다. 이 책에는 이응준이 그린 것으로 짐작되는 '조선의 기'라는 이름의 기가 실려 있다. 그 기의 중앙에는 태극 문양이 있으며 네 모서리에 괘가 하나씩 있는데, 좌측 상단에 감괘, 우측 상단에 건괘, 좌측 하단에 곤괘, 우측 하단에 이괘가 있다.
>
> 조선이 국기를 공식적으로 처음 정한 것은 1883년의 일이다. 1882년 9월에 고종은 박영효를 수신사로 삼아 일본에 보내면서, 그에게 조선을 상징하는 기를 만들어 사용해 본 다음 귀국하는 즉시 제출하게 했다. 이에 박영효는 태극 문양이 가운데 있고 4개의 모서리에 각각 하나씩 괘가 있는 기를 만들어 사용한 후 그것을 고종에게 바쳤다. 고종은 이를 조선 국기로 채택하고 통리교섭사무아문으로 하여금 각국 공사관에 배포하게 했다. 이 기는 일본에 의해 강제 병합되기까지 국기로 사용되었는데, 언뜻 보기에 『해상 국가들의 깃발들』에 실린 '조선의 기'와 비슷하다. 하지만 자세히 보면 두 기는 서로 다르다. 조선 국기 좌측 상단에 있는 괘가 '조선의 기'에는 우측 상단에 있고, '조선의 기'의 좌측 상단에 있는 괘는 조선 국기의 우측 상단에 있다. 또 조선 국기의 좌측 하단에 있는 괘는 '조선의 기'의 우측 하단에 있고, '조선의 기'의 좌측 하단에 있는 괘는 조선 국기의 우측 하단에 있다.

① 미국 해군부는 통리교섭사무아문이 각국 공사관에 배포한 국기를 『해상 국가들의 깃발들』에 수록하였다.

② 조미수호조규 체결을 위한 회담 장소에서 사용하고자 이응준이 만든 기는 태극 문양이 담긴 최초의 기다.

③ 통리교섭사무아문이 배포한 기의 우측 상단에 있는 괘와 '조선의 기'의 좌측 하단에 있는 괘가 상징하는 것은 같다.

④ 오늘날 태극기의 우측 하단에 있는 괘와 고종이 조선 국기로 채택한 기의 우측 하단에 있는 괘는 모두 땅을 상징한다.

⑤ 박영효가 그린 기의 좌측 상단에 있는 괘는 물을 상징하고 이응준이 그린 기의 좌측 상단에 있는 괘는 불을 상징한다.

문 12. 다음 대화의 빈칸에 들어갈 내용으로 가장 적절한 것은?

갑: 국회에서 법률들을 제정하거나 개정할 때, 법률에서 조례를 제정하여 시행하도록 위임하는 경우가 있습니다. 그리고 이런 위임에 따라 지방자치단체에서는 조례를 새로 제정하게 됩니다. 각 지방자치단체가 법률의 위임에 따라 몇 개의 조례를 제정했는지 집계하여 '조례 제정 비율'을 계산하는데, 이 지표는 작년에 이어 올해도 지방자치단체의 업무 평가 기준에 포함되었습니다.

을: 그렇군요. 그 평가 방식이 구체적으로 어떻게 되고, A시의 작년 평가 결과는 어땠는지 말씀해 주세요.

갑: 먼저 그 해 1월 1일부터 12월 31일까지 법률에서 조례를 제정하도록 위임한 사항이 몇 건인지 확인한 뒤, 그중 12월 31일까지 몇 건이나 조례로 제정되었는지로 평가합니다. 작년에는 법률에서 조례를 제정하도록 위임한 사항이 15건이었는데, 그중 A시에서 제정한 조례는 9건으로 그 비율은 60%였습니다.

을: 그러면 올해는 조례 제정 상황이 어떻습니까?

갑: 1월 1일부터 7월 10일 현재까지 법률에서 조례를 제정하도록 위임한 사항은 10건인데, A시는 이 중 7건을 조례로 제정하였으며 조례로 제정하기 위하여 입법 예고 중인 것은 2건입니다. 현재 시의회에서 조례로 제정되기를 기다리며 계류 중인 것은 없습니다.

을: 모든 조례는 입법 예고를 거친 뒤 시의회에서 제정되므로, 현재 입법 예고 중인 2건은 입법 예고 기간이 끝나야만 제정될 수 있겠네요. 이 2건의 제정 가능성은 예상할 수 있나요?

갑: 어떤 조례는 신속히 제정되기도 합니다. 그러나 때로는 시의회가 계속 파행하기도 하고 의원들의 입장에 차이가 커 공전될 수도 있기 때문에 현재 시점에서 조례 제정 가능성을 단정하기는 어렵습니다.

을: 그러면 A시의 조례 제정 비율과 관련하여 알 수 있는 것은 무엇이 있을까요?

갑: A시는 ▢▢▢▢▢▢▢▢▢▢▢▢▢▢▢▢

① 현재 조례로 제정하기 위하여 입법 예고가 필요한 것이 1건입니다.

② 올 한 해의 조례 제정 비율이 작년보다 높아집니다.

③ 올 한 해 총 9건의 조례를 제정하게 됩니다.

④ 현재 시점을 기준으로 평가를 받으면 조례 제정 비율이 90%입니다.

⑤ 올 한 해 법률에서 조례를 제정하도록 위임받은 사항이 작년보다 줄어듭니다.

문 13. 다음 글의 A ~ C에 대한 판단으로 가장 적절한 것은?

정책 네트워크는 다원주의 사회에서 정책 영역에 따라 실질적인 정책 결정권을 공유하고 있는 집합체이다. 정책 네트워크는 구성원 간의 상호 의존성, 외부로부터 다른 사회 구성원들의 참여 가능성, 의사결정의 합의 효율성, 지속성의 특징을 고려할 때 다음 세 가지 모형으로 분류될 수 있다.

특징 모형	상호 의존성	외부 참여 가능성	합의 효율성	지속성
A	높음	낮음	높음	높음
B	보통	보통	보통	보통
C	낮음	높음	낮음	낮음

A는 의회의 상임위원회, 행정 부처, 이익집단이 형성하는 정책 네트워크로서 안정성이 높아 마치 소정부와 같다. 행정부 수반의 영향력이 작은 정책 분야에서 집중적으로 나타나는 형태이다. A에서는 참여자 간의 결속과 폐쇄적 경계를 강조하며, 배타성이 매우 강해 다른 이익집단의 참여를 철저하게 배제하는 것이 특징이다.

B는 특정 정책과 관련해 이해관계를 같이하는 참여자들로 구성된다. B가 특정 이슈에 대해 유기적인 연계 속에서 기능하면, 전통적인 관료제나 A의 방식보다 더 효과적으로 정책 목표를 달성할 수 있다. B의 주요 참여자는 정치인, 관료, 조직화된 이익집단, 전문가 집단이며, 정책 결정은 주요 참여자 간의 합의와 협력에 의해 일어난다.

C는 특정 이슈를 중심으로 이해관계나 전문성을 가진 이익집단, 개인, 조직으로 구성되고, 참여자는 매우 자율적이고 주도적인 행위자이며 수시로 변경된다. 배타성이 강한 A만으로 정책을 모색하면 정책 결정에 영향을 미칠 수 있는 C와 같은 개방적 참여자들의 네트워크를 놓치기 쉽다. C는 관료제의 영향력이 작고 통제가 약한 분야에서 주로 작동하는데, 참여자가 많아 합의가 어려워 결국 정부가 위원회나 청문회를 활용하여 의견을 조정하려는 경우가 종종 발생한다.

① 외부 참여 가능성이 높은 모형은 관료제의 영향력이 작고 통제가 약한 분야에서 나타나기 쉽다.

② 상호 의존성이 보통인 모형에서는 배타성이 강해 다른 이익집단의 참여를 철저하게 배제한다.

③ 합의 효율성이 높은 모형이 가장 효과적으로 정책 목표를 달성할 수 있다.

④ A에 참여하는 이익집단의 정책 결정 영향력이 B에 참여하는 이익집단의 정책 결정 영향력보다 크다.

⑤ C에서는 참여자의 수가 많아질수록 네트워크의 지속성이 높아진다.

문 14. 다음 글에서 추론할 수 있는 것만을 〈보기〉에서 모두 고르면?

두 입자만으로 이루어지고 이들이 세 가지의 양자 상태 1, 2, 3 중 하나에만 있을 수 있는 계(system)가 있다고 하자. 여기서 양자 상태란 입자가 있을 수 있는 구별 가능한 어떤 상태를 지시하며, 입자는 세 가지 양자 상태 중 하나에 반드시 있어야 한다. 이때 그 계에서 입자들이 어떻게 분포할 수 있는지 경우의 수를 세는 문제는, 각 양자 상태에 대응하는 세 개의 상자 1 2 3 에 두 입자가 있는 경우의 수를 세는 것과 같다. 경우의 수는 입자들끼리 서로 구별 가능한지와 여러 개의 입자가 하나의 양자 상태에 동시에 있을 수 있는지에 따라 달라진다.

두 입자가 구별 가능하고, 하나의 양자 상태에 여러 개의 입자가 있을 수 있다고 가정하자. 이것을 'MB 방식'이라고 부르며, 두 입자는 각각 a, b로 표시할 수 있다. a가 1의 양자 상태에 있는 경우는 ab , a b , a b 의 세 가지이고, a가 2의 양자 상태에 있는 경우와 a가 3의 양자 상태에 있는 경우도 각각 세 가지이다. 그러므로 MB 방식에서 경우의 수는 9이다.

두 입자가 구별되지 않고, 하나의 양자 상태에 여러 개의 입자가 있을 수 있다고 가정하자. 이것을 'BE 방식'이라고 부른다. 이때에는 두 입자 모두 a로 표시하게 되므로 aa , aa , aa, a a , a a , a a 가 가능하다. 그러므로 BE 방식에서 경우의 수는 6이다.

두 입자가 구별되지 않고, 하나의 양자 상태에 하나의 입자만 있을 수 있다고 가정하자. 이것을 'FD 방식'이라고 부른다. 여기에서는 BE 방식과 달리 하나의 양자 상태에 두 개의 입자가 동시에 있는 경우는 허용되지 않으므로 a a , a a , a a 만 가능하다. 그러므로 FD 방식에서 경우의 수는 3이다.

양자 상태의 가짓수가 다를 때에도 MB, BE, FD 방식 모두 위에서 설명한 대로 입자들이 놓이게 되고, 이때 경우의 수는 달라질 수 있다.

〈보기〉

ㄱ. 두 개의 입자에 대해, 양자 상태가 두 가지이면 BE 방식에서 경우의 수는 2이다.

ㄴ. 두 개의 입자에 대해, 양자 상태의 가짓수가 많아지면 FD 방식에서 두 입자가 서로 다른 양자 상태에 각각 있는 경우의 수는 커진다.

ㄷ. 두 개의 입자에 대해, 양자 상태가 두 가지 이상이면 경우의 수는 BE 방식에서보다 MB 방식에서 언제나 크다.

① ㄱ

② ㄷ

③ ㄱ, ㄴ

④ ㄴ, ㄷ

⑤ ㄱ, ㄴ, ㄷ

문 15. 다음 글에서 추론할 수 있는 것은?

생쥐가 새로운 소리 자극을 받으면 이 자극 신호는 뇌의 시상에 있는 청각시상으로 전달된다. 청각시상으로 전달된 자극 신호는 뇌의 편도에 있는 측핵으로 전달된다. 측핵에 전달된 신호는 편도의 중핵으로 전달되고, 중핵은 신체의 여러 기관에 전달할 신호를 만들어서 반응이 일어나게 한다.

연구자 K는 '공포' 또는 '안정'을 학습시켰을 때 나타나는 신경생물학적 특징을 탐구하기 위해 두 개의 실험을 수행했다.

첫 번째 실험에서 공포를 학습시켰다. 이를 위해 K는 생쥐에게 소리 자극을 준 뒤에 언제나 공포를 일으킬 만한 충격을 가하여, 생쥐에게 이 소리가 충격을 예고한다는 것을 학습시켰다. 이렇게 학습된 생쥐는 해당 소리 자극을 받으면 방어적인 행동을 취했다. 이 생쥐의 경우, 청각시상으로 전달된 소리 자극 신호는 학습을 수행하기 전 상태에서 전달되는 것보다 훨씬 센 강도의 신호로 증폭되어 측핵으로 전달된다. 이 증폭된 강도의 신호는 중핵을 거쳐 신체의 여러 기관에 전달되고 이는 학습된 공포 반응을 일으킨다.

두 번째 실험에서는 안정을 학습시켰다. 이를 위해 K는 다른 생쥐에게 소리 자극을 준 뒤에 항상 어떤 충격도 주지 않아서, 생쥐에게 이 소리가 안정을 예고한다는 것을 학습시켰다. 이렇게 학습된 생쥐는 이 소리를 들어도 방어적인 행동을 전혀 취하지 않았다. 이 경우 소리 자극 신호를 받은 청각시상에서 만들어진 신호가 측핵으로 전달되는 것이 억제되기 때문에 측핵에 전달된 신호는 매우 미약해진다. 대신 청각시상은 뇌의 선조체에서 반응을 일으킬 수 있는 자극 신호를 만들어서 선조체에 전달한다. 선조체는 안정 상태와 같은 긍정적이고 좋은 느낌을 느낄 수 있게 하는 것에 관여하는 뇌 영역인데, 선조체에서 반응이 세게 나타나면 안정감을 느끼게 되어 학습된 안정 반응을 일으킨다.

① 중핵에서 만들어진 신호의 세기가 강한 경우에는 학습된 안정 반응이 나타난다.

② 학습된 공포 반응을 일으키지 않는 소리 자극은 선조체에서 약한 반응이 일어나게 한다.

③ 학습된 공포 반응을 일으키는 소리 자극은 청각시상에서 선조체로 전달되는 자극 신호를 억제한다.

④ 학습된 안정 반응을 일으키는 청각시상에서 받는 소리 자극 신호는 학습된 공포 반응을 일으키는 청각시상에서 받는 소리 자극 신호보다 약하다.

⑤ 학습된 안정 반응을 일으키는 경우와 학습된 공포 반응을 일으키는 경우 모두, 청각시상에서 측핵으로 전달되는 신호의 세기가 학습하기 전과 달라진다.

문 16. 다음 글의 빈칸에 들어갈 내용으로 가장 적절한 것은?

민간 문화 교류 증진을 목적으로 열리는 국제 예술 공연의 개최가 확정되었다. 이번 공연이 민간 문화 교류 증진을 목적으로 열린다면, 공연 예술단의 수석대표는 정부 관료가 맡아서는 안 된다. 만일 공연이 민간 문화 교류 증진을 목적으로 열리고 공연 예술단의 수석대표는 정부 관료가 맡아서는 안 된다면, 공연 예술단의 수석대표는 고전음악 지휘자나 대중음악 제작자가 맡아야 한다. 현재 정부 관료 가운데 고전음악 지휘자나 대중음악 제작자는 없다. 예술단에 수석대표는 반드시 있어야 하며 두 사람 이상이 공동으로 맡을 수도 있다. 전체 세대를 아우를 수 있는 사람이 아니라면 수석대표를 맡아서는 안 된다. 전체 세대를 아우를 수 있는 사람이 극히 드물기에, 위에 나열된 조건을 다 갖춘 사람은 모두 수석대표를 맡는다.

누가 공연 예술단의 수석대표를 맡을 것인가와 더불어, 참가하는 예술인이 누구인가도 많은 관심의 대상이다. 그런데 아이돌 그룹 A가 공연 예술단에 참가하는 것은 분명하다. 왜냐하면 만일 갑이나 을이 수석대표를 맡는다면 A가 공연 예술단에 참가하는데, [＿＿＿＿＿＿＿＿＿＿＿＿＿＿] 때문이다.

① 갑은 고전음악 지휘자이며 전체 세대를 아우를 수 있기

② 갑이나 을은 대중음악 제작자 또는 고전음악 지휘자이기

③ 갑과 을은 둘 다 정부 관료가 아니며 전체 세대를 아우를 수 있기

④ 을이 대중음악 제작자가 아니라면 전체 세대를 아우를 수 없을 것이기

⑤ 대중음악 제작자나 고전음악 지휘자라면 누구나 전체 세대를 아우를 수 있기

문 17. 다음 글의 내용이 참일 때, 반드시 참인 것만을 〈보기〉에서 모두 고르면?

A기술원 해수자원화기술 연구센터는 2014년 세계 최초로 해수전지 원천 기술을 개발한 바 있다. 연구센터는 해수전지 상용화를 위한 학술대회를 열었는데 학술대회로 연구원들이 자리를 비운 사이 누군가 해수전지 상용화를 위한 핵심 기술이 들어 있는 기밀 자료를 훔쳐 갔다. 경찰은 수사 끝에 바다, 다은, 은경, 경아를 용의자로 지목해 학술대회 당일의 상황을 물으며 이들을 심문했는데 이들의 답변은 아래와 같았다.

바다: 학술대회에서 발표된 상용화 아이디어 중 적어도 하나는 학술대회에 참석한 모든 사람들의 관심을 받았어요. 다은은 범인이 아니에요.

다은: 학술대회에 참석한 사람들은 누구나 학술대회에서 발표된 하나 이상의 상용화 아이디어에 관심을 가졌어요. 범인은 은경이거나 경아예요.

은경: 학술대회에 참석한 몇몇 사람은 학술대회에서 발표된 상용화 아이디어 중 적어도 하나에 관심이 있었어요. 경아는 범인이 아니에요.

경아: 학술대회에 참석한 모든 사람들이 어떤 상용화 아이디어에도 관심이 없었어요. 범인은 바다예요.

수사 결과 이들은 각각 참만을 말하거나 거짓만을 말한 것으로 드러났다. 그리고 네 명 중 한 명만 범인이었다는 것이 밝혀졌다.

〈보기〉

ㄱ. 바다와 은경의 말이 모두 참일 수 있다.

ㄴ. 다은과 은경의 말이 모두 참인 것은 가능하지 않다.

ㄷ. 용의자 중 거짓말한 사람이 단 한 명이면, 은경이 범인이다.

① ㄱ

② ㄴ

③ ㄱ, ㄷ

④ ㄴ, ㄷ

⑤ ㄱ, ㄴ, ㄷ

문 18. 다음 글의 내용이 참일 때, 반드시 참인 것만을 〈보기〉에서 모두 고르면?

최근 두 주 동안 직원들은 다음 주에 있을 연례 정책 브리핑을 준비해 왔다. 브리핑의 내용과 진행에 관해 알려진 바는 다음과 같다. 개인건강정보 관리 방식 변경에 관한 가안이 정책제안에 포함된다면, 보건정보의 공적 관리에 관한 가안도 정책제안에 포함될 것이다. 그리고 정책제안을 위해 구성되었던 국민건강 2025 팀이 재편된다면, 앞에서 언급한 두 개의 가안이 모두 정책제안에 포함될 것이다. 개인건강정보 관리 방식 변경에 관한 가안이 정책제안에 포함되고 국민건강 2025 팀 리더인 최팀장이 다음 주 정책 브리핑을 총괄한다면, 프레젠테이션은 국민건강 2025 팀의 팀원인 손공정씨가 맡게 될 것이다. 그런데 보건정보의 공적 관리에 관한 가안이 정책제안에 포함될 경우, 국민건강 2025 팀이 재편되거나 다음 주 정책 브리핑을 위해 준비한 보도자료가 대폭 수정될 것이다. 한편, 직원들 사이에서는, 최팀장이 다음 주 정책 브리핑을 총괄하면 팀원 손공정씨가 프레젠테이션을 담당한다는 말이 돌았는데 그 말은 틀린 것으로 밝혀졌다.

〈보기〉

ㄱ. 개인건강정보 관리 방식 변경에 관한 가안과 보건정보의 공적 관리에 관한 가안 중 어느 것도 정책제안에 포함되지 않는다.

ㄴ. 국민건강 2025 팀은 재편되지 않고, 이 팀의 최팀장이 다음 주 정책 브리핑을 총괄한다.

ㄷ. 보건정보의 공적 관리에 관한 가안이 정책제안에 포함된다면, 다음 주 정책 브리핑을 위해 준비한 보도자료가 대폭 수정될 것이다.

① ㄱ
② ㄴ
③ ㄱ, ㄷ
④ ㄴ, ㄷ
⑤ ㄱ, ㄴ, ㄷ

문 19. 다음 글의 내용이 참일 때, 반드시 참인 것은?

A, B, C, D를 포함해 총 8명이 학회에 참석했다. 이들에 관해서 알려진 정보는 다음과 같다.

○ 아인슈타인 해석, 많은 세계 해석, 코펜하겐 해석, 보른 해석 말고도 다른 해석들이 있고, 학회에 참석한 이들은 각각 하나의 해석만을 받아들인다.

○ 상태 오그라듦 가설을 받아들이는 이들은 모두 5명이고, 나머지는 이 가설을 받아들이지 않는다.

○ 상태 오그라듦 가설을 받아들이는 이들은 코펜하겐 해석이나 보른 해석을 받아들인다.

○ 코펜하겐 해석이나 보른 해석을 받아들이는 이들은 상태 오그라듦 가설을 받아들인다.

○ B는 코펜하겐 해석을 받아들이고, C는 보른 해석을 받아들인다.

○ A와 D는 상태 오그라듦 가설을 받아들인다.

○ 아인슈타인 해석을 받아들이는 이가 있다.

① 적어도 한 명은 많은 세계 해석을 받아들인다.
② 만일 보른 해석을 받아들이는 이가 두 명이면, A와 D가 받아들이는 해석은 다르다.
③ 만일 A와 D가 받아들이는 해석이 다르다면, 적어도 두 명은 코펜하겐 해석을 받아들인다.
④ 만일 오직 한 명만이 많은 세계 해석을 받아들인다면, 아인슈타인 해석을 받아들이는 이는 두 명이다.
⑤ 만일 코펜하겐 해석을 받아들이는 이가 세 명이면, A와 D 가운데 적어도 한 명은 보른 해석을 받아들인다.

문 20. 다음 글의 〈실험 결과〉에서 추론할 수 있는 것은?

연구자 K는 동물의 뇌 구조 변화가 일어나는 방식을 규명하기 위해 다음의 실험을 수행했다. 실험용 쥐를 총 세 개의 실험군으로 나누었다. 실험군1의 쥐에게는 운동은 최소화하면서 학습을 시키는 '학습 위주 경험'을 하도록 훈련시켰다. 실험군2의 쥐에게는 특별한 기술을 학습할 필요 없이 수행할 수 있는 쳇바퀴 돌리기를 통해 '운동 위주 경험'을 하도록 훈련시켰다. 실험군3의 쥐에게는 어떠한 학습이나 운동도 시키지 않았다.

〈실험 결과〉

○ 뇌 신경세포 한 개당 시냅스의 수는 실험군1의 쥐에서 크게 증가했고 실험군2와 3의 쥐에서는 거의 변하지 않았다.

○ 뇌 신경세포 한 개당 모세혈관의 수는 실험군 2의 쥐에서 크게 증가했고 실험군1과 3의 쥐에서는 거의 변하지 않았다.

○ 실험군1의 쥐에서는 대뇌 피질의 지각 영역에서 구조 변화가 나타났고, 실험군2의 쥐에서는 대뇌 피질의 운동 영역과 더불어 운동 활동을 조절하는 소뇌에서 구조 변화가 나타났다. 실험군3의 쥐에서는 뇌 구조 변화가 거의 나타나지 않았다.

① 대뇌 피질의 구조 변화는 학습 위주 경험보다 운동 위주 경험에 더 큰 영향을 받는다.

② 학습 위주 경험은 뇌의 신경세포당 시냅스의 수에, 운동 위주 경험은 뇌의 신경세포당 모세혈관의 수에 영향을 미친다.

③ 학습 위주 경험과 운동 위주 경험은 뇌의 특정 부위에 있는 신경세포의 수를 늘려 그 부위의 뇌 구조를 변하게 한다.

④ 특정 형태의 경험으로 인해 뇌의 특정 영역에 발생한 구조 변화가 뇌의 신경세포당 모세혈관 또는 시냅스의 수를 변화시킨다.

⑤ 뇌가 영역별로 특별한 구조를 갖는 것이 그 영역에서 신경세포당 모세혈관 또는 시냅스의 수를 변화시켜 특정 형태의 경험을 더 잘 수행할 수 있게 한다.

문 21. 다음 글의 〈실험 결과〉에 대한 판단으로 적절한 것만을 〈보기〉에서 모두 고르면?

박쥐 X가 잡아먹을 수컷 개구리의 위치를 찾기 위해 사용하는 방법에는 두 가지가 있다. 하나는 수컷 개구리의 울음소리를 듣고 위치를 찾아내는 '음탐지' 방법이다. 다른 하나는 X가 초음파를 사용하여, 울음소리를 낼 때 커졌다 작아졌다 하는 울음주머니의 움직임을 포착하여 위치를 찾아내는 '초음파탐지' 방법이다. 울음주머니의 움직임이 없으면 이 방법으로 수컷 개구리의 위치를 찾을 수 없다.

〈실험〉

한 과학자가 수컷 개구리를 모방한 두 종류의 로봇개구리를 제작했다. 로봇개구리 A는 수컷 개구리의 울음소리를 내고, 커졌다 작아졌다 하는 울음주머니도 가지고 있다. 로봇개구리 B는 수컷 개구리의 울음소리만 내고, 커졌다 작아졌다 하는 울음주머니는 없다. 같은 수의 A 또는 B를 크기는 같지만 서로 다른 환경의 세 방 안에 같은 위치에 두었다. 세 방의 환경은 다음과 같다.

○ 방1: 로봇개구리 소리만 들리는 환경
○ 방2: 로봇개구리 소리뿐만 아니라, 로봇개구리가 있는 곳과 다른 위치에서 로봇개구리 소리와 같은 소리가 추가로 들리는 환경
○ 방3: 로봇개구리 소리뿐만 아니라, 로봇개구리가 있는 곳과 다른 위치에서 로봇개구리 소리와 전혀 다른 소리가 추가로 들리는 환경

각 방에 같은 수의 X를 넣고 실제로 로봇개구리를 잡아먹기 위해 공격하는 데 걸리는 평균 시간을 측정했다. X가 로봇개구리의 위치를 빨리 알아낼수록 공격하는 데 걸리는 시간은 짧다.

〈실험 결과〉

○ 방1: A를 넣은 경우는 3.4초였고 B를 넣은 경우는 3.3초로 둘 사이에 유의미한 차이는 없었다.
○ 방2: A를 넣은 경우는 8.2초였고 B를 넣은 경우는 공격하지 않았다.
○ 방3: A를 넣은 경우는 3.4초였고 B를 넣은 경우는 3.3초로 둘 사이에 유의미한 차이는 없었다.

〈보기〉

ㄱ. 방1과 2의 〈실험 결과〉는, X가 음탐지 방법이 방해를 받는 환경에서는 초음파탐지 방법을 사용한다는 가설을 강화한다.
ㄴ. 방2와 3의 〈실험 결과〉는, X가 소리의 종류를 구별할 수 있다는 가설을 강화한다.
ㄷ. 방1과 3의 〈실험 결과〉는, 수컷 개구리의 울음소리와 전혀 다른 소리가 들리는 환경에서는 X가 초음파탐지 방법을 사용한다는 가설을 강화한다.

① ㄱ
② ㄷ
③ ㄱ, ㄴ
④ ㄴ, ㄷ
⑤ ㄱ, ㄴ, ㄷ

문 22. 다음 글에 대한 분석으로 적절한 것만을 〈보기〉에서 모두 고르면?

'자연화'란 자연과학의 방법론에 따라 자연과학이 수용하는 존재론을 토대 삼아 연구를 수행한다는 의미이다. 심리학을 자연과학의 하나라고 생각하는 철학자 A는, 인식론의 자연화를 주장하기 위해 다음의 〈논증〉을 제시하였다.

〈논증〉

(1) 전통적 인식론은 적어도 다음의 두 가지 목표를 가진다. 첫째, 세계에 관한 믿음을 정당화하는 것이고, 둘째, 세계에 관한 믿음을 나타내는 문장을 감각 경험을 나타내는 문장으로 번역하는 것이다.
(2) 전통적 인식론은 첫째 목표도 달성할 수 없고 둘째 목표도 달성할 수 없다.
(3) 만약 전통적 인식론이 이 두 가지 목표 중 어느 하나라도 달성할 수가 없다면, 전통적 인식론은 폐기되어야 한다.
(4) 전통적 인식론은 폐기되어야 한다.
(5) 만약 전통적 인식론이 폐기되어야 한다면, 인식론자는 전통적 인식론 대신 심리학을 연구해야 한다.
(6) 인식론자는 전통적 인식론 대신 심리학을 연구해야 한다.

〈보기〉

ㄱ. 전통적 인식론의 목표에 (1)의 '두 가지 목표' 외에 "세계에 관한 믿음이 형성되는 과정을 규명하는 것"이 추가된다면, 위 논증에서 (6)은 도출되지 않는다.
ㄴ. (2)를 "전통적 인식론은 첫째 목표를 달성할 수 없거나 둘째 목표를 달성할 수 없다."로 바꾸어도 위 논증에서 (6)이 도출된다.
ㄷ. (4)는 논증 안의 어떤 진술들로부터 나오는 결론일 뿐만 아니라 논증 안의 다른 진술의 전제이기도 하다.

① ㄱ
② ㄷ
③ ㄱ, ㄴ
④ ㄴ, ㄷ
⑤ ㄱ, ㄴ, ㄷ

문 23. 다음 글에 대한 분석으로 적절한 것만을 〈보기〉에서 모두 고르면?

어떤 사람이 당신에게 다음과 같이 제안했다고 하자. 당신은 호화 여행을 즐기게 된다. 다만 먼저 10만 원을 내야 한다. 여기에 하나의 추가 조건이 있다. 그것은 제안자의 말인 아래의 (1)이 참이면 그는 10만 원을 돌려주지 않고 약속대로 호화 여행은 제공하는 반면, (1)이 거짓이면 그는 10만 원을 돌려주고 약속대로 호화 여행도 제공한다는 것이다.

(1) 나는 당신에게 10만 원을 돌려주거나 ⓐ당신은 나에게 10억 원을 지불한다.

당신은 이 제안을 받아들였고 10만 원을 그에게 주었다.

이때 어떤 결과가 따를지 검토해 보자. (1)은 참이거나 거짓일 것이다. (1)이 거짓이라고 가정해 보자. 그러면 추가 조건에 따라 그는 당신에게 10만 원을 돌려준다. 또한 가정상 (1)이 거짓이므로, ㉠그는 당신에게 10만 원을 돌려주지 않는다. 결국 (1)이 거짓이라고 가정하면 그는 당신에게 10만 원을 돌려준다는 것과 돌려주지 않는다는 것이 모두 성립한다. 이는 가능하지 않다. 따라서 ㉡(1)은 참일 수밖에 없다. 그런데 (1)이 참이라면 추가 조건에 따라 그는 당신에게 10만 원을 돌려주지 않는다. 따라서 ⓐ가 반드시 참이어야 한다. 즉, ㉢당신은 그에게 10억 원을 지불한다.

〈보기〉

ㄱ. ㉠을 추론하는 데는 'A이거나 B'의 형식을 가진 문장이 거짓이면 A도 B도 모두 반드시 거짓이라는 원리가 사용되었다.

ㄴ. ㉡을 추론하는 데는 어떤 가정하에서 같은 문장의 긍정과 부정이 모두 성립하는 경우 그 가정의 부정은 반드시 참이라는 원리가 사용되었다.

ㄷ. ㉢을 추론하는 데는 'A이거나 B'라는 형식의 참인 문장에서 A가 거짓인 경우 B는 반드시 참이라는 원리가 사용되었다.

① ㄱ
② ㄷ
③ ㄱ, ㄴ
④ ㄴ, ㄷ
⑤ ㄱ, ㄴ, ㄷ

문 24. 다음 글의 ㉠과 ㉡에 대한 평가로 적절한 것만을 〈보기〉에서 모두 고르면?

연역과 귀납, 이 두 종류의 방법은 지적 작업에서 사용될 수 있는 모든 추론을 포괄한다. 철학과 과학을 비롯한 모든 지적 작업에 연역적 방법이 필수적이라는 것을 부정하는 사람은 아무도 없다. 귀납적 방법의 경우 사정은 크게 다르다. 귀납적 방법이 철학적 작업에 들어설 여지가 없다고 믿는 사람이 있는가 하면, 한 걸음 더 나아가 어떠한 지적 작업에도 귀납적 방법이 불필요하다고 주장하는 사람들도 있다.

㉠귀납적 방법이 철학이라는 지적 작업에서 불필요하다는 견해는 독단적인 철학관에 근거한다. 이런 견해에 따르면 철학적 주장의 정당성은 선험적인 것으로, 경험적 지식을 확장하기 위해 사용되는 귀납적 방법에 의존할 수 없다. 그러나 이런 견해는 철학적 주장이 경험적 가설에 의존해서는 안 된다는 부당하게 편협한 철학관과 '귀납적 방법'의 모호성을 딛고 서 있다. 실제로 철학사에 나타나는 목적론적 신 존재 증명이나 외부 세계의 존재에 관한 형이상학적 논증 가운데는 귀납적 방법인 유비 논증과 귀추법을 교묘히 적용하고 있는 것도 있다.

㉡모든 지적 작업에서 귀납적 방법의 필요성을 부정하는 견해는 중요한 철학적 성과를 낳기도 하였다. 포퍼의 철학이 그런 사례 가운데 하나이다. 포퍼는 귀납적 방법의 정당화 가능성에 관한 회의적 결론을 받아들이고, 과학의 탐구가 귀납적 방법으로 진행된다는 견해는 근거가 없음을 보인다. 그에 따르면, 과학의 탐구 과정은 연역 논리 법칙에 따라 전개되는 추측과 반박의 작업으로 이루어진다. 이런 포퍼의 이론은 귀납적 방법의 필요성에 대한 전면적인 부정이 낳을 수 있는 흥미로운 결과 가운데 하나라고 할 수 있다.

〈보기〉

ㄱ. 과학의 탐구가 귀납적 방법에 의해 진행된다는 주장은 ㉠을 반박한다.

ㄴ. 철학의 일부 논증에서 귀추법의 사용이 불가피하다는 주장은 ㉡을 반박한다.

ㄷ. 연역 논리와 경험적 가설 모두에 의존하는 지적 작업이 있다는 주장은 ㉠과 ㉡을 모두 반박한다.

① ㄱ
② ㄴ
③ ㄱ, ㄷ
④ ㄴ, ㄷ
⑤ ㄱ, ㄴ, ㄷ

문 25. 다음 글의 갑～병에 대한 판단으로 적절한 것만을 〈보기〉에서 모두 고르면?

다음 두 삼단논법을 보자.

(1) 모든 춘천시민은 강원도민이다.
　모든 강원도민은 한국인이다.
　따라서 모든 춘천시민은 한국인이다.
(2) 모든 수학 고득점자는 우등생이다.
　모든 과학 고득점자는 우등생이다.
　따라서 모든 수학 고득점자는 과학 고득점자이다.

(1)은 타당한 삼단논법이지만 (2)는 부당한 삼단논법이다. 하지만 어떤 사람들은 (2)도 타당한 논증이라고 잘못 판단한다. 왜 이런 오류가 발생하는지 설명하기 위해 세 가지 입장이 제시되었다.

갑: 사람들은 '모든 A는 B이다'를 '모든 B는 A이다'로 잘못 바꾸는 경향이 있다. '어떤 A도 B가 아니다'나 '어떤 A는 B이다'라는 형태에서는 A와 B의 자리를 바꾸더라도 아무런 문제가 없다. 하지만 '모든 A는 B이다'라는 형태에서는 A와 B의 자리를 바꾸면 논리적 오류가 생겨난다.

을: 사람들은 '모든 A는 B이다'를 약한 의미로 이해해야 하는데도 강한 의미로 이해하는 잘못을 저지르는 경향이 있다. 여기서 약한 의미란 그것을 'A는 B에 포함된다'로 이해하는 것이고, 강한 의미란 그것을 'A는 B에 포함되고 또한 B는 A에 포함된다'는 뜻에서 'A와 B가 동일하다'로 이해하는 것이다.

병: 사람들은 전제가 모두 '모든 A는 B이다'라는 형태의 명제로 이루어진 것일 경우에는 결론도 그런 형태이기만 하면 타당하다고 생각하고, 전제 가운데 하나가 '어떤 A는 B이다'라는 형태의 명제로 이루어진 것일 경우에는 결론도 그런 형태이기만 하면 타당하다고 생각하는 경향이 있다.

〈보기〉

ㄱ. 대다수의 사람이 "어떤 과학자는 운동선수이다. 어떤 철학자도 과학자가 아니다."라는 전제로부터 "어떤 철학자도 운동선수가 아니다."를 타당하게 도출할 수 있는 결론이라고 응답했다는 심리 실험 결과는 갑에 의해 설명된다.

ㄴ. 대다수의 사람이 "모든 적색 블록은 구멍이 난 블록이다. 모든 적색 블록은 삼각 블록이다."라는 전제로부터 "모든 구멍이 난 블록은 삼각 블록이다."를 타당하게 도출할 수 있는 결론이라고 응답했다는 심리 실험 결과는 을에 의해 설명된다.

ㄷ. 대다수의 사람이 "모든 물리학자는 과학자이다. 어떤 컴퓨터 프로그래머는 과학자이다."라는 전제로부터 "어떤 컴퓨터 프로그래머는 물리학자이다."를 타당하게 도출할 수 있는 결론이라고 응답했다는 심리 실험 결과는 병에 의해 설명된다.

① ㄱ
② ㄷ
③ ㄱ, ㄴ
④ ㄴ, ㄷ
⑤ ㄱ, ㄴ, ㄷ

※ 수고하셨습니다.
※ 기출문제편 맨 마지막에 있는 OMR 카드에 마킹을 하세요.

정답과 분석해설편 ▶ P.152

제2영역 자료해석

1초 합격예측! 모바일 성적결과분석표 발급 서비스

QR 코드로 접속하여 문제 풀이 시간을 측정하고, 자동채점 & 성적결과분석 서비스를 통해 지금 바로 실력을 점검해 보세요.
◀ http://eduwill.kr/QzBF

풀이 시간
• 시작: _____시 _____분 ~ 종료: _____시 _____분
• 총 : _____분

문 1. 다음 〈표〉는 2021년 우리나라 17개 지역의 도시재생사업비이다. 이에 대한 〈보기〉의 설명 중 옳은 것만을 모두 고르면?

〈표〉 지역별 도시재생사업비

(단위: 억 원)

지역	사업비
서울	160
부산	240
대구	200
인천	80
광주	160
대전	160
울산	120
세종	0
경기	360
강원	420
충북	300
충남	320
전북	280
전남	320
경북	320
경남	440
제주	120
전체	( )

〈보기〉
ㄱ. 부산보다 사업비가 많은 지역은 8개이다.
ㄴ. 사업비 상위 2개 지역의 사업비 합은 사업비 하위 4개 지역의 사업비 합의 2배 이상이다.
ㄷ. 사업비가 전체 사업비의 10% 이상인 지역은 2개이다.

① ㄱ
② ㄷ
③ ㄱ, ㄴ
④ ㄴ, ㄷ
⑤ ㄱ, ㄴ, ㄷ

문 2. 다음 〈표〉는 전분기 대비 2분기의 권역별 지역경제 동향을 부문별로 정리한 자료이다. 이에 대한 〈보고서〉의 내용이 〈표〉와 부합하지 않은 부문은?

〈표〉 전분기 대비 2분기의 권역별 지역경제 동향

부문 \ 권역	수도권	동남권	충청권	호남권	대경권	강원권	제주권
제조업 생산	▲	−	▲	▲	▲	−	▽
서비스업 생산	−	▽	−	▽	−	−	▲
소비	▲	▽	−	−	−	−	−
설비투자	▲	−	▲	▲	▲	−	−
건설투자	−	▲	▽	▽	−	▽	▽
수출	▲	▽	▲	▲	▲	▲	−

※ 전분기 대비 경제동향은 ▲(증가), −(보합), ▽(감소)로만 구분됨

〈보고서〉

제조업 생산은 수도권과 충청권, 호남권, 대경권이 '증가'이고, 동남권 및 강원권이 '보합', 제주권이 '감소'였다. 서비스업 생산은 제주권이 '증가'이고, 동남권과 호남권이 '감소'인 가운데 나머지 권역이 '보합'이었다. 소비는 수도권이 '증가'이고 동남권이 '감소'였으며, 나머지 권역의 소비는 모두 '보합'이었다. 설비투자는 수도권과 충청권, 호남권, 대경권이 '증가'이고 나머지 권역이 '보합'이었다. 건설투자는 동남권만 '증가'인 반면, 수출은 동남권을 제외한 모든 권역이 '증가'였다.

① 제조업 생산
② 서비스업 생산
③ 소비
④ 건설투자
⑤ 수출

문 3. 다음 〈표〉는 2014~2018년 독립유공자 포상 인원에 관한 자료이다. 이에 대한 〈보기〉의 설명 중 옳은 것만을 모두 고르면?

〈표〉 연도별 독립유공자 포상 인원

(단위: 명)

훈격\연도	전체	건국훈장	독립장	애국장	애족장	건국포장	대통령표창
2014	341(10)	266(2)	4(0)	111(1)	151(1)	30(2)	45(6)
2015	510(21)	326(3)	2(0)	130(0)	194(3)	74(5)	110(13)
2016	312(14)	204(4)	0(0)	87(0)	117(4)	36(2)	72(8)
2017	269(11)	152(8)	1(0)	43(0)	108(8)	43(1)	74(2)
2018	355(60)	150(11)	0(0)	51(2)	99(9)	51(9)	154(40)

※ ( ) 안은 포상 인원 중 여성 포상 인원임

〈보기〉

ㄱ. 여성 건국훈장 포상 인원은 매년 증가한다.

ㄴ. 매년 건국훈장 포상 인원은 전체 포상 인원의 절반 이상이다.

ㄷ. 남성 애국장 포상 인원과 남성 애족장 포상 인원의 차이가 가장 큰 해는 2015년이다.

ㄹ. 건국포장 포상 인원 중 여성 비율이 가장 낮은 해에는 대통령표창 포상 인원 중 여성 비율도 가장 낮다.

① ㄱ, ㄴ

② ㄱ, ㄹ

③ ㄴ, ㄷ

④ ㄱ, ㄷ, ㄹ

⑤ ㄴ, ㄷ, ㄹ

문 4. 다음 〈표〉는 2020년 '갑'국 관세청의 민원 상담 현황에 관한 자료이고, 〈그림〉은 상담내용 A와 B의 민원인별 상담 건수 구성비를 나타낸 자료이다. 이를 근거로 A와 B를 바르게 나열한 것은?

〈표〉 2020년 민원 상담 현황

(단위: 건)

민원인\상담내용	관세사	무역업체	개인	세관	선사/항공사	기타	합계
전산처리	24,496	63,475	48,658	1,603	4,851	4,308	147,391
수입	24,857	5,361	4,290	7,941	400	664	43,513
사전검증	22,228	5,179	1,692	241	2,247	3,586	35,173
징수	9,948	5,482	3,963	3,753	182	476	23,804
요건신청	4,944	12,072	380	37	131	251	17,815
수출	6,678	4,196	3,053	1,605	424	337	16,293
화물	3,846	896	36	3,835	2,619	3,107	14,339
환급	3,809	1,040	79	1,815	13	101	6,857

〈그림〉 상담내용 A와 B의 민원인별 상담건수 구성비(2020년)

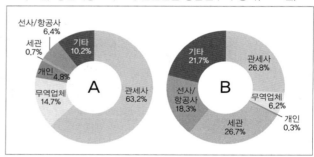

선사/항공사 6.4%
세관 0.7%
기타 10.2%
개인 4.8%
무역업체 14.7%
관세사 63.2%
A

기타 21.7%
관세사 26.8%
선사/항공사 18.3%
B
무역업체 6.2%
개인 0.3%
세관 26.7%

	A	B
①	수입	요건신청
②	사전검증	화물
③	사전검증	환급
④	환급	요건신청
⑤	환급	화물

문 5. 다음 〈표〉는 '갑'잡지가 발표한 세계 스포츠 구단 중 2020년 가치액 기준 상위 10개 구단에 관한 자료이다. 이에 대한 〈보기〉의 설명 중 옳은 것만을 모두 고르면?

〈표〉 2020년 가치액 상위 10개 스포츠 구단

(단위: 억 달러)

순위	구단	종목	가치액
1(1)	A	미식축구	58(58)
2(2)	B	야구	50(50)
3(5)	C	농구	45(39)
4(8)	D	농구	44(36)
5(9)	E	농구	42(33)
6(3)	F	축구	41(42)
7(7)	G	미식축구	40(37)
8(4)	H	축구	39(41)
9(11)	I	미식축구	37(31)
10(6)	J	축구	36(38)

※ ( ) 안은 2019년도 값임

─────〈보기〉─────

ㄱ. 2020년 상위 10개 스포츠 구단 중 전년보다 순위가 상승한 구단이 순위가 하락한 구단보다 많다.

ㄴ. 2020년 상위 10개 스포츠 구단 중 미식축구 구단 가치액 합은 농구 구단 가치액 합보다 크다.

ㄷ. 2020년 상위 10개 스포츠 구단 중 전년 대비 가치액 상승률이 가장 큰 구단의 종목은 미식축구이다.

ㄹ. 연도별 상위 10개 스포츠 구단의 가치액 합은 2019년이 2020년보다 크다.

① ㄱ, ㄴ

② ㄱ, ㄹ

③ ㄷ, ㄹ

④ ㄱ, ㄴ, ㄷ

⑤ ㄴ, ㄷ, ㄹ

문 6. 다음 〈표〉와 〈보고서〉는 A시 청년의 희망직업 취업 여부에 관한 조사 결과이다. 제시된 〈표〉 이외에 〈보고서〉를 작성하기 위해 추가로 이용한 자료만을 〈보기〉에서 모두 고르면?

〈표〉 전공계열별 희망직업 취업 현황

(단위: 명, %)

전공계열 / 구분	전체	인문 사회계열	이공계열	의약/교육/ 예체능계열
취업자 수	2,988	1,090	1,054	844
희망직업 취업률	52.3	52.4	43.0	63.7
희망직업 외 취업률	47.7	47.6	57.0	36.3

─────〈보고서〉─────

A시의 취업한 청년 2,988명을 대상으로 조사한 결과 52.3%가 희망직업에 취업했다고 응답하였다. 전공계열별로 살펴보면 의약/교육/예체능계열, 인문사회계열, 이공계열 순으로 희망직업 취업률이 높게 나타났다.

전공계열별로 희망직업을 선택한 동기를 살펴보면 이공계열과 의약/교육/예체능계열의 경우 '전공분야'라고 응답한 비율이 각각 50.3%와 49.9%였고, 인문사회계열은 그 비율이 33.3%였다. 전공계열별 희망직업의 선호도 분포를 분석한 결과, 인문사회계열은 '경영', 이공계열은 '연구직', 그리고 의약/교육/예체능계열은 '보건·의료·교육'에 대한 선호도가 가장 높았다.

한편, 전공계열별로 희망직업에 취업한 청년과 희망직업 외에 취업한 청년의 직장 만족도를 살펴보면 차이가 가장 큰 계열은 이공계열로 0.41점이었다.

─────〈보기〉─────

ㄱ. 구인·구직 추이

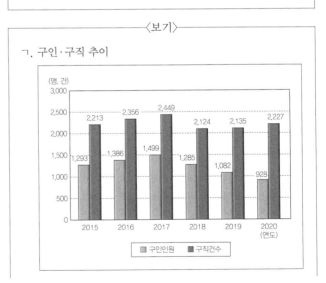

① 구인인원 ② 구직건수

ㄴ. 전공계열별 희망직업 선호도 분포

(단위: %)

전공계열 희망직업	전체	인문 사회계열	이공계열	의약/교육/ 예체능계열
경영	24.2	47.7	15.4	5.1
연구직	19.8	1.9	52.8	1.8
보건 · 의료 · 교육	33.2	28.6	14.6	62.2
예술 · 스포츠	10.7	8.9	4.2	21.2
여행 · 요식	8.7	12.2	5.5	8.0
생산 · 농림어업	3.4	0.7	7.5	1.7

ㄷ. 전공계열별 희망직업 선택 동기 구성비

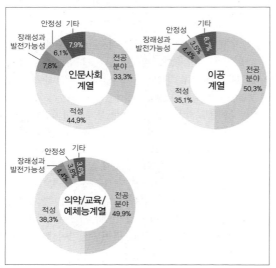

ㄹ. 희망직업 취업여부에 따른 항목별 직장 만족도(5점 만점)

(단위: 점)

희망직업 취업여부 \ 항목	업무내용	소득	고용안정
전체	3.72	3.57	3.28
희망직업 취업	3.83	3.70	3.35
희망직업 외 취업	3.59	3.42	3.21

① ㄱ, ㄷ

② ㄱ, ㄹ

③ ㄴ, ㄷ

④ ㄱ, ㄴ, ㄹ

⑤ ㄴ, ㄷ, ㄹ

문 7. 다음 〈표〉는 A프로세서 성능 평가를 위한 8개 프로그램 수행 결과에 관한 자료이다. 이에 대한 설명으로 옳은 것은?

〈표〉 A프로세서 성능 평가를 위한 8개 프로그램 수행 결과

(단위: 십억 개, 초)

항목 프로그램	명령어 수	CPI	수행 시간	기준 시간	성능 지표
숫자 정렬	2,390	0.70	669	9,634	14.4
문서 편집	221	2.66	235	9,120	38.8
인공지능 바둑	1,274	1.10	( )	10,490	18.7
유전체 분석	2,616	0.60	628	9,357	14.9
인공지능 체스	1,948	0.80	623	12,100	19.4
양자 컴퓨팅	659	0.44	116	20,720	178.6
영상 압축	3,793	0.50	759	22,163	29.2
내비게이션	1,250	1.00	500	7,020	( )

※ 1) $CPI(clock\ cycles\ per\ instruction) = \dfrac{클럭\ 사이클\ 수}{명령어\ 수}$

2) $성능지표 = \dfrac{기준시간}{수행시간}$

① 명령어 수가 많은 프로그램일수록 수행시간이 길다.

② CPI가 가장 낮은 프로그램은 기준시간이 가장 길다.

③ 수행시간은 인공지능 바둑이 내비게이션보다 짧다.

④ 기준시간이 짧은 프로그램일수록 클럭 사이클 수가 적다.

⑤ 성능지표가 가장 낮은 프로그램은 내비게이션이다.

문 8. 다음 〈표〉와 〈그림〉은 2019년 '갑'국의 A∼J지역별 산불피해 현황에 관한 자료이다. 이에 대한 〈보기〉의 설명 중 옳은 것만을 모두 고르면?

〈표〉 A∼J지역별 산불 발생건수

(단위: 건)

지역	A	B	C	D	E	F	G	H	I	J
산불 발생건수	516	570	350	277	197	296	492	623	391	165

〈그림 1〉 A∼J지역별 산불 발생건수 및 피해액

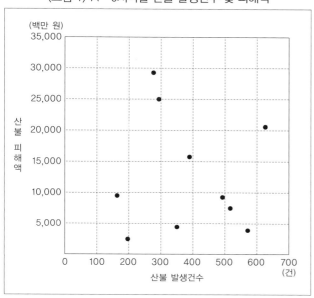

※ 산불 피해액은 산불로 인한 손실 금액을 의미함

〈그림 2〉 A∼J지역별 산불 발생건수 및 피해재적

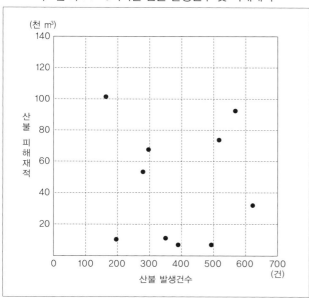

※ 산불 피해재적은 산불 피해를 입은 입목의 재적을 의미함

〈그림 3〉 A∼J지역별 산불 발생건수 및 발생건당 피해면적

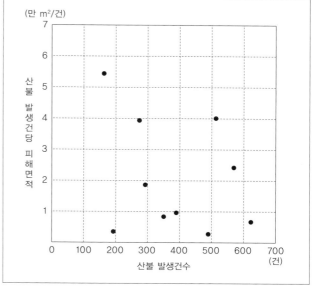

※ 산불 피해면적은 산불이 발생하여 지상입목, 관목, 시초 등을 연소시키면서 지나간 면적을 의미함

〈보기〉

ㄱ. 산불 발생건당 피해면적은 J지역이 가장 크다.

ㄴ. 산불 발생건당 피해재적은 B지역이 가장 크고 E지역이 가장 작다.

ㄷ. 산불 발생건당 피해액은 D지역이 가장 크고 B지역이 가장 작다.

ㄹ. 산불 피해면적은 H지역이 가장 크고 E지역이 가장 작다.

① ㄱ, ㄴ

② ㄱ, ㄷ

③ ㄱ, ㄹ

④ ㄴ, ㄷ

⑤ ㄷ, ㄹ

문 9. 다음 〈표〉는 2020년 '갑'국 A~E지역의 월별 최대 순간 풍속과 타워크레인 작업 유형별 작업제한 기준 순간 풍속에 관한 자료이다. 〈표〉와 〈정보〉에 근거하여 '가'~'다'를 큰 것부터 순서대로 나열한 것은?

〈표 1〉 A~E지역의 월별 최대 순간 풍속

(단위: m/s)

월＼지역	A	B	C	D	E
1	15.7	12.8	18.4	26.9	23.4
2	14.5	13.5	19.0	25.7	(다)
3	19.5	17.5	21.5	23.5	24.5
4	18.9	16.7	19.8	24.7	26.0
5	13.7	21.0	14.1	22.8	21.5
6	16.5	18.8	17.0	29.0	24.0
7	16.8	22.0	25.0	32.3	31.5
8	15.8	29.6	25.2	33.0	31.6
9	21.5	19.9	(나)	32.7	34.2
10	18.2	16.3	19.5	21.4	28.8
11	12.0	17.3	20.1	22.2	19.2
12	19.4	(가)	20.3	26.0	23.9

〈표 2〉 타워크레인 작업 유형별 작업제한 기준 순간 풍속

(단위: m/s)

타워크레인 작업 유형	설치	운전
작업제한 기준 순간 풍속	15	20

※ 순간 풍속이 타워크레인 작업 유형별 작업제한 기준 이상인 경우, 해당 작업 유형에 대한 작업제한 조치가 시행됨

─〈정보〉─

○ B지역에서 타워크레인 작업제한 조치가 한 번도 시행되지 않은 '월'은 3개이다.
○ 매월 C지역의 최대 순간 풍속은 A지역보다 높고 D지역보다 낮다.
○ E지역에서 '설치' 작업제한 조치는 매월 시행되었고 '운전' 작업제한 조치는 2개 '월'을 제외한 모든 '월'에 시행되었다.

① 가, 나, 다
② 가, 다, 나
③ 나, 가, 다
④ 나, 다, 가
⑤ 다, 가, 나

문 10. 다음 〈표〉는 5개국의 발전원별 발전량 및 비중에 관한 자료이다. 이에 대한 설명으로 옳지 않은 것은?

〈표〉 5개국의 발전원별 발전량 및 비중

(단위: TWh, %)

국가＼연도	발전원 원자력	화력 석탄	화력 LNG	화력 유류	수력	신재생 에너지	전체
독일 2010	140.6 (22.2)	273.5 (43.2)	90.4 (14.3)	8.7 (1.4)	27.4 (4.3)	92.5 (14.6)	633.1 (100.0)
독일 2015	91.8 (14.2)	283.7 (43.9)	63.0 (9.7)	6.2 (1.0)	24.9 (3.8)	177.3 (27.4)	646.9 (100.0)
미국 2010	838.9 (19.2)	1,994.2 (45.5)	1,017.9 (23.2)	48.1 (1.1)	286.3 (6.5)	193.0 (4.4)	4,378.4 (100.0)
미국 2015	830.3 (19.2)	1,471.0 (34.1)	1,372.6 (31.8)	38.8 (0.9)	271.1 (6.3)	333.3 ( )	4,317.1 (100.0)
프랑스 2010	428.5 (75.3)	26.3 (4.6)	23.8 (4.2)	5.5 (1.0)	67.5 (11.9)	17.5 (3.1)	569.1 (100.0)
프랑스 2015	437.4 ( )	12.2 (2.1)	19.8 (3.5)	2.2 (0.4)	59.4 (10.4)	37.5 (6.6)	568.5 (100.0)
영국 2010	62.1 (16.3)	108.8 (28.5)	175.3 (45.9)	5.0 (1.3)	6.7 (1.8)	23.7 (6.2)	381.6 (100.0)
영국 2015	70.4 (20.8)	76.7 (22.6)	100.0 (29.5)	2.1 (0.6)	9.0 (2.7)	80.9 ( )	339.1 (100.0)
일본 2010	288.2 (25.1)	309.5 (26.9)	318.6 (27.7)	100.2 (8.7)	90.7 (7.9)	41.3 (3.6)	1,148.5 (100.0)
일본 2015	9.4 (0.9)	343.2 (33.0)	409.8 (39.4)	102.5 (9.8)	91.3 (8.8)	85.1 (8.2)	1,041.3 (100.0)

※ 발전원은 원자력, 화력, 수력, 신재생 에너지로만 구성됨

① 2015년 프랑스의 전체 발전량 중 원자력 발전량의 비중은 75% 이하이다.
② 영국의 전체 발전량 중 신재생 에너지 발전량의 비중은 2010년 대비 2015년에 15%p 이상 증가하였다.
③ 2010년 석탄 발전량은 미국이 일본의 6배 이상이다.
④ 2010년 대비 2015년 전체 발전량이 증가한 국가는 독일뿐이다.
⑤ 2010년 대비 2015년 각 국가에서 신재생 에너지의 발전량과 비중은 모두 증가하였다.

문 11. 다음 〈표〉와 〈보고서〉는 2019년 전국 안전체험관과 생활안전에 관한 자료이다. 제시된 〈표〉 이외에 〈보고서〉를 작성하기 위해 추가로 이용한 자료만을 〈보기〉에서 모두 고르면?

〈표〉 2019년 전국 안전체험관 규모별 현황

(단위: 개소)

전체	대형		중형		소형
	일반	특성화	일반	특성화	
473	25	7	5	2	434

〈보고서〉

2019년 생활안전 통계에 따르면 전국 473개소의 안전체험관이 운영 중인 것으로 확인되었다. 전국 안전체험관을 규모별로 살펴보면, 대형이 32개소, 중형이 7개소, 소형이 434개소였다. 이 중 대형 안전체험관은 서울이 가장 많고 경북, 충남이 그 뒤를 이었다.

전국 안전사고 사망자 수는 2015년 이후 매년 감소하다가 2018년에는 증가하였다. 교통사고 사망자 수는 2015년 이후 매년 줄어들었고, 특히 2018년에 전년 대비 11.2% 감소하였다.

2019년 분야별 지역안전지수 1등급 지역을 살펴보면 교통사고 분야는 서울, 경기, 화재 분야는 광주, 생활안전 분야는 경기, 부산으로 나타났다.

〈보기〉

ㄱ. 연도별 전국 교통사고 사망자 수

(단위: 명)

연도	2015	2016	2017	2018
사망자 수	4,380	4,019	3,973	3,529

ㄴ. 분야별 지역안전지수 4년 연속(2015~2018년) 1등급, 5등급 지역(시·도)

분야 등급	교통사고	화재	범죄	생활안전	자살
1등급	서울, 경기	–	세종	경기	경기
5등급	전남	세종	제주	제주	부산

ㄷ. 연도별 전국 안전사고 사망자 수

(단위: 명)

연도	2015	2016	2017	2018
사망자 수	31,582	30,944	29,545	31,111

ㄹ. 2018년 지역별 안전체험관 수

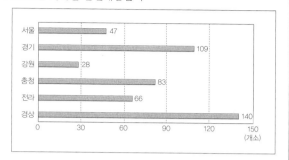

① ㄱ, ㄴ
② ㄱ, ㄷ
③ ㄴ, ㄹ
④ ㄱ, ㄷ, ㄹ
⑤ ㄴ, ㄷ, ㄹ

문 12. 다음 〈표〉는 아프리카연합이 주도한 임무단의 평화유지활동에 관한 자료이다. 이를 바탕으로 작성한 〈보고서〉의 설명 중 옳지 않은 것은?

〈표〉 임무단의 평화유지활동(2021년 5월 기준)

(단위: 명)

임무단	파견지	활동기간	주요 임무	파견규모
부룬디 임무단	부룬디	2003. 4.~ 2004. 6.	평화협정 이행 지원	3,128
수단 임무단	수단	2004. 10.~ 2007. 12.	다르푸르 지역 정전 감시	300
코모로 선거감시 지원 임무단	코모로	2006. 3.~ 2006. 6.	코모로 대통령 선거 감시	462
소말리아 임무단	소말리아	2007. 1.~ 현재	구호 활동 지원	6,000
코모로 치안 지원 임무단	코모로	2007. 5.~ 2008. 10.	앙주앙 섬 치안 지원	350
다르푸르 지역 임무단	수단	2007. 7.~ 현재	민간인 보호	6,000
우간다 임무단	우간다	2012. 3.~ 현재	반군 소탕작전	3,350
말리 임무단	말리	2012. 12.~ 2013. 7.	정부 지원	1,450
중앙아프리카 공화국 임무단	중앙아프리카 공화국	2013. 12.~ 2014. 9.	안정 유지	5,961

〈보고서〉

아프리카연합은 아프리카 지역 분쟁 해결 및 평화 구축을 위하여 2021년 5월 현재까지 9개의 임무단을 구성하고 평화유지활동을 주도하였다. ㉠평화유지활동 중 가장 오랜 기간 동안 활동한 임무단은 '소말리아 임무단'이다. 이 임무는 소말리아 과도 연방정부가 아프리카연합에 평화유지군을 요청한 것을 계기로 시작되어 현재에 이르고 있다. 한편, ㉡'코모로 선거감시 지원 임무단'은 가장 짧은 기간 동안 활동하였다. 2006년 코모로는 대통령 선거를 앞두고 아프리카연합에 지원을 요청하였고 같은 해 3월 시작된 평화유지활동은 선거가 끝난 6월에 임무가 종료되었다.

㉢아프리카연합이 현재까지 평화유지활동을 위해 파견한 임무단의 총규모는 25,000명 이상이며, 현재 활동 중인 임무단의 규모는 소말리아 6,000명, 수단 6,000명, 우간다 3,350명으로 총 15,000여 명이다.

아프리카연합은 아프리카 내의 문제를 자체적으로 해결하기 위해 다양한 임무단 활동을 활발히 수행하였다. 특히 ㉣수단과 코모로에서는 각각 2개의 임무단이 활동하였다.

현재 평화유지활동을 수행 중인 임무단은 3개이지만 ㉤2007년 10월 기준 평화유지활동을 수행 중이었던 임무단은 5개였다.

① ㉠
② ㉡
③ ㉢
④ ㉣
⑤ ㉤

문 13. 다음 〈그림〉은 2014~2020년 연말 기준 '갑'국의 국가채무 및 GDP에 관한 자료이다. 이에 대한 〈보기〉의 설명 중 옳은 것만을 모두 고르면?

〈그림 1〉 GDP 대비 국가채무 및 적자성채무 비율 추이

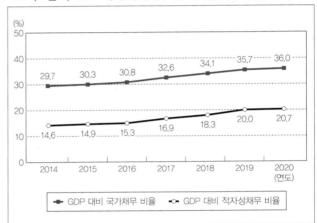

※ 국가채무 = 적자성채무 + 금융성채무

〈그림 2〉 GDP 추이

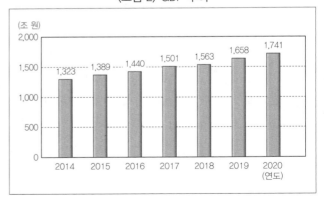

〈보기〉

ㄱ. 2020년 국가채무는 2014년의 1.5배 이상이다.

ㄴ. GDP 대비 금융성채무 비율은 매년 증가한다.

ㄷ. 적자성채무는 2019년부터 300조 원 이상이다.

ㄹ. 금융성채무는 매년 국가채무의 50% 이상이다.

① ㄱ, ㄴ

② ㄱ, ㄷ

③ ㄴ, ㄹ

④ ㄱ, ㄷ, ㄹ

⑤ ㄴ, ㄷ, ㄹ

문 14. 다음 〈표〉는 최근 이사한 100가구의 이사 전후 주택규모에 관한 조사 결과이다. 이에 대한 〈보기〉의 설명 중 옳은 것만을 모두 고르면?

〈표〉 이사 전후 주택규모 조사 결과

(단위: 가구)

이사 후＼이사 전	소형	중형	대형	합
소형	15	10	( )	30
중형	( )	30	10	( )
대형	5	10	15	( )
계	( )	( )	( )	100

※ 주택규모는 '소형', '중형', '대형'으로만 구분하며, 동일한 주택규모는 크기도 같음

〈보기〉

ㄱ. 주택규모가 이사 전 '소형'에서 이사 후 '중형'으로 달라진 가구는 없다.

ㄴ. 이사 전후 주택규모가 달라진 가구 수는 전체 가구 수의 50% 이하이다.

ㄷ. 주택규모가 '대형'인 가구 수는 이사 전이 이사 후보다 적다.

ㄹ. 이사 후 주택규모가 커진 가구 수는 이사 후 주택규모가 작아진 가구 수보다 많다.

① ㄱ, ㄴ

② ㄱ, ㄷ

③ ㄴ, ㄹ

④ ㄷ, ㄹ

⑤ ㄱ, ㄴ, ㄷ

문 15. 다음 〈그림〉은 A사 플라스틱 제품의 제조공정도이다. 1,000kg의 재료가 '혼합' 공정에 투입되는 경우, '폐기처리' 공정에 전달되어 투입되는 재료의 총량은 몇 kg인가?

〈그림〉 A사 플라스틱 제품의 제조공정도

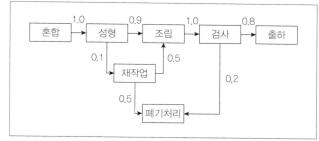

※ 제조공정도 내 수치는 직진율 = $\left(\dfrac{\text{다음 공정에 전달되는 재료의 양}}{\text{해당 공정에 투입되는 재료의 양}}\right)$ 을 의미함. 예를 들어, 가 →0.2→ 나 는 해당 공정 '가'에 100kg의 재료가 투입되면 이 중 20kg(= 100kg × 0.2)의 재료가 다음 공정 '나'에 전달되어 투입됨을 의미함

① 50

② 190

③ 230

④ 240

⑤ 280

문 16. 다음 〈그림〉은 12개 국가의 수자원 현황에 관한 자료이며, A~H는 각각 특정 국가를 나타낸다. 〈그림〉과 〈조건〉을 근거로 판단할 때, 국가명을 알 수 없는 것은?

〈그림〉 12개 국가의 수자원 현황

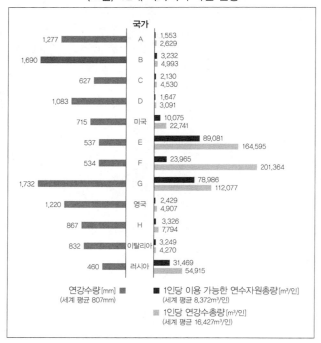

연강수량[mm]
(세계 평균 807mm)

■ 1인당 이용 가능한 연수자원총량[㎥/인]
(세계 평균 8,372㎥/인)

▨ 1인당 연강수총량[㎥/인]
(세계 평균 16,427㎥/인)

〈조건〉

○ '연강수량'이 세계 평균의 2배 이상인 국가는 일본과 뉴질랜드이다.

○ '연강수량'이 세계 평균보다 많은 국가 중 '1인당 이용 가능한 연수자원총량'이 가장 적은 국가는 대한민국이다.

○ '1인당 연강수총량'이 세계 평균의 5배 이상인 국가를 '연강수량'이 많은 국가부터 나열하면 뉴질랜드, 캐나다, 호주이다.

○ '1인당 이용 가능한 연수자원총량'이 영국보다 적은 국가 중 '1인당 연강수총량'이 세계 평균의 25% 이상인 국가는 중국이다.

○ '1인당 이용 가능한 연수자원총량'이 6번째로 많은 국가는 프랑스이다.

① B
② C
③ D
④ E
⑤ F

문 17. 다음 〈표〉는 학생 '갑'~'무'의 중간고사 3개 과목 점수에 관한 자료이다. 이에 대한 〈보기〉의 설명 중 옳은 것만을 모두 고르면?

〈표〉 '갑'~'무'의 중간고사 3개 과목 점수

(단위: 점)

과목 \ 학생 성별	갑 남	을 여	병 ( )	정 여	무 남
국어	90	85	60	95	75
영어	90	85	100	65	100
수학	75	70	85	100	100

〈보기〉

ㄱ. 국어 평균 점수는 80점 이상이다.

ㄴ. 3개 과목 평균 점수가 가장 높은 학생과 가장 낮은 학생의 평균 점수 차이는 10점 이하이다.

ㄷ. 국어, 영어, 수학 점수에 각각 0.4, 0.2, 0.4의 가중치를 곱한 점수의 합이 가장 큰 학생은 '정'이다.

ㄹ. '갑'~'무'의 성별 수학 평균 점수는 남학생이 여학생보다 높다.

① ㄱ, ㄷ
② ㄱ, ㄹ
③ ㄴ, ㄷ
④ ㄱ, ㄷ, ㄹ
⑤ ㄴ, ㄷ, ㄹ

문 18. 다음 〈표〉는 2021 ~ 2027년 시스템반도체 중 인공지능반도체의 세계 시장규모 전망이다. 이에 대한 〈보기〉의 설명 중 옳은 것만을 모두 고르면?

〈표〉 시스템반도체 중 인공지능반도체의 세계 시장규모 전망

(단위: 억 달러, %)

연도 구분	2021	2022	2023	2024	2025	2026	2027
시스템반도체	2,500	2,310	2,686	2,832	( )	3,525	( )
인공지능반도체	70	185	325	439	657	927	1,179
비중	2.8	8.0	( )	15.5	19.9	26.3	31.3

〈보기〉

ㄱ. 인공지능반도체 비중은 매년 증가한다.

ㄴ. 2027년 시스템반도체 시장규모는 2021년보다 1,000억 달러 이상 증가한다.

ㄷ. 2022년 대비 2025년의 시장규모 증가율은 인공지능반도체가 시스템반도체의 5배 이상이다.

① ㄷ

② ㄱ, ㄴ

③ ㄱ, ㄷ

④ ㄴ, ㄷ

⑤ ㄱ, ㄴ, ㄷ

문 19. 다음 〈표〉는 A ~ H지역의 화물 이동 현황에 관한 자료이다. 이에 대한 〈보기〉의 설명 중 옳은 것만을 모두 고르면?

〈표〉 화물의 지역 내, 지역 간 이동 현황

(단위: 개)

도착 지역 출발 지역	A	B	C	D	E	F	G	H	합
A	65	121	54	52	172	198	226	89	977
B	56	152	61	55	172	164	214	70	944
C	29	47	30	22	62	61	85	30	366
D	24	61	30	37	82	80	113	45	472
E	61	112	54	47	187	150	202	72	885
F	50	87	38	41	120	188	150	55	729
G	78	151	83	73	227	208	359	115	1,294
H	27	66	31	28	94	81	116	46	489
계	390	797	381	355	1,116	1,130	1,465	522	6,156

※ 출발 지역과 도착 지역이 동일한 경우는 해당 지역 내에서 화물이 이동한 것임

〈보기〉

ㄱ. 도착 화물보다 출발 화물이 많은 지역은 3개이다.

ㄴ. 지역 내 이동 화물이 가장 적은 지역은 도착 화물도 가장 적다.

ㄷ. 지역 내 이동 화물을 제외할 때, 출발 화물과 도착 화물의 합이 가장 작은 지역은 출발 화물과 도착 화물의 차이도 가장 작다.

ㄹ. 도착 화물이 가장 많은 지역은 출발 화물 중 지역 내 이동 화물의 비중도 가장 크다.

① ㄱ, ㄴ

② ㄱ, ㄷ

③ ㄴ, ㄷ

④ ㄴ, ㄹ

⑤ ㄱ, ㄷ, ㄹ

문 20. 다음 〈표〉와 〈대화〉는 4월 4일 기준 지자체별 자가격리자 및 모니터링 요원에 관한 자료이다. 〈표〉와 〈대화〉를 근거로 C와 D에 해당하는 지자체를 바르게 나열한 것은?

〈표〉 지자체별 자가격리자 및 모니터링 요원 현황(4월 4일 기준)

(단위: 명)

구분	지자체	A	B	C	D
내국인	자가격리자	9,778	1,287	1,147	9,263
	신규 인원	900	70	20	839
	해제 인원	560	195	7	704
외국인	자가격리자	7,796	508	141	7,626
	신규 인원	646	52	15	741
	해제 인원	600	33	5	666
모니터링 요원		10,142	710	196	8,898

※ 해당일 기준 자가격리자 = 전일 기준 자가격리자 + 신규 인원 − 해제 인원

〈대화〉

갑: 감염병 확산에 대응하기 위한 회의를 시작합시다. 오늘은 대전, 세종, 충북, 충남의 4월 4일 기준 자가격리자 및 모니터링 요원 현황을 보기로 했는데, 각 지자체의 상황이 어떤가요?

을: 4개 지자체 중 세종을 제외한 3개 지자체에서 4월 4일 기준 자가격리자가 전일 기준 자가격리자보다 늘어났습니다.

갑: 모니터링 요원의 업무 부담과 관련된 통계 자료도 있나요?

을: 4월 4일 기준으로 대전, 세종, 충북은 모니터링 요원 대비 자가격리자의 비율이 1.8 이상입니다.

갑: 지자체에 모니터링 요원을 추가로 배치해야 할 것 같습니다. 자가격리자 중 외국인이 차지하는 비중이 4개 지자체 가운데 대전이 가장 높으니, 외국어 구사가 가능한 모니터링 요원을 대전에 우선 배치하는 방향으로 검토해 봅시다.

```
   C        D
① 충북     충남
② 충북     대전
③ 충남     충북
④ 세종     대전
⑤ 대전     충북
```

문 21. 다음 〈그림〉과 〈조건〉은 직장인 '갑'~'병'이 마일리지 혜택이 있는 알뜰교통카드를 사용하여 출근하는 방법 및 교통비에 관한 자료이다. 이에 근거하여 월간 출근 교통비를 많이 지출하는 직장인부터 순서대로 나열하면?

〈그림〉 직장인 '갑'~'병'의 출근 방법 및 교통비 관련 정보

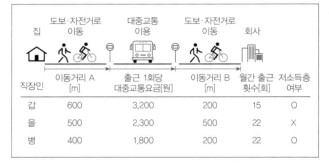

직장인	이동거리 A [m]	출근 1회당 대중교통요금[원]	이동거리 B [m]	월간 출근 횟수[회]	저소득층 여부
갑	600	3,200	200	15	O
을	500	2,300	500	22	X
병	400	1,800	200	22	O

〈조건〉

○ 월간 출근 교통비 =
｛출근 1회당 대중교통요금 − (기본 마일리지 + 추가 마일리지)
$\times \left(\dfrac{\text{마일리지 적용거리}}{800} \right)$｝× 월간 출근 횟수

○ 기본 마일리지는 출근 1회당 대중교통요금에 따라 다음과 같이 지급함

출근 1회당 대중교통요금	2천 원 이하	2천 원 초과 3천 원 이하	3천 원 초과
기본 마일리지 (원)	250	350	450

○ 추가 마일리지는 저소득층에만 다음과 같이 지급함

출근 1회당 대중교통요금	2천 원 이하	2천 원 초과 3천 원 이하	3천 원 초과
추가 마일리지 (원)	100	150	200

○ 마일리지 적용거리(m)는 출근 1회당 도보·자전거로 이동한 거리의 합이며 최대 800m까지만 인정함

① 갑, 을, 병
② 갑, 병, 을
③ 을, 갑, 병
④ 을, 병, 갑
⑤ 병, 을, 갑

문 22. 다음 〈그림〉은 개발원조위원회 29개 회원국 중 공적 개발원조액 상위 15개국과 국민총소득 대비 공적개발원조액 비율 상위 15개국 자료이다. 이에 대한 〈보기〉의 설명 중 옳은 것만을 모두 고르면?

〈그림 1〉 공적개발원조액 상위 15개 회원국

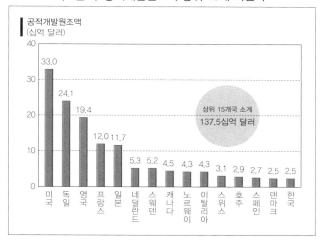

〈그림 2〉 국민총소득 대비 공적개발원조액 비율 상위 15개 회원국

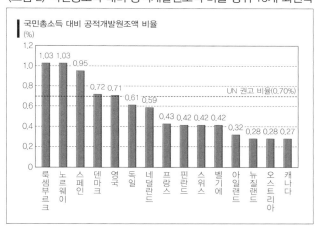

─────〈보기〉─────

ㄱ. 국민총소득 대비 공적개발원조액 비율이 UN 권고 비율보다 큰 국가의 공적개발원조액 합은 250억 달러 이상이다.

ㄴ. 공적개발원조액 상위 5개국의 공적개발원조액 합은 개발원조위원회 29개 회원국 공적개발원조액 합의 50% 이상이다.

ㄷ. 독일이 공적개발원조액만 30억 달러 증액하면 독일의 국민총소득 대비 공적개발원조액 비율은 UN 권고 비율 이상이 된다.

① ㄱ
② ㄷ
③ ㄱ, ㄴ
④ ㄴ, ㄷ
⑤ ㄱ, ㄴ, ㄷ

문 23. 다음 〈표〉는 '갑'국의 2020년 농업 생산액 현황 및 2021~2023년의 전년 대비 생산액 변화율 전망치에 관한 자료이다. 이에 대한 〈보기〉의 설명 중 옳은 것만을 모두 고르면?

〈표〉 농업 생산액 현황 및 변화율 전망치

(단위: 십억 원, %)

구분	2020년 생산액	전년 대비 생산액 변화율 전망치		
		2021년	2022년	2023년
농업	50,052	0.77	0.02	1.38
재배업	30,270	1.50	−0.42	0.60
축산업	19,782	−0.34	0.70	2.57
소	5,668	3.11	0.53	3.51
돼지	7,119	−3.91	0.20	1.79
닭	2,259	1.20	−2.10	2.82
달걀	1,278	5.48	3.78	3.93
우유	2,131	0.52	1.12	0.88
오리	1,327	−5.58	5.27	3.34

※ 축산업은 소, 돼지, 닭, 달걀, 우유, 오리의 6개 세부항목으로만 구성됨

─────〈보기〉─────

ㄱ. 2021년 '오리' 생산액 전망치는 1.2조 원 이상이다.

ㄴ. 2021년 '돼지' 생산액 전망치는 같은 해 '농업' 생산액 전망치의 15% 이상이다.

ㄷ. '축산업' 중 전년 대비 생산액 변화율 전망치가 2022년보다 2023년이 낮은 세부항목은 2개이다.

ㄹ. 2020년 생산액 대비 2022년 생산액 전망치의 증감폭은 '재배업'이 '축산업'보다 크다.

① ㄱ, ㄴ
② ㄱ, ㄷ
③ ㄴ, ㄹ
④ ㄱ, ㄷ, ㄹ
⑤ ㄴ, ㄷ, ㄹ

문 24. 다음 〈그림〉은 2020년 기준 A공제회 현황에 관한 자료이다. 이에 대한 설명으로 옳지 않은 것은?

〈그림〉 2020년 기준 A공제회 현황

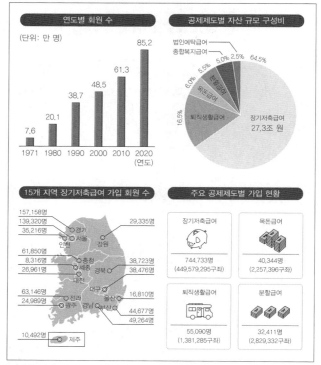

※ 1) 공제제도는 장기저축급여, 퇴직생활급여, 목돈급여, 분할급여, 종합복지급여, 법인예탁급여로만 구성됨
2) 모든 회원은 1개 또는 2개의 공제제도에 가입함

① 장기저축급여 가입 회원 수는 전체 회원의 85% 이하이다.
② 공제제도의 총자산 규모는 40조 원 이상이다.
③ 자산 규모 상위 4개 공제제도 중 2개의 공제제도에 가입한 회원은 2만 명 이상이다.
④ 충청의 장기저축급여 가입 회원 수는 15개 지역 평균 장기저축급여 가입 회원 수보다 많다.
⑤ 공제제도별 1인당 구좌 수는 장기저축급여가 분할급여의 5배 이상이다.

문 25. 다음은 국내 광고산업에 관한 문화체육관광부의 보도자료이다. 이에 부합하지 않는 자료는?

문화체육관광부	보도자료	사람이 있는 문화
보도일시	배포 즉시 보도해 주시기 바랍니다.	
배포일시	2020. 2. XX.	담당부서 |□□□□국
담당과장	○○○ (044-203-○○○○)	담당자	사무관 △△△ (044-203-○○○○)

2018년 국내 광고산업 성장세 지속

○ 문화체육관광부는 국내 광고사업체의 현황과 동향을 조사한 '2019년 광고산업조사(2018년 기준)' 결과를 발표했다.
○ 이번 조사 결과에 따르면 2018년 기준 광고산업 규모는 17조 2,119억 원(광고사업체 취급액* 기준)으로, 전년 대비 4.5% 이상 증가했고, 광고사업체당 취급액 역시 증가했다.
 * 광고사업체 취급액은 광고주가 매체(방송국, 신문사 등)와 매체 외 서비스에 지불하는 비용 전체(수수료 포함)임
 – 업종별로 살펴보면 광고대행업이 6조 6,239억 원으로 전체 취급액의 38% 이상을 차지했으나, 취급액의 전년 대비 증가율은 온라인광고대행업이 16% 이상으로 가장 높다.
○ 2018년 기준 광고사업체의 매체 광고비* 규모는 11조 362억 원(64.1%), 매체 외 서비스 취급액은 6조 1,757억 원(35.9%)으로 조사됐다.
 * 매체 광고비는 방송매체, 인터넷매체, 옥외광고매체, 인쇄매체 취급액의 합임
 – 매체 광고비 중 방송매체 취급액은 4조 266억 원으로 가장 큰 비중을 차지하고 있으며, 그다음으로 인터넷매체, 옥외광고매체, 인쇄매체 순으로 나타났다.
 – 인터넷매체 취급액은 3조 8,804억 원으로 전년 대비 6% 이상 증가했다. 특히, 모바일 취급액은 전년 대비 20% 이상 증가하여 인터넷 광고시장의 성장세를 이끌었다.
 – 한편, 간접광고(PPL) 취급액은 전년 대비 14% 이상 증가하여 1,270억 원으로 나타났으며, 그중 지상파TV와 케이블TV 간 비중의 격차는 5%p 이하로 조사됐다.

① 광고사업체 취급액 현황(2018년 기준)

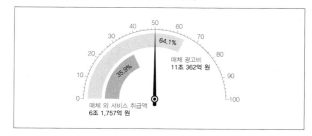

② 인터넷매체(PC, 모바일) 취급액 현황

③ 간접광고(PPL) 취급액 현황

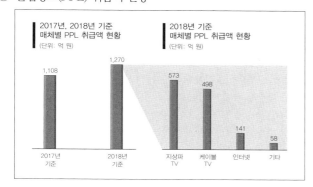

④ 업종별 광고사업체 취급액 현황

(단위: 개소, 억 원)

구분 업종	2018년 조사 (2017년 기준)		2019년 조사 (2018년 기준)	
	사업체 수	취급액	사업체 수	취급액
전체	7,234	164,133	7,256	172,119
광고대행업	1,910	64,050	1,887	66,239
광고제작업	1,374	20,102	1,388	20,434
광고전문서비스업	1,558	31,535	1,553	33,267
인쇄업	921	7,374	921	8,057
온라인광고대행업	780	27,335	900	31,953
옥외광고업	691	13,737	607	12,169

⑤ 매체별 광고사업체 취급액 현황(2018년 기준)

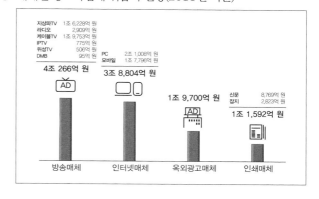

※ 수고하셨습니다.

※ 기출문제편 맨 마지막에 있는 OMR 카드에 마킹을 하세요.

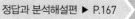

정답과 분석해설편 ▶ P.167

제3영역 상황판단

1초 합격예측! 모바일 성적결과분석표 발급 서비스

 QR 코드로 접속하여 문제 풀이 시간을 측정하고, 자동채점 & 성적결과분석 서비스를 통해 지금 바로 실력을 점검해 보세요.
◀ http://eduwill.kr/0zBF

풀이 시간
• 시작: _____시 _____분 ～ 종료: _____시 _____분
• 총 : _____분

문 1. 다음 글을 근거로 판단할 때 옳은 것은?

제00조 ① 사업주는 근로자가 조부모, 부모, 배우자, 배우자의 부모, 자녀 또는 손자녀(이하 '가족'이라 한다)의 질병, 사고, 노령으로 인하여 그 가족을 돌보기 위한 휴직(이하 '가족돌봄휴직'이라 한다)을 신청하는 경우 이를 허용하여야 한다. 다만 대체인력 채용이 불가능한 경우, 정상적인 사업 운영에 중대한 지장을 초래하는 경우, 근로자 본인 외에도 조부모의 직계비속 또는 손자녀의 직계존속이 있는 경우에는 그러하지 아니하다.
② 사업주는 근로자가 가족(조부모 또는 손자녀의 경우 근로자 본인 외에도 직계비속 또는 직계존속이 있는 경우는 제외한다)의 질병, 사고, 노령 또는 자녀의 양육으로 인하여 긴급하게 그 가족을 돌보기 위한 휴가(이하 '가족돌봄휴가'라 한다)를 신청하는 경우 이를 허용하여야 한다. 다만 근로자가 청구한 시기에 가족돌봄휴가를 주는 것이 정상적인 사업 운영에 중대한 지장을 초래하는 경우에는 근로자와 협의하여 그 시기를 변경할 수 있다.
③ 제1항 단서에 따라 사업주가 가족돌봄휴직을 허용하지 아니하는 경우에는 해당 근로자에게 그 사유를 서면으로 통보하여야 한다.
④ 가족돌봄휴직 및 가족돌봄휴가의 사용기간은 다음 각 호에 따른다.
 1. 가족돌봄휴직 기간은 연간 최장 90일로 하며, 이를 나누어 사용할 수 있을 것
 2. 가족돌봄휴가 기간은 연간 최장 10일로 하며, 일 단위로 사용할 수 있을 것. 다만 가족돌봄휴가 기간은 가족돌봄휴직 기간에 포함된다.
 3. ○○부 장관은 감염병의 확산 등을 원인으로 심각단계의 위기경보가 발령되는 경우, 가족돌봄휴가 기간을 연간 10일의 범위에서 연장할 수 있다.

① 조부모와 부모를 함께 모시고 사는 근로자가 조부모의 질병을 이유로 가족돌봄휴직을 신청한 경우, 사업주는 가족돌봄휴직을 허용하지 않을 수 있다.
② 사업주는 근로자가 신청한 가족돌봄휴직을 허용하지 않는 경우, 해당 근로자에게 그 사유를 구술 또는 서면으로 통보해야 한다.

③ 정상적인 사업 운영에 중대한 지장을 초래하는 경우, 사업주는 근로자의 가족돌봄휴가 시기를 근로자와 협의 없이 변경할 수 있다.
④ 근로자가 가족돌봄휴가를 8일 사용한 경우, 사업주는 이와 별도로 그에게 가족돌봄휴직을 연간 90일까지 허용해야 한다.
⑤ 감염병의 확산으로 심각단계의 위기경보가 발령되고 가족돌봄휴가 기간이 5일 연장된 경우, 사업주는 근로자에게 연간 20일의 가족돌봄휴가를 허용해야 한다.

문 2. 다음 글을 근거로 판단할 때 옳은 것은?

제00조 ① 영화업자는 제작 또는 수입한 영화(예고편영화를 포함한다)에 대하여 그 상영 전까지 영상물등급위원회로부터 상영등급을 분류받아야 한다. 다만 다음 각 호의 어느 하나에 해당하는 영화에 대하여는 그러하지 아니하다.
 1. 대가를 받지 아니하고 청소년이 포함되지 아니한 특정인에 한하여 상영하는 단편영화
 2. 영화진흥위원회가 추천하는 영화제에서 상영하는 영화
② 제1항 본문의 규정에 의한 영화의 상영등급은 영화의 내용 및 영상 등의 표현 정도에 따라 다음 각 호와 같이 분류한다. 다만 예고편영화는 제1호 또는 제4호로 분류하고 청소년 관람불가 예고편영화는 청소년 관람불가 영화의 상영 전후에만 상영할 수 있다.
 1. 전체관람가: 모든 연령에 해당하는 자가 관람할 수 있는 영화
 2. 12세 이상 관람가: 12세 이상의 자가 관람할 수 있는 영화
 3. 15세 이상 관람가: 15세 이상의 자가 관람할 수 있는 영화
 4. 청소년 관람불가: 청소년은 관람할 수 없는 영화
③ 누구든지 제1항 및 제2항의 규정을 위반하여 상영등급을 분류받지 아니한 영화를 상영하여서는 안 된다.
④ 누구든지 제2항 제2호 또는 제3호의 규정에 의한 상영등급에 해당하는 영화의 경우에는 해당 영화를 관람할 수 있는 연령에 도달하지 아니한 자를 입장시켜서는 안 된다. 다만 부모 등 보호자를 동반하여 관람하는 경우에는 그러하지 아니하다.
⑤ 누구든지 제2항 제4호의 규정에 의한 상영등급에 해당하는 영화의 경우에는 청소년을 입장시켜서는 안 된다.

① 예고편영화는 12세 이상 관람가 상영등급을 받을 수 있다.
② 청소년 관람불가 영화의 경우, 청소년은 부모와 함께 영화관에 입장하여 관람할 수 있다.
③ 상영등급 분류를 받지 않은 영화의 경우, 영화업자는 영화진흥위원회가 추천한 △△영화제에서 상영할 수 없다.
④ 영화업자는 청소년 관람불가 예고편영화를 15세 이상 관람가 영화의 상영 직전에 상영할 수 있다.
⑤ 영화업자는 초청한 노인을 대상으로 상영등급을 분류받지 않은 단편영화를 무료로 상영할 수 있다.

문 3. 다음 글과 〈상황〉을 근거로 판단할 때 옳은 것은?

제00조 ① 집합건물을 건축하여 분양한 분양자와 분양자와의 계약에 따라 건물을 건축한 시공자는 구분소유자에게 제2항 각 호의 하자에 대하여 과실이 없더라도 담보책임을 진다.
② 제1항의 담보책임 존속기간은 다음 각 호와 같다.
　1. 내력벽, 주기둥, 바닥, 보, 지붕틀 및 지반공사의 하자: 10년
　2. 대지조성공사, 철근콘크리트공사, 철골공사, 조적(組積)공사, 지붕 및 방수공사의 하자: 5년
　3. 목공사, 창호공사 및 조경공사의 하자: 3년
③ 제2항의 기간은 다음 각 호의 날부터 기산한다.
　1. 전유부분: 구분소유자에게 인도한 날
　2. 공용부분: 사용승인일
④ 제2항 및 제3항에도 불구하고 제2항 각 호의 하자로 인하여 건물이 멸실(滅失)된 경우에는 담보책임 존속기간은 멸실된 날로부터 1년으로 한다.
⑤ 분양자와 시공자의 담보책임에 관하여 이 법에 규정된 것보다 매수인에게 불리한 특약은 효력이 없다.

※ 구분소유자: 집합건물(예: 아파트, 공동주택 등) 각 호실의 소유자
※ 담보책임: 집합건물의 하자로 인해 분양자, 시공자가 구분소유자에 대하여 지는 손해배상, 하자보수 등의 책임

〈상황〉

甲은 乙이 분양하는 아파트를 매수하려고 乙과 아파트 분양계약을 체결하였다. 丙건설사는 乙과의 계약에 따라 아파트를 시공하였고, 준공검사 후 아파트는 2020. 5. 1. 사용승인을 받았다. 甲은 아파트를 2020. 7. 1. 인도받고 등기를 완료하였다.

① 丙은 창호공사의 하자에 대해 2025. 7. 1.까지 담보책임을 진다.
② 丙은 철골공사의 하자에 과실이 없으면 담보책임을 지지 않는다.
③ 乙은 甲의 전유부분인 거실에 물이 새는 방수공사의 하자에 대해 2025. 5. 1.까지 담보책임을 진다.
④ 대지조성공사의 하자로 인하여 2023. 10. 1. 공용부분인 주차장 건물이 멸실된다면 丙은 2024. 7. 1. 이후에는 담보책임을 지지 않는다.
⑤ 乙이 甲과의 분양계약에서 지반공사의 하자에 대한 담보책임 존속기간을 5년으로 정한 경우라도, 2027. 10. 1. 그 하자가 발생한다면 담보책임을 진다.

문 4. 다음 글과 〈상황〉을 근거로 판단할 때, 甲의 계약 의뢰 날짜와 공고 종료 후 결과통지 날짜를 옳게 짝지은 것은?

○ A국의 정책연구용역 계약 체결을 위한 절차는 다음과 같다.

순서	단계	소요기간
1	계약 의뢰	1일
2	서류 검토	2일
3	입찰 공고	40일 (긴급계약의 경우 10일)
4	공고 종료 후 결과통지	1일
5	입찰서류 평가	10일
6	우선순위 대상자와 협상	7일

※ 소요기간은 해당 절차의 시작부터 종료까지 걸리는 기간이다. 모든 절차는 하루 단위로 주말(토, 일) 및 공휴일에도 중단이나 중복 없이 진행된다.

〈상황〉

A국 공무원인 甲은 정책연구용역 계약을 4월 30일에 체결하는 것을 목표로 계약부서에 긴급계약으로 의뢰하려 한다. 계약은 우선순위 대상자와 협상이 끝난 날의 다음 날에 체결된다.

	계약 의뢰 날짜	공고 종료 후 결과통지 날짜
①	3월 30일	4월 11일
②	3월 30일	4월 12일
③	3월 30일	4월 13일
④	3월 31일	4월 12일
⑤	3월 31일	4월 13일

문 5. 다음 글을 근거로 판단할 때, A에게 전달할 책의 제목과 A의 연구실 번호를 옳게 짝지은 것은?

○ 5명의 연구원(A~E)에게 책 1권씩을 전달해야 하고, 책 제목은 모두 다르다.
○ 5명은 모두 각자의 연구실에 있고, 연구실 번호는 311호부터 315호까지이다.
○ C는 315호, D는 312호, E는 311호에 있다.
○ B에게 「연구개발」, D에게 「공공정책」을 전달해야 한다.
○ 「전환이론」은 311호에, 「사회혁신」은 314호에, 「복지실천」은 315호에 전달해야 한다.

	책 제목	연구실 번호
①	「전환이론」	311호
②	「공공정책」	312호
③	「연구개발」	313호
④	「사회혁신」	314호
⑤	「복지실천」	315호

문 6. 다음 글을 근거로 판단할 때, ㉠에 해당하는 수는?

○○부처의 주무관은 모두 20명이며, 성과등급은 4단계(S, A, B, C)로 구성된다. 아래는 ○○부처 소속 직원들의 대화 내용이다.

甲주무관: 乙주무관 축하해! 작년에 비해 올해 성과등급이 비약적으로 올랐던데? 우리 부처에서 성과등급이 세 단계나 변한 주무관은 乙주무관 외에 없잖아.

乙주무관: 고마워. 올해는 평가방식을 많이 바꿨다며? 작년이랑 똑같은 성과등급을 받은 주무관은 우리 부처에서 한 명밖에 없어.

甲주무관: 그렇구나. 우리 부처에서 작년에 비해 성과등급이 한 단계 변한 주무관 수는 두 단계 변한 주무관 수의 2배라고 해.

乙주무관: 그러면 우리 부처에서 성과등급이 한 단계 변한 주무관은 (㉠)명이네.

① 4
② 6
③ 8
④ 10
⑤ 12

문 7. 다음 글을 근거로 판단할 때, 〈보기〉에서 옳은 것만을 모두 고르면?

A지역에는 독특한 결혼 풍습이 있다. 남자는 4개의 부족인 '잇파이·굼보·물으리·굿피'로 나뉘어 있고, 여자도 4개의 부족인 '잇파타·뿌타·마타·카포타'로 나뉘어 있다. 아래 〈표〉는 결혼을 할 수 있는 부족과 그 사이에서 출생하는 자녀가 어떤 부족이 되는지를 나타낸다. 예컨대 '잇파이' 남자는 '카포타' 여자와만 결혼할 수 있고, 그 사이에 낳은 아이가 남아면 '물으리', 여아면 '마타'로 분류된다. 모든 부족에게는 결혼할 수 있는 서로 다른 부족이 1:1로 대응하여 존재한다.

〈표〉

결혼할 수 있는 부족		자녀의 부족	
남자	여자	남아	여아
잇파이	카포타	물으리	마타
굼보	마타	굿피	카포타
물으리	뿌타	잇파이	잇파타
굿피	잇파타	굼보	뿌타

〈보기〉

ㄱ. 물으리와 뿌타의 친손자는 뿌타와 결혼할 수 있다.
ㄴ. 잇파이와 카포타의 친손자는 굿피이다.
ㄷ. 굼보와 마타의 외손녀는 카포타이다.
ㄹ. 굿피와 잇파타의 친손녀는 물으리와 결혼할 수 있다.

① ㄱ
② ㄱ, ㄹ
③ ㄷ, ㄹ
④ ㄱ, ㄴ, ㄷ
⑤ ㄴ, ㄷ, ㄹ

문 8. 다음 글을 근거로 판단할 때, 7월 1일부터 6일까지 지역 농산물 유통센터에서 판매된 甲의 수박 총 판매액은?

○ A시는 농산물의 판매를 촉진하기 위하여 지역 농산물 유통센터를 운영하고 있다. 해당 유통센터는 농산물을 수확 당일 모두 판매하는 것을 목표로 운영하며, 당일 판매하지 못한 농산물은 판매가에서 20%를 할인하여 다음 날 판매한다.
○ 농부 甲은 7월 1일부터 5일까지 매일 수확한 수박 100개씩을 수확 당일 A시 지역 농산물 유통센터에 공급하였다.

○ 甲으로부터 공급받은 수박의 당일 판매가는 개당 1만 원이며, 매일 판매된 수박 개수는 아래와 같았다. 단, 수확 당일 판매되지 않은 수박은 다음 날 모두 판매되었다.

날짜(일)	1	2	3	4	5	6
판매된 수박(개)	80	100	110	100	100	10

① 482만 원

② 484만 원

③ 486만 원

④ 488만 원

⑤ 490만 원

문 9. 다음 글을 근거로 판단할 때, 〈보기〉에서 옳은 것만을 모두 고르면?

A부처는 CO_2 배출량 감소를 위해 전기와 도시가스 사용을 줄이는 가구를 대상으로 CO_2 배출 감소량에 비례하여 현금처럼 사용할 수 있는 포인트를 지급하는 제도를 시행하고 있다. 전기는 5kWh, 도시가스는 1m³를 사용할 때 각각 2kg의 CO_2 가 배출되며, 전기 1kWh당 사용 요금은 20원, 도시가스 1m³ 당 사용 요금은 60원이다.

〈보기〉

ㄱ. 매월 전기 요금과 도시가스 요금을 각각 1만 2천 원씩 부담하는 가구는 전기 사용으로 인한 월 CO_2 배출량이 도시가스 사용으로 인한 월 CO_2 배출량보다 적다.

ㄴ. 매월 전기 요금을 5만 원, 도시가스 요금을 3만 원 부담하는 가구는 전기와 도시가스 사용에 따른 월 CO_2 배출량이 동일하다.

ㄷ. 전기 1kWh를 절약한 가구는 도시가스 1m³를 절약한 가구보다 많은 포인트를 지급받는다.

① ㄱ

② ㄷ

③ ㄱ, ㄴ

④ ㄴ, ㄷ

⑤ ㄱ, ㄴ, ㄷ

문 10. 다음 글과 〈상황〉을 근거로 판단할 때, 〈보기〉에서 옳은 것만을 모두 고르면?

○ 지방자치단체는 공립 박물관·미술관을 설립하려는 경우 □□부로부터 설립타당성에 관한 사전평가(이하 '사전평가')를 받아야 한다.

○ 사전평가는 연 2회(상반기, 하반기) 진행한다.
　－ 신청기한: 1월 31일(상반기), 7월 31일(하반기)
　－ 평가기간: 2월 1일~4월 30일(상반기)
　　　　　　　8월 1일~10월 31일(하반기)

○ 사전평가 결과는 '적정' 또는 '부적정'으로 판정한다.

○ 지방자치단체가 동일한 공립 박물관·미술관 설립에 대해 3회 연속으로 사전평가를 신청하여 모두 '부적정'으로 판정받았다면, 그 박물관·미술관 설립에 대해서는 향후 1년간 사전평가 신청이 불가능하다.

○ 사전평가 결과 '적정'으로 판정되는 경우, 지방자치단체는 부지매입비를 제외한 건립비의 최대 40%를 국비로 지원받을 수 있다.

〈상황〉

아래의 〈표〉는 지방자치단체 A~C가 설립하려는 공립 박물관·미술관과 건립비를 나타낸 것이다.

〈표〉

지방자치단체	설립 예정 공립 박물관·미술관	건립비(원)	
		부지매입비	건물건축비
A	甲미술관	30억	70억
B	乙박물관	40억	40억
C	丙박물관	10억	80억

〈보기〉

ㄱ. 甲미술관을 국비 지원 없이 설립하기로 했다면, A는 사전평가를 거치지 않고도 甲미술관을 설립할 수 있다.

ㄴ. 乙박물관이 사전평가에서 '적정'으로 판정될 경우, B는 최대 32억 원까지 국비를 지원받을 수 있다.

ㄷ. 丙박물관이 2019년 하반기, 2020년 상반기, 2020년 하반기 사전평가에서 모두 '부적정'으로 판정된 경우, C는 丙박물관에 대한 2021년 상반기 사전평가를 신청할 수 없다.

① ㄱ

② ㄷ

③ ㄱ, ㄴ

④ ㄴ, ㄷ

⑤ ㄱ, ㄴ, ㄷ

문 11. 다음 글과 〈상황〉을 근거로 판단할 때 옳은 것은?

제00조 ① 다음 각 호의 어느 하나에 해당하는 사람은 주민등록지의 시장(특별시장·광역시장은 제외하고 특별자치도지사는 포함한다. 이하 같다)·군수 또는 구청장에게 주민등록번호(이하 '번호'라 한다)의 변경을 신청할 수 있다.
 1. 유출된 번호로 인하여 생명·신체에 위해를 입거나 입을 우려가 있다고 인정되는 사람
 2. 유출된 번호로 인하여 재산에 피해를 입거나 입을 우려가 있다고 인정되는 사람
 3. 성폭력피해자, 성매매피해자, 가정폭력피해자로서 유출된 번호로 인하여 피해를 입거나 입을 우려가 있다고 인정되는 사람
② 제1항의 신청 또는 제5항의 이의신청을 받은 주민등록지의 시장·군수·구청장(이하 '시장 등'이라 한다)은 ○○부의 주민등록번호변경위원회(이하 '변경위원회'라 한다)에 번호변경 여부에 관한 결정을 청구해야 한다.
③ 주민등록지의 시장 등은 변경위원회로부터 번호변경 인용결정을 통보받은 경우에는 신청인의 번호를 다음 각 호의 기준에 따라 지체 없이 변경하고 이를 신청인에게 통지해야 한다.
 1. 번호의 앞 6자리(생년월일) 및 뒤 7자리 중 첫째 자리는 변경할 수 없음
 2. 제1호 이외의 나머지 6자리는 임의의 숫자로 변경함
④ 제3항의 번호변경 통지를 받은 신청인은 주민등록증, 운전면허증, 여권, 장애인등록증 등에 기재된 번호의 변경을 위해서는 그 번호의 변경을 신청해야 한다.
⑤ 주민등록지의 시장 등은 변경위원회로부터 번호변경 기각결정을 통보받은 경우에는 그 사실을 신청인에게 통지해야 하며, 신청인은 통지를 받은 날부터 30일 이내에 그 시장 등에게 이의신청을 할 수 있다.

〈상황〉

甲은 주민등록번호 유출로 인해 재산상 피해를 입게 되자 주민등록번호 변경신청을 하였다. 甲의 주민등록지는 A광역시 B구이고, 주민등록번호는 980101−23456□□이다.

① A광역시장이 주민등록번호변경위원회에 甲의 주민등록번호 변경 여부에 관한 결정을 청구해야 한다.
② 주민등록번호변경위원회는 번호변경 인용결정을 하면서 甲의 주민등록번호를 다른 번호로 변경할 수 있다.
③ 주민등록번호변경위원회의 번호변경 인용결정이 있는 경우, 甲의 주민등록번호는 980101−45678□□으로 변경될 수 있다.
④ 甲의 주민등록번호가 변경된 경우, 甲이 운전면허증에 기재된 주민등록번호를 변경하기 위해서는 변경신청을 해야 한다.
⑤ 甲은 번호변경 기각결정을 통지받은 날부터 30일 이내에 주민등록번호변경위원회에 이의신청을 할 수 있다.

문 12. 다음 글을 근거로 판단할 때 옳은 것은?

제00조 ① 각 중앙관서의 장은 그 소관 물품관리에 관한 사무를 소속 공무원에게 위임할 수 있고, 필요하면 다른 중앙관서의 소속 공무원에게 위임할 수 있다.
② 제1항에 따라 각 중앙관서의 장으로부터 물품관리에 관한 사무를 위임받은 공무원을 물품관리관이라 한다.
제00조 ① 물품관리관은 물품수급관리계획에 정하여진 물품에 대하여는 그 계획의 범위에서, 그 밖의 물품에 대하여는 필요할 때마다 계약담당공무원에게 물품의 취득에 관한 필요한 조치를 할 것을 청구하여야 한다.
② 계약담당공무원은 제1항에 따른 청구가 있으면 예산의 범위에서 해당 물품을 취득하기 위한 필요한 조치를 하여야 한다.
제00조 물품은 국가의 시설에 보관하여야 한다. 다만 물품관리관이 국가의 시설에 보관하는 것이 물품의 사용이나 처분에 부적당하다고 인정하거나 그 밖에 특별한 사유가 있으면 국가 외의 자의 시설에 보관할 수 있다.
제00조 ① 물품관리관은 물품을 출납하게 하려면 물품출납공무원에게 출납하여야 할 물품의 분류를 명백히 하여 그 출납을 명하여야 한다.
② 물품출납공무원은 제1항에 따른 명령이 없으면 물품을 출납할 수 없다.
제00조 ① 물품출납공무원은 보관 중인 물품 중 사용할 수 없거나 수선 또는 개조가 필요한 물품이 있다고 인정하면 그 사실을 물품관리관에게 보고하여야 한다.
② 물품관리관은 제1항에 따른 보고에 의하여 수선이나 개조가 필요한 물품이 있다고 인정하면 계약담당공무원이나 그 밖의 관계 공무원에게 그 수선이나 개조를 위한 필요한 조치를 할 것을 청구하여야 한다.

① 물품출납공무원은 물품관리관의 명령이 없으면 자신의 재량으로 물품을 출납할 수 없다.
② A중앙관서의 장이 그 소관 물품관리에 관한 사무를 위임하고자 할 경우, B중앙관서의 소속 공무원에게는 위임할 수 없다.
③ 계약담당공무원은 물품을 국가의 시설에 보관하는 것이 그 사용이나 처분에 부적당하다고 인정하는 경우, 그 물품을 국가 외의 자의 시설에 보관할 수 있다.
④ 물품수급관리계획에 정해진 물품 이외의 물품이 필요한 경우, 물품관리관은 필요할 때마다 물품출납공무원에게 물품의 취득에 관한 필요한 조치를 할 것을 청구해야 한다.
⑤ 물품출납공무원은 보관 중인 물품 중 수선이 필요한 물품이 있다고 인정하는 경우, 계약담당공무원에게 수선에 필요한 조치를 할 것을 청구해야 한다.

문 13. 다음 글을 근거로 판단할 때 옳은 것은?

> 제○○조 ① 누구든지 법률에 의하지 아니하고는 우편물의 검열·전기통신의 감청 또는 통신사실확인자료의 제공을 하거나 공개되지 아니한 타인 상호간의 대화를 녹음 또는 청취하지 못한다.
> ② 다음 각 호의 어느 하나에 해당하는 자는 1년 이상 10년 이하의 징역과 5년 이하의 자격정지에 처한다.
> 1. 제1항에 위반하여 우편물의 검열 또는 전기통신의 감청을 하거나 공개되지 아니한 타인 상호간의 대화를 녹음 또는 청취한 자
> 2. 제1호에 따라 알게 된 통신 또는 대화의 내용을 공개하거나 누설한 자
> ③ 누구든지 단말기기 고유번호를 제공하거나 제공받아서는 안 된다. 다만 이동전화단말기 제조업체 또는 이동통신사업자가 단말기의 개통처리 및 수리 등 정당한 업무의 이행을 위하여 제공하거나 제공받는 경우에는 그러하지 아니하다.
> ④ 제3항을 위반하여 단말기기 고유번호를 제공하거나 제공받은 자는 3년 이하의 징역 또는 1천만 원 이하의 벌금에 처한다.
> 제□□조 제○○조의 규정에 위반하여, 불법검열에 의하여 취득한 우편물이나 그 내용, 불법감청에 의하여 지득(知得) 또는 채록(採錄)된 전기통신의 내용, 공개되지 아니한 타인 상호간의 대화를 녹음 또는 청취한 내용은 재판 또는 징계절차에서 증거로 사용할 수 없다.

① 甲이 불법검열에 의하여 취득한 乙의 우편물은 징계절차에서 증거로 사용할 수 있다.

② 甲이 乙과 정책용역을 수행하면서 乙과의 대화를 녹음한 내용은 재판에서 증거로 사용할 수 없다.

③ 甲이 乙과 丙 사이의 공개되지 않은 대화를 녹음하여 공개한 경우, 1천만 원의 벌금에 처해질 수 있다.

④ 이동통신사업자 甲이 乙의 단말기를 개통하기 위하여 단말기 고유번호를 제공받은 경우, 1년의 징역에 처해질 수 있다.

⑤ 甲이 乙과 丙 사이의 우편물을 불법으로 검열한 경우, 2년의 징역과 3년의 자격정지에 처해질 수 있다.

문 14. 다음 글과 〈지원대상 후보 현황〉을 근거로 판단할 때, 기업 F가 받는 지원금은?

> □□부는 2021년도 중소기업 광고비 지원사업 예산 6억 원을 기업에 지원하려 하며, 지원대상 선정 및 지원금 산정 방법은 다음과 같다.
>
> ○ 2020년도 총매출이 500억 원 미만인 기업만 지원하며, 우선 지원대상 사업분야는 백신, 비대면, 인공지능이다.
> ○ 우선 지원대상 사업분야 내 또는 우선 지원대상이 아닌 사업분야 내에서는 '소요 광고비 × 2020년도 총매출'이 작은 기업부터 먼저 선정한다.
> ○ 지원금 상한액은 1억 2,000만 원이나, 해당 기업의 2020년도 총매출이 100억 원 이하인 경우 상한액의 2배까지 지원할 수 있다. 단, 지원금은 소요 광고비의 2분의 1을 초과할 수 없다.
> ○ 위의 지원금 산정 방법에 따라 예산 범위 내에서 지급 가능한 최대 금액을 예산이 소진될 때까지 지원대상 기업에 순차로 배정한다.

〈지원대상 후보 현황〉

기업	2020년도 총매출(억 원)	소요 광고비 (억 원)	사업분야
A	600	1	백신
B	500	2	비대면
C	400	3	농산물
D	300	4	인공지능
E	200	5	비대면
F	100	6	의류
G	30	4	백신

① 없음

② 8,000만 원

③ 1억 2,000만 원

④ 1억 6,000만 원

⑤ 2억 4,000만 원

문 15. 다음 글의 ㉠과 ㉡에 해당하는 수를 옳게 짝지은 것은?

> 甲담당관: 우리 부서 전 직원 57명으로 구성되는 혁신조직을 출범시켰으면 합니다.
> 乙주무관: 조직은 어떻게 구성할까요?
> 甲담당관: 5~7명으로 구성된 10개의 소조직을 만들되, 5명, 6명, 7명 소조직이 각각 하나 이상 있었으면 합니다. 단, 각 직원은 하나의 소조직에만 소속되어야 합니다.
> 乙주무관: 그렇게 할 경우 5명으로 구성되는 소조직은 최소 (㉠)개, 최대 (㉡)개가 가능합니다.

	㉠	㉡
①	1	5
②	3	5
③	3	6
④	4	6
⑤	4	7

문 16. 다음 글을 근거로 판단할 때, 甲이 통합력에 투입해야 하는 노력의 최솟값은?

> ○ 업무역량은 기획력, 창의력, 추진력, 통합력의 4가지 부문으로 나뉜다.
> ○ 부문별 업무역량 값을 수식으로 나타내면 다음과 같다.
>
> > 부문별 업무역량 값
> > = (해당 업무역량 재능 × 4) + (해당 업무역량 노력 × 3)
> > ※ 재능과 노력의 값은 음이 아닌 정수이다.
>
> ○ 甲의 부문별 업무역량의 재능은 다음과 같다.
>
> | 기획력 | 창의력 | 추진력 | 통합력 |
> |---|---|---|---|
> | 90 | 100 | 110 | 60 |
>
> ○ 甲은 통합력의 업무역량 값을 다른 어떤 부문의 값보다 크게 만들고자 한다. 단, 甲이 투입 가능한 노력은 총 100이며 甲은 가능한 노력을 남김없이 투입한다.

① 67
② 68
③ 69
④ 70
⑤ 71

문 17. 다음 글을 근거로 판단할 때, 마지막에 송편을 먹었다면 그 직전에 먹은 떡은?

> 원 쟁반의 둘레를 따라 쑥떡, 인절미, 송편, 무지개떡, 팥떡, 호박떡이 순서대로 한 개씩 시계방향으로 놓여 있다. 이 떡을 먹는 순서는 다음과 같은 규칙에 따른다. 특정한 떡을 시작점(첫 번째)으로 하여 시계방향으로 떡을 세다가 여섯 번째에 해당하는 떡을 먹는다. 떡을 먹고 나면 시계방향으로 이어지는 바로 다음 떡이 새로운 시작점이 된다. 이 과정을 반복하여 떡이 한 개 남게 되면 마지막으로 그 떡을 먹는다.

① 무지개떡
② 쑥떡
③ 인절미
④ 팥떡
⑤ 호박떡

문 18. 다음 글을 근거로 판단할 때, 甲이 구매하려는 두 상품의 무게로 옳은 것은?

> ○○마트에서는 쌀 상품 A~D를 판매하고 있다. 상품 무게는 A가 가장 무겁고, B, C, D 순서대로 무게가 가볍다. 무게 측정을 위해 서로 다른 두 상품을 저울에 올린 결과, 각각 35kg, 39kg, 44kg, 45kg, 50kg, 54kg으로 측정되었다. 甲은 가장 무거운 상품과 가장 가벼운 상품을 제외하고 두 상품을 구매하기로 하였다.
>
> ※ 상품 무게(kg)의 값은 정수이다.

① 19kg, 25kg
② 19kg, 26kg
③ 20kg, 24kg
④ 21kg, 25kg
⑤ 22kg, 26kg

문 19. 다음 글을 근거로 판단할 때, A 괘종시계가 11시 정각을 알리기 위한 마지막 종을 치는 시각은?

> A 괘종시계는 매시 정각을 알리기 위해 매시 정각부터 일정한 시간 간격으로 해당 시의 수만큼 종을 친다. 예를 들어 7시 정각을 알리기 위해서는 7시 정각에 첫 종을 치기 시작하여 일정한 시간 간격으로 총 7번의 종을 치는 것이다. 이 괘종시계가 정각을 알리기 위해 2번 이상 종을 칠 때, 종을 치는 시간 간격은 몇 시 정각을 알리기 위한 것이든 동일하다. A 괘종시계가 6시 정각을 알리기 위한 마지막 6번째 종을 치는 시각은 6시 6초이다.

① 11시 11초
② 11시 12초
③ 11시 13초
④ 11시 14초
⑤ 11시 15초

문 20. 다음 글을 근거로 판단할 때, 현재 시점에서 두 번째로 많은 양의 일을 한 사람은?

> A부서 주무관 5명(甲～戊)은 오늘 해야 하는 일의 양이 같다. 오늘 업무 개시 후 현재까지 한 일을 비교해 보면 다음과 같다.
> 甲은 丙이 아직 하지 못한 일의 절반에 해당하는 양의 일을 했다. 乙은 丁이 남겨 놓고 있는 일의 2배에 해당하는 양의 일을 했다. 丙은 자신이 현재까지 했던 일의 절반에 해당하는 일을 남겨 놓고 있다. 丁은 甲이 남겨 놓고 있는 일과 동일한 양의 일을 했다. 戊는 乙이 남겨 놓은 일의 절반에 해당하는 양의 일을 했다.

① 甲
② 乙
③ 丙
④ 丁
⑤ 戊

문 21. 다음 글과 〈대화〉를 근거로 판단할 때, 丙이 받을 수 있는 최대 성과점수는?

> ○ A과는 과장 1명과 주무관 4명(甲～丁)으로 구성되어 있으며, 주무관의 직급은 甲이 가장 높고, 乙, 丙, 丁 순으로 낮아진다.
> ○ A과는 프로젝트를 성공적으로 마친 보상으로 성과점수 30점을 부여받았다. 과장은 A과에 부여된 30점을 자신을 제외한 주무관들에게 분배할 계획을 세우고 있다.
> ○ 과장은 주무관들의 요구를 모두 반영하여 성과점수를 분배하려 한다.
> ○ 주무관들이 받는 성과점수는 모두 다른 자연수이다.

> ⟨대화⟩
>
> 甲: 과장님이 주시는 대로 받아야죠. 아! 그렇지만 丁보다는 제가 높아야 합니다.
> 乙: 이번 프로젝트 성공에는 제가 가장 큰 기여를 했으니, 제가 가장 높은 성과점수를 받아야 합니다.
> 丙: 기여도를 고려했을 때, 제 경우에는 상급자보다는 낮게 받고 하급자보다는 높게 받아야 합니다.
> 丁: 저는 내년 승진에 필요한 최소 성과점수인 4점만 받겠습니다.

① 6
② 7
③ 8
④ 9
⑤ 10

문 22. 다음 글을 근거로 판단할 때, 아기 돼지 삼형제와 각각의 집을 옳게 짝지은 것은?

○ 아기 돼지 삼형제는 엄마 돼지로부터 독립하여 벽돌집, 나무집, 지푸라기집 중 각각 다른 한 채씩을 선택하여 짓는다.
○ 벽돌집을 지을 때에는 벽돌만 필요하지만, 나무집은 나무와 지지대가, 지푸라기집은 지푸라기와 지지대가 재료로 필요하다. 지지대에 소요되는 비용은 집의 면적과 상관없이 나무집의 경우 20만 원, 지푸라기집의 경우 5만 원이다.
○ 재료의 1개당 가격 및 집의 면적 1m²당 필요 개수는 아래와 같다.

구분	벽돌	나무	지푸라기
1개당 가격(원)	6,000	3,000	1,000
1m²당 필요 개수	15	20	30

○ 첫째 돼지 집의 면적은 둘째 돼지 집의 2배이고, 셋째 돼지 집의 3배이다. 삼형제 집의 면적의 총합은 11m²이다.
○ 모두 집을 짓고 나니, 둘째 돼지 집을 짓는 재료 비용이 가장 많이 들었다.

	첫째	둘째	셋째
①	벽돌집	나무집	지푸라기집
②	벽돌집	지푸라기집	나무집
③	나무집	벽돌집	지푸라기집
④	지푸라기집	벽돌집	나무집
⑤	지푸라기집	나무집	벽돌집

문 23. 다음 〈A기관 특허대리인 보수 지급 기준〉과 〈상황〉을 근거로 판단할 때, 甲과 乙이 지급받는 보수의 차이는?

─────〈A기관 특허대리인 보수 지급 기준〉─────

○ A기관은 특허출원을 특허대리인(이하 '대리인')에게 의뢰하고, 이에 따라 특허출원 건을 수임한 대리인에게 보수를 지급한다.
○ 보수는 착수금과 사례금의 합이다.
○ 착수금은 대리인이 작성한 출원서의 내용에 따라 〈착수금 산정 기준〉의 세부항목을 합산하여 산정한다. 단, 세부항목을 합산한 금액이 140만 원을 초과할 경우 착수금은 140만 원으로 한다.

〈착수금 산정 기준〉

세부항목	금액(원)
기본료	1,200,000
독립항 1개 초과분(1개당)	100,000
종속항(1개당)	35,000
명세서 20면 초과분(1면당)	9,000
도면(1도당)	15,000

※ 독립항 1개 또는 명세서 20면 이하는 해당 항목에 대한 착수금을 산정하지 않는다.

○ 사례금은 출원한 특허가 '등록결정'된 경우 착수금과 동일한 금액으로 지급하고, '거절결정'된 경우 0원으로 한다.

─────〈상황〉─────

○ 특허대리인 甲과 乙은 A기관이 의뢰한 특허출원을 각각 1건씩 수임하였다.
○ 甲은 독립항 1개, 종속항 2개, 명세서 14면, 도면 3도로 출원서를 작성하여 특허를 출원하였고, '등록결정'되었다.
○ 乙은 독립항 5개, 종속항 16개, 명세서 50면, 도면 12도로 출원서를 작성하여 특허를 출원하였고, '거절결정'되었다.

① 2만 원
② 8만 5천 원
③ 123만 원
④ 129만 5천 원
⑤ 259만 원

문 24. 다음 글과 〈상황〉을 근거로 판단할 때, 〈보기〉에서 옳은 것만을 모두 고르면?

□□부서는 매년 △△사업에 대해 사업자 자격 요건 재허가 심사를 실시한다.
○ 기본심사 점수에서 감점 점수를 뺀 최종심사 점수가 70점 이상이면 '재허가', 60점 이상 70점 미만이면 '허가 정지', 60점 미만이면 '허가 취소'로 판정한다.
  - 기본심사 점수: 100점 만점으로, ㉮~㉭의 4가지 항목(각 25점 만점) 점수의 합으로 한다. 단, 점수는 자연수이다.
  - 감점 점수: 과태료 부과의 경우 1회당 2점, 제재 조치의 경우 경고 1회당 3점, 주의 1회당 1.5점, 권고 1회당 0.5점으로 한다.

〈상황〉

2020년 사업자 A~C의 기본심사 점수 및 감점 사항은 아래와 같다.

사업자	기본심사 항목별 점수			
	㉮	㉯	㉰	㉱
A	20	23	17	?
B	18	21	18	?
C	23	18	21	16

사업자	과태료 부과 횟수	제재 조치 횟수		
		경고	주의	권고
A	3	–	–	6
B	5	–	3	2
C	4	1	2	–

〈보기〉

ㄱ. A의 ㉱ 항목 점수가 15점이라면 A는 재허가를 받을 수 있다.

ㄴ. B의 허가가 취소되지 않으려면 B의 ㉱ 항목 점수가 19점 이상이어야 한다.

ㄷ. C가 2020년에 과태료를 부과받은 적이 없다면 판정 결과가 달라진다.

ㄹ. 기본심사 점수와 최종심사 점수 간의 차이가 가장 큰 사업자는 C이다.

① ㄱ

② ㄴ

③ ㄱ, ㄴ

④ ㄴ, ㄷ

⑤ ㄷ, ㄹ

문 25. 다음 글과 〈상황〉을 근거로 판단할 때, 수질검사빈도와 수질기준을 둘 다 충족한 검사지점만을 모두 고르면?

□□법 제00조(수질검사빈도와 수질기준) ① 기초자치단체의 장인 시장·군수·구청장은 다음 각 호의 구분에 따라 지방상수도의 수질검사를 실시하여야 한다.

1. 정수장에서의 검사
   가. 냄새, 맛, 색도, 탁도(濁度), 잔류염소에 관한 검사: 매일 1회 이상
   나. 일반세균, 대장균, 암모니아성 질소, 질산성 질소, 과망간산칼륨 소비량 및 증발잔류물에 관한 검사: 매주 1회 이상
   단, 일반세균, 대장균을 제외한 항목 중 지난 1년간 검사를 실시한 결과, 수질기준의 10퍼센트를 초과한 적이 없는 항목에 대하여는 매월 1회 이상
2. 수도꼭지에서의 검사
   가. 일반세균, 대장균, 잔류염소에 관한 검사: 매월 1회 이상
   나. 정수장별 수도관 노후지역에 대한 일반세균, 대장균, 암모니아성 질소, 동, 아연, 철, 망간, 잔류염소에 관한 검사: 매월 1회 이상
3. 수돗물 급수과정별 시설(배수지 등)에서의 검사
   일반세균, 대장균, 암모니아성 질소, 동, 수소이온 농도, 아연, 철, 잔류염소에 관한 검사: 매 분기 1회 이상
② 수질기준은 아래와 같다.

항목	기준	항목	기준
대장균	불검출/100mL	일반세균	100CFU/mL 이하
잔류염소	4mg/L 이하	질산성 질소	10mg/L 이하

〈상황〉

甲시장은 □□법 제00조에 따라 수질검사를 실시하고 있다. 甲시 관할의 검사지점(A~E)은 이전 검사에서 매번 수질기준을 충족하였고, 이번 수질검사에서 아래와 같은 결과를 보였다.

검사지점	검사대상	검사결과	검사빈도
정수장 A	잔류염소	2mg/L	매일 1회
정수장 B	질산성 질소	11mg/L	매일 1회
정수장 C	일반세균	70CFU/mL	매월 1회
수도꼭지 D	대장균	불검출/100mL	매주 1회
배수지 E	잔류염소	2mg/L	매주 1회

※ 제시된 검사대상 외의 수질검사빈도와 수질기준은 모두 충족한 것으로 본다.

① A, D

② B, D

③ A, D, E

④ A, B, C, E

⑤ A, C, D, E

※ 수고하셨습니다.

※ 기출문제편 맨 마지막에 있는 OMR 카드에 마킹을 하세요.

정답과 분석해설편 ▶ P.183

연은 순풍이 아니라 역풍에 가장 높이 난다.

– 윈스턴 처칠(Winston Churchill)

2020년도 국가공무원
5급 및 7급 민간경력자 일괄채용 필기시험

응시번호	
성 명	

문제책형
㉮ 책형

【시 험 과 목】

제1영역	언어논리
제2영역	자료해석
제3영역	상황판단

≪ 응시자 주의사항 ≫

1. 시험시작 전에 시험문제를 열람하는 행위와 시험종료 후 답안지를 작성하는 행위는 공무원임용시험령 제51조에 의거 부정행위자로 처리됩니다.

2. 답안지 책형란의 책형표기는 시험시작 전 문제책 표지 앞면에 인쇄된 책형을 확인한 후 표기하시기 바랍니다.

3. 시험시작 즉시 과목편철 순서, 문제누락 여부, 인쇄상태 이상 유무 및 표지와 개별과목의 문제책형 일치여부 등을 확인한 후 문제책 표지에 응시번호, 성명을 기재합니다.

4. 시험이 시작되면 문제를 주의 깊게 읽은 후, 문항의 취지에 가장 적합한 하나의 정답만을 고르며, 문제내용에 관한 질문은 받지 않습니다.

5. 시험시간관리의 책임은 전적으로 수험생 본인에게 있습니다. 시험감독관의 시험종료 예고시간 고지 안내 및 시험실 내 비치된 시계가 있는 경우라도 시간이 정확하지 않을 수 있으니 본인의 시계로 반드시 확인하시기 바랍니다.

6. 시험시간은 영역별 60분씩입니다.

제1영역 언어논리

1초 합격예측! 모바일 성적결과분석표 발급 서비스

 QR 코드로 접속하여 문제 풀이 시간을 측정하고, 자동채점 & 성적결과분석 서비스를 통해 지금 바로 실력을 점검해 보세요.
◀ http://eduwill.kr/1vU6

| 풀이 시간 | • 시작: ____시 ____분 ~ 종료: ____시 ____분
• 총 : ____분 |

문 1. 다음 글의 내용과 부합하지 않는 것은?

우리나라 헌법상 정부는 대통령과 행정부로 구성된다. 행정부에는 국무총리, 행정각부, 감사원 등이 있으며, 이들은 모두 대통령 소속하에 있다. 이외에도 행정부에는 국무회의와 각종 대통령 자문기관들이 있다.

우리나라 국무회의는 정부의 중요 정책에 대한 최고 심의기관으로, 그 설치를 헌법에서 규정하고 있다. 미국 대통령제의 각료회의는 헌법에 규정이 없는 편의상의 기구라는 점에서, 영국 의원내각제의 내각은 의결기관이라는 점에서 우리나라의 국무회의는 이들과 법적 성격이 다르다.

대통령이 국무회의 심의 결과에 구속되지 않는다는 점에서 국무회의는 자문기관과 큰 차이가 없다. 그러나 일반 대통령 자문기관들은 대통령이 임의적으로 요청하는 사항에 응하여 자문을 개진하는 것과 달리 국무회의는 심의 사항이 헌법에 명시되어 있으며 해당 심의는 필수적이라는 점에서 단순한 자문기관도 아니다.

행정각부의 장은 대통령, 국무총리와 함께 국무회의를 구성하는 국무위원임과 동시에 대통령이 결정한 정책을 집행하는 행정관청이다. 그러나 행정각부의 장이 국무위원으로서 갖는 지위와 행정관청으로서 갖는 지위는 구별된다. 국무위원으로서 행정각부의 장은 대통령, 국무총리와 법적으로 동등한 지위를 갖지만, 행정관청으로서 행정각부의 장은 대통령은 물론 상급 행정관청인 국무총리의 지휘와 감독에 따라야 한다.

① 감사원은 대통령 소속하에 있는 기관이다.
② 국무회의는 의결기관도 단순 자문기관도 아닌 심의기관이다.
③ 국무회의 심의 결과는 대통령을 구속한다는 점에서 국가의사를 표시한다.
④ 우리나라 헌법은 국무회의에서 반드시 심의하여야 할 사항을 규정하고 있다.
⑤ 국무총리와 행정각부의 장은 국무회의 심의 석상에서는 국무위원으로서 법적으로 동등한 지위를 갖는다.

문 2. 다음 글의 내용과 부합하는 것은?

조선 시대에는 각 고을에 '유향소'라는 기구가 있었다. 이 기구는 해당 지역의 명망가들로 구성되어 있었으며, 지방관을 보좌하고 아전을 감독하는 역할을 했다. 유향소는 그 회원들의 이름을 '향안'이라는 책자에 기록해 두었다. 향안에 이름이 오른 사람은 유향소의 장(長)인 좌수 혹은 별감을 선출하는 선거에 참여할 수 있었고, 유향소가 개최하는 회의에 참석해 지방 행정에 관한 의견을 개진할 수 있었다. 또 회원 자격을 획득한 후 일정한 기간이 지나면 좌수와 별감으로 뽑힐 수도 있었다.

향안에 이름이 오르는 것을 '입록'이라고 불렀다. 향안에 입록되는 것은 당시로서는 큰 영예였다. 16세기에 대부분의 유향소는 부친, 모친, 처가 모두 그 지역 출신이어야 향안에 입록될 수 있도록 했는데, 이 조건을 '삼향'이라고 불렀다. 그런데 당시에는 멀리 떨어진 고을의 가문과 혼인 관계를 맺는 일이 잦아 삼향의 조건을 갖춘 사람은 드물었다. 유향소가 이 조건을 고수한다면 전국적인 명망가라고 하더라도 유향소 회원이 되기 어려웠다. 이런 까닭에 삼향이라는 조건을 거두어들이는 유향소가 늘어났다. 그 결과 17세기에는 삼향의 조건을 갖추지 않았다는 이유로 향안 입록을 거부하는 유향소가 크게 줄었다.

한편 서얼이나 상민과 혼인한 사람은 어떤 경우라도 향안에 입록될 수 없었고, 이 규정이 사라진 적도 없었다. 향안에 들어가고자 하는 사람은 기존 유향소 회원들의 동의도 받아야 했다. 향안 입록 신청자가 생기면 유향소 회원들은 한곳에 모여 투표를 해 허용 여부를 결정했다. 입록 신청자를 받아들일지 결정하는 투표를 '권점'이라고 불렀다. 권점을 통과하기 위해서는 일정한 비율 이상의 찬성표가 나와야 했다. 이 때문에 향안에 이름을 올리려는 자는 평소 나쁜 평판이 퍼지지 않게 행실에 주의를 기울였다.

① 향안에 입록된 사람은 해당 지역 유향소의 별감이나 좌수를 뽑는 데 참여할 수 있었다.
② 각 지역 유향소들은 아전의 부정행위를 막기 위해 17세기에 향안 입록 조건을 완화하였다.
③ 유향소 회의에 참여할 자격을 얻기 위해서는 향안에 입록된 후에 다시 권점을 통과해야 하였다.
④ 16세기에는 서얼 가문과 혼인한 사람이 향안에 입록될 수 없었으나, 17세기에는 입록될 수 있었다.
⑤ 17세기에 새로이 유향소 회원이 된 사람들은 모두 삼향의 조건을 갖추고 권점을 통과한 인물이었다.

문 3. 다음 글에서 알 수 있는 것은?

부처의 말씀을 담은 경장과 그 해설서인 논장, 수행자의 계율을 담은 율장 외에 여러 가지 불교 관련 자료들을 모아 펴낸 것을 대장경이라고 부른다. 고려는 몇 차례 대장경 간행 사업을 벌였는데, 처음 대장경 간행에 돌입한 것은 거란의 침입을 받았던 현종 때 일이다. 당시 고려는 대장경을 만드는 데 필요한 자료들을 확보하지 못해 애를 먹다가 거란에서 만든 대장경을 수입해 분석한 후 선종 때 이를 완성했다. 이 대장경을 '초조대장경'이라고 부른다.

한편 고려는 몽골이 침략해 들어오자 불교 신앙으로 국난을 극복하겠다는 뜻에서 다시 대장경 제작 사업에 돌입했다. 이 대장경은 두 번째로 만든 것이라고 해서 '재조대장경'이라 불렸다. 고려는 재조대장경을 활자로 인쇄하기로 하고, 전국 각지에서 나무를 베어 경판을 만들었다. 완성된 경판의 숫자가 8만여 개에 이르기 때문에 이 대장경을 '팔만대장경'이라고도 부른다. 재조대장경을 찍어내기 위해 만든 경판은 현재까지 남아 있는데, 이는 전 세계에 남아 있는 대장경 인쇄용 경판 가운데 가장 오래된 것이다. 재조대장경판은 그 규모가 무척 커서 제작을 시작한 지 16년 만에 완성할 수 있었다.

재조대장경을 찍어내고자 수많은 경판을 만들었다는 사실에서 알 수 있듯이 한반도에서는 인쇄술이 일찍부터 발달해 있었다. 이를 잘 보여주는 유물이 불국사에서 발견된『무구정광대다라니경』이다. 분석 결과, 이 유물은 통일신라 경덕왕 때 목판으로 찍어낸 것으로 밝혀졌다.『무구정광대다라니경』은 목판으로 인쇄되어 전하는 자료 가운데 세계에서 가장 오래된 것이다. 금속활자를 이용한 인쇄술도 일찍부터 발달했다. 몽골의 1차 고려 침략이 시작된 해에 세계 최초로 금속활자를 이용한『상정고금예문』이 고려에서 발간되었다고 알려져 있다. 이처럼 고려 사람들은 선진 인쇄술을 바탕으로 문화를 발전시켜 나갔다.

① 재조대장경판의 제작이 완료되기 전에 금속활자로『상정고금예문』을 발간한 일이 있었던 것으로 전해진다.

② 재조대장경은 고려 현종 때 외적의 침입을 막고자 거란에서 들여온 대장경을 참고해 만든 것이다.

③ 고려 시대에 만들어진 대장경판으로서 현재 남아 있는 것 중 가장 오래된 것은 초조대장경판이다.

④『무구정광대다라니경』은 목판으로 인쇄되었으며, 재조대장경은 금속활자로 인쇄되었다.

⑤ 불교 진흥을 위해 고려 시대에 만들어진 최초의 대장경은 팔만대장경이다.

문 4. 다음 글에서 알 수 있는 것은?

많은 국가들의 소년사법 제도는 영국의 관습법에서 유래한다. 영국 관습법에 따르면 7세 이하 소년은 범죄 의도를 소유할 능력이 없는 것으로 간주되고, 8세 이상 14세 미만의 소년은 형사책임을 물을 수 없고, 14세 이상의 소년에 대해서는 형사책임을 물을 수 있다.

우리나라의 소년사법 역시 소년의 나이에 따라 세 그룹으로 구분하여 범죄 의도 소유 능력 여부와 형사책임 여부를 결정한다. 다만 그 나이의 기준을 9세 이하, 10세 이상 14세 미만, 그리고 14세 이상 19세 미만으로 구분할 뿐이다. 우리나라『소년법』은 10세 이상 14세 미만의 소년 중 형벌 법령에 저촉되는 행위를 한 자를 촉법소년으로 규정하여 소년사법의 대상으로 하고 있다. 또한, 10세 이상 19세 미만의 소년 중 이유 없는 가출을 하거나 술을 마시는 행동을 하는 등 그대로 두면 장래에 범법행위를 할 우려가 있는 소년을 우범소년으로 규정하여 소년사법의 대상으로 하고 있다. 일부에서는 단순히 불량성이 있을 뿐 범죄를 저지르지 않았음에도 소년사법의 대상이 되는 우범소년 제도에 의문을 품기도 한다.

소년사법은 범죄를 저지르지 않은 소년까지도 사법의 대상으로 한다는 점에서 자기책임주의를 엄격히 적용하는 성인사법과 구별된다. 소년사법의 이러한 특징은 국가가 궁극적 보호자로서 아동을 양육하고 보호해야 한다는 국친 사상에 근거를 둔다. 과거 봉건 국가 시대에는 친부모가 자녀에 대한 양육·보호를 제대로 하지 못하는 경우 왕이 양육·보호책임을 진다고 믿었다. 이런 취지에서 오늘날에도 비록 죄를 범하지는 않았지만 그대로 둔다면 범행을 할 가능성이 있는 소년까지 소년사법의 대상으로 보는 것이다. 이처럼 소년사법의 철학적 기초에는 국친 사상이 있다.

① 국친 사상은 소년사법의 대상 범위를 축소하는 철학적 기초이다.

② 성인범도 국친 사상의 대상이 되어 범행할 가능성이 있으면 처벌을 받는다.

③ 우리나라 소년법상 촉법소년은 범죄 의도를 소유할 수 없는 것으로 간주된다.

④ 영국의 관습법상 7세의 소년은 범죄 의도는 소유할 수 있지만, 형사책임이 없는 것으로 간주된다.

⑤ 우리나라 소년법상 10세 이상 19세 미만의 소년은 범죄를 저지를 우려가 있으면 범죄를 저지르지 않아도 소년사법의 적용을 받을 수 있다.

문 5. 다음 글에서 알 수 있는 것은?

바르트는 언어를 '랑그', '스틸', '에크리튀르'로 구분해서 파악했다. 랑그는 영어의 'language'에 해당한다. 인간은 한국어, 중국어, 영어 등 어떤 언어를 공유하는 집단에서 태어난다. 그때 부모나 주변 사람들이 이야기하는 언어가 '모어(母語)'이고 그것이 랑그이다.

랑그에 대해 유일하게 말할 수 있는 사실은, 태어날 때부터 부모가 쓰는 언어여서 우리에게 선택권이 없다는 것이다. 인간은 '모어 속에 던져지는' 방식으로 태어나기 때문에 랑그에는 관여할 수 없다. 태어나면서 쉼 없이 랑그를 듣고 자라기 때문에 어느새 그 언어로 사고하고, 그 언어로 숫자를 세고, 그 언어로 말장난을 하고, 그 언어로 신어(新語)를 창조한다.

스틸의 사전적인 번역어는 '문체'이지만 실제 의미는 '어감'에 가깝다. 이는 언어에 대한 개인적인 호오(好惡)의 감각을 말한다. 누구나 언어의 소리나 리듬에 대한 호오가 있다. 글자 모양에 대해서도 사람마다 취향이 다르다. 이는 좋고 싫음의 문제이기 때문에 어쩔 도리가 없다. 따라서 스틸은 기호에 대한 개인적 호오라고 해도 좋다. 다시 말해 스틸은 몸에 각인된 것이어서 주체가 자유롭게 선택할 수 없다.

인간이 언어기호를 조작할 때에는 두 가지 규제가 있다. 랑그는 외적인 규제, 스틸은 내적인 규제이다. 에크리튀르는 이 두 가지 규제의 중간에 위치한다. 에크리튀르는 한국어로 옮기기 어려운데, 굳이 말하자면 '사회방언'이라고 할 수 있다. 방언은 한 언어의 큰 틀 속에 산재하고 있으며, 국소적으로 형성된 것이다. 흔히 방언이라고 하면 '지역방언'을 떠올리는데, 이는 태어나 자란 지역의 언어이므로 랑그로 분류된다. 하지만 사회적으로 형성된 방언은 직업이나 생활양식을 선택할 때 동시에 따라온다. 불량청소년의 말, 영업사원의 말 등은 우리가 선택할 수 있다.

① 랑그는 선택의 여지가 없지만, 스틸과 에크리튀르는 자유로운 선택이 가능하다.

② 방언에 대한 선택은 언어에 대한 개인의 호오 감각에 기인한다.

③ 동일한 에크리튀르를 사용하는 사람들은 같은 지역 출신이다.

④ 같은 모어를 사용하는 형제라도 스틸은 다를 수 있다.

⑤ 스틸과 에크리튀르는 언어 규제상 성격이 같다.

문 6. 다음 글에서 알 수 있는 것은?

도덕에 관한 이론인 정서주의는 언어 사용의 세 가지 목적에 주목한다. 첫째, 화자가 청자에게 정보를 전달하는 목적이다. 예를 들어, "세종대왕은 조선의 왕이다."라는 문장은 참 혹은 거짓을 판단할 수 있는 정보를 전달하고 있다. 둘째, 화자가 청자에게 행위를 하도록 요구하는 목적이다. "백성을 사랑하라."라는 명령문 형식의 문장은 청자에게 특정한 행위를 요구한다. 셋째, 화자의 태도를 청자에게 표현하는 목적이다. "세종대왕은 정말 멋져!"라는 감탄문 형식의 문장은 세종대왕에 대한 화자의 태도를 표현하고 있다.

정서주의자들은 도덕적 언어를 정보 전달의 목적으로 사용하는 것이 아니라, 사람의 행위에 영향을 주거나 자신의 태도를 표현하는 목적으로 사용한다고 말한다. "너는 거짓말을 해서는 안 된다."라고 말한다면, 화자는 청자가 그러한 행위를 하지 못하게 하려는 것이다. 따라서 이러한 진술은 정보를 전달하는 것이 아니라, "거짓말을 하지 마라."라고 명령하는 것이다.

정서주의자들에 따르면 태도를 표현하는 목적으로 도덕적 언어를 사용하는 것은 태도를 보고하는 것이 아니다. 만약 "나는 세종대왕을 존경한다."라고 말한다면 이 말은 화자가 세종대왕에 대해 긍정적인 태도를 지니고 있다는 사실을 보고하는 것이다. 즉, 이는 참 혹은 거짓을 판단할 수 있는 정보를 전달하는 문장이다. 반면, "세종대왕은 정말 멋져!"라고 외친다면 화자는 결코 어떤 종류에 관한 사실을 전달하거나, 태도를 갖고 있다고 보고하는 것이 아니다. 이는 화자의 세종대왕에 대한 태도를 표현하고 있는 것이다.

① 정서주의에 따르면 화자의 태도를 표현하는 문장은 참이거나 거짓이다.

② 정서주의에 따르면 도덕적 언어는 화자의 태도를 보고하는 데 사용된다.

③ 정서주의에 따르면 "세종대왕은 한글을 창제하였다."는 참도 거짓도 아니다.

④ 정서주의에 따르면 언어 사용의 가장 중요한 목적은 정보를 전달하는 것이다.

⑤ 정서주의에 따르면 도덕적 언어의 사용은 명령을 하거나 화자의 태도를 표현하기 위한 것이다.

문 7. 다음 글의 빈칸에 들어갈 내용으로 가장 적절한 것은?

텔레비전이라는 단어는 '멀리'라는 뜻의 그리스어 '텔레'와 '시야'를 뜻하는 라틴어 '비지오'에서 왔다. 원래 텔레비전은 우리가 멀리서도 볼 수 있도록 해주는 기기로 인식됐다. 하지만 조만간 텔레비전은 멀리에서 우리를 보이게 해줄 것이다. 오웰의 『1984』에서 상상한 것처럼, 우리가 텔레비전을 보는 동안 텔레비전이 우리를 감시할 것이다. 우리는 텔레비전에서 본 내용을 대부분 잊어버리겠지만, 텔레비전에 영상을 공급하는 기업은 우리가 만들어낸 데이터를 기반으로 하여 알고리즘을 통해 우리 입맛에 맞는 영화를 골라 줄 것이다. 나아가 인생에서 중요한 것들, 이를테면 어디서 일해야 하는지, 누구와 결혼해야 하는지도 대신 결정해 줄 것이다.

그들의 답이 늘 옳지는 않을 것이다. 그것은 불가능하다. 데이터 부족, 프로그램 오류, 삶의 근본적인 무질서 때문에 알고리즘은 실수를 범할 수밖에 없다. 하지만 완벽해야 할 필요는 없다. 평균적으로 우리 인간보다 낫기만 하면 된다. 그 정도는 그리 어려운 일이 아니다. 왜냐하면 대부분의 사람은 자신을 잘 모르기 때문이다. 사람들은 인생의 중요한 결정을 내리면서도 끔찍한 실수를 저지를 때가 많다. 데이터 부족, 프로그램 오류, 삶의 근본적인 무질서로 인한 고충도 인간이 알고리즘보다 훨씬 더 크게 겪는다.

우리는 알고리즘을 둘러싼 많은 문제들을 열거하고 나서, 그렇기 때문에 사람들은 결코 알고리즘을 신뢰하지 않을 거라고 결론 내릴 수도 있다. 하지만 그것은 민주주의의 모든 결점들을 나열한 후에 '제정신인 사람이라면 그런 체제는 지지하려 들지 않을 것'이라고 결론짓는 것과 비슷하다. 처칠의 유명한 말이 있지 않은가? "민주주의는 세상에서 가장 나쁜 정치 체제다. 다른 모든 체제를 제외하면." 알고리즘에 대해서도 마찬가지로 다음과 같은 결론을 내릴 수 있다.

> _____

① 알고리즘의 모든 결점을 제거하면 최선의 선택이 가능할 것이다.

② 우리는 자신이 무엇을 원하는지를 알기 위해서 점점 더 알고리즘에 의존한다.

③ 데이터를 가진 기업이 다수의 사람을 은밀히 감시하는 사례는 더 늘어날 것이다.

④ 실수를 범하기는 하지만 현실적으로 알고리즘보다 더 신뢰할 만한 대안을 찾기 어렵다.

⑤ 알고리즘이 갖는 결점이 지금은 보이지 않지만, 어느 순간 이 결점 때문에 우리의 질서가 무너질 것이다.

문 8. 다음 글에서 추론할 수 없는 것은?

아이를 엄격하게 키우는 것은 부모와 다른 사람들에 대해 반감과 공격성을 일으킬 수 있고, 그 결과 죄책감과 불안감을 낳으며, 결국에는 아이의 창조적인 잠재성을 해치게 된다. 반면에 아이를 너그럽게 키우는 것은 그와 같은 결과를 피하고, 더 행복한 인간관계를 만들며, 풍요로운 마음과 자기신뢰를 고취하고, 자신의 잠재력을 발전시킬 수 있도록 한다. 이와 같은 진술은 과학적 탐구의 범위에 속하는 진술이다. 논의의 편의상 이 두 주장이 실제로 강력하게 입증되었다고 가정해보자. 그렇다면 우리는 이로부터 엄격한 방식보다는 너그러운 방식으로 아이를 키우는 것이 더 좋다는 점이 과학적 연구에 의해 객관적으로 확립되었다고 말할 수 있을까?

위의 연구를 통해 확립된 것은 다음과 같은 조건부 진술일 뿐이다. 만약 우리의 아이를 죄책감을 지닌 혼란스러운 영혼이 아니라 행복하고 정서적으로 안정된 창조적인 개인으로 키우고자 한다면, 아이를 엄격한 방식보다는 너그러운 방식으로 키우는 것이 더 좋다. 이와 같은 진술은 상대적인 가치판단을 나타낸다. 상대적인 가치판단은 특정한 목표를 달성하려면 어떤 행위가 좋다는 것을 진술하는데, 이런 종류의 진술은 경험적 진술이고, 경험적 진술은 모두 관찰을 통해 객관적인 과학적 테스트가 가능하다. 반면 "아이를 엄격한 방식보다는 너그러운 방식으로 키우는 것이 더 좋다."라는 문장은 가령 "살인은 악이다."와 같은 문장처럼 절대적인 가치판단을 표현한다. 그런 문장은 관찰에 의해 테스트할 수 있는 주장을 표현하지 않는다. 오히려 그런 문장은 행위의 도덕적 평가기준 또는 행위의 규범을 표현한다. 절대적인 가치판단은 과학적 테스트를 통한 입증의 대상이 될 수 없다. 왜냐하면 그와 같은 판단은 주장을 표현하는 것이 아니라 행위의 기준이나 규범을 나타내기 때문이다.

① 아이를 엄격한 방식보다는 너그러운 방식으로 키우는 것이 더 좋다는 것은 경험적 진술이 아니다.

② 아이를 엄격한 방식보다는 너그러운 방식으로 키우는 것이 더 좋다는 것은 상대적인 가치판단이다.

③ 아이를 엄격한 방식보다는 너그러운 방식으로 키우는 것이 더 좋다는 것은 과학적 연구에 의해 객관적으로 입증될 수 있는 주장이 아니다.

④ 정서적으로 안정된 창조적 개인으로 키우려면, 아이를 엄격한 방식보다는 너그러운 방식으로 키우는 것이 더 좋다는 것은 상대적인 가치판단이다.

⑤ 정서적으로 안정된 창조적 개인으로 키우려면, 아이를 엄격한 방식보다는 너그러운 방식으로 키우는 것이 더 좋다는 것은 과학적으로 테스트할 수 있다.

문 9. 다음 글의 실험 결과를 가장 잘 설명하는 가설은?

> 한 무리의 개미들에게 둥지에서 먹이통 사이를 오가는 왕복 훈련을 시킨 후 120마리를 포획하여 20마리씩 6그룹으로 나눴다.
>
> 먼저 1~3그룹의 개미들을 10m 거리에 있는 먹이통으로 가게 한 후, 다음처럼 일부 그룹의 다리 길이를 조절하는 처치를 했다. 1그룹은 모든 다리의 끝 분절을 제거하여 다리 길이를 줄이고, 2그룹은 모든 다리에 돼지의 거친 털을 붙여 다리 길이를 늘이고, 3그룹은 다리 길이를 그대로 둔 것이다. 이렇게 처치를 끝낸 1~3그룹의 개미들을 둥지로 돌아가게 한 결과, 1그룹 개미들은 둥지에 훨씬 못 미쳐 멈췄고, 2그룹 개미들은 둥지를 훨씬 지나 멈췄으며, 3그룹 개미들만 둥지에서 멈췄다.
>
> 이제 4~6그룹의 개미들은 먹이통으로 출발하기 전에 미리 앞서와 같은 방식으로 일부 그룹의 다리 길이를 조절하는 처치를 했다. 즉, 4그룹은 다리 길이를 줄이고, 5그룹은 다리 길이를 늘이고, 6그룹은 다리 길이를 그대로 두었다. 이 개미들을 10m 거리에 있는 먹이통까지 갔다 오게 했더니, 4~6그룹의 개미 모두가 먹이통까지 갔다가 되돌아와 둥지에서 멈췄다. 4~6그룹의 개미들은 그룹별로 이동 거리의 차이가 없었다.

① 개미의 이동 거리는 다리 길이에 비례한다.

② 개미는 걸음 수에 따라서 이동 거리를 판단한다.

③ 개미의 다리 끝 분절은 개미의 이동에 필수적인 부위이다.

④ 개미는 다리 길이가 조절되고 나면 이동 거리를 측정하지 못한다.

⑤ 개미는 먹이를 찾으러 갈 때와 둥지로 되돌아올 때, 이동 거리를 측정하는 방법이 다르다.

문 10. 다음 글의 ㉠~㉢에 들어갈 일반 원칙을 바르게 나열한 것은?

> 우리가 하는 주장 가운데 어떤 것은 도덕적 주장이고 어떤 것은 도덕과 무관한 주장이다. 가령 아래의 (1)은 도덕적 주장인 반면 (2)는 도덕과 무관한 주장이라는 데 모두 동의할 것이다.
>
> (1) 갑은 선한 사람이다.
> (2) 을은 병을 싫어한다.
>
> 이런 종류의 주장과 관련한 일반 원칙으로 우리가 다음 세 가지를 받아들인다고 하자.
>
> A: 어떤 주장이 도덕적 주장이라면, 그 주장의 부정도 도덕적 주장이다.
> B: 어떤 주장이 도덕과 무관한 주장이라면, 그 주장의 부정도 도덕과 무관한 주장이다.
> C: 도덕과 무관한 주장으로부터 도출된 것은 모두 도덕과 무관한 주장이다.
>
> 나아가 어떠한 주장이든지 그것은 도덕적 주장이거나 도덕과 무관한 주장이라고 해보자. 이때 우리는 다음의 (3)이 도덕적 주장이라는 것을 증명할 수 있다.
>
> (3) 갑은 선한 사람이거나 을은 병을 싫어한다.
>
> 이를 위해 먼저 (3)이 도덕과 무관한 주장이라고 가정해보자. 우리는 이런 가정이 모순을 초래한다는 사실을 보일 것이다. (3)이 도덕과 무관한 주장이므로 일반 원칙 ┌㉠┐에 따라 우리는 다음의 (4)도 도덕과 무관한 주장이라고 해야 한다.
>
> (4) 갑은 선한 사람이 아니고 을은 병을 싫어하지 않는다.
>
> (4)가 도덕과 무관한 주장이므로 일반 원칙 ┌㉡┐에 따라 우리는 (4)로부터 도출되는 다음의 (5)도 도덕과 무관한 주장이라고 해야 한다.
>
> (5) 갑은 선한 사람이 아니다.
>
> 하지만 우리는 애초에 (1)이 도덕적 주장이라는 점을 받아들였다. 그러므로 일반 원칙 ┌㉢┐에 따라 우리는 (1)을 부정한 것인 (5)가 도덕적 주장이라고 해야 한다. 마침내 우리는 (5)가 도덕과 무관한 주장이면서 또한 도덕적 주장이라는 모순된 결과에 다다르게 되었다. (3)이 도덕과 무관한 주장이라는 가정은 이처럼 모순을 초래하므로, 결국 우리는 (3)이 도덕적 주장이라고 결론내려야 한다.

	㉠	㉡	㉢
①	A	B	C
②	A	C	B
③	B	A	C
④	B	C	A
⑤	C	B	A

문 11. 다음 대화의 ㉠과 ㉡에 들어갈 말을 적절하게 짝지은 것은?

> 갑: 신입직원 가운데 일부가 봉사활동에 지원했습니다. 그리고 ┌㉠┐
> 을: 지금 하신 말씀에 따르자면, 제 판단으로는 하계연수에 참여하지 않은 사람 중에 신입직원이 있다는 결론이 나오는군요.
> 갑: 그렇게 판단하신 게 정확히 맞습니다. 아니, 잠깐만요. 아차, 제가 앞에서 말씀드린 부분 중에 오류가 있었군요. 죄송합니다. 신입직원 가운데 일부가 봉사활동에 지원했다는 것은 맞는데, 그다음이 틀렸습니다. 봉사활동 지원자는 전부 하계연수에도 참여했다고 말씀드렸어야 했습니다.
> 을: 알겠습니다. 그렇다면 아까와 달리 "┌㉡┐"라는 결론이 나오는 것이로군요.
> 갑: 바로 그렇습니다.

① ㉠: 하계연수 참여자 가운데는 봉사활동에 지원했던 사람이 없습니다.

㉡: 신입직원 가운데 하계연수 참여자가 있다.

② ㉠: 하계연수 참여자 가운데는 봉사활동에 지원했던 사람이 없습니다.

㉡: 신입직원 가운데 하계연수 참여자는 한 명도 없다.

③ ㉠: 하계연수 참여자는 모두 봉사활동에도 지원했던 사람입니다.

㉡: 신입직원 가운데 하계연수 참여자는 한 명도 없다.

④ ㉠: 하계연수 참여자 가운데 봉사활동에도 지원했던 사람이 있습니다.

㉡: 신입직원 가운데 하계연수 참여자가 있다.

⑤ ㉠: 하계연수 참여자 가운데 봉사활동에도 지원했던 사람이 있습니다.

㉡: 신입직원은 모두 하계연수 참여자이다.

문 12. 다음 글의 내용이 참일 때, 대책회의에 참석하는 전문가의 최대 인원 수는?

8명의 전문가 A～H를 대상으로 코로나19 대책회의 참석 여부에 관해 조사한 결과 다음과 같은 정보를 얻었다.

○ A, B, C 세 사람이 모두 참석하면, D나 E 가운데 적어도 한 사람은 참석한다.

○ C와 D 두 사람이 모두 참석하면, F도 참석한다.

○ E는 참석하지 않는다.

○ F나 G 가운데 적어도 한 사람이 참석하면, C와 E 두 사람도 참석한다.

○ H가 참석하면, F나 G 가운데 적어도 한 사람은 참석하지 않는다.

① 3명

② 4명

③ 5명

④ 6명

⑤ 7명

문 13. 다음 글의 내용과 부합하는 것은?

조선 시대에는 왕실과 관청이 필요로 하는 물품을 '공물'이라는 이름으로 백성들로부터 수취하는 제도가 있었다. 조선 왕조는 각 지역의 특산물이 무엇인지 조사한 후, 그 결과를 바탕으로 백성들이 내야 할 공물의 종류와 양을 지역마다 미리 규정해 두었다. 그런데 시간이 지남에 따라 환경 변화 등으로 그 물품이 생산되지 않는 곳이 많아졌다. 이에 백성들은 부과된 공물을 상인으로 하여금 생산지에서 구매해 대납하게 했는데, 이를 '방납'이라고 부른다.

방납은 16세기 이후 크게 성행했다. 그런데 방납을 의뢰받은 상인들은 대개 시세보다 높은 값을 부르거나 품질이 떨어지는 물품을 대납해 부당 이익을 취했다. 이런 폐단이 날로 심해지자 "공물을 면포나 쌀로 거둔 후, 그것으로 필요한 물품을 관청이 직접 구매하자."라는 주장이 나타났다. 이런 주장은 임진왜란이 끝난 후 거세졌다. 한백겸과 이원익 등은 광해군 즉위 초에 경기도에 한해 '백성들이 소유한 토지의 다과에 따라 쌀을 공물로 거두고, 이렇게 수납한 쌀을 선혜청으로 운반해 국가가 필요로 하는 물품을 구매'하는 정책, 즉 '대동법'을 시행하자고 했다. 광해군이 이를 받아들이자 경기도민들은 크게 환영했다. 광해군은 이 정책에 대한 반응이 좋다는 것을 알고 경기도 외에 다른 곳으로 확대 시행할 것을 고려했으나 그렇게 하지는 못했다.

광해군을 몰아내고 왕이 된 인조는 김육의 주장을 받아들여 강원도, 충청도, 전라도까지 대동법을 확대 시행했다. 그런데 그 직후 전국에 흉년이 들어 농민들이 제대로 쌀을 구하지 못할 정도가 되었다. 이에 인조는 충청도와 전라도에 대동법을 시행한다는 결정을 철회했다. 인조의 뒤를 이은 효종은 전라도 일부 지역과 충청도가 흉년에서 벗어났다고 생각해 그 지역들에 대동법을 다시 시행했고, 효종을 이은 현종도 전라도 전역에 대동법을 확대 시행했다. 이처럼 대동법 시행 지역은 조금씩 늘어났다.

① 현종은 방납의 폐단을 없애기 위해 대동법을 전국 모든 지역에 시행하였다.

② 효종은 김육의 요청대로 충청도, 전라도, 경상도에 대동법을 적용하였다.

③ 광해군이 국왕으로 재위할 때 공물을 쌀로 내게 하는 조치가 경기도에 취해졌다.

④ 인조는 이원익 등의 제안대로 방납이라는 방식으로 공물을 납부하는 행위를 전면 금지하였다.

⑤ 한백겸은 상인이 관청의 의뢰를 받아 특산물을 생산지에서 구매해 대납하는 것은 부당하다고 하였다.

문 14. 다음 글에서 알 수 있는 것은?

불교가 이 땅에 전래된 후 불교신앙을 전파하고자 신앙결사를 만든 승려가 여러 명 나타났다. 통일신라 초기에 왕실은 화엄종을 후원했는데, 화엄종 계통의 승려들은 수도에 대규모 신앙결사를 만들어 놓고 불교신앙에 관심을 가진 귀족들을 대상으로 불교 수행법을 전파했다. 통일신라가 쇠퇴기에 접어든 신라 하대에는 지방에도 신앙결사가 만들어졌다. 신라 하대에 나타난 신앙결사는 대부분 미륵 신앙을 지향하는 정토종 승려들이 만든 것이었다.

신앙결사 운동이 더욱 확장된 것은 고려 때의 일이다. 고려시대 가장 유명한 신앙결사는 지눌의 정혜사다. 지눌은 명종 때 거조사라는 절에서 정혜사라는 이름의 신앙결사를 만들었다. 그는 돈오점수 사상을 내세우고, 조계선이라는 수행 방법을 강조했다. 지눌이 만든 신앙결사에 참여해 함께 수행하는 승려가 날로 늘었다. 그 가운데 가장 유명한 사람이 요세라는 승려다. 요세는 무신집권자 최충헌이 명종을 쫓아내고 신종을 국왕으로 옹립한 해에 지눌과 함께 순천으로 근거지를 옮기는 도중에 따로 독립했다. 순천으로 옮겨 간 지눌은 그곳에서 정혜사라는 명칭을 수선사로 바꾸어 활동했고, 요세는 강진에서 백련사라는 결사를 새로 만들어 활동했다.

지눌의 수선사는 불교에 대한 이해가 높은 사람들을 대상으로 다소 난해한 돈오점수 사상을 전파하는 데 주력했다. 그 때문에 대중적이지 않다는 평을 받았다. 요세는 지눌과 달리 불교 지식을 갖추지 못한 평민도 쉽게 수행할 수 있도록 간명하게 수행법을 제시한 천태종을 중시했다. 또 그는 평민들이 백련사에 참여하는 것을 당연하다고 여겼다. 백련사가 세워진 후 많은 사람들이 참여하자 권력층도 관심을 갖고 후원하기 시작했다. 명종 때부터 권력을 줄곧 독차지하고 있던 최충헌을 비롯해 여러 명의 고위 관료들이 백련사에 토지와 재물을 헌납해 그 활동을 도왔다.

① 화엄종은 돈오점수 사상을 전파하고자 신앙결사를 만들어 활동하였다.
② 백련사는 수선사와는 달리 조계선이라는 수행 방법을 고수해 주목받았다.
③ 요세는 무신이 권력을 잡고 있던 시기에 불교 신앙결사를 만들어 활동하였다.
④ 정혜사는 강진에서 조직되었던 반면 백련사는 순천에 근거지를 두고 활동하였다.
⑤ 지눌은 정토종 출신의 승려인 요세가 정혜사에 참여하자 그를 설득해 천태종으로 끌어들였다.

문 15. 다음 글의 빈칸에 들어갈 내용으로 가장 적절한 것은?

대안적 분쟁해결절차(ADR)는 재판보다 분쟁을 신속하게 해결한다고 알려져 있다. 그러나 재판이 서면 심리를 중심으로 진행되는 반면, ADR은 당사자 의견도 충분히 청취하기 때문에 재판보다 더 많은 시간이 소요된다. 그럼에도 불구하고 ADR이 재판보다 신속하다고 알려진 이유는 법원에 지나치게 많은 사건이 밀려 있어 재판이 더디게 이루어지기 때문이다.

법원행정처는 재판이 너무 더디다는 비난에 대응하기 위해 일선 법원에서도 사법형 ADR인 조정제도를 적극적으로 활용할 것을 독려하고 있다. 그러나 이는 법관이 신속한 조정안 도출을 위해 사건 당사자에게 화해를 압박하는 부작용을 낳을 수 있다. 사법형 ADR 활성화 정책은 법관의 증원 없이 과도한 사건 부담 문제를 해결하려는 미봉책일 뿐이다. 결국, 사법형 ADR 활성화 정책은 사법 불신으로 이어져 재판 정당성에 대한 국민의 인식을 더욱 떨어뜨리게 한다.

또한 사법형 ADR 활성화 정책은 민간형 ADR이 활성화되는 것을 저해한다. 분쟁 당사자들이 민간형 ADR의 조정안을 따르도록 하려면, 재판에서도 거의 같은 결과가 나온다는 확신이 들게 해야 한다. 그러기 위해서는 법원이 확고한 판례를 제시하여야 한다. 그런데 사법형 ADR 활성화 정책은 새롭고 복잡한 사건을 재판보다는 ADR로 유도하게 된다. 이렇게 되면 새롭고 복잡한 사건에 대한 판례가 만들어지지 않고, 민간형 ADR에서 분쟁을 해결할 기준도 마련되지 않게 된다. 결국 판례가 없는 수많은 사건들이 끊임없이 법원으로 밀려들게 된다.

따라서 _____ 먼저 법원은 본연의 임무인 재판을 통해 당사자의 응어리를 풀어 주겠다는 의식으로 접근해야 할 것이다. 그것이 현재 법원의 실정으로 어렵다고 판단되면, 국민의 동의를 구해 예산과 인력을 확충하는 방향으로 나아가는 것이 옳은 방법이다. 법원의 인프라를 확충하고 판례를 충실히 쌓아가면, 민간형 ADR도 활성화될 것이다.

① 분쟁 해결에 대한 사회적 관심을 높이도록 유도해야 한다.
② 재판이 추구하는 목표와 ADR이 추구하는 목표는 서로 다르지 않다.
③ 법원으로 폭주하는 사건 수를 줄이기 위해 시민들의 준법의식을 강화하여야 한다.
④ 법원은 재판에 주력하여야 하며 그것이 결과적으로 민간형 ADR의 활성화에도 도움이 된다.
⑤ 민간형 ADR 기관의 전문성을 제고하여 분쟁 당사자들이 굳이 법원에 가지 않더라도 신속하게 분쟁을 해결할 수 있게 만들어야 한다.

문 16. 다음 글의 흐름에 맞지 않는 곳을 ㉠～㉤에서 찾아 수 정할 때 가장 적절한 것은?

경제적 차원에서 가장 불리한 계층, 예컨대 노예와 날품팔이는 ㉠특정한 종교 세력에 편입되거나 포교의 대상이 된 적이 없었다. 기독교 등 고대 종교의 포교활동은 이들보다는 소시민층, 즉 야심을 가지고 열심히 노동하며 경제적으로 합리적인 생활을 하는 계층을 겨냥하였다. 고대사회의 대농장에서 일하던 노예들에게 관심을 갖는 종교는 없었다.

모든 시대의 하층 수공업자 대부분은 ㉡독특한 소시민적 종교 경향을 지니고 있었다. 이들은 특히 공인되지 않은 종파적 종교성에 기우는 경우가 매우 흔하였다. 곤궁한 일상과 불안정한 생계 활동에 시달리며 동료의 도움에 의존해야 하는 하층 수공업자층은 공인되지 않은 신흥 종교집단이나 비주류 종교집단의 주된 포교 대상이었다.

근대에 형성된 프롤레타리아트는 ㉢종교에 우호적이며 관심이 많았다. 이들은 자신의 처지가 자신의 능력과 업적에 의존한다는 의식이 약하고 그 대신 사회적 상황이나 경기 변동, 법적으로 보장된 권력관계에 종속되어 있다는 의식이 강하였다. 이에 반해 자신의 처지가 주술적 힘, 신이나 우주의 섭리와 같은 것에 종속되어 있다는 견해에는 부정적이었다.

프롤레타리아트가 스스로의 힘으로 ㉣특정 종교 이념을 창출하는 것은 쉽지 않았다. 이들에게는 비종교적인 이념들이 삶을 지배하는 경향이 훨씬 우세했기 때문이다. 물론 프롤레타리아트 가운데 경제적으로 불안정한 최하위 계층과 지속적인 곤궁으로 인해 프롤레타리아트화의 위험에 처한 몰락하는 소시민 계층은 ㉤종교적 포교의 대상이 되기 쉬웠다. 특히 이들을 포섭한 많은 종교는 원초적 주술을 사용하거나, 아니면 주술적·광란적 은총 수여에 대한 대용물을 제공했다. 이 계층에서 종교 윤리의 합리적 요소보다 감정적 요소가 훨씬 더 쉽게 성장할 수 있었다.

① ㉠을 "고대 종교에서는 주요한 세력이자 포섭 대상이었다."로 수정한다.
② ㉡을 "종교나 정치와는 괴리된 삶을 살았다."로 수정한다.
③ ㉢을 "종교에 우호적이지도 관심이 많지도 않았다."로 수정한다.
④ ㉣을 "특정 종교 이념을 창출한 경우가 많았다."로 수정한다.
⑤ ㉤을 "종교보다는 정치집단의 포섭 대상이 되었다."로 수정한다.

문 17. 다음 글의 빈칸에 들어갈 내용으로 가장 적절한 것은?

A는 말벌이 어떻게 둥지를 찾아가는지 알아내고자 했다. 이에 A는 말벌이 둥지에 있을 때, 둥지를 중심으로 솔방울들을 원형으로 배치했는데, 그 말벌은 먹이를 찾아 둥지를 떠났다가 다시 둥지로 잘 돌아왔다. 이번에는 말벌이 먹이를 찾아 둥지를 떠난 사이, A가 그 솔방울들을 수거하여 둥지 부근 다른 곳으로 옮겨 똑같이 원형으로 배치했다. 그랬더니 돌아온 말벌은 솔방울들이 치워진 그 둥지로 가지 않고 원형으로 배치된 솔방울들의 중심으로 날아갔다.

이러한 결과를 관찰한 A는 말벌이 방향을 찾을 때 솔방울이라는 물체의 재질에 의존한 것인지 혹은 솔방울들로 만든 모양에 의존한 것인지를 알아내고자 하였다. 그래서 이번에는 말벌이 다시 먹이를 찾아 둥지를 떠난 사이, 앞서 원형으로 배치했던 솔방울들을 치우고 그 자리에 돌멩이들을 원형으로 배치했다. 그리고 거기 있던 솔방울들을 다시 가져와 둥지를 중심으로 삼각형으로 배치했다. 그러자 A는 돌아온 말벌이 원형으로 배치된 돌멩이들의 중심으로 날아가는 것을 관찰할 수 있었다.

이 실험을 통해 A는 먹이를 찾으러 간 말벌이 둥지로 돌아올 때, [   ]는 결론에 이르렀다.

① 물체의 재질보다 물체로 만든 모양에 의존하여 방향을 찾는다.
② 물체로 만든 모양보다 물체의 재질에 의존하여 방향을 찾는다.
③ 물체의 재질과 물체로 만든 모양 모두에 의존하여 방향을 찾는다.
④ 물체의 재질이나 물체로 만든 모양에 의존하지 않고 방향을 찾는다.
⑤ 경우에 따라 물체의 재질에 의존하기도 하고 물체로 만든 모양에 의존하기도 하면서 방향을 찾는다.

문 18. 다음 글의 ㉠에 대한 진술로 적절하지 않은 것은?

해녀들이 고무 잠수복을 받아들일 때 잠수복 바지, 저고리, 모자, 버선은 받아들였으나 흥미롭게도 장갑은 제외시켰다. 손은 부피당 표면적이 커서 수중에서 열손실이 쉽게 일어나는 부위이다. 손의 온도가 떨어지면 움직임이 둔해지고 정확도가 떨어지므로 물속에서의 작업 수행 능력이 감소된다. 이런 점을 고려할 때 장갑 착용은 작업 능률을 향상시킬 것으로 생각되는데 수온이 낮은 겨울철에도 해녀들이 잠수 장갑을 끼지 않는 데는 어떤 이유가 있을 것이다. 그 이유를 알아보기 위하여 ㉠겨울철 해녀의 작업 시 장갑 착용이 손의 열손실에 어떤 영향을 미치는지 연구하였다.

겨울철에 해녀가 작업을 할 때, 장갑을 끼는 경우와 끼지 않는 경우에 손의 열손실을 측정하였다. 열손실은 단위시간당 손실되는 열의 양으로 측정하였다. 입수 초기에는 장갑을 낄 때나 안 낄 때나 손의 열손실이 증가하는데 장갑을 낄 때보다 안 낄 때 더 빠르게 증가한다. 그런데 입수 초기가 지나면 손의 열손실은 시간에 따라 점차 감소하는데 장갑을 낄 때보다 안 낄 때 더 빠르게 감소한다. 그래서 입수 후 약 20분이 지나면 손의 열손실이 장갑을 낄 때보다 안 낄 때 더 작아지는 기현상이 생긴다.

이러한 현상은 입수 시 나타나는 손의 열절연도 변화로 설명할 수 있다. 물체의 열손실은 그 물체의 열절연도에 의해 좌우되는데 열절연도가 커질수록 열손실이 작아진다. 입수 후 손의 열절연도는 장갑을 낄 때보다 안 낄 때 더 빠르게 증가하여 입수 후 약 20분이 지나면 손의 열손실이 장갑을 낄 때보다 안 낄 때 더 작아진다. 또한 팔의 열절연도도 입수 후 시간이 지남에 따라 장갑을 낄 때보다 안 낄 때 더 빠르게 증가하여 팔의 열손실은 장갑을 낄 때보다 안 낄 때 더 빠르게 감소한다.

① 손의 온도는 해녀의 작업 수행 능력에 영향을 준다.

② 장갑 착용 여부는 손과 팔의 열손실에 영향을 준다.

③ 입수 초기에는 장갑을 낄 때보다 안 낄 때 손의 열손실이 더 빠르게 증가한다.

④ 입수 후 시간이 지남에 따라 손의 열절연도는 장갑을 낄 때보다 안 낄 때 더 빠르게 증가한다.

⑤ 입수 후 장갑을 안 낄 때는 손의 열손실이 시간이 지남에 따라 증가한 후 감소하지만 장갑을 낄 때는 그렇지 않다.

문 19. 다음 글의 내용이 참일 때, 반드시 참인 것만을 〈보기〉에서 모두 고르면?

A, B, C, D, E는 스키, 봅슬레이, 컬링, 쇼트트랙, 아이스하키 등 총 다섯 종목 중 각자 한 종목을 관람하고자 한다. 스키와 봅슬레이는 산악지역에서 열리며, 나머지 종목은 해안지역에서 열린다. 다섯 명의 관람 종목에 대한 조건은 다음과 같다.

○ A, B, C, D, E는 서로 다른 종목을 관람한다.

○ A와 B는 서로 다른 지역에서 열리는 종목을 관람한다.

○ C는 스키를 관람한다.

○ B가 쇼트트랙을 관람하면, D가 봅슬레이를 관람한다.

○ E가 쇼트트랙이나 아이스하키를 관람하면, A는 봅슬레이를 관람한다.

〈보기〉

ㄱ. A가 봅슬레이를 관람하면, D는 아이스하키를 관람한다.

ㄴ. B는 쇼트트랙을 관람하지 않는다.

ㄷ. E가 쇼트트랙을 관람하면, B는 컬링이나 아이스하키를 관람한다.

① ㄱ

② ㄴ

③ ㄱ, ㄷ

④ ㄴ, ㄷ

⑤ ㄱ, ㄴ, ㄷ

문 20. 다음 글의 내용이 참일 때, 반드시 참인 것은?

도시발전계획의 하나로 관할 지역 안에 문화특화지역과 경제특화지역을 지정하여 활성화하는 정책을 추진하고 있는 A시와 관련하여 다음 사항이 알려졌다.

○ A시의 관할 지역은 동구와 서구로 나뉘어 있고 갑, 을, 병, 정, 무는 이 시에 거주하는 주민이다.

○ A시는 문화특화지역과 경제특화지역을 곳곳에 지정하였으나, 두 지역이 서로 겹치는 경우는 없다.

○ 문화특화지역으로 지정된 곳에서는 모두 유물이 발견되었다.

○ 동구에서 경제특화지역으로 지정된 곳의 주민은 모두 부유하다.

○ 서구에 거주하는 주민은 모두 아파트에 산다.

① 갑이 유물이 발견된 지역에 거주한다면, 그는 부유하지 않다.

② 을이 부유하다면, 그는 경제특화지역에 거주하고 있다.

③ 병이 아파트에 살지는 않지만 경제특화지역에 거주한다면, 그는 부유하다.

④ 정이 아파트에 살지 않는다면, 그는 유물이 발견되지 않은 지역에 거주한다.

⑤ 무가 문화특화지역에 거주한다면, 그는 아파트에 살지 않는다.

문 21. 다음 글의 ⑤으로 적절한 것은?

규범윤리학의 핵심 물음은 "무엇이 도덕적으로 올바른 행위인가?"이다. 이에 답하기 위해서는 '도덕 규범'이라고 불리는 도덕적 판단 기준에 대한 논의가 필요하다. 도덕적 판단 기준이 개개인의 주관적 판단에 의존한다고 여기는 사람들이 다수 있지만 이는 옳지 않은 생각이다. 도덕 규범은 그것이 무엇이든 우리의 주관적 판단에 의존하지 않는다. 이러한 주장이 반드시 참임은 다음 논증을 통해 보일 수 있다.

도덕 규범이면서 우리의 주관적 판단에 의존하는 규범이 있다고 가정하면, 문제가 생긴다. 우리는 다음 명제들을 의심의 여지없이 참이라고 받아들이기 때문이다. 첫째, 주관적 판단에 의존하는 규범은 모두 우연적 요소에 좌우된다. 둘째, 우연적 요소에 좌우되는 규범은 어느 것도 보편적으로 적용되지 않는다. 셋째, 보편적으로 적용되지 않는 규범은 그것이 무엇이든 객관성이 보장되지 않는다. 이 세 명제에 ⑤하나의 명제를 추가하기만 하면 주관적 판단에 의존하는 규범은 어느 것도 도덕 규범이 아니라는 것을 이끌어낼 수 있다. 이는 앞의 가정과 모순된다. 따라서 도덕 규범은 어느 것도 우리의 주관적 판단에 의존하지 않는다.

① 우연적 요소에 좌우되는 도덕 규범이 있다.

② 객관성이 보장되지 않는 규범은 어느 것도 도덕 규범이 아니다.

③ 객관성이 보장되는 규범은 그것이 무엇이든 보편적으로 적용된다.

④ 보편적으로 적용되는 규범은 어느 것도 우연적 요소에 좌우되지 않는다.

⑤ 주관적 판단에 의존하면서 보편적으로 적용되지 않는 도덕 규범이 있다.

문 22. 다음 갑~병의 주장에 대한 평가로 적절한 것만을 〈보기〉에서 모두 고르면?

갑: 어떤 나라의 법이 불공정하거나 악법이라고 해도 그 나라의 시민은 그것을 준수해야 한다. 그 나라의 시민으로 살아간다는 것이 법을 준수하겠다는 암묵적인 합의를 한 것이나 마찬가지이기 때문이다. 우리에게는 약속을 지켜야 할 의무가 있다. 만일 우리의 법이 마음에 들지 않았다면 처음부터 이 나라를 떠나 이웃 나라로 이주할 수 있는 자유가 언제나 있었던 것이다. 이 나라에서 시민으로 일정 기간 이상 살았다면 법을 그것의 공정 여부와 무관하게 마땅히 지켜야만 하는 것이 우리 시민의 의무이다.

을: 법을 지키겠다는 암묵적 합의는 그 법이 공정한 것인 한에서만 유효한 것이다. 만일 어떤 법이 공정하지 않다면 그런 법을 지키는 것은 오히려 타인의 인권을 침해할 소지가 있고, 따라서 그런 법의 준수를 암묵적 합의의 일부로 간주해서는 안 될 것이다. 그러므로 공정한 법에 대해서만 선별적으로 준수의 의무를 부과하는 것이 타당하다.

병: 법은 정합적인 체계로 구성되어 있어서 어떤 개별 법 조항도 다른 법과 무관하게 독자적으로 주어질 수 없다. 모든 법은 상호 의존적이어서 어느 한 법의 준수를 거부하면 반드시 다른 법의 준수 여부에도 영향을 미칠 수밖에 없다. 예를 들어, 조세법이 부자에게 유리하고 빈자에게 불리한 불공정한 법이라고 해서 그것 하나만 따로 떼어내어 선별적으로 거부한다는 것은 불가능하다. 그렇게 했다가는 결국 아무 문제가 없는 공정한 법의 준수 여부에까지 영향을 미치게 될 것이다. 따라서 법의 선별적 준수는 전체 법체계의 유지에 큰 혼란을 불러올 우려가 있으므로 받아들여서는 안 된다.

〈보기〉

ㄱ. 예외적인 경우에 약속을 지키지 않아도 된다면 갑의 주장은 강화된다.

ㄴ. 법의 공정성을 판단하는 별도의 기준이 없다면 을의 주장은 약화된다.

ㄷ. 이민자를 차별하는 법이 존재한다면 병의 주장은 약화된다.

① ㄱ

② ㄴ

③ ㄱ, ㄷ

④ ㄴ, ㄷ

⑤ ㄱ, ㄴ, ㄷ

문 23. 다음 글에 비추어 볼 때, 〈실험〉에 대한 분석으로 적절한 것만을 〈보기〉에서 모두 고르면?

통계학자들은 오직 두 가설, 즉 영가설과 대립가설만을 고려하는 경우가 있다. 여기서 영가설이란 취해진 조치가 조치의 대상에 아무런 영향을 주지 않는다는 가설이고, 대립가설이란 영향을 준다는 가설이다. 예컨대 의사의 조치가 특정 질병 치료에 아무런 효과도 없다는 가설은 영가설이고, 의사의 조치가 그 질병을 치료하는 데 효과가 있다는 가설은 대립가설이다.

〈실험〉

A는 다음의 두 가설과 관련하여 아래 실험을 수행하였다.
○ 가설 1: 쥐가 동일한 행동을 반복할 때 이전 행동에서 이루어진 강제조치가 다음번 행동에 영향을 준다.
○ 가설 2: 쥐가 동일한 행동을 반복할 때 이전 행동에서 이루어진 강제조치가 다음번 행동에 영향을 주지 않는다.
왼쪽 방향 또는 오른쪽 방향으로 갈 수 있는 갈림길이 있는 미로가 있다. 실험자는 쥐 1마리를 이 미로의 입구에 집어넣었다. 미로에 들어간 쥐가 갈림길에 도달하면 실험자가 개입하여 쥐가 한쪽 방향으로 가도록 강제조치했다. 그런 다음 실험자는 미로의 출구 부분에서 쥐를 꺼내 다시 미로의 입구에 집어넣고 쥐가 갈림길에서 어느 방향으로 가는지를 관찰하였다. 100마리의 쥐를 대상으로 이러한 실험을 실시한 결과 대부분의 쥐들은 이전에 가지 않았던 방향으로 갔다.

〈보기〉

ㄱ. 가설 1은 대립가설이고 가설 2는 영가설이다.

ㄴ. 〈실험〉의 결과는 대립가설을 강화한다.

ㄷ. 〈실험〉에서 미로에 처음 들어간 쥐들에게 갈림길에서 50마리의 쥐들은 왼쪽 방향으로, 나머지 50마리의 쥐들은 오른쪽 방향으로 가도록 실험자가 강제조치하였다는 사실이 밝혀진다면 영가설은 강화된다.

① ㄱ
② ㄷ
③ ㄱ, ㄴ
④ ㄴ, ㄷ
⑤ ㄱ, ㄴ, ㄷ

문 24. 다음 글의 ㉠을 강화하는 것만을 〈보기〉에서 모두 고르면?

동물의 감각이나 반응을 일으키는 최소한의 자극을 '식역'이라고 한다. 인간의 경우 일반적으로 40밀리 초 이하의 시각적 자극은 '보았다'고 답하는 경우가 거의 없다. 그렇다면 식역 이하의 시각적 자극은 우리에게 아무런 영향도 주지 않는 것일까?

연구자들은 사람들에게 식역 이하의 짧은 시간 동안 문자열을 먼저 제시한 후 뒤이어 의식적으로 지각할 수 있을 만큼 문자열을 제시하는 실험을 진행했다. 이 실험에서 연구자들은 먼저 제시된 문자열을 '프라임'으로, 뒤이어 제시된 문자열을 '타깃'으로 불렀다. 프라임을 식역 이하로 제시한 후 뒤이어 타깃을 의식적으로 볼 수 있을 만큼 제시했을 때 피험자들은 타깃 앞에 프라임이 있었다는 사실조차 알아차리지 못했다.

거듭된 실험을 통해 밝혀진 사실 가운데 하나는 피험자가 비록 보았다고 의식하지 못한 낱말일지라도 제시된 프라임이 타깃과 동일한 낱말인 경우 처리속도가 빨라진다는 것이었다. 예컨대 'radio' 앞에 'house'가 제시되었을 때보다 'radio'가 제시되었을 때 반응이 빨라졌다. 동일한 낱말의 반복이 인지 반응을 촉진한 것이었다. 식역 이하로 제시된 낱말임에도 불구하고 뒤이어 나온 낱말의 처리속도에 영향을 미친 이런 효과를 가리켜 '식역 이하의 반복 점화'라고 부른다.

흥미로운 점은, 프라임이 소문자로 된 낱말 'radio'이고 타깃이 대문자로 된 낱말 'RADIO'일 때 점화 효과가 나타났다는 것이다. 시각적으로 그 둘의 외양은 다르다. 그렇다면 두 종류의 표기에 익숙한 언어적, 문화적 관습에 따라 'radio'와 'RADIO'를 같은 낱말로 인지한 것으로 볼 수 있다. 이에 비추어 볼 때, ㉠식역 이하의 반복 점화는 추상적인 수준에서 나타나는 것으로 보인다.

〈보기〉

ㄱ. 같은 낱말을 식역 이하로 반복하여 여러 번 눈앞에 제시해도 피험자들은 그 낱말을 인지하지 못하였다.

ㄴ. 샛별이 금성이라는 것을 아는 사람에게 프라임으로 '금성'을 식역 이하로 제시한 후 타깃으로 '샛별'을 의식적으로 볼 수 있을 만큼 제시했을 때, 점화 효과가 나타나지 않았다.

ㄷ. 한국어와 영어에 능숙한 사람에게 'five'만을 의식적으로 볼 수 있을 만큼 제시한 경우보다 프라임으로 '다섯'을 식역 이하로 제시한 후 타깃으로 'five'를 의식적으로 볼 수 있을 만큼 제시했을 때, 'five'에 대한 반응이 더 빨랐다.

① ㄱ
② ㄷ
③ ㄱ, ㄴ
④ ㄴ, ㄷ
⑤ ㄱ, ㄴ, ㄷ

문 25. 다음 글에 대한 분석으로 적절한 것만을 〈보기〉에서 모두 고르면?

> 갑: 우리는 예전에 몰랐던 많은 과학 지식을 가지고 있다. 예를 들어, 과거에는 물이 산소와 수소로 구성된다는 것을 몰랐지만 현재는 그 사실을 알고 있다. 과거에는 어떤 기준 좌표에서 관찰하더라도 빛의 속도가 일정하다는 것을 몰랐지만 현재의 우리는 그 사실을 알고 있다. 이처럼 우리가 알게 된 과학 지식의 수는 누적적으로 증가하고 있으며, 이 점에서 과학은 성장한다고 말할 수 있다.
>
> 을: 과학의 역사에서 과거에 과학 지식이었던 것이 더 이상 과학 지식이 아닌 것으로 판정된 사례는 많다. 예를 들어, 과거에 우리는 플로지스톤 이론이 옳다고 생각했지만 현재 그 이론이 옳다고 생각하는 사람은 아무도 없다. 이런 점에서 과학 지식의 수는 누적적으로 증가하고 있지 않다.
>
> 병: 그렇다고 해서 과학이 성장한다고 말할 수 없는 것은 아니다. 과학에서 해결해야 할 문제들은 정해져 있으며, 그중 해결된 문제의 수는 증가하고 있다. 예를 들어 과거의 뉴턴 역학은 수성의 근일점 이동을 정확하게 예측할 수 없었지만 현재의 상대성 이론은 정확하게 예측할 수 있다. 따라서 해결된 문제의 수가 증가하고 있다는 이유에서 과학은 성장한다고 말할 수 있다.
>
> 정: 그렇게 말할 수 없다. 우리가 어떤 과학 이론을 받아들이냐에 따라서 해결해야 할 문제가 달라지고, 해결된 문제의 수가 증가했는지 판단할 수도 없기 때문이다. 서로 다른 이론을 받아들이는 사람들이 해결한 문제의 수는 서로 비교할 수 없다.

〈보기〉

ㄱ. 갑과 병은 모두 과학의 성장 여부를 평가할 수 있는 어떤 기준이 있다는 것을 인정한다.

ㄴ. 을은 과학 지식의 수가 실제로 누적적으로 증가하지 않는다는 이유로 갑을 비판한다.

ㄷ. 정은 과학의 성장 여부를 말할 수 있는 근거의 진위를 판단할 수 없다는 점을 들어 병을 비판한다.

① ㄱ
② ㄷ
③ ㄱ, ㄴ
④ ㄴ, ㄷ
⑤ ㄱ, ㄴ, ㄷ

※ 수고하셨습니다.

※ 기출문제편 맨 마지막에 있는 OMR 카드에 마킹을 하세요.

정답과 분석해설편 ▶ P.198

제2영역 자료해석

1초 합격예측! 모바일 성적결과분석표 발급 서비스

 QR 코드로 접속하여 문제 풀이 시간을 측정하고, 자동채점 & 성적결과분석 서비스를 통해 지금 바로 실력을 점검해 보세요.
◀ http://eduwill.kr/8tU6

풀이 시간	• 시작: _____시 _____분 ~ 종료: _____시 _____분
	• 총 : _____분

문 1. 다음은 회계부정행위 신고 및 포상금 지급에 관한 〈보고서〉이다. 이를 작성하기 위해 사용된 자료만을 〈보기〉에서 모두 고르면?

〈보고서〉

　2019년 회계부정행위 신고 건수는 모두 64건으로 2018년보다 29건 감소하였다. 회계부정행위 신고에 대한 최대 포상금 한도가 2017년 11월 규정 개정 후에는 1억 원에서 10억 원으로 상향됨에 따라 회계부정행위 신고에 대한 사회적 관심이 증가하여 2018년에는 신고 건수가 전년 대비 크게 증가(111.4%)하였다. 2019년 회계부정행위 신고 건수는 전년 대비 31.2% 감소하였지만 2013년부터 2016년까지 연간 최대 32건에 불과하였던 점을 감안하면 2017년 11월 포상금 규정 개정 전보다 여전히 높은 수준이었다.

〈보기〉

ㄱ. 회계부정행위 신고 현황

(단위: 건, %)

구분 ＼ 연도	2017	2018	2019
회계부정행위 신고 건수	44	93	64
전년 대비 증가율	–	111.4	−31.2

ㄴ. 연도별 회계부정행위 신고 건수 추이(2013~2016년)

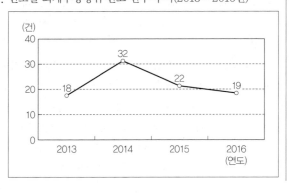

ㄷ. 회계부정행위 신고에 대한 최대 포상금 규정

(단위: 만 원)

시점 ＼ 구분		최대 포상금 한도	
		자산총액 5천억 원 미만 기업	자산총액 5천억 원 이상 기업
2017년 11월 규정 개정	개정 후	50,000	100,000
	개정 전	5,000	10,000

ㄹ. 회계부정행위 신고 포상금 지급 현황

(단위: 건, 만 원)

구분 ＼ 연도	2008~2015	2016	2017	2018	2019	합계
지급 건수	6	2	2	1	2	13
지급액	5,010	2,740	3,610	330	11,940	23,630

① ㄱ, ㄷ
② ㄴ, ㄹ
③ ㄷ, ㄹ
④ ㄱ, ㄴ, ㄷ
⑤ ㄱ, ㄴ, ㄹ

문 2. 다음 〈표〉는 '갑'건축물을 건설하기 위한 공종의 공법별 공사기간 및 항목별 공사비에 관한 자료이다. 〈표〉와 〈조건〉에 근거하여 총공사비를 최소화하도록 공법을 적용할 때, 총공사기간은?

〈표〉 공종의 공법별 공사기간 및 항목별 공사비

(단위: 개월, 억 원)

구분 공종	공법	공사기간	항목별 공사비		
			재료비	노무비	경비
토공사	A	4	4	6	4
	B	3	7	5	3
	C	3	5	5	3
골조공사	D	12	30	20	14
	E	14	24	20	15
	F	15	24	24	16
마감공사	G	6	50	30	10
	H	7	50	24	12

〈조건〉

○ 공종, 공법, 항목별 공사비는 각각 제시된 3가지, 8종류, 3항목만 있음
○ 공사는 세 가지 공종을 모두 포함하고, 공종별로 한 종류의 공법만을 적용함
○ 항목별 공사비는 해당 공법의 공사기간 동안 소요되는 해당 항목의 총비용임
○ 총공사기간은 공종별로 적용한 공법의 공사기간의 합이고, 총공사비는 공종별로 적용한 공법의 항목별 공사비의 총합임

① 22개월
② 23개월
③ 24개월
④ 25개월
⑤ 26개월

문 3. 다음 〈표〉는 2017~2019년 '갑'대학의 장학금 유형(A~E)별 지급 현황에 관한 자료이다. 이에 대한 〈보기〉의 설명 중 옳은 것만을 고르면?

〈표〉 2017~2019년 '갑'대학의 장학금 유형별 지급 현황

(단위: 명, 백만 원)

학기	구분	장학금 유형	A	B	C	D	E
2017년	1학기	장학생 수	112	22	66	543	2,004
		장학금 총액	404	78	230	963	2,181
	2학기	장학생 수	106	26	70	542	1,963
		장학금 총액	379	91	230	969	2,118
2018년	1학기	장학생 수	108	21	79	555	1,888
		장학금 총액	391	74	273	989	2,025
	2학기	장학생 수	112	20	103	687	2,060
		장학금 총액	404	70	355	1,216	2,243
2019년	1학기	장학생 수	110	20	137	749	2,188
		장학금 총액	398	70	481	1,330	2,379
	2학기	장학생 수	104	20	122	584	1,767
		장학금 총액	372	70	419	1,039	1,904

※ '갑'대학의 학기는 매년 1학기와 2학기만 존재함

〈보기〉

ㄱ. 2017~2019년 동안 매 학기 장학생 수가 증가하는 장학금 유형은 1개이다.
ㄴ. 2018년 1학기에 비해 2018년 2학기에 장학생 수와 장학금 총액이 모두 증가한 장학금 유형은 4개이다.
ㄷ. 2019년 2학기 장학생 1인당 장학금이 가장 많은 장학금 유형은 B이다.
ㄹ. E장학금 유형에서 장학생 수와 장학금 총액이 가장 많은 학기는 2019년 1학기이다.

① ㄱ, ㄴ
② ㄱ, ㄷ
③ ㄴ, ㄷ
④ ㄴ, ㄹ
⑤ ㄷ, ㄹ

문 4. 다음 〈표〉는 2019년 '갑'회사의 지점(A~E)별 매출 관련 현황에 관한 자료이다. 이에 대한 〈보기〉의 설명 중 옳은 것만을 모두 고르면?

〈표〉 '갑'회사의 지점별 매출 관련 현황

(단위: 억 원, 명)

구분＼지점	A	B	C	D	E	전체
매출액	10	21	18	10	12	71
목표매출액	15	26	20	13	16	90
직원 수	5	10	8	3	6	32

※ 목표매출액 달성률(%) = $\dfrac{매출액}{목표매출액}$ × 100

〈보기〉

ㄱ. 직원 1인당 매출액이 가장 많은 지점은 D이다.

ㄴ. 목표매출액 달성률이 가장 높은 지점은 C이다.

ㄷ. 지점 매출액이 5개 지점 매출액의 평균을 초과하는 지점은 3곳이다.

ㄹ. 5개 지점의 매출액이 각각 20%씩 증가한다면, 전체 매출액은 전체 목표매출액을 초과한다.

① ㄱ, ㄴ

② ㄱ, ㄷ

③ ㄷ, ㄹ

④ ㄱ, ㄴ, ㄹ

⑤ ㄴ, ㄷ, ㄹ

문 5. 다음 〈표〉는 A~C가 참가한 사격게임 결과에 대한 자료이다. 〈표〉와 〈조건〉을 근거로 1~5라운드 후 A의 총적중 횟수의 최솟값과 C의 총적중 횟수의 최댓값의 차이를 구하면?

〈표〉 참가자의 라운드별 적중률 현황

(단위: %)

참가자＼라운드	1	2	3	4	5
A	20.0	( )	60.0	37.5	( )
B	40.0	62.5	100.0	12.5	12.5
C	( )	62.5	80.0	( )	62.5

※ 사격게임 결과는 적중과 미적중으로만 구분함

〈조건〉

○ 1, 3라운드에는 각각 5발을 발사하고, 2, 4, 5라운드에는 각각 8발을 발사함

○ 각 참가자의 라운드별 적중 횟수는 최소 1발부터 최대 5발까지임

○ 참가자별로 1발만 적중시킨 라운드 횟수는 2회 이하임

① 10

② 11

③ 12

④ 13

⑤ 14

문 6. 다음 〈그림〉은 2015년 16개 지역의 초미세먼지 농도, 연령표준화 사망률 및 초미세먼지로 인한 조기사망자 수를 조사한 자료이다. 이에 대한 〈보기〉의 설명 중 옳은 것만을 고르면?

〈그림〉 지역별 초미세먼지 농도, 연령표준화사망률 및 초미세 먼지로 인한 조기사망자 수

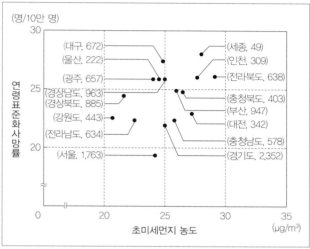

※ 1) (지역, N)은 해당 지역의 초미세먼지로 인한 조기사망자 수가 N명임을 의미함

2) 연령표준화사망률은 인구구조가 다른 집단 간의 사망 수준을 비교하기 위하여 연령 구조가 사망률에 미치는 영향을 제거한 사망률을 의미함

〈보기〉

ㄱ. 초미세먼지로 인한 조기사망자 수가 가장 많은 지역은 서울이다.

ㄴ. 연령표준화사망률이 높은 지역일수록 초미세먼지로 인한 조기사망자 수는 적다.

ㄷ. 초미세먼지 농도가 가장 낮은 지역의 초미세먼지로 인한 조기사망자 수는 충청북도보다 많다.

ㄹ. 대구는 부산보다 연령표준화사망률은 높지만 초미세먼지로 인한 조기사망자 수는 적다.

① ㄱ, ㄴ
② ㄱ, ㄷ
③ ㄴ, ㄷ
④ ㄴ, ㄹ
⑤ ㄷ, ㄹ

문 7. 다음 〈표〉는 2018년과 2019년 14개 지역에 등록된 5톤 미만 어선 수에 관한 자료이다. 이에 대한 설명으로 옳은 것은?

〈표〉 2018년과 2019년 14개 지역에 등록된 5톤 미만 어선 수

(단위: 척)

연도	톤급 지역	1톤 미만	1톤 이상 2톤 미만	2톤 이상 3톤 미만	3톤 이상 4톤 미만	4톤 이상 5톤 미만
2019	부산	746	1,401	374	134	117
	대구	6	0	0	0	0
	인천	98	244	170	174	168
	울산	134	378	83	51	32
	세종	8	0	0	0	0
	경기	910	283	158	114	118
	강원	467	735	541	296	179
	충북	427	5	1	0	0
	충남	901	1,316	743	758	438
	전북	348	1,055	544	168	184
	전남	6,861	10,318	2,413	1,106	2,278
	경북	608	640	370	303	366
	경남	2,612	4,548	2,253	1,327	1,631
	제주	123	145	156	349	246
2018	부산	793	1,412	351	136	117
	대구	6	0	0	0	0
	인천	147	355	184	191	177
	울산	138	389	83	52	33
	세종	7	0	0	0	0
	경기	946	330	175	135	117
	강원	473	724	536	292	181
	충북	434	5	1	0	0
	충남	1,036	1,429	777	743	468
	전북	434	1,203	550	151	188
	전남	7,023	10,246	2,332	1,102	2,297
	경북	634	652	372	300	368
	경남	2,789	4,637	2,326	1,313	1,601
	제주	142	163	153	335	250

① 2019년 경기의 5톤 미만 어선 수의 전년 대비 증감률은 10% 미만이다.

② 2019년 대구를 제외한 각 지역에서 '1톤 미만' 어선 수는 전년보다 감소한다.

③ 2018년 대구, 세종, 충북을 제외한 각 지역에서 '1톤 이상 2톤 미만'부터 '4톤 이상 5톤 미만'까지 톤급이 증가할수록 어선 수는 감소한다.

④ 2018년과 2019년 모두 '1톤 이상 2톤 미만' 어선 수는 충남이 세 번째로 크다.

⑤ 2018년과 2019년 모두 '1톤 미만' 어선 수 대비 '3톤 이상 4톤 미만' 어선 수의 비가 가장 높은 지역은 인천이다.

문 8. 다음 〈표〉는 2008～2018년 '갑'국의 황산화물 배출권 거래 현황에 대한 자료이다. 〈표〉를 이용하여 작성한 그래프로 옳지 않은 것은?

〈표〉 2008～2018년 '갑'국의 황산화물 배출권 거래 현황

(단위: 건, kg, 원/kg)

연도	전체		무상거래		유상거래				
	거래건수	거래량	거래건수	거래량	거래건수	거래량	거래가격		
							최고	최저	평균
2008	10	115,894	3	42,500	7	73,394	1,000	30	319
2009	8	241,004	4	121,624	4	119,380	500	60	96
2010	32	1,712,694	9	192,639	23	1,520,055	500	50	58
2011	25	1,568,065	6	28,300	19	1,539,765	400	10	53
2012	32	1,401,374	7	30,910	25	1,370,464	400	30	92
2013	59	2,901,457	5	31,500	54	2,869,957	600	60	180
2014	22	547,500	1	2,000	21	545,500	500	65	269
2015	12	66,200	5	22,000	7	44,200	450	100	140
2016	10	89,500	3	12,000	7	77,500	500	150	197
2017	20	150,966	5	38,100	15	112,866	160	100	124
2018	28	143,324	3	5,524	25	137,800	250	74	140

① 2010～2013년 연도별 전체 거래의 건당 거래량

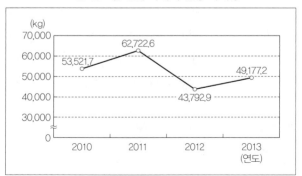

② 2009～2013년 유상거래 최고 가격과 최저 가격

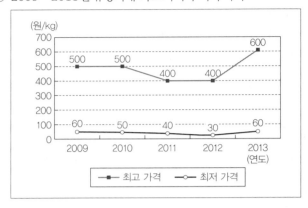

③ 2013～2017년 유상거래 평균 가격

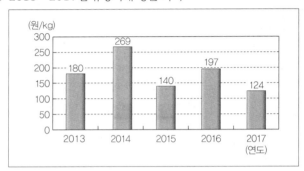

④ 2008년 전체 거래량 구성비

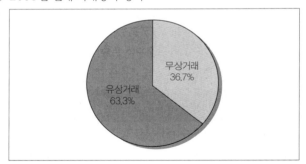

⑤ 2010～2013년 무상거래 건수와 유상거래 건수

문 9. 다음 〈표〉는 성인 남녀 1,500명을 대상으로 탈모 증상 경험 여부와 탈모 증상 경험자의 탈모 증상 완화 시도 방법에 관해 설문조사한 결과이다. 이에 대한 설명으로 옳지 않은 것은?

〈표 1〉 탈모 증상 경험 여부

구분		응답자 수(명)	탈모 증상 경험 여부(%)	
			있음	없음
성별	남성	743	28.8	71.2
	여성	757	15.2	84.8
연령대	20대	259	4.6	95.4
	30대	253	12.6	87.4
	40대	295	21.4	78.6
	50대	301	25.6	74.4
	60대	392	37.0	63.0
성별·연령대	남성 20대	136	5.1	94.9
	30대	130	16.2	83.8
	40대	150	30.0	70.0
	50대	151	35.8	64.2
	60대	176	49.4	50.6
	여성 20대	123	4.1	95.9
	30대	123	8.9	91.1
	40대	145	12.4	87.6
	50대	150	15.3	84.7
	60대	216	26.9	73.1

※ 1) 무응답과 복수응답은 없음
   2) 소수점 아래 둘째 자리에서 반올림한 값임

〈표 2〉 탈모 증상 경험자의 탈모 증상 완화 시도 여부 및 방법

구분		응답자 수(명)	탈모 증상 완화 시도 방법(%)					시도 하지 않음 (%)
			모발 관리 제품 사용	민간 요법	치료제 구입	병원 진료	미용실 탈모 관리	
성별	남성	214	38.8	14.0	9.8	8.9	4.2	49.1
	여성	115	45.2	7.0	2.6	4.3	11.3	44.3
연령대	20대	12	50.0	0.0	16.7	16.7	16.7	0.0
	30대	32	62.5	12.5	6.3	9.4	9.4	25.0
	40대	63	52.4	7.9	6.3	12.7	7.9	36.5
	50대	77	46.8	15.6	10.4	5.2	10.4	39.0
	60대	145	26.2	11.7	6.2	4.1	2.8	62.8
부모의 탈모경험 여부	있음	236	47.0	14.8	8.1	7.2	8.9	41.1
	없음	93	24.7	4.3	7.5	7.5	1.1	62.4

탈모 증상의 심각성	심각함	150	45.3	16.0	13.3	13.3	10.0	34.0
	심각하지 않음	179	36.9	7.8	2.8	2.2	2.8	58.1

※ 1) 무응답은 없으며, 탈모 증상 완화 시도 방법에 대한 복수응답을 허용함
   2) 소수점 아래 둘째 자리에서 반올림한 값임

① 남녀 각각 연령대가 높을수록 탈모 증상 경험자의 비율도 높다.
② 탈모 증상 경험자 중 탈모 증상 완화 시도 방법으로 미용실 탈모 관리를 받았다고 한 응답자의 수는 남성이 여성보다 많다.
③ 탈모 증상 경험자의 연령대가 낮을수록 탈모 증상 완화를 시도한 응답자의 비율이 높다.
④ 탈모 증상 경험자 중 부모의 탈모 경험이 있다고 한 응답자의 비율은 70% 이상이다.
⑤ 탈모 증상이 심각하다고 한 응답자 중 부모의 탈모 경험이 있다고 한 응답자는 57명 이상이다.

문 10. 다음 〈표〉는 도입과 출산을 통한 반달가슴곰 복원 현황에 관한 자료이다. 이에 대한 〈보기〉의 설명 중 옳은 것만을 모두 고르면?

〈표〉 도입과 출산을 통한 반달가슴곰 복원 현황

(단위: 개체)

구분		생존	자연적응	학습장	폐사	전체	폐사원인
도입처	러시아	13	5	8	9	22	• 자연사: 8 • 올무: 3 • 농약: 1 • 기타: 3
	북한	3	2	1	4	7	
	중국	3	0	3	1	4	
	서울대공원	6	5	1	1	7	
	청주동물원	1	0	1	0	1	
	소계	26	12	14	15	41	
출산방식	자연출산	41	39	2	5	46	• 자연사: 4 • 올무: 2
	증식장출산	7	4	3	1	8	
	소계	48	43	5	6	54	
계		74	55	19	21	95	–

※ 1) 도입처(출산방식)별 자연적응률(%)
   $= \dfrac{\text{도입처(출산방식)별 자연적응 반달가슴곰 수}}{\text{도입처(출산방식)별 전체 반달가슴곰 수}} \times 100$

   2) 도입처(출산방식)별 생존율(%)
   $= \dfrac{\text{도입처(출산방식)별 생존 반달가슴곰 수}}{\text{도입처(출산방식)별 전체 반달가슴곰 수}} \times 100$

   3) 도입처(출산방식)별 폐사율(%)
   $= \dfrac{\text{도입처(출산방식)별 폐사 반달가슴곰 수}}{\text{도입처(출산방식)별 전체 반달가슴곰 수}} \times 100$

〈보기〉

ㄱ. 도입처가 서울대공원인 반달가슴곰의 자연적응률은 자연출산 반달가슴곰의 자연적응률보다 낮다.

ㄴ. 자연출산 반달가슴곰의 생존율은 90%를 넘는다.

ㄷ. 반달가슴곰의 폐사율은 자연출산이 증식장출산보다 낮다.

ㄹ. 도입처가 러시아인 반달가슴곰 중 적어도 두 개체의 폐사 원인은 '자연사'이다.

① ㄱ, ㄴ

② ㄱ, ㄷ

③ ㄴ, ㄹ

④ ㄱ, ㄷ, ㄹ

⑤ ㄴ, ㄷ, ㄹ

문 11. 다음은 세계 및 국내 드론 산업 현황에 관한 〈보고서〉이다. 이를 작성하기 위해 사용하지 않은 자료는?

〈보고서〉

　세계의 드론 산업 시장은 주로 미국과 유럽을 중심으로 형성되어 왔으나, 2013년과 비교하여 2018년에는 유럽 시장보다 오히려 아시아·태평양 시장의 점유율이 더 높아졌다.

　2017년 국내 드론 활용 분야별 사업체 수를 살펴보면, 농업과 콘텐츠 제작 분야의 사업체 수가 전체의 80% 이상을 차지하였고, 사업체 수의 전년 대비 증가율에 있어서는 교육 분야가 농업과 콘텐츠 제작 분야보다 각각 높았다. 2017년 국내 드론 활용 산업의 주요 관리 항목을 2013년 대비 증가율이 높은 항목부터 순서대로 나열하면, 조종자격 취득자 수, 장치신고 대수, 드론 활용 사업체 수 순이다.

　우리나라는 성장 잠재력이 큰 드론 산업 육성을 위해 다양한 정책을 추진하고 있다. 특히 세계 최고 수준과의 기술 격차를 줄이기 위해 정부 R&D 예산 비중을 꾸준히 확대하고 있다. 2015～2017년 기술 분야별로 정부 R&D 예산 비중을 살펴보면, 기반기술과 응용서비스기술의 예산 비중의 합은 매년 65% 이상이다.

① 2016～2017년 국내 드론 활용 분야별 사업체 수 현황

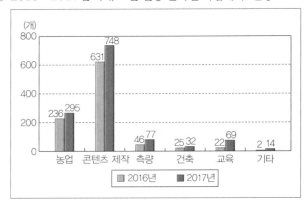

② 2013년과 2018년 세계 드론 시장 점유율 현황

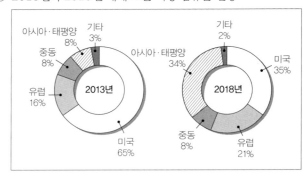

③ 2015～2017년 국내 드론 산업 관련 민간 R&D 기업규모별 투자 현황

(단위: 백만 원)

구분 \ 연도	2015	2016	2017
대기업	2,138	10,583	11,060
중견기업	4,122	3,769	1,280
중소기업	11,500	29,477	43,312

④ 2015～2017년 국내 드론 산업 관련 기술 분야별 정부 R&D 예산 비중 현황

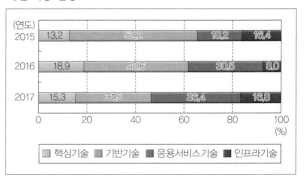

⑤ 2013~2017년 국내 드론 활용 산업의 주요 관리 항목별 현황

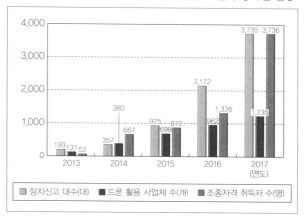

문 12. 다음 〈표〉는 A 대학 재학생 교육 만족도 조사 결과에 관한 자료이다. 이에 대한 〈보기〉의 설명 중 옳은 것만을 고르면?

〈표〉 A 대학 재학생 교육 만족도 조사 결과

(단위: 명, 점)

항목 학년	응답인원	전공	교양	시설	기자재	행정
1	2,374	3.90	3.70	3.78	3.73	3.63
2	2,349	3.95	3.75	3.76	3.71	3.64
3	2,615	3.96	3.74	3.74	3.69	3.66
4	2,781	3.94	3.77	3.75	3.70	3.65

※ 점수는 5점 만점이며, 점수가 높을수록 만족도가 높음

─〈보기〉─

ㄱ. '시설'과 '기자재' 항목은 응답인원이 많은 학년일수록 항목별 교육 만족도가 높다.

ㄴ. 항목별로 교육 만족도가 높은 순서대로 학년을 나열할 때, 순서가 일치하는 항목들이 있다.

ㄷ. 학년이 높아질수록 항목별 교육 만족도가 높아지는 항목은 1개이다.

ㄹ. 각 학년에서 교육 만족도가 가장 높은 항목은 모두 '전공'이다.

① ㄱ, ㄴ

② ㄱ, ㄷ

③ ㄴ, ㄷ

④ ㄴ, ㄹ

⑤ ㄷ, ㄹ

문 13. 다음 〈표〉는 2017~2019년 '갑'국 A~D 지역의 1인 1일당 단백질 섭취량과 지역별 전체 인구에 대한 자료이다. 〈표〉를 이용하여 작성한 그래프로 옳지 않은 것은?

〈표 1〉 지역별 1인 1일당 단백질 섭취량

(단위: g)

연도 지역	2017	2018	2019
A	50	60	75
B	100	100	110
C	100	90	80
D	50	50	50

※ 단백질은 동물성 단백질과 식물성 단백질로만 구성됨

〈표 2〉 지역별 1인 1일당 식물성 단백질 섭취량

(단위: g)

연도 지역	2017	2018	2019
A	25	25	25
B	10	30	50
C	20	20	20
D	10	5	5

〈표 3〉 지역별 전체 인구

(단위: 명)

연도 지역	2017	2018	2019
A	1,000	1,000	1,100
B	1,000	1,000	1,000
C	800	700	600
D	100	100	100

① 2017~2019년 B와 D 지역의 1인 1일당 동물성 단백질 섭취량

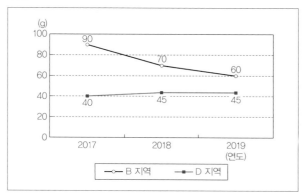

② 2019년 지역별 1일 단백질 총섭취량

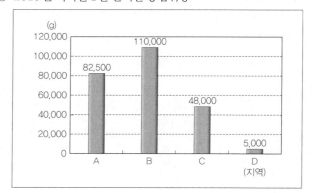

③ 2017년 지역별 1인 1일당 단백질 섭취량 구성비

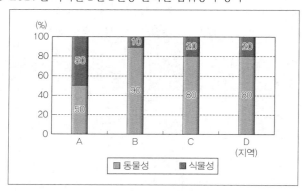

④ 2017～2019년 A와 C 지역의 1인 1일당 동물성 단백질 섭취량과 1인 1일당 식물성 단백질 섭취량의 차이

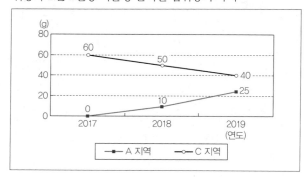

⑤ 지역별 2017년 대비 2018년 1인 1일당 식물성 단백질 섭취량 증감률

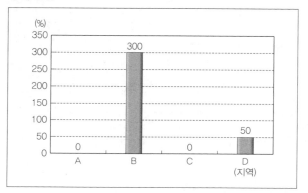

문 14. 다음 〈표〉는 2016～2019년 '갑'국의 방송통신 매체별 광고매출액에 관한 자료이다. 이에 대한 〈보기〉의 설명 중 옳은 것만을 고르면?

〈표〉 2016～2019년 방송통신 매체별 광고매출액

(단위: 억 원)

매체	세부 매체	2016	2017	2018	2019
방송	지상파TV	15,517	14,219	12,352	12,310
	라디오	2,530	2,073	1,943	1,816
	지상파DMB	53	44	36	35
	케이블PP	18,537	17,130	16,646	( )
	케이블SO	1,391	1,408	1,275	1,369
	위성방송	480	511	504	503
	소계	38,508	35,385	32,756	31,041
온라인	인터넷(PC)	19,092	20,554	19,614	19,109
	모바일	28,659	36,618	45,678	54,781
	소계	47,751	57,172	65,292	73,890

〈보기〉

ㄱ. 2017～2019년 동안 모바일 광고매출액의 전년 대비 증가율은 매년 30% 이상이다.

ㄴ. 2017년의 경우, 방송 매체 중 지상파TV 광고매출액이 차지하는 비중은 온라인 매체 중 인터넷(PC) 광고매출액이 차지하는 비중보다 작다.

ㄷ. 케이블PP의 광고매출액은 매년 감소한다.

ㄹ. 2016년 대비 2019년 광고매출액 증감률이 가장 큰 세부 매체는 모바일이다.

① ㄱ, ㄴ

② ㄱ, ㄷ

③ ㄴ, ㄷ

④ ㄴ, ㄹ

⑤ ㄷ, ㄹ

문 15. 다음 〈그림〉은 '갑'국 6개 지방청 전체의 부동산과 자동차 압류건수의 지방청별 구성비에 관한 자료이다. 〈그림〉과 〈조건〉을 근거로 B와 D에 해당하는 지방청을 바르게 나열한 것은?

〈그림 1〉 부동산 압류건수의 지방청별 구성비

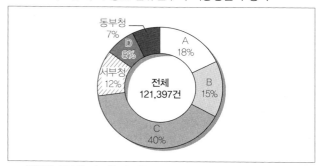

※ 지방청은 동부청, 서부청, 남부청, 북부청, 남동청, 중부청으로만 구성됨

〈그림 2〉 자동차 압류건수의 지방청별 구성비

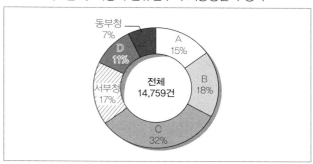

─〈조건〉─

○ 자동차 압류건수는 중부청이 남동청의 2배 이상이다.
○ 남부청과 북부청의 부동산 압류건수는 각각 2만 건 이하이다.
○ 지방청을 부동산 압류건수와 자동차 압류건수가 큰 값부터 순서대로 각각 나열할 때, 순서가 동일한 지방청은 동부청, 남부청, 중부청이다.

	B	D
①	남동청	남부청
②	남동청	북부청
③	남부청	북부청
④	북부청	남부청
⑤	중부청	남부청

문 16. 다음 〈표〉는 조사연도별 국세 및 국세청세수와 국세청세수 징세비 및 국세청 직원 수 현황에 대한 자료이다. 〈보고서〉를 작성하기 위해 〈표〉 이외에 추가로 필요한 자료만을 〈보기〉에서 모두 고르면?

〈표 1〉 국세 및 국세청세수 현황

(단위: 억 원)

구분 조사연도	국세	국세청세수	일반회계	특별회계
2002	1,039,678	966,166	876,844	89,322
2007	1,614,591	1,530,628	1,479,753	50,875
2012	2,030,149	1,920,926	1,863,469	57,457
2017	2,653,849	2,555,932	2,499,810	56,122

〈표 2〉 국세청세수 징세비 및 국세청 직원 수 현황

(단위: 백만 원, 명)

구분 조사연도	징세비	국세청 직원 수
2002	817,385	15,158
2007	1,081,983	18,362
2012	1,339,749	18,797
2017	1,592,674	19,131

─〈보고서〉─

2017년 국세청세수는 255.6조 원으로, 전년도보다 22.3조 원 증가하였다. 세목별로는 소득세(76.8조 원), 부가가치세(67.1조 원), 법인세(59.2조 원) 순으로 높다. 세무서별로 살펴보면 세수 1위는 남대문세무서(11.6조 원), 2위는 수영세무서(10.9조 원)이다. 2017년 기준 국세청세수에서 특별회계가 차지하는 비중은 2.2%로서, 2002년 기준 9.2%와 비교해 감소하였다. 국세는 국세청세수에 관세청 소관분과 지방자치단체 소관분을 합한 금액으로, 2002년부터 2017년까지 국세 대비 국세청세수의 비율은 매년 증가 추세를 보인다. 2002년 기준 92.9%였던 국세 대비 국세청세수의 비율은 2017년에는 96.3%로 3.0%p 이상 증가하였다.

구체적으로 살펴보면, 국세청 직원 1인당 국세청세수는 2007년 8,336백만 원, 2017년 13,360백만 원으로 큰 폭의 상승세를 보인다. 국세청세수 100원당 징세비는 2017년 기준 0.62원으로 2002년 0.85원에 비해 20% 이상 감소하였다. 2017년 현재 19,131명의 국세청 직원들이 세수확보를 위해 노력 중이며, 국세청 직원 수는 2002년 대비 25% 이상 증가하였다.

─〈보기〉─

ㄱ. 2003~2016년의 국세 및 국세청세수
ㄴ. 2003~2016년의 관세청 소관분
ㄷ. 2017년의 세무서별·세목별 세수 실적
ㄹ. 2002~2017년의 국세청 직원 1인당 국세청세수

① ㄱ, ㄴ
② ㄱ, ㄷ
③ ㄴ, ㄹ
④ ㄱ, ㄷ, ㄹ
⑤ ㄴ, ㄷ, ㄹ

문 17. 다음 〈표〉는 '가'곤충도감에 기록된 분류군별 경제적 중요도와 '갑～병'국의 종의 수에 관한 자료이다. 이에 대한 〈보기〉의 설명 중 옳은 것만을 고르면?

〈표〉 분류군별 경제적 중요도와 '갑～병'국의 종의 수

(단위: 종)

분류군	경제적 중요도	국가			전체
		갑	을	병	
무시류	C	303	462	435	11,500
고시류	C	187	307	1,031	8,600
메뚜기목	A	297	372	1,161	34,300
강도래목	C	47	163	400	2,000
다듬이벌레목	B	12	83	280	4,400
털이목	C	4	150	320	2,800
이목	C	22	32	70	500
총채벌레목	A	87	176	600	5,000
노린재목	S	1,886	2,744	11,300	90,000
풀잠자리목	A	52	160	350	6,500
딱정벌레목	S	3,658	9,992	30,000	350,000
부채벌레목	C	7	22	60	300
벌목	S	2,791	4,870	17,400	125,000
밑들이목	C	11	44	85	600
벼룩목	C	40	72	250	2,500
파리목	S	1,594	4,692	18,000	120,000
날도래목	C	202	339	975	11,000
나비목	S	3,702	5,057	11,000	150,000

※ 해당 국가의 분류군별 종 다양성(%)= $\dfrac{\text{해당 국가의 분류군별 종의 수}}{\text{분류군별 전체 종의 수}}$ × 100

〈보기〉

ㄱ. 경제적 중요도가 S인 분류군 중, '갑'국에서 종의 수가 세 번째로 많은 분류군은 노린재목이다.

ㄴ. 경제적 중요도가 A인 분류군 중, '을'국에서 종의 수가 두 번째로 많은 분류군은 총채벌레목이다.

ㄷ. 경제적 중요도가 C인 분류군 중, '갑'국의 분류군별 종 다양성이 가장 낮은 분류군은 털이목이다.

ㄹ. 경제적 중요도가 S인 분류군 중, '병'국의 분류군별 종 다양성이 10% 이상인 분류군은 4개이다.

① ㄱ, ㄴ   ② ㄱ, ㄷ
③ ㄴ, ㄷ   ④ ㄴ, ㄹ
⑤ ㄷ, ㄹ

문 18. 다음 〈표〉는 '갑'공기업의 신규 사업 선정을 위한 2개 사업(A, B) 평가에 관한 자료이다. 〈표〉와 〈조건〉에 근거한 〈보기〉의 설명 중 옳은 것만을 고르면?

〈표 1〉 A와 B 사업의 평가 항목별 원점수

(단위: 점)

구분	평가 항목	A 사업	B 사업
사업적 가치	경영전략 달성 기여도	80	90
	수익창출 기여도	80	90
공적 가치	정부정책 지원 기여도	90	80
	사회적 편익 기여도	90	80
참여 여건	전문인력 확보 정도	70	70
	사내 공감대 형성 정도	70	70

※ 평가 항목별 원점수는 100점 만점임

〈표 2〉 평가 항목별 가중치

구분	평가 항목	가중치
사업적 가치	경영전략 달성 기여도	0.2
	수익창출 기여도	0.1
공적 가치	정부정책 지원 기여도	0.3
	사회적 편익 기여도	0.2
참여 여건	전문인력 확보 정도	0.1
	사내 공감대 형성 정도	0.1
	계	1.0

〈조건〉

○ 신규 사업 선정을 위한 각 사업의 최종 점수는 평가 항목별 원점수에 해당 평가 항목의 가중치를 곱한 값을 모두 합하여 산정함
○ A와 B 사업 중 최종 점수가 더 높은 사업을 신규 사업으로 최종 선정함

〈보기〉

ㄱ. 각 사업의 6개 평가 항목 원점수의 합은 A사업과 B사업이 같다.
ㄴ. '공적 가치'에 할당된 가중치의 합은 '참여 여건'에 할당된 가중치의 합보다 작고, '사업적 가치'에 할당된 가중치의 합보다 크다.
ㄷ. '갑'공기업은 A사업을 신규 사업으로 최종 선정한다.
ㄹ. '정부정책 지원 기여도' 가중치와 '수익창출 기여도' 가중치를 서로 바꾸더라도 최종 선정되는 신규 사업은 동일하다.

① ㄱ, ㄴ
② ㄱ, ㄷ
③ ㄱ, ㄹ
④ ㄴ, ㄹ
⑤ ㄷ, ㄹ

문 19. 다음 〈표〉는 2016~2019년 '갑'조사기관이 발표한 이미지 분야 및 실체 분야 국가브랜드 상위 10개국을 나타낸 자료이다. 이를 바탕으로 작성한 〈보고서〉의 A~C에 해당하는 내용을 바르게 나열한 것은?

〈표〉 2016~2019년 국가브랜드 상위 10개국

순위 \ 연도분야	2016 이미지	2017 이미지	2018 이미지	2019 이미지	2019 실체
1	프랑스	독일	일본	미국	미국
2	일본	캐나다	독일	독일	독일
3	스웨덴	일본	미국	영국	프랑스
4	영국	미국	캐나다	일본	영국
5	독일	영국	영국	스위스	일본
6	미국	스위스	프랑스	스웨덴	스위스
7	스위스	프랑스	스웨덴	캐나다	호주
8	캐나다	스웨덴	호주	프랑스	스웨덴
9	네덜란드	이탈리아	스위스	호주	네덜란드
10	이탈리아	호주	오스트리아	네덜란드	캐나다

※ 1) 국가브랜드는 이미지 분야와 실체 분야로 나누어 각각 순위가 결정되며 공동 순위는 없음
2) 조사대상 국가는 매년 동일함

〈보고서〉

　최근 국가브랜드의 중요성이 커지면서 국가브랜드 순위에 대한 관심이 높아지고 있다. '갑'조사기관이 발표한 2016~2019년 이미지 분야 및 실체 분야 국가브랜드 순위를 살펴보면, 미국의 이미지 분야 순위는 매년 　A　하고 있다. 또한, 이 기간에 연도별 이미지 분야 순위가 모두 상위 10위 이내에 든 국가는 총 8개국이다.
　2019년 이미지 분야 순위가 상위 10위 이내에 든 국가는 모두 2019년 실체 분야 순위도 상위 10위 이내에 들었다. 2019년 이미지 분야 순위 상위 10개국 중 2019년 이미지 분야 순위와 실체 분야 순위의 차이가 가장 큰 국가는 　B　인 것으로 나타났다. 2017년 이미지 분야 순위 상위 10개국 중 2016년에 비해 2017년 이미지 분야 순위가 상승한 국가는 총 　C　개국이었고, 특히 캐나다의 높은 순위 상승이 눈에 띈다. 2019년에는 2018년과 비교하여 이미지 분야 순위가 하락한 국가가 많았으나, 네덜란드의 경우 이미지 분야 순위가 상승하여 주목받고 있다.

	A	B	C
①	상승	캐나다	6
②	상승	프랑스	5
③	상승	프랑스	6
④	하락	스웨덴	5
⑤	하락	캐나다	6

문 20. 다음 〈그림〉은 W경제포럼이 발표한 25개 글로벌 리스크의 분류와 영향도 및 발생가능성 지수에 관한 자료이다. 이에 대한 설명으로 옳지 않은 것은?

〈그림〉 글로벌 리스크의 분류와 영향도 및 발생가능성 지수

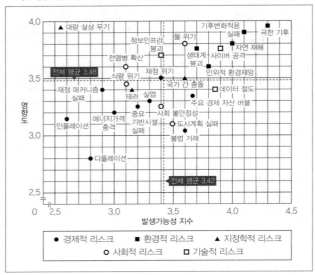

① 모든 환경적 리스크의 발생가능성 지수 대비 영향도의 비는 1 이상이다.
② 영향도와 발생가능성 지수의 차이가 가장 큰 글로벌 리스크는 '대량 살상 무기'이다.
③ '에너지가격 충격'의 영향도 대비 발생가능성 지수의 비는 1 이하이다.
④ 영향도와 발생가능성 지수가 각각의 '전체 평균' 이하인 경제적 리스크의 수는 영향도나 발생가능성 지수가 각각의 '전체 평균' 이상인 경제적 리스크의 수보다 많다.
⑤ 모든 환경적 리스크는 영향도와 발생가능성 지수가 각각의 '전체 평균' 이상이다.

문 21. 다음 〈표〉는 '갑'국의 멸종위기종 지정 현황에 관한 자료이다. 이에 대한 설명으로 옳지 않은 것은?

〈표〉 멸종위기종 지정 현황

(단위: 종)

지정 분류	멸종위기종	멸종위기Ⅰ급	멸종위기Ⅱ급
포유류	20	12	8
조류	63	14	49
양서·파충류	8	2	6
어류	27	11	16
곤충류	26	6	20
무척추동물	32	4	28
식물	88	11	77
전체	264	60	204

※ 멸종위기종은 멸종위기Ⅰ급과 멸종위기Ⅱ급으로 구분함

① 멸종위기종으로 '포유류'만 10종을 추가로 지정한다면, 전체 멸종위기종 중 '포유류'의 비율은 10% 이상이다.
② 각 분류에서 멸종위기종 중 멸종위기Ⅰ급의 비율은 '무척추동물'과 '식물'이 동일하다.
③ 각 분류의 멸종위기종에서 5종씩 지정을 취소한다면, 전체 멸종위기종 중 '조류'의 비율은 감소한다.
④ 각 분류에서 멸종위기종 중 멸종위기Ⅱ급의 비율은 '조류'가 '양서·파충류'보다 높다.
⑤ '포유류'를 제외한 모든 분류에서 각 분류의 멸종위기종 중 멸종위기Ⅱ급의 비율은 각 분류의 멸종위기종 중 멸종위기Ⅰ급의 비율보다 높다.

문 22. 다음 〈조사 개요〉와 〈표〉는 A 기관 5개 지방청에 대한 외부고객 만족도 조사 결과이다. 이에 대한 설명으로 옳지 않은 것은?

─〈조사 개요〉─

○ 조사기간: 2019년 7월 28일 ~ 2019년 8월 8일
○ 조사방법: 전화 조사
○ 조사목적: A 기관 5개 지방청 외부고객의 주소지 관할 지방청에 대한 만족도 조사
○ 응답자 수: 총 101명(조사항목별 무응답은 없음)
○ 조사항목: 업무 만족도, 인적 만족도, 시설 만족도

〈표〉 A 기관 5개 지방청 외부고객 만족도 조사 결과

(단위: 점)

구분	조사항목	업무 만족도	인적 만족도	시설 만족도
	전체	4.12	4.29	4.20
성별	남자	4.07	4.33	4.19
	여자	4.15	4.27	4.20
연령대	30세 미만	3.82	3.83	3.70
	30세 이상 40세 미만	3.97	4.18	4.25
	40세 이상 50세 미만	4.17	4.39	4.19
	50세 이상	4.48	4.56	4.37
지방청	경인청	4.35	4.48	4.30
	동북청	4.20	4.39	4.28
	호남청	4.00	4.03	4.04
	동남청	4.19	4.39	4.30
	충청청	3.73	4.16	4.00

※ 1) 주어진 점수는 응답자의 조사항목별 만족도의 평균이며, 점수가 높을수록 만족도가 높음(5점 만점)
　2) 점수는 소수점 아래 셋째 자리에서 반올림한 값임

① 모든 연령대에서 '업무 만족도'보다 '인적 만족도'가 높다.
② '업무 만족도'가 높은 지방청일수록 '인적 만족도'도 높다.
③ 응답자의 연령대가 높을수록 '업무 만족도'와 '인적 만족도'가 모두 높다.
④ '업무 만족도', '인적 만족도', '시설 만족도'의 합이 가장 큰 지방청은 경인청이다.
⑤ 남자 응답자보다 여자 응답자가 많다.

문 23. 다음 〈그림〉은 2019년 '갑'국의 가구별 근로장려금 산정기준에 관한 자료이다. 이에 대한 〈보기〉의 설명 중 옳은 것만을 모두 고르면?

〈그림〉 2019년 가구별 근로장려금 산정기준

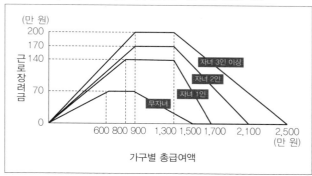

※ 2019년 가구별 근로장려금은 2018년 가구별 자녀 수와 총급여액을 기준으로 산정함

─〈보기〉─

ㄱ. 2018년 총급여액이 1,000만 원이고 자녀가 1명인 가구의 2019년 근로장려금은 140만 원이다.
ㄴ. 2018년 총급여액이 800만 원 이하인 무자녀 가구는 2018년 총급여액이 많을수록 2019년 근로장려금도 많다.
ㄷ. 2018년 총급여액이 2,200만 원이고 자녀가 3명 이상인 가구의 2019년 근로장려금은 2018년 총급여액이 600만 원이고 자녀가 1명인 가구의 2019년 근로장려금보다 적다.
ㄹ. 2018년 총급여액이 2,000만 원인 가구의 경우, 자녀가 많을수록 2019년 근로장려금도 많다.

① ㄱ, ㄷ
② ㄱ, ㄹ
③ ㄴ, ㄷ
④ ㄱ, ㄴ, ㄹ
⑤ ㄴ, ㄷ, ㄹ

문 24. 다음 〈그림〉은 '갑'지역의 주민을 대상으로 육교 설치에 대한 찬성 또는 반대 의견을 3차례 조사한 결과이다. 이에 대한 설명으로 옳은 것은?

〈그림〉 '갑'지역 육교 설치에 대한 1～3차 조사 결과

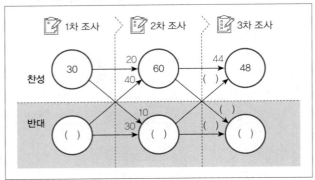

※ 1) 1～3차 조사에 응답한 사람은 모두 같고, 무응답과 복수응답은 없음

2) 예를 들어, 찬성 ⃝30 →²⁰ ⃝60 은 1차 조사에서 찬성한다고 응답한 30명 중 20명이 2차 조사에서도 찬성한다고 응답하였고, 2차 조사에서 찬성한다고 응답한 사람은 총 60명임을 의미함

① 3차 조사에 응답한 사람은 130명 이상이다.

② 2차 조사에서 반대한다고 응답한 사람 중 3차 조사에서도 반대한다고 응답한 사람은 32명이다.

③ 2차 조사에서 찬성한다고 응답한 사람 중 3차 조사에서 반대한다고 응답한 사람은 20명이다.

④ 1차 조사에서 반대한다고 응답한 사람 중 3차 조사에서 찬성한다고 응답한 사람은 45명 이상이다.

⑤ 1～3차 조사에서 한 번도 의견을 바꾸지 않은 사람은 30명 이상이다.

문 25. 다음 〈그림〉과 〈표〉는 조사연도별 '갑'국 병사의 계급별 월급과 군내매점에서 판매하는 주요 품목 가격에 관한 자료이다. 이에 대한 설명으로 옳은 것은?

〈그림〉 조사연도별 병사의 계급별 월급

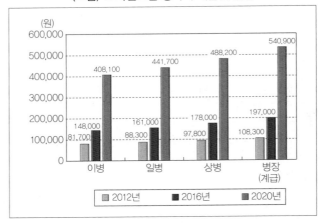

〈표〉 조사연도별 군내매점 주요 품목 가격

(단위: 원/개)

조사연도 \ 품목	캔커피	단팥빵	햄버거
2012	250	600	2,400
2016	300	1,000	2,800
2020	500	1,400	3,500

① 이병 월급은 2020년이 2012년보다 500% 이상 증액되었다.

② 2012년 대비 2016년 상병 월급 증가율은 2016년 대비 2020년 상병 월급 증가율보다 더 높다.

③ 군내매점 주요 품목 각각의 2012년 대비 2016년 가격인상률은 2016년 대비 2020년 가격인상률보다 낮다.

④ 일병이 한 달 월급만을 사용하여 군내매점에서 해당 연도 가격으로 140개의 단팥빵을 구매하고 남은 금액은 2016년이 2012년보다 15,000원 이상 더 많다.

⑤ 병장이 한 달 월급만을 사용하여 군내매점에서 해당 연도 가격으로 구매할 수 있는 햄버거의 최대 개수는 2020년이 2012년의 3배 이하이다.

※ 수고하셨습니다.

※ 기출문제편 맨 마지막에 있는 OMR 카드에 마킹을 하세요.

정답과 분석해설편 ▶ P.211

제3영역 상황판단

1초 합격예측! 모바일 성적결과분석표 발급 서비스

 QR 코드로 접속하여 문제 풀이 시간을 측정하고, 자동채점 & 성적결과분석 서비스를 통해 지금 바로 실력을 점검해 보세요.

◀ http://eduwill.kr/ltU6

풀이 시간
- 시작: ＿＿＿시 ＿＿＿분 ～ 종료: ＿＿＿시 ＿＿＿분
- 총 : ＿＿＿분

문 1. 다음 글을 근거로 판단할 때 옳은 것은?

> 제00조 ① 광역교통위원회는 위원장 1명과 상임위원 1명 및 다음 각 호의 위원을 포함하여 30명 이내로 구성한다.
> 　1. 대도시권 광역교통 관련 업무를 담당하는 중앙행정기관 소속 고위공무원 중 대통령령으로 정하는 사람
> 　2. 대도시권에 포함되는 광역지방자치단체의 부단체장 중 대통령령으로 정하는 사람
> 　3. 그 밖에 광역교통 관련 전문지식과 경험이 풍부한 사람
> ② 광역교통위원회의 위원장은 국토교통부장관의 제청으로 대통령이 임명하고, 위원은 국토교통부장관이 임명 또는 위촉한다.
> 제00조 ① 실무위원회는 다음 각 호의 사항을 심의한다.
> 　1. 광역교통위원회에 부칠 안건의 사전검토 또는 조정에 관한 사항
> 　2. 그 밖에 실무위원회의 위원장이 심의가 필요하다고 인정하는 사항
> ② 실무위원회의 위원장은 광역교통위원회의 상임위원이 된다.
> ③ 실무위원회의 위원은 다음 각 호의 사람이 된다.
> 　1. 기획재정부·행정안전부·국토교통부 및 행정중심복합도시건설청 소속 공무원 중 소속 기관의 장이 지명하는 사람
> 　2. 대도시권에 포함되는 시·도 또는 시·군·구(자치구를 말한다) 소속 공무원 중 소속 기관의 장이 광역교통위원회와 협의해 지명하는 사람
> 　3. 교통·도시계획·재정·행정·환경 등 광역교통에 관한 학식과 경험이 풍부한 사람 중에서 광역교통위원회의 위원장이 성별을 고려해 위촉하는 50명 이내의 사람

① 실무위원회의 위원 위촉 시 성별은 고려하지 않는다.
② 광역교통위원회의 구성원은 실무위원회의 구성원이 될 수 없다.
③ 광역교통위원회 위원장의 위촉 없이도 실무위원회의 위원이 될 수 있다.
④ 공무원이 아닌 사람은 실무위원회의 위원은 될 수 있으나, 광역교통위원회의 위원은 될 수 없다.
⑤ 광역교통위원회의 위원으로 행정안전부 소속 공무원을 선정하는 경우 행정안전부장관이 임명한다.

문 2. 다음 글을 근거로 판단할 때 옳은 것은?

> 제○○조 이 법에서 사용하는 용어의 뜻은 다음과 같다.
> 　1. '배아'란 인간의 수정란 및 수정된 때부터 발생학적으로 모든 기관이 형성되기 전까지의 분열된 세포군을 말한다.
> 　2. '잔여배아'란 체외수정으로 생성된 배아 중 임신의 목적으로 이용하고 남은 배아를 말한다.
> 제△△조 ① 누구든지 임신 외의 목적으로 배아를 생성하여서는 아니 된다.
> ② 누구든지 배아를 생성할 때 다음 각 호의 어느 하나에 해당하는 행위를 하여서는 아니 된다.
> 　1. 특정의 성을 선택할 목적으로 난자와 정자를 선별하여 수정시키는 행위
> 　2. 사망한 사람의 난자 또는 정자로 수정하는 행위
> 　3. 미성년자의 난자 또는 정자로 수정하는 행위. 다만 혼인한 미성년자가 그 자녀를 얻기 위하여 수정하는 경우는 제외한다.
> ③ 누구든지 금전, 재산상의 이익 또는 그 밖의 반대급부를 조건으로 배아나 난자 또는 정자를 제공 또는 이용하거나 이를 유인하거나 알선하여서는 아니 된다.
> 제□□조 ① 배아의 보존기간은 5년으로 한다. 다만 난자 또는 정자의 기증자가 배아의 보존기간을 5년 미만으로 정한 경우에는 이를 보존기간으로 한다.
> ② 제1항에도 불구하고 제1항의 기증자가 항암치료를 받는 경우 그 기증자는 보존기간을 5년 이상으로 정할 수 있다.
> ③ 배아생성의료기관은 제1항 또는 제2항에 따른 보존기간이 끝난 배아 중 제◇◇조에 따른 연구의 목적으로 이용하지 아니할 배아는 폐기하여야 한다.
> 제◇◇조 제□□조에 따른 배아의 보존기간이 지난 잔여배아는 발생학적으로 원시선(原始線)이 나타나기 전까지만 체외에서 다음 각 호의 연구 목적으로 이용할 수 있다.
> 　1. 난임치료법 및 피임기술의 개발을 위한 연구
> 　2. 희귀·난치병의 치료를 위한 연구
>
> ※ 원시선: 중배엽 형성 초기에 세포의 이동에 의해서 형성되는 배반(胚盤)의 꼬리쪽 끝에서 볼 수 있는 얇은 선

① 배아생성의료기관은 불임부부를 위해 반대급부를 조건으로 배아의 제공을 알선할 수 있다.
② 난자 또는 정자의 기증자는 항암치료를 받지 않더라도 배아의 보존기간을 6년으로 정할 수 있다.
③ 배아생성의료기관은 혼인한 미성년자의 정자를 임신 외의 목적으로 수정하여 배아를 생성할 수 있다.
④ 보존기간이 남은 잔여배아는 발생학적으로 원시선이 나타나기 전이라면 체내에서 난치병 치료를 위한 연구 목적으로 이용할 수 있다.
⑤ 생성 후 5년이 지나지 않은 잔여배아도 발생학적으로 원시선이 나타나기 전까지 체외에서 피임기술 개발을 위한 연구에 이용하는 것이 가능한 경우가 있다.

문 3. 다음 글을 근거로 판단할 때 옳은 것은?

제00조 ① 수입신고를 하려는 자(업소를 포함한다)는 해당 수입식품의 안전성 확보 등을 위하여 식품의약품안전처장이 정하는 기준에 따라 해외제조업소에 대하여 위생관리 상태를 점검할 수 있다.
② 제1항에 따라 위생관리 상태를 점검한 자는 식품의약품안전처장에게 우수수입업소 등록을 신청할 수 있다.
③ 식품의약품안전처장은 제2항에 따라 신청된 내용이 식품의약품안전처장이 정하는 기준에 적합한 경우에는 우수수입업소 등록증을 신청인에게 발급하여야 한다.
④ 우수수입업소 등록의 유효기간은 등록된 날부터 3년으로 한다.
⑤ 식품의약품안전처장은 우수수입업소가 다음 각 호의 어느 하나에 해당하는 경우에는 그 등록을 취소하거나 시정을 명할 수 있다. 다만 우수수입업소가 제1호에 해당하는 경우에는 등록을 취소하여야 한다.
 1. 거짓이나 그 밖의 부정한 방법으로 등록된 경우
 2. 수입식품 수입·판매업의 시설기준을 위배하여 영업정지 2개월 이상의 행정처분을 받은 경우
 3. 수입식품에 대한 부당한 표시를 하여 영업정지 2개월 이상의 행정처분을 받은 경우
⑥ 제5항에 따라 등록이 취소된 업소는 그 취소가 있은 날부터 3년 동안 우수수입업소 등록을 신청할 수 없다.
제00조 ① 식품의약품안전처장은 수입신고된 수입식품에 대하여 관계공무원으로 하여금 필요한 검사를 하게 하여야 한다.
② 식품의약품안전처장은 수입신고된 수입식품이 다음 각 호의 어느 하나에 해당하는 경우에는 제1항에도 불구하고 수입식품의 검사 전부 또는 일부를 생략할 수 있다.
 1. 우수수입업소로 등록된 자가 수입하는 수입식품
 2. 해외우수제조업소로 등록된 자가 수출하는 수입식품

① 업소 甲이 우수수입업소 등록을 신청하기 위해서는 식품의약품안전처장이 정하는 기준에 따라 국내 자기업소에 대한 위생관리 상태를 점검하여야 한다.
② 업소 乙이 2020년 2월 20일에 우수수입업소로 등록되었다면, 그 등록은 2024년 2월 20일까지 유효하다.
③ 업소 丙이 부정한 방법으로 우수수입업소로 등록된 경우 식품의약품안전처장은 등록을 취소하지 않고 시정을 명할 수 있다.
④ 우수수입업소 丁이 수입식품 수입·판매업의 시설기준을 위배하여 영업정지 1개월의 행정처분을 받았다면, 그때로부터 3년 동안 丁은 우수수입업소 등록을 신청할 수 없다.
⑤ 식품의약품안전처장은 우수수입업소 戊가 수입신고한 수입식품에 대한 검사를 전부 생략할 수 있다.

문 4. 다음 글을 근거로 판단할 때, 〈보기〉에서 저작권자의 허락 없이 허용되는 행위만을 모두 고르면?

제00조 타인의 공표된 저작물의 내용·형식을 변환하거나 그 저작물을 복제·배포·공연 또는 공중송신(방송·전송을 포함한다)하기 위해서는 특별한 규정이 없는 한 저작권자의 허락을 받아야 한다.
제00조 ① 누구든지 공표된 저작물을 저작권자의 허락 없이 시각장애인을 위하여 점자로 복제·배포할 수 있다.
② 시각장애인을 보호하고 있는 시설, 시각장애인을 위한 특수학교 또는 점자도서관은 영리를 목적으로 하지 아니하고 시각장애인의 이용에 제공하기 위하여, 공표된 어문저작물을 저작권자의 허락 없이 녹음하여 복제하거나 디지털음성정보 기록방식으로 복제·배포 또는 전송할 수 있다.
제00조 ① 누구든지 공표된 저작물을 저작권자의 허락 없이 청각장애인을 위하여 한국수어로 변환할 수 있으며 이러한 한국수어를 복제·배포·공연 또는 공중송신할 수 있다.
② 청각장애인을 보호하고 있는 시설, 청각장애인을 위한 특수학교 또는 한국어수어통역센터는 영리를 목적으로 하지 아니하고 청각장애인의 이용에 제공하기 위하여, 공표된 저작물에 포함된 음성 및 음향 등을 저작권자의 허락 없이 자막 등 청각장애인이 인지할 수 있는 방식으로 변환할 수 있으며 이러한 자막 등을 청각장애인이 이용할 수 있도록 복제·배포·공연 또는 공중송신할 수 있다.

※ 어문저작물: 소설·시·논문·각본 등 문자로 이루어진 저작물

〈보기〉

ㄱ. 학교도서관이 공표된 소설을 청각장애인을 위하여 한국수어로 변환하고 이 한국수어를 복제·공중송신하는 행위
ㄴ. 한국어수어통역센터가 영리를 목적으로 청각장애인의 이용에 제공하기 위하여, 공표된 영화에 포함된 음성을 자막으로 변환하여 배포하는 행위
ㄷ. 점자도서관이 영리를 목적으로 하지 아니하고 시각장애인의 이용에 제공하기 위하여, 공표된 피아니스트의 연주 음악을 녹음하여 복제·전송하는 행위

① ㄱ
② ㄴ
③ ㄱ, ㄷ
④ ㄴ, ㄷ
⑤ ㄱ, ㄴ, ㄷ

문 5. 다음 글을 근거로 판단할 때 옳지 않은 것은?

> 이해충돌은 공직자들에게 부여된 공적 의무와 사적 이익이 충돌하는 갈등상황을 지칭한다. 공적 의무와 사적 이익이 충돌한다는 점에서 이해충돌은 공직부패와 공통점이 있다. 하지만 공직부패가 사적 이익을 위해 공적 의무를 저버리고 권력을 남용하는 것이라면, 이해충돌은 공적 의무와 사적 이익이 대립하는 객관적 상황 자체를 의미한다. 이해충돌하에서 공직자는 공적 의무가 아닌 사적 이익을 추구하는 결정을 내릴 위험성이 있지만 항상 그런 결정을 내리는 것은 아니다.
>
> 공직자의 이해충돌은 공직부패 발생의 상황요인이며 공직부패의 사전 단계가 될 수 있기 때문에 이에 대한 적절한 규제가 필요하다. 공직부패가 의도적 행위의 결과인 반면, 이해충돌은 의도하지 않은 상태에서 발생하는 상황이다. 또한 공직부패는 드문 현상이지만 이해충돌은 일상적으로 발생하기 때문에 직무수행 과정에서 빈번하게 나타날 수 있다. 그런 이유로 이해충돌에 대한 전통적인 규제는 공직부패의 사전예방에 초점이 맞추어져 있었다.
>
> 최근에는 이해충돌에 대한 규제의 초점이 정부의 의사결정 과정과 결과에 대한 신뢰성 확보로 변화되고 있다. 이는 정부의 의사결정 과정의 정당성과 공정성 자체에 대한 불신이 커지고, 그 결과가 시민의 요구와 선호를 충족하지 못하고 있다는 의구심이 제기되고 있는 상황을 반영하고 있다. 신뢰성 확보로 규제의 초점이 변화되면서 이해충돌의 개념이 확대되어, 외관상 발생 가능성이 있는 것만으로도 이해충돌에 대해 규제하는 것이 정당화되고 있다.

① 공직부패는 권력 남용과 관계없이 공적 의무와 사적 이익이 대립하는 객관적 상황 자체를 의미한다.

② 이해충돌 발생 가능성이 외관상으로만 존재해도 이해충돌에 대해 규제하는 것이 정당화되고 있다.

③ 공직자의 이해충돌과 공직부패는 공적 의무와 사적 이익의 충돌이라는 점에서 공통점이 있다.

④ 공직자의 이해충돌은 직무수행 과정에서 빈번하게 발생할 가능성이 있다.

⑤ 이해충돌에 대한 규제의 초점은 공직부패의 사전예방에서 정부의 의사결정 과정과 결과에 대한 신뢰성 확보로 변화되고 있다.

문 6. 다음 글을 근거로 판단할 때, A서비스를 이용할 수 있는 경우는?

> A서비스는 공항에서 출국하는 승객이 공항 외의 지정된 곳에서 수하물을 보내고 목적지에 도착한 후 찾아가는 신개념 수하물 위탁서비스이다.
>
> A서비스를 이용하고자 하는 승객은 ○○호텔에 마련된 체크인 카운터에서 본인 확인과 보안 절차를 거친 후 탑승권을 발급받고 수하물을 위탁하면 된다. ○○호텔 투숙객이 아니더라도 이 서비스를 이용할 수 있다.
>
> ○○호텔에 마련된 체크인 카운터는 매일 08:00~16:00에 운영된다. 인천공항에서 13:00~24:00에 출발하는 국제선 이용 승객을 대상으로 A서비스가 제공된다. 단, 미주노선(괌/사이판 포함)은 제외된다.

	숙박 호텔	항공기 출발 시각	출발지	목적지
①	○○호텔	15:30	김포공항	제주
②	◇◇호텔	14:00	김포공항	베이징
③	○○호텔	15:30	인천공항	사이판
④	◇◇호텔	21:00	인천공항	홍콩
⑤	○○호텔	10:00	인천공항	베이징

문 7. 다음 글을 근거로 판단할 때, 2019년의 무역의존도가 높은 순서대로 세 국가(A~C)를 나열한 것은?

> A, B, C 세 국가는 서로 간에만 무역을 하고 있다. 2019년 세 국가의 수출액은 다음과 같다.
>
> ○ A의 B와 C에 대한 수출액은 각각 200억 달러와 100억 달러였다.
>
> ○ B의 A와 C에 대한 수출액은 각각 150억 달러와 100억 달러였다.
>
> ○ C의 A와 B에 대한 수출액은 각각 150억 달러와 50억 달러였다.
>
> A, B, C의 2019년 국내총생산은 각각 1,000억 달러, 3,000억 달러, 2,000억 달러였고, 각 국가의 무역의존도는 다음과 같이 계산한다.
>
> $$무역의존도 = \frac{총\ 수출액 + 총\ 수입액}{국내총생산}$$

① A, B, C ② A, C, B

③ B, A, C ④ B, C, A

⑤ C, A, B

문 8. 다음 글을 근거로 판단할 때, 〈보기〉에서 옳은 것만을 모두 고르면?

△△부처는 직원 교육에 사용할 교재를 외부 업체에 위탁하여 제작하려 한다. 업체가 제출한 시안을 5개의 항목으로 평가하고, 평가 점수의 총합이 가장 높은 시안을 채택한다. 평가 점수의 총합이 동점일 경우, 평가 항목 중 학습내용 점수가 가장 높은 시안을 채택한다. 5개의 업체가 제출한 시안(A~E)의 평가 결과는 다음과 같다.

(단위: 점)

평가 항목(배점) \ 시안	A	B	C	D	E
학습내용(30)	25	30	20	25	20
학습체계(30)	25	(㉠)	30	25	20
교수법(20)	20	17	(㉡)	20	15
학습평가(10)	10	10	10	5	10
학습매체(10)	10	10	10	10	10

〈보기〉

ㄱ. D와 E는 채택되지 않는다.

ㄴ. ㉡의 점수와 상관없이 C는 채택되지 않는다.

ㄷ. ㉠이 23점이라면 B가 채택된다.

① ㄱ

② ㄷ

③ ㄱ, ㄴ

④ ㄴ, ㄷ

⑤ ㄱ, ㄴ, ㄷ

문 9. 다음 글을 근거로 판단할 때, 숫자코드가 될 수 있는 것은?

숫자코드를 만드는 규칙은 다음과 같다.

○ 그림과 같이 작은 정사각형 4개로 이루어진 큰 정사각형이 있고, 작은 정사각형의 꼭짓점마다 1~9의 번호가 지정되어 있다.

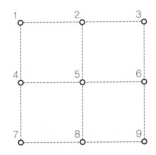

○ 펜을 이용해서 9개의 점 중 임의의 하나의 점에서 시작하여 (이하 시작점이라 한다) 다른 점으로 직선을 그어 나간다.

○ 다른 점에 도달하면 펜을 종이 위에서 떼지 않고 또 다른 점으로 계속해서 직선을 그어 나간다. 단, 한번 그은 직선 위에 또 다른 직선을 겹쳐서 그을 수 없다.

○ 시작점을 포함하여 4개 이상의 점에 도달한 후 펜을 종이 위에서 뗄 수 있다. 단, 시작점과 동일한 점에서는 뗄 수 없다.

○ 펜을 종이에서 뗀 후, 그어진 직선이 지나는 점의 번호를 순서대로 모두 나열한 것이 숫자코드가 된다. 예를 들어 1번 점에서 시작하여 6번, 5번, 8번순으로 직선을 그었다면 숫자코드는 1658이다.

① 596

② 15953

③ 53695

④ 642987

⑤ 9874126

문 10. 다음 〈지정 기준〉과 〈신청 현황〉을 근거로 판단할 때, 신청병원(甲~戊) 중 산재보험 의료기관으로 지정되는 것은?

―――〈지정 기준〉―――

○ 신청병원 중 인력 점수, 경력 점수, 행정처분 점수, 지역별 분포 점수의 총합이 가장 높은 병원을 산재보험 의료기관으로 지정한다.

○ 전문의 수가 2명 이하이거나, 가장 가까이 있는 기존 산재보험 의료기관까지의 거리가 1km 미만인 병원은 지정 대상에서 제외한다.

○ 각각의 점수는 아래의 항목별 배점 기준에 따라 부여한다.

항목	배점 기준
인력 점수	전문의 수 7명 이상은 10점
	전문의 수 4명 이상 6명 이하는 8점
	전문의 수 3명 이하는 3점
경력 점수	전문의 평균 임상경력 1년당 2점(단, 평균 임상경력이 10년 이상이면 20점)
행정처분 점수	2명 이하의 의사가 행정처분을 받은 적이 있는 경우 10점
	3명 이상의 의사가 행정처분을 받은 적이 있는 경우 2점
지역별 분포 점수	가장 가까이 있는 기존 산재보험 의료기관이 8km 이상 떨어져 있을 경우, 인력 점수와 경력 점수 합의 20%에 해당하는 점수
	가장 가까이 있는 기존 산재보험 의료기관이 3km 이상 8km 미만 떨어져 있을 경우, 인력 점수와 경력 점수 합의 10%에 해당하는 점수
	가장 가까이 있는 기존 산재보험 의료기관이 3km 미만 떨어져 있을 경우, 인력 점수와 경력 점수 합의 20%에 해당하는 점수 감점

―――〈신청 현황〉―――

신청 병원	전문의 수	전문의 평균 임상 경력	행정처분을 받은 적이 있는 의사 수	가장 가까이 있는 기존 산재보험 의료기관까지의 거리
甲	6명	7년	4명	10km
乙	2명	17년	1명	8km
丙	8명	5년	0명	1km
丁	4명	11년	3명	2km
戊	3명	12년	2명	500m

① 甲
② 乙
③ 丙
④ 丁
⑤ 戊

문 11. 다음 글을 근거로 판단할 때 옳은 것은?

제00조 이 규칙은 법원이 소지하는 국가기밀에 속하는 문서 등의 보안업무에 관한 사항을 규정함을 목적으로 한다.

제00조 이 규칙에서 비밀이라 함은 그 내용이 누설되는 경우 국가안전보장에 유해한 결과를 초래할 우려가 있는 국가기밀로서 이 규칙에 의하여 비밀로 분류된 것을 말한다.

제00조 ① Ⅰ급비밀 취급 인가권자는 대법원장, 대법관, 법원행정처장으로 한다.

② Ⅱ급 및 Ⅲ급비밀 취급 인가권자는 다음과 같다.
1. Ⅰ급비밀 취급 인가권자
2. 사법연수원장, 고등법원장, 특허법원장, 사법정책연구원장, 법원공무원교육원장, 법원도서관장
3. 지방법원장, 가정법원장, 행정법원장, 회생법원장

제00조 ① 비밀 취급 인가권자는 비밀을 취급 또는 비밀에 접근할 직원에 대하여 해당 등급의 비밀 취급을 인가한다.

② 비밀 취급의 인가는 대상자의 직책에 따라 필요한 최소한의 인원으로 제한하여야 한다.

③ 비밀 취급 인가를 받은 자가 다음 각 호의 어느 하나에 해당하는 경우에는 그 취급의 인가를 해제하여야 한다.
1. 고의 또는 중대한 과실로 중대한 보안 사고를 범한 때
2. 비밀 취급이 불필요하게 된 때

④ 비밀 취급의 인가 및 해제와 인가 등급의 변경은 문서로 하여야 하며 직원의 인사기록사항에 이를 기록하여야 한다.

제00조 ① 비밀 취급 인가권자는 임무 및 직책상 해당 등급의 비밀을 항상 사무적으로 취급하는 자에 한하여 비밀 취급을 인가하여야 한다.

② 비밀 취급 인가권자는 소속직원의 인사기록카드에 기록된 비밀 취급의 인가 및 해제사유와 임용 시의 신원조사회보서에 의하여 새로 신원조사를 행하지 아니하고 비밀 취급을 인가할 수 있다. 다만 Ⅰ급비밀 취급을 인가하는 때에는 새로 신원조사를 실시하여야 한다.

① 비밀 취급 인가의 해제는 구술로 할 수 있다.
② 법원행정처장은 Ⅰ급비밀, Ⅱ급비밀, Ⅲ급비밀 모두에 대해 취급 인가권을 가진다.
③ 비밀 취급 인가는 대상자의 직책에 따라 가능한 한 제한 없이 충분한 인원에게 하여야 한다.
④ 비밀 취급 인가를 받은 자가 중대한 보안 사고를 범한 경우 고의가 없었다면 그 취급의 인가를 해제할 수 없다.
⑤ 비밀 취급 인가권자는 소속직원에 대해 새로 신원조사를 행하지 아니하고 Ⅰ급비밀 취급을 인가할 수 있다.

문 12. 다음 글을 근거로 판단할 때 옳은 것은?

제○○조 ① 국유재산은 다음 각 호의 어느 하나에 해당하지 않는 경우에는 매각할 수 있다.
 1. 제△△조에 의한 매각제한의 대상에 해당하는 경우
 2. 제□□조에 의한 총괄청의 매각승인을 받지 않은 경우
② 국유재산의 매각은 일반경쟁입찰을 원칙으로 한다. 다만 필요한 경우에는 제한경쟁, 지명경쟁 또는 수의계약의 방법으로 매각할 수 있다.
제△△조 다음 각 호의 어느 하나에 해당하는 경우에는 매각할 수 없다.
 1. 중앙관서의 장이 행정목적으로 사용하기 위하여 그 국유재산을 행정재산으로 사용 승인한 경우
 2. 소유자 없는 부동산에 대하여 공고를 거쳐 국유재산으로 취득한 후 10년이 지나지 아니한 경우. 다만 해당 국유재산에 대하여 중앙관서의 장이 공익사업에 필요하다고 인정한 경우와 행정재산의 용도로 사용하던 소유자 없는 부동산을 행정재산으로 취득하였으나 그 행정재산을 당해 용도로 사용하지 아니하게 된 경우에는 그러하지 아니하다.
제□□조 ① 국유일반재산인 토지의 면적이 특별시·광역시 지역에서는 1,000제곱미터를, 그 밖의 시 지역에서는 2,000제곱미터를 초과하는 재산을 매각하고자 하는 경우에는 총괄청의 승인을 받아야 한다.
② 제1항에도 불구하고 다음 각 호의 어느 하나에 해당하는 경우에는 총괄청의 승인을 요하지 아니한다.
 1. 수의계약의 방법으로 매각하는 경우
 2. 다른 법률에 따른 무상귀속
 3. 법원의 확정판결·결정 등에 따른 소유권의 변경

① 중앙관서의 장이 행정목적으로 사용하기 위하여 행정재산으로 사용 승인한 국유재산인 건물은 총괄청의 매각승인을 받아야 매각될 수 있다.
② 총괄청의 매각승인 대상인 국유일반재산이더라도 그 매각방법이 지명경쟁인 경우에는 총괄청의 승인 없이 매각할 수 있다.
③ 법원의 확정판결로 국유일반재산의 소유권을 변경하려는 경우 총괄청의 승인을 받아야 한다.
④ 광역시에 소재하는 국유일반재산인 1,500제곱미터 면적의 토지를 수의계약의 방법으로 매각하려는 경우에는 총괄청의 승인을 받아야 한다.
⑤ 행정재산의 용도로 사용하던 소유자 없는 500제곱미터 면적의 토지를 공고를 거쳐 행정재산으로 취득한 후 이를 당해 용도로 사용하지 않게 된 경우, 취득한 때로부터 10년이 경과하지 않았더라도 매각할 수 있다.

문 13. 다음 글을 근거로 판단할 때 옳은 것은?

A국은 다음 5가지 사항을 반영하여 특허법을 제정하였다.
(1) 새로운 기술에 의한 발명을 한 사람에게 특허권이라는 독점권을 주는 제도와 정부가 금전적 보상을 해주는 보상제도 중, A국은 전자를 선택하였다.
(2) 특허권을 별도의 특허심사절차 없이 부여하는 방식과 신청에 의한 특허심사절차를 통해 부여하는 방식 중, A국은 후자를 선택하였다.
(3) 새로운 기술에 의한 발명인지를 판단하는 데 있어서 전세계에서의 새로운 기술을 기준으로 하는 것과 국내에서의 새로운 기술을 기준으로 하는 것 중, A국은 후자를 선택하였다.
(4) 특허권의 효력발생범위를 A국 영토 내로 한정하는 것과 A국 영토 밖으로 확대하는 것 중, A국은 전자를 선택하였다. 따라서 특허권이 부여된 발명을 A국 영토 내에서 특허권자의 허락 없이 무단으로 제조·판매하는 행위를 금지하며, 이를 위반한 자에게는 손해배상의무를 부과한다.
(5) 특허권의 보호기간을 한정하는 방법과 한정하지 않는 방법 중, A국은 전자를 선택하였다. 그리고 그 보호기간은 특허권을 부여받은 날로부터 10년으로 한정하였다.

① A국에서 알려지지 않은 새로운 기술로 알코올램프를 발명한 자는 그 기술이 이미 다른 나라에서 널리 알려진 것이라도 A국에서 특허권을 부여받을 수 있다.
② A국에서 특허권을 부여받은 날로부터 11년이 지난 손전등을 제조·판매하기 위해서는 발명자로부터 허락을 받아야 한다.
③ A국에서 새로운 기술로 석유램프를 발명한 자는 A국 정부로부터 그 발명에 대해 금전적 보상을 받을 수 있다.
④ A국에서 새로운 기술로 필기구를 발명한 자는 특허심사절차를 밟지 않더라도 A국 내에서 다른 사람이 그 필기구를 무단으로 제조·판매하는 것을 금지시킬 수 있다.
⑤ A국에서 망원경에 대해 특허권을 부여받은 자는 다른 나라에서 그 망원경을 무단으로 제조 및 판매한 자로부터 A국 특허법에 따라 손해배상을 받을 수 있다.

문 14. 다음 글을 근거로 판단할 때 옳지 않은 것은?

최근 공직자의 재산상태와 같은 세세한 사생활 정보까지 공개하라는 요구가 높아지고 있다. 공직자의 사생활은 일반시민의 사생활만큼 보호될 필요가 없다는 것이 그 이유다. 비슷한 맥락에서 일찍이 플라톤은 통치자는 가족과 사유재산을 갖지 말아야 한다고 주장했다.

공직자의 사생활 보호에 대한 논의는 '동등한 사생활 보호의 원칙'과 '축소된 사생활 보호의 원칙'으로 구분된다. 동등한 사생활 보호의 원칙은 공직자의 사생활도 일반시민과 동등한 정도로 보호되어야 한다고 본다. 이 원칙의 지지자들은 우선 공직자의 사생활 보호로 공적으로 활용 가능한 인재가 증가한다는 점을 강조한다. 사생활이 보장되지 않으면 공직 희망자가 적어져 인재 활용이 제한되고 다양성도 줄어들게 된다는 것이다. 또한 이들은 선정적인 사생활 폭로가 난무하여 공공정책에 대한 실질적 토론과 민주적 숙고가 사라져 버릴 위험성에 대해서도 경고한다.

반면, 공직자는 일반시민보다 우월한 권력을 가지고 있다는 것과 시민을 대표한다는 것 때문에 축소된 사생활 보호의 원칙이 적용되어야 한다는 주장도 있다. 공직자는 일반시민이 아니기 때문에 동등한 사생활 보호의 원칙을 적용할 수 없다는 것이다. 이 원칙의 지지자들은 공직자들이 시민 생활에 영향을 미치는 결정을 내리기 때문에, 사적 목적을 위해 권력을 남용하지 않고 부당한 압력에 굴복하지 않으며 시민이 기대하는 정책을 추구할 가능성이 높은 사람이어야 한다고 주장한다. 즉 이러한 공직자가 행사하는 권력에 대해 책임을 묻기 위해서는 사생활 중 관련된 내용은 공개되어야 한다는 것이다. 또한 공직자는 시민을 대표하기 때문에 훌륭한 인간상으로 시민의 모범이 되어야 한다는 이유도 들고 있다.

① 축소된 사생활 보호의 원칙은 공직자와 일반시민의 사생활 보장의 정도가 달라야 한다고 본다.

② 통치자의 사생활에 대한 플라톤의 생각은 동등한 사생활 보호의 원칙보다 축소된 사생활 보호의 원칙에 더 가깝다.

③ 동등한 사생활 보호의 원칙을 지지하는 이유 중 하나는 공직자가 시민을 대표하는 훌륭한 인간상이어야 하기 때문이다.

④ 동등한 사생활 보호의 원칙을 지지하는 이유 중 하나는 사생활이 보장되지 않으면 공직 희망자가 적어질 수 있다고 보기 때문이다.

⑤ 축소된 사생활 보호의 원칙을 지지하는 이유 중 하나는 공직자가 일반시민보다 우월한 권력을 가지고 있다고 보기 때문이다.

문 15. 다음 글을 근거로 판단할 때, 〈보기〉에서 옳은 것만을 모두 고르면?

일반적인 내연기관에서는 휘발유와 공기가 엔진 내부의 실린더 속에서 압축된 후 점화 장치에 의하여 점화되어 연소된다. 이때의 연소는 휘발유의 주성분인 탄화수소가 공기 중의 산소와 반응하여 이산화탄소와 물을 생성하는 것이다. 여러 개의 실린더에서 규칙적이고 연속적으로 일어나는 '공기·휘발유' 혼합물의 연소에서 발생하는 힘으로 자동차는 달리게 된다. 그런데 간혹 실린더 내의 과도한 열이나 압력, 혹은 질 낮은 연료의 사용 등으로 인해 '노킹(knocking)' 현상이 발생하기도 한다. 노킹 현상이란 공기·휘발유 혼합물의 조기 연소 현상을 지칭한다. 공기·휘발유 혼합물이 점화되기도 전에 연소되는 노킹 현상이 지속되면 엔진의 성능은 급격히 저하된다.

자동차 연료로 사용되는 휘발유에는 '옥탄가(octane number)'라는 값에 따른 등급이 부여된다. 옥탄가는 휘발유의 특성을 나타내는 수치 중 하나로, 이 값이 높을수록 노킹 현상이 발생할 가능성은 줄어든다. 甲국에서는 보통, 중급, 고급으로 분류되는 세 가지 등급의 휘발유가 판매되고 있는데, 이 등급을 구분하는 최소 옥탄가의 기준은 각각 87, 89, 93이다. 하지만 甲국의 고산지대에 위치한 A시에서 판매되는 휘발유는 다른 지역의 휘발유보다 등급을 구분하는 최소 옥탄가의 기준이 등급별로 2씩 낮다. 이는 산소의 밀도가 낮아 노킹 현상이 발생할 가능성이 더 낮은 고산지대의 특징을 반영한 것이다.

〈보기〉

ㄱ. A시에서 고급 휘발유로 판매되는 휘발유의 옥탄가는 91 이상이다.

ㄴ. 실린더 내에 과도한 열이 발생하면 노킹 현상이 발생할 수 있다.

ㄷ. 노킹 현상이 일어나지 않는다면, 일반적인 내연기관 내부의 실린더 속에서 공기·휘발유 혼합물은 점화가 된 후에 연소된다.

ㄹ. 내연기관 내에서의 연소는 이산화탄소와 산소가 반응하여 물을 생성하는 것이다.

① ㄱ, ㄴ

② ㄱ, ㄹ

③ ㄷ, ㄹ

④ ㄱ, ㄴ, ㄷ

⑤ ㄴ, ㄷ, ㄹ

문 16. 다음 글과 〈국내이전비 신청현황〉을 근거로 판단할 때, 국내이전비를 지급받는 공무원만을 모두 고르면?

청사 소재지 이전에 따라 거주지를 이전하거나, 현 근무지 외의 지역으로 부임의 명을 받아 거주지를 이전하는 공무원은 다음 요건에 모두 부합하는 경우 국내이전비를 지급받는다.

첫째, 전임지에서 신임지로 거주지를 이전하고 이사화물도 옮겨야 한다. 다만 동일한 시(특별시, 광역시 및 특별자치시 포함)·군 및 섬(제주특별자치도 제외) 안에서 거주지를 이전하는 공무원에게는 국내이전비를 지급하지 않는다. 둘째, 거주지와 이사화물은 발령을 받은 후에 이전하여야 한다.

〈국내이전비 신청현황〉

공무원	전임지	신임지	발령 일자	이전 일자	이전여부	
					거주지	이사화물
甲	울산광역시 중구	울산광역시 북구	'20.2.13.	'20.2.20.	○	○
乙	경기도 고양시	세종특별 자치시	'19.12.3.	'19.12.5.	○	×
丙	광주광역시	대구광역시	'19.6.1.	'19.6.15.	×	○
丁	제주특별 자치도 서귀포시	제주특별 자치도 제주시	'20.1.2.	'20.1.13.	○	○
戊	서울특별시	충청북도 청주시	'19.9.3.	'19.9.8.	○	○
己	부산광역시	서울특별시	'20.4.25.	'20.4.1.	○	○

① 甲, 乙
② 乙, 丁
③ 丙, 己
④ 丁, 戊
⑤ 戊, 己

문 17. 다음 글과 〈상황〉을 근거로 판단할 때, 甲의 말이 최종적으로 위치하는 칸은?

○ 참가자는 그림과 같이 A~L까지 12개의 칸으로 구성된 게임판에서, A칸에 말을 놓고 시작한다.

○ 참가자는 ← 또는 → 버튼을 누를 수 있다.
○ 버튼을 맨 처음 누를 때, ← 버튼을 누르면 말을 반시계방향으로 1칸 이동하고 → 버튼을 누르면 말을 시계방향으로 1칸 이동한다.
○ 그 다음부터는 매번 버튼을 누르면, 그 버튼을 누르기 직전에 누른 버튼에 따라 아래와 같이 말을 이동한다.

누른 버튼	직전에 누른 버튼	말의 이동
←	←	반시계방향으로 2칸 이동
	→	움직이지 않음
→	←	움직이지 않음
	→	시계방향으로 2칸 이동

○ 참가자는 버튼을 총 5회 누른다.

〈상황〉

甲은 다음과 같이 버튼을 눌렀다.

누른 순서	1	2	3	4	5
누른 버튼	←	→	→	←	←

① A칸
② C칸
③ H칸
④ J칸
⑤ L칸

문 18. 다음 〈상황〉과 〈기준〉을 근거로 판단할 때, A기관이 원천징수 후 甲에게 지급하는 금액은?

〈상황〉

○○국 A기관은 甲을 '지역경제 활성화 위원회'의 외부 위원으로 위촉하였다. 甲은 2020년 2월 24일 오후 2시부터 5시까지 위원회에 참석해서 지역경제 활성화와 관련한 내용을 슬라이드 20면으로 발표하였다. A기관은 아래 〈기준〉에 따라 甲에게 해당 위원회 참석수당과 원고료를 지급한다.

〈기준〉

○ 참석수당 지급기준액

구분	단가
참석수당	• 기본료(2시간): 100,000원 • 2시간 초과 후 1시간마다 50,000원

○ 원고료 지급기준액

구분	단가
원고료	10,000원/A4 1면

※ 슬라이드 2면을 A4 1면으로 한다.

○ 위원회 참석수당 및 원고료는 기타소득이다.
○ 위원회 참석수당 및 원고료는 지급기준액에서 다음과 같은 기타소득세와 주민세를 원천징수하고 지급한다.
  − 기타소득세: (지급기준액 − 필요경비) × 소득세율(20%)
  − 주민세: 기타소득세 × 주민세율(10%)
  ※ 필요경비는 지급기준액의 60%로 한다.

① 220,000원
② 228,000원
③ 256,000원
④ 263,000원
⑤ 270,000원

문 19. 다음 글을 근거로 판단할 때, 비밀번호의 둘째 자리 숫자와 넷째 자리 숫자의 합은?

甲은 친구의 자전거를 빌려 타기로 했다. 친구의 자전거는 다이얼을 돌려 다섯 자리의 비밀번호를 맞춰야 열리는 자물쇠로 잠겨 있다. 각 다이얼은 0~9 중 하나가 표시된다.

자물쇠에 현재 표시된 숫자는 첫째 자리부터 순서대로 3−6−4−4−9이다. 친구는 비밀번호에 대해 다음과 같은 힌트를 주었다.

○ 비밀번호는 모두 다른 숫자로 구성되어 있다.
○ 자물쇠에 현재 표시된 모든 숫자는 비밀번호에 쓰이지 않는다.
○ 현재 짝수가 표시된 자리에는 홀수가, 현재 홀수가 표시된 자리에는 짝수가 온다. 단, 0은 짝수로 간주한다.
○ 비밀번호를 구성하는 숫자 중 가장 큰 숫자가 첫째 자리에 오고, 가장 작은 숫자가 다섯째 자리에 온다.
○ 비밀번호 둘째 자리 숫자는 현재 둘째 자리에 표시된 숫자보다 크다.
○ 서로 인접한 두 숫자의 차이는 5보다 작다.

① 7
② 8
③ 10
④ 12
⑤ 13

문 20. 다음 글을 근거로 판단할 때, 〈보기〉에서 옳은 것만을 모두 고르면?

○ 다음과 같이 9개의 도시(A~I)가 위치하고 있다.

A	B	C
D	E	F
G	H	I

○ A~I시가 미세먼지 저감을 위해 5월부터 차량 운행 제한 정책을 시행함에 따라 제한 차량의 도시 진입 및 도시 내 운행이 금지된다.

○ 모든 차량은 4개의 숫자로 된 차량번호를 부여받으며 각 도시의 제한 요건은 아래와 같다.

도시		제한 차량
A, E, F, I	홀수일	차량번호가 홀수로 끝나는 차량
	짝수일	차량번호가 짝수로 끝나는 차량
B, G, H	홀수일	차량번호가 짝수로 끝나는 차량
	짝수일	차량번호가 홀수로 끝나는 차량
C, D	월요일	차량번호가 1 또는 6으로 끝나는 차량
	화요일	차량번호가 2 또는 7로 끝나는 차량
	수요일	차량번호가 3 또는 8로 끝나는 차량
	목요일	차량번호가 4 또는 9로 끝나는 차량
	금요일	차량번호가 0 또는 5로 끝나는 차량
	토·일요일	없음

※ 단, 0은 짝수로 간주한다.

○ 도시 간 이동 시에는 도시 경계선이 서로 맞닿아 있지 않은 도시로 바로 이동할 수 없다. 예컨대 A시에서 E시로 이동하기 위해서는 반드시 B시나 D시를 거쳐야 한다.

─────〈보기〉─────

ㄱ. 甲은 5월 1일(토)에 E시에서 차량번호가 1234인 차량을 운행할 수 있다.

ㄴ. 乙은 5월 6일(목)에 차량번호가 5639인 차량으로 A시에서 D시로 이동할 수 있다.

ㄷ. 丙은 5월 중 어느 하루에 동일한 차량으로 A시에서 H시로 이동할 수 있다.

ㄹ. 丁은 5월 15일(토)에 차량번호가 9790인 차량으로 D시에서 F시로 이동할 수 있다.

① ㄱ, ㄴ

② ㄱ, ㄷ

③ ㄱ, ㄹ

④ ㄴ, ㄷ

⑤ ㄴ, ㄹ

문 21. 다음 글을 근거로 판단할 때, 〈보기〉에서 옳은 것만을 모두 고르면?

키가 서로 다른 6명의 어린이를 다음 그림과 같이 한 방향을 바라보도록 일렬로 세우려고 한다. 그림은 일렬로 세운 하나의 예이다. 한 어린이(이하 甲이라 한다)의 등 뒤에 甲보다 키가 큰 어린이가 1명이라도 있으면 A방향에서 甲의 뒤통수는 보이지 않고, 1명도 없으면 A방향에서 甲의 뒤통수는 보인다. 반대로 甲의 앞에 甲보다 키가 큰 어린이가 1명이라도 있으면 B방향에서 甲의 얼굴은 보이지 않고, 1명도 없으면 B방향에서 甲의 얼굴은 보인다.

자리번호 　1번　2번　3번　4번　5번　6번

─────〈보기〉─────

ㄱ. A방향에서 보았을 때 모든 어린이의 뒤통수가 다 보이게 세우는 방법은 1가지뿐이다.

ㄴ. 키가 세 번째로 큰 어린이를 5번 자리에 세운다면, A방향에서 보았을 때 그 어린이의 뒤통수는 보이지 않는다.

ㄷ. B방향에서 2명의 얼굴만 보이도록 어린이들을 세웠을 때, A방향에서 6번 자리에 서 있는 어린이의 뒤통수는 보이지 않는다.

ㄹ. B방향에서 3명의 얼굴이 보인다면, A방향에서 4명의 뒤통수가 보일 수 없다.

① ㄱ, ㄴ

② ㄷ, ㄹ

③ ㄱ, ㄴ, ㄷ

④ ㄱ, ㄷ, ㄹ

⑤ ㄴ, ㄷ, ㄹ

문 22. 다음 글과 〈상황〉을 근거로 판단할 때, 〈보기〉에서 옳은 것만을 모두 고르면?

A팀과 B팀은 다음과 같이 게임을 한다. A팀과 B팀은 각각 3명으로 구성되며, 왼손잡이, 오른손잡이, 양손잡이가 각 1명씩이다. 총 5라운드에 걸쳐 가위바위보를 하며 규칙은 아래와 같다.

○ 모든 선수는 1개 라운드 이상 출전하여야 한다.
○ 왼손잡이는 '가위'만 내고 오른손잡이는 '보'만 내며, 양손잡이는 '바위'만 낸다.
○ 각 라운드마다 가위바위보를 이긴 선수의 팀이 획득하는 점수는 다음과 같다.
  − 이긴 선수가 왼손잡이인 경우: 2점
  − 이긴 선수가 오른손잡이인 경우: 0점
  − 이긴 선수가 양손잡이인 경우: 3점
○ 두 팀은 1라운드를 시작하기 전에 각 라운드에 출전할 선수를 결정하여 명단을 제출한다.
○ 5라운드를 마쳤을 때 획득한 총 점수가 더 높은 팀이 게임에서 승리한다.

〈상황〉

다음은 3라운드를 마친 현재까지의 결과이다.

구분	1라운드	2라운드	3라운드	4라운드	5라운드
A팀	왼손잡이	왼손잡이	양손잡이		
B팀	오른손잡이	오른손잡이	오른손잡이		

※ 각 라운드에서 가위바위보가 비긴 경우는 없다.

〈보기〉

ㄱ. 3라운드까지 A팀이 획득한 점수와 B팀이 획득한 점수의 합은 4점이다.
ㄴ. A팀이 잔여 라운드에서 모두 오른손잡이를 출전시킨다면 B팀이 게임에서 승리한다.
ㄷ. B팀이 게임에서 승리하는 경우가 있다.

① ㄴ
② ㄷ
③ ㄱ, ㄴ
④ ㄱ, ㄷ
⑤ ㄱ, ㄴ, ㄷ

문 23. 다음 글을 근거로 판단할 때 옳은 것은?

네 사람(甲 ~ 丁)은 각각 주식, 채권, 선물, 옵션 중 서로 다른 하나의 금융상품에 투자하고 있으며, 투자액과 수익률도 각각 다르다.

○ 네 사람 중 투자액이 가장 큰 50대 주부는 주식에 투자하였다.
○ 30대 회사원 丙은 네 사람 중 가장 높은 수익률을 올려 아내와 여행을 다녀왔다.
○ 甲은 주식과 옵션에는 투자하지 않았다.
○ 40대 회사원 乙은 옵션에 투자하지 않았다.
○ 60대 사업가는 채권에 투자하지 않았다.

① 채권 투자자는 甲이다.
② 선물 투자자는 사업가이다.
③ 투자액이 가장 큰 사람은 乙이다.
④ 회사원은 옵션에 투자하지 않았다.
⑤ 가장 높은 수익률을 올린 사람은 선물 투자자이다.

문 24. 다음 글과 〈상황〉을 근거로 판단할 때, 공기청정기가 자동으로 꺼지는 시각은?

○ A학교 학생들은 방과 후에 자기주도학습을 위해 교실을 이용한다.
○ 교실 안에 있는 학생 각각은 매 순간 일정한 양의 미세먼지를 발생시켜, 10분마다 5를 증가시킨다.
○ 교실에 설치된 공기청정기는 매 순간 일정한 양의 미세먼지를 제거하여, 10분마다 15를 감소시킨다.
○ 미세먼지는 사람에 의해서만 발생하고, 공기청정기에 의해서만 제거된다.
○ 공기청정기는 매 순간 미세먼지 양을 표시하며 교실 내 미세먼지 양이 30이 되는 순간 자동으로 꺼진다.

〈상황〉

15시 50분 현재, A학교의 교실에는 아무도 없었고 켜져 있는 공기청정기가 나타내는 교실 내 미세먼지 양은 90이었다. 16시 정각에 학생 두 명이 교실에 들어와 공부를 시작하였고, 40분 후 학생 세 명이 더 들어와 공부를 시작하였다. 학생들은 모두 18시 정각에 교실에서 나왔다.

① 18시 50분
② 19시 00분
③ 19시 10분
④ 19시 20분
⑤ 19시 30분

문 25. 다음 글과 〈상황〉을 근거로 판단할 때, 갑돌이가 할 수 없는 행위는?

'AD카드'란 올림픽 및 패럴림픽에서 정해진 구역을 출입하거나 차량을 탑승하기 위한 권한을 증명하는 일종의 신분증이다. 모든 관계자들은 반드시 AD카드를 패용해야 해당 구역에 출입하거나 차량을 탑승할 수 있다. 아래는 AD카드에 담긴 정보에 대한 설명이다.

〈AD카드 예시〉

| 대회
구분 | • 올림픽 AD카드에는 다섯 개의 원이 겹쳐진 '오륜기'가, 패럴림픽 AD카드에는 세 개의 반달이 나열된 '아지토스'가 부착된다.
• 올림픽 기간 동안에는 올림픽 AD카드만이, 패럴림픽 기간 동안에는 패럴림픽 AD카드 만이 유효하다.
• 두 대회의 기간은 겹치지 않는다. |
|---|---|
| 탑승권한 | AD카드 소지자가 탑승 가능한 교통서비스를 나타낸다. 탑승권한 코드는 복수로 부여될 수 있다.

코드	탑승 가능 교통서비스
T1	VIP용 지정차량
TA	선수단 셔틀버스
TM	미디어 셔틀버스	
시설입장
권한 | AD카드 소지자가 입장 가능한 시설을 나타낸다. 시설입장권한 코드는 복수로 부여될 수 있다.

코드	입장 가능 시설
IBC	국제 방송센터
HAL	알파인 경기장
HCC	컬링센터
OFH	올림픽 패밀리 호텔
ALL	모든 시설	
특수구역
접근권한 | AD카드 소지자가 시설 내부에서 접근 가능한 특수구역을 나타낸다. 특수구역 접근권한 코드는 복수로 부여될 수 있다.

코드	접근 가능 구역
2	선수준비 구역
4	프레스 구역
6	VIP 구역	

─〈상황〉─

갑돌이는 올림픽 및 패럴림픽 관계자이다. 다음은 갑돌이가 패용한 AD카드이다.

① 패럴림픽 기간 동안 알파인 경기장에 들어간다.
② 패럴림픽 기간 동안 VIP용 지정차량에 탑승한다.
③ 올림픽 기간 동안 올림픽 패밀리 호텔에 들어간다.
④ 올림픽 기간 동안 컬링센터 내부에 있는 선수준비 구역에 들어간다.
⑤ 올림픽 기간 동안 미디어 셔틀버스를 타고 이동한 후 국제 방송센터에 들어간다.

※ 수고하셨습니다.
※ 기출문제편 맨 마지막에 있는 OMR 카드에 마킹을 하세요.

정답과 분석해설편 ▶ P.230

2019년 7월 20일 시행

2019년도 국가공무원
5급 및 7급 민간경력자 일괄채용 필기시험

응시번호	
성 명	

문제책형
㉯ 책형

【시 험 과 목】

제1영역	언어논리
제2영역	자료해석
제3영역	상황판단

<< 응시자 주의사항 >>

1. 시험시작 전에 시험문제를 열람하는 행위와 시험종료 후 답안지를 작성하는 행위는 공무원임용시험령 제51조에 의거 부정행위자로 처리됩니다.

2. 답안지 책형란의 책형표기는 시험시작 전 문제책 표지 앞면에 인쇄된 책형을 확인한 후 표기하시기 바랍니다.

3. 시험시작 즉시 과목편철 순서, 문제누락 여부, 인쇄상태 이상 유무 및 표지와 개별과목의 문제책형 일치여부 등을 확인한 후 문제책 표지에 응시번호, 성명을 기재합니다.

4. 시험이 시작되면 문제를 주의 깊게 읽은 후, 문항의 취지에 가장 적합한 하나의 정답만을 고르며, 문제내용에 관한 질문은 받지 않습니다.

5. 시험시간관리의 책임은 전적으로 수험생 본인에게 있습니다. 시험감독관의 시험종료 예고시간 고지 안내 및 시험실 내 비치된 시계가 있는 경우라도 시간이 정확하지 않을 수 있으니 본인의 시계로 반드시 확인하시기 바랍니다.

6. 시험시간은 영역별 60분씩입니다.

제1영역 언어논리

1초 합격예측! 모바일 성적결과분석표 발급 서비스

QR 코드로 접속하여 문제 풀이 시간을 측정하고, 자동채점 & 성적결과분석 서비스를 통해 지금 바로 실력을 점검해 보세요.
◀ http://eduwill.kr/5vU6

풀이 시간	• 시작: _____시 _____분 ~ 종료: _____시 _____분
	• 총 : _____분

문 1. 다음 글의 문맥상 (가)~(마)에 들어갈 내용으로 적절하지 않은 것은?

'방언(方言)'이라는 용어는 표준어와 대립되는 개념으로 사용될 수 있다. 이때 방언이란 '교양 있는 사람들이 두루 쓰는 현대 서울말'로서의 표준어가 아닌 말, 즉 비표준어라는 뜻을 갖는다. 가령 (가) 는 생각에는 방언을 비표준어로서 낮잡아 보는 인식이 담겨 있다. 이러한 개념으로서의 방언은 '사투리'라는 용어로 바뀌어 쓰이는 수가 많다. '충청도 사투리', '평안도 사투리'라고 할 때의 사투리는 대개 이러한 개념으로 쓰이는 경우이다. 이때의 방언이나 사투리는, 말하자면 표준어인 서울말이 아닌 어느 지역의 말을 가리키거나, 더 나아가 (나) 을 일컫는다. 이러한 용법에는 방언이 표준어보다 열등하다는 오해와 편견이 포함되어 있다. 여기에는 표준어보다 못하다거나 세련되지 못하고 규칙에 엄격하지 않다와 같은 부정적 평가가 담겨 있는 것이다. 그런가 하면 사투리는 한 지역의 언어 체계 전반을 뜻하기보다 그 지역의 말 가운데 표준어에는 없는, 그 지역 특유의 언어 요소만을 일컫기도 한다. (다) 고 할 때의 사투리가 그러한 경우에 해당된다.

언어학에서의 방언은 한 언어를 형성하고 있는 하위 단위로서의 언어 체계 전부를 일컫는 말로 사용된다. 가령 한국어를 예로 들면 한국어를 이루고 있는 각 지역의 말 하나하나, 즉 그 지역의 언어 체계 전부를 방언이라 한다. 서울말은 이 경우 표준어이면서 한국어의 한 방언이다. 그리고 나머지 지역의 방언들은 (라) . 이러한 의미에서의 '충청도 방언'은, 충청도에서만 쓰이는, 표준어에도 없고 다른 도의 말에도 없는 충청도 특유의 언어 요소만을 가리키는 것이 아니다. '충청도 방언'은 충청도의 토박이들이 전래적으로 써 온 한국어 전부를 가리킨다. 이 점에서 한국어는 (마) .

① (가): 바른말을 써야 하는 아나운서가 방언을 써서는 안 된다
② (나): 표준어가 아닌, 세련되지 못하고 격을 갖추지 못한 말
③ (다): 사투리를 많이 쓰는 사람과는 의사소통이 어렵다
④ (라): 한국어라는 한 언어의 하위 단위이기 때문에 방언이다
⑤ (마): 표준어와 지역 방언의 공통부분을 지칭하는 개념이다

문 2. 다음 글에서 알 수 있는 것은?

고려의 수도 개경 안에는 궁궐이 있고, 그 주변으로 가옥과 상점이 모여 시가지를 형성하고 있었다. 이 궁궐과 시가지를 둘러싼 성벽을 개경 도성이라고 불렀다. 개경 도성에는 여러 개의 출입문이 있었는데, 서쪽에 있는 문 가운데 가장 많은 사람이 드나든 곳은 선의문이었다. 동쪽에는 숭인문이라는 문도 있었다. 도성 안에는 선의문과 숭인문을 잇는 큰 도로가 있었다. 이 도로는 궁궐의 출입문인 광화문으로부터 도성 남쪽 출입문 방향으로 나 있는 다른 도로와 만나는데, 두 도로의 교차점을 십자가라고 불렀다.

고려 때에는 개경의 십자가로부터 광화문까지 난 거리를 남대가라고 불렀다. 남대가 양편에는 관청의 허가를 받아 영업하는 상점인 시전들이 도로를 따라 나란히 위치해 있었다. 이 거리는 비단이나 신발을 파는 시전, 과일 파는 시전 등이 밀집한 번화가였다. 고려 정부는 이 거리를 관리하기 위해 남대가의 남쪽 끝 지점에 경시서라는 관청을 두었다.

개경에는 남대가에만 시전이 있는 것이 아니었다. 십자가에서 숭인문 방향으로 몇백 미터를 걸어가면 그 도로 북쪽 편에 자남산이라는 조그마한 산이 있었다. 이 산은 도로에서 불과 몇십 미터 떨어져 있지 않은데, 그 산과 남대가 사이의 공간에 기름만 취급하는 시전들이 따로 모인 유시 골목이 있었다. 또 십자가에서 남쪽으로 이어진 길로 백여 미터만 가도 그 길에 접한 서쪽 면에 돼지고기만 따로 파는 저전들이 있었다. 이외에도 십자가와 선의문 사이를 잇는 길의 중간 지점에 수륙교라는 다리가 있었는데, 그 옆에 종이만 파는 저시 골목이 있었다.

① 남대가의 북쪽 끝에 궁궐의 출입문이 자리 잡고 있었다.
② 수륙교가 있던 곳으로부터 서북쪽 방향에 자남산이 있다.
③ 숭인문과 경시서의 중간 지점에 저시 골목이 위치해 있었다.
④ 선의문과 십자가를 연결하는 길의 중간 지점에 저전이 모여 있었다.
⑤ 십자가에서 유시 골목으로 가는 길의 중간 지점에 수륙교가 위치해 있었다.

문 3. 다음 글에서 알 수 없는 것은?

A효과란 기업이 시장에 최초로 진입하여 무형 및 유형의 이익을 얻는 것을 의미한다. 반면 뒤늦게 뛰어든 기업이 앞서 진출한 기업의 투자를 징검다리로 이용하여 성공적으로 시장에 안착하는 것을 B효과라고 한다. 물론 B효과는 후발진입기업이 최초진입기업과 동등한 수준의 기술 및 제품을 보다 낮은 비용으로 개발할 수 있을 때만 가능하다.

생산량이 증가할수록 평균생산비용이 감소하는 규모의 경제 효과 측면에서, 후발진입기업에 비해 최초진입기업이 유리하다. 즉, 대량 생산, 인프라 구축 등에서 우위를 조기에 확보하여 효율성 증대와 생산성 향상을 꾀할 수 있다. 반면 후발진입기업 역시 연구개발 투자 측면에서 최초진입기업에 비해 상대적으로 유리한 면이 있다. 후발진입기업의 모방 비용은 최초진입기업이 신제품 개발에 투자한 비용 대비 65% 수준이기 때문이다. 최초진입기업의 경우, 규모의 경제 효과를 얼마나 단기간에 이룰 수 있는가가 성공의 필수 요건이 된다. 후발진입기업의 경우, 절감된 비용을 마케팅 등에 효과적으로 투자하여 최초진입기업의 시장 점유율을 단기간에 빼앗아 오는 것이 성공의 핵심 조건이다.

규모의 경제 달성으로 인한 비용상의 이점 이외에도 최초진입기업이 누릴 수 있는 강점은 강력한 진입 장벽을 구축할 수 있다는 것이다. 시장에 최초로 진입했기에 소비자에게 우선적으로 인식된다. 그로 인해 후발진입기업에 비해 적어도 인지도 측면에서는 월등한 우위를 확보한다. 또한 기술적 우위를 확보하여 라이센스, 특허 전략 등을 통해 후발진입기업의 시장 진입을 방해하기도 한다. 뿐만 아니라 소비자들이 후발진입기업의 브랜드로 전환하려고 할 때 발생하는 노력, 비용, 심리적 위험 등을 마케팅에 활용하여 후발진입기업이 시장에 진입하기 어렵게 할 수도 있다. 결국 A효과를 극대화할 수 있는지는 규모의 경제 달성 이외에도 얼마나 오랫동안 후발주자가 진입하지 못하도록 할 수 있는가에 달려 있다.

① 최초진입기업은 후발진입기업에 비해 매년 더 많은 마케팅 비용을 사용한다.
② 후발진입기업의 모방 비용은 최초진입기업이 신제품 개발에 투자한 비용보다 적다.
③ 최초진입기업이 후발진입기업에 비해 인지도 측면에서 우위에 있다는 것은 A효과에 해당한다.
④ 후발진입기업이 성공하려면 절감된 비용을 효과적으로 투자하여 최초진입기업의 시장점유율을 단기간에 빼앗아 와야 한다.
⑤ 후발진입기업이 최초진입기업과 동등한 수준의 기술 및 제품을 보다 낮은 비용으로 개발할 수 없다면 B효과를 얻을 수 없다.

문 4. 다음 글에서 알 수 있는 것은?

1996년 미국, EU 및 캐나다는 일본에서 위스키의 주세율이 소주에 비해 지나치게 높다는 이유로 일본을 WTO에 제소했다. WTO 패널은 제소국인 미국, EU 및 캐나다의 손을 들어주었다. 이 판정을 근거로 미국과 EU는 한국에 대해서도 소주와 위스키의 주세율을 조정해줄 것을 요구했는데, 받아들여지지 않자 한국을 WTO에 제소했다. 당시 소주의 주세율은 증류식이 50%, 희석식이 35%였는데, 위스키의 주세율은 100%로 소주에 비해 크게 높았다. 한국에 위스키 원액을 수출하던 EU는 1997년 4월에 한국을 제소했고, 5월에는 미국도 한국을 제소했다. 패널은 1998년 7월에 한국의 패소를 결정했다.

패널의 판정은, 소주와 위스키가 직접적인 경쟁 관계에 있고 동시에 대체 관계가 존재하므로 국산품인 소주에 비해 수입품인 위스키에 높은 주세율을 적용하고 있는 한국의 주세 제도가 WTO 협정의 내국민대우 조항에 위배된다는 것이었다. 그리고 3개월 후 한국이 패널의 판정에 대해 상소했으나 상소 기구에서 패널의 판정이 그대로 인정되었다. 따라서 한국은 소주와 위스키 간 주세율의 차이를 해소해야 했는데, 그 방안은 위스키의 주세를 낮추거나 소주의 주세를 올리는 것이었다. 당시 어느 것이 옳은가에 대한 논쟁이 적지 않았다. 결국 소주의 주세율은 올리고 위스키의 주세율은 내려서, 똑같이 72%로 맞추는 방식으로 2000년 1월 주세법을 개정하여 차이를 해소했다.

① WTO 협정에 따르면, 제품 간 대체 관계가 존재하면 세율이 같아야 한다.
② 2000년 주세법 개정 결과 희석식 소주가 증류식 소주보다 주세율 상승폭이 컸다.
③ 2000년 주세법 개정 이후 소주와 위스키의 세금 총액은 개정 전에 비해 증가하였다.
④ 미국, EU 및 캐나다는 일본과의 WTO 분쟁 판정 결과를 근거로 한국에서도 주세율을 조정하고자 했다.
⑤ 한국의 소주와 위스키의 주세율을 일본과 동일하게 하라는 권고가 WTO 패널의 판정에 포함되어 있다.

문 5. 다음 글에서 추론할 수 있는 것은?

종자와 농약을 생산하는 대기업들은 자신들이 유전자 기술로 조작한 종자가 농약을 현저히 적게 사용해도 되기 때문에 농부들이 더 많은 이윤을 낼 수 있다고 주장하였다. 그러나 미국에서 유전자 변형 작물을 재배한 16년(1996년~2011년) 동안의 농약 사용량을 살펴보면, 이 주장은 사실이 아님을 알 수 있다.

유전자 변형 작물은 해충에 훨씬 더 잘 견디는 장점이 있다. 유전자 변형 작물이 해충을 막기 위해 자체적으로 독소를 만들어내기 때문이다. 독소를 함유한 유전자 변형 작물을 재배함으로써 일반 작물 재배와 비교하여 16년 동안 살충제 소비를 약 56,000톤 줄일 수 있었다. 그런데 제초제의 경우는 달랐다. 처음 4~5년 동안에는 제초제의 사용이 감소하였다. 그렇지만 전체 재배 기간을 고려하면 일반 작물 재배와 비교할 때 약 239,000톤이 더 소비되었다. 늘어난 제초제의 양에서 줄어든 살충제의 양을 빼면 일반 작물 재배와 비교하여 농약 사용이 재배 기간 16년 동안 183,000톤 증가했다.

M사의 제초제인 글리포세이트에 내성을 가진 유전자 변형 작물을 재배하기 시작한 농부들은 그 제초제를 매년 반복해서 사용했다. 이로 인해 그 지역에서는 글리포세이트에 대해 내성을 가진 잡초가 생겨났다. 이와 같이 제초제에 내성을 가진 잡초를 슈퍼잡초라고 부른다. 유전자 변형 작물을 재배하는 농지는 대부분 이러한 슈퍼잡초로 인해 어려움을 겪게 되었다. 슈퍼잡초를 제거하기 위해서는 제초제를 더 자주 사용하거나 여러 제초제를 섞어서 사용하거나 아니면 새로 개발된 제초제를 사용해야 한다. 이로 인해 농부들은 더 많은 비용을 지불할 수밖에 없었다.

① 유전자 변형 작물을 재배하는 지역에서는 모든 종류의 농약 사용이 증가했다.
② 유전자 변형 작물을 도입한 해부터 그 작물을 재배하는 지역에 슈퍼잡초가 나타났다.
③ 유전자 변형 작물을 도입한 후 일반 작물 재배의 경우에도 살충제의 사용이 증가했다.
④ 유전자 변형 작물 재배로 슈퍼잡초가 발생한 지역에서는 작물 생산 비용이 증가했다.
⑤ 유전자 변형 작물을 재배하는 지역과 일반 작물을 재배하는 지역에서 슈퍼잡초의 발생 정도가 비슷했다.

문 6. 다음 글의 빈칸에 들어갈 내용으로 가장 적절한 것은?

알레르기는 도시화와 산업화가 진행되는 지역에서 매우 빠르게 증가하고 있는데, 알레르기의 발병 원인에 대한 20세기의 지배적 이론은 알레르기는 병원균의 침입에 의해 발생하는 감염성 질병이라는 것이다. 하지만 1989년 영국 의사 S는 이 전통적인 이론에 맞서 다음 가설을 제시했다.

☐

S는 1958년 3월 둘째 주에 태어난 17,000명 이상의 영국 어린이를 대상으로 그들이 23세가 될 때까지 수집한 개인 정보 데이터베이스를 분석하여, 이 가설을 뒷받침하는 증거를 찾았다. 이들의 가족 관계, 사회적 지위, 경제력, 거주 지역, 건강 등의 정보를 비교 분석한 결과, 두 개 항목이 꽃가루 알레르기와 상관관계를 가졌다. 첫째, 함께 자란 형제자매의 수이다. 외동으로 자란 아이의 경우 형제가 서넛인 아이에 비해 꽃가루 알레르기에 취약했다. 둘째, 가족 관계에서 차지하는 서열이다. 동생이 많은 아이보다 손위 형제가 많은 아이가 알레르기에 걸릴 확률이 낮았다.

S의 주장에 따르면 가족 구성원이 많은 집에 사는 아이들은 가족 구성원, 특히 손위 형제들이 집 안으로 끌고 들어오는 온갖 병균에 의한 잦은 감염 덕분에 장기적으로는 알레르기 예방에 오히려 유리하다. S는 유년기에 겪은 이런 감염이 꽃가루 알레르기를 비롯한 알레르기성 질환으로부터 아이들을 보호해 왔다고 생각했다.

① 알레르기는 유년기에 병원균 노출의 기회가 적을수록 발생 확률이 높아진다.
② 알레르기는 가족 관계에서 서열이 높은 가족 구성원에게 더 많이 발생한다.
③ 알레르기는 성인보다 유년기의 아이들에게 더 많이 발생한다.
④ 알레르기는 도시화에 따른 전염병의 증가로 인해 유발된다.
⑤ 알레르기는 형제가 많을수록 발생 확률이 낮아진다.

문 7. 다음 글에 대한 평가로 적절하지 않은 것은?

당신은 '행복 기계'에 들어갈 것인지 망설이고 있다. 만일 들어간다면 그 순간 당신은 기계에 들어왔다는 것을 완전히 잊게 되고, 이 기계를 만나기 전에는 맛보기 힘든 멋진 시간을 가상 현실 기술을 통해 경험하게 된다. 단, 누구든 한 번 그 기계에 들어가면 삶을 마칠 때까지 거기서 나올 수 없다. 이 기계에는 고장도 오작동도 없다. 당신은 이 기계에 들어가겠는가? 우리의 삶은 고난과 좌절로 가득 차 있지만, 우리는 그것들이 실제로 사라지기를 원하지 그저 사라졌다고 믿기를 원하지 않는다. 이러한 사실은, 참인 믿음이 우리에게 아무런 이익이 되지 않거나 심지어 손해를 가져오는 경우에도 우리가 거짓인 믿음보다 참인 믿음을 가지기를 선호한다는 견해를 뒷받침한다.

돈의 가치는 숫자가 적힌 종이 자체에 있지 않다. 돈이 가치를 지니는 것은 그것이 좋은 것들을 얻는 도구로 기능하기 때문이다. 참인 믿음을 가지는 것이 유용한 경우가 많은 것은 사실이지만, 다른 것들을 얻기 위한 수단인 돈과 달리 참인 믿음은 그 자체로 가치가 있다. 그리고 행복 기계에 관한 우리의 태도는 이를 분명하게 보여 준다.

다른 것에 대한 선호로는 설명될 수 없는 원초적인 선호를 '기초 선호'라고 부른다. 가령 신체의 고통을 피하려는 것은 기초 선호로 보인다. 참인 믿음은 어떤가? 만약 참인 믿음이 기초 선호의 대상이 아니라면, 참인 믿음과 거짓인 믿음이 실용적 손익에서 동등할 경우 전자를 후자보다 더 선호해야 할 이유는 없다. 여기서 확인하게 되는 결론은, 참인 믿음이 기초 선호의 대상이라는 것이다. 그렇지 않다면, 사람들이 행복 기계에 들어가 행복한 거짓 믿음 속에 사는 편을 택하지 않을 이유가 없을 것이다.

① 대부분의 사람이 행복 기계에 들어가는 편을 택할 경우, 논지는 강화된다.
② 행복 기계가 현실에 존재하지 않는다는 사실이 논지를 약화하지는 않는다.
③ 치료를 위해 신체의 고통을 기꺼이 견디는 사람들이 있다고 해도 논지는 약화되지 않는다.
④ 행복 기계에 들어가지 않는 유일한 이유가 참과 무관한 실용적 이익임이 확인될 경우, 논지는 약화된다.
⑤ 실용적 이익이 없음에도 불구하고 우리가 수학적 참인 정리를 믿는 것을 선호한다는 사실은 논지를 강화한다.

문 8. 다음 글에 대한 분석으로 적절하지 않은 것은?

공포영화에 자주 등장하는 좀비는 철학에서도 자주 논의된다. 철학적 논의에서 좀비는 '의식을 갖지는 않지만 겉으로 드러나는 행동에서는 인간과 구별되지 않는 존재'로 정의된다. 이를 '철학적 좀비'라고 하자. ㉠인간은 고통을 느끼지만, 철학적 좀비는 고통을 느끼지 못한다. 즉 고통에 대한 의식을 가질 수 없는 존재라는 것이다. 그러나 ㉡철학적 좀비도 압정을 밟으면 인간과 마찬가지로 비명을 지르며 상처 부위를 부여잡을 것이다. 즉 행동 성향에서는 인간과 차이가 없다. 그렇기 때문에 겉으로 드러나는 모습만으로는 철학적 좀비와 인간을 구별할 수 없다. 그러나 ㉢인간과 철학적 좀비는 동일한 존재가 아니다. ㉣인간이 철학적 좀비와 동일한 존재라면, 인간도 고통을 느끼지 못하는 존재여야 한다.

물론 철학적 좀비는 상상의 산물이다. 그러나 우리가 철학적 좀비를 모순 없이 상상할 수 있다는 사실은 마음에 관한 이론인 행동주의에 문제가 있다는 점을 보여준다. 행동주의는 마음을 행동 성향과 동일시하는 입장이다. 이에 따르면, ㉤마음은 특정 자극에 따라 이러저러한 행동을 하려는 성향이다. ㉥행동주의가 옳다면, 인간이 철학적 좀비와 동일한 존재라는 점을 인정할 수밖에 없다. 그러나 인간과 달리 철학적 좀비는 마음이 없어서 어떤 의식도 가질 수 없는 존재다. 따라서 ㉦행동주의는 옳지 않다.

① ㉠과 ㉡은 동시에 참일 수 있다.
② ㉠과 ㉣이 모두 참이면, ㉢도 반드시 참이다.
③ ㉡과 ㉥이 모두 참이면, ㉤도 반드시 참이다.
④ ㉢과 ㉥이 모두 참이면, ㉦도 반드시 참이다.
⑤ ㉤과 ㉦은 동시에 거짓일 수 없다.

문 9. 다음 글의 내용이 참일 때, 참인지 거짓인지 알 수 있는 것만을 〈보기〉에서 모두 고르면?

> 머신러닝은 컴퓨터 공학에서 최근 주목받고 있는 분야이다. 이 중 샤펠식 과정은 성공적인 적용 사례들로 인해 우리에게 많이 알려진 학습 방법이다. 머신러닝의 사례 가운데 샤펠식 과정에 해당하면서 의사결정트리 방식을 따르지 않는 경우는 없다.
> 머신러닝은 지도학습과 비지도학습이라는 두 배타적 유형으로 나눌 수 있고, 모든 머신러닝의 사례는 이 두 유형 중 어디엔가 속한다. 샤펠식 과정은 모두 전자에 속한다. 머신러닝에서 새로 떠오르는 방법은 강화학습인데, 강화학습을 활용하는 모든 경우는 후자에 속한다. 그리고 의사결정트리 방식을 적용한 사례들 가운데 강화학습을 활용하는 머신러닝의 사례도 있다.

〈보기〉

ㄱ. 의사결정트리 방식을 적용한 모든 사례는 지도학습의 사례이다.

ㄴ. 샤펠식 과정의 적용 사례가 아니면서 의사결정트리 방식을 적용한 경우가 존재한다.

ㄷ. 강화학습을 활용하는 머신러닝 사례들 가운데 의사결정트리 방식이 적용되지 않은 경우는 없다.

① ㄴ
② ㄷ
③ ㄱ, ㄴ
④ ㄱ, ㄷ
⑤ ㄱ, ㄴ, ㄷ

문 10. 다음 글의 내용이 참일 때, 반드시 참인 것만을 〈보기〉에서 모두 고르면?

> 전통문화 활성화 정책의 일환으로 일부 도시를 선정하여 문화관광특구로 지정할 예정이다. 특구 지정 신청을 받아 본 결과, A, B, C, D, 네 개의 도시가 신청하였다. 선정과 관련하여 다음 사실이 밝혀졌다.
> ○ A가 선정되면 B도 선정된다.
> ○ B와 C가 모두 선정되는 것은 아니다.
> ○ B와 D 중 적어도 한 도시는 선정된다.
> ○ C가 선정되지 않으면 B도 선정되지 않는다.

〈보기〉

ㄱ. A와 B 가운데 적어도 한 도시는 선정되지 않는다.

ㄴ. B도 선정되지 않고 C도 선정되지 않는다.

ㄷ. D는 선정된다.

① ㄱ
② ㄴ
③ ㄱ, ㄷ
④ ㄴ, ㄷ
⑤ ㄱ, ㄴ, ㄷ

문 11. 다음 글의 내용과 부합하지 않는 것은?

> 기원전 3천 년쯤 처음 나타난 원시 수메르어 문자 체계는 두 종류의 기호를 사용했다. 한 종류는 숫자를 나타냈고, 1, 10, 60 등에 해당하는 기호가 있었다. 다른 종류의 기호는 사람, 동물, 사유물, 토지 등을 나타냈다. 두 종류의 기호를 사용하여 수메르인들은 많은 정보를 보존할 수 있었다.
> 이 시기의 수메르어 기록은 사물과 숫자에 한정되었다. 쓰기는 시간과 노고를 요구하는 일이었고, 기호를 읽고 쓸 줄 아는 사람은 얼마 되지 않았다. 이런 고비용의 기호를 장부 기록 이외의 일에 활용할 이유가 없었다. 현존하는 원시 수메르어 문서 가운데 예외는 하나뿐이고, 그 내용은 기록하는 일을 맡게 된 견습생이 교육을 받으면서 반복해서 썼던 단어들이다. 지루해진 견습생이 자기 마음을 표현하는 시를 적고 싶었더라도 그는 그렇게 할 수 없었다. 원시 수메르어 문자 체계는 완전한 문자 체계가 아니었기 때문이다. 완전한 문자 체계란 구어의 범위를 포괄하는 기호 체계, 즉 시를 포함하여 사람들이 말하는 것은 무엇이든 표현할 수 있는 체계이다. 반면에 불완전한 문자 체계는 인간 행동의 제한된 영역에 속하는 특정한 종류의 정보만 표현할 수 있는 기호 체계다. 라틴어, 고대 이집트 상형문자, 브라유 점자는 완전한 문자 체계이다. 이것들로는 상거래를 기록하고, 상법을 명문화하고, 역사책을 쓰고, 연애시를 쓸 수 있다. 이와 달리 원시 수메르어 문자 체계는 수학의 언어나 음악 기호처럼 불완전했다. 그러나 수메르인들은 불편함을 느끼지 않았다. 그들이 문자를 만들어 쓴 이유는 구어를 고스란히 베끼기 위해서가 아니라 거래 기록의 보존처럼 구어로는 하지 못할 일을 하기 위해서였기 때문이다.

① 원시 수메르어 문자 체계는 구어를 보완하는 도구였다.

② 원시 수메르어 문자 체계는 감정을 표현하는 일에 적합하지 않았다.

③ 원시 수메르어 문자를 당시 모든 구성원이 사용할 줄 아는 것은 아니었다.

④ 원시 수메르어 문자는 사물과 숫자를 나타내는 데 상이한 종류의 기호를 사용하였다.

⑤ 원시 수메르어 문자와 마찬가지로 고대 이집트 상형문자는 구어의 범위를 포괄하지 못했다.

문 12. 다음 글에서 알 수 있는 것은?

조선 왕조가 개창될 당시에는 승려에게 군역을 부과하지 않는 것이 상례였는데, 이를 노리고 승려가 되어 군역을 피하는 자가 많았다. 태조 이성계는 이를 막기 위해 국왕이 되자마자 앞으로 승려가 되려는 자는 빠짐없이 일종의 승려 신분증인 도첩을 발급 받으라고 명했다. 그는 도첩을 받은 자만 승려가 될 수 있으며 도첩을 신청할 때는 반드시 면포 150필을 내야 한다는 규정을 공포했다. 그런데 평범한 사람이 면포 150필을 마련하기란 쉽지 않았다. 이 때문에 도첩을 위조해 승려 행세하는 자들이 생겨났다.

태종은 이 문제를 해결하고자 즉위한 지 16년째 되는 해에 담당 관청으로 하여금 도첩을 위조해 승려 행세하는 자를 색출하게 했다. 이처럼 엄한 대응책 탓에 도첩을 위조해 승려 행세하는 사람은 크게 줄어들었다. 하지만 정식으로 도첩을 받은 후 승려 명부에 이름만 올려놓고 실제로는 승려 생활을 하지 않는 부자가 많은 것이 드러났다. 이런 자들은 불교 지식도 갖추지 않은 것으로 나타났다. 태종과 태종의 뒤를 이은 세종은 태조가 세운 방침을 준수할 뿐 이 문제에 대해 특별한 대책을 내놓지 않았다.

세조는 이 문제를 해결하기 위해 즉위하자마자 담당 관청에 대책을 세우라고 명했다. 그는 수년 후 담당 관청이 작성한 방안을 바탕으로 새 규정을 시행하였다. 이 방침에는 도첩을 신청한 자가 내야 할 면포 수량을 30필로 낮추되 불교 경전인 심경, 금강경, 살달타를 암송하는 자에게만 도첩을 준다는 내용이 있었다. 세조의 뒤를 이은 예종은 규정을 고쳐 도첩 신청자가 납부해야 할 면포 수량을 20필 더 늘리고, 암송할 불경에 법화경을 추가하였다. 이처럼 기준이 강화되자 도첩 신청자 수가 줄어들었다. 이에 성종 때에는 세조가 정한 규정으로 돌아가자는 주장이 나왔다. 하지만 성종은 이를 거부하고, 예종 때 만들어진 규정을 그대로 유지했다.

① 태종은 도첩을 위조해 승려가 된 자를 색출한 후 면포 30필을 내게 했다.

② 태조는 자신이 국왕이 되기 전부터 승려였던 자들에게 면포 150필을 일괄적으로 거두어들였다.

③ 세조가 즉위한 해부터 심경, 금강경, 살달타를 암송한 자에게만 도첩을 발급한다는 규정이 시행되었다.

④ 성종은 법화경을 암송할 수 있다는 사실을 인정받은 자가 면포 20필을 납부할 때에만 도첩을 내주게 했다.

⑤ 세종 때 도첩 신청자가 내도록 규정된 면포 수량은 예종 때 도첩 신청자가 내도록 규정된 면포 수량보다 많았다.

문 13. 다음 글에서 알 수 있는 것은?

대부분의 미국 경찰관은 총격 사건을 경험하지 않고 은퇴하지만, 그럼에도 매년 약 600명이 총에 맞아 사망하고, 약 200명은 부상당한다. 미국에서 총격 사건 중 총기 발사 경험이 있는 경찰관 대부분이 심리적 문제를 보인다.

총격 사건을 겪은 경찰관을 조사한 결과, 총격 사건이 일어나는 동안 발생하는 중요한 심리현상 중의 하나가 시간·시각·청각왜곡을 포함하는 지각왜곡이었다. 83%의 경찰관이 총격이 오가는 동안 시간왜곡을 경험했는데, 그들 대부분은 한 시점에서 시간이 감속하여 모든 것이 느려진다고 느꼈다. 또한 56%가 시각왜곡을, 63%가 청각왜곡을 겪었다. 시각왜곡 중에서 가장 빈번한 증상은 한 가지 물체에만 주의가 집중되고 그 밖의 장면은 무시되는 것이다. 청각왜곡은 권총 소리, 고함 소리, 지시 사항 등의 소리를 제대로 듣지 못하는 것이다.

총격 사건에서 총기를 발사한 경찰관은 사건 후 수많은 심리 증상을 경험한다. 가장 일반적인 심리증상은 높은 위험 지각, 분노, 불면, 고립감 등인데, 이러한 반응은 특히 총격 피해자 사망 시에 잘 나타난다. 총격 사건을 겪은 경찰관은 이전에 생각했던 것보다 자신의 직업이 더욱 위험하다고 지각하게 된다. 그들은 총격 피해자, 부서, 동료, 또는 사회에 분노를 느끼기도 하는데, 이는 자신을 누군가에게 총을 쏴야만 하는 상황으로 몰아넣었다는 생각 때문에 발생한다. 이러한 심리증상은 그 정도에서 큰 차이를 보였다. 37%의 경찰관은 심리증상이 경미했고, 35%는 중간 정도이며, 28%는 심각했다. 이러한 심리증상의 정도는 총격 사건이 발생한 상황에서 경찰관 자신의 총기 사용이 얼마나 정당했는가와 반비례하는 것으로 보인다. 수적으로 열세인 것, 권총으로 강력한 자동화기를 상대해야 하는 것 등의 요소가 총기 사용의 정당성을 높여 준다.

① 총격 사건 중에 경험하는 지각왜곡 중에서 청각왜곡이 가장 빈번하게 나타난다.

② 전체 미국 경찰관 중 총격 사건을 경험하는 사람이 경험하지 않는 사람보다 많다.

③ 총격 피해자가 사망했을 경우 경찰관이 경험하는 청각왜곡은 그렇지 않은 경우보다 심각할 것이다.

④ 총격 사건 후 경찰관이 느끼는 높은 위험 지각, 분노 등의 심리증상은 지각왜곡의 정도에 의해 영향을 받는다.

⑤ 범죄자가 경찰관보다 강력한 무기로 무장했을 경우 경찰관이 총격 사건 후 경험하는 심리증상은 반대의 경우보다 약할 것이다.

문 14. 다음 글에서 알 수 있는 것은?

탁주는 혼탁한 술이다. 탁주는 알코올 농도가 낮고, 맑지 않아 맛이 텁텁하다. 반면 청주는 탁주에 비해 알코올 농도가 높고 맑은 술이다. 그러나 얼마만큼 맑아야 청주이고 얼마나 흐려야 탁주인가 하는 질문에는 명쾌하게 답을 내리기가 쉽지 않다. 탁주의 정의 자체에 혼탁이라는 다소 불분명한 용어가 쓰이기 때문이다. 과학적이라고 볼 수는 없지만, 투명한 병에 술을 담고 그 병 뒤에 작은 물체를 두었을 경우 그 물체가 희미하게 보이거나 아예 보이지 않으면 탁주라고 부른다. 술을 담은 병 뒤에 둔 작은 물체가 희미하게 보일 때 이 술의 탁도는 350ebc 정도이다. 청주의 탁도는 18ebc 이하이며, 탁주 중에 막걸리는 탁도가 1,500ebc 이상인 술이다.

막걸리를 만들기 위해서는 찹쌀, 보리, 밀가루 등을 시루에 쪄서 만든 지에밥이 필요하다. 적당히 말린 지에밥에 누룩, 효모와 물을 섞어 술독에 넣고 나서 며칠 지나면 막걸리가 만들어진다. 술독에서는 미생물에 의한 당화과정과 발효과정이 거의 동시에 일어나며, 이 두 과정을 통해 지에밥의 녹말이 알코올로 바뀌게 된다. 효모가 녹말을 바로 분해하지 못하므로, 지에밥에 들어 있는 녹말을 엿당이나 포도당으로 분해하는 당화과정에서는 누룩곰팡이가 중요한 역할을 한다. 누룩곰팡이가 갖고 있는 아밀라아제는 녹말을 잘게 잘라 엿당이나 포도당으로 분해한다. 이 당화과정에서 만들어진 엿당이나 포도당을 효모가 알코올로 분해하는 과정을 발효과정이라 한다. 당화과정과 발효과정 중에 나오는 에너지로 인하여 열이 발생하게 되며, 이 열로 술독 내부의 온도인 품온(品溫)이 높아진다. 품온은 막걸리의 질과 풍미를 결정하기에 적정 품온이 유지되도록 술독을 관리해야 하는데, 일반적인 적정 품온은 23~28℃이다.

※ ebc: 유럽양조협회에서 정한 탁도의 단위

① 청주와 막걸리의 탁도는 다르지만 알코올 농도는 같다.
② 지에밥의 녹말이 알코올로 변하면서 발생하는 열이 품온을 높인다.
③ 누룩곰팡이가 지닌 아밀라아제는 엿당이나 포도당을 알코올로 분해한다.
④ 술독에 넣는 효모의 양을 조절하면 청주와 막걸리를 구분하여 만들 수 있다.
⑤ 막걸리를 만들 때, 술독 안의 당화과정은 발효과정이 완료된 이후에 시작된다.

문 15. 다음 글에서 추론할 수 있는 것만을 〈보기〉에서 모두 고르면?

생산자가 어떤 자원을 투입물로 사용해서 어떤 제품이나 서비스 등의 산출물을 만드는 생산과정을 생각하자. 산출물의 가치에서 생산하는 데 소요된 모든 비용을 뺀 것이 '순생산가치'이다. 생산자가 생산과정에서 투입물 1단위를 추가할 때 순생산가치의 증가분이 '한계순생산가치'이다. 경제학자 P는 이를 ⓐ'사적(私的) 한계순생산가치'와 ⓑ'사회적 한계순생산가치'로 구분했다.

사적 한계순생산가치란 한 기업이 생산과정에서 투입물 1단위를 추가할 때 그 기업에 직접 발생하는 순생산가치의 증가분이다. 사회적 한계순생산가치란 한 기업이 투입물 1단위를 추가할 때 발생하는 사적 한계순생산가치에 그 생산에 의해 부가적으로 발생하는 사회적 비용을 빼고 편익을 더한 것이다. 여기서 이 생산과정에서 부가적으로 발생하는 사회적 비용이나 편익에는 그 기업의 사적 한계순생산가치가 포함되지 않는다.

〈보기〉

ㄱ. ⓐ의 크기는 기업의 생산이 사회에 부가적인 편익을 발생시키는지의 여부와 무관하게 결정된다.
ㄴ. 어떤 기업이 투입물 1단위를 추가할 때 사회에 발생하는 부가적인 편익이나 비용이 없는 경우, 이 기업이 야기하는 ⓐ와 ⓑ의 크기는 같다.
ㄷ. 기업 A와 기업 B가 동일한 투입물 1단위를 추가했을 때 각 기업에 의해 사회에 부가적으로 발생하는 비용이 같을 경우, 두 기업이 야기하는 ⓑ의 크기는 같다.

① ㄱ
② ㄷ
③ ㄱ, ㄴ
④ ㄴ, ㄷ
⑤ ㄱ, ㄴ, ㄷ

문 16. 다음 글의 ⓐ와 ⓑ에 들어가기에 적절한 것을 〈보기〉에서 골라 알맞게 짝지은 것은?

귀납주의란 과학적 탐구 방법의 핵심이 귀납이라는 입장이다. 즉, 과학적 이론은 귀납을 통해 만들어지고, 그 정당화 역시 귀납을 통해 이루어진다는 것이다. 그러나 실제 과학의 역사를 고려하면 귀납주의는 문제에 처하게 된다. 이러한 문제 상황은 다음과 같은 타당한 논증을 통해 제시될 수 있다.

만약 귀납이 과학의 역사에서 사용된 경우가 드물다면, 과학의 역사는 바람직한 방향으로 발전하지 않았거나 또는 귀납주의는 실제로 행해진 과학적 탐구 방법의 특징을 드러내는 데 실패했다고 보아야 한다. 과학의 역사가 바람직한 방향으로 발전하지 않았다면, 귀납주의에서는 수많은 과학적 지식을 정당화되지 않은 것으로 간주해야 한다. 그리고 귀납주의가 실제로 행해진 과학적 탐구 방법의 특징을 드러내는 데 실패했다면, 귀납주의는 과학적 탐구 방법에 대한 잘못된 이론이다. 그런데 우리는 과학의 역사가 바람직한 방향으로 발전하지 않았거나, 귀납주의가 실제로 행해진 과학적 탐구 방법의 특징을 드러내는 데 실패했다고 보아야 한다. 그 이유는 　ⓐ　 는 것이다. 그리고 이로부터 우리는 다음 결론을 도출하게 된다. 　ⓑ　 .

〈보기〉

ㄱ. 과학의 역사에서 귀납이 사용된 경우는 드물다

ㄴ. 과학의 역사에서 귀납 외에도 다양한 방법들이 사용되었다

ㄷ. 귀납주의는 과학적 탐구 방법에 대한 잘못된 이론이고, 귀납주의에서는 수많은 과학적 지식을 정당화되지 않은 것으로 간주해야 한다

ㄹ. 귀납주의가 과학적 탐구 방법에 대한 잘못된 이론이라면, 귀납주의에서는 수많은 과학적 지식을 정당화되지 않은 것으로 간주해야 한다

ㅁ. 귀납주의가 과학적 탐구 방법에 대한 잘못된 이론이 아니라면, 귀납주의에서는 수많은 과학적 지식을 정당화되지 않은 것으로 간주해야 한다

	ⓐ	ⓑ
①	ㄱ	ㄷ
②	ㄱ	ㄹ
③	ㄱ	ㅁ
④	ㄴ	ㄹ
⑤	ㄴ	ㅁ

문 17. 다음 글의 ㉠에 대한 비판으로 가장 적절한 것은?

"프랑스 수도가 어디지?"라는 가영의 물음에 나정이 "프랑스 수도는 로마지."라고 대답했다고 하자. 나정이 가영에게 제공한 것을 정보라고 할 수 있을까? 정보의 일반적 정의는 '올바른 문법 형식을 갖추어 의미를 갖는 자료'다. 이 정의에 따르면 나정의 대답은 정보를 담고 있다. 다음 진술은 이런 관점을 대변하는 진리 중립성 논제를 표현한다. "정보를 준다는 것이 반드시 그 내용이 참이라는 것을 의미하지는 않는다." 이 논제의 관점에서 보자면, 올바른 문법 형식을 갖추어 의미를 해석할 수 있는 자료는 모두 정보의 자격을 갖는다. 그 내용이 어떤 사태를 표상하든, 참을 말하든, 거짓을 말하든 상관없다.

그러나 이 조건만으로는 불충분하다는 지적이 있다. 철학자 플로리디는 전달된 자료를 정보라고 하려면 그 내용이 참이어야 한다고 주장한다. 즉, 정보란 올바른 문법 형식을 갖춘, 의미 있고 참인 자료라는 것이다. 이를 ㉠진리성 논제라고 한다. 그라이스는 이렇게 말한다. "거짓 '정보'는 저급한 종류의 정보가 아니다. 그것은 아예 정보가 아니기 때문이다." 이 점에서 그 역시 이 논제를 받아들이고 있다.

이런 논쟁은 용어법에 관한 시시한 언쟁처럼 보일 수도 있지만, 두 진영 간에는 정보 개념이 어떤 역할을 해야 하는가에 대한 근본적인 견해 차이가 있다. 진리성 논제를 비판하는 사람들은 틀린 '정보'도 정보로 인정되어야 한다고 말한다. 자료의 내용이 그것을 이해하는 주체의 인지 행위에서 분명한 역할을 수행한다는 이유에서다. '프랑스 수도가 로마'라는 말을 토대로 가영은 이런저런 행동을 할 수 있다. 가령, 프랑스어를 배우기 위해 로마로 떠날 수도 있고, 프랑스 수도를 묻는 퀴즈에서 오답을 낼 수도 있다. 거짓인 자료는 정보가 아니라고 볼 경우, '정보'라는 말이 적절하게 사용되는 사례들의 범위를 부당하게 제한하는 꼴이 된다.

① '정보'라는 표현이 일상적으로 사용되는 사례가 모두 적절한 것은 아니다.

② 올바른 문법 형식을 갖추지 못한 자료는 정보라는 지위에 도달할 수 없다.

③ 사실과 다른 내용의 자료를 숙지하고 있는 사람은 정보를 안다고 볼 수 없다.

④ 내용이 거짓인 자료를 토대로 행동을 하는 사람은 자신이 의도한 결과에 도달할 수 없다.

⑤ 거짓으로 밝혀질 자료도 그것을 믿는 사람의 인지 행위에서 분명한 역할을 한다면 정보라고 볼 수 있다.

문 18. 다음 글의 논증을 약화하는 것만을 〈보기〉에서 모두 고르면?

인간 본성은 기나긴 진화 과정의 결과로 생긴 복잡한 전체다. 여기서 '복잡한 전체'란 그 전체가 단순한 부분들의 합보다 더 크다는 의미이다. 인간을 인간답게 만드는 것, 즉 인간에게 존엄성을 부여하는 것은 인간이 갖고 있는 개별적인 요소들이 아니라 이것들이 모여 만들어 내는 복잡한 전체이다. 또한 인간 본성이라는 복잡한 전체를 구성하고 있는 하부 체계들은 상호 간에 극단적으로 밀접하게 연관되어 있다. 따라서 그중 일부라도 인위적으로 변경하면, 이는 불가피하게 전체의 통일성을 무너지게 한다. 이 때문에 과학기술을 이용해 인간 본성을 인위적으로 변경하여 지금의 인간을 보다 향상된 인간으로 만들려는 시도는 금지되어야 한다. 이런 시도를 하는 사람들은 인간이 가져야 할 훌륭함이 무엇인지 스스로 잘 안다고 생각하며, 거기에 부합하지 않는 특성들을 선택해 이를 개선하고자 한다. 그러나 인간 본성의 '좋은' 특성은 '나쁜' 특성과 밀접하게 연결되어 있기 때문에, 후자를 개선하려는 시도는 전자에 대해서도 영향을 미칠 수밖에 없다. 예를 들어, 우리가 질투심을 느끼지 못한다면 사랑 또한 느끼지 못하게 된다는 것이다. 사랑을 느끼지 못하는 인간들이 살아가는 사회에서 어떤 불행이 펼쳐질지 우리는 가늠조차 할 수 없다. 즉 인간 본성을 선별적으로 개선하려 들면, 복잡한 전체를 무너뜨리는 위험성이 불가피하게 발생하게 된다. 따라서 우리는 인간 본성을 구성하는 어떠한 특성에 대해서도 그것을 인위적으로 개선하려는 시도에 반대해야 한다.

〈보기〉

ㄱ. 인간 본성은 인간이 갖는 도덕적 지위와 존엄성의 궁극적 근거이다.
ㄴ. 모든 인간은 자신을 포함하여 인간 본성을 지닌 모든 존재가 지금의 상태보다 더 훌륭하게 되길 희망한다.
ㄷ. 인간 본성의 하부 체계는 상호 분리된 모듈들로 구성되어 있기 때문에 인간 본성의 특정 부분을 인위적으로 변경하더라도 그 변화는 모듈 내로 제한된다.

① ㄱ
② ㄷ
③ ㄱ, ㄴ
④ ㄴ, ㄷ
⑤ ㄱ, ㄴ, ㄷ

문 19. 다음 글의 내용이 참일 때, 반드시 참인 것만을 〈보기〉에서 모두 고르면?

공군이 차기 전투기 도입에서 고려해야 하는 사항은 비행시간이 길어야 한다는 것, 정비시간이 짧아야 한다는 것, 폭탄 적재량이 많아야 한다는 것, 그리고 공대공 전투능력이 높아야 한다는 것, 이상 네 가지이다. 그리고 이 네 가지는 각각 그런 경우와 그런 경우의 반대 둘 중의 하나이며 그 중간은 없다.

전투기의 폭탄 적재량이 많거나 공대공 전투능력이 높다면, 정비시간은 길다. 반면에 비행시간이 길면 공대공 전투능력은 낮다. 공군은 네 가지 고려사항 중에서 최소한 두 가지 이상을 통과한 기종을 선정해야 한다. 그런데 공군은 위 고려사항 중에서 정비시간이 짧아야 한다는 조건만큼은 결코 포기할 수 없다는 입장이다. 따라서 정비시간이 짧아야 한다는 것은 차기 전투기로 선정되기 위한 필수적인 조건이다.

한편, 이번 전투기 도입 사업에 입찰한 업체들 중 하나인 A사는 비행시간이 길고 폭탄 적재량이 많은 기종을 제안했다. 언론에서는 A사의 기종이 선정될 것이라고 예측하였다. 이후 공군에서는 선정 조건에 맞게 네 고려사항 중 둘 이상을 통과한 기종의 전투기를 도입하였는데 그것이 A사의 기종이었는지는 아직 알려지지 않았다.

〈보기〉

ㄱ. 언론의 예측은 옳았다.
ㄴ. 공군이 도입한 기종은 비행시간이 길다.
ㄷ. 입찰한 업체의 기종이 공대공 전투능력이 높다면, 그 기종은 비행시간이 짧다.

① ㄱ
② ㄴ
③ ㄱ, ㄷ
④ ㄴ, ㄷ
⑤ ㄱ, ㄴ, ㄷ

문 20. 다음 대화 내용이 참일 때, ㉠으로 적절한 것은?

> 서희: 우리 회사 전 직원을 대상으로 A, B, C 업무 중에서 자신이 선호하는 것을 모두 고르라는 설문 조사를 실시했는데, A와 B를 둘 다 선호한 사람은 없었어.
>
> 영민: 나도 그건 알고 있어. 그뿐만 아니라 C를 선호한 사람은 A를 선호하거나 B를 선호한다는 것도 이미 알고 있지.
>
> 서희: A는 선호하지 않지만 B는 선호하는 사람이 있다는 것도 이미 확인된 사실이야.
>
> 영민: 그럼, ㉠종범이 말한 것이 참이라면, B만 선호한 사람이 적어도 한 명 있겠군.

① A를 선호하는 사람은 모두 C를 선호한다.
② A를 선호하는 사람은 누구도 C를 선호하지 않는다.
③ B를 선호하는 사람은 모두 C를 선호한다.
④ B를 선호하는 사람은 누구도 C를 선호하지 않는다.
⑤ C를 선호하는 사람은 모두 B를 선호한다.

문 21. 다음 글에서 알 수 있는 것은?

> 무신 집권자 최우는 몽골이 침입하자 항복하고, 매년 공물을 보내기로 약속하였다. 그러나 그는 약속을 어기고, 강화도로 수도를 옮겼다. 이에 몽골은 살리타를 대장으로 삼아 두 번째로 침입하였다. 몽골군은 한동안 고려의 여러 지방을 공격하다가 살리타가 처인성에서 전사하자 퇴각하였다. 몽골은 이후 몇 차례 고려에 개경 복귀를 요구하였다. 당시 대신 중에는 이를 받아들이자고 주장하는 사람이 많았다. 하지만 최우는 몽골이 결국 자기의 권력을 빼앗을 것이라고 걱정해 이를 묵살하였다. 이에 몽골은 1235년에 세 번째로 침입하였다. 이때 최우는 강화도를 지키는 데 급급할 뿐 항전을 하지 않았다. 아무런 저항을 받지 않은 몽골군은 고려에 무려 4년 동안 머물며 전국을 유린하다가 철군하였다. 몽골은 이후 한동안 침입하지 않다가 1247년에 다시 침입해 약탈을 자행하다가 2년 후 돌아갔다. 그 직후에 최우가 죽고, 뒤를 이어 최항이 집권하였다.
>
> 몽골은 1253년에 예쿠라는 장수를 보내 또 침입해 왔다. 몽골군은 고려군의 저항을 쉽사리 물리치며 남하해 충주성까지 공격했다. 충주성의 천민들은 관군의 도움 없이 몽골군에 맞서 끝까지 성을 지켜냈다. 남하를 멈춘 몽골군이 개경 인근으로 되돌아온다는 소식을 들은 최항은 강화 협상에 나서기로 했으나 육지로 나오라는 요구는 묵살했다. 몽골은 군대를 일단 철수했다가 이듬해인 1254년에 잔인하기로 이름난 자랄타이로 하여금 다시 침입하게 했다. 그는 무려 20만 명을 포로로 잡아 그해 말 돌아갔다.
>
> 거듭된 전란에도 아랑곳하지 않고 강화도에서 권력을 휘두르던 최항은 집권한 지 9년 만에 죽었다. 그해에 자랄타이는 다시금 고려를 침입했는데, 최항의 뒤를 이은 최의가 집권 11개월 만에 김준, 유경에 의해 죽자 고려가 완전히 항복할 것이라 보고 군대를 모두 철수하였다. 실제로 고려 정부는 항복 의사를 전달했으며, 이로써 장기간 고려를 괴롭힌 전쟁은 끝날 수 있게 되었다.

① 몽골군은 최우가 집권한 이후 모두 다섯 차례 고려를 침입하였다.
② 자랄타이가 고려를 처음으로 침입하기 직전에 최의가 집권하였다.
③ 김준과 유경은 무신 집권자 최의를 죽이고 고려 국왕에게 권력을 되돌려 주었다.
④ 최항이 집권한 시기에 예쿠가 이끄는 몽골군은 충주성을 공격 했으나 점령하지 못했다.
⑤ 고려를 침입한 살리타가 처인성에서 사망하자 최우는 개경에서 강화도로 수도를 옮겼다.

문 22. 다음 글의 ㉠과 ㉡에 대한 평가로 적절하지 않은 것은?

미국 수정헌법 제1조는 국가가 시민들에게 진리에 대한 권위주의적 시각을 강제하는 일을 금지함으로써 정부가 다양한 견해들에 중립적이어야 한다는 중립성 원칙을 명시하였다. 특히 표현에 관한 중립성 원칙은 지난 수십 년에 걸쳐 발전해 왔다. 이 발전 과정의 초기에 미국 연방대법원은 표현의 자유를 부르짖는 급진주의자들의 요구에 선동적 표현의 위험성을 근거로 내세우며 맞섰다. 1940～50년대에 연방대법원은 수정헌법 제1조가 보호하는 표현과 그렇지 않은 표현을 구분하는 ㉠이중기준론을 표방하면서, 수정헌법 제1조의 보호 대상이 아닌 표현들이 있다고 판결했다. 추잡하고 음란한 말, 신성 모독적인 말, 인신공격이나 타인을 모욕하는 말, 즉 발언만으로도 누군가에게 해를 입히거나 사회의 양속을 해칠 말이 이에 포함되었다.

이중기준론의 비판자들은 연방대법원이 표현의 범주를 구분하는 과정에서 표현의 내용에 관한 가치 판단을 내림으로써 실제로 표현의 자유를 침해했다고 공격하였다. 1960～70년대를 거치며 연방대법원은 점차 비판자들의 견해를 수용했다. 1976년 연방대법원이 상업적 표현도 수정헌법 제1조의 보호범위에 포함된다고 판결한 데 이어, 인신 비방 발언과 음란성 표현 등도 표현의 자유에 포함되기에 이르렀다.

정부가 모든 표현에 대해 중립적이어야 한다는 원칙은 1970～80년대에 ㉡내용중립성 원칙을 통해 한층 더 또렷이 표명되었다. 내용중립성 원칙이란, 정부가 어떤 경우에도 표현되는 내용에 대한 평가에 근거하여 표현을 제한해서는 안 된다는 것이다. 다시 말해 정부는 표현되는 사상이나 주제나 내용을 이유로 표현을 제한할 수 없다. 이렇게 해석된 수정헌법 제1조에 따르면, 미국 정부는 특정 견해를 편들 수 없을 뿐만 아니라 어떤 문제가 공공의 영역에서 토론하거나 논쟁할 가치가 있는지 없는지 미리 판단하여 선택해서도 안 된다.

① 시민을 보호하기 위해 제한해야 할 만큼 저속한 표현의 기준을 정부가 정하는 것은 ㉠과 상충하지 않는다.

② 음란물이 저속하고 부도덕하다는 이유에서 음란물 유포를 금하는 법령은 ㉠과 상충한다.

③ 어떤 영화의 주제가 나치즘 찬미라는 이유에서 상영을 금하는 법령은 ㉡에 저촉된다.

④ 경쟁 기업을 비방하는 내용의 광고라는 이유로 광고의 방영을 금지하는 법령은 ㉡에 저촉된다.

⑤ 인신공격하는 표현으로 특정 정치인을 힐난하는 내용의 기획물이라는 이유로 TV 방송을 제재할 것인지에 관해 ㉠과 ㉡은 상반되게 답할 것이다.

문 23. 다음 글에서 알 수 없는 것은?

휴대전화를 뜻하는 '셀룰러폰'은 이동 통신 서비스에서 하나의 기지국이 담당하는 지역을 셀이라고 말한 것에서 유래하였다. 이동 통신은 주어진 총 주파수 대역폭을 다수의 사용자가 이용하므로 통화 채널당 할당된 주파수 대역을 재사용하는 기술이 무엇보다 중요하다. 이동 통신 회사들은 제한된 주파수 자원을 보다 효율적으로 사용하기 위하여 넓은 지역을 작은 셀로 나누고, 셀의 중심에 기지국을 만든다. 각 기지국마다 특정 주파수 대역을 사용해 서비스를 제공하는데, 일정 거리 이상 떨어진 기지국은 동일한 주파수 대역을 다시 사용함으로써 주파수 재사용률을 높인다. 예를 들면, 아래 그림은 특정 지역에 이동 통신 서비스를 제공하기 위하여 네 종류의 주파수 대역 (F1, F2, F3, F4)을 사용하고 있다. 주파수 간섭 문제를 피하기 위해 인접한 셀들은 서로 다른 주파수 대역을 사용하지만, 인접하지 않은 셀에서는 이미 사용하고 있는 주파수 대역을 다시 사용하는 것을 볼 수 있다. 이렇게 셀을 구성하여 방대한 지역을 제한된 몇 개의 주파수 대역으로 서비스할 수 있다.

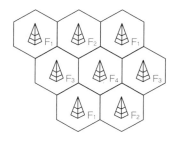

하나의 기지국이 감당할 수 있는 최대 통화량은 일정하다. 평지에서 기지국이 전파를 발사하면 전파의 장은 기지국을 중심으로 한 원 모양이지만, 서비스 지역에 셀을 배치하는 시스템 설계자는 해당 지역을 육각형의 셀로 디자인하여 중심에 기지국을 배치한다. 기지국의 전파 강도를 조절하여 셀의 반지름을 반으로 줄이면 면적은 약 1/4로 줄어들게 된다. 따라서 셀의 반지름을 반으로 줄일 경우 동일한 지역에는 셀의 수가 약 4배가 되고, 수용 가능한 통화량도 약 4배로 증가하게 된다. 이를 이용하여 시스템 설계자는 평소 통화량이 많은 곳은 셀의 반지름을 줄이고 통화량이 적은 곳은 셀의 반지름을 늘려 서비스 효율성을 높인다.

① 주파수 재사용률을 높이기 위해 기지국의 전파 강도를 높여 이동 통신 서비스를 제공한다.

② 제한된 수의 주파수 대역으로 넓은 지역에 이동 통신 서비스를 제공할 수 있다.

③ 인접 셀에서 같은 주파수 대역을 사용하면 주파수 간섭 문제가 발생할 수 있다.

④ 시스템 설계자는 서비스 지역의 통화량에 따라 셀의 반지름을 정한다.

⑤ 기지국 수를 늘리면 수용 가능한 통화량이 증가한다.

문 24. 다음 글에서 알 수 있는 것만을 〈보기〉에서 모두 고르면?

　　코페르니쿠스 체계에 대한 당대의 부정적 평가는, 일반적으로 그 당시 천문학자들이 가지고 있었던 비합리적인 종교적 편견에서 비롯되었다고 이해된다. 그러나 그들이 코페르니쿠스 체계를 거부한 데에는 나름 합리적인 이유가 있었다. 그들은 당대 최고의 천문학자였던 티코 브라헤가 코페르니쿠스 체계를 반증했다고 믿었기 때문이다.

　　티코 브라헤는, 코페르니쿠스 체계가 옳다면 공전 궤도상 서로 마주 보는 두 지점에서 한 별을 관찰했을 때 서로 다른 각도로 관찰된다는 점에 주목했다. 이처럼 지구가 공전 궤도에서 차지하는 상대적 위치에 따라 달라지는 별의 겉보기 각도 차이를 '연주시차'라고 한다. 티코 브라헤는 이 연주시차가 관찰되는지를 오랜 시간에 걸쳐 꼼꼼하게 조사했는데, 연주시차는 전혀 관찰되지 않았다. 티코 브라헤는 논리적 절차에 따라 코페르니쿠스 체계를 반증했다.

　　그러나 티코 브라헤의 반증은 후일 오류로 판명되었다. 현재 알려진 사실은 가장 가까운 별조차 연주시차가 너무 작아서 당시의 천문학 기술로는 누구도 연주시차를 관측할 수 없었다는 것이다. 이는 별이 태양계로부터 아주 멀리 떨어져 있다는 것을 의미한다. 흥미로운 점은 티코 브라헤가 자신이 관찰한 별이 너무 멀리 떨어져 있어서 당시의 관측 기술로는 연주시차가 관찰되지 않을 가능성을 고려했다는 사실이다. 그러나 티코 브라헤는 이런 가능성을 부정했다. 당시, 천체의 운동을 설명하는 유일한 이론은 아리스토텔레스의 자연학이었다. 그러나 연주시차가 관찰될 수 없을 만큼 별들이 멀리 떨어져 있다는 생각은 아리스토텔레스의 자연학과 양립할 수 없었다. 천체 운동에 대한 설명을 포기할 수 없었던 티코 브라헤는 결국 별이 그토록 멀리 떨어져 있다는 가능성을 부정할 수밖에 없었다.

〈보기〉

ㄱ. 티코 브라헤는 기술적 한계 때문에 연주시차가 관찰되지 않았을 가능성을 당시 천체 운동을 설명하던 이론에 근거하여 부정하였다.

ㄴ. 티코 브라헤는 반증 과정에서 관찰 내용에 대한 최선의 이론적 설명이 아니라 종교적 편견에 따른 비합리적 설명을 선택함으로써 오류에 빠지게 되었다.

ㄷ. 티코 브라헤의 반증은, '코페르니쿠스 체계가 옳다면 연주시차가 관찰된다. 연주시차는 관찰되지 않았다. 따라서 코페르니쿠스 체계는 옳지 않다.'의 절차로 재구성할 수 있다.

① ㄱ

② ㄴ

③ ㄱ, ㄷ

④ ㄴ, ㄷ

⑤ ㄱ, ㄴ, ㄷ

문 25. 다음 글의 빈칸에 들어갈 내용으로 가장 적절한 것은?

　　노랑초파리에 있는 Ir75a 유전자는 시큼한 냄새가 나는 아세트산을 감지하는 후각수용체 단백질을 만들 수 있다. 하지만 세이셸 군도의 토착종인 세셸리아초파리는 Ir75a 유전자를 가지고 있지만 아세트산 냄새를 못 맡는다. 따라서 이 세셸리아초파리의 Ir75a 유전자는 해당 단백질을 만들지 못하는 '위유전자(pseudogene)'라고 여겨졌다. 세셸리아초파리는 노니의 열매만 먹고 살기 때문에 아세트산의 시큼한 냄새를 못 맡아도 별 문제가 없다. 그런데 스위스 로잔대 연구진은 세셸리아초파리가 땀 냄새가 연상되는 프로피온산 냄새를 맡을 수 있다는 사실을 발견했다.

　　이 발견이 중요한 이유는 ▭▭▭▭ 그렇다면 세셸리아초파리의 Ir75a 유전자도 후각수용체 단백질을 만든다는 것인데, 왜 세셸리아초파리는 아세트산 냄새를 못 맡을까? 세셸리아초파리와 노랑초파리의 Ir75a 유전자가 만드는 후각수용체 단백질의 아미노산 서열을 비교한 결과, 냄새 분자가 달라붙는 걸로 추정되는 부위에서 세 군데가 달랐다. 단백질의 구조가 바뀌어 감지할 수 있는 냄새 분자의 목록이 달라진 것이다. 즉 노랑초파리의 Ir75a 유전자가 만드는 후각수용체는 아세트산과 프로피온산에 반응하고, 세셸리아초파리의 이것은 프로피온산과 들쩍지근한 다소 불쾌한 냄새가 나는 부티르산에 반응한다.

　　흥미롭게도 세셸리아초파리의 주식인 노니의 열매는 익으면서 부티르산이 연상되는 냄새가 강해진다. 연구자들은 세셸리아초파리의 Ir75a 유전자는 위유전자가 아니라 노랑초파리와는 다른 기능을 하는 후각수용체 단백질을 만드는 유전자로 진화한 것이라 주장하며, 세셸리아초파리의 Ir75a 유전자를 '위−위유전자(pseudo−pseudogene)'라고 불렀다.

① 세셸리아초파리가 주로 먹는 노니의 열매는 프로피온산 냄새가 나지 않기 때문이다.

② 프로피온산 냄새를 담당하는 후각수용체 단백질은 Ir75a 유전자와 상관이 없기 때문이다.

③ 노랑초파리에서 프로피온산 냄새를 담당하는 후각수용체 유전자는 위유전자가 되었기 때문이다.

④ 세셸리아초파리와 노랑초파리에서 Ir75a 유전자가 만드는 후각수용체 단백질이 똑같기 때문이다.

⑤ 노랑초파리에서 프로피온산 냄새를 담당하는 후각수용체 단백질을 만드는 것이 Ir75a 유전자이기 때문이다.

※ 수고하셨습니다.

※ 기출문제편 맨 마지막에 있는 OMR 카드에 마킹을 하세요.

정답과 분석해설편 ▶ P.246

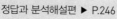

제2영역 자료해석

1초 합격예측! 모바일 성적결과분석표 발급 서비스

QR 코드로 접속하여 문제 풀이 시간을 측정하고, 자동채점 & 성적결과분석 서비스를 통해 지금 바로 실력을 점검해 보세요.
◀ http://eduwill.kr/FtU6

풀이 시간	• 시작: ＿＿시 ＿＿분 ~ 종료: ＿＿시 ＿＿분
	• 총 : ＿＿분

문 1. 다음 〈표〉와 〈보고서〉는 '갑'국 13 ~ 19대 국회 의원입법안 발의 및 처리 현황에 대한 자료이다. 〈보고서〉를 작성하기 위해 〈표〉 이외에 추가로 필요한 자료만을 〈보기〉에서 모두 고르면?

〈표〉 국회 의원입법안 발의 및 처리 법안 수 현황
(단위: 건)

국회 구분	13대	14대	15대	16대	17대	18대	19대
발의 법안 수	570	321	1,144	1,912	6,387	12,220	16,728
처리 법안 수	352	167	687	1,028	2,893	4,890	6,626

※ 1) 법안 반영률(%) = $\dfrac{\text{처리 법안 수}}{\text{발의 법안 수}} \times 100$

2) 각 국회별로 국회의원 임기는 4년이고, 해당 국회에서 처리되지 않은 법안은 폐기됨

〈보고서〉

19대 국회의 의원입법안을 분석한 결과 16,728건이 발의되었고 이는 19대 국회 동안 월평균 340건 이상, 국회의원 1인당 50건 이상의 법안이 제출된 셈이다.

국회 상임위원회 활동으로 보면 상임위원회당 처리 법안 수가 13대 20.7건에서 19대 414.1건으로 20배 이상이 되었다. 하지만 국회 상임위원회 법안소위에도 오르지 않은 법안의 증가로 인해 13대 국회에서 61.8%에 달했던 법안 반영률은 19대에 39.6%까지 낮아졌다.

이처럼 국회 본연의 임무인 입법 기능이 저하되는 가운데 국회 국민청원 건수는 16대 이후로 감소하고 있다. 구체적으로는 13대 503건에서 지속적으로 증가해 16대에 765건으로 정점을 찍은 후 급감하였고, 19대 들어 227건에 그쳐 13대 이후 최저 수준을 기록하였다.

〈보기〉

ㄱ. 국회 국민청원 건수

국회	13대	14대	15대	16대	17대	18대	19대
건수(건)	503	534	595	765	432	272	227

ㄴ. 국회 국민청원 중 본회의 처리건수

국회	13대	14대	15대	16대	17대	18대	19대
건수(건)	13	11	3	4	4	3	2

ㄷ. 국회 상임위원회 수

국회	13대	14대	15대	16대	17대	18대	19대
상임 위원회 수(개)	17	16	16	17	17	16	16

ㄹ. 국회의원 수

국회	13대	14대	15대	16대	17대	18대	19대
의원 수(명)	299	299	299	273	299	299	300

① ㄱ, ㄴ
② ㄱ, ㄹ
③ ㄱ, ㄴ, ㄷ
④ ㄱ, ㄷ, ㄹ
⑤ ㄴ, ㄷ, ㄹ

문 2. 다음 〈그림〉과 〈표〉는 주요 10개국의 인간개발지수와 시민지식 평균점수 및 주요 지표에 관한 자료이다. 이에 대한 〈보기〉의 설명 중 옳은 것만을 모두 고르면?

〈그림〉 국가별 인간개발지수와 시민지식 평균점수의 산포도

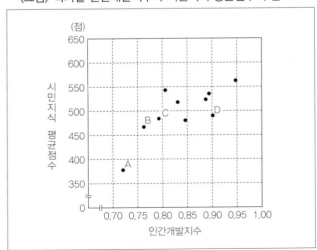

〈표〉 국가별 주요 지표

구분 국가	인간개발 지수	최근 국회의원 선거투표율 (%)	GDP 대비 공교육비 비율 (%)	인터넷 사용률 (%)	1인당 GDP (달러)
벨기에	0.896	92.5	6.4	85	41,138
불가리아	0.794	54.1	3.5	57	16,956
칠레	0.847	49.3	4.6	64	22,145
도미니카 공화국	0.722	69.6	2.1	52	13,375
이탈리아	0.887	75.2	4.1	66	33,587
대한민국	0.901	58.0	4.6	90	34,387
라트비아	0.830	58.9	4.9	79	22,628
멕시코	0.762	47.7	5.2	57	16,502
노르웨이	0.949	78.2	7.4	97	64,451
러시아	0.804	60.1	4.2	73	23,895

─〈보기〉─

ㄱ. A국의 인터넷 사용률은 60% 미만이다.

ㄴ. B국은 C국보다 GDP 대비 공교육비 비율이 낮다.

ㄷ. D국은 최근 국회의원 선거 투표율 하위 3개국 중 하나이다.

ㄹ. 1인당 GDP가 가장 높은 국가는 시민지식 평균점수도 가장
　 높다.

① ㄱ, ㄴ

② ㄱ, ㄷ

③ ㄱ, ㄹ

④ ㄴ, ㄷ

⑤ ㄴ, ㄹ

문 3. 다음 〈표〉는 2012～2017년 '갑'국의 화재발생 현황에 대
한 자료이다. 이를 이용하여 작성한 그래프로 옳지 않은 것은?

〈표〉 '갑'국의 화재발생 현황

(단위: 건, 명)

연도 \ 구분	화재발생 건수	인명피해자 수	구조활동 건수
2012	43,249	2,222	427,735
2013	40,932	2,184	400,089
2014	42,135	2,180	451,050
2015	44,435	2,093	479,786
2016	43,413	2,024	609,211
2017	44,178	2,197	655,485
평균	43,057	2,150	503,893

① 화재발생 건수

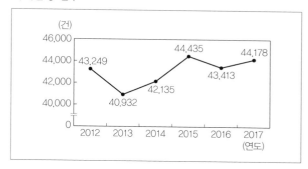

② 인명피해자 수 편차의 절댓값

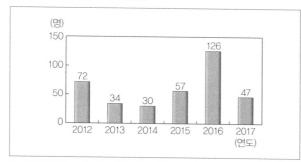

※ 인명피해자 수 편차는 해당 연도 인명피해자 수에서 평균 인명피해자
　 수를 뺀 값임

③ 구조활동 건수의 전년 대비 증가량

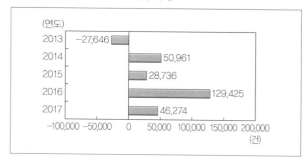

④ 화재발생 건수 대비 인명피해자 수 비율

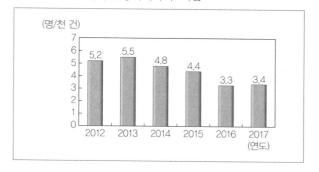

⑤ 화재발생 건수의 전년 대비 증가율

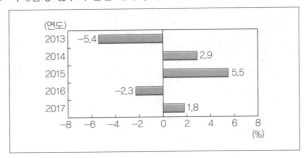

문 4. 다음 〈표〉는 2012~2018년 '갑'국의 지가변동률에 대한 자료이다. 이에 대한 〈보기〉의 설명 중 옳은 것만을 모두 고르면?

〈표〉 연도별 지가변동률

(단위: %)

연도 \ 지역	수도권	비수도권
2012	0.37	1.47
2013	1.20	1.30
2014	2.68	2.06
2015	1.90	2.77
2016	2.99	2.97
2017	4.31	3.97
2018	6.11	3.64

―〈보기〉―

ㄱ. 비수도권의 지가변동률은 매년 상승하였다.

ㄴ. 비수도권의 지가변동률이 수도권의 지가변동률보다 높은 연도는 3개이다.

ㄷ. 전년 대비 지가변동률 차이가 가장 큰 연도는 수도권과 비수도권이 동일하다.

① ㄱ

② ㄴ

③ ㄱ, ㄷ

④ ㄴ, ㄷ

⑤ ㄱ, ㄴ, ㄷ

문 5. 다음 〈그림〉과 〈표〉는 '갑'국을 포함한 주요 10개국의 학업성취도 평가 자료이다. 이에 대한 설명으로 옳은 것은?

〈그림〉 1998~2018년 '갑'국의 성별 학업성취도 평균점수

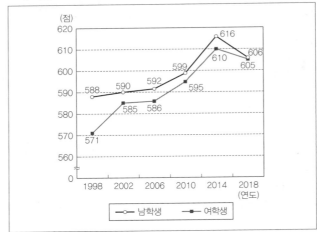

※ 학업성취도 평균점수는 소수점 아래 첫째 자리에서 반올림한 값임

〈표〉 2018년 주요 10개국의 학업성취도 평균점수 및 점수대별 누적 학생비율

(단위: 점, %)

구분 \ 국가	평균 점수	학업성취도 점수대별 누적 학생비율			
		625점 이상	550점 이상	475점 이상	400점 이상
A	621	54	81	94	99
갑	606	43	75	93	99
B	599	42	72	88	97
C	594	37	75	92	98
D	586	34	67	89	98
E	538	14	46	78	95
F	528	12	41	71	91
G	527	7	39	78	96
H	523	7	38	76	94
I	518	10	36	69	93

※ 학업성취수준은 수월수준(625점 이상), 우수수준(550점 이상 625점 미만), 보통수준(475점 이상 550점 미만), 기초수준(400점 이상 475점 미만), 기초수준 미달(400점 미만)로 구분됨

① '갑'국 남학생과 여학생의 평균점수 차이는 2018년이 1998년보다 크다.

② '갑'국의 평균점수는 2018년이 2014년보다 크다.

③ 2018년 주요 10개 국가는 '수월수준'의 학생비율이 높을수록 평균점수가 높다.

④ 2018년 주요 10개 국가 중 '기초수준 미달'의 학생비율이 가장 높은 국가는 I국이다.

⑤ 2018년 '우수수준'의 학생비율은 D국이 B국보다 높다.

문 6. 다음 〈표〉는 2017년과 2018년 주요 10개 자동차 브랜드 가치 평가에 관한 자료이다. 이에 대한 〈보기〉의 설명 중 옳은 것만을 모두 고르면?

〈표 1〉 브랜드 가치평가액

(단위: 억 달러)

브랜드 \ 연도	2017	2018
TO	248	279
BE	200	218
BM	171	196
HO	158	170
FO	132	110
WO	56	60
AU	37	42
HY	35	41
XO	38	39
NI	32	31

〈표 2〉 브랜드 가치평가액 순위

브랜드 \ 구분 \ 연도	전체 제조업계 내 순위		자동차업계 내 순위	
	2017	2018	2017	2018
TO	9	7	1	1
BE	11	10	2	2
BM	16	15	3	3
HO	19	19	4	4
FO	22	29	5	5
WO	56	56	6	6
AU	78	74	8	7
HY	84	75	9	8
XO	76	80	7	9
NI	85	90	10	10

〈보기〉

ㄱ. 2017년 대비 2018년 '전체 제조업계 내 순위'가 하락한 브랜드는 2017년 대비 2018년 브랜드 가치평가액도 감소하였다.

ㄴ. 2017년과 2018년의 브랜드 가치평가액 차이가 세 번째로 큰 브랜드는 BE이다.

ㄷ. 2017년 대비 2018년 '전체 제조업계 내 순위'와 '자동차 업계 내 순위'가 모두 상승한 브랜드는 2개뿐이다.

ㄹ. 연도별 '자동차업계 내 순위' 기준 상위 7개 브랜드 가치평가액 평균은 2018년이 2017년보다 크다.

① ㄱ, ㄴ
② ㄱ, ㄹ
③ ㄴ, ㄷ
④ ㄴ, ㄹ
⑤ ㄷ, ㄹ

문 7. 다음 〈표〉는 2019년 5월 10일 A 프랜차이즈의 지역별 가맹점 수와 결제 실적에 관한 자료이다. 이에 대한 설명으로 옳지 않은 것은?

〈표 1〉 A 프랜차이즈의 지역별 가맹점 수, 결제건수 및 결제금액

(단위: 개, 건, 만 원)

지역 \ 구분		가맹점 수	결제건수	결제금액
서울		1,269	142,248	241,442
6대 광역시	부산	34	3,082	7,639
	대구	8	291	2,431
	인천	20	1,317	2,548
	광주	8	306	793
	대전	13	874	1,811
	울산	11	205	635
전체		1,363	148,323	257,299

〈표 2〉 A 프랜차이즈의 가맹점 규모별 결제건수 및 결제금액

(단위: 건, 만 원)

가맹점 규모 \ 구분	결제건수	결제금액
소규모	143,565	250,390
중규모	3,476	4,426
대규모	1,282	2,483
전체	148,323	257,299

① '서울' 지역 소규모 가맹점의 결제건수는 137,000건 이하이다.
② 6대 광역시 가맹점의 결제건수 합은 6,000건 이상이다.
③ 결제건수 대비 결제금액을 가맹점 규모별로 비교할 때 가장 작은 가맹점 규모는 중규모이다.
④ 가맹점 수 대비 결제금액이 가장 큰 지역은 '대구'이다.
⑤ 전체 가맹점 수에서 '서울' 지역 가맹점 수 비중은 90% 이상이다.

문 8. 다음 〈표〉와 〈그림〉은 '갑'국의 방송사별 만족도지수, 질평가지수, 시청자평가지수를 나타낸 자료이다. 이에 대한 〈보기〉의 설명 중 옳은 것만을 모두 고르면?

〈표〉 방송사별 전체 및 주시청 시간대의 만족도지수와 질평가지수

구분		전체 시간대		주시청 시간대	
유형	방송사	만족도지수	질평가지수	만족도지수	질평가지수
지상파	A	7.37	7.33	( )	7.20
	B	7.22	7.05	7.23	( )
	C	7.14	6.97	7.11	6.93
	D	7.32	7.16	( )	7.23
종합 편성	E	6.94	6.90	7.10	7.02
	F	7.75	7.67	( )	7.88
	G	7.14	7.04	7.20	( )
	H	7.03	6.95	7.08	7.00

〈그림〉 방송사별 주시청 시간대의 시청자평가지수

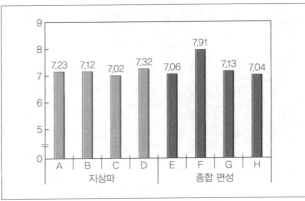

※ 전체(주시청) 시간대 시청자평가지수＝
$$\left(\frac{\text{전체(주시청) 시간대 만족도지수 + 전체(주시청) 시간대 질평가지수}}{2}\right)$$

〈보기〉

ㄱ. 각 지상파 방송사는 전체 시간대와 주시청 시간대 모두 만족도지수가 질평가지수보다 높다.

ㄴ. 각 종합편성 방송사의 질평가지수는 주시청 시간대가 전체 시간대보다 높다.

ㄷ. 각 지상파 방송사의 시청자평가지수는 전체 시간대가 주시청 시간대보다 높다.

ㄹ. 만족도지수는 주시청 시간대가 전체 시간대보다 높으면서 시청자평가지수는 주시청 시간대가 전체 시간대보다 낮은 방송사는 2개이다.

① ㄱ, ㄴ   ② ㄱ, ㄷ
③ ㄴ, ㄹ   ④ ㄱ, ㄷ, ㄹ
⑤ ㄴ, ㄷ, ㄹ

문 9. 다음 〈표〉와 〈그림〉은 2018년 A 대학의 학생상담 현황에 대한 자료이다. 이에 대한 〈보기〉의 설명 중 옳은 것만을 모두 고르면?

〈표〉 상담자별, 학년별 상담건수
(단위: 건)

학년 상담자	1학년	2학년	3학년	4학년	합
교수	1,085	1,020	911	1,269	4,285
상담직원	154	97	107	56	414
진로컨설턴트	67	112	64	398	641
전체	1,306	1,229	1,082	1,723	5,340

〈그림 1〉 상담횟수별 학생 수

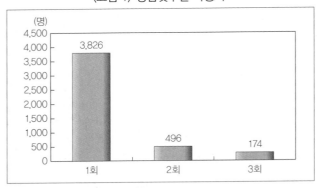

〈그림 2〉 전체 상담건수의 유형별 구성비

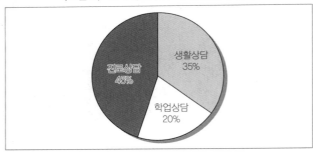

〈보기〉

ㄱ. 학년별 전체 상담건수 중 '상담직원'의 상담건수가 차지하는 비중이 큰 학년부터 순서대로 나열하면 1학년, 2학년, 3학년, 4학년 순이다.

ㄴ. '진로컨설턴트'가 상담한 유형이 모두 진로상담이고, '상담직원'이 상담한 유형이 모두 생활상담 또는 학업상담이라면, '교수'가 상담한 유형 중 진로상담이 차지하는 비중은 30% 이상이다.

ㄷ. 상담건수가 많은 학년부터 순서대로 나열하면 4학년, 1학년, 2학년, 3학년 순이다.

ㄹ. 최소 한 번이라도 상담을 받은 학생 수는 4,600명 이하이다.

① ㄱ, ㄷ   ② ㄴ, ㄹ   ③ ㄱ, ㄴ, ㄷ
④ ㄱ, ㄷ, ㄹ   ⑤ ㄴ, ㄷ, ㄹ

문 10. 다음 〈표〉는 2018년 A~E 기업의 영업이익, 직원 1인당 영업이익, 평균연봉을 나타낸 자료이다. 〈보기〉의 설명을 근거로 '나', '라'에 해당하는 기업을 바르게 나열한 것은?

〈표〉 A~E 기업의 영업이익, 직원 1인당 영업이익, 평균연봉

(단위: 백만 원)

기업 \ 항목	영업이익	직원 1인당 영업이익	평균연봉
가	83,600	34	66
나	33,900	34	34
다	21,600	18	58
라	24,600	7	66
마	50,100	30	75

〈보기〉

○ A는 B, C, E에 비해 직원 수가 많다.

○ C는 B, D, E에 비해 평균연봉 대비 직원 1인당 영업이익이 적다.

○ A, B, C의 영업이익을 합쳐도 D의 영업이익보다 적다.

○ E는 B에 비해 직원 1인당 영업이익이 적다.

	나	라
①	B	A
②	B	D
③	C	B
④	C	E
⑤	D	A

문 11. 다음 〈보고서〉는 2017년 세종특별자치시의 자원봉사 현황을 요약한 자료이다. 〈보고서〉의 내용을 작성하는 데 직접적인 근거로 활용되지 않은 자료는?

〈보고서〉

○ 자원봉사자 등록 현황

- 세종특별자치시 인구 수 대비 자원봉사자 등록률: 16.20%

남성 19,401명 / 여성 25,973명 / 계 45,374명

○ 자원봉사단체 등록 현황

단체 수 520개 | 단체의 총 회원 수 18,234명

○ 연령대별 자원봉사자 등록 현황

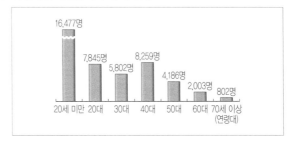

16,477명 (20세 미만), 7,845명 (20대), 5,802명 (30대), 8,259명 (40대), 4,186명 (50대), 2,003명 (60대), 802명 (70세 이상) (연령대)

○ 자원봉사자 활동 현황

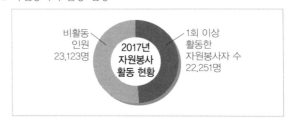

비활동 인원 23,123명 | 2017년 자원봉사 활동 현황 | 1회 이상 활동한 자원봉사자 수 22,251명

○ 자원봉사 누적시간대별 자원봉사 참여자 수 현황

4,327명 / 436명 (100 이상 1,000 미만), 271명 / 67명 (1,000 이상 4,000 미만), 9명 / 6명 (4,000 이상 9,000 미만), 1명 / 1명 (9,000 이상) (시간)

■ 전체 ■ 만 65세 이상

① 2017년 세종특별자치시에 등록된 자원봉사단체별 회원 수 현황

② 2017년 세종특별자치시 인구 현황

③ 2017년 세종특별자치시에 등록된 성별, 연령별 자원봉사자 수 현황

④ 2017년 세종특별자치시 연간 1회 이상 활동한 자원봉사자 수 현황

⑤ 2017년 세종특별자치시 연령별, 1일 시간대별 자원봉사 참여자 수 현황

문 12. 다음 〈표〉는 2018년 '갑'국의 대학유형별 현황에 관한 자료이다. 이에 대한 〈보기〉의 설명 중 옳은 것만을 모두 고르면?

〈표〉 대학유형별 현황

(단위: 개, 명)

구분 \ 유형	국립대학	공립대학	사립대학	전체
학교	34	1	154	189
학과	2,776	40	8,353	11,169
교원	15,299	354	49,770	65,423
여성	2,131	43	12,266	14,440
직원	8,987	205	17,459	26,651
여성	3,254	115	5,259	8,628
입학생	78,888	1,923	274,961	355,772
재적생	471,465	13,331	1,628,497	2,113,293
졸업생	66,890	1,941	253,582	322,413

〈보기〉

ㄱ. 학과당 교원 수는 공립대학이 사립대학보다 많다.

ㄴ. 전체 대학 입학생 수에서 국립대학 입학생 수가 차지하는 비율은 20% 이상이다.

ㄷ. 입학생 수 대비 졸업생 수의 비율은 공립대학이 국립대학보다 높다.

ㄹ. 각 대학유형에서 남성 직원 수가 여성 직원 수보다 많다.

① ㄱ, ㄷ
② ㄱ, ㄹ
③ ㄴ, ㄹ
④ ㄱ, ㄴ, ㄷ
⑤ ㄴ, ㄷ, ㄹ

문 13. 다음 〈표〉는 2014~2018년 '갑'국 체류외국인 수 및 체류외국인 범죄건수에 대한 자료이다. 이에 대한 〈보기〉의 설명 중 옳은 것만을 모두 고르면?

〈표〉 체류외국인 수 및 체류외국인 범죄건수

(단위: 명, 건)

구분 \ 연도	2014	2015	2016	2017	2018
체류외국인 수	1,168,477	1,261,415	1,395,077	1,445,103	1,576,034
합법체류 외국인 수	990,522	1,092,900	1,227,297	1,267,249	1,392,928
불법체류 외국인 수	177,955	168,515	167,780	177,854	183,106
체류외국인 범죄건수	21,235	19,445	25,507	22,914	24,984
합법체류 외국인 범죄건수	18,645	17,538	23,970	21,323	22,951
불법체류 외국인 범죄건수	2,590	1,907	1,537	1,591	2,033

〈보기〉

ㄱ. 매년 불법체류외국인 수는 체류외국인 수의 10% 이상이다.

ㄴ. 불법체류외국인 범죄건수의 전년 대비 증가율이 가장 높은 해에 합법체류외국인 범죄건수의 전년 대비 증가율도 가장 높다.

ㄷ. 체류외국인 범죄건수가 전년에 비해 감소한 해에는 합법체류외국인 범죄건수와 불법체류외국인 범죄건수도 각각 전년에 비해 감소하였다.

ㄹ. 매년 합법체류외국인 범죄건수는 체류외국인 범죄건수의 80% 이상이다.

① ㄱ, ㄹ
② ㄴ, ㄷ
③ ㄴ, ㄹ
④ ㄱ, ㄴ, ㄷ
⑤ ㄱ, ㄷ, ㄹ

문 14. 다음 〈그림〉은 한국, 일본, 미국, 벨기에의 2010년, 2015년, 2020년 자동차 온실가스 배출량 기준에 관한 자료이다. 〈그림〉과 〈조건〉에 근거하여 A~D에 해당하는 국가를 바르게 나열한 것은?

〈그림〉 자동차 온실가스 배출량 기준

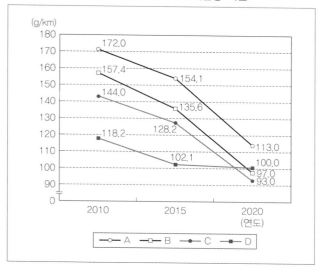

〈조건〉

○ 2010년 대비 2020년 자동차 온실가스 배출량 기준 감소율은 한국이 일본, 미국, 벨기에보다 높다.
○ 2015년 한국과 일본의 자동차 온실가스 배출량 기준 차이는 30g/km 이상이다.
○ 2020년 자동차 온실가스 배출량 기준은 미국이 한국과 벨기에보다 높다.

	A	B	C	D
①	미국	벨기에	한국	일본
②	미국	한국	벨기에	일본
③	벨기에	한국	미국	일본
④	일본	벨기에	한국	미국
⑤	한국	일본	벨기에	미국

문 15. 다음 〈그림〉은 '갑' 자치구의 예산내역에 관한 자료이다. 이에 대한 〈보기〉의 설명 중 옳은 것만을 모두 고르면?

〈그림〉 '갑' 자치구 예산내역

(단위: %)

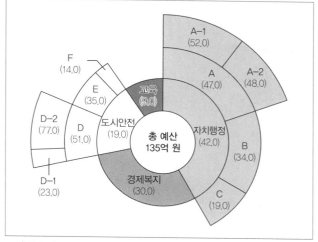

※ 1) 괄호 안의 값은 예산 비중을 의미함
 2) 예를 들어, A(47.0)은 A 사업의 예산이 '자치행정' 분야 예산의 47.0%임을 나타내고, D-1 사업의 예산은 3.0억 원임

〈보기〉

ㄱ. '교육' 분야 예산은 13억 원 이상이다.
ㄴ. C 사업 예산은 D 사업 예산보다 적다.
ㄷ. '경제복지' 분야 예산은 B 사업과 C 사업 예산의 합보다 많다.
ㄹ. '도시안전' 분야 예산은 A-2 사업 예산의 3배 이상이다.

① ㄱ, ㄴ
② ㄱ, ㄷ
③ ㄴ, ㄷ
④ ㄴ, ㄹ
⑤ ㄷ, ㄹ

문 16. 다음 〈표〉는 고려시대 왕의 혼인종류별 후비(后妃) 수를 조사한 것이다. 이에 대한 설명으로 옳지 않은 것은?

〈표〉 고려시대 왕의 혼인종류별 후비 수

(단위: 명)

혼인종류 / 왕	족외혼	족내혼	몽골출신	혼인종류 / 왕	족외혼	족내혼	몽골출신
1대 태조	29	0	–	19대 명종	0	1	–
2대 혜종	4	0	–	20대 신종	0	1	–
3대 정종	3	0	–	21대 희종	0	1	–
4대 광종	0	2	–	22대 강종	1	0	–
5대 경종	1	( )	–	23대 고종	0	1	–
6대 성종	2	1	–	24대 원종	1	0	–
7대 목종	1	1	–	25대 충렬왕	1	1	1
8대 현종	10	3	–	26대 충선왕	3	1	2
9대 덕종	3	2	–	27대 충숙왕	2	0	( )
10대 정종	5	0	–	28대 충혜왕	3	1	1
11대 문종	4	1	–	29대 충목왕	0	0	0
12대 순종	2	1	–	30대 충정왕	0	0	0
13대 선종	3	0	–	31대 공민왕	3	1	1
14대 헌종	0	0	–	32대 우왕	2	0	0
15대 숙종	1	0	–	33대 창왕	0	0	0
16대 예종	2	2	–	34대 공양왕	1	0	0
17대 인종	4	0	–	전체	( )	28	8
18대 의종	1	1	–				

※ 혼인종류는 족외혼, 족내혼, 몽골출신만으로 구성되며, 몽골출신과의 혼인은 충렬왕부터임

① 전체 족외혼 후비 수는 전체 족내혼 후비 수의 3배 이상이다.
② 몽골출신 후비 수가 가장 많은 왕은 충숙왕이다.
③ 태조부터 경종까지의 족내혼 후비 수의 합은 문종부터 희종까지의 족내혼 후비 수의 합과 같다.
④ 태조의 후비 수는 광종과 경종의 모든 후비 수의 합의 4배 이상이다.
⑤ 경종의 족내혼 후비 수가 충숙왕의 몽골출신 후비 수보다 많다.

문 17. 다음 〈그림〉은 '갑'국 국회의원 선거의 지역별 정당지지율에 관한 자료이다. 〈그림〉과 〈조건〉에 근거하여 선거구를 획정할 때, 〈보기〉 중 B 정당의 국회의원이 가장 많이 선출되는 선거구 획정 방법을 고르면?

〈그림〉 국회의원 선거의 지역별 정당지지율

(단위: %)

가 (90:10:0)	나 (80:20:0)	다 (70:20:10)	라 (40:50:10)
마 (60:20:20)	바 (60:10:30)	사 (30:30:40)	아 (10:60:30)
자 (30:60:10)	차 (20:40:40)	카 (20:20:60)	타 (10:80:10)

※ 괄호 안의 수치는 해당 지역의 각 정당지지율(A정당 : B정당 : C정당)을 의미함

〈조건〉

○ 3개 지역을 묶어서 1개의 선거구로 획정한다.
　– 지역 경계는 점선(·····)으로 표시되며, 선거구 경계는 실선(━)으로 표시된다.
　– 아래 〈그림〉은 '가', '나', '바' 지역이 1개의 선거구로 획정됨을 의미한다.

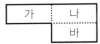

가	나
	바

○ 선거구당 1명의 국회의원을 선출한다.
○ 선거구 내 지역별 각 정당지지율의 합이 가장 큰 정당의 후보가 국회의원으로 선출된다.

〈보기〉

ㄱ.

가	나	다	라
마	바	사	아
자	차	카	타

ㄴ.

가	나	다	라
마	바	사	아
자	차	카	타

ㄷ.

가	나	다	라
마	바	사	아
자	차	카	타

ㄹ.

가	나	다	라
마	바	사	아
자	차	카	타

ㅁ.

가	나	다	라
마	바	사	아
자	차	카	타

① ㄱ

② ㄴ

③ ㄷ

④ ㄹ

⑤ ㅁ

문 18. 다음 〈표〉는 '갑'국 A~E 대학의 재학생 수 및 재직 교원 수와 법정 필요 교원 수 산정기준에 관한 자료이다. 이에 근거하여 법정 필요 교원 수를 충족시키기 위해 충원해야 할 교원 수가 많은 대학부터 순서대로 나열하면?

〈표 1〉 재학생 수 및 재직 교원 수

(단위: 명)

구분 \ 대학	A	B	C	D	E
재학생 수	900	30,000	13,300	4,200	18,000
재직 교원 수	44	1,260	450	130	860

〈표 2〉 법정 필요 교원 수 산정기준

재학생 수	법정 필요 교원 수
1,000명 미만	재학생 22명당 교원 1명
1,000명 이상 10,000명 미만	재학생 21명당 교원 1명
10,000명 이상 20,000명 미만	재학생 20명당 교원 1명
20,000명 이상	재학생 19명당 교원 1명

※ 법정 필요 교원 수 계산 시 소수점 아래 첫째 자리에서 올림

① B, C, D, A, E

② B, C, D, E, A

③ B, D, C, E, A

④ C, B, D, A, E

⑤ C, B, D, E, A

문 19. 다음 〈표〉는 2018년 행정구역별 공동주택의 실내 라돈 농도에 대한 자료이다. 이에 대한 〈보고서〉의 설명 중 옳은 것만을 모두 고르면?

〈표〉 행정구역별 공동주택 실내 라돈 농도

행정구역 \ 항목	조사대상 공동주택 수 (호)	평균값 (Bq/m³)	중앙값 (Bq/m³)	200Bq/m³ 초과 공동주택 수 (호)
서울특별시	532	66.5	45.4	25
부산광역시	434	51.4	35.3	12
대구광역시	437	61.5	41.6	16
인천광역시	378	48.5	33.8	9
광주광역시	308	58.3	48.2	6
대전광역시	201	110.1	84.2	27
울산광역시	247	55.0	35.3	7
세종특별자치시	30	83.8	69.8	1
경기도	697	74.3	52.5	37
강원도	508	93.4	63.6	47
충청북도	472	86.3	57.8	32
충청남도	448	93.3	59.9	46
전라북도	576	85.7	56.7	40
전라남도	569	75.5	51.5	32
경상북도	610	72.4	48.3	34
경상남도	640	57.5	36.7	21
제주특별자치도	154	68.2	40.9	11
전국	7,241	–	–	403

〈보고서〉

우리나라에서는 2018년 처음으로 공동주택에 대한 '실내 라돈 권고 기준치'를 200Bq/m³ 이하로 정하고 공동주택의 실내 라돈 농도를 조사하였다.

이번 공동주택 실내 라돈 농도 조사에서 ㉠조사대상 공동주택의 실내 라돈 농도 평균값은 경기도가 서울특별시의 1.1배 이상이다. 한편, ㉡행정구역별로 비교했을 때 실내 라돈 농도의 평균값이 클수록 중앙값도 컸으며 두 항목 모두 대전광역시가 가장 높았다. ㉢조사대상 공동주택 중 실내 라돈 농도가 실내 라돈 권고 기준치를 초과하는 공동주택의 비율이 5% 이상인 행정구역은 9곳이며, 10% 이상인 행정구역은 2곳으로 조사되었다.

① ㉠

② ㉡

③ ㉠, ㉢

④ ㉡, ㉢

⑤ ㉠, ㉡, ㉢

문 20. 다음 〈표〉는 콘크리트 유형별 기준강도 및 시험체 강도판정결과에 관한 자료이다. 〈표〉와 〈판정기준〉에 근거하여 (가), (나), (다)에 해당하는 강도판정결과를 바르게 나열한 것은?

〈표〉 콘크리트 유형별 기준강도 및 시험체 강도판정결과

(단위: MPa)

구분 콘크리트 유형	기준 강도	시험체 강도				강도 판정 결과
		시험체 1	시험체 2	시험체 3	평균	
A	24	22.8	29.0	20.8	( )	(가)
B	27	26.1	25.0	28.1	( )	불합격
C	35	36.9	36.8	31.6	( )	(나)
D	40	36.4	36.3	47.6	40.1	합격
E	45	40.3	49.4	46.8	( )	(다)

※ 강도판정결과는 '합격'과 '불합격'으로 구분됨

〈판정기준〉

○ 아래 조건을 모두 만족하는 경우에만 강도판정결과가 '합격'이다.
 – 시험체 강도의 평균은 기준강도 이상이어야 한다.
 – 기준강도가 35MPa 초과인 경우에는 각 시험체 강도가 모두 기준강도의 90% 이상이어야 한다.
 – 기준강도가 35MPa 이하인 경우에는 각 시험체 강도가 모두 기준강도에서 3.5MPa을 뺀 값 이상이어야 한다.

	(가)	(나)	(다)
①	합격	합격	합격
②	합격	합격	불합격
③	합격	불합격	불합격
④	불합격	합격	합격
⑤	불합격	합격	불합격

문 21. 다음 〈표〉는 2017~2018년 '갑' 학교 학생식당의 메뉴별 제공횟수 및 만족도에 대한 자료이다. 〈표〉와 〈조건〉에 근거한 설명으로 옳지 않은 것은?

〈표〉 메뉴별 제공횟수 및 만족도

(단위: 회, 점)

구분 메뉴	제공횟수	만족도	
연도	2017	2017	2018
A	40	87	75
B	34	71	72
C	45	53	35
D	31	79	79
E	40	62	77
F	60	74	68
G	–	–	73
전체	250	–	–

〈조건〉

○ 전체 메뉴 제공횟수는 매년 250회로 일정하며, 2018년에는 메뉴 G만 추가되었고, 2019년에는 메뉴 H만 추가되었다.
○ 각 메뉴의 다음 연도 제공횟수는 당해 연도 만족도에 따라 아래와 같이 결정된다.

만족도	다음 연도 제공횟수
0점 이상 50점 미만	당해 연도 제공횟수 대비 100% 감소
50점 이상 60점 미만	당해 연도 제공횟수 대비 20% 감소
60점 이상 70점 미만	당해 연도 제공횟수 대비 10% 감소
70점 이상 80점 미만	당해 연도 제공횟수와 동일
80점 이상 90점 미만	당해 연도 제공횟수 대비 10% 증가
90점 이상 100점 이하	당해 연도 제공횟수 대비 20% 증가

① 메뉴 A~F 중 2017년 대비 2019년 제공횟수가 증가한 메뉴는 1개이다.
② 2018년 메뉴 G의 제공횟수는 9회이다.
③ 2019년 메뉴 H의 제공횟수는 42회이다.
④ 2019년 메뉴 E의 제공횟수는 메뉴 A의 제공횟수보다 많다.
⑤ 메뉴 A~G 중 2018년과 2019년 제공횟수의 차이가 두 번째로 큰 메뉴는 F이다.

문 22. 다음 〈그림〉과 〈표〉는 2017~2018년 A, B 기업이 '갑' 자동차 회사에 납품한 엔진과 변속기에 관한 자료이다. 이에 대한 설명으로 옳은 것은?

〈그림 1〉 연도별 '갑' 자동차회사가 납품받은 엔진과 변속기 개수의 합

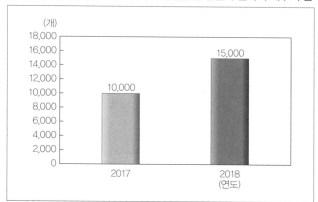

〈그림 2〉 2018년 기업별 엔진과 변속기 납품 개수의 합

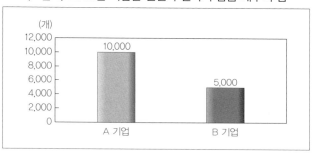

〈그림 3〉 A 기업의 연도별 엔진과 변속기 납품 개수 비율

※ 1) '갑' 자동차회사는 엔진과 변속기를 2017년에는 A 기업으로부터만 납품받았으며, 2018년에는 A, B 두 기업에서만 납품받았음
　　2) A, B 기업은 '갑' 자동차회사에만 납품함
　　3) 매년 '갑' 자동차회사가 납품받는 엔진 개수는 변속기 개수와 같음

〈표〉 A, B 기업의 연도별 엔진과 변속기의 납품 단가

(단위: 만 원/개)

연도 \ 구분	엔진	변속기
2017	100	80
2018	90	75

① A 기업의 엔진 납품 개수는 2018년이 2017년의 80%이다.

② 2018년 B 기업은 변속기 납품 개수가 엔진 납품 개수의 12.5%이다.

③ '갑' 자동차회사가 납품받은 엔진과 변속기 납품액 합은 2018년이 2017년에 비해 30% 이상 증가하였다.

④ '갑' 자동차회사가 납품받은 변속기 납품 개수는 2018년이 2017년의 2배 이상이다.

⑤ 2018년 A, B 기업의 엔진 납품액 합은 변속기 납품액 합보다 작다.

문 23. 다음 〈표〉는 A~F 행정동으로 구성된 '갑'시의 자치구 개편 및 행정동 간 인접 현황에 관한 자료이다. 〈표〉와 〈조건〉에 근거한 설명으로 옳지 않은 것은?

〈표 1〉 행정동별 인구와 개편 전·후 자치구 현황

행정동＼구분	인구(명)	개편 전 자치구	개편 후 자치구
A	1,500	가	( )
B	2,000	( )	( )
C	1,500	나	( )
D	1,500	( )	라
E	1,000	( )	마
F	1,500	다	( )

※ 자치구 개편 전·후 각 행정동의 인구 수는 변화없음

〈표 2〉 행정동 간 인접 현황

행정동	A	B	C	D	E	F
A		1	0	1	0	0
B	1		1	1	1	0
C	0	1		0	1	1
D	1	1	0		1	0
E	0	1	1	1		1
F	0	0	1	0	1	

※ 두 행정동이 인접하면 1, 인접하지 않으면 0임

〈조건〉

○ 개편 전 자치구는 '가', '나', '다' 3개이며, 개편 후 자치구는 '라', '마' 2개이다.
○ 개편 전에는 한 자치구에 2개의 행정동이 속하고, 개편 후에는 3개의 행정동이 속한다.
○ 동일 자치구에 속하는 행정동은 서로 인접하고 있으며, 행정동 간 인접 여부는 〈표 2〉에 따라 판단한다.

① 자치구 개편 전, 행정동 E는 자치구 '다'에 속한다.
② 자치구 개편 후, 행정동 C와 행정동 E는 같은 자치구에 속한다.
③ 자치구 개편 전, 자치구 '가'의 인구가 자치구 '나'의 인구보다 많다.
④ 자치구 개편 후, 자치구 '라'의 인구가 자치구 '마'의 인구보다 많다.
⑤ 행정동 B는 개편 전 자치구 '나'에 속하고, 개편 후 자치구 '라'에 속한다.

문 24. 다음 〈그림〉은 A 기업 4개팀 체육대회의 종목별 대진표 및 중간경기결과이며, 〈표〉는 종목별 승점 배점표이다. 이에 근거하여 남은 경기결과에 따른 최종 대회성적에 대한 설명으로 옳지 않은 것은?

〈그림〉 A 기업 체육대회의 종목별 대진표 및 중간경기결과

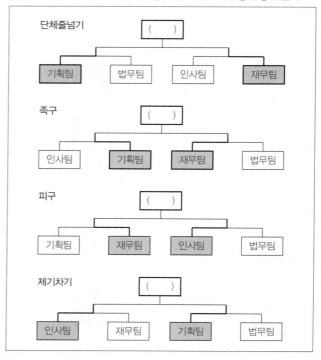

※ 굵은 선과 음영(▩)으로 표시된 팀은 이긴 팀을 의미하며, 결승전만을 남긴 상황임

〈표〉 종목별 승점 배점표

순위＼종목	단체줄넘기	족구	피구	제기차기
1위	120	90	90	60
2위	80	60	60	40
3·4위	40	30	30	20

※ 1) 최종 대회성적은 종목별 승점합계가 가장 높은 팀이 종합 우승, 두 번째로 높은 팀이 종합 준우승임
2) 승점합계가 동일한 팀이 나올 경우, 단체줄넘기 종목의 순위가 높은 팀이 최종 순위가 높음
3) 모든 경기에 무승부는 없음

① 남은 경기결과와 상관없이 법무팀은 종합 우승을 할 수 없다.
② 재무팀이 남은 경기 중 2종목에서 이기더라도 기획팀이 종합 우승을 할 수 있다.
③ 기획팀이 남은 경기에서 모두 지면, 재무팀이 종합 우승을 한다.
④ 재무팀이 남은 경기에서 모두 지더라도 재무팀은 종합 준우승을 한다.
⑤ 인사팀이 남은 경기에서 모두 이기더라도 인사팀은 종합 우승을 할 수 없다.

문 25. 다음 〈표〉, 〈정보〉, 〈그림〉은 A사의 공장에서 물류센터까지의 수송량과 수송비용에 관한 자료이다. 이에 대한 설명으로 옳지 않은 것은?

〈표〉 공장에서 물류센터까지의 수송량

(단위: 개)

물류센터 공장	서울	부산	대구	광주
구미	0	200	( )	( )
청주	300	( )	0	0
덕평	300	0	0	0

〈정보〉

○ 해당 공장에서 각 물류센터까지의 수송량의 합은 해당 공장의 '최대공급량'보다 작거나 같다.

○ 각 공장에서 해당 물류센터까지의 수송량의 합은 해당 물류센터의 '최소요구량'보다 크거나 같다.

○ 공장별 '최대공급량'은 구미 600개, 청주 500개, 덕평 300개이다.

○ 물류센터별 '최소요구량'은 서울 600개, 부산 400개, 대구 200개, 광주 150개이다.

○ 수송비용＝(수송량)×(개당 수송비용)

○ 총 수송비용은 각 공장에서 각 물류센터까지의 수송비용의 합이다.

〈그림〉 공장에서 물류센터까지의 개당 수송비용

(단위: 천 원/개)

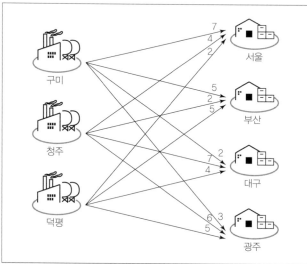

※ 예시: '청주 _2_ 부산'은 청주 공장에서 부산 물류센터까지의 개당 수송비용이 2천 원임을 의미함

① 청주 공장에서 부산 물류센터까지의 수송량은 200개이다.

② 총 수송비용을 최소화할 때, 구미 공장에서 광주 물류센터까지의 수송량은 150개이다.

③ 총 수송비용의 최소 금액은 405만 원이다.

④ 구미 공장에서 서울 물류센터까지의 개당 수송비용이 7천 원에서 8천 원으로 증가해도 총 수송비용의 최소 금액은 증가하지 않는다.

⑤ 구미 공장의 '최대공급량'이 600개에서 550개로 줄어들면, 총 수송비용의 최소 금액은 감소한다.

※ 수고하셨습니다.

※ 기출문제편 맨 마지막에 있는 OMR 카드에 마킹을 하세요.

정답과 분석해설편 ▶ P.261

제3영역 상황판단

1초 합격예측! 모바일 성적결과분석표 발급 서비스

 QR 코드로 접속하여 문제 풀이 시간을 측정하고, 자동채점 & 성적결과분석 서비스를 통해 지금 바로 실력을 점검해 보세요.
◀ http://eduwill.kr/XtU6

| 풀이 시간 | • 시작: _____시 _____분 ~ 종료: _____시 _____분 |
| | • 총 : _____분 |

문 1. 다음 글을 근거로 판단할 때, 〈보기〉에서 옳은 것만을 모두 고르면?

제00조 지방자치단체의 장은 행정재산에 대하여 그 목적 또는 용도에 장애가 되지 않는 범위에서 사용 또는 수익을 허가할 수 있다.
제00조 ① 행정재산의 사용·수익허가기간은 그 허가를 받은 날부터 5년 이내로 한다.
② 지방자치단체의 장은 허가기간이 끝나기 전에 사용·수익허가를 갱신할 수 있다.
③ 제2항에 따라 사용·수익허가를 갱신받으려는 자는 사용·수익허가기간이 끝나기 1개월 전에 지방자치단체의 장에게 사용·수익허가의 갱신을 신청하여야 한다.
제00조 ① 지방자치단체의 장은 행정재산의 사용·수익을 허가하였을 때에는 매년 사용료를 징수한다.
② 지방자치단체의 장은 행정재산의 사용·수익을 허가할 때 다음 각 호의 어느 하나에 해당하면 제1항에도 불구하고 그 사용료를 면제할 수 있다.
 1. 국가나 다른 지방자치단체가 직접 해당 행정재산을 공용·공공용 또는 비영리 공익사업용으로 사용하려는 경우
 2. 천재지변이나 재난을 입은 지역주민에게 일정기간 사용·수익을 허가하는 경우
제00조 ① 지방자치단체의 장은 행정재산의 사용·수익허가를 받은 자가 다음 각 호의 어느 하나에 해당하면 그 허가를 취소할 수 있다.
 1. 지방자치단체의 장의 승인 없이 사용·수익의 허가를 받은 행정재산의 원상을 변경한 경우
 2. 해당 행정재산의 관리를 게을리하거나 그 사용 목적에 위배되게 사용한 경우
② 지방자치단체의 장은 사용·수익을 허가한 행정재산을 국가나 지방자치단체가 직접 공용 또는 공공용으로 사용하기 위하여 필요로 하게 된 경우에는 그 허가를 취소할 수 있다.
③ 제2항의 경우에 그 취소로 인하여 해당 허가를 받은 자에게 손실이 발생한 경우에는 이를 보상한다.

〈보기〉

ㄱ. A시의 장은 A시의 행정재산에 대하여 B기업에게 사용허가를 했더라도 국가가 그 행정재산을 직접 공용으로 사용하기 위해 필요로 하게 된 경우, 그 허가를 취소할 수 있다.
ㄴ. C시의 행정재산에 대하여 C시의 장이 천재지변으로 주택을 잃은 지역주민에게 임시 거처로 사용하도록 허가한 경우, C시의 장은 그 사용료를 면제할 수 있다.
ㄷ. D시의 행정재산에 대하여 사용허가를 받은 E기업이 사용 목적에 위배되게 사용한다는 이유로 허가가 취소되었다면, D시의 장은 E기업의 손실을 보상하여야 한다.
ㄹ. 2014년 3월 1일에 5년 기한으로 F시의 행정재산에 대하여 수익허가를 받은 G가 허가 갱신을 받으려면, 2019년 2월 28일까지 허가 갱신을 신청하여야 한다.

① ㄱ, ㄴ
② ㄴ, ㄷ
③ ㄷ, ㄹ
④ ㄱ, ㄴ, ㄹ
⑤ ㄴ, ㄷ, ㄹ

문 2. 다음 글과 〈상황〉을 근거로 판단할 때 옳은 것은?

제00조 이 법에서 사용하는 용어의 뜻은 다음과 같다.
1. '자연장(自然葬)'이란 화장한 유골의 골분(骨粉)을 수목·화초·잔디 등의 밑이나 주변에 묻어 장사하는 것을 말한다.
2. '개장(改葬)'이란 매장한 시신이나 유골을 다른 분묘에 옮기거나 화장 또는 자연장하는 것을 말한다.
제00조 ① 사망한 때부터 24시간이 지난 후가 아니면 매장 또는 화장을 하지 못한다.
② 누구든지 허가를 받은 공설묘지, 공설자연장지, 사설묘지 및 사설자연장지 외의 구역에 매장하여서는 안 된다.
제00조 ① 매장(단, 자연장 제외)을 한 자는 매장 후 30일 이내에 매장지를 관할하는 시장·군수·구청장(이하 '시장 등'이라 한다)에게 신고하여야 한다.
② 화장을 하려는 자는 화장시설을 관할하는 시장 등에게 신고하여야 한다.
③ 개장을 하려는 자는 다음 각 호의 구분에 따라 시신 또는 유골의 현존지(現存地) 또는 개장지(改葬地)를 관할하는 시장 등에게 각각 신고하여야 한다.
1. 매장한 시신 또는 유골을 다른 분묘로 옮기거나 화장하는 경우: 시신 또는 유골의 현존지와 개장지
2. 매장한 시신 또는 유골을 자연장하는 경우: 시신 또는 유골의 현존지
제00조 ① 국가, 시·도지사 또는 시장 등이 아닌 자는 가족묘지, 종중·문중묘지 등을 설치·관리할 수 있다.
② 제1항의 묘지를 설치·관리하려는 자는 해당 묘지 소재지를 관할하는 시장 등의 허가를 받아야 한다.

─────〈상황〉─────

甲은 90세의 나이로 2019년 7월 10일 아침 7시 A시에서 사망하였다. 이에 甲의 자녀는 이미 사망한 甲의 배우자 乙의 묘지(B시 소재 공설묘지)에서 유골을 옮겨 가족묘지를 만드는 것을 포함하여 장례에 대하여 논의하였다.

① 甲을 2019년 7월 10일 매장할 수 있다.
② 甲을 C시 소재 화장시설에서 화장하려는 경우, 그 시설을 관할하는 C시의 장에게 신고하여야 한다.
③ 甲의 자녀가 가족묘지를 설치·관리하려는 경우, 그 소재지의 관할 시장 등에게 신고하여야 한다.
④ 甲의 유골의 골분을 자연장한 경우, 자연장지 소재지의 관할 시장에게 2019년 8월 10일까지는 허가를 받아야 한다.
⑤ 乙의 유골을 甲과 함께 D시 소재 공설묘지에 합장하려는 경우, B시의 장과 D시의 장의 허가를 각각 받아야 한다.

문 3. 다음 글과 〈상황〉을 근거로 판단할 때, 甲이 납부해야 할 수수료를 옳게 짝지은 것은?

특허에 관한 절차를 밟는 사람은 다음 각 호의 수수료를 내야 한다.
1. 특허출원료
가. 특허출원을 국어로 작성된 전자문서로 제출하는 경우: 매건 46,000원. 다만 전자문서를 특허청에서 제공하지 아니한 소프트웨어로 작성하여 제출한 경우에는 매건 56,000원으로 한다.
나. 특허출원을 국어로 작성된 서면으로 제출하는 경우: 매건 66,000원에 서면이 20면을 초과하는 경우 초과하는 1면마다 1,000원을 가산한 금액
다. 특허출원을 외국어로 작성된 전자문서로 제출하는 경우: 매건 73,000원
라. 특허출원을 외국어로 작성된 서면으로 제출하는 경우: 매건 93,000원에 서면이 20면을 초과하는 경우 초과하는 1면마다 1,000원을 가산한 금액
2. 특허심사청구료: 매건 143,000원에 청구범위의 1항마다 44,000원을 가산한 금액

─────〈상황〉─────

甲은 청구범위가 3개 항으로 구성된 총 27면의 서면을 작성하여 1건의 특허출원을 하면서, 이에 대한 특허심사도 함께 청구한다.

	국어로 작성한 경우	외국어로 작성한 경우
①	66,000원	275,000원
②	73,000원	343,000원
③	348,000원	343,000원
④	348,000원	375,000원
⑤	349,000원	375,000원

문 4. 다음 글을 근거로 판단할 때 옳지 않은 것은?

조선시대 임금에게 올리는 진지상을 수라상이라 하였다. 수라는 올리는 시간 순서에 따라 각각 조(朝)수라, 주(晝)수라, 석(夕)수라로 구분되고, 조수라 전에 밥 대신 죽을 주식으로 올리는 죽(粥)수라도 있었다. 수라상은 두 개의 상, 즉 원(元)반과 협(狹)반에 차려졌다.

수라 전후에 반과(盤果)상이나 미음(米飮)상이 차려지기도 했는데, 반과상은 올리는 시간 순서에 따라 조다(早茶), 주다(晝茶), 만다(晚茶), 야다(夜茶) 등을 앞에 붙여서 달리 불렀다. 반과상은 국수를 주식으로 하고, 찬과 후식류를 자기(磁器)에 담아 한 상에 차렸다. 미음상은 미음을 주식으로 하고, 육류 음식인 고음(膏飮)과 후식류를 한 상에 차렸다.

다음은 경복궁을 출발한 행차 첫째 날과 둘째 날에 임금에게 올리기 위해 차린 전체 상차림이다.

첫째 날		둘째 날	
장소	상차림	장소	상차림
노량참	조다반과	화성참	죽수라
노량참	조수라	화성참	조수라
시흥참	주다반과	화성참	주다반과
시흥참	석수라	화성참	석수라
시흥참	야다반과	화성참	야다반과
중로	미음		

① 행차 둘째 날에 협반은 총 1회 사용되었다.

② 화성참에서는 미음이 주식인 상이 차려지지 않았다.

③ 행차 첫째 날 낮과 둘째 날 낮에는 주수라가 차려지지 않았다.

④ 행차 첫째 날 밤과 둘째 날 밤에는 후식류를 자기에 담은 상차림이 있었다.

⑤ 국수를 주식으로 한 상은 행차 첫째 날과 둘째 날을 통틀어 총 5회 차려졌다.

문 5. 다음 〈조건〉을 근거로 판단할 때, 〈보기〉에서 옳은 것만을 모두 고르면?

〈조건〉

○ 한글 단어의 '단어점수'는 그 단어를 구성하는 자음으로만 결정된다.

○ '단어점수'는 각기 다른 자음의 '자음점수'를 모두 더한 값을 그 단어를 구성하는 자음 종류의 개수로 나눈 값이다.

○ '자음점수'는 그 자음이 단어에 사용된 횟수만큼 2를 거듭제곱한 값이다. 단, 사용되지 않는 자음의 '자음점수'는 0이다.

○ 예를 들어 글자 수가 4개인 '셋방살이'는 ㅅ 3개, ㅇ 2개, ㅂ 1개, ㄹ 1개의 자음으로 구성되므로 '단어점수'는 $(2^3 + 2^2 + 2^1 + 2^1)/4$의 값인 4점이다.

※ 의미가 없는 글자의 나열도 단어로 인정한다.

〈보기〉

ㄱ. '각기'는 '논리'보다 단어점수가 더 높다.

ㄴ. 단어의 글자 수가 달라도 단어점수가 같을 수 있다.

ㄷ. 글자 수가 4개인 단어의 단어점수는 250점을 넘을 수 없다.

① ㄴ　　　　　② ㄷ　　　　　③ ㄱ, ㄴ

④ ㄱ, ㄷ　　　　⑤ ㄱ, ㄴ, ㄷ

문 6. 다음 글을 근거로 판단할 때, 국제행사의 개최도시로 선정될 곳은?

甲사무관은 대한민국에서 열리는 국제행사의 개최도시를 선정하기 위해 다음과 같은 〈후보도시 평가표〉를 만들었다. 〈후보도시 평가표〉에 따른 점수와 〈국제해양기구의 의견〉을 모두 반영하여, 합산점수가 가장 높은 도시를 개최도시로 선정하고자 한다.

〈후보도시 평가표〉

구분	서울	인천	대전	부산	제주
1) 회의 시설 1,500명 이상 수용 가능한 대회의장 보유 등	A	A	C	B	C
2) 숙박 시설 도보거리에 특급 호텔 보유 등	A	B	A	A	C
3) 교통 공항접근성 등	B	A	C	B	B
4) 개최 역량 대규모 국제행사 개최 경험 등	A	C	C	A	B

※ A: 10점, B: 7점, C: 3점

〈국제해양기구의 의견〉

○ 외국인 참석자의 편의를 위해 '교통'에서 A를 받은 도시의 경우 추가로 5점을 부여해 줄 것

○ 바다를 끼고 있는 도시의 경우 추가로 5점을 부여해 줄 것

○ 예상 참석자가 2,000명 이상이므로 '회의 시설'에서 C를 받은 도시는 제외할 것

① 서울　　　　② 인천　　　　③ 대전

④ 부산　　　　⑤ 제주

문 7. 다음 글을 근거로 판단할 때, B구역 청소를 하는 요일은?

> 甲레스토랑은 매주 1회 휴업일(수요일)을 제외하고 매일 영업한다. 甲레스토랑의 청소시간은 영업일 저녁 9시부터 10시까지이다. 이 시간에 A구역, B구역, C구역 중 하나를 청소한다. 청소의 효율성을 위하여 청소를 한 구역은 바로 다음 영업일에는 하지 않는다. 각 구역은 매주 다음과 같이 청소한다.
> ○ A구역 청소는 일주일에 1회 한다.
> ○ B구역 청소는 일주일에 2회 하되, B구역 청소를 한 후 영업일과 휴업일을 가리지 않고 이틀간은 B구역 청소를 하지 않는다.
> ○ C구역 청소는 일주일에 3회 하되, 그중 1회는 일요일에 한다.

① 월요일과 목요일　　　② 월요일과 금요일

③ 월요일과 토요일　　　④ 화요일과 금요일

⑤ 화요일과 토요일

문 8. 다음 글을 근거로 판단할 때, <보기>에서 옳은 것만을 모두 고르면?

> 甲은 결혼 준비를 위해 스튜디오 업체(A, B), 드레스 업체(C, D), 메이크업 업체(E, F)의 견적서를 각각 받았는데, 최근 생긴 B업체만 정가에서 10% 할인한 가격을 제시하였다. 아래 <표>는 각 업체가 제시한 가격의 총액을 계산한 결과이다. (단, A∼F 각 업체의 가격은 모두 상이하다)

<표>

스튜디오	드레스	메이크업	총액
A	C	E	76만 원
이용 안 함	C	F	58만 원
A	D	E	100만 원
이용 안 함	D	F	82만 원
B	D	F	127만 원

<보기>

ㄱ. A업체 가격이 26만 원이라면, E업체 가격이 F업체 가격보다 8만 원 비싸다.

ㄴ. B업체의 할인 전 가격은 50만 원이다.

ㄷ. C업체 가격이 30만 원이라면, E업체 가격은 28만 원이다.

ㄹ. D업체 가격이 C업체 가격보다 26만 원 비싸다.

① ㄱ　　　　　　　② ㄴ

③ ㄷ　　　　　　　④ ㄴ, ㄷ

⑤ ㄷ, ㄹ

문 9. 다음 글과 <상황>을 근거로 판단할 때, <보기>에서 옳은 것만을 모두 고르면?

> K국에서는 모든 법인에 대하여 다음과 같이 구분하여 주민세를 부과하고 있다.

구분	세액(원)
○ 자본금액 100억 원을 초과하는 법인으로서 종업원 수가 100명을 초과하는 법인	500,000
○ 자본금액 50억 원 초과 100억 원 이하 법인으로서 종업원 수가 100명을 초과하는 법인	350,000
○ 자본금액 50억 원을 초과하는 법인으로서 종업원 수가 100명 이하인 법인 ○ 자본금액 30억 원 초과 50억 원 이하 법인으로서 종업원 수가 100명을 초과하는 법인	200,000
○ 자본금액 30억 원 초과 50억 원 이하 법인으로서 종업원 수가 100명 이하인 법인 ○ 자본금액 10억 원 초과 30억 원 이하 법인으로서 종업원 수가 100명을 초과하는 법인	100,000
○ 그 밖의 법인	50,000

<상황>

법인	자본금액(억 원)	종업원 수(명)
甲	200	?
乙	20	?
丙	?	200

<보기>

ㄱ. 甲이 납부해야 할 주민세 최소 금액은 20만 원이다.

ㄴ. 乙의 종업원이 50명인 경우 10만 원의 주민세를 납부해야 한다.

ㄷ. 丙이 납부해야 할 주민세 최소 금액은 10만 원이다.

ㄹ. 甲, 乙, 丙이 납부해야 할 주민세 금액의 합계는 최대 110만 원이다.

① ㄱ, ㄴ

② ㄱ, ㄷ

③ ㄱ, ㄹ

④ ㄴ, ㄷ

⑤ ㄴ, ㄹ

문 10. 다음 〈재난관리 평가지침〉과 〈상황〉을 근거로 판단할 때 옳은 것은?

〈재난관리 평가지침〉

□ 순위산정 기준
　○ 최종순위 결정
　　－ 정량평가 점수(80점)와 정성평가 점수(20점)의 합으로 계산된 최종점수가 높은 순서대로 순위 결정
　○ 동점기관 처리
　　－ 최종점수가 동점일 경우에는 정성평가 점수가 높은 순서대로 순위 결정
□ 정성평가 기준
　○ 지자체 및 민간분야와의 재난안전분야 협력(10점 만점)

평가	상	중	하
선정비율	20%	60%	20%
배점	10점	6점	3점

　○ 재난관리에 대한 종합평가(10점 만점)

평가	상	중	하
선정비율	20%	60%	20%
배점	10점	5점	1점

〈상황〉

일부 훼손된 평가표는 아래와 같다. (단, 평가대상기관은 5개이다)

기관 \ 평가	정량평가 (80점 만점)	정성평가 (20점 만점)
A	71	20
B	80	11
C	69	11
D	74	
E	66	

① A기관이 2위일 수도 있다.
② B기관이 3위일 수도 있다.
③ C기관이 4위일 가능성은 없다.
④ D기관이 3위일 가능성은 없다.
⑤ E기관은 어떠한 경우에도 5위일 것이다.

문 11. 다음 글과 〈상황〉을 근거로 판단할 때, 〈보기〉에서 옳은 것만을 모두 고르면?

제00조 ① 기획재정부장관은 각 국제금융기구에 출자를 할 때에는 국무회의의 심의를 거쳐 대통령의 승인을 받아 미합중국 통화 또는 그 밖의 자유교환성 통화나 금(金) 또는 내국통화로 그 출자금을 한꺼번에 또는 분할하여 납입할 수 있다.
② 기획재정부장관은 제1항에 따라 내국통화로 출자하는 경우에 그 출자금의 전부 또는 일부를 국무회의의 심의를 거쳐 대통령의 승인을 받아 내국통화로 표시된 증권으로 출자할 수 있다.
제00조 ① 기획재정부장관은 전조(前條) 제2항에 따라 출자한 증권의 전부 또는 일부에 대하여 각 국제금융기구가 지급을 청구하면 지체 없이 이를 지급하여야 한다.
② 기획재정부장관은 제1항에 따른 지급의 청구를 받은 경우에 지급할 재원(財源)이 부족하여 그 청구금액의 전부 또는 일부를 지급할 수 없을 때에는 국무회의의 심의를 거쳐 대통령의 승인을 받아 한국은행으로부터 차입하여 지급하거나 한국은행으로 하여금 그 금액에 상당하는 증권을 해당 국제금융기구로부터 매입하게 할 수 있다.

〈상황〉

기획재정부장관은 적법한 절차에 따라 A국제금융기구에 일정액을 출자한다.

〈보기〉

ㄱ. 기획재정부장관은 출자금을 자유교환성 통화로 납입할 수 있다.
ㄴ. 기획재정부장관은 출자금을 내국통화로 분할하여 납입할 수 없다.
ㄷ. 출자금 전부를 내국통화로 출자하는 경우, 그중 일부액을 미합중국통화로 표시된 증권으로 출자할 수 있다.
ㄹ. 만약 출자금을 내국통화로 표시된 증권으로 출자한다면, A국제금융기구가 그 지급을 청구할 경우에 한국은행장은 지체 없이 이를 지급하여야 한다.

① ㄱ
② ㄴ
③ ㄱ, ㄹ
④ ㄷ, ㄹ
⑤ ㄴ, ㄷ, ㄹ

문 12. 다음 글과 〈상황〉을 근거로 판단할 때 옳은 것은?

매매목적물에 하자가 있는 경우, 하자가 있는 사실을 과실 없이 알지 못한 매수인은 매도인에 대하여 하자담보책임을 물어 계약을 해제하거나, 손해배상을 청구할 수 있다. 이때 매도인이 하자를 알았는지 여부나 그의 과실 유무를 묻지 않는다. 매매목적물의 하자는 통상 거래상의 관념에 비추어 그 물건이 지니고 있어야 할 품질·성질·견고성·성분 등을 갖추지 못해서 계약의 적합성을 갖지 못한 경우를 말한다. 가령 진품인 줄 알고 매수한 그림이 위작인 경우가 그렇다. 매수인은 이러한 계약해제권·손해배상청구권을 하자가 있는 사실을 안 날로부터 6개월 내에 행사하여야 한다.

한편 계약의 중요 부분에 착오가 있는 경우, 착오에 중대한 과실이 없는 계약당사자는 계약을 취소할 수 있다. 여기서 착오는 계약을 맺을 때에 실제로 없는 사실을 있는 사실로 잘못 알았거나 아니면 실제로 있는 사실을 없는 사실로 잘못 생각하듯이, 계약당사자(의사표시자)의 인식과 그 실제 사실이 어긋나는 경우를 가리킨다. 가령 위작을 진품으로 알고 매수한 경우가 그렇다. 이러한 취소권을 행사하려면, 착오자(착오로 의사표시를 한 사람)가 착오 상태에서 벗어난 날(예: 진품이 위작임을 안 날)로부터 3년 이내에, 계약을 체결한 날로부터 10년 이내에 행사하여야 한다. 착오로 인한 취소는 매도인의 하자담보책임과 다른 제도이다. 따라서 매매계약 내용의 중요 부분에 착오가 있는 경우, 매수인은 매도인의 하자담보책임이 성립하는지와 상관없이 착오를 이유로 매매계약을 취소할 수 있다.

〈상황〉

2018년 3월 10일 매수인 甲은 매도인 乙 소유의 '나루터그림'을 과실 없이 진품으로 믿고 1,000만 원에 매매계약을 체결한 당일 그림을 넘겨받았다. 그 후 2018년 6월 20일 甲은 나루터그림이 위작이라는 사실을 알게 되었다.

① 2018년 6월 20일 乙은 하자를 이유로 甲과의 매매계약을 해제할 수 있다.

② 2019년 6월 20일 甲은 乙에게 하자를 이유로 손해배상을 청구할 수 있다.

③ 2019년 6월 20일 甲은 착오를 이유로 乙과의 매매계약을 취소할 수 없다.

④ 乙이 매매계약 당시 위작이라는 사실을 과실 없이 알지 못하였더라도, 2019년 6월 20일 甲은 하자를 이유로 乙과의 매매계약을 해제할 수 있다.

⑤ 乙이 위작임을 알았더라도 2019년 6월 20일 甲은 하자를 이유로 乙과의 매매계약을 해제할 수 없지만, 착오를 이유로 취소할 수 있다.

문 13. 다음 글을 근거로 판단할 때 옳은 것은?

제00조 ① 재산명시절차의 관할법원은 재산명시절차에서 채무자가 제출한 재산목록의 재산만으로 집행채권의 만족을 얻기에 부족한 경우, 그 재산명시를 신청한 채권자의 신청에 따라 개인의 재산 및 신용에 관한 전산망을 관리하는 공공기관·금융기관·단체 등에 채무자 명의의 재산에 관하여 조회할 수 있다.
② 채권자가 제1항의 신청을 할 경우에는 조회할 기관·단체를 특정하여야 하며 조회에 드는 비용을 미리 내야 한다.
③ 법원이 제1항의 규정에 따라 조회할 경우에는 채무자의 인적 사항을 적은 문서에 의하여 해당 기관·단체의 장에게 채무자의 재산 및 신용에 관하여 그 기관·단체가 보유하고 있는 자료를 한꺼번에 모아 제출하도록 요구할 수 있다.
④ 공공기관·금융기관·단체 등은 정당한 사유 없이 제1항 및 제3항의 조회를 거부하지 못한다.
⑤ 제1항 및 제3항의 조회를 받은 기관·단체의 장이 정당한 사유 없이 거짓 자료를 제출하거나 자료를 제출할 것을 거부한 때에는 결정으로 500만 원 이하의 과태료에 처한다.
제00조 ① 누구든지 재산조회의 결과를 강제집행 외의 목적으로 사용하여서는 안 된다.
② 제1항의 규정에 위반한 사람은 2년 이하의 징역 또는 500만 원 이하의 벌금에 처한다.

① 채무자 甲이 제출한 재산목록의 재산만으로 집행채권의 만족을 얻기 부족한 경우에는 재산명시절차의 관할법원은 직권으로 금융기관에 甲 명의의 재산에 관해 조회할 수 있다.

② 재산명시절차의 관할법원으로부터 채무자 명의의 재산에 관해 조회를 받은 공공기관은 정당한 사유가 있는 경우 이를 거부할 수 있다.

③ 채무자 乙의 재산조회 결과를 획득한 채권자 丙은 해당 결과를 강제집행 외의 목적으로도 사용할 수 있다.

④ 재산명시절차의 관할법원으로부터 채무자 명의의 재산에 관해 조회를 받은 기관의 장이 정당한 사유 없이 자료제출을 거부하였다면, 법원은 결정으로 500만 원의 벌금에 처한다.

⑤ 채권자 丁이 채무자 명의의 재산에 관한 조회를 신청할 경우, 조회에 드는 비용은 재산조회가 종료된 후 납부하면 된다.

문 14. 다음 글을 근거로 판단할 때, 〈보기〉에서 옳은 것만을 모두 고르면?

현대적 의미의 시력 검사법은 1909년 이탈리아의 나폴리에서 개최된 국제안과학회에서 란돌트 고리를 이용한 검사법을 국제 기준으로 결정하면서 탄생하였다. 란돌트 고리란 시력 검사표에서 흔히 볼 수 있는 C자형 고리를 말한다. 란돌트 고리를 이용한 시력 검사에서는 5m 거리에서 직경이 7.5mm인 원형 고리에 있는 1.5mm 벌어진 틈을 식별할 수 있는지 없는지를 판단한다. 5m 거리의 1.5mm이면 각도로 따져서 약 1′(1분)에 해당한다. 1°(1도)의 1/60이 1′이고, 1′의 1/60이 1″(1초)이다.

이 시력 검사법에서는 구분 가능한 최소 각도가 1′일 때를 1.0의 시력으로 본다. 시력은 구분 가능한 최소 각도와 반비례한다. 예를 들어 구분할 수 있는 최소 각도가 1′의 2배인 2′이라면 시력은 1.0의 1/2배인 0.5이다. 만약 이 최소 각도가 0.5′이라면, 즉 1′의 1/2배라면 시력은 1.0의 2배인 2.0이다. 마찬가지로 최소 각도가 1′의 4배인 4′이라면 시력은 1.0의 1/4배인 0.25이다. 일반적으로 시력 검사표에는 2.0까지 나와 있지만 실제로는 이보다 시력이 좋은 사람도 있다. 천문학자 A는 5″까지의 차이도 구분할 수 있었던 것으로 알려져 있다.

〈보기〉

ㄱ. 구분할 수 있는 최소 각도가 10′인 사람의 시력은 0.1이다.

ㄴ. 천문학자 A의 시력은 12인 것으로 추정된다.

ㄷ. 구분할 수 있는 최소 각도가 1.25′인 甲은 구분할 수 있는 최소 각도가 0.1′인 乙보다 시력이 더 좋다.

① ㄱ

② ㄱ, ㄴ

③ ㄴ, ㄷ

④ ㄱ, ㄷ

⑤ ㄱ, ㄴ, ㄷ

문 15. 다음 글을 근거로 판단할 때, 〈가락〉을 연주하기 위해 ㉯를 누른 상태로 줄을 튕기는 횟수는?

줄이 하나인 현악기가 있다. 이 악기는 줄을 누를 수 있는 지점이 ㉮부터 ㉶까지 총 11곳 있고, 이 중 어느 한 지점을 누른 상태로 줄을 튕겨서 연주한다. ㉮를 누르고 줄을 튕기면 A음이 나고, ㉯를 누르고 줄을 튕기면 A음보다 반음 높은 소리가 난다. 이런 식으로 ㉮~㉶순으로 누르는 지점을 옮길 때마다 반음씩 더 높은 소리가 나며, 최저 A음부터 최고 G음까지 낼 수 있다.

이들 음은 다음과 같은 특징이 있다.

○ 반음 차이 두 개의 합은 한음 차이와 같다.

○ A음보다 B음이, C음보다 D음이, D음보다 E음이, F음보다 G음이 한음 높고, 둘 중 낮은 음보다 반음 높은 음은 낮은 음의 이름 오른쪽에 #을 붙여 표시한다.

○ B음보다 C음이, E음보다 F음이 반음 높다.

〈가락〉

E D# E D# E B D C A A A B E G B C

① 0

② 1

③ 2

④ 3

⑤ 4

문 16. 다음 글을 근거로 판단할 때, 〈상황〉의 ㉠과 ㉡을 옳게 짝지은 것은?

채용에서 가장 중요한 점은 조직에 적합한 인재의 선발, 즉 필요한 수준의 기본적 직무적성·태도 등 전반적 잠재력을 가진 지원자를 선발하는 것이다. 그러나 채용 과정에서 적합한 사람을 채용하지 않거나, 적합하지 않은 사람을 채용하는 경우도 있다. 적합한 지원자 중 탈락시킨 지원자의 비율을 오탈락률이라 하고, 적합하지 않은 지원자 중 채용한 지원자의 비율을 오채용률이라 한다.

〈상황〉

甲회사의 신입사원 채용 공고에 1,200명이 지원하여, 이 중에 360명이 채용되었다. 신입사원 채용 후 조사해 보니 1,200명의 지원자 중 회사에 적합한 지원자는 800명이었고, 적합하지 않은 지원자는 400명이었다. 채용된 360명의 신입사원 중 회사에 적합하지 않은 인원은 40명으로 확인되었다. 이에 따르면 오탈락률은 (㉠)%이고, 오채용률은 (㉡)%이다.

	㉠	㉡
①	40	5
②	40	10
③	55	10
④	60	5
⑤	60	10

문 17. 다음 글과 〈상황〉을 근거로 판단할 때, 甲, 乙, 丙의 자동차 번호 끝자리 숫자의 합으로 가능한 최댓값은?

○ A사는 자동차 요일제를 시행하고 있으며, 각 요일별로 운행할 수 없는 자동차 번호 끝자리 숫자는 아래와 같다.

요일	월	화	수	목	금
숫자	1, 2	3, 4	5, 6	7, 8	9, 0

○ 미세먼지 비상저감조치가 시행될 경우 A사는 자동차 요일제가 아닌 차량 홀짝제를 시행한다. 차량 홀짝제를 시행하는 날에는 시행일이 홀수이면 자동차 번호 끝자리 숫자가 홀수인 차량만 운행할 수 있고, 시행일이 짝수이면 자동차 번호 끝자리 숫자가 홀수가 아닌 차량만 운행할 수 있다.

〈상황〉

A사의 직원인 甲, 乙, 丙은 12일(월)부터 16일(금)까지 5일 모두 출근했고, 12일, 13일, 14일에는 미세먼지 비상저감조치가 시행되었다. 자동차 요일제와 차량 홀짝제로 인해 자동차를 운행할 수 없는 경우를 제외하면, 3명 모두 자신이 소유한 자동차로 출근을 했다. 다음은 甲, 乙, 丙이 16일에 출근한 후 나눈 대화이다.

○ 甲: 나는 12일에 내 자동차로 출근을 했어. 따져 보니 이번 주에 총 4일이나 내 자동차로 출근했어.

○ 乙: 저는 이번 주에 이틀만 제 자동차로 출근했어요.

○ 丙: 나는 이번 주엔 13일, 15일, 16일만 내 자동차로 출근할 수 있었어.

※ 甲, 乙, 丙은 자동차를 각각 1대씩 소유하고 있다.

① 14
② 16
③ 18
④ 20
⑤ 22

문 18. 다음 글을 근거로 판단할 때, 방에 출입한 사람의 순서는?

방에는 1부터 6까지의 번호가 각각 적힌 6개의 전구가 다음과 같이 놓여있다.

	왼쪽 ←					→ 오른쪽
전구 번호	1	2	3	4	5	6
상태	켜짐	켜짐	켜짐	꺼짐	꺼짐	꺼짐

총 3명(A~C)이 각각 한 번씩 홀로 방에 들어가 자신이 정한 규칙에 의해서만 전구를 켜거나 끄고 나왔다.

○ A는 번호가 3의 배수인 전구가 켜진 상태라면 그 전구를 끄고, 꺼진 상태라면 그대로 둔다.

○ B는 번호가 2의 배수인 전구가 켜진 상태라면 그 전구를 끄고, 꺼진 상태라면 그 전구를 켠다.

○ C는 3번 전구는 그대로 두고, 3번 전구를 기준으로 왼쪽과 오른쪽 중 켜진 전구의 개수가 많은 쪽의 전구를 전부 끈다. 다만 켜진 전구의 개수가 같다면 양쪽에 켜진 전구를 모두 끈다.

마지막 사람이 방에서 나왔을 때, 방의 전구는 모두 꺼져 있었다.

① A - B - C
② A - C - B
③ B - A - C
④ B - C - A
⑤ C - B - A

문 19. 다음 글을 근거로 판단할 때, 〈보기〉에서 옳은 것만을 모두 고르면?

K국의 「영유아보육법」은 영유아가 안전하고 쾌적한 환경에서 건강하게 성장할 수 있도록 다음과 같이 어린이집의 보육교사 최소 배치 기준을 규정하고 있다.

연령	보육교사 대 영유아비율
(1) 만 1세 미만	1:3
(2) 만 1세 이상 만 2세 미만	1:5
(3) 만 2세 이상 만 3세 미만	1:7

위와 같이 각 연령별로 반을 편성하고 각 반마다 보육교사를 배치하되, 다음 기준에 따라 혼합반을 운영할 수 있다.

혼합반 편성	보육교사 대 영유아비율
(1)과 (2)	1:3
(2)와 (3)	1:5
(1)과 (3)	편성 불가능

〈보기〉

ㄱ. 만 1세 미만 영유아 4명, 만 1세 이상 만 2세 미만 영유아 5명을 보육하는 어린이집은 보육교사를 최소 3명 배치해야 한다.
ㄴ. 만 1세 이상 만 2세 미만 영유아 6명, 만 2세 이상 만 3세 미만 영유아 12명을 보육하는 어린이집은 보육교사를 최소 3명 배치해야 한다.
ㄷ. 만 1세 미만 영유아 1명, 만 2세 이상 만 3세 미만 영유아 2명을 보육하는 어린이집은 보육교사를 최소 1명 배치해야 한다.

① ㄱ
② ㄴ
③ ㄷ
④ ㄱ, ㄴ
⑤ ㄱ, ㄷ

문 20. 다음 글과 〈상황〉을 근거로 판단할 때, 〈보기〉에서 옳은 것만을 모두 고르면?

K대학교 교과목 성적 평정(학점)은 총점을 기준으로 상위 점수부터 하위 점수까지 A^+, A^0, B^+ ~ F순으로 한다. 각 등급별 비율은 아래 〈성적 평정 기준표〉를 따르되, 상위 등급의 비율을 최대 기준보다 낮게 배정할 경우에는 잔여 비율을 하위 등급 비율에 가산하여 배정할 수 있다. 예컨대 A등급 배정 비율은 10 ~ 30%이나, 만일 25%로 배정한 경우에는 잔여 비율인 5%를 하위 등급 하나에 배정하거나 여러 하위 등급에 나누어 배정할 수 있다. 한편 A, B, C, D 각 등급 내에서 +와 0의 비율은 교수 재량으로 정할 수 있다.

〈성적 평정 기준표〉

등급	A		B		C		D		F
학점	A^+	A^0	B^+	B^0	C^+	C^0	D^+	D^0	F
비율 (%)	10~30		20~35		20~40		0~40		0~40

※ 평정대상 총원 중 해당 등급 인원 비율

〈상황〉

〈△△교과목 성적산출 자료〉

성명	총점	순위	성명	총점	순위
양다경	99	1	양대원	74	11
이지후	97	2	권치원	72	12
이태연	93	3	김도윤	68	13
남소연	89	4	권세연	66	14
김윤채	86	5	남원중	65	15
엄선민	84	6	권수진	64	16
이태근	79	7	양호정	61	17
김경민	78	8	정호채	59	18
이연후	77	9	이신영	57	19
엄주용	75	10	전희연	57	19

※ 평정대상은 총 20명임

〈보기〉

ㄱ. 평정대상 전원에게 C^+ 이상의 학점을 부여할 수 있다.
ㄴ. 79점을 받은 학생이 받을 수 있는 가장 낮은 학점은 B^0이다.
ㄷ. 5명에게 A등급을 부여하면, 최대 8명의 학생에게 B^+ 학점을 부여할 수 있다.
ㄹ. 59점을 받은 학생에게 부여할 수 있는 학점은 C^+, C^0, D^+, D^0, F 중 하나이다.

① ㄱ, ㄴ
② ㄱ, ㄹ
③ ㄷ, ㄹ
④ ㄱ, ㄷ, ㄹ
⑤ ㄴ, ㄷ, ㄹ

문 21. 다음 글을 근거로 판단할 때, A시에서 B시까지의 거리는?

> 甲은 乙이 운전하는 자동차를 타고 A시에서 B시를 거쳐 C시로 가는 중이었다. A, B, C는 일직선상에 순서대로 있으며, 乙은 자동차를 일정한 속력으로 운전하여 도시 간 최단 경로로 이동했다. A시를 출발한 지 20분 후 甲은 乙에게 지금까지 얼마나 왔는지 물어보았다.
> "여기서부터 B시까지 거리의 딱 절반만큼 왔어."라고 乙이 대답하였다.
> 그로부터 75km를 더 간 후에 甲은 다시 물어보았다.
> "C시까지는 얼마나 남았지?"
> 乙은 다음과 같이 대답했다.
> "여기서부터 B시까지 거리의 딱 절반만큼 남았어."
> 그로부터 30분 뒤에 甲과 乙은 C시에 도착하였다.

① 35km
② 40km
③ 45km
④ 50km
⑤ 55km

문 22. 다음 〈상황〉과 〈대화〉를 근거로 판단할 때 6월생은?

─〈상황〉─

○ 같은 해에 태어난 5명(지나, 정선, 혜명, 민경, 효인)은 각자 자신의 생일을 알고 있다.
○ 5명은 자신을 제외한 나머지 4명의 생일이 언제인지는 모르지만, 3월생이 2명, 6월생이 1명, 9월생이 2명이라는 사실은 알고 있다.
○ 아래 〈대화〉는 5명이 한 자리에 모여 나눈 대화를 순서대로 기록한 것이다.
○ 5명은 〈대화〉의 진행에 따라 상황을 논리적으로 판단하고, 솔직하게 대답한다.

─〈대화〉─

민경: 지나야, 네 생일이 5명 중에서 제일 빠르니?
지나: 그럴 수도 있지만 확실히는 모르겠어.
정선: 혜명아, 네가 지나보다 생일이 빠르니?
혜명: 그럴 수도 있지만 확실히는 모르겠어.
지나: 민경아, 넌 정선이가 몇 월생인지 알겠니?
민경: 아니, 모르겠어.
혜명: 효인아, 넌 민경이보다 생일이 빠르니?
효인: 그럴 수도 있지만 확실히는 모르겠어.

① 지나
② 정선
③ 혜명
④ 민경
⑤ 효인

문 23. 다음 글과 〈상황〉을 근거로 판단할 때 옳은 것은?

○○시는 A정류장을 출발지로 하는 40인승 시내버스를 운영하고 있다. 승객은 정류장에서만 시내버스에 승·하차할 수 있다. 또한 시내버스는 좌석제로 운영되어 버스에 빈 좌석이 없는 경우 승객은 더 이상 승차할 수 없으며, 탑승객 1인은 1개의 좌석을 차지한다.

한편 ○○시는 애플리케이션을 통해 시내버스의 구간별 혼잡도 정보를 제공한다. 탑승객이 0~5명일 때는 '매우 쾌적', 6~15명일 때는 '쾌적', 16~25명일 때는 '보통', 26~35명일 때는 '혼잡', 36~40명일 때는 '매우 혼잡'으로 표시된다.

구간별 혼잡도는 시내버스의 한 정류장에서 다음 정류장까지 탑승객의 수를 측정하여 표시한다. 예를 들어 'A-B' 구간의 혼잡도는 A정류장에서 출발한 후 B정류장에 도착하기 전까지 탑승객의 수에 따라 표시된다.

※ 버스기사는 고려하지 않는다.

〈상황〉

A정류장에서 07:00에 출발한 시내버스의 〈승·하차내역〉과 〈구간별 혼잡도 정보〉는 다음과 같다.

〈승·하차내역〉

정류장	승차(명)	하차(명)
A	20	0
B	(㉠)	10
C	5	( )
D	( )	10
E	15	( )
F	0	( )

※ 승·하차는 동시에 이루어진다.

〈구간별 혼잡도 정보〉

구간	표시
A-B	(㉡)
B-C	매우 혼잡
C-D	매우 혼잡
D-E	(㉢)
E-F	보통

① C정류장에서 하차한 사람은 아무도 없다.
② E정류장에서 하차한 사람은 10명 이하이다.
③ ㉠에 들어갈 수 있는 최솟값과 최댓값의 합은 55이다.
④ ㉡은 혼잡이다.
⑤ ㉢은 혼잡 또는 매우 혼잡이다.

문 24. 다음 글을 근거로 판단할 때, 〈보기〉에서 옳은 것만을 모두 고르면?

사슴은 맹수에게 계속 괴롭힘을 당하자 자신을 맹수로 바꾸어 달라고 산신령에게 빌었다. 사슴을 불쌍하게 여긴 산신령은 사슴에게 남은 수명 중 n년(n은 자연수)을 포기하면 여생을 아래 5가지의 맹수 중 하나로 살 수 있게 해주겠다고 했다.

사슴으로 살 경우의 1년당 효용은 40이며, 다른 맹수로 살 경우의 1년당 효용과 그 맹수로 살기 위해 사슴이 포기해야 하는 수명은 아래의 〈표〉와 같다. 예를 들어 사슴의 남은 수명이 12년일 경우 사슴으로 계속 산다면 12 × 40 = 480의 총 효용을 얻지만, 독수리로 사는 것을 선택한다면 (12 - 5) × 50 = 350의 총 효용을 얻는다.

사슴은 여생의 총 효용이 줄어드는 선택은 하지 않으며, 포기해야 하는 수명이 사슴의 남은 수명 이상인 맹수는 선택할 수 없다. 1년당 효용이 큰 맹수일수록, 사슴은 그 맹수가 되기 위해 더 많은 수명을 포기해야 한다. 사슴은 자신의 남은 수명과 〈표〉의 '?'로 표시된 수를 알고 있다.

〈표〉

맹수	1년당 효용	포기해야 하는 수명(년)
사자	250	14
호랑이	200	?
곰	170	11
악어	70	?
독수리	50	5

〈보기〉

ㄱ. 사슴의 남은 수명이 13년이라면, 사슴은 곰을 선택할 것이다.
ㄴ. 사슴의 남은 수명이 20년이라면, 사슴은 독수리를 선택하지는 않을 것이다.
ㄷ. 호랑이로 살기 위해 포기해야 하는 수명이 13년이라면, 사슴의 남은 수명에 따라 사자를 선택했을 때와 호랑이를 선택했을 때 여생의 총 효용이 같은 경우가 있다.

① ㄴ
② ㄷ
③ ㄱ, ㄴ
④ ㄴ, ㄷ
⑤ ㄱ, ㄴ, ㄷ

문 25. 다음 글과 〈상황〉을 근거로 판단할 때, 〈보기〉에서 옳은 것만을 모두 고르면?

소송절차의 '정지'란 소송이 개시된 뒤 절차가 종료되기 전에 소송절차가 법률상 진행되지 않는 상태를 말한다. 여기에는 '중단'과 '중지'가 있다.

소송절차의 중단은 소송진행 중 당사자에게 소송을 수행할 수 없는 사유가 발생하였을 경우, 새로운 소송수행자가 나타나 소송에 관여할 수 있을 때까지 법률상 당연히 절차진행이 정지되는 것이다. 예컨대 당사자가 사망한 경우, 그 상속인이 소송을 수행할 수 있을 때까지 절차진행이 정지되며, 이후 상속인의 수계신청 또는 법원의 속행명령에 의해 중단이 해소되고 절차는 다시 진행된다. 다만 사망한 당사자에게 이미 변호사가 소송대리인으로 선임되어 있을 때는 변호사가 소송을 대리하는 데 지장이 없으므로 절차는 중단되지 않는다. 소송대리인인 변호사의 사망도 중단사유가 아니다. 당사자가 절차를 진행할 수 있기 때문이다.

소송절차의 중지는 법원이나 당사자에게 소송을 진행할 수 없는 장애가 생겼거나 진행에 부적당한 사유가 발생하여 법률상 당연히 또는 법원의 재판에 의하여 절차가 정지되는 것이다. 이는 새로운 소송수행자로 교체되지 않는다는 점에서 중단과 다르다. 소송절차의 중지에는 당연중지와 재판중지가 있다. 당연중지는 천재지변이나 그 밖의 사고로 법원이 직무수행을 할 수 없게 된 경우에 법원의 재판 없이 당연히 절차진행이 정지되는 것을 말한다. 이 경우 법원의 직무수행불능 상태가 소멸함과 동시에 중지도 해소되고 절차는 진행된다. 재판중지는 법원이 직무수행을 할 수 있지만 당사자가 법원에 출석하여 소송을 진행할 수 없는 장애사유가 발생한 경우, 예컨대 전쟁이나 그 밖의 사유로 교통이 두절되어 당사자가 출석할 수 없는 경우에 법원의 재판에 의해 절차진행이 정지되는 것을 의미한다. 이때는 법원의 취소재판에 의하여 중지가 해소되고 절차는 진행된다.

※ 수계신청: 법원에 대해 중단된 절차의 속행을 구하는 신청

─────〈상황〉─────

원고 甲과 피고 乙 사이에 대여금반환청구소송이 A법원에서 진행 중이다. 甲은 변호사 丙을 소송대리인으로 선임하였지만, 乙은 소송대리인을 선임하지 않았다.

─────〈보기〉─────

ㄱ. 소송진행 중 甲이 사망하였다면, 절차진행은 중단되며 甲의 상속인의 수계신청에 의해 중단이 해소되고 절차가 진행된다.

ㄴ. 소송진행 중 丙이 사망하였다면, 절차진행은 중단되며 甲이 새로운 변호사를 소송대리인으로 선임하면 중단은 해소되고 절차가 진행된다.

ㄷ. 소송진행 중 A법원의 건물이 화재로 전소(全燒)되어 직무수행이 불가능해졌다면, 절차진행은 중단되며 이후 A법원의 속행명령이 있으면 절차가 진행된다.

ㄹ. 소송진행 중 乙이 거주하고 있는 장소에서만 발생한 지진으로 교통이 두절되어 乙이 A법원에 출석할 수 없는 경우, A법원의 재판에 의해 절차진행이 중지되며 이후 A법원의 취소재판에 의해 중지는 해소되고 절차가 진행된다.

① ㄹ
② ㄱ, ㄴ
③ ㄱ, ㄹ
④ ㄴ, ㄷ
⑤ ㄷ, ㄹ

※ 수고하셨습니다.
※ 기출문제편 맨 마지막에 있는 OMR 카드에 마킹을 하세요.

정답과 분석해설편 ▶ P.278

기회를 찾아야
기회를 만든다.

– 패티 헨슨(Patty Hansen)

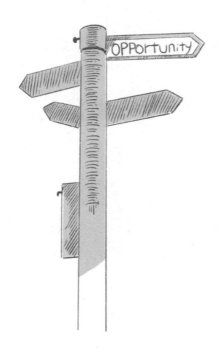

2018년도 국가공무원
5급 및 7급 민간경력자 일괄채용 필기시험

응시번호	
성 명	

문제책형
㉮ 책형

【시 험 과 목】

제1영역	언어논리
제2영역	자료해석
제3영역	상황판단

<< 응시자 주의사항 >>

1. 시험시작 전에 시험문제를 열람하는 행위와 시험종료 후 답안지를 작성하는 행위는 공무원임용시험령 제51조에 의거 부정행위자로 처리됩니다.

2. 답안지 책형란의 책형표기는 시험시작 전 문제책 표지 앞면에 인쇄된 책형을 확인한 후 표기하시기 바랍니다.

3. 시험시작 즉시 과목편철 순서, 문제누락 여부, 인쇄상태 이상 유무 및 표지와 개별과목의 문제책형 일치여부 등을 확인한 후 문제책 표지에 응시번호, 성명을 기재합니다.

4. 시험이 시작되면 문제를 주의 깊게 읽은 후, 문항의 취지에 가장 적합한 하나의 정답만을 고르며, 문제내용에 관한 질문은 받지 않습니다.

5. 시험시간관리의 책임은 전적으로 수험생 본인에게 있습니다. 시험감독관의 시험종료 예고시간 고지 안내 및 시험실 내 비치된 시계가 있는 경우라도 시간이 정확하지 않을 수 있으니 본인의 시계로 반드시 확인하시기 바랍니다.

6. 시험시간은 영역별 60분씩입니다.

제1영역 언어논리

1초 합격예측! 모바일 성적결과분석표 발급 서비스

QR 코드로 접속하여 문제 풀이 시간을 측정하고, 자동채점 & 성적결과분석 서비스를 통해 지금 바로 실력을 점검해 보세요.
◀ http://eduwill.kr/DvU6

풀이 시간	• 시작: _____시 _____분 ~ 종료: _____시 _____분
	• 총 : _____분

문 1. 다음 글의 빈칸에 들어갈 진술로 가장 적절한 것은?

　　조선 후기에는 이앙법이 전국적으로 확산되었다. 이앙법을 수용하면 잡초 제거에 드는 시간과 노동력이 줄어든다. 상당수 역사학자들은 조선 후기 이앙법의 확대 수용 결과 광작(廣作)이 확산되고 상업적 농업 경영이 가능하게 되었다고 생각한다. 즉 한 사람이 경작할 수 있는 면적이 늘어남은 물론 많은 양의 다양한 농작물 수확이 가능하게 되어 판매까지 활성화되었다는 것이다. 그 결과 양반과 농민 가운데 다수의 부농이 나타나게 되었다고 주장한다.

　　그런데 A는 조선 후기에 다수의 양반이 광작을 통해 부농이 되었다는 주장을 근거가 없다고 비판한다. 그에 의하면 조선 전기에는 자녀 균분 상속이 일반적이었다. 그런데 균분 상속을 하게 되면 자식들이 소유하게 될 땅의 면적이 선대에 비해 줄어들게 된다. 이에 조선 후기 양반들은 가문의 경제력을 보전해야 한다고 생각해 대를 이을 장자에게만 전답을 상속해주기 시작했고, 그 결과 장자를 제외한 사람들은 영세한 소작인으로 전락했다는 것이 그의 주장이다.

　　또한 A는 조선 후기의 대다수 농민은 소작인이었으며, 그나마 이들이 소작할 수 있는 땅도 적었다고 주장한다. 그는 반복된 자연재해로 전답의 상당수가 황폐해져 전체적으로 경작지가 줄어들었기 때문에 이앙법 확산의 효과를 기대하기 어려운 여건이었다고 하였다. 이런 여건에서 정부의 재정 지출 증가로 농민의 부세 부담 또한 늘어났고, 늘어난 부세를 부담하기 위해 한정된 경작지에 되도록 많은 작물을 경작하려 한 결과 집약적 농업이 성행하게 되었다고 보았다. 그런데 집약적으로 농사를 짓게 되면 농업 생산력이 높아질 리 없다는 것이 그의 주장이다. 가령 면화를 재배하면서도 동시에 다른 작물을 면화 사이에 심어 기르는 경우가 많았는데, 이렇듯 제한된 면적에 한꺼번에 많은 양의 작물을 재배하면 지력이 떨어지고 수확량은 줄어들어 자연히 시장에 농산물을 내다팔 여력이 거의 없게 된다는 것이다.

　　요컨대 A의 주장은 □□□□□□□□□□□□□□는 것이다.

문 2. 다음 글의 ㉠~㉤에서 전체 흐름과 맞지 않는 한곳을 찾아 수정할 때, 가장 적절한 것은?

　　상업적 농업이란 전통적인 자급자족 형태의 농업과 달리 ㉠판매를 위해 경작하는 농업을 일컫는다. 농업이 상업화된다는 것은 산출할 수 있는 최대의 수익을 얻기 위해 경작이 이루어짐을 뜻한다. 이를 위해 쟁기질, 제초작업 등과 같은 생산 과정의 일부를 인간보다 효율이 높은 기계로 작업하게 되고, 농장에서 일하는 노동자도 다른 산업 분야처럼 경영상의 이유에 따라 쉽게 고용되고 해고된다. 이처럼 상업적 농업의 도입은 근대 사회의 상업화를 촉진한 측면이 있다.

　　홉스봄은 18세기 유럽에 상업적 농업이 도입되면서 일어난 몇 가지 변화에 주목했다. 중세 말기 장원의 해체로 인해 지주와 소작인 간의 인간적이었던 관계가 사라진 것처럼, ㉡농장주와 농장 노동자의 친밀하고 가까웠던 관계가 상업적 농업의 도입으로 인해 사라졌다. 토지는 삶의 터전이라기보다는 수익의 원천으로 여겨지게 되었고, 농장 노동자는 시세대로 고용되어 임금을 받는 존재로 변화하였다. 결국 대량 판매 시장을 위한 ㉢대규모 생산이 점점 더 강조되면서 기계가 인간을 대체하기 시작했다.

　　또한 상업적 농업의 도입은 중요한 사회적 결과를 가져왔다. 점차적으로 ㉣중간 계급으로의 수렴현상이 나타난 것이다. 저임금 구조의 고착화로 농장주와 농장 노동자 간의 소득 격차는 갈수록 벌어졌고, 농장 노동자의 처지는 위생과 복지의 양측면에서 이전보다 더욱 열악해졌다.

　　나아가 상업화로 인해 그동안 호혜성의 원리가 적용되어왔던 대상들의 성격이 변화하였는데, 특히 돈과 관련된 것, 즉 재산권이 그러했다. 수익을 얻기 위한 토지 매매가 본격화되면서 ㉤재산권은 공유되기보다는 개별화되었다. 이에 따라 이전에 평등주의 가치관이 우세했던 일부 유럽 국가에서조차 자원의 불평등한 분배와 사회적 양극화가 심화되었다.

① ㉠을 "개인적인 소비를 위해 경작하는 농업"으로 고친다.
② ㉡을 "농장주와 농장 노동자의 이질적이고 사용 관계에 가까웠던 관계"로 고친다.

① 이앙법의 확산 효과는 시기별, 신분별로 다르게 나타났다
② 자녀 균분 상속제가 사라져 농작물 수확량이 급속히 감소하였다
③ 집약적 농업이 성행하였기 때문에 이앙법의 확산을 기대하기 어려웠다
④ 조선 후기에는 양반이든 농민이든 부농으로 성장할 수 있는 가능성이 높지 않았다
⑤ 대다수 농민이 광작과 상업적 농업에 주력했음에도 불구하고 자연재해로 인해 생산력은 오히려 낮아졌다

③ ㉢을 "기술적 전문성이 점점 더 강조되면서 인간이 기계를 대체"로 고친다.

④ ㉣을 "계급의 양극화가 나타난 것이다."로 고친다.

⑤ ㉤을 "재산권은 개별화되기보다는 사회 구성원 내에서 공유되었다."로 고친다.

문 3. 다음 글에서 알 수 있는 것은?

공동의 번영과 조화를 뜻하는 공화(共和)에서 비롯된 공화국이라는 용어는 국가라는 정치 공동체 전체를 위해 때로는 개인의 양보가 필요할 수 있음을 전제하고 있다는 점에서 사회적 공공성 개념과 연결된다. 이미 1919년 임시정부가 출범하면서 '민주공화국'이라는 표현이 등장하였고 헌법 제1조에도 '대한민국은 민주공화국'이라고 명시되어 있지만, 분단 이후 북한도 '공화국'이라는 용어를 사용함에 따라 한국에서는 이 용어의 사용이 기피되었다. 냉전 체제의 고착화로 인해 반공이 국시가 되면서 '공화국'보다는 오히려 '자유민주주의'라는 용어가 훨씬 더 널리 사용되었는데, 이때에도 민주주의보다는 자유가 강조되었다.

그런데 해방 이후 한국 사회에 널리 유포된 자유의 개념은 대체로 서구의 고전적 자유주의 전통에서 비롯된 것이다. 이 전통에서 보자면, 자유란 '국가의 강제에 대립하여 자신의 사유 재산권을 자기 마음대로 행사할 수 있는 것'을 의미한다. 이 같은 자유 개념에 기초하고 있는 자유민주주의에서는 개인의 자유를 강조할수록 사회적 공공성은 약화될 수밖에 없다.

자유민주주의가 1960년대 이후 급속히 팽배하기 시작한 개인주의와 결합하면서 사회적 공공성은 더욱 후퇴하였다. 이 시기 군사정권이 내세웠던 "잘 살아보세."라는 표어는 우리 공동체 전체가 다 함께 잘 사는 것이라기보다는 사실상 나 또는 내 가족만큼은 잘 살아보자는 개인적 욕망의 합리화를 의미했다. 그 결과 공동체 전체의 번영을 위한 사회 전반의 공공성이 강화되기보다는 사유 재산의 증대를 위해 국가의 간섭을 배제해야 한다는 논리가 강화되었던 것이다.

① 한국 사회에서 자유민주주의라는 용어는 공화국의 이념을 충실하게 수용한 것이다.

② 임시정부에서 민주공화국이라는 용어를 사용한 것은 자유 주의 전통에 따른 것이다.

③ 고전적 자유주의에서 비롯된 자유 개념을 강조할수록 사회적 공공성이 약화될 수 있다.

④ 반공이 국시가 된 이후 국가 공동체에 대한 충성을 강조한 결과 공공성에 대한 관심이 증대되었다.

⑤ 1960년대 이후 개인주의와 자유민주주의의 결합은 공동체 전체의 번영이라는 사회적 결과를 낳았다.

문 4. 다음 글에서 알 수 있는 것은?

구글의 디지털도서관은 출판된 모든 책을 디지털화하여 온라인을 통해 제공하는 프로젝트이다. 이는 전 세계 모든 정보를 취합하여 정리한다는 목표에 따라 진행되며, 이미 1,500만 권의 도서를 스캔하였다. 덕분에 셰익스피어 저작집 등 저작권 보호 기간이 지난 책들이 무료로 서비스되고 있다.

이에 대해 미국 출판업계가 소송을 제기하였고, 2008년에 구글이 1억 2,500만 달러를 출판업계에 지급하는 것으로 양자 간 합의안이 도출되었다. 그러나 연방법원은 이 합의안을 거부하였다. 디지털도서관은 많은 사람들에게 혜택을 줄 수 있지만, 이는 구글의 시장독점을 초래할 우려가 있으며, 저작권 침해의 소지도 있기에 저작권자도 소송에 참여하라고 주문하였다.

구글의 지식 통합 작업은 많은 이점을 가져오겠지만, 모든 지식을 한곳에 집중시키는 것이 옳은 방향인가에 대해서는 숙고가 필요하다. 문명사회를 지탱하고 있는 사회계약이란 시민과 국가 간의 책임과 권리에 관한 암묵적 동의이며, 집단과 구성원 간, 또는 개인 간의 계약을 의미한다. 이러한 계약을 위해서는 쌍방이 서로에 대해 비슷한 정도의 지식을 가지고 있어야 한다는 전제조건이 충족되어야 한다. 그런데 지식 통합 작업을 통한 지식의 독점은 한쪽 편이 상대방보다 훨씬 많은 지식을 가지는 지식의 비대칭성을 강화한다. 따라서 사회계약의 토대 자체가 무너질 수 있다. 또한 지식 통합 작업은 지식을 수집하여 독자들에게 제공하고자 하는 것이지만, 더 나아가면 지식의 수집뿐만 아니라 선별하고 배치하는 편집 권한까지 포함하게 된다. 이에 따라 사람들이 알아도 될 것과 그렇지 않은 것을 결정하는 막강한 권력을 구글이 갖게 되는 상황이 초래될 수 있다.

① 구글과 저작권자의 갈등은 소송을 통해 해결되었다.

② 구글의 지식 통합 작업은 사회계약의 전제조건을 더 공고하게 할 것이다.

③ 구글의 지식 통합 작업은 독자들과 구글 사이에 평등한 권력 관계를 확대할 것이다.

④ 구글의 디지털도서관은 지금까지 스캔한 1,500만 권의 책을 무료로 서비스하고 있다.

⑤ 구글의 지식 통합 작업은 지식의 수집에서 편집권을 포함하는 것까지 확대될 수 있다.

문 5. 다음 글에서 알 수 있는 것은?

체험사업을 운영하는 이들은 아이들에게 다양한 직업의 현장과 삶의 실상, 즉 현실을 체험하게 해 준다고 홍보한다. 직접 겪지 못하는 현실을 잠시나마 체험함으로써 미래에 더 좋은 선택을 할 수 있게 한다는 것이다. 체험은 생산자에게는 홍보와 돈벌이 수단이 되고, 소비자에게는 교육의 연장이자 주말 나들이 거리가 된다. 이런 필요와 전략이 맞물려 체험사업이 번성한다. 그러나 이때의 현실은 체험하는 사람의 필요와 여건에 맞추어 미리 짜놓은 현실, 치밀하게 계산된 현실이다. 다른 말로 하면 가상현실이다. 아이들의 상황을 고려해서 눈앞에 보일 만한 것, 손에 닿을 만한 것, 짧은 시간에 마칠 수 있는 것을 잘 계산해서 마련해 놓은 맞춤형 가상현실인 것이다. 눈에 보이지 않는 구조, 손에 닿지 않는 제도, 장기간 반복되는 일상은 체험 행사에서는 제공될 수 없다.

여기서 주목해야 할 것은 경험과 체험의 차이이다. 경험은 타자와의 만남이다. 반면 체험 속에서 인간은 언제나 자기 자신만을 볼 뿐이다. 타자들로 가득한 현실을 경험함으로써 인간은 스스로 변화하는 동시에 현실을 변화시킬 동력을 얻는다. 이와 달리 가상현실에서는 그것을 체험하고 있는 자신을 재확인하는 것으로 귀결되기 마련이다. 경험 대신 체험을 제공하는 가상현실은 실제와 가상의 경계를 모호하게 할 뿐만 아니라 우리를 현실에 순응하도록 이끈다. 요즘 미래 기술로 각광받는 디지털 가상현실 기술은 경험을 체험으로 대체하려는 오랜 시도의 결정판이다. 버튼 하나만 누르면 3차원으로 재현된 세계가 바로 앞에 펼쳐진다. 한층 빠르고 정교한 계산으로 구현한 가상현실은 우리에게 필요한 모든 것을 눈앞에서 체험할 수 있는 본격 체험사회를 예고하는 것만 같다.

① 체험사업은 장기간의 반복적 일상을 가상현실을 통해 경험하도록 해준다.
② 현실을 변화시킬 수 있는 동력은 체험이 아닌 현실을 경험함으로써 얻게 된다.
③ 가상현실은 실제와 가상 세계의 경계를 구분하여 자기 자신을 체험할 수 없도록 한다.
④ 체험사업은 아이들에게 타자와의 만남을 경험하게 해 줌으로써 경제적 이윤을 얻고 있다.
⑤ 디지털 가상현실 기술은 아이들에게 현실을 경험하게 함으로써 미래에 더 좋은 선택을 하도록 돕는다.

문 6. 다음 글에서 알 수 없는 것은?

고대에는 별이 뜨고 지는 것을 통해 방위를 파악했다. 최근까지 서태평양 캐롤라인 제도의 주민은 현대식 항해 장치 없이도 방위를 파악하여 카누 하나만으로 드넓은 열대 바다를 항해하였다. 인류학자들에 따르면, 그들은 별을 나침반처럼 이용하여 여러 섬을 찾아다녔고 이때의 방위는 북쪽의 북극성, 남쪽의 남십자성, 그 밖에 특별히 선정한 별이 뜨고 지는 것에 따라 정해졌다.

캐롤라인 제도는 적도의 북쪽에 있어서 그 주민들은 북쪽 수평선의 바로 위쪽에서 북극성을 볼 수 있다. 북극성은 천구의 북극점으로부터 매우 가까운 거리에서 작은 원을 그리며 공전한다. 천구의 북극점은 지구 자전축의 북쪽 연장선상에 있기 때문에 천구의 북극점에 있는 별은 공전을 하지 않고 정지된 것처럼 보인다. 이처럼 천구의 북극점에 있는 별을 제외하고 북극성을 포함한 별이 천구의 북극점을 중심으로 공전하는 것처럼 보이는 것은 지구가 자전하기 때문이다.

캐롤라인 제도의 주민이 북쪽을 찾기 위해 이용했던 북극성은 자기(磁氣) 나침반보다 더 정확하게 천구의 북극점을 가리킨다. 이는 나침반의 바늘이 지구의 자전축으로부터 거리가 멀리 떨어져 있는 지구자기의 북극점을 향하기 때문이다. 또한 천구의 남극점 근처에서 쉽게 관측할 수 있는 고정된 별은 없으므로 캐롤라인 제도의 주민은 남극점 자체를 볼 수 없다. 그러나 남십자성이 천구의 남극점 주위를 돌고 있으므로 남쪽을 파악하는 데는 큰 어려움이 없다.

① 고대에 사용되었던 방위 파악 방법 중에는 최근까지 이용된 것도 있다.
② 캐롤라인 제도의 주민은 밤하늘에 있는 남십자성을 이용하여 남쪽을 알아낼 수 있었다.
③ 지구 자전축의 연장선상에 별이 있다면, 밤하늘을 보았을 때 그 별은 정지된 것처럼 보인다.
④ 자기 나침반을 이용하면 북극성을 이용할 때보다 더 정확히 천구의 북극점을 찾을 수 있다.
⑤ 캐롤라인 제도의 주민이 관찰한 별이 천구의 북극점을 중심으로 공전하는 것처럼 보이는 이유는 지구가 자전하기 때문이다.

문 7. 다음 글의 ⓐ와 ⓑ에 들어갈 말을 〈보기〉에서 골라 적절하게 나열한 것은?

> 갈릴레오는 망원경으로 목성을 항상 따라다니는 네 개의 위성을 관찰하였다. 이 관찰 결과는 지동설을 지지해 줄 수 있는 것이었다. 당시 지동설에 대한 반대 논증 중 하나는 다음과 같은 타당한 논증이었다.
> 　　(가)　　　ⓐ　　　.
> 　　(나) 달은 지구를 항상 따라 다닌다.
> 따라서 (다) 지구는 공전하지 않는다.
>
> 　갈릴레오의 관찰 결과는 이 논증의 (가)를 반박할 수 있는 것이었다. 왜냐하면 목성이 공전한다는 것은 당시 천동설 학자들도 받아들이고 있었고 그의 관찰로 인해 위성들이 공전하는 목성을 따라다닌다는 것이 밝혀지는 셈이기 때문이다. 그런데 문제는 당시의 학자들이 망원경을 통한 관찰을 신뢰하지 않는다는 데 있었다. 당시 학자들 대부분은 육안을 통한 관찰로만 실제 존재를 파악할 수 있다고 믿었다. 따라서 갈릴레오는 망원경을 통한 관찰이 육안을 통한 관찰만큼 신뢰할 만하다는 것을 입증해야 했다. 이를 보이기 위해 그는 '빛 번짐 현상'을 활용하였다.
> 　빛 번짐 현상이란, 멀리 떨어져 있는 작고 밝은 광원을 어두운 배경에서 볼 때 실제 크기보다 광원이 크게 보이는 현상이다. 육안으로 금성을 관찰할 경우, 금성이 주변 환경에 비해 더 밝게 보이는 밤에 관찰하는 것보다 낮에 관찰하는 것이 더 정확하다. 그런데 낮에 관찰한 결과는 연중 금성의 외견상 크기가 변한다는 것을 보여 준다.
> 　그렇다면 망원경을 통한 관찰이 신뢰할 만하다는 것은 어떻게 보일 수 있었을까? 갈릴레오는 밤에 금성을 관찰할 때 망원경을 사용하면 빛 번짐 현상을 없앨 수 있다는 것을 강조하면서 다음과 같은 논증을 펼쳤다.
> 　　(라)　　　ⓑ　　　면, 망원경에 의한 관찰 자료를 신뢰할 수 있다.
> 　　(마)　　　ⓑ　　　.
> 따라서 (바) 망원경에 의한 관찰 자료를 신뢰할 수 있다.
> 　결국 갈릴레오는 (마)를 입증함으로써, (바)를 보일 수 있었다.

〈보기〉

ㄱ. 지구가 공전한다면, 달은 지구를 따라 다니지 못한다

ㄴ. 달이 지구를 따라 다니지 못한다면, 지구는 공전한다

ㄷ. 낮에 망원경을 통해 본 금성의 크기 변화와 낮에 육안으로 관찰한 금성의 크기 변화가 유사하다

ㄹ. 낮에 망원경을 통해 본 금성의 크기 변화와 밤에 망원경을 통해 본 금성의 크기 변화가 유사하다

ㅁ. 낮에 육안으로 관찰한 금성의 크기 변화와 밤에 망원경을 통해 본 금성의 크기 변화가 유사하다

	ⓐ	ⓑ		ⓐ	ⓑ
①	ㄱ	ㄷ	②	ㄱ	ㅁ
③	ㄴ	ㄷ	④	ㄴ	ㄹ
⑤	ㄴ	ㅁ			

문 8. 다음 글에 대한 분석으로 적절한 것 만을 〈보기〉에서 모두 고르면?

> 　우리는 흔히 행위를 윤리적 관점에서 '해야하는 행위'와 '하지 말아야 하는 행위'로 구분한다. 그리고 전자에는 '윤리적으로 옳음'이라는 가치 속성을, 후자에는 '윤리적으로 그름'이라는 가치 속성을 부여한다. 그런데 윤리적 담론의 대상이 되는 행위 중에는 윤리적으로 권장되는 행위나 윤리적으로 허용되는 행위도 존재한다.
> 　윤리적으로 권장되는 행위는 자선을 베푸는 것과 같이 윤리적인 의무는 아니지만 윤리적으로 바람직하다고 판단되는 행위를 의미한다. 이와 달리 윤리적으로 허용되는 행위는 윤리적으로 그르지 않으면서 정당화 가능한 행위를 의미한다. 예를 들어, 응급환자를 태우고 병원 응급실로 달려가던 중 신호를 위반하고 질주하는 행위는 맥락에 따라 윤리적으로 정당화 가능한 행위라고 판단될 것이다. 우리가 윤리적으로 권장되는 행위나 윤리적으로 허용되는 행위에 대해 옳음이나 그름이라는 윤리적 가치 속성을 부여한다면, 이 행위들에는 윤리적으로 옳음이라는 속성이 부여될 것이다.
> 　이런 점에서 '윤리적으로 옳음'이란 윤리적으로 해야 하는 행위, 권장되는 행위, 허용되는 행위 모두에 적용되는 매우 포괄적인 용어임에 유의할 필요가 있다. '윤리적으로 옳은 행위가 무엇인가?'라는 질문에 답할 때, 이러한 포괄성을 염두에 두지 않고, 윤리적으로 해야 하는 행위, 즉 적극적인 윤리적 의무에 대해서만 주목하는 경향이 있다. 하지만 구체적인 행위에 대해 '윤리적으로 옳은가?'라는 질문을 할 때에는 위와 같은 분류를 바탕으로 해당 행위가 해야 하는 행위인지, 권장되는 행위인지, 혹은 허용되는 행위인지 따져 볼 필요가 있다.

〈보기〉

ㄱ. 어떤 행위는 그 행위가 이루어진 맥락에 따라 윤리적으로 허용되는지의 여부가 결정된다.

ㄴ. '윤리적으로 옳은 행위가 무엇인가?'라는 질문에 답하기 위해서는 적극적인 윤리적 의무에만 주목해야 한다.

ㄷ. 윤리적으로 권장되는 행위와 윤리적으로 허용되는 행위에 대해서는 윤리적으로 옳음이라는 가치 속성이 부여될 수 있다.

① ㄱ　　　　② ㄴ　　　　③ ㄱ, ㄷ

④ ㄴ, ㄷ　　　　⑤ ㄱ, ㄴ, ㄷ

문 9. 다음 글에서 추론할 수 없는 것은?

동물의 행동을 선하다거나 악하다고 평가할 수 없는 이유는 동물이 단지 본능적 욕구에 따라 행동할 뿐이기 때문이다. 오직 인간만이 욕구와 감정에 맞서서 행동할 수 있다. 인간만이 이성을 가지고 있다. 그러나 인간이 전적으로 이성적인 존재는 아니다. 다른 동물과 마찬가지로 인간 또한 감정과 욕구를 가진 존재다. 그래서 인간은 이성과 감정의 갈등을 겪게 된다.

그러한 갈등에도 불구하고 인간이 도덕적 행위를 할 수 있는 까닭은 이성이 우리에게 도덕적인 명령을 내리기 때문이다. 도덕적 명령에 따를 때에야 비로소 우리는 의무에서 비롯된 행위를 한 것이다. 만약 어떤 행위가 이성의 명령에 따른 것이 아닐 경우 그것이 결과적으로 의무와 부합할지라도 의무에서 나온 행위는 아니다. 의무에서 나온 행위가 아니라면 심리적 성향에서 비롯된 행위가 되는데, 심리적 성향에서 비롯된 행위는 도덕성과 무관하다. 불쌍한 사람을 보고 마음이 아파서 도움을 주었다면 이는 결국 심리적 성향에 따라 행동한 것이다. 그것은 감정과 욕구에 따른 것이기 때문에 도덕적 행위일 수가 없다.

감정이나 욕구와 같은 심리적 성향에 따른 행위가 도덕적일 수 없는 또 다른 이유는, 그것이 상대적이기 때문이다. 감정이나 욕구는 주관적이어서 사람마다 다르며, 같은 사람이라도 상황에 따라 변하기 마련이다. 때문에 이는 시공간을 넘어 모든 인간에게 적용될 수 있는 보편적인 도덕의 원리가 될 수 없다. 감정이나 욕구가 어떠하든지 간에 이성의 명령에 따르는 것이 도덕이다. 이러한 입장이 사랑이나 연민과 같은 감정에서 나온 행위를 인정하지 않는다거나 가치가 없다고 평가하는 것은 아니다. 단지 사랑이나 연민은 도덕적 차원의 문제가 아닐 뿐이다.

① 동물의 행위는 도덕적 평가의 대상이 아니다.

② 감정이나 욕구는 보편적인 도덕의 원리가 될 수 없다.

③ 심리적 성향에서 비롯된 행위는 도덕적 행위일 수 없다.

④ 이성의 명령에 따른 행위가 심리적 성향에 따른 행위와 일치하는 경우는 없다.

⑤ 인간의 행위 중에는 심리적 성향에서 비롯된 것도 있고 의무에서 나온 것도 있다.

문 10. 다음 글의 내용이 참일 때, 최종 선정되는 단체는?

○○부는 우수 문화예술 단체 A, B, C, D, E 중 한 곳을 선정하여 지원하려 한다. ○○부의 금번 선정 방침은 다음 두 가지다. 첫째, 어떤 형태로든 지원을 받고 있는 단체는 최종 후보가 될 수 없다. 둘째, 최종 선정 시 올림픽 관련 단체를 엔터테인먼트 사업(드라마, 영화, K-pop) 단체보다 우선한다.

A 단체는 자유무역협정을 체결한 갑국에 드라마 콘텐츠를 수출하고 있지만 올림픽과 관련된 사업은 하지 않는다. B는 올림픽의 개막식 행사를, C는 폐막식 행사를 각각 주관하는 단체다. E는 오랫동안 한국 음식문화를 세계에 보급해 온 단체다. A와 C 중 적어도 한 단체가 최종 후보가 되지 못한다면, 대신 B와 E 중 적어도 한 단체는 최종 후보가 된다. 반면 게임 개발로 각광을 받은 단체인 D가 최종 후보가 된다면, 한국과 자유무역협정을 체결한 국가와 교역을 하는 단체는 모두 최종 후보가 될 수 없다. 후보 단체들 중 가장 적은 부가가치를 창출한 단체는 최종 후보가 될 수 없고, 최종 선정은 최종 후보가 된 단체 중에서만 이루어진다.

○○부의 조사 결과, 올림픽의 개막식 행사를 주관하는 모든 단체는 이미 □□부로부터 지원을 받고 있다. 그리고 위 문화예술 단체 가운데 한국 음식문화 보급과 관련된 단체의 부가가치 창출이 가장 저조하였다.

① A

② B

③ C

④ D

⑤ E

문 11. 다음 글에서 알 수 있는 것은?

불교가 삼국에 전래될 때 대개 불경과 불상 그리고 사리가 들어왔다. 이에 예불을 올리고 불상과 사리를 모실 공간으로 사찰이 건립되었다. 불교가 전래된 초기에는 불상보다는 석가모니의 진신사리를 모시는 탑이 예배의 중심이 되었다.

불교에서 전하기를, 석가모니가 보리수 아래에서 열반에 든 후 화장(火葬)을 하자 여덟 말의 사리가 나왔다고 한다. 이것이 진신사리이며 이를 모시는 공간이 탑이다. 탑은 석가모니의 분신을 모신 곳으로 간주되어 사찰의 중심에 놓였다. 그러나 진신사리는 그 수가 한정되어 있었기 때문에 삼국시대 말기에는 사리를 대신하여 작은 불상이나 불경을 모셨다. 이제 탑은 석가모니의 분신을 모신 곳이 아니라 사찰의 상징적 건축물로 그 의미가 변했고, 예배의 중심은 탑에서 불상을 모신 금당으로 자연스럽게 옮겨 갔다.

삼국시대 사찰은 탑을 중심으로 하고 그 주위를 회랑*으로 두른 다음 부속 건물들을 정연한 비례에 의해 좌우대칭으로 배치하는 구성을 보였다. 그리하여 이 시기 사찰에서는 기본적으로 남문·중문·탑·금당·강당·승방 등이 남북으로 일직선상에 놓였다. 그리고 반드시 중문과 강당 사이를 회랑으로 연결하여 탑을 감쌌다. 동서양을 막론하고 모든 고대국가의 신전에는 이러한 회랑이 공통적으로 보이는데, 이는 신전이 성역임을 나타내기 위한 건축적 장치가 회랑이기 때문이다. 특히 삼국시대 사찰은 후대의 산사와 달리 도심 속 평지 사찰이었기 때문에 회랑이 필수적이었다.

※ 회랑: 종교 건축이나 궁궐 등에서 중요 부분을 둘러싸고 있는 지붕 달린 복도

① 삼국시대의 사찰에서 탑은 중문과 강당 사이에 위치한다.
② 진신사리를 모시는 곳은 탑에서 금당의 불상으로 바뀌었다.
③ 삼국시대 말기에는 진신사리가 부족하여 탑 안을 비워두었다.
④ 삼국시대 이후에는 평지 사찰과 산사를 막론하고 회랑을 세우지 않았다.
⑤ 탑을 사찰의 중심에 세웠던 것은 사찰이 성역임을 나타내기 위해서였다.

문 12. 다음 글의 내용 흐름상 가장 적절한 문단 배열의 순서는?

(가) 회전문의 축은 중심에 있다. 축을 중심으로 통상 네 짝의 문이 계속 돌게 되어 있다. 마치 계속 열려 있는 듯한 착각을 일으키지만, 사실은 네 짝의 문이 계속 안 또는 밖을 차단하도록 만든 것이다. 실질적으로는 열려 있는 순간 없이 계속 닫혀 있는 셈이다.

(나) 문은 열림과 닫힘을 위해 존재한다. 이 본연의 기능을 하지 못한다는 점에서 계속 닫혀 있는 문이 무의미하듯이, 계속 열려 있는 문 또한 그 존재 가치와 의미가 없다. 그런데 현대 사회의 문은 대부분의 경우 닫힌 구조로 사람들을 맞고 있다. 따라서 사람들을 환대하는 것이 아니라 박대하고 있다고 할 수 있다. 그 대표적인 예가 회전문이다. 가만히 회전문의 구조와 그 기능을 머릿속에 그려 보라. 그것이 어떤 식으로 열리고 닫히는지 알고는 놀랄 것이다.

(다) 회전문은 인간이 만들고 실용화한 문 가운데 가장 문명적이고 가장 발전된 형태로 보일지 모르지만, 사실상 열림을 가장한 닫힘의 연속이기 때문에 오히려 가장 야만적이며 가장 미개한 형태의 문이다.

(라) 또한 회전문을 이용하는 사람들은 회전문의 구조와 운동 메커니즘에 맞추어야 실수 없이 문을 통과해 안으로 들어가거나 밖으로 나올 수 있다. 어린아이, 허약한 사람, 또는 민첩하지 못한 노인은 쉽게 그것에 맞출 수 없다. 더구나 휠체어를 탄 사람이라면 더 말할 나위도 없다. 이들에게 회전문은 문이 아니다. 실질적으로 닫혀 있는 기능만 하는 문은 문이 아니기 때문이다.

① (가) - (나) - (라) - (다)
② (가) - (라) - (나) - (다)
③ (나) - (가) - (라) - (다)
④ (나) - (다) - (라) - (가)
⑤ (다) - (가) - (라) - (나)

문 13. 다음 글의 내용과 부합하는 것은?

유교 전통에서는 이상적 정치가 군주 개인의 윤리적 실천에 의해 실현된다고 보았을 뿐 윤리와 구별되는 정치 그 자체의 독자적 영역을 설정하지는 않았다. 달리 말하면 유교 전통에서는 통치자의 윤리만을 문제 삼았을 뿐, 갈등하는 세력들 간의 공존을 위한 정치나 정치제도에는 관심을 두지 않았다. 유교 전통의 이런 측면은 동아시아에서의 민주주의의 실현 가능성을 제한하였다.

'조화(調和)'를 이상으로 생각하는 유교의 전통 또한 차이와 갈등을 긍정하는 서구의 민주주의 정치 전통과는 거리가 있다. 유교 전통에 따르면, 인간의 행위와 사회 제도는 모두 자연의 운행처럼 조화를 이루어야 한다. 조화를 이루지 못하는 것은 근본적으로 그릇된 것이기 때문에 모든 것은 계절이 자연스럽게 변화하듯 조화를 실현해야 한다. 그러나 서구의 개인주의적 맥락에서 보자면 정치란 서로 다른 개인들 간의 갈등을 조정하는 제도적 장치를 마련하는 과정이었다. 그 결과 서구의 민주주의 사회에서는 다양한 정치적 입장들이 독자적인 형태를 취하면서 경쟁하며 공존할 수 있었다.

물론 유교 전통하에서도 다양한 정치적 입장들이 존재했다고 주장할 수 있다. 군주 절대권이 인정되었다고 해도, 실질적 국가운영을 맡았던 것은 문사(文士) 계층이었고 이들은 다양한 정치적 견해를 군주에게 전달할 수 있었다. 문사 계층은 윤리적 덕목을 군주가 실천하도록 함으로써 갈등 자체가 발생하지 않도록 힘썼다. 또한 이들은 유교 윤리에서 벗어난 군주의 그릇된 행위를 비판하기도 하였다. 그렇다고 하더라도 이들이 서구의 계몽사상가들처럼 기존의 유교적 질서와 다른 정치적 대안을 제시할 수는 없었다. 이들에게 정치는 윤리와 구별되는 독자적 영역으로 인식되지 못하였다.

① 유교 전통에서 사회적 갈등을 원활히 관리하지 못하는 군주는 교체될 수 있었다.

② 유교 전통에서 문사 계층은 기존 유교적 질서와 다른 정치적 대안을 제시하지는 못했다.

③ 조화를 강조하는 유교 전통에서는 서구의 민주주의와 다른 새로운 유형의 민주주의가 등장하였다.

④ 유교 전통에서는 조화의 이상에 따라 군주의 주도로 갈등하는 세력이 공존하는 정치가 유지될 수 있었다.

⑤ 군주의 통치 행위에 대해 다양하게 비판할 수 있었던 유교 전통으로 인해 동아시아에서 민주주의가 발전하였다.

문 14. 다음 글에서 알 수 없는 것은?

루머는 구전과 인터넷을 통해 확산되고, 그 과정에서 여러 사람들의 의견이 더해진다. 루머는 특히 사회적 불안감이 형성되었을 때 빠르게 확산되는데, 이는 사람들이 사회적·개인적 불안감을 해소하기 위한 수단으로 루머에 의지하기 때문이다.

나아가 루머가 확산되는 데는 사회적 동조가 중요한 영향을 미친다. 사회적 동조란 '다수의 의견이나 사회적 규범에 개인의 의견과 행동을 맞추거나 동화시키는 경향'을 뜻한다. 사회적 동조는 루머가 사실로 인식되고 대중적으로 수용되는 과정에서도 큰 영향력을 행사한다.

사회적 동조는 개인이 어떤 정보에 대해 판단하거나 그에 대한 태도를 결정하는 데 정당성을 제공한다. 다수의 의견을 따름으로써 어떤 정보를 믿는 것에 대한 합리적 이유를 갖게 되는 것이다. 실제로 루머에 대한 지지 댓글을 많이 본 사람들은 루머에 대한 반박 댓글을 많이 본 사람들에 비해 루머를 사실로 믿는 경향이 더욱 강한 것으로 나타났다. 또한 사회적 동조가 있는 상태에서는 개인의 성향과 상관없이 루머를 사실이라고 믿는 경우가 많았다.

사회적 동조의 또 다른 역할은 사람들이 자신의 의견을 제시할 때 사회적 분위기를 고려하게 하는 것이다. 소속된 집단으로부터 소외되지 않기 위해서 다수에 의해 지지되는 의견을 따라가는 현상이 발생하기도 한다. 이와 같은 현상은 개인주의 문화권보다는 집단주의 문화권에 있는 사람들에게서 더 잘 나타난다. 집단주의 문화권 사람들은 루머를 믿는 사람들로부터 루머에 대한 정보를 얻고 그것을 근거로 하여 판단하며, 다른 사람들의 의견에 개인의 생각을 일치시키는 경향이 두드러진다.

① 사람들은 루머를 사회적 불안감을 해소하기 위한 수단으로 삼기도 한다.

② 사회적 동조는 개인이 루머를 사실로 받아들이는 결정을 함에 있어 정당성을 제공한다.

③ 집단주의 문화권에서는 개인주의 문화권보다 사회적 동조가 루머의 확산에 미치는 영향이 더 크게 나타난다.

④ 루머에 대한 반박 댓글을 많이 본 사람들이 지지 댓글을 많이 본 사람들보다 루머를 사실로 믿는 경향이 더 약하다.

⑤ 사회적 동조가 있을 때, 충동적인 사람들은 충동적이지 않은 사람들에 비해 루머를 사실로 믿는 경향이 더 강하다.

문 15. 다음 (가)~(다)에 대한 평가로 적절한 것만을 〈보기〉에서 모두 고르면?

(가) 기술의 발전 덕분에 더 풍요로운 세계를 만들 수 있다. 원료, 자본, 노동 같은 생산요소의 투입량을 줄이면서 산출량은 더 늘릴 수 있는 세계 말이다. 디지털 기술의 발전은 경외감을 불러일으키는 개선과 풍요의 엔진이 된다. 반면 그것은 시간이 흐를수록 부, 소득, 생활수준, 발전 기회 등에서 점점 더 큰 격차를 만드는 엔진이기도 하다. 즉 기술의 발전은 경제적 풍요와 격차를 모두 가져온다.

(나) 기술의 발전에 따른 풍요가 더 중요한 현상이며, 격차도 풍요라는 기반 위에 있기 때문에 모든 사람의 삶이 풍요로워지는 데 초점을 맞추어야 한다. 고도로 숙련된 노동자와 나머지 사람들과의 격차가 벌어지고 있다는 것을 인정하지만, 모든 사람들의 경제적 삶이 나아지고 있기에 누군가의 삶이 다른 사람보다 더 많이 나아지고 있다는 사실에 관심을 둘 필요가 없다.

(다) 중산층들이 과거에 비해 경제적으로 더 취약해졌기 때문에 기술의 발전에 따른 풍요보다 격차에 초점을 맞추어야 한다. 실제로 주택, 보건, 의료 등과 같이 그들의 삶에서 중요한 항목에 들어가는 비용의 증가율은 시간이 흐르면서 가계 소득의 증가율에 비해 훨씬 더 높아지고 있다. 설상가상으로 소득 분포의 밑바닥에 속한가정에서 태어난 아이가 상층으로 이동할 기회는 점점 더 줄어들고 있다.

〈보기〉

ㄱ. 현재의 정보기술은 덜 숙련된 노동자보다 숙련된 노동자를 선호하고, 노동자보다 자본가에게 돌아가는 수익을 늘린다는 사실은 (가)의 논지를 약화한다.

ㄴ. 기술의 발전이 전 세계의 가난한 사람들에게도 도움을 주며, 휴대전화와 같은 혁신사례들이 모든 사람들의 소득과 기타 행복의 수준을 개선한다는 연구결과는 (나)의 논지를 강화한다.

ㄷ. 기술의 발전이 가져온 경제적 풍요가 엄청나게 벌어진 격차를 보상할 만큼은 아니라는 것을 보여 주는 자료는 (다)의 논지를 약화한다.

① ㄱ
② ㄴ
③ ㄱ, ㄷ
④ ㄴ, ㄷ
⑤ ㄱ, ㄴ, ㄷ

문 16. 다음 글에서 알 수 있는 것만을 〈보기〉에서 모두 고르면?

사람은 사진이나 영상만 보고도 어떤 사물의 이미지인지 아주 쉽게 분별하지만 컴퓨터는 매우 복잡한 과정을 거쳐야만 분별할 수 있다. 이를 해결하기 위해 컴퓨터가 스스로 학습하면서 패턴을 찾아내 분류하는 기술적 방식인 '기계학습'이 고안됐다. 기계학습을 통해 컴퓨터가 입력되는 수많은 데이터 중에서 비슷한 것들끼리 분류할 수 있도록 학습시킨다. 데이터 분류 방식을 컴퓨터에게 학습시키기 위해 많은 기계학습 알고리즘이 개발되었다.

기계학습 알고리즘은 컴퓨터에서 사용되는 사물 분별 방식에 기반하고 있는데, 이러한 사물 분별 방식은 크게 '지도 학습'과 '자율 학습' 두 가지로 나뉜다. 초기의 기계 학습 알고리즘들은 대부분 지도 학습에 기초하고 있다. 지도 학습 방식에서는 컴퓨터에 먼저 '이런 이미지가 고양이야'라고 학습시키면, 컴퓨터는 학습된 결과를 바탕으로 고양이 사진을 분별하게 된다. 따라서 사전 학습 데이터가 반드시 제공되어야 한다. 사전 학습 데이터가 적으면 오류가 커지므로 데이터의 양도 충분해야만 한다. 반면 지도 학습 방식보다 진일보한 방식인 자율 학습에서는 이 과정이 생략된다. '이런 이미지가 고양이야'라고 학습시키지 않아도 컴퓨터는 자율적으로 '이런 이미지가 고양이군'이라고 학습하게 된다. 이러한 자율 학습 방식을 응용하여 '심화신경망' 알고리즘을 활용한 기계학습 분야를 '딥러닝'이라고 일컫는다.

그러나 딥러닝 작업은 고도의 연산 능력이 요구되기 때문에, 웬만한 컴퓨팅 능력으로는 이를 시도하기 쉽지 않았다. A 교수가 1989년에 필기체 인식을 위해 심화신경망 알고리즘을 도입했을 때 연산에만 3일이 걸렸다는 사실은 잘 알려져 있다. 하지만 고성능 CPU가 등장하면서 연산을 위한 시간의 문제는 자연스럽게 해소되었다. 딥러닝 기술의 활용 범위는 RBM과 드롭아웃이라는 새로운 알고리즘이 개발된 후에야 비로소 넓어졌다.

〈보기〉

ㄱ. 지도 학습 방식을 사용하여 컴퓨터가 사물을 분별하기 위해서는 사전 학습 데이터가 주어져야 한다.

ㄴ. 자율 학습은 지도 학습보다 학습의 단계가 단축되었기에 낮은 연산 능력으로도 수행 가능하다.

ㄷ. 딥러닝 기술의 활용 범위는 새로운 알고리즘 개발보다는 고성능 CPU 등장 때문에 넓어졌다.

① ㄱ
② ㄷ
③ ㄱ, ㄴ
④ ㄴ, ㄷ
⑤ ㄱ, ㄴ, ㄷ

문 17. 다음 글의 주장을 강화하는 것만을 〈보기〉에서 모두 고르면?

우리는 물체까지의 거리 자체를 직접 볼 수는 없다. 거리는 눈과 그 물체를 이은 직선의 길이인데, 우리의 망막에는 직선의 한쪽 끝 점이 투영될 뿐이기 때문이다. 그러므로 물체까지의 거리 판단은 경험을 통한 추론에 의해서 이루어진다고 보아야 한다. 예컨대 우리는 건물, 나무 같은 친숙한 대상들의 크기가 얼마나 되는지, 이들이 주변 배경에서 얼마나 공간을 차지하는지 등을 경험을 통해 이미 알고 있다. 우리는 물체와 우리 사이에 혹은 물체 주위에 이런 친숙한 대상들이 어느 정도 거리에 위치해 있는지를 우선 지각한다. 이로부터 우리는 그 물체가 얼마나 멀리 떨어져 있는지를 추론하게 된다. 또한 그 정도 떨어진 다른 사물들이 보이는 방식에 대한 경험을 토대로, 그보다 작고 희미하게 보이는 대상들은 더 멀리 떨어져 있다고 판단한다. 거리에 대한 이런 추론은 과거의 경험에 기초하는 것이다.

반면에 물체가 손이 닿을 정도로 아주 가까이에 있는 경우, 물체까지의 거리를 지각하는 방식은 이와 다르다. 우리의 두 눈은 약간의 간격을 두고 서로 떨어져 있다. 이에 우리는 두 눈과 대상이 위치한 한 점을 연결하는 두 직선이 이루는 각의 크기를 감지함으로써 물체까지의 거리를 알게 된다. 물체를 바라보는 두 눈의 시선에 해당하는 두 직선이 이루는 각은 물체까지의 거리가 멀어질수록 필연적으로 더 작아진다. 대상까지의 거리가 몇 미터만 넘어도 그 각의 차이는 너무 미세해서 우리가 감지할 수 없다. 하지만 팔 뻗는 거리 안의 가까운 물체에 대해서는 그 각도를 감지하는 것이 가능하다.

〈보기〉

ㄱ. 100미터 떨어진 지점에 민수가 한 번도 본 적이 없는 대상만 보이도록 두고 다른 사물들은 보이지 않도록 민수의 시야 나머지 부분을 가리는 경우, 민수는 그 대상을 보고도 얼마나 떨어져 있는지 판단하지 못한다.

ㄴ. 아무것도 보이지 않는 캄캄한 밤에 안개 속의 숲길을 걷다가 앞쪽 멀리서 반짝이는 불빛을 발견한 태훈이가 불빛이 있는 곳까지의 거리를 어렵잖게 짐작한다.

ㄷ. 태어날 때부터 한쪽 눈이 실명인 영호가 30센티미터 거리에 있는 낯선 물체 외엔 어떤 것도 보이지 않는 상황에서 그 물체까지의 거리를 옳게 판단한다.

① ㄱ
② ㄷ
③ ㄱ, ㄴ
④ ㄴ, ㄷ
⑤ ㄱ, ㄴ, ㄷ

문 18. 다음 글의 '나'의 견해와 부합하는 것만을 〈보기〉에서 모두 고르면?

이제 '나'는 사람들이 동물실험의 모순적 상황을 직시하기를 바랍니다. 생리에 대한 실험이건, 심리에 대한 실험이건, 동물을 대상으로 하는 실험은 동물이 어떤 자극에 대해 반응하고 행동하는 양상이 인간과 유사하다는 것을 전제합니다. 동물실험을 옹호하는 측에서는 인간과 동물이 유사하기 때문에 실험결과에 실효성이 있다고 주장합니다. 그런데 설령 동물실험을 통해 아무리 큰 성과를 얻을지라도 동물실험 옹호론자들은 중대한 모순을 피할 수 없습니다. 그들은 인간과 동물이 다르다는 것을 실험에서 동물을 이용해도 된다는 이유로 제시하고 있기 때문입니다. 이것은 명백히 모순적인 상황이 아닐 수 없습니다.

이러한 모순적 상황은 영장류의 심리를 연구할 때 확연히 드러납니다. 최근 어느 실험에서 심리 연구를 위해 아기 원숭이를 장기간 어미 원숭이와 떼어놓아 정서적으로 고립시켰습니다. 사람들은 이 실험이 우울증과 같은 인간의 심리적 질환을 이해하기 위한 연구라는 구실을 앞세워 이 잔인한 행위를 합리화하고자 했습니다. 즉 이 실험은 원숭이가 인간과 유사하게 고통과 우울을 느끼는 존재라는 사실을 가정하고 있습니다. 인간과 동물이 심리적으로 유사하다는 사실을 인정하면서도 사람에게는 차마 하지 못할 잔인한 행동을 동물에게 하고 있는 것입니다.

또 동물의 피부나 혈액을 이용해서 제품을 실험할 때, 동물실험 옹호론자들은 이 실험이 오로지 인간과 동물 사이의 '생리적 유사성'에만 바탕을 두고 있을 뿐이라고 변명합니다. 이처럼 인간과 동물이 오로지 '생리적'으로만 유사할 뿐이라고 생각한다면, 이는 동물실험의 모순적 상황을 외면하는 것입니다.

〈보기〉

ㄱ. 동물실험은 동물이 인간과 유사하면서도 유사하지 않다고 가정하는 모순적 상황에 놓여 있다.

ㄴ. 인간과 동물 간 생리적 유사성에도 불구하고 심리적 유사성이 불확실하기 때문에 동물실험은 모순적 상황에 있다.

ㄷ. 인간과 원숭이 간에 심리적 유사성이 존재하기 때문에 인간의 우울증 연구를 위해 아기 원숭이를 정서적으로 고립시키는 실험은 윤리적으로 정당화된다.

① ㄱ
② ㄴ
③ ㄱ, ㄷ
④ ㄴ, ㄷ
⑤ ㄱ, ㄴ, ㄷ

문 19. 다음 글의 빈칸에 들어갈 진술로 가장 적절한 것은?

모두가 서로를 알고 지내는 작은 규모의 사회에서는 거짓이나 사기가 번성할 수 없다. 반면 그렇지 않은 사회에서는 누군가를 기만하여 이득을 보는 경우가 많이 발생한다. 이런 현상이 발생하는 이유를 확인하는 연구가 이루어졌다. A 교수는 그가 마키아벨리아니즘이라고 칭한 성격 특성을 지닌 사람을 판별하는 검사를 고안해냈다. 이 성격 특성은 다른 사람을 교묘하게 이용하고 기만하는 능력을 포함한다. 그의 연구는 사람들 중 일부는 다른 사람들을 교묘하게 이용하거나 기만하여 자기 이익을 챙긴다는 사실을 보여준다. 수백 명의 학생을 대상으로 한 조사에서, 마키아벨리아니즘을 갖는 것으로 분류된 학생들은 대체로 대도시 출신임이 밝혀졌다.

위 연구들이 보여 주는 바를 대도시 사람들의 상호작용을 이해하기 위해 확장시켜 보자. 일반적으로 낯선 사람들이 모여 사는 대도시에서는 자기 이익을 위해 다른 사람을 이용하는 성향을 지닌 사람이 많다고 생각하기 쉽다. 대도시 사람들은 모두가 사기꾼처럼 보인다는 주장이 일리 있게 들리기도 한다. 그러나 다른 사람들의 협조 성향을 이용하여 도움을 받으면서도 다른 사람에게 도움을 주지 않는 사람이 존재하기 위해서는 일정한 틈새가 만들어져 있어야 한다. ▭▭▭▭▭▭▭ 때문에 이 틈새가 존재할 수 있는 것이다. 이는 기생 식물이 양분을 빨아먹기 위해서는 건강한 나무가 있어야 하는 것과 같다. 나무가 건강을 잃게 되면 기생 식물 또한 기생할 터전을 잃게 된다. 그렇다면 어떤 의미에서는 모든 사람들이 사기꾼이라는 냉소적인 견해는 낯선 사람과의 상호작용을 잘못 이해한 것이다. 모든 사람들이 사기꾼이라면 사기를 칠 가능성도 사라지게 된다고 이해하는 것이 맞다.

① 대도시라는 환경적 특성
② 인간은 사회를 필요로 하기
③ 많은 사람들이 진정으로 협조하기
④ 많은 사람들이 이기적 동기에 따라 행동하기
⑤ 누가 마키아벨리아니즘을 갖고 있는지 판별하기 어렵기

문 20. 다음 글의 내용이 참일 때, 반드시 거짓인 것은?

사무관 갑, 을, 병, 정, 무는 정책조정부서에 근무하고 있다. 이 부서에서는 지방자치단체와의 업무 협조를 위해 지방의 네 지역으로 사무관들을 출장 보낼 계획을 수립하였다. 원활한 업무 수행을 위해서, 모든 출장은 위 사무관들 중 두 명 또는 세 명으로 구성된 팀 단위로 이루어진다. 네 팀이 구성되어 네 지역에 각각 한 팀씩 출장이 배정된다. 네 지역 출장 날짜는 모두 다르며, 모든 사무관은 최소한 한 번 출장에 참가한다. 이번 출장 업무를 총괄하는 사무관은 단 한 명밖에 없으며, 그는 네 지역 모두의 출장에 참가한다. 더불어 업무 경력을 고려하여, 단 한 지역의 출장에만 참가하는 것은 신임 사무관으로 제한한다. 정책조정부서에 근무하는 신임 사무관은 한 명밖에 없다. 이런 기준 아래에서 출장 계획을 수립한 결과, 을은 갑과 단둘이 가는 한 번의 출장 이외에 다른 어떤 출장도 가지 않으며, 병과 정이 함께 출장을 가는 경우는 단 한 번밖에 없다. 그리고 네 지역 가운데 광역시가 두 곳인데, 단 두 명의 사무관만이 두 광역시 모두에 출장을 간다.

① 갑은 이번 출장 업무를 총괄하는 사무관이다.
② 을은 광역시에 출장을 가지 않는다.
③ 병이 갑, 무와 함께 출장을 가는 지역이 있다.
④ 정은 총 세 곳에 출장을 간다.
⑤ 무가 출장을 가는 지역은 두 곳이고 그중 한 곳은 정과 함께 간다.

문 21. 다음 글에서 추론할 수 없는 것은?

미국과 영국은 1921년 워싱턴 강화회의를 기점으로 태평양 및 중국에 대한 일본의 침략을 견제하기 시작하였다. 가중되는 외교적 고립으로 인해 일본은 광물과 곡물을 수입하는 태평양 경로를 상실할 위험에 처하였다. 이에 대처하기 위해 일본은 식민지 조선의 북부 지역에서 광물과 목재 등 군수산업 원료를 약탈하는 데 주력하게 되었다. 콩 또한 확보해야 할 주요 물자 중 하나였는데, 콩은 당시 일본에서 선호하던 식량일 뿐만 아니라 군수산업을 위한 원료이기도 하였다.

일본은 확보된 공업 원료와 식량 자원을 자국으로 수송하는 물류 거점으로 함경도를 주목하였다. 특히 청진·나진·웅기 등 대륙 종단의 시발점이 되는 항구와 조선의 최북단 지역이던 무산·회령·종성·온성을 중시하였다. 또한 조선의 남부 지방에서는 면화, 북부 지방에서는 양모 생산을 장려하였던 조선총독부의 정책에 따라 두만강을 통해 바로 만주로 진출할 수 있는 회령·종성·온성은 양을 목축하는 축산 거점으로 부상하였다. 일본은 만주와 함경도에서 생산된 광물자원과 콩, 두만강변 원시림의 목재를 일본으로 수송하기 위해 함경선, 백무선 등의 철도를 잇따라 부설하였다. 더불어 무산과 회령, 경흥에서는 석탄 및 철광 광산을 본격적으로 개발하였다. 이에 따라 오지의 작은 읍이었던 무산·회령·종성·온성의 개발이 촉진되어 근대적 도시로 발전하였다. 일본의 정책들은 함경도를 만주와 같은 경제권으로 묶음으로써 조선의 다른 지역과 경제적으로 분리시켰다.

철도 부설 및 광산 개발을 위해 일본은 조선 노동자들을 강제 동원하였고, 수많은 조선 노동자들이 강제 노동 끝에 산록과 땅속 깊은 곳에서 비참한 삶을 마쳤다. 1935년 회령의 유선 탄광에서 폭약이 터져 800여 명의 광부가 매몰돼 사망했던 사건은 그 단적인 예이다. 영화 「아리랑」의 감독 겸 주연이었던 나운규는 그의 고향 회령에서 청진까지 부설되었던 철도 공사에 조선인 노동자들이 강제 동원되어 잔혹한 노동에 혹사되는 참상을 목도하였다. 그때 그는 노동자들이 부르던 아리랑의 애달픈 노랫가락을 듣고 영화 「아리랑」의 기본 줄거리를 착상하였다.

① 영화 「아리랑」 감독의 고향에서 탄광 폭발사고가 발생하였다.

② 조선 최북단 지역의 몇몇 작은 읍들은 근대적 도시로 발전하였다.

③ 축산 거점에서 대륙 종단의 시발점이 되는 항구까지 부설된 철도가 있었다.

④ 군수산업 원료를 일본으로 수송하는 것이 함경선 부설의 목적 중 하나였다.

⑤ 일본은 함경도를 포함하여 한반도와 만주를 같은 경제권으로 묶는 정책을 폈다.

문 22. 다음 글에서 추론할 수 있는 것만을 〈보기〉에서 모두 고르면?

우리가 가진 믿음들은 때때로 여러 방식으로 표현된다. 예를 들어, 영희가 일으킨 교통사고 현장을 목격한 철수를 생각해보자. 영희는 철수가 아는 사람이므로, 현장을 목격한 철수는 영희가 사고를 일으켰다는 믿음을 가지게 되었다. 철수의 이런 믿음을 표현하는 한 가지 방법은 "철수는 영희가 교통사고를 일으켰다고 믿는다."라고 표현하는 것이다. 이것을 진술 A라고 하자. 진술 A의 의미를 분명히 생각해보기 위해서, "영희는 민호의 아내다."라고 가정해보자. 그럼 진술 A로부터 "철수는 민호의 아내가 교통사고를 일으켰다고 믿는다."가 참이라는 것이 반드시 도출되는가? 그렇지 않다. 왜냐하면 철수는 영희가 민호의 아내라는 것을 모를 수도 있고, 다른 사람의 아내로 잘못 알 수도 있기 때문이다.

한편 철수의 믿음은 "교통사고를 일으켰다고 철수가 믿고 있는 사람은 영희다."라고도 표현될 수 있다. 이것을 진술 B라고 하자. 다시 "영희는 민호의 아내다."라고 가정해보자. 그리고 진술 B로부터 "교통사고를 일으켰다고 철수가 믿고 있는 사람은 민호의 아내다."가 도출되는지 생각해보자. 진술 B는 '교통사고를 일으켰다고 철수가 믿고 있는 사람'이 가리키는 것과 '영희'가 가리키는 것이 동일하다는 것을 의미한다. 그리고 '영희'가 가리키는 것은 '민호의 아내'가 가리키는 것과 동일하다. 그러므로 '교통사고를 일으켰다고 철수가 믿고 있는 사람'이 가리키는 것은 '민호의 아내'가 가리키는 것과 동일하다. 따라서 진술 B로부터 "교통사고를 일으켰다고 철수가 믿고 있는 사람은 민호의 아내다."가 도출된다. 이처럼 철수의 믿음을 표현하는 두 방식 사이에는 차이가 있다.

〈보기〉

ㄱ. "영희는 민호의 아내가 아니다."라고 가정한다면, 진술 A로부터 "철수는 민호의 아내가 교통사고를 일으켰다고 믿지 않는다."가 도출된다.

ㄴ. "영희가 초보운전자이고 철수가 이 사실을 알고 있다."라고 가정한다면, 진술 A로부터 "철수는 어떤 초보 운전자가 교통사고를 일으켰다고 믿는다."가 도출된다.

ㄷ. "영희가 동철의 엄마이지만 철수는 이 사실을 모르고 있다."라고 가정한다면, 진술 B로부터 "교통사고를 일으켰다고 철수가 믿고 있는 사람은 동철의 엄마다."가 도출된다.

① ㄱ

② ㄴ

③ ㄱ, ㄷ

④ ㄴ, ㄷ

⑤ ㄱ, ㄴ, ㄷ

문 23. 다음 글에서 알 수 있는 것은?

주주 자본주의는 주주의 이윤을 극대화하는 것을 회사 경영의 목표로 하는 시스템을 말한다. 이 시스템은 자본가 계급을 사업가와 투자가로 나누어 놓았다. 그런데 주주 자본주의가 바꿔 놓은 것이 하나 더 있다. 그것은 바로 노동자의 지위다. 주식회사가 생기기 이전에는 노동자가 생산수단들을 소유할 수 없었지만 이제는 거의 모든 생산수단이 잘게 쪼개져 누구나 그 일부를 구입할 수 있다. 노동자는 사업가를 위해서 일하고 사업가는 투자가를 위해 일하지만, 투자가들 중에는 노동자도 있는 것이다.

주주 자본주의를 비판하는 사람들은 기업이 주주의 이익만을 고려한다면, 다수의 사람들이 이익을 얻는 것이 아니라 소수의 독점적인 투자가들만 이익을 보장받는다고 지적한다. 또한 그들은 주주의 이익뿐만 아니라 기업과 연계되어 있는 이해관계자들 전체, 즉 노동자, 소비자, 지역사회 등을 고려해야 한다고 주장한다. 이러한 입장을 이해관계자 자본주의라고 한다.

주주 자본주의와 이해관계자 자본주의는 '기업이 존재하는 목적이 무엇인가?'라는 물음에 대한 답변이라고 할 수 있다. 물론 오늘날의 기업들은 극단적으로 한 가지 형태를 띠는 것이 아니라 양자가 혼합된 모습을 보인다. 기업은 주주의 이익을 최우선적으로 고려하지만, 노조 활동을 인정하고, 지역과 환경에 투자하며, 기부와 봉사 등 사회적 활동을 위해 노력하기도 한다.

① 주주 자본주의에서 주주의 이익과 사회적 공헌이 상충할 때 기업은 사회적 공헌을 우선적으로 선택한다.

② 주주 자본주의에서는 과거에 생산수단을 소유할 수 없었던 이들이 그것을 부분적으로 소유할 수 있게 되었다.

③ 이해관계자 자본주의에서는 지역사회의 일반 주민까지도 기업 경영의 전반적 영역에서 주도적인 역할을 담당한다.

④ 주주 자본주의와 이해관계자 자본주의가 혼합되면 기업의 사회적 공헌활동은 주주 자본주의에서보다 약화될 것이다.

⑤ 주주 자본주의와 이해관계자 자본주의가 혼합된 형태의 기업은 지역사회의 이익을 높이는 것을 최우선적으로 고려한다.

문 24. 다음 ㉠과 ㉡에 들어갈 말을 가장 적절하게 나열한 것은?

음향학에 관련된 다음의 두 가지 명제는 세 개의 원형 판을 가지고 실험함으로써 입증될 수 있다. 하나의 명제는 "지름과 모양이 같은 동일 재질의 원형 판이 진동할 때 발생하는 진동수는 두께에 비례한다."이고 다른 명제는 "모양과 두께가 같은 동일 재질의 원형 판이 진동할 때 발생하는 진동수는 판 지름의 제곱에 반비례한다."이다. 이를 입증하기 위해 모양이 같은 동

일 재질의 원형 판 A, B 그리고 C를 준비하되 A와 B는 두께가 같고 C는 두께가 A의 두께의 두 배이며, A와 C는 지름이 같고 B의 지름은 A의 지름의 절반이 되도록 한다. 판을 때려서 발생하는 음을 듣고 B는 A 보다 ⃞㉠⃞ 음을 내고, C는 A보다 ⃞㉡⃞ 음을 내는 것을 확인한다. 진동수가 두 배가 될 때 한 옥타브 높은 음이 나므로 두 명제는 입증이 된다.

	㉠	㉡
①	한 옥타브 낮은	두 옥타브 낮은
②	한 옥타브 높은	두 옥타브 높은
③	두 옥타브 낮은	한 옥타브 높은
④	두 옥타브 높은	한 옥타브 낮은
⑤	두 옥타브 높은	한 옥타브 높은

문 25. 다음 글의 내용이 참일 때, 가해자인 것이 확실한 사람(들)과 가해자가 아닌 것이 확실한 사람(들)의 쌍으로 적절한 것은?

폭력 사건의 용의자로 A, B, C가 지목되었다. 조사 과정에서 A, B, C가 각각 〈아래〉와 같이 진술하였는데, 이들 가운데 가해자는 거짓만을 진술하고 가해자가 아닌 사람은 참만을 진술한 것으로 드러났다.

〈아래〉

A: 우리 셋 중 정확히 한 명이 거짓말을 하고 있다.
B: 우리 셋 중 정확히 두 명이 거짓말을 하고 있다.
C: A, B 중 정확히 한 명이 거짓말을 하고 있다.

	가해자인 것이 확실	가해자가 아닌 것이 확실
①	A	C
②	B	없음
③	B	A, C
④	A, C	B
⑤	A, B, C	없음

※ 수고하셨습니다.

※ 기출문제편 맨 마지막에 있는 OMR 카드에 마킹을 하세요.

정답과 분석해설편 ▶ P.294

제2영역 자료해석

1초 합격예측! 모바일 성적결과분석표 발급 서비스

QR 코드로 접속하여 문제 풀이 시간을 측정하고, 자동채점 & 성적결과분석 서비스를 통해 지금 바로 실력을 점검해 보세요.
◀ http://eduwill.kr/VtU6

| 풀이 시간 | • 시작: ____시 ____분 ~ 종료: ____시 ____분
• 총 : ____분 |

문 1. 다음 〈표〉는 '갑' 연구소에서 제습기 A~E의 습도별 연간소비전력량을 측정한 자료이다. 이에 대한 〈보기〉의 설명 중 옳은 것만을 모두 고르면?

〈표〉 제습기 A~E의 습도별 연간소비전력량

(단위: kWh)

습도 제습기	40%	50%	60%	70%	80%
A	550	620	680	790	840
B	560	640	740	810	890
C	580	650	730	800	880
D	600	700	810	880	950
E	660	730	800	920	970

〈보기〉

ㄱ. 습도가 70%일 때 연간소비전력량이 가장 적은 제습기는 A이다.

ㄴ. 각 습도에서 연간소비전력량이 많은 제습기부터 순서대로 나열하면, 습도 60%일 때와 습도 70%일 때의 순서는 동일하다.

ㄷ. 습도가 40%일 때 제습기 E의 연간소비전력량은 습도가 50%일 때 제습기 B의 연간소비전력량보다 많다.

ㄹ. 제습기 각각에서 연간소비전력량은 습도가 80%일 때가 40%일 때의 1.5배 이상이다.

① ㄱ, ㄴ
② ㄱ, ㄷ
③ ㄴ, ㄹ
④ ㄱ, ㄷ, ㄹ
⑤ ㄴ, ㄷ, ㄹ

문 2. 다음 〈표〉는 통신사 '갑', '을', '병'의 스마트폰 소매가격 및 평가점수 자료이다. 이에 대한 〈보기〉의 설명 중 옳은 것만을 모두 고르면?

〈표〉 통신사별 스마트폰의 소매가격 및 평가점수

(단위: 달러, 점)

통신사	스마트폰	소매가격	평가항목					종합품질점수
			화질	내비게이션	멀티미디어	배터리수명	통화성능	
갑	A	150	3	3	3	3	1	13
	B	200	2	2	3	1	2	( )
	C	200	3	3	3	1	1	( )
을	D	180	3	3	3	2	1	( )
	E	100	3	3	3	2	1	11
	F	70	2	1	3	2	1	( )
병	G	200	3	3	3	2	2	( )
	H	50	3	2	3	2	1	( )
	I	150	3	2	2	3	2	12

※ 스마트폰의 '종합품질점수'는 해당 스마트폰의 평가항목별 평가점수의 합임

〈보기〉

ㄱ. 소매가격이 200달러인 스마트폰 중 '종합품질점수'가 가장 높은 스마트폰은 C이다.

ㄴ. 소매가격이 가장 낮은 스마트폰은 '종합품질점수'도 가장 낮다.

ㄷ. 통신사 각각에 대해서 해당 통신사 스마트폰의 '통화성능' 평가점수의 평균을 계산하여 통신사별로 비교하면 '병'이 가장 높다.

ㄹ. 평가항목 각각에 대해서 스마트폰 A~I 평가점수의 합을 계산하여 평가항목별로 비교하면 '멀티미디어'가 가장 높다.

① ㄱ
② ㄷ
③ ㄱ, ㄴ
④ ㄴ, ㄹ
⑤ ㄷ, ㄹ

문 3. 다음 〈표〉는 2016년과 2017년 A~F 항공사의 공급석 및 탑승객 수를 나타낸 자료이다. 〈표〉를 이용하여 작성한 그래프로 옳지 않은 것은?

〈표〉 항공사별 공급석 및 탑승객 수

(단위: 만 개, 만 명)

구분 항공사	공급석 수		탑승객 수	
연도	2016	2017	2016	2017
A	260	360	220	300
B	20	110	10	70
C	240	300	210	250
D	490	660	410	580
E	450	570	380	480
F	250	390	200	320
전체	1,710	2,390	1,430	2,000

① 연도별 A~F 항공사 전체의 공급석 및 탑승객 수

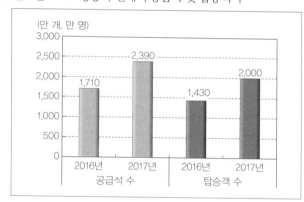

② 항공사별 탑승객 수

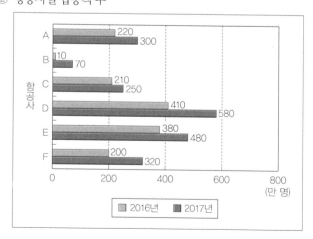

③ 2017년 탑승객 수의 항공사별 구성비

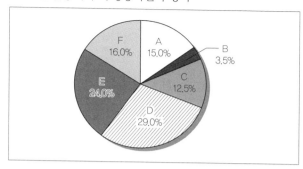

④ 2016년 대비 2017년 항공사별 공급석 수 증가량

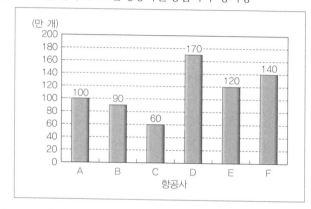

⑤ 2017년 항공사별 잔여석 수

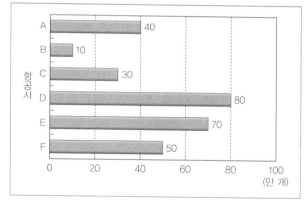

※ 잔여석 수=공급석 수-탑승객 수

문 4. 다음 〈그림〉은 A국의 2012~2017년 태양광 산업 분야 투자액 및 투자건수에 관한 자료이다. 이에 대한 설명으로 옳지 않은 것은?

〈그림〉 태양광 산업 분야 투자액 및 투자건수

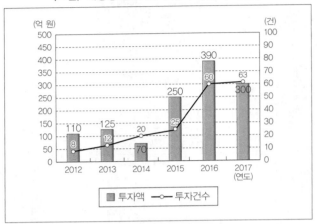

① 2013~2017년 동안 투자액의 전년 대비 증가율은 2016년이 가장 높다.
② 2013~2017년 동안 투자건수의 전년 대비 증가율은 2017년이 가장 낮다.
③ 2012년과 2015년 투자건수의 합은 2017년 투자건수보다 작다.
④ 투자액이 가장 큰 연도는 2016년이다.
⑤ 투자건수는 매년 증가하였다.

문 5. 다음 〈표〉는 15개 종목이 개최된 2018 평창 동계올림픽 참가국 A~D의 메달 획득 결과를 나타낸 자료이다. 이에 대한 설명으로 옳은 것은?

〈표〉 2018 평창 동계 올림픽 참가국 A~D의 메달 획득 결과
(단위: 개)

종목＼국가메달	A국 금	A국 은	A국 동	B국 금	B국 은	B국 동	C국 금	C국 은	C국 동	D국 금	D국 은	D국 동
노르딕복합	3	1	1					1				
루지	3	1	2	1							1	1
바이애슬론	3	1	3				1	3	2			
봅슬레이	3	1		1						1		1
쇼트트랙				1						1	1	3
스노보드		1	1	4	2	1				1	2	1
스켈레톤		1										
스키점프	1	3					2	1	2			
스피드스케이팅						1	2	1	1	1	1	
아이스하키		1		1							1	1
알파인스키				1	1	1	1	4	2			
컬링				1				1	1			
크로스컨트리				1			7	4	3			
프리스타일스키				1	2	1	1			4	2	1
피겨스케이팅	1				2						2	2

※ 빈칸은 0을 의미함

① 동일 종목에서, A국이 획득한 모든 메달 수와 B국이 획득한 모든 메달 수를 합하여 종목별로 비교하면, 15개 종목 중 스노보드가 가장 많다.
② A국이 획득한 금메달 수와 C국이 획득한 동메달 수는 같다.
③ A국이 루지, 봅슬레이, 스켈레톤 종목에서 획득한 모든 메달 수의 합은 C국이 크로스컨트리 종목에서 획득한 모든 메달 수보다 많다.
④ A~D국 중 메달을 획득한 종목의 수가 가장 많은 국가는 D국이다.
⑤ 획득한 은메달 수가 많은 국가부터 순서대로 나열하면 C, B, A, D국 순이다.

문 6. 다음 〈표〉는 A국의 흥행순위별 2017년 영화개봉작 정보와 월별 개봉편수 및 관객 수에 대한 자료이다. 이에 대한 설명으로 옳지 않은 것은?

〈표 1〉 A국의 흥행순위별 2017년 영화개봉작 정보

(단위: 천 명)

흥행순위	영화명	개봉시기	제작	관객 수
1	버스운전사	8월	국내	12,100
2	님과 함께	12월	국내	8,540
3	동조	1월	국내	7,817
4	거미인간	7월	국외	7,258
5	착한도시	10월	국내	6,851
6	군함만	7월	국내	6,592
7	소년경찰	8월	국내	5,636
8	더 퀸	1월	국내	5,316
9	투수와 야수	3월	국외	5,138
10	퀸스맨	9월	국외	4,945
11	썬더맨	10월	국외	4,854
12	꾸러기	11월	국내	4,018
13	가랑비	12월	국내	4,013
14	동래산성	10월	국내	3,823
15	좀비	6월	국외	3,689
16	행복의 질주	4월	국외	3,653
17	나의 이름은	4월	국외	3,637
18	슈퍼카인드	7월	국외	3,325
19	아이 캔 토크	9월	국내	3,279
20	캐리비안	5월	국외	3,050

※ 관객 수는 개봉일로부터 2017년 12월 31일까지 누적한 값임

〈표 2〉 A국의 2017년 월별 개봉편수 및 관객 수

(단위: 편, 천 명)

월 \ 제작 구분	국내		국외	
	개봉편수	관객 수	개봉편수	관객 수
1	35	12,682	105	10,570
2	39	8,900	96	6,282
3	31	4,369	116	9,486
4	29	4,285	80	6,929
5	31	6,470	131	12,210
6	49	4,910	124	10,194
7	50	6,863	96	14,495
8	49	21,382	110	8,504
9	48	5,987	123	6,733
10	35	12,964	91	8,622
11	56	6,427	104	6,729
12	43	18,666	95	5,215
전체	495	113,905	1,271	105,969

※ 관객 수는 당월 상영영화에 대해 월말 집계한 값임

① 흥행순위 1~20위 내의 영화 중 한 편의 영화도 개봉되지 않았던 달에는 국외제작영화 관객 수가 국내제작영화 관객 수보다 적다.

② 10월에 개봉된 영화 중 흥행순위 1~20위 내에 든 영화는 국내제작영화뿐이다.

③ 국외제작영화 개봉편수는 국내제작영화 개봉편수보다 매달 많다.

④ 국외제작영화 관객 수가 가장 많았던 달에 개봉된 영화 중 흥행순위 1~20위 내에 든 국외제작영화 개봉작은 2편이다.

⑤ 흥행순위가 1위인 영화의 관객 수는 국내제작영화 전체 관객 수의 10% 이상이다.

문 7. 다음 〈표〉는 조선시대 A지역 인구 및 사노비 비율에 대한 자료이다. 이에 대한 〈보기〉의 설명 중 옳은 것만을 모두 고르면?

〈표〉 A지역 인구 및 사노비 비율

구분 조사 연도	인구(명)	인구 중 사노비 비율(%)			
		솔거노비	외거노비	도망노비	전체
1720	2,228	18.5	10.0	11.5	40.0
1735	3,143	13.8	6.8	12.8	33.4
1762	3,380	11.5	8.5	11.7	31.7
1774	3,189	14.0	8.8	12.0	34.8
1783	3,056	14.9	6.7	9.3	30.9
1795	2,359	18.2	4.3	6.5	29.0

※ 1) 사노비는 솔거노비, 외거노비, 도망노비로만 구분됨
2) 비율은 소수점 둘째 자리에서 반올림한 값임

〈보기〉

ㄱ. A지역 인구 중 도망노비를 제외한 사노비가 차지하는 비율은 조사연도 중 1720년이 가장 높다.

ㄴ. A지역 사노비 수는 1774년이 1720년보다 많다.

ㄷ. A지역 사노비 중 외거노비가 차지하는 비율은 1720년이 1762년보다 높다.

ㄹ. A지역 인구 중 솔거노비가 차지하는 비율은 매 조사연도마다 낮아진다.

① ㄱ, ㄴ

② ㄱ, ㄷ

③ ㄷ, ㄹ

④ ㄱ, ㄴ, ㄹ

⑤ ㄴ, ㄷ, ㄹ

문 8. 다음 〈표〉는 2013∼2017년 '갑'국의 사회간접자본(SOC) 투자규모에 관한 자료이다. 이에 대한 설명으로 옳지 않은 것은?

〈표〉 '갑'국의 사회간접자본(SOC) 투자규모

(단위: 조 원, %)

구분 \ 연도	2013	2014	2015	2016	2017
SOC 투자규모	20.5	25.4	25.1	24.4	23.1
총지출 대비 SOC 투자규모 비중	7.8	8.4	8.6	7.9	6.9

① 2017년 총지출은 300조 원 이상이다.

② 2014년 'SOC 투자규모'의 전년 대비 증가율은 30% 이하이다.

③ 2014∼2017년 동안 'SOC 투자규모'가 전년에 비해 가장 큰 비율로 감소한 해는 2017년이다.

④ 2014∼2017년 동안 'SOC 투자규모'와 '총지출 대비 SOC 투자규모 비중'의 전년 대비 증감방향은 동일하다.

⑤ 2018년 'SOC 투자규모'의 전년 대비 감소율이 2017년과 동일하다면, 2018년 'SOC 투자규모'는 20조 원 이상이다.

문 9. 다음 〈표〉는 물품 A∼E의 가격에 대한 자료이다. 〈조건〉에 부합하는 (가), (나), (다)로 가능한 것은?

〈표〉 물품 A∼E의 가격

(단위: 원/개)

물품	가격
A	24,000
B	(가)
C	(나)
D	(다)
E	16,000

〈조건〉

○ '갑', '을', '병'의 배낭에 담긴 물품은 각각 다음과 같다.
  - 갑: B, C, D
  - 을: A, C
  - 병: B, D, E
○ 배낭에는 해당 물품이 한 개씩만 담겨 있다.
○ 배낭에 담긴 물품 가격의 합이 높은 사람부터 순서대로 나열하면 '갑', '을', '병' 순이다.
○ '병'의 배낭에 담긴 물품 가격의 합은 44,000원이다.

	(가)	(나)	(다)
①	11,000	23,000	14,000
②	12,000	14,000	16,000
③	12,000	19,000	16,000
④	13,000	19,000	15,000
⑤	13,000	23,000	15,000

문 10. 다음 〈표〉와 〈그림〉은 A국 초·중·고등학생 평균 키 및 평균 체중과 비만에 대한 자료이다. 이에 대한 〈보기〉의 설명 중 옳은 것만을 모두 고르면?

〈표 1〉 학교급별 평균 키 및 평균 체중 현황

(단위: cm, kg)

학교급	성별	2017년 키	2017년 체중	2016년 키	2016년 체중	2015년 키	2015년 체중	2014년 키	2014년 체중	2013년 키	2013년 체중
초	남	152.1	48.2	151.4	46.8	151.4	46.8	150.4	46.0	150.0	44.7
	여	152.3	45.5	151.9	45.2	151.8	45.1	151.1	44.4	151.0	43.7
중	남	170.0	63.7	169.7	62.3	169.2	61.9	168.9	61.6	168.7	60.5
	여	159.8	54.4	159.8	54.3	159.8	54.1	159.5	53.6	160.0	52.9
고	남	173.5	70.0	173.5	69.4	173.5	68.5	173.7	68.3	174.0	68.2
	여	160.9	57.2	160.9	57.1	160.9	56.8	161.1	56.2	161.1	55.4

〈표 2〉 2017년 학교급별 비만학생 구성비

(단위: %)

구분 학교급	성별	비만 아닌 학생	비만학생 경도 비만	비만학생 중등도 비만	비만학생 고도 비만	학생 비만율
초	남	82.6	8.5	7.3	1.6	17.4
	여	88.3	6.5	4.4	0.8	11.7
중	남	81.5	9.0	7.5	2.0	18.5
	여	86.2	7.5	4.9	1.4	13.8
고	남	79.5	8.7	8.4	3.4	20.5
	여	81.2	8.6	7.5	2.7	18.8
전체		83.5	8.1	6.5	1.9	16.5

※ '학생비만율'은 학생 중 비만학생(경도 비만+중등도 비만+고도 비만)의 구성비임

〈그림〉 연도별 초·중·고 전체의 비만학생 구성비

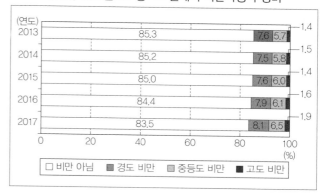

〈보기〉

ㄱ. 중학교 여학생의 평균 키는 매년 증가하였다.

ㄴ. 초·중·고 전체의 '학생비만율'은 매년 증가하였다.

ㄷ. 고등학교 남학생의 '학생비만율'은 2013년이 2017년보다 작다.

ㄹ. 2017년 '학생비만율'의 남녀 학생 간 차이는 중학생이 초등학생보다 작다.

① ㄱ, ㄴ
② ㄴ, ㄷ
③ ㄴ, ㄹ
④ ㄷ, ㄹ
⑤ ㄱ, ㄷ, ㄹ

문 11. 다음 〈그림〉은 A~F국의 2016년 GDP와 'GDP 대비 국가자산총액'을 나타낸 자료이다. 이에 대한 〈보기〉의 설명 중 옳은 것만을 모두 고르면?

〈그림〉 A~F국의 2016년 GDP와 'GDP 대비 국가자산총액'

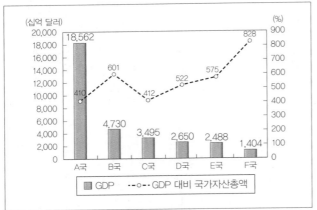

※ GDP 대비 국가자산총액(%)=$\frac{국가자산총액}{GDP} \times 100$

〈보기〉

ㄱ. GDP가 높은 국가일수록 'GDP 대비 국가자산총액'이 작다.

ㄴ. A국의 GDP는 나머지 5개국 GDP의 합보다 크다.

ㄷ. 국가자산총액은 F국이 D국보다 크다.

① ㄱ

② ㄴ

③ ㄷ

④ ㄱ, ㄴ

⑤ ㄴ, ㄷ

문 12. 다음 〈그림〉은 아래 〈규칙〉에 따라 2에서 10까지의 서로 다른 자연수의 관계를 나타낸 것이다. 이때 '가', '나', '다'에 해당하는 수의 합은?

〈그림〉

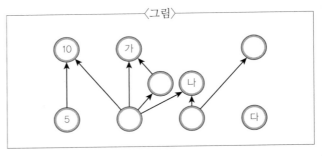

〈규칙〉

○ 〈그림〉에서 2에서 10까지의 자연수는 ◯ 안에 한 개씩만 사용되고, 사용되지 않는 자연수는 없다.

○ 2에서 10까지의 서로 다른 임의의 자연수 3개를 x, y, z라고 할 때,

  – ⓧ → ⓨ는 y가 x의 배수임을 나타낸다.

  – 화살표로 연결되지 않은 ⓩ는 z가 x, y와 약수나 배수 관계가 없음을 나타낸다.

① 20

② 21

③ 22

④ 23

⑤ 24

문 13. 다음 〈표〉는 7월 1～10일 동안 도시 A～E에 대한 인공지능 시스템의 예측 날씨와 실제 날씨이다. 이에 대한 〈보기〉의 설명 중 옳은 것만을 모두 고르면?

〈표〉 도시 A～E에 대한 예측 날씨와 실제 날씨

도시	날짜 구분	7.1	7.2	7.3	7.4	7.5	7.6	7.7	7.8	7.9	7.10
A	예측	비	흐림	맑음	비	맑음	맑음	비	비	맑음	흐림
	실제	비	맑음	비	비	맑음	맑음	비	맑음	맑음	비
B	예측	맑음	비	맑음	비	흐림	맑음	비	맑음	맑음	맑음
	실제	비	맑음	비	비	흐림	비	비	맑음	맑음	맑음
C	예측	비	맑음	비	비	맑음	비	맑음	비	비	비
	실제	비	비	흐림	비	흐림	비	맑음	비	비	비
D	예측	비	비	맑음	맑음	맑음	비	비	비	맑음	비
	실제	비	흐림	비	비	비	비	비	비	맑음	맑음
E	예측	비	맑음	비	비	비	비	맑음	흐림	비	비
	실제	비	흐림	비	비	맑음	비	비	맑음	비	맑음

※ ☀: 맑음, ☁: 흐림, ☔: 비

─────〈보기〉─────
ㄱ. 도시 A에서는 예측 날씨가 '비'인 날 실제 날씨도 모두 '비'였다.
ㄴ. 도시 A～E 중 예측 날씨와 실제 날씨가 일치한 일수가 가장 많은 도시는 B이다.
ㄷ. 7월 1～10일 중 예측 날씨와 실제 날씨가 일치한 도시 수가 가장 적은 날짜는 7월 2일이다.

① ㄱ
② ㄴ
③ ㄷ
④ ㄴ, ㄷ
⑤ ㄱ, ㄴ, ㄷ

문 14. 다음 〈표〉는 1930～1934년 동안 A지역의 곡물 재배면적 및 생산량을 정리한 자료이다. 이에 대한 설명으로 옳은 것은?

〈표〉 A지역의 곡물 재배면적 및 생산량

(단위: 천 정보, 천 석)

곡물	구분	1930	1931	1932	1933	1934
미곡	재배면적	1,148	1,100	998	1,118	1,164
	생산량	15,276	14,145	13,057	15,553	18,585
맥류	재배면적	1,146	773	829	963	1,034
	생산량	7,347	4,407	4,407	6,339	7,795
두류	재배면적	450	283	301	317	339
	생산량	1,940	1,140	1,143	1,215	1,362
잡곡	재배면적	334	224	264	215	208
	생산량	1,136	600	750	633	772
서류	재배면적	59	88	87	101	138
	생산량	821	1,093	1,228	1,436	2,612
전체	재배면적	3,137	2,468	2,479	2,714	2,883
	생산량	26,520	21,385	20,585	25,176	31,126

① 1931～1934년 동안 재배면적의 전년 대비 증감방향은 미곡과 두류가 동일하다.
② 생산량은 매년 두류가 서류보다 많다.
③ 재배면적은 매년 잡곡이 서류의 2배 이상이다.
④ 1934년 재배면적당 생산량이 가장 큰 곡물은 미곡이다.
⑤ 1933년 미곡과 맥류 재배면적의 합은 1933년 곡물 재배면적 전체의 70% 이상이다.

문 15. 다음 〈그림〉은 주요국(한국, 미국, 일본, 프랑스)이 화장품산업 경쟁력 4대 분야에서 획득한 점수에 대한 자료이다. 이에 대한 설명으로 옳은 것은?

〈그림〉 주요국의 화장품산업 경쟁력 4대 분야별 점수

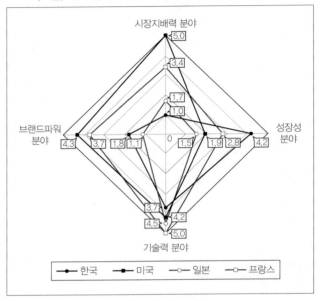

① 기술력 분야에서는 한국의 점수가 가장 높다.
② 성장성 분야에서 점수가 가장 높은 국가는 시장지배력 분야에서도 점수가 가장 높다.
③ 브랜드파워 분야에서 각국이 획득한 점수의 최댓값과 최솟값의 차이는 3 이하이다.
④ 미국이 4대 분야에서 획득한 점수의 합은 프랑스가 4대 분야에서 획득한 점수의 합보다 크다.
⑤ 시장지배력 분야의 점수는 일본이 프랑스보다 높지만 미국보다는 낮다.

문 16. 다음 〈그림〉은 기업 A, B의 2014~2017년 에너지원단위 및 매출액 자료이다. 이에 대한 〈보기〉의 설명 중 옳은 것만을 모두 고르면?

〈그림〉 기업 A, B의 2014~2017년 에너지원단위 및 매출액

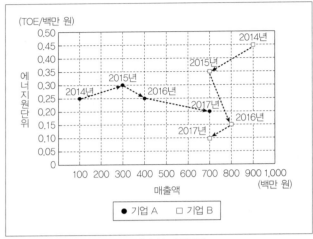

※ 에너지원단위(TOE/백만 원) = $\dfrac{\text{에너지소비량(TOE)}}{\text{매출액(백만 원)}}$

〈보기〉

ㄱ. 기업 A, B는 각각 에너지원단위가 매년 감소하였다.
ㄴ. 기업 A의 에너지소비량은 매년 증가하였다.
ㄷ. 2016년 에너지소비량은 기업 B가 기업 A보다 많다.

① ㄱ
② ㄴ
③ ㄷ
④ ㄱ, ㄴ
⑤ ㄴ, ㄷ

문 17. 다음 〈표〉와 〈그림〉은 A지역 2016년 주요 버섯의 도·소매가와 주요 버섯 소매가의 전년 동분기 대비 등락액을 나타낸 자료이다. 이에 대한 〈보기〉의 설명 중 옳은 것만을 모두 고르면?

〈표〉 2016년 주요 버섯의 도·소매가

(단위: 원/kg)

버섯 종류	분기 구분	1분기	2분기	3분기	4분기
느타리	도매	5,779	6,752	7,505	7,088
	소매	9,393	9,237	10,007	10,027
새송이	도매	4,235	4,201	4,231	4,423
	소매	5,233	5,267	5,357	5,363
팽이	도매	1,886	1,727	1,798	2,116
	소매	3,136	3,080	3,080	3,516

〈그림〉 2016년 주요 버섯 소매가의 전년 동분기 대비 등락액

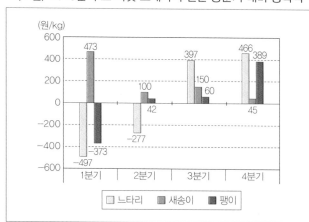

〈보기〉

ㄱ. 2016년 매분기 '느타리' 1kg의 도매가는 '팽이' 3kg의 도매가보다 높다.

ㄴ. 2015년 매분기 '팽이'의 소매가는 3,000원/kg 이상이다.

ㄷ. 2016년 1분기 '새송이'의 소매가는 2015년 4분기에 비해 상승했다.

ㄹ. 2016년 매분기 '느타리'의 소매가는 도매가의 1.5배 미만이다.

① ㄱ, ㄴ
② ㄱ, ㄷ
③ ㄴ, ㄷ
④ ㄴ, ㄹ
⑤ ㄷ, ㄹ

문 18. 다음 〈표〉는 A∼E 면접관이 '갑'∼'정' 응시자에게 부여한 면접 점수이다. 이에 대한 〈보기〉의 설명 중 옳은 것만을 모두 고르면?

〈표〉 '갑'∼'정' 응시자의 면접 점수

(단위: 점)

응시자 면접관	갑	을	병	정	범위
A	7	8	8	6	2
B	4	6	8	10	( )
C	5	9	8	8	( )
D	6	10	9	7	4
E	9	7	6	5	4
중앙값	( )	( )	8	( )	–
교정점수	( )	8	( )	7	–

※ 1) 범위: 해당 면접관이 각 응시자에게 부여한 면접 점수 중 최댓값에서 최솟값을 뺀 값
2) 중앙값: 해당 응시자가 A∼E 면접관에게 받은 모든 면접 점수를 크기순으로 나열할 때 한가운데 값
3) 교정점수: 해당 응시자가 A∼E 면접관에게 받은 모든 면접 점수 중 최댓값과 최솟값을 제외한 면접 점수의 산술평균값

〈보기〉

ㄱ. 면접관 중 범위가 가장 큰 면접관은 B이다.

ㄴ. 응시자 중 중앙값이 가장 작은 응시자는 '정'이다.

ㄷ. 교정점수는 '병'이 '갑'보다 크다.

① ㄱ
② ㄴ
③ ㄱ, ㄷ
④ ㄴ, ㄷ
⑤ ㄱ, ㄴ, ㄷ

문 19. 다음 〈표〉는 2000년과 2013년 한국, 중국, 일본의 재화 수출액 및 수입액 자료이고, 〈용어 정의〉는 무역수지와 무역특화지수에 대한 설명이다. 이에 대한 〈보기〉의 설명 중 옳은 것만을 모두 고르면?

〈표〉 한국, 중국, 일본의 재화 수출액 및 수입액

(단위: 억 달러)

연도 \ 국가 재화 \ 수출입액	한국 수출액	한국 수입액	중국 수출액	중국 수입액	일본 수출액	일본 수입액
2000 원자재	578	832	741	1,122	905	1,707
2000 소비재	117	104	796	138	305	847
2000 자본재	1,028	668	955	991	3,583	1,243
2013 원자재	2,015	3,232	5,954	9,172	2,089	4,760
2013 소비재	138	375	4,083	2,119	521	1,362
2013 자본재	3,444	1,549	12,054	8,209	4,541	2,209

─〈용어 정의〉─

○ 무역수지 = 수출액 − 수입액

 − 무역수지 값이 양(+)이면 흑자, 음(−)이면 적자이다.

○ 무역특화지수 = $\dfrac{수출액 − 수입액}{수출액 + 수입액}$

 − 무역특화지수의 값이 클수록 수출경쟁력이 높다.

─〈보기〉─

ㄱ. 2013년 한국, 중국, 일본 각각에서 원자재 무역수지는 적자이다.

ㄴ. 2013년 한국의 원자재, 소비재, 자본재 수출액은 2000년에 비해 각각 50% 이상 증가하였다.

ㄷ. 2013년 자본재 수출경쟁력은 일본이 한국보다 높다.

① ㄱ

② ㄴ

③ ㄱ, ㄴ

④ ㄱ, ㄷ

⑤ ㄴ, ㄷ

문 20. 다음 〈표〉는 A~D국의 성별 평균소득과 대학진학률의 격차지수만으로 계산한 '간이 성평등지수'에 관한 자료이다. 이에 대한 〈보기〉의 설명 중 옳은 것만을 모두 고르면?

〈표〉 A~D국의 성별 평균소득, 대학진학률 및 '간이 성평등지수'

(단위: 달러, %)

항목 \ 국가	평균소득 여성	평균소득 남성	평균소득 격차지수	대학진학률 여성	대학진학률 남성	대학진학률 격차지수	간이 성평등지수
A	8,000	16,000	0.50	68	48	1.00	0.75
B	36,000	60,000	0.60	( )	80	( )	( )
C	20,000	25,000	0.80	70	84	0.83	0.82
D	3,500	5,000	0.70	11	15	0.73	0.72

※ 1) 격차지수는 남성 항목값 대비 여성 항목값의 비율로 계산하며, 그 값이 1을 넘으면 1로 함
   2) '간이 성평등지수'는 평균소득 격차지수와 대학진학률 격차지수의 산술평균임
   3) 격차지수와 '간이 성평등지수'는 소수점 셋째 자리에서 반올림한 값임

─〈보기〉─

ㄱ. A국의 여성 평균소득과 남성 평균소득이 각각 1,000달러씩 증가하면 A국의 '간이 성평등지수'는 0.80 이상이 된다.

ㄴ. B국의 여성 대학진학률이 85%이면 '간이 성평등지수'는 B국이 C국보다 높다.

ㄷ. D국의 여성 대학진학률이 4%p 상승하면 D국의 '간이 성평등지수'는 0.80 이상이 된다.

① ㄱ

② ㄴ

③ ㄷ

④ ㄱ, ㄴ

⑤ ㄱ, ㄷ

문 21. 다음 〈표〉와 〈그림〉은 2018년 테니스 팀 A∼E의 선수 인원 수 및 총 연봉과 각각의 전년 대비 증가율에 대한 자료이다. 이에 대한 설명으로 옳지 않은 것은?

〈표〉 2018년 테니스팀 A∼E의 선수 인원 수 및 총 연봉

(단위: 명, 억 원)

테니스 팀	선수 인원 수	총 연봉
A	5	15
B	10	25
C	8	24
D	6	30
E	6	24

※ 팀 선수 평균 연봉= $\dfrac{\text{총 연봉}}{\text{선수 인원 수}}$

〈그림〉 2018년 테니스 팀 A∼E의 선수 인원 수 및 총 연봉의 전년 대비 증가율

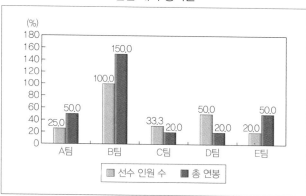

※ 전년 대비 증가율은 소수점 둘째 자리에서 반올림한 값임

① 2018년 '팀 선수 평균 연봉'은 D팀이 가장 많다.
② 2018년 전년 대비 증가한 선수 인원 수는 C팀과 D팀이 동일하다.
③ 2018년 A팀의 '팀 선수 평균 연봉'은 전년 대비 증가하였다.
④ 2018년 선수 인원 수가 전년 대비 가장 많이 증가한 팀은 총 연봉도 가장 많이 증가하였다.
⑤ 2017년 총 연봉은 A팀이 E팀보다 많다.

문 22. 다음 〈표〉는 A∼D국의 연구개발비에 대한 자료이다. 다음 〈보고서〉를 작성하기 위해 〈표〉 이외에 추가로 필요한 자료만을 〈보기〉에서 모두 고르면?

〈표〉 A∼D국의 연구개발비

연도	구분 국가	A	B	C	D
2016	연구개발비(억 달러)	605	4,569	1,709	1,064
	GDP 대비(%)	4.29	2.73	3.47	2.85
2015	민간연구개발비 : 정부연구개발비	24:76	35:65	25:75	30:70

※ 연구개발비=정부연구개발비+민간연구개발비

〈보고서〉

A∼D국 모두 2015년에 비하여 2016년 연구개발비가 증가하였지만, A국은 약 3% 증가에 불과하여 A∼D국 평균 증가율인 6% 수준에도 미치지 못했다. 특히, 2016년에 A국은 정부연구개발비 대비 민간연구개발비 비율이 가장 작다. 이는 2014∼2016년 동안, A국 민간연구개발에 대한 정부의 지원금액이 매년 감소한 데 따른 것으로 분석된다.

〈보기〉

ㄱ. 2013∼2015년 A∼D국 전년 대비 GDP 증가율
ㄴ. 2015∼2016년 연도별 A∼D국 민간연구개발비
ㄷ. 2013∼2016년 연도별 A국 민간연구개발에 대한 정부의 지원금액
ㄹ. 2014∼2015년 A∼D국 전년 대비 연구개발비 증가율

① ㄱ, ㄴ
② ㄱ, ㄹ
③ ㄴ, ㄷ
④ ㄴ, ㄹ
⑤ ㄷ, ㄹ

문 23. 다음 〈표〉는 근무지 이동 전 '갑' 회사의 근무 현황에 대한 자료이다. 〈표〉와 〈근무지 이동 지침〉에 따라 이동한 후 근무지별 인원 수로 가능한 것은?

〈표〉 근무지 이동 전 '갑' 회사의 근무 현황

(단위: 명)

근무지	팀명	인원 수
본관 1층	인사팀	10
	지원팀	16
	기획1팀	16
본관 2층	기획2팀	21
	영업1팀	27
본관 3층	영업2팀	30
	영업3팀	23
별관	–	0
전체		143

※ 1) '갑' 회사의 근무지는 본관 1, 2, 3층과 별관만 있음
　　2) 팀별 인원 수의 변동은 없음

〈근무지 이동 지침〉

○ 본관 내 이동은 없고, 인사팀은 이동하지 않음
○ 팀별로 전원 이동하며, 본관에서 별관으로 2개 팀만 이동함
○ 1개 층에서는 최대 1개 팀만 별관으로 이동할 수 있음
○ 이동한 후 별관 인원 수는 40명을 넘지 않도록 함

①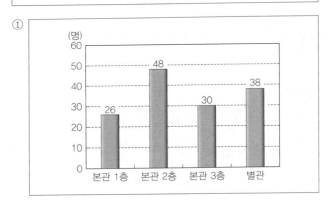

②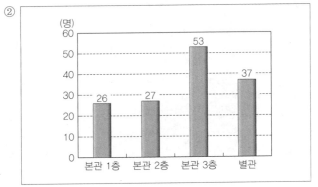

③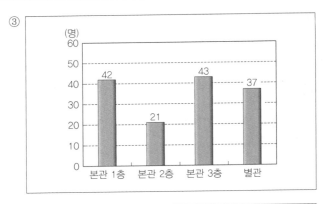

④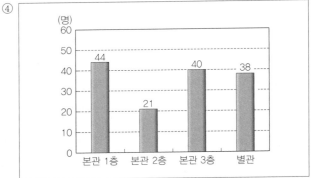

⑤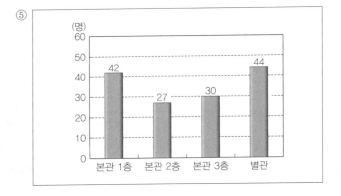

문 24. 다음 〈표 1〉은 창의경진대회에 참가한 팀 A, B, C의 '팀 인원 수' 및 '팀 평균점수'이며, 〈표 2〉는 〈표 1〉에 기초하여 '팀 연합 인원 수' 및 '팀 연합 평균점수'를 각각 산출한 자료이다. (가)와 (나)에 들어갈 값을 바르게 나열한 것은?

〈표 1〉 팀 인원 수 및 팀 평균점수

(단위: 명, 점)

팀	A	B	C
인원 수	(　　)	(　　)	(　　)
평균점수	40.0	60.0	90.0

※ 1) 각 참가자는 A, B, C팀 중 하나의 팀에만 속하고, 개인별로 점수를 획득함

2) 팀 평균점수＝$\dfrac{\text{해당 팀 참가자 개인별 점수의 합}}{\text{해당 팀 참가자 인원 수}}$

〈표 2〉 팀 연합 인원 수 및 팀 연합 평균점수

(단위: 명, 점)

팀 연합	A+B	B+C	C+A
인원 수	80	120	(가)
평균점수	52.5	77.5	(나)

※ 1) A+B는 A팀과 B팀, B+C는 B팀과 C팀, C+A는 C팀과 A팀의 인원을 합친 팀 연합임

2) 팀 연합 평균점수＝$\dfrac{\text{해당 팀 연합 참가자 개인별 점수의 합}}{\text{해당 팀 연합 참가자 인원 수}}$

　　(가)　　(나)
① 90　　72.5
② 90　　75.0
③ 100　　72.5
④ 100　　75.0
⑤ 110　　72.5

문 25. 다음 〈표〉는 참가자 A~D의 회차별 가위·바위·보 게임 기록 및 판정이고, 〈그림〉은 아래 〈규칙〉에 따른 5회차 게임 종료 후 A~D의 위치를 나타낸 것이다. 이때 (가), (나), (다)에 해당하는 것을 바르게 나열한 것은?

〈표〉 가위·바위·보 게임 기록 및 판정

참가자	회차	1		2		3		4		5	
	구분	기록	판정	기록	판정	기록	판정	기록	판정	기록	판정
A		가위	승	바위	승	보	승	바위	(　)	보	(　)
B		가위	승	(가)	(　)	바위	패	가위	(　)	보	(　)
C		보	패	가위	패	바위	패	(나)	(　)	보	(　)
D		보	패	가위	패	바위	패	가위	(　)	(다)	(　)

〈그림〉 5회차 게임 종료 후 A~D의 위치

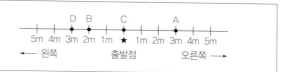

　왼쪽 ←　5m 4m 3m 2m 1m ★ 1m 2m 3m 4m 5m　→ 오른쪽

　　　　　　　　　　　　　출발점

〈규칙〉

○ A~D는 모두 출발점(★)에서 1회차 가위·바위·보 게임을 하고, 2회차부터는 직전 회차 게임 종료 후 각자의 위치에서 게임을 한다.

○ 각 회차의 판정에 따라 지거나 비기면 이동하지 않고, 가위로 이긴 사람은 왼쪽으로 3m, 바위로 이긴 사람은 오른쪽으로 1m, 보로 이긴 사람은 오른쪽으로 5m를 각각 이동하여 해당 회차 게임을 종료한다.

　　(가)　　(나)　　(다)
① 가위　　바위　　보
② 가위　　보　　바위
③ 바위　　가위　　보
④ 바위　　보　　가위
⑤ 보　　바위　　가위

※ 수고하셨습니다.

※ 기출문제편 맨 마지막에 있는 OMR 카드에 마킹을 하세요.

정답과 분석해설편 ▶ P.307

제3영역 상황판단

1초 합격예측! 모바일 성적결과분석표 발급 서비스

 QR 코드로 접속하여 문제 풀이 시간을 측정하고, 자동채점 & 성적결과분석 서비스를 통해 지금 바로 실력을 점검해 보세요.
◀ http://eduwill.kr/ntU6

풀이 시간	• 시작: ____시 ____분 ~ 종료: ____시 ____분
	• 총 : ____분

문 1. 다음 글을 근거로 판단할 때 옳은 것은?

정책의 쟁점 관리는 정책 쟁점에 대한 부정적 인식을 최소화하여 정책의 결정 및 집행에 우호적인 환경을 조성하기 위한 행위를 말한다. 이는 정책 쟁점이 미디어 의제로 전환된 후부터 진행된다.

정책의 쟁점 관리에서는 쟁점에 대한 지식수준과 관여도에 따라 공중(公衆)의 유형을 구분하여 공중의 특성에 맞는 전략적 대응방안을 제시한다. 어떤 쟁점에 대해 지식수준과 관여도가 모두 낮은 공중은 '비활동 공중'이라고 한다. 그러나 쟁점에 대한 지식수준이 낮더라도 쟁점에 노출되어 쟁점에 대한 관여도가 높아지게 되면 이들은 '환기 공중'으로 변화한다. 이러한 환기 공중이 쟁점에 대한 지식수준까지 높아지면 지식수준과 관여도가 모두 높은 '활동 공중'으로 변하게 된다. 쟁점에 대한 지식수준이 높지만 관여도가 높지 않은 공중은 '인지 공중'이라고 한다.

인지 공중은 사회의 다양한 쟁점에 관한 지식을 가지고 있지만 적극적으로 활동하지 않아 이른바 행동하지 않는 지식인이라고도 불리는데, 이들의 관여도를 높여 활동 공중으로 이끄는 것은 매우 어렵다. 이 때문에 이들이 정책 쟁점에 긍정적 태도를 가지게 하는 것만으로도 전략적 성공이라고 볼 수 있다. 반면 환기 공중은 지식수준은 낮지만 쟁점 관여도가 높은 편이어서 문제해결에 필요한 지식을 얻게 된다면 활동 공중으로 변화한다. 따라서 이들에게는 쟁점에 대한 미디어 노출을 증가시키거나 다른 사람과 쟁점에 대해 토론하게 함으로써 지식수준을 높이는 전략을 취할 필요가 있다. 한편 활동 공중은 쟁점에 대한 지식수준과 관여도가 모두 높기 때문에 조직화될 개연성이 크고, 자신의 목적을 이루기 위해 시간과 노력을 아낌없이 투자할 자세가 되어 있다. 정책의 쟁점 관리를 제대로 하려면 이들이 정책을 우호적으로 판단할 수 있도록 하는 다양한 전략을 마련하여야 한다.

① 정책의 쟁점 관리는 정책 쟁점이 미디어 의제로 전환되기 전에 이루어진다.

② 어떤 쟁점에 대한 지식수준이 높지만 관여도가 낮은 공중을 비활동 공중이라고 한다.

③ 비활동 공중이 어떤 쟁점에 노출되면서 관여도가 높아지면 환기 공중으로 변한다.

④ 공중은 한 유형에서 다른 유형으로 변화할 수 없기 때문에 정책의 쟁점 관리를 할 필요가 없다.

⑤ 인지 공중의 경우, 쟁점에 대한 미디어 노출을 증가시키고 다른 사람과 쟁점에 대해 토론하게 만든다면 활동 공중으로 쉽게 변한다.

문 2. 다음 글을 근거로 판단할 때 옳은 것은?

> 제○○조 ① 지방자치단체의 장은 하수도정비기본계획에 따라 공공하수도를 설치하여야 한다.
> ② 시·도지사는 공공하수도를 설치하고자 하는 때에는 사업시행지의 위치 및 면적, 설치하고자 하는 시설의 종류, 사업시행기간 등을 고시하여야 한다. 고시한 사항을 변경 또는 폐지하고자 하는 때에도 또한 같다.
> ③ 시장·군수·구청장(자치구의 구청장을 말한다. 이하 같다)은 공공하수도를 설치하려면 시·도지사의 인가를 받아야 한다.
> ④ 시장·군수·구청장은 제3항에 따라 인가받은 사항을 변경하거나 폐지하려면 시·도지사의 인가를 받아야 한다.
> ⑤ 시·도지사는 국가의 보조를 받아 설치하고자 하는 공공하수도에 대하여 제2항에 따른 고시 또는 제3항의 규정에 따른 인가를 하고자 할 때에는 그 설치에 필요한 재원의 조달 및 사용에 관하여 환경부장관과 미리 협의하여야 한다.
> 제□□조 ① 공공하수도관리청(이하 '관리청'이라 한다)은 관할 지방자치단체의 장이 된다.
> ② 공공하수도가 둘 이상의 지방자치단체의 장의 관할구역에 걸치는 경우, 관리청이 되는 자는 제○○조 제2항에 따른 공공하수도 설치의 고시를 한 시·도지사 또는 같은 조 제3항에 따른 인가를 받은 시장·군수·구청장으로 한다.
>
> ※ 공공하수도: 지방자치단체가 설치 또는 관리하는 하수도

① A자치구의 구청장이 관할구역 내에 공공하수도를 설치하려고 인가를 받았는데, 그 공공하수도가 B자치구에 걸치는 경우, 설치하려는 공공하수도의 관리청은 B자치구의 구청장이다.

② 시·도지사가 국가의 보조를 받아 공공하수도를 설치하려면, 그 설치에 필요한 재원의 조달 등에 관하여 환경부장관의 인가를 받아야 한다.

③ 시장·군수·구청장이 공공하수도 설치에 관하여 인가받은 사항을 폐지할 경우에는 시·도지사의 인가를 필요로 하지 않는다.

④ 시·도지사가 공공하수도 설치를 위해 고시한 사항은 변경할 수 없다.

⑤ 시장·군수·구청장이 공공하수도를 설치하려면 시·도지사의 인가를 받아야 한다.

문 3. 다음 글을 근거로 판단할 때 옳은 것은?

> 다산 정약용은 아전의 핵심적인 직책으로 향승(鄕丞)과 좌수(座首), 좌우별감(左右別監)을 들고 있다. 향승은 지방관서장인 현령의 행정보좌역이고, 좌수는 지방자치기관인 향청의 우두머리로 이방과 병방의 직무를 관장한다. 좌우별감은 좌수의 아랫자리인데, 좌별감은 호방과 예방의 직무를 관장하고, 우별감은 형방과 공방의 직무를 관장한다.
>
> 다산은 향승이 현령을 보좌해야 하는 자리이기 때문에 반드시 그 고을에서 가장 착한 사람, 즉 도덕성이 가장 높은 사람에게 그 직책을 맡겨야 한다고 하였다. 또한 좌수는 그 자리의 중요성을 감안하여 진실로 마땅한 사람으로 얻어야 한다고 강조하였다. 좌수를 선발하기 위해 다산이 제시한 방법은 다음과 같다. 먼저 좌수후보자들에게 모두 종사랑(從仕郞)의 품계를 주고 해마다 공적을 평가해 감사나 어사로 하여금 식년(式年)에 각각 9명씩을 추천하게 한다. 그리고 그 가운데 3명을 뽑아 경관(京官)에 임명하면, 자신을 갈고 닦아 명성이 있고 품행이 바른 사람이 그 속에서 반드시 나올 것이라고 주장했다. 좌우별감을 선발할 때에도 역시 마땅히 쓸 만한 사람을 골라 정사를 의논해야 한다고 했다.
>
> 다산은 아전을 임명할 때, 진실로 쓸 만한 사람을 얻지 못하면 그저 자리를 채우기는 하되 정사는 맡기지 말라고 했다. 아울러 아첨을 잘하는 자는 충성스럽지 못하므로 이를 잘 살피도록 권고했다. 한편 다산은 문관뿐만 아니라 무관의 자질에 대해서도 언급하였다. 그에 따르면 무관의 반열에 서는 자는 모두 굳세고 씩씩해 적을 막아낼 만한 기색이 있는 사람으로 뽑되, 도덕성을 첫째의 자질로 삼고 재주와 슬기를 다음으로 해야 한다고 강조하였다.
>
> ※ 식년(式年): 과거를 보는 시기로 정한 해

① 관직의 서열로 보면 좌우별감은 좌수의 상관이다.

② 다산이 주장하는 좌수 선발방법에 따르면, 향승은 식년에 3명의 좌수후보자를 추천한다.

③ 다산은 아전으로 쓸 만한 사람이 없을 때에는 자리를 채우지 말아야 한다고 하였다.

④ 다산은 경관 가운데 우수한 공적이 있는 사람에게 종사랑의 품계를 주어야 한다고 주장했다.

⑤ 다산은 무관의 자질로 재주와 슬기보다 도덕성이 우선한다고 보았다.

문 4. 다음 〈A도서관 자료 폐기 지침〉을 근거로 판단할 때 옳은 것은?

─────〈A도서관 자료 폐기 지침〉─────

가. 자료 선정
　도서관 직원은 누구든지 수시로 서가를 살펴보고, 이용하기 곤란하다고 생각되는 자료는 발견 즉시 회수하여 사무실로 옮겨야 한다.

나. 목록 작성
　사무실에 회수된 자료는 사서들이 일차적으로 갱신 대상을 추려내어 갱신하고, 폐기 대상 자료로 판단되는 것은 폐기심의대상 목록으로 작성하여 폐기심의위원회에 제출한다.

다. 폐기심의위원회 운영
　폐기심의위원회 회의(이하 '회의'라 한다)는 연 2회 정기적으로 개최한다. 회의는 폐기심의대상 목록과 자료의 실물을 비치한 회의실에서 진행되고, 위원들은 실물과 목록을 대조하여 확인하여야 한다. 폐기심의위원회는 폐기 여부만을 판정하며 폐기 방법의 결정은 사서에게 위임한다. 폐기 대상 판정 시 위원들 사이에 이견(異見)이 있는 자료는 당해 연도의 폐기 대상에서 제외하고, 다음 연도의 회의에서 재결정한다.

라. 폐기 방법
　(1) 기증: 상태가 양호하여 다른 도서관에서 이용될 수 있다고 판단되는 자료는 기증 의사를 공고하고 다른 도서관 등 희망하는 기관에 기증한다.
　(2) 이관: 상태가 양호하고 나름의 가치가 있는 자료는 자체 기록보존소, 지역 및 국가의 보존전문도서관 등에 이관한다.
　(3) 매각과 소각: 폐지로 재활용 가능한 자료는 매각하고, 폐지로도 매각할 수 없는 자료는 최종적으로 소각 처리한다.

마. 기록 보존 및 목록 최신화
　연도별로 폐기한 자료의 목록과 폐기 경위에 관한 기록을 보존하되, 폐기한 자료에 대한 내용을 도서관의 각종 현행 자료 목록에서 삭제하여 목록을 최신화한다.

※ 갱신: 손상된 자료의 외형을 수선하거나 복사본을 만듦

① 사서는 폐기심의대상 목록만을 작성하고, 자료의 폐기 방법은 폐기심의위원회가 결정한다.

② 폐기 대상 판정 시 폐기심의위원들 간에 이견이 있는 자료의 경우, 바로 다음 회의에서 그 자료의 폐기 여부가 논의되지 않을 수 있다.

③ 폐기심의위원회는 자료의 실물을 확인하지 않고 폐기 여부를 판정할 수 있다.

④ 매각 또는 소각한 자료는 현행자료 목록에서 삭제하고, 폐기 경위에 관한 기록도 제거하여야 한다.

⑤ 사서가 아닌 도서관 직원은, 이용하기 곤란하다고 생각되는 자료를 발견하면 갱신하거나 폐기심의대상 목록을 작성하여야 한다.

문 5. 다음 글을 근거로 판단할 때, 〈보기〉에서 옳은 것만을 모두 고르면?

제00조 ① 민사에 관한 분쟁의 당사자는 법원에 조정을 신청할 수 있다.
② 조정을 신청하는 당사자를 신청인이라고 하고, 그 상대방을 피신청인이라고 한다.
제00조 ① 신청인은 다음 각 호의 어느 하나에 해당하는 곳을 관할하는 지방법원에 조정을 신청해야 한다.
　1. 피신청인의 주소지, 피신청인의 사무소 또는 영업소 소재지, 피신청인의 근무지
　2. 분쟁의 목적물 소재지, 손해 발생지
② 조정사건은 조정담당판사가 처리한다.
제00조 ① 조정담당판사는 사건이 그 성질상 조정을 하기에 적당하지 아니하다고 인정하거나 신청인이 부당한 목적으로 조정신청을 한 것임을 인정하는 경우에는 조정을 하지 아니하는 결정으로 사건을 종결시킬 수 있다. 신청인은 이 결정에 대해서 불복할 수 없다.
② 조정담당판사는 신청인과 피신청인 사이에 합의가 성립되지 아니한 경우 조정 불성립으로 사건을 종결시킬 수 있다.
③ 조정담당판사는 신청인과 피신청인 사이에 합의된 사항이 조정조서에 기재되면 조정 성립으로 사건을 종결시킨다. 조정조서는 판결과 동일한 효력이 있다.
제00조 다음 각 호의 어느 하나에 해당하는 경우에는 조정신청을 한 때에 민사소송이 제기된 것으로 본다.
　1. 조정을 하지 아니하는 결정이 있는 경우
　2. 조정 불성립으로 사건이 종결된 경우

─────〈보기〉─────

ㄱ. 신청인은 피신청인의 근무지를 관할하는 지방법원에 조정을 신청할 수 있다.

ㄴ. 조정을 하지 아니하는 결정을 조정담당판사가 한 경우, 신청인은 이에 대해 불복할 수 있다.

ㄷ. 신청인과 피신청인 사이에 합의된 사항이 기재된 조정조서는 판결과 동일한 효력을 갖는다.

ㄹ. 조정 불성립으로 사건이 종결된 경우, 사건이 종결된 때를 민사소송이 제기된 시점으로 본다.

ㅁ. 조정담당판사는 신청인이 부당한 목적으로 조정신청을 한 것으로 인정하는 경우, 조정 불성립으로 사건을 종결시킬 수 있다.

① ㄱ, ㄷ
② ㄴ, ㄹ
③ ㄱ, ㄷ, ㄹ
④ ㄱ, ㄷ, ㅁ
⑤ ㄴ, ㄹ, ㅁ

문 6. 다음 글을 근거로 판단할 때, 〈보기〉에서 옳은 것만을 모두 고르면?

제○○조 이 법에서 '폐교'란 학생 수 감소, 학교 통폐합 등의 사유로 폐지된 공립학교를 말한다.

제△△조 ① 시·도 교육감은 폐교재산을 교육용시설, 사회복지시설, 문화시설, 공공체육시설로 활용하려는 자 또는 소득증대시설로 활용하려는 자에게 그 폐교재산의 용도와 사용 기간을 정하여 임대할 수 있다.

② 제1항에 따라 폐교재산을 임대하는 경우, 연간 임대료는 해당 폐교재산평정가격의 1천분의 10을 하한으로 한다.

제□□조 ① 제△△조 제2항에도 불구하고 시·도 교육감은 다음 각 호의 어느 하나에 해당하는 경우에는 폐교재산의 연간 임대료를 감액하여 임대할 수 있다.

1. 국가 또는 지방자치단체가 폐교재산을 교육용시설, 사회복지시설, 문화시설, 공공체육시설 또는 소득증대시설로 사용하려는 경우

2. 단체 또는 사인(私人)이 폐교재산을 교육용시설, 사회복지시설, 문화시설 또는 공공체육시설로 사용하려는 경우

3. 폐교가 소재한 시·군·구에 주민등록이 되어 있고 실제 거주하는 지역주민이 공동으로 폐교재산을 소득증대시설로 사용하려는 경우

② 전항에 따라 폐교재산의 임대료를 감액하는 경우 연간 임대료의 감액분은 다음 각 호에서 정한 바를 초과하지 아니하는 범위에서 정한다.

1. 교육용시설, 사회복지시설, 문화시설, 공공체육시설로 사용하는 경우: 제△△조 제2항에 따른 연간 임대료의 1천분의 500

2. 소득증대시설로 사용하는 경우: 제△△조 제2항에 따른 연간 임대료의 1천분의 300

─────〈보기〉─────

ㄱ. 시·도 교육감은, 폐교가 소재하는 시·군·구에 거주하지 않으면서 폐교재산을 사회복지시설로 활용하려는 자에게 그 폐교재산을 임대할 수 있다.

ㄴ. 폐교재산평정가격이 5억 원인 폐교재산을 지방자치단체가 문화시설로 사용하려는 경우, 연간 임대료의 최저액은 250만 원이다.

ㄷ. 폐교가 소재한 군에 주민등록이 되어 있고 실제 거주하는 지역주민이 단독으로 폐교재산을 소득증대시설로 사용하려는 경우, 연간 임대료로 지불해야 할 최저액은 폐교재산평정가격의 0.7%이다.

ㄹ. 폐교재산을 활용하려는 자가 폐교 소재 지역주민이 아니어도 그 폐교재산을 공공체육시설로 사용할 수 있으나 임대료 감액은 받을 수 없다.

① ㄱ, ㄴ
② ㄱ, ㄷ
③ ㄱ, ㄴ, ㄹ
④ ㄱ, ㄷ, ㄹ
⑤ ㄴ, ㄷ, ㄹ

문 7. 다음 〈측량학 수업 필기〉를 근거로 판단할 때, 〈예제〉의 괄호 안에 들어갈 수는?

─────〈측량학 수업 필기〉─────

축   척: 실제 수평 거리를 지도상에 얼마나 축소해서 나타냈는지를 보여주는 비율. 1/50,000, 1/25,000, 1/10,000, 1/5,000 등을 일반적으로 사용함
ex) 1/50,000은 실제 수평 거리 50,000cm를 지도상에 1cm로 나타냄

등고선: 지도에서 표고가 같은 지점들을 연결한 선
└▶ 표준 해면으로부터 지표의 어느 지점까지의 수직 거리
축척 1/50,000 지도에서는 표고 20m마다, 1/25,000 지도에서는 표고 10m마다, 1/10,000 지도에서는 표고 5m마다 등고선을 그림
ex) 축척 1/50,000 지도에서 등고선이 그려진 모습

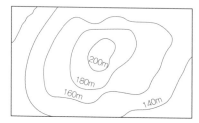

경사도: 어떤 두 지점 X와 Y를 잇는 사면의 경사도는 다음의 식으로 계산

$$경사도 = \frac{두 \ 지점 \ 사이의 \ 표고 \ 차이}{두 \ 지점 \ 사이의 \ 실제 \ 수평 \ 거리}$$

─────〈예제〉─────

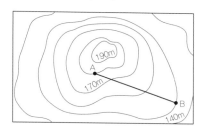

위의 지도는 축척 1/25,000로 제작되었다. 지도상의 지점 A와 B를 잇는 선분을 자로 재어 보니 길이가 4cm였다. 이때 두 지점 A와 B를 잇는 사면의 경사도는 (   )이다.

① 0.015
② 0.025
③ 0.03
④ 0.055
⑤ 0.7

문 8. 다음 글을 근거로 판단할 때, 〈보기〉에서 옳은 것만을 모두 고르면?

소아기 예방접종 프로그램에 포함된 백신(A~C)은 지속적인 항체 반응을 위해서 2회 이상 접종이 필요하다.

최소 접종연령(첫 접종의 최소연령) 및 최소 접종간격을 지켰을 때 적절한 예방력이 생기며, 이러한 예방접종을 유효하다고 한다. 다만 최소 접종연령 및 최소 접종간격에서 4일 이내로 앞당겨서 일찍 접종을 한 경우에도 유효한 것으로 본다. 그러나 만약 5일 이상 앞당겨서 일찍 접종했다면 무효로 간주하고 최소 접종연령 및 최소 접종간격에 맞춰 다시 접종하여야 한다.

다음은 각 백신의 최소 접종연령 및 최소 접종간격을 나타낸 표이다.

종류	최소 접종연령	최소 접종간격			
		1, 2차 사이	2, 3차 사이	3, 4차 사이	4, 5차 사이
백신 A	12개월	12개월	–	–	–
백신 B	6주	4주	4주	6개월	–
백신 C	6주	4주	4주	6개월	6개월

다만 백신 B의 경우 만 4세 이후에 3차 접종을 유효하게 했다면, 4차 접종은 생략한다.

〈보기〉

ㄱ. 만 2세가 되기 전에 백신 A의 예방접종을 2회 모두 유효하게 실시할 수 있다.

ㄴ. 생후 45개월에 백신 B를 1차 접종했다면, 4차 접종은 반드시 생략한다.

ㄷ. 생후 40일에 백신 C를 1차 접종했다면, 생후 60일에 한 2차 접종은 유효하다.

① ㄱ

② ㄴ

③ ㄷ

④ ㄱ, ㄴ

⑤ ㄱ, ㄷ

문 9. 다음 글을 근거로 판단할 때, 〈그림 2〉의 정육면체 아랫면에 쓰인 36개 숫자의 합은?

정육면체인 하얀 블록 5개와 검은 블록 1개를 일렬로 붙인 막대를 30개 만든다. 각 막대의 윗면에는 가장 위에 있는 블록부터, 아랫면에는 가장 아래에 있는 블록부터 세어 검은 블록이 몇 번째 블록인지를 나타내는 숫자를 쓴다. 이런 규칙에 따르면 〈그림 1〉의 예에서는 윗면에 2를, 아랫면에 5를 쓰게 된다.

다음으로 검은 블록 없이 하얀 블록 6개를 일렬로 붙인 막대를 6개 만든다. 검은 블록이 없으므로 윗면과 아랫면 모두에 0을 쓴다.

이렇게 만든 36개의 막대를 붙여 〈그림 2〉와 같은 큰 정육면체를 만들었더니, 윗면에 쓰인 36개 숫자의 합이 109였다.

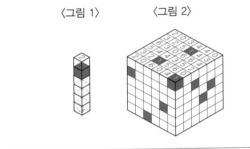

〈그림 1〉　　〈그림 2〉

① 97

② 100

③ 101

④ 103

⑤ 104

문 10. 다음 글과 〈상황〉을 근거로 판단할 때, A복지관에 채용될 2명의 후보자는?

A복지관은 청소년업무 담당자 2명을 채용하고자 한다. 청소년업무 담당자들은 심리상담, 위기청소년지원, 진학지도, 지역안전망구축 등 4가지 업무를 수행해야 한다. 채용되는 2명은 서로 다른 업무를 맡아 4가지 업무를 빠짐없이 분담해야 한다.

4가지 업무에 관련된 직무역량으로는 의사소통역량, 대인관계역량, 문제해결역량, 정보수집역량, 자원관리역량 등 5가지가 있다. 각 업무를 수행하기 위해서는 반드시 해당 업무에 필요한 직무역량을 모두 갖춰야 한다. 아래는 이를 표로 정리한 것이다.

업무	필요 직무역량
심리상담	의사소통역량, 대인관계역량
위기청소년지원	의사소통역량, 문제해결역량
진학지도	문제해결역량, 정보수집역량
지역안전망구축	대인관계역량, 자원관리역량

〈상황〉

○ A복지관의 채용후보자는 4명(甲, 乙, 丙, 丁)이며, 각 채용후보자는 5가지 직무역량 중 3가지씩을 갖추고 있다.
○ 자원관리역량은 丙을 제외한 모든 채용후보자가 갖추고 있다.
○ 丁이 진학지도업무를 제외한 모든 업무를 수행하려면, 의사소통역량만 추가로 갖추면 된다.
○ 甲은 심리상담업무를 수행할 수 있고, 乙과 丙은 진학지도업무를 수행할 수 있다.
○ 대인관계역량을 갖춘 채용후보자는 2명이다.

① 甲, 乙
② 甲, 丙
③ 乙, 丙
④ 乙, 丁
⑤ 丙, 丁

문 11. 다음 글을 근거로 판단할 때 옳지 않은 것은?

정부는 저출산 문제 해소를 위해 공무원이 안심하고 일과 출산·육아를 병행할 수 있도록 관련 제도를 정비하여 시행 중이다.

먼저 임신 12주 이내 또는 임신 36주 이상인 여성 공무원을 대상으로 하던 '모성보호시간'을 임신 기간 전체로 확대하여 임신부터 출산 시까지 근무시간을 1일에 2시간씩 단축할 수 있게 하였다.

다음으로 생후 1년 미만의 영아를 자녀로 둔 공무원을 대상으로 1주일에 2일에 한해 1일에 1시간씩 단축근무를 허용하던 '육아시간'을, 만 5세 이하 자녀를 둔 공무원을 대상으로 1주일에 2일에 한해 1일에 2시간 범위 내에서 사용할 수 있도록 하였다. 또한 부부 공동육아 실현을 위해 '배우자 출산휴가'를 10일(기존 5일)로 확대하였다.

마지막으로 어린이집, 유치원, 초·중·고등학교에서 공식적으로 주최하는 행사와 공식적인 상담에만 허용되었던 '자녀돌봄휴가'(공무원 1인당 연간 최대 2일)를 자녀의 병원진료·검진·예방접종 등에도 쓸 수 있도록 하고, 자녀가 3명 이상일 경우 1일을 가산할 수 있도록 하였다.

① 변경된 현행 제도에서는 변경 전에 비해 '육아시간'의 적용 대상 및 시간이 확대되었다.
② 변경된 현행 제도에 따르면, 초등학생 자녀 3명을 둔 공무원은 연간 3일의 '자녀돌봄휴가'를 사용할 수 있다.
③ 변경된 현행 제도에 따르면, 임신 5개월인 여성 공무원은 산부인과 진료를 받기 위해 '모성보호시간'을 사용할 수 있다.
④ 변경 전 제도에서 공무원은 초등학교 1학년인 자녀의 병원진료를 위해 '자녀돌봄휴가'를 사용할 수 있었다.
⑤ 변경된 현행 제도에 따르면, 만 2세 자녀를 둔 공무원은 '육아시간'을 사용하여 근무시간을 1주일에 총 4시간 단축할 수 있다.

문 12. 다음 글을 근거로 판단할 때, 〈보기〉에서 옳은 것만을 모두 고르면?

> 제○○조 ① 사업자는 소비자를 속이거나 소비자로 하여금 잘못 알게 할 우려가 있는 표시·광고 행위로서 공정한 거래질서를 해칠 우려가 있는 다음 각 호의 행위를 하거나 다른 사업자로 하여금 하게 하여서는 안 된다.
> 　1. 거짓·과장의 표시·광고
> 　2. 기만적인 표시·광고
> 　3. 부당하게 비교하는 표시·광고
> 　4. 비방적인 표시·광고
> ② 제1항을 위반하여 제1항 각 호의 행위를 하거나 다른 사업자로 하여금 하게 한 사업자는 2년 이하의 징역 또는 1억 5천만 원 이하의 벌금에 처한다.
> 제△△조 ① 공정거래위원회는 상품 등이나 거래 분야의 성질에 비추어 소비자 보호 또는 공정한 거래질서 유지를 위하여 필요한 경우에는 사업자가 표시·광고에 포함하여야 하는 사항(이하 '중요정보'라 한다)과 표시·광고의 방법을 고시할 수 있다.
> ② 공정거래위원회는 제1항에 따라 고시를 하려면 관계 행정기관의 장과 미리 협의하여야 한다. 이 경우 필요하다고 인정하면 공청회를 개최하여 사업자단체, 소비자단체, 그 밖의 이해관계인 등의 의견을 들을 수 있다.
> ③ 사업자가 표시·광고 행위를 하는 경우에는 제1항에 따라 고시된 중요정보를 표시·광고하여야 한다.
> 제□□조 ① 사업자가 제△△조 제3항을 위반하여 고시된 중요정보를 표시·광고하지 않은 경우에는 1억 원 이하의 과태료를 부과한다.
> ② 제1항에 따른 과태료는 공정거래위원회가 부과·징수한다.

〈보기〉

ㄱ. 공정거래위원회가 중요정보 고시 여부를 결정함에 있어 상품 등이나 거래 분야는 고려의 대상이 아니다.

ㄴ. 사업자A가 다른 사업자B로 하여금 공정한 거래질서를 해칠 우려가 있는 비방적인 표시·광고를 하게 한 경우, 공정거래위원회는 사업자A에게 과태료를 부과한다.

ㄷ. 사업자가 표시·광고 행위를 하면서 고시된 중요정보를 표시·광고하지 않은 경우, 공정거래위원회는 5천만 원의 과태료를 부과할 수 있다.

ㄹ. 공정거래위원회는 소비자 보호를 위해 필요한 경우, 사업자가 표시·광고에 포함하여야 하는 사항과 함께 그 표시·광고의 방법도 고시할 수 있다.

① ㄱ, ㄴ
② ㄱ, ㄷ
③ ㄴ, ㄷ
④ ㄴ, ㄹ
⑤ ㄷ, ㄹ

문 13. 다음 글을 근거로 판단할 때 옳은 것은?

> 군국기무처는 1894년 7월 27일부터 같은 해 12월 17일까지 존속한 최고 정책결정 기관이었다. 1894년 7월 흥선대원군을 추대한 새로운 정권이 수립되자, 그 이전부터 논의되어 오던 제도개혁을 실시하고자 합의체 형식의 초정부적 정책결정 기구인 군국기무처를 구성하였다. 이 기구의 이름은 1882년부터 1883년까지 존속하였던 기무처의 이름을 따서 흥선대원군이 명명하였다.
> 군국기무처가 실제로 활동한 기간은 약 3개월이었다. 이 기간 중 군국기무처는 40회의 회의를 통해 약 210건의 의안을 심의하여 통과시켰는데, 그중에는 189개의 개혁 의안도 포함되어 있었다. 군국기무처가 심의하여 통과시킨 의안은 국왕의 재가를 거쳐 국법으로 시행하였는데, 그 가운데는 전제왕권의 제약이나 재정제도의 일원화뿐만 아니라, 양반·상인 등 계급의 타파, 공·사노비제의 폐지, 조혼의 금지, 과부의 재가 허용 등 조선사회의 경제·사회질서를 근본적으로 변혁시키는 내용도 있었다. 여기에는 1880년대 이래 개화운동에서 강조한 개혁안과 더불어 동학운동에서 요구한 개혁안이 포함되기도 하였다. 군국기무처가 추진한 이때의 개혁을 갑오개혁이라고 부른다.
> 그러나 군국기무처의 기능은 청일전쟁에서 일본이 최초의 결정적인 승리를 거둔 1894년 9월 중순 이후 서서히 약화되기 시작하였다. 청일전쟁의 초기에는 조선의 개혁정권에 대해 회유정책을 쓰며 군국기무처의 활동에 간섭을 하지 않았던 일본이 청일전쟁의 승리가 확실해지자 적극적인 개입정책을 쓰기 시작하였던 것이다. 일본 정부가 새로 임명한 주한공사 이노우에는 군국기무처를 자신이 추진하려는 일본의 제도적 개입의 방해물로 간주하여 11월 20일 고종에게 요구한 20개의 안건에 군국기무처의 폐지를 포함시켰다. 고종도 그의 전제왕권을 제약한 군국기무처의 존재를 탐탁지 않게 여기던 터였으므로 이 기구를 12월 17일 칙령으로 폐지하였다.

① 흥선대원군은 군국기무처를 칙령으로 폐지하였다.
② 군국기무처는 기무처의 이름을 따서 고종이 명명하였다.
③ 일본의 청일전쟁 승리가 확실해지면서 군국기무처의 기능은 더욱 강화되었다.
④ 군국기무처는 실제 활동 기간 동안 월 평균 210건 이상의 개혁 의안을 통과시켰다.
⑤ 군국기무처가 통과시킨 의안에는 동학운동에서 요구한 개혁안이 담기기도 하였다.

문 14. 다음 글을 근거로 판단할 때, 〈보기〉에서 옳은 것만을 모두 고르면?

국회의원 선거는 목적에 따라 총선거, 재선거, 보궐선거 등으로 나누어진다. 대통령제 국가에서는 의원의 임기가 만료될 때 총선거가 실시된다. 반면 의원내각제 국가에서는 의원의 임기가 만료될 때뿐만 아니라 의원의 임기가 남아 있으나 총리(수상)에 의해 의회가 해산된 때에도 총선거가 실시된다.

대다수의 국가는 총선거로 전체 의원을 동시에 새롭게 선출하지만, 의회의 안정성과 연속성을 고려하여 전체 의석 중 일부만 교체하기도 한다. 이러한 예는 미국, 일본, 프랑스 등의 상원선거에서 나타나는데, 미국은 임기 6년의 상원의원을 매 2년마다 1/3씩, 일본은 임기 6년의 참의원을 매 3년마다 1/2씩 선출한다. 프랑스 역시 임기 6년의 상원의원을 매 3년마다 1/2씩 선출한다.

재선거는 총선거가 실시된 이후에 당선 무효나 선거 자체의 무효 사유가 발생하였을 때 다시 실시되는 선거를 말한다. 예를 들어 우리나라에서는 선거 무효 판결, 당선 무효, 당선인의 임기 개시 전 사망 등의 사유가 있는 경우에 재선거를 실시한다.

보궐선거는 의원이 임기 중 직책을 사퇴하거나 사망하는 등 부득이한 사유로 의정 활동을 수행할 수 없는 경우에 이를 보충하기 위해 실시되는 선거이다. 다수대표제를 사용하는 대부분의 국가는 보궐선거를 실시하는 반면, 비례대표제를 사용하는 대부분의 국가는 필요시 의원직을 수행할 승계인을 총선거 때 함께 정해 두어 보궐선거를 실시하지 않는다.

〈보기〉

ㄱ. 일본 참의원의 임기는 프랑스 상원의원의 임기와 같다.

ㄴ. 미국은 2년마다 전체 상원의원을 새로 선출한다.

ㄷ. 우리나라에서는 국회의원 당선인이 임기 개시 전 사망한 경우 재선거가 실시된다.

ㄹ. 다수대표제를 사용하는 대부분의 국가에서는 의원이 임기 중 사망하였을 때 보궐선거를 실시한다.

① ㄱ, ㄴ

② ㄱ, ㄷ

③ ㄴ, ㄹ

④ ㄱ, ㄷ, ㄹ

⑤ ㄴ, ㄷ, ㄹ

문 15. 다음 글을 근거로 판단할 때 옳은 것은?

제○○조 ① 무죄재판을 받아 확정된 사건(이하 '무죄재판사건'이라 한다)의 피고인은 무죄재판이 확정된 때부터 3년 이내에, 확정된 무죄재판사건의 재판서(이하 '무죄재판서'라 한다)를 법무부 인터넷 홈페이지에 게재하도록 해당 사건을 기소한 검사의 소속 지방검찰청에 청구할 수 있다.
② 피고인이 제1항의 무죄재판서 게재청구를 하지 아니하고 사망한 때에는 그 상속인이 이를 청구할 수 있다. 이 경우 같은 순위의 상속인이 여러 명일 때에는 상속인 모두가 그 청구에 동의하였음을 소명하는 자료도 함께 제출하여야 한다.
③ 무죄재판서 게재청구가 취소된 경우에는 다시 그 청구를 할 수 없다.
제□□조 ① 제○○조의 청구를 받은 날부터 1개월 이내에 무죄재판서를 법무부 인터넷 홈페이지에 게재하여야 한다.
② 다음 각 호의 어느 하나에 해당할 때에는 무죄재판서의 일부를 삭제하여 게재할 수 있다.
 1. 청구인이 무죄재판서 중 일부 내용의 삭제를 원하는 의사를 명시적으로 밝힌 경우
 2. 무죄재판서의 공개로 인하여 사건 관계인의 명예나 사생활의 비밀 또는 생명·신체의 안전이나 생활의 평온을 현저히 해칠 우려가 있는 경우
③ 제2항 제1호의 경우에는 청구인의 의사를 서면으로 확인하여야 한다.
④ 제1항에 따른 무죄재판서의 게재기간은 1년으로 한다.

① 무죄재판이 확정된 피고인 甲은 무죄재판이 확정된 때부터 3년 이내에 관할법원에 무죄재판서 게재청구를 할 수 있다.

② 무죄재판이 확정된 피고인 乙이 무죄재판서 게재청구를 취소한 후 사망한 경우, 乙의 상속인은 무죄재판이 확정된 때부터 3년 이내에 무죄재판서 게재청구를 할 수 있다.

③ 무죄재판이 확정된 피고인 丙이 무죄재판서 게재청구 없이 사망한 경우, 丙의 상속인은 같은 순위의 다른 상속인의 동의 없이 무죄재판서 게재청구를 할 수 있다.

④ 무죄재판이 확정된 피고인 丁이 무죄재판서 게재청구를 하면 그의 무죄재판서는 법무부 인터넷 홈페이지에 3년간 게재된다.

⑤ 무죄재판이 확정된 피고인 戊의 청구로 무죄재판서가 공개되면 사건 관계인의 명예를 현저히 해칠 우려가 있는 경우, 무죄재판서의 일부를 삭제하여 게재할 수 있다.

문 16. 다음 글과 〈상황〉을 근거로 판단할 때, 〈보기〉에서 옳은 것만을 모두 고르면?

> 제00조(유치권의 내용) 타인의 물건 또는 유가증권을 점유한 자는 그 물건이나 유가증권에 관하여 생긴 채권이 변제기에 있는 경우에는 변제를 받을 때까지 그 물건 또는 유가증권을 유치할 권리가 있다.
> 제00조(유치권의 불가분성) 유치권자는 채권 전부의 변제를 받을 때까지 유치물 전부에 대하여 그 권리를 행사할 수 있다.
> 제00조(유치권자의 선관의무) ① 유치권자는 선량한 관리자의 주의로 유치물을 점유하여야 한다.
> ② 유치권자는 채무자의 승낙 없이 유치물의 사용, 대여 또는 담보제공을 하지 못한다. 그러나 유치물의 보존에 필요한 사용은 그러하지 아니하다.
> 제00조(경매) 유치권자는 채권의 변제를 받기 위하여 유치물을 경매할 수 있다.
> 제00조(점유상실과 유치권소멸) 유치권은 점유의 상실로 인하여 소멸한다.
>
> ※ 유치: 물건 등을 일정한 지배 아래 둠

〈상황〉

> 甲은 아버지의 양복을 면접시험에서 입으려고 乙에게 수선을 맡겼다. 수선비는 다음 날까지 계좌로 송금하기로 하고 옷은 일주일 후 찾기로 하였다. 甲은 수선비를 송금하지 않은 채 일주일 후 옷을 찾으러 갔고, 옷 수선을 마친 乙은 수선비를 받을 때까지 수선한 옷을 돌려주지 않겠다며 유치권을 행사하고 있다.

〈보기〉

> ㄱ. 甲이 수선비의 일부라도 지급한다면 乙은 수선한 옷을 돌려주어야 한다.
> ㄴ. 甲이 수선한 옷을 돌려받지 못한 채 면접시험을 치렀고 이후 필요가 없어 옷을 찾으러 가지 않겠다고 한 경우, 乙은 수선비의 변제를 받기 위해 그 옷을 경매할 수 있다.
> ㄷ. 甲이 수선을 맡긴 옷을 乙이 도둑맞아 점유를 상실하였다면 乙의 유치권은 소멸한다.
> ㄹ. 甲이 수선비를 지급할 때까지, 乙은 수선한 옷을 甲의 승낙 없이 다른 사람에게 대여할 수 있다.

① ㄱ, ㄴ
② ㄱ, ㄹ
③ ㄴ, ㄷ
④ ㄷ, ㄹ
⑤ ㄴ, ㄷ, ㄹ

문 17. 다음 글을 근거로 판단할 때, 〈보기〉의 각 괄호 안에 들어갈 숫자의 합은?

> A부처와 B부처에 소속된 공무원 수는 각각 100명이고, 모두 소속된 부처에 있었다. 그런데 A부처는 국가 행사를 담당하게 되어 B부처에 9명의 인력지원을 요청하였다. B부처는 소속 공무원 100명 중 9명을 무작위로 선정해서 A부처에 지원 인력으로 보냈다. 얼마 후 B부처 역시 또 다른 국가 행사를 담당하게 되어 A부처에 인력지원을 요청하였다. A부처는 B부처로부터 지원받았던 인력을 포함한 109명 중 9명을 무작위로 선정해서 B부처에 지원 인력으로 보냈다.

〈보기〉

> ㄱ. A부처와 B부처 간 인력지원이 한 차례씩 이루어진 후, A부처에 B부처 소속 공무원이 3명 남아 있다면 B부처에는 A부처 소속 공무원이 (　　)명 있다.
> ㄴ. A부처와 B부처 간 인력지원이 한 차례씩 이루어진 후, B부처에 A부처 소속 공무원이 2명 남아 있다면 A부처에는 B부처 소속 공무원이 (　　)명 있다.

① 5
② 8
③ 10
④ 13
⑤ 15

문 18. 다음 글을 근거로 판단할 때, 甲~戊 중 가장 많은 지원금을 받는 신청자는?

A국은 신재생에너지 보급 사업 활성화를 위하여 신재생에너지 설비에 대한 지원 내용을 공고하였다. 〈지원 기준〉과 〈지원 신청 현황〉은 아래와 같다.

〈지원 기준〉

구분		용량(성능)	지원금 단가
태양광	단독주택	2kW 이하	kW당 80만 원
		2kW 초과 3kW 이하	kW당 60만 원
	공동주택	30kW 이하	kW당 80만 원
태양열	평판형·진공관형	10㎡ 이하	㎡당 50만 원
		10㎡ 초과 20㎡ 이하	㎡당 30만 원
지열	수직밀폐형	10kW 이하	kW당 60만 원
		10kW 초과	kW당 50만 원
연료전지	인산형 등	1kW 이하	kW당 2,100만 원

○ 지원금은 '용량(성능) × 지원금 단가'로 산정
○ 국가 및 지방자치단체 소유 건물은 지원 대상에서 제외
○ 전월 전력사용량이 450kWh 이상인 건물은 태양열 설비 지원 대상에서 제외
○ 용량(성능)이 〈지원 기준〉의 범위를 벗어나는 신청은 지원 대상에서 제외

〈지원 신청 현황〉

신청자	설비 종류	용량(성능)	건물 소유자	전월 전력사용량	비고
甲	태양광	8kW	개인	350kWh	공동주택
乙	태양열	15㎡	개인	550kWh	진공관형
丙	태양열	5㎡	국가	400kWh	평판형
丁	지열	15kW	개인	200kWh	수직밀폐형
戊	연료전지	3kW	개인	500kWh	인산형

① 甲
② 乙
③ 丙
④ 丁
⑤ 戊

문 19. 다음 글을 근거로 판단할 때, 〈보기〉에서 옳은 것만을 모두 고르면?

1부터 5까지 숫자가 하나씩 적힌 5장의 카드와 3개의 구역이 있는 다트판이 있다. 甲과 乙은 다음 방법에 따라 점수를 얻는 게임을 하기로 했다.

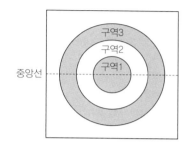

○ 우선 5장의 카드 중 1장을 임의로 뽑고, 그 후 다트를 1차 시기와 2차 시기에 각 1번씩 총 2번 던진다.
○ 뽑힌 카드에 적혀 있는 숫자가 '카드점수'가 되며 점수를 얻는 방법은 다음과 같다.

〈1차 시기 점수 산정 방법〉
－ 다트가 구역1에 꽂힐 경우: 카드점수 × 3
－ 다트가 구역2에 꽂힐 경우: 카드점수 × 2
－ 다트가 구역3에 꽂힐 경우: 카드점수 × 1
－ 다트가 그 외 영역에 꽂힐 경우: 카드점수 × 0

〈2차 시기 점수 산정 방법〉
－ 다트가 다트판의 중앙선 위쪽에 꽂힐 경우: 2점
－ 다트가 다트판의 중앙선 아래쪽에 꽂힐 경우: 0점

〈최종점수 산정 방법〉
－ 최종 점수: 1차 시기 점수 + 2차 시기 점수

※ 다트판의 선에 꽂히는 경우 등 그 외 조건은 고려하지 않는다.

〈보기〉

ㄱ. 甲이 짝수가 적힌 카드를 뽑았다면, 최종점수는 홀수가 될 수 없다.
ㄴ. 甲이 숫자 2가 적힌 카드를 뽑았다면, 가능한 최종점수는 8가지이다.
ㄷ. 甲이 숫자 4가 적힌 카드를, 乙이 숫자 2가 적힌 카드를 뽑았다면, 가능한 甲의 최종점수 최댓값과 乙의 최종점수 최솟값의 차이는 14점이다.

① ㄱ
② ㄷ
③ ㄱ, ㄴ
④ ㄱ, ㄷ
⑤ ㄴ, ㄷ

문 20. 다음 글과 〈대화〉를 근거로 판단할 때 대장 두더지는?

○ 甲은 튀어나온 두더지를 뿅망치로 때리는 '두더지게임'을 했다.
○ 두더지는 총 5마리(A~E)이며, 이 중 1마리는 대장 두더지이고 나머지 4마리는 부하 두더지이다.
○ 대장 두더지를 맞혔을 때는 2점, 부하 두더지를 맞혔을 때는 1점을 획득한다.
○ 두더지게임 결과, 甲은 총 14점을 획득하였다.
○ 두더지게임이 끝난 후 두더지들은 아래와 같은 〈대화〉를 하였다.

〈대화〉

두더지 A: 나는 맞은 두더지 중에 가장 적게 맞았고, 맞은 횟수는 짝수야.
두더지 B: 나는 두더지 C와 똑같은 횟수로 맞았어.
두더지 C: 나와 두더지 A, 두더지 D가 맞은 횟수를 모두 더하면 모든 두더지가 맞은 횟수의 3/4이야.
두더지 D: 우리 중에 한 번도 맞지 않은 두더지가 1마리 있지만 나는 아니야.
두더지 E: 우리가 맞은 횟수를 모두 더하면 12번이야.

① 두더지 A
② 두더지 B
③ 두더지 C
④ 두더지 D
⑤ 두더지 E

문 21. 다음 〈상황〉을 근거로 판단할 때, 〈보기〉에서 옳은 것만을 모두 고르면?

〈상황〉

○ A위원회는 12명의 위원으로 구성되며, 위원 중에서 위원장을 선출한다.
○ 12명의 위원은 자신을 제외한 11명 중 서로 다른 2명에게 1표씩 투표하여 최다 득표자를 위원장으로 결정한다.
○ 최다 득표자가 여러 명인 경우 추첨을 통해 이들 중 1명을 위원장으로 결정한다.

※ 기권 및 무효표는 없다.

〈보기〉

ㄱ. 득표자 중 5표를 얻은 위원이 존재하고 추첨을 통해 위원장이 결정되었다면, 득표자는 3명 이하이다.
ㄴ. 득표자가 총 3명이고 그중 1명이 7표를 얻었다면, 위원장을 추첨으로 결정하지 않아도 된다.
ㄷ. 득표자 중 최다 득표자가 8표를 얻었고 추첨 없이 위원장이 결정되었다면, 득표자는 4명 이상이다.

① ㄴ
② ㄷ
③ ㄱ, ㄴ
④ ㄱ, ㄷ
⑤ ㄴ, ㄷ

문 22. 다음 글을 근거로 판단할 때, 〈보기〉에서 옳은 것만을 모두 고르면?

○ 甲 시청은 관내 도장업체(A~C)에 청사 바닥(면적: 60m²) 도장공사를 의뢰하려 한다.

〈관내 도장업체 정보〉

업체	1m²당 작업시간	시간당 비용
A	30분	10만 원
B	1시간	8만 원
C	40분	9만 원

○ 개별 업체의 작업속도는 항상 일정하다.
○ 여러 업체가 참여하는 경우, 각 참여 업체는 언제나 동시에 작업하며 업체당 작업시간은 동일하다. 이때 각 참여 업체가 작업하는 면은 겹치지 않는다.
○ 모든 업체는 시간당 비용에 비례하여 분당 비용을 받는다. (예: A가 6분 동안 작업한 경우 1만 원을 받는다)

〈보기〉

ㄱ. 작업을 가장 빠르게 끝내기 위해서는 A와 C에게만 작업을 맡겨야 한다.
ㄴ. B와 C에게 작업을 맡기는 경우, 작업 완료까지 24시간이 소요된다.
ㄷ. A, B, C에게 작업을 맡기는 경우, B와 C에게 작업을 맡기는 경우보다 많은 비용이 든다.

① ㄱ
② ㄴ
③ ㄷ
④ ㄱ, ㄴ
⑤ ㄴ, ㄷ

문 23. 다음 글을 근거로 판단할 때, 〈보기〉에서 옳은 것만을 모두 고르면?

○ 손글씨 대회 참가자 100명을 왼손으로만 필기할 수 있는 왼손잡이, 오른손으로만 필기할 수 있는 오른손잡이, 양손으로 모두 필기할 수 있는 양손잡이로 분류하고자 한다.
○ 참가자를 대상으로 아래 세 가지 질문을 차례대로 하여 해당하는 참가자는 한 번만 손을 들도록 하였다.
[질문 1] 왼손으로만 필기할 수 있는 사람은?
[질문 2] 오른손으로만 필기할 수 있는 사람은?
[질문 3] 양손으로 모두 필기할 수 있는 사람은?
○ 양손잡이 중 일부는 제대로 알아듣지 못해 질문 1, 2, 3에 모두 손을 들었고, 그 외 모든 참가자는 올바르게 손을 들었다.
○ 질문 1에 손을 든 참가자는 16명, 질문 2에 손을 든 참가자는 80명, 질문 3에 손을 든 참가자는 10명이다.

〈보기〉

ㄱ. 양손잡이는 총 10명이다.
ㄴ. 왼손잡이 수는 양손잡이 수보다 많다.
ㄷ. 오른손잡이 수는 왼손잡이 수의 6배 이상이다.

① ㄱ
② ㄴ
③ ㄱ, ㄴ
④ ㄱ, ㄷ
⑤ ㄴ, ㄷ

문 24. 다음 글을 근거로 판단할 때, 〈보기〉에서 옳은 것만을 모두 고르면?

> 엘로 평점 시스템(Elo Rating System)은 체스 등 일대일 방식의 종목에서 선수들의 실력을 표현하는 방법으로 물리학자 아르파드 엘로(Arpad Elo)가 고안했다.
>
> 임의의 두 선수 X, Y의 엘로 점수를 각각 E_X, E_Y라 하고 X가 Y에게 승리할 확률을 P_{XY}, Y가 X에게 승리할 확률을 P_{YX}라고 하면, 각 선수가 승리할 확률은 다음 식과 같이 계산된다. 무승부는 고려하지 않으므로 두 선수가 승리할 확률의 합은 항상 1이 된다.
>
> $$P_{XY} = \frac{1}{1 + 10^{-(E_X - E_Y)/400}}$$
>
> $$P_{YX} = \frac{1}{1 + 10^{-(E_Y - E_X)/400}}$$
>
> 두 선수의 엘로 점수가 같다면, 각 선수가 승리할 확률은 0.5로 같다. 만약 한 선수가 다른 선수보다 엘로 점수가 200점 높다면, 그 선수가 승리할 확률은 약 0.76이 된다.
>
> 경기 결과에 따라 각 선수의 엘로 점수는 변화한다. 경기에서 승리한 선수는 그 경기에서 패배할 확률에 K를 곱한 만큼 점수를 얻고, 경기에서 패배한 선수는 그 경기에서 승리할 확률에 K를 곱한 만큼 점수를 잃는다(K는 상수로, 보통 32를 사용한다). 승리할 확률이 높은 경기보다 승리할 확률이 낮은 경기에서 승리했을 경우 더 많은 점수를 얻는다.

〈보기〉

ㄱ. 경기에서 승리한 선수가 얻는 엘로 점수와 그 경기에서 패배한 선수가 잃는 엘로 점수는 다를 수 있다.

ㄴ. K=32라면, 한 경기에서 아무리 강한 상대에게 승리해도 얻을 수 있는 엘로 점수는 32점 이하이다.

ㄷ. A가 B에게 패배할 확률이 0.1이라면, A와 B의 엘로 점수 차이는 400점 이상이다.

ㄹ. A가 B에게 승리할 확률이 0.8, B가 C에게 승리할 확률이 0.8이라면, A가 C에게 승리할 확률은 0.9 이상이다.

① ㄱ, ㄴ
② ㄴ, ㄹ
③ ㄱ, ㄴ, ㄷ
④ ㄱ, ㄷ, ㄹ
⑤ ㄴ, ㄷ, ㄹ

문 25. 다음 〈상황〉과 〈목차〉를 근거로 판단할 때, 〈보기〉에서 옳은 것만을 모두 고르면?

〈상황〉

○ 책 A는 〈목차〉와 같이 구성되어 있고, 비어 있는 쪽은 없다.

○ 책 A의 각 쪽은 모두 제1절부터 제14절까지 14개의 절 중 하나의 절에 포함된다.

○ 甲은 3월 1일부터 책 A를 읽기 시작해서, 1쪽부터 마지막 쪽인 133쪽까지 순서대로 읽는다.

○ 甲은 한번 읽기 시작한 절은 그날 모두 읽되, 하루에 최대 40쪽을 읽을 수 있다.

○ 甲은 절 제목에 '과학' 또는 '정책'이 들어간 절을 하루에 한 개 이상 읽는다.

〈목차〉

〈보기〉

ㄱ. 3월 1일에 甲은 책 A를 20쪽 이상 읽는다.

ㄴ. 3월 3일에 甲이 제6절까지 읽었다면, 甲은 3월 5일까지 책 A를 다 읽을 수 있다.

ㄷ. 甲이 책 A를 다 읽으려면 최소 5일 걸린다.

① ㄱ
② ㄴ
③ ㄱ, ㄴ
④ ㄱ, ㄷ
⑤ ㄴ, ㄷ

※ 수고하셨습니다.

※ 기출문제편 맨 마지막에 있는 OMR 카드에 마킹을 하세요.

정답과 분석해설편 ▶ P.322

2017년도 국가공무원
5급 및 7급 민간경력자 일괄채용 필기시험

응시번호	
성 명	

문제책형
㉯ 책형

【시험과목】

제1영역	언어논리
제2영역	자료해석
제3영역	상황판단

<< 응시자 주의사항 >>

1. 시험시작 전에 시험문제를 열람하는 행위와 시험종료 후 답안지를 작성하는 행위는 공무원임용시험령 제51조에 의거 부정행위자로 처리됩니다.

2. 답안지 책형란의 책형표기는 시험시작 전 문제책 표지 앞면에 인쇄된 책형을 확인한 후 표기하시기 바랍니다.

3. 시험시작 즉시 과목편철 순서, 문제누락 여부, 인쇄상태 이상 유무 및 표지와 개별과목의 문제책형 일치여부 등을 확인한 후 문제책 표지에 응시번호, 성명을 기재합니다.

4. 시험이 시작되면 문제를 주의 깊게 읽은 후, 문항의 취지에 가장 적합한 하나의 정답만을 고르며, 문제내용에 관한 질문은 받지 않습니다.

5. 시험시간관리의 책임은 전적으로 수험생 본인에게 있습니다. 시험감독관의 시험종료 예고시간 고지 안내 및 시험실 내 비치된 시계가 있는 경우라도 시간이 정확하지 않을 수 있으니 본인의 시계로 반드시 확인하시기 바랍니다.

6. 시험시간은 영역별 60분씩입니다.

제1영역 언어논리

문 1. 다음 글에서 알 수 있는 것은?

　　1937년 중일전쟁 이후 일제가 앞세운 내선일체(內鮮一體)와 황국신민화(皇國臣民化)의 구호는 조선인의 민족의식과 저항정신을 상실케 하려는 기만적 통치술이었다. 일제는 조선인이 일본인과의 차이를 극복하고 혼연일체가 된 것이 내선일체이고 그 혼연일체 상태가 심화되면 조선인 또한 황국의 신민이 될 수 있다고 주장하였다. 조선인이 황국의 진정한 신민으로 거듭난다면 일왕과 신민의 관계가 군신 관계에서 부자 관계로 변화하여 일대가족국가를 이루게 된다는 것이 그들이 획책한 황국신민화의 논리였다. 이를 위해 일제는 조선인에게 '국가 총동원령'에 충실히 부응함으로써 대동아공영권(大東亞共榮圈) 건설에 복무하고 일왕에 충심을 다함으로써 내선의 차이를 해소하는 데 총력을 기울일 것을 강요하였다.
　　그러나 일제의 황국신민화 정책은 현실과 필연적으로 괴리될 수밖에 없었다. 일본인이 중심부를 형성하고 조선인이 주변부에 위치하는 엄연한 현실 속에서 그들이 내세우는 황국신민화의 논리는 허구에 불과했다. 일제는 황국신민화 정책을 통해 조선인을 명목상의 일본 국민으로 삼아 제국주의 전쟁에 동원하고자 하였다. 일제는 1945년 4월부터 조선인의 참정권을 허용한다고 하였으나 실제 선거는 한번도 시행되지 않았다. 그럼에도 불구하고 조선의 친일파는 황국신민화가 그리는 모호한 이상과 미래를 적극적으로 내면화하여 자신들의 친일 행위를 합리화하였다. 그들은 황국신민화의 이상이 실현되면 조선인과 일본인 그 누구도 우월한 지위를 가질 수 없다는 일제의 주장을 맹신하였다. 그리고 이러한 단계에 도달하기 위해서는 먼저 조선인 스스로 진정한 '일본인'이 되기 위한 노력을 다해야 한다고 선동하였다. 어리석게도 친일파는 일제의 내선차별은 문명화가 덜 된 조선인에게 원인이 있으며, 제국의 황민으로 인정받겠다는 조선인의 자각과 노력이 우선될 때 그 차별이 해소될 수 있다고 보았던 것이다. 이와 같은 헛된 믿음으로 친일파는 일제의 강제 징용과 징병에 적극적으로 응하도록 조선인을 독려했다.

① 황국신민화의 이상이 실현되면 일왕과 신민의 군신 관계가 강화된다.
② 친일파는 조선인들이 노력하기에 따라 일본인과 같은 황민이 될 수 있다고 믿었다.
③ 황국신민화 정책은 친일파를 제외한 조선인이 독립운동의 필요성을 자각하는 계기가 되었다.
④ 친일파는 내선의 차별을 해소하기 위해 먼저 일본이 조선인에게 참정권을 허용해야 한다고 주장하였다.
⑤ 일제는 황국신민화의 논리로써 일본인과 조선인이 중심부와 주변부의 관계로 위계화된 현실을 극복하고자 하였다.

문 2. 다음 글에서 알 수 있는 것은?

　　내가 어렸을 때만 하더라도 원래 북아메리카에는 100만 명가량의 원주민밖에 없었다고 배웠다. 이렇게 적은 수라면 거의 빈 대륙이라고 할 수 있으므로 백인들의 아메리카 침략은 정당해 보였다. 그러나 고고학 발굴과 미국의 해안 지방을 처음 밟은 유럽 탐험가들의 기록을 자세히 검토한 결과 원주민들이 처음에는 수천만 명에 달했다는 것을 알게 되었다. 아메리카 전체를 놓고 보았을 때 콜럼버스가 도착한 이후 한두 세기에 걸쳐 원주민 인구는 최대 95%가 감소한 것으로 추정된다.
　　그런데 유럽의 총칼에 의해 전쟁터에서 목숨을 잃은 아메리카 원주민보다 유럽에서 온 전염병에 의해 목숨을 잃은 원주민 수가 훨씬 많았다. 이 전염병은 대부분의 원주민들과 그 지도자들을 죽이고 생존자들의 사기를 떨어뜨림으로써 그들의 저항을 약화시켰다. 예를 들자면 1519년에 코르테스는 인구 수천만의 아스텍 제국을 침탈하기 위해 멕시코 해안에 상륙했다. 코르테스는 단 600명의 스페인 병사를 이끌고 아스텍의 수도인 테노치티틀란을 무모하게 공격했지만 병력의 3분의 2만 잃고 무사히 퇴각할 수 있었다. 여기에는 스페인의 군사적 강점과 아스텍족의 어리숙함이 함께 작용했다. 코르테스가 다시 쳐들어왔을 때 아스텍인들은 더 이상 그렇게 어리숙하지 않았고 몹시 격렬한 싸움을 벌였다. 그런데도 스페인이 우위를 점할 수 있었던 것은 바로 천연두 때문이었다. 이 병은 1520년에 스페인령 쿠바에서 감염된 한 노예와 더불어 멕시코에 도착했다. 그때부터 시작된 유행병은 거의 절반에 가까운 아스텍족을 몰살시켰으며 거기에는 쿠이틀라우악 아스텍 황제도 포함되어 있었다. 이 수수께끼의 질병은 마치 스페인인들이 무적임을 알리려는 듯 스페인인은 내버려두고 원주민만 골라 죽였다. 그리하여 처음에는 약 2,000만에 달했던 멕시코 원주민 인구가 1618년에는 약 160만으로 곤두박질치고 말았다.

① 전염병에 대한 유럽인의 면역력은 그들의 호전성을 높여주었다.

② 스페인의 군사력이 아스텍 제국의 저항을 무력화하는 원동력이 되었다.

③ 아메리카 원주민의 수가 급격히 감소한 주된 원인은 전염병 감염이다.

④ 유럽인과 아메리카 원주민의 면역력 차이가 스페인과 아스텍 제국의 1519년 전투 양상을 변화시켰다.

⑤ 코르테스가 다시 침입했을 때 아스텍인들이 격렬히 저항한 것은 아스텍 황제의 죽음에 분노했기 때문이다.

문 3. 다음 글의 중심 내용으로 가장 적절한 것은?

　　2015년 한국직업능력개발원 보고서에 따르면 전체 대졸 취업자의 전공 불일치 비율이 6년간 3.6%p 상승했다. 이는 우리 대학교육이 취업 환경의 급속한 변화를 따라가지 못하고 있음을 보여 준다. 기존의 교육 패러다임으로는 오늘 같은 직업생태계의 빠른 변화에 대응하기 어려워 보인다. 중고등학교 때부터 직업을 염두에 둔 맞춤 교육을 하는 것이 어떨까? 그것은 두 가지 점에서 어리석은 방안이다. 한 사람의 타고난 재능과 역량이 가시화되는 데 훨씬 더 오랜 시간과 경험이 필요하다는 것이 첫 번째 이유이고, 사회가 필요로 하는 직업 자체가 빠르게 변하고 있다는 것이 두 번째 이유이다.

　　그렇다면 학교는 우리 아이들에게 무엇을 가르쳐야 할까? 교육이 아이들의 삶뿐만 아니라 한 나라의 미래를 결정한다는 사실을 고려하면 이것은 우리 모두의 운명을 좌우할 물음이다. 문제는 세계의 환경이 급속히 변하고 있다는 것이다. 2030년이면 현존하는 직종 가운데 80%가 사라질 것이고, 2011년에 초등학교에 입학한 어린이중 65%는 아직 존재하지도 않는 직업에 종사하게 되리라는 예측이 있다. 이런 상황에서 교육이 가장 먼저 고려해야 할 것은 변화하는 직업 환경에 성공적으로 대응하는 능력에 초점을 맞추는 일이다.

　　이미 세계 여러 나라가 이런 관점에서 교육을 개혁하고 있다. 핀란드는 2020년까지 학교 수업을 소통, 창의성, 비판적 사고, 협동을 강조하는 내용으로 개편한다는 계획을 발표했다. 이와 같은 능력들은 빠르게 현실화되고 있는 '초연결 사회'에서의 삶에 필수적이기 때문이다. 말레이시아의 학교들은 문제해결 능력, 네트워크형 팀워크 등을 교과과정에 포함시키고 있고, 아르헨티나는 초등학교와 중학교에서 코딩을 가르치고 있다. 우리 교육도 개혁을 생각하지 않으면 안 된다.

① 한 국가의 교육은 당대의 직업구조의 영향을 받는다.

② 미래에는 현존하는 직업 중 대부분이 사라지는 큰 변화가 있을 것이다.

③ 세계 여러 국가는 변화하는 세상에 대응하여 전통적인 교육을 개편하고 있다.

④ 빠르게 변하는 불확실성의 세계에서는 미래의 유망 직업을 예측하는 일이 중요하다.

⑤ 교육은 다음 세대가 사회 환경의 변화에 대응하는 데 필요한 역량을 함양하는 방향으로 변해야 한다.

문 4. 다음 글에서 알 수 없는 것은?

　　현대 심신의학의 기초를 수립한 연구는 1974년 심리학자 애더에 의해 이루어졌다. 애더는 쥐의 면역계에서 학습이 가능하다는 주장을 발표하였는데, 그것은 면역계에서는 학습이 이루어지지 않는다고 믿었던 당시의 과학적 견해를 뒤엎는 발표였다. 당시까지는 학습이란 뇌와 같은 중추 신경계에서만 일어날 수 있을 뿐 면역계에서는 일어날 수 없다고 생각했다.

　　애더는 시클로포스파미드가 면역세포인 T세포의 수를 감소시켜 쥐의 면역계 기능을 억제한다는 사실을 알고 있었다. 어느 날 그는 구토를 야기하는 시클로포스파미드를 투여하기 전 사카린 용액을 먼저 쥐에게 투여했다. 그러자 그 쥐는 이후 사카린 용액을 회피하는 반응을 일으켰다. 그 원인을 찾던 애더는 쥐에게 시클로포스파미드는 투여하지 않고 단지 사카린 용액만 먹여도 쥐의 혈류 속에서 T세포의 수가 감소된다는 것을 알아내었다. 이것은 사카린 용액이라는 조건자극이 T세포 수의 감소라는 반응을 일으킨 것을 의미한다.

　　심리학자들은 자극─반응 관계 중 우리가 태어날 때부터 가지고 있는 것을 '무조건자극─반응'이라고 부른다. '음식물─침 분비'를 예로 들 수 있고, 애더의 실험에서는 '시클로포스파미드─T세포 수의 감소'가 그 예이다. 반면에 무조건자극이 새로운 조건자극과 연결되어 반응이 일어나는 과정을 '파블로프의 조건형성'이라고 부른다. 애더의 실험에서 쥐는 조건형성 때문에 사카린 용액만 먹여도 시클로포스파미드를 투여받았을 때처럼 T세포 수의 감소 반응을 일으킨 것이다. 이런 조건형성 과정은 경험을 통한 행동의 변화라는 의미에서 학습과정이라 할 수 있다.

　　이 연구 결과는 몇 가지 점에서 중요하다고 할 수 있다. 심리적 학습은 중추신경계의 작용으로 이루어진다. 그런데 면역계에서도 학습이 이루어진다는 것은 중추신경계와 면역계가 독립적이지 않으며 어떤 방식으로든 상호작용한다는 것을 말해준다. 이 발견으로 연구자들은 마음의 작용이나 정서 상태에 의해 중추신경계의 뇌세포에서 분비된 신경 전달물질이나 호르몬이 우리의 신체 상태에 어떠한 영향을 끼치게 되는지를 더 면밀히 탐구하게 되었다.

① 쥐에게 시클로포스파미드를 투여하면 T세포 수가 감소한다.
② 애더의 실험에서 사카린 용액은 새로운 조건자극의 역할을 한다.
③ 애더의 실험은 면역계가 중추신경계와 상호작용할 수 있음을 보여 준다.
④ 애더의 실험 이전에는 중추신경계에서 학습이 가능하다는 것이 알려지지 않았다.
⑤ 애더의 실험에서 사카린 용액을 먹은 쥐의 T세포 수가 감소하는 것은 면역계의 반응이다.

문 5. 다음 글에 비추어 ㉠이 적절하게 이루어진 사례만을 〈보기〉에서 모두 고르면?

국제·외교관계에서 조약은 국가 간, 국제기구 간, 국가와 국제기구 간 서면형식으로 체결되며 국제법에 의해 규율되는 합의이다. 반면, ㉠기관 간 약정은 국가를 제외한 정부기관이 동일 또는 유사업무를 수행하는 외국의 정부기관과 체결하는 합의로 법적 구속력이 없다. 이때 기관 간 약정의 서명은 해당 기관의 장이 하는 것이 원칙이다. 다만 해당 기관의 장이 사정상 직접 서명할 수 없는 경우에는 그의 위임을 받은 해당 기관의 고위직 인사가 서명을 할 수도 있다. 만일 기관 간 약정을 조속히 체결할 필요성이 있으나 양국 관계부처 간의 방문 계획이 없어서 체결이 지연되고 이로 인해 양국 관계부처 간 불편이 야기될 가능성이 있는 등의 경우에는, 우편으로 서명문서를 교환하거나 외교통상부 재외공관을 통하여 서명문서를 교환하는 방법으로 그 체결을 행할 수 있다.

해당 기관의 장이 사정상 직접 서명할 수 없어서 그의 위임을 받은 고위직 인사가 서명을 대신할 때, 정부기관장 명의의 전권위임장을 만들어 제출하는 경우가 있는데, 이는 적절하지 않다. 전권위임장이란 국가 간 조약문안의 교섭·채택이나 인증을 위하여 또는 조약에 대한 국가의 기속적 동의를 표시하기 위하여 어떤 사람으로 하여금 국가를 대표하도록 임명하는 문서이기 때문이다. 만약 상대국에서 굳이 서명 위임에 대한 인증 문건의 제출을 요구한다면, 위임장을 제출하는 방향으로 검토해 볼 수 있을 것이다. 또한 기관 간 약정에 서명을 할 때 양국 정상이 임석하는 경우가 있는데, 이는 기관 간 약정이 양국 간의 조약으로 오해될 소지가 있으므로 부적절하다.

〈보기〉
ㄱ. A국 산업통상자원부 장관 명의의 전권위임장을 제출한 산업통상자원부 차관과 B국 기업에너지산업전략부 장관 간에 '에너지산업협력 약정'이 체결된 사례
ㄴ. 국외출장이 어려운 상황에서 시급한 약정의 조속한 체결을 위해 A국 산업통상자원부 장관과 B국 자원 개발부 장관 간에 우편으로 서명문서를 교환한 사례
ㄷ. A국 대통령의 B국 방문을 계기로 양국 정상의 임석하에 A국 기술무역부 장관과 B국 과학기술부 장관 간에 '과학기술협력에 관한 약정'이 체결된 사례

① ㄱ
② ㄴ
③ ㄱ, ㄷ
④ ㄴ, ㄷ
⑤ ㄱ, ㄴ, ㄷ

문 6. 다음 글의 내용이 참일 때, 반드시 참인 것만을 〈보기〉에서 모두 고르면?

교수 갑~정 중에서 적어도 한 명을 국가공무원 5급 및 7급 민간경력자 일괄채용 면접위원으로 위촉한다. 위촉 조건은 아래와 같다.
○ 갑과 을 모두 위촉되면, 병도 위촉된다.
○ 병이 위촉되면, 정도 위촉된다.
○ 정은 위촉되지 않는다.

〈보기〉
ㄱ. 갑과 병 모두 위촉된다.
ㄴ. 정과 을 누구도 위촉되지 않는다.
ㄷ. 갑이 위촉되지 않으면, 을이 위촉된다.

① ㄱ
② ㄷ
③ ㄱ, ㄴ
④ ㄴ, ㄷ
⑤ ㄱ, ㄴ, ㄷ

문 7. 다음 글에서 추론할 수 있는 것만을 〈보기〉에서 모두 고르면?

> 전전두엽 피질에는 뇌의 중요한 기제가 있는데, 이 기제는 당신이 다른 사람과 실시간으로 대화하고 있는 동안 당신과 그 사람을 동시에 감시한다. 이는 상대에게 적절하고 부드럽게 응답하도록 하며, 무례하게 행동하거나 분노를 표출하려는 충동을 억제하는 역할을 한다.
>
> 이 조절 기제가 잘 작동하기 위해서는 얼굴을 맞대고 대화하면서 실시간으로 피드백을 받을 수 있어야 한다. 하지만 인터넷은 그러한 피드백을 허용하지 않는다. 이는 전전두엽에 있는 충동억제회로를 당황하게 만든다. 서로를 바라보며 대화 상대방의 반응을 관찰할 수 없기 때문이다. 이로 인해 '탈억제' 현상, 즉 충동이 억제에서 풀려나는 현상이 나타날 수 있다.
>
> 탈억제는 사람들이 긍정적이거나 중립적인 감정 상태에 있는 동안에는 잘 일어나지 않는 경향이 있다. 인터넷에서 의사소통이 원활하게 이루어지는 경우는 이러한 경향 때문이다. 탈억제는 사람들이 부정적인 감정을 강하게 느낄 때 훨씬 더 잘 일어난다. 그 결과 충동이 억제되지 못하고 화를 내거나 감정적으로 거친 메시지를 보내는 현상이 나타난다. 만약 상대방을 마주 보고 있었더라면 쓰지 않았을 말을 인터넷상에서 쓰는 식이다. 충동억제회로가 제대로 작동하면 인터넷상에서는 물론 오프라인과 일상생활에서도 조심스러운 매너로 상대를 대하게 된다. 그런 경우 상호교제는 더 매끄럽게 진행될 수 있다.

〈보기〉

ㄱ. 부정적인 감정을 조절하는 교육 프로그램은 탈억제 현상을 감소시키는 데 도움이 될 것이다.

ㄴ. 전전두엽의 충동억제회로에 이상이 생기면 상대방에게 무례한 응답을 할 가능성이 높아질 것이다.

ㄷ. 기술의 발전으로 인터넷상에서도 면대면 실시간 대화의 효과를 낼 수 있다면, 인터넷상에서 탈억제 현상이 감소할 수 있다.

① ㄱ

② ㄴ

③ ㄱ, ㄷ

④ ㄴ, ㄷ

⑤ ㄱ, ㄴ, ㄷ

문 8. 다음 글의 (가)~(다)에 대한 분석으로 옳은 것만을 〈보기〉에서 모두 고르면?

> 바람직한 목적을 지닌 정책을 달성하기 위해 옳지 않은 수단을 사용하는 것이 정당화될 수 있는가? 공동선의 증진을 위해 일반적인 도덕률을 벗어난 행동을 할 수밖에 없을 때, 공직자들은 이러한 문제에 직면한다. 이에 대해서 다음과 같은 세 가지 주장이 제기되었다.
>
> (가) 공직자가 공동선을 증진하기 위해 전문적 역할을 수행할 때는 일반적인 도덕률이 적용되어서는 안 된다. 공직자의 비난받을 만한 행동은 그 행동의 결과에 의해서 정당화될 수 있다. 즉 공동선을 증진하는 결과를 가져온다면 일반적인 도덕률을 벗어난 공직자의 행위도 정당화될 수 있다.
>
> (나) 공직자의 행위를 평가함에 있어 결과의 중요성을 과장해서는 안 된다. 일반적인 도덕률을 어긴 공직자의 행위가 특정 상황에서 최선의 것이었다고 하더라도, 그가 잘못된 행위를 했다는 것은 부정할 수 없다. 공직자 역시 일반적인 도덕률을 공유하는 일반 시민 중 한 사람이며, 이에 따라 일반 시민이 가지는 도덕률에서 자유로울 수 없다.
>
> (다) 민주사회에서 권력은 선거를 통해 일반 시민들로부터 위임받은 것이고, 이에 의해 공직자들이 시민들을 대리한다. 따라서 공직자들의 공적 업무 방식은 일반 시민들의 의지를 반영한 것일 뿐만 아니라 동의를 얻은 것이다. 그러므로 민주사회에서 공직자의 모든 공적 행위는 정당화될 수 있다.

〈보기〉

ㄱ. (가)와 (나) 모두 공직자가 공동선의 증진을 위해 일반적인 도덕률을 벗어난 행위를 하는 경우는 사실상 일어날 수 없다는 것을 전제하고 있다.

ㄴ. 어떤 공직자가 일반적인 도덕률을 어기면서 공적 업무를 수행하여 공동선을 증진했을 경우, (가)와 (다) 모두 그 행위는 정당화될 수 있다고 주장할 것이다.

ㄷ. (나)와 (다) 모두 공직자도 일반 시민이라는 것을 주요 근거로 삼고 있다.

① ㄱ

② ㄴ

③ ㄱ, ㄷ

④ ㄴ, ㄷ

⑤ ㄱ, ㄴ, ㄷ

문 9. 다음 글에서 추론할 수 있는 것은?

인간이 부락집단을 형성하고 인간의 삶 전체가 반영된 이야기가 시작되었을 때부터 설화가 존재하였다. 설화에는 직설적인 표현도 있지만, 풍부한 상징성을 가진 것이 많다. 이 이야기들에는 민중이 믿고 숭상했던 신들에 관한 신성한 이야기인 신화, 현장과 증거물을 중심으로 엮은 역사적인 이야기인 전설, 민중의 욕망과 가치관을 보여 주는 허구적 이야기인 민담이 있다. 설화 속에는 원(願)도 있고 한(恨)도 있으며, 아름답고 슬픈 사연도 있다. 설화는 한 시대의 인간들의 삶과 문화이며 바로 그 시대에 살았던 인간의식 그 자체이기에 설화 수집은 중요한 일이다.

상주지방에 전해 오는 '공갈못설화'를 놓고 볼 때 공갈못의 생성은 과거 우리의 농경사회에서 중요한 역사적 사건으로서 구전되고 인식되었지만, 이에 관한 당시의 문헌 기록은 단 한 줄도 전해지지 않고 있다. 이는 당시 신라의 지배층이나 관의 입장에서 공갈못 생성에 관한 것이 기록할 가치가 있는 정치적 사건은 아니라는 인식을 보여 준다. 공갈못 생성은 다만 농경 생활에 필요한 농경민들의 사건이었던 것이다.

공갈못 관련 기록은 조선시대에 와서야 발견된다. 이에 따르면 공갈못은 삼국시대에 형성된 우리나라 3대 저수지의 하나로 그 중요성이 인정되었다. 당대에 기록되지 못하고 한참 후에서야 단편적인 기록들만이 전해진 것이다. 일본은 고대 역사를 제대로 정리한 기록이 없는데도 주변에 흩어진 기록과 구전(口傳)을 모아 『일본서기』라는 그럴싸한 역사책을 완성하였다. 이 점을 고려할 때 역사성과 현장성이 있는 전설을 가볍게 취급해서는 결코 안 된다. 이러한 의미에서 상주지방에 전하는 지금의 공갈못에 관한 이야기도 공갈못 생성의 증거가 될 수 있는 역사성을 가진 귀중한 자료인 것이다.

① 공갈못설화는 전설에 해당한다.
② 설화가 기록되기 위해서는 원이나 한이 배제되어야 한다.
③ 삼국의 사서에는 농경생활 관련 사건이 기록되어 있지 않다.
④ 한국의 3대 저수지 생성 사건은 조선시대에 처음 기록되었다.
⑤ 조선과 일본의 역사기술 방식의 차이는 전설에 대한 기록 여부에 있다.

문 10. 다음 글의 ㉠~㉢을 〈정보〉로 평가한 것으로 적절한 것은?

'사람 한 명당 쥐 한 마리', 즉 지구상에 사람 수 만큼의 쥐가 있다는 통계에 대한 믿음은 1백 년쯤 된 것이지만 잘못된 믿음이다. 이 가설은 1909년 뵐터가 쓴 『문제』라는 책에서 비롯되었다. 영국의 지방을 순회하던 뵐터에게 문득 이런 생각이 떠올랐다. "1에이커(약 4천 제곱미터)에 쥐 한 마리쯤 있다고 봐도 별 무리가 없지 않을까?" 이것은 근거가 박약한 단순한 추측에 불과했지만, 그는 무심코 떠오른 이런 추측에서 추론을 시작했다. 뵐터는 이 추측을 ㉠첫 번째 전제로 삼고 영국의 국토 면적이 4천만 에이커 정도라는 사실을 추가 전제로 고려하여 영국에 쥐가 4천만 마리쯤 있으리라는 ㉡중간 결론에 도달했다. 그런데 마침 당시 영국의 인구가 약 4천만 명이었고, 이런 우연한 사실을 발판 삼아 그는 세상 어디에나 인구 한 명당 쥐도 한 마리쯤 있을 것이라는 ㉢최종 결론을 내렸다. 이것은 논리적 관점에서 타당성이 의심스러운 추론이었지만, 사람들은 이 결론을 이상하리만큼 좋아했다. 쥐의 개체수를 실제로 조사하는 노고도 없이 '한 사람당 쥐 한 마리'라는 어림값은 어느새 사람들의 믿음으로 굳어졌다. 이 믿음은 국경마저 뛰어넘어, 미국의 방역업체나 보건을 담당하는 정부 기관이 이를 참고하기도 했다. 지금도 인구 약 900만인 뉴욕시에 가면 뉴욕시에 900만 마리쯤의 쥐가 있다고 믿는 사람을 어렵잖게 만날 수 있다.

〈정보〉

(가) 최근 조사에 의하면 뉴욕시에는 약 30만 마리의 쥐가 있는 것으로 추정된다.

(나) 20세기 초의 한 통계조사에 의하면 런던의 주거 밀집 지역에는 가구당 평균 세 마리의 쥐가 있었다.

(다) 사람들이 자기 집에 있다고 생각하는 쥐의 수는 실제 조사를 통해 추정된 쥐의 수보다 20% 정도 더 많다.

(라) 쥐의 개체수 조사에는 특정 건물을 표본으로 취해 쥐구멍을 세고 쥐 배설물 같은 통행 흔적을 살피는 방법과 일정 면적마다 설치한 쥐덫을 활용하는 방법 등이 있는데, 다양한 방법으로 조사한 결과가 서로 높은 수준의 일치를 보인다.

① (가)는 ㉢을 약화한다.
② (나)는 ㉠을 강화한다.
③ (다)는 ㉢을 강화한다.
④ (라)는 ㉡을 약화한다.
⑤ (나)와 (다)가 참인 경우, ㉡은 참일 수 없다.

문 11. 다음 글에서 알 수 없는 것은?

　　무인정변 이후 집권자들의 권력 쟁탈로 지방에 대한 통제력이 이완되고 지배층의 수탈이 더욱 심해지자 백성들은 이에 저항하는 민란을 일으켰다. 이들은 당시 사료에 '산적'이나 '화적', 또는 '초적'이라는 이름의 도적으로 일컬어졌다. 최우는 집권 후 야별초를 만들어 이들을 진압하려 했다. 야별초는 집권자의 사병처럼 이용되어 주로 민란을 진압하고 정적을 제거하는 데 동원되었다. 이들은 그 대가로 월등한 녹봉이나 상여금과 함께 진급에서 특혜를 누렸고, 최씨 정권은 안팎의 위협으로부터 안전할 수 있었다. 이후 규모가 방대해진 야별초는 좌별초와 우별초로 나뉘었고 여기에 신의군이 합해져 삼별초로 계승되었다.

　　1231년 몽고의 공격이 시작되자 최우를 중심으로 한 무인 정권은 항전을 주장하였으나, 왕과 문신관료들은 왕권회복을 희망하여 몽고와의 강화(講和)를 바랐다. 대몽 항전을 정권 유지를 위한 방책으로 활용하려 했던 최우는 다수의 반대를 무릅쓰고 강화도 천도를 결행하였으나 이는 지배세력 내의 불만을 증폭시켰으며 백성들에게는 권력자들의 안전만을 도모하는 일종의 배신행위로 받아들여졌다.

　　이후 무인 정권이 붕괴되자 그 주력부대였던 삼별초는 개경으로 환도한 고려 정부에 불복해 강화도에서 반란을 일으켰다. 삼별초의 난이 일어나자 전쟁 중에 몽고 침략 및 지배층의 과중한 수탈에 맞서 싸워 왔던 일반 백성들의 호응이 뒤따랐다. 1270년 봉기하여 1273년 진압될 때까지 약 3년에 걸쳐 진행된 삼별초의 난에는 서로 다른 두 가지 성격이 양립하고 있었다. 하나는 지배층 내부의 정쟁에서 패배한 무인 정권의 잔존세력이 일으킨 정치적 반란이고, 다른 하나는 민란의 전통과 대몽 항쟁의 전통을 계승한 백성들의 항쟁이다. 전자는 무너진 무인 정권을 회복하고 눈앞에 닥친 정치적 보복에서 벗어나기 위해 몽고와 고려 정부에 항쟁하던 삼별초의 반란이었다. 후자는 새로운 권력층과 침략자의 결탁 속에서 가중되는 수탈에 저항하던 백성들이 때마침 삼별초의 난을 만나 이에 합류하는 형태로 일으킨 민란이었다.

① 최우의 강화도 천도는 국왕과 문신 및 백성들의 지지를 얻지 못하였다.

② 야별초가 주로 상대한 도적은 지배층의 수탈에 저항하던 백성들이었다.

③ 삼별초의 난에서 삼별초와 일반 백성들은 항전의 대상과 목적이 같았다.

④ 설립 이후 진압될 때까지 삼별초는 무인 정권을 옹호하는 성격을 지닌 집단이었다.

⑤ 삼별초는 개경의 중앙 정부에 반대하고 몰락한 무인 정권을 회복하기 위해 반란을 일으켰다.

문 12. 다음 글에서 알 수 있는 것은?

　　우리들 대부분이 당연시하지만 세상을 이해하는 데 필요한 몇몇 범주는 표준화를 위해 노력한 국가적 사업에 그 기원이 있다. 성(姓)의 세습이 대표적인 사례이다.

　　부계(父系) 성의 고착화는 대부분의 경우 국가적 프로젝트였으며, 관리가 시민들의 신원을 분명하게 확인할 수 있도록 설계되었다. 이 프로젝트의 성공은 국민을 '읽기 쉬운' 대상으로 만드는 데 달려 있다. 개개인의 신원을 확보하고 이를 친족 집단과 연결시키는 방법 없이는 세금 징수, 소유권 증서 발행, 징병 대상자 목록 작성 등은 어렵기 때문이다. 여기서 짐작할 수 있는 것처럼 부계 성을 고착화하려는 노력은 한층 견고하고 수지맞는 재정 시스템을 구축하려는 국가의 의도에서 비롯되었다.

　　국민을 효율적으로 통치하기 위한 성의 세습은 시기적으로 일찍 발전한 국가에서 나타났다. 이 점과 관련해 중국은 인상적인 사례이다. 대략 기원전 4세기에 진(秦)나라는 세금 부과, 노역, 징집 등에 이용하기 위해 백성 대다수에게 성을 부여한 다음 그들의 호구를 파악한 것으로 알려져 있다. 이러한 시도가 '라오바이싱'[老百姓]이라는 용어의 기원이 되었으며, 이는 문자 그대로 '오래된 100개의 성'이란 뜻으로 중국에서 '백성'을 의미하게 되었다.

　　예로부터 중국에 부계전통이 있었지만 진나라 이전에는 몇몇 지배 계층의 가문 및 그 일족을 제외한 백성은 성이 없었다. 그들은 성이 없었을 뿐만 아니라 지배 계층을 따라 성을 가질 생각도 하지 않았다. 부계 성을 따르도록 하는 진나라의 국가 정책은 가족 내에서 남편에게 우월한 지위를 부여하고, 부인, 자식, 손아랫사람에 대한 법적인 지배권을 주면서 가족 전체에 대한 재정적 의무를 지도록 했다. 이러한 정책은 모든 백성에게 인구 등록을 요구했다. 아무렇게나 불리던 사람들의 이름에 성을 붙여 분류한 다음, 아버지의 성을 후손에게 영구히 물려주도록 한 것이다.

① 부계전통의 확립은 중국에서 처음 이루어졌다.

② 진나라는 모든 백성에게 새로운 100개의 성을 부여하였다.

③ 중국의 부계전통은 진나라가 부계 성 정책을 시행함에 따라 만들어졌다.

④ 진나라의 부계 성 정책은 몇몇 지배 계층의 기존 성을 확산하려는 시도였다.

⑤ 진나라가 백성에게 성을 부여한 목적은 통치의 효율성을 높이고자 한 것이었다.

문 13. 다음 글에서 추론할 수 있는 것은?

　　조선후기 숙종 때 서울 시내의 무뢰배가 검계를 결성하여 무술훈련을 하였다. 좌의정 민정중이 '검계의 군사훈련 때문에 한양의 백성들이 공포에 떨고 있으니 이들을 처벌해야 한다.'고 상소하자 임금이 포도청에 명하여 검계 일당을 잡아들이게 하였다. 포도대장 장봉익은 몸에 칼자국이 있는 자들을 잡아들였는데, 이는 검계 일당이 모두 몸에 칼자국을 내어 자신들과 남을 구별하는 징표로 삼았기 때문이다.

　　검계는 원래 향도계에서 비롯하였다. 향도계는 장례를 치르기 위해 결성된 계였다. 비용이 많이 소요되는 장례에 대비하기 위해 계를 구성하여 평소 얼마간 금전을 갹출하고, 구성원 중에 상을 당한 자가 있으면 갹출한 금전에 얼마를 더하여 비용을 마련해주는 방식이었다. 향도계는 서울 시내 백성들에게 널리 퍼져 있었으며, 양반들 중에도 가입하는 이들이 있었다. 향도계를 관리하는 조직을 도가라 하였는데, 도가는 점차 죄를 지어 법망을 피하려는 자들을 숨겨주는 소굴이 되었다. 이 도가 내부의 비밀조직이 검계였다.

　　검계의 구성원들은 스스로를 왈짜라 부르고 있었다. 왈짜는 도박장이나 기생집, 술집 등 도시의 유흥공간을 세력권으로 삼아 활동하는 이들이었다. 하지만 모든 왈짜가 검계의 구성원이었던 것은 아니다. 왈짜와 검계는 모두 폭력성을 지녔고 활동하는 주 무대도 같았지만 왈짜는 검계와 달리 조직화된 집단은 아니었다. 부유한 집안의 아들이었던 김홍연은 대과를 준비하다가 너무 답답하다는 이유로 중도에 그만두고 무과 공부를 하였다. 그는 무예에 탁월했지만 지방 출신이라는 점이 출세하는 데 장애가 될 것을 염려하여 무과 역시 포기하고 왈짜가 되었다. 김홍연은 왈짜였지만 검계의 일원은 아니었다.

① 도가의 장은 향도계의 장을 겸임하였다.

② 향도계의 구성원 중에는 검계 출신이 많았다.

③ 향도계는 공공연한 조직이었지만 검계는 비밀조직이었다.

④ 몸에 칼자국이 없으면서 검계의 구성원인 왈짜도 있었다.

⑤ 김홍연이 검계의 일원이 되지 못하고 왈짜에 머물렀던 것은 지방 출신이었기 때문이다.

문 14. 다음 글의 (가)~(다)에 들어갈 진술을 <보기>에서 골라 짝지은 것으로 가장 적절한 것은?

　　비어즐리는 '제도론적 예술가'와 '낭만주의적 예술가'의 개념을 대비시킨다. 낭만주의적 예술가는 사회의 모든 행정과 교육의 제도로부터 독립하여 작업하는 사람이다. 그는 자기만의 상아탑에 침거하며, 혼자 캔버스 위에서 일하고, 자신의 돌을 깎고, 자신의 소중한 서정시의 운율을 다듬는다.

　　그러나 사회와 동떨어져 혼자 작업하더라도 예술가는 작품을 만드는 동안 예술 제도로부터 단절될 수 없다. 　(가)　 즉 예술가는 특정 예술 제도 속에서 예술의 사례들을 경험하고, 예술적 기술의 훈련이나 교육을 받음으로써 예술에 대한 배경지식을 얻게 된다. 그리고 이와 같은 배경지식이 예술가의 작품 활동에 반영된다.

　　낭만주의적 예술가 개념은 예술 창조의 주도권이 완전히 개인에게 있으며 예술가가 문화의 진공 상태 안에서 작품을 창조할 수 있다고 가정한다. 하지만 그런 낭만주의적 예술가는 사실상 존재하기 어렵다. 심지어 어린아이들의 그림이나 놀이조차도 문화의 진공 상태에서 이루어지지 않는다. 　(나)　

　　어떤 사람이 예술작품을 전혀 본 적 없는 상태에서 진흙으로 어떤 형상을 만들어냈다고 가정해 보자. 이것이 지금까지 본 적이 없던 새로운 형상이라 하더라도, 그 사람은 예술 작품을 창조한 것이라 볼 수 없다. 　(다)　 비어즐리의 주장과는 달리 예술가는 아무 맥락 없는 진공 상태에서 창작하지 않는다. 예술은 어떤 사람이 문화적 역할을 수행한 산물이며, 언제나 문화적 주형(鑄型) 안에 존재한다.

<보기>

ㄱ. 왜냐하면 어떤 사람이 예술작품을 창조하였다고 하기 위해서는 그는 예술작품이 무엇인가에 대한 개념을 가지고 있어야 하기 때문이다.

ㄴ. 왜냐하면 사람은 두세 살만 되어도 인지구조가 형성되고, 이 과정에서 문화의 영향을 받을 수밖에 없기 때문이다.

ㄷ. 왜냐하면 예술가들은 예술작품을 만들 때 의식적이든 무의식적이든 예술교육을 받으면서 수용한 가치 등을 고려하는데, 그러한 교육은 예술 제도 안에서 이루어지기 때문이다.

	(가)	(나)	(다)
①	ㄱ	ㄴ	ㄷ
②	ㄴ	ㄱ	ㄷ
③	ㄴ	ㄷ	ㄱ
④	ㄷ	ㄱ	ㄴ
⑤	ㄷ	ㄴ	ㄱ

문 15. 다음 글에서 알 수 있는 것은?

아리스토텔레스는 정치체제를 세 가지로 구분하는데, 군주정, 귀족정, 제헌정이 그것이다. 세 번째 정치체제는 재산의 등급에 기초한 정치체제로서, 금권정으로 불러야 마땅하지만, 대부분의 사람들은 제헌정이라고 부른다. 이것들 가운데 최선은 군주정이며 최악은 금권정이다.

또한 그는 세 가지 정치체제가 각기 타락한 세 가지 형태를 제시한다. 참주정은 군주정의 타락한 형태이다. 양자 모두 일인 통치 체제이긴 하지만 그 차이는 엄청나다. 군주는 모든 좋은 점에 있어서 다른 사람들을 능가하기 때문에 자신을 위해 어떤 것도 필요로 하지 않는다. 그래서 군주는 자기 자신에게 이익이 되는 것이 아니라 다스림을 받는 사람에게 이익이 되는 것을 추구한다. 반면 참주는 군주의 반대이다. 못된 군주가 참주가 된다. 참주는 자신에게만 이익이 되는 것을 추구하기에, 참주정은 최악의 정치체제이다.

귀족정이 과두정으로 타락하는 것은 지배자 집단의 악덕 때문이다. 그 지배자 집단은 도시의 소유물을 올바르게 배분하지 않으며, 좋은 것들 전부 혹은 대부분을 자신들에게 배분하고 공직은 항상 자신이 차지한다. 그들이 가장 중요하게 생각하는 것은 부를 축적하는 일이다. 과두정에서는 소수만이 다스리는데, 훌륭한 사람들이 아니라 못된 사람들이 다스린다.

민주정은 다수가 통치하는 체제이다. 민주정은 금권정으로부터 나온다. 금권정 역시 다수가 통치하는 체제인데, 일정 재산 이상의 자격 요건을 갖춘 사람들은 모두 동등하기 때문이다. 타락한 정치체제 중에서는 민주정이 가장 덜 나쁜 것이다. 제헌정의 기본 틀에서 약간만 타락한 것이기 때문이다.

① 정치체제의 형태는 일곱 가지이다.
② 군주정은 민주정보다 나쁜 정치체제이다.
③ 제헌정, 참주정, 귀족정, 과두정 중에서 최악의 정치체제는 제헌정이다.
④ 금권정에서 타락한 형태의 정치체제가 과두정보다 더 나쁜 정치체제이다.
⑤ 군주정과 참주정은 일인 통치 체제이지만, 제헌정과 민주정은 다수가 통치하는 체제이다.

문 16. 다음 글의 결론을 이끌어 내기 위해 추가해야 할 전제만을 〈보기〉에서 모두 고르면?

젊고 섬세하고 유연한 자는 아름답다. 아테나는 섬세하고 유연하다. 아름다운 자가 모두 훌륭한 것은 아니다. 덕을 가진 자는 훌륭하다. 아테나는 덕을 가졌다. 아름답고 훌륭한 자는 행복하다. 따라서 아테나는 행복하다.

〈보기〉

ㄱ. 아테나는 젊다.
ㄴ. 아테나는 훌륭하다.
ㄷ. 아름다운 자는 행복하다.

① ㄱ
② ㄷ
③ ㄱ, ㄴ
④ ㄴ, ㄷ
⑤ ㄱ, ㄴ, ㄷ

문 17. 다음 글의 논지를 지지하는 진술로 적절한 것만을 〈보기〉에서 모두 고르면?

과학과 예술이 무관하다는 주장의 첫 번째 근거는 과학과 예술이 인간의 지적 능력의 상이한 측면을 반영한다는 것이다. 즉 과학은 주로 분석·추론·합리적 판단과 같은 지적 능력에 기인하는 반면에, 예술은 종합·상상력·직관과 같은 지적 능력에 기인한다고 생각한다. 두 번째 근거는 과학과 예술이 상이한 대상을 다룬다는 것이다. 과학은 인간 외부에 실재하는 자연의 사실과 법칙을 다루기에 과학자는 사실과 법칙을 발견하지만, 예술은 인간의 내면에 존재하는 심성을 탐구하며, 미적 가치를 창작하고 구성하는 활동이라고 본다. 그러나 이렇게 과학과 예술을 대립시키는 태도는 과학과 예술의 특성을 지나치게 단순화하는 것이다. 과학이 단순한 발견의 과정이 아니듯이 예술도 순수한 창조와 구성의 과정이 아니기 때문이다. 과학에는 상상력을 이용하는 주체의 창의적 과정이 개입하며, 예술 활동은 전적으로 임의적인 창작이 아니라 논리적 요소를 포함하는 창작이다. 과학 이론이 만들어지기 위해 필요한 것은 냉철한 이성과 객관적 관찰만이 아니다. 새로운 과학 이론의 발견을 위해서는 상상력과 예술적 감수성이 필요하다. 반대로 최근의 예술적 성과 중에는 과학기술의 발달에 의해 뒷받침된 것이 많다.

┌─────────〈보기〉─────────┐

ㄱ. 과학자 왓슨과 크릭이 없었더라도 누군가 DNA 이중나선 구조를 발견하였겠지만, 셰익스피어가 없었다면 「오셀로」는 결코 창작되지 못하였을 것이다.

ㄴ. 물리학자 파인만이 주장했듯이 과학에서 이론을 정립하는 과정은 가장 아름다운 그림을 그려 나가는 예술가의 창작 작업과 흡사하다.

ㄷ. 입체파 화가들은 수학자 푸앵카레의 기하학 연구를 자신들의 그림에 적용하고자 하였으며, 이런 의미에서 피카소는 "내 그림은 모두 연구와 실험의 산물이다."라고 말하였다.

└──────────────────────┘

① ㄱ
② ㄷ
③ ㄱ, ㄴ
④ ㄴ, ㄷ
⑤ ㄱ, ㄴ, ㄷ

┌─────────〈보기〉─────────┐

ㄱ. 봄이 시작될 무렵부터 조금씩 양을 늘려가면서 어린 암컷 카나리아에게 물질 B를 주사하였더니 결국 종 특유의 소리로 지저귀게 되었다.

ㄴ. 어린 수컷 카나리아의 뇌에 물질 B의 효과를 억제하는 성분의 약물을 꾸준히 투여하였더니 성체가 되어도 종 특유의 울음소리를 내지 못하였다.

ㄷ. 둥지를 떠나기 직전에 어린 수컷 카나리아의 기관 A를 제거하였지만 다음 봄에는 종 특유의 소리로 지저귈 수 있었다.

└──────────────────────┘

① ㄱ
② ㄷ
③ ㄱ, ㄴ
④ ㄴ, ㄷ
⑤ ㄱ, ㄴ, ㄷ

문 18. 다음 글의 ㉠을 지지하는 것만을 〈보기〉에서 모두 고르면?

카나리아의 수컷과 암컷은 해부학적으로 동일한 구조의 발성기관을 가지고 있다. 또 새끼 때 모든 카나리아는 종 특유의 지저귀는 소리를 들으며 자란다. 그러나 성체가 되면 수컷만이 종 특유의 소리로 지저귄다. 수컷 카나리아는 다른 수컷들과 경쟁하거나 세력권을 주장할 때 이 소리를 낸다. 수컷은 암컷을 유혹할 때도 이 소리를 내는데, 이는 암컷이 종 특유의 소리를 내지는 못해도 그것을 알고 있음을 시사한다.

아비의 울음소리를 들으며 자라던 어린 카나리아는 둥지를 떠나 서식지를 이동하면서 다른 종의 새들과도 만나게 된다. 둥지를 떠난 후에도 어린 카나리아는 한동안 그들 종 특유의 울음소리를 내지 못할 뿐만 아니라 지저귀지도 않는다. 그러나 이듬해 봄이 가까워 오고 낮이 차츰 길어지면서 어린 수컷 카나리아의 몸에서는 수컷에만 있는 기관 A가 발달해 커지기 시작하고, 기관 A에서 분비되는 물질 B의 분비량도 증가한다. 이로 인해 수컷의 몸에서 물질 B의 혈중 농도가 높아지고, 그에 따라 수컷은 지저귀는 소리를 내려고 하기 시작한다. 수컷 카나리아가 처음 내는 소리는 종 특유의 울음소리가 아니다. 그러나 다른 수컷들에게서 그 소리를 배울 수 없는 상황에서도 수컷 카나리아가 내는 소리는 종 특유의 소리에 점점 가까워지고 결국 종 특유의 소리가 된다.

과학자들은 왜 카나리아의 수컷만 종 특유의 소리로 지저귀는지를 연구하였다. 그리고 ㉠그 이유가 수컷의 몸에서만 분비되는 물질 B가 종 특유의 소리를 내는 데 필요한 뇌의 특정 부분을 발달시키기 때문이라는 것을 알아냈다.

문 19. 다음 글의 ㉠의 의미로 가장 적절한 것은?

이스라엘 공군 소속 장교들은 훈련생들이 유난히 비행을 잘했을 때에는 칭찬을 해봤자 비행 능력 향상에 도움이 안 된다고 믿는다. 실제로 훈련생들은 칭찬을 받고 나면 다음번 비행이 이전 비행보다 못했다. 그렇지만 장교들은 비행을 아주 못한 훈련생을 꾸짖으면 비판에 자극받은 훈련생이 거의 항상 다음 비행에서 향상된 모습을 보여준다고 생각한다. 그래서 장교들은 상급 장교에게 저조한 비행 성과는 비판하되 뛰어난 성과에 대해서는 칭찬하지 않는 게 바람직하다고 건의했다. 하지만 이런 추론의 이면에는 ㉠오류가 있다.

유난히 비행을 잘하거나 유난히 비행을 못하는 경우는 둘 다 흔치 않다. 따라서 칭찬과 비판 여부에 상관없이 어느 조종사가 유난히 비행을 잘하거나 못했다면 그 다음번 비행에서는 평균적인 수준으로 돌아갈 확률이 높다. 평균적인 수준의 비행은 극도로 뛰어나거나 떨어지는 비행보다는 훨씬 빈번하게 나타난다. 그러므로 어쩌다 뛰어난 비행을 한 조종사는 아마 다음번 비행에서는 그보다 못할 것이다. 어쩌다 실력을 발휘하지 못한 조종사는 아마 다음번 비행에서 훨씬 나은 모습을 보여 줄 것이다.

어떤 사건이 극단적일 때에 같은 종류의 다음번 사건은 그만큼 극단적이지 않기 마련이다. 예를 들어, 지능 지수가 아주 높은 부모가 있다고 하자. 그 부모는 예외적으로 유전자들이 잘 조합되어 그렇게 태어났을 수도 있고 특별히 지능을 계발하기에 유리한 환경에서 자랐을 수도 있다. 이 부모는 극단적인 사례이기 때문에 이들은 자기보다 지능이 낮은 자녀를 둘 확률이 높다.

① 비행 이후보다는 비행 이전에 칭찬을 해야 한다는 점을 깨닫지 못하는 오류

② 비행을 잘한 훈련생에게는 칭찬보다는 비판이 유효하다는 점을 깨닫지 못하는 오류

③ 훈련에 충분한 시간을 투입하면 훈련생의 비행 실력은 향상된다는 점을 깨닫지 못하는 오류

④ 훈련생의 비행에 대한 과도한 칭찬과 비판이 역효과를 낼 수 있다는 점을 깨닫지 못하는 오류

⑤ 뛰어난 비행은 평균에서 크게 벗어난 사례라서 연속해서 발생하기 어렵다는 점을 깨닫지 못하는 오류

문 20. 다음 논쟁에 대한 분석으로 적절한 것만을 〈보기〉에서 모두 고르면?

갑: 17세기 화가 페르메르의 작품을 메헤렌이 위조한 사건은 세상을 떠들썩하게 했지. 메헤렌의 그 위조품이 지금도 높은 가격에 거래된다고 하는데, 이 일은 예술 감상에서 무엇이 중요한지를 생각하게 만들어.

을: 눈으로 위조품과 진품을 구별할 수 없다고 하더라도 위조품은 결코 예술적 가치를 가질 수 없어. 예술품이라면 창의적이어야 하는데 위조품은 창의적이지 않기 때문이지. 예술적 가치는 진품만이 가질 수 있어.

병: 메헤렌의 작품이 페르메르의 작품보다 반드시 예술적으로 못하다고 할 수 있을까? 메헤렌의 작품이 부정적으로 평가되는 것은 메헤렌이 사람들을 속였기 때문이지 그의 작품이 예술적으로 열등해서가 아니야.

갑: 예술적 가치는 시각적으로 식별할 수 있는 특성으로 결정돼. 그런데 많은 사람들이 위조품과 진품을 식별할 수 없다고 해서 식별이 불가능한 것은 아니야. 전문적인 훈련을 받은 사람은 두 작품에서 시각적으로 식별 가능한 차이를 찾아내겠지.

을: 위작이라고 알려진 다음에도 그 작품을 칭송하는 것은 이해할 수 없는 일이야. 왜 많은 사람들이 「모나리자」의 원작을 보려고 몰려들겠어? 「모나리자」를 완벽하게 복제한 작품이라면 분명히 그렇게 많은 사람들의 관심을 끌지는 못할 거야.

병: 사람들이 「모나리자」에서 감상하는 것이 무엇이겠어? 그것이 원작이라는 사실은 감상할 수 있는 대상이 아니야. 결국 사람들은 「모나리자」가 갖고 있는 시각적 특징에 예술적 가치를 부여하는 것이지.

〈보기〉

ㄱ. 예술적 가치로서의 창의성은 시각적 특성으로 드러나야 한다는 데 갑과 을은 동의할 것이다.

ㄴ. 시각적 특성만으로는 그 누구도 진품과 위조품을 구별할 수 없다면 이 둘의 예술적 가치가 같을 수 있다는 데 갑과 병은 동의할 것이다.

ㄷ. 메헤렌의 위조품이 고가에 거래되는 이유가 그 작품의 예술적 가치에 있다는 데 을과 병은 동의할 것이다.

① ㄱ

② ㄴ

③ ㄱ, ㄷ

④ ㄴ, ㄷ

⑤ ㄱ, ㄴ, ㄷ

문 21. 다음 글의 ㉠을 약화하는 증거로 가장 적절한 것은?

1966년 석가탑 해체 보수 작업은 뜻밖에도 엄청난 보물을 발견하는 계기가 되었다. 이때 발견된 다라니경은 한국뿐만 아니라 전 세계의 이목을 끌었다. 이 놀라운 발견 이전에는 770년에 목판 인쇄된 일본의 불경이 세계사에서 최고(最古)의 현존 인쇄본으로 여겨졌다. 그러나 이 한국의 경전을 조사한 결과, 일본의 것보다 앞서 만들어진 것으로 밝혀졌다.

불국사가 751년에 완공된 것이 알려져 있으므로 석가탑의 축조는 같은 시기이거나 그 이전일 것임에 틀림없다. 이 경전의 연대 확정에 도움을 준 것은 그 문서가 측천무후가 최초로 사용한 12개의 특이한 한자를 포함하고 있다는 사실이었다. 측천무후는 690년에 제위에 올랐고 705년 11월에 죽었다. 측천무후가 만든 한자들이 그녀의 사후에 중국에서 사용된 사례는 발견되지 않았다. 그러므로 신라에서도 그녀가 죽은 뒤에는 이 한자들을 사용하지 않았을 것이라는 추정이 가능하다. 이러한 증거로 다라니경이 늦어도 705년경에 인쇄되었다고 판단할 수 있다.

그러나 이 특이한 한자들 때문에 몇몇 중국의 학자들은 ㉠'다라니경이 신라에서 인쇄된 것이 아니라 중국 인쇄물이다.'라고 주장하였다. 그들은 신라가 그 당시 중국과 독립적이었기 때문에 신라인들이 측천무후 치세 동안 사용된 특이한 한자들을 사용하지는 않았을 것이라고 주장한다. 그러나 중국인들의 이 견해는 『삼국사기』에서 얻을 수 있는 명확한 반대 증거로 인해 반박된다. 『삼국사기』는 신라가 695년에 측천무후의 역법을 도입하는 등 당나라의 새로운 정책을 자발적으로 수용하고 있었음을 보여 준다. 그러므로 신라인들이 당시에 중국의 역법 개정을 채택했다면 마찬가지로 측천무후에 의해 도입된 특이한 한자들도 채용했을 것이라고 추정하는 것이 합리적이다.

① 서역에서 온 다라니경 원전을 처음으로 한역(漢譯)한 사람은 측천무후 시대의 중국의 국사(國師)였던 법장임이 밝혀졌다.

② 측천무후 사후에 나온 신라의 문서들에 측천무후가 발명한 한자가 쓰이지 않았음이 밝혀졌다.

③ 측천무후 즉위 이후 중국의 문서에 쓸 수 없었던 글자가 다라니경에서 쓰인 것이 발견되었다.

④ 705년경에 중국에서 제작된 문서들이 다라니경과 같은 종이를 사용한 것이 발견되었다.

⑤ 다라니경의 서체는 705년경부터 751년까지 중국에서 유행하였던 것으로 밝혀졌다.

문 22. 다음 글의 장치 A에 대하여 바르게 판단한 것만을 〈보기〉에서 모두 고르면?

> 신용카드 거래가 사기 거래일 확률은 1,000분의 1이다. 신용카드 사기를 감별하는 장치 A는 정당한 거래의 99%를 정당한 거래로 판정하지만 1%는 사기 거래로 오판한다. 또한 A는 사기 거래의 99%를 사기 거래로 판정하지만 1%는 정당한 거래로 오판한다. A가 어떤 거래를 사기 거래라고 판단하면, 신용카드 회사는 해당 카드를 정지시켜 후속 거래를 막는다. A에 의해 카드 사용이 정지된 사례가 오판에 의한 카드 정지 사례일 확률이 50%보다 크면, A는 폐기되어야 한다.

〈보기〉

ㄱ. A가 정당한 거래로 판정한 거래는 모두 정당한 거래이다.

ㄴ. 무작위로 10만 건의 거래를 검사했을 때, A가 사기 거래를 정당한 거래라고 오판하는 건수는 정당한 거래를 사기 거래라고 오판하는 건수보다 적을 것이다.

ㄷ. A는 폐기되어야 한다.

① ㄱ

② ㄴ

③ ㄱ, ㄷ

④ ㄴ, ㄷ

⑤ ㄱ, ㄴ, ㄷ

문 23. 다음 글에서 알 수 없는 것은?

> 갈릴레오는 『두 가지 주된 세계 체계에 관한 대화』에서 등장인물인 살비아티에게 자신을 대변하는 역할을 맡겼다. 심플리치오는 아리스토텔레스의 자연철학을 대변하는 인물로서 살비아티의 대화 상대역을 맡고 있다. 또 다른 등장인물인 사그레도는 건전한 판단력을 지닌 자로서 살비아티와 심플리치오 사이에서 중재자 역할을 맡고 있다.
>
> 이 책의 마지막 부분에서 사그레도는 나흘간의 대화를 마무리하며 코페르니쿠스의 지동설을 옳은 견해로 인정한다. 그리고 그는 그 견해를 지지하는 세 가지 근거를 제시한다. 첫째는 행성의 겉보기 운동과 역행 운동에서, 둘째는 태양이 자전한다는 것과 그 흑점들의 운동에서, 셋째는 조수 현상에서 찾아낸다.
>
> 이에 반해 살비아티는 지동설의 근거로서 사그레도가 언급하지 않은 항성의 시차(視差)를 중요하게 다룬다. 살비아티는 지구의 공전을 입증하기 위한 첫 번째 단계로 지구의 공전을 전제로 한 코페르니쿠스의 이론이 행성의 겉보기 운동을 얼마나 간단하고 조화롭게 설명할 수 있는지를 보여 준다. 그런 다음 그는 지구의 공전을 전제로 할 때, 공전 궤도의 두 맞은편 지점에서 관측자에게 보이는 항성의 위치가 달라지는 현상, 곧 항성의 시차를 기하학적으로 설명한다.
>
> 그렇다면 사그레도는 왜 이 중요한 사실을 거론하지 않았을까? 그것은 세 번째 날의 대화에서 심플리치오가 아리스토텔레스의 이론을 옹호하면서 지동설에 대한 반박 근거로 공전에 의한 항성의 시차가 관측되지 않음을 지적한 것과 관련이 있다. 당시 갈릴레오는 자신의 망원경을 통해 별의 시차를 관측하지 못했다. 그는 그 이유가 항성이 당시 알려진 것보다 훨씬 멀리 있기 때문이라고 주장하였지만, 반대자들에게 그것은 임기응변적인 가설로 치부될 뿐이었다. 결국 그 작은 각도가 나중에 더 좋은 망원경에 의해 관측되기까지 항성의 시차는 지동설의 옹호자들에게 '불편한 진실'로 남아 있었다.

① 아리스토텔레스의 철학을 따르는 심플리치오는 지구가 공전하지 않음을 주장한다.

② 사그레도는 항성의 시차에 관한 기하학적 예측에 근거하여 코페르니쿠스의 지동설을 받아들인다.

③ 사그레도와 살비아티는 둘 다 행성의 겉보기 운동을 근거로 하여 코페르니쿠스의 지동설을 옹호한다.

④ 심플리치오는 관측자에게 항성의 시차가 관측되지 않았다는 사실에 근거하여 코페르니쿠스의 지동설을 반박한다.

⑤ 살비아티는 지구가 공전한다면 공전궤도상의 지구의 위치에 따라 항성의 시차가 존재할 수밖에 없다고 예측한다.

문 24. 다음 세 진술이 모두 거짓일 때, 유물 A~D 중에서 전시되는 유물의 총 개수는?

○ A와 B 가운데 어느 하나만 전시되거나, 둘 중 어느 것도 전시되지 않는다.
○ B와 C 중 적어도 하나가 전시되면, D도 전시된다.
○ C와 D 어느 것도 전시되지 않는다.

① 0개
② 1개
③ 2개
④ 3개
⑤ 4개

문 25. 다음 글의 A의 가설을 약화하는 것만을 〈보기〉에서 모두 고르면?

　얼룩말의 얼룩무늬가 어떻게 생겨났는지는 과학계의 오랜 논쟁거리다. 월러스는 "얼룩말이 물을 마시러 가는 해 질 녘에 보면 얼룩무늬가 위장 효과를 낸다."라고 주장했지만, 다윈은 "눈에 잘 띌 뿐"이라며 그 주장을 일축했다. 검은 무늬는 쉽게 더워져 공기를 상승시키고 상승한 공기가 흰 무늬 부위로 이동하면서 작은 소용돌이가 일어나 체온조절을 돕는다는 가설도 있다. 위험한 체체파리나 사자의 눈에 얼룩무늬가 잘 보이지 않는다거나, 고유의 무늬 덕에 얼룩말들이 자기 무리를 쉽게 찾는다는 견해도 있다.
　최근 A는 실험을 토대로 새로운 가설을 제시했다. 그는 얼룩말과 같은 속(屬)에 속하는 검은 말, 갈색 말, 흰 말을 대상으로 몸통에서 반사되는 빛의 특성을 살펴보았다. 검정이나 갈색처럼 짙은 색 몸통에서 반사되는 빛은 수평 편광으로 나타났다. 수평 편광은 물 표면에서 반사되는 빛의 특성이기도 한데, 물에서 짝짓기를 하고 알을 낳는 말파리가 아주 좋아하는 빛이다. 편광이 없는 빛을 반사하는 흰색 몸통에는 말파리가 훨씬 덜 꼬였다. A는 몸통 색과 말파리의 행태 간에 상관관계가 있다고 생각하고, 말처럼 생긴 일정 크기의 모형에 검은색, 흰색, 갈색, 얼룩무늬를 입힌 뒤 끈끈이를 발라 각각에 말파리가 얼마나 꼬이는지를 조사했다. 이틀간의 실험 결과 검은색 말 모형에는 562마리, 갈색에는 334마리, 흰색에 22마리의 말파리가 붙은 데 비해 얼룩무늬를 가진 모형에는 8마리가 붙었을 뿐이었다. 이것은 실제 얼룩말의 무늬와 유사한 얼룩무늬가 말파리를 가장 덜 유인한다는 결과였다. A는 이를 바탕으로 얼룩말의 얼룩무늬가 말의 피를 빠는 말파리를 피하는 방향으로 진행된 진화의 결과라는 가설을 제시했다.

〈보기〉

ㄱ. 실제 말에 대한 말파리의 행동반응이 말 모형에 대한 말파리의 행동반응과 다르다는 연구결과
ㄴ. 말파리가 실제로 흡혈한 피의 99% 이상이 검은색이나 진한 갈색 몸통을 가진 말의 것이라는 연구결과
ㄷ. 얼룩말 고유의 무늬 때문에 초원 위의 얼룩말이 사자 같은 포식자 눈에 잘 띈다는 연구결과

① ㄱ
② ㄷ
③ ㄱ, ㄴ
④ ㄴ, ㄷ
⑤ ㄱ, ㄴ, ㄷ

※ 수고하셨습니다.
※ 기출문제편 맨 마지막에 있는 OMR 카드에 마킹을 하세요.

정답과 분석해설편 ▶ P.338

제2영역 자료해석

1초 합격예측! 모바일 성적결과분석표 발급 서비스

QR 코드로 접속하여 문제 풀이 시간을 측정하고, 자동채점 & 성적결과분석 서비스를 통해 지금 바로 실력을 점검해 보세요.

◀ http://eduwill.kr/ftU6

| 풀이 시간 | • 시작: ____시 ____분 ~ 종료: ____시 ____분
• 총 : ____분 |

문 1. 다음 〈표〉는 OECD 주요 국가별 삶의 만족도 및 관련 지표를 나타낸 것이다. 이에 대한 설명으로 옳지 않은 것은?

〈표〉 OECD 주요 국가별 삶의 만족도 및 관련 지표

(단위: 점, %, 시간)

구분 국가	삶의 만족도	장시간 근로자비율	여가 · 개인 돌봄시간
덴마크	7.6	2.1	16.1
아이슬란드	7.5	13.7	14.6
호주	7.4	14.2	14.4
멕시코	7.4	28.8	13.9
미국	7.0	11.4	14.3
영국	6.9	12.3	14.8
프랑스	6.7	8.7	15.3
이탈리아	6.0	5.4	15.0
일본	6.0	22.6	14.9
한국	6.0	28.1	14.6
에스토니아	5.4	3.6	15.1
포르투갈	5.2	9.3	15.0
헝가리	4.9	2.7	15.0

※ 장시간근로자비율은 전체 근로자 중 주 50시간 이상 근무한 근로자의 비율임

① 삶의 만족도가 가장 높은 국가는 장시간근로자비율이 가장 낮다.

② 한국의 장시간근로자비율은 삶의 만족도가 가장 낮은 국가의 장시간근로자비율의 10배 이상이다.

③ 삶의 만족도가 한국보다 낮은 국가들의 장시간근로자비율의 산술평균은 이탈리아의 장시간근로자비율보다 높다.

④ 여가 · 개인돌봄시간이 가장 긴 국가와 가장 짧은 국가의 삶의 만족도 차이는 0.3점 이하이다.

⑤ 장시간근로자비율이 미국보다 낮은 국가의 여가 · 개인돌봄시간은 모두 미국의 여가 · 개인돌봄시간보다 길다.

문 2. 다음 〈표〉는 A 성씨의 가구 및 인구 분포에 대한 자료이다. 이에 대한 설명으로 옳은 것은?

〈표 1〉 A 성씨의 광역자치단체별 가구 및 인구 분포

(단위: 가구, 명)

광역자치단체	연도 / 구분	1980 가구	1980 인구	2010 가구	2010 인구
특별시	서울	28	122	73	183
광역시	부산	5	12	11	34
	대구	1	2	2	7
	인천	11	40	18	51
	광주	0	0	9	23
	대전	0	0	8	23
	울산	0	0	2	7
	소계	17	54	50	145
도	경기	( )	124	( )	216
	강원	0	0	7	16
	충북	0	0	2	10
	충남	1	5	6	8
	전북	0	( )	4	13
	전남	0	0	4	10
	경북	1	( )	6	17
	경남	1	( )	8	25
	제주	1	( )	4	12
	소계	35	140	105	327
전체		80	316	228	655

※ 광역자치단체 구분과 명칭은 2010년을 기준으로 함

〈표 2〉 A 성씨의 읍 · 면 · 동 지역별 가구 및 인구 분포

(단위: 가구, 명)

지역	연도 / 구분	1980 가구	1980 인구	2010 가구	2010 인구
읍		10	30	19	46
면		10	56	19	53
동		60	230	190	556
전체		80	316	228	655

※ 읍 · 면 · 동 지역 구분은 2010년을 기준으로 함

① 2010년 A 성씨의 전체 가구는 1980년의 3배 이상이다.

② 2010년 경기의 A 성씨 가구는 1980년의 3배 이상이다.

③ 2010년 A 성씨의 동 지역 인구는 2010년 A 성씨의 면 지역 인구의 10배 이상이다.

④ 1980년 A 성씨의 인구가 부산보다 많은 광역자치단체는 4곳 이상이다.

⑤ 1980년 대비 2010년의 A 성씨 인구 증가폭이 서울보다 큰 광역자치단체는 없다.

문 3. 다음 〈보고서〉는 2016년 A시의 생활체육 참여실태에 관한 것이다. 〈보고서〉의 내용을 작성하는 데 직접적인 근거로 활용되지 않은 자료는?

〈보고서〉

2016년에 A시 시민을 대상으로 생활체육 참여실태에 대해 조사한 결과 생활체육을 '전혀 하지 않음'이라고 응답한 비율은 51.8%로 나타났다. 반면, 주 4회 이상 생활체육에 참여한다고 응답한 비율은 28.6%이었다.

생활체육에 참여하지 않는 이유에 대해서는 '시설부족'이라고 응답한 비율이 30.3%로 가장 높아 공공체육시설을 확충하는 정책이 필요할 것으로 보인다. 2016년 A시의 공공체육시설은 총 388개소로 B시, C시의 공공체육시설 수의 50%에도 미치지 못하는 수준이다. 그러나 A시는 초등학교 운동장을 개방하여 간이운동장으로 활용할 계획이므로 향후 체육시설에 대한 접근성이 더 높아질 것으로 기대된다.

한편, 2016년 A시 생활체육지도자를 자치구별로 살펴보면, 동구 16명, 서구 17명, 남구 16명, 북구 18명, 중구 18명으로 고르게 분포된 것처럼 보인다. 그러나 2016년 북구의 인구가 445,489명, 동구의 인구가 103,016명임을 고려할 때 생활체육지도자 일인당 인구 수는 북구가 24,749명으로 동구 6,439명에 비해 현저히 많아 지역 편중 현상이 존재한다. 따라서 자치구 인구 분포를 고려한 생활체육지도자 양성 전략이 필요해 보인다.

① 연도별 A시 시민의 생활체육 미참여 이유 조사결과

(단위: %)

이유 \ 연도	시설 부족	정보 부재	지도자 부재	동반자 부재	흥미 부족	기타
2012	25.1	20.8	14.3	8.2	9.5	22.1
2013	30.7	18.6	16.4	12.8	9.2	12.3
2014	28.1	17.2	15.1	11.6	11.0	17.0
2015	31.5	18.0	17.2	10.9	12.1	10.3
2016	30.3	15.2	16.0	10.0	10.4	18.1

② 2016년 A시 시민의 생활체육 참여 빈도 조사결과

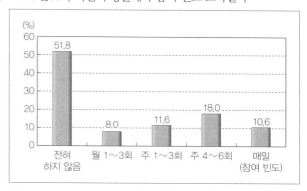

③ 2016년 A시의 자치구·성별 인구

(단위: 명)

자치구 \ 성별	동구	서구	남구	북구	중구	합
남자	51,584	155,104	104,891	221,433	197,204	730,216
여자	51,432	160,172	111,363	224,056	195,671	742,694
계	103,016	315,276	216,254	445,489	392,875	1,472,910

④ 2016년 도시별 공공체육시설 현황

(단위: 개소)

도시 \ 구분	A시	B시	C시	D시	E시
육상 경기장	2	3	3	19	2
간이운동장	313	2,354	751	382	685
체육관	16	112	24	15	16
수영장	9	86	15	4	11
빙상장	1	3	1	1	0
기타	47	193	95	50	59
계	388	2,751	889	471	773

⑤ 2016년 생활체육지도자의 도시별 분포

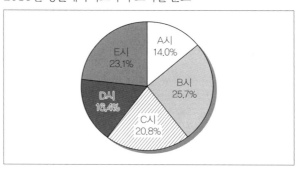

문 4. 다음 〈표〉는 세계 주요 터널화재 사고 A~F에 관한 자료이다. 이에 대한 설명으로 옳은 것은?

〈표〉 세계 주요 터널화재 사고 통계

구분 사고	터널길이 (km)	화재규모 (MW)	복구비용 (억 원)	복구기간 (개월)	사망자 (명)
A	50.5	350	4,200	6	1
B	11.6	40	3,276	36	39
C	6.4	120	72	3	12
D	16.9	150	312	2	11
E	0.2	100	570	10	192
F	1.0	20	18	8	0

※ 사고비용(억 원)=복구비용(억 원)+사망자(명)×5(억 원/명)

① 터널길이가 길수록 사망자가 많다.

② 화재규모가 클수록 복구기간이 길다.

③ 사고 A를 제외하면 복구기간이 길수록 복구비용이 크다.

④ 사망자가 가장 많은 사고 E는 사고비용도 가장 크다.

⑤ 사망자가 30명 이상인 사고를 제외하면 화재규모가 클수록 복구비용이 크다.

문 5. 다음 〈표〉는 2015년 9개 국가의 실질세부담률에 관한 자료이다. 〈표〉와 〈조건〉에 근거하여 A~D에 해당하는 국가를 바르게 나열한 것은?

〈표〉 2015년 국가별 실질세부담률

구분 국가	독신 가구 실질세부담률(%) 2005년 대비 증감(%p)	전년 대비 증감(%p)	다자녀 가구 실질세부담률(%)	독신 가구와 다자녀 가구의 실질세부담률 차이(%p)
A	55.3	−0.20	−0.28	40.5	14.8
일본	32.2	4.49	0.26	26.8	5.4
B	39.0	−2.00	−1.27	38.1	0.9
C	42.1	5.26	0.86	30.7	11.4
한국	21.9	4.59	0.19	19.6	2.3
D	31.6	−0.23	0.05	18.8	12.8
멕시코	19.7	4.98	0.20	19.7	0.0
E	39.6	0.59	−1.16	33.8	5.8
덴마크	36.4	−2.36	0.21	26.0	10.4

〈조건〉

○ 2015년 독신 가구와 다자녀 가구의 실질세부담률 차이가 덴마크보다 큰 국가는 캐나다, 벨기에, 포르투갈이다.

○ 2015년 독신 가구 실질세부담률이 전년 대비 감소한 국가는 벨기에, 그리스, 스페인이다.

○ 스페인의 2015년 독신 가구 실질세부담률은 그리스의 2015년 독신 가구 실질세부담률보다 높다.

○ 2005년 대비 2015년 독신 가구 실질세부담률이 가장 큰 폭으로 증가한 국가는 포르투갈이다.

	A	B	C	D
①	벨기에	그리스	포르투갈	캐나다
②	벨기에	스페인	캐나다	포르투갈
③	벨기에	스페인	포르투갈	캐나다
④	캐나다	그리스	스페인	포르투갈
⑤	캐나다	스페인	포르투갈	벨기에

문 6. 다음 〈표〉는 조선전기(1392~1550년) 홍수재해 및 가뭄재해 발생건수에 대한 자료이다. 이에 대한 〈보기〉의 설명 중 옳은 것만을 모두 고르면?

〈표 1〉 조선전기 홍수재해 발생건수

(단위: 건)

월 분류기간	1	2	3	4	5	6	7	8	9	10	11	12	합
1392~1450년	0	0	0	0	4	12	8	3	0	0	0	0	27
1451~1500년	0	0	0	0	1	3	4	0	0	0	0	0	( )
1501~1550년	0	0	0	0	5	7	9	15	1	0	0	0	37
계	0	0	0	0	( )	22	21	( )	1	0	0	0	( )

〈표 2〉 조선전기 가뭄재해 발생건수

(단위: 건)

월 분류기간	1	2	3	4	5	6	7	8	9	10	11	12	합
1392~1450년	0	1	1	5	9	8	9	2	1	0	0	1	37
1451~1500년	0	0	0	5	2	5	4	1	0	0	0	0	17
1501~1550년	0	0	0	4	7	7	6	1	0	0	0	0	( )
계	0	1	1	( )	18	( )	19	4	1	0	0	1	( )

〈보기〉

ㄱ. 홍수재해 발생건수는 총 72건이며, 분류기간별로는 1501∼1550년에 37건으로 가장 많이 발생했다.

ㄴ. 홍수재해는 모두 5∼8월에만 발생했다.

ㄷ. 2∼7월의 가뭄재해 발생건수는 전체 가뭄재해 발생건수의 90% 이상을 차지한다.

ㄹ. 매 분류기간마다 가뭄재해 발생건수는 홍수재해 발생건수보다 많다.

① ㄱ, ㄴ

② ㄱ, ㄷ

③ ㄴ, ㄹ

④ ㄱ, ㄷ, ㄹ

⑤ ㄴ, ㄷ, ㄹ

① 감면액은 국세가 지방세보다 매년 많다.

② 감면율은 지방세가 국세보다 매년 높다.

③ 2008년 대비 2016년 징수액 증가율은 국세가 지방세보다 높다.

④ 국세 징수액과 지방세 징수액의 차이가 가장 큰 해에는 국세 감면율과 지방세 감면율의 차이도 가장 크다.

⑤ 2014∼2016년 동안 국세 감면액과 지방세 감면액의 차이는 매년 증가한다.

문 7. 다음 〈표〉와 〈그림〉은 2008∼2016년 A국의 국세 및 지방세에 관한 자료이다. 이에 대한 설명으로 옳지 않은 것은?

〈표〉 국세 및 지방세 징수액과 감면액

(단위: 조 원)

구분	연도	2008	2009	2010	2011	2012	2013	2014	2015	2016
국세	징수액	138	161	167	165	178	192	203	202	216
	감면액	21	23	29	31	30	30	33	34	33
지방세	징수액	41	44	45	45	49	52	54	54	62
	감면액	8	10	11	15	15	17	15	14	11

〈그림〉 국세 및 지방세 감면율 추이

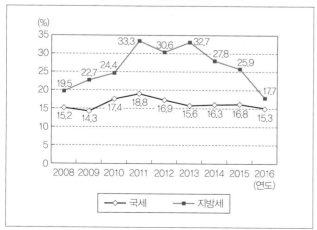

문 8. 다음 〈표〉는 학생 A∼F의 시험점수에 관한 자료이다. 〈표〉와 〈조건〉을 이용하여 학생 A, B, C의 시험점수를 바르게 나열한 것은?

〈표〉 학생 A∼F의 시험점수

(단위: 점)

학생	A	B	C	D	E	F
점수	( )	( )	( )	( )	9	9

〈조건〉

○ 시험점수는 자연수이다.

○ 시험점수가 같은 학생은 A, E, F뿐이다.

○ 산술평균은 8.5점이다.

○ 최댓값은 10점이다.

○ 학생 D의 시험점수는 학생 C보다 4점 높다.

	A	B	C
①	8	9	5
②	8	10	4
③	9	8	6
④	9	10	5
⑤	9	10	6

문 9. 다음 〈그림〉과 〈표〉는 F 국제기구가 발표한 2014년 3월 ~2015년 3월 동안의 식량 가격지수와 품목별 가격지수에 대한 자료이다. 이에 대한 설명으로 옳지 않은 것은?

〈그림〉 식량 가격지수

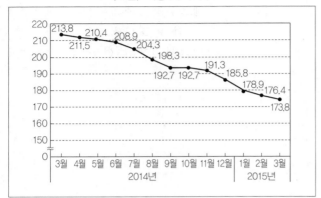

〈표〉 품목별 가격지수

시기	품목	육류	낙농품	곡물	유지류	설탕
2014년	3월	185.5	268.5	208.9	204.8	254.0
	4월	190.4	251.5	209.2	199.0	249.9
	5월	194.6	238.9	207.0	195.3	259.3
	6월	202.8	236.5	196.1	188.8	258.0
	7월	205.9	226.1	185.2	181.1	259.1
	8월	212.0	200.8	182.5	166.6	244.3
	9월	211.0	187.8	178.2	162.0	228.1
	10월	210.2	184.3	178.3	163.7	237.6
	11월	206.4	178.1	183.2	164.9	229.7
	12월	196.4	174.0	183.9	160.7	217.5
2015년	1월	183.5	173.8	177.4	156.0	217.7
	2월	178.8	181.8	171.7	156.6	207.1
	3월	177.0	184.9	169.8	151.7	187.9

※ 기준 연도인 2002년의 가격지수는 100임

① 2015년 3월의 식량 가격지수는 2014년 3월에 비해 15% 이상 하락했다.

② 2014년 4월부터 2014년 9월까지 식량 가격지수는 매월 하락했다.

③ 2014년 3월에 비해 2015년 3월 가격지수가 가장 큰 폭으로 하락한 품목은 낙농품이다.

④ 육류 가격지수는 2014년 8월까지 매월 상승하다가 그 이후에는 매월 하락했다.

⑤ 2002년 가격지수 대비 2015년 3월 가격지수의 상승률이 가장 낮은 품목은 육류이다.

문 10. A시는 2016년에 폐업 신고한 전체 자영업자를 대상으로 창업교육 이수 여부와 창업부터 폐업까지의 기간을 조사하였다. 다음 〈그림〉은 조사결과를 이용하여 창업교육 이수 여부에 따른 기간별 생존비율을 비교한 자료이다. 이에 대한 설명으로 옳은 것은?

〈그림〉 창업교육 이수 여부에 따른 기간별 생존비율

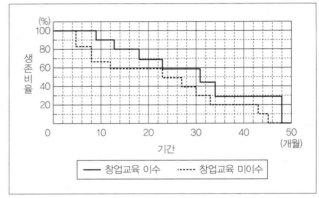

※ 1) 창업교육을 이수(미이수)한 폐업 자영업자의 기간별 생존비율은 창업교육을 이수(미이수)한 폐업 자영업자 중 생존기간이 해당 기간 이상인 자영업자의 비율임
　2) 생존기간은 창업부터 폐업까지의 기간을 의미함

① 창업교육을 이수한 폐업 자영업자 수가 창업교육을 미이수한 폐업 자영업자 수보다 더 많다.

② 창업교육을 미이수한 폐업 자영업자의 평균 생존기간은 창업교육을 이수한 폐업 자영업자의 평균 생존기간보다 더 길다.

③ 창업교육을 이수한 폐업 자영업자의 생존비율과 창업교육을 미이수한 폐업 자영업자의 생존비율의 차이는 창업 후 20개월에 가장 크다.

④ 창업교육을 이수한 폐업 자영업자 중 생존기간이 32개월 이상인 자영업자의 비율은 50% 이상이다.

⑤ 창업교육을 미이수한 폐업 자영업자 중 생존기간이 10개월 미만인 자영업자의 비율은 20% 이상이다.

문 11. 다음 〈표〉는 AIIB(Asian Infrastructure Investment Bank)의 지분율 상위 10개 회원국의 지분율과 투표권 비율에 대한 자료이다. 이에 대한 〈보기〉의 설명 중 옳은 것만을 모두 고르면?

〈표〉 지분율 상위 10개 회원국의 지분율과 투표권 비율

(단위: %)

회원국	지역	지분율	투표권 비율
중국	A	30.34	26.06
인도	A	8.52	7.51
러시아	B	6.66	5.93
독일	B	4.57	4.15
한국	A	3.81	3.50
호주	A	3.76	3.46
프랑스	B	3.44	3.19
인도네시아	A	3.42	3.17
브라질	B	3.24	3.02
영국	B	3.11	2.91

※ 1) 회원국의 지분율(%) = $\dfrac{\text{해당 회원국이 AIIB에 출자한 자본금}}{\text{AIIB의 자본금 총액}} \times 100$

　　2) 지분율이 높을수록 투표권 비율이 높아짐

〈보기〉

ㄱ. 지분율 상위 4개 회원국의 투표권 비율을 합하면 40% 이상이다.

ㄴ. 중국을 제외한 지분율 상위 9개 회원국 중 지분율과 투표권 비율의 차이가 가장 큰 회원국은 인도이다.

ㄷ. 지분율 상위 10개 회원국 중에서, A지역 회원국의 지분율 합은 B지역 회원국의 지분율 합의 3배 이상이다.

ㄹ. AIIB의 자본금 총액이 2,000억 달러라면, 독일과 프랑스가 AIIB에 출자한 자본금의 합은 160억 달러 이상이다.

① ㄱ, ㄴ

② ㄴ, ㄷ

③ ㄷ, ㄹ

④ ㄱ, ㄴ, ㄹ

⑤ ㄱ, ㄷ, ㄹ

문 12. 다음 〈표〉는 2016년 '갑'시 5개 구 주민의 돼지고기 소비량에 관한 자료이다. 〈조건〉을 이용하여 변동계수가 3번째로 큰 구와 4번째로 큰 구를 바르게 나열한 것은?

〈표〉 5개 구 주민의 돼지고기 소비량 통계

(단위: kg)

구	평균 (1인당 소비량)	표준편차
A	( )	5.0
B	( )	4.0
C	30.0	6.0
D	12.0	4.0
E	( )	8.0

※ 변동계수(%) = $\dfrac{\text{표준편차}}{\text{평균}} \times 100$

〈조건〉

○ A구의 1인당 소비량과 B구의 1인당 소비량을 합하면 C구의 1인당 소비량과 같다.

○ A구의 1인당 소비량과 D구의 1인당 소비량을 합하면 E구 1인당 소비량의 2배와 같다.

○ E구의 1인당 소비량은 B구의 1인당 소비량보다 6.0kg 더 많다.

	3번째	4번째
①	B	A
②	B	C
③	B	E
④	D	A
⑤	D	C

문 13. 다음 〈표〉는 지역별 마약류 단속에 관한 자료이다. 이에 대한 설명으로 옳은 것은?

〈표〉 지역별 마약류 단속 건수

(단위: 건, %)

마약류 지역	대마	마약	향정신성 의약품	합	비중
서울	49	18	323	390	22.1
인천 · 경기	55	24	552	631	35.8
부산	6	6	166	178	10.1
울산 · 경남	13	4	129	146	8.3
대구 · 경북	8	1	138	147	8.3
대전 · 충남	20	4	101	125	7.1
강원	13	0	35	48	2.7
전북	1	4	25	30	1.7
광주 · 전남	2	4	38	44	2.5
충북	0	0	21	21	1.2
제주	0	0	4	4	0.2
전체	167	65	1,532	1,764	100.0

※ 1) 수도권은 서울과 인천 · 경기를 합한 지역임
2) 마약류는 대마, 마약, 향정신성의약품으로만 구성됨

① 대마 단속 전체 건수는 마약 단속 전체 건수의 3배 이상이다.
② 수도권의 마약류 단속 건수는 마약류 단속 전체 건수의 50% 이상이다.
③ 마약 단속 건수가 없는 지역은 5곳이다.
④ 향정신성의약품 단속 건수는 대구 · 경북 지역이 광주 · 전남 지역의 4배 이상이다.
⑤ 강원 지역은 향정신성의약품 단속 건수가 대마 단속 건수의 3배 이상이다.

문 14. 다음 〈표〉는 '갑' 기관의 10개 정책(가～차)에 대한 평가결과이다. '갑' 기관은 정책별로 심사위원 A～D의 점수를 합산하여 총점이 낮은 정책부터 순서대로 4개 정책을 폐기할 계획이다. 폐기할 정책만을 모두 고르면?

〈표〉 정책에 대한 평가결과

심사위원 정책	A	B	C	D
가	●	●	◖	○
나	●	●	◖	●
다	◖	○	●	◖
라	( )	●	◖	( )
마	●	( )	●	◖
바	◖	◖	◖	●
사	◖	◖	◖	●
아	◖	◖	●	( )
자	◖	◖	( )	●
차	( )	●	◖	○
평균(점)	0.55	0.70	0.70	0.50

※ 정책은 ○(0점), ◖(0.5점), ●(1.0점)으로만 평가됨

① 가, 다, 바, 사
② 나, 마, 아, 자
③ 다, 라, 바, 사
④ 다, 라, 아, 차
⑤ 라, 아, 자, 차

문 15. 다음 〈표〉는 2013～2016년 기관별 R&D 과제 건수와 비율에 관한 자료이다. 〈표〉를 이용하여 작성한 그래프로 옳지 않은 것은?

〈표〉 2013～2016년 기관별 R&D 과제 건수와 비율

(단위: 건, %)

연도 구분 기관	2013		2014		2015		2016	
	과제 건수	비율	과제 건수	비율	과제 건수	비율	과제 건수	비율
기업	31	13.5	80	9.4	93	7.6	91	8.5
대학	47	20.4	423	49.7	626	51.4	526	49.3
정부	141	61.3	330	38.8	486	39.9	419	39.2
기타	11	4.8	18	2.1	13	1.1	32	3.0
전체	230	100.0	851	100.0	1,218	100.0	1,068	100.0

① 연도별 기업 및 대학 R&D 과제 건수

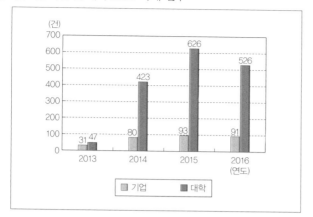

② 연도별 정부 및 전체 R&D 과제 건수

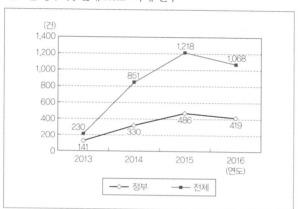

③ 2016년 기관별 R&D 과제 건수 구성비

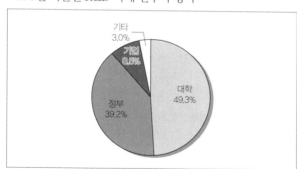

④ 전체 R&D 과제 건수의 전년 대비 증가율(2014~2016년)

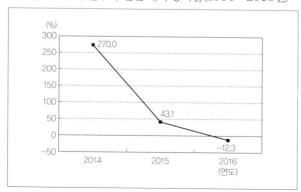

⑤ 연도별 기업 및 정부 R&D 과제 건수의 전년 대비 증가율 (2014~2016년)

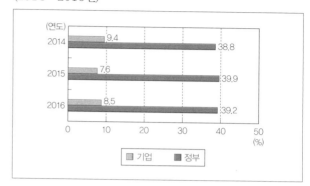

문 16. 다음 〈표〉는 5개 팀으로 구성된 '갑'국 프로야구 리그의 2016 시즌 팀별 상대전적을 시즌 종료 후 종합한 것이다. 이에 대한 설명으로 옳지 않은 것은?

〈표〉 2016 시즌 팀별 상대전적

팀 ＼ 상대팀	A	B	C	D	E
A	–	(가)	( )	( )	( )
B	6-10-0	–	( )	( )	( )
C	7-9-0	8-8-0	–	8-8-0	( )
D	6-9-1	8-8-0	8-8-0	–	( )
E	4-12-0	8-8-0	6-10-0	10-6-0	–

※ 1) 〈표〉 안의 수는 승리-패배-무승부의 순으로 표시됨. 예를 들어, B팀의 A팀에 대한 전적(6-10-0)은 6승 10패 0무임

2) 팀의 시즌 승률(%) = (해당 팀의 시즌 승리 경기 수)/(해당 팀의 시즌 경기 수) × 100

① (가)에 들어갈 내용은 10-6-0이다.

② B팀의 시즌 승률은 50% 이하이다.

③ 시즌 승률이 50% 이상인 팀은 1팀이다.

④ C팀은 E팀을 상대로 승리한 경기가 패배한 경기보다 많다.

⑤ 시즌 전체 경기 결과 중 무승부는 1경기이다.

문 17. 다음 〈표〉는 동일한 상품군을 판매하는 백화점과 TV홈쇼핑의 상품군별 2015년 판매수수료율에 대한 자료이다. 이에 대한 〈보고서〉의 설명 중 옳은 것만을 모두 고르면?

〈표 1〉 백화점 판매수수료율 순위

(단위: %)

판매수수료율 상위 5개			판매수수료율 하위 5개		
순위	상품군	판매수수료율	순위	상품군	판매수수료율
1	셔츠	33.9	1	디지털기기	11.0
2	레저용품	32.0	2	대형가전	14.4
3	잡화	31.8	3	소형가전	18.6
4	여성정장	31.7	4	문구	18.7
5	모피	31.1	5	신선식품	20.8

〈표 2〉 TV홈쇼핑 판매수수료율 순위

(단위: %)

판매수수료율 상위 5개			판매수수료율 하위 5개		
순위	상품군	판매수수료율	순위	상품군	판매수수료율
1	셔츠	42.0	1	여행패키지	8.4
2	여성캐주얼	39.7	2	디지털기기	21.9
3	진	37.8	3	유아용품	28.1
4	남성정장	37.4	4	건강용품	28.2
5	화장품	36.8	5	보석	28.7

〈보고서〉

백화점과 TV홈쇼핑의 전체 상품군별 판매수수료율을 조사한 결과, ㉠백화점, TV홈쇼핑 모두 셔츠 상품군의 판매수수료율이 전체 상품군 중 가장 높았다. 그리고 백화점, TV홈쇼핑 모두 상위 5개 상품군의 판매수수료율이 30%를 넘어섰다. ㉡여성정장 상품군과 모피 상품군의 판매수수료율은 TV홈쇼핑이 백화점보다 더 낮았으며, ㉢디지털기기 상품군의 판매수수료율은 TV홈쇼핑이 백화점보다 더 높았다. ㉣여행패키지 상품군의 판매수수료율은 백화점이 TV홈쇼핑의 2배 이상이었다.

① ㉠, ㉡

② ㉠, ㉢

③ ㉡, ㉣

④ ㉠, ㉢, ㉣

⑤ ㉡, ㉢, ㉣

문 18. 다음 〈표〉는 A국에서 2016년에 채용된 공무원 인원에 관한 자료이다. 이에 대한 〈보기〉의 설명 중 옳은 것만을 모두 고르면?

〈표〉 A국의 2016년 공무원 채용 인원

(단위: 명)

채용방식 공무원구분	공개경쟁채용	경력경쟁채용	합
고위공무원	–	73	73
3급	–	17	17
4급	–	99	99
5급	296	205	501
6급	–	193	193
7급	639	509	1,148
8급	–	481	481
9급	3,000	1,466	4,466
연구직	17	357	374
지도직	–	3	3
우정직	–	599	599
전문경력관	–	104	104
전문임기제	–	241	241
한시임기제	–	743	743
전체	3,952	5,090	9,042

※ 1) 채용방식은 공개경쟁채용과 경력경쟁채용으로만 이루어짐
2) 공무원구분은 〈표〉에 제시된 것으로 한정됨

〈보기〉

ㄱ. 2016년에 공개경쟁채용을 통해 채용이 이루어진 공무원구분은 총 4개이다.

ㄴ. 2016년 우정직 채용 인원은 7급 채용 인원의 절반보다 많다.

ㄷ. 2016년에 공개경쟁채용을 통해 채용이 이루어진 공무원구분 각각에서는 공개경쟁채용 인원이 경력경쟁채용 인원보다 많다.

ㄹ. 2017년부터 공무원 채용 인원 중 9급 공개경쟁채용 인원만을 해마다 전년 대비 10%씩 늘리고 그 외 나머지 채용 인원을 2016년과 동일하게 유지하여 채용한다면, 2018년 전체 공무원 채용 인원 중 9급 공개경쟁채용 인원의 비중은 40% 이하이다.

① ㄱ, ㄴ

② ㄱ, ㄷ

③ ㄷ, ㄹ

④ ㄱ, ㄴ, ㄹ

⑤ ㄴ, ㄷ, ㄹ

문 19. 다음 〈표〉는 '갑'국 6개 수종의 기건비중 및 강도에 대한 자료이다. 〈조건〉을 이용하여 A와 C에 해당하는 수종을 바르게 나열한 것은?

〈표〉 6개 수종의 기건비중 및 강도

수종	기건비중 (ton/m³)	강도(N/mm²)			
		압축강도	인장강도	휨강도	전단강도
A	0.53	48	52	88	10
B	0.89	64	125	118	12
C	0.61	63	69	82	9
삼나무	0.37	41	45	72	7
D	0.31	24	21	39	6
E	0.43	51	59	80	7

─〈조건〉─

○ 전단강도 대비 압축강도 비가 큰 상위 2개 수종은 낙엽송과 전나무이다.

○ 휨강도와 압축강도 차가 큰 상위 2개 수종은 소나무와 참나무이다.

○ 참나무의 기건비중은 오동나무 기건비중의 2.5배 이상이다.

○ 인장강도와 압축강도의 차가 두 번째로 큰 수종은 전나무이다.

	A	C
①	소나무	낙엽송
②	소나무	전나무
③	오동나무	낙엽송
④	참나무	소나무
⑤	참나무	전나무

문 20. 다음 〈표〉와 〈그림〉은 2009~2012년 도시폐기물량 상위 10개국의 도시폐기물량지수와 한국의 도시폐기물량을 나타낸 것이다. 이에 대한 〈보기〉의 설명 중 옳은 것만을 모두 고르면?

〈표〉 도시폐기물량 상위 10개국의 도시폐기물량지수

순위	2009년		2010년		2011년		2012년	
	국가	지수	국가	지수	국가	지수	국가	지수
1	미국	12.05	미국	11.94	미국	12.72	미국	12.73
2	러시아	3.40	러시아	3.60	러시아	3.87	러시아	4.51
3	독일	2.54	브라질	2.85	브라질	2.97	브라질	3.24
4	일본	2.53	독일	2.61	독일	2.81	독일	2.78
5	멕시코	1.98	일본	2.49	일본	2.54	일본	2.53
6	프랑스	1.83	멕시코	2.06	멕시코	2.30	멕시코	2.35
7	영국	1.76	프랑스	1.86	프랑스	1.96	프랑스	1.91
8	이탈리아	1.71	영국	1.75	이탈리아	1.76	터키	1.72
9	터키	1.50	이탈리아	1.73	영국	1.74	영국	1.70
10	스페인	1.33	터키	1.63	터키	1.73	이탈리아	1.40

※ 도시폐기물량지수 = $\dfrac{\text{해당 연도 해당 국가의 도시폐기물량}}{\text{해당 연도 한국의 도시폐기물량}}$

〈그림〉 한국의 도시폐기물량

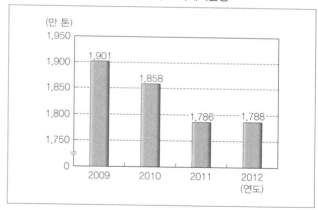

(만 톤)
2009: 1,901
2010: 1,858
2011: 1,786
2012: 1,788

─〈보기〉─

ㄱ. 2012년 도시폐기물량은 미국이 일본의 4배 이상이다.

ㄴ. 2011년 러시아의 도시폐기물량은 8,000만 톤 이상이다.

ㄷ. 2012년 스페인의 도시폐기물량은 2009년에 비해 감소하였다.

ㄹ. 영국의 도시폐기물량은 터키의 도시폐기물량보다 매년 많다.

① ㄱ, ㄷ
② ㄱ, ㄹ
③ ㄴ, ㄷ
④ ㄱ, ㄴ, ㄹ
⑤ ㄴ, ㄷ, ㄹ

문 21. 다음 〈표〉와 〈그림〉을 이용하여 환경 R&D 예산 현황에 관한 〈보고서〉를 작성하였다. 제시된 〈표〉와 〈그림〉 이외에 〈보고서〉 작성을 위하여 추가로 필요한 자료만을 〈보기〉에서 모두 고르면?

〈표〉 대한민국 정부 부처 전체 및 주요 부처별 환경 R&D 예산 현황

(단위: 억 원)

구분 \ 연도	정부 부처 전체	A부처	B부처	C부처	D부처	E부처
2002	61,417	14,338	18,431	1,734	1,189	1,049
2003	65,154	16,170	17,510	1,963	1,318	1,074
2004	70,827	19,851	25,730	1,949	1,544	1,301
2005	77,996	24,484	28,550	2,856	1,663	1,365
2006	89,096	27,245	31,584	3,934	1,877	1,469
2007	97,629	30,838	32,350	4,277	1,805	1,663
2008	108,423	34,970	35,927	4,730	2,265	1,840
2009	123,437	39,117	41,053	5,603	2,773	1,969
2010	137,014	43,871	44,385	5,750	3,085	2,142
2011	148,902	47,497	45,269	6,161	3,371	2,355

〈그림〉 2009년 OECD 주요 국가별 전체 예산 중 환경 R&D 예산의 비중

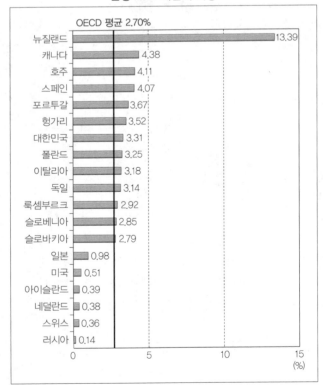

OECD 평균 2.70%

국가	비중(%)
뉴질랜드	13.39
캐나다	4.38
호주	4.11
스페인	4.07
포르투갈	3.67
헝가리	3.52
대한민국	3.31
폴란드	3.25
이탈리아	3.18
독일	3.14
룩셈부르크	2.92
슬로베니아	2.85
슬로바키아	2.79
일본	0.98
미국	0.51
아이슬란드	0.39
네덜란드	0.38
스위스	0.36
러시아	0.14

〈보고서〉

○ 환경에 대한 중요성이 강조됨에 따라 미국의 환경 R&D 예산은 2002년부터 2011년까지 증가 추세에 있음
○ 대한민국의 2009년 전체 예산 중 환경 R&D 예산의 비중은 3.31%로 OECD 평균 2.70%에 비해 0.61%p 큼
○ 미국의 2009년 전체 예산 중 환경 R&D 예산의 비중은 OECD 평균보다 작았지만, 2010년에는 환경 R&D 예산이 2009년 대비 30% 이상 증가하여 전체 예산 중 환경 R&D 예산의 비중이 커짐
○ 2011년 대한민국 정부 부처 전체의 환경 R&D 예산은 약 14.9조 원 규모로 2002년 이후 연평균 10% 이상의 증가율을 보이고 있음
○ 2011년 대한민국 E부처의 환경 R&D 예산은 정부 부처 전체 환경 R&D 예산의 1.6% 수준으로 정부 부처 중 8위에 해당함

〈보기〉

ㄱ. 2002년부터 2011년까지 미국의 전체 예산 및 환경 R&D 예산
ㄴ. 2002년부터 2011년까지 뉴질랜드의 부처별, 분야별 R&D 예산
ㄷ. 2011년 대한민국 모든 정부 부처의 부처별 환경 R&D 예산
ㄹ. 2010년 대한민국 모든 정부 부처 산하기관의 전체 R&D 예산

① ㄱ, ㄴ
② ㄱ, ㄷ
③ ㄴ, ㄹ
④ ㄱ, ㄷ, ㄹ
⑤ ㄴ, ㄷ, ㄹ

문 22. 다음 〈표〉는 2012～2016년 조세심판원의 연도별 사건처리 건수에 관한 자료이다. 이에 대한 〈보기〉의 설명 중 옳은 것만을 모두 고르면?

〈표〉 조세심판원의 연도별 사건처리 건수

(단위: 건)

구분	연도	2012	2013	2014	2015	2016
처리 대상 건수	전년 이월 건수	1,854	( )	2,403	2,127	2,223
	당년 접수 건수	6,424	7,883	8,474	8,273	6,003
	소계	8,278	( )	10,877	10,400	8,226
처리 건수	취하 건수	90	136	163	222	163
	각하 건수	346	301	482	459	506
	기각 건수	4,214	5,074	6,200	5,579	4,322
	재조사 건수	27	0	465	611	299
	인용 건수	1,767	1,803	1,440	1,306	1,338
	소계	6,444	7,314	8,750	8,177	6,628

※ 1) 당해 연도 전년 이월 건수＝전년도 처리대상 건수－전년도 처리 건수

2) 처리율(%)＝$\dfrac{\text{처리 건수}}{\text{처리대상 건수}}$×100

3) 인용률(%)＝$\dfrac{\text{인용 건수}}{\text{각하 건수＋기각 건수＋인용 건수}}$×100

〈보기〉

ㄱ. 처리대상 건수가 가장 적은 연도의 처리율은 75% 이상이다.

ㄴ. 2013～2016년 동안 취하 건수와 기각 건수의 전년 대비 증감방향은 동일하다.

ㄷ. 2013년 처리율은 80% 이상이다.

ㄹ. 인용률은 2012년이 2014년보다 높다.

① ㄱ, ㄴ

② ㄱ, ㄹ

③ ㄴ, ㄷ

④ ㄱ, ㄷ, ㄹ

⑤ ㄴ, ㄷ, ㄹ

문 23. 다음 〈표〉와 〈그림〉은 '갑'국 정당 A～D의 지방의회 의석 수에 관한 자료이다. 이에 대한 〈보기〉의 설명 중 옳은 것만을 모두 고르면?

〈표〉 정당별 전국 지방의회 의석 수

(단위: 석)

연도 \ 정당	A	B	C	D	합
2010	224	271	82	39	616
2014	252	318	38	61	669

〈그림〉 정당별 수도권 지방의회 의석 수

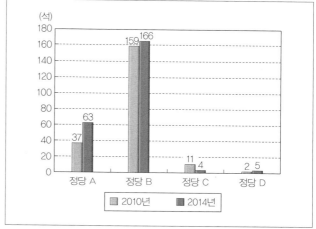

※ 1) '갑'국 지방의회 의원은 정당 A, B, C, D 소속만 있고, 무소속은 없음

2) 전국 지방의회 의석 수＝수도권 지방의회 의석 수＋비수도권 지방의회 의석 수

3) 정당별 지방의회 의석점유율(%)＝$\dfrac{\text{정당별 지방의회 의석 수}}{\text{지방의회 의석 수}}$×100

〈보기〉

ㄱ. 정당 D의 전국 지방의회 의석점유율은 2014년이 2010년보다 높다.

ㄴ. 2010년에 비해 2014년 모든 정당의 전국 지방의회 의석 수는 증가하였다.

ㄷ. 2014년 비수도권 지방의회 의석 수는 정당 B가 정당 A보다 많다.

ㄹ. 정당 B의 수도권 지방의회 의석점유율은 2014년이 2010년보다 낮다.

① ㄱ, ㄴ

② ㄱ, ㄹ

③ ㄴ, ㄷ

④ ㄱ, ㄷ, ㄹ

⑤ ㄴ, ㄷ, ㄹ

문 24. 다음 〈표〉는 2016년 '갑'국 10개 항공사의 항공기 지연 현황에 대한 자료이다. 이에 대한 〈보기〉의 설명 중 옳은 것만을 모두 고르면?

〈표〉 10개 항공사의 지연사유별 항공기 지연 대수

(단위: 대)

| 항공사 | 총 운항 대수 | 총 지연 대수 | 지연사유별 지연 대수 | | | |
			연결편 접속	항공기 정비	기상 악화	기타
EK	86,592	21,374	20,646	118	214	396
JL	71,264	12,487	11,531	121	147	688
EZ	26,644	4,037	3,628	41	156	212
WT	7,308	1,137	1,021	17	23	76
HO	6,563	761	695	7	21	38
8L	6,272	1,162	1,109	4	36	13
ZH	3,129	417	135	7	2	273
BK	2,818	110	101	3	1	5
9C	2,675	229	223	3	0	3
PR	1,062	126	112	3	5	6
계	214,327	41,840	39,201	324	605	1,710

※ 지연율(%)= 총 지연 대수 / 총 운항 대수 × 100

〈보기〉

ㄱ. 지연율이 가장 낮은 항공사는 BK항공이다.

ㄴ. 항공사별 총 지연 대수 중 항공기 정비, 기상 악화, 기타로 인한 지연 대수의 합이 차지하는 비중은 ZH 항공이 가장 높다.

ㄷ. 기상 악화로 인한 전체 지연 대수 중 EK항공과 JL항공의 기상 악화로 인한 지연 대수 합이 차지하는 비중은 50% 이하이다.

ㄹ. 항공기 정비로 인한 지연 대수 대비 기상 악화로 인한 지연 대수 비율이 가장 높은 항공사는 EZ항공이다.

① ㄱ, ㄴ

② ㄱ, ㄷ

③ ㄴ, ㄹ

④ ㄱ, ㄷ, ㄹ

⑤ ㄴ, ㄷ, ㄹ

문 25. 다음 〈표〉는 2015년과 2016년 '갑' 회사의 강사 A~E의 시급과 수강생 만족도에 관한 자료이다. 〈표〉와 〈조건〉에 근거한 설명으로 옳은 것은?

〈표〉 강사의 시급 및 수강생 만족도

(단위: 원, 점)

| 연도 | 2015 | | 2016 | |
구분 강사	시급	수강생 만족도	시급	수강생 만족도
A	50,000	4.6	55,000	4.1
B	45,000	3.5	45,000	4.2
C	52,000	( )	54,600	4.8
D	54,000	4.9	59,400	4.4
E	48,000	3.2	( )	3.5

〈조건〉

○ 당해 연도 시급 대비 다음 연도 시급의 인상률은 당해 연도 수강생 만족도에 따라 아래와 같이 결정됨. 단, 강사가 받을 수 있는 시급은 최대 60,000원임

수강생 만족도	인상률
4.5점 이상	10% 인상
4.0점 이상 4.5점 미만	5% 인상
3.0점 이상 4.0점 미만	동결
3.0점 미만	5% 인하

① 강사 E의 2016년 시급은 45,600원이다.

② 2017년 시급은 강사 D가 강사 C보다 높다.

③ 2016년과 2017년 시급 차이가 가장 큰 강사는 C이다.

④ 강사 C의 2015년 수강생 만족도 점수는 4.5점 이상이다.

⑤ 2017년 강사 A와 강사 B의 시급 차이는 10,000원이다.

※ 수고하셨습니다.

※ 기출문제편 맨 마지막에 있는 OMR 카드에 마킹을 하세요.

정답과 분석해설편 ▶ P.351

제3영역 상황판단

1초 합격예측! 모바일 성적결과분석표 발급 서비스

 QR 코드로 접속하여 문제 풀이 시간을 측정하고, 자동채점 & 성적결과분석 서비스를 통해 지금 바로 실력을 점검해 보세요.
◀ http://eduwill.kr/ZtU6

풀이 시간	• 시작: ＿＿＿시 ＿＿＿분 ~ 종료: ＿＿＿시 ＿＿＿분
	• 총 : ＿＿＿분

문 1. 다음 글을 근거로 판단할 때 옳은 것은?

　우리나라는 1948년 7월 17일 공포된 제헌 헌법에서 처음으로 근대적인 지방자치제도의 도입 근거를 마련하였다. 이후 1949년 7월 4일 지방자치법이 제정되어 지방선거를 통해 지방의회를 구성할 수 있게 되었다. 지방자치법의 주요 내용을 살펴보면 다음과 같다. 첫째, 지방자치단체의 종류는 서울특별시와 도, 시·읍·면으로 한다. 둘째, 의결기관과 집행기관을 따로 둔다. 셋째, 지방자치단체장 중 서울특별시장과 도지사는 대통령이 임명하고, 시·읍·면장은 지방의회가 선출한다. 넷째, 지방의회의원은 임기 4년의 명예직으로 한다. 다섯째, 지방의회에는 지방자치단체장에 대한 불신임권을, 지방자치단체장에게는 지방의회해산권을 부여한다.

　그러나 실제로 지방자치법에 따른 지방선거는 사회가 불안정하다는 이유로 실시되지 못한 채 연기되었다. 이후 대통령은 1951년 12월 31일 헌법 개정과 함께 갑작스럽게 지방선거 실시를 발표하였다. 이에 따라 전쟁 중인 1952년 4월 25일에 치안 불안 지역과 미수복 지역을 제외한 지역에서 시·읍·면의회 의원선거를 실시하였고, 5월 10일에 서울특별시, 경기도, 강원도 등을 제외한 7개 도에서 도의회 의원선거를 실시하였다. 1953년 5월에는 선거를 치르지 못했던 지역에서 도의회 의원을 선출하는 선거가 실시되었다.

　1956년에는 지방자치법을 개정하여 시·읍·면장을 주민직선을 통해 선출하도록 하였다. 이에 따라 같은 해 8월 8일 제2차 시·읍·면의회 의원선거와 동시에 최초로 주민직선에 의한 시·읍·면장 선거가 실시되었다. 그리고 8월 13일에는 서울특별시의회 및 도의회 의원선거가 실시되었다. 4년 뒤인 1960년 12월에는 지방자치법을 다시 개정하고, 서울특별시장 및 도지사도 주민직선제로 선출하도록 하였다. 이에 따라 같은 해 12월 12일에 서울특별시의회 및 도의회 의원선거, 19일에 시·읍·면의회 의원선거, 26일에 시·읍·면장 선거, 29일에 서울특별시장 및 도지사 선거가 실시되었다.

① 1949년 제정 당시 지방자치법에 따르면, 주민들이 지방자치단체장을 직접 선출하도록 되어 있었다.

② 1949년 제정 당시 지방자치법에 따르면, 대통령이 시·읍·면장을 지명하도록 되어 있었다.

③ 1952년에는 모든 지역에서 지방선거를 통해 지방의회의원이 선출되었다.

④ 1956년에는 지방선거를 통해 시·읍·면장이 처음으로 주민에 의해 직접 선출되었다.

⑤ 1960년 12월에는 전국적으로 두 차례의 지방선거가 실시되었다.

문 2. 다음 글을 근거로 판단할 때, 〈보기〉에서 옳은 것만을 모두 고르면?

태어난 아기에게 처음 입히는 옷을 배냇저고리라고 하는데, 보드라운 신생아의 목에 거친 깃이 닿지 않도록 깃 없이 만들어 '무령의(無領衣)'라고도 하였다. 배냇저고리는 대개 생후 삼칠일까지 입혔기 때문에 지역에 따라 '삼저고리', '이레안저고리' 등으로도 불리었다. 보통 저고리를 여미는 고름 대신 무명실 끈을 길게 달아 장수를 기원했는데, 이는 남아, 여아 모두 공통적이었다. 남자아기의 배냇저고리는 재수가 좋다고 하여 시험이나 송사를 치르는 사람이 부적같이 몸에 지니는 풍습이 있었다.

아기가 태어난 지 약 20일이 지나면 배냇저고리를 벗기고 돌띠저고리를 입혔다. 돌띠저고리에는 돌띠라는 긴 고름이 달려 있는데 길이가 길어 한 바퀴 돌려 맬 수 있을 정도이다. 이런 돌띠저고리에는 긴 고름처럼 장수하기를 바라는 의미가 담겨 있다.

백일에는 아기에게 백줄을 누빈 저고리를 입히기도 하였는데, 이는 장수하기를 바라는 의미를 담고 있다. 그리고 첫 생일인 돌에 남자아기에게는 색동저고리를 입히고 복건(幅巾)이나 호건(虎巾)을 씌우며, 여자아기에게는 색동저고리를 입히고 굴레를 씌웠다.

〈보기〉

ㄱ. 배냇저고리는 아기가 태어난 후 약 3주간 입히는 옷이다.

ㄴ. 시험을 잘 보기 위해 여자아기의 배냇저고리를 몸에 지니는 풍습이 있었다.

ㄷ. 돌띠저고리와 백줄을 누빈 저고리에 담긴 의미는 동일하다.

ㄹ. 남자아기뿐만 아니라 여자아기에게도 첫 생일에는 색동저고리를 입혔다.

① ㄴ

② ㄱ, ㄴ

③ ㄱ, ㄷ

④ ㄱ, ㄹ

⑤ ㄱ, ㄷ, ㄹ

문 3. 다음 글을 근거로 판단할 때, 〈보기〉에서 옳은 것만을 모두 고르면?

지진의 강도는 '리히터 규모'와 '진도'로 나타낼 수 있다. 리히터 규모는 미국 지질학자인 찰스 리히터가 지진의 강도를 절대적 수치로 나타내기 위해 제안한 개념이다. 리히터 규모는 지진계에 기록된 지진파의 최대 진폭을 측정하여 수학적으로 계산한 값이며, 지진이 발생하면 각 지진마다 고유의 리히터 규모 값이 매겨진다. 리히터 규모는 지진파의 최대 진폭이 10배가 될 때마다 1씩 증가하는데, 이때 지진에너지는 약 32배가 된다. 리히터 규모는 소수점 아래 한 자리까지 나타내는데, 예를 들어 'M5.6' 또는 '규모 5.6'의 지진으로 표시된다.

진도는 지진이 일어났을 때 어떤 한 지점에서 사람이 느끼는 정도와 건물의 피해 정도 등을 상대적으로 등급화한 수치로, 동일한 지진에 대해서도 각 지역에 따라 진도가 달라질 수 있다. 예를 들어, 어떤 지진이 발생했을 때 발생 지점에서 거리가 멀어질수록 진도는 낮게 나타난다. 또한 진도는 각 나라별 실정에 따라 다른 기준이 채택된다. 우리나라는 12단계의 '수정 메르칼리 진도'를 사용하고 있으며, 진도를 나타내는 수치는 로마 숫자를 이용하여 '진도 Ⅲ'과 같이 표시한다. 표시되는 로마 숫자가 클수록 지진을 느끼는 정도나 피해의 정도가 크다는 것을 의미한다.

〈보기〉

ㄱ. M5.6인 지진을 진도로 표시하면 나라별로 다르게 표시될 수 있다.

ㄴ. M4.0인 지진의 지진파 최대 진폭은 M2.0인 지진의 지진파 최대 진폭의 100배이다.

ㄷ. 진도 Ⅱ인 지진이 일어났을 때, 어떤 한 지점에서 사람이 느끼는 정도와 건물의 피해 정도는 진도 Ⅳ인 지진의 2배이다.

ㄹ. M6.0인 지진의 지진에너지는 M3.0인 지진의 1,000배이다.

① ㄱ, ㄴ

② ㄱ, ㄷ

③ ㄴ, ㄷ

④ ㄴ, ㄹ

⑤ ㄷ, ㄹ

문 4. 다음 〈연구용역 계약사항〉을 근거로 판단할 때, 〈보기〉에서 옳은 것만을 모두 고르면?

〈연구용역 계약사항〉

□ 과업수행 전체회의 및 보고
　○ 참석대상: 발주기관 과업 담당자, 연구진 전원
　○ 착수보고: 계약일로부터 10일 이내
　○ 중간보고: 계약기간 중 2회
　　– 과업 진척상황 및 중간결과 보고, 향후 연구계획 및 내용 협의
　○ 최종보고: 계약만료 7일 전까지
　○ 수시보고: 연구 수행상황 보고 요청 시, 긴급을 요하거나 특이사항 발생 시 등
　○ 전체회의: 착수보고 전, 각 중간보고 전, 최종보고 전
□ 과업 산출물
　○ 중간보고서 20부, 최종보고서 50부, 연구 데이터 및 관련 자료 CD 1매
□ 연구진 구성 및 관리
　○ 연구진 구성: 책임연구원, 공동연구원, 연구보조원
　○ 연구진 관리
　　– 연구 수행기간 중 연구진은 구성원을 임의로 교체할 수 없음. 단, 부득이한 경우 사전에 변동사유와 교체될 구성원의 경력 등에 관한 서류를 발주기관에 제출하여 승인을 받은 후 교체할 수 있음
□ 과업의 일반조건
　○ 연구진은 연구과제의 시작부터 종료(최종보고서 제출)까지 과업과 관련된 제반 비용의 지출행위에 대해 책임을 지고 과업을 진행해야 함
　○ 연구진은 용역완료(납품) 후에라도 발주기관이 연구결과와 관련된 자료를 요청할 경우에는 관련 자료를 성실히 제출하여야 함

〈보기〉

ㄱ. 발주기관은 연구용역이 완료된 후에도 연구결과와 관련된 자료를 요청할 수 있다.
ㄴ. 과업수행을 위한 전체회의 및 보고 횟수는 최소 8회이다.
ㄷ. 연구진은 연구 수행기간 중 책임연구원과 공동연구원을 변경할 수 없지만 연구보조원의 경우 임의로 교체할 수 있다.
ㄹ. 중간보고서의 경우 그 출력과 제본비용의 지출행위에 대해 발주기관이 책임을 진다.

① ㄱ, ㄴ
② ㄱ, ㄷ
③ ㄱ, ㄹ
④ ㄴ, ㄷ
⑤ ㄷ, ㄹ

문 5. 다음 글을 근거로 판단할 때, 〈보기〉에서 규정을 위반한 행위만을 모두 고르면?

제00조(청렴의 의무) ① 공무원은 직무와 관련하여 직접적이든 간접적이든 사례·증여 또는 향응을 주거나 받을 수 없다.
② 공무원은 직무상의 관계가 있든 없든 그 소속 상관에게 증여하거나 소속 공무원으로부터 증여를 받아서는 아니 된다.
제00조(정치운동의 금지) ① 공무원은 정당이나 그 밖의 정치단체의 결성에 관여하거나 이에 가입할 수 없다.
② 공무원은 선거에서 특정 정당 또는 특정인을 지지 또는 반대하기 위한 다음의 행위를 하여서는 아니 된다.
　1. 투표를 하거나 하지 아니하도록 권유 운동을 하는 것
　2. 기부금을 모집 또는 모집하게 하거나, 공공자금을 이용 또는 이용하게 하는 것
　3. 타인에게 정당이나 그 밖의 정치단체에 가입하게 하거나 가입하지 아니하도록 권유 운동을 하는 것
③ 공무원은 다른 공무원에게 제1항과 제2항에 위배되는 행위를 하도록 요구하거나, 정치적 행위에 대한 보상 또는 보복으로서 이익 또는 불이익을 약속하여서는 아니 된다.
제00조(집단행위의 금지) ① 공무원은 노동운동이나 그 밖에 공무 외의 일을 위한 집단행위를 하여서는 아니 된다. 다만, 사실상 노무에 종사하는 공무원은 예외로 한다.
② 제1항 단서에 규정된 공무원으로서 노동조합에 가입된 자가 조합 업무에 전임하려면 소속 장관의 허가를 받아야 한다.

〈보기〉

ㄱ. 공무원 甲은 그 소속 상관에게 직무상 관계 없이 고가의 도자기를 증여하였다.
ㄴ. 사실상 노무에 종사하는 공무원으로서 노동조합에 가입된 乙은 소속 장관의 허가를 받아 조합 업무에 전임하고 있다.
ㄷ. 공무원 丙은 동료 공무원 丁에게 선거에서 A정당을 지지하기 위한 기부금을 모집하도록 요구하였다.
ㄹ. 공무원 戊는 국회의원 선거기간에 B후보를 낙선시키기 위해 해당 지역구 지인들을 대상으로 다른 후보에게 투표하도록 권유 운동을 하였다.

① ㄱ, ㄴ
② ㄴ, ㄷ
③ ㄷ, ㄹ
④ ㄱ, ㄴ, ㄹ
⑤ ㄱ, ㄷ, ㄹ

문 6. 다음 글과 〈상황〉을 근거로 판단할 때 옳은 것은?

민사소송에서 당사자가 질병, 장애, 연령, 그 밖의 사유로 인한 정신적·신체적 제약으로 소송관계를 분명하게 하기 위하여 필요한 진술을 하기 어려운 경우가 있다. 이때 당사자는 법원의 허가를 받아 진술을 도와주는 사람(진술보조인)과 함께 출석하여 진술할 수 있는데, 이를 '진술보조인제도'라 한다. 이 제도는 말이 어눌하거나 말귀를 잘 알아듣지 못하는 당사자가 재판에서 받을 수 있는 불이익을 방지하기 위하여 그와 의사소통이 잘되는 사람이 법정에 출석하여 당사자를 보조하게 하는 것이다.

진술보조인이 될 수 있는 사람은 당사자의 배우자, 직계 친족, 형제자매, 가족, 그 밖에 동거인으로서 당사자와의 생활관계에 비추어 충분한 자격이 인정되는 경우 등으로 제한된다. 이 제도를 이용하려는 당사자는 1심, 2심, 3심의 각 법원마다 서면으로 진술보조인에 대한 허가신청을 해야 한다. 법원은 이를 허가한 이후에도 언제든지 그 허가를 취소할 수 있다.

법원의 허가를 받은 진술보조인은 변론기일에 당사자 본인과 동석하여 당사자 본인의 진술을 법원과 상대방 당사자, 그밖의 소송관계인이 이해할 수 있도록 중개하거나 설명할 수 있다. 이때 당사자 본인은 진술보조인의 중개 또는 설명을 즉시 취소할 수 있다. 한편, 진술보조인에 의한 중개 또는 설명의 정확성을 확인하기 위해 진술보조인에게 질문할 수 있는데 그 질문은 법원만이 한다. 진술보조인은 변론에서 당사자의 진술을 조력하는 사람일 뿐이다. 따라서 진술보조인은 당사자를 대신해서 출석하여 진술할 수 없고, 상소의 제기와 같이 당사자만이 할 수 있는 행위도 할 수 없다.

〈상황〉

甲은 乙을 피고로 하여 A주택의 인도를 구하는 민사소송을 제기하였다. 한편, 乙은 교통사고를 당하여 현재 소송관계를 분명하게 하기 위하여 필요한 진술을 하기 어려운 상태에 있다. 이에 1심 법원은 乙로부터 진술보조인에 대한 허가신청을 받아 乙의 배우자 丙을 진술보조인으로 허가하였다. 1심 변론기일에 乙과 丙은 함께 출석하였다.

① 변론기일에 丙이 한 설명에 대한 정확성을 확인하기 위해 甲은 재판에서 직접 丙에게 질문할 수 있다.

② 변론기일에 丙이 한 설명은 乙을 위한 것이므로, 乙은 즉시라 할지라도 그 설명을 취소할 수 없다.

③ 1심 법원은 丙을 진술보조인으로 한 허가를 취소할 수 없다.

④ 1심 법원이 乙에게 패소판결을 선고한 경우 이 판결에 대해 丙은 상소를 제기할 수 없다.

⑤ 2심이 진행되는 경우, 2심 법원에 진술보조인에 대한 허가신청을 하지 않아도 丙의 진술보조인 자격은 그대로 유지된다.

문 7. 다음 글과 〈상황〉을 근거로 판단할 때, 〈보기〉에서 옳은 것만을 모두 고르면?

제00조(우수현상광고) ① 광고에 정한 행위를 완료한 자가 수인(數人)인 경우에 그 우수한 자에 한하여 보수(報酬)를 지급할 것을 정하는 때에는 그 광고에 응모기간을 정한 때에 한하여 그 효력이 생긴다.

② 전항의 경우에 우수의 판정은 광고에서 정한 자가 한다. 광고에서 판정자를 정하지 아니한 때에는 광고자가 판정한다.

③ 우수한 자가 없다는 판정은 할 수 없다. 그러나 광고에서 다른 의사표시가 있거나 광고의 성질상 판정의 표준이 정하여져 있는 때에는 그러하지 아니하다.

④ 응모자는 제2항 및 제3항의 판정에 대하여 이의를 제기하지 못한다.

⑤ 수인의 행위가 동등으로 판정된 때에는 각각 균등한 비율로 보수를 받을 권리가 있다. 그러나 보수가 그 성질상 분할할 수 없거나 광고에 1인만이 보수를 받을 것으로 정한 때에는 추첨에 의하여 결정한다.

※ 현상광고: 어떤 목적으로 조건을 붙여 보수(상금, 상품 등)를 지급할 것을 약속한 광고

〈상황〉

A청은 아래와 같은 내용으로 우수논문공모를 위한 우수현상광고를 하였고, 대학생 甲, 乙, 丙 등이 응모하였다.

우수논문공모

○ 논문주제: 청렴한 공직사회 구현을 위한 정책방안
○ 참여대상: 대학생
○ 응모기간: 2017년 4월 3일 ~ 4월 28일
○ 제 출 처: A청
○ 수 상 자: 1명(아래 상금 전액 지급)
○ 상 금: 금 1,000만 원정
○ 특이사항
  - 논문의 작성 및 응모는 단독으로 하여야 한다.
  - 기준을 충족한 논문이 없다고 판정된 경우, 우수논문을 선정하지 않을 수 있다.

〈보기〉

ㄱ. 우수논문의 판정은 A청이 한다.

ㄴ. 우수논문이 없다는 판정이 이루어질 수 있다.

ㄷ. 甲, 乙, 丙 등은 우수의 판정에 대해 이의를 제기할 수 있다.

ㄹ. 심사결과 甲과 乙의 논문이 동등한 최고점수로 판정되었다면, 甲과 乙은 500만 원씩 상금을 나누어 받는다.

① ㄱ, ㄴ ② ㄱ, ㄷ ③ ㄷ, ㄹ
④ ㄱ, ㄴ, ㄹ ⑤ ㄴ, ㄷ, ㄹ

문 8. 다음 〈상황〉을 근거로 판단할 때, 준석이가 가장 많은 식물을 재배할 수 있는 온도와 상품가치의 총합이 가장 큰 온도는? (단, 주어진 조건 외에 다른 조건은 고려하지 않는다)

〈상황〉

○ 준석이는 같은 온실에서 5가지 식물(A~E)을 하나씩 동시에 재배하고자 한다.
○ A~E의 재배가능 온도와 각각의 상품가치는 다음과 같다.

식물 종류	재배가능 온도(℃)	상품가치(원)
A	0 이상 20 이하	10,000
B	5 이상 15 이하	25,000
C	25 이상 55 이하	50,000
D	15 이상 30 이하	15,000
E	15 이상 25 이하	35,000

○ 준석이는 온도만 조절할 수 있으며, 식물의 상품가치를 결정하는 유일한 것은 온도이다.
○ 온실의 온도는 0℃를 기준으로 5℃ 간격으로 조절할 수 있고, 한 번 설정하면 변경할 수 없다.

	가장 많은 식물을 재배할 수 있는 온도	상품가치의 총합이 가장 큰 온도
①	15℃	15℃
②	15℃	20℃
③	15℃	25℃
④	20℃	20℃
⑤	20℃	25℃

문 9. 다음 글과 〈상황〉을 근거로 판단할 때, A사무관이 3월 출장여비로 받을 수 있는 총액은?

○ 출장여비 기준
 – 출장여비는 출장수당과 교통비의 합이다.
 1) 세종시 출장
  – 출장수당: 1만 원
  – 교통비: 2만 원
 2) 세종시 이외출장
  – 출장수당: 2만 원(13시 이후 출장 시작 또는 15시 이전 출장 종료 시 1만 원 차감)
  – 교통비: 3만 원
○ 출장수당의 경우 업무추진비 사용 시 1만 원이 차감되며, 교통비의 경우 관용차량 사용 시 1만 원이 차감된다.

〈상황〉

A사무관 3월 출장내역	출장지	출장 시작 및 종료 시각	비고
출장 1	세종시	14시~16시	관용차량 사용
출장 2	인천시	14시~18시	
출장 3	서울시	09시~16시	업무추진비 사용

① 6만 원
② 7만 원
③ 8만 원
④ 9만 원
⑤ 10만 원

문 10. 다음 글과 〈A여행사 해외여행 상품〉을 근거로 판단할 때, 세훈이 선택할 여행지는?

인희: 다음 달 셋째 주에 연휴던데, 그때 여행갈 계획 있어?
세훈: 응, 이번에는 꼭 가야지. 월요일, 수요일, 금요일이 공휴일이잖아. 그래서 우리 회사에서는 화요일과 목요일에만 연가를 쓰면 앞뒤 주말 포함해서 최대 9일 연휴가 되더라고. 그런데 난 연가가 하루밖에 남지 않아서 그렇게 길게는 안 돼. 그래도 이번엔 꼭 해외여행을 갈 거야.
인희: 어디로 갈 생각이야?
세훈: 나는 어디로 가든 상관없는데 여행지에 도착할 때까지 비행기를 오래 타면 너무 힘들더라고. 그래서 편도 총비행시간이 8시간 이내면서 직항 노선이 있는 곳으로 가려고.
인희: 여행기간은 어느 정도로 할 거야?
세훈: 남은 연가를 잘 활용해서 주어진 기간 내에서 최대한 길게 다녀오려고 해. A여행사 해외여행 상품 중에 하나를 정해서 다녀올 거야.

〈A여행사 해외여행 상품〉

여행지	여행기간 (한국시각 기준)	총비행시간 (편도)	비행기 환승 여부
두바이	4박 5일	8시간	직항
모스크바	6박 8일	8시간	직항
방콕	4박 5일	7시간	1회 환승
홍콩	3박 4일	5시간	직항
뉴욕	4박 5일	14시간	직항

① 두바이
② 모스크바
③ 방콕
④ 홍콩
⑤ 뉴욕

문 11. 다음 글을 근거로 판단할 때, 〈보기〉에서 옳은 것만을 모두 고르면?

주민투표제도는 주민에게 과도한 부담을 주거나 중대한 영향을 미치는 주요사항을 결정하는 과정에서 주민에게 직접 의사를 표시할 수 있는 기회를 주기 위해 2004년 1월 주민투표법에 의해 도입되었다. 주민투표법에서는 주민투표를 실시할 수 있는 권한을 지방자치단체장에게만 부여하고 있다. 한편 중앙행정기관의 장은 지방자치단체장에게 주민투표 실시를 요구할 수 있고, 지방의회와 지역주민은 지방자치단체장에게 주민투표 실시를 청구할 수 있다.

주민이 직접 조례의 제정 및 개폐를 청구할 수 있는 주민발의제도는 1998년 8월 지방자치법의 개정으로 도입되었다. 주민발의는 지방자치단체장에게 청구하도록 되어 있는데, 지방자치단체장은 청구를 수리한 날로부터 60일 이내에 조례의 제정 또는 개폐안을 작성하여 지방의회에 부의하여야 한다. 주민발의를 지방자치단체장에게 청구하려면 선거권이 있는 19세 이상 주민 일정 수 이상의 서명을 받아야 한다. 청구에 필요한 주민의 수는 지방자치단체의 조례로 정하되 인구가 50만 명 이상인 대도시에서는 19세 이상 주민 총수의 100분의 1 이상 70분의 1 이하의 범위 내에서, 그리고 그 외의 시·군 및 자치구에서는 19세 이상 주민 총수의 50분의 1 이상 20분의 1 이하의 범위 내에서 정하도록 하고 있다.

주민소환제도는 선출직 지방자치단체장 또는 지방의회 의원의 위법·부당행위, 직무유기 또는 직권남용 등에 대한 책임을 묻는 제도로, 2006년 5월 지방자치법 개정으로 도입되었다. 주민소환 실시의 청구를 위해서도 주민소환에 관한 법률에 따라 일정 수 이상 주민의 서명을 받아야 한다. 광역자치단체장을 소환하고자 할 때는 선거권이 있는 19세 이상 주민 총수의 100분의 10 이상, 기초자치단체장에 대해서는 100분의 15 이상, 지방의회 지역구의원에 대해서는 100분의 20 이상의 서명을 받아야 주민소환 실시를 청구할 수 있다.

〈보기〉

ㄱ. 주민투표법에서 주민투표를 실시할 수 있는 권한은 지방자치단체장만이 가지고 있다.

ㄴ. 인구 70만 명인 甲시에서 주민발의 청구를 위해서는 19세 이상 주민 총수의 50분의 1 이상 20분의 1 이하의 범위에서 서명을 받아야 한다.

ㄷ. 주민발의제도에 근거할 때 주민은 조례의 제정 및 개폐에 관한 사항을 지방의회에 대해 직접 청구할 수 없다.

ㄹ. 기초자치단체인 乙시의 丙시장에 대한 주민소환 실시의 청구를 위해서는 선거권이 있는 19세 이상 주민의 100분의 20 이상의 서명을 받아야 한다.

① ㄱ, ㄷ
② ㄱ, ㄹ
③ ㄴ, ㄷ
④ ㄱ, ㄴ, ㄹ
⑤ ㄴ, ㄷ, ㄹ

문 12. 다음 글을 근거로 판단할 때 옳은 것은?

파스타(pasta)는 밀가루와 물을 주재료로 하여 만든 반죽을 소금물에 넣고 삶아 만드는 이탈리아 요리를 총칭하는데, 파스타 요리의 가장 중요한 재료인 면을 의미하기도 한다.

파스타는 350여 가지가 넘는 다양한 종류가 있는데, 형태에 따라 크게 롱(long) 파스타와 쇼트(short) 파스타로 나눌 수 있다. 롱 파스타의 예로는 가늘고 기다란 원통형인 스파게티, 넓적하고 얇은 면 형태인 라자냐를 들 수 있고, 쇼트 파스타로는 속이 빈 원통형인 마카로니, 나선 모양인 푸실리를 예로 들 수 있다.

역사를 살펴보면, 기원전 1세기경에 고대 로마시대의 이탈리아 지역에서 라자냐를 먹었다는 기록이 전해진다. 이후 기원후 9~11세기에는 이탈리아 남부의 시칠리아에서 아랍인들로부터 제조 방법을 전수받아 건파스타(dried pasta)의 생산이 처음으로 이루어졌다고 한다. 건파스타는 밀가루에 물만 섞은 반죽으로 만든 면을 말린 것인데, 이는 시칠리아에서 재배된 듀럼(durum) 밀이 곰팡이나 해충에 취약해 장기 보관이 어려웠기 때문에 저장기간을 늘리고 수송을 쉽게 하기 위함이었다.

듀럼 밀은 주로 파스타를 만들 때 사용하는 특수한 품종으로 일반 밀과 여러 가지 측면에서 차이가 난다. 일반 밀이 강수량이 많고 온화한 기후에서 잘 자라는 반면, 듀럼 밀은 주로 지중해 지역과 같이 건조하고 더운 기후에서 잘 자란다. 또한 일반 밀로 만든 하얀 분말 형태의 고운 밀가루는 이스트를 넣어 발효시킨 빵과 같은 제품들에 주로 사용되고, 듀럼 밀을 거칠게 갈아 만든 황색의 세몰라 가루는 파스타를 만드는 데 적합하다.

① 속이 빈 원통형인 마카로니는 롱 파스타의 한 종류이다.

② 건파스타 제조 방법은 시칠리아인들로부터 아랍인들에게 최초로 전수되었다.

③ 이탈리아 지역에서는 기원전부터 롱 파스타를 먹은 것으로 보인다.

④ 파스타를 만드는 데 사용하는 세몰라 가루는 곱게 갈아 만든 흰색의 가루이다.

⑤ 듀럼 밀은 곰팡이나 해충에 강해 건파스타의 주재료로 적합하다.

문 13. 다음 글을 근거로 판단할 때, 〈보기〉에서 옳은 것만을 모두 고르면?

인류 역사상 불공정거래 문제가 나타난 것은 먼 옛날부터이다. 자급자족경제에서 벗어나 물물교환이 이루어지고 상업이 시작된 시점부터 불공정거래 문제가 나타났고, 법을 만들어 이를 규율하기 시작하였다. 불공정거래 문제가 법적으로 다루어진 것으로 알려진 최초의 사건은 기원전 4세기 아테네에서 발생한 곡물 중간상 사건이다. 기원전 388년 겨울, 곡물 수입 항로가 스파르타로부터 위협을 받게 되자 곡물 중간상들의 물량 확보 경쟁이 치열해졌고 입찰가격은 급등하였다. 이에 모든 곡물 중간상들이 담합하여 동일한 가격으로 응찰함으로써 곡물 매입가격을 크게 하락시켰고, 이를 다시 높은 가격에 판매하였다. 이로 인해 그들은 아테네 법원에 형사상 소추되어 유죄 판결을 받았다. 당시 아테네는 곡물 중간상들이 담합하여 일정 비율 이상의 이윤을 붙일 수 없도록 성문법으로 규정하고 있었으며, 해당 규정 위반 시 사형에 처해졌다.

곡물의 공정거래를 규율하는 고대 아테네의 성문법은 로마로 계승되어 더욱 발전되었다. 그리고 로마의 공정거래 관련법은 13세기부터 15세기까지 이탈리아의 우루비노와 피렌체, 독일의 뉘른베르크 등의 도시국가와 프랑스 등 중세 유럽 각국의 공정거래 관련법 제정에까지 영향을 미쳤다. 영국에서도 로마의 공정거래 관련법의 영향을 받아 1353년에 에드워드 3세의 공정거래 관련법이 만들어졌다.

〈보기〉

ㄱ. 인류 역사상 불공정거래 문제는 자급자족경제 시기부터 나타났다.

ㄴ. 기원전 4세기 아테네의 공정거래 관련법에 규정된 최고형은 벌금형이었다.

ㄷ. 로마의 공정거래 관련법은 영국 에드워드 3세의 공정거래 관련법 제정에 영향을 미쳤다.

ㄹ. 기원전 4세기 아테네 곡물 중간상 사건은 곡물 중간상들이 곡물을 1년 이상 유통하지 않음으로 인해 발생하였다.

① ㄱ

② ㄷ

③ ㄱ, ㄴ

④ ㄴ, ㄹ

⑤ ㄷ, ㄹ

문 14. 다음 글을 근거로 판단할 때, 〈보기〉에서 옳은 것만을 모두 고르면?

　A국과 B국은 대기오염 정도를 측정하여 통합지수를 산정하고 이를 바탕으로 경보를 한다.

　A국은 5가지 대기오염 물질 농도를 각각 측정하여 대기환경지수를 산정하고, 그 평균값을 통합지수로 한다. 통합지수의 범위에 따라 호흡 시 건강에 미치는 영향이 달라지며, 이를 기준으로 그 등급을 아래와 같이 6단계로 나눈다.

〈A국 대기오염 등급 및 경보기준〉

등급	좋음	보통	민감군에게 해로움	해로움	매우 해로움	심각함
통합지수	0~50	51~100	101~150	151~200	201~300	301~500
경보색깔	초록	노랑	주황	빨강	보라	적갈
행동지침	외부활동 가능		외부활동 자제			

※ 민감군 : 노약자, 호흡기 환자 등 대기오염에 취약한 사람

　B국은 A국의 5가지 대기오염 물질을 포함한 총 6가지 대기오염 물질의 농도를 각각 측정하여 대기환경지수를 산정하고, 이 가운데 가장 높은 대기환경지수를 통합지수로 사용한다. 다만 오염물질별 대기환경지수 중 101 이상인 것이 2개 이상일 경우에는 가장 높은 대기환경지수에 20을 더하여 통합지수를 산정한다. 통합지수는 그 등급을 아래와 같이 4단계로 나눈다.

〈B국 대기오염 등급 및 경보기준〉

등급	좋음	보통	나쁨	매우 나쁨
통합지수	0~50	51~100	101~250	251~500
경보색깔	파랑	초록	노랑	빨강
행동지침	외부활동 가능		외부활동 자제	

〈보기〉

ㄱ. A국과 B국의 통합지수가 동일하더라도, 각 대기오염 물질의 농도는 다를 수 있다.

ㄴ. B국의 통합지수가 180이라면, 6가지 대기오염 물질의 대기환경지수 중 가장 높은 것은 180 미만일 수 없다.

ㄷ. A국이 대기오염 등급을 '해로움'으로 경보한 경우, 그 정보만으로는 특정 대기오염 물질 농도에 대한 정확한 수치를 알 수 없을 것이다.

ㄹ. B국 국민이 A국에 방문하여 경보색깔이 노랑인 것을 확인하고 B국의 경보기준을 따른다면, 외부활동을 자제할 것이다.

① ㄱ, ㄴ

② ㄱ, ㄷ

③ ㄴ, ㄹ

④ ㄱ, ㄷ, ㄹ

⑤ ㄴ, ㄷ, ㄹ

문 15. 다음 글을 근거로 판단할 때, 〈보기〉에서 옳은 것만을 모두 고르면?

제00조(술에 취한 상태에서의 운전 금지) ① 누구든지 술에 취한 상태에서 자동차를 운전하여서는 아니 된다.

② 경찰공무원은 제1항을 위반하여 술에 취한 상태에서 자동차를 운전하였다고 인정할 만한 상당한 이유가 있는 경우에는 운전자가 술에 취하였는지를 호흡조사로 측정(이하 '음주측정'이라 한다)할 수 있다. 이 경우 운전자는 경찰공무원의 음주측정에 응하여야 한다.

③ 제1항을 위반하여 술에 취한 상태에서 자동차를 운전한 사람은 다음 각 호의 구분에 따라 처벌한다.

　1. 혈중알코올농도가 0.2퍼센트 이상인 사람은 1년 이상 3년 이하의 징역이나 500만 원 이상 1천만 원 이하의 벌금

　2. 혈중알코올농도가 0.1퍼센트 이상 0.2퍼센트 미만인 사람은 6개월 이상 1년 이하의 징역이나 300만 원 이상 500만 원 이하의 벌금

　3. 혈중알코올농도가 0.05퍼센트 이상 0.1퍼센트 미만인 사람은 6개월 이하의 징역이나 300만 원 이하의 벌금

④ 다음 각 호의 어느 하나에 해당하는 사람은 1년 이상 3년 이하의 징역이나 500만 원 이상 1천만 원 이하의 벌금에 처한다.

　1. 제3항에도 불구하고 제1항을 2회 이상 위반한 사람으로서 다시 술에 취한 상태에서 자동차를 운전한 사람

　2. 술에 취한 상태에 있다고 인정할 만한 상당한 이유가 있는 사람으로서 제2항에 따른 경찰공무원의 음주측정에 응하지 아니한 사람

〈보기〉

ㄱ. 혈중알코올농도 0.05퍼센트의 상태에서 운전하여 1회 적발된 행위는, 술에 취한 상태에서 운전을 하고 있다고 인정할 만한 상당한 이유가 있는 사람이 경찰공무원의 음주측정을 거부하는 행위보다 불법의 정도가 크다.

ㄴ. 술에 취한 상태에서 자동차를 운전하는 행위는 혈중알코올농도 또는 적발된 횟수에 따라 처벌의 정도가 달라질 수 있다.

ㄷ. 술에 취한 상태에서의 자동차 운전으로 2회 적발된 자가 다시 혈중알코올농도 0.15퍼센트 상태의 운전으로 적발된 경우, 6개월 이상 1년 이하의 징역이나 300만 원 이상 500만 원 이하의 벌금에 처해진다.

① ㄱ

② ㄴ

③ ㄱ, ㄷ

④ ㄴ, ㄷ

⑤ ㄱ, ㄴ, ㄷ

문 16. 다음 글을 근거로 판단할 때 옳은 것은?

> 제00조(성년후견) ① 가정법원은 질병, 장애, 노령, 그 밖의 사유로 인한 정신적 제약으로 사무를 처리할 능력이 지속적으로 결여된 사람에 대하여 본인, 배우자, 4촌 이내의 친족, 검사 또는 지방자치단체의 장의 청구에 의하여 성년후견개시의 심판을 한다.
> ② 성년후견인은 피성년후견인의 법률행위를 취소할 수 있다.
> ③ 제2항에도 불구하고 일용품의 구입 등 일상생활에 필요하고 그 대가가 과도하지 아니한 법률행위는 성년후견인이 취소할 수 없다.
> 제00조(피성년후견인의 신상결정) ① 피성년후견인은 자신의 신상에 관하여 그의 상태가 허락하는 범위에서 단독으로 결정한다.
> ② 성년후견인이 피성년후견인을 치료 등의 목적으로 정신병원이나 그 밖의 다른 장소에 격리하려는 경우에는 가정법원의 허가를 받아야 한다.
> 제00조(성년후견인의 선임) ① 성년후견인은 가정법원이 직권으로 선임한다.
> ② 가정법원은 성년후견인이 선임된 경우에도 필요하다고 인정하면 직권으로 또는 청구권자의 청구에 의하여 추가로 성년후견인을 선임할 수 있다.

① 성년후견인의 수는 1인으로 제한된다.
② 지방자치단체의 장은 가정법원에 성년후견개시의 심판을 청구할 수 있다.
③ 성년후견인은 피성년후견인이 행한 일용품 구입행위를 그 대가의 정도와 관계없이 취소할 수 없다.
④ 가정법원은 성년후견개시의 심판절차에서 직권으로 성년후견인을 선임할 수 없다.
⑤ 성년후견인은 가정법원의 허가 없이 단독으로 결정하여 피성년후견인을 치료하기 위해 정신병원에 격리할 수 있다.

문 17. 다음 글과 〈상황〉을 근거로 판단할 때 옳은 것은?

> 제00조(경계표, 담의 설치권) ① 인접하여 토지를 소유한 자는 공동비용으로 통상의 경계표나 담을 설치할 수 있다. 이 경우 그 비용은 쌍방이 절반하여 부담한다.
> ② 전항에도 불구하고 토지의 경계를 정하기 위한 측량비용은 토지의 면적에 비례하여 부담한다.
> 제00조(경계선 부근의 건축) ① 건물을 축조함에는 경계로부터 반미터 이상의 거리를 두어야 한다.
> ② 인접지소유자는 전항의 규정에 위반한 자에 대하여 건물의 변경이나 철거를 청구할 수 있다. 그러나 건축에 착수한 후 1년을 경과하거나 건물이 완성된 후에는 손해배상만을 청구할 수 있다.
> 제00조(차면시설의무) 경계로부터 2미터 이내의 거리에서 이웃 주택의 내부를 관망할 수 있는 창이나 마루를 설치하는 경우에는 적당한 차면(遮面)시설을 하여야 한다.
> 제00조(지하시설 등에 대한 제한) 우물을 파거나 용수, 하수 또는 오물 등을 저치(貯置)할 지하시설을 하는 때에는 경계로부터 2미터 이상의 거리를 두어야 하며, 지하실공사를 하는 때에는 경계로부터 그 깊이의 반 이상의 거리를 두어야 한다.
>
> ※ 차면(遮面)시설: 서로 안 보이도록 가리는 시설
> ※ 저치(貯置): 저축하거나 저장하여 둠

────〈상황〉────

○ 甲과 乙은 1,000m²의 토지를 공동으로 구매하였다. 그리고 다음과 같이 A토지와 B토지로 나누어 A토지는 甲이, B토지는 乙이 소유하게 되었다.

A토지 (면적 600m²)	B토지 (면적 400m²)

○ 甲은 A토지와 B토지의 경계에 담을 설치하고, A토지 위에 C건물을 짓고자 한다. 乙은 B토지를 주차장으로만 사용한다.

① 토지의 경계를 정하기 위해 측량을 하는 데 비용이 100만 원이 든다면 甲과 乙이 각각 50만 원씩 부담한다.
② 통상의 담을 설치하는 비용이 100만 원이라면 甲이 60만 원, 乙이 40만 원을 부담한다.
③ 甲이 B토지와의 경계로부터 반미터 이상의 거리를 두지 않고 C건물을 완성한 경우, 乙은 그 건물의 철거를 청구할 수 없다.
④ C건물을 B토지와의 경계로부터 2미터 이내의 거리에 축조한다면, 甲은 C건물에 B토지를 향한 창을 설치할 수 없다.
⑤ 甲이 C건물에 지하 깊이 2미터의 지하실공사를 하는 경우, B토지와의 경계로부터 2미터 이상의 거리를 두어야 한다.

문 18. 다음 〈조건〉과 〈상황〉을 근거로 판단할 때, 甲이 향후 1년간 자동차를 유지하는 데 소요될 총비용은?

〈조건〉

1. 자동차 유지비는 연 감가상각비, 연 자동차 보험료, 연 주유비용으로 구성되며 그 외의 비용은 고려하지 않는다.
2. 연 감가상각비 계산 공식
   연 감가상각비 = (자동차 구매비용 − 운행가능기간 종료 시 잔존가치) ÷ 운행가능기간(년)
3. 연 자동차 보험료

(단위: 만 원)

구분		차종		
		소형차	중형차	대형차
보험 가입 시 운전 경력	1년 미만	120	150	200
	1년 이상 2년 미만	110	135	180
	2년 이상 3년 미만	100	120	160
	3년 이상	90	105	140

※ 차량 구매 시 보험 가입은 필수이며 1년 단위로 가입
※ 보험 가입 시 해당 차량에 블랙박스가 설치되어 있으면 보험료 10% 할인

4. 주유비용
   1리터당 10km를 운행할 수 있으며, 리터당 비용은 연중 내내 1,500원이다.

〈상황〉

○ 甲은 1,000만 원에 중형차 1대를 구입하여 바로 운행을 시작하였다.
○ 차는 10년 동안 운행가능하며, 운행가능기간 종료 시 잔존가치는 100만 원이다.
○ 자동차 보험 가입 시, 甲의 운전 경력은 2년 6개월이며 차에는 블랙박스가 설치되어 있다.
○ 甲은 매달 500km씩 차를 운행한다.

① 192만 원
② 288만 원
③ 298만 원
④ 300만 원
⑤ 330만 원

문 19. 다음 글을 근거로 판단할 때, 2017학년도 A대학교 ○○학과 입학 전형 합격자는?

○ A대학교 ○○학과 입학 전형
  − 2017학년도 대학수학능력시험의 국어, 수학, 영어 3개 과목을 반영하여 지원자 중 1명을 선발한다.
  − 3개 과목 평균등급이 2등급(3개 과목 등급의 합이 6) 이내인 자를 선발한다. 이 조건을 만족하는 지원자가 여러 명일 경우, 3개 과목 원점수의 합산 점수가 가장 높은 자를 선발한다.
○ 2017학년도 대학수학능력시험 과목별 등급−원점수 커트라인

(단위: 점)

과목 \ 등급	1	2	3	4	5	6	7	8
국어	96	93	88	79	67	51	40	26
수학	89	80	71	54	42	33	22	14
영어	94	89	85	77	69	54	41	28

※ 예를 들어, 국어 1등급은 100~96점, 국어 2등급은 95~93점

○ 2017학년도 A대학교 ○○학과 지원자 원점수 성적

(단위: 점)

지원자	국어	수학	영어
甲	90	96	88
乙	89	89	89
丙	93	84	89
丁	79	93	92
戊	98	60	100

① 甲
② 乙
③ 丙
④ 丁
⑤ 戊

문 20. 다음 글과 〈필요 물품 목록〉을 근거로 판단할 때, ○○부 아동방과후교육 사업에서 허용되는 사업비 지출품목만을 모두 고르면?

> ○○부는 아동방과후교육 사업을 운영하고 있다. 원칙적으로 사업비는 사용목적이 '사업 운영'인 경우에만 지출할 수 있다. 다만 다음 중 어느 하나에 해당하면 예외적으로 허용된다. 첫째, 품목당 단가가 10만 원 이하로 사용목적이 '서비스 제공'인 경우에 지출할 수 있다. 둘째, 사용연한이 1년 이내인 경우에 지출할 수 있다.

〈필요 물품 목록〉

품목	단가(원)	사용목적	사용연한
인형탈	120,000	사업 운영	2년
프로그램 대여	300,000	보고서 작성	6개월
의자	110,000	서비스 제공	5년
컴퓨터	950,000	서비스 제공	3년
클리어파일	500	상담일지 보관	2년
블라인드	99,000	서비스 제공	5년

① 프로그램 대여, 의자

② 컴퓨터, 클리어파일

③ 클리어파일, 블라인드

④ 인형탈, 프로그램 대여, 블라인드

⑤ 인형탈, 의자, 컴퓨터

문 21. 다음 〈상황〉을 근거로 판단할 때, 짜장면 1그릇의 가격은?

〈상황〉

> ○ A중식당의 각 테이블별 주문 내역과 그 총액은 아래 〈표〉와 같다.
> ○ 각 테이블에서는 음식을 주문 내역별로 1그릇씩 주문하였다.

〈표〉

테이블	주문 내역	총액(원)
1	짜장면, 탕수육	17,000
2	짬뽕, 깐풍기	20,000
3	짜장면, 볶음밥	14,000
4	짬뽕, 탕수육	18,000
5	볶음밥, 깐풍기	21,000

① 4,000원

② 5,000원

③ 6,000원

④ 7,000원

⑤ 8,000원

문 22. 다음 글과 〈표〉를 근거로 판단할 때, 백설공주의 친구 7명(A~G) 중 왕자의 부하는 누구인가?

○ A~G 중 2명은 왕자의 부하이다.
○ B~F는 모두 20대이다.
○ A~G 중 가장 나이가 많은 사람은 왕자의 부하가 아니다.
○ A~G 중 여자보다 남자가 많다.
○ 왕자의 두 부하는 성별이 서로 다르고, 국적은 동일하다.

〈표〉

친구	나이	성별	국적
A	37살	?	한국
B	28살	?	한국
C	22살	여자	중국
D	?	여자	일본
E	?	?	중국
F	?	?	한국
G	38살	여자	중국

① A, B
② B, F
③ C, E
④ D, F
⑤ E, G

문 23. 다음 글을 근거로 판단할 때, 甲연구소 신입직원 7명(A~G)의 부서배치 결과로 옳지 않은 것은?

甲연구소에서는 신입직원 7명을 선발하였으며, 신입직원들을 각 부서에 배치하고자 한다. 각 부서에서 요구한 인원은 다음과 같다.

정책팀	재정팀	국제팀
2명	4명	1명

신입직원들은 각자 원하는 부서를 2지망까지 지원하며, 1, 2지망을 고려하여 이들을 부서에 배치한다. 먼저 1지망 지원부서에 배치하는데, 요구인원보다 지원인원이 많은 경우에는 입사성적이 높은 신입직원을 우선적으로 배치한다. 1지망 지원부서에 배치되지 못한 신입직원은 2지망 지원부서에 배치되는데, 이때 역시 1지망에 따른 배치 후 남은 요구인원보다 지원인원이 많은 경우 입사성적이 높은 신입직원을 우선적으로 배치한다. 1, 2지망 지원부서 모두에 배치되지 못한 신입직원은 요구인원을 채우지 못한 부서에 배치된다.

신입직원 7명의 입사성적 및 1, 2지망 지원부서는 아래와 같다. A의 입사성적만 전산에 아직 입력되지 않았는데, 82점 이상이라는 것만 확인되었다. 단, 입사성적의 동점자는 없다.

신입직원	A	B	C	D	E	F	G
입사성적	?	81	84	78	96	80	93
1지망	국제	국제	재정	국제	재정	정책	국제
2지망	정책	재정	정책	정책	국제	재정	정책

① A의 입사성적이 90점이라면, A는 정책팀에 배치된다.
② A의 입사성적이 95점이라면, A는 국제팀에 배치된다.
③ B는 재정팀에 배치된다.
④ C는 재정팀에 배치된다.
⑤ D는 정책팀에 배치된다.

문 24. 다음 글을 근거로 판단할 때, 재생된 곡의 순서로 옳은 것은?

○ 찬우는 A, B, C, D 4개의 곡으로 구성된 앨범을 감상하고 있다. A는 1분 10초, B는 1분 20초, C는 1분 00초, D는 2분 10초간 재생되며, 각각의 곡 첫 30초는 전주 부분이다.
○ 재생순서는 처음에 설정하여 이후 변경되지 않으며, 찬우는 자신의 선호에 따라 곡당 1회씩 포함하여 설정하였다.
○ 한 곡의 재생이 끝나면 시차 없이 다음 곡이 자동적으로 재생된다.
○ 마지막 곡 재생이 끝나고 나면 첫 곡부터 다시 재생된다.
○ 모든 곡은 처음부터 끝까지 건너뛰지 않고 재생된다.
○ 찬우는 13시 20분 00초부터 첫 곡을 듣기 시작했다.
○ 13시 23분 00초에 C가 재생되고 있었다.
○ A를 듣고 있던 어느 한 시점부터 3분 00초가 되는 때에는 C가 재생되고 있었다.
○ 13시 45분 00초에 어떤 곡의 전주 부분이 재생되고 있었다.

① A－B－C－D
② B－A－C－D
③ C－A－D－B
④ D－C－A－B
⑤ D－C－B－A

문 25. 다음 〈조건〉과 〈관광지 운영시간 및 이동시간〉을 근거로 판단할 때, 〈보기〉에서 옳은 것만을 모두 고르면?

─〈조건〉─

○ 하루에 4개 관광지를 모두 한 번씩 관광한다.
○ 궁궐에서는 가이드투어만 가능하다. 가이드투어는 10시와 14시에 시작하며, 시작 시각까지 도착하지 못하면 가이드투어를 할 수 없다.
○ 각 관광에 소요되는 시간은 2시간이며, 관광지 운영시간 외에는 관광할 수 없다.

─〈관광지 운영시간 및 이동시간〉─

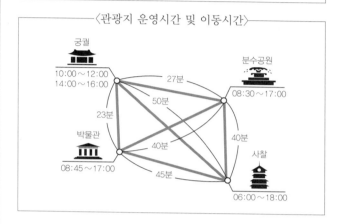

─〈보기〉─

ㄱ. 사찰에서부터 관광을 시작해야 한다.
ㄴ. 마지막 관광을 종료하는 시각은 16시 30분 이후이다.
ㄷ. 박물관과 분수공원의 관광 순서가 바뀌어도 무방하다.

① ㄴ
② ㄷ
③ ㄱ, ㄴ
④ ㄱ, ㄷ
⑤ ㄱ, ㄴ, ㄷ

※ 수고하셨습니다.
※ 기출문제편 맨 마지막에 있는 OMR 카드에 마킹을 하세요.

정답과 분석해설편 ▶ P.366

냉정하고 열기와 성급함이 없는 것은 훌륭한 자질이다.

– 랠프 왈도 에머슨(Ralph Waldo Emerson)

2016년도 국가공무원
5급 및 7급 민간경력자 일괄채용 필기시험

응시번호	
성 명	

문제책형
⑤ 책형

【시 험 과 목】

제1영역	언어논리
제2영역	자료해석
제3영역	상황판단

<< 응시자 주의사항 >>

1. 시험시작 전에 시험문제를 열람하는 행위와 시험종료 후 답안지를 작성하는 행위는 공무원임용시험령 제51조에 의거 부정행위자로 처리됩니다.

2. 답안지 책형란의 책형표기는 시험시작 전 문제책 표지 앞면에 인쇄된 책형을 확인한 후 표기하시기 바랍니다.

3. 시험시작 즉시 과목편철 순서, 문제누락 여부, 인쇄상태 이상 유무 및 표지와 개별과목의 문제책형 일치여부 등을 확인한 후 문제책 표지에 응시번호, 성명을 기재합니다.

4. 시험이 시작되면 문제를 주의 깊게 읽은 후, 문항의 취지에 가장 적합한 하나의 정답만을 고르며, 문제내용에 관한 질문은 받지 않습니다.

5. 시험시간관리의 책임은 전적으로 수험생 본인에게 있습니다. 시험감독관의 시험종료 예고시간 고지 안내 및 시험실 내 비치된 시계가 있는 경우라도 시간이 정확하지 않을 수 있으니 본인의 시계로 반드시 확인하시기 바랍니다.

6. 시험시간은 영역별 60분씩입니다.

제1영역 언어논리

1초 합격예측! 모바일 성적결과분석표 발급 서비스

 QR 코드로 접속하여 문제 풀이 시간을 측정하고, 자동채점 & 성적결과분석 서비스를 통해 지금 바로 실력을 점검해 보세요.
◀ http://eduwill.kr/2vU6

| 풀이 시간 | • 시작: ＿＿＿시 ＿＿＿분 ~ 종료: ＿＿＿시 ＿＿＿분 |
| | • 총 : ＿＿＿분 |

문 1. 다음 글의 내용과 부합하는 것은?

'청렴(淸廉)'은 현대 사회에서 좁게는 반부패와 동의어로 사용되며 넓게는 투명성과 책임성 등을 포괄하는 통합적 개념으로 사용되고 있다. 유학자들은 청렴을 효제와 같은 인륜의 덕목보다는 하위에 두었지만 군자라면 마땅히 지켜야 할 일상의 덕목으로 중시하였다. 조선의 대표적 유학자였던 이황과 이이는 청렴을 사회 규율이자 개인 처세의 지침으로 강조하였다. 특히 공적 업무에 종사하는 사람이라면 사회 규율로서의 청렴이 개인의 처세와 직결된다는 점에 유념해야 한다고 보았다.

청렴에 대한 논의는 정약용의 『목민심서』에서 본격적으로 나타난다. 정약용은 청렴이야말로 목민관이 지켜야 할 근본적인 덕목이며 목민관의 직무는 청렴이 없이는 불가능하다고 강조하였다. 정약용은 청렴을 당위의 차원에서 주장하는 기존의 학자들과 달리 행위자 자신에게 실질적 이익이 된다는 점을 들어 설득하고자 한다. 그는 청렴은 큰 이득이 남는 장사라고 말하면서, 지혜롭고 욕심이 큰 사람은 청렴을 택하지만 지혜가 짧고 욕심이 작은 사람은 탐욕을 택한다고 설명한다. 정약용은 "지자(知者)는 인(仁)을 이롭게 여긴다."라는 공자의 말을 빌려 "지혜로운 자는 청렴함을 이롭게 여긴다."라고 하였다. 비록 재물을 얻는 데 뜻이 있더라도 청렴함을 택하는 것이 결과적으로는 지혜로운 선택이라고 정약용은 말한다. 목민관의 작은 탐욕은 단기적으로 보면 눈앞의 재물을 취하여 이익을 얻을 수 있겠지만 궁극에는 개인의 몰락과 가문의 불명예를 가져올 수 있기 때문이다.

정약용은 청렴을 지키는 것은 두 가지 효과가 있다고 보았다. 첫째, 청렴은 다른 사람에게 긍정적 효과를 미친다. 목민관이 청렴할 경우 백성을 비롯한 공동체 구성원에게 좋은 혜택이 돌아갈 것이다. 둘째, 청렴한 행위를 하는 것은 목민관 자신에게도 좋은 결과를 가져다준다. 청렴은 그 자신의 덕을 높이는 것일 뿐 아니라 자신의 가문에 빛나는 명성과 영광을 가져다줄 것이다.

① 정약용은 청렴이 목민관이 반드시 지켜야 할 덕목임을 당위론 차원에서 정당화하였다.

② 정약용은 탐욕을 택하는 것보다 청렴을 택하는 것이 이롭다는 공자의 뜻을 계승하였다.

③ 정약용은 청렴한 사람은 욕심이 작기 때문에 재물에 대한 탐욕에 빠지지 않는다고 보았다.

④ 정약용은 청렴이 백성에게 이로움을 줄 뿐 아니라 목민관 자신에게도 이로운 행위라고 보았다.

⑤ 이황과 이이는 청렴을 개인의 처세에 있어 주요 지침으로 여겼으나 사회 규율로는 보지 않았다.

문 2. 다음 글에서 알 수 있는 것은?

중국에서는 기원전 8~7세기 이후 주나라에서부터 청동전이 유통되었다. 이후 진시황이 중국을 통일하면서 화폐를 통일해 가운데 네모난 구멍이 뚫린 원형 청동 엽전이 등장했고, 이후 중국 통화의 주축으로 자리 잡았다. 하지만 엽전은 가치가 낮고 금화와 은화는 아직 주조되지 않았기 때문에 고액 거래를 위해서는 지폐가 필요했다. 결국 11세기경 송나라에서 최초의 법정 지폐인 교자(交子)가 발행되었다. 13세기 원나라에서는 강력한 국가 권력을 통해 엽전을 억제하고 교초(交鈔)라는 지폐를 유일한 공식 통화로 삼아 재정 문제를 해결했다.

아시아와 유럽에서 지폐의 등장과 발달 과정은 달랐다. 우선 유럽에서는 금화가 비교적 자유롭게 사용되어 대중들 사이에서 널리 유통되었다. 반면에 아시아의 통치자들은 금의 아름다움과 금이 상징하는 권력을 즐겼다는 점에서는 서구인들과 같았지만, 비천한 사람들이 화폐로 사용하기에는 금이 너무 소중하다고 여겼다. 대중들 사이에서 유통되도록 금을 방출하면 권력이 약화된다고 본 것이다. 대신에 일찍부터 지폐가 널리 통용되었다.

마르코 폴로는 쿠빌라이 칸이 모든 거래를 지폐로 이루어지게 하는 것을 보고 깊은 인상을 받았다. 사실상 종잇조각에 불과한 지폐가 그렇게 널리 통용되었던 이유는 무엇 때문일까? 칸이 만든 지폐에 찍힌 그의 도장은 금이나 은과 같은 권위가 있었다. 이것은 지폐의 가치를 확립하고 유지하는 데 국가 권력이 핵심 요소라는 사실을 보여 준다.

유럽의 지폐는 그 초기 형태가 민간에서 발행한 어음이었으나, 아시아의 지폐는 처음부터 국가가 발행권을 갖고 있었다. 금속 주화와는 달리 내재적 가치가 없는 지폐가 화폐로 받아들여지고 사용되기 위해서는 신뢰가 필수적이다. 중국은 강력한 왕권이 이 신뢰를 담보할 수 있었지만, 유럽에서 지폐가 사람들의 신뢰를 얻기까지는 그보다 오랜 시간과 성숙된 환경이 필요했다. 유럽의 왕들은 종이에 마음대로 숫자를 적어 놓고 화폐로 사용하라고 강제할 수 없었다. 그래서 서로 잘 아는 일부 동업자들끼리 신뢰를 바탕으로 자체 지폐를 만들어 사용해야

했다. 하지만 민간에서 발행한 지폐는 신뢰 확보가 쉽지 않아 주기적으로 금융 위기를 초래했다. 정부가 나서기까지는 오랜 시간이 걸렸고, 17~18세기에 지폐의 법정화와 중앙은행의 설립이 이루어졌다. 중앙은행은 금을 보관하고 이를 바탕으로 금 태환(兌換)을 보장하는 증서를 발행해 화폐로 사용하기 시작했고, 그것이 오늘날의 지폐로 이어졌다.

① 유럽에서 금화의 대중적 확산은 지폐가 널리 통용되는 결정적인 계기가 되었다.
② 유럽에서는 민간 거래의 신뢰를 기반으로 지폐가 중국에 비해 일찍부터 통용되었다.
③ 중국에서 청동으로 만든 최초의 화폐는 네모난 구멍이 뚫린 원형 엽전의 형태였다.
④ 중국에서 지폐 거래의 신뢰를 확보할 수 있었던 것은 강력한 국가 권력이 있었기 때문이다.
⑤ 아시아와 유럽에서는 금화의 사용을 권력의 상징으로 여겨 금화의 제한적인 유통이 이루어졌다.

문 3. 다음 글에서 알 수 없는 것은?

광장의 기원은 고대 그리스의 아고라에서 찾을 수 있다. '아고라'는 사람들이 모이는 곳이란 뜻을 담고 있다. 호메로스의 작품에 처음 나오는 이 표현은 물리적 장소만이 아니라 사람들이 모여서 하는 각종 활동과 모임도 의미한다. 아고라는 사람들이 모이는 도심의 한복판에 자리 잡되 그 주변으로 사원, 가게, 공공시설, 사교장 등이 자연스럽게 둘러싸고 있는 형태를 갖는다. 물론 그 안에 분수도 있고 나무도 있어 휴식 공간이 되기는 하지만 그것은 부수적 기능일 뿐이다. 아고라 곧 광장의 주요 기능은 시민들이 모여 행하는 다양한 활동 그 자체에 있다.

르네상스 이후 광장은 유럽의 여러 제후들이 도시를 조성할 때 일차적으로 고려하는 사항이 된다. 광장은 제후들이 권력 의지를 실현하는 데 중요한 역할을 할 수 있었기 때문이다. 이 시기 유럽의 도시에서는 고대 그리스 이후 자연스럽게 발전해 온 광장이 의식적으로 조성되기 시작한다. 도시를 설계할 때 광장의 위치와 넓이, 기능이 제후들의 목적에 따라 결정된다.

『광장』을 쓴 프랑코 만쿠조는 유럽의 역사가 곧 광장의 역사라고 말한다. 그에 따르면, 유럽인들에게 광장은 일상생활의 통행과 회합, 교환의 장소이자 동시에 권력과 그 의지를 실현하는 장이고 프랑스 혁명 이후 근대 유럽에서는 저항하는 대중의 연대와 소통의 장이라는 의미도 갖게 된다. 우리나라의 역사적 경험에서도 광장은 그와 같은 공간이었다. 우리의 마당이나 장터는 유럽과 형태는 다를지라도 만쿠조가 말한 광장의 기능과 의미를 담당해 왔기 때문이다.

이처럼 광장은 인류의 모든 활동이 수렴되고 확산되는 공간이며 문화 마당이고 예술이 구현되는 장이며 더 많은 자유를 향한 열정이 집결하는 곳이다. 특히 근대 이후 광장을 이런 용도로 사용하는 것은 시민의 정당한 권리가 된다. 광장은 권력의 의지가 발현되는 공간이면서 동시에 시민에게는 그것을 넘어서고자 하는 자유의 열망이 빚어지는 장이다.

① 근대 이후 광장은 시민의 자유에 대한 열망이 모이는 장이었다.
② 고대 그리스의 아고라는 사람들이 모이는 장소 이상의 의미를 갖는다.
③ 유럽의 여러 제후들이 광장을 중요시한 것은 거주민의 의견을 반영하기 위해서였다.
④ 프랑스 혁명 이후 유럽에서 광장은 저항하는 이들의 소통 공간이라는 의미도 갖는다.
⑤ 우리나라의 역사적 경험에서도 광장은 권력과 그 의지를 실현하는 장이자 저항하는 대중의 연대와 소통의 장이었다.

문 4. 다음 글의 빈칸에 들어갈 내용으로 가장 적절한 것은?

현상의 원인을 찾는 방법들 가운데 최선의 설명을 이용하는 방법이 있다. 우리는 주어진 현상을 일으키는 원인을 찾아 이 원인이 그 현상을 일으켰다고 말함으로써 현상을 설명하곤 한다. 우리는 여러 가지 가능한 설명들 중에서 가장 좋은 설명에 나오는 원인이 현상의 진정한 원인이라고 결론 내릴 수 있다.

지구에 조수 현상이 있는데 이 현상의 원인은 무엇일까? 우리는 조수 현상을 일으킬 수 있는 원인들을 일종의 가설로서 설정할 수 있다. 만일 지구의 물과 달 사이에 중력이나 자기력 같은 인력이 작용한다면, 이런 인력은 지구에 조수 현상을 일으키는 원인일 수 있다. 지구와 달 사이에 유동 물질이 있고 그 물질이 지구를 누른다면, 이런 누름은 지구에 조수 현상을 일으키는 원인일 수 있다. 지구가 등속도로 자전하지 않아 지구 전체가 흔들거린다면, 이런 지구의 흔들거림은 지구에 조수 현상을 일으키는 원인일 수 있다.

우리는 이런 설명들을 견주어 어떤 것이 다른 것보다 낫다는 것을 언제든 주장할 수 있으며, 나은 순으로 줄을 세워 가장 좋은 설명을 찾을 수 있다. 우리는 조수 현상에 대한 설명으로, 지구의 물과 달 사이에 인력 때문에 조수가 생긴다는 설명, 지구와 달 사이의 물질이 지구를 누르기 때문에 조수가 생긴다는 설명, 지구 전체의 흔들거림 때문에 조수가 생긴다는 설명을 갖고 있다. 이 설명들 가운데 지구 전체의 흔들거림 때문에 조수가 생긴다는 설명보다 지구와 달 사이의 물질이 지구를 누르기 때문에 조수가 생긴다는 설명이 더 낫다. _____. 따라서 우리는 조수 현상의 원인이 지구의 물과 달 사이에 작용하는 인력이라고 결론 내릴 수 있다.

① 지구 전체의 흔들거림 때문에 조수가 생긴다는 설명보다 지구와 달 사이에 인력 때문에 조수가 생긴다는 설명이 더 낫다

② 지구의 물과 달 사이에 인력 때문에 조수가 생긴다는 설명보다 지구 전체의 흔들거림 때문에 조수가 생긴다는 설명이 더 낫다

③ 지구와 달 사이의 물질이 지구를 누르기 때문에 조수가 생긴다는 설명보다 지구 전체의 흔들거림 때문에 조수가 생긴다는 설명이 더 낫다

④ 지구의 물과 달 사이에 인력 때문에 조수가 생긴다는 설명보다 지구와 달 사이의 물질이 지구를 누르기 때문에 조수가 생긴다는 설명이 더 낫다

⑤ 지구와 달 사이의 물질이 지구를 누르기 때문에 조수가 생긴다는 설명보다 지구의 물과 달 사이에 인력 때문에 조수가 생긴다는 설명이 더 낫다

문 5. 다음 글에서 추론할 수 있는 것만을 〈보기〉에서 모두 고르면?

'독재형' 어머니는 아이가 실제로 어떠한 욕망을 지니고 있는지에 무관심하며, 자신의 욕망을 아이에게 공격적으로 강요한다. 독재형 어머니는 자신의 규칙과 지시에 아이가 순응하기를 기대하며, 그것을 따르지 않을 경우 폭력을 행사하는 경우가 많다. 독재형 어머니 밑에서 자란 아이들은 공격적 성향과 파괴적 성향을 많이 보이는 것이 특징이다. 또한, 어린 시절 받은 학대로 인해 상상이나 판타지 속에 머무르는 시간이 많고, 이것은 심각한 망상으로 나타나기도 한다.

'허용형' 어머니는 오로지 아이의 욕망에만 관심을 지니면서, '아이의 욕망을 내가 채워 주고 싶다'는 식으로 자기 욕망을 형성한다. 허용형 어머니는 자녀가 요구하는 것은 무엇이든 해주기 때문에 이런 어머니 밑에서 양육된 아이들은 자아 통제가 부족하기 쉽다. 따라서 이 아이들은 충동적이고 즉흥적인 성향이 강하며, 도덕적 책임 의식이 결여된 경우가 많다.

한편, '방임형' 어머니의 경우 아이와 정서적으로 차단되어 있기 때문에 아이의 욕망에 무관심할 뿐만 아니라, 아이 입장에서도 어머니의 욕망을 전혀 파악할 수 없다. 방치된 아이들은 자신의 욕망도 모르고 어머니의 욕망도 파악하지 못하기 때문에, 어떤 방식으로든 오직 어머니의 관심을 끄는 것만이 아이의 유일한 욕망이 된다. 이 아이들은 "엄마, 제발 나를 봐 주세요.", "엄마, 내가 나쁜 짓을 해야 나를 볼 것인가요?", "엄마, 내가 정말 잔인한 짓을 할지도 몰라요."라면서 어머니의 관심을 끊임없이 요구한다.

〈보기〉
ㄱ. 허용형 어머니는 방임형 어머니에 비해 아이의 욕망에 높은 관심을 갖는다.

ㄴ. 허용형 어머니의 아이는 독재형 어머니의 아이보다 도덕적 의식이 높은 경우가 많다.

ㄷ. 방임형 어머니의 아이는 독재형 어머니의 아이보다 어머니의 욕망을 더 잘 파악한다.

① ㄱ
② ㄴ
③ ㄱ, ㄷ
④ ㄴ, ㄷ
⑤ ㄱ, ㄴ, ㄷ

문 6. 다음을 참이라고 가정할 때, 회의를 반드시 개최해야 하는 날의 수는?

○ 회의는 다음 주에 개최한다.
○ 월요일에는 회의를 개최하지 않는다.
○ 화요일과 목요일에 회의를 개최하거나 월요일에 회의를 개최한다.
○ 금요일에 회의를 개최하지 않으면, 화요일에도 회의를 개최하지 않고 수요일에도 개최하지 않는다.

① 0
② 1
③ 2
④ 3
⑤ 4

문 7. 다음 글에서 추론할 수 있는 것은?

두뇌 연구는 지금까지 뉴런을 중심으로 진행되어 왔다. 뉴런 연구로 노벨상을 받은 카얄은 뉴런이 '생각의 전화선'이라는 이론을 확립하여 사고와 기억 등 두뇌에서 일어나는 모든 현상을 뉴런의 연결망과 뉴런 간의 전기 신호로 설명했다. 그러나 두뇌에는 뉴런 외에도 신경교 세포가 존재한다. 신경교 세포는 뉴런처럼 그 수가 많지만 전기 신호를 전달하지 못한다. 이 때문에 과학자들은 신경교 세포가 단지 두뇌 유지에 필요한 영양 공급과 두뇌 보호를 위한 전기 절연의 역할만을 가진다고 여겼다.

최근 과학자들은 신경교 세포에서 그 이상의 기능을 발견했다. 신경교 세포 중에도 '성상세포'라 불리는 별 모양의 세포는 자신만의 화학적 신호를 가진다는 것이 밝혀졌다. 성상세포는 뉴런처럼 전기를 이용하지는 않지만, '뉴런송신기'라고 불리는 화학물질을 방출하고 감지한다. 과학자들은 이러한 화학적 신호의 연쇄반응을 통해 신경교 세포가 전체 뉴런을 조정한다고 추론했다.

A 연구팀은 신경교 세포가 전체 뉴런을 조정하면서 기억력과 사고력을 향상시킨다고 예상하고서, 이를 확인하기 위해 인간의 신경교 세포를 갓 태어난 생쥐의 두뇌에 주입했다. 쥐가 자라면서 주입된 인간의 신경교 세포도 성장했다. 이 세포들은 쥐의 뉴런들과 완벽하게 결합되어 쥐의 두뇌 전체에 걸쳐 퍼지게 되었다. 심지어 어느 두뇌 영역에서는 쥐의 뉴런의 숫자를 능가하기도 했다. 뉴런과 달리 쥐와 인간의 신경교 세포는 비교적 쉽게 구별된다. 인간의 신경교 세포는 매우 길고 무성한 섬유질을 가지기 때문이다. 쥐에 주입된 인간의 신경교 세포는 그 기능을 그대로 간직한다. 그렇게 성장한 쥐들은 다른 쥐들과 잘 어울렸고, 다른 쥐들의 관심을 끄는 것에 흥미를 보였다. 이 쥐들은 미로를 통과해 치즈를 찾는 테스트에서 더 뛰어났다. 보통의 쥐들은 네다섯 번의 시도 끝에 올바른 길을 배웠지만, 인간의 신경교 세포를 주입받은 쥐들은 두 번 만에 학습했다.

① 인간의 신경교 세포를 쥐에게 주입하면, 쥐의 뉴런은 전기 신호를 전달하지 못할 것이다.
② 인간의 뉴런 세포를 쥐에게 주입하면, 쥐의 두뇌에는 화학적 신호의 연쇄반응이 더 활발해질 것이다.
③ 인간의 뉴런 세포를 쥐에게 주입하면, 그 뉴런 세포는 쥐의 두뇌 유지에 필요한 영양을 공급할 것이다.
④ 인간의 신경교 세포를 쥐에게 주입하면, 그 신경교 세포는 쥐의 뉴런을 보다 효과적으로 조정할 것이다.
⑤ 인간의 신경교 세포를 쥐에게 주입하면, 그 신경교 세포는 쥐의 신경교 세포의 기능을 갖도록 변화할 것이다.

문 8. 다음 글의 〈가설〉을 강화하는 사례가 아닌 것만을 〈보기〉에서 모두 고르면?

성염색체만이 개체의 성(性)을 결정하는 요소는 아니다. 일부 파충류의 경우에는 알이 부화되는 동안의 주변 온도에 의해 개체의 성이 결정된다. 예를 들어, 낮은 온도에서는 일부 종은 수컷으로만 발달하고, 일부 종은 암컷으로만 발달한다. 또 어떤 종에서는 낮은 온도와 높은 온도에서 모든 개체가 암컷으로만 발달하는 경우도 있다. 그 사이의 온도에서는 특정 온도에 가까워질수록 수컷으로 발달하는 개체의 비율이 증가하다가 결국 그 특정 온도에 이르러서는 모든 개체가 수컷으로 발달하기도 한다.

다음은 온도와 성 결정 간의 상관관계를 설명하기 위해 제시된 가설이다.

〈가설〉

파충류의 성 결정은 물질 B를 필요로 한다. 물질 B는 단백질 '가'에 의해 물질 A로, 단백질 '나'에 의해 물질 C로 바뀐다. 이때 물질 A와 물질 C의 비율은 단백질 '가'와 단백질 '나'의 비율과 동일하다. 파충류의 알은 단백질 '가'와 '나' 모두를 가지고 있지만 온도에 따라 각각의 양이 달라진다. 암컷을 생산하는 온도에서 배양된 알에서는 물질 A의 농도가 더 높고, 수컷을 생산하는 온도에서 배양된 알에서는 물질 C의 농도가 더 높다. 온도의 차에 의해 알의 내부에 물질 A와 C의 상대적 농도 차이가 발생하고, 이것이 파충류의 성을 결정하는 것이다.

〈보기〉

ㄱ. 수컷만 생산하는 온도에서 부화되고 있는 알은 단백질 '가'보다 훨씬 많은 양의 단백질 '나'를 가지고 있다.
ㄴ. 물질 B의 농도는 수컷만 생산하는 온도에서 부화되고 있는 알보다 암컷만 생산하는 온도에서 부화되고 있는 알에서 더 높다.
ㄷ. 수컷만 생산하는 온도에서 부화되고 있는 알에 고농도의 물질 A를 투여하여 물질 C보다 그 농도를 높였더니 암컷이 생산되었다.

① ㄱ
② ㄴ
③ ㄷ
④ ㄱ, ㄷ
⑤ ㄴ, ㄷ

문 9. 다음 글의 논지를 비판하는 진술로 가장 적절한 것은?

　　자신의 스마트폰 없이는 도무지 일과를 진행하지 못하는 K의 경우를 생각해 보자. 그의 일과표는 전부 그의 스마트폰에 저장되어 있어서 그의 스마트폰은 적절한 때가 되면 그가 해야 할 일을 알려줄 뿐만 아니라 약속 장소로 가기 위해 무엇을 타고 어떻게 움직여야 할지까지 알려 준다. K는 어릴 때 보통 사람보다 기억력이 매우 나쁘다는 진단을 받았지만 스마트폰 덕분에 어느 동료에게도 뒤지지 않는 업무 능력을 발휘하고 있다. 이와 같은 경우, K는 스마트폰 덕분에 인지 능력이 보강된 것으로 볼 수 있는데, 그 보강된 인지 능력을 K 자신의 것으로 볼 수 있는가? 이 물음에 대한 답은 긍정이다. 즉 우리는 K의 스마트폰이 그 자체로 K의 인지 능력 일부를 실현하고 있다고 보아야 한다. 그런 판단의 기준은 명료하다. 스마트폰의 메커니즘이 K의 손바닥 위나 책상 위가 아니라 그의 두뇌 속에서 작동하고 있다고 가정해 보면 된다. 물론 사실과 다른 가정이지만 만일 그렇게 가정한다면 우리는 필경 K 자신이 모든 일과를 정확하게 기억하고 있고 또 약속 장소를 잘 찾아간다고 평가할 것이다. 이처럼 '만일 K의 두뇌 속에서 일어난다면'이라는 상황을 가정했을 때 그것을 K 자신의 기억이나 판단이라고 인정할 수 있다면, 그런 과정은 K 자신의 인지 능력이라고 평가해야 한다.

① K가 자신이 미리 적어 놓은 메모를 참조해서 기억력 시험 문제에 답한다면 누구도 K가 그 문제의 답을 기억한다고 인정하지 않는다.

② K가 종이 위에 연필로 써가며 253 × 87 같은 곱셈을 할 경우 종이와 연필의 도움을 받은 연산 능력 역시 K 자신의 인지 능력으로 인정해야 한다.

③ K가 집에 두고 나온 스마트폰에 원격으로 접속하여 거기 담긴 모든 정보를 알아낼 수 있다면 그는 그 스마트폰을 손에 가지고 있는 것과 다름없다.

④ 스마트폰의 모든 기능을 두뇌 속에서 작동하게 하는 것이 두뇌 밖에서 작동하게 하는 경우보다 우리의 기억력과 인지 능력을 향상시키지 않는다.

⑤ 전화번호를 찾으려는 사람의 이름조차 기억이 나지 않을 때에도 스마트폰에 저장된 전화번호 목록을 보면서 그 사람의 이름을 상기하고 전화번호를 알아낼 수 있다.

문 10. 다음 논증에 대한 평가로 적절한 것만을 〈보기〉에서 모두 고르면?

　　합리적 판단과 윤리적 판단의 관계는 무엇일까? 나는 합리적 판단만이 윤리적 판단이라고 생각한다. 즉, 어떤 판단이 합리적인 것이 아닐 경우 그 판단은 윤리적인 것도 아니라는 것이다. 그 이유는 다음과 같다. 일단 ⊙보편적으로 수용될 수 있는 판단만이 윤리적 판단이다. 즉 개인이나 사회의 특성에 따라 수용 여부에서 차이가 나는 판단은 윤리적 판단이 아니라는 것이다. 그리고 ⓒ모든 이성적 판단은 보편적으로 수용될 수 있는 판단이다. 예를 들어, "모든 사람은 죽는다."와 "소크라테스는 사람이다."라는 전제들로부터 "소크라테스는 죽는다."라는 결론으로 나아가는 이성적인 판단은 보편적으로 수용될 수 있는 것이다. 이러한 판단이 나에게 타당하면서, 너에게 타당하지 않을 수는 없다. 이것은 이성적 판단이 갖는 일반적 특징이다. 따라서 ⓒ보편적으로 수용될 수 있는 판단만이 합리적 판단이다. ⓐ모든 합리적 판단은 이성적 판단이다라는 것은 부정할 수 없기 때문이다. 결국 우리는 ⓜ합리적 판단만이 윤리적 판단이다라는 결론에 도달할 수 있다.

〈보기〉

ㄱ. ⊙은 받아들일 수 없는 것이다. '1+1=2'와 같은 수학적 판단은 보편적으로 수용될 수 있는 것이지만, 수학적 판단이 윤리적 판단은 아니기 때문이다.

ㄴ. ⓒ과 ⓐ이 참일 경우 ⓒ은 반드시 참이 된다.

ㄷ. ⊙과 ⓒ이 참이라고 할지라도 ⓜ이 반드시 참이 되는 것은 아니다.

① ㄱ

② ㄴ

③ ㄱ, ㄷ

④ ㄴ, ㄷ

⑤ ㄱ, ㄴ, ㄷ

문 11. 다음 글의 중심 주제로 가장 적절한 것은?

맹자는 다음과 같은 이야기를 전한다. 송나라의 한 농부가 밭에 나갔다 돌아오면서 처자에게 말한다. "오늘 일을 너무 많이 했다. 밭의 싹들이 빨리 자라도록 하나하나 잡아당겨 줬더니 피곤하구나." 아내와 아이가 밭에 나가보았더니 싹들이 모두 말라 죽어 있었다. 이렇게 자라는 것을 억지로 돕는 일, 즉 조장(助長)을 하지 말라고 맹자는 말한다. 싹이 빨리 자라기를 바란다고 싹을 억지로 잡아 올려서는 안 된다. 목적을 이루기 위해 가장 빠른 효과를 얻고 싶겠지만 이는 도리어 효과를 놓치는 길이다. 억지로 효과를 내려고 했기 때문이다. 싹이 자라기를 바라 싹을 잡아당기는 것은 이미 시작된 과정을 거스르는 일이다. 효과가 자연스럽게 나타날 가능성을 방해하고 막는 일이기 때문이다. 당연히 싹의 성장 가능성은 땅속의 씨앗에 들어 있는 것이다. 개입하고 힘을 쏟고자 하는 대신에 이 잠재력을 발휘할 수 있도록 하는 것이 중요하다.

피해야 할 두 개의 암초가 있다. 첫째는 싹을 잡아당겨서 직접적으로 성장을 이루려는 것이다. 이는 목적성이 있는 적극적 행동주의로서 성장의 자연스러운 과정을 존중하지 않는 것이다. 달리 말하면 효과가 숙성되도록 놔두지 않는 것이다. 둘째는 밭의 가장자리에 서서 자라는 것을 지켜보는 것이다. 싹을 잡아당겨서도 안 되고 그렇다고 단지 싹이 자라는 것을 지켜만 봐서도 안 된다. 그렇다면 무엇을 해야 하는가? 싹 밑의 잡초를 뽑고 김을 매주는 일을 해야 하는 것이다. 경작이 용이한 땅을 조성하고 공기를 통하게 함으로써 성장을 보조해야 한다. 기다리지 못함도 삼가고 아무것도 안 함도 삼가야 한다. 작동 중에 있는 자연스런 성향이 발휘되도록 기다리면서도 전력을 다할 수 있도록 돕는 노력도 멈추지 말아야 한다.

① 인류사회는 자연의 한계를 극복하려는 인위적 노력에 의해 발전해 왔다.
② 싹이 스스로 성장하도록 그대로 두는 것이 수확량을 극대화하는 방법이다.
③ 어떤 일을 진행할 때 가장 중요한 것은 명확한 목적성을 설정하는 것이다.
④ 자연의 순조로운 운행을 방해하는 인간의 개입은 예기치 못한 화를 초래할 것이다.
⑤ 잠재력을 발휘하도록 하려면 의도적 개입과 방관적 태도 모두를 경계해야 한다.

문 12. 다음 글에서 알 수 있는 것은?

우리가 조선의 왕을 부를 때 흔히 이야기하는 태종, 세조 등의 호칭은 묘호(廟號)라고 한다. 왕은 묘호뿐 아니라 시호(諡號), 존호(尊號) 등도 받았으므로 정식 칭호는 매우 길었다. 예를 들어 선조의 정식 칭호는 '선조소경정륜입극 성덕홍렬지성대의격천희운현문의무성예달효대왕(宣祖昭敬正倫立極盛德洪烈至誠大義格天熙運顯文毅武聖睿達孝大王)'이다. 이 중 '선조'는 묘호, '소경'은 명에서 내려준 시호, '정륜입극성덕홍렬'은 1590년에 올린 존호, '지성대의격천희운'은 1604년에 올린 존호, '현문의무성예달효대왕'은 신하들이 올린 시호다.

묘호는 왕이 사망하여 삼년상을 마친 뒤 그 신주를 종묘에 모실 때 사용하는 칭호이다. 묘호에는 왕의 재위 당시의 행적에 대한 평가가 담겨 있다. 시호는 왕의 사후 생전의 업적을 평가하여 붙여졌는데, 중국 천자가 내린 시호와 조선의 신하들이 올리는 시호 두 가지가 있었다. 존호는 왕의 공덕을 찬양하기 위해 올리는 칭호이다. 기본적으로 왕의 생전에 올렸지만 경우에 따라서는 '추상존호(追上尊號)'라 하여 왕의 승하 후 생전의 공덕을 새롭게 평가하여 존호를 올리는 경우도 있었다.

왕실의 일원들을 부르는 호칭도 경우에 따라 달랐다. 왕비의 아들은 '대군'이라 부르고, 후궁의 아들은 '군'이라 불렸다. 또한 왕비의 딸은 '공주'라 하고, 후궁의 딸은 '옹주'라 했으며, 세자의 딸도 적실 소생은 '군주', 부실 소생은 '현주'라 불렸다. 왕실에 관련된 다른 호칭으로 '대원군'과 '부원군'도 있었다. 비슷한 듯 보이지만 크게 차이가 있었다. 대원군은 왕을 낳아준 아버지, 즉 생부를 가리키고, 부원군은 왕비의 아버지를 가리키는 말이었다. 조선시대에 선조, 인조, 철종, 고종은 모두 방계에서 왕위를 계승했기 때문에 그들의 생부가 모두 대원군의 칭호를 얻게 되었다. 그런데 이들 중 살아 있을 때 대원군의 칭호를 받은 이는 고종의 아버지 흥선대원군 한 사람뿐이었다. 왕비의 아버지를 부르는 호칭인 부원군은 경우에 따라 책봉된 공신(功臣)에게도 붙여졌다.

① 세자가 왕이 되면 적실의 딸은 옹주로 호칭이 바뀔 것이다.
② 조선시대 왕의 묘호에는 명나라 천자로부터 부여받은 것이 있다.
③ 왕비의 아버지가 아님에도 부원군이라는 칭호를 받은 신하가 있다.
④ 우리가 조선시대 왕을 지칭할 때 사용하는 일반적인 칭호는 존호이다.
⑤ 흥선대원군은 왕의 생부이지만 고종이 왕이 되었을 때 생존하지 않았더라면 대원군이라는 칭호를 부여받지 못했을 것이다.

문 13. 다음 글에서 알 수 있는 것은?

경제학자들은 환경자원을 보존하고 환경오염을 억제하는 방편으로 환경세 도입을 제안했다. 환경자원을 이용하거나 오염물질을 배출하는 제품에 환경세를 부과하면 제품 가격 상승으로 인해 그 제품의 소비가 감소함에 따라 환경자원을 아낄 수 있고 환경오염을 줄일 수 있다.

일부에서는 환경세가 소비자의 경제적 부담을 늘리고 소비와 생산의 위축을 가져올 수 있다고 우려한다. 그러나 많은 경제학자들은 환경세 세수만큼 근로소득세를 경감하는 경우 환경보존과 경제성장이 조화를 이룰 수 있다고 본다.

환경세는 환경오염을 유발하는 상품의 가격을 인상시킴으로써 가계의 경제적 부담을 늘려 실질소득을 떨어뜨리는 측면이 있다. 하지만 환경세 세수만큼 근로소득세를 경감하게 되면 근로자의 실질소득이 증대되고, 그 증대효과는 환경세 부과로 인한 상품가격 상승효과를 넘어설 정도로 크다. 왜냐하면 상품가격 상승으로 인한 경제적 부담은 연금생활자나 실업자처럼 고용된 근로자가 아닌 사람들 사이에도 분산되는 반면, 근로소득세 경감의 효과는 근로자에게 집중되기 때문이다. 근로자의 실질소득 증대는 사실상 근로자의 실질임금을 높이고, 이것은 대체로 노동공급을 증가시키는 경향이 있다.

또한, 환경세가 부과되더라도 노동수요가 늘어날 수 있다. 근로소득세 경감은 기업의 입장에서 노동이 그만큼 저렴해지는 효과가 있다. 더욱이 환경세는 노동자원보다는 환경자원의 가격을 인상시켜 상대적으로 노동을 저렴하게 하는 효과가 있다. 이렇게 되면 기업의 노동수요가 늘어난다.

결국 환경세 세수를 근로소득세 경감으로 재순환시키는 조세구조 개편은 한편으로는 노동의 공급을 늘리고, 다른 한편으로는 노동에 대한 수요를 늘린다. 이것은 고용의 증대를 낳고, 결국 경제 활성화를 가져온다.

① 환경세의 환경오염 억제 효과는 근로소득세 경감에 의해 상쇄된다.

② 환경세를 부과하더라도 그만큼 근로소득세를 경감할 경우, 근로자의 실질소득은 늘어난다.

③ 환경세를 부과할 경우 근로소득세 경감이 기업의 고용 증대에 미치는 효과가 나타나지 않는다.

④ 환경세를 부과하더라도 노동집약적 상품의 상대가격이 낮아진다면 기업의 고용은 늘어나지 않는다.

⑤ 환경세 부과로 인한 상품가격 상승효과는 근로소득세 경감으로 인한 근로자의 실질소득 상승효과보다 크다.

문 14. 다음 글의 ㉠과 ㉡에 들어갈 말을 가장 적절하게 나열한 것은?

아담 스미스의 '보이지 않는 손'이라는 가정은 시장에서 개인의 이익추구 활동을 제한하지 않는 것이 전체 이윤을 극대화하는 최선의 방책임을 보여주는 것으로 간주되었다. 그렇다면 다음의 경우는 어떠한가?

공동 소유의 목초지에 양을 치기에 알맞은 풀이 자라고 있다고 생각해 보자. 일정 넓이의 목초지에 방목할 수 있는 가축 두수에는 일정한 한계가 있기 마련이다. 즉 '수용 한계'가 존재하는 것이다. 그 목초지에 한 마리를 더 방목시킨다고 해서 다른 가축들이 갑자기 죽거나 병에 걸리는 것은 아니다. 하지만 목초지의 수용 한계를 넘어 양을 키울 경우, 목초가 줄어들어 그 목초지에서 양을 키워 얻을 수 있는 전체 생산량이 줄어든다. 나아가 수용 한계를 과도하게 초과할 정도로 사육 두수가 늘어날 경우 목초지 자체가 거의 황폐화된다.

예를 들어 수용 한계가 양 20마리인 공동 목초지에서 4명의 농부가 각각 5마리의 양을 키우고 있다고 해 보자. 그 목초지의 수용 한계에 이미 도달한 상태이지만, 그중 한 농부가 자신의 이익을 늘리고자 방목하는 양의 두수를 늘리려 한다. 그러면 5마리를 키우고 있는 농부들은 목초지의 수용 한계로 인하여 기존보다 이익이 줄어들지만, 두수를 늘린 농부의 경우 그의 이익이 기존보다 조금 늘어난다. 손실을 만회하기 위해 다른 농부들도 사육 두수를 늘리고자 할 것이다. 이러한 상황이 장기화 될 경우, ㉠ .

이와 같이 아담 스미스의 '보이지 않는 손'에 시장을 맡겨 둘 경우 ㉡ 결과가 나타날 것이다.

① ㉠: 농부들의 총이익은 기존보다 증가할 것이다.
　㉡: 한 사회의 공공 영역이 확장되는

② ㉠: 농부들의 총이익은 기존보다 감소할 것이다.
　㉡: 한 사회의 전체 이윤이 감소하는

③ ㉠: 농부들의 총이익은 기존보다 감소할 것이다.
　㉡: 한 사회의 전체 이윤이 유지되는

④ ㉠: 농부들의 총이익은 기존과 동일하게 될 것이다.
　㉡: 한 사회의 전체 이윤이 유지되는

⑤ ㉠: 농부들의 총이익은 기존과 동일하게 될 것이다.
　㉡: 한 사회의 공공 영역이 보호되는

문 15. 다음 글의 ㉠과 ㉡이 모방하는 군집 현상의 특성을 가장 적절하게 짝지은 것은?

　　다양한 생물체의 행동 원리를 관찰하여 모델링한 알고리즘을 생체모방 알고리즘이라 한다. 날아다니는 새 떼, 야생 동물 떼, 물고기 떼, 그리고 박테리아 떼 등과 같은 생물 집단에서 쉽게 관찰할 수 있는 군집 현상에 관한 연구가 최근 활발히 진행되고 있다. 군집 현상은 무질서한 개체들이 외부 작용 없이 스스로 질서화된 상태로 변해 가는 현상을 총칭하며, 분리성, 정렬성, 확장성, 결합성의 네 가지 특성을 나타낸다. 첫째, 분리성은 각 개체가 서로 일정한 간격을 유지하여 독립적 공간을 확보하는 특성을 의미하고 둘째, 정렬성은 각 개체가 다수의 개체들이 선택하는 경로를 이용하여 자신의 이동 방향을 결정하는 특성을 의미하며 셋째, 확장성은 개체수가 증가해도 군집의 형태를 유지하는 특성을 의미한다. 마지막으로 결합성은 각 개체가 주변 개체들과 동일한 행동을 하는 특성을 의미한다.

　　㉠알고리즘A는 시력이 없는 개미 집단이 개미집으로부터 멀리 떨어져 있는 먹이를 가장 빠른 경로를 통해 운반하는 행위로부터 영감을 얻어 개발된 알고리즘이다. 개미가 먹이를 발견하면 길에 남아 있는 페로몬을 따라 개미집으로 먹이를 운반하게 된다. 이러한 방식으로 개미 떼가 여러 경로를 통해 먹이를 운반하다 보면 개미집과 먹이와의 거리가 가장 짧은 경로에 많은 페로몬이 쌓이게 된다. 개미는 페로몬이 많은 쪽의 경로를 선택하여 이동하는 특징이 있어 일정 시간이 지나면 개미 떼는 가장 짧은 경로를 통해서 먹이를 운반하게 된다. 이 알고리즘은 통신망 설계, 이동체 경로 탐색, 임무 할당 등의 다양한 최적화 문제에 적용되어 왔다.

　　㉡알고리즘B는 반딧불이들이 반짝거릴 때 초기에는 각자의 고유한 진동수에 따라 반짝거리다가 점차 시간이 지날수록 상대방의 반짝거림에 맞춰 결국엔 한 마리의 거대한 반딧불이처럼 반짝거리는 것을 지속하는 현상에서 영감을 얻어 개발된 알고리즘이다. 개체들이 초기 상태에서는 각자 고유의 진동수에 따라 진동하지만, 점차 상호 작용을 통해 그 고유 진동수에 변화가 생기고 결국에는 진동수가 같아지는 특성을 반영한 것이다. 이 알고리즘은 집단 동기화 현상을 효과적으로 모델링하는 데 적용되어 왔다.

	㉠	㉡
①	정렬성	결합성
②	확장성	정렬성
③	분리성	결합성
④	결합성	분리성
⑤	정렬성	확장성

문 16. 다음 대화의 ㉠과 ㉡에 들어갈 말을 가장 적절하게 나열한 것은?

　　갑: A와 B 모두 회의에 참석한다면, C도 참석해.
　　을: C는 회의 기간 중 해외 출장이라 참석하지 못해.
　　갑: 그럼 A와 B 중 적어도 한 사람은 참석하지 못하겠네.
　　을: 그래도 A와 D 중 적어도 한 사람은 참석해.
　　갑: 그럼 A는 회의에 반드시 참석하겠군.
　　을: 너는 ＿＿＿＿㉠＿＿＿＿고 생각하고 있구나?
　　갑: 맞아. 그리고 우리 생각이 모두 참이면, E와 F 모두 참석해.
　　을: 그래. 그 까닭은 ＿＿＿＿＿㉡＿＿＿＿＿ 때문이지.

① ㉠: B와 D가 모두 불참한다
　㉡: E와 F 모두 회의에 참석하면 B는 불참하기

② ㉠: B와 D가 모두 불참한다
　㉡: E와 F 모두 회의에 참석하면 B도 참석하기

③ ㉠: B가 회의에 불참한다
　㉡: B가 회의에 참석하면 E와 F 모두 참석하기

④ ㉠: D가 회의에 불참한다
　㉡: B가 회의에 불참하면 E와 F 모두 참석하기

⑤ ㉠: D가 회의에 불참한다
　㉡: E와 F 모두 회의에 참석하면 B도 참석하기

문 17. 다음 글의 ㉠과 ㉡에 들어갈 말을 가장 적절하게 짝지은 것은?

칼로리 섭취를 줄이는 소식이 장수의 비결이라는 것을 입증하기 위해 A 연구팀은 붉은털원숭이를 대상으로 20년에 걸친 칼로리 섭취를 제한한 연구결과를 발표하였으며, 그 결과는 예상대로 칼로리 제한군이 대조군에 비해 수명이 긴 것으로 나타났다.

그런데 A 연구팀의 발표 이후, 곧이어 B 연구팀은 붉은털원숭이를 대상으로 25년 동안 비교 연구한 결과를 발표하였으며, 그들의 연구결과는 칼로리 제한군과 대조군의 수명에 별 차이가 없다는 것을 보여주었다. A 연구팀과 다른 결과가 도출된 것에 대해 B 연구팀은 A 연구팀의 실험설계가 잘못되었기 때문이라고 주장했다. 즉 영양분을 정확하게 맞추기 위해 칼로리가 높은 사료를 먹인데다가 대조군은 식사 제한이 없어 사실상 칼로리 섭취량이 높아 건강한 상태가 아니기 때문에 칼로리 제한군이 건강하게 오래 사는 건 당연하다는 것이다.

B 연구팀의 연구결과 발표 이후, A 연구팀은 처음 발표한 연구결과에 대한 후속 연구의 결과를 발표하였다. 처음 연구결과를 발표한 지 5년이 경과하였기 때문에 25년에 걸친 연구결과를 정리한 것이다. 이번 연구결과도 5년 전과 마찬가지로 역시 칼로리 제한군이 더 오래 사는 것으로 나타났다.

이 연구결과를 바탕으로 A 연구팀은 자신들의 결론과 다른 B 연구팀의 연구결과는 B 연구팀이 실험설계를 잘못했기 때문이라고 주장하면서 역공을 펼쳤다. B 연구팀은 대조군에게 마음대로 먹게 하는 대신 정량을 줬는데, 그 양이 보통 원숭이가 섭취하는 칼로리보다 낮기 때문에 사실상 대조군도 칼로리 제한을 약하게라도 한 셈이라는 것이다. 즉 B 연구팀은 칼로리 제한을 심하게 한 집단과 약하게 한 집단을 비교한 셈이었고, 그 결과로 인해 유의미한 차이가 없는 것으로 나타났다는 것이다.

A 연구팀은 자신들의 주장을 입증하기 위해 각지의 연구소에 있는 붉은털원숭이 총 878마리의 체중 데이터를 입수해 자신들의 대조군 원숭이 체중과 B 연구팀의 대조군 원숭이 체중을 비교하였다. 그 결과 총 878마리 붉은털원숭이의 평균 체중은 A 연구팀의 대조군 원숭이의 평균 체중 [㉠], B 연구팀의 대조군 원숭이의 평균 체중 [㉡]. 따라서 체중과 칼로리 섭취량이 비례한다는 사실에 입각했을 때, 서로의 대조군 설계에 대한 A 연구팀과 B 연구팀의 비판이 모두 설득력이 있는 것으로 밝혀진 셈이다.

	㉠	㉡
①	보다 더 나갔고	보다 덜 나갔다
②	보다 덜 나갔고	보다 더 나갔다
③	과 차이가 없었고	과 차이가 없었다
④	보다 더 나갔고	보다 더 나갔다
⑤	보다 덜 나갔고	보다 덜 나갔다

문 18. 다음 정보를 따를 때 추론할 수 없는 것은?

○ 혈당이 낮아지면 혈중 L의 양이 줄어들고, 혈당이 높아지면 그 양이 늘어난다.

○ 혈중 L의 양이 늘어나면 시상하부 알파 부분에서 호르몬 A가 분비되고, 혈중 L의 양이 줄어들면 시상하부 알파 부분에서 호르몬 B가 분비된다.

○ 시상하부 알파 부분에서 호르몬 A가 분비되면, 시상하부 베타 부분에서 호르몬 C가 분비되고 시상하부 감마 부분의 호르몬 D의 분비가 억제된다.

○ 시상하부 알파 부분에서 호르몬 B가 분비되면, 시상하부 감마 부분에서 호르몬 D가 분비되고 시상하부 베타 부분의 호르몬 C의 분비가 억제된다.

○ 시상하부 베타 부분에서 분비되는 호르몬 C는 물질대사를 증가시키고, 이 호르몬의 분비가 억제될 경우 물질대사가 감소한다.

○ 시상하부 감마 부분에서 분비되는 호르몬 D는 식욕을 증가시키고, 이 호르몬의 분비가 억제될 경우 식욕이 감소한다.

① 혈당이 낮아지면, 식욕이 증가한다.
② 혈당이 높아지면, 식욕이 감소한다.
③ 혈당이 높아지면, 물질대사가 증가한다.
④ 혈당이 낮아지면, 시상하부 감마 부분에서 호르몬의 분비가 억제된다.
⑤ 혈당이 높아지면, 시상하부 알파 부분과 베타 부분에서 각각 분비되는 호르몬이 있다.

문 19. 다음 논증에 대한 평가로 적절한 것만을 〈보기〉에서 모두 고르면?

집단 내지 국가의 청렴도를 평가하는 잣대로 종종 공공 물품을 사적으로 사용하는 정도가 활용된다. 이와 관련하여 M시의 경우 회사원들이 사내용 물품을 개인적인 용도로 사용하는 정도가 꽤 높은 것으로 밝혀졌다. 이는 M시의 대표적 회사 A에서 직원 200명을 대상으로 회사물품을 사적인 용도로 사용한 적이 있는지를 설문조사해 본 결과에 따른 것이다. 조사 결과 '늘 그랬다'는 직원은 5%, '종종 그랬다'는 직원은 15%, '가끔 그랬다'는 직원은 35%, '어쩌다 한두 번 그랬다'는 직원은 25%, '전혀 그런 적이 없다'는 직원은 10%, 응답을 거부한 직원은 10%였다. 설문조사에 응한 직원들 중에서 가끔이라도 사용한 적이 있다고 답한 직원의 비율이 절반을 넘었다. 따라서 M시의 회사원들은 낮은 청렴도를 가졌다고 평가할 수 있다.

<보기>

ㄱ. 설문조사에 응한 회사 A의 직원들 중 회사물품에 대한 사적 사용 정도를 실제보다 축소하여 답한 직원들이 많다는 사실은 위 논증의 결론을 강화한다.

ㄴ. M시에 있는 또 다른 대표적 회사 B에서 동일한 설문조사를 했는데 회사 A에서와 거의 비슷한 결과가 나왔다는 사실은 위 논증의 결론을 강화한다.

ㄷ. M시에 있는 대부분의 회사들에 비해 회사 A의 직원들이 회사물품을 사적으로 사용한 정도가 심했던 것으로 밝혀졌다는 사실은 위 논증의 결론을 약화한다.

① ㄱ
② ㄷ
③ ㄱ, ㄴ
④ ㄴ, ㄷ
⑤ ㄱ, ㄴ, ㄷ

문 20. 갑~병의 주장의 관계에 대한 평가로 적절한 것만을 〈보기〉에서 모두 고르면?

갑: 어떠한 경우에도 자살은 옳지 않은 행위이다. 신의 뜻에 어긋날 뿐만 아니라 공동체에 해악을 끼치기 때문이다. 자살은 사회로부터 능력 있는 사람들을 빼앗아가는 행위이다. 물론 그러한 행위는 공동체에 피해를 주는 것이다. 따라서 자살은 죄악이다.

을: 자살하는 사람은 사회에 해악을 끼치는 것이 아니다. 그는 단지 선을 행하는 것을 멈추는 것일 뿐이다. 사회에 선을 행해야 한다는 우리의 모든 의무는 상호성을 함축한다. 즉 나는 사회로부터 혜택을 얻으므로 사회의 이익을 증진시켜야 한다. 그러나 내가 만약 사회로부터 완전히 물러난다면 그러한 의무를 계속 짊어져야 하는 것은 아니다.

병: 인간의 행위는 자신에게만 관련된 것과 타인이 관련된 것으로 구분될 수 있다. 원칙적으로 인간은 타인에게 해가 되지 않는 한 원하는 것은 무엇이든지 행할 수 있다. 다만 타인에게 해악을 주는 행위만이 도덕적 비판의 대상이 된다고 할 수 있다. 이러한 원칙은 자살의 경우에도 적용된다.

<보기>

ㄱ. 갑의 주장은 을의 주장과 양립할 수 없다.

ㄴ. 을의 주장은 병의 주장과 양립할 수 있다.

ㄷ. 자살이 타인이 아닌 자신에게만 관련된 행위일 경우 병은 갑의 주장에 찬성할 것이다.

① ㄱ
② ㄷ
③ ㄱ, ㄴ
④ ㄴ, ㄷ
⑤ ㄱ, ㄴ, ㄷ

문 21. (가)~(라)에 대한 설명으로 적절한 것만을 〈보기〉에서 모두 고르면?

최근 우리 사회에는 인문학 열풍이 불고 있는데, 이 열풍을 바라보는 여러 다른 시각이 존재한다. 다음은 그러한 사례들의 일부이다.

(가) 한 방송국 PD는 인문학 관련 대중 강좌가 인기를 끌고 있는 현상에 대해 교양 있는 삶에 대한 열망을 원인으로 꼽는다. 그는 "직장 내 교육 프로그램은 어학이나 컴퓨터 활용처럼 직능 향상을 위한 것으로, 노동시간의 연장이다. 삶이 온통 노동으로 채워지는 상황에서 정신적 가치에 대한 성찰의 기회를 박탈당한 직장인들의 갈증을 인문학 관련 대중 강좌가 채워 주고 있다."고 한다.

(나) 한 문학평론가는 인문학 열풍이 인문학을 시장 논리와 결부시켜 상품화하고 있다고 본다. 그는 "삶의 가치에 대해 근본적인 문제제기를 함으로써 정치적 시민의 복권을 이루는 것이 인문학의 본질적인 과제 중 하나인데, 인문학이 시장의 영역에 포섭됨으로써 오히려 말랑말랑한 수준으로 전락하고 있다."고 주장한다.

(다) A구청 공무원은 최근 불고 있는 인문학 열풍에 따라 '동네 인문학'이라는 개념을 주민자치와 연결시키고 있다. 그는 "동네 인문학은 동네라는 공간에서 지역 주민들이 담당 강사의 지속적인 지도 아래 자기 성찰의 기회를 얻고, 삶에 대한 지혜를 얻어 동네를 살기 좋은 공동체로 만드는 과정이다."라고 말한다.

(라) B대학에서는 세계적인 기업인, 정치인들 중에 인문학 마니아가 많이 탄생해야 한다는 취지로 CEO 인문학 최고위 과정을 개설했다. 한 교수는 이를 인문학 열풍의 하나로 보고, "진정한 인문학적 성찰을 바탕으로 다양한 학문 분야에 몰두해야 할 대학이 오히려 인문학의 대중화를 내세워 인문학을 상품화한다."고 평가한다.

〈보기〉

ㄱ. (가)의 PD 와 (나)의 평론가는 인문학 열풍이 교양 있는 삶
   에 대한 동경을 지닌 시민들 중심으로 일어난 자발적 현상
   이라 보고 있다.
ㄴ. (가)의 PD 와 (다)의 공무원은 인문학 열풍이 개인의 성찰
   을 넘어 공동체의 개선에까지 긍정적인 영향을 미친다고
   보고 있다.
ㄷ. (나)의 평론가와 (라)의 교수는 인문학 열풍이 인문학을 상
   품화한다는 시각에서 이 열풍을 부정적으로 바라보고 있다.

① ㄱ
② ㄷ
③ ㄱ, ㄴ
④ ㄴ, ㄷ
⑤ ㄱ, ㄴ, ㄷ

글의 이해는 남성적인 사고 과정을 거친다. 여성은 대체로 여
성적 사고를, 남성은 대체로 남성적 사고를 한다는 점을 고려
할 때 표음문자 체계의 보편화는 여성의 사회적 권력을 약화시
키는 결과를 낳게 된다.

〈보기〉

ㄱ. 그림문자를 쓰는 사회에서는 남성의 사회적 권력이 여성의
   그것보다 우월하였다.
ㄴ. 표음문자 체계는 기능적으로 분화된 복잡한 의사소통을 가
   능하도록 하였다.
ㄷ. 글을 읽고 이해하는 능력은 사회적 권력에 영향을 미친다.

① ㄱ
② ㄴ
③ ㄷ
④ ㄱ, ㄴ
⑤ ㄴ, ㄷ

문 22. 다음 글에서 밑줄 친 결론을 이끌어 내기 위해 추가해
야 할 전제만을 〈보기〉에서 모두 고르면?

이미지란 우리가 세계에 대해 시각을 통해 얻는 표상을 가리
킨다. 상형문자나 그림문자를 통해서 얻은 표상도 여기에 포함
된다. 이미지는 세계의 실제 모습을 아주 많이 닮았으며 그러
한 모습을 우리 뇌 속에 복제한 결과이다. 그런데 우리의 뇌는
시각적 신호를 받아들일 때 시야에 들어온 세계를 한꺼번에 하
나의 전체로 받아들이게 된다. 즉 대다수의 이미지는 한꺼번에
지각된다. 예를 들어 우리는 새의 전체 모습을 한꺼번에 지각
하지 머리, 날개, 꼬리 등을 개별적으로 지각한 후 이를 머릿속
에서 조합하는 것이 아니다.
표음문자로 이루어진 글을 읽는 것은 이와는 다른 과정이다.
표음문자로 구성된 문장에 대한 이해는 그 문장의 개별적인 문
법적 구성요소들로 이루어진 특정한 수평적 연속에 의존한다.
문장을 구성하는 개별 단어들, 혹은 각 단어를 구성하는 개별
문자들이 하나로 결합되어 비로소 의미 전체가 이해되는 것이
다. 비록 이 과정이 너무도 신속하고 무의식적으로 이루어지기
는 하지만 말이다. 알파벳을 구성하는 기호들은 개별적으로는
아무런 의미도 가지지 않으며 어떠한 이미지도 나타내지 않는
다. 일련의 단어군은 한꺼번에 파악될 수도 있겠지만, 표음문
자의 경우 대부분 언어는 개별 구성 요소들이 하나의 전체로 결
합되는 과정을 통해 이해된다.
남성적인 사고는, 사고 대상 전체를 구성요소 부분으로 분해
한 후 그들 각각을 개별화시키고 이를 다시 재조합하는 과정으
로 진행된다. 그에 비해 여성적인 사고는, 분해되지 않은 전체
이미지를 통해서 의미를 이해하는 특징을 지닌다. 그림문자로
구성된 글의 이해는 여성적인 사고 과정을, 표음문자로 구성된

문 23. 그린 포럼의 일정을 조정하고 있는 A 행정관이 고려
해야 할 사항들이 다음과 같을 때, 반드시 참이라고는 할 수
없는 것은?

○ 포럼은 개회사, 발표, 토론, 휴식으로 구성하며, 휴식은 생략
  할 수 있다.
○ 포럼은 오전 9시에 시작하여 늦어도 당일 정오까지는 마쳐
  야 한다.
○ 개회사는 포럼 맨 처음에 10분 또는 20분으로 한다.
○ 발표는 3회까지 계획할 수 있으며, 각 발표시간은 동일하게
  40분으로 하거나 동일하게 50분으로 한다.
○ 각 발표마다 토론은 10분으로 한다.
○ 휴식은 최대 2회까지 가질 수 있으며, 1회 휴식은 20분으로
  한다.

① 발표를 2회 계획한다면, 휴식을 2회 가질 수 있는 방법이 있다.
② 발표를 2회 계획한다면, 오전 11시 이전에 포럼을 마칠 방법
  이 있다.
③ 발표를 3회 계획하더라도, 휴식을 1회 가질 수 있는 방법이
  있다.
④ 각 발표를 50분으로 하더라도, 발표를 3회 가질 수 있는 방법
  이 있다.
⑤ 각 발표를 40분으로 하고 개회사를 20분으로 하더라도, 휴식
  을 2회 가질 수 있는 방법이 있다.

문 24. 다음 글의 ㉠을 설명하는 가설로 가장 적절한 것은?

한 개체의 발생은 한 개의 세포가 세포분열을 통해 여러 세포로 분열되면서 진행된다. 따라서 한 개체를 구성하는 모든 세포는 동일한 유전자를 가지고 있다. 하지만 발생 과정에서 발현되는 유전자의 차이 때문에 세포는 다른 형태의 세포로 분화된다. 이와 같은 유전자 발현의 차이는 다양한 원인에 의해 이루어지는데 ㉠애기장대 뿌리에서 일어나는 세포 분화를 그 예로 알아보자.

분화가 완료되어 성숙한 애기장대 뿌리의 표면에는 두 종류의 세포가 있는데 하나는 뿌리털세포이고 다른 하나는 털이 없는 분화된 표피세포이다. 하지만 애기장대 뿌리의 표면이 처음부터 이 두 세포 형태를 가지고 있었던 것은 아니다. 발생 과정에서 미분화된 애기장대 뿌리의 중심부에는 피층세포가 서로 나란히 연결되어 원형으로 구성된 한 층의 피층세포층이 있으며, 이 층과 접하여 뿌리의 바깥쪽에 원형으로 미분화된 표피세포로 구성된 한 층의 미분화 표피세포층이 있다.

미분화된 표피세포가 그 안쪽의 피층세포층에 있는 두 개의 피층세포와 접촉하는 경우엔 뿌리털세포로 분화되어 발달하지만, 한 개의 피층세포와 접촉하는 경우엔 분화된 표피세포로 발달한다. 한편 미분화된 표피세포가 서로 다른 형태의 세포로 분화되기 위해서는 유전자 A의 발현에 차이가 있어야 하는데, 미분화된 표피세포에서 유전자 A가 발현되지 않으면 그 세포는 뿌리털세포로 분화되며 유전자 A가 발현되면 분화된 표피세포로 분화된다.

① 미분화 표피세포에서 유전자 A의 발현 조절은 분화될 세포에 뿌리털이 있는지에 따라 결정된다.

② 미분화된 세포가 뿌리털세포나 분화된 표피세포로 분화되는 것은 그 세포가 어느 세포로부터 유래하였는지에 따라 결정된다.

③ 미분화 표피세포가 뿌리털세포 또는 분화된 표피세포로 분화되는 것은 미분화표피세포가 유전자 A를 가지고 있는지에 따라 결정된다.

④ 미분화 표피세포가 뿌리털세포 또는 분화된 표피세포로 분화가 되는 것은 미분화된 뿌리에서 미분화 표피세포층과 피층세포층의 위치에 의해 결정된다.

⑤ 미분화 표피세포가 어떤 세포로 분화될 것인지는 각 미분화 표피세포가 발생 중에 접촉하는 피층세포의 수에 따라 조절되는 유전자 A의 발현에 의해 결정된다.

문 25. 다음 글의 (가)와 (나)에 들어갈 말을 〈보기〉에서 골라 가장 적절하게 짝지은 것은?

가설과 보조가설로부터 시험 명제 I를 연역적으로 이끌어냈지만, I가 거짓임이 실험 결과로 밝혀졌다고 해보자. 이 실험 결과를 수용하려면 어느 쪽인가는 수정하여야 한다. 가설을 수정하거나 완전히 폐기할 수도 있고, 아니면 가설은 그대로 유지하면서 보조가설만을 적절히 변경할 수도 있다. 결국 가설이 심각하게 불리한 실험 결과에 직면했을 때조차도 원리상으로는 가설을 유지시킬 수 있는 가능성이 언제나 남아 있는 것이다.

과학사의 예를 하나 생각해 보자. 토리첼리가 대기층의 압력이라는 착상을 도입하기 전에는 단순 펌프의 기능이 자연은 진공을 싫어한다는 가설에 입각하여 설명되었다. 다시 말해 피스톤이 끌려 올라감으로써 펌프통 속에 진공이 생기는데, 자연은 진공을 싫어하기 때문에 그 진공을 채우려고 물이 올라온다는 것이다. 하지만 페리에는 산꼭대기에서 기압계의 수은주가 산기슭에서보다 3인치 이상 짧아진다는 실험 결과를 제시하였다. 파스칼은 이 실험 결과가 자연은 진공을 싫어한다는 가설을 반박한다고 주장하며 다음처럼 말한다. "만일 수은주의 높이가 산기슭에서의 높이보다 산꼭대기에서 짧아지는 현상이 일어난다면, 그것은 공기의 무게와 압력 때문이지 자연이 진공을 싫어하기 때문이 아니라는 결론이 따라 나오네. 왜냐하면 산꼭대기에 압력을 가하는 공기량보다 산기슭에 압력을 가하는 공기량이 훨씬 많으며, 누구도 자연이 산꼭대기에서보다 산기슭에서 진공을 더 싫어한다고 주장할 수는 없기 때문일세."

파스칼의 이런 언급은 진공에 대한 자연의 혐오라는 가설이 구제될 수 있는 실마리를 제공한다. 페리에의 실험 결과는, 자연이 진공을 싫어한다는 가설이 함께 전제하고 있는 보조가설들 가운데 [(가)]를 반박하는 증거였다. 진공에 대한 자연의 혐오라는 가설과 페리에가 발견한 명백하게 불리한 증거를 수용하기 위해서는 앞의 보조가설 대신 [(나)]를 보조가설로 끌어들이는 것으로 충분하다.

〈보기〉

ㄱ. 진공에 대한 자연의 혐오 강도는 고도에 구애받지 않는다
ㄴ. 진공에 대한 자연의 혐오가 고도의 증가에 따라 증가한다
ㄷ. 진공에 대한 자연의 혐오가 고도의 증가에 따라 감소한다

	(가)	(나)
①	ㄱ	ㄴ
②	ㄱ	ㄷ
③	ㄴ	ㄱ
④	ㄴ	ㄷ
⑤	ㄷ	ㄱ

※ 수고하셨습니다.
※ 기출문제편 맨 마지막에 있는 OMR 카드에 마킹을 하세요.

정답과 분석해설편 ▶ P.382

제2영역 자료해석

1초 합격예측! 모바일 성적결과분석표 발급 서비스

QR 코드로 접속하여 문제 풀이 시간을 측정하고, 자동채점 & 성적결과분석 서비스를 통해 지금 바로 실력을 점검해 보세요.

◀ http://eduwill.kr/ItU6

풀이 시간
- 시작: _____시 _____분 ~ 종료: _____시 _____분
- 총 : _____분

문 1. 다음 〈그림〉은 국가 A~J의 1인당 GDP와 1인당 의료비 지출액을 나타낸 것이다. 이에 대한 〈보기〉의 설명 중 옳은 것만을 모두 고르면?

〈그림〉 1인당 GDP와 1인당 의료비 지출액

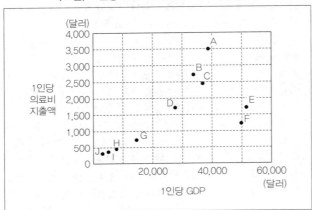

〈보기〉

ㄱ. 1인당 GDP가 2만 달러 이상인 국가의 1인당 의료비 지출액은 1천 달러 이상이다.

ㄴ. 1인당 의료비 지출액이 가장 많은 국가와 가장 적은 국가의 1인당 의료비 지출액 차이는 3천 달러 이상이다.

ㄷ. 1인당 GDP가 가장 높은 국가와 가장 낮은 국가의 1인당 의료비 지출액 차이는 2천 달러 이상이다.

ㄹ. 1인당 GDP 상위 5개 국가의 1인당 의료비 지출액 합은 1인당 GDP 하위 5개 국가의 1인당 의료비 지출액 합의 5배 이상이다.

① ㄱ, ㄴ
② ㄱ, ㄷ
③ ㄷ, ㄹ
④ ㄱ, ㄴ, ㄹ
⑤ ㄴ, ㄷ, ㄹ

문 2. 다음 〈표〉는 과목 등급 산정기준과 과목별 이수단위 및 민수의 과목별 석차에 대한 자료이다. 〈표〉와 〈평균등급 산출 공식〉에 따라 산정한 민수의 4개 과목 평균등급을 M이라 할 때, M의 범위로 옳은 것은?

〈표 1〉 과목 등급 산정기준

등급	과목석차 백분율
1	0% 초과 4% 이하
2	4% 초과 11% 이하
3	11% 초과 23% 이하
4	23% 초과 40% 이하
5	40% 초과 60% 이하
6	60% 초과 77% 이하
7	77% 초과 89% 이하
8	89% 초과 96% 이하
9	96% 초과 100% 이하

※ 과목석차 백분율(%) = $\dfrac{\text{과목석차}}{\text{과목이수인원}} \times 100$

〈표 2〉 과목별 이수단위 및 민수의 과목별 석차

과목 \ 구분	이수단위(단위)	석차(등)	이수인원(명)
국어	3	270	300
영어	3	44	300
수학	2	27	300
과학	3	165	300

〈평균등급 산출 공식〉

$$\text{평균등급} = \dfrac{(\text{과목별 등급} \times \text{과목별 이수단위})\text{의 합}}{\text{과목별 이수단위의 합}}$$

① 3 ≤ M < 4
② 4 ≤ M < 5
③ 5 ≤ M < 6
④ 6 ≤ M < 7
⑤ 7 ≤ M < 8

문 3. 다음 〈표〉는 2013년과 2014년 '갑'국 국제협력단이 공여한 공적개발원조액에 관한 자료이다. 이에 대한 〈보고서〉의 내용 중 옳은 것만을 모두 고르면?

〈표 1〉 지원형태별 공적개발원조액

(단위: 백만 원)

지원형태＼연도	2013년	2014년
양자	500,139	542,725
다자	22,644	37,827
전체	522,783	580,552

〈표 2〉 지원분야별 공적개발원조액

(단위: 백만 원, %)

지원분야＼구분	2013년 금액	비중	2014년 금액	비중
교육	153,539	29.4	138,007	23.8
보건	81,876	15.7	97,082	16.7
공공행정	75,200	14.4	95,501	16.5
농림수산	72,309	13.8	85,284	14.7
산업에너지	79,945	15.3	82,622	14.2
긴급구호	1,245	0.2	13,879	2.4
기타	58,669	11.2	68,177	11.7
전체	522,783	100.0	580,552	100.0

〈표 3〉 사업유형별 공적개발원조액

(단위: 백만 원, %)

사업유형＼구분	2013년 금액	비중	2014년 금액	비중
프로젝트	217,624	41.6	226,884	39.1
개발조사	33,839	6.5	42,612	7.3
연수생초청	52,646	10.1	55,214	9.5
봉사단파견	97,259	18.6	109,658	18.9
민관협력	35,957	6.9	34,595	6.0
물자지원	5,001	1.0	6,155	1.1
행정성경비	42,428	8.1	49,830	8.6
개발인식증진	15,386	2.9	17,677	3.0
국제기구사업	22,643	4.3	37,927	6.5
전체	522,783	100.0	580,552	100.0

〈표 4〉 지역별 공적개발원조액

(단위: 백만 원, %)

지역＼구분	2013년 금액	비중	2014년 금액	비중
동남아시아	230,758	44.1	236,096	40.7
아프리카	104,940	20.1	125,780	21.7
중남미	60,582	11.6	63,388	10.9
중동	23,847	4.6	16,115	2.8
유럽	22,493	4.3	33,839	5.8
서남아시아	22,644	4.3	37,827	6.5
기타	57,519	11.0	67,507	11.6
전체	522,783	100.0	580,552	100.0

〈보고서〉

⊙2014년 '갑'국 국제협력단이 공여한 전체 공적개발원조액(이하 원조액)은 전년 대비 10% 이상 증가하여 5,800억 원을 상회하였다. ⓒ2013년과 2014년 '양자' 지원형태로 공여한 원조액은 매년 전체 원조액의 90% 이상이다. ⓒ지원분야별 원조액을 살펴보면, '기타'를 제외하고 2013년과 2014년 지원분야의 원조액 순위는 동일하였다. ⓔ2013년에 비해 2014년에 공적개발원조액 전체에서 차지하는 비중이 낮아진 사업유형은 모두 3개였다. 지역별 원조액을 살펴보면, 2013년 대비 2014년 동남아시아에 대한 원조액은 증가한 반면에, 전체 원조액에서 동남아시아가 차지하는 비중은 감소하였다. ⓜ2014년 지역별 원조액은 '기타'를 제외하고 살펴보면, 모든 지역에서 각각 전년 대비 증가하였다.

① ㄱ, ㄴ, ㄹ
② ㄱ, ㄴ, ㅁ
③ ㄱ, ㄷ, ㅁ
④ ㄴ, ㄷ, ㄹ
⑤ ㄷ, ㄹ, ㅁ

문 4. 다음 〈그림〉은 국가 A~H의 GDP와 에너지사용량에 관한 자료이다. 이에 대한 설명으로 옳지 않은 것은?

〈그림〉 국가 A~H의 GDP와 에너지사용량

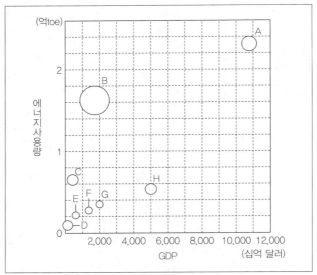

※ 1) 원의 면적은 각 국가 인구 수에 정비례함
2) 각 원의 중심좌표는 각 국가의 GDP와 에너지사용량을 나타냄

① 에너지사용량이 가장 많은 국가는 A국이고 가장 적은 국가는 D국이다.

② 1인당 에너지사용량은 C국이 D국보다 많다.

③ GDP가 가장 낮은 국가는 D국이고 가장 높은 국가는 A국이다.

④ 1인당 GDP는 H국이 B국보다 높다.

⑤ 에너지사용량 대비 GDP는 A국이 B국보다 낮다.

문 5. 다음 〈표〉는 2012~2014년 A국 농축수산물 생산액 상위 10개 품목에 대한 자료이다. 이에 대한 〈보기〉의 설명 중 옳은 것만을 모두 고르면?

〈표〉 A국 농축수산물 생산액 상위 10개 품목

(단위: 억 원)

연도 구분 순위	2012		2013		2014	
	품목	생산액	품목	생산액	품목	생산액
1	쌀	105,046	쌀	85,368	쌀	86,800
2	돼지	23,720	돼지	37,586	돼지	54,734
3	소	18,788	소	31,479	소	38,054
4	우유	13,517	우유	15,513	닭	20,229
5	고추	10,439	닭	11,132	우유	17,384
6	닭	8,208	달걀	10,853	달걀	13,590
7	달걀	6,512	수박	8,920	오리	12,323
8	감귤	6,336	고추	8,606	고추	9,913
9	수박	5,598	감귤	8,108	인삼	9,412
10	마늘	5,324	오리	6,490	감귤	9,065
농축수산물 전체		319,678		350,889		413,643

〈보기〉

ㄱ. 2013년에 비해 2014년에 감귤 생산액 순위는 떨어졌으나 감귤 생산액이 농축수산물 전체 생산액에서 차지하는 비중은 증가하였다.

ㄴ. 쌀 생산액이 농축수산물 전체 생산액에서 차지하는 비중은 매년 감소하였다.

ㄷ. 상위 10위 이내에 매년 포함된 품목은 7개이다.

ㄹ. 오리 생산액은 매년 증가하였다.

① ㄱ, ㄴ

② ㄱ, ㄹ

③ ㄴ, ㄷ

④ ㄴ, ㄹ

⑤ ㄷ, ㄹ

문 6. 다음 〈표〉는 2013~2016년 '갑'기업 사원 A~D의 연봉 및 성과평가등급별 연봉인상률에 대한 자료이다. 이에 대한 〈보기〉의 설명으로 옳은 것만을 모두 고르면?

〈표 1〉 '갑'기업 사원 A~D의 연봉

(단위: 천 원)

연도 사원	2013	2014	2015	2016
A	24,000	28,800	34,560	38,016
B	25,000	25,000	26,250	28,875
C	24,000	25,200	27,720	33,264
D	25,000	27,500	27,500	30,250

〈표 2〉 '갑'기업의 성과평가등급별 연봉인상률

(단위: %)

성과평가등급	I	II	III	IV
연봉인상률	20	10	5	0

※ 1) 성과평가는 해당 연도 연말에 1회만 실시하며, 각 사원은 I, II, III, IV 중 하나의 성과평가등급을 받음
　2) 성과평가등급을 높은 것부터 순서대로 나열하면 I, II, III, IV의 순임
　3) 당해 연도 연봉＝전년도 연봉×(1+전년도 성과평가등급에 따른 연봉인상률)

〈보기〉

ㄱ. 2013년 성과평가등급이 높은 사원부터 순서대로 나열하면 D, A, C, B이다.

ㄴ. 2015년에 A와 B는 동일한 성과평가등급을 받았다.

ㄷ. 2013~2015년 동안 C는 성과평가에서 I등급을 받은 적이 있다.

ㄹ. 2013~2015년 동안 D는 성과평가에서 III등급을 받은 적이 있다.

① ㄱ, ㄴ

② ㄱ, ㄷ

③ ㄱ, ㄹ

④ ㄴ, ㄷ

⑤ ㄴ, ㄹ

문 7. 다음 〈표〉와 〈그림〉은 2002년과 2012년 '갑'국의 국적별 외국인 방문객에 관한 자료이다. 이에 대한 설명으로 옳은 것은?

〈표〉 외국인 방문객 현황

(단위: 명)

연도	2002	2012
외국인 방문객 수	5,347,468	9,794,796

〈그림 1〉 2002년 국적별 외국인 방문객 수(상위 10개국)

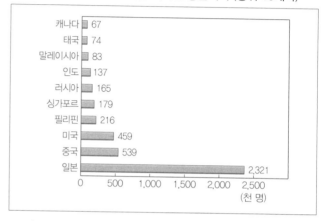

〈그림 2〉 2012년 국적별 외국인 방문객 수(상위 10개국)

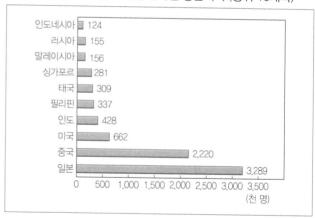

① 미국인, 중국인, 일본인 방문객 수의 합은 2012년이 2002년의 2배 이상이다.

② 2002년 대비 2012년 미국인 방문객 수의 증가율은 말레이시아인 방문객 수의 증가율보다 높다.

③ 전체 외국인 방문객 중 중국인 방문객 비중은 2012년이 2002년의 3배 이상이다.

④ 2002년 외국인 방문객 수 상위 10개국 중 2012년 외국인 방문객 수 상위 10개국에 포함되지 않은 국가는 2개이다.

⑤ 인도네시아인 방문객 수는 2002년에 비해 2012년에 55,000명 이상 증가하였다.

문 8. 다음 〈표〉와 〈그림〉은 수종별 원목생산량과 원목생산량 구성비에 관한 자료이다. 이에 대한 〈보기〉의 설명 중 옳은 것만을 모두 고르면?

〈표〉 2006~2011년 수종별 원목생산량

(단위: 만m³)

수종 \ 연도	2006	2007	2008	2009	2010	2011
소나무	30.9	25.8	28.1	38.6	77.1	92.2
잣나무	7.2	6.8	5.6	8.3	12.8	( )
전나무	50.4	54.3	50.4	54.0	58.2	56.2
낙엽송	22.7	23.8	37.3	38.7	50.5	63.3
참나무	41.4	47.7	52.5	69.4	76.0	87.7
기타	9.0	11.8	21.7	42.7	97.9	85.7
전체	161.6	170.2	195.6	( )	372.5	( )

〈그림〉 2011년 수종별 원목생산량 구성비

(단위: %)

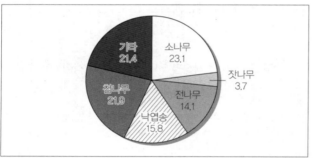

〈보기〉

ㄱ. '기타'를 제외하고 2006년 대비 2011년 원목생산량 증가율이 가장 큰 수종은 소나무이다.

ㄴ. '기타'를 제외하고 2006~2011년 동안 원목생산량이 매년 증가한 수종은 3개이다.

ㄷ. 2010년 참나무 원목생산량은 2010년 잣나무 원목생산량의 6배 이상이다.

ㄹ. 전체 원목생산량 중 소나무 원목생산량의 비중은 2011년이 2009년보다 크다.

① ㄱ, ㄴ
② ㄱ, ㄷ
③ ㄱ, ㄹ
④ ㄴ, ㄷ
⑤ ㄷ, ㄹ

문 9. 다음 〈그림〉은 국가 A~D의 정부신뢰에 관한 자료이다. 〈그림〉과 〈조건〉에 근거하여 A~D에 해당하는 국가를 바르게 나열한 것은?

〈그림 1〉 국가별 전체 국민 정부신뢰율

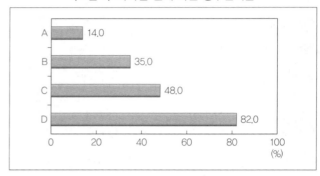

〈그림 2〉 국가별 청년층의 상대적 정부신뢰지수

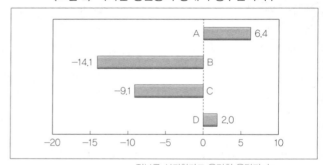

※ 1) 전체 국민 정부신뢰율(%) = (정부를 신뢰한다고 응답한 응답자 수 / 전체 응답자 수) × 100

2) 청년층 정부신뢰율(%) = (정부를 신뢰한다고 응답한 청년층 응답자 수 / 청년층 응답자 수) × 100

3) 청년층의 상대적 정부신뢰지수 = 전체 국민 정부신뢰율(%) − 청년층 정부신뢰율(%)

〈조건〉

○ 청년층 정부신뢰율은 스위스가 그리스의 10배 이상이다.

○ 영국과 미국에서는 청년층 정부신뢰율이 전체 국민 정부신뢰율보다 높다.

○ 청년층 정부신뢰율은 미국이 스위스보다 30%p 이상 낮다.

	A	B	C	D
①	그리스	영국	미국	스위스
②	스위스	영국	미국	그리스
③	스위스	미국	영국	그리스
④	그리스	미국	영국	스위스
⑤	영국	그리스	미국	스위스

문 10. 다음 〈표〉는 조사연도별 우리나라의 도시 수, 도시인구 및 도시화율에 대한 자료이다. 이에 대한 〈보기〉의 설명 중 옳은 것만을 모두 고르면?

〈표〉 조사연도별 우리나라의 도시 수, 도시인구 및 도시화율

(단위: 개, 명, %)

조사연도	도시 수	도시인구	도시화율
1910	12	1,122,412	8.4
1915	7	456,430	2.8
1920	7	508,396	2.9
1925	19	1,058,706	5.7
1930	30	1,605,669	7.9
1935	38	2,163,453	10.1
1940	58	3,998,079	16.9
1944	74	5,067,123	19.6
1949	60	4,595,061	23.9
1955	65	6,320,823	29.4
1960	89	12,303,103	35.4
1966	111	15,385,382	42.4
1970	114	20,857,782	49.8
1975	141	24,792,199	58.3
1980	136	29,634,297	66.2
1985	150	34,527,278	73.3
1990	149	39,710,959	79.5
1995	135	39,882,316	82.6
2000	138	38,784,556	84.0
2005	151	41,017,759	86.7
2010	156	42,564,502	87.6

※ 1) 도시화율(%) = $\frac{도시인구}{전체인구} \times 100$

2) 평균도시인구 = $\frac{도시인구}{도시 수}$

〈보기〉

ㄱ. 1949~2010년 동안 직전 조사연도에 비해 도시 수가 증가한 조사연도에는 직전 조사연도에 비해 도시화율도 모두 증가한다.

ㄴ. 1949~2010년 동안 직전 조사연도 대비 도시인구 증가폭이 가장 큰 조사연도에는 직전 조사연도 대비 도시화율 증가폭도 가장 크다.

ㄷ. 전체인구가 처음으로 4천만 명을 초과한 조사연도는 1970년이다.

ㄹ. 조사연도 1955년의 평균도시인구는 10만 명 이상이다.

① ㄱ, ㄴ
② ㄱ, ㄷ
③ ㄴ, ㄷ
④ ㄴ, ㄹ
⑤ ㄱ, ㄷ, ㄹ

문 11. 다음 〈표〉는 지역별, 등급별, 병원유형별 요양기관 수를 나타낸 자료이다. 이에 대한 〈보기〉의 설명 중 옳은 것만을 모두 고르면?

〈표 1〉 지역별, 등급별 요양기관 수

(단위: 개소)

등급 / 지역	1등급	2등급	3등급	4등급	5등급
서울	22	2	1	0	4
경기	17	2	0	0	1
경상	16	0	0	1	0
충청	5	2	0	0	2
전라	4	2	0	0	1
강원	1	2	0	1	0
제주	2	0	0	0	0
계	67	10	1	2	8

〈표 2〉 병원유형별, 등급별 요양기관 수

(단위: 개소)

등급 / 병원유형	1등급	2등급	3등급	4등급	5등급	합
상급종합병원	37	5	0	0	0	42
종합병원	30	5	1	2	8	46

〈보기〉

ㄱ. 경상지역 요양기관 중 1등급 요양기관의 비중은 서울지역 요양기관 중 1등급 요양기관의 비중보다 작다.

ㄴ. 5등급 요양기관 중 서울지역 요양기관의 비중은 2등급 요양기관 중 강원지역 요양기관의 비중보다 크다.

ㄷ. 1등급 '상급종합병원' 요양기관 수는 5등급을 제외한 '종합병원' 요양기관 수의 합보다 적다.

ㄹ. '상급종합병원' 요양기관 중 1등급 요양기관의 비중은 1등급 요양기관 중 '종합병원' 요양기관의 비중보다 크다.

① ㄱ, ㄴ
② ㄱ, ㄷ
③ ㄴ, ㄷ
④ ㄴ, ㄹ
⑤ ㄴ, ㄷ, ㄹ

문 12. 다음 〈표〉는 2000년 극한기후 유형별 발생일수와 발생지수에 관한 자료이다. 〈표〉와 〈산정식〉에 따라 2000년 극한기후 유형별 발생지수를 산출할 때, 이에 대한 설명으로 옳은 것은?

〈표〉 2000년 극한기후 유형별 발생일수와 발생지수

유형	폭염	한파	호우	대설	강풍
발생일수(일)	16	5	3	0	1
발생지수	5.00	( )	( )	1.00	( )

※ 극한기후 유형은 폭염, 한파, 호우, 대설, 강풍만 존재함

〈산정식〉

극한기후 발생지수 $= 4 \times \left(\dfrac{A-B}{C-B} \right) + 1$

A = 당해 연도 해당 극한기후 유형 발생일수
B = 당해 연도 폭염, 한파, 호우, 대설, 강풍의 발생일수 중 최솟값
C = 당해 연도 폭염, 한파, 호우, 대설, 강풍의 발생일수 중 최댓값

① 발생지수가 가장 높은 유형은 한파이다.
② 호우의 발생지수는 2.00 이상이다.
③ 대설과 강풍의 발생지수의 합은 호우의 발생지수보다 크다.
④ 극한기후 유형별 발생지수의 평균은 3.00 이상이다.
⑤ 폭염의 발생지수는 강풍의 발생지수의 5배이다.

문 13. 다음 〈표〉는 '갑', '을', '병' 회사의 부서 간 정보교환을 나타낸 것이다. 〈표〉와 〈조건〉을 이용하여 작성한 각 회사의 부서 간 정보교환 형태가 〈그림〉과 같을 때, 〈그림〉의 (A)~(C)에 해당하는 회사를 바르게 나열한 것은?

〈표 1〉 '갑' 회사의 부서 간 정보교환

부서	a	b	c	d	e	f	g
a		1	1	1	1	1	1
b	1		0	0	0	0	0
c	1	0		0	0	0	0
d	1	0	0		0	0	0
e	1	0	0	0		0	0
f	1	0	0	0	0		0
g	1	0	0	0	0	0	

〈표 2〉 '을' 회사의 부서 간 정보교환

부서	a	b	c	d	e	f	g
a		1	1	0	0	0	0
b	1		0	1	1	0	0
c	1	0		0	0	1	1
d	0	1	0		0	0	0
e	0	1	0	0		0	0
f	0	0	1	0	0		0
g	0	0	1	0	0	0	

〈표 3〉 '병' 회사의 부서 간 정보교환

부서	a	b	c	d	e	f	g
a		1	0	0	0	0	1
b	1		1	0	0	0	0
c	0	1		1	0	0	0
d	0	0	1		1	0	0
e	0	0	0	1		1	0
f	0	0	0	0	1		1
g	1	0	0	0	0	1	

※ '갑', '을', '병' 회사는 각각 a~g의 7개 부서만으로 이루어지며, 부서 간 정보교환이 있면 1, 없으면 0으로 표시함

〈조건〉

○ 점(●)은 부서를 의미한다.
○ 두 부서 간 정보교환이 있으면 두 점을 선(—)으로 직접 연결한다.
○ 두 부서 간 정보교환이 없으면 두 점을 선(—)으로 직접 연결하지 않는다.

〈그림〉

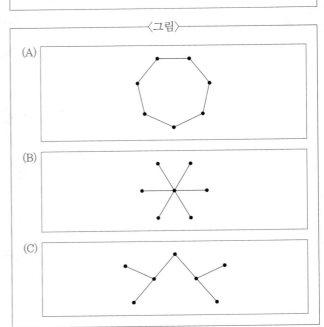

(A)
(B)
(C)

	(A)	(B)	(C)
①	갑	을	병
②	갑	병	을
③	을	갑	병
④	을	병	갑
⑤	병	갑	을

문 14. 다음 〈표〉는 '갑'국의 10대 미래산업 현황에 대한 자료이다. 〈표〉와 〈조건〉을 이용하여 B, C, E에 해당하는 산업을 바르게 나열한 것은?

〈표〉 '갑'국의 10대 미래산업 현황

(단위: 개, 명, 억 원, %)

산업	업체 수	종사자 수	부가가치액	부가가치율
A	403	7,500	788	33.4
기계	345	3,600	2,487	48.3
B	302	22,500	8,949	41.4
조선	103	1,100	282	37.0
에너지	51	2,300	887	27.7
C	48	2,900	4,002	42.4
안전	15	2,100	1,801	35.2
D	4	2,800	4,268	40.5
E	2	300	113	36.3
F	2	100	61	39.1
전체	1,275	45,200	23,638	40.3

※ 부가가치율(%) = $\dfrac{\text{부가가치액}}{\text{매출액}} \times 100$

〈조건〉

○ 의료 종사자 수는 IT 종사자 수의 3배이다.
○ 의료와 석유화학의 부가가치액 합은 10대 미래산업 전체 부가가치액의 50% 이상이다.
○ 매출액이 가장 낮은 산업은 항공우주이다.
○ 철강 업체 수는 지식서비스 업체 수의 2배이다.

	B	C	E
①	의료	철강	지식서비스
②	의료	석유화학	지식서비스
③	의료	철강	항공우주
④	지식서비스	석유화학	의료
⑤	지식서비스	철강	의료

문 15. 다음 〈표〉는 성인 500명이 응답한 온라인 도박과 오프라인 도박 관련 조사결과이다. 이에 대한 〈보기〉의 설명 중 옳은 것만을 모두 고르면?

〈표〉 온라인 도박과 오프라인 도박 관련 조사결과

(단위: 명)

온라인 \ 오프라인	×	△	○	합
×	250	21	2	( )
△	113	25	6	144
○	59	16	8	( )
합	422	( )	( )	500

※ 1) × : 경험이 없고 충동을 느낀 적도 없음
　 2) △ : 경험은 없으나 충동을 느낀 적이 있음
　 3) ○ : 경험이 있음

〈보기〉

ㄱ. 온라인 도박 경험이 있다고 응답한 사람은 83명이다.
ㄴ. 오프라인 도박에 대해, '경험은 없으나 충동을 느낀 적이 있음'으로 응답한 사람은 전체 응답자의 10% 미만이다.
ㄷ. 온라인 도박 경험이 있다고 응답한 사람 중 오프라인 도박 경험이 있다고 응답한 사람의 비중은 전체 응답자 중 오프라인 도박 경험이 있다고 응답한 사람의 비중 보다 크다.
ㄹ. 온라인 도박에 대해, '경험이 없고 충동을 느낀 적도 없음'으로 응답한 사람은 전체 응답자의 50% 이하이다.

① ㄱ, ㄴ
② ㄱ, ㄷ
③ ㄷ, ㄹ
④ ㄱ, ㄴ, ㄷ
⑤ ㄱ, ㄷ, ㄹ

문 16. 사무관 A는 다음 〈표〉와 〈전문가 자문회의〉를 바탕으로 〈업무보고 자료〉를 작성하였다. 〈업무보고 자료〉의 ㉠~㉣ 중 〈표〉와 〈전문가 자문회의〉 내용에 부합하는 것만을 모두 고르면?

〈표〉 산업단지별 유해물질 배출 현황

(단위: kg/톤, 톤/일)

구분 산업단지	배출농도	배출유량
가	1.5	10
나	2.4	5
다	3.0	8
라	1.0	11

〈전문가 자문회의〉

사무관 A: 지금까지 산업단지별 유해물질 배출 현황을 말씀드렸습니다. 향후 환경오염 방지를 위하여 유해물질 배출농도 허용기준을 강화하고자 합니다. 배출농도 허용기준을 현행보다 20% 낮추어 '2.0kg/톤 이하'로 하면 어떨까 합니다.

전문가 1: 현재보다 20% 낮추어 배출농도 허용기준을 강화하면 허용기준을 만족하지 못하는 산업단지가 추가로 생기게 됩니다.

전문가 2: 배출농도 허용기준 강화로 자칫 산업 활동에 위축을 가져오지 않을까 우려됩니다.

전문가 3: 배출 규제 방식을 바꾸면 어떨까 합니다. 허용 기준을 정할 때 배출농도 대신, 배출농도와 배출유량을 곱한 총 배출량을 사용하면 어떨까요?

전문가 1: 배출농도가 높더라도 배출유량이 극히 적다면 유해물질 하루 총 배출량은 적을 수도 있고, 반대로 배출농도는 낮지만 배출유량이 매우 많다면 총 배출량도 많아지겠군요.

전문가 3: 그렇습니다. 배출되는 유해물질의 농도와 양을 종합적으로 고려하자는 것이죠. 유해물질 배출 규제를 개선하려면 총 배출량 허용기준을 '12kg/일 이하'로 정하면 될 것 같습니다.

사무관 A: 제안하신 방식에 대한 문제점은 없을까요?

전문가 2: 배출유량의 정확한 측정이 어렵고 작은 오차라도 결괏값에는 매우 큰 차이를 가져올 수 있습니다.

사무관 A: 전문가 분들의 소중한 의견 감사드립니다.

〈업무보고 자료〉

Ⅰ. 현황 및 추진배경
 □ ㉠현행 유해물질 배출농도 허용기준 적용 시 총 4개 산업단지 중 2곳만 허용기준을 만족함
 □ 유해물질 배출 규제 개선을 통해 환경오염을 미연에 방지하고 생태계 건강성을 유지하고자 함

Ⅱ. 유해물질 배출 규제 개선(안)
 □ 배출농도 허용기준 강화
  ○ 현행 허용기준보다 20% 낮추는 방안
   – ㉡현행 대비 20%를 낮출 경우 배출농도 허용 기준은 '2.0kg/톤 이하'로 강화됨
   – ㉢강화된 기준 적용 시 총 4개 산업단지 중 1곳만 배출농도 허용기준을 만족함
  ○ 문제점
   – 배출농도 허용기준 강화로 산업 활동 위축이 우려됨
 □ 배출 규제 방식 변경
  ○ 총 배출량을 기준으로 유해물질 배출 규제
   – 총 배출량 = 배출농도 × 배출유량
   – 총 배출량 허용기준: 12kg/일 이하
   – ㉣새로운 배출 규제 방식 적용 시 총 4개 산업 단지 중 2곳만 허용기준을 만족함
  ○ 문제점
   – 배출유량의 정확한 측정이 어렵고 작은 오차라도 결괏값에 큰 영향을 줄 수 있음

① ㄱ, ㄴ   ② ㄱ, ㄷ   ③ ㄴ, ㄹ
④ ㄱ, ㄷ, ㄹ   ⑤ ㄴ, ㄷ, ㄹ

문 17. 다음 〈표〉는 임차인 A~E의 전·월세 전환 현황에 대한 자료이다. 이에 대한 〈보기〉의 설명 중 옳은 것만을 모두 고르면?

〈표〉 임차인 A~E의 전·월세 전환 현황

(단위: 만 원)

임차인	전세금	월세보증금	월세
A	( )	25,000	50
B	42,000	30,000	60
C	60,000	( )	70
D	38,000	30,000	80
E	58,000	53,000	( )

※ 전·월세 전환율(%) = $\dfrac{월세 \times 12}{전세금 - 월세보증금} \times 100$

〈보기〉

ㄱ. A의 전·월세 전환율이 6%라면, 전세금은 3억 5천만 원이다.

ㄴ. B의 전·월세 전환율은 10%이다.

ㄷ. C의 전·월세 전환율이 3%라면, 월세보증금은 3억 6천만 원이다.

ㄹ. E의 전·월세 전환율이 12%라면, 월세는 50만 원이다.

① ㄱ, ㄴ   ② ㄱ, ㄷ   ③ ㄱ, ㄹ
④ ㄴ, ㄹ   ⑤ ㄷ, ㄹ

문 18. 다음 〈표〉는 2000~2013년 동안 세대문제 키워드별 검색 건수에 대한 자료이다. 이에 대한 〈보기〉의 설명 중 옳은 것만을 모두 고르면?

〈표〉 세대문제 키워드별 검색 건수

(단위: 건)

연도	부정적 키워드		긍정적 키워드		전체
	세대갈등	세대격차	세대소통	세대통합	
2000	575	260	164	638	1,637
2001	520	209	109	648	1,486
2002	912	469	218	1,448	3,047
2003	1,419	431	264	1,363	3,477
2004	1,539	505	262	1,105	3,411
2005	1,196	549	413	1,247	3,405
2006	940	494	423	990	2,847
2007	1,094	631	628	1,964	4,317
2008	1,726	803	1,637	2,542	6,708
2009	2,036	866	1,854	2,843	7,599
2010	2,668	1,150	3,573	4,140	11,531
2011	2,816	1,279	3,772	4,008	11,875
2012	3,603	1,903	4,263	8,468	18,237
2013	3,542	1,173	3,809	4,424	12,948

─────〈보기〉─────

ㄱ. 부정적 키워드 검색 건수에 비해 긍정적 키워드 검색 건수가 많았던 연도의 횟수는 8번 이상이다.

ㄴ. '세대소통' 키워드의 검색 건수는 2005년 이후 매년 증가하였다.

ㄷ. 2001~2013년 동안 전년 대비 전체 검색 건수 증가율이 가장 높은 해는 2002년이다.

ㄹ. 2002년에 전년 대비 검색 건수 증가율이 가장 낮은 키워드는 '세대소통'이다.

① ㄱ, ㄴ

② ㄱ, ㄷ

③ ㄴ, ㄹ

④ ㄱ, ㄷ, ㄹ

⑤ ㄴ, ㄷ, ㄹ

문 19. 다음 〈그림〉은 약품 A~C 투입량에 따른 오염물질 제거량을 측정한 자료이다. 이에 대한 〈보기〉의 설명 중 옳은 것만을 모두 고르면?

〈그림〉 약품 A~C 투입량에 따른 오염물질 제거량

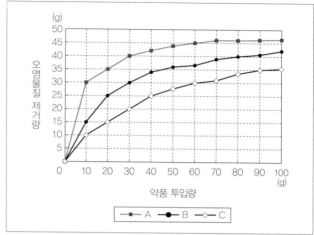

※ 약품은 혼합하여 투입하지 않으며, 측정은 모든 조건이 동일한 가운데 이루어짐

─────〈보기〉─────

ㄱ. 각 약품의 투입량이 20g일 때와 60g일 때를 비교하면, A의 오염물질 제거량 차이가 가장 작다.

ㄴ. 각 약품의 투입량이 20g일 때, 오염물질 제거량은 A가 C의 2배 이상이다.

ㄷ. 오염물질 30g을 제거하기 위해 필요한 투입량이 가장 적은 약품은 B이다.

ㄹ. 약품 투입량이 같으면 B와 C의 오염물질 제거량 차이는 7g 미만이다.

① ㄱ, ㄴ

② ㄴ, ㄹ

③ ㄷ, ㄹ

④ ㄱ, ㄴ, ㄷ

⑤ ㄴ, ㄷ, ㄹ

문 20. 다음 〈표〉는 2009 ~ 2012년 A 추모공원의 신규 안치 건수 및 매출액 현황을 나타낸 자료이다. 이에 대한 〈보기〉의 설명 중 옳은 것만을 모두 고르면?

〈표〉 A 추모공원의 신규 안치건수 및 매출액 현황

(단위: 건, 만 원)

구분 안치 유형		신규 안치건수		매출액	
		2009~ 2011년	2012년	2009~ 2011년	2012년
개인 단	관내	719	606	291,500	289,000
	관외	176	132	160,000	128,500
부부 단	관내	632	557	323,900	330,000
	관외	221	134	291,800	171,000
계		1,748	1,429	1,067,200	918,500

〈보기〉

ㄱ. 2012년 개인단의 신규 안치건수는 2009 ~ 2012년 개인단 신규 안치건수 합의 50% 이하이다.

ㄴ. 2009 ~ 2012년 신규 안치건수의 합은 관내가 관외보다 크다.

ㄷ. 2012년 부부단 관내와 부부단 관외의 매출액이 2011년에 비해 각각 50%가 증가한 것이라면, 2009 ~ 2010년 매출액의 합은 부부단 관내가 부부단 관외보다 작다.

ㄹ. 2009 ~ 2012년 4개 안치유형 중 신규 안치건수의 합이 가장 큰 안치유형은 부부단 관내이다.

① ㄱ, ㄴ   ② ㄴ, ㄷ   ③ ㄷ, ㄹ
④ ㄱ, ㄴ, ㄷ   ⑤ ㄱ, ㄷ, ㄹ

문 21. 다음 〈그림〉은 A 자선단체의 수입액과 지출액에 관한 자료이다. 이에 대한 설명 중 옳은 것은?

〈그림 1〉 수입액 구성비

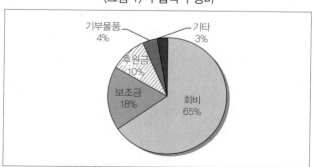

〈그림 2〉 지출액 구성비

※ A 자선단체의 수입액과 지출액은 항상 같음

〈그림 3〉 국내사업비 지출액 세부 구성비

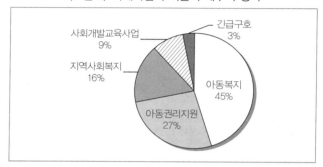

〈그림 4〉 해외사업비 지출액 세부 구성비

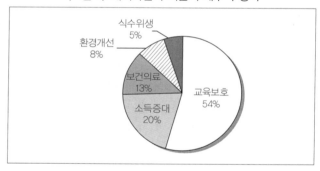

① 전체 수입액 중 후원금 수입액은 국내사업비 지출액 중 아동복지 지출액보다 많다.

② 국내사업비 지출액 중 아동권리지원 지출액은 해외사업비 지출액 중 소득증대 지출액보다 적다.

③ 국내사업비 지출액 중 아동복지 지출액과 해외사업비 지출액 중 교육보호 지출액의 합은 A 자선단체 전체 지출액의 45%이다.

④ 해외사업비 지출액 중 식수위생 지출액은 A 자선단체 전체 지출액의 2% 미만이다.

⑤ A 자선단체 전체 수입액이 6% 증가하고 지역사회복지 지출액을 제외한 다른 모든 지출액이 동일하게 유지된다면, 지역사회복지 지출액은 2배 이상이 된다.

문 22. 다음 〈표〉는 지점 A~E의 지점 간 주행 가능한 도로 현황 및 자동차 '갑'과 '을'의 지점 간 이동정보이다. 〈표〉와 〈조건〉에 근거한 설명으로 옳은 것은?

〈표 1〉 지점 간 주행 가능한 도로 현황

(단위: km)

출발지점 \ 도착지점	B	C	D	E
A	200	*	*	*
B	–	400	200	*
C	*	–	*	200
D	*	*	–	400

※ 1) *는 출발지점에서 도착지점까지 주행 가능한 도로가 없음을 의미함
  2) 지점 간 주행 가능한 도로는 1개씩만 존재함

〈표 2〉 자동차 '갑'과 '을'의 지점 간 이동정보

자동차	출발 지점	출발 시각	도착 지점	도착 시각
갑	A	10:00	B	( )
	B	( )	C	16:00
을	B	12:00	C	16:00
	C	16:00	E	18:00

※ 최초 출발지점에서 최종 도착지점까지 24시간 이내에 이동함을 가정함

〈조건〉

○ '갑'은 A → B → C, '을'은 B → C → E로 이동하였다.
○ A → B는 A지점에서 출발하여 다른 지점을 경유하지 않고 B지점에 도착하는 이동을 의미한다.
○ 이동 시 왔던 길은 되돌아갈 수 없다.
○ 평균속력은 출발지점부터 도착지점까지의 이동거리를 소요시간으로 나눈 값이다.
○ 자동차의 최고속력은 200km/h이다.

① '갑'은 B지점에서 13:00 이전에 출발하였다.
② '갑'이 B지점에서 1시간 이상 머물렀다면 A → B 또는 B → C 구간에서 속력이 120km/h 이상인 적이 있다.
③ '을'의 경우, B → C 구간의 평균속력보다 C → E 구간의 평균속력이 빠르다.
④ B → C 구간의 평균속력은 '갑'이 '을'보다 빠르다.
⑤ B → C → E 구간보다 B → D → E 구간의 거리가 더 짧다.

문 23. 다음 〈표〉는 A지역의 저수지 현황에 대한 자료이다. 이에 대한 〈보기〉의 설명 중 옳은 것만을 모두 고르면?

〈표 1〉 관리기관별 저수지 현황

(단위: 개소, 천m³, ha)

관리기관 \ 구분	저수지 수	총 저수용량	총 수혜면적
농어촌공사	996	598,954	69,912
자치단체	2,230	108,658	29,371
전체	3,226	707,612	99,283

〈표 2〉 저수용량별 저수지 수

(단위: 개소)

저수용량 (m³)	10만 미만	10만 이상 50만 미만	50만 이상 100만 미만	100만 이상 500만 미만	500만 이상 1,000만 미만	1,000만 이상	합
저수지 수	2,668	360	100	88	3	7	3,226

〈표 3〉 제방높이별 저수지 수

(단위: 개소)

제방높이 (m)	10 미만	10 이상 20 미만	20 이상 30 미만	30 이상 40 미만	40 이상	합
저수지 수	2,566	533	99	20	8	3,226

〈보기〉

ㄱ. 관리기관이 자치단체이고 제방높이가 '10 미만'인 저수지 수는 1,600개소 이상이다.
ㄴ. 저수용량이 '10만 미만'인 저수지 수는 전체 저수지 수의 80% 이상이다.
ㄷ. 관리기관이 농어촌공사인 저수지의 개소당 수혜면적은 관리기관이 자치단체인 저수지의 개소당 수혜면적의 5배 이상이다.
ㄹ. 저수용량이 '50만 이상 100만 미만'인 저수지의 저수용량 합은 전체 저수지 총 저수용량의 5% 이상이다.

① ㄴ, ㄷ
② ㄷ, ㄹ
③ ㄱ, ㄴ, ㄷ
④ ㄱ, ㄴ, ㄹ
⑤ ㄴ, ㄷ, ㄹ

문 24. 다음 〈표〉는 2015년 '갑'국 공항의 운항 현황을 나타낸 자료이다. 이에 대한 설명 중 옳은 것은?

〈표 1〉 운항 횟수 상위 5개 공항

(단위: 회)

국내선			국제선		
순위	공항	운항 횟수	순위	공항	운항 횟수
1	AJ	65,838	1	IC	273,866
2	KP	56,309	2	KH	39,235
3	KH	20,062	3	KP	18,643
4	KJ	5,638	4	AJ	13,311
5	TG	5,321	5	CJ	3,567
'갑'국 전체		167,040	'갑'국 전체		353,272

※ 일부 공항은 국내선만 운항함

〈표 2〉 전년 대비 운항 횟수 증가율 상위 5개 공항

(단위: %)

국내선			국제선		
순위	공항	증가율	순위	공항	증가율
1	MA	229.0	1	TG	55.8
2	CJ	23.0	2	AJ	25.3
3	KP	17.3	3	KH	15.1
4	TG	16.1	4	KP	5.6
5	AJ	11.2	5	IC	5.5

① 2015년 국제선 운항 공항 수는 7개 이상이다.

② 2015년 KP공항의 운항 횟수는 국제선이 국내선의 $\frac{1}{3}$ 이상이다.

③ 전년 대비 국내선 운항 횟수가 가장 많이 증가한 공항은 MA공항이다.

④ 국내선 운항 횟수 상위 5개 공항의 국내선 운항 횟수 합은 전체 국내선 운항 횟수의 90% 미만이다.

⑤ 국내선 운항 횟수와 전년 대비 국내선 운항 횟수 증가율 모두 상위 5개 안에 포함된 공항은 AJ공항이 유일하다.

문 25. 다음 〈표〉는 A~D국 화폐 대비 원화 환율 및 음식가격에 대한 자료이다. 이에 대한 〈보기〉의 설명 중 옳은 것만을 모두 고르면?

〈표 1〉 A~D국 화폐 대비 원화 환율

국가	화폐단위	환율 (원/각 국의 화폐 1단위)
A	a	1,200
B	b	2,000
C	c	200
D	d	1,000

〈표 2〉 A~D국 판매단위별 음식가격

음식 판매단위 국가	햄버거 1개	피자 1조각	치킨 1마리	삼겹살 1인분
A	5a	2a	15a	8a
B	6b	1b	9b	3b
C	40c	30c	120c	30c
D	10d	3d	20d	9d

〈보기〉

ㄱ. 원화 120,000원으로 가장 많은 개수의 햄버거를 구매할 수 있는 국가는 A국이다.

ㄴ. B국에서 치킨 1마리 가격은 삼겹살 3인분 가격과 동일하다.

ㄷ. C국의 삼겹살 4인분과 A국의 햄버거 5개는 동일한 액수의 원화로 구매할 수 있다.

ㄹ. D국 화폐 대비 원화 환율이 1,000원/d에서 1,200원/d로 상승하면, D국에서 원화 600,000원으로 구매할 수 있는 치킨의 마리 수는 20% 이상 감소한다.

① ㄱ, ㄴ

② ㄱ, ㄷ

③ ㄴ, ㄷ

④ ㄱ, ㄴ, ㄹ

⑤ ㄴ, ㄷ, ㄹ

※ 수고하셨습니다.

※ 기출문제편 맨 마지막에 있는 OMR 카드에 마킹을 하세요.

정답과 분석해설편 ▶ P.396

제3영역 상황판단

1초 합격예측! 모바일 성적결과분석표 발급 서비스

 QR 코드로 접속하여 문제 풀이 시간을 측정하고, 자동채점 & 성적결과분석 서비스를 통해 지금 바로 실력을 점검해 보세요.
◀ http://eduwill.kr/StU6

풀이 시간
· 시작: _____시 _____분 ~ 종료: _____시 _____분
· 총 : _____분

문 1. 다음 글을 근거로 판단할 때 옳은 것은?

온돌(溫突)은 조선시대 건축에서 가장 일반적으로 사용된 바닥구조로 아궁이, 고래, 구들장, 불목, 개자리, 바람막이, 굴뚝 등으로 구성된다.

아궁이는 불을 때는 곳이고, 고래는 아궁이에서 발생한 열기와 연기가 흐르는 곳이다. 고래는 30cm 정도의 깊이로 파인 여러 개의 골이고, 그 위에 구들장을 올려놓는다. 아궁이에서 불을 지피면 고래를 타고 흐르는 열기와 연기가 구들장을 데운다. 고래 바닥은 아궁이가 있는 아랫목에서 윗목으로 가면서 높아지도록 경사를 주는데, 이는 열기와 연기가 윗목 쪽으로 쉽게 들어갈 수 있도록 하기 위한 것이다.

불목은 아궁이와 고래 사이에 턱이 진 부분으로 불이 넘어가는 고개라는 뜻이다. 불목은 아궁이 바닥과 고래 바닥을 연결시켜서 고래로 가는 열기와 연기를 분산시킨다. 또한 아궁이에서 타고 남은 재가 고래 속으로 들어가지 못하도록 막아준다. 고래가 끝나는 윗목 쪽에도 바람막이라는 턱이 있는데, 이 턱은 굴뚝에서 불어내리는 바람에 의해 열기와 연기가 역류되는 것을 방지한다.

바람막이 뒤에는 개자리라 부르는 깊이 파인 부분이 있다. 개자리는 굴뚝으로 빠져 나가는 열기와 연기를 잔류시켜 윗목에 열기를 유지하는 기능을 한다. 개자리가 깊을수록 열기와 연기를 머금는 용량이 커진다.

① 아궁이는 불목과 개자리 사이에 있을 것이다.
② 고래 바닥은 아랫목에서 윗목으로 갈수록 낮아질 것이다.
③ 개자리가 깊을수록 윗목의 열기를 유지하기 어려울 것이다.
④ 불목은 아랫목 쪽에 가깝고, 바람막이는 윗목 쪽에 가까울 것이다.
⑤ 바람막이는 타고 남은 재가 고래 안에 들어가지 못하도록 하는 기능을 할 것이다.

문 2. 다음 글을 근거로 판단할 때, 〈보기〉에서 옳은 것만을 모두 고르면?

청백리(淸白吏)는 전통적으로 우리나라를 비롯한 동아시아 유교 문화권에서 청렴결백한 공직자를 지칭할 때 사용하는 말이다. 청백리를 선발하고 표창하는 제도는 중국에서 처음 시작되었다. 우리나라는 중국보다 늦었지만 이미 고려 때부터 이 제도를 도입한 것으로 보인다. 고려 인종 14년(1136년)에 청렴하고 절개 있는 사람들을 뽑아 벼슬을 준 기록이 있다.

조선시대에는 국가에 의해 선발되어 청백리 대장에 이름이 올랐던 사람을 청백리라고 하였다. 정확히 구분하면 청백리는 작고한 사람들에 대한 호칭이었고, 살아있을 때는 염근리(廉謹吏) 또는 염리(廉吏)라고 불렀다. 염근리로 선발된 사람은 청백리 대장에 수록되어 승진이나 보직에서 많은 특혜를 받았고, 죽은 후에는 그 자손들에게 벼슬이 내려지는 등 여러 혜택이 있었다. 반대로 부정부패한 관료는 탐관오리 또는 장리(贓吏)라고 불렀다. 탐관오리로 지목돼 탄핵되었거나 처벌받은 관리는 장리 대장에 수록되어 본인의 관직생활에 불이익을 받는 것은 물론이고, 그 자손들이 과거를 보는 것도 허용되지 않았다.

조선시대에 청백리를 선발하는 방법은 일정하지 않았다. 일반적으로는 청백리를 선발하라는 임금의 지시가 있거나 신하의 건의가 있어 임금이 승낙을 하면 2품 이상의 관리나 감사가 대상자를 예조에 추천하였다. 예조에서 후보자를 뽑아 의정부에 올리면 의정부의 대신들이 심의하여 임금에게 보고하였다. 어떤 때는 사헌부, 사간원 등에서 후보자를 의정부에 추천하기도 하였다.

〈보기〉

ㄱ. 동아시아 유교 문화권에서 청백리를 선발하는 제도는 고려에서 처음 시작되었을 것이다.
ㄴ. 조선시대에 염근리로 선발된 사람은 죽은 후에 청백리라고 불렸을 것이다.
ㄷ. 조선시대에 관리가 장리 대장에 수록되면 본인은 물론 그 자손까지 영향을 받았을 것이다.
ㄹ. 조선시대에 예조의 추천을 받지 못한 사람은 청백리가 될 수 없었을 것이다.

① ㄱ
② ㄴ, ㄷ
③ ㄷ, ㄹ
④ ㄱ, ㄴ, ㄹ
⑤ ㄴ, ㄷ, ㄹ

문 3. 다음 글을 근거로 판단할 때 옳은 것은?

종래의 철도는 일정한 간격으로 된 2개의 강철레일 위를 강철바퀴 차량이 주행하는 것이다. 반면 모노레일은 높은 지주 위에 설치된 콘크리트 빔(beam) 위를 복렬(複列)의 고무타이어 바퀴 차량이 주행하는 것이다. 빔 위에 다시 레일을 고정하고, 그 위를 강철바퀴 차량이 주행하는 모노레일도 있다.

처음으로 실용화된 모노레일은 1880년경 아일랜드의 밸리뷰니온사(社)에서 건설한 것이었다. 1901년에는 현수 장치를 사용하는 모노레일이 등장하였는데, 이 모노레일은 독일 부퍼탈시(市)의 전철교식 복선으로 건설되어 본격적인 운송수단으로서의 역할을 하였다. 그 후 여러 나라에서 각종 모노레일 개발 노력이 이어졌다.

제2차 세계대전이 끝난 뒤 독일의 알베그사(社)를 창설한 베너그렌은 1952년 1/2.5 크기의 시제품을 만들고, 실험과 연구를 거듭하여 1957년 알베그식(式) 모노레일을 완성하였다. 그리고 1958년에는 기존의 강철레일·강철바퀴 방식에서 콘크리트 빔·고무타이어 방식으로 개량하여 최고 속력이 80km/h에 달하는 모노레일이 등장하기에 이르렀다.

프랑스에서도 1950년 말엽 사페즈사(社)가 독자적으로 사페즈식(式) 모노레일을 개발하였다. 이것은 쌍레일 방식과 공기식 타이어차량 운용 경험을 살려 개발한 현수식 모노레일로, 1960년 오를레앙 교외에 시험선(線)이 건설되었다.

① 콘크리트 빔·고무타이어 방식은 1960년대까지 개발되지 않았다.
② 독일에서 모노레일이 본격적인 운송수단 역할을 수행한 것은 1950년대부터이다.
③ 주행에 강철바퀴가 이용되느냐의 여부에 따라 종래의 철도와 모노레일이 구분된다.
④ 아일랜드의 밸리뷰니온사는 오를레앙 교외에 전철교식 복선 모노레일을 건설하였다.
⑤ 베너그렌이 개발한 알베그식 모노레일은 오를레앙 교외에 건설된 사페즈식 모노레일 시험선보다 먼저 완성되었다.

문 4. 다음 글을 근거로 판단할 때, 〈사례〉의 '공공누리 마크' 이용조건에 부합하는 甲의 행위는?

K국 정부는 공공저작물 이용활성화를 위해 '공공누리'라는 표시기준을 정하였고, 공공저작물을 이용하는 사람이 그 이용조건을 쉽게 확인할 수 있도록 '공공누리 마크'를 만들었다. 그 의미는 아래와 같다.

공공누리 마크	이용조건의 의미
⊖OPEN	• 공공저작물을 일정한 조건하에 자유롭게 이용할 수 있다.
출처표시	• 이용하는 공공저작물의 출처를 표시해야 한다. 예컨대 "본 저작물은 ○○공공기관에서 △△년 작성하여 개방한 □□ 저작물을 이용하였음"과 같이 출처를 표시해야 한다.
상업용금지	• 공공저작물의 상업적 이용은 금지되고 비상업적으로만 이용할 수 있다. • 이 마크가 표시되어 있지 않으면, 이용자는 해당 공공저작물을 상업적 및 비상업적으로 이용할 수 있다.
변경금지	• 공공저작물의 변경이 금지된다. 예컨대 공공저작물의 번역·편곡·변형·각색 등이 금지된다. • 이 마크가 표시되어 있지 않으면, 이용자는 해당 공공저작물의 내용이나 형식을 변경하여 이용할 수 있다.

〈사례〉

甲은 환경관련 보고서(이하 '보고서')를 작성하기 위하여 A공공기관이 발간한 「환경백서」에 수록되어 있는 사진(이하 '사진저작물')과 그 설명문을 근거자료로 이용하고자 한다. 「환경백서」에는 다음과 같은 공공누리 마크가 표시되어 있다.

① 출처를 표시하지 않고 사진저작물과 그 설명문을 그대로 보고서에 수록하는 행위
② 사진저작물의 색상을 다른 색상으로 변형하여 이를 보고서에 수록하는 행위
③ 상업적인 목적으로 보고서를 작성하면서 출처를 표시하고 사진저작물과 그 설명문을 그대로 수록하는 행위
④ 비상업적인 목적으로 보고서를 작성하면서 사진저작물을 다른 사진과 합성하여 수록하는 행위
⑤ 출처를 표시하고 사진저작물의 설명문을 영어로 번역하여 그 사진저작물과 번역문을 보고서에 수록하는 행위

문 5. 동산 X를 甲, 乙, 丙 세 사람이 공유하고 있다. 다음 A국의 규정을 근거로 판단할 때, 〈보기〉에서 옳은 것만을 모두 고르면?

제00조(물건의 공유) ① 물건이 지분에 의하여 여러 사람의 소유로 된 때에는 공유로 한다.
② 공유자의 지분은 균등한 것으로 추정한다.
제00조(공유지분의 처분과 공유물의 사용, 수익) 공유자는 자신의 지분을 다른 공유자의 동의 없이 처분할 수 있고 공유물 전부를 지분의 비율로 사용, 수익할 수 있다.
제00조(공유물의 처분, 변경) 공유자는 다른 공유자의 동의 없이 공유물을 처분하거나 변경하지 못한다.
제00조(공유물의 관리, 보존) 공유물의 관리에 관한 사항은 공유자의 지분의 과반수로써 결정한다. 그러나 보존행위는 각자가 할 수 있다.
제00조(지분포기 등의 경우의 귀속) 공유자가 그 지분을 포기하거나 상속인 없이 사망한 때에는 그 지분은 다른 공유자에게 각 지분의 비율로 귀속한다.

〈보기〉

ㄱ. 甲, 乙, 丙은 X에 대해 각자 1/3씩 지분을 갖는 것으로 추정된다.
ㄴ. 甲은 단독으로 X에 대한 보존행위를 할 수 있다.
ㄷ. 甲이 X에 대한 자신의 지분을 처분하기 위해서는 乙과 丙의 동의를 얻어야 한다.
ㄹ. 甲이 상속인 없이 사망한 경우, X에 대한 甲의 지분은 乙과 丙에게 각 지분의 비율에 따라 귀속된다.

① ㄱ, ㄴ
② ㄴ, ㄷ
③ ㄷ, ㄹ
④ ㄱ, ㄴ, ㄹ
⑤ ㄱ, ㄷ, ㄹ

문 6. 다음 글을 근거로 판단할 때, 〈사례〉에서 甲이 乙에게 지급을 청구하여 받을 수 있는 최대 손해배상액은?

채무자가 고의 또는 과실로 인하여 채무의 내용에 따른 이행을 하지 않으면 채권자는 채무자에게 손해배상을 청구할 수 있다. 채권자가 채무불이행을 이유로 채무자로부터 손해배상을 받으려면 손해의 발생사실과 손해액을 증명하여야 하는데, 증명의 어려움을 해소하기 위해 손해배상액을 예정하는 경우가 있다.

손해배상액의 예정은 장래의 채무불이행 시 지급해야 할 손해배상액을 사전에 정하는 약정을 말한다. 채권자와 채무자 사이에 손해배상액의 예정이 있으면 채권자는 실손해액과 상관없이 예정된 배상액을 청구할 수 있지만, 실손해액이 예정액을 초과하더라도 그 초과액을 배상받을 수 없다. 그리고 손해배상액을 예정한 사유가 아닌 다른 사유로 발생한 손해에 대해서는 손해배상액 예정의 효력이 미치지 않는다. 따라서 이로 인한 손해를 배상받으려면 별도로 손해의 발생사실과 손해액을 증명해야 한다.

〈사례〉

甲과 乙은 다음과 같은 공사도급계약을 체결하였다.

○ 계약당사자: 甲(X건물 소유주) / 乙(건축업자)
○ 계약내용: X건물의 리모델링
○ 공사대금: 1억 원
○ 공사기간: 2015. 10. 1. ~ 2016. 3. 31.
○ 손해배상액의 예정: 공사기간 내에 X건물의 리모델링을 완료하지 못할 경우, 지연기간 1일당 위 공사대금의 0.1%를 乙이 甲에게 지급

그런데 乙의 과실로 인해 X건물 리모델링의 완료가 30일이 지연되었고, 이로 인해 甲은 500만 원의 손해를 입었다. 또한 乙이 고의로 불량자재를 사용하여 부실공사가 이루어졌고, 이로 인해 甲은 1,000만 원의 손해를 입었다. 甲은 각각의 손해 발생사실과 손해액을 증명하여 乙에게 손해배상을 청구하였다.

① 500만 원
② 800만 원
③ 1,300만 원
④ 1,500만 원
⑤ 1,800만 원

문 7. 다음 글과 〈상황〉을 근거로 판단할 때 옳은 것은?

K국의 현행법상 상속인으로는 혈족상속인과 배우자상속인이 있다. 제1순위 상속인은 피상속인의 직계비속이며, 직계비속이 없는 경우 직계존속이 상속인이 된다. 태아는 사산되어 출생하지 못한 경우를 제외하고 상속인이 된다. 배우자는 직계비속과 동순위로 공동상속인이 되고, 직계비속이 없는 경우에 피상속인의 직계존속과 공동상속인이 되며, 피상속인에게 직계비속과 직계존속이 없으면 단독상속인이 된다. 현행 상속분 규정은 상속재산을 배우자에게 직계존속·직계비속보다 50%를 더 주도록 정하고 있다. 예를 들어 상속인이 배우자(X)와 2명의 자녀(Y, Z)라면, '1.5(X):1(Y):1(Z)'의 비율로 상속이 이루어진다.

그런데 K국에서는 부부의 공동재산 기여분을 보장하기 위한 차원에서 상속법 개정을 추진하고 있다. '개정안'은 상속재산의 절반을 배우자에게 우선 배분하고, 나머지 절반은 현행 규정대로 배분하는 내용을 골자로 한다. 즉, 피상속인이 사망하였을 경우 상속재산의 50%를 그 배우자에게 먼저 배분하고, 이를 제외한 나머지 50%에 대해서는 다시 현행법상의 비율대로 상속이 이루어진다.

─〈상황〉─

甲은 심장마비로 갑자기 사망하였다. 甲의 유족으로는 어머니 A, 배우자 B, 아들 C, 딸 D가 있고, B는 현재 태아 E를 임신 중이다. 甲은 9억 원의 상속재산을 남겼다.

① 현행법에 의하면, E가 출생한 경우 B는 30% 이하의 상속분을 갖게 된다.
② 개정안에 의하면, E가 출생한 경우 B는 6억 원을 상속받게 된다.
③ 현행법에 의하면, E가 사산된 경우 B는 3억 원을 상속받게 된다.
④ 개정안에 의하면, E가 사산된 경우 B는 4억 원을 상속받게 된다.
⑤ 개정안에 의하면, E의 사산 여부에 관계없이 B가 상속받게 되는 금액은 현행법에 의할 때보다 50% 증가한다.

문 8. 다음 〈설명〉을 근거로 〈수식〉을 계산한 값은?

─〈설명〉─

연산자 A, B, C, D는 다음과 같이 정의한다.
A: 좌우에 있는 두 수를 더한다. 단, 더한 값이 10 미만이면 좌우에 있는 두 수를 곱한다. (예: 2 A 3 = 6)
B: 좌우에 있는 두 수 가운데 큰 수에서 작은 수를 뺀다. 단, 두 수가 같거나 뺀 값이 10 미만이면 두 수를 곱한다.
C: 좌우에 있는 두 수를 곱한다. 단, 곱한 값이 10 미만이면 좌우에 있는 두 수를 더한다.
D: 좌우에 있는 두 수 가운데 큰 수를 작은 수로 나눈다. 단, 두 수가 같거나 나눈 값이 10 미만이면 두 수를 곱한다.

※ 연산은 '( )', '{ }'의 순으로 한다.

─〈수식〉─

{(1 A 5) B (3 C 4)} D 6

① 10
② 12
③ 90
④ 210
⑤ 360

문 9. 다음 글과 〈상황〉을 근거로 판단할 때, 〈보기〉에서 옳은 것만을 모두 고르면?

A국 사람들은 아래와 같이 한 손으로 1부터 10까지의 숫자를 표현한다.

숫자	1	2	3	4	5
펼친 손가락 개수	1개	2개	3개	4개	5개
펼친 손가락 모양					
숫자	6	7	8	9	10
펼친 손가락 개수	2개	3개	2개	1개	2개
펼친 손가락 모양					

〈상황〉

A국에 출장을 간 甲은 A국의 언어를 하지 못하여 물건을 살 때 상인의 손가락을 보고 물건의 가격을 추측한다. A국 사람의 숫자 표현법을 제대로 이해하지 못한 甲은 상인이 금액을 표현하기 위해 펼친 손가락 1개당 1원씩 돈을 지불하려고 한다. (단, 甲은 하나의 물건을 구매하며, 물건의 가격은 최소 1원부터 최대 10원까지라고 가정한다)

〈보기〉

ㄱ. 물건의 가격과 甲이 지불하려는 금액이 일치했다면, 물건의 가격은 5원 이하이다.

ㄴ. 상인이 손가락 3개를 펼쳤다면, 물건의 가격은 최대 7원이다.

ㄷ. 물건의 가격과 甲이 지불하려는 금액이 8원 만큼 차이가 난다면, 물건의 가격은 9원이거나 10원이다.

ㄹ. 甲이 물건의 가격을 초과하는 금액을 지불하려는 경우가 발생할 수 있다.

① ㄱ, ㄴ
② ㄷ, ㄹ
③ ㄱ, ㄴ, ㄷ
④ ㄱ, ㄷ, ㄹ
⑤ ㄴ, ㄷ, ㄹ

문 10. 다음 글을 근거로 판단할 때, 사자바둑기사단이 선발할 수 있는 출전선수 조합의 총 가짓수는?

○ 사자바둑기사단과 호랑이바둑기사단이 바둑시합을 한다.
○ 시합은 일대일 대결로 총 3라운드로 진행되며, 한 명의 선수는 하나의 라운드에만 출전할 수 있다.
○ 호랑이바둑기사단은 1라운드에는 甲을, 2라운드에는 乙을, 3라운드에는 丙을 출전시킨다.
○ 사자바둑기사단은 각 라운드별로 이길 수 있는 확률이 0.6 이상이 되도록 7명의 선수(A~G) 중 3명을 선발한다.
○ A~G가 甲, 乙, 丙에 대하여 이길 수 있는 확률은 다음 〈표〉와 같다.

〈표〉

선수	甲	乙	丙
A	0.42	0.67	0.31
B	0.35	0.82	0.49
C	0.81	0.72	0.15
D	0.13	0.19	0.76
E	0.66	0.51	0.59
F	0.54	0.28	0.99
G	0.59	0.11	0.64

① 18가지
② 17가지
③ 16가지
④ 15가지
⑤ 14가지

문 11. 다음 글을 근거로 판단할 때 옳은 것은?

2009년 미국의 설탕, 옥수수 시럽, 기타 천연당의 1인당 연평균 소비량은 140파운드로 독일, 프랑스보다 50%가 많았고, 중국보다는 9배가 많았다. 그런데 설탕이 비만을 야기하고 당뇨병 환자의 건강에 해롭다는 인식이 확산되면서 사카린과 같은 인공감미료의 수요가 증가하였다.

세계 최초의 인공감미료인 사카린은 1879년 미국 존스 홉킨스 대학에서 화학물질의 산화반응을 연구하다가 우연히 발견됐다. 당도가 설탕보다 약 500배 정도 높은 사카린은 대표적인 인공감미료로 체내에서 대사되지 않고 그대로 배출된다는 특징이 있다. 그런데 1977년 캐나다에서 쥐를 대상으로 한 사카린 실험 이후 유해성 논란이 촉발되었다. 사카린을 섭취한 쥐가 방광암에 걸렸기 때문이다. 그러나 사카린의 무해성을 입증한 다양한 연구결과로 인해 2001년 미국 FDA는 사카린을 다시 안전한 식품첨가물로 공식 인정하였고, 현재도 설탕의 대체재로 사용되고 있다.

아스파탐은 1965년 위궤양 치료제를 개발하던 중 우연히 발견된 인공감미료로 당도가 설탕보다 약 200배 높다. 그러나 아스파탐도 발암성 논란이 끊이지 않았다. 미국 암협회가 안전하다고 발표했지만 이탈리아의 한 과학자가 쥐를 대상으로 한 실험에서 아스파탐이 암을 유발한다고 결론 내렸기 때문이다.

① 사카린과 아스파탐은 설탕보다 당도가 높고, 사카린은 아스파탐보다 당도가 높다.

② 사카린과 아스파탐은 모두 설탕을 대체하기 위해 거액을 투자해 개발한 인공감미료이다.

③ 사카린은 유해성 논란으로 현재 미국에서는 더 이상 식품첨가물로 사용되지 않을 것이다.

④ 2009년 기준 중국의 설탕, 옥수수 시럽, 기타 천연당의 1인당 연평균 소비량은 20파운드 이상이었을 것이다.

⑤ 아스파탐은 암 유발 논란에 휩싸였지만, 2001년 미국 FDA로부터 안전한 식품첨가물로 처음 공식 인정받았다.

문 12. 다음 글을 근거로 판단할 때, 〈보기〉에서 옳은 것만을 모두 고르면?

조선시대 지방행정제도는 기본적으로 8도(道) 아래 부(府), 대도호부(大都護府), 목(牧), 도호부(都護府), 군(郡), 현(縣)을 두는 체제였다. 이들 지방행정기관은 6조(六曹)를 중심으로 한 중앙행정기관의 지시를 받았으나 중앙행정기관의 완전한 하부기관은 아니었다. 지방행정기관도 중앙행정기관과 같이 왕에 직속되어 있었기 때문에 중앙행정기관과 의견이 다르거나 쟁의가 있을 때는 왕의 재결을 바로 품의(稟議)할 수 있었다.

지방행정기관의 장으로는 도에 관찰사(觀察使), 부에 부윤(府尹), 대도호부에 대도호부사(大都護府使), 목에 목사(牧使), 도호부에 도호부사(都護府使), 군에 군수(郡守), 그리고 현에 현감(縣監)을 두었다. 관찰사는 도의 행정·군사·사법에 관한 전반적인 사항을 다스리고, 관내의 지방행정기관장을 지휘·감독하는 일을 하였다. 제도 시행 초기에 관찰사는 순력(巡歷)이라 하여 일정한 사무소를 두지 않고 각 군·현을 순례하면서 지방행정을 감시하였으나, 나중에는 고정된 근무처를 가지게 되었다. 관찰사를 제외한 지방행정기관장은 수령(首領)으로 통칭되었는데, 이들 역시 행정업무와 함께 일정한 수준의 군사·사법업무를 같이 담당하였다.

중앙에서는 파견한 지방행정기관장에 대한 관리와 감독을 철저히 했다. 권력남용 등의 부조리나 지방세력과 연합하여 독자세력으로 발전하는 것을 막기 위한 조치였다. 일례로 관찰사의 임기를 360일로 제한하여 지방토호나 지방영주로 변질되는 것을 막고자 하였다.

〈보기〉

ㄱ. 조선시대 지방행정기관은 왕의 직속기관이었을 것이다.

ㄴ. 지방행정기관의 우두머리라는 의미에서 관찰사를 수령이라고 불렀을 것이다.

ㄷ. 군수와 현감은 행정업무뿐만 아니라 군사업무와 사법업무도 담당했을 것이다.

ㄹ. 관찰사의 임기를 제한한 이유 중 하나는 지방세력과 연합하여 독자세력으로 발전하는 것을 막으려는 것이었다.

① ㄱ, ㄴ
② ㄱ, ㄹ
③ ㄴ, ㄷ
④ ㄱ, ㄷ, ㄹ
⑤ ㄴ, ㄷ, ㄹ

문 13. 다음 글을 근거로 판단할 때 옳은 것은?

이슬람권 국가에서는 여성들이 베일을 쓴 모습을 흔히 볼 수 있다. 그런데 이슬람교 경전인 코란이 여성의 정숙함을 강조하지만, 베일로 얼굴을 감싸는 것을 의무로 규정하고 있는 것은 아니다. 겸허한 태도를 지키고 몸의 윤곽, 그것도 얼굴이 아니라 상반신을 베일로 가리라고 충고할 뿐이다. 베일로 얼굴을 감싸는 관습은 코란에 따른 의무라기보다는, 예전부터 존재했던 겸허와 존중의 표시였다.

날씨가 더운 나라의 여성들도 베일을 착용하였는데, 남성에 대한 순종의 의미보다 햇볕이나 사막의 뜨거운 모래바람으로부터 얼굴을 보호하려는 것이 목적이었다. 이란의 반다르 에아바스에 사는 수니파 여성들은 얼굴 보호를 위해 자수 장식이 있는 두꺼운 면직물로 된 붉은색 마스크를 썼다. 이것도 이슬람 전통이 정착되기 전부터 존재했을 가능성이 크다. 사우디아라비아의 베두인족 여성들은 은과 진주로 장식한 천이나 가죽 소재의 부르카로 얼굴 전체를 감쌌다. 부르카 위에 다시 커다란 검은색 베일을 쓰기도 했다.

외부 침입이 잦은 일부 지역에서 베일은 낯선 이방인의 시선으로부터 자신을 보호하는 수단으로 사용됐다. 북아프리카의 투아레그족 남자들이 리탐이라고 부르는 남색의 면직물로 된 큰 베일을 썼던 것이 그 예이다. 전설에 따르면 전쟁에서 패하고 돌아온 투아레그족 남자들이 수치심 때문에 머리에 감았던 터번으로 얼굴을 가리고 다녔는데, 그 뒤로는 타인의 시선으로부터 자신을 보호하기 위해 계속해서 얼굴을 감싸게 되었다고 한다.

① 베일은 여성만 착용하는 것으로 남성에 대한 겸허의 의미를 담고 있었을 것이다.

② 반다르 에아바스 지역의 수니파 여성들은 은으로 장식한 가죽으로 얼굴을 감쌌을 것이다.

③ 이슬람권 여성이 베일로 얼굴을 감싸는 것은 코란의 의무규정으로부터 시작되었을 것이다.

④ 타인의 시선으로부터 자신을 보호하는 것도 사람들이 베일을 쓰는 이유 중 하나였을 것이다.

⑤ 사우디아라비아 베두인족 여성의 부르카와 북아프리카 투아레그족의 리탐은 모두 가죽 소재로 만들었을 것이다.

문 14. 다음 글을 근거로 판단할 때 옳은 것은?

아파트를 분양받을 경우 전용면적, 공용면적, 공급면적, 계약면적, 서비스면적이라는 용어를 자주 접하게 된다.

전용면적은 아파트의 방이나 거실, 주방, 화장실 등을 모두 포함한 면적으로, 개별 세대 현관문 안쪽의 전용 생활공간을 말한다. 다만 발코니 면적은 전용면적에서 제외된다.

공용면적은 주거공용면적과 기타공용면적으로 나뉜다. 주거공용면적은 세대가 거주를 위하여 공유하는 면적으로 세대가 속한 건물의 공용계단, 공용복도 등의 면적을 더한 것을 말한다. 기타공용면적은 주거공용면적을 제외한 지하층, 관리사무소, 노인정 등의 면적을 더한 것이다.

공급면적은 통상적으로 분양에 사용되는 용어로 전용면적과 주거공용면적을 더한 것이다. 계약면적은 공급면적과 기타공용면적을 더한 것이다. 서비스면적은 발코니 같은 공간의 면적으로 전용면적과 공용면적에서 제외된다.

① 발코니 면적은 계약면적에 포함된다.

② 관리사무소 면적은 공급면적에 포함된다.

③ 계약면적은 전용면적, 주거공용면적, 기타공용면적을 더한 것이다.

④ 공용계단과 공용복도의 면적은 공급면적에 포함되지 않는다.

⑤ 개별 세대 내 거실과 주방의 면적은 주거공용면적에 포함된다.

문 15. 다음 A국의 규정을 근거로 판단할 때 옳은 것은?

제00조 ① 법령 등을 제정·개정 또는 폐지(이하 "입법"이라 한다)하려는 경우에는 해당 입법안을 마련한 행정청은 이를 예고하여야 한다. 다만, 다음 각 호의 어느 하나에 해당하는 경우에는 예고를 하지 아니할 수 있다.

1. 신속한 국민의 권리 보호 또는 예측 곤란한 특별한 사정의 발생 등으로 입법이 긴급을 요하는 경우
2. 상위 법령 등의 단순한 집행을 위한 경우
3. 예고함이 공공의 안전 또는 복리를 현저히 해칠 우려가 있는 경우

② 법제처장은 입법예고를 하지 아니한 법령안의 심사 요청을 받은 경우에 입법예고를 하는 것이 적당하다고 판단할 때에는 해당 행정청에 입법예고를 권고하거나 직접 예고할 수 있다.

제00조 ① 행정청은 입법안의 취지, 주요 내용 또는 전문(全文)을 관보·공보나 인터넷·신문·방송 등을 통하여 널리 공고하여야 한다.

② 행정청은 입법예고를 할 때에 입법안과 관련이 있다고 인정되는 중앙행정기관, 지방자치단체, 그 밖의 단체 등이 예고사항을 알 수 있도록 예고사항을 통지하거나 그 밖의 방법으로 알려야 한다.

③ 행정청은 예고된 입법안의 전문에 대한 열람 또는 복사를 요청받았을 때에는 특별한 사유가 없으면 그 요청에 따라야 하며, 복사에 드는 비용을 복사를 요청한 자에게 부담시킬 수 있다.

---

① 행정청은 신속한 국민의 권리 보호를 위해 입법이 긴급을 요하는 경우 입법예고를 하지 않을 수 있다.

② 행정청은 예고된 입법안 전문에 대한 복사 요청을 받은 경우 복사에 드는 비용을 부담하여야만 한다.

③ 행정청은 법령의 단순한 집행을 위해 그 하위 법령을 개정하는 경우 입법예고를 하여야만 한다.

④ 법제처장은 입법예고를 하지 않은 법령안의 심사를 요청받은 경우 그 법령안의 입법예고를 직접 할 수 없다.

⑤ 행정청은 법령을 폐지하는 경우 입법예고를 하지 않는다.

문 16. 다음 글을 근거로 판단할 때 옳은 것은?

토지와 그 정착물을 부동산이라 하고, 부동산 이외의 물건을 동산이라 한다. 계약(예: 매매, 증여 등)에 의하여 부동산의 소유권을 취득하려면 양수인(예: 매수인, 수증자) 명의로 소유권이전등기를 마쳐야 한다. 반면에 상속·공용징수(강제수용)·판결·경매나 그 밖의 법률규정에 의하여 부동산의 소유권을 취득하는 경우에는 등기를 필요로 하지 않는다. 다만 등기를 하지 않으면 그 부동산을 처분하지 못한다. 한편 계약에 의하여 동산의 소유권을 취득하려면 양도인(예: 매도인, 증여자)이 양수인에게 그 동산을 인도하여야 한다.

---

① 甲이 자신의 부동산 X를 乙에게 1억 원에 팔기로 한 경우, 乙이 甲에게 1억 원을 지급할 때 부동산 X의 소유권을 취득한다.

② 甲의 부동산 X를 경매를 통해 취득한 乙이 그 부동산을 丙에게 증여하고 인도하면, 丙은 소유권이전등기 없이 부동산 X의 소유권을 취득한다.

③ 甲이 점유하고 있는 자신의 동산 X를 乙에게 증여하기로 한 경우, 甲이 乙에게 동산 X를 인도하지 않더라도 乙은 동산 X의 소유권을 취득한다.

④ 甲의 상속인으로 乙과 丙이 있는 경우, 乙과 丙이 상속으로 甲의 부동산 X에 대한 소유권을 취득하려면 乙과 丙 명의로 소유권이전등기를 마쳐야 한다.

⑤ 甲과의 부동산 X에 대한 매매계약에 따라 乙이 甲에게 매매대금을 지급하였더라도 乙 명의로 부동산 X에 대한 소유권이전등기를 마치지 않은 경우, 乙은 그 소유권을 취득하지 못한다.

문 17. 다음 글을 근거로 판단할 때, A에 해당하는 숫자는?

□ △△원자력발전소에서 매년 사용후핵연료봉(이하 '폐연료봉'이라 한다)이 50,000개씩 발생하고, 이를 저장하기 위해 발전소 부지 내 2가지 방식(습식과 건식)의 임시저장소를 운영

1. 습식저장소
   - 원전 내 저장수조에서 물을 이용하여 폐연료봉의 열을 냉각시키고 방사선을 차폐하는 저장방식으로 총 100,000개의 폐연료봉 저장 가능
2. 건식저장소
   ○ X 저장소
   - 원통형의 커다란 금속 캔에 폐연료봉을 저장하는 방식으로 총 300기의 캐니스터로 구성되고, 한 기의 캐니스터는 9층으로 이루어져 있으며, 한 개의 층에 60개의 폐연료봉 저장 가능
   ○ Y 저장소
   - 기체로 열을 냉각시키고 직사각형의 콘크리트 내에 저장함으로써 방사선을 차폐하는 저장방식으로 이 방식을 이용하여 저장소 내에 총 138,000개의 폐연료봉 저장 가능

□ 현재 습식저장소는 1개로 저장용량의 50%가 채워져 있고, 건식저장소 X, Y는 각각 1개로 모두 비어 있는 상황
□ 따라서 발생하는 폐연료봉의 양이 항상 일정하다고 가정하면, △△원자력발전소에서 최대 (A)년 동안 발생하는 폐연료봉을 현재의 임시저장소에 저장 가능

① 3   ② 4   ③ 5
④ 6   ⑤ 7

문 18. 다음 글과 〈상황〉을 근거로 판단할 때, 甲이 둘째 딸에게 물려주려는 땅의 크기는?

한 도형이 다른 도형과 접할 때, 안쪽에서 접하는 것을 내접, 바깥쪽에서 접하는 것을 외접이라고 한다. 이를테면 한 개의 원이 다각형의 모든 변에 접할 때, 그 다각형은 원에 외접한다고 하며 원은 다각형에 내접한다고 한다. 한편 원이 한 다각형의 각 꼭짓점을 모두 지날 때 그 원은 다각형에 외접한다고 하며, 다각형은 원에 내접한다고 한다. 정다각형은 반드시 내접원과 외접원을 가지게 된다.

〈상황〉

甲은 죽기 전 자신이 가진 가로와 세로가 각각 100m인 정사각형의 땅을 다음과 같이 나누어 주겠다는 유서를 작성하였다.

"내 전 재산인 정사각형의 땅에 내접하는 원을 그리고, 다시 그 원에 내접하는 정사각형을 그린다. 그 내접하는 정사각형에 해당하는 땅을 첫째 딸에게 주고, 나머지 부분은 둘째 딸에게 물려준다."

① 4,000m²   ② 5,000m²   ③ 6,000m²
④ 7,000m²   ⑤ 8,000m²

문 19. 다음 글과 〈평가 결과〉를 근거로 판단할 때, 〈보기〉에서 옳은 것만을 모두 고르면?

X국에서는 현재 정부 재정지원을 받고 있는 복지시설(A~D)을 대상으로 다섯 가지 항목(환경개선, 복지관리, 복지지원, 복지성과, 중장기 발전계획)에 대한 종합적인 평가를 진행하였다.

평가점수의 총점은 각 평가항목에 대해 해당 시설이 받은 점수와 해당 평가항목별 가중치를 곱한 것을 합산하여 구하고, 총점 90점 이상은 1등급, 80점 이상 90점 미만은 2등급, 70점 이상 80점 미만은 3등급, 70점 미만은 4등급으로 한다.

평가 결과, 1등급 시설은 특별한 조치를 취하지 않으며, 2등급 시설은 관리 정원의 5%를, 3등급 이하 시설은 관리 정원의 10%를 감축해야 하고, 4등급을 받으면 정부의 재정지원도 받을 수 없다.

〈평가 결과〉

평가항목(가중치)	A시설	B시설	C시설	D시설
환경개선(0.2)	90	90	80	90
복지관리(0.2)	95	70	65	70
복지지원(0.2)	95	70	55	80
복지성과(0.2)	95	70	60	60
중장기 발전계획(0.2)	90	95	50	65

〈보기〉

ㄱ. A시설은 관리 정원을 감축하지 않아도 된다.
ㄴ. B시설은 관리 정원을 감축해야 하나 정부의 재정지원은 받을 수 있다.
ㄷ. 만약 평가항목에서 환경개선의 가중치를 0.3으로, 복지성과의 가중치를 0.1로 바꾼다면 C시설은 정부의 재정지원을 받을 수 있다.
ㄹ. D시설은 관리 정원을 감축해야 하고 정부의 재정지원도 받을 수 없다.

① ㄱ, ㄴ   ② ㄴ, ㄹ   ③ ㄷ, ㄹ
④ ㄱ, ㄴ, ㄷ   ⑤ ㄱ, ㄷ, ㄹ

문 20. 다음 글을 근거로 판단할 때, 〈보기〉에서 옳은 것만을 모두 고르면?

甲과 乙이 '사냥게임'을 한다. 1, 2, 3, 4의 번호가 매겨진 4개의 칸이 아래와 같이 있다.

1	2	3	4

여기에 甲은 네 칸 중 괴물이 위치할 연속된 두 칸을 정하고, 乙은 네 칸 중 화살이 명중할 하나의 칸을 정한다. 甲과 乙은 동시에 자신들이 정한 칸을 말한다. 그 결과 화살이 괴물이 위치하는 칸에 명중하면 乙이 승리하고, 명중하지 않으면 甲이 승리한다.

예를 들면 甲이 [1][2], 乙이 [1] 또는 [2]를 선택한 경우 괴물이 화살에 맞은 것으로 간주하여 乙이 승리한다. 만약 甲이 [1][2], 乙이 [3] 또는 [4]를 선택했다면 괴물이 화살을 피한 것으로 간주하여 甲이 승리한다.

〈보기〉

ㄱ. 괴물이 위치할 칸을 甲이 무작위로 정할 경우 乙은 [1]보다는 [2]를 선택하는 것이 승리할 확률이 높다.

ㄴ. 화살이 명중할 칸을 乙이 무작위로 정할 경우 甲은 [2][3]보다는 [3][4]를 선택하는 것이 승리할 확률이 높다.

ㄷ. 이 게임에서 甲이 선택할 수 있는 대안은 3개이고 乙이 선택할 수 있는 대안은 4개이므로 乙이 이기는 경우의 수가 더 많다.

① ㄱ

② ㄴ

③ ㄷ

④ ㄱ, ㄴ

⑤ ㄱ, ㄷ

문 21. 다음 글을 근거로 판단할 때, 1단계에서 甲이 나눈 두 묶음의 구슬 개수로 옳은 것은?

甲은 아래 세 개의 단계를 순서대로 거쳐 16개의 구슬을 네 묶음으로 나누었다. 네 묶음의 구슬 개수는 각각 1개, 5개, 5개, 5개이다.
○ 1단계: 16개의 구슬을 두 묶음으로 나누어, 한 묶음의 구슬 개수가 다른 묶음의 구슬 개수의 n배(n은 자연수)가 되도록 했다.
○ 2단계: 5개 이상의 구슬이 있던 한 묶음에서 다른 묶음으로 5개의 구슬을 옮겼다.

○ 3단계: 두 묶음을 각각 두 묶음씩으로 다시 나누어 총 네 묶음이 되도록 했다.

① 8개, 8개

② 11개, 5개

③ 12개, 4개

④ 14개, 2개

⑤ 15개, 1개

문 22. 다음 글을 근거로 판단할 때 옳지 않은 것은?

甲은 〈가격표〉를 참고하여 〈조건〉에 따라 동네 치킨 가게(A~D)에서 치킨을 배달시켰다.

〈조건〉

조건 1. 프라이드치킨, 양념치킨, 간장치킨을 한 마리씩 주문한다.
조건 2. 동일한 가게에 세 마리를 주문하지 않는다.
조건 3. 주문금액(치킨 가격 + 배달료)의 총 합계가 최소가 되도록 한다.

〈가격표〉

(단위: 원)

동네 치킨 가게	치킨 가격 (마리당 가격)			배달료	배달가능 최소금액
	프라이드 치킨	양념 치킨	간장 치킨		
A	7,000	8,000	9,000	0	10,000
B	7,000	7,000	10,000	2,000	5,000
C	5,000	8,000	8,000	1,000	7,000
D	8,000	8,000	8,000	1,000	5,000

※ 배달료는 가게당 한 번만 지불한다.

① A가게에는 주문하지 않았다.

② 총 주문금액은 23,000원이다.

③ 주문이 가능한 경우의 조합은 총 네 가지이다.

④ B가게가 휴업했더라도 총 주문금액은 달라지지 않는다.

⑤ '조건 2'를 고려하지 않는다면 총 주문금액은 22,000원이다.

문 23. 다음 글을 근거로 판단할 때, 〈보기〉에서 옳은 것만을 모두 고르면?

○ 'ㅇㅇ코드'는 아래 그림과 같이 총 25칸(5 × 5)으로 이루어져 있으며, 각 칸을 흰색으로 채우거나 검정색으로 채우는 조합에 따라 다른 코드가 만들어진다.

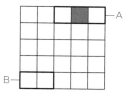

○ 상단 오른쪽의 3칸(A)은 항상 '흰색 − 검정색 − 흰색'으로 ㅇㅇ 코드의 고유표시를 나타낸다.
○ 하단 왼쪽의 2칸(B)은 코드를 제작한 지역을 표시하는 것으로 전 세계를 총 4개의 지역으로 분류하고, 甲지역은 '흰색 − 흰색'으로 표시한다.

※ 코드를 회전시키는 경우는 고려하지 않는다.

〈보기〉

ㄱ. 甲지역에서 만들 수 있는 코드 개수는 100만 개를 초과한다.
ㄴ. 甲지역에서 만들 수 있는 코드와 다른 지역에서 만들 수 있는 코드는 최대 20칸이 동일하다.
ㄷ. 각 칸을 기존의 흰색과 검정색뿐만 아니라 빨간색과 파란색으로도 채울 수 있다면, 만들 수 있는 코드 개수는 기존보다 100만 배 이상 증가한다.
ㄹ. 만약 상단 오른쪽의 3칸(A)도 다른 칸과 마찬가지로 코드 만드는 것에 사용토록 개방한다면, 만들 수 있는 코드 개수는 기존의 6배로 증가한다.

① ㄱ, ㄴ
② ㄱ, ㄷ
③ ㄴ, ㄹ
④ ㄱ, ㄷ, ㄹ
⑤ ㄴ, ㄷ, ㄹ

문 24. 다음 〈조건〉을 따를 때, 5에 인접한 숫자를 모두 더한 값은? (단, 숫자가 인접한다는 것은 숫자가 쓰인 칸이 인접함을 의미한다)

〈조건〉

○ 1 ~ 10까지의 자연수를 모두 사용하여, 〈숫자판〉의 각 칸에 하나의 자연수를 쓴다. 단, 6과 7은 〈숫자판〉에 쓰여 있다.
○ 1은 소수와만 인접한다.
○ 2는 모든 홀수와 인접한다.
○ 3에 인접한 숫자를 모두 더하면 16이 된다.
○ 5는 가장 많은 짝수와 인접한다.
○ 10은 어느 짝수와도 인접하지 않는다.

※ 소수: 1과 자신만을 약수로 갖는 자연수

〈숫자판〉

7   6

① 22
② 23
③ 24
④ 25
⑤ 26

문 25. 다음 글을 근거로 판단할 때 옳지 <u>않은</u> 것은?

○○군에서는 관내 임업인 중 정부 보조금 지원 대상자를 선정하기 위하여 〈평가기준〉을 홈페이지에 게시하였다. 이에 임업인 甲, 乙, 丙, 丁이 관련 서류를 완비하여 보조금 지원을 신청하였으며, ○○군은 평가를 거쳐 〈선정결과〉를 발표하였다.

〈평가기준〉

구분	평가항목	배점기준		배점	평가자료
1	보조금 수급 이력	없음		40	정부 보유자료
		있음	3백만 원 미만	26	
			3백만 원 이상	10	
2	임산물 판매규모	2천만 원 이상		30	2015년 연간 판매액 증빙자료
		1천만 원 이상 2천만 원 미만		25	
		5백만 원 이상 1천만 원 미만		19	
		5백만 원 미만		12	
3	전문임업인	해당		10	군청 보유자료
		해당 없음		5	
4	임산물 관련 교육 이수	해당		10	이수증, 수료증
		해당 없음		5	
5	2015년 산림청 통계조사 표본농가	해당		10	산림청 보유자료
		해당 없음		7	

□ 선정기준: 평가기준에 따른 총점이 가장 높은 임업인 1인
□ 임업인이 제출해야 할 서류
　○ 2번 항목: 2015년 임산물 판매 영수증, 세금계산서
　○ 4번 항목: 이수증 또는 수료증
□ 선정제외 대상: 보조금을 부당하게 사용하였거나 관련 법령을 위반한 자
□ 동점 시 우선 선정기준
　1. 보조금 수급 이력 점수가 높은 자
　2. 임산물 판매규모 점수가 높은 자
　3. 연령이 높은 자

〈선정결과〉

항목 임업인	1	2	3	4	5	총점	선정 여부
甲	40	25	10	5	7	87	×
乙	40	19	5	10	10	84	×
丙	40	19	10	5	10	84	○
丁	26	30	5	10	7	78	×

① 甲은 관련 법령을 위반한 적이 있을 것이다.

② 甲과 丁은 2015년 산림청통계조사 표본농가에 포함되지 않았을 것이다.

③ 乙이 관련 법령위반 경력이 없다면, 丙은 乙보다 연령이 높을 것이다.

④ 丁은 300만 원 이상에 해당되는 보조금 수급 이력 서류를 제출하였을 것이다.

⑤ 乙과 丁은 임산물 관련 교육 이수 사실 증명을 위해 이수증이나 수료증을 제출하였을 것이다.

※ 수고하셨습니다.

※ 기출문제편 맨 마지막에 있는 OMR 카드에 마킹을 하세요.

정답과 분석해설편 ▶ P.411

2015년 7월 25일 시행

2015년도 국가공무원
5급 및 7급 민간경력자 일괄채용 필기시험

응시번호	
성 명	

문제책형
㉑ 책형

【시 험 과 목】

제1영역	언어논리
제2영역	자료해석
제3영역	상황판단

<< 응시자 주의사항 >>

1. 시험시작 전에 시험문제를 열람하는 행위와 시험종료 후 답안지를 작성하는 행위는 공무원임용시험령 제51조에 의거 부정행위자로 처리됩니다.

2. 답안지 책형란의 책형표기는 시험시작 전 문제책 표지 앞면에 인쇄된 책형을 확인한 후 표기하시기 바랍니다.

3. 시험시작 즉시 과목편철 순서, 문제누락 여부, 인쇄상태 이상 유무 및 표지와 개별과목의 문제책형 일치여부 등을 확인한 후 문제책 표지에 응시번호, 성명을 기재합니다.

4. 시험이 시작되면 문제를 주의 깊게 읽은 후, 문항의 취지에 가장 적합한 하나의 정답만을 고르며, 문제내용에 관한 질문은 받지 않습니다.

5. 시험시간관리의 책임은 전적으로 수험생 본인에게 있습니다. 시험감독관의 시험종료 예고시간 고지 안내 및 시험실 내 비치된 시계가 있는 경우라도 시간이 정확하지 않을 수 있으니 본인의 시계로 반드시 확인하시기 바랍니다.

6. 시험시간은 영역별 60분씩입니다.

제1영역 언어논리

1초 합격예측! 모바일 성적결과분석표 발급 서비스

 QR 코드로 접속하여 문제 풀이 시간을 측정하고, 자동채점 & 성적결과분석 서비스를 통해 지금 바로 실력을 점검해 보세요.
◀ http://eduwill.kr/kvU6

| 풀이 시간 | • 시작: ＿＿시 ＿＿분 ~ 종료: ＿＿시 ＿＿분 |
| | • 총 : ＿＿분 |

문 1. 다음 글에서 알 수 있는 것만을 〈보기〉에서 모두 고르면?

공직의 기강은 상령하행(上令下行)만을 일컫는 것이 아니다. 법으로 규정된 직분을 지켜 위에서 명령하고 아래에서 따르되, 그 명령이 공공성에 기반한 국가 법제를 벗어나지 않았을 때 기강은 바로 설 수 있다. 만약 명령이 법 바깥의 사적인 것인데 그것을 수행한다면 이는 상령하행의 원칙을 잘못 이해한 것이다. 무릇 고위의 상급자라 하더라도 그가 한 개인으로서 하급자를 반드시 복종하게 할 권위가 있는 것은 아니다. 권위는 오직 그 명령이 국가의 법제를 충실히 따랐을 때 비로소 갖춰지는 것이다.

조선시대에는 6조의 수장인 판서가 공적인 절차와 내용에 따라 무엇을 행하라 명령하는데 아랫사람이 시행하지 않으면 사안의 대소에 관계없이 아랫사람을 파직하였다. 그러나 판서가 공적인 절차를 벗어나 법 외로 사적인 명령을 내리면 비록 미관말직이라 해도 이를 따르지 않는 것이 올바른 것으로 인정되었다. 이처럼 공적인 것에 반드시 복종하는 것이 기강이요, 사적인 것에 복종하지 않는 것도 기강이다. 만약 세력에 압도되고 이욕에 이끌려, 부당하게 직무의 분한(分限)을 넘나들며 간섭하고 간섭받게 된다면 공적인 지휘 체계는 혼란에 빠지고 기강은 무너질 것이다. 그러므로 기강을 확립할 때, 그 근간이 되는 상령하행과 공적 직분의 엄수는 둘이 아니라 하나이다. 공직의 기강은 곧 국가의 동맥이니, 이 맥이 찰나라도 끊어지면 어떤 지경에 이를 것인가? 공직자들은 깊이 생각해 보아야 할 것이다.

〈보기〉

ㄱ. 상급자의 직위가 높아야만 명령의 권위가 갖춰진다.

ㄴ. 조선시대에는 상령하행이 제대로 준수되지 않았다.

ㄷ. 하급자가 상급자의 명령을 언제나 수행해야 하는 것은 아니다.

① ㄱ　　　　　　　　② ㄷ

③ ㄱ, ㄴ　　　　　　④ ㄴ, ㄷ

⑤ ㄱ, ㄴ, ㄷ

문 2. 문맥상 다음 글에 이어질 내용으로 가장 적절한 것은?

테레민이라는 악기는 손을 대지 않고 연주하는 악기이다. 이 악기를 연주하기 위해 연주자는 허리 높이쯤에 위치한 상자 앞에 선다. 연주자의 오른손은 상자에 수직으로 세워진 안테나 주위에서 움직인다. 오른손의 엄지와 집게손가락으로 고리를 만들고 손을 흔들면서 나머지 손가락을 하나씩 펴면 안테나에 손이 닿지 않고서도 음이 들린다. 이때 들리는 음은 피아노 건반을 눌렀을 때 나는 것처럼 정해진 음이 아니고 현악기를 연주하는 것과 같은 연속음이며, 소리는 손과 손가락의 움직임에 따라 변한다. 왼손은 손가락을 펼친 채로 상자에서 수평으로 뻗은 안테나 위에서 서서히 오르내리면서 소리를 조절한다.

오른손으로는 수직 안테나와의 거리에 따라 음고(音高)를 조절하고 왼손으로는 수평 안테나와의 거리에 따라 음량을 조절한다. 따라서 오른손과 수직 안테나는 음고를 조절하는 회로에 속하고 왼손과 수평 안테나는 음량을 조절하는 또 다른 회로에 속한다. 이 두 회로가 하나로 합쳐지면서 두 손의 움직임에 따라 음고와 음량을 변화시킬 수 있다.

어떻게 테레민에서 다른 음고의 음이 발생되는지 알아보자. 음고를 조절하는 회로는 가청주파수 범위 바깥의 주파수를 갖는 서로 다른 두 개의 음파를 발생시킨다. 이 두 개의 음파 사이에 존재하는 주파수의 차잇값에 의해 가청주파수를 갖는 새로운 진동이 발생하는데 그것으로 소리를 만든다. 가청주파수 범위 바깥의 주파수 중 하나는 고정된 주파수를 갖고 다른 하나는 연주자의 손 움직임에 따라 주파수가 바뀐다. 이렇게 발생한 주파수의 변화에 의해 진동이 발생되고 이 진동의 주파수는 가청주파수 범위 내에 있기 때문에 그 진동을 증폭시켜 스피커로 보내면 소리가 들린다.

① 수직 안테나에 손이 닿으면 소리가 발생하는 원리

② 왼손의 손가락의 모양에 따라 음고가 바뀌는 원리

③ 수평 안테나와 왼손 사이의 거리에 따라 음량이 조절되는 원리

④ 음고를 조절하는 회로에서 가청주파수의 진동이 발생하는 원리

⑤ 오른손 손가락으로 가상의 피아노 건반을 눌러 음량을 변경하는 원리

문 3. 다음 글의 전체 흐름과 맞지 않는 한곳을 ㉠~㉤에서 찾아 수정하려고 할 때, 가장 적절한 것은?

소아시아 지역에 위치한 비잔틴 제국의 수도 콘스탄티노플이 이슬람교를 신봉하는 오스만인들에 의해 함락되었다는 소식이 인접해 있는 유럽 지역에까지 전해지자 그곳 교회의 한 수도원 서기는 "㉠지금까지 이보다 더 끔찍했던 사건은 없었으며, 앞으로도 결코 없을 것이다."라고 기록했다. 1453년 5월 29일 화요일, 해가 뜨자마자 오스만 제국의 군대는 난공불락으로 유명한 케르코포르타 성벽의 작은 문을 뚫고 진군하기 시작했다. 해가 질 무렵, 약탈당한 도시에 남아 있는 모든 것들은 그들의 차지가 되었다. 비잔틴 제국의 86번째 황제였던 콘스탄티노스 11세는 서쪽 성벽 아래에 있는 좁은 골목에서 전사하였다. 이것으로 ㉡1,100년 이상 존재했던 소아시아 지역의 기독교도 황제가 사라졌다.

잿빛 말을 타고 화요일 오후 늦게 콘스탄티노플에 입성한 술탄 메흐메드 2세는 우선 성소피아 대성당으로 갔다. 그는 이 성당을 파괴하는 대신 이슬람 사원으로 개조하라는 명령을 내렸고, 우선 그 성당을 철저하게 자신의 보호하에 두었다. 또한 학식이 풍부한 그리스 정교회 수사에게 격식을 갖추어 공석 중인 총대주교직을 수여하고자 했다. 그는 이슬람 세계를 위해 ㉢기독교의 제단뿐만 아니라 그 이상의 것들도 활용했다. 역대 비잔틴 황제들이 제정한 법을 그가 주도하고 있던 법제화의 모델로 이용하였던 것이다. 이러한 행위들은 ㉣단절을 추구하는 정복왕 메흐메드 2세의 의도에서 비롯된 것이라고 할 수 있다.

그는 자신이야말로 지중해를 '우리의 바다'라고 불렀던 로마 제국의 진정한 계승자임을 선언하고 싶었던 것이다. 일례로 그는 한때 유럽과 아시아를 포함한 지중해 전역을 지배했던 제국의 정통 상속자임을 선언하면서, 의미심장하게도 자신의 직함에 '룸 카이세리', 즉 로마의 황제라는 칭호를 추가했다. 또한 그는 패권 국가였던 로마의 옛 명성을 다시 찾기 위한 노력의 일환으로 로마 사람의 땅이라는 뜻을 지닌 루멜리아에 새로 수도를 정했다. 이렇게 함으로써 그는 ㉤오스만 제국이 유럽으로 확대될 것이라는 자신의 확신을 보여 주었다.

① ㉠을 '지금까지 이보다 더 영광스러운 사건은 없었으며'로 고친다.

② ㉡을 '1,100년 이상 존재했던 소아시아 지역의 이슬람 황제가 사라졌다'로 고친다.

③ ㉢을 '기독교의 제단뿐만 아니라 그 이상의 것들도 파괴했다'로 고친다.

④ ㉣을 '연속성을 추구하는 정복왕 메흐메드 2세의 의도에서 비롯된 것'으로 고친다.

⑤ ㉤을 '오스만 제국이 아시아로 확대될 것이라는 자신의 확신을 보여 주었다'로 고친다.

문 4. 다음 '철학의 여인'의 논지를 따를 때, ㉠으로 적절한 것만을 〈보기〉에서 모두 고르면?

다음은 철학의 여인이 비탄에 잠긴 보에티우스에게 건네는 말이다.

"나는 이제 네 병의 원인을 알겠구나. 이제 네 병의 원인을 알게 되었으니 ㉠너의 건강을 회복할 수 있는 방법을 찾을 수 있게 되었다. 그 방법은 병의 원인이 되는 잘못된 생각을 바로잡아 주는 것이다.

너는 너의 모든 소유물을 박탈당했다고, 사악한 자들이 행복을 누리게 되었다고, 네 운명의 결과가 불의하게도 제멋대로 바뀌었다는 생각으로 비탄에 빠져 있다. 그런데 그런 생각은 잘못된 전제에서 비롯된 것이다. 네가 눈물을 흘리며 너 자신이 추방당하고 너의 모든 소유물들을 박탈당했다고 생각하는 것은 행운이 네게서 떠났다고 슬퍼하는 것과 다름없는데, 그것은 네가 운명의 본모습을 모르기 때문이다. 그리고 사악한 자들이 행복을 가졌다고 생각하는 것이나 사악한 자가 선한 자보다 더 행복을 누린다고 한탄하는 것은 네가 실로 만물의 목적이 무엇인지 모르고 있기 때문이다. 다시 말해 만물의 궁극적인 목적이 선을 지향하는 데 있다는 것을 모르고 있기 때문이다. 또한 너는 세상이 어떤 통치 원리에 의해 다스려지는지 잊어버렸기 때문에 제멋대로 흘러가는 것이라고 믿고 있다. 그러나 만물의 목적에 따르면 악은 결코 선을 이길 수 없으며 사악한 자들이 행복할 수는 없다. 따라서 세상은 결국에는 불의가 아닌 정의에 의해 다스려지게 된다. 그럼에도 불구하고 너는 세상의 통치 원리가 정의와는 거리가 멀다고 믿고 있다. 이는 그저 병의 원인일 뿐 아니라 죽음에 이르는 원인이 되기도 한다. 그러나 다행스럽게도 자연은 너를 완전히 버리지는 않았다. 이제 너의 건강을 회복할 수 있는 작은 불씨가 생명의 불길로 타올랐으니 너는 조금도 두려워할 필요가 없다."

〈보기〉
ㄱ. 만물의 궁극적인 목적이 선을 지향하는 데 있다는 것을 아는 것

ㄴ. 세상이 제멋대로 흘러가는 것이 아니라 정의에 의해 다스려진다는 것을 깨닫는 것

ㄷ. 자신이 박탈당했다고 여기는 모든 것들, 즉 재산, 품위, 권좌, 명성 등을 되찾을 방도를 아는 것

① ㄱ

② ㄴ

③ ㄱ, ㄴ

④ ㄴ, ㄷ

⑤ ㄱ, ㄴ, ㄷ

문 5. A사무관의 추론이 올바를 때, 다음 글의 빈칸에 들어갈 진술로 적절한 것만을 〈보기〉에서 모두 고르면?

A사무관은 인사과에서 인사고과를 담당하고 있다. 그는 올해 우수 직원을 선정하여 표창하기로 했으니 인사고과에서 우수한 평가를 받은 직원을 후보자로 추천하라는 과장의 지시를 받았다. 평가 항목은 대민봉사, 업무역량, 성실성, 청렴도이고 각 항목은 상(3점), 중(2점), 하(1점)로 평가한다. A사무관이 추천한 표창 후보자는 갑돌, 을순, 병만, 정애 네 명이며, 이들이 받은 평가는 다음과 같다.

	대민봉사	업무역량	성실성	청렴도
갑돌	상	상	상	하
을순	중	상	하	상
병만	하	상	상	중
정애	중	중	중	상

A사무관은 네 명의 후보자에 대한 평가표를 과장에게 제출하였다. 과장은 "평가 점수 총합이 높은 순으로 선발한다. 단, 동점자 사이에서는 [   ]"라고 하였다. A사무관은 과장과의 면담 후 이들 중 세 명이 표창을 받게 된다고 추론하였다.

〈보기〉

ㄱ. 두 개 이상의 항목에서 상의 평가를 받은 후보자를 선발한다.

ㄴ. 청렴도에서 하의 평가를 받은 후보자를 제외한 나머지 후보자를 선발한다.

ㄷ. 하의 평가를 받은 항목이 있는 후보자를 제외한 나머지 후보자를 선발한다.

① ㄱ
② ㄷ
③ ㄱ, ㄴ
④ ㄴ, ㄷ
⑤ ㄱ, ㄷ

문 6. 다음 글의 내용이 참일 때, 반드시 참인 것은?

도덕성에 결함이 있는 어떤 사람도 공무원으로 채용되지 않는다. 업무 능력을 검증받았고 인사추천위원회의 추천을 받았으며 공직관이 투철한, 즉 이 세 조건을 모두 만족하는 지원자는 누구나 올해 공무원으로 채용된다. 올해 공무원으로 채용되는 사람들 중에 봉사정신이 없는 사람은 아무도 없다. 공직관이 투철한 철수는 올해 공무원 채용 시험에 지원하여 업무 능력을 검증받았다.

① 만일 철수가 도덕성에 결함이 없다면, 그는 올해 공무원으로 채용된다.

② 만일 철수가 봉사정신을 갖고 있다면, 그는 올해 공무원으로 채용된다.

③ 만일 철수가 도덕성에 결함이 있다면, 그는 인사추천위원회의 추천을 받지 않았다.

④ 만일 철수가 올해 공무원으로 채용된다면, 그는 인사추천위원회의 추천을 받았다.

⑤ 만일 철수가 올해 공무원으로 채용되지 않는다면, 그는 도덕성에 결함이 있고 또한 봉사정신도 없다.

문 7. 다음 〈원칙〉을 바르게 적용한 것만을 〈보기〉에서 모두 고르면?

〈원칙〉

○ 문장 X가 참일 경우 문장 Y는 반드시 참이지만 그 역은 성립하지 않는다면, 문장 Y의 확률은 문장 X의 확률보다 높다.

○ 문장 X의 확률이 문장 Y의 확률보다 낮다면, 문장 X가 담고 있는 정보의 양은 문장 Y가 담고 있는 정보의 양보다 많다.

〈보기〉

ㄱ. "정상적인 주사위를 던질 때 3이 나올 것이다"는 "정상적인 동전을 던질 때 앞면이 나올 것이다"보다 더 많은 정보를 담고 있다.

ㄴ. "월성 원자력 발전소에 문제가 생기거나 고리 원자력 발전소에 문제가 생긴다"는 "월성 원자력 발전소에 문제가 생긴다"보다 더 많은 정보를 담고 있다.

ㄷ. "내년 예산에서는 국가균형발전 예산, 복지 예산, 에너지절감 관련 기술개발 예산이 모두 늘어난다"는 "내년 예산에서는 국가균형발전 예산, 에너지절감 관련 기술개발 예산이 모두 늘어난다"보다 더 적은 정보를 담고 있다.

① ㄱ
② ㄴ
③ ㄱ, ㄷ
④ ㄴ, ㄷ
⑤ ㄱ, ㄴ, ㄷ

문 8. 다음 글의 빈칸에 들어갈 내용으로 가장 적절한 것은?

다른 사람의 증언은 얼마나 신뢰할 만할까? 증언의 신뢰성은 두 가지 요인에 의해서 결정된다. 첫 번째 요인은 증언하는 사람이다. 만약 증언하는 사람이 거짓말을 자주 해서 신뢰하기 어려운 사람이라면 그의 말의 신뢰성은 떨어질 수밖에 없다. 두 번째 요인은 증언 내용이다. 만약 증언 내용이 우리의 상식과 상당히 동떨어져 있어 보인다면 증언의 신뢰성은 떨어질 수밖에 없다. 그렇다면 이 두 요인이 서로 대립하는 경우는 어떨까? 가령 매우 신뢰할 만한 사람이 기적이 일어났다고 증언하는 경우에 우리는 그 증언을 얼마나 신뢰해야 하는가?

이 질문에는 [   ]는 원칙을 적용해서 답할 수 있다. 이 원칙을 기적에 대한 증언에 적용시키기 위해서는 먼저 기적에 대해서 생각해 볼 필요가 있다. 기적이란 자연법칙을 위반한 사건이다. 여기서 자연법칙이란 지금까지 우주의 전체 역사에서 일어났던 모든 사건들이 따랐던 규칙이다. 그렇다면 자연법칙을 위반하는 사건 즉 기적은 아직까지 한 번도 일어나지 않은 사건이다. 한편 우리는 충분히 신뢰할 만한 사람이 자신의 의지와 무관하게 거짓을 말하는 경우를 이따금 관찰할 수 있다. 따라서 그런 사건이 일어날 확률은 매우 신뢰할 만한 사람이 거짓 증언을 할 확률보다 작을 수밖에 없다. 결국 우리는 기적이 일어났다는 증언을 신뢰해서는 안 된다.

① 어떤 사람이 참인 증언을 할 확률이 그 증언 내용이 실제로 일어날 확률보다 작은 경우에만 증언을 신뢰해야 한다
② 어떤 사람이 거짓 증언을 할 확률이 그 증언 내용이 실제로 일어날 확률보다 작은 경우에만 증언을 신뢰해야 한다
③ 어떤 사람이 거짓 증언을 할 확률이 그 증언 내용이 실제로 일어나지 않을 확률보다 작은 경우에만 증언을 신뢰해야 한다
④ 어떤 사람이 제시한 증언 내용이 일어날 확률이 그것이 일어나지 않을 확률보다 더 큰 경우에만 그 증언을 신뢰해야 한다
⑤ 어떤 사람이 제시한 증언 내용이 일어날 확률이 그것이 일어나지 않을 확률보다 더 작은 경우에만 그 증언을 신뢰해야 한다

문 9. 다음 글의 〈연구결과〉에 대한 평가로 적절한 것만을 〈보기〉에서 모두 고르면?

콩 속에는 식물성 단백질과 불포화 지방산 등 건강에 이로운 물질들이 풍부하다. 약콩, 서리태 등으로 불리는 검은 콩 껍질에는 황색 콩 껍질에서 발견되지 않는 특수한 항암 물질이 들어 있다. 검은 콩은 항암 효과는 물론 항산화 작용 및 신장 기능과 시력 강화에도 좋은 것으로 알려져 있다. A~C팀은 콩의 효능을 다음과 같이 연구했다.

〈연구결과〉
○ A팀 연구진: 콩 속 제니스틴의 성인병 예방 효능을 실험을 통해 세계 최초로 입증했다. 또한 제니스틴은 발암 물질에 노출된 비정상 세포가 악성 종양 세포로 진행되지 않도록 억제하는 효능을 갖고 있다는 사실을 흰쥐 실험을 통해 밝혔다. 암이 발생하는 과정은 세포 내의 유전자가 손상되는 개시 단계와 손상된 세포의 분열이 빨라지는 촉진 단계로 나뉘는데 제니스틴은 촉진 단계에서 억제효과가 있다는 것이다.
○ B팀 연구진: 200명의 여성을 조사해 본 결과, 매일 흰콩 식품을 섭취한 사람은 한 달에 세 번 이하로 섭취한 사람에 비해 폐암에 걸릴 위험이 절반으로 줄었다.
○ C팀 연구진: 식이요법으로 원형탈모증을 완치할 수 있을 것으로 보고 원형탈모증을 가지고 있는 쥐에게 콩기름에서 추출된 화합물을 투여해 효과를 관찰하는 실험을 했다. 실험 결과 콩기름에서 추출된 화합물을 각각 0.1ml, 0.5ml, 2.0ml씩 투여한 쥐에서 원형탈모증 완치율은 각각 18%, 39%, 86%를 기록했다.

〈보기〉
ㄱ. A팀의 연구결과는 콩이 암의 발생을 억제하는 효과가 있다는 것을 뒷받침한다.
ㄴ. C팀의 연구결과는 콩기름 함유가 높은 음식을 섭취할수록 원형탈모증 발생률이 높게 나타난다는 것을 뒷받침한다.
ㄷ. 세 팀의 연구결과는 검은 콩이 성인병, 폐암의 예방과 원형탈모증 치료에 효과가 있다는 것을 뒷받침한다.

① ㄱ
② ㄴ
③ ㄱ, ㄷ
④ ㄴ, ㄷ
⑤ ㄱ, ㄴ, ㄷ

문 10. 다음 글에서 추론할 수 있는 것은?

조선이 임진왜란 중 필사적으로 보존하고자 한 서적은 바로 조선왕조실록이다. 실록은 원래 서울의 춘추관과 성주·충주·전주 4곳의 사고(史庫)에 보관되었으나, 임진왜란 이후 전주 사고의 실록만 온전한 상태였다. 전란이 끝난 후 단 1벌 남은 실록을 다시 여러 벌 등서하자는 주장이 제기되었다. 우여곡절 끝에 실록 인쇄가 끝난 것은 1606년이었다. 재인쇄 작업의 결과 원본을 포함해 모두 5벌의 실록을 갖추게 되었다. 원본은 강화도 마니산에 봉안하고 나머지 4벌은 서울의 춘추관과 평안도 묘향산, 강원도의 태백산과 오대산에 봉안했다.

이 5벌 중에서 서울 춘추관의 것은 1624년 이괄의 난 때 불에 타 없어졌고, 묘향산의 것은 1633년 후금과의 관계가 악화되자 전라도 무주의 적상산에 사고를 새로 지어 옮겼다. 강화도 마니산의 것은 1636년 병자호란 때 청군에 의해 일부 훼손되었던 것을 현종 때 보수하여 숙종 때 강화도 정족산에 다시 봉안했다. 결국 내란과 외적 침입으로 인해 5곳 가운데 1곳의 실록은 소실되었고, 1곳의 실록은 장소를 옮겼으며, 1곳의 실록은 손상을 입었던 것이다.

정족산, 태백산, 적상산, 오대산 4곳의 실록은 그 후 안전하게 지켜졌다. 그러나 일본이 다시 여기에 손을 대었다. 1910년 조선 강점 이후 일제는 정족산과 태백산에 있던 실록을 조선총독부로 이관하고 적상산의 실록은 구황궁 장서각으로 옮겼으며 오대산의 실록은 일본 동경제국대학으로 반출했다. 일본으로 반출한 것은 1923년 관동대지진 때 거의 소실되었다. 정족산과 태백산의 실록은 1930년에 경성제국대학으로 옮겨져 지금까지 서울대학교에 보존되어 있다. 한편 장서각의 실록은 6.25전쟁 때 북으로 옮겨져 현재 김일성종합대학에 소장되어 있다.

① 재인쇄하였던 실록은 모두 5벌이다.
② 태백산에 보관하였던 실록은 현재 일본에 있다.
③ 현재 한반도에 남아 있는 실록은 모두 4벌이다.
④ 적상산에 보관하였던 실록은 일부가 훼손되었다.
⑤ 현존하는 가장 오래된 실록은 서울대학교에 있다.

문 11. 다음 글의 내용과 상충하는 것만을 〈보기〉에서 모두 고르면?

벼슬에 나아감과 물러남의 도리에 밝은 옛 군자는 조금이라도 관직에 책임을 다하지 못하거나 의리의 기준으로 보아 직책을 더 이상 수행할 수 없을 경우, 반드시 몸을 이끌고 급히 물러났습니다. 그들도 임금을 사랑하는 정(情)이 있기에 차마 물러나기 어려웠을 터이나, 정 때문에 주저하여 자신이 물러나야 할 때를 놓치지는 않았으니, 이는 정보다는 의리를 지키지 않을 수 없었기 때문입니다.

임금과 어버이는 일체이므로 모두 죽음으로 섬겨야 할 대상입니다. 그러나 부자관계는 천륜이어서 자식이 어버이를 봉양하는 데 한계가 없지만, 군신관계는 의리로 합쳐진 것이라, 신하가 임금을 받드는 데 한계가 있습니다. 한계가 없는 경우에는 은혜가 항상 의리에 우선하므로 관계를 떠날 수 없지만, 한계가 있는 경우에는 때때로 의리가 은혜보다 앞서기도 하므로 떠날 수 있는 상황이 생기는 것입니다. 의리의 문제는 사람과 때에 따라 같지 않습니다. 여러 공들의 경우는 벼슬에 나가는 것이 의리가 되지만 나에게 여러 공들처럼 하도록 요구해서는 안 되며, 내 경우는 물러나는 것이 의리가 되니 여러 공들에게 나처럼 하도록 바라서도 안 됩니다.

〈보기〉

ㄱ. 부자관계에서는 은혜가 의리보다 중요하다.
ㄴ. 군신관계에서 의리가 은혜에 항상 우선하는 것은 아니다.
ㄷ. 군신관계에서 신하들이 임금에 대해 의리를 실천하는 방식은 누구에게나 동일하다.

① ㄱ
② ㄷ
③ ㄱ, ㄴ
④ ㄴ, ㄷ
⑤ ㄱ, ㄴ, ㄷ

문 12. 다음 글의 내용과 부합하지 않는 것은?

고대 철학자인 피타고라스는 현이 하나 달린 음향 측정 기구인 일현금을 사용하여 음정 간격과 수치 비율이 대응하는 원리를 발견하였다. 이를 바탕으로 피타고라스는 모든 것이 숫자 또는 비율에 의해 표현될 수 있다고 주장하였다.

그를 신봉한 피타고라스주의자들은 수와 기하학의 규칙이 무질서하게 보이는 자연과 불가해한 가변성의 세계에 질서를 부여한다고 믿었다. 즉 피타고라스주의자들은 자연의 온갖 변화는 조화로운 규칙으로 환원될 수 있다고 믿었다. 이는 피타고라스주의자들이 물리적 세계가 수학적 용어로 분석될 수 있다는 현대 수학자들의 사고에 단초를 제공한 것이라고 할 수 있다.

그러나 피타고라스주의자들은 현대 수학자들과는 달리 수에 상징적이고 심지어 신비적인 의미를 부여했다. 피타고라스주의자들은 '기회', '정의', '결혼'과 같은 추상적인 개념을 특정한 수의 가상적 특징, 즉 특정한 수에 깃들어 있으리라고 추정되는 특징과 연계시켰다. 또한 이들은 여러 물질적 대상에 수를 대응시켰다. 예를 들면 고양이를 그릴 때 다른 동물과 구별되는 고양이의 뚜렷한 특징을 드러내려면 특정한 개수의 점이 필요했다. 이때 점의 개수는 곧 고양이를 가리키는 수가 된다. 이것은 세계에 대한 일종의 원자적 관점과도 관련된다. 이 관점에서는 단위(unity), 즉 숫자 1은 공간상의 한 물리적 점으로 간주되기 때문에 물리적 대상들은 수 형태인 단위 점들로 나타낼 수 있다. 이처럼 피타고라스주의자들은 수를 실재라고 여겼는데 여기서 수는 실재와 무관한 수가 아니라 실재를 구성하는 수를 가리킨다.

피타고라스의 사상이 수의 실재성이라는 신비주의적이고 형이상학적인 관념에 기반하고 있다는 점은 틀림없다. 그럼에도 불구하고 피타고라스주의자들은 자연을 이해하는 데 있어 수학이 중요하다는 점을 알아차린 최초의 사상가들임이 분명하다.

① 피타고라스는 음정 간격을 수치 비율로 나타낼 수 있다는 것을 발견하였다.

② 피타고라스주의자들은 자연을 이해하는 데 있어 수학의 중요성을 인식하였다.

③ 피타고라스주의자들은 물질적 대상뿐만 아니라 추상적 개념 또한 수와 연관시켰다.

④ 피타고라스주의자들은 물리적 대상을 원자적 관점에서 실재와 무관한 단위 점으로 나타낼 수 있다고 믿었다.

⑤ 피타고라스주의자들은 수와 기하학적 규칙을 통해 자연의 변화를 조화로운 규칙으로 환원할 수 있다고 믿었다.

문 13. 다음 글의 핵심 내용으로 가장 적절한 것은?

1948년에 제정된 대한민국 헌법은 공동체의 정치적 문제는 기본적으로 국민의 의사에 의해 결정된다는 점을 구체적인 조문으로 명시하고 있다. 그러나 이러한 공화제적 원리는 1948년에 이르러 갑작스럽게 등장한 것이 아니다. 이미 19세기 후반부터 한반도에서는 이와 같은 원리가 공공 영역의 담론 및 정치적 실천 차원에서 표명되고 있었다.

공화제적 원리는 1885년부터 발행되기 시작한 근대적 신문인 『한성주보』에서도 어느 정도 언급된 바 있지만 특히 1898년에 출현한 만민공동회에서 그 내용이 명확하게 드러난다. 독립협회를 중심으로 촉발되었던 만민공동회는 민회를 통해 공론을 형성하고 이를 국정에 반영하고자 했던 완전히 새로운 형태의 정치운동이었다. 이것은 전통적인 집단상소나 민란과는 전혀 달랐다. 이 민회는 자치에 대한 국민의 자각을 기반으로 공동생활의 문제들을 협의하고 함께 행동해 나가려 하였다. 이것은 자신들이 속한 정치공동체에 대한 소속감과 연대감을 갖지 않고서는 불가능한 현상이었다. 즉 만민공동회는 국민이 스스로 정치적 주체가 되고자 했던 시도였다. 전제적인 정부가 법을 통해 제한하려고 했던 정치 참여를 국민들이 스스로 쟁취하여 정치체제를 변화시키고자 하였던 것이다.

19세기 후반부터 한반도에 공화제적 원리가 표명되고 있었다는 사례는 이뿐만이 아니다. 당시 독립협회가 정부와 함께 개최한 관민공동회에서 발표한 「헌의6조」를 살펴보면 제3조에 "예산과 결산은 국민에게 공표할 일"이라고 명시하고 있는 것을 확인할 수 있다. 이것은 오늘날의 재정운용의 기본원칙으로 여겨지는 예산공개의 원칙과 정확하게 일치하는 것으로 국민과 함께 협의하여 정치를 하여야 한다는 공화주의 원리를 보여 주고 있다.

① 만민공동회는 전제 정부의 법적 제한에 맞서 국민의 정치 참여를 쟁취하고자 했다.

② 한반도에서 예산공개의 원칙은 19세기 후반 관민공동회에서 처음으로 표명되었다.

③ 예산과 결산이라는 용어는 관민공동회가 열렸던 19세기 후반에 이미 소개되어 있었다.

④ 만민공동회를 통해 대한민국 헌법에 공화제적 원리를 포함시키는 것이 결정되었다.

⑤ 한반도에서 공화제적 원리는 이미 19세기 후반부터 담론 및 실천의 차원에서 표명되고 있었다.

문 14. 다음 글의 A와 B의 견해에 대한 평가로 올바른 것만을 〈보기〉에서 모두 고르면?

여성의 사회 활동이 활발한 편에 속하는 미국에서조차 공과대학에서 여학생이 차지하는 비율은 20%를 넘지 않는다. 독일 대학의 경우도 전기 공학이나 기계 공학 분야의 여학생 비율이 2.3%를 넘지 않는다. 우리나라 역시 공과대학의 여학생 비율은 15%를 밑돌고 있고, 여교수의 비율도 매우 낮다.

여성주의자들 중 A는 기술에 각인된 '남성성'을 강조함으로써 이 현상을 설명하려고 한다. 그에 따르면, 지금까지의 기술은 자연과 여성에 대한 지배와 통제를 끊임없이 추구해 온 남성들의 속성이 반영된, 본질적으로 남성적인 것이다. 이에 반해 여성은 타고난 출산 기능 때문에 자연에 적대적일 수 없고 자연과 조화를 추구한다고 한다. 남성성은 공격적인 태도로 자연을 지배하려 하지만, 여성성은 순응적인 태도로 자연과 조화를 이루려 한다. 때문에 여성성은 자연을 지배하는 기술과 대립할 수밖에 없다. 이에 따라 A는 여성성에 바탕을 둔 기술을 적극적으로 개발해야만 비로소 여성과 기술의 조화가 가능해진다고 주장한다.

다른 여성주의자 B는 여성성과 남성성 사이에 근본적인 차이가 존재하지 않는다고 주장한다. 그는 여성에게 주입된 성별 분업 이데올로기와 불평등한 사회 제도에 의해 여성의 능력이 억눌리고 있다고 생각한다. 그에 따르면, 여성은 '기술은 남성의 것'이라는 이데올로기를 어릴 적부터 주입받게 되어 결국 기술 분야 진출을 거의 고려하지 않게 된다. 설령 소수의 여성이 기술 분야에 어렵게 진출하더라도 남성에게 유리한 각종 제도의 벽에 부딪치면서 자신의 능력을 사장시키게 된다. 이에 따라 B는 여성과 기술의 관계에 대한 인식을 제고하는 교육을 강화하고 여성의 기술 분야 진출과 승진을 용이하게 하는 제도적 장치를 마련해야 한다고 주장한다. 그래야만 기술 분야에서 여성이 겪는 소외를 극복하고 여성이 자기 능력을 충분히 발휘할 수 있는 여건이 만들어질 수 있다고 보기 때문이다.

〈보기〉

ㄱ. A에 따르면 여성과 기술의 조화를 위해서는 자연과 조화를 추구하는 기술을 개발해야 한다.

ㄴ. B에 따르면 여성이 남성보다 기술 분야에 많이 참여하지 않는 것은 신체적인 한계 때문이다.

ㄷ. A와 B에 따르면 한 사람은 남성성과 여성성을 동시에 갖고 있다.

① ㄱ

② ㄴ

③ ㄱ, ㄷ

④ ㄴ, ㄷ

⑤ ㄱ, ㄴ, ㄷ

문 15. 다음 글의 내용이 참일 때, 반드시 참인 것은?

A교육청은 관할지역 내 중학생의 학력 저하가 심각한 수준에 달했다고 우려하고 있다. A교육청은 이러한 학력 저하의 원인이 스마트폰의 사용에 있다고 보고 학력 저하를 방지하기 위한 방안을 마련하기로 하였다. 자료 수집을 위해 A교육청은 B중학교를 조사하였다. 조사 결과에 따르면, B중학교에서 스마트폰을 가지고 등교하는 학생들 중에서 국어 성적이 60점 미만인 학생이 20명, 영어 성적이 60점 미만인 학생이 20명이었다.

B중학교에 스마트폰을 가지고 등교하지만 학교에 있는 동안은 사용하지 않는 학생들 중에 영어 성적이 60점 미만인 학생은 없다. 그리고 B중학교에서 방과 후 보충 수업을 받아야 하는 학생 가운데 영어 성적이 60점 이상인 학생은 없다.

① 이 조사의 대상이 된 B중학교 학생은 적어도 40명 이상이다.

② B 중학교 학생인 성열이의 영어 성적이 60점 미만이라면, 성열이는 방과 후 보충 수업을 받아야 할 것이다.

③ B중학교 학생인 대석이의 국어 성적이 60점 미만이라면, 대석이는 학교에 있는 동안에 스마트폰을 사용할 것이다.

④ 스마트폰을 가지고 등교하더라도 학교에 있는 동안은 사용하지 않는 B중학교 학생 가운데 방과 후 보충 수업을 받아야 하는 학생은 없다.

⑤ B중학교에서 스마트폰을 가지고 등교하는 학생들 가운데 학교에 있는 동안은 스마트폰을 사용하지 않는 학생은 적어도 20명 이상이다.

문 16. 다음 글의 내용이 참일 때, 반드시 참인 것만을 〈보기〉에서 모두 고르면?

> 지혜로운 사람은 정열을 갖지 않는다. 정열을 가진 사람은 고통을 피할 수 없다. 정열은 고통을 수반하기 때문이다.
> 그런데 사랑을 원하는 사람은 정열을 가진 사람이다. 정열을 가진 사람은 행복하지 않다. 지혜롭지 않은 사람은 사랑을 원하면서 동시에 고통을 피하고자 한다. 그러나 지혜로운 사람만이 고통을 피할 수 있다.

〈보기〉

ㄱ. 지혜로운 사람은 행복하다.
ㄴ. 사랑을 원하는 사람은 행복하지 않다.
ㄷ. 지혜로운 사람은 사랑을 원하지 않는다.

① ㄱ
② ㄴ
③ ㄱ, ㄷ
④ ㄴ, ㄷ
⑤ ㄱ, ㄴ, ㄷ

문 17. 다음 글의 내용이 참일 때, 밑줄 친 결론을 이끌어 내기 위해 추가해야 할 전제로 적절한 것은?

> A팀이 제작하는 운영체제를 C팀의 전산 시스템에 설치하면 C팀의 보안 시스템에 오류를 발생시킨다. B팀이 제작하는 전원 공급 장치는 5%의 결함률이 있다. 즉 B팀이 제작하는 전원 공급 장치 중 5%의 제품은 결함이 있고 나머지는 결함이 없다. C팀의 전산 시스템에는 반드시 B팀이 제작한 전원 공급 장치를 장착한다. 만일 C팀의 보안 시스템에 오류가 있거나 전원 공급 장치에 결함이 있다면, C팀의 전산 시스템에는 오류가 발생한다. 그러므로 C팀의 전산 시스템에는 반드시 오류가 발생한다.

① A팀이 제작하는 운영체제를 B팀의 전산 시스템에 설치한다.
② A팀이 제작하는 운영체제를 C팀의 전산 시스템에 설치하지 않는다.
③ B팀이 제작하여 C팀에 제공하는 전원 공급 장치에 결함이 있다.
④ B팀에서 제작한 결함이 없는 95%의 전원 공급 장치를 C팀의 전산 시스템에 장착한다.
⑤ C팀의 전산 시스템 오류는 다른 결함요인에 의해서도 발생한다.

문 18. 다음 논증에 대한 평가로 적절한 것은?

> 전제1: 절대빈곤은 모두 나쁘다.
> 전제2: 비슷하게 중요한 다른 일을 소홀히 하지 않고도 우리가 막을 수 있는 절대빈곤이 존재한다.
> 전제3: 우리가 비슷하게 중요한 다른 일을 소홀히 하지 않고도 나쁜 일을 막을 수 있다면, 우리는 그 일을 막아야 한다.
> 결론: 우리가 막아야 하는 절대빈곤이 존재한다.

① 모든 전제가 참이라고 할지라도 결론은 참이 아닐 수 있다.
② 전제1을 논증에서 뺀다고 하더라도, 전제2와 전제3만으로 결론이 도출될 수 있다.
③ 비슷하게 중요한 다른 일을 소홀히 해도 막을 수 없는 절대 빈곤이 있다면, 결론은 도출되지 않는다.
④ 절대빈곤을 막는 일에 비슷하게 중요한 다른 일을 소홀히 하게 되는 경우가 많다면, 결론은 도출되지 않는다.
⑤ 비슷하게 중요한 다른 일을 소홀히 하지 않고도 막을 수 있는 나쁜 일이 존재한다는 것을 전제로 추가하지 않아도, 주어진 전제만으로 결론은 도출될 수 있다.

문 19. 다음 글의 실험 결과를 가장 잘 설명하는 가설은?

> 상추씨를 임의로 (가)~(라)군으로 나눈 후, (가)군에는 적색광을 1분간 조사(照射)했다. (나)군에는 (가)군과 같이 처리한 후 근적외선을 4분간 추가로 조사했다. (다)군에는 (나)군과 같이 처리한 후 적색광을 1분간 추가로 조사했다. (라)군에는 (다)군과 같이 처리한 후 근적외선을 2분간 추가로 조사했다. 광선의 조사가 끝난 각 군의 상추씨들은 바로 암실로 옮겨졌다. 다음 날 상추씨의 발아율을 측정해 보니, (가)군과 (다)군의 발아율은 80% 이상이었으며, (나)군은 2%, (라)군은 3%로 나타났다. 처음부터 암실에 두고 광선을 전혀 조사하지 않은 대조군의 발아율은 3%였다.

① 상추씨의 발아율을 높이려면 근적외선을 조사해야 한다.
② 상추씨의 발아율을 높이려면 적색광을 마지막에 조사해야 한다.
③ 상추씨의 발아율을 높이려면 적색광과 근적외선을 번갈아 조사해야 한다.
④ 상추씨의 발아율을 높이려면 근적외선의 효과가 적색광의 효과를 상쇄해야 한다.
⑤ 상추씨의 발아율을 높이려면 적색광을 조사한 횟수가 근적외선을 조사한 횟수보다 더 적어야 한다.

문 20. 다음 글에서 추론할 수 있는 것만을 〈보기〉에서 모두 고르면?

의학이나 공학, 혹은 과학에서는 다양한 검사법을 사용한다. 가령, 의학에서 사용되는 HIV 감염 여부에 대한 진단은 HIV 항체 검사법에 크게 의존한다. 흔히 항체 검사법의 결과는 양성 반응과 음성 반응으로 나뉜다. HIV 양성 반응이라는 것은 HIV에 감염되었다는 검사 결과가 나왔다는 것을 말하며, HIV 음성 반응이라는 것은 HIV에 감염되지 않았다는 검사 결과가 나왔다는 것을 말한다.

이런 검사법의 품질은 어떻게 평가되는가? 가장 좋은 검사법은 HIV에 감염되었을 때는 언제나 양성 반응이 나오고, HIV에 감염되지 않았을 때는 언제나 음성 반응이 나오는 것이라고 할 수 있다. 하지만 여러 기술적 한계 때문에 그런 검사법을 만들기는 쉽지 않다. 많은 검사법은 HIV에 감염되었다고 하더라도 음성 반응이 나올 가능성, HIV에 감염되지 않아도 양성 반응이 나올 가능성을 가지고 있다. 이 두 가지 가능성이 높은 검사법은 좋은 검사법이라고 말할 수 없을 것이다.

반면 HIV에 감염되었을 때 양성 반응이 나올 확률과 HIV에 감염되지 않았을 때 음성 반응이 나올 확률이 매우 높은 검사법은 비교적 좋은 품질을 가지고 있다고 말할 수 있다. 통계학자들은 전자에 해당하는 확률을 '민감도'라고 부르며, 후자에 해당하는 확률을 '특이도'라고 부른다. 민감도는 '참 양성 비율'이라고 불리기도 하며, 이는 실제로 감염된 사람들 중 양성 반응을 보인 사람들의 비율이다. 마찬가지로 특이도는 '참 음성 비율'이라고 불리기도 하며, 이는 실제로는 감염되지 않은 사람들 중 음성 반응을 보인 사람들의 비율로 정의된다. 물론 '거짓 양성 비율'은 실제로 병에 걸리지 않은 사람들 중 양성 반응을 보인 사람들의 비율을 뜻하며, '거짓 음성 비율'은 실제로 병에 걸린 사람들 중 음성 반응을 보인 사람들의 비율을 가리킨다.

〈보기〉

ㄱ. 어떤 검사법의 민감도가 높을수록 그 검사법의 특이도도 높다.

ㄴ. 어떤 검사법의 특이도가 100%라면 그 검사법의 거짓 양성 비율은 0%이다.

ㄷ. 민감도가 100%인 HIV 항체 검사법을 이용해 어떤 사람을 검사한 결과 양성 반응이 나왔다면 그 사람이 HIV에 감염되었을 확률은 100%이다.

① ㄱ
② ㄴ
③ ㄷ
④ ㄱ, ㄴ
⑤ ㄴ, ㄷ

문 21. 다음 글의 내용과 부합하지 않는 것은?

정보화로 인해 폭발적으로 늘어난 큰 규모의 정보를 활용하는 빅데이터 분석이 샘플링과 설문조사 전문가들의 작업을 대체하고 있다. 이제 연구에 필요한 정보는 사람들이 평소대로 행동하는 동안 자동적으로 수집된다. 그 결과 샘플링과 설문지 사용에서 기인하는 편향이 사라졌다. 또한 휴대전화 통화정보로 드러나는 인맥이나 트위터를 통해 알 수 있는 사람들의 정서처럼 전에는 수집이 불가능했던 정보의 수집이 가능해졌다. 그리고 가장 중요한 점은 샘플을 추출해야 할 필요성이 사라졌다는 사실이다.

네트워크 이론에 관한 세계적인 권위자 바라바시는 전체 인구의 규모에서 사람들 간의 소통을 연구하고 싶었다. 그래서 유럽의 한 국가 전체 인구의 1/5을 고객으로 하고 있는 무선통신 사업자로부터 4개월 치의 휴대전화 통화 내역을 제공받아 네트워크 분석을 행하였다. 그렇게 큰 규모로 통화기록을 분석하자 다른 방식으로는 결코 밝혀낼 수 없었을 사실을 알아냈다.

흥미롭게도 그가 발견한 사실은 더 작은 규모의 연구 결과들과 상반된 것이었다. 그는 한 커뮤니티 내에서 링크를 많이 가진 사람을 네트워크로부터 제거하면 네트워크의 질은 저하되지만, 기능이 상실되는 수준은 아님을 발견하였다. 반면 커뮤니티 외부와 링크를 많이 가진 사람을 네트워크에서 제거하면 갑자기 네트워크가 와해되어 버렸다. 구조가 허물어지는 것처럼 말이다. 이것은 기존 연구를 통해서는 예상할 수 없었던 중요한 결과였다. 네트워크 구조의 안정성이라는 측면에서 봤을 때, 친한 친구를 많이 가진 사람보다 친하지 않은 사람들과 연락을 많이 하는 사람이 훨씬 더 중요할 거라고 누가 생각이나 해보았겠는가? 이것은 사회나 그룹 내에서 중요한 것이 동질성보다는 다양성일 수 있다는 점을 시사한다.

사실 기존의 통계학적 샘플링은 만들어진 지 채 100년도 되지 않는 통계 기법으로서 기술적 제약이 있던 시대에 개발된 것이다. 이제 더 이상 그런 제약들은 그때와 같은 정도로 존재하지는 않는다. 빅데이터 시대에 무작위 샘플을 찾는 것은 자동차 시대에 말채찍을 드는 것과 같다. 특정한 경우에는 여전히 샘플링을 사용할 수 있겠지만 더 이상 샘플링이 사회현상 분석의 주된 방법일 수는 없다. 우리는 이제 샘플이 아닌 전체를 분석할 수 있게 되었기 때문이다.

① 빅데이터 분석이 설문조사 전문가들의 작업을 대체하고 있다.

② 샘플링 기법은 현재보다 기술적 제약이 컸던 시대의 산물이다.

③ 샘플링이나 설문지를 사용하는 연구의 경우에는 어느 정도의 편향이 발생한다.

④ 빅데이터 시대에 샘플링은 더 이상 사회현상 연구의 주된 방법으로 간주되지 않게 되었다.

⑤ 바라바시의 연구에 의하면 커뮤니티 외부와 링크를 많이 가진 사람을 네트워크에서 제거해도 네트워크가 와해되지는 않는다.

문 22. 다음 글의 내용이 참일 때, A부처의 공무원으로 채용될 수 있는 지원자들의 최대 인원은?

> 금년도 공무원 채용 시 A부처에서 요구되는 자질은 자유민주주의 가치확립, 건전한 국가관, 헌법가치 인식, 나라 사랑이다. A부처는 이 네 가지 자질 중 적어도 세 가지 자질을 지닌 사람을 채용할 것이다. 지원자는 갑, 을, 병, 정이다. 이 네 사람이 지닌 자질을 평가했고 다음과 같은 정보가 주어졌다.
>
> ○ 갑이 지닌 자질과 정이 지닌 자질 중 적어도 두 개는 일치한다.
> ○ 헌법가치 인식은 병만 가진 자질이다.
> ○ 만약 지원자가 건전한 국가관의 자질을 지녔다면, 그는 헌법가치 인식의 자질도 지닌다.
> ○ 건전한 국가관의 자질을 지닌 지원자는 한 명이다.
> ○ 갑, 병, 정은 자유민주주의 가치확립이라는 자질을 지니고 있다.

① 0명
② 1명
③ 2명
④ 3명
⑤ 4명

문 23. 다음 A~C의 주장에 대한 평가로 적절한 것만을 〈보기〉에서 모두 고르면?

> A: 정당에 대한 충성도와 공헌도를 공직자 임용 기준으로 삼아야 한다. 이는 전쟁에서 전리품은 승자에게 속한다는 국제법의 규정에 비유할 수 있다. 즉 주기적으로 실시되는 대통령 선거에서 승리한 정당이 공직자 임용의 권한을 가져야 한다. 이러한 임용 방식은 공무원에 대한 정치 지도자의 지배력을 강화시켜 지도자가 구상한 정책 실현을 용이하게 할 수 있다.
> B: 공직자 임용 기준은 개인의 능력·자격·적성에 두어야 하며 공개경쟁 시험을 통해 공무원을 선발하는 것이 좋다. 그러면 신규 채용 과정에서 공개와 경쟁의 원칙이 준수되기 때문에 정실 개입의 여지가 줄어든다. 공개경쟁 시험은 무엇보다 공직자 임용에서 기회균등을 보장하여 우수한 인재를 임용함으로써 행정의 능률을 높일 수 있고 공무원의 정치적 중립을 통하여 행정의 공정성이 확보될 수 있다는 장점을 가지고 있다. 또한 공무원의 신분보장으로 행정의 연속성과 직업적 안정성도 강화될 수 있다.
> C: 사회를 구성하는 모든 지역 및 계층으로부터 인구 비례에 따라 공무원을 선발하고, 그들을 정부 조직 내의 각 직급에 비례적으로 배치함으로써 정부 조직이 사회의 모든 지역과 계층에 가능한 한 공평하게 대응하도록 구성되어야 한다. 공무

> 원들은 가치중립적인 존재가 아니다. 그들은 자신의 출신 집단의 영향을 받은 가치관과 신념을 가지고 정책 결정과 정책 집행에 깊숙이 개입하고 있으며, 이 과정에서 자신의 견해나 가치를 반영하고자 노력한다.

〈보기〉

> ㄱ. 공직자 임용의 정치적 중립성을 보장할 필요성이 대두된다면, A의 주장은 설득력을 얻는다.
> ㄴ. 공직자 임용과정의 공정성을 높일 필요성이 부각된다면, B의 주장은 설득력을 얻는다.
> ㄷ. 인구의 절반을 차지하는 비수도권 출신 공무원의 비율이 1/4에 그쳐 지역 편향성을 완화할 필요성이 제기된다면, C의 주장은 설득력을 얻는다.

① ㄱ
② ㄴ
③ ㄷ
④ ㄱ, ㄷ
⑤ ㄴ, ㄷ

문 24. 다음 ㉠과 ㉡에 들어갈 말을 바르게 나열한 것은?

> 이동통신이 유선통신에 비하여 어려운 점은 다중 경로에 의해 통신채널이 계속적으로 변화하여 통신 품질이 저하된다는 것이다. 다중 경로는 송신기에서 발생한 신호가 수신기에 어떠한 장애물을 거치지 않고 직접적으로 도달하기도 하고 장애물을 통과하거나 반사하여 간접적으로 도달하기도 하기 때문에 발생한다. 이 다중 경로 때문에 송신기에서 발생한 신호가 안테나에 도달할 때 신호들마다 시간 차이가 발생한다. 이렇게 하나의 송신 신호가 시시각각 수신기에 다르게 도달하기 때문에 이동통신 채널은 일반적으로 유선통신 채널에 비해 빈번히 변화한다. 일반적으로 거쳐 오는 경로가 길수록 수신되는 진폭은 작아지고 지연 시간도 길어지게 된다. 다중 경로를 통해 전파가 전송되어 오면 각 경로의 거리 및 전송 특성 등의 차이에 의해 수신기에 도달하는 시간과 신호 세기의 차이가 발생한다.
> 시간에 따라 변화하는 이동통신의 품질을 극복하기 위해 개발된 것이 A기술이다. 이 기술을 사용하면 하나의 송신기로부터 전송된 하나의 신호가 다중 경로를 통해 안테나에 수신된다. 이 때 안테나에 수신된 신호들 중 일부 경로를 통해 수신된 신호의 크기가 작더라도 나머지 다른 경로를 통해 수신된 신호의 크기가 크면 수신된 신호들 중 가장 큰 것을 선택하여 안정적인 송수신을 이루려는 것이 A기술이다. A기술은 마치 한 종류의 액체를 여러 배수관에 동시에 흘려보내 가장 빨리 나오는 배수관의 액체를 선택하는 것에 비유할 수 있다. 여기서 액체는 ［ ㉠ ］에 해당하고, 배수관은 ［ ㉡ ］에 해당한다.

	㉠	㉡
①	송신기	안테나
②	신호	경로
③	신호	안테나
④	안테나	경로
⑤	안테나	신호

④ 별 주위의 '골디락스 영역'에 행성이 위치할 확률은 매우 낮지만 지구는 그 영역에 위치한다.

⑤ 핵력의 강도가 현재와 약간만 달라도 별의 내부에서 무거운 원소가 거의 전부 사라진다.

문 25. 다음 글의 결론을 지지하지 않는 것은?

지구와 태양 사이의 거리와 지구가 태양 주위를 도는 방식은 인간의 생존에 유리한 여러 특징을 지니고 있다. 인간을 비롯한 생명이 생존하려면 행성은 액체 상태의 물을 포함하면서 너무 뜨겁거나 차갑지 않아야 한다. 이를 위해 행성은 태양과 같은 별에서 적당히 떨어져 있어야 한다. 이 적당한 영역을 '골디락스 영역'이라고 한다. 또한 지구가 태양의 중력장 주위를 도는 타원 궤도는 충분히 원에 가깝다. 따라서 연중 태양에서 오는 열에너지가 비교적 일정하게 유지될 수 있다. 만약 태양과의 거리가 일정하지 않았다면 지구는 여름에는 바다가 모두 끓어 넘치고 겨울에는 거대한 얼음 덩어리가 되는 불모의 행성이었을 것이다.

우리 우주에 작용하는 근본적인 힘의 세기나 물리법칙도 인간을 비롯한 생명의 탄생에 유리하도록 미세하게 조정되어 있다. 예를 들어 근본적인 힘인 강한 핵력이나 전기력의 크기가 현재 값에서 조금만 달랐다면, 별의 내부에서 탄소처럼 무거운 원소는 만들어질 수 없었고 행성도 만들어질 수 없었을 것이다. 최근 들어 물리학자들은 이들 힘을 지배하는 법칙이 현재와 다르다면 우주는 구체적으로 어떤 모습이 될지 컴퓨터 모형으로 계산했다. 그 결과를 보면 강한 핵력의 강도가 겨우 0.5% 다르거나 전기력의 강도가 겨우 4% 다를 경우에도 탄소나 산소는 우주에서 합성되지 않는다. 따라서 생명 탄생의 가능성도 사라진다. 결국 강한 핵력이나 전기력을 지배하는 법칙들을 조금이라도 건드리면 우리가 존재할 가능성은 사라지는 것이다.

결론적으로 지구 주위 환경뿐만 아니라 보편적 자연법칙까지도 인류와 같은 생명이 진화해 살아가기에 알맞은 범위 안에 제한되어 있다고 할 수 있다. 만일 그러한 제한이 없었다면 태양계나 지구가 탄생할 수 없었을 뿐만 아니라 생명 또한 진화할 수 없었을 것이다. 우리가 아는 행성이나 생명이 탄생할 가능성을 열어두면서 물리법칙을 변경할 수 있는 폭은 매우 좁다.

① 탄소가 없는 상황에서도 생명은 자연적으로 진화할 수 있다.

② 중력법칙이 현재와 조금만 달라도 지구는 태양으로 빨려 들어간다.

③ 원자핵의 질량이 현재보다 조금 더 크다면 우리 몸을 이루는 원소는 합성되지 않는다.

※ 수고하셨습니다.

※ 기출문제편 맨 마지막에 있는 OMR 카드에 마킹을 하세요.

정답과 분석해설편 ▶ P.426

제2영역 자료해석

| 풀이 시간 | • 시작: ____시 ____분 ~ 종료: ____시 ____분 |
| | • 총 : ____분 |

문 1. 다음 〈그림〉은 보육 관련 6대 과제별 성과 점수 및 추진 필요성 점수를 나타낸 것이다. 이에 대한 〈보기〉의 설명 중 옳은 것만을 모두 고르면?

〈그림 1〉 보육 관련 6대 과제별 성과 점수

(단위: 점)

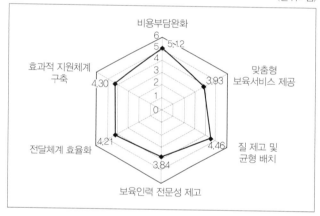

〈그림 2〉 보육 관련 6대 과제별 추진 필요성 점수

(단위: 점)

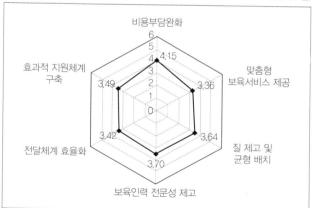

─〈보기〉─

ㄱ. 성과 점수가 가장 높은 과제와 가장 낮은 과제의 점수 차이는 1.00점보다 크다.

ㄴ. 성과 점수와 추진 필요성 점수의 차이가 가장 작은 과제는 '보육인력 전문성 제고' 과제이다.

ㄷ. 6대 과제의 추진 필요성 점수 평균은 3.70점 이상이다.

① ㄴ

② ㄱ, ㄴ

③ ㄱ, ㄷ

④ ㄴ, ㄷ

⑤ ㄱ, ㄴ, ㄷ

문 2. 다음 〈표〉는 행정심판위원회 연도별 사건처리현황에 관한 자료이다. 이에 대한 〈보기〉의 설명 중 옳은 것만을 모두 고르면?

〈표〉 행정심판위원회 연도별 사건처리현황

(단위: 건)

| 구분 연도 | 접수 | 심리·의결 | | | | 취하·이송 |
		인용	기각	각하	소계	
2010	31,473	4,990	24,320	1,162	30,472	1,001
2011	29,986	4,640	23,284	( )	28,923	1,063
2012	26,002	3,983	19,974	1,030	24,987	1,015
2013	26,255	4,713	18,334	1,358	24,405	1,850
2014	26,014	4,131	19,164	( )	25,270	744

※ 1) 당해 연도에 접수된 사건은 당해 연도에 심리·의결 또는 취하·이송됨

2) 인용률(%) = $\dfrac{\text{인용 건수}}{\text{심리·의결 건수}} \times 100$

─〈보기〉─

ㄱ. 인용률이 가장 높은 해는 2013년이다.

ㄴ. 취하·이송 건수는 매년 감소하였다.

ㄷ. 각하 건수가 가장 적은 해는 2011년이다.

ㄹ. 접수 건수와 심리·의결 건수의 연도별 증감방향은 동일하다.

① ㄱ, ㄴ

② ㄱ, ㄷ

③ ㄷ, ㄹ

④ ㄱ, ㄷ, ㄹ

⑤ ㄴ, ㄷ, ㄹ

문 3. 다음 〈표〉와 〈그림〉은 2000~2010년 3개국(한국, 일본, 미국)의 3D 입체영상 및 CG 분야 특허출원에 관한 자료이다. 이를 바탕으로 작성된 〈보고서〉의 내용 중 옳은 것만을 모두 고르면?

〈표〉 2000~2010년 3개국 3D 입체영상 및 CG 분야 특허출원 현황
(단위: 건)

국가 \ 분야	3D 입체영상	CG
한국	1,155	785
일본	3,620	2,380
미국	880	820
3개국 전체	5,655	3,985

〈그림 1〉 연도별 3D 입체영상 분야 3개국 특허출원 추이

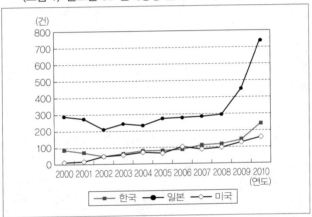

〈그림 2〉 연도별 CG 분야 3개국 특허출원 추이

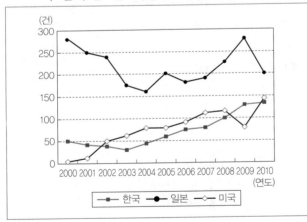

〈보고서〉

3D 입체영상 및 CG 분야에 대한 특허출원 경쟁은 한국, 일본, 미국을 중심으로 전개되고 있다. 일본이 기술개발을 선도하고 있는 ㉠3D 입체영상 분야의 경우 2000~2010년 일본 특허출원 건수는 3개국 전체 특허출원 건수의 60% 이상을 차지하였다. 하지만 2006년 이후부터 한국에서 관련 기술에 대한 연구가 활발히 진행되어 특허출원 건수가 증가 하고 있다. 그

결과 ㉡3D 입체영상 분야에서 2007~2010년 동안 한국 특허출원 건수는 매년 미국 특허출원 건수를 초과하였다.

CG 분야에서도, 2000~2010년 3개국 전체 특허출원 건수 대비 일본 특허출원 건수가 차지하는 비중이 가장 높았으며, 그다음으로 미국, 한국 순으로 나타났다. 이를 연도별로 살펴보면 ㉢2003년 이후 CG 분야에서 한국 특허출원 건수는 매년 미국 특허출원 건수보다 적지만, 관련 기술의 특허출원이 매년 증가하는 추세를 보이고 있다. 한편, ㉣2000~2010년 동안 한국과 일본의 CG 분야 특허출원 건수의 차이는 2010년에 가장 작았다.

① ㉠, ㉡

② ㉠, ㉢

③ ㉢, ㉣

④ ㉠, ㉡, ㉣

⑤ ㉡, ㉢, ㉣

문 4. 다음 〈표〉는 2005~2012년 A기업의 콘텐츠 유형별 매출액에 관한 자료이다. 이에 대한 설명으로 옳지 않은 것은?

〈표〉 2005~2012년 A기업의 콘텐츠 유형별 매출액
(단위: 백만 원)

콘텐츠 유형 \ 연도	게임	음원	영화	SNS	전체
2005	235	108	371	30	744
2006	144	175	355	45	719
2007	178	186	391	42	797
2008	269	184	508	59	1,020
2009	485	199	758	58	1,500
2010	470	302	1,031	308	2,111
2011	603	411	1,148	104	2,266
2012	689	419	1,510	341	2,959

① 2007년 이후 매출액이 매년 증가한 콘텐츠 유형은 영화뿐이다.

② 2012년에 전년 대비 매출액 증가율이 가장 큰 콘텐츠 유형은 SNS이다.

③ 영화 매출액은 매년 전체 매출액의 40% 이상이다.

④ 2006~2012년 동안 콘텐츠 유형별 매출액이 각각 전년보다 모두 증가한 해는 2012년뿐이다.

⑤ 2009~2012년 동안 매년 게임 매출액은 음원 매출액의 2배 이상이다.

문 5. 다음 〈표〉는 탄소포인트제 가입자 A~D의 에너지 사용량 감축률 현황을 나타낸 자료이다. 아래의 〈지급 방식〉에 따라 가입자 A~D가 탄소포인트를 지급받을 때, 탄소포인트를 가장 많이 지급받는 가입자와 가장 적게 지급받는 가입자를 바르게 나열한 것은?

〈표〉 가입자 A~D의 에너지 사용량 감축률 현황

(단위: %)

에너지 사용유형 \ 가입자	A	B	C	D
전기	2.9	15.0	14.3	6.3
수도	16.0	15.0	5.7	21.1
가스	28.6	26.1	11.1	5.9

〈지급 방식〉

○ 탄소포인트 지급 기준

(단위: 포인트)

에너지 사용유형 \ 에너지 사용량 감축률	5% 미만	5% 이상 10% 미만	10% 이상
전기	0	5,000	10,000
수도	0	1,250	2,500
가스	0	2,500	5,000

○ 가입자가 지급받는 탄소포인트 = 전기 탄소포인트 + 수도 탄소포인트 + 가스 탄소포인트

예) 가입자 D가 지급받는 탄소포인트 = 5,000 + 2,500 + 2,500 = 10,000

	가장 많이 지급받는 가입자	가장 적게 지급받는 가입자
①	B	A
②	B	C
③	B	D
④	C	A
⑤	C	D

문 6. 다음 〈표〉는 A, B, C 세 구역으로 구성된 '갑'시 거주구역별, 성별 인구분포에 관한 자료이다. '갑'시의 남성 인구는 200명, 여성 인구는 300명일 때 이에 대한 〈보기〉의 설명 중 옳은 것만을 모두 고르면?

〈표〉 '갑'시 거주구역별, 성별 인구분포

(단위: %)

성별 \ 거주구역	A	B	C	합
남성	15	55	30	100
여성	42	30	28	100

〈보기〉

ㄱ. A구역 남성 인구는 B구역 여성 인구의 절반이다.
ㄴ. C구역 인구보다 A구역 인구가 더 많다.
ㄷ. C구역은 여성 인구보다 남성 인구가 더 많다.
ㄹ. B구역 남성 인구의 절반이 C구역으로 이주하더라도, C구역 인구는 '갑'시 전체 인구의 40% 이하이다.

① ㄱ, ㄴ
② ㄱ, ㄷ
③ ㄴ, ㄷ
④ ㄴ, ㄹ
⑤ ㄷ, ㄹ

문 7. 다음 〈표〉는 '갑'국의 2013년 복지종합지원센터, 노인복지관, 자원봉사자, 등록노인 현황에 관한 자료이다. 이에 대한 〈보기〉의 설명 중 옳은 것만을 모두 고르면?

〈표〉 복지종합지원센터, 노인복지관, 자원봉사자, 등록노인 현황

(단위: 개소, 명)

지역 \ 구분	복지종합 지원센터	노인복지관	자원봉사자	등록노인
A	20	1,336	8,252	397,656
B	2	126	878	45,113
C	1	121	970	51,476
D	2	208	1,388	69,395
E	1	164	1,188	59,050
F	1	122	1,032	56,334
G	2	227	1,501	73,825
H	3	362	2,185	106,745
I	1	60	529	27,256
전국	69	4,377	30,171	1,486,980

〈보기〉

ㄱ. 전국의 노인복지관, 자원봉사자 중 A지역의 노인복지관, 자원봉사자의 비중은 각각 25% 이상이다.

ㄴ. A∼I지역 중 복지종합지원센터 1개소당 노인복지관 수가 100개소 이하인 지역은 A, B, D, I이다.

ㄷ. A∼I지역 중 복지종합지원센터 1개소당 자원봉사자 수가 가장 많은 지역과 복지종합지원센터 1개소당 등록노인 수가 가장 많은 지역은 동일하다.

ㄹ. 노인복지관 1개소당 자원봉사자 수는 H지역이 C지역 보다 많다.

① ㄱ, ㄴ
② ㄱ, ㄷ
③ ㄱ, ㄹ
④ ㄴ, ㄷ
⑤ ㄴ, ㄹ

〈조건〉

○ 2014년 중국 대상 해외직구 반입 전체 금액은 같은 해 독일 대상 해외직구 반입 전체 금액의 2배 이상이다.

○ 2014년 영국과 호주 대상 EDI 수입 건수 합은 같은 해 뉴질랜드 대상 EDI 수입 건수의 2배보다 작다.

○ 2014년 호주 대상 해외직구 반입 전체 금액은 2013년 호주 대상 해외직구 반입 전체 금액의 10배 미만이다.

○ 2014년 일본 대상 목록통관 금액은 2013년 일본 대상 목록 통관 금액의 2배 이상이다.

	A	B	C	D
①	중국	일본	영국	호주
②	중국	일본	호주	영국
③	중국	영국	일본	호주
④	일본	영국	중국	호주
⑤	일본	중국	호주	영국

문 8. 다음 〈표〉는 '갑'국의 8개국 대상 해외직구 반입동향을 나타낸 자료이다. 다음 〈조건〉의 설명에 근거하여 〈표〉의 A∼D에 해당하는 국가를 바르게 나열한 것은?

〈표〉 '갑'국의 8개국 대상 해외직구 반입동향

(단위: 건, 천 달러)

국가 \ 연도	반입 방법	목록통관		EDI 수입		전체	
		건수	금액	건수	금액	건수	금액
2013	미국	3,254,813	305,070	5,149,901	474,807	8,404,714	779,877
	중국	119,930	6,162	1,179,373	102,315	1,299,303	108,477
	독일	71,687	3,104	418,403	37,780	490,090	40,884
	영국	82,584	4,893	123,001	24,806	205,585	29,699
	프랑스	172,448	6,385	118,721	20,646	291,169	27,031
	일본	53,055	2,755	138,034	21,028	191,089	23,783
	뉴질랜드	161	4	90,330	4,082	90,491	4,086
	호주	215	14	28,176	2,521	28,391	2,535
2014	미국	5,659,107	526,546	5,753,634	595,206	11,412,741	1,121,752
	(A)	170,683	7,798	1,526,315	156,352	1,696,998	164,150
	독일	170,475	7,662	668,993	72,509	839,468	80,171
	프랑스	231,857	8,483	336,371	47,456	568,228	55,939
	(B)	149,473	7,874	215,602	35,326	365,075	43,200
	(C)	87,396	5,429	131,993	36,963	219,389	42,392
	뉴질랜드	504	16	108,282	5,283	108,786	5,299
	(D)	2,089	92	46,330	3,772	48,419	3,864

문 9. 다음 〈표〉는 로봇 시장 현황과 R&D 예산의 분야별 구성비에 대한 자료이다. 이에 대한 〈보기〉의 설명 중 옳은 것만을 모두 고르면?

〈표 1〉 용도별 로봇 시장 현황(2013년)

용도 \ 구분	시장 규모 (백만 달러)	수량(천 개)	평균단가 (천 달러/개)
제조용	9,719	178	54.6
전문 서비스용	3,340	21	159.0
개인 서비스용	1,941	4,000	0.5
전체	15,000	4,199	3.6

〈표 2〉 분야별 로봇 시장 규모(2011∼2013년)

(단위: 백만 달러)

용도 \ 분야		2011년	2012년	2013년
제조용	제조	8,926	9,453	9,719
전문 서비스용	건설	879	847	883
	물류	166	196	216
	의료	1,356	1,499	1,449
	국방	748	818	792
개인 서비스용	가사	454	697	799
	여가	166	524	911
	교육	436	279	231

※ 로봇의 용도 및 분야는 중복되지 않음

〈표 3〉 로봇 R&D 예산의 분야별 구성비(2013년)

(단위: %)

분야	제조	건설	물류	의료	국방	가사	여가	교육	합계
구성비	21	13	3	22	12	12	14	3	100

─〈보기〉─

ㄱ. 2013년 전체 로봇 시장 규모 대비 제조용 로봇 시장 규모의 비중은 70% 이상이다.

ㄴ. 2013년 전문 서비스용 로봇 평균단가는 제조용 로봇 평균단가의 3배 이하이다.

ㄷ. 2013년 전체 로봇 R&D 예산 대비 전문 서비스용 로봇 R&D 예산의 비중은 50%이다.

ㄹ. 개인 서비스용 로봇 시장 규모는 각 분야에서 매년 증가했다.

① ㄱ, ㄴ
② ㄱ, ㄹ
③ ㄴ, ㄷ
④ ㄴ, ㄹ
⑤ ㄷ, ㄹ

문 10. 다음 〈표〉는 A발전회사의 연도별 발전량 및 신재생에너지 공급 현황에 관한 자료이다. 이에 대한 〈보기〉의 설명 중 옳은 것만을 모두 고르면?

〈표〉 A발전회사의 연도별 발전량 및 신재생에너지 공급 현황

구분		2012년	2013년	2014년
발전량(GWh)		55,000	51,000	52,000
신재생 에너지	공급의무율(%)	1.4	2.0	3.0
	자체공급량(GWh)	75	380	690
	인증서구입량(GWh)	15	70	160

※ 1) 공급의무율(%)= $\frac{공급의무량}{발전량} \times 100$

2) 이행량(GWh)=자체공급량+인증서구입량

─〈보기〉─

ㄱ. 공급의무량은 매년 증가한다.

ㄴ. 2012년 대비 2014년 자체공급량의 증가율은 2012년 대비 2014년 인증서구입량의 증가율보다 작다.

ㄷ. 공급의무량과 이행량의 차이는 매년 증가한다.

ㄹ. 이행량에서 자체공급량이 차지하는 비중은 매년 감소한다.

① ㄱ, ㄴ
② ㄱ, ㄷ
③ ㄷ, ㄹ
④ ㄱ, ㄴ, ㄹ
⑤ ㄴ, ㄷ, ㄹ

문 11. 다음 〈표〉는 2012년 지역별 PC 보유율과 인터넷 이용률에 관한 자료이다. 이에 대한 〈보기〉의 설명 중 옳은 것만을 모두 고르면?

〈표〉 2012년 지역별 PC 보유율과 인터넷 이용률

(단위: %)

지역\구분	PC 보유율	인터넷 이용률
서울	88.4	80.9
부산	84.6	75.8
대구	81.8	75.9
인천	87.0	81.7
광주	84.8	81.0
대전	85.3	80.4
울산	88.1	85.0
세종	86.0	80.7
경기	86.3	82.9
강원	77.3	71.2
충북	76.5	72.1
충남	69.9	69.7
전북	71.8	72.2
전남	66.7	67.8
경북	68.8	68.4
경남	72.0	72.5
제주	77.3	73.6

─〈보기〉─

ㄱ. PC 보유율이 네 번째로 높은 지역은 인터넷 이용률도 네 번째로 높다.

ㄴ. 경남보다 PC 보유율이 낮은 지역의 인터넷 이용률은 모두 경남의 인터넷 이용률보다 낮다.

ㄷ. 울산의 인터넷 이용률은 인터넷 이용률이 가장 낮은 지역의 1.3배 이상이다.

ㄹ. PC 보유율보다 인터넷 이용률이 높은 지역은 전북, 전남, 경남이다.

① ㄱ, ㄴ
② ㄱ, ㄷ
③ ㄱ, ㄹ
④ ㄴ, ㄷ
⑤ ㄴ, ㄹ

문 12. 사무관 A는 다음 〈표〉와 추가적인 자료를 이용하여 과학기술 논문 발표현황에 관한 〈보고서〉를 작성하였다. 추가로 필요한 자료만을 〈보기〉에서 모두 고르면?

〈표〉 우리나라 SCI 과학기술 논문 발표현황

(단위: 편, %)

연도	2007	2008	2009	2010	2011	2012	2013
발표 수	29,565	34,353	37,742	41,481	45,588	49,374	51,051
세계 점유율	2.23	2.40	2.50	2.62	2.68	2.75	2.77

〈보고서〉

최근 우리나라는 과학기술 분야의 연구에 많은 투자를 하고 있다. 2013년도 우리나라 SCI 과학기술 논문 발표 수는 51,051편으로 전년 대비 약 3.40% 증가했다. 우리나라 SCI 과학기술 논문 발표 수의 세계 점유율은 2007년 2.23%에서 매년 증가하여 2013년 2.77%가 되었다. 이는 2007년 이후 기초·원천기술연구에 대한 투자규모의 지속적인 확대로 SCI 과학기술 논문 발표 수가 꾸준히 증가하고 있는 것으로 분석된다. 2013년의 논문 1편당 평균 피인용횟수는 4.55회로 SCI 과학기술 논문 발표 수 상위 50개 국가 중 32위를 기록했다.

〈보기〉

ㄱ. 2007년 이후 우리나라 기초·원천기술연구 투자규모 현황

ㄴ. 2009~2013년 연도별 SCI 과학기술 논문 발표 수 상위 50개 국가의 논문 1편당 평균 피인용횟수

ㄷ. 2007년 이후 세계 총 SCI 과학기술 학술지 수

ㄹ. 2009~2013년 우리나라 SCI 과학기술 논문 발표 수의 전년 대비 증가율

① ㄱ, ㄴ
② ㄱ, ㄷ
③ ㄴ, ㄷ
④ ㄴ, ㄹ
⑤ ㄷ, ㄹ

문 13. 다음 〈표〉와 〈그림〉은 A~E국의 국민부담률, 재정적자 비율 및 잠재적 부담률과 공채의존도를 나타낸 자료이다. 이에 대한 〈보기〉의 설명 중 옳은 것만을 모두 고르면?

〈표〉 국민부담률, 재정적자 비율 및 잠재적 부담률

(단위: %)

구분 \ 국가	A	B	C	D	E
국민부담률	38.9	34.7	49.3	( )	62.4
사회보장부담률	( )	8.6	10.8	22.9	24.6
조세부담률	23.0	26.1	( )	29.1	37.8
재정적자 비율	8.8	9.9	6.7	1.1	5.1
잠재적 부담률	47.7	( )	56.0	53.1	( )

※ 1) 국민부담률(%)=사회보장부담률+조세부담률
  2) 잠재적 부담률(%)=국민부담률+재정적자 비율

〈그림〉 공채의존도

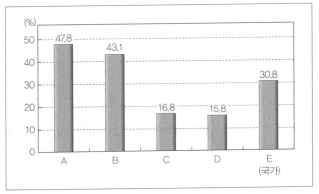

〈보기〉

ㄱ. 잠재적 부담률이 가장 높은 국가의 조세부담률이 가장 높다.

ㄴ. 공채의존도가 가장 낮은 국가의 국민부담률이 두 번째로 높다.

ㄷ. 사회보장부담률이 가장 높은 국가의 공채의존도가 가장 높다.

ㄹ. 잠재적 부담률이 가장 낮은 국가는 B이다.

① ㄱ, ㄴ
② ㄱ, ㄷ
③ ㄴ, ㄷ
④ ㄴ, ㄹ
⑤ ㄷ, ㄹ

문 14. 다음 〈표〉는 2013년 A시 '가'~'다' 지역의 아파트 실거래 가격지수를 나타낸 자료이다. 이에 대한 설명으로 옳은 것은?

〈표〉 2013년 A시 '가'~'다' 지역의 아파트 실거래 가격지수

월 \ 지역	가	나	다
1	100.0	100.0	100.0
2	101.1	101.6	99.9
3	101.9	103.2	100.0
4	102.6	104.5	99.8
5	103.0	105.5	99.6
6	103.8	106.1	100.6
7	104.0	106.6	100.4
8	105.1	108.3	101.3
9	106.3	110.7	101.9
10	110.0	116.9	102.4
11	113.7	123.2	103.0
12	114.8	126.3	102.6

※ N월 아파트 실거래 가격지수 = (해당 지역의 N월 아파트 실거래 가격 / 해당 지역의 1월 아파트 실거래 가격) × 100

① '가' 지역의 12월 아파트 실거래 가격은 '다' 지역의 12월 아파트 실거래 가격보다 높다.

② '나' 지역의 아파트 실거래 가격은 다른 두 지역의 아파트 실거래 가격보다 매월 높다.

③ '다' 지역의 1월 아파트 실거래 가격과 3월 아파트 실거래 가격은 같다.

④ '가' 지역의 1월 아파트 실거래 가격이 1억 원이면 '가' 지역의 7월 아파트 실거래 가격은 1억 4천만 원이다.

⑤ 2013년 7~12월 동안 아파트 실거래 가격이 각 지역에서 매월 상승하였다.

문 15. 다음 〈표〉는 쥐 A~E의 에탄올 주입량별 렘(REM)수면시간을 측정한 결과이다. 이에 대한 〈보기〉의 설명 중 옳은 것만을 모두 고르면?

〈표〉 에탄올 주입량별 쥐의 렘수면시간

(단위: 분)

에탄올 주입량(g) \ 쥐	A	B	C	D	E
0.0	88	73	91	68	75
1.0	64	54	70	50	72
2.0	45	60	40	56	39
4.0	31	40	46	24	24

〈보기〉

ㄱ. 에탄올 주입량이 0.0g일 때 쥐 A~E 렘수면시간 평균은 에탄올 주입량이 4.0g일 때 쥐 A~E 렘수면시간 평균의 2배 이상이다.

ㄴ. 에탄올 주입량이 2.0g일 때 쥐 B와 쥐 E의 렘수면시간 차이는 20분 이하이다.

ㄷ. 에탄올 주입량이 0.0g일 때와 에탄올 주입량이 1.0g일 때의 렘수면시간 차이가 가장 큰 쥐는 A이다.

ㄹ. 쥐 A~E는 각각 에탄올 주입량이 많을수록 렘수면시간이 감소한다.

① ㄱ, ㄴ
② ㄱ, ㄷ
③ ㄴ, ㄷ
④ ㄴ, ㄹ
⑤ ㄷ, ㄹ

문 16. 다음 〈표〉는 2004~2013년 5개 자연재해 유형별 피해금액에 관한 자료이다. 이에 대한 〈보기〉의 설명 중 옳은 것만을 모두 고르면?

〈표〉 5개 자연재해 유형별 피해금액

(단위: 억 원)

연도 유형	2004	2005	2006	2007	2008	2009	2010	2011	2012	2013
태풍	3,416	1,385	118	1,609	9	0	1,725	2,183	8,765	17
호우	2,150	3,520	19,063	435	581	2,549	1,808	5,276	384	1,581
대설	6,739	5,500	52	74	36	128	663	480	204	113
강풍	0	93	140	69	11	70	2	0	267	9
풍랑	0	0	57	331	0	241	70	3	0	0
전체	12,305	10,498	19,430	2,518	637	2,988	4,268	7,942	9,620	1,720

〈보기〉

ㄱ. 2004~2013년 강풍 피해금액 합계는 풍랑 피해금액 합계
　　보다 작다.

ㄴ. 2012년 태풍 피해금액은 2012년 5개 자연재해 유형 전체
　　피해금액의 90% 이상이다.

ㄷ. 피해금액이 매년 10억 원보다 큰 자연재해 유형은 호우뿐이다.

ㄹ. 피해금액이 큰 자연재해 유형부터 순서대로 나열하면 2010
　　년과 2011년의 순서는 동일하다.

① ㄱ, ㄴ   ② ㄱ, ㄷ
③ ㄷ, ㄹ   ④ ㄱ, ㄴ, ㄹ
⑤ ㄴ, ㄷ, ㄹ

문 17. 다음 〈표〉는 2009~2014년 건설공사 공종별 수주액 현황을 나타낸 것이다. 이를 이용하여 작성한 그래프로 옳지 않은 것은?

〈표〉 건설공사 공종별 수주액 현황

(단위: 조 원, %)

구분 연도	전체	전년 대비 증감률	토목	전년 대비 증감률	건축	전년 대비 증감률	주거용	비주 거용
2009	118.7	-1.1	54.1	31.2	64.6	-18.1	39.1	25.5
2010	103.2	-13.1	41.4	-23.5	61.8	-4.3	31.6	30.2
2011	110.7	7.3	38.8	-6.3	71.9	16.3	38.7	33.2
2012	99.8	-9.8	34.0	-12.4	65.8	-8.5	34.3	31.5
2013	90.4	-9.4	29.9	-12.1	60.5	-8.1	29.3	31.2
2014	107.4	18.8	32.7	9.4	74.7	23.5	41.1	33.6

① 건축 공종의 수주액

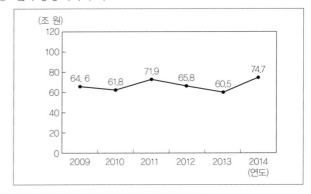

② 토목 공종의 수주액 및 전년 대비 증감률

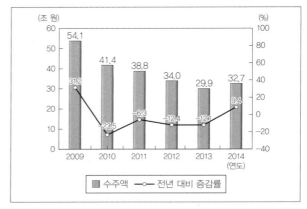

③ 건설공사 전체 수주액의 공종별 구성비

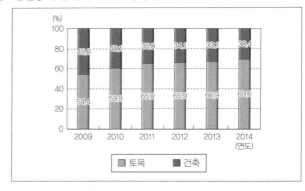

④ 건축 공종 중 주거용 및 비주거용 수주액

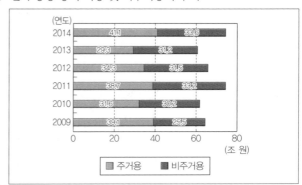

⑤ 건설공사 전체 및 건축 공종 수주액의 전년 대비 증감률

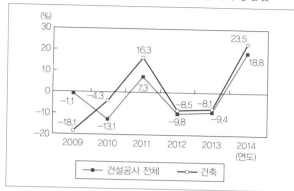

문 18. 다음 〈표〉는 2010~2014년 A시의회의 발의 주체별 조례발의 현황에 관한 자료이다. 이에 대한 설명으로 옳지 않은 것은?

〈표〉 A시의회 발의 주체별 조례발의 현황

(단위: 건)

발의 주체 연도	단체장	의원	주민	합
2010	527	( )	23	924
2011	( )	486	35	1,149
2012	751	626	39	( )
2013	828	804	51	1,683
2014	905	865	( )	1,824
전체	3,639	3,155	202	( )

※ 조례발의 주체는 단체장, 의원, 주민으로만 구성됨

① 2012년 조례발의 건수 중 단체장발의 건수가 50% 이상이다.
② 2011년 단체장발의 건수는 2013년 의원발의 건수보다 적다.
③ 주민발의 건수는 매년 증가하였다.
④ 2014년 의원발의 건수는 2010년과 2011년 의원발의 건수의 합보다 많다.
⑤ 2014년 조례발의 건수는 2012년 조례발의 건수의 1.5배 이상이다.

문 19. 다음 〈표〉는 섬유수출액 상위 10개국과 한국의 섬유수출액 현황에 대한 자료이다. 이에 대한 〈보기〉의 설명 중 옳은 것만을 모두 고르면?

〈표 1〉 상위 10개국의 섬유수출액 현황(2010년)

(단위: 억 달러, %)

구분 순위	국가	섬유	원단	의류	전년 대비 증가율
1	중국	2,424	882	1,542	21.1
2	이탈리아	1,660	671	989	3.1
3	인도	241	129	112	14.2
4	터키	218	90	128	12.7
5	방글라데시	170	13	157	26.2
6	미국	169	122	47	19.4
7	베트남	135	27	108	28.0
8	한국	126	110	16	21.2
9	파키스탄	117	78	39	19.4
10	인도네시아	110	42	68	20.2
세계 전체		6,085	2,570	3,515	14.6

〈표 2〉 한국의 섬유수출액 현황(2006~2010년)

(단위: 억 달러, %)

연도 구분	2006	2007	2008	2009	2010
섬유	177(5.0)	123(2.1)	121(2.0)	104(2.0)	126(2.1)
원단	127(8.2)	104(4.4)	104(4.2)	90(4.4)	110(4.3)
의류	50(2.5)	19(0.6)	17(0.5)	14(0.4)	16(0.5)

※ 괄호 안의 숫자는 세계 전체의 해당 분야 수출액에서 한국의 해당 분야 수출액이 차지하는 비중으로, 소수점 아래 둘째 자리에서 반올림한 값임

〈보기〉

ㄱ. 2010년 한국과 인도의 섬유수출액 차이는 100억 달러 이상이다.
ㄴ. 2010년 세계 전체의 섬유수출액은 2006년의 2배 이하이다.
ㄷ. 2010년 한국 원단수출액의 전년 대비 증가율과 의류수출액의 전년 대비 증가율의 차이는 10%p 이상이다.
ㄹ. 2010년 중국의 의류수출액은 세계 전체 의류수출액의 50% 이하이다.

① ㄱ, ㄴ
② ㄱ, ㄷ
③ ㄷ, ㄹ
④ ㄱ, ㄴ, ㄹ
⑤ ㄴ, ㄷ, ㄹ

문 20. 다음 〈표〉는 2014년 '갑'국 지방법원(A～E)의 배심원 출석 현황에 관한 자료이다. 이에 대한 〈보기〉의 설명 중 옳은 것만을 모두 고르면?

〈표〉 2014년 '갑'국 지방법원(A～E)의 배심원 출석 현황

(단위: 명)

구분 지방법원	소환인원	송달불능자	출석취소통지자	출석의무자	출석자
A	1,880	533	573	( )	411
B	1,740	495	508	( )	453
C	716	160	213	343	189
D	191	38	65	88	57
E	420	126	120	174	115

※ 1) 출석의무자 수＝소환인원－송달불능자 수－출석취소통지자 수

2) 출석률(%)＝$\frac{출석자\ 수}{소환인원} \times 100$

3) 실질출석률(%)＝$\frac{출석자\ 수}{출석의무자\ 수} \times 100$

〈보기〉

ㄱ. 출석의무자 수는 B지방법원이 A지방법원보다 많다.

ㄴ. 실질출석률은 E지방법원이 C지방법원보다 낮다.

ㄷ. D지방법원의 출석률은 25% 이상이다.

ㄹ. A～E지방법원 전체 소환인원에서 A지방법원의 소환인원이 차지하는 비율은 35% 이상이다.

① ㄱ, ㄴ
② ㄱ, ㄷ
③ ㄴ, ㄷ
④ ㄴ, ㄹ
⑤ ㄷ, ㄹ

문 21. 다음은 2011～2014년 주택건설 인허가 실적에 대한 〈보고서〉이다. 〈보고서〉의 내용을 작성하는 데 직접적인 근거로 활용되지 않은 자료는?

〈보고서〉

○ 2014년 주택건설 인허가 실적은 전국 51.5만 호(수도권 24.2만 호, 지방 27.3만 호)로 2013년(44.1만 호) 대비 16.8% 증가하였다. 이는 당초 계획(37.4만 호)에 비하여 증가한 것이지만, 2014년의 인허가 실적은 2011년 55.0만 호, 2012년 58.6만 호, 2013년 44.1만 호 등 3년 평균(2011～2013년, 52.6만 호)에 미치지 못하였다.

○ 2014년 아파트의 인허가 실적(34.8만 호)은 2013년 대비 24.7% 증가하였다. 아파트 외 주택의 인허가 실적(16.7만 호)은 2013년 대비 3.1% 증가하였으나, 2013년부터 도시형 생활주택 인허가 실적이 감소하면서 3년 평균(2011～2013년, 18.9만 호) 대비 11.6% 감소하였다.

○ 2014년 공공부문의 인허가 실적(6.3만 호)은 일부 분양물량의 수급 조절에 따라 2013년 대비 21.3% 감소하였으며, 3년 평균(2011～2013년, 10.2만 호) 대비로는 38.2% 감소하였다. 민간부문(45.2만 호)은 2013년 대비 25.2% 증가하였으며, 3년 평균(2011～2013년, 42.4만 호) 대비 6.6% 증가하였다.

○ 2014년의 소형(60m² 이하), 중형(60m² 초과 85m² 이하), 대형(85m² 초과) 주택건설 인허가 실적은 2013년 대비 각각 1.2%, 36.4%, 4.9% 증가하였고, 2014년 85m² 이하 주택건설 인허가 실적의 비중은 2014년 전체 주택건설 인허가 실적의 약 83.5%이었다.

① 지역별 주택건설 인허가 실적 및 증감률

(단위: 만 호, %)

구분	2013년	3년 평균 (2011～ 2013)	2014년		
				전년 대비 증감률	3년 평균 대비 증감률
전국	44.1	52.6	51.5	16.8	−2.1
수도권	19.3	24.5	24.2	25.4	−1.2
지방	24.8	28.1	27.3	10.1	−2.8

② 2011～2013년 지역별 주택건설 인허가 실적

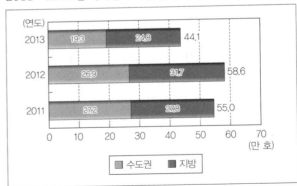

(연도)

2013　19.3　24.8　44.1
2012　26.9　31.7　58.6
2011　27.2　27.8　55.0

0　10　20　30　40　50　60　70
(만 호)

■ 수도권　■ 지방

③ 공공임대주택 공급 실적 및 증감률

(단위: 만 호, %)

구분	2013년	3년 평균 (2011～ 2013)	2014년		
				전년 대비 증감률	3년 평균 대비 증감률
영구·국민	2.7	2.3	2.6	−3.7	13.0
공공	3.1	2.9	3.6	16.1	24.1
매입·전세	3.8	3.4	3.4	−10.5	0.0

④ 유형별 주택건설 인허가 실적 및 증감률

(단위: 만 호, %)

구분	2013년	3년 평균 (2011~ 2013)	2014년	
			전년 대비 증감률	3년 평균 대비 증감률
아파트	27.9	33.7	34.8	24.7	3.3
아파트 외	16.2	18.9	16.7	3.1	−11.6

⑤ 건설 주체별·규모별 주택건설 인허가 실적 및 증감률

(단위: 만 호, %)

구분		2013년	3년 평균 (2011~ 2013)	2014년	
				전년 대비 증감률	3년 평균 대비 증감률
건설 주체	공공부문	8.0	10.2	6.3	−21.3	−38.2
	민간부문	36.1	42.4	45.2	25.2	6.6
규모	60m² 이하	17.3	21.3	17.5	1.2	−17.8
	60m² 초과 85m² 이하	18.7	21.7	25.5	36.4	17.5
	85m² 초과	8.1	9.6	8.5	4.9	−11.5

문 22. 다음 〈표〉는 '갑'국의 주택보급률 및 주거공간 현황에 대한 자료이다. 이에 대한 〈보기〉의 설명 중 옳은 것만을 모두 고르면?

〈표〉 '갑'국의 주택보급률 및 주거공간 현황

연도	가구 수 (천 가구)	주택 보급률(%)	주거공간	
			가구당 (m²/가구)	1인당 (m²/인)
2000	10,167	72.4	58.5	13.8
2001	11,133	86.0	69.4	17.2
2002	11,928	96.2	78.6	20.2
2003	12,491	105.9	88.2	22.9
2004	12,995	112.9	94.2	24.9

※ 1) 주택보급률(%) = $\dfrac{주택 수}{가구 수} \times 100$

2) 가구당 주거공간(m²/가구) = $\dfrac{주거공간 총면적}{가구 수}$

3) 1인당 주거공간(m²/인) = $\dfrac{주거공간 총면적}{인구 수}$

〈보기〉

ㄱ. 주택 수는 매년 증가하였다.

ㄴ. 2003년 주택을 두 채 이상 소유한 가구 수는 2002년보다 증가하였다.

ㄷ. 2001~2004년 동안 1인당 주거공간의 전년 대비 증가율이 가장 큰 해는 2001년이다.

ㄹ. 2004년 주거공간 총면적은 2000년 주거공간 총면적의 2배 이상이다.

① ㄱ, ㄴ　　　　② ㄱ, ㄷ
③ ㄴ, ㄹ　　　　④ ㄱ, ㄷ, ㄹ
⑤ ㄴ, ㄷ, ㄹ

문 23. 다음 〈정보〉와 〈표〉는 2014년 A~E기업의 기본생산능력과 초과생산량 및 1~3월 생산이력에 관한 자료이다. 이에 근거하여 기본생산능력이 가장 큰 기업과 세 번째로 큰 기업을 바르게 나열한 것은?

〈정보〉

○ 각 기업의 기본생산능력(개/월)은 변하지 않는다.

○ A기업의 기본생산능력은 15,000개/월이고 C기업과 E기업의 기본생산능력은 동일하다.

○ B, C, D기업의 경우 2014년 1~3월 동안 초과생산량이 발생하지 않았다.

○ E기업의 경우 2014년 3월에 기본생산능력에 해당하는 생산량 이외에 기본생산능력의 20%에 해당하는 초과생산량이 발생하였다.

○ 생산 참여기업의 월 생산량 = 기본생산능력에 해당하는 월 생산량 + 월 초과생산량

〈표〉 2014년 1~3월 생산이력

구분	1월	2월	3월
생산 참여기업	B, C	B, D	C, E
손실비	0.0	0.5	0.0
총생산량(개)	23,000	17,000	22,000

※ 해당 월 총생산량 = 해당 월 '생산 참여기업의 월 생산량'의 합 × (1 − 손실비)

	가장 큰 기업	세 번째로 큰 기업
①	A	B
②	A	D
③	B	D
④	D	A
⑤	D	B

문 24. 다음 〈표〉는 '가'국의 PC와 스마트폰 기반 웹 브라우저 이용에 대한 설문조사를 바탕으로, 2013년 10월~2014년 1월 동안 매월 이용률 상위 5종 웹 브라우저의 이용률 현황을 정리한 자료이다. 이에 대한 설명으로 옳은 것은?

〈표 1〉 PC 기반 웹 브라우저

(단위: %)

조사시기 웹 브라우저 종류	2013년			2014년
	10월	11월	12월	1월
인터넷 익스플로러	58.22	58.36	57.91	58.21
파이어폭스	17.70	17.54	17.22	17.35
크롬	16.42	16.44	17.35	17.02
사파리	5.84	5.90	5.82	5.78
오페라	1.42	1.39	1.33	1.28
상위 5종 전체	99.60	99.63	99.63	99.64

※ 무응답자는 없으며, 응답자는 1종의 웹 브라우저만을 이용한 것으로 응답함

〈표 2〉 스마트폰 기반 웹 브라우저

(단위: %)

조사시기 웹 브라우저 종류	2013년			2014년
	10월	11월	12월	1월
사파리	55.88	55.61	54.82	54.97
안드로이드 기본 브라우저	23.45	25.22	25.43	23.49
크롬	6.85	8.33	9.70	10.87
오페라	6.91	4.81	4.15	4.51
인터넷 익스플로러	1.30	1.56	1.58	1.63
상위 5종 전체	94.39	95.53	95.68	95.47

※ 무응답자는 없으며, 응답자는 1종의 웹 브라우저만을 이용한 것으로 응답함

① 2013년 10월 전체 설문조사 대상 스마트폰 기반 웹 브라우저는 10종 이상이다.

② 2014년 1월 이용률 상위 5종 웹 브라우저 중 PC 기반 이용률 순위와 스마트폰 기반 이용률 순위가 일치하는 웹 브라우저는 없다.

③ PC 기반 이용률 상위 5종 웹 브라우저의 이용률 순위는 매월 동일하다.

④ 스마트폰 기반 이용률 상위 5종 웹 브라우저 중 2013년 10월과 2014년 1월 이용률의 차이가 2%p 이상인 것은 크롬뿐이다.

⑤ 스마트폰 기반 이용률 상위 3종 웹 브라우저 이용률의 합은 매월 90% 이상이다.

문 25. 다음 〈표〉는 조선 후기 이후 인구 현황에 대한 자료이다. 이에 대한 〈보기〉의 설명 중 옳은 것만을 모두 고르면?

〈표 1〉 지역별 인구분포(1648년)

(단위: 천 명, %)

구분	전체	한성	경기	충청	전라	경상	강원	황해	평안	함경
인구	1,532	96	81	174	432	425	54	55	146	69
비중	100.0	6.3	5.3	11.4	28.2	27.7	3.5	3.6	9.5	4.5

〈표 2〉 지역별 인구지수

지역 연도	한성	경기	충청	전라	경상	강원	황해	평안	함경
1648	100	100	100	100	100	100	100	100	100
1753	181	793	535	276	391	724	982	868	722
1789	197	793	499	283	374	615	1,033	888	1,009
1837	213	812	486	253	353	589	995	584	1,000
1864	211	832	505	251	358	615	1,033	598	1,009
1904	200	831	445	216	261	559	695	557	1,087

※ 1) 인구지수 = $\dfrac{\text{해당 연도 해당 지역 인구}}{\text{1648년 해당 지역 인구}} \times 100$

　2) 조선후기 이후 전체 인구는 9개 지역 인구의 합임

〈보기〉

ㄱ. 1753년 강원 지역 인구는 1648년 전라 지역 인구보다 많다.

ㄴ. 1789년 대비 1837년 인구 감소율이 가장 큰 지역은 평안이다.

ㄷ. 1864년 인구가 가장 많은 지역은 경상이다.

ㄹ. 1904년 전체 인구 대비 경기 지역 인구의 비중은 함경 지역 인구의 비중보다 크다.

① ㄱ, ㄴ

② ㄱ, ㄹ

③ ㄴ, ㄷ

④ ㄱ, ㄷ, ㄹ

⑤ ㄴ, ㄷ, ㄹ

※ 수고하셨습니다.

※ 기출문제편 맨 마지막에 있는 OMR 카드에 마킹을 하세요.

정답과 분석해설편 ▶ P.439

제3영역 상황판단

1초 합격예측! 모바일 성적결과분석표 발급 서비스

 QR 코드로 접속하여 문제 풀이 시간을 측정하고, 자동점점 & 성적결과분석 서비스를 통해 지금 바로 실력을 점검해 보세요.
◀ http://eduwill.kr/dtU6

| 풀이 시간 | • 시작: ＿＿시 ＿＿분 ~ 종료: ＿＿시 ＿＿분
• 총 : ＿＿분 |

문 1. 다음 글을 근거로 판단할 때 옳은 것은?

1896년 『독립신문』 창간을 계기로 여러 가지의 애국가 가사가 신문에 게재되기 시작했는데, 어떤 곡조에 따라 이 가사들을 노래로 불렀는지는 명확하지 않다. 다만 대한제국이 서구식 군악대를 조직해 1902년 '대한제국 애국가'라는 이름의 국가(國歌)를 만들어 나라의 주요 행사에 사용했다는 기록은 남아 있다. 오늘날 우리가 부르는 애국가의 노랫말은 외세의 침략으로 나라가 위기에 처해 있던 1907년을 전후하여 조국애와 충성심을 북돋우기 위하여 만들어졌다.

1935년 해외에서 활동 중이던 안익태는 오늘날 우리가 부르고 있는 국가를 작곡하였다. 대한민국 임시정부는 이 곡을 애국가로 채택해 사용했으나 이는 해외에서만 퍼져 나갔을 뿐, 국내에서는 광복 이후 정부 수립 무렵까지 애국가 노랫말을 스코틀랜드 민요에 맞춰 부르고 있었다. 그러다가 1948년 대한민국 정부가 수립된 이후 현재의 노랫말과 함께 안익태가 작곡한 곡조의 애국가가 정부의 공식 행사에 사용되고 각급 학교 교과서에도 실리면서 전국적으로 애창되기 시작하였다.

애국가가 국가로 공식화되면서 1950년대에는 대한뉴스 등을 통해 적극적으로 홍보가 이루어졌다. 그리고 「국기게양 및 애국가 제창 시의 예의에 관한 지시(1966)」 등에 의해 점차 국가의례의 하나로 간주되었다.

1970년대 초에는 공연장에서 본공연 전에 애국가가 상영되기 시작하였다. 이후 1980년대 중반까지 주요 방송국에서 국기강하식에 맞춰 애국가를 방송하였다. 주요 방송국의 국기강하식 방송, 극장에서의 애국가 상영 등은 1980년대 후반 중지되었으며 음악회와 같은 공연 시 애국가 연주도 이때 자율화되었다.

오늘날 주요 행사 등에서 애국가를 제창하는 경우에는 부득이한 경우를 제외하고 4절까지 제창하여야 한다. 애국가는 모두 함께 부르는 경우에는 전주곡을 연주한다. 다만, 약식절차로 국민의례를 행할 때 애국가를 부르지 않고 연주만 하는 의전행사(외국에서 하는 경우 포함)나 시상식·공연 등에서는 전주곡을 연주해서는 안 된다.

① 1940년에 해외에서는 안익태가 만든 애국가 곡조를 들을 수 없었다.

② 1990년대 초반에는 국기강하식 방송과 극장에서의 애국가 상영이 의무화되었다.

③ 오늘날 우리가 부르는 애국가의 노랫말은 1896년 『독립신문』에 게재되지 않았다.

④ 시상식에서 애국가를 부르지 않고 연주만 하는 경우에는 전주곡을 연주할 수 있다.

⑤ 안익태가 애국가 곡조를 작곡한 해로부터 대한민국 정부 공식 행사에 사용될 때까지 채 10년이 걸리지 않았다.

문 2. 다음 글을 근거로 판단할 때, 〈보기〉에서 옳은 것만을 모두 고르면?

> 조선시대 복식은 신분과 직업에 따라 다르게 규정되었다. 상민들은 흰색 두루마기만 입을 수 있었던 데 비해 중인들은 청색 도포를 입고 다녔다. 조선시대 백관들의 공복(公服) 규정에 따르면, 중인의 경우 정3품은 홍포(紅袍)에 복두(幞頭)를 쓰고, 협지금(荔枝金)띠를 두르고 흑피화(黑皮靴)를 신었다. 4품 이하는 청포(靑袍)에 흑각(黑角)띠를 둘렀고, 7품 이하는 녹포(綠袍)에 흑의화(黑衣靴)를 신었다.
>
> 여자들의 복장은 남편의 벼슬이나 본가의 신분에 따라 달랐다. 조선 후기로 오면서 서울의 높은 양반집 여자들은 외출할 때 남자들과 내외하기 위해 장옷을 썼는데 중인 이하의 여자들은 장옷 대신 치마를 썼다. 또 양반집 여자들은 치마를 왼쪽으로 여며 입었는데 상민이 그렇게 입으면 망신을 당하고 쫓겨났다고 한다.
>
> 조선시대 공복에는 아청(鴉靑), 초록, 목홍(木紅) 등의 색을 사용했다. 『경국대전』에 따르면 1470년대에는 경공장에서 청색물을 들이는 장인이 30여 명에 달할 만큼 청색 염색이 활발했다. 남색 역시 많이 사용되었다. 『임원십육지』에 따르면 6～7월에 쪽잎을 따서 만든 즙으로 남색 물을 들였다. 쪽잎으로 만든 남색 염료는 햇빛에 강해 색이 잘 변하지 않는 성질이 있어서 세계적으로 많이 사용되었다. 이 염료는 조선 초기까지는 사용이 드물었으나 조선 중기에 염료의 으뜸으로 등장했다가 합성염료의 출현으로 다시 왕좌에서 물러나게 되었다.

〈보기〉

ㄱ. 조선 후기에 중인 여자들은 외출할 때 장옷을 썼다.
ㄴ. 1470년대에 청색 염색이 활발했음을 보여주는 기록이 『경국대전』에 남아 있다.
ㄷ. 조선시대 정3품에 해당하는 중인들은 규정에 따라 청포에 흑각띠를 두르고 흑피화를 신었다.
ㄹ. 조선에서는 합성염료의 출현 이후에도 초봄에 쪽잎을 따서 만든 남색 염료가 합성염료보다 더 많이 사용되었다.

① ㄱ
② ㄴ
③ ㄱ, ㄷ
④ ㄴ, ㄹ
⑤ ㄷ, ㄹ

문 3. 다음 글을 근거로 판단할 때 옳은 것은?

> 청렴은 수령의 본분으로 모든 선(善)의 원천이며 모든 덕(德)의 근본이다. 청렴하지 않으면서 수령 노릇을 잘한 자는 없다. 『상산록』에 이런 말이 있다. "청렴에는 세 등급이 있다. 최상은 봉급 외에 아무것도 먹지 않고, 먹고 남은 것은 가져가지 않으며, 낙향할 때는 한 필의 말로 조촐하게 가니 이것이 '아주 옛날'의 청렴한 관리다. 그 다음은 봉급 외에는 명분이 바른 것만 먹고 바르지 않은 것은 먹지 않으며, 먹고 남은 것은 집으로 보내니 이것이 '조금 옛날'의 청렴한 관리다. 최하는 이미 규례(規例)가 된 것이라면 명분이 바르지 않아도 먹지만 규례가 되어 있지 않은 것은 먹지 않으며, 향임(鄕任)의 자리를 팔지 않고, 송사(訟事)와 옥사(獄事)를 팔아 먹지 않으며, 조세를 더 부과하여 나머지를 착복하지 않으니 이것이 '오늘날'의 청렴한 관리다. 최상이 진실로 좋지만 그럴 수 없다면 그 다음 것도 좋다. 최하는 옛날 같으면 형벌에 처했을 것이니 선을 좋아하고 악을 부끄럽게 여기는 사람은 결코 그렇게 하지 않을 것이다."
>
> 하지만 청렴하다 하여도 과격한 행동과 각박한 정사(政事)는 인정에 맞지 않기 때문에 내치는 바이니 군자가 따를 바가 못된다. 북제(北齊)의 수령이었던 고적사문은 성질이 꼿꼿하고 모질어 국가의 봉급도 받지 않았다. 사소한 잘못도 용서치 않고 모두 귀양을 보내고 선처를 호소하는 친척들까지 잡아 때려 원성만 더해 갔다. 임금이 이를 듣고 고적사문의 포악함이 사나운 맹수보다 더하다며 그를 파면했다.

※ 규례(規例): 일정한 규칙과 정해진 관례
※ 향임(鄕任): 좌수, 별감 등 향청의 직책

① 정사가 각박할지라도 청렴한 수령은 군자가 따를 만한 수령이다.
② 『상산록』에 따르면 청렴에는 세 등급이 있는데 '조금 옛날'의 청렴한 관리가 최상이다.
③ 『상산록』에 따르면 명분과 관계없이 규례가 된 것만 먹는 수령은 '오늘날'과 '아주 옛날' 모두 청렴한 관리로 여겨졌다.
④ 『상산록』은 '오늘날'의 청렴한 관리보다 '아주 옛날'의 청렴한 관리가 상대적으로 더 청렴하다고 평가했다.
⑤ 북제의 고적사문은 『상산록』의 청렴 등급으로 볼 때 '조금 옛날'의 청렴한 관리에 해당하므로 모범이 될 만한 수령이다.

문 4. 다음 글을 근거로 판단할 때, 재산등록 의무자(A~E)의 재산등록 대상으로 옳은 것은?

　　재산등록 및 공개 제도는 재산등록 의무자가 본인, 배우자 및 직계존·비속의 재산을 주기적으로 등록·공개하도록 하는 제도이다. 이 제도는 재산등록 의무자의 재산 및 변동사항을 국민에게 투명하게 공개함으로써 부정이 개입될 소지를 사전에 차단하여 공직 사회의 윤리성을 높이기 위해 도입되었다.

○ 재산등록 의무자: 대통령, 국무총리, 국무위원, 지방자치단체장 등 국가 및 지방자치단체의 정무직 공무원, 4급 이상의 일반직·지방직 공무원 및 이에 상당하는 보수를 받는 별정직 공무원, 대통령령으로 정하는 외무공무원 등
○ 등록대상 친족의 범위: 본인, 배우자, 본인의 직계존·비속. 다만, 혼인한 직계비속인 여성, 외증조부모, 외조부모 및 외손자녀, 외증손자녀는 제외한다.
○ 등록대상 재산: 부동산에 관한 소유권·지상권 및 전세권, 자동차·건설기계·선박 및 항공기, 합명회사·합자회사 및 유한회사의 출자 지분, 소유자별 합계액 1천만 원 이상의 현금·예금·증권·채권·채무, 품목당 5백만 원 이상의 보석류, 소유자별 연간 1천만 원 이상의 소득이 있는 지식재산권

※ 직계존속: 부모, 조부모, 증조부모 등 조상으로부터 자기에 이르기까지 직계로 이어 내려온 혈족
※ 직계비속: 자녀, 손자, 증손 등 자기로부터 아래로 직계로 이어 내려가는 혈족

① 시청에 근무하는 4급 공무원 A의 동생이 소유한 아파트
② 시장 B의 결혼한 딸이 소유한 1,500만 원의 정기예금
③ 도지사 C의 아버지가 소유한 연간 600만 원의 소득이 있는 지식재산권
④ 정부부처 4급 공무원 상당의 보수를 받는 별정직 공무원 D의 아들이 소유한 승용차
⑤ 정부부처 4급 공무원 E의 이혼한 전처가 소유한 1,000만 원 상당의 다이아몬드

문 5. 다음 글을 근거로 판단할 때, 〈보기〉에서 옳은 것만을 모두 고르면?

　　방사선은 원자핵이 분열하면서 방출되는 것으로 우리의 몸 속을 비집고 들어오면 인체를 구성하는 분자들에 피해를 준다. 인체에 미치는 방사선 피해 정도는 'rem'이라는 단위로 표현된다. 1rem은 몸무게 1g당 감마선 입자 5천만 개가 흡수된 양으로 사람의 몸무게를 80kg으로 가정하면 4조 개의 감마선 입자에 해당한다. 감마선은 방사선 중에 관통력이 가장 강하다. 체르노빌 사고 현장에서 소방대원의 몸에 흡수된 감마선 입자는 각종 보호 장구에도 불구하고 400조 개 이상이었다.

　　만일 우리 몸이 방사선에 100rem 미만으로 피해를 입는다면 별다른 증상이 없다. 이처럼 가벼운 손상은 몸이 스스로 짧은 시간에 회복할 뿐만 아니라, 정상적인 신체 기능에 거의 영향을 미치지 않는다. 이 경우 '문턱효과'가 있다고 한다. 일정량 이하 바이러스가 체내에 들어오는 경우 우리 몸이 스스로 바이러스를 제거하여 질병에 걸리지 않는 것도 문턱효과의 예라 할 수 있다. 방사선에 200rem 정도로 피해를 입는다면 머리카락이 빠지기 시작하고, 몸에 기운이 없어지고 구역질이 난다. 항암 치료로 방사선 치료를 받는 사람에게 이런 증상이 나타나는 것을 본 적이 있을 것이다. 300rem 정도라면 수혈이나 집중적인 치료를 받지 않는 한 방사선 피폭에 의한 사망 확률이 50%에 달하고, 1,000rem 정도면 한 시간 내에 행동불능 상태가 되어 어떤 치료를 받아도 살 수 없다.

※ 모든 감마선 입자의 에너지는 동일하다.

〈보기〉

ㄱ. 몸무게 120kg 이상인 사람은 방사선에 300rem 정도로 피해를 입은 경우 수혈이나 치료를 받지 않아도 사망할 확률이 거의 없다.
ㄴ. 몸무게 50kg인 사람이 500조 개의 감마선 입자에 해당하는 방사선을 흡수한 경우 머리카락이 빠지기 시작하고 구역질을 할 것이다.
ㄷ. 인체에 유입된 일정량 이하의 유해 물질이 정상적인 신체 기능에 거의 영향을 주지 않으면서 우리 몸에 의해 자연스럽게 제거되는 경우 문턱효과가 있다고 할 수 있다.
ㄹ. 체르노빌 사고 현장에 투입된 몸무게 80kg의 소방대원 A가 입은 방사선 피해는 100rem 이상이었다.

① ㄱ, ㄴ
② ㄴ, ㄷ
③ ㄱ, ㄴ, ㄹ
④ ㄱ, ㄷ, ㄹ
⑤ ㄴ, ㄷ, ㄹ

문 6. 다음 글과 〈상황〉을 근거로 판단할 때 옳은 것은?

제00조(국회의 정기회) 정기회는 매년 9월 1일에 집회한다. 그러나 그날이 공휴일인 때에는 그 다음 날에 집회한다.

제00조(국회의 임시회) ① 임시회의 집회요구가 있을 때에는 의장은 집회기일 3일 전에 공고한다. 이 경우 둘 이상의 집회요구가 있을 때에는 집회일이 빠른 것을 공고하되, 집회일이 같은 때에는 그 요구서가 먼저 제출된 것을 공고한다.

② 국회의원 총선거 후 최초의 임시회는 의원의 임기개시 후 7일째에 집회한다.

제00조(연간 국회운영기본일정 등) ① 의장은 국회의 연중 상시 운영을 위하여 각 교섭단체대표의원과의 협의를 거쳐 매년 12월 31일까지 다음 연도의 국회운영기본일정을 정하여야 한다. 다만, 국회의원 총선거 후 처음 구성되는 국회의 당해 연도의 국회운영기본일정은 6월 30일까지 정하여야 한다.

② 제1항의 연간 국회운영기본일정은 다음 각 호의 기준에 따른다.

1. 매 짝수월(8월·10월 및 12월을 제외한다) 1일(그날이 공휴일인 때에는 그 다음 날)에 임시회를 집회한다. 다만, 국회의원 총선거가 있는 월의 경우에는 그러하지 아니하다.
2. 정기회의 회기는 100일, 제1호의 규정에 의한 임시회의 회기는 매회 30일을 초과할 수 없다.

〈상황〉

○ 국회의원 총선거는 4년마다 실시하며, 그 임기는 4년이다.
○ 제△△대 국회의원 총선거는 금년 4월 20일(수)에 실시되며 5월 30일부터 국회의원의 임기가 시작된다.

---

① 제△△대 국회의 첫 번째 임시회는 4월 27일에 집회한다.

② 올해 국회의 정기회는 9월 1일에 집회하여 12월 31일에 폐회한다.

③ 내년도 국회의 회기는 정기회와 임시회의 회기를 합하여 연간 130일을 초과할 수 없다.

④ 내년 4월 30일에 임시회의 집회요구가 있을 때에는 국회의장의 임시회 집회공고 없이 5월 1일에 임시회가 집회된다.

⑤ 제△△대 국회의 의장은 각 교섭단체대표의원과의 협의를 거쳐 내년도 국회운영기본일정을 올해 12월 31일까지 정해야 한다.

문 7. 다음 글과 〈상황〉을 근거로 판단할 때 옳은 것은?

헌법재판소가 위헌으로 결정한 법률 또는 법률조항은 그 위헌결정이 있는 날부터 효력을 상실한다. 그러나 위헌으로 결정된 형벌에 관한 법률 또는 법률조항(이하 '형벌조항'이라고 함)은 소급하여 그 효력을 상실한다. 이는 죄형법정주의 원칙에 의할 때, 효력이 상실된 형벌조항에 따라 유죄의 책임을 지는 것은 타당하지 않다는 점을 고려한 것이다.

그러나 위헌인 형벌조항에 대해서 일률적으로 해당 조항의 제정 시점까지 소급효를 인정하는 것은 문제가 있다. 왜냐하면 헌법재판소가 기존에 어느 형벌조항에 대해서 합헌결정을 하였지만 그 후 시대 상황이나 국민의 법감정 등 사정변경으로 위헌결정을 한 경우, 해당 조항의 제정 시점까지 소급하여 그 효력을 상실하게 하여 과거에 형사처벌을 받은 사람들까지도 재심을 청구할 수 있게 하는 것은 부당하기 때문이다. 따라서 위헌으로 결정된 형벌조항에 대해서 종전에 합헌결정이 있었던 경우에는 그 결정이 선고된 날의 다음 날로 소급하여 효력을 상실하는 것으로 규정함으로써 그 소급효를 제한한다. 이러한 소급효 제한의 취지로 인해 동일한 형벌조항에 대해서 헌법재판소가 여러 차례 합헌결정을 한 때에는 최후에 합헌결정을 선고한 날의 다음 날로 소급하여 그 형벌조항의 효력이 상실되는 것으로 본다.

한편, 헌법재판소의 위헌결정이 내려진 형벌조항에 근거하여 유죄의 확정판결을 받은 사람은 '무죄임을 확인해 달라'는 취지의 재심청구가 인정된다. 또한 그 유죄판결로 인해 실형을 선고받고 교도소에서 복역하였던 사람은 구금 일수에 따른 형사보상금 청구가 인정되며, 벌금형을 선고받아 이를 납부한 사람도 형사보상금 청구가 인정된다.

※ 소급효: 법률이나 판결 등의 효력이 과거 일정 시점으로 거슬러 올라가서 미치는 것

〈상황〉

1953. 9. 18.에 제정된 형법 제241조의 간통죄에 대해서, 헌법재판소는 1990. 9. 10., 1993. 3. 31., 2001. 10. 25., 2008. 10. 30.에 합헌결정을 하였지만, 2015. 2. 26.에 위헌결정을 하였다. 다음과 같이 형사처벌을 받았던 甲, 乙, 丙은 재심청구와 형사보상금 청구를 하였다.

甲: 2007. 10. 1. 간통죄로 1년의 징역형이 확정되어 1년간 교도소에서 복역하였다.

乙: 2010. 6. 1. 간통죄로 징역 1년과 집행유예 2년을 선고받고, 교도소에서 복역한 바 없이 집행유예기간이 경과되었다.

丙: 2013. 8. 1. 간통죄로 1년의 징역형이 확정되어 1년간 교도소에서 복역하였다.

※ 집행유예: 유죄판결을 받은 사람에 대하여 일정 기간 형의 집행을 유예하고, 그 기간을 무사히 지내면 형의 선고는 효력을 상실하는 것으로 하여 실형을 과하지 않는 제도

---

① 甲의 재심청구는 인정되나 형사보상금 청구는 인정되지 않는다.

② 乙의 재심청구와 형사보상금 청구는 모두 인정된다.

③ 乙의 재심청구는 인정되나 형사보상금 청구는 인정되지 않는다.

④ 丙의 재심청구와 형사보상금 청구는 모두 인정되지 않는다.

⑤ 丙의 재심청구는 인정되나 형사보상금 청구는 인정되지 않는다.

문 8. 다음 〈규칙〉을 근거로 판단할 때, 〈보기〉에서 옳은 것만을 모두 고르면?

〈규칙〉

○ △△배 씨름대회는 아래와 같은 대진표에 따라 진행되며, 11명의 참가자는 추첨을 통해 동일한 확률로 A부터 K까지의 자리 중에서 하나를 배정받아 대회에 참가한다.

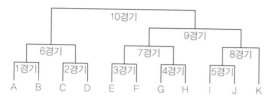

○ 대회는 첫째 날에 1경기부터 시작되어 10경기까지 순서대로 매일 하루에 한 경기씩 쉬는 날 없이 진행되며, 매 경기에서는 무승부 없이 승자와 패자가 가려진다.
○ 각 경기를 거듭할 때마다 패자는 제외시키면서 승자끼리 겨루어 최후에 남은 두 참가자 간에 우승을 가리는 승자 진출전 방식으로 대회를 진행한다.

〈보기〉

ㄱ. 이틀 연속 경기를 하지 않으면서 최소한의 경기로 우승할 수 있는 자리는 총 5개이다.
ㄴ. 첫 번째 경기에 승리한 경우 두 번째 경기 전까지 3일 이상을 경기 없이 쉴 수 있는 자리에 배정될 확률은 50% 미만이다.
ㄷ. 총 4번의 경기를 치러야 우승할 수 있는 자리에 배정될 확률이 총 3번의 경기를 치르고 우승할 수 있는 자리에 배정될 확률보다 높다.

① ㄱ
② ㄴ
③ ㄷ
④ ㄱ, ㄷ
⑤ ㄴ, ㄷ

문 9. 다음 글과 〈상황〉을 근거로 판단할 때, 甲과 乙의 최대 배상금액으로 모두 옳은 것은?

A국의 층간소음 배상에 대한 기준은 아래와 같다.
○ 층간소음 수인(受忍)한도
 – 주간 최고소음도: 55dB(A)
 – 야간 최고소음도: 50dB(A)
 – 주간 등가소음도: 40dB(A)
 – 야간 등가소음도: 35dB(A)

○ 층간소음 배상 기준금액: 수인한도 중 하나라도 초과 시

피해기간	피해자 1인당 배상 기준금액
6개월 이내	500,000원
6개월 초과~1년 이내	650,000원
1년 초과~2년 이내	800,000원

○ 배상금액 가산기준
 (1) 주간 혹은 야간에 최고소음도와 등가소음도가 모두 수인한도를 초과한 경우에는 30% 이내에서 가산
 (2) 최고소음도 혹은 등가소음도가 주간과 야간에 모두 수인한도를 초과한 경우에는 30% 이내에서 가산
 (3) 피해자가 환자, 1세 미만 유아, 수험생인 경우에는 해당 피해자 개인에게 20% 이내에서 가산
○ 둘 이상의 가산기준에 해당하는 경우 기준금액을 기준으로 각각의 가산금액을 산출한 후 합산
예) 피해기간은 3개월이고, 주간의 최고소음도와 등가소음도가 수인한도를 모두 초과하였고, 피해자가 1인이며 환자인 경우 최대 배상금액: 500,000원+(500,000원×0.3)+(500,000원×0.2)

※ 등가소음도: 변동하는 소음의 평균치

〈상황〉

○ 아파트 위층에 사는 甲이 10개월 전부터 지속적으로 소음을 발생시키자, 아래층 부부는 문제를 제기하였다. 소음을 측정한 결과 주간과 야간 모두 최고소음도는 수인한도를 초과하지 않았으나, 주간 등가소음도는 45dB(A)였으며, 야간 등가소음도는 38dB(A)였다. 아래층 피해자 부부는 모두 가산기준 (3)에 해당되지 않는다.
○ 아파트 위층에 사는 乙이 1년 6개월 전부터 야간에만 지속적으로 소음을 발생시키자, 아래층에 사는 가족은 문제를 제기하였다. 야간에 소음을 측정한 결과 등가소음도는 42dB(A)였으며, 최고소음도는 52dB(A)이었다. 아래층 피해자 가족은 4명이며, 그중 수험생 1명만 가산기준 (3)에 해당된다.

	甲	乙
①	1,690,000원	4,320,000원
②	1,690,000원	4,160,000원
③	1,690,000원	3,840,000원
④	1,300,000원	4,320,000원
⑤	1,300,000원	4,160,000원

문 10. ○○시의 〈버스정류소 명칭 관리 및 운영계획〉을 근거로 판단할 때 옳은 것은? (단, 모든 정류소는 ○○시 내에 있다)

〈버스정류소 명칭 관리 및 운영계획〉

□ 정류소 명칭 부여기준
　○ 글자 수: 15자 이내로 제한
　○ 명칭 수: 2개 이내로 제한
　　– 정류소 명칭은 지역대표성 명칭을 우선으로 부여
　　– 2개를 병기할 경우 우선순위대로 하되, ·으로 구분

우선순위	지역대표성 명칭			특정법인(개인) 명칭	
	1	2	3	4	5
명칭	고유지명	공공기관, 공공시설	관광지	시장, 아파트, 상가, 빌딩	기타(회사, 상점 등)

□ 정류소 명칭 변경 절차
　○ 자치구에서 명칭 부여기준에 맞게 홀수달 1일에 신청
　　– 홀수달 1일에 하지 않은 신청은 그 다음 홀수달 1일 신청으로 간주
　○ 부여기준에 적합한지를 판단하여 시장이 승인 여부를 결정
　○ 관련기관은 정류소 명칭 변경에 따른 정비를 수행
　○ 관련기관은 정비결과를 시장에게 보고

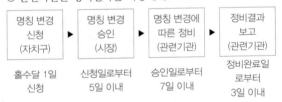

명칭 변경 신청 (자치구)	▶	명칭 변경 승인 (시장)	▶	명칭 변경에 따른 정비 (관련기관)	▶	정비결과 보고 (관련기관)
홀수달 1일 신청		신청일로부터 5일 이내		승인일로부터 7일 이내		정비완료일로부터 3일 이내

※ 단, 주말 및 공휴일도 일수(日數)에 산입하며, 당일(신청일, 승인일, 정비완료일)은 일수에 산입하지 않는다.

① 자치구가 7월 2일에 정류소 명칭 변경을 신청한 경우, ○○시의 시장은 늦어도 7월 7일까지는 승인 여부를 결정해야 한다.
② 자치구가 8월 16일에 신청한 정류소 명칭 변경이 승인될 경우, 늦어도 9월 16일까지는 정비결과가 시장에게 보고된다.
③ '가나시영3단지'라는 정류소 명칭을 '가나서점·가나3단지아파트'로 변경하는 것은 명칭 부여기준에 적합하다.
④ '다라중학교·다라동1차아파트'라는 정류소 명칭은 글자 수가 많아 명칭 부여기준에 적합하지 않다.
⑤ 명칭을 변경하는 정류소에 '마바구도서관·마바시장·마바물산'이라는 명칭이 부여될 수 있다.

문 11. 다음 글을 근거로 판단할 때 옳은 것은?

　무궁화에 관한 가장 오래된 기록은 중국 동진시대의 문인 곽복이 쓴 『산해경』이라는 지리서에 있다. 이 책에는 "군자의 나라에 무궁화가 많은데 아침에 피고 저녁에 진다."는 기록이 남아 있다. 또한 중국의 고전 『고금기』에도 "군자의 나라는 지방이 천리인데 무궁화가 많이 피었다."는 기록이 있다. 신라시대 최치원이 중국 당나라에 보낸 국서에는 신라를 근화향(槿花鄕), 즉 무궁화 나라로 표기하였으며, 고려 예종도 고려를 근화향이라 지칭하였다.

　갑오개혁 이후 민중은 무궁화를 왕실의 꽃이 아닌 민중의 꽃으로 인식하였다. 일제가 국권을 강탈한 후에도 무궁화에 대한 민중의 사랑은 더욱 깊어졌다. 일제는 이러한 민중의 정서를 잘 알고 있었기에 무궁화를 말살하려 했다. 예를 들어 무궁화를 캐 온 학생에게 상을 주고, 무궁화를 캐낸 자리에는 벚꽃을 심었다. 또한 무궁화를 가까이에서 보면 눈에 핏발이 서고 만지면 부스럼이 생긴다는 유언비어를 퍼뜨리고, 무궁화를 보면 침을 뱉고 멀리 돌아가라고 가르쳤다.

　이러한 핍박 속에서도 일부 단체나 학교는 무궁화를 겨레의 상징물로 사용하였다. 1937년 7월 31일 종로 파고다 공원에서 개최된 시국강연회에 참석한 조선소년군은 무궁화가 새겨진 스카프를 착용했다. 일제는 이것을 저항으로 해석하여 스카프를 압수하고 조선소년군 간부를 구금했다. 또한, 서울중앙학교는 모자에 무궁화를 새겼다가 문제가 되어 무궁화를 월계수로 대체하여야 했다.

① 일제는 무궁화 말살을 위해 학생들이 무궁화를 캐도록 유도했다.
② 민중의 무궁화에 대한 사랑은 일제가 국권을 강탈한 후 자연히 시들해졌다.
③ 최치원의 국서는 무궁화에 관한 가장 오래된 기록으로 신라를 근화향으로 표기했다.
④ 일제의 무궁화 말살 정책으로 무궁화를 구하기 어려워지자 모든 단체와 학교는 벚꽃을 겨레의 상징물로 사용했다.
⑤ 조선소년군은 시국강연회에 참석할 때 착용한 스카프에 무궁화가 새겨진 것이 문제가 되자 무궁화를 월계수로 대체했다.

문 12. 다음 글을 근거로 판단할 때, 〈보기〉에서 옳은 것만을 모두 고르면?

〈일월오봉도〉는 하늘과 땅, 다섯 개의 산봉우리로 상징되는 '삼라만상'과 해와 달로 표상되는 '음양오행'의 원리를 시각화한 것이다. 이는 각각 조선의 왕이 '통치하는 대상'과 '치세의 이데올로기'를 시각적으로 응축한 것이기도 하다. 조선 후기 대다수의 〈일월오봉도〉는 크기에 관계없이 다음과 같은 형식을 취한다. 화면(畵面)의 중앙에는 다섯 개의 봉우리 가운데 가장 큰 산봉우리가 위치하고 그 양쪽으로 각각 두 개의 작은 봉우리가 배치되어 있다. 해는 오른편에 위치한 두 작은 봉우리 사이의 하늘에, 달은 왼편의 두 작은 봉우리 사이의 하늘에 보름달의 형상으로 떠 있다. 화면의 양쪽 구석을 차지하고 있는 바위 위에 키 큰 적갈색 소나무 네 그루가 대칭으로 서 있다. 화면의 하단을 완전히 가로질러 채워진 물은 비늘 모양으로 형식화되어 반복되는 물결 무늬로 그려져 있다.

〈일월오봉도〉는 왕이 정무를 보는 궁궐의 정전(正殿)뿐 아니라 왕이 참석하는 행사장에 임시로 설치된 어좌(御座)에도 배설(排設)되었으며 왕이 죽고 나면 그 시신을 모시던 빈전(殯殿)과 혼전(魂殿)에도 사용되었고 제사에 배향(配享)된 영정 초상 뒤에도 놓였다. 이는 〈일월오봉도〉가 살아 있는 왕을 위해서만이 아니라 왕의 사후에도 왕의 존재를 표상하기 위한 곳이라면 어디든 사용되었다는 것을 시사한다. 즉, 〈일월오봉도〉는 그 자체로 왕의 존재를 지시하는 동시에 왕만이 전유(專有)할 수 있는 것이었다.

※ 배설(排設): 의식에 쓰이는 도구들을 벌여 놓음
※ 빈전(殯殿): 발인 때까지 왕이나 왕비의 관(棺)을 모시던 전각
※ 혼전(魂殿): 임금이나 왕비의 국장 후에 위패를 모시던 전각
※ 배향(配享): 종묘에 죽은 사람의 위패를 모심

〈보기〉

ㄱ. 왕의 죽음과 관련된 장소에는 〈일월오봉도〉를 배치하지 않았다.

ㄴ. 조선 후기 대다수의 〈일월오봉도〉에서는 해가 달보다 오른쪽에 그려져 있다.

ㄷ. 〈일월오봉도〉는 왕비나 세자의 존재를 표상하기 위해 사용되었다.

ㄹ. 〈일월오봉도〉에서 다섯 개의 산봉우리는 왕을 나타내는 상징물이다.

① ㄴ

② ㄹ

③ ㄱ, ㄴ

④ ㄴ, ㄷ

⑤ ㄱ, ㄷ, ㄹ

문 13. 다음 글을 근거로 판단할 때, 우리나라에서 기단을 표시한 기호로 모두 옳은 것은?

기단(氣團)은 기온, 습도 등의 대기 상태가 거의 일정한 성질을 가진 공기 덩어리이다. 기단은 발생한 지역에 따라 분류할 수 있다. 대륙에서 발생하는 대륙성기단은 건조한 성질을 가지며, 해양에서 발생하는 해양성기단은 습한 성질을 갖는다. 또한 기단의 온도에 따라 한대기단, 열대기단, 적도기단, 극기단으로 나뉜다.

기단은 그 성질을 기호로 표시하기도 한다. 해양성기단은 알파벳 소문자 m을 기호 처음에 표기하고, 대륙성기단은 알파벳 소문자 c를 기호 처음에 표기한다. 이어서 한대기단은 알파벳 대문자 P로 표기하고, 열대기단은 알파벳 대문자 T로 표기한다. 예를 들어 해양성한대기단은 mP가 되는 것이다. 또한 기단이 이동하면서 나타나는 열역학적 특성에 따라 알파벳 소문자 w나 k를 마지막에 추가한다. w는 기단이 그 하층의 지표면보다 따뜻할 때 사용하며 k는 기단이 그 하층의 지표면보다 차가울 때 사용한다. 한편 적도기단은 E로, 북극기단은 A로 표시한다.

겨울철 우리나라에 영향을 주는 대표적인 기단은 시베리아기단으로 우리나라 지표면보다 차가운 대륙성한대기단이다. 북극기단이 우리나라에 영향을 주기도 하는데, 북극기단은 극기단의 일종으로 최근 우리나라 겨울철 혹한의 주범으로 지목되고 있다. 여름철에 우리나라에 영향을 주는 대표적 열대기단은 북태평양기단이다. 북태평양기단은 해수 온도가 높은 북태평양에서 발생하여 우리나라 지표면보다 덥고 습한 성질을 가져 고온다습한 날씨를 야기한다. 또 다른 여름철 기단인 오호츠크해기단은 해양성한대기단으로 우리나라 지표면보다 차갑고 습한 성질을 갖는다. 적도 지방에서 발생하여 북상하는 적도기단도 우리나라 여름철에 영향을 준다.

	시베리아기단	북태평양기단	오호츠크해기단
①	mPk	mTk	cPk
②	mPk	cTw	cPk
③	cPk	cTw	mPk
④	cPk	mTw	mTk
⑤	cPk	mTw	mPk

문 14. 다음 글과 〈상황〉을 근거로 판단할 때, 甲에게 가장 적절한 유연근무제는?

유연근무제는 획일화된 공무원의 근무형태를 개인·업무·기관별 특성에 맞게 다양화하여 일과 삶의 균형을 꾀하고 공직생산성을 향상시키는 것을 목적으로 하며, 시간제근무, 탄력근무제, 원격근무제로 나눌 수 있다.

시간제근무는 다른 유연근무제와 달리 주 40시간보다 짧은 시간을 근무하는 것이다. 수시로 신청할 수 있으며 보수 및 연가는 근무시간에 비례하여 적용한다.

탄력근무제에는 네 가지 유형이 있다. '시차출퇴근형'은 1일 8시간 근무체제를 유지하면서 출퇴근시간을 자율적으로 조정할 수 있다. 07:00~10:00에 30분 단위로 출근시간을 스스로 조정하여 8시간 근무 후 퇴근한다. '근무시간선택형'은 주 5일 근무를 준수해야 하지만 1일 8시간을 반드시 근무해야 하는 것은 아니다. 근무가능 시간대는 06:00~24:00이며 1일 최대 근무시간은 12시간이다. '집약근무형'은 1일 8시간 근무체제에 구애받지 않으며, 주 3.5~4일만을 근무한다. 근무가능 시간대는 06:00~24:00이며 1일 최대 근무시간은 12시간이다. 이 경우 정액급식비 등 출퇴근을 전제로 지급되는 수당은 출근하는 일수만큼만 지급한다. '재량근무형'은 출퇴근 의무 없이 프로젝트 수행으로 주 40시간의 근무를 인정하는 형태이며 기관과 개인이 협의하여 수시로 신청한다.

원격근무제에는 '재택근무형'과 '스마트워크근무형'이 있는데, 실시 1주일 전까지 신청하면 된다. 재택근무형은 사무실이 아닌 자택에서 근무하는 것이며, 초과근무는 불인정된다. 스마트워크근무형은 자택 인근의 스마트워크 센터 등 별도 사무실에서 근무하며, 초과근무를 위해서는 사전에 부서장의 승인이 필요하다.

─────〈상황〉─────

A부서의 공무원甲은 유연근무제를 신청하고자 한다. 甲은 원격근무보다는 A부서 사무실에 출근하여 일하는 것을 원하며, 주 40시간의 근무시간은 지킬 예정이다. 이틀은 아침 7시에 출근하여 12시간씩 근무하고, 나머지 사흘은 5~6시간의 근무를 하고 일찍 퇴근하려는 계획을 세웠다.

① 근무시간선택형
② 시차출퇴근형
③ 시간제근무
④ 집약근무형
⑤ 재택근무형

문 15. 다음 글을 근거로 판단할 때, 〈보기〉에서 방정식 $x^3+4x+2=0$ 표현으로 옳은 것만을 모두 고르면?

과거에는 방정식을 현재의 표현 방식과는 다르게 표현하였다. 카르다노는 x를 reb^{9}라고 쓰고 x^3을 cub^{9}라고 했으며 +를 p:과 같이 써서 $x^3+6x=18$을

$$\text{cub}^9 \text{ p: 6reb}^9 \text{ ae}\overline{\text{q}}\text{lis } 18$$

이라고 했다.

스테빈은 $x^3+3=2x+6$을

$$1^{③}+3 \text{ egales á } 2^{①}+6$$

이라고 썼다. 여기서 egales á는 =를 나타낸다.

기랄드는 x를 (1), x^2을 (2), x^3을 (3)과 같이 사용했다. 즉, $x^3+21x^2+4=0$을

$$1(3)+21(2)+4=0$$

이라고 쓴 것이다.

헤리웃은 $x^3+3x=0$을

$$xxx+3\cdot x=0$$

과 같이 표현했다.

─────〈보기〉─────

ㄱ. 카르다노는 cub^9 p: 4reb^9 p: 2 ae$\overline{\text{q}}$lis 0이라고 썼을 것이다.

ㄴ. 스테빈은 $1^{③}+4^{①}+2$ egales á 0이라고 썼을 것이다.

ㄷ. 기랄드는 $1(2)+4(1)+2=0$이라고 썼을 것이다.

ㄹ. 헤리웃은 $xxx+4\cdot x+2=0$이라고 썼을 것이다.

① ㄱ, ㄷ
② ㄴ, ㄹ
③ ㄱ, ㄴ, ㄷ
④ ㄱ, ㄴ, ㄹ
⑤ ㄴ, ㄷ, ㄹ

문 16. 다음 글을 근거로 판단할 때, 〈표〉의 ㉠~㉣에 들어 갈 기호로 모두 옳은 것은?

> 법 제○○조(학교환경위생 정화구역) 시·도의 교육감은 학교 환경위생정화구역(이하 '정화구역'이라 한다)을 절대정화구역 과 상대정화구역으로 구분하여 설정하되, 절대정화구역은 학교 출입문으로부터 직선거리로 50미터까지인 지역으로 하고, 상 대정화구역은 학교경계선으로부터 직선거리로 200미터까지인 지역 중 절대정화구역을 제외한 지역으로 한다.
>
> 법 제△△조(정화구역에서의 금지시설) ① 누구든지 정화구역 에서는 다음 각 호의 어느 하나에 해당하는 시설을 하여서는 아 니 된다.
> 1. 도축장, 화장장 또는 납골시설
> 2. 고압가스·천연가스·액화석유가스 제조소 및 저장소
> 3. 폐기물수집장소
> 4. 폐기물처리시설, 폐수종말처리시설, 축산폐수배출시설
> 5. 만화가게(유치원 및 대학교의 정화구역은 제외한다)
> 6. 노래연습장(유치원 및 대학교의 정화구역은 제외한다)
> 7. 당구장(유치원 및 대학교의 정화구역은 제외한다)
> 8. 호텔, 여관, 여인숙
> ② 제1항에도 불구하고 대통령령으로 정하는 구역에서는 제1항 의 제2호, 제3호, 제5호부터 제8호까지에 규정된 시설 중 교육 감이 학교환경위생정화위원회의 심의를 거쳐 학습과 학교보건 위생에 나쁜 영향을 주지 아니한다고 인정하는 시설은 허용될 수 있다.
>
> 대통령령 제□□조(제한이 완화되는 구역) 법 제△△조 제2항 에서 '대통령령으로 정하는 구역'이란 법 제○○조에 따른 상대 정화구역(법 제△△조 제1항 제7호에 따른 당구장 시설을 하는 경우에는 정화구역 전체)을 말한다.

〈표〉

구역 시설	초·중·고등학교		유치원·대학교	
	절대정화 구역	상대정화 구역	절대정화 구역	상대정화 구역
폐기물 처리시설	×	×	×	×
폐기물 수집장소	×	△	×	△
당구장	㉠		㉢	
만화가게		㉡		
호텔				㉣

×: 금지되는 시설
△: 학교환경위생정화위원회의 심의를 거쳐 허용될 수 있는 시설
○: 허용되는 시설

	㉠	㉡	㉢	㉣
①	△	○	○	△
②	△	△	○	△
③	×	△	○	△
④	×	△	△	×
⑤	×	×	△	×

문 17. 다음 글을 근거로 판단할 때 옳은 것은?

헌법 제29조 제1항은 "공무원의 직무상 불법행위로 손해를 받은 국민은 법률이 정하는 바에 의하여 국가 또는 공공단체에 정당한 배상을 청구할 수 있다. 이 경우 공무원 자신의 책임은 면제되지 아니한다."라고 규정하고 있다. 대법원은 이 헌법 조항의 의미에 대하여 다음과 같이 판단하였다.

[다수의견] 헌법 제29조 제1항은 공무원의 직무상 불법행위로 인하여 국가 등이 배상책임을 진다고 할지라도 그 때문에 공무원 자신의 민·형사책임이나 징계책임이 면제되지 아니한다는 원칙을 규정한 것이나, 그 조항 자체로 피해자에 대한 공무원개인의 구체적인 손해배상책임의 범위까지 규정한 것으로 보기는 어렵다. 따라서 공무원이 직무수행 중 불법행위로 국민에게 손해를 입힌 경우에 국가 또는 공공단체가 국가배상책임을 부담하는 외에 공무원 개인도 고의 또는 중과실이 있는 경우에는 피해자에게 불법행위로 인한 손해배상책임을 진다고 할 것이다. 그러나 공무원에게 경과실만 있는 경우에는 공무원 개인은 피해자에게 손해배상책임을 부담하지 아니한다고 해석하여야 한다.

[별개의견] 헌법 제29조 제1항의 공무원의 책임은 직무상 불법행위를 한 그 공무원 개인의 불법행위책임임이 분명하다. 여기에서 말하는 불법행위의 개념은 법적인 일반 개념으로서, 그것은 고의 또는 과실로 인한 위법행위로 타인에게 손해를 가한 것을 의미하고, 이때의 과실은 중과실과 경과실을 구별하지 않는다. 따라서 공무원의 경과실로 인한 직무상 불법행위의 경우에도, 국가 또는 공공단체의 책임은 물론, 공무원 개인의 피해자에 대한 손해배상책임도 면제되지 아니한다고 해석하는 것이, 우리 헌법의 관계 규정의 연혁에 비추어 그 명문에 충실한 것일 뿐만 아니라 헌법의 기본권 보장 정신과 법치주의의 이념에도 부응한다.

[반대의견] 헌법 제29조 제1항의 규정은 직무상 불법행위를 한 공무원 개인의 피해자에 대한 손해배상책임이 면제되지 아니한다는 것을 규정한 것으로 볼 수는 없고, 이는 다만 직무상 불법행위를 한 공무원의 국가 또는 공공단체에 대한 내부적 책임 등이 면제되지 아니한다는 취지를 규정한 것으로 보아야 한다. 따라서 공무원이 직무상 불법행위를 한 경우에 국가 또는 공공단체만이 피해자에 대하여 국가배상법에 의한 손해배상책임을 부담할 뿐, 공무원 개인은 고의 또는 중과실이 있는 경우에도 피해자에 대하여 손해배상책임을 부담하지 않는 것으로 보아야 한다.

① 공무원의 경과실로 인한 직무상 불법행위로 국민에게 손해가 발생한 경우, 공무원 개인이 피해자에게 배상책임을 지지 않는다는 것이 [다수의견]과 [별개의견]의 일치된 입장이다.

② 공무원의 경과실로 인한 직무상 불법행위로 국민에게 손해가 발생한 경우, 국가 또는 공공단체가 피해자에게 배상책임을 진다는 점에서는 [다수의견], [별개의견], [반대의견]의 입장이 모두 일치한다.

③ 공무원이 직무상 불법행위로 국민에게 손해배상책임을 지는데 있어서, [다수의견]과 [반대의견]은 모두 경과실과 중과실을 구분하지 않는다.

④ 공무원의 중과실로 인한 직무상 불법행위로 국민에게 손해가 발생한 경우, 피해자에 대해서뿐만 아니라 국가 또는 공공단체에 대한 공무원의 책임도 면제된다는 것이 [반대의견]의 입장이다.

⑤ 공무원의 고의 또는 중과실로 인한 직무상 불법행위로 국민에게 손해가 발생한 경우, 공무원 개인이 피해자에게 배상책임을 진다는 점에서는 [다수의견], [별개의견], [반대의견]의 입장이 모두 일치한다.

문 18. 다음 글과 〈상황〉을 근거로 판단할 때, 주택(A~E) 중 관리대상주택의 수는?

○○나라는 주택에 도달하는 빛의 조도를 다음과 같이 예측한다.

💡 : 조명시설　　🏠 : 주택

A　36　B　C　24　D　48　E

1. 각 조명시설에서 방출되는 광량은 그림에 표시된 값이다.
2. 위 그림에서 1칸의 거리는 2이며, 빛의 조도는 조명시설에서 방출되는 광량을 거리로 나눈 값이다.
3. 여러 조명시설로부터 동시에 빛이 도달할 경우, 각 조명시설로부터 주택에 도달한 빛의 조도를 예측하여 단순 합산한다.
4. 주택에 도달하는 빛은 그림에 표시된 세 개의 조명시설에서 방출되는 빛 외에는 없다고 가정한다.

〈상황〉

빛공해로부터 주민생활을 보호하기 위해, 주택에서 예측된 빛의 조도가 30을 초과할 경우 관리대상주택으로 지정한다.

① 1채
② 2채
③ 3채
④ 4채
⑤ 5채

문 19. 다음 글을 근거로 판단할 때 옳지 않은 것은?

> 1678년 영의정 허적(許積)의 제의로 상평통보(常平通寶)가 주조·발행되어 널리 유통된 이유는 다음과 같다. 첫째, 국내적으로 조정이 운영하는 수공업이 쇠퇴하고 민간이 운영하는 수공업이 발전함으로써 국내 시장의 상품교류가 확대되고, 1645년 회령지방을 시초로 국경무역이 활발해짐에 따라 화폐의 필요성이 제기되었기 때문이다. 둘째, 임진왜란 이후 국가 재정이 궁핍하였으나 재정 지출은 계속해서 증가함에 따라 재원 마련의 필요성이 있었기 때문이다.
>
> 1678년에 발행된 상평통보는 초주단자전(初鑄單字錢)이라 불리는데, 상평통보 1문(개)의 중량은 1전 2푼이고 화폐 가치는 은 1냥을 기준으로 400문으로 정하였으며 쌀 1되가 4문이었다.
>
> 1679년 조정은 상평통보의 규격을 변경하였다. 초주단자전을 대신하여 당이전(當二錢) 또는 절이전(折二錢)이라는 대형전을 주조·발행하였는데, 중량은 2전 5푼이었고 은 1냥에 대한 공인 교환율도 100문으로 변경하였다.
>
> 1678년부터 1680년까지 상평통보 주조·발행량은 약 6만 관으로 추정되고 있다. 당이전의 화폐 가치는 처음에는 제대로 유지되었지만 조정이 부족한 재원을 마련하기 위해 발행을 증대하면서 1689년에 이르러서는 은 1냥이 당이전 400~800문이 될 정도로 그 가치가 폭락하였다. 1681년부터 1689년까지의 상평통보 주조·발행량은 약 17만 관이었다.
>
> 1752년에는 훈련도감, 어영청, 금위영 등 중앙의 3개 군사부서와 지방의 통영에서도 중형상평통보(中型常平通寶)를 주조·발행하도록 하였다. 중형상평통보의 액면 가치는 당이전과 동일하지만 중량이 약 1전 7푼(1757년에는 1전 2푼)으로 당이전보다 줄어들고 크기도 축소되었다.
>
> ※ 상평통보 묶음단위: 1관 = 10냥 = 100전 = 1,000문
>
> ※ 중량단위: 1냥 = 10전 = 100푼 = 1,000리 = $\frac{1}{16}$ 근

① 초주단자전, 당이전, 중형상평통보 중 가장 무거운 것은 당이전이다.

② 은을 기준으로 환산할 때 상평통보의 가치는 경우에 따라 $\frac{1}{4}$ 이하로 떨어지기도 하였다.

③ 1678년부터 1689년까지 주조·발행된 상평통보는 약 2억 3,000만 문으로 추정된다.

④ 1678년을 기준으로 은 1근은 같은 해에 주조·발행된 상평통보 4,600문의 가치를 가진다.

⑤ 상품교류 및 무역 활성화뿐만 아니라 국가 재정상 필요에 따라 상평통보가 주조·발행되었다.

문 20. 다음 글을 근거로 판단할 때, 사용자 아이디 KDHong의 패스워드로 가장 안전한 것은?

> ○ 패스워드를 구성하는 문자의 종류는 4가지로, 알파벳 대문자, 알파벳 소문자, 특수문자, 숫자이다.
> ○ 세 가지 종류 이상의 문자로 구성된 경우, 8자 이상의 패스워드는 10점, 7자 이하의 패스워드는 8점을 부여한다.
> ○ 두 가지 종류 이하의 문자로 구성된 경우, 10자 이상의 패스워드는 10점, 9자 이하의 패스워드는 8점을 부여한다.
> ○ 동일한 문자가 연속되어 나타나는 패스워드는 2점을 감점한다.
> ○ 아래 〈키보드〉 가로열상에서 인접한 키에 있는 문자가 연속되어 나타나는 패스워드는 2점을 감점한다.
>
>   예) ^6과 &7은 인접한 키로, 6과 7뿐만 아니라 ^와 7도 인접한 키에 있는 문자이다.
>
> ○ 사용자 아이디 전체가 그대로 포함된 패스워드는 3점을 감점한다.
> ○ 점수가 높을수록 더 안전한 패스워드이다.
>
> ※ 특수문자는 !, @, #, $, %, ^, &, *, (,)뿐이라고 가정한다.

〈키보드〉

① 10H&20Mzw

② KDHong!

③ asjpeblove

④ SeCuRiTy*

⑤ 1249dhqtgml

문 21. 다음 〈정렬 방법〉을 근거로 판단할 때, 〈정렬 대상〉에서 두 번째로 위치를 교환해야 하는 두 수로 옳은 것은?

〈정렬 방법〉

아래는 정렬되지 않은 여러 개의 서로 다른 수를 작은 것에서 큰 것순으로 정렬하는 방법이다.
(1) 가로로 나열된 수 중 가장 오른쪽의 수를 피벗(pivot)이라 하며, 나열된 수에서 제외시킨다.
　예) 나열된 수가 5, 3, 7, 1, 2, 6, 4라고 할 때, 4가 피벗이고 남은 수는 5, 3, 7, 1, 2, 6이다.
(2) 피벗보다 큰 수 중 가장 왼쪽의 수를 찾는다.
　예) 5, 3, 7, 1, 2, 6에서는 5이다.
(3) 피벗보다 작은 수 중 가장 오른쪽의 수를 찾는다.
　예) 5, 3, 7, 1, 2, 6에서는 2이다.
(4) (2)와 (3)에서 찾은 두 수의 위치를 교환한다.
　예) 5와 2를 교환하여(첫 번째 위치 교환) 2, 3, 7, 1, 5, 6이 된다.
(5) 피벗보다 작은 모든 수가 피벗보다 큰 모든 수보다 왼쪽에 위치할 때까지 (2)~(4)의 과정을 반복한다.
　예) 2, 3, 7, 1, 5, 6에서 7은 피벗 4보다 큰 수 중 가장 왼쪽의 수이며, 1은 피벗 4보다 작은 수 중 가장 오른쪽의 수이다. 이 두 수를 교환하면(두 번째 위치 교환) 2, 3, 1, 7, 5, 6이 되어, 피벗 4보다 작은 모든 수는 피벗 4보다 큰 모든 수보다 왼쪽에 있다.
　⋮
(후략)

〈정렬 대상〉

15, 22, 13, 27, 12, 10, 25, 20

① 15와 10
② 20과 13
③ 22와 10
④ 25와 20
⑤ 27과 12

문 22. 다음 글을 근거로 판단할 때, 〈보기〉에서 옳은 것만을 모두 고르면?

거짓말 탐지기는 진술 내용의 참, 거짓을 판단하는 장치이다. 거짓말 탐지기의 정확도(%)는 탐지 대상이 되는 진술이 참인 것을 참으로, 거짓인 것을 거짓으로 옳은 판단을 내릴 확률을 의미하며, 참인 진술과 거짓인 진술 각각에 대하여 동일한 정확도를 나타낸다. 甲이 사용하는 거짓말 탐지기의 정확도는 80%이다.

〈보기〉

ㄱ. 탐지 대상이 되는 진술이 총 100건이라면, 甲의 거짓말 탐지기는 20건에 대하여 옳지 않은 판단을 내릴 가능성이 가장 높다.
ㄴ. 탐지 대상이 되는 진술 100건 가운데 참인 진술이 20건이라면, 甲의 거짓말 탐지기가 이 100건 중 참으로 판단하는 것은 총 32건일 가능성이 가장 높다.
ㄷ. 탐지 대상이 되는 진술 100건 가운데 참인 진술이 10건인 경우, 甲이 사용하는 거짓말 탐지기의 정확도가 높아진다면 이 100건 중 참으로 판단하는 진술이 많아진다.
ㄹ. 거짓말 탐지기의 정확도가 90%이고 탐지 대상이 되는 진술 100건 가운데 참인 진술이 10건인 경우, 탐지기가 18건을 참으로 판단했다면 그중 거짓인 진술이 9건일 가능성이 가장 높다.

① ㄱ, ㄴ
② ㄱ, ㄷ
③ ㄱ, ㄴ, ㄹ
④ ㄱ, ㄷ, ㄹ
⑤ ㄴ, ㄷ, ㄹ

문 23. 다음 글을 근거로 판단할 때 옳은 것은?

> ○○리그는 10개의 경기장에서 진행되는데, 각 경기장은 서로 다른 도시에 있다. 또 이 10개 도시 중 5개는 대도시이고 5개는 중소도시이다. 매일 5개 경기장에서 각각 한 경기가 열리며 한 시즌당 각 경기장에서 열리는 경기의 횟수는 10개 경기장 모두 동일하다.
>
> 대도시의 경기장은 최대수용인원이 3만 명이고, 중소도시의 경기장은 최대수용인원이 2만 명이다. 대도시 경기장의 경우는 매 경기 60%의 좌석 점유율을 나타내고 있는 반면 중소도시 경기장의 경우는 매 경기 70%의 좌석 점유율을 보이고 있다. 특정 경기장의 관중수는 그 경기장의 좌석 점유율에 최대수용인원을 곱하여 구한다.

① ○○리그의 1일 최대 관중수는 16만 명이다.

② 중소도시 경기장의 좌석 점유율이 10%p 높아진다면 대도시 경기장 한 곳의 관중수보다 중소도시 경기장 한 곳의 관중수가 더 많아진다.

③ 내년 시즌부터 4개의 대도시와 6개의 중소도시에서 경기가 열린다면 ○○리그의 한 시즌 전체 누적 관중수는 올 시즌 대비 2.5% 줄어든다.

④ 대도시 경기장의 좌석 점유율이 중소도시 경기장과 같고 최대수용인원은 그대로라면, ○○리그의 1일 평균 관중수는 11만 명을 초과하게 된다.

⑤ 중소도시 경기장의 최대수용인원이 대도시 경기장과 같고 좌석 점유율은 그대로라면, ○○리그의 1일 평균 관중수는 11만 명을 초과하게 된다.

문 24. 다음 글을 근거로 판단할 때 ○○년 8월 1일의 요일은?

> ○○년 7월의 첫날 甲은 자동차 수리를 맡겼다. 甲은 그달 마지막 월요일인 네 번째 월요일에 자동차를 찾아가려 했으나, 사정이 생겨 그달 마지막 금요일인 네 번째 금요일에 찾아갔다.
>
> ※ 날짜는 양력 기준

① 월요일

② 화요일

③ 수요일

④ 목요일

⑤ 금요일

문 25. 다음 〈조건〉을 근거로 판단할 때, 초록 모자를 쓰고 있는 사람과 A 입장에서 왼편에 앉은 사람으로 모두 옳은 것은?

> ───────〈조건〉───────
>
> ○ A, B, C, D 네 명이 정사각형 테이블의 각 면에 한 명씩 둘러 앉아 있다.
> ○ 빨강, 파랑, 노랑, 초록 색깔의 모자 4개가 있다. A, B, C, D는 이 중 서로 다른 색깔의 모자 하나씩을 쓰고 있다.
> ○ A와 B는 여자이고 C와 D는 남자이다.
> ○ A 입장에서 왼편에 앉은 사람은 파란 모자를 쓰고 있다.
> ○ B 입장에서 왼편에 앉은사람은 초록 모자를 쓰고 있지 않다.
> ○ C 맞은편에 앉은 사람은 빨간 모자를 쓰고 있다.
> ○ D 맞은편에 앉은 사람은 노란 모자를 쓰고 있지 않다.
> ○ 노란 모자를 쓴 사람과 초록 모자를 쓴 사람 중 한 명은 남자이고 한 명은 여자이다.

	초록 모자를 쓰고 있는 사람	A 입장에서 왼편에 앉은 사람
①	A	B
②	A	D
③	B	C
④	B	D
⑤	C	B

※ 수고하셨습니다.

※ 기출문제편 맨 마지막에 있는 OMR 카드에 마킹을 하세요.

정답과 분석해설편 ▶ P.453

끝날 때까지는
끝난 게 아니다.

– 요기 베라(Yogi Berra)

국가공무원 5급 및 7급 민간경력자 일괄채용 필기시험 답안지

컴퓨터용 흑색사인펜만 사용

책형

[필적감정용 기재]
*아래 예시문을 옮겨 적으시오
본인은 ○○○(응시자성명)임을 확인함

기 재 란

성명		본인 성명 기재
자필성명		
시험장소		

1~10번	
1	① ② ③ ④ ⑤
2	① ② ③ ④ ⑤
3	① ② ③ ④ ⑤
4	① ② ③ ④ ⑤
5	① ② ③ ④ ⑤
6	① ② ③ ④ ⑤
7	① ② ③ ④ ⑤
8	① ② ③ ④ ⑤
9	① ② ③ ④ ⑤
10	① ② ③ ④ ⑤

11~20번	
11	① ② ③ ④ ⑤
12	① ② ③ ④ ⑤
13	① ② ③ ④ ⑤
14	① ② ③ ④ ⑤
15	① ② ③ ④ ⑤
16	① ② ③ ④ ⑤
17	① ② ③ ④ ⑤
18	① ② ③ ④ ⑤
19	① ② ③ ④ ⑤
20	① ② ③ ④ ⑤

21~25번	
21	① ② ③ ④ ⑤
22	① ② ③ ④ ⑤
23	① ② ③ ④ ⑤
24	① ② ③ ④ ⑤
25	① ② ③ ④ ⑤

응시번호

⑤ ⑥ ⑦
⑤ ⑥ ⑦ ⑧ ⑨ ① ② ③ ④ ⑤ ⑥ ⑦ ⑧ ⑨ ⓪
⑤ ⑥ ⑦ ⑧ ⑨ ① ② ③ ④ ⑤ ⑥ ⑦ ⑧ ⑨ ⓪
⑤ ⑥ ⑦ ⑧ ⑨ ① ② ③ ④ ⑤ ⑥ ⑦ ⑧ ⑨ ⓪
⑤ ⑥ ⑦ ⑧ ⑨ ① ② ③ ④ ⑤ ⑥ ⑦ ⑧ ⑨ ⓪

생년월일

⑤ ⑥ ⑦ ⑧ ⑨ ① ② ③ ④ ⑤ ⑥ ⑦ ⑧ ⑨ ⓪
⑤ ⑥ ⑦ ⑧ ⑨ ① ② ③ ④ ⑤ ⑥ ⑦ ⑧ ⑨ ⓪
① ② ③ ⓪
⑤ ⑥ ⑦ ⑧ ⑨ ① ② ③ ④ ⑤ ⑥ ⑦ ⑧ ⑨ ⓪

※시험감독관 서명
(성명을 정자로 기재할 것)

적색 볼펜만 사용

※ 컴퓨터용 사인펜으로 마킹하고 지우개로 지워서 사용하세요!

에듀윌에서 꿈을 이룬
합격생들의 진짜 합격스토리

에듀윌 강의·교재·학습시스템의 우수성을
합격으로 입증하였습니다!

김○은 국가직 9급 일반행정직 최종 합격

에듀윌만의 탄탄한 커리큘럼 덕분에 공시 3관왕 달성

혼자서 공부하다 보면 지금쯤 뭘 해야 하는지, 내가 잘하고 있는지 걱정이 될 때가 있는데 에듀윌 커리큘럼은 정말 잘 짜여 있어 고민할 필요 없이 그대로 따라가면 되는 시스템이었습니다. 커리큘럼이 기본이론-심화이론-단원별 문제풀이-기출 문제풀이-파이널로 풍부하게 구성되어 인강만으로도 국가직, 지방직, 군무원 3개 직렬에 충분히 합격할 수 있었습니다. 혼자 공부하다 보면 내 위치를 스스로 가늠하기 어려운데, 매달 제공되는 에듀윌 모의고사를 통해서 제 수준이 어느 정도인지 파악할 수 있어서 좋았습니다.

신○은 국가직 9급 일반행정직 최종 합격

에듀윌 교수님들의 열정적인 강의는 업계 최고 수준!

에듀윌 교수님들의 강의가 열정적이어서 좋았습니다. 타사의 유명 행정법 강사분의 강의를 잠깐 들은 적이 있었는데, 그분이 기대만큼 좋지 못해서 열정적인 강의의 에듀윌로 돌아온 적이 있습니다. 그리고 수험생들은 금전적으로 좀 어려움이 있을 수밖에 없는데 에듀윌이 타사보다는 가격 대비 강의가 매우 뛰어나다고 생각합니다. 에듀윌 모의고사도 좋았습니다. 내가 맞혔는데 남들이 틀린 문제나 남들은 맞혔는데 내가 틀린 문제를 분석해줘서 저의 취약점을 알게 되고, 공부 방법에 변화를 줄 수 있는 계기를 마련해 줍니다. 에듀윌의 꼼꼼한 모의고사 시스템 덕분에 효율적인 공부를 할 수 있었습니다.

김○경 지방직 9급 사회복지직 최종 합격

초시생도 빠르게 합격할 수 있는 에듀윌 공무원 커리큘럼

에듀윌 공무원 커리큘럼은 기본 강의, 심화 강의, 문제풀이 강의가 참 적절하게 배분이 잘 되어 있었어요. 그리고 제가 공무원 시험에 대해서 하나도 몰랐는데 커리큘럼을 따라만 갔는데 바로 시험을 치를 수 있는 실력이 만들어진다는 것이 너무 신기한 경험이었습니다. 에듀윌 공무원 교재도 너무 좋았습니다. 기본서가 충실하게 만들어져 있어서 기본서만 봐도 기초를 쌓을 수 있었습니다. 그리고 기출문제집이나 동형 문제집도 문제 분량이 굉장히 많았어요. 이러한 꼼꼼한 교재 구성 덕분에 40대에 공부를 다시 시작했음에도 빠르게 합격할 수 있었어요.

다음 합격의 주인공은 당신입니다!

더 많은
합격스토리

합격자 수 2,100% 수직 상승!
매년 놀라운 성장

에듀윌 공무원은 '합격자 수'라는 확실한 결과로 증명하며
지금도 기록을 만들어 가고 있습니다.

합격자 수
2,100%
수직 상승

2017 2018 2019 2020 2021 2022

합격자 수를 폭발적으로 증가시킨 합격패스

| 합격 시 수강료
100% 환급 | **+** | 합격할 때까지
평생 수강 | **+** | 교재비 부담 DOWN
에듀캐시 지원 |

※ 환급내용은 상품페이지 참고. 상품은 변경될 수 있음.

상품
페이지

* 2017/2022 에듀윌 공무원 과정 최종 환급자 수 기준

에듀윌 직영학원에서
합격을 수강하세요

언제나 전문 학습 매니저와 상담이 가능한 안내데스크

고품질 영상 및 음향 장비를 갖춘 최고의 강의실

재충전을 위한 카페 분위기의 아늑한 휴게실

에듀윌의 상징 노란색의 환한 학원 입구

에듀윌 직영학원 대표전화

공인중개사 학원	02)815-0600	공무원 학원	02)6328-0600	편입 학원	02)6419-0600
주택관리사 학원	02)815-3388	소방 학원	02)6337-0600	세무사·회계사 학원	02)6010-0600
전기기사 학원	02)6268-1400	부동산아카데미	02)6736-0600		

공무원학원
바로가기

꿈을 현실로 만드는 에듀윌

DREAM

공무원 교육
- 선호도 1위, 신뢰도 1위! 브랜드만족도 1위!
- 합격자 수 2,100% 폭등시킨 독한 커리큘럼

자격증 교육
- 8년간 아무도 깨지 못한 기록 합격자 수 1위
- 가장 많은 합격자를 배출한 최고의 합격 시스템

직영학원
- 직영학원 수 1위
- 표준화된 커리큘럼과 호텔급 시설 자랑하는 전국 22개 학원

종합출판
- 온라인서점 베스트셀러 1위!
- 출제위원급 전문 교수진이 직접 집필한 합격 교재

어학 교육
- 토익 베스트셀러 1위
- 토익 동영상 강의 무료 제공

콘텐츠 제휴 · B2B 교육
- 고객 맞춤형 위탁 교육 서비스 제공
- 기업, 기관, 대학 등 각 단체에 최적화된 고객 맞춤형 교육 및 제휴 서비스

부동산 아카데미
- 부동산 실무 교육 1위!
- 상위 1% 고소득 창업/취업 비법
- 부동산 실전 재테크 성공 비법

학점은행제
- 99%의 과목이수율
- 16년 연속 교육부 평가 인정 기관 선정

대학 편입
- 편입 교육 1위!
- 최대 200% 환급 상품 서비스

국비무료 교육
- '5년우수훈련기관' 선정
- K-디지털, 산대특 등 특화 훈련과정
- 원격국비교육원 오픈

에듀윌 교육서비스 **공무원 교육** 9급공무원/7급공무원/소방공무원/계리직공무원 **자격증 교육** 공인중개사/주택관리사/감정평가사/노무사/전기기사/경비지도사/검정고시/소방설비기사/소방시설관리사/사회복지사1급/건축기사/토목기사/직업상담사/전기기능사/산업안전기사/위험물산업기사/위험물기능사/유통관리사/물류관리사/행정사/한국사능력검정/한경TESAT/매경TEST/KBS한국어능력시험·실용글쓰기/IT자격증/국제무역사/무역영어 **어학 교육** 토익 교재/토익 동영상 강의 **세무/회계** 회계사/세무사/전산세무회계/ERP정보관리사/재경관리사 **대학 편입** 편입 교재/편입 영어·수학/경찰대/의치대/편입 컨설팅·면접 **직영학원** 공무원학원/소방학원/공인중개사 학원/주택관리사 학원/전기기사학원/세무사·회계사 학원/편입학원 **종합출판** 공무원·자격증 수험교재 및 단행본 **학점은행제** 교육부 평가인정기관 원격평생교육원(사회복지사2급/경영학/CPA)/교육부 평가인정기관 원격 사회교육원(사회복지사2급/심리학) **콘텐츠 제휴·B2B 교육** 교육 콘텐츠 제휴/기업 맞춤 자격증 교육/대학 취업역량 강화 교육 **부동산 아카데미** 부동산 창업CEO/부동산 경매 마스터/부동산 컨설팅 **국비무료 교육(국비교육원)** 전기기능사/전기(산업)기사/소방설비(산업)기사/IT(빅데이터/자바프로그램/파이썬)/게임그래픽/3D프린터/실내건축디자인/웹퍼블리셔/그래픽디자인/영상편집(유튜브)디자인/온라인 쇼핑몰광고 및 제작(쿠팡, 스마트스토어)/전산세무회계/컴퓨터활용능력/ITQ/GTQ/직업상담사

교육문의 **1600-6700** www.eduwill.net

eduwill

ENERGY

세상을 움직이려면
먼저 나 자신을 움직여야 한다.

− 소크라테스(Socrates)

2024 언어논리

문1	③	문2	④	문3	④	문4	③	문5	④
문6	②	문7	⑤	문8	①	문9	⑤	문10	②
문11	②	문12	③	문13	②	문14	④	문15	①
문16	②	문17	⑤	문18	⑤	문19	③	문20	②
문21	①	문22	④	문23	④	문24	④	문25	④

2024 상황판단

문1	⑤	문2	⑤	문3	②	문4	④	문5	①
문6	②	문7	④	문8	④	문9	②	문10	③
문11	①	문12	③	문13	③	문14	⑤	문15	③
문16	⑤	문17	③	문18	①	문19	⑤	문20	④
문21	③	문22	④	문23	②	문24	⑤	문25	①

2024 자료해석

문1	④	문2	①	문3	⑤	문4	⑤	문5	⑤
문6	④	문7	③	문8	②	문9	②	문10	②
문11	④	문12	③	문13	③	문14	②	문15	①
문16	②	문17	①	문18	④	문19	②	문20	①
문21	④	문22	①	문23	③	문24	④	문25	⑤

2023 언어논리

문1	②	문2	①	문3	②	문4	③	문5	③
문6	②	문7	④	문8	④	문9	④	문10	④
문11	①	문12	④	문13	①	문14	③	문15	⑤
문16	⑤	문17	②	문18	③	문19	④	문20	⑤
문21	⑤	문22	③	문23	①	문24	⑤	문25	②

2023 상황판단

문1	②	문2	①	문3	⑤	문4	③	문5	④
문6	①	문7	⑤	문8	④	문9	①	문10	⑤
문11	④	문12	⑤	문13	②	문14	④	문15	①
문16	①	문17	②	문18	④	문19	④	문20	③
문21	②	문22	③	문23	④	문24	③	문25	⑤

2023 자료해석

문1	①	문2	③	문3	②	문4	③	문5	⑤
문6	④	문7	①	문8	①	문9	②	문10	⑤
문11	③	문12	④	문13	⑤	문14	④	문15	③
문16	④	문17	④	문18	④	문19	②	문20	①
문21	③	문22	④	문23	④	문24	④	문25	⑤

2022 언어논리

문1	⑤	문2	①	문3	③	문4	②	문5	⑤
문6	⑤	문7	④	문8	⑤	문9	①	문10	④
문11	④	문12	⑤	문13	③	문14	②	문15	②
문16	⑤	문17	④	문18	③	문19	③	문20	⑤
문21	④	문22	③	문23	②	문24	③	문25	④

2022 상황판단

문1	⑤	문2	①	문3	⑤	문4	①	문5	②
문6	②	문7	③	문8	④	문9	③	문10	②
문11	①	문12	②	문13	③	문14	⑤	문15	①
문16	③	문17	④	문18	④	문19	②	문20	⑤
문21	⑤	문22	②	문23	①	문24	④	문25	④

2022 자료해석

문1	①	문2	⑤	문3	④	문4	①	문5	②
문6	①	문7	④	문8	①	문9	⑤	문10	④
문11	②	문12	③	문13	③	문14	⑤	문15	④
문16	⑤	문17	②	문18	⑤	문19	③	문20	①
문21	③	문22	⑤	문23	①	문24	④	문25	④

2021 언어논리

문1	③	문2	⑤	문3	①	문4	②	문5	④
문6	⑤	문7	⑤	문8	①	문9	③	문10	②
문11	④	문12	①	문13	①	문14	④	문15	⑤
문16	①	문17	⑤	문18	④	문19	③	문20	②
문21	③	문22	④	문23	⑤	문24	②	문25	④

2021 자료해석

문1	⑤	문2	⑤	문3	④	문4	②	문5	①
문6	⑤	문7	⑤	문8	②	문9	④	문10	①
문11	②	문12	⑤	문13	②	문14	①	문15	④
문16	⑤	문17	⑤	문18	⑤	문19	④	문20	②
문21	⑤	문22	③	문23	④	문24	①	문25	③

2021 상황판단

문1	①	문2	⑤	문3	⑤	문4	②	문5	④
문6	⑤	문7	①	문8	⑤	문9	③	문10	②
문11	④	문12	①	문13	⑤	문14	④	문15	④
문16	①	문17	①	문18	④	문19	③	문20	③
문21	②	문22	⑤	문23	③	문24	④	문25	③

2020 언어논리

문1	③	문2	①	문3	①	문4	⑤	문5	④
문6	⑤	문7	④	문8	②	문9	②	문10	④
문11	①	문12	②	문13	③	문14	③	문15	④
문16	③	문17	①	문18	⑤	문19	④	문20	③
문21	②	문22	②	문23	③	문24	②	문25	⑤

2020 자료해석

문1	④	문2	③	문3	④	문4	①	문5	⑤
문6	⑤	문7	①	문8	②	문9	②	문10	④
문11	③	문12	④	문13	④	문14	⑤	문15	④
문16	②	문17	④	문18	⑤	문19	③	문20	①
문21	⑤	문22	③	문23	①	문24	⑤	문25	④

2020 상황판단

문1	③	문2	①	문3	⑤	문4	①	문5	①
문6	④	문7	②	문8	⑤	문9	⑤	문10	①
문11	②	문12	⑤	문13	①	문14	③	문15	④
문16	③	문17	④	문18	⑤	문19	②	문20	③
문21	②	문22	④	문23	③	문24	②	문25	④

2019 언어논리

문1	⑤	문2	①	문3	①	문4	②	문5	④
문6	①	문7	①	문8	③	문9	③	문10	③
문11	⑤	문12	⑤	문13	⑤	문14	②	문15	④
문16	⑤	문17	①	문18	②	문19	④	문20	④
문21	④	문22	②	문23	①	문24	③	문25	⑤

2019 자료해석

문1	④	문2	③	문3	④	문4	②	문5	⑤
문6	⑤	문7	①	문8	①	문9	②	문10	①
문11	⑤	문12	④	문13	①	문14	②	문15	③
문16	⑤	문17	①	문18	②	문19	③	문20	②
문21	④	문22	③	문23	③	문24	②	문25	⑤

2019 상황판단

문1	①	문2	②	문3	④	문4	①	문5	③
문6	②	문7	①	문8	②	문9	②	문10	⑤
문11	①	문12	⑤	문13	②	문14	②	문15	⑤
문16	⑤	문17	④	문18	③	문19	①	문20	④
문21	⑤	문22	②	문23	⑤	문24	④	문25	①

2018 언어논리

문1	④	문2	④	문3	③	문4	⑤	문5	②
문6	④	문7	②	문8	③	문9	④	문10	③
문11	①	문12	③	문13	②	문14	②	문15	④
문16	①	문17	①	문18	①	문19	⑤	문20	
문21	⑤	문22	④	문23	②	문24	⑤	문25	②

2018 자료해석

문1	②	문2	⑤	문3	⑤	문4	①	문5	①
문6	②	문7	①	문8	④	문9	⑤	문10	③
문11	②	문12	⑤	문13	④	문14	⑤	문15	④
문16	①	문17	①	문18	②	문19	①	문20	③
문21	⑤	문22	④	문23	②	문24	④	문25	④

2018 상황판단

문1	③	문2	⑤	문3	⑤	문4	②	문5	①
문6	①	문7	③	문8	①	문9	③	문10	②
문11	④	문12	⑤	문13	⑤	문14	④	문15	⑤
문16	⑤	문17	①	문18	④	문19	④	문20	①
문21	⑤	문22	②	문23	③	문24	②	문25	①

2017 언어논리

문1	②	문2	③	문3	⑤	문4	④	문5	②
문6	②	문7	⑤	문8	②	문9	①	문10	①
문11	③	문12	①	문13	③	문14	⑤	문15	⑤
문16	①	문17	④	문18	③	문19	⑤	문20	②
문21	③	문22	④	문23	②	문24	④	문25	①

2017 자료해석

문1	③	문2	③	문3	⑤	문4	⑤	문5	①
문6	②	문7	④	문8	③	문9	⑤	문10	⑤
문11	④	문12	④	문13	②	문14	④	문15	⑤
문16	③	문17	④	문18	④	문19	①	문20	①
문21	②	문22	②	문23	②	문24	①	문25	③

2017 상황판단

문1	④	문2	⑤	문3	①	문4	①	문5	⑤
문6	④	문7	①	문8	③	문9	⑤	문10	①
문11	①	문12	③	문13	②	문14	④	문15	②
문16	②	문17	③	문18	②	문19	②	문20	④
문21	③	문22	③	문23	⑤	문24	⑤	문25	④

2016 언어논리

문1	문2	문3	문4	문5
④	④	③	⑤	①
문6 ④	문7 ④	문8 ②	문9 ①	문10 ④
문11 ⑤	문12 ③	문13 ②	문14 ②	문15 ①
문16 ④	문17 ②	문18 ④	문19 ⑤	문20 ③
문21 ②	문22 ③	문23 ④	문24 ⑤	문25 ②

2016 자료해석

문1	문2	문3	문4	문5
①	②	①	⑤	④
문6 ④	문7 ⑤	문8 ③	문9 ④	문10 ②
문11 ⑤	문12 ③	문13 ①	문14 ②	문15 ②
문16 ①	문17 ①	문18 ②	문19 ①	문20 ④
문21 ③	문22 ②	문23 ⑤	문24 ①	문25 ①

2016 상황판단

문1	문2	문3	문4	문5
④	②	⑤	③	④
문6 ③	문7 ②	문8 ①	문9 ③	문10 ④
문11 ①	문12 ④	문13 ④	문14 ③	문15 ①
문16 ⑤	문17 ⑤	문18 ②	문19 ①	문20 ①
문21 ⑤	문22 ③	문23 ②	문24 ⑤	문25 ④

2015 언어논리

문1	문2	문3	문4	문5
②	③	④	③	①
문6 ③	문7 ①	문8 ②	문9 ①	문10 ⑤
문11 ②	문12 ④	문13 ⑤	문14 ①	문15 ④
문16 ④	문17 ③	문18 ⑤	문19 ②	문20 ②
문21 ⑤	문22 ②	문23 ⑤	문24 ②	문25 ①

2015 자료해석

문1	문2	문3	문4	문5
②	②	④	⑤	①
문6 ④	문7 ②	문8 ①	문9 ③	문10 ①
문11 ⑤	문12 ①	문13 ④	문14 ③	문15 ②
문16 ④	문17 ②	문18 ③	문19 ③	문20 ⑤
문21 ③	문22 ④	문23 ⑤	문24 ①	문25 ③

2015 상황판단

문1	문2	문3	문4	문5
③	②	④	④	⑤
문6 ⑤	문7 ③	문8 ③	문9 ①	문10 ②
문11 ①	문12 ①	문13 ⑤	문14 ①	문15 ④
문16 ②	문17 ③	문18 ②	문19 ④	문20 ①
문21 ⑤	문22 ③	문23 ③	문24 ⑤	문25 ④

2014 언어논리

문1	문2	문3	문4	문5
③	⑤	②	①	②
문6 ①	문7 ③	문8 ⑤	문9 ①	문10 ⑤
문11 ③	문12 ④	문13 ④	문14 ②	문15 ①
문16 ④	문17 ②	문18 ⑤	문19 ④	문20 ②
문21 ⑤	문22 ④	문23 ③	문24 ④	문25 ⑤

2014 자료해석

문1	문2	문3	문4	문5
②	④	⑤	③	④
문6 ②	문7 ④	문8 ③	문9 ⑤	문10 ②
문11 ②	문12 ⑤	문13 ②	문14 ①	문15 ①
문16 ④	문17 ①	문18 ①	문19 ②	문20 ②
문21 ①	문22 ②	문23 ①	문24 ①	문25 ①

2014 상황판단

문1	문2	문3	문4	문5
④	①	②	④	③
문6 ②	문7 ③	문8 ①	문9 ④	문10 ③
문11 ②	문12 ③	문13 ④	문14 ④	문15 ⑤
문16 ①	문17 ②	문18 ②	문19 ③	문20 ⑤
문21 ①	문22 ③	문23 ③	문24 ⑤	문25 ④

2013 언어논리

문1	문2	문3	문4	문5
⑤	①	②	⑤	③
문6 ⑤	문7 ①	문8 ①	문9 ④	문10 ③
문11 ①	문12 ④	문13 ④	문14 ①	문15 ②
문16 ③	문17 ②	문18 ④	문19 ①	문20 ①
문21 ④	문22 ④	문23 ②	문24 ⑤	문25 ⑤

2013 자료해석

문1	문2	문3	문4	문5
②	②	⑤	①	④
문6 ①	문7 ⑤	문8 ③	문9 ①	문10 ②
문11 ③	문12 ⑤	문13 ②	문14 ④	문15 ⑤
문16 ②	문17 ⑤	문18 ④	문19 ⑤	문20 ④
문21 ①	문22 ②	문23 ①	문24 ②	문25 ①

2013 상황판단

문1	문2	문3	문4	문5
③	①	②	⑤	⑤
문6 ⑤	문7 ③	문8 ④	문9 ①	문10 ⑤
문11 ④	문12 ⑤	문13 ①	문14 ③	문15 ②
문16 ①	문17 ④	문18 ②	문19 ④	문20 ③
문21 ①	문22 ②	문23 ②	문24 ③	문25 ④

2012 언어논리

문1 ②	문2 ②	문3 ④	문4 ③	문5 ④
문6 ①	문7 ③	문8 ③	문9 ②	문10 ⑤
문11 ①	문12 ③	문13 ④	문14 ⑤	문15 ①
문16 ⑤	문17 ④	문18 ②	문19 ①	문20 ⑤
문21 ①	문22 ①	문23 ⑤	문24 ④	문25 ③

2012 자료해석

문1 ①	문2 ①	문3 ④	문4 ③	문5 ②
문6 ③	문7 ④	문8 ②	문9 ⑤	문10 ⑤
문11 ③	문12 ③	문13 ②	문14 ⑤	문15 ②
문16 ④	문17 ②	문18 ④	문19 ③	문20 ④
문21 ⑤	문22 ①	문23 ②	문24 ⑤	문25 ①

2012 상황판단

문1 ⑤	문2 ①	문3 ①	문4 ②	문5 ③
문6 ④	문7 ①	문8 ③	문9 ④	문10 ②
문11 ④	문12 ②	문13 ④	문14 ⑤	문15 ⑤
문16 ⑤	문17 ①	문18 ①	문19 ③	문20 ③
문21 ①	문22 ④	문23 ⑤	문24 ②	문25 ③

2011 언어논리

문1 ①	문2 ④	문3 ③	문4 ①	문5 ⑤
문6 ③	문7 ④	문8 ③	문9 ②	문10 ③
문11 ⑤	문12 ④	문13 ⑤	문14 ③	문15 ②
문16 ②	문17 ④	문18 ②	문19 ②	문20 ②
문21 ⑤	문22 ④	문23 ①	문24 ④	문25 ①

2011 자료해석

문1 ④	문2 ①	문3 ②	문4 ⑤	문5 ②
문6 ④	문7 ④	문8 ⑤	문9 ①	문10 ③
문11 ①	문12 ③	문13 ④	문14 ⑤	문15 ⑤
문16 ②	문17 ⑤	문18 ②	문19 ④	문20 ①
문21 ③	문22 ④	문23 ③	문24 ②	문25 ①

2011 상황판단

문1 ③	문2 ④	문3 ④	문4 ⑤	문5 ④
문6 ②	문7 ④	문8 ②	문9 ④	문10 ①
문11 ①	문12 ⑤	문13 ③	문14 ④	문15 ①
문16 ②	문17 ④	문18 ⑤	문19 ②	문20 ③
문21 ⑤	문22 ④	문23 ⑤	문24 ②	문25 ③

2025

에듀윌
민간경력자 PSAT
14개년
기출문제집

분석해설편

이 책의 차례

CONTENTS

2024년 7월 27일 시행

2024년도 국가공무원 5급 및 7급 민간경력자 일괄채용 필기시험

정답과 분석해설

취약유형 분석표 제1영역 언어논리

문번	정답	난이도	유형	맞고 틀림
01	③	■□□	사실적 이해 > 정보 확인	○ △ ×
02	④	■□□	사실적 이해 > 정보 확인	○ △ ×
03	④	■■□	사실적 이해 > 정보 확인	○ △ ×
04	④	■■□	사실적 이해 > 정보 확인	○ △ ×
05	④	■□□	사실적 이해 > 정보 확인	○ △ ×
06	②	■■□	사실적 이해 > 정보 확인	○ △ ×
07	⑤	■■□	비판적 사고 > 판단하기	○ △ ×
08	①	■□□	비판적 사고 > 빈칸 채우기	○ △ ×
09	⑤	■□□	비판적 사고 > 빈칸 채우기	○ △ ×
10	②	■■■	비판적 사고 > 빈칸 채우기	○ △ ×
11	②	■■■	비판적 사고 > 판단하기	○ △ ×
12	③	■■□	사실적 이해 > 논리 게임	○ △ ×
13	④	■■□	사실적 이해 > 논리 게임	○ △ ×
14	④	■■■	비판적 사고 > 빈칸 채우기	○ △ ×
15	①	■■■	비판적 사고 > 지문에서 추론하기	○ △ ×
16	②	■■■	비판적 사고 > 지문에서 추론하기	○ △ ×
17	⑤	■■□	비판적 사고 > 빈칸 채우기	○ △ ×
18	⑤	■■□	비판적 사고 > 판단하기	○ △ ×
19	③	■■■	비판적 사고 > 논리적 결론의 전제·원인 찾기	○ △ ×
20	③	■■■	비판적 사고 > 논지 강화·약화하기	○ △ ×
21	①	■■□	사실적 이해 > 중심 내용 파악	○ △ ×
22	④	■■□	비판적 사고 > 지문에서 추론하기	○ △ ×
23	③	■■□	비판적 사고 > 판단하기	○ △ ×
24	②	■■□	비판적 사고 > 판단하기	○ △ ×
25	③	■■■	비판적 사고 > 판단하기	○ △ ×

나의 성적

영역	점수	풀이 시간
언어논리	_____점	_____분
상황판단	_____점	_____분
자료해석	_____점	_____분

합격선

영역	합격 가능권	합격 확실권
언어논리	72~76점	80~84점
상황판단	76~80점	80~84점
자료해석	72~76점	80~84점

풀이 시간

영역	기본	숙련
언어논리	60분	50분
상황판단	60분	50분
자료해석	60분	50분

선발 인원 / 접수 인원 / 경쟁률

선발 인원	접수 인원	경쟁률
180명	3,610명	2.0 : 1

※경쟁률은 1차 합격자 선발 기준인 10배수로 산정

· 확실히 맞힌 문항 수: _____ 문항

· 헷갈리거나 찍은 문항 수: _____ 문항

· 틀린 문항 수: _____ 문항

취약유형 분석표 제2영역 상황판단

문번	정답	난이도	유형	맞고 틀림
01	⑤	■■□	법조문형 > 규정확인	○ △ ×
02	⑤	■■■	법조문형 > 규정적용	○ △ ×
03	②	■■□	법조문형 > 규정확인	○ △ ×
04	④	■■□	법조문형 > 규정적용	○ △ ×
05	①	■□□	제시문형 > 정보확인	○ △ ×
06	②	■□□	연산추론형 > 수리계산	○ △ ×
07	④	■□□	퍼즐형 > 수리퀴즈	○ △ ×
08	④	■■□	연산추론형 > 대입비교	○ △ ×
09	②	■□□	제시문형 > 분석추론	○ △ ×
10	③	■■■	연산추론형 > 대입비교	○ △ ×
11	①	■■■	법조문형 > 규정적용	○ △ ×
12	④	■■■	연산추론형 > 수리계산	○ △ ×
13	③	■■■	제시문형 > 분석추론	○ △ ×
14	③	■■□	퍼즐형 > 게임·규칙	○ △ ×
15	⑤	■■□	퍼즐형 > 최댓값·최솟값 도출	○ △ ×
16	⑤	■■■	퍼즐형 > 게임·규칙	○ △ ×
17	②	■■□	연산추론형 > 수리계산	○ △ ×
18	①	■■■	퍼즐형 > 논리퀴즈	○ △ ×
19	③	■□□	연산추론형 > 수리계산	○ △ ×
20	④	■■□	연산추론형 > 수리계산	○ △ ×
21	③	■■□	퍼즐형 > 논리퀴즈	○ △ ×
22	④	■□□	연산추론형 > 대입비교	○ △ ×
23	②	■■■	연산추론형 > 수리계산	○ △ ×
24	⑤	■■■	퍼즐형 > 수리퀴즈	○ △ ×
25	①	■■□	퍼즐형 > 게임·규칙	○ △ ×

취약유형 분석표 제3영역 자료해석

문번	정답	난이도	유형	맞고 틀림
01	④	■□□	자료 읽기/추론 > 매칭형	○ △ ×
02	①	■■□	자료 읽기/추론 > 계산형	○ △ ×
03	⑤	■■□	자료 변환응용 > 표/그림 전환형	○ △ ×
04	⑤	■□□	자료 읽기/추론 > 매칭형	○ △ ×
05	⑤	■■■	자료 추론 > 추가로 필요한 자료 찾기	○ △ ×
06	④	■□□	자료 읽기/추론 > 매칭형	○ △ ×
07	③	■■□	자료 추론 > 추가로 필요한 자료 찾기	○ △ ×
08	②	■□□	자료 읽기/추론 > 매칭형	○ △ ×
09	②	■■■	자료 읽기 > 표 제시형	○ △ ×
10	②	■■□	자료 읽기/추론 > 매칭형	○ △ ×
11	④	■□□	자료 읽기 > 표 제시형	○ △ ×
12	③	■■■	자료 읽기 > 표/빈칸 제시형	○ △ ×
13	③	■■□	자료 읽기 > 표/그림 제시형	○ △ ×
14	②	■□□	자료 읽기 > 표 제시형	○ △ ×
15	①	■□□	자료 읽기/추론 > 매칭형	○ △ ×
16	⑤	■□□	자료 읽기 > 표 제시형	○ △ ×
17	①	■□□	자료 읽기 > 표/그림 제시형	○ △ ×
18	④	■■■	자료 읽기 > 표 제시형	○ △ ×
19	②	■■■	자료 읽기 > 표 제시형	○ △ ×
20	①	■■■	자료 읽기 > 표 제시형	○ △ ×
21	④	■■■	자료 변환응용 > 표/그림 전환형	○ △ ×
22	①	■□□	자료 읽기 > 표/빈칸 제시형	○ △ ×
23	③	■□□	자료 읽기 > 표 제시형	○ △ ×
24	④	■■■	자료 변환응용 > 자료/보고서 전환형	○ △ ×
25	⑤	■■■	자료 읽기 > 표/빈칸 제시형	○ △ ×

· 확실히 맞힌 문항 수: _____ 문항

· 헷갈리거나 찍은 문항 수: _____ 문항

· 틀린 문항 수: _____ 문항

· 확실히 맞힌 문항 수: _____ 문항

· 헷갈리거나 찍은 문항 수: _____ 문항

· 틀린 문항 수: _____ 문항

2024 | 제1영역 언어논리(⑭ 책형)

기출 총평

2024년 언어논리 시험은 전체적으로 난도가 대폭 상승한 점이 눈에 띈다. 제시문에서도 과학, 철학, 역사 등 까다로운 주제를 여럿 다루며 난이도를 조절하려는 의도가 보였다. 특히 후반부로 갈수록 조건이 많고 쟁점이 여럿인 제시문을 정확히 이해할 수 있어야 했고, 비판적 사고를 활용해야 하는 문제가 나와 문제를 푸는 데 걸리는 시간을 지연시켰다. 초반부에 나온, 사실적 이해를 바탕으로 지문의 내용과 선지를 단순 비교하는 '하' 수준의 문제도 전측대상피질, 사고(史庫), 인두법과 우두법 등 생소한 주제를 여럿 활용하여 낯설게 했다. 이 때문에 전체적으로 '하' 수준 문제의 비중이 줄고 '중~중상' 수준 문제의 비중이 늘었다고 체감하였을 것이다. 후반후에 나온 논리를 파악하는 지문의 경우, 논리적 구조를 분석하여 판단하고 빈칸을 채우거나 추론하는 문제는 이러한 유형이 매해 반복적으로 등장하고 있으므로 기출 문제를 풀어보며 지문을 섬세하게 읽고 분석하여 논리 구조를 파악하는 노력이 필요하다. 평소 언어 논리 기출 문제의 유형을 적절히 파악하고 정확한 독해를 위해 꾸준히 노력한다면 문제 풀이에 많은 도움이 될 것이다.

문항 분석

문번	정답	난이도	유형
01	③	■□□	사실적 이해 > 정보 확인
02	④	■□□	사실적 이해 > 정보 확인
03	④	■■□	사실적 이해 > 정보 확인
04	③	■■□	사실적 이해 > 정보 확인
05	④	■□□	사실적 이해 > 정보 확인
06	②	■■□	사실적 이해 > 정보 확인
07	⑤	■■□	비판적 사고 > 판단하기
08	①	■□□	비판적 사고 > 빈칸 채우기
09	⑤	■□□	비판적 사고 > 빈칸 채우기
10	②	■■■	비판적 사고 > 빈칸 채우기
11	②	■■■	비판적 사고 > 판단하기
12	③	■■□	사실적 이해 > 논리 게임
13	②	■■□	사실적 이해 > 논리 게임

문번	정답	난이도	유형
14	④	■■■	비판적 사고 > 빈칸 채우기
15	①	■■■	비판적 사고 > 지문에서 추론하기
16	②	■■■	비판적 사고 > 지문에서 추론하기
17	⑤	■■□	비판적 사고 > 빈칸 채우기
18	⑤	■■□	비판적 사고 > 판단하기
19	③	■■■	비판적 사고 > 논리적 결론의 전제·원인 찾기
20	③	■■■	비판적 사고 > 논지 강화·약화하기
21	①	■■□	사실적 이해 > 중심 내용 파악
22	④	■■□	비판적 사고 > 지문에서 추론하기
23	③	■■□	비판적 사고 > 판단하기
24	②	■■□	비판적 사고 > 판단하기
25	③	■■■	비판적 사고 > 판단하기

※ 해당 회차는 1초 합격예측 서비스의 데이터 누적 기간이 충분하지 않아 '정답률 및 선지별 선택률' 기재를 생략하였습니다.

출제 비중

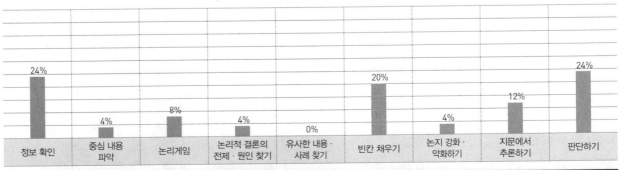

정보 확인	중심 내용 파악	논리게임	논리적 결론의 전제·원인 찾기	유사한 내용·사례 찾기	빈칸 채우기	논지 강화·약화하기	지문에서 추론하기	판단하기
24%	4%	8%	4%	0%	20%	4%	12%	24%

사실적 이해 / 비판적 사고

								기출문제편 P.20	
01	③	02	④	03	④	04	③	05	④
06	②	07	⑤	08	①	09	⑤	10	②
11	②	12	③	13	②	14	④	15	①
16	②	17	⑤	18	⑤	19	③	20	③
21	①	22	④	23	③	24	②	25	③

01 ③

난이도 ■□□

| 문제 유형 | 사실적 이해 > 정보 확인

| 접근 전략 | 한성전기회사의 설립과 운영 과정을 중심으로 서술하고 있다. 글의 흐름에 따라 지문의 내용을 빠르게 읽고 내용을 파악하는 연습이 필요하다. 핵심어 또는 핵심 문장에 밑줄을 그으면서 선지와 비교하면 어렵지 않게 정답을 찾아낼 수 있다. 선지가 글의 흐름에 따라 나열되어 있어 난도는 낮은 편이다.

다음 글의 내용과 부합하는 것은?

현재 서울의 청량리 근처에는 홍릉이라는 곳이 있다. 을미사변으로 일본인들에게 시해된 명성황후의 능이 조성된 곳이다. 고종은 홍릉을 자주 찾아 참배했는데, 그때마다 대규모로 가마꾼을 동원하는 등 불편이 작지 않았다. 개항 직후 우리나라에 들어와 경인철도회사를 운영하던 미국인 콜브란은 이 점을 거론하며 서대문에서 청량리까지 전차 노선을 부설해야 한다고 주장했다. ▶1문단

이전부터 전기와 전차 사업에 관심이 많았던 고종은 콜브란의 주장을 받아들여 전차 사업을 목적으로 하는 회사를 설립하기로 결심했다. 고종은 황실이 직접 회사를 설립하는 대신 민간인인 김두승과 이근배로 하여금 농상공부에 회사를 만들겠다는 청원서를 내도록 권유했다. 이에 따라 김두승 등은 전기회사 설립 청원서를 농상공부에 제출한 뒤 허가를 받아 한성전기회사를 설립했다. 한성전기회사는 서울 시내 각지에 전기등을 설치하는 한편 전차 노선 부설 사업을 추진했다. 한성전기회사는 당초 남대문에서 청량리까지 전차 노선을 부설하기로 했으나 당시 부설 중이던 경인철도의 종착역이 서대문역으로 정해졌기 때문에 이와 연결하기 위해 계획을 수정해 서대문에서 청량리까지 부설하기로 변경했다. 이후, 변경된 계획대로 전차 노선이 부설되었으며, 1899년 5월에 정식 개통식이 거행되었다. ▶2문단

한성전기회사는 고종이 단독 출자한 자본금을 바탕으로 설립되고 운영되었지만, 전차 노선 부설에 필요한 공사비가 부족해지자 회사 재산을 담보로 콜브란으로부터 부족분을 빌려 공사를 마무리할 수 있었다. 콜브란은 1902년에 그 상환 기일이 돌아오자 회사 운영을 지원하기 위해 상환 기일을 2년 연장해주었다. 이후 1904년 상환 기일이 다가오자, 고종은 콜브란과 협의하여 채무액의 절반인 75만 원만 상환하고 나머지 금액만큼의 회사 자산을 콜브란에게 넘겨주었다. 이로써 콜브란은 고종과 함께 회사의 대주주가 되어 경영에 참여할 수 있게 되었다. 이때 고종과 콜브란은 한성전기회사를 한미전기회사로 재편하였고, 한미전기회사가 전차 및 전기등 사업을 이어받았다. ▶3문단

① 한성전기회사가 경인철도회사보다 먼저 설립되었다. ➡ (X) 1문단을 보면 경인철도회사를 운영하던 콜브란이 전차 노선을 부설해야 한다고 주장하여 고종이 한성전기회사를 설립하여 운영하였으므로, 한성전기회사보다 경인철도회사가 먼저 설립되었다는 것을 알 수 있다.

② 전차 노선의 시작점은 원래 서대문이었으나 나중에 남대문으로 바뀌었다. ➡ (X) 2문단에서 당초 남대문에서 청량리까지 전차 노선을 부설하기로 했으나 나중에 계획을 변경하여 서대문에서 청량리까지 부설하기로 변경했다고 하였다.

③ 한성전기회사가 전차 노선을 부설하는 데 부족한 자금은 미국인 콜브란이 빌려주었다. ➡ (O) 3문단에서 한성전기회사가 전차 노선 부설에 필요한 공사비가 부족해지자 콜브란으로부터 부족분을 빌려 공사를 마무리했다는 내용을 확인할 수 있다.

④ 서울 시내에 처음으로 전차 노선을 부설한 회사는 황실이 주도해 농상공부가 설립하였다. ➡ (X) 2문단에서 고종이 민간인 김두승과 이근배로 하여금 농상공부에 회사를 만들겠다는 청원서를 내도록 하였고, 김두승 등에 허가를 받아 한성전기회사를 설립했다는 것을 확인할 수 있다.

⑤ 서울 시내에서 전기등 설치 사업을 벌인 한미전기회사는 김두승과 이근배의 출자로 설립되었다. ➡ (X) 3문단에서 한성전기회사는 김두승과 이근배가 아닌 고종이 단독 출자한 자본금을 바탕으로 설립되고 운영되다가 콜브란의 자본금을 빌려 공동으로 회사의 경영에 참여하였고, 한미전기회사가 전차 및 전기등 사업을 이어받았다고 하였다.

02 ④

난이도 ■□□

| 문제 유형 | 사실적 이해 > 정보 확인

| 접근 전략 | 조선시대 사고(史庫) 도서의 보존 관리와 관련된 책임 문제와 효율성 문제를 중심으로 서술하고 있다. 생소한 단어인 '포쇄'가 자주 등장하는데, 비교적 쉬운 문장으로 서술되어 있어 이해하는 데 어려움은 없을 것으로 보인다. 반복되는 핵심 키워드를 중심으로 글의 내용과 선지를 비교하며 소거한다.

다음 글에서 알 수 있는 것은?

사고(史庫)는 실록을 비롯한 국가의 귀중한 문헌을 보관하는 곳이었으므로 아무나 열 수 없었고, 반드시 중앙 정부에서 파견된 사관이 여는 것이 원칙이었다. 하지만 사관은 그 수가 얼마 되지 않아 사관만으로는 실록 편찬이나 사고의 도서 관리에 관한 모든 일을 담당하기에 벅찼다. 이에 중종 때에 사관을 보좌하기 위해 중앙과 지방에 겸직사관을 여러 명 두었다. ▶1문단

사고에 보관된 도서는 해충이나 곰팡이 피해를 입을 수 있었으므로 관리가 필요했다. 당시 도서를 보존, 관리하는 가장 효과적인 방법은 포쇄였다. 포쇄란 책을 서가에서 꺼내 바람과 햇볕에 일정 시간 노출시켜 책에 생길 수 있는 해충이나 곰팡이 등을 방지하거나 제거하는 것을 말한다. 사고 도서의 포쇄는 3년마다 정기적으로 실시되었다. ▶2문단

사고 도서의 포쇄를 위해서는 사고를 열어 책을 꺼내야 했고, 이 과정에서 귀중한 도서가 분실되거나 훼손될 수 있었다. 따라서 책임 있는 관리가 이 일을 맡아야 했고, 그래서 중앙 정부에서 사관을 파견토록 되어 있었다. 그런데 중종 14년 중종은 사관을 보내는 것은 비용이 많이 드는 등의 폐단이 있다고 하며, 지방 사고의 경우 지방 거주 겸직사관에게 포쇄를 맡기는 것이 효율적이라고 주장했다. 이에 대해 사고 관리의 책임 관청이었던 춘추관이 반대했다. 춘추관은 정식 사관이 아닌 겸직사관에게 포쇄를 맡기는 것은 문헌 보관의 일을 가벼이 볼 수 있는 계기가 될 거라고 주장했다. 그러나 중종은 이 의견을 따르지 않고 사고 도서의 포쇄를 겸직사관에게 맡겼다. 하지만 중종 23년에는 춘추관의 주장에 따라 사관을 파견하는 것으로 결정되었다. ▶3문단

포쇄 때는 반드시 포쇄 상황을 기록한 포쇄형지안이 작성되었다. 포쇄형지안에는 사고를 여닫을 때 이를 책임진 사람의 이름, 사고에서 꺼낸 도서의 목록, 포쇄에 사용한 약품 등을 자세하게 기록했다. 포쇄 때마다 포쇄형지안을 철저하게 작성하여, 사고에 보관된 문헌의 분실이나 훼손을 방지하고 책임 소재를 명확하게 함으로써 귀중한 문헌이 후세에 제대로 전달되도록 했다. ▶4문단

① 겸직사관은 포쇄의 전문가 중에서 선발되어 포쇄의 효율성이 높았다. ➡ (X) 1문단에서 중종 때에 사관을 보좌하기 위해 중앙과 지방에 겸직사관을 여러 명 두었다고 하였다. 포쇄는 책임 있는 관리자인 정식 사관이 맡아서 했던 일이므로 겸직사관은 포쇄의 전문가 중에 선발된 것이라 보기 어렵다.

② 중종은 포쇄를 위해 사관을 파견하면 문헌이 훼손되는 폐단이 생긴다고 주장했다. ➡ (X) 3문단에서 중종은 사관을 보내는 것이 비용이 많이 들기 때문에 지방 사고의 경우에는 지방 거주 겸직사관에게 포쇄를 맡기자고 주장했다. 그러므로 중종이 포쇄를 위해 사관을 파견하면 문헌이 훼손되는 폐단이 생긴다고 주장했다는 것은 적절하지 않다.

③ 춘추관은 겸직사관이 사고의 관리 책임을 맡으면 문헌 보관의 일을 경시할 수 있게 된다고 하며 겸직사관의 폐지를 주장했다. ➡ (X) 3문단에서 춘추관은 정식 사관이 아닌 겸직사관에게 포쇄를 맡기는 것은 문헌 보관의 일을 가벼이 볼 수 있는 계기가 될 것이라 주장하여 반대했다. 그러나 겸직사관의 폐지를 주장했다는 언급은 찾아볼 수 없다.

④ 사고 도서의 포쇄 상황을 기록한 포쇄형지안은 3년마다 정기적으로 작성되었다. ➡ (O) 2문단에서 사고 도서의 포쇄는 3년마다 정기적으로 실시되었다고 하였으므로 3년마다 포쇄 때 정기적으로 포쇄 상황을 기록한 포쇄형지안이 작성되었다는 것을 알 수 있다.

⑤ 도서에 피해를 입히는 해충을 막기 위해 사고 안에 약품을 살포했다. ➡ (X) 2문단에서 사고에 보관된 도서는 해충이나 곰팡이의 피해를 입을 수 있기 때문에 서가에서 꺼내 바람과 햇볕에 일정 시간 노출시켜 책에 생길 수 있는 해충이나 곰팡이 등을 방지하거나 제거하는 포쇄를 정기적으로 실시했다는 것을 알 수 있다. 그러나 도서에 피해를 입히는 해충을 막기 위해 사고 안에 약품을 살포했다는 내용은 확인할 수 없다.

03 ④
난이도 ■■□

| 문제 유형 | 사실적 이해 > 정보 확인
| 접근 전략 | 대한민국 헌법에 사용된 '국민'과 '인민'이라는 용어의 역사적 배경과 그에 따른 의미 차이, 현재의 혼란을 해결하기 위한 제안을 서술하고 있다. 중심 내용에 밑줄 긋고 '인민'과 '국민' 키워드의 의미를 파악하여 선지의 가부를 판단한다.

다음 글에서 알 수 있는 것은?

미국 헌법의 전문은 "우리 미합중국의 사람들은"이라는 구절로 시작한다. 여기서 '사람들'에 해당하는 대한민국 헌법상의 용어는 헌법 제정 주체로서의 '국민'이다. 대한민국 헌법의 전문은 "유구한 역사와 전통에 빛나는 우리 대한국민은"으로 시작한다. 이 구절들에서 '사람들'과 '국민'은 맥락상 동일한 의미를 지닌다. 그러나 이 단어들의 사전적 의미 사이에는 간극이 크다. '사람'은 보편적 인간을, '국민'은 국가의 구성원을 의미하기 때문이다. 그래서 '인민'이 '국민'보다 더 적절한 표현이라는 주장이 종종 제기되는데, 사실 대한민국의 제헌헌법 초안에서는 이 단어가 사용되었다. ▶1문단

대한민국 역사에서 '인민'은 개화기부터 통용된 자연스러운 말이며 정부 수립 전까지의 헌법 관련 문헌들 대부분에 빈번히 등장한다. 법학자 유진오가 기초한 제헌헌법의 초안도 "유구한 역사와 전통에 빛나는 우리들 조선 인민은"으로 시작한다. 그러나 '인민'은 공산당의 용어인데 어째서 그러한 말을 쓰려고 하느냐는 공박을 당했고, '인민'은 결국 제정된 제헌헌법에서 '국민'으로 대체되었다. ▶2문단

이에 유진오는 '인민'이 예부터 흔히 사용되어 온 말로 '국민'으로 환원될 수 없는 의미를 지니며, 미국 헌법에서도 국적을 가진 자들로 한정될 수 없는 경우에 '사람들'이 사용되었다고 지적했다. 또한 '국민'은 국가의 구성원이라는 점이 강조된 국가 우월적 표현이기 때문에, 국가조차도 함부로 침범할 수 없는 자유와 권리의 주체로서의 보편적 인간까지 함의하기에는 적절하지 못하다고 비판했다. ▶3문단

'인민'이 모두 '국민'으로 대체되면서 대한민국 헌법에서 혼란의 여지가 생긴 것은 사실이다. '국민'이 국적을 가진 자뿐만 아니라 천부인권을 지니는 보편적 인간까지 지칭하게 되었기 때문이다. 예를 들어 대한민국으로 여행을 온 외국인은 전자에 해당하지 않지만 후자에 속하는 것이 명백하다. 따라서 선거권, 사회권 등 국적을 기반으로 하는 권리까지 주어지는 것은 아니지

만, 헌법상의 평등권, 자유권 등 기본적 인권은 보장되는 것이다. 이에 향후 헌법 개정이 있다면 그 기회에 보편적 인간을 의미하는 경우의 '국민'을 '사람들'로 바꾸자는 제안도 있다. ▶4문단

① 대한민국 역사에서 '인민'은 분단 후 공산주의 사상이 금기시되면서 사용되기 시작한 말이다. ➡ (X) 2문단에서 '인민'은 개화기부터 통용된 자연스러운 말이며 정부 수립 전까지의 헌법 관련 문헌들 대부분에 빈번히 등장한 말이라고 하였다. 그러므로 분단 후 공산주의 사상이 금기시되면서 사용되기 시작한 말이라는 것은 적절하지 않다.

② 대한민국으로 여행을 온 외국인은 대한민국 헌법상의 자유권을 보장받지 못한다. ➡ (X) 4문단에서 대한민국으로 여행 온 외국인은 국적을 기반으로 하는 권리까지 주어지는 것은 아니지만, 헌법상의 평등권, 자유권 등 기본적 인권은 보장된다고 하였다. 그러므로 여행을 온 외국인이 대한민국 헌법상의 자유권을 보장받지 못한다는 것은 적절하지 않다.

③ 미국 헌법에서 '사람들'은 보편적 인간이 아니라 미국 국적을 가진 자를 의미한다. ➡ (X) 3문단에서 미국 헌법에서 국적을 가진 자들로 한정될 수 없는 경우에 '사람들' 용어를 사용했다고 언급하였으므로 '사람들'은 미국 국적을 가진 자가 아닌 보편적 인간을 의미한다.

④ 법학자 유진오는 '국민'이 보편적 인간을 의미하기에는 적절하지 않다고 비판했다. ➡ (O) 3문단에서 유진오가 '국민'이 국가조차도 함부로 침범할 수 없는 자유와 권리의 주체로서의 보편적 인간까지 함의하기에는 적절하지 못하다고 비판했다고 하였으므로 지문에서 확인할 수 있는 내용이다.

⑤ 대한민국 제헌헌법에서는 '인민'이 사용되었으나 비판을 받아 이후의 개정을 통해 헌법에서 삭제되었다. ➡ (X) 2문단에서 '인민'은 공산당의 용어라며 공박을 당했고 그로 인해 '인민'은 제헌헌법에서 '국민'으로 대체되었다고 언급하였으므로, 개정을 통해 헌법에서 삭제되었다는 내용은 적절하지 않다.

04 ③
난이도 ■■□

| 문제 유형 | 사실적 이해 > 정보 확인
| 접근 전략 | 독서의 형태가 공동체 중심에서 개인 중심으로 변화하는 과정을 설명하며, 이 변화가 전근대와 근대 사회 간의 독서 문화의 추이임을 다루고 있다. 글의 주요 내용을 파악하고 핵심 정보를 바탕으로 각 선지가 이 내용과 일치하는지를 검토하여 판단한다.

다음 글에서 알 수 있는 것은?

필사문화와 초기 인쇄문화에서 독서는 대개 한 사람이 자신이 속한 집단 내에서 다른 사람들에게 책을 읽어서 들려주는 사회적 활동을 의미했다. 개인이 책을 소유하고 혼자 눈으로 읽는 묵독과 같은 오늘날의 독서 방식은 당시 대다수 사람에게 익숙한 일이 아니었다. 근대 초기만 해도 문맹률이 높았기 때문에 공동체적 독서와 음독이 지속되었다. ▶1문단

'공동체적 독서'는 하나의 읽을거리를 가족이나 지역·직업공동체가 공유하는 것을 의미한다. 이는 같은 책을 여러 사람이 돌려 읽는 윤독이 이루어졌을 뿐 아니라, 구연을 통하여 특정 공간에 모인 사람들이 책의 내용을 공유했음을 알려준다. 여기에는 도시와 농촌의 여염집 사랑방이나 안방에서 소규모로 이루어진 가족 구성원들의 독서, 도시와 촌락의 장시에서 주로 이루어진 구연을 통한 독서가 포함된다. 공동체적 독서의 목적은 독서에 참여한 사람들로 하여금 책의 사상과 정서에 공감하게 하는 데 있다. ▶2문단

음독은 '소리 내어 읽음'이라는 의미로서 낭송, 낭독, 구연을 포함한다. 낭송은 혼자서 책을 읽으며 암기와 감상을 위하여 읊조리는 행위를, 낭독은 다른 사람들에게 들려주기 위하여 보다 큰 소리로 책을 읽는 행위를 의미한다. 이에 비해 구연은 좀 더 큰 규모의 청중을 상대로 하며 책을 읽는 행위가 연기의 차원으로 높아진 것을 일컫는다. 이런 점에서 볼 때 음독은 공동체적 독서와 긴밀한 연관을 가질 수밖에 없지만, 음독이 꼭 공동체적 독서라고는 할 수 없다. ▶3문단

전근대 사회에서는 개인적 독서의 경우에도 묵독보다는 낭송이 더 일반적인 독서 형태였다. 그렇다고 해서 도식적으로 공동체적 독서와 음독을 전근대 사회의 독서 형태라 간주하고, 개인적 독서를 근대 이후의 독서 형태라 보는 것은 곤란하다. 현대 사회에서도 필요에 따라 공동체적 독서와 음독이 많이 행해지며, 반대로 전근대 사회에서도 지배계급이나 식자층의 독서는 자주 묵독으로 이루어졌을 것이기 때문이다. 다만 '공동체적 독서'에서 '개인적 독서'로의 이행은 전근대 사회에서 근대 사회로 이행하는 과정에서 확인되는 독서 문화의 추이라고 볼 수 있다. ▶4문단

① 필사문화를 통해 묵독이 유행하기 시작했다. ➡ (X) 1문단에서 필사문화와 초기 인쇄문화에서 독서는 집단 내에서 다른 사람들에게 책을 읽어서 들려주는 사회적 활동을 의미한다고 하였다. 그러므로 공동체적 독서와 음독이 지속되었다는 것을 알 수 있으므로 필사문화를 통해 묵독이 유행하기 시작했다고 볼 수 없다.

② 전근대 사회에서 낭송은 공동체적 독서를 의미한다. ➡ (X) 3문단에서 낭송, 낭독, 구연을 포함한 음독이 꼭 공동체적 독서라고 할 수 없다고 언급하며, 이어지는 4문단에서 공동체적 독서와 음독을 전근대 사회의 독서형태라고 간주하고, 개인적 독서를 근대 이후의 독서 형태라 보는 것은 곤란하다고 설명하고 있으므로 전근대 사회에서 낭송은 공동체적 독서를 의미한다고 보기 어렵다.

③ 공동체적 독서와 개인적 독서 모두 현대사회에서 행해지는 독서 형태이다. ➡ (O) 4문단에서 현대 사회에서도 필요에 따라 공동체적 독서와 음독이 많이 행해지며, 공동체적 독서에서 개인적 독서로의 이행은 전근대 사회에서 근대 사회로 이행하는 과정에서 확인되는 독서 문화의 추이라고 설명하고 있으므로 적절하다.

④ 근대 초기 식자층의 독서 방식이었던 음독은 높은 문맹률로 인해 생겨났다. ➡ (X) 1문단에서 근대 초기에 문맹률이 높았기 때문에 공동체적 독서와 음독이 지속되었다고 하였는데, 음독을 지배계급이나 식자층의 독서라고 보기는 어렵다.

⑤ 근대 사회에서 윤독은 주로 도시와 촌락의 장시에서 이루어진 독서 형태였다. ➡ (X) 2문단에서 도시와 촌락의 장시에서 주로 이루어진 독서 형태는 구연이었음을 알 수 있다.

인두와 우두의 독력 차이로 사후 관리 또한 달랐음을 위 저작들에서 발견할 수 있다. 정약용은 접종 후에 나타나는 각종 후유증을 치료하기 위한 처방을 상세히 기재하고 있는 데 반해, 지석영은 그런 처방을 매우 간략하게 제시하거나 전혀 언급하지 않는다. ▶3문단

접종 방식의 차이도 두드러진다. 『종두요지』의 대표적인 접종 방식으로 두의 딱지를 말려 코 안으로 불어넣는 한묘법, 두의 딱지를 적셔 코 안에 접종하는 수묘법이 있다. 한묘법은 위험성이 높아서 급하게 효과를 보려고 할 때만 쓴 반면, 수묘법은 일반적으로 통용되었고 안전성 면에서도 보다 좋은 방법이었다. 이에 반해 우두 접종은 의료용 칼을 사용해서 팔뚝 부위에 일부러 흠집을 내어 접종했다. 종래의 인두법에서 코의 점막에 불어넣거나 묻혀서 접종하는 방식은 기도를 통한 발병 위험이 매우 높았기 때문이다. ▶4문단

① 우두법은 접종을 시작할 수 있는 나이가 인두법보다 더 어리다.
➡ (O) 2문단에서 인두 접종대상자는 생후 12개월이 지난 건강한 아이이고, 우두 접종대상자는 생후 70～100일 정도의 아이라고 하였으므로, 우두법이 인두법보다 접종할 수 있는 나이가 더 어리다는 것을 알 수 있다.

② 인두 접종 방식 가운데 수묘법이 한묘법보다 일반적으로 통용되는 접종 방식이었다. ➡ (O) 4문단에서 인두 접종 방식 가운데 위험성이 높은 한묘법보다 수묘법이 일반적으로 통용되었고, 안전성 면에서도 보다 좋은 방법이었다고 하였다.

③ 『종두요지』에는 접종 후에 나타나는 후유증을 치료하기 위한 처방이 제시되어 있었다. ➡ (O) 3문단에서 정약용은 각종 후유증을 치료하기 위한 처방을 상세히 기재하였다고 했으므로, 『종두요지』에 후유증을 치료하기 위한 처방이 제시되어 있다는 것을 알 수 있다.

④ 인두법은 의료용 칼을 사용하여 팔뚝 부위에 흠집을 낸 후 접종하는 방식이었다. ➡ (X) 4문단에서 의료용 칼을 사용해서 팔뚝 부위에 흠집을 내어 접종하는 방식은 우두 접종인 것을 알 수 있다.

⑤ 『우두신설』에 따르면 몸이 허약한 아이에게도 접종할 수 있었다.
➡ (O) 2문단에서 우두법은 아이의 몸 상태에 크게 좌우되지 않는다는 장점이 있다고 하였으므로, 몸이 허약한 아이에게도 접종할 수 있다는 것을 알 수 있다.

---

05 ④
난이도 ■□□

| 문제 유형 | 사실적 이해 > 정보 확인
| 접근 전략 | 인두법과 우두법의 의학적 차이점을 다룬 글이며, 구체적으로는 두 가지 접종 방법의 접종대상자 선정, 사후 관리, 접종 방식에서의 차이점 등을 설명하고 있다. 주어진 글의 세부 사항을 정확히 분석하여 선지와 일치하는지 여부를 판단하는 것이 중요하다.

다음 글에서 알 수 없는 것은?

의학적 원리만을 놓고 볼 때 '인두법'과 '우두법'은 전혀 차이가 없다. 둘 다 두창을 이미 앓은 개체에서 미량의 딱지나 고름을 취해서 앓지 않은 개체에게 접종하는 방식이다. 그렇지만 인두법 저작인 정약용의 『종두요지』와 우두법 저작인 지석영의 『우두신설』을 비교하면 접종대상자의 선정, 사후 관리, 접종 방식 등 세부적인 측면에서 적지 않은 차이가 발견된다. ▶1문단

먼저, 접종대상자의 선정 과정을 보면 인두법이 훨씬 까다롭다. 접종대상자는 반드시 생후 12개월이 지난 건강한 아이여야 했다. 중병을 앓고 얼마 되지 않은 아이, 몸이 허약한 아이, 위급한 증세가 있는 아이는 제외되었다. 이렇게 접종대상자의 몸 상태에 세심하게 신경을 쓰는 까닭은 비록 소량이라고 하더라도 사람에게서 취한 두(痘)의 독이 강력했기 때문이다. 한편, 『우두신설』에서는 생후 70～100일 정도의 아이를 접종대상자로 하며, 아이의 몸 상태에 특별히 신경을 쓰지 않는다. 이는 우두의 독력이 인두보다 약한 데서 기인한다. 우두법은 접종 시기를 크게 앞당김으로써 두창 감염에 따른 위험을 줄였고, 아이의 몸 상태에 크게 좌우되지 않는다는 장점이 있었다.
▶2문단

---

06 ②
난이도 ■■□

| 문제 유형 | 사실적 이해 > 정보 확인
| 접근 전략 | 과학적 진보에 기여하는 이론의 평가 기준을 다룬 글로, 이론이 통합적 설명을 제공하고 새로운 현상을 예측하며, 예측이 실제로 맞는 경우 과학적 진보에 기여한다고 평가할 수 있지만, 예측이 맞지 않더라도 그 이론이 새로운 연구를 촉진하는 역할을 할 수 있다고 말하고 있다. 세 가지의 조건의 특성을 잘 살펴보며 선지의 가부를 판단한다.

다음 글에서 알 수 있는 것은?

과학자가 고안한 새로운 이론이 과학적 진보에 기여하는지를 평가할 때, 다음의 세 가지 조건이 고려된다. ▶1문단

첫째는 통합적 설명 조건이다. 새로운 이론은 여러 현상들을 통합하여 설명할 수 있는 단순한 개념 틀을 제공해야 한다. 예컨대 뉴턴의 새로운 이론은 오랫동안 서로 다르다고 여겨졌던 지상계의 운동과 천상계의 운동을 단지 몇 가지 개념을 통해 설명할 방법을 제시하였다. 하지만 통합적 설명 조건만을 만족한다고 해서 과학적 진보에 기여한다고 보기는 어렵다. ▶2문단

둘째는 새로운 현상의 예측 조건이다. 새로운 이론은 기존의 이론이 예측할 수 없는 새로운 현상을 예측해야 한다. 새로운 현상을 예측하면, 과학자들은 그 예측이 맞는지 확인하기 위해 다양한 반증 시도를 하게 된다. 그 과정에서 과학자들은 기존에 관심을 두지 않았던 영역을 탐구하게 되고 새로운 관측 방법을 개발한다. 통합적 설명 조건을 만족하면서 동시에 새로운 현상을 예측하여 반증 시도를 허용하는 이론이 과학적 진보에 기여하게 되는 것이다. ▶3문단

셋째는 통과 조건이다. 이 조건은 위 두 조건을 모두 만족하는 이론이 제시한 새로운 예측이 실제 관측이나 실험 결과에 들어맞아야 한다는 것을 뜻한다. 혹자는 통과 조건을 만족하지 못하고 반증된 이론은 실패한 이론이고 과학적 진보에 기여하지 못한다고 생각하지만, 그렇지 않다. 그런 이론도 새로운 이론을 고안하도록 과학자를 추동하는 역할을 하기 때문이다. 따라서 통과 조건을 만족하지 못하더라도 통합적 설명 조건과 새로운 현상의 예측 조건을 모두 만족하는 이론은 과학적 진보에 기여하는 것으로 평가할 수 있다. ▶4문단

① 단순하면서 통합적인 개념 틀을 제공하는 이론은 통과 조건을 만족한다. ➡ (X) 통합적 설명 조건과 통과 조건은 서로 다른 기준이므로, 단순하면서 통합적인 개념 틀을 제공하는 이론이 통과 조건을 만족한다고 할 수 없다.

② 통과 조건을 만족하지 못하더라도 과학적 진보에 기여하는 이론이 있을 수 있다. ➡ (O) 4문단에서 통과 조건을 만족하지 못하더라도 통합적 설명 조건과 새로운 현상의 예측 조건을 모두 만족하는 이론은 과학적 진보에 기여하는 것으로 평가할 수 있다고 설명하고 있으므로 적절하다.

③ 반증된 이론은 과학자들이 새로운 이론을 고안하도록 추동하는 역할을 하지 못한다. ➡ (X) 4문단에서 통과 조건을 만족하지 못하고 반증된 이론은 새로운 이론을 고안하도록 과학자를 추동하는 역할을 한다고 하였으므로 틀린 내용이다.

④ 새로운 현상의 예측 조건을 만족하지 못하는 이론은 통합적 설명 조건을 만족하지 못한다. ➡ (X) 새로운 현상의 예측 조건을 만족하지 못한다고 해서 통합적 설명 조건을 만족하지 못하는 것은 아니다.

⑤ 통합적 설명 조건과 새로운 현상의 예측 조건 중 하나만 만족하는 이론도 과학적 진보에 기여한다. ➡ (X) 3문단에서 통합적 설명 조건을 만족하면서 동시에 새로운 현상을 예측하여 반증 시도를 허용하는 이론이 과학적 진보에 기여하게 된다고 하였으므로, 과학적 진보에 기여하기 위해서는 두 조건을 모두 만족해야 한다.

둔다면 다음과 같은 상황을 상상할 수 있다. 공자는 인에 대해 실제로 드물게 말했다. 공자가 인을 중시하면서도 그에 대해 드물게 언급하다 보니 제자들이 자주 물을 수밖에 없었다. 그 대화의 결과들을 끌어모은 것이 『논어』인 까닭에, 『논어』에는 ⓒ인에 대한 기록이 많아질 수밖에 없었다. ▶3문단

셋째, ⓔ이 문장을 기록한 제자의 개별적 특성에 주목했던 이들도 있다. 즉, 다른 제자들은 인에 대해 여러 차례 들었지만, 이 문장의 기록자만 드물게 들었을 수 있다. 공자는 질문하는 제자가 어떤 사람인지에 따라 각 제자에게 주는 가르침을 달리했다. 그렇다면 '드물게'는 이 문장을 기록한 제자의 어떤 특성 때문에 나타난 결과일 수 있다. ▶4문단

넷째, 어떤 이들은 시간의 변수를 도입했다. 기록자가 공자의 가르침을 돌아보면서 ⓜ이 문장을 기록한 시점 이후에 공자는 정말로 인에 대해 드물게 말했는지도 모른다. 그리고 그 뒤 어느 시점부터 공자가 빈번하게 인에 대해 설파하기 시작했으며, 『논어』에 보이는 인에 대한 106회의 언급은 그 결과일 수 있다. ▶5문단

① ㉠을 "기존과 동일하게 해석하여 이 문장에 대한 일반적 해석을 준수하는 방식"으로 고친다. ➡ (X) 기존 해석을 변경하는 방식으로 고쳐야 하므로 일반적 해석을 준수하는 방식으로 고치는 것은 적절하지 않다.

② ㉡을 "인이 106회 언급되었다면 다른 어떤 것에 비해서도 드물다고 평가할 수 없다"로 고친다. ➡ (X) '드물다고 평가할 수 없다'는 것은 상충된 문제를 그대로 방치하는 논리이므로 적절한 수정이 아니다.

③ ㉢을 "인에 대한 기록이 적어질 수밖에 없었다"로 고친다. ➡ (X) 지문에서는 인에 대한 기록이 많아졌다는 점을 설명하고 있으므로 기록이 적어졌다는 내용은 부적절하다.

④ ㉣을 "『논어』를 편찬한 공자 제자들의 공통적 특성"으로 고친다. ➡ (X) 개별 제자의 특성을 언급하고 있으므로 공통적 특성으로 고치는 것은 적절하지 않다.

⑤ ㉤을 "이 문장을 기록했던 시점까지"로 고친다. ➡ (O) '그리고 그 뒤'를 통해 문장이 기록된 시점 이후 공자의 가르침이 변화했을 가능성을 고려하고 있으므로 "이 문장을 기록했던 시점까지"로 고치는 것이 적절하다.

---

07 ⑤ 난이도 ■■□

| 문제 유형 | 비판적 사고 > 판단하기
| 접근 전략 | 글의 문맥 분석을 통해 글의 흐름에 맞지 않은 부분을 찾아 적절하게 수정했는지의 여부를 확인하는 유형의 문제이다. ㉠~㉤이 문장의 서술 흐름을 놓치지 않고 적합한지 여부를 판단하는 것이 중요하다. 문맥에서 무엇을 설명하는지 명확하게 이해한다면 어렵지 않게 풀 수 있다.

다음 글의 ㉠~㉤을 문맥에 맞게 수정한 것으로 가장 적절한 것은?

『논어』「자한」편 첫 문장은 일반적으로 "공자께서는 이익, 천명, 인(仁)에 대해서 드물게 말씀하셨다."라고 해석된다. 그런데 『논어』 전체에서 인이 총 106회 언급되었다는 사실과 이 문장 안에 포함된 '드물게(罕)'라는 말은 상충하는 것처럼 보인다. 이러한 충돌을 해결하기 위한 시도는 크게 두 가지 방향에서 이루어졌다. 먼저 해당 한자의 의미를 ㉠기존과 다르게 해석하여 이 문장에 대한 일반적 해석을 변경하는 방식으로 이를 해결하려는 시도가 있다. 하지만 이와 다른 방식으로 충돌을 해결할 수 있다고 믿었던 이들도 있다. 그들은 이 문장의 일반적 해석을 바꾸지 않고 다음과 같은 방법들로 문제를 풀려고 시도했다. ▶1문단

첫째, 어떤 이들은 정도를 나타내는 표현이 상대성을 가질 수 있다는 점에 주목했다. 사실, '드물게'라는 것이 과연 어느 정도의 횟수를 의미하는지는 분명하지 않다. '드물다'는 표현은 동일 선상에 있는 다른 것과의 비교를 염두에 둔 것이다. 따라서 ㉡인이 106회 언급되었다고 해도 다른 것에 비해서는 드물다고 평가할 수 있다. ▶2문단

둘째, 다른 이들은 텍스트의 형성 과정에 주목했다. 『논어』는 발화자와 기록자가 서로 다른데, 공자 사후 공자의 제자들은 각자가 기억하는 스승의 말이나 스승에 대한 그간의 기록을 모아서 『논어』를 편찬하였다. 이를 염두에

---

08 ① 난이도 ■□□

| 문제 유형 | 비판적 사고 > 빈칸 채우기
| 접근 전략 | 이 글의 핵심 주제는 '좋아요' 버튼을 통해 형성된 온라인 전시 문화와 그로 인해 발생되는 문제이다. 주어진 글의 맥락을 정확히 이해하고, (가)와 (나)에 들어갈 적절한 문장을 글의 내용과 일치시키는 것이 중요하다.

다음 글의 (가)와 (나)에 들어갈 말을 짝지은 것으로 가장 적절한 것은?

오늘날 우리는 끊임없이 무엇인가를 전시하고 이에 대한 주변인의 반응을 기다린다. 특히 전시의 공간이 온라인 플랫폼으로 확장되면서 우리의 삶 자체가 전시물이 되는 시대에 살고 있다. 전시된 삶에 공감하는 익명의 사람들은 '좋아요' 버튼을 누른다. '좋아요'의 수가 많을수록 전시된 콘텐츠의 가치가 높아진다. 이제 얼마나 많은 수의 '좋아요'를 확보하느냐가 관건이 된다. ▶1문단

그러다 보니 우리는 손에 잡히지 않지만 눈으로 확인할 수 있는 누군가의 '좋아요'를 좇게 된다. '좋아요'는 전시된 콘텐츠에 대한 공감의 표현 방식이었지만, 어느 순간 관계가 역전되어 '좋아요'를 얻기 위해 콘텐츠를 가상 공간에 전시하기 시작한다. 이제 우리는 '좋아요'를 많이 얻을 수 있는 콘텐츠를 만들어내는 데 최선의 노력을 기울이게 된다. ▶2문단

이 관계의 역전은 문제를 일으킨다. '좋아요'의 선택을 받기 위해 노력하다 보면 어느 순간 현실에 존재하는 '나'가 사라지고 만다. 타인이 좋아할 만한 일상과 콘텐츠를 선별하거나 심지어 만들어서라도 전시하기 때문이다. [(가)]. 타인의 '좋아요'를 얻기 위해 현실에 존재하는 내가 사라지고 마는 아이러니를 직면하는 순간이다. ▶3문단

'좋아요'의 공동체 안에서는 타자도 존재하지 않는다. 이 공동체는 '좋아요'를 매개로 모인 서로 '같음'을 공유하는 사람들로 구성된다. 그래서 같은 것을 좋아하고 긍정하는 '좋아요'의 공동체 안에서 각자의 '다름'은 점차 사라진다. ___(나)___. 이제 공동체에서 그러한 타자를 환대하거나 그의 말을 경청하려는 사람은 점점 줄어들고, '다름'은 '좋아요'가 용납하지 않는 별개의 언어가 된다. ▶4문단

'좋아요'는 그 특유의 긍정성 덕분에 뿌리치기 힘든 유혹으로 다가온다. 하지만 '좋아요'에 함몰되는 순간 나와 타자를 동시에 잃어버릴 수 있다. 우리는 '좋아요'를 거부하는 타자들을 인정하고 그들의 말에 귀를 기울여야 한다. 이렇게 '좋아요'가 축출한 '다름'의 언어를 되찾아오기 시작할 때 '좋아요'의 아이러니에서 벗어날 수 있을 것이다. ▶5문단

① (가): '좋아요'를 얻기 위해 현실의 나와 다른 전시용 나를 제작하는 셈이다
　(나): '좋아요'를 거부하고 다른 의견을 내는 사람은 불편한 대상이자 배제의 대상이 된다 ➡ (O) (가)는 현실의 나는 사라지고 전시용 나만 남는다는 의미를 잘 전달하고, (나)는 '다름'을 인정하지 않고 배제의 대상이 된다는 내용이 문맥 흐름상 적합하다.

② (가): '좋아요'를 얻기 위해 현실의 나와 다른 전시용 나를 제작하는 셈이다
　(나): '좋아요'의 공동체에서는 어떠한 갈등이나 의견 대립도 발생하지 않는다 ➡ (X) (가)는 현실의 나는 사라지고 전시용 나만 남는다는 의미를 잘 전달하지만, (나)의 바로 뒤에 이어지는 '그러한 타자'를 감안하면 타자에 대해 설명하는 선지 ①이 더 적절하다.

③ (가): '좋아요'를 얻기 위해 나의 내면과 사생활까지도 타인에게 적극적으로 개방한다
　(나): '좋아요'를 거부하고 다른 의견을 내는 사람은 불편한 대상이자 배제의 대상이 된다 ➡ (X) (가)에서 나의 내면과 사생활의 개방은 주요 논점이 아니므로 적절하지 않다.

④ (가): '좋아요'를 얻기 위해 나의 내면과 사생활까지도 타인에게 적극적으로 개방한다
　(나): '좋아요'의 공동체에서는 어떠한 갈등이나 의견 대립도 발생하지 않는다 ➡ (X) (가)에서 나의 내면과 사생활의 개방은 주요 논점이 아니므로 적절하지 않으며, (나)의 바로 뒤에 이어지는 '그러한 타자'를 감안하면 타자에 대해 설명하는 선지 ①이 더 적절하다.

⑤ (가): '좋아요'를 얻기 위해 현실의 내가 가진 매력적 콘텐츠를 더욱 많이 발굴하는 것이다
　(나): '좋아요'의 공동체에서는 어떠한 갈등이나 의견 대립도 발생하지 않는다 ➡ (X) (가)에서 매력적 콘텐츠 발굴에 대한 언급은 적절하지 않으며, (나)의 바로 뒤에 이어지는 '그러한 타자'를 감안하면 타자에 대해 설명하는 선지 ①이 더 적절하다.

09 ⑤

난이도 ■□□

| 문제 유형 | 비판적 사고 > 빈칸 채우기
| 접근 전략 | 여행이 ACC를 자극하고 이로 인해 새로운 정보에 대한 판단을 지연시키는 과정을 설명하고 있다. 이 글의 핵심 내용과 빈칸의 역할을 파악하여 선지가 글의 내용과 일치하는지 확인함으로써 가장 적절한 내용을 선택하여 빈칸을 완성한다.

다음 글의 빈칸에 들어갈 내용으로 가장 적절한 것은?

여행가들은 종종 여행으로 세계에 대한 새로운 지식을 얻었을 뿐만 아니라 차별과 편견을 제거할 수 있었다고 말한다. 이 깨달음은 신경과학자들 덕분에 사실로 입증되었다. 신경과학자들은 여행이 뇌의 전측대상피질(ACC)을 자극한다는 것을 알아냈다. ACC는 자신이 가진 세계 모델을 기초로 앞으

로 들어올 지각 정보의 기대치를 결정하고 새로 들어오는 지각 정보들을 추적한다. 새로 들어온 정보가 기대치에 맞지 않으면 ACC는 경보를 발령하고, 이 정보에 대한 판단을 지연시켜 새로운 정보를 분석할 시간을 제공한다. 정보에 대한 판단이 지연되면, 그에 대한 말과 행동 또한 미뤄진다. ACC의 경보가 발령되면 우리는 어색함을 느끼고 멈칫한다. 결국 ACC는 주변 환경을 더 면밀히 관찰하라고 촉구한다. ▶1문단

우리의 뇌는 의식적으로든 반사적으로든 끊임없이 판단을 내린다. 이와 관련하여 인지과학자들은 판단을 늦출수록 판단의 정확성이 높아진다는 사실을 발견했다. 오랜 시간을 들여 더 많은 관련 정보를 파악하는 것이 정확한 판단의 핵심이기 때문이다. 최후의 순간까지 정보에 대한 판단을 유보할수록 정확한 판단을 내릴 가능성이 커진다. ▶2문단

낯선 장소를 방문할 때 우리는 늘 어색함을 느낀다. 음식, 지리, 날씨 등 모든 게 기존의 세계 모델과 일치하지 않기 때문이다. 여행은 ACC를 자극하고, ACC의 경보 발령으로 우리는 신속한 판단이나 반사적 행동을 자제하게 된다. 따라서 더 이질적인 문화를 경험하면, 우리의 뇌는 _____.
▶3문단

① ACC를 덜 활성화시킨다 ➡ (X) 신경과학자들은 여행이 뇌의 ACC를 자극한다는 것을 알아냈다. 여행은 ACC를 자극하고, ACC의 경보 발령으로 신속한 판단이나 반사적 행동을 자제하게 되므로 더 이질적인 문화를 경험하면 ACC는 활성화 된다.

② 더 적은 정보를 처리한다 ➡ (X) 새로 들어온 정보가 기대치에 맞지 않으면, ACC는 경보를 발령하고 정보에 대한 판단을 지연시켜 정보를 분석할 시간을 제공한다. 오랜 시간을 들여 더 많은 관련 정보를 파악하는 것이 정확한 판단의 핵심이기 때문이라고 언급하고 있으므로 이질적인 문화를 경험하면 우리의 뇌가 더 적은 정보를 처리한다는 것은 적절하지 않다.

③ 주변 환경에 더 친숙해진다 ➡ (X) ACC의 경보가 발령되면 우리는 어색함을 느끼고 멈칫해 주변 환경을 더 면밀히 관찰하라고 촉구한다. 그러므로 환경에 더 친숙해진다는 것은 적절하지 않다.

④ 기존의 세계 모델을 더 확신한다 ➡ (X) ACC는 기존의 세계 모델과 일치하지 않기 때문에 자신이 가진 세계 모델을 기초로 앞으로 들어올 지각 정보의 기대치를 결정하고 새로 들어오는 지각 정보들을 추적하므로 기존의 모델을 더 확신한다는 내용은 맞지 않다.

⑤ 정보에 대한 판단을 더 지연시킨다 ➡ (O) ACC가 경보를 발령하면 판단을 지연시켜 정보에 대한 분석을 면밀하게 만든다고 하였으므로 빈칸에 들어갈 내용으로 가장 적절하다.

10 ②

난이도 ■■■

| 문제 유형 | 비판적 사고 > 빈칸 채우기
| 접근 전략 | 이 문제를 풀기 위해서는 정보 집합의 정합도를 확률적으로 정의하는 방법을 이해하고 적용하는 것이 중요하다.

다음 글의 빈칸에 들어갈 내용으로 가장 적절한 것은?

갑은 이번에 들어온 신입 사원 민철에 대해서 '그는 결혼하지 않았다.'라는 정보와 '그는 비혼이다.'라는 정보를 획득했다. 한편 을은 민철에 대해서 '그는 결혼하지 않았다.'라는 정보와 '그에게는 아이가 있다.'라는 정보를 획득했다. 갑이 획득한 정보 집합과 을이 획득한 정보 집합 중에서 무엇이 더 정합적인가? 다르게 말해 어떤 집합 내 정보들이 서로 더 잘 들어맞는가? 갑의 정보 집합이 더 정합적이라고 여기는 것이 상식적이다. ▶1문단

그렇다면 이런 정보 집합의 정합성은 어떻게 측정할 수 있을까? 그 방법 중 하나인 C는 확률을 이용해 그 정합성의 정도, 즉 정합도를 측정한다. 여러 정보로 이루어진 정보 집합 S가 있다고 해보자. 방법 C에 따르면, S의 정합도는 _____으로 정의된다. ▶2문단

그 정의에 따라 정합도를 측정하면, 위 갑과 을이 획득한 정보 집합의 정합성을 우리의 상식에 맞춰 비교할 수 있다. 갑이 획득한 정보에서 '그가 결

혼하지 않았으며 비혼일 확률'과 '그가 결혼하지 않았거나 비혼일 확률'은 모두 '그가 비혼일 확률'과 같다. 왜냐하면 결혼하지 않았다는 것과 비혼이라는 것은 서로 같은 말이기 때문이다. 따라서 방법 C에 따르면 갑이 획득한 정보 집합의 정합도는 1이다. ▶3문단

한편, '그가 결혼하지 않았으며 아이가 있을 확률'은 '그가 결혼하지 않았거나 아이가 있을 확률'보다 낮다. 왜냐하면 그가 결혼하지 않았거나 아이가 있는 경우에 비해, 그가 결혼하지 않고 아이가 있는 경우는 드물기 때문이다. 따라서 방법 C에 따르면 을의 정보 집합의 정합도는 1보다 작다. 이런 식으로 방법 C는 갑의 정보 집합의 정합도가 을의 정보 집합의 정합도보다 크다고 말해 준다. 그리고 그 점에서 갑의 정보 집합이 을의 정보 집합보다 더 정합적이라고 판단한다. 이는 우리 상식에 부합하는 결과이다. ▶4문단

① S의 정보 중 적어도 하나가 참일 확률을 S의 모든 정보가 참일 확률로 나눈 값 ➡ (X) 정합도의 정의와 맞지 않으므로 적절하지 않다.

② S의 모든 정보가 참일 확률을 S의 정보 중 적어도 하나가 참일 확률로 나눈 값 ➡ (O) 위 글에서 정보 집합의 정합성을 측정할 때, C는 확률을 이용해 정합도를 측정한다. 지문에서 제공하는 정보를 통해 방법 C를 알아내어 S의 정합도 원칙을 찾는 것이 중요하다.

　• 3문단 갑이 획득한 정보: '그가 결혼하지 않았으며 비혼일 확률'(AND) = '그가 결혼하지 않았거나 비혼일 확률'(OR)은 결혼하지 않았다는 것은 비혼이라는 것과 같은 말이기 때문에 갑이 획득한 정보 집합의 정합도 1

　• 4문단 을이 획득한 정보: '그가 결혼하지 않았으며 아이가 있을 확률'(AND) < '그가 결혼하지 않았거나 아이가 있을 확률'(OR)은 그가 결혼하지 않고 아이가 있는 경우보다 드물기 때문에 획득한 정보 집합의 정합도 < 1

방법 C에 따라, 갑의 정보 집합의 정합도가 을의 정보 집합의 정합도보다 크다는 것을 알 수 있다.

을의 정보 집합의 정합도가 1보다 작으려면 분자 < 분모이므로 분자에는 AND의 정보가 분모에는 OR의 정보가 와야 한다.

보기에서 적어도 참일 확률은 OR, S의 모든 정보가 AND이므로 4문단에서 알아낸 방법 C에 따라, S의 정합도는 ②번 S의 모든 정보가 참일 확률(AND) / 정보 중 적어도 하나가 참일 확률(OR)로 나눈 값으로 정의된다.

③ S의 정보 중 기껏해야 하나가 참일 확률을 S의 모든 정보가 참일 확률로 나눈 값 ➡ (X) 정합도의 정의와 맞지 않으므로 적절하지 않다.

④ S의 모든 정보가 참일 확률을 S의 정보 중 기껏해야 하나가 참일 확률로 나눈 값 ➡ (X) 정합도의 정의와 맞지 않으므로 적절하지 않다.

⑤ S의 정보 중 기껏해야 하나가 참일 확률을 S의 정보 중 적어도 하나가 참일 확률로 나눈 값 ➡ (X) 정합도의 정의와 맞지 않으므로 적절하지 않다.

11 ②
난이도 ■■■

| 문제 유형 | 비판적 사고 > 판단하기

| 접근 전략 | 주어진 글의 논리적 구조를 이해하고 ㉠에 적절한 전제를 추가하여 논증을 완성하는 문제이다. 논증의 흐름을 파악하는 것이 중요하고, 논리적 결론을 도출하는 데 필요한 전제를 찾는 연습이 필요하다.

다음 글의 ㉠을 이끌어 내기 위해 추가해야 할 전제로 가장 적절한 것은?

우리는 보고, 듣고, 냄새를 맡는 등 지각적 경험을 한다. 우리가 지각적 경험이 가능한 이유는 이러한 지각을 야기하는 원인이 존재하기 때문이다. 나는 ㉠신의 마음이 바로 나의 지각을 야기하는 원인임을 논증을 통해 보이고자 한다. ▶1문단

이 세상에 존재하는 모든 것은 지각되는 것이고, 그러한 지각을 야기하는 원인이 존재한다. 그러한 원인이 존재한다면 그 원인은 내 마음속 관념이거나 나의 마음이거나 나 이외의 다른 마음 중 하나일 것이다. 하지만 나의 지

각을 야기하는 원인은 내 마음속 관념이 아니다. 왜냐하면 지각이 관념의 원인이 될 수는 있지만 관념이 지각을 야기할 수는 없기 때문이다. ▶2문단

나의 지각을 야기하는 원인은 내 마음도 아니다. 왜냐하면 내 마음이 내 지각의 원인이라면 나는 내가 지각하는 바를 조종할 수 있어야 한다. 예를 들어, 내가 내 앞의 빨간 사과를 보고 있다고 해보자. 나는 이 사과를 빨간색으로 지각할 수밖에 없다. 아무리 내가 이 사과 색깔을 빨간색 대신 노란색으로 지각하려고 안간힘을 쓰더라도 이를 내 마음대로 바꿀 수는 없다. 그러므로 나의 지각을 야기하는 원인은 나 이외의 다른 마음이다. ▶3문단

나 이외의 다른 마음은 나 이외의 다른 사람의 마음이거나 사람이 아닌 다른 존재의 마음이다. 다른 사람의 마음이 내 지각을 야기하는 원인이 될 수 없다. 그들이 내가 지각하는 바를 조종할 수는 없기 때문이다. 그러므로 나의 지각을 야기하는 원인은 사람이 아닌 다른 존재의 마음이다. ▶4문단

① 내 마음속 관념이 곧 신이다. ➡ (X) 관념이 신이라는 것을 주장하지만 원인으로서 신의 마음을 도출하는 데 관계성이 없으므로 소거한다.

② 사람과 신 이외에 마음을 지닌 존재는 없다. ➡ (O) 사람들이 아닌 존재 중 마음을 지닌 존재가 없다면 신이 유일한 원인일 수밖에 없다고 이야기하므로 전제로 가장 적절하다.

③ 신의 마음은 나의 마음을 야기하는 원인이다. ➡ (X) 신이 내 마음을 야기한다고 주장하지만 나의 지각을 야기하는 원인으로 신의 역할을 논증하는 것이므로 적절하지 않다.

④ 감각기관을 통한 지각적 경험은 신뢰할 수 있다. ➡ (X) 지각의 신뢰성에 관한 내용으로, 지각의 원인에 대한 논증과는 관련 없으므로 소거한다.

⑤ 나 이외의 다른 마음만이 내가 지각하는 바를 조종할 수 있다.
➡ (X) 나의 지각을 조종할 수 있는 원인의 범위를 제한하는 내용이므로 적절하지 않다.

12 ③
난이도 ■■□

| 문제 유형 | 사실적 이해 > 논리 게임

| 접근 전략 | 조건을 바탕으로 선지 중에서 반드시 참인 진술을 찾는 문제이다. 이를 해결하기 위해서는 조건을 논리적으로 분석하고 선지들을 검토하는 것이 중요하다. 평소 조건 추리 문제에 대한 학습을 충분히 하였다면 접근 방식을 쉽게 찾아낼 수 있다.

다음 글의 내용이 참일 때 반드시 참인 것은?

A부서에서는 새로 시작된 프로젝트에 다섯 명의 주무관 가은, 나은, 다은, 라은, 마은의 참여 여부를 점검하고 있다. 주무관들의 업무 전문성을 고려할 때, 다음과 같은 예측을 할 수 있었고 그 예측들은 모두 옳은 것으로 밝혀졌다.

○ 가은이 프로젝트에 참여하면 나은과 다은도 프로젝트에 참여한다.
○ 나은이 프로젝트에 참여하지 않으면 라은이 프로젝트에 참여한다.
○ 가은이 프로젝트에 참여하거나 마은이 프로젝트에 참여한다.

→ 내용을 정리하면 다음과 같다.

　· G → (N∧D)
　· ~N → L
　· G∨M

① 가은이 프로젝트에 참여하지 않으면 나은이 프로젝트에 참여한다. ➡ (X) ~G → N 가은이 참여하지 않는다고 해서 반드시 나은이 참여한다고 할 수 없다.

② 다은이 프로젝트에 참여하면 마은이 프로젝트에 참여한다. ➡ (X) D → M 다은이 프로젝트에 참여한다고 해서 반드시 마은이 참여한다고 할 수 없다.

③ 다은이 프로젝트에 참여하거나 마은이 프로젝트에 참여한다.
➡ (O) D∨M 가은이 참여하는 경우에는 G → (N∧D)에 따라 다은이 프로젝트에

참여한다. 가은이 참여하지 않는 경우에는 G∨M에 의해 마은이 참여한다. 따라서 D∨M은 항상 참이다.

④ 라은이 프로젝트에 참여하면 마은이 프로젝트에 참여한다. ➡ (X)
L → M 라은이 프로젝트에 참여한다고 해서 반드시 마은이 참여한다고 할 수 없다.

⑤ 라은이 프로젝트에 참여하거나 마은이 프로젝트에 참여한다.
➡ (X) L∨M 첫 번째 예측에 의해 가은, 나은, 다은만 프로젝트에 참여할 수도 있으므로 반드시 참은 아니다.

---

13 ②

난이도 ■■□

다음 글의 내용이 참일 때 반드시 참인 것은?

가훈은 모든 게임에서 2인 1조로 다른 조를 상대해야 한다. 게임은 구슬 치기, 징검다리 건너기, 줄다리기, 설탕 뽑기 순으로 진행되며 다른 게임은 없다. 이에 가훈은 남은 참가자 갑, 을, 병, 정, 무 중 각각의 게임에 적합한 서로 다른 인물을 한 명씩 선택하여 조를 구성할 계획을 세웠다. 게임의 총괄 진행자는 가훈의 선택에 대해 다음과 같이 예측하였다.

○ 갑은 설탕 뽑기에 선택되고 무는 징검다리 건너기에 선택된다.
○ 을이 구슬치기에 선택되거나 정이 줄다리기에 선택된다.
○ 을은 구슬치기에 선택되지 않고 무는 징검다리 건너기에 선택되지 않는다.
○ 병은 어떤 게임에도 선택되지 않고 정은 줄다리기에 선택된다.
○ 무가 징검다리 건너기에 선택되거나 정이 줄다리기에 선택되지 않는다.

가훈의 조 구성 결과 이 중 네 예측은 옳고 나머지 한 예측은 그른 것으로 밝혀졌다.

→ 1번째 예측과 3번째 예측은 무의 징검다리 건너기 선택 부분에서 서로 모순되므로 두 예측 중 하나는 그른 예측이다. 더불어 2번째 예측과 3번째 예측은 을의 구슬치기 선택 부분에서 서로 모순되므로 두 예측 중 하나는 그른 예측이다. 따라서 3번째 예측이 그른 것이 될 경우 1번째 예측과 2번째 예측이 모두 옳은 예측이 된다.
3번째 예측을 그른 것으로 하고 나머지 1, 2, 4, 5번째 예측을 모두 종합하면 구슬치기에는 을, 징검다리 건너기에는 무, 줄다리기에는 정, 설탕 뽑기에는 갑이 선택되었고, 병은 아무 게임에도 선택되지 않았다.

① 갑이 어느 게임에도 선택되지 않았다. ➡ (X) 갑은 설탕 뽑기에 선택되었다.
② 을이 구슬치기에 선택되었다. ➡ (O) 을은 구슬치기에 선택되었다.
③ 병이 줄다리기에 선택되었다. ➡ (X) 병은 어떤 게임에도 선택되지 않았다.
④ 정이 징검다리 건너기에 선택되었다. ➡ (X) 정은 줄다리기에 선택되었다.
⑤ 무가 설탕 뽑기에 선택되었다. ➡ (X) 무는 징검다리 건너기에 선택되었다.

---

14 ④

난이도 ■■■

다음 글의 빈칸에 들어갈 말로 적절한 것은?

문 주무관과 공 주무관은 하나의 팀을 이루어 문공 팀 제안서를 제출하였다. 이와 관련하여 공 주무관은 자신이 수집, 정리한 인사 관련 정보를 문 주무관과 다음과 같이 공유하였다. "강 주무관이 업무 평가에서 S등급을 받았다고 가정하면, 남 주무관이 업무 평가에서 S등급을 받은 경우 문공 팀 제안서가 폐기될 것입니다. 그런데 문공 팀 제안서가 폐기되는 일과 도 주무관이 전보 발령 대상이 되는 일, 둘 중 적어도 하나는 일어날 것입니다. 강 주무관과 남 주무관 둘 중 적어도 한 사람은 S등급을 받은 것이 분명합니다. 그런데 강 주무관만 S등급을 받고 남 주무관은 못 받는 그런 일은 없습니다. 다행히도, 문공 팀 제안서가 폐기되지 않고 심층 검토될 예정이라는 소식입니다."

그러나 공 주무관이 공유한 정보를 살펴보던 문 주무관은 자신이 입수한 정보를 공유하면서 공 주무관에게 말하였다. "공 주무관님, 그런데 조금 전 확인된 바로,   . 그렇다고 보면, 공 주무관님이 말씀하신 정보는 내적 일관성이 없고 따라서 전부 참일 수는 없습니다. 어딘가 최소한 한 군데는 잘못된 정보라는 말이지요. 지금으로선 어느 부분이 문제인지 알 수 없으니, 수고스럽더라도 어느 부분에 문제가 있는지 다시 확인해주셔야 하겠습니다."

→ 공 주무관의 인사 관련 정보를 정리하면 아래와 같다.
1. 강 주무관이 S등급을 받은 경우 문공 팀 제안서가 폐기된다.
2. 문공 팀 제안서가 폐기되는 일이나 도 주무관이 전보 발령 대상이 되는 일 중 하나는 일어난다.
3. 강 주무관과 남 주무관 둘 중 적어도 한 사람은 S등급을 받는다.
4. 강 주무관만 S등급을 받고 남 주무관은 못 받는 일은 없다.
5. 문공 팀 제안서가 폐기되지 않는다.

따라서 문공 팀 제안서가 폐기되지 않으므로 강 주무관이 업무 평가에서 S등급을 받지 못하고, 문공 팀 제안서가 폐기되는 일이 일어나지 않으니 도 주무관이 전보 발령 대상이 되는 일이 일어날 것이다. 그런데 강 주무관과 남 주무관 중 한 사람은 S등급을 받으므로 남 주무관이 S등급을 받는다. 이에 남 주무관이 S등급을 받은 경우 도 주무관이 전보 발령 대상이 아니라는 것이 확인되면 정보의 내적 일관성이 없는 것이 확인된다.

① 남 주무관은 업무 평가에서 S등급을 받았습니다 ➡ (X) 남 주무관이 업무 평가에서 S등급을 받은 것을 유추할 수 있다.
② 강 주무관은 업무 평가에서 S등급을 받지 못했습니다 ➡ (X) 강 주무관이 업무 평가에서 S등급을 받지 못한 것을 유추할 수 있다.
③ 도 주무관이 전보 발령 대상이 아닌 경우, 문공 팀 제안서가 폐기됩니다 ➡ (X) 도 주무관이 전보 발령 대상이 되는 것과 문공 팀 제안서가 폐기되는 것은 적어도 하나가 참이므로, 도 주무관이 전보 발령 대상이 아니면 문공 팀 제안서가 폐기된다.
④ 남 주무관이 업무 평가에서 S등급을 받은 경우, 도 주무관은 전보 발령 대상이 아닙니다 ➡ (O) 남 주무관이 업무 평가에서 S등급을 받은 경우, 도 주무관이 전보 발령 대상이 아님은 공 주무관의 인사 관련 정보에서 유추할 수 없다.
⑤ 강 주무관이 업무 평가에서 S등급을 받은 경우, 남 주무관도 업무 평가에서 S등급을 받습니다 ➡ (X) 지문에서 강 주무관만 S등급을 받고 남 주무관은 못 받는 일은 없다는 정보에 의거하여 강 주무관이 업무 평가에서 S등급을 받은 경우, 남 주무관도 업무 평가에서 S등급을 받는다는 것을 알 수 있다.

15 ①　　　　　　　　　　　　　　　　　난이도 ■■■

| 문제 유형 | 비판적 사고 〉 지문에서 추론하기
| 접근 전략 | 지문을 읽고 추론할 수 있는 내용을 찾는 문제는 대부분 〈보기〉를 먼저 읽고 지문을 읽는 것이 문제 풀이 시간 단축에 유리하다. 특히 생소한 개념이 많은 과학 지문의 경우 작동 원리와 각각의 개념을 명확히 이해해야 문제를 해결할 수 있다.

다음 글에서 추론할 수 있는 것만을 〈보기〉에서 모두 고르면?

종이와 같이 전류가 흐르지 않는 성질을 가진 물질을 절연체라 한다. 절연체는 전기적으로 중성이며 전하를 띠지 않는다. 그러나 어떤 상황에서는 전하 사이에 작용하는 힘인 전기력에 의한 운동이 가능하다. 어떻게 이러한 절연체의 운동이 가능한가를 알아보자. ▶1문단

절연체는 전기적으로 중성이지만 그 안에는 무수히 많은 전하가 존재한다. 다만, 음전하와 양전하가 똑같은 숫자로 존재하며 물체에 균일하게 분포되어 있다. 이들에게 외부의 전하가 작용할 때 발생하는 전기력인 척력과 인력이 서로 상쇄되어 아무런 힘이 작용하지 않을 것처럼 보인다. ▶2문단

그런데 외부에서 전기력이 작용하면 절연체 내부의 전하들은 개별적으로 그 힘에 반응한다. 가령, 양으로 대전된 물체에 의해서 절연체에 전기력이 작용하는 경우, 절연체 내부의 음전하는 대전된 물체 방향으로 끌려가는 힘인 인력을 받고, 양전하는 밀려나는 힘인 척력을 받는다. ▶3문단

절연체 내부의 전하들은 이러한 전기력에 의해 미세하게 이동할 수 있는데, 음전하는 양으로 대전된 물체와 가까워지는 방향으로, 양전하는 멀어지는 방향으로 이동하게 된다. 그 결과 대전된 물체의 양전하와 절연체의 음전하 간의 인력이 대전된 물체의 양전하와 절연체의 양전하 간의 척력보다 커져 절연체는 대전된 물체 방향으로 끌려가게 된다. 전기력은 전하 간 거리가 멀수록 작아지는 특성이 있기 때문이다. 다만 절연체의 무게가 충분히 작아야만 이러한 전기력이 절연체의 무게를 극복하고 절연체를 끌어당길 수 있다. ▶4문단

〈보기〉

ㄱ. 절연체 내부 전하의 위치는 절연체 외부의 영향에 의해서 변할 수 있다. → (O) 4문단에서 절연체 내부의 전하들은 외부의 전기력에 의해 미세하게 이동할 수 있다고 하였으므로 적절하다.

ㄴ. 대전된 물체는 절연체 내 음전하와 양전하의 구성 비율을 변화시킬 수 있다. → (X) 3문단에서 양으로 대전된 물체에 의해 절연체에 전기력이 작용하면 절연체 내 음전하는 인력을 받고, 양전하는 척력을 받는다고 하였으나 구성 비율을 변화시킬 수 있다는 추론은 적절하지 않다.

ㄷ. 음으로 대전된 물체를 특정 무게 이하의 절연체에 가까이함으로써 절연체를 밀어내는 것이 가능하다. → (X) 4문단에서 양으로 대전된 물체는 절연체 내부의 음전하와는 가까워지는 방향으로, 양전하와는 멀어지는 방향으로 이동하며, 절연체는 대전된 물체 방향으로 끌려가게 된다고 하였으므로 적절하지 않다.

① ㄱ ➡ (O)
② ㄴ ➡ (X)
③ ㄱ, ㄷ ➡ (X)
④ ㄴ, ㄷ ➡ (X)
⑤ ㄱ, ㄴ, ㄷ ➡ (X)

16 ②　　　　　　　　　　　　　　　　　난이도 ■■■

| 문제 유형 | 비판적 사고 〉 지문에서 추론하기
| 접근 전략 | 생소한 개념을 설명한 글을 읽고 정보의 일치, 불일치를 확인하는 문제이다. 특히 과학 지문에서는 근육 세포의 수축과 이완의 과정, 작용 기전 등이 매우 중요하므로 이러한 과정을 정확히 이해하는지를 물어보기 때문에 선지에서 언급된 내용이 나오는 부분을 꼼꼼하게 읽어내야 한다. 선지를 먼저 읽는 것이 문제 풀이 때 시간을 절약하기 유리하다.

다음 글에서 추론할 수 있는 것은?

사람의 근육 운동은 근육 세포의 수축과 이완이 반복되면서 일어나며, 근육 세포의 수축과 이완이 정상적으로 일어나지 않으면 근육 마비가 일어난다. 근육 세포의 수축과 이완은 근육 세포와 인접해 있는 운동 신경 세포에서 아세틸콜린의 방출을 조절함으로써 일어날 수 있다. ▶1문단

운동 신경 세포에 작용하는 신호에 의해 운동 신경 세포에서 아세틸콜린이 방출된다. 방출된 아세틸콜린은 근육 세포의 막에 있는 아세틸콜린 결합 단백질에 결합하고 이 근육 세포가 수축되게 한다. 뇌의 운동피질에서 유래한 신호가 운동 신경 세포에 작용하여 이와 같은 현상을 일으킬 수 있다. ▶2문단

운동 신경 세포에서 아세틸콜린의 방출은 운동 신경 세포와 접하고 있는 억제성 신경 세포에 의해서도 조절될 수 있다. 억제성 신경 세포는 글리신을 방출하는데, 이 글리신은 운동 신경 세포에 작용하여 아세틸콜린의 방출을 막음으로써 근육 세포가 이완되게 한다. ▶3문단

사람의 근육 운동에 영향을 미치는 물질 중에는 보툴리눔 독소와 파상풍 독소가 있다. 두 독소는 각각 병원균인 보툴리눔균과 파상풍균이 분비하는 독성 단백질이다. 보툴리눔 독소는 운동 신경 세포에 작용하여 아세틸콜린이 방출되는 것을 막아 근육 세포가 이완된 상태로 있게 하여 근육 마비를 일으킨다. 파상풍 독소는 억제성 신경 세포에 작용하여 글리신이 방출되는 것을 막아 근육 세포가 수축된 상태로 있게 하여 근육 마비를 일으킨다. ▶4문단

① 근육 세포의 막에는 글리신 결합 단백질이 있다. ➡ (X) 2문단에서 근육 세포의 막에는 아세틸콜린 결합 단백질이 있다고 하였으므로, 근육 세포의 막에는 글리신 결합 단백질이 있다는 것은 올바른 추론이 아니다.

② 보툴리눔 독소는 근육 세포의 수축이 일어나지 않게 하여 근육 마비를 일으킨다. ➡ (O) 4문단에서 보툴리눔 독소는 운동 신경 세포에 작용하여 아세틸콜린의 방출을 막아 근육 세포가 이완된 상태로 있게 하여 근육 마비를 일으킨다고 했으므로 근육의 수축이 일어나지 않게 한다는 추론을 할 수 있다.

③ 운동 신경 세포에서 방출된 아세틸콜린은 억제성 신경 세포에서 글리신의 방출을 막는다. ➡ (X) 3문단에서 억제성 신경 세포가 글리신을 방출하고, 이 글리신이 운동 신경 세포에 작용한다고 하였으므로 운동 신경 세포의 막에 글리신 결합 단백질이 있다고 추론할 수 있다. 따라서 아세틸콜린이 글리신의 방출을 막는다는 것은 올바른 추론이 아니다.

④ 뇌의 운동피질에서 유래된 신호는 운동 신경 세포에서 아세틸콜린의 방출을 막아서 근육의 수축을 일으킨다. ➡ (X) 2문단에서 근육의 수축을 일으키는 과정을 설명하는데, 운동 신경 세포에서 아세틸콜린이 방출되어 근육의 수축을 일으킨다고 하였으므로 아세틸콜린의 방출을 막아서 근육의 수축을 일으킨다는 것은 올바른 추론이 아니다.

⑤ 파상풍 독소는 운동 신경 세포에서 방출된 아세틸콜린이 근육 세포의 막에 있는 결합 단백질에 결합할 수 없게 한다. ➡ (X) 4문단에서 파상풍 독소는 억제성 신경 세포에 작용하여 글리신이 방출되는 것을 막아 근육 세포가 수축된 상태로 있게 하여 근육 마비를 일으킨다고 하였으므로, 아세틸콜린이 근육 세포의 막에 있는 결합 단백질에 결합할 수 없게 한다는 추론은 옳지 않다.

17 ⑤

|문제 유형| 비판적 사고 > 빈칸 채우기

|접근 전략| 〈실험〉은 앞에서 설명하는 가설을 확인하기 위해 정교하게 짠 것으로, 지문의 내용과 긴밀하게 연관지어 실험의 내용을 분석해야 한다. 특히 가설을 정확하게 이해하고 문제를 풀어야 실수 없이 정답을 도출할 수 있다.

다음 글의 (가)와 (나)에 들어갈 말을 짝지은 것으로 가장 적절한 것은?

진공 상태에서 금속이나 반도체 물질에 높은 전압을 가하면 그 표면에서 전자가 방출된다. 방출된 전자가 형광체에 충돌하면 빛이 발생하는데, 이 빛을 이용하여 디스플레이를 만들 수 있다. 이런 디스플레이를 만들기 위해, 금속이나 반도체 물질로 만들어진 원기둥 형태의 나노 구조체가 기판에 고밀도로 존재하도록 제작하는 기술이 개발되고 있다. ▶1문단

고밀도의 나노 구조체가 있는 기판을 제작하려는 것은 나노 구조체의 밀도가 높을수록 단위 면적당 더 많은 양의 전자가 방출될 것이라는 가설 H1에 근거하고 있다. 그러나 기판의 단위 면적당 방출되는 전자의 양은 나노 구조체의 밀도가 일정 수준 이상으로 높아지면 오히려 줄어들게 될 것이라는 가설 H2를 주장하는 과학자들의 수가 많아지고 있다. 이는 나노 구조체가 너무 조밀하게 모여 있으면 나노 구조체 각각에 가해지는 실제 전압이 오히려 감소한다는 사실에 기반을 두고 있다. ▶2문단

과학자 L은 가설 H1과 가설 H2를 확인하기 위한 원기둥 형태의 금속 재질의 나노 구조체 X가 있는 기판을 제작하였다. 이 기판에 동일 거리에서 동일 전압을 가하여 다음의 실험을 수행하였다. ▶3문단

〈실험〉

실험 1: X가 있는 기판 A와 A보다 면적이 두 배이고 X의 개수가 네 배인 기판 B를 제작하였다. 이때 단위 면적당 방출된 전자의 양이 기판 A와 기판 B가 같았다.

실험 2: 단위 면적당 방출된 전자의 양은, 기판 C에 10,000개의 X가 있을 때보다 20,000개의 X가 있을 때 더 많았고, 기판 C에 20,000개의 X가 있을 때보다 30,000개의 X가 있을 때 더 적었다.

두 실험 중 실험 1은 가설 H1을 ____(가)____, 실험 2는 가설 H2를 ____(나)____.

	(가)	(나)	
①	강화하고	강화한다	➡ (X)
②	강화하고	약화한다	➡ (X)
③	약화하지 않고	약화한다	➡ (X)
④	약화하고	약화한다	➡ (X)
⑤	약화하고	강화한다	➡ (O)

지문에서 가설 H1은 나노 구조체의 밀도가 높을수록 단위 면적당 방출된 전자의 양이 많을 것이라 주장하고, 가설 H2는 나노 구조체의 밀도가 일정 수준 이상으로 높아지면 단위 면적당 방출된 전자의 양이 오히려 줄어들어 실제 전압이 감소할 것이라고 주장한다. 이에 실험 1은 기판 A와 면적은 2배, 나노 구조체 X의 개수는 4배로 밀도를 높인 기판 B를 비교했을 때 방출된 전자의 양이 둘이 같았다는 실험 결과를 도출하여, 나노 구조체의 밀도가 높을수록 단위 면적당 방출된 전자의 양이 많을 것이라는 가설 H1을 약화한다. 실험 2는 하나의 기판에 10,000개의 나노 구조체가 있을 때보다 20,000개의 나노 구조체가 있을 때가 방출된 전자의 양이 더 늘었고 오히려 30,000개의 나노 구조체가 있을 때 20,000개의 나노 구조체가 있을 때보다 방출된 전자의 양이 더 줄었다는 실험 결과를 도출하면서 나노 구조체의 밀도가 일정 수준 이상이 되면 오히려 방출되는 전자의 양은 줄 것이라는 가설 H2를 강화한다.

18 ⑤

|문제 유형| 비판적 사고 > 판단하기

|접근 전략| 과학 지문은 개념을 정확히 이해해야 문제를 해결할 수 있다. 이 지문에서는 빛의 최소 세기를 결정하는 암전류의 크기와 빛의 최대 세기를 결정하는 광포화점의 크기를 설명하고 있으므로 둘의 차이를 명확히 알아야 실험 결과를 이해할 수 있다. 실험은 지문의 내용을 바탕으로 정교하게 짠 것이므로 실험 내용을 지문의 내용과 긴밀하게 연관지어 이해해야 한다. 이 지문처럼 빛의 세기가 기호로 제시된 경우에는 구체적인 숫자를 넣어서 문제를 해결하는 것이 바람직하다.

다음 글의 실험 결과를 가장 잘 설명하는 것은?

광검출기는 빛을 흡수하고 이를 전기 신호인 광전류로 변환하여 빛의 세기를 측정하는 장치로, 얼마나 넓은 범위의 세기를 측정할 수 있는지가 광검출기의 성능을 결정하는 주요 지표이다. ▶1문단

광검출기에서는 빛이 조사되지 않아도 열에너지의 유입 등 외부 요인에 의해 미세한 전류가 발생할 수 있는데, 이러한 전류를 암전류라 한다. 그런데 어떤 광검출기에 세기가 매우 작은 빛이 입력되어 암전류보다 작은 광전류가 발생한다면, 발생한 전류가 암전류에 의한 것인지 빛의 조사에 의한 것인지 구분할 수 없다. 따라서 이 빛의 세기는 이 광검출기에서 측정할 수 없다. ▶2문단

한편, 광검출기에는 광포화 현상이 발생하는데, 이는 광전류의 크기가 빛의 세기에 따라 증가하다가 특정 세기 이상의 빛이 입력되어도 광전류의 크기가 더 이상 증가하지 않고 일정하게 유지되는 것을 뜻한다. 광포화가 일어나기 위한 빛의 최소 세기를 광포화점이라 하고, 광검출기는 광포화점 이상의 세기를 갖는 서로 다른 빛에 대해서는 각각의 세기를 측정할 수 없다. 결국, 어떤 광검출기가 측정할 수 있는 빛의 최소 세기를 결정하는 암전류의 크기와 빛의 최대 세기를 결정하는 광포화점의 크기는 광검출기의 성능을 결정하는 주요 지표이다. ▶3문단

한 과학자는 세기가 서로 다른 빛 A~D를 이용하여 광검출기 I과 II의 성능 비교 실험을 하였다. 이때 빛의 세기는 A>B>C이며 D>C이다. 광검출기 I과 II로 A~D 각각의 빛의 세기를 측정할 수 있는 경우를 ○, 측정할 수 없는 경우를 ×로 정리하여 실험 결과를 아래 표에 나타내었다.

광검출기 \ 빛	A	B	C	D
I	○	○	×	×
II	×	○	×	○

▶4문단

① 두 광검출기가 각각 검출할 수 있는 빛의 최소 세기는 I과 II가 같고, 광포화점은 I이 II보다 작다. ➡ (X)

② 두 광검출기가 각각 검출할 수 있는 빛의 최소 세기는 I이 II보다 크고, 광포화점은 I이 II보다 작다. ➡ (X)

③ 두 광검출기가 각각 검출할 수 있는 빛의 최소 세기는 I이 II보다 작고, 광포화점은 I이 II보다 작다. ➡ (X)

④ 두 광검출기가 각각 검출할 수 있는 빛의 최소 세기는 I이 II보다 작고, 광포화점은 I이 II보다 크다. ➡ (X)

⑤ 두 광검출기가 각각 검출할 수 있는 빛의 최소 세기는 I이 II보다 크고, 광포화점은 I이 II보다 크다. ➡ (O) 빛의 세기는 A>B>C이며 D>C이므로 A, B, C를 각각 4, 3, 1로, D를 2로 생각하고 실험 결과를 보기로 한다. 실험 결과에 따르면 광검출기 I과 II는 모두 빛의 세기가 가장 작은 C는 측정하지 못했고, 그 다음으로 큰 D는 광검출기 II만 측정 가능했다. 이에 검출할 수 있는 빛의 최소 세기는 광검출기 I이 광검출기 II보다 커서 최소 세기를 측정할 때에는 광검출기 I의 성능이 떨어진다. 또한 빛의 세기가 가장 큰 A는 광검출기 I로는 측정 가능했으나 광검출기 II로는 측정이 불가했으므로 검출할 수 있는 빛의 최대 세기는 I이 II

보다 커서 최대 세기를 측정할 때에는 Ⅰ의 성능이 더 좋은 것을 알 수 있다.

※ 다음 글을 읽고 물음에 답하시오. [문 19.~문 20.]

우리가 임의의 명제 p를 지지하는 증거를 지니면 p에 대한 우리의 믿음은 인식적으로 정당화되고, p를 지지하는 증거를 지니지 않으면 p에 대한 우리의 믿음은 인식적으로 정당화되지 않는다. p에 대한 믿음이 인식적으로 정당화된 상황에서 p를 믿는 것은 우리의 인식적 의무일까? p를 믿는 것이 우리의 인식적 의무라면 이와 관련해 발생하는 문제는 없을까? 이 질문들과 관련해 의무론 논제, 비의지성 논제, 자유주의 논제를 고려해보자. ▶1문단

○ 의무론 논제: ㉠만약 우리가 p를 믿는다는 것이 인식적으로 정당화된다면 그것을 믿어야 하고, 만약 우리가 p를 믿는다는 것이 인식적으로 정당화되지 않는다면 그것을 믿어야 하는 것은 아니다. 즉 우리가 p를 믿어야 한다는 것은 우리가 p를 믿는다는 것이 인식적으로 정당화되기 위한 필요충분조건이다. 이것이 의무론 논제라 불리는 이유는 '우리가 p를 믿어야 한다.'는 것을 인식적 의무로 간주하기 때문이다.

○ 비의지성 논제: ㉡우리가 p를 믿는다는 것은 자유롭게 선택할 수 있는 것이 아니다. 즉 믿음은 선택의 대상이 아니다. 예를 들어, 갑이 창 밖에 있는 나무를 바라보며 창 밖에 나무가 있다는 것을 믿는다고 해보자. 이때 갑이 이를 믿지 않으려고 해도 그는 그럴 수 없다.

○ 자유주의 논제: ㉢만약 우리가 p를 믿는다는 것이 자유롭게 선택할 수 있는 것이 아니라면, 우리에게 p를 믿어야 할 인식적 의무는 없다. 예를 들어, 창 밖에 나무가 있다는 갑의 믿음이 비의지적이라면, 갑에게는 창 밖에 나무가 있다는 것을 믿어야 할 인식적 의무가 없다. ▶2문단

그런데 의무론 논제, 비의지성 논제, 자유주의 논제를 모두 받아들이면 ㉣우리가 p를 믿는다는 것은 인식적으로 정당화되지 않는다는 받아들이기 힘든 결론을 얻는다. 왜 그러한가? 이 논증은 다음과 같이 구성된다. 우선 우리가 p를 믿는다는 것이 자유롭게 선택할 수 있는 것이 아니라고, 즉 p에 대한 믿음이 비의지적이라고 하자. 그렇다면 자유주의 논제에 따라, 우리에게 p를 믿어야 할 인식적 의무는 없다. 그리고 의무론 논제에 따라, 우리가 p를 믿는다는 것은 인식적으로 정당화되지 않는다. 이러한 결론을 거부하려면 위 세 논제 중 적어도 하나를 거부해야 한다. ▶3문단

철학자 A는 자유주의 논제와 비의지성 논제는 받아들이면서 의무론 논제를 거부하여 위 논증의 결론을 거부한다. A에 따르면 위 논증에서 우리에게 p를 믿어야 할 인식적 의무가 없다는 것은 성립하지만, 우리에게 인식적 의무가 없더라도 그 믿음이 인식적으로 정당화될 수 있는 그런 경우가 있다. 위 예처럼 창 밖에 나무가 있다는 것을 믿어야 할 인식적 의무가 없더라도, 창 밖의 나무를 실제로 보고 있다는 것으로부터 그 믿음은 충분히 인식적으로 정당화될 수 있다. 따라서 위 논증의 결론은 거부된다. ▶4문단

철학자 B는 의무론 논제와 비의지성 논제는 받아들이면서 자유주의 논제를 거부하여 위 논증의 결론을 거부한다. B에 따르면 위 논증에서 우리의 p에 대한 믿음이 비의지적이더라도 그 믿음에 대한 인식적 의무는 있을 수 있다. 비유적으로 생각해 보자. 돈이 없어서 빚을 갚을지 말지에 대해 선택의 여지가 없다고 하더라도 빚을 갚아야 한다는 의무는 있다. B에 따르면 이러한 방식으로 비의지적인 믿음에 대한 인식적 의무에 대해 말할 수 있다. ▶5문단

19 ③

난이도 ■■■

| 문제 유형 | 비판적 사고 > 논리적 결론의 전제·원인 찾기
| 접근 전략 | 철학 지문의 경우 논리의 흐름을 적절히 파악해야 한다. 따라서 전제와 결론을 잘 따지고 논리적으로 결론이 도출되는 과정을 중심으로 독해한다.

위 글의 ㉠~㉣에 대한 분석으로 적절한 것만을 〈보기〉에서 모두 고르면?

〈보기〉

ㄱ. ㉠과 ㉢만으로는 ㉣이 도출되지 않는다. → (O) 5문단에 따르면 ㉠과 ㉢만으로는 ㉣이 도출되지 않고 ㉡이 필요함을 알 수 있다.

ㄴ. ㉡의 부정으로부터 ㉢의 부정이 도출된다. → (X) ㉡을 부정하면 ㉢의 부정이 도출된다는 분석은 적절하지 않다. 철학자 B에 따르면 비의지성 논제를 부정하더라도 비의지적인 믿음에 대한 인식적 의무는 존재하기 때문이다.

ㄷ. ㉢과 "'지금 비가 오고 있다.'를 믿는다는 것이 비의지적이다."라는 전제로부터 "우리에게 '지금 비가 오고 있다.'를 믿어야 할 인식적 의무가 없다."는 것이 도출된다. → (O) 5문단에 따르면 ㉢과 "지금 비가 오고 있다.'를 믿는 것이 비의지적이다."라는 전제로부터 '지금 비가 오고 있다.'를 믿어야 할 인식적 의무가 없다. 자유주의 논제를 받아들여 결론을 도출하게 된다.

① ㄱ ➡ (X)
② ㄴ ➡ (X)
③ ㄱ, ㄷ ➡ (O)
④ ㄴ, ㄷ ➡ (X)
⑤ ㄱ, ㄴ, ㄷ ➡ (X)

20 ③
난이도 ■■■

| 문제 유형 | 비판적 사고 > 논지 강화·약화하기
| 접근 전략 | 철학 지문의 경우 철학자마다 고유한 자신의 논리가 있으므로 이러한 논리의 흐름을 적절히 파악해야 한다. 따라서 전제와 결론을 잘 따지고 논리적으로 결론이 도출되는 과정을 중심으로 독해한다.

위 글에 대한 평가로 적절한 것만을 〈보기〉에서 모두 고르면?

〈보기〉

ㄱ. "우리가 p를 믿는다는 것은 자유롭게 선택할 수 있는 것이다."는 것이 사실이면, 철학자 A의 입장은 약화된다. → (O) 철학자 A는 비의지성 논제를 받아들이고 있으므로 "우리가 p를 믿는다는 것은 자유롭게 선택할 수 있는 것이다."라는 것이 사실이면, 비의지성 논제와 반대되므로 A의 입장은 약화된다.

ㄴ. "우리에게 p를 믿어야 할 인식적 의무가 있다면 우리의 p에 대한 믿음이 인식적으로 정당화된다."는 것이 사실이면, 철학자 B의 입장은 강화된다. → (O) 철학자 B는 의무론 논제를 받아들이고 있으므로 "우리에게 p를 믿어야 할 인식적 의무가 있다면 우리의 p에 대한 믿음이 인식적으로 정당화된다."라는 것이 사실이면 의무론 논제와 일맥상통하므로 B의 입장은 강화된다.

ㄷ. "우리가 p를 믿는다는 것이 자유롭게 선택할 수 있는 것이 아니더라도 우리에게 p를 믿어야 할 인식적 의무가 있다."는 것이 사실이면, 철학자 A와 B의 입장은 약화된다. → (X) "우리가 p를 믿는다는 것이 자유롭게 선택할 수 있는 것이 아니더라도 우리에게 p를 믿어야 할 인식적 의무가 있다."라는 것이 사실이면, 우리에게 p를 믿어야 할 인식적 의무는 없다는 자유주의 논제를 거부하는 B의 입장은 약화되지 않는다.

① ㄱ ➡ (X)
② ㄷ ➡ (X)
③ ㄱ, ㄴ ➡ (O)
④ ㄴ, ㄷ ➡ (X)
⑤ ㄱ, ㄴ, ㄷ ➡ (X)

21 ①

| **문제 유형** | 사실적 이해 > 중심 내용 파악

| **접근 전략** | 대화문이 지문으로 제시된 경우에는 대화의 주제와 쟁점, 각 발화자들의 입장을 정리하면서 읽어야 한다. 아동학대의 피해자가 많은 이유에 대하여 세 사람이 각자 다른 주장을 하고 있으므로 각 주장의 중심 내용을 빠르게 파악하고 〈보기〉의 적절성을 판단하여야 한다.

다음 대화의 ㉠으로 적절한 것만을 〈보기〉에서 모두 고르면?

갑: 현재 지방자치단체들에서는 아동학대 피해자들을 위해 아동보호 전문기관과 연계하여 적극적인 보호조치를 취하는 대응체계를 구축하고 있는데요. 그럼에도 불구하고 아동학대로부터 제대로 보호받지 못하는 피해자들이 여전히 많은 이유는 무엇일까요?

을: 제 생각에는 신속한 보호조치가 미흡한 것 같습니다. 현행 대응체계에서는 신고가 접수된 이후부터 실제 아동학대로 판단되어 보호조치가 취해지기까지 긴 시간이 소요됩니다. 신고를 해 놓고 보호조치를 기다리는 동안 또다시 학대를 받는 아동이 많은 것은 아닐까요?

병: 글쎄요. 저는 다른 이유가 있다고 생각합니다. 현행 대응체계에서는 일단 아동학대 신고가 접수되면 실제 아동학대로 판단될 수 있는 사례인지를 조사합니다. 그 결과 아동학대로 판단되지 않은 사례에 대해서는 보호조치가 취해지지 않는데요. 당장은 직접적인 학대 정황이 포착되지 않아 아동학대로 판단되지 않았으나, 실제로는 아동학대였던 경우가 많았을 것이라고 생각합니다.

정: 옳은 지적이긴 합니다. 하지만 저는 더 근본적인 문제가 있다고 생각합니다. 아동학대가 가까운 친인척에 의해 발생한다는 점, 그리고 피해자가 아동이라는 점 등으로 인해 신고 자체가 어려운 경우가 많습니다. 애당초 신고를 하기 어려우니 보호조치가 취해질 가능성 또한 낮은 것이지요.

갑: 모두들 좋은 의견 감사합니다. 오늘 회의에서 제시하신 의견을 뒷받침할 수 있는 ㉠자료 조사를 수행해 주세요.

〈보기〉

ㄱ. 을의 주장을 뒷받침하기 위해, 신고가 접수된 시점과 아동학대 판단 후 보호조치가 시행된 시점 사이에 아동학대가 재발한 사례의 수를 조사한다. → (O) 을은 아동학대의 피해자가 줄지 않는 이유로 신속한 보호조치의 미흡함을 주장하고 있다. 이에 아동학대 신고가 접수된 시점과 아동학대 판단 후 보호조치가 시행된 시점 사이에 보호조치가 시행되지 않아 아동학대가 재발한 사례가 타당한 근거가 될 수 있다.

ㄴ. 병의 주장을 뒷받침하기 위해, 아동학대로 판단되지 않은 신고 사례 가운데 보호조치가 취해지지 않은 사례가 차지하는 비중을 조사한다. → (X) 병은 아동학대의 피해자가 줄지 않는 이유로 직접적인 학대 정황이 포착되지 않아 아동학대로 판단되지 않은 경우가 많음을 주장하고 있다. 아동학대로 판단되지 않은 신고 사례는 모두 보호조치가 취해지지 않으므로 타당한 근거가 될 수 없다.

ㄷ. 정의 주장을 뒷받침하기 위해, 아동학대 피해자 가운데 친인척과 동거하지 않으며 보호조치를 받지 못한 사례의 수를 조사한다. → (X) 정은 아동학대의 피해자가 줄지 않는 이유로 가까운 친인척에 의해 학대가 일어나 신고 자체가 어렵다고 주장하고 있다. 친인척과의 동거 여부가 친인척에 의한 아동학대의 필요조건이라고 단정할 수 없으므로 타당한 근거가 될 수 없다.

① ㄱ ➡ (O)
② ㄴ ➡ (X)
③ ㄱ, ㄷ ➡ (X)
④ ㄴ, ㄷ ➡ (X)
⑤ ㄱ, ㄴ, ㄷ ➡ (X)

22 ④

| **문제 유형** | 비판적 사고 > 지문에서 추론하기

| **접근 전략** | 〈표〉와 함께 글이 제시되는 지문은 〈표〉가 지문의 내용을 뒷받침하므로 〈표〉를 유심히 읽어야 한다. 〈표〉에서 판매 유형 및 방법에 따른 구분을 보여 주고 있으므로 글만으로는 설명되지 않는 여러 정보를 알 수 있다.

다음 글에서 추론할 수 있는 것은?

현재 갑국의 소매업자가 상품을 판매할 수 있는 방식을 정리하면 〈표〉와 같다.

〈표〉 판매 유형 및 방법에 따른 구분

유형 \ 방법	주문 방법	결제 방법	수령 방법
대면	영업장 방문	영업장 방문	영업장 방문
예약 주문	온라인	영업장 방문	영업장 방문
스마트 오더	온라인	온라인	영업장 방문
완전 비대면	온라인	온라인	배송

▶1문단

갑국은 주류에 대하여 국민 건강 증진 및 청소년 보호를 이유로 스마트 오더 및 완전 비대면 방식으로 판매하는 것을 금지해 왔다. 단, 전통주 제조자가 관할 세무서장의 사전 승인을 받은 경우, 그리고 음식점을 운영하는 음식업자가 주문받은 배달 음식과 함께 소량의 주류를 배달하는 경우에 예외적으로 주류의 완전 비대면 판매가 가능했다. ▶2문단

그러나 IT 기술 발전으로 인터넷 상점이나 휴대전화 앱 등을 이용한 재화 및 서비스의 구매 비중이 커져 주류 판매 관련 규제도 변해야 한다는 각계의 요청이 있었다. 이에 갑국 국세청은 관련 고시를 최근 개정하여 주류 소매업자가 이전과 다른 방식으로 주류를 판매하는 것도 허용했다. ▶3문단

이전에는 슈퍼마켓, 편의점 등을 운영하는 주류 소매업자는 대면 및 예약 주문 방식으로만 주류를 판매할 수 있었다. 그러나 개정안에 따르면 주류 소매업자가 스마트 오더 방식으로도 소비자에게 주류를 판매할 수 있게 되었다. 다만 완전 비대면 판매는 이전처럼 예외적인 경우에만 허용된다. ▶4문단

① 고시 개정과 무관하게 음식업자는 주류만 완전 비대면으로 판매할 수 있다. ➡ (X) 2문단에서 고시 개정 전에 음식업자는 주문받은 배달 음식과 함께 소량의 주류를 완전 비대면으로 판매가 가능했다고 하였으므로 잘못된 추론이다.

② 고시 개정 이전에는 슈퍼마켓을 운영하는 주류 소매업자는 온라인으로 주류 주문을 받을 수 없었다. ➡ (X) 〈표〉에 따르면 고시 개정 전에 주류 소매업자는 온라인으로 주류 주문을 받을 수 있었으므로 잘못된 추론이다.

③ 고시 개정 이전에는 주류를 구매하는 소비자는 반드시 영업장을 방문하여 상품을 대면으로 수령해야 했다. ➡ (X) 〈표〉와 2문단에 따르면 고시 개정 전에 소비자는 전통주를 구매하는 경우나 배달 음식과 함께 소량의 주류를 구매하는 경우 영업장을 방문하지 않고도 배송받을 수 있었으므로 잘못된 추론이다.

④ 고시 개정 이전에는 편의점을 운영하는 주류 소매업자는 주류 판매 대금을 온라인으로 결제받을 수 없었다. ➡ (O) 4문단에서 고시 개정 이전에는 편의점을 운영하는 주류 소매업자는 대면 및 예약 주문 방식으로만 주류를 판매할 수 있었다고 하였다. 〈표〉를 참고하면 대면 및 예약 주문 방식은 결제 방법이 영업장을 방문하는 수밖에 없으므로 판매 대금을 온라인으로 결제받을 수 없었다는 것은 옳은 추론이다.

⑤ 고시 개정 이후에는 전통주를 구매하는 소비자는 전통주 제조자의 영업장에 방문하여 주류를 구입할 수 없다. ➡ (X) 3문단에서 갑국 국세청은 관련 고시를 최근 개정하여 주류 소매업자가 이전과 다른 방식으로 주류를 판매하는 것도 허용했다고 하였다. 기존에 전통주는 영업장을 방문하여 대면으로

구매가 가능했으므로 고시 개정 이후에도 영업점 방문을 통한 대면 구매는 가능하다. 이에 잘못된 추론이다.

23 ③

난이도 ■■□

| **문제 유형** | 비판적 사고 > 판단하기

| **접근 전략** | 우수기관 또는 취약기관으로 지정되는 기준이 매우 복잡하게 나와 있으므로 이러한 기준을 정확히 파악하는 것이 중요하다. 더불어 〈보기〉에서 추가로 제시되는 조건을 활용해 〈표〉의 빈칸을 추론할 수 있으므로 〈보기〉를 먼저 읽고 지문에 해당하는 부분을 발췌하여 읽는 것이 문제 풀이에 유리하다.

다음 글의 〈표〉에 대한 판단으로 적절한 것만을 〈보기〉에서 모두 고르면?

갑 부처는 민감정보 및 대규모 개인정보를 처리하는 공공기관에 대해 매년「공공기관 개인정보 보호수준 평가」(이하 '보호수준 평가')를 실시한다. 갑 부처는 공공기관의 개인정보 보호 업무에 대한 관심도와 관리 수준을 평가하여 우수기관은 표창하고 취약기관에는 과태료를 부과할 수 있다.

보호수준 평가는 접근권한 관리, 암호화 조치, 접속기록 점검의 총 세 항목에 대해서 이루어진다. 각 항목에 대해 '상', '중', '하' 중 하나의 등급을 부여하며, 평가 대상 기관이 세 항목 모두 하 등급을 받으면 취약기관으로 지정된다. 평가 대상 기관이 두 항목에서 하 등급을 받는다면, 그것만으로는 취약기관으로 지정되지 않는다. 그러나 하 등급을 받은 항목의 수가 2년 연속 둘이라면, 그 기관은 취약기관으로 지정된다.

우수기관으로 지정되기 위해서는 당해 연도와 전년도에 각각 둘 이상의 항목에서 상 등급을 받고 당해 연도에는 하 등급을 받은 항목이 없어야 한다.

A기관과 B기관은 2023년과 2024년에 보호수준 평가를 받았으며, 각 항목에 대한 평가 결과는 〈표〉와 같다.

〈표〉 2023년과 2024년 보호수준 평가 결과

기관	연도	접근권한 관리	암호화 조치	접속기록 점검
A	2023	㉠	중	㉡
	2024	㉢	하	상
B	2023	㉣	상	하
	2024	중	㉤	㉥

─〈보기〉─

ㄱ. ㉠과 ㉢이 다르면 A기관은 2024년에 우수기관으로도 취약기관으로도 지정되지 않는다. → (O) A기관의 2023년과 2024년의 접근권한 관리 항목의 평가 결과가 다르다면 2024년 ㉢이 '상'으로 평가받을 경우 둘 이상의 항목에서 '상' 등급을 받고 여기에 당해 연도에는 '하' 등급을 받은 항목이 없어야 하지만, 이미 암호화 조치 항목에서 '하'를 받았기 때문에 우수기관으로 지정되지 않는다. 또한 2023년에 ㉠에서 '하' 등급을 받았더라도 ㉠과 ㉢이 다르다는 조건에 의해 2023년에는 ㉢에서 '하' 등급을 받지 않았기 때문에 '하' 등급을 받은 항목의 수가 2년 연속 둘이 되지 않아 취약기관으로도 지정되지 않는다. 이에 적절한 판단이다.

ㄴ. ㉤과 ㉥이 모두 '하'라면 B기관은 2024년에 취약기관으로 지정된다. → (X) ㉤과 ㉥이 모두 '하'라고 해도 ㉣을 알 수 없기 때문에 B기관이 두 항목에서 2년 연속 '하' 등급을 받았는지 알 수 없다. 따라서 2024년에 취약기관으로 지정된다고 판단하기 어렵다.

ㄷ. 2024년에 A기관은 취약기관으로 지정되었고 B기관은 우수기관으로 지정되었다면, ㉡과 ㉣은 같지 않다. → (O) 2024년에 A기관이 취약기관으로 지정되었다면 ㉢, ㉣, ㉡은 모두 '하'를 받았을 것으로 추론할 수 있다. 더불어 B기관이 2024년에 우수기관으로 지정되었다면, ㉣은 전년도에 둘 이상의 항목에서 '상' 등급을 받았어야 하므로 '상'으로 유추할 수 있다. 따라서

─────────

㉡과 ㉣은 같지 않다는 판단은 적절하다.

① ㄱ ➡ (X)
② ㄴ ➡ (X)
③ ㄱ, ㄷ ➡ (O)
④ ㄴ, ㄷ ➡ (X)
⑤ ㄱ, ㄴ, ㄷ ➡ (X)

24 ②

난이도 ■■□

| **문제 유형** | 비판적 사고 > 판단하기

| **접근 전략** | 찬반이 나뉘는, 의견이 두 갈래로 갈리는 글에서는 의견이 같은 사람끼리 묶어서 지문을 빠른 시간에 정리하는 방식의 풀이가 필요하다. 글에서 갑과 병은 민원인이 산후관리비 및 출산장려금 지원 자격 요건에 부합하지 않는다고 생각하며, 을과 정, 무는 모두 민원인이 출산장려금의 지원 자격 요건에 부합한다고 생각한다.

다음 갑~무의 대화에 대한 분석으로 적절하지 않은 것은?

갑: 2017년부터 우리 A시에 주민등록을 하여 거주해 오는 주민이 출산 직후인 2024년 4월 22일에 출산장려금과 산후관리비의 지원을 신청했습니다. 그런데 그 주민은 2023년 8월 30일부터 2023년 9월 8일까지 다른 지역으로 주민등록을 옮겨서 거주한 일이 있어서, 지원 대상이 될 수 없다고 통보하자 민원을 제기했습니다.

을: 안타까운 일이군요. 민원인은 요건상의 기간 중에 배우자의 직장 문제로 열흘 정도 다른 지역에 계셨을 뿐, 줄곧 우리 A시에 살고 계십니다.

갑: 「A시 산후관리비 및 출산장려금 지원에 관한 조례」(이하 'A시 조례') ㉠제3조의 산후관리비 지원 자격 요건은 "출산일 기준으로 12개월 전부터 신청일 현재까지 계속하여 A시에 주민등록을 둔 산모"라고 규정합니다. 어쩔 수 없습니다.

을: ㉡제7조의 출산장려금 지원 자격 요건은 제3조에서 동일하게 규정되어 있는데 "계속하여"라는 문구는 없습니다. 그러니 출산장려금은 지급했어야 하는 것 아닙니까?

병: 그것도 또한 계속성을 요구한다고 해석해야 합니다. 우리와 인접한 B시의 「B시 출산장려금 지원 조례」(이하 'B시 조례') ㉢제2조의 출산장려금 지원 자격 요건은 A시 조례 제7조와 같은 취지와 형식의 문구로 되어 있으면서 계속성을 명시합니다. 다른 지방자치단체들의 조례도 마찬가지입니다.

정: 그러나 B시 조례를 잘 보면 출산 전 주민등록의 기간은 우리의 절반밖에 되지 않습니다. 이 점을 고려하면, 둘을 동일 선상에 놓고 보아서는 안 됩니다.

무: 판례를 고려하여 해석하는 것이 적절해 보입니다. 갱신되거나 반복된 근로계약에서는 그 사이 일부 공백 기간이 있더라도 근로관계의 계속성을 인정해야 한다는 판결이 있습니다. 근로자를 보호하는 취지인데요, 자녀를 두는 가정을 보호하려는 A시 조례의 두 지원 사업은 그와 일맥상통합니다. 계속성은 유연하게 해석합시다.

① 갑은 민원인이 ㉠을 갖추었는지 여부에 대한 판단에서 병과는 같고 무와는 다르다. ➡ (O) 갑과 병은 민원인이 산후관리비 및 출산장려금 지원 자격 요건에 부합하지 않는다고 생각하며, 무는 민원인이 출산장려금의 지원 자격 요건에 부합한다고 생각하고 있으므로 적절한 분석이다.

② 을은 ㉠에 관한 조항에 나오는 "계속하여"라는 문구의 의미를 갑, 병과 달리 이해한다. ➡ (X) 을은 '계속하여'라는 문구의 의미를 갑, 병과 동일하게 이해하고 있으므로 달리 이해하고 있다는 것은 적절하지 않은 분석이다.

③ 병은 ⓒ에서처럼 주민등록의 계속성을 명시하는 것이 ⓛ과 같은
경우보다 일반적이라고 이해한다. ➡ (○) 병은 다른 지방자치단체들의
조례도 마찬가지로 주민등록의 계속성을 요구한다고 해석해야 한다고 주장하고 있기
때문에 적절한 분석이다.

④ 정은 조문의 해석에서 ⓒ에서의 주민등록 기간이 ⓛ에서와 다르
다는 점을 고려할 수 있다고 본다. ➡ (○) 정은 B시 조례는 출산 전 주민
등록의 기간이 A시의 절반밖에 되지 않는다고 지적하며 ⓒ에서의 주민등록 기간이
ⓛ에서와는 다르다고 의견을 제시하므로 적절한 분석이다.

⑤ 무는 ㉠과 관련하여 일시적인 단절이 있어도 계속성의 요건이 충
족될 수 있다고 본다. ➡ (○) 무는 근로계약을 예로 들며 ㉠과 관련해서도 민
원인에게 일부 공백 기간이 있더라도 계속성을 인정해야 한다며 요건이 충족될 수 있
다고 말하기 때문에 적절한 분석이다.

25 ③
난이도 ■■■

| **문제 유형** | 비판적 사고 > 판단하기
| **접근 전략** | 갑과 을이 논쟁하고 있는 제시문에서 〈논쟁〉을 벌이고 있는 쟁점을
먼저 판단하여야 문제 풀이에 유리하다.

**다음 글의 〈논쟁〉에 대한 분석으로 적절한 것만을 〈보기〉에서 모두 고
르면?**

K국의 「형법」 제7조(이하 '현행 조항')는 다음과 같다.

> 제7조 죄를 지어 외국에서 형의 전부 또는 일부가 집행된 사람에 대해
> 서는 선고하는 형을 감경 또는 면제할 수 있다.

최근 K국 의회에서는 현행 조항에서 "할 수 있다"의 문구를 "해야 한
다"(이하 '개정 문구')로 개정하려 한다. 이에 대하여 갑과 을이 논쟁한다.

〈논쟁〉

쟁점 1: 갑은, 이중처벌 금지의 원칙에 따르면 외국에서 받은 형 집행은 K국
에서 반드시 반영되어야 하는 것인데도 현행 조항은 법관이 그것을
아예 반영하지 않을 수 있는 재량까지 부여하기 때문에 어떻게든
개정은 해야 한다고 주장한다. 그러나 을은, 현행 조항은 이중처벌
금지의 원칙과 무관하기 때문에 개정 문구가 타당한지를 따질 것
도 없이 그 원칙을 개정의 논거로 삼을 수 없다고 주장한다.

쟁점 2: 갑은, 현행 조항은 신체의 자유를 과도하게 제한하는 위헌적 조문이
라서 향후 국민 기본권의 침해를 피할 수 없으므로 개정이 필요하다
고 주장한다. 그러나 을은, 현재 K국 법원은 법률상의 재량을 합리
적으로 행사하여 위헌의 사례 없이 사실상 개정 문구대로 운영하므
로 현행 조항을 유지해도 된다고 맞선다.

〈보기〉

ㄱ. 쟁점 1과 관련하여, 을은 이중처벌 금지가 하나의 범죄행위에 대해
동일한 국가가 형벌권을 거듭 행사해서는 안 된다는 의미라고 해석
하는 것이라면, 갑과 을 사이의 주장 불일치를 설명할 수 있다.
→ (○) 쟁점 1에 대하여 을은 하나의 범죄 행위에 대해 외국에서 형벌권을 행
사하고 K국에서도 형벌권을 행사해서는 안 된다는 의미로 이중처벌 금지를 해
석하고 있으며, 갑은 이중처벌 금지의 원칙에 따르면 외국에서 받은 형 집행이
그대로 K국에서 반영되어야 하는데 이 형이 제대로 반영하지 않을 수도 있다
고 생각하기 때문에 을과 주장이 불일치한다.

ㄴ. 쟁점 2와 관련하여, 갑은 현행 조항으로 말미암아 헌법상 신체의
자유가 침해될 것이라고 전망하지만, 을은 그러한 전망에 동의하지
않는다. → (○) 쟁점 2에 대하여 갑은 현행 조항을 신체의 자유를 과도하게
제한하는 위헌적 조문이라고 생각하지만, 을은 현재 K국은 위헌의 사례 없이
사실상 개정 문구대로 운영하므로 현행 조항을 유지해도 된다고 맞서기 때문
에 갑의 전망에 동의하지 않는다고 볼 수 있다.

ㄷ. '외국에서 형의 집행을 받은 피고인에게 K국 법원이 형을 선고할
때에는 이미 집행된 형량을 공제해야 한다.'는 내용으로 K국 의회
가 현행 조항을 개정한다면, 갑과 을은 개정에 반대할 것이다.
→ (X) K국 의회가 현행 조항을 개정 문구로 개정한다면, 갑은 개정에 찬성하
지만 을은 개정에 반대할 것이다.

① ㄱ ➡ (X)
② ㄷ ➡ (X)
③ ㄱ, ㄴ ➡ (○)
④ ㄴ, ㄷ ➡ (X)
⑤ ㄱ, ㄴ, ㄷ ➡ (X)

2024 | 제2영역 상황판단(㉛ 책형)

기출 총평

2024년 상황판단 영역은 전년도에 비하여 법조문형 및 제시문 문항이 줄었고, 연산추론형과 퍼즐형 문항이 늘어났다. 연산추론형 문항은 내용을 빠르게 파악하고 정보를 구조화하여 적용하는 능력을 테스트하는 문항 중심으로 출제되었다. 각 문항에서 상황과 조건을 상세하게 풀어 설명하고, 적용 예시를 보여주는 등의 방식으로 수험자의 이해를 도우며 난이도를 조절하고 있다. 퍼즐형 문항은 역, 대우 등을 적용하는 논리형식이 출제되지 않았으며 게임·규칙 유형이 늘어났다. 전반적으로 사고력, 정보수집능력, 순발력 등 업무수행에 필요한 능력을 평가하는 PSAT의 목적에 부합하도록 출제되었다고 본다.

법조문형, 제시문형 문항은 정보확인을 통한 내용 파악이 중심으로 예년과 유사하게 출제되었다. 연산추론형 문항은 문항이 길지만 주어진 조건들을 정리하여 적용하면 답을 비교적 쉽게 찾을 수 있는 경우가 대부분이었다. 문장이나 표에서 제시한 정보는 대부분 모두 활용되므로 놓치지 않도록 주의를 기울여야 한다. 퍼즐형 문항 역시 명확하게 주어진 1개의 명제를 중심으로 다른 조건들을 하나씩 적용해 나가면 답을 찾을 수 있다. 문항의 길이는 확연히 늘어났으나 문제 접근성이 좋아져, 체감 난도는 작년 대비 약간 낮았을 것으로 보인다.

문항 분석

문번	정답	난이도	유형
01	⑤	■■□	법조문형 > 규정확인
02	⑤	■■■	법조문형 > 규정적용
03	②	■■□	법조문형 > 규정확인
04	④	■■□	법조문형 > 규정적용
05	①	■□□	제시문형 > 정보확인
06	②	■□□	연산추론형 > 수리계산
07	④	■□□	퍼즐형 > 수리퀴즈
08	④	■■□	연산추론형 > 대입비교
09	②	■□□	제시문형 > 분석추론
10	③	■■■	연산추론형 > 대입비교
11	①	■■□	법조문형 > 규정적용
12	④	■■□	연산추론형 > 수리계산
13	③	■■■	제시문형 > 분석추론

문번	정답	난이도	유형
14	③	■■□	퍼즐형 > 게임·규칙
15	⑤	■■□	퍼즐형 > 최댓값·최솟값 도출
16	⑤	■■■	퍼즐형 > 게임·규칙
17	②	■■□	연산추론형 > 수리계산
18	①	■■■	퍼즐형 > 논리퀴즈
19	③	■□□	연산추론형 > 수리계산
20	④	■■□	연산추론형 > 수리계산
21	③	■■□	퍼즐형 > 논리퀴즈
22	④	■□□	연산추론형 > 대입비교
23	②	■■■	연산추론형 > 수리계산
24	⑤	■■■	퍼즐형 > 수리퀴즈
25	①	■■□	퍼즐형 > 게임·규칙

※ 해당 회차는 1초 합격예측 서비스의 데이터 누적 기간이 충분하지 않아 '정답률 및 선지별 선택률' 기재를 생략하였습니다.

출제 비중

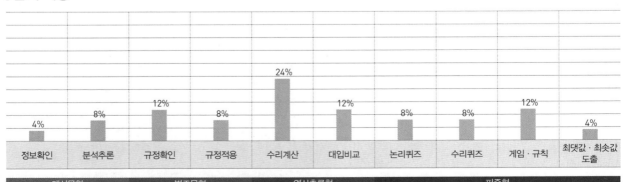

	정보확인	분석추론	규정확인	규정적용	수리계산	대입비교	논리퀴즈	수리퀴즈	게임·규칙	최댓값·최솟값 도출
비중	4%	8%	12%	8%	24%	12%	8%	8%	12%	4%
유형	제시문형		법조문형		연산추론형			퍼즐형		

01	⑤	02	⑤	03	②	04	④	05	①
06	②	07	④	08	④	09	②	10	③
11	①	12	④	13	③	14	②	15	⑤
16	⑤	17	②	18	①	19	③	20	④
21	③	22	④	23	②	24	⑤	25	①

01 ⑤

난이도 ■■□

| **문제 유형** | 법조문형 > 규정확인

| **접근 전략** | 법령 문제는 법령 행사의 주체, 법령 적용 대상에 유의하여 문제를 풀어야 한다. 특히 다수의 주체가 나오는 경우 보고를 하는 쪽과 받는 쪽을 혼동하도록 하여 선지의 난도를 높이는 경우가 있으니 이를 특별히 유의하여야 한다. 각각의 주체들이 할 수 있는 것들이 모두 다르므로 꼼꼼하게 읽어야 옳지 않은 판단을 골라야 한다. 대부분 선지의 단어나 어구의 표현이 제시문에 그대로 나타나 있으므로 선지를 먼저 읽고 제시문의 해당 부분을 찾아서 옳고 그름을 판단하면 문제 풀이 시간을 줄일 수 있다.

다음 글을 근거로 판단할 때 옳은 것은?

제00조 ① A부장관은 클라우드컴퓨팅(cloud computing)에 관한 정책의 효과적인 수립·시행에 필요한 산업 현황과 통계를 확보하기 위한 실태조사(이하 '실태조사'라 한다)를 할 수 있다.
② A부장관은 실태조사를 위하여 필요한 경우에는 클라우드컴퓨팅서비스 제공자나 그 밖의 관련 기관 또는 단체에 자료의 제출이나 의견의 진술 등을 요청할 수 있다.
③ A부장관은 클라우드컴퓨팅의 발전과 이용 촉진 및 이용자 보호와 관련된 중앙행정기관(이하 '관계 중앙행정기관'이라 한다)의 장이 요구하는 경우 실태조사 결과를 통보하여야 한다.
④ A부장관은 실태조사를 할 때에는 다음 각 호의 사항을 내용에 포함하여야 한다.
  1. 클라우드컴퓨팅 관련 기업 현황 및 시장 규모
  2. 클라우드컴퓨팅기술 및 클라우드컴퓨팅서비스의 이용·보급 현황
  3. 클라우드컴퓨팅 산업의 인력 현황 및 인력 수요 전망
  4. 클라우드컴퓨팅 관련 연구개발 및 투자 규모
⑤ 실태조사는 현장조사, 서면조사, 통계조사 및 문헌조사 등의 방법으로 실시하되, 효율적인 실태조사를 위하여 필요한 경우에는 정보통신망 및 전자우편 등의 전자적 방식으로 실시할 수 있다.
제00조 ① 관계 중앙행정기관의 장은 클라우드컴퓨팅기술 및 클라우드컴퓨팅서비스에 관한 연구개발사업을 추진할 수 있다.
② 관계 중앙행정기관의 장은 기업·연구기관 등에 제1항에 따른 연구개발사업을 수행하게 하고 그 사업 수행에 드는 비용의 전부 또는 일부를 지원할 수 있다.
제00조 국가와 지방자치단체는 클라우드컴퓨팅기술 및 클라우드컴퓨팅서비스의 발전과 이용 촉진을 위하여 조세감면을 할 수 있다.

① 실태조사는 전자적 방식으로 실시하는 것을 원칙으로 하되, 필요한 경우 현장조사, 서면조사 등의 방법으로 실시할 수 있다. ➡ (X) 첫 번째 조 제5항에서 실태조사는 현장조사, 서면조사, 통계조사 및 문헌조사 등의 방법으로 실시하되, 효율적인 실태조사를 위하여 필요한 경우에는 전자적 방식으로 실시할 수 있다고 밝히고 있으므로 전자적 방식으로 실시하는 것이 원칙이라는 것은 옳지 않은 판단이다.

② 클라우드컴퓨팅기술 및 클라우드컴퓨팅서비스의 발전과 이용 촉진을 위하여 지방자치단체가 조세감면을 할 수는 없다. ➡ (X) 세 번째 조에서 클라우드컴퓨팅기술 및 클라우드컴퓨팅서비스의 발전과 이용 촉진을 위하여 국가와 지방자치단체는 조세감면을 할 수 있다고 밝히고 있으므로 옳지 않은 판단이다.

③ A부장관은 실태조사의 내용에 클라우드컴퓨팅 산업의 인력 현황을 포함해야 하지만, 인력 수요에 대한 전망을 포함시킬 필요는 없다. ➡ (X) 첫 번째 조 제4항 제3호에서 실태조사를 할 때에는 클라우드컴퓨팅 산업의 인력 현황 및 인력 수요 전망을 내용에 포함하여야 한다고 하였으므로 인력 수요에 대한 전망을 포함시킬 필요가 없다는 것은 옳지 않은 판단이다.

④ A부장관은 관계 중앙행정기관의 장에게 실태조사 결과를 요구할 수 있고, 이 경우 관계 중앙행정기관의 장은 그 결과를 A부장관에게 통보하여야 한다. ➡ (X) 첫 번째 조 제3항에서 A부장관은 관계 중앙행정기관의 장이 요구하면 실태조사 결과를 통보하여야 한다고 하였으므로 관계 중앙행정기관의 장이 A부장관에게 통보하여야 한다는 것은 옳지 않은 판단이다.

⑤ 관계 중앙행정기관의 장이 연구기관에 클라우드컴퓨팅기술 및 클라우드컴퓨팅서비스에 관한 연구개발사업을 수행하게 한 경우, 그 사업 수행에 드는 비용을 지원할 수 있다. ➡ (O) 두 번째 조 제2항에서 관계 중앙행정기관의 장은 연구기관에 제1항에 따른 연구개발사업을 수행하게 하고 그 사업 수행에 드는 비용의 전부 또는 일부를 지원할 수 있다고 밝히고 있으므로 옳은 판단이다.

02 ⑤

난이도 ■■■

| **문제 유형** | 법조문형 > 규정적용

| **접근 전략** | 법령 문제는 법령 행사의 주체, 법령 적용 대상에 유의하여 문제를 풀어야 한다. 특히 이 문항의 경우 제시문과 선지의 길이가 모두 길고 선지가 틀린 부분이 상대적으로 작아 답을 찾기 어려우므로 꼼꼼하고 정확하게 읽어야 한다. 선지에 사용된 단어와 표현이 그대로 제시문에 사용되는 경우가 빈번하므로 제시문을 먼저 읽기보다는 선지를 먼저 읽고 제시문의 해당 부분을 찾아 발췌독하여 문제를 해결하는 것이 훨씬 문제 풀이 시간을 단축할 수 있다. 특히 법령 문제의 경우 문제 풀이에 필요 없는 법령은 없으며 하부항목이 있는 조항은 꼭 출제된다는 점을 명심해야 한다.

다음 글을 근거로 판단할 때 옳은 것은?

제00조 이 법에서 사용하는 용어의 뜻은 다음과 같다.
  1. "산림병해충"이란 산림에 있는 식물과 산림이 아닌 지역에 있는 수목에 해를 끼치는 병과 해충을 말한다.
  2. "예찰"이란 산림병해충이 발생할 우려가 있거나 발생한 지역에 대하여 발생 여부, 발생 정도, 피해 상황 등을 조사하거나 진단하는 것을 말한다.
  3. "방제"란 산림병해충이 발생하지 아니하도록 예방하거나, 이미 발생한 산림병해충을 약화시키거나 제거하는 모든 활동을 말한다.
제00조 ① 산림소유자는 산림병해충이 발생할 우려가 있거나 발생하였을 때에는 예찰·방제에 필요한 조치를 하여야 한다.
② 산림청장, 시·도지사, 시장·군수·구청장 또는 지방산림청장은 산림병해충이 발생할 우려가 있거나 발생하였을 때에는 예찰·방제에 필요한 조치를 할 수 있다.
③ 시·도지사, 시장·군수·구청장 또는 지방산림청장(이하 '시·도지사 등'이라 한다)은 산림병해충이 발생할 우려가 있거나 발생하였을 때에는 산림소유자, 산림관리자, 산림사업 종사자, 수목의 소유자 또는 판매자 등에게 다음 각 호의 조치를 하도록 명할 수 있다. 이 경우 명령을 받은 자는 특별한 사유가 없으면 명령에 따라야 한다.
  1. 산림병해충이 있는 수목이나 가지 또는 뿌리 등의 제거
  2. 산림병해충이 발생할 우려가 있거나 발생한 산림용 종묘, 베어낸 나무, 조경용 수목 등의 이동 제한이나 사용 금지

3. 산림병해충이 발생할 우려가 있거나 발생한 종묘·토양의 소독

④ 시·도지사 등은 제3항 제2호에 따라 산림용 종묘, 베어낸 나무, 조경용 수목 등의 이동 제한이나 사용 금지를 명한 경우에는 그 내용을 해당 기관의 게시판 및 인터넷 홈페이지 등에 10일 이상 공고하여야 한다.

⑤ 시·도지사 등은 제3항 각 호의 조치이행에 따라 발생한 농약대금, 인건비 등의 방제비용을 예산의 범위에서 지원할 수 있다.

① 산림병해충이 발생하지 않도록 예방하는 활동은 방제에 해당하지 않는다. ➡ (X) 첫 번째 조 제3호에서 '방제'의 범위에 산림병해충이 발생하지 않도록 예방하는 활동이 포함되므로 옳지 않은 판단이다.

② 산림병해충이 발생할 우려가 있는 경우, 수목의 판매자는 예찰에 필요한 조치를 하여야 한다. ➡ (X) 두 번째 조 제1항에서 산림소유자는 산림병해충이 발생할 우려가 있으면 예찰에 필요한 조치를 하여야 한다고 밝히고 있으므로 옳지 않은 판단이다.

③ 산림병해충 발생으로 인한 조치 명령을 이행함에 따라 발생한 인건비는 시·도지사 등의 지원 대상이 아니다. ➡ (X) 두 번째 조 제5항에서 시·도지사 등은 조치이행에 따라 발생한 인건비 등의 방제비용을 예산의 범위에서 지원할 수 있다고 밝히고 있으므로 지원 대상이 아니라는 것은 옳지 않은 판단이다.

④ 산림병해충이 발생한 종묘에 대해 관할 구청장이 소독을 명한 경우, 그 내용을 구청 게시판 및 인터넷 홈페이지에 10일 이상 공고하여야 한다. ➡ (X) 두 번째 조 제4항에서 산림병해충이 일어나 이동 제한이나 사용 금지를 명한 경우 해당 기관의 게시판 및 인터넷 홈페이지에 10일 이상 공고하여야 한다고 밝히고 있으므로 소독을 명한 경우, 그 내용을 구청 게시판에 공고해야 한다는 것은 옳지 않은 판단이다.

⑤ 산림병해충이 발생하여 관할 지방산림청장이 해당 수목의 소유자에게 수목 제거를 명령하였더라도, 특별한 사유가 있으면 그 명령에 따르지 않을 수 있다. ➡ (O) 두 번째 조 제3항에서 명령을 받은 자는 특별한 사유가 없으면 명령에 따라야 한다고 하였으므로 특별한 사유가 있으면 명령에 따르지 않을 수 있다고 판단할 수 있다.

03 ②

난이도 ■■□

| 접근 전략 | 짧은 제시문과 선지로 출제되었지만 위촉, 호선, 인가 등 실생활에서 잘 쓰이지 않는 표현이 자주 사용되어 난이도를 올리고 있다. 독해를 방해하는 생소한 단어가 나왔을 때는 앞뒤 문맥을 활용하면 대략적인 의미를 유추할 수 있다. 선지의 표현이 거의 그대로 제시문에 나타나므로 선지에서 등장하는 부분을 찾아 읽어 문제를 푸는 것이 시간 단축에 유리하다.

다음 글을 근거로 판단할 때 옳은 것은?

제00조 ① 게임물의 윤리성 및 공공성을 확보하고 사행심 유발 또는 조장을 방지하며 청소년을 보호하고 불법 게임물의 유통을 방지하기 위하여 ○○관리위원회(이하 '위원회'라 한다)를 둔다.

② 위원회는 위원장 1명을 포함한 9명 이내의 위원으로 구성하되, 위원장은 상임으로 한다.

③ 위원회의 위원은 문화예술·문화산업·청소년·법률·교육·정보통신·역사 분야에 종사하는 사람으로서 게임산업·아동 또는 청소년에 대한 전문성과 경험이 있는 사람 중에서 관련 단체의 장이 추천하는 사람을 A부장관이 위촉하며, 위원장은 위원 중에서 호선한다.

④ 위원장 및 위원의 임기는 3년으로 한다.

제00조 ① 위원회는 법인으로 한다.

② 위원회는 A부장관의 인가를 받아 주된 사무소의 소재지에서 설립등기를 함으로써 성립한다.

제00조 ① 위원회의 업무 및 회계에 관한 사항을 감사하기 위하여 위원회에 감사 1인을 둔다.

② 감사는 A부장관이 임명하며, 상임으로 한다.

③ 감사의 임기는 3년으로 한다.

① 감사와 위원의 임기는 다르다. ➡ (X) 첫 번째 조 제4항과 세 번째 조 제3항에 감사와 위원의 임기는 3년이라고 각각 명시되어 있으므로 감사와 위원의 임기는 다르다는 것은 옳지 않은 판단이다.

② 위원장과 감사는 상임으로 한다. ➡ (O) 첫 번째 조 제2항에서는 위원장을, 세 번째 조 제2항에서는 감사를 상임으로 한다고 명시하고 있으므로 이는 옳은 판단이다.

③ 위원장은 A부장관이 위원 중에서 지명한다. ➡ (X) 첫 번째 조 제3항에서 위원장은 위원 중에서 호선(조직의 구성원들이 그 가운데에서 사람을 뽑음)한다고 되어 있으므로 A부장관이 지명한다는 것은 옳지 않은 판단이다.

④ 위원회는 감사를 포함하여 9명으로 구성하여야 한다. ➡ (X) 첫 번째 조 제2항에서 위원회는 위원장 1명을 포함한 9명 이내의 위원으로 구성한다고 명시하고 있으므로 감사를 포함하여 9명으로 구성하여야 한다는 판단은 옳지 않다.

⑤ 위원회는 A부장관의 인가 여부와 관계없이 주된 사무소의 소재지에서 설립등기를 함으로써 성립할 수 있다. ➡ (X) 두 번째 조 제2항에서 위원회는 A부장관의 인가를 받아 주된 사무소의 소재지에서 설립등기를 함으로써 성립한다고 명시하고 있으므로 인가 여부와 관계없다는 판단은 옳지 않다.

04 ④

난이도 ■■□

| 접근 전략 | 종전 대법원 판례와 최근 대법원 판례를 비교하는 문제로 두 판례의 가장 큰 차이점을 이해해야 한다. 문제에 제시된 상황은 문제를 내기 위해 출제자가 정교하게 짜놓은 상황이므로 여기에서 나타난 쟁점을 먼저 파악한 후 제시문을 독해하면 제시문을 이해하는 것이 훨씬 수월하다. 제사주재자를 결정하는데 가족들 간의 합의가 도출되지 않는 상황으로 남녀, 연령 등의 기준의 변화를 잘 읽어내야 한다. 직계비속이란 직계인 아랫사람을 뜻하는 말로 친자녀, 친손자, 친손녀를 일컫는다. 이 문제에서는 직계비속이란 단어의 의미를 모르면 문제 해결에 큰 어려움이 생긴다. 종전 대법원 판례에 따르면 사망한 사람의 직계비속으로서 장남과 장손자, 그후에는 장녀 순으로 제사주재자가 되며, 최근 대법원 판례에 따르면 연령을 기준으로 사망한 사람의 직계비속 중에 남녀 불문 최근친 중 연장자가 제사주재자가 된다고 하였다.

다음 글과 〈상황〉을 근거로 판단할 때, 제사주재자를 옳게 짝지은 것은?

사망한 사람의 제사를 주재하는 사람(이하 '제사주재자'라 한다)은 사망한 사람의 공동상속인들 간 협의에 의해 정하는 것이 원칙이다. 다만 공동상속인들 사이에 협의가 이루어지지 않을 때, 누구를 제사주재자로 결정할 것인지 문제가 된다. ▶1문단

종전 대법원 판례는, 제사주재자의 지위를 유지할 수 없는 특별한 사정이 없는 한 사망한 사람의 직계비속으로서 장남(장남이 이미 사망한 경우에는 장손자)이 제사주재자가 되고, 공동상속인들 중 아들이 없는 경우에는 장녀가 제사주재자가 된다고 하였다. 이 판례에 대해, 사망한 사람에게 아들, 손자가 있다는 이유만으로 여성 상속인이 자신의 의사와 무관하게 제사주재자가 되지 못한다는 점에서 양성평등의 원칙에 어긋난다는 비판이 있었다. ▶2문단

이를 반영해서 최근 대법원은 연령을 기준으로 하여 제사주재자가 결정되는 것으로 판례를 변경하였다. 즉, 공동상속인들 사이에 협의가 이루어지지 않으면, 제사주재자의 지위를 유지할 수 없는 특별한 사정이 없는 한 사망한 사람의 직계비속 가운데 남녀를 불문하고 최근친(最近親) 중 연장자가 제사주재자가 된다고 하였다. ▶3문단

〈상황〉

甲과 乙은 혼인하여 자녀 A(딸), B(아들), C(아들)를 두었다. B는 혼인하여 자녀 D(아들)가 있고, A와 C는 자녀가 없다. B는 2023. 5. 1. 43세로 사망하였고, 甲은 2024. 5. 1. 사망하였다. 2024. 6. 1. 현재 甲의 공동상속인인 乙(73세), A(50세), C(40세), D(20세)는 각자 자신이 甲의 제사주재자가 되겠다고 다투고 있다. 이들에게는 제사주재자의 지위를 유지할 수 없는 특별한 사정이 없다.

	종전 대법원 판례	최근 대법원 판례	
①	A	C	➡ (X) 종전 대법원

판례에 따르면 A는 여성 상속인으로서 제사주재자가 될 수 없다. 최근 대법원 판례에 따르면 A가 제사주재자가 되려는 의지가 있기에는 직계비속 중 연장자가 아니므로 제사주재자가 될 수 없다. A가 제사주재자가 되려는 의지가 있기에 "C"는 직계비속 중 연장자가 아니므로 제사주재자가 될 수 없다.

②	C	A	➡ (X) 종전 대법원

판례에 따르면 C는 장남이 아니므로 제자주재자가 될 수 없다. 최근 대법원 판례에 따르면 A는 직계비속 중 연장자이므로 제사주재자가 될 수 있다.

③	C	乙	➡ (X) 종전 대법원

판례에 따르면 C는 장남이 아니므로 제자주재자가 될 수 없다. 최근 대법원 판례에 따르면 乙은 직계비속이 아니므로 제사주재자가 될 수 없다.

④	D	A	➡ (O) 종전 대법원

판례에 따르면 D는 장남의 아들인 장손이므로 제사주재자가 될 수 있다. 최근 대법원 판례에 따르면 A는 직계비속 중 연장자이므로 제사주재자가 될 수 있다.

⑤	D	乙	➡ (X) 종전 대법원

판례에 따르면 D는 장남의 아들인 장손이므로 제사주재자가 될 수 있다. 최근 대법원 판례에 따르면 乙은 직계비속이 아니므로 제사주재자가 될 수 없다.

05 ①

난이도 ■□□

|문제 유형| 제시문형 > 정보확인

|접근 전략| 제시문형 문제의 전형적인 형태로 제시문의 문단 구성을 우선 파악하여 각 문단에서 말하는 내용을 알고 선지를 먼저 읽고 제시문을 자세히 읽어 문제 풀이 시간을 단축할 수 있다. 특히 선지에서 제시문의 표현을 모두 그대로 사용하고 있기에 제시문에서 해당 부분을 빠르게 찾을 수 있다. 하위 요소와 상위 요소가 나오는 글에서는 서로 순서를 바꾸어 선지로 구성하는 경우가 많으므로 둘의 상하 관계를 잘 파악하여야 한다.

다음 글을 근거로 판단할 때 옳은 것은?

자기조절력은 스스로 목표를 설정하고 그 목표를 달성하기 위해 집념과 끈기를 발휘하는 능력을 말한다. 또한 자기조절력은 자기 자신의 감정을 잘 조절하는 능력이기도 하며, 내가 나를 존중하는 능력이기도 하다. 자기조절을 하기 위해서는 도달하고 싶으나 아직 구현되지 않은 나의 미래 상태를 현재 나의 상태와 구별해 낼 수 있어야 한다. 자기조절력의 하위 요소로는 자기절제와 목표달성 등이 있다. 이러한 하위 요소들은 신경망과도 관련이 있는 것으로 알려져 있다. ▶1문단

우선 자기절제는 충동을 통제하고, 일상적이고도 전형적인 혹은 자동적인 행동을 분명한 의도를 바탕으로 억제하는 것이다. 이처럼 특정한 의도를 갖고 자신의 행동이나 생각을 의식적으로 억제하거나 마음먹은 대로 조절하는 능력은 복외측전전두피질과 내측전전두피질을 중심으로 한 신경과 관련이 깊다. ▶2문단

한편 목표달성을 위해서는 두 가지 능력이 필요하다. 첫 번째는 자기 자신에 집중할 수 있는 능력이다. 나 자신에 집중하기 위해서는 끊임없이 자신을 되돌아보며 현재 나의 상태를 알아차리는 자기참조과정이 필요하다. 자기참조과정에 주로 관여하는 것은 내측전전두피질을 중심으로 후방대상피질과

설전부를 연결하는 신경망이다. 두 번째는 자신이 도달하고자 하는 대상에 집중할 수 있는 능력이다. 특정 대상에 주의를 집중하는 데 필요한 뇌 부위는 배외측전전두피질로 알려져 있다. 배외측전전두피질은 주로 내측전전두피질과 연결되어 작동한다. 내측전전두피질과 배외측전전두피질 간의 기능적 연결성이 강할수록 목표를 위해 에너지를 집중하고 지속적인 노력을 쏟아 부을 수 있는 능력이 높아진다. ▶3문단

① 자기조절을 위해서는 현재 나의 상태와 아직 구현되지 않은 나의 미래 상태를 구분할 수 있어야 한다. ➡ (O) 1문단에서 자기조절을 하기 위해서는 도달하고 싶으나 아직 구현되지 않은 나의 미래 상태를 현재 나의 상태와 구별해 낼 수 있어야 한다고 하였다.

② 내측전전두피질과 배외측전전두피질 간의 기능적 연결성이 약할수록 목표를 위한 집중력이 높아진다. ➡ (X) 3문단에서 내측전전두피질과 배외측전전두피질 간의 기능적 연결성이 강할수록 목표를 위해 에너지를 집중하고 노력을 쏟아 부을 수 있는 능력이 높아진다고 하였다.

③ 목표달성을 위해서는 일상적이고 전형적인 행동을 강화하는 능력이 필요하다. ➡ (X) 3문단에서 목표달성을 위해서는 자기 자신에 집중할 수 있는 능력과 자신이 도달하고자 하는 대상에 집중할 수 있는 능력이 필요하다고 하였다.

④ 자신이 도달하고자 하는 대상에 집중하는 과정을 자기참조과정이라 한다. ➡ (X) 3문단에서 자기참조과정이란 자신을 되돌아보며 현재 자신의 상태를 알아차리는 것이라고 하였다.

⑤ 자기조절력은 자기절제의 하위 요소이다. ➡ (X) 1문단에서 자기절제가 자기조절력의 하위 요소라고 하였다.

06 ②

난이도 ■□□

|문제 유형| 연산추론형 > 수리계산

|접근 전략| 수치 정보가 정확히 주어진 부분부터 계산을 시작한다. □의 총합을 구하는 문제이므로 각 □의 정확한 숫자를 알아낼 필요가 없다.

다음 글을 근거로 판단할 때, 보이지 않는 숫자를 모두 합한 값은?

甲~丁은 매일 최대한 많이 걷기로 하고 특정 시간에 만나서 각자의 걸음 수와 그 합을 기록하였다. 그 기록한 걸음 수의 합은 199,998걸음이었다. 그런데 수명이 다 된 펜으로 각자의 걸음 수를 쓴 탓이었는지 다음날에 보니 아래와 같이 다섯 개의 숫자(□)가 보이지 않았다.

甲:	□	5	7	0	1
乙:	8	4	□	9	8
丙:	8	3	□	□	4
丁:	□	6	7	1	5

① 13 ➡ (X)

② 14 ➡ (O) 甲~丁의 걸음 수의 합이 199,998걸음이 되는지 비교하며 계산한다. 일의 자리 합은 18(=1+8+4+5)이므로 1을 십의 자리로 올린다. 십의 자리는 9가 되어야 한다. (0+9+□+1)+1에서 9가 남으려면 "□=8"이어야 한다. 십의 자리 합계는 총 19가 된다. 다시 1을 백의 자리로 올린다. 백의 자리는 9가 되어야 하며, (7+□+□+7)+1에서 9가 남으려면 "□+□는 4"가 된다. 백의 자리는 총 19가 되며, 1을 천의 자리로 올린다. 천의 자리 합은 (5+4+3+6)+1=19이며, 만의 자리에 1을 올린다. 만의 자리의 합 (□+8+8+□)+1도 19가 되어야 하므로, 이때의 "□+□는 2"이다. 따라서 다섯 개의 □를 모두 합하면 8+4+2=14임을 알 수 있다.

③ 15 ➡ (X)

④ 16 ➡ (X)

⑤ 17 ➡ (X)

07 ④

| 문제 유형 | 퍼즐형 > 수리퀴즈

| 접근 전략 | 주어진 조건 중 변동될 수 없는 조건을 찾아 추론을 시작하여야 한다. 최대 100g, 2가지 색 이상의 조건을 확인하여, 50g의 비중을 가진 파란색 공부터 검토하는 것이 좋다. 이를 기준으로 다른 조건을 1개씩 적용하면서 가능성을 검토해 나간다.

다음 글을 근거로 판단할 때, 〈보기〉에서 옳은 것만을 모두 고르면?

甲은 아래 3가지 색의 공을 〈조건〉에 따라 3개의 상자에 나누어 모두 담으려고 한다.

색	무게(g)	개수
빨강	30	3
노랑	40	2
파랑	50	2

〈조건〉

○ 각 상자에는 100g을 초과해 담을 수 없다.
○ 각 상자에는 적어도 2가지 색의 공을 담아야 한다.

➡ 3개의 상자에 각각 100g을 초과하여 담을 수 없고, 적어도 2가지 색의 공이 담겨야 한다. 파란색 공은 1개에 50g이므로 1상자에 1개만 담을 수 있다. 다음으로 무게가 큰 노란색은 개당 40g이므로 파란색 공과 함께 담을 때 총 90g의 첫 번째 박스를 만들 수 있다. 만약 노랑색, 파란색 공을 각 1개씩 한 번 더 담아 두 번째 박스를 만든다면, 빨간색 공은 나머지 1박스에 모두 담아야 하므로 조건에 부합하지 않는다. 따라서 두 번째 박스는 파란색 공 1개에 빨간색 공 1개가 더 담기며, 총 80g이 된다. 그리고 남은 노란색 공 1개와 빨간색 공 2개를 함께 담으면 총 100g이며, 세 번째 박스가 완성된다.

〈보기〉

ㄱ. 빨간색 공은 모두 서로 다른 상자에 담기게 된다. → (X) 빨간색 공은 두 번째, 세 번째 박스에만 담겨 있다.
ㄴ. 각 상자에 담긴 공 무게의 합은 서로 다르다. → (O) 첫 번째 박스는 90g, 두 번째 박스는 80g, 세 번째 박스는 100g이다.
ㄷ. 빨간색 공이 담긴 상자에는 파란색 공이 담기지 않는다. → (X) 두 번째 박스에 파란색 공과 빨간색 공이 함께 담겨 있다.
ㄹ. 3개의 상자 중에서 공 무게의 합이 가장 작은 상자에는 파란색 공이 담기게 된다. → (O) 무게가 가장 가벼운 두 번째 박스에 파란색 공이 담겨 있다.

① ㄱ, ㄴ ➡ (X)
② ㄱ, ㄷ ➡ (X)
③ ㄴ, ㄷ ➡ (X)
④ ㄴ, ㄹ ➡ (O)
⑤ ㄷ, ㄹ ➡ (X)

08 ④

| 문제 유형 | 연산추론형 > 대입비교

| 접근 전략 | 가감 점수 표를 정확히 파악하여, 상단의 현황표에 적용한다. 가감점의 폭이 10점으로 동일하므로 계산 중 상호 혼동하지 않도록 주의한다.

다음 글을 근거로 판단할 때, A사가 투자할 작품만을 모두 고르면?

○ A사는 투자할 작품을 결정하려고 한다. 작품별 기본점수 등 현황은 다음과 같다.

작품 \ 현황	기본점수 (점)	스태프 인원 (명)	장르	감독의 최근 2개 작품 흥행 여부 (개봉연도)	
성묘	70	55	판타지	성공 (2009)	실패 (2015)
서울의 겨울	85	45	액션	실패 (2018)	실패 (2020)
만날 결심	75	50	추리	실패 (2020)	성공 (2022)
빅 포레스트	65	65	멜로	성공 (2011)	성공 (2018)

○ 최종점수는 작품별 기본점수에 아래 기준에 따른 점수를 가감해 산출한다.

기준	가감 점수
스태프 인원이 50명 미만	감점 10점
장르가 판타지	가점 10점
감독의 최근 2개 작품이 모두 흥행 성공	가점 10점
감독의 직전 작품이 흥행 실패	감점 10점

○ 최종점수가 75점 이상인 작품에 투자한다.

① 성묘, 만날 결심 ➡ (X)
② 성묘, 빅 포레스트 ➡ (X)
③ 서울의 겨울, 만날 결심 ➡ (X)
④ 만날 결심, 빅 포레스트 ➡ (O) 스태프 인원이 50명 미만인 영화는 서울의 겨울 1개이며 10점 감점된다. 장르가 판타지인 영화는 성묘이며 10점 가점된다. 감독의 최근 2개 작품이 모두 흥행에 성공한 것은 빅 포레스트만 해당되며 10점 가점된다. 감독의 직전 작품이 흥행에 실패한 것은 성묘와 서울의 겨울이며 각 10점 감점된다. 이와 같은 가감점을 기본점수와 합하면, 성묘 70점, 서울의 겨울 65점, 만날 결심 75점, 빅 포레스트 75점이 된다. A사 투자기준인 최종점수 75점 이상인 작품은 만날 결심, 빅 포레스트이다.
⑤ 서울의 겨울, 빅 포레스트 ➡ (X)

※ 다음 글을 읽고 물음에 답하시오. [문 9.～문 10.]

암호 기술은 일반적인 문장(평문)을 해독 불가능한 암호문으로 변환하거나, 암호문을 해독 가능한 평문으로 변환하기 위한 원리, 수단, 방법 등을 취급하는 기술을 말한다. 이 암호 기술은 암호화와 복호화로 구성된다. 암호화는 평문을 암호문으로 변환하는 것이며, 반대로 암호문에서 평문으로 변환하는 것은 복호화라 한다. ▶1문단

암호 기술에서 사용되는 알고리즘, 즉 암호 알고리즘은 대상 메시지를 재구성하는 방법이다. 암호 알고리즘에는 메시지의 각 원소를 다른 원소에 대응시키는 '대체'와 메시지의 원소들을 재배열하는 '치환'이 있다. 예를 들어 대체는 각 문자를 다른 문자나 기호로 일대일로 대응시키는 것이고, 치환은 단어, 어절 등의 순서를 바꾸는 것이다. ▶2문단

암호 알고리즘에서는 보안을 강화하기 위해 키(key)를 사용하기도 한다. 키는 암호가 작동하는 데 필요한 값이다. 송신자와 수신자가 같은 키를 사용하면 대칭키 방식이라 하고, 다른 키를 사용하면 비대칭키 방식이라 한다. 대칭키 방식은 동일한 키로 상자를 열고 닫는 것이고, 비대칭키 방식은 서로 다른 키로 상자를 열고 닫는 것이다. 비대칭키 방식의 경우에는 수신자가 송신자의 키를 몰라도 자신의 키만 알면 복호화가 가능하다. 그리고 비대칭키 방식은 서로 다른 키를 사용하기 때문에, 키의 유출 염려가 덜해 조금 더 보안성이 높다고 알려져 있다. ▶3문단

한편 암호 알고리즘에 사용하기 위해 만들 수 있는 키의 수는 키를 구성하는 비트(bit)의 수에 따른다. 비트는 0과 1을 표현할 수 있는 가장 작은 단위인데, 예를 들어 8비트로 만들 수 있는 키의 수는 2^8, 즉 256개이다. 키를 구성하는 비트의 수가 많으면 많을수록 모든 키를 체크하는 데 시간이 오래 걸려 보안성이 높아진다. 256개 정도의 키는 컴퓨터로 짧은 시간에 모두 체크할 수 있으나, 100비트로 구성된 키가 사용되었다면 체크해야 할 키의 수가 2^{100}개에 달해 초당 100만 개의 키를 체크할 수 있는 컴퓨터를 사용하더라도 상당히 많은 시간이 걸릴 것이다. ▶4문단

56비트로 구성된 키를 사용하여 만든 암호 알고리즘에는 DES(Data Encryption Standard)가 있다. 그런데 오늘날 컴퓨팅 기술의 발전으로 인해 DES는 더 이상 안전하지 않다. DES보다는 DES를 세 번 적용한 삼중 DES(triple DES)나 그 뒤를 이은 AES(Advanced Encryption Standard)를 사용하고 있다. ▶5문단

---

09 ②

난이도 ■□□

| 문제 유형 | 제시문형 > 분석추론

| 접근 전략 | 하나의 제시문으로 두 문제를 풀어야 하는 세트 구성의 문제에서는 대부분 앞의 문제는 글의 내용을 추리하거나 확인하는 문제, 뒤의 문제는 제시문의 내용을 새로운 상황에 적용하는 문제가 출제된다. 이때 뒤의 문제는 제시문의 한 부분만 읽고도 풀이가 가능하며 제시문에서 뒤의 문제를 풀기 위한 부분으로 사용된 부분은 대개 앞의 문제에서는 사용되지 않는다. 제시문의 한 부분으로 두 문제가 출제되면 난이도가 낮아지기 때문이다.

윗글을 근거로 판단할 때, 〈보기〉에서 옳은 것만을 모두 고르면?

〈보기〉
ㄱ. 복호화를 통하여 암호문을 평문으로 변환할 수 있다. → (O) 1문단에서 암호문에서 평문으로 변환하는 것을 복호화라고 하였다.

ㄴ. 비대칭키 방식의 경우, 수신자는 송신자의 키를 알아야 암호를 해독할 수 있다. → (X) 3문단에서 비대칭키 방식의 경우에는 수신자가 송신자의 키를 몰라도 자신의 키만 알면 복호화가 가능하다고 하였다.

ㄷ. 대체는 단어, 어절 등의 순서를 바꾸는 것이다. → (X) 2문단에서 단어, 어절 등의 순서를 바꾸는 것은 치환이라고 하였다.

ㄹ. 삼중 DES 알고리즘은 DES 알고리즘보다 안전성이 높다. → (O) 5문단에서 오늘날 컴퓨팅 기술의 발전으로 DES 암호 알고리즘은 더 이상 안전하지 않아 삼중 DES 암호 알고리즘을 사용한다고 하였다.

① ㄱ, ㄴ ➡ (X)
② ㄱ, ㄹ ➡ (O)
③ ㄴ, ㄷ ➡ (X)
④ ㄴ, ㄹ ➡ (X)
⑤ ㄷ, ㄹ ➡ (X)

---

10 ③

난이도 ■■■

| 문제 유형 | 연산추론형 > 대입비교

| 접근 전략 | 제시문의 일부분을 적용하여 해결할 수 있는 정교하게 짜여진 상황이 제시되었으므로 제시문의 내용과 긴밀하게 연관시켜 상황을 이해하여야 문제 풀이가 가능하다. 4문단에서 8비트로 만들 수 있는 키의 수는 2의 8제곱이라고 하였으므로 2의 56비트로 만들 수 있는 키의 수와 2의 60비트로 만들 수 있는 키의 수는 2의 4제곱의 곱만큼 차이가 난다. 따라서 2배마다 10만 원씩 비용이 상승한다고 하였으므로 4번 상승한 1,400,000원이 답이 된다.

윗글과 〈상황〉을 근거로 판단할 때, (가)에 해당하는 수는?

〈보기〉
2^{56}개의 키를 1초에 모두 체크할 수 있는 컴퓨터의 가격이 1,000,000원이다. 컴퓨터의 체크 속도가 2배가 될 때마다 컴퓨터는 10만 원씩 비싸진다. 60비트로 만들 수 있는 키를 1초에 모두 체크할 수 있는 컴퓨터의 최소 가격은 ___(가)___ 원이다.

① 1,100,000 ➡ (X)
② 1,200,000 ➡ (X)
③ 1,400,000 ➡ (O) 2의 60제곱은 2의 56제곱에 2의 4제곱만큼 곱해진 수이다. 컴퓨터의 체크 속도가 2배가 될 때마다 컴퓨터는 10만 원씩 비싸지므로 4번 비싸져서 1,400,000원이 된다.
④ 1,600,000 ➡ (X)
⑤ 2,000,000 ➡ (X)

---

11 ①

난이도 ■■□

| 문제 유형 | 법조문형 > 규정적용

| 접근 전략 | 법조문을 활용한 문제는 제시문을 먼저 읽기보다 선지를 먼저 읽고 해당 부분을 찾아 읽는 발췌독을 하는 것이 풀이 시간 단축에 유리하다. 특히 세부항목이 있는 조항은 반드시 선지에 등장하므로 유의해서 읽어야 한다.

다음 글을 근거로 판단할 때 옳은 것은?

제00조 ① A부장관은 김치산업의 활성화를 위한 제조기술 및 김치와 어울리는 식문화 보급을 위하여 필요한 전문인력을 양성할 수 있다.
② A부장관은 제1항에 따른 전문인력 양성을 위하여 대학·연구소 등 적절한 시설과 인력을 갖춘 기관·단체를 전문인력 양성기관으로 지정·관리할 수 있다.
③ A부장관은 제2항에 따라 지정된 전문인력 양성기관에 대하여 예산의 범위에서 그 양성에 필요한 경비를 지원할 수 있다.
④ A부장관은 김치산업 전문인력 양성기관이 다음 각 호의 어느 하나에 해당하는 경우에는 지정을 취소하거나 6개월 이내의 범위에서 기간을 정하여 업무의 전부 또는 일부를 정지할 수 있다. 다만, 제1호에 해당하는 경우에는 지정을 취소하여야 한다.
 1. 거짓이나 그 밖의 부정한 방법으로 지정을 받은 경우
 2. 지정받은 사항을 위반하여 업무를 행한 경우
 3. 지정기준에 적합하지 아니하게 된 경우
제00조 ① 국가는 김치종주국의 위상제고, 김치의 연구·전시·체험 등을 위하여 세계 김치연구소를 설립하여야 한다.
② 국가와 지방자치단체는 세계 김치연구소의 효율적인 운영·관리를 위하여 필요한 경비를 예산의 범위에서 지원할 수 있다.
제00조 ① 국가와 지방자치단체는 김치산업의 육성, 김치의 수출 경쟁력 제고 및 해외시장 진출 활성화를 위하여 김치의 대표상품을 홍보하거나 해외시장을 개척하는 개인 또는 단체에 대하여 필요한 지원을 할 수 있다.
② A부장관은 김치의 품질향상과 국가 간 교역을 촉진하기 위하여 김치의 국제규격화를 추진하여야 한다.

① 김치산업 전문인력 양성기관으로 지정된 기관이 부정한 방법으로 지정을 받은 경우, A부장관은 그 지정을 취소하여야 한다.
 ➡ (O) 첫 번째 조 제4항에서 제1호에 해당하는 경우에는 지정을 취소하여야 한다고 명시하고 있으므로 옳은 판단이다.

② A부장관은 김치의 품질향상과 국가 간 교역을 촉진하기 위하여 김치의 국제규격화는 지양하여야 한다. ➡ (X) 세 번째 조 제2항에서 A

부장관은 김치의 품질향상과 국가 간 교역을 촉진하기 위하여 김치의 국제규격화를 추진하여야 한다고 하였으므로 옳지 않은 판단이다.

③ A부장관은 적절한 시설을 갖추지 못한 대학이라도 전문인력 양성을 위하여 해당 대학을 김치산업 전문인력 양성기관으로 지정할 수 있다. ➡ (X) 첫 번째 조 제2항에서 전문인력 양성을 위하여 대학·연구소 등 적절한 시설을 갖춘 기관·단체를 전문인력 양성기관으로 지정한다고 하였으므로 옳지 않은 판단이다.

④ 국가와 지방자치단체는 김치종주국의 위상제고를 위해 세계 김치연구소를 설립하여야 한다. ➡ (X) 두 번째 조 제1항에서 세계 김치연구소는 국가가 설립하여야 한다고 명시하였으므로 지방자치단체가 세계 김치연구소를 설립하여야 한다는 판단은 옳지 않다.

⑤ 지방자치단체가 김치의 해외시장 개척을 지원함에 있어서 개인은 그 지원대상이 아니다. ➡ (X) 세 번째 조 제1항에서 김치의 해외시장을 개척하는 개인에게도 필요한 지원을 할 수 있다고 하였으므로 개인은 지원대상이 아니라는 판단은 옳지 않다.

12 ④

난이도 ■■□

|문제 유형| 연산추론형 > 수리계산
|접근 전략| 주어진 조건을 정확히 파악하여 적용한다. 언급한 기준에서 벗어나는 요소를 놓치지 않도록 주의한다. 중요도 상과 하, 보도자료만 언급하였으므로 이에 해당하지 않는 문서를 구분해야 한다. 표 안의 정보는 모두 활용되므로 조건을 대입할 때 놓치는 요소가 없도록 주의한다.

다음 글을 근거로 판단할 때, 인쇄에 필요한 A4용지의 장수는?

甲주무관은 〈인쇄 규칙〉에 따라 문서 A~D를 각 1부씩 인쇄하였다.

〈인쇄 규칙〉
○ 문서는 A4용지에 인쇄한다.
○ A4용지 한 면에 2쪽씩 인쇄한다. 단, 중요도가 상에 해당하는 보도자료는 A4용지 한 면에 1쪽씩 인쇄한다.
○ 단면 인쇄를 기본으로 한다. 단, 중요도가 하에 해당하는 문서는 양면 인쇄한다.
○ 한 장의 A4용지에는 한 종류의 문서만 인쇄한다.

종류	유형	쪽수	중요도
A	보도자료	2	상
B	보도자료	34	중
C	보도자료	5	하
D	설명자료	3	상

① 11장 ➡ (X)
② 12장 ➡ (X)
③ 22장 ➡ (X)
④ 23장 ➡ (O) 중요도가 상에 해당하는 보도자료는 A4용지 한 면에 1쪽만 단면 인쇄하는데 A 보도자료는 쪽수가 2이므로 A4용지 2장이 필요하다. 중요도가 하에 해당하는 문서는 한 면에 2쪽씩 양면 인쇄하므로 C 보도자료는 4쪽이 1장에 들어가야 하는데 C 보도자료는 총 5쪽이므로 A4용지 2장이 필요하다. 중요도가 중에 해당하는 B 보도자료는 한 면에 2쪽씩 단면 인쇄하므로 A4용지 17장이 필요하다. D 설명자료는 보도자료가 아니므로 중요도가 상이더라도 한 면에 2쪽씩 단면 인쇄하므로 A4용지 2장이 필요하다. 따라서 인쇄에 필요한 A4용지의 장수는 23장(=2+17+2+2)이다.
⑤ 24장 ➡ (X)

13 ③

난이도 ■■■

|문제 유형| 제시문형 > 분석추론
|접근 전략| 제시문의 길이가 길고 내용이 다소 복잡하게 보일 수 있으나 각 문단의 내용들이 고르게 선지에 분포되어 있다. 더불어 제시문의 내용을 확실히 이해해야만 풀이가 가능하여 이름과 성 대신 이름과 부칭을 사용하는 문화, 부칭을 붙이는 원리와 예외 상황을 적절히 독해해야 한다. 특히 예외 상황은 꼭 출제되고 있으니 제시문을 읽을 때부터 유의해야 한다.

다음 글을 근거로 판단할 때 옳은 것은?

이름 뒤에 성이 오는 보통의 서양식 작명법과 달리, A국에서는 별도의 성을 사용하지 않고 이름 뒤에 '부칭(父稱)'이 오도록 작명을 한다. 부칭은 이름을 붙이는 대상자의 아버지 이름에 접미사를 붙여서 만든다. 아들의 경우 그 아버지의 이름 뒤에 s와 손(son)을 붙이고, 딸의 경우 s와 도티르(dottir)를 붙여 '~의 아들' 또는 '~의 딸'이라는 의미를 가지는 부칭을 만든다. 예를 들어, 욘 스테파운손(Jon Stefansson)의 아들 피얄라르(Fjalar)는 '피얄라르 욘손(Fjalar Jonsson)', 딸인 카트린(Katrin)은 '카트린 욘스도티르(Katrin Jonsdottir)'가 되는 식이다. ▶1문단

같은 사회적 집단에 속해 있는 사람끼리 이름과 부칭이 같으면 할아버지의 이름까지 써서 작명하기도 한다. 예를 들어, 욘 토르손이라는 사람이 한 집단에 두 명 있는 경우에는 욘 토르손 아이나르소나르(Jon Thorsson Einarssonar)와 욘 토르손 스테파운소나르(Jon Thorsson Stefanssonar)와 같이 구분한다. 전자의 경우 '아이나르의 아들인 토르의 아들인 욘'을, 후자의 경우 '스테파운의 아들인 토르의 아들인 욘'을 의미한다. ▶2문단

한편 공식적인 자리에서 A국 사람들은 이름을 부르거나 이름과 부칭을 함께 부르며, 부칭만으로 서로를 부르지는 않는다. 또한 A국에서는 부칭이 아닌 이름의 영어 알파벳 순서로 정렬하여 전화번호부를 발행한다. ▶3문단

① 피얄라르 토르손 아이나르소나르(Fjalar Thorsson Einarssonar)로 불리는 사람의 할아버지의 부칭을 알 수 있다. ➡ (X) 2문단에서 욘 토르손 아이나르소나르는 아이나르의 아들인 토르의 아들인 욘이라고 설명하므로 피얄라르 토르손 아이나르소나르는 아이나르의 아들인 토르의 아들인 피얄라르를 뜻한다. 따라서 아버지의 부칭까지 알 수 있고 할아버지의 부칭은 알 수 없으므로 옳지 않은 판단이다.

② 피얄라르 욘손(Fjalar Jonsson)은 공식적인 자리에서 욘손으로 불린다. ➡ (X) 3문단에서 공식적인 자리에서 A국 사람들은 이름을 부르거나, 이름과 부칭을 함께 부르고 부칭만으로는 서로를 부르지 않는다고 하였으므로 피얄라르 욘손은 피얄라르 혹은 피얄라르 욘손으로 불리며, 욘손으로 불릴 것이라는 판단은 옳지 않다.

③ A국의 전화번호부에는 피얄라르 욘손(Fjalar Jonsson)의 아버지의 이름이 토르 아이나르손(Thor Einarsson)보다 먼저 나올 것이다. ➡ (O) 3문단에서 전화번호부는 부칭이 아닌 이름의 영어 알파벳 순서로 정렬한다고 하였다. 따라서 피얄라르 욘손의 아버지의 이름인 욘(Jon)이 토르 아이나르손의 이름인 토르(Thor)보다 알파벳 순서가 먼저이므로 전화번호부에 먼저 나올 것이라는 판단은 옳다.

④ 스테파운(Stefan)의 아들 욘(Jon)의 부칭과 손자 피얄라르(Fjalar)의 부칭은 같을 것이다. ➡ (X) 1문단에서 나온 부칭 붙이는 법에 따르면 스테파운의 아들 욘의 부칭은 스테파운손, 손자 피얄라르의 부칭은 욘손이므로 두 사람의 부칭이 같다는 판단은 옳지 않다.

⑤ 욘 스테파운손(Jon Stefansson)의 아들과 욘 토르손(Jon Thorsson)의 딸은 동일한 부칭을 사용할 것이다. ➡ (X) 1문단에서 아들과 딸은 각각 이름 뒤에 s와 손, s와 도티르를 붙인다고 하였으므로 욘 스테파운손의 아들은 욘손, 욘 토르손의 딸은 욘스도티르로 부칭을 사용할 것이다. 따라서 두 사람의 부칭이 동일할 것이라는 판단은 옳지 않다.

14 ③

| **문제 유형** | 퍼즐형 > 게임·규칙

| **접근 전략** | 명확한 조건을 찾아 추론을 시작한다. 이를 기준으로 다른 조건을 1개씩 적용하면서 가능성을 검토해 나간다.

다음 글과 〈상황〉을 근거로 판단할 때, 〈보기〉에서 옳은 것만을 모두 고르면?

甲국은 국내 순위 1~10위 선수 10명 중 4명을 국가대표로 선발하고자 한다. 국가대표는 국내 순위가 높은 선수가 우선 선발되나, A, B, C팀 소속 선수가 최소한 1명씩은 포함되어야 한다.

〈상황〉
○ 국내 순위 1~10위 중 공동 순위는 없다.
○ 선수 10명 중 4명은 A팀, 3명은 B팀, 3명은 C팀 소속이다.
○ C팀 선수 중 국내 순위가 가장 낮은 선수가 A팀 선수 중 국내 순위가 가장 높은 선수보다 국내 순위가 높다.
○ B팀 소속 선수 3명의 국내 순위는 각각 2위, 5위, 8위이다.

➡ B팀 소속 선수 3명의 국내 순위가 확실히 주어져 있으므로 이를 활용한다. C팀 선수 3명 중 꼴찌가 A팀 선수 4명 중 선두보다 순위가 높으므로 1~10위 중 1, 3, 4위는 C팀이며 6, 7, 9, 10위는 A팀임을 알 수 있다.

〈보기〉
ㄱ. 국내 순위 1위 선수의 소속팀은 C팀이다. → (O) 1위 선수의 소속팀은 C팀이다.
ㄴ. A팀 소속 선수 중 국내 순위가 가장 낮은 선수는 9위이다. → (X) A팀 소속 선수 중 국내 순위가 가장 낮은 선수는 10위이다.
ㄷ. 국가대표 중 국내 순위가 가장 낮은 선수는 7위이다. → (X) 국가대표는 반드시 팀별 1명 이상 선발되어야 하므로 A팀 선두인 6위 선수가 포함된다.
ㄹ. 국내 순위 3위 선수와 4위 선수는 같은 팀이다. → (O) 3위, 4위 선수는 모두 C팀 소속이다.

① ㄱ, ㄴ ➡ (X)
② ㄱ, ㄷ ➡ (X)
③ ㄱ, ㄹ ➡ (O)
④ ㄴ, ㄷ ➡ (X)
⑤ ㄴ, ㄹ ➡ (X)

15 ⑤

| **문제 유형** | 퍼즐형 > 최댓값·최솟값 도출

| **접근 전략** | 부피 비율과 가격 조건을 정확히 대입하여 산정한다. 최소 원료비용을 구해야 하므로 같은 부피의 물질을 만들 수 있으면서 가장 적은 비용이 드는 원료 물질을 선택한다.

다음 글을 근거로 판단할 때, Q를 100리터 생산하는 데 드는 최소 비용은?

○ 화학약품 Q를 생산하려면 A와 B를 2:1의 비율로 혼합해야 한다. 이 혼합물을 가공하면 B와 같은 부피의 Q가 생산된다. 예를 들어, A 2리터와 B 1리터를 혼합하여 가공하면 Q 1리터가 생산된다.
○ A는 원료 X와 Y를 1:2의 비율로 혼합하여 만든다. 이 혼합물을 가공하면 X와 같은 부피의 A가 생산된다. 예를 들어, X 1리터와 Y 2리터를 혼합하여 가공하면 A 1리터가 생산된다.

○ B는 원료 Z와 W를 혼합하여 만들거나, Z나 W만 사용하여 만든다. Z와 W를 혼합하여 가공하면 혼합비율에 관계없이 원료 절반 부피의 B가 생산된다. 예를 들어, Z와 W를 1리터씩 혼합하여 가공하면 B 1리터가 생산된다. 두 재료를 혼합하지 않고 Z나 W만 사용하여 가공하는 경우에도 마찬가지로 원료 절반 부피의 B가 생산된다.
○ 각 원료의 리터당 가격은 다음과 같다. 원료비 이외의 비용은 발생하지 않는다.

원료	X	Y	Z	W
가격(만 원/리터)	1	2	4	3

① 1,200만 원 ➡ (X)
② 1,300만 원 ➡ (X)
③ 1,400만 원 ➡ (X)
④ 1,500만 원 ➡ (X)
⑤ 1,600만 원 ➡ (O) Q는 B와 같은 부피만큼만 생산되며, A:B=2:1로 혼합해야 한다. 따라서 Q 100리터를 생산하기 위해서는 A 200리터와 B 100리터가 필요하다. A는 X:Y=1:2 비율로 혼합하면 X와 같은 부피가 생산된다. 따라서 X 200리터와 Y 400리터가 필요하다. X는 리터당 1만 원, Y는 리터당 2만 원이므로 A를 만들기 위해서는 총 1,000만 원의 비용이 발생된다. B는 Z와 W를 혼합하거나 Z, W 한 가지만 써도 된다. 단, 무엇을 쓰든 부피는 절반이 된다. 따라서 B 100리터를 만들기 위해서는 Z나 W 200리터가 필요하다. 이때 하단의 표를 보면 Z는 4(만 원/리터), W는 3(만 원/리터)이므로 W를 사용하는 것이 저렴하다. B를 만들기 위한 비용은 600만 원이 된다. 최종적으로 화학약품 Q를 생산하기 위한 최소 비용은 1,600만 원이다.

16 ⑤

| **문제 유형** | 퍼즐형 > 게임·규칙

| **접근 전략** | 주어진 지문에서 가장 핵심적이고 확정적인 문장을 찾아서 추론을 시작한다. 이 문제에서는 "한 선수의 점수가 다른 선수보다 2점 많아지면 그 선수가 경기의 승자가 되고 경기가 종료된다."에 주목해야 한다. 다른 조건들은 가능성을 담고 있지만, 이 문장은 변동되지 않는 명확한 상황을 제시하고 있기 때문이다.

다음 글과 〈상황〉을 근거로 판단할 때, 〈보기〉에서 옳은 것만을 모두 고르면?

두 선수가 맞붙어 승부를 내는 스포츠 경기가 있다. 이 경기는 개별 게임으로 이루어져 있으며, 한 게임의 승부가 결정되면 그 게임의 승자는 1점을 얻고 패자는 점수를 얻지 못한다. 무승부는 없다. 개별 게임을 반복적으로 진행하여 한 선수의 점수가 다른 선수보다 2점 많아지면 그 선수가 경기의 승자가 되고 경기가 종료된다.

〈상황〉
두 선수 甲과 乙이 맞붙어 이 경기를 치른 결과, n번째 게임을 끝으로 甲이 경기의 승자가 되고 경기가 종료되었다. 단, n>3이다.

→ 승자는 1점, 패자는 0점, 무승부는 없다. 1:1게임을 반복하여 2점 차이가 나면 승자가 결정되는 게임이다. 〈상황〉 조건에서는 甲이 게임의 최종 승자이며 게임은 최소 네 번 이상 진행되었음을 알 수 있다. 이 게임에서 최종 승자가 되려면 반드시 마지막에 두 번 연달아 승리하여야 한다. 그리고 그 전까지는 반드시 짝수 번째 게임 종료 시 동점 상황이 이어져야 게임이 지속될 수 있다.

ㄱ. n이 홀수인 경우가 있다. → (X) 두 선수가 동점이려면 게임을 짝수 번 해야 하며 이후 두 번을 연달아 이겨야 하므로 게임 횟수인 n은 항상 짝수가 된다.

ㄴ. (n−1)번째 게임에서 乙이 이겼을 수도 있다. → (X) 甲이 마지막 2회를 이겨야 승자가 되므로 (n−1)번째 게임에서는 반드시 甲이 이겨야 한다.

ㄷ. (n−2)번째 게임 종료 후 두 선수의 점수는 같았다. → (O) n번째, (n−1)번째 게임에서 甲이 연속 2회 승리하면서 2점 차로 경기의 승자가 되어야 하므로, (n−2)번째 게임에서는 반드시 동점이 되어야 한다.

ㄹ. (n−3)번째 게임에서 乙이 이겼을 수도 있다. → (O) 누가 승리하든 짝수 번째 게임 종료 시 동점이 된다면, 이어지는 두 게임에서 甲이 두 번 승리하여 승자가 될 수 있다. 따라서 (n−3)번째 게임에서는 乙이 이겼을 수 있다.

① ㄱ ➡ (X)
② ㄷ ➡ (X)
③ ㄱ, ㄴ ➡ (X)
④ ㄴ, ㄹ ➡ (X)
⑤ ㄷ, ㄹ ➡ (O)

17 ②

| 문제 유형 | 연산추론형 > 수리계산

| 접근 전략 | 주어진 상황을 중심으로 지문의 조건을 적용해 나간다. 표에서 순위에 따른 점수를 통해 합계 시 도출될 수 있는 숫자를 추리할 수 있다. 공동 순위를 통한 점수 배분 공식을 통해서 나올 수 있는 숫자도 중요하다.

다음 글과 〈상황〉을 근거로 판단할 때, 甲이 치른 3경기의 순위를 모두 합한 수는?

10명의 선수가 참여하는 경기가 있다. 현재까지 3경기가 치러졌다. 참여한 선수에게는 매 경기의 순위에 따라 다음과 같이 점수를 부여한다.

순위	점수	순위	점수
1	100	6	8
2	50	7	6
3	30	8	4
4	20	9	2
5	10	10	1

만약 어떤 순위에 공동 순위가 나온다면, 그 순위를 포함하여 공동 순위자의 수만큼 이어진 순위 각각에 따른 점수의 합을 공동 순위자에게 동일하게 나누어 부여한다. 예를 들어 공동 3위가 3명이면, 공동 3위 각각에게 부여되는 점수는 (30+20+10)÷3으로 20이다. 이 경우 그다음 순위는 6위가 된다.

〈상황〉

○ 甲은 3경기에서 총 157점을 획득하였으며, 공동 순위는 한 번 기록하였다.
○ 치러진 3경기에서 공동 순위가 4명 이상인 경우는 없었다.

① 8 ➡ (X)
② 9 ➡ (O) 甲은 3경기에서 총 157점을 획득했다. 일의 자리가 7이 될 수 있는 순위는 2가지 경우가 있다. 7위(6점)와 10위(1점)를 기록하여 7점을 얻거나, 공동 6위가 2명이어서 (8점+6점)/2=7점이 되는 경우이다. 만약 甲이 7위와 10위를 기록하여 7점을 얻었다면 나머지 한 경기에서 150점을 획득해야 한다. 그러나 1위의 점수가

100점이므로 불가능하다. 甲이 한 경기에서 공동 6위를 기록하여 7점을 획득했다면 나머지 두 경기에서 1위(100점), 2위(50점)를 기록하여 총 157점의 점수가 될 수 있다. 따라서 해당 순위를 모두 더한 1+2+6=9가 정답이다.

③ 10 ➡ (X)
④ 11 ➡ (X)
⑤ 12 ➡ (X)

18 ①

| 문제 유형 | 퍼즐형 > 논리퀴즈

| 접근 전략 | 교차되는 여러 조건을 조합하여 주어지지 않은 정보를 알아내는 문제이다. 재빨리 표를 그려서 접근하는 것이 가장 효과적인 전략이다. 확실한 정보를 바탕으로 다른 조건을 하나씩 조합해 나가야 하는데, 이 경우에도 가능성을 좁힐 수 있는 조건부터 적용하는 것이 좋다.

다음 글을 근거로 판단할 때 옳지 않은 것은?

인터넷 장애로 인해 甲~丁은 '메일', '공지', '결재', '문의' 중 접속할 수 없는 메뉴가 각자 1개 이상 있다. 다음은 이에 관한 甲~丁의 대화이다.

甲: 나는 결재를 포함한 2개 메뉴에만 접속할 수 없고, 乙, 丙, 丁은 모두 이 2개 메뉴에 접속할 수 있어.

乙: 丙이나 丁이 접속하지 못하는 메뉴는 나도 전부 접속할 수 없어.

丙: 나는 문의에 접속해서 이번 오류에 대해 질문했어.

丁: 나는 공지에 접속할 수 없고, 丙은 공지에 접속할 수 있어.

→ 위 내용을 표로 정리하면 다음과 같다.

구분	메일	공지	결재	문의
甲	○	○	×	×
乙	×	×	○	○
丙	×	○	○	○
丁	( )	×	○	○

① 甲은 공지에 접속할 수 없다. ➡ (O) 丙과 丁의 대화를 바탕으로 丙은 문의, 공지에 접속할 수 있고, 丁은 공지에 접속할 수 없음을 알 수 있다. 甲은 결재를 포함한 2개 메뉴에만 접속할 수 없고 乙, 丙, 丁은 접속할 수 있다고 말했다.

丙은 문의, 공지, 결재에 접속할 수 있다. 단, 인터넷 장애로 인해 모든 사람은 접속할 수 없는 메뉴가 각자 1개 이상 있으므로 메일에는 접속할 수 없다.(②, ⑤번)

乙은 丙과 丁이 접속하지 못하는 메뉴는 모두 접속하지 못한다고 말했으므로 메일, 공지에 접속할 수 없다.(②번 보기) 한편, 甲이 접속하지 못하는 2개 메뉴를 乙이 접속할 수 있다고 하였으므로 乙은 2개 이상의 메뉴에 접속할 수 있어야 한다. 따라서 메일과 공지를 제외한 결재, 문의 2개 메뉴에 乙이 접속할 수 있음을 알 수 있다.(③번)

丁도 甲이 접속하지 못하는 2개 메뉴에 접속할 수 있으므로 결재, 문의에 접속할 수 있다.(④, ⑤번)

마지막으로 甲이 접속할 수 없는 2개의 메뉴가 결재, 문의이기 때문에 메일, 공지에는 접속할 수 있다는 사실을 알 수 있다. 따라서 정답은 ①이 된다.

② 乙은 메일에 접속할 수 없다. ➡ (X)
③ 乙은 2개의 메뉴에 접속할 수 있다. ➡ (X)
④ 丁은 문의에 접속할 수 있다. ➡ (X)
⑤ 甲과 丙이 공통으로 접속할 수 있는 메뉴가 있다. ➡ (X)

19 ③

| **문제 유형 |** 연산추론형 > 수리계산

| **접근 전략 |** 주어진 조건을 공식으로 정리하여 손쉽게 계산할 수 있다. 실제 모습을 그림으로 그려보면 더욱 쉽다.

다음 글을 근거로 판단할 때, 1층 바닥면에서 2층 바닥면까지의 높이는?

1층 바닥면과 2층 바닥면이 계단으로 연결된 건물이 있다. A가 1층 바닥면에 서 있고, B가 2층 바닥면에 서 있을 때, A의 머리 끝과 B의 머리 끝의 높이 차이는 240cm이다. A와 B가 위치를 서로 바꾸는 경우, A와 B의 머리 끝의 높이 차이는 220cm이다. A와 B의 키는 1층 바닥면에서 2층 바닥면까지의 높이보다 크지 않다.

① 210cm ➡ (×)

② 220cm ➡ (×)

③ 230cm ➡ (○) 1층과 2층 사이의 높이를 X라고 할 때, A가 1층 바닥면에 서 있고 B가 2층 바닥면에 서 있는 경우는 X에 B의 키를 더한 총 높이에서 A의 키를 뺀 것에 해당한다. 이 높이가 240cm로 주어져 있으므로 식으로 정리하면 아래와 같다.

(X+B)−A=240cm

A와 B가 위치를 서로 바꾸는 경우는 높이(X)에 A의 키를 더하고 B의 키를 빼야 한다.

(X+A)−B=220cm

두 방정식을 합하여 계산하면 X=230cm임을 알 수 있다.

④ 240cm ➡ (×)

⑤ 250cm ➡ (×)

20 ④

| **문제 유형 |** 연산추론형 > 수리계산

| **접근 전략 |** 제외 조건부터 적용하여 검토 대상을 정리한다. 이후 산식을 적용하여 금액을 산정해 나간다. 문제에서 주어진 조건들은 대부분 모두 활용되므로 놓치는 조건이 없는지 마지막까지 주의한다.

다음 글을 근거로 판단할 때, 가장 많은 액수를 지급받을 예술단체의 배정액은?

□□부는 2024년도 예술단체 지원사업 예산 4억 원을 배정하려 한다. 지원 대상이 되는 예술단체의 선정 및 배정액 산정·지급 방법은 다음과 같다.

○ 2023년도 기준 인원이 30명 미만이거나 운영비가 1억 원 미만인 예술단체를 선정한다.

○ 사업분야가 공연인 단체의 배정액은 '(운영비 × 0.2)+(사업비 × 0.5)'로 산정한다.

○ 사업분야가 교육인 단체의 배정액은 '(운영비 × 0.5)+(사업비 × 0.2)'로 산정한다.

○ 인원이 많은 단체부터 순차적으로 지급한다. 다만 예산 부족으로 산정된 금액 전부를 지급할 수 없는 단체에는 예산 잔액을 배정액으로 한다.

○ 2023년도 기준 예술단체(A~D) 현황은 다음과 같다.

단체	인원(명)	사업분야	운영비(억 원)	사업비(억 원)
A	30	공연	1.8	5.5
B	28	교육	2.0	4.0
C	27	공연	3.0	3.0
D	33	교육	0.8	5.0

① 8,000만 원 ➡ (×)

② 1억 1,000만 원 ➡ (×)

③ 1억 4,000만 원 ➡ (×)

④ 1억 8,000만 원 ➡ (○) 2023년도 기준 인원이 30명 미만이거나 운영비가 1억 원 미만에 속하지 않는 단체는 A이다. B와 C는 인원, D는 운영비 조건에 해당한다. B와 D는 교육분야이므로 '(운영비 × 0.2)+(사업비 × 0.5)'를 적용하여 배정액을 계산하면 B는 1.8억 원이며, D는 1.4억 원이다. C는 공연분야이므로 '(운영비 × 0.5)+(사업비 × 0.2)'를 적용하여 배정액을 계산하면 2.1억 원이다. 예산은 인원이 많은 단체부터 순차적으로 지급하므로 인원이 33명인 D, 28명인 B, 27명인 C 순으로 배정받게 된다. 이때 예산 부족으로 산정된 금액을 전부 지급할 수 없는 단체는 잔액을 받게 된다. 총예산은 4억 원이므로 D 1.4억 원, B 1.8억 원을 배정하면 0.8억 원이 남고 C는 0.8억 원을 지급받게 된다. 따라서 가장 많은 배정액을 받는 것은 2.1억 원이 산정된 C가 아니라 1.8억 원 전액이 배정된 B이다.

⑤ 2억 1,000만 원 ➡ (×)

21 ③

| **문제 유형 |** 퍼즐형 > 논리퀴즈

| **접근 전략 |** 위치 정보와 날짜 정보 등를 구분하여 정리하고 추론해 나가야 한다. 대화의 내용을 보면 어느 자리에 앉아있는 사람이 출석 혹은 결석했는지를 주로 논하고 있다. 따라서 위치 정보부터 정리하여 사람을 구분하고, 이후 날짜별로 출결 여부를 파악하는 식의 구조적 사고가 중요하다.

다음 글과 〈대화〉를 근거로 판단할 때, 직무교육을 이수하지 못한 사람만을 모두 고르면?

甲~丁은 월요일부터 금요일까지 5일 동안 실시되는 직무교육을 받게 되었다. 교육장소에는 2 × 2로 배열된 책상이 있었으며, 앞줄에 2명, 뒷줄에 2명을 각각 나란히 앉게 하였다. 교육기간 동안 자리 이동은 없었다. 교육 첫째 날과 마지막 날은 4명 모두 교육을 받았다. 직무교육을 이수하기 위해서는 4일 이상 교육을 받아야 한다.

─────────〈대화〉─────────

甲: 교육 둘째 날에 내 바로 앞사람만 결석했어.

乙: 교육 둘째 날에 나는 출석했어.

丙: 교육 셋째 날에 내 바로 뒷사람만 결석했어.

丁: 교육 넷째 날에 내 바로 앞사람과 나만 교육을 받았어.

① 乙 ➡ (×)

② 丙 ➡ (×)

③ 甲, 丙 ➡ (○) 대화를 살펴보면 甲, 丙, 丁은 앞과 뒤 순서를 말하고 있다. 이를 통해 甲, 丁은 뒷자리이며 丙은 앞자리에 앉아있음을 알 수 있다. 따라서 남은 乙은 앞자리가 된다. 甲은 교육 둘째 날에 내 바로 앞사람만 결석했다고 하였고, 乙은 둘째 날에 출석했다고 하였으므로 둘째 날에 결석한 것은 丙이다. 또한 甲은 丙의 뒷자리에 앉아있다는 것도 알 수 있다. 셋째 날에는 丙의 뒷사람만 결석했으므로 甲이 교육을 받지 않았다. 넷째 날에는 丁의 앞사람과 丁만 교육을 받았다. 丁의 앞사람은 乙이므로 결석한 것은 甲, 丙이다. 교육 첫째 날과 마지막 날은 4명이 모두 교육을 받았으며, 4일 이상 교육을 받아야 이수할 수 있다. 따라서 이수하지 못한 사람은 甲, 丙이다.

④ 甲, 丁 ➡ (×)

⑤ 乙, 丁 ➡ (×)

22 ④

| **문제 유형** | 연산추론형 > 대입비교

| **접근 전략** | 나열된 숫자에서 같은 차이 값이 반복하여 나오기 위한 일정한 패턴을 찾아야 한다.

다음 글을 근거로 판단할 때, (가)에 해당하는 수는?

A공원의 다람쥐 열 마리는 각자 서로 다른 개수의 도토리를 모았는데, 한 다람쥐가 모은 도토리는 최소 1개부터 최대 10개까지였다. 열 마리 다람쥐는 두 마리씩 쌍을 이루어 그날 모은 도토리 일부를 함께 먹었다. 도토리를 모으고 먹는 이런 모습은 매일 동일하게 반복됐다. 이때 도토리를 먹는 방법은 정해져 있었다. 한 쌍의 다람쥐는 각자가 그날 모은 도토리 개수를 비교해서 그 차이 값에 해당하는 개수의 도토리를 함께 먹는다. 예를 들면, 1개의 도토리를 모은 다람쥐와 9개의 도토리를 모은 다람쥐가 쌍을 이루면 이 두 마리는 8개의 도토리를 함께 먹는다. ▶1문단

열 마리의 다람쥐를 이틀 동안 관찰한 결과, '첫째 날 각 쌍이 먹은 도토리 개수'는 모두 동일했고, '둘째 날 각 쌍이 먹은 도토리 개수'도 모두 동일했다. 하지만 '첫째 날 각 쌍이 먹은 도토리 개수'와 '둘째 날 각 쌍이 먹은 도토리 개수'는 서로 달랐고, 그 차이는 ▨▨(가)▨▨ 개였다. ▶2문단

① 1 ➡ (×)
② 2 ➡ (×)
③ 3 ➡ (×)
④ 4 ➡ (○) 한 쌍의 다람쥐가 그날 모은 도토리(1~10개)의 차이 값이 모두 동일한 2가지 경우를 찾는 문제이다.
　　－ 5개 차이 : (1, 6), (2, 7), (3, 8), (4, 9), (5, 10)
　　－ 1개 차이 : (1, 2), (3, 4), (5, 6), (7, 8), (9, 10)
　　도출한 2가지 경우에 대하여 다시 차이 값을 구해야 하므로 정답은 4(=5-1)이다.
⑤ 5 ➡ (×)

23 ②

| **문제 유형** | 연산추론형 > 수리계산

| **접근 전략** | 지문의 내용은 대부분 모두 활용되므로 모든 조건을 놓치지 않도록 주의해야 한다. 마지막 문장은 구체적인 날짜와 숫자를 제시하지 않지만, 문제를 푸는 데 결정적인 힌트를 제공하고 있다. 물탱크가 가득 차면 채우기를 중지한다는 내용을 통해, 채워지기만 하고 사용되지 않는 날이 있으며 이는 마지막 날이라는 점을 추론해야 한다.

다음 글을 근거로 판단할 때, 처음으로 물탱크가 가득 차는 날은?

신축 A아파트에는 용량이 10,000리터인 빈 물탱크가 있다. 관리사무소는 입주민의 입주 시작일인 3월 1일 00:00부터 이 물탱크에 물을 채우려고 한다. 관리사무소는 매일 00:00부터 00:10까지 물탱크에 물을 900리터씩 채운다. 전체 입주민의 1일 물 사용량은 3월 1일부터 3월 5일까지 300리터, 3월 6일부터 3월 10일까지 500리터, 3월 11일부터는 계속 700리터이다. 3월 15일에는 아파트 외벽 청소를 위해 청소업체가 물탱크의 물 1,000리터를 추가로 사용한다. 물을 채우는 시간이라도 물탱크가 가득 차면 물 채우기를 중지하고, 물을 채우는 시간에는 물을 사용할 수 없다.

① 4월 4일 ➡ (×)
② 4월 6일 ➡ (○) 매일 자정에 물탱크가 900리터씩 일정하게 채워지며, 사용량은 날짜에 따라 변화한다. 1~5일은 300리터, 6~10일은 500리터, 11일부터는 700리터이다. 15일에는 외벽 청소를 위해 1,000리터를 추가 사용하므로 15일까지의 사용량은 총 (300×5)+(500×5)+(700×5)+1,000=8,500리터이다. 15일간 채워지

는 양은 900×15=13,500리터이므로 남는 물의 양은 5,000리터이다. 16일부터는 매일 900리터가 채워지고 700리터가 사용되기 때문에 매일 200리터의 물이 늘어나게 된다.

단, 물탱크가 가득 차면 물 채우기를 중지하고, 물을 채우는 시간에 물이 줄어들지는 않는다. 10,000리터가 가득 채워지게 되는 마지막 날에는 최대 900리터까지 물이 채워진 채로 물이 사용되지 않을 수도 있다. 이를 토대로 남은 5,000리터 중 900리터 미만의 용량, 즉 4,100리터 이상이 채워지는 날을 계산한다. 21일이 소요되며 4,200리터이다. 따라서 16일부터 21일간 매일 200리터씩 총 4,200리터가 채워지고 난 뒤, 다음 날 자정부터 물이 채워지기 시작하여 800리터까지 채워진 시점에 10,000리터의 물탱크가 가득 차게 된다. 소요일수를 더하면 총 37(=15+21+1)일이다. 3월은 31일까지 있으므로 처음으로 물탱크가 가득 차는 날은 4월 6일이다.

③ 4월 7일 ➡ (×)
④ 4월 9일 ➡ (×)
⑤ 4월 10일 ➡ (×)

24 ⑤

| **문제 유형** | 퍼즐형 > 수리퀴즈

| **접근 전략** | 문항별 점수를 모두 계산한 뒤 응시자별로 1~4번까지의 합계를 구한다. 이후 5번과 6번의 경우의 수를 적용하면 된다.
1번, 3번 문항의 추가점수는 1/3이다. 3은 소수점 이하의 숫자로 바꾸어 쓰기 불편한 분모이다. 전체적인 계산을 쉽게 하려면 모든 숫자에 3을 곱하여 문제를 풀고, ㄱ~ㄹ의 〈보기〉를 풀 때만 분모 3을 다시 붙여주면 된다.

다음 글을 근거로 판단할 때, 〈보기〉에서 옳은 것만을 모두 고르면?

甲~丁은 6문제로 구성된 직무능력시험 문제를 풀었다.
○ 정답을 맞힌 경우, 문제마다 기본점수 1점과 난이도에 따른 추가점수를 부여한다.
○ 추가점수는 다음 식에 따라 결정한다.

$$추가점수 = \frac{해당\ 문제를\ 틀린\ 사람의\ 수}{해당\ 문제를\ 맞힌\ 사람의\ 수}$$

○ 6문제의 기본점수와 추가점수를 모두 합한 총합 점수가 5점 이상인 사람이 합격한다.

甲~丁이 6문제를 푼 결과는 다음과 같고, 5번과 6번 문제의 결과는 찢어져 알 수가 없다.

(○: 정답, ×: 오답)

구분	1번	2번	3번	4번	5번	6번
甲	○	×	○	○		
乙	○	×	○	×		
丙	○	○	×	×		
丁	×	○	○	×		
정답률(%)	75	50	75	25	50	50

→ 기본점수 1점에 난이도에 따라 추가점수가 부여되는 구조이다. 먼저 추가점수를 구하면 1번은 1/3점, 2번은 1점, 3번은 1/3점, 4번은 3점이다. 5번과 6번은 정답률이 50%이므로 추가점수는 1점이다. 기본점수와 추가점수를 더하면 1번은 4/3점, 2번은 2점, 3번은 4/3점, 4번은 4점, 5번은 2점, 6번은 2점이다.

─〈보기〉─

ㄱ. 甲이 최종적으로 받을 수 있는 최대 점수는 $\frac{32}{3}$ 점이다. → (O) 甲의 1~4번 문제 득점은 20/3(=4/3+4/3+3)이다. 5번과 6번을 모두 맞혔을 경우 4점을 추가로 획득한다. 따라서 최대점수는 32/3이다.

ㄴ. 1~4번 문제에서 받은 점수의 합은 乙이 가장 낮다. → (O) 甲은 20/3점(=4/3+4/3+3), 乙은 8/3점(=4/3+4/3), 丙은 10/3점(=4/3+2), 丁은 10/3점(=4/3+2)이므로 乙의 점수 합이 가장 낮다.

ㄷ. 4명 모두가 합격할 수는 없다. → (X) 甲은 1~4번 문제에서 이미 5점을 넘겼다. 따라서 5번과 6번을 나머지 3명(乙, 丙, 丁)이 맞힌 경우의 수를 계산한다. 총합 점수가 5점 이상이 되기 위해서 필요한 점수는 乙이 7/3점. 丙은 5/3점. 丁은 5/3점이다. 乙이 5~6번을 모두 맞히면 4점(=12/3)을 얻으므로 합격할 수 있다. 丙과 丁은 각각 1문제씩 더 맞히면 2점(=6/3)을 얻을 수 있으므로 합격할 수 있다. 따라서 4명이 모두 합격할 수 있다.

ㄹ. 4명이 받은 점수의 총합은 24점이다. → (O) 1~4번 문제에서 4명이 받은 점수의 합계는 16점(=(20+8+10+10)/3)이다. 5번과 6번은 정답률을 고려했을 때 문제당 2점이며 각각 2명의 정답자가 나온다. 따라서 5~6번 문제에서 나오는 점수의 합계는 8점이 되며, 4명이 받은 점수의 총합은 24점(=16+8)이다.

① ㄱ, ㄷ ➡ (X)
② ㄴ, ㄷ ➡ (X)
③ ㄴ, ㄹ ➡ (X)
④ ㄱ, ㄴ, ㄷ ➡ (X)
⑤ ㄱ, ㄴ, ㄹ ➡ (O)

25 ①

난이도 ■■□

|문제 유형| 퍼즐형 〉 게임·규칙

|접근 전략| 각 시점별 점수에 영향을 주는 요소를 정확히 파악한다. 지문 마지막의 "총점수에는 지난 1년간 획득한 점수만 산입된다."라는 조건에 따라 2024년 1월 1일의 총점이 어떻게 산정되는지 상세하게 설명하고 있다. 이에 따라 선수들의 총점의 변동과 챔피언십 대회 점수를 비교하여 각 선수의 랭킹을 도출하면 된다.

다음 〈상황〉을 근거로 판단할 때, 〈보기〉에서 옳은 것만을 모두 고르면?

─〈상황〉─

○ 테니스 선수 랭킹은 매달 1일 발표되며, 발표 전날로부터 지난 1년간 선수들이 각종 대회에 참가하여 획득한 점수의 합(이하 '총점수'라 한다)이 높은 순으로 순위가 매겨진다.

○ 매년 12월에는 챔피언십 대회(매년 12월 21일~25일)만 개최된다. 이 대회에는 당해 12월 1일 기준으로 랭킹 1~4위의 선수만 참가한다.

○ 매년 챔피언십 대회의 순위에 따른 획득 점수 및 2023년 챔피언십 대회 전후 랭킹은 아래와 같다. 단, 챔피언십 대회에서 공동 순위는 없다.

챔피언십 대회 성적	점수
우승	2000
준우승	1000
3위	500
4위	250

〈2023년 12월 1일〉

랭킹	선수	총점수
1위	A	7500
2위	B	7000
3위	C	6500
4위	D	5000
⋮	⋮	⋮

〈2024년 1월 1일〉

랭킹	선수	총점수
1위	C	7500
2위	B	7250
3위	D	7000
4위	A	6000
⋮	⋮	⋮

○ 총점수에는 지난 1년간 획득한 점수만 산입되므로, 〈2024년 1월 1일〉의 총점수에는 2022년 챔피언십 대회에서 획득한 점수는 빠지고, 2023년 챔피언십 대회에서 획득한 점수가 산입되었다.

─〈보기〉─

ㄱ. 2022년 챔피언십 대회 우승자는 A였다. → (O) 2022년 챔피언십 대회 우승자는 A였다.

ㄴ. 2023년 챔피언십 대회 4위는 B였다. → (O) 2023년 챔피언십 대회 4위는 B였다.

ㄷ. 2023년 챔피언십 대회 우승자는 C였다. → (X) 2023년 챔피언십 대회 우승자는 D였다.

ㄹ. 2022년 챔피언십 대회 3위는 D였다. → (X) 2022년 챔피언십 대회 3위는 D가 아니다. D는 작년에 출전하지 못했다.

① ㄱ, ㄴ ➡ (O) 매년 12월에는 당해 12월 1일 기준으로 랭킹 1~4위의 선수만 챔피언십 대회에 참가하여 점수를 얻을 수 있다. A선수는 총점 7500점에서 6000점이 되어 1500점이 떨어졌다. 챔피언십 대회 성적에 따른 점수표상 올해 3위를 하여 500점을 얻고 작년의 우승점수인 2000점이 빠졌을 경우 1500점이 떨어질 수 있다. B선수는 7,000점에서 7,250점이 되었다. 올해 4위로 250점을 얻었으며 작년에는 챔피언십 대회에 출전하지 못한 경우에 해당된다. C선수는 6,500점에서 7,500점이 되었다. 작년에는 출전하지 못했으나 올해 준우승하였을 때 나올 수 있는 점수이다.

② ㄱ, ㄷ ➡ (X)
③ ㄴ, ㄷ ➡ (X)
④ ㄴ, ㄹ ➡ (X)
⑤ ㄱ, ㄴ, ㄹ ➡ (X)

2024 | 제3영역 자료해석(㉕ 책형)

기출 총평

2024년 자료해석 시험에서는 표/그림/빈칸 제시형의 자료 읽기 문제의 비중이 52%로 전년 대비 다소 높게 출제되었고, 계산형 문제의 비중은 4%로 전년도 비중(28%)보다 큰 폭으로 감소한 대신 매칭형 문제의 비중이 증가하였다. 이 외에 전반적인 문제 유형 및 난이도는 이전 연도와 비슷한 수준으로 출제되었다. 따라서 전반적인 흐름을 파악하기 위해서라도 기출 문제를 반드시 확인하고 접근할 필요가 있으며, 기출 문제를 해결함으로써 문제 해결 시간을 충분히 단축할 수 있다. 총 25문항 중 후반부에 난도가 높은 문항이 다소 포진해 있었지만, 초중반까지는 크게 계산이 요구되거나 복잡한 절차를 거쳐 해결해야 하는 문항이 크게 눈에 띄지 않아 시간을 단축할 수 있었다. 초중반까지는 〈보고서〉가 제시된 형태의 문항에서도 제시된 내용과 표/그림 등의 제목을 정확하게 파악한다면 시간을 많이 할애하지 않고 해결할 수 있었으며, 매칭형 문항 또한 내용이 복잡한 형태는 아니었기에 큰 무리 없이 진행할 수 있었을 것이다. 다만, 주어진 발문과 내용들을 빠르고 정확하게 파악하기 위한 문해력이 반드시 요구되며, 표나 그림 등을 보고 내용을 빠르게 인지할 수 있도록 기출 문제 등 다양한 문항들을 꾸준히 풀어 보며 준비하는 것이 합격의 당락을 결정지을 것으로 판단된다.

문항 분석

문번	정답	난이도	유형	문번	정답	난이도	유형
01	④	■□□	자료 읽기/추론 > 매칭형	14	②	■□□	자료 읽기 > 표 제시형
02	①	■■□	자료 읽기/추론 > 계산형	15	①	■□□	자료 읽기/추론 > 매칭형
03	⑤	■■□	자료 변환응용 > 표/그림 전환형	16	⑤	■□□	자료 읽기 > 표 제시형
04	⑤	■□□	자료 읽기/추론 > 매칭형	17	①	■□□	자료 읽기 > 표/그림 제시형
05	⑤	■■■	자료 추론 > 추가로 필요한 자료 찾기	18	④	■■■	자료 읽기 > 표 제시형
06	④	■□□	자료 읽기/추론 > 매칭형	19	②	■■■	자료 읽기 > 표 제시형
07	③	■■□	자료 추론 > 추가로 필요한 자료 찾기	20	①	■■■	자료 읽기 > 표 제시형
08	②	■□□	자료 읽기/추론 > 매칭형	21	④	■■■	자료 변환응용 > 표/그림 전환형
09	②	■■■	자료 읽기 > 표 제시형	22	①	■□□	자료 읽기 > 표/빈칸 제시형
10	②	■■□	자료 읽기/추론 > 매칭형	23	③	■□□	자료 읽기 > 표 제시형
11	④	■□□	자료 읽기 > 표 제시형	24	④	■■■	자료 변환응용 > 자료/보고서 전환형
12	③	■■■	자료 읽기 > 표/빈칸 제시형	25	⑤	■■■	자료 읽기 > 표/빈칸 제시형
13	③	■■□	자료 읽기 > 표/그림 제시형				

※ 해당 회차는 1초 합격예측 서비스의 데이터 누적 기간이 충분하지 않아 '정답률 및 선지별 선택률' 기재를 생략하였습니다.

출제 비중

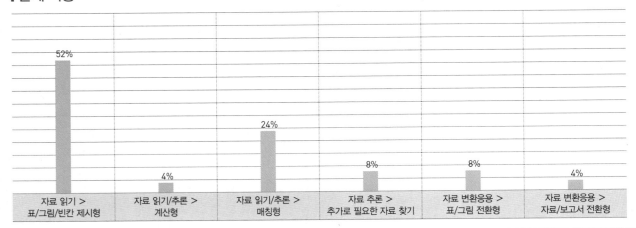

52%	4%	24%	8%	8%	4%
자료 읽기 > 표/그림/빈칸 제시형	자료 읽기/추론 > 계산형	자료 읽기/추론 > 매칭형	자료 추론 > 추가로 필요한 자료 찾기	자료 변환응용 > 표/그림 전환형	자료 변환응용 > 자료/보고서 전환형

01	④	02	①	03	⑤	04	⑤	05	⑤
06	④	07	③	08	②	09	②	10	②
11	④	12	③	13	③	14	②	15	①
16	⑤	17	①	18	④	19	②	20	①
21	④	22	①	23	③	24	④	25	⑤

01 ④

난이도 ■□□

| 문제 유형 | 자료 읽기/추론 > 매칭형

| 접근 전략 | 2023년 5개 도시의 감염병 현황을 바탕으로 치명률이 가장 높은 도시와 가장 낮은 도시를 매칭하는 문제이다. 주석으로 제시된 계산식에 따라 5개 도시의 치명률을 계산하여 비교하면 된다. C도시와 D도시의 치명률을 비교할 때 환자 수는 2배가 되었지만, 사망자 수는 2배를 초과하여 증가하였으므로 D도시의 치명률이 높은 것을 알 수 있다. 이와 같은 방법으로 치명률을 직접 계산하지 않더라도 도시 간 치명률을 쉽게 비교할 수 있다.

다음 〈표〉는 2023년 도시 A~E의 '갑' 감염병 현황에 관한 자료이다. 이를 근거로 치명률이 가장 높은 도시와 가장 낮은 도시를 바르게 연결한 것은?

〈표〉 2023년 도시 A~E의 '갑' 감염병 현황

(단위: 명)

구분 도시	환자 수	사망자 수
A	300	16
B	20	1
C	50	2
D	100	6
E	200	9

※ 치명률(%) = $\frac{\text{사망자 수}}{\text{환자 수}} \times 100$

	가장 높은 도시	가장 낮은 도시	
①	A	C	⇒ (X)
②	A	E	⇒ (X)
③	D	B	⇒ (X)
④	D	C	⇒ (O)
⑤	D	E	⇒ (X)

주어진 주석의 계산식에 따라 도시별 치명률을 확인하면 다음과 같다.

• A: $\frac{16}{300} \times 100 = \frac{16}{3}$(%)

• B: $\frac{1}{20} \times 100 = 5$(%)

• C: $\frac{2}{50} \times 100 = 4$(%)

• D: $\frac{6}{100} \times 100 = 6$(%)

• E: $\frac{9}{200} \times 100 = \frac{9}{2}$(%)

따라서 치명률이 가장 높은 도시는 D이고, 가장 낮은 도시는 C이다.

02 ①

난이도 ■■□

| 문제 유형 | 자료 읽기/추론 > 계산형

| 접근 전략 | 세 지역의 공사 건수와 평균 공사비가 제시되고, 두 지역 간의 공사 건수와 평균 공사비를 제시하면서 최종적으로 세 지역 전체 공사의 평균 공사비를 구하는 문제이다. 평균을 구하는 방법을 이용하여 각 지역에 대한 전체 공사비를 구할 수 있으므로, 이를 이용하여 세 지역의 전체 공사에 대한 평균 공사비를 구할 수 있다.

다음 〈그림〉은 2023년 A~C구 공사 건수 및 평균 공사비를 나타낸 자료이다. 이를 근거로 계산한 2023년 A~C구 전체 공사의 평균 공사비는?

〈그림〉 2023년 A~C구 공사 건수 및 평균 공사비

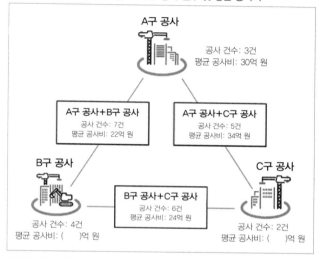

① 26억 원 ⇒ (O) A구 공사 3건의 평균 공사비가 30억 원이므로 전체 공사비는 30 × 3 = 90(억 원)이다. A구 공사 + B구 공사 7건에 대하여 평균 공사비가 22억 원이므로 전체 공사비는 22 × 7 = 154(억 원)인데, A구 전체 공사비가 90억 원이므로 B구 전체 공사비는 154 − 90 = 64(억 원)이다. B구 공사 + C구 공사 6건에 대하여 평균 공사비가 24억 원이므로 전체 공사비는 24 × 6 = 144(억 원)인데, B구 전체 공사비가 64억 원이므로 C구 전체 공사비는 144 − 64 = 80(억 원)이다.

따라서 A~C구 전체 공사의 평균 공사비는 $\frac{90+64+80}{9} = \frac{234}{9} = 26$(억 원)이다.

② 27억 원 ⇒ (X)

③ 28억 원 ⇒ (X)

④ 29억 원 ⇒ (X)

⑤ 30억 원 ⇒ (X)

03 ⑤

난이도 ■■□

| 문제 유형 | 자료 변환응용 > 표/그림 전환형

| 접근 전략 | 2023년 문화예술교육 수강 현황에 관한 〈보고서〉를 제시하고, 선지 중에서 〈보고서〉를 작성하는 데 사용되지 않은 자료를 찾는 문제이다. 이러한 문제를 해결할 때에는 선지의 표/그림에서 제목을 먼저 확인할 필요가 있다. 그리고 보고서의 내용을 읽으며 해당 자료의 필요 여부를 판단한다.

다음 〈보고서〉는 '갑'시 시민의 2023년 문화예술교육 수강 현황에 관한 자료이다. 〈보고서〉를 작성하는 데 사용되지 않은 자료는?

〈보고서〉

　'갑'시 시민 1,000명을 대상으로 2023년 한 해 동안의 문화예술교육 수강 현황을 조사한 결과, 316명이 수강 경험이 있다고 응답하였다. 문화예술교육 수강 경험이 있는 응답자가 가장 많이 수강한 상위 5개 분야는 기타를 제외하고 영화, 사진, 음악, 공예, 미술 순이었다. 문화예술교육 수강자의 평균 지출 비용은 38만 8천 원이었는데, 연령대별로는 40대가 48만 4천 원으로 가장 많았다. 또한 문화예술교육 수강자의 동반자 유형 구성을 살펴보면, '혼자(동반자 없음)' 수강한 비율은 50% 이상이었고, '친구 및 연인'과 함께 수강한 비율은 18.4%였다. 문화예술교육 인지 경로는 '인터넷 검색'이 33.2%로 가장 높았고, 다음으로 '주변 지인'이 19.0%였다. 수강한 문화예술교육의 교육방식은 '예술적 기량 향상을 위한 강습'이 27.5%로 가장 높았다. 문화예술교육 수강 장소별 만족도는 미술관이 가장 높았고, 그 다음으로 박물관, 공연장, 지역문화재단의 순이었다.

① 문화예술교육 수강 경험 유무 및 수강 분야 구성비

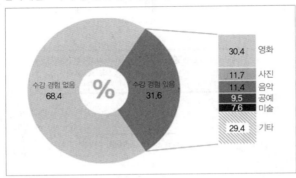

➡ (O) 〈보고서〉에서 '갑'시 시민 1,000명을 대상으로 2023년 한 해 동안의 문화예술교육 수강 현황을 조사한 결과, 316명이 수강 경험이 있다고 응답하였다고 하였다. 주어진 원 그래프에서 '수강 경험 있음'으로 응답한 사람 비율이 31.6%이므로 316명이다. 즉, 주어진 〈보고서〉를 작성하는 데 사용된 자료임을 알 수 있다.

② 문화예술교육 수강자의 연령대별 평균 지출 비용

(단위: 만 원)

연령대	20대 이하	30대	40대	50대	60대 이상	전체
평균 지출 비용	36.8	46.9	48.4	39.5	19.9	38.8

➡ (O) 〈보고서〉에서 문화예술교육 수강자의 평균 지출 비용은 38만 8천 원이었는데, 연령대별로는 40대가 48만 4천 원으로 가장 많았다고 하였다. 주어진 표에서 이와 똑같은 내용이 제시되어 있으므로 주어진 〈보고서〉를 작성하는 데 사용된 자료임을 알 수 있다.

③ 문화예술교육 수강자의 동반자 유형 구성비

(단위: %)

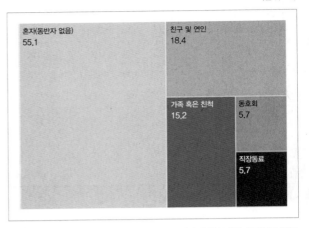

➡ (O) 〈보고서〉에서 문화예술교육 수강자의 동반자 유형 구성을 살펴보면, '혼자(동반자 없음)' 수강한 비율은 50% 이상이었고, '친구 및 연인'과 함께 수강한 비율은 18.4%였다고 하였다. 주어진 그림에서 '혼자(동반자 없음)' 수강한 비율이 55.1%이고 '친구 및 연인'과 함께 수강한 비율이 18.4%이므로 주어진 〈보고서〉를 작성하는 데 사용된 자료임을 알 수 있다.

④ 문화예술교육 인지 경로 상위 5개 비율

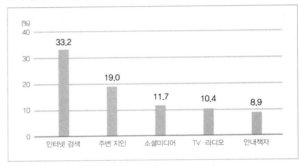

➡ (O) 〈보고서〉에서 문화예술교육 인지 경로는 '인터넷 검색'이 33.2%로 가장 높았고, 다음으로 '주변 지인'이 19.0%였다고 하였다. 주어진 그래프에서도 이와 똑같은 내용이 제시되어 있으므로 〈보고서〉를 작성하는 데 사용된 자료임을 알 수 있다.

⑤ 문화예술교육 수강 이유 상위 5개 비율

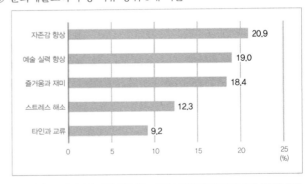

➡ (X) 〈보고서〉에서 수강한 문화예술교육의 교육방식은 '예술적 기량 향상을 위한 강습'이 27.5%로 가장 높았다고 하였다. 그리고 문화예술교육 수강 장소별 만족도는 미술관이 가장 높았고, 그 다음으로 박물관, 공연장, 지역문화재단의 순이었다고 하였다. 그런데 주어진 그래프에서는 수강 이유 상위 5개의 비율이 제시되어 있으므로 〈보고서〉를 작성하는 데 사용되지 않은 자료임을 알 수 있다.

04 ⑤

난이도 ■□□

| 문제 유형 | 자료 읽기/추론 > 매칭형

| 접근 전략 | 2023년 4개 어선에 대하여 잔존가치, 평년수익액, 선원 수를 〈표〉로 제시하고, 〈정보〉를 통해 선원당 월 통상임금 고시액과 〈표〉의 내용을 바탕으로 감척지원금을 구하여 매칭하는 문제이다. 어선별로 감척지원금을 구할 때 〈표〉의 D어선이 어선 잔존가치, 평년수익액, 선원 수가 다른 세 어선에 비해 모두 낮은 것을 확인할 수 있으므로 직접 계산하지 않더라도 감척지원금이 가장 적은 것을 알 수 있다. 비슷한 방법으로 생각할 때, B어선과 C어선의 감척지원금을 구하여 비교하면 감척지원금이 가장 많은 어선을 찾을 수 있다.

다음은 2023년 '갑'국의 연근해 어선 감척지원금 산정에 관한 자료이다. 이를 근거로 어선 A~D 중 산정된 감척지원금이 가장 많은 어선과 가장 적은 어선을 바르게 연결한 것은?

〈정보〉
○ 감척지원금=어선 잔존가치＋(평년수익액×3)＋(선원 수×선원당 월 통상임금 고시액×6)
○ 선원당 월 통상임금 고시액: 5백만 원/명

〈표〉 감척지원금 신청 어선 현황

(단위: 백만 원, 명)

어선	어선 잔존가치	평년수익액	선원 수
A	170	60	6
B	350	80	8
C	200	150	10
D	50	40	3

→ 주어진 〈정보〉에 따라 어선별로 감축지원금을 구해 보면 다음과 같다.
- A: 170＋60×3＋6×5×6=530(백만 원)
- B: 350＋80×3＋8×5×6=830(백만 원)
- C: 200＋150×3＋10×5×6=950(백만 원)
- D: 50＋40×3＋3×5×6=260(백만 원)

따라서 감척지원금이 가장 많은 어선은 C이고, 가장 적은 어선은 D이다.

	가장 많은 어선	가장 적은 어선	
①	A	B	➡ (X)
②	A	C	➡ (X)
③	B	A	➡ (X)
④	B	D	➡ (X)
⑤	C	D	➡ (O)

05 ⑤

난이도 ■■■

| 문제 유형 | 자료 추론 > 추가로 필요한 자료 찾기

| 접근 전략 | 2022년과 2023년 주택소유통계에 관한 〈보고서〉를 작성하기 위해 연도별 주택소유 가구 수와 가구 주택소유율을 구하는 계산식 외에 더 필요한 자료를 〈보기〉에서 찾는 문제이다. 〈보기〉에 제시된 추가 자료의 제목을 먼저 확인하고, 〈보고서〉의 내용을 읽으며 각각의 필요성 유무를 판단하면 시간을 조금 더 단축하며 문제를 해결할 수 있다.

다음은 2022년과 2023년 '갑'국 주택소유통계에 관한 자료이다. 제시된 〈표〉와 〈정보〉 이외에 〈보고서〉를 작성하기 위해 추가로 필요한 자료만을 〈보기〉에서 모두 고르면?

〈표〉 2022년과 2023년 주택소유 가구 수

(단위: 만 가구)

연도	2022	2023
주택소유 가구 수	1,146	1,173

〈정보〉

$$가구\ 주택소유율(\%)=\frac{주택소유\ 가구\ 수}{가구\ 수}\times100$$

〈보고서〉

'갑'국의 주택 수는 2022년 1,813만 호에서 2023년 1,853만 호로 2.2% 증가하였다. 개인소유 주택 수는 2022년 1,569만 호에서 2023년 1,597만 호로 1.8% 증가하였다. 주택소유 가구 수는 2022년 1,146만 가구에서 2023년 1,173만 가구로 2.4% 증가하였지만, 가구 주택소유율은 2022년 56.3%에서 2023년 56.0%로 감소하였다. 2023년 지역별 가구 주택소유율을 살펴보면, 상위 3개 지역은 A(64.4%), B(63.0%), C(61.0%)로 나타났다.

〈보기〉

ㄱ. 2019~2023년 '갑'국 주택 수 및 개인소유 주택 수

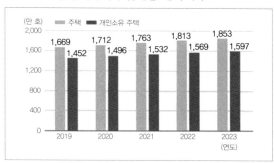

→ (O) 〈보고서〉에 2022년과 2023년 주택 수 및 개인소유 주택 수의 증감에 관한 내용이 제시되어 있지만, 주어진 〈표〉와 〈정보〉에는 이와 관련한 내용이 없으므로 〈보고서〉를 작성하기 위해 필요한 자료이다.

ㄴ. 2022년과 2023년 '갑'국 가구 수

(단위: 만 가구)

연도	2022	2023
가구 수	2,034	2,093

→ (O) 〈보고서〉에 2022년과 2023년 가구 주택소유율의 증감에 관한 내용이 제시되어 있다. 주어진 〈표〉에서 연도별 주택소유 가구 수가 제시되어 있고, 〈정보〉에서 주택소유 가구 수와 가구 수를 이용하여 가구 주택소유율을 구하는 계산식이 제시되어 있으므로 〈보고서〉를 작성하기 위해 '갑'국의 가구 수에 관한 내용이 필요하다.

ㄷ. 2023년 '갑'국 지역별 가구 주택소유율 상위 3개 지역

(단위: %)

지역	A	B	C
가구 주택소유율	64.4	63.0	61.0

→ (O) 〈보고서〉에 2023년 가구 주택소유율 상위 3개 지역에 관한 내용이 제시되어 있지만, 주어진 〈표〉와 〈정보〉에는 이와 관련한 내용이 없으므로 〈보고서〉를 작성하기 위해 필요한 자료이다.

ㄹ. 2023년 '갑'국 가구주 연령대별 가구 주택소유율

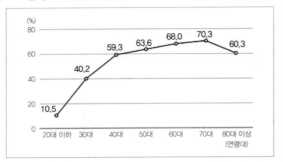

→ (X) 〈보고서〉에 '갑'국 가구주의 연령대별 가구 주택소유율에 관한 내용은 없으므로 〈보고서〉를 작성하기 위해 필요한 자료가 아니다.

① ㄱ, ㄴ ➡ (X)
② ㄱ, ㄹ ➡ (X)
③ ㄴ, ㄷ ➡ (X)
④ ㄴ, ㄹ ➡ (X)
⑤ ㄱ, ㄴ, ㄷ ➡ (O)

---

06 ④

난이도 ■□□

| 문제 유형 | 자료 읽기/추론 > 매칭형

| 접근 전략 | 5대의 전투기 모델에 대하여 평가항목에 따른 제원을 보고 평가항목별 점수를 구하여 '갑'국이 구매할 전투기를 찾는 문제이다. 5대의 전투기에 대하여 〈평가방법〉에 따라 평가항목별 점수를 표로 나타내어 합계 점수를 구하면 '갑'국이 구매할 전투기를 찾을 수 있다.

다음은 '갑'국이 구매를 고려 중인 A~E전투기의 제원과 평가방법에 관한 자료이다. 이를 근거로 A~E 중 '갑'국이 구매할 전투기를 고르면?

〈표〉 A~E전투기의 평가항목별 제원

(단위: 마하, 개, km, 억 달러)

전투기 평가항목	A	B	C	D	E
최고속력	3.0	1.5	2.5	2.0	2.7
미사일 탑재 수	12	14	9	10	8
항속거리	1,400	800	1,200	1,250	1,500
가격	1.4	0.8	0.9	0.7	1.0
공중급유	가능	가능	불가능	가능	불가능
자체수리	불가능	가능	불가능	가능	가능

〈평가방법〉

○ 평가항목 중 최고속력, 미사일 탑재 수, 항속거리, 가격은 평가항목별로 전투기 간 상대평가를 하여 가장 우수한 전투기부터 5점, 4점, 3점, 2점, 1점 순으로 부여한다.
○ 최고속력은 높을수록, 미사일 탑재 수는 많을수록, 항속거리는 길수록, 가격은 낮을수록 전투기가 우수하다고 평가한다.

○ 평가항목 중 공중급유와 자체수리는 평가항목별로 '가능'이면 1점, '불가능'이면 0점을 부여한다.
○ '갑'국은 평가항목 점수의 합이 가장 큰 전투기를 구매한다. 단, 동점일 경우 그중에서 가격이 가장 낮은 전투기를 구매한다.

① A ➡ (X)
② B ➡ (X)
③ C ➡ (X)
④ D ➡ (O)
⑤ E ➡ (X)

〈평가방법〉에 따라 전투기별 평가항목에 따른 점수를 표로 나타내면 다음과 같다.

전투기 평가항목(점)	A	B	C	D	E
최고속력	5	1	3	2	4
미사일 탑재 수	4	5	2	3	1
항속거리	4	1	2	3	5
가격	1	4	3	5	2
공중급유	1	1	0	1	0
자체수리	0	1	0	1	1
합계	15	13	10	15	13

이때, 평가항목 점수의 합이 A와 D전투기가 15점으로 동점이므로, 가격이 더 낮은 D전투기를 구매한다.

---

07 ③

난이도 ■■□

| 문제 유형 | 자료 추론 > 추가로 필요한 자료 찾기

| 접근 전략 | 2023년 배달대행과 퀵서비스 업종에 종사하는 운전자 실태에 관한 자료가 〈표〉로 제시되고, 〈보고서〉를 작성하기 위해 〈표〉 이외에 추가로 필요한 자료를 〈보기〉에서 찾는 문제이다. 〈보기〉에 제시된 자료의 제목을 먼저 확인하고, 〈보고서〉의 내용을 〈표〉의 내용과 비교하며 확인하여 추가로 필요한 자료인지 판단한다.

다음 〈표〉는 2023년 '갑'국에서 배달대행과 퀵서비스 업종에 종사하는 운전자 실태에 관한 자료이다. 제시된 〈표〉 이외에 〈보고서〉를 작성하기 위해 추가로 필요한 자료만을 〈보기〉에서 모두 고르면?

〈표 1〉 운전자 연령대 구성비 및 평균 연령

(단위: %, 세)

구분 업종	연령대					평균 연령
	20대 이하	30대	40대	50대	60대 이상	
배달대행	40.0	36.1	17.8	5.4	0.7	33.2
퀵서비스	0.0	3.1	14.1	36.4	46.4	57.8

〈표 2〉 이륜자동차 운전 경력 및 서비스 제공 경력의 평균

(단위: 년)

구분	업종	
	배달대행	퀵서비스
이륜자동차 운전 경력	7.4	19.8
서비스 제공 경력	2.8	13.7

〈표 3〉 일평균 근로시간 및 배달건수

(단위: 시간, 건)

구분 \ 업종	배달대행	퀵서비스
근로시간	10.8	9.8
운행시간	8.5	6.1
운행 외 시간	2.3	3.7
배달건수	41.5	15.1

─────〈보고서〉─────

'갑'국에서 배달대행과 퀵서비스 업종에 종사하는 운전자 실태를 조사한 결과는 다음과 같다. 두 업종 모두 이륜자동차를 이용하여 유사한 형태의 서비스를 제공하지만, 운전자 특성에는 큰 차이가 있었다. 우선, 운전자 평균 연령은 퀵서비스가 57.8세로 배달대행 33.2세보다 높았다. 이는 배달대행은 30대 이하 운전자 비중이 전체의 70% 이상이지만 퀵서비스는 50대 이상 운전자가 전체의 80% 이상을 차지하기 때문이다. 운전자의 이륜자동차 운전 경력의 평균과 서비스 제공 경력의 평균도 각각 퀵서비스가 배달대행에 비해 10년 이상 길었다. 한편, 운전자가 배달대행이나 퀵서비스 시장에 진입하기 위해서는 이륜자동차 구입 비용이 소요되는데, 신차와 중고차 구입 각각에서 배달대행이 퀵서비스보다 평균 구입 비용이 높았다. 또한, 운행시간과 운행 외 시간을 합한 일평균 근로시간은 배달대행이 퀵서비스보다 1.0시간 길었고, 월평균 근로일수도 배달대행이 퀵서비스보다 3일 이상 많은 것으로 나타났다.

─────〈보기〉─────

ㄱ. 이륜자동차 운전 경력 구성비

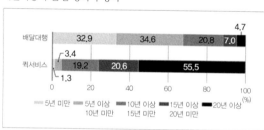

→ (X) 〈보고서〉에서 이륜자동차 운전 경력 구성비에 관한 내용이 제시되어 있지 않으므로 〈보고서〉를 작성하기 위해 필요한 자료가 아니다.

ㄴ. 서비스 제공 경력 구성비

(단위: %)

경력 \ 업종	5년 미만	5년 이상 10년 미만	10년 이상 15년 미만	15년 이상 20년 미만	20년 이상	전체
배달대행	81.9	15.8	2.3	0.0	0.0	100
퀵서비스	14.8	11.3	26.8	14.1	33.0	100

→ (X) 〈보고서〉에서 업종에 따른 서비스 제공 경력 구성비에 관한 내용이 제시되어 있지 않으므로 〈보고서〉를 작성하기 위해 필요한 자료가 아니다.

ㄷ. 배달대행 및 퀵서비스 시장 진입을 위한 이륜자동차 평균 구입 비용

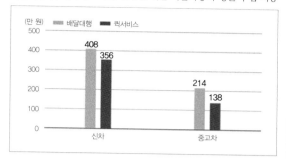

→ (O) 〈보고서〉에서 '운전자가 배달대행이나 퀵서비스 시장에 진입하기 위해서는 이륜자동차 구입 비용이 소요되는데, 신차와 중고차 구입 각각에서 배달대행이 퀵서비스보다 평균 구입 비용이 높았다.'라고 하였다. 그런데 주어진 〈표〉에서는 배달대행 및 퀵서비스 시장 진입을 위한 이륜자동차 평균 구입 비용에 관한 내용이 제시되어 있지 않으므로 〈보고서〉를 작성하기 위해 필요한 자료이다.

ㄹ. 월평균 근로일수

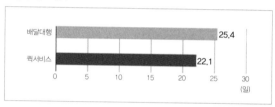

→ (O) 〈보고서〉에서 '운행시간과 운행 외 시간을 합한 일평균 근로시간은 배달대행이 퀵서비스보다 1.0시간 길었고, 월평균 근로일수도 배달대행이 퀵서비스보다 3일 이상 많은 것으로 나타났다.'라고 하였다. 〈표 3〉에서 일평균 근로시간을 제시하고 있지만, 월평균 근로일수에 관한 내용이 제시되어 있지 않으므로 〈보고서〉를 작성하기 위해 필요한 자료이다.

① ㄱ, ㄴ ➡ (X)
② ㄴ, ㄷ ➡ (X)
③ ㄷ, ㄹ ➡ (O)
④ ㄱ, ㄴ, ㄹ ➡ (X)
⑤ ㄱ, ㄷ, ㄹ ➡ (X)

08 ②

난이도 ■□□

| 문제 유형 | 자료 읽기/추론 > 매칭형

| 접근 전략 | 2023년 주요 10개 업종의 특허출원 현황에 관한 자료를 〈표〉로 제시하고, 〈정보〉의 내용을 바탕으로 A~C 업종이 무엇인지 확인하는 문제이다. 주어진 〈표〉의 수치에 집중하지 말고 〈정보〉를 통해 A~C 업종이 무엇인지 추론하는 데 집중하여 〈표〉에서도 필요한 자료만 살피는 것이 중요하다.

다음은 2023년 '갑'국 주요 10개 업종의 특허출원 현황에 관한 자료이다. 이를 근거로 A~C에 해당하는 업종을 바르게 연결한 것은?

〈표〉 주요 10개 업종의 기업규모별 특허출원건수 및 특허출원기업 수

(단위: 건, 개)

구분\n업종	기업규모별 특허출원건수			특허출원\n기업 수
	대기업	중견기업	중소기업	
A	25,234	1,575	4,730	1,725
전기장비	6,611	501	3,265	1,282
기계	1,314	1,870	5,833	2,360
출판	204	345	8,041	2,550
자동차	5,460	1,606	1,116	617
화학제품	2,978	917	2,026	995
의료	52	533	2,855	1,019
B	18	115	3,223	1,154
건축	113	167	2,129	910
C	29	7	596	370

※기업규모는 '대기업', '중견기업', '중소기업'으로만 구분됨.

〈정보〉

○ '중소기업' 특허출원건수가 해당 업종 전체 기업 특허출원건수의 90% 이상인 업종은 '연구개발', '전문서비스', '출판'이다. → 제시된 〈표〉에서 A, B, C 업종에 대하여 전체 기업 특허출원건수 중 '중소기업' 특허출원건수의 비중을 확인해 본다. 이때, A 업종은 대기업의 특허출원건수가 중견기업 및 중소기업의 특허출원건수보다 많으므로 90% 미만이다. 따라서 B, C 업종은 '연구개발' 또는 '전문서비스'임을 알 수 있다.

○ '대기업' 특허출원건수가 '중견기업'과 '중소기업' 특허출원건수 합의 2배 이상인 업종은 '전자부품', '자동차'이다. → 제시된 〈표〉의 A 업종에서 25,234 > 2 × (1,575 + 4,730) = 12,6100|므로 '대기업' 특허출원건수가 '중견기업'과 '중소기업' 특허출원건수 합의 2배 이상이다. 따라서 A 업종은 '전자부품'이다.

○ 특허출원기업당 특허출원건수는 '연구개발'이 '전문서비스'보다 많다. → B, C 업종에 대하여 특허출원기업당 특허출원건수를 비교해 보면 다음과 같다.
- B: $\frac{18+115+3,223}{1,154}$ ≒ 2.9(건/개)
- C: $\frac{29+7+596}{370}$ ≒ 1.7(건/개)

	A	B	C	
①	연구개발	전자부품	전문서비스	➡ (X)
②	전자부품	연구개발	전문서비스	➡ (O)
③	전자부품	전문서비스	연구개발	➡ (X)
④	전문서비스	연구개발	전자부품	➡ (X)
⑤	전문서비스	전자부품	연구개발	➡ (X)

09 ②   난이도 ■■■

|문제 유형| 자료 읽기 > 표 제시형

|접근 전략| 2018년부터 2023년까지 짜장면 가격 및 가격지수와 짜장면 주재료 품목의 판매단위당 가격에 관한 자료를 바탕으로 옳은 설명을 찾는 문제이다. 선지 중 계산이 필요한 것은 정확하게 계산하여 문제를 해결하기보다는, 대략적인

값을 구하여 비교하는 것이 효율적인 경우가 많다. 예를 들면, 선지 ①에서 2020년 짜장면 가격을 5,200원으로 놓고 계산하거나 선지 ②에서 2023년 짜장면 가격을 구할 때 2020년 짜장면 가격을 5,200원으로 낮춰서 구하면 계산도 간단하고 비교할 때도 용이하다.

다음 〈표〉는 2018~2023년 짜장면 가격 및 가격지수와 짜장면 주재료 품목의 판매단위당 가격에 관한 자료이다. 이에 대한 설명으로 옳은 것은?

〈표 1〉 2018~2023년 짜장면 가격 및 가격지수

(단위: 원)

구분\n연도	2018	2019	2020	2021	2022	2023
가격	5,011	5,201	5,276	5,438	6,025	( )
가격지수	95.0	98.6	100	103.1	114.2	120.6

※가격지수는 2020년 짜장면 가격을 100으로 할 때, 해당 연도 짜장면 가격의 상대적인 값임.

〈표 2〉 2018~2023년 짜장면 주재료 품목의 판매단위당 가격

(단위: 원)

품목\n연도\n판매단위	2018	2019	2020	2021	2022	2023
춘장 (14kg)	26,000	27,500	27,500	33,000	34,500	34,500
식용유 (900mL)	3,890	3,580	3,980	3,900	4,600	5,180
밀가루 (1kg)	1,280	1,280	1,280	1,190	1,590	1,880
설탕 (1kg)	1,630	1,680	1,350	1,790	1,790	1,980
양파 (2kg)	2,250	3,500	5,000	8,000	5,000	6,000
청오이 (2kg)	4,000	8,000	8,000	10,000	10,000	15,000
돼지고기 (600g)	10,000	10,000	10,000	13,000	15,000	13,000

※ 짜장면 주재료 품목은 제시된 7개뿐임.

① 짜장면 가격지수가 80.0이면 짜장면 가격은 4,000원 이하이다.
➡ (X) 짜장면 가격지수가 80.0일 때 짜장면의 가격은 5,276 × 0.8 = 4,220.8(원)이므로 짜장면의 가격은 4,000원 이상이다.

② 2023년 짜장면 가격은 2018년에 비해 20% 이상 상승하였다.
➡ (O) 2023년 짜장면 가격지수가 120.60고, 2018년 짜장면 가격은 2020년보다 낮으므로 2023년 짜장면 가격은 2018년 대비 20% 이상 상승하였음을 알 수 있다.

③ 2018년에 비해 2023년 판매단위당 가격이 2배 이상인 짜장면 주재료 품목은 1개이다. ➡ (X) 2018년에 비해 2023년 판매단위당 가격이 2배 이상인 짜장면 주재료 품목은 양파와 청오이로, 총 2개이다.

④ 2020년에 식용유 1,800mL, 밀가루 2kg, 설탕 2kg의 가격 합계는 15,000원 이상이다. ➡ (X) 2020년 식용유 1,800mL의 가격은 3,980 × 2 = 7,960(원), 밀가루 2kg의 가격은 1,280 × 2 = 2,560(원), 설탕 2kg의 가격은 1,350 × 2 = 2,700(원)이다. 따라서 세 품목의 가격 합계는 7,960 + 2,560 + 2,700 = 13,220(원)이므로 15,000원 미만이다.

⑤ 매년 판매단위당 가격이 상승한 짜장면 주재료 품목은 2개 이상이다. ➡ (X) 매년 판매단위당 가격이 상승한 짜장면 주재료 품목은 없다.

10 ②

|문제 유형| 자료 읽기/추론 > 매칭형

|접근 전략| 2017년부터 2023년까지 '어린이 안전 체험 교실' 사업 운영 현황에 관한 자료를 바탕으로 작성된 〈보고서〉에서 A~C에 해당하는 내용을 찾는 문제이다. 문단별로 내용을 확인하여 A~C에 해당하는 것을 찾으면 된다. 이때, 계산을 되도록 간단하게 하면 시간을 단축하는 데 도움이 될 수 있다. 예를 들어, 자원 봉사자당 교육 참여 어린이 수를 구할 때 2019년 자원봉사자 수는 2017년 대비 약 1.5배 정도 증가하였는데, 교육 참여 어린이 수는 5배 이상 증가하였으므로 직접 계산하지 않더라도 2017년 대비 2019년에 자원봉사자당 교육 참여 어린이 수가 증가하였음을 알 수 있다.

다음 〈표〉는 2017~2023년 '갑'국의 '어린이 안전 체험 교실' 사업 운영 현황에 관한 자료이다. 이를 바탕으로 작성한 〈보고서〉의 A~C에 해당하는 내용을 바르게 연결한 것은?

〈표〉 2017~2023년 '어린이 안전 체험 교실' 사업 운영 현황

(단위: 개, 회, 명)

구분 연도	참여 자치 단체 수	운영 횟수	교육 참여		자원 봉사자 수
			어린이 수	학부모 수	
2017	9	11	10,265	6,700	2,083
2018	15	30	73,060	19,465	1,600
2019	14	38	55,780	15,785	2,989
2020	18	35	58,680	13,006	2,144
2021	19	39	61,380	11,660	2,568
2022	17	38	59,559	9,071	2,406
2023	18	40	72,261	8,619	2,071

―――――〈보고서〉―――――

안전 체험 시설이 없는 지역으로 찾아가는 '어린이 안전 체험 교실' 사업이 2017년부터 2023년까지 운영되었다. 해당 기간 동안 참여 자치 단체 수, 운영 횟수 등이 변화하였는데 그중 참여 자치 단체 수와 교육 참여 □A□ 수의 전년 대비 증감 방향은 매년 같았다.

→ 2017년부터 2023년까지 참여 자치 단체 수는 전년 대비 [증가 → 감소 → 증가 → 증가 → 감소 → 증가]하였다. 이와 같은 증감을 나타내는 것은 교육 참여 Ⓐ 어린이 수이다.

2021년은 사업 기간 중 참여 자치 단체 수가 가장 많았던 해로 2020년보다 운영 횟수와 교육 참여 어린이 수가 늘었다. 운영 횟수당 교육 참여 어린이 수는 2021년이 2020년보다 □B□. → 운영 횟수당 교육 참여 어린이 수는 2020년에 $\frac{58,680}{35}$ ≒1,677(명/회)이고, 2021년에는 $\frac{61,380}{39}$ ≒1,574(명/회)이다. 따라서 2021년이 2020년보다 Ⓑ 적었다.

본 사업에 자원봉사자도 꾸준히 참여하였다. 2019년에는 사업 기간 중 가장 많은 자원봉사자가 참여하였다. 자원봉사자당 교육 참여 어린이 수는 2019년이 2017년보다 □C□. → 자원봉사자당 교육 참여 어린이 수는 2017년에 $\frac{10,265}{2,083}$ ≒4.9(명당 명)이고, 2019년에는 $\frac{55,780}{2,989}$ ≒18.7(명당 명)이다. 따라서 2019년이 2017년보다 Ⓒ 많았다.

	A	B	C	
①	어린이	많았다	많았다	➡ (X)
②	어린이	적었다	많았다	➡ (O)
③	어린이	적었다	적었다	➡ (X)
④	학부모	많았다	적었다	➡ (X)
⑤	학부모	적었다	적었다	➡ (X)

11 ④

|문제 유형| 자료 읽기 > 표 제시형

|접근 전략| 2019년부터 2023년까지 항공편 지연 및 결항에 관한 자료를 바탕으로 〈보기〉의 설명이 옳은지 확인하는 문제이다. 〈보기〉의 설명 중 ㄷ은 특별한 계산 없이도 바로 옳은 것을 알 수 있으므로 나머지 두 설명이 옳은지의 여부를 판단하는 데 집중하도록 한다.

다음 〈표〉는 2019~2023년 '갑'국의 항공편 지연 및 결항에 관한 자료이다. 이에 대한 〈보기〉의 설명 중 옳은 것만을 모두 고르면?

〈표 1〉 2019~2023년 항공편 지연 현황

(단위: 편)

구분 분기	연도 월	국내선					국제선				
		2019	2020	2021	2022	2023	2019	2020	2021	2022	2023
1	1	0	0	0	0	0	1	0	0	1	0
	2	0	0	0	0	0	0	0	0	0	2
	3	0	0	0	0	0	6	0	0	0	0
2	4	0	0	0	0	0	0	0	2	0	1
	5	1	0	0	0	0	5	0	0	1	0
	6	0	0	0	0	0	0	0	10	11	1
3	7	40	0	0	3	68	53	23	11	83	55
	8	3	0	0	3	1	27	58	61	111	50
	9	0	0	0	0	161	7	48	46	19	368
4	10	0	93	0	23	32	21	45	44	98	72
	11	0	0	0	1	0	0	0	0	5	11
	12	0	0	0	0	0	2	1	6	0	17
전체		44	93	0	30	262	122	175	180	329	577

〈표 2〉 2019~2023년 항공편 결항 현황

(단위: 편)

구분		국내선					국제선				
연도 분기 / 월		2019	2020	2021	2022	2023	2019	2020	2021	2022	2023
1	1	0	0	0	0	0	0	0	0	0	0
	2	0	0	0	0	0	0	0	0	0	14
	3	0	0	0	0	0	0	0	0	0	0
2	4	1	0	0	0	0	0	0	0	0	0
	5	6	0	0	0	0	0	10	0	0	0
	6	0	0	0	0	0	0	0	0	1	0
3	7	311	0	0	187	507	93	11	5	162	143
	8	62	0	0	1,008	115	39	11	71	127	232
	9	0	0	4	0	1,351	16	30	42	203	437
4	10	0	85	0	589	536	4	48	49	112	176
	11	0	0	0	0	0	0	0	0	0	4
	12	0	0	0	0	0	0	4	4	0	22
전체		380	85	4	1,784	2,509	162	104	171	605	1,028

─〈보기〉─

ㄱ. 2022년 3분기 국제선 지연 편수는 전년 동기 대비 100편 이상 증가하였다. → (X) 2021년 3분기 국제선 지연 편수는 11 + 61 + 46 = 118 (편)이고 2022년 3분기 국제선 지연 편수는 83 + 111 + 19 = 213(편)이다. 따라서 2022년 3분기 국제선 지연 편수는 전년 동기 대비 213 − 118 = 95(편) 증가하였으므로 100편 미만으로 증가하였다.

ㄴ. 2023년 9월의 결항 편수는 국내선이 국제선의 3배 이상이다. → (O) 2023년 9월의 국내선 결항 편수는 1,351편이고 국제선은 437편이다. 이때, 437 × 3 = 1,311 < 1,351이므로 국내선이 국제선의 3배 이상이다.

ㄷ. 매년 1월과 3월에는 항공편 결항이 없었다. → (O) 〈표 2〉에서 매년 1월과 3월에 항공편 결항이 없었음을 확인할 수 있다.

① ㄱ ➡ (X)
② ㄷ ➡ (X)
③ ㄱ, ㄴ ➡ (X)
④ ㄴ, ㄷ ➡ (O)
⑤ ㄱ, ㄴ, ㄷ ➡ (X)

12 ③

난이도 ■■■

| 문제 유형 | 자료 읽기 > 표/빈칸 제시형

| 접근 전략 | 2022학년도 '갑'대학교 졸업생의 취업 및 진학 현황에 관한 자료를 바탕으로 옳지 않은 설명을 찾는 문제이다. 선지 ①, ③, ⑤에서 〈표〉의 빈칸과 관련한 내용을 다루고 있으므로 주석의 계산식을 바탕으로 빈칸에 들어갈 수치를 먼저 구하도록 한다. 이때, 선지 ③이 옳지 않은 것임을 알 수 있으므로 시간을 단축할 수 있다. 한편, 선지 ③과 ④에서 전체의 진학률과 취업률을 구할 때, 선지 및 해설에 제시되어 있는 것처럼 계열별로 증가한 진학자 수 또는 취업자 수를 구하지 않도록 한다. 계열별로 20%씩 진학자 수가 증가하거나 계열별로 10%씩 취업자 수가 증가하였다고 하였으므로 전체 진학자 수인 150명에서 20% 증가분을 계산하고, 전체 취업자 수인 1,100명에서 10% 증가분을 계산하여도 같은 결과를 나타내기 때문이다. 예를 들어, 전체 진학자 수인 150명에서 20%가 증가하면 150 × 1.2 = 180(명)인데, 이는 계열별로 20%씩 진학자 수가 증가한 것으로 계산하여 더한 값인 72 + 60 + 48 = 180(명)과 같다.

다음 〈표〉는 2022학년도 '갑'대학교 졸업생의 취업 및 진학 현황에 관한 자료이다. 이에 대한 설명으로 옳지 않은 것은?

〈표〉 2022학년도 '갑'대학교 졸업생의 취업 및 진학 현황

(단위: 명, %)

구분 계열	졸업생 수	취업자 수	취업률	진학자 수	진학률
A	800	500	( )	60	7.5
B	700	400	57.1	50	7.1
C	500	200	40.0	40	( )
전체	2,000	1,100	55.0	150	7.5

※ 1) 취업률(%) = $\dfrac{\text{취업자 수}}{\text{졸업생 수}} \times 100$

2) 진학률(%) = $\dfrac{\text{진학자 수}}{\text{졸업생 수}} \times 100$

3) 진로 미결정 비율(%) = 100 − (취업률 + 진학률)

① 취업률은 A계열이 B계열보다 높다. ➡ (O) A계열 취업률은 $\dfrac{500}{800} \times 100 = 62.5(\%)$이므로 B계열 취업률 57.1%보다 높다.

② 진로 미결정 비율은 B계열이 C계열보다 낮다. ➡ (O) B계열의 진로 미결정 비율은 100 − (57.1 + 7.1) = 35.8(%)이다. C계열의 진학률이 $\dfrac{40}{500} \times 100 = 8(\%)$이므로 진로 미결정 비율은 100 − (40 + 8) = 52(%)이다. 따라서 진로 미결정 비율은 B계열이 C계열보다 낮다.

③ 진학자 수만 계열별로 20%씩 증가한다면, 전체의 진학률은 10% 이상이 된다. ➡ (X) 진학자 수가 계열별로 20%씩 증가하면 A계열 진학자 수는 60 × 1.2 = 72(명), B계열 진학자 수는 50 × 1.2 = 60(명), C계열 진학자 수는 40 × 1.2 = 48(명)이다. 따라서 전체의 진학률은 $\dfrac{72 + 60 + 48}{2,000} \times 100 = 9(\%)$이므로 10% 미만이다.

④ 취업자 수만 계열별로 10%씩 증가한다면, 전체의 취업률은 60% 이상이 된다. ➡ (O) 취업자 수가 계열별로 10%씩 증가하면 A계열 취업자 수는 500 × 1.1 = 550(명), B계열 취업자 수는 400 × 1.1 = 440(명), C계열 취업자 수는 200 × 1.1 = 220(명)이다. 따라서 전체의 취업률은 $\dfrac{550 + 440 + 220}{2,000} \times 100 = 60.5(\%)$이므로 60% 이상이다.

⑤ 진학률은 A~C계열 중 C계열이 가장 높다. ➡ (O) C계열의 진학률이 $\dfrac{40}{500} \times 100 = 8(\%)$이므로 A~C계열 중 진학률이 가장 높은 것은 C계열이다.

13 ③

| **문제 유형** | 자료 읽기 > 표/그림 제시형

| **접근 전략** | 〈그림〉으로 오이와 고추의 재배방식별 파종, 정식, 수확 가능 시기에 관한 자료가 제시되고, 이에 대한 설명으로 옳지 않은 것을 찾는 문제이다. 선지별로 내용이 옳은지 여부를 하나씩 확인하면 되는데, 특별한 계산이 요구되지 않으므로 주어진 〈그림〉과 선지의 내용을 정확하게 비교하여 판단하도록 한다.

다음 〈그림〉은 오이와 고추의 재배방식별 파종, 정식, 수확 가능 시기에 관한 자료이다. 이에 대한 설명으로 옳지 않은 것은?

〈그림〉 오이와 고추의 재배방식별 파종, 정식, 수확 가능 시기

① '촉성' 재배방식에서 정식이 가능한 달의 수는 오이가 고추보다 많다. ➡ (O) '촉성' 재배방식에서 정식이 가능한 달의 수는 오이가 12월과 1월 두 달이고, 고추가 12월 한 달이므로 오이가 고추보다 많다.

② 고추의 각 재배방식에서 파종 가능 시기와 정식 가능 시기의 차이는 1개월 이상이다. ➡ (O) 고추의 재배방식에 따라 파종 가능 시기와 정식 가능 시기의 차이를 확인해 보면 '촉성'은 2개월, '반촉성'은 3개월, '조숙'은 2개월, '보통'은 2개월, '억제'는 2개월이므로 모두 1개월 이상의 차이를 보인다.

③ 오이는 고추보다 정식과 수확이 모두 가능한 달의 수가 더 많다. ➡ (X) 정식과 수확이 모두 가능한 달은 오이와 고추 모두 2월, 4~6월이므로 두 작물은 서로 4개월로 같다.

④ 고추의 경우, 수확이 가능한 재배방식의 수는 7월이 가장 많다. ➡ (O) 고추는 7월에 '반촉성', '조숙', '보통', '억제'의 4개 재배방식으로 수확이 가능하여 가장 많다.

⑤ 오이의 재배방식 중 수확이 가능한 달의 수가 가장 적은 것은 '보통'이다. ➡ (O) 재배방식에 따라 오이의 수확이 가능한 달의 수를 확인해 보면 '촉성'은 4개월, '반촉성'은 4개월, '조숙'은 4개월, '보통'은 3개월, '억제'는 5개월이므로, 수확이 가능한 달의 수가 가장 적은 것은 '보통'이다.

14 ②

| **문제 유형** | 자료 읽기 > 표 제시형

| **접근 전략** | 2019~2023년 양식 품목별 면허어업 건수에 관한 〈표〉의 내용과 선지의 내용을 비교하여 옳은지 확인한다. 특히 전년 대비 증가율을 구하여 비교하는 분수식에서 일일이 계산할 필요 없이 2020년의 경우 2022년보다 분모는 작고 분자는 크므로 전체 분수식의 값이 크다는 것을 빠르게 판단하도록 한다.

다음 〈표〉는 2019~2023년 '갑'국의 양식 품목별 면허어업 건수에 관한 자료이다. 이에 대한 설명으로 옳은 것은?

〈표〉 2019~2023년 양식 품목별 면허어업 건수

(단위: 건)

연도 양식 품목	2019	2020	2021	2022	2023
김	781	837	853	880	812
굴	1,292	1,314	1,317	1,293	1,277
새고막	1,076	1,093	1,096	1,115	1,121
바지락	570	587	576	582	565
미역	802	920	898	882	678
전체	4,521	4,751	4,740	4,752	4,453

※ 양식 품목은 '김', '굴', '새고막', '바지락', '미역'뿐임.

① '김' 면허어업 건수는 매년 증가한다. ➡ (X) '김' 면허어업 건수는 '2020년 837건 → 2021년 853건 → 2022년 880'건으로 증가하다가 2023년에는 812건으로 880 − 812 = 68(건) 감소했다.

② '굴'과 '새고막'의 면허어업 건수 합은 매년 전체의 50% 이상이다. ➡ (O) 2019~2023년 '굴'과 '새고막'의 면허어업 건수 합을 구하면 다음과 같다.

2019년	2020년	2021년	2022년	2023년
2,368건	2,407건	2,413건	2,408건	2,398건

따라서 매년 '(굴+새고막) × 2 ≥ 전체'이므로 전체의 50% 이상임을 알 수 있다.

③ '바지락' 면허어업 건수의 전년 대비 증가율은 2020년이 2022년보다 낮다. ➡ (X) 2022년 '바지락' 면허어업 건수의 전년 대비 증가율은 $\frac{582-576}{576} \times 100 = \frac{6}{576} \times 100 ≒ 1.0(\%)$이고, 2020년 '바지락' 면허어업 건수의 전년 대비 증가율은 $\frac{587-570}{570} \times 100 = \frac{17}{570} \times 100 ≒ 3.0(\%)$이다. 따라서 '바지락' 면허어업 건수의 전년 대비 증가율은 2020년이 2022년보다 높다.

④ '미역' 면허어업 건수는 2023년이 2020년보다 많다. ➡ (X) 2023년 '미역' 면허어업 건수는 678건으로 2020년 '미역' 면허어업 건수 920건보다 적다.

⑤ 2023년에 면허어업 건수가 전년 대비 증가한 양식 품목은 2개이다. ➡ (X) 2022년 대비 2023년 면허어업 건수가 증가한 양식 품목은 새고막으로, 1개이다.

15 ①

| **문제 유형** | 자료 읽기/추론 > 매칭형
| **접근 전략** | 〈보고서〉의 내용을 뒤에서 앞으로 읽으면서 풀면 후보 국가를 일부 추려서 하나씩 소거할 수 있다.

다음은 2019~2022년 우리나라의 원산지별 목재펠릿 수입량에 관한 자료이다. 이를 근거로 A~E국 중 우리나라에 해당하는 국가를 고르면?

〈보고서〉

목재펠릿은 작은 원통형으로 성형한 목재 연료로, 재생 가능한 청정 에너지원이며 바이오매스 발전에 사용되고 있다. 2022년 기준 국내 목재펠릿 이용량의 84%가 수입산으로, 전체 수입량은 전년 대비 10% 이상 증가하였다. 매년 전체 목재펠릿 수입량의 절반 이상이 베트남산으로, 베트남에 대한 과도한 의존이 지속되고 있다. 2021년부터 충청남도 서산과 당진에 있는 바이오매스 발전소에 캐나다산 목재펠릿을 공급하면서 캐나다산 목재펠릿 수입이 증가하여 2022년 캐나다산 목재펠릿 수입량은 2019년 대비 30배 이상이 되었다. 또한, 2022년에는 유럽 시장에 수출길이 막힌 러시아산 목재펠릿의 수입량이 크게 증가하여 2022년 기준 러시아산이 우리나라 목재펠릿 수입량 2위를 차지하였다. 인도네시아산 목재펠릿 수입량은 2019년 이후 꾸준히 증가해 2022년에는 말레이시아산 목재펠릿 수입량을 추월하였다.

〈표 1〉 2019~2021년 우리나라의 원산지별 목재펠릿 수입량

(단위: 천 톤)

원산지 연도	베트남	말레 이시아	캐나다	인도 네시아	러시아	기타	전체
2019	1,941	520	11	239	99	191	3,001
2020	1,912	508	52	303	165	64	3,004
2021	2,102	406	329	315	167	39	3,358

〈표 2〉 2022년 A~E국의 원산지별 목재펠릿 수입량

(단위: 천 톤)

원산지 국가	베트남	말레 이시아	캐나다	인도 네시아	러시아	기타	전체
A	2,201	400	348	416	453	102	3,920
B	2,245	453	346	400	416	120	3,980
C	2,264	416	400	346	453	106	3,985
D	2,022	322	346	416	400	40	3,546
E	2,010	346	322	400	416	142	3,636

① A ➡ (O) 〈보고서〉 내용의 마지막 줄에 '인도네시아산 목재펠릿 수입량은 ~ 2022년에는 말레이시아산 목재펠릿 수입량을 추월'하였으므로, 〈표 2〉에서 해당하는 국가는 A, D, E이다.

2022년에 러시아산 목재펠릿의 수입량이 크게 증가하여 우리나라 목재펠릿 수입량 2위를 차지하였으므로, A, D, E 중 D는 러시아가 2위가 아니므로 제외한다.

캐나다산 목재펠릿 수입이 증가하여 2022년에 2019년 대비 30배 이상이 되었으므로, 〈표 1〉에서 2019년 캐나다산 목재펠릿 수입량(11천 톤)의 30배 이상이려면 330천 톤 이상이어야 한다. 따라서 E가 제외되므로, 우리나라에 해당하는 국가는 A이다.

② B ➡ (X)
③ C ➡ (X)
④ D ➡ (X)
⑤ E ➡ (X)

---

16 ⑤

| **문제 유형** | 자료 읽기 > 표 제시형
| **접근 전략** | ㄹ을 먼저 확인한 후 ㄷ을 확인한다. ㄷ에서 2020년 대비 2022년 분자 증감폭은 2로 동일한데, 분모가 주민이용시설이 6이어서 주거체험시설 3의 2배이다. 따라서 증가율이 2배임을 알 수 있다. ㄴ에서 2017~2022년 전체 공공한옥시설 중 '문화전시시설'의 비율이 매년 20% 이상이려면, $\frac{문화전시시설}{전체 \ 공공한옥시설} \times 100 \geq 20$이어야 하므로 '5 × 문화전시시설 ≥ 전체 공공한옥시설'이어야 한다. 매년 만족하므로 전체 한옥시설 중 '문화전시시설'의 비율은 매년 20% 이상이다. 마지막으로 ㄱ을 확인한다.

다음 〈표〉는 2017~2022년 '갑'시 공공한옥시설의 유형별 현황에 관한 자료이다. 이에 대한 〈보기〉의 설명 중 옳은 것만을 모두 고르면?

〈표〉 2017~2022년 '갑'시 공공한옥시설의 유형별 현황

(단위: 개소)

연도 유형	2017	2018	2019	2020	2021	2022
문화전시시설	8	8	10	11	12	12
전통공예시설	14	14	11	10	( )	9
주민이용시설	3	3	5	6	8	8
주거체험시설	0	0	1	3	4	( )
한옥숙박시설	2	2	( )	0	0	0
전체	27	27	28	30	34	34

※ 공공한옥시설의 유형은 '문화전시시설', '전통공예시설', '주민이용시설', '주거체험시설', '한옥숙박시설'로만 구분됨.

〈보기〉

ㄱ. '전통공예시설'과 '한옥숙박시설'의 전년 대비 증감 방향은 매년 같다. → (X) 2018년~2022년 '전통공예시설'의 전년 대비 증감 방향은 '유지 → 감소 → 감소 → 유지 → 감소'이고, '한옥숙박시설'의 전년 대비 증감 방향은 '유지 → 감소 → 감소 → 유지 → 유지'이다. 따라서 증감 방향은 매년 같다고 말할 수 없다.

ㄴ. 전체 공공한옥시설 중 '문화전시시설'의 비율은 매년 20% 이상이다. → (O) 2017~2022년 전체 공공한옥시설 중 '문화전시시설'의 비율을 구하면 다음과 같다.

2017년	2018년	2019년	2020년	2021년	2022년
약 30%	약 30%	약 36%	약 37%	약 35%	약 35%

ㄷ. 2020년 대비 2022년 공공한옥시설의 유형별 증가율은 '주거체험시설'이 '주민이용시설'의 2배이다. → (O) 2020년 대비 2022년 공공한옥시설의 유형별 증가율은 '주거체험시설'의 경우 $\frac{5-3}{3} \times 100 \fallingdotseq 67(\%)$이고, '주민이용시설'의 경우 $\frac{8-6}{6} \times 100 \fallingdotseq 33(\%)$이므로 '주거체험시설'이 '주민이용시설'의 2배이다.

ㄹ. '한옥숙박시설'이 '주거체험시설'보다 많은 해는 2017년과 2018년 뿐이다. → (O) '한옥숙박시설'이 '주거체험시설'보다 많은 해는 2017년(주거체험 0개소, 한옥숙박 2개소)과 2018년(주거체험 0개소, 한옥숙박 2개소)이다.

① ㄱ, ㄴ ➡ (X)　　② ㄴ, ㄷ ➡ (X)
③ ㄴ, ㄹ ➡ (X)　　④ ㄱ, ㄷ, ㄹ ➡ (X)
⑤ ㄴ, ㄷ, ㄹ ➡ (O)

17 ①

| **문제 유형** | 자료 읽기 > 표/그림 제시형

| **접근 전략** | 선지 ①부터 순서대로 풀이해 보면, 최저개발국 직접투자 규모는 2015년 31,205 × 0.0280이고, 2023년 76,446 × 0.0170이다. 해외직접투자 규모가 2배 이상 커졌는데, 비중 관련 수치는 2배 이상이 안 되므로 2023년 계산값이 더 큰 것을 알 수 있다.

다음 〈그림〉은 2015~2023년 '갑'국의 해외직접투자 규모와 최저개발국 직접투자 비중에 관한 자료이다. 이에 대한 설명으로 옳은 것은?

〈그림〉 해외직접투자 규모와 최저개발국 직접투자 비중

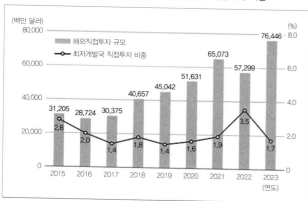

※ 최저개발국 직접투자 비중(%) = $\dfrac{\text{최저개발국 직접투자 규모}}{\text{해외직접투자 규모}}$ × 100

→ 주석에 따르면, '최저개발국 직접투자 비중(%) = $\dfrac{\text{최저개발국 직접투자 규모}}{\text{해외직접투자 규모}}$ × 100' 이므로 식을 정리하면,

'최저개발국 직접투자 규모 = 해외직접투자 규모 × $\dfrac{\text{최저개발국 직접투자 비중(%)}}{100}$'이다. 따라서 2015~2023년 최저개발국 직접투자 규모를 정리하면 다음과 같다.

(단위: 백만 달러)

2015년	2016년	2017년	2018년	2019년	2020년	2021년	2022년	2023년
약 874	약 574	약 425	약 732	약 631	약 826	약 1,236	약 2,005	약 1,300

① 최저개발국 직접투자 규모는 2023년이 2015년보다 크다. ➡ (O)
2023년 최저개발국 직접투자 규모는 약 1,300백만 달러로, 2015년 최저개발국 직접투자 규모인 약 874백만 달러보다 크다.

② 2021년 최저개발국 직접투자 비중은 전년보다 감소하였다.
➡ (X) 2021년 최저개발국 직접투자 비중은 1.9로 전년 최저개발국 직접투자 비중인 1.6보다 0.3%p 증가하였다.

③ 2018년 최저개발국 직접투자 규모는 10억 달러 이상이다. ➡ (X)
2018년 최저개발국 직접투자 규모는 약 732백만 달러 = 7억 3,200백만 달러로, 10억 달러 미만이다.

④ 2023년 해외직접투자 규모는 전년 대비 40% 이상 증가하였다.
➡ (X) 2023년 해외직접투자 규모는 전년 대비 $\dfrac{76,446-57,299}{57,299}$ × 100 =
$\dfrac{19,147}{57,299}$ × 100 ≒ 33(%)로, 40% 미만으로 증가하였다.

⑤ 2017년에 해외직접투자 규모와 최저개발국 직접투자 비중 모두 전년 대비 증가하였다. ➡ (X) 해외직접투자 규모는 '2016년 28,724백만 달러 < 2017년 30,375백만 달러'이고, 최저개발국 직접투자 비중은 '2016년 2.0% > 2017년 1.4%'로 전년 대비 감소하였다.

18 ④

| **문제 유형** | 자료 읽기 > 표 제시형

| **접근 전략** | 〈표〉에서 '가맹점당 매출액 = $\dfrac{\text{매출액}}{\text{가맹점}}$'이고, '가맹점 면적당 매출액 = $\dfrac{\text{매출액}}{\text{가맹점 면적}}$'이다. ㄴ을 먼저 살펴보면, 전체 가맹점 매출액의 합은 '가맹점 수 × 가맹점당 매출액'이다. 브랜드 A와 브랜드 B의 가맹점 수와 가맹점당 매출액이 가장 높은 편인데 어림잡아 식을 세우면 '147 × 583'과 '145 × 603'이다. 비교하면, 가맹점 수가 2 작은데 가맹점당 매출액은 20 커졌으므로 산출되는 전체 값은 더 크다. 그 다음으로 ㄷ을 보면, 브랜드별로 각각 전체 가맹점 매출액의 합을 계산하지 않아도 브랜드 E의 경우 가맹점당 매출액이 B, A 다음으로 크지만, 가맹점 수가 다른 브랜드 대비 현저히 적은 787개이므로 곱하면 산출되는 전체 가맹점 매출액의 합이 가장 작고 가맹점 면적당 매출액(32,543 vs 15,448)은 가맹점 수 비율(4,082 vs 787)만큼의 큰 차이는 없으므로 가맹점 면적의 합은 가장 작은 것을 알 수 있다. 마지막으로 ㄱ을 풀 때 최소 14개임에 유의한다.

다음 〈표〉는 '갑'국의 가맹점 수 기준 상위 5개 편의점 브랜드 현황에 관한 자료이다. 이에 대한 〈보기〉의 설명 중 옳은 것만을 모두 고르면?

〈표〉 가맹점 수 기준 상위 5개 편의점 브랜드 현황

(단위: 개, 천 원/개, 천 원/m²)

순위	브랜드	가맹점 수	가맹점당 매출액	가맹점 면적당 매출액
1	A	14,737	583,999	26,089
2	B	14,593	603,529	32,543
3	C	10,294	465,042	25,483
4	D	4,082	414,841	12,557
5	E	787	559,684	15,448

※ 가맹점 면적당 매출액(천 원/m²) = $\dfrac{\text{해당 브랜드 전체 가맹점 매출액의 합}}{\text{해당 브랜드 전체 가맹점 면적의 합}}$

〈보기〉

ㄱ. '갑'국의 전체 편의점 가맹점 수가 5만 개라면 편의점 브랜드 수는 최소 14개이다. → (X) 상위 5개 편의점 브랜드의 가맹점 수 합은 14,737 + 14,593 + 10,294 + 4,082 + 787 = 44,493(개)이다. '갑'국의 전체 편의점 가맹점 중 상위 5개를 제외하면 50,000 − 44,493 = 5,507(개)이고, 5위 브랜드 E의 가맹점 수가 787개이므로 6위 브랜드의 가맹점 수는 최대 786개일 수 있다.
$\dfrac{5,507}{786}$ ≒ 7.01이므로, 최소 5 + 8 = 13(개)의 편의점 브랜드 수가 존재함을 알 수 있다.

ㄴ. A~E 중, 가맹점당 매출액이 가장 큰 브랜드가 전체 가맹점 매출액의 합도 가장 크다. → (O) 전체 가맹점 매출액의 합은 '가맹점 수 × 가맹점당 매출액'이므로, 가맹점당 매출액이 가장 큰 브랜드인 B와 비슷한 브랜드 A의 전체 가맹점 매출액의 합을 계산해서 비교하면 다음과 같다.
• 브랜드 A: 14,737 × 583,999 = 8,606,393,263(천 원)
• 브랜드 B: 14,593 × 603,529 = 8,807,298,697(천 원)
따라서 가맹점당 매출액이 가장 큰 브랜드가 전체 가맹점 매출액의 합도 가장 크다.

ㄷ. A~E 중, 해당 브랜드 전체 가맹점 면적의 합이 가장 작은 편의점 브랜드는 E이다. → (O) 브랜드별 전체 가맹점 매출액의 합은 '가맹점 수 × 가맹점당 매출액'이고, 전체 가맹점 면적의 합은 $\dfrac{\text{전체 가맹점 매출액의 합}}{\text{가맹점 면적당 매출액}}$이므로 계산하면 다음과 같다.

브랜드	전체 가맹점 매출액의 합	전체 가맹점 면적의 합 (= 전체 가맹점 매출액의 합 / 가맹점 면적당 매출액)
A	14,737 × 583,999 = 8,606,393,263(천 원)	329,886
B	14,593 × 603,529 = 8,807,298,697(천 원)	270,636
C	10,294 × 465,042 = 4,787,142,348(천 원)	187,856
D	4,082 × 414,841 = 1,693,380,962(천 원)	134,856
E	787 × 559,684 = 440,471,308(천 원)	28,513

따라서 해당 브랜드 전체 가맹점 면적의 합이 가장 작은 편의점 브랜드는 E이다.

① ㄱ ➡ (X)
② ㄴ ➡ (X)
③ ㄷ ➡ (X)
④ ㄴ, ㄷ ➡ (O)
⑤ ㄱ, ㄴ, ㄷ ➡ (X)

19 ②

난이도 ■■■

| 문제 유형 | 자료 읽기 > 표 제시형

| 접근 전략 | 주석에서 '시설용량은 1일 가동 시 소각할 수 있는 최대량'이라고 했으므로, 최대량을 소각하면 일수로 얼마나 걸리는지 구할 수 있다. 순서대로 선지를 풀면, ①에서 연간소각실적과 관리인원 수치를 유사한 것끼리 비교하면 비교적 빠른 해결이 가능하다. C와 E를 통해 연간소각실적이 많다고 해서 관리인원 또한 많다는 설명은 적절하지 않다. 선지 ②를 계산하면 복잡하지만 옳은 선지라는 것을 알 수 있는데, 계산값이 복잡하므로 나머지 ③~⑤를 먼저 풀어서 ②를 도출하는 것도 방법이다.

선지 ③과 ④ 계산 시 각각 'A의 연간소각실적 ≤ D의 연간소각실적 × 1.5'여야 하는데, 163,785톤 > 156,264톤이므로 1.5배보다 크다는 것을, 'C의 시설용량 ≥ 전체 시설용량 × 0.3'이어야 하는데, 750톤/일 < 869.4톤/일이므로 30% 미만임을 알 수 있다.

다음 〈표〉는 2023년 '갑'시 소각시설 현황에 관한 자료이다. 이에 대한 설명으로 옳은 것은?

〈표〉 2023년 '갑'시 소각시설 현황

(단위: 톤/일, 톤, 명)

소각시설	시설용량	연간소각실적	관리인원
전체	2,898	689,052	314
A	800	163,785	66
B	48	12,540	34
C	750	169,781	75
D	400	104,176	65
E	900	238,770	74

※시설용량은 1일 가동 시 소각할 수 있는 최대량임.

① '연간소각실적'이 많은 소각시설일수록 '관리인원'이 많다. ➡ (X)
'연간소각실적'이 많은 소각시설부터 순서대로 나열하면 E, C, A, D, B이고, '관리인원'이 많은 소각시설부터 순서대로 나열하면 C, E, A, D, B이다. 따라서 '연간소각실적'이 많은 소각시설일수록 '관리인원'이 많다고 할 수 없다.

② '시설용량' 대비 '연간소각실적' 비율이 가장 높은 소각시설은 E이다. ➡ (O) 소각시설별로 '시설용량' 대비 '연간소각실적' 비율을 구하여 정리하면 다음과 같다.

A	B	C	D	E
$\frac{163,785}{800}$ ≒ 205	$\frac{12,540}{48}$ ≒ 261	$\frac{169,781}{750}$ ≒ 226	$\frac{104,176}{400}$ ≒ 260	$\frac{238,770}{900}$ ≒ 265

따라서 해당 비율이 가장 높은 소각시설은 E이다.

③ '연간소각실적'은 A가 D의 1.5배 이하이다. ➡ (X) 소각시설 A의 연간소각실적은 163,785톤으로, 소각시설 D의 $\frac{163,785}{104,176}$ ≒ 1.57(배)로 1.5배 이상이다.

④ C의 '시설용량'은 전체 '시설용량'의 30% 이상이다. ➡ (X) 소각시설 C의 '시설용량'은 750톤/일이며, 전체 '시설용량'인 2,898톤/일의 $\frac{750}{2,898}$ × 100 ≒ 26(%)로 30% 미만이다.

⑤ B의 2023년 가동 일수는 250일 미만이다. ➡ (X) 소각시설 B의 시설용량은 1일 48톤이고, 연간소각실적은 12,540톤이므로 가동 일수는 $\frac{12,540}{48}$ ≒ 261(일) 이상이다.

※ 다음 〈표〉는 2019~2023년 '갑'국 및 A지역의 식량작물 생산 현황에 관한 자료이다. 다음 물음에 답하시오. [문 20.~문 21.]

〈표 1〉 2019~2023년 식량작물 생산량

(단위: 톤)

연도 구분	2019	2020	2021	2022	2023
'갑'국 전체	4,397,532	4,374,899	4,046,574	4,456,952	4,331,597
A지역 전체	223,472	228,111	203,893	237,439	221,271
미곡	153,944	150,901	127,387	155,501	143,938
맥류	270	369	398	392	201
잡곡	29,942	23,823	30,972	33,535	30,740
두류	9,048	10,952	9,560	10,899	10,054
서류	30,268	42,066	35,576	37,112	36,338

〈표 2〉 2019~2023년 식량작물 생산 면적

(단위: ha)

연도 구분	2019	2020	2021	2022	2023
'갑'국 전체	924,470	924,291	906,106	905,034	903,885
A지역 전체	46,724	47,446	46,615	47,487	46,542
미곡	29,006	28,640	28,405	28,903	28,708
맥류	128	166	177	180	98
잡곡	6,804	6,239	6,289	6,883	6,317
두류	5,172	5,925	5,940	5,275	5,741
서류	5,614	6,476	5,804	6,246	5,678

※A지역 식량작물은 미곡, 맥류, 잡곡, 두류, 서류뿐임.

20 ①   난이도 ■■■

문제 유형	자료 읽기 > 표 제시형

접근 전략 | 선지 ①을 먼저 풀면 바로 확인 가능하다. 숫자가 복잡할 때는 어림잡아 자릿수를 맞춰서 식을 세우는 것도 방법인데 전년 대비 감소율을 구하는 분수식에서 A지역 전체와 '갑'국 전체의 분자는 비슷한데, 분모는 237보다 445가 훨씬 크므로 전체 분수값은 작음을 알 수 있다. 따라서 2023년 식량작물 생산량의 전년 대비 감소율은 A지역 전체가 '갑'국 전체보다 높다.

위 〈표〉에 대한 설명으로 옳지 않은 것은?

① 2023년 식량작물 생산량의 전년 대비 감소율은 A지역 전체가 '갑'국 전체보다 낮다. ➡ (X) 2023년 식량작물 생산량의 전년 대비 감소율은 A지역 전체의 경우 $\frac{237,439-221,271}{237,439} \times 100 ≒ 6.8(\%)$이고, '갑'국 전체의 경우 $\frac{4,456,952-4,331,597}{4,456,952} \times 100 ≒ 2.8(\%)$이므로 A지역 전체가 '갑'국 전체보다 높다.

② 2019년 대비 2023년 생산량 증감률이 가장 큰 A지역 식량작물은 맥류이다. ➡ (O) 식량작물별로 2019년 대비 2023년 생산량 증감률을 구하여 정리하면 다음과 같다.

미곡	맥류	잡곡	두류	서류
$\frac{10,006}{153,944} \times 100$ ≒ 6.5(%)	$\frac{69}{270} \times 100$ ≒ 25.6(%)	$\frac{798}{29,942} \times 100$ ≒ 2.7(%)	$\frac{1,006}{9,048} \times 100$ ≒ 11.1(%)	$\frac{6,070}{30,268} \times 100$ ≒ 20.1(%)

따라서 2019년 대비 2023년 생산량 증감률이 가장 큰 A지역 식량작물은 '맥류'이다.
→ 식량작물별로 2019년 대비 2023년 생산량 증감률 식을 세웠을 때 맥류의 경우 분모가 분자의 4배 미만으로 가장 작다. 따라서 분수 전체의 값은 가장 클 것을 예상할 수 있다.

③ 미곡은 매년 A지역 전체 식량작물 생산 면적의 절반 이상을 차지한다. ➡ (O) A지역 전체 식량작물 생산 면적의 절반을 구하여 미곡의 생산 면적과 비교하면 다음과 같다.

(단위: ha)

생산 면적 \ 연도	2019년	2020년	2021년	2022년	2023년
A지역 전체÷2	23,362	23,723	23,307.5	23,743.5	23,271
미곡	29,006	28,640	28,405	28,903	28,708

따라서 미곡은 매년 A지역 전체 식량작물 생산 면적의 절반 이상을 차지한다.

④ 2023년 생산 면적당 생산량이 가장 많은 A지역 식량작물은 서류이다. ➡ (O) 식량작물별로 2023년 생산 면적당 생산량을 구하여 정리하면 다음과 같다.

구분	미곡	맥류	잡곡	두류	서류
생산량	143,938	201	30,740	10,054	36,338
생산 면적	28,708	98	6,317	5,741	5,678
생산 면적당 생산량	약 5.0	약 2.1	약 4.9	약 1.8	약 6.4

따라서 2023년 생산 면적당 생산량이 가장 많은 A지역 식량작물은 '서류'이다.

⑤ A지역 전체 식량작물 생산량과 A지역 전체 식량작물 생산 면적의 전년 대비 증감 방향은 매년 같다. ➡ (O) 2020~2023년 A지역 전체 식량작물 생산량 증감 방향은 '증가 → 감소 → 증가 → 감소'이고, A지역 전체 식량작물 생산 면적의 전년 대비 증감 방향은 '증가 → 감소 → 증가 → 감소'로 매년 같다.

21 ④   난이도 ■■■

문제 유형	자료 변환응용 > 표/그림 전환형

접근 전략 | ㄱ은 연도별로 전년 대비 얼마나 변했는지 확인하면 된다. ㄴ은 〈보기〉의 수치와 〈표〉의 수치를 비교하면 빠르게 확인할 수 있다. ㄷ은 증가율 수치를 2020년부터 2023년까지 어림잡아 30%, 40%, 40%, −20%로 바꿔 접근하면 좋다. ㄹ은 해당 비중에 근사한 값으로 나오는지를 확인하는 것이 시간 단축에 용이하다.

위 〈표〉를 이용하여 작성한 〈보기〉의 자료 중 옳은 것만을 모두 고르면?

〈보기〉

ㄱ. 2020~2023년 '갑'국 전체 식량작물 생산 면적의 전년 대비 감소량

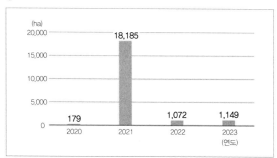

→ (O) 〈표 2〉를 살펴봤을 때 2020~2023년 '갑'국 전체 식량작물 생산 면적의 전년 대비 감소량을 구하면 다음과 같다.

2020년	2021년	2022년	2023년
924,470 −924,291 =179(ha)	924,291 −906,106 =18,185(ha)	906,106 −905,034 =1,072(ha)	905,034 −903,885 =1,149(ha)

ㄴ. 연도별 A지역 잡곡, 두류, 서류 생산량

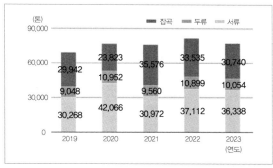

→ (X) 〈표 1〉을 살펴보면 A지역 잡곡, 두류, 서류 생산량에 따른 3가지 식량작물의 생산량은 다음과 같다.

(단위: 톤)

구분	2019년	2020년	2021년	2022년	2023년
잡곡	29,942	23,823	30,972	33,535	30,740
두류	9,048	10,952	9,560	10,899	10,054
서류	30,268	42,066	35,576	37,112	36,338
합계	69,258	76,841	76,108	81,546	77,132

2021년 막대그래프를 보면, 잡곡과 서류 생산량이 서로 바뀌었으므로 〈표〉를 이용하여 작성한 그래프로 옳지 않다.

ㄷ. 2019년 대비 연도별 A지역 맥류 생산 면적 증가율

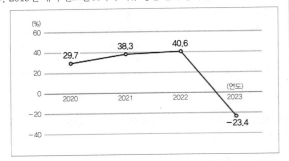

→ (O) 〈표 2〉를 참고하면, 2019년 대비 연도별 A지역 맥류 생산 면적 증가율은 다음과 같다.

- 2020년: $\frac{38}{128} \times 100 ≒ 29.7(\%)$
- 2021년: $\frac{49}{128} \times 100 ≒ 38.3(\%)$
- 2022년: $\frac{52}{128} \times 100 ≒ 40.6(\%)$
- 2023년: $\frac{-30}{128} \times 100 ≒ -23.4(\%)$

ㄹ. 2023년 A지역 식량작물 생산량 구성비

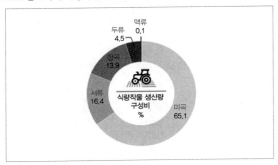

→ (O) 〈표 1〉을 참고하면 2023년 A지역 식량작물 생산량 구성비는 다음과 같다.

미곡	맥류	잡곡	두류	서류
$\frac{143,938}{221,271} \times 100 ≒ 65.1(\%)$	$\frac{201}{221,271} \times 100 ≒ 0.1(\%)$	$\frac{30,740}{221,271} \times 100 ≒ 13.9(\%)$	$\frac{10,054}{221,271} \times 100 ≒ 4.5(\%)$	$\frac{36,338}{221,271} \times 100 ≒ 16.4(\%)$

① ㄱ, ㄴ ➡ (X)
② ㄱ, ㄷ ➡ (X)
③ ㄴ, ㄹ ➡ (X)
④ ㄱ, ㄷ, ㄹ ➡ (O)
⑤ ㄴ, ㄷ, ㄹ ➡ (X)

---

22 ①　　　　　　　　　　　　　　난이도 ■□□

|문제 유형| 자료 읽기 > 표/빈칸 제시형
|접근 전략| 선지를 순서대로 풀면, ①에서 '주의'인 곳은 지방소멸위험지수가 정확히 나와 있는 동부터 알아보면 5곳이므로 구해야 하는 E, I, K 중 한 곳이라도 추가로 나오면 옳지 않은 선지가 된다. E에서 20~39세 여성 인구가 65세 이상 인구의 50% 이상에 해당되기 때문에 5곳이 아님을 알 수 있다.

다음 〈표〉는 2022년 3월 기준 '갑'시 A~L동의 지방소멸위험지수 및 지방소멸위험 수준에 관한 자료이다. 이에 대한 설명으로 옳지 않은 것은?

〈표 1〉 2022년 3월 기준 '갑'시 A~L동의 지방소멸위험지수

(단위: 명)

동	총인구	65세 이상 인구	20~39세 여성 인구	지방소멸 위험지수
A	14,056	2,790	1,501	0.54
B	23,556	3,365	( )	0.88
C	29,204	3,495	3,615	1.03
D	21,779	3,889	2,614	0.67
E	11,224	2,300	1,272	( )
F	16,792	2,043	2,754	1.35
G	19,163	2,469	3,421	1.39
H	27,146	4,045	4,533	1.12
I	23,813	2,656	4,123	( )
J	29,649	5,733	3,046	0.53
K	36,326	7,596	3,625	( )
L	15,226	2,798	1,725	0.62

※지방소멸위험지수 = $\frac{20\sim39세\ 여성\ 인구}{65세\ 이상\ 인구}$

〈표 2〉 지방소멸위험 수준

지방소멸위험지수	지방소멸위험 수준
1.5 이상	저위험
1.0 이상 1.5 미만	보통
0.5 이상 1.0 미만	주의
0.5 미만	위험

→ 〈표 1〉의 빈칸을 먼저 채우도록 한다. 주석을 참고하면 20~39세 여성 인구는 '지방소멸위험지수 × 65세 이상 인구'이므로 B동의 20~39세 여성 인구는 0.88 × 3,365명 ≒ 2,961(명)이다.

또한, E동, I동, K동의 지방소멸위험지수는 각각 $\frac{1,272}{2,300} ≒ 0.55$, $\frac{4,123}{2,656} ≒ 1.55$, $\frac{3,625}{7,596} ≒ 0.480$이다.

① 지방소멸위험 수준이 '주의'인 동은 5곳이다. ➡ (X) 지방소멸위험 수준이 '주의'인 경우는 〈표 2〉를 참고하면 0.5 이상 1.0 미만인 경우이므로, A동, B동, D동, E동, J동, L동이 해당한다. 따라서 총 6곳이다.

② '20~39세 여성 인구'는 B동이 G동보다 적다. ➡ (O) 20~39세 여성 인구는 B동의 경우 약 2,961명이고, G동의 경우 3,421명이므로 B동이 G동보다 적다.

③ 지방소멸위험지수가 가장 높은 동의 '65세 이상 인구'는 해당 동
'총인구'의 10% 이상이다. ➡ (O) 지방소멸위험지수가 1.55로 가장 높은 I
동의 65세 이상 인구는 2,656명이고, 해당 동 총인구 23,813명의 10%는 2,381.3명
이다. 따라서 65세 이상 인구가 총인구의 10% 이상이다.

④ '총인구'가 가장 많은 동은 지방소멸위험지수가 가장 낮다. ➡ (O)
총인구가 36,326명으로 가장 많은 K동의 지방소멸위험지수는 0.48로 가장 낮다.

⑤ 지방소멸위험 수준이 '보통'인 동의 '총인구' 합은 90,000명 이상
이다. ➡ (O) 지방소멸위험 수준이 '보통'인 경우는 1.0 이상 1.5 미만으로 C동, F
동, G동, H동으로 4곳이며 해당 동의 총인구 합은 29,204 + 16,792 + 19,163 + 27,146
= 92,305(명)이다. 따라서 90,000명 이상이다.

23 ③

난이도 ■□□

| 문제 유형 | 자료 읽기 > 표 제시형

| 접근 전략 | 처리방법과 처리주체로 구분되어 처리실적이 한데 모인 자료이므로,
일일이 계산해야 한다. 또한, 선지 ②를 보면 '각 처리방법'이라 나와 있으므로 재
활용, 소각, 매립을 모두 살펴봐야 한다. 그리고 선지 ③에서 '각 처리주체'라 나와
있으므로 공공, 자가, 위탁 모두 고려해야 하며 '공공'과 '자가'의 비교를 물어보므
로 둘을 비교해야 한다.

다음 〈표〉는 2023년 '갑'국의 생활계 폐기물 처리실적에 관한 자료이
다. 이에 대한 설명으로 옳은 것은?

〈표〉 2023년 처리방법별, 처리주체별 생활계 폐기물 처리실적

(단위: 만 톤)

처리방법 처리주체	재활용	소각	매립	기타	합
공공	403	447	286	7	1,143
자가	14	5	1	1	21
위탁	870	113	4	119	1,106
계	1,287	565	291	127	2,270

① 전체 처리실적 중 '매립'의 비율은 15% 이상이다. ➡ (X) 전체 처리
실적 2,270만 톤 중 매립 291만 톤이 차지하는 비율은 $\frac{291}{2,270}$ × 100 ≒ 12.8(%)로,
15% 미만이다.

② 기타를 제외하고, 각 처리방법에서 처리실적은 '공공'이 '위탁'보
다 많다. ➡ (X) 재활용의 경우 '공공' 처리실적은 403만 톤이고, '위탁' 처리실적
은 870만 톤으로 '공공'이 '위탁'보다 적다.

③ 각 처리주체에서 '매립'의 비율은 '공공'이 '자가'보다 높다. ➡ (O)
처리주체인 공공의 경우 매립의 비율은 $\frac{286}{1,143}$ × 100 ≒ 25.0(%)이고, 자가의 경우 매
립의 비율은 $\frac{1}{21}$ × 100 ≒ 4.8(%)이다. 따라서 각 처리주체에서 '매립'의 비율은 '공공'
이 '자가'보다 높다.

④ 처리주체가 '위탁'인 생활계 폐기물 중 '재활용'의 비율은 75% 이
하이다. ➡ (X) 처리주체가 '위탁'인 생활계 폐기물 1,106만 톤 중 재활용 870만
톤이 차지하는 비율은 $\frac{870}{1,106}$ × 100 ≒ 78.7(%)로, 75% 이상이다.

⑤ '소각' 처리 생활계 폐기물 중 '공공'의 비율은 90% 이상이다.
➡ (X) '소각' 처리 생활계 폐기물 565만 톤 중 공공 447만 톤이 차지하는 비율은
$\frac{447}{565}$ × 100 ≒ 79.1(%)로, 90% 미만이다.

24 ④

난이도 ■■■

| 문제 유형 | 자료 변환응용 > 자료/보고서 전환형

| 접근 전략 | ㉢, ㉠, ㉡ 순으로 풀이하도록 하며, 상위 5개 시도 현황 등 순위 자료
가 주어진 경우 범위 정보를 확인하는 문제라는 점에 유의하면 선지를 미리 제거
할 수 있다.

다음 자료는 2020~2023년 우리나라 시도 행정심판위원회 사건 처
리 현황이다. 이에 대한 〈보고서〉의 설명 중 옳은 것만을 모두 고르면?

〈표〉 2020~2022년 시도 행정심판위원회 인용률

(단위: %)

시도 \ 연도	2020	2021	2022
서울	18.4	15.9	16.3
부산	22.6	15.9	12.8
대구	35.9	39.9	38.4
인천	33.3	36.0	38.1
광주	22.2	30.6	36.0
대전	28.1	47.7	35.8
울산	33.0	38.1	50.9
세종	7.7	16.7	0.0
경기	23.3	19.6	22.3
강원	21.4	14.1	18.2
충북	23.6	28.5	24.3
충남	26.7	19.9	23.1
전북	31.7	34.0	22.1
전남	36.2	34.5	23.8
경북	10.6	23.3	22.9
경남	18.5	25.7	12.4
제주	31.6	25.3	26.2

※ 인용률(%) = $\frac{인용 \ 건수}{처리 \ 건수}$ × 100

〈그림〉 2022년과 2023년 시도 행정심판위원회 처리 건수
상위 5개 시도 현황

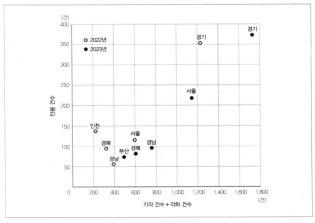

※ 처리 건수 = 인용 건수 + 기각 건수 + 각하 건수

<보고서>

2023년 우리나라 시도 행정심판위원회 처리 건수 상위 5개 시도는 경기, 서울, 경남, 경북, 부산이었다. 2022년에는 인천이 처리 건수 362건으로 상위 5개 시도에 속했으나, 2023년 부산에 자리를 넘겨주었다. 또한, ㉠2023년 처리 건수 상위 5개 시도의 처리 건수는 각각 전년 대비 증가하였다. → (O) 경기, 서울, 경남 3개 시도는 모두 처리 건수가 증가하였고(흰색 점이 검은색 점으로 우측+위쪽 이동). 경북은 인용 건수와 '기각 건수+각하 건수'의 좌표의 합을 어림잡아 계산하면 처리 건수는 증가하였음을 알 수 있다. 부산의 처리 건수는 2023년의 경우 570정도인데, 2022년의 경우 2022년 인천의 처리 건수는 약 330보다 적으므로 증가하였음을 알 수 있다. 인용 건수를 살펴보면, ㉡2023년 처리 건수가 가장 많은 시도의 2023년 인용 건수는 2022년 인용률이 가장 높은 시도의 2022년 인용 건수의 1.5배 이상이다. → (O) '처리 건수 = 인용 건수 + 기각 건수 + 각하 건수'인데 인용 건수가 350건보다 많고, (기각 건수 + 각하 건수)가 1,600건보다 많으므로 처리 건수가 가장 많은 시도는 '경기'이다. 2022년 인용률이 가장 높은 시도는 <표>를 참고하면 50.9%인 '울산(5위 밖)'이고, 5위인 '인천'의 처리 건수(350건)를 기준으로 보면, 울산의 인용 건수는 최대 350 × 50.9(%)≒178(건)이다. 2023년 '경기'의 인용 건수는 약 350건이므로 1.5배 이상이다. 인용률을 살펴보면, ㉢2020년부터 2023년까지 인용률이 매년 감소한 시도는 3개이다. → (X) <그림>에서 2023년 인용률에 대해서 상위 5개 시도밖에 나와 있지 않으므로, 매년 감소한 시도가 3개인지는 알 수 없다.

① ㄱ ➡ (X)
② ㄴ ➡ (X)
③ ㄷ ➡ (X)
④ ㄱ, ㄴ ➡ (O)
⑤ ㄱ, ㄴ, ㄷ ➡ (X)

25 ⑤

난이도 ■■■

| 문제 유형 | 자료 읽기 > 표/빈칸 제시형
| 접근 전략 | ㄷ. 'Q2(2분위)와 Q3(3분위)의 평균값 = 중간값 = 25,000원'이므로, Q1(1분위)와 Q4(4분위)의 평균값도 25,000원이면 된다. 따라서 Q1 = 15,000원이므로 Q4는 35,000원임을 알 수 있다.
ㄷ. 평균 40,000원 이상이려면 1분위의 상대적 낮은 시간당 임금이 24,000원이므로 부족분은 16,000원인데, 2분위의 상대적 높은 시간당 임금과 3분위의 상대적 낮은 시간당 임금이 48,000원으로 각각 여유분이 8,000원이 되므로 상쇄된다. '1분위의 상대적 높은 시간당 임금과 2분위의 상대적 낮은 시간당 임금에서의 부족분(28,800원) < 3분위의 상대적 높은 시간당 임금과 4분위의 상대적 높은/낮은 시간당 임금에서의 여유분(31,000원)'이므로 평균은 40,000원 이상이다.
ㄹ이 가장 풀기 어렵지만 ㄱ, ㄴ, ㄷ이 옳은 선지이므로 답을 찾는 데 어려움은 없다.

다음 <표>는 A회사 전체 임직원 100명의 직급별 인원과 시간당 임금에 관한 자료이다. 이에 대한 <보기>의 설명 중 옳은 것만을 모두 고르면?

<표> A회사의 직급별 임직원 수와 시간당 임금

(단위: 명, 원)

구분 직급	임직원 수	시간당 임금					
		평균	최저	Q1	중간값	Q3	최고
공장 관리직	4	25,000	15,000	15,000	25,000	30,000	( )
공장 생산직	52	21,500	12,000	20,500	23,500	26,500	31,000
본사 임원	8	( )	24,000	25,600	48,000	48,000	55,000
본사 직원	36	22,000	11,500	16,800	23,500	27,700	29,000

※ 1) 해당 직급 임직원의 시간당 임금을 낮은 값부터 순서대로 나열하여 4등분한 각 집단을 나열 순서에 따라 1분위, 2분위, 3분위, 4분위로 정함.
　 2) Q1과 Q3은 각각 1분위와 3분위에 속한 값 중 가장 높은 값임.
　 3) 해당 직급 임직원 수가 짝수인 경우, 중간값은 2분위에 속한 값 중 가장 높은 값과 3분위에 속한 값 중 가장 낮은 값의 평균임.

→ 먼저 주석 1)부터 3)까지를 해석하면 다음과 같다.

주석 1)에 따르면, 예를 들어 '공장 관리직'의 경우 임직원 수가 4명이므로 분위별로 1명이 들어간다는 것을 의미하며, '본사 직원'의 경우 임직원 수가 36명이므로 분위별로 9명이 들어간다는 것을 의미한다. 즉, 4등분했을 때 분위별로 동일한 인원이 들어간다는 것을 의미한다. 그리고 시간당 임금을 '낮은 값'부터 나열하며 1~4분위로 정한다고 했으므로, 1분위가 임금이 가장 낮고 4분위가 임금이 가장 높다.

주석 2)에 따르면, Q1은 1분위에 속한 임직원 중 가장 높은 사람의 임금이고 Q3은 3분위에 속한 임직원 중 가장 높은 사람의 임금을 의미한다.

주석 3)에 따르면, 예를 들어 '본사 임원'의 경우 임직원 수가 8명이므로 분위별 2명이 정해진다. 2분위에 속한 2명(임의 지정 P, Q) 중 임금이 상대적으로 높은 사람을 P라 하면 낮은 사람은 Q이다. 동일 방법으로 3분위에 속한 2명(임의 지정 R, S) 중 임금이 상대적으로 높은 사람을 R이라 하면 낮은 사람은 S이다. 그렇다면 중간값은 P의 임금과 S의 임금의 평균이다.

<보기>

ㄱ. 공장 관리직의 '시간당 임금' 최고액은 35,000원이다. → (O) 공장 관리직 임직원은 4명이고 평균이 25,000원이므로 전체임금은 100,000원임을 알 수 있다. 분위당 1명이므로 Q1(1분위) = 15,000원, Q3(3분위) = 30,000원이며, Q2를 x라 할 때 중간값이 25,000원이므로 2분위와 3분위의 평균값이 25,000원이어야 한다. 따라서 Q2(2분위) = 20,000(원)이고, Q4(4분위) = 100,000 – 65,000 = 35,000(원)임을 알 수 있다.

ㄴ. '시간당 임금'이 같은 본사 임원은 3명 이상이다. → (O) 최저=1분위 가장 낮은 임금에 해당=1분위(24,000원)
Q1=1분위 중 가장 높은 임금에 해당=1분위(25,600원)
Q3=3분위 중 가장 높은 임금에 해당=3분위(48,000원)
중간값=48,000원=(2분위 중 가장 높은 임금+3분위 중 가장 낮은 임금)÷2이어야 하는데, 3분위 중 가장 높은 임금에 해당하는 Q3 = 48,000원이므로 3분위 중 가장 낮은 임금은 최대 48,000원이어야 한다. 따라서 2분위 중 가장 높은 임금 또한 평균 48,000원이 되어야 하므로 48,000원이어야 한다.
정리하면, 3분위 중 가장 높은/낮은 임금, 2분위 중 가장 높은 임금 모두 48,000원이므로 적어도 3명은 '시간당 임금'이 같은 것을 알 수 있다.

ㄷ. 본사 임원의 '시간당 임금' 평균은 40,000원 이상이다. → (O) ㄴ에서 구한 임직원의 시간당 임금을 표로 정리하면 다음과 같다.

임금	1분위	2분위	3분위	4분위
상대적 낮음	24,000	( )	48,000	( )
상대적 높음	25,600	48,000	48,000	55,000

2분위의 가장 낮은 시간당 임금을 25,600원, 4분위의 가장 낮은 시간당 임금을 48,000원으로 가정하면, 평균은 40,275원으로 40,000원 이상이다.

ㄹ. '시간당 임금'이 23,000원 이상인 임직원은 50명 미만이다. → (X) 공장 관리직 3분위와 4분위는 모두 23,000원 이상이므로 2명이 해당하고, 본사 임원은 모두 23,000원 이상이므로 8명이 해당한다. 그리고 공장 생산직 중간값(2분위 가장 높은 임금과 3분위 가장 낮은 임금의 평균)이 23,500원이므로 3분위 가장 낮은 임금은 23,500원보다 크다. 따라서 52명 중 절반은 23,000원 이상일 것이므로 최소 26명이 해당한다. 같은 해석으로 본사 직원 임직원 수 36명 중 절반인 18명도 중간값이 23,500원보다는 클 것이므로 최소 18명이 23,000원 이상일 것이다. 따라서 2+8+26+18=54(명) 이상의 '시간당 임금'은 23,000원 이상일 것이다.

① ㄱ, ㄴ ➡ (X)

② ㄱ, ㄹ ➡ (X)
③ ㄴ, ㄷ ➡ (X)
④ ㄷ, ㄹ ➡ (X)
⑤ ㄱ, ㄴ, ㄷ ➡ (O)

2023년도 국가공무원 5급 및 7급 민간경력자 일괄채용 필기시험

정답과 분석해설

취약유형 분석표　제1영역 언어논리

문번	정답	정답률	유형	맞고 틀림
01	②	72.8%	사실적 이해 > 정보 확인	○ △ ×
02	①	91.1%	사실적 이해 > 정보 확인	○ △ ×
03	②	85.4%	사실적 이해 > 중심 내용 파악	○ △ ×
04	③	91.5%	사실적 이해 > 중심 내용 파악	○ △ ×
05	③	85.9%	사실적 이해 > 정보 확인	○ △ ×
06	③	88.3%	사실적 이해 > 정보 확인	○ △ ×
07	④	93.9%	사실적 이해 > 정보 확인	○ △ ×
08		89.2%	비판적 사고 > 판단하기	○ △ ×
09	④	53.5%	비판적 사고 > 빈칸 채우기	○ △ ×
10	④	59.2%	비판적 사고 > 빈칸 채우기	○ △ ×
11	①	42.7%	비판적 사고 > 지문에서 추론하기	○ △ ×
12	④	79.5%	비판적 사고 > 판단하기	○ △ ×
13	①	50.2%	비판적 사고 > 판단하기	○ △ ×
14	③	71.5%	비판적 사고 > 판단하기	○ △ ×
15	⑤	28.6%	비판적 사고 > 판단하기	○ △ ×
16	⑤	32.5%	사실적 이해 > 논리 게임	○ △ ×
17	④	64.4%	비판적 사고 > 판단하기	○ △ ×
18	②	65.4%	비판적 사고 > 지문에서 추론하기	○ △ ×
19	④	50.2%	비판적 사고 > 판단하기	○ △ ×
20	⑤	47.3%	비판적 사고 > 논지 강화·약화하기	○ △ ×
21	⑤	60.0%	비판적 사고 > 판단하기	○ △ ×
22	③	38.5%	비판적 사고 > 논지 강화·약화하기	○ △ ×
23	①	72.6%	비판적 사고 > 판단하기	○ △ ×
24	⑤	75.2%	비판적 사고 > 빈칸 채우기	○ △ ×
25	②	60.7%	비판적 사고 > 판단하기	○ △ ×

나의 성적

영역	점수	풀이 시간
언어논리	_____점	_____분
상황판단	_____점	_____분
자료해석	_____점	_____분

합격선

영역	합격 가능권	합격 확실권
언어논리	72~76점	80~84점
상황판단	76~80점	80~84점
자료해석	72~76점	80~84점

풀이 시간

영역	기본	숙련
언어논리	60분	50분
상황판단	60분	50분
자료해석	60분	50분

선발 인원 / 응시 인원 / 경쟁률

선발 인원	응시 인원	경쟁률
198명	3,348명	1.7 : 1

※ 경쟁률은 1차 합격자 선발 기준인 10배수로 산정

- 확실히 맞힌 문항 수: _____ 문항
- 헷갈리거나 찍은 문항 수: _____ 문항
- 틀린 문항 수: _____ 문항

취약유형 분석표 제2영역 상황판단

문번	정답	정답률	유형	맞고 틀림
01	②	93.4%	법조문형 > 규정확인	○ △ ✕
02	①	68.5%	법조문형 > 규정적용	○ △ ✕
03	⑤	79.6%	법조문형 > 규정적용	○ △ ✕
04	③	82.9%	법조문형 > 규정적용	○ △ ✕
05	④	96.0%	제시문형 > 정보확인	○ △ ✕
06	①	85.4%	연산추론형 > 수리계산	○ △ ✕
07	⑤	84.0%	연산추론형 > 수리계산	○ △ ✕
08	④	89.5%	연산추론형 > 대입비교	○ △ ✕
09	①	98.3%	제시문형 > 정보확인	○ △ ✕
10	⑤	87.8%	제시문형 > 분석추론	○ △ ✕
11	④	89.4%	법조문형 > 규정확인	○ △ ✕
12	⑤	85.0%	법조문형 > 규정적용	○ △ ✕
13	②	92.2%	퍼즐형 > 논리퀴즈	○ △ ✕
14	④	76.0%	퍼즐형 > 최댓값·최솟값 도출	○ △ ✕
15	①	86.7%	퍼즐형 > 논리퀴즈	○ △ ✕
16	①	76.7%	퍼즐형 > 수리퀴즈	○ △ ✕
17	②	79.7%	연산추론형 > 수리계산	○ △ ✕
18	④	68.7%	연산추론형 > 수리계산	○ △ ✕
19	③	68.5%	연산추론형 > 수리계산	○ △ ✕
20	③	83.7%	연산추론형 > 수리계산	○ △ ✕
21	②	52.4%	퍼즐형 > 논리퀴즈	○ △ ✕
22	②	49.1%	퍼즐형 > 논리퀴즈	○ △ ✕
23	④	49.1%	퍼즐형 > 논리퀴즈	○ △ ✕
24	③	51.9%	퍼즐형 > 논리퀴즈	○ △ ✕
25	⑤	69.1%	법조문형 > 규정적용	○ △ ✕

- 확실히 맞힌 문항 수: _____ 문항
- 헷갈리거나 찍은 문항 수: _____ 문항
- 틀린 문항 수: _____ 문항

취약유형 분석표 제3영역 자료해석

문번	정답	정답률	유형	맞고 틀림
01	①	89.9%	자료 읽기/추론 > 매칭형	○ △ ✕
02	③	95.3%	자료 읽기/추론 > 계산형	○ △ ✕
03	②	91.9%	자료 읽기/추론 > 계산형	○ △ ✕
04	③	83.8%	자료 읽기/추론 > 계산형	○ △ ✕
05	⑤	89.8%	자료 추론 > 추가로 필요한 자료 찾기	○ △ ✕
06	④	47.6%	자료 읽기 > 표 제시형	○ △ ✕
07	①	39.9%	자료 변환응용 > 자료/보고서 전환형	○ △ ✕
08	①	72.5%	자료 변환응용 > 표/그림 전환형	○ △ ✕
09	②	73.0%	자료 읽기 > 그림 제시형	○ △ ✕
10	⑤	71.1%	자료 읽기 > 표/빈칸 제시형	○ △ ✕
11	③	54.6%	자료 읽기/추론 > 계산형	○ △ ✕
12	④	60.4%	자료 읽기/추론 > 계산형	○ △ ✕
13	⑤	54.5%	자료 변환응용 > 표/그림 전환형	○ △ ✕·
14	③	63.4%	자료 읽기 > 표/빈칸 제시형	○ △ ✕
15	⑤	29.8%	자료 읽기 > 표/그림 제시형	○ △ ✕
16	④	70.4%	자료 읽기 > 표/그림/빈칸 제시형	○ △ ✕
17	④	67.4%	자료 읽기 > 표/빈칸 제시형	○ △ ✕
18	④	64.5%	자료 읽기 > 표/빈칸 제시형	○ △ ✕
19	②	70.4%	자료 읽기 > 표 제시형	○ △ ✕
20	①	32.4%	자료 읽기/추론 > 계산형	○ △ ✕
21	①	61.5%	자료 읽기 > 표/빈칸 제시형	○ △ ✕
22	①	66.4%	자료 읽기/추론 > 매칭형	○ △ ✕
23	③	68.4%	자료 읽기 > 표/빈칸 제시형	○ △ ✕
24	④	87.0%	자료 읽기 > 표 제시형	○ △ ✕
25	②	29.1%	자료 읽기/추론 > 계산형	○ △ ✕

- 확실히 맞힌 문항 수: _____ 문항
- 헷갈리거나 찍은 문항 수: _____ 문항
- 틀린 문항 수: _____ 문항

2023 | 제1영역 언어논리(⑪ 책형)

기출 총평

2023년 언어논리 시험은 2~3개 문항을 제외하면 전반적으로 풀이과정을 어렵지 않게 파악할 수 있는 문항으로 출제되었다. 문제 유형은 예년과 비슷한 패턴으로 구성되었으며, 공공기관의 시험 유형에 맞게 공무에 관계된 소재들이 대부분이었다. 과거의 문제 유형을 반복 학습하여 지문을 세심하게 읽어야 하는 문항들과, 반대로 지문을 빠르게 훑어낸 후 선지의 내용을 대입하며 풀어야 하는 문항들을 구분해 낼 수 있는 수험생들이었다면 큰 어려움을 겪지 않았을 것이다. 또한 중·후반부에 다소 난도 높은 문항을 대할 때, 한 문항에 집중하면서 전체 문제풀이 시간을 소모하여 시간 안배에 실패하지 않는지를 짚어볼 필요가 있다. 과감하게 마지막에 해결할 문항을 떼어 놓고 쉬운 것부터 해결하는 지혜가 필요하며, 많은 시간을 투입하고도 틀리는 우를 범하지 않도록 유의해야 한다. 평소에 어렵고 복잡한 지문을 읽는 연습을 충분히 해 두는 것이 언어논리 영역에 대한 두려움을 없애는 방법이 될 것이다.

문항별 정답률 및 선지별 선택률

문번	정답	정답률 (%)	선지별 선택률(%) ①	②	③	④	⑤
01	②	72.8	0.5	72.8	1.4	22.5	2.8
02	①	91.1	91.1	0.9	6.5	1.0	0.5
03	②	85.4	0.0	85.4	1.0	12.2	1.4
04	③	91.5	0.5	1.0	91.5	5.6	1.4
05	③	85.9	3.3	2.3	85.9	1.0	7.5
06	③	88.3	3.8	0.9	88.3	2.3	4.7
07	④	93.9	0.0	2.8	1.0	93.9	2.3
08	②	89.2	0.5	89.2	0.0	8.0	2.3
09	④	53.5	3.8	8.5	1.8	53.5	32.4
10	④	59.2	7.2	15.6	13.7	59.2	4.3
11	①	42.7	42.7	5.6	35.5	6.2	10
12	④	79.5	0.0	4.3	1.0	79.5	15.2
13	①	50.2	50.2	22.7	18.8	7.3	1.0

문번	정답	정답률 (%)	선지별 선택률(%) ①	②	③	④	⑤
14	③	71.5	12.1	2.0	71.5	7.2	7.2
15	⑤	28.6	20.2	12.3	15.7	23.2	28.6
16	⑤	32.5	13.0	14.0	16.0	24.5	32.5
17	④	64.4	1.4	3.0	4.8	64.4	26.4
18	②	65.4	8.2	65.4	2.4	19.7	4.3
19	④	50.2	8.0	26.3	9.0	50.2	6.5
20	⑤	47.3	3.5	6.4	16.7	26.1	47.3
21	⑤	60.0	10	9.0	12	9.0	60.0
22	③	38.5	23.5	14.5	38.5	14.5	9.0
23	①	72.6	72.6	4.0	8.0	3.5	11.9
24	⑤	75.2	9.4	5.0	6.4	4.0	75.2
25	②	60.7	4.0	60.7	7.5	24.3	3.5

※ 파란색 음영 문항은 해당 회차에서 정답률이 가장 낮은 TOP 3 문항입니다.
※ 문항별 정답률 산정 기준: 약 1년간 누적된 자동채점 & 성적결과분석 서비스의 응시 데이터

출제 비중

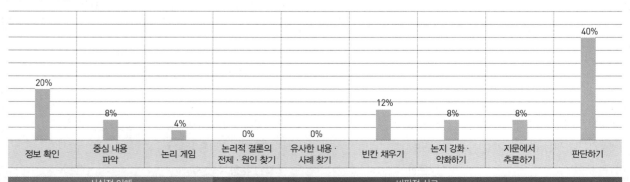

20%	8%	4%	0%	0%	12%	8%	8%	40%
정보 확인	중심 내용 파악	논리 게임	논리적 결론의 전제·원인 찾기	유사한 내용·사례 찾기	빈칸 채우기	논지 강화·약화하기	지문에서 추론하기	판단하기
사실적 이해				비판적 사고				

01	②	02	①	03	②	04	③	05	③
06	③	07	④	08	②	09	④	10	④
11	①	12	④	13	①	14	③	15	⑤
16	⑤	17	③	18	②	19	④	20	⑤
21	⑤	22	③	23	①	24	⑤	25	②

01 ②

정답률 72.8%

| **문제 유형** | 사실적 이해 > 정보 확인

| **접근 전략** | 역사적 사실을 서술한 지문에 대해 사실 관계에 부합하는 선지를 찾는 유형의 문제이다. 역사적 사실을 서술한 지문에는 생소한 단어가 자주 등장하므로 쉬운 문장을 이해하는 데에도 다소 어려움을 겪을 수 있지만, 핵심어에 밑줄을 그으며 정독한다면 어렵지 않게 정답을 찾아낼 수 있다.

다음 글에서 알 수 있는 것은?

고려 정부는 범죄를 예방하고 사회질서를 유지하기 위하여 여러 가지 방책을 마련하였다. 특히, 수도인 개경은 국왕을 위시하여 정부 관료 등 주요 인사들이 거주하고 있을 뿐 아니라 중요 기관이 밀집된 가장 핵심적인 곳이었다. 그래서 고려 정부는 개경의 중요한 기관과 거점을 지키기 위한 군사 조직을 두었다. 도성 안의 관청과 창고를 지키는 간수군, 도성의 여러 성문을 방어하는 위숙군, 시장이나 시가의 주요 장소에 배치되는 검점군이 그것이다. 간수군을 포함한 이들 세 군사 조직은 본연의 업무뿐 아니라 순찰을 비롯한 도성 안의 치안 활동까지 담당하였다. ▶1문단

하지만 개경의 도시화가 진전됨에 따라 전문적인 치안 기구의 필요성이 증대되었다. 이에 성종은 개경 시내를 순찰하고 검문을 실시하는 전문적인 치안 조직인 순검군을 조직하였다. 순검군의 설치는 도성을 방위하고 국왕을 지키는 군대의 기능과 도성의 치안 유지를 위한 경찰의 기능이 분리되고 전문화된 것을 의미한다. 기존 군사 조직은 본연의 업무만을 담당하게 되었으며, 순검군은 치안과 질서 유지를 위하여 도성 안에서 순찰 활동, 도적 체포, 비행이나 불법을 저지르는 사람에 대한 단속 등의 활동을 담당하게 되었다. ▶2문단

그런데 범죄 행위나 정치적 음모, 범죄자의 도피 등은 주로 야간에 많이 일어났다. 이에 정부는 야간 통행을 금지하고 날이 저물면 성문을 닫게 하였으며, 급한 공무나 질병, 출생 등 부득이한 경우에만 사전 신고를 받고 야간에 통행하도록 하였다. 야간 통행이 금지되는 매일 저녁부터 새벽까지 도성 내를 순찰하는 활동, 즉 야경은 순검군의 중요한 업무가 되었다. 순검군은 도성 내의 군사 조직인 간수군, 위숙군, 검점군과 함께 개경의 안전을 책임지는 핵심적인 역할을 수행하였던 것이다. ▶3문단

① 개경은 고려의 다른 어떤 지역보다 범죄 행위가 많이 발생한 곳이었다. ➡ (X) 1문단에서 개경에 기관과 거점을 지키기 위한 군사 조직을 둔 이유는 개경이 국왕을 위시하여 정부 관료 등 주요 인사들이 거주하고 있을 뿐 아니라 중요 기관이 밀집된 가장 핵심적인 곳이었기 때문이라고 하였으나, 개경이 고려의 다른 어떤 지역보다 범죄 행위가 많이 발생한 곳인지는 지문을 통해서 알 수 없다.

② 순검군이 설치된 이후에도 도성의 성문을 지키는 임무는 위숙군에게 있었다. ➡ (O) 1문단에 따르면 도성의 여러 성문을 방어하는 것은 군사 조직인 위숙군의 임무였음을 알 수 있다. 2문단에서 전문적인 치안 조직인 순검군의 설치는 도성을 방위하고 국왕을 지키는 군대의 기능과 도성의 치안 유지를 위한 경찰의 기능이 분리되고 전문화된 것을 의미한다고 하였다. 또한 기존 군사 조직은 본연의 업무만을 담당하게 되었으며, 순검군은 치안과 질서 유지 활동을 담당하게 되었다고 하였다. 따라서 도성의 성문을 지키는 임무는 기존 군사 조직인 위숙군에게 있었

음을 알 수 있다.

③ 야간에 급한 용무로 시내를 통행하려는 사람은 먼저 시가지를 담당하는 검점군에 신고를 하였다. ➡ (X) 1문단에서 검점군은 시장이나 시가의 주요 장소에 배치되었다고 하였으며, 3문단에서 정부는 야간 통행을 금지하고, 급한 공무나 질병, 출생 등 부득이한 경우에만 사전 신고를 받고 야간에 통행하도록 하였음을 알 수 있다. 그러나 이것만으로 야간에 급한 용무로 시내를 통행하려는 사람은 먼저 시가지를 담당하는 검점군에 신고를 하였는지는 알 수 없다.

④ 순검군은 야간 통행이 금지되는 저녁부터 새벽 시간까지 순찰 활동을 하며 성문 방어에도 투입되었다. ➡ (X) 3문단에서 순검군은 야간 통행이 금지되는 매일 저녁부터 새벽 시간까지 순찰 활동을 하였다고 했으며, 1문단에서 성문을 방어하는 것은 위숙군의 임무라고 하였다. 또한 2문단에서 군사 조직인 위숙군과 치안 조직인 순검군의 기능이 분리되었다고 하였으므로 순검군이 성문 방어에 투입되었다는 것은 적절하지 않다.

⑤ 순검군의 설치 이후에 간수군을 비롯한 개경의 세 군사 조직은 군대의 기능과 경찰의 기능을 모두 수행하였다. ➡ (X) 순검군의 설치는 도성을 방위하고 국왕을 지키는 군대의 기능과 도성의 치안 유지를 위한 경찰의 기능이 분리되고 전문화된 것을 의미한다고 하였다. 또한 기존 군사 조직은 본연의 업무만을 담당하게 되었다고 했으므로 이때 개경의 세 군사 조직이 군대의 기능과 경찰의 기능을 모두 수행한 것은 아니다.

02 ①

정답률 91.1%

| **문제 유형** | 사실적 이해 > 정보 확인

| **접근 전략** | 일정 기간의 사실을 서사적으로 기술한 지문의 문제를 풀 때 우선 지문을 한 번 정독한 후, 재빨리 선지를 읽어 다시 확인해야 하는 부분이 무엇인지를 알아내는 것이 중요하다. 처음 지문을 읽을 때 누가, 언제, 무엇을 하였는지에 대한 부분에 저절로 밑줄을 그을 수 있도록 평소 서사적 지문 독해에 대해 충분히 연습해 둘 필요가 있다.

다음 글의 내용과 부합하는 것은?

고려 숙종 9년에 여진이 고려 동북면에 있는 정주성을 공격하였다. 고려는 윤관을 보내 여진을 막게 하였으며, 윤관이 이끄는 군대는 정주성 북쪽의 벽등수라는 곳에서 여진과 싸워 이겼다. 이에 여진은 사신을 보내 화의를 요청하였고, 고려는 이를 받아들였다. 그러나 윤관은 전투 과정에서 여진의 기병을 만나 고전하였기 때문에 대책을 세워야 한다고 생각하고, 숙종의 허락을 받아 별무반을 창설하였다. 별무반에는 기병인 신기군과 보병인 신보군, 적의 기병을 활로 막아내는 경궁군 등 다양한 부대가 편성되어 있었다. ▶1문단

윤관은 숙종의 뒤를 이은 예종 2년에 별무반을 이끌고 여진 정벌에 나섰다. 그는 정주성 북쪽으로 밀고 올라가 여진의 영주, 웅주, 복주, 길주를 점령하고 그곳에 성을 쌓았다. 이듬해 윤관은 정예 병사 8,000여 명을 이끌고 가한촌이라는 곳으로 나아갔다. 그런데 가한촌은 병목 지형이어서 병력을 지휘하기 어려웠다. 여진은 이러한 지형을 이용하여 길 양쪽에 매복하고 있다가 고려군을 기습하였다. 이때 윤관은 큰 위기를 맞이하였지만 멀리서 이를 본 척준경이 10여 명의 결사대를 이끌고 분전한 덕분에 영주로 탈출할 수 있었다. 이후 윤관은 여진의 끈질긴 공격을 물리치면서 함주, 공험진, 의주, 통태진, 평융진에도 성을 쌓아 총 9개의 성을 완성하였다. 윤관이 별무반을 이끌고 출정한 후 여진 지역에 쌓은 성이 모두 9개였기 때문에 그 지역을 동북 9성이라고 부른다. ▶2문단

하지만 여진은 이후 땅을 되찾기 위하여 여러 차례 웅주와 길주 등을 공격하였다. 윤관이 이끄는 고려군은 가까스로 이를 물리쳤지만, 여진이 성을 둘러싸고 길을 끊는 바람에 고립되는 일이 잦았다. 고려는 윤관 외에도 오연총 등을 파견하여 동북 9성에 대한 방비를 강화하였지만, 전투가 거듭될수록 병사들이 계속 희생되었고 물자 소비도 점점 많아졌다. 그래서 예종 4년에 여진이 자세를 낮추며 강화를 요청했을 때 고려는 이를 받아들이고 여진에 동북 9성 지역을 돌려주기로 하였다. ▶3문단

① 고려는 동북 9성을 방어하는 과정에서 병사들이 계속 희생되고 물자 소비도 늘어났기 때문에 여진의 강화 요청을 받아들였다. ➡ (O) 3문단에서 '고려는 윤관 외에도 오연총 등을 파견하여 동북 9성에 대한 방비를 강화하였지만, 전투가 거듭될수록 병사들이 계속 희생되었고 물자 소비도 점점 많아졌다. 그래서 예종 4년에 여진이 자세를 낮추며 강화를 요청했을 때 고려는 이를 받아들이고 여진에 동북 9성 지역을 돌려주기로 하였다.'고 제시되어 있다.

② 오연총은 웅주에 있던 윤관이 여진군에 의해 고립된 사실을 알고 길주로부터 출정하여 그를 구출하였다. ➡ (X) 3문단에서 웅주와 길주를 공격한 여진에 의해 윤관이 이끄는 고려군이 고립되는 일이 잦았다고 하였다. 하지만 오연총이 길주로부터 출정하여 고립된 윤관을 구출하였는지에 대해서는 알 수 없다.

③ 윤관은 여진군과의 끈질긴 전투 끝에 가한촌을 점령하고 그곳에 성을 쌓아 동북 9성을 완성하였다. ➡ (X) 2문단에서 윤관은 가한촌이라는 곳으로 나아갔으나, 위기를 맞아 척준경의 도움으로 영주로 탈출하였다고 하였다. 이후 윤관은 여진의 끈질긴 공격을 물리치며 가한촌이 아닌, 함주, 공험진, 의주, 통태진, 평융진에도 성을 쌓아 총 9개의 성을 완성하였다고 했으므로 글의 내용에 부합하지 않는다.

④ 척준경은 가한촌 전투에서 패배한 고려군을 이끌고 길주로 후퇴하였다. ➡ (X) 2문단에 '윤관은 큰 위기를 맞이하였지만 멀리서 이를 본 척준경이 10여 명의 결사대를 이끌고 분전한 덕분에 영주로 탈출할 수 있었다.'고 제시되어 있다.

⑤ 예종이 즉위하고 다음 해에 신기군과 신보군, 경궁군이 창설되었다. ➡ (X) 1문단에 따르면, 별무반에는 신기군, 신보군, 경궁군 등 다양한 부대가 편성되어 있으며, 별무반은 예종이 즉위하고 다음 해가 아닌 윤관이 숙종의 허락을 받아 창설한 것임을 알 수 있다.

03 ②
정답률 85.4%

| 문제 유형 | 사실적 이해 > 중심 내용 파악

| 접근 전략 | 특정한 소재에 대하여, 단순한 사실로부터 필자의 독특한 시각에 의한 논점을 이끌어내는 지문이 등장하는 문제이다. 첫 번째 단락에서 필자가 주장하는 바의 요지가 드러난 것으로 추측할 수 있으며, 이후 이에 대한 반전이나 대립 관계가 나타나지 않는지를 살피면서 지문을 읽으면 처음의 핵심 논지가 그대로 유지되고 있음을 어렵지 않게 확인할 수 있다.

다음 글의 핵심 논지로 가장 적절한 것은?

우리는 보통 먹거리의 생산에 대해서는 책임을 묻는 것이 자연스럽다고 생각하면서도 먹거리의 소비는 책임져야 하는 행위로 생각하지 않는다. 우리는 무엇을 먹을 때 좋아하고 익숙한 것 그리고 싸고, 빠르고, 편리한 것을 찾아서 먹을 뿐이다. 그런데 먹는 일에도 윤리적 책임이 동반된다고 생각해 볼 수 있지 않을까? ▶1문단

먹는 행위를 두고 '잘 먹었다' 혹은 '잘 먹는다'고 말할 때 '잘'을 평가하는 기준은 무엇일까? 신체가 요구하는 영양분을 골고루 섭취하는 것은 생물학적 차원에서 잘 먹는 것이고, 섭취한 음식을 통해 다양한 감각들을 만족시키며 개인의 취향을 계발하는 것은 문화적인 차원에서 잘 먹는 것이다. 그런데 이 경우들의 '잘'은 윤리적 의미를 띠고 있는 것 같지 않다. 이 두 경우는 먹는 행위를 개인적 경험의 차원으로 축소하기 때문이다. ▶2문단

'잘 먹는다'는 것의 윤리적 차원은 우리의 먹는 행위가 그저 개인적 차원에서 일어나는 일이 아니라, 다른 사람들, 동물들, 식물들, 서식지, 토양 등과 관계를 맺는 행위임을 인식하기 시작할 때 비로소 드러난다. 오늘날 먹거리의 전 지구적인 생산·유통·소비 체계 속에서, 우리는 이들을 경제적 자원으로만 간주하는 특정한 방식으로 이들과 관계를 맺고 있다. 그러한 관계의 방식은 공장식 사육, 심각한 동물 학대, 농약과 화학비료 사용에 따른 토양과 물의 오염, 동식물의 생존에 필수적인 서식지 파괴, 전통적인 농민 공동체의 파괴, 불공정한 노동 착취 등을 동반한다. ▶3문단

우리가 무엇을 어떻게 먹는가 하는 것은 결국 우리가 그런 관계망에 속한 인간이나 비인간 존재를 어떻게 대우하고 있는가를 드러내며, 불가피하게 이러한 관계망의 형성이나 유지 혹은 변화에 기여하게 된다. 우리의 먹는 행위에 따라 이런 관계망의 모습은 바뀔 수도 있다. 그렇기에 이러한 관계들은 먹는 행위를 윤리적 반성의 대상으로 끌어 올린다. ▶4문단

① 윤리적으로 잘 먹기 위해서는 육식을 지양해야 한다. ➡ (X) 3문단에서 '잘 먹는다'는 것의 윤리적 차원은 동물을 포함한 몇 가지 요소들과 관계를 맺는 행위임을 인식하기 시작할 때 비로소 드러난다고 하였다. 하지만 이것이 육식을 지양해야 한다는 논리로 발전하고 있지는 않다.

② 먹는 행위에 대해서도 윤리적 차원을 고려하여야 한다. ➡ (O) 1문단 마지막 부분에서 '먹는 일에도 윤리적 책임이 동반된다고 생각해 볼 수 있지 않을까?'라고 한 것이 지문의 화두이며, 이후 '먹는 것'의 윤리적 차원에 대한 의견이 이어지고 있다. 따라서 지문의 핵심 논지로 '먹는 행위에 대해서도 윤리적 차원을 고려하여야 한다.'는 것이 가장 적절하다.

③ 건강 증진이나 취향 만족을 위한 먹는 행위는 개인적 차원의 평가 대상일 뿐이다. ➡ (X) 2문단에서 건강 증진이나 취향 계발을 위해 먹는 행위는 개인적 차원의 평가 대상이라고 언급되어 있으나, 이는 지문의 핵심 논지로 보기 어렵다.

④ 먹는 행위는 동물, 식물, 토양 등의 비인간 존재와 인간 사이의 관계를 만들어낸다. ➡ (X) 먹는 행위가 동물, 식물, 토양 등의 비인간 존재와 인간 사이의 관계를 만들어낸다는 것 역시 핵심 논지를 뒷받침하는 사실일 뿐 그 자체가 핵심 논지는 아니다.

⑤ 먹는 행위를 평가할 때에는 먹거리의 소비자보다 생산자의 윤리적 책임을 더 고려하여야 한다. ➡ (X) 지문의 핵심 논지는 '먹는 행위에 대해서도 윤리적 차원을 고려하여야 한다.'는 것이며, 먹거리의 소비자와 생산자의 윤리적 책임을 구분하거나 어느 일방의 책임에 대한 경중을 논하고 있지는 않다.

04 ③
정답률 91.5%

| 문제 유형 | 사실적 이해 > 중심 내용 파악

| 접근 전략 | 핵심 논지가 후반부에 등장하는 유형의 지문이다. 이러한 유형은 자칫 글의 서두나 전반부에 나타나는 하위 주장을 핵심 논지로 파악하는 실수를 범할 수 있으며, 오답 선지 역시 그 점을 고려하여 구성되어 있다. 그러나 집중력을 갖고 글을 끝까지 읽는다면 필자의 핵심 주장을 쉽게 파악할 수 있다.

다음 글의 핵심 논지로 가장 적절한 것은?

지방분권화 시대를 맞아 지역의 균형 발전과 경제 활성화를 함께 도모할 수 있는 방안으로 지역문화콘텐츠의 역할이 강조되고 있다. 이와 관련하여 생태환경, 문화재, 유적지 등의 지역 자원을 이용해 지역에 생명을 불어넣고 지역의 특화된 가치를 창출하는 사례가 늘고 있다. 지역문화콘텐츠의 성공은 지역 산업의 동력이 될 뿐 아니라 지역민의 문화향유권 확장에 이바지한다는 점에서도 주목할 만하다. ▶1문단

그러나 지역문화콘텐츠의 전망이 밝기만 한 것은 아니다. 지역 내부의 문제로 우수한 문화자원이 빛을 보지 못하거나 특정 축제를 서로 자기 지역에 유치하기 위한 과잉 경쟁으로 지방자치단체가 몸살을 앓기도 한다. 또한, 불필요한 시설과 인프라 구축, 유사한 콘텐츠의 양산 및 미흡한 활용 등의 문제로 지역 예산을 헛되이 낭비한 사례도 적지 않다. ▶2문단

이러한 문제들이 많아지자, ○○부는 유사·중복 축제 행사를 통폐합하는 지방재정법 시행령과 심사 규칙 개정안을 내놓았다. 이 개정안은 특색 없는 콘텐츠를 정리하고 경쟁력 있는 콘텐츠 개발을 장려하는 것이 주목적이다. 하지만 이러한 방식만으로는 지역문화콘텐츠의 성공을 기대하기 어렵다. ▶3문단

그동안 지역문화 정책과 사업이 새로운 콘텐츠를 발굴·제작하는 데만 주력해 온 탓에 향유의 지속성 측면을 고려하지 못했다. 이로 인해, 관련 사업

은 일부 향유자만을 대상으로 하거나 단발적인 제작 지원에 그쳐 지역민의 문화자원 향유가 지속되는 데 어려움이 있었다. 향유자에 초점을 둔 실효성 있는 정책을 실현하려면, 향유의 지속성까지 염두에 두어야 한다. 콘텐츠와 향유자를 잇고, 향유자의 향유 경험을 지속시킬 때 콘텐츠는 영속할 수 있다. 향유자에 의한 콘텐츠의 공유와 확산이 활발하게 이루어지는 향유, 아울러 향유자가 콘텐츠의 소비·매개·재생산의 주체가 되는 향유를 위한 방안이 개발되어야 한다. 이러한 방안을 통해 이미 만들어진 우수한 지역문화콘텐츠의 생명력을 연장하고 콘텐츠 향유의 활성화를 꾀할 수 있다. ▶4문단

① 중앙정부와 지방자치단체의 협력을 통해 지역문화콘텐츠의 경쟁력을 강화해야 한다. ➡ (X) 지역문화콘텐츠의 경쟁력을 강화해야 한다는 것은 핵심 논지인 '지역문화콘텐츠 향유자의 향유 경험을 지속하게 할 방안 마련'을 위한 전제일 뿐. 그 자체가 글의 핵심 논지는 아니다.

② 새로운 콘텐츠의 발굴과 제작을 통해 지역문화콘텐츠의 생명력을 연장하고 활성화해야 한다. ➡ (X) 지역문화콘텐츠의 생명력을 연장하고 활성화해야 한다는 것 역시 당위성을 표현한 언급이며, 이를 위한 구체적인 방안을 제시한 내용에 우선하는 논지가 될 수 없다.

③ 지역문화콘텐츠를 향유자와 연결하고 향유자의 향유 경험을 지속하게 할 방안을 마련해야 한다. ➡ (O) 지문의 전반부에서 지역의 균형 발전과 경제 활성화를 함께 도모할 수 있는 방안으로 지역문화콘텐츠의 역할이 강조된다는 점을 언급하였으며, 이어서 그에 대한 문제점을 지적하고 지문의 후반부에 문제점에 대한 해결 방안을 제시하고 있다. 따라서 지역문화콘텐츠에 대한 향유의 지속성 즉, 지역문화콘텐츠를 향유자와 연결하고 향유자의 향유 경험을 지속하게 할 방안을 마련해야 한다는 것이 핵심 논지로 가장 적절하다.

④ 지역문화콘텐츠 향유자 스스로 자신이 콘텐츠의 소비·매개·재생산의 주체임을 인식해야 한다. ➡ (X) 지역문화콘텐츠 향유자 스스로 자신이 콘텐츠의 소비·매개·재생산의 주체임을 인식해야 한다는 것은 지문에 드러난 주장의 당위적 사실에 해당하며, 이를 위한 구체적 방법인 ③이 핵심 논지가 되어야 한다.

⑤ 지역문화콘텐츠가 지역 산업의 발전과 지역민의 문화 향유 기회 확대에 기여할 수 있도록 중앙정부의 경제적 지원이 증대되어야 한다. ➡ (X) 4문단에서 지역문화 정책과 사업이 일부 향유자만을 대상으로 하거나 단발적인 제작 지원에 그쳐 지역민의 문화자원 향유가 지속되는 데 어려움이 있었다고 하였다. 이는 지문에 드러난 주장이 단순히 지역민의 문화 향유 기회를 확대하기 위해 중앙정부의 경제적 지원이 증대되어야 한다는 점에 그치는 것이 아님을 의미한다.

05 ③
정답률 85.9%

| 문제 유형 | 사실적 이해 > 정보 확인
| 접근 전략 | 이러한 유형의 문제는 지문에서 언급된 내용을 요약하거나, 다른 각도에서 언급함으로써 수험생들의 정확한 이해도를 묻는 경우가 대부분이다. 따라서 지문을 읽으며 행정적인 절차의 진행 주체나 시기, 조건 등을 올바르게 파악하고 선지를 점검하는 것이 문제 해결의 포인트라고 할 수 있다.

다음 글의 내용과 부합하지 않는 것은?

정부는 공공사업 수립·추진 과정에서 사회적 갈등이 예상되는 경우 갈등영향분석을 통해 해결책을 마련하여야 한다. 갈등은 다양한 요인 및 양태 그리고 복잡한 이해관계를 갖고 있다. 따라서 갈등영향분석의 실시 여부는 공공사업의 규모, 유형, 사업 관련 이해집단의 분포 등 다양한 지표들을 고려하여 판단하여야 한다. ▶1문단

갈등영향분석 실시 여부의 대표적인 판단 지표 중 하나는 실시 대상 사업의 경제적 규모이다. 해당 사업을 수행하는 기관장은 예비타당성 조사 실시 기준인 총사업비를 판단 지표로 활용하여 갈등영향분석의 실시 여부를 판단하되, 그 경제적 규모가 실시 기준 이상이라도 갈등 발생 여지가 없거나 미미

한 경우에는 갈등관리심의위원회 심의를 거쳐 갈등영향분석을 실시하지 않을 수 있다. ▶2문단

실시 대상 사업의 유형도 갈등영향분석 실시 여부의 판단 지표가 된다. 쓰레기 매립지, 핵폐기물처리장 등 기피 시설의 입지 선정은 지역사회 갈등을 유발하는 대표적 유형이다. 이러한 사업 유형은 경제적 규모와 관계없이 반드시 갈등영향분석이 이루어져야 한다. 해당 사업을 수행하는 기관장은 대상 시설이 기피 시설인지 여부를 판단할 때, 단독으로 판단하지 말고 지역 주민 관점에서 검토할 수 있도록 민간 갈등관리전문가 등의 자문을 거쳐야 한다. ▶3문단

갈등영향분석을 시행하기로 결정했다면, 해당 사업을 수행하는 기관장 주관으로, 갈등관리심의위원회의 자문을 거쳐 해당 사업과 관련된 주요 이해당사자들이 중립적이라고 인정하는 전문가가 갈등영향분석서를 작성하여야 한다. 이렇게 작성된 갈등영향분석서는 반드시 모든 이해당사자들의 회람 후에 해당 기관장에게 보고되고 갈등관리심의위원회에서 심의되어야 한다. ▶4문단

① 정부가 갈등영향분석 실시 여부를 판단할 때 예비타당성 조사 실시 기준인 총사업비를 판단 지표로 활용한다. ➡ (O) 2문단에서 해당 사업을 수행하는 기관장은 예비타당성 조사 실시 기준인 총사업비를 판단 지표로 활용하여 갈등영향분석의 실시 여부를 판단한다고 하였다.

② 기피 시설 여부를 판단할 때 해당 사업을 수행하는 기관장이 별도 절차 없이 단독으로 판단해서는 안 된다. ➡ (O) 3문단에서 해당 사업을 수행하는 기관장은 대상 시설이 기피 시설인지 여부를 판단할 때, 단독으로 판단하지 말고 지역 주민 관점에서 검토할 수 있도록 민간 갈등관리전문가 등의 자문을 거쳐야 한다고 하였다.

③ 갈등영향분석서는 정부가 주관하여 중립적 전문가의 자문하에 해당 기관장이 작성하여야 한다. ➡ (X) 4문단에서 갈등영향분석을 시행하기로 결정했다면, 해당 사업을 수행하는 기관장 주관으로, 갈등관리심의위원회의 자문을 거쳐 해당 사업과 관련된 주요 이해당사자들이 중립적이라고 인정하는 전문가가 갈등영향분석서를 작성하여야 한다고 하였다. 따라서 해당 기관장이 작성해야 한다는 설명은 글의 내용에 부합하지 않는다.

④ 갈등영향분석서를 작성한 후에는 이해당사자가 회람하는 절차가 있어야 한다. ➡ (O) 4문단에서 갈등영향분석서는 반드시 모든 이해당사자들의 회람 후에 해당 기관장에게 보고되어야 한다고 하였다.

⑤ 갈등관리심의위원회는 갈등영향분석 실시 여부의 판단에 관여할 수 있다. ➡ (O) 2문단에서 경제적 규모가 실시 기준 이상이라도 갈등 발생 여지가 없거나 미미한 경우에는 갈등관리심의위원회 심의를 거쳐 갈등영향분석을 실시하지 않을 수 있다고 하였다. 따라서 갈등관리심의위원회는 심의 결과를 통해 갈등영향분석 실시 여부의 판단에 관여할 수 있음을 알 수 있다.

06 ③
정답률 88.3%

| 문제 유형 | 사실적 이해 > 정보 확인
| 접근 전략 | 몇 가지 경우의 상황에 따라 해당되는 조건이나 요소가 상이하게 주어지는 유형의 글이다. 글에서 확인해야 할 점들이 분명하게 드러나므로, 지문을 읽어 내려가며 선지의 구성이 어떤 형태일지 짐작할 수 있어야 하며, 동일한 항목에 대한 서로 다른 내용 즉, 단계별 지원 대상, 지원 장소, 지원 인력, 지원 내용 등을 곧바로 파악, 밑줄을 그을 수 있어야 한다. 비교 항목들이 파악되면 선지의 내용에 대한 참/거짓 여부를 어렵지 않게 판별할 수 있는 난도가 낮은 문제이다.

다음 글에서 알 수 있는 것은?

○○시 교육청은 초·중학교 기초학력 부진학생의 기초학력 향상을 위해 3단계의 체계적인 지원체계를 구축하였다. 이는 학습 사각지대에 놓여있는 학생들을 조기에 발견하고, 학생 여건과 특성에 맞는 서비스를 제공하여 기초학력 부진을 해결하기 위한 조치이다. ▶1문단

1단계 지원은 기초학력 부진 판정을 받은 모든 학생을 대상으로 하며, 해당 학생에 대한 지도는 학교 내에서 담임교사가 담당한다. 학교 내에서 교사가 특별학습 프로그램을 진행하는 것이다. ▶2문단

2단계 지원은 기초학력 부진 판정을 받은 학생 중 복합적인 요인으로 어려움을 겪는 것으로 판정된 학생인 복합요인 기초학력 부진학생을 대상으로 권역학습센터에서 이루어진다. 권역학습센터는 권역별 1곳씩 총 5곳에 설치되어 있으며, 이곳에서 학습멘토 프로그램을 운영한다. 이 프로그램에 참여하는 지원 인력은 ○○시의 인증을 받은 학습상담사이며, 기초학력 부진학생의 학습멘토 역할을 담당하게 된다. ▶3문단

3단계 지원은 복합요인 기초학력 부진학생 중 주의력결핍 과잉행동장애 또는 난독증 등의 문제로 학습에 어려움을 겪는 학생을 대상으로 ○○시 학습종합클리닉센터에서 이루어진다. ○○시 학습종합클리닉센터는 교육청 차원에서 지역사회 교육 전문가를 초빙하여 해당 학생들을 위한 전문학습클리닉 프로그램을 운영한다. 이에 더해 소아정신과 전문의 등으로 이루어진 의료지원단을 구성하여 의료적 도움을 줄 수 있도록 한다. ▶4문단

① ○○시 학습종합클리닉센터는 ○○시에 총 5곳이 설치되어 있다. ➡ (X) ○○시 학습종합클리닉센터는 4문단에서 언급되었으나 몇 곳이 설치되어 있는지는 알 수 없다. 참고로 3문단에서 권역별 1곳씩 총 5곳에 설치되어 있다고 언급한 것은 권역학습센터에 해당한다.

② 기초학력 부진학생으로 판정된 학생은 학습멘토 프로그램에 참여할 수 없다. ➡ (X) 3문단에 따르면, 2단계 지원은 기초학력 부진 판정을 받은 학생 중 복합적인 요인으로 어려움을 겪는 것으로 판정된 학생인 복합요인 기초학력 부진학생을 대상으로 권역학습센터에서 이루어진다고 하였으며, 이곳에서 학습멘토 프로그램을 운영한다고 하였다. 따라서 기초학력 부진학생으로 판정된 학생은 학습멘토 프로그램에 참여할 수 있음을 알 수 있다.

③ 복합요인 기초학력 부진학생으로 판정된 학생 중 의료지원단의 의료적 도움을 받는 학생이 있을 수 있다. ➡ (O) 4문단에 따르면, 3단계 지원은 복합요인 기초학력 부진학생 중 주의력결핍 과잉행동장애 또는 난독증 등의 문제로 학습에 어려움을 겪는 학생을 대상으로 ○○시 학습종합클리닉센터에서 이루어진다고 하였다. ○○시 학습종합클리닉센터에서는 전문학습클리닉 프로그램을 운영하며, 소아정신과 전문의 등으로 구성된 의료지원단의 의료적 도움을 줄 수 있다고 하였다. 따라서 복합요인 기초학력 부진학생으로 판정된 학생 중에서 의료지원단의 의료적 도움을 받는 학생이 있을 수 있음을 알 수 있다.

④ 학습멘토 프로그램 및 전문학습클리닉 프로그램에 참여하는 지원 인력은 ○○시의 인증을 받지 않아도 된다. ➡ (X) 3단계 지원에 해당하는 전문학습클리닉 프로그램에 참여하는 지원 인력이 ○○시의 인증을 받지 않아도 되는지는 지문을 통해 알 수 없으나, 3문단에 따르면 학습멘토 프로그램에 참여하는 지원 인력은 ○○시의 인증을 받은 학습상담사라고 하였다.

⑤ 난독증이 있는 학생은 기초학력 부진 판정을 받지 않았더라도 ○○시 학습종합클리닉센터에서 운영하는 프로그램에 참여할 수 있다. ➡ (X) 4문단에 따르면, ○○시 학습종합클리닉센터에서 운영하는 프로그램은 3단계 지원에 해당하는 것으로 3단계 지원은 복합요인 기초학력 부진학생 중 주의력결핍 과잉행동장애 또는 난독증 등의 문제로 학습에 어려움을 겪는 학생을 대상으로 한다. 따라서 난독증이 있는 학생이라도 기초학력 부진 판정을 받지 않았다면 3단계 지원 대상에 해당되지 않으므로 ○○시 학습종합클리닉센터에서 운영하는 프로그램에 참여할 수 없다.

07 ④

| 문제 유형 | 사실적 이해 > 정보 확인

| 접근 전략 | 지문에 주어진 정보를 읽으며 안내문의 형태와 선지의 구성 등이 어떻게 이루어졌을지 짐작하지 못한다면 합격권에 들기 어렵다고 볼 수 있다. 본 문항과 같은 유형의 문제들이 시간을 절약하여 다른 문제들에 할애할 수 있어야 한다. 발문을 읽고 지문의 모든 문장을 꼼꼼하게 읽을 필요가 없다는 점을 파악하여 가급적 빠르게 정답을 찾는 것이 관건이다.

다음 대화의 ㉠에 따라 〈안내〉를 수정한 것으로 적절하지 않은 것은?

갑: 지금부터 회의를 시작하겠습니다. 이 자리는 A시 시민안전보험의 안내문을 함께 검토하기 위한 자리입니다. A시 시민안전보험의 내용을 시민들에게 효과적으로 전달하기 위해서 수정 및 보완이 필요한 부분이 있다면 자유롭게 말씀해 주시기 바랍니다.

을: 시민안전보험의 혜택을 누릴 수 있는 대상이 더 정확하게 표현되면 좋겠습니다. 단순히 A시에서 생활하는 사람이 아닌 A시에 주민으로 등록한 사람이라는 점이 명확하게 드러나야 한다고 생각합니다.

병: 2024년도부터는 시민안전보험의 보장 항목이 기존의 8종에서 10종으로 확대되었습니다. 보장 항목을 안내하면서 새롭게 추가된 두 가지 항목인 개 물림 사고와 사회재난 사망 사고를 포함하면 좋겠습니다.

정: 시민안전보험의 보험 기간뿐만 아니라 청구 기간에 대한 정보도 필요합니다. 보험 기간 내에 발생한 사고에 대해서 사고 발생 시점을 기준으로 할 때 보험금을 언제까지 청구할 수 있는지에 대한 안내가 추가되면 좋을 것 같습니다.

무: 보험금을 어디로 그리고 어떻게 청구할 수 있는지에 대한 구체적 정보도 부족합니다. 시민안전보험에 관심을 가진 시민이라면 연락처 정보만으로는 부족하다고 여길 것 같습니다. 안내문에 보험금 청구에 필요한 대표적인 서류들을 제시하면 어떨까요?

갑: 좋은 의견을 개진해 주셔서 감사합니다. 참고로 최근 민간 기업과의 업무 협약을 통해 A시 누리집뿐만 아니라 코리아톡 앱을 통해서도 A시 시민안전보험에 관한 정보를 확인할 수 있게 되어 이 점 역시 이번에 안내할 계획입니다. 그럼 ㉠오늘 회의에서 논의된 내용을 반영하여 안내문을 수정하도록 하겠습니다. 감사합니다.

〈안내〉

우리 모두의 안전은 2024년 A시 시민안전보험 가입으로!
○ 가입 대상: A시 구성원 누구나
○ 보험 기간: 2024. 1. 1. ~ 2024. 12. 31.
○ 보장 항목: 대중교통 이용 중 상해·후유장애 등 총 8종의 사고 보장
○ 청구 방법: B보험사 통합상담센터로 문의
○ 참고 사항: 자세한 관련 내용은 A시 누리집을 통해서도 확인 가능

---

① 가입 대상을 'A시에 주민으로 등록한 사람 누구나'로 수정한다. ➡ (O) '을'은 'A시에 주민으로 등록한 사람이라는 점이 명확하게 드러나야 한다.'고 하였으므로 수정한 것이 적절하다.

② 보험 기간을 '2024. 1. 1. ~ 2024. 12. 31.(보험 기간 내 사고발생일로부터 3년 이내 보험금 청구 가능)'로 수정한다. ➡ (O) '정'은 '보험 기간 내에 발생한 사고에 대해서 사고 발생 시점을 기준으로 할 때 보험금을 언제까지 청구할 수 있는지에 대한 안내가 추가되면 좋을 것 같다.'고 하였으므로 수정한 것이 적절하다.

③ 보장 항목을 '대중교통 이용 중 상해·후유장애, 개 물림 사고, 사회재난 사망 사고 등 총 10종의 사고 보장'으로 수정한다. ➡ (O) '병'은 '보장 항목을 안내하면서 새롭게 추가된 두 가지 항목인 개 물림 사고와 사회재난 사망 사고를 포함하면 좋겠다.'고 하였으므로 수정한 것이 적절하다.

④ 청구 방법을 '청구 절차 및 필요 서류는 B보험사 통합상담센터(Tel. 15××-××××)로 문의'로 수정한다. ➡ (X) '무'는 연락처 정

보만으로는 부족하며, 안내문에 보험금 청구에 필요한 대표적인 서류들을 제시하는 것이 좋을 것 같다고 하였다. 따라서 청구 방법에 전화번호를 추가하는 것은 회의에서 논의된 내용이 아니므로 적절하지 않다.

⑤ 참고 사항을 '자세한 관련 내용은 A시 누리집 및 코리아톡 앱을 통해서도 확인 가능'으로 수정한다. ➡ (O) '갑'은 두 번째 발언에서 'A시 누리집뿐만 아니라 코리아톡 앱을 통해서도 A시 시민안전보험에 관한 정보를 확인할 수 있게 되어 이 점 역시 이번에 안내할 계획입니다.'라고 하였으므로 수정한 것이 적절하다.

08 ②

정답률 89.2%

|문제 유형| 비판적 사고 > 판단하기
|접근 전략| 어떤 주장이 타당하다는 것을 입증하기 위해 필요한 자료가 무엇인지를 알아내는 생소한 유형의 문제로, 논리적인 사고력이 요구된다. 본 문항을 해결하기 위해서는 각자가 주장한 바를 정확히 이해해야 하며, ㄱ~ㄷ의 자료가 주장한 바를 입증하는 데 꼭 필요한 것인지를 판단할 수 있어야 한다.

다음 대화의 ㉠으로 적절한 것만을 〈보기〉에서 모두 고르면?

갑: 최근 전동킥보드, 전동휠 등 개인형 이동장치 사고가 급증하고 있습니다. 도대체 무엇 때문에 이러한 현상이 나타나는 것일까요? 이에 대해 여러분은 어떤 의견을 가지고 있나요?

을: 원동기 면허만 있으면 19세 미만 미성년자도 개인형 이동장치를 이용할 수 있습니다. 하지만 원동기 면허가 없는 사람들도 많이 이용하고 있습니다. 안전 의식이 부족한 이용자가 증가해 사고가 더 많이 발생하는 것이지요.

병: 저는 개인형 이동장치의 경음기 부착 여부가 사고 발생 확률에 유의미한 영향을 미친다고 생각합니다. 현재 상당수의 개인형 이동장치는 경고음을 낼 수 있는 경음기가 부착되어 있지 않기 때문에 개인형 이동장치가 빠른 속도로 달려와도 주변에서 이를 인지하지 못하는 경우가 많습니다. 이것이 사고가 발생하는 주요한 원인이라고 생각합니다.

정: 저는 개인형 이동장치를 이용할 수 있는 인프라가 부족하다는 점이 가장 큰 원인이라고 생각합니다. 개인형 이동장치 이용자들은 안전한 운행이 가능한 도로를 원하고 있으나, 그러한 개인형 이동장치 전용도로를 갖춘 지역은 드뭅니다. 이처럼 인프라 수요를 공급이 따라가지 못해 사고가 발생하는 것입니다.

갑: 여러분 좋은 의견 제시해 주셔서 감사합니다. 그렇다면 말씀하신 의견을 검증하기 위해 ㉠필요한 자료를 조사해 주세요.

〈보기〉

ㄱ. 미성년자 중 원동기 면허 취득 비율과 19세 이상 성인 중 원동기 면허 취득 비율 →(X) '을'은 원동기 면허가 없는 사람들도 원동기를 많이 이용하고 있으며, 안전 의식이 부족한 이용자가 증가해 사고가 더 많이 발생하는 것이라 주장하고 있다. 이는 연령에 관계없이 원동기 면허가 없는 이용자가 문제라는 것이지, 미성년자와 19세 이상 성인 각각의 면허 취득 비율과는 관련 없는 것이므로 ㄱ은 '을'의 의견을 검증하기 위해 필요한 자료가 아니다.

ㄴ. 경음기가 부착된 개인형 이동장치 1대당 평균 사고 발생 건수와 경음기가 부착되지 않은 개인형 이동장치 1대당 평균 사고 발생 건수 →(O) '병'은 경음기 부착 여부를 사고 발생의 주요 원인으로 지목하고 있다. 따라서 경음기가 부착된 개인형 이동장치와 부착되지 않은 개인형 이동장치의 사고 발생 빈도를 확인하는 것으로 '병'의 의견을 검증할 수 있을 것이다. 따라서 ㄴ은 '병'의 의견을 검증하기 위해 필요한 자료이다.

ㄷ. 개인형 이동장치 등록 대수가 가장 많은 지역의 개인형 이동장치 사고 발생 건수와 개인형 이동장치 등록 대수가 가장 적은 지역의 개인형 이동장치 사고 발생 건수 →(X) '정'은 개인형 이동장치의 안전 운행이 가능한 전용도로가 부족하다는 점을 사고 발생의 주요 원인으로 지목

하고 있다. 따라서 전용도로가 있는 지역과 없는 지역의 사고 발생 빈도에 관한 자료는 유의미할 것이나, 개인형 이동장치 등록 대수가 가장 많거나 혹은 가장 적은 지역이라는 점 자체는 전용도로 유무와 관계가 있다고 볼 수 없으므로 그러한 지역들의 개인형 이동장치 사고 발생 건수를 확인하는 것은 '정'의 의견을 검증하기 위해 필요한 자료가 아니다.

① ㄱ ➡ (X)
② ㄴ ➡ (O)
③ ㄱ, ㄷ ➡ (X)
④ ㄴ, ㄷ ➡ (X)
⑤ ㄱ, ㄴ, ㄷ ➡ (X)

09 ④

정답률 53.5%

|문제 유형| 비판적 사고 > 빈칸 채우기
|접근 전략| 지문을 빠르게 읽은 후 거꾸로 선지를 하나씩 대입해 가며 풀 수도 있으며, 앞뒤 맥락에 대한 논리적 사고를 통해 단번에 정답을 알아낼 수도 있다. 관건은 두 비교 국가의 인구수가 다를 수 있음을 얼마나 빨리 간파하느냐이다. 두 번째 문단의 도입부를 읽으면서 인구수가 다른 두 국가의 행복 정도를 단순 비교하는 것은 무의미하다는 점을 인지했다면 문제풀이 접근 전략이 성공적이라고 할 수 있다.

다음 글의 (가)와 (나)에 들어갈 말을 적절하게 짝지은 것은?

갑은 국민 개인의 삶의 질을 1부터 10까지의 수치로 평가하고 이 수치를 모두 더해 한 국가의 행복 정도를 정량화한다. 예를 들어, 삶의 질이 모두 5인 100명의 국민으로 구성된 국가의 행복 정도는 500이다. ▶1문단

갑은 이제 국가의 행복 정도가 클수록 더 행복한 국가라고 하면서 어느 국가가 더 행복한 국가인지까지도 서로 비교하고 평가할 수 있다고 주장한다. 하지만 갑의 주장은 받아들이기 어렵다. 행복한 국가라면 그 국가의 대다수 국민이 높은 삶의 질을 누리고 있다고 보는 것이 일반적인 직관인데, 이 직관과 충돌하는 결론이 나오기 때문이다. 예를 들어, A국과 B국의 행복 정도를 비교하는 다음의 경우를 생각해 보자. ⎡ (가) ⎤, B국에서 가장 높은 삶의 질을 지닌 국민이 A국에서 가장 낮은 삶의 질을 지닌 국민보다 삶의 질 수치가 낮다. 그러면 갑은 ⎡ (나) ⎤. 그러나 이러한 결론에 동의할 사람은 거의 없을 것이다. ▶2문단

① (가): A국의 행복 정도가 B국의 행복 정도보다 더 크지만
(나): B국이 A국보다 더 행복한 국가라고 말해야 할 것이다
➡ (X) 모든 B국 국민 개개인의 삶의 질 수치가 모든 A국 국민 개개인의 삶의 질 수치보다 낮을 경우, A국의 행복 정도가 B국의 행복 정도보다 더 크다면 갑은 A국이 더 행복한 국가라고 말해야 할 것이므로 적절하지 않다.

② (가): A국의 행복 정도가 B국의 행복 정도보다 더 크지만
(나): A국이 B국보다 더 행복한 국가라고 말해야 할 것이다
➡ (X) 모든 B국 국민 개개인의 삶의 질 수치가 모든 A국 국민 개개인의 삶의 질 수치보다 낮을 경우, A국의 행복 정도가 B국의 행복 정도보다 더 크다면 갑은 A국이 더 행복한 국가라고 말해야 할 것이며 그러한 결론에 거의 모든 사람이 동의할 것이므로 이 역시 적절하지 않다.

③ (가): A국의 행복 정도와 B국의 행복 정도가 같지만
(나): B국이 A국보다 더 행복한 국가라고 말해야 할 것이다
➡ (X) 모든 B국 국민 개개인의 삶의 질 수치가 모든 A국 국민 개개인의 삶의 질 수치보다 낮을 경우, 두 국가의 행복 정도가 같다면 갑은 두 국가 중 어느 국가가 더 행복한지 알 수 없다고 말해야 할 것이므로 적절하지 않다.

④ **(가):** B국의 행복 정도가 A국의 행복 정도보다 더 크지만
(나): B국이 A국보다 더 행복한 국가라고 말해야 할 것이다
→ (O) B국에서 가장 높은 삶의 질을 지닌 국민이 A국에서 가장 낮은 삶의 질을 지닌 국민보다 삶의 질 수치가 낮다고 하였으므로 이는 모든 B국 국민 개개인의 삶의 질 수치는 모든 A국 국민 개개인의 삶의 질 수치보다 낮다는 것을 의미한다. 그럼에도 불구하고 B국 국민의 많은 인구수 때문에 B국의 행복 정도가 A국의 행복 정도보다 더 크다면(행복 정도＝개인의 삶의 질 수치×인구수), 갑은 B국이 A국보다 더 행복한 국가라고 말해야 할 것이다. 따라서 ④는 (가)와 (나)에 들어갈 말로 적절하다.

⑤ **(가):** B국의 행복 정도가 A국의 행복 정도보다 더 크지만
(나): A국이 B국보다 더 행복한 국가라고 말해야 할 것이다
→ (X) 모든 B국 국민 개개인의 삶의 질 수치가 모든 A국 국민 개개인의 삶의 질 수치보다 낮을 경우, B국의 행복 정도가 A국의 행복 정도보다 더 크다면 갑은 B국이 더 행복한 국가라고 말해야 할 것이므로 적절하지 않다.

10 ④

정답률 59.2%

| **문제 유형 |** 비판적 사고 > 빈칸 채우기
| **접근 전략 |** 매년 한두 개씩 빠지지 않고 등장하는 유형의 문제이다. 주어진 지문의 길이도 짧고 핵심이 되는 논리관계도 하나이므로, 충분조건과 필요조건의 개념을 명확히 알고 있다면 어렵지 않게 정답을 찾을 수 있다. A의 행복 개념에 따라 ㄱ의 내용이 틀린 말이라는 것을 파악할 수 있어야 하며, 주어진 선지의 구성에 따라 ㄱ~ㄷ의 내용을 대입하면서 오답을 삭제해가는 방법이 가장 적절한 풀이법이다.

다음 글의 (가)와 (나)에 들어갈 말을 〈보기〉에서 골라 적절하게 짝지은 것은?

고대 철학자 A가 궁극적인 목적으로 삼았던 것은 행복한 삶이었다. 그런데 A가 가진 행복 개념은 현대인들이 가지고 있는 행복 개념과 다소 차이가 있다. 우리가 일상적으로 '행복'이라는 말을 사용할 때는 단순히 주관적 심리 상태를 지칭하는 경우가 많다. 하지만 A는 행복이 주관적 심리 상태만으로는 충분하지 않고, 그런 심리 상태를 뒷받침하는 객관적 조건이 반드시 갖추어져 있어야 한다고 생각했다. 요컨대, A가 사용한 행복 개념에 따르면, __(가)__ . 그러나 A는 행복이 주관적 심리 상태만으로는 충분하지 않다고 하더라도, 주관적 심리 상태가 행복의 필수 조건임은 부정할 수 없다고 보았다. 따라서 A에게는 __(나)__ .

〈보기〉
ㄱ. 자신이 행복하다고 느끼고 있으면서도 행복하지 않은 경우란 있을 수 없다
ㄴ. 자신이 행복하다고 느끼고 있으면서도 행복하지 않은 경우가 있을 수 있다
ㄷ. 자신이 행복하지 않다고 느끼고 있으면서도 행복한 경우란 있을 수 없다

	(가)	(나)

① ㄱ ㄴ → (X) 자신이 행복하다고 느끼는 것은 적어도 주관적 심리 상태라는 조건이 충족된 것이며, 이때 객관적 조건 구비 여부에 따라 그 사람은 행복하다고 느낄 수도, 그렇지 않을 수도 있게 된다. 그러므로 ㄱ은 A의 행복 개념과 맞지 않는다.

② ㄱ ㄷ → (X) 자신이 행복하다고 느끼는 것은 적어도 주관적 심리 상태라는 조건이 충족된 것이며, 이때 객관적 조건 구비 여부에 따라 그 사람은 행복하다고 느낄 수도, 그렇지 않을 수도 있게 된다. 그러므로 ㄱ은 A의 행복 개념과 맞지 않는다.

③ ㄴ ㄱ → (X) 자신이 행복하다고 느끼는 것은 적어도 주관적 심리 상태라는 조건이 충족된 것이며, 이때 객관적 조건 구비 여부에 따라 그 사람은 행복하다고 느낄 수도, 그렇지 않을 수도 있게 된다. 그러므로 ㄱ은 A의 행복 개념과 맞지 않는다.

④ ㄴ ㄷ → (O) (가)와 (나) 사이에서 주관적 심리 상태가 행복의 충분조건이라고 할 수는 없다 하더라도 필수 조건임을 부정할 수는 없다고 하였다. 따라서 (가)에는 주관적 심리 상태로도 충분한 것은 아님을 의미하는 ㄴ이, (나)에는 주관적 심리 상태는 반드시 필요한 것임을 의미하는 ㄷ이 들어가야 논리적인 흐름이 이어진다.

⑤ ㄷ ㄴ → (X) (가)와 (나) 사이에서 주관적 심리 상태가 행복의 충분조건이라고 할 수는 없다 하더라도 필수 조건임을 부정할 수는 없다고 하였다. 따라서 (가)에 ㄷ이, (나)에 ㄴ이 들어간다면, (가)와 (나) 사이에 언급된 말과 앞뒤 문맥이 논리적으로 연결될 수 없다.

11 ①

정답률 42.7%

| **문제 유형 |** 비판적 사고 > 지문에서 추론하기
| **접근 전략 |** 충분조건과 필요조건의 개념에 대한 이해를 심층적으로 요구하고 있지 않아 지문의 내용만 집중하여 읽는다면 문제풀이가 복잡하지 않은 문제이다. 논리관계를 정확하게 파악하기 위해서는 내용을 분석적으로 이해해야 하므로 평소 지문을 꼼꼼하게 읽는 연습을 해야 한다.

다음 글에서 추론할 수 있는 것만을 〈보기〉에서 모두 고르면?

진수는 병원에서 급성 중이염을 진단 받고, 항생제 투여 결과 이틀 만에 크게 호전되었다. 진수의 중이염 증상이 빠르게 호전된 것을 '항생제 투여 때문'이라고 답하는 것은 자연스러운 설명이다. 그런데 이것이 좋은 설명이 되려면, 그러한 증상의 치유에 항생제의 투여가 관련되어 있음을 보여 줄 필요가 있다. ▶1문단

확률의 차이는 이러한 관련성을 보여 주는 한 가지 방식이다. 예컨대 급성 중이염 증상에 대해 항생제 투여 없이 그대로 자연 치유에 맡기는 경우, 그 증상이 치유될 확률이 20%라고 하자. 이를 기준으로 삼아서 항생제 투여가 급성 중이염의 치유에 대해 갖는 긍정적 효과와 부정적 효과를 구분할 수 있다. 가령 항생제 투여를 할 경우에 그 확률이 80%라면, 이는 항생제 투여가 급성 중이염의 치유에 긍정적 효과가 있음을 보여 주는 것이다. 거꾸로, 급성 중이염의 치유를 위해 개발 과정에 있는 신약을 투여했더니 그 확률이 10%라는 조사 결과가 있다면, 이는 신약 투여가 급성 중이염의 치유에 부정적 효과가 있음을 보여 주는 것이다. 물론 두 경우 모두, 급성 중이염의 치유에 투여된 약 이외의 다른 요인이 개입하지 않았다는 점이 보장되어야 한다. ▶2문단

〈보기〉
ㄱ. 투여된 약이 증상의 치유에 어떠한 효과도 없다는 것을 보이기 위해서는, 약을 투여하더라도 증상이 치유될 확률에 변화가 없을 뿐 아니라 약의 투여 이외의 다른 요인이 개입되지 않았다는 것이 밝혀져야 한다. → (O) 2문단에서는 항생제 투여 없이 자연 치유의 확률이 20%일 경우, 항생제 투여로 치유 확률이 80%가 되었다면 이를 긍정적 효과로, 신약 투여로 치유 확률이 10%가 되었다면 이를 부정적 효과가 있다고 보고 있다. 또한 이 결론을 위해 투여된 약 이외의 다른 요인이 개입되지 않아야 한다는 점을 전제하고 있다. 따라서 투여된 약이 증상의 치유에 어떠한 효과도 없다는 것을 보이기 위해서는, 약을 투여하더라도 증상이 치유될 확률에 변화가 없어야 할 것이며, 전제 조건인 약의 투여 이외의 다른 요인이 개입되지 않았다는 것 역시 밝혀져야 한다는 것은 적절한 추론이라고 할 수 있다.

ㄴ. 투여된 약이 증상의 치유에 긍정적인 효과가 있다는 것을 보이기 위해서는 증상이 치유될 확률이 약의 투여 이전보다 이후에 더 높

아지는 것을 보이는 것으로 충분하다. → (X) 투여된 약이 증상의 치유에 긍정적인 효과가 있다는 것을 보이기 위해서는, 증상이 치유될 확률이 약의 투여 이전보다 약의 투여 이후에 더 높아지는 것을 보이는 것뿐만 아니라, 전제 조건인 약의 투여 이외의 다른 요인이 개입되지 않았다는 것 역시 밝혀져야 한다.

ㄷ. 약 투여 이외의 다른 요인이 개입되지 않았다고 전제할 경우에, 투여된 약이 증상의 치유에 긍정적인 효과가 없다는 것을 보이기 위해서는 증상이 치유될 확률이 약의 투여 이전보다 이후에 더 낮아지는 것을 보이는 것이 필요하다. → (X) 약 투여 이외의 다른 요인이 개입되지 않았다고 전제할 경우에, 투여된 약이 증상의 치유에 긍정적인 효과가 없다는 것을 보이기 위해서는, 증상이 치유될 확률이 약의 투여 이전보다 이후에 더 낮아지는 것을 보이지 않더라도, 약의 투여 이전과 이후에 효과에 변화가 없다는 것을 보이는 것만으로도 충분하다.

① ㄱ ➡ (O)
② ㄴ ➡ (X)
③ ㄱ, ㄷ ➡ (X)
④ ㄴ, ㄷ ➡ (X)
⑤ ㄱ, ㄴ, ㄷ ➡ (X)

12 ④

정답률 79.5%

| **문제 유형** | 비판적 사고 > 판단하기

| **접근 전략** | '의식'과 '도덕적 지위'라는 두 키워드를 놓고 네 명의 입장이 엇갈리고 있다. 각 주장의 조건과 결론에 밑줄을 그어 표시해 두고 ㄱ~ㄷ과 비교해 본다면 어느 분석에 모순이 있는지를 확인할 수 있다. 다만, 각 주장의 동일한 측면과 엇갈리는 측면이 혼재되어 있어 헷갈릴 소지가 있으므로 높은 집중력이 필요하다는 점에서 비교적 난도가 높은 문항으로 분류된다.

다음 갑~정의 논쟁에 대한 분석으로 적절한 것만을 〈보기〉에서 모두 고르면?

갑: 우리는 보통 인간이나 동물이 어떤 특성을 지니고 있어서 그에 부합하는 도덕적 지위를 갖는다고 생각한다. 의식이 바로 그런 특성이다. 나는 인공지능 로봇도 같은 방식으로 그 도덕적 지위를 결정해야 한다고 생각한다. 그래서 우리는 그런 로봇에게 의식이 있는지를 따져 봐야 할 것이다. 나는 인공지능 로봇이 의식을 갖는다고 생각한다.

을: 도덕적 지위를 결정하는 기준에 대해서는 나도 갑과 생각이 같다. 하지만 나는 바로 그런 이유에서 인공지능 로봇에게 도덕적 지위를 부여할 수 없다고 생각한다. 로봇은 기계이므로 의식을 갖는 것이 가능하지 않기 때문이다.

병: 나는 인공지능 로봇에게 의식이 있는지 없는지가 그것에게 도덕적 지위를 부여하느냐 마느냐를 결정하는 근거가 될 수 없다고 생각한다. 인공지능 로봇에게 의식이 있을 수도 있겠지만, 인간의 필요에 의해서 만든 도구적 존재에게 도덕적 지위를 부여하는 것은 말이 안 된다.

정: 어떤 존재의 도덕적 지위는 우리가 그 존재와 어떤 관계를 맺고 있는지에 따라 결정된다. 우리가 로봇과 가족이나 친구와 같은 유의미한 관계를 맺고 있다면, 인공지능 로봇이 의식을 갖지 않는 경우라 해도, 로봇에게 도덕적 지위를 부여해야 한다.

→ 네 명의 주장을 정리하면 다음과 같다.
- 갑: 로봇은 의식이 있음. 따라서 도덕적 지위를 가짐
- 을: 로봇은 의식이 없음. 따라서 도덕적 지위를 갖지 않음(도덕적 지위 결정 기준은 갑과 동일).
- 병: 의식의 유무는 도덕적 지위 부여의 근거가 되지 않음. 따라서 로봇이 의식이 있을 수도 있으나, 도덕적 지위를 부여할 수는 없음

- 정: 도덕적 지위는 인간과의 관계에 의해 결정됨. 따라서 로봇이 인간과 유의미한 관계를 맺고 있다면 의식을 갖지 않더라도 도덕적 지위를 부여해야 함

─────〈보기〉─────

ㄱ. 을과 정은 인공지능 로봇에게는 의식이 없다고 생각한다. → (X) 을은 인공지능 로봇에게 의식이 없다고 생각하지만, 정은 인공지능 로봇과 인간과의 관계에 대한 언급만 했을 뿐, 인공지능 로봇에게 의식이 없다고 단정하지는 않았다.

ㄴ. 인공지능 로봇에게 의식이 있어도 도덕적 지위를 부여할 수 없다고 생각하는 사람이 있다. → (O) 갑은 인공지능 로봇에게 의식이 있으므로 도덕적 지위를 갖는다고 생각하므로 ㄴ에서 언급한 사람이 아니다. 을은 갑과 동일한 도덕적 지위의 결정 기준을 갖고 있으므로 만일 인공지능 로봇에게 의식이 있다면 도덕적 지위를 부여해야 한다고 생각한다. 따라서 을 역시 ㄴ에서 언급한 사람이 아니다. 병은 인공지능 로봇의 의식 유무와 관계없이 도덕적 지위를 부여할 수 없다고 생각하므로 병은 ㄴ에서 언급한 사람에 해당한다. 정은 인간과의 관계 정도가 도덕적 지위 부여의 기준이 된다고 하였으므로 인공지능 로봇에게 의식이 있어도 인간과의 관계가 없다면 도덕적 지위를 부여할 수 없다고 생각한다. 따라서 정 역시 ㄴ에서 언급한 사람에 해당한다.

ㄷ. 인공지능 로봇에게 실제로 의식이 있다고 밝혀진다면, 네 명 중 한 명은 인공지능 로봇에게 도덕적 지위를 부여해야 하는가에 대한 입장을 바꿔야 한다. → (O) 갑은 인공지능 로봇에게 의식이 있다고 생각하므로 ㄷ에서 언급한 사람에서 제외된다. 을은 인공지능 로봇에게 의식이 없다고 생각하므로 만일 실제로 의식이 있다고 밝혀진다면, 도덕적 지위 부여에 대한 자신의 입장을 바꿔야 한다. 그러므로 을은 ㄷ에서 언급한 사람에 해당한다. 병은 인공지능 로봇의 의식 유무가 도덕적 지위 부여의 근거가 되지 않는다고 생각하므로 ㄷ에서 언급한 사람에 해당하지 않는다. 정 역시 인공지능 로봇의 인간과의 관계에 따라 도덕적 지위 부여 여부가 결정되어야 한다고 생각하므로 ㄷ에서 언급한 사람에 해당하지 않는다. 따라서 네 명 중 '을' 한 명만 입장을 바꿔야 하는 사람에 해당함을 알 수 있다.

① ㄱ ➡ (X)
② ㄴ ➡ (X)
③ ㄱ, ㄷ ➡ (X)
④ ㄴ, ㄷ ➡ (O)
⑤ ㄱ, ㄴ, ㄷ ➡ (X)

13 ①

정답률 50.2%

| **문제 유형** | 비판적 사고 > 판단하기

| **접근 전략** | 제시된 정보에 부합하는 행동이 무엇인지를 파악해야 하는 문제이다. 주어진 정보를 명확히 구분하여 이해해야 하며, 예외사항이 있다는 것을 간과해서는 안 된다. 이러한 유형의 문제는 정보에서 주의해야 할 요소가 무엇인지를 파악한 뒤 곧바로 선지의 내용을 확인하며 주어진 정보에 위배되는 점이 없는지를 알아보는 방법으로 접근해야 한다.

다음 글에서 추론할 수 있는 것만을 〈보기〉에서 모두 고르면?

○○부는 올여름 폭염으로 국가적 전력 부족 사태가 예상됨에 따라 '공공기관 에너지 절약 세부 실천대책'을 발표하였다. 이에 따르면 공공기관은 냉방설비를 가동할 때 냉방 온도를 25℃ 이상으로 설정하여야 한다. 또한 14~17시에는 불필요한 전기 사용을 자제하여야 한다. ▶1문단

○○부는 추가적으로, 예비전력을 기준으로 전력수급 위기단계를 준비단계(500만kW 미만 400만kW 이상), 관심단계(400만kW 미만 300만kW 이상), 주의단계(300만kW 미만 200만kW 이상), 경계단계(200만kW 미만 100만kW 이상), 심각단계(100만kW 미만) 순의 5단계로 설정하였다. 전력수급 상황에 따라 위기단계가 통보되면 공공기관은 아래 〈표〉에 따라 각 위

기단계의 조치 사항을 이행하여야 한다. 이때의 조치 사항에는 그 전 위기단계까지의 조치 사항이 포함되어야 한다.

〈표〉 전력수급 위기단계별 조치 사항

위기단계	조치 사항
준비단계	실내조명과 승강기 사용 자제
관심단계	냉방 온도 28℃ 이상으로 조정
주의단계	냉방기 사용 중지, 실내조명 50% 이상 소등
경계단계	필수 기기를 제외한 모든 사무기기 전원 차단
심각단계	실내조명 완전 소등, 승강기 가동 중지

▶2문단

다만 장애인 승강기는 전력수급 위기단계와 관계없이 상시 가동하여야 한다. 또한 의료기관, 아동 및 노인 등 취약계층 보호시설은 냉방 온도 제한 예외 시설로서 자체적으로 냉방 온도를 설정하여 운영할 수 있다. ▶3문단

──────〈보기〉──────

ㄱ. 예비전력이 50만kW일 때 모든 공공기관은 실내조명을 완전 소등하여야 하며, 예비전력이 180만kW일 때는 50% 이상 소등하여야 한다. → (O) 예비전력이 50만kW라면 심각단계이다. 심각단계에서는 모든 공공기관은 실내조명을 완전 소등하여야 한다. 예비전력이 180만kW라면 경계단계이다. 실내조명을 50% 이상 소등하는 것은 경계단계 전의 위기단계인 주의단계의 조치 사항이나, '조치 사항에는 그 전 위기단계까지의 조치 사항이 포함되어야 한다.'는 규정에 따라 주의단계의 조치사항이 경계단계에도 포함된다는 것을 알 수 있으므로 적절한 추론이 된다.

ㄴ. 취약계층 보호시설에 해당하지 않는 공공기관은 예비전력이 280만kW일 때 냉방 온도를 24℃로 설정할 수 없으나, 예비전력이 750만kW일 때는 설정할 수 있다. → (X) 취약계층 보호시설에 해당하지 않는 공공기관은 제시된 〈표〉와 관계없이 냉방설비를 가동할 때 냉방 온도를 25℃ 이상으로 설정하여야 한다는 것이 1문단에 제시되어 있다.

ㄷ. 전력수급 위기단계가 심각단계일 때 취약계층 보호시설에 해당하는 공공기관은 장애인 승강기를 가동할 수 있으나 취약계층 보호시설에 해당하지 않는 공공기관은 장애인 승강기 가동을 중지하여야 한다. → (X) 심각단계에서는 승강기 가동이 중지되나, 장애인 승강기는 전력수급 위기단계와 관계없이 상시 가동하여야 한다고 제시되어 있다. 따라서 장애인 승강기가 취약계층 보호시설에 해당하는 공공기관에 설치된 것인지 혹은 취약계층 보호시설에 해당하지 않는 공공기관에 설치된 것인지 여부에 관계없이 모든 장애인 승강기는 심각단계에서도 가동하여야 한다.

① ㄱ ➡ (O)
② ㄷ ➡ (X)
③ ㄱ, ㄴ ➡ (X)
④ ㄴ, ㄷ ➡ (X)
⑤ ㄱ, ㄴ, ㄷ ➡ (X)

14 ③

정답률 71.5%

| **문제 유형** | 비판적 사고 > 판단하기

| **접근 전략** | 주어진 정보를 도식화하여 명제 간의 관계를 정리하면 어렵지 않게 정답을 찾을 수 있다. 긴 과정명을 짧게 줄여 자신만 알아볼 수 있는 말로 표현하는 것이 문제풀이 요령이며, '그리고'와 '또는'을 구분하여 기호화할 수 있어야 한다.

다음 글의 내용이 참일 때, 반드시 참인 것만을 〈보기〉에서 모두 고르면?

──────

갑은 〈공직 자세 교육과정〉, 〈리더십 교육과정〉, 〈글로벌 교육과정〉, 〈직무 교육과정〉, 〈전문성 교육과정〉의 다섯 개 과정으로 이루어진 공직자 교육 프로그램에 참여할 것을 고려하고 있다. 갑이 〈공직 자세 교육과정〉을 이수한다면 〈리더십 교육과정〉도 이수한다. 또한 갑이 〈글로벌 교육과정〉을 이수한다면 〈직무 교육과정〉과 〈전문성 교육과정〉도 모두 이수한다. 그런데 갑은 〈리더십 교육과정〉을 이수하지 않거나 〈전문성 교육과정〉을 이수하지 않는다.

→ 내용을 정리하면 다음과 같다.
• 공직 자세 교육과정 → 리더십 교육과정
• 글로벌 교육과정 → (직무 교육과정 ∨ 전문성 교육과정)
• ~리더십 교육과정 ∧ ~전문성 교육과정

──────〈보기〉──────

ㄱ. 갑은 〈공직 자세 교육과정〉을 이수하지 않거나 〈글로벌 교육과정〉을 이수하지 않는다. → (O) 만일 갑이 〈공직 자세 교육과정〉과 〈글로벌 교육과정〉을 모두 이수한다면, 위에서 정리한 첫 번째 명제와 두 번째 명제에 따라 갑은 다섯 개 과정 모두 이수해야 한다. 그러나 이는 세 번째 명제와 모순 관계가 되므로, 갑은 〈공직 자세 교육과정〉과 〈글로벌 교육과정〉 중 어느 한 개 이상을 이수하지 않아야 한다.

ㄴ. 갑이 〈직무 교육과정〉을 이수하지 않는다면 〈글로벌 교육과정〉도 이수하지 않는다. → (O) 위에서 정리한 두 번째 명제 관계의 대우명제는 '~(직무 교육과정 ∧ 전문성 교육과정) → ~글로벌 교육과정'이다. 따라서 〈직무 교육과정〉을 이수하지 않으면 〈글로벌 교육과정〉도 이수하지 않는다는 것을 알 수 있다.

ㄷ. 갑은 〈공직 자세 교육과정〉을 이수하지 않는다. → (X) 위에서 정리한 첫 번째 명제 관계의 대우명제에 따라 갑이 〈공직 자세 교육과정〉을 이수하지 않는 경우는 〈리더십 교육과정〉을 이수하지 않을 때이다. 그런데 세 번째 명제 관계에서 갑은 〈리더십 교육과정〉은 이수하고 〈전문성 교육과정〉을 이수하지 않을 수도 있으므로 갑이 〈공직 자세 교육과정〉을 이수하지 않는다는 것은 반드시 참이라고 할 수 없다.

① ㄱ ➡ (X)
② ㄷ ➡ (X)
③ ㄱ, ㄴ ➡ (O)
④ ㄴ, ㄷ ➡ (X)
⑤ ㄱ, ㄴ, ㄷ ➡ (X)

15 ⑤

TOP 1 정답률 28.6%

| **문제 유형** | 비판적 사고 > 판단하기

| **접근 전략** | 명제를 도식화하여 정답을 찾기는 어려운 문제이다. 이러한 유형의 문제는 주어진 명제를 논리적으로 분석하면서 선지의 내용이 분석된 결과에 부합하는지를 파악해야 해결할 수 있다. 두 가지 이상의 상황을 동시에 머릿속에 넣으면서 논리를 펼쳐야 하기 때문에 고도의 집중력이 요구된다. 평소 논리 관계에 대한 충분한 연습 과정이 필요하다.

다음 글에서 갑이 새롭게 입수한 '정보'로 적절한 것은?

──────

월요일부터 목요일까지 하루에 한 차례씩 시험 출제 회의가 열렸다. 회의에 참석한 시험위원들에 관한 자료를 정리하던 주무관 갑은 다음의 사실을 파악하였다.

○ 월요일에 참석한 시험위원은 모두 수요일에도 참석했다.
○ 화요일에 참석한 시험위원은 누구도 수요일에는 참석하지 않았다.
○ 수요일에 참석한 시험위원 중 적어도 한 사람은 목요일에도 참석했다.

갑은 이 사실에 새롭게 입수한 '정보'를 더하여 "월요일에는 참석하지 않

았지만 목요일에는 참석한 시험위원이 적어도 한 사람은 있다."는 것을 알아내었다.

① 월요일에 참석하지 않은 시험위원이 적어도 한 사람은 있다. ➡ (X) 월요일 회의에 참석하지 않은 시험위원이 있을 수 있으나, 그것만으로 월요일 회의에 참석하지 않은 시험위원이 목요일 회의에 참석한 시험위원인지를 판단할 수는 없다.

② 화요일에 참석하지 않은 시험위원이 적어도 한 사람은 있다. ➡ (X) 화요일 회의에 참석하지 않은 시험위원이 있을 수 있으나, 그것만으로 화요일 회의에 참석하지 않은 시험위원이 목요일 회의에 참석한 시험위원인지를 판단할 수는 없다.

③ 수요일에 참석한 시험위원 중 적어도 한 사람은 목요일에 참석하지 않았다. ➡ (X) 목요일 회의에는 참석하지 않았고 수요일 회의에는 참석했다는 시험위원이 있다는 것은 목요일 회의에 참석한 시험위원을 파악하는 데 단서가 되지 못하므로 새롭게 입수한 정보가 되지 않는다.

④ 목요일에는 참석하지 않았지만 월요일에는 참석한 시험위원이 적어도 한 사람은 있다. ➡ (X) '목요일에는 참석하지 않았지만 월요일에는 참석한 시험위원이 적어도 한 사람은 있다.'는 것은 그와 반대인 '월요일에는 참석하지 않았지만 목요일에는 참석한 시험위원이 적어도 한 사람은 있다.'는 결론과 배치되는 명제로 상호 연관성을 찾을 수 없다. 따라서 새롭게 입수한 정보가 되지 않는다.

⑤ 월요일에 참석한 시험위원 중에는 목요일에 참석한 시험위원은 없다. ➡ (O) 주무관 갑이 파악한 세 개의 사실을 주의 깊게 보면 수요일 회의에 참석한 시험위원은 '월요일에만 참석한 시험위원'과 '월요일과 목요일에 참석한 시험위원' 두 가지 분류로 나눌 수 있다. 이것으로 보면 수요일 회의에 참석한 모든 시험위원은 월요일 회의에도 참석했다는 것을 알 수 있다. 그런데 갑이 추가로 알아낸 사실은 '월요일에 참석하지 않으면서 목요일에 참석한 시험위원이 있다.'는 것이다. 다시 말해, 이는 월요일과 목요일 중 목요일에만 참석한 시험위원이 있다는 것이므로, 이에 대한 전제가 되어야 할 사실은 월요일 회의에 참석한 시험위원 모두 목요일 회의에 참석하지 않았다는 ⑤와 같은 사실임을 알 수 있다.

16 ⑤

TOP 2 정답률 32.5%

| 문제 유형 | 사실적 이해 > 논리 게임
| 접근 전략 | 주어진 정보를 보고 표를 그려 문제를 해결해야 한다는 생각을 갖는 것이 문제풀이의 관건이다. 네 개의 정책과 5명의 대표자를 하나의 표로 만들어 정보에 따른 찬반 의견을 채워나가는 방식으로 접근하면 정보들의 상호 연관성에 따라 미제공 추가 정보까지 추론해 낼 수 있다. 문제에 내재된 logic은 시중의 참고서들이 다루는 조건 추리 방식과 크게 다르지 않으므로 평소 조건 추리 문제에 대한 학습을 충분히 하였다면 접근 방식을 쉽게 찾아낼 수 있다.

다음 글의 내용이 참일 때, 반드시 참인 것만을 〈보기〉에서 모두 고르면?

국제해양환경회의에 5명의 대표자가 참석하여 A, B, C, D 4개 정책을 두고 토론회를 열었다. 대표자들은 모두 각 정책에 대해 찬반 중 하나의 입장을 분명하게 표명했으며, 각자 하나 이상의 정책에 찬성하고 하나 이상의 정책에 반대한 것으로 드러났다. 그들의 입장을 정리한 결과는 다음과 같다.

○ A에 찬성하는 대표자는 2명이다.
○ A에 찬성하는 대표자는 모두 B에 찬성한다.
○ B에 찬성하는 대표자 중에 C에 찬성하는 사람과 반대하는 사람은 동수이다.
○ B와 D에 모두 찬성하는 대표자는 아무도 없다.
○ D에 찬성하는 대표자는 2명이다.
○ D에 찬성하는 대표자는 모두 C에 찬성한다.

→ 가장 먼저 다음과 같은 표를 그려 직접적으로 알 수 있는 정보들부터 빈칸에 채워 넣어 보아야 한다. 5명의 대표자를 갑, 을, 병, 정, 무로 대입할 수 있다.
A에 찬성하는 대표자가 2명이라고 하였으므로 임의로 갑과 을이 이에 해당한다고 가정한다. 이에 따라 A에 찬성하는 대표자는 모두 B에 찬성한다고 하였으므로 이 역시 직접적인 정보로 기재가 가능하다. 또한 B와 D에 모두 찬성하는 대표자는 아무도 없다는 점까지 드러난 정보이므로 아래와 같이 빈칸을 채울 수 있다.

구분	갑	을	병	정	무
A	찬성	찬성	반대	반대	반대
B	찬성	찬성			
C					
D			반대	반대	

그런데 B에 찬성하는 대표자 중에 C에 찬성하는 사람과 반대하는 사람은 동수라고 하였으므로 B에 찬성하는 사람은 짝수인 2명 또는 4명이 되어야 한다. 만일 B에 찬성하는 대표자가 4명이라면 B와 D에 모두 찬성하는 대표자는 아무도 없다는 정보에 따라 D에 찬성하는 대표자는 1명이어야 할 것이다. 그러나 이는 D에 찬성하는 대표자가 2명이라는 정보와 모순되므로 결국 B에 찬성하는 사람은 2명인 것을 알 수 있다. 따라서 병, 정, 무는 B에 반대인 것을 알 수 있으며, 갑과 을은 C에 대하여 한 명씩 찬성과 반대 의견인 것도 알 수 있다. 여기까지의 정보를 정리하면 다음 표와 같다.

구분	갑	을	병	정	무
A	찬성	찬성	반대	반대	반대
B	찬성	찬성	반대	반대	반대
C	찬성 or 반대	반대 or 찬성			
D	반대	반대			

추가로 D에 찬성하는 대표자가 2명이라고 하였으므로 병과 정을 이 2명이라고 가정할 수 있으며, 무는 D에 반대한다고 볼 수 있다. 이때 병과 정은 C에도 찬성한다는 것을 알 수 있으며, 나머지 C에 대한 무의 의견만 알아내면 모든 빈칸이 채워진다. 그런데 무는 A, B, D에 대하여 이미 반대 의견임을 알았으므로 대표자들은 모두 각자 하나 이상의 정책에 찬성한다는 기본 전제에 따라 C에 대한 무의 의견은 찬성인 것을 알 수 있다. 이와 같은 정보에 따라 모든 빈칸을 채워 정리하면 다음 표와 같다.

구분	갑	을	병	정	무
A	찬성	찬성	반대	반대	반대
B	찬성	찬성	반대	반대	반대
C	찬성 or 반대	반대 or 찬성	찬성	찬성	찬성
D	반대	반대	찬성	찬성	반대

〈보기〉

ㄱ. 3개 정책에 반대하는 대표자가 있다. → (O) 3개 정책에 반대하는 대표자는 무이다.

ㄴ. B에 찬성하는 대표자는 2명이다. → (O) B에 찬성하는 대표자는 갑과 을 2명이다.

ㄷ. C에 찬성하는 대표자가 가장 많다. → (O) C에 찬성하는 대표자는 4명이며, A, B, D에 찬성하는 대표자는 각각 2명씩이므로 C에 찬성하는 대표자가 가장 많다.

① ㄱ ➡ (X)
② ㄴ ➡ (X)
③ ㄱ, ㄷ ➡ (X)
④ ㄴ, ㄷ ➡ (X)
⑤ ㄱ, ㄴ, ㄷ ➡ (O)

17 ④

정답률 64.4%

| 문제 유형 | 비판적 사고 > 판단하기
| 접근 전략 | 문장과 글의 형태로 주어진 정보를 핵심어와 화살표에 의한 요약 정보로 바꿀 수 있는 능력이 필요한 문항이다. 지문 후반부에 몇 개의 짧은 문장에 집중되어 제시된 주요 정보들을 복잡하게 생각하지 말고 곧바로 화살표를 이용하여 도식화할 수 있다면 어렵지 않게 정답을 찾아낼 수 있다.

다음 글에서 추론할 수 있는 것만을 〈보기〉에서 모두 고르면?

포유동물의 발생 과정에서 폐는 가장 늦게 그 기능을 발휘하는 기관 중 하나이다. 폐 내부의 폐포는 숨을 들이마시면 부풀어 오르는데 이때 폐포로 들어온 공기와 폐포를 둘러싸고 있는 모세혈관의 혈액 사이에 기체교환이 일어난다. 즉 공기 중의 산소를 혈액으로 전달하고 혈액에 있는 이산화탄소가 폐포 내에 있는 공기로 배출된다. 폐포가 정상적으로 기능을 발휘하려면 폐포가 접촉해도 서로 들러붙지 않도록 하는 충분한 양의 계면 활성제가 필요하다. 폐포 세포가 분비하는 이 계면 활성제는 임신 기간이 거의 끝날 때쯤, 즉 사람의 경우 임신 약 34주째쯤, 충분히 폐포에 분비되어 비로소 호흡할 수 있는 폐가 형성된다. ▶1문단

태아의 폐가 정상 기능을 하게 되면 곧이어 출산이 일어난다. 쥐 실험을 통해 호흡이 가능한 폐의 형성과 출산이 어떻게 연동되는지 확인되었다. 임신한 실험 쥐의 출산일이 다가오면, 쥐의 태아 폐포에서는 충분한 양의 계면 활성제가 분비되고 그중 일부가 양수액으로 이동하여 양수액에 있는 휴면 상태의 대식세포를 활성화시킨다. 활성화된 대식세포는 양수액에서 모태 쥐의 자궁 근육 안으로 이동하여, 자궁 근육 안에서 물질 A를 분비하게 한다. 물질 A는 비활성 상태의 효소 B에 작용하여 그것을 활성 상태로 바꾸고 활성화된 효소 B는 자궁 근육 안에서 물질 C가 만들어지게 하는데, 물질 C는 효소 B가 없으면 만들어지지 않는다. 이렇게 만들어진 물질 C가 일정 수준의 농도가 되면 자궁 근육을 수축하게 하여 쥐의 출산이 일어나게 하는데, 물질 C가 일정 수준의 농도에 이르지 않으면 자궁 근육의 수축이 일어나지 않는다. ▶2문단

―――――〈보기〉―――――

ㄱ. 태아 시기 쥐의 폐포에서 물질 A가 충분히 발견되지 않는다면, 그 쥐의 폐는 정상적으로 기능을 발휘할 수 없다. → (X) 물질 A의 분비에는 활성화된 대식세포가 직접적인 영향을 끼친다. 그러나 폐가 정상적으로 기능을 발휘하는 시기는 계면 활성제가 폐포에 충분히 분비되는 시점이라고 제시되어 있을 뿐, 폐의 정상적인 기능과 물질 A의 분비 여부가 직접적인 관계가 있다는 언급은 찾아볼 수 없다. 따라서 물질 A가 충분히 발견되지 않는다고 하여 폐가 정상적으로 기능을 발휘할 수 없다고 말할 수는 없다.

ㄴ. 임신 초기부터 효소 B가 모두 제거된 상태로 유지된 암쥐는 출산 시기가 되어도 자궁 근육의 수축이 일어나지 않는다. → (O) 2문단 후반부에는 효소 B가 없으면 물질 C가 만들어지지 않을 것이며, 물질 C가 일정 농도에 이르지 않으면 자궁 근육의 수축이 일어나지 않는다고 제시되어 있다.

ㄷ. 출산을 며칠 앞둔 암쥐의 자궁 근육에 물질 C를 주입하여 물질 C가 일정 수준의 농도에 이르게 되면 출산이 유도된다. → (O) 2문단 마지막 문장에서 '물질 C가 일정 수준의 농도가 되면 자궁 근육을 수축하게 하여 쥐의 출산이 일어나게 하는데'라고 제시되어 있으므로 ㄷ의 추론은 적절하다.

① ㄱ ➡ (X)
② ㄴ ➡ (X)
③ ㄱ, ㄷ ➡ (X)
④ ㄴ, ㄷ ➡ (O)
⑤ ㄱ, ㄴ, ㄷ ➡ (X)

18 ②

정답률 65.4%

|문제 유형| 비판적 사고 > 지문에서 추론하기
|접근 전략| 지문의 길이가 길지만 수경과 압력에 관해 기술한 내용을 꼼꼼히 읽어보면 어렵지 않은 과학적 사실을 추론해 낼 수 있다. 평소에 많은 글을 읽는 훈련을 통해 어느 부분에서 선지의 내용이 구성될 것인가를 짐작할 수 있어야 한 번의 정독으로도 중요 부분을 찾아 밑줄을 그을 수 있을 것이다. 이런 연습으로 평이한 문항의 문제풀이 시간을 단축시킬 수 있어 전체 문항 풀이 시간을 여유 있게 활용할 수 있게 된다.

다음 글에서 추론할 수 없는 것은?

물속에서 눈을 뜨면 물체를 뚜렷하게 볼 수 없다. 이는 공기에 대한 각막의 상대 굴절률이 물에 대한 각막의 상대 굴절률과 달라서 물속에서는 상이 망막에 선명하게 맺히기 힘들기 때문이다. 그런데 수경을 쓰면 빛이 공기에서 각막으로 굴절되어 망막에 들어오므로 상이 망막에 선명하게 맺혀서 물체를 뚜렷하게 볼 수 있다. ▶1문단

초기 형태의 수경은 덮개 형태의 두 부분으로 구성되어 있고 두 부분은 각각 오른쪽 눈과 왼쪽 눈을 덮고 있다. 한쪽 부분 안의 공기량이 약 7.5mL인 이 수경을 쓸 경우 3m 이상 잠수하면 결막 출혈이 생길 수 있다. 이런 현상은 다음과 같은 이유로 나타난다. 잠수를 하면 몸은 물의 압력인 수압을 받게 되는데, 수압은 잠수 깊이가 깊어질수록 커진다. 잠수 시 수압에 의해 신체가 압박되어 신체의 부피가 줄어들면서 체내 압력이 커져 수압과 같아지게 되는 반면, 수경 내부 공기의 부피는 변하지 않으므로 수경 내의 공기압인 수경 내압은 변하지 않는다. 이때 체내 압력이 수경 내압보다 일정 수준 이상 커지면 안구 안팎에 큰 압력 차이가 나타나 눈의 혈관이 압력차를 견디지 못하고 파열되어 결막 출혈이 일어난다. 초기 형태의 수경을 사용하던 해녀들은 깊이 잠수해 들어갈 때 흔히 이러한 결막 출혈을 경험하였다. ▶2문단

이러한 문제를 극복할 수 있도록 만들어진 수경 '부글래기'는 기존 수경에 공기가 담긴 고무주머니를 추가한 것인데 이 고무주머니는 수경 내부와 연결되어 있다. 이 수경은 잠수 시 수압에 의해 고무주머니가 압축되면, 고무주머니 내의 공기가 수압과 수경 내압이 같아질 때까지 수경 내로 이동하여 안구 안팎에 압력 차이가 나타나는 것을 막아 잠수 시 나타날 수 있는 결막 출혈을 방지한다. 우리나라에서는 모슬포 지역의 해녀들이 부글래기를 사용한 적이 있다. ▶3문단

오늘날 해녀들은 '큰눈' 또는 '왕눈'으로 불리는, 눈뿐만 아니라 코까지 덮는 수경을 사용한다. 이런 수경을 쓰면 잠수 시 수압에 의하여 폐가 압축되어 수압과 수경 내압이 같아질 때까지 폐의 공기가 기도와 비강을 거쳐 수경 내로 들어온다. 따라서 잠수 시 결막 출혈이 일어나지 않는다. ▶4문단

① 부글래기를 쓰고 잠수하면 빛이 공기에서 각막으로 굴절되어 망막에 들어와 물체를 뚜렷하게 볼 수 있다. ➡ (O) 1문단에서 '수경을 쓰면 빛이 공기에서 각막으로 굴절되어 망막에 들어오므로 상이 망막에 선명하게 맺혀서 물체를 뚜렷하게 볼 수 있다.'고 하였다. 부글래기 역시 수경이므로 올바른 추론이다.

② 수경 내압은 큰눈을 쓰고 잠수했을 때보다 초기 형태의 수경을 쓰고 잠수했을 때가 더 크다. ➡ (X) 2문단에서 잠수 시 수압에 의해 신체가 압박되어 신체의 부피가 줄어들면서 체내 압력이 커져 수압과 같아지게 되는데, 초기 형태의 수경을 쓰면 체내 압력이 수경 내압보다 커져 결막 출혈이 일어난다고 하였다. 그러나 4문단에서 큰눈을 쓰면 폐의 공기가 수경 내로 들어와 수경 내압이 수압과 같아진다고 하였다. 이는 높아진 체내 압력만큼 수경 내압이 높아진다는 것을 의미한다. 따라서 수경 내압은 큰눈을 쓰고 잠수했을 때가 초기 형태의 수경을 쓰고 잠수했을 때보다 더 크다.

③ 잠수 시 결막 출혈을 방지할 수 있는 수경이 모슬포 지역에서 사용된 적이 있다. ➡ (O) 3문단에서 부글래기는 결막 출혈을 방지한다고 하였으며, 우리나라에서는 모슬포 지역의 해녀들이 부글래기를 사용한 적이 있다고 제시되어 있다.

④ 왕눈을 쓰고 잠수하면 수경 내압과 체내 압력이 같아진다. ➡ (O) 4문단에서 왕눈을 쓰고 잠수하면 폐의 공기가 기도와 비강을 거쳐 수경 내로 들어온다고 하였으므로 이는 3문단의 설명에서처럼 공기가 수압과 수경 내압이 같아질 때까지 수경 내로 이동하여 안구 안팎에 압력 차이가 나타나는 것을 막아준다는 것을 의미함을 알 수 있다.

⑤ 체내 압력은 잠수하기 전보다 잠수했을 때가 더 크다. ➡ (O) 2문단에서 잠수를 하면 몸은 물의 압력인 수압을 받게 되는데, 수압은 잠수 깊이가 깊어질수록 커진다고 하였으므로 체내 압력은 잠수하기 전보다 잠수를 했을 때 더 커진다는 것을 알 수 있다.

19 ④

| **문제 유형** | 비판적 사고 > 판단하기

| **접근 전략** | 생소한 과학 용어가 등장하는 문항은 매년 출제되는 유형이다. 몇 가지 키워드인 내부 양자효율, 외부 양자효율, 불순물 함유율, 굴절률 등의 관계에 대해 명확하게 이해한 상태에서 선지를 읽으면 초급 수준의 수리적 개념만으로도 정답에 접근할 수 있다.

다음 글의 〈실험〉의 결과를 가장 잘 설명하는 것은?

소자 X는 전류가 흐르게 되면 빛을 발생시키는 반도체 소자로, p형 반도체와 n형 반도체가 접합된 구조를 가지고 있다. X에 전류가 흐르게 되면, p형 반도체 부분에 정공이 주입되고 n형 반도체 부분에 전자가 주입된다. 이때 p형 반도체와 n형 반도체의 접합 부분에서는 정공과 전자가 서로 만나 광자, 즉 빛이 발생한다. 그런데 X에 주입되는 모든 정공과 전자가 빛을 발생시키지는 않는다. 어떤 정공과 전자는 서로 만나지 못하기도 하고, 어떤 정공과 전자는 서로 만나더라도 빛을 발생시키지 못한다. 내부 양자효율은 주입된 정공-전자 쌍 중 광자로 변환된 것의 비율을 의미한다. 예를 들어, X에 정공-전자 100쌍이 주입되었을 때 이 소자 내부에서 60개의 광자가 발생하였다면, 내부 양자효율은 0.6으로 계산된다. 이는 X의 성능을 나타내는 중요한 지표 중 하나로, X의 불순물 함유율에 의해서만 결정되고, 불순물 함유율이 낮을수록 내부 양자효율은 높아진다.

X의 성능을 나타내는 또 하나의 지표로 외부 양자효율이 있다. 외부 양자효율은 X 내에서 발생한 광자가 X 외부로 방출되는 정도와 관련된 지표이다. X 내에서 발생한 광자가 X를 벗어나는 과정에서 일부는 반사되어 외부로 나가지 못한다. X 내에서 발생한 광자 중 X 외부로 벗어난 광자의 비율이 외부 양자효율로, 예를 들어 X 내에서 발생한 광자가 100개인데 40개의 광자만이 X 외부로 방출되었다면, 외부 양자효율은 0.4인 것이다. 외부 양자효율은 X의 굴절률에 의해서만 결정되며, 굴절률이 클수록 외부 양자효율은 낮아진다. 같은 개수의 정공-전자 쌍이 주입될 경우, X에서 방출되는 광자의 개수는 외부 양자효율과 내부 양자효율을 곱한 값이 클수록 많아진다.

한 연구자는 X의 세 종류 A, B, C에 대해 다음과 같은 실험을 수행하였다. A와 B의 굴절률은 서로 같았지만, 모두 C의 굴절률보다는 작았다.

〈실험〉

같은 개수의 정공-전자 쌍이 주입되는 회로에 A, B, C를 각각 연결하고 방출되는 광자의 개수를 측정하였다. 실험 결과, 방출되는 광자의 개수는 A가 가장 많았고 B와 C는 같았다.

① 불순물 함유율은 B가 가장 높고, A가 가장 낮다. ➡ (X) 불순물 함유율은 내부 양자효율에 영향을 미치는 요인이다. 방출되는 광자의 개수가 A>B=C이며, 외부 양자효율이 A=B>C이다. 이때 B의 내부 양자효율이 A보다 낮다는 것 즉, B의 불순물 함유율이 A보다 높다는 것은 알 수 있으나, C보다 높은지는 알 수 없다. 또한 A의 방출되는 광자의 개수가 가장 많은 것은 불순물 함유율이 가장 낮기 때문이라고 단정할 수도 없다.

② 불순물 함유율은 C가 가장 높고, A가 가장 낮다. ➡ (X) 불순물 함유율은 내부 양자효율에 영향을 미치는 요인이다. 방출되는 광자의 개수가 A>B=C이며, 외부 양자효율이 A=B>C이다. 이때 C의 내부 양자효율이 B보다 높다는 것 즉, C의 불순물 함유율이 B보다 낮다는 것을 알 수 있다. 또한 A의 방출되는 광자의 개수가 가장 많은 것은 불순물 함유율이 가장 낮기 때문이라고 단정할 수도 없다.

③ 내부 양자효율은 C가 가장 높고, A가 가장 낮다. ➡ (X) A와 B의 굴절률은 서로 같았지만, 모두 C의 굴절률보다는 작았다는 것은 외부 양자효율이 A=B>C인 것을 의미한다. 그런데 실험 결과에서 방출되는 광자의 개수는 A가 가장 많았고 B와 C는 같았다고 하였다. 이때 내부 양자효율은 B<C인 것을 알 수 있으나, C가 가장 높은지는 알 수 없으며, A가 가장 낮다고 단정할 수도 없다.

④ 내부 양자효율은 A가 B보다 높고, C가 B보다 높다. ➡ (O) A와 B의 굴절률은 서로 같았지만, 모두 C의 굴절률보다는 작았다는 것은 외부 양자효율이 A=B>C인 것을 의미한다. 그런데 실험 결과에서 방출되는 광자의 개수는 A가 가장

많았고 B와 C는 같았다고 하였다. 방출되는 광자의 개수는 외부 양자효율과 내부 양자효율을 곱한 값이 클수록 많아지는 것이므로, 외부 양자효율이 동일한 A, B의 방출되는 광자의 개수가 A>B라면 내부 양자효율이 A>B인 것을 의미한다. 또한 외부 양자효율이 B>C인데 방출되는 광자의 개수가 B=C라면 이는 내부 양자효율이 B<C인 것을 의미하므로 ④는 적절하다.

⑤ 내부 양자효율은 C가 A보다 높고, C가 B보다 높다. ➡ (X) A와 B의 굴절률은 서로 같았지만, 모두 C의 굴절률보다는 작았다는 것은 외부 양자효율이 A=B>C인 것을 의미한다. 그런데 실험 결과에서 방출되는 광자의 개수는 A가 가장 많았고 B와 C는 같았다고 하였다. 따라서 C는 방출되는 광자의 개수와 외부 양자효율 모두 A보다 낮다는 사실만으로 C의 내부 양자효율이 A보다 높은지 여부를 알 수는 없다. 다만, 외부 양자효율이 B>C인데 방출되는 광자의 개수가 B=C라면 내부 양자효율이 B<C인 것은 알 수 있다.

20 ⑤

| **문제 유형** | 비판적 사고 > 논지 강화·약화하기

| **접근 전략** | 이 문제의 지문은 주어진 지문을 통해 말하고자 하는 내용 모두가 완벽하고 명확하게 설명된 것은 아니다. 특히 염기서열의 변화율, 12만 년의 계산 근거 등은 제시되어 있지 않다. 그러나 제시되지 않은 부분을 파악하는 데에 집착하지 말고 빨리 〈보기〉의 내용을 읽어 알아내야 하는 정보가 무엇인지를 파악하는 것이 문제풀이의 관건이다.

다음 글의 논증에 대한 평가로 적절한 것만을 〈보기〉에서 모두 고르면?

사람의 특징 중 하나는 옷을 입는다는 것이다. 그렇다면 사람은 언제부터 옷을 입기 시작했을까? 사람이 옷을 입기 시작한 시점을 추정하기 위해 몇몇 생물학자들은 사람에 기생하는 이에 주목하였다. 사람을 숙주로 삼아 기생하는 이에는 두 종이 있는데, 하나는 옷에서 살아가며 사람 몸에서 피를 빨아 먹는 '사람 몸니'이고 다른 하나는 사람 두피에서 피를 빨아 먹으며 사는 '사람 머릿니'이다. ▶1문단

사람 몸니가 의복류에 적응한 것을 볼 때, 그것들은 아마 사람이 옷을 입기 시작했던 무렵에 사람 머릿니에서 진화적으로 분기되었을 것이다. 생물의 DNA 염기서열은 시간이 지나면서 조금씩 무작위적으로 변하는데 특정한 서식 환경에서 특정한 염기서열이 선택되면서 해당 서식 환경에 적응한 새로운 종이 생겨난다. 그러므로 현재 사람 몸니와 사람 머릿니의 염기서열의 차이를 이용하여 두 종의 이가 공통 조상에서 분기된 시점을 추정할 수 있다. 이를 위해 우선 두 종의 염기서열을 분석하여 두 종 간의 염기서열에 차이가 나는 비율을 산출한다. 그러나 이것만으로 두 종이 언제 분기되었는지 결정할 수는 없다. ▶2문단

사람 몸니와 사람 머릿니의 분기 시점을 추정하기 위해 침팬지의 털에서 사는 침팬지 이와 사람 머릿니를 이용할 수 있다. 우선 침팬지 이와 사람 머릿니의 염기서열을 비교하여 두 종 간의 염기서열에 차이가 나는 비율을 산출한다. 침팬지와 사람이 공통 조상에서 분기되면서 침팬지 이와 사람 머릿니도 공통 조상에서 분기되었다고 볼 수 있고, 화석학적 증거에 따르면 침팬지와 사람의 분기 시점은 약 550만 년 전이므로, 침팬지 이와 사람 머릿니 사이의 염기서열 차이는 550만 년 동안 누적된 변화로 볼 수 있다. 이로부터 1만 년당 이의 염기서열이 얼마나 변화하는지 계산할 수 있다. 이렇게 계산된 이의 염기서열의 변화율을 사람 머릿니와 사람 몸니의 염기서열의 차이에 적용하면, 사람이 옷을 입기 시작한 시점을 설득력 있게 추정할 수 있다. 연구 결과, 사람이 옷을 입기 시작한 시점은 약 12만 년 전 이후인 것으로 추정된다. ▶3문단

<보기>

ㄱ. 염기서열의 변화가 일정한 속도로 축적되는 것이 사실이라면 이 논 증은 강화된다. → (O) 3문단에서 1만 년당 이의 염기서열이 얼마나 변화하는지(이의 염기서열 변화율)를 계산하고 이를 다시 사람 머릿니와 사람 몸니의 염기서열의 차이에 적용하여 사람이 옷을 입기 시작한 시점을 추정할 수 있다고 하였다. 따라서 이것이 설득력을 얻으려면 염기서열의 변화가 일정한 속도로 축적되어야 1만 년당 이의 염기서열 변화율도 의미가 있게 된다. 그러므로 염기서열의 변화가 일정한 속도로 축적되는 것이 사실이라면 이 논증은 강화된다.

ㄴ. 침팬지 이와 사람 머릿니의 염기서열의 차이가 사람 몸니와 사람 머릿니의 염기서열의 차이보다 작다면 이 논증은 약화된다. → (O) 주어진 논증은 사람 몸니와 사람 머릿니의 염기서열의 차이에 따른 분기 시점을 추정하기 위하여 공통 조상인 침팬지 이와 사람 머릿니의 염기서열의 차이를 활용한다. 따라서 침팬지 이와 사람 머릿니의 염기서열의 차이가 사람 몸니와 사람 머릿니의 염기서열의 차이보다 더 작다면 이 논증은 약화될 수밖에 없다.

ㄷ. 염기서열 비교를 통해 침팬지와 사람의 분기 시점이 침팬지 이와 사람 머릿니의 분기 시점보다 50만 년 뒤였음이 밝혀진다면, 이 논 증은 약화된다. → (O) 주어진 논증은 침팬지와 사람의 분기 시점(약 550만 년 전)과 침팬지 이와 사람 머릿니의 분기 시점이 동일하다는 전제를 통해 이루어지고 있다. 그러므로 만일 이 두 분기 시점 사이에 50만 년의 차이가 있다는 것이 밝혀진다면 1만 년당 이의 염기서열 변화율을 단순 계산하는 것이 설득력을 잃게 되어 전체 논증이 약화될 수밖에 없다.

① ㄴ ➡ (X)
② ㄷ ➡ (X)
③ ㄱ, ㄴ ➡ (X)
④ ㄱ, ㄷ ➡ (X)
⑤ ㄱ, ㄴ, ㄷ ➡ (O)

※ 다음 글을 읽고 물음에 답하시오. [문 21.~ 문 22.]

공리주의에 따르면, 행복은 쾌락의 총량에서 고통의 총량을 뺀 값으로 수치화하여 나타낼 수 있고, 어떤 행위에 대한 도덕적 판단은 그 행위가 산출하는 행복의 증감에 의존하고, 더 큰 행복을 낳는 선택을 하는 것이 옳은 행위이다. ▶1문단

공리주의자 A는 한 개체로 인한 행복의 증감을 다른 개체로 인한 행복의 증감으로 대체할 수 있다는 대체가능성 논제를 받아들여, 육식이 도덕적으로 옳은 행위가 될 수 있다고 주장한다. 예를 들어, 닭고기를 먹는 일은 닭에게 죽음을 발생시키지만, 더 많은 닭의 탄생에도 기여한다. 태어나는 닭의 수를 고려하면 육식을 위한 도축은 거기 연루된 고통까지 고려하더라도 닭 전체의 행복의 총량을 증진한다. 왜냐하면 한 동물이 일생 동안 누릴 쾌락의 총량은 고통의 총량보다 크기 때문이다. ▶2문단

공리주의자 B는 A의 주장이 틀렸다고 비판한다. A가 받아들이는 대체가능성 논제가 존재하지 않는 대상의 고통과 쾌락을 도덕적 판단의 근거로 삼기 때문이다. ▶3문단

이에 A는 두 여인의 임신에 관한 다음의 사고실험을 토대로 B의 주장을 반박한다. 갑은 임신 3개월 때 의사로부터 태아에게 심각하지만 쉽게 치유 가능한 건강 문제가 있다는 진단을 받았다. 갑이 부작용 없는 약 하나만 먹으면 아이의 건강 문제는 사라진다. 을은 의사로부터 만일 지금 임신하면 아이가 심각한 건강 문제를 갖게 되지만, 3개월 후에 임신하면 아무런 문제가 없을 것이라는 진단을 받았다. 이 상황에서 갑은 약을 먹지 않아서, 을은 기다리지 않고 임신해서 둘 다 심각한 건강 문제를 가진 아이를 낳았다고 하자. B의 주장에 따르면 둘 사이에는 중요한 차이가 있다. 갑의 경우에는 태어난 아이에게 해악을 끼쳤다고 할 수 있는 반면, 을의 경우는 그렇지 않다. 을이 태어난 아이에게 해악을 끼쳤다고 평가하려면 그 아이가 건강하게 태어날 수도

있었다는 전제가 필요한데, 만일 을이 3개월을 기다려 임신했다면 그 아이가 아닌 다른 아이가 잉태되었을 것이기 때문이다. 그러나 A에 따르면, 갑과 마찬가지로 을도 도덕적 잘못을 저질렀다는 것이 일반적인 직관이므로 이에 반하는 B의 주장은 수용하기 어렵다. ▶4문단

A는 B의 주장을 수용하기 어려운 이유를 미래세대에 대한 도덕적 책임 문제에서도 찾을 수 있다고 말한다. 만일 현세대가 지금과 같은 삶의 방식을 고수한다면, 온난화가 가속되어 지구 환경은 나빠질 것이다. 그 결과 미래세대의 고통이 증가되었다면 현세대는 이에 대한 도덕적 책임이 있다는 것이 일반적인 직관이다. 그러나 B의 주장에 따르면 그렇게 평가할 수 없다. 왜냐하면 현세대가 미래세대를 고려하여 기존과 다른 삶의 방식을 취하게 되면, 현세대가 기존 방식을 고수했을 때와는 다른 구성원으로 이루어진 미래세대가 생겨나기 때문이다. 그래서 을이 태어난 아이에게 잘못을 저질렀다고 말할 수 없는 것과 마찬가지로, 현세대도 미래세대가 겪는 고통에 대해 도덕적 책임이 없다고 말해야 한다. 그러나 A가 보기에 ⊙이는 수용하기 어렵다. ▶5문단

21 ⑤   정답률 60.0%

|문제 유형| 비판적 사고 > 판단하기
|접근 전략| 공리주의자 A, B의 주장. 갑과 을의 사례. 미래세대에 대한 현세대의 도덕적 책임 판단 등이 문제해결의 관건이 된다. 한 번의 정독만으로 지문의 모든 뜻을 파악하기 쉽지 않으나, ㄱ~ㄷ의 내용이 비교적 평이하므로 지문 파악을 위해 많은 시간을 들이기보다 재빨리 〈보기〉의 내용을 읽으면서 지문에서 필요한 내용만 다시 확인하는 접근법이 효과적이다.

위 글에 대한 분석으로 적절한 것만을 〈보기〉에서 모두 고르면?

<보기>

ㄱ. A의 주장에 따르면, 을의 행위는 도덕적으로 옳은 행위가 아니다. → (O) 4문단에서 '그러나 A에 따르면, 갑과 마찬가지로 을도 도덕적 잘못을 저질렀다는 것이 일반적인 직관이므로 이에 반하는 B의 주장은 수용하기 어렵다.'고 하였다.

ㄴ. 갑의 행위에 대한 B의 도덕적 평가는 대체가능성 논제의 수용 여부에 따라 달라지지 않는다. → (O) 3문단에서 B는 A가 받아들이는 대체가능성 논제가 존재하지 않는 대상의 고통과 쾌락을 도덕적 판단의 근거로 삼기 때문에 A의 주장이 틀렸다고 비판한다고 하였다. 그러나 갑의 행위는 임신 3개월인 태아 즉, 이미 존재하는 대상에 관한 것이므로 이에 대한 B의 도덕적 평가는 대체가능성 논제 수용 여부에 따라 달라지지 않는다.

ㄷ. B의 주장에 따르면, 을의 행위에 대한 도덕적 평가를 할 때 잉태되지 않은 존재의 쾌락이나 고통을 고려해서는 안 된다. → (O) 3문단에서 B는 A가 받아들이는 대체가능성 논제가 존재하지 않는 대상의 고통과 쾌락을 도덕적 판단의 근거로 삼기 때문에 A의 주장이 틀렸다고 비판하였다. 따라서 B의 주장에 따르면, 잉태되지 않아 존재하지 않는 태아의 쾌락이나 고통에 대한 고려는 도덕적 평가에 개입되어서는 안 된다는 것이다.

① ㄱ ➡ (X)
② ㄷ ➡ (X)
③ ㄱ, ㄴ ➡ (X)
④ ㄴ, ㄷ ➡ (X)
⑤ ㄱ, ㄴ, ㄷ ➡ (O)

22 ③

TOP 3 정답률 38.5%

|문제 유형| 비판적 사고 > 논지 강화·약화하기

|접근 전략| 공리주의자 A, B의 주장, 갑과 을의 사례, 미래세대에 대한 현세대의 도덕적 책임 판단 등이 문제해결의 관건이 된다. 〈보기〉에서는 ㄱ~ㄷ이 ㉠을 약화시키는지 여부에 대해서만 물음을 던지고 있으므로 '㉠이 '존재하지 않는 미래세대의 고통에 대한 현세대의 도덕적 책임은 없다는 것은 수용하기 어렵다.'임을 기억하고 문제풀이에 접근해야 한다.

위 글의 ㉠에 대한 평가로 적절한 것만을 〈보기〉에서 모두 고르면?

〈보기〉

ㄱ. 미래세대 구성원이 달라질 경우 미래세대가 누릴 행복의 총량이 변한다면, ㉠은 약화되지 않는다. → (○) 미래세대 구성원이 달라질 경우 미래세대가 누릴 행복의 총량이 변한다면 현세대의 행위가 영향을 미치는 것이므로 이는 A의 주장에 부합한다. 따라서 B의 주장을 수용하기 어렵다는 A의 주장은 약화되지 않는다.

ㄴ. 아직 현실에 존재하지 않는다는 이유로 미래세대를 도덕적 고려에서 배제하는 것이 불합리하다면, ㉠은 약화된다. → (X) 아직 현실에 존재하지 않는다는 이유로 미래세대를 도덕적 고려에서 배제하는 것이 불합리하다는 것은 A의 주장에 부합한다. 따라서 이 경우 역시 B의 주장을 수용하기 어렵다는 A의 주장은 약화되지 않는다.

ㄷ. 일반적인 직관에 반하는 결론이 도출된다고 해도 그러한 직관이 옳은지의 여부가 별도로 평가되어야 한다면, ㉠은 약화된다. → (○) 4문단에 따르면, A의 주장은 일반적인 직관에 의존하고 있음을 알 수 있다. 따라서 일반적인 직관에 반하는 결론이 도출되거나 혹은 그러한 일반적인 직관 자체의 옳은지 여부가 별도로 평가되어야 한다면 A의 주장인 ㉠은 약화될 수밖에 없다.

① ㄱ ➡ (X)
② ㄴ ➡ (X)
③ ㄱ, ㄷ ➡ (○)
④ ㄴ, ㄷ ➡ (X)
⑤ ㄱ, ㄴ, ㄷ ➡ (X)

23 ①

정답률 72.6%

|문제 유형| 비판적 사고 > 판단하기

|접근 전략| 적극행정 담당자가 배정될 수 있는 두 가지 기준에 밑줄을 긋고 (가)~(라)가 어디에 해당하는지를 판단하면 실수를 하지 않는 한 정답을 찾아낼 수 있는 평이한 문제이다. '해당함', '해당하지 않음', '제출한 적 있음', '제출한 적 없음'이 헷갈리지 않도록 서로 다른 표시의 밑줄을 긋는 방법이 효과적인 접근법이 될 수 있다.

다음 글의 〈표〉에 대한 판단으로 적절한 것만을 〈보기〉에서 모두 고르면?

주무관 갑은 국민이 '적극행정 국민신청'을 하는 경우, '적극행정 국민신청제'의 두 기준을 충족하는지 검토한다. 이때 두 기준을 모두 충족한 신청안에만 적극행정 담당자를 배정하고, 두 기준 중 하나라도 충족하지 못한 신청안은 반려한다. ▶1문단

우선 신청안에 대해 '신청인이 같은 내용으로 민원이나 국민제안을 제출한 적이 있는지 여부'를 기준으로 하여 '제출한 적 있음'과 '제출한 적 없음'을 판단한다. 그리고 '신청인이 이전에 제출한 민원의 거부 또는 국민제안의 불채택 사유가 근거 법령의 미비나 불명확에 해당하는지 여부'를 기준으로 '해당함'과 '해당하지 않음'을 판단한다. 각각의 기준에서 '제출한 적 있음'과 '해당함'을 충족하는 신청안에만 적극행정 담당자가 배정된다. ▶2문단

최근에 접수된 안건 (가)는 신청인이 같은 내용의 민원을 제출한 적이 있으나, 근거 법령의 미비나 불명확 때문이 아니라 민원의 내용이 사인(私人) 간의 권리관계에 관한 것이어서 거부되었다. (나)는 신청인이 같은 내용의 국민제안을 제출한 적이 있으나, 근거 법령이 불명확하다는 이유로 불채택되었다. (다)는 신청인이 같은 내용으로 민원을 제출한 적이 있으나 근거 법령의 미비를 이유로 거부되었다. (라)는 신청인이 같은 내용으로 민원이나 국민제안을 제출한 적이 없었다. ▶3문단

접수된 안건 (가)~(라)에 대해 두 기준 및 그것의 충족 여부를 위의 내용을 바탕으로 다음과 같은 형식의 〈표〉로 나타내었다.

〈표〉 적극행정 국민신청안 처리 현황

기준 \ 안건	(가)	(나)	(다)	(라)
A	㉠	㉡	㉢	㉣
B	㉤	㉥	㉦	㉧

▶4문단

〈보기〉

ㄱ. A에 '신청인이 같은 내용의 민원이나 국민제안을 제출한 적이 있는지 여부'가 들어가면 ㉠과 ㉡이 같다. → (○) '신청인이 같은 내용의 민원이나 국민제안을 제출한 적이 있는지 여부'가 기준이 된다면 (라)를 제외한 (가), (나), (다)가 같아야 하므로 ㉠과 ㉡이 같게 된다.

ㄴ. ㉠과 ㉢이 서로 다르다면, B에 '신청인이 이전에 제출한 민원의 거부 또는 국민제안의 불채택 사유가 근거 법령의 미비나 불명확에 해당하는지 여부'가 들어간다. → (X) ㉠과 ㉢이 서로 다르다면, (가)와 (다)의 설명에 따라 ㉠은 '해당하지 않음', ㉢은 '해당함'이 되어야 한다. 따라서 이 경우 '신청인이 이전에 제출한 민원의 거부 또는 국민제안의 불채택 사유가 근거 법령의 미비나 불명확에 해당하는지 여부'는 B가 아닌 A에 들어가야 한다.

ㄷ. ㉤과 ㉥이 같다면 ㉦과 ㉧이 같다. → (X) ㉤과 ㉥이 같다면 (가)와 (나)의 설명에 따라 B에는 '신청인이 같은 내용으로 민원이나 국민제안을 제출한 적이 있는지 여부'가 들어가야 한다. 따라서 이 경우 ㉦에는 '제출한 적 있음'이, ㉧에는 '제출한 적 없음'이 들어가야 하므로 ㉦과 ㉧이 같지 않다.

① ㄱ ➡ (○)
② ㄴ ➡ (X)
③ ㄱ, ㄷ ➡ (X)
④ ㄴ, ㄷ ➡ (X)
⑤ ㄱ, ㄴ, ㄷ ➡ (X)

24 ⑤

정답률 75.2%

|문제 유형| 비판적 사고 > 빈칸 채우기

|접근 전략| 처음부터 집중력을 갖고 지문을 읽으면 정답을 쉽게 찾을 수 있다. 지문의 내용을 너무 자세하고 복잡하게 이해하려고 한다면 오히려 불필요한 논리에 빠질 수 있으므로 한 번의 정독 후 선지의 내용을 대입하며 정답을 찾는 접근법이 필요하다.

다음 대화의 빈칸에 들어갈 말로 가장 적절한 것은?

갑: 안녕하세요. 저는 A도의회 사무처에 근무하는 ○○○입니다. 「재난안전법」 제25조의2제5항에 따라, 재난 상황에 대비하여 기능연속성계획을 수립해야 한다는 말씀을 들고 문의드립니다. A도의회도 기능연속성계획을 수립해야 하는지, 만일 수립해야 한다면 그 업무는 A도의회 의장의 업무인지 궁금합니다.

을: 「재난안전법」상 기능연속성계획을 수립하도록 규정된 기관에는 재난관리책임기관인 중앙행정기관·지방자치단체, 그리고 국회·법원·헌법재

판소·중앙선거관리위원회가 있습니다. 재난관리책임기관에서는 해당 기관의 장인 장관이나 시·도지사가, 국회·법원·헌법재판소·중앙선거관리위원회에서는 해당 기관의 행정사무를 처리하는 조직의 장이 기능연속성계획을 수립해야 합니다.

갑: 그러면 도의회는 성격상 유사한 의결기관인 국회의 경우에 준하여 도의회 사무처장이 기능연속성계획을 수립하면 될까요?

을: 도의회가 국회와 같은 의결기관이기는 하지만 국회에 준하여 판단해서는 안 됩니다. 「재난안전법」은 재난관리책임기관을 제3조제5호의 각 목에서 규정하고 있습니다. 가목에서는 중앙행정기관 및 지방자치단체를, 그리고 나목에서는 지방행정기관·공공기관·공공단체 및 재난관리의 대상이 되는 중요 시설의 관리기관 등으로서 대통령령으로 정하는 기관을 규정하고 있습니다. 그리고 「지방자치법」 제37조에 따르면 "지방자치단체에 주민의 대의기관인 의회를 둔다."라고 규정하여 도의회는 지방자치단체의 기관이기 때문에 도의회는 그 자체로 「재난안전법」에 명시된 재난관리책임기관이 아닙니다.

갑: 그렇다면 도의회에 관한 기능연속성계획은 수립되지 않아도 되는 것인가요?

을: 재난 발생 상황에서도 도의회가 연속성 있게 수행할 필요가 있는 핵심 기능이 있다고 판단되는지가 관건이겠습니다. 「재난안전법」상 그것을 판단할 권한은 해당 지방자치단체의 장에게 있습니다.

갑: 예, 그러면 _____.

① 재난 상황이 발생하면 A도의회의 핵심 기능 유지를 위해 A도지사의 판단을 거쳐 신속하게 기능연속성계획을 수립해야 하겠군요 ➡ (X) A도의회에 핵심 기능이 있는지 여부가 확정되지 않았으므로 'A도의회의 핵심 기능 유지를 위해'라는 전제는 적절하지 않다.

② A도의회는 재난 발생 시에도 수행해야 할 핵심 기능이 있기에 자체적으로 기능연속성계획을 수립해야 하겠군요 ➡ (X) A도의회에 핵심 기능이 있는지 여부가 확정되지 않았으므로 'A도의회는 재난 발생 시에도 수행해야 할 핵심 기능이 있기에'라는 전제는 적절하지 않다.

③ A도의회는 재난관리책임기관이므로 A도의회 의장이 재난에 대비한 기능연속성계획을 수립해야 하겠군요 ➡ (X) 을은 두 번째 발언 후반부에서 '도의회는 그 자체로 「재난안전법」에 명시된 재난관리책임기관이 아닙니다.'라고 하였으므로 빈칸에 들어갈 말로 적절하지 않다.

④ A도의회는 국회 같은 차원의 의결기능을 갖고 있지 않으므로 기능연속성계획을 수립할 일이 없겠군요 ➡ (X) 을은 두 번째 발언 초반부에서 '도의회가 국회와 같은 의결기관이기는 하지만'이라고 하였으므로 빈칸에 들어갈 말로 적절하지 않다.

⑤ A도의회에 관한 기능연속성계획이 수립되어야 하는지 여부는 A도지사의 판단에 따라 결정되겠군요 ➡ (O) 을은 마지막 발언에서 "「재난안전법」상 그것을 판단할 권한은 해당 지방자치단체의 장에게 있습니다.'라고 하였다. 따라서 A도의회에 관한 기능연속성계획이 수립되어야 하는지 여부는 A도지사의 판단에 따라 결정된다는 것을 의미하므로 ⑤는 빈칸에 들어갈 말로 가장 적절하다.

25 ②

정답률 60.7%

|문제 유형| 비판적 사고 > 판단하기

|접근 전략| ㄱ~ㄷ의 내용이 적절한지 여부는 세 개의 개정 내용을 대입했을 때 'A시와 B시 어느 곳에서도 교복 구입비 지원을 받을 수 없다.'는 문제가 해결되는지를 판단하여 결정할 수 있다. 다시 말해, 이는 개정 내용에 따라 갑과 을이 적어도 어느 한 곳에서는 교복 구입비를 지원받을 수 있어야 함을 의미한다. 이를 이해하고 나면 어렵지 않게 정답을 찾을 수 있다.

다음 글의 ㉠의 내용으로 적절한 것만을 〈보기〉에서 모두 고르면?

A시에 주민등록을 두고 거주하는 갑은 B시 관내에 있는 고등학교에, B시에 주민등록을 두고 거주하는 을은 A시 관내에 있는 고등학교에 신입생으로 입학하게 되었다. 갑과 을이 입학할 예정인 고등학교는 모두 교복을 입는 학교이다. 갑과 을은 A시와 B시에서 교복 구입비 지원사업을 시행하는 것을 확인하고, 교복 구입비 지원을 받을 수 있을 것으로 기대하였다. 그러나 확인 결과, 둘 중 한 명은 A시와 B시 어느 곳에서도 교복 구입비 지원을 받을 수 없다는 문제가 드러났다. A시와 B시는 ㉠이 학생의 문제를 해결하기 위해 조례의 일부를 개정하려 한다.

「A시 교복 지원 조례」

제2조(정의) 이 조례에서 사용하는 용어의 뜻은 다음과 같다.
1. "학교"란 「초·중등교육법」 제2조에 따른 학교 중 A시 관내 중·고등학교를 말한다.

제4조(지원대상) 교복 구입비 지원대상은 다음 각 호의 어느 하나에 해당하는 사람으로 한다.
1. 교복을 입는 학교에 신입생으로 입학하는 1학년 학생
2. 다른 시·도 또는 국외에서 제1호의 학교로 전입학하거나 편입학한 학생

「B시 교복 지원 조례」

제2조(정의) 이 조례에서 사용하는 용어의 정의는 다음과 같다.
1. "학교"란 「초·중등교육법」 제2조 규정에 해당하는 학교를 말한다.

제4조(지원대상) ① 교복 구입비 지원대상은 B시에 주민등록이 되어 있고, 중·고등학교에 입학하는 학생을 대상으로 한다.
② 제1항에 따른 입학생은 당해년도 신입생으로 한다.

→ 개정 전의 조례에 따르면 A시에서는 A시 관내 고등학교에 입학할 예정인 을만 교복 구입비를 지원받을 수 있으며, 이와 마찬가지로 B시에서도 B시에 주민등록이 되어 있는 을만 교복 구입비를 지원받을 수 있다.

〈보기〉

ㄱ. 「A시 교복 지원 조례」 제2조제1호의 '학교 중 A시 관내 중·고등학교'를 '학교'로, 제4조제1호의 '교복을 입는 학교에 신입생으로 입학하는 1학년 학생'을 'A시에 주민등록이 되어 있고, 교복을 입는 A시 관내 학교에 입학하는 신입생'으로 개정한다. → (X) 갑과 을 모두 'A시에 주민등록이 되어 있고, 교복을 입는 A시 관내 학교에 입학하는 신입생'에 해당하지 않는다. 따라서 이때 갑은 교복 구입비를 지원받을 수 없다.

ㄴ. 「A시 교복 지원 조례」 제4조제1호의 '교복을 입는 학교에 신입생으로 입학하는 1학년 학생'을 'A시에 주민등록이 되어 있고, 교복을 입는 학교에 신입생으로 입학하는 1학년 학생'으로 개정한다. → (X) 'A시에 주민등록이 되어 있고, 교복을 입는 학교에 신입생으로 입학하는 1학년 학생'으로 개정하여도 「A시 교복 지원 조례」 제2조제1호의 '학교'에 대한 용어 정의에 따라 ㄱ과 동일한 내용이 되므로 여전히 갑은 교복 구입비를 지원받을 수 없다.

ㄷ. 「B시 교복 지원 조례」 제4조제1항의 'B시에 주민등록이 되어 있고, 중·고등학교에 입학하는 학생'을 'B시 관내 중·고등학교에 입학하는 학생'으로 개정한다. → (O) 「B시 교복 지원 조례」 제4조제1항의 'B시에 주민등록이 되어 있고, 중·고등학교에 입학하는 학생'을 'B시 관내 중·고등학교에 입학하는 학생'으로 개정한다면 갑이 해당될 수 있다. 따라서 갑과 을 모두 교복 구입비를 지원받을 수 있게 된다.

① ㄱ ➡ (X)
② ㄷ ➡ (O)
③ ㄱ, ㄴ ➡ (X)
④ ㄴ, ㄷ ➡ (X)
⑤ ㄱ, ㄴ, ㄷ ➡ (X)

2023 | 제2영역 상황판단(⑨ 책형)

기출 총평

전체적인 난도는 예년과 비슷하거나 좀 더 쉬웠다. 문항 제재들이 전반적으로 직무 상황과 밀접하게 관련된 내용들로 구성되어 있고, 출제 유형도 기출문제와 크게 다르지 않기 때문에 유형을 충분히 익히고 학습했다면 크게 어렵지 않았을 것이다.

유형별 출제 특징은 다음과 같이 살펴볼 수 있다. 규정확인과 규정적용을 묻는 문항은 7문항 출제되었는데, 이러한 출제는 실제 직무 상황에서 다루게 될 법령 내용 위주로 구성되었다는 점에서 시험의 목적에 잘 부합된다고 볼 수 있다. 제시문형 문항은 3문항이 출제되었고 제시문 내용을 이해하는 데 크게 어렵지 않은 수준에서 출제되었다. 연산추론형 문제와 퍼즐형 문제는 단순하게 생각하고 접근했다면 시간 소요가 적었을 문제들이었고, 계산 자체가 복잡하지 않았기 때문에 문제 해결에는 어려움이 없었으리라 생각된다. 특히 법조문형과 제시문형 문항들이 명확한 정답이 도출되도록 출제되었기 때문에 풀이시간을 관리하는 데 큰 어려움을 겪지 않았을 것으로 예상된다.

문항별 정답률 및 선지별 선택률

문번	정답	정답률(%)	선지별 선택률(%)				
			①	②	③	④	⑤
01	②	93.4	0.6	93.4	1.7	0.6	3.7
02	①	68.5	68.5	3.3	1.7	3.3	23.2
03	⑤	79.6	1.0	0.0	18.8	0.6	79.6
04	③	82.9	0.7	13.8	82.9	1.3	1.3
05	④	96.0	1.7	0.0	1.7	96.0	0.6
06	①	85.4	85.4	3.9	1.7	1.1	7.9
07	⑤	84.0	1.1	1.1	2.8	11.0	84.0
08	④	89.5	5.5	3.9	1.1	89.5	0.0
09	①	98.3	98.3	0.0	0.0	0.0	1.7
10	⑤	87.8	0.0	5.5	0.0	6.7	87.8
11	④	89.4	2.2	2.2	1.8	89.4	4.4
12	⑤	85.0	1.1	2.2	3.9	7.8	85.0
13	②	92.2	2.2	92.2	3.9	0.0	1.7

문번	정답	정답률(%)	선지별 선택률(%)				
			①	②	③	④	⑤
14	④	76.0	0.6	1.7	12.0	76.0	9.7
15	①	86.7	86.7	2.7	5.6	0.0	5.0
16	①	76.7	76.7	1.2	5.2	9.9	7.0
17	②	79.7	3.4	79.7	10.1	3.4	3.4
18	④	68.7	2.2	16.2	9.0	68.7	3.9
19	③	68.5	13.5	0.6	68.5	1.7	15.7
20	③	83.7	1.7	5.0	83.7	3.4	6.2
21	②	52.4	20.6	52.4	15.3	6.5	5.2
22	②	49.1	8.3	49.1	17.2	16.6	8.8
23	④	49.1	13.7	15.5	12.4	49.1	9.3
24	③	51.9	12.2	19.9	51.9	10.9	5.1
25	⑤	69.1	9.0	9.5	6.2	6.2	69.1

※ 파란색 음영 문항은 해당 회차에서 정답률이 가장 낮은 TOP 3 문항입니다.
※ 문항별 정답률 산정 기준: 약 1년간 누적된 자동채점 & 성적결과분석 서비스의 응시 데이터

출제 비중

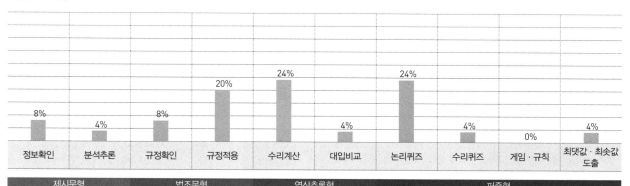

제시문형	법조문형	연산추론형	퍼즐형
정보확인 8%	규정확인 8%	수리계산 24%	수리퀴즈 4%
분석추론 4%	규정적용 20%	대입비교 4%	게임·규칙 0%
		논리퀴즈 24%	최댓값·최솟값 도출 4%

01	②	02	①	03	⑤	04	③	05	④
06	①	07	⑤	08	④	09	①	10	⑤
11	④	12	⑤	13	②	14	④	15	①
16	①	17	②	18	④	19	③	20	③
21	②	22	②	23	④	24	③	25	⑤

01 ②
정답률 93.4%

| 문제 유형 | 법조문형 > 규정확인

| 접근 전략 | 법령 문제는 법령을 행사하는 주체와 그 내용을 정확하게 이해하고 풀어야 한다. 천문역법과 관련한 용어의 정의와 이를 관리하고 있는 주체가 해야 할 일들을 꼼꼼하게 확인하면 어렵지 않게 문항을 해결할 수 있다.

다음 글을 근거로 판단할 때 옳은 것은?

제00조(정의) 이 법에서 사용하는 용어의 정의는 다음과 같다.
1. "천문업무"란 우주에 대한 관측업무와 그에 따른 부대업무를 말한다.
2. "천문역법"이란 천체운행의 계산을 통하여 산출되는 날짜와 천체의 출몰 시각 등을 정하는 방법을 말한다.
3. "윤초"란 지구자전속도의 불규칙성으로 인하여 발생하는 세계시와 세계 협정시의 차이가 1초 이내로 되도록 보정하여주는 것을 말한다.
4. "그레고리력"이란 1년의 길이를 365.2425일로 정하는 역법체계로서 윤년을 포함하는 양력을 말한다.
5. "윤년"이란 그레고리력에서 여분의 하루인 2월 29일을 추가하여 1년 동안 날짜의 수가 366일이 되는 해를 말한다.
6. "월력요항"이란 관공서의 공휴일, 기념일, 24절기 등의 자료를 표기한 것으로 달력 제작의 기준이 되는 자료를 말한다.

제00조(천문역법) ① 천문역법을 통하여 계산되는 날짜는 양력인 그레고리력을 기준으로 하되, 음력을 병행하여 사용할 수 있다.
② 과학기술정보통신부장관은 천문역법의 원활한 관리를 위하여 윤초의 결정을 관장하는 국제기구가 결정·통보한 윤초를 언론매체나 과학기술정보통신부 인터넷 홈페이지 등을 통하여 지체 없이 발표하여야 한다.
③ 과학기술정보통신부장관은 한국천문연구원으로부터 필요한 자료를 제출받아 매년 6월 말까지 다음 연도의 월력요항을 작성하여 관보에 게재하여야 한다.

① 그레고리력은 윤년을 제외하는 양력을 말한다. ➡ (X) 첫 번째 조 제 4호에서 그레고리력은 윤년을 포함하는 양력을 말한다고 했으므로 적절하지 않다.
② 달력 제작의 기준이 되는 자료인 월력요항에는 24절기가 표기된다. ➡ (O) 첫 번째 조 제6호에서 월력요항은 24절기 등의 자료를 표기한 것으로 달력 제작의 기준이 되는 자료를 말한다고 했으므로 적절하다.
③ 과학기술정보통신부장관은 세계시와 세계협정시를 고려하여 윤초를 결정한다. ➡ (X) 두 번째 조 제2항에서 윤초의 결정을 관장하는 곳은 국제기구임을 알 수 있으므로 적절하지 않다.
④ 천문역법을 통해 계산되는 날짜는 음력을 사용할 수 없고, 양력인 그레고리력을 기준으로 한다. ➡ (X) 두 번째 조 제1항에서 천문역법을 통해 계산되는 날짜는 음력을 병행하여 사용할 수 있음을 알 수 있으므로 적절하지 않다.
⑤ 과학기술정보통신부장관은 한국천문연구원으로부터 자료를 제출받아 매년 6월 말까지 그해의 월력요항을 작성하여 관보에 게재하여야 한다. ➡ (X) 두 번째 조 제3항에 따르면 과학기술정보통신부장관은 매년 6월 말까지 다음 연도의 월력요항을 작성하여 관보에 게재해야 한다.

02 ①
정답률 68.5%

| 문제 유형 | 법조문형 > 규정적용

| 접근 전략 | 법령 문제 중에서 규정을 그대로 묻는 문항이 아니라 이에 대한 적용을 묻는 문항은 각각의 상황에 따른 적용 여부와 예외 규정에 대한 내용을 정확하게 이해해야 한다. 특히 예외적 내용을 반대해석하거나 반대적용하는 선지가 다수 출제되므로 법령의 내용에 해당하는 상황을 정확하게 이해하는 것이 필요하다.

다음 글을 근거로 판단할 때 옳은 것은?

제00조(법 적용의 기준) ① 새로운 법령 등은 법령 등에 특별한 규정이 있는 경우를 제외하고는 그 법령 등의 효력 발생 전에 완성되거나 종결된 사실관계 또는 법률관계에 대해서는 적용되지 아니한다.
② 당사자의 신청에 따른 처분은 법령 등에 특별한 규정이 있거나 처분 당시의 법령 등을 적용하기 곤란한 특별한 사정이 있는 경우를 제외하고는 처분 당시의 법령 등에 따른다.
제00조(처분의 효력) 처분은 권한이 있는 기관이 취소 또는 철회하거나 기간의 경과 등으로 소멸되기 전까지는 유효한 것으로 통용된다. 다만, 무효인 처분은 처음부터 그 효력이 발생하지 아니한다.
제00조(위법 또는 부당한 처분의 취소) ① 행정청은 위법 또는 부당한 처분의 전부나 일부를 소급하여 취소할 수 있다. 다만, 당사자의 신뢰를 보호할 가치가 있는 등 정당한 사유가 있는 경우에는 장래를 향하여 취소할 수 있다.
② 행정청은 제1항에 따라 당사자에게 권리나 이익을 부여하는 처분을 취소하려는 경우에는 취소로 인하여 당사자가 입게 될 불이익을 취소로 달성되는 공익과 비교·형량(衡量)하여야 한다. 다만, 다음 각 호의 어느 하나에 해당하는 경우에는 그러하지 아니하다.
1. 거짓이나 그 밖의 부정한 방법으로 처분을 받은 경우
2. 당사자가 처분의 위법성을 알고 있었거나 중대한 과실로 알지 못한 경우

① 새로운 법령 등은 법령 등에 특별한 규정이 있는 경우에는 그 법령 등의 효력 발생 전에 종결된 법률관계에 대해 적용될 수 있다. ➡ (O) 첫 번째 조 제1항의 예외 규정이다.
② 무효인 처분의 경우 그 처분의 효력이 소멸되기 전까지는 유효한 것으로 통용된다. ➡ (X) 두 번째 조에 따라 무효인 처분은 처음부터 그 효력이 발생하지 않는다.
③ 행정청은 부당한 처분의 일부는 소급하여 취소할 수 있으나 전부를 소급하여 취소할 수는 없다. ➡ (X) 세 번째 조 제1항에서 행정청은 위법 또는 부당한 처분의 전부나 일부를 소급하여 취소할 수 있다고 했으므로 전부를 소급하여 취소할 수는 없다는 설명은 적절하지 않다.
④ 당사자의 신청에 따른 처분은 처분 당시의 법령 등을 적용하기 곤란한 특별한 사정이 있는 경우에도 처분 당시의 법령 등에 따른다. ➡ (X) 첫 번째 조 제2항에 따라 당사자의 신청에 따른 처분은 처분 당시의 법령 등을 적용하기 곤란한 특별한 사정이 있는 경우에는 처분 당시의 법령 등을 따르지 않는다고 하고 있으므로 적절하지 않다.
⑤ 당사자가 부정한 방법으로 자신에게 이익이 부여되는 처분을 받아 행정청이 그 처분을 취소하고자 하는 경우, 취소로 인해 당사자가 입게 될 불이익과 취소로 달성되는 공익을 비교·형량하여야 한다. ➡ (X) 세 번째 조 제2항 제1호에 따라 예외적 사유에 해당한다.

03 ⑤
정답률 79.6%

| 문제 유형 | 법조문형 > 규정적용

| 접근 전략 | 규정을 제시하고 이에 대한 적용을 묻는 문항이므로 각각의 상황에 따라 적용 여부를 정확하게 비교하고 판단해야 한다. 각 조항의 내용에 따라 가능한 행위와 불가능한 행위, 그리고 반드시 해야 하는 의무적인 행위 등의 적용을 살펴보면 선지의 내용을 정확하게 파악할 수 있다.

다음 글을 근거로 판단할 때 옳은 것은?

제00조(조직 등) ① 자율방범대에는 대장, 부대장, 총무 및 대원을 둔다.
② 경찰서장은 자율방범대장이 추천한 사람을 자율방범대원으로 위촉할 수 있다.
③ 경찰서장은 자율방범대원이 이 법을 위반하여 파출소장이 해촉을 요청한 경우에는 해당 자율방범대원을 해촉해야 한다.
제00조(자율방범활동 등) ① 자율방범대는 다음 각 호의 활동(이하 '자율방범활동'이라 한다)을 한다.
　1. 범죄예방을 위한 순찰 및 범죄의 신고, 청소년 선도 및 보호
　2. 시·도경찰청장, 경찰서장, 파출소장이 지역사회의 안전을 위해 요청하는 활동
② 자율방범대원은 자율방범활동을 하는 때에는 자율방범활동 중임을 표시하는 복장을 착용하고 자율방범대원의 신분을 증명하는 신분증을 소지해야 한다.
③ 자율방범대원은 경찰과 유사한 복장을 착용해서는 안 되며, 경찰과 유사한 도장이나 표지 등을 한 차량을 운전해서는 안 된다.
제00조(금지의무) ① 자율방범대원은 자율방범대의 명칭을 사용하여 다음 각 호의 어느 하나에 해당하는 행위를 해서는 안 된다.
　1. 기부금품을 모집하는 행위
　2. 영리목적으로 자율방범대의 명의를 사용하는 행위
　3. 특정 정당 또는 특정인의 선거운동을 하는 행위
② 제1항 제3호를 위반한 자에 대해서는 3년 이하의 징역 또는 600만 원 이하의 벌금에 처한다.

① 파출소장은 자율방범대장이 추천한 사람을 자율방범대원으로 위촉할 수 있다. ➡ （ X ） 첫 번째 조 제2항에서 자율방범대장이 추천한 사람을 자율방범대원으로 위촉하는 것은 경찰서장이므로 적절하지 않다.

② 자율방범대원이 범죄예방을 위한 순찰을 하는 경우, 경찰과 유사한 복장을 착용할 수 있다. ➡ （ X ） 두 번째 조 제3항에서 자율방범대원은 경찰과 유사한 복장을 착용해서는 안 된다고 했으므로 적절하지 않다.

③ 자율방범대원이 영리목적으로 자율방범대의 명의를 사용한 경우, 3년 이하의 징역에 처한다. ➡ （ X ） 세 번째 조 제1항 제2호에서 자율방범대원이 영리목적으로 자율방범대의 명의를 사용하는 행위는 금지된 행위임을 알 수 있지만, 동조 제2항에서 3년 이하의 징역에 처하는 행위는 동조 제1항 제3호에 해당하는 행위인 특정 정당 또는 특정인의 선거운동을 하는 행위임을 알 수 있다. 따라서 영리목적으로 자율방범대의 명의를 사용하는 행위는 징역에 처하는 행위에 해당하지 않는다.

④ 자율방범대원이 청소년 선도활동을 하는 경우, 자율방범활동 중임을 표시하는 복장을 착용하면 자율방범대원의 신분을 증명하는 신분증을 소지하지 않아도 된다. ➡ （ X ） 두 번째 조 제1항 제1호에서 청소년 선도 및 보호 활동은 자율방범활동에 포함됨을 알 수 있고, 동조 제2항에서 자율방범대원은 자율방범활동을 하는 때에는 자율방범활동 중임을 표시하는 복장을 착용하고 자율방범대원의 신분을 증명하는 신분증을 소지해야 한다. 따라서 신분증을 소지하지 않아도 된다는 설명은 적절하지 않다.

⑤ 자율방범대원이 자율방범대의 명칭을 사용하여 기부금품을 모집했고 이를 이유로 파출소장이 그의 해촉을 요청한 경우, 경찰서장은 해당 자율방범대원을 해촉해야 한다. ➡ （ O ） 세 번째 조 제1항 제1호에서 자율방범대원은 자율방범대의 명칭을 사용하여 기부금품을 모집하는 행위를 금지하고 있음을 알 수 있고, 첫 번째 조 제3항에서 경찰서장은 자율방범대원이 이 법을 위반하여 파출소장이 해촉을 요청하는 경우에는 해당 자율방범대원을 해촉해야 함을 알 수 있으므로 적절하다.

04 ③
정답률 82.9%

| **문제 유형** | 법조문형 > 규정적용

| **접근 전략** | 규정의 내용을 구체적인 상황에 적용하는 문항이므로, 각각의 상황에 따라 규정의 적용 여부를 꼼꼼하게 비교해야 한다. 법령의 특성상 의무적인 행위와 그렇지 않은 행위, 예외로 적용되는 행위 등이 나뉜다는 것을 염두에 두고, 각 상황에 어떤 행위가 적용 가능한지를 살펴보면 선지의 내용을 정확히 이해하는 데 도움이 된다.

다음 글과 〈상황〉을 근거로 판단할 때 옳은 것은?

제○○조(허가신청) ① 대기관리권역에서 총량관리대상 오염물질을 배출량 기준을 초과하여 배출하는 사업장을 설치하거나 이에 해당하는 사업장으로 변경하려는 자는 환경부장관으로부터 사업장 설치의 허가를 받아야 한다. 허가받은 사항을 변경하는 경우에도 같다.
② 제1항의 허가 또는 변경허가를 받으려는 자는 사업장의 설치 또는 변경의 허가신청서를 환경부장관에게 제출하여야 한다.
제□□조(허가제한) 환경부장관은 제○○조 제1항에 따른 설치 또는 변경의 허가신청을 받은 경우, 그 사업장의 설치 또는 변경으로 인하여 지역배출허용총량의 범위를 초과하게 되면 이를 허가하여서는 아니 된다.
제△△조(허가취소 등) ① 사업자가 거짓이나 그 밖의 부정한 방법으로 제○○조 제1항에 따른 허가 또는 변경허가를 받은 경우, 환경부장관은 그 허가 또는 변경허가를 취소할 수 있다.
② 환경부장관은 다음 각 호의 자에 대하여 해당 사업장의 폐쇄를 명할 수 있다.
　1. 거짓이나 그 밖의 부정한 방법으로 제○○조 제1항에 따른 허가 또는 변경허가를 받은 자
　2. 제○○조 제1항에 따른 허가 또는 변경허가를 받지 아니하고 사업장을 설치·운영하는 자
제◇◇조(벌칙) 다음 각 호의 어느 하나에 해당하는 자는 7년 이하의 징역 또는 2억 원 이하의 벌금에 처한다.
　1. 제○○조 제1항에 따른 허가 또는 변경허가를 받지 아니하고 사업장을 설치하거나 변경한 자
　2. 제△△조 제2항에 따른 사업장폐쇄명령을 위반한 자

〈상황〉
甲~戊는 대기관리권역에서 총량관리대상 오염물질을 배출량 기준을 초과하여 배출하는 사업장을 설치하려 한다.

① 甲이 사업장 설치의 허가를 받은 경우, 이후 허가받은 사항을 변경하는 때에는 별도의 허가가 필요없다. ➡ （ X ） 〈상황〉에서 甲은 대기관리권역에서 총량관리대상 오염물질을 배출량 기준을 초과하여 배출하는 사업장을 설치하려 함을 알 수 있고, 이러한 경우에는 제○○조 제2항에 따라 변경허가를 받으려는 자는 변경의 허가신청서를 환경부장관에서 제출하여야 함을 알 수 있으므로 변경하는 때에는 별도의 허가가 필요없다는 설명은 적절하지 않다.

② 乙이 허가를 받지 않고 사업장을 설치한 경우, 7년의 징역과 2억 원의 벌금에 처한다. ➡ （ X ） 〈상황〉에서 乙은 대기관리권역에서 총량관리대상 오염물질을 배출량 기준을 초과하여 배출하는 사업장을 설치하려 함을 알 수 있고, 제◇◇조 제1호에서 제○○조 제1항에 따른 허가 또는 변경허가를 받지 아니하고 사업장을 설치하거나 변경한 자는 7년 이하의 징역 또는 2억 이하의 벌금에 처함을 알 수 있다. 따라서 乙은 7년의 징역과 2억 원의 벌금 두 가지 모두에 처하게 되는 것이 아님을 알 수 있다.

③ 丙이 허가를 받지 않고 사업장을 설치·운영한 경우, 환경부장관은 해당 사업장의 폐쇄를 명할 수 있다. ➡ （ O ） 〈상황〉에서 丙은 대기관리권역에서 총량관리대상 오염물질을 배출량 기준을 초과하여 배출하는 사업장을 설치하려 함을 알 수 있고, 제△△조 제2항 제2호에서 제○○조 제1항에 따른 허가 또는 변경허가를 받지 아니하고 사업장을 설치·운영하는 자는 동조 제2항에서 환경부장관은 해당 사업장의 폐쇄를 명할 수 있음을 알 수 있다. 따라서 丙이 허락을 받지

않고 사업장을 설치·운영한 경우에는 환경부장관이 해당 사업장의 폐쇄를 명할 수 있으므로 적절하다.

④ 丁이 사업장 설치의 허가를 신청한 경우, 그 설치로 인해 지역배출허용총량의 범위를 초과하더라도 환경부장관은 이를 허가할 수 있다. ➡ (X) 〈상황〉에서 丁은 대기관리권역에서 총량관리대상 오염물질을 배출량 기준을 초과하여 배출하는 사업장을 설치하려 함을 알 수 있고, 제ㅁㅁ조에서 사업장의 설치 또는 변경으로 인하여 지역배출허용총량의 범위를 초과하게 되면 이를 허가하여서는 안 됨을 알 수 있다. 따라서 丁이 사업장 설치의 허가를 신청했더라도 지역배출허용총량의 범위를 초과하면 환경부장관은 이를 허가할 수 없다.

⑤ 戊가 사업장 설치의 허가를 부정한 방법으로 받은 경우에도 환경부장관은 그 허가를 취소할 수 없다. ➡ (X) 〈상황〉에서 戊는 대기관리권역에서 총량관리대상 오염물질을 배출량 기준을 초과하여 배출하는 사업장을 설치하려 함을 알 수 있고, 제△△조 제1항에서 사업장 설치의 허가를 부정한 방법으로 받은 경우에 환경부장관은 그 허가를 취소할 수 있음을 알 수 있다.

05 ④
정답률 96.0%

| 문제 유형 | 제시문형 > 정보확인
| 접근 전략 | 글의 내용을 읽으면서 선지와의 일치 여부를 비교함으로써 해당 정보를 확인할 수 있는 능력이 필요하다. 제시문보다 선지를 먼저 보고 주요 개념을 익힌 후 제시문을 읽으면 해당 개념과 관련한 내용이 나올 때 선지와의 비교가 쉽다.

다음 글을 근거로 판단할 때 옳은 것은?

두부의 주재료는 대두(大豆)라는 콩이다. 50여 년 전만 해도, 모내기가 끝나는 5월쯤 대두의 씨앗을 심어 벼 베기가 끝나는 10월쯤 수확했다. 두부를 만들기 위해서 먼저 콩을 물에 불리는데, 겨울이면 하루 종일, 여름이면 반나절 정도 물에 담가둬야 한다. 콩을 적당히 불린 후 맷돌로 콩을 간다. 물을 조금씩 부어가며 콩을 갈면 맷돌 가운데에서 하얀색의 콩비지가 거품처럼 새어 나온다. 이 콩비지를 솥에 넣고 약한 불로 끓인다. 맷돌에서 막 갈려 나온 콩비지에서는 식물성 단백질에서 나는 묘한 비린내가 나는데, 익히면 이 비린내는 없어진다. 함지박 안에 삼베나 무명으로 만든 주머니를 펼쳐 놓고, 끓인 콩비지를 주머니에 담는다. 콩비지가 다 식기 전에 주머니의 입을 양쪽으로 묶고 그 사이에 나무 막대를 꽂아 돌리면서 마치 탕약 짜듯이 콩물을 빼낸다. 이 콩물을 두유라고 한다. 콩에 함유된 단백질은 두유에 녹아 있다. ▶1문단

두부는 두유를 응고시킨 음식이다. 두유의 응고를 위해 응고제가 필요한데, 예전에는 응고제로 간수를 사용했다. 간수의 주성분은 염화마그네슘이다. 두유에 함유된 식물성 단백질은 염화마그네슘을 만나면 응고된다. 두유에 간수를 넣고 잠시 기다리면 응고된 하얀 덩어리와 물로 분리된다. 하얀 덩어리는 주머니에 옮겨 담는다. 응고가 아직 다 되지 않았기 때문에 덩어리를 싼 주머니에서는 물이 흘러나온다. 함지박 위에 널빤지를 올리고 그 위에 입을 단단히 묶은 주머니를 올려놓는다. 또 다른 널빤지를 주머니 위에 얹고 무거운 돌을 올려놓는다. 이렇게 한참을 누르고 있으면 주머니에서 물이 빠져나오고 덩어리는 굳어져 두부의 모양을 갖추게 된다. ▶2문단

① 50여 년 전에는 5월쯤 그해 수확한 대두로 두부를 만들 수 있었다. ➡ (X) 1문단에서 50여 년 전에는 모내기가 끝나는 5월쯤 대두의 씨앗을 심어 벼 베기가 끝나는 10월쯤 수확했음을 알 수 있다. 따라서 5월쯤 그해 수확한 대두로 두부를 만들 수 있었다고 볼 수 없다.

② 콩비지를 염화마그네슘으로 응고시키면 두부와 두유가 나온다. ➡ (X) 1문단에서 콩비지는 콩을 갈면 새어 나오는 것임을 알 수 있고, 2문단에서 염화마그네슘은 두유를 응고시키는 응고제 성분임을 알 수 있다. 따라서 콩비지를 염화마그네슘으로 응고시키면 두부와 두유가 나온다고 볼 수 없다.

③ 익힌 콩비지에서는 식물성 단백질로 인해서 비린내가 난다. ➡ (X) 1문단에서 맷돌로 막 갈려 나온 콩비지에서는 식물성 단백질에서 나는 묘한 비린

내가 나는데, 익히면 이 비린내는 없어짐을 알 수 있다. 따라서 익힌 콩비지에서는 비린내가 난다고 볼 수 없다.

④ 간수는 두유에 함유된 식물성 단백질을 응고시키는 성질이 있다. ➡ (O) 2문단에서 간수의 주성분은 염화마그네슘이며, 두유에 함유된 식물성 단백질은 염화마그네슘을 만나면 응고됨을 알 수 있으므로 적절하다.

⑤ 여름에 두부를 만들기 위해서는 콩을 하루 종일 물에 담가둬야 한다. ➡ (X) 1문단에서 두부를 만들기 위해서는 먼저 콩을 물에 불리는데, 겨울이면 하루 종일, 여름이면 반나절 정도 물에 담가둬야 함을 알 수 있다.

06 ①
정답률 85.4%

| 문제 유형 | 연산추론형 > 수리계산
| 접근 전략 | 주어진 상황에 따라 정해진 단순 계산의 결과를 정확하게 비교할 수 있어야 한다. 기본적인 계산 실수가 없이 포함된 조건들을 잘 따라간다면 쉽게 정답을 찾아낼 수 있다.

다음 글을 근거로 판단할 때, 처방에 따라 아기에게 더 먹여야 하는 해열시럽의 양은?

아기가 열이 나서 부모는 처방에 따라 해열시럽 4mL를 먹여야 하는데, 아기가 약 먹기를 거부했다. 부모는 꾀를 내어 배즙 4mL와 해열시럽 4mL를 균일하게 섞어 주었지만 아기는 맛이 이상했는지 4분의 1만 먹었다. 부모는 아기가 남긴 것 전부와 사과즙 50mL를 다시 균일하게 섞어 주었다. 아기는 그 절반을 먹더니 더 이상 먹지 않았다.

① 1.5mL ➡ (O) 처음 아기가 먹은 것은 배즙 4mL와 해열시럽 4mL가 균일하게 섞인 것의 4분의 1이다. 따라서 8mL 중에서 2mL를 먹었고, 이는 배즙 1mL와 해열시럽 1mL임을 알 수 있다. 아기가 두 번째 먹은 것은 남긴 것 전부인 배즙 3mL와 해열시럽 3mL, 그리고 사과즙 50mL가 균일하게 섞인 것임을 알 수 있다. 이 중 절반을 먹었으므로 배즙 1.5mL, 해열시럽 1.5mL, 사과즙 25mL를 먹었음을 알 수 있다. 아기가 먹은 해열시럽은 총 2.5mL이므로 처방에 따라 먹어야 할 4mL보다 1.5mL가 부족하다. 따라서 아기에게 더 먹여야 하는 해열시럽의 양은 1.5mL이다.

② 1.6mL ➡ (X)

③ 2.0mL ➡ (X)

④ 2.4mL ➡ (X)

⑤ 2.5mL ➡ (X)

07 ⑤
정답률 84.0%

| 문제 유형 | 연산추론형 > 수리계산
| 접근 전략 | 주어진 상황에 따라 정해진 단순 계산의 결과를 정확하게 비교할 수 있어야 한다. 주차를 할 때 기본요금과 이후의 추가요금을 계산할 때 시간과 분 단위의 변환, 그리고 할인율의 적용 등을 각 주차장별로 정리해서 비교한다면 답을 쉽게 찾아낼 수 있다.

다음 글을 근거로 판단할 때, 甲주무관이 이용할 주차장은?

○ 甲주무관은 출장 중 총 11시간(09:00~20:00) 동안 요금이 가장 저렴한 주차장 한 곳을 이용하고자 한다.

○ 甲주무관의 자동차는 중형차이며, 3종 저공해차량이다.

○ 주차요금은 기본요금과 추가요금을 합산하여 산정하고, 할인대상인 경우 주차요금에 대하여 할인이 적용된다.

○ 일 주차권이 있는 주차장의 경우, 甲은 주차요금과 일 주차권 중 더 저렴한 것을 선택한다.

○ 주차장별 요금에 대한 정보는 아래와 같다.

구분	기본요금 (최초 1시간)	추가요금 (이후 30분마다)	비고
A주차장	2,000원	1,000원	–
B주차장	3,000원	1,500원	- 경차 전용 주차장 - 저공해차량 30% 할인
C주차장	3,000원	1,750원	- 경차 50% 할인 - 일 주차권 20,000원 (당일 00:00~24:00 이용 가능)
D주차장	5,000원	700원	
E주차장	5,000원	1,000원	- 경차, 저공해차량(1, 2종) 50% 할인 - 저공해차량(3종) 20% 할인 - 18:00~익일 07:00 무료

① A주차장 ➡ (X) 기본요금이 최초 1시간에 2,000원이므로 10시간은 추가요금으로 계산해야 한다. 30분마다 1,000원, 1시간에 2,000원이므로 추가요금은 10시간 * 2,000원 = 20,000원이다. 따라서 A주차장을 이용하면 총 요금이 22,000원이다.

② B주차장 ➡ (X) 기본요금이 최초 1시간 3,000원이므로 10시간은 추가요금으로 계산해야 한다. 30분마다 1,500원, 1시간에 3,000원이므로 추가요금은 10시간 * 3,000원 = 30,000원이다. 총 금액이 33,000원이지만 甲의 차량은 저공해차량이기 때문에 30% 할인을 받아 B주차장을 이용하면 요금이 23,100원이다.

③ C주차장 ➡ (X) 기본요금이 최초 1시간 3,000원이므로 10시간은 추가요금으로 계산해야 한다. 30분마다 1,750원, 1시간에 3,500원이므로 추가요금은 10시간 * 3,500원 = 35,000원이다. 총 금액이 38,000원이지만 일 주차권이 20,000원으로 더 저렴하므로 C주차장을 이용하면 요금이 20,000원이다.

④ D주차장 ➡ (X) 기본요금이 최초 1시간 5,000원이고 10시간은 추가요금으로 계산해야 한다. 30분마다 700원, 1시간에 1,400원이므로 추가요금은 10시간 * 1,400원 = 14,000원이다. 따라서 D주차장을 이용하면 요금이 19,000원이다.

⑤ E주차장 ➡ (O) 기본요금이 최초 1시간 5,000원이고 10시간은 추가요금으로 계산해야 한다. 그런데 18시부터 익일 7시까지는 무료이므로 甲이 주차하는 시간 중에 18시부터 20시까지 2시간은 요금을 내지 않는다. 따라서 추가요금은 8시간만큼만을 지불해야 한다. 30분마다 1,000원, 1시간에 2,000원이므로 추가요금은 8시간 * 2,000원 = 16,000원이다. 총 금액이 21,000원이지만 甲의 차량은 3종 저공해차량에 해당하여 20% 할인을 받아 E주차장을 이용하면 요금이 16,800원이다. 따라서 가장 저렴한 주차장은 E주차장이다.

08 ④

| 문제 유형 | 연산추론형 > 대입비교

| 접근 전략 | 주어진 상황에 따라 조건을 만족하는지를 대입해보면 비교적 쉽게 정답을 찾아낼 수 있다. 청년자산형성적금에 가입이 가능한 모든 조건을 살펴보고, 예외가 되는 조건을 꼼꼼하게 확인하면서 각 상황의 적용 여부를 판단해야 한다.

다음 글과 〈상황〉을 근거로 판단할 때, 2023년 현재 甲~戊 중 청년자산형성적금에 가입할 수 있는 사람은?

A국은 청년의 자산형성을 돕기 위해 비과세 혜택을 부여하는 청년자산형성적금을 운영하고 있다.

청년자산형성적금은 가입일이 속한 연도를 기준으로 직전과세년도의 근로소득과 사업소득의 합이 5,000만 원 이하인 청년이 가입할 수 있다. 단, 직전과세년도에 근로소득과 사업소득이 모두 없는 사람과 직전 2개년도 중 한 번이라도 금융소득 종합과세 대상자였던 사람은 가입할 수 없다.

청년은 19~34세인 사람을 의미한다. 단, 군복무기간은 나이를 계산할 때 포함하지 않는다. 예를 들어, 3년간 군복무를 한 36세인 사람은 군복무기간 3년을 제외하면 33세이므로 청년에 해당한다.

〈상황〉

이름	나이	직전과세년도 소득		최근 금융소득 종합과세 해당년도	군복무 기간
		근로소득	사업소득		
甲	20세	0원	0원	없음	없음
乙	36세	0원	5,000만 원	없음	없음
丙	29세	3,500만 원	1,000만 원	2022년	2년
丁	35세	4,500만 원	0원	2020년	2년
戊	27세	4,000만 원	1,500만 원	2021년	없음

① 甲 ➡ (X) 甲은 직전과세년도에 근로소득과 사업소득이 모두 없으므로 가입할 수 없다.

② 乙 ➡ (X) 乙은 군복무기간이 없이 나이가 36세이므로 청년에 해당하지 않아 가입할 수 없다.

③ 丙 ➡ (X) 丙은 2023년을 기준으로 직전 2개년도에 해당하는 2022년에 금융소득 종합과세 대상자였으므로 가입할 수 없다.

④ 丁 ➡ (O) 丁은 나이가 35세이지만 군복무기간 2년을 제외하면 33세이므로 청년에 해당한다. 직전과세년도 소득이 근로소득과 사업소득을 합쳐 4,500만 원 이하이고, 2020년에는 금융소득 종합과세 대상자였지만, 2023년을 기준으로 직전 2개년도에 해당하는 2021년과 2022년에는 금융소득 종합과세 대상자가 아니었으므로 丁은 가입할 수 있다.

⑤ 戊 ➡ (X) 戊는 직전과세년도 소득이 근로소득과 사업소득을 합쳐 5,500만 원이고, 2023년을 기준으로 직전 2개년도에 해당하는 2021년에 금융소득 종합과세 대상자였으므로 가입할 수 없다.

※ 다음 글을 읽고 물음에 답하시오. [문 9.~문 10.]

향수를 만드는 데 사용되는 향료는 천연향료와 합성향료로 나눌 수 있다. 천연향료에는 꽃, 잎, 열매 등의 원료에서 추출한 식물성 향료와 사향, 용연향 등의 동물성 향료가 있다. 합성향료는 채취하기 어렵거나 소량 생산되는 천연향료의 성분을 화학적으로 합성한 것이다. 오늘날 향수의 대부분은 천연향료와 합성향료를 배합하여 만들어진다. ▶1문단

천연향료는 다양한 방법을 통해 얻을 수 있는데, 다음 3가지 방법이 대표적이다. 첫째, 가장 널리 쓰이는 방법은 수증기 증류법이다. 이는 향수 원료에 수증기를 통과시켜서 농축된 향의 원액인 향유를 추출하는 방법이다. 이 방법은 원료를 고온으로 처리하기 때문에 열에 약한 성분이 파괴된다는 단점이 있으나, 한꺼번에 많은 양을 값싸게 얻을 수 있다는 장점이 있다. 둘째, 압착법은 과일 껍질 등과 같은 원료를 압착해서 향유를 얻는 방법이다. 열에 비교적 강하며 물에 잘 녹지 않는 향료에는 수증기 증류법이 이용되지만, 감귤류처럼 열에 약한 것에는 압착법이 이용된다. 셋째, 흡수법은 지방과 같은 비휘발성 용매를 사용하여 향유를 추출하는 방법이다. 원료가 고가이고 향유의 함유량이 적으며 열에 약하고 물에 잘 녹는 경우에는 흡수법이 이용된다. ▶2문단

한편, A국에서 판매되는 향수는 EDC, EDT, EDP, Parfum으로 나뉜다. 이는 부향률, 즉 향료의 함유량 정도에 따른 구분이다. 향수는 부향률이 높을수록 향이 강하고 지속시간이 길다. 먼저 EDC(Eau De Cologne)는 부향률이 2~5%로 지속시간이 1~2시간이다. 향의 지속시간이 가장 짧고 잔향이 거의 없으며, 향이 가볍고 산뜻하다. EDT(Eau De Toilette)는 부향률이 5~15%로 3~5시간 지속되며 일반적으로 가장 많이 사용된다. EDP(Eau De Parfum)는 부향률이 15~20%로 5~8시간 지속된다. 풍부한 향을 가지고 있으며, 오랜 시간 향이 유지되는 것을 선호하는 사람들에게 알맞다. Parfum은 부향률이 20~30%로 8~10시간 지속되며, 가장 향이 강하고 오래간다. ▶3문단

09 ①

| 문제 유형 | 제시문형 > 정보확인

| 접근 전략 | 문단별로 다루고 있는 글의 정보가 무엇인지를 파악하고 이를 바탕으로 각 선지의 옳고 그름을 판단할 수 있는 능력이 필요하다. 선지를 먼저 읽으며 언급된 용어들을 눈에 익히고 이를 중심으로 제시문을 읽어가는 것이 시간을 단축할 수 있다.

윗글을 근거로 판단할 때 옳은 것은?

① EDP의 부향률이 EDC의 부향률보다 높다. ➡ (O) 3문단에서 EDP의 부향률은 15~20%이고 EDC의 부향률은 2~5%임을 알 수 있다. 따라서 EDP의 부향률이 EDC보다 높다는 설명은 적절하다.

② 흡수법은 많은 양의 향유를 값싸게 얻을 수 있는 방법이다. ➡ (X) 2문단에서 한꺼번에 많은 양을 값싸게 얻을 수 있다는 장점을 지닌 방법은 수증기 증류법임을 알 수 있으므로 흡수법이라는 설명은 적절하지 않다.

③ 오늘날 많이 사용되는 향수의 대부분은 식물성 천연향료로 만들어진다. ➡ (X) 1문단에서 오늘날 향수의 대부분은 천연향료와 합성향료를 배합해 만들어진다고 했으므로 식물성 천연향료로 만들어진다는 설명은 적절하지 않다.

④ 고가이고 향유의 함유량이 적은 원료에서 향유를 추출하고자 할 때는 흡수법보다는 압착법이 이용된다. ➡ (X) 2문단에서 원료가 고가이고 향유의 함유량이 적은 경우에는 흡수법이 이용됨을 알 수 있으므로 압착법이 이용된다는 설명은 적절하지 않다.

⑤ 부향률이 높은 향수일수록 향이 오래 지속되므로, 부향률이 가장 높은 향수가 일반적으로 가장 많이 사용된다. ➡ (X) 3문단에서 향수는 부향률이 높을수록 향이 강하고 지속시간이 길다는 것은 알 수 있지만 부향률이 EDP, Parfum보다 낮은 EDT가 일반적으로 가장 많이 사용된다고 하였으므로 적절하지 않다.

10 ⑤

| 문제 유형 | 제시문형 > 분석추론

| 접근 전략 | 제시된 상황을 짐작하고 추측하는 과정에서 그 적절성을 판단해야 한다. 글의 내용 속 근거를 찾고 근거들이 연결되는 과정을 살펴보는 것이 중요하다. 글의 내용을 꼼꼼하게 읽고 이해한다면 선지별 옳고 그름을 쉽게 판단할 수 있다.

윗글과 〈대화〉를 근거로 판단할 때, 甲~戊 중 가장 늦은 시각까지 향수의 향이 남아 있는 사람은?

〈대화〉

甲: 나는 오늘 오후 4시에 향수를 뿌렸어. 내 향수에는 EDC라고 적혀 있었어.

乙: 난 오늘 오전 9시 30분에 향수를 뿌렸는데, 우리 중 내가 뿌린 향수의 향이 가장 강해.

丙: 내 향수의 부향률은 18%라고 적혀 있네. 나는 甲보다 5시간 전에 향수를 뿌렸어.

丁: 난 오늘 오후 2시에 戊와 함께 향수 가게에 들렀어. 난 가자마자 EDT라고 적힌 향수를 뿌렸고, 戊는 나보다 1시간 뒤에 EDP라고 적힌 걸 뿌렸어.

① 甲 ➡ (X) 甲이 뿌린 EDC는 지속시간이 1~2시간이므로 오후 4시에 뿌린 향수는 오후 5시~6시까지 지속될 것임을 알 수 있다.

② 乙 ➡ (X) 乙이 뿌린 향수가 가장 강하다고 했으므로 乙이 뿌린 향수가 Parfum임을 알 수 있다. Parfum은 지속시간이 8~10시간이므로 오전 9시 30분에 뿌린 향수는 오후 5시 30분~7시 30분까지 지속될 것임을 알 수 있다.

③ 丙 ➡ (X) 丙이 뿌린 향수는 부향률이 18%이므로 EDP임을 알 수 있고 EDP는 지속시간이 5~8시간이다. 丙은 甲이 뿌린 오후 4시보다 5시간 전에 향수를 뿌렸기 때문에 오후 4시~7시까지 지속될 것임을 알 수 있다.

④ 丁 ➡ (X) 丁이 뿌린 EDT는 지속시간이 3~5시간이다. 이에 오후 2시에 뿌린 향수는 오후 5시~7시까지 지속될 것임을 알 수 있다.

⑤ 戊 ➡ (O) 戊가 뿌린 EDP는 지속시간이 5~8시간이므로 丁이 뿌린 오후 2시보다 1시간 뒤인 오후 3시에 뿌린 향수는 오후 8시~11시까지 지속될 것임을 알 수 있다. 따라서 戊의 향수의 향이 가장 늦은 시각까지 남아 있다.

11 ④

| 문제 유형 | 법조문형 > 규정확인

| 접근 전략 | 법령 문제는 법령을 행사하는 주체와 그 적용 대상이 무엇인지를 정확하게 이해해야 한다. 해수욕장의 관리 주체와 관리 대상, 그리고 행사할 수 있는 권한 등을 명확하게 정리하고, 이에 따른 예외 규정 및 위반 사항에 대한 내용까지 이해한다면 문항을 쉽게 해결할 수 있다.

다음 글을 근거로 판단할 때 옳은 것은?

제○○조(해수욕장의 구역) 관리청은 해수욕장을 이용하는 용도에 따라 물놀이구역과 수상레저구역으로 구분하여 관리·운영하여야 한다. 다만, 해수욕장 이용이나 운영에 상당한 불편을 초래하거나 효율성을 떨어뜨린다고 판단되는 경우에는 그러하지 아니하다.

제□□조(해수욕장의 개장기간 등) ① 관리청은 해수욕장의 특성이나 여건 등을 고려하여 해수욕장의 개장기간 및 개장시간을 정할 수 있다. 이 경우 관리청은 해수욕장협의회의 의견을 듣고, 미리 관계 행정기관의 장과 협의하여야 한다.

② 관리청은 해수욕장 이용자의 안전 확보나 해수욕장의 환경보전 등을 위하여 필요한 경우에는 해수욕장의 개장기간 또는 개장시간을 제한할 수 있다. 이 경우 제1항 후단을 준용한다.

제△△조(해수욕장의 관리·운영 등) ① 해수욕장은 관리청이 직접 관리·운영하여야 한다.

② 관리청은 제1항에도 불구하고 해수욕장의 효율적인 관리·운영을 위하여 필요한 경우 관할 해수욕장 관리·운영업무의 일부를 위탁할 수 있다.

③ 관리청은 제2항에 따라 해수욕장 관리·운영업무를 위탁하려는 경우 지역번영회·어촌계 등 지역공동체 및 공익법인 등을 수탁자로 우선 지정할 수 있다.

④ 제2항 및 제3항에 따라 수탁자로 지정받은 자는 위탁받은 관리·운영업무의 전부 또는 일부를 재위탁하여서는 아니 된다.

제◇◇조(과태료) ① 다음 각 호의 어느 하나에 해당하는 자에게는 500만 원 이하의 과태료를 부과한다.

1. 거짓이나 부정한 방법으로 제△△조에 따른 수탁자로 지정받은 자

2. 제△△조 제4항을 위반하여 위탁받은 관리·운영업무의 전부 또는 일부를 재위탁한 자

② 제1항에 따른 과태료는 관리청이 부과·징수한다.

① 관리청은 해수욕장의 효율적인 관리·운영을 위하여 필요한 경우, 관할 해수욕장 관리·운영업무의 전부를 위탁할 수 있다. ➡ (X) 제△△조 제2항에서 관리청은 해수욕장의 효율적인 관리·운영을 위하여 필요한 경우 관할 해수욕장 관리·운영업무의 일부를 위탁할 수 있지만 전부를 위탁할 수는 없다고 하였다.

② 관리청은 해수욕장을 운영함에 있어 그 효율성이 떨어진다고 판단하더라도 물놀이구역과 수상레저구역을 구분하여 관리·운영하여야 한다. ➡ (X) 제○○조에서 관리청은 해수욕장을 물놀이구역과 수상레저구역으로 구분하여 관리·운영하여야 하지만 효율성을 떨어뜨린다고 판단되는 경우에는 그러하지 아니함을 알 수 있으므로 적절하지 않다.

③ 관리청이 해수욕장 관리·운영업무를 위탁하려는 경우, 공익법인을 수탁자로 우선 지정할 수 있으나 지역공동체를 수탁자로 우선 지정할 수는 없다. ➡ (X) 제△△조 제3항에서 관리청은 지역공동체 및 공익법인 등을 수탁자로 우선 지정할 수 있음을 알 수 있으므로 지역공동체를 수탁자로 우선 지정할 수 없다는 설명은 적절하지 않다.

④ 관리청으로부터 해수욕장 관리·운영업무를 위탁받은 공익법인이 이를 타 기관에 재위탁한 경우, 관리청은 그 공익법인에 대해 300만 원의 과태료를 부과할 수 있다. ➡ (O) 제◇◇조 제1항 제2호에서 위탁받은 관리·운영업무의 전부 또는 일부를 재위탁한 자는 동조 제1항에 따라 500만 원 이하의 과태료가 부과됨을 알 수 있으므로 적절하다.

⑤ 관리청은 해수욕장의 개장기간 및 개장시간을 정함에 있어 해수욕장의 특성이나 여건 등을 고려해야 하나, 관계 행정기관의 장과 협의할 필요는 없다. ➡ (X) 제□□조 제1항에서 관리청은 해수욕장의 특성이나 여건 등을 고려하여 해수욕장의 개장기간 및 개장시간을 정할 수 있고, 이 경우 미리 관계 행정기관의 장과 협의하여야 함을 알 수 있으므로 협의할 필요가 없다는 설명은 적절하지 않다.

12 ⑤

정답률 85.0%

| 문제 유형 | 법조문형 > 규정적용

| 접근 전략 | 법령을 제시하고 이에 대한 적용을 묻는 문항은 각각의 상황에 따라 적용하는 주체와 적용 받는 대상이 달라지기 때문에 해당 법령의 내용을 정확하게 이해해야 한다. 각 조항에 따른 실시의 주체와 대상, 그리고 대상에 적용되는 다양한 기준 등을 잘 파악해야 선지의 정오를 정확하게 판단할 수 있다.

다음 글을 근거로 판단할 때 옳은 것은?

제○○조(119구조견교육대의 설치·운영 등) ① 소방청장은 체계적인 구조견 양성·교육훈련 및 보급 등을 위하여 119구조견교육대를 설치·운영하여야 한다.
② 119구조견교육대는 중앙119구조본부의 단위조직으로 한다.
③ 119구조견교육대가 관리하는 견(犬)은 다음 각 호와 같다.
 1. 훈련견: 구조견 양성을 목적으로 도입되어 훈련 중인 개
 2. 종모견: 훈련견 번식을 목적으로 보유 중인 개
제□□조(훈련견 교육 및 평가 등) ① 119구조견교육대는 관리하는 견에 대하여 입문 교육, 정기 교육, 훈련견 교육 등을 실시한다.
② 훈련견 평가는 다음 각 호의 평가로 구분하여 실시하고 각 평가에서 정한 요건을 모두 충족한 경우 합격한 것으로 본다.
 1. 기초평가: 훈련견에 대한 기본평가
 가. 생후 12개월 이상 24개월 이하일 것
 나. 기초평가 기준에 따라 총점 70점 이상을 득점하고, 수의검진 결과 적합 판정을 받을 것
 2. 중간평가: 양성 중인 훈련견의 건강, 성품 변화, 발전 가능성 및 임무 분석 등의 판정을 위해 실시하는 평가
 가. 훈련 시작 12개월 이상일 것
 나. 중간평가 기준에 따라 총점 70점 이상을 득점하고, 수의진료소견 결과 적합판정을 받을 것
 다. 공격성 보유, 능력 상실 등의 결격사유가 없을 것
③ 훈련견 평가 중 어느 하나라도 불합격한 훈련견은 유관기관 등 외부기관으로 관리전환할 수 있다.
제△△조(종모견 도입) 훈련견이 종모견으로 도입되기 위해서는 제□□조 제2항에 따른 훈련견 평가에 모두 합격하여야 하며, 다음 각 호의 요건을 갖추어야 한다.
 1. 순수한 혈통일 것
 2. 생후 20개월 이상일 것
 3. 원친(遠親) 번식에 의한 견일 것

① 중앙119구조본부의 장은 구조견 양성 및 교육훈련 등을 위하여 119구조견교육대를 설치하여야 한다. ➡ (X) 제○○조 제1항에서 119구조견교육대는 소방청장이 설치·운영한다고 했으므로 중앙119구조본부의 장이 설치해야 한다는 설명은 적절하지 않다.

② 원친 번식에 의한 생후 20개월인 순수한 혈통의 훈련견은 훈련견 평가결과에 관계없이 종모견으로 도입될 수 있다. ➡ (X) 제△△조에서 훈련견이 종모견으로 도입되기 위해서는 순수한 혈통, 생후 20개월 이상, 원천 번식에 의한 견이라는 요건을 모두 갖추고 제□□조 제2항에 따른 훈련견 평가에 모두 합격하여야 함을 알 수 있으므로, 훈련견 평가결과에 관계없이 종모견으로 도입될 수 있다는 설명은 적절하지 않다.

③ 기초평가 기준에 따라 총점 80점을 득점하고, 수의검진 결과 적합판정을 받은 훈련견은 생후 15개월에 종모견으로 도입될 수 있다. ➡ (X) 제△△조에서 훈련견이 종모견으로 도입되기 위해서는 순수한 혈통, 생후 20개월 이상, 원천 번식에 의한 견이라는 요건을 모두 갖추고 제□□조 제2항에 따른 훈련견 평가에 모두 합격하여야 함을 알 수 있으므로 기초평가 기준만 합격한 경우에는 종모견으로 도입될 수 없다.

④ 생후 12개월에 훈련을 시작해 반년이 지난 훈련견이 결격사유 없이 중간평가 기준에 따라 총점 75점을 득점하고, 수의진료소견 결과 적합판정을 받는다면 중간평가에 합격한 것으로 본다. ➡ (X) 제□□조 제2항 제2호 가목에서 중간평가는 훈련 시작 12개월 이상이어야 함을 알 수 있으므로, 반년이 지난 훈련견이 중간평가에 합격한다는 설명은 적절하지 않다.

⑤ 기초평가에서 합격했더라도 결격사유가 있어 중간평가에 불합격한 훈련견은 유관기관으로 관리전환할 수 있다. ➡ (O) 제□□조 제3항에서 훈련견 평가 중 어느 하나라도 불합격한 훈련견은 유관기관 등 외부기관으로 관리전환할 수 있으므로 적절하다.

13 ②

정답률 92.2%

| 문제 유형 | 퍼즐형 > 논리퀴즈

| 접근 전략 | 제시된 조건을 기준으로 만족할 수 있는 범위를 설정한 후에 해당 숫자를 각 조건에 하나씩 대입하여 정오를 판단하는 것이 문제를 해결할 수 있는 방법이다.

다음 글을 근거로 판단할 때, ㉠에 해당하는 수는?

○ 산타클로스는 연간 '착한 일 횟수'와 '울음 횟수'에 따라 어린이 甲~戊에게 선물 A, B 중 하나를 주거나 아무것도 주지 않는다.
○ 산타클로스가 선물을 나눠주는 방식은 다음과 같다. 어린이별로 ('착한 일 횟수' × 5) − ('울음 횟수' × ㉠)의 값을 계산한다. 그 값이 10 이상이면 선물 A를 주고, 0 이상 10 미만이면 선물 B를 주며, 그 값이 음수면 선물을 주지 않는다. 이때, ㉠은 자연수이다.
○ 이 방식을 적용한 결과, 甲~戊 중 1명이 선물 A를 받았고, 3명이 선물 B를 받았으며, 1명은 선물을 받지 못했다.
○ 甲~戊의 연간 '착한 일 횟수'와 '울음 횟수'는 아래와 같다.

구분	착한 일 횟수	울음 횟수
甲	3	3
乙	3	2
丙	2	3
丁	1	0
戊	1	3

→ 산타클로스가 선물을 나눠주는 방식에 의하여 ㉠에 1~3까지 대입하여 정리하면 다음과 같다.

구분	'착한 일 횟수'×5	'울음 횟수'×1	'울음 횟수'×2	'울음 횟수'×3
甲	15	3	6	9
乙	15	2	4	6
丙	10	3	6	9
丁	5	0	0	0
戊	5	3	6	9

① 1 ➡ (X) 산타클로스가 선물을 나눠주는 방식에 의하여 계산한 값이 음수이면 선물을 주지 않고, 이에 해당하는 사람은 1명이다. ('울음 횟수'×⊙)의 값이 ('착한 일 횟수'×5)의 값보다 크면 음수가 된다. ⊙에 1을 대입해보면 ('울음 횟수'×⊙)의 값이 ('착한 일 횟수'×5)보다 더 큰 경우는 없으므로 1은 적절하지 않다.

② 2 ➡ (O) 산타클로스가 선물을 나눠주는 방식에 의하여 계산한 값이 음수이면 선물을 주지 않고, 이에 해당하는 사람은 1명이다. 또한 계산한 값이 10회 이상이면 선물 A를 주고, 이에 해당하는 사람은 1명이다. ⊙에 2를 대입하여 ('착한 일 횟수'×5)−('울음 횟수'×⊙)를 계산해 보면 乙이 11회로, 10회 이상이 되어 선물 A를 받게 되고, 戊가 −1회로 음수에 해당하여 선물을 받지 못한다. 따라서 총 5명 중 선물 A를 받은 사람이 1명, 선물을 받지 못한 사람이 1명으로, 나머지 3명은 선물 B를 받게 된다. ⊙에는 2가 들어가는 것이 적절하다.

③ 3 ➡ (X) 산타클로스가 선물을 나눠주는 방식에 의하여 계산하였을 때 10회 이상이 되는 사람이 없어 3은 적절하지 않다.

④ 4 ➡ (X)

⑤ 5 ➡ (X)

14 ④

| 문제 유형 | 퍼즐형 > 최댓값·최솟값 도출
| 접근 전략 | 조건에 따라 구성하고 있는 숫자의 경우의 수를 중심으로 하나씩 소거하여 정답을 찾아가는 것이 효과적인 방법이다.

다음 글을 근거로 판단할 때, 甲이 작성한 보고서 한 건의 쪽수의 최댓값은?

A회사 직원인 甲은 근무일마다 동일한 쪽수의 보고서를 한 건씩 작성한다. 甲은 작성한 보고서를 회사의 임원들 각각에게 당일 출력하여 전달한다. 甲은 A회사에 1개월 전 입사하였으며 총 근무일은 20일을 초과하였다. 甲이 현재까지 출력한 총량은 1,000쪽이며, 임원은 2명 이상이다.

① 5 ➡ (X)

② 8 ➡ (X)

③ 10 ➡ (X)

④ 20 ➡ (O) 甲이 출력한 총량은 1,000쪽이고 임원이 2명 이상이므로 근무일마다 작성한 보고서는 총 500쪽이 최댓값이다. 최소 20일을 근무했고 근무일마다 동일한 쪽수의 보고서를 작성했으므로 20일×보고서 한 건의 쪽수＝500쪽의 식이 성립하고, 보고서 한 건의 쪽수는 평균 25쪽이다. 따라서 하루에 작성된 보고서 한 건의 쪽수는 25쪽을 넘을 수 없으므로 주어진 선지 중에서 최댓값은 20쪽이다.

⑤ 40 ➡ (X)

15 ①

| 문제 유형 | 퍼즐형 > 논리퀴즈
| 접근 전략 | 명확하게 제시된 조건을 기준으로 세우고 각각의 경우의 수를 중심으로 상황을 적용하는 것이 정답을 쉽게 찾을 수 있는 방법이다.

다음 글을 근거로 판단할 때, A~E 중 한 명만 화상강의 시스템에 접속해 있던 시각으로 가능한 것은?

○ 어제 9:00부터 9:30까지 진행된 수업시간 중 학생 A~E가 화상강의 시스템에 접속해 있던 시간은 아래와 같다.

학생	A	B	C	D	E
시간(분)	13	15	17	21	25

○ 학생들의 접속 횟수는 각 1회였다.
○ A와 C가 접속해 있던 시간은 서로 겹치지 않았다.

① 9:04 ➡ (O) A와 C가 접속해 있던 시간은 서로 겹치지 않았고, 두 사람의 수강 시간을 합치면 30분임을 알 수 있다. 그리고 E의 접속 시간이 25분이므로 9:00~9:05 혹은 9:25~9:30에만 접속하지 않은 시간임을 알 수 있다. 따라서 다섯 명 중 한 명만 화상강의 시스템에 접속할 수 있는 시간은 9:00~9:05과 9:25~9:30인 것을 알 수 있으며, 이에 해당하는 시간은 9:04뿐이다.

② 9:10 ➡ (X)

③ 9:15 ➡ (X)

④ 9:21 ➡ (X)

⑤ 9:24 ➡ (X)

16 ①

| 문제 유형 | 퍼즐형 > 수리퀴즈
| 접근 전략 | 선지에 등장하는 수를 중심으로 소인수분해를 하고, 이를 바탕으로 조건에 맞게 경우의 수를 구함으로써 해당되는 값들이 조건에 부합하는지를 비교해보면 정답을 쉽게 찾아낼 수 있다.

다음 글을 근거로 판단할 때, 甲이 만든 비밀번호 각 자리의 숫자를 모두 곱한 값은?

○ 甲은 1, 2, 3, 4 중에서 숫자를 골라 네 자리 비밀번호를 만들었다.
○ 비밀번호 각 자리의 숫자를 '모두 더한 값'과 '모두 곱한 값'이 같았다.

① 8 ➡ (O) 8을 소인수분해 하면 2^3이다. 이 값을 토대로 네 자리 비밀번호를 만들 수 있는 경우의 수는 2 2 2 1, 2 4 1 1 두 가지이다. 첫 번째의 경우는 네 자리를 더한 값이 7이고, 두 번째 경우는 네 자리를 더한 값이 8이다. 따라서 2 4 1 1로 비밀번호를 만든 경우에는 곱한 값인 8과 같으므로 적절하다.

② 9 ➡ (X) 9를 소인수분해 하면 3^2이다. 이 값을 토대로 네 자리 비밀번호를 만들 수 있는 경우의 수는 3 3 1 1 한 가지이다. 네 자리를 더한 값은 8이고, 곱한 값은 9이므로 같지 않다.

③ 10 ➡ (X) 10을 소인수분해 하면 2 * 5이다. 이 값을 토대로 네 자리 비밀번호를 만들 수 없다.

④ 12 ➡ (X) 12를 소인수분해 하면 2^2 * 3이다. 이 값을 토대로 네 자리 비밀번호를 만들 수 있는 경우의 수는 2 2 3 1, 4 3 1 1 두 가지이다. 첫 번째 경우는 네 자리를 더한 값이 8이고, 두 번째 경우는 네 자리를 더한 값이 9이므로 곱한 값인 12와 같지 않다.

⑤ 16 ➡ (X) 16을 소인수분해 하면 2^4이다. 이 값을 토대로 네 자리 비밀번호를 만들 수 있는 경우의 수는 2 2 2 2, 2 2 4 1, 4 4 1 1 세 가지이다. 첫 번째 경우는 네 자리를 더한 값이 8이고, 두 번째 경우는 네 자리를 더한 값이 9이고, 세 번째 경우는 네 자리를 더한 값이 10이므로 곱한 값인 16과 같지 않다.

17 ②

| **문제 유형** | 연산추론형 > 수리계산

| **접근 전략** | 조건을 대입하여 계산해야 한다. 계산에서 실수만 하지 않는다면 정답을 쉽게 찾을 수 있다.

다음 글과 〈상황〉을 근거로 판단할 때, 甲에게 배정되는 금액은?

A부서는 소속 직원에게 원격지 전보에 따른 이전여비를 지원한다. A부서는 다음과 같은 지침에 따라 지원액을 배정하고자 한다.

○ 지원액 배정 지침
- 이전여비 지원 예산 총액: 160만 원
- 심사를 통해 원격지 전보에 해당하는 신청자만 배정대상자로 함
- 예산 한도 내에서 지원 가능한 최대의 금액 배정
- 배정대상자 신청액의 합이 지원 예산 총액을 초과할 경우에는 각 배정대상자의 '신청액 대비 배정액 비율'이 모두 같도록 삭감하여 배정

〈상황〉

다음은 이전여비 지원을 신청한 A부서 직원 甲~戊의 신청액과 원격지 전보 해당 여부이다.

구분	이전여비 신청액(원)	원격지 전보 해당 여부
甲	700,000	해당
乙	400,000	해당하지 않음
丙	500,000	해당
丁	300,000	해당
戊	500,000	해당

① 525,000원 ➡ (X)
② 560,000원 ➡ (O) 지원액 배정 지침에서 원격지 전보에 해당하는 신청자만 배정함을 알 수 있으므로 乙은 지원액을 받지 못한다. 나머지 네 사람의 신청액을 모두 합하면 700,000원 + 500,000원 + 300,000원 + 500,000원 = 2,000,000원임을 알 수 있다. 이전여비 지원 예산 총액이 160만 원이고, 예산 한도 내에서 지원 가능한 최대의 금액을 배정하고, 신청액의 합이 예산 총액을 초과할 경우에는 각 배정대상자의 '신청액 대비 배정액 비율'이 모두 같도록 삭감하여 배정함을 알 수 있다. 따라서 200만 원 대비 160만 원의 비율은 80%이므로 네 사람의 신청액은 80%에 해당하는 금액만 배정됨을 알 수 있다. 따라서 甲은 700,000원 * 0.8(80%) = 560,000원을 배정받음을 알 수 있다.
③ 600,000원 ➡ (X)
④ 620,000원 ➡ (X)
⑤ 630,000원 ➡ (X)

18 ④

| **문제 유형** | 연산추론형 > 수리계산

| **접근 전략** | 계산한 값의 크기를 비교하는 것에 그치는 것이 아니라 각각의 조건에 따라 제외되는 경우와 포함되는 경우, 그리고 순위를 매기는 조건 등을 꼼꼼하게 비교해야 하기 때문에 해당 내용을 정확하게 이해하는 것이 문제를 해결하는 방법이다.

다음 글과 〈상황〉을 근거로 판단할 때, 甲~戊 중 사업자로 선정되는 업체는?

△△부처는 □□사업에 대하여 용역 입찰공고를 하고, 각 입찰업체의 제안서를 평가하여 사업자를 선정하려 한다.

○ 제안서 평가점수는 입찰가격 평가점수(20점 만점)와 기술능력 평가점수(80점 만점)로 이루어진다.
○ 입찰가격 평가점수는 각 입찰업체가 제시한 가격에 따라 산정한다.
○ 기술능력 평가점수는 다음과 같은 방식으로 산정한다.
  - 5명의 평가위원이 평가한다.
  - 각 평가위원의 평가결과에서 최고점수와 최저점수를 제외한 나머지 3명의 점수를 산술평균하여 산정한다. 이때 최고점수가 복수인 경우 하나를 제외하며, 최저점수가 복수인 경우도 마찬가지이다.
○ 기술능력 평가점수에서 만점의 85% 미만의 점수를 받은 업체는 선정에서 제외한다.
○ 입찰가격 평가점수와 기술능력 평가점수를 합산한 점수가 가장 높은 업체를 선정한다. 이때 동점이 발생할 경우, 기술능력 평가점수가 가장 높은 업체를 선정한다.

〈상황〉

○ □□사업의 입찰에 참여한 업체는 甲~戊이다.
○ 각 업체의 입찰가격 평가점수는 다음과 같다.

(단위: 점)

구분	甲	乙	丙	丁	戊
평가점수	13	20	15	14	17

○ 각 업체의 기술능력에 대한 평가위원 5명의 평가결과는 다음과 같다.

(단위: 점)

구분	甲	乙	丙	丁	戊
A위원	68	65	73	75	65
B위원	68	73	69	70	60
C위원	68	62	69	65	60
D위원	68	65	65	65	70
E위원	72	65	69	75	75

① 甲 ➡ (X) 甲의 기술능력 평가점수는 최고점 72점과 최저점 65점을 제외한 나머지 3개의 평균점수가 68점이고, 입찰가격 평가점수인 13점을 합하면 총 81점을 받았다.
② 乙 ➡ (X) 乙의 기술능력 평가점수는 최고점 73점과 최저점 62점을 제외한 나머지 3개의 평균점수가 65점이고, 입찰가격 평가점수인 20점을 합하면 총 85점을 받았다. 하지만 기술능력 평가점수가 만점의 85%에 해당하는 점수인 68점 미만이므로 선정에서 제외된다.
③ 丙 ➡ (X) 丙의 기술능력 평가점수는 최고점 73점과 최저점 65점을 제외한 나머지 3개의 평균점수가 69점이고, 입찰가격 평가점수인 15점을 합하면 총 84점을 받았다.
④ 丁 ➡ (O) 丁의 기술능력 평가점수는 최고점 75점과 최저점 65점을 제외한 나머지 3개의 평균점수가 70점이고, 입찰가격 평가점수인 14점을 합하면 총 84점을 받았다. 乙의 85점보다 낮지만 乙은 기술능력 평가점수 미달로 선정에서 제외되고, 丙과 총점이 같지만 기술능력 평가점수가 높은 업체를 선정한다는 조건에 의해 丙보다 기술능력 평가점수가 1점 높은 丁이 사업자로 선정된다.
⑤ 戊 ➡ (X) 戊의 기술능력 평가점수는 최고점 75점과 최저점 60점을 제외한 나머지 3개의 평균점수가 65점이고, 입찰가격 평가점수인 17점을 합하면 총 82점이다. 하지만 기술능력 평가점수가 만점의 85%에 해당하는 점수인 68점 미만이므로 선정에서 제외된다.

19 ③

| 문제 유형 | 연산추론형 > 수리계산
| 접근 전략 | 계산한 값을 바탕으로 각각의 상황에 따라 제외되는 경우와 그렇지 않은 경우, 그리고 허용되는 범위 등을 꼼꼼하게 계산해야 한다.

다음 글을 근거로 판단할 때, 甲~戊 중 금요일과 토요일의 초과근무 인정시간의 합이 가장 많은 근무자는?

○ A기업에서는 근무자가 출근시각과 퇴근시각을 입력하면 초과근무 '실적시간'과 '인정시간'이 분 단위로 자동 계산된다.
 - 실적시간은 근무자의 일과시간(월~금, 09:00~18:00)을 제외한 근무시간을 말한다.
 - 인정시간은 실적시간에서 개인용무시간을 제외한 근무시간을 말한다. 하루 최대 인정시간은 월~금요일은 4시간이며, 토요일은 2시간이다.
 - 재택근무를 하는 경우 실적시간을 인정하지 않는다.
○ A기업 근무자 甲~戊의 근무현황은 다음과 같다.

구분	금요일			토요일	
	출근시각	퇴근시각	비고	출근시각	퇴근시각
甲	08:55	20:00	–	10:30	13:30
乙	08:00	19:55	–	–	–
丙	09:00	21:30	개인용무시간 (19:00~19:30)	13:00	14:30
丁	08:30	23:30	재택근무	–	–
戊	07:00	21:30	–	–	–

① 甲 ➡ (X) 甲은 금요일에 출근시각이 08:55이므로 5분, 퇴근시각이 20:00이므로 2시간의 초과근무를 인정받고, 토요일은 총 3시간을 근무했지만 최대 인정시간이 2시간이므로 금요일, 토요일 초과근무 인정시간의 합은 4시간 5분이다.

② 乙 ➡ (X) 乙은 금요일에 출근시각이 08:00이므로 1시간, 퇴근시각이 19:55이므로 1시간 55분의 초과근무를 인정받아 총 초과근무 인정시간은 2시간 55분이다.

③ 丙 ➡ (O) 丙은 금요일에 09:00 정시에 출근하였고, 퇴근시각이 21:30이므로 3시간 30분을 인정받지만 개인용무시간인 30분은 제외하여 3시간의 초과근무를 인정받는다. 토요일은 총 1시간 30분을 근무했으므로 모두 인정받는다. 따라서 초과근무 인정시간의 합은 4시간 30분이다.

④ 丁 ➡ (X) 丁은 재택근무를 했기 때문에 실적시간을 인정하지 않는다.

⑤ 戊 ➡ (X) 戊는 금요일에 출근시각이 07:00이므로 2시간, 퇴근시각이 21:30이므로 3시간 30분을 초과근무하여 총 5시간 30분의 초과근무를 하였지만 하루 최대 인정시간이 금요일에는 4시간이므로 초과근무 인정시간의 합은 4시간이다.

20 ③

| 문제 유형 | 연산추론형 > 수리계산
| 접근 전략 | 주어진 조건 등을 바탕으로 제시된 상황에 적절한 값을 찾아내는 것이 중요하다. 이때 제시된 자료의 값에 따른 경우의 수를 정확하게 비교하고, 이를 통해 정답을 찾아가는 것이 문제를 해결하는 방법이다.

다음 글을 근거로 판단할 때, 〈보기〉에서 甲의 시험과목별 점수로 옳은 것만을 모두 고르면?

○○국제교육과정 중에 있는 사람은 수료시험에서 5개 과목(A~E) 평균 60점 이상을 받고 한 과목도 과락(50점 미만)이 아니어야 수료할 수 있다.

甲은 수료시험에서 5개 과목 평균 60점을 받았으나 2개 과목이 과락이어서 ○○국제교육과정을 수료하지 못했다. 甲이 돌려받은 답안지에 점수는 기재되어 있지 않았고, 각 문항에 아래와 같은 표시만 되어 있었다. 이는 국적이 서로 다른 각 과목 강사가 자신의 국가에서 사용하는 방식으로 정답·오답 표시만 해놓은 결과였다.

과목	문항									
	1	2	3	4	5	6	7	8	9	10
A	○	○	×	○	×	○	×	○	○	○
B	V	×	V	V	V	×	V	×	V	V
C	○	○	○	○	/	/	○	○	○	/
D	V	○	V	V	V	○	○	V	V	V
E	/	/	/	/	×	×	/	/	/	/

※ 모든 과목은 각 10문항이며, 각 문항별 배점은 10점이다.

〈보기〉

	시험과목	점수
ㄱ.	A	70 → (O)
ㄴ.	B	30 → (X)
ㄷ.	C	60 → (X)
ㄹ.	D	40 → (O)
ㅁ.	E	80 → (O)

① ㄱ, ㄴ ➡ (X)
② ㄱ, ㄷ ➡ (X)
③ ㄱ, ㄹ, ㅁ ➡ (O) A과목과 B과목은 70점 혹은 30점, C과목과 D과목은 60점 혹은 40점, E과목은 80점 혹은 20점이다. 평균이 300점이므로 E과목이 80점이라면 220점이 필요하고, 이때 A과목과 B과목이 각각 70점이고 C과목과 D과목이 각각 40점이라면 220점이 된다. 따라서 A과목과 B과목은 70점, C과목과 D과목은 40점, E과목은 80점임을 알 수 있다. 만약 E과목이 20점이라면 280점이 필요하고, 이때는 A과목과 B과목이 각각 70점이고 C과목과 D과목이 각각 60점이어도 총점이 260점에 불과해 평균 60점이 되지 않는다. 또한 과락 과목도 E과목밖에 없다. 따라서 ㄱ, ㄹ, ㅁ이 적절하다.
④ ㄴ, ㄷ, ㄹ ➡ (X)
⑤ ㄴ, ㄷ, ㅁ ➡ (X)

21 ②

| 문제 유형 | 퍼즐형 > 논리퀴즈
| 접근 전략 | 정해진 요일을 제외하고, 일자가 표시된 날의 간격에 따라 남은 요일을 대입하면서 일기의 요일 순서대로 배열 가능한 조합을 찾아야 한다.

다음 글을 근거로 판단할 때, 식목일의 요일은?

다음은 가원이의 어느 해 일기장에서 서로 다른 요일의 일기를 일부 발췌하여 날짜순으로 나열한 것이다.

(1) 4월 5일 ○요일
 오늘은 식목일이다. 동생과 한 그루의 사과나무를 심었다.

(2) 4월 11일 ○요일
 오늘은 아빠와 뒷산에 가서 벚꽃을 봤다.

(3) 4월 □□일 수요일
 나는 매주 같은 요일에만 데이트를 한다. 오늘 데이트도 즐거웠다.

(4) 4월 15일 ○요일
 오늘은 친구와 미술관에 갔다. 작품들이 멋있었다.

(5) 4월 □□일 ○요일

　내일은 대청소를 하는 날이어서 오늘은 휴식을 취했다.

(6) 4월 □□일 ○요일

　나는 매달 마지막 일요일에만 대청소를 한다. 그래서 오늘 대청소를 했다.

→ 4월 5일 식목일에 ①~④ 순서대로 대입하여 정리하면 다음과 같다.

5일	6일	7일	8일	9일	10일	11일	12일	13일	14일	15일
월	화	수	목	금	토	일	월	화	수	목
화	수	목	금	토	일	월	화	수	목	금
목	금	토	일	월	화	수	목	금	토	일
금	토	일	월	화	수	목	금	토	일	월

① 월요일 ➡ (X) 4월 5일이 월요일이라면 4월 11일은 일요일이다. (6)은 대청소를 한 일요일이므로 (2)와 (6)이 모두 일요일이 된다. 따라서 서로 다른 요일의 일기가 되지 않으므로 식목일은 월요일이 될 수 없다.

② 화요일 ➡ (O) 4월 5일이 화요일이라면 4월 11일은 월요일이다. (3)은 수요일이고 (4)는 금요일, (5)와 (6)은 각각 토요일과 일요일이므로 서로 다른 요일의 일기가 된다. 따라서 식목일은 화요일이다.

③ 목요일 ➡ (X) 4월 5일이 목요일이라면 4월 11일은 수요일이다. (3)은 수요일이므로 (2)와 (3)이 모두 수요일이 된다. 따라서 서로 다른 요일의 일기가 되지 않으므로 식목일은 목요일이 될 수 없다.

④ 금요일 ➡ (X) 4월 5일이 금요일이라면 4월 11일은 목요일이다. (3)은 (4)인 4월 15일보다 빠른 수요일이므로 11일과 15일 사이의 수요일은 존재하지 않는다. 따라서 식목일은 금요일이 될 수 없다.

⑤ 토요일 ➡ (X) (5)는 토요일이므로 4월 5일이 토요일이라면 서로 다른 요일의 일기가 되지 않는다. 따라서 식목일은 토요일이 될 수 없다.

---

22 ②

|문제 유형| 퍼즐형 > 논리퀴즈

|접근 전략| 승객이 내려야 하는 층의 경우는 취소하고 다시 눌렀을 때 짝수의 횟수가 된다는 것과 버튼을 누른 횟수의 합을 중심으로 최종 눌린 버튼을 추론한 후에, 이를 바탕으로 〈보기〉에 제시된 경우의 수를 판단해야 한다.

다음 글을 근거로 판단할 때, 〈보기〉에서 옳은 것만을 모두 고르면?

○ 엘리베이터 안에는 각 층을 나타내는 버튼만 하나씩 있다.
○ 버튼을 한 번 누르면 해당 층에 가게 되고, 다시 누르면 취소된다. 취소된 버튼을 다시 누를 수 있다.
○ 1층에 계속해서 정지해 있던 빈 엘리베이터에 처음으로 승객 7명이 탔다.
○ 승객들이 버튼을 누른 횟수의 합은 10이며, 1층에서만 눌렀다.
○ 승객 3명은 4층에서, 2명은 5층에서 내렸다. 나머지 2명은 6층 이상의 서로 다른 층에서 내렸다.
○ 1층 외의 층에서 엘리베이터를 탄 승객은 없으며, 엘리베이터는 승객이 타거나 내린 층에서만 정지했다.

〈보기〉

ㄱ. 각 승객은 1개 이상의 버튼을 눌렀다. → (X) 승객들이 버튼을 누른 횟수의 합은 10이고 총 4개의 층에서 승객들이 내렸다. 따라서 최소 4명의 승객들이 버튼을 1회 눌렀고, 나머지 6회를 몇 명의 승객이 눌렀는지는 알 수 없으므로 각 승객이 1개 이상의 버튼을 눌렀다는 설명은 적절하지 않다.

ㄴ. 5번 누른 버튼이 있다면, 2번 이상 누른 다른 버튼이 있다. → (O) 승객이 내린 4층을 5번 눌렀다면 나머지 5번은 3개의 층에서 나뉘어 눌려야 하고, 3개의 층에서 한 번씩 눌렀다면 2번은 다른 층을 눌렀다가 취소한 경우로 2번 누른 버튼이 있을 수 있다. 다른 층을 누르지 않았다면 3개의 층 중에서 한 층의 버튼을 취소했다가 다시 누르는 경우가 되기 때문에 2번 이상 누른 버튼이 존재하게 된다.

ㄷ. 4층 버튼을 가장 많이 눌렀다. → (X) 어느 층을 가장 많이 눌렀는지는 알 수 없다.

ㄹ. 승객이 내리지 않은 층의 버튼을 누른 사람은 없다. → (X) 승객들이 내린 층이 모두 눌러야 하기 때문에 4회 눌린다. 그리고 내리지 않은 층을 누르고 다시 취소하면 버튼이 2회 눌린 것이고, 나머지 4회는 승객들이 내려야 하는 층을 취소했다가 다시 누른 경우가 두 번 반복되면 가능해진다. 따라서 다른 층의 버튼을 누른 사람은 존재하는 것이 가능하다.

① ㄱ ➡ (X)
② ㄴ ➡ (O)
③ ㄱ, ㄷ ➡ (X)
④ ㄴ, ㄹ ➡ (X)
⑤ ㄷ, ㄹ ➡ (X)

---

23 ④

|문제 유형| 퍼즐형 > 논리퀴즈

|접근 전략| 가장 단순하고 제한적인 조건을 갖고 있는 사람의 상황부터 고려한 후에 그에 따라 각 사람들이 연락처를 알고 있는 자의 유무를 판단하면서 선지의 내용을 골라내야 한다.

다음 글을 근거로 판단할 때 옳은 것은?

A~E 간에 갖고 있는 상대방의 연락처에 대한 정보는 다음과 같다.

○ A는 3명의 연락처를 갖고 있는데, 그 중 2명만 A의 연락처를 갖고 있다. 그런데 A의 연락처를 갖고 있는 사람은 총 3명이다.
○ B는 2명의 연락처를 갖고 있는데, 그 2명을 제외한 2명만 B의 연락처를 갖고 있다.
○ C는 A의 연락처만 갖고 있는데, A도 C의 연락처를 갖고 있다.
○ D는 2명의 연락처를 갖고 있다.
○ E는 B의 연락처만 갖고 있다.

→ 위 글에 따라 정리해보면, E는 B의 연락처만 가지고 있고 C는 A의 연락처만 가지고 있다. 또한 C와 A는 서로의 연락처를 가지고 있고, A의 연락처를 가지고 있는 사람은 총 3명이다. 따라서 B의 연락처만 가지고 있는 E를 제외한 나머지 B, C, D가 A의 연락처를 가지고 있음을 알 수 있다.

사람 \ 연락처	A	B	C	D	E	가진 개수
A			○			3
B	○					2
C	○	×		×	×	1
D	○					2
E	×	○	×	×		1

→ A는 3명의 연락처를 가지고 있는데, 이미 알고 있는 C를 제외하고는 B, D, E 3명이 남는다. 여기서 B는 2명의 연락처를 가지고 있고, 그 2명을 제외한 나머지 2명만이 B의 연락처를 가지고 있다고 했으므로, B가 연락처를 알고 있는 A는 B의 연락처를 가지고 있지 않다. 따라서 A가 가진 3명의 연락처는 C, D, E라고 가정할 수 있다.

사람 \ 연락처	A	B	C	D	E	가진 개수
A		×	○	○	○	3
B	○					2
C	○	×		×	×	1
D	○					2
E	×	○	×	×		1

→ B는 2명의 연락처를 가지고 있고, 그 2명을 제외한 나머지 2명만이 B의 연락처를 가지고 있다고 했으므로, B에게 연락처가 없는 2명이 B의 연락처를 알고 있고, B에게 연락처가 있는 2명이 B의 연락처를 모르고 있음을 알 수 있다. E는 B의 연락처를 알고 있으므로 B가 E의 연락처를 알 수 없고, 남은 C와 D 중 C는 A의 연락처만을 가지고 있다고 했으므로 C가 B의 연락처를 가지고 있지 않음을 알 수 있다. 따라서 B가 가진 2개의 연락처는 A와 C의 연락처이다. 그렇다면 반대로 B에게 연락처가 없는 D, E는 B의 연락처를 가지고 있음을 알 수 있다.

연락처\사람	A	B	C	D	E	가진 개수
A		×	○	○	○	3
B	○		○	×	×	2
C	○	×		×	×	1
D	○	○	×		×	2
E	×	○	×	×		1

① A는 B의 연락처를 갖고 있다. ➡ (X)
② B는 D의 연락처를 갖고 있다. ➡ (X)
③ C의 연락처를 갖고 있는 사람은 3명이다. ➡ (X) C의 연락처를 갖고 있는 사람은 A, B 2명이므로 적절하지 않다.
④ D의 연락처를 갖고 있는 사람은 A뿐이다. ➡ (O) D의 연락처를 갖고 있는 사람은 A밖에 없으므로 적절하다.
⑤ E의 연락처를 갖고 있는 사람은 2명이다. ➡ (X) E의 연락처를 갖고 있는 사람은 A밖에 없으므로 1명이다.

24 ③

TOP 2 정답률 51.9%

|문제 유형| 퍼즐형 > 논리퀴즈
|접근 전략| 복잡해 보이지만 시계의 움직임을 고려하면 쉽게 해결할 수 있다. 계산이 조금 어렵다고 느껴질 경우에는 선지마다 제시된 상황을 그림으로 그려보는 방법이 있지만 그런 경우에는 시간이 소요된다는 단점이 있다.

다음 글을 근거로 판단할 때, ㉠에 들어갈 내용으로 옳은 것은?

시계수리공 甲은 고장 난 시계 A를 수리하면서 실수로 시침과 분침을 서로 바꾸어 조립하였다. 잘못 조립한 것을 모르고 있던 甲은 A에 전지를 넣어 작동시킨 후, A를 실제 시각인 정오로 맞추고 작업을 마무리하였다. 그랬더니 A의 시침은 정상일 때의 분침처럼, 분침은 정상일 때의 시침처럼 움직였다. 그 후 A가 처음으로 실제 시각을 가리킨 때는 ㉠ 사이였다.

① 오후 12시 55분 0초부터 오후 1시 정각 ➡ (X)
② 오후 1시 정각부터 오후 1시 5분 0초 ➡ (X)
③ 오후 1시 5분 0초부터 오후 1시 10분 0초 ➡ (O) 시침과 분침을 바꿔서 꼈지만 움직임은 시침이 분침처럼, 분침이 시침처럼 있었음을 알 수 있다. 따라서 원래 시각과 바뀐 시각이 일치하려면 시침과 분침이 같은 숫자를 향하는 시각일 때임을 짐작할 수 있다. 그런데 오후 1시 5분 0초일 때 1시를 나타내는 시침은 정확히 1을 가리키는 것이 아니라 1과 2 사이를 가리키고 있으므로 이때부터 1시 10분 0초 사이의 어느 지점에서 정확한 시각을 나타낼 것임을 알 수 있다.
④ 오후 1시 10분 0초부터 오후 1시 15분 0초 ➡ (X)
⑤ 오후 1시 15분 0초부터 오후 1시 20분 0초 ➡ (X)

25 ⑤

정답률 69.1%

|문제 유형| 법조문형 > 규정적용
|접근 전략| 한부모가족으로 지원대상자가 되는 범위와 복지 급여의 실시 및 중복 지원에 대한 다양한 규정을 선지에 제시된 상황에 적용하면서 꼼꼼하게 확인하는 것이 필요하다.

다음 글을 근거로 판단할 때 옳은 것은?

제○○조(정의) 이 법에서 사용하는 용어의 뜻은 다음과 같다.
1. "한부모가족"이란 모자가족 또는 부자가족을 말한다.
2. "모(母)" 또는 "부(父)"란 다음 각 목의 어느 하나에 해당하는 자로서 아동인 자녀를 양육하는 자를 말한다.
   가. 배우자와 사별 또는 이혼하거나 배우자로부터 유기된 자
   나. 정신이나 신체의 장애로 장기간 노동능력을 상실한 배우자를 가진 자
   다. 교정시설·치료감호시설에 입소한 배우자 또는 병역복무 중인 배우자를 가진 자
   라. 미혼자
3. "아동"이란 18세 미만(취학 중인 경우에는 22세 미만을 말하되, 병역의무를 이행하고 취학 중인 경우에는 병역의무를 이행한 기간을 가산한 연령 미만을 말한다)의 자를 말한다.
제□□조(지원대상자의 범위) ① 이 법에 따른 지원대상자는 제○○조 제1호부터 제3호까지의 규정에 해당하는 자로 한다.
② 제1항에도 불구하고 부모가 사망하거나 그 생사가 분명하지 아니한 아동을 양육하는 조부 또는 조모는 이 법에 따른 지원대상자가 된다.
제△△조(복지 급여 등) ① 국가나 지방자치단체는 지원대상자의 복지 급여 신청이 있으면 다음 각 호의 복지 급여를 실시하여야 한다.
1. 생계비
2. 아동교육지원비
3. 아동양육비
② 이 법에 따른 지원대상자가 다른 법령에 따라 지원을 받고 있는 경우에는 그 범위에서 이 법에 따른 급여를 실시하지 아니한다. 다만, 제1항 제3호의 아동양육비는 지급할 수 있다.
③ 제1항 제3호의 아동양육비를 지급할 때에 다음 각 호의 어느 하나에 해당하는 경우에는 예산의 범위에서 추가적인 복지 급여를 실시하여야 한다.
1. 미혼모나 미혼부가 5세 이하의 아동을 양육하는 경우
2. 34세 이하의 모 또는 부가 아동을 양육하는 경우

① 5세인 자녀를 홀로 양육하는 자가 지원대상자가 되기 위해서는 미혼자여야 한다. ➡ (X) 제□□조 제1항에서 지원대상자는 제○○조 제1호부터 제3호까지의 규정에 해당하는 자임을 알 수 있고, 제○○조의 제2호에서 가~다목에 따라 미혼자가 아니더라도 한부모가족 지원대상자가 될 수 있으므로 적절하지 않다.
② 배우자와 사별한 자가 18개월간 병역의무를 이행한 22세의 대학생 자녀를 양육하는 경우, 지원대상자가 될 수 없다. ➡ (X) 제○○조 제3호에서 아동은 취학 중인 경우에는 22세 미만을 말하되, 병역의무를 이행하고 취학 중인 경우에는 병역의무를 이행한 기간을 가산한 연령 미만인 자를 말함을 알 수 있다. 따라서 18개월간 병역 의무를 이행한 경우, 이 기간이 가산된 23세 6개월까지 아동으로 볼 수 있으므로 언급된 22세의 대학생 자녀는 지원대상자가 될 수 있다.
③ 부모의 생사가 불분명한 6세인 손자를 양육하는 조모에게는 복지 급여 신청이 없어도 생계비를 지급하여야 한다. ➡ (X) 제□□조 제2항에서 부모의 생사가 분명하지 아니한 아동을 양육하는 조부 또는 조모는 지원대상자가 되지만, 제△△조 제1항에서 지원대상자의 복지 급여 신청이 있으면 복지 급여를 실시하여야 함을 알 수 있다. 따라서 복지 급여 신청이 없어도 생계비를 지급하여야 한다고 볼 수 없으므로 적절하지 않다.

④ 30세인 미혼모가 5세인 자녀를 양육하는 경우, 아동양육비를 지급할 때 추가적인 복지 급여를 실시할 수 없다. ➡ (X) 제△△조 제2항에서 지원대상자가 다른 법령에 따라 지원을 받고 있는 경우에는 그 범위에서 급여를 실시하지 않지만, 제1항 제3호의 아동양육비는 지급할 수 있음을 알 수 있다. 동조 제3항에서 제1항 제3호의 아동양육비를 지급할 때에 해당하는 경우 중 제2호의 34세 이하의 모 또는 부가 아동을 양육하는 경우가 명시되어 있으므로 추가적인 복지 급여를 실시할 수 없다는 설명은 적절하지 않다.

⑤ 지원대상자가 다른 법령에 따른 지원을 받고 있는 경우에도 국가나 지방자치단체는 아동양육비를 지급할 수 있다. ➡ (O) 제△△조 제2항에서 지원대상자가 다른 법령에 따라 지원을 받고 있는 경우에는 그 범위에서 급여를 실시하지 않지만, 제1항 제3호의 아동양육비는 지급할 수 있음을 알 수 있으므로 적절하다.

2023 | 제3영역 자료해석(㉠ 책형)

기출 총평

2023년 자료해석 시험은 표/그림/빈칸 제시형과 계산형의 문제가 많이 출제되었다. 새로운 유형의 문제는 출제되지 않아 문제 자체를 해석하는데 어려움은 없었을 것이다. 계산이 필요 없이 바로 해결 가능한 1번 문제나 눈대중으로 해결할 수 있는 3번 문제와 같이 간단한 계산이나 비교만으로 해결할 수 있는 난이도 하의 문제들이 초반부에 많이 배치되어 있어 초반 체감 난도는 낮았을 것으로 예상된다. 중반부 이후로는 눈대중으로 계산할 수 없는 문제나 계산 자체는 간단하지만 많은 계산을 요하는 문제들이 출제되어 초반부에 시간 분배를 잘못했다면 전체 문제풀이에 어려움을 겪었을 것이다. 다만 순서대로 풀이하면 많은 계산이 필요하나 〈보기〉 조합에 따라 복잡한 계산은 하지 않아도 답을 구할 수 있거나 계산이 간단한 선지가 답이어서 실제 답을 구할 때는 많은 계산을 하지 않아도 되는 문제들이 있었으므로 평소에 어림계산으로 대소 비교를 하는 연습이나 문제풀이 순서에 대한 연습을 많이 한 경우 금방 해결하였을 것이다. 따라서 올해 자료해석 시험은 난도에 따른 문제별 시간 분배와 복잡한 계산이 필요한 문제에서의 문제풀이 순서 파악이 핵심이었다고 볼 수 있다. 다른 해에 비해 기본적인 유형의 문제들이 많이 출제되었고, 아주 쉬운 난도의 문제들도 있었지만 계산 과정이 전년도에 비해 까다로운 문제들이 있었으므로 전체적인 체감 난도는 전년도에 비해 조금 더 높을 것으로 예상된다.

문항별 정답률 및 선지별 선택률

문번	정답	정답률 (%)	선지별 선택률(%) ①	②	③	④	⑤
01	①	89.9	89.9	0.7	6.0	3.4	0.0
02	③	95.3	2.0	2.7	95.3	0.0	0.0
03	②	91.9	1.4	91.9	2.0	2.0	2.7
04	③	83.8	4.0	0.7	83.8	0.7	10.8
05	⑤	89.8	4.1	2.0	3.4	0.7	89.8
06	④	47.6	4.1	30.0	12.2	47.6	6.1
07	①	39.9	39.9	2.7	2.7	53.3	1.4
08	①	72.5	72.5	3.5	15.5	2.2	6.3
09	②	73.0	6.7	73.0	7.4	9.5	3.4
10	⑤	71.1	4.7	1.3	14.8	8.1	71.1
11	③	54.6	5.7	29.7	54.6	5.0	5.0
12	④	60.4	5.0	4.4	7.9	60.4	22.3
13	⑤	54.5	17.9	2.8	7.6	17.2	54.5

문번	정답	정답률 (%)	선지별 선택률(%) ①	②	③	④	⑤
14	③	63.4	4.1	6.3	63.4	4.1	22.1
15	⑤	29.8	18.3	12.2	23.7	16.0	29.8
16	④	70.4	11.3	7.0	1.4	70.4	9.9
17	④	67.4	8.5	2.8	9.2	67.4	12.1
18	④	64.5	2.2	5.0	13.8	64.5	14.5
19	②	70.4	11.3	70.4	2.1	13.4	2.8
20	①	32.4	32.4	7.4	32.4	6.6	21.2
21	③	61.5	2.2	9.6	61.5	4.4	22.3
22	①	66.4	66.4	6.6	13.9	10.2	2.9
23	③	68.4	6.6	17.6	68.4	4.4	3.0
24	④	87.0	2.2	0.7	6.5	87.0	3.6
25	②	29.1	7.9	29.1	33.9	9.4	19.7

※ 파란색 음영 문항은 해당 회차에서 정답률이 가장 낮은 TOP 3 문항입니다.
※ 문항별 정답률 산정 기준: 약 1년간 누적된 자동채점 & 성적결과분석 서비스의 응시 데이터

출제 비중

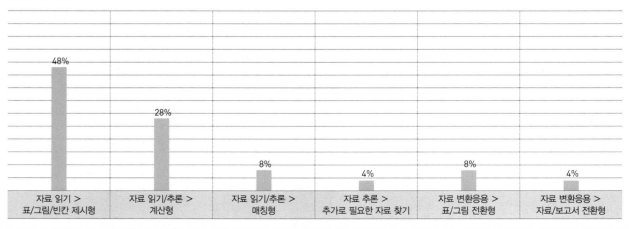

자료 읽기 > 표/그림/빈칸 제시형	자료 읽기/추론 > 계산형	자료 읽기/추론 > 매칭형	자료 추론 > 추가로 필요한 자료 찾기	자료 변환응용 > 표/그림 전환형	자료 변환응용 > 자료/보고서 전환형
48%	28%	8%	4%	8%	4%

01	①	02	③	03	②	04	③	05	⑤
06	④	07	①	08	①	09	②	10	⑤
11	③	12	④	13	⑤	14	③	15	⑤
16	④	17	④	18	④	19	②	20	①
21	③	22	①	23	③	24	④	25	②

01 ①

정답률 89.9%

|문제 유형| 자료 읽기/추론 > 매칭형

|접근 전략| 모든 〈조건〉을 만족하는 것을 찾는 문제는 각 〈조건〉을 만족하지 않는 것을 제외하면서 풀면 빠르게 해결할 수 있다.

다음 〈그림〉은 '갑' 지역의 리조트 개발 후보지 A~E의 지리정보 조사 결과이다. 이를 근거로 A~E 중 〈입지조건〉을 모두 만족하는 리조트 개발 후보지를 고르면?

〈그림〉 리조트 개발 후보지 A~E의 지리정보 조사 결과

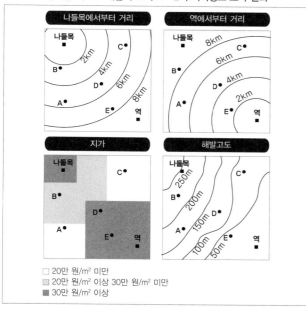

□ 20만 원/m² 미만
▨ 20만 원/m² 이상 30만 원/m² 미만
■ 30만 원/m² 이상

〈입지조건〉

○ 나들목에서부터 거리가 6km 이내인 장소
○ 역에서부터 거리가 8km 이내인 장소
○ 지가가 30만 원/m² 미만인 장소
○ 해발고도가 100m 이상인 장소

① A ➡ (O) 나들목에서부터 거리가 6km 이내, 역에서부터 거리가 8km 이내, 지가가 30만 원/m² 미만, 해발고도가 100m 이상이라는 〈입지조건〉을 모두 만족한다.

② B ➡ (X) 역에서부터 거리가 8km를 초과하므로 적절하지 않다.

③ C ➡ (X) 해발고도가 100m 미만이므로 적절하지 않다.

④ D ➡ (X) 지가가 30만 원/m² 이상이므로 적절하지 않다.

⑤ E ➡ (X) 나들목에서부터 거리가 6km를 초과하고, 지가가 30만 원/m² 이상이며, 해발고도가 100m 미만이므로 적절하지 않다.

02 ③

정답률 95.3%

|문제 유형| 자료 읽기/추론 > 계산형

|접근 전략| 소수점 아래 첫째 자리에서 반올림, 올림, 내림을 하라는 조건이 없으므로 진료의사 1인당 진료환자 수는 딱 떨어지는 값임을 유추할 수 있다. 580 = 29 × 20이고, 26, 32, 38은 580의 약수가 아니다. 따라서 정답은 20 또는 290이다. 4월 7일을 제외하고, 나머지 날짜의 진료의사 수의 일의 자리 수만 계산했을 때 3+6+5+0+5+4 = 23으로 일의 자리 수가 30이고, 4월 5일부터 11일까지의 진료의사 수의 합계의 일의 자리 수가 30이므로 4월 7일의 진료의사 수의 일의 자리 수는 00이다. 즉, 4월 7일의 진료의사 수가 20명이므로 이 날의 진료의사 1인당 진료환자 수는 29명이다.

다음 〈표〉는 4월 5일부터 4월 11일까지 종합병원 A의 날짜별 진료 실적에 관한 자료이다. 4월 7일의 진료의사 1인당 진료환자 수는?

〈표〉 종합병원 A의 날짜별 진료 실적

(단위: 명)

구분 날짜	진료의사 수	진료환자 수	진료의사 1인당 진료환자 수
4월 5일	23	782	34
4월 6일	26	988	38
4월 7일	( )	580	( )
4월 8일	25	700	28
4월 9일	30	1,050	35
4월 10일	15	285	19
4월 11일	4	48	12
계	143	4,433	–

① 20 ➡ (X)

② 26 ➡ (X)

③ 29 ➡ (O) 4월 7일의 진료의사 수는 143 − 23 − 26 − 25 − 30 − 15 − 4 = 20(명)이다. 따라서 4월 7일의 진료의사 1인당 진료환자 수는 580 ÷ 20 = 29(명)이다.

④ 32 ➡ (X)

⑤ 38 ➡ (X)

03 ②

| **문제 유형 |** 자료 읽기/추론 > 계산형

| **접근 전략 |** 육로수입량은 모든 농산물이 비슷한 반면 해상수입량과 항공수입량의 합은 땅콩이 압도적으로 적으므로 정확하게 계산하지 않아도 땅콩의 육로수입량 비중이 가장 크다는 것을 알 수 있다. 다만 〈표〉에 나와 있는 농산물의 순서와 선지에 나와 있는 농산물의 순서가 다르므로 주의해야 한다.

다음 〈표〉는 2022년 '갑'국 주요 수입 농산물의 수입경로별 수입량에 관한 자료이다. 이를 근거로 육로수입량 비중을 농산물별로 비교할 때, 육로수입량 비중이 가장 큰 농산물은?

〈표〉 2022년 '갑'국 주요 수입 농산물의 수입경로별 수입량

(단위: 톤)

수입경로 농산물	육로	해상	항공
콩	2,593	105,340	246,117
건고추	2,483	78,437	86,097
땅콩	2,260	8,219	26,146
참깨	2,024	12,986	76,812
팥	2,020	7,102	42,418

※ 1) 농산물별 수입량
 = 농산물별 육로수입량 + 농산물별 해상수입량 + 농산물별 항공수입량

2) 농산물별 육로수입량 비중(%) = $\dfrac{\text{농산물별 육로수입량}}{\text{농산물별 수입량}} \times 100$

① 건고추 ➡ (X) 건고추의 육로수입량 비중은 $\dfrac{2,483}{2,483 + 78,437 + 86,097} \times 100 ≒ 1.5(\%)$ 이다.

② 땅콩 ➡ (O) 땅콩의 육로수입량 비중은 $\dfrac{2,260}{2,260 + 8,219 + 26,146} \times 100 ≒ 6.2(\%)$ 이다. 따라서 다른 농산물에 비하여 육로수입량 비중이 가장 크다.

③ 참깨 ➡ (X) 참깨의 육로수입량 비중은 $\dfrac{2,024}{2,024 + 12,986 + 76,812} \times 100 ≒ 2.2(\%)$ 이다.

④ 콩 ➡ (X) 콩의 육로수입량 비중은 $\dfrac{2,593}{2,593 + 105,340 + 246,117} \times 100 ≒ 0.7(\%)$ 이다.

⑤ 팥 ➡ (X) 팥의 육로수입량 비중은 $\dfrac{2,020}{2,020 + 7,102 + 42,418} \times 100 ≒ 3.9(\%)$ 이다.

04 ③

| **문제 유형 |** 자료 읽기/추론 > 계산형

| **접근 전략 |** 복잡한 계산은 아니나 시간 단축을 위해서는 계산해야 하는 항목의 개수를 최대한 줄여야 한다. 선지에 나와 있는 조합만 확인하면 되므로 공공정책 홍보경력이 있는 업체와 없는 업체로 나눈 뒤 두 그룹 중 더 빨리 확인 가능한 그룹부터 계산을 시작한다. 공공정책 홍보경력이 있는 홍보업체의 경우 F가 A보다 미디어채널 구독자 수와 SNS 팔로워 수가 더 적으므로 계산을 제외할 수 있고, 공공정책 홍보경력이 없는 홍보업체는 세 업체를 모두 계산해야 한다. 따라서 공공정책 홍보경력이 있는 홍보업체의 인지도부터 계산하고, C와 조합을 이룬 B, D만 계산한다. 각각 두 값을 비교하는 것이므로 각 업체들의 인지도를 정확히 구하는 것보다 A−C=(40×0.4)−(30×0.6)=16−18, B−D=(100×0.4)−(60×0.6) =40−36과 같이 차를 이용하여 대소를 비교하면 더욱 빠르게 해결할 수 있다.

다음 〈표〉는 '갑'시 공공정책 홍보사업에 입찰한 A~F홍보업체의 온라인 홍보매체 운영현황에 관한 자료이다. 이를 근거로 A~F홍보업체 중 〈선정방식〉에 따라 홍보업체를 고르면?

〈표〉 A~F홍보업체의 온라인 홍보매체 운영현황

(단위: 만 명)

구분 홍보업체	미디어채널 구독자 수	SNS 팔로워 수	공공정책 홍보경력
A	90	50	유
B	180	0	무
C	50	80	유
D	80	60	무
E	100	40	무
F	60	45	유

〈선정방식〉

○ 공공정책 홍보경력이 있는 홍보업체 중 인지도가 가장 높은 1곳과 공공정책 홍보경력이 없는 홍보업체 중 인지도가 가장 높은 1곳을 각각 선정함

○ 홍보업체 인지도 =
 (미디어채널 구독자 수 × 0.4) + (SNS 팔로워 수 × 0.6)

① A, D ➡ (X)

② A, E ➡ (X)

③ B, C ➡ (O) 공공정책 홍보경력이 있는 홍보업체는 A, C, F이다. 이때, F는 A보다 미디어채널 구독자 수와 SNS 팔로워 수가 모두 적으므로 F는 인지도가 가장 높은 홍보업체가 아니다. A의 인지도는 (90×0.4)+(50×0.6)=66, C의 인지도는 (50×0.4)+(80×0.6)=68로 C의 인지도가 가장 높다. 따라서 답은 C가 포함된 ③ 또는 ⑤이므로 B와 D만 확인한다. B의 인지도는 180×0.4=72이고, D의 인지도는 (80×0.4)+(60×0.6)=68이므로 B의 인지도가 가장 높다. 따라서 공공정책 홍보경력이 있는 홍보업체 중 인지도가 가장 높은 곳은 C, 공공정책 홍보경력이 없는 홍보업체 중 인지도가 가장 높은 곳은 B이다.

④ B, F ➡ (X)

⑤ C, D ➡ (X)

05 ⑤

|문제 유형| 자료 추론 > 추가로 필요한 자료 찾기
|접근 전략| 〈보고서〉에 나온 내용이 제시된 자료에 직접적으로 주어져 있지 않더라도 해당 자료를 통해 알 수 있는 내용은 추가로 필요한 자료가 아니다.

다음은 2013~2022년 '갑'국 국방연구소가 출원한 지식재산권에 관한 자료이다. 제시된 〈표〉 이외에 〈보고서〉를 작성하기 위해 추가로 필요한 자료만을 〈보기〉에서 모두 고르면?

〈표〉 2013~2022년 '갑'국 국방연구소의 특허 출원 건수

(단위: 건)

연도 구분	2013	2014	2015	2016	2017	2018	2019	2020	2021	2022
국내 출원	287	368	385	458	514	481	555	441	189	77
국외 출원	34	17	9	26	21	13	21	16	2	3

〈보고서〉

'갑'국 국방연구소는 국방에 필요한 무기와 국방과학기술을 연구·개발하면서 특허, 상표권, 실용신안 등 관련 지식재산권을 출원하고 있다.

2013~2022년 '갑'국 국방연구소가 출원한 연도별 특허 건수는 2017년까지 매년 증가하였고, 2019년 이후에는 매년 감소하였다. 2013~2022년 국외 출원 특허 건수를 대상 국가별로 살펴보면, 미국에 출원한 특허가 매년 가장 많았다.

2013~2022년 '갑'국 국방연구소는 2015년에만 상표권을 출원하였으며, 그중 국외 출원은 없었다. 또한, 2016년부터 2년마다 1건씩 총 4건의 실용신안을 국내 출원하였다.

〈보기〉

ㄱ. '갑'국 국방연구소의 연도별 전체 특허 출원 건수 → (X) 제시된 〈표〉의 국내 특허 출원 건수와 국외 특허 출원 건수를 합하면 '갑'국 국방연구소의 연도별 전체 특허 출원 건수를 알 수 있으므로 추가로 필요한 자료가 아니다.

(단위: 건)

연도	2013	2014	2015	2016	2017	2018	2019	2020	2021	2022
전체	321	385	394	484	535	494	576	457	191	80

ㄴ. '갑'국 국방연구소의 국외 출원 대상 국가별 특허 출원 건수 → (O) 〈보고서〉의 두 번째 문단에 '2013~2022년 국외 출원 특허 건수를 대상 국가별로 살펴보면, 미국에 출원한 특허가 매년 가장 많았다.'라고 주어져 있는데 제시된 〈표〉에는 해당하는 정보가 없으므로 추가로 필요한 자료이다.

(단위: 건)

연도 대상 국가	2013	2014	2015	2016	2017	2018	2019	2020	2021	2022
독일	1	1	1	0	0	0	0	0	0	0
미국	26	15	8	18	20	11	16	15	2	3
일본	0	1	0	2	0	0	1	1	0	0
영국	0	0	0	5	1	0	0	0	0	0
프랑스	7	0	0	0	0	0	0	0	0	0
호주	0	0	0	0	0	0	3	0	0	0
기타	0	0	0	1	0	1	0	0	0	0
계	34	17	9	26	21	13	21	16	2	3

ㄷ. '갑'국 국방연구소의 연도별 상표권 출원 건수 → (O) 〈보고서〉의 세 번째 문단에 '2013~2022년 '갑'국 국방연구소는 2015년에만 상표권을 출원하였으며, 그중 국외 출원은 없었다.'라고 주어져 있는데 제시된 〈표〉에는 해당하는 정보가 없으므로 추가로 필요한 자료이다.

(단위: 건)

연도 구분	2013	2014	2015	2016	2017	2018	2019	2020	2021	2022
국내 출원	0	0	2	0	0	0	0	0	0	0
국외 출원	0	0	0	0	0	0	0	0	0	0

ㄹ. '갑'국 국방연구소의 연도별 실용신안 출원 건수 → (O) 〈보고서〉의 세 번째 문단에 '2016년부터 2년마다 1건씩 총 4건의 실용신안을 국내 출원하였다.'라고 주어져 있는데 제시된 〈표〉에는 해당하는 정보가 없으므로 추가로 필요한 자료이다.

(단위: 건)

연도 구분	2013	2014	2015	2016	2017	2018	2019	2020	2021	2022
국내 출원	0	0	0	1	0	1	0	1	0	1
국외 출원	0	0	0	0	0	0	0	0	0	0

① ㄱ, ㄴ ➡ (X)
② ㄱ, ㄷ ➡ (X)
③ ㄴ, ㄷ ➡ (X)
④ ㄷ, ㄹ ➡ (X)
⑤ ㄴ, ㄷ, ㄹ ➡ (O)

06 ④

|문제 유형| 자료 읽기 > 표 제시형
|접근 전략| 모든 값을 계산하면 시간이 오래 걸리는 문제이나 계산하는 값들의 비교를 통해 정확한 계산 없이 대소만 비교하였다면 간단하게 해결할 수 있는 문제이다. 우선 〈보기〉에 주어진 값을 계산할 수 있는 식을 세우고, 분모와 분자에 들어갈 값의 대소, 비율을 비교하고, 어림계산이 불가능한 경우만 정확히 계산한다. 또한 ㄱ, ㄷ은 비교대상이 두 개이므로 먼저 확인하고, ㄴ의 계산은 선지의 〈보기〉 조합에 따라 결정한다.

다음 〈표〉는 2022년 A~E국의 연구개발 세액감면 현황에 관한 자료이다. 이에 대한 〈보기〉의 설명 중 옳은 것만을 모두 고르면?

〈표〉 2022년 A~E국의 연구개발 세액감면 현황

(단위: 백만 달러, %)

구분 국가	연구개발 세액감면액	GDP 대비 연구개발 세액감면액 비율	연구개발 총지출액 대비 연구개발 세액감면액 비율
A	3,613	0.20	4.97
B	12,567	0.07	2.85
C	2,104	0.13	8.15
D	4,316	0.16	10.62
E	6,547	0.13	4.14

2023 제3영역 자료해석 • 89

<table>
<tr><td>2019</td><td>164.4</td><td>78.0</td><td>67.9</td><td>10.1</td></tr>
<tr><td>2020</td><td>162.1</td><td>77.7</td><td>67.9</td><td>9.8</td></tr>
<tr><td>2021</td><td>159.6</td><td>77.8</td><td>68.2</td><td>9.6</td></tr>
<tr><td>2022</td><td>158.1</td><td>77.6</td><td>68.7</td><td>8.9</td></tr>
</table>

──〈보기〉──

ㄱ. GDP는 C국이 E국보다 크다. → (X) GDP 대비 연구개발 세액감면액 비율 = (연구개발 세액감면액 ÷ GDP) × 1000이므로 GDP = (연구개발 세액감면액 ÷ GDP 대비 연구개발 세액감면액 비율) × 1000이다. C국의 GDP는 (2,104 ÷ 0.13) × 100, E국의 GDP는 (6,547 ÷ 0.13) × 1000이다. C국은 E국보다 연구개발 세액감면액이 적고, GDP 대비 연구개발 세액감면액 비율은 같으므로 GDP는 C국이 E국보다 작다.

ㄴ. 연구개발 총지출액이 가장 큰 국가는 B국이다. → (O) 연구개발 총지출액 대비 연구개발 세액감면액 비율 = (연구개발 세액감면액 ÷ 연구개발 총지출액) × 1000이므로 연구개발 총지출액 = (연구개발 세액감면액 ÷ 연구개발 총지출액 대비 연구개발 세액감면액 비율) × 1000이다. B국은 다른 국가에 비해 연구개발 세액감면액이 가장 크고, 연구개발 총지출액 대비 연구개발 세액감면액 비율은 가장 작으므로 연구개발 총지출액이 가장 큰 국가는 B국이다.

ㄷ. GDP 대비 연구개발 총지출액 비율은 A국이 B국보다 높다. → (O) GDP 대비 연구개발 총지출액 비율 = {(연구개발 세액감면액 ÷ 연구개발 총지출액 대비 연구개발 세액감면액 비율) × 100} ÷ {(연구개발 세액감면액 ÷ GDP 대비 연구개발 세액감면액 비율) × 100} × 100 = (GDP 대비 연구개발 세액감면액 비율 ÷ 연구개발 총지출액 대비 연구개발 세액감면액 비율) × 1000이다. A국은 GDP 대비 연구개발 세액감면액 비율이 B국의 2배 이상이고, 연구개발 총지출액 대비 연구개발 세액감면액 비율이 B국의 2배 미만이므로 GDP 대비 연구개발 총지출액 비율은 A국이 B국보다 높다.

① ㄱ ➡ (X)
② ㄴ ➡ (X)
③ ㄷ ➡ (X)
④ ㄴ, ㄷ ➡ (O)
⑤ ㄱ, ㄴ, ㄷ ➡ (X)

──〈보고서〉──

'갑'국은 우량농지를 보전하고 농지이용률을 높인다는 취지로 농업진흥지역을 지정하고 있다. 그러나, ㉠2014년부터 2022년까지 매년 농업진흥지역 면적은 전체 농지 면적의 50% 이하에 그치고 있다. → (O) 농업진흥지역 면적 × 2와 전체 농지를 비교하였을 때, 2013년은 농업진흥지역 면적 × 2가 전체 농지보다 크지만 2014년부터 2022년까지는 전체 농지가 더 큰 값이므로 농업진흥지역 면적이 전체 농지 면적의 50% 이하이다. 또한, ㉡같은 기간 농업진흥지역 면적은 매년 감소하여, 농업기반이 취약해지는 것으로 분석된다. → (X) 2016년, 2017년, 2021년에는 농업진흥지역 면적이 전년 대비 증가하였다. 농업진흥지역 면적은 2013년 91.5만ha에서 2022년 77.6만ha로 15% 이상 감소했으며, 이는 같은 기간 전체 농지 면적의 감소율보다 크다. 한편, ㉢농업진흥지역 면적에서 밭 면적이 차지하는 비중은 2013년 이후 매년 15% 이하이다. → (X) 농업진흥지역 면적의 15%와 밭 면적을 비교해보았을 때, 2013년은 91.5 × 0.15 = 13.725 < 14.6으로 농업진흥지역 면적의 15%보다 밭 면적이 더 크다. 따라서 2013년의 농업진흥지역 면적에서 밭 면적이 차지하는 비중이 15%를 초과한다.

① ㄱ ➡ (O)
② ㄴ ➡ (X)
③ ㄱ, ㄴ ➡ (X)
④ ㄱ, ㄷ ➡ (X)
⑤ ㄴ, ㄷ ➡ (X)

07 ① 정답률 39.9%

|문제 유형| 자료 변환응용 > 자료/보고서 전환형

|접근 전략| 계산이 필요 없는 기호부터 확인한다. ㉡은 계산이 필요 없는 기호이고, 옳지 않으므로 답은 ① 또는 ④이다. 따라서 ㉠은 항상 옳은 기호이므로 확인하지 않는다. ㉢에서 2014년~2018년 농업진흥지역 면적이 약 80만ha이고, 80만ha의 15%는 12만ha이다. 2014년 이후 농업진흥지역 밭 면적은 모두 12만ha 미만이고, 농업진흥지역 면적은 80만ha를 초과하므로 농업진흥지역 면적에서 밭 면적이 차지하는 비중이 15% 이하임을 알 수 있다. 따라서 2013년만 정확히 계산하면 ㉢의 옳고 그름을 바로 확인할 수 있다.

다음 〈표〉는 2013~2022년 '갑'국의 농업진흥지역 면적에 관한 자료이다. 이에 대한 〈보고서〉의 설명 중 옳은 것만을 모두 고르면?

〈표〉 2013~2022년 '갑'국의 농업진흥지역 면적

(단위: 만ha)

구분 연도	전체 농지	농업진흥지역		
			논	밭
2013	180.1	91.5	76.9	14.6
2014	175.9	81.5	71.6	9.9
2015	171.5	80.7	71.0	9.7
2016	173.0	80.9	71.2	9.7
2017	169.1	81.1	71.4	9.7
2018	167.9	81.0	71.3	9.7

08 ① 정답률 72.5%

|문제 유형| 자료 변환응용 > 표/그림 전환형

|접근 전략| 농촌민박과 관련된 설명에서 ①, ③에서 제시된 98,932천 원에서 67,832천 원으로 감소할 때의 비율이 ⑤에서 제시된 96,932천 원에서 70,069천 원으로 감소할 때의 비율보다 크고, ①, ⑤의 농촌융복합사업장 매출액이 동일하므로 답이 하나로 정해지기 위해서는 ①, ③만이 설명에 부합해야 한다. 마찬가지로 농촌융복합사업장과 관련된 설명에서 답이 하나로 정해지기 위해서는 ①만이 설명에 부합해야 한다. 따라서 농촌체험마을과 관련된 설명에서 정답을 ①, ③, ⑤로 추리고 난 뒤에는 계산을 하지 않아도 답을 구할 수 있다.

다음은 '갑'군의 농촌관광 사업에 관한 〈방송뉴스〉이다. 〈방송뉴스〉의 내용과 부합하는 자료는?

──〈방송뉴스〉──

앵커: 농촌경제 활성화를 위하여 ○○부가 추진해오고 있는 농촌관광 사업이 있습니다. 최근 감염병으로 인해 농촌관광 사업도 큰 어려움을 겪고 있다고 합니다. □□□기자가 어려움을 겪고 있는 농촌관광 사업에 대해 보도합니다.

기자: …(중략)… '갑'군은 농촌의 소득 다변화를 위하여 다양한 농촌관광 사업을 추진했습니다. 하지만 감염병 확산으로 2020년 '갑'군의 농촌관광 방문객 수와 매출액이 크게 줄었습니다. 농촌체험마을은 2020년 방문객 수와 매출액이 2019년에 비해 75% 이상 감소하였습니다. → 75% 이상 감소하였다는 것은 전년 대비 25% 이하가 되었다는 뜻이다. 선지에서 농촌체험마을의 매출액은 2019년 12,280천 원, 2020년 3,030천 원 또는 2019년 12,320천 원, 2020년 3,180천 원이다. 12,280 × 0.25 = 3,070, 12,320 × 0.25 = 3,080이므로 2020년 매출액이 2019년의 25% 이하인 선지는 ①, ③, ⑤이다. 농촌민박도 2020년 방문객 수와 매출액이 전년과 비교하여 30% 이상 줄어들었습니다. → 30% 이상 줄어들었다는 것은 전년 대비 70% 이하가 되었다는 뜻이다. ①, ③, ⑤에서 농촌민박의 매출액은 2019년 98,932천 원, 2020년 67,832천 원 또는 2019년 96,932천 원, 2020년 70,069천 원이다. 98,932 × 0.7 = 69,252.4, 96,932 × 0.7 = 67,852.4이므로 2020년 매출액이 2019년의 70% 이하인 선지는 ①, ③이다. 다만, 농촌융복합사업장은 2020년 방문객 수와 매출액이 전년과 비교해 줄어든 비율이 농촌체험마을보다는 작았습니다. → 농촌융복합사업장의 매출액은 ①의 경우 2019년 6,109천 원에서 1,827천 원으로 줄어들었고, ③의 경우 2019년 6,309천 원에서 1,290천 원으로 줄어들었다. 따라서 2019년 대비 2020년 매출액이 감소한 비율이 ①이 더 작으므로 답이 하나로 정해지기 위해서는 ①만 〈방송뉴스〉의 내용과 부합하는 자료이다.

① ➡ (○)

(단위: 명, 천 원)

구분	농촌체험마을		농촌민박		농촌융복합사업장	
연도	방문객 수	매출액	방문객 수	매출액	방문객 수	매출액
2019	1,118	12,280	2,968	98,932	395	6,109
2020	266	3,030	2,035	67,832	199	1,827

② ➡ (X)

(단위: 명, 천 원)

구분	농촌체험마을		농촌민박		농촌융복합사업장	
연도	방문객 수	매출액	방문객 수	매출액	방문객 수	매출액
2019	1,118	12,320	2,968	98,932	395	6,109
2020	266	3,180	2,035	67,832	199	1,827

③ ➡ (X)

(단위: 명, 천 원)

구분	농촌체험마을		농촌민박		농촌융복합사업장	
연도	방문객 수	매출액	방문객 수	매출액	방문객 수	매출액
2019	1,118	12,280	2,968	98,932	395	6,309
2020	266	3,030	2,035	67,832	199	1,290

④ ➡ (X)

(단위: 명, 천 원)

구분	농촌체험마을		농촌민박		농촌융복합사업장	
연도	방문객 수	매출액	방문객 수	매출액	방문객 수	매출액
2019	1,118	12,320	2,968	96,932	395	6,309
2020	266	3,180	2,035	70,069	199	1,290

⑤ ➡ (X)

(단위: 명, 천 원)

구분	농촌체험마을		농촌민박		농촌융복합사업장	
연도	방문객 수	매출액	방문객 수	매출액	방문객 수	매출액
2019	1,118	12,280	2,968	96,932	395	6,109
2020	266	3,030	2,035	70,069	199	1,827

09 ②

정답률 73.0%

|문제 유형| 자료 읽기 > 그림 제시형
|접근 전략| 선지의 〈보기〉 조합에 따라 네 개의 〈보기〉 중 최대 세 개만 확인해도 답을 구할 수 있다. 이 중 ㄱ, ㄴ, ㄷ은 계산 없이 정오를 확인할 수 있으므로 ㄹ은 확인하지 않아도 된다.

다음 〈그림〉은 2020년과 2021년 '갑'국의 농림축수산물 종류별 수출입량에 관한 자료이다. 이에 대한 〈보기〉의 설명 중 옳은 것만을 모두 고르면?

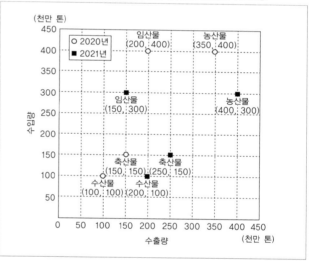

〈그림〉 2020년과 2021년 농림축수산물 종류별 수출입량

※ 농림축수산물 종류는 농산물, 임산물, 축산물, 수산물로만 구분됨

〈보기〉

ㄱ. 2021년 농산물, 축산물, 수산물의 수출량은 각각 전년 대비 증가하였다. → (○) 수출량이 x축이고, 농산물, 축산물, 수산물 모두 2021년 값인 ■이 2020년 값인 ○보다 오른쪽에 위치하므로 옳은 설명이다.

ㄴ. 2021년 농림축수산물 총수입량은 전년 대비 증가하였다. → (X) 수산물과 축산물의 수입량은 2020년과 2021년이 동일하고, 농산물과 임산물의 수입량은 2020년이 2021년보다 많다. 따라서 2021년 농림축수산물 총수입량은 전년 대비 감소하였다.

ㄷ. 수출량 대비 수입량 비율이 가장 높은 농림축수산물 종류는 2020년과 2021년이 같다. → (○) 수출량 대비 수입량 비율은 원점에서 해당 좌표까지의 기울기와 동일하다. 따라서 수출량 대비 수입량 비율이 가장 높은 농림축수산물 종류는 2020년과 2021년 모두 기울기가 가장 큰 임산물이다.

ㄹ. 2021년 수출량의 전년 대비 증가율은 축산물이 가장 높다. → (X) 수산물의 2021년 수출량은 전년 대비 2배이고, 나머지의 2021년 수출량은 전년 대비 2배 미만이므로 2021년 수출량의 전년 대비 증가율은 수산물이 가장 높다.

① ㄱ, ㄴ ➡ (X)
② ㄱ, ㄷ ➡ (O)
③ ㄱ, ㄹ ➡ (X)
④ ㄴ, ㄷ ➡ (X)
⑤ ㄴ, ㄹ ➡ (X)

10 ⑤
정답률 71.1%

| 문제 유형 | 자료 읽기 > 표/빈칸 제시형

| 접근 전략 | ㄷ에서 '큰 비'를 제외하고, 상위 5개 유형을 구하면 '천둥번개', '벼락', '우박', '짙은 안개'이다. 1401년, 1402년, 1406년을 제외하고 '큰 비'는 위 네 유형을 제외한 자연재해보다 발생 건수가 많으므로 '큰 비'는 상위 5개 유형에 속한다. 따라서 ㄷ이 옳은 〈보기〉이므로 답은 ②, ④, ⑤ 중 하나로 추릴 수 있고, ㄴ이 계산이 간단하므로 ㄴ을 먼저 확인하면 문제를 빠르게 해결할 수 있다.

다음 〈표〉는 조선왕조실록에 수록된 1401~1418년의 이상 기상 및 자연재해 발생 건수에 관한 자료이다. 이에 대한 〈보기〉의 설명 중 옳은 것만을 모두 고르면?

〈표〉 1401~1418년 이상 기상 및 자연재해 발생 건수

(단위: 건)

유형\연도	천둥번개	큰 비	벼락	폭설	큰 바람	우박	한파 및 이상 고온	서리	짙은 안개	황충 피해	가뭄 및 홍수	지진 및 해일	전체
1401	2	1	6	0	2	8	3	7	5	1	3	1	39
1402	3	0	5	3	1	3	5	0	( )	2	2	2	41
1403	7	13	12	3	1	3	2	3	9	0	4	0	57
1404	1	18	0	0	1	4	2	0	0	3	0	0	29
1405	8	27	0	6	7	9	5	4	0	5	1	2	74
1406	4	( )	11	3	1	3	3	10	1	0	2	0	59
1407	4	14	8	4	1	3	2	2	3	4	0	0	49
1408	0	4	3	1	1	3	1	0	( )	3	0	0	23
1409	4	9	6	5	2	6	0	2	1	2	0	0	43
1410	14	14	5	1	2	6	1	1	5	2	6	1	58
1411	3	11	6	1	0	1	1	3	1	9	0	0	44
1412	4	8	4	2	5	6	2	0	3	2	2	0	38
1413	5	20	4	3	6	1	0	2	1	5	5	0	52
1414	5	21	7	3	3	5	0	0	0	4	0	0	58
1415	9	18	9	1	3	2	3	2	3	2	2	2	57
1416	5	11	5	1	5	2	0	3	4	1	3	0	40
1417	0	9	5	1	7	4	3	6	1	7	3	0	46
1418	5	17	0	0	6	2	0	2	0	3	3	1	39
합	83	( )	96	38	56	76	43	52	64	37	57	10	846

〈보기〉

ㄱ. 연도별 전체 발생 건수 상위 2개 연도의 발생 건수 합은 하위 2개 연도의 발생 건수 합의 3배 이상이다. → (X) 전체 발생 건수 상위 2개 연도는 1405년과 1406년으로 합은 74 + 59 = 133(건)이고, 하위 2개 연도는 1404년과 1408년으로 29 + 23 = 52(건)이다. 따라서 상위 2개 연도의 발생 건수 합은 하위 2개 연도의 발생 건수 합의 3배인 52 × 3 = 156(건)보다 적다.

ㄴ. '큰 비'가 가장 많이 발생한 해에는 '우박'도 가장 많이 발생했다. → (O) 1406년 '큰 비' 발생 건수는 59 − 4 − 11 − 3 − 1 − 3 − 3 − 10 − 1 − 2 = 21 (건)이므로 '큰 비'가 가장 많이 발생한 해는 27건이 발생한 1405년이다. '우박'이 가장 많이 발생한 해는 9건이 발생한 1405년이다. 따라서 '큰 비'가 가장 많이 발생한 해와 '우박'이 가장 많이 발생한 해는 1405년으로 동일하다.

ㄷ. 1401~1418년 동안의 발생 건수 합 상위 5개 유형은 '천둥번개', '큰 비', '벼락', '우박', '짙은 안개'이다. → (O) '큰 비'의 발생 건수는 일부 해를 제외하고, 다른 자연재해보다 발생 건수가 많다. 따라서 정확히 계산하지 않아도 '큰 비'는 상위 5개 유형 중 하나에 속할 것임을 알 수 있다. '큰 비'를 제외하고, 상위 4개 유형은 많은 순서대로 '벼락', '천둥번개', '우박', '짙은 안개'이다. 따라서 상위 5개 유형은 '천둥번개', '큰 비', '벼락', '우박', '짙은 안개'이다.

ㄹ. 1402년에 가장 많이 발생한 유형은 1408년에도 가장 많이 발생했다. → (O) 1402년 '짙은 안개'는 41 − 3 − 5 − 3 − 1 − 3 − 5 − 2 − 2 − 2 = 15 (건) 발생하였고, 1408년에는 23 − 4 − 3 − 1 − 1 − 3 − 1 − 3 = 7(건) 발생하였다. 따라서 1402년과 1408년 모두 '짙은 안개'가 가장 많이 발생하였다.

① ㄱ, ㄴ ➡ (X)
② ㄱ, ㄷ ➡ (X)
③ ㄴ, ㄹ ➡ (X)
④ ㄷ, ㄹ ➡ (X)
⑤ ㄴ, ㄷ, ㄹ ➡ (O)

11 ③
정답률 54.6%

| 문제 유형 | 자료 읽기/추론 > 계산형

| 접근 전략 | 모두 3인이 참석하므로 (가)~(라)의 총지급액을 정확히 계산하지 않아도 1인당 지급액의 대소 비교를 통해서 답을 구할 수 있다. (가), (다)는 회의참석비가 동일하고, (나), (라)는 회의참석비가 동일하다. (가)는 (다)보다 위원장과 위원의 1인당 안건검토비가 50천 원이 더 크고, 1인당 교통비는 13천 원이 더 작다. 따라서 (가)의 총지급액이 (다)보다 크다. (나)는 (라)보다 위원장과 위원의 1인당 안건검토비가 50천 원이 더 크고, 1인당 교통비는 14천 원 더 작다. 따라서 (나)의 총지급액이 (라)보다 크다. 선지 조합에 따라 총지급액이 가장 큰 회의는 (나) 또는 (라)이므로 답은 ①, ②, ③ 중 하나이다. (가), (다)는 (라)보다 1인당 회의참석비가 50천 원 더 작다. (다)는 (라)보다 위원장과 위원의 1인당 안건검토비가 50천 원이 더 크고, 1인당 교통비는 5천 원이 더 작으므로 (다)와 (라)의 1인당 지급액 차는 50 − 50 − 5 = −5(천 원)으로 총지급액은 (다)가 더 작다. (가)는 (라)보다 위원장과 위원의 1인당 안건검토비가 100천 원이 더 크고, 1인당 교통비는 18천 원 작으므로 (가)와 (라)의 1인당 지급액 차는 100 − 50 − 18 = 32(천 원)으로 총지급액은 (가)가 더 크다. 따라서 (나), (가), (라), (다) 순이다.

다음 〈표〉는 위원회 회의참석수당 지급규정에 대한 자료이다. 이를 근거로 〈회의〉의 (가)~(라) 중 총지급액이 가장 큰 회의와 세 번째로 큰 회의를 바르게 연결한 것은?

〈표 1〉 위원회 회의참석수당 지급규정

(단위: 천 원/인)

구분		전체위원회		조정위원회		전문위원회	기타위원회
		전체회의	소위	전체회의	소위		
안건검토비	위원장	300	250	200	150	200	150
	위원	250	200	150	100	150	100
회의참석비		회의시간이 2시간 미만인 경우 150 회의시간이 2시간 이상인 경우 200					
교통비		교통비 지급규정에 따라 정액 지급					

※ 1) 총지급액은 위원장과 위원의 회의참석수당 합임
   2) 위원(장) 회의참석수당 = 위원(장) 안건검토비 + 회의참석비 + 교통비

〈표 2〉 교통비 지급규정

(단위: 천 원/인)

회의개최장소	1급지	2급지	3급지	4급지
교통비	12	16	25	30

※ 교통비는 회의개최장소의 등급에 따라 지급하고, 회의개최장소는 1~4급지로 구분됨

─〈회의〉─

(가) 1급지에서 개최되고 위원장 1인과 위원 2인이 참석하며, 회의시간이 1시간인 전체위원회 소위 → 전체위원회 소위이므로 안건검토비는 $(250 \times 1) + (200 \times 2) = 650$(천 원)이고, 회의시간이 1시간이므로 회의참석비는 $150 \times 3 = 450$(천 원), 1급지에서 개최되었으므로 교통비는 $12 \times 3 = 36$(천 원)이다. 따라서 총지급액은 $650 + 450 + 36 = 1,136$(천 원)이다.

(나) 2급지에서 개최되고 위원장 1인과 위원 2인이 참석하며, 회의시간이 3시간인 조정위원회 전체회의 → 조정위원회 전체회의이므로 안건검토비는 $(200 \times 1) + (150 \times 2) = 500$(천 원), 회의시간이 3시간이므로 회의참석비는 $200 \times 3 = 600$(천 원), 2급지에서 개최되었으므로 교통비는 $16 \times 3 = 48$(천 원)이다. 따라서 총지급액은 $500 + 600 + 48 = 1,148$(천 원)이다.

(다) 3급지에서 개최되고 위원장 1인과 위원 2인이 참석하며, 회의시간이 1시간인 전문위원회 → 전문위원회이므로 안건검토비는 $(200 \times 1) + (150 \times 2) = 500$(천 원)이고, 회의시간이 1시간이므로 $150 \times 3 = 450$(천 원), 3급지에서 개최되었으므로 교통비는 $25 \times 3 = 75$(천 원)이다. 따라서 총지급액은 $500 + 450 + 75 = 1,025$(천 원)이다.

(라) 4급지에서 개최되고 위원장 1인과 위원 2인이 참석하며, 회의시간이 4시간인 기타 위원회 → 기타위원회이므로 안건검토비는 $(150 \times 1) + (100 \times 2) = 350$(천 원)이고, 회의시간이 4시간이므로 회의참석비는 $200 \times 3 = 600$(천 원), 4급지에서 개최되었으므로 교통비는 $30 \times 3 = 90$(천 원)이다. 따라서 총지급액은 $350 + 600 + 90 = 1,040$(천 원)이다.

	총지급액이 가장 큰 회의	총지급액이 세 번째로 큰 회의	
①	(나)	(가)	➡ (X)
②	(나)	(다)	➡ (X)
③	(나)	(라)	➡ (O) 총지급

이 가장 큰 순서부터 나열하면 (나), (가), (라), (다)이므로 총지급액이 가장 큰 회의는 (나)이고, 총지급액이 세 번째로 큰 회의는 (라)이다.

④	(라)	(나)	➡ (X)
⑤	(라)	(다)	➡ (X)

12 ④

정답률 60.4%

| 문제 유형 | 자료 읽기/추론 > 계산형

| 접근 전략 | 식이 네 개가 주어져 있고, 각 식에 대입하는 값들이 〈표〉에서 바로 제시된 것이 아니라 계산해서 알 수 있는 값이므로 많은 계산이 필요한 문제이다. 그러나 IT 분야 전체 등록특허의 피인용도 지수가 모두 동일하고, 식을 정리하여 영향력 지수는 피인용도 지수와 비례, 기술력 지수는 등록특허 피인용 횟수의 합에 비례한 것을 파악하였다면 문제를 빠르게 해결할 수 있다.

다음은 '갑'국의 특허 출원인 A~E의 IT 분야 등록특허별 피인용 횟수에 관한 자료이다. 이를 근거로 영향력 지수가 가장 큰 출원인과 기술력 지수가 가장 작은 출원인을 바르게 연결한 것은?

〈표〉 '갑'국의 특허 출원인 A~E의 IT 분야 등록특허별 피인용 횟수

(단위: 회)

특허 출원인	등록특허	피인용 횟수
A	A1	3
	A2	25
B	B1	1
	B2	3
	B3	20
C	C1	3
	C2	2
	C3	10
	C4	5
	C5	6
D	D1	12
	D2	21
	D3	15
E	E1	6
	E2	56
	E3	4
	E4	12

※ A~E는 IT 분야 외 등록특허가 없음

─〈정보〉─

○ 해당 출원인의 영향력 지수 =

$$\frac{해당 출원인의 피인용도 지수}{IT 분야 전체 등록특허의 피인용도 지수}$$

○ 해당 출원인의 기술력 지수 =

　해당 출원인의 영향력 지수 × 해당 출원인의 등록특허 수

○ 해당 출원인의 피인용도 지수 =

$$\frac{해당 출원인의 등록특허 피인용 횟수의 합}{해당 출원인의 등록특허 수}$$

○ IT 분야 전체 등록특허의 피인용도 지수 =

$$\frac{IT 분야 전체의 등록특허 피인용 횟수의 합}{IT 분야 전체의 등록특허 수}$$

	영향력 지수가 가장 큰 출원인	기술력 지수가 가장 작은 출원인	
①	A	B	➡ (X)
②	D	A	➡ (X)
③	D	C	➡ (X)
④	E	B	➡ (O)

④ IT 분야 전체
등록특허의 피인용도 지수는 A~E가 모두 동일하므로 영향력 지수는 피인용도 지수에 비례한다. 선지 조합에 따르면 영향력 지수가 가장 큰 출원인은 A, D, E 중 하나이므로 A, D, E의 피인용도 지수만 확인한다. A는 등록특허 수가 2개이고, 등록특허 피인용 횟수의 합은 3 + 25 = 28이므로 A의 피인용도 지수는 28 ÷ 2 = 14이다. D는 등록특허 수가 3개이고, 등록특허 피인용 횟수의 합은 12 + 21 + 15 = 48이므로 D의 피인용도 지수는 48 ÷ 3 = 16이다. E는 등록특허 수가 4개이고, 등록특허 피인용 횟수의 합은 6 + 56 + 4 + 12 = 78이므로 E의 피인용도 지수는 78 ÷ 4 = 19.5이다. 따라서 영향력 지수가 가장 큰 출원인은 피인용도 지수가 가장 큰 E이다. 선지 조합에 따라 기술력 지수는 B와 C만 확인한다. 기술력 지수는 영향력 지수 × 등록특허 수이고, 영향력 지수에서 IT 분야 전체 등록특허의 피인용도 지수가 동일하므로 피인용도 지수 × 등록특허 수만 확인한다. 피인용도 지수 × 등록특허 수=(등록특허 피인용 횟수의 합/등록특허 수) × 등록특허 수=등록특허 피인용 횟수의 합이므로 기술력 지수는 등록특허 피인용 횟수의 합에 비례한다. B의 등록특허 피인용 횟수의 합은 1 + 3 + 20 = 24, C의 등록특허 피인용 횟수의 합은 3 + 2 + 10 + 5 + 6 = 26이므로 B의 기술력 지수가 C의 기술력 지수보다 작다.

| ⑤ | E | C | ➡ (X) |

13 ⑤

정답률 54.5%

|문제 유형| 자료 변환응용 > 표/그림 전환형

|접근 전략| ⑤에서 2021년 양자센서의 정부 R&D 투자금액은 전년 대비 감소하고, 양자기술 정부 R&D 투자금액은 전년 대비 증가하여 양자센서의 정부 R&D 투자금액 비중은 전년 대비 2021년에 감소해야 한다. 그런데 ⑤에 따르면 양자센서의 투자금액 비중이 매년 증가하고 있으므로 옳지 않은 선지이다.

다음 〈표〉는 2018~2022년 '갑'국의 양자기술 분야별 정부 R&D 투자금액에 관한 자료이다. 〈표〉를 이용하여 작성한 자료로 옳지 않은 것은?

〈표〉 양자기술 분야별 정부 R&D 투자금액

(단위: 백만 원)

연도 분야	2018	2019	2020	2021	2022	합
양자컴퓨팅	61	119	200	285	558	1,223
양자내성암호	102	209	314	395	754	1,774
양자통신	110	192	289	358	723	1,672
양자센서	77	106	125	124	209	641
계	350	626	928	1,162	2,244	5,310

※ 양자기술은 양자컴퓨팅, 양자내성암호, 양자통신, 양자센서 분야로만 구분됨

① 2019~2022년 양자통신 분야 정부 R&D 투자금액의 전년 대비 증가율

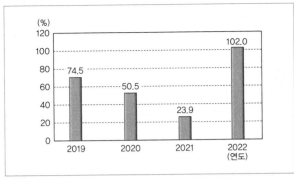

➡ (X) 2019년 $\frac{192 - 110}{110} \times 100 ≒ 74.5(\%)$, 2020년 $\frac{289 - 192}{192} \times 100 ≒ 50.5(\%)$, 2021년 $\frac{358 - 289}{289} \times 100 ≒ 23.9(\%)$, 2022년 $\frac{723 - 358}{358} \times 100 ≒ 102.0(\%)$ 이다.

② 연도별 양자컴퓨팅, 양자통신 분야 정부 R&D 투자금액

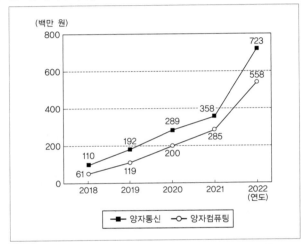

➡ (X) 정부 R&D 투자금액은 양자컴퓨팅 분야가 61백만 원 → 119백만 원 → 200백만 원 → 285백만 원 → 558백만 원으로 증가하고, 양자통신 분야가 110백만 원 → 192백만 원 → 289백만 원 → 358백만 원 → 723백만 원으로 증가하고 있다.

③ 2018~2022년 양자기술 정부 R&D 총투자금액의 분야별 구성비

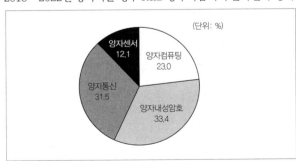

➡ (X) 2018~2022년 양자기술 정부 R&D 총투자금액의 분야별 구성비는 양자컴퓨팅 $\frac{1,223}{5,310} \times 100 ≒ 23.0(\%)$, 양자내성암호 $\frac{1,774}{5,310} \times 100 ≒ 33.4(\%)$, 양자통신 $\frac{1,672}{5,310} \times 100 ≒ 31.5(\%)$, 양자센서 $\frac{641}{5,310} \times 100 ≒ 12.1(\%)$ 이다.

④ 연도별 양자내성암호 분야 정부 R&D 투자금액 대비 양자센서 분야 정부 R&D 투자금액 비율

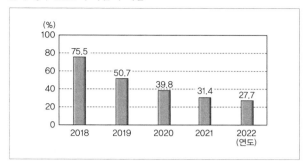

➡ (O) 연도별 양자내성암호 분야 정부 R&D 투자금액 대비 양자센서 분야 정부 R&D 투자금액 비율은 2018년 $\frac{77}{102} \times 100 \fallingdotseq 75.5$(%), 2019년 $\frac{106}{209} \times 100 \fallingdotseq 50.7$(%), 2020년 $\frac{125}{314} \times 100 \fallingdotseq 39.8$(%), 2021년 $\frac{124}{395} \times 100 \fallingdotseq 31.4$(%), 2022년 $\frac{209}{754} \times 100 \fallingdotseq 27.7$(%)이다.

⑤ 2018~2022년 양자기술 정부 R&D 투자금액의 분야별 비중

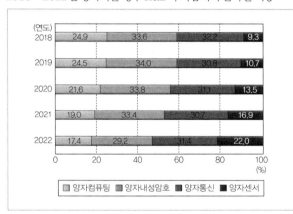

➡ (X) 2018~2022년 양자기술 정부 R&D 투자금액의 분야별 비중을 계산하면 다음과 같다. 표와 달리 바 그래프에는 연도 순서가 반대로 제시되어 있으므로 옳지 않은 자료이다.

연도 분야	2018	2019	2020	2021	2022
양자컴퓨팅	17.4	19.0	21.6	24.5	24.9
양자내성암호	29.1	33.4	33.8	34.0	33.6
양자통신	31.4	30.7	31.1	30.8	32.2
양자센서	22.0	16.9	13.5	10.7	9.3

14 ③

정답률 63.4%

| 문제 유형 | 자료 읽기 > 표/빈칸 제시형

| 접근 전략 | 2022년 '참나무시들음병'의 발생면적은 ㄴ을 제외한 모든 〈보기〉에서 필요한 값이므로 먼저 계산한다. 이 값만 계산하면 ㄱ이 옳은 〈보기〉임을 알 수 있고, ㄴ과 ㄹ만 확인하면 답을 구할 수 있다. ㄹ에서 어림계산을 하면 1,487이 1,240보다 20% 이상 크고, 32,627은 28,522보다 20%에 못 미치게 크다. 따라서 2022년 병해충 발생면적의 전년 대비 증가율은 '참나무시들음병'이 '흰불나방'보다 높다.

다음 〈표〉는 2017~2022년 '갑'국의 병해충 발생면적에 관한 자료이다. 이에 대한 〈보기〉의 설명 중 옳은 것만을 모두 고르면?

〈표〉 2017~2022년 '갑'국의 병해충 발생면적

(단위: ha)

연도 병해충	2017	2018	2019	2020	2021	2022
흰불나방	35,964	32,235	29,325	29,332	28,522	32,627
솔잎혹파리	35,707	38,976	( )	27,530	27,638	20,840
솔껍질깍지벌레	4,043	7,718	6,380	5,024	3,566	3,497
참나무시들음병	1,733	1,636	1,576	1,560	1,240	( )
전체	77,447	( )	69,812	63,446	60,966	58,451

〈보기〉

ㄱ. 2019~2022년 발생면적이 매년 감소한 병해충은 '솔껍질깍지벌레'뿐이다. → (O) '흰불나방'은 2020년과 2022년에 발생면적이 전년 대비 증가하였고, '솔잎혹파리'는 2021년에 발생면적이 전년 대비 증가하였고, '참나무시들음병'의 2022년 발생면적은 58,451 − 32,627 − 20,840 − 3,497 = 1,487 (ha)로 전년 대비 증가하였다. '솔껍질깍지벌레'의 발생면적은 2019~2022년 매년 감소하고 있으므로 옳은 설명이다.

ㄴ. 전체 병해충 발생면적이 전년 대비 증가한 해는 2018년뿐이다. → (O) 2018년 전체 병해충 발생면적은 32,235 + 38,976 + 7,718 + 1,636 = 80,565(ha)이므로 전년 대비 증가하였고, 나머지 해는 전년 대비 감소하였으므로 옳은 설명이다.

ㄷ. 2019년 '솔잎혹파리' 발생면적은 2022년 '참나무시들음병' 발생면적의 30배 이상이다. → (X) 2019년 '솔잎혹파리' 발생면적은 69,812 − 29,325 − 6,380 − 1,576 = 32,531(ha)이고, 2022년 '참나무시들음병'의 발생면적은 58,451 − 32,627 − 20,840 − 3,497 = 1,487(ha)이다. 1,487(ha)의 30배는 44,610(ha)이므로 2019년 '솔잎혹파리' 발생면적은 2022년 '참나무시들음병' 발생면적의 30배 미만이다.

ㄹ. 2022년 병해충 발생면적의 전년 대비 증가율은 '참나무시들음병'이 '흰불나방'보다 낮다. → (X) 2022년 병해충 발생면적의 전년 대비 증가율은 '참나무시들음병'이 $\frac{1,487 - 1,240}{1,240} \times 100 \fallingdotseq 20.0$(%), '흰불나방'이 $\frac{32,627 - 28,522}{28,522} \times 100 \fallingdotseq 14.4$(%)이다. 따라서 2022년 병해충 발생면적의 전년 대비 증가율은 '참나무시들음병'이 '흰불나방'보다 높다.

① ㄱ ➡ (X)
② ㄷ ➡ (X)
③ ㄱ, ㄴ ➡ (O)
④ ㄷ, ㄹ ➡ (X)
⑤ ㄱ, ㄴ, ㄹ ➡ (X)

15 ⑤

| **문제 유형** | 자료 읽기 > 표/그림 제시형

| **접근 전략** | 계산이 적은 선지부터 확인한다. ①은 계산이 필요 없고, ②는 합만으로 계산이 가능하므로 먼저 소거한다. ④는 가로 길이를 통해 대략적으로 확인이 가능하다. 눈대중으로 가늠하였을 때, B, C, E, G, H는 가로 길이가 A에 한참 못 미치므로 A, D, F만 계산하면 A가 가장 큰 값이므로 ④도 옳은 설명이다. 남은 ③, ⑤ 중 ⑤는 각 학생의 신장과 체중의 비교를 통해 최대 다섯 번의 계산으로 확인이 가능하고, ③은 이보다 계산이 훨씬 많이 필요하므로 ⑤만 확인한다.

다음은 '갑'국의 2017년과 2022년 A~H학생의 신장 및 체중과 체질량지수 분류기준에 관한 자료이다. 이에 대한 설명으로 옳지 않은 것은?

〈그림〉 2017년과 2022년 A~H학생의 신장 및 체중

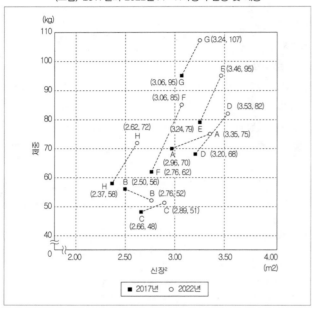

〈표〉 '갑'국의 체질량지수 분류기준

(단위: kg/m²)

체질량지수	분류
20 미만	저체중
20 이상 25 미만	정상
25 이상 30 미만	과체중
30 이상 40 미만	비만
40 이상	고도비만

※ 체질량지수(kg/m²) = $\dfrac{체중}{신장^2}$

① '저체중'으로 분류된 학생의 수는 2022년이 2017년보다 많다. ➡ (X) 체질량지수는 〈그림〉의 기울기와 같다. (2.00, 40), (2.50, 50), (3.00, 60), (3.50, 70), (4.00, 80)을 따라서 그었을 때, 이 선보다 아래에 있는 학생이 체질량지수가 20kg/m²미만 즉, '저체중'으로 분류된 학생이다. 이 선보다 아래에 있는 학생은 2017년에는 C, 2022년에는 B, C이므로 '저체중'으로 분류된 학생의 수는 2022년이 2017년보다 많다.

② 2022년 A~H학생 체중의 평균은 2017년 대비 10% 이상 증가하였다. ➡ (X) 2017년 A~H 학생의 체중의 합은 70 + 56 + 48 + 68 + 79 + 62 + 95 + 58 = 536(kg)이고, 2022년 A~H 학생의 체중의 합은 75 + 52 + 51 + 82 + 95 + 85 + 107 + 72 = 619(kg)이다. 평균에서 분모는 8로 동일하므로 평균은 합에 비례

한다. 536(kg)의 10%는 53.6이며, 536 + 53.6 = 589.6(kg)이므로 2022년 체중의 합이 2017년 대비 10% 이상 증가하였다.

③ 2017년과 2022년에 모두 '정상'으로 분류된 학생은 2명이다. ➡ (X) B, C는 2022년에 '저체중'이었으므로 제외하고, 나머지만 체질량지수가 2017년과 2022년에 25kg/m²미만인지 확인한다. 신장² × 25가 체중보다 큰 값이라면 체질량지수가 25kg/m²미만이다. A는 2017년 2.96 × 25 = 74 > 70, 2022년 3.35 × 25 = 83.75 > 75이므로 두 해 모두 '정상'이다. D는 2017년 3.20 × 25 = 80 > 68, 2022년 3.53 × 25 = 88.25 > 82이므로 두 해 모두 '정상'이다. E는 2017년 3.24 × 25 = 81 > 79, 2022년 3.46 × 25 = 86.5 < 95로 2022년에 '정상'이 아니다. F는 2017년 2.76 × 25 = 69 > 62이고, 2022년 3.06 × 25 = 76.5 < 85이므로 2022년에 '정상'이 아니다. G의 2017년 신장²이 F의 2022년 신장²와 동일하고, 체중은 더 나가므로 2017년에 G는 '정상'이 아니다. 2017년에 정상이 아니므로 2022년은 확인하지 않아도 된다. H는 2017년에 2.37 × 25 = 59.25 > 58이고, 2022년에 2.62 × 25 = 65.5 < 72로 2022년에 '정상'이 아니다. 따라서 두 해 모두 '정상'인 학생은 A, D 2명이다.

④ 2017년과 2022년 신장의 차이가 가장 큰 학생은 A이다. ➡ (X) 2017년과 2022년 신장 차이가 클수록 신장²의 차이도 클 것이므로 신장²의 차이로 비교해본다. 신장²의 차이는 A가 3.35 − 2.96 = 0.39(m²), B가 2.76 − 2.50 = 0.26(m²), C가 2.89 − 2.66 = 0.23(m²), D가 3.53 − 3.20 = 0.33(m²), E가 3.46 − 3.24 = 0.22(m²), F가 3.06 − 2.76 = 0.30(m²), G가 3.24 − 3.06 = 0.18(m²), H가 2.62 − 2.37 = 0.25(m²)이므로 2017년과 2022년 신장의 차이가 가장 큰 학생은 A이다.

⑤ 2022년 A~H학생의 체질량지수 중 가장 큰 값은 가장 작은 값의 2배 이상이다. ➡ (O) 2022년 체질량지수가 가장 작은 학생은 B 또는 C이다. C는 B보다 신장²의 값이 크면서 체중은 더 적게 나가므로 C의 체질량지수가 가장 작다. C의 체질량지수는 51 ÷ 2.89 ≒ 17.6(kg/m²)이다. 2022년 G는 A, D, E보다 신장²이 더 작고, 체중은 더 나간다. 따라서 A, D, E는 2022년 체질량지수가 가장 큰 학생이 아니다. 따라서 F, G, H의 체질량지수만 계산해보면 F는 85 ÷ 3.06 ≒ 27.8(kg/m²), G는 107 ÷ 3.24 ≒ 33.0(kg/m²), H는 72 ÷ 2.62 ≒ 27.5(kg/m²)이므로 G의 체질량지수가 가장 크다. 17.6 × 2 = 35.2 > 33.0이므로 체질량지수가 가장 큰 값 33.0kg/m²은 가장 작은 값 17.6kg/m²의 2배 미만이다.

16 ④

| **문제 유형** | 자료 읽기 > 표/그림/빈칸 제시형

| **접근 전략** | 계산이 많이 필요한 문제이므로 최대한 계산을 하지 않고, 비교를 통해 대소 관계를 파악할 수 있어야 한다. 또한 모든 〈보기〉를 먼저 계산하고 답을 찾지 말고, 〈보기〉를 하나 확인할 때마다 선지를 소거하면서 문제를 푼다면 적게는 두 개, 많게는 세 개의 〈보기〉만 확인해도 답을 구할 수 있다. 계산이 가장 간단한 〈보기〉는 ㄹ이므로 ㄹ을 먼저 확인한다.

다음은 2016~2022년 '갑'국의 스마트농업 정부연구비에 관한 자료이다. 이에 대한 〈보기〉의 설명 중 옳은 것만을 모두 고르면?

〈그림〉 연도별 스마트농업 정부연구비 및 연구과제 수

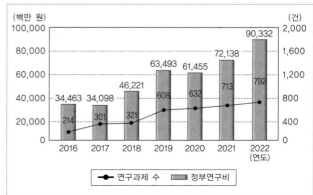

〈표〉 연도별·분야별 스마트농업 정부연구비

(단위: 백만 원)

분야 \ 연도	2016	2017	2018	2019	2020	2021	2022	전체
데이터기반구축	3,520	4,583	8,021	10,603	11,677	16,581	18,226	73,211
자동화설비기기	27,082	19,975	23,046	25,377	22,949	24,330	31,383	( )
융합연구	3,861	9,540	15,154	27,513	26,829	31,227	40,723	( )

※ 스마트농업은 데이터기반구축, 자동화설비기기, 융합연구 분야로만 구분됨

─────〈보기〉─────

ㄱ. 스마트농업의 연구과제당 정부연구비가 가장 많은 해는 2016년이다. → (O) 2017년은 2016년보다 연구과제 수가 많고, 정부연구비는 적다. 2019년, 2020년은 연구과제 수가 2016년의 2배 이상인데 정부연구비는 2배 미만이다. 2021년, 2022년은 연구과제 수가 2016년의 3배 이상인데 정부연구비는 3배 미만이다. 2018년은 연구과제 수가 2016년의 1.5배이고, 정부연구비는 1.5배 미만이다. 따라서 스마트농업의 연구과제당 정부연구비가 가장 많은 해는 2016년이다.

ㄴ. 전체 정부연구비가 가장 많은 스마트농업 분야는 '자동화설비기기'이다. → (O) 2016 ~ 2018년 '자동화설비기기'의 정부연구비는 '융합연구'에 비해 약 23,000 + 10,000 + 8,000 = 41,000(백만 원) 많고, 2019 ~ 2022년에는 2,000 + 4,000 + 7,000 + 9,000 = 22,000(백만 원) 적다. 따라서 전체 정부연구비는 '자동화설비기기'가 '융합연구'보다 많고, 모든 해에 '데이터기반구축' 정부연구비보다 '자동화설비기기' 정부연구비가 더 많으므로 전체 정부연구비가 가장 많은 스마트농업 분야는 '자동화설비기기'이다.

ㄷ. 스마트농업 정부연구비의 전년 대비 증가율이 가장 높은 해는 2022년이다. → (X) 2017년과 2020년은 전년 대비 정부연구비가 감소하였으므로 계산에서 제외한다. 우선 증가액을 계산해보면 2018년 46,221 − 34,098 = 12,123(백만 원), 2019년 63,493 − 46,221 = 17,272(백만 원), 2021년 72,138 − 61,455 = 10,683(백만 원), 2022년 90,332 − 72,138 = 18,194(백만 원)이다. 따라서 2018년과 2019년은 증가액이 전년도 정부연구비의 30% 이상이고, 2022년은 30% 미만이므로 스마트농업 정부연구비의 전년 대비 증가율이 가장 높은 해는 2022년이 아니다.

ㄹ. 2019년 대비 2022년 정부연구비 증가율이 가장 높은 스마트농업 분야는 '데이터기반구축'이다. → (O) 앞의 두 자리만 어림하여도 '자동화설비기기'는 2019년의 정부연구비가 '데이터기반구축'보다 많고, 2022년 증가액이 '데이터기반구축'보다 적은 것을 알 수 있으므로 계산에서 제외한다. 2019년 '융합연구'의 정부연구비는 '데이터기반구축'의 2.5배 이상인데 2022년 '융합연구'의 정부연구비는 '데이터기반구축'의 2.5배 미만이다. 따라서 2019년 대비 2022년 정부연구비 증가율은 '데이터기반구축'이 가장 높다.

① ㄱ, ㄴ ➡ (X)
② ㄱ, ㄷ ➡ (X)
③ ㄷ, ㄹ ➡ (X)
④ ㄱ, ㄴ, ㄹ ➡ (O)
⑤ ㄴ, ㄷ, ㄹ ➡ (X)

17 ④

| 문제 유형 | 자료 읽기 > 표/빈칸 제시형
| 접근 전략 | ㄴ의 경우 두 번째 계산해도 답을 알 수 있으므로 먼저 확인한다. ㄹ에서 지방비 지원금액이 큰 '산림시설 복구'와 '주택 복구'를 합하면 10,800천만 원으로 '상·하수도 복구' 지원금액 10,930천만 원에 아주 근접하므로 나머지 계산을 하지 않아도 ㄹ이 옳은 〈보기〉임을 알 수 있다.

다음 〈표〉는 A지역 산불피해 복구에 대한 국비 및 지방비 지원금액에 관한 자료이다. 이에 대한 〈보기〉의 설명 중 옳은 것만을 모두 고르면?

〈표 1〉 A지역 산불피해 복구에 대한 지원항목별, 재원별 지원금액

(단위: 천만 원)

지원항목 \ 재원	국비	지방비	합
산림시설 복구	32,594	9,000	41,594
주택 복구	5,200	1,800	7,000
이재민 구호	2,954	532	3,486
상·하수도 복구	10,930	260	11,190
농경지 복구	1,540	340	1,880
생계안정 지원	1,320	660	1,980
기타	520	0	520
전체	55,058	( )	( )

〈표 2〉 A지역 산불피해 복구에 대한 부처별 국비 지원금액

(단위: 천만 원)

부처	행정안전부	산림청	국토교통부	환경부	보건복지부	그 외	전체
지원금액	2,930	33,008	( )	9,520	350	240	55,058

─────〈보기〉─────

ㄱ. 기타를 제외하고, 국비 지원금액 대비 지방비 지원금액 비율이 가장 높은 지원항목은 '주택 복구'이다. → (X) '주택 복구'의 국비는 '생계안정 지원'의 3배 이상이지만 지방비는 3배 미만이다. 따라서 '주택 복구'는 국비 지원금액 대비 지방비 지원금액 비율이 가장 높은 지원항목이 아니다.

ㄴ. 산림청의 '산림시설 복구' 지원금액은 1,000억 원 이상이다. → (O) 산림청을 제외한 부처에서 모두 '산림시설 복구'에 국비를 지원했다면 산림청을 제외한 부처의 '산림시설 복구' 지원금액은 55,058 − 33,008 = 22,050(천만 원)이다. '산림시설 복구' 국비 지원금액은 32,594천만 원이고, 32,594 − 22,050 = 10,544(천만 원)은 산림청이 지원해야 한다. 따라서 산림청의 '산림시설 복구' 지원금액은 최소 1,054.4억 원이다.

ㄷ. 국토교통부의 지원금액은 전체 국비 지원금액의 20% 이상이다. → (X) 국토교통부의 국비 지원금액은 55,058 − 2,930 − 33,008 − 9,520 − 350 − 240 = 9,010(천만 원)이다. 55,058 × 0.2 = 11,011.6 > 9,010이므로 국토교통부의 지원금액은 전체 국비 지원금액의 20% 미만이다.

ㄹ. 전체 지방비 지원금액은 '상·하수도 복구' 국비 지원금액보다 크다. → (O) 전체 지방비 지원금액은 9,000 + 1,800 + 532 + 260 + 340 + 660 = 12,592(천만 원)이므로, '상·하수도 복구' 국비 지원금액인 10,930천만 원보다 크다.

① ㄱ, ㄴ ➡ (X)
② ㄱ, ㄷ ➡ (X)
③ ㄴ, ㄷ ➡ (X)
④ ㄴ, ㄹ ➡ (O)
⑤ ㄷ, ㄹ ➡ (X)

| 문제 유형 | 자료 읽기 > 표/빈칸 제시형
| 접근 전략 | 확인하는 선지 순서 혹은 풀이법에 따라 빈칸을 몰라도 되는 경우가 있으므로 빈칸을 모두 채우고 시작하기보다는 선지를 확인하면서 필요할 때만 채운다. ④는 두 번의 차 계산만으로 확인이 가능하므로 먼저 확인한다.

다음 〈표〉는 2022년도 '갑'국의 운전면허 종류별 응시자 및 합격자 수에 관한 자료이다. 이에 대한 설명으로 옳은 것은?

〈표〉 '갑'국의 운전면허 종류별 응시자 및 합격자 수

(단위: 명)

구분 종류	응시자	남자	여자	합격자	남자	여자
전체	71,976	56,330	15,646	44,012	33,150	10,862
1종	29,507	( )	1,316	16,550	15,736	814
대형	4,199	4,149	50	995	991	4
보통	24,388	23,133	1,255	15,346	14,536	810
특수	920	909	11	209	209	0
2종	( )	( )	14,330	27,462	17,414	10,048
보통	39,312	25,047	14,265	26,289	16,276	10,013
소형	1,758	1,753	5	350	349	1
원동기	1,399	1,339	60	823	789	34

※ 합격률(%) = $\dfrac{합격자\ 수}{응시자\ 수} \times 100$

① 2종 면허 응시자 수는 1종 면허 응시자 수의 2배 이상이다. ➡ (X) 2종 면허 응시자 수가 1종 면허 응시자 수의 2배 이상이라면 전체 응시자 수는 1종 면허 응시자 수의 3배 이상이어야 한다. 29,507의 3배는 약 90,0000이고, 전체 응시자 수는 이에 훨씬 못 미치므로 옳지 않다.

② 전체 합격률은 60% 미만이다. ➡ (X) 전체 응시자 수의 60%는 71,976 × 0.6 = 43,185.6(명)이고, 합격자 수는 44,012명이므로 전체 합격률은 60% 이상이다.

③ 1종 보통 면허 합격률은 2종 보통 면허 합격률보다 높다. ➡ (X) 1종 보통 면허 합격률은 $\dfrac{15,346}{24,388} \times 100 ≒ 62.9(\%)이고$, 2종 보통 면허 합격률은 $\dfrac{26,289}{39,312} \times 100 ≒ 66.9(\%)$이므로 2종 보통 면허 합격률이 1종 보통 면허 합격률보다 높다.

④ 1종 면허 남자 응시자 수는 2종 면허 남자 응시자 수보다 많다. ➡ (O) 1종 면허 남자 응시자 수는 29,507 − 1,316 = 28,191(명)이고, 2종 면허 남자 응시자 수는 56,330 − 28,191 = 28,139(명)이므로 1종 면허 남자 응시자 수가 2종 면허 남자 응시자 수보다 많다.

⑤ 1종 대형 면허 여자 합격률은 2종 소형 면허 여자 합격률보다 높다. ➡ (X) 여자 응시자 수는 1종 대형 면허가 2종 소형 면허의 10배이고, 여자 합격자 수는 1종 대형 면허가 2종 소형 면허의 4배이다. 따라서 여자 합격률은 2종 소형 면허가 1종 대형 면허보다 높다.

| 문제 유형 | 자료 읽기 > 표 제시형
| 접근 전략 | ㄴ과 ㄷ은 정확한 계산을 하지 않아도 정오를 판단할 수 있으므로 먼저 확인한다. ㄴ과 ㄷ이 모두 옳지 않으므로 ㄱ과 ㄹ을 계산하지 않아도 답은 ②이다.

다음 〈표〉는 2022년 A~E국의 국방비와 GDP, 군병력, 인구에 관한 자료이다. 이에 대한 〈보기〉의 설명 중 옳은 것만을 모두 고르면?

〈표〉 2022년 A~E국의 국방비와 GDP, 군병력, 인구

(단위: 억 달러, 만 명)

구분 국가	국방비	GDP	군병력	인구
A	8,010	254,645	133	33,499
B	195	13,899	12	4,722
C	502	16,652	60	5,197
D	320	20,120	17	6,102
E	684	30,706	20	6,814

〈보기〉

ㄱ. 국방비가 가장 많은 국가의 국방비는 A~E국 국방비 합의 80% 이상이다. → (O) A~E국 국방비의 합은 8,010 + 195 + 502 + 320 + 684 = 9,711(억 달러)이고, 이 값의 80%는 7,768.8억 달러이다. 따라서 국방비가 가장 많은 A국의 국방비 8,010억 달러는 A~E국 국방비 합의 80% 이상이다.

ㄴ. 인구 1인당 GDP는 B국이 C국보다 크다. → (X) C국의 인구는 B국보다 약 10% 더 많고, GDP는 C국이 B국보다 약 20% 더 많으므로 인구 1인당 GDP는 C국이 B국보다 크다.

ㄷ. 국방비가 많은 국가일수록 GDP 대비 국방비 비율이 높다. → (X) E국의 국방비는 C국의 국방비의 1.5배 미만인데 GDP는 1.5배 이상이다. 따라서 국방비는 E국이 C국보다 많지만, GDP 대비 국방비 비율은 C국이 E국보다 높다.

ㄹ. 군병력 1인당 국방비는 A국이 D국의 3배 이상이다. → (O) A국의 군병력 1인당 국방비와 D국의 군병력 1인당 국방비 × 3을 비교한다. A국의 군병력 1인당 국방비는 8,010 ÷ 133 ≒ 60.2(억 달러/만 명)이고, D국의 군병력 1인당 국방비 × 3은 (320 × 3) ÷ 17 ≒ 56.5(억 달러/만 명)이다. 따라서 군병력 1인당 국방비는 A국이 D국의 3배 이상이다.

① ㄱ, ㄴ ➡ (X)
② ㄱ, ㄹ ➡ (O)
③ ㄴ, ㄷ ➡ (X)
④ ㄱ, ㄷ, ㄹ ➡ (X)
⑤ ㄴ, ㄷ, ㄹ ➡ (X)

20 ① TOP 3 정답률 32.4%

|문제 유형| 자료 읽기/추론 > 계산형
|접근 전략| 대상액의 단위는 억 원이고, 기초액의 단위는 천 원임에 유의한다. ㄴ은 단위가 만 원으로 주어져 있으므로 만 원으로 단위를 맞추어 계산하고, ㄱ과 ㄹ은 계산하기 편한 공통된 단위로 통일하여 계산한다.

다음은 '갑'국의 건설공사 안전관리비에 관한 자료이다. 이에 대한 〈보기〉의 설명 중 옳은 것만을 모두 고르면?

〈표〉 '갑'국의 건설공사 종류 및 대상액별 안전관리비 산정 기준

공사 종류 \ 대상액 구분	5억 원 미만 요율(%)	5억 원 이상 50억 원 미만 요율(%)	5억 원 이상 50억 원 미만 기초액 (천 원)	50억 원 이상 요율(%)
일반건설공사(갑)	2.93	1.86	5,350	1.97
일반건설공사(을)	3.09	1.99	5,500	2.10
중건설공사	3.43	2.35	5,400	2.46
철도·궤도신설공사	2.45	1.57	4,400	1.66
특수 및 기타 건설공사	1.85	1.20	3,250	1.27

─〈안전관리비 산정 방식〉─

○ 대상액이 5억 원 미만 또는 50억 원 이상인 경우,
안전관리비 = 대상액 × 요율
○ 대상액이 5억 원 이상 50억 원 미만인 경우,
안전관리비 = 대상액 × 요율 + 기초액

─〈보기〉─

ㄱ. 대상액이 10억 원인 경우, 안전관리비는 '일반건설공사(을)'가 '중건설공사'보다 적다. → (O) 대상액이 10억 원인 경우 '일반건설공사(을)'의 안전관리비는 10억 원 × 0.0199 + 5,500천 원 = 199십만 원 + 55십만 원 = 254(십만 원)이다. '중건설공사'의 안전관리비는 10억 원 × 0.0235 + 5,400천 원 = 235십만 원 + 54십만 원 = 289(십만 원)이다.

ㄴ. 대상액이 4억 원인 경우, '일반건설공사(갑)'와 '철도·궤도신설공사'의 안전관리비 차이는 200만 원 이상이다. → (X) 대상액이 4억 원인 경우 '일반건설공사(갑)'와 '철도·궤도신설공사'의 안전관리비 차이는 4억 원 × (0.0293 − 0.0245) = 0.0192(억 원) = 192(만 원)이다.

ㄷ. '특수 및 기타 건설공사' 안전관리비는 대상액이 100억 원인 경우가 대상액이 10억 원인 경우의 10배 이상이다. → (X)특수 및 기타 건설공사' 안전관리비는 대상액이 100억 원일 때, 100억 원 × 0.0127 = 1.27(억 원)이고, 대상액이 10억 원일 때, 10억 원 × 0.012 + 3,250천 원 = 0.12 + 0.03250 = 0.1525(억 원)이다. 따라서 0.1525 × 10 = 1.525 > 1.27이다.

① ㄱ ➡ (O)
② ㄴ ➡ (X)
③ ㄱ, ㄷ ➡ (X)
④ ㄴ, ㄷ ➡ (X)
⑤ ㄱ, ㄴ, ㄷ ➡ (X)

---

21 ③ 정답률 61.5%

|문제 유형| 자료 읽기 > 표/빈칸 제시형
|접근 전략| ㄹ은 모든 지역에서의 제19대 선거인 수를 구하고, 제19대와 제20대 선거인 수의 차이를 구해야 하므로 계산이 복잡하고 많다. 〈보기〉 조합에 따라 ㄱ, ㄴ, ㄷ만 확인하면 문제를 빠르게 해결할 수 있다.

다음 〈표〉는 '갑'국 재외국민의 5개 지역별 투표 결과에 관한 자료이다. 이에 대한 〈보기〉의 설명 중 옳은 것만을 모두 고르면?

〈표〉 재외국민 지역별 투표 결과

(단위: 개소, 명, %)

지역 \ 구분	제20대 선거 투표소 수	제20대 선거 선거인 수	제20대 선거 투표자 수	제20대 선거 투표율	제19대 선거 투표자 수	제19대 선거 투표율
아주	( )	110,818	78,051	70.4	106,496	74.0
미주	62	( )	50,440	68.7	68,213	71.7
유럽	47	32,591	25,629	( )	36,170	84.9
중동	21	6,818	5,658	83.0	8,210	84.9
아프리카	21	2,554	2,100	82.2	2,892	85.4
전체	219	226,162	161,878	71.6	221,981	75.3

※ 1) 투표율(%) = $\frac{\text{투표자 수}}{\text{선거인 수}} \times 100$

2) '아주'는 '중동'을 제외한 아시아 및 오세아니아 지역을 의미함

─〈보기〉─

ㄱ. 제20대 선거에서 투표소 수는 '아주'가 '중동'의 4배 이상이다. → (X) 제20대 선거에서 '아주'의 투표소 수는 219 − 62 − 47 − 21 − 21 = 68(개소)로 '중동' 21개소의 4배(84개소) 미만이다.

ㄴ. 제20대 선거에서 투표율이 가장 높은 지역과 가장 낮은 지역의 투표율 차이는 15%p 이상이다. → (X) 제20대 선거에서 '유럽'의 투표율은 $\frac{25,629}{32,591} \times 100 ≒ 78.6(\%)$이다. 따라서 투표율이 가장 높은 지역인 '중동'과 가장 낮은 지역인 '미주'의 투표율의 차이는 83.0 − 68.7 = 14.3(%p)이다.

ㄷ. 제20대 선거에서 투표소당 선거인 수는 '미주'가 '유럽'보다 많다. → (O) 제20대 선거에서 '미주'의 선거인 수는 226,162 − 110,818 − 32,591 − 6,818 − 2,554 = 73,381(명)이다. 투표소 수는 '미주'가 '유럽'의 2배 미만이고, 선거인 수는 '미주'가 '유럽'의 2배 이상이므로 투표소당 선거인 수는 '미주'가 '유럽'보다 많다.

ㄹ. 제20대 선거와 제19대 선거의 선거인 수 차이가 큰 지역부터 순서대로 나열하면 '아주', '미주', '유럽', '중동', '아프리카' 순이다. → (O) 선거인 수는 투표자 수 × 100 ÷ 투표율이다. 따라서 제19대 선거에서 선거인 수를 계산해보면 '아주'가 143,914명, '미주'가 95,137명, '유럽'이 42,603명, '중동'이 9,670명, '아프리카'가 3,386명이다. 따라서 제20대 선거와 제19대 선거의 선거인 수 차이를 구해보면 '아주'가 33,096명, '미주'가 21,756명, '유럽'이 10,012명, '중동'이 2,852명, '아프리카'가 832명이다. 따라서 제20대 선거와 제19대 선거의 선거인 수 차이가 큰 지역부터 순서대로 나열하면 '아주', '미주', '유럽', '중동', '아프리카' 순이다.

① ㄱ ➡ (X)
② ㄹ ➡ (X)
③ ㄷ, ㄹ ➡ (O)
④ ㄱ, ㄴ, ㄷ ➡ (X)
⑤ ㄴ, ㄷ, ㄹ ➡ (X)

22 ①

정답률 66.4%

| **문제 유형** | 자료 읽기/추론 > 매칭형

| **접근 전략** | 매칭형 문제의 경우 유형을 하나로 특정할 수 있는 〈조건〉부터 확인한다. 해당하는 〈조건〉은 두 번째 〈조건〉과 다섯 번째 〈조건〉이고, 계산이 더 간단한 다섯 번째 〈조건〉부터 해결한다. 이 두 〈조건〉을 해결하면 '전복'을 하나로 특정할 수 있고, 선지 조합에 따라 '충돌'은 A 또는 E이므로 세 번째 〈조건〉만 해결하면 답을 구할 수 있다.

다음 〈표〉는 2017~2021년 '갑'국의 해양사고 유형별 발생 건수와 인명피해 인원 현황이다. 〈표〉와 〈조건〉을 근거로 A~E에 해당하는 유형을 바르게 연결한 것은?

〈표 1〉 2017~2021년 해양사고 유형별 발생 건수

(단위: 건)

유형\연도	A	B	C	D	E
2017	258	65	29	96	160
2018	250	46	38	119	162
2019	244	110	61	132	228
2020	277	108	69	128	203
2021	246	96	54	149	174

〈표 2〉 2017~2021년 해양사고 유형별 인명피해 인원

(단위: 명)

유형\연도	A	B	C	D	E
2017	35	20	25	3	60
2018	19	25	1	0	52
2019	10	19	0	16	52
2020	8	25	2	8	79
2021	9	27	3	3	76

※ 해양사고 유형은 '안전사고', '전복', '충돌', '침몰', '화재폭발' 중 하나로만 구분됨

─〈조건〉─

○ 2017~2019년 동안 '안전사고' 발생 건수는 매년 증가한다.
○ 2020년 해양사고 발생 건수 대비 인명피해 인원의 비율이 두 번째로 높은 유형은 '전복'이다.
○ 해양사고 발생 건수는 매년 '충돌'이 '전복'의 2배 이상이다.
○ 2017~2021년 동안의 해양사고 인명피해 인원 합은 '침몰'이 '안전사고'의 50% 이하이다.
○ 2020년과 2021년의 해양사고 인명피해 인원 차이가 가장 큰 유형은 '화재폭발'이다.

	A	B	C	D	E	
①	충돌	전복	침몰	화재폭발	안전사고	➡ (O)

유형을 특정할 수 있는 다섯 번째 〈조건〉부터 확인한다. 2020년과 2021년 해양사고 인명피해 인원 차이는 A, C가 1명, B가 2명, E가 3명, D가 5명이므로 D가 '화재폭발'이다. 두 번째 〈조건〉을 확인하면 '전복'을 하나로 특정할 수 있으므로 두 번째 〈조건〉을 다음으로 확인한다. D가 '화재폭발'이므로 선지 조합에 따라 '전복'은 B 또는 C이다. B를 기준으로 대소를 비교하면 다음과 같다. B는 A, D보다 인명피해 인원이 많으면서 해양사고 발생 건수는 적고, C보다 인명피해 인원이 12배 이상이면서, 해양사고

발생 건수는 2배 미만이다. E는 B보다 인명피해 인원은 3배 이상이면서, 해양사고 발생 건수는 2배 미만이다. 따라서 2020년 해양사고 발생 건수 대비 인명피해 인원의 비율은 B가 A, C, D보다 크고, E보다 작으므로 B가 '전복'이다. '충돌'은 A 또는 E이다. E의 해양사고 발생 건수는 2020년과 2021년에 B의 2배 미만이므로, A가 '충돌'이고, 첫 번째 〈조건〉과 네 번째 〈조건〉은 확인하지 않아도 C가 '침몰', E가 '안전사고'임을 알 수 있다.

②	충돌	전복	화재폭발	안전사고	침몰	➡ (X)
③	충돌	침몰	전복	화재폭발	안전사고	➡ (X)
④	침몰	전복	안전사고	화재폭발	충돌	➡ (X)
⑤	침몰	충돌	전복	안전사고	화재폭발	➡ (X)

23 ③

정답률 68.4%

| **문제 유형** | 자료 읽기 > 표/빈칸 제시형

| **접근 전략** | 빈칸을 채워서 해결 가능한 ①, ③, ⑤부터 확인한다. 각 선지는 두 개의 빈칸을 채워 해결하도록 되어 있는데 ⑤의 경우 2020년과 2021년의 유형별 단속건수를 비교해보았을 때, '사업구역 외 영업'에서 2020년이 2021년보다 1,800건 가량 많고, '방범등 소등위반'과 '기타'를 합하여도 500건 미만으로 적으므로 2021년은 전체 단속건수가 가장 많은 연도가 될 수 없다. 따라서 2020년도 전체 단속건수만 계산해도 되는 ③부터 해결한다.

다음 〈표〉는 2017~2022년 '갑'시의 택시 위법행위 유형별 단속건수에 관한 자료이다. 이에 대한 설명으로 옳은 것은?

〈표〉 2017~2022년 '갑'시의 택시 위법행위 유형별 단속건수

(단위: 건)

유형\연도	승차거부	정류소 정차 질서문란	부당요금	방범등 소등위반	사업구역 외 영업	기타	전체
2017	( )	1,110	125	1,001	123	241	4,166
2018	1,694	701	301	( )	174	382	4,131
2019	1,991	1,194	441	825	554	349	5,354
2020	717	1,128	51	769	2,845	475	( )
2021	130	355	40	1,214	1,064	484	( )
2022	43	193	268	( )	114	187	2,067

① 위법행위 단속건수 상위 2개 유형은 2017년과 2018년이 같다.
➡ (X) 2017년 '승차거부' 단속건수는 4,166 − 1,110 − 125 − 1,001 − 123 − 241 = 1,566(건). 2018년 '방범등 소등위반' 단속건수는 4,131 − 1,694 − 701 − 301 − 174 − 382 = 879(건)이다. 따라서 2017년의 위법행위 단속건수 상위 2개 유형은 '승차거부'와 '정류소 정차 질서문란'이고, 2018년의 위법행위 단속건수 상위 2개 유형은 '승차거부'와 '방범등 소등위반'으로 다르다.

② '부당요금' 단속건수 대비 '승차거부' 단속건수 비율이 가장 높은 연도는 2017년이다. ➡ (X) 2017년과 2020년도의 '승차거부' 단속건수는 '부당요금' 단속건수의 10배 이상이고, 나머지 연도에서는 10배 미만이므로 2017년과 2020년만 정확히 계산한다. '부당요금' 단속건수 대비 '승차거부' 단속건수 비율은 2017년 1,566 ÷ 125 ≒ 12.50이고, 2020년은 717 ÷ 51 ≒ 14.10이다. 따라서 '부당요금' 단속건수 대비 '승차거부' 단속건수 비율이 가장 높은 연도는 2020년이다.

③ 전체 단속건수가 가장 많은 연도는 2020년이다. ➡ (O) 2020년 전체 단속건수는 717 + 1,128 + 51 + 769 + 2,845 + 475 = 5,985(건)이고, 2021년 전체 단속건수는 130 + 355 + 40 + 1,214 + 1,064 + 484 = 3,287(건)이므로 전체 단속건수가 가장 많은 연도는 2020년이다.

100 · 민간경력자 PSAT 14개년 기출문제집 · 분석해설편

④ 전체 단속건수 중 '방범등 소등위반' 단속건수가 차지하는 비중은 매년 감소한다. ➡ (X) 2021년 '방범등 소등위반' 단속건수는 2020년보다 많고, 전체 단속건수는 2021년이 2020년보다 적으므로 전체 단속건수 중 '방범등 소등위반' 단속건수가 차지하는 비중은 2021년에 전년 대비 증가한다.

⑤ 2017년 '승차거부' 단속건수는 2022년 '방범등 소등위반' 단속건수보다 적다. ➡ (X) 2017년 '승차거부' 단속건수는 1,566건이고, 2022년 '방범등 소등위반' 단속건수는 2,067 − 43 − 193 − 268 − 114 − 187 = 1,262(건)이다. 따라서 2017년 '승차거부' 단속건수는 2022년 '방범등 소등위반' 단속건수보다 많다.

※ 다음 〈표〉는 '갑'국의 2022년 4∼6월 A∼D정유사의 휘발유와 경유 가격에 관한 자료이다. 다음 물음에 답하시오. [문 24.∼문 25.]

〈표〉 정유사별 휘발유와 경유 가격

(단위: 원/L)

정유사 \ 유종 월	휘발유			경유		
	4	5	6	4	5	6
A	1,840	1,825	1,979	1,843	1,852	2,014
B	1,795	1,849	1,982	1,806	1,894	2,029
C	1,801	1,867	2,006	1,806	1,885	2,013
D	1,807	1,852	1,979	1,827	1,895	2,024

※ 가격은 해당 월의 정유사별 공시가임

---

24 ④

정답률 87.0%

| 문제 유형 | 자료 읽기 > 표 제시형

| 접근 전략 | 계산이 필요 없는 선지부터 해결한다. 해당하는 선지는 ②, ③, ④이고, ④가 옳은 설명이므로 ①, ⑤는 계산하지 않아도 문제를 해결할 수 있다.

위 〈표〉에 대한 설명으로 옳은 것은?

① 휘발유와 경유의 가격 차이가 가장 큰 정유사는 매월 같다.
➡ (X) 휘발유와 경유 가격 차이는 4월에는 D가 20원/L로 가장 크고, 5월에는 B가 45원/L로 가장 크다.

② 4월에 휘발유 가격보다 경유 가격이 낮은 정유사는 1개이다.
➡ (X) 4월에 모든 정유사에서 휘발유 가격보다 경유 가격이 높다.

③ 5월 휘발유 가격이 가장 높은 정유사는 5월 경유 가격도 가장 높다.
➡ (X) 5월 휘발유 가격이 가장 높은 정유사는 C이고, 경유 가격이 가장 높은 정유사는 D이다.

④ 각 정유사의 경유 가격은 매월 높아졌다. ➡ (O) 모든 정유사의 경유 가격이 매월 높아졌으므로 옳은 설명이다.

⑤ 각 정유사의 5월과 6월 가격 차이는 경유가 휘발유보다 크다.
➡ (X) C의 5월과 6월 휘발유 가격 차이는 139원/L, 경유 가격 차이는 128원/L이므로 휘발유가 경유보다 크다.

---

25 ②

| 문제 유형 | 자료 읽기/추론 > 계산형

| 접근 전략 | 〈표〉에 주어진 자료는 원가가 아니라 공시가격이다. 가격을 계산하는 방법은 〈정보〉에 주어져 있으므로 각 〈보기〉별로 유류세에 관한 사항을 확인하고, 식에 대입하여 계산을 한다. ㄱ과 ㄴ에서 5월 B의 휘발유 원가, 5월 C의 경유 유류세를 정확하게 계산하는 것보다 식에 각각 1,300원/L, 600원/L를 대입하여 대소만 비교하면 비교적 문제를 빠르게 해결할 수 있다.

위 〈표〉와 다음 〈정보〉를 근거로 〈보기〉의 설명 중 옳은 것만을 모두 고르면?

〈정보〉
○ 가격 = 원가 + 유류세 + 부가가치세
○ 4월 유류세는 원가의 50%임
○ 부가가치세는 원가와 유류세를 합한 금액의 10%임

〈보기〉
ㄱ. 5월 B의 휘발유 유류세가 원가의 40%라면, 5월 B의 휘발유 원가는 1,300원/L 이상이다. ➡ (X) 5월 B의 휘발유 원가가 P, 유류세가 원가의 40%라면 가격은 $P + 0.4P + (P + 0.4P) \times 0.1 = (1 + 0.4 + 0.14)P = 1.54P$이다. 만약 5월 B의 휘발유 원가가 1,300원/L이라면 가격은 $1.54 \times 1,300 = 2,002$(원/L)이다. 〈표〉에 주어진 5월 B의 휘발유 가격이 1,849원/L로 2,002원/L보다 낮으므로 5월 B의 휘발유 원가는 1,300원/L 미만이다.

ㄴ. 5월 C의 경유 원가가 전월과 같다면, 5월 C의 경유 유류세는 600원/L 이상이다. ➡ (O) 4월 유류세는 원가의 50%이다. 따라서 4월 C의 경유 원가를 P라 하면 가격은 $P + 0.5P + (P + 0.5P) \times 0.1 = (1 + 0.5 + 0.15)P = 1.65P = 1,806$(원)이다. 따라서 4월 C의 경유 원가는 $1,806 \div 1.65 ≒ 1,095$(원/L)이다. 5월 C의 경유 원가가 1,095원/L이고, 유류세가 600원/L라면 5월 C의 경유 가격은 $1,095 + 600 + (1,095 + 600) \times 0.1 = 1,864.5$(원/L)이다. 〈표〉에 주어진 5월 C의 경유 가격이 1,885원/L로 1,864.5원/L보다 높으므로 유류세는 600원/L 이상이다.

ㄷ. 6월 D의 경유 유류세가 4월과 같은 금액이라면, 6월 D의 경유 유류세는 원가의 50% 이상이다. ➡ (X) 4월 D의 경유 원가를 P라 하면 4월 D의 경유 가격은 $P + 0.5P + (1.5P \times 0.1) = 1.65P = 1,827$(원/L)이므로 $P ≒ 1,107$(원/L)이다. 따라서 4월 D의 경유 유류세는 $0.5 \times 1,107 ≒ 554$(원/L)이다. 6월 D의 경유 원가를 Q라 하면 6월 D의 경유 가격은 $Q + 554 + (Q + 554) \times 0.1 = 1.1Q + 609.4 = 2,024$(원/L)이다. 따라서 $Q = 1,286$(원/L)이고, $1,286 \times 0.5 = 643 > 609.40$이므로 6월 D의 경유 유류세는 원가의 50% 미만이다.

---

① ㄱ ➡ (X)
② ㄴ ➡ (O)
③ ㄷ ➡ (X)
④ ㄱ, ㄴ ➡ (X)
⑤ ㄴ, ㄷ ➡ (X)

2022년도 국가공무원 5급 및 7급 민간경력자 일괄채용 필기시험

정답과 분석해설

나의 성적

영역	점수	풀이 시간
언어논리	_____점	_____분
상황판단	_____점	_____분
자료해석	_____점	_____분

합격선

영역	합격 가능권	합격 확실권
언어논리	72~76점	80~84점
상황판단	64~68점	72~76점
자료해석	68~72점	76~80점

풀이 시간

영역	기본	숙련
언어논리	60분	50분
상황판단	60분	50분
자료해석	60분	50분

선발 인원 / 응시 인원 / 경쟁률

선발 인원	응시 인원	경쟁률
218명	3,055명	1.4 : 1

※ 경쟁률은 1차 합격자 선발 기준인 10배수로 산정

취약유형 분석표 제1영역 언어논리

문번	정답	정답률	유형	맞고 틀림
01	⑤	94.5%	사실적 이해 > 정보 확인	○ △ ×
02	①	90.1%	사실적 이해 > 정보 확인	○ △ ×
03	①	88.3%	사실적 이해 > 정보 확인	○ △ ×
04	②	91.3%	사실적 이해 > 정보 확인	○ △ ×
05	②	84.3%	사실적 이해 > 정보 확인	○ △ ×
06	⑤	89.0%	사실적 이해 > 중심 내용 파악	○ △ ×
07	①	81.2%	비판적 사고 > 빈칸 채우기	○ △ ×
08	⑤	81.4%	비판적 사고 > 판단하기	○ △ ×
09	①	81.2%	비판적 사고 > 지문에서 추론하기	○ △ ×
10	③	65.5%	비판적 사고 > 판단하기	○ △ ×
11	④	67.5%	비판적 사고 > 판단하기	○ △ ×
12	⑤	24.0%	비판적 사고 > 판단하기	○ △ ×
13	③	82.9%	비판적 사고 > 빈칸 채우기	○ △ ×
14	②	21.7%	비판적 사고 > 판단하기	○ △ ×
15	②	12.2%	비판적 사고 > 판단하기	○ △ ×
16	⑤	30.6%	비판적 사고 > 지문에서 추론하기	○ △ ×
17	④	48.9%	사실적 이해 > 논리 게임	○ △ ×
18	③	28.6%	사실적 이해 > 논리 게임	○ △ ×
19	④	23.9%	사실적 이해 > 논리 게임	○ △ ×
20	③	74.1%	비판적 사고 > 지문에서 추론하기	○ △ ×
21	④	26.6%	비판적 사고 > 판단하기	○ △ ×
22	⑤	44.9%	비판적 사고 > 판단하기	○ △ ×
23	②	43.9%	비판적 사고 > 빈칸 채우기	○ △ ×
24	⑤	51.1%	비판적 사고 > 빈칸 채우기	○ △ ×
25	④	38.3%	비판적 사고 > 판단하기	○ △ ×

• 확실히 맞힌 문항 수: _____ 문항

• 헷갈리거나 찍은 문항 수: _____ 문항

• 틀린 문항 수: _____ 문항

취약유형 분석표 제2영역 상황판단

문번	정답	정답률	유형	맞고 틀림
01	⑤	74.8%	법조문형 > 규정확인	○ △ ×
02	①	82.5%	법조문형 > 규정적용	○ △ ×
03	⑤	86.2%	법조문형 > 규정확인	○ △ ×
04	①	73.7%	법조문형 > 규정확인	○ △ ×
05	②	73.0%	제시문형 > 정보확인	○ △ ×
06	②	72.6%	제시문형 > 분석추론	○ △ ×
07	③	81.1%	연산추론형 > 수리계산	○ △ ×
08	④	61.3%	제시문형 > 분석추론	○ △ ×
09	②	65.1%	제시문형 > 정보확인	○ △ ×
10	③	83.3%	연산추론형 > 수리계산	○ △ ×
11	①	58.0%	퍼즐형 > 논리퀴즈	○ △ ×
12	②	87.8%	연산추론형 > 대입비교	○ △ ×
13	③	78.5%	연산추론형 > 대입비교	○ △ ×
14	⑤	51.7%	연산추론형 > 대입비교	○ △ ×
15	①	73.5%	연산추론형 > 대입비교	○ △ ×
16	③	79.9%	연산추론형 > 대입비교	○ △ ×
17	④	61.1%	퍼즐형 > 논리퀴즈	○ △ ×
18	②	47.5%	퍼즐형 > 수리퀴즈	○ △ ×
19	③	39.9%	퍼즐형 > 최댓값 · 최솟값 도출	○ △ ×
20	③	37.3%	퍼즐형 > 수리퀴즈	○ △ ×
21	⑤	26.1%	연산추론형 > 수리계산	○ △ ×
22	④	52.7%	퍼즐형 > 논리퀴즈	○ △ ×
23	①	30.6%	퍼즐형 > 논리퀴즈	○ △ ×
24	④	22.1%	연산추론형 > 수리계산	○ △ ×
25	④	51.2%	법조문형 > 규정적용	○ △ ×

취약유형 분석표 제3영역 자료해석

문번	정답	정답률	유형	맞고 틀림
01	①	93.8%	자료 읽기/추론 > 계산형	○ △ ×
02	⑤	83.8%	자료 읽기 > 표 제시형	○ △ ×
03	④	94.6%	자료 변환응용 > 표/그림 전환형	○ △ ×
04	①	83.0%	자료 읽기 > 표 제시형	○ △ ×
05	②	73.4%	자료 읽기/추론 > 매칭형	○ △ ×
06	①	76.5%	자료 읽기 > 표 제시형	○ △ ×
07	④	88.1%	자료 읽기 > 표 제시형	○ △ ×
08	①	67.4%	자료 읽기 > 그림 제시형	○ △ ×
09	⑤	79.7%	자료 읽기/추론 > 매칭형	○ △ ×
10	④	63.7%	자료 추론>추가로 필요한 자료 찾기	○ △ ×
11	②	40.4%	자료 읽기 > 표/빈칸 제시형	○ △ ×
12	③	78.5%	자료 읽기/추론 > 매칭형	○ △ ×
13	③	38.1%	자료 읽기/추론 > 계산형	○ △ ×
14	⑤	78.1%	자료 변환응용 > 표/그림 전환형	○ △ ×
15	④	24.5%	자료 읽기 > 표 제시형	○ △ ×
16	②	70.2%	자료 읽기/추론 > 매칭형	○ △ ×
17	②	76.6%	자료 읽기 > 그림 제시형	○ △ ×
18	⑤	69.4%	자료 읽기/추론 > 계산형	○ △ ×
19	③	57.1%	자료 읽기 > 표/그림 제시형	○ △ ×
20	①	48.5%	자료 읽기 > 표/빈칸 제시형	○ △ ×
21	④	41.9%	자료 읽기/추론 > 계산형	○ △ ×
22	⑤	38.9%	자료 읽기 > 표/빈칸 제시형	○ △ ×
23	①	55.5%	자료 읽기/추론 > 매칭형	○ △ ×
24	④	52.4%	자료 읽기/추론 > 계산형	○ △ ×
25	②	39.8%	자료 읽기 > 표/빈칸 제시형	○ △ ×

- 확실히 맞힌 문항 수: ＿＿＿＿＿＿ 문항
- 헷갈리거나 찍은 문항 수: ＿＿＿＿＿ 문항
- 틀린 문항 수: ＿＿＿＿＿＿ 문항

- 확실히 맞힌 문항 수: ＿＿＿＿＿＿ 문항
- 헷갈리거나 찍은 문항 수: ＿＿＿＿＿ 문항
- 틀린 문항 수: ＿＿＿＿＿＿ 문항

2022 | 제1영역 언어논리(㉮ 책형)

▍기출 총평

2022년 언어논리 시험은 전반적으로 쉽게 출제되어 자세히 살펴보아도 해석이 불가능한 난이도 극상의 문항은 없었다. 후반부에 나오는 소수의 복합 유형을 제외하고는 문항 구조 자체가 단순해서 이전 기출에 비해 문제 풀이 속도가 빨랐을 것이라 예상된다. 전반부에는 사실적 이해를 바탕으로 지문의 내용을 선지와 단순 비교하는 문제가 많았다. 게다가 추론이나 판단을 요구하는 지시문으로 구성되어 있지만 문제 풀이의 과정에서는 지문에 제시된 사실을 확인하는 수준에서 풀이가 가능한 문항도 있었다. 후반부에 지문 내용의 논리적 구조를 분석하여 글의 전체 흐름을 파악해야 하는 문항들은 다소 어렵게 느껴졌을 것이다. 지문의 논지를 파악하고 새롭게 제시된 조건이나 근거를 견주어 봤을 때 타당한지 여부를 판단하는 문제 풀이 연습을 꾸준히 하면 도움이 될 것이다.

▍문항별 정답률 및 선지별 선택률

문번	정답	정답률(%)	선지별 선택률(%)				
			①	②	③	④	⑤
01	⑤	94.5	0.9	0.2	2.1	2.3	94.5
02	①	90.1	90.1	2.3	4.0	0.9	2.7
03	①	88.3	88.3	1.2	0.6	7.0	2.9
04	②	91.3	0.3	91.3	2.1	1.3	5.0
05	②	84.3	5.6	84.3	1.7	7.4	1.0
06	⑤	89.0	7.3	0.6	2.3	0.8	89.0
07	①	81.2	81.2	0.9	4.9	0.8	12.2
08	⑤	81.4	2.4	5.4	3.5	7.3	81.4
09	①	81.2	81.2	4.4	1.1	5.0	8.3
10	③	65.5	14.8	4.6	65.5	11.6	3.5
11	④	67.5	2.0	11.8	2.7	67.5	16.0
12	⑤	24.0	18.7	20.3	18.5	18.5	24.0
13	③	82.9	5.7	0.6	82.9	3.5	7.3

문번	정답	정답률(%)	선지별 선택률(%)				
			①	②	③	④	⑤
14	②	21.7	23.4	21.7	19.3	12.5	23.1
15	②	12.2	6.3	12.2	27.5	46.3	7.7
16	⑤	30.6	13.4	5.4	3.9	46.7	30.6
17	④	48.9	17.7	8.1	16.2	48.9	9.1
18	③	28.6	6.7	4.6	28.6	23.5	36.6
19	④	23.9	11.5	34.2	14.0	23.9	16.4
20	③	74.1	14.8	2.7	74.1	5.6	2.8
21	④	26.6	17.3	18.0	9.3	26.6	28.8
22	④	44.9	9.3	5.5	27.8	12.5	44.9
23	②	43.9	24.2	43.9	10.0	13.5	8.4
24	⑤	51.1	1.9	15.7	22.5	8.8	51.1
25	④	38.3	8.7	22.7	12.1	38.3	18.2

※ 파란색 음영 문항은 해당 회차에서 정답률이 가장 낮은 TOP 3 문항입니다.
※ 문항별 정답률 산정 기준: 약 1년간 누적된 자동채점 & 성적결과분석 서비스의 응시 데이터

▍출제 비중

사실적 이해					비판적 사고			
정보 확인 20%	중심 내용 파악 4%	논리 게임 12%	논리적 결론의 전제·원인 찾기 0%	유사한 내용·사례 찾기 0%	빈칸 채우기 16%	논지 강화·약화하기 0%	지문에서 추론하기 12%	판단하기 36%

01	⑤	02	①	03	①	04	⑤	05	②
06	⑤	07	①	08	⑤	09	①	10	③
11	④	12	⑤	13	③	14	②	15	②
16	⑤	17	④	18	③	19	④	20	③
21	④	22	⑤	23	②	24	⑤	25	④

01 ⑤

정답률 94.5%

| 문제 유형 | 사실적 이해 > 정보 확인

| 접근 전략 | 역사적 사실을 서술한 지문의 내용에 부합하는 선지를 찾는 단순한 유형의 문제이다. 지문의 내용도 익히 아는 서희의 외교 담판에 대한 것이고 선지도 단어 하나 정도만 바꿔서 오답을 만든 경우가 많아 쉬운 편이다. 글의 흐름을 따라 지문의 내용을 빠르게 파악한 후에 차례대로 선지를 읽고 가부를 판단한다.

다음 글의 내용과 부합하는 것은?

979년 송 태종은 거란을 공격하러 가는 길에 고려에 원병을 요청했다. 거란은 고려가 참전할 수도 있다는 염려에서 크게 동요했다. 하지만 고려는 송 태종의 요청에 응하지 않았다. 이후 거란은 송에 보복할 기회를 엿보는 한편, 송과 다시 싸우기 전에 고려를 압박해 앞으로도 송을 군사적으로 돕지 않겠다는 약속을 받아내고자 했다. ▶1문단

당시 거란과 고려 사이에는 압록강이 있었는데, 그 하류 유역에는 여진족이 살고 있었다. 이 여진족은 발해의 지배를 받았지만, 발해가 거란에 의해 멸망한 후에는 어느 나라에도 속하지 않은 채 독자적 세력을 이루고 있었다. 거란은 이 여진족이 사는 땅을 여러 차례 침범해 대군을 고려로 보내는 데 적합한 길을 확보했다. 이후 993년에 거란 장수 소손녕은 군사를 이끌고 고려에 들어와 몇 개의 성을 공격했다. 이때 소손녕은 "고구려 옛 땅은 거란의 것인데 고려가 감히 그 영역을 차지하고 있으니 군사를 일으켜 그 땅을 찾아가고자 한다."라는 내용의 서신을 보냈다. 이 서신이 오자 고려 국왕 성종과 대다수 대신은 "옛 고구려의 영토에 해당하는 땅을 모두 내놓아야 군대를 거두겠다는 뜻이 아니냐?"라며 놀랐다. 하지만 서희는 소손녕이 보낸 서신의 내용은 핑계일 뿐이라고 주장했다. 그는 고려가 병력을 동원해 거란을 치는 일이 없도록 하겠다는 언질을 주면 소손녕이 철군할 것이라고 말했다. 이렇게 논의가 이어지고 있을 때 안융진에 있는 고려군이 소손녕과 싸워 이겼다는 보고가 들어왔다. ▶2문단

패배한 소손녕은 진군을 멈추고 협상을 원한다는 서신을 보내왔다. 이 서신을 받은 성종은 서희를 보내 협상하게 했다. 소손녕은 서희가 오자 "실은 고려가 송과 친하고 우리와는 소원하게 지내고 있어 침입하게 되었다."라고 했다. 이에 서희는 압록강 하류의 여진족 땅을 고려가 지배할 수 있게 묵인해 준다면, 거란과 국교를 맺을 뿐 아니라 거란과 송이 싸울 때 송을 군사적으로 돕지 않겠다는 뜻을 내비쳤다. 이 말을 들은 소손녕은 서희의 요구를 수용하기로 하고 퇴각했다. 이후 고려는 북쪽 국경 너머로 병력을 보내 압록강 하류의 여진족 땅까지 밀고 들어가 영토를 넓혔으며, 그 지역에 강동 6주를 두었다. ▶3문단

① 거란은 압록강 유역에 살던 여진족이 고려의 백성이라고 주장하였다. ➡ (X) 2문단에서 압록강 하류 유역에 살고 있던 여진족은 어느 나라에도 속하지 않은 채 독자적 세력을 이루고 있었다고 하였다. 그리고 거란은 여진족이 사는 땅을 침범해 고려로 가는 길을 확보했을 뿐, 여진족이 고려의 백성이라고 주장했다는 내용은 지문에 제시되어 있지 않다.

② 여진족은 발해의 지배에서 벗어나기 위해 거란과 함께 고려를 공격하였다. ➡ (X) 2문단에 따르면 여진족은 발해의 지배를 받았지만 발해가

거란에 의해 멸망한 후에는 어느 나라에도 속하지 않았다고 하였다. 그리고 여진족이 거란과 함께 고려를 공격했다는 내용은 지문에 나타나지 않는다.

③ 소손녕은 압록강 유역의 여진족 땅을 빼앗아 강동 6주를 둔 후 그곳을 고려에 넘겼다. ➡ (X) 3문단에서 고려는 소손녕이 퇴각한 이후 압록강 하류의 여진족 땅까지 밀고 들어가 영토를 넓히고 그 지역에 강동 6주를 두었다고 했다. 소손녕이 강동 6주를 둔 후 고려에 넘긴 것이 아니다.

④ 고려는 압록강 하류 유역에 있는 여진족의 땅으로 세력을 확대한 거란을 공격하고자 송 태종과 군사동맹을 맺었다. ➡ (X) 3문단에서 서희는 압록강 하류의 여진족 땅을 고려가 지배할 수 있게 묵인해 준다면 거란과 국교를 맺을 뿐 아니라 거란과 송이 싸울 때 송을 군사적으로 돕지 않겠다는 뜻을 보였고, 이 요구를 소손녕이 수용해 퇴각했다고 했다. 고려가 송과 군사동맹을 맺었다는 내용은 지문에 제시되어 있지 않다.

⑤ 서희는 고려가 거란에 군사적 적대 행위를 하지 않겠다고 약속하면 소손녕이 군대를 이끌고 돌아갈 것이라고 보았다. ➡ (O) 2문단에서 서희는 고려가 병력을 동원해 거란을 치는 일이 없도록 하겠다는 언질을 주면 소손녕이 철군할 것이라고 했다. 병력을 동원해 거란을 치는 일이 없도록 하겠다는 말은 군사적 적대 행위를 하지 않겠다는 말과 같고, 소손녕이 철군할 것이라는 말은 군대를 이끌고 돌아갈 것이라는 말과 같다.

02 ①

정답률 90.1%

| 문제 유형 | 사실적 이해 > 정보 확인

| 접근 전략 | 대마도 정벌과 관련된 사실적 내용의 지문을 바탕으로 이에 대해 바르게 서술한 선지를 고르는 유형이다. 지문에 등장하는 인명이나 지명을 파악하고 누가 어디에서 무엇을 했는지를 아는 것이 중요하다. 단어 하나 차이로 오답을 만든 선지가 대부분이라 난도는 쉬운 편이다.

다음 글에서 알 수 있는 것은?

세종이 즉위한 이듬해 5월에 대마도의 왜구가 충청도 해안에 와서 노략질하는 일이 벌어졌다. 이 왜구는 황해도 해주 앞바다에도 나타나 조선군과 교전을 벌인 후 명의 땅인 요동반도 방향으로 북상했다. 세종에게 왕위를 물려주고 상왕으로 있던 태종은 이종무에게 "북상한 왜구가 본거지로 되돌아가기 전에 대마도를 정벌하라!"라고 명했다. 이에 따라 이종무는 군사를 모아 대마도 정벌에 나섰다. ▶1문단

남북으로 긴 대마도에는 섬을 남과 북의 두 부분으로 나누는 중간에 아소만이라는 곳이 있는데, 이 만의 초입에 두지포라는 요충지가 있었다. 이종무는 이곳을 공격한 후 귀순을 요구하면 대마도주가 응할 것이라 보았다. 그는 6월 20일 두지포에 상륙해 왜인 마을을 불사른 후 계획대로 대마도주에게 서신을 보내 귀순을 요구했다. 하지만 대마도주는 이에 반응을 보이지 않았다. 분노한 이종무는 대마도주를 사로잡아 항복을 받아내기로 하고, 니로라는 곳에 병력을 상륙시켰다. 하지만 그곳에서 조선군은 매복한 적의 공격으로 크게 패했다. 이에 이종무는 군사를 거두어 거제도 견내량으로 돌아왔다. ▶2문단

이종무가 견내량으로 돌아온 다음 날, 태종은 요동반도로 북상했던 대마도의 왜구가 그곳으로부터 남하하던 도중 충청도에서 조운선을 공격했다는 보고를 받았다. 이 사건이 일어난 지 며칠 지나지 않았음을 알게 된 태종은 왜구가 대마도에 당도하기 전에 바다에서 격파해야 한다고 생각하고, 이종무에게 그들을 공격하라고 명했다. 그런데 이 명이 내려진 후에 새로운 보고가 들어왔다. 대마도의 왜구가 요동반도에 상륙했다가 크게 패배하는 바람에 살아남은 자가 겨우 300여 명에 불과하다는 것이었다. 이 보고를 접한 태종은 대마도주가 거느린 병사가 많이 죽어 그 세력이 꺾였으니 그에게 다시금 귀순을 요구하면 응할 것으로 판단했다. 이에 그는 이종무에게 내린 출진 명령을 취소하고, 측근 중 적임자를 골라 대마도주에게 귀순을 요구하는 사신으로 보냈다. 이 사신을 만난 대마도주는 고심 끝에 조선에 귀순하기로 했다. ▶3문단

① 해주 앞바다에 나타나 조선군과 싸운 대마도의 왜구가 요동반도를 향해 북상한 뒤 이종무의 군대가 대마도로 건너갔다.
➡ (O) 1문단에 따르면 왜구는 해주 앞바다에서 조선군과 교전을 벌인 후 요동반도 방향으로 북상했고, 이에 태종의 명으로 이종무는 군사를 모아 대마도 정벌에 나섰다.

② 조선이 왜구의 본거지인 대마도를 공격하기로 하자 명의 군대도 대마도까지 가서 정벌에 참여하였다. ➡ (X) 2문단에 이종무가 대마도를 공격한 내용이 나오지만 명의 군대가 이 정벌에 참여했다는 내용은 지문에 제시되어 있지 않다.

③ 이종무는 세종이 대마도에 보내는 사절단에 포함되어 대마도를 여러 차례 방문하였다. ➡ (X) 지문에 따르면 이종무는 군사를 모아 대마도 정벌에 나서거나 왜구를 바다에서 격파하기 위해 공격을 하려 했을 뿐, 사절단에 포함되어 대마도를 방문한 내용은 제시되어 있지 않다.

④ 태종은 대마도 정벌을 준비하였지만, 세종의 반대로 뜻을 이루지 못하였다. ➡ (X) 1문단에 따르면 태종은 대마도를 정벌하기 위해 이종무와 군사들을 대마도로 보냈다. 세종의 반대가 있어 뜻을 이루지 못했다는 내용은 지문에 제시되어 있지 않다.

⑤ 조선군이 대마도주를 사로잡기 위해 상륙하였다가 패배한 곳은 견내량이다. ➡ (X) 2문단에 따르면 조선군이 대마도주를 사로잡기 위해 상륙했다가 패배한 곳은 니로라는 곳이다. 견내량은 거제도에 있는데, 이종무가 대마도에서 크게 패한 후 군사를 거두어 돌아온 곳이다.

03 ①

정답률 88.3%

| **문제 유형** | 사실적 이해 > 정보 확인
| **접근 전략** | 지문은 인간에 대한 혐오의 감정에 대해 서술한 내용이고 선지는 지문에 등장하는 일부 문장을 가져와 나열한 정도의 수준이라서 쉽게 풀리는 문제이다. 다만, '알 수 없는 것'을 고르라는 문제의 발문을 잘 확인하고 풀도록 한다.

다음 글에서 알 수 없는 것은?

인간에 대한 혐오의 감정을 긍정적으로 바라보는 인식을 바탕으로, 이를 사회 안정의 도구로 활용해야 한다거나 법적 판단의 근거로 삼아야 한다는 주장은 영미법의 오래된 역사에서 그리 낯설지 않다. 그러나 혐오의 감정이 특정 개인과 집단을 배척하기 위한 강력한 무기로 이용되었다는 사실을 고려하면 이러한 주장이 얼마나 그릇된 것인지 이해할 수 있다. ▶1문단

일반적으로 우리는 분비물이나 배설물, 악취 등에 대해 그리고 시체와 같이 부패하고 퇴화하는 것들에 대해 혐오의 감정을 갖는다. 인간은 타자를 공격하는 데 이러한 오염물의 이미지를 사용한다. 이때 혐오는 특정 집단을 오염물인 것처럼 취급하고 자신은 오염되지 않은 쪽에 속함으로써 얻게 되는 심리적인 우월감 및 만족감과 연결되어 있다. 역사적으로 볼 때 이런 과정을 거쳐 오염물로 취급된 집단 중 하나가 유대인이다. ▶2문단

중세 이후 반유대주의 세력이 유대인에게 부여한 부정적 이미지는 점액성, 악취, 부패, 불결함과 같은 혐오스러운 것들과 결부되어 있다. 히틀러는 유대인을 깨끗하고 건강한 독일 민족의 몸속에 숨겨진, 썩어 가는 시체 속의 구더기라고 표현했다. 혐오스러운 적대자를 설정함으로써 자신의 야욕을 달성하려 했던 것이다. 불행하게도 대다수의 독일인은 이러한 야만적인 정치적 선동에 동의를 표했다. 심지어 유대인을 암세포, 종양, 세균 등으로 묘사하면서 이들을 비인간적 존재로 전락시키는 의학적 담론이 유행하기도 했다. 비인간적으로 묘사되는 유대인의 이미지는 나치가 만든 허상이었음에도 불구하고, 유대인과 연관된 혐오의 이미지는 아이들이 보는 당대의 동화 속에 담겨 있을 정도로 널리 퍼져 있었다. ▶3문단

① 혐오는 정치적 선동의 도구로 이용되지 않았다. ➡ (X) 3문단에 따르면 히틀러는 유대인을 혐오스러운 적대자로 설정했는데, 대다수의 독일인은 이러한 야만적인 정치적 선동에 동의를 표했다고 했다. 혐오가 정치적 선동의 도구로 이용된 예로 볼 수 있다.

② 개인뿐만 아니라 집단도 혐오의 대상이 될 수 있다. ➡ (O) 1문단에서 혐오의 감정이 특정 개인과 집단을 배척하기 위한 강력한 무기로 이용되었다고 했고, 2문단에서 혐오는 특정 집단을 오염물인 것처럼 취급한다고 하면서 역사적인 예로 유대인을 들었다. 따라서 개인뿐만 아니라 집단도 혐오의 대상이 될 수 있음을 알 수 있다.

③ 혐오의 대상이 되는 집단은 비인간적으로 묘사되기도 한다. ➡ (O) 3문단에 따르면 히틀러는 유대인을 '시체 속의 구더기'라고 표현했고, 심지어 당시에는 유대인을 암세포, 종양, 세균 등으로 묘사하면서 이들을 비인간적 존재로 전락시키는 의학적 담론이 유행하기도 했다. 따라서 혐오의 대상이 되는 집단이 비인간적으로 묘사되었음을 알 수 있다.

④ 혐오의 감정을 법적 판단의 근거로 삼아야 한다는 입장이 있었다. ➡ (O) 1문단에서 혐오의 감정을 법적 판단의 근거로 삼아야 한다는 주장이 영미법의 역사에 있었다고 했다.

⑤ 인간에 대한 혐오의 감정은 타자를 혐오함으로써 주체가 얻을 수 있는 심리적인 만족감과 연관되어 있다. ➡ (O) 2문단에서 혐오는 특정 집단을 오염물인 것처럼 취급하고 자신은 오염되지 않은 쪽에 속함으로써 얻게 되는 심리적인 우월감 및 만족감과 연결되어 있다고 했다.

04 ②

정답률 91.3%

| **문제 유형** | 사실적 이해 > 정보 확인
| **접근 전략** | '계획적 진부화'라는 마케팅 용어의 개념을 설명하고, 기업이 이러한 전략을 추진하는 이유 3가지를 제시한 다음 계획적 진부화에 대한 비판적 입장을 언급했다. 중심 내용에 밑줄을 그으며 읽은 후 선지의 가부를 판단한다. 지문의 내용에 어긋나는 선지를 골라야 한다는 점을 염두에 둔다.

다음 글에서 알 수 없는 것은?

'계획적 진부화'는 의도적으로 수명이 짧은 제품이나 서비스를 생산함으로써 소비자들이 새로운 제품을 구매하도록 유도하는 마케팅 전략 중 하나이다. 여기에는 단순히 부품만 교체하는 것이 가능함에도 불구하고 새로운 제품을 구매하도록 유도하는 것도 포함된다. ▶1문단

계획적 진부화의 이유는 무엇일까? 첫째, 기업이 기존 제품의 가격을 인상하기 곤란한 경우, 신제품을 출시한 뒤 여기에 인상된 가격을 매길 수 있기 때문이다. 특히 제품의 기능은 거의 변함없이 디자인만 약간 개선한 신제품을 내놓고 가격을 인상하는 경우도 쉽게 볼 수 있다. 둘째, 중고품 시장에서 거래되는 기존 제품과의 경쟁을 피할 수 있기 때문이다. 자동차처럼 사용 기간이 긴 제품의 경우, 기업은 동일 유형의 제품을 팔고 있는 중고품 판매 업체와 경쟁해야만 한다. 그러나 기업이 새로운 제품을 출시하면, 중고품 시장에서 판매되는 기존 제품은 진부화되고 그 경쟁력도 하락한다. 셋째, 소비자들의 취향이 급속히 변화하는 상황에서 계획적 진부화로 소비자들의 만족도를 높일 수 있기 때문이다. 전통적으로 제품의 사용 기간을 결정짓는 요인은 기능적 특성이나 노후화·손상 등 물리적 특성이 주를 이루었지만, 최근에는 심리적 특성에도 많은 영향을 받고 있다. 이처럼 소비자들의 요구가 다양해지고 그 변화 속도도 빨라지고 있어, 기업들은 이에 대응하기 위해 계획적 진부화를 수행하기도 한다. ▶2문단

기업들은 계획적 진부화를 통해 매출을 확대하고 이익을 늘릴 수 있다. 기존 제품이 사용 가능한 상황에서도 신제품에 대한 소비자들의 수요를 자극하면 구매 의사가 커지기 때문이다. 반면, 기존 제품을 사용하는 소비자 입장에서는 크게 다를 것 없는 신제품 구입으로 불필요한 지출과 실질적인 손실이 발생할 수 있다는 점에서 계획적 진부화는 부정적으로 인식된다. 또한 환경이나 생태를 고려하는 거시적 관점에서도, 계획적 진부화는 소비자들에게 제공하는 가치에 비해 에너지나 자원의 낭비가 심하다는 비판을 받고 있다. ▶3문단

① 계획적 진부화로 소비자들은 불필요한 지출을 할 수 있다. ➡ (O)

3문단에서 기존 제품을 사용하는 소비자 입장에서는 크게 다를 것 없는 신제품 구입으로 불필요한 지출을 할 수 있다고 했다.

② 계획적 진부화는 기존 제품과 동일한 중고품의 경쟁력을 높인다. ➡ (X) 2문단에서 계획적 진부화를 통해 기업이 신제품을 출시하면 중고품은 진부화되고 그 경쟁력도 하락한다고 했다. 따라서 계획적 진부화는 기존 제품과 동일한 중고품의 경쟁력을 높인다고 볼 수 없다.

③ 계획적 진부화는 소비자들의 요구에 대응하기 위하여 수행되기도 한다. ➡ (O) 2문단에서 소비자들의 취향이 급속히 변화하는 상황에서 계획적 진부화로 소비자들의 만족도를 높일 수 있다고 했다. 따라서 소비자들의 요구에 대응하기 위해 기업들은 계획적 진부화를 수행하기도 한다고 했다.

④ 계획적 진부화를 통해 기업은 기존 제품보다 비싼 신제품을 출시할 수 있다. ➡ (O) 2문단에서 기업은 신제품을 출시한 뒤 여기에 인상된 가격을 매길 수 있다고 했다.

⑤ 계획적 진부화로 인하여 제품의 실제 사용 기간은 물리적으로 사용 가능한 수명보다 짧아질 수 있다. ➡ (O) 3문단에서 기존 제품이 사용 가능한 상황에서도 신제품에 대한 소비자들의 수요를 자극하면 구매 의사가 커진다고 했다. 즉, 물리적으로 사용 가능한 제품을 가지고 있음에도 신제품을 갖고 싶은 심리적 요인으로 인해 신제품을 구입할 경우 기존 제품을 실제 사용하는 기간이 짧아질 수 있는 것이다.

05 ②
정답률 84.3%

| 문제 유형 | 사실적 이해 > 정보 확인

| 접근 전략 | 지문에서는 재화나 용역이 비경합적이거나 비배제적으로 소비된다는 말의 개념을 1, 2문단에서 차례로 예를 들어 설명한 후, 3문단에서 이러한 방식이 시장에서 적용될 수 없다는 점을 근거로 공공재의 개념을 제시하고 있다. 선지에는 지문의 내용을 재서술하거나 지문에서 언급한 개념을 다른 사례에 적용한 경우가 제시되어 있다.

다음 글에서 알 수 없는 것은?

재화나 용역 중에는 비경합적이고 비배제적인 방식으로 소비되는 것들이 있다. 먼저 재화나 용역이 비경합적으로 소비된다는 말은, 그것에 대한 누군가의 소비가 다른 사람의 소비 가능성을 줄어들게 하지 않는다는 것을 뜻한다. 예컨대 10개의 사탕이 있는데 내가 8개를 먹어 버리면 다른 사람이 그 사탕을 소비할 가능성은 그만큼 줄어들게 된다. 반면에 라디오 방송 서비스 같은 경우는 내가 그것을 이용한다고 해서 다른 사람의 소비 가능성이 줄어들게 되지 않는다는 점에서 비경합적이다. ▶1문단

재화나 용역이 비배제적으로 소비된다는 말은, 그것이 공급되었을 때 누군가 그 대가를 지불하지 않았다고 해서 그 사람이 그 재화나 용역을 소비하지 못하도록 배제할 수 없다는 것을 뜻한다. 이러한 의미에서 국방 서비스는 비배제적으로 소비된다. 정부가 국방 서비스를 제공받는 모든 국민에게 그 비용을 지불하도록 하는 정책을 채택했다고 하자. 이때 어떤 국민이 이런 정책에 불만을 표하며 비용 지불을 거부한다고 해도 정부는 그를 국방 서비스의 수혜에서 배제하기 어렵다. 설령 그를 구속하여 감옥에 가두더라도 그는 국방 서비스의 수혜자 범위에서 제외되지 않는다. ▶2문단

비경합적이고 비배제적인 방식으로 소비되는 재화와 용역의 생산과 배분이 시장에서 제대로 이루어질 수 있을까? 국방의 예를 이어나가 보자. 대부분의 국민은 자신의 생명과 재산을 보호받고자 하는 욕구가 있고 국방 서비스에 대한 수요도 있기 마련이다. 그러나 만약 국방 서비스를 시장에서 생산하여 판매한다면, 경제적으로 합리적인 국민은 국방 서비스를 구매하지 않을 것이다. 왜냐하면 다른 이가 구매하는 국방 서비스에 자신도 무임승차할 수 있기 때문이다. 결과적으로 국방 서비스는 과소 생산되는 문제가 발생하고, 그 피해는 모든 국민에게 돌아가게 될 것이다. 따라서 이와 같은 유형의 재화나 용역을 사회적으로 필요한 만큼 생산하기 위해서는 국가가 개입해야 하기에 이런 재화나 용역에는 공공재라는 이름을 붙이는 것이다. ▶3문단

① 유료 공연에서 일정한 돈을 지불하지 않은 사람의 공연장 입장을 차단한다면, 그 공연은 배제적으로 소비될 수 있다. ➡ (O) 2문단에 따르면 재화나 용역이 비배제적으로 소비된다는 말은 누군가 공급에 대한 대가를 지불하지 않았다고 해서 그 사람이 그 재화나 용역을 소비하지 못하도록 배제할 수 없다는 뜻이다. 따라서 유료 공연의 비용을 지불하지 않은 사람이 공연장 입장을 차단당한다면 이는 공연이 배제적으로 소비된 것이라 볼 수 있다.

② 국방 서비스를 소비하는 모든 국민에게 그 비용을 지불하도록 한다면, 그 서비스는 비경합적으로 소비될 수 없다. ➡ (X) 국방 서비스는 경합이나 비경합의 문제로 설명할 수 있는 것이 아니다. 2문단에서 어떤 국민이 비용 지불을 거부한다고 해도 정부는 그를 국방 서비스의 수혜에서 배제하기 어렵다고 했다. 즉, 국민들이 그 비용을 지불하든, 지불하지 않은 그 수혜에서 배제되지 않는다. 즉, 경합적으로 소비되는 것이 아니다.

③ 이용할 수 있는 수가 한정된 여객기 좌석은 경합적으로 소비될 수 있다. ➡ (O) 1문단에서 사탕 10개 중 내가 8개를 먹어 버리면 다른 사람이 그 사탕을 소비할 가능성이 그만큼 줄어들게 된다고 했다. 이는 사탕이 경합적으로 소비된 예이다. 이와 유사한 예로 이용자의 수가 한정된 여객기 좌석도 경합적으로 소비될 수 있다.

④ 무임승차를 쉽게 방지할 수 없는 재화나 용역은 과소 생산될 수 있다. ➡ (O) 3문단에서 국방 서비스는 비용 지불을 거부한 사람이 다른 이가 구매하는 국방 서비스에 무임승차할 수 있어 서비스가 과소 생산되는 문제가 발생할 수 있다고 했다.

⑤ 라디오 방송 서비스는 여러 사람이 비경합적으로 소비할 수 있다. ➡ (O) 1문단에서 라디오 방송 서비스는 내가 그것을 이용한다고 해서 다른 사람의 소비 가능성이 줄어들게 되지 않는다는 점에서 비경합적이라고 했다.

06 ⑤
정답률 89.0%

| 문제 유형 | 사실적 이해 > 중심 내용 파악

| 접근 전략 | 지문을 읽고 핵심 논지를 찾는 유형의 문제이다. 특정 세부 내용이나 일부 언급된 사실로 도출할 수 있는 내용이 아니라 지문 전체의 중심 내용을 아우를 수 있는 선지를 찾아야 한다. 1문단에서 독일의 통일 과정에서 보여 준 동독 주민들의 행동을 고려해야 한다고 했으므로 이에 초점을 두고 지문의 내용을 파악해야 한다.

다음 글의 핵심 논지로 가장 적절한 것은?

독일 통일을 지칭하는 '흡수 통일'이라는 용어는 동독이 일방적으로 서독에 흡수되었다는 인상을 준다. 그러나 통일 과정에서 동독 주민들이 보여준 행동을 고려하면 흡수 통일은 오해의 여지를 주는 용어일 수 있다. ▶1문단

1989년에 동독에서는 지방선거 부정 의혹을 둘러싼 내부 혼란이 발생했다. 그 과정에서 체제에 환멸을 느낀 많은 동독 주민들이 서독으로 탈출했고, 동독 곳곳에서 개혁과 개방을 주장하는 시위의 물결이 일어나기 시작했다. 초기 시위에서 동독 주민들은 여행·신앙·언론의 자유를 중심에 둔 내부 개혁을 주장했지만 이후 "우리는 하나의 민족이다!"라는 구호와 함께 동독과 서독의 통일을 요구하기 시작했다. 그렇게 변화하는 사회적 분위기 속에서 1990년 3월 18일에 동독 최초이자 최후의 자유총선거가 실시되었다. ▶2문단

동독 자유총선거를 위한 선거운동 과정에서 서독과 협력하는 동독 정당들이 생겨났고, 이들 정당의 선거운동에 서독 정당과 정치인들이 적극적으로 유세 지원을 하기도 했다. 초반에는 서독 사민당의 지원을 받으며 점진적 통일을 주장하던 동독 사민당이 우세했지만, 실제 선거에서는 서독 기민당의 지원을 받으며 급속한 통일을 주장하던 독일동맹이 승리하게 되었다. 동독 주민들이 자유총선거에서 독일동맹을 선택한 것은 그들 스스로 급속한 통일을 지지한 것이라고 할 수 있다. 이후 동독은 서독과 1990년 5월 18일에 「통화·경제·사회보장동맹의 창설에 관한 조약」을, 1990년 8월 31일에 「통일조약」을 체결했고, 마침내 1990년 10월 3일에 동서독 통일을 이루게 되었다. ▶3문단

이처럼 독일 통일의 과정에서 동독 주민들의 주체적인 참여를 확인할 수 있다. 독일 통일을 단순히 흡수 통일이라고 부른다면, 통일 과정에서 중요한 역할을 담당했던 동독 주민들을 배제한다는 오해를 불러일으킬 수 있다. 독일 통일의 과정을 온전히 이해하기 위해서는 동독 주민들의 활동에도 주목할 필요가 있다. ▶4문단

① 자유총선거에서 동독 주민들은 점진적 통일보다 급속한 통일을 지지하는 모습을 보여주었다. ➡ (X) 3문단에 있는 내용으로, 동독 주민들의 통일에 대한 입장이나 태도는 확인할 수 있지만 지문의 핵심 논지인 독일의 통일 과정에서 동독 주민들의 주체적인 참여가 큰 역할을 했다는 내용이 포함되어 있지 않다.

② 독일 통일은 동독이 일방적으로 서독에 흡수되었다는 점에서 흔히 흡수 통일이라고 부른다. ➡ (X) 1문단에서 '흡수 통일'이라는 용어가 동독이 일방적으로 서독에 흡수되었다는 인상을 주지만 이는 오해의 여지를 주는 용어라고 했다. 지문에서는 이에 반박하는 내용으로 글을 전개하고 있다.

③ 독일 통일은 분단국가가 합의된 절차를 거쳐 통일을 이루었다는 점에서 의의가 있다. ➡ (X) 2, 3문단을 통해 도출할 수 있는 내용이지만 핵심 논지로 보기는 어렵다.

④ 독일 통일 전부터 서독의 정당은 물론 개인도 동독의 선거에 개입할 수 있었다. ➡ (X) 3문단에서 동독 정당의 선거운동에 서독 정당과 정치인들이 적극적으로 유세 지원을 하기도 했다고 했으므로 맞는 내용이지만, 세부 내용에 불과하다.

⑤ 독일 통일의 과정에서 동독 주민들의 주체적 참여가 큰 역할을 하였다. ➡ (O) 4문단에서 독일 통일의 과정을 온전히 이해하기 위해서는 동독 주민들의 활동, 즉 주체적인 참여에 주목할 필요가 있다고 했으므로 핵심 논지로 적절하다.

---

07 ①

| 문제 유형 | 비판적 사고 > 빈칸 채우기

| 접근 전략 | 빈칸 앞에 전개된 내용을 숙지하고 같은 논지를 반영한 선지를 찾아야 한다. 1문단에서는 서양에서 신의 진리를 드러내기 위해 인체 비례를 탐구했다는 내용이 나오므로 이를 건축에 적용해 (가)에 들어갈 말을 찾으면 되고, 2문단에서는 서양의 조형적 관점이 동양에서도 발견됐다고 했으므로 이러한 내용을 포함해 (나)에 들어갈 말을 찾으면 된다.

다음 글의 (가)와 (나)에 들어갈 말을 적절하게 나열한 것은?

서양 사람들은 옛날부터 신이 자연 속에 진리를 감추어 놓았다고 믿고 그 진리를 찾기 위해 노력했다. 그들은 숨겨진 진리가 바로 수학이며 자연물 속에 비례의 형태로 숨어 있다고 생각했다. 또한 신이 자연물에 숨겨 놓은 수많은 진리 중에서도 인체 비례야말로 가장 아름다운 진리의 정수로 여겼다. 그래서 서양 사람들은 예로부터 이러한 신의 진리를 드러내기 위해서 완벽한 인체를 구현하는 데 몰두했다. 레오나르도 다빈치의 「인체 비례도」를 보면, 원과 정사각형을 배치하여 사람의 몸을 표현하고 있다. 가장 기본적인 기하 도형이 인체 비례와 관련 있다는 점에 착안하였던 것이다. 르네상스 시대 건축가들은 이러한 기본 기하 도형으로 건축물을 디자인하면 [(가)] 위대한 건물을 지을 수 있다고 생각했다. ▶1문단

건축에서 미적 표준으로 인체 비례를 활용하는 조형적 안목은 서양뿐 아니라 동양에서도 찾을 수 있다. 고대부터 중국이나 우리나라에서도 인체 비례를 건축물 축조에 활용하였다. 불국사의 청운교와 백운교는 3:4:5 비례의 직각삼각형으로 이루어져 있다. 이와 같은 비례로 건축하는 것을 '구고현(勾股弦)법'이라 한다. 뒤꿈치를 바닥에 대고 무릎을 직각으로 구부린 채 누우면 바닥과 다리 사이에 삼각형이 이루어지는데, 이것이 구고현법의 삼각형이다. 짧은 변인 구(勾)는 넓적다리에, 긴 변인 고(股)는 장딴지에 대응하고, 빗변인 현(弦)은 바닥의 선에 대응한다. 이 삼각형은 고대 서양에서 신성불가침의 삼각형이라 불렸던 것과 동일한 비례를 가지고 있다. 동일한 비례를 아름다움의 기준으로 삼았다는 점에서 [(나)]는 것을 알 수 있다. ▶2문단

① (가): 인체 비례에 숨겨진 신의 진리를 구현한
(나): 조형미에 대한 동서양의 안목이 유사하였다 ➡ (O)

(가): 1문단에서 서양 사람들은 예로부터 신의 진리를 드러내기 위해 완벽한 인체를 구현하는 데 몰두했다면서 기본적인 기하 도형으로 인체의 비례를 표현한 「인체 비례도」를 예로 들었다. 그 다음에 이어지는 문장도 이와 동일한 해석을 드러내야 한다. 따라서 르네상스 시대 건축가들이 기본 기하 도형으로 건축물을 디자인한 것은 인체 비례에 숨겨진 신의 진리를 구현한 건물을 지은 것으로 볼 수 있다. 지문에는 신의 진리를 탐구하는 것에 대한 내용만 있을 뿐 신의 진리를 넘어서는 또 다른 것을 구현한다는 내용은 드러나지 않는다.

(나): 2문단에서는 인체 비례를 활용하는 조형적 안목은 서양뿐 아니라 동양에서도 찾을 수 있다고 했다. 그 예로 구고현(勾股弦)법에 따라 건축된 불국사의 청운교와 백운교를 들고 있는데, 이는 고대 서양에서 신성불가침의 삼각형이라 불렸던 것과 동일한 비례를 가진다고 했다. 인체 비례를 건축물 축조에 활용한 사례가 유사하게 드러났으므로 동서양의 조형미에 대한 안목이 유사했다고 볼 수 있다. 인체 실측에 대한 계산법이나 공간 활용법에 대한 내용은 지문에 드러나지 않는다.

② (가): 신의 진리를 넘어서는 인간의 진리를 구현한
(나): 인체 실측에 대한 동서양의 계산법이 동일하였다 ➡ (X)

③ (가): 인체 비례에 숨겨진 신의 진리를 구현한
(나): 건축물에 대한 동서양의 공간 활용법이 유사하였다 ➡ (X)

④ (가): 신의 진리를 넘어서는 인간의 진리를 구현한
(나): 조형미에 대한 동서양의 안목이 유사하였다 ➡ (X)

⑤ (가): 인체 비례에 숨겨진 신의 진리를 구현한
(나): 인체 실측에 대한 동서양의 계산법이 동일하였다 ➡ (X)

---

08 ⑤

| 문제 유형 | 비판적 사고 > 판단하기

| 접근 전략 | 글의 흐름에 맞지 않는 부분을 찾아 적절하게 수정했는지의 여부를 확인하는 유형의 문제이다. 앞뒤의 문장을 잘 읽으면 흐름에 어긋나는 부분을 쉽게 찾을 수 있다. 각 문단 안에서 문장의 서술 흐름을 놓치지 않고 읽는 것이 중요하다.

다음 글의 ㉠～㉤에서 문맥에 맞지 않는 곳을 찾아 적절하게 수정한 것은?

반세기 동안 지속되던 냉전 체제가 1991년을 기점으로 붕괴되면서 동유럽 체제가 재편되었다. 동유럽에서는 연방에서 벗어나 많은 국가들이 독립하였다. 이 국가들은 자연스럽게 자본주의 시장경제를 받아들였는데, 이후 몇 년 동안 공통적으로 극심한 경제 위기를 경험하게 되었다. 급기야 IMF(국제통화기금)의 자금 지원을 받게 되는데, 이는 ㉠갑작스럽게 외부로부터 도입한 자본주의 시스템에 적응하는 일이 결코 쉽지 않다는 점을 보여준다. ▶1문단

이 과정에서 해당 국가 국민의 평균 수명이 급격하게 줄어들었는데, 이는 같은 시기 미국, 서유럽 국가들의 평균 수명이 꾸준히 늘었다는 것과 대조적이다. 이러한 현상에 대해 ㉡자본주의 시스템 도입을 적극적으로 지지했던 일부 경제학자들은 오래전부터 이어진 ㉢동유럽 지역 남성들의 과도한 음주와 흡연, 폭력과 살인 같은 비경제적 요소를 주된 원인으로 꼽았다. 즉 경제 체제의 변화와는 관련이 없다는 것이다. ▶2문단

이러한 주장에 의문을 품은 영국의 한 연구자는 해당 국가들의 건강 지표가 IMF의 자금 지원 전후로 어떻게 달라졌는지를 살펴보았다. 여러 사회적 상황을 고려하여 통계 모형을 만들고, ㉣IMF의 자금 지원을 받은 국가와 다른 기관에서 자금 지원을 받은 국가를 비교하였다. 같은 시기 독립한 동유럽 국가 중 슬로베니아만 유일하게 IMF가 아닌 다른 기관에서 돈을 빌렸다. 이때 두 곳의 차이는, IMF는 자금을 지원받은 국가에게 경제와 관련된 구조조정 프로그램을 실시하게 한 반면, 슬로베니아를 지원한 곳은 그렇게 하지 않았다는 점이다. IMF 구조조정 프로그램을 실시한 국가들은 ㉤실시 이전부터 결핵 발생률이 크게 증가했던 것으로 나타났다. 그러나 슬로베니아는 같

108 • 민간경력자 PSAT 14개년 기출문제집 • 분석해설편

은 기간에 오히려 결핵 사망률이 감소했다. IMF 구조조정 프로그램의 실시 여부는 국가별 결핵 사망률과 일정한 상관관계가 있었던 것이다. ▶3문단

① ㉠을 "자본주의 시스템을 갖추지 않고 지원을 받는 일"로 수정한다.
➡ (X) 1문단에서는 냉전 체제 이후 연방에서 벗어난 동유럽 국가들이 자본주의 시장경제를 받아들이면서 극심한 경제 위기를 경험하게 됐다고 했다. 이는 이전 체제와 다른 외부의 시스템에 대한 적응이 어려웠음을 알 수 있는 내용이다. 따라서 ㉠은 문맥에 맞는 내용이므로 수정이 불필요하다.

② ㉡을 "자본주의 시스템 도입을 적극적으로 반대했던"으로 수정한다. ➡ (X) 2문단 후반에 보면 국민의 평균 수명 감소가 경제 체제의 변화와는 무관하다는 내용이 있다. 이러한 주장은 자본주의 시스템 도입을 지지하는 세력이 할 수 있는 것이다. 따라서 ㉡은 글의 흐름에 맞는 내용으로 수정이 불필요하다.

③ ㉢을 "수출입과 같은 국제 경제적 요소"로 수정한다. ➡ (X) ㉢에 이어지는 문장이 국민 평균 수명 감소와 경제 체제의 변화는 관련이 없다는 내용이므로, 국민 평균 수명 감소 현상의 원인이 비경제적인 요소라는 내용이 ㉢에 나와야 한다. 따라서 ㉢은 맞는 내용이므로 수정이 불필요하다.

④ ㉣을 "IMF의 자금 지원 직후 경제 성장률이 상승한 국가와 하락한 국가"로 수정한다. ➡ (X) ㉣의 뒷부분에 IMF에서 자금을 지원받은 국가와 다른 기관에서 자금을 지원받은 슬로베니아의 차이가 언급되어 있다. 따라서 ㉣은 적절한 내용이므로 수정이 불필요하다.

⑤ ㉤을 "실시 이후부터 결핵 사망률이 크게 증가했던 것"으로 수정한다. ➡ (O) 3문단 마지막에 IMF 구조조정 프로그램의 실시 여부가 국가별 결핵 사망률과 상관관계가 있었다고 하였으므로, IMF의 개입 여부에 따라 그 이후 결과가 달라졌다는 내용이 나와야 한다. 따라서 ㉤은 '실시 이전'이 아니라 '실시 이후'로 수정해야 한다.

09 ①

정답률 81.2%

|문제 유형| 비판적 사고 > 지문에서 추론하기
|접근 전략| 지문에서 추론할 수 없는 것을 고르는 유형의 문제이다. 지문에 〈표〉가 포함되어 고려해야 할 것이 많은 것 같지만 비교적 단순한 문제이다. 수험생 유형별로 시험 장소와 마스크 착용 규정을 연결지어 선지의 가부를 확인한다.

다음 글에서 추론할 수 없는 것은?

감염병 우려로 인해 △△시험 관리본부가 마련한 대책은 다음과 같다. 먼저 모든 수험생을 확진, 자가격리, 일반 수험생의 세 유형으로 구분한다. 그리고 수험생 유형별로 시험 장소를 안내하고 마스크 착용 규정을 준수하도록 한다.

〈표〉 수험생 유형과 증상에 따른 시험장의 구분

수험생	시험장	증상	세부 시험장
확진 수험생	생활치료센터	유·무 모두	센터장이 지정한 센터 내 장소
자가격리 수험생	특별 방역 시험장	유	외부 차단 1인용 부스
		무	회의실
일반 수험생	최초 공지한 시험장	유	소형 강의실
		무	중대형 강의실

▶1문단

모든 시험장에 공통적으로 적용되는 마스크 착용 규정은 다음과 같다. 첫째, 모든 수험생은 입실부터 퇴실 시점까지 의무적으로 마스크를 착용해야 한다. 둘째, 마스크는 KF99, KF94, KF80의 3개 등급만 허용한다. 마스크 등급을 표시하는 숫자가 클수록 방역 효과가 크다. 셋째, 마스크 착용 규정에서 특정 등급의 마스크 의무 착용을 명시한 경우, 해당 등급보다 높은 등급의 마스크 착용은 가능하지만 낮은 등급의 마스크 착용은 허용되지 않는다.

▶2문단

시험장에 따라 달리 적용되는 마스크 착용 규정은 다음과 같다. 첫째, 생활치료센터에서는 각 센터장이 내린 지침을 의무적으로 따라야 한다. 둘째, 특별 방역 시험장에서는 KF99 마스크를 의무적으로 착용해야 한다. 셋째, 소형 강의실과 중대형 강의실에서는 각각 KF99와 KF94 마스크 착용을 권장하지만 의무 사항은 아니다. ▶3문단

① 일반 수험생 중 유증상자는 KF80 마스크를 착용하고 시험을 치를 수 없다. ➡ (X) 일반 수험생 중 유증상자는 소형 강의실에서 시험을 보게 되는데, 3문단에 따르면 소형 강의실에서는 KF99 마스크 착용을 권장하지만 의무 사항은 아니라고 했다. 또한 2문단에서 마스크는 KF99, KF94, KF80의 3개 등급만 허용한다고 했다. 따라서 일반 수험생 중 유증상자가 KF80 마스크를 착용했다고 해서 시험을 치를 수 없는 것은 아니다.

② 일반 수험생 중 무증상자는 KF80 마스크를 착용하고 시험을 치를 수 있다. ➡ (O) 일반 수험생 중 무증상자는 중대형 강의실에서 시험을 보게 되는데, 3문단에 따르면 중대형 강의실에서는 KF94 마스크 착용을 권장하지만 의무 사항은 아니라고 했다. 또한 2문단에서 마스크는 KF99, KF94, KF80의 3개 등급만 허용한다고 했다. 따라서 일반 수험생 중 무증상자는 KF80 마스크를 착용하고 시험을 치를 수 있다.

③ 자가격리 수험생 중 유증상자는 KF99 마스크를 착용하고 시험을 치를 수 있다. ➡ (O) 자가격리 수험생 중 유증상자는 특별 방역 시험장의 외부 차단 1인용 부스에서 시험을 보게 되는데, 3문단에 따르면 특별 방역 시험장에서는 KF99 마스크를 의무적으로 착용해야 한다. 따라서 자가격리 수험생 중 유증상자는 KF99 마스크를 착용하고 시험을 치를 수 있다.

④ 자가격리 수험생 중 무증상자는 KF94 마스크를 착용하고 시험을 치를 수 없다. ➡ (O) 자가격리 수험생 중 무증상자는 특별 방역 시험장의 회의실에서 시험을 보게 되는데, 3문단에 따르면 특별 방역 시험장에서는 KF99 마스크를 의무적으로 착용해야 한다. 또한 2문단에 따르면 특정 등급의 마스크 의무 착용을 명시한 경우 해당 등급보다 낮은 등급의 마스크 착용은 허용되지 않는다. 따라서 자가격리 수험생 중 무증상자는 KF99보다 등급이 낮은 KF94 마스크를 착용하고 시험을 치를 수 없다.

⑤ 확진 수험생은 생활치료센터장이 허용하는 경우 KF80 마스크를 착용하고 시험을 치를 수 있다. ➡ (O) 확진 수험생은 생활치료센터에서 시험을 보게 되는데, 3문단에서 생활치료센터에서는 각 센터장이 내린 지침을 의무적으로 따라야 한다고 했다. 따라서 확진 수험생은 생활치료센터장이 허용하는 경우 KF80 마스크를 착용하고 시험을 치를 수 있다.

| **문제 유형** | 비판적 사고 > 판단하기 |

접근 전략 | 지문의 내용에 맞게 〈표〉를 적절하게 수정한 것을 고르는 문제이다. 2문단의 세부 내용을 빠뜨리지 않고 꼼꼼히 읽기만 하면 답을 생각보다 쉽게 찾을 수 있다. 사실적 이해 기반의 판단하기 문제 유형이므로 사실적 이해를 바탕으로 지문의 내용이 제시된 〈표〉에 적절하게 반영되었는지 확인하도록 한다.

다음 글의 〈표〉를 수정한 것으로 적절한 것만을 〈보기〉에서 모두 고르면?

○○부는 철새로 인한 국내 야생 조류 및 가금류 조류인플루엔자(Avian Influenza, AI) 바이러스 감염 확산 여부를 추적 조사하고 있다. AI 바이러스는 병원성 정도에 따라 고병원성과 저병원성 AI 바이러스로 구분한다. 발표 자료에 따르면, 2020년 10월 25일 충남 천안시에서는 야생 조류 분변에서 고병원성 AI 바이러스가 검출되었으며 이는 2018년 2월 1일 충남 아산시에서 검출된 이래 2년 8개월 만의 검출 사례였다. ▶1문단

최근 야생 조류 고병원성 AI 바이러스 검출 사례는 2020년 10월 25일부터 11월 21일까지 경기도에서 3건, 충남에서 2건이 발표되었고, 가금류 고병원성 AI 바이러스 검출 사례는 전국에서 총 3건이 발표되었다. 같은 기간에 야생 조류 저병원성 AI 바이러스 검출 후 발표된 사례는 전국에 총 8건이다. 또한 채집된 의심 야생 조류의 분변 검사 결과, 고병원성·저병원성 AI 바이러스 모두에 해당하지 않아 바이러스 미분리로 분류된 사례는 총 7건이다. 야생 조류 AI 바이러스 검출 현황은 고병원성 AI, 저병원성 AI, 검사 중으로 분류하고 바이러스 미분리는 야생 조류 AI 바이러스 검출 현황에 포함하지 않는다. 야생 조류 AI 바이러스가 검출되고 나서 고병원성 여부를 확인하기 위해 정밀 검사를 하는 데 상당한 기간이 소요되므로, 아직 검사 중인 것이 9건이다. 그중 하나인 제주도 하도리의 경우 11월 22일 고병원성 AI 바이러스 검출 여부를 발표할 예정이다. ▶2문단

○○부 주무관 갑은 2020년 10월 25일부터 11월 21일까지 발표된 야생 조류 AI 바이러스 검출 현황을 아래와 같이 〈표〉로 작성하였으나 검출 현황을 적절히 반영하지 않아 수정이 필요하다.

〈표〉 야생 조류 AI 바이러스 검출 현황
(기간: 2020년 10월 25일 ~ 2020년 11월 21일)

고병원성 AI	저병원성 AI	검사 중	바이러스 미분리
8건	8건	9건	7건

▶3문단

〈보기〉

ㄱ. 고병원성 AI 항목의 "8건"을 "5건"으로 수정한다. → (O) 2문단 전반부에서 야생 조류 고병원성 AI 바이러스 검출 사례는 경기도 3건, 충남 2건이라고 했으므로 전국 총 5건임을 알 수 있다. 다음으로 가금류 고병원성 AI 바이러스 검출 사례는 전국 총 3건이라고 했다. 〈표〉는 야생 조류 AI 바이러스 검출 현황을 나타내고 있으므로 가금류의 검출 사례는 포함하지 않아야 한다. 따라서 〈표〉의 고병원성 AI 항목의 '8건'을 '5건'으로 수정하는 것은 적절하다.

ㄴ. 검사 중 항목의 "9건"을 "8건"으로 수정한다. → (X) 2문단 후반부에서 야생 조류 AI 바이러스 검출 후 고병원성 여부를 확인하는 데 상당한 기간이 소요되어 아직 검사 중인 것이 9건이라고 했으므로 검사 중 항목의 '9건'은 수정할 필요가 없다.

ㄷ. "바이러스 미분리" 항목을 삭제한다. → (O) 2문단 중반부에서 야생 조류 AI 바이러스 검출 현황은 고병원성 AI, 저병원성 AI, 검사 중으로 분류하고 바이러스 미분리는 해당 현황에 포함하지 않는다고 했다. 따라서 〈표〉의 '바이러스 미분리' 항목은 삭제해야 한다.

① ㄱ ➡ (X)
② ㄴ ➡ (X)
③ ㄱ, ㄷ ➡ (O)
④ ㄴ, ㄷ ➡ (X)
⑤ ㄱ, ㄴ, ㄷ ➡ (X)

| **문제 유형** | 비판적 사고 > 판단하기 |

접근 전략 | A~C 모두 인간 존엄성에 대해 비판적이다. 다만, 논지 전개의 차이가 있다. A는 인간 존엄성이라는 개념 자체의 무용성을 주장하고 있고, B와 C는 인간 존엄성을 인간 중심적 사고로 보아 다른 종이나 환경을 함부로 대하는 오만과 폭력에 대해 지적하고 있다. 즉, B와 C는 인간 존엄성을 인간 중심주의로 봤다는 점에서 입장이 유사하다.

다음 글의 A~C에 대한 평가로 적절한 것만을 〈보기〉에서 모두 고르면?

인간 존엄성은 모든 인간이 단지 인간이기 때문에 갖는 것으로서, 인간의 숭고한 도덕적 지위나 인간에 대한 윤리적 대우의 근거로 여겨진다. 다음은 인간 존엄성 개념에 대한 A~C의 비판이다.

A: 인간 존엄성은 그 의미가 무엇인지에 대해 사람마다 생각이 달라서 불명료할 뿐 아니라 무용한 개념이다. 가령 존엄성은 존엄사를 옹호하거나 반대하는 논증 모두에서 각각의 주장을 정당화하는 데 사용된다. 어떤 이는 존엄성이란 말을 '자율성의 존중'이라는 뜻으로, 어떤 이는 '생명의 신성함'이라는 뜻으로 사용한다. 결국 쟁점은 존엄성이 아니라 자율성의 존중이나 생명의 가치에 관한 문제이며, 존엄성이란 개념 자체는 그 논의에 실질적으로 중요한 기여를 하지 않는다.

B: 인간의 권리에 대한 문서에서 존엄성이 광범위하게 사용되는 것은 기독교 신학과 같이 인간 존엄성을 언급하는 많은 종교적 문헌의 영향으로 보인다. 이러한 종교적 뿌리는 어떤 이에게는 가치 있는 것이지만, 다른 이에겐 그런 존엄성 개념을 의심할 근거가 되기도 한다. 특히 존엄성을 신이 인간에게 부여한 독특한 지위로 생각함으로써 인간이 스스로를 지나치게 높게 보도록 했다는 점은 비판을 받아 마땅하다. 이는 인간으로 하여금 인간이 아닌 종과 환경에 대해 인간 자신들이 원하는 것을 마음대로 해도 된다는 오만을 낳았다.

C: 인간 존엄성은 인간이 이성적 존재임을 들어 동물이나 세계에 대해 인간 중심적인 견해를 옹호해 온 근대 휴머니즘의 유산이다. 존엄성은 인간종이 그 자체로 다른 종이나 심지어 환경 자체보다 더 큰 가치가 있다고 생각하는 종족주의의 한 표현에 불과하다. 인간 존엄성은 우리가 서로를 가치 있게 여기도록 만들기도 하지만, 인간 외의 다른 존재에 대해서는 그 대상이 인간이라면 결코 용납하지 않았을 폭력적 처사를 정당화하는 근거로 활용된다.

〈보기〉

ㄱ. 많은 논란에도 불구하고 존엄사를 인정한 연명의료결정법의 시행은 A의 주장을 약화시키는 사례이다. → (X) A는 인간 존엄성 개념에 대한 입장을 밝히고 있는데, 인간 존엄성은 그 의미가 불명료해 무용한 개념이라고 했다. 예로 든 존엄사에 대해서도 존엄성보다는 자율성의 존중이나 생명의 가치에 관한 문제를 논해야 한다고 했다. 이는 존엄사에 대해 찬반 어느 한 쪽에 속하는 주장을 한 것이 아니다. 따라서 존엄사를 인정한 연명의료결정법이 시행된다고 해서 A의 주장을 약화시키지 않는다.

ㄴ. C의 주장은 화장품의 안전성 검사를 위한 동물실험의 금지를 촉구하는 캠페인의 근거로 활용될 수 있다. → (O) C는 인간 존엄성이 인간 중심적인 종족주의에 불과하다고 비판하고, 인간 외의 다른 존재에 대한 폭력적 처사를 정당화하기 위해 인간 존엄성을 근거로 활용한다고 했다. 따라서 C의 주장은 동물실험의 금지를 촉구하는 캠페인의 근거로 활용될 수 있다.

ㄷ. B와 C는 인간에게 특권적 지위를 부여하는 인간 중심적인 생각을 비판한다는 점에서 공통적이다. → (O) B는 종교적 뿌리를 둔 인간 존엄성이 인간이 스스로를 높게 보도록 해 인간 외의 종이나 환경에 대해 오만한 태도를 갖게 했다고 지적한다. 또한 C는 인간 존엄성은 인간 중심적인 견해로 인간종이 다른 종이나 환경보다 더 큰 가치가 있다고 생각하는 종족주의에 불과하다고 비판한다. 따라서 B와 C는 모두 인간 중심적인 생각을 비판하고 있다.

① ㄱ ➡ (X)
② ㄷ ➡ (X)
③ ㄱ, ㄴ ➡ (X)
④ ㄴ, ㄷ ➡ (O)
⑤ ㄱ, ㄴ, ㄷ ➡ (X)

12 ⑤

정답률 24.0%

| **문제 유형** | 비판적 사고 > 판단하기
| **접근 전략** | 특정 논증에 대한 분석으로 적절한 것을 고르는 유형의 문제이다. 〈논증〉의 흐름에 따라 ㉠이 참이면 ㉡을 도출할 수 있고, ㉡이 참이면 ㉢의 부정을 도출할 수 있다. 〈보기〉는 지문에 제시되지 않은 또 다른 근거를 들어 해당 진술의 참·거짓 여부를 묻거나, 새로운 전제를 추가했을 때 결론을 이끌어 낼 수 있는지 여부를 묻고 있다. 논리적 흐름을 고려해 타당한지 판단해야 한다.

다음 글의 〈논증〉에 대한 분석으로 적절한 것만을 〈보기〉에서 모두 고르면?

우리는 죽음이 나쁜 것이라고 믿는다. 죽고 나면 우리가 존재하지 않기 때문이다. 루크레티우스는 우리가 존재하지 않기 때문에 죽음이 나쁜 것이라면 우리가 태어나기 이전의 비존재도 나쁘다고 말해야 한다고 생각했다. 그러나 우리는 태어나기 이전에 우리가 존재하지 않았다는 사실에 대해서 애석해 하지 않는다. 따라서 루크레티우스는 죽음 이후의 비존재에 대해서도 애석해 할 필요가 없다고 주장했다. 다음은 이러한 루크레티우스의 주장을 반박하는 논증이다.

〈논증〉

우리는 죽음의 시기가 뒤로 미루어짐으로써 더 오래 사는 상황을 상상해 볼 수 있다. 예를 들어, 50살에 교통사고로 세상을 떠난 누군가를 생각해 보자. 그 사고가 아니었다면 그는 70살이나 80살까지 더 살 수도 있었을 것이다. 그렇다면 50살에 그가 죽은 것은 그의 인생에 일어날 수 있는 여러 가능성 중에 하나였다. 그런데 ㉠내가 더 일찍 태어나는 것은 상상할 수 없다. 물론, 조산이나 제왕절개로 내가 조금 더 일찍 세상에 태어날 수도 있었을 것이다. 하지만 여기서 고려해야 할 것은 나의 존재의 시작이다. 나를 있게 하는 것은 특정한 정자와 난자의 결합이다. 누군가는 내 부모님이 10년 앞서 임신할 수 있었다고 주장할 수도 있다. 그러나 그랬다면 내가 아니라 나의 형제가 태어났을 것이다. 그렇기 때문에 '더 일찍 태어났더라면'이라고 말해도 그것이 실제로 내가 더 일찍 태어났을 가능성을 상상한 것은 아니다. 나의 존재는 내가 수정된 바로 그 특정 정자와 난자의 결합에 기초한다. 그러므로 ㉡내가 더 일찍 태어나는 일은 불가능하다. 나의 사망 시점은 달라질 수 있지만, 나의 출생 시점은 그렇지 않다. 그런 의미에서 출생은 내 인생 전체를 놓고 볼 때 하나의 필연적인 사건이다. 결국 죽음의 시기를 뒤로 미뤄 더 오래 사는 것은 가능하지만, 출생의 시기를 앞당겨 더 오래 사는 것은 불가능하다. 따라서 내가 더 일찍 태어나지 않은 것은 나쁜 일이 될 수 없다. 즉 죽음 이후와는 달리 ㉢태어나기 이전의 비존재는 나쁘다고 말할 수 없다.

〈보기〉

ㄱ. 냉동 보관된 정자와 난자가 수정되어 태어난 사람의 경우를 고려하면, ㉠은 거짓이다. → (O) 〈논증〉에서는 나의 존재는 부모님의 특정 정자와 난자의 결합에 기초한다고 보기 때문에 출생 시점을 앞당길 수 없다고 본다. 10년 앞선 부모님의 정자와 난자는 내 것이 아니기 때문이다. 그런데 냉동 보관된 정자와 난자로 수정한다고 했을 때는 출생 시점을 앞당길 수 있다. 따라서 더 일찍 태어나는 일을 상상할 수 있으므로 ㉠은 거짓이 된다.

ㄴ. ㉠에 "어떤 사건이 가능하면, 그것의 발생을 상상할 수 있다."라는 전제를 추가하면, ㉡을 이끌어 낼 수 있다. → (O) '어떤 사건이 가능하면, 그것의 발생을 상상할 수 있다.'라는 것이 참이면 '어떤 사건의 발생을 상상할 수 없으면 그 사건은 불가능하다.'라는 것도 참이 된다. 이것을 전제로 했

을 때 '내가 더 일찍 태어나는 것을 상상할 수 없다.'에서 '내가 더 일찍 태어나는 것은 불가능하다.'를 도출할 수 있다. 즉, 새로운 전제를 추가해 ㉠에서 ㉡을 이끌어 낼 수 있다.

ㄷ. ㉢에 "태어나기 이전의 비존재가 나쁘다면, 내가 더 일찍 태어나는 것이 가능하다."라는 전제를 추가하면, ㉡의 부정을 이끌어 낼 수 있다. → (O) '태어나기 이전의 비존재가 나쁘다면, 내가 더 일찍 태어나는 것이 가능하다.'라는 전제가 추가된다면 '태어나기 이전의 비존재는 나쁘다.'가 참이므로 '내가 더 일찍 태어나는 것이 가능하다.'라는 결론을 도출할 수 있다. 즉, 이는 ㉡의 부정에 해당한다.

① ㄱ ➡ (X)
② ㄷ ➡ (X)
③ ㄱ, ㄴ ➡ (X)
④ ㄴ, ㄷ ➡ (X)
⑤ ㄱ, ㄴ, ㄷ ➡ (O)

※ 다음 글을 읽고 물음에 답하시오. [문 13.~문 14.]

인간은 지구상의 생명이 대량 멸종하는 사태를 맞이하고 있지만, 다른 한편으로는 실험실에서 인공적으로 새로운 생명체를 창조하고 있다. 이런 상황에서, 자연적으로 존재하는 종을 멸종으로부터 보존해야 한다는 생물 다양성의 보존 문제를 어떤 시각으로 바라보아야 할까? A는 생물 다양성을 보존해야 한다고 주장한다. 이를 위해 A는 다음과 같은 도구적 정당화를 제시한다. 우리는 의학적, 농업적, 경제적, 과학적 측면에서 이익을 얻기를 원한다. '생물 다양성 보존'은 이를 위한 하나의 수단으로 간주될 수 있다. 바로 그 수단이 우리가 원하는 이익을 얻는 최선의 수단이라는 것이 A의 첫 번째 전제이다. 그리고 [(가)]는 것이 A의 두 번째 전제이다. 이 전제들로부터 우리에게는 생물 다양성을 보존할 의무와 필요성이 있다는 결론이 나온다. ▶1문단

이에 대해 B는 생물 다양성 보존이 우리가 원하는 이익을 얻는 최선의 수단이 아님을 지적한다. 특히 합성 생물학은 자연에 존재하는 DNA, 유전자, 세포 등을 인공적으로 합성하고 재구성해 새로운 생명체를 창조하는 것을 목표로 한다. B는 우리가 원하는 이익을 얻고자 한다면, 자연적으로 존재하는 생명체들을 대상으로 보존에 애쓰는 것보다는 합성 생물학을 통해 원하는 목표를 더 합리적이고 체계적으로 성취할 수 있을 것이라고 주장한다. 인공적인 생명체의 창조가 우리가 원하는 이익을 얻는 더 좋은 수단이므로, 생물 다양성 보존을 지지하는 도구적 정당화는 설득력을 잃는다는 것이다. 그래서 B는 A가 제시하는 도구적 정당화에 근거하여 생물 다양성을 보존하자고 주장하는 것은 옹호될 수 없다고 말한다. ▶2문단

한편 C는 모든 종은 보존되어야 한다고 주장하면서 생물 다양성 보존을 옹호한다. C는 대상의 가치를 평가할 때 그 대상이 갖는 도구적 가치와 내재적 가치를 구별한다. 대상의 도구적 가치란 그것이 특정 목적을 달성하는 데 얼마나 쓸모가 있느냐에 따라 인정되는 가치이며, 대상의 내재적 가치란 그 대상이 그 자체로 본래부터 갖고 있다고 인정되는 고유한 가치를 말한다. C에 따르면 생명체는 단지 도구적 가치만을 갖는 것이 아니다. 생명체를 오로지 도구적 가치로만 평가하는 것은 생명체를 그저 인간의 목적을 위해 이용되는 수단으로 보는 인간 중심적 태도이지만, C는 그런 태도는 받아들일 수 없다고 본다. 생명체의 내재적 가치 또한 인정해야 한다는 것이다. 그 생명체들이 속한 종 또한 그 쓸모에 따라서만 가치가 있는 것이 아니다. 그리고 내재적 가치를 지니는 것은 모두 보존되어야 한다. 이로부터 모든 종은 보존되어야 한다는 결론에 다다른다. 왜냐하면 [(나)] 때문이다. ▶3문단

13 ③

정답률 82.9%

| **문제 유형** | 비판적 사고 > 빈칸 채우기

| **접근 전략** | 결론을 도출하기 위해 필요한 전제를 찾는 문제이다. 빈칸 두 개를 채워야 하는 문제 유형의 경우 먼저 선지를 읽고 제한된 답안의 개수를 파악하는 것이 중요하다. 이 문제는 각 빈칸에 들어갈 내용으로 세 가지 경우의 수가 있음을 알 수 있다. 빈칸 (가)에 들어갈 답을 확정하고 나면 빈칸 (나)에 들어갈 내용으로 둘 중 하나를 선택하기만 하면 된다.

위 글의 (가)와 (나)에 들어갈 내용을 적절하게 나열한 것은?

① (가): 어떤 것이 우리가 원하는 이익을 얻는 최선의 수단이라면 우리에게는 그것을 실행할 의무와 필요성이 있다
 (나): 생명체의 내재적 가치는 종의 다양성으로부터 비롯되기 ➡ (X)

② (가): 어떤 것이 우리가 원하는 이익을 얻는 최선의 수단이 아니라면 우리에게는 그것을 실행할 의무와 필요성이 없다
 (나): 생명체의 내재적 가치는 종의 다양성으로부터 비롯되기 ➡ (X)

③ (가): 어떤 것이 우리가 원하는 이익을 얻는 최선의 수단이라면 우리에게는 그것을 실행할 의무와 필요성이 있다
 (나): 모든 종은 그 자체가 본래부터 고유의 가치를 지니기 ➡ (O)

(가): A의 첫 번째 전제는 '생물 다양성 보존이 우리가 원하는 이익을 얻는 최선의 수단이다.'이고, 여기에 두 번째 전제인 (가)를 더해 '우리에게는 생물 다양성을 보존할 의무와 필요성이 있다.'는 결론을 얻어야 한다. 따라서 두 번째 전제는 '어떤 것이 우리가 원하는 이익을 얻는 최선의 수단이라면 우리에게는 그것을 실행할 의무와 필요성이 있다.'가 되어야 첫 번째 전제와 결론을 자연스럽게 연결할 수 있다.

(나): C는 내재적 가치를 지니는 것은 모두 보존되어야 한다고 주장한다. 이로부터 모든 종은 보존되어야 한다는 결론을 얻으려면 모든 종은 내재적 가치를 지닌다는 전제가 필요하다. 따라서 '모든 종은 그 자체가 본래부터 고유의 가치를 지니기' 때문에 모든 종은 보존되어야 한다는 내용이 적절하다.

④ (가): 어떤 것이 우리가 원하는 이익을 얻는 최선의 수단이 아니라면 우리에게는 그것을 실행할 의무와 필요성이 없다
 (나): 모든 종은 그 자체가 본래부터 고유의 가치를 지니기 ➡ (X)

⑤ (가): 우리에게 이익을 제공하는 수단 가운데 생물 다양성의 보존보다 더 나은 수단은 없다
 (나): 모든 종은 그 자체가 본래부터 고유의 가치를 지니기 ➡ (X)

14 ②

TOP 2 정답률 21.7%

| **문제 유형** | 비판적 사고 > 판단하기

| **접근 전략** | 생물 다양성 보존에 대한 서로 다른 입장을 파악하고 이에 대한 분석으로 적절한 것을 고르는 유형의 문제이다. A와 C는 서로 다른 근거를 들어 생물 다양성 보존에 찬성하는 입장이고, B는 새로운 대안을 제시해 A의 주장에 반박하고 있다.

위 글에 대한 분석으로 적절한 것만을 〈보기〉에서 모두 고르면?

───〈보기〉───

ㄱ. A는 생물 다양성을 보존해야 한다고 주장하지만, B는 보존하지 않아도 된다고 주장한다. → (X) A가 생물 다양성을 보존해야 한다고 주장한 것은 맞지만, B가 이를 보존하지 않아도 된다고 주장한 것은 아니다. 2문단에서 B는 A가 근거로 삼는 도구적 정당화에 이의를 제기하며 설득력이 떨어진다고 지적했을 뿐, 생물 다양성을 보존해야 한다는 입장에 대해서는 찬반을 밝히지 않았다.

ㄴ. B는 A의 두 전제가 참이더라도 A의 결론이 반드시 참이 되지는 않는다고 비판한다. → (X) B는 A의 '생물 다양성이 우리가 원하는 이익을 얻는 최선의 수단이 된다.'라는 첫 번째 전제에 대해 반박하며 A의 주장이 설득력을 잃는다고 했다. A의 전제를 부정함으로써 결론의 타당성에 문제가 있음을 지적한 것이다. A의 두 전제가 참이라는 가정은 하지 않았다.

ㄷ. 자연적으로 존재하는 생명체가 도구적 가치를 가지느냐에 대한 A와 C의 평가는 양립할 수 있다. → (O) A는 생명체가 도구적 가치를 가진다는 입장이고, C는 생명체의 도구적 가치뿐만 아니라 내재적 가치도 인정해야 한다는 입장이다. 따라서 둘은 양립할 수 있다.

① ㄱ ➡ (X)
② ㄷ ➡ (O)
③ ㄱ, ㄴ ➡ (X)
④ ㄴ, ㄷ ➡ (X)
⑤ ㄱ, ㄴ, ㄷ ➡ (X)

15 ②

TOP 1 정답률 12.2%

| **문제 유형** | 비판적 사고 > 판단하기

| **접근 전략** | 논리적 접근이 필요한 문제이다. 지문에 제시된 갑과 을의 진술이 참이라고 해서 해당 명제의 '역'이나 '이'도 참이 될 수는 없다. 각각의 입장이 무엇인지 파악한 후에 〈보기〉에 제시된 진술이 갑과 을의 입장을 논리적으로 반영했는지 판단한다.

다음 논쟁에 대한 분석으로 적절한 것만을 〈보기〉에서 모두 고르면?

갑: 입증은 증거와 가설 사이의 관계에 대한 것이다. 내가 받아들이는 입증에 대한 입장은 다음과 같다. 증거 발견 후 가설의 확률 증가분이 있다면, 증거가 가설을 입증한다. 즉 증거 발견 후 가설이 참일 확률에서 증거 발견 전 가설이 참일 확률을 뺀 값이 0보다 크다면, 증거가 가설을 입증한다. 예를 들어보자. 사건 현장에서 용의자 X의 것과 유사한 발자국이 발견되었다. 그럼 발자국이 발견되기 전보다 X가 해당 사건의 범인일 확률은 높아질 것이다. 그렇다면 발자국 증거는 X가 범인이라는 가설을 입증한다. 그리고 증거 발견 후 가설의 확률 증가분이 클수록, 증거가 가설을 입증하는 정도가 더 커진다.

을: 증거가 가설이 참일 확률을 높인다고 하더라도, 그 증거가 해당 가설을 입증하지 못할 수 있다. 가령, X에게 강력한 알리바이가 있다고 해보자. 사건이 일어난 시간에 사건 현장과 멀리 떨어져 있는 X의 모습이 CCTV에 포착된 것이다. 그러면 발자국 증거가 X가 범인일 확률을 높인다고 하더라도, 그가 범인일 확률은 여전히 높지 않을 것이다. 그럼에도 불구하고 갑의 입장은 이러한 상황에서 발자국 증거가 X가 범인이라는 가설을 입증한다고 보게 만드는 문제가 있다. 이 문제는 내가 받아들이는 입증에 대한 다음 입장을 통해 해결될 수 있다. 증거 발견 후 가설의 확률 증가분이 있고 증거 발견 후 가설이 참일 확률이 1/2보다 크다면, 그리고 그런 경우에만 증거가 가설을 입증한다. 가령, 발자국 증거가 X가 범인일 확률을 높이더라도 증거 획득 후 확률이 1/2보다 작다면 발자국 증거는 X가 범인이라는 가설을 입증하지 못한다.

───〈보기〉───

ㄱ. 갑의 입장에서, 증거 발견 후 가설의 확률 증가분이 없다면 그 증거가 해당 가설을 입증하지 못한다. → (X) 갑의 입장은 '증거 발견 후 가설의 확률 증가분이 있다면 증거가 가설을 입증한다.'이다. 갑의 입장이 맞다고 해서 이 진술의 부정에 해당하는 '증거 발견 후 가설의 확률 증가분이 없다면 그 증거가 해당 가설을 입증하지 못한다.'가 맞다고 볼 수는 없다. 명제가 참이더라도 명제의 이가 반드시 참은 아니기 때문이다.

ㄴ. 을의 입장에서, 어떤 증거가 주어진 가설을 입증할 경우 그 증거 획득 이전 해당 가설이 참일 확률은 1/2보다 크다. → (X) 을의 입장은 '증거 발견 후 가설의 확률 증가분이 있고 증거 발견 후 가설이 참일 확률이 1/2보다 크다면 증거가 가설을 입증한다.'이다. 두 가지 전제가 모두 참이어야 결론도 참인 경우이다. 을의 입장이 맞다고 해서 결론과 전제가 역전된 상황이나 증거 획득 이전의 상황까지 판단할 수는 없다.

ㄷ. 갑의 입장에서 어떤 증거가 주어진 가설을 입증하는 정도가 작더라도, 을의 입장에서 그 증거가 해당 가설을 입증할 수 있다. → (O) 어떤 증거가 주어진 가설을 입증하는 정도가 작더라도 을의 입장에서는 증거 발견 후 가설이 참일 확률이 1/2보다 크다면 그 증거가 해당 가설을 입증할 수 있다.

① ㄴ ➡ (X)
② ㄷ ➡ (O)
③ ㄱ, ㄴ ➡ (X)
④ ㄱ, ㄷ ➡ (X)
⑤ ㄱ, ㄴ, ㄷ ➡ (X)

16 ⑤
정답률 30.6%

| 문제 유형 | 비판적 사고 > 지문에서 추론하기
| 접근 전략 | 지문의 내용을 바탕으로 타당하게 추론할 수 있는 선지를 찾는 유형의 문제이다. 선지는 지문에 있는 내용 중 상관없는 내용을 서로 연결하거나 일부 내용만을 확대 해석해 오답을 만든 경우가 많다. ISBN-10의 각 부분에 대한 설명을 꼼꼼하게 읽었으면 선지의 가부를 쉽게 확인할 수 있을 것이다.

다음 글에서 추론할 수 있는 것은?

국제표준도서번호(ISBN)는 전세계에서 출판되는 각종 도서에 부여하는 고유한 식별 번호이다. 2007년부터는 13자리의 숫자로 구성된 ISBN인 ISBN-13이 부여되고 있지만, 2006년까지 출판된 도서에는 10자리의 숫자로 구성된 ISBN인 ISBN-10이 부여되었다. ▶1문단

ISBN-10은 네 부분으로 되어 있다. 첫 번째 부분은 책이 출판된 국가 또는 언어 권역을 나타내며 1~5자리를 가질 수 있다. 예를 들면, 대한민국은 89, 영어권은 0, 프랑스어권은 2, 중국은 7 그리고 부탄은 99936을 쓴다. 두 번째 부분은 국가별 ISBN 기관에서 그 국가에 있는 각 출판사에 할당한 번호를 나타낸다. 세 번째 부분은 출판사에서 그 책에 임의로 붙인 번호를 나타낸다. 마지막 네 번째 부분은 확인 숫자이다. 이 숫자는 0에서 10까지의 숫자 중 하나가 되는데, 10을 써야 할 때는 로마 숫자인 X를 사용한다. 부여된 ISBN-10이 유효한 것이라면 이 ISBN-10의 열 개 숫자에 각각 순서대로 10, 9, …, 2, 1의 가중치를 곱해서 각 곱셈의 값을 모두 더한 값이 반드시 11로 나누어 떨어져야 한다. 예를 들어, 어떤 책에 부여된 ISBN-10인 '89-89422-42-6'이 유효한 것인지 검사해 보자. $(8 \times 10)+(9 \times 9)+(8 \times 8)+(9 \times 7)+(4 \times 6)+(2 \times 5)+(2 \times 4)+(4 \times 3)+(2 \times 2)+(6 \times 1)=352$이고, 이 값은 11로 나누어 떨어지기 때문에 이 ISBN-10은 유효한 번호이다. 만약 어떤 ISBN-10의 숫자 중 어느 하나를 잘못 입력했다면 서점에 있는 컴퓨터는 즉시 오류 메시지를 화면에 보여줄 것이다. ▶2문단

① ISBN-10의 첫 번째 부분에 있는 숫자가 같으면 같은 나라에서 출판된 책이다. ➡ (X) 첫 번째 부분은 책이 출판된 국가 또는 언어 권역을 나타낸다. 즉, 다른 나라에서 출판된 책이더라도 언어 권역이 같다면 나라에 상관없이 같은 번호를 부여받는 것이다. 따라서 첫 번째 부분의 숫자가 같다고 해서 같은 나라에서 출판된 책이라고 단정할 수 없다.

② 임의의 책의 ISBN-10에 숫자 3자리를 추가하면 그 책의 ISBN-13을 얻는다. ➡ (X) 2006년까지 출판된 도서에는 10자리의 숫자로 구성된 ISBN인 ISBN-10이 부여되었고, 2007년부터는 13자리의 숫자로 구성된 ISBN-13이

부여되고 있다. ISBN은 책마다 고유하게 부여되는 식별 번호이므로 임의의 책에 부여된 ISBN-10에 숫자 3자리를 추가한다고 해서 ISBN-13을 얻는 것이 아니다.

③ ISBN-10이 '0-285-00424-7'인 책은 해당 출판사에서 424번째로 출판한 책이다. ➡ (X) ISBN-10의 세 번째 부분은 출판사에서 그 책에 임의로 붙인 번호이다. 출판된 순서를 나타내는지 아니면 다른 기준에 의해 번호를 부여하는지 지문에 제시되어 있지 않다. 따라서 세 번째 부분이 '00424'인 것을 보고 해당 출판사에서 424번째 출판된 책이라고 볼 수 없다.

④ ISBN-10의 두 번째 부분에 있는 숫자가 같은 서로 다른 두 권의 책은 동일한 출판사에서 출판된 책이다. ➡ (X) ISBN-10의 두 번째 부분은 국가별 ISBN 기관에서 그 국가에 있는 각 출판사에 할당한 번호이다. 따라서 국가마다 각 출판사에 할당하는 번호가 다를 수 있다. 나라가 다른데 단지 두 번째 부분의 숫자가 같다고 해서 동일한 출판사라고 볼 수는 없다.

⑤ 확인 숫자 앞의 아홉 개의 숫자에 정해진 가중치를 곱하여 합한 값이 11의 배수인 ISBN-10이 유효하다면 그 확인 숫자는 반드시 0이어야 한다. ➡ (O) 2문단 따르면 부여된 ISBN-10이 유효한 것이라면 열 개의 숫자에 정해진 가중치를 곱해서 각 곱셈의 값을 모두 더한 값이 반드시 11로 나누어 떨어져야 한다. 확인 숫자를 제외하고 아홉 개의 숫자만을 곱해서 합한 값이 11의 배수가 되어 ISBN-10이 유효하다면 확인 숫자는 0이 될 수밖에 없다.

17 ④
정답률 48.9%

| 문제 유형 | 사실적 이해 > 논리 게임
| 접근 전략 | 제시된 조건이 모두 참일 때 반드시 참인 것을 찾는 문제이다. 각 조건을 한눈에 보기 쉽게 도식화하고 연결해 주면 반드시 참인 명제가 보일 것이다.

다음 글의 내용이 참일 때, 갑이 반드시 수강해야 할 과목은?

갑은 A~E 과목에 대해 수강신청을 준비하고 있다. 갑이 수강하기 위해 충족해야 하는 조건은 다음과 같다.

○ A를 수강하면 B를 수강하지 않고, B를 수강하지 않으면 C를 수강하지 않는다.

○ D를 수강하지 않으면 C를 수강하고, A를 수강하지 않으면 E를 수강하지 않는다.

○ E를 수강하지 않으면 C를 수강하지 않는다.

→ 내용을 정리하면 다음과 같다.
· A → ~B, ~B → ~C
· ~D → C, ~A → ~E
· ~E → ~C

각각의 명제를 연결하면 'E → A → ~B → ~C → D' 또는 'B → ~A → ~E → ~C → D'를 도출할 수 있다. A, B, E는 수강할 수도 있고 수강하지 않을 수도 있다. 그리고 C는 반드시 수강하지 않고, D는 반드시 수강한다.

① A ➡ (X)
② B ➡ (X)
③ C ➡ (X)
④ D ➡ (O)
⑤ E ➡ (X)

18 ③

| 문제 유형 | 사실적 이해 > 논리 게임
| 접근 전략 | 주어진 조건이 모두 참일 때 반드시 참인 진술을 고르는 유형의 문제이다. 후보자의 수가 확정되지 않았지만 자격증의 종류가 4개로 한정되어 있으므로, 가능한 경우의 수를 생각해 본 후에 〈보기〉에 제시된 진술의 참·거짓 여부를 판단한다.

다음 글의 내용이 참일 때, 반드시 참인 것만을 〈보기〉에서 모두 고르면?

△△처에서는 채용 후보자들을 대상으로 A, B, C, D 네 종류의 자격증 소지 여부를 조사하였다. 그 결과 다음과 같은 사실이 밝혀졌다.

○ A와 D를 둘 다 가진 후보자가 있다.
○ B와 D를 둘 다 가진 후보자는 없다.
○ A나 B를 가진 후보자는 모두 C는 가지고 있지 않다.
○ A를 가진 후보자는 모두 B는 가지고 있지 않다는 것은 사실이 아니다.

〈보기〉

ㄱ. 네 종류 중 세 종류의 자격증을 가지고 있는 후보자는 없다. →(O) A나 B를 가진 후보자는 모두 C는 가지고 있지 않고, B와 D를 둘 다 가진 후보자는 없다. 그렇다면 나올 수 있는 것은 'A A-B, A-D, B, C, C-D, D'이다. 따라서 세 종류의 자격증을 가지고 있는 후보자가 없음을 알 수 있다.

ㄴ. 어떤 후보자는 B를 가지고 있지 않고, 또 다른 후보자는 D를 가지고 있지 않다. →(O) 'A A-D, C, C-D, D'의 경우는 B를 가지고 있지 않고, 'A A-B, B, C'의 경우는 D를 가지고 있지 않다.

ㄷ. D를 가지고 있지 않은 후보자는 누구나 C를 가지고 있지 않다면, 네 종류 중 한 종류의 자격증만 가지고 있는 후보자가 있다. →(X) 'D를 가지고 있지 않은 후보자는 누구나 C를 가지고 있지 않다.'를 기호화하면 ~D → ~C가 되고 이 명제의 대우인 C → D가 도출된다. 즉, C를 가진 후보자는 항상 D를 가지므로 한 종류의 자격증을 가지기 위해서는 A만 가지거나 B만 가지거나 D만 가져야 한다. 그런데 두 종류의 자격증을 가진 후보자의 경우도 지문의 참인 사실에 위배되지 않으므로 한 종류의 자격증만 가지고 있는 후보자가 있다는 말은 반드시 참이라고 볼 수 없다.

① ㄱ ➡ (X)
② ㄷ ➡ (X)
③ ㄱ, ㄴ ➡ (O)
④ ㄴ, ㄷ ➡ (X)
⑤ ㄱ, ㄴ, ㄷ ➡ (X)

19 ④

| 문제 유형 | 사실적 이해 > 논리 게임
| 접근 전략 | 먼저 지문의 내용을 간단하게 구조화해 각 명제 간의 관계를 파악해야 한다. 신입사원이 몇 명인지는 나타나 있지 않지만, 갑과 을의 단서를 통해 참이라고 확정지을 수 있는 전제를 바탕으로 다른 경우의 수를 따져보도록 한다.

다음 글의 내용이 참일 때, 반드시 참인 것만을 〈보기〉에서 모두 고르면?

신입사원을 대상으로 민원, 홍보, 인사, 기획 업무에 대한 선호를 조사하였다. 조사 결과 민원 업무를 선호하는 신입사원은 모두 홍보 업무를 선호하였지만, 그 역은 성립하지 않았다. 모든 업무 중 인사 업무만을 선호하는 신입사원은 있었지만, 민원 업무와 인사 업무를 모두 선호하는 신입사원은 없었다. 그리고 넷 중 세 개 이상의 업무를 선호하는 신입사원도 없었다. 신입사원 갑이 선호하는 업무에는 기획 업무가 포함되어 있었으며, 신입사원 을이 선호하는 업무에는 민원 업무가 포함되어 있었다.

→ 내용을 정리하면 다음과 같다.
• 민원 → 홍보
• ~(홍보 → 민원)
• ~민원 ∧ ~홍보 ∧ 인사 ∧ ~기획
• ~(민원∧인사)
• 한 개나 두 개의 업무 선호
• 갑: 기획 포함 / 을: 민원 포함

〈보기〉

ㄱ. 어떤 업무는 갑도 을도 선호하지 않는다. →(X) 을은 민원 업무를 선호하기 때문에 홍보 업무도 선호한다. 세 개 이상의 업무를 선호하는 신입사원은 없으므로, 을은 민원 업무와 홍보 업무를 선호하고 인사 업무와 기획 업무를 선호하지 않는다. 갑은 기획 업무를 선호하고, 민원 업무를 선호하면 홍보 업무도 선호하게 되어 세 개 이상이 되므로 민원 업무는 선호하지 않는다. 그리고 홍보와 인사 업무는 둘 중 하나를 선호할 수도 있고 둘 다 선호하지 않을 수도 있다. 그런데 만약 갑이 인사 업무를 선호하면 갑도 을도 선호하지 않는 업무는 없게 되므로 ㄱ은 반드시 참이 아니다.

ㄴ. 적어도 두 명 이상의 신입사원이 홍보 업무를 선호한다. →(O) 을이 홍보 업무를 선호하므로 한 명의 신입사원은 반드시 홍보 업무를 선호한다. 또한 업무에 대한 선호 조사를 한 결과 홍보 업무를 선호하지만 민원 업무를 선호하지 않는 신입사원이 있었다. 을은 민원과 홍보 업무를 모두 선호하므로 여기에 해당되지 않는다. 따라서 을을 제외한 다른 신입사원 가운데 홍보 업무는 선호하나 민원 업무는 선호하지 않는 신입사원이 1명 이상 있을 것이므로 을을 포함해 적어도 두 명 이상의 신입사원이 홍보 업무를 선호함을 알 수 있다.

ㄷ. 조사 대상이 된 업무 중에, 어떤 신입사원도 선호하지 않는 업무는 없다. →(O) 갑은 기획 업무를 선호하고 을은 민원과 홍보 업무를 선호한다는 것은 참이다. 그리고 인사 업무만을 선호하는 신입사원이 있다고 했으므로, 어떤 신입사원도 선호하지 않는 업무는 없다.

① ㄱ ➡ (X)
② ㄷ ➡ (X)
③ ㄱ, ㄴ ➡ (X)
④ ㄴ, ㄷ ➡ (O)
⑤ ㄱ, ㄴ, ㄷ ➡ (X)

20 ③

| 문제 유형 | 비판적 사고 > 지문에서 추론하기
| 접근 전략 | 식물의 기공 개폐 원리를 2문단에서 설명한 후에 예외적인 경우를 3, 4문단에 제시하여, 글의 내용에서 추론할 수 있는 것을 고르는 문제이다. 기공은 공변세포의 부피가 커지면 열리는데 '청색광 → 양성자 펌프 작동 → 칼륨 및 염소이온 유입 → 물 유입 → 공변세포 부피 증가 → 기공 열림'의 순서를 파악한 후에 이러한 원리를 무시하고 나타나는 예외적인 경우를 파악하도록 한다.

다음 글에서 추론할 수 있는 것만을 〈보기〉에서 모두 고르면?

식물의 잎에 있는 기공은 대기로부터 광합성에 필요한 이산화탄소를 흡수하는 통로이다. 기공은 잎에 있는 세포 중 하나인 공변세포의 부피가 커지면 열리고 부피가 작아지면 닫힌다. ▶1문단

그렇다면 무엇이 공변세포의 부피에 변화를 일으킬까? 햇빛이 있는 낮에, 햇빛 속에 있는 청색광이 공변세포에 있는 양성자 펌프를 작동시킨다. 양성자 펌프의 작동은 공변세포 밖에 있는 칼륨이온과 염소이온이 공변세포 안으로 들어오게 한다. 공변세포 안에 이 이온들의 양이 많아짐에 따라 물이 공변세포 안으로 들어오고, 그 결과로 공변세포의 부피가 커져서 기공이 열린다. 햇빛이 없는 밤이 되면, 공변세포에 있는 양성자 펌프가 작동하지 않고 공변세포 안에 있던 칼륨이온과 염소이온은 밖으로 빠져나간다. 이에 따라 공변

세포 안에 있던 물이 밖으로 나가면서 세포의 부피가 작아져서 기공이 닫힌다. ▶2문단

공변세포의 부피는 식물이 겪는 수분스트레스 반응에 의해 조절될 수도 있다. 식물 안의 수분량이 줄어듦으로써 식물이 수분스트레스를 받는다. 수분스트레스를 받은 식물은 호르몬 A를 분비한다. 호르몬 A는 공변세포에 있는 수용체에 결합하여 공변세포 안에 있던 칼륨이온과 염소이온이 밖으로 빠져나가게 한다. 이에 따라 공변세포 안에 있던 물이 밖으로 나가면서 세포의 부피가 작아진다. 결국 식물이 수분스트레스를 받으면 햇빛이 있더라도 기공이 열리지 않는다. ▶3문단

또한 기공의 여닫힘은 미생물에 의해 조절되기도 한다. 예를 들면, 식물을 감염시킨 병원균 α는 공변세포의 양성자 펌프를 작동시키는 독소 B를 만든다. 이 독소 B는 공변세포의 부피를 늘려 기공이 닫혀 있어야 하는 때에도 열리게 하고, 결국 식물은 물을 잃어 시들게 된다. ▶4문단

<보기>

ㄱ. 한 식물의 동일한 공변세포 안에 있는 칼륨이온의 양은, 햇빛이 있는 낮에 햇빛의 청색광만 차단하는 필름으로 식물을 덮은 경우가 덮지 않은 경우보다 적다. → (O) 2문단에 따르면 햇빛의 청색광이 있으면 양성자 펌프가 작동해 밖에 있던 칼륨이온과 염소이온이 공변세포 안으로 들어오게 된다. 그런데 낮에 햇빛의 청색광을 차단하는 필름으로 식물을 덮으면 양성자 펌프가 작동하지 않아 밖에 있던 칼륨이온은 공변세포 안으로 들어오지 않을 것이다. 따라서 필름으로 식물을 덮은 경우가 덮지 않은 경우보다 공변세포 안의 칼륨이온의 양이 적을 것이라 추론할 수 있다.

ㄴ. 수분스트레스를 받은 식물에 양성자 펌프의 작동을 못하게 하면 햇빛이 있는 낮에 기공이 열린다. → (X) 3문단 마지막에 식물이 수분스트레스를 받으면 햇빛이 있더라도 기공이 열리지 않는다고 했다. 즉, 수분스트레스를 받은 식물은 낮에도 기공이 열리지 않는다. 식물이 수분스트레스를 받으면 호르몬 A를 분비해 공변세포 안의 칼륨이온과 염소이온이 밖으로 빠져나가게 한다고 했는데, 양성자 펌프의 작동까지 못하게 한다면 공변세포 밖의 칼륨이온과 염소이온이 공변세포 안으로 들어오지 않을 것이므로 기공은 열리지 않을 것이다.

ㄷ. 호르몬 A를 분비하는 식물이 햇빛이 있는 낮에 보이는 기공 개폐 상태와 병원균 α에 감염된 식물이 햇빛이 없는 밤에 보이는 기공 개폐 상태는 다르다. → (O) 3문단에 따르면 호르몬 A를 분비하는 식물은 햇빛이 있는 낮에도 기공이 열리지 않는다. 또한 4문단에 따르면 병원균 α에 감염된 식물은 독소 B를 만들어 공변세포의 부피를 늘려 기공이 닫혀 있어야 하는 때에도 열리게 한다. 즉, 햇빛이 없어 기공이 닫히는 밤에도 기공이 열릴 것이다. 따라서 이 둘의 기공 개폐 상태는 다르다.

① ㄱ ➡ (X)
② ㄴ ➡ (X)
③ ㄱ, ㄷ ➡ (O)
④ ㄴ, ㄷ ➡ (X)
⑤ ㄱ, ㄴ, ㄷ ➡ (X)

21 ④ 정답률 26.6%

| 문제 유형 | 비판적 사고 > 판단하기

| 접근 전략 | 수컷 개구리의 울음소리 톤은 C > A > B의 순으로 일정하고, 울음소리 빈도는 A > B > C 순으로 높다. 상황 1은 수컷 두 마리, 상황 2는 수컷 세 마리의 울음소리를 들려준 경우이다. 상황 1에서의 수컷 두 마리가 무엇인지 파악한 후에 상황 1, 2 각각의 상황에 적용된 기준이 무엇인지 확인해야 한다.

다음 글의 ㉠과 ㉡에 대한 평가로 적절한 것만을 <보기>에서 모두 고르면?

진화론에 따르면 개체는 배우자 선택에 있어서 생존과 번식에 유리한 개체를 선호할 것으로 예측된다. 그런데 생존과 번식에 유리한 능력은 한 가지가 아니므로 합리적 선택은 단순하지 않다. 예를 들어 배우자 후보 α와 β가 있는데, 사냥 능력은 α가 우수한 반면, 위험 회피 능력은 β가 우수하다고 하자. 이 경우 개체는 더 중요하다고 판단하는 능력에 기초하여 배우자를 선택하는 것이 합리적이다. 이를테면 사냥 능력에 가중치를 둔다면 α를 선택하는 것이 합리적이라는 것이다. 그런데 α와 β보다 사냥 능력은 떨어지나 위험 회피 능력은 β와 α의 중간쯤 되는 새로운 배우자 후보 γ가 나타난 경우를 생각해 보자. 이때 개체는 애초의 판단 기준을 유지할 수도 있고 변경할 수도 있다. 즉 애초의 판단 기준에 따르면 선택이 바뀔 이유가 없음에도 불구하고, 새로운 후보의 출현에 의해 판단 기준이 바뀌어 위험 회피 능력이 우수한 β를 선택할 수 있다.

한 과학자는 동물의 배우자 선택에 있어 새로운 배우자 후보가 출현하는 경우, ㉠애초의 판단 기준을 유지한다는 가설과 ㉡판단 기준에 변화가 발생한다는 가설을 검증하기 위해 다음과 같은 실험을 수행하였다.

<실험>

X 개구리의 경우, 암컷은 두 가지 기준으로 수컷을 고르는데, 수컷의 울음소리 톤이 일정할수록 선호하고 울음소리 빈도가 높을수록 선호한다. 세 마리의 수컷 A~C는 각각 다른 소리를 내는데, 울음소리 톤은 C가 가장 일정하고 B가 가장 일정하지 않다. 울음소리 빈도는 A가 가장 높고 C가 가장 낮다. 과학자는 A~C의 울음소리를 발정기의 암컷으로부터 동일한 거리에 있는 서로 다른 위치에서 들려주었다. 상황 1에서는 수컷 두 마리의 울음소리만을 들려주었으며, 상황 2에서는 수컷 세 마리의 울음소리를 모두 들려주고 각 상황에서 암컷이 어느 쪽으로 이동하는지 비교하였다. 암컷은 들려준 울음소리 중 가장 선호하는 쪽으로 이동한다.

<보기>

ㄱ. 상황 1에서 암컷에게 들려준 소리가 A, B인 경우 암컷이 A로, 상황 2에서는 C로 이동했다면, ㉠은 강화되지 않지만 ㉡은 강화된다. → (X) 상황 1에서는 A와 B 중 A로 이동하고 상황 2에서는 A~C 중 C로 이동했다면, 암컷은 두 기준에서 모두 우월한 쪽으로 이동한 것이다. 따라서 어느 쪽 기준에 가중치를 뒀는지를 알 수 없으므로 ㉠과 ㉡을 강화했는지 여부를 판단할 수 없다. 만약, 울음소리 톤에 가중치를 뒀다면 애초의 판단 기준을 유지한 것이 되어 ㉠은 강화되고 ㉡은 강화되지 않지만, 울음소리 빈도에 가중치를 뒀다면 판단 기준에 변화가 발생한 것으로 ㉠은 강화되지 않고 ㉡이 강화되기 때문이다.

ㄴ. 상황 1에서 암컷에게 들려준 소리가 B, C인 경우 암컷이 B로, 상황 2에서는 A로 이동했다면, ㉠은 강화되지만 ㉡은 강화되지 않는다. → (O) 상황 1에서 암컷에게 들려준 소리가 B, C인 경우 암컷이 B로 이동했다면 가중치를 둔 기준은 울음소리 빈도이고, 상황 2에서는 A로 이동했다면 여전히 울음소리 빈도를 기준으로 이동한 것이 된다. 즉, ㉠은 강화되지만 ㉡은 강화되지 않는다.

ㄷ. 상황 1에서 암컷에게 들려준 소리가 A, C인 경우 암컷이 C로, 상황 2에서는 A로 이동했다면, ㉠은 강화되지 않지만 ㉡은 강화된다. → (O) 상황 1에서 암컷에게 들려준 소리가 A, C인 경우 암컷이 C로 이동했다면 가중치를 둔 기준은 울음소리 톤이고, 상황 2에서는 A로 이동했다면 가중치를 둔 기준이 울음소리 빈도로 변경된 것이다. 즉, ㉠은 강화되지 않지만 ㉡은 강화된다.

① ㄱ ➡ (X)
② ㄷ ➡ (X)
③ ㄱ, ㄴ ➡ (X)
④ ㄴ, ㄷ ➡ (O)
⑤ ㄱ, ㄴ, ㄷ ➡ (X)

22 ⑤

정답률 44.9%

|문제 유형| 비판적 사고 > 판단하기

|접근 전략| 지문에 등장하는 핵심어에 대한 평가로 적절한 것을 고르는 문제이나. 〈보기〉는 논지의 강화 및 약화 여부를 판단한 내용으로 구성되어 있어 복합 유형에 속한다. 실험의 조건이 달라졌을 때 나타나는 결과가 어떤 의미를 가지는지 정확하게 해석해야 한다. ㉠은 입자이론으로 물속에서 빛의 속도가 더 빠르며 색깔에 따른 속도 변화는 없다고 보는 입장이고, ㉡은 파동이론으로 물속에서 빛의 속도가 더 느리며 색깔에 따른 속도 변화가 있다고 보는 입장이다.

다음 글의 ㉠과 ㉡에 대한 평가로 적절한 것만을 〈보기〉에서 모두 고르면?

18세기에는 빛의 본성에 관한 두 이론이 경쟁하고 있었다. ㉠입자이론은 빛이 빠르게 운동하고 있는 아주 작은 입자들의 흐름으로 구성되어 있다고 설명한다. 이에 따르면, 물속에서 빛이 굴절하는 것은 물이 빛을 끌어당기기 때문이며, 공기 중에서는 이런 현상이 발생하지 않기 때문에 결과적으로 물속에서의 빛의 속도가 공기 중에서보다 더 빠르다. 한편 ㉡파동이론은 빛이 매질을 통하여 파동처럼 퍼져 나간다는 가설에 기초한다. 이에 따르면, 물속에서 빛이 굴절하는 것은 파동이 전파되는 매질의 밀도가 달라지기 때문이며, 밀도가 높아질수록 파동의 속도는 느려지므로 결과적으로 물속에서의 빛의 속도가 공기 중에서보다 더 느리다. ▶1문단

또한 파동이론에 따르면 빛의 색깔은 파장에 따라 달라진다. 공기 중에서는 파장에 따라 파동의 속도가 달라지지 않지만, 물속에서는 파장에 따라 파동의 속도가 달라진다. 반면 입자이론에 따르면 공기 중에서건 물속에서건 빛의 속도는 색깔에 따라 달라지지 않는다. ▶2문단

두 이론을 검증하기 위해 다음과 같은 실험이 고안되었다. 두 빛이 같은 시점에 발진하여 경로 1 또는 경로 2를 통과한 뒤 빠른 속도로 회전하는 평면거울에 도달한다. 두 개의 경로에서 빛이 진행하는 거리는 같으나, 경로 1에서는 물속을 통과하고, 경로 2에서는 공기만을 통과한다. 평면거울에서 반사된 빛은 반사된 빛이 향하는 방향에 설치된 스크린에 맺힌다. 평면거울에 도달한 빛 중 속도가 빠른 빛은 먼저 도달하고 속도가 느린 빛은 나중에 도달하게 되는데, 평면거울이 빠르게 회전하고 있으므로 먼저 도달한 빛과 늦게 도달한 빛은 반사 각도에 차이가 생기게 된다. 따라서 두 빛이 서로 다른 속도를 가진다면 반사된 두 빛이 도착하는 지점이 서로 달라지며, 더 빨리 평면거울에 도달한 빛일수록 스크린의 오른쪽에, 더 늦게 도달한 빛일수록 스크린의 왼쪽에 맺히게 된다. ▶3문단

〈보기〉

ㄱ. 색깔이 같은 두 빛이 각각 경로 1과 2를 통과했을 때, 경로 1을 통과한 빛이 경로 2를 통과한 빛보다 스크린의 오른쪽에 맺힌다면 ㉠은 강화되고 ㉡은 약화된다. → (O) 1문단에서 입자이론은 빛의 속도가 공기 중에서보다 물속에서 더 빠르다고 했다. 반면, 파동이론은 빛의 속도가 공기 중에서보다 물속에서 더 느리다고 했다. 경로 1은 물속을 통과하는데 공기만을 통과한 경로 2보다 스크린의 오른쪽에 맺혔다면 더 빨리 평면거울에 도달했다는 뜻이다. 즉, 물속을 통과한 빛의 속도가 더 빨랐다는 결과이므로 ㉠은 강화되고 ㉡은 약화된다.

ㄴ. 색깔이 다른 두 빛 중 하나는 경로 1을, 다른 하나는 경로 2를 통과했을 때, 경로 1을 통과한 빛이 경로 2를 통과한 빛보다 스크린의 왼쪽에 맺힌다면 ㉠은 약화되고 ㉡은 강화된다. → (O) 2문단에 따르면 파동이론은 빛의 색깔이 달라질 경우 공기 중에서는 파동 속도가 달라지지 않지만 물속에서는 파동의 속도가 달라진다고 봤다. 파동의 속도가 달라진다면 빛의 속도도 달라진 것이다. 반면, 입자이론은 공기 중이나 물속에서 색깔에 따라 빛의 속도가 달라지지 않는다는 입장이다. 색깔이 다른 두 빛 중 하나가 경로 1의 물속을 통과했을 때 경로 2의 공기만을 통과한 빛보다 속도가 느려졌다면 ㉠은 약화되고 ㉡은 강화된다.

ㄷ. 색깔이 다른 두 빛이 모두 경로 1을 통과했을 때, 두 빛이 스크린에 맺힌 위치가 다르다면 ㉠은 약화되고 ㉡은 강화된다. → (O) 색깔이 다른 두 빛이 모두 경로 1의 물속을 통과했을 때 두 빛이 스크린에 맺힌 위치가 달랐다면 이는 색깔에 따라 빛의 속도가 다르다는 말이다. 색깔이 다른 두 빛이 물속을 통과하면 빛의 속도가 달라진다는 파동이론을 뒷받침하는 근거이므로 ㉠은 약화되고 ㉡은 강화된다.

① ㄱ ➡ (X)
② ㄴ ➡ (X)
③ ㄱ, ㄷ ➡ (X)
④ ㄴ, ㄷ ➡ (X)
⑤ ㄱ, ㄴ, ㄷ ➡ (O)

23 ②

정답률 43.9%

|문제 유형| 비판적 사고 > 빈칸 채우기

|접근 전략| 두 사람의 대화를 읽고 보조금 신청 자격 요건을 파악하는 문제이다. '민원인의 농업인 및 농지 등록 여부'는 고려할 대상이 아니므로 관련된 선지는 과감히 소거한다. 마지막으로 이의 제기가 인용된 건이나 심의 진행 중인 건이 아니라 기각 건에 대해서만 알면 나머지는 신청 자격이 되기 때문에 '이의 제기 기각 건에 민원인이 제기한 건이 포함되었는지 여부'를 포함한 선지를 선택한다.

다음 대화의 빈칸에 들어갈 내용으로 가장 적절한 것은?

갑: 2022년에 A보조금이 B보조금으로 개편되었다고 들었습니다. 2021년에 A보조금을 수령한 민원인이 B보조금의 신청과 관련하여 문의하였습니다. 민원인이 중앙부처로 바로 연락하였다는데 B보조금 신청 자격을 알 수 있을까요?

을: B보조금 신청 자격은 A보조금과 같습니다. 해당 지자체에 농업경영정보를 등록한 농업인이어야 하고 지급 대상 토지도 해당 지자체에 등록된 농지 또는 초지여야 합니다.

갑: 네. 민원인의 자격 요건에 변동 사항은 없다는 것을 확인했습니다. 그 외에 다른 제한 사항은 없을까요?

을: 대상자 및 토지 요건을 모두 충족하더라도 전년도에 A보조금을 부정한 방법으로 수령했다고 판정된 경우에는 B보조금을 신청할 수가 없어요. 다만 부정한 방법으로 수령했다고 해당 지자체에서 판정하더라도 수령인은 일정 기간 동안 중앙부처에 이의를 제기할 수 있습니다. 이의 제기 심의 기간에는 수령인이 부정한 방법으로 수령하지 않은 것으로 봅니다.

갑: 우리 중앙부처의 2021년 A보조금 부정 수령 판정 현황이 어떻게 되죠?

을: 2021년 A보조금 부정 수령 판정 이의 제기 신청 기간은 만료되었습니다. 부정 수령 판정이 총 15건이 있었는데, 그중 11건에 대한 이의 제기 신청이 들어왔고 1건은 심의 후 이의 제기가 받아들여져 인용되었습니다. 9건은 이의 제기가 받아들여지지 않아 기각되었고 나머지 1건은 아직 이의 제기 심의 절차가 진행 중입니다.

갑: 그렇다면 제가 추가로 ＿＿＿＿＿＿＿만 확인하고 나면 다른 사유를 확인하지 않고서도 민원인이 현재 B보조금 신청 자격이 되는지를 바로 알 수 있겠네요.

① 민원인의 부정 수령 판정 여부, 민원인의 이의 제기 여부, 이의 제기 심의 절차 진행 중인 건이 민원인이 제기한 건인지 여부 ➡ (X)

② 민원인의 부정 수령 판정 여부, 민원인의 이의 제기 여부, 이의 제기 기각 건에 민원인이 제기한 건이 포함되었는지 여부 ➡ (O) 갑과 을의 대화 중 전반부의 내용을 보면 보조금 신청 자격에는 변동이 없음을 알 수 있다. 따라서 '민원인의 농업인 및 농지 등록 여부'는 확인할 필요가 없고 제한 사항만

살펴보면 된다. 을의 두 번째 발화에 따라 보조금을 부정 수령했다고 판정된 경우에는 신청이 제한되므로 '민원인의 부정 수령 판정 여부'를 확인해야 한다. 또한 판정 후에 이의 제기를 할 수 있는데 이의 제기 심의 기간에는 수령인이 부정한 방법으로 수령하지 않은 것으로 보기 때문에 '민원인의 이의 제기 여부'와 함께 '이의 제기 기각 건에 민원인이 제기한 건이 포함되었는지 여부'를 확인해야 한다. 이의 제기 기각 건에 민원인이 제기한 건이 포함되어 있지 않다면 이의 제기가 인용되었거나 심의 절차 진행 중이라는 의미이므로 보조금을 신청할 자격이 되기 때문이다.

③ 민원인의 농업인 및 농지 등록 여부, 민원인의 이의 제기 여부, 이의 제기 심의 절차 진행 중인 건의 심의 완료 여부 ➡ (×)

④ 민원인의 부정 수령 판정 여부, 민원인의 이의 제기 여부, 이의 제기 인용 건이 민원인이 제기한 건인지 여부 ➡ (×)

⑤ 민원인의 농업인 및 농지 등록 여부, 민원인의 부정 수령 판정 여부, 민원인의 이의 제기 여부 ➡ (×)

24 ⑤
정답률 51.1%

| **문제 유형** | 비판적 사고 > 빈칸 채우기

| **접근 전략** | 갑이 제기하는 입장과 다른 을의 입장이 무엇인지 파악해야 빈칸에 들어갈 말을 찾을 수 있다. 오답이 되는 선지들은 대화 내용과 일부 어긋나는 내용으로 구성되기 때문에 전체 대화의 내용과 가장 어울리는 것을 찾는다.

다음 대화의 빈칸에 들어갈 내용으로 가장 적절한 것은?

갑: 안녕하십니까? 저는 공립학교인 A고등학교 교감입니다. 우리 학교의 교육 방침을 명확히 밝히는 조항을 학교 규칙(이하 '학칙')에 새로 추가하려고 합니다. 이때 준수해야 할 것이 무엇입니까?

을: 네. 학교에서 학칙을 제정하고자 할 때에는 「초·중등교육법」(이하 '교육법')에 어긋나지 않는 범위에서 제정이 이루어져야 합니다.

갑: 그렇군요. 그래서 교육법 제8조 제1항의 학교의 장은 '법령'의 범위에서 학칙을 제정할 수 있다는 규정에 근거해서 학칙을 만들고 있습니다. 그런데 최근 우리 도(道) 의회에서 제정한 「학생인권조례」의 내용을 보니, 우리 학교에서 만들고 있는 학칙과 어긋나는 것이 있습니다. 이러한 경우에 법적 판단은 어떻게 됩니까?

을: _____.

갑: 교육법 제8조 제1항에서는 '법령'이라는 용어를 사용하고, 제10조 제2항에서는 '조례'라는 용어를 사용하고 있으니 교육법에서는 법령과 조례를 구분하는 것으로 보입니다.

을: 그것은 다른 문제입니다. 교육법 제10조 제2항의 조례는 법령의 위임을 받아 제정되는 위임 입법입니다. 제8조 제1항에서의 법령에는 조례가 포함된다고 해석하고 있으며, 이 경우에 제10조 제2항의 조례와는 그 성격이 다르다고 할 수 있습니다.

갑: 교육법 제8조 제1항은 초·중등학교 운영의 자율과 책임을 위한 것인데 이러한 조례로 인해서 오히려 학교 교육과 운영이 침해당하는 것 아닙니까?

을: 교육법 제8조 제1항의 목적은 학교의 자율과 책임을 당연히 존중하는 것입니다. 다만 학칙을 제정할 때에도 국가나 지자체에서 반드시 지킬 것을 요구하는 최소한의 한계를 법령의 범위라는 말로 표현한 것입니다. 더욱이 학생들의 학습권, 개성을 실현할 권리 등은 헌법에서 보장된 기본권에서 나오고 교육법 제18조의4에서도 학생의 인권을 보장하도록 규정하고 있습니다. 최근 「학생인권조례」도 이러한 취지에서 제정되었습니다.

① 학칙의 제정을 통하여 학교 운영의 자율과 책임뿐 아니라 학생들의 학습권과 개성을 실현할 권리가 제한될 수 있습니다 ➡ (×) 이 대화는 법령의 범위 안에서 학칙을 제정하는데 「학생인권조례」와 어긋나는 것이 있을 경우에 어떤 판단을 내려야 할지에 대한 논의이다. 학칙 제정 자체가 학교 운영과 학생들의 권리를 제한할 수 있다는 것은 논지에서 벗어난 내용이다.

② 법령에 조례가 포함된다고 해석할 여지는 없지만 교육법의 체계

상 「학생인권조례」를 따라야 합니다 ➡ (×) 을은 세 번째 발화에서 제8조 제1항에서의 법령에는 조례가 포함된다고 해석하고 있다는 말을 했다. 따라서 법령에 조례가 포함된다고 해석할 여지가 없다는 것은 대화 내용에 어긋난다.

③ 교육법 제10조 제2항에 따라 조례는 입법 목적이나 취지와 관계없이 법령에 포함됩니다 ➡ (×) 을의 세 번째 발화에 따르면 교육법 제10조 제2항의 조례는 법령의 위임을 받아 제정되는 위임 입법이다. 법령에 포함되는 조례와는 그 성격이 다르다고 했다. 조례가 법령에 포함된다고 해석하는 것은 제8조 제1항이다.

④ 「학생인권조례」에는 교육법에 어긋나는 규정이 있지만 학칙은 이 조례를 따라야 합니다 ➡ (×) 을은 마지막 발화에서 교육법 제18조의4에서 학생의 인권을 보장하도록 규정하고 있으며 「학생인권조례」도 이러한 취지에서 제정되었다고 했다. 따라서 「학생인권조례」가 교육법에 어긋나는 규정이라는 말은 옳지 않다.

⑤ 법령의 범위에 있는 「학생인권조례」의 내용에 반하는 학칙은 교육법에 저촉됩니다 ➡ (○) 빈칸 앞에서는 갑이 조례의 내용이 학칙과 어긋나는 것에 대한 법적 판단을 묻고 있고, 빈칸 뒤에서는 갑이 법령과 조례를 구분하며 조례로 인해 학교 교육과 운영이 침해되는 것이 아닌지 묻고 있다. 이에 대해 을은 조례가 법령에 포함되며 학칙을 제정할 때도 반드시 지켜야 하는 최소한의 한계를 법령의 범위로 표현한다고 했다. 이어서 「학생인권조례」는 이러한 법령의 취지 아래 제정되었다고 했다. 따라서 법령의 범위에 있는 「학생인권조례」의 내용에 반하는 학칙은 교육법에도 저촉된다는 내용이 빈칸에 들어가야 한다.

25 ④
정답률 38.3%

| **문제 유형** | 비판적 사고 > 판단하기

| **접근 전략** | 법 조문과 쟁점 세 가지를 제시하고 특정 사실이 확정되었을 경우 어느 쪽 주장의 근거가 되는지를 판단하는 유형의 문제이다. 우선 법 조항의 항목별 내용을 파악하고 각 쟁점에 제기된 갑과 을의 서로 다른 논지를 이해해야 하며, 〈보기〉에 제시된 조건은 어떤 입장을 강화하는지 판단해야 한다.

다음 글의 〈논쟁〉에 대한 분석으로 적절한 것만을 〈보기〉에서 모두 고르면?

갑과 을은 △△국 「주거법」 제○○조의 해석에 대해 논쟁하고 있다. 그 조문은 다음과 같다.

제○○조(비거주자의 구분) ① 다음 각 호에 해당하는 △△국 국민은 비거주자로 본다.
1. 외국에서 영업활동에 종사하고 있는 사람
2. 2년 이상 외국에 체재하고 있는 사람. 이 경우 일시 귀국하여 3개월 이내의 기간 동안 체재한 경우 그 기간은 외국에 체재한 기간에 포함되는 것으로 본다.
3. 외국인과 혼인하여 배우자의 국적국에 6개월 이상 체재하는 사람
② 국내에서 영업활동에 종사하였거나 6개월 이상 체재하였던 외국인으로서 출국하여 외국에서 3개월 이상 체재 중인 사람의 경우에도 비거주자로 본다.

〈논쟁〉
쟁점 1: △△국 국민인 A는 일본에서 2년 1개월째 학교에 다니고 있다. A는 매년 여름방학과 겨울방학 기간에 일시 귀국하여 2개월씩 체재하였다. 이에 대해, 갑은 A가 △△국 비거주자로 구분된다고 주장하는 반면, 을은 그렇지 않다고 주장한다.

쟁점 2: △△국과 미국 국적을 모두 보유한 복수 국적자 B는 △△국 C법인에서 임원으로 근무하였다. B는 올해 C법인의 미국 사무소로 발령받아 1개월째 영업활동에 종사 중이다. 이에 대해, 갑은 B가 △△국 비거주자로 구분된다고 주장하는 반면, 을은 그렇지 않다고 주장한다.

쟁점 3: △△국 국민인 D는 독일 국적의 E와 결혼하여 독일에서 체재 시작
　　　 직후부터 5개월째 길거리 음악 연주를 하고 있다. 이에 대해, 갑은 D
　　　 가 △△국 비거주자로 구분된다고 주장하는 반면, 을은 그렇지 않다
　　　 고 주장한다.

─────〈보기〉─────

ㄱ. 쟁점 1과 관련하여, 일시 귀국하여 체재한 '3개월 이내의 기간'이
　　 귀국할 때마다 체재한 기간의 합으로 확정된다면, 갑의 주장은 옳
　　 고 을의 주장은 그르다. → (X) A가 일시 귀국하여 2개월씩 체재한 기간
　　 에 대해 갑은 제1항 제2호에 의해 이것도 외국에 체재한 기간에 포함시켜 A를
　　 비거주자로 구분했다. 그러나 '3개월 이내의 기간'이 귀국할 때마다 국내에 체
　　 재한 기간의 합으로 확정된다면 갑의 주장은 그르고 을의 주장은 옳다.

ㄴ. 쟁점 2와 관련하여, 갑은 B를 △△국 국민이라고 생각하지만 을은
　　 외국인이라고 생각하기 때문이라고 하면, 갑과 을 사이의 주장 불
　　 일치를 설명할 수 있다. → (O) B가 미국에서 한 달째 영업활동에 종사하
　　 고 있는 것에 대해 갑은 제1항 제1호에 의해 외국에서 영업활동에 종사하고 있
　　 는 국민으로 보고 B를 비거주자로 구분했다. 그러나 을은 제2항에 의해 미국
　　 국적을 지닌 외국인이 국내 C 법인에서 임원으로 근무하다가 현재 한 달째 외
　　 국에서 체재 중인 것으로 보고 B를 거주자로 구분했다. 즉, 복수 국적자인 B를
　　 국민으로 볼지 외국인으로 볼지에 따라 주장 불일치가 일어난 것이라고 설명
　　 할 수 있다.

ㄷ. 쟁점 3과 관련하여, D의 길거리 음악 연주가 영업활동이 아닌 것으
　　 로 확정된다면, 갑의 주장은 그르고 을의 주장은 옳다. → (O) D가
　　 외국인과 혼인하여 배우자의 국적국인 독일에서 5개월째 길거리 음악 연주를
　　 하고 있는데, 갑은 제1항 제1호에 의해 이를 영업활동으로 보고 D를 비거주자
　　 로 구분했다. 그러나 을은 제1항 제3호에 의해 외국인과 혼인하여 배우자의 국
　　 적국에 6개월 이상 체재한 것은 아니므로 D를 거주자로 구분했다. D의 길거리
　　 음악 연주가 영업활동이 아닌 것으로 확정된다면 갑의 주장은 그르고 을의 주
　　 장은 옳다.

① ㄱ ➡ (X)
② ㄷ ➡ (X)
③ ㄱ, ㄴ ➡ (X)
④ ㄴ, ㄷ ➡ (O)
⑤ ㄱ, ㄴ, ㄷ ➡ (X)

2022 | 제2영역 상황판단(㉮ 책형)

기출 총평

2022년 상황판단 영역은 전년도에 비하여 법조문형 문항이 줄고 연산추론형과 퍼즐형 문항이 늘어났다. 비교적 평이한 연산추론형 문항이 제시된 전반부는 난이도 중 수준이었고, 퍼즐형과 다소 까다로운 연산추론형 문항이 제시된 후반부는 중상 정도의 수준으로 보이며, 이전과 다소 달라진 문항 배치와 출제 비중에 체감 난도는 다소 높았을 것으로 보인다.

법조문형 문항과 제시문형의 정보확인 문항은 내용 일치 여부 확인을 통해 어렵지 않게 판단할 수 있는 수준이므로 독해 연습을 통해 실수하지 않는 것이 중요하다. 연산추론형 문항은 계산해야 할 부분을 찾아 계산식을 세우거나 비교할 수치 등을 파악하는 것이 관건인데, 기존 유형이 유사하게 출제되므로 기출 문항 등을 통해 풀이법을 익혀 두어야 한다. 퍼즐형 문항 역시 풀이법을 알고 나면 간단한 문항들이 대다수이지만 막상 시험 문제로 접했을 때 이 지점을 파악하지 못하면 복잡한 풀이 과정으로 해결해야 하므로 다양한 기출, 예비 문항들을 통해 여러 유형을 연습해 보는 것이 중요하다.

문항별 정답률 및 선지별 선택률

문번	정답	정답률(%)	선지별 선택률(%)				
			①	②	③	④	⑤
01	⑤	74.8	21.3	1.2	0.5	2.2	74.8
02	①	82.5	82.5	3.5	0.2	13.2	0.6
03	⑤	86.2	1.2	7.3	2.7	2.6	86.2
04	①	73.7	73.7	3.2	7.5	7.1	8.5
05	②	73.0	10.6	73.0	5.7	9.1	1.6
06	②	72.6	3.3	72.6	3.2	8.1	12.8
07	③	81.1	0.2	1.2	81.1	6.4	11.1
08	④	61.3	32.6	3.4	0.5	61.3	2.2
09	②	65.1	9.3	65.1	2.2	18.7	4.7
10	③	83.3	3.7	6.8	83.3	4.1	2.1
11	①	58.0	58.0	6.3	28.8	3.2	3.7
12	②	87.8	3.5	87.8	1.4	1.2	6.1
13	③	78.5	1.5	2.2	78.5	15.4	2.4

문번	정답	정답률(%)	선지별 선택률(%)				
			①	②	③	④	⑤
14	⑤	51.7	10.8	10.8	12.5	14.2	51.7
15	①	73.5	73.5	8.6	4.8	9.8	3.3
16	③	79.9	3.3	6.2	79.9	3.6	7.0
17	④	61.1	10.4	4.4	10.4	61.1	13.7
18	②	47.5	5.8	47.5	23.0	6.4	17.3
19	③	39.9	32.6	14.7	39.9	6.4	6.4
20	③	37.3	51.1	3.5	37.3	4.1	4.0
21	⑤	26.1	11.2	18.7	25.6	18.4	26.1
22	④	52.7	6.0	5.0	30.6	52.7	5.7
23	①	30.6	30.6	4.2	6.5	16.5	42.2
24	④	22.1	29.3	11.6	23.5	22.1	13.5
25	④	51.2	11.2	10.3	14.9	51.2	12.4

※ 파란색 음영 문항은 해당 회차에서 정답률이 가장 낮은 TOP 3 문항입니다.
※ 문항별 정답률 산정 기준: 약 1년간 누적된 자동채점 & 성적결과분석 서비스의 응시 데이터

출제 비중

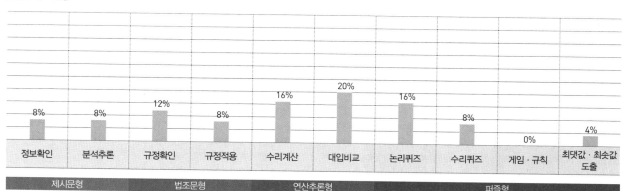

01	⑤	02	①	03	⑤	04	①	05	②
06	②	07	③	08	④	09	②	10	③
11	①	12	②	13	③	14	④	15	①
16	③	17	④	18	②	19	③	20	③
21	⑤	22	④	23	①	24	④	25	④

01 ⑤

정답률 74.8%

| 문제 유형 | 법조문형 > 규정확인

| 접근 전략 | 법령을 확인, 이해하는 문항에서는 제시된 기준과 함께 그 기준이 모두 충족되어야 하는지, 예외가 있다면 어느 경우이며 어떻게 적용되는지를 잘 살펴보아야 한다. 즉 '모든 요건을 갖춘 경우', '조건으로 인증'과 같은 부분을 주의 깊게 살피고, '~할 수 있다', '~하여야 한다'와 같은 표현의 차이를 구분하도록 한다.

다음 글을 근거로 판단할 때 옳은 것은?

제00조 재해경감 우수기업(이하 '우수기업'이라 한다)이란 재난으로부터 피해를 최소화하기 위한 재해경감활동으로 우수기업 인증을 받은 기업을 말한다.
제00조 ① 우수기업으로 인증받고자 하는 기업은 A부 장관에게 신청하여야 한다.
② A부 장관은 제1항에 따라 신청한 기업의 재해경감활동에 대하여 다음 각 호의 기준에 따라 평가를 실시하고 우수기업으로 인증할 수 있다.
 1. 재난관리 전담조직을 갖출 것
 2. 매년 1회 이상 종사자에게 재난관리 교육을 실시할 것
 3. 재해경감활동 비용으로 총 예산의 5% 이상 할애할 것
 4. 방재관련 인력을 총 인원의 2% 이상 갖출 것
③ 제2항 각 호의 충족 여부는 매년 1월 말을 기준으로 평가하며, 모든 요건을 갖춘 경우 우수기업으로 인증한다. 다만 제3호의 경우 최초 평가에 한하여 해당 기준을 3개월 내에 충족할 것을 조건으로 인증할 수 있다.
④ 제3항에서 정하는 평가 및 인증에 소요되는 비용은 신청하는 자가 부담한다.
제00조 A부 장관은 인증받은 우수기업을 6개월마다 재평가하여 다음 각 호의 어느 하나에 해당하는 때에는 인증을 취소할 수 있다. 다만 제1호의 경우에는 인증을 취소하여야 한다.
 1. 거짓이나 그 밖의 부정한 방법으로 인증을 받은 경우
 2. 인증 평가기준에 미달되는 경우
 3. 양도·양수·합병 등에 의하여 인증받은 요건이 변경된 경우

① 처음 우수기업 인증을 받고자 하는 甲기업이 총 예산의 4%를 재해경감활동 비용으로 할애하였다면, 다른 모든 기준을 충족하였더라도 우수기업으로 인증받을 여지가 없다. ➡ (X) 두 번째 조 제3항에 따르면 제2항 각 호의 모든 요건을 갖춘 경우 우수기업으로 인증하는데, 다만 제3호 '재해경감활동 비용으로 총 예산의 5% 이상 할애할 것'의 경우 최초 평가에 한하여 해당 기준을 3개월 내에 충족할 것을 조건으로 인증할 수 있다고 하였다. 처음 우수기업 인증을 받고자 하는 甲기업이 다른 모든 기준을 충족하였다면 충족시키지 못한 제3호의 기준을 3개월 내에 충족할 것을 조건으로 우수기업으로 인증받을 여지가 있다.
② A부 장관이 乙기업을 평가하여 2022. 2. 25. 우수기업으로 인증한 경우, A부 장관은 2022. 6. 25.까지 재평가를 해야 한다. ➡ (X) 세 번째 조에 따르면 A부 장관은 인증받은 우수기업을 6개월마다 재평가하여 일정한 경우 인증을 취소할 수 있다.

③ 丙기업이 우수기업 인증을 신청하는 경우, 인증에 소요되는 비용은 A부 장관이 부담한다. ➡ (X) 두 번째 조 제4항에 따르면 평가 및 인증에 소요되는 비용은 신청하는 자가 부담한다.
④ 丁기업이 재난관리 전담조직을 갖춘 것처럼 거짓으로 신청서를 작성하여 우수기업으로 인증을 받은 경우라도, A부 장관은 인증을 취소하지 않을 수 있다. ➡ (X) 세 번째 조에 따르면 A부 장관은 재평가 시 인증을 받은 기업이 제1호 '거짓이나 그 밖의 부정한 방법으로 인증을 받은 경우'에 해당하면 인증을 취소하여야 한다.
⑤ 우수기업인 戊기업이 己기업을 흡수합병하면서 재평가 당시 일시적으로 방재관련 인력이 총 인원의 1.5%가 되었더라도, A부 장관은 戊기업의 인증을 취소하지 않을 수 있다. ➡ (O) 두 번째 조 제2항의 평가 기준에서 재해경감 우수기업은 방재관련 인력을 총 인원의 2% 이상 갖추어야 함을 알 수 있다. 또한 세 번째 조에 따르면 A부 장관은 재평가 시 제3호 '양도·양수·합병 등에 의하여 인증받은 요건이 변경된 경우'에 해당할 때에 인증을 취소할 수 있다. 우수기업인 戊기업이 己기업을 흡수합병하면서 재평가 당시 방재관련 인력이 총 인원의 1.5%가 되었다면 합병으로 인증받은 요건이 변경된 경우에 해당하므로 인증을 취소할 수 있지만, 이는 반드시 인증을 취소하여야 하는 경우는 아니므로 A부 장관은 戊기업의 인증을 취소하지 않을 수도 있다.

02 ①

정답률 82.5%

| 문제 유형 | 법조문형 > 규정적용

| 접근 전략 | 규정을 구체적인 상황에 적용하는 문항으로, 선지에 가족관계등록부에 기록해야 할 내용으로 제시된 내용이 규정에서 제시한 기록해야 하는 사항 중 무엇에 해당하는지 파악하여 빠르게 해결할 수 있다. 등록기준지가 둘 다 선지에 제시되어 있으므로, 규정에서 등록기준지를 어떻게 정하는지 찾아 둘 중 어느 쪽이 옳은지 판단하도록 한다.

다음 글과 〈상황〉을 근거로 판단할 때, 김가을의 가족관계등록부에 기록해야 하는 내용이 아닌 것은?

제○○조 ① 가족관계등록부는 전산정보처리조직에 의하여 입력·처리된 가족관계 등록사항에 관한 전산정보자료를 제□□조의 등록기준지에 따라 개인별로 구분하여 작성한다.
② 가족관계등록부에는 다음 사항을 기록하여야 한다.
 1. 등록기준지
 2. 성명·본·성별·출생연월일 및 주민등록번호
 3. 출생·혼인·사망 등 가족관계의 발생 및 변동에 관한 사항
제□□조 출생을 사유로 처음 등록을 하는 경우에는 등록기준지를 자녀가 따르는 성과 본을 가진 부 또는 모의 등록기준지로 한다.

〈상황〉

경기도 과천시 ☆☆로 1−11에 거주하는 김여름(金海 김씨)과 박겨울(密陽 박씨) 부부 사이에 2021년 10월 10일 경기도 수원시 영통구 소재 병원에서 남자아이가 태어났다. 이 부부는 태어난 아이의 이름을 김가을로 하고 과천시 ▽▽주민센터에 출생신고를 하였다. 김여름의 등록기준지는 부산광역시 남구 ◇◇로 2−22이며, 박겨울은 서울특별시 마포구 △△로 3−33이다.

① 서울특별시 마포구 △△로 3−33 ➡ (X) 제□□조에 따르면 출생을 사유로 처음 등록을 하는 경우에는 등록기준지를 자녀가 따르는 성과 본을 가진 부 또는 모의 등록기준지로 한다. 〈상황〉에서 태어난 아이의 이름은 '김여름'의 성을 따라 '김가을'로 하였으므로, 박겨울의 등록기준지에 해당하는 '마포구 △△로 3−33'는 가족관계등록부에 기록하지 않아도 된다.
② 부산광역시 남구 ◇◇로 2−22 ➡ (O) 제○○조 제2항 제1호에 따르면 가족관계등록부에는 '등록기준지'를 기록해야 하며, 제□□조에 따르면 이는 자녀가

따르는 성과 본을 가진 부 또는 모의 등록기준지로 한다. 〈상황〉에서 태어난 아이의 이름은 '김여름'의 성을 따라 '김가을'로 하였으므로 '김여름'의 등록기준지인 '부산광역시 남구 ◇◇로 2-22'를 가족관계등록부에 기록해야 한다.

③ 2021년 10월 10일 ➡ (O) 제○○조 제2항 제2호에 따르면 가족관계등록부에는 출생연월일을 기록해야 하므로, 〈상황〉에서 태어난 아이의 출생연월일인 '2021년 10월 10일'을 가족관계등록부에 기록해야 한다.

④ 金海 ➡ (O) 제○○조 제2항 제2호에 따르면 가족관계등록부에는 본을 기록해야 하는데, 〈상황〉에서 태어난 아이는 '김여름'의 성과 본을 따랐으므로 '김여름'의 본인 '金海'를 가족관계등록부에 기록해야 한다.

⑤ 남 ➡ (O) 제○○조 제2항 제2호에 따르면 가족관계등록부에는 성별을 기록해야 하는데, 〈상황〉에서 태어난 아이의 성별은 남자이므로 성별인 '남'을 가족관계등록부에 기록해야 한다.

03 ⑤
정답률 86.2%

| 문제 유형 | 법조문형 > 규정확인

| 접근 전략 | 규정의 내용을 이해하기 위해서는 우선 각 항목의 주어를 정확히 파악하는 것이 중요하다. 즉 '시장 등'에 해당하는 범위를 확인하여 각 선지의 주어가 어느 쪽에 속하는지 파악해야 한다. 또한 준공인가 및 공사 완료 고시와 관련한 세부 사항들을 정확하게 파악하여 선지와 비교해 보도록 한다.

다음 글을 근거로 판단할 때 옳은 것은?

제00조 정비사업이란 도시기능을 회복하기 위하여 정비구역에서 정비사업시설을 정비하거나 주택 등 건축물을 개량 또는 건설하는 주거환경개선사업, 재개발사업, 재건축사업 등을 말한다.
제00조 특별자치시장·특별자치도지사·시장·군수·구청장(이하 '시장 등'이라 한다)은 노후불량건축물이 밀집하는 구역에 대하여 정비계획에 따라 정비구역을 지정할 수 있다.
제00조 시장 등이 아닌 자가 정비사업을 시행하려는 경우에는 토지 등 소유자로 구성된 조합을 설립해야 한다.
제00조 ① 시장 등이 아닌 사업시행자가 정비사업 공사를 완료한 때에는 시장 등의 준공인가를 받아야 한다.
② 제1항에 따라 준공인가신청을 받은 시장 등은 지체 없이 준공검사를 실시해야 한다.
③ 시장 등은 제2항에 따른 준공검사를 실시한 결과 정비사업이 인가받은 사업시행 계획대로 완료되었다고 인정되는 때에는 준공인가를 하고 공사의 완료를 해당 지방자치단체의 공보에 고시해야 한다.
④ 시장 등은 직접 시행하는 정비사업에 관한 공사가 완료된 때에는 그 완료를 해당 지방자치단체의 공보에 고시해야 한다.
제00조 ① 정비구역의 지정은 공사완료의 고시가 있는 날의 다음 날에 해제된 것으로 본다.
② 제1항에 따른 정비구역의 해제는 조합의 존속에 영향을 주지 않는다.

① 甲특별자치시장이 직접 정비사업을 시행하려는 경우에는 토지 등 소유자로 구성된 조합을 설립해야 한다. ➡ (X) 세 번째 조에 따르면 시장 등이 아닌 자가 정비사업을 시행하려는 경우에 토지 등 소유자로 구성된 조합을 설립해야 한다.

② A도 乙군수가 직접 시행하는 정비사업에 관한 공사가 완료된 때에는 A도지사에게 준공인가신청을 해야 한다. ➡ (X) 네 번째 조 제1항에 따르면 시장 등이 아닌 사업시행자가 정비사업 공사를 완료할 때 시장 등에게 준공인가를 신청해야 한다.

③ 丙시장이 사업시행자 B의 정비사업에 관해 준공인가를 하면, 토지 등 소유자로 구성된 조합은 해산된다. ➡ (X) 네 번째 조 제1항과 제3항에 따르면 시장 등이 아닌 사업시행자가 정비사업 공사를 완료할 때 시장 등에게 준공인가를 신청하고, 준공인가를 받으면 공사 완료가 고시된다. 그리고 다섯 번째

조 제2항에 따르면 공사 완료 고시로 정비구역의 지정이 해제되었을 때, 이 해제는 조합의 존속에 영향을 주지 않는다.

④ 丁시장이 사업시행자 C의 정비사업에 관해 공사 완료를 고시하면, 정비구역의 지정은 고시한 날 해제된다. ➡ (X) 다섯 번째 조 제1항에 따르면 공사 완료가 고시된 경우 정비구역의 지정은 고시가 있는 날의 다음 날에 해제된다.

⑤ 戊시장이 직접 시행하는 정비사업에 관한 공사가 완료된 때에는 그 완료를 戊시의 공보에 고시해야 한다. ➡ (O) 네 번째 조 제4항에서 시장 등은 직접 시행하는 정비사업에 관한 공사가 완료된 때에는 그 완료를 해당 지방자치단체의 공보에 고시해야 한다.

04 ①
정답률 73.7%

| 문제 유형 | 법조문형 > 규정확인

| 접근 전략 | 규정의 이해를 묻는 문항으로 규정에 나타난 적용 범위와 단서, 담당 등을 정확히 파악해야 한다. 규정에 선박 및 소형선박의 종류가 제시되어 있으므로 이를 바탕으로 각 선지가 선박과 소형선박 중 어느 것을 다루고 있는지 파악하도록 한다. 그리고 선박의 종류에 따라 선박의 소유권 이전과 등기, 등록은 어떻게 이루어지는지 차이를 파악하는 한편 선박의 등기와 등록신청을 어디에서 담당하는지 파악하면 문제를 쉽게 해결할 수 있다.

다음 글을 근거로 판단할 때 옳은 것은?

제00조 ① 선박이란 수상 또는 수중에서 항행용으로 사용하거나 사용할 수 있는 배 종류를 말하며 그 구분은 다음 각 호와 같다.
  1. 기선: 기관(機關)을 사용하여 추진하는 선박과 수면비행선박(표면효과 작용을 이용하여 수면에 근접하여 비행하는 선박)
  2. 범선: 돛을 사용하여 추진하는 선박
  3. 부선: 자력(自力) 항행능력이 없어 다른 선박에 의하여 끌리거나 밀려서 항행되는 선박
② 소형선박이란 다음 각 호의 어느 하나에 해당하는 선박을 말한다.
  1. 총톤수 20톤 미만인 기선 및 범선
  2. 총톤수 100톤 미만인 부선
제00조 ① 매매계약에 의한 선박 소유권의 이전은 계약당사자 사이의 양도합의만으로 효력이 생긴다. 다만 소형선박 소유권의 이전은 계약당사자 사이의 양도합의와 선박의 등록으로 효력이 생긴다.
② 선박의 소유자(제1항 단서의 경우에는 선박의 매수인)는 선박을 취득(제1항 단서의 경우에는 매수)한 날부터 60일 이내에 선적항을 관할하는 지방해양수산청장에게 선박의 등록을 신청하여야 한다. 이 경우 총톤수 20톤 이상인 기선과 범선 및 총톤수 100톤 이상인 부선은 선박의 등기를 한 후에 선박의 등록을 신청하여야 한다.
③ 지방해양수산청장은 제2항의 등록신청을 받으면 이를 선박원부(船舶原簿)에 등록하고 신청인에게 선박국적증서를 발급하여야 한다.
제00조 선박의 등기는 등기할 선박의 선적항을 관할하는 지방법원, 그 지원 또는 등기소를 관할 등기소로 한다.

① 총톤수 80톤인 부선의 매수인 甲이 선박의 소유권을 취득하기 위해서는 매도인과 양도합의를 하고 선박을 등록해야 한다. ➡ (O) 두 번째 조 제1항에 따르면 소형선박 소유권의 이전은 계약당사자 사이의 양도합의와 선박의 등록으로 효력이 생긴다. 첫 번째 조 제2항에서 총톤수 100톤 미만인 부선은 소형선박에 해당한다고 하였으므로, 소형선박인 총톤수 80톤인 부선의 소유권 이전을 위해서는 양도합의와 선박의 등록이 필요함을 알 수 있다.

② 총톤수 100톤인 기선의 소유자 乙이 선박의 등기를 하기 위해서는 먼저 관할 지방해양수산청장에게 선박의 등록을 신청해야 한다. ➡ (X) 두 번째 조 제2항에 따르면 총톤수 20톤 이상인 기선은 선박의 등기를 한 후에 선박의 등록을 신청하여야 한다.

③ 총톤수 60톤인 기선의 소유자 丙은 선박을 매수한 날부터 60일 이내에 해양수산부장관에게 선박의 등록을 신청해야 한다. ➡ (X)
　두 번째 조 제2항에 따르면 선박의 소유자는 선박을 취득한 날부터 60일 이내에 선적항의 관할 지방해양수산청장에게 선박의 등록을 신청하여야 한다.

④ 총톤수 200톤인 부선의 소유자 丁이 선적항을 관할하는 등기소에 선박의 등기를 신청하면, 등기소는 丁에게 선박국적증서를 발급해야 한다. ➡ (X) 두 번째 조 제2항과 제3항에 따르면 총톤수 100톤 이상인 부선은 선박의 등기를 한 후에 선박의 등록을 신청하여야 하고, 이 등록신청을 받은 지방해양수산청장은 신청인에게 선박국적증서를 발급하여야 한다.

⑤ 총톤수 20톤 미만인 범선의 매수인 戊가 선박의 등록을 신청하면, 관할 법원은 이를 선박원부에 등록하고 戊에게 선박국적증서를 발급해야 한다. ➡ (X) 두 번째 조 제2항과 제3항에 따르면 선박의 등록신청을 받아 이를 선박원부에 등록하고 신청인에게 선박국적증서를 발급하여야 하는 것은 관할 지방해양수산청장이다.

05 ②

정답률 73.0%

| 문제 유형 | 제시문형 > 정보확인
| 접근 전략 | 제시된 글의 정보를 바탕으로 선지의 내용을 판단하는 문항이다. 글의 내용과 선지 내용을 비교하여 바로 판단할 수 있는 선지를 먼저 해결한 뒤, 글의 정보를 종합, 비교하여 판단해야 하는 선지를 꼼꼼히 살피도록 한다. 즉 공통점과 차이점을 파악해야 하는 대상이 제시된 경우 각 대상에 대해 설명한 내용을 확인하여 선지에서 잘못된 부분을 찾아내도록 한다.

다음 글을 근거로 판단할 때 옳은 것은?

조선 시대 쌀의 종류에는 가을철 논에서 수확한 벼를 가공한 흰색 쌀 외에 밭에서 자란 곡식을 가공함으로써 얻게 되는 회색 쌀과 노란색 쌀이 있었다. 회색 쌀은 보리의 껍질을 벗긴 보리쌀이었고, 노란색 쌀은 조의 껍질을 벗긴 좁쌀이었다. ▶1문단

남부 지역에서는 보리가 특히 중요시되었다. 가을 곡식이 바닥을 보이기 시작하는 봄철, 농민들의 희망은 들판에 넘실거리는 보리뿐이었다. 보리가 익을 때까지는 주린 배를 움켜쥐고 생활할 수밖에 없었고, 이를 보릿고개라 하였다. 그것은 보리를 수확하는 하지, 즉 낮이 가장 길고 밤이 가장 짧은 시기까지 지속되다가 사라지는 고개였다. 보리 수확기는 여름이었지만 파종 시기는 보리 종류에 따라 달랐다. 가을철에 파종하여 이듬해 수확하는 보리는 가을보리, 봄에 파종하여 그해 수확하는 보리는 봄보리라고 불렀다. ▶2문단

적지 않은 농부들은 보리를 수확하고 그 자리에 다시 콩을 심기도 했다. 이처럼 같은 밭에서 1년 동안 보리와 콩을 교대로 경작하는 방식을 그루갈이라고 한다. 그렇지만 모든 콩이 그루갈이로 재배된 것은 아니었다. 콩 수확기는 가을이었으나, 어떤 콩은 봄철에 파종해야만 제대로 자랄 수 있었고 어떤 콩은 여름에 심을 수도 있었다. 한편 조는 보리, 콩과 달리 모두 봄에 심었다. 그래서 봄철 밭에서는 보리, 콩, 조가 함께 자라는 것을 볼 수 있었다. ▶3문단

① 흰색 쌀과 여름에 심는 콩은 서로 다른 계절에 수확했다. ➡ (X)
　1문단에서 흰색 쌀은 가을철 논에서 수확한 벼를 가공한 것이라고 하였고, 3문단에서 콩은 종에 따라 봄철에 파종해야 하는 경우도 있지만 여름에 심을 수도 있었는데 콩의 수확기는 가을이라고 하였다. 따라서 흰색 쌀과 여름에 심는 콩은 모두 가을에 수확함을 알 수 있다.

② 봄보리의 재배 기간은 가을보리의 재배 기간보다 짧았다. ➡ (O)
　2문단에서 봄보리는 봄에 파종하여 그해 여름에 수확하는 보리, 가을보리는 가을철에 파종하여 이듬해 여름에 수확하는 보리임을 알 수 있다. 따라서 봄보리의 재배 기간은 가을보리의 재배 기간보다 짧았을 것임을 알 수 있다.

③ 흰색 쌀과 회색 쌀은 논에서 수확된 곡식을 가공한 것이었다.

➡ (X) 1문단에서 흰색 쌀은 가을철 논에서 수확한 벼를 가공한 것이라고 하였다. 그러나 회색 쌀은 밭에서 자란 곡식, 즉 보리의 껍질을 벗긴 보리쌀이라고 하였다.

④ 남부 지역의 보릿고개는 가을 곡식이 바닥을 보이는 하지가 지나면서 더 심해졌다. ➡ (X) 2문단에서 남부 지역의 보릿고개는 보리를 수확하는 하지까지 지속되다가 사라지는 고개였다고 하였으므로, 하지가 지나면서 더 심해졌다고 볼 수 없다.

⑤ 보리와 콩이 함께 자라는 것은 볼 수 있었지만, 조가 이들과 함께 자라는 것은 볼 수 없었다. ➡ (X) 3문단에서 봄철 밭에서는 보리, 콩, 조가 함께 자라는 것을 볼 수 있었다고 하였다.

06 ②

정답률 72.6%

| 문제 유형 | 제시문형 > 분석추론
| 접근 전략 | 주어진 정보를 바탕으로 선지 내용의 적절성을 추론적으로 파악하는 문항이다. 글에서 주어진 정보를 바탕으로 甲이 평균속력이 더 높을 것으로 예상되는 경로를 항상 선택하며 대안경로는 잔여거리와 잔여시간을 알려준다는 점을 파악하고, 〈보기〉의 상황에서 대안경로의 평균속력이 높아지는지 낮아지는지 또는 항상 높거나 낮다고 판단할 수 있는지 등을 판단하도록 한다.

다음 글을 근거로 판단할 때, 〈보기〉에서 옳은 것만을 모두 고르면?

甲의 자동차에 장착된 내비게이션 시스템은 목적지까지 운행하는 도중 대안경로를 제안하는 경우가 있다. 이때 이 시스템은 기존경로와 비교하여 남은 거리와 시간이 어떻게 달라지는지 알려준다. 즉 목적지까지의 잔여거리(A)가 몇 km 증가·감소하는지, 잔여시간(B)이 몇 분 증가·감소하는지 알려준다. 甲은 기존경로와 대안경로 중 출발지부터 목적지까지의 평균속력이 더 높을 것으로 예상되는 경로를 항상 선택한다.

〈보기〉

ㄱ. A가 증가하고 B가 감소하면 甲은 항상 대안경로를 선택한다. → (O)
　甲은 기존경로와 대안경로 중 출발지부터 목적지까지의 평균속력이 더 높을 것으로 예상되는 경로를 항상 선택한다고 하였다. 대안경로의 목적지까지의 잔여거리(A)가 증가하고 잔여시간(B)이 감소하면 평균속력이 더 높을 것이므로 甲은 항상 대안경로를 선택할 것이다.

ㄴ. A와 B가 모두 증가하면 甲은 항상 대안경로를 선택한다. → (X) 대안경로의 목적지까지의 잔여거리(A)와 잔여시간(B)이 모두 증가하면 대안경로의 평균속력이 항상 기존경로의 평균속력보다 더 높지는 않을 것이므로 甲이 항상 대안경로를 선택하지는 않을 것이다.

ㄷ. A와 B가 모두 감소할 때 甲이 대안경로를 선택하는 경우가 있다.
　→ (O) 대안경로의 목적지까지의 잔여거리(A)와 잔여시간(B)이 모두 감소하면 기존경로에 비해 대안경로의 평균속력이 기존경로의 평균속력보다 높을 수 있으므로, 甲이 대안경로를 선택하는 경우가 있을 수 있다.

ㄹ. A가 감소하고 B가 증가할 때 甲이 대안경로를 선택하는 경우가 있다. → (X) 대안경로의 목적지까지의 잔여거리(A)가 감소하고 잔여시간(B)이 증가하면 그에 따라 대안경로의 평균속력은 기존경로의 평균속력에 비해 낮아질 것이다. 따라서 이때 甲이 대안경로를 선택하는 경우는 없다.

① ㄱ, ㄴ ➡ (X)
② ㄱ, ㄷ ➡ (O)
③ ㄴ, ㄷ ➡ (X)
④ ㄴ, ㄹ ➡ (X)
⑤ ㄷ, ㄹ ➡ (X)

07 ③

| **문제 유형** | 연산추론형 > 수리계산 |

| **접근 전략** | 결제해야 할 금액과 실제 결제 금액의 차이를 확인한 뒤 과일 1상자 당 가격을 통해 이 금액 차이가 나타날 수 있는 경우를 파악해 보면 답을 어렵지 않게 찾을 수 있다. 나머지 선지에 대해서도 제시된 상황의 결제 금액을 따져 봄으로써 오답을 검토하도록 한다.

다음 글을 근거로 판단할 때 옳은 것은?

甲은 정기모임의 간식을 준비하기 위해 과일 가게에 들렀다. 甲이 산 과일의 가격과 수량은 아래 표와 같다. 과일 가게 사장이 준 영수증을 보니, 총 228,000원이어야 할 결제 금액이 총 237,300원이었다.

구분	사과	귤	복숭아	딸기
1상자 가격(원)	30,700	25,500	14,300	23,600
구입 수량(상자)	2	3	3	2

① 한 과일이 2상자 더 계산되었다. ➡ (X) 한 과일이 2상자 더 계산되었다면 실제 결제 금액이 더 컸을 것이다.

② 두 과일이 각각 1상자 더 계산되었다. ➡ (X) 두 과일이 각각 1상자 더 계산되었다면 실제 결제 금액이 더 컸을 것이다.

③ 한 과일이 1상자 더 계산되고, 다른 한 과일이 1상자 덜 계산되었다. ➡ (O) 결제해야 할 금액 228,000원과 실제 결제 금액 237,300원의 차액은 9,300원이다. 이는 딸기 1상자 가격인 23,600원과 복숭아 한 상자 가격인 14,300원의 차액과 같다. 따라서 딸기가 1상자 더 계산되고, 복숭아 1상자가 덜 계산되었다고 볼 수 있다.

④ 한 과일이 1상자 더 계산되고, 다른 두 과일이 각각 1상자 덜 계산되었다. ➡ (X) 결제해야 할 금액보다 실제 결제 금액이 더 커야 하므로 1상자 가격이 가장 높은 사과가 1상자 더 계산되고, 가격이 낮은 복숭아와 딸기가 각각 1상자 덜 계산된 경우를 생각해 볼 수 있다. 이때 차액은 30,700원 − (14,300원 + 23,600원) = −7,200원으로, 실제 결제 금액이 더 작아진다.

⑤ 두 과일이 각각 1상자 더 계산되고, 다른 두 과일이 각각 1상자 덜 계산되었다. ➡ (X) 두 과일이 각각 1상자 더 계산되고, 다른 두 과일이 각각 1상자 덜 계산되는 경우로는 다음의 세 가지 경우를 생각해 볼 수 있는데, 이때 실제 결제 금액이 총 237,300원인 경우는 없다.

더 계산된 두 과일의 가격	덜 계산된 두 과일의 가격	차액
사과 + 귤 56,200원	복숭아 + 딸기 37,900원	18,300원
사과 + 딸기 54,300원	귤 + 복숭아 39,800원	14,500원
귤 + 딸기 49,100원	사과 + 복숭아 45,000원	4,100원

08 ④

| **문제 유형** | 제시문형 > 분석추론 |

| **접근 전략** | 글에 주어진 정보를 바탕으로 사업 참여 대상에 해당하는 경우를 고르는 문항이다. 기본적인 참여 대상을 확인한 후 그에 속하지만 참여가 제외되는 경우, 참여 대상에 제외되나 참여 가능한 경우를 정확히 파악하면 해결할 수 있다.

다음 글과 〈상황〉을 근거로 판단할 때, 甲~戊 중 휴가지원사업에 참여할 수 있는 사람만을 모두 고르면?

〈2023년 휴가지원사업 모집 공고〉

□ 사업 목적
  ○ 직장 내 자유로운 휴가문화 조성 및 국내 여행 활성화

□ 참여 대상
  ○ 중소기업·비영리민간단체·사회복지법인·의료법인 근로자. 단, 아래 근로자는 참여 제외
    − 병·의원 소속 의사
    − 회계법인 및 세무법인 소속 회계사·세무사·노무사
    − 법무법인 소속 변호사·변리사
  ○ 대표 및 임원은 참여 대상에서 제외하나, 아래의 경우는 참여 가능
    − 중소기업 및 비영리민간단체의 임원
    − 사회복지법인의 대표 및 임원

〈상황〉

甲~戊의 재직정보는 아래와 같다.

구분	직장명	직장 유형	비고
간호사 甲	A병원	의료법인	근로자

→ (O) 의료법인 근로자이므로 참여 대상에 해당한다.

노무사 乙	B회계법인	중소기업	근로자

→ (X) 회계법인 소속 노무사는 참여 대상에서 제외된다.

사회복지사 丙	C복지센터	사회복지법인	대표

→ (O) 대표는 참여 대상에서 제외하나, 사회복지법인의 대표인 경우이므로 참여 가능하다.

회사원 丁	D물산	대기업	근로자

→ (X) 이 사업의 참여 대상은 중소기업·비영리민간단체·사회복지법인·의료법인 근로자이므로 대기업 근로자는 참여 대상에 해당하지 않는다.

의사 戊	E재단	비영리민간단체	임원

→ (O) 병원 소속 의사나 임원은 참여 대상에서 제외하나, 비영리민간단체 소속 의사이면서 비영리민간단체의 임원인 경우이므로 참여 가능하다.

① 甲, 丙 ➡ (X)
② 甲, 戊 ➡ (X)
③ 乙, 丁 ➡ (X)
④ 甲, 丙, 戊 ➡ (O)
⑤ 乙, 丙, 丁 ➡ (X)

'국민참여예산제도'는 국가 예산사업의 제안, 심사, 우선순위 결정과정에 국민을 참여케 함으로써 예산에 대한 국민의 관심도를 높이고 정부 재정운영의 투명성을 제고하기 위한 제도이다. 이 제도는 정부의 예산편성권과 국회의 예산심의·의결권 틀 내에서 운영된다. ▶1문단

국민참여예산제도는 기존 제도인 국민제안제도나 주민참여예산제도와 차이점을 지닌다. 먼저 '국민제안제도'가 국민들이 제안한 사항에 대해 관계부처가 채택 여부를 결정하는 방식이라면, 국민참여예산제도는 국민의 제안 이후 사업심사와 우선순위 결정과정에도 국민의 참여를 가능하게 함으로써 국민의 역할을 확대하는 방식이다. 또한 '주민참여예산제도'가 지방자치단체의 사무를 대상으로 하는 반면, 국민참여예산제도는 중앙정부가 재정을 지원하는 예산사업을 대상으로 한다. ▶2문단

국민참여예산제도에서는 3~4월에 국민사업제안과 제안사업 적격성 검사를 실시하고, 이후 5월까지 각 부처에 예산안을 요구한다. 6월에는 예산국민참여단을 발족하여 참여예산 후보사업을 압축한다. 7월에는 일반국민 설문조사와 더불어 예산국민참여단 투표를 통해 사업선호도 조사를 한다. 이러한 과정을 통해 선호순위가 높은 후보사업은 국민참여예산사업으로 결정되며, 8월에 재정정책자문회의의 논의를 거쳐 국무회의에서 정부예산안에 반영된다. 정부예산안은 국회에 제출되며, 국회는 심의·의결을 거쳐 12월까지 예산안을 확정한다. ▶3문단

예산국민참여단은 일반국민을 대상으로 전화를 통해 참여의사를 타진하여 구성한다. 무작위로 표본을 추출하되 성·연령·지역별 대표성을 확보하는 통계적 구성방법이 사용된다. 예산국민참여단원은 예산학교를 통해 국가재정에 대한 교육을 이수한 후, 참여예산 후보사업을 압축하는 역할을 맡는다. 예산국민참여단이 압축한 후보사업에 대한 일반국민의 선호도는 통계적 대표성이 확보된 표본을 대상으로 한 설문을 통해, 예산국민참여단의 사업선호도는 오프라인 투표를 통해 조사한다. ▶4문단

정부는 2017년에 2018년도 예산을 편성하면서 국민참여예산제도를 시범 도입하였는데, 그 결과 6개의 국민참여예산사업이 선정되었다. 2019년도 예산에는 총 39개 국민참여예산사업에 대해 800억 원이 반영되었다. ▶5문단

09 ②
정답률 65.1%

| **문제 유형** | 제시문형 > 정보확인

| **접근 전략** | 제시된 글의 정보를 바탕으로 선지의 내용을 판단하는 문항이다. 각 선지에서 다루고 있는 내용이 제시된 부분을 찾아 글의 정보와 선지를 비교해 봄으로써 쉽게 해결할 수 있다. 특히 2문단에 제시된 제도 간의 차이점과 3문단에서 제시된 제도 시행 과정을 꼼꼼히 파악하는 것이 중요하다.

윗글을 근거로 판단할 때 옳은 것은?

① 국민제안제도에서는 중앙정부가 재정을 지원하는 예산사업의 우선순위를 국민이 정할 수 있다. ➡ (X) 2문단에 따르면 국민제안제도는 국민들이 제안한 사항에 대해 관계부처가 채택 여부를 결정하는 방식이고, 이와 달리 국민참여예산제도는 중앙정부가 재정을 지원하는 예산사업을 대상으로 하여 우선순위 결정과정에 국민의 참여를 가능하게 한 방식이라고 하였다.

② 국민참여예산사업은 국회 심의·의결 전에 국무회의에서 정부예산안에 반영된다. ➡ (O) 3문단에서 국민참여예산사업으로 결정된 사업은 국무회의에서 정부예산안에 반영되고, 이 정부예산안이 국회에 제출되어 국회의 심의·의결을 거치게 됨을 알 수 있다.

③ 국민참여예산제도는 정부의 예산편성권 범위 밖에서 운영된다. ➡ (X) 1문단에 따르면 국민참여예산제도는 정부의 예산편성권과 국회의 예산심의·의결권 틀 내에서 운영된다고 하였다.

④ 참여예산 후보사업은 재정정책자문회의의 논의를 거쳐 제안된

다. ➡ (X) 3문단에서 예산국민참여단이 참여예산 후보사업을 압축한 뒤 설문조사와 투표 과정을 통해 선호순위가 높은 후보사업을 국민참여예산사업으로 결정하고, 이를 바탕으로 재정정책자문회의에서 논의함을 알 수 있다.

⑤ 예산국민참여단의 사업선호도 조사는 전화설문을 통해 이루어진다. ➡ (X) 3문단에 따르면 일반국민은 설문조사로, 예산국민참여단은 투표를 통해 사업선호도 조사를 한다고 하였다.

10 ③
정답률 83.3%

| **문제 유형** | 연산추론형 > 수리계산

| **접근 전략** | 제시된 글과 상황을 바탕으로 예산안에서 한 영역의 예산이 차지하는 비율을 계산해야 하는 문항이다. 글에서 파악해야 하는 정보는 2019년도 국민참여예산사업의 예산안이 800억 원이라는 부분이고, 이후에는 〈상황〉에 제시된 수치를 바탕으로 계산식을 세워야 한다. 먼저 구해야 하는 것이 무엇인지 파악하고 각각을 구하는 식을 세운 뒤 그 식에 들어갈 숫자를 구하여 계산하도록 한다.

윗글과 〈상황〉을 근거로 판단할 때, 甲이 보고할 수치를 옳게 짝지은 것은?

〈상황〉

2019년도 국민참여예산사업 예산 가운데 688억 원이 생활밀착형사업 예산이고 나머지는 취약계층지원사업 예산이었다. 2020년도 국민참여예산사업 예산 규모는 2019년도에 비해 25% 증가했는데, 이 중 870억 원이 생활밀착형사업 예산이고 나머지는 취약계층지원사업 예산이었다. 국민참여예산제도에 관한 정부부처 담당자 甲은 2019년도와 2020년도 각각에 대해 국민참여예산사업 예산에서 취약계층지원사업 예산이 차지한 비율을 보고하려고 한다.

	2019년도	2020년도	
①	13%	12%	➡ (X)
②	13%	13%	➡ (X)
③	14%	13%	➡ (O)

甲이 보고하고자 하는 수치는 2019년도와 2020년도 각각에 대해 국민참여예산사업 예산에서 취약계층지원사업 예산이 차지한 비율이다.

5문단에서 2019년도 예산에는 국민참여예산사업에 대해 800억 원이 반영되었다고 하였는데, 〈상황〉에서는 이 예산 가운데 688억 원이 생활밀착형사업 예산이고 나머지는 취약계층지원사업 예산이라고 하였다. 따라서 2019년도에 국민참여예산사업 예산에서 취약계층지원사업 예산이 차지한 비율은 (800억 원－688억 원)/800억 원 × 100 = 14%이다. 〈상황〉에서 2020년도 국민참여예산사업 예산 규모는 2019년도에 비해 25% 증가했다고 하였으므로 2020년도 국민참여예산사업 예산 규모는 800억 원＋(800억 원 × 0.25) = 1,000억 원이다. 그리고 이 중 870억 원이 생활밀착형사업 예산이고 나머지는 취약계층지원사업 예산이라고 하였으므로 2020년도에 국민참여예산사업 예산에서 취약계층지원사업 예산이 차지한 비율은 {(1,000억 원－870억 원)/1,000억 원} × 100 = 13%이다.

④	14%	14%	➡ (X)
⑤	15%	14%	➡ (X)

11 ①

정답률 58.0%

| 문제 유형 | 퍼즐형 > 논리퀴즈

| 접근 전략 | 주어진 기준에 따라 보고가 진행되는 순서를 판단하는 문항이다. 제시된 세 가지 기준 중 상황에 가장 먼저 적용해야 하는 기준을 찾고 이후 기준을 차례로 적용하여 보고 순서를 파악하도록 한다. 즉 '이상의 모든 기준과 무관하게'라는 표현을 바탕으로 기준 3을 가장 먼저 적용해야 함을 판단한 뒤, 기준 1에 따라 법 개정안 중 먼저 보고해야 하는 것을 파악하되 기준 2의 '위 기준에도 불구하고'라는 표현에 유의하여 두 번째, 세 번째로 보고해야 하는 것을 차례로 파악하도록 한다.

다음 글을 근거로 판단할 때, 네 번째로 보고되는 개정안은?

△△처에서 소관 법규 개정안 보고회를 개최하고자 한다. 보고회는 아래와 같은 기준에 따라 진행한다.

○ 법규 체계 순위에 따라 법-시행령-시행규칙의 순서로 보고한다. 법규 체계 순위가 같은 개정안이 여러 개 있는 경우 소관 부서명의 가나다순으로 보고한다. ▶기준 1

○ 한 부서에서 보고해야 하는 개정안이 여럿인 경우, 해당 부서의 첫 번째 보고 이후 위 기준에도 불구하고 그 부서의 나머지 소관 개정안을 법규 체계 순위에 따라 연달아 보고한다. ▶기준 2

○ 이상의 모든 기준과 무관하게 보고자가 국장인 경우 가장 먼저 보고한다. ▶기준 3

보고 예정인 개정안은 다음과 같다.

개정안명	소관 부서	보고자
A법 개정안	예산담당관	甲사무관
B법 개정안	기획담당관	乙과장
C법 시행령 개정안	기획담당관	乙과장
D법 시행령 개정안	국제화담당관	丙국장
E법 시행규칙 개정안	예산담당관	甲사무관

① A법 개정안 ➡ (O) 기준 3에 따라 보고자가 국장인 D법 시행령 개정안을 가장 먼저 보고한다. 기준 1에 따르면 법-시행령의 순서로 보고하되 같은 순위는 소관 부서명의 가나다순으로 보고해야 하므로 A법 개정안과 B법 개정안 중 소관 부서가 기획담당관인 B법 개정안을 두 번째 순서로 보고한다. 또한 기준 2에 따르면 한 부서에서 보고해야 하는 개정안이 여럿인 경우 해당 부서의 첫 번째 보고 이후 그 부서의 나머지 소관 개정안을 연달아 보고해야 하므로 기획담당관의 C법 시행령 개정안을 세 번째 순서로 보고한다. 그리고 그 다음 네 번째 순서로 A법 개정안을 보고한다.

② B법 개정안 ➡ (X) 기준 1에 따라 두 번째 순서로 보고한다.

③ C법 시행령 개정안 ➡ (X) 기준 2에 따라 B법 개정안에 이어 세 번째 순서로 보고한다.

④ D법 시행령 개정안 ➡ (X) 보고자가 국장이므로 기준 3에 따라 가장 먼저 보고한다.

⑤ E법 시행규칙 개정안 ➡ (X) 가장 마지막으로 보고한다.

12 ②

정답률 87.8%

| 문제 유형 | 연산추론형 > 대입비교

| 접근 전략 | 주어진 조건을 바탕으로 상황에 적용되는 계산을 하여 두 가지 경우의 결괏값을 비교하는 문항이다. 조건에서 사업 A와 사업 B에서 지원하는 내용을 확인한 뒤, 〈상황〉에서 甲이 수리하고자 하는 창호와 쉼터에 대해 각각 지원받을 수 있는 금액을 계산한다. 창호가 내부, 쉼터가 외부에 해당한다는 점과 본인부담 금액을 파악했을 때 선택할 수 있는 선지가 줄어들게 되므로 어렵지 않게 해결할 수 있다.

다음 글과 〈상황〉을 근거로 판단할 때, 甲이 선택할 사업과 받을 수 있는 지원금을 옳게 짝지은 것은?

○○군은 집수리지원사업인 A와 B를 운영하고 있다. 신청자는 하나의 사업을 선택하여 지원받을 수 있다. 수리 항목은 외부(방수, 지붕, 담장, 쉼터)와 내부(단열, 설비, 창호)로 나누어진다.

〈사업 A의 지원기준〉

○ 외부는 본인부담 10%를 제외한 나머지 소요비용을 1,250만 원 한도 내에서 전액 지원

○ 내부는 지원하지 않음

〈사업 B의 지원기준〉

○ 담장과 쉼터는 둘 중 하나의 항목만 지원하며, 각각 300만 원과 50만 원 한도 내에서 소요비용 전액 지원

○ 담장과 쉼터를 제외한 나머지 항목은 내·외부와 관계없이 본인부담 50%를 제외한 나머지 소요비용을 1,200만 원 한도 내에서 전액 지원

〈상황〉

甲은 본인 집의 창호와 쉼터를 수리하고자 한다. 소요비용은 각각 500만 원과 900만 원이다. 甲은 사업 A와 B 중 지원금이 더 많은 사업을 선택하여 신청하려고 한다.

	사업	지원금
①	A	1,250만 원 ➡ (X)
②	A	810만 원 ➡ (O)

사업 A는 외부의 수리비용을 본인부담 10%를 제외하고 1,250만 원 한도 내에서 지원하며, 내부는 지원하지 않는다. 甲이 사업 A를 선택할 경우 내부에 해당하는 창호에 대해서는 지원받을 수 없고, 외부에 해당하는 쉼터의 수리비용 900만 원에 대해서는 본인부담 10%를 제외하고 810만 원을 지원받을 수 있다.

사업 B는 쉼터의 경우 50만 원 한도 내에서 소요비용 전액을 지원하고, 그 외 항목에 대해서는 본인부담 50%를 제외한 나머지 소요비용을 1,200만 원 한도 내에서 지원한다. 甲이 사업 B를 선택할 경우 쉼터의 수리비용은 50만 원까지 지원받을 수 있으며, 창호의 수리비용 500만 원에 대해서는 본인부담 50%를 제외하고 250만 원까지 지원받을 수 있으므로 총 300만 원을 지원받을 수 있다.

따라서 甲은 810만 원을 지원받을 수 있는 사업 A를 선택할 것이다.

	사업	지원금
③	B	1,250만 원 ➡ (X)
④	B	810만 원 ➡ (X)
⑤	B	300만 원 ➡ (X)

13 ③

| **문제 유형** | 연산추론형 〉 대입비교
| **접근 전략** | 주어진 조건을 바탕으로 방식 1~3에서 처리하게 되는 업무량과, 이를 주어진 기본업무량과 비교하여 칭찬 또는 꾸중을 듣는 경우를 정리한 표를 간단히 작성하도록 한다. 그리고 이 표를 바탕으로 〈보기〉 선지의 적절성을 판단하면 풀이 시간을 줄일 수 있다.

다음 글을 근거로 판단할 때, 〈보기〉에서 옳은 것만을 모두 고르면?

이번 주 甲의 요일별 기본업무량은 다음과 같다.

요일	월	화	수	목	금
기본업무량	60	50	60	50	60

甲은 기본업무량을 초과하여 업무를 처리한 날에 '칭찬'을, 기본업무량 미만으로 업무를 처리한 날에 '꾸중'을 듣는다. 정확히 기본업무량만큼 업무를 처리한 날에는 칭찬도 꾸중도 듣지 않는다.

이번 주 甲은 방식 1~방식 3 중 하나를 선택하여 업무를 처리한다.

방식 1: 월요일에 100의 업무량을 처리하고, 그다음 날부터는 매일 전날 대비 20 적은 업무량을 처리한다.

방식 2: 월요일에 0의 업무량을 처리하고, 그다음 날부터는 매일 전날 대비 30 많은 업무량을 처리한다.

방식 3: 매일 60의 업무량을 처리한다.

→ 방식 1~3에 따라 처리하게 되는 업무량과 그에 따라 '칭찬'을 듣는 경우는 ○, '꾸중'을 듣는 경우는 △로 정리하면 다음과 같다.

요일	월	화	수	목	금
기본업무량	60	50	60	50	60
방식 1	◯100	◯80	60	△40	△20
방식 2	△0	△30	60	◯90	◯120
방식 3	60	◯60	60	◯60	60

〈보기〉

ㄱ. 방식 1을 선택할 경우 화요일에 꾸중을 듣는다. → (X) 방식 1을 선택할 경우 화요일에는 기본 업무량 50을 초과한 80의 업무량을 처리하게 되므로 칭찬을 들을 것이다.

ㄴ. 어느 방식을 선택하더라도 수요일에는 칭찬도 꾸중도 듣지 않는다. → (○) 방식 1~3 중 어느 방식을 선택하더라도 수요일에는 기본 업무량과 동일한 60의 업무량을 처리하게 되므로 칭찬도 꾸중도 듣지 않을 것이다.

ㄷ. 어느 방식을 선택하더라도 칭찬을 듣는 날수는 동일하다. → (○) 방식 1을 선택하면 월요일과 화요일에, 방식 2를 선택하면 목요일과 금요일에, 방식 3을 선택하면 화요일과 목요일에 각각 칭찬을 듣게 되므로, 어느 방식을 선택하더라도 칭찬을 듣는 날수는 이틀로 동일하다.

ㄹ. 칭찬을 듣는 날수에서 꾸중을 듣는 날수를 뺀 값을 최대로 하려면 방식 2를 선택하여야 한다. → (X) 방식 1과 방식 2는 칭찬을 듣는 날수와 꾸중을 듣는 날수가 각각 이틀씩으로 동일하고, 방식 3은 칭찬을 듣는 날수는 이틀이고 꾸중을 듣는 날은 없다. 따라서 칭찬을 듣는 날수에서 꾸중을 듣는 날수를 뺀 값을 최대로 하려면 방식 3을 선택해야 한다.

① ㄱ, ㄷ ➡ (X)
② ㄱ, ㄹ ➡ (X)
③ ㄴ, ㄷ ➡ (○)
④ ㄴ, ㄹ ➡ (X)
⑤ ㄴ, ㄷ, ㄹ ➡ (X)

14 ⑤

| **문제 유형** | 연산추론형 〉 대입비교
| **접근 전략** | 제시된 비율을 바탕으로 구체적인 수치를 계산하여 〈보기〉 선지의 적절성을 판단하는 문항이다. 乙의 첫 번째 발언을 바탕으로 남녀 직원의 수와 연수를 희망하는 남녀 직원의 수를 구하여 ㄱ, ㄴ에 대하여 판단하고, 乙의 두 번째 발언을 바탕으로 B지역을 희망하는 남녀 직원의 수를 구하여 ㄷ, ㄹ에 대하여 판단하도록 한다.

다음 글을 근거로 판단할 때, 〈보기〉에서 옳은 것만을 모두 고르면?

○○부의 甲국장은 직원 연수 프로그램을 마련하기 위하여 乙주무관에게 직원 1,000명 전원을 대상으로 연수 희망 여부와 희망 지역에 대한 의견을 수렴할 것을 요청하였다. 이에 따라 乙은 설문조사를 실시하였고, 甲과 乙은 그 결과에 대해 대화를 나누고 있다.

甲: 설문조사는 잘 시행되었나요?

乙: 예. 직원 1,000명 모두 연수 희망 여부에 대해 응답하였습니다. 연수를 희망하는 응답자는 43%였으며, 남자직원의 40%와 여자직원의 50%가 연수를 희망하는 것으로 나타났습니다.

→ 乙의 첫 번째 발언에서 알 수 있는 내용을 정리하면 다음과 같다.

• 연수 희망자 수: 직원 1,000명 중 43% = 430명
• 남자직원 수(A)와 여자직원 수: $0.4A + 0.5(1,000 - A) = 430$
  남자직원 수: 700명, 연수를 희망하는 남자직원 수: 280명
  여자직원 수: 300명, 연수를 희망하는 여자직원 수: 150명

甲: 연수 희망자 전원이 희망 지역에 대해 응답했나요?

乙: 예. A지역과 B지역 두 곳 중에서 희망하는 지역을 선택하라고 했더니 B지역을 희망하는 비율이 약간 더 높았습니다. 그리고 연수를 희망하는 여자직원 중 B지역 희망 비율은 연수를 희망하는 남자직원 중 B지역 희망 비율의 2배인 80%였습니다.

→ 乙의 두 번째 발언에서 알 수 있는 내용을 정리하면 다음과 같다.

• B지역을 희망하는 남자직원 수: 연수를 희망하는 남자직원(280명) 중 40% = 112명
• B지역을 희망하는 여자직원 수: 연수를 희망하는 여자직원(150명) 중 80% = 120명

〈보기〉

ㄱ. 전체 직원 중 남자직원의 비율은 50%를 넘는다. → (○) 전체 직원 1,000명 중 남자직원의 수는 700명이므로 전체 직원 중 남자직원의 비율은 50%를 넘는다.

ㄴ. 연수 희망자 중 여자직원의 비율은 40%를 넘는다. → (X) 연수 희망자 430명 중 여자직원은 150명이다. 따라서 연수 희망자 중 여자직원의 비율은 150/430 × 100 = 34%이다.

ㄷ. A지역 연수를 희망하는 직원은 200명을 넘지 않는다. → (○) 연수 희망자 중 B지역을 희망하는 인원은 남자직원 112명(남자 희망자의 40%)과 여자직원 120명(여자 희망자의 80%)으로 총 232명이다. 따라서 연수 희망자 430명 중 A지역 연수를 지망하는 직원의 수는 198명이다.

ㄹ. B지역 연수를 희망하는 남자직원은 100명을 넘는다. → (○) 연수를 희망하는 남자직원 280명 중 B지역 희망 비율은 40%라고 하였으므로, B지역 연수를 희망하는 남자직원의 수는 112명이다.

① ㄱ, ㄷ ➡ (X)
② ㄴ, ㄷ ➡ (X)
③ ㄴ, ㄹ ➡ (X)
④ ㄱ, ㄴ, ㄹ ➡ (X)
⑤ ㄱ, ㄷ, ㄹ ➡ (○)

15 ①

| **문제 유형** | 연산추론형 > 대입비교

| **접근 전략** | 주어진 조건과 공식을 바탕으로 〈보기〉에 나타난 상황의 이익 변화를 파악하여 그 결과를 비교하는 문제이다. 이익은 매출액-변동원가-고정원가이고, 이익이 감소한 경우에 지원금을 지급한다는 점을 파악하고, 〈보기〉의 각 상황에서 이 세 요소가 어떻게 변화하는지 살펴보도록 한다.

다음 글을 근거로 판단할 때, 〈보기〉에서 甲이 지원금을 받는 경우만을 모두 고르면?

○ 정부는 자영업자를 지원하기 위하여 2020년 대비 2021년의 이익이 감소한 경우 이익 감소액의 10%를 자영업자에게 지원금으로 지급하기로 하였다.

○ 이익은 매출액에서 변동원가와 고정원가를 뺀 금액으로, 자영업자 甲의 2020년 이익은 아래와 같이 계산된다.

구분	금액	비고
매출액	8억 원	판매량(400,000단위) × 판매가격(2,000원)
변동원가	6.4억 원	판매량(400,000단위) × 단위당 변동원가(1,600원)
고정원가	1억 원	판매량과 관계없이 일정함
이익	0.6억 원	8억 원 - 6.4억 원 - 1억 원

〈보기〉

ㄱ. 2021년의 판매량, 판매가격, 단위당 변동원가, 고정원가는 모두 2020년과 같았다. → (X) 2020년 대비 2021년의 매출액, 변동원가, 고정원가에 변함이 없으므로 이익이 감소하지 않았을 것이다. 2020년 대비 2021년의 이익이 감소한 경우 이익 감소액의 10%를 지원금으로 지급한다고 하였으므로 甲은 지원금을 받을 수 없다.

ㄴ. 2020년에 비해 2021년에 판매가격을 5% 인하하였고, 판매량, 단위당 변동원가, 고정원가는 2020년과 같았다. → (O) 2020년에 비해 2021년에 판매가격을 5% 인하하였다면 매출액은 감소할 것이고 변동원가, 고정원가에 변함이 없으므로 이익이 감소하였을 것이다.

ㄷ. 2020년에 비해 2021년에 판매량은 10% 증가하고 고정원가는 5% 감소하였으나, 판매가격과 단위당 변동원가는 2020년과 같았다. → (X) 2021년 판매량은 10% 증가하였으므로 매출액과 변동원가도 각각 10% 증가하여 8.8억 원과 7.04억 원이 될 것이다. 그리고 고정원가는 1억 원에서 5% 감소했다고 하였으므로, 2021년의 이익은 8.8억-7.04억-0.95억 =0.81억 원이다.

ㄹ. 2020년에 비해 2021년에 판매가격을 5% 인상했음에도 불구하고 판매량이 25% 증가하였고, 단위당 변동원가와 고정원가는 2020년과 같았다. → (X) 2021년에는 판매량과 판매가격의 증가로 매출액이 커져 매출액과 변동원가의 차이가 증가하였는데 고정원가는 그대로이므로 2021년의 이익은 2020년에 비해 증가하였을 것이다.

① ㄴ ➡ (O)
② ㄹ ➡ (X)
③ ㄱ, ㄴ ➡ (X)
④ ㄴ, ㄷ ➡ (X)
⑤ ㄷ, ㄹ ➡ (X)

16 ③

| **문제 유형** | 연산추론형 > 대입비교

| **접근 전략** | 주어진 조건과 근거를 바탕으로 수리 연산을 활용하는 문제이다. 선지를 보면 작년 대비 올해 성과급 증가 여부와 성과급 상승률을 다루고 있으므로 작년과 올해 성과급을 계산하여 정리한 뒤 선지를 검토하는 것이 좋다.

다음 글과 〈상황〉을 근거로 판단할 때 옳지 않은 것은?

□□시는 부서 성과 및 개인 성과에 따라 등급을 매겨 직원들에게 성과급을 지급하고 있다.

○ 부서 등급과 개인 등급은 각각 S, A, B, C로 나뉘고, 등급별 성과급 산정비율은 다음과 같다.

성과 등급	S	A	B	C
성과급 산정비율(%)	40	20	10	0

○ 작년까지 부서 등급과 개인 등급에 따른 성과급 산정비율의 산술평균을 연봉에 곱해 직원의 성과급을 산정해왔다.

성과급 = 연봉 × {(부서 산정비율 + 개인 산정비율)/2}

○ 올해부터 부서 등급과 개인 등급에 따른 성과급 산정비율 중 더 큰 값을 연봉에 곱해 성과급을 산정하도록 개편하였다.

성과급 = 연봉 × max{부서 산정비율, 개인 산정비율}

※ max{a, b} = a와 b 중 더 큰 값

〈상황〉

작년과 올해 □□시 소속 직원 甲~丙의 연봉과 성과 등급은 다음과 같다.

구분	작년 연봉 (만 원)	작년 성과 등급 부서	작년 성과 등급 개인	올해 연봉 (만 원)	올해 성과 등급 부서	올해 성과 등급 개인
甲	3,500	S	A	4,000	A	S
乙	4,000	B	S	4,000	S	A
丙	3,000	B	B	3,500	C	B

→ 甲~丙의 작년과 올해 성과급을 정리하면 다음과 같다.

구분	작년	올해
甲	3,500만 원 × {(0.4+0.2/2)} =1,050만 원	4,000만 원 × 0.4 = 1,600만 원
乙	4,000만 원 × {(0.1+0.4/2)} =1,000만 원	4,000만 원 × 0.4 = 1,600만 원
丙	3,000만 원 × {(0.1+0.2/2)} =450만 원	3,500만 원 × 0.1 = 350만 원

① 甲의 작년 성과급은 1,050만 원이다. ➡ (O) 甲의 작년 성과급은 3,500만 원 × {(0.4 + 0.2/2)}이므로 1,050만 원이다.

② 甲과 乙의 올해 성과급은 동일하다. ➡ (O) 甲과 乙은 올해 연봉이 4,000만 원이고 성과 등급 S를 적용받으므로 올해 성과급은 동일하다.

③ 甲~丙 모두 작년 대비 올해 성과급이 증가한다. ➡ (X) 甲과 乙은 작년 대비 올해 성과급이 증가하였지만, 丙은 450만 원에서 350만 원으로 감소하였다.

④ 올해 연봉과 성과급의 합이 가장 작은 사람은 丙이다. ➡ (O) 丙은 올해 연봉이 3,500만 원으로 가장 작고, 성과 등급 또한 甲, 乙과 달리 B이므로 연봉과 성과급의 합이 셋 중 가장 적다.

⑤ 작년 대비 올해 성과급 상승률이 가장 큰 사람은 乙이다. ➡ (O) 丙은 작년 대비 올해 성과급이 감소하였고, 甲의 작년 성과급은 1,050만 원, 乙의 작년 성과급은 1,000만 원인데 甲과 乙의 올해 성과급은 동일하므로 작년 대비 올해 성과급 상승률이 가장 큰 사람은 乙이다.

17 ④

| 문제 유형 | 퍼즐형 > 논리퀴즈
| 접근 전략 | 주어진 상황과 조건 등을 종합적으로 고려하여 정답을 판단할 수 있어야 한다. 각 과목 성적을 제시한 내용을 바탕으로 비교 대상을 정확히 파악하여 더 높은 점수 간의 관계를 파악하는 한편, 전공시험, 영어시험, 적성시험 점수가 각각 일정 점수 이상인 응시자는 모두 합격하였다는 점을 바탕으로 선지에 대해 판단하도록 한다.

다음 글을 근거로 판단할 때 옳은 것은?

甲부처 신입직원 선발시험은 전공, 영어, 적성 3개 과목으로 이루어진다. 3개 과목 합계 점수가 높은 사람순으로 정원까지 합격한다. 응시자는 7명 (A~G)이며, 7명의 각 과목 성적에 대해서는 다음과 같은 사실이 알려졌다.

○ 전공시험 점수: A는 B보다 높고, B는 E보다 높고, C는 D보다 높다.
○ 영어시험 점수: E는 F보다 높고, F는 G보다 높다.
○ 적성시험 점수: G는 B보다도 높고 C보다도 높다.

합격자 선발 결과, 전공시험 점수가 일정 점수 이상인 응시자는 모두 합격한 반면 그 점수에 달하지 않은 응시자는 모두 불합격한 것으로 밝혀졌고, 이는 영어시험과 적성시험에서도 마찬가지였다.

① A가 합격하였다면, B도 합격하였다. ➡ (X) B는 전공시험 점수가 A보다 낮으므로, B의 전공시험 점수가 일정 점수 이상이 아니라면 B는 불합격했을 것이다.

② G가 합격하였다면, C도 합격하였다. ➡ (X) C는 적성시험 점수가 G보다 낮으므로, C의 적성시험 점수가 일정 점수 이상이 아니라면 C는 불합격했을 것이다.

③ A와 B가 합격하였다면, C와 D도 합격하였다. ➡ (X) A와 B의 성적이 C와 D의 성적에 비해 높거나 낮은지 판단할 수 없다.

④ B와 E가 합격하였다면, F와 G도 합격하였다. ➡ (O) 전공시험 점수는 B>E이고, 영어시험 점수는 E>F>G이며, 적성시험 점수는 G>B이다. 각 과목 시험 점수가 일정 점수 이상인 응시자는 모두 합격하였다고 했으므로, B가 합격하였다면 적성시험 점수가 B보다 높은 G도 합격하였을 것이다. 그리고 G가 합격하였다면 영어시험 점수가 G보다 높은 F도 합격하였을 것이다.

⑤ B가 합격하였다면, B를 포함하여 적어도 6명이 합격하였다. ➡ (X) 전공시험 점수는 A>B이고, 적성시험 점수는 G>B이므로, B가 합격하였다면 A와 G도 합격하였을 것이다. 또한 영어시험 점수는 E>F>G이므로 G가 합격하였다면 E와 F도 합격하였을 것이다. 따라서 B가 합격하였다면 B를 포함하여 적어도 5명(A, B, E, F, G)이 합격하였을 것이다.

18 ②

| 문제 유형 | 퍼즐형 > 수리퀴즈
| 접근 전략 | 주어진 상황과 조건 등을 종합적으로 고려하여 정답을 판단할 수 있어야 한다. 주어진 조건에서 실패하면 1점을 감점하는 것 등의 단서를 유의 깊게 보고, 각 상황에서 비교해야 하는 것이 甲과 乙이 얻을 수 있는 최대 점수 또는 최소 점수라는 점을 파악하여 그 점수가 나올 수 있는 경우를 구해 비교해 본다.

다음 글을 근거로 판단할 때, 〈보기〉에서 옳은 것만을 모두 고르면?

○ 甲과 乙이 아래와 같은 방식으로 농구공 던지기 놀이를 하였다.
  - 甲과 乙은 각 5회씩 도전하고, 합계 점수가 더 높은 사람이 승리한다.
  - 2점 숫과 3점 숫을 자유롭게 선택하여 도전할 수 있으며, 성공하면 해당 점수를 획득한다.
  - 5회의 도전 중 4점 숫 도전이 1번 가능한데, '4점 도전'이라고 외친 후 뒤돌아서 숫을 하여 성공하면 4점을 획득하고, 실패하면 1점을 잃는다.

○ 甲과 乙의 던지기 결과는 다음과 같았다.

(성공: ○, 실패: ×)

구분	1회	2회	3회	4회	5회
甲	○	×	○	○	○
乙	○	○	×	×	○

〈보기〉

ㄱ. 甲의 합계 점수는 8점 이상이었다. → (X) 甲이 성공한 4번 모두 2점 숫을 하였고, 실패한 1번은 4점 숫에 도전하였다면 합계 점수는 7점이 된다.

ㄴ. 甲이 3점 숫에 2번 도전하였고 乙이 승리하였다면, 乙은 4점 숫에 도전하였을 것이다. → (O) 乙이 4점 숫에 도전하지 않을 때 얻을 수 있는 최대 점수는 3점×3 = 9점이다. 甲이 3점 숫에 2번 도전하였다고 할 때 최소 점수를 얻게 되는 경우는 2회에 3점 숫을 했을 때(3+2+2+2)와 4점 숫을 했을 때(3-1+3+2+2)로 모두 9점을 얻게 된다. 따라서 乙이 승리하였다면 乙은 4점 숫에 도전하여 성공하였을 것이다.

ㄷ. 4점 숫뿐만 아니라 2점 숫, 3점 숫에 대해서도 실패 시 1점을 차감하였다면, 甲이 승리하였을 것이다. → (X) 2점 숫, 3점 숫에 대해서도 실패 시 1점을 차감하는 경우, 乙이 얻을 수 있는 최대 점수는 4+3-1+1+3=8점이다. 이때 甲이 얻을 수 있는 최소 점수인 7점(2×4-1)을 얻었다면 乙이 승리할 수 있다.

① ㄱ ➡ (X)
② ㄴ ➡ (O)
③ ㄱ, ㄴ ➡ (X)
④ ㄱ, ㄷ ➡ (X)
⑤ ㄴ, ㄷ ➡ (X)

19 ③

| 문제 유형 | 퍼즐형 > 최댓값·최솟값 도출
| 접근 전략 | 주어진 조건들을 통해 양봉농가가 위치할 수 있는 지점들을 원 위에 그려 볼 수 있다. 이를 통해 원의 중심과 둘레에 양봉농가가 위치할 때 양봉농가가 최대로 있을 수 있다는 점을 파악하고 원의 둘레의 길이를 바탕으로 원의 둘레에 위치할 수 있는 양봉농가의 개수를 구하도록 한다.

다음 글을 근거로 판단할 때, A군 양봉농가의 최대 수는?

○ A군청은 양봉농가가 안정적으로 꿀을 생산할 수 있도록 양봉농가 간 거리가 12km 이상인 경우에만 양봉을 허가하고 있다.
○ A군은 반지름이 12km인 원 모양의 평지이며 군 경계를 포함한다.
○ A군의 외부에는 양봉농가가 존재하지 않는다.

※ 양봉농가의 면적은 고려하지 않음

① 5개 ➡ (X)
② 6개 ➡ (X)
③ 7개 ➡ (O) A군은 원 모양의 평지이고 군 경계를 포함하며, 양봉농가는 12km 간격으로 위치할 수 있는데 그 면적은 고려하지 않는다고 하였다. 따라서 A군에 양봉농가가 최대 수로 있기 위해서는 양봉농가가 원의 중심과 이로부터 12km 떨어진 원의 둘레에 해당하는 부분에 위치해야 한다. 또한 원의 둘레 부분에 위치하는 양봉농가들도 서로 간의 거리가 12km 이상이어야 하므로, 원의 중심과 원의 둘레에 꼭짓점을 둔 한 변의 길이가 12km인 정삼각형의 꼭짓점 위치에 양봉농가가 위치해야 한다. 이러한 정삼각형을 원 안에 그리면 다음과 같이 원 안에 내접한 정육각형의 형태가 나타나고, 양봉농가가 원의 중심과 정육각형의 각 꼭짓점에 모두 위치한다고 할 때 양봉농가는 총 7개가 있을 수 있다.

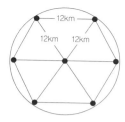

④ 8개 ➡ (X)

⑤ 9개 ➡ (X)

20 ③

정답률 37.3%

| 문제 유형 | 퍼즐형 > 수리퀴즈

| 접근 전략 | 만 나이에 대한 상식을 바탕으로 생일을 추측하고, 이를 바탕으로 연산을 해야 하는 문제이다. 만 나이는 생일에 한 살이 더해진다는 점을 바탕으로 그저께와 현재의 만 나이를 통해 생일을 추론하도록 한다.

다음 글을 근거로 판단할 때, ㉠에 해당하는 수는?

甲: 그저께 나는 만 21살이었는데, 올해 안에 만 23살이 될 거야.

乙: 올해가 몇 년이지?

甲: 올해는 2022년이야.

乙: 그러면 네 주민등록번호 앞 6자리의 각 숫자를 모두 곱하면 ㉠ 이구나.

甲: 그래, 맞아!

① 0 ➡ (X)

② 81 ➡ (X)

③ 486 ➡ (O) 올해 만 23살이 된다는 것을 통해 태어난 해는 2022년의 23년 전인 1999년임을 알 수 있다.

만 나이는 생일이 지날 때 올라간다. 올해 안에 만 23살이 된다는 것은 오늘은 지난해 생일에 만 22살이 된 상태이며, 아직 올해 생일은 지나지 않은 상태라는 의미이다. 그런데 그저께 만 21살이었다고 했으므로 만 22살이 된 것은 어제(= 지난해 생일)이고 오늘은 2022년이다. 그러므로 생일인 어제는 2021년 12월 31일이다.

그저께	어제 (2021년 생일)	오늘 (2022년)	......	2022년 생일
만 21살	만 22살	만 22살		만 23살

따라서 甲의 주민등록번호 앞 6자리의 숫자는 '991231'이며 각 숫자를 모두 곱하면 486이 된다.

④ 648 ➡ (X)

⑤ 2,916 ➡ (X)

21 ⑤

TOP 2 정답률 26.1%

| 문제 유형 | 연산추론형 > 수리계산

| 접근 전략 | 주어진 상황과 조건 등을 바탕으로 제시된 수리 연산을 활용하여 정답을 찾는 문항이다. 구해야 하는 것이 증원 요청 인원임을 파악한 뒤, 이를 계산하기 위해서 올해 검사 건수, 내년 예상 검사 건수, 내년의 직원당 검사 건수를 알아야 함을 확인한다. 그리고 이를 계산하는 식을 차례로 세운 뒤 알아야 할 증원 요청 인원을 구하는 식을 세워 답을 찾도록 한다.

다음 글과 〈상황〉을 근거로 판단할 때, 올해 말 A검사국이 인사부서에 증원을 요청할 인원은?

농식품 품질 검사를 수행하는 A검사국은 매년 말 다음과 같은 기준에 따라 인사부서에 인력 증원을 요청한다.

○ 다음 해 A검사국의 예상 검사 건수를 모두 검사하는 데 필요한 최소 직원 수에서 올해 직원 수를 뺀 인원을 증원 요청한다.

○ 직원별로 한 해 동안 수행할 수 있는 최대 검사 건수는 매년 정해지는 '기준 검사 건수'에서 아래와 같이 차감하여 정해진다.

- 국장은 '기준 검사 건수'의 100%를 차감한다.
- 사무 처리 직원은 '기준 검사 건수'의 100%를 차감한다.
- 국장 및 사무 처리 직원을 제외한 모든 직원은 매년 근무시간 중에 품질 검사 교육을 이수해야 하므로, '기준 검사 건수'의 10%를 차감한다.
- 과장은 '기준 검사 건수'의 50%를 추가 차감한다.

〈상황〉

○ 올해 A검사국에는 국장 1명, 과장 9명, 사무 처리 직원 10명을 포함하여 총 100명의 직원이 있다.

○ 내년에도 국장, 과장, 사무 처리 직원의 수는 올해와 동일하다.

○ 올해 '기준 검사 건수'는 100건이나, 내년부터는 검사 품질 향상을 위해 90건으로 하향 조정한다.

○ A검사국의 올해 검사 건수는 현 직원 모두가 한 해 동안 수행할 수 있는 최대 검사 건수와 같다.

○ 내년 A검사국의 예상 검사 건수는 올해 검사 건수의 120%이다.

→ A검사국의 올해 검사 건수는 다음과 같다.

- 국장과 사무 처리 직원은 100%를 차감하므로 0건
- 과장은 기준 검사 건수의 10% + 50%를 차감하므로 1인당 40건
- 국장, 사무 처리 직원, 과장 외 나머지 직원은 10%를 차감하므로 1인당 90건

따라서 올해 검사 건수는 {40 × 9(과장 수)} + {90 × 80(직원 수)}이다.

구분	국장	과장	사무 처리 직원	일반 직원
직원 수	1명	9명	10명	80명
1인당 검사 건수	0건	40건	0건	90건

- A검사국의 내년 예상 검사 건수는 올해 검사 건수의 120%이므로 {(40 × 9) + (90 × 80)} × 1.20이다.

- 내년에는 기준 검사 건수를 90건으로 하향 조정한다고 하였으므로, 과장은 1인 당 90건에서 60%를 차감한 36건을, 나머지 직원은 1인당 10%를 차감한 81건을 검사할 수 있다.

구분	국장	과장	사무 처리 직원	일반 직원
직원 수	1명	9명	10명	80 + A명
1인당 검사 건수	0건	36건	0건	81건

- 다음 해 A검사국의 예상 검사 건수를 모두 검사하는 데 필요한 최소 직원 수에서 올해 직원 수를 뺀 인원을 증원 요청한다고 하였는데, 내년에도 국장, 과장, 사무 처리 직원의 수는 올해와 동일하다고 하였으므로 증원 요청할 직원은 모두 나머지 직원이다. 따라서 증원 요청할 인원을 A로 하면 다음과 같이 계산할 수 있다.

내년 예상 검사 건수	과장 검사 건수	나머지 직원 검사 건수
{(40 × 9) + (90 × 80)} × 1.2 =	36 × 9 +	81 × (80 + A)

따라서 증원 요청할 인원은 28명이다.

① 10명 ➡ (X)

② 14명 ➡ (X)

③ 18명 ➡ (X)

④ 21명 ➡ (X)

⑤ 28명 ➡ (O)

22 ④

| **문제 유형** | 퍼즐형 > 논리퀴즈
| **접근 전략** | 주어진 상황과 조건에 따라 각 사람이 푼 문제 번호를 파악하면서 4, 5회차의 정답 여부를 확인하여 정리한 뒤 〈보기〉를 검토하도록 한다. 정리하다 보면 乙의 경우가 가장 쉽게 파악되므로 이를 먼저 파악한 뒤 여기에서 얻을 수 있는 근거를 바탕으로 나머지 경우에 대해서도 파악하는 것이 좋다.

다음 글을 근거로 판단할 때, 〈보기〉에서 옳은 것만을 모두 고르면?

○ 甲, 乙, 丙 세 사람은 25개 문제(1~25번)로 구성된 문제집을 푼다.
○ 1회차에는 세 사람 모두 1번 문제를 풀고, 2회차부터는 직전 회차 풀이 결과에 따라 풀 문제가 다음과 같이 정해진다.
  − 직전 회차가 정답인 경우: 직전 회차의 문제 번호에 2를 곱한 후 1을 더한 번호의 문제
  − 직전 회차가 오답인 경우: 직전 회차의 문제 번호를 2로 나누어 소수점 이하를 버린 후 1을 더한 번호의 문제
○ 풀 문제의 번호가 25번을 넘어갈 경우, 25번 문제를 풀고 더 이상 문제를 풀지 않는다.
○ 7회차까지 문제를 푼 결과, 세 사람이 맞힌 정답의 개수는 같았고 한 사람이 같은 번호의 문제를 두 번 이상 푼 경우는 없었다.
○ 4, 5회차를 제외한 회차별 풀이 결과는 아래와 같다.

(정답: ○, 오답: ×)

구분	1	2	3	4	5	6	7
甲	○	○	×			○	×
乙	○	○	○			×	○
丙	○	×	○			○	×

→ 각 회차의 정오답 여부와 문제 번호를 정리하면 다음과 같다.

구분	1	2	3	4	5	6	7
甲	1(○)	3(○)	7(×)	4(○)	9(○)	19(○)	25(×)

4회차가 오답이라면 5회차에는 3번을 풀게 되는데 한 사람이 같은 번호의 문제를 두 번 이상 푼 경우는 없었다고 하였으므로 4회차는 정답이다. 7회차까지 문제를 푼 결과 세 사람이 맞힌 정답의 개수는 같았다고 하였는데 乙이 맞힌 정답의 개수는 5개이므로, 甲 또한 정답의 개수가 5개이기 위해서는 5회차가 정답이어야 한다.

구분	1	2	3	4	5	6	7
乙	1(○)	3(○)	7(○)	15(×)	8(○)	17(×)	9(○)

4회차가 정답이라면 5회차에는 25번 문제를 풀고 더 이상 문제를 풀지 않게 되는데, 6, 7회차까지 풀었으므로 4회차는 오답이다. 5회차가 오답이라서 6회차에 5번을 풀었다면 7회차에 3번을 풀게 되므로 5회차가 정답이어야 한다.

구분	1	2	3	4	5	6	7
丙	1(○)	3(×)	2(○)	5(○)	11(○)	23(○)	25(×)

4회차가 오답이라면 5회차에는 3번을 풀게 되므로 4회차는 정답이다. 乙이 맞힌 정답의 개수는 5개이므로, 丙 또한 정답의 개수가 5개이기 위해서는 5회차가 정답이어야 한다.

〈보기〉

ㄱ. 甲과 丙이 4회차에 푼 문제 번호는 같다. → (×) 甲은 4회차에 4번을, 丙은 4회차에 5번을 푼다.
ㄴ. 4회차에 정답을 맞힌 사람은 2명이다. → (○) 4회차에 정답을 맞힌 사람은 甲과 丙 2명이다.
ㄷ. 5회차에 정답을 맞힌 사람은 없다. → (×) 5회차에는 세 사람 모두 정답을 맞혔다.

ㄹ. 乙은 7회차에 9번 문제를 풀었다. → (○) 乙은 4회차에 15번을 푸는데 4회차가 정답이라면 5회차에는 25번 문제를 풀고 더 이상 문제를 풀지 않게 된다. 그러나 乙은 7회차까지 풀었으므로 4회차는 오답이고, 5회차에는 8번을 푼다. 한편 5회차가 오답이라면 6회차에는 5번을 풀고, 6회차는 오답이므로 7회차에 3번을 풀게 된다. 하지만 3번은 2회차에 푼 문제인데 한 사람이 같은 번호의 문제를 두 번 이상 푼 경우는 없다고 했으므로 7회차에 3번을 풀었다고 볼 수 없다. 따라서 5회차는 정답이고, 이에 따라 6회차, 7회차에는 각각 17번, 9번을 풀게 된다.

① ㄱ, ㄴ ➡ (×)
② ㄱ, ㄷ ➡ (×)
③ ㄴ, ㄷ ➡ (×)
④ ㄴ, ㄹ ➡ (○)
⑤ ㄷ, ㄹ ➡ (×)

23 ①

| **문제 유형** | 퍼즐형 > 논리퀴즈
| **접근 전략** | 주어진 조건을 정확히 이해하고 각 선지를 조건에 따라 이해해 본다. 함께 식사하는 총 인원은 4명 이하여야 하므로 甲 외에 팀원은 3명까지 참석이 가능하다는 점과, 함께 식사하는 이들과 함께 식사하지 않는 이들을 파악하여 선지의 각 상황에 맞는 조를 짤 수 있는지 판단해 본다.

다음 글을 근거로 판단할 때 옳지 않은 것은?

△△팀원 7명(A~G)은 새로 부임한 팀장 甲과 함께 하는 환영식사를 계획하고 있다. 모든 팀원은 아래 조건을 전부 만족시키며 甲과 한 번씩만 식사하려 한다.

○ 함께 식사하는 총 인원은 4명 이하여야 한다.
○ 단둘이 식사하지 않는다.
○ 부팀장은 A, B뿐이며, 이 둘은 함께 식사하지 않는다.
○ 같은 학교 출신인 C, D는 함께 식사하지 않는다.
○ 입사 동기인 E, F는 함께 식사한다.
○ 신입사원 G는 부팀장과 함께 식사한다.

① A는 E와 함께 환영식사에 참석할 수 있다. ➡ (×) 부팀장 A와 E가 함께 식사한다면 F도 이 인원에 포함되어야 한다. 이때 G가 부팀장 B와 함께 식사하려면 함께 식사하지 않는 C, D가 남게 되므로 적절하지 않다.
② B는 C와 함께 환영식사에 참석할 수 있다. ➡ (○) 부팀장 A는 G와, D는 E, F와 각각 조를 이루면 부팀장 B와 C가 함께 환영식사에 참석할 수 있다.
③ C는 G와 함께 환영식사에 참석할 수 있다. ➡ (○) C와 G가 함께 환영식사에 참석한다면 이 자리에는 부팀장이 1명 있어야 한다. 그리고 다른 부팀장과 D, E와 F가 각각 조를 이루면 C와 G가 함께 참석하는 것이 가능하다.
④ D가 E와 함께 환영식사에 참석하는 경우, C는 부팀장과 함께 환영식사에 참석하게 된다. ➡ (○) D가 E와 함께 환영식사에 참석하면, 이 자리에는 F가 함께 하게 된다. 이때 부팀장 1명과 C, 다른 부팀장과 G가 각각 조를 이룰 수 있다.
⑤ G를 포함하여 총 4명이 함께 환영식사에 참석하는 경우, F가 참석하는 환영식사의 인원은 총 3명이다. ➡ (○) G를 포함하여 총 4명이 함께 환영식사를 한다면 여기에는 甲과 부팀장 1명, C, D 중 1명이 포함될 수 있다. 그리고 이때 F가 참석하는 환영식사에는 E가 함께해야 하므로 甲까지 총 3명이 함께하게 된다.

24 ④

| **문제 유형** | 연산추론형 > 수리계산

| **접근 전략** | 주어진 상황을 정리한 뒤 이끌어 낼 수 있는 사실을 추론하여 빈칸에 들어갈 적절한 수를 찾는 문항이다. 다양한 접근 방법이 있을 수 있으나 약속한 시간보다 몇 분 일찍 출발했는지 묻고 있다는 점에 초점을 맞춰 가장 빠르게 문제를 해결할 수 있는 방법을 찾는 것이 관건이다.

다음 글을 근거로 판단할 때, ㉠에 해당하는 수는?

甲과 乙은 같은 층의 서로 다른 사무실에서 근무하고 있다. 각 사무실은 일직선 복도의 양쪽 끝에 위치하고 있으며, 두 사람은 복도에서 항상 자신만의 일정한 속력으로 걷는다.

甲은 약속한 시각에 乙에게 서류를 직접 전달하기 위해 자신의 사무실을 나섰다. 甲은 乙의 사무실에 도착하여 서류를 전달하고 곧바로 자신의 사무실로 돌아올 계획이었다.

한편 甲을 기다리고 있던 乙에게 甲의 사무실 쪽으로 가야 할 일이 생겼다. 그래서 乙은 甲이 도착하기로 약속한 시각보다 ⟨ ㉠ ⟩분 일찍 자신의 사무실을 나섰다. 乙은 출발한 지 4분 뒤 복도에서 甲을 만나 서류를 받았다. 서류 전달 후 곧바로 사무실로 돌아온 甲은 원래 예상했던 시각보다 2분 일찍 사무실로 복귀한 사실을 알게 되었다.

① 2 ➡ (X)
② 3 ➡ (X)
③ 4 ➡ (X)
④ 5 ➡ (O) 乙은 甲이 도착하기로 약속한 시각보다 ㉠분 일찍 자신의 사무실을 나섰고 4분 뒤 복도에서 甲을 만났다. 그리고 甲은 서류 전달 후 사무실로 돌아왔을 때 예상 시각보다 2분 일찍 복귀했다. 만약 甲이 약속 장소인 乙의 사무실까지 왕복했다면 2분 더 걸렸을 것이라는 의미이므로, 乙과 만난 장소에서 1분 더 이동했다면 乙의 사무실에 도착했을 것이다. 이는 乙이 일찍 출발하여 이동한 4분만큼의 거리를 甲은 자신의 걷는 속력으로 1분 만에 이동한다는 의미이다. 따라서 ㉠분은 乙이 이동한 4분과 甲이 이동해야 할 1분을 더한 시간이다. 즉, 乙은 甲이 도착하기로 약속한 시각보다 5분 일찍 출발했다.
⑤ 6 ➡ (X)

25 ④

| **문제 유형** | 법조문형 > 규정적용

| **접근 전략** | 제시된 규정을 구체적인 상황에 적용하는 문항이다. 재외공무원이 공관장인 경우와 아닌 경우, 일시귀국하는 사유가 공무인 경우와 공무 외인 경우, 공무 외인 경우 중 일시귀국의 횟수 및 기간에 산입하지 않는 경우 등과 이에 따라 신고가 필요한지 허가가 필요한지 등을 각각 파악, 정리하고 〈상황〉과 선지에 제시된 사례와 연결 지음으로써 쉽게 해결할 수 있다.

다음 글과 〈상황〉을 근거로 판단할 때 옳은 것은?

제00조 ① 재외공관에 근무하는 공무원(이하 '재외공무원'이라 한다)이 공무로 일시귀국하고자 하는 경우에는 장관의 허가를 받아야 한다.
② 공관장이 아닌 재외공무원이 공무 외의 목적으로 일시귀국하려는 경우에는 공관장의 허가를, 공관장이 공무 외의 목적으로 일시귀국하려는 경우에는 장관의 허가를 받아야 한다. 다만 재외공무원 또는 그 배우자의 직계존·비속이 사망하거나 위독한 경우에는 공관장이 아닌 재외공무원은 공관장에게, 공관장은 장관에게 각각 신고하고 일시귀국할 수 있다.
③ 재외공무원이 공무 외의 목적으로 일시귀국할 수 있는 기간은 연 1회 20일 이내로 한다. 다만 다음 각 호의 어느 하나에 해당하는 경우에는 이를 일시귀국의 횟수 및 기간에 산입하지 아니한다.

1. 재외공무원의 직계존·비속이 사망하거나 위독하여 일시귀국하는 경우
2. 재외공무원 또는 그 동반가족의 치료를 위하여 일시귀국하는 경우
④ 제2항에도 불구하고 다음 각 호의 어느 하나에 해당하는 경우에는 장관의 허가를 받아야 한다.
1. 재외공무원이 연 1회 또는 20일을 초과하여 공무 외의 목적으로 일시귀국하려는 경우
2. 재외공무원이 일시귀국 후 국내 체류기간을 연장하는 경우

─〈상황〉─

A국 소재 대사관에는 공관장 甲을 포함하여 총 3명의 재외공무원(甲~丙)이 근무하고 있다. 아래는 올해 1월부터 7월 현재까지 甲~丙의 일시귀국 현황이다.

○ 甲: 공무상 회의 참석을 위해 총 2회(총 25일)
○ 乙: 동반자녀의 관절 치료를 위해 총 1회(치료가 더 필요하여 국내 체류기간 1회 연장, 총 17일)
○ 丙: 직계존속의 회갑으로 총 1회(총 3일)

① 甲은 일시귀국 시 장관에게 신고하였을 것이다. ➡ (X)제1항에 따르면 재외공무원이 공무로 일시귀국하고자 하는 경우에는 장관의 허가를 받아야 한다. 甲은 공무상 회의 참석을 위해 일시귀국하였으므로 장관의 허가를 받았을 것이다.

② 甲은 배우자의 직계존속이 위독하여 올해 추가로 일시귀국하기 위해서는 장관의 허가를 받아야 한다. ➡ (X)제2항에 따르면 재외공무원 배우자의 직계존속이 위독한 경우에 공관장은 장관에게 신고하고 일시귀국할 수 있다. 甲은 공관장이므로 배우자의 직계존속이 위독하여 일시귀국하고자 할 때는 장관에게 신고해야 한다.

③ 乙이 직계존속의 회갑으로 인해 올해 3일간 추가로 일시귀국하기 위해서는 장관의 허가를 받아야 한다. ➡ (X)제3항에서 재외공무원 동반가족의 치료를 위하여 일시귀국하는 경우에는 일시귀국의 횟수 및 기간에 산입하지 않는다고 하였으므로 동반자녀의 치료를 위해 일시귀국한 乙의 일시귀국 횟수 및 기간은 일시귀국할 수 있는 기간에 산입되지 않는다. 따라서 乙이 직계존속의 회갑으로 인해 올해 추가로 일시귀국할 때는 제2항에서 재외공무원이 공무 외의 목적으로 일시귀국하려는 경우에 공관장의 허가를 받아야 한다고 한 것에 따라 공관장의 허가를 받아야 한다.

④ 乙이 공관장의 허가를 받아 일시귀국하였더라도 국내 체류기간을 연장하였을 때에는 장관의 허가를 받았을 것이다. ➡ (O)제4항에 따르면 재외공무원이 일시귀국 후 국내 체류기간을 연장하는 경우에는 장관의 허가를 받아야 한다. 따라서 乙이 일시귀국 이후 국내 체류기간을 연장하였을 때는 장관의 허가를 받았을 것이다.

⑤ 丙이 자신의 혼인으로 인해 올해 추가로 일시귀국하기 위해서는 공관장의 허가를 받아야 한다. ➡ (X)제4항에 따르면 재외공무원이 연 1회를 초과하여 공무 외의 목적으로 일시귀국하려는 경우에는 장관의 허가를 받아야 한다. 丙은 직계존속의 회갑으로 총 1회 일시귀국하였으므로, 올해 혼인으로 인해 추가로 일시귀국하기 위해서는 장관의 허가를 받아야 한다.

기출 총평

2022년 자료해석 시험은 전체적인 문제 유형 및 구성이 2022 5급 공채와 매우 유사하였다. 따라서 시험 전 반드시 5급 공채를 풀어보고, 새로운 출제 경향에 익숙해져야 한다. 작년 자료해석 시험에서는 인포그래픽스 형태의 〈그림〉 자료가 많이 출제되었으나 올해는 인포그래픽스 형태의 〈그림〉 자료는 출제되지 않았으며 〈보고서〉 유형의 문제가 많이 출제되었다. 기존 매칭형 문제는 〈표〉에 A~E가 주어지고 아래에 주어진 〈조건〉에 따라 A~E를 찾는 유형이었다면, 올해 시험에서는 이 〈조건〉이 〈보고서〉의 형태로 제시되었다. 기존 매칭형 문제는 각 〈조건〉만 확인하면 되었으나 〈보고서〉는 주어진 내용 중 필요한 내용만을 찾아야 하므로 시험장에서 지문의 길이에 당황했을 수 있다. 그러나 A~E를 찾는 과정이 복잡하지 않았으므로 침착하게 핵심 문장만 확인했다면 문제를 빠르게 해결할 수 있었다. 또 공식이 주어진 계산 형태의 문제가 많았으나 정확한 값을 도출하기보다 대소 관계를 비교하는 문제들이 많았기 때문에 무작정 계산을 시작하는 것보다는 최대한 식을 간단하게 만든 다음 곱해지는 값과 나누어지는 값들의 대소 비교를 통해 최종 값의 대소를 비교하면 문제를 쉽게 해결할 수 있다. 올해와 같이 평이한 난도의 시험은 실수하지 않는 것이 관건이다. 많은 선지들이 대소 비교를 통해 구할 수 있는 선지였으므로 정확히 계산하지 않더라도 대소 비교를 통해 답을 구하는 연습을 반드시 해야 한다.

문항별 정답률 및 선지별 선택률

문번	정답	정답률(%)	선지별 선택률(%)				
			①	②	③	④	⑤
01	①	93.8	93.8	3.5	0.2	2.1	0.4
02	⑤	83.8	1.0	0.8	4.8	9.6	83.8
03	④	94.6	2.1	0.4	2.1	94.6	0.8
04	①	83.0	83.0	1.7	13.7	0.8	0.8
05	②	73.4	6.0	73.4	0.8	1.3	18.5
06	①	76.5	76.5	5.7	5.4	11.2	1.2
07	④	88.1	3.3	4.0	0.4	88.1	4.2
08	①	67.4	67.4	5.0	3.1	24.3	0.2
09	⑤	79.7	0.8	2.5	11.3	5.7	79.7
10	④	63.7	0.6	4.4	5.9	63.7	25.4
11	②	40.4	28.7	40.4	22.3	2.3	6.3
12	③	78.5	2.1	3.6	78.5	14.1	1.7
13	③	38.1	5.8	13.9	38.1	33.1	9.1

문번	정답	정답률(%)	선지별 선택률(%)				
			①	②	③	④	⑤
14	⑤	78.1	3.2	2.7	11.4	4.6	78.1
15	④	24.5	54.8	11.1	7.1	24.5	2.5
16	②	70.2	5.2	70.2	13.4	0.8	10.4
17	②	76.6	6.6	76.6	6.6	9.2	1.0
18	⑤	69.4	6.1	5.2	11.2	8.1	69.4
19	③	57.1	21.0	7.4	57.1	6.5	8.0
20	①	48.5	48.5	13.7	8.4	22.6	6.8
21	③	41.9	6.8	15.7	41.9	16.7	18.9
22	⑤	38.9	20.8	24.7	9.3	6.3	38.9
23	①	55.5	55.5	5.7	22.7	12.3	3.8
24	④	52.4	7.4	10.5	16.3	52.4	13.4
25	②	39.8	21.2	39.8	16.7	15.0	7.3

※ 파란색 음영 문항은 해당 회차에서 정답률이 가장 낮은 TOP 3 문항입니다.
※ 문항별 정답률 산정 기준: 약 1년간 누적된 자동채점 & 성적결과분석 서비스의 응시 데이터

출제 비중

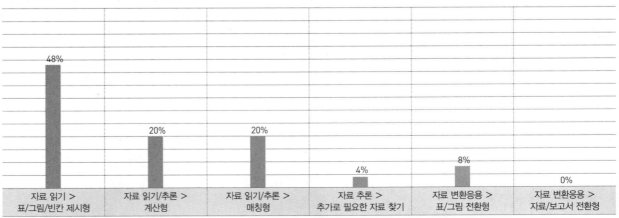

01	①	02	⑤	03	④	04	①	05	②
06	①	07	④	08	①	09	⑤	10	④
11	②	12	③	13	③	14	⑤	15	④
16	②	17	②	18	⑤	19	③	20	①
21	③	22	⑤	23	①	24	④	25	②

01 ①

정답률 93.8%

| 문제 유형 | 자료 읽기/추론 > 계산형

| 접근 전략 | 전년 대비 증감량을 이용하여 A와 B에 들어갈 값을 알맞게 계산하는 문제이다. B의 경우 이미 주어진 값을 빼기만 하면 되므로 먼저 계산한다. B에 해당하는 선지들의 천의 자리가 다르므로 천의 자리만 계산하면 7 − 1 = 6이므로 B는 169만 6천이다. A도 천의 자리가 다르므로 천의 자리만 계산하면 5 − 7 = −2이고, −2 − 3 = −5이므로 A는 −4만 5천이다.

다음 〈그림〉은 2021년 7월 '갑'지역의 15세 이상 인구를 대상으로 한 경제활동인구조사 결과를 정리한 자료이다. 〈그림〉의 A, B에 해당하는 값을 바르게 나열한 것은?

〈그림〉 2021년 7월 경제활동인구조사 결과

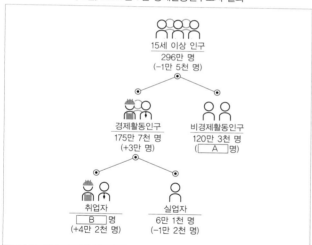

※ ( )는 2020년 7월 대비 증감 인구수임

	A	B
①	−4만 5천	169만 6천 ➡ (O)

2020년 15세 이상 인구는 296만 명 + 1만 5천 명 = 297만 5천 명이고, 2020년 경제활동인구는 175만 7천 명 − 3만 명 = 172만 7천 명이므로 2020년 비경제활동인구는 297만 5천 명 − 172만 7천 명 = 124만 8천 명이다. 따라서 2020년 비경제활동인구 A는 120만 3천 명 − 124만 8천 명 = −4만 5천 명이다. 2021년 경제활동인구가 175만 7천 명이고, 실업자가 6만 1천 명이므로 2021년 취업자 B는 175만 7천 명 − 6만 1천 명 = 169만 6천 명이다.

	A	B
②	−4만 5천	165만 4천 ➡ (X)
③	−1만 2천	172만 7천 ➡ (X)
④	−1만 2천	169만 6천 ➡ (X)
⑤	+4만 2천	172만 7천 ➡ (X)

02 ⑤

정답률 83.8%

| 문제 유형 | 자료 읽기 > 표 제시형

| 접근 전략 | 청구인과 피청구인에 따른 특허심판 청구건수 자료를 바탕으로 옳은 것을 찾는 문제이다. 간단한 〈보기〉인 ㄱ, ㄷ을 먼저 확인하였을 때 ㄱ과 ㄷ이 옳은 〈보기〉이므로 ㄴ을 확인하지 않아도 답이 ⑤임을 알 수 있다.

다음 〈표〉는 2017∼2021년 '갑'국의 청구인과 피청구인에 따른 특허심판 청구건수에 관한 자료이다. 이에 대한 〈보기〉의 설명 중 옳은 것만을 모두 고르면?

〈표〉 청구인과 피청구인에 따른 특허심판 청구건수

(단위: 건)

| 연도 | 청구인 내국인 | | 청구인 외국인 | |
	피청구인 내국인	피청구인 외국인	피청구인 내국인	피청구인 외국인
2017	765	270	204	172
2018	889	1,970	156	119
2019	795	359	191	72
2020	771	401	93	230
2021	741	213	152	46

〈보기〉

ㄱ. 2019년 청구인이 내국인인 특허심판 청구건수의 전년 대비 감소율은 50% 이상이다. → (O) 청구인이 내국인인 특허심판 청구건수는 2018년 889 + 1,970 = 2,859(건), 2019년 795 + 359 = 1,154(건)으로 1,154 × 2 = 2,308 < 2,859이므로 감소율이 50% 이상이다.

ㄴ. 2021년 피청구인이 내국인인 특허심판 청구건수는 피청구인이 외국인인 특허심판 청구건수의 3배 이상이다. → (O) 213 × 3 = 639 < 741, 46 × 3 = 138 < 152이다. 즉, 2021년 청구인이 내국인일 때와 외국인일 때 모두 피청구인이 내국인인 특허심판 청구건수는 피청구인이 외국인인 특허심판 청구건수의 3배 이상이므로 2021년 피청구인이 내국인인 특허심판 청구건수는 피청구인이 외국인인 특허심판 청구건수의 3배 이상이다.

ㄷ. 2017년 내국인이 외국인에게 청구한 특허심판 청구건수는 2020년 외국인이 외국인에게 청구한 특허심판 청구건수보다 많다. → (O) 2017년 내국인이 외국인에게 청구한 특허심판 청구건수는 270건이고, 2020년 외국인이 외국인에게 청구한 특허심판 청구건수는 230건이므로 옳은 설명이다.

① ㄱ ➡ (X)
② ㄷ ➡ (X)
③ ㄱ, ㄴ ➡ (X)
④ ㄴ, ㄷ ➡ (X)
⑤ ㄱ, ㄴ, ㄷ ➡ (O)

│문제 유형│ 자료 변환응용 > 표/그림 전환형
│접근 전략│ 〈보고서〉의 내용을 〈그림〉 또는 〈표〉로 알맞게 전환하는 유형이다. 〈보고서〉의 내용을 모두 확인하기보다는 각 선지의 제목을 읽고, 해당하는 내용을 〈보고서〉에서 찾은 뒤 값을 대조하면 문제를 빠르게 해결할 수 있다.

다음 〈보고서〉는 2018~2021년 '갑'국의 생활밀접업종 현황에 대한 자료이다. 〈보고서〉의 내용과 부합하지 않는 자료는?

─────〈보고서〉─────

　생활밀접업종은 소매, 음식, 숙박, 서비스 등과 같이 일상생활과 밀접하게 관련된 재화 또는 용역을 공급하는 업종이다. 생활밀접업종 사업자 수는 2021년 현재 2,215천 명으로 2018년 대비 10% 이상 증가하였다. 2018년 대비 2021년 생활밀접업종 중 73개 업종에서 사업자 수가 증가하였는데, 이 중 스포츠시설운영업이 가장 높은 증가율을 기록하였고 펜션·게스트하우스, 애완용품점이 그 뒤를 이었다.

　그러나 혼인건수와 출생아 수가 줄어드는 사회적 현상은 관련 업종에도 직접 영향을 미친 것으로 나타났다. 산부인과 병·의원 사업자 수는 2018년 이후 매년 감소하였다. 또한, 2018년 이후 예식장과 결혼상담소의 사업자 수도 각각 매년 감소하는 것으로 나타났다.

　한편 복잡한 현대사회에서 전문직에 대한 수요는 꾸준히 증가하고 있다. 생활밀접업종을 소매, 음식, 숙박, 병·의원, 전문직, 교육, 서비스의 7개 그룹으로 분류했을 때 전문직 그룹의 2018년 대비 2021년 사업자 수 증가율이 17.6%로 가장 높았다.

① 생활밀접업종 사업자 수

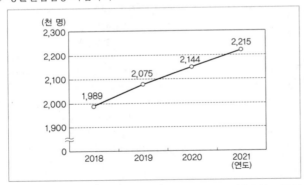

➡ (O) 〈보고서〉의 첫 번째 문단, 두 번째 문장에 "생활밀접업종 사업자 수는 2021년 현재 2,215천 명으로 2018년 대비 10% 이상 증가하였다."라고 되어 있다. 제시된 〈그림〉에서 2021년 생활밀접업종 사업자 수가 2,215천 명이고, 1,989 × 1.1 = 2,187.9 < 2,215로 2018년 대비 10% 이상 증가하였으므로 〈보고서〉의 내용과 부합한다.

② 2018년 대비 2021년 생활밀접업종 사업자 수 증가율 상위 10개 업종

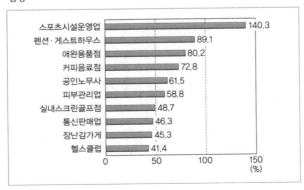

➡ (O) 〈보고서〉의 첫 번째 문단, 세 번째 문장에 "2018년 대비 2021년 생활밀접업종 중 73개 업종에서 사업자 수가 증가하였는데, 이 중 스포츠시설운영업이 가장 높은 증가율을 기록하였고 펜션·게스트하우스, 애완용품점이 그 뒤를 이었다."라고 되어 있다. 제시된 〈그림〉에서 스포츠시설운영업, 펜션·게스트하우스, 애완용품점 순으로 증가율이 높으므로 〈보고서〉의 내용과 부합한다.

③ 주요 진료과목별 병·의원 사업자 수

(단위: 명)

진료과목＼연도	2018	2019	2020	2021
신경정신과	1,270	1,317	1,392	1,488
가정의학과	2,699	2,812	2,952	3,057
피부과·비뇨의학과	3,267	3,393	3,521	3,639
이비인후과	2,259	2,305	2,380	2,461
안과	1,485	1,519	1,573	1,603
치과	16,424	16,879	17,217	17,621
일반외과	4,282	4,369	4,474	4,566
성형외과	1,332	1,349	1,372	1,414
내과·소아과	10,677	10,861	10,975	11,130
산부인과	1,726	1,713	1,686	1,663

➡ (O) 〈보고서〉의 두 번째 문단, 두 번째 문장에 "산부인과 병·의원 사업자 수는 2018년 이후 매년 감소하였다."라고 되어 있다. 제시된 〈표〉에서 산부인과는 2018년 이후 1,726명, 1,713명, 1,686명, 1,663명으로 매년 감소하므로 〈보고서〉의 내용과 부합한다.

④ 예식장 및 결혼상담소 사업자 수

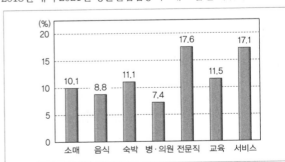

➡ (X) 〈보고서〉의 두 번째 문단, 세 번째 문장에 "또한, 2018년 이후 예식장과 결혼상담소의 사업자 수도 각각 매년 감소하는 것으로 나타났다."라고 되어 있다. 제시된 〈그림〉에서 결혼상담소 사업자 수는 2018년 이후 매년 감소하고 있으나 예식장 사업자 수는 2018년 1,192명에서 2019년 1,222명으로 증가하였으므로 〈보고서〉의 내용과 부합하지 않는다.

⑤ 2018년 대비 2021년 생활밀접업종의 7개 그룹별 사업자 수 증가율

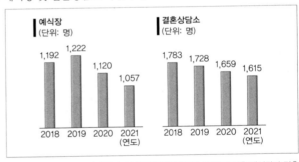

➡ (O) 〈보고서〉의 세 번째 문단, 두 번째 문장에 "생활밀접업종을 소매, 음식, 숙박, 병·의원, 전문직, 교육, 서비스의 7개 그룹으로 분류했을 때 전문직 그룹의 2018년 대비 2021년 사업자 수 증가율이 17.6%로 가장 높았다."라고 되어 있다. 제시된 〈그

림〉에서 생활밀접업종이 소매, 음식, 숙박, 병·의원, 전문직, 교육, 서비스의 7개 그룹으로 분류되어 있고, 이 중 전문직 그룹의 2018년 대비 2021년 사업자 수 증가율이 17.6%로 가장 높으므로 〈보고서〉의 내용과 부합한다.

① ㄱ ➡ (O)
② ㄴ ➡ (X)
③ ㄱ, ㄷ ➡ (X)
④ ㄴ, ㄷ ➡ (X)
⑤ ㄱ, ㄴ, ㄷ ➡ (X)

04 ①

정답률 83.0%

| 문제 유형 | 자료 읽기 > 표 제시형

| 접근 전략 | A위원회의 24~26차 회의 심의결과에 대한 설명 중 옳은 것을 찾는 문제이다. 단순히 동의, 부동의 수만 세어봐도 답을 구할 수 있는 문제이다. 가장 간단한 〈보기〉인 ㄴ을 먼저 확인해보면 옳지 않으므로 답은 ① 또는 ③이다. 따라서 ㄷ만 확인해도 답을 구할 수 있다.

다음 〈표〉는 '갑'국 A위원회의 24~26차 회의 심의결과에 관한 자료이다. 이에 대한 〈보기〉의 설명 중 옳은 것만을 모두 고르면?

〈표〉 A위원회의 24~26차 회의 심의결과

회차	24		25		26	
위원 \ 동의 여부	동의	부동의	동의	부동의	동의	부동의
기획재정부장관	○		○		○	
교육부장관	○			○		○
과학기술정보통신부장관	○		○			○
행정안전부장관	○			○	○	
문화체육관광부장관	○		○		○	
농림축산식품부장관		○	○		○	
산업통상자원부장관		○	○		○	
보건복지부장관	○		○		○	
환경부장관		○	○			○
고용노동부장관		○		○	○	
여성가족부장관	○		○		○	
국토교통부장관	○		○		○	
해양수산부장관	○		○		○	
중소벤처기업부장관	○		○			○
문화재청장	○		○		○	
산림청장	○			○	○	

※ 1) A위원회는 〈표〉에 제시된 16명의 위원으로만 구성됨
　2) A위원회는 매 회차 개최 시 1건의 안건만을 심의함

〈보기〉

ㄱ. 24~26차 회의의 심의안건에 모두 동의한 위원은 6명이다. → (O) 기획재정부장관, 보건복지부장관, 여성가족부장관, 국토교통부장관, 해양수산부장관, 문화재청장의 여섯 명 위원이 24~26차 회의의 심의안건에 모두 동의하였다.

ㄴ. 심의안건에 부동의한 위원 수는 매 회차 증가하였다. → (X) 25차에 6명, 26차에 4명으로 감소하였으므로 옳지 않다.

ㄷ. 전체 위원의 $\frac{2}{3}$ 이상이 동의해야 심의안건이 의결된다면, 24~26차 회의의 심의안건은 모두 의결되었다. → (X) 주석에서 A위원회의 위원이 16명이라고 제시되어 있고, 16명의 $\frac{2}{3}$ 이상은 11명 이상이다. 부동의 위원 수가 5명 이하인지만 확인하면 되므로 ㄷ은 옳지 않다는 것을 알 수 있다.

05 ②

정답률 73.4%

| 문제 유형 | 자료 읽기/추론 > 매칭형

| 접근 전략 | 〈보고서〉에서 설명하고 있는 도시를 〈표〉에서 찾는 문제이다. 〈보고서〉를 읽으면서 해당하지 않는 도시를 제외하면서 문제를 푼다.

다음 〈표〉는 1990년대 이후 A~E도시의 시기별 및 자본금액별 창업 건수에 관한 자료이고, 〈보고서〉는 A~E 중 한 도시의 창업 건수에 관한 설명이다. 이를 근거로 판단할 때, 〈보고서〉의 내용에 부합하는 도시는?

〈표〉 A~E도시의 시기별 및 자본금액별 창업 건수

(단위: 건)

시기 \ 도시 \ 자본금액	1990년대		2000년대		2010년대		2020년 이후	
	1천만 원 미만	1천만 원 이상	1천만 원 미만	1천만 원 이상	1천만 원 미만	1천만 원 이상	1천만 원 미만	1천만 원 이상
A	198	11	206	32	461	26	788	101
B	46	0	101	5	233	4	458	16
C	12	4	19	17	16	17	76	14
D	27	3	73	34	101	24	225	27
E	4	0	25	0	53	3	246	7

〈보고서〉

이 도시의 시기별 및 자본금액별 창업 건수는 다음과 같은 특징이 있다. 첫째, 1990년대 이후 모든 시기에서 자본금액 1천만 원 미만 창업 건수가 자본금액 1천만 원 이상 창업 건수보다 많다. 둘째, 자본금액 1천만 원 미만 창업 건수와 1천만 원 이상 창업 건수의 차이는 2010년대가 2000년대의 2배 이상이다. 셋째, 2020년 이후 전체 창업 건수는 1990년대 전체 창업 건수의 10배 이상이다. 넷째, 2020년 이후 전체 창업 건수 중 자본금액 1천만 원 이상 창업 건수의 비중은 3% 이상이다.

① A ➡ (X)

② B ➡ (O) C의 경우 2010년대에 자본금액 1천만 원 미만 창업 건수가 자본금액 1천만 원 이상 창업 건수보다 적으므로 "첫째" 설명에 부합하지 않는다. D의 경우 2000년대 자본금액 1천만 원 미만 창업 건수와 1천만 원 이상 창업 건수의 차이는 73-34=39(건)이고, 2010년대 자본금액 1천만 원 미만 창업 건수와 1천만 원 이상 창업 건수의 차이는 101-24=77(건)이다. 39×2=78>77이므로 D는 "둘째" 설명에 부합하지 않는다. A의 2020년 이후 전체 창업 건수는 788+101=889(건), 1990년대 전체 창업 건수는 198+11=209(건)으로 10배 미만이므로 A는 "셋째" 설명에 부합하지 않는다. B의 2020년 이후 전체 창업 건수는 458+16=474(건)이고, 474×0.03=14.22<16이므로 자본금액 1천만 원 이상 창업 건수의 비중은 3% 이상이다. E의 2020년 이후 전체 창업 건수는 246+7=253(건)이고, 253×0.03=7.59>7이므로 자본금액 1천만 원 이상 창업 건수의 비중은 3% 미만이다. 따라서 E는 "넷째" 설명에 부합하지 않는다. 즉, 〈보고서〉의 모든 설명에 부합하는 도시는 B이다.

③ C ➡ (X)
④ D ➡ (X)
⑤ E ➡ (X)

| 문제 유형 | 자료 읽기 > 표 제시형

| 접근 전략 | 가공비용 = 가공단가 × 가공량 공식을 이용하여 A~C 지역의 쌀, 현미, 보리 가공비용을 구하는 문제이다. 정확한 값을 물어보는 선지가 아니므로 곱하는 값들의 대소를 비교하면 정확히 계산하지 않아도 문제를 해결할 수 있다.

다음 〈표〉는 '갑'국의 원료곡종별 및 등급별 가공단가와 A~C지역의 가공량에 관한 자료이다. 이에 대한 〈보기〉의 설명 중 옳은 것만을 모두 고르면?

〈표 1〉 원료곡종별 및 등급별 가공단가

(단위: 천 원/톤)

원료곡종 \ 등급	1등급	2등급	3등급
쌀	118	109	100
현미	105	97	89
보리	65	60	55

〈표 2〉 A~C지역의 원료곡종별 및 등급별 가공량

(단위: 톤)

지역	원료곡종 \ 등급	1등급	2등급	3등급	합계
A	쌀	27	35	25	87
	현미	43	20	10	73
	보리	5	3	7	15
B	쌀	23	25	55	103
	현미	33	25	21	79
	보리	9	9	5	23
C	쌀	30	35	20	85
	현미	30	37	25	92
	보리	8	30	2	40
전체	쌀	80	95	100	275
	현미	106	82	56	244
	보리	22	42	14	78

※ 가공비용 = 가공단가 × 가공량

─────〈보기〉─────

ㄱ. A지역의 3등급 쌀 가공비용은 B지역의 2등급 현미 가공비용보다 크다. → (○) A지역의 3등급 쌀 가공비용은 100 × 25천 원이고, B지역의 2등급 현미 가공비용은 97 × 25천 원이다. 가공량은 동일하고, 가공단가는 A지역 3등급 쌀이 더 높으므로 가공비용은 A지역의 3등급 쌀이 더 크다.

ㄴ. 1등급 현미 전체의 가공비용은 2등급 현미 전체 가공비용의 2배 이상이다. → (X) 1등급 현미의 전체 가공비용은 106 × 105 = (100 + 6)(100 + 5) = 10,000 + 1,100 + 30 = 11,130(천 원)이고, 2등급 현미의 전체 가공비용은 82 × 97 = (90 − 8)(90 + 7) = 8,100 − 90 − 56 = 7,954(천 원)이다. 7,954 × 2 = 15,908 > 11,130이므로 1등급 현미 전체의 가공비용은 2등급 현미 전체 가공비용의 2배 미만이다.

ㄷ. 3등급 쌀과 3등급 보리의 가공단가가 각각 90천 원/톤, 50천 원/톤으로 변경될 경우, 지역별 가공비용 총액 감소폭이 가장 작은 지역은 A이다. → (X) 감소폭을 물었으므로 3등급 쌀과 3등급 보리 가공단가의 차이만 계산한다. A는 (10 × 25 + 5 × 7)천 원, B는 (10 × 55 + 5 × 5)천 원, C는 (10 × 20 + 5 × 2)천 원 감소한다. C는 A, B보다 3등급 쌀과 3등급 보리의 가공량이 모두 적으므로 감소폭이 C가 가장 적다.

① ㄱ ➡ (○)
② ㄷ ➡ (X)
③ ㄱ, ㄴ ➡ (X)
④ ㄱ, ㄷ ➡ (X)
⑤ ㄴ, ㄷ ➡ (X)

| 문제 유형 | 자료 읽기 > 표 제시형

| 접근 전략 | 재해위험지구 정비사업 투자의 우선순위를 구하는 문제이다. 〈표 1〉의 등급 옆에 점수를 써놓으면 〈보기〉에 대한 내용을 한눈에 파악하기 쉽다.

다음 〈표〉는 재해위험지구 '갑', '을', '병'지역을 대상으로 정비사업 투자의 우선순위를 결정하기 위한 자료이다. '편익', '피해액', '재해발생위험도' 3개 평가 항목 점수의 합이 큰 지역일수록 우선순위가 높다. 이에 대한 〈보기〉의 설명 중 옳은 것만을 모두 고르면?

〈표 1〉 '갑'~'병'지역의 평가 항목별 등급

지역 \ 평가 항목	편익	피해액	재해발생위험도
갑	C	A	B
을	B	D	A
병	A	B	C

〈표 2〉 평가 항목의 등급별 배점

(단위: 점)

등급 \ 평가 항목	편익	피해액	재해발생위험도
A	10	15	25
B	8	12	17
C	6	9	10
D	4	6	0

→ '갑'~'병'지역의 평가 항목별 점수 및 총합(우선순위)을 정리하면 다음과 같다.

지역 \ 평가 항목	편익	피해액	재해발생위험도	총합(우선순위)
갑	C(6)	A(15)	B(17)	38(2)
을	B(8)	D(6)	A(25)	39(1)
병	A(10)	B(12)	C(10)	32(3)

─────〈보기〉─────

ㄱ. '재해발생위험도' 점수가 높은 지역일수록 우선순위가 높다. → (○) '재해발생위험도' 점수는 을, 갑, 병 순으로 높고, 우선순위도 을, 갑, 병 순으로 높으므로 옳은 설명이다.

ㄴ. 우선순위가 가장 높은 지역과 가장 낮은 지역의 '피해액' 점수 차이는 '재해발생위험도' 점수 차이보다 크다. → (X) 우선순위가 가장 높은 지역은 '을'지역, 가장 낮은 지역은 '병'지역이고, 두 지역의 '피해액' 점수 차이는 12 − 6 = 6(점), '재해발생위험도' 점수 차이는 25 − 10 = 15(점)이므로 옳지 않다.

ㄷ. '피해액' 점수와 '재해발생위험도' 점수의 합이 가장 큰 지역은 '갑'이다. → (○) '피해액' 점수와 '재해발생위험도' 점수의 합은 '갑'지역이 15 + 17 = 32(점), '을'지역이 6 + 25 = 31(점), '병'지역이 12 + 10 = 22(점)이므로 '갑'지역이 가장 크다.

ㄹ. '갑'지역의 '편익' 등급이 B로 변경되면, 우선순위가 가장 높은 지역
은 '갑'이다. → (O) '갑'지역의 '편익' 등급이 B로 변경되면 2점이 높아지므
로 총합이 40점이 되어 '갑'지역의 우선순위가 가장 높아진다.

① ㄱ, ㄴ ➡ (X)
② ㄱ, ㄷ ➡ (X)
③ ㄴ, ㄹ ➡ (X)
④ ㄱ, ㄷ, ㄹ ➡ (O)
⑤ ㄴ, ㄷ, ㄹ ➡ (X)

08 ①

정답률 67.4%

| 문제 유형 | 자료 읽기 > 그림 제시형
| 접근 전략 | 2017~2021년 반려동물 사료 유형별 특허 출원건수를 바탕으로 해
결하는 문제이다. 정확한 값을 구하기보다는 비율을 비교하여 대소 관계를 구하
면 문제를 쉽게 해결할 수 있다.

다음 〈그림〉은 2017~2021년 '갑'국의 반려동물 사료 유형별 특허 출
원건수에 관한 자료이다. 이에 대한 〈보기〉의 설명 중 옳은 것만을 모
두 고르면?

〈그림〉 반려동물 사료 유형별 특허 출원건수

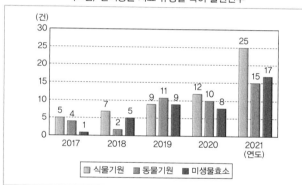

※ 반려동물 사료 유형은 식물기원, 동물기원, 미생물효소로만 구분함

〈보기〉

ㄱ. 2017~2021년 동안의 특허 출원건수 합이 가장 작은 사료 유형은
'미생물효소'이다. → (O) '미생물효소' 특허 출원건수는 매년 '식물기원' 특
허 출원건수 이하이고, '동물기원'보다 2017년에 −3건, 2018년에 +3건,
2019년에 −2건, 2020년에 −2건, 2021년에 +2건으로 총합은 '동물기원'보
다 2건이 적다. 따라서 2017~2021년 동안의 특허 출원건수 합이 가장 작은
사료 유형은 '미생물효소'이다.

ㄴ. 연도별 전체 특허 출원건수 대비 각 사료 유형의 특허 출원건수 비
율은 '식물기원'이 매년 가장 높다. → (X) 전체 특허 출원건수 대비 특
허 출원건수 비율에서 전체 특허 출원건수의 값은 동일하므로 해당 비율의 대
소는 각 사료 유형의 특허 출원건수의 대소와 동일하다. 2019년의 경우 '동물
기원'이 '식물기원'보다 특허 출원건수가 더 많으므로 2019년의 전체 특허 출
원건수 대비 특허 출원건수 비율은 '동물기원'이 더 높다.

ㄷ. 2021년 특허 출원건수의 전년 대비 증가율이 가장 높은 사료 유형
은 '식물기원'이다. → (X) 2021년 '식물기원'과 '미생물효소'의 특허 출원
건수는 전년 대비 2배 이상이다. '식물기원'은 전년 대비 $\frac{25}{12} = \left(2 + \frac{1}{12}\right)$배이
고, '미생물효소'는 전년 대비 $\frac{17}{8} = \left(2 + \frac{1}{8}\right)$배이다. $\frac{1}{8}$이 $\frac{1}{12}$보다 크므로 '미
생물효소'의 증가율이 '식물기원'보다 더 높다.

① ㄱ ➡ (O)
② ㄷ ➡ (X)
③ ㄱ, ㄴ ➡ (X)
④ ㄱ, ㄷ ➡ (X)
⑤ ㄴ, ㄷ ➡ (X)

09 ⑤

정답률 79.7%

| 문제 유형 | 자료 읽기/추론 > 매칭형
| 접근 전략 | 〈표〉의 2019년, 2020년 지역별 전체주택 및 빈집 현황을 바탕으로
〈보고서〉의 빈칸을 채우는 문제이다. B에 주어진 선지는 광주광역시 또는 전라북
도이므로 B를 구할 때는 광주광역시와 전라북도의 값만 비교하면 쉽게 답을 찾을
수 있다.

다음 〈표〉는 2019년과 2020년 지역별 전체주택 및 빈집 현황에 관한
자료이다. 이를 바탕으로 작성한 〈보고서〉의 A~C에 해당하는 내용
을 바르게 나열한 것은?

〈표〉 2019년과 2020년 지역별 전체주택 및 빈집 현황

(단위: 호, %)

연도 구분 지역	2019			2020		
	전체주택	빈집	빈집비율	전체주택	빈집	빈집비율
서울특별시	2,953,964	93,402	3.2	3,015,371	96,629	3.2
부산광역시	1,249,757	109,651	8.8	1,275,859	113,410	8.9
대구광역시	800,340	40,721	5.1	809,802	39,069	4.8
인천광역시	1,019,365	66,695	6.5	1,032,774	65,861	6.4
광주광역시	526,161	39,625	7.5	538,275	41,585	7.7
대전광역시	492,797	29,640	6.0	496,875	26,983	5.4
울산광역시	391,596	33,114	8.5	394,634	30,241	7.7
세종특별자치시	132,257	16,437	12.4	136,887	14,385	10.5
경기도	4,354,776	278,815	6.4	4,495,115	272,358	6.1
강원도	627,376	84,382	13.4	644,023	84,106	13.1
충청북도	625,957	77,520	12.4	640,256	76,877	12.0
충청남도	850,525	107,609	12.7	865,008	106,430	12.3
전라북도	724,524	91,138	12.6	741,221	95,412	12.9
전라남도	787,816	121,767	15.5	802,043	122,103	15.2
경상북도	1,081,216	143,560	13.3	1,094,306	139,770	12.8
경상남도	1,266,739	147,173	11.6	1,296,944	150,982	11.6
제주특별자치도	241,788	36,566	15.1	246,451	35,105	14.2
전국	18,126,954	1,517,815	8.4	18,525,844	1,511,306	8.2

※ 빈집비율(%) = $\dfrac{빈집}{전체주택} \times 100$

2020년 우리나라 전체주택 수는 전년 대비 39만 호 이상 증가하였으나 빈집 수는 6천 호 이상 감소하여 빈집비율은 전년 대비 감소하였다. 특히 세종특별자치시의 빈집비율이 가장 큰 폭으로 감소하였다.

하지만 2020년에는 [A] 개 지역에서 빈집 수가 전년 대비 증가하였고, 전년 대비 빈집비율이 가장 큰 폭으로 증가한 지역은 [B]였다. 빈집비율이 가장 높은 지역과 가장 낮은 지역의 빈집비율 차이는 2019년에 비해 2020년이 [C]하였다.

	A	B	C	
①	5	광주광역시	감소	➡ (X)
②	5	전라북도	증가	➡ (X)
③	6	광주광역시	증가	➡ (X)
④	6	전라북도	증가	➡ (X)
⑤	6	전라북도	감소	➡ (O)

⑤ 2020년에 전년 대비 빈집 수가 증가한 지역은 서울특별시, 부산광역시, 광주광역시, 전라북도, 전라남도, 경상남도로 여섯 개 지역이다. 따라서 A는 6이다. 광주광역시는 2020년 빈집비율이 전년 대비 0.2%p 증가하였고, 전라북도는 0.3%p 증가하였다. 따라서 B는 전라북도이다. 2019년 빈집비율이 가장 높은 지역은 전라남도로 15.5%이고, 가장 낮은 지역은 서울특별시로 3.2%이다. 2020년 빈집비율이 가장 높은 지역은 전라남도로 15.2%이고, 가장 낮은 지역은 서울특별시로 3.2%이다. 서울특별시의 빈집비율은 동일하고, 전라남도의 빈집비율은 2019년 대비 2020년에 감소하였으므로 두 지역의 빈집비율 차이는 2019년 대비 2020년에 감소하였다.

10 ④

정답률 63.7%

|문제 유형| 자료 추론 > 추가로 필요한 자료 찾기

|접근 전략| 〈보고서〉를 작성하기 위하여 추가로 필요한 자료를 찾는 문제이다. 〈표〉에서 이미 주어진 내용일 수도 있으므로 〈보고서〉에 있는 내용이라도 추가로 필요한 자료가 아닐 수 있음에 유의한다. 〈표〉에 오후, 저녁 돌봄교실의 학년별 학생 수와 비율, 지원대상 유형별 오후돌봄교실 이용학생 현황이 나와 있으므로 〈보고서〉에서 이 자료 이외의 내용을 확인한다.

다음 〈표〉와 〈보고서〉는 2021년 '갑'국의 초등돌봄교실에 관한 자료이다. 제시된 〈표〉 이외에 〈보고서〉를 작성하기 위해 추가로 필요한 자료만을 〈보기〉에서 모두 고르면?

〈표 1〉 2021년 초등돌봄교실 이용학생 현황

(단위: 명, %)

구분	학년	1	2	3	4	5	6	합
오후돌봄교실	학생 수	124,000	91,166	16,421	7,708	3,399	2,609	245,303
	비율	50.5	37.2	6.7	3.1	1.4	1.1	100.0
저녁돌봄교실	학생 수	5,215	3,355	772	471	223	202	10,238
	비율	50.9	32.8	7.5	4.6	2.2	2.0	100.0

〈표 2〉 2021년 지원대상 유형별 오후돌봄교실 이용학생 현황

(단위: 명, %)

구분	지원대상 유형	우선지원대상					일반지원대상	합
		저소득층	한부모	맞벌이	기타	소계		
오후돌봄교실	학생 수	23,066	6,855	174,297	17,298	221,516	23,787	245,303
	비율	9.4	2.8	71.1	7.1	90.3	9.7	100.0

──〈보고서〉──

2021년 '갑'국의 초등돌봄교실 이용학생은 오후돌봄교실 245,303명, 저녁돌봄교실 10,238명이다. 오후돌봄교실의 경우 2021년 기준 전체 초등학교의 98.9%가 참여하고 있다.

오후돌봄교실의 우선지원대상은 저소득층 가정, 한부모 가정, 맞벌이 가정, 기타로 구분되며, 맞벌이 가정이 전체 오후돌봄교실 이용학생의 71.1%로 가장 많고 다음으로 저소득층 가정이 9.4%로 많다.

저녁돌봄교실의 경우 17시부터 22시까지 운영하고 있으나, 19시를 넘는 늦은 시간까지 이용하는 학생 비중은 11.2%에 불과하다. 2021년 현재 저녁돌봄교실 이용학생은 1~2학년이 8,570명으로 전체 저녁돌봄교실 이용학생의 83.7%를 차지한다.

초등돌봄교실 담당인력은 돌봄전담사, 현직교사, 민간위탁업체로 다양하다. 담당인력 구성은 돌봄전담사가 10,237명으로 가장 많고, 다음으로 현직교사 1,480명, 민간위탁업체 565명 순이다. 그중 돌봄전담사는 무기계약직이 6,830명이고 기간제가 3,407명이다.

──〈보기〉──

ㄱ. 연도별 오후돌봄교실 참여 초등학교 수 및 참여율

(단위: 개, %)

구분	연도	2016	2017	2018	2019	2020	2021
학교 수		5,652	5,784	5,938	5,972	5,998	6,054
참여율		96.0	97.3	97.3	96.9	97.0	98.9

→ (O) 〈보고서〉 첫 번째 문단의 두 번째 문장에 "오후돌봄교실의 경우 2021년 기준 전체 초등학교의 98.9%가 참여하고 있다."라고 되어 있다. 그러나 해당 내용은 〈표〉에 주어져 있지 않으므로 2021년 초등학교의 오후돌봄교실 참여율이 포함된 자료가 추가로 필요하다.

ㄴ. 2021년 저녁돌봄교실 이용학생의 이용시간별 분포

(단위: 명, %)

구분	이용시간	17~18시	17~19시	17~20시	17~21시	17~22시	합
이용학생 수		6,446	2,644	1,005	143	0	10,238
비율		63.0	25.8	9.8	1.4	0.0	100.0

→ (O) 〈보고서〉 세 번째 문단의 첫 번째 문장에 "저녁돌봄교실의 경우 17시부터 22시까지 운영하고 있으나, 19시를 넘는 늦은 시간까지 이용하는 학생 비중은 11.2%에 불과하다."라고 되어 있다. 저녁돌봄교실 이용학생 비율이 주어져 있으나 시간대별로 나와 있지는 않으므로 2021년 저녁돌봄교실 이용학생의 이용시간별 분포가 포함된 자료가 추가로 필요하다.

ㄷ. 2021년 저녁돌봄교실 이용학생의 학년별 분포

(단위: 명, %)

구분	학년	1~2	3~4	5~6	합
이용학생 수		8,570	1,243	425	10,238
비율		83.7	12.1	4.2	100.0

→ (X) 2021년 저녁돌봄교실 이용학생의 학년별 분포는 〈표 1〉에서 확인할 수 있으므로 추가로 필요하지 않다.

ㄹ. 2021년 초등돌봄교실 담당인력 현황

(단위: 명, %)

구분	돌봄전담사			현직 교사	민간위탁 업체	합
	무기계약직	기간제	소계			
인력	6,830	3,407	10,237	1,480	565	12,282
비율	55.6	27.7	83.3	12.1	4.6	100.0

→ (O) 〈보고서〉 세 번째 문단에 초등돌봄교실 담당인력 현황에 대해 제시되어 있다. 그러나 해당 내용은 〈표〉에서 확인할 수 없으므로 초등돌봄교실 담당 인력 현황이 포함된 자료가 추가로 필요하다.

① ㄱ, ㄴ ➡ (X)
② ㄱ, ㄷ ➡ (X)
③ ㄷ, ㄹ ➡ (X)
④ ㄱ, ㄴ, ㄹ ➡ (O)
⑤ ㄴ, ㄷ, ㄹ ➡ (X)

11 ②

정답률 40.4%

| **문제 유형** | 자료 읽기 > 표/빈칸 제시형

| **접근 전략** | 2016~2020년 해양사고 심판현황을 바탕으로 옳은 〈보기〉를 고르는 문제이다. 〈보기〉가 네 개이고, 선지 구성이 〈보기〉 두 개로 조합되어 있으므로 최소 두 개, 최대 세 개의 〈보기〉만 해결하면 답을 구할 수 있다. 따라서 ㄱ, ㄴ, ㄷ, ㄹ 중 단순 비교로 해결 가능한 ㄴ, ㄹ을 먼저 확인한다. ㄴ, ㄹ이 옳지 않은 〈보기〉이므로 답은 ㄱ, ㄷ이다.

다음 〈표〉는 2016~2020년 '갑'국의 해양사고 심판현황이다. 이에 대한 〈보기〉의 설명 중 옳은 것을 모두 고르면?

〈표〉 2016~2020년 해양사고 심판현황

(단위: 건)

구분 \ 연도	2016	2017	2018	2019	2020
전년 이월	96	100	( )	71	89
해당 연도 접수	226	223	168	204	252
심판대상	322	( )	258	275	341
재결	222	233	187	186	210

※ '심판대상' 중 '재결'되지 않은 건은 다음 연도로 이월함

〈보기〉

ㄱ. '심판대상' 중 '전년 이월'의 비중은 2018년이 2016년보다 높다.
→ (O) 2017년 '심판대상' 건수는 100 + 223 = 323(건)이고, 2018년 '전년 이월' 건수는 323 - 233 = 90(건)이다. 2016년의 '심판대상'은 2018년보다 20% 이상 더 많은데 '전년 이월' 건수는 10% 미만으로 많으므로 '심판대상' 중 '전년 이월'의 비중은 2018년이 2016년보다 더 높다.

ㄴ. 다음 연도로 이월되는 건수가 가장 많은 연도는 2016년이다. → (X) '전년 이월' 건수는 전년도의 다음 연도 이월 건수와 동일하다. 2020년의 다음 연도 이월 건수는 341 - 210 = 131(건)이다. 따라서 2016~2020년 중 다음 연도 이월 건수가 가장 많은 연도는 2020년이다.

ㄷ. 2017년 이후 '해당 연도 접수' 건수의 전년 대비 증가율이 가장 높은 연도는 2020년이다. → (O) 2017년 이후 '해당 연도 접수' 건수가 전년 대비 증가한 해는 2019년, 2020년이다. 전년 대비 증가율은 2019년이 $\frac{36}{168} \times 100$, 2020년이 $\frac{48}{204} \times 100$이다. 따라서 분자는 2020년이 2019년의 $\frac{4}{3}$배이다. $168 \times \frac{4}{3} = 224$이므로 $\frac{36}{168} \times 100 = \frac{48}{224} \times 100$이다. 따라서 $\frac{48}{224} < \frac{48}{204}$이므로 '해당 연도 접수' 건수의 전년 대비 증가율이 가장 높은 연도는 2020년이다.

ㄹ. '재결' 건수가 가장 적은 연도에는 '해당 연도 접수' 건수도 가장 적다. → (X) '재결' 건수가 가장 적은 연도는 2019년이고, '해당 연도 접수' 건수가 가장 적은 해는 2018년이므로 옳지 않다.

① ㄱ, ㄴ ➡ (X)
② ㄱ, ㄷ ➡ (O)
③ ㄴ, ㄷ ➡ (X)
④ ㄴ, ㄹ ➡ (X)
⑤ ㄷ, ㄹ ➡ (X)

12 ③

정답률 78.5%

| **문제 유형** | 자료 읽기/추론 > 매칭형

| **접근 전략** | 〈보고서〉의 내용을 바탕으로 A, B에 해당하는 해양포유류를 찾는 문제이다. C, D에 해당하는 해양포유류가 있다면 이 해양포유류는 A, B에 해당하지 않는 것임에 유의하며 문제를 풀어나간다.

다음 〈표〉는 '갑'주무관이 해양포유류 416종을 4가지 부류(A~D)로 나눈 후 2022년 기준 국제자연보전연맹(IUCN) 적색 목록 지표에 따라 분류한 자료이다. 이를 근거로 작성한 〈보고서〉의 A, B에 해당하는 해양포유류 부류를 바르게 연결한 것은?

〈표〉 해양포유류의 IUCN 적색 목록 지표별 분류 현황

(단위: 종)

지표 \ 해양포유류 부류	A	B	C	D	합
절멸종(EX)	3	–	2	8	13
야생절멸종(EW)	–	–	–	2	2
심각한위기종(CR)	–	–	–	15	15
멸종위기종(EN)	11	1	–	48	60
취약종(VU)	7	2	8	57	74
위기근접종(NT)	2	–	–	38	40
관심필요종(LC)	42	2	1	141	186
자료부족종(DD)	2	–	–	24	26
미평가종(NE)	–	–	–	–	0
계	67	5	11	333	416

국제자연보전연맹(IUCN)의 적색 목록(Red List)은 지구 동식물종의 보전 상태를 나타내며, 각 동식물종의 보전 상태는 9개의 지표 중 1개로만 분류된다. 이 중 심각한위기종(CR), 멸종위기종(EN), 취약종(VU) 3개 지표 중 하나로 분류되는 동식물종을 멸종우려종(threatened species)이라 한다.

조사대상 416종의 해양포유류를 '고래류', '기각류', '해달류 및 북극곰', '해우류' 4가지 부류로 나눈 후, IUCN의 적색 목록 지표에 따라 분류해 보면 전체 조사대상의 약 36%가 멸종우려종에 속하고 있다. 특히, 멸종우려종 중 '고래류'가 차지하는 비중은 80% 이상이다. 또한 '해달류 및 북극곰'은 9개의 지표 중 멸종우려종 또는 관심필요종(LC)으로만 분류된 것으로 나타났다.

한편 해양포유류에 대한 과학적인 이해가 부족하여 26종은 자료부족종(DD)으로 분류되고 있다. 다만 '해달류 및 북극곰'과 '해우류'는 자료부족종(DD)으로 분류된 종이 없다.

	A	B	
①	고래류	기각류	➡ (X)
②	고래류	해우류	➡ (X)
③	기각류	해달류 및 북극곰	➡ (O)

〈보고서〉의 첫 번째 문단에 따르면 심각한위기종(CR), 멸종위기종(EN), 취약종(VU) 3개 지표 중 하나로 분류되는 동식물종이 멸종우려종이라 하였다. 두 번째 문단에서 멸종우려종 중 '고래류'가 차지하는 비중이 80% 이상이라 하였으므로 세 개 종의 합이 가장 큰 D가 '고래류'이다. 또 '해달류 및 북극곰'은 멸종우려종 또는 관심필요종으로만 분류되었다고 했는데 A·C는 절멸종으로도 분류되었으므로 B가 '해달류 및 북극곰'이다. '해달류 및 북극곰'과 '해우류'는 자료부족종으로 분류된 종이 없다. B, C가 이에 해당하는데 B가 '해달류 및 북극곰'이므로 C가 '해우류'이다. 따라서 A는 '기각류'이다.

	A	B	
④	기각류	해우류	➡ (X)
⑤	해우류	해달류 및 북극곰	➡ (X)

13 ③

TOP 2 정답률 38.1%

| 문제 유형 | 자료 읽기/추론 > 계산형

| 접근 전략 | 공유킥보드 대여요금 산정방식을 이용하여 A~D의 공유킥보드 대여요금을 계산하는 문제이다. 운영사 A는 5분 이하로 대여하였을 때 가장 저렴하고, 운영사 D는 분당대여료가 가장 낮으므로 어느 시점에는 대여요금이 가장 낮아진다. 따라서 (가), (나)에 해당하는 운영사는 B와 C만 가능하다는 것을 이용해서 문제를 해결한다.

다음 〈표〉와 〈조건〉은 공유킥보드 운영사 A~D의 2022년 1월 기준 대여요금제와 대여방식이고 〈보고서〉는 공유킥보드 대여요금제 변경 이력에 관한 자료이다. 〈보고서〉에서 (다)에 해당하는 값은?

〈표〉 공유킥보드 운영사 A~D의 2022년 1월 기준 대여요금제

(단위: 원)

구분 \ 운영사	A	B	C	D
잠금해제료	0	250	750	1,600
분당대여료	200	150	120	60

○ 대여요금 = 잠금해제료 + 분당대여료 × 대여시간
○ 공유킥보드 이용자는 공유킥보드 대여시간을 분단위로 미리 결정하고 운영사 A~D의 대여요금을 산정한다.
○ 공유킥보드 이용자는 산정된 대여요금이 가장 낮은 운영사의 공유킥보드를 대여한다.

2022년 1월 기준 대여요금제에 따르면 운영사 ___(가)___ 는 이용자의 대여시간이 몇 분이더라도 해당 대여시간에 대해 운영사 A~D 중 가장 낮은 대여요금을 제공하지 못하는 것으로 나타났다. 자사 공유킥보드가 1대도 대여되지 않고 있음을 확인한 운영사 ___(가)___ 는 2월부터 잠금해제 이후 처음 5분간 분당대여료를 면제하는 것으로 대여요금제를 변경하였다.

운영사 ___(나)___ 가 2월 기준 대여요금제로 운영사 A~D의 대여요금을 재산정한 결과, 이용자의 대여시간이 몇 분이더라도 해당 대여시간에 대해 운영사 A~D 중 가장 낮은 대여요금을 제공하지 못하는 것을 파악하였다. 이에 운영사 ___(나)___ 는 3월부터 분당대여료를 50원 인하하는 것으로 대여요금제를 변경하였다.

그 결과 대여시간이 20분일 때, 3월 기준 대여요금제로 산정된 운영사 ___(가)___ 와 ___(나)___ 의 공유킥보드 대여요금 차이는 ___(다)___ 원이다.

① 200 ➡ (X)
② 250 ➡ (X)
③ 300 ➡ (O) t분 뒤 운영사 A의 대여요금은 200t원, 운영사 B의 대여요금은 250 + 150t원, 운영사 C의 대여요금은 750 + 120t원, 운영사 D의 대여요금은 1,600 + 60t원이다. 따라서 t분 뒤 운영사 A의 대여요금이 운영사 B보다 높다면 200t − (250 + 150t) > 0, 50t − 250 > 0, t > 50이다. t분 뒤 운영사 B의 대여요금이 운영사 C보다 높다면 (250 + 150t) − (750 + 120t) > 0, 30t − 500 > 0, t > 16.7이다. t분 뒤 운영사 B의 대여요금이 운영사 D보다 높다면 (250 + 150t) − (1,600 + 60t) > 0, 90t − 1,350 > 0, t > 15이다. 즉, 운영사 A는 5분 이하일 때, 운영사 B는 6~15분일 때, 운영사 D는 15분 이상일 때부터 이용하는 것이 가장 저렴하므로 대여시간에 관계없이 운영사 C는 가장 저렴하지 않다. 따라서 (가)는 운영사 C이고, 2월 기준 요금제의 경우 C가 B보다 항상 저렴하므로 (나)는 운영사 B이다. 운영사 C가 5분간 분당대여료를 면제한다면 20분 대여 시 대여요금은 750 + 15 × 120 = 2,550(원)이고, 운영사 B가 분당대여료를 50원 인하한다면 20분 대여 시 대여요금은 250 + 20 × 100 = 2,250(원)이다. 따라서 두 운영사의 공유킥보드 대여요금 차이는 2,550 − 2,250 = 300(원)이다.
④ 350 ➡ (X)
⑤ 400 ➡ (X)

14 ⑤

정답률 78.1%

| **문제 유형** | 자료 변환응용 > 표/그림 전환형

| **접근 전략** | 〈보고서〉의 내용을 〈그림〉 또는 〈표〉로 알맞게 전환하는 유형이다.
〈보고서〉보다는 각 선지의 제목을 먼저 읽고, 해당하는 내용을 〈보고서〉에서 찾은
뒤 값을 대조하면 문제를 빠르게 해결할 수 있다.

다음 〈보고서〉는 2021년 '갑'국 사교육비 조사결과에 대한 자료이다.
〈보고서〉의 내용과 부합하지 않는 자료는?

―――――〈보고서〉―――――

2021년 전체 학생 수는 532만 명으로 전년보다 감소하였지만, 사교
육비 총액은 23조 4천억 원으로 전년 대비 20% 이상 증가하였다. 또
한, 사교육의 참여율과 주당 참여시간도 전년 대비 증가한 것으로 나타
났다.

2021년 전체 학생의 1인당 월평균 사교육비는 전년 대비 20% 이상
증가하였고, 사교육 참여학생의 1인당 월평균 사교육비 또한 전년 대
비 6% 이상 증가하였다. 2021년 전체 학생 중 월평균 사교육비를 20
만 원 미만 지출한 학생의 비중은 전년 대비 감소하였으나, 60만 원 이
상 지출한 학생의 비중은 전년 대비 증가한 것으로 나타났다.

한편, 2021년 방과후학교 지출 총액은 4,434억 원으로 2019년 대
비 50% 이상 감소하였으며, 방과후학교 참여율 또한 28.9%로 2019년
대비 15.0%p 이상 감소하였다.

① 전체 학생 수와 사교육비 총액

(단위: 만 명, 조 원)

구분 \ 연도	2020	2021
전체 학생 수	535	532
사교육비 총액	19.4	23.4

➡ (O) 〈보고서〉의 첫 번째 문단. 첫 번째 문장에 '2021년 전체 학생 수는 532만 명
으로 전년보다 감소하였지만, 사교육비 총액은 23조 4천억 원으로 전년 대비 20% 이
상 증가하였다.'라고 되어 있다. 〈표〉에서 2021년 전체 학생 수가 532만 명으로 전년
도 535 명보다 감소하였고, 2021년 사교육비 총액은 23.4조 원으로 19.4 ×
1.2 = 23.28 < 23.40이므로 전년 대비 20% 이상 증가하였다. 따라서 〈보고서〉의 내용
과 부합하는 자료이다.

② 사교육의 참여율과 주당 참여시간

(단위: %, 시간)

구분 \ 연도	2020	2021
참여율	67.1	75.5
주당 참여시간	5.3	6.7

➡ (O) 〈보고서〉의 첫 번째 문단. 두 번째 문장에 '사교육의 참여율과 주당 참여시간
도 전년 대비 증가한 것으로 나타났다.'라고 되어 있다. 〈표〉에서 사교육 참여율이
67.1%에서 75.5%로 증가하였고, 주당 참여시간이 5.3시간에서 6.7시간으로 증가하
였다. 따라서 〈보고서〉의 내용과 부합하는 자료이다.

③ 학생 1인당 월평균 사교육비

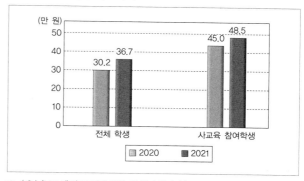

➡ (O) 〈보고서〉의 두 번째 문단. 첫 번째 문장에 '2021년 전체 학생의 1인당 월평
균 사교육비는 전년 대비 20% 이상 증가하였고, 사교육 참여학생의 1인당 월평균 사
교육비 또한 전년 대비 6% 이상 증가하였다.'라고 되어 있다. 〈그림〉에서 전체 학생
1인당 월평균 사교육비가 30.2 × 1.2 = 36.24 < 36.7로 20% 이상 증가하였고, 사교육
참여학생 1인당 월평균 사교육비가 45.0 × 1.06 = 47.7 < 48로 6% 이상 증가하였다.
따라서 〈보고서〉의 내용과 부합하는 자료이다.

④ 전체 학생의 월평균 사교육비 지출 수준에 따른 분포

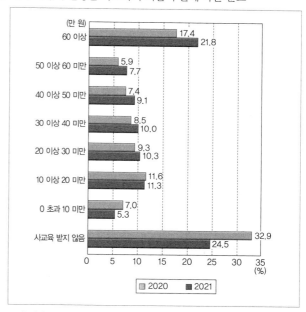

➡ (O) 〈보고서〉의 두 번째 문단. 두 번째 문장에 '2021년 전체 학생 중 월평균 사교
육비를 20만 원 미만 지출한 학생의 비중은 전년 대비 감소하였으나, 60만 원 이상
지출한 학생의 비중은 전년 대비 증가한 것으로 나타났다.'라고 되어 있다. 〈그림〉에
서 월평균 사교육비를 20만 원 미만으로 지출한 학생의 비중은 2020년 11.6 + 7.0 +
32.9 = 51.5(%)에서 2021년 11.3 + 5.3 + 24.5 = 41.1(%)로 감소하였고, 60만 원 이상
지출한 학생의 비중은 2020년 17.4%에서 2021년 21.8%로 증가하였다. 따라서 〈보
고서〉의 내용과 부합하는 자료이다.

⑤ 방과후학교의 지출 총액과 참여율

(단위: 억 원, %)

구분 \ 연도	2019	2021
지출 총액	8,250	4,434
참여율	48.4	28.9

➡ (X) 〈보고서〉의 세 번째 문단에 '2021년 방과후학교 지출 총액은 4,434억 원으
로 2019년 대비 50% 이상 감소하였으며, 방과후학교 참여율 또한 28.9%로 2019년
대비 15.0%p 이상 감소하였다.'라고 되어 있다. 〈표〉에 제시된 2019년 방과후학교 지
출 총액의 50%는 8,250 × 0.5 = 4,125(억 원)이고, 2021년 방과후학교 지출 총액은

4,434억 원이다. 즉, 4,125 < 4,434이므로 2021년 방과후학교 지출 총액은 2019년 대비 50% 미만으로 감소하였다. 따라서 〈보고서〉의 내용과 부합하지 않는 자료이다.

15 ④

정답률 24.5%

| **문제 유형** | 자료 읽기 > 표 제시형
| **접근 전략** | 〈표〉의 학교급별 여성 교장 수와 비율을 바탕으로 옳은 것을 찾는 문제이다. 각 학교당 교장은 반드시 1명이므로 여성 교장 수와 비율을 알면 전체 교장 수와 전체 학교 수, 남자 교장 수를 알 수 있다.

다음 〈표〉는 '갑'국의 학교급별 여성 교장 수와 비율을 1980년부터 5년마다 조사한 자료이다. 이에 대한 설명으로 옳은 것은?

〈표〉 학교급별 여성 교장 수와 비율

(단위: 명, %)

학교급 구분 조사연도	초등학교 여성 교장 수	비율	중학교 여성 교장 수	비율	고등학교 여성 교장 수	비율
1980	117	1.8	66	3.6	47	3.4
1985	122	1.9	98	4.9	60	4.0
1990	159	2.5	136	6.3	64	4.0
1995	222	3.8	181	7.6	66	3.8
2000	490	8.7	255	9.9	132	6.5
2005	832	14.3	330	12.0	139	6.4
2010	1,701	28.7	680	23.2	218	9.5
2015	2,058	34.5	713	24.3	229	9.9
2020	2,418	40.3	747	25.4	242	10.4

※ 1) 학교급별 여성 교장 비율(%) = $\dfrac{\text{학교급별 여성 교장 수}}{\text{학교급별 전체 교장 수}} \times 100$

　2) 교장이 없는 학교는 없으며, 각 학교의 교장은 1명임

① 2000년 이후 중학교 여성 교장 비율은 매년 증가한다. ➡ (X) 주어진 자료는 '5년마다' 조사한 자료이다. 따라서 '매년' 증가하는지는 알 수 없다.

② 초등학교 수는 2020년이 1980년보다 많다. ➡ (X) 1980년 초등학교 여성 교장 수는 117명, 비율은 1.8%이고, 2020년 초등학교 여성 교장 수는 2,418명, 비율은 40.3%이다. $\dfrac{2,418}{40.3} \times 100 = 6,000$(명)이다. 만약 1980년대 초등학교 전체 교장 수가 6,000명이라면 이 중 1.8%는 6,000 × 0.018 = 108(명)이다. 그런데 1980년 초등학교 여성 교장 수가 117명으로 108명보다 많으므로 초등학교 전체 교장 수 6,000명보다 많다. 교장은 한 학교당 한 명이므로 초등학교 수는 1980년이 2020년보다 많다.

③ 고등학교 남성 교장 수는 1985년이 1990년보다 많다. ➡ (X) 1985년, 1990년 고등학교 여성 교장 비율은 4.0%로 동일하고, 고등학교 여성 교장 수는 1990년이 1985년보다 많다. 따라서 고등학교 전체 교장 수도 더 많을 것이다. 고등학교 여성 교장 비율이 4.0%라면 고등학교 남성 교장 비율은 96.0%로 두 해가 동일하고, 고등학교 전체 교장 수가 더 많으므로 고등학교 남성 교장 수도 1990년이 1985년보다 많다.

④ 1995년 초등학교 수는 같은 해 중학교 수와 고등학교 수의 합보다 많다. ➡ (O) 1995년 초등학교 수는 $\dfrac{222}{3.8} \times 100 = \dfrac{444}{7.6} \times 100$개이고, 중학교 수는 $\dfrac{181}{7.6} \times 100$개, 고등학교 수는 $\dfrac{66}{3.8} \times 100 = \dfrac{132}{7.6} \times 100$개이다. 181 + 132 = 313 < 4440이므로 1995년 초등학교 수는 같은 해 중학교 수와 고등학교 수의 합보다 많다.

⑤ 초등학교 여성 교장 수는 2020년이 2000년의 5배 이상이다.
➡ (X) 490 × 5 = 2,450 > 2,418이므로 초등학교 여성 교장 수는 2020년이 2000년의 5배 미만이다.

16 ②

정답률 70.2%

| **문제 유형** | 자료 읽기/추론 > 매칭형
| **접근 전략** | 〈보고서〉에서 설명하고 있는 지역을 〈표〉에서 찾는 문제이다. 〈보고서〉를 읽으면서 해당하지 않는 지역을 제외하면서 문제를 푼다. 응답자는 '후보자 A 지지', '후보자 B 지지'뿐만 아니라 '지지 후보자 없음'도 있음에 유의한다.

다음 〈표〉는 도지사 선거 후보자 A와 B의 TV 토론회 전후 '가'~'마'지역 유권자의 지지율에 대한 자료이고, 〈보고서〉는 이 중 한 지역의 지지율 변화를 분석한 자료이다. 〈보고서〉의 내용에 해당하는 지역을 '가'~'마' 중에서 고르면?

〈표〉 도지사 선거 후보자 TV 토론회 전후 지지율

(단위: %)

시기 지역	TV 토론회 전 A	TV 토론회 전 B	TV 토론회 후 A	TV 토론회 후 B
가	38	52	50	46
나	28	40	39	41
다	31	59	37	36
라	35	49	31	57
마	29	36	43	41

※ 1) 도지사 선거 후보자는 A와 B뿐임
　2) 응답자는 '후보자 A 지지', '후보자 B 지지', '지지 후보자 없음' 중 하나만 응답하고, 무응답은 없음

〈보고서〉

도지사 선거 후보 TV 토론회를 진행하기 전과 후에 실시한 이 지역의 여론조사 결과, 도지사 후보자 지지율 변화는 다음과 같다. TV 토론회 전에는 B후보자에 대한 지지율이 A후보자보다 10%p 이상 높게 집계되어 B후보자가 선거에 유리한 것으로 보였으나, TV 토론회 후에는 지지율 양상에 변화가 있는 것으로 분석된다.

TV 토론회 후 '지지 후보자 없음'으로 응답한 비율이 줄어 TV 토론회가 그동안 어떤 후보자에 투표할지 고민하던 유권자의 선택에 영향을 미친 것으로 판단된다. 또한, A후보자에 대한 지지율 증가폭이 B후보자보다 큰 것으로 나타나 TV 토론회를 통해 A후보자의 강점이 더 잘 드러났던 것으로 분석된다. 그러나 TV 토론회 후 두 후보자간 지지율 차이가 3%p 이내에 불과하여 이 지역에서 선거의 결과는 예측하기 어렵다.

① 가 ➡ (X)

② 나 ➡ (O) 〈보고서〉 첫 번째 문단에서는 TV 토론회 전에는 B후보자에 대한 지지율이 A후보자보다 10%p 이상 높게 집계되었다고 하였는데 '마' 지역은 B후보자가 A후보자보다 7%p 높으므로 제외한다. 〈보고서〉 두 번째 문단에서는 TV 토론회 후 '지지 후보자 없음'으로 응답한 비율이 줄었다고 하였는데 '다' 지역은 지지 후보자가 있는 비율이 31 + 59 = 90(%)에서 37 + 36 = 73(%)로 줄었으므로 '지지 후보자 없음'으로 응답한 비율이 늘었다. 따라서 '다' 지역은 제외한다. 그다음으로 TV 토론회 후 A후보자에 대한 지지율 증가폭이 B후보자보다 큰 것으로 나타났다고 하였는데, '라' 지역은 A후보자의 지지율이 감소하였고, B후보자의 지지율이 증가하였으므로 제외한다. TV 토론회 후 두 후보자 간 지지율 차이가 3%p 이내에 불과하였다고 하였는데 '가' 지역

은 50 − 46 = 4(%p)이므로 제외한다. 따라서 남은 지역은 '나' 지역이고, 〈보고서〉의
모든 내용에 부합한다.

③ 다 ➡ (X)
④ 라 ➡ (X)
⑤ 마 ➡ (X)

17 ②

정답률 76.6%

| **문제 유형** | 자료 읽기 > 그림 제시형

| **접근 전략** | 업종별 스마트시스템 도입률 및 고도화율을 바탕으로 옳은 설명을
찾는 문제이다. 도입률과 고도화율식을 이용하면 업종별 스마트시스템 도입 업체
수, 업종별 스마트시스템 고도화 업체 수를 알 수 있다. 모든 〈보기〉에서 정확한
값을 요구하지 않으므로 도입률, 고도화율, 업체 수 비교를 통해 정오를 판단할
수 있다.

다음 〈그림〉은 '갑'공업단지 내 8개 업종 업체 수와 업종별 스마트시스
템 도입률 및 고도화율에 관한 자료이다. 이에 대한 〈보기〉의 설명 중
옳은 것만을 모두 고르면?

〈그림 1〉 업종별 업체 수

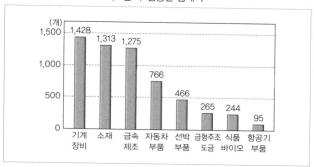

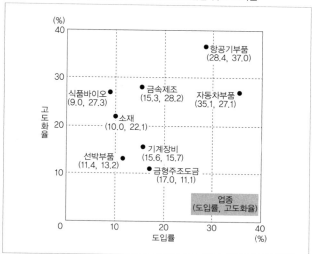
〈그림 2〉 업종별 스마트시스템 도입률 및 고도화율

※ 1) 도입률(%) = $\dfrac{업종별\ 스마트시스템\ 도입\ 업체\ 수}{업종별\ 업체\ 수} \times 100$

2) 고도화율(%) = $\dfrac{업종별\ 스마트시스템\ 고도화\ 업체\ 수}{업종별\ 스마트시스템\ 도입\ 업체\ 수} \times 100$

〈보기〉

ㄱ. 스마트시스템 도입 업체 수가 가장 많은 업종은 '자동차부품'이다.
→ (O) 스마트시스템 도입 업체 수는 도입률 × 업체 수 ÷ 100이다. ÷100은
모두 동일한 값이므로 대소 비교는 도입률 × 업체 수만 계산한다. '자동차부품'
은 '선박부품', '금형주조도금', '식품바이오', '항공기부품'보다 도입률과 업체 수
가 모두 많으므로 스마트시스템 도입 업체 수도 더 많다. '기계장비', '소재', '금
속제조'는 '자동차부품'보다 업체 수가 2배 미만이면서 도입률은 '자동차부품'
이 2배 이상 크다. 따라서 도입률 × 업체 수 ÷ 100은 '자동차부품'이 가장 크다.

ㄴ. 고도화율이 가장 높은 업종은 스마트시스템 고도화 업체 수도 가장
많다. → (X) 도입률 × 고도화율 = $\dfrac{업종별\ 스마트시스템\ 고도화\ 업체\ 수}{업종별\ 업체\ 수}$ ×
10,000이므로 업종별 스마트시스템 고도화 업체 수는 도입률 × 고도화율 × 업
종별 업체 수 ÷ 10,000이다. ÷ 10,000은 모두 동일한 값이므로 대소 비교는
도입률 × 고도화율 × 업종별 업체 수만 계산한다. 고도화율이 가장 높은 업종
은 '항공기부품'이다. '항공기부품'의 스마트시스템 고도화 업체 수는 28.4 ×
37.0 × 95이고, '자동차부품'의 스마트시스템 고도화 업체 수는 35.1 × 27.1 ×
766이다. 즉, 도입률 × 고도화율 값은 비슷하면서 업종별 업체 수는 '자동차부
품'이 훨씬 많으므로 스마트시스템 고도화 업체 수는 '자동차부품'이 '항공기부
품'보다 많다. 따라서 '항공기부품'의 스마트시스템 고도화 업체 수가 가장 많지
않으므로 옳지 않은 설명이다.

ㄷ. 업체 수 대비 스마트시스템 고도화 업체 수가 가장 높은 업종은 '항
공기부품'이다.
→ (O) 도입률 × 고도화율 ÷ 10,000 = $\dfrac{업종별\ 스마트시스템\ 고도화\ 업체\ 수}{업종별\ 업체\ 수}$
이다. '자동차부품'을 제외한 업종은 '항공기부품'보다 도입률과 고도화율이 모
두 더 낮으므로 '자동차부품'과 '항공기부품'만 계산해서 비교한다. ÷ 10,000
은 모두 동일한 값이므로 대소는 도입률 × 고도화율만 계산하여 확인한다. '항
공기부품'은 28.4 × 37.0 = 1,050.8, '자동차부품'은 35.1 × 27.1 = 951.21이다.
따라서 업체 수 대비 스마트시스템 고도화 업체 수가 가장 높은 업종은 '항공기
부품'이다.

ㄹ. 도입률이 가장 낮은 업종은 고도화율도 가장 낮다. → (X) 도입률이
가장 낮은 업종은 '식품바이오'이고, 고도화율이 가장 낮은 업종은 '금형주조도
금'이다.

---

① ㄱ, ㄴ ➡ (X)
② ㄱ, ㄷ ➡ (O)
③ ㄱ, ㄹ ➡ (X)
④ ㄴ, ㄷ ➡ (X)
⑤ ㄴ, ㄹ ➡ (X)

18 ⑤

정답률 69.4%

| **문제 유형** | 자료 읽기/추론 > 계산형
| **접근 전략** | 〈정보〉의 계산식을 이용하여 맑은 날 정지시거, 비 오는 날 정지시거를 계산하는 문제이다. 운행속력이 모두 20m/초로 동일하고, 마찰계수가 0.1, 0.2, 0.4, 0.8로 배수 관계에 있으므로 제동거리는 하나의 값만 계산하면 나머지 값을 쉽게 구할 수 있다.

다음 〈표〉는 운전자 A~E의 정지시거 산정을 위해 '갑'시험장에서 측정한 자료이다. 〈표〉와 〈정보〉에 근거하여 맑은 날과 비 오는 날의 운전자별 정지시거를 바르게 연결한 것은?

〈표〉 운전자 A~E의 정지시거 산정을 위한 자료

(단위: m/초, 초, m)

구분 운전자	자동차	운행속력	반응시간	반응거리	마찰계수 맑은 날	마찰계수 비 오는 날
A	가	20	2.0	40	0.4	0.1
B	나	20	2.0	( )	0.4	0.2
C	다	20	1.6	( )	0.8	0.4
D	나	20	2.4	( )	0.4	0.2
E	나	20	1.4	( )	0.4	0.2

〈정보〉

○ 정지시거 = 반응거리 + 제동거리
○ 반응거리 = 운행속력 × 반응시간
○ 제동거리 = $\dfrac{(운행속력)^2}{2 \times 마찰계수 \times g}$

(단, g는 중력가속도이며 10m/초²으로 가정함)

→ A의 비 오는 날 제동거리는 $\dfrac{20^2}{2 \times 0.1 \times 10} = 200(m)$이다. 따라서 B, D, E의 비 오는 날 제동거리는 100m, A, B, D, E의 맑은 날과 C의 비 오는 날 제동거리는 50m, C의 맑은 날 제동거리는 25m이다. 운행속력이 모두 동일하므로 B의 반응거리도 40m이고, C의 반응거리는 40 × 0.8 = 32(m), D의 반응거리는 40 × 1.2 = 48(m), E의 반응거리는 40 × 0.7 = 28(m)이다.

운전자	맑은 날 정지시거[m]	비 오는 날 정지시거[m]
①	A	120	240

➡ (X) A의 맑은 날 정지시거는 40 + 50 = 90(m)이고, 비 오는 날 정지시거는 40 + 200 = 240(m)이다. A의 맑은 날 정지시거가 틀렸으므로 옳지 않다.

② B | 90 | 160

➡ (X) B의 맑은 날 정지시거는 40 + 50 = 90(m)이고, 비 오는 날 정지시거는 40 + 100 = 140(m)이다. B의 비 오는 날 정지시거가 틀렸으므로 옳지 않다.

③ C | 72 | 82

➡ (X) C의 맑은 날 정지시거는 32 + 25 = 57(m)이고, 비 오는 날 정지시거는 32 + 50 = 82(m)이다. C의 맑은 날 정지시거가 틀렸으므로 옳지 않다.

④ D | 98 | 158

➡ (X) D의 맑은 날 정지시거는 48 + 50 = 98(m), 비 오는 날 정지시거는 48 + 100 = 148(m)이다. D의 비 오는 날 정지시거가 틀렸으므로 옳지 않다.

⑤ E | 78 | 128

➡ (O) E의 맑은 날 정지시거는 28 + 50 = 78(m), 비 오는 날 정지시거는 28 + 100 = 128(m)이다. 맑은 날 정지시거와 비 오는 날 정지시거가 모두 옳다.

19 ③

정답률 57.1%

| **문제 유형** | 자료 읽기 > 표/그림 제시형
| **접근 전략** | 8개 어종의 2020년 어획량과 전년비 및 평년비를 이용하여 옳은 설명을 찾는 문제이다. 전년비가 100을 초과하면 2020년 어획량이 더 많은 것이고, 100 미만이면 2020년 어획량이 더 적은 것이다.

다음 〈표〉와 〈그림〉은 '갑'국 8개 어종의 2020년 어획량에 관한 자료이다. 이에 대한 〈보기〉의 설명 중 옳은 것만을 모두 고르면?

〈표〉 8개 어종의 2020년 어획량

(단위: 톤)

어종	갈치	고등어	광어	멸치	오징어	전갱이	조기	참다랑어
어획량	20,666	64,609	5,453	26,473	23,703	19,769	23,696	482

〈그림〉 8개 어종 2020년 어획량의 전년비 및 평년비

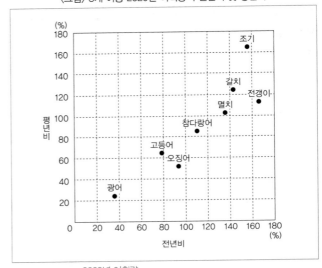

※ 1) 전년비(%) = $\dfrac{2020년 어획량}{2019년 어획량} \times 100$

2) 평년비(%) = $\dfrac{2020년 어획량}{2011 \sim 2020년 연도별 어획량의 평균} \times 100$

〈보기〉

ㄱ. 8개 어종 중 2019년 어획량이 가장 많은 어종은 고등어이다. → (O) 광어를 제외한 어종은 고등어보다 전년비가 높으면서 2020년 어획량이 더 적다. 따라서 2019년 어획량 또한 고등어가 더 많다. 광어는 전년비가 고등어의 절반이나 2020년 어획량이 고등어의 10분의 1 미만이므로 2019년 어획량 또한 고등어가 광어보다 많다.

ㄴ. 8개 어종 각각의 2019년 어획량은 해당 어종의 2011~2020년 연도별 어획량의 평균보다 적다. → (X) 평년비 ÷ 전년비를 계산하면 2011~2020년 연도별 어획량의 평균 대비 2019년 어획량을 알 수 있다. 평년비 ÷ 전년비가 1보다 작은 경우 2011~2020년 연도별 어획량 평균 대비 2019년 어획량이 더 적은 것이고, 이는 결국 평년비가 전년비보다 작다는 것을 의미한다. 조기의 경우 평년비가 160% 초과, 전년비가 160% 미만이므로 평년비가 전년비보다 크다. 따라서 조기의 2019년 어획량은 2011~2020년 연도별 어획량의 평균보다 많으므로 옳지 않다.

ㄷ. 2021년 갈치 어획량이 2020년과 동일하다면, 갈치의 2011~2021년 연도별 어획량의 평균은 2011~2020년 연도별 어획량의 평균보다 크다. → (O) 갈치의 평년비가 120% 초과이므로 2020년 갈치의 어획량은 2011~2020년 연도별 어획량의 평균보다 많다. 따라서 2021년 갈치의 어획량도 2011~2020년 연도별 어획량의 평균보다 더 많고, 더 큰 값을 포함해 평균을 낸다면 2011~2021년 연도별 어획량의 평균은 더 커질 것이다.

① ㄱ ➡ (X)
② ㄴ ➡ (X)
③ ㄱ, ㄷ ➡ (O)
④ ㄴ, ㄷ ➡ (X)
⑤ ㄱ, ㄴ, ㄷ ➡ (X)

20 ①

정답률 48.5%

|문제 유형| 자료 읽기 > 표/빈칸 제시형
|접근 전략| A시 개최 철인3종경기 기록을 바탕으로 옳은 설명을 찾는 문제이다. 빈칸을 먼저 채우기보다는 〈보기〉에서 필요한 경우 계산하여 풀이 시간을 줄이도록 한다.

다음 〈표〉는 2021년 A시에서 개최된 철인3종경기 기록이다. 이에 대한 〈보기〉의 설명 중 옳은 것만을 모두 고르면?

〈표〉 A시 개최 철인3종경기 기록
(단위: 시간)

종합기록 순위	국적	종합	수영	T1	자전거	T2	달리기
1	러시아	9:22:28	0:48:18	0:02:43	5:04:50	0:02:47	3:23:50
2	브라질	9:34:36	0:57:44	0:02:27	5:02:30	0:01:48	3:30:07
3	대한민국	9:37:41	1:04:14	0:04:08	5:04:21	0:03:05	3:21:53
4	대한민국	9:42:03	1:06:34	0:03:33	5:11:01	0:03:33	3:17:22
5	대한민국	9:43:50	( )	0:03:20	5:00:33	0:02:14	3:17:24
6	일본	9:44:34	0:52:01	0:03:28	5:25:59	0:02:56	3:20:10
7	러시아	9:45:06	1:08:32	0:03:55	5:07:46	0:03:02	3:21:51
8	독일	9:46:48	1:03:49	0:03:53	4:59:20	0:03:00	( )
9	영국	( )	1:07:01	0:03:37	5:07:07	0:03:55	3:26:27
10	중국	9:48:18	1:02:28	0:03:29	5:16:09	0:03:47	3:22:25

※ 1) 기록 '1:01:01'은 1시간 1분 1초를 의미함
2) 'T1', 'T2'는 각각 '수영'에서 '자전거', '자전거'에서 '달리기'로 전환하는 데 걸리는 시간임
3) 경기 참가 선수는 10명뿐이고, 기록이 짧을수록 순위가 높음

─〈보기〉─

ㄱ. '수영'기록이 한 시간 이하인 선수는 'T2'기록이 모두 3분 미만이다.
→ (O) 5위 선수는 4위 선수보다 종합기록이 1분 47초 늦고, '자전거'는 10분 30초 가량 빠르며, 'T2'는 1분 20초 가량 빠르고, 'T1', '달리기'는 비슷하다. 따라서 4위 선수의 '수영'기록이 5위 선수보다 12분 가량 빨라야 하므로 5위 선수의 '수영'기록은 1:18:34 부근일 것이다. 따라서 '수영'기록이 한 시간 이하인 선수는 1위, 2위, 6위이다. 이 선수들의 'T2'기록은 각각 2분 47초, 1분 48초, 2분 56초로 3분 미만이다.

ㄴ. 종합기록 순위 2~10위인 선수 중, 종합기록 순위가 한 단계 더 높은 선수와의 '종합'기록 차이가 1분 미만인 선수는 3명뿐이다. → (O) 9위 영국 선수의 '종합'기록은 9시간 48분 7초이다. 따라서 종합기록 순위가 한 단계 더 높은 선수와의 '종합'기록 차이가 1분 미만인 선수는 6위, 7위, 10위 선수 세 명뿐이다.

ㄷ. '달리기'기록 상위 3명의 국적은 모두 대한민국이다. → (X) 대한민국 국적 선수 중 종합기록 순위가 3위인 선수는 6위, 7위 선수보다 '달리기'기록이 늦다. 따라서 '달리기'기록 상위 3명의 국적이 모두 대한민국인 것은 아니다.

ㄹ. 종합기록 순위 10위인 선수의 '수영'기록 순위는 '수영'기록과 'T1'기록의 합산 기록 순위와 다르다. → (X) 종합기록 순위 10위인 선수의 '수영'기록 순위는 종합기록 순위 1위, 2위, 6위 선수에 이어 4위이다. 1위, 2위, 6위 선수의 'T1'기록은 10위 선수보다 짧다. 따라서 10위 선수는 '수영과 'T1'기록 합이 여전히 1위, 2위, 6위 선수보다 작다. 이 세 선수를 제외하고, 10위인 선수보다 'T1'기록이 짧은 선수는 5위 선수이다. 이 선수의 'T1'기록은 10위 선수보다 9초가 빠르나 '수영'기록은 1시간 18분 부근일 것으로 예측하였으므로 '수영'기록은 약 14분이 더 느리므로 10위인 선수의 순위에 영향을 주지 않는다. 따라서 종합기록 순위 10위인 선수의 '수영'기록 순위는 '수영'기록과 'T1'기록의 합산 기록 순위와 동일하게 4위이다.

① ㄱ, ㄴ ➡ (O)
② ㄱ, ㄷ ➡ (X)
③ ㄷ, ㄹ ➡ (X)
④ ㄱ, ㄴ, ㄹ ➡ (X)
⑤ ㄴ, ㄷ, ㄹ ➡ (X)

| 문제 유형 | 자료 읽기/추론 > 계산형

| 접근 전략 | 고정원가, 변동원가율, 제조원가율과 제조원가와 각 원가율 계산식을 이용하여 해결하는 문제이다. 모든 값을 하나씩 구하려면 시간이 너무 많이 소요되므로 주어진 식을 변형하여 〈표〉에 주어진 값으로 매출액을 구하는 식을 먼저 세운다. 제조원가 = 고정원가 + 변동원가이므로 고정원가율 + 변동원가율 = 100이다. 이를 이용하여 고정원가율을 구하고, 고정원가율 × 제조원가율 = $\frac{고정원가}{매출액}$ × 10,000이므로 매출액은 $\frac{고정원가}{고정원가율 \times 제조원가율}$ × 10,000이다. × 10,000은 동일한 값이므로 $\frac{고정원가}{고정원가율 \times 제조원가율}$ 만 계산하면 알 수 있다. 이때 정확한 매출액을 구하는 것이 아니라 대소만 비교하는 것이므로 고정원가율, 제조원가율, 고정원가의 비율 대소 비교를 통해 답을 쉽게 찾을 수 있다.

다음 〈표〉는 제품 A~E의 제조원가에 관한 자료이다. 제품 A~E 중 매출액이 가장 작은 제품은?

〈표〉 제품 A~E의 고정원가, 변동원가율, 제조원가율

(단위: 원, %)

구분 제품	고정원가	변동원가율	제조원가율
A	60,000	40	25
B	36,000	60	30
C	33,000	40	30
D	50,000	20	10
E	10,000	50	10

※ 1) 제조원가 = 고정원가 + 변동원가

2) 고정원가율(%) = $\frac{고정원가}{제조원가}$ × 100

3) 변동원가율(%) = $\frac{변동원가}{제조원가}$ × 100

4) 제조원가율(%) = $\frac{제조원가}{매출액}$ × 100

① A ➡ (X)

② B ➡ (X)

③ C ➡ (O) $\frac{고정원가}{고정원가율 \times 제조원가율}$ 를 통해 대소를 비교한다. 고정원가가 클수록, 고정원가율과 제조원가율이 작을수록 매출액이 더 크다. A, C의 고정원가율은 60%, B의 고정원가율은 40%, D의 고정원가율은 80%, E의 고정원가율은 50%이다. A는 C보다 고정원가가 크고, 제조원가율이 작으면서 고정원가율은 동일하므로 C의 매출액이 더 작다. B는 C보다 고정원가가 크고, 제조원가율이 동일하면서 고정원가율은 더 작으므로 C의 매출액이 더 작다. C는 D보다 제조원가율이 3배이고, 고정원가율이 0.75배이면서 고정원가는 D가 C보다 크다. 따라서 C의 매출액이 더 작다. C의 고정원가는 E 고정원가의 3.3배이고, 제조원가율이 3배, 고정원가율이 1.2배이다. 따라서 C의 분자는 E의 3.3배이고, 분모는 3 × 1.2 = 3.6배이므로 C의 매출액이 E보다 더 작다. 따라서 매출액이 가장 작은 제품은 C이다.

④ D ➡ (X)

⑤ E ➡ (X)

※ 다음 〈표〉는 2018~2020년 '갑'국 방위산업의 매출액 및 종사자 수에 관한 자료이다. 다음 물음에 답하시오. [문 22.~문 23.]

〈표 1〉 2018~2020년 '갑'국 방위산업의 국내외 매출액

(단위: 억 원)

구분 \ 연도	2018	2019	2020
총매출액	136,493	144,521	153,867
국내 매출액	116,502	( )	( )
국외 매출액	19,991	21,048	17,624

〈표 2〉 2020년 '갑'국 방위산업의 기업유형별 매출액 및 종사자 수

(단위: 억 원, 명)

구분 기업유형	총매출액	국내 매출액	국외 매출액	종사자 수
대기업	136,198	119,586	16,612	27,249
중소기업	17,669	16,657	1,012	5,855
전체	153,867	( )	17,624	33,104

〈표 3〉 2018~2020년 '갑'국 방위산업의 분야별 매출액

(단위: 억 원)

분야 \ 연도	2018	2019	2020
항공유도	41,984	45,412	49,024
탄약	24,742	21,243	25,351
화력	20,140	20,191	21,031
함정	18,862	25,679	20,619
기동	14,027	14,877	18,270
통신전자	14,898	15,055	16,892
화생방	726	517	749
기타	1,114	1,547	1,931
전체	136,493	144,521	153,867

〈표 4〉 2018~2020년 '갑'국 방위산업의 분야별 종사자 수

(단위: 명)

분야 \ 연도	2018	2019	2020
A	9,651	10,133	10,108
B	6,969	6,948	6,680
C	3,996	4,537	4,523
D	3,781	3,852	4,053
E	3,988	4,016	3,543
화력	3,312	3,228	3,295
화생방	329	282	228
기타	583	726	674
전체	32,609	33,722	33,104

※ '갑'국 방위산업 분야는 기타를 제외하고 항공유도, 탄약, 화력, 함정, 기동, 통신전자, 화생방으로만 구분함

22 ⑤

|문제 유형| 자료 읽기 > 표/빈칸 제시형

|접근 전략| 〈표〉에 주어진 2018~2020년 '갑'국 방위산업 자료를 바탕으로 옳은 설명을 찾는 문제이다. 2020년의 국내 매출액은 〈표 1〉과 〈표 2〉에 동일하게 빈칸으로 제시되어 있다. 두 빈칸이 같은 값이므로 두 번 계산하지 않고, 〈보기〉에서 필요한 경우에만 빈칸을 계산한다. ㄴ의 경우 증가율을 한 눈에 파악하기 힘들고, 계산이 복잡하므로 가장 마지막으로 확인한다. ㄱ과 ㄹ이 옳은 〈보기〉이므로 ㄴ과 ㄷ은 계산하지 않아도 답이 ⑤임을 알 수 있다.

위 〈표〉에 근거한 〈보기〉의 설명 중 옳은 것만을 모두 고르면?

〈보기〉

ㄱ. 방위산업의 국내 매출액이 가장 큰 연도에 방위산업 총매출액 중 국외 매출액 비중이 가장 작다. → (O) 방위산업의 국내 매출액이 가장 큰 연도는 총매출액이 가장 크고, 국외 매출액이 가장 적은 2020년이다. 다른 해보다 총매출액이 크고, 국외 매출액이 더 적으므로 국외 매출액 비중은 2020년이 가장 적다.

ㄴ. '기타'를 제외하고, 2018년 대비 2020년 매출액 증가율이 가장 낮은 방위산업 분야는 '탄약'이다. → (O) 〈보기〉에 주어진 방위산업의 2018년 대비 2020년 매출액 증가율을 먼저 계산하고, 나머지 방위산업에 대입해서 비교한다. '탄약'의 2018년 대비 2020년 매출액 증가율은 $\frac{25,351 - 24,742}{24,742} \times 100 ≒ 2.5(\%)$이다. '항공유도', '함정', '기동', '통신전자'는 모두 10% 부근이거나 더 증가하였고, '화력'은 4% 가량 증가하였다. '화생방'은 $\frac{749 - 726}{726} \times 100 ≒ 3.2(\%)$이므로 '기타'를 제외하고, 2018년 대비 2020년 매출액 증가율이 가장 낮은 방위산업 분야는 '탄약'이다.

ㄷ. 2020년 방위산업의 기업유형별 종사자당 국외 매출액은 대기업이 중소기업의 4배 이상이다. → (X) 2020년 방위산업의 종사자당 국외 매출액은 대기업의 경우 $\frac{16,612}{27,249} ≒ 0.61$(억 원), 중소기업의 경우 $\frac{1,012}{5,855} ≒ 0.17$ (억 원)이다. 0.17 × 4 = 0.68 > 0.61이므로 2020년 방위산업 종사자당 국외 매출액은 대기업이 중소기업의 4배 미만이다.

ㄹ. 2020년 '항공유도' 분야 대기업 국내 매출액은 14,500억 원 이상이다. → (O) 만약 2020년 중소기업의 총매출액이 '항공유도' 분야 매출액이라면 '항공유도' 분야 대기업의 매출액은 49,024 − 17,669 = 31,355(억 원)이다. 만약 2020년 대기업 국외 매출액이 모두 '항공유도' 분야 매출액이라면 '항공유도' 분야 대기업 국내 매출액은 31,355 − 16,612 = 14,743(억 원)이다. 따라서 대기업의 '항공유도' 분야 국내 매출액이 최소 14,743억 원이므로 항상 14,500억 원 이상이다.

① ㄱ, ㄴ ➡ (X)

② ㄱ, ㄷ ➡ (X)

③ ㄴ, ㄹ ➡ (X)

④ ㄷ, ㄹ ➡ (X)

⑤ ㄱ, ㄴ, ㄹ ➡ (O)

23 ①

|문제 유형| 자료 읽기/추론 > 매칭형

|접근 전략| 〈보고서〉의 설명을 바탕으로 '항공유도'에 해당하는 방위산업을 〈표〉에서 찾는 문제이다. 〈보고서〉를 읽으면서 해당하지 않는 방위산업을 제외하면서 문제를 풀어나간다. 이미 확인한 분야에 대한 설명은 확인하지 말고, 〈표 4〉는 종사자 수에 관해 나와 있으므로 〈보고서〉에서 종사자 수에 관한 설명만 확인한다.

위 〈표〉와 다음 〈보고서〉를 근거로 '항공유도'에 해당하는 방위산업 분야를 〈표 4〉의 A~E 중에서 고르면?

〈보고서〉

2018년 대비 2020년 '갑'국 방위산업의 총매출액은 약 12.7% 증가하였으나 방위산업 전체 종사자 수는 약 1.5% 증가하는 데 그쳤다. '기타'를 제외한 7개 분야에 대해 이를 구체적으로 분석하면 다음과 같다.

2018년 대비 2020년 방위산업 분야별 매출액은 모두 증가하였으나 종사자 수는 '통신전자', '함정', '항공유도' 분야만 증가하고 나머지 분야는 감소한 것으로 나타났다. 2018~2020년 동안 매출액과 종사자 수 모두 매년 증가한 방위산업 분야는 '통신전자'뿐이고, '탄약'과 '화생방' 분야는 종사자 수가 매년 감소하였다. 특히, '기동' 분야는 2018년 대비 2020년 매출액 증가율이 방위산업 분야 중 가장 높았지만 종사자 수는 가장 많이 감소하였다. 2018년 대비 2020년 '함정' 분야 매출액 증가율은 방위산업 전체 매출액 증가율보다 낮았으나 종사자 수는 방위산업 분야 중 가장 많이 증가하였다. 이에 따라 방위산업의 분야별 종사자당 매출액 순위에도 변동이 있었다. 2018년에는 '화력' 분야의 종사자당 매출액이 가장 컸고, 다음으로 '함정', '항공유도' 순으로 컸다. 한편, 2020년에는 '화력' 분야의 종사자당 매출액이 가장 컸고, 다음으로 '기동', '항공유도' 순으로 컸다.

① A ➡ (O) 〈보고서〉 두 번째 문단 전반부에서 2018년 대비 2020년 종사자 수는 '통신전자', '함정', '항공유도' 분야만 증가하였다고 하였다. A~E 중 2018년 대비 2020년 종사자 수가 감소한 방위산업은 B, E이므로 B와 E는 '항공유도'가 아니다. 또한 2018~2020년 동안 매출액과 종사자 수가 매년 증가한 방위산업 분야는 '통신전자'뿐이라 하였으므로 이에 해당하는 방위산업은 D이다. 따라서 A 또는 C가 '함정' 또는 '항공유도'이다. 따라서 〈보고서〉에서 '함정' 또는 '항공유도'를 설명한 부분을 확인해본다. 2018년 대비 2020년 '함정' 분야 종사자 수는 방위산업 분야 중 가장 많이 증가하였다고 하였다. A는 500명 미만, C는 500명 이상 증가하였으므로 C가 '함정', A가 '항공유도'이다.

② B ➡ (X)

③ C ➡ (X)

④ D ➡ (X)

⑤ E ➡ (X)

| **문제 유형** | 자료 읽기/추론 > 계산형 |

접근 전략 국가별 국내총생산, 1인당 국내총생산, 1인당 이산화탄소 배출량과 주어진 식을 이용하여 이산화탄소 총배출량을 계산하는 문제이다. 1)에서 $총인구 = \dfrac{국내총생산}{1인당\ 국내총생산}$, 2)에서 이산화탄소 총배출량 = 1인당 이산화탄소 배출량 × 총인구임을 알 수 있다. 따라서 이산화탄소 총배출량 = 1인당 이산화탄소 배출량 × $\dfrac{국내총생산}{1인당\ 국내총생산}$ 이다. 모든 값을 구하기 전에 우선 두 개의 값을 비교해 선지를 추린다. 만약 A가 B보다 이산화탄소 총배출량이 많다면 답은 ④ 또는 ⑤이고, D와 A, B, C 중 하나의 값 비교를 통해 답을 구할 수 있다. 만약 A가 B보다 이산화탄소 총배출량이 적다면 답은 ①, ②, ③ 중 하나이고, A와 C, C와 D의 대소 비교를 통해 답을 구할 수 있다.

다음 〈표〉는 2021년 국가 A~D의 국내총생산, 1인당 국내총생산, 1인당 이산화탄소 배출량에 관한 자료이다. 이를 근거로 국가 A~D를 이산화탄소 총배출량이 가장 적은 국가부터 순서대로 바르게 나열한 것은?

〈표〉 국가별 국내총생산, 1인당 국내총생산, 1인당 이산화탄소 배출량

(단위: 달러, 톤CO_2eq.)

구분 국가	국내총생산	1인당 국내총생산	1인당 이산화탄소 배출량
A	20조 4,941억	62,795	16.6
B	4조 9,709억	39,290	9.1
C	1조 6,194억	31,363	12.4
D	13조 6,082억	9,771	7.0

※ 1) 1인당 국내총생산 = $\dfrac{국내총생산}{총인구}$

2) 1인당 이산화탄소 배출량 = $\dfrac{이산화탄소\ 총배출량}{총인구}$

① A, C, B, D ➡ (×)
② A, D, C, B ➡ (×)
③ C, A, D, B ➡ (×)
④ C, B, A, D ➡ (O) A는 1인당 이산화탄소 배출량이 B, C보다 크고, 국내총생산이 4배 이상이면서 1인당 국내총생산은 2배 미만이다. 따라서 A의 이산화탄소 총배출량은 B, C보다 크다. 이에 해당하는 선지는 ④ 또는 ⑤이다. 따라서 D가 A, B, C 중 하나의 값보다 작다면 ⑤, 크다면 ④가 답이다. D의 국내총생산은 C의 10배 이상이고, 1인당 국내 총생산은 약 $\dfrac{1}{4}$ 이지만 1인당 이산화탄소 배출량은 2배 미만이다. 따라서 D의 이산화탄소 총배출량이 C보다 크므로 답은 ④이다.
⑤ D, B, C, A ➡ (×)

| **문제 유형** | 자료 읽기 > 표/빈칸 제시형 |

접근 전략 연도별·장소별 전기차 급속충전기 수에 대한 설명으로 옳은 것을 찾는 문제이다. ㄱ을 제외하고, 모든 〈보기〉가 빈칸을 알아야 하는 문제이므로 빈칸을 먼저 계산한다. 일반시설의 빈칸을 채우는 것이 더 간단하므로 '공공시설'을 먼저 채운다. ㄷ을 확인하기 위해서는 2021년 '주유소', '공공시설', 2019년 '휴게소', '공동주택'의 값을 모두 계산하고, 증가율까지 계산해야 하므로 가장 마지막으로 확인한다. 따라서 ㄱ, ㄴ, ㄹ만 확인하면 ㄱ은 옳은 〈보기〉, ㄴ과 ㄹ은 옳지 않은 〈보기〉이므로 ㄷ은 확인하지 않아도 답은 ②이다.

다음 〈표〉는 2019~2021년 '갑'국의 장소별 전기차 급속충전기 수에 관한 자료이다. 이에 대한 〈보기〉의 설명 중 옳은 것만을 모두 고르면?

〈표〉 장소별 전기차 급속충전기 수

(단위: 대)

구분	연도 장소	2019	2020	2021
다중 이용 시설	쇼핑몰	807	1,701	2,701
	주유소	125	496	( )
	휴게소	( )	( )	2,099
	문화시설	757	1,152	1,646
	체육시설	272	498	604
	숙박시설	79	146	227
	여객시설	64	198	378
	병원	27	98	152
	소계	2,606	5,438	8,858
일반 시설	공공시설	1,595	( )	( )
	주차전용시설	565	898	1,275
	자동차정비소	119	303	375
	공동주택	( )	102	221
	기타	476	499	522
	소계	2,784	4,550	6,145
전체		5,390	9,988	15,003

〈보기〉

ㄱ. 전체 급속충전기 수 대비 '다중이용시설' 급속충전기 수의 비율은 매년 증가한다. → (O) 2019년 전체 급속충전기 수는 '다중이용시설' 급속충전기 수의 2배 이상이고, 2020년은 2배 미만이므로 2019년 대비 2020년 전체 급속충전기 수 대비 '다중이용시설' 급속충전기 수 비율은 증가하였다. 2020년 대비 2021년 전체 급속충전기 수는 9,988 × 1.5 = 14,982 < 15,003으로 약 50% 증가하였으나 '다중이용시설' 급속충전기 수는 5,438 × 1.6 = 87,008 < 8,858로 60% 이상 증가하였다. 따라서 2020년 대비 2021년 전체 급속충전기 수 대비 '다중이용시설' 급속충전기 수 비율도 증가하였다. 따라서 전체 급속충전기 수 대비 '다중이용시설' 급속충전기 수 비율은 매년 증가한다.

ㄴ. '공공시설' 급속충전기 수는 '주차전용시설'과 '쇼핑몰' 급속충전기 수의 합보다 매년 많다. → (×) '공공시설' 급속충전기 수는 2020년의 경우 4,550 − 898 − 303 − 102 − 499 = 2,748(대), 2021년의 경우 6,145 − 1,275 − 375 − 221 − 522 = 3,752(대)이다. '주차전용시설'과 '쇼핑몰' 급속충전기 수의 합은 2019년의 경우 565 + 807 = 1,372(대), 2020년의 경우 898 + 1,701 = 2,599(대), 2021년의 경우 1,275 + 2,701 = 3,976(대)이므로 2021년에는 '공공시설' 급속충전기 수가 '주차전용시설'과 '쇼핑몰' 급속충전기 수의 합보다 적다.

ㄷ. '기타'를 제외하고, 2019년 대비 2021년 급속충전기 수의 증가율
이 가장 큰 장소는 '주유소'이다. → (O) 2021년 '주유소'의 급속충전기
수는 8,858 − 2,701 − 2,099 − 1,646 − 604 − 227 − 378 − 152 = 1,051(대)이
고, 2019년 '휴게소'의 급속충전기 수는 2,606 − 807 − 125 − 757 − 272 − 79
− 64 − 27 = 475(대)이고, 2019년 '공동주택'의 급속충전기 수는 2,784 − 1,59
5 − 565 − 119 − 476 = 29(대)이고, 2021년 '공공시설'의 급속충전기 수는
3,752대이다. 따라서 2021년 '주유소'의 급속충전기 수는 2019년의 8배 이상
이다. '주유소'를 제외한 모든 장소의 2019년 값에 8을 곱하였을 때 2021년의
급속충전기 수보다 큰 값이 나오므로 2019년 대비 2021년 급속충전기 수의
증가율은 '주유소'가 가장 크다.

ㄹ. 급속충전기 수는 '휴게소'가 '문화시설'보다 매년 많다. → (X) 2019
년 '휴게소'의 급속 충전기 수는 475대이고, 2020년 '휴게소'의 급속 충전기 수
는 5,438 − 1,701 − 496 − 1,152 − 498 − 146 − 198 − 98 = 1,149(대)이다. 따
라서 2019년, 2020년의 '휴게소' 급속 충전기 수는 '문화시설'보다 적으므로 옳
지 않다.

① ㄱ, ㄴ ➡ (X)
② ㄱ, ㄷ ➡ (O)
③ ㄱ, ㄹ ➡ (X)
④ ㄴ, ㄷ ➡ (X)
⑤ ㄴ, ㄹ ➡ (X)

2021년 7월 10일 시행

2021년도 국가공무원 5급 및 7급 민간경력자 일괄채용 필기시험

정답과 분석해설

취약유형 분석표 제1영역 언어논리

문번	정답	정답률	유형	맞고 틀림
01	③	79.9%	사실적 이해 > 정보 확인	○△✕
02	③	74.5%	사실적 이해 > 정보 확인	○△✕
03	①	62.2%	사실적 이해 > 정보 확인	○△✕
04	②	57.5%	사실적 이해 > 정보 확인	○△✕
05	④	92.1%	비판적 사고 > 빈칸 채우기	○△✕
06	⑤	82.1%	비판적 사고 > 판단하기	○△✕
07	⑤	62.0%	비판적 사고 > 빈칸 채우기	○△✕
08	①	88.9%	비판적 사고 > 빈칸 채우기	○△✕
09	③	87.6%	비판적 사고 > 판단하기	○△✕
10	②	85.5%	비판적 사고 > 판단하기	○△✕
11	④	65.6%	사실적 이해 > 정보 확인	○△✕
12	①	26.4%	비판적 사고 > 빈칸 채우기	○△✕
13	①	89.9%	비판적 사고 > 판단하기	○△✕
14	④	63.5%	비판적 사고 > 지문에서 추론하기	○△✕
15	⑤	60.1%	비판적 사고 > 지문에서 추론하기	○△✕
16	①	22.2%	비판적 사고 > 빈칸 채우기	○△✕
17	④	43.5%	사실적 이해 > 논리 게임	○△✕
18	④	35.1%	사실적 이해 > 논리 게임	○△✕
19	③	54.8%	사실적 이해 > 논리 게임	○△✕
20	②	88.8%	비판적 사고 > 지문에서 추론하기	○△✕
21	③	57.7%	비판적 사고 > 판단하기	○△✕
22	④	51.4%	비판적 사고 > 판단하기	○△✕
23	⑤	43.9%	비판적 사고 > 판단하기	○△✕
24	②	33.7%	비판적 사고 > 판단하기	○△✕
25	④	43.2%	비판적 사고 > 판단하기	○△✕

나의 성적

영역	점수	풀이 시간
언어논리	_____점	_____분
자료해석	_____점	_____분
상황판단	_____점	_____분

합격선

영역	합격 가능권	합격 확실권
언어논리	72~76점	80~84점
자료해석	64~68점	72~76점
상황판단	72~76점	80~84점

풀이 시간

영역	기본	숙련
언어논리	60분	50분
자료해석	60분	50분
상황판단	60분	50분

선발 인원 / 응시 인원 / 경쟁률

선발 인원	응시 인원	경쟁률
231명	3,176명	1.4 : 1

※ 경쟁률은 1차 합격자 선발 기준인 10배수로 산정

- 확실히 맞힌 문항 수: _____ 문항
- 헷갈리거나 찍은 문항 수: _____ 문항
- 틀린 문항 수: _____ 문항

취약유형 분석표 제2영역 자료해석

문번	정답	정답률	유형	맞고 틀림
01	⑤	77.0%	자료 읽기 > 표/빈칸 제시형	○ △ ×
02	⑤	91.4%	자료 변환응용 > 자료/보고서 전환형	○ △ ×
03	④	60.7%	자료 읽기 > 표 제시형	○ △ ×
04	②	92.4%	자료 읽기/추론 > 매칭형	○ △ ×
05	①	79.7%	자료 읽기 > 표 제시형	○ △ ×
06	③	48.3%	자료 추론 > 추가로 필요한 자료 찾기	○ △ ×
07	⑤	78.3%	자료 읽기 > 표/빈칸 제시형	○ △ ×
08	②	59.7%	자료 읽기 > 표/그림 제시형	○ △ ×
09	④	88.7%	자료 읽기/추론 > 계산형	○ △ ×
10	①	81.1%	자료 읽기 > 표/빈칸 제시형	○ △ ×
11	②	72.7%	자료 추론 > 추가로 필요한 자료 찾기	○ △ ×
12	⑤	83.6%	자료 변환응용 > 자료/보고서 전환형	○ △ ×
13	②	61.9%	자료 읽기 > 그림 제시형	○ △ ×
14	①	86.0%	자료 읽기 > 표/빈칸 제시형	○ △ ×
15	④	66.6%	자료 읽기/추론 > 계산형	○ △ ×
16	③	83.5%	자료 읽기/추론 > 매칭형	○ △ ×
17	④	62.2%	자료 읽기 > 표/빈칸 제시형	○ △ ×
18	⑤	42.9%	자료 읽기 > 표/빈칸 제시형	○ △ ×
19	⑤	51.8%	자료 읽기 > 표 제시형	○ △ ×
20	②	72.6%	자료 읽기/추론 > 매칭형	○ △ ×
21	③	60.3%	자료 읽기/추론 > 계산형	○ △ ×
22	③	48.7%	자료 읽기 > 그림 제시형	○ △ ×
23	④	46.9%	자료 읽기 > 표 제시형	○ △ ×
24	①	47.5%	자료 읽기 > 그림 제시형	○ △ ×
25	③	50.4%	자료 변환응용 > 자료/보고서 전환형	○ △ ×

취약유형 분석표 제3영역 상황판단

문번	정답	정답률	유형	맞고 틀림
01	①	79.7%	법조문형 > 규정확인	○ △ ×
02	⑤	69.2%	법조문형 > 규정확인	○ △ ×
03	⑤	70.9%	법조문형 > 규정적용	○ △ ×
04	②	48.8%	퍼즐형 > 수리퀴즈	○ △ ×
05	④	91.5%	퍼즐형 > 논리퀴즈	○ △ ×
06	⑤	84.0%	연산추론형 > 수리계산	○ △ ×
07	①	70.7%	퍼즐형 > 논리퀴즈	○ △ ×
08	③	80.3%	연산추론형 > 수리계산	○ △ ×
09	③	69.8%	연산추론형 > 대입비교	○ △ ×
10	②	89.3%	연산추론형 > 대입비교	○ △ ×
11	④	84.1%	법조문형 > 규정적용	○ △ ×
12	①	80.2%	법조문형 > 규정확인	○ △ ×
13	⑤	65.5%	법조문형 > 규정적용	○ △ ×
14	④	45.4%	연산추론형 > 수리계산	○ △ ×
15	④	47.5%	퍼즐형 > 최댓값·최솟값 도출	○ △ ×
16	①	52.9%	퍼즐형 > 최댓값·최솟값 도출	○ △ ×
17	①	47.8%	퍼즐형 > 논리퀴즈	○ △ ×
18	③	74.2%	퍼즐형 > 논리퀴즈	○ △ ×
19	②	33.6%	퍼즐형 > 수리퀴즈	○ △ ×
20	③	59.9%	퍼즐형 > 논리퀴즈	○ △ ×
21	③	73.9%	퍼즐형 > 최댓값·최솟값 도출	○ △ ×
22	⑤	57.6%	퍼즐형 > 수리퀴즈	○ △ ×
23	③	59.7%	연산추론형 > 대입비교	○ △ ×
24	④	68.9%	연산추론형 > 대입비교	○ △ ×
25	③	59.5%	법조문형 > 규정적용	○ △ ×

- 확실히 맞힌 문항 수: _____ 문항
- 헷갈리거나 찍은 문항 수: _____ 문항
- 틀린 문항 수: _____ 문항

- 확실히 맞힌 문항 수: _____ 문항
- 헷갈리거나 찍은 문항 수: _____ 문항
- 틀린 문항 수: _____ 문항

2021 | 제1영역 언어논리(⑭ 책형)

기출 총평

전반부에는 난이도 하에 가까운 문항이 포진해 있어 시간 절약에 도움이 되었을 것이다. 그러나 후반부에는 복합 유형이 많았는데, 발문은 판단하기 유형에 속하지만 지문과 〈보기〉를 함께 독해할 때 논지 강화·약화하기나 유사한 전제·사례 찾기, 지문에서 추론하기 유형의 풀이 과정을 동시에 적용해야 했다. 무엇보다 지문에 개념어나 추상어가 다수 노출된 경우가 있어 빠르게 서술 흐름을 파악해야 풀이 시간을 단축할 수 있었다. 논리 게임 유형의 경우, 제한된 범주 안에서 논리적 구조를 도식화할 수 있는 것보다 다소 열린 범주로 경우의 수를 따져본 후 각 항목의 진위를 파악해야 하는 문항들이 있었다. 답을 명확히 찾아내기가 모호한 경우가 많으므로 평소에 논리적 흐름에 따라 서술 문장의 구조를 파악하는 연습을 하는 것이 도움이 될 것이다. 또한 빈칸 채우기 유형의 경우에는 지문의 내용을 바탕으로 중심 내용을 요약하거나 결론을 도출하면 되는 문항, 이해를 돕는 표나 그래프가 제시되어 지문의 길이에 비해 쉽게 요지를 파악할 수 있는 문항 등이 출제되어 어렵지 않게 풀이할 수 있었을 것이다. 항상 기억해야 할 것은 모든 답은 지문 안에 있다는 것이다. 지나친 추측이나 확대 해석은 지양하고 지문의 논지를 벗어나지 않는 선에서 제시된 근거를 바탕으로 선지의 가부를 판단하도록 한다.

문항별 정답률 및 선지별 선택률

문번	정답	정답률 (%)	선지별 선택률(%) ①	②	③	④	⑤
01	③	79.9	8.1	1.4	79.9	5.6	5.0
02	③	74.5	3.0	2.1	74.5	11.6	8.8
03	①	62.2	62.2	5.6	5.4	4.9	21.9
04	②	57.5	26.1	57.5	3.4	2.5	10.5
05	④	92.1	2.1	0.9	3.2	92.1	1.7
06	⑤	82.1	3.3	4.2	4.2	6.2	82.1
07	⑤	62.0	1.8	12.1	9.3	14.8	62.0
08	①	88.9	88.9	1.9	7.2	0.9	1.1
09	③	87.6	0.2	0.5	87.6	4.1	7.6
10	②	85.5	2.7	85.5	1.9	9.9	0.0
11	④	65.6	2.7	16.4	9.5	65.6	5.8
12	①	26.4	26.4	54.2	2.5	6.0	10.9
13	①	89.9	89.9	0.7	2.3	5.9	1.2

문번	정답	정답률 (%)	선지별 선택률(%) ①	②	③	④	⑤
14	④	63.5	1.7	20.8	7.5	63.5	6.5
15	⑤	60.1	0.2	2.5	12.8	24.4	60.1
16	①	22.2	22.2	19.4	39.1	10.2	9.1
17	③	43.5	18.4	15.2	43.5	8.7	14.2
18	④	35.1	11.4	8.3	40.0	35.1	5.2
19	③	54.8	8.0	17.1	54.8	7.6	12.5
20	②	88.8	1.7	88.8	2.6	6.1	0.8
21	③	57.7	16.5	7.9	57.7	11.9	6.0
22	④	51.4	6.5	18.5	9.3	51.4	14.3
23	⑤	43.9	5.3	15.2	11.8	23.8	43.9
24	②	33.7	5.7	33.7	13.8	29.8	17.0
25	④	43.2	8.6	15.8	16.8	43.2	15.6

※ 파란색 음영 문항은 해당 회차에서 정답률이 가장 낮은 TOP 3 문항입니다.
※ 정답률 및 선지별 선택률 산정 기준: 약 1년간 누적된 자동채점 & 성적결과분석 서비스의 응시 데이터

출제 비중

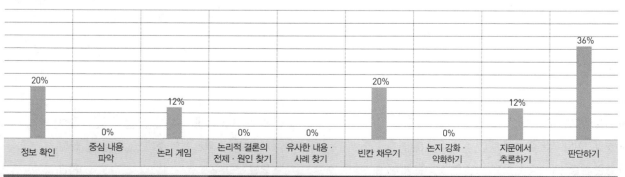

정보 확인	중심 내용 파악	논리 게임	논리적 결론의 전제·원인 찾기	유사한 내용·사례 찾기	빈칸 채우기	논지 강화·약화하기	지문에서 추론하기	판단하기
20%	0%	12%	0%	0%	20%	0%	12%	36%

사실적 이해 | 비판적 사고

01	③	02	③	03	①	04	②	05	④
06	⑤	07	⑤	08	①	09	③	10	②
11	④	12	①	13	①	14	②	15	⑤
16	①	17	③	18	④	19	③	20	②
21	③	22	④	23	⑤	24	②	25	④

01 ③

정답률 79.9%

| 문제 유형 | 사실적 이해 > 정보 확인

| 접근 전략 | 고려 시대 향도의 운영 주체와 활동에 대한 내용 일치 여부를 확인하는 문제이다. 고려 초기와 후기의 향도 운영 주체가 누구인지, 그들이 한 일이 무엇인지를 바르게 연결한 것을 고른다. 지문에 없는 내용 또는 잘못된 내용이 언급된 것을 소거해 가며 답을 찾도록 한다.

다음 글의 내용과 부합하는 것은?

고려 초기에는 지방 여러 곳에 불교 신자들이 모여 활동하는 '향도(香徒)'라는 이름의 단체가 있었다. 당시에 향도는 석탑을 만들어 사찰에 기부하는 활동과 '매향(埋香)'이라고 불리는 일을 했다. 매향이란 향나무를 갯벌에 묻어두는 행위를 뜻한다. 오랫동안 묻어둔 향나무를 침향이라고 하는데, 그 향이 특히 좋았다. 불교 신자들은 매향한 자리에서 나는 침향의 향기를 미륵불에게 바치는 제물이라고 여겼다. 매향과 석탑 조성에는 상당한 비용이 들어갔는데, 향도는 그 비용을 구성원으로부터 거두어들여 마련했다. 고려 초기에는 향도가 주도하는 매향과 석탑 조성 공사가 많았으며, 지방 향리들이 향도를 만들어 운영하는 것이 일반적이었다. 향리가 지방에 거주하는 사람들 가운데 비교적 재산이 많았기 때문이다. 고려 왕조는 건국 초에 불교를 진흥했는데, 당시 지방 향리들도 불교 신앙을 갖고 자기 지역의 불교 진흥을 위해 향도 활동에 참여했다. ▶1문단

향리들이 향도의 운영을 주도하던 때에는 같은 군현에 속한 향리들이 모두 힘을 합쳐 그 군현 안에 하나의 향도만 만드는 경우가 대다수였다. 그러한 곳에서는 향리들이 자신이 속한 향도가 매향과 석탑 조성 공사를 할 때마다 군현 내 주민들을 마음대로 동원해 필요한 노동을 시키는 일이 자주 벌어졌다. 그런데 12세기에 접어들어 향도가 주도하는 공사의 규모가 이전에 비해 작아지고 매향과 석탑 조성 공사의 횟수도 줄었다. 이러한 분위기 속에서도 하나의 군현 안에 여러 개의 향도가 만들어져 그 숫자가 늘었는데, 그중에는 같은 마을 주민들만을 구성원으로 한 것도 있었다. 13세기 이후를 고려 후기라고 하는데, 그 시기에는 마을마다 향도가 만들어졌다. 마을 단위로 만들어진 향도는 주민들이 자발적으로 만든 것으로서 그 대부분은 해당 마을의 모든 주민을 구성원으로 한 것이었다. 이런 향도들은 마을 사람들이 관혼상제를 치를 때 그것을 지원했으며 자기 마을 사람들을 위해 하천을 정비하거나 다리를 놓는 등의 일까지 했다. ▶2문단

① 고려 왕조는 불교 진흥을 위해 지방 각 군현에 향도를 조직하였다.
➡ (X) 1문단에서 고려 왕조가 건국 초에 불교를 진흥했다고 했으나, 향도를 만들어 운영한 것은 지방 향리들이었음을 알 수 있다. 또한 2문단에서도 향리들이 향도의 운영을 주도하였다고 했다. 따라서 고려 왕조가 향도를 조직했다는 내용은 지문의 내용과 부합하지 않는다.

② 향도는 매향으로 얻은 침향을 이용해 향을 만들어 판매하는 일을 하였다. ➡ (X) 1문단에서 불교 신자들은 매향한 자리에서 나는 침향의 향기를 미륵불에게 바치는 제물이라고 여겼음을 알 수 있다. 침향을 이용해 향을 만들어 판매하는 행위를 했는지는 알 수 없다.

③ 고려 후기에는 구성원이 장례식을 치를 때 그것을 돕는 일을 하는 향도가 있었다. ➡ (O) 2문단 후반부에서 고려 후기 향도들은 마을 단위로 만들어져 마을 사람들이 관혼상제를 치를 때 그것을 지원했다고 했다. 따라서 관혼상제의 하나인 상례, 즉 장례식을 치를 때도 그것을 돕는 향도가 있었음을 알 수 있다.

④ 고려 초기에는 지방 향리들이 자신이 관할하는 군현의 하천 정비를 위해 향도를 조직하였다. ➡ (X) 1문단에서 고려 초기 지방 향리들은 자기 지역의 불교 진흥을 위해 향도 활동에 참여했으며, 군현 단위로 비용이 많이 들어가는 매향과 석탑 조성 공사를 했음을 알 수 있다. 하천을 정비하거나 다리를 놓는 등의 일은 고려 후기 주민들이 자발적으로 만든 마을 단위의 향도에서 한 일이다.

⑤ 고려 후기로 갈수록 석탑 조성 공사의 횟수가 늘었으며 그로 인해 같은 마을 주민을 구성원으로 하는 향도가 나타났다. ➡ (X) 2문단 중반부에서 12세기에 접어들어 향도가 주도하는 매향과 석탑 조성 공사의 횟수가 줄었다고 했으므로 본 선지는 지문의 내용과 부합하지 않는다.

02 ③

정답률 74.5%

| 문제 유형 | 사실적 이해 > 정보 확인

| 접근 전략 | 유사해 보이는 용어의 의미를 이해하고 그 관계를 파악한 후에 선지의 일치 여부를 판단해야 하는 문제이다. 어휘 하나를 교체해 오답을 만든 것이기 때문에, 조일통상장정과 조일통어장정의 내용이 무엇인지, 조선해통어조합과 조선해통어조합연합회, 조선해수산조합이 만들어진 시기와 역할은 무엇인지 구분해 알아야 한다.

다음 글에서 알 수 있는 것은?

1883년에 조선과 일본이 맺은 조일통상장정 제41관에는 "일본인이 조선의 전라도, 경상도, 강원도, 함경도 연해에서 어업 활동을 할 수 있도록 허용한다."라는 내용이 있다. 당시 양측은 이 조항에 적시되지 않은 지방 연해에서 일본인이 어업 활동을 하는 것은 금하기로 했다. 이 장정 체결 직후에 일본은 자국의 각 부·현에 조선해통어조합을 만들어 조선 어장에 대한 정보를 제공하기 시작했다. 이러한 지원으로 조선 연해에서 조업하는 일본인이 늘었는데, 특히 제주도에는 일본인들이 많이 들어와 전복을 마구 잡는 바람에 주민들의 전복 채취량이 급감했다. 이에 제주목사는 1886년 6월에 일본인의 제주도 연해 조업을 금했다. 일본은 이 조치가 조일통상장정 제41관을 위반한 것이라며 항의했고, 조선도 이를 받아들여 조업 금지 조치를 철회하게 했다. 이후 조선은 일본인이 아무런 제약 없이 어업 활동을 하게 해서는 안 된다고 여기게 되었으며, 일본과 여러 차례 협상을 벌여 1889년에 조일통어장정을 맺었다. ▶1문단

조일통어장정에는 일본인이 조일통상장정 제41관에 적시된 지방의 해안선으로부터 3해리 이내 해역에서 어업 활동을 하고자 할 때는 조업하려는 지방의 관리로부터 어업준단을 발급받아야 한다는 내용이 있다. 어업준단의 유효기간은 발급일로부터 1년이었으며, 이를 받고자 하는 자는 소정의 어업세를 먼저 내야 했다. 이 장정 체결 직후에 일본은 조선해통어조합연합회를 만들어 자국민의 어업준단 발급 신청을 지원하게 했다. 이후 일본은 1908년에 '어업에 관한 협정'을 강요해 맺었다. 여기에는 앞으로 한반도 연해에서 어업 활동을 하려는 일본인은 대한제국 어업 법령의 적용을 받도록 한다는 조항이 있다. 대한제국은 이듬해에 한반도 해역에서 어업을 영위하고자 하는 자는 먼저 어업 면허를 취득해야 한다는 내용의 어업법을 공포했고, 일본은 자국민도 이 법의 적용을 받게 해야 한다는 입장을 관철했다. 일본은 1902년에 조선해통어조합연합회를 없애고 조선해수산조합을 만들었는데, 이 조합은 어업법 공포 후 일본인의 어업 면허 신청을 대행하는 등의 일을 했다. ▶2문단

① 조선해통어조합은 '어업에 관한 협정'에 따라 일본인의 어업 면허 신청을 대행하는 업무를 보았다. ➡ (X) 1문단에 따르면 조선해통어조합은 조일통상장정을 체결한 직후 일본이 조선 어장에 대한 정보를 자국에 제공하기 위해 각 부·현에 만든 것임을 알 수 있다. '어업에 관한 협정'에 따라 일본인의 어업 면허

신청을 대행하는 업무를 본 것은 조선해수산조합임을 2문단을 통해 알 수 있다.

② 조일통상장정에는 제주도 해안선으로부터 3해리 밖에서 조선인이 어업 활동을 하는 것을 모두 금한다는 조항이 있다. ➡ (X) 2문단에서 조일통어장정에는 일본인이 조일통상장정 제41관에 적시된 지방의 해안선으로부터 3해리 이내 해역에서 어업 활동을 하고자 할 때는 조업하려는 지방의 관리로부터 어업준단을 발급받아야 한다는 내용이 있다고 했다. 조일통어장정은 조선인이 아니라 일본인이 조선의 해역에서 어업 활동을 하는 것과 관련된 조약이다.

③ 조선해통어조합연합회가 만들어져 활동하던 당시에 어업준단을 발급받고자 하는 일본인은 어업세를 내도록 되어 있었다. ➡ (O) 2문단에서 조일통어장정 체결 직후에 일본은 조선해통어조합연합회를 만들어 자국민의 어업준단 발급 신청을 지원하게 했다고 했으며, 어업준단을 받고자 하는 자는 소정의 어업세를 먼저 내야 했다고 제시되어 있다.

④ 조일통상장정에는 조선해통어조합연합회를 조직해 일본인이 한반도 연해에서 조업할 수 있도록 지원한다는 내용이 있다. ➡ (X) 1문단에 따르면 조일통상장정 제41관에서 일본인이 조선의 일부 지역 연해에서 어업 활동을 할 수 있도록 허용하였고, 이 장정 체결 직후에 일본은 조선해통어조합을 만들어 조선 어장에 대한 정보를 자국에 제공했다. 그러나 조일통상장정에 조선해통어조합연합회에 대한 내용이 언급되어 있는지는 알 수 없다.

⑤ 한반도 해역에서 조업하는 일본인은 조일통상장정 제41관에 따라 조선해통어조합으로부터 어업 면허를 발급받아야 하였다. ➡ (X) 2문단에 따르면 한반도 해역에서 조업하는 일본인은 조일통어장정에 따라 조업하려는 지방의 관리로부터 어업준단을 발급받아야 한다. 조선해통어조합연합회는 어업준단 발급 신청을 지원하는 역할을 했다.

03 ①

정답률 62.2%

| 문제 유형 | 사실적 이해 > 정보 확인
| 접근 전략 | 프레카리아트와 긱 노동자라는 핵심 용어를 제시하고 각각에 대해 설명하는 지문이다. 이 둘을 비교하거나 대조하는 내용은 지문에 제시되지 않았으므로 선지에서 이 둘의 관계나 영향 여부를 언급했다면 과감히 소거하도록 한다.

다음 글에서 알 수 있는 것은?

비정규직 근로자들이 늘어나면서 '프레카리아트'라고 불리는 새로운 계급이 형성되고 있다. 프레카리아트란 '불안한(precarious)'이라는 단어와 '무산계급(proletariat)'이라는 단어를 합친 용어로 불안정한 고용 상태에 놓여 있는 사람들을 의미한다. 프레카리아트에 속한 사람들은 직장 생활을 하다가 쫓겨나 실업자가 되었다가 다시 직장에 복귀하기를 반복한다. 이들은 고용 보장, 직무 보장, 근로안전 보장 등 노동 보장을 받지 못하며, 직장 소속감도 없을 뿐만 아니라, 자신의 직업에 대한 전망이나 직업 정체성도 결여되어 있다. 프레카리아트는 분노, 무력감, 걱정, 소외를 경험할 수밖에 없는 '위험한 계급'으로 전락한다. 이는 의미 있는 삶의 길이 막혀 있다는 좌절감과 상대적 박탈감, 계속된 실패의 반복 때문이다. 이러한 사람들이 늘어나면 자연히 갈등, 폭력, 범죄와 같은 사회적 병폐들이 성행하여 우리 사회는 점점 더 불안해지게 된다. ▶1문단

프레카리아트와 비슷하지만 약간 다른 노동자 집단이 있다. 이른바 '긱 노동자'다. '긱(gig)'이란 기업들이 필요에 따라 단기 계약 등을 통해 임시로 인력을 충원하고 그때그때 대가를 지불하는 것을 의미한다. 예를 들어 방송사에서는 드라마를 제작할 때마다 적합한 사람들을 섭외하여 팀을 꾸리고 작업에 착수한다. 긱 노동자들은 고용주가 누구든 간에 자신이 보유한 고유의 직업 역량을 고용주에게 판매하면서, 자신의 직업을 독립적인 '프리랜서' 또는 '개인 사업자' 형태로 인식한다. 정보통신 기술의 발달은 긱을 더욱더 활성화한다. 정보통신 기술을 이용하면 긱 노동자의 모집이 아주 쉬워진다. 기업은 사업 아이디어만 좋으면 인터넷을 이용하여 필요한 긱 노동자를 모집할 수 있다. 기업이 긱을 잘 활용하면 경쟁력을 높여 정규직 위주의 기존 기업들을 앞서나갈 수 있다. ▶2문단

① 긱 노동자가 자신의 직업 형태에 대해 갖는 인식은 자신을 고용한 기업에 따라 달라지지 않는다. ➡ (O) 2문단 중반부에서 긱 노동자들은 고용주가 누구든 간에 자신의 직업을 독립적인 프리랜서 또는 개인 사업자 형태로 인식한다고 했다. 따라서 자신의 직업 형태에 대한 인식이 고용주에 따라 달라지지 않음을 알 수 있다.

② 정보통신 기술의 발달은 프레카리아트 계급과 긱 노동자 집단을 확산시킨다. ➡ (X) 2문단에 정보통신 기술의 발달이 긱을 더욱더 활성화시킨다는 내용은 있지만, 프레카리아트 계급에 어떠한 영향을 주는지는 알 수 없다.

③ 긱 노동자 집단이 확산하면 프레카리아트 계급은 축소된다. ➡ (X) 프레카리아트와 비슷하지만 약간 다른 긱 노동자 집단에 대해 설명하고 있을 뿐, 이 두 집단의 관계를 비교해 설명한 내용은 없다.

④ '위험한 계급'이 겪는 부정적인 경험이 적은 프레카리아트일수록 정규직 근로자로 변모할 가능성이 크다. ➡ (X) 1문단에 프레카리아트는 불안정한 고용 상태에 놓인 사람들로 위험한 계급으로 전락한다는 내용만 있을 뿐, 이러한 경험이 적으면 정규직 근로자로 변모할 가능성이 큰지에 대해서는 언급하고 있지 않다.

⑤ 비정규직 근로자에 대한 노동 보장의 강화는 프레카리아트 계급을 축소시키고 긱 노동자 집단을 확산시킨다. ➡ (X) 1문단을 통해 비정규직 근로자에 대한 노동 보장 강화가 프레카리아트 계급 축소에 영향을 줄 수 있을 거라는 예상은 할 수 있지만, 이에 대해 단언할 수는 없다. 또한 이것이 긱 노동자 집단 확산에 영향을 주는지는 지문의 내용만으로는 알 수 없다.

04 ②

정답률 57.5%

| 문제 유형 | 사실적 이해 > 정보 확인
| 접근 전략 | 해왕성의 존재를 예측한 것을 바탕으로 미지의 행성인 불칸의 존재를 예측하려고 했던 르베리에의 이야기를 서술한 지문이다. 수성의 궤도는 천왕성의 궤도와는 다르게 새로운 법칙으로 설명되었다는 마지막 부분의 내용을 바탕으로 답을 찾아야 한다.

다음 글에서 알 수 없는 것은?

1859년에 프랑스의 수학자인 르베리에는 태양과 수성 사이에 미지의 행성이 존재한다는 가설을 세웠고, 그 미지의 행성을 '불칸'이라고 이름 붙였다. 당시의 천문학자들은 르베리에를 따라 불칸의 존재를 확신하고 그 첫 번째 관찰자가 되기 위해서 노력했다. 이렇게 확신한 이유는 르베리에가 불칸을 예측하는 데 사용한 방식이 해왕성을 성공적으로 예측하는 데 사용한 방식과 동일했기 때문이다. 해왕성 예측의 성공으로 인해 르베리에에 대한, 그리고 불칸의 예측 방법에 대한 신뢰가 높았던 것이다. ▶1문단

르베리에 또한 죽을 때까지 불칸의 존재를 확신했는데, 그가 그렇게 확신할 수 있었던 것 역시 해왕성 예측의 성공 덕분이었다. 1781년에 천왕성이 처음 발견된 뒤, 천문학자들은 천왕성보다 더 먼 위치에 다른 행성이 존재할 경우에만 천왕성의 궤도에 대한 관찰 결과가 뉴턴의 중력 법칙에 따라 설명될 수 있다고 생각했다. 이에 르베리에는 관찰을 통해 얻은 천왕성의 궤도와 뉴턴의 중력 법칙에 따라 산출한 궤도 사이의 차이를 수학적으로 계산하여 해왕성의 위치를 예측했다. 천문학자인 갈레는 베를린 천문대에서 르베리에의 편지를 받은 그날 밤, 르베리에가 예측한 바로 그 위치에 해왕성이 존재한다는 사실을 확인하였다. ▶2문단

르베리에는 수성의 운동에 대해서도 일찍부터 관심을 가지고 있었다. 르베리에는 수성의 궤도에 대한 관찰 결과 역시 뉴턴의 중력 법칙으로 예측한 궤도와 차이가 있음을 제일 먼저 밝힌 뒤, 1859년에 그 이유를 천왕성–해왕성의 경우와 마찬가지로 수성의 궤도에 미지의 행성이 영향을 끼치기 때문이라는 가설을 세운다. 르베리에는 이 미지의 행성에 '불칸'이라는 이름까지 미리 붙였던 것이며, 마침 르베리에의 가설에 따라 이 행성을 발견했다고 주장하는 천문학자까지 나타났던 것이다. 하지만 불칸의 존재에 대해 의심하는 천문학자들 또한 있었고, 이후 아인슈타인의 상대성이론을 이용해 수성의

궤도를 정확하게 설명하는 데 성공함으로써 가상의 행성인 불칸을 상정해야 할 이유는 사라졌다. ▶3문단

① 르베리에에 의하면 수성의 궤도를 정확하게 설명하기 위해서는 뉴턴의 중력 법칙을 대신할 다른 법칙이 필요하지 않다. ➡ (O) 3문단에 따르면 르베리에는 수성의 궤도에 대한 관찰 결과 역시 뉴턴의 중력 법칙으로 예측한 궤도와 차이가 있음을 밝힌 뒤, 수성의 궤도에 미지의 행성이 영향을 끼치기 때문이라는 가설을 세운다. 이는 뉴턴의 중력 법칙 외에 다른 법칙의 존재 가능성에 대해서는 고려하지 않은 것이다.

② 르베리에에 의하면 천왕성의 궤도를 정확하게 설명하기 위해서는 뉴턴의 중력 법칙을 대신할 다른 법칙이 필요하다. ➡ (X) 2문단에 따르면 르베리에는 관찰을 통해 얻은 천왕성의 궤도와 뉴턴의 중력 법칙에 따라 산출한 궤도 사이의 차이를 수학적으로 계산하여 해왕성의 위치를 예측했다. 즉, 뉴턴의 중력 법칙을 바탕으로 가설을 세우고 해왕성의 존재까지 밝힌 것이다. 따라서 르베리에는 뉴턴의 중력 법칙을 대신할 다른 법칙이 필요하다고 보지 않았다.

③ 수성의 궤도에 대한 르베리에의 가설에 기반하여 연구한 천문학자가 있었다. ➡ (O) 1문단에서 르베리에를 따라 불칸의 존재를 확신하고 그 첫 번째 관찰자가 되기 위해 노력한 천문학자들이 있었다고 했다. 불칸은 르베리에가 이름 붙인 태양과 수성 사이의 미지의 행성이다. 따라서 수성의 궤도에 대한 르베리에의 가설에 기반하여 연구한 천문학자가 있었음을 알 수 있다.

④ 르베리에는 해왕성의 위치를 수학적으로 계산하여 추정하였다. ➡ (O) 2문단에서 수학자인 르베리에는 관찰을 통해 얻은 천왕성의 궤도와 뉴턴의 중력 법칙에 따라 산출한 궤도 사이의 차이를 수학적으로 계산하여 해왕성의 위치를 예측했다고 했다.

⑤ 르베리에는 불칸의 존재를 수학적으로 계산하여 추정하였다. ➡ (O) 2문단에 따르면 르베리에는 수학적으로 계산하여 해왕성의 존재를 예측했고, 1문단에서 르베리에가 불칸을 예측하는 데 사용한 방식이 해왕성을 예측하는 데 사용한 방식과 동일했다고 했으므로 불칸 역시 수학적으로 계산하여 추정했음을 알 수 있다.

05 ④

정답률 92.1%

| **문제 유형** | 비판적 사고 〉 빈칸 채우기

| **접근 전략** | 빈칸에 들어갈 알맞은 문장을 찾는 유형인 동시에 지문의 전체 내용을 요약 및 정리하여 중심 내용을 고르는 문제이다. 두괄식 구성의 글이므로, 첫 번째 문단의 내용을 정리해 다른 말로 서술한 선지를 고르면 된다.

다음 글의 빈칸에 들어갈 말로 가장 적절한 것은?

서구사회의 기독교적 전통하에서 이 전통에 속하는 이들은 자신들을 정상적인 존재로, 이러한 전통에 속하지 않는 이들을 비정상적인 존재로 구별하려 했다. 후자에 해당하는 대표적인 것이 적그리스도, 이교도들, 그리고 나병과 흑사병에 걸린 환자들이었는데, 그들에게 부과한 비정상성을 구체적인 형상을 통해 재현함으로써 그들이 전통 바깥의 존재라는 사실을 명확히 했다. ▶1문단

당연하게도 기독교에서 가장 큰 적으로 꼽는 것은 사탄의 대리자인 적그리스도였다. 기독교 초기, 몽티에랑데르나 힐데가르트 등이 쓴 유명한 저서들뿐만 아니라 적그리스도의 얼굴이 묘사된 모든 종류의 텍스트들에서 그의 모습은 충격적일 정도로 외설스러울 뿐만 아니라 받아들이기 힘들 정도로 추악하게 나타난다. ▶2문단

두 번째는 이교도들이었는데, 서유럽과 동유럽의 기독교인들이 이교도들에 대해 사용했던 무기 중 하나가 그들을 추악한 얼굴의 악마로 묘사하는 것이었다. 또한 이교도들이 즐겨 입는 의복이나 진미로 여기는 음식을 끔찍하게 묘사하여 이교도들을 자신들과는 분명히 구분되는 존재로 만들었다. ▶3문단

마지막으로, 나병과 흑사병에 걸린 환자들을 꼽을 수 있다. 당시의 의학 수준으로 그런 병들은 치료가 불가능했으며, 전염성이 있다고 믿어졌다. 때

문에 자신을 정상적 존재라고 생각하는 사람들은 해당 병에 걸린 불행한 사람들을 신에게서 버림받은 죄인이자 공동체에서 추방해야 할 공공의 적으로 여겼다. 그들의 외모나 신체 또한 실제 여부와 무관하게 항상 뒤틀리고 지극히 흉측한 모습으로 형상화되었다. ▶4문단

정리하자면, [ ]
▶5문단

① 서구의 종교인과 예술가들은 이방인을 추악한 이미지로 각인시키는 데 있어 중심적인 역할을 하였다. ➡ (X) 서구사회의 기독교적 전통에 속하는 이들이 그것에 속하지 않는 이들을 어떻게 구분 지었는지에 대한 내용이지, 그 역할을 한 종교인과 예술가들에 주목하고 있지는 않다.

② 서구의 기독교인들은 자신들보다 강한 존재를 추악한 존재로 묘사함으로써 심리적인 우월감을 확보하였다. ➡ (X) 서구의 기독교인들이 자신들보다 강한 존재를 추악하게 묘사한 것이 아니라, 기독교적 전통에 속하지 않는 이들을 비정상적이고 추악한 존재로 묘사한 것이다.

③ 정상적 존재와 비정상적 존재의 명확한 구별을 위해 추악한 형상을 활용하는 것은 동서고금을 막론하고 지속되어 왔다. ➡ (X) 제시된 지문은 서구의 기독교에 대해서만 언급하고 있을 뿐, 동서양을 모두 아울러 말하고 있지는 않다.

④ 서구의 기독교적 전통하에서 추악한 형상은 그 전통에 속하지 않는 이들을 전통에 속한 이들과 구분 짓기 위해 활용되었다. ➡ (O) 1문단에서 기독교적 전통에 속하지 않는 이들에게 부과한 비정상성을 구체적인 형상을 통해 재현함으로써 그들이 전통 바깥의 존재라는 사실을 명확히 했다고 하였다. 이를 구체적으로 설명한 것이 2~4문단이고, 5문단에서 이를 다시 한번 정리하고 있으므로 본 선지의 내용이 빈칸에 들어갈 말로 가장 적절하다.

⑤ 서구의 기독교인들이 자신들과는 다른 타자들을 추악하게 묘사했던 것은 다른 종교에 의해 자신들의 종교가 침해되는 것을 두려워했기 때문이다. ➡ (X) 서구의 기독교인들이 자신들과는 다른 타자들을 추악하게 묘사해 그들을 명확히 구분 지었다는 것은 알 수 있지만, 그 이유가 자신들의 종교가 침해되는 것을 두려워했기 때문인지는 알 수 없다.

06 ⑤

정답률 82.1%

| **문제 유형** | 비판적 사고 〉 판단하기

| **접근 전략** | 글의 흐름에 맞지 않는 곳을 찾아 적절하게 수정했는지의 여부를 확인하는 문제이다. 앞뒤의 문장을 잘 읽으면 흐름에 어긋나는 부분을 쉽게 찾을 수 있다. 각 문단 안에서 문장의 서술 흐름을 놓치지 않고 읽는 것이 중요하다.

다음 글의 흐름에 맞지 않는 곳을 ㉠~㉫에서 찾아 수정할 때 가장 적절한 것은?

에르고딕 이론에 따르면 그룹의 평균을 활용해 개인에 대한 예측치를 이끌어낼 수 있는데, 이를 위해서는 다음의 두 가지 조건을 먼저 충족해야 한다. 첫째는 그룹의 모든 구성원이 ㉠질적으로 동일해야 하며, 둘째는 그 그룹의 모든 구성원이 미래에도 여전히 동일해야 한다는 것이다. 특정 그룹이 이 두 가지 조건을 충족하면 해당 그룹은 '에르고딕'으로 인정되면서, ㉡그룹의 평균적 행동을 통해 해당 그룹에 속해 있는 개인에 대한 예측을 이끌어낼 수 있다. ▶1문단

그런데 이 이론에 대해 심리학자 몰레나는 다음과 같은 설명을 덧붙였다. "그룹 평균을 활용해 개인을 평가하는 것은 인간이 모두 동일하고 변하지 않는 냉동 클론이어야만 가능하겠지요? 그런데 인간은 냉동 클론이 아닙니다." 그런데도 등급화와 유형화 같은 평균주의의 결과물들은 정책 결정의 과정에서 중요한 근거로 쓰였다. 몰레나는 이와 같은 위험한 가정을 '에르고딕 스위치'라고 명명했다. 이는 평균주의의 유혹에 속아 집단의 평균에 의해 개인을 파악함으로써 ㉢실재하는 개인적 특성을 모조리 무시하게 되는 것을 의미한다. ▶2문단

지금 타이핑 실력이 뛰어나지 않은 당신이 타이핑 속도의 변화를 통해 오타를 줄이고 싶어 한다고 가정해 보자. 평균주의식으로 접근할 경우 여러 사람의 타이핑 실력을 측정한 뒤에 평균 타이핑 속도와 평균 오타 수를 비교하게 된다. 그 결과 평균적으로 타이핑 속도가 더 빠를수록 오타 수가 더 적은 것으로 나타났다고 하자. 이때 평균주의자는 당신이 타이핑의 오타 수를 줄이고 싶다면 ⓔ타이핑을 더 빠른 속도로 해야 한다고 말할 것이다. 바로 여기가 '에르고딕 스위치'에 해당하는 지점인데, 사실 타이핑 속도가 빠른 사람들은 대체로 타이핑 실력이 뛰어난 편이며 그만큼 오타 수는 적을 수밖에 없다. 더구나 ⓜ타이핑 실력이라는 요인이 통제된 상태에서 도출된 평균치를 근거로 당신에게 내린 처방은 적절하지 않을 가능성이 높다. ▶3문단

① ㉠을 '질적으로 다양해야 하며'로 고친다. ➡ (X) ㉠ 바로 다음 '둘째' 내용에서 미래에도 여전히 동일해야 한다는 것이다라고 했으므로, 질적으로 동일해야 한다는 것은 흐름에 맞는 내용이다.

② ㉡을 '개인의 특성을 종합하여 집단의 특성에 대한 예측'으로 고친다. ➡ (X) 1문단에서 에르고딕 이론에 따르면 그룹의 평균을 활용해 개인에 대한 예측치를 이끌어낼 수 있다고 했으므로, ㉡은 글의 흐름에 맞는 내용이다.

③ ㉢을 '실재하는 그룹 간 편차를 모조리 무시'로 고친다. ➡ (X) 2문단의 몰레나의 설명에 따르면, 개인은 모두 동일하고 변하지 않는 냉동 클론이 아니다. 따라서 집단 평균에 의해 개인을 파악함으로써 실재하는 개인적 특성을 모두 무시하게 된다는 것은 지문의 흐름에 맞는 내용이다.

④ ⓔ을 '타이핑을 더 느린 속도로 해야 한다'로 고친다. ➡ (X) ⓔ 앞에서 평균적으로 타이핑 속도가 더 빠를수록 오타 수가 더 적은 것으로 나타났다고 가정하였다.

⑤ ⓜ을 '타이핑 실력이라는 요인이 통제되지 않은 상태에서'로 고친다. ➡ (O) 3문단에 따르면 타이핑 실력을 통제하지 않은 상태에서 실력이 서로 다른 사람들의 타이핑 속도와 오타 수를 측정한 후에 평균치를 도출하였다고 했으므로, ⓜ을 적절하게 수정한 것이다.

---

07 ⑤   정답률 62.0%

| **문제 유형** | 비판적 사고 > 빈칸 채우기

| **접근 전략** | 외부 자문위원으로부터 받은 자료는 외부용 PC로만 받을 수 있고 그 자료를 다시 내부용 PC로 보내는 작업을 거쳐야 한다는 점, 외부 자문위원이 보내는 자료는 일반 이메일 계정이나 ○○메일 계정으로 모두 받을 수 있고, 외부용 PC에서 내부용 PC로 자료를 보낼 때는 공유 프로그램을 이용하며, 이때 프로젝트 팀장이 비밀번호를 입력해야 한다는 점을 파악한다면 쉽게 문제를 풀 수 있다.

다음 대화의 빈칸에 들어갈 내용으로 가장 적절한 것은?

갑: 이번 프로젝트는 정보 보안이 매우 중요해서 1인당 2대의 업무용 PC를 사용하기로 하였습니다. 원칙적으로, 1대는 외부 인터넷 접속만 할 수 있는 외부용 PC이고 다른 1대는 내부 통신망만 이용할 수 있는 내부용 PC입니다. 둘 다 통신을 제외한 다른 기능을 사용하는 데는 아무런 제한이 없습니다.

을: 외부용 PC와 내부용 PC는 각각 별도의 저장 공간을 사용하나요?

갑: 네, 맞습니다. 그러나 두 PC 간 자료를 공유하려면 두 가지 방법만 쓰도록 되어 있습니다. 첫 번째 방법은 이메일을 이용하는 것입니다. 본래 내부용 PC는 내부 통신망용이라 이메일 계정에 접속할 수 없지만, 프로젝트 팀장의 승인을 받아 ○○메일 계정에 접속한 뒤 자신의 ○○메일 계정으로 자료를 보내는 것만 허용하였습니다.

을: 그러면 첫 번째 방법은 내부용 PC에서 외부용 PC로 자료를 보낼 때만 가능하겠군요. 두 번째 방법을 이용하면 외부용 PC에서 내부용 PC로도 자료를 보낼 수 있나요?

갑: 물론입니다. 두 번째 방법은 내부용 PC와 외부용 PC에 설치된 자료 공유 프로그램을 이용하는 것인데, 이를 이용하면 두 PC 간 자료의 상호

공유가 가능합니다.

을: 말씀하신 자료 공유 프로그램을 이용하면 두 PC 사이에 자료를 자유롭게 공유할 수 있는 건가요?

갑: 파일 개수, 용량, 공유 횟수에는 제한이 없습니다. 다만, 이 프로그램을 사용할 때는 보안을 위해 프로젝트 팀장이 비밀번호를 입력해 주어야만 합니다.

을: 그렇군요. 그런데 외부용 PC로 ○○메일이 아닌 일반 이메일 계정에도 접속할 수 있나요?

갑: 아닙니다. 원칙적으로는 외부용 PC에서 자료를 보내거나 받기 위하여 사용 가능한 이메일 계정은 ○○메일뿐입니다. 그러나 예외적으로 필요한 경우에 한해 보안 부서에 공문으로 요청하여 승인을 받으면, 일반 이메일 계정에 접속하여 자료를 보내거나 받을 수 있습니다.

을: 아하! 외부 자문위원의 자료를 전달받아 내부용 PC에 저장하기 위해서는 [   ]

① 굳이 프로젝트 팀장이 비밀번호를 입력할 필요가 없겠군요.
➡ (X) 외부용 PC에서 내부용 PC로 자료를 보내기 위해서는 자료 공유 프로그램을 이용해야 하며, 이를 이용하기 위해서는 프로젝트 팀장이 비밀번호를 입력해야 한다.

② 사전에 보안 부서에 요청하여 외부용 PC로 일반 이메일 계정에 접속할 수 있는 권한을 부여받는 방법밖에 없겠네요. ➡ (X) 외부 자문위원의 자료를 일반 이메일 계정으로 받을 수도 있지만 ○○메일 계정으로도 받을 수 있기 때문에 방법이 하나만 있는 것은 아니다.

③ 외부 자문위원의 PC에서 ○○메일 계정으로 자료를 보낸 뒤, 내부용 PC로 ○○메일 계정에 접속하여 자료를 내려받으면 되겠군요. ➡ (X) 내부용 PC는 ○○메일 계정에 접속할 수 있지만 자료를 보내는 것만 허용되어 있다. 외부 자문위원의 PC에서 ○○메일 계정으로 자료를 보내면 외부용 PC로 받기 때문에 다시 외부용 PC에서 내부용 PC로 자료를 보내는 단계를 거쳐야 한다.

④ 외부 자문위원의 PC에서 일반 이메일 계정으로 자료를 보낸 뒤, 사전에 보안 부서의 승인을 받아 내부용 PC로 일반 이메일 계정에 접속하여 자료를 내려받으면 되겠네요. ➡ (X) 내부용 PC는 ○○메일 계정에 접속할 수 있지만 자료를 보내는 것만 허용되어 있다. 외부 자문위원의 PC에서 일반 이메일 계정으로 자료를 보내면 외부용 PC로 받기 때문에 다시 외부용 PC에서 내부용 PC로 자료를 보내는 단계를 거쳐야 한다.

⑤ 외부 자문위원의 PC에서 ○○메일 계정으로 자료를 보낸 뒤, 외부용 PC로 ○○메일 계정에 접속해 자료를 내려받아 자료 공유 프로그램을 이용하여 내부용 PC로 보내면 되겠네요. ➡ (O) 외부 자문위원의 PC에서 ○○메일 계정으로 자료를 보내면 외부용 PC로 ○○메일 계정에 접속해 자료를 받을 수 있다. 그 다음 공유 프로그램을 이용해 내부용 PC로 자료를 보내면 되므로 이 선지는 빈칸에 들어갈 내용으로 적절하다.

---

08 ①   정답률 88.9%

| **문제 유형** | 비판적 사고 > 빈칸 채우기

| **접근 전략** | 지문의 내용을 바탕으로 그래프의 각 항목이 무엇인지 찾는 유형이다. 빈칸 네 개에 들어갈 적절한 말의 조합을 찾는 문제이기 때문에 하나를 특정하면 답이 아닌 것을 소거해 정답의 범주를 좁혀 갈 수 있다.

다음 글에 비추어 볼 때, 아래 〈그림〉의 ㉠~㉣에 들어갈 말을 적절하게 나열한 것은?

도시재생 사업의 목표는 지역 역량의 강화와 지역 가치의 제고라는 두 마리 토끼를 잡는 것이다. 그 결과, 아래 〈그림〉에서 지역의 상태는 A에서 A'으로 변화한다. 둘 중 하나라도 이루어지지 않는다면 도시재생 사업의 목표가 달성되었다고 볼 수 없다. 그러한 실패 사례의 하나가 젠트리피케이션이다. 이는 지역 역량이 강화되지 않은 채 지역 가치만 상승하는 현상을 의미한다. ▶1문단

도시재생 사업의 모범적인 양상은 지역 자산화이다. 지역 자산화는 두 단계로 이루어진다. 첫 번째 단계는 공동체 역량 강화 과정이다. 이는 지역 문제 해결을 위한 프로그램 및 정책 수립, 물리적 시설의 개선, 운영 관리 등으로 구성된 공공 주도 과정이다. 이를 통해 지역 가치와 지역 역량이 모두 낮은 상태에서 일단 지역 역량을 키워 지역 기반의 사회적 자본을 형성하게 된다. 그 다음 두 번째 단계로 전문화 과정이 이어진다. 전문화는 민간의 전문성과 창의성을 적극적으로 활용함으로써, 강화된 지역 역량의 토대 위에서 지역 가치 제고를 이끌어낸다. 이 과정에서 주민과 민간 조직의 전문성에 대한 신뢰를 바탕으로, 공유 시설이나 공간의 설계, 관리, 운영 등 많은 권한이 시민단체를 비롯한 중간 지원 조직에 통합적으로 위임된다. ▶2문단

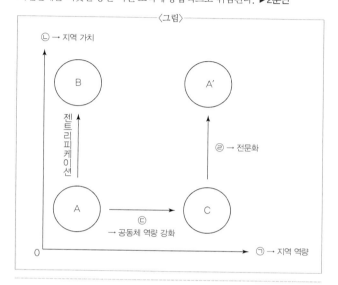

─────〈그림〉─────

ⓛ → 지역 가치

B   A′

젠트리피케이션

                    ② → 전문화

A   C

ⓒ → 공동체 역량 강화

0   ⓘ → 지역 역량

	ⓘ	ⓛ	ⓒ	②	
①	지역 역량	지역 가치	공동체 역량 강화	전문화	➡ (O)

1문단에서 도시재생 사업의 실패 사례로 젠트리피케이션을 언급했는데, 이는 A에서 B로 변화한 것을 가리킨다. 이 경우는 지역 역량이 강화되지 않은 채 지역 가치만 상승한 것이라고 했으므로 ⓘ에는 '지역 역량', ⓛ에는 '지역 가치'가 들어가야 한다. 2문단에서 도시재생 사업의 모범 양상으로 지역 자산화를 예로 들었는데, A에서 C로 변화하는 첫 번째 단계는 공동체 역량 강화 과정, C에서 A′로 변화하는 두 번째 단계는 전문화 과정이라고 했다. 따라서 ⓒ과 ②에는 각각 '공동체 역량 강화', '전문화'가 들어가야 적절하다.

	ⓘ	ⓛ	ⓒ	②	
②	지역 역량	지역 가치	공동체 역량 강화	지역 자산화	➡ (X)
③	지역 역량	지역 가치	지역 자산화	전문화	➡ (X)
④	지역 가치	지역 역량	공동체 역량 강화	지역 자산화	➡ (X)
⑤	지역 가치	지역 역량	지역 자산화	전문화	➡ (X)

|문제 유형| 비판적 사고 > 판단하기

|접근 전략| 확률에 대한 두 가지 입장을 제시하고 〈보기〉의 구체적인 사례들이 어느 쪽에 해당하는지 판단하는 문제 유형이다. 유사한 사례를 서술한 문장들 사이에는 비슷한 어휘들이 사용되는데, 이를테면 '(가) 가능한 모든 결과들의 목록을 완전하게 작성한다면 ~ 하나는 반드시 나타난다.'와 'ㄱ. 모든 가능한 숫자의 조합을 모조리 샀을 때 ~ 무조건 당첨된다'와 같은 경우이다. 이러한 표현에 유의하여 〈보기〉의 내용을 확인하도록 한다.

다음 글의 (가)와 (나)에 대한 판단으로 적절한 것만을 〈보기〉에서 모두 고르면?

확률적으로 가능성이 희박한 사건이 우리 주변에서 생각보다 자주 일어나는 것처럼 보인다. 왜 이러한 현상이 발생하는지를 설명하는 다음과 같은 두 입장이 있다.

(가) 만일 당신이 가능한 모든 결과들의 목록을 완전하게 작성한다면, 그 결과들 중 하나는 반드시 나타난다. 표준적인 정육면체 주사위를 던지면 1에서 6까지의 수 중 하나가 나오거나 어떤 다른 결과, 이를테면 주사위가 탁자 아래로 떨어져 찾을 수 없게 되는 일 등이 벌어질 수 있다. 동전을 던지면 앞면 또는 뒷면이 나오거나, 동전이 똑바로 서는 등의 일이 일어날 수 있다. 아무튼 가능한 결과 중 하나가 일어나리라는 것만큼은 확실하다.

(나) 한 사람에게 특정한 사건이 발생할 확률이 매우 낮더라도, 충분히 많은 사람에게는 그 사건이 일어날 확률이 매우 높을 수 있다. 예컨대 어떤 불행한 사건이 당신에게 일어날 확률은 낮을지 몰라도, 지구에 현재 약 70억 명이 살고 있으므로, 이들 중 한두 사람이 그 불행한 일을 겪고 있다는 것은 이상한 일이 아니다.

─────〈보기〉─────

ㄱ. 로또 복권 1장을 살 경우 1등에 당첨될 확률은 낮지만, 모든 가능한 숫자의 조합을 모조리 샀을 때 추첨이 이루어진다면 무조건 당첨된다는 사례는 (가)로 설명할 수 있다. → (O) 로또 복권의 모든 가능한 숫자의 조합을 모조리 샀다는 것은 가능한 모든 결과들의 목록을 완전하게 작성한 것과 같다. 그 결과들 중 하나는 반드시 당첨될 것이므로 이를 (가)로 설명할 수 있다는 판단은 적절하다.

ㄴ. 어떤 사람이 교통사고를 당할 확률은 매우 낮지만, 대한민국에서 교통사고는 거의 매일 발생한다는 사례는 (나)로 설명할 수 있다. → (O) 어떤 특정한 한 사람이 교통사고를 당할 확률은 매우 낮지만 대한민국에서 교통사고가 거의 매일 발생한다는 것은, 충분히 많은 사람에게는 그 사건이 일어날 확률이 매우 높다는 설명과 일치하므로 이를 (나)로 설명할 수 있다는 판단은 적절하다.

ㄷ. 주사위를 수십 번 던졌을 때 1이 연속으로 여섯 번 나올 확률은 매우 낮지만, 수십만 번 던졌을 때는 이런 사건을 종종 볼 수 있다는 사례는 (가)로 설명할 수 있으나 (나)로는 설명할 수 없다. → (X) 주사위를 수십 번 던졌을 때 1이 연속으로 나올 확률은 매우 낮지만 던지는 횟수를 충분히 늘려 수십만 번 던진다면 그 확률은 높을 수 있다. 이는 (나)로 설명할 수 있으므로 ㄷ은 적절하지 않다.

① ㄱ ➡ (X)

② ㄷ ➡ (X)

③ ㄱ, ㄴ ➡ (O)

④ ㄴ, ㄷ ➡ (X)

⑤ ㄱ, ㄴ, ㄷ ➡ (X)

10 ②

|문제 유형| 비판적 사고 > 판단하기

|접근 전략| A와 B의 입장 차이는 과학 연구비 지원을 위해 공공 자원을 배분할 때 어떤 원칙에 따를 것인가에 있다. 따라서 이 입장 차이를 파악하고 〈보기〉의 사실들이 무엇을 강화하는지 판단해야 한다. 여기서 A는 자원이 주류 연구자에게 편중되면 전체의 발전 가능성이 저해된다는 입장이고, B는 공정성과 효율성을 고려해 우수한 연구 성과를 보이는 주류 연구자에게 자원을 집중해야 한다는 입장이다.

다음 논쟁에 대한 평가로 적절한 것만을 〈보기〉에서 모두 고르면?

A: 현실적으로 과학 연구를 위해서는 상당한 규모의 연구비가 필요하기 때문에, 연구자들에게 공공 자원을 배분하는 역할을 하는 사람들은 자신들의 결정이 해당 분야의 발전에 큰 영향을 미친다는 사실을 유념해야 한다. 그들의 의사결정에서 가장 중요한 문제는 공공 자원을 어떤 원칙에 따라 배분할 것인가이다. 각 분야의 주류 견해를 형성하고 있는 연구자들에게만 자원이 편중되어 비주류 연구들이 고사된다면, 그 결과 해당 분야 전체의 발전은 저해될 것이다.

B: 과학 연구에 공공 자원을 배분하는 기준으로는 무엇보다 연구 성과가 우선되어야 한다. 객관적으로 드러난 연구 성과가 가장 우수한 연구자에게 자원을 우선 배분하는 것이 공정성에도 부합할 뿐 아니라, 투자의 사회적 효율성도 높일 수 있다.

A: 그와 같은 원칙으로는 한 분야의 주류 연구자들이 자원을 독점하게 될 가능성이 높다. 비주류 연구에서 우수한 연구 성과가 나오는 일은 상대적으로 드물거나 오랜 시간이 걸리기 때문이다. 특정 분야 내에 상충되는 내용을 가진 연구들이 많을수록 그 분야의 발전 가능성도 커진다. 이는 한 연구의 문제점을 파악하는 것이 자체 시각만으로는 쉽지 않으며, 문제가 감지되더라도 다른 연구자의 관점이 개입되어야 그 문제의 성격이 명확히 파악될 수 있다는 것을 뜻한다.

B: 우수한 연구에 자원을 집중하는 것이 효율성 측면에서 바람직하다. 최근의 과학 연구에서는 연구비 규모가 큰 과제일수록 더 우수한 성과를 얻는 경향이 강해지고 있기 때문이다. 과학의 발전을 위해 성과가 저조한 연구자들이 난립하는 것보다 우수한 연구자에게 자원을 집중적으로 투입하는 것이 낫다.

〈보기〉

ㄱ. 공공 자원을 연구 성과에 따라 배분하지 않으면 도덕적 해이가 발생 가능성이 커진다는 사실은 A의 주장을 강화한다. → (X) 공공 자원을 연구 성과에 따라 배분하지 않으면 도덕적 해이가 발생할 가능성이 커진다는 것은 연구 성과에 따라 자원을 배분해야 한다는 B의 주장을 강화한다.

ㄴ. 연구 성과에 대한 평가가 시간이 지나 뒤집히는 경우가 자주 있다는 사실은 B의 주장을 강화한다. → (X) 연구 성과에 대한 평가가 시간이 지나 뒤집히는 경우가 자주 있다는 것은 연구 성과를 객관적인 것으로 가정한 B의 주장을 약화한다.

ㄷ. 성과만을 기준으로 연구자들을 차등 대우하면 연구자들의 사기가 저하되어 해당 분야 전체의 발전이 저해된다는 사실은 A의 주장을 강화하지만 B의 주장은 강화하지 않는다. → (O) 성과만을 기준으로 연구자들을 차등 대우하면 연구자들의 사기가 저하되어 해당 분야 전체의 발전이 저해된다는 것은 A의 첫 번째 발언에 언급된 내용이다. 즉, A는 각 분야의 주류 견해를 형성하고 있는 연구자들에게만 자원이 편중되어 비주류 연구들이 고사된다면 그 결과 해당 분야 전체의 발전이 저해될 것이라고 본다. 이에 반해, B는 객관적으로 드러난 연구 성과가 가장 우수한 연구자에게 자원을 집중해야 한다는 입장이다. 따라서 성과만을 기준으로 연구자들을 차등 대우하면 연구자들의 사기가 저하되어 해당 분야 전체의 발전이 저해된다는 사실은 A의 주장은 강화하지만 B의 주장은 강화하지 않는다.

① ㄴ ➡ (X)
② ㄷ ➡ (O)
③ ㄱ, ㄴ ➡ (X)
④ ㄱ, ㄷ ➡ (X)
⑤ ㄱ, ㄴ, ㄷ ➡ (X)

11 ④

|문제 유형| 사실적 이해 > 정보 확인

|접근 전략| 태극기를 시기와 만든 이에 따라 개항 이전에 사용된 태극 문양의 기, 이응준이 만든 '조선의 기', 박영효가 만들고 고종이 채택한 조선 국기, 오늘날의 태극기로 구분해 볼 수 있다. 우선 서술 대상과 이에 대한 서술 내용이 일치하는지 파악한다. 그리고 4괘의 위치가 서로 다르므로 시기별 특정 위치의 괘가 무엇인지를 정확하게 확인해야 한다.

다음 글에서 알 수 있는 것은?

우리나라 국기인 태극기에는 태극 문양과 4괘가 그려져 있는데, 중앙에 있는 태극 문양은 만물이 음양 조화로 생장한다는 것을 상징한다. 또 태극 문양의 좌측 하단에 있는 이괘는 불, 우측 상단에 있는 감괘는 물, 좌측 상단에 있는 건괘는 하늘, 우측 하단에 있는 곤괘는 땅을 각각 상징한다. 4괘가 상징하는 바는 그것이 처음 만들어질 때부터 오늘날까지 변함이 없다. ▶1문단

태극 문양을 그린 기는 개항 이전에도 조선 수군이 사용한 깃발 등 여러 개가 있는데, 태극 문양과 4괘만 사용한 기는 개항 후에 처음 나타났다. 1882년 5월 조미수호조규 체결을 위한 전권대신으로 임명된 이응준은 회담 장소에 내걸 국기가 없어 곤란해 하다가 회담 직전 태극 문양을 활용해 기를 만들고 그것을 회담장에 걸어두었다. 그 기에 어떤 문양이 담겼는지는 오랫동안 알려지지 않았다. 그런데 2004년 1월 미국 어느 고서점에서 미국 해군부가 조미수호조규 체결 한 달 후에 만든『해상 국가들의 깃발들』이라는 책이 발견되었다. 이 책에는 이응준이 그린 것으로 짐작되는 '조선의 기'라는 이름의 기가 실려 있다. 그 기의 중앙에는 태극 문양이 있으며 네 모서리에 괘가 하나씩 있는데, 좌측 상단에 감괘, 우측 상단에 건괘, 좌측 하단에 곤괘, 우측 하단에 이괘가 있다. ▶2문단

조선이 국기를 공식적으로 처음 정한 것은 1883년의 일이다. 1882년 9월에 고종은 박영효를 수신사로 삼아 일본에 보내면서, 그에게 조선을 상징하는 기를 만들어 사용해 본 다음 귀국하는 즉시 제출하게 했다. 이에 박영효는 태극 문양이 가운데 있고 4개의 모서리에 각각 하나씩 괘가 있는 기를 만들어 사용한 후 그것을 고종에게 바쳤다. 고종은 이를 조선 국기로 채택하고 통리교섭사무아문으로 하여금 각국 공사관에 배포하게 했다. 이 기는 일본에 의해 강제 병합되기까지 국기로 사용되었는데, 언뜻 보기에『해상 국가들의 깃발들』에 실린 '조선의 기'와 비슷하다. 하지만 자세히 보면 두 기는 서로 다르다. 조선 국기 좌측 상단에 있는 괘가 '조선의 기'에는 우측 상단에 있고, '조선의 기'의 좌측 상단에 있는 괘는 조선 국기의 우측 상단에 있다. 또 조선 국기의 좌측 하단에 있는 괘는 '조선의 기'의 우측 하단에 있고, '조선의 기'의 좌측 하단에 있는 괘는 조선 국기의 우측 하단에 있다. ▶3문단

① 미국 해군부는 통리교섭사무아문이 각국 공사관에 배포한 국기를『해상 국가들의 깃발들』에 수록하였다. ➡ (X) 2문단에서 미국 해군부는 조미수호조규 체결 시기인 1882년 5월에서 한 달 후에『해상 국가들의 깃발들』이라는 책을 만들었다고 했고, 3문단에서는 고종이 조선 국기를 공식적으로 정하고 통리교섭사무아문을 통해 각국 공사관에 배포한 것은 1883년의 일이라고 했다. 따라서 설명과 수록된 기의 명칭이 일치하지 않는다.

② 조미수호조규 체결을 위한 회담 장소에서 사용하고자 이응준이 만든 기는 태극 문양이 담긴 최초의 기다. ➡ (X) 2문단에서 태극 문양을 그린 기는 개항 이전에도 조선 수군이 사용했다고 했으므로 1882년 조미수호조규 체결 당시에 이응준이 만든 기가 태극 문양이 담긴 최초의 기는 아니었다.

③ 통리교섭사무아문이 배포한 기의 우측 상단에 있는 괘와 '조선의

기'의 좌측 하단에 있는 괘가 상징하는 것은 같다. ➡ (X) 3문단에 따르면 통리교섭사무아문이 배포한 기인 조선 국기의 우측 상단에 있는 괘는 '조선의 기'의 좌측 하단이 아니라 좌측 상단에 있는 괘임을 알 수 있다.

④ 오늘날 태극기의 우측 하단에 있는 괘와 고종이 조선 국기로 채택한 기의 우측 하단에 있는 괘는 모두 땅을 상징한다. ➡ (O) 1문단에서 오늘날 태극기의 우측 하단에는 땅을 상징하는 곤괘가 있다고 했다. 그리고 3문단에서 고종이 조선 국기로 채택한 기의 우측 하단에는 '조선의 기'의 좌측 하단에 있는 괘가 있다고 했으며, 2문단에 따르면 '조선의 기'의 좌측 하단에는 곤괘가 있다고 했다. 따라서 선지의 내용과 같이 모두 땅을 상징하는 곤괘가 해당 위치에 있음을 알 수 있다.

⑤ 박영효가 그린 기의 좌측 상단에 있는 괘는 물을 상징하고 이응준이 그린 기의 좌측 상단에 있는 괘는 불을 상징한다. ➡ (X) 3문단에서 박영효가 그린 기는 고종이 조선 국기로 채택한 것인데, 이 조선 국기 좌측 상단에 있는 괘는 이응준이 그린 '조선의 기'의 우측 상단에 있다고 했다. 2문단에 따르면 이는 건괘에 해당해 하늘을 상징한다. 또한 이응준이 그린 기의 좌측 상단에 있는 괘는 감괘로 물을 상징한다.

12 ①

정답률 26.4%

| **문제 유형** | 비판적 사고 > 빈칸 채우기

| **접근 전략** | 갑과 을의 발언을 바탕으로 현재 시점에서 판단할 수 있는 내용은 무엇인지 찾는 유형이다. 지문에 제시되지 않은 것은 단정적으로 말할 수 없으므로 지나친 추측은 지양한다. 더불어 올해 조례 제정 상황은 1월 1일부터 7월 10일까지에 해당하는 내용임을 간과한다면 함정에 빠질 수 있다.

다음 대화의 빈칸에 들어갈 내용으로 가장 적절한 것은?

갑: 국회에서 법률들을 제정하거나 개정할 때, 법률에서 조례를 제정하여 시행하도록 위임하는 경우가 있습니다. 그리고 이런 위임에 따라 지방자치단체에서는 조례를 새로 제정하게 됩니다. 각 지방자치단체가 법률의 위임에 따라 몇 개의 조례를 제정했는지 집계하여 '조례 제정 비율'을 계산하는데, 이 지표는 작년에 이어 올해도 지방자치단체의 업무 평가 기준에 포함되었습니다.

을: 그렇군요. 그 평가 방식이 구체적으로 어떻게 되고, A시의 작년 평가 결과는 어땠는지 말씀해 주세요.

갑: 먼저 그 해 1월 1일부터 12월 31일까지 법률에서 조례를 제정하도록 위임한 사항이 몇 건인지 확인한 뒤, 그중 12월 31일까지 몇 건이나 조례로 제정되었는지로 평가합니다. 작년에는 법률에서 조례를 제정하도록 위임한 사항이 15건이었는데, 그중 A시에서 제정한 조례는 9건으로 그 비율은 60%였습니다.

을: 그러면 올해는 조례 제정 상황이 어떻습니까?

갑: 1월 1일부터 7월 10일 현재까지 법률에서 조례를 제정하도록 위임한 사항은 10건인데, A시는 이 중 7건을 조례로 제정하였으며 조례로 제정하기 위하여 입법 예고 중인 것은 2건입니다. 현재 시의회에서 조례로 제정되기를 기다리며 계류 중인 것은 없습니다.

을: 모든 조례는 입법 예고를 거친 뒤 시의회에서 제정되므로, 현재 입법 예고 중인 2건은 입법 예고 기간이 끝나야만 제정될 수 있겠네요. 이 2건의 제정 가능성은 예상할 수 있나요?

갑: 어떤 조례는 신속히 제정되기도 합니다. 그러나 때로는 시의회가 계속 파행하기도 하고 의원들의 입장에 차이가 커 공전될 수도 있기 때문에 현재 시점에서 조례 제정 가능성을 단정하기는 어렵습니다.

을: 그러면 A시의 조례 제정 비율과 관련하여 알 수 있는 것은 무엇이 있을까요?

갑: A시는 [   ]

① 현재 조례로 제정하기 위하여 입법 예고가 필요한 것이 1건입니

다. ➡ (O) 현재 총 10건의 사항 중 7건을 조례로 제정했고 2건은 입법 예고 중이다. 따라서 입법 예고가 필요한 것은 나머지 1건이다.

② 올 한 해의 조례 제정 비율이 작년보다 높아집니다. ➡ (X) 갑이 말한 올해의 조례 제정 상황은 1월 1일부터 7월 10일 현재까지에 해당하는 것으로, 한 해 전체를 말한 것이 아니다. 따라서 하반기에 법률에서 조례를 제정하도록 위임하는 사항이 더 있다면 조례 제정 비율이 작년보다 높다고 단정할 수 없다.

③ 올 한 해 총 9건의 조례를 제정하게 됩니다. ➡ (X) 이미 제정된 것과 입법 예고 중인 조례를 제외하고 나머지 1건이 추후에 입법 예고될 수도 있고, 하반기에 조례를 제정하도록 위임하는 사항이 더 추가될 수도 있으므로 올 한 해 제정된 조례의 건수를 확정할 수는 없다.

④ 현재 시점을 기준으로 평가를 받으면 조례 제정 비율이 90%입니다. ➡ (X) 입법 예고 기간이 끝나야만 제정이 될 수 있으므로, 현 시점에 제정된 조례는 7개이다. 따라서 70%가 된다.

⑤ 올 한 해 법률에서 조례를 제정하도록 위임받은 사항이 작년보다 줄어듭니다. ➡ (X) 7월 10일까지 법률에서 조례를 제정하도록 위임한 사항은 10건이지만 하반기에 더 늘어날 수 있으므로 본 선지의 내용은 지문의 갑과 을의 발언으로 알 수 없다.

13 ①

정답률 89.9%

| **문제 유형** | 비판적 사고 > 판단하기

| **접근 전략** | 판단하기와 정보 확인 유형의 복합적인 형태이다. 지문의 표와 A, B, C 모형에 대해 설명한 각 문단의 내용이 명시적으로 드러나 있으므로 어렵지 않게 풀이할 수 있다.

다음 글의 A∼C에 대한 판단으로 가장 적절한 것은?

정책 네트워크는 다원주의 사회에서 정책 영역에 따라 실질적인 정책 결정권을 공유하고 있는 집합체이다. 정책 네트워크는 구성원 간의 상호 의존성, 외부로부터 다른 사회 구성원들의 참여 가능성, 의사결정의 합의 효율성, 지속성의 특징을 고려할 때 다음 세 가지 모형으로 분류될 수 있다.

특징 모형	상호 의존성	외부 참여 가능성	합의 효율성	지속성
A	높음	낮음	높음	높음
B	보통	보통	보통	보통
C	낮음	높음	낮음	낮음

▶1문단

A는 의회의 상임위원회, 행정 부처, 이익집단이 형성하는 정책 네트워크로서 안정성이 높아 마치 소정부와 같다. 행정부 수반의 영향력이 작은 정책 분야에서 집중적으로 나타나는 형태이다. A에서는 참여자 간의 결속과 폐쇄적 경계를 강조하며, 배타성이 매우 강해 다른 이익집단의 참여를 철저하게 배제하는 것이 특징이다. ▶2문단

B는 특정 정책과 관련해 이해관계를 같이하는 참여자들로 구성된다. B가 특정 이슈에 대해 유기적인 연계 속에서 기능하면, 전통적인 관료제나 A의 방식보다 더 효과적으로 정책 목표를 달성할 수 있다. B의 주요 참여자는 정치인, 관료, 조직화된 이익집단, 전문가 집단이며, 정책 결정은 주요 참여자 간의 합의와 협력에 의해 일어난다. ▶3문단

C는 특정 이슈를 중심으로 이해관계나 전문성을 가진 이익집단, 개인, 조직으로 구성되고, 참여자는 매우 자율적이고 주도적인 행위자이며 수시로 변경된다. 배타성이 강한 A만으로 정책을 모색하면 정책 결정에 영향을 미칠 수 있는 C와 같은 개방적 참여자들의 네트워크를 놓치기 쉽다. C는 관료제의 영향력이 작고 통제가 약한 분야에서 주로 작동하는데, 참여자가 많아 합의가 어려워 결국 정부가 위원회나 청문회를 활용하여 의견을 조정하려는 경우가 종종 발생한다. ▶4문단

① 외부 참여 가능성이 높은 모형은 관료제의 영향력이 작고 통제가 약한 분야에서 나타나기 쉽다. ➡ (O) 외부 참여 가능성이 높은 모형은 C인데, 4문단에서 C는 관료제의 영향력이 작고 통제가 약한 분야에서 주로 작동한다고 했으므로 C에 대한 판단으로 적절하다.

② 상호 의존성이 보통인 모형에서는 배타성이 강해 다른 이익집단의 참여를 철저하게 배제한다. ➡ (X) 상호 의존성이 보통인 모형은 B이고, 2문단에 따르면 배타성이 강해 다른 이익집단의 참여를 철저하게 배제하는 모형은 A이므로 이 판단은 적절하지 않다.

③ 합의 효율성이 높은 모형이 가장 효과적으로 정책 목표를 달성할 수 있다. ➡ (X) 합의 효율성이 높은 모형은 A인데, 3문단에서 B가 A의 방식보다 더 효과적으로 정책 목표를 달성할 수 있다고 했으므로 A가 가장 효과적으로 정책 목표를 달성할 수 있다는 판단은 적절하지 않다.

④ A에 참여하는 이익집단의 정책 결정 영향력이 B에 참여하는 이익집단의 정책 결정 영향력보다 크다. ➡ (X) B에서는 정책 결정이 참여자 간의 합의와 협력에 의해 일어난다. A에서는 정책 결정의 방법이나 이에 대한 구성원의 영향력이 나타나 있지 않으므로 이는 알 수 없는 내용이다.

⑤ C에서는 참여자의 수가 많아질수록 네트워크의 지속성이 높아진다. ➡ (X) C는 지속성이 낮은 특징을 보이는데, 4문단에서 C는 참여자가 많아 합의가 어려워 결국 정부가 개입해 의견을 조정하려는 경우가 종종 발생한다고 하였으므로, 참여자의 수가 많아질수록 네트워크의 지속성이 높아진다고 판단한 것은 적절하지 않다.

14 ④　　　　　　　　　　　　　　　　정답률 63.5%

| 문제 유형 | 비판적 사고 > 지문에서 추론하기

| 접근 전략 | 첫 문단에 다소 낯선 용어들이 등장해 개념을 잡기 쉽지 않을 수도 있는데, 결국 서로 다른 조건을 바탕으로 경우의 수를 따지는 문제 유형이다. 양자 상태가 두 가지 이상이면 MB 방식의 경우의 수가 가장 크고 FD 방식의 경우의 수가 가장 작다.

다음 글에서 추론할 수 있는 것만을 〈보기〉에서 모두 고르면?

두 입자만으로 이루어지고 이들이 세 가지의 양자 상태 1, 2, 3 중 하나에만 있을 수 있는 계(system)가 있다고 하자. 여기서 양자 상태란 입자가 있을 수 있는 구별 가능한 어떤 상태를 지시하며, 입자는 세 가지 양자 상태 중 하나에 반드시 있어야 한다. 이때 그 계에서 입자들이 어떻게 분포할 수 있는지 경우의 수를 세는 문제는, 각 양자 상태에 대응하는 세 개의 상자 1 2 3 에 두 입자가 있는 경우의 수를 세는 것과 같다. 경우의 수는 입자들끼리 서로 구별 가능한지와 여러 개의 입자가 하나의 양자 상태에 동시에 있을 수 있는지에 따라 달라진다. ▶1문단

두 입자가 구별 가능하고, 하나의 양자 상태에 여러 개의 입자가 있을 수 있다고 가정하자. 이것을 'MB 방식'이라고 부르며, 두 입자는 각각 a, b로 표시할 수 있다. a가 1의 양자 상태에 있는 경우는 ab　, 　a　b　, a　　b 의 세 가지이고, a가 2의 양자 상태에 있는 경우와 a가 3의 양자 상태에 있는 경우도 각각 세 가지이다. 그러므로 MB 방식에서 경우의 수는 9이다. ▶2문단

두 입자가 구별되지 않고, 하나의 양자 상태에 여러 개의 입자가 있을 수 있다고 가정하자. 이것을 'BE 방식'이라고 부른다. 이때에는 두 입자 모두 a로 표시하게 되므로 aa　, 　aa　, 　　aa , a　a , 　a　a 가 가능하다. 그러므로 BE 방식에서 경우의 수는 6이다. ▶3문단

두 입자가 구별되지 않고, 하나의 양자 상태에 하나의 입자만 있을 수 있다고 가정하자. 이것을 'FD 방식'이라고 부른다. 여기에서는 BE 방식과 달리 하나의 양자 상태에 두 개의 입자가 동시에 있는 경우는 허용되지 않으므로 a a　, 　a　a , a　　a 만 가능하다. 그러므로 FD 방식에서 경우의 수는 3이다. ▶4문단

양자 상태의 가짓수가 다를 때에도 MB, BE, FD 방식 모두 위에서 설명한 대로 입자들이 놓이게 되고, 이때 경우의 수는 달라질 수 있다. ▶5문단

〈보기〉

ㄱ. 두 개의 입자에 대해, 양자 상태가 두 가지이면 BE 방식에서 경우의 수는 2이다. → (X) BE 방식은 두 입자가 구별되지 않고 하나의 양자 상태에 여러 개의 입자가 있을 수 있다. 따라서 이 경우 aa　, 　aa , a　a 의 세 가지가 가능하다. 즉, 경우의 수는 3이다.

ㄴ. 두 개의 입자에 대해, 양자 상태의 가짓수가 많아지면 FD 방식에서 두 입자가 서로 다른 양자 상태에 각각 있는 경우의 수는 커진다. → (O) FD 방식은 두 입자가 구별되지 않고 하나의 양자 상태에 하나의 입자만 있다. 이 경우에 양자 상태의 가짓수가 많아지면 경우의 수는 커질 수밖에 없다. 예를 들면, 양자 상태의 가짓수가 3일 경우에는 경우의 수가 3이지만, 양자 상태의 가짓수가 4일 경우에는 6이 된다.

ㄷ. 두 개의 입자에 대해, 양자 상태가 두 가지 이상이면 경우의 수는 BE 방식에서보다 MB 방식에서 언제나 크다. → (O) MB 방식은 두 입자가 구별 가능하고 BE 방식은 두 입자가 구별되지 않기 때문에 MB 방식의 경우의 수가 항상 클 수밖에 없다.

① ㄱ ➡ (X)
② ㄷ ➡ (X)
③ ㄱ, ㄴ ➡ (X)
④ ㄴ, ㄷ ➡ (O)
⑤ ㄱ, ㄴ, ㄷ ➡ (X)

15 ⑤　　　　　　　　　　　　　　　　정답률 60.1%

| 문제 유형 | 비판적 사고 > 지문에서 추론하기

| 접근 전략 | 첫 번째 문단에서 소리 자극 신호의 일반적인 경로를 언급한 후, 그 다음 문단에서 공포와 안정을 학습시킨 서로 다른 실험을 대비하여 각 과정이 어떻게 다른지를 기술하고 있다. 이렇게 과정의 흐름을 파악해야 하는 지문의 경우에는 어휘 하나를 다르게 하여 오답을 만들 수 있기 때문에, 지문을 읽을 때 순서대로 핵심어에 표시를 해 두는 것이 좋다.

다음 글에서 추론할 수 있는 것은?

생쥐가 새로운 소리 자극을 받으면 이 자극 신호는 뇌의 시상에 있는 청각시상으로 전달된다. 청각시상으로 전달된 자극 신호는 뇌의 편도에 있는 측핵으로 전달된다. 측핵에 전달된 신호는 편도의 중핵으로 전달되고, 중핵은 신체의 여러 기관에 전달할 신호를 만들어서 반응이 일어나게 한다. ▶1문단

연구자 K는 '공포' 또는 '안정'을 학습시켰을 때 나타나는 신경생물학적 특징을 탐구하기 위해 두 개의 실험을 수행했다. ▶2문단

첫 번째 실험에서 공포를 학습시켰다. 이를 위해 K는 생쥐에게 소리 자극을 준 뒤에 언제나 공포를 일으킬 만한 충격을 가하여, 생쥐에게 이 소리가 충격을 예고한다는 것을 학습시켰다. 이렇게 학습된 생쥐는 해당 소리 자극을 받으면 방어적인 행동을 취했다. 이 생쥐의 경우, 청각시상으로 전달된 소리 자극 신호는 학습을 수행하기 전 상태에서 전달되는 것보다 훨씬 센 강도의 신호로 증폭되어 측핵으로 전달된다. 이 증폭된 강도의 신호는 중핵을 거쳐 신체의 여러 기관에 전달되고 이는 학습된 공포 반응을 일으킨다. ▶3문단

두 번째 실험에서는 안정을 학습시켰다. 이를 위해 K는 다른 생쥐에게 소리 자극을 준 뒤에 항상 어떤 충격도 주지 않아서, 생쥐에게 이 소리가 안정을 예고한다는 것을 학습시켰다. 이렇게 학습된 생쥐는 이 소리를 들어도 방어적인 행동을 전혀 취하지 않았다. 이 경우 소리 자극 신호를 받은 청각시상에서 만들어진 신호가 측핵으로 전달되는 것이 억제되기 때문에 측핵에 전달된 신호는 매우 미약해진다. 대신 청각시상은 뇌의 선조체에서 반응을 일으

킬 수 있는 자극 신호를 만들어서 선조체에 전달한다. 선조체는 안정 상태와 같은 긍정적이고 좋은 느낌을 느낄 수 있게 하는 것에 관여하는 뇌 영역인데, 선조체에서 반응이 세게 나타나면 안정감을 느끼게 되어 학습된 안정 반응을 일으킨다. ▶4문단

① 중핵에서 만들어진 신호의 세기가 강한 경우에는 학습된 안정 반응이 나타난다. ➡ (X) 3문단에 따르면 공포를 학습한 경우 청각시상으로 전달된 소리 자극 신호는 센 강도의 신호로 증폭되어 측핵으로 전달되고 이 신호는 중핵을 거쳐 여러 기관에 전달된다고 하였다. 따라서 중핵에서 만들어진 신호의 세기가 강한 경우에는 안정 반응이 아니라 공포 반응이 나타날 것이다.

② 학습된 공포 반응을 일으키지 않는 소리 자극은 선조체에서 약한 반응이 일어나게 한다. ➡ (X) 제시된 지문에는 학습된 공포 반응과 학습된 안정 반응에 대한 설명은 제시되어 있지만, 학습된 공포 반응을 일으키지 않는 소리 자극에 대한 설명은 제시되어 있지 않다. 따라서 학습된 공포 반응을 일으키지 않는 소리 자극이 선조체에서 약한 반응이 일어나게 하는지는 알 수 없다.

③ 학습된 공포 반응을 일으키는 소리 자극은 청각시상에서 선조체로 전달되는 자극 신호를 억제한다. ➡ (X) 3문단에 따르면 학습된 공포 반응을 일으키는 소리 자극은 청각시상에서 측핵으로 전달되고 중핵을 거쳐 신체의 여러 기관으로 전달될 뿐 선조체로 전달되는 자극 신호를 억제하지는 않는다.

④ 학습된 안정 반응을 일으키는 청각시상에서 받는 소리 자극 신호는 학습된 공포 반응을 일으키는 청각시상에서 받는 소리 자극 신호보다 약하다. ➡ (X) 4문단에 따르면 학습된 안정 반응을 일으키는 청각시상에서 받는 소리 자극 신호는 측핵에 미약하게 전달되는 대신 선조체에 강하게 전달되기 때문에 그 소리 자극 신호 자체가 약한 것은 아니다.

⑤ 학습된 안정 반응을 일으키는 경우와 학습된 공포 반응을 일으키는 경우 모두, 청각시상에서 측핵으로 전달되는 신호의 세기가 학습하기 전과 달라진다. ➡ (O) 3문단에 따르면 학습된 공포 반응을 일으키는 경우에는 학습을 수행하기 전 상태에서 전달되는 신호보다 훨씬 센 강도의 신호로 전달된다. 그리고 4문단에 따르면 학습된 안정 반응을 일으키는 경우에는 청각시상에서 만들어진 신호가 측핵으로 전달되는 것이 억제되어 매우 미약해진다. 따라서 두 경우 모두 학습 후의 신호 세기가 학습 전과 다르다는 것을 추론할 수 있다.

16 ①

정답률 22.2%

| **문제 유형** | 비판적 사고 > 빈칸 채우기

| **접근 전략** | 1문단에 공연 예술단의 수석대표가 갖춰야 할 조건이 나열되어 있고, 2문단에 따라 갑이나 을 중 하나가 이 조건을 충족하면 된다. 가장 필수적인 세 가지 조건은 '정부 관료가 아닌 사람', '고전음악 지휘자나 대중음악 제작자', '전체 세대를 아우르는 사람'이다.

다음 글의 빈칸에 들어갈 내용으로 가장 적절한 것은?

민간 문화 교류 증진을 목적으로 열리는 국제 예술 공연의 개최가 확정되었다. 이번 공연이 민간 문화 교류 증진을 목적으로 열린다면, 공연 예술단의 수석대표는 정부 관료가 맡아서는 안 된다. 만일 공연이 민간 문화 교류 증진을 목적으로 열리고 공연 예술단의 수석대표는 정부 관료가 맡아서는 안 된다면, 공연 예술단의 수석대표는 고전음악 지휘자나 대중음악 제작자가 맡아야 한다. 현재 정부 관료 가운데 고전음악 지휘자나 대중음악 제작자는 없다. 예술단에 수석대표는 반드시 있어야 하며 두 사람 이상이 공동으로 맡을 수도 있다. 전체 세대를 아우를 수 있는 사람이 아니라면 수석대표를 맡아서는 안 된다. 전체 세대를 아우를 수 있는 사람이 극히 드물기에, 위에 나열된 조건을 다 갖춘 사람은 모두 수석대표를 맡는다. ▶1문단

누가 공연 예술단의 수석대표를 맡을 것인가와 더불어, 참가하는 예술인이 누구인가도 많은 관심의 대상이다. 그런데 아이돌 그룹 A가 공연 예술단에 참가하는 것은 분명하다. 왜냐하면 만일 갑이나 을이 수석대표를 맡는다면 A가 공연 예술단에 참가하는데, [   ] 때문이다. ▶2문단

→ 제시된 내용을 정리하면 다음과 같다.
- ㉠ 민간 문화 교류 증진 목적
- ㉡ 민간 문화 교류 증진 목적 → ~정부 관료
- ㉢ (민간 문화 교류 증진 목적 ∧ ~정부 관료) → (고전음악 ∨ 대중음악)
- ㉣ 정부 관료 → (~고전음악 ∧ ~대중음악)
- ㉤ 대표 반드시 있어야 함. 두 사람 이상 공동으로 가능. 대표는 전체 세대를 아우를 수 있는 사람
- ㉥ 이상의 조건을 모두 갖춘 경우 모두 수석대표
- ㉦ (갑 ∨ 을) → A 참가

A가 반드시 참가한다고 하였으므로, '갑 ∨ 을'이 생략된 전제임을 알 수 있다. 따라서 빈칸에는 '갑 ∨ 을'이 반드시 도출될 수 있는 내용이 들어가야 한다.

먼저 ㉠, ㉡으로부터 '~정부 관료'가 도출된다. 한편, ㉢으로부터 '고전음악 ∨ 대중음악'을 도출해 낼 수 있다.

따라서 갑 또는 을이 수석대표가 되기 위해서는 이하의 조건 1, 2를 모두 갖추어야 한다.
- 조건 1: '~정부 관료' 그리고 '고전음악 ∨ 대중음악'이어야 한다.
- 조건 2: 전체 세대를 아우를 수 있어야 한다.

① 갑은 고전음악 지휘자이며 전체 세대를 아우를 수 있기 ➡ (O) 갑이 고전음악 지휘자라면 정부 관료가 아니고, 여기에 더해 세대 전체를 아우를 수 있다면 수석대표로서의 조건을 충족하므로 정답이다.

② 갑이나 을은 대중음악 제작자 또는 고전음악 지휘자이기 ➡ (X) 대중음악 제작자 또는 고전음악 지휘자이면서 세대 전체를 아우를 수 있어야 한다는 조건도 충족시켜야 한다.

③ 갑과 을은 둘 다 정부 관료가 아니며 전체 세대를 아우를 수 있기 ➡ (X) 고전음악 지휘자나 대중음악 제작자여야 한다는 조건을 충족시켜야 한다.

④ 을이 대중음악 제작자가 아니라면 전체 세대를 아우를 수 없을 것이기 ➡ (X) 대중음악 제작자인 것과 전체 세대를 아우를 수 있는지 여부는 연결지어 생각해야 할 문제가 아니라 수석대표가 충족해야 할 각각의 조건이다. 따라서 두 조건을 모두 충족하지 않으므로 적절하지 않다.

⑤ 대중음악 제작자나 고전음악 지휘자라면 누구나 전체 세대를 아우를 수 있기 ➡ (X) 대중음악 제작자나 고전음악 지휘자인 것과 전체 세대를 아우를 수 있는지 여부는 연결지어 생각해야 할 문제가 아니라 수석대표가 충족해야 할 각각의 조건이다. 따라서 두 조건을 모두 충족하지 않으므로 적절하지 않다.

17 ③

정답률 43.5%

| **문제 유형** | 사실적 이해 > 논리 게임

| **접근 전략** | 용의자의 말을 제시하고 이들 중 참만을 말하거나 거짓만을 말한 사람이 있다고 하는. 경우의 수가 다양하게 나올 수 있는 문제 유형이다. 이러한 경우에는 지문을 빠르게 읽어 내용을 파악한 후 〈보기〉 각 항목의 진위를 판단하는 데에 시간을 더 들이는 것이 좋다. 지문의 내용만으로 반드시 참인 것을 확정지을 수 없기 때문이다.

다음 글의 내용이 참일 때, 반드시 참인 것만을 〈보기〉에서 모두 고르면?

A기술원 해수자원화기술 연구센터는 2014년 세계 최초로 해수전지 원천 기술을 개발한 바 있다. 연구센터는 해수전지 상용화를 위한 학술대회를 열었는데 학술대회로 연구원들이 자리를 비운 사이 누군가 해수전지 상용화를 위한 핵심 기술이 들어 있는 기밀 자료를 훔쳐 갔다. 경찰은 수사 끝에 바다, 다은, 은경, 경아를 용의자로 지목해 학술대회 당일의 상황을 물으며 이들을 심문했는데 이들의 답변은 아래와 같았다.

바다: 학술대회에서 발표된 상용화 아이디어 중 적어도 하나는 학술대회에 참석한 모든 사람들의 관심을 받았어요. 다은은 범인이 아니에요.

다은: 학술대회에 참석한 사람들은 누구나 학술대회에서 발표된 하나 이상의 상용화 아이디어에 관심을 가졌어요. 범인은 은경이거나 경아예요.

은경: 학술대회에 참석한 몇몇 사람은 학술대회에서 발표된 상용화 아이디어 중 적어도 하나에 관심이 있었어요. 경아는 범인이 아니에요.

경아: 학술대회에 참석한 모든 사람들이 어떤 상용화 아이디어에도 관심이 없었어요. 범인은 바다예요.

수사 결과 이들은 각각 참만을 말하거나 거짓만을 말한 것으로 드러났다. 그리고 네 명 중 한 명만이 범인이었다는 것이 밝혀졌다.

〈보기〉

ㄱ. 바다와 은경의 말이 모두 참일 수 있다. → (O) '몇몇 사람은 상용화 아이디어 중 적어도 하나에 관심이 있었다'는 은경의 말은 '상용화 아이디어 중 적어도 하나는 모두의 관심을 받았다'는 바다의 말에 포함되므로 모두 참일 수 있다. 또한 경아의 진술은 거짓이 되고, 이를 바다와 다은, 은경의 진술과 양립 가능하도록 하려면 바다는 범인이 아니라는 사실이 도출된다. 한편, 다은이 거짓인 경우, 은경과 양립할 수 없기 때문에 다은의 진술은 참이 된다. 따라서 이 경우 은경만이 범인이다.

ㄴ. 다은과 은경의 말이 모두 참인 것은 가능하지 않다. → (X) '누구나 하나 이상의 상용화 아이디어에 관심을 가졌다'는 다은의 말과 '몇몇 사람은 상용화 아이디어 중 적어도 하나에 관심이 있었다'는 은경의 말은 모두 참일 수 있다. 또한 경아의 진술은 거짓이 되고 이는 다은, 은경의 진술과 양립 가능하다. 바다의 진술이 참인 경우 은경만이 범인이 되고, 이는 다은, 은경의 진술 및 경아가 거짓일 경우의 경아의 진술과 양립 가능하다.

ㄷ. 용의자 중 거짓말한 사람이 단 한 명이면, 은경이 범인이다. → (O) 경아가 거짓말을 하고 바다, 다은, 은경이 참말을 한 경우, 범인은 바다가 아니고 은경 한 사람이므로 성립 가능하다. 한편, 경아의 진술은 바다, 다은, 은경 각각의 진술과 동시에 참일 수 없다. 결국, 경아가 거짓말을 한 경우만이 성립 가능하고, 이때 범인은 은경이다.

① ㄱ ➡ (X)
② ㄴ ➡ (X)
③ ㄱ, ㄷ ➡ (O)
④ ㄴ, ㄷ ➡ (X)
⑤ ㄱ, ㄴ, ㄷ ➡ (X)

18 ④

정답률 35.1%

| 문제 유형 | 사실적 이해 > 논리 게임
| 접근 전략 | 우선 문장으로 서술된 명제를 도식화해 관계를 파악하는 것이 중요하다. 마지막 부분에 거짓으로 판명 난 명제가 풀이의 핵심이므로 거기에서 출발하도록 한다.

다음 글의 내용이 참일 때, 반드시 참인 것만을 〈보기〉에서 모두 고르면?

최근 두 주 동안 직원들은 다음 주에 있을 연례 정책 브리핑을 준비해 왔다. 브리핑의 내용과 진행에 관해 알려진 바는 다음과 같다. 개인건강정보 관리 방식 변경에 관한 가안이 정책제안에 포함된다면, 보건정보의 공적 관리에 관한 가안도 정책제안에 포함될 것이다. 그리고 정책제안을 위해 구성되었던 국민건강 2025 팀이 재편된다면, 앞에서 언급한 두 개의 가안이 모두 정책제안에 포함될 것이다. 개인건강정보 관리 방식 변경에 관한 가안이 정책제안에 포함되고 국민건강 2025 팀 리더인 최팀장이 다음 주 정책 브리핑을 총괄한다면, 프레젠테이션은 국민건강 2025 팀의 팀원인 손공정씨가 맡게 될 것이다. 그런데 보건정보의 공적 관리에 관한 가안이 정책제안에 포함될 경우, 국민건강 2025 팀이 재편되거나 다음 주 정책 브리핑을 위해 준비한 보도자료가 대폭 수정될 것이다. 한편, 직원들 사이에서는, 최팀장이 다음 주 정책 브리핑을 총괄하면 팀원 손공정씨가 프레젠테이션을 담당한다는 말이 돌았는데 그 말은 틀린 것으로 밝혀졌다.

→ 제시된 내용을 정리하면 다음과 같다.

ⓐ 개인건강정보 관리 방식 변경에 관한 가안이 정책제안에 포함

ⓑ 보건정보의 공적 관리에 관한 가안이 정책제안에 포함
ⓒ 정책제안을 위해 구성되었던 국민건강 2025 팀이 재편
ⓓ 국민건강 2025 팀 최팀장이 다음 주 정책 브리핑 총괄
ⓔ 정책 브리핑 프레젠테이션은 국민건강 2025 팀 팀원 손공정씨가 담당
ⓕ 다음 주 정책 브리핑 보도자료가 대폭 수정

ⓐ ⓐ → ⓑ
ⓑ ⓒ → (ⓐ∧ⓑ)
ⓒ (ⓐ∧ⓓ) → ⓔ
ⓓ ⓑ → (ⓒ∨ⓕ)
ⓔ (ⓓ → ⓔ)는 거짓

ⓔ은 ~(~ⓓ∨ⓔ)와 동치이므로 ⓓ ∧ ~ⓔ가 도출된다. 즉, ~ⓔ이므로 ⓒ의 대우에 의하여 ~ⓐ ∨ ~ⓓ가 성립하는데, ⓓ이므로 ~ⓐ가 도출된다. 또한 ~ⓐ로부터 ⓑ의 대우에 의해 ~ⓒ가 도출된다.

〈보기〉

ㄱ. 개인건강정보 관리 방식 변경에 관한 가안과 보건정보의 공적 관리에 관한 가안 중 어느 것도 정책제안에 포함되지 않는다. → (X) ⓑ는 ⓐ, ⓒ의 후건이므로 ~ⓐ, ~ⓒ만으로는 ⓑ의 참과 거짓을 알 수 없다.

ㄴ. 국민건강 2025 팀은 재편되지 않고, 이 팀의 최팀장이 다음 주 정책 브리핑을 총괄한다. → (O) ~ⓒ, ⓓ가 도출되었으므로 반드시 참이다.

ㄷ. 보건정보의 공적 관리에 관한 가안이 정책제안에 포함된다면, 다음 주 정책 브리핑을 위해 준비한 보도자료가 대폭 수정될 것이다. → (O) ~ⓒ가 도출되었으므로 ⓓ은 ⓑ → ⓕ로 표현할 수 있다. 따라서 반드시 참이다.

① ㄱ ➡ (X)
② ㄴ ➡ (X)
③ ㄱ, ㄷ ➡ (X)
④ ㄴ, ㄷ ➡ (O)
⑤ ㄱ, ㄴ, ㄷ ➡ (X)

19 ③

정답률 54.8%

| 문제 유형 | 사실적 이해 > 논리 게임
| 접근 전략 | 각각의 진술을 바탕으로 반드시 참인 것을 고르는 유형인데, 전체 범주나 가짓수를 제한적으로 제시한 것이 아니기 때문에 경우의 수를 따져봐야 한다. 먼저, 확정된 사실을 전제로 참이라고 할 수 있는 진술을 하나씩 확보해 나가도록 한다.

다음 글의 내용이 참일 때, 반드시 참인 것은?

A, B, C, D를 포함해 총 8명이 학회에 참석했다. 이들에 관해서 알려진 정보는 다음과 같다.

○ 아인슈타인 해석, 많은 세계 해석, 코펜하겐 해석, 보른 해석 말고도 다른 해석들이 있고, 학회에 참석한 이들은 각각 하나의 해석만을 받아들인다.
○ 상태 오그라듦 가설을 받아들이는 이들은 모두 5명이고, 나머지는 이 가설을 받아들이지 않는다.
○ 상태 오그라듦 가설을 받아들이는 이들은 코펜하겐 해석이나 보른 해석을 받아들인다.
○ 코펜하겐 해석이나 보른 해석을 받아들이는 이들은 상태 오그라듦 가설을 받아들인다.
○ B는 코펜하겐 해석을 받아들이고, C는 보른 해석을 받아들인다.
○ A와 D는 상태 오그라듦 가설을 받아들인다.
○ 아인슈타인 해석을 받아들이는 이가 있다.

① 적어도 한 명은 많은 세계 해석을 받아들인다. ➡ (X) 해석의 종류는 다양하고 학회에 참석한 이들이 받아들이는 해석이 각각 다른 것이 아니라 동일한 것일 수도 있으므로, 많은 세계 해석을 받아들이는 이가 적어도 한 명은 있다고 단정할 수 없다. 따라서 이 진술은 반드시 참이라고 할 수 없다.

② 만일 보른 해석을 받아들이는 이가 두 명이면, A와 D가 받아들이는 해석은 다르다. ➡ (X) 보른 해석을 받아들이는 이가 두 명이면 그중 하나는 C일 것이고 다른 하나는 특정할 수가 없다. A와 D가 상태 오그라듦 가설을 받아들이므로 코펜하겐 해석이나 보른 해석을 받아들인다는 것은 참이지만 둘 다 코펜하겐 해석을 받아들일 수도 있기 때문이다. C 외에 보른 해석을 받아들이는 이가 A와 D가 아닌 다른 4명 중에 있을 수도 있으므로 이 진술은 반드시 참이라고 할 수 없다.

③ 만일 A와 D가 받아들이는 해석이 다르다면, 적어도 두 명은 코펜하겐 해석을 받아들인다. ➡ (O) A와 D는 상태 오그라듦 가설을 받아들이므로 코펜하겐 해석이나 보른 해석을 받아들일 것이다. 그런데 A와 D가 받아들이는 해석이 다르다면 A가 코펜하겐 해석을 받아들일 경우 D는 보른 해석을 받아들이고, A가 보른 해석을 받아들일 경우 D는 코펜하겐 해석을 받아들일 것이다. 즉, B가 코펜하겐 해석을 받아들인다고 했으므로, 적어도 두 명은 코펜하겐 해석을 받아들인다는 진술은 반드시 참이다.

④ 만일 오직 한 명만이 많은 세계 해석을 받아들인다면, 아인슈타인 해석을 받아들이는 이는 두 명이다. ➡ (X) 학회에 참석하는 이는 8명으로 제한되어 있지만, 해석의 경우는 지문에 제시된 것 외에 더 있다고 했으므로 해석의 가짓수는 제한되지 않는다. 따라서 A~D 외의 참석자들이 어떤 해석을 받아들이는지는 지문의 내용만으로 알 수 없다. 더불어 많은 세계 해석을 받아들이는 것과 아인슈타인 해석을 받아들이는 것 사이의 연관 관계는 파악하기 어렵다.

⑤ 만일 코펜하겐 해석을 받아들이는 이가 세 명이면, A와 D 가운데 적어도 한 명은 보른 해석을 받아들인다. ➡ (X) 코펜하겐 해석을 받아들이는 이가 세 명이면 B 외에 두 명이 더 있다는 말인데, 대상자는 A와 D, 그리고 상태 오그라듦 가설을 받아들이는 또 다른 한 명이 있다. 그런데 이 셋 중 A와 D가 모두 코펜하겐 해석을 받아들인다는 경우의 수가 있으므로, A와 D 중 적어도 한 명은 보른 해석을 받아들인다는 진술은 반드시 참이라고 할 수 없다.

20 ②

정답률 88.8%

| 문제 유형 | 비판적 사고 > 지문에서 추론하기

| 접근 전략 | 지문의 내용을 근거로 추론할 수 있는 것을 찾는 유형이다. 인과 관계를 역으로 해석하거나 서로 관계없는 것을 연관 지어 해석하는 오류를 범하지 않도록 한다.

다음 글의 〈실험 결과〉에서 추론할 수 있는 것은?

연구자 K는 동물의 뇌 구조 변화가 일어나는 방식을 규명하기 위해 다음의 실험을 수행했다. 실험용 쥐를 총 세 개의 실험군으로 나누었다. 실험군1의 쥐에게는 운동은 최소화하면서 학습을 시키는 '학습 위주 경험'을 하도록 훈련시켰다. 실험군2의 쥐에게는 특별한 기술을 학습할 필요 없이 수행할 수 있는 쳇바퀴 돌리기를 통해 '운동 위주 경험'을 하도록 훈련시켰다. 실험군3의 쥐에게는 어떠한 학습이나 운동도 시키지 않았다.

〈실험 결과〉

○ 뇌 신경세포 한 개당 시냅스의 수는 실험군1의 쥐에서 크게 증가했고 실험군2와 3의 쥐에서는 거의 변하지 않았다.

○ 뇌 신경세포 한 개당 모세혈관의 수는 실험군 2의 쥐에서 크게 증가했고 실험군1과 3의 쥐에서는 거의 변하지 않았다.

○ 실험군1의 쥐에서는 대뇌 피질의 지각 영역에서 구조 변화가 나타났고, 실험군2의 쥐에서는 대뇌 피질의 운동 영역과 더불어 운동 활동을 조절하는 소뇌에서 구조 변화가 나타났다. 실험군3의 쥐에서는 뇌 구조 변화가 거의 나타나지 않았다.

① 대뇌 피질의 구조 변화는 학습 위주 경험보다 운동 위주 경험에 더 큰 영향을 받는다. ➡ (X) 세 번째 실험 결과에 따르면 실험군1의 쥐에서 대뇌 피질의 지각 영역에서 구조 변화가 나타났고, 실험군2의 쥐에서 대뇌 피질의 운동 영역과 더불어 소뇌에서 구조 변화가 나타났다. 지문을 통해 대뇌 피질의 구조 변화가 서로 다른 영역에서 나타났다는 것만을 알 수 있을 뿐, 구조 변화에 미치는 영향력의 차이는 추론할 수 없다.

② 학습 위주 경험은 뇌의 신경세포당 시냅스의 수에, 운동 위주 경험은 뇌의 신경세포당 모세혈관의 수에 영향을 미친다. ➡ (O) 첫 번째 실험 결과를 통해 학습 위주의 경험은 시냅스의 수에 영향을 미치고, 두 번째 실험 결과를 통해 운동 위주의 경험은 모세혈관의 수에 영향을 미친다는 점을 추론할 수 있다.

③ 학습 위주 경험과 운동 위주 경험은 뇌의 특정 부위에 있는 신경세포의 수를 늘려 그 부위의 뇌 구조를 변하게 한다. ➡ (X) 뇌 신경세포 한 개당 시냅스의 수나 모세혈관의 수에 영향을 미치는 것이지 신경세포의 수를 늘리는 것은 아니다.

④ 특정 형태의 경험으로 인해 뇌의 특정 영역에 발생한 구조 변화가 뇌의 신경세포당 모세혈관 또는 시냅스의 수를 변화시킨다.
➡ (X) 첫 번째, 두 번째 실험 결과를 통해 특정 형태의 경험으로 인해 뇌의 신경세포 한 개당 시냅스나 모세혈관의 수가 변화한다는 사실을 알 수 있고, 세 번째 실험 결과를 통해 뇌의 특정 영역에 구조 변화가 발생한다는 사실을 알 수 있다. 그렇지만 뇌의 특정 영역 구조 변화가 모세혈관 또는 시냅스의 수에 변화를 주는지는 알 수 없다. 즉, 'A → B'와 'A → C'를 통해 'C → B'를 추론할 수는 없다.

⑤ 뇌가 영역별로 특별한 구조를 갖는 것이 그 영역에서 신경세포당 모세혈관 또는 시냅스의 수를 변화시켜 특정 형태의 경험을 더 잘 수행할 수 있게 한다. ➡ (X) 특정 형태의 경험이 뇌의 특정 영역에 변화를 주거나 신경세포당 모세혈관 또는 시냅스 수에 변화를 주는 것이지 뇌가 영역별로 특별한 구조를 갖는 것이 특정 형태의 경험을 더 잘 수행하게 하는지는 알 수 없다.

21 ③

정답률 57.7%

| 문제 유형 | 비판적 사고 > 판단하기

| 접근 전략 | 각각의 실험군에 적용된 조건이 서로 어떻게 다른지 파악하고 그에 따른 실험 결과를 통해 X가 각각의 실험군에서 어떤 방법을 사용하였는지 추론해야 한다. 방1은 어떠한 조작도 가하지 않은 대조군이고, 방2와 3은 실험군에 해당한다. 방2와 3에는 서로 다른 변인을 적용했는데 표적과 유사한 소리를 추가한 것이 방2이고 표적과 전혀 다른 소리를 추가한 것이 방3이다. 방1에 비해 방2와 3에서 어떤 실험 결과를 얻었는지 비교해 본다.

다음 글의 〈실험 결과〉에 대한 판단으로 적절한 것만을 〈보기〉에서 모두 고르면?

박쥐 X가 잡아먹을 수컷 개구리의 위치를 찾기 위해 사용하는 방법에는 두 가지가 있다. 하나는 수컷 개구리의 울음소리를 듣고 위치를 찾아내는 '음탐지' 방법이다. 다른 하나는 X가 초음파를 사용하여, 울음소리를 낼 때 커졌다 작아졌다 하는 울음주머니의 움직임을 포착하여 위치를 찾아내는 '초음파탐지' 방법이다. 울음주머니의 움직임이 없으면 이 방법으로 수컷 개구리의 위치를 찾을 수 없다.

〈실험〉

한 과학자가 수컷 개구리를 모방한 두 종류의 로봇개구리를 제작했다. 로봇개구리 A는 수컷 개구리의 울음소리를 내고, 커졌다 작아졌다 하는 울음주머니도 가지고 있다. 로봇개구리 B는 수컷 개구리의 울음소리만 내고, 커졌다 작아졌다 하는 울음주머니는 없다. 같은 수의 A 또는 B를 크기는 같지만 서로 다른 환경의 세 방 안에 같은 위치에 두었다. 세 방의 환경은 다음과 같다.

○ 방1: 로봇개구리 소리만 들리는 환경

○ 방2: 로봇개구리 소리뿐만 아니라, 로봇개구리가 있는 곳과 다른 위치에서
로봇개구리 소리와 같은 소리가 추가로 들리는 환경
○ 방3: 로봇개구리 소리뿐만 아니라, 로봇개구리가 있는 곳과 다른 위치에서
로봇개구리 소리와 전혀 다른 소리가 추가로 들리는 환경

각 방에 같은 수의 X를 넣고 실제로 로봇개구리를 잡아먹기 위해 공격하는 데 걸리는 평균 시간을 측정했다. X가 로봇개구리의 위치를 빨리 알아낼수록 공격하는 데 걸리는 시간은 짧다.

〈실험 결과〉
○ 방1: A를 넣은 경우는 3.4초였고 B를 넣은 경우는 3.3초로 둘 사이에 유의미한 차이는 없었다.
○ 방2: A를 넣은 경우는 8.2초였고 B를 넣은 경우는 공격하지 않았다.
○ 방3: A를 넣은 경우는 3.4초였고 B를 넣은 경우는 3.3초로 둘 사이에 유의미한 차이는 없었다.

─────────〈보기〉─────────

ㄱ. 방1과 2의 〈실험 결과〉는, X가 음탐지 방법이 방해를 받는 환경에서는 초음파탐지 방법을 사용한다는 가설을 강화한다. → (O) 실험 결과에 따르면 X가 방1에서는 A와 B를 모두 비슷한 시간 내에 찾아냈지만 방2에서는 A의 위치만 찾아냈다. 방1에 비해 방2는 표적의 소리에 방해가 되는 유사한 소리를 추가했기 때문인데, 여기에서 A만 찾고 B를 찾지 못했다는 것은 B에 울음주머니가 없다는 요인 때문이다. 방해가 되는 다른 유사한 소리가 섞여 있을 때 X가 음탐지 방법으로 표적을 찾을 수 있었다면 방2에서도 A와 B를 모두 찾았을 것이다. 그러나 A만 찾았다는 것은 음탐지가 방해를 받는 환경에서는 초음파탐지 방법을 사용한다는 가설을 강화한다.

ㄴ. 방2와 3의 〈실험 결과〉는, X가 소리의 종류를 구별할 수 있다는 가설을 강화한다. → (O) 방2와 3에는 표적 이외의 방해가 되는 소리가 추가되었다. 다만, 방2에서는 표적의 소리와 유사한 소리가, 방3에서는 표적의 소리와 전혀 다른 소리가 추가되었다는 점이 차이가 보인다. 그런데 방3에서는 방해 요인이 추가되지 않은 대조군과 동일하게 A와 B를 찾았다. 따라서 X가 음탐지 방법을 통해 소리의 종류를 구별할 수 있다는 가설을 강화한다.

ㄷ. 방1과 3의 〈실험 결과〉는, 수컷 개구리의 울음소리와 전혀 다른 소리가 들리는 환경에서는 X가 초음파탐지 방법을 사용한다는 가설을 강화한다. → (X) B가 울음주머니가 없음에도 불구하고 X가 방1과 3에서 모두 B를 찾아냈으므로 초음파탐지가 아닌 음탐지 방법으로 표적과 전혀 다른 소리를 구별할 수 있었다는 점을 알 수 있다. 따라서 표적의 소리와 전혀 다른 소리가 들리는 방3과 같은 환경에서 X가 초음파탐지 방법을 사용한다는 가설을 강화하지 못한다.

① ㄱ ➡ (X)
② ㄷ ➡ (X)
③ ㄱ, ㄴ ➡ (O)
④ ㄴ, ㄷ ➡ (X)
⑤ ㄱ, ㄴ, ㄷ ➡ (X)

22 ④
정답률 51.4%

| 문제 유형 | 비판적 사고 > 판단하기
| 접근 전략 | 익숙하지 않은 관념어들이 등장해 낯설게 느껴질 수 있지만 〈논증〉의 과정을 차례로 따라가며 지문의 내용을 이해하면 된다. 목표가 추가되거나 조건을 일부 수정하더라도 (3)에 의해 전통적 인식론은 폐기되어야 한다는 점이 확정되면서 마지막 결론이 도출될 수밖에 없는 구조이다.

다음 글에 대한 분석으로 적절한 것만을 〈보기〉에서 모두 고르면?

'자연화'란 자연과학의 방법론에 따라 자연과학이 수용하는 존재론을 토

대 삼아 연구를 수행한다는 의미이다. 심리학을 자연과학의 하나라고 생각하는 철학자 A는, 인식론의 자연화를 주장하기 위해 다음의 〈논증〉을 제시하였다.

〈논증〉
(1) 전통적 인식론은 적어도 다음의 두 가지 목표를 가진다. 첫째, 세계에 관한 믿음을 정당화하는 것이고, 둘째, 세계에 관한 믿음을 나타내는 문장을 감각 경험을 나타내는 문장으로 번역하는 것이다.
(2) 전통적 인식론은 첫째 목표도 달성할 수 없고 둘째 목표도 달성할 수 없다.
(3) 만약 전통적 인식론이 이 두 가지 목표 중 어느 하나라도 달성할 수가 없다면, 전통적 인식론은 폐기되어야 한다.
(4) 전통적 인식론은 폐기되어야 한다.
(5) 만약 전통적 인식론이 폐기되어야 한다면, 인식론자는 전통적 인식론 대신 심리학을 연구해야 한다.
(6) 인식론자는 전통적 인식론 대신 심리학을 연구해야 한다.

─────────〈보기〉─────────

ㄱ. 전통적 인식론의 목표에 (1)의 '두 가지 목표' 외에 "세계에 관한 믿음이 형성되는 과정을 규명하는 것"이 추가된다면, 위 논증에서 (6)은 도출되지 않는다. → (X) (1)에서 두 가지 목표 외에 다른 것이 추가되더라도 (2)에 의해 두 가지 목표를 달성할 수 없다고 했을 때 (3)에 의해 전통적 인식론이 폐기되어야 한다는 결론이 나온다면 (6)은 도출될 것이다. 따라서 이는 적절한 분석이 아니다.

ㄴ. (2)를 "전통적 인식론은 첫째 목표를 달성할 수 없거나 둘째 목표를 달성할 수 없다."로 바꾸어도 위 논증에서 (6)이 도출된다. → (O) (2)를 이와 같이 바꿔도 (3)에 의해 전통적 인식론은 폐기되어야 한다는 결론으로 이어져 (6)이 도출될 수 있으므로 적절한 분석이다.

ㄷ. (4)는 논증 안의 어떤 진술들로부터 나오는 결론일 뿐만 아니라 논증 안의 다른 진술의 전제이기도 하다. → (O) (4)는 (1)~(3)으로부터 나오는 결론이자, (5)~(6)의 전제가 되기도 하므로 적절한 분석이다.

① ㄱ ➡ (X)
② ㄷ ➡ (X)
③ ㄱ, ㄴ ➡ (X)
④ ㄴ, ㄷ ➡ (O)
⑤ ㄱ, ㄴ, ㄷ ➡ (X)

23 ⑤
정답률 43.9%

| 문제 유형 | 비판적 사고 > 판단하기
| 접근 전략 | 논리 영역의 기본적인 원리를 이해하고 있다면 수월하게 풀 수 있는 문제이다. 즉 'A or B'는 둘 중 적어도 하나는 참이라는 점. 이 명제가 거짓이라면 '~A and ~B'가 참이라는 점. 진술 문장의 긍정과 부정이 모두 성립할 경우 모순 관계가 되므로 해당 진술은 참이 될 수 없다는 점 등 기본적인 개념에 대한 설명을 포함하고 있다.

다음 글에 대한 분석으로 적절한 것만을 〈보기〉에서 모두 고르면?

어떤 사람이 당신에게 다음과 같이 제안했다고 하자. 당신은 호화 여행을 즐기게 된다. 다만 먼저 10만 원을 내야 한다. 여기에 하나의 추가 조건이 있다. 그것은 제안자의 말인 아래의 (1)이 참이면 그는 10만 원을 돌려주지 않고 약속대로 호화 여행은 제공하는 반면, (1)이 거짓이면 그는 10만 원을 돌려주고 약속대로 호화 여행도 제공한다는 것이다.

(1) 나는 당신에게 10만 원을 돌려주거나 ③당신은 나에게 10억 원을 지불한다.

당신은 이 제안을 받아들였고 10만 원을 그에게 주었다.

이때 어떤 결과가 따를지 검토해 보자. (1)은 참이거나 거짓일 것이다. (1)이 거짓이라고 가정해 보자. 그러면 추가 조건에 따라 그는 당신에게 10만 원을 돌려준다. 또한 가정상 (1)이 거짓이므로, ⓒ그는 당신에게 10만 원을 돌려주지 않는다. 결국 (1)이 거짓이라고 가정하면 그는 당신에게 10만 원을 돌려준다는 것과 돌려주지 않는다는 것이 모두 성립한다. 이는 가능하지 않다. 따라서 ⓒ(1)은 참일 수밖에 없다. 그런데 (1)이 참이라면 추가 조건에 따라 그는 당신에게 10만 원을 돌려주지 않는다. 따라서 ⓐ가 반드시 참이어야 한다. 즉, ⓒ당신은 그에게 10억 원을 지불한다.

〈보기〉

ㄱ. ①을 추론하는 데는 'A이거나 B'의 형식을 가진 문장이 거짓이면 A도 B도 모두 반드시 거짓이라는 원리가 사용되었다. → (O) (1)은 '나는 당신에게 10만 원을 돌려준다'와 '당신은 나에게 10억 원을 지불한다' 중 적어도 하나는 수행된다는 것으로 'A or B'로 기호화할 수 있다. 이것을 거짓이라고 했을 때 '~A and ~B'가 되므로 A와 B가 둘 다 거짓이 된다.

ㄴ. ⓒ을 추론하는 데는 어떤 가정하에서 같은 문장의 긍정과 부정이 모두 성립하는 경우 그 가정의 부정은 반드시 참이라는 원리가 사용되었다. → (O) (1)이 거짓이라고 할 경우 '나는 당신에게 10만 원을 돌려준다'와 그의 반대인 '나는 당신에게 10만 원을 돌려주지 않는다'가 모두 성립해서 모순이 되므로 (1)은 반드시 참일 수밖에 없다. 즉, 어떤 가정에 의해 같은 문장의 긍정과 부정이 모두 성립하게 되면 그 가정은 거짓이고 그 부정이 반드시 참이라는 원리가 사용된 것이다.

ㄷ. ⓒ을 추론하는 데는 'A이거나 B'라는 형식의 참인 문장에서 A가 거짓인 경우 B는 반드시 참이라는 원리가 사용되었다. → (O) (1)이 참일 경우 A와 B 중 적어도 하나는 성립한다. 그런데 ⓒ 앞의 진술에 의해 ~A이므로 B는 반드시 참일 수밖에 없다.

① ㄱ ➡ (X)
② ㄷ ➡ (X)
③ ㄱ, ㄴ ➡ (X)
④ ㄴ, ㄷ ➡ (X)
⑤ ㄱ, ㄴ, ㄷ ➡ (O)

24 ②

TOP 3 정답률 33.7%

| 문제 유형 | 비판적 사고 > 판단하기

| 접근 전략 | 지문에서 두 가지 견해를 파악한 후에 〈보기〉에 나오는 각각의 주장이 이들을 반박하는 것인지 판단해야 하는 유형이다. ①과 ⓒ에 대해 논의할 때 사용한 근거가 〈보기〉에서 혼용되어 나타나고 있으므로 이를 잘 분별해야 한다.

다음 글의 ①과 ⓒ에 대한 평가로 적절한 것만을 〈보기〉에서 모두 고르면?

연역과 귀납, 이 두 종류의 방법은 지적 작업에서 사용될 수 있는 모든 추론을 포괄한다. 철학과 과학을 비롯한 모든 지적 작업에 연역적 방법이 필수적이라는 것을 부정하는 사람은 아무도 없다. 귀납적 방법의 경우 사정은 크게 다르다. 귀납적 방법이 철학적 작업에 들어설 여지가 없다고 믿는 사람이 있는가 하면, 한 걸음 더 나아가 어떠한 지적 작업에도 귀납적 방법이 불필요하다고 주장하는 사람들도 있다. ▶1문단

①귀납적 방법이 철학이라는 지적 작업에서 불필요하다는 견해는 독단적인 철학관에 근거한다. 이런 견해에 따르면 철학적 주장의 정당성은 선험적인 것으로, 경험적 지식을 확장하기 위해 사용되는 귀납적 방법에 의존할 수 없다. 그러나 이런 견해는 철학적 주장이 경험적 가설에 의존해서는 안 된다는 부당하게 편협한 철학관과 '귀납적 방법'의 모호성을 딛고 서 있다. 실제로 철학사에 나타나는 목적론적 신 존재 증명이나 외부 세계의 존재에 관한

형이상학적 논증 가운데는 귀납적 방법인 유비 논증과 귀추법을 교묘히 적용하고 있는 것도 있다. ▶2문단

ⓒ모든 지적 작업에서 귀납적 방법의 필요성을 부정하는 견해는 중요한 철학적 성과를 낳기도 하였다. 포퍼의 철학이 그런 사례 가운데 하나이다. 포퍼는 귀납적 방법의 정당화 가능성에 관한 회의적 결론을 받아들이고, 과학의 탐구가 귀납적 방법으로 진행된다는 견해는 근거가 없음을 보인다. 그에 따르면, 과학의 탐구 과정은 연역 논리 법칙에 따라 전개되는 추측과 반박의 작업으로 이루어진다. 이런 포퍼의 이론은 귀납적 방법의 필요성에 대한 전면적인 부정이 낳을 수 있는 흥미로운 결과 가운데 하나라고 할 수 있다. ▶3문단

〈보기〉

ㄱ. 과학의 탐구가 귀납적 방법에 의해 진행된다는 주장은 ①을 반박한다. → (X) ①은 귀납적 방법이 철학적 작업에 불필요하다는 견해이므로, 과학의 탐구가 귀납적 방법에 의해 진행된다는 주장을 지지하지도 반박하지도 않는다.

ㄴ. 철학의 일부 논증에서 귀추법의 사용이 불가피하다는 주장은 ⓒ을 반박한다. → (O) ⓒ은 철학을 포함한 모든 지적 작업에 귀납적 방법이 불필요하다는 견해인데, 2문단에 따르면 귀납적 방법인 귀추법이 철학적 논증에 적용되기도 하므로 이 주장은 ⓒ을 반박한다.

ㄷ. 연역 논리와 경험적 가설 모두에 의존하는 지적 작업이 있다는 주장은 ①과 ⓒ을 모두 반박한다. → (X) 연역과 귀납의 방법에 모두 의존하는 지적 작업이 있다는 주장은 ⓒ을 반박하지만, ①은 철학적 작업에 국한된 견해이므로 전적으로 반박되지 않는다.

① ㄱ ➡ (X)
② ㄴ ➡ (O)
③ ㄱ, ㄷ ➡ (X)
④ ㄴ, ㄷ ➡ (X)
⑤ ㄱ, ㄴ, ㄷ ➡ (X)

25 ④

정답률 43.2%

| 문제 유형 | 비판적 사고 > 판단하기

| 접근 전략 | 부당한 삼단논법에서 오류가 발생하는 이유를 세 가지 관점에서 서술하고, 구체적인 사례에 적용해 보는 문제 유형이다. 내용적으로는 논리 게임 유형에 해당하지만 문제 풀이 과정에서는 구체적인 사례에 적용하는 작업이 필요하다.

다음 글의 갑~병에 대한 판단으로 적절한 것만을 〈보기〉에서 모두 고르면?

다음 두 삼단논법을 보자.

(1) 모든 춘천시민은 강원도민이다.
모든 강원도민은 한국인이다.
따라서 모든 춘천시민은 한국인이다.
(2) 모든 수학 고득점자는 우등생이다.
모든 과학 고득점자는 우등생이다.
따라서 모든 수학 고득점자는 과학 고득점자이다.

(1)은 타당한 삼단논법이지만 (2)는 부당한 삼단논법이다. 하지만 어떤 사람들은 (2)도 타당한 논증이라고 잘못 판단한다. 왜 이런 오류가 발생하는지 설명하기 위해 세 가지 입장이 제시되었다.

갑: 사람들은 '모든 A는 B이다'를 '모든 B는 A이다'로 잘못 바꾸는 경향이 있다. '어떤 A도 B가 아니다'나 '어떤 A는 B이다'라는 형태에서는 A와 B의 자리를 바꾸더라도 아무런 문제가 없다. 하지만 '모든 A는 B이다'라는 형태에서는 A와 B의 자리를 바꾸면 논리적 오류가 생겨난다.

을: 사람들은 '모든 A는 B이다'를 약한 의미로 이해해야 하는데도 강한 의미로 이해하는 잘못을 저지르는 경향이 있다. 여기서 약한 의미란 그것을 'A는 B에 포함된다'로 이해하는 것이고, 강한 의미란 그것을 'A는 B에 포함되고 또한 B는 A에 포함된다'는 뜻에서 'A와 B가 동일하다'로 이해하는 것이다.

병: 사람들은 전제가 모두 '모든 A는 B이다'라는 형태의 명제로 이루어진 것일 경우에는 결론도 그런 형태이기만 하면 타당하다고 생각하고, 전제 가운데 하나가 '어떤 A는 B이다'라는 형태의 명제로 이루어진 것일 경우에는 결론도 그런 형태이기만 하면 타당하다고 생각하는 경향이 있다.

─────────〈보기〉─────────

ㄱ. 대다수의 사람이 "어떤 과학자는 운동선수이다. 어떤 철학자도 과학자가 아니다."라는 전제로부터 "어떤 철학자도 운동선수가 아니다."를 타당하게 도출할 수 있는 결론이라고 응답했다는 심리 실험 결과는 갑에 의해 설명된다. → (X) '어떤 A는 B이다'라는 형태의 전제로부터 '어떤 A는 B이다'라는 형태의 결론을 도출했으므로 이는 병에 의해 설명된다.

ㄴ. 대다수의 사람이 "모든 적색 블록은 구멍이 난 블록이다. 모든 적색 블록은 삼각 블록이다."라는 전제로부터 "모든 구멍이 난 블록은 삼각 블록이다."를 타당하게 도출할 수 있는 결론이라고 응답했다는 심리 실험 결과는 을에 의해 설명된다. → (O) '모든 적색 블록은 구멍이 난 블록이다'와 '모든 적색 블록은 삼각 블록이다'를 강한 의미로 이해해 A가 B와 동일한 것으로 이해한 경우이다. 'a=b, a=c'를 통해 'b=c'라고 판단해 '모든 구멍이 난 블록은 삼각 블록이다'라는 결론을 얻었기 때문이다. 따라서 이는 을에 의해 설명된다.

ㄷ. 대다수의 사람이 "모든 물리학자는 과학자이다. 어떤 컴퓨터 프로그래머는 과학자이다."라는 전제로부터 "어떤 컴퓨터 프로그래머는 물리학자이다."를 타당하게 도출할 수 있는 결론이라고 응답했다는 심리 실험 결과는 병에 의해 설명된다. → (O) 두 가지 전제 가운데 '어떤 컴퓨터 프로그래머는 과학자이다.'라는 전제가 있어 그와 유사한 형태인 '어떤 컴퓨터 프로그래머는 물리학자이다.'를 타당한 결론이라고 본 것이다. 전제 가운데 하나가 '어떤 A는 B이다'라는 형태의 명제로 이루어진 경우에는 결론도 그런 형태이기만 하면 타당하다고 생각하는 병에 의해 설명이 가능하다.

① ㄱ ➡ (X)
② ㄷ ➡ (X)
③ ㄱ, ㄴ ➡ (X)
④ ㄴ, ㄷ ➡ (O)
⑤ ㄱ, ㄴ, ㄷ ➡ (X)

2021 | 제2영역 자료해석(㉯ 책형)

기출 총평

2021년 자료해석 시험은 과년도 기출에 비하여 자료의 길이가 짧은 문제가 많이 출제되었고, 생소한 형태의 〈그림〉 또한 출제되지 않아 비교적 쉽게 문제를 풀 수 있었다. 특히, 〈보고서〉를 작성하기 위해 추가로 필요한 자료를 찾는 문제, 권역별 지역경제 동향을 〈보고서〉로 나타내는 문제, 타워 크레인 작업 유형별 작업제한 기준 순간 풍속에 따라 '가'~'다'의 대소를 비교하는 문제, 임무단의 평화유지활동을 〈보고서〉로 나타내는 문제 등은 계산이 필요 없거나 아주 간단한 계산만 필요하였으므로 빠르고 쉽게 문제를 풀 수 있었다. 지역별 산불피해 현황 문제의 경우 〈그림 1〉, 〈그림 2〉는 피해액 및 피해재적이 나타난 반면, 〈그림 3〉에는 발생건당 피해면적이 나와 있어 자료의 제목을 꼼꼼히 읽지 않았다면 함정에 빠질 수 있는 문제였다. 하지만 〈그림 1〉, 〈그림 2〉에서 원점과 각 점을 이은 직선의 기울기가 곧 발생건당 피해액(피해재적)이라는 것을 파악했다면 이 문제 또한 계산 없이 풀 수 있는 문제였다. 이사 전후 주택규모를 조사한 자료, 화물의 지역 내, 지역 간 이동 현황을 나타낸 자료는 가로와 세로에 주어진 항목이 무엇인지 주의하여 문제를 풀어야 한다. 표/그림/빈칸 제시형 문제들도 정확한 계산을 요하는 문제들보다는 대소를 비교하는 문제들이 많았으므로 평소 전체 값을 정확히 계산하는 연습보다는 답을 간단히 도출하는 방식을 찾는 연습이 필요하다.

문항별 정답률 및 선지별 선택률

문번	정답	정답률 (%)	선지별 선택률(%)				
			①	②	③	④	⑤
01	⑤	77.0	3.6	0.2	16.9	2.3	77.0
02	⑤	91.4	0.6	0.8	0.2	7.0	91.4
03	④	60.7	4.6	31.2	1.5	60.7	2.0
04	②	92.4	2.3	92.4	2.1	0.4	2.8
05	①	79.7	79.7	7.1	1.0	3.6	8.6
06	③	48.3	0.2	0.0	48.3	1.7	49.8
07	⑤	78.3	4.7	3.6	5.5	7.9	78.3
08	②	59.7	8.4	59.7	23.7	3.4	4.8
09	④	88.7	0.4	8.1	2.3	88.7	0.5
10	①	81.1	81.1	7.2	3.4	2.3	6.0
11	②	72.7	3.0	72.7	0.2	13.5	10.6
12	⑤	83.6	1.1	4.0	6.5	4.8	83.6
13	②	61.9	6.5	61.9	7.6	9.1	14.9

문번	정답	정답률 (%)	선지별 선택률(%)				
			①	②	③	④	⑤
14	①	86.0	86.0	2.3	4.4	1.1	6.2
15	④	66.6	10.3	2.6	20.3	66.6	0.2
16	③	83.5	2.8	11.1	83.5	1.3	1.3
17	④	62.2	22.6	9.8	2.4	62.2	3.0
18	⑤	42.9	1.1	38.6	15.0	2.4	42.9
19	⑤	51.8	14.6	10.6	7.8	15.2	51.8
20	②	72.6	7.4	72.6	11.7	6.5	1.8
21	③	60.3	18.5	5.8	60.3	11.3	4.1
22	③	48.7	10.4	4.4	48.7	15.3	21.2
23	④	46.9	10.6	30.0	7.0	46.9	5.5
24	①	47.5	47.5	4.9	21.2	15.5	10.9
25	③	50.4	5.8	20.1	50.4	18.4	5.3

※ 파란색 음영 문항은 해당 회차에서 정답률이 가장 낮은 TOP 3 문항입니다.
※ 정답률 및 선지별 선택률 산정 기준: 약 1년간 누적된 자동채점 & 성적결과분석 서비스의 응시 데이터

출제 비중

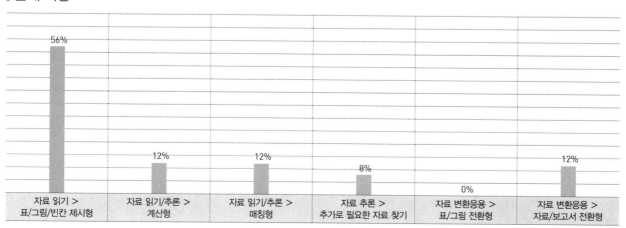

자료 읽기 > 표/그림/빈칸 제시형	56%
자료 읽기/추론 > 계산형	12%
자료 읽기/추론 > 매칭형	12%
자료 추론 > 추가로 필요한 자료 찾기	8%
자료 변환응용 > 표/그림 전환형	0%
자료 변환응용 > 자료/보고서 전환형	12%

01	⑤	02	⑤	03	④	04	②	05	①
06	③	07	⑤	08	②	09	④	10	①
11	②	12	⑤	13	④	14	①	15	④
16	③	17	④	18	⑤	19	⑤	20	②
21	③	22	③	23	④	24	①	25	③

01 ⑤

정답률 77.0%

| **문제 유형** | 자료 읽기 > 표/빈칸 제시형

| **접근 전략** | 〈표〉의 지역별 도시재생사업비 자료를 바탕으로 지역 간 도시재생사업비를 비교하는 문제이다. 일의 자리가 모두 00이므로 앞의 두 자릿수만 계산하면 문제를 빠르게 해결할 수 있다.

다음 〈표〉는 2021년 우리나라 17개 지역의 도시재생사업비이다. 이에 대한 〈보기〉의 설명 중 옳은 것만을 모두 고르면?

〈표〉 지역별 도시재생사업비

(단위: 억 원)

지역	사업비
서울	160
부산	240
대구	200
인천	80
광주	160
대전	160
울산	120
세종	0
경기	360
강원	420
충북	300
충남	320
전북	280
전남	320
경북	320
경남	440
제주	120
전체	( )

〈보기〉

ㄱ. 부산보다 사업비가 많은 지역은 8개이다. → (O) 부산보다 사업비가 많은 지역은 경기, 강원, 충북, 충남, 전북, 전남, 경북, 경남으로 8개이다.

ㄴ. 사업비 상위 2개 지역의 사업비 합은 사업비 하위 4개 지역의 사업비 합의 2배 이상이다. → (O) 사업비 상위 2개 지역은 경남과 강원으로 두 지역의 합은 440 + 420 = 860(억 원)이고, 사업비 하위 4개 지역은 세종, 인천, 울산, 제주로 네 지역의 합은 0 + 80 + 120 + 120 = 320(억 원)이다. 따라서 860 > 2 × 320 = 640으로 옳은 설명이다.

ㄷ. 사업비가 전체 사업비의 10% 이상인 지역은 2개이다. → (O) 전체 사업비는 160 + 240 + 200 + 80 + 160 + 160 + 120 + 360 + 420 + 300 + 320 + 280 + 320 + 320 + 440 + 120 = 4,000(억 원)이다. 따라서 사업비가 0.1 × 4,000 = 400(억 원) 이상인 지역은 강원, 경남으로 2개이다.

① ㄱ ➡ (X)
② ㄷ ➡ (X)
③ ㄱ, ㄴ ➡ (X)
④ ㄴ, ㄷ ➡ (X)
⑤ ㄱ, ㄴ, ㄷ ➡ (O)

02 ⑤

정답률 91.4%

| **문제 유형** | 자료 변환응용 > 자료/보고서 전환형

| **접근 전략** | 〈표〉에 주어진 권역별 전분기 대비 2분기의 지역경제 동향을 바탕으로 〈보고서〉 내용의 옳고 그름을 판단하는 문제이다. 〈보고서〉의 전체 내용을 읽지 않고도, 선지에 나오는 부분만 밑줄 친 다음 해당 내용만 읽고 비교하면 문제를 빠르게 해결할 수 있다.

다음 〈표〉는 전분기 대비 2분기의 권역별 지역경제 동향을 부문별로 정리한 자료이다. 이에 대한 〈보고서〉의 내용이 〈표〉와 부합하지 않는 부문은?

〈표〉 전분기 대비 2분기의 권역별 지역경제 동향

부문＼권역	수도권	동남권	충청권	호남권	대경권	강원권	제주권
제조업 생산	▲	－	▲	▲	▲	－	▽
서비스업 생산	－	▽	－	▽	－	－	▲
소비	▲	▽	－	－	－	－	－
설비투자	▲	－	▲	▲	▲	－	－
건설투자	－	▲	▽	▽	－	▽	▽
수출	▲	▽	▲	▲	▲	▲	－

※ 전분기 대비 경제동향은 ▲(증가), －(보합), ▽(감소)로만 구분됨

〈보고서〉

제조업 생산은 수도권과 충청권, 호남권, 대경권이 '증가'이고, 동남권 및 강원권이 '보합', 제주권이 '감소'였다. → (O) 제조업 생산은 수도권, 충청권, 호남권, 대경권이 '▲', 동남권, 강원권이 '－', 제주권이 '▽'이다. 서비스업 생산은 제주권이 '증가'이고, 동남권과 호남권이 '감소'인 가운데 나머지 권역이 '보합'이었다. → (O) 서비스업 생산은 제주권이 '▲'이고, 동남권, 호남권이 '▽', 나머지 권역이 '－'이다. 소비는 수도권이 '증가'이고 동남권이 '감소'였으며, 나머지 권역의 소비는 모두 '보합'이었다. → (O) 소비는 수도권이 '▲', 동남권이 '▽'이고, 나머지 권역이 '－'이다. 설비투자는 수도권과 충청권, 호남권, 대경권이 '증가'이고 나머지 권역이 '보합'이었다. 건설투자는 동남권만 '증가'인 반면, → (O) 건설투자는 동남권만 '▲'이고, 나머지 권역은 '▽' 또는 '－'이다. 수출은 동남권을 제외한 모든 권역이 '증가'였다. → (X) 수출은 동남권이 '▽', 제주권이 '－'이고, 나머지 권역이 '▲'이다.

① 제조업 생산 ➡ (O)   ② 서비스업 생산 ➡ (O)
③ 소비 ➡ (O)   ④ 건설투자 ➡ (O)
⑤ 수출 ➡ (X)

| 문제 유형 | 자료 읽기 > 표 제시형

| 접근 전략 | 〈표〉에 주어진 연도별 독립유공자 포상 인원 자료를 바탕으로 성별, 훈격별 포상 인원을 비교하는 문제이다. 남성의 포상 인원은 전체 포상 인원-여성 포상 인원임을 이용하여 문제를 풀어야 한다.

다음 〈표〉는 2014~2018년 독립유공자 포상 인원에 관한 자료이다. 이에 대한 〈보기〉의 설명 중 옳은 것만을 모두 고르면?

〈표〉 연도별 독립유공자 포상 인원

(단위: 명)

훈격 연도	전체	건국 훈장	독립장	애국장	애족장	건국 포장	대통령 표창
2014	341(10)	266(2)	4(0)	111(1)	151(1)	30(2)	45(6)
2015	510(21)	326(3)	2(0)	130(0)	194(3)	74(5)	110(13)
2016	312(14)	204(4)	0(0)	87(0)	117(4)	36(2)	72(8)
2017	269(11)	152(8)	1(0)	43(0)	108(8)	43(1)	74(2)
2018	355(60)	150(11)	0(0)	51(2)	99(9)	51(9)	154(40)

※ ( ) 안은 포상 인원 중 여성 포상 인원임

〈보기〉

ㄱ. 여성 건국훈장 포상 인원은 매년 증가한다. → (O) 여성 건국훈장 포상 인원은 매년 2 → 3 → 4 → 8 → 11명으로 증가한다.

ㄴ. 매년 건국훈장 포상 인원은 전체 포상 인원의 절반 이상이다. → (X) 2018년에는 건국훈장 포상 인원의 2배인 300명이 전체 포상 인원인 355명에 미치지 못하므로 건국훈장 포상 인원이 전체 포상 인원의 절반 미만이다.

ㄷ. 남성 애국장 포상 인원과 남성 애족장 포상 인원의 차이가 가장 큰 해는 2015년이다. → (O) 남성 포상 인원은 전체 포상 인원 - 여성 포상 인원이다. 따라서 남성 애국장 포상 인원과 남성 애족장 포상 인원의 차이는 2014년의 경우 (151 - 1) - (111 - 1) = 40(명), 2015년의 경우 (194 - 3) - 130 = 61(명), 2016년의 경우 (117 - 4) - 87 = 26(명), 2017년의 경우 (108 - 8) - 43 = 57(명), 2018년의 경우 (99 - 9) - (51 - 2) = 41(명)으로 2015년에 차이가 가장 크다.

ㄹ. 건국포장 포상 인원 중 여성 비율이 가장 낮은 해에는 대통령표창 포상 인원 중 여성 비율도 가장 낮다. → (O) 2017년에는 2014년, 2016년보다 전체 건국포장 포상 인원이 많지만 여성 건국포장 포상 인원은 더 적다. 2015년, 2018년은 전체 건국포장 포상 인원이 2017년의 2배 미만이지만 여성 건국포장 포상 인원은 2배를 초과한다. 따라서 건국포장 포상 인원 중 여성 비율이 가장 낮은 해는 2017년이다. 한편 2017년에는 2014년, 2016년보다 전체 대통령표창 포상 인원이 많지만 여성 대통령표창 포상 인원은 더 적다. 2015년, 2018년은 전체 대통령표창 포상 인원이 2017년의 3배 미만이지만 여성 대통령표창 포상 인원은 3배를 초과한다. 따라서 대통령표창 포상 인원 중 여성 비율이 가장 낮은 해도 2017년이다.

① ㄱ, ㄴ ➡ (X)
② ㄱ, ㄹ ➡ (X)
③ ㄴ, ㄷ ➡ (X)
④ ㄱ, ㄷ, ㄹ ➡ (O)
⑤ ㄴ, ㄷ, ㄹ ➡ (X)

| 문제 유형 | 자료 읽기/추론 > 매칭형

| 접근 전략 | 〈표〉에 주어진 2020년 민원 상담 현황을 바탕으로 〈그림〉의 A, B를 찾는 문제이다. 모든 상담내용에 대하여 민원인별 상담건수 구성비를 구하지 않고, 선지에 주어진 상담내용에 대한 특정 민원인의 비율만 계산하면 답을 쉽게 찾을 수 있다.

다음 〈표〉는 2020년 '갑'국 관세청의 민원 상담 현황에 관한 자료이고, 〈그림〉은 상담내용 A와 B의 민원인별 상담건수 구성비를 나타낸 자료이다. 이를 근거로 A와 B를 바르게 나열한 것은?

〈표〉 2020년 민원 상담 현황

(단위: 건)

민원인 상담내용	관세사	무역 업체	개인	세관	선사/ 항공사	기타	합계
전산처리	24,496	63,475	48,658	1,603	4,851	4,308	147,391
수입	24,857	5,361	4,290	7,941	400	664	43,513
사전검증	22,228	5,179	1,692	241	2,247	3,586	35,173
징수	9,948	5,482	3,963	3,753	182	476	23,804
요건신청	4,944	12,072	380	37	131	251	17,815
수출	6,678	4,196	3,053	1,605	424	337	16,293
화물	3,846	896	36	3,835	2,619	3,107	14,339
환급	3,809	1,040	79	1,815	13	101	6,857

〈그림〉 상담내용 A와 B의 민원인별 상담건수 구성비(2020년)

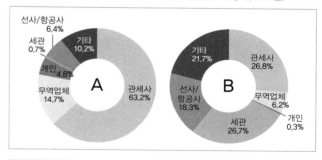

	A	B
①	수입	요건신청 ➡ (X)
②	사전검증	화물 ➡ (O)
③	사전검증	환급 ➡ (X)
④	환급	요건신청 ➡ (X)
⑤	환급	화물 ➡ (X)

② 정확한 비율을 알지 않아도 답을 구할 수 있으므로 전체 상담건수의 10%, 20%를 구한 뒤 기타 상담건수(A 10.2%, B 21.7%)와 비교해본다. 수입은 전체 상담건수의 10%가 약 4,300건이고, 기타 상담건수는 664건으로 크게 차이난다. 사전검증은 전체 상담건수의 10%가 약 3,500건이고, 기타 상담건수는 3,586건이므로 유사하다. 환급은 전체 상담건수의 10%가 약 685건이고, 기타 상담건수는 101건으로 크게 차이난다. 따라서 A는 사전검증이다. A가 사전검증인 경우 B는 화물 또는 환급이다. 화물은 전체 상담건수의 20%가 약 2,900건이고, 기타 상담건수는 3,107건이므로 유사하다. 환급은 전체 상담건수의 20%가 약 1,300건이고, 기타 상담건수는 101건으로 크게 차이난다. 따라서 B는 화물이다.

05 ①

정답률 79.7%

| 문제 유형 | 자료 읽기 > 표 제시형

| 접근 전략 | 〈표〉에 주어진 2020년 가치액 상위 10개 스포츠 구단의 2020년 순위 및 가치액과 2019년 순위 및 가치액을 비교하는 문제이다. 가치액을 모두 더해 비교하는 것보다 2019년과 2020년의 차이만 더하면 문제를 빠르게 해결할 수 있다.

다음 〈표〉는 '갑'잡지가 발표한 세계 스포츠 구단 중 2020년 가치액 기준 상위 10개 구단에 관한 자료이다. 이에 대한 〈보기〉의 설명 중 옳은 것만을 모두 고르면?

〈표〉 2020년 가치액 상위 10개 스포츠 구단

(단위: 억 달러)

순위	구단	종목	가치액
1(1)	A	미식축구	58(58)
2(2)	B	야구	50(50)
3(5)	C	농구	45(39)
4(8)	D	농구	44(36)
5(9)	E	농구	42(33)
6(3)	F	축구	41(42)
7(7)	G	미식축구	40(37)
8(4)	H	축구	39(41)
9(11)	I	미식축구	37(31)
10(6)	J	축구	36(38)

※ ( )안은 2019년도 값임

─〈보기〉─

ㄱ. 2020년 상위 10개 스포츠 구단 중 전년보다 순위가 상승한 구단이 순위가 하락한 구단보다 많다. → (O) 2020년 전년 대비 순위가 상승한 구단은 C, D, E, I로 네 구단이고, 순위가 하락한 구단은 F, H, J로 세 구단이다.

ㄴ. 2020년 상위 10개 스포츠 구단 중 미식축구 구단 가치액 합은 농구 구단 가치액 합보다 크다. → (O) 미식축구 구단 가치액의 합은 58 + 40 + 37 = 135(억 달러)이고, 농구 구단 가치액의 합은 45 + 44 + 42 = 131(억 달러)이다.

ㄷ. 2020년 상위 10개 스포츠 구단 중 전년 대비 가치액 상승률이 가장 큰 구단의 종목은 미식축구이다. → (X) 가치액이 전년 대비 상승한 구단은 C, D, E, G, I 이다. C는 전년 대비 6억 달러, D는 8억 달러, E는 9억 달러, G는 3억 달러, I는 6억 달러 상승하였다. G는 D, E보다 전년도 가치액이 크면서 상승액은 더 작으므로 가치액 상승률이 가장 큰 구단이 아니다. C는 I보다 전년도 가치액이 크면서 상승액은 동일하므로 가치액 상승률이 가장 큰 구단이 아니다.

따라서 D, E, I의 가치액 상승률만 계산해보면 D는 $\frac{8}{36} \times 100 ≒ 22$(%), E는 $\frac{9}{33} \times 100 ≒ 27$(%), I는 $\frac{6}{31} \times 100 ≒ 19$(%)이므로 전년 대비 가치액 상승률이 가장 큰 구단은 미식축구가 아니다. 따라서 농구는 미식축구보다 2019년 가치액이 더 작으면서 상승액은 더 크므로 가치액 상승률이 가장 크다.

ㄹ. 연도별 상위 10개 스포츠 구단의 가치액 합은 2019년이 2020년보다 크다. → (X) I구단을 제외하고, A∼J구단의 2019년과 2020년 가치액 차이의 합은 0 + 0 + 6 + 8 + 9 + (−1) + 3 + (−2) + (−2) = 21(억 달러)이다. 2019년 순위가 10위인 구단의 가치액은 9위인 E구단의 가치액보다 작고, 11위인 I구단의 가치액보다 크다. 따라서 31억 달러 이상 33억 달러 이하이다. 2020년 I구단의 가치액이 37억 원이므로 항상 2019년 10위 구단의 가치액보다 크다. 따라서 2019년과 2020년 상위 10개 스포츠 구단의 가치액 차이의 합은 양수가 되므로 2020년의 상위 10개 스포츠 구단의 가치액의 합이 2019년 대비 더 크다.

06 ③

정답률 48.3%

| 문제 유형 | 자료 추론 > 추가로 필요한 자료 찾기

| 접근 전략 | 〈보고서〉 작성에 필요한 자료를 찾는 문제이다. 이 문제에서 〈표〉는 문제 풀이에 의미가 없는 자료이므로 〈표〉와 중복되는 〈보기〉가 존재하는지 여부만 확인하고 넘어간다. 〈보기〉에 주어진 자료의 제목이 〈보고서〉에 나와있는지 먼저 확인하면 문제를 빠르게 해결할 수 있다.

다음 〈표〉와 〈보고서〉는 A시 청년의 희망직업 취업 여부에 관한 조사 결과이다. 제시된 〈표〉 이외에 〈보고서〉를 작성하기 위해 추가로 이용한 자료만을 〈보기〉에서 모두 고르면?

〈표〉 전공계열별 희망직업 취업 현황

(단위: 명, %)

구분 \ 전공계열	전체	인문 사회계열	이공계열	의약/교육/예체능계열
취업자 수	2,988	1,090	1,054	844
희망직업 취업률	52.3	52.4	43.0	63.7
희망직업 외 취업률	47.7	47.6	57.0	36.3

─〈보고서〉─

　　A시의 취업한 청년 2,988명을 대상으로 조사한 결과 52.3%가 희망직업에 취업했다고 응답하였다. 전공계열별로 살펴보면 의약/교육/예체능계열, 인문사회계열, 이공계열 순으로 희망직업 취업률이 높게 나타났다.

　　전공계열별로 희망직업을 선택한 동기를 살펴보면 이공계열과 의약/교육/예체능계열의 경우 '전공분야'라고 응답한 비율이 각각 50.3%와 49.9%였고, 인문사회계열은 그 비율이 33.3%였다. 전공계열별 희망직업의 선호도 분포를 분석한 결과, 인문사회계열은 '경영', 이공계열은 '연구직', 그리고 의약/교육/예체능계열은 '보건·의료·교육'에 대한 선호도가 가장 높았다.

　　한편, 전공계열별로 희망직업에 취업한 청년과 희망직업 외에 취업한 청년의 직장 만족도를 살펴보면 차이가 가장 큰 계열은 이공계열로 0.41점이었다.

─〈보기〉─

ㄱ. 구인·구직 추이

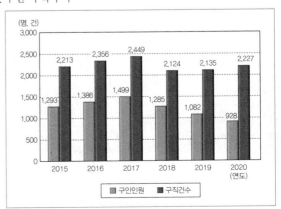

(명, 건)

→ (X) 구인·구직 추이는 〈보고서〉에 없는 내용이다.

ㄴ. 전공계열별 희망직업 선호도 분포

(단위: %)

전공계열 희망직업	전체	인문 사회계열	이공계열	의약/교육/ 예체능계열
경영	24.2	47.7	15.4	5.1
연구직	19.8	1.9	52.8	1.8
보건 · 의료 · 교육	33.2	28.6	14.6	62.2
예술 · 스포츠	10.7	8.9	4.2	21.2
여행 · 요식	8.7	12.2	5.5	8.0
생산 · 농림어업	3.4	0.7	7.5	1.7

→ (O) 〈보고서〉 2문단에 "전공계열별 희망직업의 선호도 분포를 분석한 결과, 인문사회계열은 '경영', 이공계열은 '연구직', 그리고 의약/교육/예체능계열은 '보건 · 의료 · 교육'에 대한 선호도가 가장 높았다."라고 제시되어 있고, 〈표〉의 자료와 일치하므로 해당 자료는 〈보고서〉를 작성하기 위해 추가로 이용되었다.

ㄷ. 전공계열별 희망직업 선택 동기 구성비

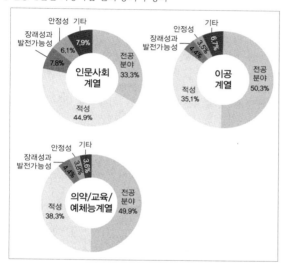

→ (O) 〈보고서〉 2문단에 "전공계열별로 희망직업을 선택한 동기를 살펴보면 이공계열과 의약/교육/예체능계열의 경우 '전공분야'라고 응답한 비율이 각각 50.3%와 49.9%였고, 인문사회계열은 그 비율이 33.3%였다."라고 제시되어 있고, 〈그림〉의 자료와 일치하므로 해당 자료는 〈보고서〉를 작성하기 위해 추가로 이용되었다.

ㄹ. 희망직업 취업여부에 따른 항목별 직장 만족도(5점 만점)

(단위: 점)

항목 희망직업 취업여부	업무내용	소득	고용안정
전체	3.72	3.57	3.28
희망직업 취업	3.83	3.70	3.35
희망직업 외 취업	3.59	3.42	3.21

→ (X) 〈보고서〉에 전공계열별 희망직업 취업여부에 따른 직장 만족도는 주어져 있지만 희망직업 취업여부에 따른 항목별 직장 만족도는 주어져 있지 않으므로 해당 자료는 〈보고서〉 작성에 이용되지 않았다.

① ㄱ, ㄷ ➡ (X)
② ㄱ, ㄹ ➡ (X)
③ ㄴ, ㄷ ➡ (O)
④ ㄱ, ㄴ, ㄹ ➡ (X)
⑤ ㄴ, ㄷ, ㄹ ➡ (X)

---

07 ⑤

| 문제 유형 | 자료 읽기 > 표/빈칸 제시형
| 접근 전략 | 〈표〉에 주어진 A프로세서 성능 평가를 위한 8개 프로그램 수행 결과와 각주의 수식을 바탕으로 각 프로그램의 성능을 비교하는 문제이다. 각주의 수식을 변형해서 수행시간과 클릭 사이클 수를 구할 수 있어야 한다. '~할수록 ~하다'와 같은 비교 문제나 '가장 ~한 것'을 찾는 문제는 반례가 하나라도 존재하면 옳지 않은 것이다.

다음 〈표〉는 A프로세서 성능 평가를 위한 8개 프로그램 수행 결과에 관한 자료이다. 이에 대한 설명으로 옳은 것은?

〈표〉 A프로세서 성능 평가를 위한 8개 프로그램 수행 결과

(단위: 십억 개, 초)

항목 프로그램	명령어 수	CPI	수행 시간	기준 시간	성능 지표
숫자 정렬	2,390	0.70	669	9,634	14.4
문서 편집	221	2.66	235	9,120	38.8
인공지능 바둑	1,274	1.10	( )	10,490	18.7
유전체 분석	2,616	0.60	628	9,357	14.9
인공지능 체스	1,948	0.80	623	12,100	19.4
양자 컴퓨팅	659	0.44	116	20,720	178.6
영상 압축	3,793	0.50	759	22,163	29.2
내비게이션	1,250	1.00	500	7,020	( )

※ 1) CPI(clock cycles per instruction) $= \dfrac{\text{클럭 사이클 수}}{\text{명령어 수}}$

2) 성능지표 $= \dfrac{\text{기준시간}}{\text{수행시간}}$

① 명령어 수가 많은 프로그램일수록 수행시간이 길다. ➡ (X) 유전체 분석은 숫자 정렬보다 명령어 수가 많지만 수행시간은 숫자 정렬보다 짧다.

② CPI가 가장 낮은 프로그램은 기준시간이 가장 길다. ➡ (X) CPI가 가장 낮은 프로그램은 양자 컴퓨팅이고, 기준시간이 가장 긴 프로그램은 영상 압축이다.

③ 수행시간은 인공지능 바둑이 내비게이션보다 짧다. ➡ (X) 수행시간은 $\dfrac{\text{기준시간}}{\text{성능지표}}$ 이다. 따라서 인공지능 바둑의 수행시간은 $\dfrac{10,490}{18.7}$≒561.0(초)이다. 따라서 인공지능 바둑의 수행시간은 내비게이션 수행시간 500초보다 길다.

④ 기준시간이 짧은 프로그램일수록 클릭 사이클 수가 적다. ➡ (X) 클릭 사이클 수는 'CPI × 명령어 수'이다. 양자 컴퓨팅은 기준시간이 인공지능 체스보다 길지만 CPI와 명령어 수가 인공지능 체스보다 적으므로 클릭 사이클 수도 더 적다.

⑤ 성능지표가 가장 낮은 프로그램은 내비게이션이다. ➡ (O) 내비게이션의 성능지표는 $\dfrac{7,020}{500}$ = 14.04(초)이다. 따라서 성능지표는 내비게이션이 가장 낮다.

| 문제 유형 | 자료 읽기 > 표/그림 제시형

| 접근 전략 | 〈표〉에 주어진 A~J지역별 산불 발생건수를 바탕으로 〈그림〉에 주어진 점들이 어느 지역인지 파악하고, 〈그림〉의 산불 피해액, 피해재적, 발생건당 피해면적을 바탕으로 비교하는 문제이다. 〈그림 1〉과 〈그림 2〉에서 산불 발생건당 피해액 및 피해재적은 $\dfrac{\text{피해액(피해재적)}}{\text{발생건수}}$ 이므로 원점과 각 점을 이었을 때의 기울기에 해당한다. 따라서 기울기가 가파를수록 발생건당 피해액 및 피해재적이 큰 것이다. 〈그림 3〉의 경우 y축이 산불 발생건당 피해면적이므로 y값이 곧 산불 발생건당 피해면적이고, 총 피해면적은 '발생건당 피해면적 × 발생건수'이다.

다음 〈표〉와 〈그림〉은 2019년 '갑'국의 A~J지역별 산불피해 현황에 관한 자료이다. 이에 대한 〈보기〉의 설명 중 옳은 것만을 모두 고르면?

〈표〉 A~J지역별 산불 발생건수

(단위: 건)

지역	A	B	C	D	E	F	G	H	I	J
산불 발생건수	516	570	350	277	197	296	492	623	391	165

〈그림 1〉 A~J지역별 산불 발생건수 및 피해액

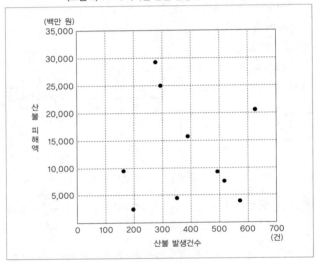

※ 산불 피해액은 산불로 인한 손실 금액을 의미함

〈그림 2〉 A~J지역별 산불 발생건수 및 피해재적

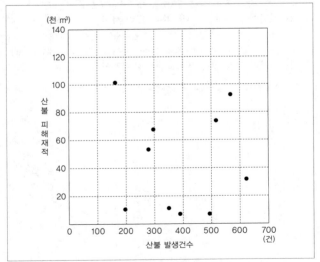

※ 산불 피해재적은 산불 피해를 입은 입목의 재적을 의미함

〈그림 3〉 A~J지역별 산불 발생건수 및 발생건당 피해면적

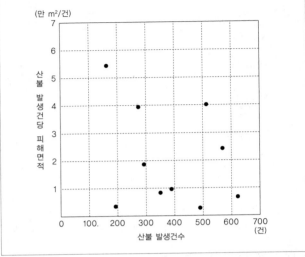

※ 산불 피해면적은 산불이 발생하여 지상입목. 관목. 시초 등을 연소시키면서 지나간 면적을 의미함

〈보기〉

ㄱ. 산불 발생건당 피해면적은 J지역이 가장 크다. → (O) 산불 발생건당 피해면적이 가장 큰 지역은 〈그림 3〉에서 가장 높은 지점에 위치한 지역이다. 이 지역은 산불 발생건수가 160건 부근이므로 J지역이다.

ㄴ. 산불 발생건당 피해재적은 B지역이 가장 크고 E지역이 가장 작다. → (X) 산불 발생건당 피해재적은 $\dfrac{\text{산불 피해재적}}{\text{산불 발생건수}}$ 이므로 기울기를 이용하면 된다. 〈그림 2〉에서 기울기가 가장 가파른 지역은 산불 발생건수가 160건 부근인 J지역이고, 기울기가 가장 완만한 지역은 산불 발생건수가 500건 부근인 G지역이다. 따라서 산불 발생건당 피해재적은 J지역이 가장 크고, G지역이 가장 작다.

ㄷ. 산불 발생건당 피해액은 D지역이 가장 크고 B지역이 가장 작다. → (O) 산불 발생건당 피해액은 $\dfrac{\text{산불 피해액}}{\text{산불 발생건수}}$ 이므로 기울기를 이용하면 된다. 〈그림 1〉에서 기울기가 가장 가파른 지역은 산불 발생건수가 280건 부근인 D지역이고, 기울기가 가장 완만한 지역은 산불 발생건수가 580건 부근인 B지역이다. 따라서 산불 발생건당 피해액은 D지역이 가장 크고, B지역이 가장 작다.

ㄹ. 산불 피해면적은 H지역이 가장 크고 E지역이 가장 작다. → (X) H지역은 B지역과 산불 발생건수가 유사하지만 B지역은 H지역보다 산불 발생건당 피해면적이 2배 이상이다. 따라서 B지역의 산불 피해면적이 H지역보다 크므로 옳지 않다.

① ㄱ, ㄴ ➡ (X)
② ㄱ, ㄷ ➡ (O)
③ ㄱ, ㄹ ➡ (X)
④ ㄴ, ㄷ ➡ (X)
⑤ ㄷ, ㄹ ➡ (X)

| **문제 유형** | 자료 읽기/추론 > 계산형 |

| **접근 전략** | 〈표 2〉에 주어진 작업제한 기준 순간 풍속과 〈정보〉를 바탕으로 〈표 1〉의 '가', '나', '다'의 값을 유추하는 문제이다. 순간 풍속이 15m/s 미만이면 모든 작업이 진행되고, 15m/s 이상 20m/s 미만이면 설치는 제한, 운전만 진행되고, 20m/s 이상이면 설치와 운전은 모두 제한된다.

다음 〈표〉는 2020년 '갑'국 A∼E지역의 월별 최대 순간 풍속과 타워크레인 작업 유형별 작업제한 기준 순간 풍속에 관한 자료이다. 〈표〉와 〈정보〉에 근거하여 '가'∼'다'를 큰 것부터 순서대로 나열한 것은?

〈표 1〉 A∼E지역의 월별 최대 순간 풍속

(단위: m/s)

월 \ 지역	A	B	C	D	E
1	15.7	12.8	18.4	26.9	23.4
2	14.5	13.5	19.0	25.7	(다)
3	19.5	17.5	21.5	23.5	24.5
4	18.9	16.7	19.8	24.7	26.0
5	13.7	21.0	14.1	22.8	21.5
6	16.5	18.8	17.0	29.0	24.0
7	16.8	22.0	25.0	32.3	31.5
8	15.8	29.6	25.2	33.0	31.6
9	21.5	19.9	(나)	32.7	34.2
10	18.2	16.3	19.5	21.4	28.8
11	12.0	17.3	20.1	22.2	19.2
12	19.4	(가)	20.3	26.0	23.9

〈표 2〉 타워크레인 작업 유형별 작업제한 기준 순간 풍속

(단위: m/s)

타워크레인 작업 유형	설치	운전
작업제한 기준 순간 풍속	15	20

※ 순간 풍속이 타워크레인 작업 유형별 작업제한 기준 이상인 경우, 해당 작업 유형에 대한 작업제한 조치가 시행됨

〈정보〉

○ B지역에서 타워크레인 작업제한 조치가 한 번도 시행되지 않은 '월'은 3개이다. → 12월을 제외하고, B지역에서 타워크레인 작업제한 조치가 한 번도 시행되지 않은 '월'은 1월, 2월이다. 따라서 12월 또한 작업제한 조치가 시행되지 않아야 하므로 15m/s 미만이다.

○ 매월 C지역의 최대 순간 풍속은 A지역보다 높고 D지역보다 낮다. → C지역 9월 최대 순간 풍속은 21.5m/s 초과 32.7m/s 미만이다.

○ E지역에서 '설치' 작업제한 조치는 매월 시행되었고 '운전' 작업제한 조치는 2개 '월'을 제외한 모든 '월'에 시행되었다. → E지역은 '설치' 작업제한 조치가 매월 시행되었으므로 매월 15m/s 이상이다. 2월을 제외하고, '운전' 작업제한 조치가 시행되지 않은 월은 11월뿐이다. 따라서 2월에도 '운전' 작업제한 조치가 시행되지 않아야 하므로 15m/s 이상 20m/s 미만이다.

① 가, 나, 다 ➡ (X)
② 가, 다, 나 ➡ (X)
③ 나, 가, 다 ➡ (X)
④ 나, 다, 가 ➡ (O) '가'는 15m/s 미만, '나'는 21.5m/s 초과 32.7m/s 미만, '다'는 15m/s 이상 20m/s 미만이므로 '나', '다', '가' 순이다.
⑤ 다, 가, 나 ➡ (X)

| **문제 유형** | 자료 읽기 > 표/빈칸 제시형 |

| **접근 전략** | 〈표〉에 주어진 5개국의 발전원별 발전량 및 비중을 바탕으로 비교하는 문제이다. 발전원은 원자력, 화력, 수력, 신재생 에너지로만 구성되므로 발전원의 비중의 합은 100임을 이용하여 계산한다.

다음 〈표〉는 5개국의 발전원별 발전량 및 비중에 관한 자료이다. 이에 대한 설명으로 옳지 않은 것은?

〈표〉 5개국의 발전원별 발전량 및 비중

(단위: TWh, %)

국가	연도	원자력	화력 석탄	화력 LNG	화력 유류	수력	신재생 에너지	전체
독일	2010	140.6 (22.2)	273.5 (43.2)	90.4 (14.3)	8.7 (1.4)	27.4 (4.3)	92.5 (14.6)	633.1 (100.0)
	2015	91.8 (14.2)	283.7 (43.9)	63.0 (9.7)	6.2 (1.0)	24.9 (3.8)	177.3 (27.4)	646.9 (100.0)
미국	2010	838.9 (19.2)	1,994.2 (45.5)	1,017.9 (23.2)	48.1 (1.1)	286.3 (6.5)	193.0 (4.4)	4,378.4 (100.0)
	2015	830.3 (19.2)	1,471.0 (34.1)	1,372.6 (31.8)	38.8 (0.9)	271.1 (6.3)	333.3 ( )	4,317.1 (100.0)
프랑스	2010	428.5 (75.3)	26.3 (4.6)	23.8 (4.2)	5.5 (1.0)	67.5 (11.9)	17.5 (3.1)	569.1 (100.0)
	2015	437.4 ( )	12.2 (2.1)	19.8 (3.5)	2.2 (0.4)	59.4 (10.4)	37.5 (6.6)	568.5 (100.0)
영국	2010	62.1 (16.3)	108.8 (28.5)	175.3 (45.9)	5.0 (1.3)	6.7 (1.8)	23.7 (6.2)	381.6 (100.0)
	2015	70.4 (20.8)	76.7 (22.6)	100.0 (29.5)	2.1 (0.6)	9.0 (2.7)	80.9 ( )	339.1 (100.0)
일본	2010	288.2 (25.1)	309.5 (26.9)	318.6 (27.7)	100.2 (8.7)	90.7 (7.9)	41.3 (3.6)	1,148.5 (100.0)
	2015	9.4 (0.9)	343.2 (33.0)	409.8 (39.4)	102.5 (9.8)	91.3 (8.8)	85.1 (8.2)	1,041.3 (100.0)

※ 발전원은 원자력, 화력, 수력, 신재생 에너지로만 구성됨

① 2015년 프랑스의 전체 발전량 중 원자력 발전량의 비중은 75% 이하이다. ➡ (X) 100에서 원자력을 제외한 나머지 발전원의 비중을 빼면 100 − 2.1 − 3.5 − 0.4 − 10.4 − 6.6 = 77(%)이다.

② 영국의 전체 발전량 중 신재생 에너지 발전량의 비중은 2010년 대비 2015년에 15%p 이상 증가하였다. ➡ (O) 2015년 영국의 신재생 에너지 발전량 비중은 100에서 신재생 에너지를 제외한 나머지 발전원의 비중을 뺀 100 − 20.8 − 22.6 − 29.5 − 0.6 − 2.7 = 23.8(%)이다. 따라서 2010년 대비 2015년에 23.8 − 6.2 = 17.6(%p) 증가하였다.

③ 2010년 석탄 발전량은 미국이 일본의 6배 이상이다. ➡ (O) 2010년 미국 석탄 발전량은 1,994.2TWh로, 일본 석탄 발전량의 6배인 6 × 309.5 = 1,857(TWh) 이상이다.

④ 2010년 대비 2015년 전체 발전량이 증가한 국가는 독일뿐이다. ➡ (O) 독일은 2010년 633.1TWh에서 2015년 646.9TWh로 증가하였고, 나머지 국가는 모두 감소하였다.

⑤ 2010년 대비 2015년 각 국가에서 신재생 에너지의 발전량과 비중은 모두 증가하였다. ➡ (O) 2015년 미국의 신재생 에너지의 비중은 100 − 19.2 − 34.1 − 31.8 − 0.9 − 6.3 = 7.7(%)이다. 따라서 모든 국가에서 신재생 에너지의 발전량과 비중은 모두 증가하였다.

11 ②

| **문제 유형** | 자료 추론 > 추가로 필요한 자료 찾기

| **접근 전략** | 〈보고서〉 작성에 필요한 자료를 찾는 문제이다. 이 문제에서 〈표〉는 문제 풀이에 의미가 없는 자료이므로 〈표〉와 중복되는 〈보기〉가 존재하는지 여부만 확인하고 넘어간다. 〈보기〉에 주어진 자료의 제목이 〈보고서〉에 나와 있는지 먼저 확인하고, 〈보고서〉와 해당 자료가 일치하는지 확인하면 문제를 빠르게 풀 수 있다.

다음 〈표〉와 〈보고서〉는 2019년 전국 안전체험관과 생활안전에 관한 자료이다. 제시된 〈표〉 이외에 〈보고서〉를 작성하기 위해 추가로 이용한 자료만을 〈보기〉에서 모두 고르면?

〈표〉 2019년 전국 안전체험관 규모별 현황

(단위: 개소)

전체	대형		중형		소형
	일반	특성화	일반	특성화	
473	25	7	5	2	434

〈보고서〉

2019년 생활안전 통계에 따르면 전국 473개소의 안전체험관이 운영 중인 것으로 확인되었다. 전국 안전체험관을 규모별로 살펴보면, 대형이 32개소, 중형이 7개소, 소형이 434개소였다. 이 중 대형 안전체험관은 서울이 가장 많고 경북, 충남이 그 뒤를 이었다.

전국 안전사고 사망자 수는 2015년 이후 매년 감소하다가 2018년에는 증가하였다. 교통사고 사망자 수는 2015년 이후 매년 줄어들었고, 특히 2018년에 전년 대비 11.2% 감소하였다.

2019년 분야별 지역안전지수 1등급 지역을 살펴보면 교통사고 분야는 서울, 경기, 화재 분야는 광주, 생활안전 분야는 경기, 부산으로 나타났다.

〈보기〉

ㄱ. 연도별 전국 교통사고 사망자 수

(단위: 명)

연도	2015	2016	2017	2018
사망자 수	4,380	4,019	3,973	3,529

→ (O) 〈보고서〉 2문단에 "교통사고 사망자 수는 2015년 이후 매년 줄어들었고, 특히 2018년에 전년 대비 11.2% 감소하였다."라고 제시되어 있고, 위 자료와 일치한다. 따라서 해당 자료는 〈보고서〉를 작성하기 위해 추가로 이용되었다.

ㄴ. 분야별 지역안전지수 4년 연속(2015~2018년) 1등급, 5등급 지역 (시·도)

분야 등급	교통사고	화재	범죄	생활안전	자살
1등급	서울, 경기	–	세종	경기	경기
5등급	전남	세종	제주	제주	부산

→ (X) 〈보고서〉에는 2019년 분야별 지역안전지수 1등급 지역에 대한 내용이 제시되어 있지만, 해당 자료는 2015~2018년 연속 분야별 지역안전지수 1등급, 5등급 지역에 대한 것이므로 〈보고서〉 작성에 이용되지 않았다.

ㄷ. 연도별 전국 안전사고 사망자 수

(단위: 명)

연도	2015	2016	2017	2018
사망자 수	31,582	30,944	29,545	31,111

→ (O) 〈보고서〉 2문단에 "전국 안전사고 사망자 수는 2015년 이후 매년 감소하다가 2018년에는 증가하였다."라고 제시되어 있고, 위 자료와 일치한다. 따라서 해당 자료는 〈보고서〉를 작성하기 위해 추가로 이용되었다.

ㄹ. 2018년 지역별 안전체험관 수

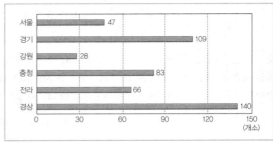

→ (X) 〈보고서〉에는 2019년 안전체험관 수에 대해 제시되어 있지만 해당 자료는 2018년 지역별 안전체험관 수에 대한 것이므로 〈보고서〉 작성에 이용되지 않았다.

① ㄱ, ㄴ ➡ (X)
② ㄱ, ㄷ ➡ (O)
③ ㄴ, ㄹ ➡ (X)
④ ㄱ, ㄷ, ㄹ ➡ (X)
⑤ ㄴ, ㄷ, ㄹ ➡ (X)

12 ⑤

| **문제 유형** | 자료 변환응용 > 자료/보고서 전환형

| **접근 전략** | 〈표〉에 주어진 임무단 평화유지활동 자료를 바탕으로 〈보고서〉 내용의 옳고 그름을 판단하는 문제이다. 〈보고서〉에서 밑줄 친 부분만 읽으면 문제를 빠르게 해결할 수 있다.

다음 〈표〉는 아프리카연합이 주도한 임무단의 평화유지활동에 관한 자료이다. 이를 바탕으로 작성한 〈보고서〉의 설명 중 옳지 않은 것은?

〈표〉 임무단의 평화유지활동(2021년 5월 기준)

(단위: 명)

임무단	파견지	활동기간	주요 임무	파견규모
부룬디 임무단	부룬디	2003. 4.~ 2004. 6.	평화협정 이행 지원	3,128
수단 임무단	수단	2004. 10.~ 2007. 12.	다르푸르 지역 정전 감시	300
코모로 선거감시 지원 임무단	코모로	2006. 3.~ 2006. 6.	코모로 대통령 선거 감시	462
소말리아 임무단	소말리아	2007. 1.~ 현재	구호 활동 지원	6,000
코모로 치안 지원 임무단	코모로	2007. 5.~ 2008. 10.	앙주앙 섬 치안 지원	350
다르푸르 지역 임무단	수단	2007. 7.~ 현재	민간인 보호	6,000
우간다 임무단	우간다	2012. 3.~ 현재	반군 소탕작전	3,350
말리 임무단	말리	2012. 12.~ 2013. 7.	정부 지원	1,450
중앙아프리카 공화국 임무단	중앙아프리카 공화국	2013. 12.~ 2014. 9.	안정 유지	5,961

〈보고서〉

아프리카연합은 아프리카 지역 분쟁 해결 및 평화 구축을 위하여 2021년 5월 현재까지 9개의 임무단을 구성하고 평화유지활동을 주도하였다. ㉠ 평화유지활동 중 가장 오랜 기간 동안 활동한 임무단은 '소말리아 임무단'이다. → (O) 현재는 2021년 5월이다. 따라서 '소말리아 임무단'은 2007년 1월부터 2021년 5월까지 14년 이상 활동하고 있으므로 다른 임무단에 비해 평화유지활동을 오래하였다. 이 임무는 소말리아 과도 연방정부가 아프리카연합에 평화유지군을 요청한 것을 계기로 시작되어 현재에 이르고 있다. 한편, ㉡ '코모로 선거감시 지원 임무단'은 가장 짧은 기간 동안 활동하였다. → (O) 코모로 선거감시 지원 임무단은 4개월간 활동하였으므로 다른 임무단에 비해 평화유지활동을 가장 짧게 하였다. 2006년 코모로는 대통령 선거를 앞두고 아프리카연합에 지원을 요청하였고 같은 해 3월 시작된 평화유지활동은 선거가 끝난 6월에 임무가 종료되었다.

㉢ 아프리카연합이 현재까지 평화유지활동을 위해 파견한 임무단의 총규모는 25,000명 이상이며, → (O) 현재까지 총규모는 3,128＋300＋462＋6,000＋350＋6,000＋3,350＋1,450＋5,961＝27,001(명)이다. 현재 활동 중인 임무단의 규모는 소말리아 6,000명, 수단 6,000명, 우간다 3,350명으로 총 15,000여 명이다.

아프리카연합은 아프리카 내의 문제를 자체적으로 해결하기 위해 다양한 임무단 활동을 활발히 수행하였다. 특히 ㉣ 수단과 코모로에서는 각각 2개의 임무단이 활동하였다. → (O) 수단에서는 '수단 임무단'과 '다르푸르 지역 임무단'이 임무단 활동을 수행하였고, 코모로에서는 '코모로 선거감시 지원 임무단'과 '코모로 치안 지원 임무단'이 임무단 활동을 수행하였다.

현재 평화유지활동을 수행 중인 임무단은 3개이지만 ㉤ 2007년 10월 기준 평화유지활동을 수행 중이었던 임무단은 5개였다. → (X) 2007년 10월 기준 평화유지활동을 수행 중이었던 임무단은 '수단 임무단', '소말리아 임무단', '코모로 치안 지원 임무단', '다르푸르 지역 임무단'으로 4개이다.

① ㉠ ➡ (O)　　② ㉡ ➡ (O)　　③ ㉢ ➡ (O)
④ ㉣ ➡ (O)　　⑤ ㉤ ➡ (X)

13 ②

정답률 61.9%

| **문제 유형** | 자료 읽기 〉 그림 제시형

| **접근 전략** | 〈그림〉에 주어진 국가채무 및 GDP에 관한 자료를 바탕으로 GDP 대비 금융성채무와 국가채무, 적자성채무, 금융성채무를 구하는 문제이다. GDP 대비 채무 비율에 GDP를 곱하면 각 항목별 채무를 구할 수 있고, 금융성채무는 '국가채무－적자성채무'의 식을 이용하여 구할 수 있다.

다음 〈그림〉은 2014～2020년 연말 기준 '갑'국의 국가채무 및 GDP에 관한 자료이다. 이에 대한 〈보기〉의 설명 중 옳은 것만을 모두 고르면?

〈그림 1〉 GDP 대비 국가채무 및 적자성채무 비율 추이

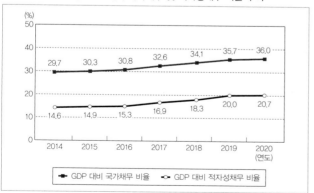

※ 국가채무 ＝ 적자성채무 ＋ 금융성채무

〈그림 2〉 GDP 추이

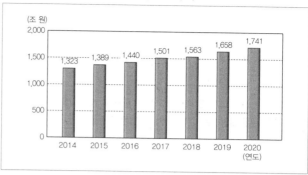

〈보기〉

ㄱ. 2020년 국가채무는 2014년의 1.5배 이상이다. → (O) 2020년 국가채무는 0.36×1,741＝626.76(조 원)이고, 2014년 국가채무는 0.297×1,323＝392.931(조 원)이다. 400의 1.5배가 600인데 2014년 국가채무는 400 이하, 2020년 국가채무는 600 이상이므로 2020년 국가채무는 2014년 국가채무의 1.5배 이상이다.

ㄴ. GDP 대비 금융성채무 비율은 매년 증가한다. → (X) 국가채무는 적자성채무와 금융성채무의 합이므로 'GDP 대비 금융성채무 비율'은 'GDP 대비 국가채무 비율'에서 'GDP 대비 적자성채무 비율'을 뺀 값이다. 따라서 'GDP 대비 금융성채무 비율'은 15.1 → 15.4 → 15.5 → 15.7 → 15.8 → 15.7 → 15.3으로 2019년부터 감소한다.

ㄷ. 적자성채무는 2019년부터 300조 원 이상이다. → (O) 'GDP 대비 적자성채무 비율'과 GDP는 매년 증가하므로 적자성채무도 매년 증가한다. 적자성채무는 2018년 1,563×0.183≒286(조 원), 2019년 1,658×0.2＝331.6(조 원)이다. 따라서 적자성채무는 2019년부터 300조 원 이상이다.

ㄹ. 금융성채무는 매년 국가채무의 50% 이상이다. → (X) 국가채무 대비 금융성채무 비율은 'GDP 대비 국가채무 비율' 대비 'GDP 대비 금융성채무 비율'과 동일하다. 국가채무는 '적자성채무＋금융성채무'이므로 'GDP 대비 국가채무 비율'의 50% 이상을 'GDP 대비 적자성채무 비율'이 차지한다면 'GDP 대비 금융성채무 비율'은 50% 미만이 된다. 2017년의 'GDP 대비 국가채무 비율'은 32.6%이고, 'GDP 대비 적자성채무 비율'은 16.9%로 'GDP 대비 국가채무 비율'의 절반인 32.6×0.5＝16.3(%)를 초과한다. 따라서 'GDP 대비 적자성채무 비율'이 'GDP 대비 국가채무 비율'의 50% 이상이므로 'GDP 대비 금융성채무 비율'은 'GDP 대비 국가채무 비율'의 50% 미만이다.

① ㄱ, ㄴ ➡ (X)
② ㄱ, ㄷ ➡ (O)
③ ㄴ, ㄹ ➡ (X)
④ ㄱ, ㄷ, ㄹ ➡ (X)
⑤ ㄴ, ㄷ, ㄹ ➡ (X)

14 ①

|문제 유형| 자료 읽기 > 표/빈칸 제시형
|접근 전략| 이사 전후 주택규모를 계산하여 비교하는 문제이다. 가로 또는 세로의 합을 이용하여 빈칸을 채우는 문제이므로 빈칸이 하나인 항목을 먼저 공략하여 빈칸을 채운다.

다음 〈표〉는 최근 이사한 100가구의 이사 전후 주택규모에 관한 조사 결과이다. 이에 대한 〈보기〉의 설명 중 옳은 것만을 모두 고르면?

〈표〉 이사 전후 주택규모 조사 결과

(단위: 가구)

이사 후 \ 이사 전	소형	중형	대형	합
소형	15	10	( )	30
중형	( )	30	10	( )
대형	5	10	15	( )
계	( )	( )	( )	100

※ 주택규모는 '소형', '중형', '대형'으로만 구분하며, 동일한 주택규모는 크기도 같음

〈보기〉

ㄱ. 주택규모가 이사 전 '소형'에서 이사 후 '중형'으로 달라진 가구는 없다. → (O) '대형'으로 이사한 가구는 총 5 + 10 + 15 = 30(가구)이다. 전체 가구의 합이 100가구이므로 이사 후 '중형' 가구의 합은 100 − 30 − 30 = 40(가구)이다. '중형'으로 이사한 가구는 총 40가구이므로 이사 전 '소형'에서 이사 후 '중형'으로 달라진 가구는 없다.

ㄴ. 이사 전후 주택규모가 달라진 가구 수는 전체 가구 수의 50% 이하이다. → (O) 이사 전후 주택규모가 달라진 가구 수 비율은 100에서 이사 전후 주택규모가 동일한 가구 수 비율을 뺀 값과 동일하다. 이사 전후 주택규모가 동일한 가구 수는 15 + 30 + 15 = 60(가구)이고, 전체 가구는 100가구이므로 이사 전후 주택규모가 동일한 가구 수 비율은 60%이다. 따라서 이사 전후 주택규모가 달라진 가구 수는 전체 가구 수의 100 − 60 = 40(%)이다.

ㄷ. 주택규모가 '대형'인 가구 수는 이사 전이 이사 후보다 적다. → (X) 이사 전 '대형'에서 이사 후 '소형'으로 달라진 가구는 30 − 15 − 10 = 5(가구)이다. 따라서 이사 전 주택규모가 '대형'인 가구 수는 5 + 10 + 15 = 30(가구)이고, 이사 후 주택규모가 '대형'인 가구 수는 5 + 10 + 15 = 30(가구)로 동일하다.

ㄹ. 이사 후 주택규모가 커진 가구 수는 이사 후 주택규모가 작아진 가구 수보다 많다. → (X) 이사 전 '소형'에서 이사 후 '중형', '대형'으로 달라진 가구 수는 0 + 5 = 5(가구)이고, 이사 전 '중형'에서 이사 후 '대형'으로 달라진 가구 수는 10가구이다. 따라서 이사 후 주택규모가 커진 가구 수는 총 5 + 10 = 15(가구)이다. 한편 이사 전 '중형'에서 이사 후 '소형'으로 달라진 가구 수는 10가구이고, 이사 전 '대형'에서 이사 후 '소형', '중형'으로 달라진 가구 수는 5 + 10 = 15(가구)이다. 따라서 이사 후 주택규모가 작아진 가구 수는 10 + 15 = 25(가구)이다.

① ㄱ, ㄴ ➡ (O)
② ㄱ, ㄷ ➡ (X)
③ ㄴ, ㄹ ➡ (X)
④ ㄷ, ㄹ ➡ (X)
⑤ ㄱ, ㄴ, ㄷ ➡ (X)

15 ④

|문제 유형| 자료 읽기/추론 > 계산형
|접근 전략| 〈그림〉에 주어진 플라스틱 제품의 제조공정도를 바탕으로 '폐기처리' 공정에 전달되어 투입되는 재료의 총량을 계산하는 문제이다. '폐기처리' 공정의 선행 공정을 먼저 파악하고, 각 공정 순서에 따른 직진율의 곱을 합한 뒤 1,000kg을 곱하여 계산한다.

다음 〈그림〉은 A사 플라스틱 제품의 제조공정도이다. 1,000kg의 재료가 '혼합' 공정에 투입되는 경우, '폐기처리' 공정에 전달되어 투입되는 재료의 총량은 몇 kg인가?

〈그림〉 A사 플라스틱 제품의 제조공정도

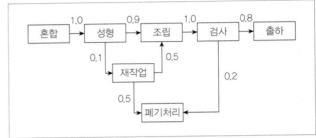

※ 제조공정도 내 수치는 직진율$\left(= \dfrac{\text{다음 공정에 전달되는 재료의 양}}{\text{해당 공정에 투입되는 재료의 양}} \right)$을 의미함.

예를 들어, [가] $\xrightarrow{0.2}$ [나] 는 해당 공정 '가'에 100kg의 재료가 투입되면 이 중 20kg(= 100kg × 0.2)의 재료가 다음 공정 '나'에 전달되어 투입됨을 의미함

① 50 ➡ (X)
② 190 ➡ (X)
③ 230 ➡ (X)
④ 240 ➡ (O) '혼합 → 성형 → 재작업 → 폐기처리', '혼합 → 성형 → 조립 → 검사 → 폐기처리', '혼합 → 성형 → 재작업 → 조립 → 검사 → 폐기처리'의 세 가지 방식으로 폐기처리가 이루어진다. 따라서 '폐기처리' 공정에 전달되어 투입되는 재료의 총량은 1,000 × {(1 × 0.1 × 0.5) + (1 × 0.9 × 1 × 0.2) + (1 × 0.1 × 0.5 × 1 × 0.2)} = 1,000 × (0.05 + 0.18 + 0.01) = 240(kg)이다.
⑤ 280 ➡ (X)

16 ③

|문제 유형| 자료 읽기/추론 > 매칭형
|접근 전략| 〈조건〉에 국가별 수자원 현황을 바탕으로 〈그림〉에서 A∼H에 해당하는 국가를 찾는 문제이다. 첫 번째 〈조건〉을 제외한 〈조건〉들은 모두 국가를 하나로 특정할 수 있다. 가장 많은 국가를 찾을 수 있는 세 번째 〈조건〉을 가장 먼저 확인한다.

다음 〈그림〉은 12개 국가의 수자원 현황에 관한 자료이며, A∼H는 각각 특정 국가를 나타낸다. 〈그림〉과 〈조건〉을 근거로 판단할 때, 국가명을 알 수 없는 것은?

〈그림〉 12개 국가의 수자원 현황

막대그래프 데이터 (국가별):

국가	연강수량[mm]	1인당 이용 가능한 연수자원총량[m³/인]	1인당 연강수총량[m³/인]
A	1,277	1,553	2,629
B	1,690	3,232	4,993
C	627	2,130	4,530
D	1,083	1,647	3,091
미국	715	10,075	22,741
E	537	89,081	164,595
F	534	23,965	201,364
G	1,732	78,986	112,077
영국	1,220	2,429	4,907
H	867	3,326	7,794
이탈리아	832	3,249	4,270
러시아	460	31,469	54,915

- 연강수량[mm] (세계 평균 807mm)
- ■ 1인당 이용 가능한 연수자원총량[m³/인] (세계 평균 8,372m³/인)
- 1인당 연강수총량[m³/인] (세계 평균 16,427m³/인)

〈조건〉

○ '연강수량'이 세계 평균의 2배 이상인 국가는 일본과 뉴질랜드이다. → '연강수량'의 세계 평균이 807mm이므로 세계 평균의 2배는 1,614mm이다. '연강수량'이 1,614mm 이상인 국가는 B와 G이다.

○ '연강수량'이 세계 평균보다 많은 국가 중 '1인당 이용 가능한 연수자원총량'이 가장 적은 국가는 대한민국이다. → A는 '연강수량'이 807mm보다 많으면서 '1인당 이용 가능한 연수자원총량'이 1,553m³/인으로 가장 적다. 따라서 A는 대한민국이다.

○ '1인당 연강수총량'이 세계 평균의 5배 이상인 국가를 '연강수량'이 많은 국가부터 나열하면 뉴질랜드, 캐나다, 호주이다. → '1인당 연강수총량'의 세계 평균이 16,427m³/인이므로 세계 평균의 5배는 82,135m³/인이다. '1인당 연강수량'이 82,135m³/인보다 많은 국가는 E, F, G이다. 이 국가를 '연강수량'이 많은 국가부터 나열하면 G, E, F이므로 뉴질랜드가 G, 캐나다가 E, 호주가 F이다. 따라서 일본이 B이다.

○ '1인당 이용 가능한 연수자원총량'이 영국보다 적은 국가 중 '1인당 연강수총량'이 세계 평균의 25% 이상인 국가는 중국이다. → 영국의 '1인당 이용 가능한 연수자원총량'은 2,429m³/인으로 이보다 적은 국가는 C, D이고, '1인당 연강수총량'의 세계 평균의 25%는 16,427 × 0.25 ≒ 4,106.8(m³/인)이다. 따라서 중국에 해당하는 국가는 C이다.

○ '1인당 이용 가능한 연수자원총량'이 6번째로 많은 국가는 프랑스이다. → '1인당 이용 가능한 연수자원총량'은 E, G, 러시아, F, 미국, H 순이므로 프랑스는 H이다.

① B ➡ (O)
② C ➡ (O)
③ D ➡ (X) D는 주어진 〈조건〉에서 알 수 없다.
④ E ➡ (O)
⑤ F ➡ (O)

---

17 ④

정답률 62.2%

|문제 유형| 자료 읽기 > 표/빈칸 제시형

|접근 전략| 〈표〉에 주어진 '갑'~'무'의 중간고사 과목 점수를 바탕으로 학생별 평균, 과목별 평균 등을 계산하는 문제이다. 평균은 가평균+{(가평균과 변량의 차이)의 합÷자료의 개수}로 구할 수 있다. 또한 평균은 $\frac{\text{자료의 총합}}{\text{자료의 개수}}$이므로 '평균 × 자료의 개수'가 자료의 총합임을 이용하면 문제를 빠르게 해결할 수 있다.

다음 〈표〉는 학생 '갑'~'무'의 중간고사 3개 과목 점수에 관한 자료이다. 이에 대한 〈보기〉의 설명 중 옳은 것만을 모두 고르면?

〈표〉 '갑'~'무'의 중간고사 3개 과목 점수

(단위: 점)

과목＼학생 성별	갑 남	을 여	병 ( )	정 여	무 남
국어	90	85	60	95	75
영어	90	85	100	65	100
수학	75	70	85	100	100

〈보기〉

ㄱ. 국어 평균 점수는 80점 이상이다. → (O) 가평균을 80점이라고 하였을 때 가평균과 변량의 차이의 합이 0 이상이면 평균 점수는 80점 이상, 0 미만이면 평균 점수가 80점 미만이다. 따라서 가평균과 변량의 차이의 합은 10+5+(−20)+15+(−5)=5(점)이므로 평균은 80점 이상이다.

ㄴ. 3개 과목 평균 점수가 가장 높은 학생과 가장 낮은 학생의 평균 점수 차이는 10점 이하이다. → (X) 3개 과목 평균 점수 순위는 3개 과목 총합 순위와 동일하다. 학생별 과목 총합은 '갑'이 90+90+75=255(점), '을'이 85+85+70=240(점), '병'이 60+100+85=245(점), '정'이 95+65+100=260(점), '무'가 75+100+100=275(점)이다. 따라서 평균 점수가 가장 높은 학생은 '무', 가장 낮은 학생은 '을'이고, 두 학생의 점수 차이가 275−240=35(점)이므로 평균은 $\frac{35}{3}$ ≒ 11.7(점) 차이 난다.

ㄷ. 국어, 영어, 수학 점수에 각각 0.4, 0.2, 0.4의 가중치를 곱한 점수의 합이 가장 큰 학생은 '정'이다. → (O) '을'은 모든 과목의 점수가 '갑'보다 낮으므로 합이 가장 큰 학생이 아니다. '병'은 '무'보다 모든 과목의 점수가 낮거나 같으므로 합이 가장 큰 학생이 아니다. 따라서 '갑', '정', '무'만 계산해본다. 0.4×국어+0.2×영어+0.4×수학=0.2×{2×(국어+수학)+영어}와 같으므로 순위는 2×(국어+수학)+영어로 비교한다. '갑'이 2×(90+75)+90=420(점), '정'이 2×(95+100)+65=455(점), '무'가 2×(75+100)+100=450(점)이므로 합이 가장 큰 학생은 '정'이다.

ㄹ. '갑'~'무'의 성별 수학 평균 점수는 남학생이 여학생보다 높다. → (O) '병'을 제외하고 남학생과 여학생의 평균을 구해보면 남학생의 수학 점수 평균은 87.5점, 여학생의 수학 점수 평균은 85점이 된다. '병'의 수학 점수가 85점이므로 만약 '병'이 남학생이라면 남학생의 수학 점수 평균은 85점 초과 87.5점 미만이므로 여학생의 수학 점수 평균보다 높고, 만약 '병'이 여학생이라면 여학생의 수학 점수 평균은 그대로 85점이므로 남학생의 수학 점수 평균보다 낮을 것이다. 따라서 '병'의 성별에 관계없이 항상 남학생의 수학 점수 평균이 여학생보다 높다.

① ㄱ, ㄷ ➡ (X)
② ㄱ, ㄹ ➡ (X)
③ ㄴ, ㄷ ➡ (X)
④ ㄱ, ㄷ, ㄹ ➡ (O)
⑤ ㄴ, ㄷ, ㄹ ➡ (X)

18 ⑤

TOP 1 정답률 42.9%

| **문제 유형** | 자료 읽기 > 표/빈칸 제시형
| **접근 전략** | 〈표〉에 주어진 자료를 바탕으로 연도별 인공지능반도체 비중, 시스템반도체 시장규모를 계산하는 문제이다. 모든 〈보기〉가 빈칸을 알아야 해결할 수 있는 문제이므로 빈칸을 먼저 채우고 시작한다.

다음 〈표〉는 2021~2027년 시스템반도체 중 인공지능반도체의 세계 시장규모 전망이다. 이에 대한 〈보기〉의 설명 중 옳은 것만을 모두 고르면?

〈표〉 시스템반도체 중 인공지능반도체의 세계 시장규모 전망

(단위: 억 달러, %)

연도 구분	2021	2022	2023	2024	2025	2026	2027
시스템반도체	2,500	2,310	2,686	2,832	( )	3,525	( )
인공지능반도체	70	185	325	439	657	927	1,179
비중	2.8	8.0	( )	15.5	19.9	26.3	31.3

〈보기〉

ㄱ. 인공지능반도체 비중은 매년 증가한다. → (O) 2023년 인공지능반도체 비중은 $\frac{325}{2,686} \times 100 ≒ 12.1(\%)$이다. 따라서 인공지능반도체 비중은 매년 증가한다.

ㄴ. 2027년 시스템반도체 시장규모는 2021년보다 1,000억 달러 이상 증가한다. → (O) 2027년 시스템반도체 시장규모는 $\frac{1,179}{0.313} ≒ 3,767(억 달러)$이다. 따라서 2021년보다 약 3,767 − 2,500 = 1,267(억 달러) 증가한다.

ㄷ. 2022년 대비 2025년의 시장규모 증가율은 인공지능반도체가 시스템반도체의 5배 이상이다. → (O) 2025년 시스템반도체 시장규모는 $\frac{657}{0.199} ≒ 3,302(억 달러)$이다. 2022년 대비 2025년 시스템반도체 시장규모 증가율은 $\frac{3,302 - 2,310}{2,310} \times 100 ≒ 42.9(\%)$, 인공지능반도체 시장규모 증가율은 $\frac{657 - 185}{185} \times 100 ≒ 255.1(\%)$이다. 시스템반도체 시장규모 증가율의 5배는 5 × 42.9 = 214.5(%)이므로 인공지능반도체 시장규모 증가율이 시스템반도체 시장규모 증가율의 5배 이상이다.

① ㄷ ➡ (X)
② ㄱ, ㄴ ➡ (X)
③ ㄱ, ㄷ ➡ (X)
④ ㄴ, ㄷ ➡ (X)
⑤ ㄱ, ㄴ, ㄷ ➡ (O)

19 ⑤

정답률 51.8%

| **문제 유형** | 자료 읽기 > 표 제시형
| **접근 전략** | 〈표〉에 주어진 화물의 지역 내, 지역 간 이동 현황을 바탕으로 지역별 출발 화물과 도착 화물을 비교하는 문제이다. 세로가 출발 지역, 가로가 도착 지역이므로 출발 화물의 합은 세로, 도착 화물의 합은 가로에 주어진다는 것을 헷갈리지 말아야 한다. 정확한 값을 물어보는 것이 아니라 대소 관계를 묻는 〈보기〉가 많으므로 정확히 계산하기보다는 대략적인 값으로 비교하고 넘어간다. 또한 ㄱ, ㄴ은 계산이 필요 없는 〈보기〉이므로 먼저 해결하면 ㄱ은 옳은 〈보기〉, ㄴ은 옳지 않은 〈보기〉이므로 답은 ② 또는 ⑤이고, ㄷ은 확인하지 않아도 된다.

다음 〈표〉는 A~H지역의 화물 이동 현황에 관한 자료이다. 이에 대한 〈보기〉의 설명 중 옳은 것만을 모두 고르면?

〈표〉 화물의 지역 내, 지역 간 이동 현황

(단위: 개)

도착 지역 출발 지역	A	B	C	D	E	F	G	H	합
A	65	121	54	52	172	198	226	89	977
B	56	152	61	55	172	164	214	70	944
C	29	47	30	22	62	61	85	30	366
D	24	61	30	37	82	80	113	45	472
E	61	112	54	47	187	150	202	72	885
F	50	87	38	41	120	188	150	55	729
G	78	151	83	73	227	208	359	115	1,294
H	27	66	31	28	94	81	116	46	489
계	390	797	381	355	1,116	1,130	1,465	522	6,156

※ 출발 지역과 도착 지역이 동일한 경우는 해당 지역 내에서 화물이 이동한 것임

〈보기〉

ㄱ. 도착 화물보다 출발 화물이 많은 지역은 3개이다. → (O) A, B, D 3개 지역은 도착 화물보다 출발 화물이 많다.

ㄴ. 지역 내 이동 화물이 가장 적은 지역은 도착 화물도 가장 적다. → (X) C지역은 지역 내 이동 화물이 30개로 가장 적지만 도착 화물은 D지역이 355개로 가장 적다.

ㄷ. 지역 내 이동 화물을 제외할 때, 출발 화물과 도착 화물의 합이 가장 작은 지역은 출발 화물과 도착 화물의 차이도 가장 작다. → (O) 출발 화물과 도착 화물의 차이를 먼저 구해본다. 차이를 구할 때는 지역 내 이동 화물이 제외되므로 출발 화물 계 − 도착 화물 계로 계산 가능하다. C, H를 제외한 지역은 모두 출발 화물과 도착 화물의 차이가 100개 이상이다. C지역은 381 − 366 = 15(개), H지역은 522 − 489 = 33(개)이다. 따라서 C지역이 출발 화물과 도착 화물의 차이가 가장 작다. C지역의 지역 내 이동 화물을 제외한 출발 화물과 도착 화물의 합은 366 + 381 − (2 × 30) = 687(개)이다. A, B, E, F, G지역은 출발 화물이 687개 이상이면서 '도착 화물 − 2 × 지역 내 이동 화물'이 양수이므로 지역 내 이동 화물을 제외한 출발 화물과 도착 화물의 합이 687개를 초과한다. D지역은 472 + 355 − (2 × 37) = 753(개), H지역은 489 + 522 − (2 × 46) = 919(개)이므로 지역 내 이동 화물을 제외한 출발 화물과 도착 화물의 합 또한 C지역이 가장 작다.

ㄹ. 도착 화물이 가장 많은 지역은 출발 화물 중 지역 내 이동 화물의 비중도 가장 크다. → (O) 도착 화물이 가장 많은 지역은 G지역이다. G지역의 출발 화물 중 지역 내 이동 화물 비중은 $\frac{359}{1,294} \times 100 ≒ 27.7(\%)$이므로 약 $\frac{1}{4}$이다. 모든 지역의 출발 화물 합을 4로 나누었을 때 값이 지역 내 이동 화물보다 훨씬 큰 값이므로 출발 화물 중 지역 내 이동 화물의 비중은 25%에 크게 미치지 못한다. 따라서 G지역은 도착 화물도 가장 많고, 출발 화물 중 지역 내 이동 화물의 비중도 가장 크다.

① ㄱ, ㄴ ➡ (X)
② ㄱ, ㄷ ➡ (X)
③ ㄴ, ㄷ ➡ (X)
④ ㄴ, ㄹ ➡ (X)
⑤ ㄱ, ㄷ, ㄹ ➡ (O)

20 ②

| 문제 유형 | 자료 읽기/추론 > 매칭형
| 접근 전략 | 지자체별 자가격리자 및 모니터링 요원에 관한 〈대화〉를 바탕으로 〈표〉의 A~D지역을 찾는 문제이다. 〈대화〉에서 해당하는 지자체를 찾는 것보다 해당하지 않는 지자체를 찾는 것이 빠르다.

다음 〈표〉와 〈대화〉는 4월 4일 기준 지자체별 자가격리자 및 모니터링 요원에 관한 자료이다. 〈표〉와 〈대화〉를 근거로 C와 D에 해당하는 지자체를 바르게 나열한 것은?

〈표〉 지자체별 자가격리자 및 모니터링 요원 현황(4월 4일 기준)

(단위: 명)

구분	지자체	A	B	C	D
내국인	자가격리자	9,778	1,287	1,147	9,263
	신규 인원	900	70	20	839
	해제 인원	560	195	7	704
외국인	자가격리자	7,796	508	141	7,626
	신규 인원	646	52	15	741
	해제 인원	600	33	5	666
모니터링 요원		10,142	710	196	8,898

※ 해당일 기준 자가격리자 = 전일 기준 자가격리자 + 신규 인원 − 해제 인원

〈대화〉

갑: 감염병 확산에 대응하기 위한 회의를 시작합시다. 오늘은 대전, 세종, 충북, 충남의 4월 4일 기준 자가격리자 및 모니터링 요원 현황을 보기로 했는데, 각 지자체의 상황이 어떤가요?

을: 4개 지자체 중 세종을 제외한 3개 지자체에서 4월 4일 기준 자가격리자가 전일 기준 자가격리자보다 늘어났습니다. → A, C, D지역은 내국인과 외국인 모두 신규 인원이 해제 인원보다 많으므로 자가격리자가 증가하였다. 따라서 B지역이 세종이다.

갑: 모니터링 요원의 업무 부담과 관련된 통계 자료도 있나요?

을: 4월 4일 기준으로 대전, 세종, 충북은 모니터링 요원 대비 자가격리자의 비율이 1.8 이상입니다. → A지역의 모니터링 요원의 1.8배가 10,142 × 1.8 = 18,255.6(명)이고, 자가격리자는 9,778 + 7,796 = 17,574(명)이다. 따라서 모니터링 요원 대비 자가격리자의 비율이 1.8 미만이므로 A지역은 충남이다.

갑: 지자체에 모니터링 요원을 추가로 배치해야 할 것 같습니다. 자가격리자 중 외국인이 차지하는 비중이 4개 지자체 가운데 대전이 가장 높으니, 외국어 구사가 가능한 모니터링 요원을 대전에 우선 배치하는 방향으로 검토해 봅시다. → C지역과 D지역 중 C지역은 내국인이 외국인의 약 10배에 가깝고, D지역은 내국인이 외국인의 1.5배에 미치지 못한다. 따라서 D지역이 대전, C지역이 충북이다.

	C	D	
①	충북	충남	➡ (X)
②	충북	대전	➡ (O)
③	충남	충북	➡ (X)
④	세종	대전	➡ (X)
⑤	대전	충북	➡ (X)

21 ③

| 문제 유형 | 자료 읽기/추론 > 계산형
| 접근 전략 | 〈그림〉에 주어진 '갑'~'병'의 출근 관련 정보를 〈조건〉에 주어진 수식에 대입하여 월간 출근 교통비를 구하는 문제이다. 사칙연산은 소괄호 → 중괄호 → 대괄호 순으로 계산하고, 곱셈(나눗셈) → 덧셈(뺄셈) 순으로 계산한다.

다음 〈그림〉과 〈조건〉은 직장인 '갑'~'병'이 마일리지 혜택이 있는 알뜰교통카드를 사용하여 출근하는 방법 및 교통비에 관한 자료이다. 이에 근거하여 월간 출근 교통비를 많이 지출하는 직장인부터 순서대로 나열하면?

〈그림〉 직장인 '갑'~'병'의 출근 방법 및 교통비 관련 정보

직장인	이동거리 A [m]	출근 1회당 대중교통요금[원]	이동거리 B [m]	월간 출근 횟수[회]	저소득층 여부
갑	600	3,200	200	15	O
을	500	2,300	500	22	X
병	400	1,800	200	22	O

〈조건〉

○ 월간 출근 교통비 = {출근 1회당 대중교통요금 − (기본 마일리지 + 추가 마일리지) × $\left(\dfrac{\text{마일리지 적용거리}}{800}\right)$} × 월간 출근 횟수

○ 기본 마일리지는 출근 1회당 대중교통요금에 따라 다음과 같이 지급함

출근 1회당 대중교통요금	2천 원 이하	2천 원 초과 3천 원 이하	3천 원 초과
기본 마일리지(원)	250	350	450

○ 추가 마일리지는 저소득층에만 다음과 같이 지급함

출근 1회당 대중교통요금	2천 원 이하	2천 원 초과 3천 원 이하	3천 원 초과
추가 마일리지(원)	100	150	200

○ 마일리지 적용거리(m)는 출근 1회당 도보·자전거로 이동한 거리의 합이며 최대 800m까지만 인정함

① 갑, 을, 병 ➡ (X)

② 갑, 병, 을 ➡ (X)

③ 을, 갑, 병 ➡ (O) '갑'의 출근 1회당 대중교통요금은 3,200원이므로 기본 마일리지는 450원이고, 저소득층이므로 200원의 추가 마일리지를 얻는다. 마일리지 적용거리는 600 + 200 = 800(m)이다. 따라서 '갑'의 월간 출근 교통비는 {3,200 − (450 + 200) × $\left(\dfrac{800}{800}\right)$} × 15 = 38,250(원)이다.

'을'의 출근 1회당 대중교통요금은 2,300원이므로 기본 마일리지는 350원이고, 추가 마일리지는 없다. 총 이동거리가 500 + 500 = 1,000(m)이므로 마일리지 적용거리는 800m이다. 따라서 '을'의 월간 출근 교통비는 {2,300 − 350 × $\left(\dfrac{800}{800}\right)$} × 22 = 42,900(원)이다.

'병'의 출근 1회당 대중교통요금은 1,800원이므로 기본 마일리지는 250원이고, 저소득층이므로 100원의 추가 마일리지를 얻는다. 마일리지 적용거리는 400 + 200 = 600(m)이다. 따라서 '병'의 월간 출근 교통비는 {1,800 − (250 + 100) × $\left(\dfrac{600}{800}\right)$} × 22 = 33,825(원)이다.

따라서 월간 출근 교통비는 '을', '갑', '병' 순으로 많다.

④ 을, 병, 갑 ➡ (×)
⑤ 병, 을, 갑 ➡ (×)

22 ③

|문제 유형| 자료 읽기 > 그림 제시형
|접근 전략| 〈그림 1〉과 〈그림 2〉의 공적개발원조액 및 국민총소득 대비 공적개발원조액 비율을 바탕으로 계산하는 문제이다. 개발원조위원회 회원국은 29개이고, 〈그림〉에 주어진 국가는 상위 15개국이다. 상위 16위 이하인 국가의 공적개발원조액 및 국민총소득 대비 공적개발원조액 비율은 상위 15위 국가보다 낮다는 것을 이용한다.

다음 〈그림〉은 개발원조위원회 29개 회원국 중 공적개발원조액 상위 15개국과 국민총소득 대비 공적개발원조액 비율 상위 15개국 자료이다. 이에 대한 〈보기〉의 설명 중 옳은 것만을 모두 고르면?

〈그림 1〉 공적개발원조액 상위 15개 회원국

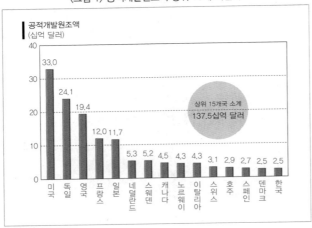

〈그림 2〉 국민총소득 대비 공적개발원조액 비율 상위 15개 회원국

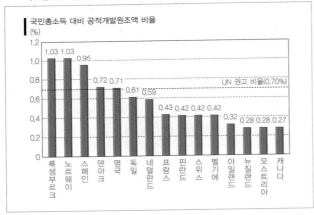

〈보기〉

ㄱ. 국민총소득 대비 공적개발원조액 비율이 UN 권고 비율보다 큰 국가의 공적개발원조액 합은 250억 달러 이상이다. → (O) 해당하는 국가는 룩셈부르크, 노르웨이, 스페인, 덴마크, 영국이다. 노르웨이, 스페인, 덴마크, 영국의 공적개발원조액의 합이 4.3 + 2.7 + 2.5 + 19.4 = 28.9(십억 달러)이므로 룩셈부르크의 공적개발원조액에 상관없이 해당 국가들의 공적개발원조액의 합은 250억 달러 이상이다.

ㄴ. 공적개발원조액 상위 5개국의 공적개발원조액 합은 개발원조위원

회 29개 회원국 공적개발원조액 합의 50% 이상이다. → (O) 공적개발원조액 상위 5개국의 공적개발원조액의 합은 33.0 + 24.1 + 19.4 + 12.0 + 11.7 = 100.2(십억 달러)이다. 상위 15위 국가의 공적개발원조액이 2.5십억 달러이므로 공적개발원조액 상위 16위에서 29위 국가의 공적개발원조액은 최대 2.5십억 달러이다. 따라서 개발원조위원회 29개 회원국의 공적개발원조액 합은 최대 상위 15개국 소계 137.5십억 달러에 14 × 2.5 = 35(십억 달러)를 합한 172.5십억 달러이다. 이때 공적개발원조액 상위 5개국의 공적개발원조액의 합은 전체 개발원조위원회 공적개발원조액 합의 50% 이상이다.

ㄷ. 독일이 공적개발원조액만 30억 달러 증액하면 독일의 국민총소득 대비 공적개발원조액 비율은 UN 권고 비율 이상이 된다. → (×) 독일의 국민총소득은 $\frac{24.1}{0.0061}$ ≒ 3,950.8(십억 달러)이다. 만약 공적개발원조액을 3십억 달러 증액하면 공적개발원조액은 27.1십억 달러이다. 3,950.8 × 0.007 = 27.6556(십억 달러)로 27.1십억 달러 이상이므로 국민총소득 대비 공적개발원조액 비율은 0.7% 미만이다.

① ㄱ ➡ (×)
② ㄷ ➡ (×)
③ ㄱ, ㄴ ➡ (O)
④ ㄴ, ㄷ ➡ (×)
⑤ ㄱ, ㄴ, ㄷ ➡ (×)

23 ④

|문제 유형| 자료 읽기 > 표 제시형
|접근 전략| 〈표〉의 2020년 농업 생산액 현황 및 전년 대비 생산액 변화율 전망치에 따라 2021~2023년의 생산액을 계산하는 문제이다. 계산이 간단한 〈보기〉부터 해결하면 모든 〈보기〉를 계산하지 않고도 답을 구할 수 있다.

다음 〈표〉는 '갑'국의 2020년 농업 생산액 현황 및 2021~2023년의 전년 대비 생산액 변화율 전망치에 관한 자료이다. 이에 대한 〈보기〉의 설명 중 옳은 것만을 모두 고르면?

〈표〉 농업 생산액 현황 및 변화율 전망치

(단위: 십억 원, %)

구분	2020년 생산액	전년 대비 생산액 변화율 전망치		
		2021년	2022년	2023년
농업	50,052	0.77	0.02	1.38
재배업	30,270	1.50	−0.42	0.60
축산업	19,782	−0.34	0.70	2.57
소	5,668	3.11	0.53	3.51
돼지	7,119	−3.91	0.20	1.79
닭	2,259	1.20	−2.10	2.82
달걀	1,278	5.48	3.78	3.93
우유	2,131	0.52	1.12	0.88
오리	1,327	−5.58	5.27	3.34

※ 축산업은 소, 돼지, 닭, 달걀, 우유, 오리의 6개 세부항목으로만 구성됨

〈보기〉

ㄱ. 2021년 '오리' 생산액 전망치는 1.2조 원 이상이다. → (O) 2021년 '오리' 생산액 전망치는 1,327 × (1 − 0.0558) ≒ 1,253(십억 원) = 1.253(조 원)이다.

ㄴ. 2021년 '돼지' 생산액 전망치는 같은 해 '농업' 생산액 전망치의 15% 이상이다. → (×) 2021년 '돼지' 생산액 전망치는 7,119 × (1 − 0.0391) ≒

6,840.6(십억 원)이고, '농업' 생산액 전망치는 50,052 × (1 + 0.0077) ≒ 50,437.4 (십억 원)이다. '농업' 생산액 전망치의 15%는 50,437.4 × 0.15 = 7,565.61(십억 원)으로 '돼지' 생산액 전망치보다 높다.

ㄷ. '축산업' 중 전년 대비 생산액 변화율 전망치가 2022년보다 2023년이 낮은 세부항목은 2개이다. → (O) '우유'와 '오리'는 2023년의 전년 대비 생산액 변화율 전망치가 2022년보다 낮다.

ㄹ. 2020년 생산액 대비 2022년 생산액 전망치의 증감폭은 '재배업'이 '축산업'보다 크다. → (O) '재배업'의 2022년 생산액 전망치는 30,270 × (1 + 0.015) × (1 − 0.0042) ≒ 30,595(십억 원)이고, 증감폭은 30,595 − 30,270 = 325(십억 원)이다. '축산업'의 2022년 생산액 전망치는 19,782 × (1 − 0.0034) × (1 + 0.007) ≒ 19,853(십억 원)이고, 증감폭은 19,853 − 19,782 = 71(십억 원) 이다. 따라서 증감폭은 '재배업'이 더 크다.

① ㄱ, ㄴ ➡ (X)
② ㄱ, ㄷ ➡ (X)
③ ㄴ, ㄹ ➡ (X)
④ ㄱ, ㄷ, ㄹ ➡ (O)
⑤ ㄴ, ㄷ, ㄹ ➡ (X)

24 ①

TOP 3 정답률 47.5%

|문제 유형| 자료 읽기 > 그림 제시형

|접근 전략| 〈그림〉에 주어진 2020년 기준 A공제회 현황을 바탕으로 각 공제제도별 회원 수 및 자산 규모를 계산하는 문제이다. 나눗셈보다 곱셈이 간편하므로 정확한 비율을 묻는 문제가 아니라면 곱셈식을 이용하여 비교한다.

다음 〈그림〉은 2020년 기준 A공제회 현황에 관한 자료이다. 이에 대한 설명으로 옳지 않은 것은?

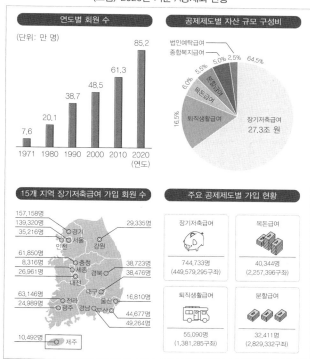

〈그림〉 2020년 기준 A공제회 현황

※ 1) 공제제도는 장기저축급여, 퇴직생활급여, 목돈급여, 분할급여, 종합복지급여, 법인예탁급여로만 구성됨
2) 모든 회원은 1개 또는 2개의 공제제도에 가입함

① 장기저축급여 가입 회원 수는 전체 회원의 85% 이하이다. ➡ (X) 장기저축급여 가입 회원 수는 744,733명이고, 전체 회원은 852,000명이다. 전체 회원의 85%는 852,000 × 0.85 = 724,200(명)이므로 장기저축급여 가입 회원 수가 전체 회원의 85%를 초과한다.

② 공제제도의 총자산 규모는 40조 원 이상이다. ➡ (O) 장기저축급여는 27.3조 원이고, 비율은 64.5%이다. 따라서 총자산 규모는 27.3 ÷ 0.645 ≒ 42.3(조 원)이다. 만약 공제제도 총자산 규모가 40조 원이라면 장기저축급여가 40 × 0.645 = 25.8(조 원)이 되는데 실제 장기저축급여는 이보다 큰 값이므로 공제제도의 총자산 규모도 40조 원을 초과할 것이라는 점을 이용해서 문제를 풀 수도 있다.

③ 자산 규모 상위 4개 공제제도 중 2개의 공제제도에 가입한 회원은 2만 명 이상이다. ➡ (O) 상위 4개 공제제도 가입자 수는 744,733 + 40,344 + 55,090 + 32,411 = 872,578(명)이고, 전체 가입자 수는 852,000명이다. 따라서 872,578 − 852,000 = 20,578(명) 이상이 두 개의 주요 공제제도에 가입하였다.

④ 충청의 장기저축급여 가입 회원 수는 15개 지역 평균 장기저축급여 가입 회원 수보다 많다. ➡ (O) 장기저축급여 총 회원 수가 744,733명이므로 15개 지역 평균 장기저축급여 가입 회원 수는 744,733 ÷ 15 ≒ 49,649(명)이다. 충청의 장기저축급여 가입 회원 수는 61,850명으로 15개 지역 평균 장기저축급여 가입 회원 수보다 많다. 충청의 장기저축급여 가입 회원 수의 15배는 61,850 × 15 = 927,750(명)으로 744,733명을 초과하므로 충청의 장기저축급여 가입 회원 수가 더 많다는 점을 이용해서 문제를 풀 수도 있다.

⑤ 공제제도별 1인당 구좌 수는 장기저축급여가 분할급여의 5배 이상이다. ➡ (O) 장기저축급여의 1인당 구좌 수는 449,579,295 ÷ 744,733 ≒ 603.7(구좌)이고, 분할급여의 1인당 구좌 수는 2,829,332 ÷ 32,411 ≒ 87.3(구좌)이다. 87.3 × 5 = 436.5 < 603.7이므로 옳은 설명이다.

25 ③

정답률 50.4%

|문제 유형| 자료 변환응용 > 자료/보고서 전환형

|접근 전략| 국내 광고산업에 대한 〈보도자료〉의 내용을 올바르게 표시한 자료를 찾는 문제이다. 〈보도자료〉 형태가 생소하긴 하지만 내용은 〈보고서〉와 다를 바 없다. 〈보도자료〉의 내용을 전부 읽기보다는 각 자료의 제목이 〈보도자료〉에 나와 있는지를 확인한 뒤 해당 자료가 〈보도자료〉의 내용과 일치하는지를 확인하면 문제를 빠르게 해결할 수 있다.

다음은 국내 광고산업에 관한 문화체육관광부의 보도자료이다. 이에 부합하지 않는 자료는?

🔵 문화체육관광부	**보도자료**	사람이 있는 문화
보도일시	배포 즉시 보도해 주시기 바랍니다.	

배포일시	2020. 2. XX.	담당부서	□□□□국
담당과장	○○○ (044−203−○○○○)	담당자	사무관 △△△ (044−203−○○○○)

2018년 국내 광고산업 성장세 지속

○ 문화체육관광부는 국내 광고사업체의 현황과 동향을 조사한 '2019년 광고산업조사(2018년 기준)' 결과를 발표했다.
○ 이번 조사 결과에 따르면 2018년 기준 광고산업 규모는 17조 2,119억 원(광고사업체 취급액* 기준)으로, 전년 대비 4.5% 이상 증가했고, 광고사업체당 취급액 역시 증가했다.
  * 광고사업체 취급액은 광고주가 매체(방송국, 신문사 등)와 매체 외 서비스에 지불하는 비용 전체(수수료 포함)임

- 업종별로 살펴보면 광고대행업이 6조 6,239억 원으로 전체 취급액의 38% 이상을 차지했으나, 취급액의 전년 대비 증가율은 온라인광고대행업이 16% 이상으로 가장 높다.
○ 2018년 기준 광고사업체의 매체 광고비* 규모는 11조 362억 원(64.1%), 매체 외 서비스 취급액은 6조 1,757억 원(35.9%)으로 조사됐다.
  * 매체 광고비는 방송매체, 인터넷매체, 옥외광고매체, 인쇄매체 취급액의 합임
  - 매체 광고비 중 방송매체 취급액은 4조 266억 원으로 가장 큰 비중을 차지하고 있으며, 그다음으로 인터넷매체, 옥외광고매체, 인쇄매체 순으로 나타났다.
  - 인터넷매체 취급액은 3조 8,804억 원으로 전년 대비 6% 이상 증가했다. 특히, 모바일 취급액은 전년 대비 20% 이상 증가하여 인터넷 광고시장의 성장세를 이끌었다.
  - 한편, 간접광고(PPL) 취급액은 전년 대비 14% 이상 증가하여 1,270억 원으로 나타났으며, 그중 지상파TV와 케이블TV 간 비중의 격차는 5%p 이하로 조사됐다.

① 광고사업체 취급액 현황(2018년 기준)

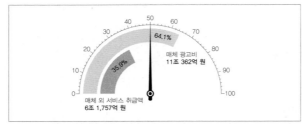

➡ (O)〈보도자료〉의 세 번째 내용을 보면 "2018년 기준 광고사업체의 매체 광고비 규모는 11조 362억 원(64.1%), 매체 외 서비스 취급액은 6조 1,757억 원(35.9%)으로 조사됐다."라고 제시되어 있다. 이는 〈그림〉과 일치하므로 〈보도자료〉와 부합한다.

② 인터넷매체(PC, 모바일) 취급액 현황

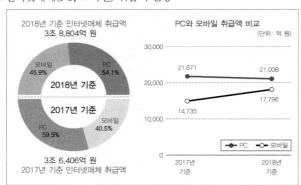

➡ (O)〈보도자료〉의 세 번째 내용을 보면 "인터넷매체 취급액은 3조 8,804억 원으로 전년 대비 6% 이상 증가했다. 특히, 모바일 취급액은 전년 대비 20% 이상 증가하여 인터넷 광고시장의 성장세를 이끌었다."라고 제시되어 있다. 이는 〈그림〉과 일치하므로 〈보도자료〉와 부합한다.

③ 간접광고(PPL) 취급액 현황

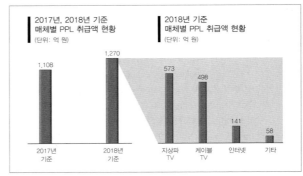

➡ (X)〈보도자료〉의 세 번째 내용을 보면 "간접광고(PPL) 취급액은 전년 대비 14% 이상 증가하여 1,270억 원으로 나타났으며, 그중 지상파TV와 케이블TV 간 비중의 격차는 5%p 이하로 조사됐다."라고 제시되어 있다. 〈그림〉에 따르면 간접광고(PPL) 취급액은 전년 대비 $\frac{1,270-1,108}{1,108} \times 100 ≒ 14.6(\%)$ 증가하였으므로 〈보도자료〉와 부합하지만 지상파TV와 케이블TV 간 비중의 격차는 $\frac{573-498}{1,270} \times 100 ≒ 5.9(\%p)$로 5%p를 초과하므로 〈보도자료〉와 부합하지 않는다.

④ 업종별 광고사업체 취급액 현황

(단위: 개소, 억 원)

구분 업종	2018년 조사(2017년 기준)		2019년 조사(2018년 기준)	
	사업체 수	취급액	사업체 수	취급액
전체	7,234	164,133	7,256	172,119
광고대행업	1,910	64,050	1,887	66,239
광고제작업	1,374	20,102	1,388	20,434
광고전문서비스업	1,558	31,535	1,553	33,267
인쇄업	921	7,374	921	8,057
온라인광고대행업	780	27,335	900	31,953
옥외광고업	691	13,737	607	12,169

➡ (O)〈보도자료〉의 두 번째 내용을 보면 "업종별로 살펴보면 광고대행업이 6조 6,239억 원으로 전체 취급액의 38% 이상을 차지했으나, 취급액의 전년 대비 증가율은 온라인광고대행업이 16% 이상으로 가장 높다."라고 제시되어 있다. 이는 〈표〉와 일치하므로 〈보도자료〉와 부합한다.

⑤ 매체별 광고사업체 취급액 현황(2018년 기준)

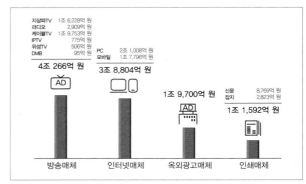

➡ (O)〈보도자료〉의 세 번째 내용을 보면 "매체 광고비 중 방송매체 취급액은 4조 266억 원으로 가장 큰 비중을 차지하고 있으며, 그다음으로 인터넷매체, 옥외광고매체, 인쇄매체 순으로 나타났다."라고 제시되어 있다. 이는 〈그림〉과 일치하므로 〈보도자료〉와 부합한다.

2021 | 제3영역 상황판단(㉯ 책형)

▌기출 총평

제시된 규정을 확인하거나 규정의 내용을 상황에 적용하는 유형의 문항과 수리퀴즈 또는 논리퀴즈 유형의 문항이 절반 이상의 비중을 차지하고 있어 수험생들의 전반적인 체감 난도는 높았을 것으로 예측된다.

다양한 상황에서 제시되는 규정의 내용을 이해하고 적용해야 하는 문항들의 정보가 보다 정교해져서 꼼꼼하게 확인해야 한다. 민간경력자 채용 PSAT 시험의 상황판단 영역에서 이러한 경향은 더 강화될 것으로 추측되는데, 이는 실제 다른 직무 환경에서 근무하다가 새로이 공직 환경에 적응해야 하는 지원자들의 직무능력을 측정할 수 있기 때문이다.

주어진 규정을 확인하고 문항을 해결하는 유형은 독해 능력에 따라 결정되는 것이 크지만, 논리퀴즈 유형은 익숙한 유형이 아니기 때문에 기출 문항 등을 통해 꾸준히 준비하는 것이 필요하다. 따라서 기출 문항들을 통해 유형을 꼼꼼하게 확인하고 많은 양의 문제를 풀어봄으로써 자신의 문제풀이 시간과 취득 점수를 어느 정도 안정화하는 것이 필요하다. 다양한 문항을 많이 풀어봄으로써 PSAT 상황판단 영역에서 자주 출제되는 유형과 용어들을 익혀 두는 것이 실전에서 도움이 될 것이다.

▌문항별 정답률 및 선지별 선택률

문번	정답	정답률 (%)	선지별 선택률(%)				
			①	②	③	④	⑤
01	①	79.7	79.7	4.9	0.5	4.9	10.0
02	⑤	69.2	10.3	11.5	6.4	2.6	69.2
03	⑤	70.9	3.9	2.1	16.0	7.1	70.9
04	②	48.8	8.5	48.8	33.3	2.6	6.8
05	④	91.5	2.8	3.1	1.5	91.5	1.1
06	⑤	84.0	0.3	13.1	2.1	0.5	84.0
07	①	70.7	70.7	8.1	12.0	6.8	2.4
08	③	80.3	3.2	4.5	80.3	8.4	3.6
09	③	69.8	14.8	5.3	69.8	7.9	2.2
10	②	89.3	3.7	89.3	1.3	5.5	0.2
11	④	84.1	13.6	1.3	1.0	84.1	0.0
12	①	80.2	80.2	1.0	11.5	2.3	5.0
13	⑤	65.5	1.8	23.2	6.3	3.2	65.5

문번	정답	정답률 (%)	선지별 선택률(%)				
			①	②	③	④	⑤
14	④	45.4	9.2	1.8	14.2	45.4	29.4
15	④	47.5	18.8	15.1	13.0	47.5	5.6
16	①	52.9	52.9	16.3	12.9	9.4	8.5
17	①	47.8	47.8	8.9	26.2	10.0	7.1
18	③	74.2	5.2	12.2	74.2	6.1	2.3
19	②	33.6	48.9	33.6	13.3	2.8	1.4
20	③	59.9	4.0	16.0	59.9	15.5	4.6
21	②	73.9	3.2	73.9	8.3	1.9	12.7
22	⑤	57.6	5.9	2.5	8.4	25.6	57.6
23	③	59.7	14.1	8.8	59.7	12.6	4.8
24	④	68.9	4.0	7.4	8.0	68.9	11.7
25	③	59.5	10.8	2.0	59.5	3.2	24.5

※ 파란색 음영 문항은 해당 회차에서 정답률이 가장 낮은 TOP 3 문항입니다.
※ 문항별 정답률 산정 기준: 약 1년간 누적된 자동채점 & 성적결과분석 서비스의 응시 데이터

▌출제 비중

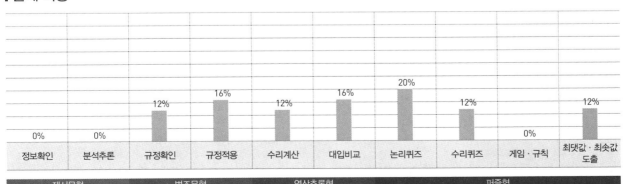

정보확인	분석추론	규정확인	규정적용	수리계산	대입비교	논리퀴즈	수리퀴즈	게임 · 규칙	최댓값 · 최솟값 도출
0%	0%	12%	16%	12%	16%	20%	12%	0%	12%

제시문형	법조문형	연산추론형	퍼즐형

01	①	02	⑤	03	⑤	04	②	05	④
06	⑤	07	①	08	③	09	③	10	②
11	④	12	①	13	⑤	14	④	15	④
16	①	17	①	18	③	19	②	20	③
21	②	22	⑤	23	③	24	④	25	③

01 ①

정답률 79.7%

| **문제 유형** | 법조문형 > 규정확인

| **접근 전략** | 법령 문제는 법령의 단서나 예외 부분, 그리고 법령 행사의 주체, 법령 적용의 대상을 가장 신경 써서 풀어야 한다. 가족돌봄휴가와 가족돌봄휴직의 차이를 구별하고 각각의 상황에 따라 휴가 또는 휴직을 사용할 수 있는 조건 등을 꼼꼼하게 구분할 수 있어야 문항을 해결할 수 있다.

다음 글을 근거로 판단할 때 옳은 것은?

제00조 ① 사업주는 근로자가 조부모, 부모, 배우자, 배우자의 부모, 자녀 또는 손자녀(이하 '가족'이라 한다)의 질병, 사고, 노령으로 인하여 그 가족을 돌보기 위한 휴직(이하 '가족돌봄휴직'이라 한다)을 신청하는 경우 이를 허용하여야 한다. 다만 대체인력 채용이 불가능한 경우, 정상적인 사업 운영에 중대한 지장을 초래하는 경우, 근로자 본인 외에도 조부모의 직계비속 또는 손자녀의 직계존속이 있는 경우에는 그러하지 아니하다.
② 사업주는 근로자가 가족(조부모 또는 손자녀의 경우 근로자 본인 외에도 직계비속 또는 직계존속이 있는 경우는 제외한다)의 질병, 사고, 노령 또는 자녀의 양육으로 인하여 긴급하게 그 가족을 돌보기 위한 휴가(이하 '가족돌봄휴가'라 한다)를 신청하는 경우 이를 허용하여야 한다. 다만 근로자가 청구한 시기에 가족돌봄휴가를 주는 것이 정상적인 사업 운영에 중대한 지장을 초래하는 경우에는 근로자와 협의하여 그 시기를 변경할 수 있다.
③ 제1항 단서에 따라 사업주가 가족돌봄휴직을 허용하지 아니하는 경우에는 해당 근로자에게 그 사유를 서면으로 통보하여야 한다.
④ 가족돌봄휴직 및 가족돌봄휴가의 사용기간은 다음 각 호에 따른다.
 1. 가족돌봄휴직 기간은 연간 최장 90일로 하며, 이를 나누어 사용할 수 있을 것
 2. 가족돌봄휴가 기간은 연간 최장 10일로 하며, 일 단위로 사용할 수 있을 것. 다만 가족돌봄휴가 기간은 가족돌봄휴직 기간에 포함된다.
 3. ○○부 장관은 감염병의 확산 등을 원인으로 심각단계의 위기경보가 발령되는 경우, 가족돌봄휴가 기간을 연간 10일의 범위에서 연장할 수 있다.

① 조부모와 부모를 함께 모시고 사는 근로자가 조부모의 질병을 이유로 가족돌봄휴직을 신청한 경우, 사업주는 가족돌봄휴직을 허용하지 않을 수 있다. ➡ (○) 제1항에서 사업주는 근로자가 가족의 질병 등으로 가족을 돌보기 위한 휴직을 신청하는 경우 이를 허용해야 하지만 대체인력 채용이 불가능한 경우, 정상적인 사업 운영에 중대한 지장을 초래하는 경우, 근로자 본인 외에도 조부모의 직계비속 또는 손자녀의 직계존속이 있는 경우에는 허용하지 않을 수 있음을 알 수 있다.

② 사업주는 근로자가 신청한 가족돌봄휴직을 허용하지 않는 경우, 해당 근로자에게 그 사유를 구술 또는 서면으로 통보해야 한다. ➡ (✕) 제3항에 따르면 사업주가 가족돌봄휴직을 허용하지 아니하는 경우에는 해당 근로자에게 그 사유를 서면으로 통보해야 한다.

③ 정상적인 사업 운영에 중대한 지장을 초래하는 경우, 사업주는 근로자의 가족돌봄휴가 시기를 근로자와 협의 없이 변경할 수 있

다. ➡ (✕) 제2항에 따르면 가족돌봄휴가를 주는 것이 정상적인 사업 운영에 중대한 지장을 초래하는 경우에는 근로자와 협의하여 그 시기를 변경할 수 있다.

④ 근로자가 가족돌봄휴가를 8일 사용한 경우, 사업주는 이와 별도로 그에게 가족돌봄휴직을 연간 90일까지 허용해야 한다. ➡ (✕) 제4항 제2호에서 가족돌봄휴가 기간은 연간 최장 10일로 하며, 가족돌봄휴직 기간에 포함됨을 알 수 있다. 또한 제4항 제1호에 따르면 가족돌봄휴직 기간은 연간 최장 90일로 한다고 했으므로 근로자가 가족돌봄휴가를 8일 사용한 경우, 사업주는 가족돌봄휴직을 82일까지 허용해야 한다.

⑤ 감염병의 확산으로 심각단계의 위기경보가 발령되고 가족돌봄휴가 기간이 5일 연장된 경우, 사업주는 근로자에게 연간 20일의 가족돌봄휴가를 허용해야 한다. ➡ (✕) 제4항 제2호에서 가족돌봄휴가 기간은 연간 최장 10일임을 알 수 있고, 동항 제3호에서 감염병의 확산 등을 원인으로 가족돌봄휴가 기간을 연간 10일의 범위에서 연장할 수 있음을 알 수 있다. 따라서 감염병의 확산으로 가족돌봄휴가는 5일이 연장될 수 있고, 이때 사업주는 가족돌봄휴가의 최장 10일에 5일을 더한 15일의 돌봄휴가를 허용해야 한다.

02 ⑤

정답률 69.2%

| **문제 유형** | 법조문형 > 규정확인

| **접근 전략** | 주어진 법조문을 정확히 이해했는지 묻는 문항은 법조문을 올바르게 해석하고 그 내용을 이해해야 한다. 영화의 상영등급을 분류하는 기준을 꼼꼼하게 살피고, 이에 따라 등급이 책정되는 규정을 확인하며 정확하게 비교할 수 있어야 문항을 해결할 수 있다.

다음 글을 근거로 판단할 때 옳은 것은?

제00조 ① 영화업자는 제작 또는 수입한 영화(예고편영화를 포함한다)에 대하여 그 상영 전까지 영상물등급위원회로부터 상영등급을 분류받아야 한다. 다만 다음 각 호의 어느 하나에 해당하는 영화에 대하여는 그러하지 아니하다.
 1. 대가를 받지 아니하고 청소년이 포함되지 아니한 특정인에 한하여 상영하는 단편영화
 2. 영화진흥위원회가 추천하는 영화제에서 상영하는 영화
② 제1항 본문의 규정에 의한 영화의 상영등급은 영화의 내용 및 영상 등의 표현 정도에 따라 다음 각 호와 같이 분류한다. 다만 예고편영화는 제1호 또는 제4호로 분류하고 청소년 관람불가 예고편영화는 청소년 관람불가 영화의 상영 전후에만 상영할 수 있다.
 1. 전체관람가: 모든 연령에 해당하는 자가 관람할 수 있는 영화
 2. 12세 이상 관람가: 12세 이상의 자가 관람할 수 있는 영화
 3. 15세 이상 관람가: 15세 이상의 자가 관람할 수 있는 영화
 4. 청소년 관람불가: 청소년은 관람할 수 없는 영화
③ 누구든지 제1항 및 제2항의 규정을 위반하여 상영등급을 분류받지 아니한 영화를 상영하여서는 안 된다.
④ 누구든지 제2항 제2호 또는 제3호의 규정에 의한 상영등급에 해당하는 영화의 경우에는 해당 영화를 관람할 수 있는 연령에 도달하지 아니한 자를 입장시켜서는 안 된다. 다만 부모 등 보호자를 동반하여 관람하는 경우에는 그러하지 아니하다.
⑤ 누구든지 제2항 제4호의 규정에 의한 상영등급에 해당하는 영화의 경우에는 청소년을 입장시켜서는 안 된다.

① 예고편영화는 12세 이상 관람가 상영등급을 받을 수 있다. ➡ (✕) 제2항에 따르면 예고편영화는 제1호 또는 제4호로 분류하므로, 전체관람가 또는 청소년 관람불가로만 분류된다.

② 청소년 관람불가 영화의 경우, 청소년은 부모와 함께 영화관에 입장하여 관람할 수 있다. ➡ (✕) 제5항에서 누구든지 제2항 제4호의 규정에 의한 상영등급에 해당하는 청소년 관람불가 영화의 경우에는 청소년을 입장시켜서는 안 됨을 알 수 있다.

③ 상영등급 분류를 받지 않은 영화의 경우, 영화업자는 영화진흥위원회가 추천한 △△영화제에서 상영할 수 없다. ➡ (X) 제1항 제2호에서 영화진흥위원회가 추천하는 영화제에서 상영하는 영화는 상영등급을 분류받지 않아도 됨을 알 수 있다.

④ 영화업자는 청소년 관람불가 예고편영화를 15세 이상 관람가 영화의 상영 직전에 상영할 수 있다. ➡ (X) 제2항에 따르면 청소년 관람불가 예고편영화는 청소년 관람불가 영화의 상영 전후에만 상영할 수 있다.

⑤ 영화업자는 초청한 노인을 대상으로 상영등급을 분류받지 않은 단편영화를 무료로 상영할 수 있다. ➡ (O) 제1항 제1호에서 대가를 받지 아니하고 청소년이 포함되지 아니한 특정인에 한하여 상영하는 단편영화는 상영등급을 분류받지 않아도 됨을 알 수 있다.

03 ⑤

정답률 70.9%

| 문제 유형 | 법조문형 > 규정적용

| 접근 전략 | 규정이 제시되고 이에 대한 적용을 묻는 문항은 각각의 〈상황〉에 따라 적용 여부가 달라지기 때문에 해당 규정의 내용을 정확하게 이해해야 한다. 집합건물의 담보책임 존속기간이 각 해당 사항에 따라 달라지고 있음을 확인하고 각 사항에 맞게 분류할 수 있어야 한다. 또한 적용되는 기산일 및 예외사항에 대한 부분들을 정확히 파악한다면 문항을 쉽게 해결할 수 있다.

다음 글과 〈상황〉을 근거로 판단할 때 옳은 것은?

제00조 ① 집합건물을 건축하여 분양한 분양자와 분양자와의 계약에 따라 건물을 건축한 시공자는 구분소유자에게 제2항 각 호의 하자에 대하여 과실이 없더라도 담보책임을 진다.
② 제1항의 담보책임 존속기간은 다음 각 호와 같다.
 1. 내력벽, 주기둥, 바닥, 보, 지붕틀 및 지반공사의 하자: 10년
 2. 대지조성공사, 철근콘크리트공사, 철골공사, 조적(組積)공사, 지붕 및 방수공사의 하자: 5년
 3. 목공사, 창호공사 및 조경공사의 하자: 3년
③ 제2항의 기간은 다음 각 호의 날부터 기산한다.
 1. 전유부분: 구분소유자에게 인도한 날
 2. 공용부분: 사용승인일
④ 제2항 및 제3항에도 불구하고 제2항 각 호의 하자로 인하여 건물이 멸실(滅失)된 경우에는 담보책임 존속기간은 멸실된 날로부터 1년으로 한다.
⑤ 분양자와 시공자의 담보책임에 관하여 이 법에 규정된 것보다 매수인에게 불리한 특약은 효력이 없다.

※ 구분소유자: 집합건물(예 아파트, 공동주택 등) 각 호실의 소유자
※ 담보책임: 집합건물의 하자로 인해 분양자, 시공자가 구분소유자에 대하여 지는 손해배상, 하자보수 등의 책임

─────〈상황〉─────

甲은 乙이 분양하는 아파트를 매수하려고 乙과 아파트 분양계약을 체결하였다. 丙건설사는 乙과의 계약에 따라 아파트를 시공하였고, 준공검사 후 아파트는 2020. 5. 1. 사용승인을 받았다. 甲은 아파트를 2020. 7. 1. 인도받고 등기를 완료하였다.

① 丙은 창호공사의 하자에 대해 2025. 7. 1.까지 담보책임을 진다.
 ➡ (X) 제2항 제3호에 따르면 창호공사의 하자 담보책임 기간은 3년이고, 제3항 제1호에서 전유부분은 구분소유자에게 인도한 날부터 하자 담보책임 기간을 기산함을 알 수 있다. 〈상황〉에서 丙은 구분소유자인 甲에게 인도한 날인 2020. 7. 1.부터 3년간 담보책임을 진다.

② 丙은 철골공사의 하자에 과실이 없으면 담보책임을 지지 않는다.
 ➡ (X) 제2항 제2호에 따르면 철골공사의 하자 담보책임 기간은 5년이고, 제1항에서 시공자는 하자에 대하여 과실이 없더라도 담보책임을 짐을 알 수 있다.

③ 乙은 甲의 전유부분인 거실에 물이 새는 방수공사의 하자에 대해 2025. 5. 1.까지 담보책임을 진다. ➡ (X) 제1항에서 분양한 분양자는 구분소유자에게 하자에 대하여 담보책임을 짐을 알 수 있고, 제2항 제2호에 따르면 방수공사의 하자 담보책임 기간은 5년이며, 제3항 제1호에서 전유부분은 구분소유자에게 인도한 날부터 하자 담보책임 기간을 기산함을 알 수 있다. 〈상황〉에서 乙은 구분소유자 甲에게 아파트를 인도한 날인 2020. 7. 1.부터 5년간 담보책임을 진다.

④ 대지조성공사의 하자로 인하여 2023. 10. 1. 공용부분인 주차장 건물이 멸실된다면 丙은 2024. 7. 1. 이후에는 담보책임을 지지 않는다. ➡ (X) 제4항에 따르면 건물이 멸실된 경우에는 담보책임 존속기간은 멸실된 날로부터 1년으로 한다. 2023. 10. 1.에 주차장 건물이 멸실된다면 담보책임은 1년 동안 지속되므로 2024. 10. 1. 이후에 담보책임을 지지 않게 된다.

⑤ 乙이 甲과의 분양계약에서 지반공사의 하자에 대한 담보책임 존속기간을 5년으로 정한 경우라도, 2027. 10. 1. 그 하자가 발생한다면 담보책임을 진다. ➡ (O) 제2항 제1호에 따르면 지반공사의 하자 담보책임 기간은 10년이고, 제5항에서 분양자와 시공자의 담보책임에 관하여 이 법에 규정된 것보다 매수인에게 불리한 특약은 효력이 없음을 알 수 있다. 〈상황〉에서 甲이 매수인이므로 乙과의 분양계약에서 담보책임 존속기간을 5년으로 정하더라도 10년 이내인 2027. 10. 1.에 해당 하자가 발생한다면 담보책임을 지게 된다.

04 ②

정답률 48.8%

| 문제 유형 | 퍼즐형 > 수리퀴즈

| 접근 전략 | 주어진 조건과 근거를 바탕으로 제시된 수리 연산을 활용하여 정답을 판단하는 문항이다. 조건으로 제시된 소요기간을 바탕으로 절차에 따라 각 단계별로 진행되는 일자를 정확하게 파악하면 문항을 쉽게 해결할 수 있다.

다음 글과 〈상황〉을 근거로 판단할 때, 甲의 계약 의뢰 날짜와 공고 종료 후 결과통지 날짜를 옳게 짝지은 것은?

○ A국의 정책연구용역 계약 체결을 위한 절차는 다음과 같다.

순서	단계	소요기간
1	계약 의뢰	1일
2	서류 검토	2일
3	입찰 공고	40일 (긴급계약의 경우 10일)
4	공고 종료 후 결과통지	1일
5	입찰서류 평가	10일
6	우선순위 대상자와 협상	7일

※ 소요기간은 해당 절차의 시작부터 종료까지 걸리는 기간이다. 모든 절차는 하루 단위로 주말(토, 일) 및 공휴일에도 중단이나 중복 없이 진행된다.

─────〈상황〉─────

A국 공무원인 甲은 정책연구용역 계약을 4월 30일에 체결하는 것을 목표로 계약부서에 긴급계약으로 의뢰하려 한다. 계약은 우선순위 대상자와 협상이 끝난 날의 다음 날에 체결된다.

	계약 의뢰 날짜	공고 종료 후 결과통지 날짜	
①	3월 30일	4월 11일	➡ (X)
②	3월 30일	4월 12일	➡ (O)

〈상황〉에서 정책연구용역 계약을 4월 30일에 체결하는 것이 목표이고, 우선순위 대상자와 협상이 끝난 날의 다음 날에 계약이 체결됨을 알 수 있으므로 우선순위 대상자와 협상은 4월 29일에 끝난다. 우선순위 대상자와 협상의 소요기간이 7일이므로, 그 전 단계인 입찰서류 평가는 4월 22일에 끝나고, 그 전 단계인 공고 종료 후 결과통지는 입찰서류 평가 소요기간인 10일 전, 즉 4월 12일에 끝난다. 따라서 공고 종료 후 결과통지

날짜는 4월 12일이다. 그 전 단계인 입찰 공고는 긴급계약이므로 총 10일이 소요되고, 4월 11일에 끝나야 하므로 서류 검토는 4월 1일에 마쳐야 한다. 서류 검토는 2일이 소요되므로 계약 의뢰 날짜는 3월 30일이다.

③ 3월 30일 　　　　4월 13일 ➡ (X)
④ 3월 31일 　　　　4월 12일 ➡ (X)
⑤ 3월 31일 　　　　4월 13일 ➡ (X)

05 ④
정답률 91.5%

| 문제 유형 | 퍼즐형 > 논리퀴즈
| 접근 전략 | 주어진 조건에 따라 상황을 판단하여 옳은 선지를 골라낼 수 있어야 한다. 조건으로 제시된 연구원들의 연구실 번호와 전달된 책의 명칭을 대응해 가며 소거하는 방식으로 정답을 찾으면 문항을 빠르게 해결할 수 있다.

다음 글을 근거로 판단할 때, A에게 전달할 책의 제목과 A의 연구실 번호를 옳게 짝지은 것은?

○ 5명의 연구원(A~E)에게 책 1권씩을 전달해야 하고, 책 제목은 모두 다르다.
○ 5명은 모두 각자의 연구실에 있고, 연구실 번호는 311호부터 315호까지이다.
○ C는 315호, D는 312호, E는 311호에 있다.
○ B에게 「연구개발」, D에게 「공공정책」을 전달해야 한다.
○ 「전환이론」은 311호에, 「사회혁신」은 314호에, 「복지실천」은 315호에 전달해야 한다.

　　책 제목　　　　연구실 번호
① 「전환이론」　　　　311호 ➡ (X)
② 「공공정책」　　　　312호 ➡ (X)
③ 「연구개발」　　　　313호 ➡ (X)
④ 「사회혁신」　　　　314호 ➡ (O) A~E를 나열하고, 각 조건들을 하나씩 대입하면 A에게 전달할 책의 제목과 연구실 번호를 알 수 있다. 이때 D는 연구실 번호와 전달할 책의 명칭이 나와 있고, C는 315호를 사용하는데, 「복지실천」이 315호로 전달됨을 알 수 있다. 그리고 E는 311호를 사용하는데, 「전환이론」은 311호로 전달됨을 알 수 있다. 따라서 'C: 315호, 「복지실천」, D: 312호, 「공공정책」 E: 311호, 「전환이론」,'임을 알 수 있다. 해당 내용들을 모두 소거하면, B에게 「연구개발」이 전달되므로 A는 「사회혁신」을 전달받아야 하고, 마지막 조건에서 「사회혁신」은 314호에 전달됨을 알 수 있다. 따라서 A에게 전달할 책의 제목은 「사회혁신」, 연구실 번호는 314호이다.

구분	A	B	C	D	E
연구실 번호	314호	313호	315호	312호	311호
책 제목	「사회혁신」	「연구개발」	「복지시설」	「공공정책」	「전환이론」

⑤ 「복지실천」　　　　315호 ➡ (X)

06 ⑤
정답률 84.0%

| 문제 유형 | 연산추론형 > 수리계산
| 접근 전략 | 주어진 조건을 살펴본 후 공식에 대입하여 결괏값을 계산해 내는 문항으로 성과등급이 변한 주무관의 수를 모르기 때문에 미지수로 설정하고, 이를 바탕으로 총원 20명을 성립하는 방정식을 세우면 쉽게 문항을 해결할 수 있다.

다음 글을 근거로 판단할 때, ⊙에 해당하는 수는?

○○부처의 주무관은 모두 20명이며, 성과등급은 4단계(S, A, B, C)로 구성된다. 아래는 ○○부처 소속 직원들의 대화 내용이다.

甲주무관: 乙주무관 축하해! 작년에 비해 올해 성과등급이 비약적으로 올랐던데? 우리 부처에서 성과등급이 세 단계나 변한 주무관은 乙주무관 외에 없잖아.
乙주무관: 고마워. 올해는 평가방식을 많이 바꿨다며? 작년이랑 똑같은 성과등급을 받은 주무관은 우리 부처에서 한 명밖에 없어.
甲주무관: 그렇구나. 우리 부처에서 작년에 비해 성과등급이 한 단계 변한 주무관 수는 두 단계 변한 주무관 수의 2배라고 해.
乙주무관: 그러면 우리 부처에서 성과등급이 한 단계 변한 주무관은 (⊙)명이네.

① 4 ➡ (X)
② 6 ➡ (X)
③ 8 ➡ (X)
④ 10 ➡ (X)
⑤ 12 ➡ (O) 성과등급이 세 단계 변한 주무관은 1명. 성과등급이 동일한 주무관은 1명이다. 그리고 성과등급이 한 단계 변한 주무관 수는 두 단계 변한 주무관 수의 두 배이므로, 한 단계 변한 주무관 수를 2A, 두 단계 변한 주무관 수를 A로 설정하면 '1 + 1 + A + 2A = 20'과 같은 방정식이 성립된다. 이를 바탕으로 A의 값을 구하면 6이다. 성과등급이 한 단계 변한 주무관 수는 2A이므로 2 × 6 = 12(명)이다. 따라서 ⊙은 12이다.

07 ①
정답률 70.7%

| 문제 유형 | 퍼즐형 > 논리퀴즈
| 접근 전략 | 주어진 조건에 따라 〈보기〉에서 제시된 상황의 옳고 그름을 판단할 수 있어야 한다. 각 부족별로 결혼이 가능한 부족을 바탕으로 자녀의 부족을 확인하고, 이에 따라 다시 결혼이 가능한 부족을 대응함으로써 손자 혹은 손녀의 부족을 파악하면 문항을 쉽게 해결할 수 있다.

다음 글을 근거로 판단할 때, 〈보기〉에서 옳은 것만을 모두 고르면?

A지역에는 독특한 결혼 풍습이 있다. 남자는 4개의 부족인 '잇파이·굼보·물으리·굿피'로 나뉘어 있고, 여자도 4개의 부족인 '잇파타·뿌타·마타·카포타'로 나뉘어 있다. 아래 〈표〉는 결혼을 할 수 있는 부족과 그 사이에서 출생하는 자녀가 어떤 부족이 되는지를 나타낸다. 예컨대 '잇파이' 남자는 '카포타' 여자와만 결혼할 수 있고, 그 사이에 낳은 아이가 남아면 '물으리', 여아면 '마타'로 분류된다. 모든 부족에게는 결혼할 수 있는 서로 다른 부족이 1:1로 대응하여 존재한다.

〈표〉

결혼할 수 있는 부족		자녀의 부족	
남자	여자	남아	여아
잇파이	카포타	물으리	마타
굼보	마타	굿피	카포타
물으리	뿌타	잇파이	잇파타
굿피	잇파타	굼보	뿌타

〈보기〉

ㄱ. 물으리와 뿌타의 친손자는 뿌타와 결혼할 수 있다. → (○) 물으리와 뿌타의 친손자이므로 아들의 부족을 먼저 확인해야 한다. 물으리와 뿌타의 아들은 잇파이고, 이 아들이 카포타와 결혼하여 얻은 아들, 즉 물으리와 뿌타의 친손자는 물으리다. 물으리는 뿌타와 결혼할 수 있다.

ㄴ. 잇파이와 카포타의 친손자는 굿피이다. → (×) 잇파이와 카포타의 친손자이므로 아들의 부족을 먼저 확인해야 한다. 잇파이와 카포타의 아들은 물으리이고, 이 아들이 뿌타와 결혼하여 얻은 아들, 즉 잇파이와 카포타의 친손자는 잇파이다.

ㄷ. 굼보와 마타의 외손녀는 카포타이다. → (×) 굼보와 마타의 외손녀이므로 딸의 부족을 먼저 확인해야 한다. 굼보와 마타의 딸은 카포타이고, 이 딸이 잇파이와 결혼하여 얻은 딸, 즉 굼보와 마타의 외손녀는 마타이다.

ㄹ. 굿피와 잇파타의 친손녀는 물으리와 결혼할 수 있다. → (×) 굿피와 잇파타의 친손녀이므로 아들의 부족을 먼저 확인해야 한다. 굿피와 잇파타의 아들은 굼보이고, 이 아들이 마타와 결혼하여 얻은 딸, 즉 굿피와 잇파타의 친손녀는 카포타이다. 카포타는 잇파이와 결혼할 수 있고 물으리와 결혼할 수 없다.

① ㄱ ➡ (○)
② ㄱ, ㄹ ➡ (×)
③ ㄷ, ㄹ ➡ (×)
④ ㄱ, ㄴ, ㄷ ➡ (×)
⑤ ㄴ, ㄷ, ㄹ ➡ (×)

08 ③

정답률 80.3%

| 문제 유형 | 연산추론형 > 수리계산

| 접근 전략 | 주어진 구체적인 수치들을 공식에 대입하여 결괏값을 계산해야 하는 문항으로, 정확한 계산은 물론이고, 제시된 조건들을 꼼꼼하게 살펴보아야 한다. 매일 판매된 수박의 금액을 정확하게 파악하고 이에 따른 계산을 실수하지 않는다면 어렵지 않게 해결할 수 있다.

다음 글을 근거로 판단할 때, 7월 1일부터 6일까지 지역 농산물 유통센터에서 판매된 甲의 수박 총 판매액은?

○ A시는 농산물의 판매를 촉진하기 위하여 지역 농산물 유통센터를 운영하고 있다. 해당 유통센터는 농산물을 수확 당일 모두 판매하는 것을 목표로 운영하며, 당일 판매하지 못한 농산물은 판매가에서 20%를 할인하여 다음 날 판매한다.

○ 농부 甲은 7월 1일부터 5일까지 매일 수확한 수박 100개씩을 수확 당일 A시 지역 농산물 유통센터에 공급하였다.

○ 甲으로부터 공급받은 수박의 당일 판매가는 개당 1만 원이며, 매일 판매된 수박 개수는 아래와 같았다. 단, 수확 당일 판매되지 않은 수박은 다음 날 모두 판매되었다.

날짜(일)	1	2	3	4	5	6
판매된 수박(개)	80	100	110	100	100	10

① 482만 원 ➡ (×)
② 484만 원 ➡ (×)
③ 486만 원 ➡ (○) 수박은 매일 100개를 공급하고, 당일 판매하는 수박의 가격은 1만 원, 다음 날 판매하는 수박의 가격은 20%가 할인된 8천 원임을 알 수 있다. 1일에 80개의 수박이 팔렸으므로 수익은 80만 원이고, 20개는 2일에 팔린다. 2일에 팔린 100개 중에서 20개는 전날 남은 수박이므로 수익은 20(개)×8,000(원)+80(개)×10,000(원)이다. 2일에 다시 20개가 남았고, 이는 3일에 팔렸으므로 3일의 수익은 20(개)×8,000(원)+90(개)×10,000(원)이다. 3일에 10개가 남았고, 이는 4일에 팔렸

므로 4일의 수익은 10(개)×8,000(원)+90(개)×10,000(원)이다. 4일에 다시 10개가 남았고, 이는 5일에 팔렸으므로 5일의 수익은 10(개)×8,000(원)+90(개)×10,000(원)이다. 5일에 남은 10개는 6일에 모두 팔렸으므로 6일의 수익은 10(개)×8,000(원)이다. 이를 계산하면, 800,000(원)+{20(개)×8,000(원)+80(개)×10,000(원)}+{20(개)×8,000(원)+90(개)×10,000(원)}+{10(개)×8,000(원)+90(개)×10,000(원)}+{10(개)×8,000(원)+90(개)×10,000(원)}+{10(개)×8,000(원)}이므로 수박 총 판매액은 486만 원이다.

④ 488만 원 ➡ (×)
⑤ 490만 원 ➡ (×)

09 ③

정답률 69.8%

| 문제 유형 | 연산추론형 > 대입비교

| 접근 전략 | 구체적인 수치를 바탕으로 여러 상황들에 대해 비교하며 해결해야 하는 문항은 상황이 제시되기 전과 이후에 달라지는 계산 값에 대해 유의하며 접근해야 한다. 그리고 비율을 제시하며 두 가지 이상의 상황을 비교하는 경우에는 전체 값을 임의로 설정하고 이를 바탕으로 가상의 값을 통해 크기를 비교하면 보다 빠르게 문항을 해결하고 접근할 수 있다. 전기와 도시가스의 단위당 CO_2 배출량과 전기와 도시가스의 사용 요금 책정 방식을 정확하게 살펴보고 문항에 접근하면 정답을 쉽게 골라낼 수 있다.

다음 글을 근거로 판단할 때, 〈보기〉에서 옳은 것만을 모두 고르면?

A부처는 CO_2 배출량 감소를 위해 전기와 도시가스 사용을 줄이는 가구를 대상으로 CO_2 배출 감소량에 비례하여 현금처럼 사용할 수 있는 포인트를 지급하는 제도를 시행하고 있다. 전기는 5kWh, 도시가스는 $1m^3$를 사용할 때 각각 2kg의 CO_2가 배출되며, 전기 1kWh당 사용 요금은 20원, 도시가스 $1m^3$당 사용 요금은 60원이다.

〈보기〉

ㄱ. 매월 전기 요금과 도시가스 요금을 각각 1만 2천 원씩 부담하는 가구는 전기 사용으로 인한 월 CO_2 배출량이 도시가스 사용으로 인한 월 CO_2 배출량보다 적다. → (○) 전기는 5kWh를 사용할 때 2kg의 CO_2가 배출되고, 1kWh당 사용 요금은 20원이다. 따라서 도시가스와 동일한 요금 60원을 내면 3kWh를 사용한 것이고, 2kg보다 적은 양의 CO_2가 배출된다. 전기 요금과 도시가스 요금이 같으면 전기로 인한 CO_2 배출량이 더 적다.

ㄴ. 매월 전기 요금을 5만 원, 도시가스 요금을 3만 원 부담하는 가구는 전기와 도시가스 사용에 따른 월 CO_2 배출량이 동일하다. → (○) 전기를 5kWh 사용하면 요금이 100원이다. 5만 원을 100원으로 나누면 500이므로 매월 전기 요금을 5만 원 부담하는 가구는 매월 1,000kg의 CO_2를 배출한다. 또한 도시가스 $1m^3$를 사용하면 요금이 60원이다. 3만 원을 60원으로 나누면 500이므로 매월 전기 요금을 3만 원 부담하는 가구는 매월 1,000kg의 CO_2를 배출한다. 따라서 전기로 인한 CO_2 배출량과 도시가스로 인한 CO_2 배출량이 동일하다.

ㄷ. 전기 1kWh를 절약한 가구는 도시가스 $1m^3$를 절약한 가구보다 많은 포인트를 지급받는다. → (×) 전기 1kWh를 절약하면 2kg보다 적은 양의 CO_2를 배출하게 된다. A부처는 CO_2 배출 감소량에 비례하여 현금처럼 사용할 수 있는 포인트를 지급하므로 전기 1kWh를 절약한 가구가 도시가스 $1m^3$를 절약한 가구보다 더 적은 포인트를 지급받는다.

① ㄱ ➡ (×)
② ㄷ ➡ (×)
③ ㄱ, ㄴ ➡ (○)
④ ㄴ, ㄷ ➡ (×)
⑤ ㄱ, ㄴ, ㄷ ➡ (×)

10 ②

| **문제 유형** | 연산추론형 > 대입비교
| **접근 전략** | 구체적인 수치를 바탕으로 여러 상황들을 비교하며 해결해야 하는 문항은 〈상황〉이 제시되기 전과 이후에 달라지는 계산 값에 유의하며 접근해야 한다. 지방자치단체의 박물관과 미술관 건립비 지원 여부를 정확히 살펴보아야 하고, 이때 지원되는 금액이 어느 정도인지도 조건에 따라 달라질 수 있으므로 꼼꼼하게 살펴보아야 한다.

다음 글과 〈상황〉을 근거로 판단할 때, 〈보기〉에서 옳은 것만을 모두 고르면?

○ 지방자치단체는 공립 박물관·미술관을 설립하려는 경우 □□부로부터 설립타당성에 관한 사전평가(이하 '사전평가')를 받아야 한다.
○ 사전평가는 연 2회(상반기, 하반기) 진행한다.
  – 신청기한: 1월 31일(상반기), 7월 31일(하반기)
  – 평가기간: 2월 1일~4월 30일(상반기)
        8월 1일~10월 31일(하반기)
○ 사전평가 결과는 '적정' 또는 '부적정'으로 판정한다.
○ 지방자치단체가 동일한 공립 박물관·미술관 설립에 대해 3회 연속으로 사전평가를 신청하여 모두 '부적정'으로 판정받았다면, 그 박물관·미술관 설립에 대해서는 향후 1년간 사전평가 신청이 불가능하다.
○ 사전평가 결과 '적정'으로 판정되는 경우, 지방자치단체는 부지매입비를 제외한 건립비의 최대 40%를 국비로 지원받을 수 있다.

〈상황〉

아래의 〈표〉는 지방자치단체 A~C가 설립하려는 공립 박물관·미술관과 건립비를 나타낸 것이다.

〈표〉

지방자치단체	설립 예정 공립 박물관·미술관	건립비(원)	
		부지매입비	건물건축비
A	甲미술관	30억	70억
B	乙박물관	40억	40억
C	丙박물관	10억	80억

〈보기〉

ㄱ. 甲미술관을 국비 지원 없이 설립하기로 했다면, A는 사전평가를 거치지 않고도 甲미술관을 설립할 수 있다. → (X) 지방자치단체는 공립 박물관·미술관을 설립하는 경우 사전평가를 받아야 한다. 따라서 국비 지원을 받지 않더라도 사전평가는 의무이다.

ㄴ. 乙박물관이 사전평가에서 '적정'으로 판정될 경우, B는 최대 32억 원까지 국비를 지원받을 수 있다. → (X) 사전평가 결과 '적정'으로 판정되면 부지매입비를 제외한 건립비의 최대 40%를 국비로 지원받을 수 있다. 乙박물관은 건물건축비 40억 원의 40%인 16억 원을 지원받을 수 있다.

ㄷ. 丙박물관이 2019년 하반기, 2020년 상반기, 2020년 하반기 사전평가에서 모두 '부적정'으로 판정된 경우, C는 丙박물관에 대한 2021년 상반기 사전평가를 신청할 수 없다. → (O) 사전평가는 연 2회 진행되며, 3회 연속으로 사전평가를 신청하여 모두 '부적정'으로 판정받으면 향후 1년간 사전평가 신청이 불가능하다.

① ㄱ ➡ (X)
② ㄷ ➡ (O)
③ ㄱ, ㄴ ➡ (X)
④ ㄴ, ㄷ ➡ (X)
⑤ ㄱ, ㄴ, ㄷ ➡ (X)

11 ④

| **문제 유형** | 법조문형 > 규정적용
| **접근 전략** | 제시된 조항의 내용을 바탕으로 주어진 〈상황〉을 판단하는 문항이다. 주민등록번호 변경과 관련해서 청구할 수 있는 조건, 청구받는 기관, 변경이 이루어지는 절차 등을 꼼꼼하게 살펴보고 제시된 〈상황〉과 하나씩 비교하며 소거해 가는 방식으로 문항을 풀면 정답을 골라낼 수 있다.

다음 글과 〈상황〉을 근거로 판단할 때 옳은 것은?

제00조 ① 다음 각 호의 어느 하나에 해당하는 사람은 주민등록지의 시장(특별시장·광역시장은 제외하고 특별자치도지사는 포함한다. 이하 같다)·군수 또는 구청장에게 주민등록번호(이하 '번호'라 한다)의 변경을 신청할 수 있다.
  1. 유출된 번호로 인하여 생명·신체에 위해를 입거나 입을 우려가 있다고 인정되는 사람
  2. 유출된 번호로 인하여 재산에 피해를 입거나 입을 우려가 있다고 인정되는 사람
  3. 성폭력피해자, 성매매피해자, 가정폭력피해자로서 유출된 번호로 인하여 피해를 입거나 입을 우려가 있다고 인정되는 사람
② 제1항의 신청 또는 제5항의 이의신청을 받은 주민등록지의 시장·군수·구청장(이하 '시장 등'이라 한다)은 ○○부의 주민등록번호변경위원회(이하 '변경위원회'라 한다)에 번호변경 여부에 관한 결정을 청구해야 한다.
③ 주민등록지의 시장 등은 변경위원회로부터 번호변경 인용결정을 통보받은 경우에는 신청인의 번호를 다음 각 호의 기준에 따라 지체 없이 변경하고 이를 신청인에게 통지해야 한다.
  1. 번호의 앞 6자리(생년월일) 및 뒤 7자리 중 첫째 자리는 변경할 수 없음
  2. 제1호 이외의 나머지 6자리는 임의의 숫자로 변경함
④ 제3항의 번호변경 통지를 받은 신청인은 주민등록증, 운전면허증, 여권, 장애인등록증 등에 기재된 번호의 변경을 위해서는 그 번호의 변경을 신청해야 한다.
⑤ 주민등록지의 시장 등은 변경위원회로부터 번호변경 기각결정을 통보받은 경우에는 그 사실을 신청인에게 통지해야 하며, 신청인은 통지를 받은 날부터 30일 이내에 그 시장 등에게 이의신청을 할 수 있다.

〈상황〉

甲은 주민등록번호 유출로 인해 재산상 피해를 입게 되자 주민등록번호 변경신청을 하였다. 甲의 주민등록지는 A광역시 B구이고, 주민등록번호는 980101－23456□□이다.

① A광역시장이 주민등록번호변경위원회에 甲의 주민등록번호 변경 여부에 관한 결정을 청구해야 한다. ➡ (X) 제1항에 따르면 광역시장은 제외되고 주민등록지의 구청장에게 주민등록번호의 변경을 신청할 수 있다. 따라서 주민등록번호변경위원회에 갑의 주민등록번호 변경 여부에 관한 결정을 청구하는 주체는 B구의 구청장이다.

② 주민등록번호변경위원회는 번호변경 인용결정을 하면서 甲의 주민등록번호를 다른 번호로 변경할 수 있다. ➡ (X) 제3항에서 주민등록지의 시장 등은 변경위원회로부터 번호변경 인용결정을 통보받은 경우에는 신청인의 번호를 지체 없이 변경함을 알 수 있다. 즉 주민등록번호변경위원회가 번호를 변경하는 것이 아니다.

③ 주민등록번호변경위원회의 번호변경 인용결정이 있는 경우, 甲의 주민등록번호는 980101－45678□□으로 변경될 수 있다. ➡ (X) 제3항 제1호에 따르면 번호의 뒤 7자리 중 첫째 자리는 변경할 수 없다.

④ 甲의 주민등록번호가 변경된 경우, 甲이 운전면허증에 기재된 주민등록번호를 변경하기 위해서는 변경신청을 해야 한다. ➡ (O) 제4항에서 번호변경 통지를 받은 신청인은 운전면허증 등에 기재된 번호의 변경을 신청해야 함을 알 수 있다.

⑤ 甲은 번호변경 기각결정을 통지받은 날부터 30일 이내에 주민등록번호변경위원회에 이의신청을 할 수 있다. ➡ (X) 제5항에 따르면 번호변경 기각결정을 통보받은 신청인은 30일 이내에 그 시장 등에게 이의신청을 할 수 있다. 주민등록번호변경위원회에 신청하는 것이 아니다.

12 ①

정답률 80.2%

| **문제 유형** | 법조문형 > 규정확인

| **접근 전략** | 제시된 법조문을 올바르게 해석하고 그 내용을 이해하여 옳은 것을 고르는 문항으로, 물품출납과 관련해 각 역할을 이해하며 과정 등을 꼼꼼하게 살펴보아야 한다. 또한 선지에서 진술의 내용 자체는 조항과 동일하더라도 행위의 주체 혹은 청구를 할 수 있는 대상 등에 따라 정오가 갈릴 수 있으므로 각 내용들을 꼼꼼하게 파악해야 정답을 정확하게 찾아낼 수 있다.

다음 글을 근거로 판단할 때 옳은 것은?

제00조 ① 각 중앙관서의 장은 그 소관 물품관리에 관한 사무를 소속 공무원에게 위임할 수 있고, 필요하면 다른 중앙관서의 소속 공무원에게 위임할 수 있다.
② 제1항에 따라 각 중앙관서의 장으로부터 물품관리에 관한 사무를 위임받은 공무원을 물품관리관이라 한다.
제00조 ① 물품관리관은 물품수급관리계획에 정하여진 물품에 대하여는 그 계획의 범위에서, 그 밖의 물품에 대하여는 필요할 때마다 계약담당공무원에게 물품의 취득에 관한 필요한 조치를 할 것을 청구하여야 한다.
② 계약담당공무원은 제1항에 따른 청구가 있으면 예산의 범위에서 해당 물품을 취득하기 위한 필요한 조치를 하여야 한다.
제00조 물품은 국가의 시설에 보관하여야 한다. 다만 물품관리관이 국가의 시설에 보관하는 것이 물품의 사용이나 처분에 부적당하다고 인정하거나 그 밖에 특별한 사유가 있으면 국가 외의 자의 시설에 보관할 수 있다.
제00조 ① 물품관리관은 물품을 출납하게 하려면 물품출납공무원에게 출납하여야 할 물품의 분류를 명백히 하여 그 출납을 명하여야 한다.
② 물품출납공무원은 제1항에 따른 명령이 없으면 물품을 출납할 수 없다.
제00조 ① 물품출납공무원은 보관 중인 물품 중 사용할 수 없거나 수선 또는 개조가 필요한 물품이 있다고 인정하면 그 사실을 물품관리관에게 보고하여야 한다.
② 물품관리관은 제1항에 따른 보고에 의하여 수선이나 개조가 필요한 물품이 있다고 인정하면 계약담당공무원이나 그 밖의 관계 공무원에게 그 수선이나 개조를 위한 필요한 조치를 할 것을 청구하여야 한다.

① 물품출납공무원은 물품관리관의 명령이 없으면 자신의 재량으로 물품을 출납할 수 없다. ➡ (O) 네 번째 조 제2항에 따르면 물품출납공무원은 제1항에 따른 물품관리관의 명령이 없으면 물품을 출납할 수 없다.
② A중앙관서의 장이 그 소관 물품관리에 관한 사무를 위임하고자 할 경우, B중앙관서의 소속 공무원에게는 위임할 수 없다. ➡ (X) 첫 번째 조 제1항에서 필요하면 다른 중앙관서의 소속 공무원에게 위임할 수 있음을 알 수 있다.
③ 계약담당공무원은 물품을 국가의 시설에 보관하는 것이 그 사용이나 처분에 부적당하다고 인정하는 경우, 그 물품을 국가 외의 자의 시설에 보관할 수 있다. ➡ (X) 세 번째 조에 따르면 특별한 사유가 있으면 국가 외의 자의 시설에 보관할 수 있는 사람은 계약담당공무원이 아닌 물품관리관이다.
④ 물품수급관리계획에 정해진 물품 이외의 물품이 필요한 경우, 물품관리관은 필요할 때마다 물품출납공무원에게 물품의 취득에 관한 필요한 조치를 할 것을 청구해야 한다. ➡ (X) 두 번째 조 제1항에서 물품수급관리계획에 정하여진 물품 이외의 물품을 취득하기 위한 필요한 조치를 청구할 대상은 물품출납공무원이 아닌 계약담당공무원임을 알 수 있다.

⑤ 물품출납공무원은 보관 중인 물품 중 수선이 필요한 물품이 있다고 인정하는 경우, 계약담당공무원에게 수선에 필요한 조치를 할 것을 청구해야 한다. ➡ (X) 다섯 번째 조 제1항과 제2항에 따르면 물품출납공무원은 수선 및 개조가 필요한 물품이 있다고 인정하면 그 사실을 물품관리관에게 보고하여야 하고, 물품관리관이 계약담당공무원이나 그 밖의 관계 공무원에게 그 수선이나 개조를 위한 필요한 조치를 할 것을 청구하여야 한다.

13 ⑤

정답률 65.5%

| **문제 유형** | 법조문형 > 규정적용

| **접근 전략** | 규정이 제시되고 이에 대한 적용을 묻는 문항은 각각의 상황에 따라 적용의 여부가 달라지기 때문에 해당 규정의 내용을 정확하게 이해해야 한다. 우편물의 검열이나 전기통신의 감청 등에 관한 법률에 따라 처벌의 대상 혹은 예외 사항이 어떤 경우인지를 정확하게 이해하고 선지에 적용해야 정답을 골라낼 수 있다.

다음 글을 근거로 판단할 때 옳은 것은?

제○○조 ① 누구든지 법률에 의하지 아니하고는 우편물의 검열·전기통신의 감청 또는 통신사실확인자료의 제공을 하거나 공개되지 아니한 타인 상호간의 대화를 녹음 또는 청취하지 못한다.
② 다음 각 호의 어느 하나에 해당하는 자는 1년 이상 10년 이하의 징역과 5년 이하의 자격정지에 처한다.
  1. 제1항에 위반하여 우편물의 검열 또는 전기통신의 감청을 하거나 공개되지 아니한 타인 상호간의 대화를 녹음 또는 청취한 자
  2. 제1호에 따라 알게 된 통신 또는 대화의 내용을 공개하거나 누설한 자
③ 누구든지 단말기기 고유번호를 제공하거나 제공받아서는 안 된다. 다만 이동전화단말기 제조업체 또는 이동통신사업자가 단말기의 개통처리 및 수리 등 정당한 업무의 이행을 위하여 제공하거나 제공받는 경우에는 그러하지 아니하다.
④ 제3항을 위반하여 단말기기 고유번호를 제공하거나 제공받은 자는 3년 이하의 징역 또는 1천만 원 이하의 벌금에 처한다.
제□□조 제○○조의 규정에 위반하여, 불법검열에 의하여 취득한 우편물이나 그 내용, 불법감청에 의하여 지득(知得) 또는 채록(採錄)된 전기통신의 내용, 공개되지 아니한 타인 상호간의 대화를 녹음 또는 청취한 내용은 재판 또는 징계절차에서 증거로 사용할 수 없다.

① 甲이 불법검열에 의하여 취득한 乙의 우편물은 징계절차에서 증거로 사용할 수 있다. ➡ (X) 제□□조에 따르면 불법검열에 의해 취득한 우편물은 징계절차에서 증거로 사용할 수 없다.
② 甲이 乙과 정책용역을 수행하면서 乙과의 대화를 녹음한 내용은 재판에서 증거로 사용할 수 없다. ➡ (X) 제□□조에 따르면 공개되지 아니한 타인 상호간의 대화를 녹음 또는 청취한 내용은 증거로 사용할 수 없지만, 甲이 자신과 乙의 대화를 녹음한 내용은 재판에서 증거로 사용할 수 있다.
③ 甲이 乙과 丙 사이의 공개되지 않은 대화를 녹음하여 공개한 경우, 1천만 원의 벌금에 처해질 수 있다. ➡ (X) 제○○조 제2항 제1호에서 공개되지 아니한 타인 상호간의 대화를 녹음하거나 청취하면 1년 이상 10년 이하의 징역과 5년 이하의 자격정지에 처함을 알 수 있다.
④ 이동통신사업자 甲이 乙의 단말기를 개통하기 위하여 단말기기 고유번호를 제공받은 경우, 1년의 징역에 처해질 수 있다. ➡ (X) 제○○조 제3항에서 누구든지 단말기기 고유번호를 제공받아서는 안 되나, 이동통신사업자가 단말기 개통처리 및 수리 등 정당한 업무의 이행을 위해 단말기기 고유번호를 제공받는 경우에는 처벌받지 않음을 알 수 있다.
⑤ 甲이 乙과 丙 사이의 우편물을 불법으로 검열한 경우, 2년의 징역과 3년의 자격정지에 처해질 수 있다. ➡ (O) 제○○조 제2항 제1호에 따르면 타인의 우편물을 불법으로 검열한 경우, 1년 이상 10년 이하의 징역과 5년 이하의 자격정지에 처한다.

14 ④

| 문제 유형 | 연산추론형 > 수리계산

| 접근 전략 | 조건과 구체적인 수치를 제시하고 조건에 따라 결괏값을 계산해야 하는 문항으로, 정확한 계산은 물론이고 제시된 조건들을 꼼꼼하게 살펴보아야 한다. 지원금을 받을 수 있는 조건과 제외되는 사유, 우선적으로 지원되는 경우 등을 확인해야 한다. 또한 최대 지원금의 범위를 확인하여 이를 비교해 가며 계산하는 것이 문항을 쉽게 해결할 수 있는 방법이다.

다음 글과 〈지원대상 후보 현황〉을 근거로 판단할 때, 기업 F가 받는 지원금은?

　　□□부는 2021년도 중소기업 광고비 지원사업 예산 6억 원을 기업에 지원하려 하며, 지원대상 선정 및 지원금 산정 방법은 다음과 같다.

○ 2020년도 총매출이 500억 원 미만인 기업만 지원하며, 우선 지원대상 사업분야는 백신, 비대면, 인공지능이다. → 총매출이 500억 원 미만인 기업만 지원한다고 했으므로 A, B는 제외된다. 그리고 백신, 비대면, 인공지능이 우선 지원대상 사업분야이므로 D, E, G는 지원을 받는다.

○ 우선 지원대상 사업분야 내 또는 우선 지원대상이 아닌 사업분야 내에서는 '소요 광고비 × 2020년도 총매출'이 작은 기업부터 먼저 선정한다. → 우선 지원대상이 아닌 사업분야 내에서는 '소요 광고비 × 2020년도 총매출'이 작은 기업부터 먼저 선정한다고 했고, 소요 광고비 × 총매출은 C가 1,200억 원, F가 600억 원이므로 F가 먼저 선정된다.

○ 지원금 상한액은 1억 2,000만 원이나, 해당 기업의 2020년도 총매출이 100억 원 이하인 경우 상한액의 2배까지 지원할 수 있다. 단, 지원금은 소요 광고비의 2분의 1을 초과할 수 없다. → 지원금 상한액은 1억 2,000만 원이지만 해당 기업의 2020년도 총매출이 100억 원 이하인 경우 상한액의 2배까지 지원이 가능하고 소요 광고비의 2분의 1을 초과할 수 없다. D와 E는 총매출이 100억 원을 넘고, 소요 광고비의 2분의 1이 각각 2억 원과 2억 5천만 원이므로 각각 1억 2천만 원씩 지원받는다. G는 총매출이 100억 원 이하이므로 2억 4천만 원까지 지원이 가능하지만, 소요 광고비의 2분의 1인 2억 원까지 지원받을 수 있다.

○ 위의 지원금 산정 방법에 따라 예산 범위 내에서 지급 가능한 최대 금액을 예산이 소진될 때까지 지원대상 기업에 순차로 배정한다.

〈지원대상 후보 현황〉

기업	2020년도 총매출 (억 원)	소요 광고비 (억 원)	사업분야
A	600	1	백신
B	500	2	비대면
C	400	3	농산물
D	300	4	인공지능
E	200	5	비대면
F	100	6	의류
G	30	4	백신

① 없음 ➡ (X)

② 8,000만 원 ➡ (X)

③ 1억 2,000만 원 ➡ (X)

④ 1억 6,000만 원 ➡ (O) F는 총매출이 100억 원 이하이므로 2억 4천만 원까지 지원 가능하고, 소요 광고비의 2분의 1은 3억 원이므로 전액이 가능하다. 하지만 지원 사업 예산은 6억 원으로, D, E, G의 지원금 4억 4천만 원을 제외하면 남은 지원사업 예산은 1억 6천만 원이므로 F가 받게 될 지원금은 1억 6천만 원이다.

⑤ 2억 4,000만 원 ➡ (X)

---

15 ④

| 문제 유형 | 퍼즐형 > 최댓값·최솟값 도출

| 접근 전략 | 주어진 조건에 따라 상황을 판단하여 최솟값 혹은 최댓값을 도출해 내는 문항이다. 이 문항은 반드시 구성되어야 하는 소조직과 그 구성원의 숫자를 배제한 다음 문제를 풀어 나가는 것이 편리하다. 그 다음으로 구성 형태가 확정되지 않은 소조직에 대하여 문항에서 요구하는 5명으로 구성되는 소조직의 최솟값과 최댓값을 구하여 문제를 푸는 것이 관건이다.

다음 글의 ㉠과 ㉡에 해당하는 수를 옳게 짝지은 것은?

甲담당관: 우리 부서 전 직원 57명으로 구성되는 혁신조직을 출범시켰으면 합니다.

乙주무관: 조직은 어떻게 구성할까요?

甲담당관: 5～7명으로 구성된 10개의 소조직을 만들되, 5명, 6명, 7명 소조직이 각각 하나 이상 있었으면 합니다. 단, 각 직원은 하나의 소조직에만 소속되어야 합니다.

乙주무관: 그렇게 할 경우 5명으로 구성되는 소조직은 최소 (㉠)개, 최대 (㉡)개가 가능합니다.

	㉠	㉡	
①	1	5	➡ (X)
②	3	5	➡ (X)
③	3	6	➡ (X)
④	4	6	➡ (O)

조건을 보면 소조직을 10개로 만들되, 소조직의 구성 인원은 5명～7명이고 구성원이 5명, 6명, 7명인 소조직이 반드시 각각 하나 이상 있어야 한다. 이때 전 직원 중 소조직의 형태가 결정되지 않은 인원은 57－(5+6+7)=39이므로 39명이다. 또한 형태가 결정되지 않은 7개의 소조직에는 최소한 각 5명이 소속되어야 하므로, 7개의 소조직에 각각 5명씩 총 35명이 소속된다. 따라서 소조직에 소속되지 않은 나머지 4명의 직원을 배분하여 정답을 찾을 수 있다.

- ㉠: 5명으로 구성되는 소조직의 수가 최소가 되려면, 소조직에 소속되지 않은 4명이 최대한 많은 수의 소조직에 소속되어야 하므로 소조직마다 1명씩 소속하게 되어, 5명으로 구성된 소조직은 3개가 되고 6명으로 구성된 소조직은 4개가 된다. 이때 이미 결정된 소조직까지 모두 더하면 구성 인원이 5명인 소조직은 4개, 6명인 소조직은 5개, 7명인 소조직은 1개가 된다. 따라서 5명으로 구성되는 소조직의 최솟값은 4이다.

- ㉡: 5명으로 구성되는 소조직의 수가 최대가 되려면, 소조직에 소속되지 않은 4명이 최대한 적은 수의 소조직에 소속되어야 하므로 소조직마다 2명씩 소속하게 되어, 5명으로 구성된 소조직은 5개가 되고 7명으로 구성된 소조직은 2개가 된다. 이때 이미 결정된 소조직까지 모두 더하면 구성 인원이 5명인 소조직은 6개, 6명인 소조직은 1개, 7명인 소조직은 3개가 된다. 따라서 5명으로 구성되는 소조직의 최댓값은 6이다.

| ⑤ | 4 | 7 | ➡ (X) |

---

16 ①

|문제 유형| 퍼즐형 > 최댓값·최솟값 도출

|접근 전략| 주어진 조건들을 가지고 특정 목적을 달성하기 위한 최솟값을 구하는 문항이다. 각 업무역량의 값에 따라 최대의 조건을 설정하고, 이 상황에서 각 선지의 값을 하나씩 소거하는 방식으로 해결할 수 있다.

다음 글을 근거로 판단할 때, 甲이 통합력에 투입해야 하는 노력의 최솟값은?

○ 업무역량은 기획력, 창의력, 추진력, 통합력의 4가지 부문으로 나뉜다.
○ 부문별 업무역량 값을 수식으로 나타내면 다음과 같다.

> 부문별 업무역량 값
> = (해당 업무역량 재능 × 4) + (해당 업무역량 노력 × 3)
> ※ 재능과 노력의 값은 음이 아닌 정수이다.

○ 甲의 부문별 업무역량의 재능은 다음과 같다.

기획력	창의력	추진력	통합력
90	100	110	60

○ 甲은 통합력의 업무역량 값을 다른 어떤 부문의 값보다 크게 만들고자 한다. 단, 甲이 투입 가능한 노력은 총 100이며 甲은 가능한 노력을 남김없이 투입한다.

① 67 ➡ (O) 각 부문별 업무역량 값은 해당 업무역량 재능에 4를 곱한 것과 해당 업무역량 노력에 3을 곱한 것을 더한 값이다. 업무역량 재능에 4를 곱한 값을 비교해 보면 각각 360, 400, 440, 240으로, 통합력 업무역량 재능과 가장 큰 값인 추진력 업무역량 재능을 비교했을 때 200의 차이가 나고 선지들의 값에 3을 곱하면 각각 201, 204, 207, 210, 213이다. 노력에 67을 대입하면 통합력의 업무역량 값은 240 + (67 × 3) = 441이 되고, 추진력에는 노력을 전혀 기울이지 말아야 한다. 창의력 업무역량 재능에 4를 곱한 값은 400이므로 39까지 역량을 더할 수 있고, 이를 3으로 나누면 노력은 13까지 가능하다. 나머지 20(100 − 67 − 13)은 기획력에 투입하면 기획력의 업무역량 값은 360 + (20 × 3) = 420이다. 따라서 67이 甲이 통합력에 투입해야 하는 노력의 최솟값이다.

② 68 ➡ (X)
③ 69 ➡ (X)
④ 70 ➡ (X)
⑤ 71 ➡ (X)

17 ①

|문제 유형| 퍼즐형 > 논리퀴즈

|접근 전략| 주어진 규칙과 상황 등을 종합적으로 고려하여 정답을 판단할 수 있어야 한다. 어느 위치에서 시작하더라도 하나의 경우를 반복하고 난 후의 상황을 송편을 먹은 상황으로 적용하면 정답을 쉽게 찾아낼 수 있다.

다음 글을 근거로 판단할 때, 마지막에 송편을 먹었다면 그 직전에 먹은 떡은?

원 쟁반의 둘레를 따라 쑥떡, 인절미, 송편, 무지개떡, 팥떡, 호박떡이 순서대로 한 개씩 시계방향으로 놓여 있다. 이 떡을 먹는 순서는 다음과 같은 규칙에 따른다. 특정한 떡을 시작점(첫 번째)으로 하여 시계방향으로 떡을 세다가 여섯 번째에 해당하는 떡을 먹는다. 떡을 먹고 나면 시계방향으로 이어지는 바로 다음 떡이 새로운 시작점이 된다. 이 과정을 반복하여 떡이 한 개 남게 되면 마지막으로 그 떡을 먹는다.

① 무지개떡 ➡ (O) 쑥떡을 시작점으로 가정하면, 여섯 번째 떡인 호박떡을 가장 처음 먹게 된다. 그러면 쑥떡이 다시 새로운 시작점이 되고 이로부터 여섯 번째 떡을 계산하면 쑥떡을 두 번째로 먹게 된다. 또다시 인절미가 새로운 시작점이 되고 여섯 번째 떡을 계산하면 송편을 세 번째로 먹게 된다. 그 다음 무지개떡이 새로운 시작점이 되고 여섯 번째 떡을 계산하면 인절미를 네 번째로 먹게 되고, 무지개떡과 팥떡 두 개가 남는다. 그리고 다시 무지개떡이 새로운 시작점이 되어 여섯 번째 떡을 계산하면 팥떡을 다섯 번째로 먹게 된다. 무지개떡이 하나만 남은 경우, 그 직전에 먹은 떡은 시계방향으로 다음 차례에 있는 팥떡이므로, 이를 송편에 적용하면 마지막에 송편을 먹었을 때 그 직전에 먹은 떡은 시계방향으로 다음 차례에 있는 무지개떡이다.

② 쑥떡 ➡ (X)
③ 인절미 ➡ (X)
④ 팥떡 ➡ (X)
⑤ 호박떡 ➡ (X)

18 ③

|문제 유형| 퍼즐형 > 논리퀴즈

|접근 전략| 주어진 조건을 종합적으로 따져 정답을 판단할 수 있어야 한다. 네 가지 상품을 두 개씩 저울에 올려 무게 측정을 할 수 있는 경우의 수를 파악하고, 이에 따라 각각의 경우의 수에 따른 무게를 찾고, 조건에 맞는 값을 골라내면 문항을 쉽게 해결할 수 있다.

다음 글을 근거로 판단할 때, 甲이 구매하려는 두 상품의 무게로 옳은 것은?

○○마트에서는 쌀 상품 A~D를 판매하고 있다. 상품 무게는 A가 가장 무겁고, B, C, D 순서대로 무게가 가볍다. 무게 측정을 위해 서로 다른 두 상품을 저울에 올린 결과, 각각 35kg, 39kg, 44kg, 45kg, 50kg, 54kg으로 측정되었다. 甲은 가장 무거운 상품과 가장 가벼운 상품을 제외하고 두 상품을 구매하기로 하였다.

※ 상품 무게(kg)의 값은 정수이다.

① 19kg, 25kg ➡ (X)
② 19kg, 26kg ➡ (X)
③ 20kg, 24kg ➡ (O) A가 가장 무겁고 B, C, D 순서대로 무게가 가볍다고 했으므로 서로 다른 두 상품을 저울에 올렸을 때 A + B > A + C > A + D 또는 B + C > B + D > C + D 순서대로 무게가 무겁다. 각각을 저울에 올린 결과와 무게를 대입하면 아래 표와 같이 정리할 수 있다.

A+B	A+C	A+D 또는 B+C	B+D	C+D
54	50	45 또는 44	39	35

이때 A + B − (B + D) = 54 − 39 = A − D = 15가 되고, A = 15 + D가 된다. 이 식을 A + D에 대입하면 15 + D + D = 2D + 15가 되고, 결괏값은 홀수가 된다. 따라서 A + D의 결괏값은 홀수인 45가 되고 B + C는 44가 된다. 선지에서 두 상품의 무게 합이 44kg에 해당하는 것이 ①과 ③이므로 B와 C의 값에 각각 대입해 보면 된다. B가 25kg이고, C가 19kg이면 A와 B를 더한 값을 통해 A가 29kg임을 알 수 있고, A와 C를 더한 값이 48kg이어야 함을 알 수 있다. 이 값이 50kg과 차이가 있으므로 B는 24kg, C는 20kg이다.

④ 21kg, 25kg ➡ (X)
⑤ 22kg, 26kg ➡ (X)

19 ②

| **문제 유형** | 퍼즐형 > 수리퀴즈

| **접근 전략** | 주어진 상황과 조건 등을 바탕으로 제시된 수리 연산을 활용하여 정답을 판단하는 문항으로, 예시로 제시된 상황을 바탕으로 조건을 만족하는지 판단하며 풀어 가는 것이 도움이 된다.

다음 글을 근거로 판단할 때, A 괘종시계가 11시 정각을 알리기 위한 마지막 종을 치는 시각은?

A 괘종시계는 매시 정각을 알리기 위해 매시 정각부터 일정한 시간 간격으로 해당 시의 수만큼 종을 친다. 예를 들어 7시 정각을 알리기 위해서는 7시 정각에 첫 종을 치기 시작하여 일정한 시간 간격으로 총 7번의 종을 치는 것이다. 이 괘종시계가 정각을 알리기 위해 2번 이상 종을 칠 때, 종을 치는 시간 간격은 몇 시 정각을 알리기 위한 것이든 동일하다. A 괘종시계가 6시 정각을 알리기 위한 마지막 6번째 종을 치는 시각은 6시 6초이다.

① 11시 11초 ➡ (X)

② 11시 12초 ➡ (O) A 괘종시계가 6시 정각을 알리기 위해 마지막 6번째 종을 치는 시각은 6시 6초이다. 6시 정각에 첫 종을 치기 시작했으므로, 5번의 종이 치는 동안 6초가 지나간다. 괘종시계는 일정한 시간 간격으로 종을 친다고 했으므로, 11시를 알리기 위해서는 11시 정각에 첫 종을 친 이후로 10번의 종을 쳐야 하고 12초가 필요하다. 따라서 11시 12초에 마지막 종을 친다.

③ 11시 13초 ➡ (X)

④ 11시 14초 ➡ (X)

⑤ 11시 15초 ➡ (X)

20 ③

| **문제 유형** | 퍼즐형 > 논리퀴즈

| **접근 전략** | 주어진 상황과 조건 등을 종합적으로 고려하여 정답을 판단할 수 있어야 한다. 각 사람들이 해야 할 일의 양과 한 일의 양, 그리고 각 사람들의 업무량을 비교하는 내용들을 꼼꼼하게 확인하면 쉽게 정답을 찾을 수 있다.

다음 글을 근거로 판단할 때, 현재 시점에서 두 번째로 많은 양의 일을 한 사람은?

A부서 주무관 5명(甲~戊)은 오늘 해야 하는 일의 양이 같다. 오늘 업무 개시 후 현재까지 한 일을 비교해 보면 다음과 같다.

甲은 丙이 아직 하지 못한 일의 절반에 해당하는 양의 일을 했다. 乙은 丁이 남겨 놓고 있는 일의 2배에 해당하는 양의 일을 했다. 丙은 자신이 현재까지 했던 일의 절반에 해당하는 일을 남겨 놓고 있다. 丁은 甲이 남겨 놓고 있는 일과 동일한 양의 일을 했다. 戊는 乙이 남겨 놓은 일의 절반에 해당하는 양의 일을 했다.

① 甲 ➡ (X)

② 乙 ➡ (X)

③ 丙 ➡ (O) 5명의 주무관 중에서 丙만 다른 사람과의 비교 없이 업무량을 설정할 수 있도록 제시되어 있다. 편의상 丙이 현재까지 했던 일을 100으로 설정하면, 절반에 해당하는 일을 남겨 놓았으므로 50이 남아 있고, 오늘 해야 하는 일의 양은 150이다. 甲은 丙이 하지 못한 일의 절반에 해당하는 양의 일을 했으므로 25만큼 했다. 丁은 甲이 남겨 놓고 있는 일과 동일한 양의 일을 했으므로 150 − 25 = 125만큼 했다. 乙은 丁이 남겨 놓고 있는 일의 2배에 해당하는 양의 일을 했으므로 25 × 2 = 50만큼 했다. 戊는 乙이 남겨 놓은 일의 절반에 해당하는 양의 일을 했으므로 100 ÷ 2 = 50만큼 했다. 따라서 일을 가장 많이 한 사람은 丁이고, 두 번째로 많은 양의 일을 한 사람은 丙이다.

④ 丁 ➡ (X)

⑤ 戊 ➡ (X)

21 ②

| **문제 유형** | 퍼즐형 > 최댓값·최솟값 도출

| **접근 전략** | 주어진 조건에 따라 〈대화〉에서 제시된 상황을 판단하여 丙이 받을 수 있는 성과점수의 최댓값을 도출해 내는 문항이다. 네 사람의 요구조건 중에서 구체적인 수치가 나온 점수를 바탕으로, 다른 사람들의 조건들을 모두 고려하며 경우의 수를 찾으면 정답을 쉽게 구할 수 있다.

다음 글과 〈대화〉를 근거로 판단할 때, 丙이 받을 수 있는 최대 성과점수는?

○ A과는 과장 1명과 주무관 4명(甲~丁)으로 구성되어 있으며, 주무관의 직급은 甲이 가장 높고, 乙, 丙, 丁 순으로 낮아진다.

○ A과는 프로젝트를 성공적으로 마친 보상으로 성과점수 30점을 부여받았다. 과장은 A과에 부여된 30점을 자신을 제외한 주무관들에게 분배할 계획을 세우고 있다.

○ 과장은 주무관들의 요구를 모두 반영하여 성과점수를 분배하려 한다.

○ 주무관들이 받는 성과점수는 모두 다른 자연수이다.

〈대화〉

甲: 과장님이 주시는 대로 받아야죠. 아! 그렇지만 丁보다는 제가 높아야 합니다.

乙: 이번 프로젝트 성공에는 제가 가장 큰 기여를 했으니, 제가 가장 높은 성과점수를 받아야 합니다.

丙: 기여도를 고려했을 때, 제 경우에는 상급자보다는 낮게 받고 하급자보다는 높게 받아야 합니다.

丁: 저는 내년 승진에 필요한 최소 성과점수인 4점만 받겠습니다.

① 6 ➡ (X)

② 7 ➡ (O) A과 과장은 주무관들의 요구를 모두 반영할 것이므로, 丁의 요구대로 丁에게 4점을 줄 것이다. 丙은 자신의 상급자보다는 낮게, 자신의 하급자보다는 높게 점수를 받아야 한다고 했고, 甲, 乙, 丙 중 丙의 직급이 가장 낮으므로, 남은 26점을 순차적으로 주어야 한다. 3명에게 9점씩 주면 27점이므로, 9점, 9점, 8점을 주면 26점이 된다. 하지만 乙이 가장 높은 점수를 받아야 하므로, 甲은 9점, 乙은 10점, 丙은 7점을 받게 된다.

③ 8 ➡ (X)

④ 9 ➡ (X)

⑤ 10 ➡ (X)

22 ⑤

| **문제 유형** | 퍼즐형 > 수리퀴즈

| **접근 전략** | 주어진 조건과 근거를 바탕으로 수리 연산을 활용하여 정답을 판단하는 문항이다. 집을 짓기 위해 소요되는 단위 면적당 비용과 집을 지을 수 있는 총 면적 및 각 아기 돼지의 집 면적 등을 비교함으로써 문항을 해결할 수 있다.

다음 글을 근거로 판단할 때, 아기 돼지 삼형제와 각각의 집을 옳게 짝지은 것은?

○ 아기 돼지 삼형제는 엄마 돼지로부터 독립하여 벽돌집, 나무집, 지푸라기집 중 각각 다른 한 채씩을 선택하여 짓는다.

○ 벽돌집을 지을 때에는 벽돌만 필요하지만, 나무집은 나무와 지지대가, 지푸라기집은 지푸라기와 지지대가 재료로 필요하다. 지지대에 소요되는 비용은 집의 면적과 상관없이 나무집의 경우 20만 원, 지푸라기집의 경우 5만 원이다.

○ 재료의 1개당 가격 및 집의 면적 $1m^2$당 필요 개수는 아래와 같다.

구분	벽돌	나무	지푸라기
1개당 가격(원)	6,000	3,000	1,000
$1m^2$당 필요 개수	15	20	30

○ 첫째 돼지 집의 면적은 둘째 돼지 집의 2배이고, 셋째 돼지 집의 3배이다. 삼형제 집의 면적의 총합은 $11m^2$이다.
○ 모두 집을 짓고 나니, 둘째 돼지 집을 짓는 재료 비용이 가장 많이 들었다.

	첫째	둘째	셋째	
①	벽돌집	나무집	지푸라기집	➡ (X)
②	벽돌집	지푸라기집	나무집	➡ (X)
③	나무집	벽돌집	지푸라기집	➡ (X)
④	지푸라기집	벽돌집	나무집	➡ (X)
⑤	지푸라기집	나무집	벽돌집	➡ (O)

제시된 조건에서 벽돌집은 $1m^2$당 $6,000 \times 15 = 9$만 원. 나무집은 $3,000 \times 20 = 6$만 원. 지푸라기집은 $1,000 \times 30 = 3$만 원 필요하다. 그리고 나무집과 지푸라기집은 지지대 비용으로 각각 20만 원과 5만 원이 별도로 소요된다. 아기 돼지 삼형제의 집 면적은 첫째 돼지 집이 둘째 돼지 집의 2배이므로, 둘째 돼지 집의 면적을 a라고 했을 때, 첫째 돼지 집의 면적은 2a가 되고, 셋째 돼지 집의 면적을 b라고 했을 때, 첫째 돼지 집의 면적은 3b가 된다. 이를 바탕으로 방정식을 풀면 a는 1.5b이므로 $3b+1.5b+b=11$이 되고, b는 2가 된다. 따라서 첫째 돼지 집의 면적은 $6m^2$, 둘째 돼지 집의 면적은 $3m^2$, 셋째 돼지 집의 면적은 $2m^2$이다. 이를 바탕으로 각 돼지들의 집 종류별 소요되는 비용을 정리하면 다음과 같다.

구분	첫째 돼지	둘째 돼지	셋째 돼지
벽돌집	$6,000 \times 15 \times 6$ $= 54(만 원)$	$6,000 \times 15 \times 3$ $= 27(만 원)$	$6,000 \times 15 \times 2$ $= 18(만 원)$
나무집	$3,000 \times 20 \times 6 +$ 지지대 비용(20만 원) $= 56(만 원)$	$3,000 \times 20 \times 3 +$ 지지대 비용(20만 원) $= 38(만 원)$	$3,000 \times 20 \times 2 +$ 지지대 비용(20만 원) $= 32(만 원)$
지푸라기집	$1,000 \times 30 \times 6 +$ 지지대 비용(5만 원) $= 23(만 원)$	$1,000 \times 30 \times 3 +$ 지지대 비용(5만 원) $= 14(만 원)$	$1,000 \times 30 \times 2 +$ 지지대 비용(5만 원) $= 11(만 원)$

둘째 돼지 집의 소요 비용이 가장 많이 들었으므로 둘째 돼지는 나무집을 지어야 하고, 이때 들어간 비용 38만 원을 넘지 않는 선에서 첫째 돼지가 집을 지어야 하므로 첫째 돼지는 지푸라기집을 지어야 한다. 그리고 셋째 돼지는 벽돌집을 지어야 한다.

23 ③
정답률 59.7%

| 문제 유형 | 연산추론형 > 대입비교

| 접근 전략 | 구체적인 수치를 바탕으로 제시된 〈상황〉에 적용하며 해결해야 하는 문항은 〈상황〉이 제시되기 전과 이후에 달라지는 계산 값에 대해 유의하며 접근해야 한다. 보수 지급 기준에 따라 최대로 받을 수 있는 금액과 그에 따른 성공 보수 등을 정확하게 비교하면 문항을 쉽게 해결할 수 있다.

다음 〈A기관 특허대리인 보수 지급 기준〉과 〈상황〉을 근거로 판단할 때, 甲과 乙이 지급받는 보수의 차이는?

─── 〈A기관 특허대리인 보수 지급 기준〉 ───

○ A기관은 특허출원을 특허대리인(이하 '대리인')에게 의뢰하고, 이에 따라 특허출원 건을 수임한 대리인에게 보수를 지급한다.
○ 보수는 착수금과 사례금의 합이다.
○ 착수금은 대리인이 작성한 출원서의 내용에 따라 〈착수금 산정 기준〉의 세부항목을 합산하여 산정한다. 단, 세부항목을 합산한 금액이 140만 원을 초과할 경우 착수금은 140만 원으로 한다.

〈착수금 산정 기준〉

세부항목	금액(원)
기본료	1,200,000
독립항 1개 초과분(1개당)	100,000
종속항(1개당)	35,000
명세서 20면 초과분(1면당)	9,000
도면(1도당)	15,000

※ 독립항 1개 또는 명세서 20면 이하는 해당 항목에 대한 착수금을 산정하지 않는다.

○ 사례금은 출원한 특허가 '등록결정'된 경우 착수금과 동일한 금액으로 지급하고, '거절결정'된 경우 0원으로 한다.

〈상황〉

○ 특허대리인 甲과 乙은 A기관이 의뢰한 특허출원을 각각 1건씩 수임하였다.
○ 甲은 독립항 1개, 종속항 2개, 명세서 14면, 도면 3도로 출원서를 작성하여 특허를 출원하였고, '등록결정'되었다.
○ 乙은 독립항 5개, 종속항 16개, 명세서 50면, 도면 12도로 출원서를 작성하여 특허를 출원하였고, '거절결정'되었다.

① 2만 원 ➡ (X)
② 8만 5천 원 ➡ (X)
③ 123만 원 ➡ (O) 두 사람이 받을 수 있는 착수금은 최대 140만 원이고, '등록결정'이 되면 착수금의 2배를, '거절결정'이 되면 착수금만 받게 된다. 乙은 종속항만으로도 이미 56만 원이므로 착수금은 140만 원이고, '거절결정'이 되었기 때문에 최종 보수가 140만 원이다. 甲은 독립항과 명세서는 별도의 착수금을 받지 못하고, 종속항 2개 7만 원, 도면 3도 4만 5천 원을 추가로 받아 총 131만 5천 원의 착수금을 받는다. 그리고 '등록결정'이 되었으므로 총 263만 원의 보수를 받는다. 甲의 보수 263만 원에서 乙의 보수 140만 원을 빼면 甲과 乙이 지급받는 보수의 차이는 123만 원이 된다.
④ 129만 5천 원 ➡ (X)
⑤ 259만 원 ➡ (X)

24 ④
정답률 68.9%

| 문제 유형 | 연산추론형 > 대입비교

| 접근 전략 | 구체적인 수치를 바탕으로 여러 〈상황〉에 대해 비교하며 해결해야 하는 문항은 〈상황〉이 제시되기 전과 이후에 달라지는 계산 값에 대해 유의하며 접근해야 한다. 사업자 자격 요건에 따른 기본심사 점수와 감점 요소 등을 각 사업자별로 정확하게 계산하여 판단하면 정답을 쉽게 찾아낼 수 있다.

다음 글과 〈상황〉을 근거로 판단할 때, 〈보기〉에서 옳은 것만을 모두 고르면?

□□부서는 매년 △△사업에 대해 사업자 자격 요건 재허가 심사를 실시한다.
○ 기본심사 점수에서 감점 점수를 뺀 최종심사 점수가 70점 이상이면 '재허가', 60점 이상 70점 미만이면 '허가 정지', 60점 미만이면 '허가 취소'로 판정한다.
  - 기본심사 점수: 100점 만점으로, ㉮~㉭의 4가지 항목(각 25점 만점) 점수의 합으로 한다. 단, 점수는 자연수이다.
  - 감점 점수: 과태료 부과의 경우 1회당 2점, 제재 조치의 경우 경고 1회당 3점, 주의 1회당 1.5점, 권고 1회당 0.5점으로 한다.

―〈상황〉―

2020년 사업자 A~C의 기본심사 점수 및 감점 사항은 아래와 같다.

사업자	기본심사 항목별 점수			
	㉮	㉯	㉰	㉱
A	20	23	17	?
B	18	21	18	?
C	23	18	21	16

사업자	과태료 부과 횟수	제재 조치 횟수		
		경고	주의	권고
A	3	–	–	6
B	5	–	3	2
C	4	1	2	–

―〈보기〉―

ㄱ. A의 ㉱ 항목 점수가 15점이라면 A는 재허가를 받을 수 있다. → (×)
사업자 A의 감점은 과태료 6점(3회 × 2점), 권고 3점(6회 × 0.5점)으로 총 9점이다. A의 ㉮가 15점이라면 기본 점수 75점에서 9점이 감점되어 총 66점이다. 66점은 '허가 정지'이다.

ㄴ. B의 허가가 취소되지 않으려면 B의 ㉱ 항목 점수가 19점 이상이어야 한다. → (○) 사업자 B의 감점은 과태료 10점(5회 × 2점), 주의 4.5점(3회 × 1.5점), 권고 1점(2회 × 0.5점)으로 총 15.5점이다. ㉱가 19점이면 기본 점수 76점에서 15.5점이 감점되어 60.5점이 되므로 '허가 취소' 판정을 받지 않게 된다.

ㄷ. C가 2020년에 과태료를 부과받은 적이 없다면 판정 결과가 달라진다. → (○) 사업자 C의 감점 점수는 과태료 8점(4회 × 2점), 경고 3점(1회 × 3점), 주의 3점(2회 × 1.5점)으로 총 14점이다. 기본심사점수 78점에서 감점점수 14점을 뺀 현재 점수는 64점이므로 '허가정지' 처분을 받게 되지만, 과태료가 없다면 64 + 8 = 72점이므로 '재허가' 판정을 받게 된다.

ㄹ. 기본심사 점수와 최종심사 점수 간의 차이가 가장 큰 사업자는 C이다. → (×) 감점 점수가 가장 큰 사업자는 B이므로 기본심사 점수와 최종심사 점수 간의 차이가 가장 큰 사업자는 B이다.

① ㄱ ➡ (×)
② ㄴ ➡ (×)
③ ㄱ, ㄴ ➡ (×)
④ ㄴ, ㄷ ➡ (○)
⑤ ㄷ, ㄹ ➡ (×)

25 ③

정답률 59.5%

│문제 유형│ 법조문형 > 규정적용

│접근 전략│ 제시된 규정을 해석하고 이를 구체적인 〈상황〉에 적용하는 능력을 평가하는 문항이다. 제시된 〈상황〉에 어긋나는 규정이나 예외 규정 등이 무엇인지 꼼꼼하게 확인하는 것이 가장 중요하다.

다음 글과 〈상황〉을 근거로 판단할 때, 수질검사빈도와 수질기준을 둘 다 충족한 검사지점만을 모두 고르면?

□□법 제00조(수질검사빈도와 수질기준) ① 기초자치단체의 장인 시장·군수·구청장은 다음 각 호의 구분에 따라 지방상수도의 수질검사를 실시하여야 한다.

1. 정수장에서의 검사
  가. 냄새, 맛, 색도, 탁도(濁度), 잔류염소에 관한 검사: 매일 1회 이상
  나. 일반세균, 대장균, 암모니아성 질소, 질산성 질소, 과망간산칼륨 소비량 및 증발잔류물에 관한 검사: 매주 1회 이상
    단, 일반세균, 대장균을 제외한 항목 중 지난 1년간 검사를 실시한 결과, 수질기준의 10퍼센트를 초과한 적이 없는 항목에 대하여는 매월 1회 이상
2. 수도꼭지에서의 검사
  가. 일반세균, 대장균, 잔류염소에 관한 검사: 매월 1회 이상
  나. 정수장별 수도관 노후지역에 대한 일반세균, 대장균, 암모니아성 질소, 동, 아연, 철, 망간, 잔류염소에 관한 검사: 매월 1회 이상
3. 수돗물 급수과정별 시설(배수지 등)에서의 검사
  일반세균, 대장균, 암모니아성 질소, 동, 수소이온 농도, 아연, 철, 잔류염소에 관한 검사: 매 분기 1회 이상
② 수질기준은 아래와 같다.

항목	기준	항목	기준
대장균	불검출/100mL	일반세균	100CFU/mL 이하
잔류염소	4mg/L 이하	질산성 질소	10mg/L 이하

―〈상황〉―

甲시장은 □□법 제00조에 따라 수질검사를 실시하고 있다. 甲시 관할의 검사지점(A~E)은 이전 검사에서 매번 수질기준을 충족하였고, 이번 수질검사에서 아래와 같은 결과를 보였다.

검사지점	검사대상	검사결과	검사빈도
정수장 A	잔류염소	2mg/L	매일 1회
정수장 B	질산성 질소	11mg/L	매일 1회
정수장 C	일반세균	70CFU/mL	매월 1회
수도꼭지 D	대장균	불검출/100mL	매주 1회
배수지 E	잔류염소	2mg/L	매주 1회

※ 제시된 검사대상 외의 수질검사빈도와 수질기준은 모두 충족한 것으로 본다.

① A, D ➡ (×)
② B, D ➡ (×)
③ A, D, E ➡ (○)
• 정수장 A: 제1항 제1호 가목에 따르면 정수장은 잔류염소에 관한 검사를 매일 1회 이상 해야 하고, 제2항에서 잔류염소의 기준은 4mg/L 이하임을 알 수 있다.
• 정수장 B: 제1항 제1호 나목에 따르면 정수장은 질산성 질소에 관한 검사를 매주 1회 이상 해야 하고, 제2항에서 질산성 질소의 기준은 10mg/L 이하임을 알 수 있다. B는 검사결과 11mg/L이므로 기준을 충족하지 못했다.
• 정수장 C: 제1항 제1호 나목에 따르면 정수장은 일반세균에 관한 검사를 매주 1회 이상 해야 하지만, C는 매월 1회 했으므로 기준을 충족하지 못했다.
• 수도꼭지 D: 제1항 제2호 가목에 따르면 수도꼭지는 대장균에 관한 검사를 매월 1회 이상 해야 하고, 제2항에서 대장균의 기준은 불검출/100mL임을 알 수 있다.
• 배수지 E: 제1항 제3호에 따르면 배수지는 잔류염소에 관한 검사를 매 분기 1회 이상 해야 하고, 제2항에서 잔류염소의 기준은 4mg/L 이하임을 알 수 있다.
④ A, B, C, E ➡ (×)
⑤ A, C, D, E ➡ (×)

ENERGY

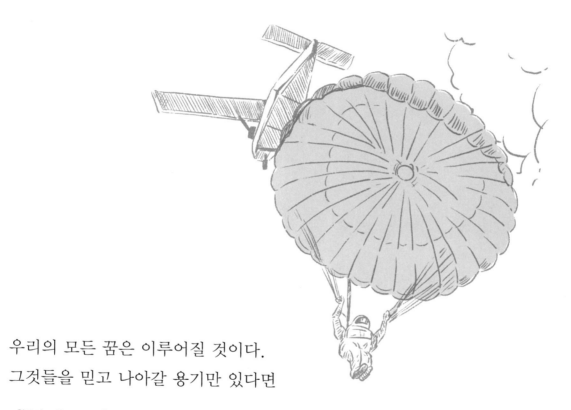

우리의 모든 꿈은 이루어질 것이다.
그것들을 믿고 나아갈 용기만 있다면

– 월트 디즈니(Walt Disney)

2020년도 국가공무원 5급 및 7급 민간경력자 일괄채용 필기시험

정답과 분석해설

취약유형 분석표　제1영역 언어논리

문번	정답	정답률	유형	맞고 틀림
01	③	84.2%	사실적 이해 > 정보 확인	○ △ ×
02	①	85.7%	사실적 이해 > 정보 확인	○ △ ×
03	①	66.7%	사실적 이해 > 정보 확인	○ △ ×
04	⑤	94.0%	사실적 이해 > 정보 확인	○ △ ×
05	④	87.4%	사실적 이해 > 정보 확인	○ △ ×
06	⑤	78.6%	사실적 이해 > 정보 확인	○ △ ×
07	④	78.4%	비판적 사고 > 빈칸 채우기	○ △ ×
08	②	54.0%	비판적 사고 > 지문에서 추론하기	○ △ ×
09	②	56.0%	비판적 사고 > 논리적 결론의 전제 · 원인 찾기	○ △ ×
10	④	84.6%	비판적 사고 > 빈칸 채우기	○ △ ×
11	①	51.2%	비판적 사고 > 빈칸 채우기	○ △ ×
12	②	40.6%	사실적 이해 > 논리 게임	○ △ ×
13	③	93.3%	사실적 이해 > 정보 확인	○ △ ×
14	③	89.4%	사실적 이해 > 정보 확인	○ △ ×
15	④	86.0%	비판적 사고 > 빈칸 채우기	○ △ ×
16	③	89.6%	비판적 사고 > 판단하기	○ △ ×
17	①	97.0%	비판적 사고 > 빈칸 채우기	○ △ ×
18	⑤	70.1%	비판적 사고 > 지문에서 추론하기	○ △ ×
19	④	72.5%	사실적 이해 > 논리 게임	○ △ ×
20	③	84.6%	사실적 이해 > 논리 게임	○ △ ×
21	②	86.1%	비판적 사고 > 논리적 결론의 전제 · 원인 찾기	○ △ ×
22	②	68.3%	비판적 사고 > 판단하기	○ △ ×
23	③	48.2%	비판적 사고 > 판단하기	○ △ ×
24	②	77.5%	비판적 사고 > 논지 강화·약화하기	○ △ ×
25	⑤	63.8%	비판적 사고 > 판단하기	○ △ ×

나의 성적

영역	점수	풀이 시간
언어논리	_____점	_____분
자료해석	_____점	_____분
상황판단	_____점	_____분

합격선

영역	합격 가능권	합격 확실권
언어논리	64~68점	72~76점
자료해석	60~64점	68~72점
상황판단	64~68점	72~76점

풀이 시간

영역	기본	숙련
언어논리	60분	50분
자료해석	60분	50분
상황판단	60분	50분

선발 인원 / 응시 인원 / 경쟁률

선발 인원	응시 인원	경쟁률
247명	6,056명	2.5 : 1

※ 경쟁률은 1차 합격자 선발 기준인 10배수로 산정

- 확실히 맞힌 문항 수: _____ 문항
- 헷갈리거나 찍은 문항 수: _____ 문항
- 틀린 문항 수: _____ 문항

취약유형 분석표 제2영역 자료해석

문번	정답	정답률	유형	맞고 틀림
01	④	84.2%	자료 변환응용 > 자료/보고서 전환형	○ △ ×
02	③	82.4%	자료 읽기 > 표 제시형	○ △ ×
03	④	83.9%	자료 읽기 > 표 제시형	○ △ ×
04	①	88.6%	자료 읽기/추론 > 계산형	○ △ ×
05	⑤	63.7%	자료 읽기 > 표/빈칸 제시형	○ △ ×
06	⑤	88.7%	자료 읽기 > 그림 제시형	○ △ ×
07	①	65.0%	자료 읽기 > 표 제시형	○ △ ×
08	②	81.9%	자료 변환응용 > 표/그림 전환형	○ △ ×
09	②	78.5%	자료 읽기 > 표 제시형	○ △ ×
10	④	70.8%	자료 읽기/추론 > 계산형	○ △ ×
11	③	93.9%	자료 변환응용 > 자료/보고서 전환형	○ △ ×
12	④	81.7%	자료 읽기 > 표 제시형	○ △ ×
13	⑤	53.7%	자료 변환응용 > 표/그림 전환형	○ △ ×
14	⑤	72.3%	자료 읽기 > 표/빈칸 제시형	○ △ ×
15	④	76.0%	자료 읽기/추론 > 매칭형	○ △ ×
16	②	49.5%	자료 추론 > 추가로 필요한 자료 찾기	○ △ ×
17	③	77.5%	자료 읽기 > 표 제시형	○ △ ×
18	②	83.9%	자료 읽기 > 표 제시형	○ △ ×
19	③	38.7%	자료 읽기/추론 > 매칭형	○ △ ×
20	①	76.5%	자료 읽기 > 그림 제시형	○ △ ×
21	③	77.6%	자료 읽기 > 표 제시형	○ △ ×
22	②	76.5%	자료 읽기 > 표 제시형	○ △ ×
23	①	57.7%	자료 읽기 > 그림 제시형	○ △ ×
24	⑤	77.5%	자료 읽기 > 빈칸/그림 제시형	○ △ ×
25	④	68.4%	자료 읽기 > 표/그림 제시형	○ △ ×

취약유형 분석표 제3영역 상황판단

문번	정답	정답률	유형	맞고 틀림
01	③	69.4%	법조문형 > 규정확인	○ △ ×
02	⑤	68.7%	법조문형 > 규정확인	○ △ ×
03	⑤	84.2%	법조문형 > 규정확인	○ △ ×
04	①	32.2%	법조문형 > 규정적용	○ △ ×
05	①	92.9%	제시문형 > 정보확인	○ △ ×
06	④	81.4%	제시문형 > 분석추론	○ △ ×
07	②	86.9%	연산추론형 > 대입비교	○ △ ×
08	⑤	81.2%	퍼즐형 > 수리퀴즈	○ △ ×
09	⑤	82.1%	퍼즐형 > 논리퀴즈	○ △ ×
10	①	64.2%	연산추론형 > 대입비교	○ △ ×
11	②	86.6%	법조문형 > 규정확인	○ △ ×
12	⑤	63.3%	법조문형 > 규정확인	○ △ ×
13	①	96.5%	제시문형 > 분석추론	○ △ ×
14	③	94.3%	제시문형 > 정보확인	○ △ ×
15	④	90.2%	제시문형 > 정보확인	○ △ ×
16	④	90.5%	제시문형 > 분석추론	○ △ ×
17	⑤	91.2%	퍼즐형 > 논리퀴즈	○ △ ×
18	②	86.8%	연산추론형 > 수리계산	○ △ ×
19	②	85.7%	퍼즐형 > 논리퀴즈	○ △ ×
20	③	79.5%	제시문형 > 분석추론	○ △ ×
21	③	86.2%	퍼즐형 > 논리퀴즈	○ △ ×
22	④	82.2%	퍼즐형 > 게임 · 규칙	○ △ ×
23	②	70.9%	퍼즐형 > 논리퀴즈	○ △ ×
24	③	56.3%	퍼즐형 > 수리퀴즈	○ △ ×
25	④	87.6%	제시문형 > 분석추론	○ △ ×

- 확실히 맞힌 문항 수: _____ 문항
- 헷갈리거나 찍은 문항 수: _____ 문항
- 틀린 문항 수: _____ 문항

- 확실히 맞힌 문항 수: _____ 문항
- 헷갈리거나 찍은 문항 수: _____ 문항
- 틀린 문항 수: _____ 문항

2020 | 제1영역 언어논리(㉮ 책형)

기출 총평

전반적으로 난이도 중에 해당하는 문항들이 많았다. 아주 쉬운 문항은 없었으며 지문의 내용을 정확하게 이해하는 것이 관건이었다. 특히 정보 확인 유형의 문항들이 많았는데, 대부분 지문과 선지의 직접 대조를 통해 해결이 가능한 문항들이었다. 하지만 단어 하나를 바꾸거나 문장의 수식 관계나 인과관계를 조금 비틀어 구성한 선지들도 있어 실수하지 않도록 주의가 필요했다. 한편 난이도 상에 해당하는 문항들의 경우 지문의 독해 난도는 높지 않으나, 복합 유형으로 구성되어 여러 단계의 문제 풀이 과정을 거쳐야 하기 때문에 시간 소모가 컸을 것으로 예상된다. 빈칸 채우기 유형은 논지의 흐름에 따라 결론이나 가설을 추론하는 문제, 필요한 전제를 추가하는 문제, 실험 과정을 보여 주고 결과를 찾는 문제 등 다양한 방식으로 출제되었다. 무엇보다 지문을 읽는 동안 빈칸에 들어갈 내용을 확정하지 못하고 선지를 하나씩 대입해서 가장 적절한 것을 골라야 하는 문제의 경우, 시간 안배가 중요하게 작용했을 것으로 보인다. 논리 게임 유형의 문제 중에서는 반드시 참인 것을 고르는 유형이 아니라, 경우의 수 가운데 최대로 나올 수 있는 수를 고르는 유형이 다소 어렵게 느껴질 수 있다. 따라서 논리 게임 유형의 다양한 문제들을 꾸준히 접하고 그것들을 해결하는 패턴을 익혀야 할 것이다.

문항별 정답률 및 선지별 선택률

문번	정답	정답률 (%)	선지별 선택률(%) ①	②	③	④	⑤
01	③	84.2	3.7	4.0	84.2	1.3	6.8
02	①	85.7	85.7	2.0	6.8	3.0	2.5
03	①	66.7	66.7	7.8	10.1	11.8	3.6
04	⑤	94.0	2.6	0.7	2.0	0.7	94.0
05	④	87.4	8.1	1.6	2.2	87.4	0.7
06	⑤	78.6	7.7	10.0	1.9	1.8	78.6
07	④	78.4	13.8	1.8	1.0	78.4	5.0
08	②	54.0	13.0	54.0	10.3	4.3	18.4
09	②	56.0	2.1	56.0	3.6	12.8	25.5
10	④	84.6	3.3	2.3	4.1	84.6	5.7
11	①	51.2	51.2	1.9	1.9	32.7	12.3
12	②	40.6	18.0	40.6	17.2	14.4	9.8
13	③	93.3	0.8	0.7	93.3	0.5	4.7

문번	정답	정답률 (%)	선지별 선택률(%) ①	②	③	④	⑤
14	③	89.4	6.1	2.4	89.4	0.8	1.3
15	④	86.0	0.9	2.4	0.3	86.0	10.4
16	③	89.6	2.2	2.6	89.6	4.0	1.6
17	①	97.0	97.0	1.4	0.2	0.6	0.8
18	⑤	70.1	4.0	4.1	4.0	17.8	70.1
19	④	72.5	2.2	6.4	10.3	72.5	8.6
20	③	84.6	2.6	7.1	84.6	4.3	1.4
21	②	86.1	2.2	86.1	3.5	4.6	3.6
22	②	68.3	0.9	68.3	1.0	27.8	2.0
23	③	48.2	32.0	2.6	48.2	2.0	15.2
24	②	77.5	8.1	77.5	4.3	5.1	5.0
25	⑤	63.8	6.2	2.1	20.7	7.2	63.8

※ 파란색 음영 문항은 해당 회차에서 정답률이 가장 낮은 TOP 3 문항입니다.
※ 정답률 및 선지별 선택률 산정 기준: 약 1년간 누적된 자동채점 & 성적결과분석 서비스의 응시 데이터

출제 비중

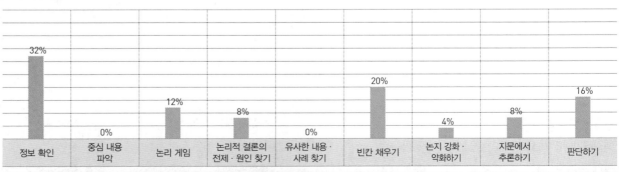

	정보 확인	중심 내용 파악	논리 게임	논리적 결론의 전제·원인 찾기	유사한 내용·사례 찾기	빈칸 채우기	논지 강화·약화하기	지문에서 추론하기	판단하기
	32%	0%	12%	8%	0%	20%	4%	8%	16%

사실적 이해 / 비판적 사고

01	③	02	①	03	①	04	⑤	05	④
06	⑤	07	④	08	②	09	②	10	④
11	①	12	②	13	③	14	③	15	④
16	③	17	①	18	⑤	19	④	20	③
21	②	22	②	23	③	24	②	25	⑤

01 ③

정답률 84.2%

| **문제 유형** | 사실적 이해 > 정보 확인
| **접근 전략** | 지문의 정보가 선지와 일치하는지 여부를 따지는 유형이다. 지문의 내용이 거의 그대로 선지에 나와 있기 때문에 답을 쉽게 찾을 수 있다. 다만 지문의 내용과 부합하지 않는 것을 찾는 문제이므로, 발문을 잘 읽고 선지를 확인해야 한다.

다음 글의 내용과 부합하지 않는 것은?

우리나라 헌법상 정부는 대통령과 행정부로 구성된다. 행정부에는 국무총리, 행정각부, 감사원 등이 있으며, 이들은 모두 대통령 소속하에 있다. 이외에도 행정부에는 국무회의와 각종 대통령 자문기관들이 있다. ▶1문단

우리나라 국무회의는 정부의 중요 정책에 대한 최고 심의기관으로, 그 설치를 헌법에서 규정하고 있다. 미국 대통령제의 각료회의는 헌법에 규정이 없는 편의상의 기구라는 점에서, 영국 의원내각제의 내각은 의결기관이라는 점에서 우리나라의 국무회의는 이들과 법적 성격이 다르다. ▶2문단

대통령이 국무회의 심의 결과에 구속되지 않는다는 점에서 국무회의는 자문기관과 큰 차이가 없다. 그러나 일반 대통령 자문기관들은 대통령이 임의적으로 요청하는 사항에 응하여 자문을 개진하는 것과 달리 국무회의는 심의 사항이 헌법에 명시되어 있으며 해당 심의는 필수적이라는 점에서 단순한 자문기관도 아니다. ▶3문단

행정각부의 장은 대통령, 국무총리와 함께 국무회의를 구성하는 국무위원임과 동시에 대통령이 결정한 정책을 집행하는 행정관청이다. 그러나 행정각부의 장이 국무위원으로서 갖는 지위와 행정관청으로서 갖는 지위는 구별된다. 국무위원으로서 행정각부의 장은 대통령, 국무총리와 법적으로 동등한 지위를 갖지만, 행정관청으로서 행정각부의 장은 대통령은 물론 상급행정관청인 국무총리의 지휘와 감독에 따라야 한다. ▶4문단

① 감사원은 대통령 소속하에 있는 기관이다. ➡ (O) 1문단에 따르면 행정부에는 국무총리, 행정각부, 감사원 등이 있으며, 이들은 모두 대통령 소속하에 있다.

② 국무회의는 의결기관도 단순 자문기관도 아닌 심의기관이다.
➡ (O) 2문단에 따르면 우리나라의 국무회의는 정부의 중요 정책에 대한 최고 심의기관으로, 의결기관인 영국 내각과 법적 성격이 다르다. 또한 3문단에 따르면 국무회의의 해당 심의는 필수적이라는 점에서 단순한 자문기관도 아니다.

③ 국무회의의 심의 결과는 대통령을 구속한다는 점에서 국가의사를 표시한다. ➡ (X) 3문단에 대통령이 국무회의 심의 결과에 구속되지 않는다고 나와 있으므로 본 선지는 글의 내용과 부합하지 않는다.

④ 우리나라 헌법은 국무회의에서 반드시 심의하여야 할 사항을 규정하고 있다. ➡ (O) 3문단에 따르면 국무회의는 심의 사항이 헌법에 명시되어 있다.

⑤ 국무총리와 행정각부의 장은 국무회의 심의 석상에서는 국무 위원으로서 법적으로 동등한 지위를 갖는다. ➡ (O) 4문단에 따르면 국무위원으로서 행정각부의 장은 대통령, 국무총리와 법적으로 동등한 지위를 갖는다.

02 ①

정답률 85.7%

| **문제 유형** | 사실적 이해 > 정보 확인
| **접근 전략** | 지문의 내용과 선지의 일치 여부를 확인하는 문제 유형이다. 이 유형에서는 선지를 구성할 때 지문의 내용을 가져오되 일부를 바꿔 오답을 만드는 경우가 많다. 따라서 지문의 세부 내용을 꼼꼼히 읽을 필요가 있다.

다음 글의 내용과 부합하는 것은?

조선 시대에는 각 고을에 '유향소'라는 기구가 있었다. 이 기구는 해당 지역의 명망가들로 구성되어 있었으며, 지방관을 보좌하고 아전을 감독하는 역할을 했다. 유향소는 그 회원들의 이름을 '향안'이라는 책자에 기록해 두었다. 향안에 이름이 오른 사람은 유향소의 장(長)인 좌수 혹은 별감을 선출하는 선거에 참여할 수 있었고, 유향소가 개최하는 회의에 참석해 지방행정에 관한 의견을 개진할 수 있었다. 또 회원 자격을 획득한 후 일정한 기간이 지나면 좌수와 별감으로 뽑힐 수도 있었다. ▶1문단

향안에 이름이 오르는 것을 '입록'이라고 불렀다. 향안에 입록되는 것은 당시로서는 큰 영예였다. 16세기에 대부분의 유향소는 부친, 모친, 처가 모두 그 지역 출신이어야 향안에 입록될 수 있도록 했는데, 이 조건을 '삼향'이라고 불렀다. 그런데 당시에는 멀리 떨어진 고을의 가문과 혼인 관계를 맺는 일이 잦아 삼향의 조건을 갖춘 사람은 드물었다. 유향소가 이 조건을 고수한다면 전국적인 명망가라고 하더라도 유향소 회원이 되기 어려웠다. 이런 까닭에 삼향이라는 조건을 거두어들이는 유향소가 늘어났다. 그 결과 17세기에는 삼향의 조건을 갖추지 않았다는 이유로 향안 입록을 거부하는 유향소가 크게 줄었다. ▶2문단

한편 서얼이나 상민과 혼인한 사람은 어떤 경우라도 향안에 입록될 수 없었고, 이 규정이 사라진 적도 없었다. 향안에 들어가고자 하는 사람은 기존 유향소 회원들의 동의도 받아야 했다. 향안 입록 신청자가 생기면 유향소 회원들은 한곳에 모여 투표를 해 허용 여부를 결정했다. 입록 신청자를 받아들일지 결정하는 투표를 '권점'이라고 불렀다. 권점을 통과하기 위해서는 일정한 비율 이상의 찬성표가 나와야 했다. 이 때문에 향안에 이름을 올리려는 자는 평소 나쁜 평판이 퍼지지 않게 행실에 주의를 기울였다. ▶3문단

① 향안에 입록된 사람은 해당 지역 유향소의 별감이나 좌수를 뽑는 데 참여할 수 있었다. ➡ (O) 1문단에 따르면 향안에 이름이 오른 사람은 유향소의 장인 좌수 혹은 별감을 선출하는 선거에 참여할 수 있었다.

② 각 지역 유향소들은 아전의 부정행위를 막기 위해 17세기에 향안 입록 조건을 완화하였다. ➡ (X) 2문단에서 향안에 입록되려면 부친, 모친, 처가 모두 그 지역 출신이어야 하는 '삼향'이라는 조건을 갖춰야 한다고 했다. 그런데 삼향을 갖춘 사람이 매우 드물었기 때문에 17세기에는 많은 유향소에서 삼향이라는 조건을 거두어들여 향안 입록 조건을 완화하였다. 즉 17세기에 향안 입록 조건을 완화한 것은 부정행위를 막기 위해서가 아니라 삼향이라는 조건을 갖춘 사람이 드물었기 때문임을 알 수 있다.

③ 유향소 회의에 참여할 자격을 얻기 위해서는 향안에 입록된 후에 다시 권점을 통과해야 하였다. ➡ (X) 3문단에 따르면 '권점'은 유향소 회원들이 한곳에 모여 입록 신청자를 받아들일지 결정하는 투표이다. 따라서 권점을 통과해야 향안에 입록될 수 있었음을 알 수 있다.

④ 16세기에는 서얼 가문과 혼인한 사람이 향안에 입록될 수 없었으나, 17세기에는 입록될 수 있었다. ➡ (X) 3문단에 따르면 서얼이나 상민과 혼인한 사람은 어떤 경우라도 향안에 입록될 수 없었고, 이 규정이 사라진 적도 없었다. 따라서 서얼 가문과 혼인한 사람은 17세기에도 향안에 입록될 수 없었다.

⑤ 17세기에 새로이 유향소 회원이 된 사람들은 모두 삼향의 조건을 갖추고 권점을 통과한 인물이었다. ➡ (X) 2문단에 따르면 17세기에는 삼향이라는 조건을 거두어들이는 유향소가 늘어나, 이 조건을 갖추지 않아도 향안에 입록될 수 있었다.

| **문제 유형** | 사실적 이해 > 정보 확인 |

| **접근 전략** | 선지를 보면 지문의 내용을 그대로 옮겨 오지 않고, 지시 대상 두 개를 서로 비교하거나 수식 어구와 피수식어를 다양하게 조합해 구성하였음을 알수 있다. 따라서 지문에 등장하는 '초조대장경', '재조대장경(팔만대장경)', 『무구정광대다라니경』 등과 관련해 제작 시기와 인쇄 방법 등을 정확히 파악해야 한다. |

다음 글에서 알 수 있는 것은?

부처의 말씀을 담은 경장과 그 해설서인 논장, 수행자의 계율을 담은 율장 외에 여러 가지 불교 관련 자료들을 모아 펴낸 것을 대장경이라고 부른다. 고려는 몇 차례 대장경 간행 사업을 벌였는데, 처음 대장경 간행에 돌입한 것은 거란의 침입을 받았던 현종 때 일이다. 당시 고려는 대장경을 만드는 데 필요한 자료들을 확보하지 못해 애를 먹다가 거란에서 만든 대장경을 수입해 분석한 후 선종 때 이를 완성했다. 이 대장경을 '초조대장경'이라고 부른다. ▶1문단

한편 고려는 몽골이 침략해 들어오자 불교 신앙으로 국난을 극복하겠다는 뜻에서 다시 대장경 제작 사업에 돌입했다. 이 대장경은 두 번째로 만든 것이라고 해서 '재조대장경'이라 불렀다. 고려는 재조대장경을 활자로 인쇄하기로 하고, 전국 각지에서 나무를 베어 경판을 만들었다. 완성된 경판의 숫자가 8만여 개에 이르기 때문에 이 대장경을 '팔만대장경'이라고도 부른다. 재조대장경을 찍어내기 위해 만든 경판은 현재까지 남아 있는데, 이는 전 세계에 남아 있는 대장경 인쇄용 경판 가운데 가장 오래된 것이다. 재조대장경판은 그 규모가 무척 커서 제작을 시작한 지 16년 만에 완성할 수 있었다. ▶2문단

재조대장경을 찍어내고자 수많은 경판을 만들었다는 사실에서 알 수 있듯이 한반도에서는 인쇄술이 일찍부터 발달해 있었다. 이를 잘 보여 주는 유물이 불국사에서 발견된 『무구정광대다라니경』이다. 분석 결과, 이 유물은 통일신라 경덕왕 때 목판으로 찍어낸 것으로 밝혀졌다. 『무구정광대다라니경』은 목판으로 인쇄되어 전하는 자료 가운데 세계에서 가장 오래된 것이다. 금속활자를 이용한 인쇄술도 일찍부터 발달했다. 몽골의 1차 고려 침략이 시작된 해에 세계 최초로 금속활자를 이용한 『상정고금예문』이 고려에서 발간되었다고 알려져 있다. 이처럼 고려 사람들은 선진 인쇄술을 바탕으로 문화를 발전시켜 나갔다. ▶3문단

① 재조대장경판의 제작이 완료되기 전에 금속활자로 『상정고금예문』을 발간한 일이 있었던 것으로 전해진다. ➡ (O) 2문단에 따르면 재조대장경판은 몽골이 침략해 들어올 때 제작을 시작했고, 제작을 시작한 지 16년 만에 완성할 수 있었다. 또한 3문단에 따르면 몽골의 1차 고려 침략이 시작된 해에 세계 최초로 금속활자를 이용한 『상정고금예문』이 고려에서 발간되었다고 알려져 있다. 따라서 재조대장경판의 제작 완료 전에 『상정고금예문』이 발간되었음을 알 수 있다.

② 재조대장경은 고려 현종 때 외적의 침입을 막고자 거란에서 들여온 대장경을 참고해 만든 것이다. ➡ (X) 1문단에 따르면 고려 현종 때 외적의 침입을 막고자 거란에서 들여온 대장경을 참고해 만든 것은 초조대장경이다.

③ 고려 시대에 만들어진 대장경판으로서 현재 남아 있는 것 중 가장 오래된 것은 초조대장경판이다. ➡ (X) 2문단에 따르면 현재 남아 있는 대장경 인쇄용 경판 가운데 가장 오래된 것은 재조대장경이다.

④ 『무구정광대다라니경』은 목판으로 인쇄되었으며, 재조대장경은 금속활자로 인쇄되었다. ➡ (X) 3문단에 따르면 『무구정광대다라니경』은 목판으로 찍어낸 것이 맞다. 그런데 2문단에서 고려는 재조대장경을 활자로 인쇄하기로 하고, 전국 각지에서 나무를 베어 경판을 만들었다고 했으므로 재조대장경도 금속활자가 아닌 목판으로 인쇄되었음을 알 수 있다.

⑤ 불교 진흥을 위해 고려 시대에 만들어진 최초의 대장경은 팔만대장경이다. ➡ (X) 1문단을 보면 처음 대장경 간행에 돌입한 것은 현종 때의 일이고, 선종 때 '초조대장경'을 완성했음을 알 수 있다.

| **문제 유형** | 사실적 이해 > 정보 확인 |

| **접근 전략** | 지문의 내용과 선지의 일치 여부를 확인하는 유형이다. 지문에서는 다른 국가의 소년사법 제도에 대해 소개한 후 이와 다른 우리나라 소년사법의 대상 범위에 대해 서술하고 있다. 따라서 우리나라 소년사법의 대상이 되는 연령대 구분과 소년사법의 사상과 특징을 파악한 후, 선지와의 일치 여부를 확인하도록 한다. |

다음 글에서 알 수 있는 것은?

많은 국가들의 소년사법 제도는 영국의 관습법에서 유래한다. 영국 관습법에 따르면 7세 이하 소년은 범죄 의도를 소유할 능력이 없는 것으로 간주되고, 8세 이상 14세 미만의 소년은 형사책임을 물을 수 없고, 14세 이상의 소년에 대해서는 형사책임을 물을 수 있다. ▶1문단

우리나라의 소년사법 역시 소년의 나이에 따라 세 그룹으로 구분하여 범죄 의도 소유 능력 여부와 형사책임 여부를 결정한다. 다만 그 나이의 기준은 9세 이하, 10세 이상 14세 미만, 그리고 14세 이상 19세 미만으로 구분할 뿐이다. 우리나라 『소년법』은 10세 이상 14세 미만의 소년 중 형벌 법령에 저촉되는 행위를 한 자를 촉법소년으로 규정하여 소년사법의 대상으로 하고 있다. 또한, 10세 이상 19세 미만의 소년 중 이유 없는 가출을 하거나 술을 마시는 행동을 하는 등 그대로 두면 장래에 범법행위를 할 우려가 있는 소년을 우범소년으로 규정하여 소년사법의 대상으로 하고 있다. 일부에서는 단순히 불량성이 있을 뿐 범죄를 저지르지 않았음에도 소년사법의 대상이 되는 우범소년 제도에 의문을 품기도 한다. ▶2문단

소년사법은 범죄를 저지르지 않은 소년까지도 사법의 대상으로 한다는 점에서 자기책임주의를 엄격히 적용하는 성인사법과 구별된다. 소년사법의 이러한 특징은 국가가 궁극적 보호자로서 아동을 양육하고 보호해야 한다는 국친 사상에 근거를 둔다. 과거 봉건 국가 시대에는 친부모가 자녀에 대한 양육·보호를 제대로 하지 못하는 경우 왕이 양육·보호책임을 진다고 믿었다. 이런 취지에서 오늘날에도 비록 죄를 범하지는 않았지만 그대로 둔다면 범행을 할 가능성이 있는 소년까지 소년사법의 대상으로 보는 것이다. 이처럼 소년사법의 철학적 기초에는 국친 사상이 있다. ▶3문단

① 국친 사상은 소년사법의 대상 범위를 축소하는 철학적 기초이다. ➡ (X) 3문단에 따르면 국친 사상에 근거를 둔 소년사법은 죄를 범하지는 않았지만 그대로 둔다면 범행을 할 가능성이 있는 소년까지 사법의 대상으로 본다. 따라서 국친 사상은 소년사법의 대상 범위를 확대하는 철학적 기초임을 알 수 있다.

② 성인범도 국친 사상의 대상이 되어 범행할 가능성이 있으면 처벌을 받는다. ➡ (X) 3문단에 따르면 소년사법은 범죄를 저지르지 않은 소년까지도 사법의 대상으로 한다는 점에서 자기책임주의를 엄격히 적용하는 성인사법과 구별된다. 따라서 성인범은 국친 사상의 대상이 되지 않음을 알 수 있다.

③ 우리나라 소년법상 촉법소년은 범죄 의도를 소유할 수 없는 것으로 간주된다. ➡ (X) 2문단에 따르면 우리나라의 소년사법은 범죄 의도 소유 능력 여부와 형사책임 여부를 결정하는 나이 기준을 9세 이하, 10세 이상 14세 미만, 14세 이상 19세 미만으로 구분한다. 촉법소년은 10세 이상 14세 미만의 소년 중 형벌 법령에 저촉되는 행위를 한 자로 소년사법의 대상이다. 따라서 우리나라 소년법상 촉법소년은 범죄 의도를 소유할 능력이 있는 것으로 간주됨을 알 수 있다.

④ 영국의 관습법상 7세의 소년은 범죄 의도는 소유할 수 있지만, 형사책임이 없는 것으로 간주된다. ➡ (X) 1문단에서 영국 관습법에 따르면 7세 이하 소년은 범죄 의도를 소유할 능력이 없는 것으로 간주된다고 하였다.

⑤ 우리나라 소년법상 10세 이상 19세 미만의 소년은 범죄를 저지를 우려가 있으면 범죄를 저지르지 않아도 소년사법의 적용을 받을 수 있다. ➡ (O) 2문단에 따르면 우리나라 『소년법』은 10세 이상 19세 미만의 소년 중 그대로 두면 장래에 범법행위를 할 우려가 있는 소년을 우범소년으로 규정하여 소년사법의 대상으로 하고 있다.

| **문제 유형** | 사실적 이해 > 정보 확인
| **접근 전략** | 지문에 등장하는 지시 대상인 랑그, 스틸, 에크리튀르의 개념을 선지에서 정확하게 서술하고 있는지 확인하는 문제 유형이다. 따라서 선지에 나오는 '선택의 여지, 방언에 대한 선택, 같은 지역 출신' 등의 표현에 중점을 두고, 지문을 읽으면서 각 대상들 간의 공통점과 차이점을 파악해야 한다.

다음 글에서 알 수 있는 것은?

바르트는 언어를 '랑그', '스틸', '에크리튀르'로 구분해서 파악했다. 랑그는 영어의 'language'에 해당한다. 인간은 한국어, 중국어, 영어 등 어떤 언어를 공유하는 집단에서 태어난다. 그때 부모나 주변 사람들이 이야기하는 언어가 '모어(母語)'이고 그것이 랑그이다. ▶1문단

랑그에 대해 유일하게 말할 수 있는 사실은, 태어날 때부터 부모가 쓰는 언어여서 우리에게 선택권이 없다는 것이다. 인간은 '모어 속에 던져지는' 방식으로 태어나기 때문에 랑그에는 관여할 수 없다. 태어나면서 쉼 없이 랑그를 듣고 자라기 때문에 어느새 그 언어로 사고하고, 그 언어로 숫자를 세고, 그 언어로 말장난을 하고, 그 언어로 신어(新語)를 창조한다. ▶2문단

스틸의 사전적인 번역어는 '문체'이지만 실제 의미는 '어감'에 가깝다. 이는 언어에 대한 개인적인 호오(好惡)의 감각을 말한다. 누구나 언어의 소리나 리듬에 대한 호오가 있다. 글자 모양에 대해서도 사람마다 취향이 다르다. 이는 좋고 싫음의 문제이기 때문에 어쩔 도리가 없다. 따라서 스틸은 기호에 대한 개인적 호오라고 해도 좋다. 다시 말해 스틸은 몸에 각인된 것이어서 주체가 자유롭게 선택할 수 없다. ▶3문단

인간이 언어기호를 조작할 때에는 두 가지 규제가 있다. 랑그는 외적인 규제, 스틸은 내적인 규제이다. 에크리튀르는 이 두 가지 규제의 중간에 위치한다. 에크리튀르는 한국어로 옮기기 어려운데, 굳이 말하자면 '사회방언'이라고 할 수 있다. 방언은 한 언어의 큰 틀 속에 산재하고 있으며, 국소적으로 형성된 것이다. 흔히 방언이라고 하면 '지역방언'을 떠올리는데, 이는 태어나 자란 지역의 언어이므로 랑그로 분류된다. 하지만 사회적으로 형성된 방언은 직업이나 생활양식을 선택할 때 동시에 따라온다. 불량청소년의 말, 영업사원의 말 등은 우리가 선택할 수 있다. ▶4문단

① 랑그는 선택의 여지가 없지만, 스틸과 에크리튀르는 자유로운 선택이 가능하다. ➡ (X) 3문단에 따르면 스틸은 몸에 각인된 것이어서 주체가 자유롭게 선택할 수 없다. 따라서 스틸도 랑그와 마찬가지로 선택의 여지가 없음을 알 수 있다.

② 방언에 대한 선택은 언어에 대한 개인의 호오 감각에 기인한다. ➡ (X) 3문단에 따르면 언어에 대한 개인적인 호오 감각은 스틸에 해당한다. 하지만 4문단에서 사회방언은 에크리튀르, 지역방언은 랑그로 분류된다고 하였으므로 방언은 스틸에 해당되지 않음을 알 수 있다.

③ 동일한 에크리튀르를 사용하는 사람들은 같은 지역 출신이다. ➡ (X) 4문단에 따르면 방언이라고 하면 보통 지역방언을 떠올리지만 이는 태어나 자란 지역의 언어이므로 랑그로 분류된다. 동일한 에크리튀르를 사용하는 사람들은 같은 직업이나 생활방식을 선택한 이들이다.

④ 같은 모어를 사용하는 형제라도 스틸은 다를 수 있다. ➡ (O) 3문단에 따르면 스틸은 언어에 대한 개인적인 호오로서 몸에 각인된 것이다. 따라서 개인마다 다름을 알 수 있다.

⑤ 스틸과 에크리튀르는 언어 규제상 성격이 같다. ➡ (X) 4문단에 따르면 스틸은 내적인 규제인 반면, 에크리튀르는 외적인 규제와 내적인 규제의 중간에 위치한다. 따라서 언어 규제상 성격이 서로 다름을 알 수 있다.

| **문제 유형** | 사실적 이해 > 정보 확인
| **접근 전략** | 이 문제는 2문단에 명시적으로 드러나 있는 지문의 중심 내용을 바탕으로 선지의 정오를 쉽게 판단할 수 있다. 즉, 정서주의자들은 도덕적 언어를 정보 전달의 목적이 아니라 사람의 행위에 영향을 주거나 자신의 태도를 표현하는 목적으로 사용한다고 보고 있음을 염두에 두고 선지를 읽어야 한다. '정보 전달'이 '참이나 거짓의 판단', '화자의 태도 보고' 등에 대한 서술이 포함되어 있으면 지문의 내용과 일치하지 않는 선지이다.

다음 글에서 알 수 있는 것은?

도덕에 관한 이론인 정서주의는 언어 사용의 세 가지 목적에 주목한다. 첫째, 화자가 청자에게 정보를 전달하는 목적이다. 예를 들어, "세종대왕은 조선의 왕이다."라는 문장은 참 혹은 거짓을 판단할 수 있는 정보를 전달하고 있다. 둘째, 화자가 청자에게 행위를 하도록 요구하는 목적이다. "백성을 사랑하라."라는 명령문 형식의 문장은 청자에게 특정한 행위를 요구한다. 셋째, 화자의 태도를 청자에게 표현하는 목적이다. "세종대왕은 정말 멋져!"라는 감탄문 형식의 문장은 세종대왕에 대한 화자의 태도를 표현하고 있다. ▶1문단

정서주의자들은 도덕적 언어를 정보 전달의 목적으로 사용하는 것이 아니라, 사람의 행위에 영향을 주거나 자신의 태도를 표현하는 목적으로 사용한다고 말한다. "너는 거짓말을 해서는 안 된다."라고 말한다면, 화자는 청자가 그러한 행위를 하지 못하게 하려는 것이다. 따라서 이러한 진술은 정보를 전달하는 것이 아니라, "거짓말을 하지 마라."라고 명령하는 것이다. ▶2문단

정서주의자들에 따르면 태도를 표현하는 목적으로 도덕적 언어를 사용하는 것은 태도를 보고하는 것이 아니다. 만약 "나는 세종대왕을 존경한다."라고 말한다면 이 말은 화자가 세종대왕에 대해 긍정적인 태도를 지니고 있다는 사실을 보고하는 것이다. 즉, 이는 참 혹은 거짓을 판단할 수 있는 정보를 전달하는 문장이다. 반면, "세종대왕은 정말 멋져!"라고 외친다면 화자는 결코 어떤 종류에 관한 사실을 전달하거나, 태도를 갖고 있다고 보고하는 것이 아니다. 이는 화자의 세종대왕에 대한 태도를 표현하고 있는 것이다. ▶3문단

① 정서주의에 따르면 화자의 태도를 표현하는 문장은 참이거나 거짓이다. ➡ (X) 1문단에 따르면 화자의 태도를 표현하는 문장은 감탄문 형식의 문장이다. 3문단에 따르면 태도를 표현하는 목적의 문장은 참 혹은 거짓을 판단할 수 있는 정보를 전달하는 문장이 아니다.

② 정서주의에 따르면 도덕적 언어는 화자의 태도를 보고하는 데 사용된다. ➡ (X) 3문단에 따르면 정서주의자들이 태도를 표현하는 목적으로 도덕적 언어를 사용하는 것은 태도를 보고하는 것이 아니다.

③ 정서주의에 따르면 "세종대왕은 한글을 창제하였다."는 참도 거짓도 아니다. ➡ (X) 1문단에 따르면 "세종대왕은 한글을 창제하였다."는 참 혹은 거짓을 판단할 수 있는 정보를 전달하고 있는 문장이다.

④ 정서주의에 따르면 언어 사용의 가장 중요한 목적은 정보를 전달하는 것이다. ➡ (X) 2문단에 따르면 정서주의자들은 도덕적 언어를 정보 전달의 목적으로 사용하는 것이 아니라, 사람의 행위에 영향을 주거나 자신의 태도를 표현하는 목적으로 사용한다고 말한다. 즉 정서주의자들이 말하는 언어 사용의 가장 중요한 목적은 사람의 행위에 영향을 주거나 자신의 태도를 표현하는 데 있다.

⑤ 정서주의에 따르면 도덕적 언어의 사용은 명령을 하거나 화자의 태도를 표현하기 위한 것이다. ➡ (O) 2문단에 따르면 정서주의자들은 도덕적 언어를 정보 전달의 목적으로 사용하는 것이 아니라, 사람의 행위에 영향을 주거나 자신의 태도를 표현하는 목적으로 사용한다고 말한다.

07 ④

| 문제 유형 | 비판적 사고 > 빈칸 채우기

| 접근 전략 | 빈칸에 들어갈 말을 찾는 문제로, 지문의 결론에 해당하는 내용을 찾는 유형이다. 논지는 마지막 3문단에서 파악하면 된다. 필자는 많은 문제로 인해 알고리즘을 신뢰할 수 없다고 해도 결국 다른 대안이 없기 때문에 알고리즘을 선택할 수밖에 없음을, 민주주의에 대한 처칠의 발언에 빗대어 언급하고 있다.

다음 글의 빈칸에 들어갈 내용으로 가장 적절한 것은?

텔레비전이라는 단어는 '멀리'라는 뜻의 그리스어 '텔레'와 '시야'를 뜻하는 라틴어 '비지오'에서 왔다. 원래 텔레비전은 우리가 멀리서도 볼 수 있도록 해 주는 기기로 인식됐다. 하지만 조만간 텔레비전은 멀리에서 우리를 보이게 해줄 것이다. 오웰의 『1984』에서 상상한 것처럼, 우리가 텔레비전을 보는 동안 텔레비전이 우리를 감시할 것이다. 우리는 텔레비전에서 본 내용을 대부분 잊어버리겠지만, 텔레비전에 영상을 공급하는 기업은 우리가 만들어낸 데이터를 기반으로 하여 알고리즘을 통해 우리 입맛에 맞는 영화를 골라 줄 것이다. 나아가 인생에서 중요한 것들, 이를테면 어디서 일해야 하는지, 누구와 결혼해야 하는지도 대신 결정해 줄 것이다. ▶1문단

그들의 답이 늘 옳지는 않을 것이다. 그것은 불가능하다. 데이터 부족, 프로그램 오류, 삶의 근본적인 무질서 때문에 알고리즘은 실수를 범할 수밖에 없다. 하지만 완벽해야 할 필요는 없다. 평균적으로 우리 인간보다 낫기만 하면 된다. 그 정도는 그리 어려운 일이 아니다. 왜냐하면 대부분의 사람은 자신을 잘 모르기 때문이다. 사람들은 인생의 중요한 결정을 내리면서도 끔찍한 실수를 저지를 때가 많다. 데이터 부족, 프로그램 오류, 삶의 근본적인 무질서로 인한 고충도 인간이 알고리즘보다 훨씬 더 크게 겪는다. ▶2문단

우리는 알고리즘을 둘러싼 많은 문제들을 열거하고 나서, 그렇기 때문에 사람들은 결코 알고리즘을 신뢰하지 않을 거라고 결론 내릴 수도 있다. 하지만 그것은 민주주의의 모든 결점들을 나열한 후에 '제정신인 사람이라면 그런 체제는 지지하려 들지 않을 것'이라고 결론짓는 것과 비슷하다. 처칠의 유명한 말이 있지 않은가? "민주주의는 세상에서 가장 나쁜 정치 체제다. 다른 모든 체제를 제외하면." 알고리즘에 대해서도 마찬가지로 다음과 같은 결론을 내릴 수 있다. ▢

▶3문단

① 알고리즘의 모든 결점을 제거하면 최선의 선택이 가능할 것이다.
➡ (✕) 2문단에 따르면 데이터 부족, 프로그램 오류, 삶의 근본적인 무질서 때문에 알고리즘은 실수를 범할 수밖에 없다. 즉 필자는 알고리즘의 결점을 제거할 수 있다고 본 것이 아니다.

② 우리는 자신이 무엇을 원하는지를 알기 위해서 점점 더 알고리즘에 의존한다.
➡ (✕) 인간이 무엇을 원하는지 알기 위해서 알고리즘에 더 의존하게 된다는 결론을 이끌어 낼 만한 내용은 지문에 제시되어 있지 않다.

③ 데이터를 가진 기업이 다수의 사람을 은밀히 감시하는 사례는 더 늘어날 것이다.
➡ (✕) 1문단을 통해 데이터를 가진 기업이 다수의 사람을 은밀히 감시하는 사례가 더 늘어날 것임을 알 수 있지만, 이는 지문의 논지와는 관련이 없다.

④ 실수를 범하기는 하지만 현실적으로 알고리즘보다 더 신뢰할 만한 대안을 찾기 어렵다.
➡ (○) 3문단의 다른 체제라는 대안이 없기 때문에 결점이 많지만 민주주의를 선택할 수밖에 없다는 처칠의 말을 적용해 보면, 실수를 범하기는 하지만 현실적으로 알고리즘보다 더 신뢰할 만한 대안을 찾기 어렵다는 결론을 이끌어 낼 수 있다.

⑤ 알고리즘이 갖는 결점이 지금은 보이지 않지만, 어느 순간 이 결점 때문에 우리의 질서가 무너질 것이다.
➡ (✕) 2문단에서 알고리즘은 실수를 범할 수밖에 없지만 완벽할 필요는 없고 평균적으로 인간보다 낫기만 하면 된다고 했다. 따라서 알고리즘의 결점 때문에 우리의 질서가 무너질 것이라는 것은 확대 해석이다.

08 ②

| 문제 유형 | 비판적 사고 > 지문에서 추론하기

| 접근 전략 | 지문의 내용을 통해 추론할 수 없는 것을 고르는 문제 유형이다. 지문에서 상대적인 가치판단과 절대적인 가치판단을 대조하고 있으므로, 이 둘을 변별할 수 있어야 한다. 선지 ①~③의 '아이를 엄격한 방식보다는 너그러운 방식으로 키우는 것이 더 좋다.'라는 문장은 절대적 가치판단에 의한 진술이고, 선지 ④, ⑤의 '정서적으로 안정된 창조적 개인으로 키우려면, 아이를 엄격한 방식보다는 너그러운 방식으로 키우는 것이 더 좋다.'라는 문장은 상대적인 가치판단에 의한 진술이다. 따라서 뒤따르는 서술 내용이 적절한지 확인해야 한다.

다음 글에서 추론할 수 없는 것은?

아이를 엄격하게 키우는 것은 부모와 다른 사람들에 대해 반감과 공격성을 일으킬 수 있고, 그 결과 죄책감과 불안감을 낳으며, 결국에는 아이의 창조적인 잠재성을 해치게 된다. 반면에 아이를 너그럽게 키우는 것은 그와 같은 결과를 피하고, 더 행복한 인간관계를 만들며, 풍요로운 마음과 자기신뢰를 고취하고, 자신의 잠재력을 발전시킬 수 있도록 한다. 이와 같은 진술은 과학적 탐구의 범위에 속하는 진술이다. 논의의 편의상 이 두 주장이 실제로 강력하게 입증되었다고 가정해보자. 그렇다면 우리는 이로부터 엄격한 방식보다는 너그러운 방식으로 아이를 키우는 것이 더 좋다는 점이 과학적 연구에 의해 객관적으로 확립되었다고 말할 수 있을까? ▶1문단

위의 연구를 통해 확립된 것은 다음과 같은 조건부 진술일 뿐이다. 만약 우리의 아이를 죄책감을 지닌 혼란스러운 영혼이 아니라 행복하고 정서적으로 안정된 창조적인 개인으로 키우고자 한다면, 아이를 엄격한 방식보다는 너그러운 방식으로 키우는 것이 더 좋다. 이와 같은 진술은 상대적인 가치판단을 나타낸다. 상대적인 가치판단은 특정한 목표를 달성하려면 어떤 행위가 좋다는 것을 진술하는데, 이런 종류의 진술은 경험적 진술이고, 경험적 진술은 모두 관찰을 통해 객관적인 과학적 테스트가 가능하다. 반면 "아이를 엄격한 방식보다는 너그러운 방식으로 키우는 것이 더 좋다."라는 문장은 가령 "살인은 악이다."와 같은 문장처럼 절대적인 가치판단을 표현한다. 그런 문장은 관찰에 의해 테스트할 수 있는 주장을 표현하지 않는다. 오히려 그런 문장은 행위의 도덕적 평가기준 또는 행위의 규범을 표현한다. 절대적인 가치판단은 과학적 테스트를 통한 입증의 대상이 될 수 없다. 왜냐하면 그와 같은 판단은 주장을 표현하는 것이 아니라 행위의 기준이나 규범을 나타내기 때문이다. ▶2문단

① 아이를 엄격한 방식보다는 너그러운 방식으로 키우는 것이 더 좋다는 것은 경험적 진술이 아니다. ➡ (○) 2문단에 따르면 "아이를 엄격한 방식보다는 너그러운 방식으로 키우는 것이 더 좋다."라는 문장은 절대적인 가치판단을 표현한다. 따라서 경험적 진술이 아니다.

② 아이를 엄격한 방식보다는 너그러운 방식으로 키우는 것이 더 좋다는 것은 상대적인 가치판단이다. ➡ (✕) 2문단에 따르면 조건부 진술은 상대적인 가치판단을 나타내는데, 이것은 경험적 진술에 해당한다. 그러나 '아이를 엄격한 방식보다는 너그러운 방식으로 키우는 것이 더 좋다.'는 것은 행위의 기준이나 규범을 나타내기 때문에 절대적인 가치판단이다.

③ 아이를 엄격한 방식보다는 너그러운 방식으로 키우는 것이 더 좋다는 것은 과학적 연구에 의해 객관적으로 입증될 수 있는 주장이 아니다. ➡ (○) 2문단에 따르면 경험적 진술은 모두 관찰을 통해 객관적인 과학적 테스트가 가능하다. 그런데 '아이를 엄격한 방식보다는 너그러운 방식으로 키우는 것이 더 좋다.'는 것은 절대적인 가치판단을 표현하는 문장으로 과학적 테스트를 통한 입증의 대상이 될 수 없다.

④ 정서적으로 안정된 창조적 개인으로 키우려면, 아이를 엄격한 방식보다는 너그러운 방식으로 키우는 것이 더 좋다는 것은 상대적인 가치판단이다. ➡ (○) 2문단에 따르면 '정서적으로 안정된 창조적 개인으로 키우려면, 아이를 엄격한 방식보다는 너그러운 방식으로 키우는 것이 더 좋다.'는 것은 조건부 진술로 상대적인 가치판단을 나타낸다.

⑤ 정서적으로 안정된 창조적 개인으로 키우려면, 아이를 엄격한 방

식보다는 너그러운 방식으로 키우는 것이 더 좋다는 것은 과학적으로 테스트할 수 있다. ➡ (O) 2문단에 따르면 '정서적으로 안정된 창조적 개인으로 키우려면, 아이를 엄격한 방식보다는 너그러운 방식으로 키우는 것이 더 좋다.'는 것은 경험적 진술로 모두 관찰을 통해 객관적인 과학적 테스트가 가능하다.

09 ②

| **문제 유형** | 비판적 사고 > 논리적 결론의 전제·원인 찾기

접근 전략 | 실험의 과정과 결과를 서술한 지문을 읽은 후 역으로 그 실험의 가설을 찾는 문제 유형이다. 먼저 2문단의 1~3그룹 실험과 3문단의 4~6그룹 실험의 조건이 어떻게 다른지를 파악해야 한다. 그다음에 변화를 준 조건은 무엇이고, 대조 그룹과의 차이는 무엇인지를 바탕으로 가설을 세우면 된다.

다음 글의 실험 결과를 가장 잘 설명하는 가설은?

한 무리의 개미들에게 둥지에서 먹이통 사이를 오가는 왕복 훈련을 시킨 후 120마리를 포획하여 20마리씩 6그룹으로 나눴다. ▶1문단

먼저 1~3그룹의 개미들을 10m 거리에 있는 먹이통으로 가게 한 후, 다음처럼 일부 그룹의 다리 길이를 조절하는 처치를 했다. 1그룹은 모든 다리의 끝 분절을 제거하여 다리 길이를 줄이고, 2그룹은 모든 다리에 돼지의 거친 털을 붙여 다리 길이를 늘이고, 3그룹은 다리 길이를 그대로 둔 것이다. 이렇게 처치를 끝낸 1~3그룹의 개미들을 둥지로 돌아가게 한 결과, 1그룹 개미들은 둥지에 훨씬 못 미쳐 멈췄고, 2그룹 개미들은 둥지를 훨씬 지나 멈췄으며, 3그룹 개미들만 둥지에서 멈췄다. ▶2문단

이제 4~6그룹의 개미들은 먹이통으로 출발하기 전에 미리 앞서와 같은 방식으로 일부 그룹의 다리 길이를 조절하는 처치를 했다. 즉, 4그룹은 다리 길이를 줄이고, 5그룹은 다리 길이를 늘이고, 6그룹은 다리 길이를 그대로 두었다. 이 개미들을 10m 거리에 있는 먹이통까지 갔다 오게 했더니, 4~6그룹의 개미 모두가 먹이통까지 갔다가 되돌아 둥지에서 멈췄다. 4~6그룹의 개미들은 그룹별로 이동 거리의 차이가 없었다. ▶3문단

① 개미의 이동 거리는 다리 길이에 비례한다. ➡ (X) 1~3그룹의 경우 둥지로 돌아올 때 개미의 이동 거리는 다리 길이에 비례했지만, 4~6그룹은 다리 길이와 상관없이 이동 거리가 같았으므로 본 선지는 지문의 실험에 대한 가설로 적절하지 않다.

② 개미는 걸음 수에 따라서 이동 거리를 판단한다. ➡ (O) 1~3그룹 개미들은 먹이통까지 갈 때의 걸음 수가 모두 동일했다. 그래서 돌아올 때도 그 걸음 수를 기억해 동일한 걸음 수로 돌아왔다. 하지만 돌아올 때는 다리 길이가 달라졌기 때문에 멈춘 지점도 비례해서 달라졌던 것이다. 4~6그룹 개미들은 먹이통까지 갈 때 걸음 수가 서로 달랐다. 다리 길이가 긴 개미는 다리 길이가 짧은 개미에 비해 상대적으로 걸음 수가 적었을 것이다. 다만 각 그룹의 개미들은 다리 길이에 맞게 갈 때 걸음 수를 기억했고 돌아올 때도 동일한 걸음 수로 둥지까지 온 것이다. 그래서 모두 둥지에서 멈출 수 있었다. 이를 통해 개미는 걸음 수에 따라서 이동 거리를 판단한다는 가설이 지문의 실험에 어울리는 가설임을 알 수 있다.

③ 개미의 다리 끝 분절은 개미의 이동에 필수적인 부위이다. ➡ (X) 개미의 다리 끝 분절이 이동에 필수적인지의 여부는 지문의 실험과 관계가 없다.

④ 개미는 다리 길이가 조절되고 나면 이동 거리를 측정하지 못한다. ➡ (X) 4~6그룹의 경우 다리 길이가 조절되어도 이동 거리를 측정할 수 있음을 알 수 있다.

⑤ 개미는 먹이를 찾으러 갈 때와 둥지로 되돌아올 때, 이동 거리를 측정하는 방법이 다르다. ➡ (X) 먹이통으로 갈 때와 둥지로 되돌아올 때 개미의 거리 측정 방법이 다른지는 알 수 없다.

10 ④

정답률 84.6%

| **문제 유형** | 비판적 사고 > 빈칸 채우기

접근 전략 | 특정한 결론을 증명하기 위해서 논리의 흐름에 따라 빈칸에 들어갈 말을 찾는 유형이다. 먼저 도덕적 주장과 도덕과 무관한 주장을 확인하고 일반 원칙으로 내세운 A~C의 내용을 이해한 후 (3)과 (4), (4)와 (5), (5)와 (1)이 서로 부정 관계임을 파악해야 한다. 빈칸의 앞뒤에서 A~C 원칙과 유사한 어휘나 표현을 사용하고 있으므로 맥락만 잘 파악하면 쉽게 답을 찾을 수 있다.

다음 글의 ㉠~㉢에 들어갈 일반 원칙을 바르게 나열한 것은?

우리가 하는 주장 가운데 어떤 것은 도덕적 주장이고 어떤 것은 도덕과 무관한 주장이다. 가령 아래의 (1)은 도덕적 주장인 반면 (2)는 도덕과 무관한 주장이라는 데 모두 동의할 것이다.
(1) 갑은 선한 사람이다.
(2) 을은 병을 싫어한다.
이런 종류의 주장과 관련한 일반 원칙으로 우리가 다음 세 가지를 받아들인다고 하자.
A: 어떤 주장이 도덕적 주장이라면, 그 주장의 부정도 도덕적 주장이다.
B: 어떤 주장이 도덕과 무관한 주장이라면, 그 주장의 부정도 도덕과 무관한 주장이다.
C: 도덕과 무관한 주장으로부터 도출된 것은 모두 도덕과 무관한 주장이다.

나아가 어떠한 주장이든지 그것은 도덕적 주장이거나 도덕과 무관한 주장이라고 해보자. 이때 우리는 다음의 (3)이 도덕적 주장이라는 것을 증명할 수 있다.
(3) 갑은 선한 사람이거나 을은 병을 싫어한다.
이를 위해 먼저 (3)이 도덕과 무관한 주장이라고 가정해보자. 우리는 이런 가정이 모순을 초래한다는 사실을 보일 것이다. (3)이 도덕과 무관한 주장이므로 일반 원칙 ☐ ㉠ 에 따라 우리는 다음의 (4)도 도덕과 무관한 주장이라고 해야 한다.
(4) 갑은 선한 사람이 아니고 을은 병을 싫어하지 않는다.
(4)가 도덕과 무관한 주장이므로 일반 원칙 ☐ ㉡ 에 따라 우리는 (4)로부터 도출되는 다음의 (5)도 도덕과 무관한 주장이라고 해야 한다.
(5) 갑은 선한 사람이 아니다.
하지만 우리는 애초에 (1)이 도덕적 주장이라는 점을 받아들였다. 그러므로 일반 원칙 ☐ ㉢ 에 따라 우리는 (1)을 부정한 것인 (5)가 도덕적 주장이라고 해야 한다. 마침내 우리는 (5)가 도덕과 무관한 주장이면서 또한 도덕적 주장이라는 모순된 결과에 다다르게 되었다. (3)이 도덕과 무관한 주장이라는 가정은 이처럼 모순을 초래하므로, 결국 우리는 (3)이 도덕적 주장이라고 결론내려야 한다.

	㉠	㉡	㉢	
①	A	B	C	➡ (X)
②	A	C	B	➡ (X)
③	B	A	C	➡ (X)
④	B	C	A	➡ (O) ㉠의 앞뒤 내용을 종합하면 (3)이 도덕과 무관한 주장이므로 (4)도 도덕과 무관한 주장임을 알 수 있고 이를 통해 (4)가 (3)의 부정에 해당함을 알 수 있다. 따라서 ㉠에는 B가 들어가야 한다. ㉡의 앞뒤 내용을 종합하면 (4)가 도덕과 무관한 주장이므로 (4)로부터 도출되는 (5)도 도덕과 무관한 주장임을 알 수 있고, (5)는 (4)에서 도출한 주장에 해당하므로 ㉡에는 C가 들어감을 알 수 있다. 마지막으로 (5)는 (1)의 부정인데 (5)가 도덕과 무관한 주장이면서 도덕적 주장이라는 모순된 결과에 이른다고 했으므로, ㉢에는 A가 들어가야 함을 알 수 있다.
⑤	C	B	A	➡ (X)

11 ①

TOP 3 정답률 51.2%

| 문제 유형 | 비판적 사고 > 빈칸 채우기

| 접근 전략 | 지문에 제시된 조건을 보고 결론을 도출하기 위해 추가해야 할 조건과 조건을 바꿨을 때 도출할 수 있는 결론을 찾아야 한다. 선지를 먼저 보면 ⊙과 ⓒ이 각기 세 종류로 나뉨을 알 수 있다. 제시된 조건과 결론만을 보고 빈칸에 들어갈 문장을 유추해 볼 수 있지만, 경우의 수가 많을 때는 선지의 해당 내용을 빈칸에 직접 대입해 보고 결론이 도출되는지를 따져 봐도 된다.

다음 대화의 ⊙과 ⓒ에 들어갈 말을 적절하게 짝지은 것은?

갑: 신입직원 가운데 일부가 봉사활동에 지원했습니다. 그리고 ⎡ ⊙ ⎤

을: 지금 하신 말씀에 따르자면, 제 판단으로는 하계연수에 참여하지 않은 사람 중에 신입직원이 있다는 결론이 나오는군요.

갑: 그렇게 판단하신 게 정확히 맞습니다. 아니, 잠깐만요. 아차, 제가 앞에서 말씀드린 부분 중에 오류가 있었군요. 죄송합니다. 신입직원 가운데 일부가 봉사활동에 지원했다는 것은 맞는데, 그다음이 틀렸습니다. 봉사활동 지원자는 전부 하계연수에도 참여했다고 말씀드렸어야 했습니다.

을: 알겠습니다. 그렇다면 아까와 달리 "⎡ ⓒ ⎤"라는 결론이 나오는 것이로군요.

갑: 바로 그렇습니다.

→ 제시된 조건들을 정리하면 다음과 같다.

• ⓐ: 신입직원 일부가 봉사활동에 지원함
• ⓑ: 하계연수에 참여하지 않은 신입직원이 있음
• ⓒ: 봉사활동 지원자는 모두 하계연수에 참여함

① ⊙: 하계연수 참여자 가운데는 봉사활동에 지원했던 사람이 없습니다.

  ⓒ: 신입직원 가운데 하계연수 참여자가 있다. ➡ (O) 'ⓐ∧ⓒ→ⓑ' 가 되기 위해서는 봉사활동을 지원한 사람은 하계연수에 참여하지 않았다는 조건이 추가되어야 한다. 따라서 이 명제의 대우에 해당하는 '하계연수 참여자 가운데는 봉사활동에 지원했던 사람이 없다.'가 ⊙에 들어가야 한다. 'ⓐ∧ⓒ→ⓒ'이 되기 위해서는 봉사활동을 지원한 신입직원 일부는 하계연수에 참여했다고 볼 수 있으므로 '신입직원 가운데 하계연수 참여자가 있다.'가 ⓒ에 들어가는 것이 적절하다.

② ⊙: 하계연수 참여자 가운데는 봉사활동에 지원했던 사람이 없습니다.

  ⓒ: 신입직원 가운데 하계연수 참여자는 한 명도 없다. ➡ (X)

③ ⊙: 하계연수 참여자는 모두 봉사활동에도 지원했던 사람입니다.

  ⓒ: 신입직원 가운데 하계연수 참여자는 한 명도 없다. ➡ (X)

④ ⊙: 하계연수 참여자 가운데 봉사활동에도 지원했던 사람이 있습니다.

  ⓒ: 신입직원 가운데 하계연수 참여자가 있다. ➡ (X)

⑤ ⊙: 하계연수 참여자 가운데 봉사활동에도 지원했던 사람이 있습니다.

  ⓒ: 신입직원은 모두 하계연수 참여자이다. ➡ (X)

12 ②

TOP 1 정답률 40.6%

| 문제 유형 | 사실적 이해 > 논리 게임

| 접근 전략 | 제시된 조건을 바탕으로 최대 인원 수를 파악하는 유형이다. 즉 누가 참석 또는 불참하는지를 확정 짓는 것이 아니라 참석 가능한 최대 인원이 몇 명인지를 알아내야 하는 문제이다. 우선 불참 여부가 확정된 조건을 시작으로 이와 연관된 다른 조건의 명제를 통해 불참자를 하나씩 확정해 가는 소거하는 방식으로 문제를 풀면 된다.

다음 글의 내용이 참일 때, 대책회의에 참석하는 전문가의 최대 인원 수는?

8명의 전문가 A~H를 대상으로 코로나19 대책회의 참석 여부에 관해 조사한 결과 다음과 같은 정보를 얻었다.

○ A, B, C 세 사람이 모두 참석하면, D나 E 가운데 적어도 한 사람은 참석한다.
○ C와 D 두 사람이 모두 참석하면, F도 참석한다.
○ E는 참석하지 않는다.
○ F나 G 가운데 적어도 한 사람이 참석하면, C와 E 두 사람도 참석한다.
○ H가 참석하면, F나 G 가운데 적어도 한 사람은 참석하지 않는다.

→ 제시된 조건들을 정리하면 다음과 같다.

• ⓐ: A∧B∧C→D∨E
• ⓑ: C∧D→F
• ⓒ: ~E
• ⓓ: F∨G→C∧E
• ⓔ: H→~F∨~G

ⓒ와 ⓓ의 '대우(~C∨~E→~F∧~G)'에 의해 E, F, G는 참석하지 않음을 알 수 있다. 그리고 ⓑ의 '대우(~F→~C∨~D)'에 의해 C나 D 중에 한 명이 참석하지 않음을 알 수 있다. 그런데 C가 참석하고 D가 참석하지 않을 경우에는 ⓐ의 '대우'에 의해 A, B 둘 중 한 명이 불참하게 되어 최대 참석 인원 수는 3명이 된다. 그러나 C가 참석하지 않고 D가 참석할 경우에는 A, B, H의 조건이 충분하지 않아 불참 여부를 확정 지을 수 없어 최대 참석 인원 수는 4명이 된다. 따라서 확정된 불참자는 E, F, G 3명에 C와 D 중 1명이 불참하므로 최대 참석 인원은 4명이 된다.

① 3명 ➡ (X)
② 4명 ➡ (O)
③ 5명 ➡ (X)
④ 6명 ➡ (X)
⑤ 7명 ➡ (X)

13 ③

정답률 93.3%

| 문제 유형 | 사실적 이해 > 정보 확인

| 접근 전략 | 지문의 내용과 선지의 일치 여부를 하나씩 확인해야 하는 문제이다. 선지를 보면 왕이나 인물의 이름을 바꿔서 문장을 구성하거나 지역명 하나를 바꿔 넣어 오답을 만든 경우가 대부분이다. 따라서 지문을 읽을 때 왕의 이름에 표시를 해 시대를 구분하고, 시대별로 관련 인물과 지역을 연결해 두면 선지 내용의 정오를 쉽게 판별할 수 있다.

다음 글의 내용과 부합하는 것은?

조선 시대에는 왕실과 관청이 필요로 하는 물품을 '공물'이라는 이름으로 백성들로부터 수취하는 제도가 있었다. 조선 왕조는 각 지역의 특산물이 무엇인지 조사한 후, 그 결과를 바탕으로 백성들이 내야 할 공물의 종류와 양을 지역마다 미리 규정해두었다. 그런데 시간이 지남에 따라 환경 변화 등으로 그 물품이 생산되지 않는 곳이 많아졌다. 이에 백성들은 부과된 공물을 상인으로 하여금 생산지에서 구매해 대납하게 했는데, 이를 '방납'이라고 부른다. ▶1문단

방납은 16세기 이후 크게 성행했다. 그런데 방납을 의뢰받은 상인들은 대개 시세보다 높은 값을 부르거나 품질이 떨어지는 물품을 대납해 부당 이익을 취했다. 이런 폐단이 날로 심해지자 "공물을 면포나 쌀로 거둔 후, 그것으로 필요한 물품을 관청이 직접 구매하자."라는 주장이 나타났다. 이런 주장은 임진왜란이 끝난 후 거세졌다. 한백겸과 이원익 등은 광해군 즉위 초에 경기도에 한해 '백성들이 소유한 토지의 다과에 따라 쌀을 공물로 거두고, 이렇게 수납한 쌀을 선혜청으로 운반해 국가가 필요로 하는 물품을 구매'하는 정책, 즉 '대동법'을 시행하자고 했다. 광해군이 이를 받아들이자 경기도민들은 크게 환영했다. 광해군은 이 정책에 대한 반응이 좋다는 것을 알고 경기도 외

에 다른 곳으로 확대 시행할 것을 고려했으나 그렇게 하지는 못했다. ▶2문단

광해군을 몰아내고 왕이 된 인조는 김육의 주장을 받아들여 강원도, 충청도, 전라도까지 대동법을 확대 시행했다. 그런데 그 직후 전국에 흉년이 들어 농민들이 제대로 쌀을 구하지 못할 정도가 되었다. 이에 인조는 충청도와 전라도에 대동법을 시행한다는 결정을 철회했다. 인조의 뒤를 이은 효종은 전라도 일부 지역과 충청도가 흉년에서 벗어났다고 생각해 그 지역들에 대동법을 다시 시행했고, 효종을 이은 현종도 전라도 전역에 대동법을 확대 시행했다. 이처럼 대동법 시행 지역은 조금씩 늘어났다. ▶3문단

① 현종은 방납의 폐단을 없애기 위해 대동법을 전국 모든 지역에 시행하였다. ➡ (X) 2문단에 따르면 임진왜란이 끝난 후 방납의 폐단을 없애기 위해 대동법을 시행하자는 주장이 거세졌고, 광해군 즉위 초에 경기도에 한해 대동법을 시행하기 시작했다. 또한 3문단에 따르면 인조와 효종이 강원도, 충청도, 전라도 일부 지역에 대동법을 시행한 것에 이어 현종이 전라도 전역에 대동법을 확대 시행했다. 이처럼 대동법 시행 지역은 조금씩 늘어났지만 현종이 전국 모든 지역에 대동법을 시행한 것은 아니다.

② 효종은 김육의 요청대로 충청도, 전라도, 경상도에 대동법을 적용하였다. ➡ (X) 3문단에 따르면 효종이 아니라 인조가 김육의 주장을 받아들여 강원도, 충청도, 전라도에 대동법을 확대 시행했다. 이때 경상도는 대동법 시행 지역에 포함되어 있지 않았다.

③ 광해군이 국왕으로 재위할 때 공물을 쌀로 내게 하는 조치가 경기도에 취해졌다. ➡ (O) 2문단에 따르면 광해군 즉위 초에 경기도에 한해 쌀을 공물로 거두는 정책인 대동법이 시행되었다.

④ 인조는 이원익 등의 제안대로 방납이라는 방식으로 공물을 납부하는 행위를 전면 금지하였다. ➡ (X) 2문단에 따르면 이원익 등의 제안으로 대동법을 시행한 것은 인조가 아니라 광해군이다. 또한 방납을 전면 금지했는지 여부는 지문에 나와 있지 않아 알 수 없다.

⑤ 한백겸은 상인이 관청의 의뢰를 받아 특산물을 생산지에서 구매해 대납하는 것은 부당하다고 하였다. ➡ (X) 2문단에 한백겸이 대동법을 시행하자고 주장했다는 언급은 있지만, 방납이 부당하다고 했는지의 여부는 지문에 나와 있지 않아 알 수 없다.

14 ③
정답률 89.4%

| 문제 유형 | 사실적 이해 > 정보 확인
| 접근 전략 | 지문의 내용과 선지의 일치 여부를 하나씩 확인해야 하는 문제이다. 선지를 보면 신앙결사의 명칭이나 인물의 이름, 지역명이 혼재되어 뒤죽박죽인 문장으로 오답을 구성했음을 알 수 있다. 따라서 지문을 읽을 때 신앙결사를 중심으로 이와 연결된 대표 인물, 불교 종파 명칭, 지역명을 연결해 두면 선지 내용의 정오를 쉽게 판별할 수 있다.

다음 글에서 알 수 있는 것은?

불교가 이 땅에 전래된 후 불교신앙을 전파하고자 신앙결사를 만든 승려가 여러 명 나타났다. 통일신라 초기에 왕실은 화엄종을 후원했는데, 화엄종 계통의 승려들은 수도에 대규모 신앙결사를 만들어 놓고 불교신앙에 관심을 가진 귀족들을 대상으로 불교 수행법을 전파했다. 통일신라가 쇠퇴기에 접어든 신라 하대에는 지방에도 신앙결사가 만들어졌다. 신라 하대에 나타난 신앙결사는 대부분 미륵 신앙을 지향하는 정토종 승려들이 만든 것이었다. ▶1문단

신앙결사 운동이 더욱 확장된 것은 고려 때의 일이다. 고려 시대 가장 유명한 신앙결사는 지눌의 정혜사다. 지눌은 명종 때 거조사라는 절에서 정혜사라는 이름의 신앙결사를 만들었다. 그는 돈오점수 사상을 내세우고, 조계선이라는 수행 방법을 강조했다. 지눌이 만든 신앙결사에 참여해 함께 수행하는 승려가 날로 늘었다. 그 가운데 가장 유명한 사람이 요세라는 승려다. 요세는 무신집권자 최충헌이 명종을 쫓아내고 신종을 국왕으로 옹립한 해에 지눌과 함께 순천으로 근거지를 옮기는 도중에 따로 독립했다. 순천으로 옮

겨 간 지눌은 그곳에서 정혜사라는 명칭을 수선사로 바꾸어 활동했고, 요세는 강진에서 백련사라는 결사를 새로 만들어 활동했다. ▶2문단

지눌의 수선사는 불교에 대한 이해가 높은 사람들을 대상으로 다소 난해한 돈오점수 사상을 전파하는 데 주력했다. 그 때문에 대중적이지 않다는 평을 받았다. 요세는 지눌과 달리 불교 지식을 갖추지 못한 평민도 쉽게 수행할 수 있도록 간명하게 수행법을 제시한 천태종을 중시했다. 또 그는 평민들이 백련사에 참여하는 것을 당연하다고 여겼다. 백련사가 세워진 후 많은 사람들이 참여하자 권력층도 관심을 갖고 후원하기 시작했다. 명종 때부터 권력을 줄곧 독차지하고 있던 최충헌을 비롯해 여러 명의 고위 관료들이 백련사에 토지와 재물을 헌납해 그 활동을 도왔다. ▶3문단

① 화엄종은 돈오점수 사상을 전파하고자 신앙결사를 만들어 활동하였다. ➡ (X) 2문단에 따르면 돈오점수 사상을 전파하고자 신앙결사를 만들어 활동한 것은 지눌이다. 화엄종이 불교 수행법을 전파하고자 신앙결사를 만들었다는 것은 알 수 있지만 어떤 사상을 전파했는지는 지문에 나와 있지 않아 알 수 없다.

② 백련사는 수선사와는 달리 조계선이라는 수행 방법을 고수해 주목받았다. ➡ (X) 2문단에 따르면 조계선은 지눌이 강조했던 수행 방법이다. 조계선을 고수한 지눌이 만든 신앙결사는 백련사가 아니라 수선사이다. 백련사는 천태종을 중시한 요세가 만든 신앙결사이다.

③ 요세는 무신이 권력을 잡고 있던 시기에 불교 신앙결사를 만들어 활동하였다. ➡ (O) 2문단에 따르면 요세는 무신집권자 최충헌이 신종을 국왕으로 옹립한 해에 지눌과 함께 순천으로 근거지를 옮기는 도중에 따로 독립하였고, 강진에서 백련사라는 결사를 새로 만들어 활동했다.

④ 정혜사는 강진에서 조직되었던 반면 백련사는 순천에 근거지를 두고 활동하였다. ➡ (X) 정혜사는 거조사라는 절에서 만들어진 신앙결사이고, 강진에서 조직된 신앙결사는 백련사이다. 순천에 근거지를 두고 활동한 신앙결사인 수선사는 지눌이 조직한 정혜사의 명칭을 바꾼 것이다.

⑤ 지눌은 정토종 출신의 승려인 요세가 정혜사에 참여하자 그를 설득해 천태종으로 끌어들였다. ➡ (X) 정토종은 신라 하대에 나타난 신앙결사인데, 요세가 정토종 출신이라는 내용은 지문에 제시되어 있지 않다. 또한 천태종은 요세가 백련사를 조직한 후 제시했던 수행 방법이다.

15 ④
정답률 86.0%

| 문제 유형 | 비판적 사고 > 빈칸 채우기
| 접근 전략 | 지문을 읽고 빈칸에 들어갈 논지를 파악하는 문제 유형이다. 앞서 서술된 내용을 바탕으로 접속사 '따라서' 다음에 이어질 필자의 종합적인 견해를 찾아야 한다. 그리고 빈칸 뒤에 이어지는 내용이 이를 뒷받침할 만한지 판단해 보면 된다. 지문의 핵심 용어가 생소해서 다소 어렵게 느껴질 수 있으므로 전반적인 내용의 흐름을 통해 개념을 이해할 필요가 있다.

다음 글의 빈칸에 들어갈 내용으로 가장 적절한 것은?

대안적 분쟁해결절차(ADR)는 재판보다 분쟁을 신속하게 해결한다고 알려져 있다. 그러나 재판이 서면 심리를 중심으로 진행되는 반면, ADR은 당사자 의견도 충분히 청취하기 때문에 재판보다 더 많은 시간이 소요된다. 그럼에도 불구하고 ADR이 재판보다 신속하다고 알려진 이유는 법원에 지나치게 많은 사건이 밀려 있어 재판이 더디게 이루어지기 때문이다. ▶1문단

법원행정처는 재판이 너무 더디다는 비난에 대응하기 위해 일선 법원에서도 사법형 ADR인 조정제도를 적극적으로 활용할 것을 독려하고 있다. 그러나 이는 법관이 신속한 조정안 도출을 위해 사건 당사자에게 화해를 압박하는 부작용을 낳을 수 있다. 사법형 ADR 활성화 정책은 법관의 증원 없이 과도한 사건 부담 문제를 해결하려는 미봉책일 뿐이다. 결국, 사법형 ADR 활성화 정책은 사법 불신으로 이어져 재판 정당성에 대한 국민의 인식을 더욱 떨어뜨리게 한다. ▶2문단

또한 사법형 ADR 활성화 정책은 민간형 ADR이 활성화되는 것을 저해한

다. 분쟁 당사자들이 민간형 ADR의 조정안을 따르도록 하려면, 재판에서도 거의 같은 결과가 나온다는 확신이 들게 해야 한다. 그러기 위해서는 법원이 확고한 판례를 제시하여야 한다. 그런데 사법형 ADR 활성화 정책은 새롭고 복잡한 사건을 재판보다는 ADR로 유도하게 된다. 이렇게 되면 새롭고 복잡한 사건에 대한 판례가 만들어지지 않고, 민간형 ADR에서 분쟁을 해결할 기준도 마련되지 않게 된다. 결국 판례가 없는 수많은 사건들이 끊임없이 법원으로 밀려들게 된다. ▶3문단

따라서 [   ] 먼저 법원은 본연의 임무인 재판을 통해 당사자의 응어리를 풀어 주겠다는 의식으로 접근해야 할 것이다. 그것이 현재 법원의 실정으로 어렵다고 판단되면, 국민의 동의를 구해 예산과 인력을 확충하는 방향으로 나아가는 것이 옳은 방법이다. 법원의 인프라를 확충하고 판례를 충실히 쌓아가면, 민간형 ADR도 활성화될 것이다. ▶4문단

① 분쟁 해결에 대한 사회적 관심을 높이도록 유도해야 한다. ▶ (X)
분쟁 해결에 대한 사회적 관심을 유도하자는 내용은 지문의 논지와 관련이 없다.

② 재판이 추구하는 목표와 ADR이 추구하는 목표는 서로 다르지 않다. ▶ (X) 지문의 내용은 재판과 ADR의 목표가 아니라 재판과 ADR의 활성화 방안에 초점이 있다.

③ 법원으로 폭주하는 사건 수를 줄이기 위해 시민들의 준법의식을 강화하여야 한다. ▶ (X) 시민의 준법의식을 강화하자는 내용은 지문의 논지와 관련이 없다.

④ 법원은 재판에 주력하여야 하며 그것이 결과적으로 민간형 ADR의 활성화에도 도움이 된다. ▶ (O) 3문단에서는 사법형 ADR 활성화가 민간형 ADR을 저해한다면서 법원에서 확고한 판례를 제시해야 할 필요성을 언급하였다. 따라서 법원의 재판이 우선되어야 한다는 내용이 빈칸에 들어가야 한다. 즉, 법원은 재판에 주력해야 하며 그것이 결과적으로 민간형 ADR의 활성화에 도움이 된다는 내용이 들어가면 뒤에 이어지는 4문단 후반부의 내용과도 자연스럽게 연결된다.

⑤ 민간형 ADR 기관의 전문성을 제고하여 분쟁 당사자들이 굳이 법원에 가지 않더라도 신속하게 분쟁을 해결할 수 있게 만들어야 한다. ▶ (X) 지문은 민간형 ADR의 활성화만 주장하고 있지 않으며, 법원의 재판이 전제되어야 한다는 점을 언급하고 있다.

16 ③ 　　　　　　　　　　　　　　　　정답률 89.6%

| 문제 유형 | 비판적 사고 > 판단하기
| 접근 전략 | 글의 흐름에 맞지 않는 곳을 찾아 적절하게 수정했는지의 여부를 판단하는 유형이다. 이 유형의 문제를 풀 때는 해당 문단의 내용을 살펴보고 밑줄 친 부분의 앞뒤 맥락에 맞는 문장인지 확인해야 한다. 특히 지문에 등장하는 노예, 하층 수공업자, 프롤레타리아트와 종교의 관계는 어떠한지에 주안점을 두고 각각의 입장 차이를 확인해야 한다.

다음 글의 흐름에 맞지 않는 곳을 ㉠~㉤에서 찾아 수정할 때 가장 적절한 것은?

경제적 차원에서 가장 불리한 계층, 예컨대 노예와 날품팔이는 ㉠특정한 종교 세력에 편입되거나 포교의 대상이 된 적이 없었다. 기독교 등 고대 종교의 포교활동은 이들보다 소시민층, 즉 야심을 가지고 열심히 노동하며 경제적으로 합리적인 생활을 하는 계층을 겨냥하였다. 고대사회의 대농장에서 일하던 노예들에게 관심을 갖는 종교는 없었다. ▶1문단

모든 시대의 하층 수공업자 대부분은 ㉡독특한 소시민적 종교 경향을 지니고 있었다. 이들은 특히 공인되지 않은 종파적 종교성에 기우는 경우가 매우 흔하였다. 궁핍한 일상과 불안정한 생계 활동에 시달리며 동료의 도움에 의존해야 하는 하층 수공업자층은 공인되지 않은 신흥 종교집단이나 비주류 종교집단의 주된 포교 대상이었다. ▶2문단

근대에 형성된 프롤레타리아트는 ㉢종교에 우호적이며 관심이 많았다. 이들은 자신의 처지가 자신의 능력과 업적에 의존한다는 의식이 약하고 그

대신 사회적 상황이나 경기 변동, 법적으로 보장된 권력관계에 종속되어 있다는 의식이 강하였다. 이에 반해 자신의 처지가 주술적 힘, 신이나 우주의 섭리와 같은 것에 종속되어 있다는 견해에는 부정적이었다. ▶3문단

프롤레타리아트가 스스로의 힘으로 ㉣특정 종교 이념을 창출하는 것은 쉽지 않았다. 이들에게는 비종교적인 이념들이 삶을 지배하는 경향이 훨씬 우세했기 때문이다. 물론 프롤레타리아트 가운데 경제적으로 불안정한 최하위 계층과 지속적인 곤궁으로 인해 프롤레타리아트화의 위험에 처한 몰락하는 소시민계층은 ㉤종교적 포교의 대상이 되기 쉬웠다. 특히 이들을 포섭한 많은 종교는 원초적 주술을 사용하거나, 아니면 주술적·광란적 은총 수여에 대한 대용물을 제공했다. 이 계층에서 종교 윤리의 합리적 요소보다 감정적 요소가 훨씬 더 쉽게 성장할 수 있었다. ▶4문단

① ㉠을 "고대 종교에서는 주요한 세력이자 포섭 대상이었다."로 수정한다. ▶ (X) ㉠은 글의 흐름에 맞는 내용이다. 1문단에 따르면 고대사회에서 노예들에게 관심을 갖는 종교는 없었다. 따라서 선지와 같이 노예와 날품팔이를 고대 종교의 주요한 세력이자 포섭 대상으로 보는 것은 적절하지 않다.

② ㉡을 "종교나 정치와는 괴리된 삶을 살았다."로 수정한다. ▶ (X) 2문단에 따르면 하층 수공업자들은 공인되지 않은 종파적 종교성에 기우는 경우가 흔했으므로 이를 ㉡과 같이 독특한 소시민적 종교 경향이라고 보아도 무방하다. 하층 수공업자들은 신흥 또는 비주류 종교집단의 주된 포교 대상이었으므로 이들이 선지와 같이 종교와 괴리된 삶을 살았다고 볼 수 없다.

③ ㉢을 "종교에 우호적이지도 관심이 많지도 않았다."로 수정한다. ▶ (O) 3문단에 따르면 근대 프롤레타리아트는 자신의 처지가 주술적 힘, 신이나 우주의 섭리 같은 것에 종속되어 있다는 견해에 부정적이었다. ㉢은 이와 상반되므로, 선지와 같이 "종교에 우호적이지도 관심이 많지도 않았다."와 같이 수정하는 것이 적절하다.

④ ㉣을 "특정 종교 이념을 창출한 경우가 많았다."로 수정한다. ▶ (X) 후행하는 문장에 비종교적인 이념들이 우세했다는 내용이 있으므로, 특정 종교 이념을 창출하는 것이 쉽지 않았다는 ㉣의 내용은 적절하다.

⑤ ㉤을 "종교보다는 정치집단의 포섭 대상이 되었다."로 수정한다. ▶ (X) 후행하는 문장에 소시민계층을 포섭한 종교에 대한 언급이 있으므로, 이들이 종교적 포교의 대상이 되기 쉬웠다는 ㉤의 내용은 적절하다.

17 ① 　　　　　　　　　　　　　　　　정답률 97.0%

| 문제 유형 | 비판적 사고 > 빈칸 채우기
| 접근 전략 | 실험의 과정을 이해한 후 실험 결과에 해당하는 문장을 찾는 문제 유형이다. 따라서 논리적으로 타당한 결론을 찾으면 된다. 지문에는 두 가지 실험이 나오는데, 첫 번째 실험을 통해 말벌이 둥지가 아닌 원형으로 배치된 솔방울을 보고 돌아옴을 알 수 있고, 두 번째 실험을 통해 말벌이 솔방울이라는 물체의 재질이 아닌 원형으로 배치된 모양을 보고 돌아옴을 알 수 있다.

다음 글의 빈칸에 들어갈 내용으로 가장 적절한 것은?

A는 말벌이 어떻게 둥지를 찾아가는지 알아내고자 했다. 이에 A는 말벌이 둥지에 있을 때, 둥지를 중심으로 솔방울들을 원형으로 배치했는데, 그 말벌은 먹이를 찾아 둥지를 떠났다가 다시 둥지로 잘 돌아왔다. 이번에는 말벌이 먹이를 찾아 둥지를 떠난 사이, A가 그 솔방울들을 수거하여 둥지 부근 다른 곳으로 옮겨 똑같이 원형으로 배치했다. 그랬더니 돌아온 말벌은 솔방울들이 치워진 그 둥지로 가지 않고 원형으로 배치된 솔방울들의 중심으로 날아갔다. ▶1문단

이러한 결과를 관찰한 A는 말벌이 방향을 찾을 때 솔방울이라는 물체의 재질에 의존한 것인지 혹은 솔방울들로 만든 모양에 의존한 것인지를 알아내고자 하였다. 그래서 이번에는 말벌이 다시 먹이를 찾아 둥지를 떠난 사이, 앞서 원형으로 배치했던 솔방울들을 치우고 그 자리에 돌멩이들을 원형으로 배치했다. 그리고 거기 있던 솔방울들을 다시 가져와 둥지를 중심으로 삼각

형으로 배치했다. 그러자 A는 돌아온 말벌이 원형으로 배치된 돌멩이들의 중심으로 날아가는 것을 관찰할 수 있었다. ▶2문단

이 실험을 통해 A는 먹이를 찾으러 간 말벌이 둥지로 돌아올 때, ☐☐☐는 결론에 이르렀다. ▶3문단

① 물체의 재질보다 물체로 만든 모양에 의존하여 방향을 찾는다
➡ (O) 지문에 나온 실험 결과를 통해 말벌이 물체의 재질이 아닌 모양에 의존해 방향을 찾는다는 결론을 얻을 수 있다.

② 물체로 만든 모양보다 물체의 재질에 의존하여 방향을 찾는다
➡ (X) 말벌이 물체의 재질에 의존해 방향을 찾는다면 삼각형 모양으로 배치된 솔방울 쪽으로 날아갔을 것이다.

③ 물체의 재질과 물체로 만든 모양 모두에 의존하여 방향을 찾는다
➡ (X) 두 번째 실험을 통해 말벌이 재질이 아닌 모양에 의존하여 방향을 찾는다는 것을 알 수 있다. 재질과 모양 둘 다에 의존하는 것은 아니다.

④ 물체의 재질이나 물체로 만든 모양에 의존하지 않고 방향을 찾는다 ➡ (X) 말벌이 물체의 재질이나 모양에 의존하지 않는다면 먹이를 찾은 후 말벌은 항상 동일한 위치, 즉 둥지로 돌아왔을 것이다. 실험의 조건을 달리했을 때 그에 따른 말벌의 이동 방향이 달라지므로 말벌이 방향을 찾는 데 분명히 영향을 미치는 조건이 있음을 알 수 있다.

⑤ 경우에 따라 물체의 재질에 의존하기도 하고 물체로 만든 모양에 의존하기도 하면서 방향을 찾는다 ➡ (X) 두 번째 실험을 통해 말벌이 재질이 아닌 모양에 의존하여 방향을 찾는다는 것을 알 수 있다. 경우에 따라 의존 대상이 바뀌는 것은 아니다.

18 ⑤

정답률 70.1%

| 문제 유형 | 비판적 사고 > 지문에서 추론하기
| 접근 전략 | 지문의 핵심 용어에 대한 진술로 적절하지 않은 것을 고르는 문제 유형이다. 지문은 겨울철 해녀의 작업 시 장갑의 착용 여부가 손의 열손실에 미치는 영향에 대해 서술하고 있다. 2문단에서는 장갑 착용 여부에 따른 손의 열손실 차이를, 3문단에서는 장갑 착용 여부에 따른 손의 열절연도 변화와 그로 인한 손과 팔의 열손실 정도의 차이를 파악해야 한다.

다음 글의 ㉠에 대한 진술로 적절하지 않은 것은?

해녀들이 고무 잠수복을 받아들일 때 잠수복 바지, 저고리, 모자, 버선은 받아들였으나 흥미롭게도 장갑은 제외시켰다. 손은 부피당 표면적이 커서 수중에서 열손실이 쉽게 일어나는 부위이다. 손의 온도가 떨어지면 움직임이 둔해지고 정확도가 떨어지므로 물속에서의 작업 수행 능력이 감소된다. 이런 점을 고려할 때 장갑 착용은 작업 능률을 향상시킬 것으로 생각되는데 수온이 낮은 겨울철에도 해녀들이 잠수 장갑을 끼지 않는 데는 어떤 이유가 있을 것이다. 그 이유를 알아보기 위하여 ㉠겨울철 해녀의 작업 시 장갑 착용이 손의 열손실에 어떤 영향을 미치는지 연구하였다. ▶1문단

겨울철에 해녀가 작업을 할 때, 장갑을 끼는 경우와 끼지 않는 경우에 손의 열손실을 측정하였다. 열손실은 단위시간당 손실되는 열의 양으로 측정하였다. 입수 초기에는 장갑을 낄 때나 안 낄 때나 손의 열손실이 증가하는데 장갑을 낄 때보다 안 낄 때 더 빠르게 증가한다. 그런데 입수 초기가 지나면 손의 열손실은 시간에 따라 점차 감소하는데 장갑을 낄 때보다 안 낄 때 더 빠르게 감소한다. 그래서 입수 후 약 20분이 지나면 손의 열손실이 장갑을 낄 때보다 안 낄 때 더 작아지는 기현상이 생긴다. ▶2문단

이러한 현상은 입수 시 나타나는 손의 열절연도 변화로 설명할 수 있다. 물체의 열손실은 그 물체의 열절연도에 의해 좌우되는데 열절연도가 커질수록 열손실이 작아진다. 입수 후 손의 열절연도는 장갑을 낄 때보다 안 낄 때 더 빠르게 증가하여 입수 후 약 20분이 지나면 손의 열손실이 장갑을 낄 때보다 안 낄 때 더 작아진다. 또한 팔의 열절연도도 입수 후 시간이 지남에 따라 장갑을 낄 때보다 안 낄 때 더 빠르게 증가하여 팔의 열손실은 장갑을 낄

때보다 안 낄 때 더 빠르게 감소한다. ▶3문단

① 손의 온도는 해녀의 작업 수행 능력에 영향을 준다. ➡ (O) 1문단에 따르면 손의 온도가 떨어지면 움직임이 둔해지고 정확도가 떨어지므로 물속에서의 작업 수행 능력이 감소된다.

② 장갑 착용 여부는 손과 팔의 열손실에 영향을 준다. ➡ (O) 3문단에 따르면 장갑을 안 낄 때 손과 팔의 열절연도가 빠르게 증가하여 시간이 지나면 손과 팔의 열손실이 장갑을 낄 때보다 안 낄 때 더 작아진다.

③ 입수 초기에는 장갑을 낄 때보다 안 낄 때 손의 열손실이 더 빠르게 증가한다. ➡ (O) 2문단에 따르면 입수 초기에는 장갑을 낄 때와 안 낄 때 모두 손의 열손실이 증가하는데 장갑을 낄 때보다 안 낄 때 더 빠르게 증가한다.

④ 입수 후 시간이 지남에 따라 손의 열절연도는 장갑을 낄 때보다 안 낄 때 더 빠르게 증가한다. ➡ (O) 3문단에 따르면 입수 후 손의 열절연도는 장갑을 낄 때보다 안 낄 때 더 빠르게 증가한다.

⑤ 입수 후 장갑을 안 낄 때는 손의 열손실이 시간이 지남에 따라 증가한 후 감소하지만 장갑을 낄 때는 그렇지 않다. ➡ (X) 2문단에 따르면 입수 초기에는 장갑을 낄 때나 안 낄 때나 손의 열손실이 증가하고 입수 초기가 지나면 손의 열손실은 시간에 따라 점차 감소한다. 즉, 장갑 착용 여부와 상관 없이 입수 후 손의 열손실은 시간이 지남에 따라 증가한 후 감소한다. 다만 장갑을 낄 때보다 안 낄 때 손의 열손실이 더 빠르게 증가하고 더 빠르게 감소할 뿐이다.

19 ④

정답률 72.5%

| 문제 유형 | 사실적 이해 > 논리 게임
| 접근 전략 | 제시된 조건을 바탕으로 반드시 참인 것을 모두 고르는 문제 유형이다. 전제 조건으로 제시된 '서로 다른 종목을 관람함. 두 지역으로 나뉘어 열림'을 먼저 파악하고, 나머지 조건들로 A~E의 상관관계를 도식화하여 풀이하도록 한다.

다음 글의 내용이 참일 때, 반드시 참인 것만을 〈보기〉에서 모두 고르면?

A, B, C, D, E는 스키, 봅슬레이, 컬링, 쇼트트랙, 아이스하키 등 총 다섯 종목 중 각자 한 종목을 관람하고자 한다. 스키와 봅슬레이는 산악지역에서 열리며, 나머지 종목은 해안지역에서 열린다. 다섯 명의 관람 종목에 대한 조건은 다음과 같다.
○ A, B, C, D, E는 서로 다른 종목을 관람한다.
○ A와 B는 서로 다른 지역에서 열리는 종목을 관람한다.
○ C는 스키를 관람한다.
○ B가 쇼트트랙을 관람하면, D가 봅슬레이를 관람한다.
○ E가 쇼트트랙이나 아이스하키를 관람하면, A는 봅슬레이를 관람한다.

→ 제시된 조건들을 정리하면 다음과 같다.
• 조건 1: A, B, C, D, E 서로 다른 종목
• 조건 2: A, B 서로 다른 지역(스키, 봅슬레이: 산악지역/나머지: 해안지역)
• 조건 3: C 스키
• 조건 4: B 쇼트트랙 → D 봅슬레이
• 조건 5: E 쇼트트랙 or 아이스하키 → A 봅슬레이

〈보기〉

ㄱ. A가 봅슬레이를 관람하면, D는 아이스하키를 관람한다. → (X) A가 봅슬레이를 관람하면, 조건 2와 조건 3에 의해 B는 컬링, 쇼트트랙, 아이스하키 중 하나를 관람하게 된다. A와 C가 확정되었으므로 D와 B는 같이 컬링, 쇼트트랙, 아이스하키 중 하나를 관람하게 된다. 그러고 B가 쇼트트랙을 관람하면 조건 4에 의해 D는 봅슬레이를 관람하게 된다. 그러나 제시된 조건이 충분하지 않아 D가 아이스하키를 관람한다는 진술을 확정 지을 수 없으므로 ㄱ은 반드시 참이 아니다.

ㄴ. B는 쇼트트랙을 관람하지 않는다. → (O) 조건 4가 참이면 B는 쇼트트랙, C는 스키, D는 봅슬레이를 관람하게 되는데, 이럴 경우 A와 B가 같은 지역인 해안지역에서 열리는 종목을 관람하게 되어 조건 2가 거짓이 되므로 B가 쇼트트랙을 관람하지 않는다는 진술은 반드시 참이다.

ㄷ. E가 쇼트트랙을 관람하면, B는 컬링이나 아이스하키를 관람한다. → (O) E가 쇼트트랙을 관람하면, 조건 5에 의해 A는 봅슬레이를 관람하게 된다. C는 스키를 관람하므로, B가 컬링이나 아이스하키 중 하나를 관람한다는 진술은 반드시 참이다.

① ㄱ ➡ (X)
② ㄴ ➡ (X)
③ ㄱ, ㄷ ➡ (X)
④ ㄴ, ㄷ ➡ (O)
⑤ ㄱ, ㄴ, ㄷ ➡ (X)

20 ③
정답률 84.6%

| **문제 유형** | 사실적 이해 > 논리 게임

| **접근 전략** | 제시된 조건을 바탕으로 선지의 내용을 참이라고 할 수 있는지 하나씩 따져 봐야 하는 유형이다. 제시된 조건이 참이라고 해서 그 '이'나 '역'이 반드시 참인 것은 아니므로, 확대 해석하지 않도록 주의해야 한다.

다음 글의 내용이 참일 때, 반드시 참인 것은?

도시발전계획의 하나로 관할 지역 안에 문화특화지역과 경제특화지역을 지정하여 활성화하는 정책을 추진하고 있는 A시와 관련하여 다음 사항이 알려졌다.

○ A시의 관할 지역은 동구와 서구로 나뉘어 있고 갑, 을, 병, 정, 무는 이 시에 거주하는 주민이다.

○ A시는 문화특화지역과 경제특화지역을 곳곳에 지정하였으나, 두 지역이 서로 겹치는 경우는 없다.

○ 문화특화지역으로 지정된 곳에서는 모두 유물이 발견되었다.

○ 동구에서 경제특화지역으로 지정된 곳의 주민은 모두 부유하다.

○ 서구에 거주하는 주민은 모두 아파트에 산다.

→ 제시된 조건들을 정리하면 다음과 같다.

ⓐ: 동구, 서구/갑, 을, 병, 정, 무
ⓑ: 문화특화지역과 경제특화지역은 겹치지 않음
ⓒ: 문화특화지역에서 모두 유물 발견
ⓓ: 동구+경제특화지역의 주민은 모두 부유함
ⓔ: 서구 주민은 모두 아파트에 거주함

① 갑이 유물이 발견된 지역에 거주한다면, 그는 부유하지 않다. ➡ (X) 갑이 유물이 발견된 지역에 거주한다면 ⓒ에 의해 그가 문화특화지역에 거주함을 알 수 있다. 그런데 이 지역에 거주한다고 해서 모두 부유하지 않은 것은 아니다.

② 을이 부유하다면, 그는 경제특화지역에 거주하고 있다. ➡ (X) ⓓ가 참이라고 해서 그 '역'이 참인 것은 아니다. 따라서 을이 부유하다고 해서 그가 반드시 경제특화지역에 거주한다고 볼 수 없다.

③ 병이 아파트에 살지는 않지만 경제특화지역에 거주한다면, 그는 부유하다. ➡ (O) 병이 아파트에 살지 않는다면 ⓔ에 의해 그가 동구 주민인 것을 알 수 있다. 이에 더해서 병이 경제특화지역에 거주한다면 ⓓ에 의해 그가 부유함을 알 수 있다. 따라서 본 선지의 진술은 반드시 참이다.

④ 정이 아파트에 살지 않는다면, 그는 유물이 발견되지 않은 지역에 거주한다. ➡ (X) 정이 아파트에 살지 않는다면 ⓔ에 의해 그가 동구 주민인 것을 알 수 있지만 경제특화지역(유물이 발견되지 않은 지역)에 거주하는지는 알 수 없다.

⑤ 무가 문화특화지역에 거주한다면, 그는 아파트에 살지 않는다. ➡ (X) 문화특화지역은 서구나 동구 모두에 지정할 수 있으므로, 무가 문화특화지역에 거주한다고 해서 서구 주민(아파트에 거주)이 아니라고는 할 수 없다.

21 ②
정답률 86.1%

| **문제 유형** | 비판적 사고 > 논리적 결론의 전제·원인 찾기

| **접근 전략** | 가정에 모순이 있음을 이끌어 내기 위해, 제시된 명제들 외에 추가해야 할 명제를 찾는 유형이다. 먼저 2문단에 제시된 명제들을 논리적 흐름에 맞게 순차적으로 나열해 본 후 마지막 추가되어야 할 명제를 찾으면 된다. 그 명제는 앞에서 제시한 '주관적 판단에 의존하는 규범은 도덕 규범이다.'라는 가정과 모순이 되어야 한다.

다음 글의 ⊙으로 적절한 것은?

규범윤리학의 핵심 물음은 "무엇이 도덕적으로 올바른 행위인가?"이다. 이에 답하기 위해서는 '도덕 규범'이라고 불리는 도덕적 판단 기준에 대한 논의가 필요하다. 도덕적 판단 기준이 개개인의 주관적 판단에 의존한다고 여기는 사람들이 다수이지만 이는 옳지 않은 생각이다. 도덕 규범은 그것이 무엇이든 우리의 주관적 판단에 의존하지 않는다. 이러한 주장이 반드시 참임은 다음 논증을 통해 보일 수 있다. ▶1문단

도덕 규범이면서 우리의 주관적 판단에 의존하는 규범이 있다고 가정하면, 문제가 생긴다. 우리는 다음 명제들을 의심의 여지없이 참이라고 받아들이기 때문이다. 첫째, 주관적 판단에 의존하는 규범은 모두 우연적 요소에 좌우된다. 둘째, 우연적 요소에 좌우되는 규범은 어느 것도 보편적으로 적용되지 않는다. 셋째, 보편적으로 적용되지 않는 규범은 그것이 무엇이든 객관성이 보장되지 않는다. 이 세 명제에 ⊙ 하나의 명제를 추가하기만 하면 주관적 판단에 의존하는 규범은 어느 것도 도덕 규범이 아니라는 것을 이끌어 낼 수 있다. 이는 앞의 가정과 모순된다. 따라서 도덕 규범은 어느 것도 우리의 주관적 판단에 의존하지 않는다. ▶2문단

① 우연적 요소에 좌우되는 도덕 규범이 있다. ➡ (X)

② 객관성이 보장되지 않는 규범은 어느 것도 도덕 규범이 아니다. ➡ (O) 2문단에 제시된 명제들을 논리적으로 나열하면 '주관적 판단에 의존하는 규범 → 우연적 요소에 좌우되는 규범 → 보편적으로 적용되지 않는 규범 → 객관성이 보장되지 않는 규범'이다. 따라서 마지막 부분에 '객관성이 보장되지 않는 규범은 도덕적 규범이 아니다.'라는 명제를 추가하면 앞의 가정과 모순된다.

③ 객관성이 보장되는 규범은 그것이 무엇이든 보편적으로 적용된다. ➡ (X)

④ 보편적으로 적용되는 규범은 어느 것도 우연적 요소에 좌우되지 않는다. ➡ (X)

⑤ 주관적 판단에 의존하면서 보편적으로 적용되지 않는 도덕 규범이 있다. ➡ (X)

22 ②
정답률 68.3%

| **문제 유형** | 비판적 사고 > 판단하기

| **접근 전략** | '갑, 을, 병'의 주장을 제시하고 각각에 대한 평가의 적절성을 판단하는 문제 유형이다. 〈보기〉는 특정 조건으로 인해 주장이 강화되는지 혹은 약화되는지 여부를 묻고 있는데 갑~병 서로 간의 견해 차이를 판단하는 내용은 없으므로, 지문의 내용을 '갑-ㄱ/을-ㄴ/병-ㄷ' 셋으로 분리해서 독해하는 것이 더 효율적이다.

다음 갑~병의 주장에 대한 평가로 적절한 것만을 〈보기〉에서 모두 고르면?

갑: 어떤 나라의 법이 불공정하거나 악법이라고 해도 그 나라의 시민은 그것을 준수해야 한다. 그 나라의 시민으로 살아간다는 것이 법을 준수하겠다는 암묵적인 합의를 한 것이나 마찬가지이기 때문이다. 우리에게는 약속을 지켜야 할 의무가 있다. 만일 우리의 법이 마음에 들지 않았다면 처음부터 이 나라를 떠나 이웃 나라로 이주할 수 있는 자유가 언제나 있었던 것이다. 이 나라에서 시민으로 일정 기간 이상 살았다면 법을 그것의 공정 여부와 무관하게 마땅히 지켜야만 하는 것이 우리 시민의 의무이다.

을: 법을 지키겠다는 암묵적 합의는 그 법이 공정한 것인 한에서만 유효한 것이다. 만일 어떤 법이 공정하지 않다면 그런 법을 지키는 것은 오히려 타인의 인권을 침해할 소지가 있고, 따라서 그런 법의 준수를 암묵적 합의의 일부로 간주해서는 안 될 것이다. 그러므로 공정한 법에 대해서만 선별적으로 준수의 의무를 부과하는 것이 타당하다.

병: 법은 정합적인 체계로 구성되어 있어서 어떤 개별 법 조항도 다른 법과 무관하게 독자적으로 주어질 수 없다. 모든 법은 상호 의존적이어서 어느 한 법의 준수를 거부하면 반드시 다른 법의 준수 여부에도 영향을 미칠 수밖에 없다. 예를 들어, 조세법이 부자에게 유리하고 빈자에게 불리한 불공정한 법이라고 해서 그것 하나만 따로 떼어내어 선별적으로 거부한다는 것은 불가능하다. 그렇게 했다가는 결국 아무 문제가 없는 공정한 법의 준수 여부에까지 영향을 미치게 될 것이다. 따라서 법의 선별적 준수는 전체 법체계의 유지에 큰 혼란을 불러올 우려가 있으므로 받아들여서는 안 된다.

〈보기〉

ㄱ. 예외적인 경우에 약속을 지키지 않아도 된다면 갑의 주장은 강화된다. → (X) 갑은 법의 공정 여부와 무관하게 예외 없이 법을 반드시 준수해야 한다는 입장이다. 따라서 예외적인 경우에 약속을 지키지 않아도 된다면 갑의 주장은 약화된다.

ㄴ. 법의 공정성을 판단하는 별도의 기준이 없다면 을의 주장은 약화된다. → (O) 을은 공정한 법만 준수해야 한다는 입장이다. 따라서 법의 공정성 여부를 판단할 수 없다면 을의 주장은 약화된다.

ㄷ. 이민자를 차별하는 법이 존재한다면 병의 주장은 약화된다. → (X) 병은 법의 선별적 준수, 즉 어느 한 법만 따로 떼어내어 준수를 거부하는 것을 반대하는 입장이다. 따라서 만약 이민자를 차별하는 법이 이민자에 불리하기 때문에 거부해야 한다고 한다면 병의 주장은 약화될 수 있다. 하지만 이민자를 차별하는 법이 존재한다는 것 자체는 병의 주장을 약화하지도 강화하지도 않는다.

① ㄱ ➡ (X)

② ㄴ ➡ (O)

③ ㄱ, ㄷ ➡ (X)

④ ㄴ, ㄷ ➡ (X)

⑤ ㄱ, ㄴ, ㄷ ➡ (X)

23 ③   **TOP 2** 정답률 48.2%

| 문제 유형 | 비판적 사고 > 판단하기
| 접근 전략 | 〈실험〉 결과를 분석한 내용의 적절성 여부를 판단하는 문제 유형이다. 먼저 지문에서 핵심 용어의 개념을 파악하고, 구체적인 〈실험〉에 이를 적용하여 분석해야 한다. 그리고 분석 내용을 바탕으로 〈보기〉의 문장의 적절성을 판단해야 한다. 지문과 〈보기〉의 내용이 어려운 편은 아니지만, 여러 단계의 문제 풀이 과정을 거쳐야 하는 복합 유형이므로 집중력이 필요하다.

다음 글에 비추어 볼 때, 〈실험〉에 대한 분석으로 적절한 것만을 〈보기〉에서 모두 고르면?

통계학자들은 오직 두 가설, 즉 영가설과 대립가설만을 고려하는 경우가 있다. 여기서 영가설이란 취해진 조치가 조치의 대상에 아무런 영향을 주지 않는다는 가설이고, 대립가설이란 영향을 준다는 가설이다. 예컨대 의사의 조치가 특정 질병 치료에 아무런 효과도 없다는 가설은 영가설이고, 의사의 조치가 그 질병을 치료하는 데 효과가 있다는 가설은 대립가설이다.

〈실험〉

A는 다음의 두 가설과 관련하여 아래 실험을 수행하였다.
○ 가설 1: 쥐가 동일한 행동을 반복할 때 이전 행동에서 이루어진 강제조치가 다음번 행동에 영향을 준다.
○ 가설 2: 쥐가 동일한 행동을 반복할 때 이전 행동에서 이루어진 강제조치가 다음번 행동에 영향을 주지 않는다.

왼쪽 방향 또는 오른쪽 방향으로 갈 수 있는 갈림길이 있는 미로가 있다. 실험자는 쥐 1마리를 이 미로의 입구에 집어넣었다. 미로에 들어간 쥐가 갈림길에 도달하면 실험자가 개입하여 쥐가 한쪽 방향으로 가도록 강제조치했다. 그런 다음 실험자는 미로의 출구 부분에서 쥐를 꺼내 다시 미로의 입구에 집어넣고 쥐가 갈림길에서 어느 방향으로 가는지를 관찰하였다. 100마리의 쥐를 대상으로 이러한 실험을 실시한 결과 대부분의 쥐들은 이전에 가지 않았던 방향으로 갔다.

〈보기〉

ㄱ. 가설 1은 대립가설이고 가설 2는 영가설이다. → (O) 가설 1은 이전 행동의 강제조치가 다음 행동에 영향을 준다고 보기 때문에 대립가설에 해당하고, 가설 2는 이전 행동의 강제조치가 다음 행동에 영향을 주지 않는다고 보기 때문에 영가설에 해당한다.

ㄴ. 〈실험〉의 결과는 대립가설을 강화한다. → (O) 〈실험〉은 실험자의 강제조치가 쥐로 하여금 이전에 가지 않았던 방향으로 가도록 영향을 주었기 때문에 대립가설을 강화한다.

ㄷ. 〈실험〉에서 미로에 처음 들어간 쥐들에게 갈림길에서 50마리의 쥐들은 왼쪽 방향으로, 나머지 50마리의 쥐들은 오른쪽 방향으로 가도록 실험자가 강제조치하였다는 사실이 밝혀진다면 영가설은 강화된다. → (X) 50마리씩 서로 다른 방향으로 가도록 강제조치를 하였을 때 대부분의 쥐가 이전에 가지 않았던 방향으로 간다면 대립가설을 강화한다. 영가설은 강제조치가 대상에 아무런 영향을 주지 않는다는 가설이다.

① ㄱ ➡ (X)

② ㄷ ➡ (X)

③ ㄱ, ㄴ ➡ (O)

④ ㄴ, ㄷ ➡ (X)

⑤ ㄱ, ㄴ, ㄷ ➡ (X)

| **문제 유형** | 비판적 사고 > 논지 강화·약화하기
| **접근 전략** | 지문을 읽고 결론에 해당하는 문장을 강화하는 뒷받침 내용을 찾는 문제 유형이다. 따라서 〈보기〉에 제시된 구체적인 사례가 지문의 핵심 용어 '식역 이하의 반복 점화'를 강화하는 것인지 살펴봐야 한다. 즉 3문단에 나온 것처럼 식역 이하로 제시된 낱말의 반복이 뒤이어 나온 낱말의 처리속도에 영향을 미치는 경우라면 ㉠을 강화하는 것으로 볼 수 있다.

다음 글의 ㉠을 강화하는 것만을 〈보기〉에서 모두 고르면?

동물의 감각이나 반응을 일으키는 최소한의 자극을 '식역'이라고 한다. 인간의 경우 일반적으로 40밀리 초 이하의 시각적 자극은 '보았다'고 답하는 경우가 거의 없다. 그렇다면 식역 이하의 시각적 자극은 우리에게 아무런 영향도 주지 않는 것일까? ▶1문단

연구자들은 사람들에게 식역 이하의 짧은 시간 동안 문자열을 먼저 제시한 후 뒤이어 의식적으로 지각할 수 있을 만큼 문자열을 제시하는 실험을 진행했다. 이 실험에서 연구자들은 먼저 제시된 문자열을 '프라임'으로, 뒤이어 제시된 문자열을 '타깃'으로 불렀다. 프라임을 식역 이하로 제시한 후 뒤이어 타깃을 의식적으로 볼 수 있을 만큼 제시했을 때 피험자들은 타깃 앞에 프라임이 있었다는 사실조차 알아차리지 못했다. ▶2문단

거듭된 실험을 통해 밝혀진 사실 가운데 하나는 피험자가 비록 보았다고 의식하지 못한 낱말일지라도 제시된 프라임이 타깃과 동일한 낱말인 경우 처리속도가 빨라진다는 것이었다. 예컨대 'radio' 앞에 'house'가 제시되었을 때보다 'radio'가 제시되었을 때 반응이 빨라졌다. 동일한 낱말의 반복이 인지 반응을 촉진한 것이었다. 식역 이하로 제시된 낱말임에도 불구하고 뒤이어 나온 낱말의 처리속도에 영향을 미친 이런 효과를 가리켜 '식역 이하의 반복 점화'라고 부른다. ▶3문단

흥미로운 점은, 프라임이 소문자로 된 낱말 'radio'이고 타깃이 대문자로 된 낱말 'RADIO'일 때 점화 효과가 나타났다는 것이다. 시각적으로 그 둘의 외양은 다르다. 그렇다면 두 종류의 표기에 익숙한 언어적, 문화적 관습에 따라 'radio'와 'RADIO'를 같은 낱말로 인지한 것으로 볼 수 있다. 이에 비추어 볼 때, ㉠식역 이하의 반복 점화는 추상적인 수준에서 나타나는 것으로 보인다. ▶4문단

─────〈보기〉─────

ㄱ. 같은 낱말을 식역 이하로 반복하여 여러 번 눈앞에 제시해도 피험자들은 그 낱말을 인지하지 못하였다. → (X) 같은 낱말을 식역 이하로 반복 제시했을 때 피험자가 낱말을 인지하지 못했다면 이는 ㉠을 강화하지 못한다.

ㄴ. 샛별이 금성이라는 것을 아는 사람에게 프라임으로 '금성'을 식역 이하로 제시한 후 타깃으로 '샛별'을 의식적으로 볼 수 있을 만큼 제시했을 때, 점화 효과가 나타나지 않았다. → (X) '금성'과 '샛별'은 연관성이 있는 낱말이므로, '금성'을 식역 이하로 반복 제시하였으나 '샛별'을 인지하는 데에 효과가 없었다면 이는 ㉠을 강화하지 못한다.

ㄷ. 한국어와 영어에 능숙한 사람에게 'five'만을 의식적으로 볼 수 있을 만큼 제시한 경우보다 프라임으로 '다섯'을 식역 이하로 제시한 후 타깃으로 'five'를 의식적으로 볼 수 있을 만큼 제시했을 때, 'five'에 대한 반응이 더 빨랐다. → (O) '다섯'과 'five'는 연관성이 있는 낱말이므로, '다섯'을 식역 이하로 반복 제시했을 때 'five'에 대한 반응이 빨랐다면 이는 ㉠을 강화한다.

① ㄱ ➡ (X)
② ㄷ ➡ (O)
③ ㄱ, ㄴ ➡ (X)
④ ㄴ, ㄷ ➡ (X)
⑤ ㄱ, ㄴ, ㄷ ➡ (X)

| **문제 유형** | 비판적 사고 > 판단하기
| **접근 전략** | 갑~정의 견해 차이를 분석한 내용으로 적절한 것을 고르는 문제 유형이다. 따라서 지문을 읽고 갑~정의 의견을 파악한 후 이를 동일한 입장끼리 분류해야 한다. 갑과 병은 과학의 성장을 긍정하는 입장이고, 을과 정은 각각 갑과 병을 비판하는 입장이다. 〈보기〉를 읽고 이러한 입장 차이가 적절하게 서술되었는지, 반박의 근거는 맞는지 등을 확인해야 한다.

다음 글에 대한 분석으로 적절한 것만을 〈보기〉에서 모두 고르면?

갑: 우리는 예전에 몰랐던 많은 과학 지식을 가지고 있다. 예를 들어, 과거에는 물이 산소와 수소로 구성된다는 것을 몰랐지만 현재는 그 사실을 알고 있다. 과거에는 어떤 기준 좌표에서 관찰하더라도 빛의 속도가 일정하다는 것을 몰랐지만 현재의 우리는 그 사실을 알고 있다. 이처럼 우리가 알게 된 과학 지식의 수는 누적적으로 증가하고 있으며, 이 점에서 과학은 성장한다고 말할 수 있다.

을: 과학의 역사에서 과거에 과학 지식이었던 것이 더 이상 과학 지식이 아닌 것으로 판정된 사례는 많다. 예를 들어, 과거에 우리는 플로지스톤 이론이 옳다고 생각했지만 현재 그 이론이 옳다고 생각하는 사람은 아무도 없다. 이런 점에서 과학 지식의 수는 누적적으로 증가하고 있지 않다.

병: 그렇다고 해서 과학이 성장한다고 말할 수 없는 것은 아니다. 과학에서 해결해야 할 문제들은 정해져 있으며, 그중 해결된 문제의 수는 증가하고 있다. 예를 들어 과거의 뉴턴 역학은 수성의 근일점 이동을 정확하게 예측할 수 없었지만 현재의 상대성 이론은 정확하게 예측할 수 있다. 따라서 해결된 문제의 수가 증가하고 있다는 이유에서 과학은 성장한다고 말할 수 있다.

정: 그렇게 말할 수 없다. 우리가 어떤 과학 이론을 받아들이냐에 따라서 해결해야 할 문제가 달라지고, 해결된 문제의 수가 증가했는지 판단할 수도 없기 때문이다. 서로 다른 이론을 받아들이는 사람들이 해결한 문제의 수는 서로 비교할 수 없다.

─────〈보기〉─────

ㄱ. 갑과 병은 모두 과학의 성장 여부를 평가할 수 있는 어떤 기준이 있다는 것을 인정한다. → (O) 갑과 병은 모두 과학을 성장하는 것으로 보고 있다. 갑은 우리가 알게 된 과학 지식의 수가 누적적으로 증가하고 있으므로 과학이 성장한다고 보았으며 병은 과학에서 해결된 문제의 수가 증가하고 있으므로 과학이 성장한다고 보았다. 따라서 갑과 병은 과학의 성장 여부를 평가할 수 있는 기준이 있다는 것을 인정하고 있음을 알 수 있다.

ㄴ. 을은 과학 지식의 수가 실제로 누적적으로 증가하지 않는다는 이유로 갑을 비판한다. → (O) 을은 과거에 과학 지식이었던 것이 후대에 아닌 것으로 판정된 사례가 많다는 점을 들어 과학 지식이 누적적으로 증가하고 있지 않다고 주장한다. 이는 갑이 과학의 성장 근거로 제시한 것을 정면으로 반박하는 의견이므로 을이 갑의 의견을 비판하고 있음을 알 수 있다.

ㄷ. 정은 과학의 성장 여부를 말할 수 있는 근거의 진위를 판단할 수 없다는 점을 들어 병을 비판한다. → (O) 정은 서로 다른 과학 이론을 받아들인 경우 해결한 문제의 수가 달라지기 때문에 결과적으로 과학에서 해결된 문제의 수가 증가했는지의 진위는 알 수 없다는 입장이다. 이는 병이 과학의 성장 근거로 제시한 것을 반박하는 의견이므로 정이 병의 의견을 비판하고 있음을 알 수 있다.

① ㄱ ➡ (X)
② ㄷ ➡ (X)
③ ㄱ, ㄴ ➡ (X)
④ ㄴ, ㄷ ➡ (X)
⑤ ㄱ, ㄴ, ㄷ ➡ (O)

2020 | 제2영역 자료해석(㉮ 책형)

▮ 기출 총평

2020년 자료해석 시험은 수치 계산 문제가 다수 포함되어 있어 시간이 부족함을 느꼈을 수 있고, 이전보다 〈보고서〉 유형이 많이 출제되었다. 가구별 근로장려금 산정기준에 관한 자료를 분석하는 문제, 육교 설치에 대한 찬성 또는 반대 의견을 조사한 3차례 조사 결과를 분석하는 문제는 계산으로만 바로 도출되는 단순 계산이 아니라 여러 단계의 계산을 거쳐 답을 도출해야 하고, 한 번 더 생각해 봐야 하는 문제로 출제되었다. 장학금 유형에 따른 학기별 장학생 수와 장학금 총액을 파악하는 문제, 지역별 14개 지역에 등록된 5톤 미만 어선 수를 파악하는 문제, 탈모 증상 경험 여부와 탈모 증상 경험자의 탈모 증상 완화 시도 방법에 따른 설문 조사 자료를 분석하는 문제, 곤충도감에 기록된 분류군별 경제적 중요도와 종의 수를 파악하는 문제는 제시된 자료의 양이 많고 묻는 내용이 다양하여 실수를 유발할 수 있는 문제로 출제되었다. 2020년 자료해석 시험에서는 자료의 길이도 길고 선지가 다양하게 출제되어 시간 내 풀기에 어려움을 느낄 수 있고, 계산 압박이 컸으며, 헷갈리는 문제가 제법 있었다. 이에 따라 정확한 계산을 요구하는 문제인지, 반드시 정확한 계산을 하지 않아도 풀 수 있는 문제인지를 재빠르게 파악하여 문제에 접근하는 것이 중요하다.

▮ 문항별 정답률 및 선지별 선택률

문번	정답	정답률 (%)	선지별 선택률(%)				
			①	②	③	④	⑤
01	④	84.2	10.5	0.3	1.1	84.2	3.9
02	③	82.4	6.2	5.8	82.4	4.8	0.8
03	④	83.9	5.0	0.6	6.0	83.9	4.5
04	①	88.6	88.6	4.6	0.4	5.1	1.3
05	⑤	63.7	10.5	5.9	10.2	9.7	63.7
06	⑤	88.7	0.6	3.8	3.1	3.8	88.7
07	①	65.0	65.0	4.4	6.0	4.2	20.4
08	②	81.9	4.8	81.9	1.7	10.6	1.0
09	②	78.5	2.7	78.5	6.1	6.1	6.6
10	④	70.8	7.7	9.3	5.4	70.8	6.8
11	③	93.9	2.7	0.7	93.9	1.3	1.4
12	④	81.7	1.8	0.7	2.5	81.7	13.3
13	⑤	53.7	4.7	6.8	19.1	15.7	53.7

문번	정답	정답률 (%)	선지별 선택률(%)				
			①	②	③	④	⑤
14	⑤	72.3	1.6	2.4	12.1	11.6	72.3
15	④	76.0	6.0	2.7	11.6	76.0	3.7
16	②	49.5	2.7	49.5	3.2	30.5	14.1
17	③	77.5	10.2	1.9	77.5	6.7	3.7
18	②	83.9	2.3	83.9	7.2	2.0	4.6
19	③	38.7	1.6	59.1	38.7	0.3	0.3
20	①	76.5	76.5	1.5	9.2	10.8	2.0
21	③	77.6	3.0	3.9	77.6	7.5	8.0
22	②	76.5	1.5	76.5	2.5	1.2	18.3
23	①	57.7	57.7	30.2	2.5	6.2	3.4
24	⑤	77.5	2.1	2.6	3.5	14.3	77.5
25	④	68.4	4.6	3.4	9.6	68.4	14.0

※ 파란색 음영 문항은 해당 회차에서 정답률이 가장 낮은 TOP 3 문항입니다.
※ 정답률 및 선지별 선택률 산정 기준: 약 1년간 누적된 자동채점 & 성적결과분석 서비스의 응시 데이터

▮ 출제 비중

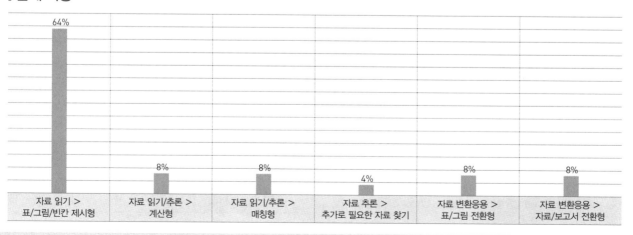

64%	8%	8%	4%	8%	8%
자료 읽기 > 표/그림/빈칸 제시형	자료 읽기/추론 > 계산형	자료 읽기/추론 > 매칭형	자료 추론 > 추가로 필요한 자료 찾기	자료 변환응용 > 표/그림 전환형	자료 변환응용 > 자료/보고서 전환형

01	④	02	③	03	④	04	①	05	⑤
06	⑤	07	①	08	②	09	②	10	④
11	③	12	④	13	⑤	14	④	15	④
16	②	17	③	18	②	19	③	20	①
21	③	22	②	23	①	24	⑤	25	④

01 ④

정답률 84.2%

| 문제 유형 | 자료 변환응용 > 자료/보고서 전환형

| 접근 전략 | 〈보고서〉의 내용을 작성하기 위해 사용된 자료를 찾는 문제로, 〈보고서〉의 내용을 먼저 파악하기 전에 〈보기〉에 제시된 자료의 제목을 확인하여 이와 관련 있는 내용을 〈보고서〉에서 찾을 수 있는지를 파악하는 것이 효율적이다.

다음은 회계부정행위 신고 및 포상금 지급에 관한 〈보고서〉이다. 이를 작성하기 위해 사용된 자료만을 〈보기〉에서 모두 고르면?

―――〈보고서〉―――

2019년 회계부정행위 신고 건수는 모두 64건으로 2018년보다 29건 감소하였다. 회계부정행위 신고에 대한 최대 포상금 한도가 2017년 11월 규정 개정 후에는 1억 원에서 10억 원으로 상향됨에 따라 회계부정행위 신고에 대한 사회적 관심이 증가하여 2018년에는 신고 건수가 전년 대비 크게 증가(111.4%)하였다. 2019년 회계부정행위 신고 건수는 전년 대비 31.2% 감소하였지만 2013년부터 2016년까지 연간 최대 32건에 불과하였던 점을 감안하면 2017년 11월 포상금 규정 개정 전보다 여전히 높은 수준이었다.

―――〈보기〉―――

ㄱ. 회계부정행위 신고 현황

(단위: 건, %)

구분 \ 연도	2017	2018	2019
회계부정행위 신고 건수	44	93	64
전년 대비 증가율	–	111.4	–31.2

→ (O) 〈보고서〉에는 2019년 회계부정행위 신고 건수가 모두 64건으로 2018년보다 29건 감소하였고, 2018년에는 신고 건수가 전년 대비 증가(111.4%)하였다고 작성되어 있다. 이는 〈표〉를 통해 파악할 수 있다.

ㄴ. 연도별 회계부정행위 신고 건수 추이(2013~2016년)

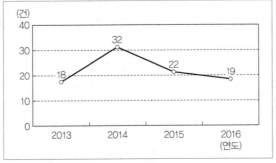

→ (O) 〈보고서〉에는 회계부정행위 신고 건수가 2013년부터 2016년까지 연간 최대 32건에 불과하였다고 작성되어 있다. 이는 〈그림〉을 통해 파악할 수 있다.

ㄷ. 회계부정행위 신고에 대한 최대 포상금 규정

(단위: 만 원)

시점 \ 구분		최대 포상금 한도	
		자산총액 5천억 원 미만 기업	자산총액 5천억 원 이상 기업
2017년 11월 규정 개정	개정 후	50,000	100,000
	개정 전	5,000	10,000

→ (O) 〈보고서〉에는 회계부정행위 신고에 대한 최대 포상금 한도가 2017년 11월 규정 개정 후에는 1억 원에서 10억 원으로 상향되었다고 작성되어 있다. 이는 〈표〉를 통해 파악할 수 있다.

ㄹ. 회계부정행위 신고 포상금 지급 현황

(단위: 건, 만 원)

구분 \ 연도	2008~2015	2016	2017	2018	2019	합계
지급 건수	6	2	2	1	2	13
지급액	5,010	2,740	3,610	330	11,940	23,630

→ (X) 〈보고서〉에는 회계부정행위 신고 포상금 지급 건수와 지급액에 대한 내용이 나타나 있지 않다. 따라서 〈표〉는 〈보고서〉를 작성하기 위해 사용된 자료로 볼 수 없다.

① ㄱ, ㄷ ➡ (X)
② ㄴ, ㄹ ➡ (X)
③ ㄷ, ㄹ ➡ (X)
④ ㄱ, ㄴ, ㄷ ➡ (O)
⑤ ㄱ, ㄴ, ㄹ ➡ (X)

02 ③

정답률 82.4%

| 문제 유형 | 자료 읽기 > 표 제시형

| 접근 전략 | 〈표〉에 나타난 공법별 공사기간과 공사비를 통해 각 공법의 항목별 공사비를 더하여 총공사비를 최소화할 수 있는 공법을 공종별로 구한 후 공종별 공사기간을 더하면 구할 수 있다.

다음 〈표〉는 '갑'건축물을 건설하기 위한 공종의 공법별 공사기간 및 항목별 공사비에 관한 자료이다. 〈표〉와 〈조건〉에 근거하여 총공사비를 최소화하도록 공법을 적용할 때, 총공사기간은?

〈표〉 공종의 공법별 공사기간 및 항목별 공사비

(단위: 개월, 억 원)

공종 \ 공법 \ 구분		공사기간	항목별 공사비		
			재료비	노무비	경비
토공사	A	4	4	6	4
	B	3	7	5	3
	C	3	5	5	3
골조공사	D	12	30	20	14
	E	14	24	20	15
	F	15	24	24	16
마감공사	G	6	50	30	10
	H	7	50	24	12

<조건>

○ 공종, 공법, 항목별 공사비는 각각 제시된 3가지, 8종류, 3항목만 있음
○ 공사는 세 가지 공종을 모두 포함하고, 공종별로 한 종류의 공법만을 적용함
○ 항목별 공사비는 해당 공법의 공사기간 동안 소요되는 해당 항목의 총비용임
○ 총공사기간은 공종별로 적용한 공법의 공사기간의 합이고, 총공사비는 공종별로 적용한 공법의 항목별 공사비의 총합임

① 22개월 ➡ (X)
② 23개월 ➡ (X)
③ 24개월 ➡ (O) 〈표〉를 통해 각 공종의 공법별 공사기간과 총공사비를 나타내면 다음과 같다.

(단위: 개월, 억 원)

구분		공사기간	총공사비
토공사	A	4	4+6+4=14
	B	3	7+5+3=15
	C	3	5+5+3=13
골조공사	D	12	30+20+14=64
	E	14	24+20+15=59
	F	15	24+24+16=64
마감공사	G	6	50+30+10=90
	H	7	50+24+12=86

토공사의 경우 총공사비를 최소화할 수 있는 공법은 C 공법이고, 이때의 공사기간은 3개월이다. 골조공사의 경우 총공사비를 최소화할 수 있는 공법은 E 공법이고, 이때의 공사기간은 14개월이다. 마감공사의 경우 총공사비를 최소화할 수 있는 공법은 H 공법이고, 이때의 공사기간은 7개월이다. 따라서 총공사비를 최소화하도록 공법을 적용할 때 총공사기간은 3+14+7=24(개월)이다.

④ 25개월 ➡ (X)
⑤ 26개월 ➡ (X)

03 ④
정답률 83.9%

| 문제 유형 | 자료 읽기 > 표 제시형

| 접근 전략 | 〈표〉에 나타난 학기별 장학금 유형에 따른 장학생 수와 장학금 총액을 비교하여 파악하는 문제이다. 1인당 장학금은 $\frac{장학금\ 총액}{장학생\ 수}$ 으로 구할 수 있으므로 이를 통해 장학생 1인당 장학금이 가장 많은 장학금 유형을 파악할 수 있다.

다음 〈표〉는 2017～2019년 '갑'대학의 장학금 유형(A～E)별 지급 현황에 관한 자료이다. 이에 대한 〈보기〉의 설명 중 옳은 것만을 고르면?

〈표〉 2017～2019년 '갑'대학의 장학금 유형별 지급 현황

(단위: 명, 백만 원)

학기		장학금 유형 구분	A	B	C	D	E
2017년	1학기	장학생 수	112	22	66	543	2,004
		장학금 총액	404	78	230	963	2,181
	2학기	장학생 수	106	26	70	542	1,963
		장학금 총액	379	91	230	969	2,118
2018년	1학기	장학생 수	108	21	79	555	1,888
		장학금 총액	391	74	273	989	2,025
	2학기	장학생 수	112	20	103	687	2,060
		장학금 총액	404	70	355	1,216	2,243
2019년	1학기	장학생 수	110	20	137	749	2,188
		장학금 총액	398	70	481	1,330	2,379
	2학기	장학생 수	104	20	122	584	1,767
		장학금 총액	372	70	419	1,039	1,904

※ '갑'대학의 학기는 매년 1학기와 2학기만 존재함

<보기>

ㄱ. 2017～2019년 동안 매 학기 장학생 수가 증가하는 장학금 유형은 1개이다. → (X) 2017～2019년 동안 장학생 수는 A 유형의 경우 감소 → 증가 → 감소하였고, B 유형의 경우 증가 → 감소 → 일정하였으며, C 유형의 경우 증가 → 감소하였고, D 유형의 경우 감소 → 증가 → 감소하였으며, E 유형의 경우 감소 → 증가 → 감소하였다. 따라서 2017～2019년 동안 매 학기 장학생 수가 증가하는 장학금 유형은 존재하지 않는다.

ㄴ. 2018년 1학기에 비해 2018년 2학기에 장학생 수와 장학금 총액이 모두 증가한 장학금 유형은 4개이다. → (O) 2018년 1학기에 비해 2018년 2학기에 장학생 수가 증가한 장학금 유형은 A, C, D, E이고, 2018년 1학기에 비해 2018년 2학기에 장학금 총액이 증가한 장학금 유형 또한 A, C, D, E이다.

ㄷ. 2019년 2학기 장학생 1인당 장학금이 가장 많은 장학금 유형은 B이다. → (X) 장학생 1인당 장학금은 $\frac{장학금\ 총액}{장학생\ 수}$ 을 통해 구할 수 있다.

2019년 2학기 장학생 1인당 장학금은 A 유형의 경우 $\frac{372}{104}$ ≒3.6(백만 원), B 유형의 경우 $\frac{70}{20}$ =3.5(백만 원), C 유형의 경우 $\frac{419}{122}$ ≒3.4(백만 원), D 유형의 경우 $\frac{1,039}{584}$ ≒1.8(백만 원), E 유형의 경우 $\frac{1,904}{1,767}$ ≒1.1(백만 원)이다. 따라서 2019년 2학기 장학생 1인당 장학금이 가장 많은 장학금 유형은 A이다.

ㄹ. E 장학금 유형에서 장학생 수와 장학금 총액이 가장 많은 학기는 2019년 1학기이다. → (O) E 장학금 유형에서 장학생 수는 2019년 1학기에 2,188명으로 가장 많고, 장학금 총액 또한 2019년 1학기에 2,379백만 원으로 가장 많다.

① ㄱ, ㄴ ➡ (X)
② ㄱ, ㄷ ➡ (X)
③ ㄴ, ㄷ ➡ (X)
④ ㄴ, ㄹ ➡ (O)
⑤ ㄷ, ㄹ ➡ (X)

04 ①

| **문제 유형** | 자료 읽기/추론 > 계산형

| **접근 전략** | 〈표〉의 수치를 이용하여 목표매출액 달성률을 구하고, 직원 1인당 매출액을 구하여 파악하는 문제이다. 수치가 간단한 편이므로 빠른 시간에 정확하게 파악할 수 있어야 한다.

다음 〈표〉는 2019년 '갑'회사의 지점(A~E)별 매출 관련 현황에 관한 자료이다. 이에 대한 〈보기〉의 설명 중 옳은 것만을 모두 고르면?

〈표〉 '갑'회사의 지점별 매출 관련 현황

(단위: 억 원, 명)

구분 \ 지점	A	B	C	D	E	전체
매출액	10	21	18	10	12	71
목표매출액	15	26	20	13	16	90
직원 수	5	10	8	3	6	32

※ 목표매출액 달성률(%) = $\frac{매출액}{목표매출액}$ × 100

〈보기〉

ㄱ. 직원 1인당 매출액이 가장 많은 지점은 D이다. → (O) 직원 1인당 매출액은 $\frac{매출액}{직원 수}$으로 구할 수 있다. 직원 1인당 매출액은 A 지점의 경우 $\frac{10}{5}$

= 2(억 원), B 지점의 경우 $\frac{21}{10}$ = 2.1(억 원), C 지점의 경우 $\frac{18}{8}$ = 2.25(억 원), D

지점의 경우 $\frac{10}{3}$ ≒ 3.3(억 원), E 지점의 경우 $\frac{12}{6}$ = 2(억 원)이다. 따라서 직원

1인당 매출액이 가장 많은 지점은 D 지점이다.

ㄴ. 목표매출액 달성률이 가장 높은 지점은 C이다. → (O) 목표매출액 달성률은 $\frac{매출액}{목표매출액}$ × 100으로 구할 수 있다. 목표매출액 달성률은 A 지점의

경우 $\frac{10}{15}$ × 100 ≒ 66.7(%), B 지점의 경우 $\frac{21}{26}$ × 100 ≒ 80.8(%), C 지점의 경

우 $\frac{18}{20}$ × 100 = 90(%), D 지점의 경우 $\frac{10}{13}$ × 100 ≒ 76.9(%), E 지점의 경우

$\frac{12}{16}$ × 100 = 75(%)이다. 따라서 목표매출액 달성률이 가장 높은 지점은 C이다.

ㄷ. 지점 매출액이 5개 지점 매출액의 평균을 초과하는 지점은 3곳이다.

→ (X) 5개 지점 매출액의 평균은 $\frac{71}{5}$ = 14.2(억 원)이다. 따라서 지점 매출액

이 14.2억 원을 초과하는 지점은 B와 C이다.

ㄹ. 5개 지점의 매출액이 각각 20%씩 증가한다면, 전체 매출액은 전체 목표매출액을 초과한다. → (X) 5개 지점의 매출액이 각각 20%씩 증가하면 전체 매출액도 20% 증가하므로 전체 매출액은 71 × (1+0.2) = 85.2(억 원)이 된다. 따라서 전체 매출액 85.2억 원은 전체 목표매출액인 90억 원을 초과하지 않는다.

① ㄱ, ㄴ → (O)
② ㄱ, ㄷ → (X)
③ ㄷ, ㄹ → (X)
④ ㄱ, ㄴ, ㄹ → (X)
⑤ ㄴ, ㄷ, ㄹ → (X)

05 ⑤

| **문제 유형** | 자료 읽기 > 표/빈칸 제시형

| **접근 전략** | 적중 횟수가 최솟값을 갖는 경우는 라운드별 적중 횟수가 최소 1발이고 참가자별로 1발만 적중시킨 라운드 횟수가 최대 2회인 경우이다. 적중 횟수가 최댓값을 갖는 경우는 라운드별 적중 횟수가 최대 5발이고 참가자별로 1발만 적중시킨 라운드 횟수가 최소 0회인 경우이다.

다음 〈표〉는 A~C가 참가한 사격게임 결과에 대한 자료이다. 〈표〉와 〈조건〉을 근거로 1~5라운드 후 A의 총적중 횟수의 최솟값과 C의 총적중 횟수의 최댓값의 차이를 구하면?

〈표〉 참가자의 라운드별 적중률 현황

(단위: %)

참가자 \ 라운드	1	2	3	4	5
A	20.0	( )	60.0	37.5	( )
B	40.0	62.5	100.0	12.5	12.5
C	( )	62.5	80.0	( )	62.5

※ 사격게임 결과는 적중과 미적중으로만 구분함

〈조건〉

○ 1, 3라운드에는 각각 5발을 발사하고, 2, 4, 5라운드에는 각각 8발을 발사함

○ 각 참가자의 라운드별 적중 횟수는 최소 1발부터 최대 5발까지임

○ 참가자별로 1발만 적중시킨 라운드 횟수는 2회 이하임

① 10 → (X)
② 11 → (X)
③ 12 → (X)
④ 13 → (X)
⑤ 14 → (O) 적중 횟수는 $\frac{적중률 × 발사 횟수}{100}$로 구할 수 있다. 〈표〉와 〈조건〉을 통해

참가자의 라운드별 적중 횟수를 나타내면 다음과 같다.

구분	1라운드	2라운드	3라운드	4라운드	5라운드
A	1발	(1발~5발)	3발	3발	(1발~5발)
B	2발	5발	5발	1발	1발
C	(1발~5발)	5발	4발	(1발~5발)	5발

참가자별로 1발만 적중시킨 라운드 횟수는 2회 이하이므로 A의 경우 총적중 횟수의 최솟값은 1+1+3+3+2=10(발)이고, C의 경우 총적중 횟수의 최댓값은 5+5+4+5+5=24(발)이다. 따라서 A의 총적중 횟수의 최솟값과 C의 총적중 횟수의 최댓값의 차이는 24−10=14(발)이다.

06 ⑤

정답률 88.7%

|**문제 유형**| 자료 읽기 > 그림 제시형

|**접근 전략**| 〈그림〉에 제시된 숫자는 초미세먼지로 인한 조기사망자 수를 나타내고, 가로축은 초미세먼지 농도를, 세로축은 연령표준화사망률을 나타낸다. 연령표준화사망률이 높을수록 초미세먼지로 인한 조기사망자 수가 많다고 단정 짓는 실수를 범하지 않도록 한다.

다음 〈그림〉은 2015년 16개 지역의 초미세먼지 농도, 연령표준화사망률 및 초미세먼지로 인한 조기사망자 수를 조사한 자료이다. 이에 대한 〈보기〉의 설명 중 옳은 것만을 고르면?

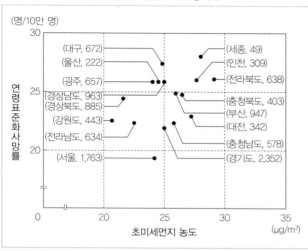

〈그림〉 지역별 초미세먼지 농도, 연령표준화사망률 및 초미세먼지로 인한 조기사망자 수

※ 1) (지역, N)은 해당 지역의 초미세먼지로 인한 조기사망자 수가 N명임을 의미함
2) 연령표준화사망률은 인구구조가 다른 집단 간의 사망 수준을 비교하기 위하여 연령 구조가 사망률에 미치는 영향을 제거한 사망률을 의미함

─〈보기〉─

ㄱ. 초미세먼지로 인한 조기사망자 수가 가장 많은 지역은 서울이다.
　→ (X) 초미세먼지로 인한 조기사망자 수는 2,352명으로 경기도가 가장 많다.

ㄴ. 연령표준화사망률이 높은 지역일수록 초미세먼지로 인한 조기사망자 수는 적다. → (X) 대구와 울산의 경우를 보면 대구의 연령표준화사망률이 울산의 연령표준화사망률보다 높지만 초미세먼지로 인한 조기사망자 수는 대구가 672명, 울산이 222명으로 대구가 울산보다 많다.

ㄷ. 초미세먼지 농도가 가장 낮은 지역의 초미세먼지로 인한 조기사망자 수는 충청북도보다 많다. → (O) 초미세먼지 농도가 가장 낮은 지역은 강원도이다. 초미세먼지로 인한 조기사망자 수는 강원도의 경우 443명이고, 충청북도는 403명으로 강원도가 충청북도보다 많다.

ㄹ. 대구는 부산보다 연령표준화사망률은 높지만 초미세먼지로 인한 조기사망자 수는 적다. → (O) 대구의 연령표준화사망률은 부산보다 높다. 초미세먼지로 인한 조기사망자 수는 대구의 경우 672명이고, 부산의 경우 947명으로 대구가 부산보다 적다.

① ㄱ, ㄴ ➡ (X)
② ㄱ, ㄷ ➡ (X)
③ ㄴ, ㄷ ➡ (X)
④ ㄴ, ㄹ ➡ (X)
⑤ ㄷ, ㄹ ➡ (O)

07 ①

정답률 65.0%

|**문제 유형**| 자료 읽기 > 표 제시형

|**접근 전략**| 〈표〉는 지역별 톤급 어선 수를 보여 주고 있다. 선지를 보면 수치를 정확하게 계산하는 것을 요구하기보다는 크기나 비율을 비교하는 내용이므로 대략적으로 판단하여 푸는 것이 효율적이다.

다음 〈표〉는 2018년과 2019년 14개 지역에 등록된 5톤 미만 어선 수에 관한 자료이다. 이에 대한 설명으로 옳은 것은?

〈표〉 2018년과 2019년 14개 지역에 등록된 5톤 미만 어선 수

(단위: 척)

연도	톤급 / 지역	1톤 미만	1톤 이상 2톤 미만	2톤 이상 3톤 미만	3톤 이상 4톤 미만	4톤 이상 5톤 미만
2019	부산	746	1,401	374	134	117
	대구	6	0	0	0	0
	인천	98	244	170	174	168
	울산	134	378	83	51	32
	세종	8	0	0	0	0
	경기	910	283	158	114	118
	강원	467	735	541	296	179
	충북	427	5	1	0	0
	충남	901	1,316	743	758	438
	전북	348	1,055	544	168	184
	전남	6,861	10,318	2,413	1,106	2,278
	경북	608	640	370	303	366
	경남	2,612	4,548	2,253	1,327	1,631
	제주	123	145	156	349	246
2018	부산	793	1,412	351	136	117
	대구	6	0	0	0	0
	인천	147	355	184	191	177
	울산	138	389	83	52	33
	세종	7	0	0	0	0
	경기	946	330	175	135	117
	강원	473	724	536	292	181
	충북	434	5	1	0	0
	충남	1,036	1,429	777	743	468
	전북	434	1,203	550	151	188
	전남	7,023	10,246	2,332	1,102	2,297
	경북	634	652	372	300	368
	경남	2,789	4,637	2,326	1,313	1,601
	제주	142	163	153	335	250

① 2019년 경기의 5톤 미만 어선 수의 전년 대비 증감률은 10% 미만이다. ➡ (O) 경기의 5톤 미만 어선 수는 2018년의 경우 946+330+175+135+117=1,703(척)이고, 2019년의 경우 910+283+158+114+118=1,583(척)이다. 따라서 2019년 경기의 5톤 미만 어선 수의 전년 대비 증감률은 $\left| \dfrac{(1,583-1,703)}{1,703} \times 100 \right| ≒ |-7|$(%)로, 10% 미만이다.

② 2019년 대구를 제외한 각 지역에서 '1톤 미만' 어선 수는 전년보다 감소한다. ➡ (X) 2019년 세종의 경우 '1톤 미만' 어선 수는 전년보다 증가하였다.

③ 2018년 대구, 세종, 충북을 제외한 각 지역에서 '1톤 이상 2톤 미만'부터 '4톤 이상 5톤 미만'까지 톤급이 증가할수록 어선 수는 감소한다. ➡ (X) 2018년 부산, 울산, 경기, 강원, 충남의 경우 '1톤 이상 2톤 미만'부터 '4톤 이상 5톤 미만'까지 톤급이 증가할수록 어선 수가 감소하지만, 인천, 전북, 전남, 경북, 경남, 제주의 경우는 '1톤 이상 2톤 미만'부터 '4톤 이상 5톤 미만'까지 톤급이 증가할수록 어선 수가 감소한다고 볼 수 없다.

④ 2018년과 2019년 모두 '1톤 이상 2톤 미만' 어선 수는 충남이 세 번째로 크다. ➡ (X) '1톤 이상 2톤 미만' 어선 수는 2018년의 경우 전남 > 경남 > 충남 > 부산 > 전북 > 강원 > 경북 > 울산 > 인천 > 경기 > 제주 > 충북 > 대구 =세종 순이고, 2019년의 경우 전남 > 경남 > 부산 > 충남 > 전북 > 강원 > 경북 > 울산 > 경기 > 인천 > 제주 > 충북 > 대구=세종 순이다. 따라서 '1톤 이상 2톤 미만' 어선 수는 2018년의 경우 충남이 세 번째로 크고, 2019년의 경우 부산이 세 번째로 크다.

⑤ 2018년과 2019년 모두 '1톤 미만' 어선 수 대비 '3톤 이상 4톤 미만' 어선 수의 비가 가장 높은 지역은 인천이다. ➡ (X) '1톤 미만' 어선 수 대비 '3톤 이상 4톤 미만' 어선 수의 비가 높은 경우는 '1톤 미만' 어선 수보다 '3톤 이상 4톤 미만' 어선 수가 많은 경우이다. '1톤 미만' 어선 수보다 '3톤 이상 4톤 미만' 어선 수가 많은 지역은 2018년의 경우와 2019년의 경우 모두 인천과 제주이다. 2018년 '1톤 미만' 어선 수 대비 '3톤 이상 4톤 미만' 어선 수의 비는 인천의 경우 $\frac{191}{147}$ ≒ 1.30이고, 제주의 경우 $\frac{335}{142}$ ≒ 2.4로 제주가 인천보다 높다. 2019년 '1톤 미만' 어선 수 대비 '3톤 이상 4톤 미만' 어선 수의 비는 인천의 경우 $\frac{174}{98}$ ≒ 1.80이고, 제주의 경우 $\frac{349}{123}$ ≒ 2.8로 제주가 인천보다 높다. 따라서 2018년과 2019년 모두 '1톤 미만' 어선 수 대비 '3톤 이상 4톤 미만' 어선 수의 비가 가장 높은 지역은 제주이다.

08 ②

정답률 81.9%

| 문제 유형 | 자료 변환응용 > 표/그림 전환형
| 접근 전략 | 〈표〉의 수치를 이용하여 나타낸 그래프를 찾는 문제이다. 별도로 수치의 계산이 필요한 그래프를 제외하고 〈표〉에 제시된 단순한 수치만으로도 파악할 수 있는 그래프를 먼저 살펴보도록 한다.

다음 〈표〉는 2008~2018년 '갑'국의 황산화물 배출권 거래 현황에 대한 자료이다. 〈표〉를 이용하여 작성한 그래프로 옳지 않은 것은?

〈표〉 2008~2018년 '갑'국의 황산화물 배출권 거래 현황

(단위: 건, kg, 원/kg)

연도	전체		무상거래		유상거래				
	거래 건수	거래량	거래 건수	거래량	거래 건수	거래량	거래가격		
							최고	최저	평균
2008	10	115,894	3	42,500	7	73,394	1,000	30	319
2009	8	241,004	4	121,624	4	119,380	500	60	96
2010	32	1,712,694	9	192,639	23	1,520,055	500	50	58
2011	25	1,568,065	6	28,300	19	1,539,765	400	10	53
2012	32	1,401,374	7	30,910	25	1,370,464	400	30	92
2013	59	2,901,457	5	31,500	54	2,869,957	600	30	180
2014	22	547,500	1	2,000	21	545,500	500	65	269
2015	12	66,200	5	22,000	7	44,200	450	100	140
2016	10	89,500	3	12,000	7	77,500	500	150	197
2017	20	150,966	5	38,100	15	112,866	160	100	124
2018	28	143,324	3	5,524	25	137,800	250	74	140

① 2010~2013년 연도별 전체 거래의 건당 거래량

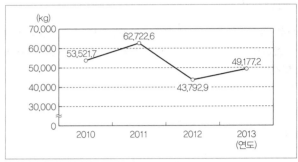

➡ (O) 전체 거래의 건당 거래량은 $\frac{전체\ 거래량}{거래\ 건수}$ 으로 구할 수 있다. 〈표〉에서 전체 거래의 건당 거래량은 2010년의 경우 $\frac{1,712,694}{32}$ ≒ 53,521.7(kg), 2011년의 경우 $\frac{1,568,065}{25}$ =62,722.6(kg), 2012년의 경우 $\frac{1,401,374}{32}$ ≒ 43,792.9(kg), 2013년의 경우 $\frac{2,901,457}{59}$ ≒ 49,177.2(kg)이다. 이는 〈그림〉과 일치한다.

② 2009~2013년 유상거래 최고 가격과 최저 가격

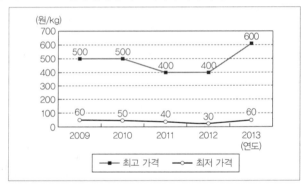

➡ (X) 유상거래 최고 가격은 2009년의 경우 500원/kg, 2010년의 경우 500원/kg, 2011년의 경우 400원/kg, 2012년의 경우 400원/kg, 2013년의 경우 600원/kg이다. 유상거래 최저 가격은 2009년의 경우 60원/kg, 2010년의 경우 50원/kg, 2011년의 경우 10원/kg, 2012년의 경우 30원/kg, 2013년의 경우 60원/kg이다. 유상거래 최고 가격은 2009~2013년 모두 〈그림〉과 일치하지만 유상거래 최저 가격은 2011년이 〈그림〉과 일치하지 않는다.

③ 2013~2017년 유상거래 평균 가격

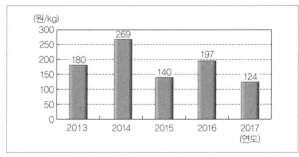

➡ (O) 유상거래 평균 가격은 2013년의 경우 180원/kg, 2014년의 경우 269원/kg, 2015년의 경우 140원/kg, 2016년의 경우 197원/kg, 2017년의 경우 124원/kg이다. 이는 〈그림〉과 일치한다.

④ 2008년 전체 거래량 구성비

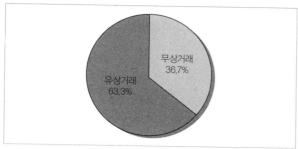

➡ (O) 2008년 전체 거래량에서 무상거래 거래량이 차지하는 비중은 $\frac{42,500}{115,894} \times$

100 ≒ 36.7(%)이고, 전체 거래량에서 유상거래 거래량이 차지하는 비중은 $\frac{73,394}{115,894}$

×100 ≒ 63.3(%)이다. 이는 〈그림〉과 일치한다.

⑤ 2010 ~ 2013년 무상거래 건수와 유상거래 건수

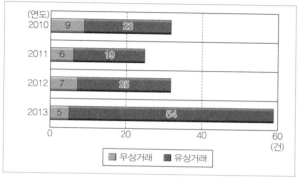

➡ (O) 무상거래 건수는 2010년의 경우 9건, 2011년의 경우 6건, 2012년의 경우 7
건, 2013년의 경우 5건이다. 유상거래 건수는 2010년의 경우 23건, 2011년의 경우
19건, 2012년의 경우 25건, 2013년의 경우 54건이다. 이는 〈그림〉과 일치한다.

---

09 ② 정답률 78.5%

| 문제 유형 | 자료 읽기 > 표 제시형
| 접근 전략 | 선지를 보고 〈표 1〉에서 찾을 내용인지, 〈표 2〉에서 찾을 내용인지를
파악하는 것이 중요하다. 교집합의 최솟값을 구하는 요령을 터득하면 어렵지 않
게 해결할 수 있을 것이다.

다음 〈표〉는 성인 남녀 1,500명을 대상으로 탈모 증상 경험 여부와 탈
모 증상 경험자의 탈모 증상 완화 시도 방법에 관해 설문조사한 결과
이다. 이에 대한 설명으로 옳지 않은 것은?

〈표 1〉 탈모 증상 경험 여부

구분		응답자 수 (명)	탈모 증상 경험 여부(%)	
			있음	없음
성별	남성	743	28.8	71.2
	여성	757	15.2	84.8
연령대	20대	259	4.6	95.4
	30대	253	12.6	87.4
	40대	295	21.4	78.6
	50대	301	25.6	74.4
	60대	392	37.0	63.0
성별·연령대	남성	20대	136	5.1	94.9

성별·연령대			응답자 수	있음	없음
	남성	20대	136	5.1	94.9
		30대	130	16.2	83.8
		40대	150	30.0	70.0
		50대	151	35.8	64.2
		60대	176	49.4	50.6
	여성	20대	123	4.1	95.9
		30대	123	8.9	91.1
		40대	145	12.4	87.6
		50대	150	15.3	84.7
		60대	216	26.9	73.1

※ 1) 무응답과 복수응답은 없음
2) 소수점 아래 둘째 자리에서 반올림한 값임

〈표 2〉 탈모 증상 경험자의 탈모 증상 완화 시도 여부 및 방법

구분		응답자 수(명)	탈모 증상 완화 시도 방법(%)					시도 하지 않음 (%)
			모발 관리 제품 사용	민간 요법	치료제 구입	병원 진료	미용실 탈모 관리	
성별	남성	214	38.8	14.0	9.8	8.9	4.2	49.1
	여성	115	45.2	7.0	2.6	4.3	11.3	44.3
연령대	20대	12	50.0	0.0	16.7	16.7	16.7	0.0
	30대	32	62.5	12.5	6.3	9.4	9.4	25.0
	40대	63	52.4	7.9	6.3	12.7	7.9	36.5
	50대	77	46.8	15.6	10.4	5.2	10.4	39.0
	60대	145	26.2	11.7	6.2	4.1	2.8	62.8
부모의 탈모경험 여부	있음	236	47.0	14.8	8.1	7.2	8.9	41.1
	없음	93	24.7	4.3	7.5	7.5	1.1	62.4
탈모 증상의 심각성	심각함	150	45.3	16.0	13.3	13.3	10.0	34.0
	심각하지 않음	179	36.9	7.8	2.8	2.2	2.8	58.1

※ 1) 무응답은 없으며, 탈모 증상 완화 시도 방법에 대한 복수응답을 허용함
2) 소수점 아래 둘째 자리에서 반올림한 값임

① 남녀 각각 연령대가 높을수록 탈모 증상 경험자의 비율도 높다.
➡ (O) 〈표 1〉에서 남성의 경우 탈모 증상 경험자 비율은 20대 5.1%, 30대 16.2%,
40대 30.0%, 50대 35.8%, 60대 49.4%로 연령대가 높을수록 탈모 증상 경험자의 비율
이 높다. 여성의 경우도 탈모 증상 경험자 비율은 20대 4.1%, 30대 8.9%, 40대 12.4%,
50대 15.3%, 60대 26.9%로 연령대가 높을수록 탈모 증상 경험자의 비율이 높다.

② 탈모 증상 경험자 중 탈모 증상 완화 시도 방법으로 미용실 탈모
관리를 받았다고 한 응답자의 수는 남성이 여성보다 많다. ➡ (X)
〈표 2〉에서 탈모 증상 경험자 중 탈모 증상 완화 시도 방법으로 미용실 탈모 관리를
받았다고 한 응답자 수는 남성의 경우 214 × 4.2% ≒9(명)이고, 여성의 경우 115 ×
11.3% ≒ 13(명)으로, 남성이 여성보다 적다.

③ 탈모 증상 경험자의 연령대가 낮을수록 탈모 증상 완화를 시도한
응답자의 비율이 높다. ➡ (O) 〈표 2〉에서 탈모 증상 경험자의 연령대가 낮
을수록 탈모 증상 완화를 시도하지 않은 응답자의 비율이 낮다. 이를 통해 탈모 증상
경험자의 연령대가 낮을수록 탈모 증상 완화를 시도한 응답자의 비율이 높음을 알 수
있다.

④ 탈모 증상 경험자 중 부모의 탈모 경험이 있다고 한 응답자의 비율은 70% 이상이다. ➡ (O) 탈모 증상 경험자 수는 214+115=329(명)이고, 부모의 탈모 경험이 있다고 한 응답자 수는 236명이므로 탈모 증상 경험자 중 부모의 탈모 경험이 있다고 한 응답자의 비율은 $\frac{236}{329} \times 100 ≒ 71.7(\%)$이다.

⑤ 탈모 증상이 심각하다고 한 응답자 중 부모의 탈모 경험이 있다고 한 응답자는 57명 이상이다. ➡ (O) 탈모 증상이 심각하다고 한 응답자 수는 150명이고, 탈모 증상이 심각하지 않다고 한 응답자 수는 179명이며, 부모의 탈모 경험이 있다고 한 응답자는 236명이다. 탈모 증상이 심각하다고 한 응답자 중 부모의 탈모 경험이 있다고 한 응답자의 최솟값은 부모의 탈모 경험이 있다고 한 응답자에서 탈모 증상이 심각하지 않다고 한 응답자 수를 뺀 것으로 이는 236－179=57(명)이다. 따라서 탈모 증상이 심각하다고 한 응답자 중 부모의 탈모 경험이 있다고 한 응답자는 57명 이상이다.

10 ④

정답률 70.8%

| 문제 유형 | 자료 읽기/추론 > 계산형
| 접근 전략 | 〈표〉의 각주에 제시된 자연적응률, 생존율, 폐사율 계산식을 통해 선지 내용을 파악할 수 있어야 한다. 제시된 숫자가 간단한 편이므로 빠르고 정확하게 계산하는 것이 요구된다.

다음 〈표〉는 도입과 출산을 통한 반달가슴곰 복원 현황에 관한 자료이다. 이에 대한 〈보기〉의 설명 중 옳은 것만을 모두 고르면?

〈표〉 도입과 출산을 통한 반달가슴곰 복원 현황

(단위: 개체)

구분		생존	자연적응	학습장	폐사	전체	폐사원인
도입처	러시아	13	5	8	9	22	
	북한	3	2	1	4	7	• 자연사 : 8
	중국	3	0	3	1	4	• 올무 : 3
	서울대공원	6	5	1	1	7	• 농약 : 1
	청주동물원	1	0	1	0	1	• 기타 : 3
	소계	26	12	14	15	41	
출산방식	자연출산	41	39	2	5	46	• 자연사 : 4
	증식장출산	7	4	3	1	8	• 올무 : 2
	소계	48	43	5	6	54	
계		74	55	19	21	95	－

※ 1) 도입처(출산방식)별 자연적응률(%)
$= \dfrac{\text{도입처(출산방식)별 자연적응 반달가슴곰 수}}{\text{도입처(출산방식)별 전체 반달가슴곰 수}} \times 100$

2) 도입처(출산방식)별 생존율(%)
$= \dfrac{\text{도입처(출산방식)별 생존 반달가슴곰 수}}{\text{도입처(출산방식)별 전체 반달가슴곰 수}} \times 100$

3) 도입처(출산방식)별 폐사율(%)
$= \dfrac{\text{도입처(출산방식)별 폐사 반달가슴곰 수}}{\text{도입처(출산방식)별 전체 반달가슴곰 수}} \times 100$

〈보기〉

ㄱ. 도입처가 서울대공원인 반달가슴곰의 자연적응률은 자연출산 반달가슴곰의 자연적응률보다 낮다. → (O) 도입처가 서울대공원인 반달가슴곰의 자연적응률은 $\frac{5}{7} \times 100 ≒ 71.4(\%)$이고, 자연출산 반달가슴곰의 자연적응률은 $\frac{39}{46} \times 100 ≒ 84.8(\%)$이다. 따라서 도입처가 서울대공원인 반달가슴곰의 자연적응률이 자연출산 반달가슴곰의 자연적응률보다 낮다.

ㄴ. 자연출산 반달가슴곰의 생존율은 90%를 넘는다. → (X) 자연출산 반달가슴곰의 생존율은 $\frac{41}{46} \times 100 ≒ 89.1(\%)$로, 90%를 넘지 않는다.

ㄷ. 반달가슴곰의 폐사율은 자연출산이 증식장출산보다 낮다. → (O) 반달가슴곰의 폐사율은 자연출산의 경우 $\frac{5}{46} \times 100 ≒ 10.9(\%)$이고, 증식장출산의 경우 $\frac{1}{8} \times 100 = 12.5(\%)$로, 자연출산이 증식장출산보다 낮다.

ㄹ. 도입처가 러시아인 반달가슴곰 중 적어도 두 개체의 폐사원인은 '자연사'이다. → (O) 도입처가 러시아인 폐사 반달가슴곰 수는 9개체이고, 도입처가 러시아가 아닌 폐사 반달가슴곰 수는 6개체인데, 폐사원인이 '자연사'인 경우에 해당하는 반달가슴곰 수는 8개체이므로 도입처가 러시아인 반달가슴곰 중 적어도 2개체의 폐사원인은 '자연사'에 해당한다.

① ㄱ, ㄴ ➡ (X)
② ㄱ, ㄷ ➡ (X)
③ ㄴ, ㄹ ➡ (X)
④ ㄱ, ㄷ, ㄹ ➡ (O)
⑤ ㄴ, ㄷ, ㄹ ➡ (X)

11 ③

정답률 93.9%

| 문제 유형 | 자료 변환응용 > 자료/보고서 전환형
| 접근 전략 | 〈보고서〉를 작성하기 위해 필요한 자료를 파악하는 문제이다. 〈보고서〉의 내용을 먼저 읽어 파악하려 하지 말고 선지의 제목을 보고 〈보고서〉의 내용에서 선지의 제목과 관련된 내용을 파악하도록 한다.

다음은 세계 및 국내 드론 산업 현황에 관한 〈보고서〉이다. 이를 작성하기 위해 사용하지 않은 자료는?

〈보고서〉

세계의 드론 산업 시장은 주로 미국과 유럽을 중심으로 형성되어 왔으나, 2013년과 비교하여 2018년에는 유럽 시장보다 오히려 아시아·태평양 시장의 점유율이 더 높아졌다.

2017년 국내 드론 활용 분야별 사업체 수를 살펴보면, 농업과 콘텐츠 제작 분야의 사업체 수가 전체의 80% 이상을 차지하였고, 사업체 수의 전년 대비 증가율에 있어서는 교육 분야가 농업과 콘텐츠 제작 분야보다 각각 높았다. 2017년 국내 드론 활용 산업의 주요 관리 항목을 2013년 대비 증가율이 높은 항목부터 순서대로 나열하면, 조종자격 취득자 수, 장치신고 대수, 드론 활용 사업체 수 순이다.

우리나라는 성장 잠재력이 큰 드론 산업 육성을 위해 다양한 정책을 추진하고 있다. 특히 세계 최고 수준과의 기술 격차를 줄이기 위해 정부 R&D 예산 비중을 꾸준히 확대하고 있다. 2015~2017년 기술 분야별로 정부 R&D 예산 비중을 살펴보면, 기반기술과 응용서비스기술의 예산 비중의 합은 매년 65% 이상이다.

① 2016~2017년 국내 드론 활용 분야별 사업체 수 현황

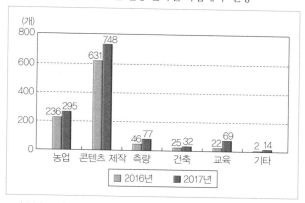

➡ (O) 〈보고서〉에는 2017년 농업과 콘텐츠 제작 분야의 사업체 수가 전체의 80% 이상을 차지하고 사업체 수의 전년 대비 증가율에 있어서 교육 분야가 농업과 콘텐츠 제작 분야보다 각각 높았다고 작성되어 있다. 이는 〈그림〉을 통해 파악할 수 있다.

② 2013년과 2018년 세계 드론 시장 점유율 현황

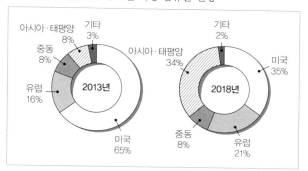

➡ (O) 〈보고서〉에는 2013년과 비교하여 2018년에는 유럽 시장보다 아시아·태평양 시장의 점유율이 더 높아졌다고 작성되어 있다. 이는 〈그림〉을 통해 파악할 수 있다.

③ 2015~2017년 국내 드론 산업 관련 민간 R&D 기업규모별 투자 현황

(단위: 백만 원)

연도 구분	2015	2016	2017
대기업	2,138	10,583	11,060
중견기업	4,122	3,769	1,280
중소기업	11,500	29,477	43,312

➡ (X) 〈보고서〉에는 국내 드론 산업 관련 민간 R&D 기업규모별 투자에 대한 내용이 작성되어 있지 않다. 따라서 〈표〉는 〈보고서〉를 작성하기 위해 사용되지 않았다.

④ 2015~2017년 국내 드론 산업 관련 기술 분야별 정부 R&D 예산 비중 현황

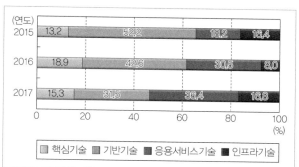

➡ (O) 〈보고서〉에는 2015~2017년 기반기술과 응용서비스기술의 정부 R&D 예산 비중의 합이 매년 65% 이상이라고 작성되어 있다. 이는 〈그림〉을 통해 파악할 수 있다.

⑤ 2013~2017년 국내 드론 활용 산업의 주요 관리 항목별 현황

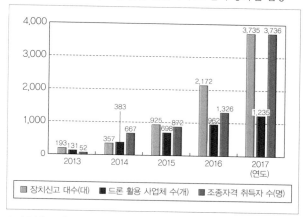

➡ (O) 〈보고서〉에는 2017년 국내 드론 활용 산업의 주요 관리 항목을 2013년 대비 증가율이 높은 항목부터 나열하면 조종자격 취득자 수, 장치신고 대수, 드론 활용 사업체 수 순이라고 작성되어 있다. 이는 〈그림〉을 통해 파악할 수 있다.

12 ④

정답률 81.7%

| 문제 유형 | 자료 읽기 > 표 제시형

| 접근 전략 | 〈표〉에 나타나 있는 학년별 항목에 따른 교육 만족도 점수를 파악하여 응답인원과 항목별 교육 만족도의 관계, 학년별 교육 만족도 순위를 비교하는 문제이다. 수치가 비슷하므로 혼동하지 않도록 한다.

다음 〈표〉는 A 대학 재학생 교육 만족도 조사 결과에 관한 자료이다. 이에 대한 〈보기〉의 설명 중 옳은 것을 고르면?

〈표〉 A 대학 재학생 교육 만족도 조사 결과

(단위: 명, 점)

학년	항목 응답인원	전공	교양	시설	기자재	행정
1	2,374	3.90	3.70	3.78	3.73	3.63
2	2,349	3.95	3.75	3.76	3.71	3.64
3	2,615	3.96	3.74	3.74	3.69	3.66
4	2,781	3.94	3.77	3.75	3.70	3.65

※ 점수는 5점 만점이며, 점수가 높을수록 만족도가 높음

〈보기〉

ㄱ. '시설'과 '기자재' 항목은 응답인원이 많은 학년일수록 항목별 교육 만족도가 높다. → (X) 응답인원은 4학년 > 3학년 > 1학년 > 2학년 순이고, '시설' 항목과 '기자재' 항목의 교육 만족도는 1학년 > 2학년 > 4학년 > 3학년 순이다. 따라서 '시설'과 '기자재' 항목은 응답인원이 많은 학년일수록 항목별 교육 만족도가 높다고 볼 수 없다.

ㄴ. 항목별로 교육 만족도가 높은 순서대로 학년을 나열할 때, 순서가 일치하는 항목들이 있다. → (O) 교육 만족도가 높은 순서대로 학년을 나열하면 '전공' 항목의 경우 3학년 > 2학년 > 4학년 > 1학년 순이고, '교양' 항목의 경우 4학년 > 2학년 > 3학년 > 1학년 순이며, '시설' 항목과 '기자재' 항목의 경우 1학년 > 2학년 > 4학년 > 3학년 순이고, '행정' 항목의 경우 3학년 > 4학년 > 2학년 > 1학년 순이다. 따라서 교육 만족도 순서가 일치하는 항목은 '시설' 항목과 '기자재' 항목이다.

ㄷ. 학년이 높아질수록 항목별 교육 만족도가 높아지는 항목은 1개이다. → (X) 학년이 높아질수록 항목별 교육 만족도가 높아지는 항목은 없다.

① ㄱ, ㄴ ➡ (X)
② ㄱ, ㄷ ➡ (X)
③ ㄴ, ㄷ ➡ (X)
④ ㄴ, ㄹ ➡ (O)
⑤ ㄷ, ㄹ ➡ (X)

13 ⑤

TOP 3 정답률 53.7%

| **문제 유형 |** 자료 변환응용 > 표/그림 전환형

| **접근 전략 |** 제시된 〈표〉에서 단백질 섭취량은 식물성 단백질 섭취량+동물성 단
백질 섭취량이므로 〈표 1〉과 〈표 2〉를 통해 1인 1일당 동물성 단백질 섭취량을
구할 수 있다. 다만, 1인 1일당 단백질 섭취량인지 1일 단백질 총섭취량인지를 혼
동하지 않아야 한다.

다음 〈표〉는 2017~2019년 '갑'국 A~D 지역의 1인 1일당 단백질
섭취량과 지역별 전체 인구에 대한 자료이다. 〈표〉를 이용하여 작성한
그래프로 옳지 않은 것은?

〈표 1〉 지역별 1인 1일당 단백질 섭취량

(단위: g)

연도 지역	2017	2018	2019
A	50	60	75
B	100	100	110
C	100	90	80
D	50	50	50

※ 단백질은 동물성 단백질과 식물성 단백질로만 구성됨

〈표 2〉 지역별 1인 1일당 식물성 단백질 섭취량

(단위: g)

연도 지역	2017	2018	2019
A	25	25	25
B	10	30	50
C	20	20	20
D	10	5	5

〈표 3〉 지역별 전체 인구

(단위: 명)

연도 지역	2017	2018	2019
A	1,000	1,000	1,100
B	1,000	1,000	1,000
C	800	700	600
D	100	100	100

① 2017~2019년 B와 D 지역의 1인 1일당 동물성 단백질 섭취량

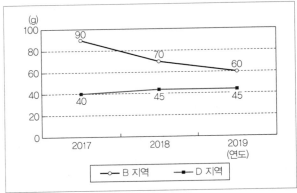

➡ (O) 1인 1일당 동물성 단백질 섭취량은 '1인 1일당 단백질 섭취량-1인 1일당
식물성 단백질 섭취량'으로 구할 수 있다. B 지역의 1인 1일당 동물성 단백질 섭취량
은 2017년의 경우 100-10=90(g), 2018년의 경우 100-30=70(g), 2019년의 경우
110-50=60(g)이다. D 지역의 1인 1일당 동물성 단백질 섭취량은 2017년의 경우
50-10=40(g), 2018년의 경우 50-5=45(g), 2019년의 경우 50-5=45(g)이다. 이
는 〈그림〉과 일치한다.

② 2019년 지역별 1일 단백질 총섭취량

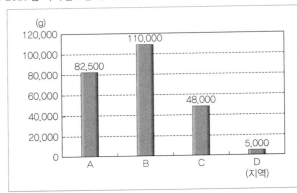

➡ (O) 1일 단백질 총섭취량은 '1인 1일당 단백질 섭취량 × 전체 인구'로 구할 수
있다. 2019년 지역별 1일 단백질 총섭취량은 A 지역의 경우 75 × 1,100=82,500(g),
B 지역의 경우 110 × 1,000=110,000(g), C 지역의 경우 80 × 600=48,000(g), D 지
역의 경우 50 × 100=5,000(g)이다. 이는 〈그림〉과 일치한다.

③ 2017년 지역별 1인 1일당 단백질 섭취량 구성비

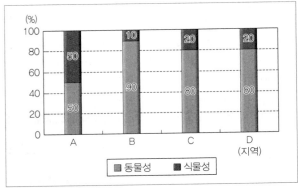

➡ (O) 2017년 지역별 1인 1일당 식물성 단백질 섭취량 구성비는 A 지역의 경우
$\frac{25}{50} \times 100=50(\%)$, B 지역의 경우 $\frac{10}{100} \times 100=10(\%)$, C 지역의 경우 $\frac{20}{100} \times$
$100=20(\%)$, D 지역의 경우 $\frac{10}{50} \times 100=20(\%)$이다. 1인 1일당 동물성 단백질 섭취
량 구성비는 '100-1인 1일당 식물성 단백질 섭취량 구성비'로 구할 수 있으므로

2017년 지역별 1인 1일당 동물성 단백질 섭취량 구성비는 A 지역의 경우 50%, B 지역의 경우 90%, C 지역의 경우 80%, D 지역의 경우 80%이다. 이는 〈그림〉과 일치한다.

④ 2017~2019년 A와 C 지역의 1인 1일당 동물성 단백질 섭취량과 1인 1일당 식물성 단백질 섭취량의 차이

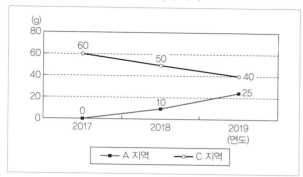

➡ (O) A 지역의 1인 1일당 동물성 단백질 섭취량과 1인 1일당 식물성 단백질 섭취량의 차이는 2017년의 경우 25−25=0(g), 2018년의 경우 35−25=10(g), 2019년의 경우 50−25=25(g)이다. C 지역의 1인 1일당 동물성 단백질 섭취량과 1인 1일당 식물성 단백질 섭취량의 차이는 2017년의 경우 80−20=60(g), 2018년의 경우 70−20=50(g), 2019년의 경우 60−20=40(g)이다. 이는 〈그림〉과 일치한다.

⑤ 지역별 2017년 대비 2018년 1인 1일당 식물성 단백질 섭취량 증감률

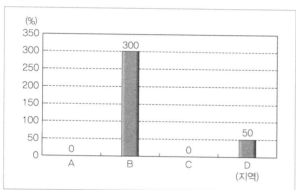

➡ (X) 2017년 대비 2018년 1인 1일당 식물성 단백질 섭취량 증감률은

$$\left| \frac{(2018년\ 1인\ 1일당\ 식물성\ 단백질\ 섭취량 − 2017년\ 1인\ 1일당\ 식물성\ 단백질\ 섭취량)}{2017년\ 1인\ 1일당\ 식물성\ 단백질\ 섭취량} \times 100 \right|$$ 으로 구할 수 있다. 2017년 대비 2018년 1인 1일당 식물성 단백질 섭취량 증감률은 A 지역의 경우 $\left| \frac{(25−25)}{25} \times 100 \right| =0(\%)$, B 지역의 경우 $\left| \frac{(30−10)}{10} \times 100 \right|$ $= |200|(\%)$, C 지역의 경우 $\left| \frac{(20−20)}{20} \times 100 \right| =0(\%)$, D 지역의 경우 $\left| \frac{(5−10)}{10} \times 100 \right| = |−50|(\%)$이다. 이는 〈그림〉과 일치하지 않는다.

| 문제 유형 | 자료 읽기 > 표/빈칸 제시형
| 접근 전략 | 〈표〉는 매체별 광고매출액을 나타낸 것으로, 2019년 케이블PP의 광고매출액은 2019년 방송 소계에서 케이블PP를 제외한 광고매출액을 뺀 값이다. 전년 대비 증가율, 광고매출액이 차지하는 비중, 광고매출액 증감률 등을 구하기 위한 기준값을 혼동하지 않도록 한다.

다음 〈표〉는 2016~2019년 '갑'국의 방송통신 매체별 광고매출액에 관한 자료이다. 이에 대한 〈보기〉의 설명 중 옳은 것만을 고르면?

〈표〉 2016~2019년 방송통신 매체별 광고매출액

(단위: 억 원)

매체	세부 매체	2016	2017	2018	2019
방송	지상파TV	15,517	14,219	12,352	12,310
	라디오	2,530	2,073	1,943	1,816
	지상파DMB	53	44	36	35
	케이블PP	18,537	17,130	16,646	( )
	케이블SO	1,391	1,408	1,275	1,369
	위성방송	480	511	504	503
	소계	38,508	35,385	32,756	31,041
온라인	인터넷(PC)	19,092	20,554	19,614	19,109
	모바일	28,659	36,618	45,678	54,781
	소계	47,751	57,172	65,292	73,890

〈보기〉

ㄱ. 2017~2019년 동안 모바일 광고매출액의 전년 대비 증가율은 매년 30% 이상이다. → (X) 모바일 광고매출액의 전년 대비 증가율은 2017년의 경우 $\frac{(36,618−28,659)}{28,659} \times 100 ≒ 27.8\%$, 2018년의 경우 $\frac{(45,678−36,618)}{36,618}$

$\times 100 ≒ 24.7(\%)$, 2019년의 경우 $\frac{(54,781−45,678)}{45,678} \times 100 ≒ 19.9(\%)$이다.

따라서 2017~2019년 동안 모바일 광고매출액의 전년 대비 증가율은 매년 30%를 넘지 않는다.

ㄴ. 2017년의 경우, 방송 매체 중 지상파TV 광고매출액이 차지하는 비중은 온라인 매체 중 인터넷(PC) 광고매출액이 차지하는 비중보다 작다. → (X) 2017년 방송 매체 중 지상파TV 광고매출액이 차지하는 비중은 $\frac{14,219}{35,385} \times 100 ≒ 40.2(\%)$이고, 2017년 온라인 매체 중 인터넷(PC) 광고매출

액이 차지하는 비중은 $\frac{20,554}{57,172} \times 100 ≒ 36.0(\%)$로, 방송 매체 중 지상파TV 광고매출액이 차지하는 비중이 크다.

ㄷ. 케이블PP의 광고매출액은 매년 감소한다. → (O) 2019년 케이블PP의 광고매출액은 31,041−(12,310+1,816+35+1,369+503)=15,008(억 원)이다. 따라서 케이블PP의 광고매출액은 매년 감소하였다.

ㄹ. 2016년 대비 2019년 광고매출액 증감률이 가장 큰 세부 매체는 모바일이다. → (O) 2016년 대비 2019년 광고매출액 증감률은 다음과 같다.

지상파TV	$\left\| \frac{(12,310−15,517)}{15,517} \times 100 \right\| ≒ \|−20.7\|(\%)$
라디오	$\left\| \frac{(1,816−2,530)}{2,530} \times 100 \right\| ≒ \|−28.2\|(\%)$
지상파DMB	$\left\| \frac{(35−53)}{53} \times 100 \right\| ≒ \|−34.0\|(\%)$

케이블PP	$\left|\dfrac{(15{,}008-18{,}537)}{18{,}537}\times100\right|\fallingdotseq|-19.0|(\%)$
케이블SO	$\left|\dfrac{(1{,}369-1{,}391)}{1{,}391}\times100\right|\fallingdotseq|-1.6|(\%)$
위성방송	$\left|\dfrac{(503-480)}{480}\times100\right|\fallingdotseq|4.8|(\%)$
인터넷(PC)	$\left|\dfrac{(19{,}109-19{,}092)}{19{,}092}\times100\right|\fallingdotseq|0.1|(\%)$
모바일	$\left|\dfrac{(54{,}781-28{,}659)}{28{,}659}\times100\right|\fallingdotseq|91.1|(\%)$

따라서 2016년 대비 2019년 광고매출액 증감률이 가장 큰 세부 매체는 모바일이다.

① ㄱ, ㄴ ➡ (X)
② ㄱ, ㄷ ➡ (X)
③ ㄴ, ㄷ ➡ (X)
④ ㄴ, ㄹ ➡ (X)
⑤ ㄷ, ㄹ ➡ (O)

15 ④

정답률 76.0%

| **문제 유형** | 자료 읽기/추론 > 매칭형
| **접근 전략** | 〈조건〉을 통해 〈그림 1〉과 〈그림 2〉를 분석하여 A~D에 해당하는 지방청을 찾는 문제이다. 〈조건〉과 선지 구성을 통해 선지에서 해당하지 않는 지방청을 제외시키면 문제를 보다 쉽게 해결할 수 있다.

다음 〈그림〉은 '갑'국 6개 지방청 전체의 부동산과 자동차 압류건수의 지방청별 구성비에 관한 자료이다. 〈그림〉과 〈조건〉을 근거로 B와 D에 해당하는 지방청을 바르게 나열한 것은?

〈그림 1〉 부동산 압류건수의 지방청별 구성비

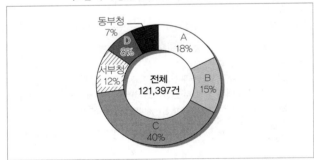

※ 지방청은 동부청, 서부청, 남부청, 북부청, 남동청, 중부청으로만 구성됨

〈그림 2〉 자동차 압류건수의 지방청별 구성비

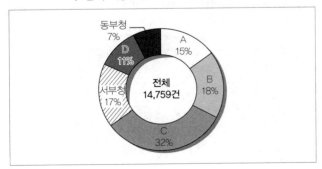

〈조건〉

○ 자동차 압류건수는 중부청이 남동청의 2배 이상이다. → 〈그림 2〉에서 자동차 압류건수가 2배 이상 차이가 나는 조합은 A와 C, C와 D이다. 따라서 B는 중부청과 남동청 모두에 해당하지 않는다. C는 중부청이다.
○ 남부청과 북부청의 부동산 압류건수는 각각 2만 건 이하이다.
→ 〈그림 1〉에서 부동산 압류건수가 각각 2만 건 이하인 경우는 부동산 압류건수의 구성비가 약 16.5%($\fallingdotseq\dfrac{20{,}000}{121{,}397}\times100$)보다 낮은 경우로, 이에 해당하는 지방청은 B와 D이다. 따라서 B와 D는 각각 남부청과 북부청 중 하나에 해당한다. A는 남동청이다.
○ 지방청을 부동산 압류건수와 자동차 압류건수가 큰 값부터 순서대로 각각 나열할 때, 순서가 동일한 지방청은 동부청, 남부청, 중부청이다. → 부동산 압류건수가 큰 순서로 나열하면 C > A > B > 서부청 > D > 동부청 순이고, 자동차 압류건수가 큰 순서로 나열하면 C > B > 서부청 > A > D > 동부청 순이다. 순서가 동일한 지방청은 C, D, 동부청이고, C는 중부청이므로 D는 남부청에 해당한다. 따라서 B는 북부청에 해당한다.

	B	D	
①	남동청	남부청	➡ (X)
②	남동청	북부청	➡ (X)
③	남부청	북부청	➡ (X)
④	북부청	남부청	➡ (O)
⑤	중부청	남부청	➡ (X)

16 ②

TOP 2 정답률 49.5%

| **문제 유형** | 자료 추론 > 추가로 필요한 자료 찾기
| **접근 전략** | 제시된 〈표 1〉과 〈표 2〉 자료 외에 〈보고서〉 작성을 위해 추가로 필요한 자료를 찾는 문제이다. 〈보고서〉의 내용을 먼저 파악하기보다는 〈보기〉의 자료 제목을 먼저 확인하여 이를 〈보고서〉와 제시된 〈표〉를 통해 추가로 필요한 자료인지를 파악하는 것이 효율적이다.

다음 〈표〉는 조사연도별 국세 및 국세청세수와 국세청세수 징세비 및 국세청 직원 수 현황에 대한 자료이다. 〈보고서〉를 작성하기 위해 〈표〉 이외에 추가로 필요한 자료만을 〈보기〉에서 모두 고르면?

〈표 1〉 국세 및 국세청세수 현황

(단위: 억 원)

구분 조사연도	국세	국세청세수	일반회계	특별회계
2002	1,039,678	966,166	876,844	89,322
2007	1,614,591	1,530,628	1,479,753	50,875
2012	2,030,149	1,920,926	1,863,469	57,457
2017	2,653,849	2,555,932	2,499,810	56,122

〈표 2〉 국세청세수 징세비 및 국세청 직원 수 현황

(단위: 백만 원, 명)

구분 조사연도	징세비	국세청 직원 수
2002	817,385	15,158
2007	1,081,983	18,362
2012	1,339,749	18,797
2017	1,592,674	19,131

〈보고서〉

2017년 국세청세수는 255.6조 원으로, 전년도보다 22.3조 원 증가하였다. 세목별로는 소득세(76.8조 원), 부가가치세(67.1조 원), 법인세(59.2조 원) 순으로 높다. 세무서별로 살펴보면 세수 1위는 남대문세무서(11.6조 원), 2위는 수영세무서(10.9조 원)이다. 2017년 기준 국세청세수에서 특별회계가 차지하는 비중은 2.2%로서, 2002년 기준 9.2%와 비교해 감소하였다. 국세는 국세청세수에 관세청 소관분과 지방자치단체 소관분을 합한 금액으로, 2002년부터 2017년까지 국세 대비 국세청세수의 비율은 매년 증가 추세를 보인다. 2002년 기준 92.9%였던 국세 대비 국세청세수의 비율은 2017년에는 96.3%로 3.0%p 이상 증가하였다.

구체적으로 살펴보면, 국세청 직원 1인당 국세청세수는 2007년 8,336백만 원, 2017년 13,360백만 원으로 큰 폭의 상승세를 보인다. 국세청세수 100원당 징세비는 2017년 기준 0.62원으로 2002년 0.85원에 비해 20% 이상 감소하였다. 2017년 현재 19,131명의 국세청 직원들이 세수확보를 위해 노력 중이며, 국세청 직원 수는 2002년 대비 25% 이상 증가하였다.

〈보기〉

ㄱ. 2003~2016년의 국세 및 국세청세수 → (O) 〈보고서〉에는 2017년 국세청세수가 전년도보다 22.3조 원이 증가하였고, 2002년부터 2017년까지 국세 대비 국세청세수의 비율이 매년 증가 추세를 보이고 있다고 작성되어 있다. 〈표 1〉에서는 2002년, 2007년, 2012년, 2017년의 국세 및 국세청세수만 제시되어 있으므로 2003~2016년의 국세 및 국세청세수 자료는 추가로 필요하다.

ㄴ. 2003~2016년의 관세청 소관분 → (X) 〈보고서〉에는 국세가 국세청세수에 관세청 소관분과 지방자치단체 소관분을 합한 금액이라고 작성되어 있으나 관세청 소관분과 관련된 내용은 작성되어 있지 않다. 따라서 2003~2016년의 관세청 소관분 자료는 추가로 필요하지 않다.

ㄷ. 2017년의 세무서별·세목별 세수 실적 → (O) 〈보고서〉에는 2017년 세목별로 소득세, 부가가치세, 법인세 순으로 국세청세수가 높고, 남대문세무서, 수영세무서 순으로 국세청세수가 높다고 작성되어 있다. 따라서 2017년 세무서별·세목별 세수 실적 자료는 추가로 필요하다.

ㄹ. 2002~2017년의 국세청 직원 1인당 국세청세수 → (X) 〈보고서〉에는 국세청 직원 1인당 국세청세수를 2007년과 2017년을 비교하고 있고, 이는 제시된 〈표 1〉과 〈표 2〉를 통해 파악할 수 있다. 따라서 2002~2017년의 국세청 직원 1인당 국세청세수 자료는 추가로 필요하지 않다.

① ㄱ, ㄴ ➡ (X)
② ㄱ, ㄷ ➡ (O)
③ ㄴ, ㄹ ➡ (X)
④ ㄱ, ㄷ, ㄹ ➡ (X)
⑤ ㄴ, ㄷ, ㄹ ➡ (X)

|문제 유형| 자료 읽기 > 표 제시형

|접근 전략| 〈표〉에서 경제적 중요도에 따른 각국의 종의 수를 비교하거나, 경제적 중요도에 따른 해당 국가의 분류군별 종 다양성을 구하는 공식을 통해 종 다양성을 비교하는 문제이다. 제시된 분류군이 많으므로 경제적 중요도에 따라 묶음 표시를 해 놓으면 비교하는 데 수월할 수 있다.

다음 〈표〉는 '가'곤충도감에 기록된 분류군별 경제적 중요도와 '갑~병'국의 종의 수에 관한 자료이다. 이에 대한 〈보기〉의 설명 중 옳은 것만을 고르면?

〈표〉 분류군별 경제적 중요도와 '갑~병'국의 종의 수

(단위: 종)

분류군	경제적 중요도	국가			전체
		갑	을	병	
무시류	C	303	462	435	11,500
고시류	C	187	307	1,031	8,600
메뚜기목	A	297	372	1,161	34,300
강도래목	C	47	163	400	2,000
다듬이벌레목	B	12	83	280	4,400
털이목	C	4	150	320	2,800
이목	C	22	32	70	500
총채벌레목	A	87	176	600	5,000
노린재목	S	1,886	2,744	11,300	90,000
풀잠자리목	A	52	160	350	6,500
딱정벌레목	S	3,658	9,992	30,000	350,000
부채벌레목	S	7	22	60	300
벌목	S	2,791	4,870	17,400	125,000
밑들이목	C	11	44	85	600
벼룩목	C	40	72	250	2,500
파리목	S	1,594	4,692	18,000	120,000
날도래목	C	202	339	975	11,000
나비목	S	3,702	5,057	11,000	150,000

$$\text{※ 해당 국가의 분류군별 종 다양성(\%)} = \frac{\text{해당 국가의 분류군별 종의 수}}{\text{분류군별 전체 종의 수}} \times 100$$

〈보기〉

ㄱ. 경제적 중요도가 S인 분류군 중, '갑'국에서 종의 수가 세 번째로 많은 분류군은 노린재목이다. → (X) 경제적 중요도가 S인 분류군은 노린재목, 딱정벌레목, 벌목, 파리목, 나비목이다. 이들의 '갑'국에서 종의 수가 많은 순서로 나열해 보면 나비목 > 딱정벌레목 > 벌목 > 노린재목 > 파리목 순이다. 따라서 경제적 중요도가 S인 분류군 중, '갑'국에서 종의 수가 세 번째로 많은 분류군은 벌목이다.

ㄴ. 경제적 중요도가 A인 분류군 중, '을'국에서 종의 수가 두 번째로 많은 분류군은 총채벌레목이다. → (O) 경제적 중요도가 A인 분류군은 메뚜기목, 총채벌레목, 풀잠자리목이다. 이들의 '을'국에서 종의 수가 많은 순서로 나열해 보면 메뚜기목 > 총채벌레목 > 풀잠자리목 순이다. 따라서 경제적 중요도가 A인 분류군 중, '을'국에서 종의 수가 두 번째로 많은 분류군은 총채벌레목이다.

ㄷ. 경제적 중요도가 C인 분류군 중, '갑'국의 분류군별 종 다양성이 가장 낮은 분류군은 털이목이다. → (O) 경제적 중요도가 C인 분류군은 무시류, 고시류, 강도래목, 털이목, 이목, 부채벌레목, 밑들이목, 벼룩목, 날도래목이다. '갑'국에서 이들의 종 다양성은 다음과 같다.

무시류	$\dfrac{303}{11,500} \times 100 ≒ 2.6(\%)$
고시류	$\dfrac{187}{8,600} \times 100 ≒ 2.2(\%)$
강도래목	$\dfrac{47}{2,000} \times 100 ≒ 2.4(\%)$
털이목	$\dfrac{4}{2,800} \times 100 ≒ 0.1(\%)$
이목	$\dfrac{22}{500} \times 100 = 4.4(\%)$
부채벌레목	$\dfrac{7}{300} \times 100 ≒ 2.3(\%)$
밑들이목	$\dfrac{11}{600} \times 100 ≒ 1.8(\%)$
벼룩목	$\dfrac{40}{2,500} \times 100 = 1.6(\%)$
날도래목	$\dfrac{202}{11,000} \times 100 ≒ 1.8(\%)$

따라서 '갑'국의 분류군별 종 다양성이 가장 낮은 분류군은 털이목이다.

ㄹ. 경제적 중요도가 S인 분류군 중, '병'국의 분류군별 종 다양성이 10% 이상인 분류군은 4개이다. → (X) 경제적 중요도가 S인 분류군은 노린재목, 딱정벌레목, 벌목, 파리목, 나비목이다. '병'국에서 이들의 종 다양성은 다음과 같다.

노린재목	$\dfrac{11,300}{90,000} \times 100 ≒ 12.6(\%)$
딱정벌레목	$\dfrac{30,000}{350,000} \times 100 ≒ 8.6(\%)$
벌목	$\dfrac{17,400}{125,000} \times 100 ≒ 13.9(\%)$
파리목	$\dfrac{18,000}{120,000} \times 100 = 15(\%)$
나비목	$\dfrac{11,000}{150,000} \times 100 ≒ 7.3(\%)$

따라서 '병'국의 분류군별 종 다양성이 10% 이상인 분류군은 노린재목, 벌목, 파리목으로 3개이다.

① ㄱ, ㄴ ➡ (X)
② ㄱ, ㄷ ➡ (X)
③ ㄴ, ㄷ ➡ (O)
④ ㄴ, ㄹ ➡ (X)
⑤ ㄷ, ㄹ ➡ (X)

18 ②

정답률 83.9%

│문제 유형│ 자료 읽기 > 표 제시형
│접근 전략│ 〈표 1〉에 나타난 평가 항목별 원점수와 〈표 2〉에 나타난 평가 항목별 가중치를 통해 〈조건〉에 제시된 최종 점수 산정 방식에 따라 '갑'공기업의 최종 선정 신규 사업을 파악하는 문제이다. A 사업과 B 사업의 각 평가 항목별 원점수 차이를 통해 용이하게 파악할 수 있다.

다음 〈표〉는 '갑'공기업의 신규 사업 선정을 위한 2개 사업(A, B) 평가에 관한 자료이다. 〈표〉와 〈조건〉에 근거한 〈보기〉의 설명 중 옳은 것만을 고르면?

〈표 1〉 A와 B 사업의 평가 항목별 원점수
(단위: 점)

구분	평가 항목	A 사업	B 사업
사업적 가치	경영전략 달성 기여도	80	90
	수익창출 기여도	80	90
공적 가치	정부정책 지원 기여도	90	80
	사회적 편익 기여도	90	80
참여 여건	전문인력 확보 정도	70	70
	사내 공감대 형성 정도	70	70

※ 평가 항목별 원점수는 100점 만점임

〈표 2〉 평가 항목별 가중치

구분	평가 항목	가중치
사업적 가치	경영전략 달성 기여도	0.2
	수익창출 기여도	0.1
공적 가치	정부정책 지원 기여도	0.3
	사회적 편익 기여도	0.2
참여 여건	전문인력 확보 정도	0.1
	사내 공감대 형성 정도	0.1
계		1.0

─〈조건〉─
○ 신규 사업 선정을 위한 각 사업의 최종 점수는 평가 항목별 원점수에 해당 평가 항목의 가중치를 곱한 값을 모두 합하여 산정함
○ A와 B 사업 중 최종 점수가 더 높은 사업을 신규 사업으로 최종 선정함

─〈보기〉─
ㄱ. 각 사업의 6개 평가 항목 원점수의 합은 A 사업과 B 사업이 같다. → (O) 6개 평가 항목 원점수의 합은 A 사업의 경우 80+80+90+90+70+70=480(점)이고, B 사업의 경우 90+90+80+80+70+70=480(점)으로 같다.

ㄴ. '공적 가치'에 할당된 가중치의 합은 '참여 여건'에 할당된 가중치의 합보다 작고, '사업적 가치'에 할당된 가중치의 합보다 크다. → (X) '공적 가치'에 할당된 가중치의 합은 0.3+0.2=0.50이고, '참여 여건'에 할당된 가중치의 합은 0.1+0.1=0.20이며, '사업적 가치'에 할당된 가중치의 합은 0.2+0.1=0.30이다. 따라서 '공적 가치'에 할당된 가중치의 합은 '참여 여건'에 할당된 가중치의 합보다 크고, '사업적 가치'에 할당된 가중치의 합보다 크다.

ㄷ. '갑'공기업은 A 사업을 신규 사업으로 최종 선정한다. → (O) 각 사업의 최종 점수는 A 사업의 경우 (80 × 0.2)+(80 × 0.1)+(90 × 0.3)+(90 × 0.2)+(70 × 0.1)+(70 × 0.1)=83(점)이고, B 사업의 경우 (90 × 0.2)+(90 × 0.1)+(80 × 0.3)+(80 × 0.2)+(70 × 0.1)+(70 × 0.1)=81(점)이다. 따라서 '갑' 공기업은 A 사업을 신규 사업으로 최종 선정한다.

ㄹ. '정부정책 지원 기여도' 가중치와 '수익창출 기여도' 가중치를 서로 바꾸더라도 최종 선정되는 신규 사업은 동일하다. → (X) '정부정책 지원 기여도' 가중치와 '수익창출 기여도' 가중치를 서로 바꾸면 최종 점수는 A 사업의 경우 (80 × 0.2)+(80 × 0.3)+(90 × 0.1)+(90 × 0.2)+(70 × 0.1)+(70 × 0.1)=81(점)이고, B 사업의 경우 (90 × 0.2)+(90 × 0.3)+(80 × 0.1)+(80 × 0.2)+(70 × 0.1)+(70 × 0.1)=83(점)이다. 따라서 '정부정책 지원 기여도' 가중치와 '수익창출 기여도' 가중치를 서로 바꾸면 '갑'공기업은 B 사업을 신규 사업으로 최종 선정한다.

① ㄱ, ㄴ ➡ (X)
② ㄱ, ㄷ ➡ (O)
③ ㄱ, ㄹ ➡ (X)
④ ㄴ, ㄹ ➡ (X)
⑤ ㄷ, ㄹ ➡ (X)

19 ③

TOP 1 정답률 38.7%

| 문제 유형 | 자료 읽기/추론 > 매칭형
| 접근 전략 | 〈표〉를 바탕으로 작성된 〈보고서〉에서 A～C에 해당하는 내용을 파악하는 문제이다. 〈보고서〉에서 기준이 되는 연도를 반드시 확인하도록 한다. 호주의 경우 2016년 국가브랜드 상위 10개국에는 해당되지 않았으나 2017년에는 해당되므로, 2017년 이미지 분야 순위 상위 10개국을 기준으로 하여 2016년에 비해 2017년 이미지 분야 순위가 상승한 국가에 해당함을 주의하도록 한다.

다음 〈표〉는 2016～2019년 '갑'조사기관이 발표한 이미지 분야 및 실체 분야 국가브랜드 상위 10개국을 나타낸 자료이다. 이를 바탕으로 작성한 〈보고서〉의 A～C에 해당하는 내용을 바르게 나열한 것은?

〈표〉 2016～2019년 국가브랜드 상위 10개국

연도 분야 순위	2016 이미지	2017 이미지	2018 이미지	2019 이미지	2019 실체
1	프랑스	독일	일본	미국	미국
2	일본	캐나다	독일	독일	독일
3	스웨덴	일본	미국	영국	프랑스
4	영국	미국	캐나다	일본	영국
5	독일	영국	영국	스위스	일본
6	미국	스위스	프랑스	스웨덴	스위스
7	스위스	프랑스	스웨덴	캐나다	호주
8	캐나다	스웨덴	호주	프랑스	스웨덴
9	네덜란드	이탈리아	스위스	호주	네덜란드
10	이탈리아	호주	오스트리아	네덜란드	캐나다

※ 1) 국가브랜드는 이미지 분야와 실체 분야로 나누어 각각 순위가 결정되며 공동 순위는 없음
 2) 조사대상 국가는 매년 동일함

─〈보고서〉─

최근 국가브랜드의 중요성이 커지면서 국가브랜드 순위에 대한 관심이 높아지고 있다. '갑'조사기관이 발표한 2016～2019년 이미지 분야 및 실체 분야 국가브랜드 순위를 살펴보면, 미국의 이미지 분야 순위는 매년 [A]하고 있다. 또한, 이 기간에 연도별 이미지 분야 순위가 모두 상위 10위 이내에 든 국가는 총 8개국이다.

2019년 이미지 분야 순위가 상위 10위 이내에 든 국가는 모두 2019년 실체 분야 순위도 상위 10위 이내에 들었다. 2019년 이미지 분야 순위 상위 10개국 중 2019년 이미지 분야 순위와 실체 분야 순위의 차이가 가장 큰 국가는 [B]인 것으로 나타났다. 2017년 이미지 분야 순위 상위 10개국 중 2016년에 비해 2017년 이미지 분야 순위가 상승한 국가는 총 [C]개국이었고, 특히 캐나다의 높은 순위 상승이 눈에 띈다. 2019년에는 2018년과 비교하여 이미지 분야 순위가 하락한 국가가 많았으나, 네덜란드의 경우 이미지 분야 순위가 상승하여 주목받고 있다.

	A	B	C	
①	상승	캐나다	6	➡ (X)
②	상승	프랑스	5	➡ (X)
③	상승	프랑스	6	➡ (O)

미국의 이미지 분야 순위는 2016년의 경우 6위, 2017년의 경우 4위, 2018년의 경우 3위, 2019년의 경우 1위로 매년 상승하고 있으므로 A에는 '상승'이 들어간다. 2019년 이미지 분야 순위 상위 10개국 중 2019년 이미지 분야 순위와 실체 분야 순위의 차이가 가장 큰 국가는 프랑스로, 프랑스는 2019년 이미지 분야 순위는 8위이고 2019년 실체 분야 순위는 3위로 순위의 차이가 가장 크다. 따라서 B에는 '프랑스'가 들어간다. 2017년 이미지 분야 순위 상위 10개국 중 2016년에 비해 2017년에 이미지 분야 순위가 상승한 국가는 독일, 캐나다, 미국, 스위스, 이탈리아, 호주로 6개국이었다. 따라서 C에는 '6'이 들어간다.

	A	B	C	
④	하락	스웨덴	5	➡ (X)
⑤	하락	캐나다	6	➡ (X)

|문제 유형| 자료 읽기 > 그림 제시형
|접근 전략| 글로벌 리스크별 영향도와 발생가능성 지수를 분석하는 문제이다. 복잡하게 보이는 〈그림〉과 달리 글로벌 리스크별 영향도와 발생가능성 지수를 파악할 수 있으면 쉽게 접근할 수 있는 문제이다.

다음 〈그림〉은 W경제포럼이 발표한 25개 글로벌 리스크의 분류와 영향도 및 발생가능성 지수에 관한 자료이다. 이에 대한 설명으로 옳지 않은 것은?

〈그림〉 글로벌 리스크의 분류와 영향도 및 발생가능성 지수

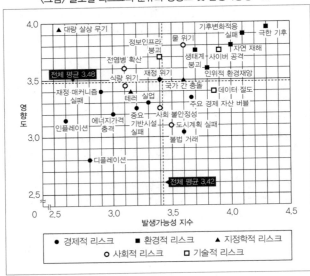

① 모든 환경적 리스크의 발생가능성 지수 대비 영향도의 비는 1 이상이다. ➡ (×) '생태계 붕괴'의 경우 발생가능성 지수보다 영향도가 크므로 발생가능성 지수 대비 영향도의 비가 1 이상이지만, '인위적 환경재앙', '자연 재해', '기후변화적응 실패', '극한 기후'의 경우 발생가능성 지수가 영향도보다 크므로 발생가능성 지수 대비 영향도의 비가 1보다 작다.

② 영향도와 발생가능성 지수의 차이가 가장 큰 글로벌 리스크는 '대량 살상 무기'이다. ➡ (○) 글로벌 리스크의 발생가능성 지수와 영향도가 같은 지점을 이은 선에서 멀리 있을수록 영향도와 발생가능성 지수의 차이가 크다. 따라서 영향도와 발생가능성 지수의 차이가 가장 큰 글로벌 리스크는 '대량 살상 무기'이다.

③ '에너지가격 충격'의 영향도 대비 발생가능성 지수의 비는 1 이하이다. ➡ (○) '에너지가격 충격'의 영향도는 3.20이고 발생가능성 지수는 3.00이므로 영향도 대비 발생가능성 지수의 비는 1보다 작다.

④ 영향도와 발생가능성 지수가 각각의 '전체 평균' 이하인 경제적 리스크의 수는 영향도나 발생가능성 지수가 각각의 '전체 평균' 이상인 경제적 리스크의 수보다 많다. ➡ (○) 영향도와 발생가능성 지수가 각각의 '전체 평균' 이하인 경제적 리스크는 '디플레이션', '인플레이션', '에너지가격 충격', '중요기반시설 실패', '실업', '재정 매커니즘 실패'로 6개이고, 영향도나 발생가능성 지수가 각각의 '전체 평균' 이상인 경제적 리스크는 없다.

⑤ 모든 환경적 리스크는 영향도와 발생가능성 지수가 각각의 '전체 평균' 이상이다. ➡ (○) 환경적 리스크는 '인위적 환경재앙', '생태계 붕괴', '자연 재해', '기후변화적응 실패', '극한 기후'로, 이들은 모두 영향도와 발생가능성 지수가 각각의 '전체 평균' 이상이다.

|문제 유형| 자료 읽기 > 표 제시형
|접근 전략| 〈표〉에서 멸종위기종 중 멸종위기Ⅰ급의 비율과 멸종위기Ⅱ급의 비율을 비교할 때에는 분모가 멸종위기종으로 같으므로 멸종위기Ⅰ급의 종수와 멸종위기Ⅱ급의 종수를 비교하면 된다.

다음 〈표〉는 '갑'국의 멸종위기종 지정 현황에 관한 자료이다. 이에 대한 설명으로 옳지 않은 것은?

〈표〉 멸종위기종 지정 현황

(단위: 종)

분류＼지정	멸종위기종	멸종위기Ⅰ급	멸종위기Ⅱ급
포유류	20	12	8
조류	63	14	49
양서·파충류	8	2	6
어류	27	11	16
곤충류	26	6	20
무척추동물	32	4	28
식물	88	11	77
전체	264	60	204

※ 멸종위기종은 멸종위기Ⅰ급과 멸종위기Ⅱ급으로 구분함

① 멸종위기종으로 '포유류'만 10종을 추가로 지정한다면, 전체 멸종위기종 중 '포유류'의 비율은 10% 이상이다. ➡ (○) 멸종위기종으로 '포유류'만 10종을 추가로 지정한다면 전체 멸종위기종 중 '포유류'의 비율은 $\frac{30}{274} \times 100 ≒ 10.9$(%)로, 10% 이상이다.

② 각 분류에서 멸종위기종 중 멸종위기Ⅰ급의 비율은 '무척추동물'과 '식물'이 동일하다. ➡ (○) 각 분류에서 멸종위기종 중 멸종위기Ⅰ급의 비율은 '무척추동물'의 경우 $\frac{4}{32} \times 100 = 12.5$(%)이고, '식물'의 경우 $\frac{11}{88} \times 100 = 12.5$(%)로 동일하다.

③ 각 분류의 멸종위기종에서 5종씩 지정을 취소한다면, 전체 멸종위기종 중 '조류'의 비율은 감소한다. ➡ (×) 전체 멸종위기종 중 '조류'의 비율은 $\frac{63}{264} \times 100 ≒ 23.9$(%)이다. 각 분류의 멸종위기종에서 5종씩 지정을 취소한다면, 전체 멸종위기종은 264−(5×7)=229(종)이 되어 전체 멸종위기종 중 '조류'의 비율은 $\frac{58}{229} \times 100 ≒ 25.3$(%)로 증가한다.

④ 각 분류에서 멸종위기종 중 멸종위기Ⅱ급의 비율은 '조류'가 '양서·파충류'보다 높다. ➡ (○) 각 분류에서 멸종위기종 중 멸종위기Ⅱ급의 비율은 '조류'의 경우 $\frac{49}{63} \times 100 ≒ 77.8$(%)이고, '양서·파충류'의 경우 $\frac{6}{8} \times 100 = 75$(%)로, '조류'가 '양서·파충류'보다 높다.

⑤ '포유류'를 제외한 모든 분류에서 각 분류의 멸종위기종 중 멸종위기Ⅱ급의 비율은 각 분류의 멸종위기종 중 멸종위기Ⅰ급의 비율보다 높다. ➡ (○) '포유류'를 제외한 모든 분류에서 멸종위기Ⅱ급의 종수가 멸종위기Ⅰ급의 종수보다 많다. 따라서 '포유류'를 제외한 모든 분류에서 각 분류의 멸종위기종 중 멸종위기Ⅱ급의 비율은 각 분류의 멸종위기종 중 멸종위기Ⅰ급의 비율보다 높다.

|문제 유형| 자료 읽기 > 표 제시형

|접근 전략| 성별, 연령대별, 지방청별 조사항목에 대한 만족도 조사 결과를 분석하는 문제이다. 선지에서 묻고자 하는 바를 정확하게 파악하여 〈표〉에 제시된 수치를 비교하여 빠르게 파악할 수 있어야 한다.

다음 〈조사 개요〉와 〈표〉는 A 기관 5개 지방청에 대한 외부고객 만족도 조사 결과이다. 이에 대한 설명으로 옳지 않은 것은?

─〈조사 개요〉─
○ 조사기간: 2019년 7월 28일 ~ 2019년 8월 8일
○ 조사방법: 전화 조사
○ 조사목적: A 기관 5개 지방청 외부고객의 주소지 관할 지방청에 대한 만족도 조사
○ 응답자 수: 총 101명(조사항목별 무응답은 없음)
○ 조사항목: 업무 만족도, 인적 만족도, 시설 만족도

〈표〉 A 기관 5개 지방청 외부고객 만족도 조사 결과

(단위: 점)

구분	조사항목	업무 만족도	인적 만족도	시설 만족도
	전체	4.12	4.29	4.20
성별	남자	4.07	4.33	4.19
	여자	4.15	4.27	4.20
연령대	30세 미만	3.82	3.83	3.70
	30세 이상 40세 미만	3.97	4.18	4.25
	40세 이상 50세 미만	4.17	4.39	4.19
	50세 이상	4.48	4.56	4.37
지방청	경인청	4.35	4.48	4.30
	동북청	4.20	4.39	4.28
	호남청	4.00	4.03	4.04
	동남청	4.19	4.39	4.30
	충청청	3.73	4.16	4.00

※ 1) 주어진 점수는 응답자의 조사항목별 만족도의 평균이며, 점수가 높을수록 만족도가 높음(5점 만점)
2) 점수는 소수점 아래 셋째 자리에서 반올림한 값임

① 모든 연령대에서 '업무 만족도'보다 '인적 만족도'가 높다. ➡ (○) 만족도 순위는 30세 미만의 경우 인적 만족도 > 업무 만족도 > 시설 만족도 순이고, 30세 이상 40세 미만의 경우 시설 만족도 > 인적 만족도 > 업무 만족도 순이며, 40세 이상 50세 미만의 경우 인적 만족도 > 시설 만족도 > 업무 만족도 순이고, 50세 이상의 경우 인적 만족도 > 업무 만족도 > 시설 만족도 순이다. 따라서 모든 연령대에서 '인적 만족도'가 '업무 만족도'보다 높다.

② '업무 만족도'가 높은 지방청일수록 '인적 만족도'도 높다. ➡ (×) '업무 만족도'가 높은 순위는 경인청 > 동북청 > 동남청 > 호남청 > 충청청 순이고, '인적 만족도'가 높은 순위는 경인청 > 동북청=동남청 > 충청청 > 호남청 순이다. 따라서 '업무 만족도'가 높은 지방청일수록 '인적 만족도'가 높다고 볼 수 없다.

③ 응답자의 연령대가 높을수록 '업무 만족도'와 '인적 만족도'가 모두 높다. ➡ (○) '업무 만족도'의 경우 연령대가 높아질수록 높아지고 있으며, '인적 만족도'의 경우에도 연령대가 높아질수록 높아지고 있다.

④ '업무 만족도', '인적 만족도', '시설 만족도'의 합이 가장 큰 지방청은 경인청이다. ➡ (○) '업무 만족도', '인적 만족도', '시설 만족도'의 합은 경인청의 경우 4.35+4.48+4.30=13.13(점), 동북청의 경우 4.20+4.39+4.28=12.87(점), 호남청의 경우 4.00+4.03+4.04=12.07(점), 동남청의 경우 4.19+4.39+4.30=12.88(점), 충청청의 경우 3.73+4.16+4.00=11.89(점)으로, 경인청이 가장 크다.

⑤ 남자 응답자보다 여자 응답자가 많다. ➡ (○) '업무 만족도'와 '인적 만족도'의 전체 평균이 남자의 평균보다 여자의 평균에 가깝다. 이를 통해 남자 응답자보다 여자 응답자가 많음을 알 수 있다.

---

23 ① 정답률 57.7%

|문제 유형| 자료 읽기 > 그림 제시형

|접근 전략| 2018년 총급여액을 기준으로 무자녀 가구, 자녀 1인 가구, 자녀 2인 가구, 자녀 3인 이상 가구별 2019년 근로장려금을 비교하는 문제이다. 총급여액이 많을수록 근로장려금이 많다고 오해해서는 안 된다.

다음 〈그림〉은 2019년 '갑'국의 가구별 근로장려금 산정기준에 관한 자료이다. 이에 대한 〈보기〉의 설명 중 옳은 것만을 모두 고르면?

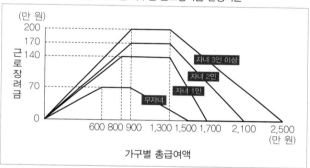

〈그림〉 2019년 가구별 근로장려금 산정기준

※ 2019년 가구별 근로장려금은 2018년 가구별 자녀 수와 총급여액을 기준으로 산정함

─〈보기〉─

ㄱ. 2018년 총급여액이 1,000만 원이고 자녀가 1명인 가구의 2019년 근로장려금은 140만 원이다. → (○) 자녀가 1명인 가구의 2019년 근로장려금은 2018년 총급여액이 800만 원 이상 1,300만 원 이하인 경우 140만 원이다. 따라서 2018년 총급여액이 1,000만 원이고 자녀가 1명인 가구의 2019년 근로장려금은 140만 원이다.

ㄴ. 2018년 총급여액이 800만 원 이하인 무자녀 가구는 2018년 총급여액이 많을수록 2019년 근로장려금도 많다. → (×) 무자녀 가구의 2019년 근로장려금은 2018년 총급여액이 600만 원 이상 900만 원 이하인 경우에 70만 원으로 가장 많다. 따라서 2018년 총급여액이 800만 원 이하인 무자녀 가구는 2018년 총급여액이 많을수록 2019년 근로장려금이 많다고 할 수 없다.

ㄷ. 2018년 총급여액이 2,200만 원이고 자녀가 3명 이상인 가구의 2019년 근로장려금은 2018년 총급여액이 600만 원이고 자녀가 1명인 가구의 2019년 근로장려금보다 적다. → (○) 자녀가 3명 이상인 가구는 2018년 총급여액이 2,200만 원이면 2019년 근로장려금은 50만 원이다. 자녀가 1명인 가구는 2018년 총급여액이 600만 원이면 2019년 근로장려금은 105만 원이다.

ㄹ. 2018년 총급여액이 2,000만 원인 가구의 경우, 자녀가 많을수록 2019년 근로장려금도 많다. → (X) 2018년 총급여액이 2,000만 원인 가구의 경우, 무자녀 가구와 자녀가 1명인 가구는 모두 2019년 근로장려금이 0원이다. 따라서 2018년 총급여액이 2,000만 원인 가구의 경우, 자녀가 많을수록 2019년 근로장려금이 많다고 할 수 없다.

① ㄱ, ㄷ ➡ (O)
② ㄱ, ㄹ ➡ (X)
③ ㄴ, ㄷ ➡ (X)
④ ㄱ, ㄴ, ㄹ ➡ (X)
⑤ ㄴ, ㄷ, ㄹ ➡ (X)

24 ⑤

정답률 77.5%

|문제 유형| 자료 읽기 > 빈칸/그림 제시형
|접근 전략| 〈그림〉의 빈칸에 해당하는 응답자 수를 채워 넣어야 한다. 각 조사별로 응답한 사람은 같고 무응답과 복수응답이 없으므로 각 조사에서 찬성과 반대의 합이 같아야 한다.

다음 〈그림〉은 '갑'지역의 주민을 대상으로 육교 설치에 대한 찬성 또는 반대 의견을 3차례 조사한 결과이다. 이에 대한 설명으로 옳은 것은?

〈그림〉 '갑'지역 육교 설치에 대한 1~3차 조사 결과

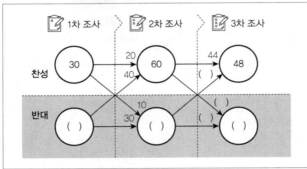

※ 1) 1~3차 조사에 응답한 사람은 모두 같고, 무응답과 복수응답은 없음
2) 예를 들어, 찬성 (30) → 20 → (60) 은 1차 조사에서 찬성한다고 응답한 30명 중 20명이 2차 조사에서도 찬성한다고 응답하였고, 2차 조사에서 찬성한다고 응답한 사람은 총 60명임을 의미함

① 3차 조사에 응답한 사람은 130명 이상이다. ➡ (X) 〈그림〉의 빈칸을 채우면 다음과 같다.

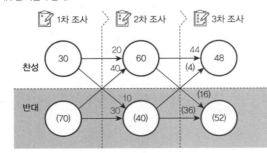

따라서 3차 조사에 응답한 사람은 48+52=100(명)이다.
② 2차 조사에서 반대한다고 응답한 사람 중 3차 조사에서도 반대한

다고 응답한 사람은 32명이다. ➡ (X) 2차 조사에서 반대한다고 응답한 사람은 40명이고, 이 중 36명은 3차 조사에서도 반대한다고 응답하였다. 따라서 2차 조사에서 반대한다고 응답한 사람 중 3차 조사에서도 반대한다고 응답한 사람은 36 명이다.
③ 2차 조사에서 찬성한다고 응답한 사람 중 3차 조사에서 반대한다고 응답한 사람은 20명이다. ➡ (X) 2차 조사에서 찬성한다고 응답한 사람은 60명이고, 이 중 3차 조사에서 반대한다고 응답한 사람은 16명이다. 따라서 2차 조사에서 찬성한다고 응답한 사람 중 3차 조사에서 반대한다고 응답한 사람은 16명이다.
④ 1차 조사에서 반대한다고 응답한 사람 중 3차 조사에서 찬성한다고 응답한 사람은 45명 이상이다. ➡ (X) 1차 조사에서 반대한다고 응답한 사람은 70명이고, 이 중 30명은 2차 조사에서 반대한다고 응답하였고, 2차 조사에서 반대한다고 응답한 사람 중 4명은 3차 조사에서 찬성한다고 응답하였으므로 최대 4명이다. 1차 조사에서 반대한다고 응답한 사람 중 40명은 2차 조사에서 찬성한다고 응답하였고, 이 40명이 모두 3차 조사에서 찬성한다고 응답하였다면 최대 40명이 된다. 따라서 1차 조사에서 반대한다고 응답한 사람 중 3차 조사에서 찬성한다고 응답한 사람은 최대 44명이다.
⑤ 1~3차 조사에서 한 번도 의견을 바꾸지 않은 사람은 30명 이상이다. ➡ (O) 1~3차 조사에서 모두 찬성한다고 응답한 사람은 최소 4명, 최대 20명이고, 1~3차 조사에서 모두 반대한다고 응답한 사람은 최소 26명, 최대 30명이다. 따라서 1~3차 조사에서 한 번도 의견을 바꾸지 않은 사람은 30명 이상이다.

25 ④

정답률 68.4%

|문제 유형| 자료 읽기 > 표/그림 제시형
|접근 전략| 〈그림〉에 나타난 계급별 월급을 연도별로 비교하거나, 〈그림〉에 제시된 연도별 병사의 계급에 따른 월급으로 〈표〉에 나타난 군내매점 주요 품목을 구매할 수 있는 개수를 구하는 문제이다.

다음 〈그림〉과 〈표〉는 조사연도별 '갑'국 병사의 계급별 월급과 군내매점에서 판매하는 주요 품목 가격에 관한 자료이다. 이에 대한 설명으로 옳은 것은?

〈그림〉 조사연도별 병사의 계급별 월급

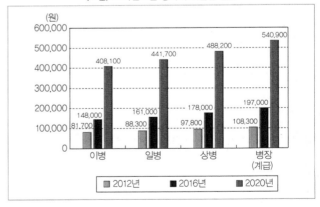

〈표〉 조사연도별 군내매점 주요 품목 가격

(단위: 원/개)

조사연도 \ 품목	캔커피	단팥빵	햄버거
2012	250	600	2,400
2016	300	1,000	2,800
2020	500	1,400	3,500

① 이병 월급은 2020년이 2012년보다 500% 이상 증액되었다. ➡ (×)

이병 월급의 2012년 대비 2020년 증가율은 $\frac{(408,100-81,700)}{81,700} \times 100 ≒ 400(\%)$이다.

② 2012년 대비 2016년 상병 월급 증가율은 2016년 대비 2020년 상병 월급 증가율보다 더 높다. ➡ (×) 2012년 대비 2016년 상병 월급 증

가율은 $\frac{(178,000-97,800)}{97,800} \times 100 ≒ 82(\%)$이고, 2016년 대비 2020년 상병 월급 증

가율은 $\frac{(488,200-178,000)}{178,000} \times 100 ≒ 174.3(\%)$이다. 따라서 2012년 대비 2016년

상병 월급 증가율은 2016년 대비 2020년 상병 월급 증가율보다 낮다.

③ 군내매점 주요 품목 각각의 2012년 대비 2016년 가격인상률은 2016년 대비 2020년 가격인상률보다 낮다. ➡ (×) 군내매점 주요 품목 각각의 2012년 대비 2016년 가격인상률과 2016년 대비 2020년 가격인상률은 다음과 같다.

구분	캔커피	단팥빵	햄버거
2012년 대비 2016년 가격인상률	$\frac{(300-250)}{250} \times 100$ $=20(\%)$	$\frac{(1,000-600)}{600} \times 100$ $≒66.7(\%)$	$\frac{(2,800-2,400)}{2,400}$ $\times 100 ≒ 16.7(\%)$
2016년 대비 2020년 가격인상률	$\frac{(500-300)}{300} \times 100$ $≒66.7(\%)$	$\frac{(1,400-1,000)}{1,000}$ $\times 100 = 40(\%)$	$\frac{(3,500-2,800)}{2,800}$ $\times 100 = 25(\%)$

단팥빵의 경우 2012년 대비 2016년 가격인상률이 2016년 대비 2020년 가격인상률보다 높다.

④ 일병이 한 달 월급만을 사용하여 군내매점에서 해당 연도 가격으로 140개의 단팥빵을 구매하고 남은 금액은 2016년이 2012년보다 15,000원 이상 더 많다. ➡ (○) 2012년의 경우 일병의 한 달 월급은 88,300원이고, 군내매점에서 단팥빵 140개를 구매했을 때의 지출은 140개×600원 =84,000(원)이므로 남은 금액은 88,300-84,000=4,300(원)이다. 2016년의 경우 일병의 한 달 월급은 161,000원이고, 군내매점에서 단팥빵 140개를 구매했을 때의 지출은 140개×1,000원=140,000(원)이므로 남은 금액은 161,000-140,000= 21,000(원)이다. 따라서 남은 금액은 2016년이 2012년보다 21,000-4,300= 16,700(원)만큼 많다.

⑤ 병장이 한 달 월급만을 사용하여 군내매점에서 해당 연도 가격으로 구매할 수 있는 햄버거의 최대 개수는 2020년이 2012년의 3배 이하이다. ➡ (×) 2012년의 경우 병장의 한 달 월급은 108,300원이고, 군내매점에서 2012년의 가격으로 구매할 수 있는 햄버거의 최대 개수는 $\frac{108,300}{2,400} ≒$ 45(개)이다. 2020년의 경우 병장의 한 달 월급은 540,900원이고, 군내매점에서 2020년의 가격으로 구매할 수 있는 햄버거의 최대 개수는 $\frac{540,900}{3,500} ≒ 154(개)$이다. 따라서 병장이 한 달 월급만을 사용하여 군내매점에서 해당 연도 가격으로 구매할 수 있는 햄버거의 최대 개수는 2020년이 2012년의 3.4배$\left(≒\frac{154}{45}\right)$로, 3배 이상이다.

2020 | 제3영역 상황판단(㉮ 책형)

기출 총평

법조문이나 제시문을 주고, 이에 대한 이해를 묻는 문항의 유형은 꾸준히 출제되는 경향을 보이고 있다. 다만, 과년도 기출문제에 비해서 문항의 난도가 많이 낮아진 편이고, 제시된 내용과 선지만 정확하게 읽는다면 어렵지 않게 정답을 찾아낼 수 있는 문항들이 많았다. 2018년 상황판단 시험부터 퍼즐형의 출제 비중이 늘어난 점이 눈에 띄는데, 이는 민간경력자를 채용하는 과정에서 글을 읽고 이에 대한 사실 정보들을 확인하고 이해하는 능력만을 중시하는 것이 아니라 다양한 실제 상황들에 대해 판단해야 하는 능력이 중요해졌음을 시사한다. 특히, 퍼즐형 문항의 경우는 조금만 주의를 기울이면 해결하는 과정이 어렵지 않게 설계되어 있으므로 실제 시험 시간에 집중해서 문항을 읽어가야 하는 것이 필수적이라 할 수 있다. 또한 제시문의 길이가 길어진 측면과 함께 선지를 중심으로 제시문의 내용을 적용해서 정답을 찾아낼 수 있는 문항이 많아졌기 때문에 꾸준한 연습을 통해 이러한 유형에 적응하는 것이 필요하다고 할 수 있다.

문항별 정답률 및 선지별 선택률

문번	정답	정답률 (%)	선지별 선택률(%)				
			①	②	③	④	⑤
01	③	69.4	13.2	2.8	69.4	2.5	12.1
02	⑤	68.7	5.6	1.6	4.9	19.2	68.7
03	⑤	84.2	6.8	0.6	3.8	4.6	84.2
04	①	32.2	32.2	1.7	60.6	1.4	4.1
05	①	92.9	92.9	2.8	2.4	0.3	1.6
06	④	81.4	1.9	2.2	6.5	81.4	8.0
07	②	86.9	8.9	86.9	1.4	1.4	1.4
08	⑤	81.2	5.6	6.2	3.8	3.2	81.2
09	⑤	82.1	2.6	2.6	6.9	5.8	82.1
10	①	64.2	64.2	12.0	6.0	12.3	5.5
11	②	86.6	1.3	86.6	0.5	8.4	3.2
12	⑤	63.3	3.1	10.5	2.5	20.6	63.3
13	①	96.5	96.5	0.3	1.3	1.1	0.8

문번	정답	정답률 (%)	선지별 선택률(%)				
			①	②	③	④	⑤
14	③	94.3	0.6	2.7	94.3	1.3	1.1
15	④	90.2	4.8	0.3	0.6	90.2	4.1
16	④	90.5	0.3	0.3	1.0	90.5	7.9
17	⑤	91.2	5.0	0.6	1.0	2.2	91.2
18	②	86.8	3.7	86.8	4.6	2.6	2.3
19	②	85.7	1.4	85.7	6.8	4.8	1.3
20	③	79.5	3.5	8.3	79.5	5.0	3.7
21	③	86.2	3.9	0.8	86.2	6.2	2.9
22	④	82.2	1.8	5.0	5.0	82.2	6.0
23	②	70.9	8.0	70.9	5.2	12.8	3.1
24	③	56.3	6.9	5.1	56.3	13.0	18.7
25	④	87.6	5.9	1.1	2.3	87.6	3.1

※ 파란색 음영 문항은 해당 회차에서 정답률이 가장 낮은 TOP 3 문항입니다.
※ 문항별 정답률 산정 기준: 약 1년간 누적된 자동채점 & 성적결과분석 서비스의 응시 데이터

출제 비중

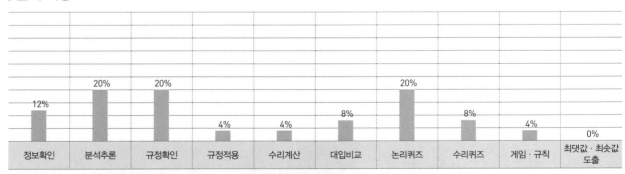

정보확인	분석추론	규정확인	규정적용	수리계산	대입비교	논리퀴즈	수리퀴즈	게임·규칙	최댓값·최솟값 도출
12%	20%	20%	4%	4%	8%	20%	8%	4%	0%
제시문형		법조문형		연산추론형		퍼즐형			

01	③	02	⑤	03	⑤	04	①	05	①
06	④	07	②	08	⑤	09	⑤	10	①
11	②	12	⑤	13	①	14	③	15	④
16	④	17	⑤	18	②	19	②	20	③
21	③	22	④	23	②	24	③	25	④

01 ③

정답률 69.4%

| **문제 유형** | 법조문형 > 규정확인

| **접근 전략** | 법령 문제는 법령 행사의 주체, 법령 적용의 대상에 유의하여 문제를 풀어야 한다. 광역교통위원회의 구성과 실무위원회의 구성에 대한 규정을 확인하고, 해당 선지의 내용을 비교해 본다. 각각의 조항을 무조건 읽기보다는 선지의 내용을 미리 읽고 해당되는 핵심어들을 감안하여 규정의 내용을 비교해 보는 것이 좋다.

다음 글을 근거로 판단할 때 옳은 것은?

제00조 ① 광역교통위원회는 위원장 1명과 상임위원 1명 및 다음 각 호의 위원을 포함하여 30명 이내로 구성한다.
1. 대도시권 광역교통 관련 업무를 담당하는 중앙행정기관 소속 고위공무원 중 대통령령으로 정하는 사람
2. 대도시권에 포함되는 광역지방자치단체의 부단체장 중 대통령령으로 정하는 사람
3. 그 밖에 광역교통 관련 전문지식과 경험이 풍부한 사람
② 광역교통위원회의 위원장은 국토교통부장관의 제청으로 대통령이 임명하고, 위원은 국토교통부장관이 임명 또는 위촉한다.
제00조 ① 실무위원회는 다음 각 호의 사항을 심의한다.
1. 광역교통위원회에 부칠 안건의 사전검토 또는 조정에 관한 사항
2. 그 밖에 실무위원회의 위원장이 심의가 필요하다고 인정하는 사항
② 실무위원회의 위원장은 광역교통위원회의 상임위원이 된다.
③ 실무위원회의 위원은 다음 각 호의 사람이 된다.
1. 기획재정부·행정안전부·국토교통부 및 행정중심복합도시건설청 소속 공무원 중 소속 기관의 장이 지명하는 사람
2. 대도시권에 포함되는 시·도 또는 시·군·구(자치구를 말한다) 소속 공무원 중 소속 기관의 장이 광역교통위원회와 협의해 지명하는 사람
3. 교통·도시계획·재정·행정·환경 등 광역교통에 관한 학식과 경험이 풍부한 사람 중에서 광역교통위원회의 위원장이 성별을 고려해 위촉하는 50명 이내의 사람

① 실무위원회의 위원 위촉 시 성별은 고려하지 않는다. ➡ (X) 두 번째 조 제3항 제3호에서 광역교통위원회의 위원장이 성별을 고려해 위촉하는 50명 이내의 사람이 실무위원회의 위원이 될 수 있음을 알 수 있다.
② 광역교통위원회의 구성원은 실무위원회의 구성원이 될 수 없다. ➡ (X) 두 번째 조 제2항에서 실무위원회의 위원장은 광역교통위원회의 상임위원이 됨을 알 수 있다. 광역교통위원회의 구성원이 실무위원회의 구성원이 될 수 있는 것이므로 옳지 않은 설명이다.
③ 광역교통위원회 위원장의 위촉 없이도 실무위원회의 위원이 될 수 있다. ➡ (O) 두 번째 조 제3항 제1호, 제2호에서 광역교통위원회 위원장의 위촉 없이도 소속 기관의 장이 지명(또는 광역교통위원회와 협의해 지명)하는 사람 등은 실무위원회의 위원이 될 수 있음을 알 수 있다.
④ 공무원이 아닌 사람은 실무위원회의 위원은 될 수 있으나, 광역교통위원회의 위원은 될 수 없다. ➡ (X) 두 번째 조 제3항 제3호에서 교

통·도시계획·재정·행정·환경 등 광역교통에 관한 학식과 경험이 풍부한 사람 중에서 광역교통위원회의 위원장이 성별을 고려해 위촉하는 50명 이내의 사람은 공무원이 아닌 사람도 실무위원회의 위원이 될 수 있음을 알 수 있다. 또한 첫 번째 조 제1항 제3호에서 그 밖에 광역교통 관련 전문지식과 경험이 풍부한 사람은 공무원이 아니더라도 광역교통위원회의 위원이 될 수 있음을 알 수 있다.
⑤ 광역교통위원회의 위원으로 행정안전부 소속 공무원을 선정하는 경우 행정안전부장관이 임명한다. ➡ (X) 첫 번째 조 제2항에서 광역교통위원회의 위원은 국토교통부장관이 임명 또는 위촉함을 알 수 있다.

02 ⑤

정답률 68.7%

| **문제 유형** | 법조문형 > 규정확인

| **접근 전략** | 법령에 활용되는 용어 및 기준들을 정확하게 이해하고 문항에 접근해야 한다. 법조문 특유의 형식과 구조를 파악하면 비교적 짧은 시간에 정답을 골라낼 수 있다. 배아와 관련해서 가능한 것과 가능하지 않은 것들을 구별하고 비교하며 선지의 내용을 판단해야 한다.

다음 글을 근거로 판단할 때 옳은 것은?

제○○조 이 법에서 사용하는 용어의 뜻은 다음과 같다.
1. '배아'란 인간의 수정란 및 수정된 때부터 발생학적으로 모든 기관이 형성되기 전까지의 분열된 세포군을 말한다.
2. '잔여배아'란 체외수정으로 생성된 배아 중 임신의 목적으로 이용하고 남은 배아를 말한다.
제△△조 ① 누구든지 임신 외의 목적으로 배아를 생성하여서는 아니 된다.
② 누구든지 배아를 생성할 때 다음 각 호의 어느 하나에 해당하는 행위를 하여서는 아니 된다.
1. 특정의 성을 선택할 목적으로 난자와 정자를 선별하여 수정시키는 행위
2. 사망한 사람의 난자 또는 정자로 수정하는 행위
3. 미성년자의 난자 또는 정자로 수정하는 행위. 다만 혼인한 미성년자가 그 자녀를 얻기 위하여 수정하는 경우는 제외한다.
③ 누구든지 금전, 재산상의 이익 또는 그 밖의 반대급부를 조건으로 배아나 난자 또는 정자를 제공 또는 이용하거나 이를 유인하거나 알선하여서는 아니 된다.
제□□조 ① 배아의 보존기간은 5년으로 한다. 다만 난자 또는 정자의 기증자가 배아의 보존기간을 5년 미만으로 정한 경우에는 이를 보존기간으로 한다.
② 제1항에도 불구하고 제1항의 기증자가 항암치료를 받는 경우 그 기증자는 보존기간을 5년 이상으로 정할 수 있다.
③ 배아생성의료기관은 제1항 또는 제2항에 따른 보존기간이 끝난 배아 중 제◇◇조에 따른 연구의 목적으로 이용하지 아니할 배아는 폐기하여야 한다.
제◇◇조 제□□조에 따른 배아의 보존기간이 지난 잔여배아는 발생학적으로 원시선(原始線)이 나타나기 전까지만 체외에서 다음 각 호의 연구 목적으로 이용할 수 있다.
1. 난임치료법 및 피임기술의 개발을 위한 연구
2. 희귀·난치병의 치료를 위한 연구

※ 원시선: 중배엽 형성 초기에 세포의 이동에 의해서 형성되는 배반(胚盤)의 꼬리 쪽 끝에서 볼 수 있는 얇은 선

① 배아생성의료기관은 불임부부를 위해 반대급부를 조건으로 배아의 제공을 알선할 수 있다. ➡ (X) 제△△조 제3항에 따르면 누구든지 반대급부를 조건으로 배아나 난자 또는 정자를 제공 또는 이용하거나 이를 유인하거나 알선하여서는 아니 된다.
② 난자 또는 정자의 기증자는 항암치료를 받지 않더라도 배아의 보존기간을 6년으로 정할 수 있다. ➡ (X) 제□□조 제1항에 따르면 배아의 보존기간은 5년이고 동조 제2항에 따르면 기증자가 항암치료를 받는 경우에 보존기간을 5년 이상으로 정할 수 있다.

③ 배아생성의료기관은 혼인한 미성년자의 정자를 임신 외의 목적으로 수정하여 배아를 생성할 수 있다. ➡ (X) 제△△조 제2항 제3호에 따르면 혼인한 미성년자가 그 자녀를 얻기 위해 수정하는 경우에는 배아를 생성할 수 있지만, 그 외의 목적으로 미성년자의 난자 또는 정자로 수정하는 행위는 금지되어 있다.

④ 보존기간이 남은 잔여배아는 발생학적으로 원시선이 나타나기 전이라면 체내에서 난치병 치료를 위한 연구 목적으로 이용할 수 있다. ➡ (X) 제◇◇조에 따르면 배아의 보존기간이 지난 잔여배아는 발생학적으로 원시선이 나타나기 전까지만 체외에서 연구 목적으로 이용할 수 있다. 즉 보존기간이 지난 잔여배아여야 하고 난치병 치료를 위한 연구 목적으로 사용하더라도 체내에서는 불가능하므로 옳지 않은 설명이다.

⑤ 생성 후 5년이 지나지 않은 잔여배아도 발생학적으로 원시선이 나타나기 전까지 체외에서 피임기술 개발을 위한 연구에 이용하는 것이 가능한 경우가 있다. ➡ (O) 제□□조 제1항 단서에 따르면 난자 또는 정자의 기증자가 배아의 보존기간을 5년 미만으로 정한 경우에는 이를 보존기간으로 하므로, 기증자가 보존기간을 5년 미만으로 정하였다면 생성 후 5년이 지나지 않은 잔여배아도 보존기간이 지날 수 있고, 제◇◇조 제1호에서 배아의 보존기간이 지난 잔여배아를 발생학적으로 원시선이 나타나기 전까지 체외에서 피임기술의 개발을 위한 연구에 이용할 수 있음을 알 수 있다.

03 ⑤

정답률 84.2%

| 문제 유형 | 법조문형 > 규정확인

| 접근 전략 | 법령에 따른 다양한 발생 상황을 이해하고 적용할 수 있는 능력이 요구되는 문항이다. 규정에서 제시하고 있는 다양한 기준들을 바탕으로 수입신고에 대한 부분들과 우수수입업소 등록 여부 및 취소사유에 대해 판단할 수 있어야 한다.

다음 글을 근거로 판단할 때 옳은 것은?

제00조 ① 수입신고를 하려는 자(업소를 포함한다)는 해당 수입식품의 안전성 확보 등을 위하여 식품의약품안전처장이 정하는 기준에 따라 해외제조업소에 대하여 위생관리 상태를 점검할 수 있다.
② 제1항에 따라 위생관리 상태를 점검한 자는 식품의약품안전처장에게 우수수입업소 등록을 신청할 수 있다.
③ 식품의약품안전처장은 제2항에 따라 신청된 내용이 식품의약품안전처장이 정하는 기준에 적합한 경우에는 우수수입업소 등록증을 신청인에게 발급하여야 한다.
④ 우수수입업소 등록의 유효기간은 등록된 날부터 3년으로 한다.
⑤ 식품의약품안전처장은 우수수입업소가 다음 각 호의 어느 하나에 해당하는 경우에는 그 등록을 취소하거나 시정을 명할 수 있다. 다만 우수수입업소가 제1호에 해당하는 경우에는 등록을 취소하여야 한다.
 1. 거짓이나 그 밖의 부정한 방법으로 등록된 경우
 2. 수입식품 수입·판매업의 시설기준을 위배하여 영업정지 2개월 이상의 행정처분을 받은 경우
 3. 수입식품에 대한 부당한 표시를 하여 영업정지 2개월 이상의 행정처분을 받은 경우
⑥ 제5항에 따라 등록이 취소된 업소는 그 취소가 있는 날부터 3년 동안 우수수입업소 등록을 신청할 수 없다.
제00조 ① 식품의약품안전처장은 수입신고된 수입식품에 대하여 관계공무원으로 하여금 필요한 검사를 하게 하여야 한다.
② 식품의약품안전처장은 수입신고된 수입식품이 다음 각 호의 어느 하나에 해당하는 경우에는 제1항에도 불구하고 수입식품의 검사 전부 또는 일부를 생략할 수 있다.
 1. 우수수입업소로 등록된 자가 수입하는 수입식품
 2. 해외우수제조업소로 등록된 자가 수출하는 수입식품

① 업소 甲이 우수수입업소 등록을 신청하기 위해서는 식품의약품안전처장이 정하는 기준에 따라 국내 자기업소에 대한 위생관리 상태를 점검하여야 한다. ➡ (X) 첫 번째 조 제1항과 제2항에 따르면 수입신고를 하려는 자는 식품의약품안전처장이 정하는 기준에 따라 해외제조업소에 대하여 위생관리 상태를 점검할 수 있고 위생관리 상태를 점검한 자는 식품의약품안전처장에게 우수수입업소 등록을 신청할 수 있다. 즉 甲은 국내 자기업소가 아닌, 해외제조업소에 대한 위생관리 상태를 점검해야 한다.

② 업소 乙이 2020년 2월 20일에 우수수입업소로 등록되었다면, 그 등록은 2024년 2월 20일까지 유효하다. ➡ (X) 첫 번째 조 제4항에서 우수수입업소 등록의 유효기간은 등록된 날부터 3년으로 함을 알 수 있다. 따라서 그 등록은 2023년 2월 20일까지 유효하다.

③ 업소 丙이 부정한 방법으로 우수수입업소로 등록된 경우 식품의약품안전처장은 등록을 취소하지 않고 시정을 명할 수 있다. ➡ (X) 첫 번째 조 제5항에 따르면 식품의약품안전처장은 우수수입업소가 거짓이나 그 밖의 부정한 방법으로 등록된 경우에는 등록을 취소해야 한다.

④ 우수수입업소 丁이 수입식품 수입·판매업의 시설기준을 위배하여 영업정지 1개월의 행정처분을 받았다면, 그때로부터 3년 동안 丁은 우수수입업소 등록을 신청할 수 없다. ➡ (X) 첫 번째 조 제5항 제2호에 따르면 수입식품 수입·판매업의 시설기준을 위배하여 영업정지 2개월 이상의 행정처분을 받은 경우에는 등록을 취소하거나 시정을 명할 수 있고 동조 제6항에 따르면 등록이 취소된 업소는 취소된 날로부터 3년 동안 우수수입업소 등록을 신청할 수 없다. 丁은 1개월 영업정지를 받았기 때문에 우수수입업소 등록을 신청할 수 있다.

⑤ 식품의약품안전처장은 우수수입업소 戊가 수입신고한 수입식품에 대한 검사를 전부 생략할 수 있다. ➡ (O) 두 번째 조 제2항 제1호에 따르면 식품의약품안전처장은 우수수입업소로 등록된 자가 수입하는 수입식품에 대해서는 수입식품의 검사 전부 또는 일부를 생략할 수 있다.

04 ①

TOP 1 정답률 32.2%

| 문제 유형 | 법조문형 > 규정적용

| 접근 전략 | 제시된 규정을 바탕으로 〈보기〉의 옳고 그름을 판단하는 문항이다. 저작권의 범위에 따라 이용이 가능한 저작물이 무엇인지, 각각의 상황에 따라 추가적인 조건이나 단서가 제공되는지를 파악해야 한다. 저작권이 허락되는 경우와 허락되지 않는 경우에 대해 정확하게 비교하는 것이 핵심이다.

다음 글을 근거로 판단할 때, 〈보기〉에서 저작권자의 허락 없이 허용되는 행위만을 모두 고르면?

제00조 타인의 공표된 저작물의 내용·형식을 변환하거나 그 저작물을 복제·배포·공연 또는 공중송신(방송·전송을 포함한다)하기 위해서는 특별한 규정이 없는 한 저작권자의 허락을 받아야 한다.
제00조 ① 누구든지 공표된 저작물을 저작권자의 허락 없이 시각장애인을 위하여 점자로 복제·배포할 수 있다.
② 시각장애인을 보호하고 있는 시설, 시각장애인을 위한 특수학교 또는 점자도서관은 영리를 목적으로 하지 아니하고 시각장애인의 이용에 제공하기 위하여, 공표된 어문저작물을 저작권자의 허락 없이 녹음하여 복제하거나 디지털음성정보 기록방식으로 복제·배포 또는 전송할 수 있다.
제00조 ① 누구든지 공표된 저작물을 저작권자의 허락 없이 청각장애인을 위하여 한국수어로 변환할 수 있으며 이러한 한국수어를 복제·배포·공연 또는 공중송신할 수 있다.
② 청각장애인을 보호하고 있는 시설, 청각장애인을 위한 특수학교 또는 한국어수어통역센터는 영리를 목적으로 하지 아니하고 청각장애인의 이용에 제공하기 위하여, 공표된 저작물에 포함된 음성 및 음향 등을 저작권자의 허락 없이 자막 등 청각장애인이 인지할 수 있는 방식으로 변환할 수 있으며 이

러한 자막 등을 청각장애인이 이용할 수 있도록 복제·배포·공연 또는 공중송신할 수 있다.

※ 어문저작물: 소설·시·논문·각본 등 문자로 이루어진 저작물

〈보기〉

ㄱ. 학교도서관이 공표된 소설을 청각장애인을 위하여 한국수어로 변환하고 이 한국수어를 복제·공중송신하는 행위 → (O) 세 번째 조 제1항에 따르면 누구든지 공표된 저작물을 저작권자의 허락 없이 청각장애인을 위하여 한국수어로 변환할 수 있고 이러한 한국수어를 복제·배포·공연 또는 공중송신할 수 있다.

ㄴ. 한국어수어통역센터가 영리를 목적으로 청각장애인의 이용에 제공하기 위하여, 공표된 영화에 포함된 음성을 자막으로 변환하여 배포하는 행위 → (X) 세 번째 조 제2항에 따르면 한국어수어통역센터는 청각장애인의 이용에 제공하기 위해 공표된 제작물에 포함된 음성 등을 저작권자의 허락 없이 자막으로 변환하여 배포할 수는 있으나 영리를 목적으로 해서는 안 된다.

ㄷ. 점자도서관이 영리를 목적으로 하지 아니하고 시각장애인의 이용에 제공하기 위하여, 공표된 피아니스트의 연주 음악을 녹음하여 복제·전송하는 행위 → (X) 두 번째 조 제2항에 따르면 점자도서관이 영리를 목적으로 하지 아니하고 시각장애인의 이용에 제공하기 위하여 저작권자의 허락 없이 녹음하여 디지털음성정보 기록방식으로 복제·전송할 수 있는 것은 공표된 '어문저작물'이다.

① ㄱ ➡ (O)
② ㄴ ➡ (X)
③ ㄱ, ㄷ ➡ (X)
④ ㄴ, ㄷ ➡ (X)
⑤ ㄱ, ㄴ, ㄷ ➡ (X)

05 ①

정답률 92.9%

| **문제 유형** | 제시문형 > 정보확인
| **접근 전략** | 제시된 글의 정보를 바탕으로 선지의 내용을 판단하는 문항으로서 문단별로 다루고 있는 글의 정보가 무엇인지를 파악하고 이를 바탕으로 선지의 옳고 그름을 판단해야 한다. 이해충돌과 공직부패의 개념을 바탕으로 공통점과 차이점을 비교하여 문제를 해결할 수 있다.

다음 글을 근거로 판단할 때 옳지 않은 것은?

이해충돌은 공직자들에게 부여된 공적 의무와 사적 이익이 충돌하는 갈등 상황을 지칭한다. 공적 의무와 사적 이익이 충돌한다는 점에서 이해충돌은 공직부패와 공통점이 있다. 하지만 공직부패가 사적 이익을 위해 공적 의무를 저버리고 권력을 남용하는 것이라면, 이해충돌은 공적 의무와 사적 이익이 대립하는 객관적 상황 자체를 의미한다. 이해충돌하에서 공직자는 공적 의무가 아닌 사적 이익을 추구하는 결정을 내릴 위험성이 있지만 항상 그런 결정을 내리는 것은 아니다. ▶1문단

공직자의 이해충돌은 공직부패 발생의 상황요인이며 공직부패의 사전 단계가 될 수 있기 때문에 이에 대한 적절한 규제가 필요하다. 공직부패가 의도적 행위의 결과인 반면, 이해충돌은 의도하지 않은 상태에서 발생하는 상황이다. 또한 공직부패는 드문 현상이지만 이해충돌은 일상적으로 발생하기 때문에 직무수행 과정에서 빈번하게 나타날 수 있다. 그런 이유로 이해충돌에 대한 전통적인 규제는 공직부패의 사전예방에 초점이 맞추어져 있었다. ▶2문단

최근에는 이해충돌에 대한 규제의 초점이 정부의 의사결정 과정과 결과에 대한 신뢰성 확보로 변화되고 있다. 이는 정부의 의사결정 과정의 정당성과

공정성 자체에 대한 불신이 커지고, 그 결과가 시민의 요구와 선호를 충족하지 못하고 있다는 의구심이 제기되고 있는 상황을 반영하고 있다. 신뢰성 확보로 규제의 초점이 변화되면서 이해충돌의 개념이 확대되어, 외관상 발생 가능성이 있는 것만으로도 이해충돌에 대해 규제하는 것이 정당화되고 있다. ▶3문단

① 공직부패는 권력 남용과 관계없이 공적 의무와 사적 이익이 대립하는 객관적 상황 자체를 의미한다. ➡ (X) 1문단에서 공직부패가 사적 이익을 위해 공적 의무를 저버리고 권력을 남용하는 것임을 알 수 있다.

② 이해충돌 발생 가능성이 외관상으로만 존재해도 이해충돌에 대해 규제하는 것이 정당화되고 있다. ➡ (O) 3문단에서 이해충돌의 개념이 확대되어 외관상 발생 가능성이 있는 것만으로도 이해충돌에 대해 규제하는 것이 정당화되고 있음을 알 수 있다.

③ 공직자의 이해충돌과 공직부패는 공적 의무와 사적 이익의 충돌이라는 점에서 공통점이 있다. ➡ (O) 1문단에서 공적 의무와 사적 이익이 충돌한다는 점에서 이해충돌은 공직부패와 공통점이 있다고 하였다.

④ 공직자의 이해충돌은 직무수행 과정에서 빈번하게 발생할 가능성이 있다. ➡ (O) 2문단에서 이해충돌은 일상적으로 발생하기 때문에 직무수행 과정에서 빈번하게 나타날 수 있다고 하였다.

⑤ 이해충돌에 대한 규제의 초점은 공직부패의 사전예방에서 정부의 의사결정 과정과 결과에 대한 신뢰성 확보로 변화되고 있다. ➡ (O) 2문단과 3문단에 따르면 이해충돌에 대한 전통적인 규제는 공직부패의 사전예방에 초점이 맞추어져 있었으나, 최근에는 초점이 정부의 의사결정 과정과 결과에 대한 신뢰성 확보로 변화되고 있다.

06 ④

정답률 81.4%

| **문제 유형** | 제시문형 > 분석추론
| **접근 전략** | 글에서 주어진 정보를 바탕으로 A서비스를 받을 수 있는 숙박 호텔과 이용이 가능한 시간, 노선 등을 확인하고 선지에 제시된 각 조건들을 하나씩 소거해 가는 방식으로 문항을 해결할 수 있다.

다음 글을 근거로 판단할 때, A서비스를 이용할 수 있는 경우는?

A서비스는 공항에서 출국하는 승객이 공항 외의 지정된 곳에서 수하물을 보내고 목적지에 도착한 후 찾아가는 신개념 수하물 위탁서비스이다.

A서비스를 이용하고자 하는 승객은 ○○호텔에 마련된 체크인 카운터에서 본인 확인과 보안 절차를 거친 후 탑승권을 발급받고 수하물을 위탁하면 된다. ○○호텔 투숙객이 아니더라도 이 서비스를 이용할 수 있다.

○○호텔에 마련된 체크인 카운터는 매일 08:00~16:00에 운영된다. 인천공항에서 13:00~24:00에 출발하는 국제선 이용 승객을 대상으로 A서비스가 제공된다. 단, 미주노선(괌/사이판 포함)은 제외된다.

	숙박 호텔	항공기 출발 시각	출발지	목적지
①	○○호텔	15:30	김포공항	제주 ➡ (X)

A서비스는 출발지가 인천공항이고 국제선 이용 승객을 대상으로 제공된다.

②	◇◇호텔	14:00	김포공항	베이징 ➡ (X)

A서비스는 출발지가 인천공항인 승객을 대상으로 제공된다.

③	○○호텔	15:30	인천공항	사이판 ➡ (X)

A서비스는 국제선 중에서 괌과 사이판을 포함한 미주노선에는 제공되지 않는다.

④	◇◇호텔	21:00	인천공항	홍콩 ➡ (O)

A서비스는 ○○호텔 투숙객이 아니더라도 이용할 수 있고 인천공항에서 13:00~24:00에 출발하는 국제선으로서 미주노선이 아닌 경우 이용이 가능하다.

⑤	○○호텔	10:00	인천공항	베이징 ➡ (X)

A서비스는 항공기 출발 시각이 13:00~24:00인 경우에 이용할 수 있다.

07 ②

문제 유형	연산추론형 > 대입비교

| 접근 전략 | 제시된 조건에 따라 해당 내용의 적용을 살펴본 후에 계산한 값을 바탕으로 비교하는 문항의 경우에는 정확한 계산은 물론이고 제시된 조건들을 꼼꼼하게 살펴보아야 한다. 주어진 무역의존도 계산 공식을 바탕으로, 각 국가마다 수입액과 수출액을 도출하고 이를 바탕으로 정확하게 계산한다면 쉽게 문항을 해결할 수 있다.

다음 글을 근거로 판단할 때, 2019년의 무역의존도가 높은 순서대로 세 국가(A~C)를 나열한 것은?

A, B, C 세 국가는 서로 간에만 무역을 하고 있다. 2019년 세 국가의 수출액은 다음과 같다.

○ A의 B와 C에 대한 수출액은 각각 200억 달러와 100억 달러였다.
○ B의 A와 C에 대한 수출액은 각각 150억 달러와 100억 달러였다.
○ C의 A와 B에 대한 수출액은 각각 150억 달러와 50억 달러였다.

A, B, C의 2019년 국내총생산은 각각 1,000억 달러, 3,000억 달러, 2,000억 달러였고, 각 국가의 무역의존도는 다음과 같이 계산한다.

$$무역의존도 = \frac{총\ 수출액 + 총\ 수입액}{국내총생산}$$

① A, B, C ➡ (X)
② A, C, B ➡ (O) A국은 B국과 C국에게 각각 200억 달러, 100억 달러를 수출하고 B국과 C국으로부터 각각 150억 달러씩을 수입했다. 이를 바탕으로 A국의 무역의존도를 계산하면, $\frac{(200+100)+(150+150)}{1,000}$ =0.6(억 달러)이다. B국은 A국과 C국에게 각각 150억 달러, 100억 달러를 수출하고 A국과 C국으로부터 각각 200억 달러, 50억 달러씩을 수입했다. 이를 바탕으로 B국의 무역의존도를 계산하면, $\frac{(150+100)+(200+50)}{3,000}$ ≒0.17(억 달러)이다. C국은 A국과 B국에게 각각 150억 달러, 50억 달러를 수출하고 A국과 B국으로부터 각각 100억 달러씩을 수입했다. 이를 바탕으로 C국의 무역의존도를 계산하면, $\frac{(150+50)+(100+100)}{2,000}$ =0.2(억 달러)이다. 따라서 무역의존도가 높은 순서대로 세 국가를 나열하면 A > C > B의 순서임을 알 수 있다.

③ B, A, C ➡ (X)
④ B, C, A ➡ (X)
⑤ C, A, B ➡ (X)

08 ⑤

문제 유형	퍼즐형 > 수리퀴즈

| 접근 전략 | 주어진 조건과 근거를 바탕으로 제시된 수리 연산을 활용하여 정답을 판단하는 문항이다. 수리의 연산 과정이 복잡하지는 않지만, 빈칸에 어떤 수가 들어가느냐에 따라 크기의 값이 달라진다는 것을 이해하고 정확히 비교해야 한다. 각 시안에 배정된 항목별 점수를 확인하고 평가 점수의 총합이 동점일 경우 어떤 항목이 우선되느냐에 따라 채택되는 시안이 달라질 수 있다는 것을 염두에 두고 조건을 적용하면 정답을 어렵지 않게 찾아낼 수 있다.

다음 글을 근거로 판단할 때, 〈보기〉에서 옳은 것만을 모두 고르면?

△△부처는 직원 교육에 사용할 교재를 외부 업체에 위탁하여 제작하려 한다. 업체가 제출한 시안을 5개의 항목으로 평가하고, 평가 점수의 총합이 가장 높은 시안을 채택한다. 평가 점수의 총합이 동점일 경우, 평가 항목 중 학습내용 점수가 가장 높은 시안을 채택한다. 5개의 업체가 제출한 시안 (A~E)의 평가 결과는 다음과 같다.

평가 항목(배점) \ 시안	A	B	C	D	E
학습내용(30)	25	30	20	25	20
학습체계(30)	25	(㉠)	30	25	20
교수법(20)	20	17	(㉡)	20	15
학습평가(10)	10	10	10	5	10
학습매체(10)	10	10	10	10	10

〈보기〉

ㄱ. D와 E는 채택되지 않는다. → (O) A~E 시안의 평가 점수를 모두 계산해 보면 A=90점, B=67점+(㉠), C=70점+(㉡), D=85점, E=75점이다. D와 E는 A보다 점수가 낮으므로 채택될 수 없다.

ㄴ. ㉡의 점수와 상관없이 C는 채택되지 않는다. → (O) ㉡의 최대 점수가 20점이기 때문에 C의 최대 점수는 90점이다. 이때 A와 C의 점수가 90점으로 같아지는데 평가 점수의 총합이 동점일 경우 학습내용 점수가 높은 시안을 채택한다 하였고 A의 학습내용 점수가 25점으로 C의 20점보다 높으므로 C는 채택될 수 없다.

ㄷ. ㉠이 23점이라면 B가 채택된다. → (O) ㉠이 23점이면 B의 점수는 90점으로 A와 같다. 이때는 학습내용 점수를 비교해야 하는데, B의 학습내용 점수가 30점으로 A의 25점보다 높으므로 B가 채택된다.

① ㄱ ➡ (X)
② ㄷ ➡ (X)
③ ㄱ, ㄴ ➡ (X)
④ ㄴ, ㄷ ➡ (X)
⑤ ㄱ, ㄴ, ㄷ ➡ (O)

09 ⑤

문제 유형	퍼즐형 > 논리퀴즈

| 접근 전략 | 주어진 조건과 근거를 바탕으로 경우의 수를 계산하는 문제이다. 제시된 조건에 따라 가능한 숫자코드를 찾는 것보다 선지에 제시된 숫자코드를 바탕으로 직선을 그어 가면서 문항을 해결하는 것이 시간을 효율적으로 활용하는 방법이 될 수 있다.

다음 글을 근거로 판단할 때, 숫자코드가 될 수 있는 것은?

숫자코드를 만드는 규칙은 다음과 같다.

○ 그림과 같이 작은 정사각형 4개로 이루어진 큰 정사각형이 있고, 작은 정사각형의 꼭짓점마다 1~9의 번호가 지정되어 있다.

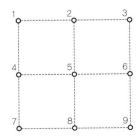

○ 펜을 이용해서 9개의 점 중 임의의 하나의 점에서 시작하여(이하 시작점이라 한다) 다른 점으로 직선을 그어 나간다.

○ 다른 점에 도달하면 펜을 종이 위에서 떼지 않고 또 다른 점으로 계속해서 직선을 그어 나간다. 단, 한번 그은 직선 위에 또 다른 직선을 겹쳐서 그을 수 없다.

○ 시작점을 포함하여 4개 이상의 점에 도달한 후 펜을 종이 위에서 뗄 수 있다. 단, 시작점과 동일한 점에서는 뗄 수 없다.
○ 펜을 종이에서 뗀 후, 그어진 직선이 지나는 점의 번호를 순서대로 모두 나열한 것이 숫자코드가 된다. 예를 들어 1번 점에서 시작하여 6번, 5번, 8번순으로 직선을 그었다면 숫자코드는 1658이다.

① 596 ➡ (X) 시작점을 포함해 4개 이상의 점에 도달해야 펜을 종이 위에서 뗄 수 있다. 596은 3개의 점만 도달한 것이므로 옳지 않다.

② 15953 ➡ (X) 한번 그은 직선 위에 또 다른 직선을 겹쳐서 그을 수 없다. 15953에서 595는 같은 직선을 겹치게 되므로 옳지 않다.

③ 53695 ➡ (X) 시작점과 동일한 점에서는 뗄 수 없다고 하였는데 53695는 5에서 시작해 5에서 끝나는 것이므로 옳지 않다.

④ 642987 ➡ (X) 642987은 6에서 4를 그을 때 5를 지나가게 된다. 따라서 64라는 숫자코드는 생성될 수 없다.

⑤ 9874126 ➡ (O) 9874126은 점을 따라 직선을 그을 때 겹치는 선이 없고, 4개 이상의 점에 도달한 것이며 시작점과 동일한 점에서 펜을 뗀 것도 아니므로 숫자코드가 될 수 있다.

10 ①

정답률 64.2%

| 문제 유형 | 연산추론형 > 대입비교

| 접근 전략 | 각 의료기관의 항목별 점수를 바탕으로, 신청병원이 산재보험 의료기관으로 지정될 수 있는 요건을 갖추고 있는지와 점수의 합산 값을 함께 비교하도록 한다.

다음 〈지정 기준〉과 〈신청 현황〉을 근거로 판단할 때, 신청병원(甲~戊) 중 산재보험 의료기관으로 지정되는 것은?

─〈지정 기준〉─

○ 신청병원 중 인력 점수, 경력 점수, 행정처분 점수, 지역별 분포 점수의 총합이 가장 높은 병원을 산재보험 의료기관으로 지정한다.
○ 전문의 수가 2명 이하이거나, 가장 가까이 있는 기존 산재보험 의료기관까지의 거리가 1km 미만인 병원은 지정 대상에서 제외한다.
○ 각각의 점수는 아래의 항목별 배점 기준에 따라 부여한다.

항목	배점 기준
인력 점수	전문의 수 7명 이상은 10점
	전문의 수 4명 이상 6명 이하는 8점
	전문의 수 3명 이하는 3점
경력 점수	전문의 평균 임상경력 1년당 2점(단, 평균 임상경력이 10년 이상이면 20점)
행정처분 점수	2명 이하의 의사가 행정처분을 받은 적이 있는 경우 10점
	3명 이상의 의사가 행정처분을 받은 적이 있는 경우 2점
지역별 분포 점수	가장 가까이 있는 기존 산재보험 의료기관이 8km 이상 떨어져 있을 경우. 인력 점수와 경력 점수 합의 20%에 해당하는 점수
	가장 가까이 있는 기존 산재보험 의료기관이 3km 이상 8km 미만 떨어져 있을 경우. 인력 점수와 경력 점수 합의 10%에 해당하는 점수
	가장 가까이 있는 기존 산재보험 의료기관이 3km 미만 떨어져 있을 경우. 인력 점수와 경력 점수 합의 20%에 해당하는 점수 감점

─〈신청 현황〉─

신청 병원	전문의 수	전문의 평균 임상경력	행정처분을 받은 적이 있는 의사 수	가장 가까이 있는 기존 산재보험 의료기관까지의 거리
甲	6명	7년	4명	10km
乙	2명	17년	1명	8km
丙	8명	5년	0명	1km
丁	4명	11년	3명	2km
戊	3명	12년	2명	500m

① 甲 ➡ (O) 甲은 인력 점수 8점, 경력 점수 14점, 행정처분 점수 2점, 지역별 분포 점수 4.4점으로 총 28.4점이다. 지정 대상에서 제외되지 않는 병원 중 총점이 가장 높으므로 산재보험 의료기관으로 지정된다.

② 乙 ➡ (X) 乙은 전문의 수가 2명 이하이기 때문에 지정 대상에서 제외되는 병원이다.

③ 丙 ➡ (X) 丙은 인력 점수 10점, 경력 점수 10점, 행정처분 점수 10점, 지역별 분포 점수 4점 감점이므로 총 26점이다. 甲보다 점수가 낮으므로 산재보험 의료기관으로 지정될 수 없다.

④ 丁 ➡ (X) 丁은 인력 점수 8점, 경력 점수 20점, 행정처분 점수 2점, 지역별 분포 점수 5.6점 감점이므로 총 24.4점이다. 甲보다 점수가 낮으므로 산재보험 의료기관으로 지정될 수 없다.

⑤ 戊 ➡ (X) 戊는 가장 가까이 있는 기존 산재보험 의료기관까지의 거리가 1km가 넘지 않기 때문에 지정 대상에서 제외되는 병원이다.

11 ②

정답률 86.6%

| 문제 유형 | 법조문형 > 규정확인

| 접근 전략 | 규정을 제시하고 이에 대한 적용을 묻는 문항은 각각의 경우에 따라 적용 여부를 정확하게 이해하고 비교할 수 있어야 한다. 국가기밀을 관리할 수 있는 주체별 권한의 적용을 알아야 하고, 각 국가기밀의 인가 및 취소와 관련한 내용들을 이해하고 선지에 적용할 수 있어야 한다.

다음 글을 근거로 판단할 때 옳은 것은?

제00조 이 규칙은 법원이 소지하는 국가기밀에 속하는 문서 등의 보안업무에 관한 사항을 규정함을 목적으로 한다.

제00조 이 규칙에서 비밀이라 함은 그 내용이 누설되는 경우 국가안전보장에 유해한 결과를 초래할 우려가 있는 국가기밀로서 이 규칙에 의하여 비밀로 분류된 것을 말한다.

제00조 ① I급비밀 취급 인가권자는 대법원장, 대법관, 법원행정처장으로 한다.

② II급 및 III급비밀 취급 인가권자는 다음과 같다.

1. I급비밀 취급 인가권자

2. 사법연수원장, 고등법원장, 특허법원장, 사법정책연구원장, 법원공무원교육원장, 법원도서관장

3. 지방법원장, 가정법원장, 행정법원장, 회생법원장

제00조 ① 비밀 취급 인가권자는 비밀을 취급 또는 비밀에 접근할 직원에 대하여 해당 등급의 비밀 취급을 인가한다.

② 비밀 취급의 인가는 대상자의 직책에 따라 필요한 최소한의 인원으로 제한하여야 한다.

③ 비밀 취급 인가를 받은 자가 다음 각 호의 어느 하나에 해당하는 경우에는 그 취급의 인가를 해제하여야 한다.

1. 고의 또는 중대한 과실로 중대한 보안 사고를 범한 때

2. 비밀 취급이 불필요하게 된 때

④ 비밀 취급의 인가 및 해제와 인가 등급의 변경은 문서로 하여야 하며 직원의 인사기록사항에 이를 기록하여야 한다.

제00조 ① 비밀 취급 인가권자는 임무 및 직책상 해당 등급의 비밀을 항상 사무적으로 취급하는 자에 한하여 비밀 취급을 인가하여야 한다.

② 비밀 취급 인가권자는 소속직원의 인사기록카드에 기록된 비밀 취급의 인가 및 해제사유와 임용 시의 신원조사회보서에 의하여 새로 신원조사를 행하지 아니하고 비밀 취급을 인가할 수 있다. 다만 Ⅰ급비밀 취급을 인가하는 때에는 새로 신원조사를 실시하여야 한다.

① 비밀 취급 인가의 해제는 구술로 할 수 있다. ➡ (X) 네 번째 조 제4항에 따르면 비밀 취급의 인가 및 해제와 인가 등급의 변경은 문서로 해야 한다.

② 법원행정처장은 Ⅰ급비밀, Ⅱ급비밀, Ⅲ급비밀 모두에 대해 취급 인가권을 가진다. ➡ (O) 세 번째 조 제1항에서 법원행정처장은 Ⅰ급비밀 취급 인가권자임을 알 수 있고, 동조 제2항 제1호에서 Ⅰ급비밀 취급 인가권자는 Ⅱ급 및 Ⅲ급비밀 취급 인가권자임을 알 수 있다.

③ 비밀 취급 인가는 대상자의 직책에 따라 가능한 한 제한 없이 충분한 인원에게 하여야 한다. ➡ (X) 네 번째 조 제2항에서 비밀 취급의 인가는 대상자의 직책에 따라 필요한 최소한의 인원으로 제한하여야 함을 알 수 있다.

④ 비밀 취급 인가를 받은 자가 중대한 보안 사고를 범한 경우 고의가 없었다면 그 취급의 인가를 해제할 수 없다. ➡ (X) 네 번째 조 제3항 제1호에 따르면 비밀 취급 인가를 받은 자가 고의 또는 중대한 과실로 중대한 보안 사고를 범한 때에는 그 취급의 인가를 해제하여야 한다.

⑤ 비밀 취급 인가권자는 소속직원에 대해 새로 신원조사를 행하지 아니하고 Ⅰ급비밀 취급을 인가할 수 있다. ➡ (X) 다섯 번째 조 제2항에서 비밀 취급 인가권자는 Ⅰ급비밀 취급을 인가하는 때에는 새로 신원조사를 실시하여야 함을 알 수 있다.

12 ⑤

TOP 3 정답률 63.3%

| **문제 유형** | 법조문형 > 규정확인

| **접근 전략** | 국유재산의 처분 가능 여부를 정확하게 비교하여 판단할 수 있어야 한다. 세부적인 조건이나 제약들을 이해하고 판단함으로써 선지로 제시된 각 상황들의 옳고 그름을 판별할 수 있다.

다음 글을 근거로 판단할 때 옳은 것은?

제○○조 ① 국유재산은 다음 각 호의 어느 하나에 해당하지 않는 경우에는 매각할 수 있다.
1. 제△△조에 의한 매각제한의 대상에 해당하는 경우
2. 제□□조에 의한 총괄청의 매각승인을 받지 않은 경우

② 국유재산의 매각은 일반경쟁입찰을 원칙으로 한다. 다만 필요한 경우에는 제한경쟁, 지명경쟁 또는 수의계약의 방법으로 매각할 수 있다.

제△△조 다음 각 호의 어느 하나에 해당하는 경우에는 매각할 수 없다.
1. 중앙관서의 장이 행정목적으로 사용하기 위하여 그 국유재산을 행정재산으로 사용 승인한 경우
2. 소유자 없는 부동산에 대하여 공고를 거쳐 국유재산으로 취득한 후 10년이 지나지 아니한 경우. 다만 해당 국유재산에 대하여 중앙관서의 장이 공익사업에 필요하다고 인정한 경우와 행정재산의 용도로 사용하던 소유자 없는 부동산을 행정재산으로 취득하였으나 그 행정재산을 당해 용도로 사용하지 아니하게 된 경우에는 그러하지 아니하다.

제□□조 ① 국유일반재산인 토지의 면적이 특별시·광역시 지역에서는 1,000제곱미터를, 그 밖의 시 지역에서는 2,000제곱미터를 초과하는 재산을 매각하고자 하는 경우에는 총괄청의 승인을 받아야 한다.

② 제1항에도 불구하고 다음 각 호의 어느 하나에 해당하는 경우에는 총괄청의 승인을 요하지 아니한다.

1. 수의계약의 방법으로 매각하는 경우
2. 다른 법률에 따른 무상귀속
3. 법원의 확정판결·결정 등에 따른 소유권의 변경

① 중앙관서의 장이 행정목적으로 사용하기 위하여 행정재산으로 사용 승인한 국유재산인 건물은 총괄청의 매각승인을 받아야 매각될 수 있다. ➡ (X) 제△△조 제1호에서 중앙관서의 장이 행정목적으로 사용하기 위해 그 국유재산을 행정재산으로 사용 승인한 경우에는 매각할 수 없음을 알 수 있다.

② 총괄청의 매각승인 대상인 국유일반재산이더라도 그 매각방법이 지명경쟁인 경우에는 총괄청의 승인 없이 매각할 수 있다. ➡ (X) 제□□조 제1항에서 국유일반재산을 매각하고자 할 때는 총괄청의 승인을 받아야 함을 알 수 있다. 동조 제2항에서 총괄청의 승인 없이 매각할 수 있는 경우가 제시되어 있지만, 지명경쟁인 경우는 이에 해당하지 않는다.

③ 법원의 확정판결로 국유일반재산의 소유권을 변경하려는 경우 총괄청의 승인을 받아야 한다. ➡ (X) 제□□조 제2항 제3호에서 법원의 확정판결 등에 따른 소유권의 변경이 있는 경우에는 총괄청의 승인을 요하지 않음을 알 수 있다.

④ 광역시에 소재하는 국유일반재산인 1,500제곱미터 면적의 토지를 수의계약의 방법으로 매각하려는 경우에는 총괄청의 승인을 받아야 한다. ➡ (X) 제□□조 제2항 제1호에서 국유일반재산을 수의계약의 방법으로 매각하는 경우에는 총괄청의 승인을 요하지 않음을 알 수 있다.

⑤ 행정재산의 용도로 사용하던 소유자 없는 500제곱미터 면적의 토지를 공고를 거쳐 행정재산으로 취득한 후 이를 당해 용도로 사용하지 않게 된 경우, 취득한 때로부터 10년이 경과하지 않았더라도 매각할 수 있다. ➡ (O) 제△△조 제2호에서 소유자 없는 부동산에 대해 공고를 거쳐 국유재산으로 취득한 후 10년이 지나지 않은 경우에는 매각할 수 없으나, 그 행정재산을 당해 용도로 사용하지 아니하게 된 경우에는 매각할 수 있음을 알 수 있다.

13 ①

정답률 96.5%

| **문제 유형** | 제시문형 > 분석추론

| **접근 전략** | 제시문에 주어진 A국의 특허법에 반영된 사항을 정확하게 이해하고 이에 따라 달라지는 상황을 적용함으로써 선지를 판별하면 문항을 쉽게 해결할 수 있다.

다음 글을 근거로 판단할 때 옳은 것은?

A국은 다음 5가지 사항을 반영하여 특허법을 제정하였다.
(1) 새로운 기술에 의한 발명을 한 사람에게 특허권이라는 독점권을 주는 제도와 정부가 금전적 보상을 해주는 보상제도 중, A국은 전자를 선택하였다.
(2) 특허권을 별도의 특허심사절차 없이 부여하는 방식과 신청에 의한 특허심사절차를 통해 부여하는 방식 중, A국은 후자를 선택하였다.
(3) 새로운 기술에 의한 발명인지를 판단하는 데 있어서 전세계에서의 새로운 기술을 기준으로 하는 것과 국내에서의 새로운 기술을 기준으로 하는 것 중, A국은 후자를 선택하였다.
(4) 특허권의 효력발생범위를 A국 영토 내로 한정하는 것과 A국 영토 밖으로 확대하는 것 중, A국은 전자를 선택하였다. 따라서 특허권이 부여된 발명을 A국 영토 내에서 특허권자의 허락 없이 무단으로 제조·판매하는 행위를 금지하며, 이를 위반한 자에게는 손해배상의무를 부과한다.
(5) 특허권의 보호기간을 한정하는 방법과 한정하지 않는 방법 중, A국은 전자를 선택하였다. 그리고 그 보호기간은 특허권을 부여받은 날로부터 10년으로 한정하였다.

① A국에서 알려지지 않은 새로운 기술로 알코올램프를 발명한 자는 그 기술이 이미 다른 나라에서 널리 알려진 것이라도 A국에서 특허권을 부여받을 수 있다. ➡ (O) (3)에서 A국이 새로운 기술에 의한 발명인지를 판단할 때 전세계에서의 새로운 기술을 기준으로 하는 것이 아니라 국내에서의 새로운 기술을 기준으로 함을 알 수 있다. 알코올램프는 다른 나라에서는 널리 알려졌지만 A국에서는 알려지지 않은 기술이므로 특허권을 부여받을 수 있다.

② A국에서 특허권을 부여받은 날로부터 11년이 지난 손전등을 제조·판매하기 위해서는 발명자로부터 허락을 받아야 한다. ➡ (X) (5)에서 A국은 특허권의 보호기간을 10년으로 한정하였다. 손전등은 특허권을 부여받은 날로부터 11년이 지났으므로 특허권의 보호기간을 넘어섰음을 알 수 있다.

③ A국에서 새로운 기술로 석유램프를 발명한 자는 A국 정부로부터 그 발명에 대해 금전적 보상을 받을 수 있다. ➡ (X) (1)에서 A국은 새로운 기술을 발명한 사람에게 금전적 보상을 해주는 것이 아니라 특허권이라는 독점권을 주는 제도를 선택했음을 알 수 있다. 따라서 석유램프를 발명한 사람은 금전적 보상이 아니라 특허권을 받을 수 있다.

④ A국에서 새로운 기술로 필기구를 발명한 자는 특허심사절차를 밟지 않더라도 A국 내에서 다른 사람이 그 필기구를 무단으로 제조·판매하는 것을 금지시킬 수 있다. ➡ (X) (2)에서 A국은 특허권을 부여할 때 특허심사절차를 통해 부여하는 방식을 선택했음을 알 수 있다. 따라서 필기구에 대해 특허권을 부여받으려면 특허심사절차를 거쳐야 한다.

⑤ A국에서 망원경에 대해 특허권을 부여받은 자는 다른 나라에서 그 망원경을 무단으로 제조 및 판매한 자로부터 A국 특허법에 따라 손해배상을 받을 수 있다. ➡ (X) (4)에서 A국은 특허권의 효력을 영토 내로 한정하는 것을 선택했음을 알 수 있다. 따라서 다른 나라에서 무단으로 망원경을 제조 및 판매한 자에게 특허권에 대한 손해배상의무를 부과할 수 없다.

14 ③

정답률 94.3%

| 문제 유형 | 제시문형 > 정보확인
| 접근 전략 | 문단별로 다루고 있는 글의 정보가 무엇인지를 파악하고 이를 바탕으로 선지를 판단한다. 선지를 먼저 읽고 언급된 용어들을 중심으로 글을 읽어가면 수월하게 문제를 해결할 수 있다.

다음 글을 근거로 판단할 때 옳지 않은 것은?

최근 공직자의 재산상태와 같은 세세한 사생활 정보까지 공개하라는 요구가 높아지고 있다. 공직자의 사생활은 일반시민의 사생활만큼 보호될 필요가 없다는 것이 그 이유다. 비슷한 맥락에서 일찍이 플라톤은 통치자는 가족과 사유재산을 갖지 말아야 한다고 주장했다. ▶1문단

공직자의 사생활 보호에 대한 논의는 '동등한 사생활 보호의 원칙'과 '축소된 사생활 보호의 원칙'으로 구분된다. 동등한 사생활 보호의 원칙은 공직자의 사생활도 일반시민과 동등한 정도로 보호되어야 한다고 본다. 이 원칙의 지지자들은 우선 공직자의 사생활 보호로 공적으로 활용 가능한 인재가 증가한다는 점을 강조한다. 사생활이 보장되지 않으면 공직 희망자가 적어져 인재 활용이 제한되고 다양성도 줄어들게 된다는 것이다. 또한 이들은 선정적인 사생활 폭로가 난무하여 공공정책에 대한 실질적 토론과 민주적 숙고가 사라져 버릴 위험성에 대해서도 경고한다. ▶2문단

반면, 공직자는 일반시민보다 우월한 권력을 가지고 있다는 것과 시민을 대표한다는 것 때문에 축소된 사생활 보호의 원칙이 적용되어야 한다는 주장도 있다. 공직자는 일반시민이 아니기 때문에 동등한 사생활 보호의 원칙을 적용할 수 없다는 것이다. 이 원칙의 지지자들은 공직자들이 시민 생활에 영향을 미치는 결정을 내리기 때문에, 사적 목적을 위해 권력을 남용하지 않고 부당한 압력에 굴복하지 않으며 시민이 기대하는 정책을 추구할 가능성이 높은 사람이어야 한다고 주장한다. 즉 이러한 공직자가 행사하는 권력에 대해 책임을 묻기 위해서는 사생활 중 관련된 내용은 공개되어야 한다는 것이다.

또한 공직자는 시민을 대표하기 때문에 훌륭한 인간상으로 시민의 모범이 되어야 한다는 이유도 들고 있다. ▶3문단

① 축소된 사생활 보호의 원칙은 공직자와 일반시민의 사생활 보장의 정도가 달라야 한다고 본다. ➡ (O) 3문단에서 축소된 사생활 보호의 원칙이 적용되어야 한다는 입장에서는 공직자는 일반시민이 아니기 때문에 동등한 사생활 보호의 원칙을 적용할 수 없다고 주장함을 알 수 있다.

② 통치자의 사생활에 대한 플라톤의 생각은 동등한 사생활 보호의 원칙보다 축소된 사생활 보호의 원칙에 더 가깝다. ➡ (O) 1문단에 따르면 플라톤은 통치자는 가족과 사유재산을 갖지 말아야 한다고 주장했는데, 이는 공직자의 사생활은 일반시민만큼 보호될 필요가 없다는 것과 비슷한 맥락임을 알 수 있다.

③ 동등한 사생활 보호의 원칙을 지지하는 이유 중 하나는 공직자가 시민을 대표하는 훌륭한 인간상이어야 하기 때문이다. ➡ (X) 3문단에 따르면 공직자가 시민을 대표하기 때문에 훌륭한 인간상으로 시민의 모범이 되어야 한다는 것은 동등한 사생활 보호의 원칙이 아니라 축소된 사생활 보호의 원칙을 지지하는 주장에 대한 내용이다.

④ 동등한 사생활 보호의 원칙을 지지하는 이유 중 하나는 사생활이 보장되지 않으면 공직 희망자가 적어질 수 있다고 보기 때문이다. ➡ (O) 2문단에 따르면 동등한 사생활 보호의 원칙이 적용되어야 한다는 입장에서 사생활이 보장되지 않으면 공직 희망자가 적어져 인재 활용이 제한된다고 주장함을 알 수 있다.

⑤ 축소된 사생활 보호의 원칙을 지지하는 이유 중 하나는 공직자가 일반시민보다 우월한 권력을 가지고 있다고 보기 때문이다. ➡ (O) 3문단에서 공직자가 일반시민보다 우월한 권력을 가지고 있다고 보아 축소된 사생활 보호의 원칙이 적용되어야 한다는 주장이 있음을 알 수 있다.

15 ④

정답률 90.2%

| 문제 유형 | 제시문형 > 정보확인
| 접근 전략 | 글의 정보를 바탕으로 제시된 상황에 적용 여부를 판단할 수 있는 능력이 필요하다. 키워드를 중심으로 제시문의 내용을 빠르게 파악한 후 〈보기〉에 제시된 상황들에 적용해야 한다. 내연기관과 관련된 다양한 상황들을 꼼꼼하게 살펴보고 〈보기〉의 상황들과 비교하여 옳고 그름을 판단하도록 한다.

다음 글을 근거로 판단할 때, 〈보기〉에서 옳은 것만을 모두 고르면?

일반적인 내연기관에서는 휘발유와 공기가 엔진 내부의 실린더 속에서 압축된 후 점화 장치에 의하여 점화되어 연소된다. 이때의 연소는 휘발유의 주성분인 탄화수소가 공기 중의 산소와 반응하여 이산화탄소와 물을 생성하는 것이다. 여러 개의 실린더에서 규칙적이고 연속적으로 일어나는 '공기·휘발유' 혼합물의 연소에서 발생하는 힘으로 자동차는 달리게 된다. 그런데 간혹 실린더 내의 과도한 열이나 압력, 혹은 질 낮은 연료의 사용 등으로 인해 '노킹(knocking)' 현상이 발생하기도 한다. 노킹 현상이란 공기·휘발유 혼합물의 조기 연소 현상을 지칭한다. 공기·휘발유 혼합물이 점화되기도 전에 연소되는 노킹 현상이 지속되면 엔진의 성능은 급격히 저하된다. ▶1문단

자동차 연료로 사용되는 휘발유에는 '옥탄가(octane number)'라는 값에 따른 등급이 부여된다. 옥탄가는 휘발유의 특성을 나타내는 수치 중 하나로, 이 값이 높을수록 노킹 현상이 발생할 가능성은 줄어든다. 甲국에서는 보통, 중급, 고급으로 분류되는 세 가지 등급의 휘발유가 판매되고 있는데, 이 등급을 구분하는 최소 옥탄가의 기준은 각각 87, 89, 93이다. 하지만 甲국의 고산지대에 위치한 A시에서 판매되는 휘발유는 다른 지역의 휘발유보다 등급을 구분하는 최소 옥탄가의 기준이 등급별로 2씩 낮다. 이는 산소의 밀도가 낮아 노킹 현상이 발생할 가능성이 더 낮은 고산지대의 특징을 반영한 것이다. ▶2문단

〈보기〉

ㄱ. A시에서 고급 휘발유로 판매되는 휘발유의 옥탄가는 91 이상이다.
→ (O) 2문단에서 甲국의 고급 휘발유의 최소 옥탄가는 93임을 알 수 있고, 고산지대에 위치한 A시에서 판매되는 휘발유는 다른 지역의 휘발유보다 등급을 구분하는 최소 옥탄가의 기준이 등급별로 2씩 낮다고 하였으므로 A사의 고급 휘발유의 옥탄가는 91 이상임을 알 수 있다.

ㄴ. 실린더 내에 과도한 열이 발생하면 노킹 현상이 발생할 수 있다. → (O)
1문단에 따르면 실린더 내의 과도한 열 등으로 인해 노킹 현상이 발생할 수 있다.

ㄷ. 노킹 현상이 일어나지 않는다면, 일반적인 내연기관 내부의 실린더 속에서 공기·휘발유 혼합물은 점화가 된 후에 연소된다. → (O)
1문단에 따르면 일반적인 내연기관에서는 휘발유와 공기가 실린더 속에서 압축된 후 점화 장치에 의하여 점화되어 연소됨을 알 수 있다.

ㄹ. 내연기관 내에서의 연소는 이산화탄소와 산소가 반응하여 물을 생성하는 것이다. → (X) 1문단에 따르면 연소는 탄화수소가 공기 중의 산소와 반응하여 이산화탄소와 물을 생성하는 것이다.

① ㄱ, ㄴ ➡ (X)
② ㄱ, ㄹ ➡ (X)
③ ㄷ, ㄹ ➡ (X)
④ ㄱ, ㄴ, ㄷ ➡ (O)
⑤ ㄴ, ㄷ, ㄹ ➡ (X)

16 ④

정답률 90.5%

|문제 유형| 제시문형 > 분석추론
|접근 전략| 제시문에서 조건이 제시되고 이에 대한 적용을 묻는 문항은 각각의 상황에 따라 적용의 여부가 달라지기 때문에 해당 조건의 내용을 정확하게 이해해야 한다. 공무원의 근무지가 달라짐에 따라 이전비를 받을 수 있는 각각의 상황과 조건을 정확하게 이해하고, 각 상황별로 지급 가능 여부를 판단함으로써 선지의 옳고 그름을 판단할 수 있다.

다음 글과 〈국내이전비 신청현황〉을 근거로 판단할 때, 국내이전비를 지급받는 공무원만을 모두 고르면?

청사 소재지 이전에 따라 거주지를 이전하거나, 현 근무지 외의 지역으로 부임의 명을 받아 거주지를 이전하는 공무원은 다음 요건에 모두 부합하는 경우 국내이전비를 지급받는다.

첫째, 전임지에서 신임지로 거주지를 이전하고 이사화물도 옮겨야 한다. 다만 동일한 시(특별시, 광역시 및 특별자치시 포함)·군 및 섬(제주특별자치도 제외) 안에서 거주지를 이전하는 공무원에게는 국내이전비를 지급하지 않는다. 둘째, 거주지와 이사화물은 발령을 받은 후에 이전하여야 한다.

〈국내이전비 신청현황〉

공무원	전임지	신임지	발령 일자	이전 일자	이전 여부 거주지	이전 여부 이사화물
甲	울산광역시 중구	울산광역시 북구	'20.2.13.	'20.2.20.	O	O
乙	경기도 고양시	세종특별자치시	'19.12.3.	'19.12.5.	O	X
丙	광주광역시	대구광역시	'19.6.1.	'19.6.15.	X	O
丁	제주특별자치도 서귀포시	제주특별자치도 제주시	'20.1.2.	'20.1.13.	O	O
戊	서울특별시	충청북도 청주시	'19.9.3.	'19.9.8.	O	O
己	부산광역시	서울특별시	'20.4.25.	'20.4.1.	O	O

→ 주어진 조건과 〈국내이전비 신청현황〉을 근거로 살펴보면 다음과 같다.
• 甲: 동일한 시 안에서 거주지를 이전하는 공무원에게는 국내이전비를 지급하지 않는다. 甲은 울산광역시 내에서 이전한 것이다.

• 乙: 거주지를 이전하고 이사화물도 옮겨야 국내이전비를 지급받을 수 있는데 乙은 거주지는 이전했지만 이사화물은 옮기지 않았다.

• 丙: 거주지를 이전하고 이사화물도 옮겨야 국내이전비를 지급받을 수 있는데 丙은 이사화물은 옮겼지만 거주지는 이전하지 않았다.

• 丁: 동일한 섬 안에서 거주지를 이전하는 공무원에게는 국내이전비를 지급하지 않지만, 제주특별자치도는 제외된다고 하였다. 또한 거주지와 이사화물은 발령을 받은 후에 이전해야 국내이전비를 받을 수 있다. 丁은 제주특별자치도 내에서 이전했고, 발령일 뒤에 거주지와 이사화물을 모두 이전했으므로 국내이전비를 지급받을 수 있다.

• 戊: 동일한 시 안에서 거주지를 이전하는 공무원에게는 국내이전비를 지급하지 않는다. 또한 거주지와 이사화물을 발령을 받은 후에 이전해야 국내 이전비를 받을 수 있다. 戊는 서울특별시에서 충청북도 청주시로 이전했고, 발령일 뒤에 거주지와 이사화물을 모두 이전했으므로 국내이전비를 지급받을 수 있다.

• 己: 거주지와 이사화물을 발령을 받은 후에 이전해야 국내이전비를 받을 수 있는데 己는 발령일자보다 이전일자가 빠르다.

① 甲, 乙 ➡ (X)
② 乙, 丁 ➡ (X)
③ 丙, 己 ➡ (X)
④ 丁, 戊 ➡ (O)
⑤ 戊, 己 ➡ (X)

17 ⑤

정답률 91.2%

|문제 유형| 퍼즐형 > 논리퀴즈
|접근 전략| 주어진 조건에 따라 〈상황〉을 판단하여 해당 문항의 옳고 그름을 판단할 수 있어야 한다. 게임판에서 말이 움직이는 규칙을 정확하게 이해하고, 이에 따라 최종적으로 말이 위치하는 곳이 어디인지를 찾아내는 것이 중요하다.

다음 글과 〈상황〉을 근거로 판단할 때, 甲의 말이 최종적으로 위치하는 칸은?

○ 참가자는 그림과 같이 A~L까지 12개의 칸으로 구성된 게임판에서, A칸에 말을 놓고 시작한다.

○ 참가자는 ← 또는 → 버튼을 누를 수 있다.
○ 버튼을 맨 처음 누를 때, ← 버튼을 누르면 말을 반시계방향으로 1칸 이동하고 → 버튼을 누르면 말을 시계방향으로 1칸 이동한다.
○ 그다음부터는 매번 버튼을 누르면, 그 버튼을 누르기 직전에 누른 버튼에 따라 아래와 같이 말을 이동한다.

누른 버튼	직전에 누른 버튼	말의 이동
←	←	반시계방향으로 2칸 이동
←	→	움직이지 않음
→	←	움직이지 않음
→	→	시계방향으로 2칸 이동

○ 참가자는 버튼을 총 5회 누른다.

―〈상황〉―

甲은 다음과 같이 버튼을 눌렀다.

누른 순서	1	2	3	4	5
누른 버튼	←	→	→	←	←

① A칸 ➡ (X)
② C칸 ➡ (X)
③ H칸 ➡ (X)
④ J칸 ➡ (X)
⑤ L칸 ➡ (O) A칸에 말을 놓고 시작한다고 하였으므로 첫 번째로 버튼을 누르면 반시계방향으로 1칸 이동하여 L칸에 위치한다. 두 번째로 버튼을 누르면 직전에 누른 버튼이 ← 였으므로 말이 움직이지 않는다. 세 번째로 버튼을 누르면 직전에 누른 → 버튼과 같은 → 이므로 시계방향으로 2칸 이동하여 B칸에 위치한다. 네 번째로 버튼을 누르면 직전에 누른 → 버튼과 반대 방향인 ← 이므로 말이 움직이지 않는다. 다섯 번째로 버튼을 누르면 직전에 누른 ← 버튼과 같은 ← 이므로 반시계방향으로 2칸 이동하여 L칸에 위치한다.

18 ②

정답률 86.8%

| 문제 유형 | 연산추론형 > 수리계산

| 접근 전략 | 정확한 계산은 물론이고 제시된 조건들을 꼼꼼하게 살펴보아야 하는 문제이다. 참석수당과 원고료 지급기준에 따라 받을 수 있는 금액을 실수 없이 계산해야 하고, 이때 지급하지 않는 금액이 어떤 것들인지도 파악하여 해당 금액을 제외해야 정확한 값을 구할 수 있다.

다음 〈상황〉과 〈기준〉을 근거로 판단할 때, A기관이 원천징수 후 甲에게 지급하는 금액은?

―〈상황〉―

○○국 A기관은 甲을 '지역경제 활성화 위원회'의 외부 위원으로 위촉하였다. 甲은 2020년 2월 24일 오후 2시부터 5시까지 위원회에 참석해서 지역경제 활성화와 관련한 내용을 슬라이드 20면으로 발표하였다. A기관은 아래 〈기준〉에 따라 甲에게 해당 위원회 참석수당과 원고료를 지급한다.

―〈기준〉―

○ 참석수당 지급기준액

구분	단가
참석수당	• 기본료(2시간): 100,000원 • 2시간 초과 후 1시간마다 50,000원

○ 원고료 지급기준액

구분	단가
원고료	10,000원 / A4 1면

※ 슬라이드 2면을 A4 1면으로 한다.

○ 위원회 참석수당 및 원고료는 기타소득이다.
○ 위원회 참석수당 및 원고료는 지급기준액에서 다음과 같은 기타소득세와 주민세를 원천징수하고 지급한다.
  ― 기타소득세: (지급기준액 − 필요경비) × 소득세율(20%)
  ― 주민세: 기타소득세 × 주민세율(10%)
  ※ 필요경비는 지급기준액의 60%로 한다.

① 220,000원 ➡ (X)
② 228,000원 ➡ (O) 참석수당 지급기준에 따라 위원회에 3시간 참석한 甲은 기본료 100,000원과 초과한 1시간에 대하여 50,000원을 지급받아 총 150,000원을 받을 수 있다. 원고료 지급기준액에 따르면 슬라이드 20면은 A4 10면이므로 원고료는 총 10면 × 10,000원=100,000(원)을 받을 수 있다. 이때 위원회 참석수당 및 원고료는 지급기준액에서 기타소득세와 주민세를 원천징수하고 지급한다. 기타소득세를 구하기 위해서는 먼저 필요경비를 구해야 한다. 필요경비는 지급기준액의 60%로 한다고 하였으므로 甲이 지급받는 총 금액 250,000원의 60%인 150,000원이다. 따라서 기타소득세는 (250,000−150,000) × 소득세율 20%=20,000(원)이고 주민세는 기타소득세의 10%이므로 2,000원임을 알 수 있다. A기관이 총 22,000원을 원천징수하고 甲에게 지급되는 금액은 250,000원−22,000원=228,000(원)이다.
③ 256,000원 ➡ (X)
④ 263,000원 ➡ (X)
⑤ 270,000원 ➡ (X)

19 ②

정답률 85.7%

| 문제 유형 | 퍼즐형 > 논리퀴즈

| 접근 전략 | 주어진 조건에 따라 제시된 상황을 판단하여 해당 문항의 옳고 그름을 판단할 수 있어야 한다. 자전거 비밀번호를 풀어내는 것으로, 주어진 조건에 따라 해당되지 않는 숫자들을 하나씩 소거하고 각 위치에 들어갈 수 있는 숫자들을 대입해 가면 해당 문항을 쉽고 빠르게 해결할 수 있다.

다음 글을 근거로 판단할 때, 비밀번호의 둘째 자리 숫자와 넷째 자리 숫자의 합은?

甲은 친구의 자전거를 빌려 타기로 했다. 친구의 자전거는 다이얼을 돌려 다섯 자리의 비밀번호를 맞춰야 열리는 자물쇠로 잠겨 있다. 각 다이얼은 0~9 중 하나가 표시된다.

자물쇠에 현재 표시된 숫자는 첫째 자리부터 순서대로 3−6−4−4−9이다. 친구는 비밀번호에 대해 다음과 같은 힌트를 주었다.

○ 비밀번호는 모두 다른 숫자로 구성되어 있다.
○ 자물쇠에 현재 표시된 모든 숫자는 비밀번호에 쓰이지 않는다.
○ 현재 짝수가 표시된 자리에는 홀수가, 현재 홀수가 표시된 자리에는 짝수가 온다. 단, 0은 짝수로 간주한다.
○ 비밀번호를 구성하는 숫자 중 가장 큰 숫자가 첫째 자리에 오고, 가장 작은 숫자가 다섯째 자리에 온다.
○ 비밀번호 둘째 자리 숫자는 현재 둘째 자리에 표시된 숫자보다 크다.
○ 서로 인접한 두 숫자의 차이는 5보다 작다.

① 7 ➡ (X)
② 8 ➡ (O) 각 다이얼은 0~9 중 하나가 표시되고, 비밀번호는 모두 다른 숫자이며 현재 표시된 숫자인 3, 6, 4, 9는 쓰이지 않는다고 하였다. 이를 통해 비밀번호로 사용이 가능한 숫자 0, 1, 2, 5, 7, 8임을 알 수 있다. 이 중 가장 큰 숫자가 첫째 자리, 가장 작은 숫자가 다섯째 자리에 오는데 현재 짝수 자리에는 홀수, 홀수 자리에는 짝수가 와야 한다. 현재 첫째 자리인 3은 홀수이고, 비밀번호로 가능한 짝수 숫자 중 가장 큰 숫자는 8이므로 첫째 자리는 8이다. 현재 다섯째 자리인 9는 홀수이고 비밀번호로 가능한 짝수 숫자 중 가장 작은 숫자는 0이므로 다섯째 자리는 0임을 알 수 있다. 남은 숫자 1, 2, 5, 7 중에서 현재 숫자인 6, 4, 4는 짝수이므로 짝수인 2는 사용될 수 없다. 둘째 자리에는 현재 둘째 자리 숫자인 6보다 큰 수가 와야 하므로 7이 와야 하고, 서로 인접한 두 숫자의 차이는 5보다 작아야 하므로 셋째 자리에는 1이 올 수 없다. 따라서 甲의 자전거 비밀번호는 87510이고 둘째 자리 7과 넷째 자리 1의 합은 8임을 알 수 있다.
③ 10 ➡ (X)
④ 12 ➡ (X)
⑤ 13 ➡ (X)

20 ③

정답률 79.5%

| **문제 유형** | 제시문형 > 분석추론
| **접근 전략** | 글에서 제시하고 있는 기준들과 규칙들을 적용해서 각각의 상황에 맞는 선지들을 골라내는 문항이다. 제시된 기준과 규칙의 내용을 정확하게 이해하는 것이 필요하고, 특히 각 도시의 홀수일과 짝수일에 따른 제한 차량을 잘 구분하며 〈보기〉를 확인해야 한다.

다음 글을 근거로 판단할 때, 〈보기〉에서 옳은 것만을 모두 고르면?

○ 다음과 같이 9개의 도시(A~I)가 위치하고 있다.

A	B	C
D	E	F
G	H	I

○ A~I시가 미세먼지 저감을 위해 5월부터 차량 운행 제한 정책을 시행함에 따라 제한 차량의 도시 진입 및 도시 내 운행이 금지된다.

○ 모든 차량은 4개의 숫자로 된 차량번호를 부여받으며 각 도시의 제한 요건은 아래와 같다.

도시		제한 차량
A, E, F, I	홀수일	차량번호가 홀수로 끝나는 차량
	짝수일	차량번호가 짝수로 끝나는 차량
B, G, H	홀수일	차량번호가 짝수로 끝나는 차량
	짝수일	차량번호가 홀수로 끝나는 차량
C, D	월요일	차량번호가 1 또는 6으로 끝나는 차량
	화요일	차량번호가 2 또는 7로 끝나는 차량
	수요일	차량번호가 3 또는 8로 끝나는 차량
	목요일	차량번호가 4 또는 9로 끝나는 차량
	금요일	차량번호가 0 또는 5로 끝나는 차량
	토·일요일	없음

※ 단, 0은 짝수로 간주한다.

○ 도시 간 이동 시에는 도시 경계선이 서로 맞닿아 있지 않은 도시로 바로 이동할 수 없다. 예컨대 A시에서 E시로 이동하기 위해서는 반드시 B시나 D시를 거쳐야 한다.

〈보기〉

ㄱ. 甲은 5월 1일(토)에 E시에서 차량번호가 1234인 차량을 운행할 수 있다. → (O) E시는 홀수일에 차량번호가 홀수로 끝나는 차량의 운행이 제한된다. 5월 1일(토)은 홀수일이고, 甲의 차량은 짝수로 끝나므로 운행이 가능하다.

ㄴ. 乙은 5월 6일(목)에 차량번호가 5639인 차량으로 A시에서 D시로 이동할 수 있다. → (X) 5월 6일은 짝수일이고, A시는 짝수일에 차량번호가 짝수로 끝나는 차량의 운행이 제한되는데, 乙의 차량은 홀수로 끝나므로 운행이 가능하다. 하지만 D시의 경우 5월 6일(목)에는 차량번호가 4 또는 9로 끝나는 차량의 운행이 제한되는데, 乙의 차량은 9로 끝나므로 운행이 불가능하다.

ㄷ. 丙은 5월 중 어느 하루에 동일한 차량으로 A시에서 H시로 이동할 수 있다. → (X) A시는 홀수일에 차량번호가 홀수로 끝나는 차량의 운행이 제한되고 짝수일에 짝수로 끝나는 차량의 운행이 제한되는데, H시는 이와 반대이다. 자동차 번호는 짝수 혹은 홀수로 끝나므로 어떤 차량을 이용하더라도 두 시를 같이 운행하는 것은 불가능하다.

ㄹ. 丁은 5월 15일(토)에 차량번호가 9790인 차량으로 D시에서 F시로 이동할 수 있다. → (O) D시에서 F시로 이동하려면 다양한 방법이 있으나 그중 가장 간단한 E시를 거쳐가는 방법을 확인해 보면, 우선 D시는 토요일에 제한 차량이 없고 E시와 F시는 홀수일에 차량번호가 홀수로 끝나는 차량의 운행이 제한된다. 5월 15일(토)은 홀수일이고, 丁의 차량은 짝수로 끝나므로 운행이 가능하다.

① ㄱ, ㄴ ➡ (X)
② ㄱ, ㄷ ➡ (X)
③ ㄱ, ㄹ ➡ (O)
④ ㄴ, ㄷ ➡ (X)
⑤ ㄴ, ㄹ ➡ (X)

---

21 ③

정답률 86.2%

| **문제 유형** | 퍼즐형 > 논리퀴즈
| **접근 전략** | 어린이를 한 줄로 세우고, 이에 따라 얼굴이 보이거나 뒤통수가 보이는 경우를 판단하는 과정에서 제시된 상황들을 하나씩 대입하는 것이 정확하고 빠르게 문제를 해결하는 방법이 될 수 있다.

다음 글을 근거로 판단할 때, 〈보기〉에서 옳은 것만을 모두 고르면?

키가 서로 다른 6명의 어린이를 다음 그림과 같이 한 방향을 바라보도록 일렬로 세우려고 한다. 그림은 일렬로 세운 하나의 예이다. 한 어린이(이하 甲이라 한다)의 등 뒤에 甲보다 키가 큰 어린이가 1명이라도 있으면 A방향에서 甲의 뒤통수는 보이지 않고, 1명도 없으면 A방향에서 甲의 뒤통수는 보인다. 반대로 甲의 앞에 甲보다 키가 큰 어린이가 1명이라도 있으면 B방향에서 甲의 얼굴은 보이지 않고, 1명도 없으면 B방향에서 甲의 얼굴은 보인다.

자리번호 1번 2번 3번 4번 5번 6번

〈보기〉

ㄱ. A방향에서 보았을 때 모든 어린이의 뒤통수가 다 보이게 세우는 방법은 1가지뿐이다. → (O) 모든 어린이의 뒤통수가 보이기 위해서는 키가 가장 큰 어린이가 6번에 서야 하고, 나머지 어린이들이 키가 큰 순서대로 5번, 4번, 3번, 2번, 1번에 서게 되면 모든 어린이의 뒤통수를 볼 수 있다.

ㄴ. 키가 세 번째로 큰 어린이를 5번 자리에 세운다면, A방향에서 보았을 때 그 어린이의 뒤통수는 보이지 않는다. → (O) 키가 세 번째로 큰 어린이가 5번 자리에 서면, 키가 더 큰 두 어린이 중 최소 한 어린이는 반드시 1~4번 자리에 서야 한다. 이 경우 5번 자리에 선 어린이의 뒤통수를 볼 수 없다.

ㄷ. B방향에서 2명의 얼굴만 보이도록 어린이들을 세웠을 때, A방향에서 6번 자리에 서 있는 어린이의 뒤통수는 보이지 않는다. → (O) B방향에서 2명의 얼굴만 보인다면, 키가 두 번째로 큰 어린이가 6번 자리에 서고 키가 가장 큰 어린이가 1~5번 자리 중 어느 한 곳에 서는 경우이거나, 키가 가장 큰 어린이와 키가 두 번째로 큰 어린이가 각각 5번, 4번 자리에 서는 경우 중 하나에 해당할 것이다. 이때 A방향에서는 키가 가장 큰 어린이로 인해 6번 자리에 서 있는 어린이의 뒤통수가 보이지 않는다.

ㄹ. B방향에서 3명의 얼굴이 보인다면, A방향에서 4명의 뒤통수가 보일 수 없다. → (X) 키가 세 번째로 큰 어린이가 6번 자리에 서고 키가 가장 큰 어린이와 키가 두 번째로 큰 어린이가 각각 4번, 5번 자리에 서면 B방향에서 3명의 얼굴이 보이게 된다. 이때 나머지 어린이들이 키가 작은 순서대로 1번, 2번, 3번 자리에 서게 되면 A방향에서 총 4명의 뒤통수를 볼 수 있다.

① ㄱ, ㄴ ➡ (X)
② ㄷ, ㄹ ➡ (X)
③ ㄱ, ㄴ, ㄷ ➡ (O)
④ ㄱ, ㄷ, ㄹ ➡ (X)
⑤ ㄴ, ㄷ, ㄹ ➡ (X)

22 ④

정답률 82.2%

| 문제 유형 | 퍼즐형 > 게임·규칙

| 접근 전략 | 경우의 수를 바탕으로 어떤 상황들이 발생할 수 있는지를 정확하게 판단해야 하는 문제이다. 왼손잡이, 오른손잡이, 양손잡이가 이길 때 각각 획득하는 점수가 다르고 모든 선수가 1개 라운드 이상 출전하여야 함에 주의하며 문제를 해결한다.

다음 글과 〈상황〉을 근거로 판단할 때, 〈보기〉에서 옳은 것만을 모두 고르면?

A팀과 B팀은 다음과 같이 게임을 한다. A팀과 B팀은 각각 3명으로 구성되며, 왼손잡이, 오른손잡이, 양손잡이가 각 1명씩이다. 총 5라운드에 걸쳐 가위바위보를 하며 규칙은 아래와 같다.

○ 모든 선수는 1개 라운드 이상 출전하여야 한다.
○ 왼손잡이는 '가위'만 내고 오른손잡이는 '보'만 내며, 양손잡이는 '바위'만 낸다.
○ 각 라운드마다 가위바위보를 이긴 선수의 팀이 획득하는 점수는 다음과 같다.
　－ 이긴 선수가 왼손잡이인 경우: 2점
　－ 이긴 선수가 오른손잡이인 경우: 0점
　－ 이긴 선수가 양손잡이인 경우: 3점
○ 두 팀은 1라운드를 시작하기 전에 각 라운드에 출전할 선수를 결정하여 명단을 제출한다.
○ 5라운드를 마쳤을 때 획득한 총 점수가 더 높은 팀이 게임에서 승리한다.

〈상황〉

다음은 3라운드를 마친 현재까지의 결과이다.

구분	1라운드	2라운드	3라운드	4라운드	5라운드
A팀	왼손잡이	왼손잡이	양손잡이		
B팀	오른손잡이	오른손잡이	오른손잡이		

※ 각 라운드에서 가위바위보가 비긴 경우는 없다.

〈보기〉

ㄱ. 3라운드까지 A팀이 획득한 점수와 B팀이 획득한 점수의 합은 4점이다. → (O) 왼손잡이는 '가위'만 내고, 오른손잡이는 '보'만 내므로 1, 2라운드는 모두 A팀이 승리한다. 이때 승점은 각각 2점이다. 양손잡이는 '바위'만 내므로 3라운드는 B팀이 승리하지만, 오른손잡이가 이겼으므로 승점은 없다. 3라운드까지 두 팀이 획득한 점수를 모두 합하면 4점이다.

ㄴ. A팀이 잔여 라운드에서 모두 오른손잡이를 출전시킨다면 B팀이 게임에서 승리한다. → (X) B팀은 4, 5라운드에서 양손잡이와 왼손잡이가 한 번씩 출전해야 한다. A팀이 모두 오른손잡이를 출전시킨다면 양손잡이는 지므로 0점을 얻고, 왼손잡이는 이겨서 2점을 얻으므로 B팀의 승점은 총 2점이 된다. A팀의 승점은 4점이므로 B팀은 게임에서 이길 수 없다.

ㄷ. B팀이 게임에서 승리하는 경우가 있다. → (O) B팀은 4, 5라운드에서 양손잡이와 왼손잡이가 한 번씩 출전해야 한다. 승점을 가장 많이 얻을 수 있는 경우는 양손잡이가 승리하는 경우이고, 그다음은 왼손잡이가 승리하는 경우이다. A팀이 왼손잡이를 출전시킨 라운드에 B팀이 양손잡이를, A팀이 오른손잡이를 출전시킨 라운드에 B팀이 왼손잡이를 출전시키면 각각 3점과 2점의 승점을 얻어 총 5점이 된다. A팀의 승점은 4점이므로 B팀이 승리한다.

① ㄴ ➡ (X)
② ㄷ ➡ (X)
③ ㄱ, ㄴ ➡ (X)
④ ㄱ, ㄷ ➡ (O)
⑤ ㄱ, ㄴ, ㄷ ➡ (X)

23 ②

정답률 70.9%

| 문제 유형 | 퍼즐형 > 논리퀴즈

| 접근 전략 | 해당 문제의 경우 근거로 제시된 조건들을 먼저 이해하고, 확실한 단서를 갖고 있는 경우부터 이용하여 선지의 내용을 판단하는 것이 좋다.

다음 글을 근거로 판단할 때 옳은 것은?

네 사람(甲~丁)은 각각 주식, 채권, 선물, 옵션 중 서로 다른 하나의 금융상품에 투자하고 있으며, 투자액과 수익률도 각각 다르다.

○ 네 사람 중 투자액이 가장 큰 50대 주부는 주식에 투자하였다.
○ 30대 회사원 丙은 네 사람 중 가장 높은 수익률을 올려 아내와 여행을 다녀왔다.
○ 甲은 주식과 옵션에는 투자하지 않았다.
○ 40대 회사원 乙은 옵션에 투자하지 않았다.
○ 60대 사업가는 채권에 투자하지 않았다.

→ 조건을 살펴보면 甲~丁 4명 중 乙은 40대 회사원, 丙은 30대 회사원이고 甲과 丁은 각각 50대 주부 또는 60대 사업가임을 알 수 있다.

첫 번째 조건에서 주식에 투자한 사람은 50대 주부이고, 세 번째 조건에 따르면 甲은 주식과 옵션에 투자하지 않았으므로 甲과 丁 중에 50대 주부는 丁이고, 60대 사업가는 甲이 된다. 세 번째 조건에서 주식과 옵션에 투자하지 않았고 다섯 번째 조건에서 60대 사업가는 채권에 투자하지 않았으므로 甲은 선물에 투자한 60대 사업가가 된다. 그리고 네 번째 조건에서 乙은 옵션에 투자하지 않았으므로 丙이 옵션에 투자했고, 乙은 채권에 투자했다. 따라서 甲은 60대 사업가로 선물, 乙은 40대 회사원으로 채권, 丙은 30대 회사원으로 옵션, 丁은 50대 주부로 주식에 투자했음을 알 수 있다.

① 채권 투자자는 甲이다. ➡ (X) 채권 투자자는 40대 회사원 乙이다.
② 선물 투자자는 사업가이다. ➡ (O) 선물에 투자한 사람은 60대 사업가 甲이다.
③ 투자액이 가장 큰 사람은 乙이다. ➡ (X) 투자액이 가장 큰 사람은 50대 주부인 丁이다.
④ 회사원은 옵션에 투자하지 않았다. ➡ (X) 옵션에 투자한 사람은 丙이고, 丙은 30대 회사원이다.
⑤ 가장 높은 수익률을 올린 사람은 선물 투자자이다. ➡ (X) 가장 높은 수익률을 올린 사람은 丙이다. 丙은 선물 투자자가 아니라 옵션 투자자이다.

| **문제 유형** | 퍼즐형 > 수리퀴즈
| **접근 전략** | 주어진 조건과 근거를 바탕으로 〈상황〉을 판단할 수 있어야 한다. 각 조건에 따른 계산값을 바탕으로 공기청정기가 감소시키는 미세먼지의 양과 학생들이 발생시키는 미세먼지의 양을 비교하여 정답을 도출해야 하며, 이때 시간의 단위를 정확하게 이해하고 문항에 접근하는 것이 필요하다.

다음 글과 〈상황〉을 근거로 판단할 때, 공기청정기가 자동으로 꺼지는 시각은?

○ A학교 학생들은 방과 후에 자기주도학습을 위해 교실을 이용한다.
○ 교실 안에 있는 학생 각각은 매 순간 일정한 양의 미세먼지를 발생시켜, 10분마다 5를 증가시킨다.
○ 교실에 설치된 공기청정기는 매 순간 일정한 양의 미세먼지를 제거하여, 10분마다 15를 감소시킨다.
○ 미세먼지는 사람에 의해서만 발생하고, 공기청정기에 의해서만 제거된다.
○ 공기청정기는 매 순간 미세먼지 양을 표시하며 교실 내 미세먼지 양이 30이 되는 순간 자동으로 꺼진다.

〈상황〉

15시 50분 현재, A학교의 교실에는 아무도 없었고 켜져 있는 공기청정기가 나타내는 교실 내 미세먼지 양은 90이었다. 16시 정각에 학생 두 명이 교실에 들어와 공부를 시작하였고, 40분 후 학생 세 명이 더 들어와 공부를 시작하였다. 학생들은 모두 18시 정각에 교실에서 나왔다.

① 18시 50분 ➡ (X)
② 19시 00분 ➡ (X)
③ 19시 10분 ➡ (O) 공기청정기는 10분마다 15의 미세먼지를 감소시키고, 학생들은 1명당 10분마다 5의 미세먼지를 증가시킨다. 〈상황〉에 따르면 15시 50분부터 16시까지 10분 동안은 학생 없이 공기청정기만 작동했으므로 미세먼지는 90−15=75만큼 남아 있다. 16시부터 16시 40분까지 학생 2명이 발생시킨 미세먼지의 양은 2명×5×4(10이 4번)=40, 16시 40분부터 18시까지 학생 3명이 추가되어 발생시킨 미세먼지의 양은 5명×5×8(10이 8번)=200이다. 16시부터 18시까지 공기청정기가 감소시킨 미세먼지의 양은 15×12(10분이 12번)=180이므로 이를 통해 18시 현재 미세먼지의 양은 75+40+200−180=135임을 알 수 있다. 공기청정기는 미세먼지 양이 30이 되어야 꺼지므로 135가 30이 되려면 105가 줄어야 하고, 이는 $\frac{105}{15}$=7이므로 10분이 7번 필요하다. 즉 18시에서 70분이 지난 시간에 미세먼지의 양이 30이 되므로 19시 10분에 공기청정기가 자동으로 꺼질 것이다.
④ 19시 20분 ➡ (X)
⑤ 19시 30분 ➡ (X)

---

25 ④　　　　　　　　　　　　　　　　　　　정답률 87.6%

| **문제 유형** | 제시문형 > 분석추론
| **접근 전략** | 주어진 정보를 바탕으로 제시된 상황의 적용 여부를 판단할 수 있어야 한다. 정보의 양이 많아 보이지만, 〈상황〉은 제시된 정보가 그림으로 나타난 것이므로 정보를 일대일로 대응시키면 쉽게 정답을 찾아낼 수 있다.

다음 글과 〈상황〉을 근거로 판단할 때, 갑돌이가 할 수 없는 행위는?

'AD카드'란 올림픽 및 패럴림픽에서 정해진 구역을 출입하거나 차량을 탑승하기 위한 권한을 증명하는 일종의 신분증이다. 모든 관계자들은 반드시 AD카드를 패용해야 해당 구역에 출입하거나 차량을 탑승할 수 있다. 아래는 AD카드에 담긴 정보에 대한 설명이다.

〈AD카드 예시〉

대회구분	• 올림픽 AD카드에는 다섯 개의 원이 겹쳐진 '오륜기'가, 패럴림픽 AD카드에는 세 개의 반달이 나열된 '아지토스'가 부착된다. • 올림픽 기간 동안에는 올림픽 AD카드만이, 패럴림픽 기간 동안에는 패럴림픽 AD카드만이 유효하다. • 두 대회의 기간은 겹치지 않는다.	
탑승권한	AD카드 소지자가 탑승 가능한 교통서비스를 나타낸다. 탑승권한 코드는 복수로 부여될 수 있다.	
	코드	**탑승 가능 교통서비스**
	T1	VIP용 지정차량
	TA	선수단 셔틀버스
	TM	미디어 셔틀버스
시설입장 권한	AD카드 소지자가 입장 가능한 시설을 나타낸다. 시설입장권한 코드는 복수로 부여될 수 있다.	
	코드	**입장 가능 시설**
	IBC	국제 방송센터
	HAL	알파인 경기장
	HCC	컬링센터
	OFH	올림픽 패밀리 호텔
	ALL	모든 시설
특수구역 접근권한	AD카드 소지자가 시설 내부에서 접근 가능한 특수구역을 나타낸다. 특수구역 접근권한 코드는 복수로 부여될 수 있다.	
	코드	**접근 가능 구역**
	2	선수준비 구역
	4	프레스 구역
	6	VIP 구역

<상황>

갑돌이는 올림픽 및 패럴림픽 관계자이다. 다음은 갑돌이가 패용한 AD카드이다.

① 패럴림픽 기간 동안 알파인 경기장에 들어간다. ➡ (O) 시설입장권
한에 따르면 갑돌이는 패럴림픽 AD카드로 모든 시설에 입장할 수 있다.

② 패럴림픽 기간 동안 VIP용 지정차량에 탑승한다. ➡ (O) 탑승권한
에 따르면 갑돌이는 패럴림픽 AD카드로 VIP용 지정차량과 선수단 셔틀버스를 이용
할 수 있다.

③ 올림픽 기간 동안 올림픽 패밀리 호텔에 들어간다. ➡ (O) 시설입장
권한에 따르면 갑돌이는 올림픽 AD카드로 국제 방송센터, 컬링센터, 올림픽 패밀리
호텔에 입장할 수 있다.

④ 올림픽 기간 동안 컬링센터 내부에 있는 선수준비 구역에 들어간다.
➡ (X) 특수구역 접근권한에 따르면 갑돌이는 올림픽 AD카드로 프레스 구역과 VIP
구역만 들어갈 수 있다.

⑤ 올림픽 기간 동안 미디어 셔틀버스를 타고 이동한 후 국제 방송센
터에 들어간다. ➡ (O) 탑승권한에 따르면 갑돌이는 올림픽 AD카드로 미디어
셔틀버스를 이용할 수 있고 시설입장권한에 따르면 국제 방송센터에 입장할 수 있다.

2019년 7월 20일 시행

2019년도 국가공무원 5급 및 7급 민간경력자 일괄채용 필기시험

정답과 분석해설

나의 성적

영역	점수	풀이 시간
언어논리	_____점	_____분
자료해석	_____점	_____분
상황판단	_____점	_____분

합격선

영역	합격 가능권	합격 확실권
언어논리	68~72점	76~80점
자료해석	60~64점	68~72점
상황판단	64~68점	72~76점

풀이 시간

영역	기본	숙련
언어논리	60분	50분
자료해석	60분	50분
상황판단	60분	50분

선발 인원 / 응시 인원 / 경쟁률

선발 인원	응시 인원	경쟁률
228명	5,675명	2.5 : 1

※ 경쟁률은 1차 합격자 선발 기준인 10배수로 산정

취약유형 분석표 제1영역 언어논리

문번	정답	정답률	유형	맞고 틀림
01	⑤	66.1%	비판적 사고 > 빈칸 채우기	○ △ ×
02	①	74.8%	사실적 이해 > 정보 확인	○ △ ×
03	①	95.5%	사실적 이해 > 정보 확인	○ △ ×
04	②	55.4%	사실적 이해 > 정보 확인	○ △ ×
05	④	95.0%	비판적 사고 > 지문에서 추론하기	○ △ ×
06	①	80.2%	비판적 사고 > 빈칸 채우기	○ △ ×
07	①	77.8%	비판적 사고 > 판단하기	○ △ ×
08	③	44.9%	비판적 사고 > 판단하기	○ △ ×
09	③	34.0%	비판적 사고 > 지문에서 추론하기	○ △ ×
10	③	45.1%	사실적 이해 > 논리 게임	○ △ ×
11	⑤	92.7%	사실적 이해 > 정보 확인	○ △ ×
12	②	72.4%	사실적 이해 > 정보 확인	○ △ ×
13	⑤	83.3%	사실적 이해 > 정보 확인	○ △ ×
14	②	89.0%	사실적 이해 > 정보 확인	○ △ ×
15	③	85.4%	비판적 사고 > 지문에서 추론하기	○ △ ×
16	③	23.6%	비판적 사고 > 빈칸 채우기	○ △ ×
17	⑤	96.6%	비판적 사고 > 판단하기	○ △ ×
18	②	57.1%	비판적 사고 > 논지 강화·약화하기	○ △ ×
19	④	69.0%	사실적 이해 > 논리 게임	○ △ ×
20	④	62.3%	비판적 사고 > 논리적 결론의 전제 · 원인 찾기	○ △ ×
21	④	93.8%	사실적 이해 > 정보 확인	○ △ ×
22	②	68.3%	비판적 사고 > 판단하기	○ △ ×
23	①	79.7%	사실적 이해 > 정보 확인	○ △ ×
24	③	84.2%	사실적 이해 > 정보 확인	○ △ ×
25	⑤	57.7%	비판적 사고 > 빈칸 채우기	○ △ ×

- 확실히 맞힌 문항 수: _____ 문항
- 헷갈리거나 찍은 문항 수: _____ 문항
- 틀린 문항 수: _____ 문항

취약유형 분석표 제2영역 자료해석

문번	정답	정답률	유형	맞고 틀림
01	④	90.1%	자료 추론 > 추가로 필요한 자료 찾기	○ △ ✕
02	③	90.1%	자료 읽기 > 표/그림 제시형	○ △ ✕
03	④	65.1%	자료 변환응용 > 표/그림 전환형	○ △ ✕
04	②	58.7%	자료 읽기 > 표 제시형	○ △ ✕
05	⑤	58.7%	자료 읽기 > 표/그림 제시형	○ △ ✕
06	⑤	78.0%	자료 읽기 > 표 제시형	○ △ ✕
07	①	75.8%	자료 읽기 > 표 제시형	○ △ ✕
08	①	74.6%	자료 읽기 > 표/그림/빈칸 제시형	○ △ ✕
09	⑤	91.6%	자료 읽기 > 표/그림 제시형	○ △ ✕
10	①	85.6%	자료 읽기/추론 > 매칭형	○ △ ✕
11	⑤	68.9%	자료 변환응용 > 자료/보고서 전환형	○ △ ✕
12	④	87.2%	자료 읽기 > 표 제시형	○ △ ✕
13	①	88.9%	자료 읽기 > 표 제시형	○ △ ✕
14	②	90.7%	자료 읽기/추론 > 매칭형	○ △ ✕
15	③	81.8%	자료 읽기 > 그림 제시형	○ △ ✕
16	③	84.7%	자료 읽기 > 표/빈칸 제시형	○ △ ✕
17	①	84.3%	자료 읽기 > 그림 제시형	○ △ ✕
18	②	84.7%	자료 읽기 > 표 제시형	○ △ ✕
19	③	63.8%	자료 변환응용 > 자료/보고서 전환형	○ △ ✕
20	②	68.0%	자료 읽기/추론 > 계산형	○ △ ✕
21	④	65.8%	자료 읽기/추론 > 계산형	○ △ ✕
22	③	64.4%	자료 읽기 > 표/그림 제시형	○ △ ✕
23	③	71.1%	자료 읽기/추론 > 계산형	○ △ ✕
24	②	50.8%	자료 읽기/추론 > 계산형	○ △ ✕
25	⑤	53.7%	자료 읽기/추론 > 계산형	○ △ ✕

- 확실히 맞힌 문항 수: _____ 문항
- 헷갈리거나 찍은 문항 수: _____ 문항
- 틀린 문항 수: _____ 문항

취약유형 분석표 제3영역 상황판단

문번	정답	정답률	유형	맞고 틀림
01	①	86.7%	법조문형 > 규정확인	○ △ ✕
02	②	77.1%	법조문형 > 규정적용	○ △ ✕
03	④	96.0%	연산추론형 > 수리계산	○ △ ✕
04	①	90.3%	제시문형 > 정보확인	○ △ ✕
05	③	76.5%	연산추론형 > 수리계산	○ △ ✕
06	②	77.2%	연산추론형 > 대입비교	○ △ ✕
07	①	79.3%	퍼즐형 > 논리퀴즈	○ △ ✕
08	②	68.8%	퍼즐형 > 수리퀴즈	○ △ ✕
09	③	72.3%	퍼즐형 > 최댓값·최솟값 도출	○ △ ✕
10	⑤	54.8%	퍼즐형 > 수리퀴즈	○ △ ✕
11	①	64.3%	법조문형 > 규정적용	○ △ ✕
12	⑤	49.1%	제시문형 > 분석추론	○ △ ✕
13	②	77.5%	법조문형 > 규정확인	○ △ ✕
14	②	66.5%	제시문형 > 분석추론	○ △ ✕
15	⑤	58.9%	퍼즐형 > 수리퀴즈	○ △ ✕
16	⑤	73.3%	연산추론형 > 수리계산	○ △ ✕
17	④	65.6%	퍼즐형 > 최댓값·최솟값 도출	○ △ ✕
18	③	69.9%	퍼즐형 > 논리퀴즈	○ △ ✕
19	①	76.4%	퍼즐형 > 최댓값·최솟값 도출	○ △ ✕
20	④	61.1%	퍼즐형 > 수리퀴즈	○ △ ✕
21	③	64.1%	퍼즐형 > 수리퀴즈	○ △ ✕
22	②	74.0%	퍼즐형 > 논리퀴즈	○ △ ✕
23	⑤	69.3%	퍼즐형 > 최댓값·최솟값 도출	○ △ ✕
24	④	69.4%	퍼즐형 > 수리퀴즈	○ △ ✕
25	①	62.8%	제시문형 > 분석추론	○ △ ✕

- 확실히 맞힌 문항 수: _____ 문항
- 헷갈리거나 찍은 문항 수: _____ 문항
- 틀린 문항 수: _____ 문항

2019 | 제1영역 언어논리(㉯ 책형)

▌기출 총평

난이도 중에 해당하는 문항의 비중이 전체적으로 높았지만, 소수 출제된 난이도 상에 해당하는 문제의 풀이에 시간이 많이 소모되었을 것으로 예상된다. 난이도가 높은 문제의 경우, 지문에 등장하는 생소한 용어를 이해하는 것도 중요하지만 지시 대상 간의 상관관계를 논리적으로 파악하는 것도 중요하다. 따라서 지문에 나온 문장들을 도식화하여 그림이나 표로 구성해 보는 연습이 필요하다. 사실적 이해 영역의 문제들이 전체 문항의 반 이상을 차지했는데, 선지의 내용이 지문에서 언급한 위치나 장소를 정확하게 설명했는지, 비교 및 대조 대상들 간의 관계를 잘 서술했는지, 수의 증감 여부를 맞게 기술했는지 등과 관련된 것들이었다. 따라서 지문을 꼼꼼하게 읽고 선지와의 대조 작업을 수행해야 했을 것으로 판단된다. 비판적 사고 영역의 문항들 중에서는 판단하기 유형과 빈칸 채우기 유형의 문항들이 눈에 띈다. 판단하기 유형의 경우, 지시문은 지문에 대한 적절한 평가나 비판을 고르라는 형태이지만 문제 풀이 과정에서 논리적 개념들을 적용해야 하는 다소 복합적인 문제 양상을 보였다. 그리고 빈칸 채우기 유형의 문제들은 단순히 빈칸의 앞뒤 문장만을 읽고 풀 수 있는 문제가 아닌, 난이도가 상당한 문제들이 출제되었다. 즉, 지문 전체의 가설이나 이유, 결론을 도출하는 유형으로 논리 게임의 풀이 방법을 동원해 지문 전체를 이해해야 하는 유형의 문제들이 다수 출제되었다. 따라서 지문의 내용을 파악할 때는 그림이나 기호를 사용해서 구조화해 보는 것이 문제 풀이에 도움이 되었을 것이다.

▌문항별 정답률 및 선지별 선택률

문번	정답	정답률(%)	선지별 선택률(%)				
			①	②	③	④	⑤
01	⑤	66.1	6.3	5.2	8.3	14.1	66.1
02	①	74.8	74.8	5.8	4.6	10.9	3.9
03	①	95.5	95.5	1.8	1.5	0.7	0.5
04	②	55.4	12.2	55.4	0.9	30.8	0.7
05	④	95.0	1.2	3.1	0.5	95.0	0.2
06	①	80.2	80.2	4.3	1.4	0.4	13.7
07	①	77.8	77.8	2.3	7.8	6.3	5.8
08	③	44.9	13.2	11.3	44.9	16.2	14.4
09	③	34.0	32.6	4.0	34.0	7.4	22.0
10	③	45.1	3.8	4.1	45.1	19.3	27.7
11	⑤	92.7	5.4	0.4	0.4	1.1	92.7
12	⑤	72.4	0.0	0.4	26.4	0.8	72.4
13	⑤	83.3	1.9	0.2	10.4	4.2	83.3

문번	정답	정답률(%)	선지별 선택률(%)				
			①	②	③	④	⑤
14	②	89.0	0.2	89.0	6.9	2.8	1.1
15	③	85.4	5.3	1.4	85.4	3.4	4.5
16	③	23.6	37.8	23.8	23.6	9.4	5.4
17	⑤	96.6	0.8	0.8	1.4	0.4	96.6
18	②	57.1	1.8	57.1	2.7	33.6	4.8
19	④	69.0	0.9	18.0	4.1	69.0	8.0
20	④	62.3	10.4	8.1	8.4	62.3	10.8
21	④	93.8	2.4	1.1	2.0	93.8	0.7
22	②	68.3	16.4	68.3	5.2	4.6	5.5
23	①	79.7	79.7	3.4	3.3	1.8	11.8
24	③	84.2	2.4	2.0	84.2	5.3	6.1
25	⑤	57.7	4.9	3.7	6.8	26.9	57.7

※ 파란색 음영 문항은 해당 회차에서 정답률이 가장 낮은 TOP 3 문항입니다.
※ 문항별 정답률 산정 기준: 약 1년간 누적된 자동채점 & 성적결과분석 서비스의 응시 데이터

▌출제 비중

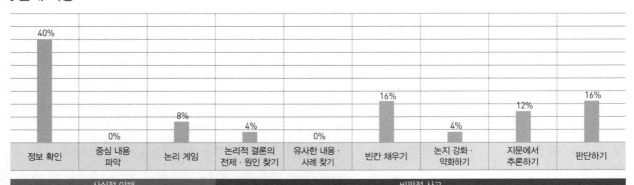

01	⑤	02	①	03	①	04	②	05	④
06	①	07	①	08	③	09	③	10	③
11	⑤	12	⑤	13	⑤	14	②	15	③
16	③	17	①	18	②	19	④	20	④
21	④	22	②	23	①	24	⑤	25	⑤

01 ⑤

정답률 66.1%

|문제 유형| 비판적 사고 > 빈칸 채우기

|접근 전략| 지문에 빈칸을 주고, 문맥을 파악하여 해당 빈칸을 채우는 능력을 평가하는 문제 유형이다. 빈칸 채우기 유형은 지문의 전체적인 흐름과 더불어 그 빈칸 주변부의 글의 흐름까지도 집중해서 보아야 한다. 빈칸 주변의 접속사와 빈칸이 포함된 문단의 도입부 등을 잘 살펴 빈칸에 들어가야 하는 내용이 예시인지, 반론인지, 추가 설명인지 등을 파악해야 한다. 특히 본 문제의 경우, 빈칸의 개수가 5개로 일반적인 빈칸 채우기 유형보다 빈칸의 개수가 많기 때문에 문제가 어렵게 느껴질 수 있다. 하지만 지문 내용이 크게 어렵지 않기 때문에 빈칸 주변의 접속사, 어미 등을 활용하면 빈칸에 들어갈 내용을 유추할 수 있다.

다음 글의 문맥상 (가)~(마)에 들어갈 내용으로 적절하지 않은 것은?

'방언(方言)'이라는 용어는 표준어와 대립되는 개념으로 사용될 수 있다. 이때 방언이란 '교양 있는 사람들이 두루 쓰는 현대 서울말'로서의 표준어가 아닌 말, 즉 비표준어라는 뜻을 갖는다. 가령 ___(가)___ 는 생각에는 방언을 비표준어로서 낮잡아 보는 인식이 담겨 있다. 이러한 개념으로서의 방언은 '사투리'라는 용어로 바뀌어 쓰이는 수가 많다. '충청도 사투리', '평안도 사투리'라고 할 때의 사투리는 대개 이러한 개념으로 쓰이는 경우이다. 이때의 방언이나 사투리는, 말하자면 표준어인 서울말이 아닌 어느 지역의 말을 가리키거나, 더 나아가 ___(나)___ 을 일컫는다. 이러한 용법에는 방언이 표준어보다 열등하다는 오해와 편견이 포함되어 있다. 여기에는 표준어보다 못하다거나 세련되지 못하고 규칙에 엄격하지 않다와 같은 부정적 평가가 담겨 있는 것이다. 그런가 하면 사투리는 한 지역의 언어 체계 전반을 뜻하기보다 그 지역의 말 가운데 표준어에는 없는, 그 지역 특유의 언어 요소만을 일컫기도 한다. ___(다)___ 고 할 때의 사투리가 그러한 경우에 해당된다. ▶1문단

언어학에서의 방언은 한 언어를 형성하고 있는 하위 단위로서의 언어 체계 전부를 일컫는 말로 사용된다. 가령 한국어를 예로 들면 한국어를 이루고 있는 각 지역의 말 하나하나, 즉 그 지역의 언어 체계 전부를 방언이라 한다. 서울말은 이 경우 표준어이면서 한국어의 한 방언이다. 그리고 나머지 지역의 방언들은 ___(라)___. 이러한 의미에서의 '충청도 방언'은, 충청도에서만 쓰이는, 표준어에도 없고 다른 도의 말에도 없는 충청도 특유의 언어 요소만을 가리키는 것이 아니다. '충청도 방언'은 충청도의 토박이들이 전래적으로 써 온 한국어 전부를 가리킨다. 이 점에서 한국어는 ___(마)___. ▶2문단

① **(가): 바른말을 써야 하는 아나운서가 방언을 써서는 안 된다**
➡ (O) 예시가 들어가야 하는 부분이다. (가)의 앞 문장에서 방언이라는 용어가 표준어와 대립되는 개념이며, 비표준어라는 뜻을 갖는다고 설명하였고 (가)의 뒤 문장에서는 빈칸에 들어갈 예시에 방언을 비표준어로서 낮잡아 보는 인식이 담겨 있다고 하였다. 따라서 방언을 낮잡아 보는 인식이 담긴 사례에 해당하는 본 선지는 (가)에 들어갈 내용으로 적절하다.

② **(나): 표준어가 아닌, 세련되지 못하고 격을 갖추지 못한 말** ➡ (O)
추가 설명이 들어가야 하는 부분이다. (나)의 앞에 덧붙은 '더 나아가'라는 수식어를 통해 (나)에는 앞부분에서 설명한 개념을 심화하는 내용이 들어가야 한다는 것을 알 수 있다. 또한 (나)의 뒷부분에서 방언이 표준어보다 열등하다는 오해와 편견이라고

설명하고 있는 것을 통해 (나)에서는 방언이 표준어보다 열등하다는 것을 설명해야 함을 알 수 있다. 본 선지에서 방언을 '표준어가 아닌, 세련되지 못하고 격을 갖추지 못한 말'이라고 정의한 것은 방언이 표준어보다 열등하다는 점을 설명한 것이고, 방언을 '표준어인 서울말이 아닌 어느 지역의 말'이라고 정의한 앞부분보다 방언의 열등한 점을 심화한 말이므로 본 선지는 (나)에 들어갈 내용으로 적절하다.

③ **(다): 사투리를 많이 쓰는 사람과는 의사소통이 어렵다** ➡ (O) 예시가 들어가야 하는 부분이다. (다)의 앞 문장에서 사투리를 그 지역 특유의 언어 요소만을 일컫는 것이라고 설명하였는데 본 선지에서는 그 예시로 사투리를 많이 쓰는 사람과는 의사소통이 어렵다는 것을 제시하고 있다. 그 지역 특유의 언어 요소를 많이 사용하면, 즉 사투리를 많이 사용하면 다른 지역 사람이 그 내용을 인식하지 못해 의사소통이 어려워지므로 본 선지는 (다)에 들어갈 예시로 적절하다.

④ **(라): 한국어라는 한 언어의 하위 단위이기 때문에 방언이다**
➡ (O) 비교·대조의 내용이 들어가야 하는 부분이다. 앞부분의 내용은 서울말과 나머지 지역의 방언의 공통점은 한국어라는 언어의 하위 단위라는 것으로 정리할 수 있다. 반면 차이점은 표준어이냐 아니냐이다. 그러므로 나머지 지역의 방언들이 한국어라는 한 언어의 하위 단위라고 설명하고 있는 본 선지는 (라)에 들어갈 내용으로 적절하다.

⑤ **(마): 표준어와 지역 방언의 공통부분을 지칭하는 개념이다**
➡ (X) 요약하는 내용이 들어가야 하는 부분이다. 2문단에서는 한국어의 하위 단위로 방언이 있고, 서울말도 방언의 일종임을 설명하고 있는데 이는 지역 방언과 표준어 모두를 합한 개념이 한국어임을 뜻한다. 그런데 본 선지에서는 한국어를 표준어와 지역 방언을 합한 것이 아니라 그 둘의 공통부분을 지칭하는 개념이라고 설명하고 있으므로 본 선지는 (마)에 들어갈 내용으로 적절하지 않다.

02 ①

정답률 74.8%

|문제 유형| 사실적 이해 > 정보 확인

|접근 전략| 지문을 통해 알 수 있는 것 또는 알 수 없는 것을 묻는 문제에서 '옳은 것'은 알 수 있는 것이며, '틀린 것이나 지문에서 찾을 수 없는 것'은 알 수 없는 것이 된다. 따라서 지문에서 찾을 수 없는 것은 과감히 알 수 없는 것으로 체크하고 넘어가면 된다. 이 문제는 특정 장소가 어느 위치에 있으며, 어떤 특징을 가지고 있는지를 지문에서 나열한 후 그것을 통해 알 수 있는 것을 묻고 있는데 이 경우 지문을 읽으면서 여러 장소의 위치와 특징을 전부 외워 문제를 푸는 것은 불가능하다. 따라서 지문에서 어느 장소에 대한 설명이 어디쯤에 설명되고 있는지 정도만 기억하거나 표시한 후, 선지를 보고 다시 지문으로 빠르게 돌아가 일치·불일치 여부를 판단하거나, 지문의 내용을 간단히 시각화한 후 선지와 일치·불일치 여부를 판단하면 된다.

다음 글에서 알 수 있는 것은?

고려의 수도 개경 안에는 궁궐이 있고, 그 주변으로 가옥과 상점이 모여 시가지를 형성하고 있었다. 이 궁궐과 시가지를 둘러싼 성벽을 개경 도성이라고 불렀다. 개경 도성에는 여러 개의 출입문이 있었는데, 서쪽에 있는 문 가운데 가장 많은 사람이 드나든 곳은 선의문이었다. 동쪽에는 숭인문이라는 문도 있었다. 도성 안에는 선의문과 숭인문을 잇는 큰 도로가 있었다. 이 도로는 궁궐의 출입문인 광화문으로부터 도성 남쪽 출입문 방향으로 나 있는 다른 도로와 만나는데, 두 도로의 교차점을 십자가라고 불렀다. ▶1문단

고려 때에는 개경의 십자가로부터 광화문까지 난 거리를 남대가라고 불렀다. 남대가 양편에는 관청의 허가를 받아 영업하는 상점인 시전들이 도로를 따라 나란히 위치해 있었다. 이 거리는 비단이나 신발을 파는 시전, 과일 파는 시전 등이 밀집한 번화가였다. 고려 정부는 이 거리를 관리하기 위해 남대가의 남쪽 끝 지점에 경시서라는 관청을 두었다. ▶2문단

개경에는 남대가에만 시전이 있는 것이 아니었다. 십자가에서 숭인문 방향으로 몇백 미터를 걸어가면 그 도로 북쪽 편에 자남산이라는 조그마한 산이 있었다. 이 산은 도로에서 불과 몇십 미터 떨어져 있지 않은데, 그 산과 남대가 사이의 공간에 기름만 취급하는 시전들이 따로 모인 유시 골목이 있었

다. 또 십자가에서 남쪽으로 이어진 길로 백여 미터만 가도 그 길에 접한 서쪽 면에 돼지고기만 따로 파는 저전들이 있었다. 이외에도 십자가와 선의문 사이를 잇는 길의 중간 지점에 수륙교라는 다리가 있었는데, 그 옆에 종이만 파는 저시 골목이 있었다. ▶3문단

→ 지문 내용을 시각화하면 다음과 같다.

① 남대가의 북쪽 끝에 궁궐의 출입문이 자리잡고 있었다. ➡ (O) 남대가에 대한 정보는 2문단에 제시되어 있다. 십자가에서 광화문까지의 거리를 남대가라고 하는데, 1문단에 따르면 광화문이 궁궐의 출입문이다. 십자가에서 도성 남쪽 출입문 방향으로 나 있는 도로가 이미 있고, 서쪽의 선의문과 동쪽의 숭인문을 잇는 도로는 십자가를 지난다고 하였으므로 십자가의 동서남으로는 이미 길이 있음을 알 수 있다. 이에 따라 남대가는 십자가 북쪽으로 향해 있을 수밖에 없으므로 남대가의 북쪽 끝에 광화문이 있었다는 것을 확인할 수 있다.

② 수륙교가 있던 곳으로부터 서북쪽 방향에 자남산이 있다. ➡ (X) 수륙교와 자남산에 대한 정보는 3문단에 제시되어 있다. 1문단에 따르면 숭인문은 십자가 동쪽에 있으며, 선의문은 십자가 서쪽에 있다. 3문단에서는 십자가에서 숭인문 방향으로 몇백 미터를 걸어가면 도로 북쪽 편에 자남산이 있다고 했으므로 십자가 북동쪽에 자남산이 있어야 한다. 수륙교는 십자가와 선의문 사이에 있었다고 했으므로 십자가 서쪽에 수륙교가 있어야 한다. 이에 따라 수륙교의 북동쪽 방향에 자남산이 있었음을 알 수 있으므로 본 선지의 내용은 옳지 않다.

③ 숭인문과 경시서의 중간 지점에 저시 골목이 위치해 있었다. ➡ (X) 경시서에 대한 정보는 2문단, 저시 골목에 대한 정보는 3문단에 제시되어 있다. 2문단에서 경시서는 남대가의 남쪽 끝 지점에 있다고 하였는데, 광화문은 도성 북쪽에 있고, 남대가는 광화문에서 십자가까지 난 거리이므로 경시서는 십자가 부근에 있을 것임을 알 수 있다. 저시 골목은 수륙교 옆에 있었는데 수륙교는 십자가와 선의문 사이에 있었고 선의문은 십자가 서쪽에 있었으므로 저시 골목은 십자가 서쪽에 있었음을 알 수 있다. 따라서 본 선지의 내용은 옳지 않다.

④ 선의문과 십자가를 연결하는 길의 중간 지점에 저전이 모여 있었다. ➡ (X) 저전에 대한 정보는 3문단에 제시되어 있다. 저전은 십자가에서 남쪽으로 이어진 길에 있었다고 하였는데, 1문단에 따르면 선의문은 서쪽에 있었으므로 본 선지의 내용은 옳지 않다.

⑤ 십자가에서 유시 골목으로 가는 길의 중간 지점에 수륙교가 위치해 있었다. ➡ (X) 유시 골목과 수륙교에 대한 정보는 3문단에 제시되어 있다. 유시 골목은 자남산과 남대가 사이에 있었다고 하였으므로 십자가가 북동쪽에 있었음을. 수륙교는 서쪽에 있는 선의문으로 가는 길에 있어 십자가 서쪽에 있었음을 알 수 있다. 따라서 본 선지의 내용은 옳지 않다.

03 ①

정답률 95.5%

| 문제 유형 | 사실적 이해 > 정보 확인

| 접근 전략 | 설명 대상들의 차이점을 묻는 문제 유형이다. 비교·대조 문제를 풀 때는 지문을 읽으며 비교·대조 대상인 두 가지 요소의 공통점과 차이점을 파악하며 풀어야 한다. 공통점을 차이점으로, 차이점을 공통점으로 바꾸거나 비교·대조의 대상이 아닌 것을 비교·대조의 대상으로 만들기도 하고, 또는 지문에 없는 내용으로 오답을 만들어 내는 것이 특징이므로 선지를 볼 때 이 점에 특히 유의해야 한다.

다음 글에서 알 수 없는 것은?

A효과란 기업이 시장에 최초로 진입하여 무형 및 유형의 이익을 얻는 것을 의미한다. 반면 뒤늦게 뛰어든 기업이 앞서 진출한 기업의 투자를 징검다리로 이용하여 성공적으로 시장에 안착하는 것을 B효과라고 한다. 물론 B효과는 후발진입기업이 최초진입기업과 동등한 수준의 기술 및 제품을 보다 낮은 비용으로 개발할 수 있을 때만 가능하다. ▶1문단

생산량이 증가할수록 평균생산비용이 감소하는 규모의 경제 효과 측면에서, 후발진입기업에 비해 최초진입기업이 유리하다. 즉, 대량 생산, 인프라 구축 등에서 우위를 조기에 확보하여 효율성 증대와 생산성 향상을 꾀할 수 있다. 반면 후발진입기업 역시 연구개발 투자 측면에서 최초진입기업에 비해 상대적으로 유리한 면이 있다. 후발진입기업의 모방 비용은 최초진입기업이 신제품 개발에 투자한 비용 대비 65% 수준이기 때문이다. 최초진입기업의 경우, 규모의 경제 효과를 얼마나 단기간에 이룰 수 있는가가 성공의 필수 요건이 된다. 후발진입기업의 경우, 절감된 비용을 마케팅 등에 효과적으로 투자하여 최초진입기업의 시장 점유율을 단기간에 빼앗아 오는 것이 성공의 핵심 조건이다. ▶2문단

규모의 경제 달성으로 인한 비용상의 이점 이외에도 최초진입기업이 누릴 수 있는 강점은 강력한 진입 장벽을 구축할 수 있다는 것이다. 시장에 최초로 진입했기에 소비자에게 우선적으로 인식된다. 그로 인해 후발진입기업에 비해 적어도 인지도 측면에서는 월등한 우위를 확보한다. 또한 기술적 우위를 확보하여 라이센스, 특허 전략 등을 통해 후발진입기업의 시장 진입을 방해하기도 한다. 뿐만 아니라 소비자들이 후발진입기업의 브랜드로 전환하려고 할 때 발생하는 노력, 비용, 심리적 위험 등을 마케팅에 활용하여 후발진입기업이 시장에 진입하기 어렵게 할 수도 있다. 결국 A효과를 극대화할 수 있는지는 규모의 경제 달성 이외에도 얼마나 오랫동안 후발주자가 진입하지 못하도록 할 수 있는가에 달려 있다. ▶3문단

① 최초진입기업은 후발진입기업에 비해 매년 더 많은 마케팅 비용을 사용한다. ➡ (X) 2문단에서는 후발진입기업이 절감된 비용을 마케팅 등에 효과적으로 투자할 수 있다고 하였으며, 3문단에서는 최초진입기업의 경우 소비자들이 후발진입기업의 브랜드로 전환하려고 할 때 발생하는 노력, 비용, 심리적 위험 등을 마케팅에 활용할 수 있다고 하였다. 그러나 지문에서 최초진입기업이 후발진입기업에 비해 매년 더 많은 마케팅 비용을 사용하는지에 대해서는 언급하지 않았으므로 본 선지의 내용은 알 수 없다.

② 후발진입기업의 모방 비용은 최초진입기업이 신제품 개발에 투자한 비용보다 적다. ➡ (O) 2문단에서 후발진입기업의 모방 비용은 최초진입기업이 신제품 개발에 투자한 비용 대비 65% 수준이라고 설명하고 있다. 따라서 본 선지의 내용은 지문에서 알 수 있다.

③ 최초진입기업이 후발진입기업에 비해 인지도 측면에서 우위에 있다는 것은 A효과에 해당한다. ➡ (O) 1문단에서 A효과를 기업이 최초로 시장에 진입했을 때의 효과라고 설명하고 있으며 3문단에서 최초진입기업은 후발진입기업에 비해 적어도 인지도 측면에서는 월등한 우위를 확보한다고 하였으므로 본 선지의 내용은 지문에서 알 수 있다.

④ 후발진입기업이 성공하려면 절감된 비용을 효과적으로 투자하여 최초진입기업의 시장점유율을 단기간에 빼앗아 와야 한다. ➡ (O) 2문단 마지막 문장에서 '후발진입기업의 경우, 절감된 비용을 마케팅 등에 효과적으로 투자하여 최초진입기업의 시장 점유율을 단기간에 빼앗아 오는 것이 성공의 핵심 조건이다.'라고 설명하고 있으므로 본 선지의 내용은 지문에서 알 수 있다.

⑤ 후발진입기업이 최초진입기업과 동등한 수준의 기술 및 제품을 보다 낮은 비용으로 개발할 수 없다면 B효과를 얻을 수 없다. ➡ (O) 1문단 마지막 문장에서 'B효과는 후발진입기업이 최초진입기업과 동등한 수준의 기술 및 제품을 보다 낮은 비용으로 개발할 수 있을 때만 가능하다.'라고 설명하고 있으므로 본 선지의 내용은 지문에서 알 수 있다.

| 문제 유형 | 사실적 이해 > 정보 확인

| 접근 전략 | 연도, 주세율 등 구체적인 수치가 제시된 지문을 읽고 푸는 문제 유형이다. 수에 관한 문제는 지문을 읽으며 수의 증감 여부를 눈여겨보아야 한다. 어떤 조건하에서, 어떤 시기에 수가 증가하고 감소하는지를 인지하며 지문을 읽으면 선지를 보고 문제를 해결하는 데 보다 적은 시간이 소요된다. 지문뿐 아니라 선지에 숫자가 제시된 경우에도 수의 증감에 유의하여 옳고 그름을 판단해야 한다.

다음 글에서 알 수 있는 것은?

1996년 미국, EU 및 캐나다는 일본에서 위스키의 주세율이 소주에 비해 지나치게 높다는 이유로 일본을 WTO에 제소했다. WTO 패널은 제소국인 미국, EU 및 캐나다의 손을 들어주었다. 이 판정을 근거로 미국과 EU는 한국에 대해서도 소주와 위스키의 주세율을 조정해줄 것을 요구했는데, 받아들여지지 않자 한국을 WTO에 제소했다. 당시 소주의 주세율은 증류식이 50%, 희석식이 35%였는데, 위스키의 주세율은 100%로 소주에 비해 크게 높았다. 한국에 위스키 원액을 수출하던 EU는 1997년 4월에 한국을 제소했고, 5월에는 미국도 한국을 제소했다. 패널은 1998년 7월에 한국의 패소를 결정했다. ▶1문단

패널의 판정은, 소주와 위스키가 직접적인 경쟁 관계에 있고 동시에 대체 관계가 존재하므로 국산품인 소주에 비해 수입품인 위스키에 높은 주세율을 적용하고 있는 한국의 주세 제도가 WTO 협정의 내국민대우 조항에 위배된다는 것이었다. 그리고 3개월 후 한국이 패널의 판정에 대해 상소했으나 상소 기구에서 패널의 판정이 그대로 인정되었다. 따라서 한국은 소주와 위스키 간 주세율의 차이를 해소해야 했는데, 그 방안은 위스키의 주세를 낮추거나 소주의 주세를 올리는 것이었다. 당시 어느 것이 옳은가에 대한 논쟁이 적지 않았다. 결국 소주의 주세율은 올리고 위스키의 주세율은 내려서, 똑같이 72%로 맞추는 방식으로 2000년 1월 주세법을 개정하여 차이를 해소했다.

▶2문단

① WTO 협정에 따르면, 제품 간 대체 관계가 존재하면 세율이 같아야 한다. ➡ (X) 2문단에서는 '패널의 판정은, 소주와 위스키가 직접적인 경쟁 관계에 있고 동시에 대체 관계가 존재하므로 국산품인 소주에 비해 수입품인 위스키에 높은 주세율을 적용하고 있는 한국의 주세 제도가 WTO 협정의 내국민대우 조항에 위배된다는 것이었다.'라고 설명하고 있다. 이 문장을 분해해 보면, '직접적인 경쟁 관계+대체 관계'일 때 세율이 다르면 WTO 협정에 위배된다는 것이다. 이렇게 조건이 두 가지인데 본 선지에서는 두 조건 가운데 하나만을 가지고 조건 모두를 충족하는 것으로 설명하고 있으므로 옳지 않다.

② 2000년 주세법 개정 결과 희석식 소주가 증류식 소주보다 주세율 상승폭이 컸다. ➡ (O) 1문단에서 기존 소주의 주세율은 증류식이 50%, 희석식이 35%라고 설명하고 있다. 그런데 2문단에서 2000년 주세법 개정 결과 소주와 위스키의 주세율이 72%로 같아졌다고 했으므로 증류식 소주는 세율이 22%p, 희석식은 37%p 증가해 희석식 소주가 증류식 소주보다 주세율 상승폭이 컸음을 알 수 있다.

③ 2000년 주세법 개정 이후 소주와 위스키의 세금 총액은 개정 전에 비해 증가하였다. ➡ (X) 세금 총액을 알기 위해서는 주세뿐 아니라 소주와 위스키의 판매 총액을 알아야 하는데 소주와 위스키의 판매액의 변화는 지문에 제시되지 않았으므로 본 선지의 내용은 지문에서 알 수 없다.

④ 미국, EU 및 캐나다는 일본과의 WTO 분쟁 판정 결과를 근거로 한국에서도 주세율을 조정하고자 했다. ➡ (X) 1문단에서 WTO에 한국을 제소한 곳은 미국과 EU임을 알 수 있다. 따라서 캐나다에서 한국의 주세율을 조정하고자 했는지는 지문에서 알 수 없다.

⑤ 한국의 소주와 위스키의 주세율을 일본과 동일하게 하라는 권고가 WTO 패널의 판정에 포함되어 있다. ➡ (X) 일본의 주세율이 얼마인지에 대한 설명이 제시되지 않았고, 일본의 주세율과 동일하게 하라는 권고가 있었는지도 지문에 나와 있지 않다. 따라서 본 선지의 내용은 지문에서 알 수 없다.

| 문제 유형 | 비판적 사고 > 지문에서 추론하기

| 접근 전략 | 추론하기 유형은 정보 확인 유형과 유사하지만 선지의 내용을 구성할 때 지문의 내용을 그대로 옮겨 놓지 않고 어느 정도 말을 바꾸어 구성한다는 점이 다르다. 또 특정 내용을 지문에서 직접적으로 설명하지 않고 다른 내용을 통해 간접적으로 알 수 있게 구성하기도 한다. 따라서 지문에 정확히 해당 내용이 없더라도 유사성이 매우 높거나, 다른 문장을 통해 해당 내용을 간접적으로 알 수 있다면 해당 선지는 옳다고 볼 수 있다.

다음 글에서 추론할 수 있는 것은?

종자와 농약을 생산하는 대기업들은 자신들이 유전자 기술로 조작한 종자가 농약을 현저히 적게 사용해도 되기 때문에 농부들이 더 많은 이윤을 낼 수 있다고 주장하였다. 그러나 미국에서 유전자 변형 작물을 재배한 16년(1996년~2011년) 동안의 농약 사용량을 살펴보면, 이 주장은 사실이 아님을 알 수 있다. ▶1문단

유전자 변형 작물은 해충에 훨씬 더 잘 견디는 장점이 있다. 유전자 변형 작물이 해충을 막기 위해 자체적으로 독소를 만들어내기 때문이다. 독소를 함유한 유전자 변형 작물을 재배함으로써 일반 작물 재배와 비교하여 16년 동안 살충제 소비를 약 56,000톤 줄일 수 있었다. 그런데 제초제의 경우는 달랐다. 처음 4~5년 동안에는 제초제의 사용이 감소하였다. 그렇지만 전체 재배 기간을 고려하면 일반 작물 재배와 비교할 때 약 239,000톤이 더 소비되었다. 늘어난 제초제의 양에서 줄어든 살충제의 양을 빼면 일반 작물 재배와 비교하여 농약 사용이 재배 기간 16년 동안 183,000톤 증가했다. ▶2문단

M사의 제초제인 글리포세이트에 내성을 가진 유전자 변형 작물을 재배하기 시작한 농부들은 그 제초제를 매년 반복해서 사용했다. 이로 인해 그 지역에서는 글리포세이트에 대해 내성을 가진 잡초가 생겨났다. 이와 같이 제초제에 내성을 가진 잡초를 슈퍼잡초라고 부른다. 유전자 변형 작물을 재배하는 농지는 대부분 이러한 슈퍼잡초로 인해 어려움을 겪게 되었다. 슈퍼잡초를 제거하기 위해서는 제초제를 더 자주 사용하거나 여러 제초제를 섞어서 사용하거나 아니면 새로 개발된 제초제를 사용해야 한다. 이로 인해 농부들은 더 많은 비용을 지불할 수밖에 없었다. ▶3문단

① 유전자 변형 작물을 재배하는 지역에서는 모든 종류의 농약 사용이 증가했다. ➡ (X) 농약의 종류에 대한 직접적인 설명은 없으나, 2문단에서 늘어난 제초제의 양에서 줄어든 살충제의 양을 빼 농약 사용의 증감을 설명한 것을 통해 제초제와 살충제가 농약의 종류임을 알 수 있다. 2문단의 내용을 통해 살충제의 소비는 감소하였지만 제초제의 소비는 늘어났음을 알 수 있으므로 모든 종류의 농약 사용이 증가했다는 본 선지의 내용은 옳지 않다.

② 유전자 변형 작물을 도입한 해부터 그 작물을 재배하는 지역에 슈퍼잡초가 나타났다. ➡ (X) 3문단에 내성을 가진 잡초인 슈퍼잡초가 생겨났다는 설명은 있으나 그것이 언제 생겨났는지에 관한 설명은 제시되어 있지 않으므로 본 선지의 내용은 알 수 없다.

③ 유전자 변형 작물을 도입한 후 일반 작물 재배의 경우에도 살충제의 사용이 증가했다. ➡ (X) 지문에 일반 작물 재배 시 살충제의 사용 증감에 대한 설명은 제시되어 있지 않으므로 해당 선지의 내용은 알 수 없다.

④ 유전자 변형 작물 재배로 슈퍼잡초가 발생한 지역에서는 작물 생산 비용이 증가했다. ➡ (O) 3문단에 슈퍼잡초를 제거하기 위해 농부들이 더 많은 비용을 지불할 수밖에 없었다는 설명이 있으므로 슈퍼잡초가 발생한 지역에서는 작물 생산 비용이 증가했음을 추론할 수 있다.

⑤ 유전자 변형 작물을 재배하는 지역과 일반 작물을 재배하는 지역에서 슈퍼잡초의 발생 정도가 비슷했다. ➡ (X) 지문에 일반 작물을 재배하는 지역에서의 슈퍼잡초 발생 여부에 대해서는 설명하고 있지 않으므로 본 선지의 내용은 알 수 없다.

| **문제 유형** | 비판적 사고 > 빈칸 채우기

| **접근 전략** | 지문에서 가설 제시 부분을 빈칸으로 처리하고 가설 검증을 위한 증거와 그에 대한 해석을 나열한 뒤 그것을 토대로 빈칸의 가설을 추론할 것을 요구하고 있다. 따라서 지문에 제시된 증거와 그에 대한 해석이 각 선지의 가설을 강화 또는 약화하는지 혹은 무관한지를 검토하여 빈칸에 들어갈 가설을 추론해야 한다. 이때 가설은 여러 증거를 통해 유의미하게 도출될 수 있는 가치 있는 명제를 뜻한다. 여러 증거와 그에 대한 해석을 포괄하지 못하고 증거의 일부분만을 해석한 명제는 가설로 볼 수 없다는 점을 염두에 두어야 한다.

다음 글의 빈칸에 들어갈 내용으로 가장 적절한 것은?

알레르기는 도시화와 산업화가 진행되는 지역에서 매우 빠르게 증가하고 있는데, 알레르기의 발병 원인에 대한 20세기의 지배적 이론은 알레르기는 병원균의 침입에 의해 발생하는 감염성 질병이라는 것이다. 하지만 1989년 영국 의사 S는 이 전통적인 이론에 맞서 다음 가설을 제시했다.

▶1문단

S는 1958년 3월 둘째 주에 태어난 17,000명 이상의 영국 어린이를 대상으로 그들이 23세가 될 때까지 수집한 개인 정보 데이터베이스를 분석하여, 이 가설을 뒷받침하는 증거를 찾았다. 이들의 가족 관계, 사회적 지위, 경제력, 거주 지역, 건강 등의 정보를 비교 분석한 결과, 두 개 항목이 꽃가루 알레르기와 상관관계를 가졌다. 첫째, 함께 자란 형제자매의 수이다. 외동으로 자란 아이의 경우 형제가 서넛인 아이에 비해 꽃가루 알레르기에 취약했다. 둘째, 가족 관계에서 차지하는 서열이다. 동생이 많은 아이보다 손위 형제가 많은 아이가 알레르기에 걸릴 확률이 낮았다. ▶2문단

S의 주장에 따르면 가족 구성원이 많은 집에 사는 아이들은 가족 구성원, 특히 손위 형제들이 집 안으로 끌고 들어오는 온갖 병균에 의한 잦은 감염 덕분에 장기적으로는 알레르기 예방에 오히려 유리하다. S는 유년기에 겪은 이런 감염이 꽃가루 알레르기를 비롯한 알레르기성 질환으로부터 아이들을 보호해 왔다고 생각했다. ▶3문단

① 알레르기는 유년기에 병원균 노출의 기회가 적을수록 발생 확률이 높아진다. ➡ (O) 빈칸의 가설은 알레르기가 감염성 질병이라는 점을 반박해야 한다. 본 선지의 가설은 감염원(병원균 노출)이 줄었는데 질병(알레르기 발생)이 늘었다는 것이므로 알레르기가 감염성 질병이라는 것을 정면으로 반박하는 내용으로 볼 수 있다. 그리고 3문단에서는 2문단의 증거에 대해 가족 구성원, 특히 손위 형제들이 많으면 병균에 의한 감염이 잦고 이에 따라 장기적으로 알레르기 예방에 유리하다고 해석하고 있다. 이는 병원균 노출의 기회가 적을수록 알레르기 발생 확률이 높아진다는 가설을 강화한다. 따라서 본 선지는 빈칸에 들어갈 가설로 적절하다.

② 알레르기는 가족 관계에서 서열이 높은 가족 구성원에게 더 많이 발생한다. ➡ (X) 2문단에서 동생이 많은 아이보다 손위 형제가 많은 아이가 알레르기에 걸릴 확률이 낮았다고 한 후 3문단에서 이에 대한 해석으로 유년기에 겪은 감염이 알레르기성 질환으로부터 아이들을 보호해 왔음을 제시하고 있다. 즉, 손위 형제가 많은 아이는 유년기 동안 형제가 많았고, 동생이 많은 아이는 유년기 동안에는 형제가 없거나 적었을 것임을 바탕으로 해당 연구 결과를 해석한 것이다. 따라서 해당 설명은 가족 관계에서의 서열보다 유년기 감염 빈도에 대한 가설을 강화하기 위한 설명으로 보는 것이 더 적절하다. 1문단에서 빈칸의 가설이 알레르기가 감염성 질병이라는 것을 정면으로 반박한다고 하였는데 가족 관계에서의 서열과 알레르기 간의 관계는 알레르기가 감염성 질병이라는 점을 정면으로 반박하는 것으로 보기 어렵다.

③ 알레르기는 성인보다 유년기의 아이들에게 더 많이 발생한다. ➡ (X) 지문에서는 성인의 알레르기 발생 빈도를 언급하지 않는다.

④ 알레르기는 도시화에 따른 전염병의 증가로 인해 유발된다. ➡ (X) S의 이론에서 알레르기와 도시화의 상관관계를 추론할 만한 내용을 찾을 수 없다.

⑤ 알레르기는 형제가 많을수록 발생 확률이 낮아진다. ➡ (X) 2문단에서 형제자매가 적으면 감염에 취약하다고 설명하고 있는데 본 선지는 해당 증거를 그대로 해석한 것으로 알레르기와 서열의 관계 및 3문단의 해설을 포괄하지는 못한다. 형제가 많더라도 서열에 따라 알레르기 발생 확률이 달라지는데 본 선지는 그 내

용을 포괄하지 못하는 것이다. 또 1문단에서는 빈칸의 가설이 알레르기가 감염성 질병이라는 것을 정면으로 반박한다고 하였는데 형제의 수와 알레르기 간의 관계는 알레르기가 감염성 질병이라는 점을 정면으로 반박하지 못한다.

| **문제 유형** | 비판적 사고 > 판단하기

| **접근 전략** | 지문에 대한 평가로 논지를 강화·약화하는지 따지는 문제는 선지가 논리적 결론을 도출하기 위한 전제를 반박하는지, 지지하는지를 유심히 살펴보아야 한다. 논리적 결론을 도출하는 과정에서 사용한 전제를 반박할 수 있다면 논지는 약화되고, 전제를 지지할 수 있다면 논지는 강화된다. 그러나 전제와 무관하다면 논지는 강화되지도 약화되지도 않는다.

다음 글에 대한 평가로 적절하지 않은 것은?

당신은 '행복 기계'에 들어갈 것인지 망설이고 있다. 만일 들어간다면 그 순간 당신은 기계에 들어왔다는 것을 완전히 잊게 되고, 이 기계를 만나기 전에는 맛보기 힘든 멋진 시간을 가상현실 기술을 통해 경험하게 된다. 단, 누구든 한 번 그 기계에 들어가면 삶을 마칠 때까지 거기서 나올 수 없다. 이 기계에는 고장도 오작동도 없다. 당신은 이 기계에 들어가겠는가? 우리의 삶은 고난과 좌절로 가득 차 있지만, 우리는 그것들이 실제로 사라지기를 원하지 그저 사라졌다고 믿기를 원하지 않는다. 이러한 사실은, 참인 믿음이 우리에게 아무런 이익이 되지 않거나 심지어 손해를 가져오는 경우에도 우리가 거짓인 믿음보다 참인 믿음을 가지기를 선호한다는 견해를 뒷받침한다. ▶1문단

돈의 가치는 숫자가 적힌 종이 자체에 있지 않다. 돈이 가치를 지니는 것은 그것이 좋은 것들을 얻는 도구로 기능하기 때문이다. 참인 믿음을 가지는 것이 유용한 경우가 많은 것은 사실이지만, 다른 것들을 얻기 위한 수단인 돈과 달리 참인 믿음은 그 자체로 가치가 있다. 그리고 행복 기계에 관한 우리의 태도는 이를 분명하게 보여 준다. ▶2문단

다른 것에 대한 선호로는 설명될 수 없는 원초적인 선호를 '기초 선호'라고 부른다. 가령 신체의 고통을 피하려는 것은 기초 선호로 보인다. 참인 믿음은 어떤가? 만약 참인 믿음이 기초 선호의 대상이 아니라면, 참인 믿음과 거짓인 믿음이 실용적 손익에서 동등할 경우 전자를 후자보다 더 선호해야 할 이유는 없다. 여기서 확인하게 되는 결론은, 참인 믿음이 기초 선호의 대상이라는 것이다. 그렇지 않다면, 사람들이 행복 기계에 들어가 행복한 거짓 믿음 속에 사는 편을 택하지 않을 이유가 없을 것이다. ▶3문단

① 대부분의 사람이 행복 기계에 들어가는 편을 택할 경우, 논지는 강화된다. ➡ (X) 1문단에서는 행복 기계에 들어가면 가상현실을 통해 멋진 시간을 보낼 수 있지만 우리는 고난과 좌절이 실제로 사라지기를 원하지 그저 사라졌다고 믿기를 원하지 않으며, 참인 믿음이 우리에게 아무런 이익이 되지 않거나 심지어 손해를 가져오는 경우에도 거짓인 믿음보다 참인 믿음을 가지기를 선호한다고 결론 내고 있다. 하지만 대부분의 사람이 행복 기계에 들어가려고 한다면, 사람들이 가상현실을 통해 고난과 좌절이 사라졌다고 믿기를 원하는 것으로 볼 수 있다. 이것은 결론을 도출하는 전제를 반박하는 것이므로 지문의 논지를 약화한다.

② 행복 기계가 현실에 존재하지 않는다는 사실이 논지를 약화하지는 않는다. ➡ (O) 지문에서는 행복 기계의 존재 여부를 결론을 도출하는 전제로 활용하고 있지 않다. 따라서 행복 기계의 존재 여부는 전제와 무관하므로 논지를 강화하지도 약화하지도 않는다.

③ 치료를 위해 신체의 고통을 기꺼이 견디는 사람들이 있다고 해도 논지는 약화되지 않는다. ➡ (O) 3문단에 따르면 신체의 고통을 피하려는 것은 기초 선호 가운데 하나인데 선지를 보면 기초 선호를 피하는 것으로 오해할 수 있다. 하지만 치료를 위해 신체의 고통을 견디면 추후 건강 등 다른 기초 선호를 얻을 수 있으므로 치료를 위해 고통을 견디는 것은 기초 선호라는 전제에 배치되지 않는다. 따라서 본 선지는 논지를 약화하지 않는다.

④ 행복 기계에 들어가지 않는 유일한 이유가 참과 무관한 실용적 이

익임이 확인될 경우, 논지는 약화된다. ➡ (O) 지문에서는 사람들이 참인 믿음을 가지기를 선호해 행복 기계에 들어가지 않는다고 보고 있다. 따라서 사람들이 행복 기계에 들어가지 않는 이유가 참된 믿음과 상관없이 오로지 실용적 이익 때문이라면 지문의 논지는 약화된다.

⑤ 실용적 이익이 없음에도 불구하고 우리가 수학적 참인 정리를 믿는 것을 선호한다는 사실은 논지를 강화한다. ➡ (O) 2문단에서 참인 믿음은 실용적 이익이 없더라도 그 자체로 가치가 있다고 하였으며, 3문단에서는 우리가 참인 믿음을 추구한다고 하였다. 그러므로 실용적 이익이 없는데도 우리가 수학적 참인 정리를 믿는다는 것은 그 자체로 가치가 있는 참인 믿음을 추구한다는 지문의 논지를 강화한다.

08 ③
TOP 3 정답률 44.9%

| 문제 유형 | 비판적 사고 > 판단하기
| 접근 전략 | 지시문만 봤을 때 지문에 대한 분석 내용인 선지의 진위 여부를 판별하는 판단하기 유형의 문제로 보이지만, 문제 풀이 과정에서는 논리 게임 유형의 풀이 방법으로 접근해야 한다. 이런 유형의 문제를 해결하기 위해서는 논리학에 대한 일정 수준의 공부가 필요하다. 특히 역, 이, 대우의 관계와 그것들을 만드는 과정은 반드시 이해하고 있어야 한다. 그래야만 전제로부터 결론이 도출되는지, 모순 관계에 있는지 아닌지에 대해 판단할 수 있다.

다음 글에 대한 분석으로 적절하지 않은 것은?

공포영화에 자주 등장하는 좀비는 철학에서도 자주 논의된다. 철학적 논의에서 좀비는 '의식을 갖지는 않지만 겉으로 드러나는 행동에서는 인간과 구별되지 않는 존재'로 정의된다. 이를 '철학적 좀비'라고 하자. ㉠인간은 고통을 느끼지만, 철학적 좀비는 고통을 느끼지 못한다. 즉 고통에 대한 의식을 가질 수 없는 존재라는 것이다. 그러나 ㉡철학적 좀비도 압정을 밟으면 인간과 마찬가지로 비명을 지르며 상처 부위를 부여잡을 것이다. 즉 행동 성향에서는 인간과 차이가 없다. 그렇기 때문에 겉으로 드러나는 모습만으로는 철학적 좀비와 인간을 구별할 수 없다. 그러나 ㉢인간과 철학적 좀비는 동일한 존재가 아니다. ㉣인간이 철학적 좀비와 동일한 존재라면, 인간도 고통을 느끼지 못하는 존재여야 한다. ▶1문단

물론 철학적 좀비는 상상의 산물이다. 그러나 우리가 철학적 좀비를 모순 없이 상상할 수 있다는 사실은 마음에 관한 이론인 행동주의에 문제가 있다는 점을 보여준다. 행동주의는 마음을 행동 성향과 동일시하는 입장이다. 이에 따르면, ㉤마음은 특정 자극에 따라 이러저러한 행동을 하려는 성향이다. ㉥행동주의가 옳다면, 인간이 철학적 좀비와 동일한 존재라는 점을 인정할 수밖에 없다. 그러나 인간과 달리 철학적 좀비는 마음이 없어서 어떤 의식도 가질 수 없는 존재다. 따라서 ㉦행동주의는 옳지 않다. ▶2문단

① ㉠과 ㉡은 동시에 참일 수 있다. ➡ (O) 철학적 좀비는 의식을 갖고 있지 않지만 겉으로 드러나는 행동에서는 인간과 구별되지 않는 존재로 정의된다. 이 정의에 따르면 철학적 좀비는 고통을 느끼지 못하더라도 고통을 느끼는 인간과 겉으로 드러나는 행동에서 인간과 구별되지 않아야 한다. 따라서 철학적 좀비가 압정을 밟으면 인간과 마찬가지로 비명을 지르며 상처 부위를 부여잡더라도 ㉠과 모순 관계에 놓이지 않으므로 ㉠과 ㉡은 동시에 참일 수 있다.

② ㉠과 ㉣이 모두 참이면, ㉢도 반드시 참이다. ➡ (O) ㉣의 논리 구조는 '인간이 철학적 좀비와 동일한 존재 → 인간도 고통을 느끼지 못하는 존재'이므로 ㉣의 대우는 '인간은 고통을 느끼는 존재 → 인간이 철학적 좀비와 다른 존재'이다. ㉣이 참이면 ㉣의 대우도 참이고, ㉣의 대우의 전제인 ㉠이 참이면 인간이 철학적 좀비와 다른 존재라는 결론 ㉢도 반드시 참이다.

③ ㉡과 ㉥이 모두 참이면, ㉤도 반드시 참이다. ➡ (X) ㉤은 행동주의에서의 마음에 대한 설명이고, ㉡은 철학적 좀비의 행동 성향에 관한 설명이며, ㉥은 행동주의가 옳다면 인간이 철학적 좀비와 동일한 존재라는 점을 설명하는 문장이다. ㉡은 ㉤이나 ㉥과 무관하며, ㉥은 행동주의가 옳을 때의 결론에 대한 설명이므로 ㉥만

가지고 행동주의가 옳은지 아닌지 판별할 수 없고, 행동주의에서 마음이 어떻게 정의되는지도 알 수 없다. 따라서 ㉡과 ㉥은 ㉤의 참, 거짓 여부를 판별할 수 없다.

④ ㉢과 ㉥이 모두 참이면, ㉦도 반드시 참이다. ➡ (O) ㉥의 대우는 '인간이 철학적 좀비와 동일한 존재라는 점을 인정하지 못한다면 행동주의는 옳지 않다.'인데 ㉥이 참이라면 ㉥의 대우도 참이다. ㉢과 ㉥이 참이면, ㉥의 대우의 전제인 '인간이 철학적 좀비와 동일한 존재라는 점을 인정하지 못한다.'가 참이 되어 결론인 ㉦도 참이 된다.

⑤ ㉥과 ㉦은 동시에 거짓일 수 없다. ➡ (O) ㉥은 행동주의가 참일 때를 전제로 마음에 대해 설명한 것이므로, ㉦이 거짓이면 행동주의가 옳은 것이 되어 ㉥이 거짓일 수 없다.

09 ③
TOP 2 정답률 34.0%

| 문제 유형 | 비판적 사고 > 지문에서 추론하기
| 접근 전략 | 참, 거짓 여부를 판단하는 문제 유형이다. 9번 문제의 경우 〈보기〉 중 참 또는 거짓인지 알 수 있는 것을 골라야 하므로 지문 내용을 통해 참과 거짓을 판별할 수 없는 것을 〈보기〉에서 찾아 오답으로 가려내면 된다.

다음 글의 내용이 참일 때, 참인지 거짓인지 알 수 있는 것만을 〈보기〉에서 모두 고르면?

머신러닝은 컴퓨터 공학에서 최근 주목 받고 있는 분야이다. 이 중 샤펠식 과정은 성공적인 적용 사례들로 인해 우리에게 많이 알려진 학습 방법이다. 머신러닝의 사례 가운데 샤펠식 과정에 해당하면서 의사결정트리 방식을 따르지 않는 경우는 없다. ▶1문단

머신러닝은 지도학습과 비지도학습이라는 두 배타적 유형으로 나눌 수 있고, 모든 머신러닝의 사례는 이 두 유형 중 어딘가에 속한다. 샤펠식 과정은 모두 전자에 속한다. 머신러닝에서 새로 떠오르는 방법은 강화학습인데, 강화학습을 활용하는 모든 경우는 후자에 속한다. 그리고 의사결정트리 방식을 적용한 사례들 가운데 강화학습을 활용하는 머신러닝의 사례도 있다. ▶2문단

→ 지문 내용을 시각화하면 다음과 같다.

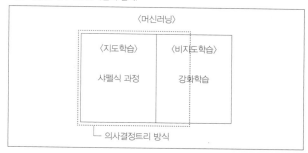

〈보기〉

ㄱ. 의사결정트리 방식을 적용한 모든 사례는 지도학습의 사례이다. → (O) 의사결정트리 방식을 적용한 사례들 가운데 강화학습을 활용하는 머신러닝의 사례도 있는데, 강화학습을 활용한 경우는 모두 비지도학습의 사례에 속한다. 따라서 의사결정트리 방식을 적용한 사례들 가운데 비지도학습의 사례가 있으므로 ㄱ은 거짓이다.

ㄴ. 샤펠식 과정의 적용 사례가 아니면서 의사결정트리 방식을 적용한 경우가 존재한다. → (O) 샤펠식 과정은 모두 지도학습에 속하므로 비지도학습은 모두 샤펠식 과정이 아니다. 의사결정트리 방식을 적용한 사례들 가운데 강화학습을 활용하는 머신러닝의 사례도 있으며, 강화학습을 활용한 경우는 모두 비지도학습의 사례에 속한다. 따라서 의사결정트리 방식을 적용한 사례들 가운데 비지도학습의 사례가 있으며, 비지도학습은 모두 샤펠식 과정이

아니므로 샤펠식 과정의 적용 사례가 아니면서 의사결정트리 방식을 적용한 경우가 존재한다는 ㄴ은 참이다.

ㄷ. 강화학습을 활용하는 머신러닝 사례들 가운데 의사결정트리 방식이 적용되지 않은 경우는 없다. → (X) 의사결정트리 방식을 적용한 사례들 가운데 강화학습을 사용하고 있는 머신러닝 사례가 있다는 것만으로 강화학습을 사용하고 있는 모든 머신러닝 사례가 의사결정트리 방식을 적용하였는지 아니면 일부만 적용하였는지를 알 수 없다. 따라서 ㄷ은 참과 거짓 여부를 판별할 수 없다.

① ㄴ ➡ (X)
② ㄷ ➡ (X)
③ ㄱ, ㄴ ➡ (O)
④ ㄱ, ㄷ ➡ (X)
⑤ ㄱ, ㄴ, ㄷ ➡ (X)

10 ③
정답률 45.1%

| 문제 유형 | 사실적 이해 > 논리 게임
| 접근 전략 | 제시된 조건으로부터 반드시 참인 것을 〈보기〉에서 고르는 문제이다. 이런 논리 게임 문제를 풀 때는 먼저 문제 해결의 열쇠가 되는 조건을 찾아야 한다. 그런 다음 그 조건의 내용과 모순되거나 대립되는 내용을 찾아 참 또는 거짓을 판단하면 된다.

다음 글의 내용이 참일 때, 반드시 참인 것만을 〈보기〉에서 모두 고르면?

전통문화 활성화 정책의 일환으로 일부 도시를 선정하여 문화관광특구로 지정할 예정이다. 특구 지정 신청을 받아 본 결과, A, B, C, D, 네 개의 도시가 신청하였다. 선정과 관련하여 다음 사실이 밝혀졌다.
○A가 선정되면 B도 선정된다.
○B와 C가 모두 선정되는 것은 아니다.
○B와 D 중 적어도 한 도시는 선정된다.
○C가 선정되지 않으면 B도 선정되지 않는다.
→ 조건을 정리하여 분석하면 다음과 같다.
• 4번째 조건 문장의 대우는 'B가 선정되면 C도 선정된다.'이다. 그런데 2번째 조건 문장에서 'B와 C가 모두 선정되는 것은 아니다.'라고 하였으므로 B가 선정되면 해당 조건 문장이 모순되어 B는 선정되지 않는다.
• 3번째 조건 문장에서 'B와 D 중 적어도 한 도시는 선정된다.'라고 하였는데 B는 선정되지 않으므로 D가 선정된다.
• 1번째 조건 문장에서 A가 선정되면 B도 선정된다.'라고 하였는데 이 문장의 대우에 의해 B가 선정되지 않으므로 A도 선정되지 않는다.
• C의 문화관광특구 선정 여부는 제시된 조건만으로는 알 수 없다.

⎯⎯⎯〈보기〉⎯⎯⎯
ㄱ. A와 B 가운데 적어도 한 도시는 선정되지 않는다. → (O) A, B 모두 선정되지 않으므로 참이다.
ㄴ. B도 선정되지 않고 C도 선정되지 않는다. → (X) C의 선정 여부는 알 수 없으므로 참인지 알 수 없다.
ㄷ. D는 선정된다. → (O) D는 선정되므로 참이다.

① ㄱ ➡ (X)
② ㄴ ➡ (X)
③ ㄱ, ㄷ ➡ (O)
④ ㄴ, ㄷ ➡ (X)
⑤ ㄱ, ㄴ, ㄷ ➡ (X)

11 ⑤
정답률 92.7%

| 문제 유형 | 사실적 이해 > 정보 확인
| 접근 전략 | 생소한 개념에 대한 글을 읽고 정보의 일치, 불일치를 확인하는 문제 유형이다. 이 문제를 해결하기 위해서는 해당 개념의 특징을 빠르게 파악하여 그와 대조되는 것이 무엇인지 찾는 것이 중요하다. 또한 선지를 먼저 읽고 선지에 언급된 내용이 나오는 부분을 꼼꼼히 읽으면서 지문 내용과 선지 내용의 일치, 불일치 여부를 판단하여 문제 풀이 시간을 줄일 수 있어야 한다.

다음 글의 내용과 부합하지 않는 것은?

기원전 3천 년쯤 처음 나타난 원시 수메르어 문자 체계는 두 종류의 기호를 사용했다. 한 종류는 숫자를 나타냈고, 1, 10, 60 등에 해당하는 기호가 있었다. 다른 종류의 기호는 사람, 동물, 사유물, 토지 등을 나타냈다. 두 종류의 기호를 사용하여 수메르인들은 많은 정보를 보존할 수 있었다. ▶1문단
이 시기의 수메르어 기록은 사물과 숫자에 한정되었다. 쓰기는 시간과 노고를 요구하는 일이었고, 기호를 읽고 쓸 줄 아는 사람은 얼마 되지 않았다. 이런 고비용의 기호를 장부 기록 이외의 일에 활용할 이유가 없었다. 현존하는 원시 수메르어 문서 가운데 예외는 하나뿐이고, 그 내용은 기록하는 일을 맡게 된 견습생이 교육을 받으면서 반복해서 썼던 단어들이다. 지루해진 견습생이 자기 마음을 표현하는 시를 적고 싶었더라도 그는 그렇게 할 수 없었다. 원시 수메르어 문자 체계는 완전한 문자 체계가 아니었기 때문이다. 완전한 문자 체계란 구어의 범위를 포괄하는 기호 체계, 즉 시를 포함하여 사람들이 말하는 것은 무엇이든 표현할 수 있는 체계이다. 반면에 불완전한 문자 체계는 인간 행동의 제한된 영역에 속하는 특정한 종류의 정보만 표현할 수 있는 기호 체계다. 라틴어, 고대 이집트 상형문자, 브라유 점자는 완전한 문자 체계이다. 이것들로는 상거래를 기록하고, 상법을 명문화하고, 역사책을 쓰고, 연애시를 쓸 수 있다. 이와 달리 원시 수메르어 문자 체계는 수학의 언어나 음악 기호처럼 불완전했다. 그러나 수메르인들은 불편함을 느끼지 않았다. 그들이 문자를 만들어 쓴 이유는 구어를 고스란히 베끼기 위해서가 아니라 거래 기록의 보존처럼 구어로는 하지 못할 일을 하기 위해서였기 때문이다. ▶2문단

① 원시 수메르어 문자 체계는 구어를 보완하는 도구였다. ➡ (O) 2문단 마지막의 '그들이 문자를 만들어 쓴 이유는 ~ 구어로는 하지 못할 일을 하기 위해서였기 때문이다.'라는 문장을 통해 원시 수메르어 문자 체계는 구어를 보완하는 도구였음을 알 수 있다.
② 원시 수메르어 문자 체계는 감정을 표현하는 일에 적합하지 않았다. ➡ (O) 2문단에서 장부 기록을 하다 지루해진 견습생이 자기 마음을 표현하는 시를 적고 싶었더라도 원시 수메르어 문자 체계는 완전한 문자 체계가 아니었기 때문에 그것을 적지 못하였다는 내용을 통해 원시 수메르어 문자 체계는 감정을 표현하는 일에 적합하지 않았음을 알 수 있다.
③ 원시 수메르어 문자를 당시 모든 구성원이 사용할 줄 아는 것은 아니었다. ➡ (O) 원시 수메르어 기호를 읽고 쓸 줄 아는 사람은 얼마 되지 않았다는 2문단의 내용을 통해 당시 모든 구성원이 원시 수메르어 문자를 사용할 줄 아는 것은 아니었음을 알 수 있다.
④ 원시 수메르어 문자는 사물과 숫자를 나타내는 데 상이한 종류의 기호를 사용하였다. ➡ (O) 1문단에서 원시 수메르어 문자 체계는 두 종류의 기호를 사용했는데 한 종류는 숫자를 나타내고 다른 한 종류는 사람, 동물, 사유물, 토지 등을 나타냈다고 서술한 것을 통해 원시 수메르어 문자는 사물과 숫자를 나타내는 데 상이한 종류의 기호를 사용하였음을 알 수 있다.
⑤ 원시 수메르어 문자와 마찬가지로 고대 이집트 상형문자는 구어의 범위를 포괄하지 못했다. ➡ (X) 인간 행동의 제한된 영역에 속하는 특정한 종류의 정보만 표현할 수 있는 불완전한 문자 체계와 달리 고대 이집트 상형문자는 구어의 범위를 포괄하는 완전한 문자 체계였음을 2문단에서 확인할 수 있다. 따라서 선지의 내용은 지문의 내용과 부합하지 않는다.

12 ⑤

|문제 유형| 사실적 이해 > 정보 확인

|접근 전략| 수량, 단위 등이 포함된 지문의 경우 선지에서 수량이나 단위를 교묘하게 바꾸어 오답을 만드는 경우가 많으므로 해당 부분에 유의하여 문제를 해결해야 한다. 또한 조선 왕조의 특정 왕들이 언급되고 있으므로 그 왕들이 도첩 발급과 관련하여 어떤 방침이나 대책을 제시했는지를 정리 또는 표시를 하며 지문을 읽어야 한다.

다음 글에서 알 수 있는 것은?

조선 왕조가 개창될 당시에는 승려에게 군역을 부과하지 않는 것이 상례였는데, 이를 노리고 승려가 되어 군역을 피하는 자가 많았다. 태조 이성계는 이를 막기 위해 국왕이 되자마자 앞으로 승려가 되려는 자는 빠짐없이 일종의 승려 신분증인 도첩을 발급받으라고 명했다. 그는 도첩을 받은 자만 승려가 될 수 있으며 도첩을 신청할 때는 반드시 면포 150필을 내야 한다는 규정을 공포했다. 그런데 평범한 사람이 면포 150필을 마련하기란 쉽지 않다. 이 때문에 도첩을 위조해 승려 행세하는 자들이 생겨났다. ▶1문단

태종은 이 문제를 해결하고자 즉위한 지 16년째 되는 해에 담당 관청으로 하여금 도첩을 위조해 승려 행세하는 자를 색출하게 했다. 이처럼 엄한 대응책 탓에 도첩을 위조해 승려 행세하는 사람은 크게 줄어들었다. 하지만 정식으로 도첩을 받은 후 승려 명부에 이름만 올려놓고 실제로는 승려 생활을 하지 않는 부자가 많은 것이 드러났다. 이런 자들은 불교 지식도 갖추지 않은 것으로 나타났다. 태종과 태종의 뒤를 이은 세종은 태조가 세운 방침을 준수할 뿐 이 문제에 대해 특별한 대책을 내놓지 않았다. ▶2문단

세조는 이 문제를 해결하기 위해 즉위하자마자 담당 관청에 대책을 세우라고 명했다. 그는 수년 후 담당 관청이 작성한 방안을 바탕으로 새 규정을 시행하였다. 이 방침에는 도첩을 신청한 자가 내야 할 면포 수량을 30필로 낮추되 불교 경전인 심경, 금강경, 살달타를 암송하는 자에게만 도첩을 준다는 내용이 있었다. 세조의 뒤를 이은 예종은 규정을 고쳐 도첩 신청자가 납부해야 할 면포 수량을 20필 더 늘리고, 암송할 불경에 법화경을 추가하였다. 이처럼 기준이 강화되자 도첩 신청자 수가 줄어들었다. 이에 성종 때에는 세조가 정한 규정으로 돌아가자는 주장이 나왔다. 하지만 성종은 이를 거부하고, 예종 때 만들어진 규정을 그대로 유지했다. ▶3문단

① 태종은 도첩을 위조해 승려가 된 자를 색출한 후 면포 30필을 내게 했다. ➡ (X) 2문단의 내용을 통해 태종이 도첩을 위조해 승려가 된 자를 색출하도록 했다는 것을 알 수 있지만 색출된 자에게 면포를 내게 했는지는 알 수 없다.

② 태조는 자신이 국왕이 되기 전부터 승려였던 자들에게 면포 150필을 일괄적으로 거두어들였다. ➡ (X) 태조는 국왕이 되자마자 앞으로 승려가 되려는 자에게 도첩을 발급받으라고 명했고 도첩 신청 시 면포 150필을 내게 했다. 따라서 태조가 국왕이 되기 전부터 승려였던 자들에게 면포 150필을 일괄적으로 거두어들인 것은 아니다.

③ 세조가 즉위한 해부터 심경, 금강경, 살달타를 암송한 자에게만 도첩을 발급한다는 규정이 시행되었다. ➡ (X) 세조가 즉위한 해부터가 아니라 세조 즉위 수년 후 심경, 금강경, 살달타를 암송하는 자에게만 도첩을 준다는 새 규정을 시행하였다.

④ 성종은 법화경을 암송할 수 있다는 사실을 인정받은 자가 면포 20필을 납부할 때에만 도첩을 내주게 했다. ➡ (X) 예종은 도첩 신청자가 납부해야 할 면포 수량을 20필 더 늘렸고 성종도 해당 규정을 유지하였다. 예종이 20필을 늘리기 이전 도첩 신청자가 납부해야 할 면포 수량은 30필이었으므로 성종 때는 50필을 내야 도첩을 내주었다.

⑤ 세종 때 도첩 신청자가 내도록 규정된 면포 수량은 예종 때 도첩 신청자가 내도록 규정된 면포 수량보다 많았다. ➡ (O) 태조는 도첩 신청 시 면포 150필을 내게 했는데 세종은 태조가 세운 방침을 준수했으므로 세종 때의 도첩 신청자는 면포 150필을 내야 했다. 예종 때는 세조보다 면포 20필을 더 내야 했는데 세조 때 도첩 신청자가 내야 할 면포 수량은 30필이었으므로 예종 때는 총 50필을 납부해야 했다. 따라서 예종 때 도첩 신청자가 내도록 규정된 면포 수량보다 세종 때 도첩 신청자가 내도록 규정된 면포 수량이 더 많았음을 알 수 있다.

13 ⑤

|문제 유형| 사실적 이해 > 정보 확인

|접근 전략| 언어논리에서 통계 자료를 설명하는 지문이 제시되는 경우, 정확한 계산보다는 항목 간 비교, 인과 관계, 최댓값 및 최솟값 찾기 등을 요구한다. 따라서 지문의 통계 항목 하나하나를 꼼꼼히 보기보다 지문을 빠르게 훑고 선지와 비교하며 문제를 풀면 시간을 절약할 수 있다.

다음 글에서 알 수 있는 것은?

대부분의 미국 경찰관은 충격 사건을 경험하지 않고 은퇴하지만, 그럼에도 매년 약 600명이 총에 맞아 사망하고, 약 200명은 부상당한다. 미국에서 충격 사건 중 총기 발사 경험이 있는 경찰관 대부분이 심리적 문제를 보인다. ▶1문단

충격 사건을 겪은 경찰관을 조사한 결과, 충격 사건이 일어나는 동안 발생하는 중요한 심리현상 중의 하나가 시간·시각·청각왜곡을 포함하는 지각왜곡이었다. 83%의 경찰관이 충격이 오가는 동안 시간왜곡을 경험했는데, 그들 대부분은 한 시점에서 시간이 감속하여 모든 것이 느려진다고 느꼈다. 또한 56%가 시각왜곡을, 63%가 청각왜곡을 겪었다. 시각왜곡 중에서 가장 빈번한 증상은 한 가지 물체에만 주의가 집중되고 그 밖의 장면은 무시되는 것이다. 청각왜곡은 권총 소리, 고함 소리, 지시 사항 등의 소리를 제대로 듣지 못하는 것이다. ▶2문단

충격 사건에서 총기를 발사한 경찰관은 사건 후 수많은 심리증상을 경험한다. 가장 일반적인 심리증상은 높은 위험 지각, 분노, 불면, 고립감 등인데, 이러한 반응은 특히 충격 피해자 사망 시에 잘 나타난다. 충격 사건을 겪은 경찰관은 이전에 생각했던 것보다 자신의 직업이 더욱 위험하다고 지각하게 된다. 그들은 충격 피해자, 부서, 동료, 또는 사회에 분노를 느끼기도 하는데, 이는 자신을 누군가에게 총을 쏴야만 하는 상황으로 몰아넣었다는 생각 때문에 발생한다. 이러한 심리증상은 그 정도에서 큰 차이를 보였다. 37%의 경찰관은 심리증상이 경미했고, 35%는 중간 정도이며, 28%는 심각했다. 이러한 심리증상의 정도는 충격 사건이 발생한 상황에서 경찰관 자신의 총기 사용이 얼마나 정당했는가와 반비례하는 것으로 보인다. 수적으로 열세인 것, 권총으로 강력한 자동화기를 상대해야 하는 것 등의 요소가 총기 사용의 정당성을 높여 준다. ▶3문단

① 충격 사건 중에 경험하는 지각왜곡 중에서 청각왜곡이 가장 빈번하게 나타난다. ➡ (X) 2문단에서 충격 사건 중에 경찰관이 경험하는 지각왜곡 가운데 시간왜곡이 83%로 가장 빈번하게 나타난다고 하였다.

② 전체 미국 경찰관 중 충격 사건을 경험하는 사람이 경험하지 않는 사람보다 많다. ➡ (X) 1문단에서 대부분의 미국 경찰관은 충격 사건을 경험하지 않고 은퇴한다고 하였다.

③ 충격 피해자가 사망했을 경우 경찰관이 경험하는 청각왜곡은 그렇지 않은 경우보다 심각할 것이다. ➡ (X) 지문에서 충격 피해자의 사망 여부가 청각왜곡 등의 지각왜곡에 미치는 영향에 대한 언급은 찾을 수 없다.

④ 충격 사건 후 경찰관이 느끼는 높은 위험 지각, 분노 등의 심리증상은 지각왜곡의 정도에 의해 영향을 받는다. ➡ (X) 3문단에 총기를 발사한 경찰관이 사건 후 수많은 심리증상을 경험한다는 내용이, 2문단에 충격 사건을 겪은 경찰관이 지각왜곡을 겪는다는 내용이 제시되어 있기는 하지만 그 둘의 인과 관계는 지문에서 찾을 수 없다.

⑤ 범죄자가 경찰관보다 강력한 무기로 무장했을 경우 경찰관이 충격 사건 후 경험하는 심리증상은 반대의 경우보다 약할 것이다. ➡ (O) 지문의 마지막 부분에서 권총으로 강력한 자동화기를 상대해야 하는 것 등의 요소가 총기 사용의 정당성을 높여 주고, 총기 사용의 정당성이 높을수록 심리증상이 경미했다고 한 것을 통해 알 수 있다.

| **문제 유형** | 사실적 이해 > 정보 확인 |

| 접근 전략 | 지문의 내용과 선지의 내용을 비교하는 유형이기 때문에 다른 유형 보다는 쉽게 느껴질 수 있다. 다만, 이 지문처럼 제조 과정 등 특정 행위에 대해 순서대로 설명하는 경우 각 단계별로 사용되는 용어와 그 순서를 혼동하지 않도록 주의해야 한다.

다음 글에서 알 수 있는 것은?

탁주는 혼탁한 술이다. 탁주는 알코올 농도가 낮고, 맑지 않아 맛이 텁텁하다. 반면 청주는 탁주에 비해 알코올 농도가 높고 맑은 술이다. 그러나 얼마만큼 맑아야 청주이고 얼마나 흐려야 탁주인가 하는 질문에는 명쾌하게 답을 내리기가 쉽지 않다. 탁주의 정의 자체에 혼탁이라는 다소 불분명한 용어가 쓰이기 때문이다. 과학적이라고 볼 수는 없지만, 투명한 병에 술을 담고 그 병 뒤에 작은 물체를 두었을 경우 그 물체가 희미하게 보이거나 아예 보이지 않으면 탁주라고 부른다. 술을 담은 병 뒤에 둔 작은 물체가 희미하게 보일 때 이 술의 탁도는 350ebc 정도이다. 청주의 탁도는 18ebc 이하이며, 탁주 중에 막걸리는 탁도가 1,500ebc 이상인 술이다. ▶1문단

막걸리를 만들기 위해서는 찹쌀, 보리, 밀가루 등을 시루에 쪄서 만든 지에밥이 필요하다. 적당히 말린 지에밥에 누룩, 효모와 물을 섞어 술독에 넣고 나서 며칠 지나면 막걸리가 만들어진다. 술독에서는 미생물에 의한 당화과정과 발효과정이 거의 동시에 일어나며, 이 두 과정을 통해 지에밥의 녹말이 알코올로 바뀌게 된다. 효모가 녹말을 바로 분해하지 못하므로, 지에밥에 들어있는 녹말을 엿당이나 포도당으로 분해하는 당화과정에서는 누룩곰팡이가 중요한 역할을 한다. 누룩곰팡이가 갖고 있는 아밀라아제는 녹말을 잘게 잘라 엿당이나 포도당으로 분해한다. 이 당화과정에서 만들어진 엿당이나 포도당을 효모가 알코올로 분해하는 과정을 발효과정이라 한다. 당화과정과 발효과정 중에 나오는 에너지로 인하여 열이 발생하게 되며, 이 열로 술독 내부의 온도인 품온(品溫)이 높아진다. 품온은 막걸리의 질과 풍미를 결정하기에 적정 품온이 유지되도록 술독을 관리해야 하는데, 일반적인 적정 품온은 23~28℃이다. ▶2문단

※ ebc: 유럽양조협회에서 정한 탁도의 단위

① 청주와 막걸리의 탁도는 다르지만 알코올 농도는 같다. ➡ (X) 1문단에서 청주가 탁주보다 알코올 농도가 높다고 하였다. 막걸리는 탁주이다.

② 지에밥의 녹말이 알코올로 변하면서 발생하는 열이 품온을 높인다. ➡ (O) 2문단에서 당화과정과 발효과정을 통해 지에밥의 녹말이 알코올로 바뀌게 되며, 당화과정과 발효과정 중에 나오는 에너지로 인하여 발생하는 열로 술독 내부의 온도인 품온이 높아진다고 하였으므로 지에밥의 녹말이 알코올로 변하면서 발생하는 열이 품온을 높인다는 것을 알 수 있다.

③ 누룩곰팡이가 지닌 아밀라아제는 엿당이나 포도당을 알코올로 분해한다. ➡ (X) 2문단에서 누룩곰팡이가 갖고 있는 아밀라아제는 녹말을 엿당이나 포도당으로 분해한다고 하였다. 엿당이나 포도당을 알코올로 분해하는 것은 효모이다.

④ 술독에 넣는 효모의 양을 조절하면 청주와 막걸리를 구분하여 만들 수 있다. ➡ (X) 지문에서는 청주와 막걸리를 구분하여 만드는 방법을 설명하고 있지 않다.

⑤ 막걸리를 만들 때, 술독 안의 당화과정은 발효과정이 완료된 이후에 시작된다. ➡ (X) 2문단에 따르면 당화과정과 발효과정은 거의 동시에 일어나는데, 엿당이나 포도당이 만들어지는 당화과정을 거친 후에 효모가 이들을 알코올로 분해하는 발효과정이 이어진다.

| **문제 유형** | 비판적 사고 > 지문에서 추론하기 |

| 접근 전략 | 경제·과학 분야의 생소한 개념을 제시하고 있는 지문의 경우, 최대한 선지와 유사한 설명을 하고 있는 지문의 문장을 찾아 대조하며 옳고 그름을 가리는 것이 좋다. 본 문제는 '사적 한계순생산가치'와 '사회적 한계순생산가치'의 정의를 제시하고, 〈보기〉를 통해 그 둘을 비교할 수 있는지를 묻고 있다.

다음 글에서 추론할 수 있는 것만을 〈보기〉에서 모두 고르면?

생산자가 어떤 자원을 투입물로 사용해서 어떤 제품이나 서비스 등의 산출물을 만드는 생산과정을 생각하자. 산출물의 가치에서 생산하는 데 소요된 모든 비용을 뺀 것이 '순생산가치'이다. 생산자가 생산과정에서 투입물 1단위를 추가할 때 순생산가치의 증가분이 '한계순생산가치'이다. 경제학자 P는 이를 ⓐ'사적(私的) 한계순생산가치'와 ⓑ'사회적 한계순생산가치'로 구분했다. ▶1문단

사적 한계순생산가치란 한 기업이 생산과정에서 투입물 1단위를 추가할 때 그 기업에 직접 발생하는 순생산가치의 증가분이다. 사회적 한계순생산가치란 한 기업이 투입물 1단위를 추가할 때 발생하는 사적 한계순생산가치에 그 생산에 의해 부가적으로 발생하는 사회적 비용을 빼고 편익을 더한 것이다. 여기서 이 생산과정에서 부가적으로 발생하는 사회적 비용이나 편익에는 그 기업의 사적 한계순생산가치가 포함되지 않는다. ▶2문단

〈보기〉

ㄱ. ⓐ의 크기는 기업의 생산이 사회에 부가적인 편익을 발생시키는지의 여부와 무관하게 결정된다. → (O) 2문단의 마지막 문장에 생산과정에서 부가적으로 발생하는 사회적 편익에는 기업의 사적 한계순생산가치가 포함되지 않는다고 하였으므로 ㄱ은 옳은 추론이다.

ㄴ. 어떤 기업이 투입물 1단위를 추가할 때 사회에 발생하는 부가적인 편익이나 비용이 없는 경우, 이 기업이 야기하는 ⓐ와 ⓑ의 크기는 같다. → (O) 사회적 한계순생산가치란 한 기업이 투입물 1단위를 추가할 때 발생하는 사적 한계순생산가치에 그 생산에 의해 부가적으로 발생하는 사회적 비용을 빼고 편익을 더한 것이다. 어떤 기업이 투입물 1단위를 추가할 때 사회에 발생하는 부가적인 편익이나 비용이 없다면 사회적 한계순생산가치를 산정할 때 사적 한계순생산가치에 더하고 뺄 것이 없으므로 사적 한계순생산가치와 사회적 한계순생산가치는 같다. 따라서 ㄴ은 옳은 추론이다.

ㄷ. 기업 A와 기업 B가 동일한 투입물 1단위를 추가했을 때 각 기업에 의해 사회에 부가적으로 발생하는 비용이 같을 경우, 두 기업이 야기하는 ⓑ의 크기는 같다. → (X) 동일한 투입물 1단위를 추가했을 때 각 기업에 의해 사회에 부가적으로 발생하는 비용이 같더라도 생산과정에서 부가적으로 발생하는 편익이나 사적 한계순생산가치가 다르면 사회적 한계순생산가치가 다를 수 있으므로 ㄷ은 옳지 않은 추론이다.

① ㄱ ➡ (X)
② ㄷ ➡ (X)
③ ㄱ, ㄴ ➡ (O)
④ ㄴ, ㄷ ➡ (X)
⑤ ㄱ, ㄴ, ㄷ ➡ (X)

16 ③

|문제 유형| 비판적 사고 > 빈칸 채우기

|접근 전략| 논리 게임과 빈칸 채우기가 혼합된 형태의 문제 유형이다. 논리학적 지식을 갖추고 있지 않더라도 문제를 풀 수 있으나 한정된 풀이 시간을 효율적으로 활용해야 하는 PSAT 시험의 특성상 논리학에 대한 일정 수준의 공부를 해 두는 것이 유리하다. 그리고 줄글로 조건들이 제시되는 경우, 문제 풀이에 필요한 조건을 선별하여 기호화해야 문제를 좀 더 빠르고 정확하게 풀 수 있다.

다음 글의 ⓐ와 ⓑ에 들어가기에 적절한 것을 〈보기〉에서 골라 알맞게 짝지은 것은?

귀납주의란 과학적 탐구 방법의 핵심이 귀납이라는 입장이다. 즉, 과학적 이론은 귀납을 통해 만들어지고, 그 정당화 역시 귀납을 통해 이루어진다는 것이다. 그러나 실제 과학의 역사를 고려하면 귀납주의는 문제에 처하게 된다. 이러한 문제 상황은 다음과 같은 타당한 논증을 통해 제시될 수 있다. ▶1문단

만약 귀납이 과학의 역사에서 사용된 경우가 드물다면, 과학의 역사는 바람직한 방향으로 발전하지 않았거나 또는 귀납주의는 실제로 행해진 과학적 탐구 방법의 특징을 드러내는 데 실패했다고 보아야 한다. 과학의 역사가 바람직한 방향으로 발전하지 않았다면, 귀납주의에서는 수많은 과학적 지식을 정당화되지 않은 것으로 간주해야 한다. 그리고 귀납주의가 실제로 행해진 과학적 탐구 방법의 특징을 드러내는 데 실패했다면, 귀납주의는 과학적 탐구 방법에 대한 잘못된 이론이다. 그런데 우리는 과학의 역사가 바람직한 방향으로 발전하지 않았거나, 귀납주의가 실제로 행해진 과학적 탐구 방법의 특징을 드러내는 데 실패했다고 보아야 한다. 그 이유는 ⓐ 는 것이다. 그리고 이로부터 우리는 다음 결론을 도출하게 된다. ⓑ . ▶2문단

→ 지문을 명제화하여 정리하면 다음과 같다.

• A: 귀납이 과학의 역사에서 사용된 경우가 드물다.
• B: 과학의 역사는 바람직한 방향으로 발전하지 않았다.
• C: 귀납주의는 실제로 행해진 과학적 탐구 방법의 특징을 드러내는 데 실패했다.
• D: 귀납주의에서는 수많은 과학적 지식을 정당화되지 않은 것으로 간주해야 한다.
• E: 귀납주의는 과학적 탐구 방법에 대한 잘못된 이론이다.

지문의 논증 구조는 다음과 같다.

A→B∨C, B→D, C→E, ⓐ→B∨C, ⓑ

〈보기〉

ㄱ. 과학의 역사에서 귀납이 사용된 경우는 드물다 → (O) 'A→B∨C'인데 'B∨C'가 참인 이유가 ⓐ이므로 앞 논증 구조의 전건인 A가 ⓐ이면 논리적으로 'B∨C'도 참이 된다. 따라서 과학의 역사에서 귀납이 사용된 경우는 드물다는 A를 나타내는 ㄱ은 ⓐ에 들어가기에 적절하다.

ㄴ. 과학의 역사에서 귀납 외에도 다양한 방법들이 사용되었다 → (X) 지문에 귀납 외의 다른 방법에 대해서는 언급되어 있지 않다.

ㄷ. 귀납주의는 과학적 탐구 방법에 대한 잘못된 이론이고, 귀납주의에서는 수많은 과학적 지식을 정당화되지 않은 것으로 간주해야 한다. → (X) 'B→D', 'C→E'이므로 'B∨C'가 참이라면 'D∨E'도 참임을 알 수 있는데 ㄷ은 'E∧D'이므로 참인지 알 수 없다.

ㄹ. 귀납주의가 과학적 탐구 방법에 대한 잘못된 이론이라면, 귀납주의에서는 수많은 과학적 지식을 정당화되지 않은 것으로 간주해야 한다 → (X) ㄹ은 'E→D'를 나타내는데 이는 제시된 정보만으로 참임을 알 수 없다.

ㅁ. 귀납주의가 과학적 탐구 방법에 대한 잘못된 이론이 아니라면, 귀납주의에서는 수많은 과학적 지식을 정당화되지 않은 것으로 간주해야 한다 → (O) ㅁ은 '~E→D'의 형태인데 'D∨E'가 참이라는 것은 D와 E 중 하나 이상은 참임을 뜻하므로 E가 거짓이면 D는 참이 된다. 따라서 ㅁ은 ⓑ에 들어가기에 적절하다.

	ⓐ	ⓑ	
①	ㄱ	ㄷ	➡ (X)
②	ㄱ	ㄹ	➡ (X)
③	ㄱ	ㅁ	➡ (O)
④	ㄴ	ㄹ	➡ (X)
⑤	ㄴ	ㅁ	➡ (X)

17 ⑤

|문제 유형| 비판적 사고 > 판단하기

|접근 전략| 두 입장의 대립이 제시된 지문은 두 입장의 공통점과 차이점을 파악하고, 각 입장에 해당하는 예시를 특히 꼼꼼히 살펴보아야 한다. 생소한 개념으로 문제를 낼 때 개념만 제시하면 문제 해결이 어려울 것이라는 판단하에 어느 정도의 예시를 들고 그 틀에서 문제를 내기 때문이다. 또, 두 입장이 대립하는 것처럼 보이더라도 두 입장 사이에 공통점이 있는 경우는 그 공통점으로 함정 선지를 만들어 제시하기도 하므로 주의해야 한다.

다음 글의 ㉠에 대한 비판으로 가장 적절한 것은?

"프랑스 수도가 어디지?"라는 가영의 물음에 나정이 "프랑스 수도는 로마지."라고 대답했다고 하자. 나정이 가영에게 제공한 것을 정보라고 할 수 있을까? 정보의 일반적 정의는 '올바른 문법 형식을 갖추어 의미를 갖는 자료'다. 이 정의에 따르면 나정의 대답은 정보를 담고 있다. 다음 진술은 이런 관점을 대변하는 진리 중립성 논제를 표현한다. "정보를 준다는 것이 반드시 그 내용이 참이라는 것을 의미하지는 않는다." 이 논제의 관점에서 보자면, 올바른 문법 형식을 갖추어 의미를 해석할 수 있는 자료는 모두 정보의 자격을 갖는다. 그 내용이 어떤 사태를 표상하든, 참을 말하든, 거짓을 말하든 상관없다. ▶1문단

그러나 이 조건만으로는 불충분하다는 지적이 있다. 철학자 플로리디는 전달된 자료를 정보라고 하려면 그 내용이 참이어야 한다고 주장한다. 즉, 정보란 올바른 문법 형식을 갖춘, 의미 있고 참인 자료라는 것이다. 이를 ㉠ 진리성 논제라고 한다. 그라이스는 이렇게 말한다. "거짓 '정보'는 저급한 종류의 정보가 아니다. 그것은 아예 정보가 아니기 때문이다." 이 점에서 그 역시 이 논제를 받아들이고 있다. ▶2문단

이런 논쟁은 용어법에 관한 시시한 언쟁처럼 보일 수도 있지만, 두 진영 간에는 정보 개념이 어떤 역할을 해야 하는가에 대한 근본적인 견해 차이가 있다. 진리성 논제를 비판하는 사람들은 틀린 '정보'도 정보로 인정되어야 한다고 말한다. 자료의 내용이 그것을 이해하는 주체의 인지 행위에서 분명한 역할을 수행한다는 이유에서다. '프랑스 수도가 로마'라는 말을 토대로 가영은 이런저런 행동을 할 수 있다. 가령, 프랑스어를 배우기 위해 로마로 떠날 수도 있고, 프랑스 수도를 묻는 퀴즈에서 오답을 낼 수도 있다. 거짓인 자료는 정보가 아니라고 볼 경우, '정보'라는 말이 적절하게 사용되는 사례들의 범위를 부당하게 제한하는 꼴이 된다. ▶3문단

① '정보'라는 표현이 일상적으로 사용되는 사례가 모두 적절한 것은 아니다. ➡ (X) '정보'라는 표현이 일상적으로 사용되는 사례는 진리 중립성 논제의 입장에 따른 정보의 활용 사례에 해당한다. 그런데 본 선지에서는 이러한 사례가 모두 적절한 것은 아니라고 하였으므로 진리 중립성 논제에 대한 비판이 된다.

② 올바른 문법 형식을 갖추지 못한 자료는 정보라는 지위에 도달할 수 없다. ➡ (X) 1문단에서 진리 중립성 논제는 올바른 문법 형식을 갖추어 의미를 갖는 자료를 정보로 보고 있음을, 2문단에서는 진리성 논제 또한 올바른 문법 형식을 갖출 것을 요구하고 있음을 알 수 있다. 따라서 본 선지는 진리 중립성 논제와 진리성 논제 모두를 지지하는 선지이다.

③ 사실과 다른 내용의 자료를 숙지하고 있는 사람은 정보를 안다고 볼 수 없다. ➡ (X) 올바른 문법 형식을 갖춘, 의미 있고 참인 자료를 진리성 논

제라고 한다. 따라서 사실과 다른 내용의 자료를 숙지하고 있는 사람은 정보를 안다고 볼 수 없다는 본 선지는 진리성 논제를 지지하는 입장의 주장에 해당한다.

④ **내용이 거짓인 자료를 토대로 행동을 하는 사람은 자신이 의도한 결과에 도달할 수 없다.** ➡ (X) 내용이 거짓인 자료를 토대로 행동했을 때 결과가 어떠하다는 것은 정보의 자격에 대한 논쟁과 무관하다.

⑤ **거짓으로 밝혀질 자료도 그것을 믿는 사람의 인지 행위에서 분명한 역할을 한다면 정보라고 볼 수 있다.** ➡ (O) 진리 중립성 논제의 관점에서는 올바른 문법 형식을 갖추어 의미를 갖는 자료를 정보로 보지만, 진리성 논제의 관점에서는 그에 더해 참인 자료일 것까지 요구한다. 따라서 거짓인 자료도 정보가 될 수 있다는 본 선지는 진리성 논제를 비판하고 진리 중립성 논제를 옹호한다.

---

18 ②

정답률 57.1%

|문제 유형| 비판적 사고 > 논지 강화·약화하기

|접근 전략| 논증을 약화하는 문장을 찾는 문제에서는 논증을 완전하게 반박하는 문장뿐 아니라 논증을 구성하는 전제의 일부를 약화하는 것도 논증을 약화하는 것으로 보아야 한다. 반면 논증의 일부와 관련되어 있더라도 논증을 뚜렷하게 부정하지도 긍정하지도 않는 문장은 논증을 약화하지 않는 것으로 보아야 하므로 주의해야 한다.

다음 글의 논증을 약화하는 것만을 〈보기〉에서 모두 고르면?

인간 본성은 기나긴 진화 과정의 결과로 생긴 복잡한 전체다. 여기서 '복잡한 전체'란 그 전체가 단순한 부분들의 합보다 더 크다는 의미이다. 인간을 인간답게 만드는 것, 즉 인간에게 존엄성을 부여하는 것은 인간이 갖고 있는 개별적인 요소들이 아니라 이것들이 모여 만들어 내는 복잡한 전체이다. 또한 인간 본성이라는 복잡한 전체를 구성하고 있는 하부 체계들은 상호 간에 극단적으로 밀접하게 연관되어 있다. 따라서 그중 일부라도 인위적으로 변경하면, 이는 불가피하게 전체의 통일성을 무너지게 한다. 이 때문에 과학기술을 이용해 인간 본성을 인위적으로 변경하여 지금의 인간을 보다 향상된 인간으로 만들려는 시도는 금지되어야 한다. 이런 시도를 하는 사람들은 인간이 가져야 할 훌륭함이 무엇인지 스스로 잘 안다고 생각하며, 거기에 부합하지 않는 특성들을 선택해 이를 개선하고자 한다. 그러나 인간 본성의 '좋은' 특성은 '나쁜' 특성과 밀접하게 연결되어 있기 때문에, 후자를 개선하려는 시도는 전자에 대해서도 영향을 미칠 수밖에 없다. 예를 들어, 우리가 질투심을 느끼지 못한다면 사랑 또한 느끼지 못하게 된다는 것이다. 사랑을 느끼지 못하는 인간들이 살아가는 사회에서 어떤 불행이 펼쳐질지 우리는 가늠조차 할 수 없다. 즉 인간 본성을 선별적으로 개선하려 들면, 복잡한 전체를 무너뜨리는 위험성이 불가피하게 발생하게 된다. 따라서 우리는 인간 본성을 구성하는 어떠한 특성에 대해서도 그것을 인위적으로 개선하려는 시도에 반대해야 한다.

→ 지문의 핵심 논증은 인간의 본성을 구성하는 어떠한 특성도 인위적으로 개선하려는 시도를 반대해야 한다는 것이다.

〈보기〉

ㄱ. 인간 본성은 인간이 갖는 도덕적 지위와 존엄성의 궁극적 근거이다. → (X) 인간 본성은 복잡한 전체이고, 인간에게 존엄성을 부여하는 것은 복잡한 전체라는 지문의 논증과 유사한 내용이므로 논증을 약화하지 않는다.

ㄴ. 모든 인간은 자신을 포함하여 인간 본성을 지닌 모든 존재가 지금의 상태보다 더 훌륭하게 되길 희망한다. → (X) 지문에서는 인간 본성을 인위적으로 변경하여 지금의 인간을 보다 향상된 인간으로 만들려는 시도는 금지되어야 한다고만 하였을 뿐 인간이 지금의 상태보다 훌륭하게 되길 희망한다거나 희망하지 않는다는 언급을 하지 않았다. 따라서 ㄴ은 지문의 논증을 뚜렷하게 부정하거나 긍정하지 않은 것이므로 지문의 논증을 약화하지 못한다.

ㄷ. 인간 본성의 하부 체계는 상호 분리된 모듈들로 구성되어 있기 때문에 인간 본성의 특정 부분을 인위적으로 변경하더라도 그 변화는

모듈 내로 제한된다. → (O) 지문에서는 인간 본성이라는 복잡한 전체를 구성하고 있는 하부 체계들은 상호 간에 극단적으로 밀접하게 연관되어 있다고 하였다. 따라서 인간 본성의 하부 체계가 상호 분리된 모듈로 구성되어 있다는 ㄷ은 지문의 논증을 약화한다.

① ㄱ ➡ (X)
② ㄷ ➡ (O)
③ ㄱ, ㄴ ➡ (X)
④ ㄴ, ㄷ ➡ (X)
⑤ ㄱ, ㄴ, ㄷ ➡ (X)

---

19 ④

정답률 69.0%

|문제 유형| 사실적 이해 > 논리 게임

|접근 전략| 논리 게임에서는 참, 거짓을 판별하는 문제가 자주 출제된다. 제시된 조건들을 이용해 참, 거짓을 구분해야 할 때는 충족해야 하는 조건에 중점을 두고 다른 조건과의 모순 여부를 검토하여 판단하면 된다.

다음 글의 내용이 참일 때, 반드시 참인 것만을 〈보기〉에서 모두 고르면?

공군이 차기 전투기 도입에서 고려해야 하는 사항은 비행시간이 길어야 한다는 것, 정비시간이 짧아야 한다는 것, 폭탄 적재량이 많아야 한다는 것, 그리고 공대공 전투능력이 높아야 한다는 것, 이상 네 가지이다. 그리고 이 네 가지는 각각 그런 경우와 그런 경우의 반대 둘 중의 하나이며 그 중간은 없다. ▶1문단

전투기의 폭탄 적재량이 많거나 공대공 전투능력이 높다면, 정비시간은 길다. 반면에 비행시간이 길면 공대공 전투능력은 낮다. 공군은 네 가지 고려사항 중에서 최소한 두 가지 이상을 통과한 기종을 선정해야 한다. 그런데 공군은 위 고려사항 중에서 정비시간이 짧아야 한다는 조건만큼은 결코 포기할 수 없다는 입장이다. 따라서 정비시간이 짧아야 한다는 것은 차기 전투기로 선정되기 위한 필수적인 조건이다. ▶2문단

한편, 이번 전투기 도입 사업에 입찰한 업체들 중 하나인 A사는 비행시간이 길고 폭탄 적재량이 많은 기종을 제안했다. 언론에서는 A사의 기종이 선정될 것이라고 예측하였다. 이후 공군에서는 선정 조건에 맞게 네 고려사항 중 둘 이상을 통과한 기종의 전투기를 도입하였는데 그것이 A사의 기종이었는지는 아직 알려지지 않았다. ▶3문단

→ 지문을 표로 정리하면 다음과 같다.

비행시간 길다	〈필수 조건〉 정비시간 짧다	폭탄 적재량 많다	공대공 전투능력 높다
	×	○	○
○			×

〈보기〉

ㄱ. 언론의 예측은 옳았다. → (X) 폭탄 적재량이 많으면 정비시간이 길어지는데 공군은 정비시간이 짧아야 한다는 조건을 결코 포기할 수 없다고 했으므로 A사의 기종은 채택되지 못한다. 따라서 폭탄 적재량이 많은 A사의 기종이 선정될 것이라고 한 언론의 예측은 옳지 않으므로 ㄱ은 참이 아니다.

ㄴ. 공군이 도입한 기종은 비행시간이 길다. → (O) 공군이 도입한 기종은 4가지 조건을 충족해야 하는데 반드시 정비시간이 짧아야 하므로 폭탄 적재량이 많거나 공대공 전투능력이 높을 수 없다. 공군이 고려해야 하는 사항 중 최소한 두 가지 이상을 충족해야 하므로 공군이 도입한 기종은 비행시간이 길 것이다. 따라서 ㄴ은 참이다.

ㄷ. 입찰한 업체의 기종이 공대공 전투능력이 높다면, 그 기종은 비행
시간이 짧다. → (O) 2문단에 제시된 '비행시간이 길면 공대공 전투능력이
낮다.'의 대우는 '공대공 전투능력이 높으면 비행시간이 짧다.'는 것이다. 따라
서 ㄷ은 참이다.

① ㄱ ➡ (X)
② ㄴ ➡ (X)
③ ㄱ, ㄷ ➡ (X)
④ ㄴ, ㄷ ➡ (O)
⑤ ㄱ, ㄴ, ㄷ ➡ (X)

20 ④
정답률 62.3%

|문제 유형| 비판적 사고 > 논리적 결론의 전제·원인 찾기
|접근 전략| 명백한 전제와 결론을 주고 숨은 전제를 찾도록 하는 문제 유형이다.
숨은 전제를 찾는 논리 게임에서는 제시된 조건들을 읽어 본 후 조건에 맞는 벤
다이어그램을 그려 선지와 비교하는 것이 좋다.

다음 대화 내용이 참일 때, ㉠으로 적절한 것은?

서희: 우리 회사 전 직원을 대상으로 A, B, C 업무 중에서 자신이 선호하는
것을 모두 고르라는 설문 조사를 실시했는데, A와 B를 둘 다 선호한
사람은 없었어.
영민: 나도 그건 알고 있어. 그뿐만 아니라 C를 선호한 사람은 A를 선호하거
나 B를 선호한다는 것도 이미 알고 있지.
서희: A는 선호하지 않지만 B는 선호하는 사람이 있다는 것도 이미 확인된
사실이야.
영민: 그럼, ㉠종범이 말한 것이 참이라면, B만 선호한 사람이 적어도 한 명
있겠군.
→ 서희의 첫 번째 말에 따르면 A와 B의 교집합 영역은 없다. 또 영민의 첫 번째 말에 따
르면 C가 A 또는 B와 겹치지 않는 영역은 없다. 그리고 서희의 두 번째 말에 의하면 B는
공집합이 아니다. 이를 벤 다이어그램으로 그리면 다음과 같다.

이 벤 다이어그램에서 C의 영역이 빗금 친 부분에 들어가지 않고 B의 영역에 1명이라도
있기 위해 필요한 전제 조건을 찾아야 한다.

① A를 선호하는 사람은 모두 C를 선호한다. ➡ (X)
② A를 선호하는 사람은 누구도 C를 선호하지 않는다. ➡ (X)
③ B를 선호하는 사람은 모두 C를 선호한다. ➡ (X)
④ B를 선호하는 사람은 누구도 C를 선호하지 않는다. ➡ (O) 서희의
두 번째 말에 따르면 B 영역에는 1명 이상이 있는데, B를 선호하는 사람이 누구도 C
를 선호하지 않는다면 B 영역 중 빗금 친 부분에 1명도 없게 되므로 C와 겹치지 않는
B 영역에 반드시 1명 이상이 존재하게 된다.
⑤ C를 선호하는 사람은 모두 B를 선호한다. ➡ (X)

21 ④
정답률 93.8%

|문제 유형| 사실적 이해 > 정보 확인
|접근 전략| 정보 확인 문제 유형에서 역사 지문이 나올 경우 시간적 순서와 인물
을 중심으로 문제를 해결해야 한다. 특히 인물이 이룬 업적을 바꾸어 놓거나 시간
순서를 뒤섞어서 오답을 만들어 낸다는 점에 유의해야 한다. 본 문제는 답을 고르
는 것은 어렵지 않으나 지문의 길이도 길고 정보량이 많아 시간이 많이 걸릴 수
있으므로 지문을 빠르고 정확하게 읽는 데 중점을 둘 필요가 있다.

다음 글에서 알 수 있는 것은?

무신 집권자 최우는 몽골이 침입하자 항복하고, 매년 공물을 보내기로 약
속하였다. 그러나 그는 약속을 어기고, 강화도로 수도를 옮겼다. 이에 몽골
은 살리타를 대장으로 삼아 두 번째로 침입하였다. 몽골군은 한동안 고려의
여러 지방을 공격하다가 살리타가 처인성에서 전사하자 퇴각하였다. 몽골은
이후 몇 차례 고려에 개경 복귀를 요구하였다. 당시 대신 중에는 이를 받아들
이자고 주장하는 사람이 많았다. 하지만 최우는 몽골이 결국 자기의 권력을
빼앗을 것이라고 걱정해 이를 묵살하였다. 이에 몽골은 1235년에 세 번째로
침입하였다. 이때 최우는 강화도를 지키는 데 급급할 뿐 항전을 하지 않았
다. 아무런 저항을 받지 않은 몽골군은 고려에 무려 4년 동안 머물며 전국을
유린하다가 철군하였다. 몽골은 이후 한동안 침입하지 않다가 1247년에 다
시 침입해 약탈을 자행하다가 2년 후 돌아갔다. 그 직후에 최우가 죽고, 뒤를
이어 최항이 집권하였다. ▶1문단
몽골은 1253년에 예쿠라는 장수를 보내 또 침입해 왔다. 몽골군은 고려군
의 저항을 쉽사리 물리치며 남하해 충주성까지 공격했다. 충주성의 천민들
은 관군의 도움 없이 몽골군에 맞서 끝까지 성을 지켜냈다. 남하를 멈춘 몽골
군이 개경 인근으로 되돌아온다는 소식을 들은 최항은 강화 협상에 나서기로
했으나 육지로 나오라는 요구는 묵살했다. 몽골은 군대를 일단 철수했다가
이듬해인 1254년에 잔인하기로 이름난 자랄타이로 하여금 다시 침입하게
했다. 그는 무려 20만 명을 포로로 잡아 그해 말 돌아갔다. ▶2문단
거듭된 전란에도 아랑곳하지 않고 강화도에서 권력을 휘두르던 최항은 집
권한 지 9년 만에 죽었다. 그해에 자랄타이는 다시금 고려를 침입했는데, 최
항의 뒤를 이은 최의가 집권 11개월 만에 김준, 유경에 의해 죽자 고려가 완전
히 항복할 것이라 보고 군대를 모두 철수하였다. 실제로 고려 정부는 항복 의
사를 전달했으며, 이로써 장기간 고려를 괴롭힌 전쟁은 끝날 수 있게 되었다.
▶3문단

① 몽골군은 최우가 집권한 이후 모두 다섯 차례 고려를 침입하였
다. ➡ (X) 몽골은 1235년에 세 번째로 고려를 침입하고, 1247년, 1253년, 1254
년과 최항이 죽은 해에도 침입해 총 7번 고려를 침입하였다.
② 자랄타이가 고려를 처음으로 침입하기 직전에 최의가 집권하였
다. ➡ (X) 2문단을 보면 자랄타이가 처음으로 고려에 침입한 때는 최의가 집권하
기 이전의 집권자였던 최항이 집권하고 있을 때인 1254년이다.
③ 김준과 유경은 무신 집권자 최의를 죽이고 고려 국왕에게 권력을
되돌려 주었다. ➡ (X) 3문단을 보면 김준, 유경이 무신 집권자 최의를 죽인 것
은 맞지만 고려 국왕에게 권력을 되돌려 주었는지는 알 수 없다.
④ 최항이 집권한 시기에 예쿠가 이끄는 몽골군은 충주성을 공격했
으나 점령하지 못했다. ➡ (O) 2문단에서 1253년 몽골 장수인 예쿠의 침공
당시 최항이 강화 협상에 나서기로 했다는 것을 통해 최항이 집권하고 있었음을 알 수
있고, 충주성의 천민들이 끝까지 성을 지켜냈다고 했으므로 몽골군이 충주성을 점령
하지 못했음을 알 수 있다.
⑤ 고려를 침입한 살리타가 처인성에서 사망하자 최우는 개경에서
강화도로 수도를 옮겼다. ➡ (X) 1문단을 보면 최우가 강화도로 수도를 옮
긴 것은 첫 번째 침입 때인데 살리타는 두 번째 침입에서 사망했으므로 본 선지의 내
용은 옳지 않다.

22 ②

정답률 68.3%

| **문제 유형** | 비판적 사고 > 판단하기

| **접근 전략** | 지문에서 지시하고 있는 특정 대상의 개념, 지시 대상들 간의 관계와 차이점을 파악할 수 있는지를 평가하는 문제 유형이다. 본 문제에서는 법학 분야의 지문이 제시되었지만 법적 지식을 요구하고 있지는 않다. 서로 다른 두 관점을 제시하고, 각 관점에 따라 문제 인식이나 판단 등이 달라질 수 있음을 설명하고 있으므로 각 관점에 대한 선지의 설명이 타당한지를 따져 보아야 한다.

다음 글의 ⊙과 ⓒ에 대한 평가로 적절하지 않은 것은?

미국 수정헌법 제1조는 국가가 시민들에게 진리에 대한 권위주의적 시각을 강제하는 일을 금지함으로써 정부가 다양한 견해들에 중립적이어야 한다는 중립성 원칙을 명시하였다. 특히 표현에 관한 중립성 원칙은 지난 수십 년에 걸쳐 발전해 왔다. 이 발전 과정의 초기에 미국 연방대법원은 표현의 자유를 부르짖는 급진주의자들의 요구에 선동적 표현의 위험성을 근거로 내세우며 맞섰다. 1940~50년대에 연방대법원은 수정헌법 제1조가 보호하는 표현과 그렇지 않은 표현을 구분하는 ⊙ 이중기준론을 표방하면서, 수정헌법 제1조의 보호 대상이 아닌 표현들이 있다고 판결했다. 추잡하고 음란한 말, 신성 모독적인 말, 인신공격이나 타인을 모욕하는 말, 즉 발언만으로도 누군가에게 해를 입히거나 사회의 양속을 해칠 말이 이에 포함되었다. ▶1문단

이중기준론의 비판자들은 연방대법원이 표현의 범주를 구분하는 과정에서 표현의 내용에 관한 가치 판단을 내림으로써 실제로 표현의 자유를 침해했다고 공격하였다. 1960~70년대를 거치며 연방대법원은 점차 비판자들의 견해를 수용했다. 1976년 연방대법원이 상업적 표현도 수정헌법 제1조의 보호범위에 포함된다고 판결한 데 이어, 인신 비방 발언과 음란성 표현 등도 표현의 자유에 포함되기에 이르렀다. ▶2문단

정부가 모든 표현에 대해 중립적이어야 한다는 원칙은 1970~80년대에 ⓒ 내용중립성 원칙을 통해 한층 더 뚜렷이 표명되었다. 내용중립성 원칙이란, 정부가 어떤 경우에도 표현되는 내용에 대한 평가에 근거하여 표현을 제한해서는 안 된다는 것이다. 다시 말해 정부는 표현되는 사상이나 주제나 내용을 이유로 표현을 제한할 수 없다. 이렇게 해석된 수정헌법 제1조에 따르면, 미국 정부는 특정 견해를 편들 수 없을 뿐만 아니라 어떤 문제가 공공의 영역에서 토론하거나 논쟁할 가치가 있는지 없는지 미리 판단하여 선택해서도 안 된다. ▶3문단

① 시민을 보호하기 위해 제한해야 할 만큼 저속한 표현의 기준을 정부가 정하는 것은 ⊙과 상충하지 않는다. ➡ (O) 이중기준론은 누군가에게 해를 입히거나 사회의 양속을 해칠 말은 수정헌법 제1조의 보호 대상이 아니라고 본다. 이는 누군가에게 해를 입히거나 사회의 양속을 해칠 말에 대해서 정부가 통제를 하더라도 헌법에 위배되지 않는다는 것을 의미한다. 따라서 시민을 보호하기 위해 제한해야 할 만큼 저속한 표현의 기준을 정부가 정하는 것은 이중기준론과 상충하지 않는다.

② 음란물이 저속하고 부도덕하다는 이유에서 음란물 유포를 금하는 법령은 ⊙과 상충한다. ➡ (X) 이중기준론은 누군가에게 해를 입히거나 사회의 양속을 해칠 말은 수정헌법 제1조의 보호 대상이 아니라고 본다. 이는 누군가에게 해를 입히거나 사회의 양속을 해칠 말에 대해서 정부가 통제를 하더라도 헌법에 위배되지 않는다는 것을 의미한다. 따라서 음란물이 저속하고 부도덕하다는 이유로 음란물 유포를 금하는 것은 이중기준론과 상충되지 않는다. 따라서 ②는 적절하지 않다.

③ 어떤 영화의 주제가 나치즘 찬미라는 이유에서 상영을 금하는 법령은 ⓒ에 저촉된다. ➡ (O) 내용중립성 원칙이란 정부가 어떤 경우에도 표현되는 내용에 대한 평가에 근거하여 표현을 제한해서는 안 된다는 원칙이다. 따라서 어떤 영화가 나치즘 찬미라는 이유에서 상영을 금하는 것은 표현되는 내용에 대한 평가에 근거하여 표현을 제한하는 것이므로 내용중립성 원칙에 저촉된다.

④ 경쟁 기업을 비방하는 내용의 광고라는 이유로 광고의 방영을 금지하는 법령은 ⓒ에 저촉된다. ➡ (O) 경쟁 기업을 비방하는 내용의 광고라는 이유로 광고의 방영을 금지하는 법령은 표현되는 내용에 대한 평가에 근거하여 표현을 제한하는 것이므로 내용중립성 원칙에 저촉된다.

⑤ 인신공격하는 표현으로 특정 정치인을 힐난하는 내용의 기획물이라는 이유로 TV 방송을 제재할 것인지에 관해 ⊙과 ⓒ은 상반되게 답할 것이다. ➡ (O) 인신공격하는 표현으로 특정 정치인을 힐난하는 내용의 기획물은 발언만으로 정치인에게 해를 입힐 수 있다. 따라서 이중기준론에서는 수정헌법 제1조의 보호 대상이 아니므로 규제가 가능하다고 볼 것이다. 그러나 내용중립성 원칙에서는 표현되는 내용에 대한 평가에 근거한 표현의 제한이 될 수 있으므로 규제가 이루어져서는 안 된다고 볼 것이다.

23 ①

정답률 79.7%

| **문제 유형** | 사실적 이해 > 정보 확인

| **접근 전략** | 지문에 그림이 제시되는 것은 줄글로는 다소 이해하기 어려울 수 있는 내용을 이해하는 데 도움을 주기 위해서이다. 즉 그림은 지문의 내용을 이해하는 데 큰 역할을 하며, 그림과 함께 설명되는 내용이 중요하다는 것을 의미하므로 그림을 중심으로 위아래의 설명을 함께 보며 내용을 파악해야 한다. 또한 정보 확인 문제 유형이므로 선지를 먼저 보고 지문을 읽어야 시간을 절약할 수 있다는 점을 잊어서는 안 된다.

다음 글에서 알 수 없는 것은?

휴대전화를 뜻하는 '셀룰러폰'은 이동 통신 서비스에서 하나의 기지국이 담당하는 지역을 셀이라고 말한 것에서 유래하였다. 이동 통신은 주어진 총 주파수 대역폭을 다수의 사용자가 이용하므로 통화 채널당 할당된 주파수 대역을 재사용하는 기술이 무엇보다 중요하다. 이동 통신 회사들은 제한된 주파수 자원을 보다 효율적으로 사용하기 위하여 넓은 지역을 작은 셀로 나누고, 셀의 중심에 기지국을 만든다. 각 기지국마다 특정 주파수 대역을 사용해 서비스를 제공하는데, 일정 거리 이상 떨어진 기지국은 동일한 주파수 대역을 다시 사용함으로써 주파수 재사용률을 높인다. 예를 들면, 아래 그림은 특정 지역에 이동 통신 서비스를 제공하기 위하여 네 종류의 주파수 대역(F1, F2, F3, F4)을 사용하고 있다. 주파수 간섭 문제를 피하기 위해 인접한 셀들은 서로 다른 주파수 대역을 사용하지만, 인접하지 않은 셀에서는 이미 사용하고 있는 주파수 대역을 다시 사용하는 것을 볼 수 있다. 이렇게 셀을 구성하여 방대한 지역을 제한된 몇 개의 주파수 대역으로 서비스할 수 있다. ▶1문단

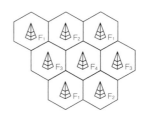

하나의 기지국이 감당할 수 있는 최대 통화량은 일정하다. 평지에서 기지국이 전파를 발사하면 전파의 장은 기지국을 중심으로 한 원 모양이지만, 서비스 지역에 셀을 배치하는 시스템 설계자는 해당 지역을 육각형의 셀로 디자인하여 중심에 기지국을 배치한다. 기지국의 전파 강도를 조절하여 셀의 반지름을 반으로 줄이면 면적은 약 1/4로 줄어들게 된다. 따라서 셀의 반지름을 반으로 줄일 경우 동일한 지역에는 셀의 수가 약 4배가 되고, 수용 가능한 통화량도 약 4배로 증가하게 된다. 이를 이용하여 시스템 설계자는 평소 통화량이 많은 곳은 셀의 반지름을 줄이고 통화량이 적은 곳은 셀의 반지름을 늘려 서비스 효율성을 높인다. ▶2문단

① 주파수 재사용률을 높이기 위해 기지국의 전파 강도를 높여 이동 통신 서비스를 제공한다. ➡ (X) 지문에 기지국의 전파 강도와 주파수 재사용률이 어떤 연관이 있는지는 제시되어 있지 않다.

② 제한된 수의 주파수 대역으로 넓은 지역에 이동 통신 서비스를 제공할 수 있다. ➡ (O) 셀을 구성하여 방대한 지역을 제한된 몇 개의 주파수 대역으로 서비스할 수 있다고 하였다.

③ 인접 셀에서 같은 주파수 대역을 사용하면 주파수 간섭 문제가 발생할 수 있다. ➡ (O) 1문단에서 주파수 간섭 문제를 피하기 위해 인접한 셀들은 서로 다른 주파수 대역을 사용한다고 한 것을 통해 알 수 있다.

④ 시스템 설계자는 서비스 지역의 통화량에 따라 셀의 반지름을 정한다. ➡ (O) 2문단에서 시스템 설계자가 평소 통화량이 많은 곳은 셀의 반지름을 줄이고 통화량이 적은 곳은 셀의 반지름을 늘린다고 한 것을 통해 알 수 있다.

⑤ 기지국 수를 늘리면 수용 가능한 통화량이 증가한다. ➡ (O) 2문단에서 하나의 기지국이 감당할 수 있는 최대 통화량은 일정하다고 하였으므로 기지국 수를 늘리면 수용 가능한 통화량이 증가함을 알 수 있다.

24 ③

정답률 84.2%

다음 글에서 알 수 있는 것만을 〈보기〉에서 모두 고르면?

코페르니쿠스 체계에 대한 당대의 부정적 평가는, 일반적으로 그 당시 천문학자들이 가지고 있었던 비합리적인 종교적 편견에서 비롯되었다고 이해된다. 그러나 그들이 코페르니쿠스 체계를 거부한 데에는 나름 합리적인 이유가 있었다. 그들은 당대 최고의 천문학자였던 티코 브라헤가 코페르니쿠스 체계를 반증했다고 믿었기 때문이다. ▶1문단

티코 브라헤는, 코페르니쿠스 체계가 옳다면 공전 궤도상 서로 마주 보는 두 지점에서 한 별을 관찰했을 때 서로 다른 각도로 관찰된다는 점에 주목했다. 이처럼 지구가 공전 궤도에서 차지하는 상대적 위치에 따라 달라지는 별의 겉보기 각도 차이를 '연주시차'라고 한다. 티코 브라헤는 이 연주시차가 관찰되는지를 오랜 시간에 걸쳐 꼼꼼하게 조사했는데, 연주시차는 전혀 관찰되지 않았다. 티코 브라헤는 논리적 절차에 따라 코페르니쿠스 체계를 반증했다. ▶2문단

그러나 티코 브라헤의 반증은 후일 오류로 판명되었다. 현재 알려진 사실은 가장 가까운 별조차 연주시차가 너무 작아서 당시의 천문학 기술로는 누구도 연주시차를 관측할 수 없었다는 것이다. 이는 별이 태양계로부터 아주 멀리 떨어져 있다는 것을 의미한다. 흥미로운 점은 티코 브라헤가 자신이 관찰한 별이 너무 멀리 떨어져 있어서 당시의 관측 기술로는 연주시차가 관찰되지 않을 가능성을 고려했다는 사실이다. 그러나 티코 브라헤는 이런 가능성을 부정했다. 당시, 천체의 운동을 설명하는 유일한 이론은 아리스토텔레스의 자연학이었다. 그러나 연주시차가 관찰될 수 없을 만큼 별들이 멀리 떨어져 있다는 생각은 아리스토텔레스의 자연학과 양립할 수 없었다. 천체 운동에 대한 설명을 포기할 수 없었던 티코 브라헤는 결국 별이 그토록 멀리 떨어져 있다는 가능성을 부정할 수밖에 없었다. ▶3문단

〈보기〉

ㄱ. 티코 브라헤는 기술적 한계 때문에 연주시차가 관찰되지 않았을 가능성을 당시 천체 운동을 설명하던 이론에 근거하여 부정하였다.
→ (O) 티코 브라헤는 당시 관측기술로는 연주시차가 관찰되지 않을 가능성을 고려했으나 연주시차가 관찰될 수 없을 만큼 별들이 멀리 떨어져 있다는 생각은 당시 천체의 운동을 설명하는 유일한 이론인 아리스토텔레스의 자연학과 양립할 수 없기에 별이 멀리 떨어져 있다는 가능성을 부정했다. 따라서 ㄱ의 설명은 적절하다.

ㄴ. 티코 브라헤는 반증 과정에서 관찰 내용에 대한 최선의 이론적 설명이 아니라 종교적 편견에 따른 비합리적 설명을 선택함으로써 오류에 빠지게 되었다. → (X) 티코 브라헤가 종교적 편견이 있었는지는 지문을 통해서 알 수 없으며, 티코 브라헤는 논리적 절차에 따라 코페르니쿠스 체계를 반증했다. 따라서 ㄴ의 설명은 적절하지 않다.

ㄷ. 티코 브라헤의 반증은, '코페르니쿠스 체계가 옳다면 연주시차가 관찰된다. 연주시차는 관찰되지 않았다. 따라서 코페르니쿠스 체계는 옳지 않다.'의 절차로 재구성할 수 있다. → (O) 2문단에서 티코 브라헤가 연주시차를 관찰했으나 연주시차가 관찰되지 않았고, 그는 그 결과를 통해 코페르니쿠스 체계를 반증했다. 따라서 ㄷ의 설명은 적절하다.

① ㄱ ➡ (X)
② ㄴ ➡ (X)
③ ㄱ, ㄷ ➡ (O)
④ ㄴ, ㄷ ➡ (X)
⑤ ㄱ, ㄴ, ㄷ ➡ (X)

25 ⑤

정답률 57.7%

다음 글의 빈칸에 들어갈 내용으로 가장 적절한 것은?

노랑초파리에 있는 Ir75a 유전자는 시큼한 냄새가 나는 아세트산을 감지하는 후각수용체 단백질을 만들 수 있다. 하지만 세이셸 군도의 토착종인 세셸리아초파리는 Ir75a 유전자를 가지고 있지만 아세트산 냄새를 못 맡는다. 따라서 이 세셸리아초파리의 Ir75a 유전자는 해당 단백질을 만들지 못하는 '위유전자(pseudogene)'라고 여겨졌다. 세셸리아초파리는 노니의 열매만 먹고 살기 때문에 아세트산의 시큼한 냄새를 못 맡아도 별 문제가 없다. 그런데 스위스 로잔대 연구진은 세셸리아초파리가 땀 냄새가 연상되는 프로피온산 냄새를 맡을 수 있다는 사실을 발견했다. ▶1문단

이 발견이 중요한 이유는 [   ] 그렇다면 세셸리아초파리의 Ir75a 유전자도 후각수용체 단백질을 만든다는 것인데, 왜 세셸리아초파리는 아세트산 냄새를 못 맡을까? 세셸리아초파리와 노랑초파리의 Ir75a 유전자가 만드는 후각수용체 단백질의 아미노산 서열을 비교한 결과, 냄새 분자가 달라붙는 걸로 추정되는 부위에서 세 군데가 달랐다. 단백질의 구조가 바뀌어 감지할 수 있는 냄새 분자의 목록이 달라진 것이다. 즉 노랑초파리의 Ir75a 유전자가 만드는 후각수용체는 아세트산과 프로피온산에 반응하고, 세셸리아초파리의 이것은 프로피온산과 들쩍지근한 다소 불쾌한 냄새가 나는 부티르산에 반응한다. ▶2문단

흥미롭게도 세셸리아초파리의 주식인 노니의 열매는 익으면서 부티르산이 연상되는 냄새가 강해진다. 연구자들은 세셸리아초파리의 Ir75a 유전자는 위유전자가 아니라 노랑초파리와는 다른 기능을 하는 후각수용체 단백질을 만드는 유전자로 진화한 것이라 주장하며, 세셸리아초파리의 Ir75a 유전자를 '위-위유전자(pseudo-pseudogene)'라고 불렀다. ▶3문단

① 세셸리아초파리가 주로 먹는 노니의 열매는 프로피온산 냄새가 나지 않기 때문이다. ➡ (X) 노니의 열매에서 프로피온산 냄새가 나지 않는 것은 세셸리아초파리가 프로피온산 냄새를 맡을 수 있다는 발견과 관련이 없다.

② 프로피온산 냄새를 담당하는 후각수용체 단백질은 Ir75a 유전자
와 상관이 없기 때문이다. ➡ (X) 2문단에서 노랑초파리와 세셸리아초파리
의 Ir75a 유전자는 모두 프로피온산에 반응한다고 하였으므로 이 둘은 관련이 있다.
따라서 본 선지의 내용은 적절하지 않다.

③ 노랑초파리에서 프로피온산 냄새를 담당하는 후각수용체 유전자
는 위유전자가 되었기 때문이다. ➡ (X) 2문단에서 노랑초파리의 Ir75a
유전자가 만드는 후각수용체가 아세트산과 프로피온산에 반응한다고 한 것을 통해 노
랑초파리에서 프로피온산 냄새를 담당하는 후각수용체 유전자가 위유전자가 아님을
알 수 있다.

④ 세셸리아초파리와 노랑초파리에서 Ir75a 유전자가 만드는 후각
수용체 단백질이 똑같기 때문이다. ➡ (X) 2문단에서 세셸리아초파리와
노랑초파리의 Ir75a 유전자가 만드는 후각수용체 단백질의 아미노산 서열을 비교한
결과 세 군데가 달랐다고 하였으므로 본 선지의 내용은 적절하지 않다.

⑤ 노랑초파리에서 프로피온산 냄새를 담당하는 후각수용체 단백질
을 만드는 것이 Ir75a 유전자이기 때문이다. ➡ (O) 1문단의 내용과
반대되는 발견이어서 이 발견이 중요하다는 것이므로, 빈칸에는 세셸리아초파리의
Ir75a 유전자가 후각수용체 단백질을 만들 수 없다고 보았던 1문단의 내용을 반박하
는 내용이 들어가야 한다. 세셸리아초파리가 땀 냄새가 연상되는 프로피온산 냄새를
맡을 수 있다는 사실의 발견으로 1문단의 내용을 반박할 수 있는 이유는 노랑초파리
에서 프로피온산 냄새를 담당하는 후각수용체 단백질을 만드는 것이 Ir75a 유전자이
기 때문이다. 따라서 본 선지의 내용은 빈칸에 들어갈 내용으로 적절하다.

2019 | 제2영역 자료해석(㉯ 책형)

기출 총평

2019년 자료해석 시험은 문제당 풀이 시간이 부족할 정도로 과년도 기출문제보다 어렵게 출제되었다. 이번 시험에서는 기본적인 유형의 문항 비중은 감소하고 변별력 있는 유형의 출제 비중이 증가하였다. 표, 차트 유형이 감소하였고, 빈칸 유형, 체계적인 계산과 절차 수행이 요구되는 유형, 전략적인 접근이 가능한 매칭 유형이 증가하였다. 또한 주어진 자료의 구조를 이해하고 해석할 수 있는 사고력과 핵심 개념들을 정확하게 이해하고 활용할 수 있는 응용력을 점검할 수 있는 문제들이 골고루 출제되었다. 단순하게 계산의 양을 늘리거나 복잡하게 하는 것이 아니라, 구조적 해석, 개념의 활용과 응용, 가정적 사고, 비례적 사고 등 사고력을 다각도로 점검할 수 있도록 출제되었다. 응용 문제가 다수 출제되었지만, 선지 구성에 있어서는 기본적인 틀을 제시하고 응용으로 연결한 문제이므로 선지를 통해 기본적인 정보를 확보하고 선지 간 유기적인 관계를 활용하여 응용 선지를 해결할 수 있다. 자료해석의 본질을 파악하여 이 본질에 맞게 기초를 튼튼하게 준비했다면 흔들림 없이 일정 이상의 좋은 성적을 확보할 수 있었을 것이다. 익숙하지 않은 자료와 수식 속에서 묻는 것과 주어진 정보를 활용하여 해결해가는 사고의 힘을 기르는 연습, 핵심 개념에 대한 정확한 이해와 직관적인 활용 능력이 당락을 가를 수 있기 때문이다. 기출문제를 제대로 분석하고 반복적으로 활용하는 연습을 꾸준히 하였다면 고득점을 얻을 수 있었을 것이다.

문항별 정답률 및 선지별 선택률

문번	정답	정답률(%)	선지별 선택률(%) ①	②	③	④	⑤
01	④	90.1	1.5	2.7	5.1	90.1	0.6
02	③	90.1	2.3	6.9	90.1	0.0	0.7
03	④	65.1	0.0	16.7	3.6	65.1	14.6
04	②	58.7	4.6	58.7	0.2	17.6	18.9
05	⑤	58.7	0.8	2.1	16.8	21.6	58.7
06	⑤	78.0	0.0	2.7	7.9	11.4	78.0
07	①	75.8	75.8	2.3	9.2	8.2	4.5
08	①	74.6	74.6	9.5	9.5	4.3	2.1
09	⑤	91.6	0.6	1.1	4.6	2.1	91.6
10	①	85.6	85.6	3.2	5.8	4.1	1.3
11	⑤	68.9	17.6	6.7	3.4	3.4	68.9
12	④	87.2	7.5	1.6	0.6	87.2	3.1
13	①	88.9	88.9	0.6	1.3	3.6	5.6

문번	정답	정답률(%)	선지별 선택률(%) ①	②	③	④	⑤
14	②	90.7	1.9	90.7	1.9	3.8	1.7
15	③	81.8	4.0	1.7	81.8	3.6	8.9
16	③	84.7	5.7	1.1	84.7	6.3	2.2
17	①	84.3	84.3	3.3	4.6	4.0	3.8
18	②	84.7	3.9	84.7	3.7	1.3	6.4
19	③	63.8	29.2	1.3	63.8	1.7	4.0
20	②	68.0	9.8	68.0	11.3	2.3	8.6
21	④	65.8	5.4	12.8	12.6	65.8	3.4
22	③	64.4	3.0	5.5	64.4	12.9	14.2
23	③	71.1	3.5	5.2	71.1	9.6	10.6
24	②	50.8	2.4	50.8	10.1	25.6	11.1
25	⑤	53.7	4.5	6.9	23.9	11.0	53.7

※ 파란색 음영 문항은 해당 회차에서 정답률이 가장 낮은 TOP 3 문항입니다.
※ 정답률 및 선지별 선택률 산정 기준: 약 1년간 누적된 자동채점 & 성적결과분석 서비스의 응시 데이터

출제 비중

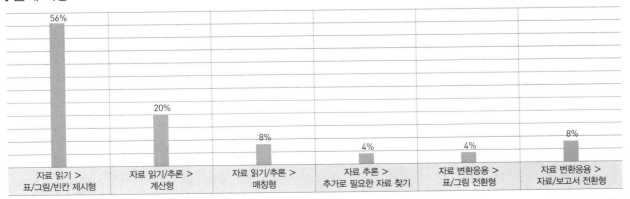

01	④	02	③	03	④	04	②	05	⑤
06	⑤	07	①	08	①	09	⑤	10	①
11	⑤	12	④	13	①	14	②	15	③
16	③	17	①	18	②	19	③	20	②
21	④	22	③	23	③	24	②	25	⑤

01 ④

정답률 90.1%

| 문제 유형 | 자료 추론 > 추가로 필요한 자료 찾기

| 접근 전략 | 추가로 필요한 자료 찾기 문제는 자료와 제시문을 본 후 제시문에서 추가적으로 필요한 자료를 찾는 문제이다. 제시문을 보면서 어떤 자료가 필요한지 바로 파악하는 것은 어려우므로 자료와 제시문을 빠르게 본 후 선지와 〈보고서〉를 같이 보면서 선지에 제시된 자료가 〈보고서〉에서 필요한 자료인지, 이미 제시된 자료로도 충분히 〈보고서〉의 내용을 설명할 수 있는지를 파악해야 한다.

다음 〈표〉와 〈보고서〉는 '갑'국 13~19대 국회 의원입법안 발의 및 처리 현황에 대한 자료이다. 〈보고서〉를 작성하기 위해 〈표〉 이외에 추가로 필요한 자료만을 〈보기〉에서 모두 고르면?

〈표〉 국회 의원입법안 발의 및 처리 법안 수 현황

(단위: 건)

구분	13대	14대	15대	16대	17대	18대	19대
발의 법안 수	570	321	1,144	1,912	6,387	12,220	16,728
처리 법안 수	352	167	687	1,028	2,893	4,890	6,626

※ 1) 법안 반영률(%)= $\frac{처리\ 법안\ 수}{발의\ 법안\ 수}$ ×100

2) 각 국회별로 국회의원 임기는 4년이고, 해당 국회에서 처리되지 않은 법안은 폐기됨

〈보고서〉

19대 국회의 의원입법안을 분석한 결과 16,728건이 발의되었고 이는 19대 국회 동안 월평균 340건 이상, 국회의원 1인당 50건 이상의 법안이 제출된 셈이다.

국회 상임위원회 활동으로 보면 상임위원회당 처리 법안 수가 13대 20.7건에서 19대 414.1건으로 20배 이상이 되었다. 하지만 국회 상임위원회 법안소위에도 오르지 않은 법안의 증가로 인해 13대 국회에서 61.8%에 달했던 법안 반영률은 19대에 39.6%까지 낮아졌다.

이처럼 국회 본연의 임무인 입법 기능이 저하되는 가운데 국회 국민청원 건수는 16대 이후로 감소하고 있다. 구체적으로는 13대 503건에서 지속적으로 증가해 16대에 765건으로 정점을 찍은 후 급감하였고, 19대 들어 227건에 그쳐 13대 이후 최저 수준을 기록하였다.

〈보기〉

ㄱ. 국회 국민청원 건수

국회	13대	14대	15대	16대	17대	18대	19대
건수(건)	503	534	595	765	432	272	227

→ (O) 〈보고서〉의 3문단에서 국민청원 건수의 추이를 설명하고 있는데, 〈표〉는 국회 의원입법안에 대해 보여 주고 있다. 따라서 국민청원 건수의 추이를 설명하기 위해서는 국민청원 건수에 대한 자료가 필요하다.

ㄴ. 국회 국민청원 중 본회의 처리건수

국회	13대	14대	15대	16대	17대	18대	19대
건수(건)	13	11	3	4	4	3	2

→ (X) 〈보고서〉에서 국민청원 중 본회의 처리건수에 대한 진술은 나타나 있지 않다.

ㄷ. 국회 상임위원회 수

국회	13대	14대	15대	16대	17대	18대	19대
상임 위원회 수(개)	17	16	16	17	17	16	16

→ (O) 〈보고서〉의 2문단에서는 상임위원회당 처리 법안 수를 설명하고 있다. 상임위원회당 처리 법안 수는 $\frac{전체\ 처리\ 법안\ 수}{상임위원회\ 수}$ 를 통해 구할 수 있다. 〈표〉에서 처리 법안 수는 알 수 있지만 상임위원회 수는 알 수 없으므로 상임위원회 수에 대한 자료가 필요하다.

ㄹ. 국회의원 수

국회	13대	14대	15대	16대	17대	18대	19대
의원 수(명)	299	299	299	273	299	299	300

→ (O) 〈보고서〉의 1문단에서는 19대 국회 국회의원 1인당 50건 이상의 법안이 제출되었다고 설명하고 있다. 국회의원 1인당 제출한 법안 수는 $\frac{총\ 발의\ 법안\ 수}{국회의원\ 수}$ 를 통해 구할 수 있다. 〈표〉에서 총 발의 법안 수는 알 수 있으나 국회의원 수는 나타나 있지 않다. 따라서 국회의원 수에 대한 자료가 필요하다.

① ㄱ, ㄴ ➡ (X)
② ㄱ, ㄹ ➡ (X)
③ ㄱ, ㄴ, ㄷ ➡ (X)
④ ㄱ, ㄷ, ㄹ ➡ (O)
⑤ ㄴ, ㄷ, ㄹ ➡ (X)

|문제 유형| 자료 읽기 > 표/그림 제시형

|접근 전략| 복합 자료 문제는 두 자료를 동시에 봐야 문제를 해결할 수 있도록 출제된다. 자료의 양이 많기 때문에 모든 자료를 숙지한 후 선지로 가기보다 대략적으로 자료의 특성만 파악한 후 선지가 요구하는 자료만을 선택적으로 보는 것이 시간을 절약할 수 있는 방법이다.

다음 〈그림〉과 〈표〉는 주요 10개국의 인간개발지수와 시민지식 평균 점수 및 주요 지표에 관한 자료이다. 이에 대한 〈보기〉의 설명 중 옳은 것만을 모두 고르면?

〈그림〉 국가별 인간개발지수와 시민지식 평균점수의 산포도

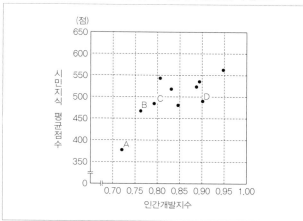

〈표〉 국가별 주요 지표

구분 국가	인간개발 지수	최근 국회의원 선거 투표율 (%)	GDP 대비 공교육비 비율 (%)	인터넷 사용률 (%)	1인당 GDP (달러)
벨기에	0.896	92.5	6.4	85	41,138
불가리아	0.794	54.1	3.5	57	16,956
칠레	0.847	49.3	4.6	64	22,145
도미니카 공화국	0.722	69.6	2.1	52	13,375
이탈리아	0.887	75.2	4.1	66	33,587
대한민국	0.901	58.0	4.6	90	34,387
라트비아	0.830	58.9	4.9	79	22,628
멕시코	0.762	47.7	5.2	57	16,502
노르웨이	0.949	78.2	7.4	97	64,451
러시아	0.804	60.1	4.2	73	23,895

〈보기〉

ㄱ. A국의 인터넷 사용률은 60% 미만이다. → (O) 〈그림〉에서 A국의 인간개발지수는 0.70~0.75인데 이 범위 내에는 도미니카공화국뿐임을 〈표〉를 통해 알 수 있다. 도미니카공화국의 인터넷 사용률은 52%이다.

ㄴ. B국은 C국보다 GDP 대비 공교육비 비율이 낮다. → (X) 〈그림〉에서 B국과 C국의 인간개발지수는 0.75~0.80이고, C국의 인간개발지수가 B국보다 높다. 〈표〉에서 인간개발지수가 0.75~0.80인 국가는 불가리아와 멕시코인데, 불가리아가 멕시코보다 인간개발지수가 높으므로 C국은 불가리아, B국은 멕시코이다. 〈표〉에 따르면 GDP 대비 공교육비 비율은 멕시코의 경우 5.2%, 불가리아의 경우 3.5%로, 멕시코가 불가리아보다 GDP 대비 공교육비 비율이 높다.

ㄷ. D국은 최근 국회의원 선거 투표율 하위 3개국 중 하나이다. → (X) 〈그림〉에서 D국의 인간개발지수는 0.90보다 약간 높음을 알 수 있으므로 〈표〉를 통해 D국은 대한민국임을 알 수 있다. 대한민국은 최근 국회의원 선거 투표율이 58.0%로, 대한민국보다 투표율이 낮은 국가는 멕시코(47.7%), 칠레(49.3%), 불가리아(54.1%)이다. 따라서 대한민국은 최근 국회의원 선거 투표율 하위 3개국에 들지 않는다.

ㄹ. 1인당 GDP가 가장 높은 국가는 시민지식 평균점수도 가장 높다. → (O) 〈표〉에서 1인당 GDP가 제일 높은 국가는 노르웨이로, 노르웨이의 인간개발지수는 0.949이다. 〈그림〉에서 가장 오른쪽에 찍힌 점이 노르웨이로, 노르웨이의 시민지식 평균점수는 가장 위쪽에 있으므로 가장 높다.

① ㄱ, ㄴ ➡ (X)
② ㄱ, ㄷ ➡ (X)
③ ㄱ, ㄹ ➡ (O)
④ ㄴ, ㄷ ➡ (X)
⑤ ㄴ, ㄹ ➡ (X)

|문제 유형| 자료 변환응용 > 표/그림 전환형

|접근 전략| 선지의 자료 제목, x축과 y축의 수치, 축의 정의, 증감 추이, 주석, 증가(감소)율과 증가(감소)폭 등 많은 부분을 꼼꼼히 체크하여야 한다. 선지의 주요 부분을 보면서 제시문과의 일치 여부를 확인한 후, 선지의 세부사항을 꼼꼼히 살펴볼 필요가 있다.

다음 〈표〉는 2012~2017년 '갑'국의 화재발생 현황에 대한 자료이다. 이를 이용하여 작성한 그래프로 옳지 않은 것은?

〈표〉 '갑'국의 화재발생 현황

(단위: 건, 명)

연도 구분	화재발생 건수	인명피해자 수	구조활동 건수
2012	43,249	2,222	427,735
2013	40,932	2,184	400,089
2014	42,135	2,180	451,050
2015	44,435	2,093	479,786
2016	43,413	2,024	609,211
2017	44,178	2,197	655,485
평균	43,057	2,150	503,893

① 화재발생 건수

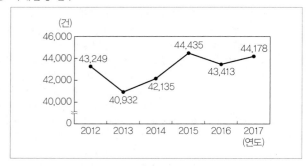

➡ (O) 〈표〉에서 제시된 화재발생 건수 수치와 〈그림〉의 수치가 일치한다.

② 인명피해자 수 편차의 절댓값

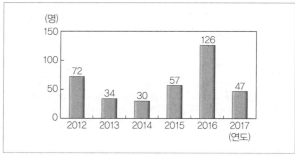

※ 인명피해자 수 편차는 해당 연도 인명피해자 수에서 평균 인명피해자 수를 뺀 값임

➡ (O) 인명피해자 수 편차는 2012년의 경우 2,222−2,150=72(명), 2013년의 경우 2,184−2,150=34(명), 2014년의 경우 2,180−2,150=30(명), 2015년의 경우 |2,093−2,150|=|−57|(명), 2016년의 경우 |2,024−2,150|=|−126|(명), 2017년의 경우 2,197−2,150=47(명)이다. 이는 〈그림〉과 일치한다.

③ 구조활동 건수의 전년 대비 증가량

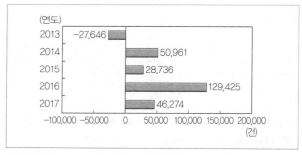

➡ (O) 구조활동 건수의 전년 대비 증가량은 해당 연도 구조활동 건수−전년도 구조활동 건수를 통해 구할 수 있다. 2013년의 경우 400,089−427,735=−27,646(건), 2014년의 경우 451,050−400,089=50,961(건), 2015년의 경우 479,786−451,050=28,736(건), 2016년의 경우 609,211−479,786=129,425(건), 2017년의 경우 655,485−609,211=46,274(건)이다. 이는 〈그림〉과 일치한다.

④ 화재발생 건수 대비 인명피해자 수 비율

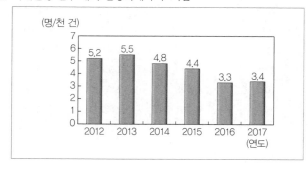

➡ (X) 단위가 명/천 건이므로 화재발생 천 건 대비 인명피해자 수 비율은

$\frac{\text{인명피해자 수}}{\text{화재발생 건수}} \times 1{,}000$이다. 2012년 수치만 보더라도 $\frac{2{,}222}{43{,}249} \times 1{,}000 ≒ 52$(명/천 건)이다. 따라서 〈그림〉에 제시된 수치와 자릿수부터 다르므로 일치하지 않는다.

⑤ 화재발생 건수의 전년 대비 증가율

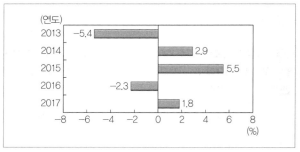

➡ (O) 화재발생 건수의 전년 대비 증가율은

$\frac{(\text{해당 연도 화재발생 건수}) - (\text{전년도 화재발생 건수})}{\text{전년도 화재발생 건수}} \times 100$으로 구할 수 있다. 화재발생 건수의 전년 대비 증가율은 2013년의 경우 $\frac{(40{,}932 - 43{,}249)}{43{,}249} \times 100 ≒ -5.4$(%), 2014년의 경우 $\frac{(42{,}135 - 40{,}932)}{40{,}932} \times 100 ≒ 2.9$(%), 2015년의 경우 $\frac{(44{,}435 - 42{,}135)}{42{,}135} \times 100 ≒ 5.5$(%), 2016년의 경우 $\frac{(43{,}413 - 44{,}435)}{44{,}435} \times 100 ≒ -2.3$(%), 2017년의 경우 $\frac{(44{,}178 - 43{,}413)}{43{,}413} \times 100 ≒ 1.8$(%)이다. 이는 〈그림〉과 일치한다.

04 ②

TOP 3 정답률 58.7%

|문제 유형| 자료 읽기 > 표 제시형
|접근 전략| 두 대상과 연도가 주어지는 문제는 두 대상의 차이, 두 대상의 값이 연도별로 변화하는 추이 등을 유념해서 풀 필요가 있다. 또한 한 대상에 대한 상승, 하락을 묻는 선지의 경우 해당 수치 부분을 위에서 아래로 빠르게 훑으며 몇 초 안에 과감히 해결하는 것이 좋다.

다음 〈표〉는 2012~2018년 '갑'국의 지가변동률에 대한 자료이다. 이에 대한 〈보기〉의 설명 중 옳은 것만을 모두 고르면?

〈표〉 연도별 지가변동률

(단위: %)

연도 \ 지역	수도권	비수도권
2012	0.37	1.47
2013	1.20	1.30
2014	2.68	2.06
2015	1.90	2.77
2016	2.99	2.97
2017	4.31	3.97
2018	6.11	3.64

① ㄱ ➡ (X)
② ㄴ ➡ (O)
③ ㄱ, ㄷ ➡ (X)
④ ㄴ, ㄷ ➡ (X)
⑤ ㄱ, ㄴ, ㄷ ➡ (X)

05 ⑤

`TOP 3` 정답률 58.7%

| **문제 유형** | 자료 읽기 > 표/그림 제시형

| **접근 전략** | 선그래프의 경우 여러 개의 선그래프의 수치 차이를 활용한 선지가
자주 출제된다. 따라서 선그래프의 수치 차이를 유의하여 확인해야 한다. 또한 복
합 자료 문제는 두 자료를 동시에 봐야 문제를 해결할 수 있도록 출제된다. 자료
의 양이 많기 때문에 모든 자료를 숙지한 후 선지로 가기보다 대략적으로 자료의
특성만 파악한 후 선지가 요구하는 자료만을 선택적으로 보는 것이 시간을 절약
하는 방법이다.

다음 〈그림〉과 〈표〉는 '갑'국을 포함한 주요 10개국의 학업성취도 평가
자료이다. 이에 대한 설명으로 옳은 것은?

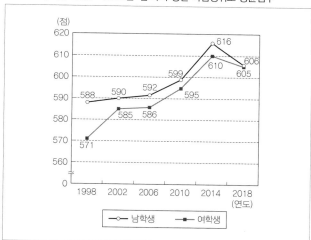

〈그림〉 1998~2018년 '갑'국의 성별 학업성취도 평균점수

※ 학업성취도 평균점수는 소수점 아래 첫째 자리에서 반올림한 값임

〈표〉 2018년 주요 10개국의 학업성취도 평균점수 및 점수대별 누적 학생비율
(단위: 점, %)

구분 국가	평균 점수	학업성취도 점수대별 누적 학생비율			
		625점 이상	550점 이상	475점 이상	400점 이상
A	621	54	81	94	99
갑	606	43	75	93	99
B	599	42	72	88	97
C	594	37	75	92	98
D	586	34	67	89	98
E	538	14	46	78	95
F	528	12	41	71	91
G	527	7	39	78	96
H	523	7	38	76	94
I	518	10	36	69	93

※ 학업성취수준은 수월수준(625점 이상), 우수수준(550점 이상 625점 미만), 보통
수준(475점 이상 550점 미만), 기초수준(400점 이상 475점 미만), 기초수준 미달
(400점 미만)로 구분됨

① '갑'국 남학생과 여학생의 평균점수 차이는 2018년이 1998년보다
크다. ➡ (X) 〈그림〉에서 '갑'국의 남녀 학업성취도 평균점수의 차이는 2018년의
경우 1점이고, 1998년의 경우 17점이다.

② '갑'국의 평균점수는 2018년이 2014년보다 크다. ➡ (X) 〈그림〉에
따르면 남녀 모두 2018년 학업성취도 평균점수가 감소하였으므로 '갑'국의 평균점수
는 2014년이 2018년보다 크다.

③ 2018년 주요 10개 국가는 '수월수준'의 학생비율이 높을수록 평
균점수가 높다. ➡ (X) '수월수준'은 학업성취도 점수가 625점인 것을 뜻
한다. 대체로 평균점수와 625점 이상 학생비율은 양(+)의 관계를 보이지만, H와 I의
경우 I가 H보다 평균점수가 낮은 반면 625점 이상 학생비율은 I가 H보다 높다.

④ 2018년 주요 10개 국가 중 '기초수준 미달'의 학생비율이 가장
높은 국가는 I국이다. ➡ (X) '기초수준 미달'은 학업성취도 점수가 400점 미
만인 것을 뜻한다. '기초수준 미달'인 학생 비율은 '100−400점 이상 누적 학생비율'로
계산할 수 있다. '기초수준 미달'의 학생비율이 가장 높은 국가는 400점 이상의 누적
학생비율이 가장 낮은 국가로, 이는 400점 이상의 누적 학생비율이 91%인 F국이다.

⑤ 2018년 '우수수준'의 학생비율은 D국이 B국보다 높다. ➡ (O)
'우수수준'의 학생은 학업성취도 점수가 550점 이상 625점 미만인 학생이다. 이는
'550점 이상 누적 학생비율−625점 이상 누적 학생비율'로 구할 수 있다. D국의 경
우 '우수수준'의 학생비율은 67−34=33(%), B국의 경우 '우수수준'의 학생비율은
72−42=30(%)이다. 따라서 '우수수준'의 학생비율은 D국이 B국보다 높다.

06 ⑤

정답률 78.0%

| **문제 유형** | 자료 읽기 > 표 제시형

| **접근 전략** | 순위는 숫자가 낮을수록 높은 것이다. 사소한 것이지만 시험장에서는
긴장하여 간혹 혼동하는 경우가 있으므로 유의하도록 한다.

다음 〈표〉는 2017년과 2018년 주요 10개 자동차 브랜드 가치 평가에
관한 자료이다. 이에 대한 〈보기〉의 설명 중 옳은 것만을 모두 고르면?

〈표 1〉 브랜드 가치평가액
(단위: 억 달러)

브랜드	연도 2017	2018
TO	248	279
BE	200	218
BM	171	196
HO	158	170
FO	132	110
WO	56	60

AU	37	42
HY	35	41
XO	38	39
NI	32	31

〈표 2〉 브랜드 가치평가액 순위

브랜드 \ 구분 \ 연도	전체 제조업계 내 순위		자동차업계 내 순위	
	2017	2018	2017	2018
TO	9	7	1	1
BE	11	10	2	2
BM	16	15	3	3
HO	19	19	4	4
FO	22	29	5	5
WO	56	56	6	6
AU	78	74	8	7
HY	84	75	9	8
XO	76	80	7	9
NI	85	90	10	10

─〈보기〉─

ㄱ. 2017년 대비 2018년 '전체 제조업계 내 순위'가 하락한 브랜드는 2017년 대비 2018년 브랜드 가치평가액도 감소하였다. →(X) 〈표 2〉에서 XO의 경우 2017년 대비 2018년 '전체 제조업계 내 순위'가 76위에서 80위으로 하락하였으나, 〈표 1〉에서 2017년 대비 2018년 브랜드 가치평가액은 38억 달러에서 39억 달러로 증가하였다.

ㄴ. 2017년과 2018년의 브랜드 가치평가액 차이가 세 번째로 큰 브랜드는 BE이다. →(X) 〈표 1〉에서 2017년과 2018년의 브랜드 가치평가액이 10억 달러 이상 차이가 나는 브랜드를 확인해 보면 TO가 31억 달러, BE가 18억 달러, BM이 25억 달러, HO가 12억 달러, FO가 22억 달러 차이가 난다. 따라서 2017년과 2018년의 브랜드 가치평가액 차이가 세 번째로 큰 브랜드는 FO이다.

ㄷ. 2017년 대비 2018년 '전체 제조업계 내 순위'와 '자동차 업계 내 순위'가 모두 상승한 브랜드는 2개뿐이다. →(O) '자동차업계 내 순위'가 상승한 브랜드는 순위가 1위씩 상승한 AU와 HY이다. AU와 HY는 모두 '전체 제조업계 내 순위'가 각각 4위, 9위만큼 상승하였다.

ㄹ. 연도별 '자동차업계 내 순위' 기준 상위 7개 브랜드 가치평가액 평균은 2018년이 2017년보다 크다. →(O) 2017년의 '자동차업계 내 순위' 상위 7개 브랜드 가치평가액의 평균은 $\frac{248+200+171+158+132+56+38}{7}$

≒143.3(억 달러)이고, 2018년의 평균은 $\frac{279+218+196+170+110+60+42}{7}$

≒153.6(억 달러)이다. 따라서 2018년이 2017년보다 크다.

① ㄱ, ㄴ ➡ (X)
② ㄱ, ㄹ ➡ (X)
③ ㄴ, ㄷ ➡ (X)
④ ㄴ, ㄹ ➡ (X)
⑤ ㄷ, ㄹ ➡ (O)

---

07 ①

정답률 75.8%

| 문제 유형 | 자료 읽기 > 표 제시형

| 접근 전략 | 교집합과 합집합, 공집합 등 집합 개념에 대한 이해가 필요하다. 해당 문제에서는 '집합 A의 원소가 모두 집합 B의 원소이더라도 집합 A에 포함되지 않은 집합 B의 원소는 x이다.'라는 부분집합, 여집합과 관련된 개념만 알아두어도 쉽게 식을 세울 수 있다.

다음 〈표〉는 2019년 5월 10일 A 프랜차이즈의 지역별 가맹점 수와 결제 실적에 관한 자료이다. 이에 대한 설명으로 옳지 않은 것은?

〈표 1〉 A 프랜차이즈의 지역별 가맹점 수, 결제건수 및 결제금액
(단위: 개, 건, 만 원)

지역 \ 구분		가맹점 수	결제건수	결제금액
서울		1,269	142,248	241,442
6대 광역시	부산	34	3,082	7,639
	대구	8	291	2,431
	인천	20	1,317	2,548
	광주	8	306	793
	대전	13	874	1,811
	울산	11	205	635
전체		1,363	148,323	257,299

〈표 2〉 A 프랜차이즈의 가맹점 규모별 결제건수 및 결제금액
(단위: 건, 만 원)

가맹점 규모 \ 구분	결제건수	결제금액
소규모	143,565	250,390
중규모	3,476	4,426
대규모	1,282	2,483
전체	148,323	257,299

① '서울' 지역 소규모 가맹점의 결제건수는 137,000건 이하이다. ➡ (X) 중규모와 대규모 가맹점이 모두 서울에 위치하고 있다면 중규모와 대규모 가맹점의 결제건수는 4,758건이다. 따라서 '서울' 지역 소규모 가맹점 결제건수는 최소 142,248-4,758=137,490(건)으로, 137,000건 이상이다.

② 6대 광역시 가맹점의 결제건수 합은 6,000건 이상이다. ➡ (O) 6대 광역시 가맹점의 결제건수 합은 전체 결제건수에서 서울 결제건수를 빼면 되므로 148,323-142,248=6,075(건)이다. 따라서 6대 광역시 가맹점의 결제건수 합은 6,000건 이상이다.

③ 결제건수 대비 결제금액을 가맹점 규모별로 비교할 때 가장 작은 가맹점 규모는 중규모이다. ➡ (O) 결제건수 대비 결제금액은 소규모의 경우 $\frac{250,390}{143,565}$ ≒1.74(만 원/건), 중규모의 경우 $\frac{4,426}{3,476}$ ≒1.27(만 원/건), 대규모의 경우 $\frac{2,483}{1,282}$ ≒1.94(만 원/건)이다. 따라서 중규모가 가장 작다.

④ 가맹점 수 대비 결제금액이 가장 큰 지역은 '대구'이다. ➡ (O) 가맹점 수 대비 결제금액은 '서울'의 경우 $\frac{241,442}{1,269}$ ≒190(만 원/개), '부산'의 경우 $\frac{7,639}{34}$ ≒225(만 원/개), '대구'의 경우 $\frac{2,431}{8}$ ≒304(만 원/개), '인천'의 경우 $\frac{2,548}{20}$ ≒127(만 원/개), '광주'의 경우 $\frac{793}{8}$ ≒99(만 원/개), '대전'의 경우 $\frac{1,811}{13}$ ≒139(만 원/개), '울산'의 경우 $\frac{635}{11}$ ≒58(만 원/개)이다. 따라서 '대구'가 가맹

점수 대비 결제금액이 가장 많다.

⑤ 전체 가맹점 수에서 '서울' 지역 가맹점 수 비중은 90% 이상이다.
➡ (O) 정확한 비율 계산보다는 전체 가맹점 수의 90%와 '서울' 지역 가맹점 수를 비교하여 간단하게 문제를 해결할 수 있다. 전체 가맹점 수의 90%는 1,363 × 0.9 = 1,226.7(개)이고, '서울' 지역 가맹점 수는 1,269개이다. 1,269 > 1,226.7이므로 '서울' 지역 가맹점 수 비중은 전체 가맹점 수의 90% 이상이다.

08 ①

정답률 74.6%

|문제 유형| 자료 읽기 > 표/그림/빈칸 제시형
|접근 전략| 모든 빈칸을 채우기보다는 〈보기〉를 해결하기 위해 필요한 빈칸만을 계산하는 것이 빠르다. 또한 계산을 요하지 않는 〈보기〉가 있는 경우 먼저 해결한다. 시청자평가지수 = $\frac{(만족도지수 + 질평가지수)}{2}$ 이므로 만족도지수 = 2 × 시청자평가지수 − 질평가지수이고, 질평가지수 = 2 × 시청자평가지수 − 만족도지수이다. 모든 값들이 7을 기준으로 약간 큰 값이거나 약간 작은 값이므로 7를 뺀 후 계산하는 것이 쉽다. 예를 들어 A의 주시청 시간대 만족도지수의 경우 0.23 × 2 − 0.2 = 0.26 이므로 A의 주시청 시간대 만족도지수는 7.26이다. 계산할 필요가 없거나 간단한 〈보기〉부터 확인하고, 〈보기〉를 하나씩 해결할 때마다 선지를 지워나간다.

다음 〈표〉와 〈그림〉은 '갑'국의 방송사별 만족도지수, 질평가지수, 시청자평가지수를 나타낸 자료이다. 이에 대한 〈보기〉의 설명 중 옳은 것만을 모두 고르면?

〈표〉 방송사별 전체 및 주시청 시간대의 만족도지수와 질평가지수

유형	구분 방송사	전체 시간대 만족도지수	전체 시간대 질평가지수	주시청 시간대 만족도지수	주시청 시간대 질평가지수
지상파	A	7.37	7.33	( )	7.20
	B	7.22	7.05	7.23	( )
	C	7.14	6.97	7.11	6.93
	D	7.32	7.16	( )	7.23
종합 편성	E	6.94	6.90	7.10	7.02
	F	7.75	7.67	( )	7.88
	G	7.14	7.04	7.20	( )
	H	7.03	6.95	7.08	7.00

〈그림〉 방송사별 주시청 시간대의 시청자평가지수

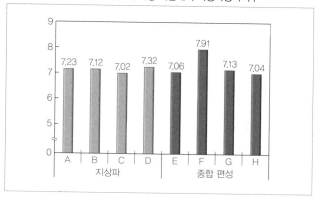

※ 전체(주시청) 시간대 시청자평가지수 =
$$\left(\frac{전체(주시청) 시간대 만족도지수 + 전체(주시청) 시간대 질평가지수}{2} \right)$$

〈보기〉
ㄱ. 각 지상파 방송사는 전체 시간대와 주시청 시간대 모두 만족도지수가 질평가지수보다 높다. → (O) 전체 시간대는 〈표〉를 통해 확인할 수 있다. 시청자평가지수는 만족도지수와 질평가지수의 평균이다. 주시청 시간대는 A와 D의 경우 시청자평가지수가 질평가지수보다 큰 값이므로 만족도지수는 시청자평가지수보다 높아야 한다. 따라서 질평가지수보다도 높다. B의 경우 시청자평가지수가 만족도지수보다 낮으므로 질평가지수는 시청자평가지수보다 낮아야 한다. 따라서 만족도지수보다도 낮다. 즉, A~D 모두 만족도지수가 질평가지수보다 높다.

ㄴ. 각 종합편성 방송사의 질평가지수는 주시청 시간대가 전체 시간대보다 높다. → (O) E, F, H는 〈표〉를 통해 확인할 수 있다. G의 주시청 시간대 질평가지수는 7.13 × 2 − 7.2 = 7.06이고, 전체 시간대 질평가지수는 7.04이다. 따라서 각 종합편성 방송사의 질평가지수는 주시청 시간대가 전체 시간대보다 높다.

ㄷ. 각 지상파 방송사의 시청자평가지수는 전체 시간대가 주시청 시간대보다 높다. → (X) A는 전체 시간대의 만족도지수, 질평가지수가 모두 7.23 이상이므로 전체 시간대의 시청자평가지수가 더 높다. D는 전체 시간대의 만족도지수, 질평가지수가 모두 7.32 이하이므로 주시청 시간대의 시청자평가지수가 더 높다.

ㄹ. 만족도지수는 주시청 시간대가 전체 시간대보다 높으면서 시청자평가지수는 주시청 시간대가 전체 시간대보다 낮은 방송사는 2개이다. → (X) 만족도지수가 전체 시간대보다 주시청 시간대가 높은 방송사는 B와 D~H이다. B의 경우 시청자평가지수가 전체 시간대보다 주시청 시간대가 낮다.

① ㄱ, ㄴ ➡ (O)
② ㄱ, ㄷ ➡ (X)
③ ㄴ, ㄹ ➡ (X)
④ ㄱ, ㄷ, ㄹ ➡ (X)
⑤ ㄴ, ㄷ, ㄹ ➡ (X)

09 ⑤

정답률 91.6%

|문제 유형| 자료 읽기 > 표/그림 제시형
|접근 전략| 계산이 필요하지 않은 〈보기〉부터 확인한다. 해당하는 〈보기〉는 ㄷ이고, 옳은 〈보기〉이므로 ②는 답이 될 수 없다. 다음으로는 + 또는 −만으로 계산할 수 있는 〈보기〉를 확인한다. 해당하는 〈보기〉는 ㄹ이고, 옳은 〈보기〉이므로 답은 ④ 또는 ⑤이다. ㄱ 또는 ㄴ 둘 중 하나만 확인하면 답이 나온다. ㄴ의 내용이 길어 ㄱ이 더 간단해 보일 수 있지만 ㄱ은 나눗셈이 네 번 필요하고, ㄴ은 곱셈, 뺄셈만 세 번 필요하다. 따라서 ㄴ이 더 간단한 〈보기〉이므로 ㄴ을 먼저 계산한다. ㄴ이 옳은 〈보기〉이므로 답은 ⑤이다.

다음 〈표〉와 〈그림〉은 2018년 A 대학의 학생상담 현황에 대한 자료이다. 이에 대한 〈보기〉의 설명 중 옳은 것만을 모두 고르면?

〈표〉 상담자별, 학년별 상담건수

(단위: 건)

상담자 \ 학년	1학년	2학년	3학년	4학년	합
교수	1,085	1,020	911	1,269	4,285
상담직원	154	97	107	56	414
진로컨설턴트	67	112	64	398	641
전체	1,306	1,229	1,082	1,723	5,340

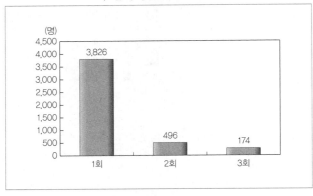

〈그림 1〉 상담횟수별 학생 수

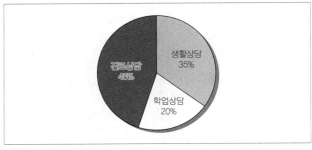

〈그림 2〉 전체 상담건수의 유형별 구성비

생활상담 35%
진로상담 45%
학업상담 20%

〈보기〉

ㄱ. 학년별 전체 상담건수 중 '상담직원'의 상담건수가 차지하는 비중이 큰 학년부터 순서대로 나열하면 1학년, 2학년, 3학년, 4학년 순이다. → (X) 전체 상담건수 중 '상담직원'의 상담건수가 차지하는 비중은 1학년의 경우 $\frac{154}{1,306} \times 100 ≒ 11.8$(%), 2학년의 경우 $\frac{97}{1,229} \times 100 ≒ 7.9$(%), 3학년의 경우 $\frac{107}{1,082} \times 100 ≒ 9.9$(%), 4학년의 경우 $\frac{56}{1,723} \times 100 ≒ 3.3$(%)로 1학년, 3학년, 2학년, 4학년 순이다.

ㄴ. '진로컨설턴트'가 상담한 유형이 모두 진로상담이고, '상담직원'이 상담한 유형이 모두 생활상담 또는 학업상담이라면, '교수'가 상담한 유형 중 진로상담이 차지하는 비중은 30% 이상이다. → (O) 전체 진로상담 건수는 전체 상담건수 5,340건의 45%인 2,403건이다. 그중 '진로컨설턴트'가 상담한 유형이 모두 진로상담이면 2,403−641=1,762(건)이 '교수'가 상담한 진로상담 건수이다. 이는 '교수'가 총 상담한 4,285건의 30%인 1,285.5건보다 많다.

ㄷ. 상담건수가 많은 학년부터 순서대로 나열하면 4학년, 1학년, 2학년, 3학년 순이다. → (O) 상담건수는 1학년이 1,306건, 2학년이 1,229건, 3학년이 1,082건, 4학년이 1,723건이다.

ㄹ. 최소 한 번이라도 상담을 받은 학생 수는 4,600명 이하이다. → (O) 〈그림 1〉을 통해 최소 한 번이라도 상담을 받은 학생 수는 3,826+496+174=4,496(명)임을 알 수 있다.

① ㄱ, ㄷ ➡ (X)
② ㄴ, ㄹ ➡ (X)
③ ㄱ, ㄴ, ㄷ ➡ (X)
④ ㄱ, ㄷ, ㄹ ➡ (X)
⑤ ㄴ, ㄷ, ㄹ ➡ (O)

---

10 ① 　　　　　　　　　　　　　　　　　정답률 85.6%

| 문제 유형 | 자료 읽기/추론 > 매칭형
| 접근 전략 | 매칭형 문제는 여러 개 중 하나를 정확하게 알 수 있으면 선지를 통해 나머지 경우의 수를 줄여 푸는 것이 시간을 절약할 수 있다. 예를 들어, 나가 확실히 C라면 라는 B와 E를 고려해 보는 것이다. 또 〈조건〉들 가운데 계산이 복잡한 〈조건〉은 뒤로 미루고, 계산은 쉬우면서 경우의 수를 좁힐 수 있는 〈조건〉을 먼저 보는 것이 좋다.

다음 〈표〉는 2018년 A~E 기업의 영업이익, 직원 1인당 영업이익, 평균연봉을 나타낸 자료이다. 〈보기〉의 설명을 근거로 '나', '라'에 해당하는 기업을 바르게 나열한 것은?

〈표〉 A~E 기업의 영업이익, 직원 1인당 영업이익, 평균연봉

(단위: 백만 원)

기업 \ 항목	영업이익	직원 1인당 영업이익	평균연봉
가	83,600	34	66
나	33,900	34	34
다	21,600	18	58
라	24,600	7	66
마	50,100	30	75

〈보기〉

○ A는 B, C, E에 비해 직원 수가 많다.
○ C는 B, D, E에 비해 평균연봉 대비 직원 1인당 영업이익이 적다.
○ A, B, C의 영업이익을 합쳐도 D의 영업이익보다 적다.
○ E는 B에 비해 직원 1인당 영업이익이 적다.

　　나　　　라
① B　　　A ➡ (O) 세 번째 〈보기〉를 통해 D는 가이고, '나'~'라'에는 각각 A~C 중 하나가 들어갈 것임을 알 수 있다. 따라서 '마'는 E이다. 네 번째 〈보기〉를 통해 B는 E보다 직원 1인당 영업이익이 많으므로 '나'가 B임을 알 수 있다. 따라서 '라'는 A 또는 D 중 하나인데, D는 '가'이므로 '라'는 A이다.
② B　　　D ➡ (X)
③ C　　　B ➡ (X)
④ C　　　E ➡ (X)
⑤ D　　　A ➡ (X)

| 문제 유형 | 자료 변환응용 > 자료/보고서 전환형
| 접근 전략 | 〈보고서〉를 작성하기 위해 필요한 자료인지 아닌지만 찾으면 되므로 〈보고서〉 안의 수치를 일일이 계산하거나 꼼꼼하게 읽기보다는 제목과 전체적인 윤곽을 살피도록 한다.

다음 〈보고서〉는 2017년 세종특별자치시의 자원봉사 현황을 요약한 자료이다. 〈보고서〉의 내용을 작성하는 데 직접적인 근거로 활용되지 않은 자료는?

─────〈보고서〉─────

○ 자원봉사자 등록 현황

○ 자원봉사단체 등록 현황

○ 연령대별 자원봉사자 등록 현황

○ 자원봉사자 활동 현황

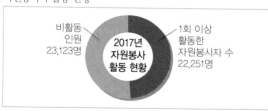

○ 자원봉사 누적시간대별 자원봉사 참여자 수 현황

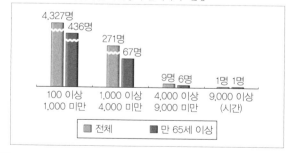

① 2017년 세종특별자치시에 등록된 자원봉사단체별 회원 수 현황
➡ (O) 〈보고서〉의 두 번째 자료에 있는 총 회원 수를 알기 위해 필요한 자료이다.

② 2017년 세종특별자치시 인구 현황 ➡ (O) 〈보고서〉의 첫 번째 자료에서는 세종특별자치시 인구 수 대비 자원봉사자 등록률을 보여 주고 있으므로 인구 현황이 필요하다.

③ 2017년 세종특별자치시에 등록된 성별, 연령별 자원봉사자 수 현황 ➡ (O) 〈보고서〉의 첫 번째 자료를 만들기 위해 성별 자원봉사자 수 현황이 필요하고, 〈보고서〉의 세 번째 자료를 만들기 위해 연령대별 자원봉사자 수 현황이 필요하다.

④ 2017년 세종특별자치시 연간 1회 이상 활동한 자원봉사자 수 현황 ➡ (O) 〈보고서〉의 네 번째 자료에서는 1회 이상 활동한 자원봉사자 수를 보여 주고 있으므로 이를 작성하기 위해 필요하다.

⑤ 2017년 세종특별자치시 연령별, 1일 시간대별 자원봉사 참여자 수 현황 ➡ (X) 〈보고서〉에서는 1일 시간대별 자원봉사 참여자 수에 대해 설명하고 있지 않다.

| 문제 유형 | 자료 읽기 > 표 제시형
| 접근 전략 | 비율 비교를 할 때는 첫 번째 비교 대상을 먼저 계산한 후 두 번째로 넘어가지 말고 계산이 필요한지를 먼저 생각한 후 계산 여부를 판단하는 것이 좋다.

다음 〈표〉는 2018년 '갑'국의 대학유형별 현황에 관한 자료이다. 이에 대한 〈보기〉의 설명 중 옳은 것만을 모두 고르면?

〈표〉 대학유형별 현황

(단위: 개, 명)

구분 \ 유형	국립대학	공립대학	사립대학	전체
학교	34	1	154	189
학과	2,776	40	8,353	11,169
교원	15,299	354	49,770	65,423
여성	2,131	43	12,266	14,440
직원	8,987	205	17,459	26,651
여성	3,254	115	5,259	8,628
입학생	78,888	1,923	274,961	355,772
재적생	471,465	13,331	1,628,497	2,113,293
졸업생	66,890	1,941	253,582	322,413

─────〈보기〉─────

ㄱ. 학과당 교원 수는 공립대학이 사립대학보다 많다. → (O) 학과당 교원 수는 공립대학의 경우 $\frac{354}{40}=8.85$(명), 사립대학의 경우 $\frac{49,770}{8,353}≒5.96$(명)이다.

ㄴ. 전체 대학 입학생 수에서 국립대학 입학생 수가 차지하는 비율은 20% 이상이다. → (O) 정확한 값을 요하는 것이 아니므로 전체 대학 입학생 수의 20%와 국립대학 입학생 수를 비교하면 된다. 전체 대학 입학생 수의 20%는 355,772 × 0.2 = 71,154.4(명)이고, 78,888 > 71,154.4이므로 전체 대학 입학생 수에서 국립대학 입학생 수가 차지하는 비율은 20% 이상이다.

ㄷ. 입학생 수 대비 졸업생 수의 비율은 공립대학이 국립대학보다 높다. → (O) 국립대학은 입학생 수가 졸업생 수보다 많고, 공립대학은 입학생 수가 졸업생 수보다 적다. 따라서 입학생 수 대비 졸업생 수의 비율은 공립대학이 국립대학보다 높다.

ㄹ. 각 대학유형에서 남성 직원 수가 여성 직원 수보다 많다. → (X) 공립대학은 여성 직원이 115명이고, 남성 직원은 205 − 115 = 90(명)으로 여성 직원 수가 남성 직원 수보다 많다.

① ㄱ, ㄷ ➡ (X)
② ㄱ, ㄹ ➡ (X)
③ ㄴ, ㄹ ➡ (X)
④ ㄱ, ㄴ, ㄷ ➡ (O)
⑤ ㄴ, ㄷ, ㄹ ➡ (X)

13 ①
정답률 88.9%

| **문제 유형** | 자료 읽기 > 표 제시형

| **접근 전략** | 10% 이상인지 이하인지를 알기 위해서는 숫자의 총 자릿수가 하나씩 차이가 나는지와 첫째 자리와 둘째 자리만 보고 일차적으로 비교하면 좋다. 예를 들어, 12,151이 111,102의 10% 이상인지 확인해 보자. 12,151은 다섯 자릿수이고, 111,102는 여섯 자릿수이다. 12와 11을 보면 12가 11보다 크므로 10% 이상이다. 2016년 자료에서 1,537과 25,507을 비교해 보면 네 자릿수와 다섯 자릿수이고, 15 < 250이므로 1,537은 25,507의 10% 이하이다.

다음 〈표〉는 2014 ~ 2018년 '갑'국 체류외국인 수 및 체류외국인 범죄건수에 대한 자료이다. 이에 대한 〈보기〉의 설명 중 옳은 것만을 모두 고르면?

〈표〉 체류외국인 수 및 체류외국인 범죄건수
(단위: 명, 건)

연도 구분	2014	2015	2016	2017	2018
체류외국인 수	1,168,477	1,261,415	1,395,077	1,445,103	1,576,034
합법체류 외국인 수	990,522	1,092,900	1,227,297	1,267,249	1,392,928
불법체류 외국인 수	177,955	168,515	167,780	177,854	183,106
체류외국인 범죄건수	21,235	19,445	25,507	22,914	24,984
합법체류 외국인 범죄건수	18,645	17,538	23,970	21,323	22,951
불법체류 외국인 범죄건수	2,590	1,907	1,537	1,591	2,033

〈보기〉

ㄱ. 매년 불법체류외국인 수는 체류외국인 수의 10% 이상이다. → (O) 매년 체류외국인 수와 불법체류외국인 수를 비교하면 모두 숫자의 자릿수가 하나씩 차이가 나고, 앞의 두 자리의 경우 불법체류외국인 수가 체류외국인 수보다 크므로 매년 불법체류외국인 수가 체류외국인 수의 10% 이상이다.

ㄴ. 불법체류외국인 범죄건수의 전년 대비 증가율이 가장 높은 해에 합법체류외국인 범죄건수의 전년 대비 증가율도 가장 높다. → (X) 불법체류외국인 범죄건수가 전년보다 증가한 해는 2017년과 2018년이다. 2018년의 불법체류외국인 범죄건수 증가폭이 크고(442 > 54), 전년도 불법체류외국인 범죄건수는 비슷하므로 전년 대비 증가율이 가장 높은 해는 2018년이다. 반면, 합법체류외국인 범죄건수가 증가한 2016년과 2018년 중 범죄건수 증가율이 더 높은 해는 2016년이다. 합법체류외국인 범죄건수는 2016년의 경우 6,000건 이상 증가하고, 2018년의 경우 1,600여 건 증가하여 3배 이상 차이 나는 반면 분모인 전년도 범죄건수는 이만큼의 큰 차이가 없기 때문이다.

ㄷ. 체류외국인 범죄건수가 전년에 비해 감소한 해에는 합법체류외국인 범죄건수와 불법체류외국인 범죄건수도 각각 전년에 비해 감소하였다. → (X) 체류외국인 범죄건수가 전년에 비해 감소한 해는 2015년과 2017년이다. 하지만 2017년 불법체류외국인 범죄건수는 증가하였다.

ㄹ. 매년 합법체류외국인 범죄건수는 체류외국인 범죄건수의 80% 이상이다. → (O) 불법체류외국인 범죄건수 + 합법체류외국인 범죄건수 = 체류외국인 범죄건수이다. 따라서 체류외국인 범죄건수의 80% 이상이 합법체류외국인 범죄건수라는 것은 20% 이하가 불법체류외국인 범죄건수라는 것을 의미한다. 2016 ~ 2018년은 비교 대상 숫자의 자릿수가 네 자릿수와 다섯 자릿수로 한 자릿수 차이이고, 앞 두 자리의 경우 체류외국인 범죄건수가 불법체류외국인 범죄건수의 두 배보다 작으므로 20% 이하이다.

① ㄱ, ㄹ ➡ (O)
② ㄴ, ㄷ ➡ (X)
③ ㄴ, ㄹ ➡ (X)
④ ㄱ, ㄴ, ㄷ ➡ (X)
⑤ ㄱ, ㄷ, ㄹ ➡ (X)

14 ②
정답률 90.7%

| **문제 유형** | 자료 읽기/추론 > 매칭형

| **접근 전략** | 매칭형은 여러 개 중 하나를 정확하게 알 수 있으면 선지를 통해 나머지 경우의 수를 줄여가며 해결하는 것이 시간을 절약할 수 있다.

다음 〈그림〉은 한국, 일본, 미국, 벨기에의 2010년, 2015년, 2020년 자동차 온실가스 배출량 기준에 관한 자료이다. 〈그림〉과 〈조건〉에 근거하여 A ~ D에 해당하는 국가를 바르게 나열한 것은?

〈그림〉 자동차 온실가스 배출량 기준

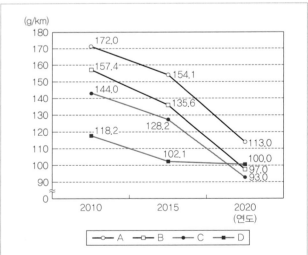

〈조건〉

○ 2010년 대비 2020년 자동차 온실가스 배출량 기준 감소율은 한국이 일본, 미국, 벨기에보다 높다.
○ 2015년 한국과 일본의 자동차 온실가스 배출량 기준 차이는 30g/km 이상이다.
○ 2020년 자동차 온실가스 배출량 기준은 미국이 한국과 벨기에보다 높다.

	A	B	C	D	
①	미국	벨기에	한국	일본	➡ (X)
②	미국	한국	벨기에	일본	➡ (O) 첫 번째

〈조건〉을 보면 한국은 자동차 온실가스 배출량 기준 감소율이 가장 높다. 〈그림〉의 기울기를 보면 A, B, C가 비슷한 모양을 보이고 있다. A의 감소율은 $\frac{|113-172|}{172} \times 100 ≒ 34.3(\%)$, B의 감소율은 $\frac{|97-157.4|}{157.4} \times 100 ≒ 38.4(\%)$, C의 감소율은 $\frac{|93-144|}{144} \times 100 ≒ 35.4(\%)$로, B의 감소율이 가장 높다. 따라서 B는 한국이다. 세 번째 〈조건〉을 통해 2020년 자동차 온실가스 배출량 기준은 미국이 한국보다 높다는 것을 알 수 있으므로 미국은 B인 한국보다 낮은 C에 해당하지 않는다.

③	벨기에	한국	미국	일본	➡ (X)
④	일본	벨기에	한국	미국	➡ (X)
⑤	한국	일본	벨기에	미국	➡ (X)

15 ③

| 문제 유형 | 자료 읽기 > 그림 제시형

| 접근 전략 | 특이한 모양의 자료는 많이 보면서 익숙해지는 것이 좋으나, 시험장에서 한 번도 보지 못한 자료의 형태가 나올 수 있다. 그럴 때에는 당황하지 말고 각주와 선지를 보며 자료에서 필요한 부분만을 찾아서 넘어가는 것이 좋다. 또 a의 x%가 b이고, b의 y%가 c이면, a × $\frac{x}{100}$ × $\frac{y}{100}$이 c라는 것을 알면 좋다. 예를 들어, a의 50%가 b이고, b의 50%가 c이면 a × 0.5 × 0.5 × 100인 a의 25%가 c이다.

다음 〈그림〉은 '갑' 자치구의 예산내역에 관한 자료이다. 이에 대한 〈보기〉의 설명 중 옳은 것만을 모두 고르면?

〈그림〉'갑' 자치구 예산내역

(단위: %)

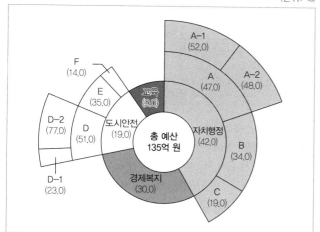

※ 1) 괄호 안의 값은 예산 비중을 의미함
 2) 예를 들어, A(47.0)은 A 사업의 예산이 '자치행정' 분야 예산의 47.0%임을 나타내고, D-1 사업의 예산은 3.0억 원임

〈보기〉

ㄱ. '교육' 분야 예산은 13억 원 이상이다. → (X) 총 예산 135억 원의 9%가 '교육' 분야 예산인데 135 × 0.09=12.15(억 원)으로, 13억 원 이하이다.

ㄴ. C 사업 예산은 D 사업 예산보다 적다. → (O) C 사업 예산은 총 예산의 42%의 19%, 즉 0.42 × 0.19=0.0798=7.98(%)이고 D 사업 예산은 총 예산의 19%의 51%, 즉 0.19 × 0.51=0.0969=9.69(%)이다. 따라서 C 사업 예산은 D

사업 예산보다 적다. 비율 수치로 C 사업 예산과 D 사업 예산의 19%는 동일하므로 42%와 51%만 비교해도 된다.

ㄷ. '경제복지' 분야 예산은 B 사업과 C 사업 예산의 합보다 많다. → (O) '경제복지' 예산은 총 예산의 30%이고, B 사업과 C 사업은 총 예산의 42%의 34+19=53(%), 즉 0.42 × 0.53=0.2226=22.26(%)이다.

ㄹ. '도시안전' 분야 예산은 A-2 사업 예산의 3배 이상이다. → (X) '도시안전' 분야 예산은 총 예산의 19%이고, A-2 사업 예산은 총 예산의 42%의 47%의 48%로 0.42 × 0.47 × 0.48 ≒ 0.0948 ≒ 9.48(%)이다. 따라서 '도시 안전' 분야 예산은 A-2 사업 예산의 3배 이하이다.

① ㄱ, ㄴ ➡ (X)
② ㄱ, ㄷ ➡ (X)
③ ㄴ, ㄷ ➡ (O)
④ ㄴ, ㄹ ➡ (X)
⑤ ㄷ, ㄹ ➡ (X)

16 ③

| 문제 유형 | 자료 읽기 > 표/빈칸 제시형

| 접근 전략 | 간혹 ①이 매우 어렵게 출제되어 초반부터 시간이 너무 많이 소요되는 경우가 있다. 이러한 경우 순서대로 문제를 풀기보다는 계산이 적거나 간단한 선지부터 해결하는 것이 좋다.

다음 〈표〉는 고려시대 왕의 혼인종류별 후비(后妃) 수를 조사한 것이다. 이에 대한 설명으로 옳지 않은 것은?

〈표〉 고려시대 왕의 혼인종류별 후비 수

(단위: 명)

왕	혼인종류	족외혼	족내혼	몽골출신	왕	혼인종류	족외혼	족내혼	몽골출신
1대	태조	29	0	–	19대	명종	0	1	–
2대	혜종	4	0	–	20대	신종	0	1	–
3대	정종	3	0	–	21대	희종	0	1	–
4대	광종	0	2	–	22대	강종	1	1	–
5대	경종	1	( )	–	23대	고종	1	1	–
6대	성종	2	1	–	24대	원종	1	1	–
7대	목종	1	1	–	25대	충렬왕	1	1	1
8대	현종	10	3	–	26대	충선왕	3	1	2
9대	덕종	3	2	–	27대	충숙왕	2	0	( )
10대	정종	5	0	–	28대	충혜왕	3	1	1
11대	문종	4	1	–	29대	충목왕	0	0	0
12대	순종	2	1	–	30대	충정왕	0	0	0
13대	선종	3	0	–	31대	공민왕	3	1	1
14대	헌종	0	0	–	32대	우왕	2	0	–
15대	숙종	1	0	–	33대	창왕	0	0	0
16대	예종	2	2	–	34대	공양왕	1	0	0
17대	인종	4	0	–	전체		( )	28	8
18대	의종	1	1	–					

※ 혼인종류는 족외혼, 족내혼, 몽골출신만으로 구성되며, 몽골출신과의 혼인은 충렬왕부터임

① 전체 족외혼 후비 수는 전체 족내혼 후비 수의 3배 이상이다.
　➡ (O) 전체 족외혼 후비 수는 92명으로 전체 족내혼 후비 수 28명의 3배 이상이다.

② 몽골출신 후비 수가 가장 많은 왕은 충숙왕이다. ➡ (O) 다른 왕의
몽골출신 후비는 1+2+1+1=5(명)이고 전체 몽골출신 후비는 8명이므로, 충숙왕의
몽골출신 후비 수가 3명으로 가장 많다.

③ 태조부터 경종까지의 족내혼 후비 수의 합은 문종부터 희종까지
의 족내혼 후비 수의 합과 같다. ➡ (X) 경종의 족내혼 후비 수는 총 28명
에서 나머지 왕의 족내혼 후비 수 24명을 뺀 4명으로, 태조부터 경종까지의 족내혼 후
비 수의 합은 6명이다. 반면, 문종부터 희종까지의 족내혼 후비 수의 합은 8명이다.

④ 태조의 후비 수는 광종과 경종의 모든 후비 수의 합의 4배 이상이다.
　➡ (O) 광종의 후비 수는 2명, 경종의 후비 수는 5명으로 광종과 경종의 모든 후비
수의 합은 7명이고, 태조의 후비 수는 29명으로 4배 이상이다.

⑤ 경종의 족내혼 후비 수가 충숙왕의 몽골출신 후비 수보다 많다.
　➡ (O) 경종의 족내혼 후비 수는 28-24=4(명)이고, 충숙왕의 몽골출신 후비 수는
8-5=3(명)이다.

17　①　　　　　정답률 84.3%

| 문제 유형 | 자료 읽기 > 그림 제시형
| 접근 전략 | 국회의원이 많이 선출되기 위해서는 한 선거구에서 압도적인 승리를
하는 것보다 근소하게 이기는 선거구가 많은 것이 좋다.

다음 〈그림〉은 '갑'국 국회의원 선거의 지역별 정당지지율에 관한 자료
이다. 〈그림〉과 〈조건〉에 근거하여 선거구를 획정할 때, 〈보기〉 중 B
정당의 국회의원이 가장 많이 선출되는 선거구 획정 방법을 고르면?

〈그림〉 국회의원 선거의 지역별 정당지지율

(단위: %)

가 (90:10:0)	나 (80:20:0)	다 (70:20:10)	라 (40:50:10)
마 (60:20:20)	바 (60:10:30)	사 (30:30:40)	아 (10:60:30)
자 (30:60:10)	차 (20:40:40)	카 (20:20:60)	타 (10:80:10)

※ 괄호 안의 수치는 해당 지역의 각 정당지지율(A 정당 : B 정당 : C 정당)을 의미함

〈조건〉

○ 3개 지역을 묶어서 1개의 선거구로 획정한다.
　- 지역 경계는 점선(·····)으로 표시되며, 선거구 경계는 실선(—)으로
　　표시된다.
　- 아래 〈그림〉은 '가', '나', '바' 지역이 1개의 선거구로 획정됨을 의미
　　한다.

가	나
	바

○ 선거구당 1명의 국회의원을 선출한다.
○ 선거구 내 지역별 각 정당지지율의 합이 가장 큰 정당의 후보가 국회
의원으로 선출된다.

〈보기〉

ㄱ.
가	나	다	라
마	바	사	아
자	차	카	타

ㄴ.
가	나	다	라
마	바	사	아
자	차	카	타

ㄷ.
가	나	다	라
마	바	사	아
자	차	카	타

ㄹ.
가	나	다	라
마	바	사	아
자	차	카	타

ㅁ.
가	나	다	라
마	바	사	아
자	차	카	타

① ㄱ ➡ (O) 왼쪽 위 선거구에서는 당선되지 않고, 왼쪽 아래 선거구에서는 득표율의
합이 120%로 당선된다. 오른쪽 위 선거구에서는 득표율의 합이 130%로 당선되고, 오
른쪽 아래 선거구에서도 득표율의 합이 130%로 당선된다. 따라서 3명이 당선된다.

② ㄴ ➡ (X) 가장 왼쪽 선거구와 왼쪽에서 두 번째 선거구 및 세 번째 선거구에서는
당선되지 않으나, 가장 오른쪽 선거구에서는 득표율의 합이 190%로 당선된다. 따라
서 1명이 당선된다.

③ ㄷ ➡ (X) 왼쪽 아래 선거구에서는 득표율의 합이 120%로, 오른쪽 아래 선거구에
서는 득표율의 합이 160%로 당선된다. 따라서 2명이 당선된다.

④ ㄹ ➡ (X) 가장 오른쪽 선거구에서만 득표율의 합이 190%로 당선된다. 따라서 1명
이 당선된다.

⑤ ㅁ ➡ (X) 가장 오른쪽 위 선거구와 오른쪽 아래 선거구에서 각각 득표율의 합이
140%로 당선된다. 따라서 2명이 당선된다.

18　②　　　　　정답률 84.7%

| 문제 유형 | 자료 읽기 > 표 제시형
| 접근 전략 | 〈표 1〉과 〈표 2〉를 이용하여 법정 필요 교원 수와 충원해야 할 교원
수를 구하는 문제이다. 재학생 수에 따라 법정 필요 교원 수의 산정기준이 다르다
는 것에 유의하여 문제를 풀도록 한다.

다음 〈표〉는 '갑'국 A~E 대학의 재학생 수 및 재직 교원 수와 법정 필
요 교원 수 산정기준에 관한 자료이다. 이에 근거하여 법정 필요 교원
수를 충족시키기 위해 충원해야 할 교원 수가 많은 대학부터 순서대로
나열하면?

〈표 1〉 재학생 수 및 재직 교원 수

(단위: 명)

구분\대학	A	B	C	D	E
재학생 수	900	30,000	13,300	4,200	18,000
재직 교원 수	44	1,260	450	130	860

〈표 2〉 법정 필요 교원 수 산정기준

재학생 수	법정 필요 교원 수
1,000명 미만	재학생 22명당 교원 1명
1,000명 이상 10,000명 미만	재학생 21명당 교원 1명
10,000명 이상 20,000명 미만	재학생 20명당 교원 1명
20,000명 이상	재학생 19명당 교원 1명

※ 법정 필요 교원 수 계산 시 소수점 아래 첫째 자리에서 올림

① B, C, D, A, E ➡ (X)

② B, C, D, E, A ➡ (O) 법정 필요 교원 수는 A 대학의 경우 재학생 수가 1,000명 미만이므로 $\frac{900}{22}≒41$(명) 이상, B 대학의 경우 재학생 수가 20,000명 이상이므로 $\frac{30,000}{19}≒1,579$(명) 이상, C 대학의 경우 재학생 수가 10,000명 이상 20,000명 미만으로 $\frac{13,300}{20}=665$(명) 이상, D 대학의 경우 재학생 수가 1,000명 이상 10,000명 미만으로 $\frac{4,200}{21}=200$(명) 이상, E 대학의 경우 재학생 수가 10,000명 이상 20,000명 미만으로 $\frac{18,000}{20}=900$(명) 이상이다. A 대학은 법정 필요 교원 수를 충족했고, B 대학은 $1,579-1,260=319$(명), C 대학은 $665-450=215$(명), D 대학은 $200-130=70$(명), E 대학은 $900-860=40$(명)을 충원해야 한다. 따라서 충원해야 할 교원 수가 많은 대학부터 나열하면 B, C, D, E, A 순이다.

③ B, D, C, E, A ➡ (X)

④ C, B, D, A, E ➡ (X)

⑤ C, B, D, E, A ➡ (X)

19 ③

정답률 63.8%

| 문제 유형 | 자료 변환응용 > 자료/보고서 전환형

| 접근 전략 | 〈보고서〉는 줄글로 쓰여 있기 때문에 작은 말꼬리를 가지고 오답을 만들어낼 수 있다. 글을 읽을 때 작은 함정도 조심하도록 한다.

다음 〈표〉는 2018년 행정구역별 공동주택의 실내 라돈 농도에 대한 자료이다. 이에 대한 〈보고서〉의 설명 중 옳은 것만을 모두 고르면?

〈표〉 행정구역별 공동주택 실내 라돈 농도

항목 / 행정구역	조사대상 공동주택 수 (호)	평균값 (Bq/m³)	중앙값 (Bq/m³)	200Bq/m³ 초과 공동주택 수 (호)
서울특별시	532	66.5	45.4	25
부산광역시	434	51.4	35.3	12
대구광역시	437	61.5	41.6	16
인천광역시	378	48.5	33.8	9
광주광역시	308	58.3	48.2	6
대전광역시	201	110.1	84.2	27
울산광역시	247	55.0	35.3	7
세종특별자치시	30	83.8	69.8	1
경기도	697	74.3	52.5	37
강원도	508	93.4	63.6	47
충청북도	472	86.3	57.8	32
충청남도	448	93.3	59.9	46
전라북도	576	85.7	56.7	40
전라남도	569	75.5	51.5	32
경상북도	610	72.4	48.3	34
경상남도	640	57.5	36.7	21
제주특별자치도	154	68.2	40.9	11
전국	7,241	–	–	403

〈보고서〉

우리나라에서는 2018년 처음으로 공동주택에 대한 '실내 라돈 권고 기준치'를 200Bq/m³ 이하로 정하고 공동주택의 실내 라돈 농도를 조사하였다.

이번 공동주택 실내 라돈 농도 조사에서 ㉠조사대상 공동주택의 실내 라돈 농도 평균값은 경기도가 서울특별시의 1.1배 이상이다. → (O) 경기도의 조사대상 공동주택 실내 라돈 농도 평균값은 74.3Bq/m³으로, 이는 서울특별시의 1.1배인 1.1 × 66.5=73.15(Bq/m³)보다 큰 값이다. 한편, ㉡행정구역별로 비교했을 때 실내 라돈 농도의 평균값이 클수록 중앙값도 컸으며 → (X) 서울특별시와 광주광역시를 비교해 보면, 서울특별시가 실내 라돈 농도의 평균값은 66.5Bq/m³으로 광주광역시의 58.3Bq/m³보다 크지만 중앙값은 서울특별시가 45.4Bq/m³으로 광주광역시의 48.2Bq/m³보다 낮다. 두 항목 모두 대전광역시가 가장 높았다. ㉢조사대상 공동주택 중 실내 라돈 농도가 실내 라돈 권고 기준치를 초과하는 공동주택의 비율이 5% 이상인 행정구역은 9곳이며, → (O) 대전광역시의 경우 약 13.4%$\left(≒\frac{27}{201}×100\right)$, 경기도의 경우 약 5.3%$\left(≒\frac{37}{697}×100\right)$, 강원도의 경우 약 9.3%$\left(≒\frac{47}{508}×100\right)$, 충청북도의 경우 약 6.8%$\left(≒\frac{32}{472}×100\right)$, 충청남도의 경우 약 10.3%$\left(≒\frac{46}{448}×100\right)$, 전라북도의 경우 약 6.9%$\left(≒\frac{40}{576}×100\right)$, 전라남도의 경우 약 5.6%$\left(≒\frac{32}{569}×100\right)$, 경상북도의 경우 약 5.6%$\left(≒\frac{34}{610}×100\right)$, 제주특별자치도의 경우 약 7.1%$\left(≒\frac{11}{154}×100\right)$로, 총 9곳이 조사대상 공동주택 수에서 200Bq/m³ 초과 공동주택 수가 5% 이상을 차지한다. 10% 이상인 행정구역은 2곳으로 조사되었다.

① ㉠ ➡ (X)

② ㉡ ➡ (X)

③ ㉠, ㉢ ➡ (O)

④ ㉡, ㉢ ➡ (X)

⑤ ㉠, ㉡, ㉢ ➡ (X)

| **문제 유형** | 자료 읽기/추론 > 계산형 |

접근 전략 | 시험체 강도의 평균은 기준강도 이상이면 되므로 평균을 모두 정확히 계산할 필요는 없다.

다음 〈표〉는 콘크리트 유형별 기준강도 및 시험체 강도판정결과에 관한 자료이다. 〈표〉와 〈판정기준〉에 근거하여 (가), (나), (다)에 해당하는 강도판정결과를 바르게 나열한 것은?

〈표〉 콘크리트 유형별 기준강도 및 시험체 강도판정결과

(단위: MPa)

구분 콘크리트 유형	기준 강도	시험체 강도				강도 판정 결과
		시험체 1	시험체 2	시험체 3	평균	
A	24	22.8	29.0	20.8	( )	(가)
B	27	26.1	25.0	28.1	( )	불합격
C	35	36.9	36.8	31.6	( )	(나)
D	40	36.4	36.3	47.6	40.1	합격
E	45	40.3	49.4	46.8	( )	(다)

※ 강도판정결과는 '합격'과 '불합격'으로 구분됨

〈판정기준〉

○ 아래 조건을 모두 만족하는 경우에만 강도판정결과가 '합격'이다.
- 시험체 강도의 평균은 기준강도 이상이어야 한다.
- 기준강도가 35MPa 초과인 경우에는 각 시험체 강도가 모두 기준강도의 90% 이상이어야 한다.
- 기준강도가 35MPa 이하인 경우에는 각 시험체 강도가 모두 기준강도에서 3.5MPa을 뺀 값 이상이어야 한다.

　　(가)　　(나)　　(다)
① 합격　　합격　　합격 ➡ (X)
② 합격　　합격　　불합격 ➡ (O) A는 시험체 강도의 평균이 24.2MPa로 기준강도 24MPa 이상이다. 그리고 기준강도가 35MPa 이하이므로 각 시험체 강도가 모두 기준강도에서 3.5MPa를 뺀 20.5MPa 이상이어야 한다. 따라서 A는 〈판정기준〉에 충족하므로 합격이다. C는 시험체 1, 2가 기준강도보다 1.9MPa, 1.8MPa 높은 반면, 시험체 3은 기준강도보다 3.4MPa 낮으므로 기준강도보다 평균이 $\frac{1.9+1.8-3.4}{3}$ =0.1(MPa) 높다. 그리고 기준강도가 35MPa 이하이므로 각 시험체 강도가 모두 기준강도에서 3.5MPa를 뺀 31.5MPa 이상이어야 한다. 따라서 C는 〈판정기준〉에 충족하므로 합격이다. E는 시험체 1이 기준강도보다 4.7MPa 낮은 반면, 시험체 2, 3이 기준강도보다 4.4MPa, 1.8MPa 높으므로 기준강도보다 평균이 $\frac{-4.7+4.4+1.8}{3}$ =0.5(MPa) 높다. 하지만 기준강도가 35MPa 초과이므로 각 시험체 강도가 모두 기준강도의 90%인 40.5MPa 이상이어야 하는데, 시험체 1이 40.3MPa이므로 E는 〈판정기준〉에 충족하지 못하여 불합격이다.
③ 합격　　불합격　　불합격 ➡ (X)
④ 불합격　　합격　　합격 ➡ (X)
⑤ 불합격　　합격　　불합격 ➡ (X)

| **문제 유형** | 자료 읽기/추론 > 계산형 |

접근 전략 | 시간이 상당히 많이 소요되는 문제이다. 처음부터 모든 항목을 계산하려 하지 말고, 〈조건〉을 통해 기준에 해당하지 않는 항목부터 제외한 후 최소한의 계산을 통해 옳고 그름을 판단하도록 한다.

다음 〈표〉는 2017∼2018년 '갑' 학교 학생식당의 메뉴별 제공횟수 및 만족도에 대한 자료이다. 〈표〉와 〈조건〉에 근거한 설명으로 옳지 않은 것은?

〈표〉 메뉴별 제공횟수 및 만족도

(단위: 회, 점)

구분 메뉴	제공횟수	만족도	
연도	2017	2017	2018
A	40	87	75
B	34	71	72
C	45	53	35
D	31	79	79
E	40	62	77
F	60	74	68
G	–	–	73
전체	250	–	–

〈조건〉

○ 전체 메뉴 제공횟수는 매년 250회로 일정하며, 2018년에는 메뉴 G만 추가되었고, 2019년에는 메뉴 H만 추가되었다.
○ 각 메뉴의 다음 연도 제공횟수는 당해 연도 만족도에 따라 아래와 같이 결정된다.

만족도	다음 연도 제공횟수
0점 이상 50점 미만	당해 연도 제공횟수 대비 100% 감소
50점 이상 60점 미만	당해 연도 제공횟수 대비 20% 감소
60점 이상 70점 미만	당해 연도 제공횟수 대비 10% 감소
70점 이상 80점 미만	당해 연도 제공횟수와 동일
80점 이상 90점 미만	당해 연도 제공횟수 대비 10% 증가
90점 이상 100점 이하	당해 연도 제공횟수 대비 20% 증가

① 메뉴 A∼F 중 2017년 대비 2019년 제공횟수가 증가한 메뉴는 1개이다. ➡ (O) 〈표〉를 보면 A 이외에는 2017년과 2018년의 만족도가 80점 이상인 메뉴가 없어 당해 연도 제공횟수 대비 다음 연도 제공횟수가 증가하지 않는다. A는 2017년에 만족도가 80점 이상 90점 미만이므로 2018년에 제공횟수가 증가하고, 2018년에 만족도가 70점 이상 80점 미만이므로 2019년에 제공횟수는 2018년과 같다. 따라서 A는 2017년 대비 2019년에 제공횟수가 증가하였다.
② 2018년 메뉴 G의 제공횟수는 9회이다. ➡ (O) 2017년 제공횟수와 만족도, 〈조건〉을 통해 계산하면 2018년 메뉴 제공횟수는 A∼F 순으로 44, 34, 36, 31, 36, 60회이다. 이를 모두 더하면 241회이고, 총 제공횟수는 250회이므로 2018년 메뉴 G의 제공횟수는 9회이다.
③ 2019년 메뉴 H의 제공횟수는 42회이다. ➡ (O) 2019년 메뉴 제공횟수는 2018년 제공횟수와 만족도, 〈조건〉을 통해 계산하면 A∼G 순으로 44, 34, 0, 31, 36, 54, 9회이다. 이를 모두 더하면 208회이고, 총 제공횟수는 매년 250회로 일정하므로 2019년 메뉴 H의 제공횟수는 42회이다.

④ 2019년 메뉴 E의 제공횟수는 메뉴 A의 제공횟수보다 많다. ➡ (X)
2019년 A와 E 메뉴의 제공횟수를 비교하면 44회로 36회로 A가 더 많다.

⑤ 메뉴 A~G 중 2018년과 2019년 제공횟수의 차이가 두 번째로 큰 메뉴는 F이다. ➡ (O) 2018년과 2019년의 메뉴 제공횟수에 있어 2018년 만족도가 70점 이상 80점 미만이 아닌 메뉴는 C와 F이다. 2018년과 2019년 제공횟수의 차이는 C의 경우 36회, F의 경우 6회이므로 F가 두 번째로 제공횟수의 차이가 크다.

22 ③

정답률 64.4%

| 문제 유형 | 자료 읽기 > 표/그림 제시형

| 접근 전략 | 작은 글씨로 쓰여 놓치기 쉬운 각주를 잘 살펴야 한다. 여러 각주가 제시되는 경우 키워드를 표시하며 문제를 풀도록 한다.

다음 〈그림〉과 〈표〉는 2017~2018년 A, B 기업이 '갑' 자동차 회사에 납품한 엔진과 변속기에 관한 자료이다. 이에 대한 설명으로 옳은 것은?

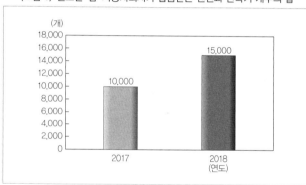

〈그림 1〉 연도별 '갑' 자동차회사가 납품받은 엔진과 변속기 개수의 합

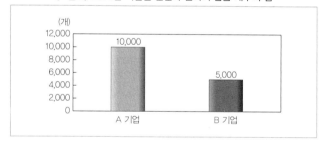

〈그림 2〉 2018년 기업별 엔진과 변속기 납품 개수의 합

〈그림 3〉 A 기업의 연도별 엔진과 변속기 납품 개수 비율

※ 1) '갑' 자동차회사는 엔진과 변속기를 2017년에는 A 기업으로부터만 납품받았으며, 2018년에는 A, B 두 기업에서만 납품받았음
　2) A, B 기업은 '갑' 자동차회사에만 납품함
　3) 매년 '갑' 자동차회사가 납품받는 엔진 개수는 변속기 개수와 같음

〈표〉 A, B 기업의 연도별 엔진과 변속기의 납품 단가
(단위: 만 원/개)

연도 \ 구분	엔진	변속기
2017	100	80
2018	90	75

① A 기업의 엔진 납품 개수는 2018년이 2017년의 80%이다. ➡ (X)
각주 1)을 보면 2017년에는 A 기업만 납품을 하였는데, 〈그림 1〉에서 2017년 납품받은 엔진과 변속기 개수의 합은 10,000개이고, 〈그림 3〉에서 이 중 50%가 엔진이므로 엔진 납품 개수는 5,000개이다. 그런데 〈그림 2〉를 보면 2018년에는 A 기업이 10,000개를 납품했고, 〈그림 3〉을 보면 이 중 30%가 엔진이므로 엔진 납품 개수는 3,000개로 5,000개의 60%이다.

② 2018년 B 기업은 변속기 납품 개수가 엔진 납품 개수의 12.5%이다.
➡ (X) 각주 3)을 보면 '갑' 자동차회사가 납품받는 엔진과 변속기의 수는 같은데, 〈그림 1〉에서 2018년에 총 납품받은 엔진과 변속기의 수의 합은 15,000개이므로 변속기는 7,500개이다. 2018년 A 기업은 엔진을 3,000개 납품했으므로 〈그림 3〉에서 변속기는 7,000개 납품했다. B 기업은 변속기를 500개 납품했고, 엔진은 4,500개 납품했다. 따라서 2018년 B 기업의 변속기 납품 개수는 엔진 납품 개수의 약 11.1%이다.

③ '갑' 자동차회사가 납품받은 엔진과 변속기 납품액 합은 2018년이 2017년에 비해 30% 이상 증가하였다. ➡ (O) 2017년 '갑' 자동차회사가 납품받은 납품액 합은 각주 3)을 보면 '갑' 자동차회사가 납품받는 엔진과 변속기의 수가 같으므로 엔진과 변속기의 납품 단가의 평균에 납품받은 개수를 곱하면 된다. 〈표〉에서 2017년 납품 단가 평균은 90만 원/개이고, 납품 수는 10,000개이므로 2017년 엔진과 변속기 납품액 합은 900,000만 원이고, 2018년 납품 단가 평균은 82.5만 원/개이고, 납품 수는 15,000개이므로 2018년 엔진과 변속기 납품액 합은 1,237,500만 원이다. 이는 37.5% 증가한 것이다.

④ '갑' 자동차회사가 납품받은 변속기 납품 개수는 2018년이 2017년의 2배 이상이다. ➡ (X) 각주 3)을 보면 '갑' 자동차회사가 납품받는 엔진과 변속기의 수는 같은데, 〈그림 1〉에서 2017년과 2018년 총 납품받은 엔진과 변속기의 수의 합은 각각 10,000개와 15,000개로, 변속기 납품 개수는 이의 반인 5,000개와 7,500개이다. 따라서 2018년이 2017년보다 50% 증가하였다.

⑤ 2018년 A, B 기업의 엔진 납품액 합은 변속기 납품액 합보다 작다.
➡ (X) 각주 3)을 보면 '갑' 자동차회사가 납품받는 엔진과 변속기의 수는 같은데, 〈표〉에서 2017년과 2018년 모두 엔진의 납품 단가가 변속기의 납품 단가보다 높다. 즉, 납품액 합은 '납품 단가×납품 수'인데, 납품 수는 같고 납품 단가는 엔진이 더 크므로 엔진 납품액 합이 더 크다.

23 ③

정답률 71.1%

| 문제 유형 | 자료 읽기/추론 > 계산형

| 접근 전략 | 인접 행정동이 적은 행정동부터 공략하여 경우의 수를 줄인다.

다음 〈표〉는 A~F 행정동으로 구성된 '갑'시의 자치구 개편 및 행정동 간 인접 현황에 관한 자료이다. 〈표〉와 〈조건〉에 근거한 설명으로 옳지 않은 것은?

〈표 1〉 행정동별 인구와 개편 전·후 자치구 현황

행정동 \ 구분	인구(명)	개편 전 자치구	개편 후 자치구
A	1,500	가	( )
B	2,000	( )	( )
C	1,500	나	( )

D	1,500	( )	라
E	1,000	(.)	마
F	1,500	다	( )

※ 자치구 개편 전·후 각 행정동의 인구 수는 변화없음

〈표 2〉 행정동 간 인접 현황

행정동	A	B	C	D	E	F
A		1	0	1	0	0
B	1		1	1	1	0
C	0	1		0	1	1
D	1	1	0		1	0
E	0	1	1	1		1
F	0	0	1	0	1	

※ 두 행정동이 인접하면 1, 인접하지 않으면 0임

─〈조건〉─

○ 개편 전 자치구는 '가', '나', '다' 3개이며, 개편 후 자치구는 '라', '마' 2개이다.
○ 개편 전에는 한 자치구에 2개의 행정동이 속하고, 개편 후에는 3개의 행정동이 속한다.
○ 동일 자치구에 속하는 행정동은 서로 인접하고 있으며, 행정동 간 인접 여부는 〈표 2〉에 따라 판단한다.

① 자치구 개편 전, 행정동 E는 자치구 '다'에 속한다. ▶ (O) 행정동 F와 인접 행정동은 C와 E인데, C와 F의 자치구는 각각 '나'와 '다'로 다르다. 개편 전에는 한 자치구에 2개의 행정동이 속하므로 E는 자치구 '다'에 속한다.

② 자치구 개편 후, 행정동 C와 행정동 E는 같은 자치구에 속한다. ▶ (O) 행정동 F와 인접 행정동은 C와 E인데, 개편 후에는 한 자치구에 3개의 행정동이 속하므로 C, E, F가 한 자치구이다.

③ 자치구 개편 전, 자치구 '가'의 인구가 자치구 '나'의 인구보다 많다. ▶ (X) 행정동 E와 행정동 F는 '다' 자치구이다. 행정동 C와 행정동 D는 인접하지 않고 행정동 B와 행정동 C가 인접하므로 행정동 B와 행정동 C가 '나' 자치구이며, 행정동 A와 D가 '가' 자치구이다. '가' 자치구의 인구는 3,000명이고, '나' 자치구의 인구는 3,500명이므로 자치구 '나'의 인구가 더 많다.

④ 자치구 개편 후, 자치구 '라'의 인구가 자치구 '마'의 인구보다 많다. ▶ (O) C, E, F는 한 자치구인데, E가 '마' 자치구이므로 '라' 자치구에는 A, B, D 행정동이 속한다. '라' 자치구의 인구는 5,000명이고, '마' 자치구의 인구는 4,000명이므로 '라' 자치구의 인구가 더 많다.

⑤ 행정동 B는 개편 전 자치구 '나'에 속하고, 개편 후 자치구 '라'에 속한다. ▶ (O) ③과 ④를 통해 확인할 수 있다.

24 ②

| 문제 유형 | 자료 읽기/추론 > 계산형
| 접근 전략 | 일종의 경우의 수 문제이다. 경우의 수에서는 빠짐없이, 중복되지 않게 계산하는 것이 가장 중요하다. 급하게 생각하지 말고 경우의 수를 하나씩 따져보고, 선지를 위반하는 경우를 찾으면 더 이상 계산하지 않고 넘어가면 된다. 〈표〉의 각주는 문제 해결의 포인트이므로 중요한 각주에는 밑줄을 그어 놓는 것이 좋다.

다음 〈그림〉은 A 기업 4개팀 체육대회의 종목별 대진표 및 중간경기결과이며, 〈표〉는 종목별 승점 배점표이다. 이에 근거하여 남은 경기결과에 따른 최종 대회성적에 대한 설명으로 옳지 않은 것은?

〈그림〉 A 기업 체육대회의 종목별 대진표 및 중간경기결과

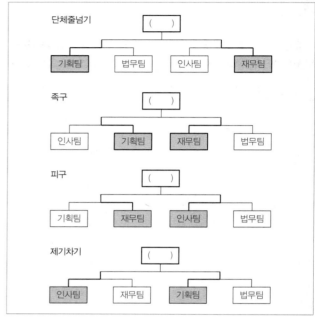

※ 굵은 선과 음영(■)으로 표시된 팀은 이긴 팀을 의미하며, 결승전만을 남긴 상황임

〈표〉 종목별 승점 배점표

순위 \ 종목	단체줄넘기	족구	피구	제기차기
1위	120	90	90	60
2위	80	60	60	40
3·4위	40	30	30	20

※ 1) 최종 대회성적은 종목별 승점합계가 가장 높은 팀이 종합 우승, 두 번째로 높은 팀이 종합 준우승임
2) 승점합계가 동일한 팀이 나올 경우, 단체줄넘기 종목의 순위가 높은 팀이 최종 순위가 높음
3) 모든 경기에 무승부는 없음

① 남은 경기결과와 상관없이 법무팀은 종합 우승을 할 수 없다. ▶ (O) 법무팀은 네 종목 모든 경기에서 졌으므로 남은 경기가 없다. 〈표〉의 승점 가운데 가장 낮은 점수를 받으므로 종합 우승을 할 수 없다.

② 재무팀이 남은 경기 중 2종목에서 이기더라도 기획팀이 종합 우승을 할 수 있다. ▶ (X) 단체줄넘기의 1위와 2위 점수 차는 40점이고, 족구와 피구의 1위와 2위 점수 차는 30점이다. 따라서 재무팀이 족구, 피구의 두 종목에서 1위를 하여 총점을 최소화해도 총점은 80+90+90+20=280(점)이고, 기획팀이 단체줄넘기에서 1위를 하고 제기차기에서 1위를 해도 기획팀의 총점은 120+60+30+60=270(점)이다. 따라서 기획팀은 총점이 더 낮으므로 종합 우승을 할 수 없다.

③ 기획팀이 남은 경기에서 모두 지면, 재무팀이 종합 우승을 한다.
➡ (O) 기획팀이 남은 경기에서 모두 지면 기획팀의 점수는 80+60+30+40=210(점)이고, 피구 종목에서 인사팀이 재무팀을 이기면 인사팀은 40+30+90+60=220(점), 재무팀은 120+90+60+20=290(점)이다. 법무팀은 120점으로 재무팀이 종합 우승을 하게 된다.

④ 재무팀이 남은 경기에서 모두 지더라도 재무팀은 종합 준우승을 한다. ➡ (O) 재무팀이 남은 경기에서 모두 지면 80+60+60+20=220(점), 인사팀은 220점 또는 200점, 기획팀은 300점 또는 280점이다. 인사팀이 220점을 받아도 각주 2)에 따라 단체줄넘기 종목 순위가 높은 재무팀이 준우승을 한다.

⑤ 인사팀이 남은 경기에서 모두 이기더라도 인사팀은 종합 우승을 할 수 없다. ➡ (O) 인사팀이 남은 경기를 모두 이겨도 최대 220점으로 기획팀과 재무팀이 맞붙어 기획팀이 모두 이길 때 280점, 기획팀이 단체줄넘기만 이길 250점, 재무팀이 단체줄넘기만 이길 때 260점, 재무팀이 모두 이길 때 290점보다 낮다.

25 ⑤

TOP 2 정답률 53.7%

| 문제 유형 | 자료 읽기/추론 > 계산형

| 접근 전략 | 딱 최소로 요구하는 만큼만 충족하면 비용이 가장 절감된다. 인력 고용, 물품 구매 등 모든 문제에서 마찬가지이다.

다음 〈표〉, 〈정보〉, 〈그림〉은 A사의 공장에서 물류센터까지의 수송량과 수송비용에 관한 자료이다. 이에 대한 설명으로 옳지 않은 것은?

〈표〉 공장에서 물류센터까지의 수송량
(단위: 개)

공장＼물류센터	서울	부산	대구	광주
구미	0	200	( )	( )
청주	300	( )	0	0
덕평	300	0	0	0

〈정보〉

○ 해당 공장에서 각 물류센터까지의 수송량의 합은 해당 공장의 '최대 공급량'보다 작거나 같다.
○ 각 공장에서 해당 물류센터까지의 수송량의 합은 해당 물류센터의 '최소요구량'보다 크거나 같다.
○ 공장별 '최대공급량'은 구미 600개, 청주 500개, 덕평 300개이다.
○ 물류센터별 '최소요구량'은 서울 600개, 부산 400개, 대구 200개, 광주 150개이다.
○ 수송비용=(수송량)×(개당 수송비용)
○ 총 수송비용은 각 공장에서 각 물류센터까지의 수송비용의 합이다.

〈그림〉 공장에서 물류센터까지의 개당 수송비용
(단위: 천 원/개)

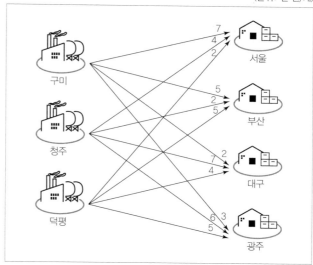

※ 예시: '청주 2 부산'은 청주 공장에서 부산 물류센터까지의 개당 수송비용이 2천 원임을 의미함

① 청주 공장에서 부산 물류센터까지의 수송량은 200개이다. ➡ (O) 부산의 최소요구량은 400개인데 청주의 최대공급량은 500개이다. 부산은 구미로부터 200개를 조달받아 최소 200개가 더 필요한데 청주는 300개를 이미 서울에 공급해 최대 200개만 추가 공급이 가능하다. 따라서 청주 공장에서 부산 물류센터까지 200개를 수송하면 공급과 수요가 일치한다.

② 총 수송비용을 최소화할 때, 구미 공장에서 광주 물류센터까지의 수송량은 150개이다. ➡ (O) 광주는 최소요구량이 150개이므로 150개만 광주에 보낼 때 수송비용이 최소화된다.

③ 총 수송비용의 최소 금액은 405만 원이다. ➡ (O) 총 수송비용을 최소화하려면 대구와 광주가 최소로 요구하는 최소요구량만 보내면 된다. 그러면 구미에서 대구로는 200개, 광주로는 150개를 보내게 된다. 이때 수송비용은 (200×5,000+200×2,000+150×3,000)+(300×4,000+200×2,000)+(300×2,000)=4,050,000(원)이다.

④ 구미 공장에서 서울 물류센터까지의 개당 수송비용이 7천 원에서 8천 원으로 증가해도 총 수송비용의 최소 금액은 증가하지 않는다. ➡ (O) 〈표〉를 보면 구미에서 서울로 보내는 물량이 없다. 따라서 구미 공장에서 서울 물류센터까지의 개당 수송비용이 증가해도 총 수송비용의 최소 금액은 증가하지 않는다.

⑤ 구미 공장의 '최대공급량'이 600개에서 550개로 줄어들면, 총 수송비용의 최소 금액은 감소한다. ➡ (X) 구미 공장에서 대구와 광주가 최소로 요구하는 350개를 보내는 것이 총 수송비용의 최소 금액이므로 구미 공장의 '최대공급량'이 550개로 줄어 들어도 총 수송비용의 최소 금액은 감소하지 않는다.

2019 | 제3영역 상황판단(⑭ 책형)

기출 총평

2019년 상황판단 시험은 문항의 유형이 매우 다양하고 특정 유형에 편중되지 않게 출제된 것이 특징이며, 5급 공채 PSAT 상황판단 기출문제에서 출제되었던 소재와 유사한 소재들이 다수 등장하였다. 조항을 읽고 관련된 상황에 적용해야 하는 문항은 꾸준하게 출제되고 있는 유형이며, 최근 3년간 법조문 문제가 증가하고 있으므로 기출문제 등을 통해 반복해서 문제를 풀어 보는 연습을 하는 것이 중요하다. 제시문을 읽고 해당 내용과 관련된 외적 준거를 바탕으로 적용해야 하는 문항도 꾸준히 출제되고 있는데 제시문의 길이가 길어지면서 수험생들이 부담을 느낄 수 있다. 하지만 제시된 키워드들을 빠르게 정리하고 이를 중심으로 제시문을 읽어가는 훈련을 통해 해당 유형을 연습한다면 큰 어려움 없이 문제를 해결할 수 있을 것이다. 이외에도 다양한 형태의 연산 문항과 규칙 등을 묻는 문항들도 출제되고 있으므로 생소한 유형에 적응하는 것이 필요하다.

문항별 정답률 및 선지별 선택률

문번	정답	정답률 (%)	선지별 선택률(%)				
			①	②	③	④	⑤
01	①	86.7	86.7	6.6	0.2	6.3	0.2
02	②	77.1	1.5	77.1	11.2	1.5	8.7
03	④	96.0	0.5	0.5	1.5	96.0	1.5
04	①	90.3	90.3	3.9	3.2	1.9	0.7
05	③	76.5	3.6	1.9	76.5	1.5	16.5
06	②	77.2	6.0	77.2	0.2	16.4	0.2
07	①	79.3	79.3	9.0	3.6	5.6	2.5
08	②	68.8	4.5	68.8	5.4	18.4	2.9
09	③	72.3	2.0	18.1	72.3	2.7	4.9
10	⑤	54.8	30.6	5.7	5.4	3.5	54.8
11	①	64.3	64.3	1.9	30.1	3.2	0.5
12	⑤	49.1	20.5	10.0	2.9	17.5	49.1
13	②	77.5	7.5	77.5	1.7	13.3	0.0

문번	정답	정답률 (%)	선지별 선택률(%)				
			①	②	③	④	⑤
14	②	66.5	24.8	66.5	2.5	3.5	2.7
15	⑤	58.9	7.0	3.7	21.4	9.0	58.9
16	⑤	73.3	0.5	13.8	11.4	1.0	73.3
17	④	65.6	1.3	7.0	17.6	65.6	8.5
18	③	69.9	15.3	1.0	69.9	11.0	2.8
19	①	76.4	76.4	1.5	2.3	11.5	8.3
20	④	61.1	9.3	12.4	9.8	61.1	7.4
21	③	64.1	7.0	9.0	64.1	15.4	4.5
22	②	74.0	2.5	74.0	3.6	5.1	14.8
23	⑤	69.3	7.0	10.0	8.8	4.9	69.3
24	④	69.4	13.5	7.1	6.6	69.4	3.4
25	①	62.8	62.8	2.1	22.0	5.0	8.1

※ 파란색 음영 문항은 해당 회차에서 정답률이 가장 낮은 TOP 3 문항입니다.
※ 문항별 정답률 산정 기준: 약 1년간 누적된 자동채점 & 성적결과분석 서비스의 응시 데이터

출제 비중

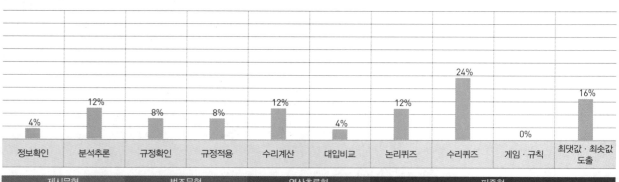

제시문형		법조문형		연산추론형			퍼즐형		
정보확인 4%	분석추론 12%	규정확인 8%	규정적용 8%	수리계산 12%	대입비교 4%	논리퀴즈 12%	수리퀴즈 24%	게임·규칙 0%	최댓값·최솟값 도출 16%

01	①	02	②	03	④	04	①	05	③
06	②	07	①	08	②	09	③	10	⑤
11	①	12	⑤	13	②	14	②	15	⑤
16	⑤	17	④	18	③	19	①	20	④
21	③	22	②	23	⑤	24	④	25	①

01 ①

정답률 86.7%

| 문제 유형 | 법조문형 > 규정확인

| 접근 전략 | 법령 문제는 법령의 단서나 예외 조항에 해당하는지, 법령 행사의 주체인지, 법령 적용의 대상인지 여부로 선지의 정오가 판가름 나는 경우가 많으므로 이를 꼼꼼히 볼 필요가 있다. 또 선지가 해당 조항에 정확하게 부합하는 것인지에 대해서도 유심히 살펴야 한다.

다음 글을 근거로 판단할 때, 〈보기〉에서 옳은 것만을 모두 고르면?

제00조 지방자치단체의 장은 행정재산에 대하여 그 목적 또는 용도에 장애가 되지 않는 범위에서 사용 또는 수익을 허가할 수 있다.

제00조 ① 행정재산의 사용·수익허가기간은 그 허가를 받은 날부터 5년 이내로 한다.

② 지방자치단체의 장은 허가기간이 끝나기 전에 사용·수익허가를 갱신할 수 있다.

③ 제2항에 따라 사용·수익허가를 갱신받으려는 자는 사용·수익허가기간이 끝나기 1개월 전에 지방자치단체의 장에게 사용·수익허가의 갱신을 신청하여야 한다.

제00조 ① 지방자치단체의 장은 행정재산의 사용·수익을 허가하였을 때에는 매년 사용료를 징수한다.

② 지방자치단체의 장은 행정재산의 사용·수익을 허가할 때 다음 각 호의 어느 하나에 해당하면 제1항에도 불구하고 그 사용료를 면제할 수 있다.

　1. 국가나 다른 지방자치단체가 직접 해당 행정재산을 공용·공공용 또는 비영리 공익사업용으로 사용하려는 경우

　2. 천재지변이나 재난을 입은 지역주민에게 일정기간 사용·수익을 허가하는 경우

제00조 ① 지방자치단체의 장은 행정재산의 사용·수익허가를 받은 자가 다음 각 호의 어느 하나에 해당하면 그 허가를 취소할 수 있다.

　1. 지방자치단체의 장의 승인 없이 사용·수익의 허가를 받은 행정재산의 원상을 변경한 경우

　2. 해당 행정재산의 관리를 게을리하거나 그 사용 목적에 위배되게 사용한 경우

② 지방자치단체의 장은 사용·수익을 허가한 행정재산을 국가나 지방자치단체가 직접 공용 또는 공공용으로 사용하기 위하여 필요로 하게 된 경우에는 그 허가를 취소할 수 있다.

③ 제2항의 경우에 그 취소로 인하여 해당 허가를 받은 자에게 손실이 발생한 경우에는 이를 보상한다.

〈보기〉

ㄱ. A시의 장은 A시의 행정재산에 대하여 B기업에게 사용허가를 했더라도 국가가 그 행정재산을 직접 공용으로 사용하기 위해 필요로 하게 된 경우, 그 허가를 취소할 수 있다. → (O) 네 번째 조 제2항이 적용된다. A시의 장은 지방자치단체의 장이므로 법령 행사의 주체도 일치한다.

ㄴ. C시의 행정재산에 대하여 C시의 장이 천재지변으로 주택을 잃은 지역주민에게 임시 거처로 사용하도록 허가한 경우, C시의 장은 그 사용료를 면제할 수 있다. → (O) 세 번째 조 제2항 제2호가 적용된다. C시의 장은 지방자치단체의 장이므로 법령 행사의 주체도 일치하며, 지역주민에게 일정기간 행정재산의 사용을 허가하는 것이므로 법령 적용의 대상도 일치한다.

ㄷ. D시의 행정재산에 대하여 사용허가를 받은 E기업이 사용 목적에 위배되게 사용한다는 이유로 허가가 취소되었다면, D시의 장은 E기업의 손실을 보상하여야 한다. → (X) 네 번째 조 제3항에 따르면 동조 제2항에 해당할 때는 손실을 보상하나 동조 제1항에 대해서는 규정이 없다. E기업이 행정재산을 사용 목적에 위배되게 사용하는 것은 동조 제1항 제2호의 예이므로 동조 제3항에 따른 손실의 보상이 적용되지 않는다.

ㄹ. 2014년 3월 1일에 5년 기한으로 F시의 행정재산에 대하여 수익허가를 받은 G가 허가 갱신을 받으려면, 2019년 2월 28일까지 허가 갱신을 신청하여야 한다. → (X) 두 번째 조 제3항에 따르면 사용·수익허가를 갱신받으려는 자는 사용·수익허가기간이 끝나기 1개월 전에 갱신을 신청하여야 한다.

① ㄱ, ㄴ ➡ (O)
② ㄴ, ㄷ ➡ (X)
③ ㄷ, ㄹ ➡ (X)
④ ㄱ, ㄴ, ㄹ ➡ (X)
⑤ ㄴ, ㄷ, ㄹ ➡ (X)

02 ②

정답률 77.1%

| 문제 유형 | 법조문형 > 규정적용

| 접근 전략 | 법령 해석을 통한 상황 해결 문제는 주어진 상황에 제시된 조건들을 파악하여, 정확히 어떤 법령의 어떤 조항이 상황에 적용되는지를 파악하여 해결해야 한다. 법령의 단서나 예외 부분, 그리고 법령 행사의 주체와 법령의 적용 대상 등에 주의한다.

다음 글과 〈상황〉을 근거로 판단할 때 옳은 것은?

제00조 이 법에서 사용하는 용어의 뜻은 다음과 같다.

　1. '자연장(自然葬)'이란 화장한 유골의 골분(骨粉)을 수목·화초·잔디 등의 밑이나 주변에 묻어 장사하는 것을 말한다.

　2. '개장(改葬)'이란 매장한 시신이나 유골을 다른 분묘에 옮기거나 화장 또는 자연장하는 것을 말한다.

제00조 ① 사망한 때부터 24시간이 지난 후가 아니면 매장 또는 화장을 하지 못한다.

② 누구든지 허가를 받은 공설묘지, 공설자연장지, 사설묘지 및 사설자연장지 외의 구역에 매장하여서는 안 된다.

제00조 ① 매장(단, 자연장 제외)을 한 자는 매장 후 30일 이내에 매장지를 관할하는 시장·군수·구청장(이하 '시장 등'이라 한다)에게 신고하여야 한다.

② 화장을 하려는 자는 화장시설을 관할하는 시장 등에게 신고하여야 한다.

③ 개장을 하려는 자는 다음 각 호의 구분에 따라 시신 또는 유골의 현존지(現存地) 또는 개장지(改葬地)를 관할하는 시장 등에게 각각 신고하여야 한다.

　1. 매장한 시신 또는 유골을 다른 분묘로 옮기거나 화장하는 경우: 시신 또는 유골의 현존지와 개장지

　2. 매장한 시신 또는 유골을 자연장하는 경우: 시신 또는 유골의 현존지

제00조 ① 국가, 시·도지사 또는 시장 등이 아닌 자는 가족묘지, 종중·문중묘지 등을 설치·관리할 수 있다.

② 제1항의 묘지를 설치·관리하려는 자는 해당 묘지 소재지를 관할하는 시장 등의 허가를 받아야 한다.

甲은 90세의 나이로 2019년 7월 10일 아침 7시 A시에서 사망하였다. 이에 甲의 자녀는 이미 사망한 甲의 배우자 乙의 묘지(B시 소재 공설묘지)에서 유골을 옮겨 가족묘지를 만드는 것을 포함하여 장례에 대하여 논의하였다.

① 甲을 2019년 7월 10일 매장할 수 있다. ➡ (X) 두 번째 조 제1항에 따르면 사망한 때부터 24시간이 지난 후 매장이 가능하다.

② 甲을 C시 소재 화장시설에서 화장하려는 경우, 그 시설을 관할하는 C시의 장에게 신고하여야 한다. ➡ (O) 세 번째 조 제2항에 따라 C시의 장에게 신고하여야 하므로 옳은 내용이다.

③ 甲의 자녀가 가족묘지를 설치·관리하려는 경우, 그 소재지의 관할 시장 등에게 신고하여야 한다. ➡ (X) 네 번째 조 제2항에 따르면 가족묘지를 설치·관리하려는 자는 해당 묘지 소재지를 관할하는 시장 등의 허가를 받아야 하는데, 해당 선지에서는 신고하여야 한다고 설명하고 있으므로 옳지 않다.

④ 甲의 유골의 골분을 자연장한 경우, 자연장지 소재지의 관할 시장에게 2019년 8월 10일까지는 허가를 받아야 한다. ➡ (X) 개장하여 유골을 자연장하는 경우는 세 번째 조 제3항 제2호에 해당하는데 동조 제3항 본문은 신고 의무만을 부여하므로 허가가 필요하다는 내용은 옳지 않다.

⑤ 乙의 유골을 甲과 함께 D시 소재 공설묘지에 합장하려는 경우, B시의 장과 D시의 장의 허가를 각각 받아야 한다. ➡ (X) 세 번째 조 제1항에 따르면 매장을 한 자는 매장 후 30일 이내에 매장지를 관할하는 시장·군수·구청장에게 신고하여야 하고 세 번째 조 제3항 제1호에 따르면 개장을 하려는 자는 유골의 현존지와 개장지를 관할하는 시장 등에게 각각 신고하여야 하므로 乙의 유골을 甲과 함께 합장하려는 경우에는 B시의 장과 D시의 장 모두에게 '허가'를 받는 것이 아닌, '신고'를 하여야 한다.

03 ④ 정답률 96.0%

| 문제 유형 | 연산추론형 > 수리계산

| 접근 전략 | 상황판단에서 금액에 관한 문제는 선지가 주어지므로, 계산 실수를 지나치게 의식하여 정확한 값을 도출하려고 노력할 필요는 없다. 혹시 계산 실수를 하더라도 선지에 해당 숫자가 없으면 다시 계산하면 되므로, 정확도를 위해 계산 속도를 늦추는 것은 전체 시험 운영에 해가 될 수 있다.

다음 글과 〈상황〉을 근거로 판단할 때, 甲이 납부해야 할 수수료를 옳게 짝지은 것은?

특허에 관한 절차를 밟는 사람은 다음 각 호의 수수료를 내야 한다.

1. 특허출원료
   가. 특허출원을 국어로 작성된 전자문서로 제출하는 경우: 매건 46,000원. 다만 전자문서를 특허청에서 제공하지 아니한 소프트웨어로 작성하여 제출한 경우에는 매건 56,000원으로 한다.
   나. 특허출원을 국어로 작성된 서면으로 제출하는 경우: 매건 66,000원에 서면이 20면을 초과하는 경우 초과하는 1면마다 1,000원을 가산한 금액
   다. 특허출원을 외국어로 작성된 전자문서로 제출하는 경우: 매건 73,000원
   라. 특허출원을 외국어로 작성된 서면으로 제출하는 경우: 매건 93,000원에 서면이 20면을 초과하는 경우 초과하는 1면마다 1,000원을 가산한 금액
2. 특허심사청구료: 매건 143,000원에 청구범위의 1항마다 44,000원을 가산한 금액

甲은 청구범위가 3개 항으로 구성된 총 27면의 서면을 작성하여 1건의 특허출원을 하면서, 이에 대한 특허심사도 함께 청구한다.

	국어로 작성한 경우	외국어로 작성한 경우	
①	66,000원	275,000원	➡ (X)
②	73,000원	343,000원	➡ (X)
③	348,000원	343,000원	➡ (X)
④	348,000원	375,000원	➡ (O)

• 국어로 작성한 경우: 〈상황〉에서 특허출원을 서면으로 작성했다고 하였으므로 제1호 나목을 보아야 한다. 특허출원료 66,000원에 서면이 20면을 7면 초과하므로 7,000원을 가산하면 73,000원이다. 〈상황〉에서 특허심사도 함께 청구한다고 하였고, 청구범위가 3개 항이라 하였으므로 특허심사청구료는 제2호에 따라 143,000원에 44,000 × 3 = 132,000(원)을 추가한 275,000원이다. 따라서 총 수수료는 348,000원이다.

• 외국어로 작성한 경우: 특허심사청구료는 국어·외국어를 구별하지 않으므로 275,000원으로 동일하다. 특허출원료는 서면으로 작성되었으므로 제1항 라목을 보면 된다. 93,000원에 서면이 20면을 7면 초과하였으므로 7,000원을 가산하면 특허출원료는 100,000원이다. 따라서 총 수수료는 375,000원이다.

| ⑤ | 349,000원 | 375,000원 | ➡ (X) |

04 ① 정답률 90.3%

| 문제 유형 | 제시문형 > 정보확인

| 접근 전략 | 제시문에 드러난 조선시대 임금 진지상의 종류를 파악하여 선지와 비교한다. 수라, 반과상, 미음상 등의 키워드 위주로 제시문을 읽어 나가면 어렵지 않게 해결할 수 있다.

다음 글을 근거로 판단할 때 옳지 않은 것은?

조선시대 임금에게 올리는 진지상을 수라상이라 하였다. 수라는 올리는 시간 순서에 따라 각각 조(朝)수라, 주(晝)수라, 석(夕)수라로 구분되고, 조수라 전에 밥 대신 죽을 주식으로 올리는 죽(粥)수라도 있었다. 수라상은 두 개의 상, 즉 원(元)반과 협(狹)반에 차려졌다. ▶1문단

수라 전후에 반과(盤果)상이나 미음(米飮)상이 차려지기도 했는데, 반과상은 올리는 시간 순서에 따라 조다(早茶), 주다(晝茶), 만다(晚茶), 야다(夜茶) 등을 앞에 붙여서 달리 불렀다. 반과상은 국수를 주식으로 하고, 찬과 후식류를 자기(磁器)에 담아 한 상에 차렸다. 미음상은 미음을 주식으로 하고, 육류 음식인 고음(膏飮)과 후식류를 한 상에 차렸다. ▶2문단

다음은 경복궁을 출발한 행차 첫째 날과 둘째 날에 임금에게 올리기 위해 차린 전체 상차림이다. ▶3문단

첫째 날		둘째 날	
장소	상차림	장소	상차림
노량참	조다반과	화성참	죽수라
노량참	조수라	화성참	조수라
시흥참	주다반과	화성참	주다반과
시흥참	석수라	화성참	석수라
시흥참	야다반과	화성참	야다반과
중로	미음		

① 행차 둘째 날에 협반은 총 1회 사용되었다. ➡ (X) 1문단에 따르면 수라상은 원반과 협반에 차려지는데 둘째 날에 수라상은 죽수라, 조수라, 석수라로 총 세 번 차려지므로 협반은 총 3회 사용된다.

② 화성참에서는 미음이 주식인 상이 차려지지 않았다. ➡ (O) 2문단에 따르면 미음이 주식인 찬이 미음상인데 둘째 날 화성참에서는 미음상이 없다.

③ 행차 첫째 날 낮과 둘째 날 낮에는 주수라가 차려지지 않았다. ➡ (O) 첫째 날과 둘째 날 모두 조수라와 석수라 사이에 주다반과는 있으나 주수라는 없다.

④ 행차 첫째 날 밤과 둘째 날 밤에는 후식류를 자기에 담은 상차림이 있었다. ➡ (O) 2문단에 따르면 후식류를 자기에 담은 상차림은 반과상이다. 반과상은 올리는 시간 순서에 따라 조다, 주다, 만다, 야다 등을 앞에 붙여 달리 부르는데, 이에 따라 야다반가가 밤에 차려지는 상차림임을 추론할 수 있다.

⑤ 국수를 주식으로 한 상은 행차 첫째 날과 둘째 날을 통틀어 총 5회 차려졌다. ➡ (O) 2문단에 따르면 반과상은 국수를 주식으로 한다. 행차 첫째 날에 3회, 둘째 날에 2회 반과상이 차려졌으므로 옳은 내용이다.

05 ③

| 문제 유형 | 연산추론형 > 수리계산
| 접근 전략 | 수리계산 문제이다. 가설을 세우고 이를 검증하는 방식으로 문제를 풀어야 하는 경우가 있는데 이때 조건과 선지에 부합하는 가설을 세울 필요가 있다. 조건과 선지에 부합하는 가설을 처음부터 정확하게 만들기 어렵다면 몇 번의 시도를 해 보는 것도 좋다. 이 문제에서는 같은 자음이 여러 번 반복될 경우 2의 지수가 커지므로, 기하급수적으로 점수가 높아진다. 이를 통해 같은 자음을 여러 번 반복하는 것이 다른 자음을 사용하는 것보다 점수가 높아지는 방법임을 예측하여 가설을 세울 수 있다.

다음 〈조건〉을 근거로 판단할 때, 〈보기〉에서 옳은 것만을 모두 고르면?

─────〈조건〉─────

○ 한글 단어의 '단어점수'는 그 단어를 구성하는 자음으로만 결정된다.
○ '단어점수'는 각기 다른 자음의 '자음점수'를 모두 더한 값을 그 단어를 구성하는 자음 종류의 개수로 나눈 값이다.
○ '자음점수'는 그 자음이 단어에 사용된 횟수만큼 2를 거듭제곱한 값이다. 단, 사용되지 않는 자음의 '자음점수'는 0이다.
○ 예를 들어 글자 수가 4개인 '셋방살이'는 ㅅ 3개, ㅇ 2개, ㅂ 1개, ㄹ 1개의 자음으로 구성되므로 '단어점수'는 $(2^3 + 2^2 + 2^1 + 2^1)/4$의 값인 4점이다.

※ 의미가 없는 글자의 나열도 단어로 인정한다.

─────〈보기〉─────

ㄱ. '각기'는 '논리'보다 단어점수가 더 높다. → (O) '각기'는 ㄱ이 3번 사용되어 단어점수는 $\frac{2^3}{1}=8$(점)이다. '논리'는 ㄴ이 2번, ㄹ이 1번 사용되어 단어점수는 $\frac{(2^2+2^1)}{2}=3$(점)이다. 따라서 '각기'의 단어점수가 더 높으므로 옳은 내용이다.

ㄴ. 단어의 글자 수가 달라도 단어점수가 같을 수 있다. → (O) 가설로 ㄱ이 3번 나오는 단어 두 개가 있을 것이라고 보고 ㄱ이 3번 나오는 단어 두 개를 만들어 보자. 예를 들어 가가가, 가각. 두 단어는 글자 수가 3개, 2개로 다르나 ㄱ이 3번 나와 단어점수가 모두 $\frac{2^3}{1}=8$(점)이므로 해당 선지의 예시가 될 수 있다. 위 선지는 '~ 수 있다.'라고 쓰여 있으므로 하나의 예시만 찾아도 선지가 참이 되어 옳은 내용이다.

ㄷ. 글자 수가 4개인 단어의 단어점수는 250점을 넘을 수 없다. → (X) 같은 자음이 여러 번 반복될수록 점수가 기하급수적으로 높아지므로 글자 수가 4개인 단어로 가장 많은 자음을 만들어 보자. '난난난난'에는 ㄴ이 8번 사용된다. 이때 단어점수는 $\frac{2^8}{1}=256$(점)이므로 250점을 넘는다.

① ㄴ ➡ (X)
② ㄷ ➡ (X)
③ ㄱ, ㄴ ➡ (O)
④ ㄱ, ㄷ ➡ (X)
⑤ ㄱ, ㄴ, ㄷ ➡ (X)

06 ②

| 문제 유형 | 연산추론형 > 대입비교
| 접근 전략 | PSAT의 일반적 유형과 다르게 바다를 끼고 있는 도시가 어디인지는 알고 있어야 하는, 배경지식을 요하는 문제이다. 일반상식으로 해결해야 하는 문제가 출제되기도 하니 이런 문제가 나오는 경우 제시문에서 찾아 헤매지 말고 본인의 상식으로 푸는 것이 좋다.

다음 글을 근거로 판단할 때, 국제행사의 개최도시로 선정될 곳은?

甲사무관은 대한민국에서 열리는 국제행사의 개최도시를 선정하기 위해 다음과 같은 〈후보도시 평가표〉를 만들었다. 〈후보도시 평가표〉에 따른 점수와 〈국제해양기구의 의견〉을 모두 반영하여, 합산점수가 가장 높은 도시를 개최도시로 선정하고자 한다.

〈후보도시 평가표〉

구분	서울	인천	대전	부산	제주
1) 회의 시설 1,500명 이상 수용 가능한 대회의장 보유 등	A	A	C	B	C
2) 숙박 시설 도보거리에 특급 호텔 보유 등	A	B	A	A	C
3) 교통 공항접근성 등	B	A	C	B	B
4) 개최 역량 대규모 국제행사 개최 경험 등	A	C	C	A	B

※ A: 10점, B: 7점, C: 3점

─────〈국제해양기구의 의견〉─────

○ 외국인 참석자의 편의를 위해 '교통'에서 A를 받은 도시의 경우 추가로 5점을 부여해 줄 것
○ 바다를 끼고 있는 도시의 경우 추가로 5점을 부여해 줄 것
○ 예상 참석자가 2,000명 이상이므로 '회의 시설'에서 C를 받은 도시는 제외할 것

① 서울 ➡ (X)
② 인천 ➡ (O) 인천, 부산, 제주는 바다를 끼고 있어 5점이 추가된다. '교통'에서 A를 받은 인천에는 5점이 추가되고 '회의 시설'에서 C를 받은 대전과 제주는 제외된다. 남은 서울, 인천, 부산의 점수를 계산해 보면 서울이 37점, 인천이 40점, 부산이 39점이므로 인천이 국제행사의 개최도시로 선정된다.
③ 대전 ➡ (X)
④ 부산 ➡ (X)
⑤ 제주 ➡ (X)

07 ①

| **문제 유형** | 퍼즐형 > 논리퀴즈

| **접근 전략** | 표를 그려서 O, X를 표시하며 푸는 것이 좋다. 정답을 도출하였다면 표의 남은 부분은 채우지 않아야 시간이 절약된다. 해당 문제의 경우 영업일과 휴업일의 개념에 유의한다.

다음 글을 근거로 판단할 때, B구역 청소를 하는 요일은?

甲레스토랑은 매주 1회 휴업일(수요일)을 제외하고 매일 영업한다. 甲레스토랑의 청소시간은 영업일 저녁 9시부터 10시까지이다. 이 시간에 A구역, B구역, C구역 중 하나를 청소한다. 청소의 효율성을 위하여 청소를 한 구역은 바로 다음 영업일에는 하지 않는다. 각 구역은 매주 다음과 같이 청소한다.
○A구역 청소는 일주일에 1회 한다.
○B구역 청소는 일주일에 2회 하되, B구역 청소를 한 후 영업일과 휴업일을 가리지 않고 이틀간은 B구역 청소를 하지 않는다.
○C구역 청소는 일주일에 3회 하되, 그중 1회는 일요일에 한다.

① **월요일과 목요일** ➡ (O) 甲레스토랑은 매주 1회 휴업일(수요일)을 제외하고 매일 영업하고, 구역 중 하나를 청소하며, 청소를 한 구역은 바로 다음 영업일에는 하지 않는다. 이러한 조건에서 C구역이 가장 청소횟수가 많으므로 C구역부터 청소하는 요일을 살펴보도록 한다. C구역은 일주일에 3회 청소하되, 그중 1회는 일요일에 한다고 하였으므로, 화요일, 금요일, 일요일에 청소한다.

월	화	수	목	금	토	일
	C	휴업일		C		C

다음으로 B구역을 살펴보면, 먼저 B구역은 일주일에 2회 청소하되, B구역 청소를 한 후 영업일과 휴업일을 가리지 않고 이틀간은 B구역 청소를 하지 않는다고 하였다. 만일 B구역을 토요일에 청소를 하면 화요일에 청소를 하게 되어 C구역 청소날과 겹치므로 토요일은 불가능하다. 또 일주일에 2회 청소해야 하므로 B구역의 청소 요일은 월요일과 목요일이고 이에 따라 A구역은 토요일에 청소한다.

월	화	수	목	금	토	일
B	C	휴업일	B	C	A	C

② 월요일과 금요일 ➡ (X)
③ 월요일과 토요일 ➡ (X)
④ 화요일과 금요일 ➡ (X)
⑤ 화요일과 토요일 ➡ (X)

08 ②

| **문제 유형** | 퍼즐형 > 수리퀴즈

| **접근 전략** | 〈표〉 항목 간의 관계를 통해 문제를 풀어야 한다. 〈표〉의 다섯 가지 경우에서 업체가 어떻게 중복되어 있는지 빠르게 비교하고, 두 식을 서로 차감하면서 변수와 반례를 찾아야 한다.

다음 글을 근거로 판단할 때, 〈보기〉에서 옳은 것만을 모두 고르면?

甲은 결혼 준비를 위해 스튜디오 업체(A, B), 드레스 업체(C, D), 메이크업 업체(E, F)의 견적서를 각각 받았는데, 최근 생긴 B업체만 정가에서 10% 할인한 가격을 제시하였다. 아래 〈표〉는 각 업체가 제시한 가격의 총액을 계산한 결과이다. (단, A~F 각 업체의 가격은 모두 상이하다)

〈표〉

스튜디오	드레스	메이크업	총액
A	C	E	76만 원
이용 안 함	C	F	58만 원
A	D	E	100만 원
이용 안 함	D	F	82만 원
B	D	F	127만 원

〈보기〉

ㄱ. A업체 가격이 26만 원이라면, E업체 가격이 F업체 가격보다 8만 원 비싸다. → (X) A업체 가격이 26만 원이라면 C+E는 50만 원이고, C+F는 58만 원이다. (C+F)−(C+E)=F−E=8(만 원)이므로 E업체 가격이 F업체 가격보다 8만 원 싸다.

ㄴ. B업체의 할인 전 가격은 50만 원이다. → (O) D+F는 82만 원인데 B+D+F는 127만 원이므로 B업체 가격이 45만 원임을 알 수 있다. 45만 원이 정가에서 10% 할인된 가격이므로 B업체의 할인 전 가격은 50만 원이다.

ㄷ. C업체 가격이 30만 원이라면, E업체 가격은 28만 원이다. → (X) C업체 가격이 30만 원이라면, 30+F=58(만 원)이므로, F업체 가격은 28만 원이다. 하지만 제시된 글의 단서에서 A~F 각 업체의 가격은 모두 상이하다고 하였으므로 E업체 가격은 28만 원이 될 수 없다.

ㄹ. D업체 가격이 C업체 가격보다 26만 원 비싸다. → (X) A+C+E=76(만 원)인데 A+D+E=100(만 원)이므로 D−C=24(만 원)이어서 D업체 가격이 C업체 가격보다 24만 원 비싸다.

① ㄱ ➡ (X)
② ㄴ ➡ (O)
③ ㄷ ➡ (X)
④ ㄴ, ㄷ ➡ (X)
⑤ ㄷ, ㄹ ➡ (X)

09 ③

| **문제 유형** | 퍼즐형 > 최댓값·최솟값 도출

| **접근 전략** | 주민세 최소금액을 산정하기 위해서는 알지 못하는 정보를 최솟값 0으로, 최대금액을 산정하기 위해서는 알지 못하는 정보를 최댓값 무한대로 넣고 풀면 간편하다.

다음 글과 〈상황〉을 근거로 판단할 때, 〈보기〉에서 옳은 것만을 모두 고르면?

K국에서는 모든 법인에 대하여 다음과 같이 구분하여 주민세를 부과하고 있다.

구분	세액(원)
○자본금액 100억 원을 초과하는 법인으로서 종업원 수가 100명을 초과하는 법인	500,000
○자본금액 50억 원 초과 100억 원 이하 법인으로서 종업원 수가 100명을 초과하는 법인	350,000
○자본금액 50억 원을 초과하는 법인으로서 종업원 수가 100명 이하인 법인 ○자본금액 30억 원 초과 50억 원 이하 법인으로서 종업원 수가 100명을 초과하는 법인	200,000
○자본금액 30억 원 초과 50억 원 이하 법인으로서 종업원 수가 100명 이하인 법인 ○자본금액 10억 원 초과 30억 원 이하 법인으로서 종업원 수가 100명을 초과하는 법인	100,000
○그 밖의 법인	50,000

<상황>

법인	자본금액(억 원)	종업원 수(명)
甲	200	?
乙	20	?
丙	?	200

<보기>

ㄱ. 甲이 납부해야 할 주민세 최소 금액은 20만 원이다. → (O) 자본금액이 200억 원인데, 종업원이 100명을 초과하면 50만 원, 종업원이 100명 이하이면 20만 원을 주민세로 내야 한다. 따라서 甲이 납부해야 할 주민세 최소 금액은 20만 원이다.

ㄴ. 乙의 종업원이 50명인 경우 10만 원의 주민세를 납부해야 한다. → (X) 乙의 자본금이 20억 원인데 종업원이 50명이면 그 밖의 법인에 해당해 주민세는 5만 원이다.

ㄷ. 丙이 납부해야 할 주민세 최소 금액은 10만 원이다. → (X) 丙의 경우 종업원 수가 200명이고 자본금액이 10억 원 이하이면 그 밖의 법인에 해당해 주민세를 5만 원 납부한다. 따라서 丙이 납부해야 할 주민세 최소 금액은 5만 원이다.

ㄹ. 甲, 乙, 丙이 납부해야 할 주민세 금액의 합계는 최대 110만 원이다. → (O) 만약 甲과 乙의 종업원 수가 각각 110명이고 丙의 자본금액이 150억 원일 경우, 甲은 자본금액 100억 원 초과&종업원 100명 초과로 50만 원, 乙은 자본금액 10억 원 초과 30억 원 이하&종업원 수 100명 초과로 10만 원, 丙은 자본금액 100억 원 초과&종업원 100명 초과로 50만 원을 주민세로 내야 한다. 따라서 甲, 乙, 丙이 납부해야 할 주민세 금액의 합계는 최대 110만 원이다.

① ㄱ, ㄴ ➡ (X) ② ㄱ, ㄷ ➡ (X)
③ ㄱ, ㄹ ➡ (O) ④ ㄴ, ㄷ ➡ (X)
⑤ ㄴ, ㄹ ➡ (X)

10 ⑤

TOP 2 정답률 54.8%

| 문제 유형 | 퍼즐형 > 수리퀴즈

| 접근 전략 | 가려져 있는 D와 E의 정성평가 점수를 주어진 조건과 <상황>을 이용하여 찾아내는 것이 관건인 문항이다. 최종점수가 동점일 경우 정성평가 점수가 높은 순서대로 순위가 결정됨에 유의한다.

다음 <재난관리 평가지침>과 <상황>을 근거로 판단할 때 옳은 것은?

<재난관리 평가지침>

□ 순위산정 기준
　○ 최종순위 결정
　　– 정량평가 점수(80점)와 정성평가 점수(20점)의 합으로 계산된 최종점수가 높은 순서대로 순위 결정
　○ 동점기관 처리
　　– 최종점수가 동점일 경우에는 정성평가 점수가 높은 순서대로 순위 결정
□ 정성평가 기준
　○ 지자체 및 민간분야와의 재난안전분야 협력(10점 만점)

평가	상	중	하
선정비율	20%	60%	20%
배점	10점	6점	3점

○ 재난관리에 대한 종합평가(10점 만점)

평가	상	중	하
선정비율	20%	60%	20%
배점	10점	5점	1점

<상황>

일부 훼손된 평가표는 아래와 같다. (단, 평가대상기관은 5개이다)

기관 ＼ 평가	정량평가 (80점 만점)	정성평가 (20점 만점)
A	71	20
B	80	11
C	69	11
D	74	
E	66	

→ D와 E의 정성평가 점수가 가려져 있다. 각각 정성평가의 두 항목은 선정비율에 따라 상 1개, 중 3개, 하 1개로 평가한다. A가 정성평가에서 20점 만점을 받았으므로 정성평가 항목 두 가지 모두 상은 A만 받는다. B와 C의 정성평가 점수는 11점인데 이 점수는 정성평가 항목 두 가지 모두 중을 받아야 가능하다. 따라서 D와 E의 정성평가는 정성평가 항목 두 가지에서 각각 중 1개, 하 1개가 남는다. 모두 하를 받으면 4점, 모두 중을 받으면 11점이다. 그렇게 하면 D의 점수는 78~85점, E의 점수는 70~77점이고, A와 B는 91점, C는 80점이다.

① A기관이 2위일 수도 있다. ➡ (X) A기관은 91점으로 최고점이고, 정성평가 점수도 가장 높아 동점기관 처리에 있어 B기관보다 순위가 높다. 따라서 A기관은 2위를 할 수 없다.

② B기관이 3위일 수도 있다. ➡ (X) B기관은 91점으로 최고점이지만, 정성평가 점수가 A기관보다는 낮아 2위이다. C~E기관은 91점보다 점수가 낮으므로 B기관이 3위를 할 수는 없다.

③ C기관이 4위일 가능성은 없다. ➡ (X) D기관이 정성평가 항목에서 모두 중을 받아 85점을 받으면 C기관의 80점보다 높고, A기관과 B기관의 91점보다는 낮은 점수이므로 C기관은 4위를 할 수 있다.

④ D기관이 3위일 가능성은 없다. ➡ (X) D기관이 정성평가 항목에서 모두 중을 받아 85점을 받으면 C기관의 80점보다 높고, A기관과 B기관의 91점보다는 낮은 점수이므로 D기관은 3위를 할 수 있다.

⑤ E기관은 어떠한 경우에도 5위일 것이다. ➡ (O) E기관이 정성평가 항목에서 모두 중을 받고, D기관이 모두 하를 받아 E기관의 점수를 최대, D기관의 점수를 최소로 하여도 D기관의 점수는 78점, E기관의 점수는 77점이므로 E기관은 어떠한 경우에도 5위이다.

11 ①

정답률 64.3%

| 문제 유형 | 법조문형 > 규정적용

| 접근 전략 | 법규 해석 문제는 단서조항, 예외조항 등을 잘 살펴 실수를 줄여야 한다. 얼핏 문제가 쉬워 보인다고 해서 성급히 풀다 보면, 실수를 할 수 있으므로 주의한다.

다음 글과 <상황>을 근거로 판단할 때, <보기>에서 옳은 것만을 모두 고르면?

제00조 ① 기획재정부장관은 각 국제금융기구에 출자를 할 때에는 국무회의의 심의를 거쳐 대통령의 승인을 받아 미합중국통화 또는 그 밖의 자유교환성 통화나 금(金) 또는 내국통화로 그 출자금을 한꺼번에 또는 분할하여 납입할 수 있다.

② 기획재정부장관은 제1항에 따라 내국통화로 출자하는 경우에 그 출자금의 전부 또는 일부를 국무회의의 심의를 거쳐 대통령의 승인을 받아 내국통화로 표시된 증권으로 출자할 수 있다.

제00조 ① 기획재정부장관은 전조(前條) 제2항에 따라 출자한 증권의 전부 또는 일부에 대하여 각 국제금융기구가 지급을 청구하면 지체 없이 이를 지급하여야 한다.

② 기획재정부장관은 제1항에 따른 지급의 청구를 받은 경우에 지급할 재원(財源)이 부족하여 그 청구금액의 전부 또는 일부를 지급할 수 없을 때에는 국무회의의 심의를 거쳐 대통령의 승인을 받아 한국은행으로부터 차입하여 지급하거나 한국은행으로 하여금 그 금액에 상당하는 증권을 해당 국제금융기구로부터 매입하게 할 수 있다.

───────〈상황〉───────

기획재정부장관은 적법한 절차에 따라 A국제금융기구에 일정액을 출자한다.

───────〈보기〉───────

ㄱ. 기획재정부장관은 출자금을 자유교환성 통화로 납입할 수 있다.
→ (O) 첫 번째 조 제1항에 따라 기획재정부장관은 자유교환성 통화로 출자금을 납입할 수 있다.

ㄴ. 기획재정부장관은 출자금을 내국통화로 분할하여 납입할 수 없다.
→ (X) 첫 번째 조 제1항에 따라 기획재정부장관은 내국통화로 출자금을 분할하여 납입할 수 있다.

ㄷ. 출자금 전부를 내국통화로 출자하는 경우, 그중 일부액을 미합중국통화로 표시된 증권으로 출자할 수 있다. → (X) 첫 번째 조 제2항에 내국통화로 표시된 증권으로 출자할 수 있다는 내용은 있으나 미합중국통화로 표시된 증권으로 출자할 수 있다는 내용은 없다.

ㄹ. 만약 출자금을 내국통화로 표시된 증권으로 출자한다면, A국제금융기구가 그 지급을 청구할 경우에 한국은행장은 지체 없이 이를 지급하여야 한다. → (X) 두 번째 조 제1항에 따르면 기획재정부장관이 국제금융기구에 출자금을 지급해야 한다.

① ㄱ ➡ (O)
② ㄴ ➡ (X)
③ ㄱ, ㄹ ➡ (X)
④ ㄷ, ㄹ ➡ (X)
⑤ ㄴ, ㄷ, ㄹ ➡ (X)

12 ⑤ TOP 1 정답률 49.1%

| 문제 유형 | 제시문형 > 분석추론

| 접근 전략 | 날짜가 나오는 문제는 날짜를 교묘히 바꾸는 경우가 많으므로 꼼꼼히 살피도록 한다. 월이 늦더라도 연도가 앞서면 앞선 시기이므로 날짜가 나오면 우선 연도를 빠르게 파악해야 한다.

다음 글과 〈상황〉을 근거로 판단할 때 옳은 것은?

매매목적물에 하자가 있는 경우, 하자가 있는 사실을 과실 없이 알지 못한 매수인은 매도인에 대하여 하자담보책임을 물어 계약을 해제하거나, 손해배상을 청구할 수 있다. 이때 매도인이 하자를 알았는지 여부나 그의 과실 유무를 묻지 않는다. 매매목적물의 하자는 통상 거래상의 관념에 비추어 그 물건이 지니고 있어야 할 품질·성질·견고성·성분 등을 갖추지 못해서 계약의 적합성을 갖지 못한 경우를 말한다. 가령 진품인 줄 알고 매수한 그림이 위작인 경우가 그렇다. 매수인은 이러한 계약해제권·손해배상청구권을 하자가 있는 사실을 안 날로부터 6개월 내에 행사하여야 한다. ▶1문단

한편 계약의 중요 부분에 착오가 있는 경우, 착오에 중대한 과실이 없는 계약당사자는 계약을 취소할 수 있다. 여기서 착오는 계약을 맺을 때에 실제로 없는 사실을 있는 사실로 잘못 알았거나 아니면 실제로 있는 사실을 없는 사실로 잘못 생각하듯이, 계약당사자(의사표시자)의 인식과 그 실제 사실이 어긋나는 경우를 가리킨다. 가령 위작을 진품으로 알고 매수한 경우가 그렇다. 이러한 취소권을 행사하려면, 착오자(착오로 의사표시를 한 사람)가 착오 상태에서 벗어난 날(예: 진품이 위작임을 안 날)로부터 3년 이내에, 계약을 체결한 날로부터 10년 이내에 행사하여야 한다. 착오로 인한 취소는 매도인의 하자담보책임과 다른 제도이다. 따라서 매매계약 내용의 중요 부분에 착오가 있는 경우, 매수인은 매도인의 하자담보책임이 성립하는지와 상관없이 착오를 이유로 매매계약을 취소할 수 있다. ▶2문단

───────〈상황〉───────

2018년 3월 10일 매수인 甲은 매도인 乙 소유의 '나루터그림'을 과실 없이 진품으로 믿고 1,000만 원에 매매계약을 체결한 당일 그림을 넘겨받았다. 그 후 2018년 6월 20일 甲은 나루터그림이 위작이라는 사실을 알게 되었다.

① 2018년 6월 20일 乙은 하자를 이유로 甲과의 매매계약을 해제할 수 있다. ➡ (X) 乙은 매도인이므로 하자를 이유로 매매계약을 해제할 수 없다.

② 2019년 6월 20일 甲은 乙에게 하자를 이유로 손해배상을 청구할 수 있다. ➡ (X) 2019년 6월 20일은 위작임을 안 날인 2018년 6월 20일로부터 1년이 지난 시점이다. 1문단에 따르면 매수인은 하자가 있는 사실을 안 날로부터 6개월 내에 손해배상청구권을 행사하여야 하므로 손해배상청구권을 행사할 수 없다.

③ 2019년 6월 20일 甲은 착오를 이유로 乙과의 매매계약을 취소할 수 없다. ➡ (X) 2문단에 따르면 착오자가 착오 상태에서 벗어난 날로부터 3년 이내에 취소권을 행사할 수 있고 2019년 6월 20일은 위작임을 안 날인 2018년 6월 20일로부터 3년 이내이므로 착오를 이유로 매매계약을 취소할 수 있다.

④ 乙이 매매계약 당시 위작이라는 사실을 과실 없이 알지 못하였더라도, 2019년 6월 20일 甲은 하자를 이유로 乙과의 매매계약을 해제할 수 있다. ➡ (X) 2019년 6월 20일은 위작임을 안 날인 2018년 6월 20일로부터 1년이 지난 시점이다. 1문단에 따르면 매수인은 하자가 있는 사실을 안 날로부터 6개월 내에 계약해제권을 행사하여야 하므로 계약해제권을 행사할 수 없다.

⑤ 乙이 위작임을 알았더라도 2019년 6월 20일 甲은 하자를 이유로 乙과의 매매계약을 해제할 수 없지만, 착오를 이유로 취소할 수 있다. ➡ (O) 2019년 6월 20일은 위작임을 안 날인 2018년 6월 20일로부터 1년이 지난 시점이다. 1문단에 따르면 매수인은 하자가 있는 사실을 안 날로부터 6개월 내에 계약해제권을 행사하여야 하므로 계약해제권을 행사할 수 없다. 하지만 2문단에 따르면 착오자가 착오 상태에서 벗어난 날로부터 3년 이내에 취소권을 행사할 수 있고 2019년 6월 20일은 위작임을 안 날인 2018년 6월 20일로부터 3년 이내이므로 착오를 이유로 매매계약을 취소할 수 있다.

13 ② 정답률 77.5%

| 문제 유형 | 법조문형 > 규정확인

| 접근 전략 | 법학을 공부하는 것이 아니라 문제를 푸는 것이므로 법 규정 하나하나를 해석하고 이해하려 하기보다는 선지의 상황에 맞는 규정을 찾아 상황에 대입해 문제를 해결하면 된다.

다음 글을 근거로 판단할 때 옳은 것은?

제00조 ① 재산명시절차의 관할법원은 재산명시절차에서 채무자가 제출한 재산목록의 재산만으로 집행채권의 만족을 얻기에 부족한 경우, 그 재산명시를 신청한 채권자의 신청에 따라 개인의 재산 및 신용에 관한 전산망을 관리하는 공공기관·금융기관·단체 등에 채무자 명의의 재산에 관하여 조회할 수 있다.

② 채권자가 제1항의 신청을 할 경우에는 조회할 기관·단체를 특정하여야 하며 조회에 드는 비용을 미리 내야 한다.

③ 법원이 제1항의 규정에 따라 조회할 경우에는 채무자의 인적 사항을 적은 문서에 의하여 해당 기관·단체의 장에게 채무자의 재산 및 신용에 관하여 그 기관·단체가 보유하고 있는 자료를 한꺼번에 모아 제출하도록 요구할 수 있다.

④ 공공기관·금융기관·단체 등은 정당한 사유 없이 제1항 및 제3항의 조회를 거부하지 못한다.

⑤ 제1항 및 제3항의 조회를 받은 기관·단체의 장이 정당한 사유 없이 거짓 자료를 제출하거나 자료를 제출할 것을 거부한 때에는 결정으로 500만 원 이하의 과태료에 처한다.

제00조 누구든지 재산조회의 결과를 강제집행 외의 목적으로 사용하여서는 안 된다.

② 제1항의 규정에 위반한 사람은 2년 이하의 징역 또는 500만 원 이하의 벌금에 처한다.

① 채무자 甲이 제출한 재산목록의 재산만으로 집행채권의 만족을 얻기 부족한 경우에는 재산명시절차의 관할법원은 직권으로 금융기관에 甲 명의의 재산에 관해 조회할 수 있다. ➡ (X) 첫 번째 조 제1항에 따르면 재산 조회는 관할법원의 직권이 아니라 채권자의 신청에 따라 가능하다.

② 재산명시절차의 관할법원으로부터 채무자 명의의 재산에 관해 조회를 받은 공공기관은 정당한 사유가 있는 경우 이를 거부할 수 있다. ➡ (O) 첫 번째 조 제4항에 따르면 공공기관은 정당한 사유 없이 재산에 관한 조회를 거부하지 못한다고 하였으므로 정당한 사유가 있는 경우 조회를 거부할 수 있음을 알 수 있다.

③ 채무자 乙의 재산조회 결과를 획득한 채권자 丙은 해당 결과를 강제집행 외의 목적으로도 사용할 수 있다. ➡ (X) 두 번째 조 제1항에 따르면 불가능하다.

④ 재산명시절차의 관할법원으로부터 채무자 명의의 재산에 관해 조회를 받은 기관의 장이 정당한 사유 없이 자료제출을 거부하였다면, 법원은 결정으로 500만 원의 벌금에 처한다. ➡ (X) 첫 번째 조 제5항에 따르면 벌금이 아니라 과태료에 처해짐을 알 수 있다.

⑤ 채권자 丁이 채무자 명의의 재산에 관한 조회를 신청할 경우, 조회에 드는 비용은 재산조회가 종료된 후 납부하면 된다. ➡ (X) 첫 번째 조 제2항에 따르면 채권자가 채무자 명의의 재산에 관한 조회를 신청할 경우 조회에 드는 비용을 미리 납부해야 한다.

---

14 ②
정답률 66.5%

| 문제 유형 | 제시문형 > 분석추론

| 접근 전략 | 제시문 자체는 생소한 소재이지만 문제는 어렵지 않다. 소재만 보고 겁먹고 넘기지 않도록 한다. 역수 개념과 분수, 소수만 알고 있어도 풀 수 있는 어렵지 않은 문제이다.

다음 글을 근거로 판단할 때, 〈보기〉에서 옳은 것만을 모두 고르면?

현대적 의미의 시력 검사법은 1909년 이탈리아의 나폴리에서 개최된 국제안과학회에서 란돌트 고리를 이용한 검사법을 국제 기준으로 결정하면서 탄생하였다. 란돌트 고리란 시력 검사표에서 흔히 볼 수 있는 C자형 고리를 말한다. 란돌트 고리를 이용한 시력 검사에서는 5m 거리에서 직경이 7.5mm인 원형 고리에 있는 1.5mm 벌어진 틈을 식별할 수 있는지 없는지를 판단한다. 5m 거리의 1.5mm이면 각도로 따져서 약 1′(1분)에 해당한다. 1°(1도)의 1/60이 1′이고, 1′의 1/60이 1″(1초)이다. ▶1문단

이 시력 검사법에서는 구분 가능한 최소 각도가 1′일 때를 1.0의 시력으로 본다. 시력은 구분 가능한 최소 각도와 반비례한다. 예를 들어 구분할 수 있는 최소 각도가 1′의 2배인 2′이라면 시력은 1.0의 1/2배인 0.5이다. 만약 이

최소 각도가 0.5′이라면, 즉 1′의 1/2배라면 시력은 1.0의 2배인 2.0이다. 마찬가지로 최소 각도가 1′의 4배인 4′이라면 시력은 1.0의 1/4배인 0.25이다. 일반적으로 시력 검사표에는 2.0까지 나와 있지만 실제로는 이보다 시력이 좋은 사람도 있다. 천문학자 A는 5″까지의 차이도 구분할 수 있었던 것으로 알려져 있다. ▶2문단

〈보기〉

ㄱ. 구분할 수 있는 최소 각도가 10′인 사람의 시력은 0.1이다. → (O)
2문단에 따르면 구분 가능한 최소 각도가 1′의 2배인 2′이라면 시력은 1.0의 $\frac{1}{2}$배인 0.5, 1′의 4배인 4′이라면 시력은 1.0의 $\frac{1}{4}$배인 0.25로, 구분 가능한 최소 각도와 시력은 반비례한다고 한다. 이를 통해 유추해 보면 구분할 수 있는 최소 각도가 10′이면 1′의 10배이므로 시력은 1.0의 $\frac{1}{10}$배인 0.1임을 알 수 있다.

ㄴ. 천문학자 A의 시력은 12인 것으로 추정된다. → (O) 1문단에 따르면 1″는 1′의 $\frac{1}{60}$이므로 5″는 1′의 $\frac{1}{12}$이다. 또한 2문단의 예시를 통해 유추해 보면 구분할 수 있는 최소 각도가 1′의 $\frac{1}{12}$배이면 시력은 1.0의 12배인 12임을 알 수 있다.

ㄷ. 구분할 수 있는 최소 각도가 1.25′인 甲은 구분할 수 있는 최소 각도가 0.1′인 乙보다 시력이 더 좋다. → (X) 구분 가능한 최소 각도와 시력은 반비례하므로 구분할 수 있는 최소 각도가 작을수록 시력이 더 좋다. 따라서 乙이 甲보다 시력이 더 좋다.

① ㄱ ➡ (X)
② ㄱ, ㄴ ➡ (O)
③ ㄴ, ㄷ ➡ (X)
④ ㄱ, ㄷ ➡ (X)
⑤ ㄱ, ㄴ, ㄷ ➡ (X)

---

15 ⑤
TOP 3   정답률 58.9%

| 문제 유형 | 퍼즐형 > 수리퀴즈

| 접근 전략 | F와 B에는 #이 없다는 음악지식을 해당 문제에 대입하면 틀릴 수 있다. 배경지식보다 제시문의 내용이 앞선다는 것을 항상 유념한다.

다음 글을 근거로 판단할 때, 〈가락〉을 연주하기 위해 ㉮를 누른 상태로 줄을 튕기는 횟수는?

줄이 하나인 현악기가 있다. 이 악기는 줄을 누를 수 있는 지점이 ㉮부터 ㉺까지 총 11곳이 있고, 이 중 어느 한 지점을 누른 상태로 줄을 튕겨서 연주한다. ㉮를 누르고 줄을 튕기면 A음이 나고, ㉯를 누르고 줄을 튕기면 A음보다 반음 높은 소리가 난다. 이런 식으로 ㉮∼㉺순으로 누르는 지점을 옮길 때마다 반음씩 더 높은 소리가 나며, 최저 A음부터 최고 G음까지 낼 수 있다.

이들 음은 다음과 같은 특징이 있다.
○ 반음 차이 두 개의 합은 한음 차이와 같다.
○ A음보다 B음이, C음보다 D음이, D음보다 E음이, F음보다 G음이 한음 높고, 둘 중 낮은 음보다 반음 높은 음은 낮은 음의 이름 오른쪽에 #을 붙여 표시한다.
○ B음보다 C음이, E음보다 F음이 반음 높다.

〈가락〉

E D# E D# E B D C A A A B E G B C

---

① 0 ➡ (X)
② 1 ➡ (X)
③ 2 ➡ (X)
④ 3 ➡ (X)
⑤ 4 ➡ (O) ㉮～㉠순으로 누르는 지점을 옮길 때마다 반음씩 더 높은 소리가 나며, 최저 A음부터 최고 G음까지 낼 수 있다고 하였고, 반음 차이 두 개의 합은 한음 차이이며 B음보다 C음이, E음보다 F음이 반음 높다고 하였으므로 이를 정리하면 다음과 같다.

㉮	㉯	㉰	㉱	㉲	㉳	㉴	㉵	㉶	㉷	㉠
A	A#	B	C	C#	D	D#	E	F	F#	G

㉶줄을 튕기면 E음이 나는데 E음은 〈가락〉에서 총 4번 나오므로 ㉶를 누른 상태로 줄을 튕기는 횟수는 4번임을 알 수 있다.

16 ⑤

정답률 73.3%

| 문제 유형 | 연산추론형 > 수리계산
| 접근 전략 | 조건부 확률이 기억나면 더 쉽게 풀 수 있지만 그렇지 않더라도 차분히 조건에 맞는 분모, 분자를 찾으면 문제를 풀 수 있다.

다음 글을 근거로 판단할 때, 〈상황〉의 ⊙과 ⓒ을 옳게 짝지은 것은?

채용에서 가장 중요한 점은 조직에 적합한 인재의 선발, 즉 필요한 수준의 기본적 직무적성·태도 등 전반적 잠재력을 가진 지원자를 선발하는 것이다. 그러나 채용 과정에서 적합한 사람을 채용하지 않거나, 적합하지 않은 사람을 채용하는 경우도 있다. 적합한 지원자 중 탈락시킨 지원자의 비율을 오탈락률이라 하고, 적합하지 않은 지원자 중 채용한 지원자의 비율을 오채용률이라 한다.

〈상황〉

甲회사의 신입사원 채용 공고에 1,200명이 지원하여, 이 중에 360명이 채용되었다. 신입사원 채용 후 조사해 보니 1,200명의 지원자 중 회사에 적합한 지원자는 800명이었고, 적합하지 않은 지원자는 400명이었다. 채용된 360명의 신입사원 중 회사에 적합하지 않은 인원은 40명으로 확인되었다. 이에 따르면 오탈락률은 (⊙)%이고, 오채용률은 (ⓒ)%이다.

	⊙		ⓒ	
①	40		5	➡ (X)
②	40		10	➡ (X)
③	55		10	➡ (X)
④	60		5	➡ (X)
⑤	60		10	➡ (O) 오탈락률은 적합한 지원자 중 탈락시킨

지원자의 비율인데 적합한 지원자는 총 800명이고, 적합한 지원자 중 탈락시킨 지원자는 (800−320)명이다. 여기서 320명은 채용된 360명 중 적합하지 않은 지원자 40명을 제외한 인원이다. 따라서 $\frac{800-320}{800}$ × 100=60(%)이 오탈락률이다. 오채용률은 적합하지 않은 지원자 중 채용한 지원자의 비율을 말하는데 적합하지 않은 지원자는 총 400명이고 이 중 40명이 채용되었으므로 $\frac{40}{400}$ × 100=10(%)이 오채용률이다.

17 ④

정답률 65.6%

| 문제 유형 | 퍼즐형 > 최댓값·최솟값 도출
| 접근 전략 | 규칙을 이해하는 데 시간이 꽤 걸릴 수 있다. 표나 그래프 등으로 명확하게 규칙이 설명되어 있지 않고, 글로 되어 있는 경우에는 여백 공간에 간단하게 규칙을 정리하는 것도 좋은 전략이다.

다음 글과 〈상황〉을 근거로 판단할 때, 甲, 乙, 丙의 자동차 번호 끝자리 숫자의 합으로 가능한 최댓값은?

○ A사는 자동차 요일제를 시행하고 있으며, 각 요일별로 운행할 수 없는 자동차 번호 끝자리 숫자는 아래와 같다.

요일	월	화	수	목	금
숫자	1, 2	3, 4	5, 6	7, 8	9, 0

○ 미세먼지 비상저감조치가 시행될 경우 A사는 자동차 요일제가 아닌 차량 홀짝제를 시행한다. 차량 홀짝제를 시행하는 날에는 시행일이 홀수이면 자동차 번호 끝자리 숫자가 홀수인 차량만 운행할 수 있고, 시행일이 짝수이면 자동차 번호 끝자리 숫자가 홀수가 아닌 차량만 운행할 수 있다.

〈상황〉

A사의 직원인 甲, 乙, 丙은 12일(월)부터 16일(금)까지 5일 모두 출근했고, 12일, 13일, 14일에는 미세먼지 비상저감조치가 시행되었다. 자동차 요일제와 차량 홀짝제로 인해 자동차를 운행할 수 없는 경우를 제외하면, 3명 모두 자신이 소유한 자동차로 출근을 했다. 다음은 甲, 乙, 丙이 16일에 출근한 후 나눈 대화이다.

○ 甲: 나는 12일에 내 자동차로 출근을 했어. 따져 보니 이번 주에 총 4일이나 내 자동차로 출근했어.
○ 乙: 저는 이번 주에 이틀만 제 자동차로 출근했어요.
○ 丙: 나는 이번 주엔 13일, 15일, 16일만 내 자동차로 출근할 수 있었어.

※ 甲, 乙, 丙은 자동차를 각각 1대씩 소유하고 있다.

① 14 ➡ (X)
② 16 ➡ (X)
③ 18 ➡ (X)
④ 20 ➡ (O) 甲, 乙, 丙의 자동차 번호 끝자리 숫자의 최댓값을 구하면 다음과 같다.
  • 甲은 12일에 본인의 자동차로 출근했으므로 자동차 번호 끝자리가 짝수임을 알 수 있다. 그렇다면 비상저감조치를 실시한 13일은 홀수 차량만 자동차로 출근이 가능하므로 자동차로 출근하지 못했을 것이다. 甲네 번 본인의 자동차로 출근했다고 하였으므로 12, 14, 15, 16일에 자동차로 출근했다. 15일과 16일은 목요일, 금요일이고, 끝자리 8은 목요일에 출근할 수 없으므로 최대 숫자는 6이다.
  • 乙의 경우 이틀만 본인의 자동차로 출근했다 하였으므로 미세먼지 비상저감조치 기간 동안에는 13일만 본인 자동차로 출근하고 자동차 요일제 시행 중에는 15, 16일 중 하루만 본인 자동차로 출근하였다. 이에 따라 乙의 자동차 번호 끝자리는 홀수임을 알 수 있다. 15, 16일 중 하루만 본인의 자동차로 출근하였으므로 乙의 자동차 번호 끝자리는 7, 9가 될 수 있고 따라서 乙의 자동차 번호 끝자리 최대 숫자는 9이다.
  • 丙의 경우 13일에 자동차로 출근이 가능했으므로 자동차 번호 끝자리가 홀수임을 알 수 있다. 15, 16일 모두 자동차로 출근하였다고 하였으므로 丙의 자동차 번호 끝자리는 7, 9가 될 수 없고 따라서 丙의 자동차 번호 끝자리 최대 숫자는 5이다.
  이를 모두 더하면 20이다.
⑤ 22 ➡ (X)

18 ③

| **문제 유형** | 퍼즐형 > 논리퀴즈

| **접근 전략** | 시간이 있다면 모두 순서대로 풀어도 되지만, 시간이 없다면 양쪽 전구가 동수로 켜져 있었다면 C가 이를 모두 끌 수 있으므로 C가 마지막 사람이라 생각하고 ①과 ③ 선지만 먼저 풀어보는 것도 좋다.

다음 글을 근거로 판단할 때, 방에 출입한 사람의 순서는?

방에는 1부터 6까지의 번호가 각각 적힌 6개의 전구가 다음과 같이 놓여 있다.

	왼쪽 ←					→ 오른쪽
전구 번호	1	2	3	4	5	6
상태	켜짐	켜짐	켜짐	꺼짐	꺼짐	꺼짐

총 3명(A~C)이 각각 한 번씩 홀로 방에 들어가 자신이 정한 규칙에 의해서만 전구를 켜거나 끄고 나왔다.

○A는 번호가 3의 배수인 전구가 켜진 상태라면 그 전구를 끄고, 꺼진 상태라면 그대로 둔다.

○B는 번호가 2의 배수인 전구가 켜진 상태라면 그 전구를 끄고, 꺼진 상태라면 그 전구를 켠다.

○C는 3번 전구는 그대로 두고, 3번 전구를 기준으로 왼쪽과 오른쪽 중 켜진 전구의 개수가 많은 쪽의 전구를 전부 끈다. 다만 켜진 전구의 개수가 같다면 양쪽에 켜진 전구를 모두 끈다.

마지막 사람이 방에서 나왔을 때, 방의 전구는 모두 꺼져 있었다.

① A-B-C ➡ (✕) A가 3을 끄고, B가 2를 끄고 4, 6을 켜면 1, 4, 6이 켜진 상태인데 C는 4, 6만 끌 수 있어 1이 켜져 있다.

② A-C-B ➡ (✕) A가 3을 끄면 C는 1, 2를 모두 끈다. 그리고 B는 2, 4, 6을 켜 2, 4, 6이 켜져 있게 된다.

③ B-A-C ➡ (○) B가 2를 끄고 4, 6을 켜고, A가 3, 6을 끄면 1, 4가 남는데 3번 전구 기준으로 왼쪽과 오른쪽 전구가 하나씩 켜져 있으므로 C는 모두 끈다.

④ B-C-A ➡ (✕) B가 2를 끄고 4, 6을 켜고 C가 4, 6을 끄면 A는 3만 꺼 1이 켜져 있게 된다.

⑤ C-B-A ➡ (✕) C가 1, 2를 끄고 B가 2, 4, 6을 켜면 A가 3, 6을 꺼 2, 4가 켜져 있게 된다.

19 ①

| **문제 유형** | 퍼즐형 > 최댓값 · 최솟값 도출

| **접근 전략** | 불가능한 정보가 있으면 그것을 항상 생각하고 있어야 한다. 제외되는 것을 잊는 경우가 많기 때문이다.

다음 글을 근거로 판단할 때, 〈보기〉에서 옳은 것만을 모두 고르면?

K국의 「영유아보육법」은 영유아가 안전하고 쾌적한 환경에서 건강하게 성장할 수 있도록 다음과 같이 어린이집의 보육교사 최소 배치 기준을 규정하고 있다.

연령	보육교사 대 영유아비율
(1) 만 1세 미만	1:3
(2) 만 1세 이상 만 2세 미만	1:5
(3) 만 2세 이상 만 3세 미만	1:7

위와 같이 각 연령별로 반을 편성하고 각 반마다 보육교사를 배치하되, 다음 기준에 따라 혼합반을 운영할 수 있다.

혼합반 편성	보육교사 대 영유아비율
(1)과 (2)	1:3
(2)와 (3)	1:5
(1)과 (3)	편성 불가능

〈보기〉

ㄱ. 만 1세 미만 영유아 4명, 만 1세 이상 만 2세 미만 영유아 5명을 보육하는 어린이집은 보육교사를 최소 3명 배치해야 한다. → (○) (1)과 (2)는 혼합반을 편성할 수 있다. 혼합반의 보육교사 대 영유아비율이 1:3이므로 보육교사를 최소 3명 배치해야 한다.

ㄴ. 만 1세 이상 만 2세 미만 영유아 6명, 만 2세 이상 만 3세 미만 영유아 12명을 보육하는 어린이집은 보육교사를 최소 3명 배치해야 한다. → (✕) (2)와 (3)은 혼합반을 편성할 수 있다. 혼합반의 보육교사 대 영유아비율이 1:5이므로 4명 이상 보육교사를 배치해야 한다.

ㄷ. 만 1세 미만 영유아 1명, 만 2세 이상 만 3세 미만 영유아 2명을 보육하는 어린이집은 보육교사를 최소 1명 배치해야 한다. → (✕) (1)과 (3)은 혼합반을 편성할 수 없다. 따라서 (1)에는 1명, (3)에도 1명의 보육교사를 배치해야 하므로 최소 2명을 배치해야 한다.

① ㄱ ➡ (○)

② ㄴ ➡ (✕)

③ ㄷ ➡ (✕)

④ ㄱ, ㄴ ➡ (✕)

⑤ ㄱ, ㄷ ➡ (✕)

20 ④

| **문제 유형** | 퍼즐형 > 수리퀴즈

| **접근 전략** | 표의 정보를 제시문의 정보로 변환할 때 새로운 표로 그리면 시간이 많이 낭비되므로, 여백 공간에 표를 정리해 두도록 한다. 해당 문제의 경우 〈상황〉의 순위 옆에 등급을 쓰거나 등급 경계에 선을 그으면 간편하다.

다음 글과 〈상황〉을 근거로 판단할 때, 〈보기〉에서 옳은 것만을 모두 고르면?

K대학교 교과목 성적 평정(학점)은 총점을 기준으로 상위 점수부터 하위 점수까지 A⁺, A⁰, B⁺~F순으로 한다. 각 등급별 비율은 아래 〈성적 평정 기준표〉를 따르되, 상위 등급의 비율을 최대 기준보다 낮게 배정할 경우에는 잔여 비율을 하위 등급 비율에 가산하여 배정할 수 있다. 예컨대 A등급 배정 비율은 10~30%이나, 만일 25%로 배정한 경우에는 잔여 비율인 5%를 하위 등급 하나에 배정하거나 여러 하위 등급에 나누어 배정할 수 있다. 한편 A, B, C, D 각 등급 내에서 +와 0의 비율은 교수 재량으로 정할 수 있다.

〈성적 평정 기준표〉

등급	A		B		C		D		F
학점	A⁺	A⁰	B⁺	B⁰	C⁺	C⁰	D⁺	D⁰	F
비율(%)	10~30		20~35		20~40		0~40		0~40

※ 평정대상 총원 중 해당 등급 인원 비율

〈상황〉

〈△△교과목 성적산출 자료〉

성명	총점	순위	성명	총점	순위
양다경	99	1	양대원	74	11
이지후	97	2	권치원	72	12
이태연	93	3	김도윤	68	13
남소연	89	4	권세연	66	14
김윤채	86	5	남원중	65	15
엄선민	84	6	권수진	64	16
이태근	79	7	양호정	61	17
김경민	78	8	정호채	59	18
이연후	77	9	이신영	57	19
엄주용	75	10	전희연	57	19

※ 평정대상은 총 20명임

〈보기〉

ㄱ. 평정대상 전원에게 C⁺ 이상의 학점을 부여할 수 있다. → (O) D와 F 의 비율은 0%로 할 수 있고 각 등급 내에서 +와 0의 비율은 교수 재량으로 정할 수 있으므로 평정대상 전원에게 C⁺ 이상의 학점을 부여할 수 있다.

ㄴ. 79점을 받은 학생이 받을 수 있는 가장 낮은 학점은 B⁰이다. → (X) A등급은 최소 10%, B등급은 최소 20%로 배정할 수 있는데 평정대상은 총 20 명이고 79점을 받은 학생은 7등이므로 상위 30% 안에 들지 않기 때문에 C를 받을 수도 있다.

ㄷ. 5명에게 A등급을 부여하면, 최대 8명의 학생에게 B⁺학점을 부여할 수 있다. → (O) A등급과 B등급을 합해 최대 65%까지 배정할 수 있는데 5명에게 A등급을 부여하였다면 B등급을 최대 8명에게 부여할 수 있고 각 등급 내에서 +와 0의 비율은 교수 재량으로 정할 수 있으므로 최대 8명의 학생에게 B⁺ 학점을 부여할 수 있다.

ㄹ. 59점을 받은 학생에게 부여할 수 있는 학점은 C⁺, C⁰, D⁺, D⁰, F 중 하나이다. → (O) 59점은 18등으로 하위 15%인데 D와 F의 비율은 0~40%로 할 수 있으므로 59점을 받은 학생에게 D와 F를 부여할 수 있다. C등급은 20~40%로 할 수 있으므로 D와 F가 0%이면 C를 부여할 수도 있다.

① ㄱ, ㄴ ➡ (X)   ② ㄱ, ㄹ ➡ (X)
③ ㄷ, ㄹ ➡ (X)   ④ ㄱ, ㄷ, ㄹ ➡ (O)
⑤ ㄴ, ㄷ, ㄹ ➡ (X)

21 ③

정답률 64.1%

|문제 유형| 퍼즐형 > 수리퀴즈
|접근 전략| 거리 또는 위치에 관련된 문제는 제시문에서 나타난 조건을 취합하여 그림으로 정리하면 더 간단하게 문제를 해결할 수 있다. 속력은 거리에 비례하고 시간에 반비례하며, 속력이 일정할 때 시간과 거리는 비례 관계이다.

다음 글을 근거로 판단할 때, A시에서 B시까지의 거리는?

甲은 乙이 운전하는 자동차를 타고 A시에서 B시를 거쳐 C시로 가는 중이었다. A, B, C는 일직선상에 순서대로 있으며, 乙은 자동차를 일정한 속력으로 운전하여 도시 간 최단 경로로 이동했다. A시를 출발한 지 20분 후 甲은 乙에게 지금까지 얼마나 왔는지 물어보았다.

"여기서부터 B시까지 거리의 딱 절반만큼 왔어."라고 乙이 대답하였다. 그로부터 75km를 더 간 후에 甲은 다시 물어보았다.
"C시까지는 얼마나 남았지?"
乙은 다음과 같이 대답했다.
"여기서부터 B시까지 거리의 딱 절반만큼 남았어."
그로부터 30분 뒤에 甲과 乙은 C시에 도착하였다.

① 35km ➡ (X)
② 40km ➡ (X)
③ 45km ➡ (O) 甲의 두 번째 물음에 대하여 乙이 여기서부터 B시까지 거리의 딱 절반만큼 남았다고 대답했으므로 甲이 두 번째로 물었을 때는 B시와 C시 사이, 甲이 첫 번째로 물었을 때는 A시와 B시 사이에 위치하고 있음을 알 수 있다. 甲이 첫 번째로 물었을 때는 A시와 B시의 $\frac{1}{3}$만큼 왔고, 두 번째로 물었을 때는 B시와 C시의 $\frac{2}{3}$만큼 왔다. A시와 B시의 $\frac{1}{3}$만큼의 거리를 x, B시와 C시의 $\frac{1}{3}$만큼의 거리를 y라 하면, 2x+2y=75(km)이다. x는 20분 거리이고, y는 30분 거리여서 3x=2y이다. 이를 대입하면 x=15(km)이고, 3x(A시와 B시 간 거리)=45(km)이다.

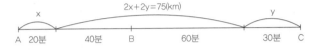

④ 50km ➡ (X)
⑤ 55km ➡ (X)

22 ②

정답률 74.0%

|문제 유형| 퍼즐형 > 논리퀴즈
|접근 전략| 주어진 조건 내에서 〈대화〉의 진행 순서대로 경우를 따져보면 된다. 3월생이 2명, 6월생이 1명, 9월생이 2명이라 하였으므로 이를 기초로 하여 〈대화〉의 순서대로 태어난 월을 판단해 본다.

다음 〈상황〉과 〈대화〉를 근거로 판단할 때 6월생은?

〈상황〉

○ 같은 해에 태어난 5명(지나, 정선, 혜명, 민경, 효인)은 각자 자신의 생일을 알고 있다.
○ 5명은 자신을 제외한 나머지 4명의 생일이 언제인지는 모르지만, 3월생이 2명, 6월생이 1명, 9월생이 2명이라는 사실은 알고 있다.
○ 아래 〈대화〉는 5명이 한 자리에 모여 나눈 대화를 순서대로 기록한 것이다.
○ 5명은 〈대화〉의 진행에 따라 상황을 논리적으로 판단하고, 솔직하게 대답한다.

〈대화〉

민경: 지나야, 네 생일이 5명 중에서 제일 빠르니?
지나: 그럴 수도 있지만 확실히는 모르겠어.
정선: 혜명아, 네가 지나보다 생일이 빠르니?
혜명: 그럴 수도 있지만 확실히는 모르겠어.
지나: 민경아, 넌 정선이가 몇 월생인지 알겠니?
민경: 아니, 모르겠어.
혜명: 효인아, 넌 민경이보다 생일이 빠르니?
효인: 그럴 수도 있지만 확실히는 모르겠어.

① 지나 ➡ (X)
② 정선 ➡ (O) 지나가 생일이 제일 빠를 수도 있다고 생각하는 것은 3월생이기 때문이다. 3월생이 아니면 3월생이 두 명이 있는 것을 알기 때문에 제일 빠를 수도 있다고 말하지 않았을 것이다. 혜명도 지나의 말을 듣고 3월생인 것을 알았을 텐데 지나보다 생일이 빠를 수도 있다고 말한 것은 혜명도 3월생이기 때문이다. 민경은 지나와 혜명의 이야기를 듣고 그들이 3월생인 것을 알 수 있고 본인이 6월생이면 나머지 두 명이 9월생임을 알 수 있다. 그런데 정선이의 생일이 몇 월인지 모른다고 답하였으므로 민경이는 9월생이다. 효인은 민경의 대답을 통해 민경이가 9월생임을 알 수 있는데 민경이보다 생일이 빠른지 확실히 모른다는 것은 효인도 9월생이라는 것이다. 따라서 6월생은 정선이다.
③ 혜명 ➡ (X)
④ 민경 ➡ (X)
⑤ 효인 ➡ (X)

---

23 ⑤

정답률 69.3%

| **문제 유형** | 퍼즐형 > 최댓값·최솟값 도출

| **접근 전략** | 최댓값, 최솟값 문제는 일일이 계산하기보다는 임의의 적당한 숫자를 넣어 반례를 찾는 것이 간편하다.

다음 글과 〈상황〉을 근거로 판단할 때 옳은 것은?

○○시는 A정류장을 출발지로 하는 40인승 시내버스를 운영하고 있다. 승객은 정류장에서만 시내버스에 승·하차할 수 있다. 또한 시내버스는 좌석제로 운영되어 버스에 빈 좌석이 없는 경우 승객은 더 이상 승차할 수 없으며, 탑승객 1인은 1개의 좌석을 차지한다.

한편 ○○시는 애플리케이션을 통해 시내버스의 구간별 혼잡도 정보를 제공한다. 탑승객이 0~5명일 때는 '매우 쾌적', 6~15명일 때는 '쾌적', 16~25명일 때는 '보통', 26~35명일 때는 '혼잡', 36~40명일 때는 '매우 혼잡'으로 표시된다.

구간별 혼잡도는 시내버스의 한 정류장에서 다음 정류장까지 탑승객의 수를 측정하여 표시한다. 예를 들어 'A-B' 구간의 혼잡도는 A정류장에서 출발한 후 B정류장에 도착하기 전까지 탑승객의 수에 따라 표시된다.

※ 버스기사는 고려하지 않는다.

〈상황〉

A정류장에서 07:00에 출발한 시내버스의 〈승·하차내역〉과 〈구간별 혼잡도 정보〉는 다음과 같다.

〈승·하차내역〉

정류장	승차(명)	하차(명)
A	20	0
B	(㉠)	10
C	5	( )
D	( )	10
E	15	( )
F	0	( )

※ 승·하차는 동시에 이루어진다.

〈구간별 혼잡도 정보〉

구간	표시
A-B	(㉡)
B-C	매우 혼잡
C-D	매우 혼잡
D-E	(㉢)
E-F	보통

① C정류장에서 하차한 사람은 아무도 없다. ➡ (X) B-C 구간에서의 버스 안 혼잡도는 '매우 혼잡'이었기 때문에 B에서 26명이 승차했더라도 C에서 아무도 하차하지 않으면 C-D 구간 탑승자가 41명이 되어 정원이 초과된다. 따라서 1명 이상이 C정류장에서 하차해야 한다.

② E정류장에서 하차한 사람은 10명 이하이다. ➡ (X) C정류장에서 출발할 때 탑승인원은 36~40명이었고, D정류장에서 10명이 하차하였다. D구간에서 몇 명이 승차하였는지는 알 수 없으나 40인승 시내버스이므로, D-E 구간에서는 최소 26명~최대 40명이 타고 있어야 한다. E정류장에서 15명이 승차하였고, E-F 구간에서 구간별 혼잡도가 '보통'이므로 탑승인원은 16~25명이다. 따라서 E정류장에서 하차한 사람은 10명 이하가 될 수 없고, 최소 16명~최대 39명이 되어야 한다.

③ ㉠에 들어갈 수 있는 최솟값과 최댓값의 합은 55이다. ➡ (X) B-C 구간이 '매우 혼잡'이므로 B정류장에서 26~30명이 승차해야 한다. 따라서 ㉠의 최솟값과 최댓값의 합은 56이다.

④ ㉡은 혼잡이다. ➡ (X) A에서 20명이 승차했으므로 A-B 구간 탑승객 수는 20명으로 ㉡은 보통이다.

⑤ ㉢은 혼잡 또는 매우 혼잡이다. ➡ (O) C-D 구간은 '매우 혼잡'이므로 최소 탑승인원은 36명이다. 그런데 D에서 10명이 하차했으므로 아무도 승차하지 않으면 최소 26명으로 D-E 구간은 혼잡, 10명 이상이 승차하면 36명 이상으로 D-E 구간은 '매우 혼잡'이 된다.

---

24 ④

정답률 69.4%

| **문제 유형** | 퍼즐형 > 수리퀴즈

| **접근 전략** | 기회비용의 개념이 중요하다. 사슴이 다른 것으로 변하지 않고 살았으면 사슴의 온전한 효용을 모두 누릴 수 있지만, 다른 것으로 변하면 그 효용을 모두 얻지는 못하고 그만큼 효용을 포기한다는 것을 알아야 한다.

다음 글을 근거로 판단할 때, 〈보기〉에서 옳은 것만을 모두 고르면?

사슴은 맹수에게 계속 괴롭힘을 당하자 자신을 맹수로 바꾸어 달라고 산신령에게 빌었다. 사슴을 불쌍하게 여긴 산신령은 사슴에게 남은 수명 중 n년(n은 자연수)을 포기하면 여생을 아래 5가지의 맹수 중 하나로 살 수 있게 해 주겠다고 했다.

사슴으로 살 경우의 1년당 효용은 40이며, 다른 맹수로 살 경우의 1년당 효용과 그 맹수로 살기 위해 사슴이 포기해야 하는 수명은 아래 〈표〉와 같다. 예를 들어 사슴의 남은 수명이 12년일 경우 사슴으로 계속 산다면 $12 \times 40 = 480$의 총 효용을 얻지만, 독수리로 사는 것을 선택한다면 $(12 - 5) \times 50 = 350$의 총 효용을 얻는다.

사슴은 여생의 총 효용이 줄어드는 선택은 하지 않으며, 포기해야 하는 수명이 사슴의 남은 수명 이상인 맹수는 선택할 수 없다. 1년당 효용이 큰 맹수일수록, 사슴은 그 맹수가 되기 위해 더 많은 수명을 포기해야 한다. 사슴은 자신의 남은 수명과 〈표〉의 '?'로 표시된 수를 알고 있다.

맹수	1년당 효용	포기해야 하는 수명(년)
사자	250	14
호랑이	200	?
곰	170	11
악어	70	?
독수리	50	5

〈보기〉

ㄱ. 사슴의 남은 수명이 13년이라면, 사슴은 곰을 선택할 것이다. → (X)
사슴일 때의 효용은 40 × 13 = 5200이지만 사슴이 곰을 선택할 때 얻는 효용은
170 × (13−11) = 3400이므로 사슴은 곰을 선택하지 않을 것이다.

ㄴ. 사슴의 남은 수명이 20년이라면, 사슴은 독수리를 선택하지 않을 것이다. → (○) 독수리를 택하면 얻는 효용은 50 × (20−5) = 7500이지만
포기해야 하는 효용은 사슴으로 살았을 때의 40 × 20 = 8000이다. 따라서 사슴은 독수리를 선택하지 않을 것이다.

ㄷ. 호랑이로 살기 위해 포기해야 하는 수명이 13년이라면, 사슴의 남은 수명에 따라 사자를 선택했을 때와 호랑이를 선택했을 때 여생의 총 효용이 같은 경우가 있다. → (○) 호랑이로 살았을 때 여생의 총효용은 200 × (x−13)인데 사자로 살았을 때 여생의 총 효용은 250 × (x−14)이다. x = 18일 때 둘은 같을 수 있다.

① ㄴ ➡ (X)
② ㄷ ➡ (X)
③ ㄱ, ㄴ ➡ (X)
④ ㄴ, ㄷ ➡ (○)
⑤ ㄱ, ㄴ, ㄷ ➡ (X)

25 ①

정답률 62.8%

| 문제 유형 | 제시문형 > 분석추론

| 접근 전략 | 법률 문제는 비슷한 단어라도 동일한 개념이 아닌 용어들이 있다. 따라서 비슷하다고 해서 자의적으로 동일 개념이라 판단해서는 안 된다. '중단'과 '중지'는 일상생활에서는 비슷하게 쓰이지만 동일한 개념이 아니므로 다른 것으로 보아야 하는 것이다.

다음 글과 〈상황〉을 근거로 판단할 때, 〈보기〉에서 옳은 것만을 모두 고르면?

소송절차의 '정지'란 소송이 개시된 뒤 절차가 종료되기 전에 소송절차가 법률상 진행되지 않는 상태를 말한다. 여기에는 '중단'과 '중지'가 있다. ▶1문단

소송절차의 중단은 소송진행 중 당사자에게 소송을 수행할 수 없는 사유가 발생하였을 경우, 새로운 소송수행자가 나타나 소송에 관여할 수 있을 때까지 법률상 당연히 절차진행이 정지되는 것이다. 예컨대 당사자가 사망한 경우, 그 상속인이 소송을 수행할 수 있을 때까지 절차진행이 정지되며, 이후 상속인의 수계신청 또는 법원의 속행명령에 의해 중단이 해소되고 절차는 다시 진행된다. 다만 사망한 당사자에게 이미 변호사가 소송대리인으로 선임되어 있을 때는 변호사가 소송을 대리하는 데 지장이 없으므로 절차는 중단되지 않는다. 소송대리인인 변호사의 사망도 중단사유가 아니다. 당사자가 절차를 진행할 수 있기 때문이다. ▶2문단

소송절차의 중지는 법원이나 당사자에게 소송을 진행할 수 없는 장애가 생겼거나 진행에 부적당한 사유가 발생하여 법률상 당연히 또는 법원의 재판에 의하여 절차가 정지되는 것이다. 이는 새로운 소송수행자로 교체되지 않는다는 점에서 중단과 다르다. 소송절차의 중지에는 당연중지와 재판중지가 있다. 당연중지는 천재지변이나 그 밖의 사고로 법원이 직무수행을 할 수 없게 된 경우에 법원의 재판 없이 당연히 절차진행이 정지되는 것을 말한다. 이 경우 법원의 직무수행불능 상태가 소멸함과 동시에 중지도 해소되고 절차는 진행된다. 재판중지는 법원이 직무수행을 할 수 있지만 당사자가 법원에 출석하여 소송을 진행할 수 없는 장애사유가 발생한 경우, 예컨대 전쟁이나 그 밖의 사유로 교통이 두절되어 당사자가 출석할 수 없는 경우에 법원의 재판에 의해 절차진행이 정지되는 것을 의미한다. 이때는 법원의 취소재판에 의하여 중지가 해소되고 절차는 진행된다. ▶3문단

※ 수계신청: 법원에 대해 중단된 절차의 속행을 구하는 신청

〈상황〉

원고 甲과 피고 乙 사이에 대여금반환청구소송이 A법원에서 진행 중이다. 甲은 변호사 丙을 소송대리인으로 선임하였지만, 乙은 소송대리인을 선임하지 않았다.

〈보기〉

ㄱ. 소송진행 중 甲이 사망하였다면, 절차진행은 중단되며 甲의 상속인의 수계신청에 의해 중단이 해소되고 절차가 진행된다. → (X) 2문단에 따르면 사망한 당사자에게 이미 변호사가 소송대리인으로 선임되어 있을 때는 변호사가 소송을 대리하는 데 지장이 없으므로 절차는 중단되지 않는다.

ㄴ. 소송진행 중 丙이 사망하였다면, 절차진행은 중단되며 甲이 새로운 변호사를 소송대리인으로 선임하면 중단은 해소되고 절차가 진행된다. → (X) 2문단에서 소송대리인인 변호사의 사망도 절차 중단사유가 아니라고 하였다.

ㄷ. 소송진행 중 A법원의 건물이 화재로 전소(全燒)되어 직무수행이 불가능해졌다면, 절차진행은 중단되며 이후 A법원의 속행명령이 있으면 절차가 진행된다. → (X) 3문단에 따르면 당연중지는 천재지변이나 그 밖의 사고로 법원이 직무수행을 할 수 없게 된 경우에 법원의 재판 없이 당연히 절차진행이 정지되는 것을 말한다. 이 경우 법원은 직무수행불능 상태가 소멸함과 동시에 중지가 해소되고 절차가 진행되므로 절차 재개를 위해 속행명령이 필요하지 않다. 따라서 당연중지에 해당하는 A법원의 건물 화재 전소에 따른 절차진행 중지는 속행명령 없이 직무수행불능 상태가 소멸하면 해소된다.

ㄹ. 소송진행 중 乙이 거주하고 있는 장소에서만 발생한 지진으로 교통이 두절되어 乙이 A법원에 출석할 수 없는 경우, A법원의 재판에 의해 절차진행이 중지되며 이후 A법원의 취소재판에 의해 중지는 해소되고 절차가 진행된다. → (○) 3문단에 따르면 재판중지는 법원이 직무수행을 할 수 있지만 당사자가 법원에 출석하여 소송을 진행할 수 없는 장애사유가 발생한 경우 절차진행이 정지되는 것을 말한다. 乙이 지진으로 A법원에 출석할 수 없으면 재판중지가 되는데 이는 법원의 취소재판에 의해 중지가 해소되고 절차가 진행될 수 있으므로 적절하다.

① ㄹ ➡ (○)
② ㄱ, ㄴ ➡ (X)
③ ㄱ, ㄹ ➡ (X)
④ ㄴ, ㄷ ➡ (X)
⑤ ㄷ, ㄹ ➡ (X)

탁월한 능력은
새로운 과제를 만날 때마다
스스로 발전하고 드러낸다.

– 발타사르 그라시안(Baltasar Gracian)

2018년 7월 21일 시행

2018년도 국가공무원 5급 및 7급 민간경력자 일괄채용 필기시험

정답과 분석해설

취약유형 분석표 제1영역 언어논리

문번	정답	정답률	유형	맞고 틀림
01	④	74.5%	비판적 사고 > 빈칸 채우기	○ △ ×
02	④	95.4%	비판적 사고 > 판단하기	○ △ ×
03	③	96.1%	사실적 이해 > 정보 확인	○ △ ×
04	⑤	96.3%	사실적 이해 > 정보 확인	○ △ ×
05	②	93.4%	사실적 이해 > 정보 확인	○ △ ×
06	④	92.0%	사실적 이해 > 정보 확인	○ △ ×
07	②	57.7%	비판적 사고 > 빈칸 채우기	○ △ ×
08	③	93.3%	비판적 사고 > 판단하기	○ △ ×
09	④	95.5%	비판적 사고 > 지문에서 추론하기	○ △ ×
10	③	68.7%	사실적 이해 > 논리 게임	○ △ ×
11	①	77.4%	사실적 이해 > 정보 확인	○ △ ×
12	③	90.9%	비판적 사고 > 논리적 결론의 전제 · 원인 찾기	○ △ ×
13	②	91.1%	사실적 이해 > 정보 확인	○ △ ×
14	⑤	91.9%	사실적 이해 > 정보 확인	○ △ ×
15	②	88.9%	비판적 사고 > 판단하기	○ △ ×
16	①	93.0%	사실적 이해 > 정보 확인	○ △ ×
17	①	76.9%	비판적 사고 > 논지 강화·약화하기	○ △ ×
18	①	93.9%	비판적 사고 > 유사한 내용·사례 찾기	○ △ ×
19	③	71.5%	비판적 사고 > 빈칸 채우기	○ △ ×
20	④	68.1%	사실적 이해 > 논리 게임	○ △ ×
21	⑤	76.2%	비판적 사고 > 지문에서 추론하기	○ △ ×
22	④	56.1%	비판적 사고 > 지문에서 추론하기	○ △ ×
23	②	93.9%	사실적 이해 > 정보 확인	○ △ ×
24	⑤	67.2%	비판적 사고 > 빈칸 채우기	○ △ ×
25	②	33.4%	사실적 이해 > 논리 게임	○ △ ×

나의 성적

영역	점수	풀이 시간
언어논리	_____ 점	_____ 분
자료해석	_____ 점	_____ 분
상황판단	_____ 점	_____ 분

합격선

영역	합격 가능권	합격 확실권
언어논리	68~72점	76~80점
자료해석	64~68점	72~76점
상황판단	60~64점	68~72점

풀이 시간

영역	기본	숙련
언어논리	60분	50분
자료해석	60분	50분
상황판단	60분	50분

선발 인원 / 응시 인원 / 경쟁률

선발 인원	응시 인원	경쟁률
230명	5,995명	2.6 : 1

※경쟁률은 1차 합격자 선발 기준인 10배수로 산정

- 확실히 맞힌 문항 수: _____ 문항
- 헷갈리거나 찍은 문항 수: _____ 문항
- 틀린 문항 수: _____ 문항

취약유형 분석표　제2영역 자료해석

문번	정답	정답률	유형	맞고 틀림
01	②	87.7%	자료 읽기 > 표 제시형	○ △ ×
02	⑤	89.6%	자료 읽기 > 표/빈칸 제시형	○ △ ×
03	⑤	94.5%	자료 변환응용 > 표/그림 전환형	○ △ ×
04	①	89.5%	자료 읽기 > 그림 제시형	○ △ ×
05	①	88.9%	자료 읽기 > 표 제시형	○ △ ×
06	②	91.7%	자료 읽기 > 표 제시형	○ △ ×
07	①	76.0%	자료 읽기 > 표 제시형	○ △ ×
08	④	88.3%	자료 읽기 > 표 제시형	○ △ ×
09	⑤	94.3%	자료 읽기/추론 > 계산형	○ △ ×
10	③	85.0%	자료 읽기 > 표/그림 제시형	○ △ ×
11	②	80.3%	자료 읽기 > 그림 제시형	○ △ ×
12	②	95.5%	자료 읽기/추론 > 계산형	○ △ ×
13	④	92.7%	자료 읽기 > 표 제시형	○ △ ×
14	⑤	87.2%	자료 읽기 > 표 제시형	○ △ ×
15	④	94.8%	자료 읽기 > 그림 제시형	○ △ ×
16	⑤	80.3%	자료 읽기 > 그림 제시형	○ △ ×
17	①	67.9%	자료 읽기 > 표/그림 제시형	○ △ ×
18	③	92.9%	자료 읽기 > 표/빈칸 제시형	○ △ ×
19	①	74.2%	자료 읽기/추론 > 계산형	○ △ ×
20	③	79.3%	자료 읽기 > 표/빈칸 제시형	○ △ ×
21	⑤	77.3%	자료 읽기 > 표/그림 제시형	○ △ ×
22	③	74.1%	자료 추론 > 추가로 필요한 자료 찾기	○ △ ×
23	②	87.4%	자료 변환응용 > 표/그림 전환형	○ △ ×
24	④	76.7%	자료 읽기/추론 > 계산형	○ △ ×
25	④	65.5%	자료 읽기/추론 > 계산형	○ △ ×

취약유형 분석표　제3영역 상황판단

문번	정답	정답률	유형	맞고 틀림
01	③	97.8%	제시문형 > 정보확인	○ △ ×
02	⑤	92.1%	법조문형 > 규정적용	○ △ ×
03	⑤	96.4%	제시문형 > 정보확인	○ △ ×
04	②	81.5%	법조문형 > 규정확인	○ △ ×
05	①	67.1%	법조문형 > 규정확인	○ △ ×
06	①	56.7%	법조문형 > 규정확인	○ △ ×
07	③	85.8%	연산추론형 > 수리계산	○ △ ×
08	①	60.9%	연산추론형 > 대입비교	○ △ ×
09	③	82.1%	퍼즐형 > 수리퀴즈	○ △ ×
10	②	80.7%	퍼즐형 > 논리퀴즈	○ △ ×
11	④	86.6%	제시문형 > 분석추론	○ △ ×
12	⑤	77.0%	법조문형 > 규정확인	○ △ ×
13	⑤	98.9%	제시문형 > 정보확인	○ △ ×
14	④	95.1%	제시문형 > 정보확인	○ △ ×
15	⑤	94.0%	법조문형 > 규정확인	○ △ ×
16	③	97.5%	법조문형 > 규정적용	○ △ ×
17	①	76.1%	퍼즐형 > 논리퀴즈	○ △ ×
18	④	80.7%	연산추론형 > 대입비교	○ △ ×
19	④	79.5%	퍼즐형 > 게임·규칙	○ △ ×
20	①	81.6%	퍼즐형 > 게임·규칙	○ △ ×
21	⑤	45.9%	퍼즐형 > 게임·규칙	○ △ ×
22	②	42.8%	연산추론형 > 대입비교	○ △ ×
23	③	58.1%	퍼즐형 > 수리퀴즈	○ △ ×
24	②	23.9%	연산추론형 > 수리계산	○ △ ×
25	①	48.3%	퍼즐형 > 최댓값·최솟값 도출	○ △ ×

- 확실히 맞힌 문항 수: ＿＿＿＿＿＿ 문항
- 헷갈리거나 찍은 문항 수: ＿＿＿＿ 문항
- 틀린 문항 수: ＿＿＿＿＿＿ 문항

- 확실히 맞힌 문항 수: ＿＿＿＿＿＿ 문항
- 헷갈리거나 찍은 문항 수: ＿＿＿＿ 문항
- 틀린 문항 수: ＿＿＿＿＿＿ 문항

2018 | 제1영역 언어논리(㉮ 책형)

기출 총평

전체적으로 난이도 중하에 해당하는 문항들이 다수 출제되었다. 사실적 이해 영역에서 정보 확인 유형의 문제들은 난도가 낮은 편이었지만 지문을 통해 '알 수 있는 것'을 고르는 것과 '알 수 없는 것'을 고르는 문제, 선지에서 정답을 찾는 유형과 〈보기〉에서 맞는 것을 모두 고르는 유형들이 혼재되어 있어 지시문을 잘 읽고 문제를 풀어야 했다. 또한 단어 하나를 바꿔서 함정을 만들거나 재진술의 방법으로 문장의 표현 방법을 바꿔서 새롭게 느껴지게 하는 선지들이 종종 있어서 주의가 필요했다. 특히 이번 회차에서는 빈칸 채우기 유형의 문항들이 어려운 편이었다. 빈칸에 들어갈 말을 찾는 유형이지만, 논리 게임 유형의 문제 풀이 과정을 요구하거나 매력적인 오답을 선지에 배치해 정답을 고르는 데에 시간이 소모되도록 하였다. 따라서 쉬운 문제들을 빨리 해결하고, 어려운 문제들에 조금 더 시간을 할애하는 방법으로 시간 안배를 해야 함을 알 수 있다. 논리 게임 유형의 문항들은 지문에서 정리해야 할 대상의 수나 조건의 수가 많아서 생각해야 할 경우의 수도 많았다. 이러한 경우에는 전체 관계도를 표로 그려서 확정할 수 있는 사실부터 표기한 후 도출할 수 있는 경우의 수를 모두 따져 봐야 실수를 하지 않고 정답을 찾을 수 있다. 지문에서 추론하기 유형의 경우에는 지문 자체의 내용이 어려워서 내용 이해에 시간이 많이 할애되었을 것으로 보인다. 그래서 지문의 예시를 최대한 활용해 선지를 해석하고, 무엇보다 지문과 관련된 내용이라도 논리적 비약이 있는 경우는 과감히 제함으로써 시간을 절약하는 전략의 구사가 시험의 성패를 좌우했을 것이다.

문항별 정답률 및 선지별 선택률

문번	정답	정답률(%)	선지별 선택률(%)				
			①	②	③	④	⑤
01	④	74.5	2.6	1.1	20.1	74.5	1.7
02	④	95.4	0.4	0.9	2.4	95.4	0.9
03	③	96.1	0.4	2.8	96.1	0.4	0.3
04	⑤	96.3	0.0	0.6	0.0	3.1	96.3
05	②	93.4	0.6	93.4	1.1	0.9	4.0
06	④	92.0	2.7	1.5	1.9	92.0	1.9
07	②	57.7	13.7	57.7	4.6	5.9	18.1
08	③	93.3	3.9	0.0	93.3	0.6	2.2
09	④	95.5	0.4	1.5	0.7	95.5	1.9
10	③	68.7	9.1	3.3	68.7	16.7	2.2
11	①	77.4	77.4	9.2	5.4	0.9	7.1
12	③	90.9	1.5	0.9	90.9	5.8	0.9
13	②	91.1	0.4	91.1	5.0	2.4	1.1

문번	정답	정답률(%)	선지별 선택률(%)				
			①	②	③	④	⑤
14	⑤	91.9	0.5	0.5	0.2	6.9	91.9
15	②	88.9	2.2	88.9	0.6	7.4	0.9
16	①	93.0	93.0	0.7	2.8	0.2	3.3
17	①	76.9	76.9	1.3	14.8	2.2	4.8
18	①	93.9	93.9	1.3	3.2	0.9	0.7
19	③	71.5	7.8	10.0	71.5	5.9	4.8
20	④	68.1	5.0	7.0	9.3	68.1	10.6
21	⑤	76.2	2.6	3.5	15.9	1.8	76.2
22	④	56.1	6.1	23.8	7.9	56.1	6.1
23	②	93.9	0.0	93.9	4.5	0.9	0.7
24	⑤	67.2	2.2	6.6	19.6	4.4	67.2
25	②	33.4	3.6	33.4	50.4	6.5	6.1

※ 파란색 음영 문항은 해당 회차에서 정답률이 가장 낮은 TOP 3 문항입니다.
※ 문항별 정답률 산정 기준: 약 1년간 누적된 자동채점 & 성적결과분석 서비스의 응시 데이터

출제 비중

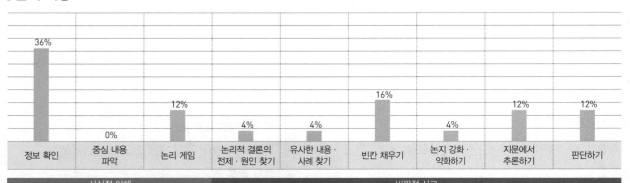

정보 확인	중심 내용 파악	논리 게임	논리적 결론의 전제·원인 찾기	유사한 내용·사례 찾기	빈칸 채우기	논지 강화·약화하기	지문에서 추론하기	판단하기
36%	0%	12%	4%	4%	16%	4%	12%	12%

사실적 이해 | 비판적 사고

01	④	02	④	03	③	04	⑤	05	②
06	④	07	②	08	③	09	④	10	②
11	①	12	③	13	②	14	⑤	15	②
16	①	17	①	18	②	19	③	20	④
21	⑤	22	④	23	②	24	⑤	25	②

01 ④

정답률 74.5%

|문제 유형| 비판적 사고 > 빈칸 채우기

|접근 전략| 지문의 내용 중 일부를 빈칸으로 만들어 빈칸에 들어갈 내용을 추론하도록 하는 문제 유형이다. 빈칸 앞의 '요컨대'라는 접속 부사를 통해 글 전체의 주장을 담고 있는 문장을 찾는 문제임을 알 수 있다. 즉, 글 전체의 논지를 찾아야 하는 문제이므로 지문을 읽을 때 글의 세부 내용에 대한 이해보다는 전체 논지를 파악하는 데 중점을 두어야 한다.

다음 글의 빈칸에 들어갈 진술로 가장 적절한 것은?

조선 후기에는 이앙법이 전국적으로 확산되었다. 이앙법을 수용하면 잡초 제거에 드는 시간과 노동력이 줄어든다. 상당수 역사학자들은 조선 후기 이앙법의 확대 수용 결과 광작(廣作)이 확산되고 상업적 농업 경영이 가능하게 되었다고 생각한다. 즉 한 사람이 경작할 수 있는 면적이 늘어남은 물론 많은 양의 다양한 농작물 수확이 가능하게 되어 판매까지 활성화되었다는 것이다. 그 결과 양반과 농민 가운데 다수의 부농이 나타나게 되었다고 주장한다. ▶1문단

그런데 A는 조선 후기에 다수의 양반이 광작을 통해 부농이 되었다는 주장을 근거가 없다고 비판한다. 그에 의하면 조선 전기에는 자녀 균분 상속이 일반적이었다. 그런데 균분 상속을 하게 되면 자식들이 소유하게 될 땅의 면적이 선대에 비해 줄어들게 된다. 이에 조선 후기 양반들은 가문의 경제력을 보전해야 한다고 생각해 대를 이을 장자에게만 전답을 상속해 주기 시작했고, 그 결과 장자를 제외한 사람들은 영세한 소작인으로 전락했다는 것이 그의 주장이다. ▶2문단

또한 A는 조선 후기의 대다수 농민은 소작인이었으며, 그나마 이들이 소작할 수 있는 땅도 적었다고 주장한다. 그는 반복된 자연재해로 전답의 상당수가 황폐해져 전체적으로 경작지가 줄어들었기 때문에 이앙법 확산의 효과를 기대하기 어려운 여건이었다고 하였다. 이런 여건에서 정부의 재정 지출 증가로 농민의 부세 부담 또한 늘어났고, 늘어난 부세를 부담하기 위해 한정된 경작지에 되도록 많은 작물을 경작하려 한 결과 집약적 농업이 성행하게 되었다고 보았다. 그런데 집약적으로 농사를 짓게 되면 농업 생산력이 높아질 리 없다는 것이 그의 주장이다. 가령 면화를 재배하면서도 동시에 다른 작물을 면화 사이에 심어 기르는 경우가 많았는데, 이렇듯 제한된 면적에 한꺼번에 많은 양의 작물을 재배하면 지력이 떨어지고 수확량은 줄어들어 자연히 시장에 농산물을 내다 팔 여력이 거의 없게 된다는 것이다. ▶3문단

요컨대 A의 주장은 [   ]는 것이다. ▶4문단

① 이앙법의 확산 효과는 시기별, 신분별로 다르게 나타났다 ➡ (X) 조선 후기 이앙법이 전국적으로 확산되었으나, 시기별, 신분별로 어떻게 확산 효과가 달랐는지는 지문에서 알 수 없다.

② 자녀 균분 상속제가 사라져 농작물 수확량이 급속히 감소하였다 ➡ (X) 지문에 자녀 균분 상속제의 폐지에 대한 언급은 없고, 다만 양반들이 장자에게만 전답을 상속하기 시작하면서 장자를 제외한 자들은 영세 소작인으로 전락하게 되었다는 것을 알 수 있다. 따라서 자녀 균분 상속제 폐지가 농작물 수확량에 어떠한 영향을 주었는지는 알 수 없다.

③ 집약적 농업이 성행하였기 때문에 이앙법의 확산을 기대하기 어려웠다 ➡ (X) 조선 후기에는 집약적 농업의 성행과 동시에 이앙법이 전국적으로 확대되었으므로 본 선지의 내용은 옳지 않다. 집약적 농업의 성행에 대한 언급은 3문단에, 이앙법의 전국적 확산에 대한 언급은 1문단에서 확인할 수 있다.

④ 조선 후기에는 양반이든 농민이든 부농으로 성장할 수 있는 가능성이 높지 않았다 ➡ (O) 2문단에서 A는 조선 후기에 다수의 양반이 광작을 통해 부농이 되었다는 주장을 근거가 없다며 비판하였고, 3문단에서는 소작인이 소작할 수 있는 땅도 적었으며 농민의 부세 부담 또한 늘어났다고 하였다. 따라서 A는 양반이든 농민이든 조선 후기 부농으로 성장할 수 있는 가능성이 높지 않았다는 점을 주장했다고 볼 수 있다.

⑤ 대다수 농민이 광작과 상업적 농업에 주력했음에도 불구하고 자연재해로 인해 생산력은 오히려 낮아졌다 ➡ (X) 1문단에서 상당수 역사학자들이 이앙법의 확대 수용 결과 광작이 확산되고 상업적 농업 경영이 가능하게 되었다고 생각했음을 알 수 있지만, 조선 후기 대다수 농민이 광작과 상업적 농업에 주력했는지의 여부는 지문에서 확인할 수 없다.

02 ④

정답률 95.4%

|문제 유형| 비판적 사고 > 판단하기

|접근 전략| 지문의 특정 부분의 내용을 전체 맥락에 맞지 않게 제시한 뒤 그 내용을 찾아 적절하게 수정할 수 있는지를 평가하는 문제 유형이다. 이러한 유형의 문제는 밑줄 친 부분의 내용이 전체 논지에 부합하는지와 앞뒤 문맥에 맞는지의 여부를 살펴 선지에 제시된 수정 내용의 적절성을 판단해야 한다.

다음 글의 ㉠~㉤에서 전체 흐름과 맞지 않는 한곳을 찾아 수정할 때, 가장 적절한 것은?

상업적 농업이란 전통적인 자급자족 형태의 농업과 달리 ㉠판매를 위해 경작하는 농업을 일컫는다. 농업이 상업화된다는 것은 산출할 수 있는 최대의 수익을 얻기 위해 경작이 이루어짐을 뜻한다. 이를 위해 쟁기질, 제초작업 등과 같은 생산 과정의 일부를 인간보다 효율이 높은 기계로 작업하게 되고, 농장에서 일하는 노동자도 다른 산업 분야처럼 경영상의 이유에 따라 쉽게 고용되고 해고된다. 이처럼 상업적 농업의 도입은 근대 사회의 상업화를 촉진한 측면이 있다. ▶1문단

홉스봄은 18세기 유럽에 상업적 농업이 도입되면서 일어난 몇 가지 변화에 주목했다. 중세 말기 장원의 해체로 인해 지주와 소작인 간의 인간적이었던 관계가 사라진 것처럼, ㉡농장주와 농장 노동자의 친밀하고 가까웠던 관계가 상업적 농업의 도입으로 인해 사라졌다. 토지는 삶의 터전이라기보다는 수익의 원천으로 여겨지게 되었고, 농장 노동자는 시세대로 고용되어 임금을 받는 존재로 변화하였다. 결국 대량 판매 시장을 위한 ㉢대규모 생산이 점점 더 강조되면서 기계가 인간을 대체하기 시작했다. ▶2문단

또한 상업적 농업의 도입은 중요한 사회적 결과를 가져왔다. 점차적으로 ㉣중간 계층으로의 수렴현상이 나타난 것이다. 저임금 구조의 고착화로 농장주와 농장 노동자 간의 소득 격차는 갈수록 벌어졌고, 농장 노동자의 처지는 위생과 복지의 양 측면에서 이전보다 더욱 열악해졌다. ▶3문단

나아가 상업화로 인해 그동안 호혜성의 원리가 적용되어왔던 대상들의 성격이 변화하였는데, 특히 돈과 관련된 것, 즉 재산권이 그러했다. 수익을 얻기 위한 토지 매매가 본격화되면서 ㉤재산권은 공유되기보다는 개별화되었다. 이에 따라 이전에 평등주의 가치관이 우세했던 일부 유럽 국가에서조차 자원의 불평등한 분배와 사회적 양극화가 심화되었다. ▶4문단

① ㉠을 "개인적인 소비를 위해 경작하는 농업"으로 고친다. ➡ (X) 자급자족 형태의 농업과 개인적인 소비를 위해 경작하는 농업은 그 뜻이 유사하다. ㉠은 이와 다르다고 했으므로 상업적 농업이 판매를 위해 경작하는 농업을 일컫는다는 설명이 적절하다.

② ㉡을 "농장주와 농장 노동자의 이질적이고 사용 관계에 가까웠던

관계"로 고친다. ➡ (X) 지주와 소작인 간의 인간적이었던 관계가 사라진 것처럼 ⓒ이 상업적 농업의 도입으로 사라졌다고 했으므로 ⓒ에는 인간적이었던 관계와 의미가 유사한 말이 들어가야 한다. 그러므로 ⓒ에는 '농장주와 농장 노동자의 친밀하고 가까웠던 관계'라는 말이 있어야 글의 전체 흐름에 맞는다.

③ ⓒ을 "기술적 전문성이 점점 더 강조되면서 인간이 기계를 대체"로 고친다. ➡ (X) ⓒ의 앞 문장에서 노동자는 시세대로 고용되어 임금을 받는 존재로 변화하였다고 했으므로 기계가 인간을 대체했다는 표현이 지문 전체의 흐름에 맞는다.

④ ⓔ을 "계급의 양극화가 나타난 것이다."로 고친다. ➡ (O) ⓔ의 뒷 문장에서 소득 격차가 갈수록 벌어졌다고 하였으므로 중간 계급으로 수렴했다는 설명은 옳지 않다. 계급의 양극화가 나타난 것이라는 설명이 ⓔ에 들어가는 것이 타당하므로 ⓔ은 본 선지에서 제시한 내용으로 수정해야 한다.

⑤ ⓜ을 "재산권이 개별화되기보다는 사회 구성원 내에서 공유되었다."로 고친다. ➡ (X) 자원의 불평등한 분배가 심화되고 수익을 얻기 위한 토지 매매가 본격화되었으므로 ⓜ에는 재산권이 개별화되었다는 내용이 들어가는 것이 타당하다.

03 ③

정답률 96.1%

| 문제 유형 | 사실적 이해 > 정보 확인

| 접근 전략 | 지문에 제시된 정보들을 제대로 이해하고 있는지를 묻는 문제 유형이다. 이와 같이 세부 내용의 적절성을 파악해야 하는 문제를 풀 때는 각각의 문장에 대한 정확한 해석이 필요하다. 특히 지문에서 언급된 내용들이 선지에서 유사 어구나 재진술 형태로 표현된다는 점에 유의하여 선지와 지문의 내용을 꼼꼼하게 비교해야 한다.

다음 글에서 알 수 있는 것은?

공동의 번영과 조화를 뜻하는 공화(共和)에서 비롯된 공화국이라는 용어는 국가라는 정치 공동체 전체를 위해 때로는 개인의 양보가 필요할 수 있음을 전제하고 있다는 점에서 사회적 공공성 개념과 연결된다. 이미 1919년 임시정부가 출범하면서 '민주공화국'이라는 표현이 등장하였고 헌법 제1조에도 '대한민국은 민주공화국'이라고 명시되어 있지만, 분단 이후 북한도 '공화국'이라는 용어를 사용함에 따라 한국에서는 이 용어의 사용이 기피되었다. 냉전 체제의 고착화로 인해 반공이 국시가 되면서 '공화국'보다는 오히려 '자유민주주의'라는 용어가 훨씬 더 널리 사용되었는데, 이때에도 민주주의보다는 자유가 강조되었다. ▶1문단

그런데 해방 이후 한국 사회에 널리 유포된 자유의 개념은 대체로 서구의 고전적 자유주의 전통에서 비롯된 것이다. 이 전통에서 보자면, 자유란 '국가의 강제에 대립하여 자신의 사유 재산권을 자기 마음대로 행사할 수 있는 것'을 의미한다. 이 같은 자유 개념에 기초하고 있는 자유민주주의에서는 개인의 자유를 강조할수록 사회적 공공성은 약화될 수밖에 없다. ▶2문단

자유민주주의가 1960년대 이후 급속히 팽배하기 시작한 개인주의와 결합하면서 사회적 공공성은 더욱 후퇴하였다. 이 시기 군사정권이 내세웠던 "잘 살아보세."라는 표어는 우리 공동체 전체가 다 함께 잘 사는 것이라기보다는 사실상 나 또는 내 가족만큼은 잘 살아보자는 개인적 욕망의 합리화를 의미했다. 그 결과 공동체 전체의 번영을 위한 사회 전반의 공공성이 강화되기보다는 사유 재산의 증대를 위해 국가의 간섭을 배제해야 한다는 논리가 강화되었던 것이다. ▶3문단

① 한국 사회에서 자유민주주의라는 용어는 공화국의 이념을 충실하게 수용한 것이다. ➡ (X) 1문단에서 반공이 국시가 되면서 공화국보다 오히려 자유민주주의라는 용어가 훨씬 더 널리 사용되었다고 한 것을 통해 자유민주주의라는 용어가 공화국이라는 용어와 어느 정도 대립되는 용어임을 알 수 있다.

② 임시정부에서 민주공화국이라는 용어를 사용한 것은 자유주의 전통에 따른 것이다. ➡ (X) 2문단에서 해방 이후 자유의 개념이 한국 사회에 널리 유포됐다고는 하였으나 임시정부에서 자유주의 전통에 따라 민주공화국이라는

용어를 사용했는지는 지문에서 알 수 없다.

③ 고전적 자유주의에서 비롯된 자유 개념을 강조할수록 사회적 공공성이 약화될 수 있다. ➡ (O) 2문단 마지막 문장에서 자유 개념에 기초하고 있는 자유민주주의에서는 개인의 자유를 강조할수록 사회적 공공성은 약화될 수밖에 없다고 하였다.

④ 반공이 국시가 된 이후 국가 공동체에 대한 충성을 강조한 결과 공공성에 대한 관심이 증대되었다. ➡ (X) 1~2문단에 따르면 반공이 국시가 되면서 자유민주주의라는 용어가 훨씬 더 널리 사용되었는데, 자유민주주의에서는 사회적 공공성이 약화될 수밖에 없다고 하였다.

⑤ 1960년대 이후 개인주의와 자유민주주의의 결합은 공동체 전체의 번영이라는 사회적 결과를 낳았다. ➡ (X) 3문단에서 자유민주주의가 1960년대 이후 급속히 팽배하기 시작한 개인주의와 결합하면서 사회적 공공성은 더욱 후퇴하였다고 하였다.

04 ⑤

정답률 96.3%

| 문제 유형 | 사실적 이해 > 정보 확인

| 접근 전략 | 정보 확인 문제는 난도가 높지 않으므로 문제 풀이 시간을 줄이는 데 주력해야 한다. 문제를 빠르게 풀기 위해서는 각 문단에 어떤 내용이 있는지 대략적으로 기억하는 것이 중요하다. 그렇지 않으면 지문을 다시 처음부터 읽어야 하기 때문이다. 따라서 선지를 먼저 확인하고 선지에서 언급된 내용이 지문에 나오면 기호, 밑줄 등으로 표시를 해 두는 것이 좋다.

다음 글에서 알 수 있는 것은?

구글의 디지털도서관은 출판된 모든 책을 디지털화하여 온라인을 통해 제공하는 프로젝트이다. 이는 전 세계 모든 정보를 취합하여 정리한다는 목표에 따라 진행되며, 이미 1,500만 권의 도서를 스캔하였다. 덕분에 셰익스피어 저작집 등 저작권 보호 기간이 지난 책들이 무료로 서비스되고 있다. ▶1문단

이에 대해 미국 출판업계가 소송을 제기하였고, 2008년에 구글이 1억 2,500만 달러를 출판업계에 지급하는 것으로 양자 간 합의안이 도출되었다. 그러나 연방법원은 이 합의안을 거부하였다. 디지털도서관은 많은 사람들에게 혜택을 줄 수 있지만, 이는 구글의 시장독점을 초래할 우려가 있으며, 저작권 침해의 소지도 있기에 저작권자도 소송에 참여하라고 주문하였다. ▶2문단

구글의 지식 통합 작업은 많은 이점을 가져오겠지만, 모든 지식을 한곳에 집중시키는 것이 옳은 방향인가에 대해서는 숙고가 필요하다. 문명사회를 지탱하고 있는 사회계약이란 시민과 국가 간의 책임과 권리에 관한 암묵적 동의이며, 집단과 구성원 간, 또는 개인 간의 계약을 의미한다. 이러한 계약을 위해서는 쌍방이 서로에 대해 비슷한 정도의 지식을 가지고 있어야 한다는 전제조건이 충족되어야 한다. 그런데 지식 통합 작업을 통한 지식의 독점은 한쪽 편이 상대방보다 훨씬 많은 지식을 가지는 지식의 비대칭성을 강화한다. 따라서 사회계약의 토대 자체가 무너질 수 있다. 또한 지식 통합 작업은 지식을 수집하여 독자들에게 제공하고자 하는 것이지만, 더 나아가면 지식의 수집뿐만 아니라 선별하고 배치하는 편집 권한까지 포함하게 된다. 이에 따라 사람들이 알아도 될 것과 그렇지 않은 것을 결정하는 막강한 권력을 구글이 갖게 되는 상황이 초래될 수 있다. ▶3문단

① 구글과 저작권자의 갈등은 소송을 통해 해결되었다. ➡ (X) 2문단에 따르면 미국 출판업계가 소송을 제기해 미국 출판업계와 구글 간 합의안이 도출되었으나 연방법원이 이 합의안을 거부하고 저작권자도 소송에 참여하라고 주문했으므로 구글과 저작권자의 갈등은 소송을 통해 해결되지 못하였다.

② 구글의 지식 통합 작업은 사회계약의 전제조건을 더 공고하게 할 것이다. ➡ (X) 3문단에서 구글의 지식 통합 작업을 통한 지식의 독점은 지식의 비대칭성을 강화하여 사회계약의 토대 자체를 무너뜨릴 수 있다고 하였다.

③ 구글의 지식 통합 작업은 독자들과 구글 사이에 평등한 권력 관계를 확대할 것이다. ➡ (X) 3문단에서 구글의 지식 통합 작업을 통한 지식의 독

점은 지식의 비대칭성을 강화하여 구글이 막강한 권력을 갖게 되는 상황이 초래될 수 있다고 하였다.

④ 구글의 디지털도서관은 지금까지 스캔한 1,500만 권의 책을 무료로 서비스하고 있다. ➡ (X) 1문단에서 저작권 보호 기간이 지난 책들이 무료로 서비스되고 있다고 언급되어 있지만 구글의 디지털도서관이 지금까지 스캔한 1,500만 권의 책 모두를 무료로 서비스하고 있는지는 알 수 없다.

⑤ 구글의 지식 통합 작업은 지식의 수집에서 편집권을 포함하는 것까지 확대될 수 있다. ➡ (O) 3문단에서 구글의 지식 통합 작업은 지식의 수집에서 더 나아가 지식을 선별하고 배치하는 편집 권한까지 포함하게 된다고 하였다.

05 ②
정답률 93.4%

| **문제 유형** | 사실적 이해 > 정보 확인
| **접근 전략** | 지문 내용과 선지 내용의 일치, 불일치 여부를 확인하는 문제 유형이다. '타자'와 같은 어려운 말로 포장하더라도 핵심은 변하지 않으므로 포장에 겁먹지 말고 차분히 지문을 읽고 문제를 풀어 나가야 한다. 지문과 선지를 직접 대조하면서 세부 내용이 정확하게 서술되었는지 확인하면 어렵지 않게 정답을 찾을 수 있다.

다음 글에서 알 수 있는 것은?

체험사업을 운영하는 이들은 아이들에게 다양한 직업의 현장과 삶의 실상, 즉 현실을 체험하게 해 준다고 홍보한다. 직접 겪지 못하는 현실을 잠시나마 체험함으로써 미래에 더 좋은 선택을 할 수 있게 한다는 것이다. 체험은 생산자에게는 홍보와 돈벌이 수단이 되고, 소비자에게는 교육의 연장이자 주말 나들이 거리가 된다. 이런 필요와 전략이 맞물려 체험사업이 번성한다. 그러나 이때의 현실은 체험하는 사람의 필요와 여건에 맞추어 미리 짜놓은 현실, 치밀하게 계산된 현실이다. 다른 말로 하면 가상현실이다. 아이들의 상황을 고려해서 눈앞에 보일 만한 것, 손에 닿을 만한 것, 짧은 시간에 마칠 수 있는 것을 잘 계산해서 마련해 놓은 맞춤형 가상현실인 것이다. 눈에 보이지 않는 구조, 손에 닿지 않는 제도, 장기간 반복되는 일상은 체험행사에서는 제공될 수 없다. ▶1문단

여기서 주목해야 할 것은 경험과 체험의 차이이다. 경험은 타자와의 만남이다. 반면 체험 속에서 인간은 언제나 자기 자신만을 볼 뿐이다. 타자들로 가득한 현실을 경험함으로써 인간은 스스로 변화하는 동시에 현실을 변화시킬 동력을 얻는다. 이와 달리 가상현실에서는 그것을 체험하고 있는 자신을 재확인하는 것으로 귀결되기 마련이다. 경험 대신 체험을 제공하는 가상현실은 실제와 가상의 경계를 모호하게 할 뿐만 아니라 우리를 현실에 순응하도록 이끈다. 요즘 미래 기술로 각광받는 디지털 가상현실 기술은 경험을 체험으로 대체하려는 오랜 시도의 결정판이다. 버튼 하나만 누르면 3차원으로 재현된 세계가 바로 앞에 펼쳐진다. 한층 빠르고 정교한 계산으로 구현한 가상현실은 우리에게 필요한 모든 것을 눈앞에서 체험할 수 있는 본격 체험사회를 예고하는 것만 같다. ▶2문단

① 체험사업은 장기간의 반복적 일상을 가상현실을 통해 경험하도록 해 준다. ➡ (X) 1문단 마지막 문장에 따르면 장기간 반복되는 일상은 체험행사에서 제공될 수 없다.

② 현실을 변화시킬 수 있는 동력은 체험이 아닌 현실을 경험함으로써 얻게 된다. ➡ (O) 2문단에 따르면 타자들로 가득한 현실을 경험함으로써 인간은 스스로 변화하는 동시에 현실을 변화시킬 동력을 얻는다.

③ 가상현실은 실제와 가상 세계의 경계를 구분하여 자기 자신을 체험할 수 없도록 한다. ➡ (X) 2문단에 따르면 가상현실은 실제와 가상의 경계를 모호하게 하며, 가상현실에서는 그것을 체험하고 있는 자신을 재확인하는 것으로 귀결된다.

④ 체험사업은 아이들에게 타자와의 만남을 경험하게 해 줌으로써 경제적 이윤을 얻고 있다. ➡ (X) 2문단에서 체험 속에서 인간은 언제나 자기 자신만을 볼 뿐이라고 한 것을 통해 체험사업은 타자와의 만남을 경험하게 해 주는

것이 아님을 알 수 있다.

⑤ 디지털 가상현실 기술은 아이들에게 현실을 경험하게 함으로써 미래에 더 좋은 선택을 하도록 돕는다. ➡ (X) 2문단에 따르면 디지털 가상현실 기술은 경험을 체험으로 대체하려는 오랜 시도의 결정판이다.

06 ④
정답률 92.0%

| **문제 유형** | 사실적 이해 > 정보 확인
| **접근 전략** | 정보 확인 문제 유형 중 글의 내용을 통해 알 수 없는 것을 찾아 고르는 문제이다. 앞선 문항들에서 계속 지문을 통해 알 수 있는 것만 연달아 묻다가 알 수 없는 것을 물어 헷갈릴 수 있으니 문제를 풀기 전에 꼭 발문의 '없는' 부분에 밑줄을 긋거나 동그라미를 그리는 등의 표시를 해 두는 것이 좋다.

다음 글에서 알 수 없는 것은?

고대에는 별이 뜨고 지는 것을 통해 방위를 파악했다. 최근까지 서태평양 캐롤라인 제도의 주민은 현대식 항해 장치 없이도 방위를 파악하여 카누 하나만으로 드넓은 열대 바다를 항해하였다. 인류학자들에 따르면, 그들은 별을 나침반처럼 이용하여 여러 섬을 찾아다녔고 이때의 방위는 북쪽의 북극성, 남쪽의 남십자성, 그 밖에 특별히 선정한 별이 뜨고 지는 것에 따라 정해졌다. ▶1문단

캐롤라인 제도는 적도의 북쪽에 있어서 그 주민들은 북쪽 수평선의 바로 위쪽에서 북극성을 볼 수 있다. 북극성은 천구의 북극점으로부터 매우 가까운 거리에서 작은 원을 그리며 공전한다. 천구의 북극점은 지구 자전축의 북쪽 연장선상에 있기 때문에 천구의 북극점에 있는 별은 공전을 하지 않고 정지된 것처럼 보인다. 이처럼 천구의 북극점에 있는 별을 제외하고 북극성을 포함한 별이 천구의 북극점을 중심으로 공전하는 것처럼 보이는 것은 지구가 자전하기 때문이다. ▶2문단

캐롤라인 제도의 주민이 북쪽을 찾기 위해 이용했던 북극성은 자기(磁氣) 나침반보다 더 정확하게 천구의 북극점을 가리킨다. 이는 나침반의 바늘이 지구의 자전축으로부터 거리가 멀리 떨어져 있는 지구자기의 북극점을 향하기 때문이다. 또한 천구의 남극점 근처에서 쉽게 관측할 수 있는 고정된 별은 없으므로 캐롤라인 제도의 주민은 남극점 자체를 볼 수 없다. 그러나 남십자성이 천구의 남극점 주위를 돌고 있으므로 남쪽을 파악하는 데는 큰 어려움이 없다. ▶3문단

① 고대에 사용되었던 방위 파악 방법 중에는 최근까지 이용된 것도 있다. ➡ (O) 1문단에서 고대에는 별이 뜨고 지는 것을 통해 방위를 파악했는데 최근까지 서태평양 캐롤라인 제도의 주민은 별을 나침반처럼 이용해 바다를 항해했다고 하였다. 이를 통해 고대에 사용되었던 별을 통한 방위 파악 방법이 최근까지 이용되었음을 알 수 있다.

② 캐롤라인 제도의 주민은 밤하늘에 있는 남십자성을 이용하여 남쪽을 알아낼 수 있었다. ➡ (O) 3문단 마지막 문장에서 남십자성이 천구의 남극점 주위를 돌고 있기 때문에 캐롤라인 제도의 주민이 남쪽을 파악하는 데 큰 어려움이 없다고 한 것을 통해 알 수 있다.

③ 지구 자전축의 연장선상에 별이 있다면, 밤하늘을 보았을 때 그 별은 정지된 것처럼 보인다. ➡ (O) 2문단에서 천구의 북극점은 지구 자전축의 북쪽 연장선상에 있기 때문에 정지된 것처럼 보인다고 한 것을 통해 알 수 있다.

④ 자기 나침반을 이용하면 북극성을 이용할 때보다 더 정확히 천구의 북극점을 찾을 수 있다. ➡ (X) 3문단에서 캐롤라인 제도의 주민이 북쪽을 찾기 위해 이용했던 북극성은 자기 나침반보다 더 정확하게 천구의 북극점을 가리킨다고 하였으므로, 이 선지의 진술은 옳다.

⑤ 캐롤라인 제도의 주민이 관찰한 별이 천구의 북극점을 중심으로 공전하는 것처럼 보이는 이유는 지구가 자전하기 때문이다. ➡ (O) 2문단에서 북극성을 포함한 별이 천구의 북극점을 중심으로 공전하는 것처럼 보이는 것은 지구가 자전하기 때문이라고 한 것을 통해 알 수 있다.

07 ②

TOP 3 정답률 57.7%

	ⓐ	ⓑ	
①	ㄱ	ㄷ	➡ (X)
②	ㄱ	ㅁ	➡ (O)
③	ㄴ	ㄷ	➡ (X)
④	ㄴ	ㄹ	➡ (X)
⑤	ㄴ	ㅁ	➡ (X)

| **문제 유형** | 비판적 사고 > 빈칸 채우기

| **접근 전략** | 지문의 빈칸에 들어갈 내용을 찾는 문제 유형이다. 본 문제는 과학 소재이면서 논리학 지식을 요하는 문제이다. 논리학 지식 문제를 대비하기 위해서는 평소에 논리학의 기본 개념을 학습하고 전제와 결론을 찾는 연습을 열심히 해 두어야 한다. 특히 전제를 찾는 문제는 제시된 논증을 통해 말하고자 하는 바가 무엇인지 파악하고 논증의 앞뒤 맥락을 파악해 해결해야 한다.

다음 글의 ⓐ와 ⓑ에 들어갈 말을 〈보기〉에서 골라 적절하게 나열한 것은?

갈릴레오는 망원경으로 목성을 항상 따라다니는 네 개의 위성을 관찰하였다. 이 관찰 결과는 지동설을 지지해 줄 수 있는 것이었다. 당시 지동설에 대한 반대 논증 중 하나는 다음과 같은 타당한 논증이었다.

(가) ___ⓐ___.

(나) 달은 지구를 항상 따라다닌다.

따라서 (다) 지구는 공전하지 않는다. ▶1문단

갈릴레오의 관찰 결과는 이 논증의 (가)를 반박할 수 있는 것이었다. 왜냐하면 목성이 공전한다는 것은 당시 천동설 학자들도 받아들이고 있었고 그의 관찰로 인해 위성들이 공전하는 목성을 따라다닌다는 것이 밝혀지는 셈이기 때문이다. 그런데 문제는 당시의 학자들이 망원경을 통한 관찰을 신뢰하지 않는다는 데 있었다. 당시 학자들 대부분은 육안을 통한 관찰로만 실제 존재를 파악할 수 있다고 믿었다. 따라서 갈릴레오는 망원경을 통한 관찰이 육안을 통한 관찰만큼 신뢰할 만하다는 것을 입증해야 했다. 이를 보이기 위해 그는 '빛 번짐 현상'을 활용하였다. ▶2문단

빛 번짐 현상이란, 멀리 떨어져 있는 작고 밝은 광원을 어두운 배경에서 볼 때 실제 크기보다 광원이 크게 보이는 현상이다. 육안으로 금성을 관찰할 경우, 금성이 주변 환경에 비해 더 밝게 보이는 밤에 관찰하는 것보다 낮에 관찰하는 것이 더 정확하다. 그런데 낮에 관찰한 결과는 연중 금성의 외견상 크기가 변한다는 것을 보여 준다. ▶3문단

그렇다면 망원경을 통한 관찰이 신뢰할 만하다는 것은 어떻게 보일 수 있었을까? 갈릴레오는 밤에 금성을 관찰할 때 망원경을 사용하면 빛 번짐 현상을 없앨 수 있다는 것을 강조하면서 다음과 같은 논증을 펼쳤다.

(라) ___ⓑ___ 면, 망원경에 의한 관찰 자료를 신뢰할 수 있다.

(마) ___ⓑ___.

따라서 (바) 망원경에 의한 관찰 자료를 신뢰할 수 있다.

결국 갈릴레오는 (마)를 입증함으로써, (바)를 보일 수 있었다. ▶4문단

〈보기〉

ㄱ. 지구가 공전한다면, 달은 지구를 따라다니지 못한다 → (O) ⓐ와 (나)를 통해 (다)를 도출해야 하는데 ㄱ은 ∼(다) → ∼(나)이다. ㄱ의 대우는 (나) → (다)이므로 (나)를 통해 (다)를 도출할 수 있다. 따라서 ⓐ에는 ㄱ이 들어가야 한다.

ㄴ. 달이 지구를 따라다니지 못한다면, 지구는 공전한다 → (X)

ㄷ. 낮에 망원경을 통해 본 금성의 크기 변화와 낮에 육안으로 관찰한 금성의 크기 변화가 유사하다 → (X)

ㄹ. 낮에 망원경을 통해 본 금성의 크기 변화와 밤에 망원경을 통해 본 금성의 크기 변화가 유사하다 → (X)

ㅁ. 낮에 육안으로 관찰한 금성의 크기 변화와 밤에 망원경을 통해 본 금성의 크기 변화가 유사하다 → (O) 갈릴레오는 밤에 망원경을 사용하면 빛 번짐 현상이 나타나지 않음을 보이려 했다. 빛 번짐 현상은 멀리 떨어져 있는 작고 밝은 광원을 어두운 배경에서 볼 때 실제 크기보다 광원이 크게 보이는 것이므로 야간에 나타남을 알 수 있다. 그런데 주간에 육안으로 본 것과 야간에 망원경을 통해 본 것의 크기 변화가 유사하면 빛 번짐 현상이 없는 것이 입증된다. 따라서 ⓑ에는 ㅁ이 들어가야 한다.

08 ③

정답률 93.3%

| **문제 유형** | 비판적 사고 > 판단하기

| **접근 전략** | 철학 분야의 지문을 제시하고 지문의 내용을 올바르게 분석한 내용을 〈보기〉에서 찾아 고르는 문제 유형이다. 지문에 어려운 개념이 나오지만 예시와 설명이 풍부하게 주어지는 경우 선지 내용은 대부분 예시와 설명에 기반해 제시되기 때문에 예시와 설명만 제대로 이해해도 문제를 어렵지 않게 풀 수 있다.

다음 글에 대한 분석으로 적절한 것만을 〈보기〉에서 모두 고르면?

우리는 흔히 행위를 윤리적 관점에서 '해야 하는 행위'와 '하지 말아야 하는 행위'로 구분한다. 그리고 전자에는 '윤리적으로 옳음'이라는 가치 속성을, 후자에는 '윤리적으로 그름'이라는 가치 속성을 부여한다. 그런데 윤리적 담론의 대상이 되는 행위 중에는 윤리적으로 권장되는 행위나 윤리적으로 허용되는 행위도 존재한다. ▶1문단

윤리적으로 권장되는 행위는 자선을 베푸는 것과 같이 윤리적인 의무는 아니지만 윤리적으로 바람직하다고 판단되는 행위를 의미한다. 이와 달리 윤리적으로 허용되는 행위는 윤리적으로 그르지 않으면서 정당화 가능한 행위를 의미한다. 예를 들어, 응급환자를 태우고 병원 응급실로 달려가던 중 신호를 위반하고 질주하는 행위는 맥락에 따라 윤리적으로 정당화 가능한 행위라고 판단될 것이다. 우리가 윤리적으로 권장되는 행위나 윤리적으로 허용되는 행위에 대해 옳음이나 그름이라는 윤리적 가치 속성을 부여한다면, 이 행위들에는 윤리적으로 옳음이라는 속성이 부여될 것이다. ▶2문단

이런 점에서 '윤리적으로 옳음'이란 윤리적으로 해야 하는 행위, 권장되는 행위, 허용되는 행위 모두에 적용되는 매우 포괄적인 용어임에 유의할 필요가 있다. '윤리적으로 옳은 행위가 무엇인가?'라는 질문에 답할 때, 이러한 포괄성을 염두에 두지 않고, 윤리적으로 해야 하는 행위, 즉 적극적인 윤리적 의무에 대해서만 주목하는 경향이 있다. 하지만 구체적인 행위에 대해 '윤리적으로 옳은가?'라는 질문을 할 때에는 위와 같은 분류를 바탕으로 해당 행위가 해야 하는 행위인지, 권장되는 행위인지, 혹은 허용되는 행위인지 따져볼 필요가 있다. ▶3문단

〈보기〉

ㄱ. 어떤 행위는 그 행위가 이루어진 맥락에 따라 윤리적으로 허용되는지의 여부가 결정된다. → (O) 2문단에서 신호를 위반하고 질주하는 행위를 맥락에 따라 윤리적으로 정당화 가능한 행위라고 판단하고 있다. 이를 통해 어떤 행위는 그 행위가 이루어진 맥락에 의해 윤리적으로 허용되는지 여부가 결정된다고 볼 수 있다.

ㄴ. '윤리적으로 옳은 행위가 무엇인가?'라는 질문에 답하기 위해서는 적극적인 윤리적 의무에만 주목해야 한다. → (X) 3문단에서 적극적인 윤리적 의무에 대해서만 주목하는 경향을 비판하고 구체적인 행위에 대해 해당 행위가 해야 하는 행위인지, 권장되는 행위인지, 허용되는 행위인지를 따져볼 필요가 있다고 하였다.

ㄷ. 윤리적으로 권장되는 행위와 윤리적으로 허용되는 행위에 대해서는 윤리적으로 옳음이라는 가치 속성이 부여될 수 있다. → (O) 3문단에서 윤리적으로 옳음이라는 가치 속성은 윤리적으로 권장되는 행위, 허용되는 행위 모두에 적용될 수 있다고 하였다.

① ㄱ ➡ (X)

② ㄴ ➡ (X)

③ ㄱ, ㄷ ➡ (O)

④ ㄴ, ㄷ ➡ (X)

⑤ ㄱ, ㄴ, ㄷ ➡ (X)

09 ④

| 문제 유형 | 비판적 사고 > 지문에서 추론하기

| 접근 전략 | 추론 문제 유형이지만 지문에 나오는 내용 그대로 선지를 구성한 쉬운 문제이다. 풀이 시간이 많이 소요되는 고난도 문제에 대비해 이런 문제에서 시간을 절약해야 한다.

다음 글에서 추론할 수 없는 것은?

동물의 행동을 선하다거나 악하다고 평가할 수 없는 이유는 동물이 단지 본능적 욕구에 따라 행동할 뿐이기 때문이다. 오직 인간만이 욕구와 감정에 맞서서 행동할 수 있다. 인간만이 이성을 가지고 있다. 그러나 인간이 전적으로 이성적인 존재는 아니다. 다른 동물과 마찬가지로 인간 또한 감정과 욕구를 가진 존재다. 그래서 인간은 이성과 감정의 갈등을 겪게 된다. ▶1문단

그러한 갈등에도 불구하고 인간이 도덕적 행위를 할 수 있는 까닭은 이성이 우리에게 도덕적인 명령을 내리기 때문이다. 도덕적 명령에 따를 때에야 비로소 우리는 의무에서 비롯된 행위를 한 것이다. 만약 어떤 행위가 이성의 명령에 따른 것이 아닐 경우 그것이 결과적으로 의무와 부합할지라도 의무에서 나온 행위는 아니다. 의무에서 나온 행위가 아니라면 심리적 성향에서 비롯된 행위가 되는데, 심리적 성향에서 비롯된 행위는 도덕성과 무관하다. 불쌍한 사람을 보고 마음이 아파서 도움을 주었다면 이는 결국 심리적 성향에 따라 행동한 것이다. 그것은 감정과 욕구에 따른 것이기 때문에 도덕적 행위일 수가 없다. ▶2문단

감정이나 욕구와 같은 심리적 성향에 따른 행위가 도덕적일 수 없는 또 다른 이유는, 그것이 상대적이기 때문이다. 감정이나 욕구는 주관적이어서 사람마다 다르며, 같은 사람이라도 상황에 따라 변하기 마련이다. 때문에 이는 시공간을 넘어 모든 인간에게 적용될 수 있는 보편적인 도덕의 원리가 될 수 없다. 감정이나 욕구가 어떠하든지 간에 이성의 명령에 따르는 것이 도덕이다. 이러한 입장이 사랑이나 연민과 같은 감정에서 나온 행위를 인정하지 않는다거나 가치가 없다고 평가하는 것은 아니다. 단지 사랑이나 연민은 도덕적 차원의 문제가 아닐 뿐이다. ▶3문단

① 동물의 행위는 도덕적 평가의 대상이 아니다. ➡ (O) 1문단에서 본능적 욕구에 따른 동물의 행동은 선하다거나 악하다고 평가할 수 없다고 하였다.

② 감정이나 욕구는 보편적인 도덕의 원리가 될 수 없다. ➡ (O) 3문단에 따르면 감정이나 욕구는 주관적이어서 사람마다 다르며 같은 사람이라도 상황에 따라 변하기 마련이므로 시공간을 넘어 모든 인간에게 적용될 수 있는 보편적인 도덕의 원리가 될 수 없다.

③ 심리적 성향에서 비롯된 행위는 도덕적 행위일 수 없다. ➡ (O) 2문단에서 의무에서 나온 행위가 아니라면 심리적 성향에서 비롯된 행위가 되는데 심리적 성향에서 비롯된 행위는 도덕성과 무관하다고 하였다.

④ 이성의 명령에 따른 행위가 심리적 성향에 따른 행위와 일치하는 경우는 없다. ➡ (X) 2문단에서 이성의 명령에 따른 의무에서 비롯된 행위가 아닌, 즉 심리적 성향에 따른 행위이지만 결과적으로 의무와 부합할 수 있다고 한 것을 통해 이성의 명령에 따른 행위와 심리적 성향에 따른 행위가 일치할 수도 있음을 알 수 있다.

⑤ 인간의 행위 중에는 심리적 성향에서 비롯된 것도 있고 의무에서 나온 것도 있다. ➡ (O) 2문단에서 이성이 내린 도덕적 명령에 따를 때 인간은 의무에서 비롯된 행위를 한 것이며, 의무에서 나온 행위가 아니라면 심리적 성향에서 비롯된 행위가 된다고 하였다.

10 ③

| 문제 유형 | 사실적 이해 > 논리 게임

| 접근 전략 | 난도가 높은 논리 게임 문제이다. 지문 내용에 조건들이 섞여 있는 경우 제시된 조건들과 그 조건들의 관계를 파악하기 좋게 정리하는 것이 문제 해결의 관건이 된다. 그리고 이런 문제가 출제될 것에 대비해 쉬운 문제, 즉 정보 확인 유형의 문제를 2분 이내에 풀 수 있도록 연습을 하여 전체적인 풀이 시간을 단축하는 전략이 필요하다.

다음 글의 내용이 참일 때, 최종 선정되는 단체는?

○○부는 우수 문화예술 단체 A, B, C, D, E 중 한 곳을 선정하여 지원하려 한다. ○○부의 금번 선정 방침은 다음 두 가지이다. 첫째, 어떤 형태로든 지원을 받고 있는 단체는 최종 후보가 될 수 없다. 둘째, 최종 선정 시 올림픽 관련 단체를 엔터테인먼트 사업(드라마, 영화, K-pop) 단체보다 우선한다. ▶1문단

A 단체는 자유무역협정을 체결한 갑국에 드라마 콘텐츠를 수출하고 있지만 올림픽과 관련된 사업은 하지 않는다. B는 올림픽의 개막식 행사를, C는 폐막식 행사를 각각 주관하는 단체다. E는 오랫동안 한국 음식문화를 세계에 보급해 온 단체다. A와 C 중 적어도 한 단체가 최종 후보가 되지 못한다면, 대신 B와 E 중 적어도 한 단체는 최종 후보가 된다. 반면 게임 개발로 각광을 받은 단체인 D가 최종 후보가 된다면, 한국과 자유무역협정을 체결한 국가와 교역을 하는 단체는 모두 최종 후보가 될 수 없다. 후보 단체들 중 가장 적은 부가가치를 창출한 단체는 최종 후보가 될 수 없고, 최종 선정은 최종 후보가 된 단체 중에서만 이루어진다. ▶2문단

○○부의 조사 결과, 올림픽의 개막식 행사를 주관하는 모든 단체는 이미 □□부로부터 지원을 받고 있다. 그리고 위 문화예술 단체 가운데 한국 음식 문화 보급과 관련된 단체의 부가가치 창출이 가장 저조하였다. ▶3문단

→ 지문을 정리하면 다음과 같다.

• B는 올림픽 개막식 행사를 주관하는데, 3문단에 따르면 올림픽의 개막식 행사를 주관하는 단체는 지원을 받고 있다. 1문단에서 언급한 첫째 조건에 따라 어떤 형태로든 지원을 받고 있는 단체는 최종 후보가 될 수 없으므로 B는 최종 후보가 되지 못한다.

• E는 한국 음식문화를 세계에 보급해 온 단체인데 3문단에 따르면 한국 음식문화 보급과 관련된 단체의 부가가치 창출이 가장 저조하였다. 2문단 마지막 문장에서 가장 적은 부가가치를 창출한 단체는 최종 후보가 될 수 없다고 하였으므로 E는 최종 후보가 될 수 없다.

• 'A와 C 중 적어도 한 단체가 최종 후보가 되지 못한다면 B와 E 중 적어도 한 단체는 최종 후보가 된다.'의 대우는 'B, E가 모두 최종 후보가 되지 못한다면 A, C 둘이 최종 후보가 된다.'는 것이다. 따라서 A와 C가 최종 후보가 된다. 한국과 자유무역협정을 체결한 국가와 교역을 하는 단체인 A단체가 최종 후보가 되었으므로 2문단의 내용에 따라 D는 최종 후보가 되지 못한다.

• 따라서 1문단에서 제시한 둘째 조건에 따라 올림픽 관련 단체인 C가 최종 선정된다.

① A ➡ (X)

② B ➡ (X)

③ C ➡ (O)

④ D ➡ (X)

⑤ E ➡ (X)

11 ①

| 문제 유형 | 사실적 이해 > 정보 확인

| 접근 전략 | 지문과 선지를 일일이 대조해서 풀어야 하는 정보 확인 유형의 문제이다. 정보 확인 유형의 문제를 풀 때 첫 번째 선지가 정답이라면 선지 전체에 대한 옳고 그름을 확인하지 말고 과감히 넘어가야 한다. 시간을 아낄 수 있는 절호의 기회를 놓치면 안 되기 때문이다.

2018 제1영역 언어논리 • 299

다음 글에서 알 수 있는 것은?

불교가 삼국에 전래될 때 대개 불경과 불상 그리고 사리가 들어왔다. 이에 예불을 올리고 불상과 사리를 모실 공간으로 사찰이 건립되었다. 불교가 전래된 초기에는 불상보다는 석가모니의 진신사리를 모시는 탑이 예배의 중심이 되었다. ▶1문단

불교에서 전하기를, 석가모니가 보리수 아래에서 열반에 든 후 화장(火葬)을 하자 여덟 말의 사리가 나왔다고 한다. 이것이 진신사리이며 이를 모시는 공간이 탑이다. 탑은 석가모니의 분신을 모신 곳으로 간주되어 사찰의 중심에 놓였다. 그러나 진신사리는 그 수가 한정되어 있었기 때문에 삼국시대 말기에는 사리를 대신하여 작은 불상이나 불경을 모셨다. 이제 탑은 석가모니의 분신을 모신 곳이 아니라 사찰의 상징적 건축물로 그 의미가 변했고, 예배의 중심은 탑에서 불상을 모신 금당으로 자연스럽게 옮겨 갔다. ▶2문단

삼국시대 사찰은 탑을 중심으로 하고 그 주위를 회랑*으로 두른 다음 부속 건물들을 정연한 비례에 의해 좌우 대칭으로 배치하는 구성을 보였다. 그리하여 이 시기 사찰에서는 기본적으로 남문·중문·탑·금당·강당·승방 등이 남북으로 일직선상에 놓였다. 그리고 반드시 중문과 강당 사이를 회랑으로 연결하여 탑을 감쌌다. 동서양을 막론하고 모든 고대국가의 신전에는 이러한 회랑이 공통적으로 보이는데, 이는 신전이 성역임을 나타내기 위한 건축적 장치가 회랑이기 때문이다. 특히 삼국시대 사찰은 후대의 산사와 달리 도심 속 평지 사찰이었기 때문에 회랑이 필수적이었다. ▶3문단

※ 회랑: 종교 건축이나 궁궐 등에서 중요 부분을 둘러싸고 있는 지붕 달린 복도

① 삼국시대의 사찰에서 탑은 중문과 강당 사이에 위치한다. ➡ (O)
3문단에서 삼국시대의 사찰에서는 기본적으로 남문, 중문, 탑, 금당, 강당, 승방 등이 남북으로 일직선상에 놓였다고 하였다. 따라서 탑은 중문과 강당 사이에 놓임을 알 수 있다.

② 진신사리를 모시는 곳은 탑에서 금당의 불상으로 바뀌었다. ➡ (X)
2문단에서 진신사리의 수가 한정되어 있어 사리 대신 불상이나 불경을 모시게 되었다고 하였을 뿐, 진신사리를 모시는 곳이 탑에서 불상으로 바뀐 것은 아니다.

③ 삼국시대 말기에는 진신사리가 부족하여 탑 안을 비워 두었다. ➡ (X) 2문단에서 진신사리가 부족해 삼국시대 말기에는 탑에 사리를 대신하여 작은 불상이나 불경을 모셨다고 하였다.

④ 삼국시대 이후에는 평지 사찰과 산사를 막론하고 회랑을 세우지 않았다. ➡ (X) 3문단에서 삼국시대의 사찰이 후대의 산사와 달리 회랑이 필수적이었다고 한 것만으로 삼국시대 이후에는 회랑을 세우지 않았다고 단정할 수 없다.

⑤ 탑을 사찰의 중심에 세웠던 것은 사찰이 성역임을 나타내기 위해서였다. ➡ (X) 2문단에서 탑은 석가모니의 분신을 모신 곳으로 간주되어 사찰의 중심에 놓였다고 하였다. 사찰이 성역임을 나타내기 위한 장치는 회랑이었다.

---

12 ③

정답률 90.9%

|문제 유형| 비판적 사고 > 논리적 결론의 전제·원인 찾기
|접근 전략| 논리적 흐름에 따라 적절하게 문단을 배열한 선지를 고르는 문제 유형이다. 문단 배열 문제를 풀 때는 먼저 각 문단의 중심 내용을 요약해야 한다. 그런 다음 중심 소재에 관해 개괄적으로 다루고 있는 문단을 앞에 두고 구체적이고 세부적인 내용을 다루고 있는 문단을 뒤에 두면서 정답을 찾는 것이 효과적이다. 이때 접속어로 시작하는 문단이 있다면 그 기능에 주목하여 문단 순서를 배열해야 한다.

다음 글의 내용 흐름상 가장 적절한 문단 배열의 순서는?

(가) 회전문의 축은 중심에 있다. 축을 중심으로 통상 네 짝의 문이 계속 돌게 되어 있다. 마치 계속 열려 있는 듯한 착각을 일으키지만, 사실은 네 짝의 문이 계속 안 또는 밖을 차단하도록 만든 것이다. 실질적으로는 열려 있는 순간 없이 계속 닫혀 있는 셈이다.

(나) 문은 열림과 닫힘을 위해 존재한다. 이 본연의 기능을 하지 못한다는 점에서 계속 닫혀 있는 문이 무의미하듯이, 계속 열려 있는 문 또한 그 존재 가치와 의미가 없다. 그런데 현대 사회의 문은 대부분의 경우 닫힌 구조로 사람들을 맞고 있다. 따라서 사람들을 환대하는 것이 아니라 박대하고 있다고 할 수 있다. 그 대표적인 예가 회전문이다. 가만히 회전문의 구조와 그 기능을 머릿속에 그려 보라. 그것이 어떤 식으로 열리고 닫히는지 알고는 놀랄 것이다.

(다) 회전문은 인간이 만들고 실용화한 문 가운데 가장 문명적이고 가장 발전된 형태로 보일지 모르지만, 사실상 열림을 가장한 닫힘의 연속이기 때문에 오히려 가장 야만적이며 가장 미개한 형태의 문이다.

(라) 또한 회전문을 이용하는 사람들은 회전문의 구조와 운동 메커니즘에 맞추어야 실수 없이 문을 통과해 안으로 들어가거나 밖으로 나올 수 있다. 어린아이, 허약한 사람, 또는 민첩하지 못한 노인은 쉽게 그것에 맞출 수 없다. 더구나 휠체어를 탄 사람이라면 더 말할 나위도 없다. 이들에게 회전문은 문이 아니다. 실질적으로 닫혀 있는 기능만 하는 문은 문이 아니기 때문이다.

→ • (가)~(라)의 중심 내용을 정리하면, (가)는 회전문의 구조, (나)는 문에 대한 일반적인 의미에 대한 설명, (다)는 회전문의 야만성과 미개성, (라)는 회전문 이용의 불편함으로 볼 수 있다.

• (가)~(라)를 글의 흐름에 적절하게 배열하면 다음과 같다.

• (나)에서는 문의 의미에 대해 소개하면서 그 예로 회전문을 들고 있으므로 맨 앞에 오는 것이 적절하다.

• (나)의 말미에서는 회전문의 구조를 머릿속에 그려 보라고 했으므로 (나) 다음에는 회전문의 구조를 말하는 (가)가 오는 것이 적절하다.

• (다)에서는 회전문의 야만성과 미개성을 말하고 있는데 (가)의 내용만으로는 (다)를 뒷받침하기에 충분하지 않으며, (가)와 (다) 사이에 회전문은 약자가 이용하기 어렵다는 내용을 담고 있는 (라)가 들어가야 그 내용이 자연스럽게 연결된다.

• 따라서 (나) – (가) – (라) – (다) 순이 적절하다.

① (가) – (나) – (라) – (다) ➡ (X)
② (가) – (라) – (나) – (다) ➡ (X)
③ (나) – (가) – (라) – (다) ➡ (O)
④ (나) – (다) – (라) – (가) ➡ (X)
⑤ (다) – (가) – (라) – (나) ➡ (X)

---

13 ②

정답률 91.1%

|문제 유형| 사실적 이해 > 정보 확인
|접근 전략| 지문을 읽고 글에 제시된 정보와 선지의 내용이 일치하는지 불일치하는지의 여부를 따지는 문제 유형이다. 이 유형은 지문과 선지 내용의 일치 여부를 확인하면서 소거법으로 문제를 풀어야 한다. 이때 주의할 것은 지문 안에 포함된 내용만 일치하는 것으로 보고, 지문의 내용을 다른 상황에 적용해 추측하는 것을 과감히 제외해야 한다는 점이다. 즉, 지문에 나온 내용만 사실로 보고 선지와 대조해 나가야 한다.

다음 글의 내용과 부합하는 것은?

유교 전통에서는 이상적 정치가 군주 개인의 윤리적 실천에 의해 실현된다고 보았을 뿐 윤리와 구별되는 정치 그 자체의 독자적 영역을 설정하지는 않았다. 달리 말하면 유교 전통에서는 통치자의 윤리만을 문제 삼았을 뿐, 갈등하는 세력들 간의 공존을 위한 정치나 정치제도에는 관심을 두지 않았다. 유교 전통의 이런 측면은 동아시아에서의 민주주의의 실현 가능성을 제한하였다. ▶1문단

'조화(調和)'를 이상으로 생각하는 유교의 전통 또한 차이와 갈등을 긍정하는 서구의 민주주의 정치 전통과는 거리가 있다. 유교 전통에 따르면, 인간의 행위와 사회 제도는 모두 자연의 운행처럼 조화를 이루어야 한다. 조화

를 이루지 못하는 것은 근본적으로 그릇된 것이기 때문에 모든 것은 계절이 자연스럽게 변화하듯 조화를 실현해야 한다. 그러나 서구의 개인주의적 맥락에서 보자면 정치란 서로 다른 개인들 간의 갈등을 조정하는 제도적 장치를 마련하는 과정이었다. 그 결과 서구의 민주주의 사회에서는 다양한 정치적 입장들이 독자적인 형태를 취하면서 경쟁하며 공존할 수 있었다. ▶2문단

물론 유교 전통하에서도 다양한 정치적 입장들이 존재했다고 주장할 수 있다. 군주 절대권이 인정되었다고 해도, 실질적 국가운영을 맡았던 것은 문사(文士) 계층이었고 이들은 다양한 정치적 견해를 군주에게 전달할 수 있었다. 문사 계층은 윤리적 덕목을 군주가 실천하도록 함으로써 갈등 자체가 발생하지 않도록 힘썼다. 또한 이들은 유교 윤리에서 벗어난 군주의 그릇된 행위를 비판하기도 하였다. 그렇다고 하더라도 이들이 서구의 계몽사상가들처럼 기존의 유교적 질서와 다른 정치적 대안을 제시할 수는 없었다. 이들에게 정치는 윤리와 구별되는 독자적 영역으로 인식되지 못하였다. ▶3문단

① 유교 전통에서 사회적 갈등을 원활히 관리하지 못하는 군주는 교체될 수 있었다. ➡ (X) 지문의 내용만으로는 군주의 교체 여부를 알 수 없다.
② 유교 전통에서 문사 계층은 기존 유교적 질서와 다른 정치적 대안을 제시하지는 못했다. ➡ (O) 3문단 마지막 부분에 문사 계층은 서구의 계몽사상가들처럼 기존의 유교적 질서와 다른 정치적 대안을 제시할 수 없었다고 하였다.
③ 조화를 강조하는 유교 전통에서는 서구의 민주주의와 다른 새로운 유형의 민주주의가 등장하였다. ➡ (X) 지문에서는 새로운 유형의 민주주의의 등장에 대해 아무런 언급도 없으며, 1문단에 따르면 유교 전통이 동아시아에서의 민주주의의 실현 가능성을 제한했다고 하였으므로 유교 전통에서 새로운 유형의 민주주의가 등장했을 가능성도 낮다.
④ 유교 전통에서는 조화의 이상에 따라 군주의 주도로 갈등하는 세력이 공존하는 정치가 유지될 수 있었다. ➡ (X) 갈등하는 세력이 공존하는 정치가 유지되었던 것은 서구 민주주의이다. 3문단에 따르면 유교 전통하에서는 문사 계층이 군주로 하여금 윤리적 덕목을 실천하도록 함으로써 갈등 자체가 발생하지 않도록 힘썼다.
⑤ 군주의 통치 행위에 대해 다양하게 비판할 수 있었던 유교 전통으로 인해 동아시아에서 민주주의가 발전하였다. ➡ (X) 1문단에서 유교 전통은 동아시아에서 민주주의의 실현 가능성을 제한했다고 하였으므로 동아시아에서 민주주의가 발전하였다고 보기 어렵다.

14 ⑤

정답률 91.9%

| **문제 유형** | 사실적 이해 > 정보 확인
| **접근 전략** | 정보 확인 문제 유형은 먼저 선지를 확인한 후 지문을 읽어 나가면서 정답을 찾는 것이 효율적이다. 특히 지문에서 '알 수 없는 것'을 찾을 것을 요구하는 경우, 지문에 제시되어 있지 않은 내용에 대해 추론한 내용을 담고 있는 선지가 있다면 그 추론 내용의 옳고 그름과 관계없이 그 선지가 답일 가능성이 높다.

다음 글에서 알 수 없는 것은?

루머는 구전과 인터넷을 통해 확산되고, 그 과정에서 여러 사람들의 의견이 더해진다. 루머는 특히 사회적 불안감이 형성되었을 때 빠르게 확산되는데, 이는 사람들이 사회적·개인적 불안감을 해소하기 위한 수단으로 루머에 의지하기 때문이다. ▶1문단

나아가 루머가 확산되는 데는 사회적 동조가 중요한 영향을 미친다. 사회적 동조란 '다수의 의견이나 사회적 규범에 개인의 의견과 행동을 맞추거나 동화시키는 경향'을 뜻한다. 사회적 동조는 루머가 사실로 인식되고 대중적으로 수용되는 과정에서도 큰 영향력을 행사한다. ▶2문단

사회적 동조는 개인이 어떤 정보에 대해 판단하거나 그에 대한 태도를 결정하는 데 정당성을 제공한다. 다수의 의견을 따름으로써 어떤 정보를 믿는 것에 대한 합리적 이유를 갖게 되는 것이다. 실제로 루머에 대한 지지 댓글을 많이 본 사람들은 루머에 대한 반박 댓글을 많이 본 사람들에 비해 루머를 사

실로 믿는 경향이 더욱 강한 것으로 나타났다. 또한 사회적 동조가 있는 상태에서는 개인의 성향과 상관없이 루머를 사실이라고 믿는 경우가 많았다. ▶3문단

사회적 동조의 또 다른 역할은 사람들이 자신의 의견을 제시할 때 사회적 분위기를 고려하게 하는 것이다. 소속된 집단으로부터 소외되지 않기 위해서 다수에 의해 지지되는 의견을 따라가는 현상이 발생하기도 한다. 이와 같은 현상은 개인주의 문화권보다는 집단주의 문화권에 있는 사람들에게서 더 잘 나타난다. 집단주의 문화권 사람들은 루머를 믿는 사람들로부터 루머에 대한 정보를 얻고 그것을 근거로 하여 판단하며, 다른 사람들의 의견에 개인의 생각을 일치시키는 경향이 두드러진다. ▶4문단

① 사람들은 루머를 사회적 불안감을 해소하기 위한 수단으로 삼기도 한다. ➡ (O) 1문단에서 사람들이 사회적·개인적 불안감을 해소하기 위한 수단으로 루머에 의지한다고 한 것을 통해 알 수 있다.
② 사회적 동조는 개인이 루머를 사실로 받아들이는 결정을 함에 있어 정당성을 제공한다. ➡ (O) 3문단에서 사회적 동조가 개인이 어떤 정보에 대해 판단하거나 태도를 결정하는 데 정당성을 제공한다고 한 것을 바탕으로 개인이 루머를 사실로 받아들이는 데 사회적 동조가 정당성을 제공함을 알 수 있다.
③ 집단주의 문화권에서는 개인주의 문화권보다 사회적 동조가 루머의 확산에 미치는 영향이 더 크게 나타난다. ➡ (O) 4문단에서 소속된 집단으로부터 소외되지 않기 위해서 다수에 의해 지지되는 의견을 따라가는 사회적 동조 현상이 개인주의 문화권보다 집단주의 문화권에 있는 사람들에게서 더 잘 나타난다고 하였다.
④ 루머에 대한 반박 댓글을 많이 본 사람들이 지지 댓글을 많이 본 사람들보다 루머를 사실로 믿는 경향이 더 약하다. ➡ (O) 3문단에서 루머에 대한 지지 댓글을 많이 본 사람들은 루머에 대한 반박 댓글을 많이 본 사람들에 비해 루머를 사실로 믿는 경향이 더욱 강하다고 하였다. 따라서 그 반대의 경우도 옳음을 알 수 있다.
⑤ 사회적 동조가 있을 때, 충동적인 사람들은 충동적이지 않은 사람들에 비해 루머를 사실로 믿는 경향이 더 강하다. ➡ (X) 3문단에서 사회적 동조가 있는 상태에서는 개인의 성향과 상관없이 루머를 사실이라고 믿는 경우가 많았다고 했으므로 충동적 성향이 루머를 사실로 믿게 하는 것에 영향을 미친다고 볼 수 없다.

15 ②

정답률 88.9%

| **문제 유형** | 비판적 사고 > 판단하기
| **접근 전략** | 논지 강화·약화 기반의 판단하기 문제 유형이다. 본 문제는 지문의 내용을 각 문단별로 이해하고, 그 내용을 강화 또는 약화하는 내용을 적절하게 담고 있는 것을 〈보기〉에서 찾는 문항이다. 이를 풀이할 때에는 논지를 지지(강화)하는 진술이나 논지를 반박하는 진술 이외에도 논지를 지지하지도 반박하지도 않는, 논지와 무관한 진술이 있을 수 있음을 염두에 두어야 한다.

다음 (가)~(다)에 대한 평가로 적절한 것만을 〈보기〉에서 모두 고르면?

(가) 기술의 발전 덕분에 더 풍요로운 세계를 만들 수 있다. 원료, 자본, 노동 같은 생산요소의 투입량을 줄이면서 산출량은 더 늘릴 수 있는 세계 말이다. 디지털 기술의 발전은 경외감을 불러일으키는 개선과 풍요의 엔진이 된다. 반면 그것은 시간이 흐를수록 부, 소득, 생활 수준, 발전기회 등에서 점점 더 큰 격차를 만드는 엔진이기도 하다. 즉 기술의 발전은 경제적 풍요와 격차를 모두 가져온다.

(나) 기술의 발전에 따른 풍요가 더 중요한 현상이며, 격차도 풍요라는 기반 위에 있기 때문에 모든 사람의 삶이 풍요로워지는 데 초점을 맞추어야 한다. 고도로 숙련된 노동자와 나머지 사람들과의 격차가 벌어지고 있다는 것을 인정하지만, 모든 사람들의 경제적 삶이 나아지고 있기에 누

군가의 삶이 다른 사람보다 더 많이 나아지고 있다는 사실에 관심을 둘 필요가 없다.

(다) 중산층들이 과거에 비해 경제적으로 더 취약해졌기 때문에 기술의 발전에 따른 풍요보다 격차에 초점을 맞추어야 한다. 실제로 주택, 보건, 의료 등과 같이 그들의 삶에서 중요한 항목에 들어가는 비용의 증가율은 시간이 흐르면서 가계 소득의 증가율에 비해 훨씬 더 높아지고 있다. 설상가상으로 소득 분포의 밑바닥에 속한 가정에서 태어난 아이가 상층으로 이동할 기회는 점점 더 줄어들고 있다.

〈보기〉

ㄱ. 현재의 정보기술은 덜 숙련된 노동자보다 숙련된 노동자를 선호하고, 노동자보다 자본가에게 돌아가는 수익을 늘린다는 사실은 (가)의 논지를 약화한다. → (X) (가)에서는 기술이 부, 소득, 생활수준 등에서 점점 더 큰 격차를 만든다고 했다. ㄱ은 노동자 간, 노동자와 자본가 간 격차 발생을 말하고 있으므로 (가)의 논지를 강화한다.

ㄴ. 기술의 발전이 전 세계의 가난한 사람들에게도 도움을 주며, 휴대전화와 같은 혁신사례들이 모든 사람들의 소득과 기타 행복의 수준을 개선한다는 연구결과는 (나)의 논지를 강화한다. → (○) (나)에서는 기술이 모든 사람들의 경제적 삶을 나아지게 한다고 주장하고 있다. ㄴ은 기술의 발전이 전 세계의 가난한 사람에게 도움을 주고, 휴대전화와 같은 혁신사례들이 모든 사람에게 도움을 준다고 하고 있으므로 (나)의 논지를 강화한다.

ㄷ. 기술의 발전이 가져온 경제적 풍요가 엄청나게 벌어진 격차를 보상할 만큼은 아니라는 것을 보여 주는 자료는 (다)의 논지를 약화한다. → (X) (다)에서는 기술의 발전에 따른 풍요보다 격차에 초점을 맞추어야 한다고 했다. ㄷ에서는 풍요가 격차를 보상할 만큼은 아니라고 말하고 있으므로 ㄷ은 (다)의 논지를 강화한다.

① ㄱ ➡ (X)
② ㄴ ➡ (○)
③ ㄱ, ㄷ ➡ (X)
④ ㄴ, ㄷ ➡ (X)
⑤ ㄱ, ㄴ, ㄷ ➡ (X)

도 학습 방식에서는 컴퓨터에 먼저 '이런 이미지가 고양이야'라고 학습시키면, 컴퓨터는 학습된 결과를 바탕으로 고양이 사진을 분별하게 된다. 따라서 사전 학습 데이터가 반드시 제공되어야 한다. 사전 학습 데이터가 적으면 오류가 커지므로 데이터의 양도 충분해야만 한다. 반면 지도 학습 방식보다 진일보한 방식인 자율 학습에서는 이 과정이 생략된다. '이런 이미지가 고양이야'라고 학습시키지 않아도 컴퓨터는 자율적으로 '이런 이미지가 고양이군'이라고 학습하게 된다. 이러한 자율 학습 방식을 응용하여 '심화신경망' 알고리즘을 활용한 기계학습 분야를 '딥러닝'이라고 일컫는다. ▶2문단

그러나 딥러닝 작업은 고도의 연산 능력이 요구되기 때문에, 웬만한 컴퓨팅 능력으로는 이를 시도하기 쉽지 않았다. A 교수가 1989년에 필기체 인식을 위해 심화신경망 알고리즘을 도입했을 때 연산에만 3일이 걸렸다는 사실은 잘 알려져 있다. 하지만 고성능 CPU가 등장하면서 연산을 위한 시간의 문제는 자연스럽게 해소되었다. 딥러닝 기술의 활용 범위는 RBM과 드롭아웃이라는 새로운 알고리즘이 개발된 후에야 비로소 넓어졌다. ▶3문단

〈보기〉

ㄱ. 지도 학습 방식을 사용하여 컴퓨터가 사물을 분별하기 위해서는 사전 학습 데이터가 주어져야 한다. → (○) 2문단에서 지도 학습 방식에서는 사전 학습 데이터가 반드시 제공되어야 한다고 하였다.

ㄴ. 자율 학습은 지도 학습보다 학습의 단계가 단축되었기에 낮은 연산 능력으로도 수행 가능하다. → (X) 자율 학습 방식을 응용하여 심화신경망 알고리즘을 활용한 기계학습 분야를 딥러닝이라고 하고, 3문단에서 딥러닝 작업은 고도의 연산 능력이 요구된다고 하였으므로 낮은 연산 능력으로 자율 학습이 수행 가능하다는 설명은 적절하지 않다.

ㄷ. 딥러닝 기술의 활용 범위는 새로운 알고리즘 개발보다는 고성능 CPU 등장 때문에 넓어졌다. → (X) 3문단에서 딥러닝 기술의 활용 범위는 RBM과 드롭아웃이라는 새로운 알고리즘이 개발된 후에야 비로소 넓어졌다고 하였다.

① ㄱ ➡ (○)
② ㄷ ➡ (X)
③ ㄱ, ㄴ ➡ (X)
④ ㄴ, ㄷ ➡ (X)
⑤ ㄱ, ㄴ, ㄷ ➡ (X)

---

16 ①
정답률 93.0%

| 문제 유형 | 사실적 이해 > 정보 확인

| 접근 전략 | 지문 속 세부 내용을 파악하는 묻는 문제 유형이다. 〈보기〉의 내용을 먼저 확인하면 ㄱ, ㄴ, ㄷ의 키워드가 '지도 학습', '자율 학습', '딥러닝'임을 알 수 있다. 따라서 지문에서 이러한 내용들에 대해 설명하고 있는 부분을 찾아 〈보기〉의 내용과 꼼꼼하게 비교하며 답을 찾아야 한다. 또한 '알 수 있는 것'을 묻는 문제는 참, 거짓을 나누는 것이 아니다. 〈보기〉의 ㄴ은 거짓이라고 논리적으로 도출되기에는 애매하지만 반드시 참인지 확정할 수 없으므로, 알 수 있는 것으로 판단하기 어렵다.

다음 글에서 알 수 있는 것만을 〈보기〉에서 모두 고르면?

사람은 사진이나 영상만 보고도 어떤 사물의 이미지인지 아주 쉽게 분별하지만 컴퓨터는 매우 복잡한 과정을 거쳐야만 분별할 수 있다. 이를 해결하기 위해 컴퓨터가 스스로 학습하면서 패턴을 찾아내 분류하는 기술적 방식인 '기계학습'이 고안됐다. 기계학습을 통해 컴퓨터에 입력되는 수많은 데이터 중에서 비슷한 것들끼리 분류할 수 있도록 학습시킨다. 데이터 분류 방식을 컴퓨터에게 학습시키기 위해 많은 기계학습 알고리즘이 개발되었다. ▶1문단

기계학습 알고리즘은 컴퓨터에서 사용되는 사물 분별 방식에 기반하고 있는데, 이러한 사물 분별 방식은 크게 '지도 학습'과 '자율 학습' 두 가지로 나뉜다. 초기의 기계학습 알고리즘들은 대부분 지도 학습에 기초하고 있다. 지

17 ①
정답률 76.9%

| 문제 유형 | 비판적 사고 > 논지 강화·약화하기

| 접근 전략 | 지문의 주장을 강화하는 내용의 사례를 찾는 문제 유형이다. 지문의 주장을 강화하는 것을 찾기 위해서는 무엇보다 먼저 지문의 주장이 무엇인지를 분명히 파악해야 한다. 그런 다음 〈보기〉의 사례를 분석하여 지문의 주장을 도출할 수 있는지를 따져 보아야 한다. 지문의 주장을 도출할 수 있는 사례이면 지문의 주장을 강화하는 것, 지문의 주장을 도출할 수 없거나 무관한 내용이면 지문의 주장을 강화하지 못하는 것이다.

다음 글의 주장을 강화하는 것만을 〈보기〉에서 모두 고르면?

우리는 물체까지의 거리 자체를 직접 볼 수는 없다. 거리는 눈과 그 물체를 이은 직선의 길이인데, 우리의 망막에는 직선의 한쪽 끝 점이 투영될 뿐이기 때문이다. 그러므로 물체까지의 거리 판단은 경험을 통한 추론에 의해서 이루어진다고 보아야 한다. 예컨대 우리는 건물, 나무 같은 친숙한 대상들의 크기가 얼마나 되는지, 이들이 주변 배경에서 얼마나 공간을 차지하는지 등을 경험을 통해 이미 알고 있다. 우리는 물체와 우리 사이에 혹은 물체 주위에 이런 친숙한 대상들이 어느 정도 거리에 위치해 있는지를 우선 지각한다. 이로부터 우리는 그 물체가 얼마나 멀리 떨어져 있는지를 추론하게 된다. 또한 그 정도 떨어진 다른 사물들이 보이는 방식에 대한 경험을 토대로, 그보다

작고 희미하게 보이는 대상들은 더 멀리 떨어져 있다고 판단한다. 거리에 대한 이런 추론은 과거의 경험에 기초하는 것이다. ▶1문단

반면에 물체가 손이 닿을 정도로 아주 가까이에 있는 경우, 물체까지의 거리를 지각하는 방식은 이와 다르다. 우리의 두 눈은 약간의 간격을 두고 서로 떨어져 있다. 이에 우리는 두 눈과 대상이 위치한 한 점을 연결하는 두 직선이 이루는 각의 크기를 감지함으로써 물체까지의 거리를 알게 된다. 물체를 바라보는 두 눈의 시선에 해당하는 두 직선이 이루는 각은 물체까지의 거리가 멀어질수록 필연적으로 더 작아진다. 대상까지의 거리가 몇 미터만 넘어도 그 각의 차이는 너무 미세해서 우리가 감지할 수 없다. 하지만 팔 뻗는 거리 안의 가까운 물체에 대해서는 그 각도를 감지하는 것이 가능하다. ▶2문단

─────────〈보기〉─────────

ㄱ. 100미터 떨어진 지점에 민수가 한 번도 본 적이 없는 대상만 보이도록 두고 다른 사물들은 보이지 않도록 민수의 시야 나머지 부분을 가리는 경우, 민수는 그 대상을 보고도 얼마나 떨어져 있는지 판단하지 못한다. → (O) 1문단에서 멀리 떨어져 있는 대상이 얼마나 떨어져 있는지는 그 대상 주변의 익숙한 것들을 통해 지각한다고 주장하고 있다. ㄱ에서는 민수가 한 번도 본 적이 없는 대상만 두고 주변의 다른 사물들을 보이지 않도록 하면 민수가 그 대상을 보고도 얼마나 떨어져 있는지 판단하지 못한다고 말하고 있으므로 지문의 주장을 강화한다.

ㄴ. 아무것도 보이지 않는 캄캄한 밤에 안개 속의 숲길을 걷다가 앞쪽 멀리서 반짝이는 불빛을 발견한 태훈이가 불빛이 있는 곳까지의 거리를 어렵잖게 짐작한다. → (X) 1문단에서 물체까지의 거리 판단은 경험을 통한 추론에 의해 이루어진다고 주장하고 있다. 따라서 아무것도 보이지 않는 깜깜한 밤에 태훈이가 불빛이 있는 곳까지의 거리를 어렵잖게 짐작한다는 ㄴ의 사례는 지문의 주장을 강화하지 않는다.

ㄷ. 태어날 때부터 한쪽 눈이 실명인 영호가 30센티미터 거리에 있는 낯선 물체 외엔 어떤 것도 보이지 않는 상황에서 그 물체까지의 거리를 옳게 판단한다. → (X) 2문단에서 팔 뻗는 거리 이내의 경우 두 눈과 대상이 위치한 한 점을 연결하는 두 직선이 이루는 각의 크기를 감지함으로써 물체까지의 거리를 알게 된다고 주장하고 있다. 그런데 ㄷ에서는 한쪽 눈이 실명인 영호가 30센티미터 거리에 있는 낯선 물체 외엔 어떤 것도 보이지 않는 상황에서 그 물체까지의 거리를 옳게 판단한다고 하였으므로 지문의 논지를 강화하지 않는다.

① ㄱ ➡ (O)
② ㄷ ➡ (X)
③ ㄱ, ㄴ ➡ (X)
④ ㄴ, ㄷ ➡ (X)
⑤ ㄱ, ㄴ, ㄷ ➡ (X)

18 ①
정답률 93.9%

| 문제 유형 | 비판적 사고 > 유사한 내용·사례 찾기
| 접근 전략 | 지문의 견해와 유사한 견해 및 그 견해와 관련된 적절한 사례를 찾는 문제 유형이다. 이처럼 누군가의 견해와 부합하는지 여부를 묻는 문제의 경우 지문에서 견해 대립이 명확하게 드러나면 〈보기〉의 각 문항들 간의 성질을 통해서도 답을 유추할 수 있다. 이 문제에서는 〈보기〉의 ㄱ과 ㄴ, ㄷ이 다른 성질을 가지므로 둘 중 한쪽을 답으로 유추할 수 있다.

다음 글의 '나'의 견해와 부합하는 것만을 〈보기〉에서 모두 고르면?

이제 '나'는 사람들이 동물실험의 모순적 상황을 직시하기를 바랍니다. 생리에 대한 실험이건, 심리에 대한 실험이건, 동물을 대상으로 하는 실험은 동물이 어떤 자극에 대해 반응하고 행동하는 양상이 인간과 유사하다는 것을 전제합니다. 동물실험을 옹호하는 측에서는 인간과 동물이 유사하기 때문에

실험결과에 실효성이 있다고 주장합니다. 그런데 설령 동물실험을 통해 아무리 큰 성과를 얻을지라도 동물실험 옹호론자들은 중대한 모순을 피할 수 없습니다. 그들은 인간과 동물이 다르다는 것을 실험에서 동물을 이용해도 된다는 이유로 제시하고 있기 때문입니다. 이것은 명백히 모순적인 상황이 아닐 수 없습니다. ▶1문단

이러한 모순적 상황은 영장류의 심리를 연구할 때 확연히 드러납니다. 최근 어느 실험에서 심리 연구를 위해 아기 원숭이를 장기간 어미 원숭이와 떼어놓아 정서적으로 고립시켰습니다. 사람들은 이 실험이 우울증과 같은 인간의 심리적 질환을 이해하기 위한 연구라는 구실을 앞세워 이 잔인한 행위를 합리화하고자 했습니다. 즉 이 실험은 원숭이가 인간과 유사하게 고통과 우울을 느끼는 존재라는 사실을 가정하고 있습니다. 인간과 동물이 심리적으로 유사하다는 사실을 인정하면서도 사람에게는 차마 하지 못할 잔인한 행동을 동물에게 하고 있는 것입니다. ▶2문단

또 동물의 피부나 혈액을 이용해서 제품을 실험할 때, 동물실험 옹호론자들은 이 실험이 오로지 인간과 동물 사이의 '생리적 유사성'에만 바탕을 두고 있을 뿐이라고 변명합니다. 이처럼 인간과 동물이 오로지 '생리적'으로만 유사할 뿐이라고 생각한다면, 이는 동물실험의 모순적 상황을 외면하는 것입니다. ▶3문단

─────────〈보기〉─────────

ㄱ. 동물실험은 동물이 인간과 유사하면서도 유사하지 않다고 가정하는 모순적 상황에 놓여 있다. → (O) 1문단에 따르면 동물실험 옹호론자들은 동물이 인간과 다르다는 것을 실험에서 동물을 이용해도 된다는 이유로 제시하면서 동물이 어떤 자극에 대해 반응하고 행동하는 양상이 인간과 유사하므로 실험결과에 실효성이 있다고 주장한다. 지문의 '나'는 이것을 모순적인 상황이라고 지적하고 있다.

ㄴ. 인간과 동물 간 생리적 유사성에도 불구하고 심리적 유사성이 불확실하기 때문에 동물실험은 모순적 상황에 있다. → (X) 2문단에서 '나'는 동물실험 옹호론자가 인간과 동물이 심리적으로 유사하다는 사실을 인정하면서도 사람에게는 차마 하지 못할 것을 동물에게 하고 있다는 점이 모순이라고 지적하고 있다. 따라서 인간과 동물 간 심리적 유사성이 불확실하기 때문에 동물 실험이 모순적 상황에 있다는 것은 '나'의 견해와 부합하지 않는다.

ㄷ. 인간과 원숭이 간에 심리적 유사성이 존재하기 때문에 인간의 우울증 연구를 위해 아기 원숭이를 정서적으로 고립시키는 실험은 윤리적으로 정당화된다. → (X) 동물실험 옹호론자들은 인간과 동물이 다르다는 것을 실험에서 동물을 이용해도 된다는 이유로 제시하고 있는데 인간과 원숭이 간에 심리적 유사성이 존재하면 인간과 동물이 다르다는 주장이 약화되므로 동물실험은 윤리적으로 정당화되지 못한다.

① ㄱ ➡ (O)
② ㄴ ➡ (X)
③ ㄱ, ㄷ ➡ (X)
④ ㄴ, ㄷ ➡ (X)
⑤ ㄱ, ㄴ, ㄷ ➡ (X)

19 ③
정답률 71.5%

| 문제 유형 | 비판적 사고 > 빈칸 채우기
| 접근 전략 | 지문의 빈칸에 들어갈 내용을 찾는 문제 유형이다. 이와 같은 빈칸 채우기 문제를 풀 때는 빈칸의 앞뒤 내용을 집중해서 살펴보아야 한다. 본 문제는 빈칸 뒤의 문장에서 말하는 '건강한 나무'가 무엇을 가리키는 것인지를 파악하면 문제를 쉽게 해결할 수 있지만 매력적 오답이 있다는 점에 유의해야 한다. 오답과 정답의 차이는 전체 글을 포괄하느냐 아니냐가 좌우한다는 것을 기억해야 매력적인 오답을 정답으로 선택하는 실수를 피할 수 있다.

다음 글의 빈칸에 들어갈 진술로 가장 적절한 것은?

　모두가 서로를 알고 지내는 작은 규모의 사회에서는 거짓이나 사기가 번성할 수 없다. 반면 그렇지 않은 사회에서는 누군가를 기만하여 이득을 보는 경우가 많이 발생한다. 이런 현상이 발생하는 이유를 확인하는 연구가 이루어졌다. A 교수는 그가 마키아벨리아니즘이라고 칭한 성격 특성을 지닌 사람을 판별하는 검사를 고안해냈다. 이 성격 특성은 다른 사람을 교묘하게 이용하고 기만하는 능력을 포함한다. 그의 연구는 사람들 중 일부는 다른 사람들을 교묘하게 이용하거나 기만하여 자기 이익을 챙긴다는 사실을 보여준다. 수백 명의 학생을 대상으로 한 조사에서, 마키아벨리아니즘을 갖는 것으로 분류된 학생들은 대체로 대도시 출신임이 밝혀졌다. ▶1문단

　위 연구들이 보여 주는 바를 대도시 사람들의 상호작용을 이해하기 위해 확장시켜 보자. 일반적으로 낯선 사람들이 모여 사는 대도시에서는 자기 이익을 위해 다른 사람을 이용하는 성향을 지닌 사람이 많다고 생각하기 쉽다. 대도시 사람들은 모두가 사기꾼처럼 보인다는 주장이 일리 있게 들리기도 한다. 그러나 다른 사람들의 협조 성향을 이용하여 도움을 받으면서도 다른 사람에게 도움을 주지 않는 사람이 존재하기 위해서는 일정한 틈새가 만들어져 있어야 한다. ⬚⬚⬚⬚⬚⬚ 때문에 이 틈새가 존재할 수 있는 것이다. 이는 기생 식물이 양분을 빨아먹기 위해서는 건강한 나무가 있어야 하는 것과 같다. 나무가 건강을 잃게 되면 기생 식물 또한 기생할 터전을 잃게 된다. 그렇다면 어떤 의미에서는 모든 사람들이 사기꾼이라는 냉소적인 견해는 낯선 사람과의 상호작용을 잘못 이해한 것이다. 모든 사람들이 사기꾼이라면 사기를 칠 가능성도 사라지게 된다고 이해하는 것이 맞다. ▶2문단

① 대도시라는 환경적 특성 ➡ (X) 1문단 앞부분에서 작은 규모의 사회가 아니면 누군가를 기만하여 이득을 보는 경우가 많이 발생한다고 한 후 그 이유를 찾고 있으므로 작은 규모의 사회가 아니기 때문에 틈새가 만들어진다는 것은 순환 논증에 해당하므로 옳지 않다. 따라서 '대도시라는 환경적 특성'은 빈칸에 들어갈 진술로 적절하지 않다.

② 인간은 사회를 필요로 하기 ➡ (X)

③ 많은 사람들이 진정으로 협조하기 ➡ (O) 기생 식물이 양분을 빨아먹기 위해서는 건강한 나무가 있어야 하는 것과 빈칸의 문장이 같다고 한 것을 통해 많은 사람들이 건강한 나무와 같은 역할을 해야 다른 사람에게 도움을 받으면서도 도움을 주지 않는 사람이 존재할 수 있다는 것을 추론할 수 있다. 건강한 나무가 기생 식물에게 양분을 주는 것처럼 많은 사람이 진정으로 협조해야 도움을 받으면서 도움을 주지 않는 사람이 이득을 얻을 수 있는 것이다. 따라서 빈칸에는 '많은 사람들이 진정으로 협조하기'가 들어가는 것이 적절하다.

④ 많은 사람들이 이기적 동기에 따라 행동하기 ➡ (X)

⑤ 누가 마키아벨리아니즘을 갖고 있는지 판별하기 어렵기 ➡ (X)

20 ④

정답률 68.1%

| **문제 유형** | 사실적 이해 > 논리 게임
| **접근 전략** | 경우의 수를 통해 거짓을 찾는 논리 게임 문제 유형이다. 이 유형에서는 주어진 조건을 정리해 적용하는 것이 문제 해결의 관건이 된다. 이 문제의 경우 임의의 지역을 A, B, C, D로 설정해 표를 그려 해결하면 된다.

다음 글의 내용이 참일 때, 반드시 거짓인 것은?

　사무관 갑, 을, 병, 정, 무는 정책조정부서에 근무하고 있다. 이 부서에서는 지방자치단체와의 업무 협조를 위해 지방의 네 지역으로 사무관들을 출장 보낼 계획을 수립하였다. 원활한 업무 수행을 위해서, 모든 출장은 위 사무관들 중 두 명 또는 세 명으로 구성된 팀 단위로 이루어진다. 네 팀이 구성되어 네 지역에 각각 한 팀씩 출장이 배정된다. 네 지역 출장 날짜는 모두 다르며, 모든 사무관은 최소한 한 번 출장에 참가한다. 이번 출장 업무를 총괄하는 사무관은 단 한 명밖에 없으며, 그는 네 지역 모두의 출장에 참가한다. 더

불어 업무 경력을 고려하여, 단 한 지역의 출장에만 참가하는 것은 신임 사무관으로 제한한다. 정책조정부서에 근무하는 신임 사무관은 한 명밖에 없다. 이런 기준 아래에서 출장 계획을 수립한 결과, 을은 갑과 단둘이 가는 한 번의 출장 이외에 다른 어떤 출장도 가지 않으며, 병과 정이 함께 출장을 가는 경우는 단 한 번밖에 없다. 그리고 네 지역 가운데 광역시가 두 곳인데, 단 두 명의 사무관만이 두 광역시 모두에 출장을 간다.

→ 제시된 조건들을 정리하면 다음과 같다.
(1) 한 지역 출장은 두 명 또는 세 명이 간다.
(2) 모든 사무관은 최소한 한 번 출장에 참여한다.
(3) 네 지역 모두 출장에 참가하는 사람은 이번 출장 업무 총괄자로 한 명이다.
(4) 한 지역의 출장만 참가하는 신임 사무관 한 명이 있다.
(5) 을은 갑과 단둘이 한 번만 출장에 간다.
(6) 병과 정은 한 번만 함께 출장을 간다.
(7) 광역시가 두 곳인데 단 2명의 사무관만이 두 광역시 모두에 출장을 간다.

(4)와 (5)에 의해 을이 신임 사무관임을 알 수 있다. 편의상 을이 간 곳을 A라 하자. 그러면 을은 B, C, D에 가지 않는다. A에는 갑과 을만이 가는데 (3)을 보면 네 지역 모두 출장에 참가하는 사람이 한 명 있으므로 갑은 A~D 모두에 출장을 간다. (6)을 보면 병과 정은 한 번만 함께 출장에 가는데, 병과 정이 함께 출장에 가는 곳을 편의상 B라 하자. 그러면 B에는 병과 정이 방문하고, (1)에 의해 무는 B에 가지 않는다. 무는 (2)와 (4)에 의해 2곳 이상을 가야 하므로 C, D로 출장을 가게 된다. (6)에 의해 C, D 중에 병이 간 곳은 정이 가지 않고 정이 간 곳은 병이 가지 않는다. 이를 표로 나타내면 다음과 같다.

	갑	을	병	정	무
A	O	O	X	X	X
B	O	X	O	O	X
C	O	X	O	X	O
D	O	X	X	O	O

① 갑은 이번 출장 업무를 총괄하는 사무관이다. ➡ (O) A~D 모두에 출장을 가는 갑은 이번 출장 업무를 총괄하는 사무관이다.

② 을은 광역시에 출장을 가지 않는다. ➡ (O) 을이 간 A는 조건 (7)에 의해 광역시가 아님을 알 수 있다. 을이 간 곳이 광역시라면 조건 (7)에 의해 다른 광역시에도 을이 갔어야 한다.

③ 병이 갑, 무와 함께 출장을 가는 지역이 있다. ➡ (O) 조건 (6)에 따르면 C, D 중에 병이 간 곳은 정이 가지 않고 정이 간 곳은 병이 가지 않는다. 따라서 병은 C나 D 둘 중 하나에 출장을 가는데 둘 모두 갑과 무가 출장을 가므로 참이다.

④ 정은 총 세 곳에 출장을 간다. ➡ (X) 조건 (6)에 따르면 C, D 중에 병이 간 곳은 정이 가지 않고 정이 간 곳은 병이 가지 않는다. 따라서 정은 두 곳만 출장을 간다.

⑤ 무가 출장을 가는 지역은 두 곳이고 그중 한 곳은 정과 함께 간다. ➡ (O) 조건 (6)에 따르면 C, D 중에 병이 간 곳은 정이 가지 않고 정이 간 곳은 병이 가지 않는데 무는 C, D에 모두 출장을 가므로 참이다.

21 ⑤

정답률 76.2%

| **문제 유형** | 비판적 사고 > 지문에서 추론하기
| **접근 전략** | 지문의 내용을 바탕으로 추론할 수 없는 것을 고르는 문제 유형이다. 추론 문제에서는 지문 안에 선지와 일치하는 정확한 문장이 없을 수도 있다. 그때는 여러 문장을 조합해 추론해야 하는데 그 과정에서 논리적 비약이 생기지 않도록 주의해야 한다.

다음 글에서 추론할 수 없는 것은?

　미국과 영국은 1921년 워싱턴 강화회의를 기점으로 태평양 및 중국에 대한 일본의 침략을 견제하기 시작하였다. 가중되는 외교적 고립으로 인해 일본은 광물과 곡물을 수입하는 태평양 경로를 상실할 위험에 처하였다. 이에 대처하기 위해 일본은 식민지 조선의 북부 지역에서 광물과 목재 등 군수산

업 원료를 약탈하는 데 주력하게 되었다. 콩 또한 확보해야 할 주요 물자 중 하나였는데, 콩은 당시 일본에서 선호하던 식량일 뿐만 아니라 군수산업을 위한 원료이기도 하였다. ▶1문단

일본은 확보된 공업 원료와 식량 자원을 자국으로 수송하는 물류 거점으로 함경도를 주목하였다. 특히 청진·나진·웅기 등 대륙 종단의 시발점이 되는 항구와 조선의 최북단 지역이던 무산·회령·종성·온성을 중시하였다. 또한 조선의 남부 지방에서는 면화, 북부 지방에서는 양모 생산을 장려하였던 조선총독부의 정책에 따라 두만강을 통해 바로 만주로 진출할 수 있는 회령·종성·온성은 양을 목축하는 축산 거점으로 부상하였다. 일본은 만주와 함경도에서 생산된 광물자원과 콩, 두만강변 원시림의 목재를 일본으로 수송하기 위해 함경선, 백무선 등의 철도를 잇따라 부설하였다. 더불어 무산과 회령, 경흥에서는 석탄 및 철광 광산을 본격적으로 개발하였다. 이에 따라 오지의 작은 읍이었던 무산·회령·종성·온성의 개발이 촉진되어 근대적 도시로 발전하였다. 일본의 정책들은 함경도를 만주와 같은 경제권으로 묶음으로써 조선의 다른 지역과 경제적으로 분리시켰다. ▶2문단

철도 부설 및 광산 개발을 위해 일본은 조선 노동자들을 강제 동원하였고, 수많은 조선 노동자들이 강제 노동 끝에 산록과 땅속 깊은 곳에서 비참한 삶을 마쳤다. 1935년 회령의 유선탄광에서 폭약이 터져 800여 명의 광부가 매몰돼 사망했던 사건은 그 단적인 예이다. 영화 「아리랑」의 감독 겸 주연이었던 나운규는 그의 고향 회령에서 청진까지 부설되었던 철도 공사에 조선인 노동자들이 강제 동원되어 잔혹한 노동에 혹사되는 참상을 목도하였다. 그때 그는 노동자들이 부르던 아리랑의 애달픈 노랫가락을 듣고 영화 「아리랑」의 기본 줄거리를 착상하였다. ▶3문단

① 영화 「아리랑」 감독의 고향에서 탄광 폭발사고가 발생하였다. ▶
(○) 3문단에서 따르면 「아리랑」 감독 나운규의 고향은 회령이고, 1935년 회령 유선탄광에서 폭약이 터져 800여 명의 광부가 매몰돼 사망했다고 하였으므로 본 선지의 내용을 추론할 수 있다.

② 조선 최북단 지역의 몇몇 작은 읍들은 근대적 도시로 발전하였다. ▶ (○) 2문단에서 일본이 조선 최북단 오지의 작은 읍이었던 무산, 회령, 종성, 온성을 중시하여 개발이 촉진됨으로써 근대적 도시로 발전했다고 하였으므로 본 선지의 내용을 추론할 수 있다.

③ 축산 거점에서 대륙 종단의 시발점이 되는 항구까지 부설된 철도가 있었다. ▶ (○) 2문단에 따르면 청진, 나진, 웅기 등은 대륙 종단의 시발점이 되는 항구이고 축산 거점은 회령, 종성, 온성이다. 3문단에서 회령에서 청진까지 철도가 부설되었다고 했으므로 본 선지의 내용을 추론할 수 있다.

④ 군수산업 원료를 일본으로 수송하는 것이 함경선 부설의 목적 중 하나였다. ▶ (○) 2문단에 따르면 일본은 만주와 함경도에서 생산된 광물자원과 콩, 두만강변 원시림의 목재를 일본으로 수송하기 위해 함경선을 부설했다. 1문단에서 일본은 식민지 조선으로부터 광물과 목재 등 군수산업 원료를 약탈하는 데 주력했다고 했으므로 본 선지의 내용을 추론할 수 있다.

⑤ 일본은 함경도를 포함하여 한반도와 만주를 같은 경제권으로 묶는 정책을 폈다. ▶ (X) 2문단에서 일본의 정책들은 함경도를 만주와 같은 경제권으로 묶음으로써 조선의 다른 지역과 경제적으로 분리시킨 것으로, 일본이 한반도 전체와 만주를 같은 경제권으로 묶었다는 본 선지는 적절하지 않은 추론이다.

22 ④
TOP 2 정답률 56.1%

| **문제 유형 |** 비판적 사고 > 지문에서 추론하기

| **접근 전략 |** 지문에 제시된 정보를 바탕으로 논리적 추론을 통해 도출할 수 있는 내용을 찾는 문제 유형이다. 지문의 내용 자체가 복잡하고 어려우므로 최대한 지문의 예시를 활용해 <보기>의 상황에 적용해 보아야 한다.

다음 글에서 추론할 수 있는 것만을 <보기>에서 모두 고르면?

우리가 가진 믿음들은 때때로 여러 방식으로 표현된다. 예를 들어, 영희가 일으킨 교통사고 현장을 목격한 철수를 생각해 보자. 영희는 철수가 아는 사

람이므로, 현장을 목격한 철수는 영희가 사고를 일으켰다는 믿음을 가지게 되었다. 철수의 이런 믿음을 표현하는 한 가지 방법은 "철수는 영희가 교통사고를 일으켰다고 믿는다."라고 표현하는 것이다. 이것을 진술 A라고 하자. 진술 A의 의미를 분명히 생각해보기 위해서, "영희는 민호의 아내다."라고 가정해보자. 그럼 진술 A로부터 "철수는 민호의 아내가 교통사고를 일으켰다고 믿는다."가 참이라는 것이 반드시 도출되는가? 그렇지 않다. 왜냐하면 철수는 영희가 민호의 아내라는 것을 모를 수도 있고, 다른 사람의 아내로 잘못 알 수도 있기 때문이다. ▶1문단

한편 철수의 믿음은 "교통사고를 일으켰다고 철수가 믿고 있는 사람은 영희다."라고도 표현될 수 있다. 이것을 진술 B라고 하자. 다시 "영희는 민호의 아내다."라고 가정해보자. 그리고 진술 B로부터 "교통사고를 일으켰다고 철수가 믿고 있는 사람은 민호의 아내다."가 도출되는지 생각해보자. 진술 B는 '교통사고를 일으켰다고 철수가 믿고 있는 사람'이 가리키는 것과 '영희'가 가리키는 것이 동일하다는 것을 의미한다. 그리고 '영희'가 가리키는 것은 '민호의 아내'가 가리키는 것과 동일하다. 그러므로 '교통사고를 일으켰다고 철수가 믿고 있는 사람'이 가리키는 것은 '민호의 아내'가 가리키는 것과 동일하다. 따라서 진술 B로부터 "교통사고를 일으켰다고 철수가 믿고 있는 사람은 민호의 아내다."가 도출된다. 이처럼 철수의 믿음을 표현하는 두 방식 사이에는 차이가 있다. ▶2문단

〈보기〉

ㄱ. "영희는 민호의 아내가 아니다."라고 가정한다면, 진술 A로부터 "철수는 민호의 아내가 교통사고를 일으켰다고 믿지 않는다."가 도출된다. → (X) 1문단에서 영희가 민호의 아내일 때 철수는 영희가 민호의 아내라는 것을 모를 수도 있다고 한 것을 보면 철수는 영희가 민호의 아내가 아니라는 것을 모를 수 있다. 따라서 영희가 민호의 아내가 아니라고 가정해도 "철수는 민호의 아내가 교통사고를 일으켰다고 믿지 않는다."가 도출되지 않는다.

ㄴ. "영희가 초보운전자이고 철수가 이 사실을 알고 있다."라고 가정한다면, 진술 A로부터 "철수는 어떤 초보 운전자가 교통사고를 일으켰다고 믿는다."가 도출된다. → (○) 지문에서는 특정 사실이 참이더라도 믿음을 가지는 자가 이를 알지 못해 믿음을 가지지 못할 수 있다는 것을 지적하고 있다. 따라서 영희가 초보운전자인 것을 철수가 알고 있다면 이런 우려가 없어지므로 이와 진술 A를 통해 "철수는 어떤 초보운전자가 교통사고를 일으켰다고 믿는다."가 도출된다.

ㄷ. "영희가 동철의 엄마이지만 철수는 이 사실을 모르고 있다."라고 가정한다면, 진술 B로부터 "교통사고를 일으켰다고 철수가 믿고 있는 사람은 동철의 엄마다."가 도출된다. → (○) 2문단에서 교통사고를 일으켰다고 철수가 믿고 있는 사람이 민호의 아내라는 사실만으로 영희와 교통사고를 일으켰다고 철수가 믿고 있는 사람이 동일해진다고 하였다. 따라서 영희가 동철의 엄마인 것을 철수가 아는지 모르는지와 무관하게 진술 B로부터 "교통사고를 일으켰다고 철수가 믿고 있는 사람은 동철의 엄마다."가 도출된다.

① ㄱ ▶ (X)
② ㄴ ▶ (X)
③ ㄱ, ㄷ ▶ (X)
④ ㄴ, ㄷ ▶ (○)
⑤ ㄱ, ㄴ, ㄷ ▶ (X)

23 ②
정답률 93.9%

| **문제 유형 |** 사실적 이해 > 정보 확인

| **접근 전략 |** 지문의 내용과 선지의 내용이 일치하는지 확인하는 문제 유형이다. 주주 자본주의의 정의와 이해관계자 자본주의를 비교하여 서술하고 있는 지문이 제시되었는데 문제 유형과 지문 모두 어렵지 않으므로 최대한 시간을 절약하는 방향으로 문제를 해결하는 것이 좋다.

다음 글에서 알 수 있는 것은?

주주 자본주의는 주주의 이윤을 극대화하는 것을 회사 경영의 목표로 하는 시스템을 말한다. 이 시스템은 자본가 계급을 사업가와 투자가로 나누어 놓았다. 그런데 주주 자본주의가 바꿔 놓은 것이 하나 더 있다. 그것은 바로 노동자의 지위다. 주식회사가 생기기 이전에는 노동자가 생산수단들을 소유할 수 없었지만 이제는 거의 모든 생산수단이 잘게 쪼개져 누구나 그 일부를 구입할 수 있다. 노동자는 사업가를 위해서 일하고 사업가는 투자가를 위해 일하지만, 투자가들 중에는 노동자도 있는 것이다. ▶1문단

주주 자본주의를 비판하는 사람들은 기업이 주주의 이익만을 고려한다면, 다수의 사람들이 이익을 얻는 것이 아니라 소수의 독점적인 투자가들만 이익을 보장받는다고 지적한다. 또한 그들은 주주의 이익뿐만 아니라 기업과 연계되어 있는 이해관계자들 전체, 즉 노동자, 소비자, 지역사회 등을 고려해야 한다고 주장한다. 이러한 입장을 이해관계자 자본주의라고 한다. ▶2문단

주주 자본주의와 이해관계자 자본주의는 '기업이 존재하는 목적이 무엇인가?'라는 물음에 대한 답변이라고 할 수 있다. 물론 오늘날의 기업들은 극단적으로 한 가지 형태를 띠는 것이 아니라 양자가 혼합된 모습을 보인다. 기업은 주주의 이익을 최우선적으로 고려하지만, 노조 활동을 인정하고, 지역과 환경에 투자하며, 기부와 봉사 등 사회적 활동을 위해 노력하기도 한다. ▶3문단

① 주주 자본주의에서 주주의 이익과 사회적 공헌이 상충할 때 기업은 사회적 공헌을 우선적으로 선택한다. ➡ (X) 1문단에 따르면 주주 자본주의는 주주의 이윤을 극대화하는 것을 회사 경영의 목표로 하는 시스템을 말한다.

② 주주 자본주의에서는 과거에 생산수단을 소유할 수 없었던 이들이 그것을 부분적으로 소유할 수 있게 되었다. ➡ (O) 1문단에 따르면 주식회사가 생기기 이전에는 노동자가 생산수단들을 소유할 수 없었지만 주주 자본주의에서는 거의 모든 생산수단이 잘게 쪼개져 누구나 그 일부를 구입할 수 있게 되었다.

③ 이해관계자 자본주의에서는 지역사회의 일반 주민까지도 기업 경영의 전반적 영역에서 주도적인 역할을 담당한다. ➡ (X) 지문을 통해 알 수 없는 내용이다.

④ 주주 자본주의와 이해관계자 자본주의가 혼합되면 기업의 사회적 공헌활동은 주주 자본주의에서보다 약화될 것이다. ➡ (X) 3문단에서 주주 자본주의와 이해관계자 자본주의가 혼합된 형태에서는 기업이 사회적 활동을 위해 노력하기도 한다고 하였다.

⑤ 주주 자본주의와 이해관계자 자본주의가 혼합된 형태의 기업은 지역사회의 이익을 높이는 것을 최우선적으로 고려한다. ➡ (X) 3문단에서 주주 자본주의와 이해관계자 자본주의가 혼합되더라도 기업은 주주의 이익을 최우선적으로 고려한다고 하였다.

24 ⑤　　　　　　　　　　　　　　　정답률 67.2%

| 문제 유형 | 비판적 사고 > 빈칸 채우기

| 접근 전략 | 지문의 빈칸에 들어갈 세부 내용을 추론하는 문제 유형이다. 지문의 길이가 짧다고 해서 그 지문에 적은 양의 정보가 담겨 있는 것은 아니다. 본 문제의 경우 핵심 정보들을 이해하고 조건 간의 관계에 유의하여 조건 변화에 따른 결과를 정리한 후 문제를 풀어야 한다.

다음 ㉠과 ㉡에 들어갈 말을 가장 적절하게 나열한 것은?

음향학에 관련된 다음의 두 가지 명제는 세 개의 원형 판을 가지고 실험함으로써 입증될 수 있다. 하나의 명제는 "지름과 모양이 같은 동일 재질의 원형 판이 진동할 때 발생하는 진동수는 두께에 비례한다."이고 다른 명제는 "모양과 두께가 같은 동일 재질의 원형 판이 진동할 때 발생하는 진동수는 판 지름의 제곱에 반비례한다."이다. 이를 입증하기 위해 모양이 같은 동일 재질의 원형 판 A, B 그리고 C를 준비하되 A와 B는 두께가 같고 C는 두께가

A의 두께의 두 배이며, A와 C는 지름이 같고 B의 지름은 A의 지름의 절반이 되도록 한다. 판을 때려서 발생하는 음을 듣고 B는 A보다 ＿＿㉠＿＿ 음을 내고, C는 A보다 ＿＿㉡＿＿ 음을 내는 것을 확인한다. 진동수가 두 배가 될 때 한 옥타브 높은 음이 나므로 두 명제는 입증이 된다.

→ A와 B는 모양과 두께가 같은 동일 재질의 원형 판이지만 판 지름은 B가 A의 0.5배이므로 두 번째 명제에 해당한다. 따라서 판 지름의 제곱은 B가 A의 0.25배이므로 진동수는 판 지름의 제곱에 반비례해 B가 A의 4배이다. 진동수가 두 배가 될 때 한 옥타브 높은 음이 나므로 B는 A보다 두 옥타브 높은 음을 낸다.

C는 A와 지름과 모양이 같은 동일 재질의 원형 판이지만 두께는 C가 A의 두 배이므로 첫 번째 명제에 해당한다. 첫 번째 명제에 따르면 진동수는 두께에 비례하므로 진동수는 C가 A의 두 배이다. 진동수가 두 배가 될 때 한 옥타브 높은 음이 나므로 C는 A보다 한 옥타브 높은 음을 낸다.

	㉠	㉡	
①	한 옥타브 낮은	두 옥타브 낮은	➡ (X)
②	한 옥타브 높은	두 옥타브 높은	➡ (X)
③	두 옥타브 낮은	한 옥타브 높은	➡ (X)
④	두 옥타브 높은	한 옥타브 낮은	➡ (X)
⑤	두 옥타브 높은	한 옥타브 높은	➡ (O)

25 ②　　　　　　　　TOP 1 정답률 33.4%

| 문제 유형 | 사실적 이해 > 논리 게임

| 접근 전략 | 제시된 정보들을 바탕으로 참과 거짓을 판단하는 문제 유형이다. 25번 문제는 A와 B가 양립할 수 없는 관계, 즉 모순 관계라고 해서 둘 중 하나가 반드시 참임을 의미하지 않는다는 점에 유의하여 문제를 풀어야 한다. 둘 다 거짓일 수도 있기 때문이다.

다음 글의 내용이 참일 때, 가해자인 것이 확실한 사람(들)과 가해자가 아닌 것이 확실한 사람(들)의 쌍으로 적절한 것은?

폭력 사건의 용의자로 A, B, C가 지목되었다. 조사 과정에서 A, B, C가 각각 〈아래〉와 같이 진술하였는데, 이들 가운데 가해자는 거짓만을 진술하고 가해자가 아닌 사람은 참만을 진술한 것으로 드러났다.

─〈아래〉─

A: 우리 셋 중 정확히 한 명이 거짓말을 하고 있다.
B: 우리 셋 중 정확히 두 명이 거짓말을 하고 있다.
C: A, B 중 정확히 한 명이 거짓말을 하고 있다.

→ A와 B는 양립할 수 없으므로 A의 진술과 B의 진술 가운데 하나는 거짓이다. 가해자는 거짓을 진술하고 가해자가 아닌 사람은 참을 진술하므로 A, B 중에 한 명 이상은 가해자이다. 그런데 만약 B의 진술이 참이면 A와 C 모두 거짓을 진술해야 하는데 C의 진술이 거짓이면 A, B 중 한 명이 거짓말을 하고 있는 것이 아니므로 B의 진술이 참일 수 없다. 따라서 B의 진술이 거짓이므로 B는 가해자이다. 세 명 모두 거짓말을 할 수도 있고, B만 거짓말을 할 수도 있으므로 A와 C는 가해자인지 아닌지 확실하지 않다.

	가해자인 것이 확실	가해자가 아닌 것이 확실	
①	A	C	➡ (X)
②	B	없음	➡ (O)
③	B	A, C	➡ (X)
④	A, C	B	➡ (X)
⑤	A, B, C	없음	➡ (X)

2018 | 제2영역 자료해석(㉮ 책형)

기출 총평

2018년 자료해석 시험은 평이한 수준의 난도로 출제되었다. 표 형태의 자료가 주어지고 그래프 형태의 선지로 구성되어 부합하는 그래프를 판단하는 문제, 순위를 판단해야 하는 문제, 추가로 필요한 자료를 찾는 문제, 자료 자체의 해석 차원에서 자료의 속성과 관련한 상대치 관련 자료 문제 등이 골고루 출제되었다. 자료 형태와 관련해서는 일반적인 표, 막대그래프, 점선그래프, 좌표 등이 제시된 문제가 출제되었다. 자료해석 시험에서는 전반적으로 계산 문제의 난도가 높게 출제되는데, 2018년 자료해석 시험에서는 계산 문제의 난도가 그리 높지 않았다. 계산 자체의 출제 비중이 감소하였고, 분수와 변화율 등을 비교하는 문제의 출제 비중이 감소하였다. 다만, 계산 유형의 문제는 다소 시간이 걸리는 문제가 출제되었다. 더불어 매칭형과 그래프형을 결합시킨 문제, 특수한 그래프를 해석하는 문제 등이 출제되었고, 대부분 기출문제의 형식에서 약간 변형한 수준의 문제가 출제되었다. 따라서 기출문제를 분석하여 과거에 출제되었던 문제의 유형을 파악하면 이를 변형한 문제도 쉽게 접근할 수 있으므로 새로운 문제를 익히기보다는 과거에 출제되었던 기출문제를 차근차근 분석해 볼 필요가 있다.

문항별 정답률 및 선지별 선택률

문번	정답	정답률 (%)	선지별 선택률(%) ①	②	③	④	⑤
01	②	87.7	3.5	87.7	0.0	8.8	0.0
02	⑤	89.6	3.1	1.2	0.2	5.9	89.6
03	⑤	94.5	1.3	0.5	2.8	0.9	94.5
04	①	89.5	89.5	2.8	6.7	0.0	1.0
05	①	88.9	88.9	1.2	3.6	3.8	2.5
06	②	91.7	0.9	91.7	0.7	5.2	1.5
07	①	76.0	76.0	16.2	0.7	0.5	6.6
08	④	88.3	4.5	1.7	2.6	88.3	2.9
09	⑤	94.3	0.5	1.4	1.7	2.1	94.3
10	③	85.0	0.5	6.9	85.0	7.4	0.2
11	②	80.3	0.2	80.3	1.7	1.4	16.4
12	②	95.5	0.4	95.5	1.0	2.1	1.0
13	④	92.7	0.0	1.9	1.9	92.7	3.5

문번	정답	정답률 (%)	선지별 선택률(%) ①	②	③	④	⑤
14	⑤	87.2	2.1	0.9	0.9	8.9	87.2
15	④	94.8	0.5	0.7	1.2	94.8	2.8
16	⑤	80.3	0.7	5.5	12.8	0.7	80.3
17	①	67.9	67.9	27.1	3.1	0.7	1.2
18	③	92.9	4.3	0.0	92.9	0.5	2.3
19	①	74.2	74.2	2.4	2.1	21.3	0.0
20	③	79.3	1.9	9.5	79.3	2.9	6.4
21	⑤	77.3	1.4	13.4	4.3	3.6	77.3
22	③	74.1	0.5	1.0	74.1	7.4	17.0
23	②	87.4	4.1	87.4	4.6	1.0	2.9
24	④	76.7	2.0	4.3	13.2	76.7	3.8
25	④	65.5	6.3	3.8	21.0	65.5	3.4

※ 파란색 음영 문항은 해당 회차에서 정답률이 가장 낮은 TOP 3 문항입니다.
※ 정답률 및 선지별 선택률 산정 기준: 약 1년간 누적된 자동채점 & 성적결과분석 서비스의 응시 데이터

출제 비중

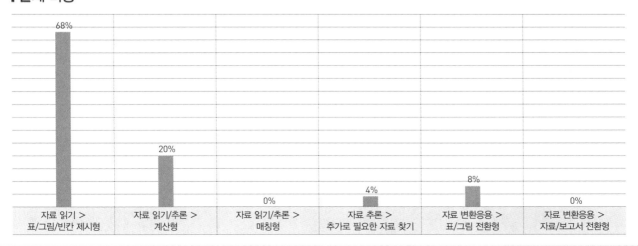

68% 자료 읽기 > 표/그림/빈칸 제시형
20% 자료 읽기/추론 > 계산형
0% 자료 읽기/추론 > 매칭형
4% 자료 추론 > 추가로 필요한 자료 찾기
8% 자료 변환응용 > 표/그림 전환형
0% 자료 변환응용 > 자료/보고서 전환형

01	②	02	⑤	03	⑤	04	①	05	①
06	②	07	①	08	④	09	⑤	10	③
11	②	12	①	13	④	14	⑤	15	④
16	⑤	17	①	18	③	19	①	20	③
21	⑤	22	③	23	②	24	④	25	④

01 ②
정답률 87.7%

| **문제 유형** | 자료 읽기 > 표 제시형

접근 전략 | 비교적 쉬운 문제로 해당 수치의 위치를 정확히 찾으면 된다. 간단한 문제일수록 오히려 실수할 수 있으므로 해당 항목과 수치를 표시하면서 해결해 나간다.

다음 〈표〉는 '갑' 연구소에서 제습기 A~E의 습도별 연간소비전력량을 측정한 자료이다. 이에 대한 〈보기〉의 설명 중 옳은 것만을 모두 고르면?

〈표〉 제습기 A~E의 습도별 연간소비전력량
(단위: kWh)

습도\제습기	40%	50%	60%	70%	80%
A	550	620	680	790	840
B	560	640	740	810	890
C	580	650	730	800	880
D	600	700	810	880	950
E	660	730	800	920	970

〈보기〉

ㄱ. 습도가 70%일 때 연간소비전력량이 가장 적은 제습기는 A이다. → (O) 습도가 70%일 때 A가 연간소비전력량이 790kWh으로 가장 적다.

ㄴ. 각 습도에서 연간소비전력량이 많은 제습기부터 순서대로 나열하면, 습도 60%일 때와 습도 70%일 때의 순서는 동일하다. → (X) 습도가 60%일 때는 연간소비전력량이 많은 제습기부터 순서대로 보면 D − E − B − C − A이고, 습도가 70%일 때는 E − D − B − C − A이다.

ㄷ. 습도가 40%일 때 제습기 E의 연간소비전력량은 습도가 50%일 때 제습기 B의 연간소비전력량보다 많다. → (O) 습도가 40%일 때 제습기 E의 연간소비전력량은 660kWh인데 습도가 50%일 때 제습기 B의 연간소비전력량은 640kWh이므로 적절하다.

ㄹ. 제습기 각각에서 연간소비전력량은 습도가 80%일 때가 40%일 때의 1.5배 이상이다. → (X) 40%일 때 연간소비전력량의 1.5배와 80%일 때 연간소비전력량을 비교해 보면 된다. 1.5배를 곱하는 것보다 연간소비전력량에 해당 연간소비전력량의 절반을 더하는 것이 편하다. A는 550+275=825(kWh), B는 560+280=840(kWh), C는 580+290=870(kWh), D는 600+300=900(kWh), E는 660+330=990(kWh)이다. 이를 80%의 연간소비전력량과 비교하면 E의 경우 40%의 1.5배가 80%일 때보다 큰 값이다.

① ㄱ, ㄴ ➡ (X) ② ㄱ, ㄷ ➡ (O) ③ ㄴ, ㄹ ➡ (X)
④ ㄱ, ㄷ, ㄹ ➡ (X) ⑤ ㄴ, ㄷ, ㄹ ➡ (X)

02 ⑤
정답률 89.6%

| **문제 유형** | 자료 읽기 > 표/빈칸 제시형

접근 전략 | 빈칸이 나오는 문제는 처음부터 모든 빈칸을 채우고 시작하지 말고 선지를 풀면서 필요한 빈칸만 채우는 것이 좋다. 모든 빈칸을 채우지 않아도 문제가 해결될 때가 있으므로 괜한 시간을 낭비하지 말자.

다음 〈표〉는 통신사 '갑', '을', '병'의 스마트폰 소매가격 및 평가점수 자료이다. 이에 대한 〈보기〉의 설명 중 옳은 것만을 모두 고르면?

〈표〉 통신사별 스마트폰의 소매가격 및 평가점수
(단위: 달러, 점)

통신사	스마트폰	소매가격	평가항목 화질	내비게이션	멀티미디어	배터리수명	통화성능	종합품질점수
갑	A	150	3	3	3	3	1	13
	B	200	2	2	3	1	2	( )
	C	200	3	3	3	1	1	( )
을	D	180	3	3	3	2	1	( )
	E	100	2	3	3	2	1	11
	F	70	2	1	3	2	1	( )
병	G	200	3	3	3	2	2	( )
	H	50	3	2	3	2	1	( )
	I	150	3	2	2	3	2	12

※ 스마트폰의 '종합품질점수'는 해당 스마트폰의 평가항목별 평가점수의 합임

〈보기〉

ㄱ. 소매가격이 200달러인 스마트폰 중 '종합품질점수'가 가장 높은 스마트폰은 C이다. → (X) 소매가격이 200달러인 스마트폰은 B, C, G인데 이들의 '종합품질점수'는 각각 10, 11, 13으로 '종합품질점수'가 가장 높은 스마트폰은 G이다.

ㄴ. 소매가격이 가장 낮은 스마트폰은 '종합품질점수'도 가장 낮다. → (X) 소매가격이 가장 낮은 스마트폰은 H이고, H의 '종합품질점수'는 110이다. '종합품질점수'는 F가 9로 가장 낮다.

ㄷ. 통신사 각각에 대해서 해당 통신사 스마트폰의 '통화성능' 평가점수의 평균을 계산하여 통신사별로 비교하면 '병'이 가장 높다. → (O) '갑'의 '통화성능' 평균은 $\frac{4}{3}$, '을'의 '통화성능' 평균은 1, '병'의 '통화성능' 평균은 $\frac{5}{3}$로, '병'의 '통화성능' 평균이 가장 높다.

ㄹ. 평가항목 각각에 대해서 스마트폰 A~I 평가점수의 합을 계산하여 평가항목별로 비교하면 '멀티미디어'가 가장 높다. → (O) 평가항목에서 가장 높은 점수가 3인데, '멀티미디어'에서는 I를 제외하고 나머지가 모두 30이고, I만 20이다. 다른 네 가지 평가항목에서는 3이 아닌 점수가 두 스마트폰 이상에 있으므로 '멀티미디어' 항목의 평가점수 합이 가장 높다.

① ㄱ ➡ (X)
② ㄷ ➡ (X)
③ ㄱ, ㄴ ➡ (X)
④ ㄴ, ㄹ ➡ (X)
⑤ ㄷ, ㄹ ➡ (O)

03 ⑤

| **문제 유형** | 자료 변환응용 > 표/그림 전환형
| **접근 전략** | 계산이 필요하지 않은 〈그림〉부터 확인해 본다. 해당하는 〈그림〉은 ①, ②이다. 다음으로는 +, −만 이용해서 계산할 수 있는 〈그림〉을 확인한다. 해당하는 〈그림〉은 ④, ⑤이다. 다음으로는 ×만 이용해서 계산할 수 있는 〈그림〉을 확인하고, 마지막으로 ÷를 이용해야 하는 〈그림〉을 확인한다. 여러 연도의 자료가 주어진다면 해당 〈그림〉이 몇 년도 자료인지 정확히 확인해야 한다.

다음 〈표〉는 2016년과 2017년 A~F 항공사의 공급석 및 탑승객 수를 나타낸 자료이다. 〈표〉를 이용하여 작성한 그래프로 옳지 않은 것은?

〈표〉 항공사별 공급석 및 탑승객 수

(단위: 만 개, 만 명)

구분 항공사 연도	공급석 수		탑승객 수	
	2016	2017	2016	2017
A	260	360	220	300
B	20	110	10	70
C	240	300	210	250
D	490	660	410	580
E	450	570	380	480
F	250	390	200	320
전체	1,710	2,390	1,430	2,000

① 연도별 A~F 항공사 전체의 공급석 및 탑승객 수

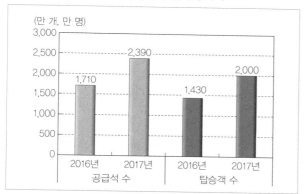

➡ (○) 〈표〉의 전체 공급석 및 탑승객 수와 일치한다.

② 항공사별 탑승객 수

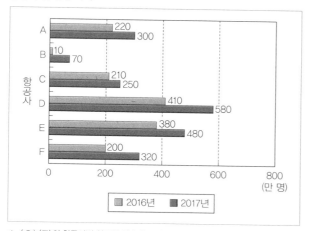

➡ (○) 〈표〉의 항공사별 연도별 탑승객 수와 일치한다.

③ 2017년 탑승객 수의 항공사별 구성비

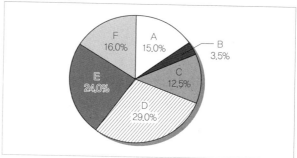

➡ (○) 〈표〉에서 2017년 항공사별 탑승객 수가 전체에서 차지하는 비율은 A의 경우 $\frac{300}{2,000} \times 100 = 15(\%)$, B의 경우 $\frac{70}{2,000} \times 100 = 3.5(\%)$, C의 경우 $\frac{250}{2,000} \times 100 = 12.5(\%)$, D의 경우 $\frac{580}{2,000} \times 100 = 29(\%)$, E의 경우 $\frac{480}{2,000} \times 100 = 24(\%)$, F의 경우 $\frac{320}{2,000} \times 100 = 16(\%)$로, 이는 〈그림〉과 일치한다.

④ 2016년 대비 2017년 항공사별 공급석 수 증가량

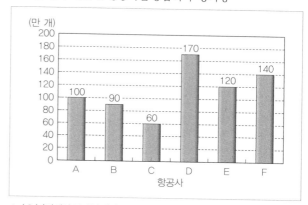

➡ (○) 〈표〉에서 2016년 대비 2017년 공급석 수 변화는 A의 경우 360−260=100 (만 개), B의 경우 110−20=90(만 개), C의 경우 300−240=60(만 개), D의 경우 660−490=170(만 개), E의 경우 570−450=120(만 개), F의 경우 390−250=140(만 개)이다. 이는 〈그림〉과 일치한다.

⑤ 2017년 항공사별 잔여석 수

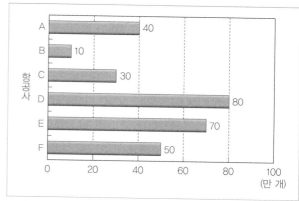

※ 잔여석 수=공급석 수−탑승객 수

➡ (X) 〈그림〉은 2016년 항공사별 잔여석 수를 나타내고 있다.

문제 유형	자료 읽기 > 그림 제시형
접근 전략	증가율과 증가폭의 차이를 유념해야 된다. 증가폭은 절대적인 값을 의미하고, 증가율은 비율을 의미한다.

다음 〈그림〉은 A국의 2012~2017년 태양광 산업 분야 투자액 및 투자건수에 관한 자료이다. 이에 대한 설명으로 옳지 않은 것은?

〈그림〉 태양광 산업 분야 투자액 및 투자건수

① 2013~2017년 동안 투자액의 전년 대비 증가율은 2016년이 가장 높다. ➡ (X) 정확한 증가율을 물어보는 것이 아니라면 몇 배인지 확인하는 것이 편하다. 2014년, 2017년은 전년 대비 감소하였으므로 제외하고 계산한다. 〈그림〉이 제시된 경우에는 가장 크게 증가하는 값, 가장 작게 증가하는 값을 쉽게 파악할 수 있다. 〈그림〉에 따르면 2015년의 경우 전년 대비 증가율이 가장 크다는 것을 짐작할 수 있다. 2015년을 계산해 보면 전년 대비 약 2.5배이고, 2013년, 2016년은 2배가 되지 않는다. 따라서 전년 대비 투자액 증가율이 가장 높은 연도는 2015년이다.

② 2013~2017년 동안 투자건수의 전년 대비 증가율은 2017년이 가장 낮다. ➡ (O) 전년도의 값이 크고, 전년 대비 증가량이 비슷하다면 전년 대비 증가율은 낮다. 전년 대비 증가량은 2013년이 4건, 2014년은 8건, 2015년은 5건, 2016년은 35건, 2017년은 3건이다. 전년 대비 증가량은 2017년이 가장 작고, 전년도의 값은 2017년이 가장 크므로 전년 대비 증가율은 2017년이 가장 낮다.

③ 2012년과 2015년 투자건수의 합은 2017년 투자건수보다 작다. ➡ (O) 2012년과 2015년 투자건수의 합은 33건으로 2017년의 63건보다 작다.

④ 투자액이 가장 큰 연도는 2016년이다. ➡ (O) 2016년의 투자액이 390억 원으로 가장 크다.

⑤ 투자건수는 매년 증가하였다. ➡ (O) 투자건수는 8건 → 12건 → 20건 → 25건 → 60건 → 63건으로 매년 증가하였다.

문제 유형	자료 읽기 > 표 제시형
접근 전략	〈표〉의 항목이 매우 많아 필요한 값을 찾는 데 헤맬 수 있고, 정확한 값을 다 계산하기에는 값이 너무 많다. 따라서 이러한 문제에서는 대략적인 어림으로 선지를 해결하도록 한다.

다음 〈표〉는 15개 종목이 개최된 2018 평창 동계 올림픽 참가국 A~D의 메달 획득 결과를 나타낸 자료이다. 이에 대한 설명으로 옳은 것은?

〈표〉 2018 평창 동계 올림픽 참가국 A~D의 메달 획득 결과

(단위: 개)

종목＼국가＼메달	A국 금	A국 은	A국 동	B국 금	B국 은	B국 동	C국 금	C국 은	C국 동	D국 금	D국 은	D국 동
노르딕복합	3	1	1					1				
루지	3	1	2	1							1	1
바이애슬론	3	1	3				1	3	2			
봅슬레이	3	1			1					1		1
쇼트트랙					1					1	1	3
스노보드		1	1	4	2	1				1	2	1
스켈레톤		1										
스키점프	1	3					2	1	2			
스피드스케이팅					1	2	1	1	1	1	1	
아이스하키		1		1							1	1
알파인스키				1	1	1	1	4	2			
컬링		1								1	1	
크로스컨트리		1					7	4	3			
프리스타일스키		1	2	1	1					4	2	1
피겨스케이팅	1				2					2		2

※ 빈칸은 0을 의미함

① 동일 종목에서, A국이 획득한 모든 메달 수와 B국이 획득한 모든 메달 수를 합하여 종목별로 비교하면, 15개 종목 중 스노보드가 가장 많다. ➡ (O) A국과 B국의 스노보드 총 메달 수는 9개로, 루지 7개, 바이애슬론 7개보다 많다. 따라서 스노보드 총 메달 수가 가장 많다.

② A국이 획득한 금메달 수와 C국이 획득한 동메달 수는 같다. ➡ (X) A국이 획득한 금메달 수는 총 14개이고, C국이 획득한 동메달 수는 총 11개이다.

③ A국이 루지, 봅슬레이, 스켈레톤 종목에서 획득한 모든 메달 수의 합은 C국이 크로스컨트리 종목에서 획득한 모든 메달 수보다 많다. ➡ (X) A국이 루지, 봅슬레이, 스켈레톤 종목에서 획득한 모든 메달 수의 합은 3+1+2+3+1+1=11(개)이고, C국이 크로스컨트리 종목에서 획득한 모든 메달 수는 7+4+3=14(개)로, C국이 크로스컨트리 종목에서 획득한 모든 메달 수가 더 많다.

④ A~D국 중 메달을 획득한 종목의 수가 가장 많은 국가는 D국이다. ➡ (X) 각 국가가 메달을 획득한 종목의 수는 A국이 9개, B국이 11개, C국이 8개, D국이 9개이다. 따라서 B국이 메달을 획득한 종목의 수가 가장 많다.

⑤ 획득한 은메달 수가 많은 국가부터 순서대로 나열하면 C, B, A, D국 순이다. ➡ (X) A국이 획득한 은메달 수는 1+1+1+1+1+1+3+1=10(개), B국은 1+1+1+2+1+2=8(개), C국은 1+3+1+1+4+4=14(개), D국은 1+1+2+1+1+2=8(개)이다. 많은 국가부터 순서대로 나열하면 C, A, B=D이다.

|문제 유형| 자료 읽기 > 표 제시형
|접근 전략| 복합 자료 문제는 여러 자료를 빠르게 넘나드는 실력이 필요하다. 〈표〉의 각주를 잘 기억하면 〈표〉를 넘나들 때 위치를 쉽게 찾을 수 있다.

다음 〈표〉는 A국의 흥행순위별 2017년 영화개봉작 정보와 월별 개봉편수 및 관객 수에 대한 자료이다. 이에 대한 설명으로 옳지 않은 것은?

〈표 1〉 A국의 흥행순위별 2017년 영화개봉작 정보

(단위: 천 명)

흥행순위	영화명	개봉시기	제작	관객 수
1	버스운전사	8월	국내	12,100
2	님과 함께	12월	국내	8,540
3	동조	1월	국내	7,817
4	거미인간	7월	국외	7,258
5	착한도시	10월	국내	6,851
6	군함만	7월	국내	6,592
7	소년경찰	8월	국내	5,636
8	더 퀸	1월	국내	5,316
9	투수와 야수	3월	국외	5,138
10	퀸스맨	9월	국외	4,945
11	썬더맨	10월	국외	4,854
12	꾸러기	11월	국내	4,018
13	가랑비	12월	국내	4,013
14	동래산성	10월	국내	3,823
15	좀비	6월	국외	3,689
16	행복의 질주	4월	국외	3,653
17	나의 이름은	4월	국외	3,637
18	슈퍼카인드	7월	국외	3,325
19	아이 캔 토크	9월	국내	3,279
20	캐리비안	5월	국외	3,050

※ 관객 수는 개봉일로부터 2017년 12월 31일까지 누적한 값임

〈표 2〉 A국의 2017년 월별 개봉편수 및 관객 수

(단위: 편, 천 명)

월	국내 개봉편수	국내 관객 수	국외 개봉편수	국외 관객 수
1	35	12,682	105	10,570
2	39	8,900	96	6,282
3	31	4,369	116	9,486
4	29	4,285	80	6,929
5	31	6,470	131	12,210
6	49	4,910	124	10,194
7	50	6,863	96	14,495
8	49	21,382	110	8,504
9	48	5,987	123	6,733
10	35	12,964	91	8,622
11	56	6,427	104	6,729
12	43	18,666	95	5,215
전체	495	113,905	1,271	105,969

※ 관객 수는 당월 상영영화에 대해 월말 집계한 값임

① 흥행순위 1~20위 내의 영화 중 한 편의 영화도 개봉되지 않았던 달에는 국외제작영화 관객 수가 국내제작영화 관객 수보다 적다.
➡ (O) 〈표 1〉에서 흥행순위 1~20위 내의 영화 중 한 편의 영화도 개봉되지 않았던 달은 2월이다. 〈표 2〉에서 2월 국외제작영화 관객 수가 6,282천 명으로 국내제작영화 관객 수인 8,900천 명보다 적다.

② 10월에 개봉된 영화 중 흥행순위 1~20위 내에 든 영화는 국내제작영화뿐이다. ➡ (X) 〈표 1〉에서 11위 썬더맨은 국외제작영화이다.

③ 국외제작영화 개봉편수는 국내제작영화 개봉편수보다 매달 많다.
➡ (O) 〈표 2〉에서 1월부터 12월까지 모두 국내제작영화 개봉편수보다 국외제작영화 개봉편수가 더 많다.

④ 국외제작영화 관객 수가 가장 많았던 달에 개봉된 영화 중 흥행순위 1~20위 내에 든 국외제작영화 개봉작은 2편이다. ➡ (O) 〈표 2〉에서 국외제작영화 관객 수가 가장 많았던 달은 14,495천 명의 관객이 관람한 7월이다. 이때 흥행순위 1~20위 내에 든 국외제작영화 개봉작은 거미인간, 슈퍼카인드로 2편이다.

⑤ 흥행순위가 1위인 영화의 관객 수는 국내제작영화 전체 관객 수의 10% 이상이다. ➡ (O) 2017년 버스운전사의 관객 수는 12,100천 명으로 이는 2017년 국내영화 관객 수인 113,905천 명의 10% 이상이다.

|문제 유형| 자료 읽기 > 표 제시형
|접근 전략| 수와 비율의 차이에 주의해야 한다. 절대적인 수치가 크더라도 분모가 크면 비율이 작을 수 있다.

다음 〈표〉는 조선시대 A지역 인구 및 사노비 비율에 대한 자료이다. 이에 대한 〈보기〉의 설명 중 옳은 것만을 모두 고르면?

〈표〉 A지역 인구 및 사노비 비율

조사 연도	인구(명)	인구 중 사노비 비율(%)			
		솔거노비	외거노비	도망노비	전체
1720	2,228	18.5	10.0	11.5	40.0
1735	3,143	13.8	6.8	12.8	33.4
1762	3,380	11.5	8.5	11.7	31.7
1774	3,189	14.0	8.8	12.0	34.8
1783	3,056	14.9	6.7	9.3	30.9
1795	2,359	18.2	4.3	6.5	29.0

※ 1) 사노비는 솔거노비, 외거노비, 도망노비로만 구분됨
   2) 비율은 소수점 둘째 자리에서 반올림한 값임

―〈보기〉―

ㄱ. A지역 인구 중 도망노비를 제외한 사노비가 차지하는 비율은 조사 연도 중 1720년이 가장 높다. → (O) 도망노비를 제외한 사노비는 솔거노비와 외거노비인데, 이 둘의 비율의 합은 1720에 28.5%였다가 20.6% → 20.0% → 22.8% → 21.6% → 22.5%로 변했으므로 조사연도 중 1720년이 가장 높다.

ㄴ. A지역 사노비 수는 1774년이 1720년보다 많다. → (O) A지역 사노비 수는 1720년에는 2,228명 중 40%인 약 892명, 1774년에는 3,189명 중 34.8%인 약 1,110명으로, 1774년이 1720년보다 많다.

ㄷ. A지역 사노비 중 외거노비가 차지하는 비율은 1720년이 1762년보다 높다. → (X) A지역 사노비 중 외거노비가 차지하는 비율은 1720년에는 $\frac{10}{40} \times 100 = 25.0$(%), 1762년에는 $\frac{8.5}{31.7} \times 100 ≒ 26.8$(%)로 1762년이 1720년보다 높다.

ㄹ. A지역 인구 중 솔거노비가 차지하는 비율은 매 조사연도마다 낮아진다. → (X) 1762~1795년 조사연도마다 솔거노비가 차지하는 비율은 11.5% → 14.0% → 14.9% → 18.2%로 점점 높아지고 있다.

① ㄱ, ㄴ ➡ (O)
② ㄱ, ㄷ ➡ (X)
③ ㄷ, ㄹ ➡ (X)
④ ㄱ, ㄴ, ㄹ ➡ (X)
⑤ ㄴ, ㄷ, ㄹ ➡ (X)

08 ④

|문제 유형| 자료 읽기 > 표 제시형
|접근 전략| 총지출 대비 SOC 투자규모 비중은 % 단위이고 SOC 투자규모는 조 원 단위임을 유의해야 한다. 단위가 다를 때에는 계산에 특히 주의해야 한다.

다음 〈표〉는 2013~2017년 '갑'국의 사회간접자본(SOC) 투자규모에 관한 자료이다. 이에 대한 설명으로 옳지 않은 것은?

〈표〉 '갑'국의 사회간접자본(SOC) 투자규모

(단위: 조 원, %)

연도 구분	2013	2014	2015	2016	2017
SOC 투자규모	20.5	25.4	25.1	24.4	23.1
총지출 대비 SOC 투자규모 비중	7.8	8.4	8.6	7.9	6.9

① 2017년 총지출은 300조 원 이상이다. ➡ (O)

$\frac{SOC\ 투자규모}{총지출\ 대비\ SOC\ 투자규모\ 비중}$ = 총지출이다. '총지출 대비 SOC 투자규모 비중'은 %단위이므로 이를 100으로 나누어야 공식에 대입할 수 있다. 따라서 2017년 총지출은 $\frac{23.1}{0.069} ≒ 334.78$(조 원)으로, 300조 원 이상이다.

② 2014년 'SOC 투자규모'의 전년 대비 증가율은 30% 이하이다.

➡ (O) 2014년 'SOC 투자규모'의 전년 대비 증가율은 $\frac{(25.4-20.5)}{20.5} \times 100 ≒ 23.9$(%)로, 30% 이하이다.

③ 2014~2017년 동안 'SOC 투자규모'가 전년에 비해 가장 큰 비율로 감소한 해는 2017년이다. ➡ (O) 2015년과 2016년, 2017년 'SOC 투자규모'가 감소했는데, 2015년에는 $\frac{(25.4-25.1)}{25.4} \times 100 ≒ 1.2$(%) 감소하였고, 2016년에는 $\frac{(25.1-24.4)}{25.1} \times 100 ≒ 2.8$(%) 감소하였으며, 2017년에는 $\frac{(24.4-23.1)}{24.4} \times 100 ≒ 5.3$(%) 감소하였다. 따라서 2017년 감소 비율이 가장 크다.

④ 2014~2017년 동안 'SOC 투자규모'와 '총지출 대비 SOC 투자규모 비중'의 전년 대비 증감방향은 동일하다. ➡ (X) 2015년 'SOC 투자규모'는 전년 대비 감소했으나 '총지출 대비 SOC 투자규모 비중'은 증가했다.

⑤ 2018년 'SOC 투자규모'의 전년 대비 감소율이 2017년과 동일하다면, 2018년 'SOC 투자규모'는 20조 원 이상이다. ➡ (O) 2017년 'SOC 투자규모'의 전년 대비 감소율은 $\frac{(24.4-23.1)}{24.4} \times 100 ≒ 5.3$(%)이다. 이와 동일하게 2018년 'SOC 투자규모'가 전년 대비 감소한다면 2018년 'SOC 투자규모'는 $23.1 \times (1-0.053) = 21.8757$(조 원)으로 20조 원 이상이다.

09 ⑤

|문제 유형| 자료 읽기/추론 > 계산형
|접근 전략| 확실한 값이 나온 〈조건〉은 '병'의 배낭에 담긴 물품 가격의 합이다. 여러 가지 경우의 수가 나오는 〈조건〉보다는 확실한 〈조건〉을 기준으로 계산을 시작하는 것이 편하다. 또 미지수가 여러 개이므로 방정식을 세워 풀면 편리하다.

다음 〈표〉는 물품 A~E의 가격에 대한 자료이다. 〈조건〉에 부합하는 (가), (나), (다)로 가능한 것은?

〈표〉 물품 A~E의 가격

(단위: 원/개)

물품	가격
A	24,000
B	(가)
C	(나)
D	(다)
E	16,000

〈조건〉

○ '갑', '을', '병'의 배낭에 담긴 물품은 각각 다음과 같다.
　- 갑: B, C, D
　- 을: A, C
　- 병: B, D, E
○ 배낭에는 해당 물품이 한 개씩만 담겨 있다.
○ 배낭에 담긴 물품 가격의 합이 높은 사람부터 순서대로 나열하면 '갑', '을', '병' 순이다.
○ '병'의 배낭에 담긴 물품 가격의 합은 44,000원이다.

	(가)	(나)	(다)
①	11,000	23,000	14,000 ➡ (X)
②	12,000	14,000	16,000 ➡ (X)
③	12,000	19,000	16,000 ➡ (X)
④	13,000	19,000	15,000 ➡ (X)
⑤	13,000	23,000	15,000 ➡ (O)

병의 배낭에 담긴 물품 가격의 합은 44,000원이므로 B+D+E=44,000(원)이다. 이때 물품 E의 가격은 16,000원이므로 B+D=28,000(원)이다. 을의 물품 가격의 합이 병보다 높으므로 A+C>44,000원이어야 한다. A는 24,000원이므로 C>20,000원이다. ②~④는 C>20,000원에 부합하지 않는다. B+D=28,000(원)이므로 (가)가 13,000원이고, (다)가 15,000원으로 합이 28,000원인 ⑤가 적절하다.

312 • 민간경력자 PSAT 14개년 기출문제집 • 분석해설편

문제 유형 | 자료 읽기 > 표/그림 제시형
| 접근 전략 | 자료가 여러 개 제시될 경우 자료를 혼동하거나 범례를 착각할 수 있으므로 각 자료의 범례들을 잘 파악하고 있어야 한다. 또 %와 %p는 혼동하지 않도록 한다.

다음 〈표〉와 〈그림〉은 A국 초·중·고등학생 평균 키 및 평균 체중과 비만에 대한 자료이다. 이에 대한 〈보기〉의 설명 중 옳은 것만을 모두 고르면?

〈표 1〉 학교급별 평균 키 및 평균 체중 현황

(단위: cm, kg)

학교급	성별	2017년		2016년		2015년		2014년		2013년	
		키	체중	키	체중	키	체중	키	체중	키	체중
초	남	152.1	48.2	151.4	46.8	151.4	46.8	150.4	46.0	150.0	44.7
	여	152.3	45.5	151.9	45.2	151.8	45.1	151.1	44.4	151.0	43.7
중	남	170.0	63.7	169.7	62.3	169.2	61.9	168.9	61.6	168.7	60.5
	여	159.8	54.4	159.8	54.3	159.8	54.1	159.5	53.6	160.0	52.9
고	남	173.5	70.0	173.5	69.4	173.5	68.5	173.7	68.3	174.0	68.2
	여	160.9	57.2	160.9	57.1	160.9	56.8	161.1	56.2	161.1	55.4

〈표 2〉 2017년 학교급별 비만학생 구성비

(단위: %)

구분 학교급	성별	비만 아닌 학생	비만학생			학생 비만율
			경도 비만	중등도 비만	고도 비만	
초	남	82.6	8.5	7.3	1.6	17.4
	여	88.3	6.5	4.4	0.8	11.7
중	남	81.5	9.0	7.5	2.0	18.5
	여	86.2	7.5	4.9	1.4	13.8
고	남	79.5	8.7	8.4	3.4	20.5
	여	81.2	8.6	7.5	2.7	18.8
전체		83.5	8.1	6.5	1.9	16.5

※ '학생비만율'은 학생 중 비만학생(경도 비만+중등도 비만+고도 비만)의 구성비임

〈그림〉 연도별 초·중·고 전체의 비만학생 구성비

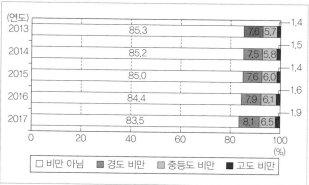

〈보기〉

ㄱ. 중학교 여학생의 평균 키는 매년 증가하였다. → (X) 〈표 1〉을 보면 중학교 여학생의 평균 키는 2014년 159.5cm로, 2013년의 160.0cm보다 하락하였다.

ㄴ. 초·중·고 전체의 '학생비만율'은 매년 증가하였다. → (O) 〈그림〉을 보면 연도별 비만 아님 비율은 85.3% → 85.2% → 85.0% → 84.4% → 83.5%로 매년 감소하였다. 이는 '학생비만율'이 매년 증가하였음을 의미한다.

ㄷ. 고등학교 남학생의 '학생비만율'은 2013년이 2017년보다 작다. → (X) 제시된 자료들을 통해서는 2013년 고등학교 남학생의 '학생비만율'은 알 수 없다.

ㄹ. 2017년 '학생비만율'의 남녀 학생 간 차이는 중학생이 초등학생보다 작다. → (O) 2017년 '학생비만율'의 남녀 학생 간 차이는 중학생의 경우 18.5−13.8=4.7(%p), 초등학생의 경우 17.4−11.7=5.7(%p)로, 중학생이 초등학생보다 차이가 작다.

① ㄱ, ㄴ ➡ (X)
② ㄴ, ㄷ ➡ (X)
③ ㄴ, ㄹ ➡ (O)
④ ㄷ, ㄹ ➡ (X)
⑤ ㄱ, ㄷ, ㄹ ➡ (X)

| 문제 유형 | 자료 읽기 > 그림 제시형
| 접근 전략 | A 대비 B는 $\frac{B}{A}$를 뜻한다. 분자와 분모를 헷갈리지 않도록 한다.

다음 〈그림〉은 A∼F국의 2016년 GDP와 'GDP 대비 국가자산총액'을 나타낸 자료이다. 이에 대한 〈보기〉의 설명 중 옳은 것만을 모두 고르면?

〈그림〉 A∼F국의 2016년 GDP와 'GDP 대비 국가자산총액'

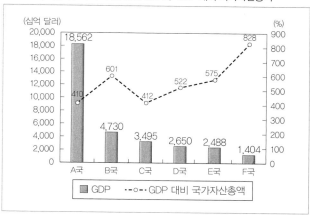

※ GDP 대비 국가자산총액(%)= $\frac{국가자산총액}{GDP} \times 100$

〈보기〉

ㄱ. GDP가 높은 국가일수록 'GDP 대비 국가자산총액'이 작다. → (X) B국은 C국보다 GDP와 'GDP 대비 국가자산총액'이 모두 높다.

ㄴ. A국의 GDP는 나머지 5개국 GDP의 합보다 크다. → (O) A국의 GDP는 18조 5,620억 달러로 B∼F국의 GDP를 모두 더한 4,730+3,495+2,650+2,488+1,404=14조 7,670억 달러보다 크다.

ㄷ. 국가자산총액은 F국이 D국보다 크다. → (X) 국가자산총액은 $\frac{GDP \times GDP\ 대비\ 국가자산총액}{100}$으로 구할 수 있다. F국의 국가자산총액은

$$\frac{1,404 \times 828}{100} = 11,625.12(\text{십억 달러})$$이고, D국의 국가자산총액은 $\frac{2,650 \times 522}{100}$

$= 13,833(\text{십억 달러})$이다. 따라서 D국의 국가자산총액이 F국보다 크다.

① ㄱ ➡ (X)
② ㄴ ➡ (O)
③ ㄷ ➡ (X)
④ ㄱ, ㄴ ➡ (X)
⑤ ㄴ, ㄷ ➡ (X)

---

12 ②
정답률 95.5%

| 문제 유형 | 자료 읽기/추론 > 계산형
| 접근 전략 | 약수, 배수, 인수분해에 관한 개념은 꼭 숙지하고 있어야 한다. 또 자료의 형태가 생소하지만 〈규칙〉이 큰 힌트가 되므로 〈규칙〉을 정확히 이해하고 문제를 풀도록 한다.

다음 〈그림〉은 아래 〈규칙〉에 따라 2에서 10까지의 서로 다른 자연수의 관계를 나타낸 것이다. 이때 '가', '나', '다'에 해당하는 수의 합은?

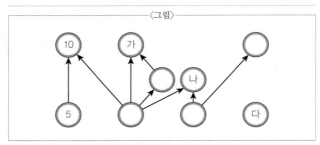

〈그림〉

─〈규칙〉─
○ 〈그림〉에서 2에서 10까지의 자연수는 ◯ 안에 한 개씩만 사용되고, 사용되지 않는 자연수는 없다.
○ 2에서 10까지의 서로 다른 임의의 자연수 3개를 x, y, z라고 할 때,
  – ⓧ → ⓨ는 y가 x의 배수임을 나타낸다.
  – 화살표로 연결되지 않은 ⓩ는 z가 x, y와 약수나 배수 관계가 없음을 나타낸다.

① 20 ➡ (X)
② 21 ➡ (O) 10은 2 × 5로 인수분해된다. 따라서 10은 2와 5의 배수이다. – (1)
2~10 가운데 2의 배수는 4, 6, 8, 10인데 10은 이미 쓰여 있으므로 2에서 화살표로 뻗은 곳에 4, 6, 8이 들어간다. 그런데 8은 4의 배수이므로 '가'에는 8이 들어가고, 그 옆에 4가 들어간다. 따라서 남은 6은 '나'에 들어간다. – (2)
6은 2 × 3으로 인수분해되는데 2는 이미 쓰여 있으므로 '나' 아래에는 3이 들어간다. – (3)
9는 3의 배수이므로 오른쪽 위에는 9가 들어간다. – (4)
남은 숫자 7이 '다'에 들어간다. – (5)

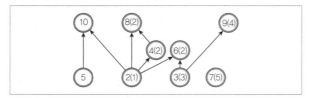

③ 22 ➡ (X)
④ 23 ➡ (X)
⑤ 24 ➡ (X)

---

13 ④
정답률 92.7%

| 문제 유형 | 자료 읽기 > 표 제시형
| 접근 전략 | 해당 문제는 다른 그림 찾기의 축소판이다. 즉, 해당 항목만 정확히 찾아 비교하면 문제를 쉽게 해결할 수 있으므로 집중하여 풀도록 한다.

다음 〈표〉는 7월 1~10일 동안 도시 A~E에 대한 인공지능 시스템의 예측 날씨와 실제 날씨이다. 이에 대한 〈보기〉의 설명 중 옳은 것만을 모두 고르면?

〈표〉 도시 A~E에 대한 예측 날씨와 실제 날씨

도시	날짜 / 구분	7.1	7.2	7.3	7.4	7.5	7.6	7.7	7.8	7.9	7.10
A	예측										
	실제										
B	예측										
	실제										
C	예측										
	실제										
D	예측										
	실제										
E	예측										
	실제										

※ ☼: 맑음. ☁: 흐림. ☂: 비

─〈보기〉─
ㄱ. 도시 A에서는 예측 날씨가 '비'인 날 실제 날씨도 모두 '비'였다. → (X) 7월 8일의 예측 날씨는 '비'였으나 실제 날씨는 '맑음'이었다.
ㄴ. 도시 A~E 중 예측 날씨와 실제 날씨가 일치한 일수가 가장 많은 도시는 B이다. → (O) 예측 날씨와 실제 날씨가 일치한 일수는 A가 6일, B가 7일, C가 5일, D가 4일, E가 3일이다. 따라서 B가 예측 날씨와 실제 날씨가 일치한 일수가 가장 많다.
ㄷ. 7월 1~10일 중 예측 날씨와 실제 날씨가 일치한 도시 수가 가장 적은 날짜는 7월 2일이다. → (O) 7월 2일에는 A~E 도시 모두 예측 날씨와 실제 날씨가 다르다.

① ㄱ ➡ (X)
② ㄴ ➡ (X)
③ ㄷ ➡ (X)
④ ㄴ, ㄷ ➡ (O)
⑤ ㄱ, ㄴ, ㄷ ➡ (X)

14 ⑤

|문제 유형| 자료 읽기 > 표 제시형

|접근 전략| A당 B, A 대비 B 등은 모두 $\frac{B}{A}$를 뜻한다. 또한 A당 B가 가장 크다는 것은 B당 A가 가장 작다는 뜻임을 알아두도록 한다.

다음 〈표〉는 1930〜1934년 동안 A지역의 곡물 재배면적 및 생산량을 정리한 자료이다. 이에 대한 설명으로 옳은 것은?

〈표〉 A지역의 곡물 재배면적 및 생산량

(단위: 천 정보, 천 석)

곡물	구분	연도 1930	1931	1932	1933	1934
미곡	재배면적	1,148	1,100	998	1,118	1,164
	생산량	15,276	14,145	13,057	15,553	18,585
맥류	재배면적	1,146	773	829	963	1,034
	생산량	7,347	4,407	4,407	6,339	7,795
두류	재배면적	450	283	301	317	339
	생산량	1,940	1,140	1,143	1,215	1,362
잡곡	재배면적	334	224	264	215	208
	생산량	1,136	600	750	633	772
서류	재배면적	59	88	87	101	138
	생산량	821	1,093	1,228	1,436	2,612
전체	재배면적	3,137	2,468	2,479	2,714	2,883
	생산량	26,520	21,385	20,585	25,176	31,126

① 1931〜1934년 동안 재배면적의 전년 대비 증감방향은 미곡과 두류가 동일하다. ➡ (X) 1932년 미곡의 재배면적은 전년 대비 감소했으나 두류의 재배면적은 전년 대비 증가했다.

② 생산량은 매년 두류가 서류보다 많다. ➡ (X) 1932년부터는 서류가 두류보다 생산량이 더 많다.

③ 재배면적은 매년 잡곡이 서류의 2배 이상이다. ➡ (X) 1934년 잡곡의 재배면적은 208천 정보, 서류의 재배면적은 138천 정보이다. 따라서 잡곡의 재배면적이 서류의 재배면적의 $\frac{208}{138}$ ≒ 1.5(배)로 2배가 되지 않는다.

④ 1934년 재배면적당 생산량이 가장 큰 곡물은 미곡이다. ➡ (X)
1934년 서류의 재배면적당 생산량이 $\frac{2,612}{138}$ ≒ 18.9(석)으로 가장 크다. 미곡의 재배면적당 생산량은 $\frac{18,585}{1,164}$ ≒ 16.0(석)으로 서류의 재배면적당 생산량보다 작다. 나머지 곡물의 재배면적당 생산량은 10석에 미달한다.

⑤ 1933년 미곡과 맥류 재배면적의 합은 1933년 곡물 재배면적 전체의 70% 이상이다. ➡ (O) 정확한 값을 요하지 않고, 비교하는 것이므로 1933년 미곡과 맥류 재배면적의 합과 곡물 재배면적 전체의 70%를 비교하면 된다. 1933년 미곡과 맥류 재배면적의 합이 1,118+963=2,081(천 정보)이고, 전체 재배면적의 70%는 2,714 × 0.7 = 1,899.8(천 정보)이다. 2,081 > 1,899.80이므로 1933년 미곡과 맥류 재배면적의 합은 1933년 곡물 재배면적 전체의 70%를 넘는다.

15 ④

|문제 유형| 자료 읽기 > 그림 제시형

|접근 전략| 제시된 〈그림〉은 선끼리 겹쳐져 있어 혼동될 수 있으므로 선이 어떻게 이어져 있는지와 도형의 모양을 잘 확인하여 실수를 줄여야 한다.

다음 〈그림〉은 주요국(한국, 미국, 일본, 프랑스)이 화장품산업 경쟁력 4대 분야에서 획득한 점수에 대한 자료이다. 이에 대한 설명으로 옳은 것은?

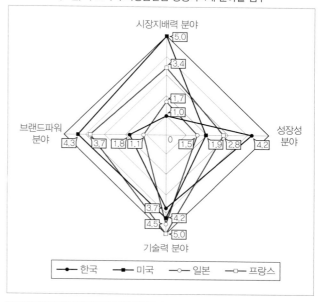

〈그림〉 주요국의 화장품산업 경쟁력 4대 분야별 점수

① 기술력 분야에서는 한국의 점수가 가장 높다. ➡ (X) 기술력 분야에서는 프랑스가 5.0점으로 점수가 가장 높다.

② 성장성 분야에서 점수가 가장 높은 국가는 시장지배력 분야에서도 점수가 가장 높다. ➡ (X) 성장성 분야에서 점수가 가장 높은 국가는 4.2점인 한국이고, 시장지배력 분야에서 점수가 가장 높은 국가는 5.0점인 미국이다.

③ 브랜드파워 분야에서 각국이 획득한 점수의 최댓값과 최솟값의 차이는 3 이하이다. ➡ (X) 브랜드파워 분야에서 최고점은 4.3점이고, 최저점은 1.1점으로 3.2점 차이가 난다. 따라서 최댓값과 최솟값 차이는 3 이상이다.

④ 미국이 4대 분야에서 획득한 점수의 합은 프랑스가 4대 분야에서 획득한 점수의 합보다 크다. ➡ (O) 미국이 4대 분야에서 획득한 점수의 합은 5.0+4.3+4.2+1.9=15.4(점)이고, 프랑스가 4대 분야에서 획득한 점수의 합은 3.4+3.7+5.0+2.8=14.9(점)이다. 프랑스보다 미국이 4대 분야에서 획득한 점수의 합이 크다.

⑤ 시장지배력 분야의 점수는 일본이 프랑스보다 높지만 미국보다는 낮다. ➡ (X) 시장지배력 분야의 점수는 일본(1.7점)이 프랑스(3.4점), 미국(5.0점)보다 낮다.

16 ⑤

| **문제 유형** | 자료 읽기 > 그림 제시형
| **접근 전략** | 기본적인 이항에 대한 이해가 필요하다. 해당 문제에서는 이항을 이용하여 분수 형태를 없애주는 것이 시간을 절약할 수 있는 방법이다.

다음 〈그림〉은 기업 A, B의 2014~2017년 에너지원단위 및 매출액 자료이다. 이에 대한 〈보기〉의 설명 중 옳은 것만을 모두 고르면?

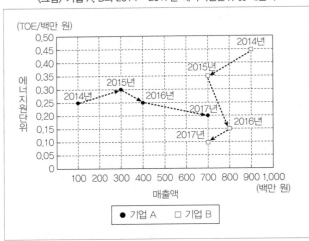

〈그림〉 기업 A, B의 2014~2017년 에너지원단위 및 매출액

※ 에너지원단위(TOE/백만 원) = $\dfrac{\text{에너지소비량(TOE)}}{\text{매출액(백만 원)}}$

〈보기〉

ㄱ. 기업 A, B는 각각 에너지원단위가 매년 감소하였다. → (X) 기업 A는 2015년 에너지원단위가 2014년보다 증가하였다.

ㄴ. 기업 A의 에너지소비량은 매년 증가하였다. → (O) 에너지소비량은 에너지원단위 × 매출액으로 구할 수 있다. 기업 A의 에너지소비량은 2014년의 경우 0.25 × 100 = 25(TOE), 2015년의 경우 0.3 × 300 = 90(TOE), 2016년의 경우 0.25 × 400 = 100(TOE), 2017년의 경우 0.20 × 700 = 140(TOE)로, 매년 증가하였다.

ㄷ. 2016년 에너지소비량은 기업 B가 기업 A보다 많다. → (O) 2016년 기업 A의 에너지소비량은 0.25 × 400 = 100(TOE)이고, 기업 B의 에너지소비량은 0.15 × 800 = 120(TOE)이므로, 기업 A보다 기업 B가 에너지소비량이 많다.

① ㄱ ➡ (X)
② ㄴ ➡ (X)
③ ㄷ ➡ (X)
④ ㄱ, ㄴ ➡ (X)
⑤ ㄴ, ㄷ ➡ (O)

17 ①

| **문제 유형** | 자료 읽기 > 표/그림 제시형
| **접근 전략** | 전년 동분기 대비 등락액이란 2016년 1분기라면 2015년 1분기보다 얼마나 증가 또는 감소했는지를 뜻한다. 전기 대비와 혼동하지 않아야 한다. 등락액이 양수이면 전년보다 올해 값이 높아졌음을 의미한다.

다음 〈표〉와 〈그림〉은 A지역 2016년 주요 버섯의 도·소매가와 주요 버섯 소매가의 전년 동분기 대비 등락액을 나타낸 자료이다. 이에 대한 〈보기〉의 설명 중 옳은 것만을 모두 고르면?

〈표〉 2016년 주요 버섯의 도·소매가

(단위: 원/kg)

버섯 종류	분기 구분	1분기	2분기	3분기	4분기
느타리	도매	5,779	6,752	7,505	7,088
	소매	9,393	9,237	10,007	10,027
새송이	도매	4,235	4,201	4,231	4,423
	소매	5,233	5,267	5,357	5,363
팽이	도매	1,886	1,727	1,798	2,116
	소매	3,136	3,080	3,080	3,516

〈그림〉 2016년 주요 버섯 소매가의 전년 동분기 대비 등락액

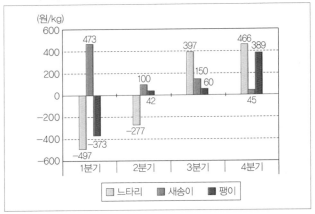

〈보기〉

ㄱ. 2016년 매분기 '느타리' 1kg의 도매가는 '팽이' 3kg의 도매가보다 높다. → (O) '느타리'의 도매가가 '팽이'의 도매가의 3배 이상인지를 확인하면 된다. 각 분기 '팽이'의 도매가의 3배는 1분기의 경우 1,886 × 3 = 5,658(원/kg), 2분기의 경우 1,727 × 3 = 5,181(원/kg), 3분기의 경우 1,798 × 3 = 5,394(원/kg), 4분기의 경우 2,116 × 3 = 6,348(원/kg)으로 각각 '느타리'의 분기별 도매가보다 낮다.

ㄴ. 2015년 매분기 '팽이'의 소매가는 3,000원/kg 이상이다. → (O) 2015년 '팽이'의 소매가는 1분기의 경우 3,136 + 373 = 3,509(원/kg), 2분기의 경우 3,080 − 42 = 3,038(원/kg), 3분기의 경우 3,080 − 60 = 3,020(원/kg), 4분기의 경우 3,516 − 389 = 3,127(원/kg)으로, 모두 3,000원/kg 이상이다.

ㄷ. 2016년 1분기 '새송이'의 소매가는 2015년 4분기에 비해 상승했다. → (X) 2016년 1분기 '새송이'의 소매가는 5,233원/kg인데, 2015년 4분기 '새송이'의 소매가는 5,363 − 45 = 5,318(원/kg)이다. 따라서 2016년 1분기 '새송이'의 소매가는 2015년 4분기에 비해 하락했다.

ㄹ. 2016년 매분기 '느타리'의 소매가는 도매가의 1.5배 미만이다. → (X) 2016년 1분기 '느타리' 소매가는 9,393원/kg이고, 도매가의 1.5배는 5,779 × 1.5 = 8,668.5(kg/원)이다. 따라서 2016년 1분기에는 1.5배를 초과한다.

① ㄱ, ㄴ ➡ (O)

② ㄱ, ㄷ ➡ (X)

③ ㄴ, ㄷ ➡ (X)

④ ㄴ, ㄹ ➡ (X)

⑤ ㄷ, ㄹ ➡ (X)

18 ③

| **문제 유형** | 자료 읽기 > 표/빈칸 제시형

| **접근 전략** | 각주에 용어에 대한 설명이 있을 경우 각주를 틈틈이 보면서 선지를 보아 일상적인 용어 사용과 헷갈리지 않도록 주의한다. 산술평균은 일반적으로 쓰는 평균과 같은 뜻인데, 혹시라도 기하평균이나 조화평균이 나오면 공식으로 제시될 가능성이 크다.

다음 〈표〉는 A~E 면접관이 '갑'~'정' 응시자에게 부여한 면접 점수이다. 이에 대한 〈보기〉의 설명 중 옳은 것만을 모두 고르면?

〈표〉 '갑'~'정' 응시자의 면접 점수

(단위: 점)

응시자 면접관	갑	을	병	정	범위
A	7	8	8	6	2
B	4	6	8	10	( )
C	5	9	8	8	( )
D	6	10	9	7	4
E	9	7	6	5	4
중앙값	( )	( )	8	( )	–
교정점수	( )	8	( )	7	–

※ 1) 범위: 해당 면접관이 각 응시자에게 부여한 면접 점수 중 최댓값에서 최솟값을 뺀 값

2) 중앙값: 해당 응시자가 A~E 면접관에게 받은 모든 면접 점수를 크기순으로 나열할 때 한가운데 값

3) 교정점수: 해당 응시자가 A~E 면접관에게 받은 모든 면접 점수 중 최댓값과 최솟값을 제외한 면접 점수의 산술평균값

〈보기〉

ㄱ. 면접관 중 범위가 가장 큰 면접관은 B이다. → (O) B가 각 응시자에게 부여한 면접 점수 중 최댓값은 10이고, 최솟값은 4로 범위는 6이다. 응시자에게 4점 이하를 주거나 10점 초과를 준 면접관이 없으므로 B의 범위가 가장 크다.

ㄴ. 응시자 중 중앙값이 가장 작은 응시자는 '정'이다. → (X) 중앙값은 '갑'이 6점, '을'과 '병'이 8점, '정'이 7점이다. 따라서 '갑'의 중앙값이 가장 작다.

ㄷ. 교정점수는 '병'이 '갑'보다 크다. → (O) '갑'의 교정점수는 $\frac{7+5+6}{3}$ =6(점), '병'의 교정점수는 $\frac{8+8+8}{3}$ =8(점)이다. 따라서 교정점수는 '병'이 '갑'보다 크다.

① ㄱ ➡ (X)

② ㄴ ➡ (X)

③ ㄱ, ㄷ ➡ (O)

④ ㄴ, ㄷ ➡ (X)

⑤ ㄱ, ㄴ, ㄷ ➡ (X)

19 ①

| **문제 유형** | 자료 읽기/추론 > 계산형

| **접근 전략** | 무역특화지수와 같이 생소한 공식을 제시하는 경우가 있는데, 이러한 공식은 암산으로 계산하는 것이 극히 어려우므로 꼭 손으로 써서 푸는 것이 좋다. 웬만하면 암산이 가능할 때 암산을 하는 것이 좋다고 추천하지만 이런 생소한 공식은 암산이 아닌 꼭 계산식을 세워 풀도록 하자.

다음 〈표〉는 2000년과 2013년 한국, 중국, 일본의 재화 수출액 및 수입액 자료이고, 〈용어 정의〉는 무역수지와 무역특화지수에 대한 설명이다. 이에 대한 〈보기〉의 설명 중 옳은 것만을 모두 고르면?

〈표〉 한국, 중국, 일본의 재화 수출액 및 수입액

(단위: 억 달러)

연도	국가 수출 입액 재화	한국		중국		일본	
		수출액	수입액	수출액	수입액	수출액	수입액
2000	원자재	578	832	741	1,122	905	1,707
	소비재	117	104	796	138	305	847
	자본재	1,028	668	955	991	3,583	1,243
2013	원자재	2,015	3,232	5,954	9,172	2,089	4,760
	소비재	138	375	4,083	2,119	521	1,362
	자본재	3,444	1,549	12,054	8,209	4,541	2,209

〈용어 정의〉

○ 무역수지 = 수출액 – 수입액

– 무역수지 값이 양(+)이면 흑자, 음(–)이면 적자이다.

○ 무역특화지수 = $\dfrac{수출액 - 수입액}{수출액 + 수입액}$

– 무역특화지수의 값이 클수록 수출경쟁력이 높다.

〈보기〉

ㄱ. 2013년 한국, 중국, 일본 각각에서 원자재 무역수지는 적자이다.
→ (O) 2013년 한국, 중국, 일본 모두 원자재 수입액이 수출액보다 크므로 원자재 무역수지는 모두 적자이다.

ㄴ. 2013년 한국의 원자재, 소비재, 자본재 수출액은 2000년에 비해 각각 50% 이상 증가하였다. → (X) 2013년 한국의 소비재 수출액은 138억 달러이다. 이는 2000년 한국의 소비재 수출액인 117억 달러의 150%인 175억 5천만 달러에 미치지 못한다.

ㄷ. 2013년 자본재 수출경쟁력은 일본이 한국보다 높다. → (X) 2013년 한국의 자본재 무역특화지수는 $\dfrac{(3,444-1,549)}{(3,444+1,549)}$ ≒0.37950이고 일본의 자본재 무역특화지수는 $\dfrac{(4,541-2,209)}{(4,541+2,209)}$ ≒0.3455로, 2013년 한국의 자본재 무역특화지수가 더 높다. 무역특화지수의 값이 클수록 수출경쟁력이 높으므로 2013년 한국의 자본재 수출경쟁력이 더 높다.

① ㄱ ➡ (O)

② ㄴ ➡ (X)

③ ㄱ, ㄴ ➡ (X)

④ ㄱ, ㄷ ➡ (X)

⑤ ㄴ, ㄷ ➡ (X)

20 ③

문제 유형	자료 읽기 > 표/빈칸 제시형

접근 전략 | 반드시 각주를 참고해야 하는 문제에서 각주를 보지 않고 문제를 푸는 실수를 할 수 있다. 〈보기〉에서 각주 내용이 제시되어 있다면 바로 각주에 밑줄로 표시하면서 문제를 푸는 습관을 들이도록 하자.

다음 〈표〉는 A∼D국의 성별 평균소득과 대학진학률의 격차지수만으로 계산한 '간이 성평등지수'에 관한 자료이다. 이에 대한 〈보기〉의 설명 중 옳은 것만을 모두 고르면?

〈표〉 A∼D국의 성별 평균소득, 대학진학률 및 '간이 성평등지수'

(단위: 달러, %)

항목 국가	평균소득			대학진학률			간이 성평등 지수
	여성	남성	격차 지수	여성	남성	격차 지수	
A	8,000	16,000	0.50	68	48	1.00	0.75
B	36,000	60,000	0.60	( )	80	( )	( )
C	20,000	25,000	0.80	70	84	0.83	0.82
D	3,500	5,000	0.70	11	15	0.73	0.72

※ 1) 격차지수는 남성 항목값 대비 여성 항목값의 비율로 계산하며, 그 값이 1을 넘으면 1로 함
   2) '간이 성평등지수'는 평균소득 격차지수와 대학진학률 격차지수의 산술평균임
   3) 격차지수와 '간이 성평등지수'는 소수점 셋째 자리에서 반올림한 값임

〈보기〉

ㄱ. A국의 여성 평균소득과 남성 평균소득이 각각 1,000달러씩 증가하면 A국의 '간이 성평등지수'는 0.80 이상이 된다. → (X) A국의 여성 평균소득과 남성 평균소득이 각각 1,000달러 증가하면 평균소득 격차지수는 $\frac{9,000}{17,000}$ ≒ 0.530이고, 대학진학률 격차지수는 1.00으로 이 둘을 산술평균하면 0.77로 '간이 성평등지수'는 0.80 미만이다.

ㄴ. B국의 여성 대학진학률이 85%이면 '간이 성평등지수'는 B국이 C국이 보다 높다. → (X) B국의 대학진학률 격차지수는 1을 넘기 때문에 1로 하고, 이것과 평균소득 격차지수를 산술평균하면 0.80으로, 이것이 B국의 '간이 성평등지수'이다. C국의 '간이 성평등지수'는 0.82로, C국이 '간이 성평등지수'가 더 높다.

ㄷ. D국의 여성 대학진학률이 4%p 상승하면 D국의 '간이 성평등지수'는 0.80 이상이 된다. → (O) D국의 여성 대학진학률이 4%p 상승하면 대학진학률 격차지수는 $\frac{15}{15}$ = 1이 되고, 이것과 평균소득 격차지수 0.70을 산술평균하면 '간이 성평등지수'는 0.85가 된다.

① ㄱ ➡ (X)
② ㄴ ➡ (X)
③ ㄷ ➡ (O)
④ ㄱ, ㄴ ➡ (X)
⑤ ㄱ, ㄷ ➡ (X)

21 ⑤

문제 유형	자료 읽기 > 표/그림 제시형

접근 전략 | 전년 대비 증가율을 통해 전년 대비 증가폭을 계산할 때에는 올해 값×전년 대비 증가율로 계산하면 안 된다. 작년 값×전년 대비 증가율이 전년 대비 증가폭이기 때문이다. 올해 값×$\frac{전년 대비 증가율}{(100+전년 대비 증가율)}$이 전년 대비 증가폭이다.

다음 〈표〉와 〈그림〉은 2018년 테니스 팀 A∼E의 선수 인원 수 및 총 연봉과 각각의 전년 대비 증가율에 대한 자료이다. 이에 대한 설명으로 옳지 않은 것은?

〈표〉 2018년 테니스 팀 A∼E의 선수 인원 수 및 총 연봉

(단위: 명, 억 원)

테니스 팀	선수 인원 수	총 연봉
A	5	15
B	10	25
C	8	24
D	6	30
E	6	24

※ 팀 선수 평균 연봉 = $\frac{총 연봉}{선수 인원 수}$

〈그림〉 2018년 테니스 팀 A∼E의 선수 인원 수 및 총 연봉의 전년 대비 증가율

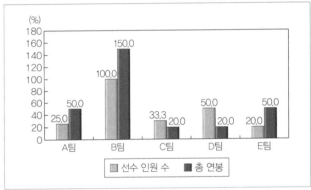

※ 전년 대비 증가율은 소수점 둘째 자리에서 반올림한 값임

① 2018년 '팀 선수 평균 연봉'은 D팀이 가장 많다. ➡ (O) 팀 선수 평균 연봉 = $\frac{총 연봉}{선수 인원 수}$으로 구할 수 있다. '팀 선수 평균 연봉'은 A팀의 경우 $\frac{15}{5}$ = 3(억 원), B팀의 경우 $\frac{25}{10}$ = 2.5(억 원), C팀의 경우 $\frac{24}{8}$ = 3(억 원), D팀의 경우 $\frac{30}{6}$ = 5(억 원), E팀의 경우 $\frac{24}{6}$ = 4(억 원)이다. 따라서 D팀의 '팀 선수 평균 연봉'이 가장 많다.

② 2018년 전년 대비 증가한 선수 인원 수는 C팀과 D팀이 동일하다.
➡ (O) C팀의 전년 대비 증가한 선수 인원 수는 $\frac{8×33.3}{(100+33.3)}$ ≒ 2(명)이고, D팀의 전년 대비 증가한 선수 인원 수는 $\frac{6×50.0}{(100+50.0)}$ = 2(명)이므로 C팀과 D팀이 동일하다.

③ 2018년 A팀의 '팀 선수 평균 연봉'은 전년 대비 증가하였다. ➡ (O) 〈그림〉을 보면 2018년 A팀의 전년 대비 선수 인원 수보다 총 연봉이 더 큰 비율로 증가하고 있으므로 $\frac{총 연봉}{선수 인원 수}$인 '팀 선수 평균 연봉'이 증가했음을 알 수 있다.

④ 2018년 선수 인원 수가 전년 대비 가장 많이 증가한 팀은 총 연봉도 가장 많이 증가하였다. ➡ (O) 2018년 선수 인원 수가 전년 대비 가장 많

이 증가한 팀은 선수 인원 수도 가장 많고 선수 인원 수 증가율도 가장 높은 B팀이다.

B팀의 총 연봉은 $\frac{25 \times 150}{(100+150)} = 15$(억 원) 증가했는데 이는 A팀의 5억 원, C팀의 4억

원, D팀의 5억 원, E팀의 8억 원보다 크다.

⑤ 2017년 총 연봉은 A팀이 E팀보다 많다. ➡ (X) 2017년 A팀의 총 연봉

은 $15 - \frac{15 \times 50}{(100+50)} = 10$(억 원)이고, E팀의 총 연봉은 $24 - \frac{24 \times 50}{(100+50)} = 16$(억 원)으로

E팀이 A팀보다 2017년 총 연봉이 많다.

22 ③

TOP 3 정답률 74.1%

| 문제 유형 | 자료 추론 > 추가로 필요한 자료 찾기
| 접근 전략 | 〈보고서〉에는 있는데 〈표〉로는 추론하기 어려운 것을 고르면 된다.
〈표〉에서 직접적으로 알 수 없더라도 〈표〉의 자료들을 조합하여 〈보고서〉의 내용
을 알 수 있다면 해당 내용에 대해서는 추가로 자료가 필요하지 않은 것이다.

다음 〈표〉는 A∼D국의 연구개발비에 대한 자료이다. 다음 〈보고서〉를
작성하기 위해 〈표〉 이외에 추가로 필요한 자료만을 〈보기〉에서 모두
고르면?

〈표〉 A∼D국의 연구개발비

연도	국가 구분	A	B	C	D
2016	연구개발비(억 달러)	605	4,569	1,709	1,064
	GDP 대비(%)	4.29	2.73	3.47	2.85
2015	민간연구개발비 : 정부연구개발비	24:76	35:65	25:75	30:70

※ 연구개발비=정부연구개발비+민간연구개발비

〈보고서〉

A∼D국 모두 2015년에 비하여 2016년 연구개발비가 증가하였지
만, A국은 약 3% 증가에 불과하여 A∼D국 평균 증가율인 6% 수준에
도 미치지 못했다. 특히, 2016년에 A국은 정부연구개발비 대비 민간연
구개발비 비율이 가장 작다. 이는 2014∼2016년 동안, A국 민간연구
개발에 대한 정부의 지원금액이 매년 감소한 데 따른 것으로 분석된다.

〈보기〉

ㄱ. 2013∼2015년 A∼D국 전년 대비 GDP 증가율 → (X) 〈보고서〉에는
GDP에 대한 내용은 없으므로 추가로 필요한 자료에 해당하지 않는다.
ㄴ. 2015∼2016년 연도별 A∼D국 민간연구개발비 → (O) 2016년 A국
의 민간연구개발비 비율을 알기 위해 필요한 자료이다.
ㄷ. 2013∼2016년 연도별 A국 민간연구개발에 대한 정부의 지원금액
→ (O) 2014∼2016년 동안 A국 민간연구개발에 대한 정부의 지원금액이
매년 감소하는지 알기 위해 필요한 자료이다.
ㄹ. 2014∼2015년 A∼D국 전년 대비 연구개발비 증가율 → (X) 2014∼
2015년의 전년 대비 연구개발비 증가율은 〈보고서〉에 언급되어 있지 않으므
로 추가로 필요한 자료에 해당하지 않는다.

① ㄱ, ㄴ ➡ (X)
② ㄱ, ㄹ ➡ (X)
③ ㄴ, ㄷ ➡ (O)
④ ㄴ, ㄹ ➡ (X)
⑤ ㄷ, ㄹ ➡ (X)

23 ②

정답률 87.4%

| 문제 유형 | 자료 변환응용 > 표/그림 전환형
| 접근 전략 | 〈근무지 이동 지침〉의 조건을 정확히 살펴 경우의 수를 최대한 줄이
고, 한 가지라도 값이 확정되면 잘못된 선지를 지워 나가야 시간이 절약된다.

다음 〈표〉는 근무지 이동 전 '갑' 회사의 근무 현황에 대한 자료이다.
〈표〉와 〈근무지 이동 지침〉에 따라 이동한 후 근무지별 인원 수로 가능
한 것은?

〈표〉 근무지 이동 전 '갑' 회사의 근무 현황

(단위: 명)

근무지	팀명	인원 수
본관 1층	인사팀	10
	지원팀	16
	기획1팀	16
본관 2층	기획2팀	21
	영업1팀	27
본관 3층	영업2팀	30
	영업3팀	23
별관	–	0
전체		143

※ 1) '갑' 회사의 근무지는 본관 1, 2, 3층과 별관만 있음
2) 팀별 인원 수의 변동은 없음

〈근무지 이동 지침〉

○ 본관 내 이동은 없고, 인사팀은 이동하지 않음
○ 팀별로 전원 이동하며, 본관에서 별관으로 2개 팀만 이동함
○ 1개 층에서는 최대 1개 팀만 별관으로 이동할 수 있음
○ 이동한 후 별관 인원 수는 40명을 넘지 않도록 함

①

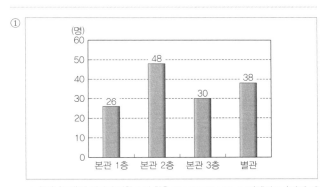

➡ (X) 〈그림〉에 제시된 인원 수의 합은 26+48+30+38=142(명)이고, 〈표〉에 제
시된 전체 인원 수는 143명이다.

②

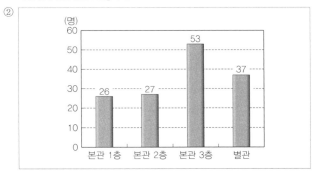

➡ (○) 본관 1층 인원 수가 26명이므로 지원팀 또는 기획1팀이 별관으로 이동한 것이다. 별관의 인원 수가 37명이므로 37−16=21(명)이 다른 부서에서 별관으로 이동하였다. 21명인 부서는 기획2팀이므로 기획2팀이 별관으로 이동하였다. 따라서 본관 2층 인원 수는 27명, 본관 3층 인원 수는 53명으로 〈그림〉과 일치한다.

③

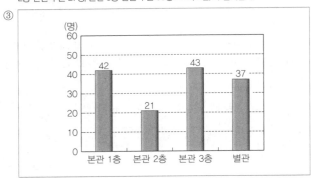

➡ (✕) 이동한 후 별관의 인원 수는 37명 또는 39명이 되어야 하고, 본관 1층에는 26명이 되어야 하므로 적절하지 않다.

④

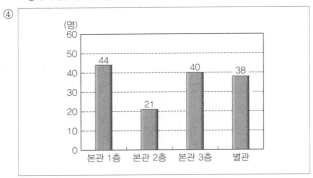

➡ (✕) 〈근무지 이동 지침〉의 여러 조건을 통해 가능한 이동 후 별관 인원 수는 37명 또는 39명이다.

⑤

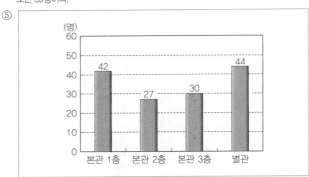

➡ (✕) 이동한 후 별관 인원 수는 40명을 넘지 않아야 하므로 적절하지 않다.

24 ④

정답률 76.7%

| 문제 유형 | 자료 읽기/추론 > 계산형

| 접근 전략 | 방정식을 세워 문제를 풀어도 되지만 비중을 이용하면 시간을 훨씬 더 절약할 수 있다. 60점 a명과 90점 b명의 평균이 c점이라면 $\frac{(90-c)}{(c-60)}=\frac{a}{b}$이다. $\frac{(c-60)}{(90-60)}\times(a+b)=b$이고, $\frac{(90-c)}{(90-60)}\times(a+b)=a$이다.

다음 〈표 1〉은 창의경진대회에 참가한 팀 A, B, C의 '팀 인원 수' 및 '팀 평균점수'이며, 〈표 2〉는 〈표 1〉에 기초하여 '팀 연합 인원 수' 및 '팀 연합 평균점수'를 각각 산출한 자료이다. (가)와 (나)에 들어갈 값을 바르게 나열한 것은?

〈표 1〉 팀 인원 수 및 팀 평균점수

(단위: 명, 점)

팀	A	B	C
인원 수	( )	( )	( )
평균점수	40.0	60.0	90.0

※ 1) 각 참가자는 A, B, C팀 중 하나의 팀에만 속하고, 개인별로 점수를 획득함
　2) 팀 평균점수 = $\frac{\text{해당 팀 참가자 개인별 점수의 합}}{\text{해당 팀 참가자 인원 수}}$

〈표 2〉 팀 연합 인원 수 및 팀 연합 평균점수

(단위: 명, 점)

팀 연합	A+B	B+C	C+A
인원 수	80	120	(가)
평균점수	52.5	77.5	(나)

※ 1) A+B는 A팀과 B팀, B+C는 B팀과 C팀, C+A는 C팀과 A팀의 인원을 합친 팀 연합임
　2) 팀 연합 평균점수 = $\frac{\text{해당 팀 연합 참가자 개인별 점수의 합}}{\text{해당 팀 연합 참가자 인원 수}}$

	(가)	(나)	
①	90	72.5	➡ (✕)
②	90	75.0	➡ (✕)
③	100	72.5	➡ (✕)
④	100	75.0	➡ (○) A팀의 인원 수는 $\frac{(60-52.5)}{(60-40)}\times80=30$(명)이다.

A+B의 인원 수는 80명이므로 B팀의 인원 수는 50명이고, B+C의 인원 수는 120명이므로 C팀의 인원 수는 70명이다. 따라서 (가)는 100명이고, (나)는 $\frac{(30\times40)+(70\times90)}{100}=75$(점)이다.

| ⑤ | 110 | 72.5 | ➡ (✕) |

| **문제 유형** | 자료 읽기/추론 > 계산형 |

접근 전략 | A~D가 모두 같은 모양을 내는 것이 아니더라도 가위, 바위, 보가 모두 다 나오면 비긴다는 것을 생각하자. 위치가 있는 게임 문제이므로 왼쪽을 음수로, 오른쪽을 양수로 생각하면 편하다.

다음 〈표〉는 참가자 A~D의 회차별 가위·바위·보 게임 기록 및 판정이고, 〈그림〉은 아래 〈규칙〉에 따른 5회차 게임 종료 후 A~D의 위치를 나타낸 것이다. 이때 (가), (나), (다)에 해당하는 것을 바르게 나열한 것은?

〈표〉 가위·바위·보 게임 기록 및 판정

회차 구분 참가자	1		2		3		4		5	
	기록	판정	기록	판정	기록	판정	기록	판정	기록	판정
A	가위	승	바위	승	보	승	바위	( )	보	( )
B	가위	승	(가)	( )	바위	패	가위	( )	보	( )
C	보	패	가위	패	바위	패	(나)	( )	보	( )
D	보	패	가위	패	바위	패	가위	( )	(다)	( )

〈그림〉 5회차 게임 종료 후 A~D의 위치

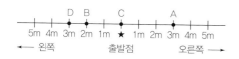

〈규칙〉

○ A~D는 모두 출발점(★)에서 1회차 가위·바위·보 게임을 하고, 2회차부터는 직전 회차 게임 종료 후 각자의 위치에서 게임을 한다.

○ 각 회차의 판정에 따라 지거나 비기면 이동하지 않고, 가위로 이긴 사람은 왼쪽으로 3m, 바위로 이긴 사람은 오른쪽으로 1m, 보로 이긴 사람은 오른쪽으로 5m를 각각 이동하여 해당 회차 게임을 종료한다.

	(가)	(나)	(다)	
①	가위	바위	보	➡ (X)
②	가위	보	바위	➡ (X)
③	바위	가위	보	➡ (X)
④	바위	보	가위	➡ (O)
⑤	보	바위	가위	➡ (X)

④ 〈그림〉에서 왼쪽을 음수로 오른쪽을 양수로 생각하면 네 참가자의 위치 합은 −2이다. 〈표〉에서 합이 −2가 되는 짝을 찾아야 한다. A는 3회까지 합이 +3이다. 양수는 1명인데 A는 4회와 5회에서 바위와 보를 냈으므로 오른쪽으로 더 가거나 제자리에 있어야 하므로 양수에 있어야 한다. 그런데 〈그림〉에서 A는 +3이므로 A는 4회와 5회에서 움직이지 않아야 한다. 만약 (나)가 가위나 바위라면 A는 4회에서 승리해 오른쪽으로 1m 이동하므로 〈그림〉과 일치하지 않는다. 따라서 (나)는 보이다. D는 4회까지 0이다. 그런데 D는 −3에 위치하므로 5회에서 D가 가위를 내야 한다. 따라서 (다)는 가위이다. B는 −2인데 3~5회에서 움직이지 않고 1회에서 −3 이동하므로 2회에서 +1 이동해야 한다. 그러기 위해서 (가)는 바위여야 한다.

2018 | 제3영역 상황판단(㉮ 책형)

기출 총평

제시문을 통해 글의 내용을 이해하는 문항은 난도가 쉬웠던 반면, 계산을 해야 하거나 다양한 상황에 대해 판단하고 적용해야 하는 문항은 난도가 높게 출제되었다. 이는 단순히 글이나 조항을 읽고 적용하는 능력만을 요구하는 것이 아니라 다양한 상황을 판단할 수 있는 능력을 요구하고 있음을 간접적으로 추측할 수 있다. 특히 수리퀴즈 및 논리퀴즈, 대입 및 비교 유형이 다양하고 생소한 형태로 출제되고 있기 때문에 미리 준비하지 않으면 수험생들의 입장에서는 시험 전체의 흐름을 빼앗길 수 있다. 따라서 기출문제 등을 통해 해당 유형을 꾸준히 연습하고 빠르게 상황을 판단하여 문항을 해결하는 방법을 익히는 것이 중요하다고 볼 수 있다.

문항별 정답률 및 선지별 선택률

문번	정답	정답률 (%)	선지별 선택률(%) ①	②	③	④	⑤
01	③	97.8	0.3	0.3	97.8	1.1	0.5
02	⑤	92.1	1.4	4.6	1.1	0.8	92.1
03	⑤	96.4	0.3	0.5	1.4	1.4	96.4
04	②	81.5	2.8	81.5	1.6	1.6	12.5
05	①	67.1	67.1	0.0	17.1	15.8	0.0
06	①	56.7	56.7	16.2	16.2	8.2	2.7
07	③	85.8	1.9	8.7	85.8	1.9	1.7
08	①	60.9	60.9	4.9	3.6	22.4	8.2
09	③	82.1	4.3	3.9	82.1	7.4	2.3
10	②	80.7	11.6	80.7	2.2	3.0	2.5
11	④	86.6	1.4	1.6	8.8	86.6	1.6
12	⑤	77.0	0.0	1.4	9.3	12.3	77.0
13	⑤	98.9	0.5	0.3	0.0	0.3	98.9

문번	정답	정답률 (%)	선지별 선택률(%) ①	②	③	④	⑤
14	④	95.1	0.3	3.3	0.8	95.1	0.5
15	⑤	94.0	3.5	1.4	0.3	0.8	94.0
16	③	97.5	0.5	0.3	97.5	0.3	1.4
17	①	76.1	76.1	5.5	10.4	6.9	1.1
18	④	80.7	17.0	0.6	0.6	80.7	1.1
19	④	79.5	4.6	1.7	12.5	79.5	1.7
20	①	81.6	81.6	3.7	1.4	6.0	7.3
21	⑤	45.9	16.5	25.2	7.1	5.3	45.9
22	②	42.8	10.0	42.8	14.7	14.3	18.2
23	③	58.1	11.9	4.2	58.1	22.4	3.4
24	②	23.9	23.9	23.9	24.3	16.8	11.1
25	①	48.3	48.3	7.3	34.6	8.1	1.7

※ 파란색 음영 문항은 해당 회차에서 정답률이 가장 낮은 TOP 3 문항입니다.
※ 문항별 정답률 산정 기준: 약 1년간 누적된 자동채점 & 성적결과분석 서비스의 응시 데이터

출제 비중

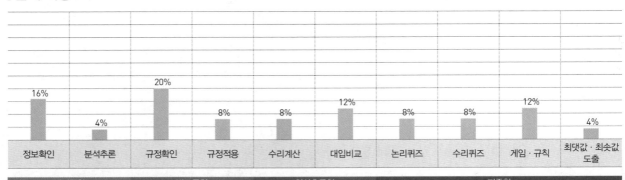

정보확인	분석추론	규정확인	규정적용	수리계산	대입비교	논리퀴즈	수리퀴즈	게임·규칙	최댓값·최솟값 도출
16%	4%	20%	8%	8%	12%	8%	8%	12%	4%

제시문형	법조문형	연산추론형	퍼즐형

01	③	02	⑤	03	⑤	04	②	05	①
06	①	07	③	08	①	09	③	10	②
11	④	12	⑤	13	⑤	14	④	15	⑤
16	③	17	①	18	④	19	④	20	①
21	⑤	22	②	23	③	24	②	25	①

01 ③

정답률 97.8%

| 문제 유형 | 제시문형 > 정보확인

| 접근 전략 | 정보확인 문제는 비교적 난도가 낮은 유형에 속한다. 따라서 다른 유형에 비해 최대한 단순한 과정으로 문제에 접근해야 한다. 즉 해당 유형 문제에서 풀이 시간을 절약하여, 난도 높은 문제를 풀 수 있는 시간을 확보할 수 있어야 한다.

다음 글을 근거로 판단할 때 옳은 것은?

정책의 쟁점 관리는 정책 쟁점에 대한 부정적 인식을 최소화하여 정책의 결정 및 집행에 우호적인 환경을 조성하기 위한 행위를 말한다. 이는 정책 쟁점이 미디어 의제로 전환된 후부터 진행된다. ▶1문단

정책의 쟁점 관리에서는 쟁점에 대한 지식수준과 관여도에 따라 공중(公衆)의 유형을 구분하여 공중의 특성에 맞는 전략적 대응방안을 제시한다. 어떤 쟁점에 대해 지식수준과 관여도가 모두 낮은 공중은 '비활동 공중'이라고 한다. 그러나 쟁점에 대한 지식수준이 낮더라도 쟁점에 노출되어 쟁점에 대한 관여도가 높아지게 되면 이들은 '환기 공중'으로 변화한다. 이러한 환기 공중이 쟁점에 대한 지식수준까지 높아지면 지식수준과 관여도가 모두 높은 '활동 공중'으로 변하게 된다. 쟁점에 대한 지식수준이 높지만 관여도가 높지 않은 공중은 '인지 공중'이라고 한다. ▶2문단

인지 공중은 사회의 다양한 쟁점에 관한 지식을 가지고 있지만 적극적으로 활동하지 않아 이른바 행동하지 않는 지식인이라고도 불리는데, 이들의 관여도를 높여 활동 공중으로 이끄는 것은 매우 어렵다. 이 때문에 이들이 정책 쟁점에 긍정적 태도를 가지게 하는 것만으로도 전략적 성공이라고 볼 수 있다. 반면 환기 공중은 지식수준은 낮지만 쟁점 관여도가 높은 편이어서 문제해결에 필요한 지식을 얻게 된다면 활동 공중으로 변화한다. 따라서 이들에게는 쟁점에 대한 미디어 노출을 증가시키거나 다른 사람과 쟁점에 대해 토론하게 함으로써 지식수준을 높이는 전략을 취할 필요가 있다. 한편 활동 공중은 쟁점에 대한 지식수준과 관여도가 모두 높기 때문에 조직화될 개연성이 크고, 자신의 목적을 이루기 위해 시간과 노력을 아낌없이 투자할 자세가 되어 있다. 정책의 쟁점 관리를 제대로 하려면 이들이 정책을 우호적으로 판단할 수 있도록 하는 다양한 전략을 마련하여야 한다. ▶3문단

① 정책의 쟁점 관리는 정책 쟁점이 미디어 의제로 전환되기 전에 이루어진다. ➡ (X) 1문단에 따르면 정책의 쟁점 관리는 정책 쟁점이 미디어 의제로 전환된 후부터 진행된다.

② 어떤 쟁점에 대한 지식수준이 높지만 관여도가 낮은 공중을 비활동 공중이라고 한다. ➡ (X) 2문단에 따르면 어떤 쟁점에 대해 지식수준이 높지만 관여도가 높지 않은 공중은 '인지 공중'이라고 한다.

③ 비활동 공중이 어떤 쟁점에 노출되면서 관여도가 높아지면 환기 공중으로 변한다. ➡ (O) 2문단에 따르면 쟁점에 대한 지식수준이 낮더라도 쟁점에 노출되어 쟁점에 대한 관여도가 높아지게 되면 비활동 공중은 '환기 공중'으로 변화한다.

④ 공중은 한 유형에서 다른 유형으로 변화할 수 없기 때문에 정책의 쟁점 관리를 할 필요가 없다. ➡ (X) 2문단에 따르면 쟁점에 대한 지식수준이 낮더라도 쟁점에 노출되어 쟁점에 대한 관여도가 높아지게 되면 비활동 공중은 환

기 공중으로 변화한다. 그리고 3문단에서도 환기 공중이 쟁점에 대한 지식수준까지 높아지면 활동 공중으로 변하게 된다고 하였으므로 공중이 한 유형에서 다른 유형으로 변화할 수 있다는 것을 알 수 있다.

⑤ 인지 공중의 경우, 쟁점에 대한 미디어 노출을 증가시키고 다른 사람과 쟁점에 대해 토론하게 만든다면 활동 공중으로 쉽게 변한다. ➡ (X) 3문단에 따르면 인지 공중은 사회의 다양한 쟁점에 관한 지식을 가지고 있지만 적극적으로 활동하지 않아 이른바 행동하지 않는 지식인이라고도 불리는데, 이들의 관여도를 높여 활동 공중으로 이끄는 것은 매우 어렵다고 하였다. 또한 이들이 정책 쟁점에 긍정적 태도를 가지게 하는 것만으로도 전략적 성공이라고 제시하고 있으므로 옳지 않은 설명이다.

02 ⑤

정답률 92.1%

| 문제 유형 | 법조문형 > 규정적용

| 접근 전략 | 시·도의 산하에 시·군·구가 있다는 기초적인 상식을 알아 두면 지방자치에 관한 문제를 풀기 쉽다. 인·허가와 신고, 고시, 협의, 동의 등이 모두 다른 작용을 하는 행정행위임을 알고 있어야 한다.

다음 글을 근거로 판단할 때 옳은 것은?

제○○조 ① 지방자치단체의 장은 하수도정비기본계획에 따라 공공하수도를 설치하여야 한다.
② 시·도지사는 공공하수도를 설치하고자 하는 때에는 사업시행지의 위치 및 면적, 설치하고자 하는 시설의 종류, 사업시행기간 등을 고시하여야 한다. 고시한 사항을 변경 또는 폐지하고자 하는 때에도 또한 같다.
③ 시장·군수·구청장(자치구의 구청장을 말한다. 이하 같다)은 공공하수도를 설치하려면 시·도지사의 인가를 받아야 한다.
④ 시장·군수·구청장은 제3항에 따라 인가받은 사항을 변경하거나 폐지하려면 시·도지사의 인가를 받아야 한다.
⑤ 시·도지사는 국가의 보조를 받아 설치하고자 하는 공공하수도에 대하여 제2항에 따른 고시 또는 제3항의 규정에 따른 인가를 하고자 할 때에는 그 설치에 필요한 재원의 조달 및 사용에 관하여 환경부장관과 미리 협의하여야 한다.
제□□조 ① 공공하수도관리청(이하 '관리청'이라 한다)은 관할 지방자치단체의 장이 된다.
② 공공하수도가 둘 이상의 지방자치단체의 장의 관할구역에 걸치는 경우, 관리청이 되는 자는 제○○조 제2항에 따른 공공하수도 설치의 고시를 한 시·도지사 또는 같은 조 제3항에 따른 인가를 받은 시장·군수·구청장으로 한다.

※ 공공하수도: 지방자치단체가 설치 또는 관리하는 하수도

① A자치구의 구청장이 관할구역 내에 공공하수도를 설치하려고 인가를 받았는데, 그 공공하수도가 B자치구에 걸치는 경우, 설치하려는 공공하수도의 관리청은 B자치구의 구청장이다. ➡ (X) 제□□조 제2항에 따르면 공공하수도가 둘 이상의 지방자치단체의 장의 관할구역에 걸치는 경우, 관리청이 되는 자는 시·도지사 또는 인가를 받은 시장·군수·구청장이다. A자치구의 구청장이 인가를 받았으므로 A자치구와 B자치구에 걸치는 공공하수도의 경우, 공공하수도의 관리청은 인가를 받은 A자치구의 구청장이다.

② 시·도지사가 국가의 보조를 받아 공공하수도를 설치하려면, 그 설치에 필요한 재원의 조달 등에 관하여 환경부장관의 인가를 받아야 한다. ➡ (X) 제○○조 제5항에 따르면 공공하수도를 설치하려면 시·도지사는 설치에 필요한 재원의 조달 및 사용에 관하여 환경부장관과 미리 협의하여야 할 뿐 인가를 받을 필요는 없다.

③ 시장·군수·구청장이 공공하수도 설치에 관하여 인가받은 사항을 폐지할 경우에는 시·도지사의 인가를 필요로 하지 않는다. ➡ (X) 제○○조 제4항에 따르면 시장·군수·구청장은 공공하수도 설치에 관하여 인가받은 사항을 변경하거나 폐지하려면 시·도지사의 인가를 받아야 한다.

④ 시·도지사가 공공하수도 설치를 위해 고시한 사항은 변경할 수 없다. ➡ (X) 제○○조 제2항에서 고시한 사항을 변경 또는 폐지하고자 하는 때에도 또한 고시하여야 한다고 하였으므로 고시한 사항을 변경할 수 있음을 알 수 있다.

⑤ 시장·군수·구청장이 공공하수도를 설치하려면 시·도지사의 인가를 받아야 한다. ➡ (O) 제○○조 제3항의 규정과 일치하는 설명이다.

03 ⑤

정답률 96.4%

| **문제 유형** | 제시문형 > 정보확인
| **접근 전략** | 용어들이 난립해 있지만 문제를 푸는 데 모든 용어를 알 필요는 없다. 용어들을 A, B, C로 치환하여 접근해도 된다.

다음 글을 근거로 판단할 때 옳은 것은?

다산 정약용은 아전의 핵심적인 직책으로 향승(鄕丞)과 좌수(座首), 좌우별감(左右別監)을 들고 있다. 향승은 지방관서장인 현령의 행정보좌역이고, 좌수는 지방자치기관인 향청의 우두머리로 이방과 병방의 직무를 관장한다. 좌우별감은 좌수의 아랫자리인데, 좌별감은 호방과 예방의 직무를 관장하고, 우별감은 형방과 공방의 직무를 관장한다. ▶1문단

다산은 향승이 현령을 보좌해야 하는 자리이기 때문에 반드시 그 고을에서 가장 착한 사람, 즉 도덕성이 가장 높은 사람에게 그 직책을 맡겨야 한다고 하였다. 또한 좌수는 그 자리의 중요성을 감안하여 진실로 마땅한 사람으로 얻어야 한다고 강조하였다. 좌수를 선발하기 위해 다산이 제시한 방법은 다음과 같다. 먼저 좌수후보자들에게 모두 종사랑(從仕郞)의 품계를 주고 해마다 공적을 평가해 감사나 어사로 하여금 식년(式年)에 각각 9명씩을 추천하게 한다. 그리고 그 가운데 3명을 뽑아 경관(京官)에 임명하면, 자신을 갈고 닦아 명성이 있고 품행이 바른 사람이 그 속에서 반드시 나올 것이라고 주장했다. 좌우별감을 선발할 때에도 역시 마땅히 쓸 만한 사람을 골라 정사를 의논해야 한다고 했다. ▶2문단

다산은 아전을 임명할 때, 진실로 쓸 만한 사람을 얻지 못하면 그저 자리를 채우기는 하되 정사는 맡기지 말라고 했다. 아울러 아첨을 잘하는 자는 충성스럽지 못하므로 이를 잘 살피도록 권고했다. 한편 다산은 문관뿐만 아니라 무관의 자질에 대해서도 언급하였다. 그에 따르면 무관의 반열에 서는 자는 모두 굳세고 씩씩해 적을 막아낼 만한 기색이 있는 사람으로 뽑되, 도덕성을 첫째의 자질로 삼고 재주와 슬기를 다음으로 해야 한다고 강조하였다. ▶3문단

※ 식년(式年): 과거를 보는 시기로 정한 해

① 관직의 서열로 보면 좌우별감은 좌수의 상관이다. ➡ (X) 1문단에 따르면 좌수가 좌우별감의 상관이다.

② 다산이 주장하는 좌수 선발방법에 따르면, 향승은 식년에 3명의 좌수후보자를 추천한다. ➡ (X) 2문단에 따르면 다산이 주장하는 좌수 선발방법은 감사나 어사가 식년에 각각 9명씩을 추천하는 것이다.

③ 다산은 아전으로 쓸 만한 사람이 없을 때에는 자리를 채우지 말아야 한다고 하였다. ➡ (X) 3문단에 따르면 다산은 아전을 임명할 때 진실로 쓸 만한 사람을 얻지 못하면 그저 자리를 채우기는 하되 정사는 맡기지 말라고 하였다.

④ 다산은 경관 가운데 우수한 공적이 있는 사람에게 종사랑의 품계를 주어야 한다고 주장했다. ➡ (X) 2문단에 따르면 다산은 좌수후보자 모두에게 종사랑의 품계를 주자고 주장하였다.

⑤ 다산은 무관의 자질로 재주와 슬기보다 도덕성이 우선한다고 보았다. ➡ (O) 3문단에 따르면 다산은 무관을 뽑을 때 도덕성을 첫째의 자질로 삼고 재주와 슬기를 다음으로 해야 한다고 강조하였다.

04 ②

정답률 81.5%

| **문제 유형** | 법조문형 > 규정확인
| **접근 전략** | 법조문 형식이 아니라 지침, 고시 등의 형태로 규정을 만들어 출제할 수 있으나 기본적인 풀이 방법은 법조문과 크게 다르지 않다. 해당하는 규정을 찾아 대입하면 된다.

다음 〈A도서관 자료 폐기 지침〉을 근거로 판단할 때 옳은 것은?

─────〈A도서관 자료 폐기 지침〉─────

가. 자료 선정
도서관 직원은 누구든지 수시로 서가를 살펴보고, 이용하기 곤란하다고 생각되는 자료는 발견 즉시 회수하여 사무실로 옮겨야 한다.

나. 목록 작성
사무실에 회수된 자료는 사서들이 일차적으로 갱신 대상을 추려내어 갱신하고, 폐기 대상 자료로 판단되는 것은 폐기심의대상 목록으로 작성하여 폐기심의위원회에 제출한다.

다. 폐기심의위원회 운영
폐기심의위원회 회의(이하 '회의'라 한다)는 연 2회 정기적으로 개최한다. 회의는 폐기심의대상 목록과 자료의 실물을 비치한 회의실에서 진행되고, 위원들은 실물과 목록을 대조하여 확인하여야 한다. 폐기심의위원회는 폐기 여부만을 판정하며 폐기 방법의 결정은 사서에게 위임한다. 폐기 대상 판정 시 위원들 사이에 이견(異見)이 있는 자료는 당해 연도의 폐기 대상에서 제외하고, 다음 연도의 회의에서 재결정한다.

라. 폐기 방법
(1) 기증: 상태가 양호하여 다른 도서관에서 이용될 수 있다고 판단되는 자료는 기증 의사를 공고하고 다른 도서관 등 희망하는 기관에 기증한다.
(2) 이관: 상태가 양호하고 나름의 가치가 있는 자료는 자체 기록보존소, 지역 및 국가의 보존전문도서관 등에 이관한다.
(3) 매각과 소각: 폐지로 재활용 가능한 자료는 매각하고, 폐지로도 매각할 수 없는 자료는 최종적으로 소각 처리한다.

마. 기록 보존 및 목록 최신화
연도별로 폐기한 자료의 목록과 폐기 경위에 관한 기록을 보존하되, 폐기한 자료에 대한 내용을 도서관의 각종 현행자료 목록에서 삭제하여 목록을 최신화한다.

※ 갱신: 손상된 자료의 외형을 수선하거나 복사본을 만듦

① 사서는 폐기심의대상 목록만을 작성하고, 자료의 폐기 방법은 폐기심의위원회가 결정한다. ➡ (X) 지침 다에 따르면 폐기심의위원회는 폐기 여부만을 판정하며 폐기 방법의 결정은 사서에게 위임한다.

② 폐기 대상 판정 시 폐기심의위원들 간에 이견이 있는 자료의 경우, 바로 다음 회의에서 그 자료의 폐기 여부가 논의되지 않을 수 있다. ➡ (O) 지침 다에 따르면 폐기 대상 판정 시 위원들 사이에 이견이 있는 자료는 당해 연도의 폐기 대상에서 제외하고, 다음 연도의 회의에서 재결정하는데 폐기심의위원회 회의는 연 2회 개최하므로 그 해의 첫 번째 회의에서 이견이 있는 자료라면 다음 회의에서 재결정하지 않을 것이다.

③ 폐기심의위원회는 자료의 실물을 확인하지 않고 폐기 여부를 판정할 수 있다. ➡ (X) 지침 다에 따르면 폐기심의위원회 위원들은 자료의 실물과 목록을 대조하여 확인하여야 한다.

④ 매각 또는 소각한 자료는 현행자료 목록에서 삭제하고, 폐기 경위에 관한 기록도 제거하여야 한다. ➡ (X) 지침 마에 따르면 폐기 경위에 관한 기록은 보존한다.

⑤ 사서가 아닌 도서관 직원은, 이용하기 곤란하다고 생각되는 자료를 발견하면 갱신하거나 폐기심의대상 목록을 작성하여야 한다.

➡ (X) 지침 가에 따르면 도서관 직원은 이용하기 곤란하다고 생각되는 자료는 발견 즉시 회수하여 사무실로 옮겨야 하고, 나에 따르면 사무실에 회수된 자료는 사서들이 일차적으로 갱신 대상을 추려내어 갱신하고, 폐기 대상 자료로 판단되는 것은 폐기심의대상 목록으로 작성한다. 즉 갱신과 폐기심의대상 목록 작성은 사서가 하는 것이다.

① ㄱ, ㄷ ➡ (O)
② ㄴ, ㄹ ➡ (X)
③ ㄱ, ㄷ, ㄹ ➡ (X)
④ ㄱ, ㄷ, ㅁ ➡ (X)
⑤ ㄴ, ㄹ, ㅁ ➡ (X)

05 ①
정답률 67.1%

| 문제 유형 | 법조문형 > 규정확인
| 접근 전략 | 규정 관련 문제는 규정과 선지가 정확히 일치해야 한다. 유사한 어구로 함정을 만들어 두기도 하는데 의미가 유사해 보인다고 해서 섣불리 판단하면 안 된다.

다음 글을 근거로 판단할 때, 〈보기〉에서 옳은 것만을 모두 고르면?

제00조 ① 민사에 관한 분쟁의 당사자는 법원에 조정을 신청할 수 있다.
② 조정을 신청하는 당사자를 신청인이라고 하고, 그 상대방을 피신청인이라고 한다.
제00조 ① 신청인은 다음 각 호의 어느 하나에 해당하는 곳을 관할하는 지방법원에 조정을 신청해야 한다.
 1. 피신청인의 주소지, 피신청인의 사무소 또는 영업소 소재지, 피신청인의 근무지
 2. 분쟁의 목적물 소재지, 손해 발생지
② 조정사건은 조정담당판사가 처리한다.
제00조 ① 조정담당판사는 사건이 그 성질상 조정을 하기에 적당하지 아니하다고 인정하거나 신청인이 부당한 목적으로 조정신청을 한 것임을 인정하는 경우에는 조정을 하지 아니하는 결정으로 사건을 종결시킬 수 있다. 신청인은 이 결정에 대해서 불복할 수 없다.
② 조정담당판사는 신청인과 피신청인 사이에 합의가 성립되지 아니한 경우 조정 불성립으로 사건을 종결시킬 수 있다.
③ 조정담당판사는 신청인과 피신청인 사이에 합의된 사항이 조정조서에 기재되면 조정 성립으로 사건을 종결시킨다. 조정조서는 판결과 동일한 효력이 있다.
제00조 다음 각 호의 어느 하나에 해당하는 경우에는 조정신청을 한 때에 민사소송이 제기된 것으로 본다.
 1. 조정을 하지 아니하는 결정이 있는 경우
 2. 조정 불성립으로 사건이 종결된 경우

〈보기〉

ㄱ. 신청인은 피신청인의 근무지를 관할하는 지방법원에 조정을 신청할 수 있다. →(O) 두 번째 조 제1항 제1호에 따르면 신청인은 피신청인의 근무지를 관할하는 지방법원에 조정을 신청할 수 있다.

ㄴ. 조정을 하지 아니하는 결정을 조정담당판사가 한 경우, 신청인은 이에 대해 불복할 수 있다. →(X) 세 번째 조 제1항에 따르면 조정담당판사가 조정을 하지 아니하는 결정으로 사건을 종결시키면 신청인은 이 결정에 대해 불복할 수 없다.

ㄷ. 신청인과 피신청인 사이에 합의된 사항이 기재된 조정조서는 판결과 동일한 효력을 갖는다. →(O) 세 번째 조 제3항에 따르면 조정담당판사는 신청인과 피신청인 사이에 합의된 사항이 조정조서에 기재되면 조정 성립으로 사건을 종결시키고, 이 조정조서는 판결과 동일한 효력이 있다.

ㄹ. 조정 불성립으로 사건이 종결된 경우, 사건이 종결된 때를 민사소송이 제기된 시점으로 본다. →(X) 네 번째 조 제2호에 따르면 조정 불성립으로 사건이 종결된 경우 조정신청을 한 때에 민사소송이 제기된 것으로 본다.

ㅁ. 조정담당판사는 신청인이 부당한 목적으로 조정신청을 한 것으로 인정하는 경우, 조정 불성립으로 사건을 종결시킬 수 있다. →(X) 세 번째 조 제1항에 따르면 조정담당판사는 신청인이 부당한 목적으로 조정신청을 한 것임을 인정하는 경우에는 조정을 하지 아니하는 결정으로 사건을 종결시킬 수 있다.

06 ①
정답률 56.7%

| 문제 유형 | 법조문형 > 규정확인
| 접근 전략 | 어떤 시설로 활용하느냐, 누가 활용하느냐, 단독 활용인지 공동 활용인지와 같이 상당히 복잡한 체계로 법조문이 구성되어 있다. 한 조건이라도 빠뜨리면 오답을 고르게 되는 문제이므로 꼼꼼하게 풀도록 한다.

다음 글을 근거로 판단할 때, 〈보기〉에서 옳은 것만을 모두 고르면?

제○○조 이 법에서 '폐교'란 학생 수 감소, 학교 통폐합 등의 사유로 폐지된 공립학교를 말한다.
제△△조 ① 시·도 교육감은 폐교재산을 교육용시설, 사회복지시설, 문화시설, 공공체육시설로 활용하려는 자 또는 소득증대시설로 활용하려는 자에게 그 폐교재산의 용도와 사용 기간을 정하여 임대할 수 있다.
② 제1항에 따라 폐교재산을 임대하는 경우, 연간 임대료는 해당 폐교재산평정가격의 1천분의 10을 하한으로 한다.
제□□조 ① 제△△조 제2항에도 불구하고 시·도 교육감은 다음 각 호의 어느 하나에 해당하는 경우에는 폐교재산의 연간 임대료를 감액하여 임대할 수 있다.
 1. 국가 또는 지방자치단체가 폐교재산을 교육용시설, 사회복지시설, 문화시설, 공공체육시설 또는 소득증대시설로 사용하려는 경우
 2. 단체 또는 사인(私人)이 폐교재산을 교육용시설, 사회복지시설, 문화시설 또는 공공체육시설로 사용하려는 경우
 3. 폐교가 소재한 시·군·구에 주민등록이 되어 있고 실제 거주하는 지역주민이 공동으로 폐교재산을 소득증대시설로 사용하려는 경우
② 전항에 따라 폐교재산의 임대료를 감액하는 경우 연간 임대료의 감액분은 다음 각 호에서 정한 바를 초과하지 아니하는 범위에서 정한다.
 1. 교육용시설, 사회복지시설, 문화시설, 공공체육시설로 사용하는 경우: 제△△조 제2항에 따른 연간 임대료의 1천분의 500
 2. 소득증대시설로 사용하는 경우: 제△△조 제2항에 따른 연간 임대료의 1천분의 300

〈보기〉

ㄱ. 시·도 교육감은, 폐교가 소재하는 시·군·구에 거주하지 않으면서 폐교재산을 사회복지시설로 활용하려는 자에게 그 폐교재산을 임대할 수 있다. →(O) 제△△조 제1항에 따르면 시·도 교육감은 폐교재산을 교육용시설, 사회복지시설, 문화시설, 공공체육시설로 활용하려는 자에게 그 폐교재산의 용도와 사용 기간을 정하여 임대할 수 있다. 폐교 소재의 시·군·구의 거주 여부와 상관없이 폐교재산을 사회복지시설로 활용하려는 자에게 폐교재산을 임대할 수 있으므로 옳은 설명이다.

ㄴ. 폐교재산평정가격이 5억 원인 폐교재산을 지방자치단체가 문화시설로 사용하려는 경우, 연간 임대료의 최저액은 250만 원이다.
→(O) 제△△조 제2항에 따르면 폐교재산 연간 임대료는 폐교재산평정가격의 1천분의 10을 하한으로 하므로 폐교재산평정가격이 5억 원인 폐교재산의 연간 임대료 하한가는 500만 원이다. 또한 지방자치단체가 폐교재산을 문화시설로 사용하려는 경우에는 제□□조 제1항 제1호에 따라 연간 임대료를 감액하여 임대할 수 있고, 제□□조 제2항 제1호에 따르면 연간 임대료의 1천분의 500까지 감액이 가능하므로 500만 원의 1천분의 500인 250만 원까지 임대료를 감액할 수 있으므로 옳은 설명이다.

ㄷ. 폐교가 소재한 군에 주민등록이 되어 있고 실제 거주하는 지역주민이 단독으로 폐교재산을 소득증대시설로 사용하려는 경우, 연간 임대료로 지불해야 할 최저액은 폐교재산평정가격의 0.7%이다.
→ (X) 제□□조 제1항 제3호에 따르면 폐교가 소재한 시·군·구에 주민등록이 되어 있고 실제 거주하는 주민이 공동으로 폐교재산을 소득증대시설로 사용하는 경우 임대료를 감액하여 임대할 수 있다고 되어 있을 뿐, 단독으로 폐교재산을 소득증대시설로 사용하려는 경우에는 감액할 수 있는 규정이 없다. 따라서 연간 임대료의 최저액은 제△△조 제2항에 따라 폐교재산평정가격의 1천분의 100이다. 즉 $\frac{10}{100} \times 100 = 1(\%)$로 연간 임대료의 최저액은 폐교재산평정가격의 1%이다.

ㄹ. 폐교재산을 활용하려는 자가 폐교 소재 지역주민이 아니어도 그 폐교재산을 공공체육시설로 사용할 수 있으나 임대료 감액은 받을 수 없다. → (X) 제□□조 제1항 제2호에 따르면 단체 또는 사인이 폐교재산을 교육용시설, 사회복지시설, 문화시설 또는 공공체육시설로 사용하려는 경우에는 폐교재산의 연간 임대료를 감액하여 임대할 수 있으므로 폐교재산을 활용하려는 자가 폐교 소재 지역주민이 아니어도 폐교재산을 공공체육시설로 사용할 수 있고 임대료 감액도 받을 수 있다.

① ㄱ, ㄴ ➡ (O)
② ㄱ, ㄷ ➡ (X)
③ ㄱ, ㄴ, ㄹ ➡ (X)
④ ㄱ, ㄷ, ㄹ ➡ (X)
⑤ ㄴ, ㄷ, ㄹ ➡ (X)

07 ③
정답률 85.8%

| 문제 유형 | 연산추론형 > 수리계산
| 접근 전략 | 지도가 나와 생소하게 느껴질 수 있으나 〈측량학 수업 필기〉에서 답을 다 찾을 수 있는 문제이다. 지리학적 배경지식이 있으면 축척에 대해 조금 더 쉽게 이해할 수 있겠지만 그렇지 않더라도 제시된 축척에 대한 설명과 예시를 이해하면 접근이 가능하다.

다음 〈측량학 수업 필기〉를 근거로 판단할 때, 〈예제〉의 괄호 안에 들어갈 수는?

─── 〈측량학 수업 필기〉 ───

축 척: 실제 수평 거리를 지도상에 얼마나 축소해서 나타냈는지를 보여주는 비율. 1/50,000, 1/25,000, 1/10,000, 1/5,000 등을 일반적으로 사용함
ex) 1/50,000은 실제 수평 거리 50,000cm를 지도상에 1cm로 나타냄
등고선: 지도에서 표고가 같은 지점들을 연결한 선
→ 표준 해면으로부터 지표의 어느 지점까지의 수직 거리
축척 1/50,000 지도에서는 표고 20m마다, 1/25,000 지도에서는 표고 10m마다, 1/10,000 지도에서는 표고 5m마다 등고선을 그림
ex) 축척 1/50,000 지도에서 등고선이 그려진 모습

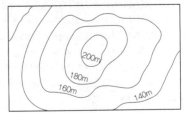

위의 지도는 축척 1/25,000로 제작되었다. 지도상의 지점 A와 B를 잇는 선분을 자로 재어 보니 길이가 4cm였다. 이때 두 지점 A와 B를 잇는 사면의 경사도는 (   )이다.

① 0.015 ➡ (X)
② 0.025 ➡ (X)
③ 0.03 ➡ (O) 예제의 등고선은 표고 10m마다 그려졌다. 따라서 A 지점과 B 지점의 표고 차이는 30m임을 알 수 있다. 두 지점 사이의 실제 수평 거리는 축척이 1/25,000이라 하였으므로 4cm × 25,000=100,000(cm)=1,000(m)이다.
경사도는 $\frac{\text{두 지점 사이의 표고 차이}}{\text{두 지점 사이의 실제 수평 거리}}$이므로 $\frac{30}{1000}$=0.030이다.
④ 0.055 ➡ (X)
⑤ 0.7 ➡ (X)

경사도: 어떤 두 지점 X와 Y를 잇는 사면의 경사도는 다음의 식으로 계산
$$경사도 = \frac{\text{두 지점 사이의 표고 차이}}{\text{두 지점 사이의 실제 수평 거리}}$$

─── 〈예제〉 ───

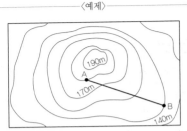

위의 지도는 축척 1/25,000로 제작되었다. 지도상의 지점 A와 B를 잇는 선분을 자로 재어 보니 길이가 4cm였다. 이때 두 지점 A와 B를 잇는 사면의 경사도는 (   )이다.

08 ①
정답률 60.9%

| 문제 유형 | 연산추론형 > 대입비교
| 접근 전략 | 만 나이에 대해 헷갈리지 않도록 유의한다. 태어났을 때는 만 0세이고, 태어나고 12개월이 지나면 만 1세가 되는 것이다.

다음 글을 근거로 판단할 때, 〈보기〉에서 옳은 것만을 모두 고르면?

소아기 예방접종 프로그램에 포함된 백신(A~C)은 지속적인 항체 반응을 위해서 2회 이상 접종이 필요하다.
최소 접종연령(첫 접종의 최소연령) 및 최소 접종간격을 지켰을 때 적절한 예방력이 생기며, 이러한 예방접종을 유효하다고 한다. 다만 최소 접종연령 및 최소 접종간격에서 4일 이내로 앞당겨서 일찍 접종을 한 경우에도 유효한 것으로 본다. 그러나 만약 5일 이상 앞당겨서 일찍 접종했다면 무효로 간주하고 최소 접종연령 및 최소 접종간격에 맞춰 다시 접종하여야 한다.
다음은 각 백신의 최소 접종연령 및 최소 접종간격을 나타낸 표이다.

종류	최소 접종연령	최소 접종간격			
		1, 2차 사이	2, 3차 사이	3, 4차 사이	4, 5차 사이
백신 A	12개월	12개월	–	–	–
백신 B	6주	4주	4주	6개월	–
백신 C	6주	4주	4주	6개월	6개월

다만 백신 B의 경우 만 4세 이후에 3차 접종을 유효하게 했다면, 4차 접종은 생략한다.

―〈보기〉―

ㄱ. 만 2세가 되기 전에 백신 A의 예방접종을 2회 모두 유효하게 실시
할 수 있다. → (O) 백신 A는 최소 접종연령이 12개월이고, 그 이후 2차 접
종은 1차 접종 12개월 이후에 가능하다. 그런데 2문단을 보면 최소 접종연령
및 최소 접종간격에서 4일 이내로 앞당겨서 일찍 접종을 한 경우에도 유효한
것으로 본다고 하였으므로 만 2세가 되기 전에 백신 A의 예방접종을 2회 모두
유효하게 실시할 수 있다.

ㄴ. 생후 45개월에 백신 B를 1차 접종했다면, 4차 접종은 반드시 생략
한다. → (X) 생후 45개월에 백신 B를 1차 접종했다면, 2차 접종은 4주 후에
할 수 있으므로 46개월에, 3차 접종 또한 4주 후인 47개월에 할 수 있다. 마지
막 문단에 따르면 백신 B는 만 4세 이후에 3차 접종을 유효하게 해야 4차 접종
을 생략할 수 있는데 3차 접종기간이 47개월이라면 만 4세 이전이기 때문에 4차
접종을 생략할 수 없다.

ㄷ. 생후 40일에 백신 C를 1차 접종했다면, 생후 60일에 한 2차 접종은
유효하다. → (X) 생후 40일에 백신 C를 1차 접종했다면, 이로부터 4주 뒤
인 생후 68일에 2차 접종을 해야 유효하고, 최대 4일만 앞당길 수 있는데 생후
60일에 한 2차 접종은 5일 이상 앞당겨서 한 접종이므로 이는 유효하지 않다.

① ㄱ ➡ (O)
② ㄴ ➡ (X)
③ ㄷ ➡ (X)
④ ㄱ, ㄴ ➡ (X)
⑤ ㄱ, ㄷ ➡ (X)

09 ③

정답률 82.1%

| 문제 유형 | 퍼즐형 > 수리퀴즈

| 접근 전략 | 커다란 정육면체에 잔뜩 숫자가 적혀 있으니 막막한 기분을 느낄 수
있다. 하지만 PSAT시험은 한 문제를 2분 내외로 풀 수 있게 설계되어 있으므로 36
개를 계산하게 하지는 않을 것이라 생각하면서 문제를 풀 수 있는 원리를 찾자.

**다음 글을 근거로 판단할 때, 〈그림 2〉의 정육면체 아랫면에 쓰인 36
개 숫자의 합은?**

정육면체인 하양 블록 5개와 검은 블록 1개를 일렬로 붙인 막대를 30개
만든다. 각 막대의 윗면에는 가장 위에 있는 블록부터, 아랫면에는 가장 아
래에 있는 블록부터 세어 검은 블록이 몇 번째 블록인지를 나타내는 숫자를
쓴다. 이런 규칙에 따르면 〈그림 1〉의 예에서는 윗면에 2를, 아랫면에 5를
쓰게 된다.

다음으로 검은 블록 없이 하양 블록 6개를 일렬로 붙인 막대를 6개 만든
다. 검은 블록이 없으므로 윗면과 아랫면 모두에 0을 쓴다.

이렇게 만든 36개의 막대를 붙여 〈그림 2〉와 같은 큰 정육면체를 만들었
더니, 윗면에 쓰인 36개 숫자의 합이 109였다.

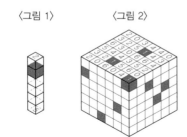

〈그림 1〉   〈그림 2〉

① 97 ➡ (X)
② 100 ➡ (X)

③ 101 ➡ (O) 검은 블록이 있는 막대는 윗면과 아랫면의 숫자의 합이 7이고, 검은 블
록이 없는 막대는 윗면과 아랫면 모두 숫자가 0이다. 검은 블록이 없는 막대는 6개이
다. 그렇다면 검은 블록이 있는 막대는 30개이므로 (30 × 7)=전체 윗면 숫자=아랫면
숫자일 것이다. 윗면 숫자를 모두 더하면 109이므로 아랫면 숫자의 합은 (30 × 7)−
109=101임을 알 수 있다.

④ 103 ➡ (X)
⑤ 104 ➡ (X)

10 ②

정답률 80.7%

| 문제 유형 | 퍼즐형 > 논리퀴즈

| 접근 전략 | 〈상황〉에서 확실하게 제시된 정보를 먼저 정리하고, 표를 채워 나가
도록 한다. 또한 이 문제에서는 선지의 경우의 수를 좁혀 나가며 문제를 푸는 것
이 시간을 절약할 수 있는 방법이다.

**다음 글과 〈상황〉을 근거로 판단할 때, A복지관에 채용될 2명의 후보
자는?**

A복지관은 청소년업무 담당자 2명을 채용하고자 한다. 청소년업무 담당
자들은 심리상담, 위기청소년지원, 진학지도, 지역안전망구축 등 4가지 업
무를 수행해야 한다. 채용되는 2명은 서로 다른 업무를 맡아 4가지 업무를
빠짐없이 분담해야 한다.

4가지 업무에 관련된 직무역량으로는 의사소통역량, 대인관계역량, 문제
해결역량, 정보수집역량, 자원관리역량 등 5가지가 있다. 각 업무를 수행하
기 위해서는 반드시 해당 업무에 필요한 직무역량을 모두 갖춰야 한다. 아래
는 이를 표로 정리한 것이다.

업무	필요 직무역량
심리상담	의사소통역량, 대인관계역량
위기청소년지원	의사소통역량, 문제해결역량
진학지도	문제해결역량, 정보수집역량
지역안전망구축	대인관계역량, 자원관리역량

―〈상황〉―

○ A복지관의 채용후보자는 4명(甲, 乙, 丙, 丁)이며, 각 채용후보자는
5가지 직무역량 중 3가지씩을 갖추고 있다.

○ 자원관리역량은 丙을 제외한 모든 채용후보자가 갖추고 있다.

○ 丁이 진학지도업무를 제외한 모든 업무를 수행하려면, 의사소통역
량만 추가로 갖추면 된다.

○ 甲은 심리상담업무를 수행할 수 있고, 乙과 丙은 진학지도업무를 수
행할 수 있다.

○ 대인관계역량을 갖춘 채용후보자는 2명이다.

→ 두 번째 〈상황〉을 적용하면 丙만 자원관리역량을 갖추고 있지 않다. − (1)
세 번째 〈상황〉에 의해 丁이 대인관계역량과 문제해결역량, 자원관리역량을 갖추고 있
음을 알 수 있다. − (2)
네 번째 〈상황〉에 따르면 甲은 심리상담업무를 수행할 수 있으므로 의사소통역량과 대
인관계역량을 갖추고 있으며, 乙과 丙은 진학지도업무를 수행할 수 있으므로 문제해결
역량과 정보수집역량을 갖추고 있다. − (3)
그러면 첫 번째 〈상황〉에 의해 甲, 乙, 丁은 나머지 두 역량을 갖추고 있지 않음을 알 수
있다. − (4)
다섯 번째 〈상황〉에 의해 丙은 대인관계역량을 갖추고 있지 않음을 알 수 있다. − (5)
그러면 첫 번째 〈상황〉에 의해 丙은 의사소통역량을 갖추고 있음을 알 수 있다. − (6)

이를 표로 나타내면 다음과 같다.

구분	甲	乙	丙	丁
의사소통역량	○(3)	X(4)	○(6)	X(4)
대인관계역량	○(3)	X(4)	X(5)	○(2)
문제해결역량	X(4)	○(3)	○(3)	○(2)
정보수집역량	X(4)	○(3)	○(3)	X(4)
자원관리역량	○(1)	○(1)	X(1)	○(1)

① 甲, 乙 ➡ (X) 甲, 乙이 채용되면 위기청소년지원업무를 수행할 수 없다.
② 甲, 丙 ➡ (○) 甲, 丙이 채용되면 甲이 심리상담업무, 지역안전망구축업무. 丙이 위기청소년지원업무, 진학지도업무를 하여 복지관의 4가지 업무를 나누어 모두 할 수 있다.
③ 乙, 丙 ➡ (X) 乙, 丙이 채용되면 심리상담업무와 지역안전망구축업무를 수행할 수 없다.
④ 乙, 丁 ➡ (X) 乙, 丁이 채용되면 심리상담업무와 위기청소년지원업무를 수행할 수 없다.
⑤ 丙, 丁 ➡ (X) 丙, 丁이 채용되면 심리상담업무를 수행할 수 없다.

11 ④

정답률 86.6%

| 문제 유형 | 제시문형 > 분석추론
| 접근 전략 | 공무원 인사 관련 규정은 PSAT에 자주 출제되므로, 확인해 두는 것이 도움이 된다.

다음 글을 근거로 판단할 때 옳지 않은 것은?

정부는 저출산 문제 해소를 위해 공무원이 안심하고 일과 출산·육아를 병행할 수 있도록 관련 제도를 정비하여 시행 중이다. ▶1문단

먼저 임신 12주 이내 또는 임신 36주 이상인 여성 공무원을 대상으로 하던 '모성보호시간'을 임신 기간 전체로 확대하여 임신부터 출산 시까지 근무시간을 1일에 2시간씩 단축할 수 있게 하였다. ▶2문단

다음으로 생후 1년 미만의 영아를 자녀로 둔 공무원을 대상으로 1주일에 2일에 한해 1일에 1시간씩 단축근무를 허용하던 '육아시간'을, 만 5세 이하 자녀를 둔 공무원을 대상으로 1주일에 2일에 한해 1일에 2시간 범위 내에서 사용할 수 있도록 하였다. 또한 부부 공동육아 실현을 위해 '배우자 출산휴가'를 10일(기존 5일)로 확대하였다. ▶3문단

마지막으로 어린이집, 유치원, 초·중·고등학교에서 공식적으로 주최하는 행사와 공식적인 상담에만 허용되었던 '자녀돌봄휴가'(공무원 1인당 연간 최대 2일)를 자녀의 병원진료·검진·예방접종 등에도 쓸 수 있도록 하고, 자녀가 3명 이상일 경우 1일을 가산할 수 있도록 하였다. ▶4문단

① 변경된 현행 제도에서는 변경 전에 비해 '육아시간'의 적용 대상 및 시간이 확대되었다. ➡ (○) 3문단에 따르면 육아시간의 적용 대상은 생후 1년 미만의 영아를 자녀로 둔 공무원에서 만 5세 이하 자녀를 둔 공무원으로, 적용 시간은 1주일에 2일에 한해 1일에 1시간에서 2시간으로 확대되었다.

② 변경된 현행 제도에 따르면, 초등학생 자녀 3명을 둔 공무원은 연간 3일의 '자녀돌봄휴가'를 사용할 수 있다. ➡ (○) 4문단에 따르면 자녀돌봄휴가는 공무원 1인당 연간 최대 2일을 주었는데 변경된 제도에서는 자녀가 3명 이상이면 1일을 가산할 수 있도록 하여 연간 3일의 자녀돌봄휴가를 쓸 수 있게 되었다.

③ 변경된 현행 제도에 따르면, 임신 5개월인 여성 공무원은 산부인과 진료를 받기 위해 '모성보호시간'을 사용할 수 있다. ➡ (○) 2문단에 따르면 임신 5개월은 약 20주 안팎으로 과거에는 임신 12주 이내 또는 임신 36주 이상일 때만 모성보호시간을 쓸 수 있었으나 변경된 현행 제도에서는 임신 기간 전체로 확대하여 모성보호시간을 쓸 수 있게 되었다.

④ 변경 전 제도에서 공무원은 초등학교 1학년인 자녀의 병원진료를 위해 '자녀돌봄휴가'를 사용할 수 있었다. ➡ (X) 4문단에 따르면 변경 전 제도에서는 어린이집, 유치원. 초·중·고등학교에서 공식적으로 주최하는 행사와 공식적인 상담에만 자녀돌봄휴가가 허용되었으므로 자녀의 병원진료를 위해서는 사용할 수 없었다.

⑤ 변경된 현행 제도에 따르면, 만 2세 자녀를 둔 공무원은 '육아시간'을 사용하여 근무시간을 1주일에 총 4시간 단축할 수 있다. ➡ (○) 3문단에 따르면 '육아시간'은 생후 1년 미만의 영아를 자녀로 둔 공무원에서 만 5세 이하 자녀를 둔 공무원으로 대상이 확대되고, 적용 시간은 1주일에 2일에 한해 1일 1시간에서 2시간으로 확대되었다. 따라서 만 2세 자녀를 둔 공무원은 1주일에 2번 2시간씩 육아시간을 쓸 수 있어 근무시간을 1주일에 총 4시간 단축할 수 있다.

12 ⑤

정답률 77.0%

| 문제 유형 | 법조문형 > 규정확인
| 접근 전략 | 규정 문제는 주체, 적용대상, 예외조항, 단서조항 등을 꼼꼼히 확인해야 한다.

다음 글을 근거로 판단할 때, 〈보기〉에서 옳은 것만을 모두 고르면?

제○○조 ① 사업자는 소비자를 속이거나 소비자로 하여금 잘못 알게 할 우려가 있는 표시·광고 행위로서 공정한 거래질서를 해칠 우려가 있는 다음 각 호의 행위를 하거나 다른 사업자로 하여금 하게 하여서는 안 된다.
1. 거짓·과장의 표시·광고
2. 기만적인 표시·광고
3. 부당하게 비교하는 표시·광고
4. 비방적인 표시·광고
② 제1항을 위반하여 제1항 각 호의 행위를 하거나 다른 사업자로 하여금 하게 한 사업자는 2년 이하의 징역 또는 1억 5천만 원 이하의 벌금에 처한다.
제△△조 ① 공정거래위원회는 상품 등이나 거래 분야의 성질에 비추어 소비자 보호 또는 공정한 거래질서 유지를 위하여 필요한 경우에는 사업자가 표시·광고에 포함하여야 하는 사항(이하 '중요정보'라 한다)과 표시·광고의 방법을 고시할 수 있다.
② 공정거래위원회는 제1항에 따라 고시를 하려면 관계 행정기관의 장과 미리 협의하여야 한다. 이 경우 필요하다고 인정하면 공청회를 개최하여 사업자단체, 소비자단체, 그 밖의 이해관계인 등의 의견을 들을 수 있다.
③ 사업자가 표시·광고 행위를 하는 경우에는 제1항에 따라 고시된 중요정보를 표시·광고하여야 한다.
제□□조 ① 사업자가 제△△조 제3항을 위반하여 고시된 중요정보를 표시·광고하지 않은 경우에는 1억 원 이하의 과태료를 부과한다.
② 제1항에 따른 과태료는 공정거래위원회가 부과·징수한다.

─〈보기〉─

ㄱ. 공정거래위원회가 중요정보 고시 여부를 결정함에 있어 상품 등이나 거래 분야는 고려의 대상이 아니다. → (X) 제△△조 제1항에 따르면 공정거래위원회는 상품 등이나 거래 분야의 성질에 비추어 소비자 보호 또는 공정한 거래질서 유지를 위하여 필요한 경우에는 중요정보와 표시·광고의 방법을 고시할 수 있다. 따라서 상품 등이나 거래 분야는 고려 대상이다.

ㄴ. 사업자A가 다른 사업자B로 하여금 공정한 거래질서를 해칠 우려가 있는 비방적인 표시·광고를 하게 한 경우, 공정거래위원회는 사업자A에게 과태료를 부과한다. → (X) 제○○조 제1항 제4호와 동조 제2항에 따르면 사업자가 다른 사업자로 하여금 공정한 거래질서를 해칠 우려가 있는 비방적인 표시·광고를 하게 한 경우 징역 또는 벌금에 처할 수 있는 것이고 과태료를 부과할 수는 없다.

ㄷ. 사업자가 표시·광고 행위를 하면서 고시된 중요정보를 표시·광고 하지 않은 경우, 공정거래위원회는 5천만 원의 과태료를 부과할 수 있다. → (O) 제□□조 제1항에 따르면 사업자가 고시된 중요정보를 표시·광고하지 않은 경우에는 1억 원 이하의 과태료를 부과할 수 있고 동조 제2항에 따르면 공정거래위원회가 과태료를 부과하므로 공정거래위원회는 사업자에게 5천만 원의 과태료를 부과할 수 있다.

ㄹ. 공정거래위원회는 소비자 보호를 위해 필요한 경우, 사업자가 표시·광고에 포함하여야 하는 사항과 함께 그 표시·광고의 방법도 고시할 수 있다. → (O) 제△△조 제1항에 따르면 공정거래위원회는 소비자 보호를 위해 필요한 경우, 사업자가 표시·광고에 포함하여야 하는 사항과 표시·광고의 방법을 고시할 수 있다.

① ㄱ, ㄴ ➡ (X)
② ㄱ, ㄷ ➡ (X)
③ ㄴ, ㄷ ➡ (X)
④ ㄴ, ㄹ ➡ (X)
⑤ ㄷ, ㄹ ➡ (O)

13 ⑤

정답률 98.9%

| **문제 유형** | 제시문형 > 정보확인

| **접근 전략** | 흥선대원군과 고종에 대한 내용의 경계가 분명치 않으므로 어디까지가 흥선대원군 때 이야기이고 어디부터가 고종 때의 이야기인지 잘 구분해야 한다.

다음 글을 근거로 판단할 때 옳은 것은?

군국기무처는 1894년 7월 27일부터 같은 해 12월 17일까지 존속한 최고 정책결정 기관이었다. 1894년 7월 흥선대원군을 추대한 새로운 정권이 수립되자, 그 이전부터 논의되어 오던 제도개혁을 실시하고자 합의체 형식의 초정부적 정책결정 기구인 군국기무처를 구성하였다. 이 기구의 이름은 1882년부터 1883년까지 존속하였던 기무처의 이름을 따서 흥선대원군이 명명하였다. ▶1문단

군국기무처가 실제로 활동한 기간은 약 3개월이었다. 이 기간 중 군국기무처는 40회의 회의를 통해 약 210건의 의안을 심의하여 통과시켰는데, 그 중에는 189개의 개혁 의안도 포함되어 있었다. 군국기무처가 심의하여 통과시킨 의안은 국왕의 재가를 거쳐 국법으로 시행하였는데, 그 가운데는 전제왕권의 제약이나 재정제도의 일원화뿐만 아니라, 양반·상인 등 계급의 타파, 공·사노비제의 폐지, 조혼의 금지, 과부의 재가 허용 등 조선사회의 경제·사회질서를 근본적으로 변혁시키는 내용도 있었다. 여기에는 1880년대 이래 개화운동에서 강조한 개혁안과 더불어 동학운동에서 요구한 개혁안이 포함되기도 하였다. 군국기무처가 추진한 이때의 개혁을 갑오개혁이라고 부른다. ▶2문단

그러나 군국기무처의 기능은 청일전쟁에서 일본이 최초의 결정적인 승리를 거둔 1894년 9월 중순 이후 서서히 약화되기 시작하였다. 청일전쟁의 초기에는 조선의 개혁정권에 대해 회유정책을 쓰며 군국기무처의 활동에 간섭을 하지 않던 일본이 청일전쟁의 승리가 확실해지자 적극적인 개입정책을 쓰기 시작하였던 것이다. 일본 정부가 새로 임명한 주한공사 이노우에는 군국기무처를 자신이 추진하려는 일본의 제도적 개입의 방해물로 간주하여 11월 20일 고종에게 요구한 20개의 안건에 군국기무처의 폐지를 포함시켰다. 고종도 그의 전제왕권을 제약한 군국기무처의 존재를 탐탁지 않게 여기던 터였으므로 이 기구를 12월 17일 칙령으로 폐지하였다. ▶3문단

① 흥선대원군은 군국기무처를 칙령으로 폐지하였다. ➡ (X) 흥선대원군은 군국기무처를 만들었고, 3문단에 따르면 고종이 이 기구를 칙령으로 폐지하였다.

② 군국기무처는 기무처의 이름을 따서 고종이 명명하였다. ➡ (X) 1문단에 따르면 군국기무처의 이름은 기무처의 이름을 따서 흥선대원군이 명명하였다.

③ 일본의 청일전쟁 승리가 확실해지면서 군국기무처의 기능은 더욱 강화되었다. ➡ (X) 3문단에 따르면 일본은 청일전쟁의 승리가 확실해지자 적극적인 개입정책을 쓰기 시작하였고 군국기무처를 일본의 제도적 개입의 방해물로 간주하여 군국기무처의 폐지를 고종에게 요구하였다.

④ 군국기무처는 실제 활동 기간 동안 월 평균 210건 이상의 개혁 의안을 통과시켰다. ➡ (X) 2문단에 따르면 군국기무처가 실제로 활동한 기간은 약 3개월이었고 이 기간 동안 189개의 개혁 의안을 통과시켰다.

⑤ 군국기무처가 통과시킨 의안에는 동학운동에서 요구한 개혁안이 담기기도 하였다. ➡ (O) 2문단에 따르면 군국기무처가 통과시킨 의안에는 동학운동에서 요구한 개혁안이 포함되기도 하였다.

14 ④

정답률 95.1%

| **문제 유형** | 제시문형 > 정보확인

| **접근 전략** | 아주 간단한 정보확인 문제이니 빠르게 풀어 최대한 시간을 확보하도록 한다. 선거의 종류와 특징 등을 중심으로 제시문을 파악하고 〈보기〉를 확인한다.

다음 글을 근거로 판단할 때, 〈보기〉에서 옳은 것만을 모두 고르면?

국회의원 선거는 목적에 따라 총선거, 재선거, 보궐선거 등으로 나누어진다. 대통령제 국가에서는 의원의 임기가 만료될 때 총선거가 실시된다. 반면 의원내각제 국가에서는 의원의 임기가 만료될 때뿐만 아니라 의원의 임기가 남아 있으나 총리(수상)에 의해 의회가 해산된 때에도 총선거가 실시된다. ▶1문단

대다수의 국가는 총선거로 전체 의원을 동시에 새롭게 선출하지만, 의회의 안정성과 연속성을 고려하여 전체 의석 중 일부만 교체하기도 한다. 이러한 예는 미국, 일본, 프랑스 등의 상원선거에서 나타나는데, 미국은 임기 6년의 상원의원을 매 2년마다 1/3씩, 일본은 임기 6년의 참의원을 매 3년마다 1/2씩 선출한다. 프랑스 역시 임기 6년의 상원의원을 매 3년마다 1/2씩 선출한다. ▶2문단

재선거는 총선거가 실시된 이후에 당선 무효나 선거 자체의 무효 사유가 발생하였을 때 다시 실시되는 선거를 말한다. 예를 들어 우리나라에서는 선거 무효 판결, 당선 무효, 당선인의 임기 개시 전 사망 등의 사유가 있는 경우에 재선거를 실시한다. ▶3문단

보궐선거는 의원이 임기 중 직책을 사퇴하거나 사망하는 등 부득이한 사유로 의정 활동을 수행할 수 없는 경우에 이를 보충하기 위해 실시되는 선거이다. 다수대표제를 사용하는 대부분의 국가는 보궐선거를 실시하는 반면, 비례대표제를 사용하는 대부분의 국가는 필요시 의원직을 수행할 승계인을 총선거 때 함께 정해 두어 보궐선거를 실시하지 않는다. ▶4문단

〈보기〉

ㄱ. 일본 참의원의 임기는 프랑스 상원의원의 임기와 같다. → (O) 2문단에 따르면 일본 참의원의 임기는 6년으로 프랑스의 상원의원의 임기와 같다.

ㄴ. 미국은 2년마다 전체 상원의원을 새로 선출한다. → (X) 2문단에 따르면 미국은 2년마다 상원의원을 1/3씩 선출한다.

ㄷ. 우리나라에서는 국회의원 당선인이 임기 개시 전 사망한 경우 재선거가 실시된다. → (O) 3문단에 따르면 우리나라에서는 당선인이 임기 개시 전 사망한 경우 재선거가 실시된다.

ㄹ. 다수대표제를 사용하는 대부분의 국가에서는 의원이 임기 중 사망하였을 때 보궐선거를 실시한다. → (O) 보궐선거는 의원이 임기 중 직책을 사퇴하거나 사망하는 등 부득이한 사유로 의정 활동을 수행할 수 없는 경우에 이를 보충하기 위해 실시되는 선거로 4문단에 따르면 다수대표제를 사용하는 대부분의 국가는 보궐선거를 실시한다.

① ㄱ, ㄴ ➡ (X)
② ㄱ, ㄷ ➡ (X)
③ ㄴ, ㄹ ➡ (X)
④ ㄱ, ㄷ, ㄹ ➡ (O)
⑤ ㄴ, ㄷ, ㄹ ➡ (X)

15 ⑤
정답률 94.0%

| 문제 유형 | 법조문형 > 규정확인
| 접근 전략 | 甲, 乙, 丙, 丁, 戊 등의 인물이 나오지만 임의로 써 놓은 것이다. 단순히 피고인이라고 생각하는 것이 문제를 더 수월하게 풀 수 있다.

다음 글을 근거로 판단할 때 옳은 것은?

제○○조 ① 무죄재판을 받아 확정된 사건(이하 '무죄재판사건'이라 한다)의 피고인은 무죄재판이 확정된 때부터 3년 이내에, 확정된 무죄재판사건의 재판서(이하 '무죄재판서'라 한다)를 법무부 인터넷 홈페이지에 게재하도록 해당 사건을 기소한 검사의 소속 지방검찰청에 청구할 수 있다.
② 피고인이 제1항의 무죄재판서 게재청구를 하지 아니하고 사망한 때에는 그 상속인이 이를 청구할 수 있다. 이 경우 같은 순위의 상속인이 여러 명일 때에는 상속인 모두가 그 청구에 동의하였음을 소명하는 자료도 함께 제출하여야 한다.
③ 무죄재판서 게재청구가 취소된 경우에는 다시 그 청구를 할 수 없다.
제□□조 ① 제○○조의 청구를 받은 날부터 1개월 이내에 무죄재판서를 법무부 인터넷 홈페이지에 게재하여야 한다.
② 다음 각 호의 어느 하나에 해당할 때에는 무죄재판서의 일부를 삭제하여 게재할 수 있다.
 1. 청구인이 무죄재판서 중 일부 내용의 삭제를 원하는 의사를 명시적으로 밝힌 경우
 2. 무죄재판서의 공개로 인하여 사건 관계인의 명예나 사생활의 비밀 또는 생명 · 신체의 안전이나 생활의 평온을 현저히 해칠 우려가 있는 경우
③ 제2항 제1호의 경우에는 청구인의 의사를 서면으로 확인하여야 한다.
④ 제1항에 따른 무죄재판서의 게재기간은 1년으로 한다.

① 무죄재판이 확정된 피고인 甲은 무죄재판이 확정된 때부터 3년 이내에 관할법원에 무죄재판서 게재청구를 할 수 있다. ➡ (X) 제○○조 제1항에 따르면 무죄재판을 받아 확정된 사건의 피고인은 무죄재판이 확정된 때부터 3년 이내에 확정된 무죄재판사건의 재판서를 법무부 인터넷 홈페이지에 게재하도록 해당 사건을 기소한 검사의 소속 지방검찰청에 청구할 수 있으므로 관할법원에 무죄재판서 게재청구를 할 수 있는 것이 아니다.
② 무죄재판이 확정된 피고인 乙이 무죄재판서 게재청구를 취소한 후 사망한 경우, 乙의 상속인은 무죄재판이 확정된 때부터 3년 이내에 무죄재판서 게재청구를 할 수 있다. ➡ (X) 제○○조 제3항에 따르면 무죄재판서 게재청구가 취소된 경우에는 다시 그 청구를 할 수 없다.
③ 무죄재판이 확정된 피고인 丙이 무죄재판서 게재청구 없이 사망한 경우, 丙의 상속인은 같은 순위의 다른 상속인의 동의 없이 무죄재판서 게재청구를 할 수 있다. ➡ (X) 제○○조 제2항에 따르면 상속인이 무죄재판서 게재청구를 할 때 같은 순위의 상속인이 여러 명일 때에는 상속인 모두가 그 청구에 동의하였음을 소명하는 자료를 제출해야 한다.

④ 무죄재판이 확정된 피고인 丁이 무죄재판서 게재청구를 하면 그의 무죄재판서는 법무부 인터넷 홈페이지에 3년간 게재된다. ➡ (X) 제□□조 제4항에 따르면 무죄재판서의 게재기간은 1년이다.
⑤ 무죄재판이 확정된 피고인 戊의 청구로 무죄재판서가 공개되면 사건 관계인의 명예를 현저히 해칠 우려가 있는 경우, 무죄재판서의 일부를 삭제하여 게재할 수 있다. ➡ (O) 제□□조 제2항 제2호에 따르면 무죄재판서의 공개로 인하여 사건 관계인의 명예 등을 해칠 우려가 있는 경우에는 무죄재판서의 일부를 삭제하여 게재할 수 있다.

16 ③
정답률 97.5%

| 문제 유형 | 법조문형 > 규정적용
| 접근 전략 | 유치, 변제, 경매, 점유, 소멸 등의 한자어가 많이 등장하는데, 그 용어의 뜻을 몰라도 그 용어가 있는 규정을 보면 충분히 해결할 수 있다.

다음 글과 〈상황〉을 근거로 판단할 때, 〈보기〉에서 옳은 것만을 모두 고르면?

제00조(유치권의 내용) 타인의 물건 또는 유가증권을 점유한 자는 그 물건이나 유가증권에 관하여 생긴 채권이 변제기에 있는 경우에는 변제를 받을 때까지 그 물건 또는 유가증권을 유치할 권리가 있다.
제00조(유치권의 불가분성) 유치권자는 채권 전부의 변제를 받을 때까지 유치물 전부에 대하여 그 권리를 행사할 수 있다.
제00조(유치권자의 선관의무) ① 유치권자는 선량한 관리자의 주의로 유치물을 점유하여야 한다.
② 유치권자는 채무자의 승낙 없이 유치물의 사용, 대여 또는 담보제공을 하지 못한다. 그러나 유치물의 보존에 필요한 사용은 그러하지 아니하다.
제00조(경매) 유치권자는 채권의 변제를 받기 위하여 유치물을 경매할 수 있다.
제00조(점유상실과 유치권소멸) 유치권은 점유의 상실로 인하여 소멸한다.

※ 유치: 물건 등을 일정한 지배 아래 둠

〈상황〉

甲은 아버지의 양복을 면접시험에서 입으려고 乙에게 수선을 맡겼다. 수선비는 다음 날까지 계좌로 송금하기로 하고 옷은 일주일 후 찾기로 하였다. 甲은 수선비를 송금하지 않은 채 일주일 후 옷을 찾으러 갔고, 옷 수선을 마친 乙은 수선비를 받을 때까지 수선한 옷을 돌려주지 않겠다며 유치권을 행사하고 있다.

〈보기〉

ㄱ. 甲이 수선비의 일부라도 지급한다면 乙은 수선한 옷을 돌려주어야 한다. → (X) 두 번째 조에 따르면 유치권자는 채권 전부의 변제를 받을 때까지 유치물 전부에 대하여 그 권리를 행사할 수 있다. 따라서 甲이 수선비의 일부를 지급하더라도 乙은 채권 전부를 변제받은 것이 아니므로 유치물인 수선한 옷을 돌려주지 않아도 된다.
ㄴ. 甲이 수선한 옷을 돌려받지 못한 채 면접시험을 치렀고 이후 필요가 없어 옷을 찾으러 가지 않겠다고 한 경우, 乙은 수선비의 변제를 받기 위해 그 옷을 경매할 수 있다. → (O) 네 번째 조에 따르면 유치권자는 채권의 변제를 받기 위하여 유치물을 경매할 수 있다. 따라서 乙은 수선비라는 채권의 변제를 받기 위해 유치물인 수선한 옷을 경매할 수 있다.
ㄷ. 甲이 수선을 맡긴 옷을 乙이 도둑맞아 점유를 상실하였다면 乙의 유치권은 소멸한다. → (O) 다섯 번째 조에 따르면 유치권은 점유의 상실로 인하여 소멸한다.
ㄹ. 甲이 수선비를 지급할 때까지, 乙은 수선한 옷을 甲의 승낙 없이 다른 사람에게 대여할 수 있다. → (X) 세 번째 조 제2항에 따르면 유치권자는 채무자의 승낙 없이 유치물의 대여를 할 수 없다.

① ㄱ, ㄴ ➡ (X)
② ㄱ, ㄹ ➡ (X)
③ ㄴ, ㄷ ➡ (O)
④ ㄷ, ㄹ ➡ (X)
⑤ ㄴ, ㄷ, ㄹ ➡ (X)

17 ①

정답률 76.1%

| **문제 유형** | 퍼즐형 > 논리퀴즈

| **접근 전략** | PSAT는 겉으로 보기에 어렵고 까다로워 보이는 문제도 최적의 방법을 찾으면 의외로 빠르게 해결되는 문제가 많다. 이 문제가 대표적이다.

다음 글을 근거로 판단할 때, 〈보기〉의 각 괄호 안에 들어갈 숫자의 합은?

A부처와 B부처에 소속된 공무원 수는 각각 100명이고, 모두 소속된 부처에 있었다. 그런데 A부처는 국가 행사를 담당하게 되어 B부처에 9명의 인력지원을 요청하였다. B부처는 소속 공무원 100명 중 9명을 무작위로 선정해서 A부처에 지원 인력으로 보냈다. 얼마 후 B부처 역시 또 다른 국가 행사를 담당하게 되어 A부처에 인력지원을 요청하였다. A부처는 B부처로부터 지원받았던 인력을 포함한 109명 중 9명을 무작위로 선정해서 B부처에 지원 인력으로 보냈다.

〈보기〉

ㄱ. A부처와 B부처 간 인력지원이 한 차례씩 이루어진 후, A부처에 B부처 소속 공무원이 3명 남아 있다면 B부처에는 A부처 소속 공무원이 ( )명 있다.

ㄴ. A부처와 B부처 간 인력지원이 한 차례씩 이루어진 후, B부처에 A부처 소속 공무원이 2명 남아 있다면 A부처에는 B부처 소속 공무원이 ( )명 있다.

① 5 ➡ (O) 제시된 글을 통해 첫 번째 인원변동이 이루어진 후의 부처 인원은 A부처의 경우 109명, B부처의 경우 91명임을 알 수 있다.

| A부처 | 100명 → B부처로부터 9명 지원 요청 ⇒ 109명 |
| B부처 | 100명 → A부처에 9명 지원 투입 ⇒ 91명 |

ㄱ과 ㄴ에서 모두 A부처와 B부처 간 인력지원이 한 차례씩 이루어졌다고 하였는데, 이는 제시된 글의 마지막 문장("A부처는 B부처로부터 지원받았던 인력을 포함한 109명 중 9명을 무작위로 선정해서 B부처에 지원 인력으로 보냈다.")에서와 같이 두 번째 인원변동이 이루어졌음을 의미한다. 즉 A부처와 B부처의 인원은 각각 100명으로 동일해졌다.

ㄱ에서는 A부처에 B부처 소속 공무원이 3명 남아 있다고 하였으므로, A부처는 A부처 소속 97명, B부처 소속 3명으로 구성되어 있다. 따라서 B부처는 B부처 소속 97명, A부처 소속 3명으로 구성되어 있음을 알 수 있다.

ㄴ에서는 B부처에 A부처 소속 공무원이 2명 남아 있다고 하였으므로, B부처는 B부처 소속 98명, A부처 소속 2명으로 구성되어 있다. 따라서 A부처는 A부처 소속 98명, B부처 소속 2명으로 구성되어 있음을 알 수 있다.

② 8 ➡ (X)
③ 10 ➡ (X)
④ 13 ➡ (X)
⑤ 15 ➡ (X)

18 ④

정답률 80.7%

| **문제 유형** | 연산추론형 > 대입비교

| **접근 전략** | 〈지원 기준〉을 먼저 확인하고 이에 따라 지원 대상에서 제외되는 사람부터 소거해 가면 쉽게 정답을 도출해 낼 수 있다.

다음 글을 근거로 판단할 때, 甲~戊 중 가장 많은 지원금을 받는 신청자는?

A국은 신재생에너지 보급 사업 활성화를 위하여 신재생에너지 설비에 대한 지원 내용을 공고하였다. 〈지원 기준〉과 〈지원 신청 현황〉은 아래와 같다.

〈지원 기준〉

구분		용량(성능)	지원금 단가
태양광	단독주택	2kW 이하	kW당 80만 원
		2kW 초과 3kW 이하	kW당 60만 원
	공동주택	30kW 이하	kW당 80만 원
태양열	평판형·진공관형	10㎡ 이하	㎡당 50만 원
		10㎡ 초과 20㎡ 이하	㎡당 30만 원
지열	수직밀폐형	10kW 이하	kW당 60만 원
		10kW 초과	kW당 50만 원
연료전지	인산형 등	1kW 이하	kW당 2,100만 원

○ 지원금은 '용량(성능) × 지원금 단가'로 산정

○ 국가 및 지방자치단체 소유 건물은 지원 대상에서 제외

○ 전월 전력사용량이 450kWh 이상인 건물은 태양열 설비 지원 대상에서 제외

○ 용량(성능)이 〈지원 기준〉의 범위를 벗어나는 신청은 지원 대상에서 제외

〈지원 신청 현황〉

신청자	설비 종류	용량(성능)	건물 소유자	전월 전력사용량	비고
甲	태양광	8kW	개인	350kWh	공동주택
乙	태양열	15㎡	개인	550kWh	진공관형
丙	태양열	5㎡	국가	400kWh	평판형
丁	지열	15kW	개인	200kWh	수직밀폐형
戊	연료전지	3kW	개인	500kWh	인산형

① 甲 ➡ (X)
② 乙 ➡ (X)
③ 丙 ➡ (X)
④ 丁 ➡ (O) 용량이 〈지원 기준〉의 범위를 벗어나는 신청자 戊와 전월 전력사용량이 450kWh 이상인 乙, 건물소유자가 국가인 丙은 지원 대상에서 제외된다. 따라서 甲, 丁만 확인하여 비교해 보면 된다.

甲의 설비 종류는 태양광, 용량은 8kW, 구분은 공동주택이므로 甲이 받는 지원금은 8 × 80(만 원)=640(만 원)이다. 丁의 설비 종류는 지열, 용량은 15kW, 구분은 수직밀폐형이므로 丁이 받는 지원금은 15 × 50(만 원)=750(만 원)이다. 따라서 丁이 가장 많은 지원금을 받는다.

⑤ 戊 ➡ (X)

|문제 유형| 퍼즐형 > 게임·규칙

|접근 전략| 카드 뽑는 운과 다트 실력이 모두 필요한 게임이다. 카드와 다트가 모두 점수에 영향을 미칠 수 있다는 것을 기억해야 하며 또한 1차 시기와 2차 시기 각각의 점수를 바탕으로 최종점수가 산정되므로 적절한 계산능력도 필요하다.

다음 글을 근거로 판단할 때, 〈보기〉에서 옳은 것만을 모두 고르면?

1부터 5까지 숫자가 하나씩 적힌 5장의 카드와 3개의 구역이 있는 다트판이 있다. 甲과 乙은 다음 방법에 따라 점수를 얻는 게임을 하기로 했다.

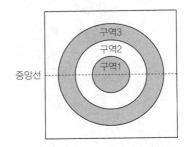

○ 우선 5장의 카드 중 1장을 임의로 뽑고, 그 후 다트를 1차 시기와 2차 시기에 각 1번씩 총 2번 던진다.

○ 뽑힌 카드에 적혀 있는 숫자가 '카드점수'가 되며 점수를 얻는 방법은 다음과 같다.

〈1차 시기 점수 산정 방법〉
– 다트가 구역1에 꽂힐 경우: 카드점수 × 3
– 다트가 구역2에 꽂힐 경우: 카드점수 × 2
– 다트가 구역3에 꽂힐 경우: 카드점수 × 1
– 다트가 그 외 영역에 꽂힐 경우: 카드점수 × 0

〈2차 시기 점수 산정 방법〉
– 다트가 다트판의 중앙선 위쪽에 꽂힐 경우: 2점
– 다트가 다트판의 중앙선 아래쪽에 꽂힐 경우: 0점

〈최종점수 산정 방법〉
– 최종 점수: 1차 시기 점수 + 2차 시기 점수

※ 다트판의 선에 꽂히는 경우 등 그 외 조건은 고려하지 않는다.

〈보기〉

ㄱ. 甲이 짝수가 적힌 카드를 뽑았다면, 최종점수는 홀수가 될 수 없다.
  → (O) 甲이 짝수가 적힌 카드를 뽑았다면 1차 시기에는 짝수에 정수인 3, 2, 1, 0 가운데 하나가 곱해지고 2차 시기에는 2점 또는 0점을 얻는다. 따라서 최종점수는 홀수가 될 수 없다.

ㄴ. 甲이 숫자 2가 적힌 카드를 뽑았다면, 가능한 최종점수는 8가지이다.
  → (X) 甲이 숫자 2가 적힌 카드를 뽑았다면, 1차 시기 점수는 6, 4, 2, 0 중 하나가 되고, 2차 시기 점수는 2, 0 중 하나가 된다. 따라서 가능한 최종점수는 8, 6, 4, 2, 0점 총 5가지이다.

ㄷ. 甲이 숫자 4가 적힌 카드를, 乙이 숫자 2가 적힌 카드를 뽑았다면, 가능한 甲의 최종점수 최댓값과 乙의 최종점수 최솟값의 차이는 14점이다. → (O) 甲이 숫자 4가 적힌 카드를 뽑았다면 1차 시기 최대 점수는 12이고 2차 시기 최대 점수는 2이다. 따라서 甲의 최종점수 최댓값은 14이다. 乙은 1차 시기 다트가 그 외 영역에 꽂히면 0점, 2차 시기 다트가 다트판의 중앙선 아래쪽에 꽂힐 경우 0점으로 乙의 최종점수 최솟값은 0점이다. 따라서 甲의 최종점수 최댓값과 乙의 최종점수 최솟값의 차이는 14점이다.

① ㄱ ➡ (X)
② ㄷ ➡ (X)
③ ㄱ, ㄴ ➡ (X)
④ ㄱ, ㄷ ➡ (O)
⑤ ㄴ, ㄷ ➡ (X)

|문제 유형| 퍼즐형 > 게임·규칙

|접근 전략| 두더지 A~E 순으로 말을 하고 있지만, 경우의 수를 최대한 줄일 수 있는 것부터 먼저 적용하는 것이 좋다.

다음 글과 〈대화〉를 근거로 판단할 때 대장 두더지는?

○ 甲은 튀어나온 두더지를 뿅망치로 때리는 '두더지게임'을 했다.
○ 두더지는 총 5마리(A~E)이며, 이 중 1마리는 대장 두더지이고 나머지 4마리는 부하 두더지이다.
○ 대장 두더지를 맞혔을 때는 2점, 부하 두더지를 맞혔을 때는 1점을 획득한다.
○ 두더지게임 결과, 甲은 총 14점을 획득하였다.
○ 두더지게임이 끝난 후 두더지들은 아래와 같은 〈대화〉를 하였다.

〈대화〉

두더지 A: 나는 맞은 두더지 중에 가장 적게 맞았고, 맞은 횟수는 짝수야.

두더지 B: 나는 두더지 C와 똑같은 횟수로 맞았어.

두더지 C: 나와 두더지 A, 두더지 D가 맞은 횟수를 모두 더하면 모든 두더지가 맞은 횟수의 3/4이야.

두더지 D: 우리 중에 한 번도 맞지 않은 두더지가 1마리 있지만 나는 아니야.

두더지 E: 우리가 맞은 횟수를 모두 더하면 12번이야.

① 두더지 A ➡ (O) 두더지 E의 말에 의하면 두더지들이 총 맞은 횟수는 12번인데 점수는 14점이므로 2점을 얻을 수 있는 대장 두더지는 2번 맞았음을 알 수 있다. 두더지 D의 말에 의하면 한 번도 맞지 않은 두더지가 1마리 있으므로 네 마리의 두더지만 맞았다. 두더지 A와 B, C, D는 모두 맞았다고 했으므로 맞지 않은 두더지는 두더지 E이고 대장 두더지는 2번 맞았으므로 두더지 E는 대장 두더지가 아님을 추론할 수 있다. 두더지 C의 말에 따르면 두더지 A, C, D가 맞은 횟수의 합은 $12 \times \frac{3}{4} = 9$이므로 두더지 B가 맞은 횟수는 3회이다. 대장 두더지는 2번 맞았으므로 두더지 B는 대장 두더지가 아니다. 또한 두더지 B의 말에 의하면 두더지 C는 두더지 B와 똑같은 횟수를 맞았으므로 두더지 C는 3회를 맞았다. 대장 두더지는 2번 맞았으므로 두더지 C는 대장 두더지가 아니다. 따라서 두더지 A와 두더지 D가 맞은 횟수의 합은 6인데 두더지 A의 말에 의하면 두더지 A는 맞은 두더지 중에 가장 적게 맞았고, 맞은 횟수는 짝수이므로 두더지 A는 2회 맞았다. 대장 두더지는 2번 맞았으므로 두더지 A가 대장 두더지임을 알 수 있다.

② 두더지 B ➡ (X)
③ 두더지 C ➡ (X)
④ 두더지 D ➡ (X)
⑤ 두더지 E ➡ (X)

21 ⑤

TOP 3 정답률 45.9%

| 문제 유형 | 퍼즐형 > 게임·규칙

| 접근 전략 | 12명이 2표씩 행사하므로 총 표수가 24표임을 알아 두어야 한다.

다음 〈상황〉을 근거로 판단할 때, 〈보기〉에서 옳은 것만을 모두 고르면?

─────〈상황〉─────

○ A위원회는 12명의 위원으로 구성되며, 위원 중에서 위원장을 선출한다.

○ 12명의 위원은 자신을 제외한 11명 중 서로 다른 2명에게 1표씩 투표하여 최다 득표자를 위원장으로 결정한다.

○ 최다 득표자가 여러 명인 경우 추첨을 통해 이들 중 1명을 위원장으로 결정한다.

※ 기권 및 무효표는 없다.

─────〈보기〉─────

ㄱ. 득표자 중 5표를 얻은 위원이 존재하고 추첨을 통해 위원장이 결정되었다면, 득표자는 3명 이하이다. → (X) 총 표수는 24표이다. 투표자 중 5표를 얻은 위원이 존재하고 추첨을 통해 위원장이 결정되었다면, 남은 표는 19표이고 최다 득표자가 여러 명임을 알 수 있다. 최다 득표자가 2명이라면 남은 19표를 2명이 각각 동일하게 받아야 하는데 19표는 2명이 나눠가질 수 없으므로 최소 1명 이상의 득표자가 더 필요함을 알 수 있다. 따라서 득표자는 3명 이하일 수 없다.

ㄴ. 득표자가 총 3명이고 그중 1명이 7표를 얻었다면, 위원장을 추첨으로 결정하지 않아도 된다. → (O) 득표자가 총 3명이고 그중 1명이 7표를 얻었다면 남은 투표수는 17표인데, 즉 홀수이므로 동일한 표를 얻은 최다 득표자가 나올 수 없다. 7표를 얻은 사람이 2명이라 해도, 남은 득표수는 10표이므로 추첨할 필요가 없다.

ㄷ. 득표자 중 최다 득표자가 8표를 얻었고 추첨 없이 위원장이 결정되었다면, 득표자는 4명 이상이다. → (O) 총 표수는 24표이므로 최대 득표자의 득표수가 8표라면, 남은 표수는 16표이다. 추첨 없이 위원장이 결정되었다면, 나머지 위원들이 7표 이하를 얻어야 하므로 전체 득표자는 4명 이상이다.

① ㄴ ➡ (X)
③ ㄱ, ㄴ ➡ (X)
⑤ ㄴ, ㄷ ➡ (O)
② ㄷ ➡ (X)
④ ㄱ, ㄷ ➡ (X)

22 ②

TOP 2 정답률 42.8%

| 문제 유형 | 연산추론형 > 대입비교

| 접근 전략 | 먼저 A~C업체의 시간당 작업 면적을 계산해 풀이 시간을 줄인다.

다음 글을 근거로 판단할 때, 〈보기〉에서 옳은 것만을 모두 고르면?

○ 甲 시청은 관내 도장업체(A~C)에 청사 바닥(면적: 60m²) 도장공사를 의뢰하려 한다.

〈관내 도장업체 정보〉

업체	1m²당 작업시간	시간당 비용
A	30분	10만 원
B	1시간	8만 원
C	40분	9만 원

○ 개별 업체의 작업속도는 항상 일정하다.

○ 여러 업체가 참여하는 경우, 각 참여 업체는 언제나 동시에 작업하며 업체당 작업시간은 동일하다. 이때 각 참여 업체가 작업하는 면은 겹치지 않는다.

○ 모든 업체는 시간당 비용에 비례하여 분당 비용을 받는다.

(예: A가 6분 동안 작업한 경우 1만 원을 받는다)

─────〈보기〉─────

ㄱ. 작업을 가장 빠르게 끝내기 위해서는 A와 C에게만 작업을 맡겨야 한다. → (X) A와 C만 일하면 1시간에 3.5m²만 작업이 가능하나 B도 같이 일하면 1시간에 4.5m² 작업이 가능해 더 빠르게 작업을 끝낼 수 있다.

ㄴ. B와 C에게 작업을 맡기는 경우, 작업 완료까지 24시간이 소요된다. → (O) B와 C가 일하면 1시간에 2.5m²를 작업할 수 있어 60m²를 작업하는 데 $\frac{60}{2.5}=24$(시간)이 걸린다.

ㄷ. A, B, C에게 작업을 맡기는 경우, B와 C에게 작업을 맡기는 경우보다 많은 비용이 든다. → (X) A, B, C가 같이 작업하면 $\frac{60}{4.5}=13.33$(시간)이 소요되고 시간당 비용은 27만 원이므로 총 비용은 약 360만 원이다. 반면 B와 C에게 작업을 맡기는 경우에는 24시간이 소요되고 시간당 비용은 17만 원이므로 총 비용은 24 × 17(만 원)=408(만 원)이다. 따라서 A, B, C에게 작업을 맡기는 경우, B와 C에게 작업을 맡기는 경우보다 적은 비용이 든다.

① ㄱ ➡ (X)
③ ㄷ ➡ (X)
⑤ ㄴ, ㄷ ➡ (X)
② ㄴ ➡ (O)
④ ㄱ, ㄴ ➡ (X)

23 ③

정답률 58.1%

| 문제 유형 | 퍼즐형 > 수리퀴즈

| 접근 전략 | 양손잡이 중 일부는 제대로 알아듣지 못해 모든 질문에 손을 들었다고 하였으나 '질문 3'은 양손잡이를 묻고 있으므로, 양손잡이 사람이 질문에 잘못 손을 든 것은 '질문 1'과 '질문 2'라는 것을 확인하도록 한다. 또한 집합 개념을 잘 이해하고 있다면 간단하게 문제를 해결할 수 있다.

다음 글을 근거로 판단할 때, 〈보기〉에서 옳은 것만을 모두 고르면?

○ 손글씨 대회 참가자 100명을 왼손으로만 필기할 수 있는 왼손잡이, 오른손으로만 필기할 수 있는 오른손잡이, 양손으로 모두 필기할 수 있는 양손잡이로 분류하고자 한다.

○ 참가자를 대상으로 아래 세 가지 질문을 차례로 하여 해당하는 참가자는 한 번만 손을 들도록 하였다.

[질문 1] 왼손으로만 필기할 수 있는 사람은?

[질문 2] 오른손으로만 필기할 수 있는 사람은?

[질문 3] 양손으로 모두 필기할 수 있는 사람은?

○ 양손잡이 중 일부는 제대로 알아듣지 못해 질문 1, 2, 3에 모두 손을 들었고, 그 외 모든 참가자는 올바르게 손을 들었다.

○ 질문 1에 손을 든 참가자는 16명, 질문 2에 손을 든 참가자는 80명, 질문 3에 손을 든 참가자는 10명이다.

─────〈보기〉─────

ㄱ. 양손잡이는 총 10명이다. → (O) 양손잡이는 [질문 1, 2, 3] 모두에 손을 들거나 [질문 3]에만 손을 들었으므로 [질문 3]에 손을 든 참가자 10명, 즉 양손잡이는 총 10명임을 알 수 있다.

ㄴ. 왼손잡이 수는 양손잡이 수보다 많다. → (O) [질문 1, 2, 3]에 손을 든 참가자 수를 모두 더하면 106명인데 손글씨 대회 참가자는 100명이므로 6명이 손을 더 들었음을 알 수 있고 양손잡이 중 일부가 [질문 1, 2]에 2번씩 더 포함된 것이므로 양손잡이 중 잘못 손을 든 사람은 3명임을 알 수 있다. 즉 양손잡이가 아닌 왼손잡이는 16−3=13(명)이다. 양손잡이는 10명, 왼손잡이는 13명이므로 옳은 설명이다.

ㄷ. 오른손잡이 수는 왼손잡이 수의 6배 이상이다. → (X) 양손잡이가 아닌 오른손잡이는 80−3=77(명)이다. 왼손잡이 수의 6배는 13×6=78(명)이므로 오른손잡이는 그보다 더 적다.

① ㄱ ➡ (X)
② ㄴ ➡ (X)
③ ㄱ, ㄴ ➡ (O)
④ ㄱ, ㄷ ➡ (X)
⑤ ㄴ, ㄷ ➡ (X)

24 ②

TOP 1 정답률 23.9%

| 문제 유형 | 연산추론형 > 수리계산
| 접근 전략 | 음의 지수가 나와서 당황할 수 있다. 그러나 상황판단 영역에서 수험생에게 어려운 수학 지식을 요하지는 않는다. 문제에서도 −1승 정도만 묻고 있다.

다음 글을 근거로 판단할 때, 〈보기〉에서 옳은 것만을 모두 고르면?

엘로 평점 시스템(Elo Rating System)은 체스 등 일대일 방식의 종목에서 선수들의 실력을 표현하는 방법으로 물리학자 아르파드 엘로(Arpad Elo)가 고안했다.

임의의 두 선수 X, Y의 엘로 점수를 각각 E_X, E_Y라 하고 X가 Y에게 승리할 확률을 P_{XY}, Y가 X에게 승리할 확률을 P_{YX}라고 하면, 각 선수가 승리할 확률은 다음 식과 같이 계산된다. 무승부는 고려하지 않으므로 두 선수가 승리할 확률의 합은 항상 1이 된다.

$$P_{XY} = \frac{1}{1+10^{-(E_X-E_Y)/400}}$$

$$P_{YX} = \frac{1}{1+10^{-(E_Y-E_X)/400}}$$

두 선수의 엘로 점수가 같다면, 각 선수가 승리할 확률은 0.5로 같다. 만약 한 선수가 다른 선수보다 엘로 점수가 200점 높다면, 그 선수가 승리할 확률은 약 0.76이 된다.

경기 결과에 따라 각 선수의 엘로 점수는 변화한다. 경기에서 승리한 선수는 그 경기에서 패배할 확률에 K를 곱한 만큼 점수를 얻고, 경기에서 패배한 선수는 그 경기에서 승리할 확률에 K를 곱한 만큼 점수를 잃는다(K는 상수로, 보통 32를 사용한다). 승리할 확률이 높은 경기보다 승리할 확률이 낮은 경기에서 승리했을 경우 더 많은 점수를 얻는다.

─〈보기〉─

ㄱ. 경기에서 승리한 선수가 얻는 엘로 점수와 그 경기에서 패배한 선수가 잃는 엘로 점수는 다를 수 있다. → (X) 경기에서 승리한 선수는 그 경기에서 패배할 확률에 K를 곱한 만큼 점수를 얻고, 경기에서 패배한 선수는 그 경기에서 승리할 확률에 K를 곱한 만큼 점수를 잃는다고 하였다. 그 경기에서 패배할 확률이라는 것은 결국 상대선수가 승리할 확률과 동일하므로 경기에서 승리한 선수가 얻는 엘로 점수와 그 경기에서 패배한 선수가 잃는 엘로 점수는 같다.

ㄴ. K=32라면, 한 경기에서 아무리 강한 상대에게 승리해도 얻을 수 있는 엘로 점수는 32점 이하이다. → (O) 경기에서 승리할 확률의 최대는 1이고 그 확률에 K를 곱한 만큼 점수를 한 경기에서 얻을 수 있으므로 K가 32이면 한 경기에서 최대로 얻을 수 있는 점수는 32점이다.

ㄷ. A가 B에게 패배할 확률이 0.1이라면, A와 B의 엘로 점수 차이는 400점 이상이다. → (X) 엘로 점수의 차이가 400점이면 이를 식에 넣었을 때 패배할 확률은 $\frac{1}{(1+10^1)} = \frac{1}{11} = 0.0909$이다. 엘로 점수 차이가 클수록 승리 확률이 높아지고 패배 확률이 낮아지므로 패배 확률이 0.10이면 엘로 점수 차이가 400점보다 낮음을 알 수 있다.

ㄹ. A가 B에게 승리할 확률이 0.8, B가 C에게 승리할 확률이 0.8이라면, A가 C에게 승리할 확률은 0.9 이상이다. → (O) 엘로 점수 차이가 클수록 승리 확률이 높아지므로 승리 확률이 0.80이면 엘로 점수 차이가 승리 확률이 0.76일 때의 엘로 점수 차이 200점보다 높다. A가 B보다 엘로 점수가 200점 이상 높고, B가 C보다 엘로 점수가 200점 이상 높으면 A가 C보다 엘로 점수가 400점 이상 높다. 엘로 점수가 400점 높으면 승리 확률은 $\frac{1}{(1+10^{-1})}$ =0.909로 0.9 이상인데 엘로 점수 차이가 클수록 승리 확률이 높아지므로 엘로 점수 차이는 400점보다 높아 A가 C에게 승리할 확률은 0.9 이상이다.

① ㄱ, ㄴ ➡ (X)
② ㄴ, ㄹ ➡ (O)
③ ㄱ, ㄴ, ㄷ ➡ (X)
④ ㄱ, ㄷ, ㄹ ➡ (X)
⑤ ㄴ, ㄷ, ㄹ ➡ (X)

25 ①

정답률 48.3%

| 문제 유형 | 퍼즐형 > 최댓값·최솟값 도출
| 접근 전략 | 이러한 문제는 고난도 문제 가운데 하나이다. 〈상황〉을 전제로 〈보기〉를 판단하는 유형으로서 정확한 적용과 해석이 필요한 문제이다. 〈목차〉의 쪽수는 해당 절이 시작하는 쪽수라는 점에 특히 유의하도록 한다.

다음 〈상황〉과 〈목차〉를 근거로 판단할 때, 〈보기〉에서 옳은 것만을 모두 고르면?

─〈상황〉─

○ 책 A는 〈목차〉와 같이 구성되어 있고, 비어 있는 쪽은 없다.

○ 책 A의 각 쪽은 모두 제1절부터 제14절까지 14개의 절 중 하나의 절에 포함된다.

○ 甲은 3월 1일부터 책 A를 읽기 시작해서, 1쪽부터 마지막 쪽인 133쪽까지 순서대로 읽는다.

○ 甲은 한번 읽기 시작한 절은 그날 모두 읽되, 하루에 최대 40쪽을 읽을 수 있다.

○ 甲은 절 제목에 '과학' 또는 '정책'이 들어간 절을 하루에 한 개 이상 읽는다.

┌─────────────────── 〈보기〉 ───────────────────┐

ㄱ. 3월 1일에 甲은 책 A를 20쪽 이상 읽는다. → (O) 다섯 번째 〈상황〉에 의해 절 제목에 '과학' 또는 '정책'이 들어간 절을 하루에 한 개 이상 읽어야 하므로 3월 1일에 甲은 책 A의 제2절까지는 반드시 읽어 20쪽 이상 책을 읽게 된다.

ㄴ. 3월 3일에 甲이 제6절까지 읽었다면, 甲은 3월 5일까지 책 A를 다 읽을 수 있다. → (X) 3월 4일에 네 번째 〈상황〉에 따라 甲이 최대로 읽을 수 있는 제10절까지 읽어도 세 번째 〈상황〉에 따르면 책 A는 133쪽이므로 42쪽이 남아 책 A를 3월 5일까지 다 읽을 수 없다.

ㄷ. 甲이 책 A를 다 읽으려면 최소 5일 걸린다. → (X) 네 번째 〈상황〉에 따라 첫날 최대 제4절까지 읽을 수 있고, 둘째 날 최대 8절. 셋째 날 최대 제12절까지 읽으면 넷째 날 책을 다 읽을 수 있다. 제2, 5, 6, 10, 12, 14절에 '과학' 또는 '정책'이 제목에 들어가 다섯 번째 〈상황〉도 충족한다. 따라서 책 A를 다 읽으려면 최소 4일이 걸린다.

① ㄱ ➡ (O)
② ㄴ ➡ (X)
③ ㄱ, ㄴ ➡ (X)
④ ㄱ, ㄷ ➡ (X)
⑤ ㄴ, ㄷ ➡ (X)

2017년 7월 29일 시행

2017년도 국가공무원 5급 및 7급 민간경력자 일괄채용 필기시험

정답과 분석해설

나의 성적

영역	점수	풀이 시간
언어논리	_____점	_____분
자료해석	_____점	_____분
상황판단	_____점	_____분

합격선

영역	합격 가능권	합격 확실권
언어논리	64~68점	72~76점
자료해석	60~64점	68~72점
상황판단	60~64점	68~72점

풀이 시간

영역	기본	숙련
언어논리	60분	50분
자료해석	60분	50분
상황판단	60분	50분

선발 인원 / 응시 인원 / 경쟁률

선발 인원	응시 인원	경쟁률
226명	8,091명	3.6 : 1

※ 경쟁률은 1차 합격자 선발 기준인 10배수로 산정

취약유형 분석표 제1영역 언어논리

문번	정답	정답률	유형	맞고 틀림
01	②	96.0%	사실적 이해 > 정보 확인	○ △ ×
02	③	95.6%	사실적 이해 > 정보 확인	○ △ ×
03	⑤	92.2%	사실적 이해 > 중심 내용 파악	○ △ ×
04	④	85.3%	사실적 이해 > 정보 확인	○ △ ×
05	②	87.7%	비판적 사고 > 유사한 내용·사례 찾기	○ △ ×
06	②	93.8%	사실적 이해 > 논리 게임	○ △ ×
07	⑤	80.3%	비판적 사고 > 지문에서 추론하기	○ △ ×
08	②	76.2%	비판적 사고 > 판단하기	○ △ ×
09	①	65.8%	비판적 사고 > 지문에서 추론하기	○ △ ×
10	①	79.8%	비판적 사고 > 판단하기	○ △ ×
11	③	83.5%	사실적 이해 > 정보 확인	○ △ ×
12	⑤	94.7%	사실적 이해 > 정보 확인	○ △ ×
13	③	91.7%	비판적 사고 > 지문에서 추론하기	○ △ ×
14	⑤	95.9%	비판적 사고 > 빈칸 채우기	○ △ ×
15	⑤	90.4%	사실적 이해 > 정보 확인	○ △ ×
16	①	75.3%	비판적 사고 > 논리적 결론의 전제·원인 찾기	○ △ ×
17	④	93.8%	비판적 사고 > 논지 강화·약화하기	○ △ ×
18	③	96.7%	비판적 사고 > 논지 강화·약화하기	○ △ ×
19	⑤	98.8%	비판적 사고 > 유사한 내용·사례 찾기	○ △ ×
20	②	82.1%	비판적 사고 > 판단하기	○ △ ×
21	③	72.2%	비판적 사고 > 논지 강화·약화하기	○ △ ×
22	④	33.6%	비판적 사고 > 판단하기	○ △ ×
23	②	76.7%	사실적 이해 > 정보 확인	○ △ ×
24	④	69.1%	사실적 이해 > 논리 게임	○ △ ×
25	①	89.8%	비판적 사고 > 논지 강화·약화하기	○ △ ×

• 확실히 맞힌 문항 수: _____ 문항

• 헷갈리거나 찍은 문항 수: _____ 문항

• 틀린 문항 수: _____ 문항

취약유형 분석표　제2영역 자료해석

문번	정답	정답률	유형	맞고 틀림
01	③	89.2%	자료 읽기 > 표 제시형	○ △ ×
02	③	89.5%	자료 읽기 > 표/빈칸 제시형	○ △ ×
03	⑤	80.6%	자료 변환응용 > 자료/보고서 전환형	○ △ ×
04	⑤	93.1%	자료 읽기 > 표 제시형	○ △ ×
05	①	85.9%	자료 읽기/추론 > 매칭형	○ △ ×
06	②	96.7%	자료 읽기 > 표/빈칸 제시형	○ △ ×
07	④	81.5%	자료 읽기 > 표/그림 제시형	○ △ ×
08	③	70.7%	자료 읽기/추론 > 계산형	○ △ ×
09	⑤	90.9%	자료 읽기 > 표/그림 제시형	○ △ ×
10	⑤	82.8%	자료 읽기 > 그림 제시형	○ △ ×
11	④	81.1%	자료 읽기 > 표 제시형	○ △ ×
12	④	81.1%	자료 읽기/추론 > 매칭형	○ △ ×
13	②	95.8%	자료 읽기 > 표 제시형	○ △ ×
14	④	93.8%	자료 읽기 > 표/빈칸 제시형	○ △ ×
15	⑤	78.1%	자료 변환응용 > 표/그림 전환형	○ △ ×
16	③	70.8%	자료 읽기 > 표/빈칸 제시형	○ △ ×
17	④	74.3%	자료 변환응용 > 자료/보고서 전환형	○ △ ×
18	④	52.8%	자료 읽기 > 표 제시형	○ △ ×
19	①	88.8%	자료 읽기/추론 > 매칭형	○ △ ×
20	①	85.9%	자료 읽기 > 표/그림 제시형	○ △ ×
21	②	87.6%	자료 추론 > 추가로 필요한 자료 찾기	○ △ ×
22	②	79.3%	자료 읽기 > 표/빈칸 제시형	○ △ ×
23	②	81.2%	자료 읽기 > 표/그림 제시형	○ △ ×
24	①	70.8%	자료 읽기 > 표 제시형	○ △ ×
25	③	51.3%	자료 읽기/추론 > 계산형	○ △ ×

취약유형 분석표　제3영역 상황판단

문번	정답	정답률	유형	맞고 틀림
01	④	97.3%	제시문형 > 정보확인	○ △ ×
02	⑤	95.2%	제시문형 > 정보확인	○ △ ×
03	①	81.1%	제시문형 > 정보확인	○ △ ×
04	①	81.7%	제시문형 > 분석추론	○ △ ×
05	⑤	95.5%	법조문형 > 규정확인	○ △ ×
06	④	96.4%	제시문형 > 분석추론	○ △ ×
07	①	80.3%	법조문형 > 규정적용	○ △ ×
08	③	92.2%	연산추론형 > 대입비교	○ △ ×
09	⑤	91.7%	연산추론형 > 수리계산	○ △ ×
10	①	92.5%	퍼즐형 > 최댓값·최솟값 도출	○ △ ×
11	①	79.2%	제시문형 > 정보확인	○ △ ×
12	③	94.6%	제시문형 > 정보확인	○ △ ×
13	②	95.5%	제시문형 > 정보확인	○ △ ×
14	④	69.7%	연산추론형 > 대입비교	○ △ ×
15	②	96.1%	법조문형 > 규정적용	○ △ ×
16	②	95.8%	법조문형 > 규정확인	○ △ ×
17	③	67.5%	법조문형 > 규정적용	○ △ ×
18	②	92.2%	연산추론형 > 수리계산	○ △ ×
19	②	66.1%	연산추론형 > 대입비교	○ △ ×
20	④	99.1%	연산추론형 > 대입비교	○ △ ×
21	③	91.3%	퍼즐형 > 수리퀴즈	○ △ ×
22	③	97.6%	퍼즐형 > 논리퀴즈	○ △ ×
23	⑤	91.0%	연산추론형 > 대입비교	○ △ ×
24	⑤	61.3%	연산추론형 > 수리계산	○ △ ×
25	④	80.7%	퍼즐형 > 수리퀴즈	○ △ ×

- 확실히 맞힌 문항 수: ＿＿＿＿＿＿ 문항
- 헷갈리거나 찍은 문항 수: ＿＿＿＿ 문항
- 틀린 문항 수: ＿＿＿＿＿＿ 문항

- 확실히 맞힌 문항 수: ＿＿＿＿＿＿ 문항
- 헷갈리거나 찍은 문항 수: ＿＿＿＿ 문항
- 틀린 문항 수: ＿＿＿＿＿＿ 문항

2017 | 제1영역 언어논리(⑭ 책형)

기출 총평

전반적으로 지시문의 내용이 다양했다는 점에 주목할 필요가 있다. 단순히 지문을 통해 알 수 있는 것이나 지문에 대한 평가로 적절한 것을 찾으라는 지시문만 있는 것이 아니라, '중심 내용으로 적절한 것을 고르라', '논지를 약화하는 것만 고르라', '진술이 모두 거짓일 때 해당되는 것을 고르라' 등 구체적인 것을 지시하는 형태로 제시되었다. 이로 인해 문항 자체의 난이도는 중 수준이지만, 응시자에게는 문제가 어렵게 느껴질 수 있을 것이다. 따라서 지문을 읽기 전에 지시문이 무엇을 요구하는지를 잘 읽고 풀이 방향을 정해야 한다. 지문의 내용을 보면 전체 문항의 30% 정도의 비중을 차지하는 정보 확인 유형의 지문에서 역사·사회·과학 현상을 주제로 다양한 글이 나왔는데, 만연체로 서술되어 어렵게 느껴졌을 것이다. 또한 과학 실험이 주요 내용으로 제시된 지문의 경우, 지문에 사용된 용어들이 낯설어 다소 지문 독해가 어려웠을 것으로 예상된다. 수리 내용을 바탕으로 전개되는 지문의 경우에도 마찬가지이다. 문제 유형 면에서는 논지 강화·약화하기 유형이 많았는데 모호한 개념어를 지시 대상으로 제시해 독해를 어렵게 만든 데다가 해당 논거에 적용된 구체적인 사례가 논지를 강화 또는 약화하는지의 여부를 평가하는 것까지 수행하도록 요구하는 문항이 있다. 결과적으로 복합 유형에 해당하는 문제로 까다롭기는 하지만 지시 대상이 무엇인지 명확히 파악했으면 문제 풀이의 실마리를 찾을 수 있었을 것이다. 이렇듯 유형이 여러 개가 섞여서 지시문부터 지문, 선지, 〈보기〉를 해석하는 방법이 각기 다르게 나타날 수 있으므로, 복합 유형에 대비해야 한다.

문항별 정답률 및 선지별 선택률

문번	정답	정답률 (%)	선지별 선택률(%) ①	②	③	④	⑤
01	②	96.0	1.4	96.0	0.9	0.5	1.2
02	③	95.6	1.4	0.7	95.6	2.1	0.2
03	⑤	92.2	0.2	1.4	5.7	0.5	92.2
04	④	85.3	1.2	1.4	0.5	85.3	11.6
05	②	87.7	2.1	87.7	0.2	6.2	3.8
06	②	93.8	1.4	93.8	1.2	3.6	0.0
07	⑤	80.3	0.7	1.7	1.1	16.2	80.3
08	②	76.2	0.7	76.2	0.9	21.0	1.2
09	①	65.8	65.8	0.7	13.8	10.0	9.7
10	①	79.8	79.8	4.1	2.4	2.2	11.5
11	③	83.5	1.9	1.7	83.5	9.8	3.1
12	⑤	94.7	0.0	1.0	2.6	1.7	94.7
13	③	91.7	0.2	1.9	91.7	3.8	2.4

문번	정답	정답률 (%)	선지별 선택률(%) ①	②	③	④	⑤
14	⑤	95.9	2.2	0.0	0.5	1.4	95.9
15	⑤	90.4	0.5	1.7	4.8	2.6	90.4
16	①	75.3	75.3	1.7	18.7	1.7	2.6
17	④	93.8	1.0	2.6	0.5	93.8	2.1
18	③	96.7	0.5	0.2	96.7	1.6	1.0
19	⑤	98.8	0.0	0.4	0.0	0.8	98.8
20	②	82.1	12.9	82.1	1.0	2.8	1.2
21	③	72.2	6.7	12.9	72.2	3.4	4.8
22	④	33.6	3.9	57.8	2.7	33.6	2.0
23	②	76.7	5.1	76.7	10.9	3.4	3.9
24	④	69.1	4.9	8.0	3.9	69.1	14.1
25	①	89.8	89.8	1.7	6.6	0.7	1.2

※ 파란색 음영 문항은 해당 회차에서 정답률이 가장 낮은 TOP 3 문항입니다.
※ 문항별 정답률 산정 기준: 약 1년간 누적된 자동채점 & 성적결과분석 서비스의 응시 데이터

출제 비중

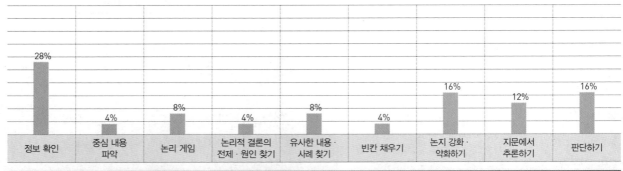

정보 확인	중심 내용 파악	논리 게임	논리적 결론의 전제·원인 찾기	유사한 내용·사례 찾기	빈칸 채우기	논지 강화·약화하기	지문에서 추론하기	판단하기
28%	4%	8%	4%	8%	4%	16%	12%	16%

사실적 이해	비판적 사고

01	②	02	③	03	⑤	04	④	05	②
06	②	07	⑤	08	②	09	①	10	①
11	②	12	⑤	13	③	14	⑤	15	⑤
16	①	17	④	18	②	19	⑤	20	②
21	③	22	④	23	②	24	④	25	①

01 ②

정답률 96.0%

| **문제 유형** | 사실적 이해 > 정보 확인

| **접근 전략** | 만연체로 서술되어 있어 문장의 내용을 한 번에 파악하기 어렵고, 일부 문장들에는 모호한 표현이 있는 데다 한자어도 많이 사용되었기 때문에, 지문을 이해하는 데 다소 시간이 소요될 수 있다. 하지만 정보 확인 유형은 지문과 선지의 내용 매칭 여부만 확인하면 되므로 실제 문제 풀이의 난이도는 크게 어렵지 않다. 따라서 문제 풀이 시간을 절약하기 위해 선지를 먼저 읽고 빠른 속도로 지문을 읽되, 선지에서 언급된 부분의 내용은 집중해서 꼼꼼히 읽는 전략을 사용하는 것이 좋다.

다음 글에서 알 수 있는 것은?

1937년 중일전쟁 이후 일제가 앞세운 내선일체(內鮮一體)와 황국신민화(皇國臣民化)의 구호는 조선인의 민족의식과 저항정신을 상실케 하려는 기만적 통치술이었다. 일제는 조선인이 일본인과의 차이를 극복하고 혼연일체가 된 것이 내선일체이고 그 혼연일체 상태가 심화되면 조선인 또한 황국의 신민이 될 수 있다고 주장하였다. 조선인이 황국의 진정한 신민으로 거듭난다면 일왕과 신민의 관계가 군신 관계에서 부자 관계로 변화하여 일대가족국가를 이루게 된다는 것이 그들이 획책한 황국신민화의 논리였다. 이를 위해 일제는 조선인에게 '국가 총동원령'에 충실히 부응함으로써 대동아공영권(大東亞共榮圈) 건설에 복무하고 일왕에 충심을 다함으로써 내선의 차이를 해소하는 데 총력을 기울일 것을 강요하였다. ▶1문단

그러나 일제의 황국신민화 정책은 현실과 필연적으로 괴리될 수밖에 없었다. 일본인이 중심부를 형성하고 조선인이 주변부에 위치하는 엄연한 현실 속에서 그들이 내세우는 황국신민화의 논리는 허구에 불과했다. 일제는 황국신민화 정책을 통해 조선인을 명목상의 일본 국민으로 삼아 제국주의 전쟁에 동원하고자 하였다. 일제는 1945년 4월부터 조선인의 참정권을 허용한다고 하였으나 실제 선거는 한번도 시행되지 않았다. 그럼에도 불구하고 조선의 친일파는 황국신민화가 그리는 모호한 이상과 미래를 적극적으로 내면화하여 자신들의 친일 행위를 합리화하였다. 그들은 황국신민화의 이상이 실현되면 조선인과 일본인 그 누구도 우월한 지위를 가질 수 없다는 일제의 주장을 맹신하였다. 그리고 이러한 단계에 도달하기 위해서는 먼저 조선인 스스로 진정한 '일본인'이 되기 위한 노력을 다해야 한다고 선동하였다. 어리석게도 친일파는 일제의 내선차별은 문명화가 덜 된 조선인에게 원인이 있으며, 제국의 황민으로 인정받겠다는 조선인의 자각과 노력이 우선될 때 그 차별이 해소될 수 있다고 보았던 것이다. 이와 같은 헛된 믿음으로 친일파는 일제의 강제 징용과 징병에 적극적으로 응하도록 조선인을 독려했다. ▶2문단

① 황국신민화의 이상이 실현되면 일왕과 신민의 군신 관계가 강화된다. ➡ (X) 1문단에서 조선인이 황국의 진정한 신민으로 거듭난다면 일왕과 신민의 관계가 군신 관계에서 부자 관계로 변화하여 일대가족국가를 이루게 된다고 한 것을 통해 황국신민화의 이상이 실현된다고 해서 일왕과 신민의 군신 관계가 강화되는 것이 아님을 알 수 있다.

② 친일파는 조선인들이 노력하기에 따라 일본인과 같은 황민이 될 수 있다고 믿었다. ➡ (O) 2문단에 따르면 친일파는 황국신민화의 이상이 실

현되면 조선인과 일본인 그 누구도 우월한 지위를 가질 수 없다는 일제의 주장을 맹신하였고, 이러한 단계에 도달하기 위해 조선인 스스로 진정한 일본인이 되기 위한 노력을 다해야 한다고 선동하였다. 즉, 친일파는 조선인들이 노력하면 황민인 일본인과 같은 지위를 누릴 수 있다고 믿었음을 알 수 있다.

③ 황국신민화 정책은 친일파를 제외한 조선인이 독립운동의 필요성을 자각하는 계기가 되었다. ➡ (X) 황국신민화 정책이 친일파들의 친일 행위를 합리화하는 데 쓰였다는 언급은 있으나 조선인이 독립운동의 필요성을 자각하는 계기가 되었다는 내용은 제시되어 있지 않다.

④ 친일파는 내선의 차별을 해소하기 위해 먼저 일본이 조선인에게 참정권을 허용해야 한다고 주장하였다. ➡ (X) 2문단에 따르면 친일파는 일제의 차별은 문명화가 덜 된 조선인에게 원인이 있으며, 조선인 스스로 진정한 일본인이 되기 위한 노력을 다해야 한다고 선동하였다.

⑤ 일제는 황국신민화의 논리로써 일본인과 조선인이 중심부와 주변부의 관계로 위계화된 현실을 극복하고자 하였다. ➡ (X) 2문단에 따르면 일본인이 중심부를 형성하고 조선인이 주변부에 위치하는 것이 현실이었음을 알 수 있으나 일제가 그처럼 위계화된 현실을 극복하고자 하였는지는 알 수 없다.

02 ③

정답률 95.6%

| **문제 유형** | 사실적 이해 > 정보 확인

| **접근 전략** | 정보 확인 문제 유형은 문제를 풀기 전에 선지를 먼저 확인하고 지문에서 선지에 등장했던 키워드를 찾아 비교하는 방식으로 문제를 풀면 시간을 절약할 수 있다. 본 문제의 선지는 인과 관계를 파악하는 내용으로 구성되어 있으므로 선지를 읽을 때 원인과 결과의 관계를 올바르게 서술하였는지, 인과 관계의 서술에 논리적 오류는 없는지에 중점을 두어야 한다.

다음 글에서 알 수 있는 것은?

내가 어렸을 때만 하더라도 원래 북아메리카에는 100만 명가량의 원주민밖에 없었다고 배웠다. 이렇게 적은 수라면 거의 빈 대륙이라고 할 수 있으므로 백인들의 아메리카 침략은 정당해 보였다. 그러나 고고학 발굴과 미국의 해안 지방을 처음 밟은 유럽 탐험가들의 기록을 자세히 검토한 결과 원주민들이 처음에는 수천만 명에 달했다는 것을 알게 되었다. 아메리카 전체를 놓고 보았을 때 콜럼버스가 도착한 이후 한두 세기에 걸쳐 원주민 인구는 최대 95%가 감소한 것으로 추정된다. ▶1문단

그런데 유럽의 총칼에 의해 전쟁터에서 목숨을 잃은 아메리카 원주민보다 유럽에서 온 전염병에 의해 목숨을 잃은 원주민 수가 훨씬 많았다. 이 전염병은 대부분의 원주민들과 그 지도자들을 죽이고 생존자들의 사기를 떨어뜨림으로써 그들의 저항을 약화시켰다. 예를 들자면 1519년에 코르테스는 인구 수천만의 아스텍 제국을 침탈하기 위해 멕시코 해안에 상륙했다. 코르테스는 단 600명의 스페인 병사를 이끌고 아스텍의 수도인 테노치티틀란을 무모하게 공격했지만 병력의 3분의 2만 잃고 무사히 퇴각할 수 있었다. 여기에는 스페인의 군사적 강점과 아스텍족의 어리숙함이 함께 작용했다. 코르테스가 다시 쳐들어왔을 때 아스텍인들은 더 이상 그렇게 어리숙하지 않았고 몹시 격렬한 싸움을 벌였다. 그런데도 스페인이 우위를 점할 수 있었던 것은 바로 천연두 때문이었다. 이 병은 1520년에 스페인령 쿠바에서 감염된 한 노예와 더불어 멕시코에 도착했다. 그때부터 시작된 유행병은 거의 절반에 가까운 아스텍족을 몰살시켰으며 거기에는 쿠이틀라우악 아스텍 황제도 포함되어 있었다. 이 수수께끼의 질병은 마치 스페인들이 무적임을 알리려는 듯 스페인인은 내버려두고 원주민만 골라 죽였다. 그리하여 처음에는 약 2,000만에 달했던 멕시코 원주민 인구가 1618년에는 약 160만으로 곤두박질치고 말았다. ▶2문단

① 전염병에 대한 유럽인의 면역력은 그들의 호전성을 높여 주었다. ➡ (X) 지문에서 전염병에 대한 유럽인의 면역력과 유럽인의 호전성에 대해서는 언급되어 있지 않다.

② 스페인의 군사력이 아스텍 제국의 저항을 무력화하는 원동력이 되었다. ➡ (X) 2문단에 따르면 스페인의 코르테스가 아스텍 제국을 다시 쳐들어왔을 때 우위를 점할 수 있었던 것은 천연두 때문이었다. 따라서 스페인의 군사력보다 전염병이 아스텍 제국의 저항을 무력화하는 원동력이 되었다고 볼 수 있다.

③ 아메리카 원주민의 수가 급격히 감소한 주된 원인은 전염병 감염이다. ➡ (O) 아메리카 원주민 인구는 최대 95%가 감소하였는데, 2문단에 따르면 유럽의 총칼에 의해 전쟁터에서 목숨을 잃은 아메리카 원주민보다 유럽에서 온 전염병에 의해 목숨을 잃은 원주민 수가 훨씬 많았음을 알 수 있다. 따라서 아메리카 원주민의 수가 급격히 감소한 주된 원인은 전염병 감염임을 알 수 있다.

④ 유럽인과 아메리카 원주민의 면역력 차이가 스페인과 아스텍 제국의 1519년 전투 양상을 변화시켰다. ➡ (X) 2문단에 따르면 1519년 코르테스가 처음 아스텍 제국을 공격했을 때는 스페인의 군사적 강점과 아스텍족의 어리숙함이 함께 작용해 전투 양상에 영향을 미쳤다. 전염병이 문제가 되었던 전투는 1520년 이후 코르테스가 다시 쳐들어왔을 때이다.

⑤ 코르테스가 다시 침입했을 때 아스텍인들이 격렬히 저항한 것은 아스텍 황제의 죽음에 분노했기 때문이다. ➡ (X) 2문단에 따르면 코르테스가 다시 침입했을 때 아스텍인들이 격렬하게 저항한 것은 그들이 더 이상 어리숙하지 않았기 때문이다.

---

03 ⑤   정답률 92.2%

| **문제 유형 |** 사실적 이해 > 중심 내용 파악
| **접근 전략 |** 중심 내용 파악하기 유형은 중심 내용이 지문의 앞과 뒤 중 어디에 위치하느냐에 따라 풀이 시간이 좌우된다. 두괄식의 경우, 중심 내용이 지문의 앞에 위치해 답을 빨리 찾을 수 있으므로, PSAT 언어논리에서는 대부분 미괄식 구조의 지문이 제시된다. 미괄식의 경우, 지문의 앞부분은 빠르게 읽고, 후반부를 꼼꼼히 읽으면 시간을 절약할 수 있다. 이때 주의해야 할 점은 지문에서 논지를 뒷받침하는 근거로 제시한 것을 중심 내용으로 착각하면 안 된다는 것이다.

다음 글의 중심 내용으로 가장 적절한 것은?

2015년 한국직업능력개발원 보고서에 따르면 전체 대졸 취업자의 전공 불일치 비율이 6년간 3.6%p 상승했다. 이는 우리 대학교육이 취업 환경의 급속한 변화를 따라가지 못하고 있음을 보여 준다. 기존의 교육 패러다임으로는 오늘 같은 직업생태계의 빠른 변화에 대응하기 어려워 보인다. 중고등학교 때부터 직업을 염두에 둔 맞춤 교육을 하는 것이 어떨까? 그것은 두 가지 점에서 어리석은 방안이다. 한 사람의 타고난 재능과 역량이 가시화되는 데 훨씬 더 오랜 시간과 경험이 필요하다는 것이 첫 번째 이유이고, 사회가 필요로 하는 직업 자체가 빠르게 변하고 있다는 것이 두 번째 이유이다. ▶1문단

그렇다면 학교는 우리 아이들에게 무엇을 가르쳐야 할까? 교육이 아이들의 삶뿐만 아니라 한 나라의 미래를 결정한다는 사실을 고려하면 이것은 우리 모두의 운명을 좌우할 물음이다. 문제는 세계의 환경이 급속히 변하고 있다는 것이다. 2030년이면 현존하는 직종 가운데 80%가 사라질 것이고, 2011년에 초등학교에 입학한 어린이 중 65%는 아직 존재하지도 않는 직업에 종사하게 되리라는 예측이 있다. 이런 상황에서 교육이 가장 먼저 고려해야 할 것은 변화하는 직업 환경에 성공적으로 대응하는 능력에 초점을 맞추는 일이다. ▶2문단

이미 세계 여러 나라가 이런 관점에서 교육을 개혁하고 있다. 핀란드는 2020년까지 학교 수업을 소통, 창의성, 비판적 사고, 협동을 강조하는 내용으로 개편한다는 계획을 발표했다. 이와 같은 능력들은 빠르게 현실화되고 있는 '초연결 사회'에서의 삶에 필수적이기 때문이다. 말레이시아의 학교들은 문제해결 능력, 네트워크형 팀워크 등을 교과과정에 포함시키고 있고, 아르헨티나는 초등학교와 중학교에서 코딩을 가르치고 있다. 우리 교육도 개혁을 생각하지 않으면 안 된다. ▶3문단

① 한 국가의 교육은 당대의 직업구조의 영향을 받는다. ➡ (X) 2문단

에서 교육이 변화하는 직업 환경에 대응해야 한다는 내용을 다루고 있기는 하지만, 교육이 직업구조의 영향을 받는지에 대해서는 다루고 있지 않다.

② 미래에는 현존하는 직업 중 대부분이 사라지는 큰 변화가 있을 것이다. ➡ (X) 2문단에서 2030년이면 현존하는 직업의 80%가 사라진다고는 하였으나, 이는 지문의 논지인 교육 개혁의 필요성을 뒷받침하는 자료일 뿐 중심 내용은 아니다.

③ 세계 여러 국가는 변화하는 세상에 대응하여 전통적인 교육을 개편하고 있다. ➡ (X) 3문단에서 세계 여러 나라가 교육을 개혁하고 있다고는 하였으나, 이는 지문의 논지인 교육 개혁의 필요성을 뒷받침하는 자료일 뿐 중심 내용은 아니다.

④ 빠르게 변하는 불확실성의 세계에서는 미래의 유망 직업을 예측하는 일이 중요하다. ➡ (X) 미래의 유망 직업을 예측하자는 내용은 지문에서 찾을 수 없다.

⑤ 교육은 다음 세대가 사회 환경의 변화에 대응하는 데 필요한 역량을 함양하는 방향으로 변해야 한다. ➡ (O) 2문단에서 교육 개혁의 방향은 변화하는 직업 환경에 성공적으로 대응하는 능력에 초점을 맞추어야 된다고 하였으므로 본 선지가 지문의 중심 내용이 된다.

---

04 ④   정답률 85.3%

| **문제 유형 |** 사실적 이해 > 정보 확인
| **접근 전략 |** 실험의 과정과 결과, 그리고 그 결과가 의미하는 바를 서술한 지문이 제시되면 특정 실험 과정이 어떤 결과를 도출하려고 하는 것인지, 그 결과를 통해 어떤 의미 있는 가설을 검증하려는 것인지를 유의해서 보아야 한다. 그리고 실험 결과를 이끄는 원리를 염두에 두고 지문을 읽어야 한다. '실험'을 소재로 다룬 지문의 정보 확인 문제도 선지를 먼저 확인하고, 지문을 읽으며 내용의 일치, 불일치 여부를 판단하면 풀이 시간을 절약할 수 있다.

다음 글에서 알 수 없는 것은?

현대 심신의학의 기초를 수립한 연구는 1974년 심리학자 애더에 의해 이루어졌다. 애더는 쥐의 면역계에서 학습이 가능하다는 주장을 발표하였는데, 그것은 면역계에서는 학습이 이루어지지 않는다고 믿었던 당시의 과학적 견해를 뒤엎는 발표였다. 당시까지는 학습이란 뇌와 같은 중추 신경계에서만 일어날 수 있을 뿐 면역계에서는 일어날 수 없다고 생각했다. ▶1문단

애더는 시클로포스파미드가 면역세포인 T세포의 수를 감소시켜 쥐의 면역계 기능을 억제한다는 사실을 알고 있었다. 어느 날 그는 구토를 야기하는 시클로포스파미드를 투여하기 전 사카린 용액을 먼저 쥐에게 투여했다. 그러자 그 쥐는 이후 사카린 용액을 회피하는 반응을 일으켰다. 그 원인을 찾던 애더는 쥐에게 시클로포스파미드는 투여하지 않고 단지 사카린 용액만 먹여도 쥐의 혈류 속에서 T세포의 수가 감소된다는 것을 알아냈다. 이것은 사카린 용액이라는 조건자극이 T세포 수의 감소라는 반응을 일으킨 것을 의미한다. ▶2문단

심리학자들은 자극-반응 관계 중 우리가 태어날 때부터 가지고 있는 것을 '무조건자극-반응'이라고 부른다. '음식물-침 분비'를 예로 들 수 있고, 애더의 실험에서는 '시클로포스파미드-T세포 수의 감소'가 그 예이다. 반면에 무조건자극이 새로운 조건자극과 연결되어 반응이 일어나는 과정을 '파블로프의 조건형성'이라고 부른다. 애더의 실험에서 쥐는 조건형성 때문에 사카린 용액만 먹어도 시클로포스파미드를 투여받았을 때처럼 T세포 수의 감소 반응을 일으킨 것이다. 이런 조건형성 과정은 경험을 통한 행동의 변화라는 의미에서 학습과정이라 할 수 있다. ▶3문단

이 연구 결과는 몇 가지 점에서 중요하다고 할 수 있다. 심리적 학습은 중추신경계의 작용으로 이루어진다. 그런데 면역계에서도 학습이 이루어진다는 것은 중추신경계와 면역계가 독립적이지 않으며 어떤 방식으로든 상호작용한다는 것을 말해준다. 이 발견으로 연구자들은 마음의 작용이나 정서 상태에 의해 중추신경계의 뇌세포에서 분비된 신경 전달물질이나 호르몬이 우리

의 신체 상태에 어떠한 영향을 끼치게 되는지를 더 면밀히 탐구하게 되었다.
▶4문단

① 쥐에게 시클로포스파미드를 투여하면 T세포 수가 감소한다. ➡ (O)
2문단에서 시클로포스파미드가 면역세포인 T세포의 수를 감소시켜 쥐의 면역계 기능을 억제한다고 한 것을 통해 쥐에게 시클로포스파미드를 투여하면 T세포 수가 감소한다는 것을 알 수 있다.

② 애더의 실험에서 사카린 용액은 새로운 조건자극의 역할을 한다.
➡ (O) 2문단에서 사카린 용액이라는 조건자극이 T세포 수의 감소라는 반응을 일으킨다고 하였으므로 사카린 용액은 새로운 조건자극에 해당한다.

③ 애더의 실험은 면역계가 중추신경계와 상호작용할 수 있음을 보여 준다. ➡ (O) 4문단에서 중추신경계와 면역계가 독립적이지 않으며 어떤 방식으로든 상호작용한다는 것을 말해 준다고 하였다.

④ 애더의 실험 이전에는 중추 신경계에서 학습이 가능하다는 것이 알려지지 않았다. ➡ (X) 1문단에 따르면 당시에는 학습이 뇌와 같은 중추 신경계에서만 일어날 수 있고 면역계에서는 일어날 수 없다고 보았으므로, 애더의 실험 이전에 중추 신경계에서 학습이 가능하다고 알려져 있었다.

⑤ 애더의 실험에서 사카린 용액을 먹은 쥐의 T세포 수가 감소하는 것은 면역계의 반응이다. ➡ (O) 2문단에서 면역세포인 T세포 수가 감소하면 면역계 기능이 억제된다고 하였으므로 T세포 수가 감소하는 것은 면역계의 반응임을 알 수 있다.

05 ②

정답률 87.7%

| 문제 유형 | 비판적 사고 > 유사한 내용·사례 찾기
| 접근 전략 | 지문의 일부 내용에 대한 사례로 적절한 것을 찾는 문제 유형이다. 이 유형의 문제를 풀 때는 지문에서 요구하는 내용을 명확히 파악하는 것이 중요하다. 따라서 지문을 읽을 때 '기관 간 약정'에 필요한 조건들에 밑줄을 긋고, 〈보기〉의 사례가 그 조건에 충족되는지를 판단하면 된다. 이때 조건의 예외 내용, 단서 내용도 잘 살펴보아야 한다.

다음 글에 비추어 ㉠이 적절하게 이루어진 사례만을 〈보기〉에서 모두 고르면?

국제·외교관계에서 조약은 국가 간, 국제기구 간, 국가와 국제기구 간 서면 형식으로 체결되며 국제법에 의해 규율되는 합의이다. 반면, ㉠ 기관 간 약정은 국가를 제외한 정부기관이 동일 또는 유사업무를 수행하는 외국의 정부기관과 체결하는 합의로 법적 구속력이 없다. 이때 기관 간 약정의 서명은 해당 기관의 장이 하는 것이 원칙이다. 다만 해당 기관의 장이 사정상 직접 서명할 수 없는 경우에는 그의 위임을 받은 해당 기관의 고위직 인사가 서명을 할 수도 있다. 만일 기관 간 약정을 조속히 체결할 필요성이 있으나 양국 관계부처 간의 방문 계획이 없어서 체결이 지연되고 이로 인해 양국 관계부처 간 불편이 야기될 가능성이 있는 등의 경우에는, 우편으로 서명문서를 교환하거나 외교통상부 재외공관을 통하여 서명문서를 교환하는 방법으로 그 체결을 행할 수 있다. ▶1문단

해당 기관의 장이 사정상 직접 서명할 수 없어서 그의 위임을 받은 고위직 인사가 서명을 대신할 때, 정부기관장 명의의 전권위임장을 만들어 제출하는 경우가 있는데, 이는 적절하지 않다. 전권위임장이란 국가 간 조약문안의 교섭·채택이나 인증을 위하여 또는 조약에 대한 국가의 기속적 동의를 표시하기 위하여 어떤 사람으로 하여금 국가를 대표하도록 임명하는 문서이기 때문이다. 만약 상대국에서 굳이 서명 위임에 대한 인증 문건의 제출을 요구한다면, 위임장을 제출하는 방향으로 검토해 볼 수 있을 것이다. 또한 기관 간 약정에 서명을 할 때 양국 정상이 임석하는 경우가 있는데, 이는 기관 간 약정이 양국 간의 조약으로 오해될 소지가 있으므로 부적절하다. ▶2문단

〈보기〉
ㄱ. A국 산업통상자원부 장관 명의의 전권위임장을 제출한 산업통상자원부 차관과 B국 기업에너지산업전략부 장관 간에 '에너지산업협력 약정'이 체결된 사례 → (X) 2문단에서 해당 기관의 장이 사정상 직접 서명할 수 없어서 그의 위임을 받은 고위직 인사가 서명을 대신할 때, 정부기관장 명의의 전권위임장을 만들어 제출하는 것은 적절하지 않다고 하였다.

ㄴ. 국외출장이 어려운 상황에서 시급한 약정의 조속한 체결을 위해 A국 산업통상자원부 장관과 B국 자원 개발부 장관 간에 우편으로 서명문서를 교환한 사례 → (O) 국가를 제외한 정부기관이 유사 업무를 수행하는 외국의 정부기관과 체결한 약정이며, 해당 기관의 장이 서명을 하였고, 양국 관계부처 간의 방문 계획이 없어서 우편으로 서명문서를 교환한 것이므로 1문단 후반부의 내용에 비추어 기관 간 약정이 적절하게 이루어진 사례로 볼 수 있다.

ㄷ. A국 대통령의 B국 방문을 계기로 양국 정상의 임석하에 A국 기술무역부 장관과 B국 과학기술부 장관 간에 '과학기술협력에 관한 약정'이 체결된 사례 → (X) 2문단에서 기관 간 약정에 서명을 할 때, 양국 정상이 임석하는 것은 기간 긴 약정이 양국 간 조약으로 오해될 소지가 있으므로 부적절하다고 하였다.

① ㄱ ➡ (X)
② ㄴ ➡ (O)
③ ㄱ, ㄷ ➡ (X)
④ ㄴ, ㄷ ➡ (X)
⑤ ㄱ, ㄴ, ㄷ ➡ (X)

06 ②

정답률 93.8%

| 문제 유형 | 사실적 이해 > 논리 게임
| 접근 전략 | 언어논리 영역에서 출제되는 논리 게임 유형은 생각보다 쉬운 경우가 꽤 있다. 이 문제는 'A → B가 참이면 ~B → ~A도 참이다.', 'A & B → C이면 ~C → ~A or ~B이다.'라는 것만 알아도 어렵지 않게 풀 수 있다.

다음 글의 내용이 참일 때, 반드시 참인 것만을 〈보기〉에서 모두 고르면?

교수 갑~정 중에서 적어도 한 명을 국가공무원 5급 및 7급 민간경력자 일괄채용 면접위원으로 위촉한다. 위촉 조건은 아래와 같다.

○ 갑과 을 모두 위촉되면, 병도 위촉된다.
○ 병이 위촉되면, 정도 위촉된다.
○ 정은 위촉되지 않는다.

→ 제시된 위촉 조건을 정리하면 다음과 같다.
· A: 갑 & 을 → 병
· B: 병 → 정
· C: ~정

조건 C에 따라 '~정'이 되고 조건 B에 따라 '~병'이 된다. 따라서 조건 A에 따라 '~갑 or ~을'이 된다.

〈보기〉
ㄱ. 갑과 병 모두 위촉된다. → (X) 병은 위촉되지 않으므로 거짓이다.

ㄴ. 정과 을 누구도 위촉되지 않는다. → (X) 갑이 위촉되지 않으면 을은 위촉될 수 있으므로 반드시 참은 아니다.

ㄷ. 갑이 위촉되지 않으면, 을이 위촉된다. → (O) 병과 정은 위촉되지 않는데, 갑과 을 둘 다 위촉되지 않으면 갑~정 중에 적어도 한 명을 면접위원으로 위촉한다는 조건에 맞지 않게 된다. 따라서 갑이 위촉되지 않으면 을이 위촉된다.

① ㄱ ➡ (X)
② ㄷ ➡ (O)
③ ㄱ, ㄴ ➡ (X)
④ ㄴ, ㄷ ➡ (X)
⑤ ㄱ, ㄴ, ㄷ ➡ (X)

---

07 ⑤

정답률 80.3%

| **문제 유형** | 비판적 사고 > 지문에서 추론하기

| **접근 전략** | 지문에서 추론하기 유형은 선지의 내용이 직접적으로 지문에 드러나지 않으므로 지문의 논리 구조상 정답일 가능성이 높은 선지를 추론해야 한다. 논리적인 추론을 통해 참일 개연성이 높은 것을 〈보기〉에서 찾아야 하는 것이다.

다음 글에서 추론할 수 있는 것만을 〈보기〉에서 모두 고르면?

전전두엽 피질에는 뇌의 중요한 기제가 있는데, 이 기제는 당신이 다른 사람과 실시간으로 대화하고 있는 동안 당신과 그 사람을 동시에 감시한다. 이는 상대에게 적절하고 부드럽게 응답하도록 하며, 무례하게 행동하거나 분노를 표출하려는 충동을 억제하는 역할을 한다. ▶1문단

이 조절 기제가 잘 작동하기 위해서는 얼굴을 맞대고 대화하면서 실시간으로 피드백을 받을 수 있어야 한다. 하지만 인터넷은 그러한 피드백을 허용하지 않는다. 이는 전전두엽에 있는 충동억제회로를 당황하게 만든다. 서로를 바라보며 대화 상대방의 반응을 관찰할 수 없기 때문이다. 이로 인해 '탈억제' 현상, 즉 충동이 억제에서 풀려나는 현상이 나타날 수 있다. ▶2문단

탈억제는 사람들이 긍정적이거나 중립적인 감정 상태에 있는 동안에는 잘 일어나지 않는 경향이 있다. 인터넷에서 의사소통이 원활하게 이루어지는 경우는 이러한 경향 때문이다. 탈억제는 사람들이 부정적인 감정을 강하게 느낄 때 훨씬 더 잘 일어난다. 그 결과 충동이 억제되지 못하고 화를 내거나 감정적으로 거친 메시지를 보내는 현상이 나타난다. 만약 상대방을 마주 보고 있었더라면 쓰지 않았을 말을 인터넷상에서 쓰는 식이다. 충동억제회로가 제대로 작동하면 인터넷상에서는 물론 오프라인과 일상생활에서도 조심스러운 매너로 상대를 대하게 된다. 그런 경우 상호교제는 더 매끄럽게 진행될 수 있다. ▶3문단

〈보기〉

ㄱ. 부정적인 감정을 조절하는 교육 프로그램은 탈억제 현상을 감소시키는 데 도움이 될 것이다. → (O) 3문단에 따르면 탈억제는 사람들이 부정적인 감정을 강하게 느낄 때 훨씬 잘 일어나므로 부정적인 감정을 조절하면 탈억제 현상이 감소할 것이다. 따라서 부정적인 감정을 조절하는 교육 프로그램은 탈억제 현상을 감소시키는 데 도움을 줄 수 있다.

ㄴ. 전전두엽의 충동억제회로에 이상이 생기면 상대방에게 무례한 응답을 할 가능성이 높아질 것이다. → (O) 3문단에서 충동억제회로가 제대로 작동하면 조심스러운 매너로 상대를 대하게 된다고 한 것을 바탕으로 충동억제회로에 이상이 생기면 상대방에게 무례한 응답을 할 가능성이 높아질 것임을 추론할 수 있다.

ㄷ. 기술의 발전으로 인터넷상에서도 면대면 실시간 대화의 효과를 낼 수 있다면, 인터넷상에서 탈억제 현상이 감소할 수 있다. → (O) 2문단에 따르면 얼굴을 맞대고 대화하지 않아 실시간 피드백을 받지 못하면 충동억제회로가 당황해 탈억제 현상이 나타난다. 그런데 기술의 발전으로 인터넷상에서도 면대면 실시간 대화의 효과를 낼 수 있다면 충동억제회로가 당황하지 않아 탈억제 현상이 나타나지 않거나 감소할 수 있음을 추론할 수 있을 것이다.

① ㄱ ➡ (X)
② ㄴ ➡ (X)
③ ㄱ, ㄷ ➡ (X)
④ ㄴ, ㄷ ➡ (X)

---

⑤ ㄱ, ㄴ, ㄷ ➡ (O)

---

08 ②

정답률 76.2%

| **문제 유형** | 비판적 사고 > 판단하기

| **접근 전략** | 대립되는 여러 주장의 공통점과 차이점을 찾는 문제로 언어논리 영역에서는 조금 생소한 문제 유형이다. 언뜻 보면 다른 주장을 하는 것 같아도 근거나 전제 등에서 공통점을 보이는 경우가 있으므로 유의하여 문제를 풀어야 한다.

다음 글의 (가)~(다)에 대한 분석으로 옳은 것만을 〈보기〉에서 모두 고르면?

바람직한 목적을 지닌 정책을 달성하기 위해 옳지 않은 수단을 사용하는 것이 정당화될 수 있는가? 공동선의 증진을 위해 일반적인 도덕률을 벗어난 행동을 할 수밖에 없을 때, 공직자들은 이러한 문제에 직면한다. 이에 대해서 다음과 같은 세 가지 주장이 제기되었다.

(가) 공직자가 공동선을 증진하기 위해 전문적 역할을 수행할 때는 일반적인 도덕률이 적용되어서는 안 된다. 공직자의 비난받을 만한 행동은 그 행동의 결과에 의해서 정당화될 수 있다. 즉 공동선을 증진하는 결과를 가져온다면 일반적인 도덕률을 벗어난 공직자의 행위도 정당화될 수 있다.

(나) 공직자의 행위를 평가함에 있어 결과의 중요성을 과장해서는 안 된다. 일반적인 도덕률을 어긴 공직자의 행위가 특정 상황에서 최선의 것이었다고 하더라도, 그가 잘못된 행위를 했다는 것은 부정할 수 없다. 공직자 역시 일반적인 도덕률을 공유하는 일반 시민 중 한 사람이며, 이에 따라 일반 시민이 가지는 도덕률에서 자유로울 수 없다.

(다) 민주사회에서 권력은 선거를 통해 일반 시민들로부터 위임받은 것이고, 이에 의해 공직자들이 시민들을 대리한다. 따라서 공직자들의 공적 업무 방식은 일반 시민들의 의지를 반영한 것일 뿐만 아니라 동의를 얻은 것이다. 그러므로 민주사회에서 공직자의 모든 공적 행위는 정당화될 수 있다.

〈보기〉

ㄱ. (가)와 (나) 모두 공직자가 공동선의 증진을 위해 일반적인 도덕률을 벗어난 행위를 하는 경우는 사실상 일어날 수 없다는 것을 전제하고 있다. → (X) (가)는 공직자가 공동선을 증진하는 결과를 가져온다면 일반적인 도덕률을 벗어난 공직자의 행위는 정당화될 수 있다고 본다. 그리고 (나)는 일반적인 도덕률을 어긴 공직자의 행위가 특정 상황에서 최선의 것이었다고 하더라도, 그가 잘못된 행위를 했다는 것은 부정할 수 없다고 본다. 따라서 (가)와 (나) 모두 공직자가 공동선의 증진을 위해 도덕률을 벗어난 행위를 할 수 있다는 것을 전제하고 있다.

ㄴ. 어떤 공직자가 일반적인 도덕률을 어기면서 공적 업무를 수행하여 공동선을 증진했을 경우, (가)와 (다) 모두 그 행위는 정당화될 수 있다고 주장할 것이다. → (O) (가)는 공동선을 증진하는 결과를 가져온다면 일반적인 도덕률을 벗어난 공직자의 행위가 정당화될 수 있다고 본다. (다) 역시 민주사회에서 공직자의 모든 공적 행위는 정당화될 수 있다고 보는 입장이므로 (가)와 (다)는 일반적인 도덕률을 어기면서 공적 업무를 수행하여 공동선을 증진한 공직자의 행위는 정당화될 수 있다고 주장할 것이다.

ㄷ. (나)와 (다) 모두 공직자도 일반 시민이라는 것을 주요 근거로 삼고 있다. → (X) (나)는 공직자 역시 일반 시민이라고 하였으나, (다)는 공직자들이 시민들을 대리한다고 보아 공직자와 시민을 다른 개념으로 이야기하고 있다.

① ㄱ ➡ (X)
② ㄴ ➡ (O)
③ ㄱ, ㄷ ➡ (X)
④ ㄴ, ㄷ ➡ (X)
⑤ ㄱ, ㄴ, ㄷ ➡ (X)

|문제 유형| 비판적 사고 > 지문에서 추론하기

|접근 전략| 고어와 한자어가 많은 '역사' 관련 지문이 제시되면 부담감을 느낄 수 있다. 하지만 PSAT는 지식을 테스트하는 시험이 아니므로 모르는 단어나 내용이라도 문맥을 통해 그 의미를 추론하며 지문을 읽으면 된다. 본 문제처럼 선지의 내용이 간략하게 제시되고, 지문에 선지의 내용이 풀이되어 쓰여 있는 경우 지문을 먼저 읽으며 내용을 파악·요약한 뒤 선지를 소거하면 시간이 많이 소요되므로 선지를 먼저 확인하고 지문에서 해당 선지의 내용을 하나씩 찾아가며 풀이해야 시간을 절약할 수 있다.

다음 글에서 추론할 수 있는 것은?

인간이 부락집단을 형성하고 인간의 삶 전체가 반영된 이야기가 시작되었을 때부터 설화가 존재하였다. 설화에는 직설적인 표현도 있지만, 풍부한 상징성을 가진 것이 많다. 이 이야기들에는 민중이 믿고 숭상했던 신들에 관한 신성한 이야기인 신화, 현장과 증거물을 중심으로 엮은 역사적인 이야기인 전설, 민중의 욕망과 가치관을 보여 주는 허구적 이야기인 민담이 있다. 설화 속에는 원(願)도 있고 한(恨)도 있으며, 아름답고 슬픈 사연도 있다. 설화는 한 시대의 인간들의 삶과 문화이며 바로 그 시대에 살았던 인간의식 그 자체이기에 설화 수집은 중요한 일이다. ▶1문단

상주지방에 전해 오는 '공갈못설화'를 놓고 볼 때 공갈못의 생성은 과거 우리의 농경사회에서 중요한 역사적 사건으로서 구전되고 인식되었지만, 이에 관한 당시의 문헌 기록은 단 한 줄도 전해지지 않고 있다. 이는 당시 신라의 지배층이나 관의 입장에서 공갈못 생성에 관한 것이 기록할 가치가 있는 정치적 사건은 아니라는 인식을 보여 준다. 공갈못 생성은 다만 농경생활에 필요한 농경민들의 사건이었던 것이다. ▶2문단

공갈못 관련 기록은 조선시대에 와서야 발견된다. 이에 따르면 공갈못은 삼국시대에 형성된 우리나라 3대 저수지의 하나로 그 중요성이 인정되었다. 당대에 기록되지 못하고 한참 후에서야 단편적인 기록들만이 전해진 것이다. 일본은 고대 역사를 제대로 정리한 기록이 없는데도 주변에 흩어진 기록과 구전(口傳)을 모아 『일본서기』라는 그럴싸한 역사책을 완성하였다. 이 점을 고려할 때 역사성과 현장성이 있는 전설을 가볍게 취급해서는 결코 안 된다. 이러한 의미에서 상주지방에 전하는 지금의 공갈못에 관한 이야기도 공갈못 생성의 증거가 될 수 있는 역사성을 가진 귀중한 자료인 것이다. ▶3문단

① **공갈못설화는 전설에 해당한다.** ➡ (O) 1문단에서 현장과 증거물을 중심으로 엮은 역사적인 이야기를 전설이라고 하였는데, 3문단 마지막 문장에서 공갈못설화는 공갈못 생성의 증거가 될 수 있는 역사성을 가진 귀중한 자료라고 하였으므로 전설에 해당한다. 그리고 3문단에서는 역사성과 현장성이 있는 전설을 가볍게 취급해서는 안 된다면서 공갈못에 대한 이야기를 하고 있으므로 공갈못 생성의 증거가 될 수 있는 공갈못설화를 전설로 가정하고 있음을 알 수 있다.

② **설화가 기록되기 위해서는 원이나 한이 배제되어야 한다.** ➡ (X) 1문단에 따르면 설화 속에는 원도 있고 한도 있다.

③ **삼국의 사서에는 농경생활 관련 사건이 기록되어 있지 않다.** ➡ (X) 공갈못 관련 기록이 조선시대에 와서야 발견되었다는 것만으로 삼국의 사서에 농경생활 관련 사건이 기록되어 있지 않다고 단정할 수 없다.

④ **한국의 3대 저수지 생성 사건은 조선시대에 처음 기록되었다.** ➡ (X) 우리나라 3대 저수지의 하나인 공갈못 관련 기록이 조선시대에 발견되었다는 것만으로 3대 저수지 생성 사건이 조선시대에 처음 기록되었다고 단정할 수 없다.

⑤ **조선과 일본의 역사기술 방식의 차이는 전설에 대한 기록 여부에 있다.** ➡ (X) 조선과 일본 모두 전설에 대한 기록이 존재하므로 전설에 대한 기록 여부만으로는 두 나라의 역사기술 방식의 차이에 대해 알 수 없다.

|문제 유형| 비판적 사고 > 판단하기

|접근 전략| 특정 단어나 내용이 아니라 '첫 번째 전제, 중간 결론, 최종 결론'과 같이 모호한 지시어에 밑줄을 그어 놓고 제시된 〈정보〉가 그것을 강화하는지 또는 약화하는지를 묻고 있다. 따라서 지문에서 평가 항목으로 지목한 ⊙~ⓒ이 무엇을 지시하는지 정확히 파악한 후 제시된 〈정보〉가 그것을 강화하는지 또는 약화하는지에 대한 판단을 내려 정답을 찾아야 한다.

다음 글의 ⊙~ⓒ을 〈정보〉로 평가한 것으로 적절한 것은?

'사람 한 명당 쥐 한 마리', 즉 지구상에 사람 수 만큼의 쥐가 있다는 통계에 대한 믿음은 1백 년쯤 된 것이지만 잘못된 믿음이다. 이 가설은 1909년 빌터가 쓴 『문제』라는 책에서 비롯되었다. 영국의 지방을 순회하던 빌터에게 문득 이런 생각이 떠올랐다. "1에이커(약 4천 제곱미터)에 쥐 한 마리쯤 있다고 봐도 별 무리가 없지 않을까?" 이것은 근거가 박약한 단순한 추측에 불과했지만, 그는 무심코 떠오른 이런 추측에서 추론을 시작했다. 빌터는 이 추측을 ⊙ 첫 번째 전제로 삼고 영국의 국토 면적이 4천만 에이커 정도라는 사실을 추가 전제로 고려하여 영국에 쥐가 4천만 마리쯤 있으리라는 ⓛ 중간 결론에 도달했다. 그런데 마침 당시 영국의 인구가 약 4천만 명이었고, 이런 우연한 사실을 발판 삼아 그는 세상 어디에나 인구 한 명당 쥐도 한 마리 있을 것이라는 ⓒ 최종 결론을 내렸다. 이것은 논리적 관점에서 타당성이 의심스러운 추론이었지만, 사람들은 이 결론을 이상하리만큼 좋아했다. 쥐의 개체수를 실제로 조사하는 노고도 없이 '한 사람당 쥐 한 마리'라는 어림값은 어느새 사람들의 믿음으로 굳어졌다. 이 믿음은 국경마저 뛰어넘어, 미국의 방역업체나 보건을 담당하는 정부 기관이 이를 참고하기도 했다. 지금도 인구 약 900만인 뉴욕시에 가면 뉴욕시에 900만 마리쯤의 쥐가 있다고 믿는 사람을 어렵잖게 만날 수 있다.

――――― 〈정보〉―――――

(가) 최근 조사에 의하면 뉴욕시에는 약 30만 마리의 쥐가 있는 것으로 추정된다.

(나) 20세기 초의 한 통계조사에 의하면 런던의 주거 밀집 지역에는 가구당 평균 세 마리의 쥐가 있었다.

(다) 사람들이 자기 집에 있다고 생각하는 쥐의 수는 실제 조사를 통해 추정된 쥐의 수보다 20% 정도 더 많다.

(라) 쥐의 개체수 조사에는 특정 건물을 표본으로 취해 쥐구멍을 세고 쥐 배설물 같은 통행 흔적을 살피는 방법과 일정 면적마다 설치한 쥐덫을 활용하는 방법 등이 있는데, 다양한 방법으로 조사한 결과가 서로 높은 수준의 일치를 보인다.

① **(가)는 ⓒ을 약화한다.** ➡ (O) 지문에 따르면 뉴욕시 인구는 900만 명인데 뉴욕시에 약 30만 마리의 쥐가 있다면 세상 어디에나 인구 한 명당 쥐도 한 마리쯤 있을 것이라는 최종 결론은 약화된다.

② **(나)는 ⊙을 강화한다.** ➡ (X) 빌터는 국토 면적 1에이커당 쥐가 1마리 있을 것이라는 전제 아래 영국에 쥐가 4천만 마리쯤 있을 것이라는 중간 결론에 도달했는데 가구당 몇 마리의 쥐가 있는지는 이러한 논리 구조를 강화 또는 약화하지 못한다.

③ **(다)는 ⓒ을 강화한다.** ➡ (X) 사람들이 자기 집에 있다고 생각하는 쥐의 수가 실제 조사를 통해 추정된 쥐의 수보다 20% 더 많다는 것은 빌터가 최종 결론을 도출하는 데 고려된 내용이 아니므로 (다)는 ⓒ을 강화하지 못한다.

④ **(라)는 ⓛ을 약화한다.** ➡ (X) 쥐 개체수 조사 전에 쥐가 얼마나 있을지 예측한 것이 중간 결론이므로 쥐 개체수 조사가 어떻게 이루어지고 그 결과가 어느 정도 일치하는지는 중간 결론에 아무런 영향을 미치지 못한다.

⑤ **(나)와 (다)가 참인 경우, ⓛ은 참일 수 없다.** ➡ (X) (나)와 (다)가 참이어도 (나)와 (다)의 정보만으로 영국 전체 쥐의 수가 몇 마리인지 알 수 없으므로 중간 결론이 참인지 아닌지는 알 수 없다.

11 ③

| 문제 유형 | 사실적 이해 > 정보 확인

| 접근 전략 | 정보 확인 유형의 문제이므로 선지를 먼저 읽는 것이 풀이 시간을 줄일 수 있는 방법이다. 길이가 긴 지문이 제시되었으므로 선지를 먼저 읽고 선지별 핵심어를 파악한 후에 지문을 빠르게 읽어 나가다가, 선지의 핵심어가 나오는 부분에서는 그 내용을 선지와 꼼꼼히 비교하여 지문을 통해 선지의 내용을 알 수 있는지 여부를 판단해야 한다.

다음 글에서 알 수 없는 것은?

무인정변 이후 집권자들의 권력 쟁탈로 지방에 대한 통제력이 이완되고 지배층의 수탈이 더욱 심해지자 백성들은 이에 저항하는 민란을 일으켰다. 이들은 당시 사료에 '산적'이나 '화적', 또는 '초적'이라는 이름의 도적으로 일컬어졌다. 최우는 집권 후 야별초를 만들어 이들을 진압하려 했다. 야별초는 집권자의 사병처럼 이용되어 주로 민란을 진압하고 정적을 제거하는 데 동원되었다. 이들은 그 대가로 월등한 녹봉이나 상여금과 함께 진급에서 특혜를 누렸고, 최씨 정권은 안팎의 위협으로부터 안전할 수 있었다. 이후 규모가 방대해진 야별초는 좌별초와 우별초로 나뉘었고 여기에 신의군이 합해져 삼별초로 계승되었다. ▶1문단

1231년 몽고의 공격이 시작되자 최우를 중심으로 한 무인 정권은 항전을 주장하였으나, 왕과 문신관료들은 왕권회복을 희망하여 몽고와의 강화(講和)를 바랐다. 대몽 항전을 정권 유지를 위한 방책으로 활용하려 했던 최우는 다수의 반대를 무릅쓰고 강화도 천도를 결행하였으나 이는 지배세력 내의 불만을 증폭시켰으며 백성들에게는 권력자들의 안전만을 도모하는 일종의 배신행위로 받아들여졌다. ▶2문단

이후 무인 정권이 붕괴되자 그 주력부대였던 삼별초는 개경으로 환도한 고려 정부에 불복해 강화도에서 반란을 일으켰다. 삼별초의 난이 일어나자 전쟁 중에 몽고 침략 및 지배층의 과중한 수탈에 맞서 싸워 왔던 일반 백성들의 호응이 뒤따랐다. 1270년 봉기하여 1273년 진압될 때까지 약 3년에 걸쳐 진행된 삼별초의 난에는 서로 다른 두 가지 성격이 양립하고 있었다. 하나는 지배층 내부의 정쟁에서 패배한 무인 정권의 잔존세력이 일으킨 정치적 반란이고, 다른 하나는 민란의 전통과 대몽 항쟁의 전통을 계승한 백성들의 항쟁이다. 전자는 무너진 무인 정권을 회복하고 눈앞에 닥친 정치적 보복에서 벗어나기 위해 몽고와 고려 정부에 항쟁하던 삼별초의 반란이었다. 후자는 새로운 권력층과 침략자의 결탁 속에서 가중되는 수탈에 저항하던 백성들이 때마침 삼별초의 난을 만나 이에 합류하는 형태로 일으킨 민란이었다. ▶3문단

① 최우의 강화도 천도는 국왕과 문신 및 백성들의 지지를 얻지 못하였다. ➡ (O) 2문단에 따르면 최우의 강화도 천도는 지배세력 내의 불만을 증폭시켰으며 백성들에게는 권력자들의 안전만을 도모하는 배신행위로 받아들여졌다.

② 야별초가 주로 상대한 도적은 지배층의 수탈에 저항하던 백성들이었다. ➡ (O) 1문단에 따르면 야별초는 당시 지배층의 수탈에 저항하는 민란을 진압하기 위해 만들어졌다.

③ 삼별초의 난에서 삼별초와 일반 백성들은 항전의 대상과 목적이 같았다. ➡ (X) 3문단에 따르면 삼별초는 정치적 반란을 목적으로 항전을 했으나, 일반 백성들은 민란 및 대몽 항쟁의 전통을 계승하려는 목적으로 항전을 했다. 즉, 삼별초와 백성들은 항전의 목적이 서로 달랐다.

④ 설립 이후 진압될 때까지 삼별초는 무인 정권을 옹호하는 성격을 지닌 집단이었다. ➡ (O) 삼별초는 최씨 무인 정권의 군대였으며, 무인 정권을 회복하기 위해 반란을 일으켰다. 따라서 설립 이후 진압될 때까지 삼별초는 무인 정권을 옹호하는 성격을 지녔다고 볼 수 있다.

⑤ 삼별초는 개경의 중앙 정부에 반대하고 몰락한 무인 정권을 회복하기 위해 반란을 일으켰다. ➡ (O) 3문단에 따르면 삼별초는 개경으로 환도한 고려 정부에 불복하고 무인 정권을 회복하기 위해 강화도에서 삼별초의 난을 일으켰다.

12 ⑤

| 문제 유형 | 사실적 이해 > 정보 확인

| 접근 전략 | 정보 확인 문제 유형에서는 정답으로 착각할 수 있는 매력적인 오답을 심어 놓는 경우가 많다. 특히 지문에서 명확히 언급되지 않은 내용을 정답으로 착각하도록 선지를 구성하는 경우가 많으므로 주의해야 한다. 정보 확인 문제를 풀 때는 '배경지식'이 아니라 지문에 제시된 '명백한 사실'에 의거하여 풀이해야 한다는 점도 꼭 기억해야 한다.

다음 글에서 알 수 있는 것은?

우리들 대부분이 당연시하지만 세상을 이해하는 데 필요한 몇몇 범주는 표준화를 위해 노력한 국가적 사업에 그 기원이 있다. 성(姓)의 세습이 대표적인 사례이다. ▶1문단

부계(父系) 성의 고착화는 대부분의 경우 국가적 프로젝트였으며, 관리가 시민들의 신원을 분명하게 확인할 수 있도록 설계되었다. 이 프로젝트의 성공은 국민을 '읽기 쉬운' 대상으로 만드는 데 달려 있다. 개개인의 신원을 확보하고 이를 친족 집단과 연결시키는 방법 없이는 세금 징수, 소유권 증서 발행, 징병 대상자 목록 작성 등은 어렵기 때문이다. 여기서 짐작할 수 있는 것처럼 부계 성을 고착화하려는 노력은 한층 견고하고 수지맞는 재정 시스템을 구축하려는 국가의 의도에서 비롯되었다. ▶2문단

국민을 효율적으로 통치하기 위한 성의 세습은 시기적으로 일찍 발전한 국가에서 나타났다. 이 점과 관련해 중국은 인상적인 사례이다. 대략 기원전 4세기에 진(秦)나라는 세금 부과, 노역, 징집 등에 이용하기 위해 백성 대다수에게 성을 부여한 다음 그들의 호구를 파악한 것으로 알려져 있다. 이러한 시도가 '라오바이싱[老百姓]'이라는 용어의 기원이 되었으며, 이는 문자 그대로 '오래된 100개의 성'이란 뜻으로 중국에서 '백성'을 의미하게 되었다. ▶3문단

예로부터 중국에 부계전통이 있었지만 진나라 이전에는 몇몇 지배 계층의 가문 및 그 일족을 제외한 백성은 성이 없었다. 그들은 성이 없었을 뿐만 아니라 지배 계층을 따라 성을 가질 생각도 하지 않았다. 부계 성을 따르도록 하는 진나라의 국가 정책은 가족 내에서 남편에게 우월한 지위를 부여하고, 부인, 자식, 손아랫사람에 대한 법적인 지배권을 주면서 가족 전체에 대한 재정적 의무를 지도록 했다. 이러한 정책은 모든 백성에게 인구 등록을 요구했다. 아무렇게나 불리던 사람들의 이름에 성을 붙여 분류한 다음, 아버지의 성을 후손에게 영구히 물려주도록 한 것이다. ▶4문단

① 부계전통의 확립은 중국에서 처음 이루어졌다. ➡ (X) 3문단에서 성의 세습이 시기적으로 일찍 발전한 국가에서 나타났다고 하였을 뿐 중국에서 처음 부계전통이 확립되었다고 볼 만한 내용은 지문에 제시되지 않았다.

② 진나라는 모든 백성에게 새로운 100개의 성을 부여하였다. ➡ (X) 3문단에서 백성 대다수에게 성을 부여했다고만 하였으므로 모든 백성에게 새로운 성을 부여했는지는 알 수 없다.

③ 중국의 부계전통은 진나라가 부계 성 정책을 시행함에 따라 만들어졌다. ➡ (X) 4문단에 따르면 진나라 이전에도 몇몇 지배 계층의 가문 및 그 일족에게 부계전통이 있었다.

④ 진나라의 부계 성 정책은 몇몇 지배 계층의 기존 성을 확산하려는 시도였다. ➡ (X) 4문단을 통해 알 수 있듯 진나라에서 부계 성 정책을 시행한 이유는 대다수의 백성에게 인구 등록을 요구하기 위해서이다.

⑤ 진나라가 백성에게 성을 부여한 목적은 통치의 효율성을 높이고자 한 것이었다. ➡ (O) 3문단에서 진나라는 세금 부과, 노역, 징집 등에 이용하기 위해 백성 대다수에게 성을 부여하였다고 한 것을 통해 진나라가 백성에게 성을 부여한 목적은 통치의 효율성 때문임을 알 수 있다.

13 ③

|문제 유형| 비판적 사고 > 지문에서 추론하기

|접근 전략| 추론하기 문제 유형은 지문 내용을 바탕으로 추론의 과정을 거쳐야만 선지의 내용이 도출된다. 따라서 선지의 내용 중 추론의 논리적 비약이 있는 것은 없는지를 중점적으로 살펴보아야 한다. 본 문제에서 검계가 향도계에서 비롯됐다고 하여 향도계의 구성원 중에 검계 출신이 많다는 것까지 추론하는 것은 논리적 비약에 해당한다.

다음 글에서 추론할 수 있는 것은?

조선후기 숙종 때 서울 시내의 무뢰배가 검계를 결성하여 무술훈련을 하였다. 좌의정 민정중이 '검계의 군사훈련 때문에 한양의 백성들이 공포에 떨고 있으니 이들을 처벌해야 한다.'고 상소하자 임금이 포도청에 명하여 검계 일당을 잡아들이게 하였다. 포도대장 장봉익은 몸에 칼자국이 있는 자들을 잡아들였는데, 이는 검계 일당이 모두 몸에 칼자국을 내어 자신들과 남을 구별하는 징표로 삼았기 때문이다. ▶1문단

검계는 원래 향도계에서 비롯하였다. 향도계는 장례를 치르기 위해 결성된 계였다. 비용이 많이 소요되는 장례에 대비하기 위해 계를 구성하여 평소 얼마간 금전을 각출하고, 구성원 중에 상을 당한 자가 있으면 각출한 금전에 얼마를 더하여 비용을 마련해주는 방식이었다. 향도계는 서울 시내 백성들에게 널리 퍼져 있었으며, 양반들 중에도 가입하는 이들이 있었다. 향도계를 관리하는 조직을 도가라 하였는데, 도가는 점차 죄를 지어 법망을 피하려는 자들을 숨겨주는 소굴이 되었다. 이 도가 내부의 비밀조직이 검계였다. ▶2문단

검계의 구성원들은 스스로를 왈짜라 부르고 있었다. 왈짜는 도박장이나 기생집, 술집 등 도시의 유흥공간을 세력권으로 삼아 활동하는 이들이었다. 하지만 모든 왈짜가 검계의 구성원이었던 것은 아니다. 왈짜와 검계는 모두 폭력성을 지녔고 활동하는 주 무대도 같았지만 왈짜는 검계와 달리 조직화된 집단은 아니었다. 부유한 집안의 아들이었던 김홍연은 대과를 준비하다가 너무 답답하다는 이유로 중도에 그만두고 무과 공부를 하였다. 그는 무예에 탁월했지만 지방 출신이라는 점이 출세하는 데 장애가 될 것을 염려하여 무과 역시 포기하고 왈짜가 되었다. 김홍연은 왈짜였지만 검계의 일원은 아니었다. ▶3문단

① 도가의 장은 향도계의 장을 겸임하였다. ➡ (X) 2문단을 통해 도가는 향도계를 관리하는 조직임을 알 수 있지만, 도가의 장이 향도계의 장을 겸임하였는지는 알 수 없다.

② 향도계의 구성원 중에는 검계 출신이 많았다. ➡ (X) 검계가 향도계에서 비롯된 것은 맞지만 그것만으로는 향도계의 구성원 중에 검계 출신이 많은지까지는 알 수 없다.

③ 향도계는 공공연한 조직이었지만 검계는 비밀조직이었다. ➡ (O) 2문단을 통해 향도계는 서울 시내 백성들에게 널리 퍼져 있었으나 검계는 비밀조직이었음을 알 수 있다.

④ 몸에 칼자국이 없으면서 검계의 구성원인 왈짜도 있었다. ➡ (X) 1문단에서 검계 일당은 모두 몸에 칼자국을 내었다고 한 것을 통해 몸에 칼자국이 없으면 검계의 구성원이 아님을 알 수 있다.

⑤ 김홍연이 검계의 일원이 되지 못하고 왈짜에 머물렀던 것은 지방 출신이었기 때문이다. ➡ (X) 김홍연이 검계의 일원이 아니었던 이유는 지문의 내용만으로 알 수 없다.

14 ⑤

|문제 유형| 비판적 사고 > 빈칸 채우기

|접근 전략| 빈칸 채우기 유형은 지문의 전체적인 흐름과 더불어 그 빈칸 주변부의 흐름까지도 함께 보아야 한다. 빈칸 주변의 접속사와 빈칸이 포함된 문단의 도입부 등을 잘 살펴 빈칸 주변의 흐름이 예시인지, 반론인지 등을 파악해야 한다.

다음 글의 (가)~(다)에 들어갈 진술을 〈보기〉에서 골라 짝지은 것으로 가장 적절한 것은?

비어즐리는 '제도론적 예술가'와 '낭만주의적 예술가'의 개념을 대비시킨다. 낭만주의적 예술가는 사회의 모든 행정과 교육의 제도로부터 독립하여 작업하는 사람이다. 그는 자기만의 상아탑에 칩거하며, 혼자 캔버스 위에서 일하고, 자신의 돌을 깎고, 자신의 소중한 서정시의 운율을 다듬는다. ▶1문단

그러나 사회와 동떨어져 혼자 작업하더라도 예술가는 작품을 만드는 동안 예술 제도로부터 단절될 수 없다. [(가)] 즉 예술가는 특정 예술 제도 속에서 예술의 사례들을 경험하고, 예술적 기술의 훈련이나 교육을 받음으로써 예술에 대한 배경지식을 얻게 된다. 그리고 이와 같은 배경지식이 예술가의 작품 활동에 반영된다. ▶2문단

낭만주의적 예술가 개념은 예술 창조의 주도권이 완전히 개인에게 있으며 예술가가 문화의 진공 상태 안에서 작품을 창조할 수 있다고 가정한다. 하지만 그런 낭만주의적 예술가는 사실상 존재하기 어렵다. 심지어 어린아이들의 그림이나 놀이조차도 문화의 진공 상태에서 이루어지지 않는다. [(나)] ▶3문단

어떤 사람이 예술작품을 전혀 본 적 없는 상태에서 진흙으로 어떤 형상을 만들어냈다고 가정해 보자. 이것이 지금까지 본 적이 없던 새로운 형상이라 하더라도, 그 사람은 예술작품을 창조한 것이라 볼 수 없다. [(다)] 비어즐리의 주장과는 달리 예술가는 아무 맥락 없는 진공 상태에서 창작하지 않는다. 예술은 어떤 사람이 문화적 역할을 수행한 산물이며, 언제나 문화적 주형(鑄型) 안에 존재한다. ▶4문단

〈보기〉

ㄱ. 왜냐하면 어떤 사람이 예술작품을 창조하였다고 하기 위해서는 그는 예술작품이 무엇인가에 대한 개념을 가지고 있어야 하기 때문이다. → 4문단에 따르면 예술작품을 전혀 본 적 없는 사람이 만들어 낸 형상은 새로운 형상이라 하더라도 예술작품이라고 할 수 없다. 이를 뒷받침할 수 있는 근거로 예술작품이 무엇인가에 대한 개념을 가지고 있어야 예술작품을 창조할 수 있다는 ㄱ이 들어가는 것이 적절하다. 즉, (다)에 ㄱ이 들어가는 것이 적절하다.

ㄴ. 왜냐하면 사람은 두세 살만 되어도 인지구조가 형성되고, 이 과정에서 문화의 영향을 받을 수밖에 없기 때문이다. → 3문단에 따르면 어린아이들의 그림이나 놀이조차도 문화의 진공 상태에서 이루어지지 않는다. 이를 뒷받침할 수 있는 근거로는 사람은 두세 살만 되어도 문화의 영향을 받는다는 ㄴ이 들어가는 것이 적절하다. 즉, (나)에 ㄴ이 들어가는 것이 적절하다.

ㄷ. 왜냐하면 예술가들은 예술작품을 만들 때 의식적이든 무의식적이든 예술교육을 받으면서 수용한 가치 등을 고려하는데, 그러한 교육은 예술 제도 안에서 이루어지기 때문이다. → 2문단에 따르면 예술가는 특정 예술 제도 속에서 예술의 사례들을 경험하고 예술에 대한 배경지식을 얻게 되며, 그 배경지식이 예술가의 작품 활동에 반영된다. 따라서 예술가와 예술 제도가 동떨어진 것이 아님을 뒷받침하는 ㄷ은 (가)에 들어가는 것이 적절하다.

	(가)	(나)	(다)	
①	ㄱ	ㄴ	ㄷ	➡ (X)
②	ㄴ	ㄱ	ㄷ	➡ (X)
③	ㄴ	ㄱ	ㄷ	➡ (X)
④	ㄷ	ㄱ	ㄴ	➡ (X)
⑤	ㄷ	ㄴ	ㄱ	➡ (O)

15 ⑤

| **문제 유형** | 사실적 이해 > 정보 확인

| **접근 전략** | 지문의 세부 내용과 선지 내용의 일치 여부를 확인하는 문제 유형이다. 본 지문에서는 여러 개념을 제시·분류하고 있으므로 분류 기준을 확실히 체크하고, 큰 틀의 분류 내에서도 개념들을 어떻게 배열하고 순위를 정하는지 그 기준을 파악하여 문제를 풀어야 한다.

다음 글에서 알 수 있는 것은?

아리스토텔레스는 정치체제를 세 가지로 구분하는데, 군주정, 귀족정, 제헌정이 그것이다. 세 번째 정치체제는 재산의 등급에 기초한 정치체제로서, 금권정으로 불러야 마땅하지만, 대부분의 사람들은 제헌정이라고 부른다. 이것들 가운데 최선은 군주정이며 최악은 금권정이다. ▶1문단

또한 그는 세 가지 정치체제가 각기 타락한 세 가지 형태를 제시한다. 참주정은 군주정의 타락한 형태이다. 양자 모두 일인 통치 체제이긴 하지만 그 차이는 엄청나다. 군주는 모든 좋은 점에 있어서 다른 사람들을 능가하기 때문에 자신을 위해 어떤 것도 필요로 하지 않는다. 그래서 군주는 자기 자신에게 이익이 되는 것이 아니라 다스림을 받는 사람에게 이익이 되는 것을 추구한다. 반면 참주는 군주의 반대이다. 못된 군주가 참주가 된다. 참주는 자신에게만 이익이 되는 것을 추구하기에, 참주정은 최악의 정치체제이다. ▶2문단

귀족정이 과두정으로 타락하는 것은 지배자 집단의 악덕 때문이다. 그 지배자 집단은 도시의 소유물을 올바르게 배분하지 않으며, 좋은 것들 전부 혹은 대부분을 자신들에게 배분하고 공직은 항상 자신들이 차지한다. 그들이 가장 중요하게 생각하는 것은 부를 축적하는 일이다. 과두정에서는 소수만이 다스리는데, 훌륭한 사람들이 아니라 못된 사람들이 다스린다. ▶3문단

민주정은 다수가 통치하는 체제이다. 민주정은 금권정으로부터 나온다. 금권정 역시 다수가 통치하는 체제인데, 일정 재산 이상의 자격 요건을 갖춘 사람들은 모두 동등하기 때문이다. 타락한 정치체제 중에서는 민주정이 가장 덜 나쁜 것이다. 제헌정의 기본 틀에서 약간만 타락한 것이기 때문이다. ▶4문단

① 정치체제의 형태는 일곱 가지이다. ➡ (X) 1문단에서는 아리스토텔레스의 정치체제 세 가지를 이야기하였고, 2문단에서는 그 세 가지 정치체제가 각기 타락한 세 가지 형태를 제시하였다. 따라서 정치체제의 형태는 여섯 가지임을 알 수 있다.

② 군주정은 민주정보다 나쁜 정치체제이다. ➡ (X) 1문단에서 군주정이 최선이라고 하였고, 4문단에서 민주정은 타락한 정치체제라고 하였으므로 군주정이 민주정보다 좋은 정치체제임을 알 수 있다.

③ 제헌정, 참주정, 귀족정, 과두정 중에서 최악의 정치체제는 제헌정이다. ➡ (X) 2~3문단에 따르면 참주정과 과두정은 타락한 정치체제이므로 타락하지 않은 제헌정보다 나쁜 정치체제임을 알 수 있다.

④ 금권정에서 타락한 형태의 정치체제가 과두정보다 더 나쁜 정치체제이다. ➡ (X) 4문단에서 민주정은 금권정으로부터 나온다고 하였고, 민주정이 타락한 정치체제 중에서는 가장 덜 나쁘다고 하였다.

⑤ 군주정과 참주정은 일인 통치 체제이지만, 제헌정과 민주정은 다수가 통치하는 체제이다. ➡ (O) 2문단에서 참주정과 군주정 양자 모두 일인 통치 체제라고 하였고 4문단에서 제헌정의 또 다른 이름인 금권정과 이로부터 나온 민주정은 다수가 통치하는 체제라고 하였다.

16 ①

| **문제 유형** | 비판적 사고 > 논리적 결론의 전제·원인 찾기

| **접근 전략** | 제시된 조건들을 통해 결론을 도출하는 데 추가적으로 필요한 전제를 찾는 문제 유형이다. 풀이 과정에서 논리 게임 문제와 같이 제시된 조건들을 기호화하여 푸는 것이 좋지만, 기호화 없이 조건들을 읽고 바로 문제를 풀 수 있는 실력을 갖추면 시간을 많이 절약할 수 있으므로 눈으로 읽고 푸는 연습을 하는 것도 추천한다.

다음 글의 결론을 이끌어 내기 위해 추가해야 할 전제만을 〈보기〉에서 모두 고르면?

젊고 섬세하고 유연한 자는 아름답다. 아테나는 섬세하고 유연하다. 아름다운 자가 모두 훌륭한 것은 아니다. 덕을 가진 자는 훌륭하다. 아테나는 덕을 가졌다. 아름답고 훌륭한 자는 행복하다. 따라서 아테나는 행복하다.

→ 제시된 조건들을 정리하면 다음과 같다.

- A: 젊음 & 섬세함 & 유연함 → 아름다움
- B: 아테나 → 섬세함 & 유연함
- C: 아름다움 → ~ 모두 훌륭함
- D: 덕 → 훌륭함
- E: 아테나 → 덕
- F: 아름다움 & 훌륭함 → 행복함
- 결론: 아테나 → 행복함

〈보기〉

ㄱ. 아테나는 젊다.

ㄴ. 아테나는 훌륭하다.

ㄷ. 아름다운 자는 행복하다.

① ㄱ ➡ (O) E와 D를 통해 아테나가 훌륭함을 알 수 있다. F에 따르면 아름답고 훌륭한 자가 행복한데 A와 B만 가지고는 아테나가 아름답다는 결론을 도출할 수 없다. 아테나가 젊다는 명제가 있으면 그 명제와 A와 B를 합쳐 아테나가 아름답다는 결론을 도출할 수 있다.

② ㄷ ➡ (X)

③ ㄱ, ㄴ ➡ (X)

④ ㄴ, ㄷ ➡ (X)

⑤ ㄱ, ㄴ, ㄷ ➡ (X)

17 ④

| **문제 유형** | 비판적 사고 > 논지 강화·약화하기

| **접근 전략** | 논지를 지지(강화)하는 진술을 고르는 문제 유형에서는 논지를 반박하는 진술 이외의 것을 모두 정답으로 고르지 않도록 주의해야 한다. 논지를 지지하지도 반박하지도 않는, 논지와 무관한 진술이 있을 수 있기 때문이다.

다음 글의 논지를 지지하는 진술로 적절한 것만을 〈보기〉에서 모두 고르면?

과학과 예술이 무관하다는 주장의 첫 번째 근거는 과학과 예술이 인간의 지적 능력의 상이한 측면을 반영한다는 것이다. 즉 과학은 주로 분석·추론·합리적 판단과 같은 지적 능력에 기인하는 반면에, 예술은 종합·상상력·직관과 같은 지적 능력에 기인한다고 생각한다. 두 번째 근거는 과학과 예술이 상이한 대상을 다룬다는 것이다. 과학은 인간 외부에 실재하는 자연의 사실과 법칙을 다루기에 과학자는 사실과 법칙을 발견하지만, 예술은 인간의 내면에 존재하는 심성을 탐구하며, 미적 가치를 창작하고 구성하는 활동이라고 본다. 그러나 이렇게 과학과 예술을 대립시키는 태도는 과학과 예술의 특성을 지나치게 단순화하는 것이다. 과학이 단순한 발견의 과정이 아니듯이 예술도 순수한 창조와 구성의 과정이 아니기 때문이다. 과학에는 상상력을 이용하는 주체의 창의적 과정이 개입하며, 예술 활동은 전적으로 임의적인 창작이 아니라 논리적 요소를 포함하는 창작이다. 과학 이론이 만들어지기 위해 필요한 것은 냉철한 이성과 객관적 관찰만이 아니다. 새로운 과학 이론의 발견을 위해서는 상상력과 예술적 감수성이 필요하다. 반대로 최근의 예술적 성과 중에는 과학기술의 발달에 의해 뒷받침된 것이 많다.

<보기>

ㄱ. 과학자 왓슨과 크릭이 없었더라도 누군가 DNA 이중나선 구조를 발견하였겠지만, 셰익스피어가 없었다면 「오셀로」는 결코 창작되지 못하였을 것이다. → (X) 과학을 단순한 발견의 과정으로 보고 예술을 순수한 창조와 구성의 과정으로 보는 ㄱ의 진술은 지문의 논지를 지지하는 것이 아니다.

ㄴ. 물리학자 파인만이 주장했듯이 과학에서 이론을 정립하는 과정은 가장 아름다운 그림을 그려 나가는 예술가의 창작 작업과 흡사하다. → (O) 지문에서는 과학에 창의적 과정이 개입한다는 것을 근거로 과학 이론의 발견을 위해서는 예술적 감수성이 필요하다고 주장하고 있다. 따라서 과학 이론의 정립 과정과 예술의 창작 작업이 흡사하다는 ㄴ의 진술은 지문의 논지를 지지한다.

ㄷ. 입체파 화가들은 수학자 푸앵카레의 기하학 연구를 자신들의 그림에 적용하고자 하였으며, 이런 의미에서 피카소는 "내 그림은 모두 연구와 실험의 산물이다."라고 말하였다. → (O) 지문에서는 예술이 논리적 요소를 포함하는 창작이라는 것을 근거로 예술적 성과를 위해서는 과학기술 발달에 따른 뒷받침이 필요하다고 주장하고 있다. 따라서 입체파 화가와 피카소가 그림을 그릴 때 과학적 연구를 적용하고자 했다는 ㄷ의 진술은 지문의 논지를 지지한다.

① ㄱ ➡ (X)
② ㄷ ➡ (X)
③ ㄱ, ㄴ ➡ (X)
④ ㄴ, ㄷ ➡ (O)
⑤ ㄱ, ㄴ, ㄷ ➡ (X)

18 ③

정답률 96.7%

| 문제 유형 | 비판적 사고 > 논지 강화·약화하기
| 접근 전략 | 과학자들의 연구 과정과 결론을 제시하고 도출된 결론을 지지하는 사례를 찾는 문제 유형이다. 이 문제에서처럼 과학적 원리를 서술한 지문의 경우 어떤 원인이 어떤 결과를 가져오는지, 원인의 변화에 따라 결과가 어떻게 변하는지를 파악해 문제를 해결해야 한다.

다음 글의 ㉠을 지지하는 것만을 〈보기〉에서 모두 고르면?

카나리아의 수컷과 암컷은 해부학적으로 동일한 구조의 발성기관을 가지고 있다. 또 새끼 때 모든 카나리아는 종 특유의 지저귀는 소리를 들으며 자란다. 그러나 성체가 되면 수컷만이 종 특유의 소리로 지저귄다. 수컷 카나리아는 다른 수컷들과 경쟁하거나 세력권을 주장할 때 이 소리를 낸다. 수컷은 암컷을 유혹할 때도 이 소리를 내는데, 이는 암컷이 종 특유의 소리를 내지는 못해도 그것을 알고 있음을 시사한다. ▶1문단

아비의 울음소리를 들으며 자라던 어린 카나리아는 둥지를 떠나 서식지를 이동하면서 다른 종의 새들과도 만나게 된다. 둥지를 떠난 후에도 어린 카나리아는 한동안 그들 종 특유의 울음소리를 내지 못할 뿐만 아니라 지저귀지도 않는다. 그러나 이듬해 봄이 가까워 오고 낮이 차츰 길어지면서 어린 수컷 카나리아의 몸에서는 수컷에만 있는 기관 A가 발달해 커지기 시작하고, 기관 A에서 분비되는 물질 B의 분비량도 증가한다. 이로 인해 수컷의 몸에서 물질 B의 혈중 농도가 높아지고, 그에 따라 수컷은 지저귀는 소리를 내려고 하기 시작한다. 수컷 카나리아가 처음 내는 소리는 종 특유의 울음소리가 아니다. 그러나 다른 수컷들에게서 그 소리를 배울 수 없는 상황에서도 수컷 카나리아가 내는 소리는 종 특유의 소리에 점점 가까워지고 결국 종 특유의 소리가 된다. ▶2문단

과학자들은 왜 카나리아의 수컷만 종 특유의 소리로 지저귀는지를 연구하였다. 그리고 ㉠ 그 이유가 수컷의 몸에서만 분비되는 물질 B가 종 특유의 소

리를 내는 데 필요한 뇌의 특정 부분을 발달시키기 때문이라는 것을 알아냈다. ▶3문단

<보기>

ㄱ. 봄이 시작될 무렵부터 조금씩 양을 늘려가면서 어린 암컷 카나리아에게 물질 B를 주사하였더니 결국 종 특유의 소리로 지저귀게 되었다. → (O) 지문에서는 물질 B의 분비량 증가로 인해 수컷 카나리아가 종 특유의 소리를 내게 된다고 하였다. 따라서 암컷 카나리아에게 물질 B를 주사하자 종 특유의 소리를 냈다는 ㄱ은 물질 B가 종 특유의 소리를 내는 데 필요한 뇌의 특정 부분을 발달시킨다는 ㉠의 논지를 지지한다.

ㄴ. 어린 수컷 카나리아의 뇌에 물질 B의 효과를 억제하는 성분의 약물을 꾸준히 투여하였더니 성체가 되어도 종 특유의 울음소리를 내지 못하였다. → (O) 물질 B의 효과가 뇌에서 억제되면 종 특유의 울음소리를 내지 못한다는 ㄴ은 물질 B가 뇌의 특정 부분을 발달시켜 종 특유의 소리를 낸다는 ㉠의 논지를 지지한다.

ㄷ. 둥지를 떠나기 직전에 어린 수컷 카나리아의 기관 A를 제거하였지만 다음 봄에는 종 특유의 소리로 지저귈 수 있었다. → (X) 기관 A가 제거된 카나리아가 종 특유의 소리를 낼 수 있다는 ㄷ은 기관 A에서 분비되는 물질 B가 종 특유의 소리를 내는 데 필요한 뇌의 특정 부분을 발달시킨다는 ㉠의 논지를 지지하지 못한다.

① ㄱ ➡ (X)
② ㄷ ➡ (X)
③ ㄱ, ㄴ ➡ (O)
④ ㄴ, ㄷ ➡ (X)
⑤ ㄱ, ㄴ, ㄷ ➡ (X)

19 ⑤

정답률 98.8%

| 문제 유형 | 비판적 사고 > 유사한 내용·사례 찾기
| 접근 전략 | 특정 내용이나 개념, 단어 등을 지칭해 그 의미를 묻는 문제 유형이다. 이런 경우, 처음부터 끝까지 지문을 읽으며 지문의 전체적인 내용을 파악하는 것보다는 해당 용어가 등장한 부분을 중심으로 지문의 내용을 파악하는 것이 빠르게 문제를 해결하는 데에 도움이 된다.

다음 글의 ㉠의 의미로 가장 적절한 것은?

이스라엘 공군 소속 장교들은 훈련생들이 유난히 비행을 잘했을 때에는 칭찬을 해봤자 비행 능력 향상에 도움이 안 된다고 믿는다. 실제로 훈련생들은 칭찬을 받고 나면 다음번 비행이 이전 비행보다 못했다. 그렇지만 장교들은 비행을 아주 못한 훈련생을 꾸짖으면 비판에 자극받은 훈련생이 거의 항상 다음 비행에서 향상된 모습을 보여준다고 생각한다. 그래서 장교들은 상급 장교에게 저조한 비행 성과는 비판하되 뛰어난 성과에 대해서는 칭찬하지 않는 게 바람직하다고 건의했다. 하지만 이런 추론의 이면에는 ㉠ 오류가 있다. ▶1문단

유난히 비행을 잘하거나 유난히 비행을 못하는 경우는 둘 다 흔하지 않다. 따라서 칭찬과 비판 여부에 상관없이 어느 조종사가 유난히 비행을 잘하거나 못했다면 그 다음번 비행에서는 평균적인 수준으로 돌아갈 확률이 높다. 평균적인 수준의 비행은 극도로 뛰어나거나 떨어지는 비행보다는 훨씬 빈번하게 나타난다. 그러므로 어쩌다 뛰어난 비행을 한 조종사는 아마 다음번 비행에서는 그보다 못할 것이다. 어쩌다 실력을 발휘하지 못한 조종사는 아마 다음번 비행에서 훨씬 나은 모습을 보여 줄 것이다. ▶2문단

어떤 사건이 극단적일 때에 같은 종류의 다음번 사건은 그만큼 극단적이지 않기 마련이다. 예를 들어, 지능 지수가 아주 높은 부모가 있다고 하자. 그 부모는 예외적으로 유전자들이 잘 조합되어 그렇게 태어났을 수도 있고 특별히 지능을 계발하기에 유리한 환경에서 자랐을 수도 있다. 이 부모는 극단적인 사례이기 때문에 이들은 자기보다 지능이 낮은 자녀를 둘 확률이 높

다. ▶3문단

① 비행 이후보다는 비행 이전에 칭찬을 해야 한다는 점을 깨닫지 못하는 오류 ➡ (X) 칭찬을 언제 해야 하는지는 ㉠과 관련이 없다.

② 비행을 잘한 훈련생에게는 칭찬보다는 비판이 유효하다는 점을 깨닫지 못하는 오류 ➡ (X) 칭찬과 비판의 효과 차이는 ㉠과 관련이 없다.

③ 훈련에 충분한 시간을 투입하면 훈련생의 비행 실력은 향상된다는 점을 깨닫지 못하는 오류 ➡ (X) 훈련 시간은 ㉠과 관련이 없다.

④ 훈련생의 비행에 대한 과도한 칭찬과 비판이 역효과를 낼 수 있다는 점을 깨닫지 못하는 오류 ➡ (X) 과도한 칭찬 및 비판이 훈련생의 비행 실력에 어떤 영향을 미치는지 설명하고 있지 않다.

⑤ 뛰어난 비행은 평균에서 크게 벗어난 사례라서 연속해서 발생하기 어렵다는 점을 깨닫지 못하는 오류 ➡ (O) 2문단에 따르면 어쩌다 뛰어난 비행을 한 조종사는 다음번 비행에서 그보다 못할 것이며, 3문단에 따르면 어떤 사건이 극단적일 때에 같은 종류의 다음번 사건은 그만큼 극단적이지 않을 것이다. 따라서 장교들은 뛰어난 비행은 평균에서 크게 벗어난 사례라서 연속해서 발생하기 어렵다는 점을 깨닫지 못하고 칭찬이 역효과를 낸다고 생각하는 오류를 범했다고 볼 수 있다.

20 ②

| 문제 유형 | 비판적 사고 > 판단하기

| 접근 전략 | 동일한 대상에 대한 여러 관점을 제시하고 그것을 적절하게 분석할 수 있는지를 평가하는 문제 유형이다. 지문에서 대립되는 여러 주장을 제시하고 있는 경우 각 주장들의 쟁점과 그에 따른 입장의 공통점과 차이점을 파악해야 한다. 본 문제에서는 각 주장들의 차이점이 부각되고 있지만, 대화자들이 다른 대화자의 의견 가운데 공감하거나 반박하지 않는 내용도 있으므로 공통점이 무엇인지도 잘 살펴보아야 한다.

다음 논쟁에 대한 분석으로 적절한 것만을 〈보기〉에서 모두 고르면?

갑: 17세기 화가 페르메르의 작품을 메헤렌이 위조한 사건은 세상을 떠들썩하게 했지. 메헤렌의 그 위조품이 지금도 높은 가격에 거래된다고 하는데, 이 일은 예술 감상에서 무엇이 중요한지를 생각하게 만들어.

을: 눈으로 위조품과 진품을 구별할 수 없다고 하더라도 위조품은 결코 예술적 가치를 가질 수 없어. 예술품이라면 창의적이어야 하는데 위조품은 창의적이지 않기 때문이지. 예술적 가치는 진품만이 가질 수 있어.

병: 메헤렌의 작품이 페르메르의 작품보다 반드시 예술적으로 못하다고 할 수 있을까? 메헤렌의 작품이 부정적으로 평가되는 것은 메헤렌이 사람들을 속였기 때문이지 그의 작품이 예술적으로 열등해서가 아니야.

갑: 예술적 가치는 시각적으로 식별할 수 있는 특성으로 결정돼. 그런데 많은 사람들이 위조품과 진품을 식별할 수 없다고 해서 식별이 불가능한 것은 아니야. 전문적인 훈련을 받은 사람은 두 작품에서 시각적으로 식별 가능한 차이를 찾아내겠지.

을: 위작이라고 알려진 다음에도 그 작품을 칭송하는 것은 이해할 수 없는 일이야. 왜 많은 사람들이 「모나리자」의 원작을 보려고 몰려들겠어? 「모나리자」를 완벽하게 복제한 작품이라면 분명히 그렇게 많은 사람들의 관심을 끌지는 못할 거야.

병: 사람들이 「모나리자」에서 감상하는 것이 무엇이겠어? 그것이 원작이라는 사실은 감상할 수 있는 대상이 아니야. 결국 사람들은 「모나리자」가 갖고 있는 시각적 특징에 예술적 가치를 부여하는 것이지.

〈보기〉

ㄱ. 예술적 가치로서의 창의성은 시각적 특성으로 드러나야 한다는 데 갑과 을은 동의할 것이다. → (X) 갑은 예술 작품의 예술적 가치는 시각적으로 식별할 수 있는 특성으로 결정된다고 보고 있을 뿐 예술적 가치로서의 창의성에 대해서는 아무런 언급도 하지 않았다. 따라서 갑이 예술적 가치로서의 창의성이 시각적 특성으로 드러나야 한다는 데에 동의할 것인지는 알 수 없다.

ㄴ. 시각적 특성만으로는 그 누구도 진품과 위조품을 구별할 수 없다면 이 둘의 예술적 가치가 같을 수 있다는 데 갑과 병은 동의할 것이다. → (O) 갑의 두 번째 말을 통해 갑은 전문적인 훈련을 받은 사람이 두 작품에서 시각적으로 식별 가능한 차이를 찾아내야 예술적 가치에 차이가 있다고 보고 있음을 알 수 있다. 또한 병의 두 번째 말에 의해 병도 시각적 특징에 예술적 가치를 부여한다고 보고 있음을 알 수 있다.

ㄷ. 메헤렌의 위조품이 고가에 거래되는 이유가 그 작품의 예술적 가치에 있다는 데 을과 병은 동의할 것이다. → (X) 을의 첫 번째 말에 의하면 눈으로 위조품과 진품을 구별할 수 없다고 하더라도 위조품은 예술적 가치를 가질 수 없다. 따라서 을은 메헤렌의 위조품이 예술적 가치를 가질 수 없다고 생각할 것이므로 ㄷ의 분석은 옳지 않다.

① ㄱ ➡ (X)
② ㄴ ➡ (O)
③ ㄱ, ㄷ ➡ (X)
④ ㄴ, ㄷ ➡ (X)
⑤ ㄱ, ㄴ, ㄷ ➡ (X)

21 ③

| 문제 유형 | 비판적 사고 > 논지 강화·약화하기

| 접근 전략 | 밑줄 친 부분의 논지를 약화하는 증거를 찾는 문제 유형이다. 논지 강화 또는 약화하기 유형의 경우, 선지를 읽고 그것이 해당 논지(밑줄 친 ㉠)를 긍정하며 뒷받침하는 내용인지, 반박하는 내용인지를 파악해야 한다. 이를 위해서는 우선 해당 논지가 무엇인지에 대해 알아야 하므로 밑줄 친 부분에 주목하여 지문의 내용을 파악해야 한다.

다음 글의 ㉠을 약화하는 증거로 가장 적절한 것은?

1966년 석가탑 해체 보수 작업은 뜻밖에도 엄청난 보물을 발견하는 계기가 되었다. 이때 발견된 다라니경은 한국뿐만 아니라 전 세계의 이목을 끌었다. 이 놀라운 발견 이전에는 770년에 목판 인쇄된 일본의 불경이 세계사에서 최고(最古)의 현존 인쇄본으로 여겨졌다. 그러나 이 한국의 경전을 조사한 결과, 일본의 것보다 앞서 만들어진 것으로 밝혀졌다. ▶1문단

불국사가 751년에 완공된 것이 알려져 있으므로 석가탑의 축조는 같은 시기이거나 그 이전일 것임에 틀림없다. 이 경전의 연대 확정에 도움을 준 것은 그 문서가 측천무후가 최초로 사용한 12개의 특이한 한자를 포함하고 있다는 사실이었다. 측천무후는 690년에 제위에 올랐고 705년 11월에 죽었다. 측천무후가 만든 한자들이 그녀의 사후에 중국에서 사용된 사례는 발견되지 않았다. 그러므로 신라에서도 그녀가 죽은 뒤에는 이 한자들을 사용하지 않았을 것이라는 추정이 가능하다. 이러한 증거로 다라니경이 늦어도 705년경에 인쇄되었다고 판단할 수 있다. ▶2문단

그러나 이 특이한 한자들 때문에 몇몇 중국의 학자들은 ㉠ '다라니경이 신라에서 인쇄된 것이 아니라 중국 인쇄물이다.'라고 주장하였다. 그들은 신라가 그 당시 중국과 독립적이었기 때문에 신라인들이 측천무후 치세 동안 사용된 특이한 한자들을 사용하지는 않았을 것이라고 주장한다. 그러나 중국인들의 이 견해는 『삼국사기』에서 얻을 수 있는 명확한 반대 증거로 인해 반박된다. 『삼국사기』는 신라가 695년에 측천무후의 역법을 도입하는 등 당나라의 새로운 정책을 자발적으로 수용하고 있었음을 보여 준다. 그러므로 신

348 • 민간경력자 PSAT 14개년 기출문제집 • 분석해설편

라인들이 당시에 중국의 역법 개정을 채택했다면 마찬가지로 측천무후에 의해 도입된 특이한 한자들도 채용했을 것이라고 추정하는 것이 합리적이다.

▶3문단

① 서역에서 온 다라니경 원전을 처음으로 한역(漢譯)한 사람은 측천무후 시대의 중국의 국사(國師)였던 법장임이 밝혀졌다. ➡ (X) 중국이 먼저 다라니경 원전을 한역했다는 것은 다라니경이 중국 인쇄물이라는 것을 약화하지 못한다.

② 측천무후 사후에 나온 신라의 문서들에 측천무후가 발명한 한자가 쓰이지 않았음이 밝혀졌다. ➡ (X) 측천무후 사후에 나온 신라의 문서들에 측천무후가 발명한 한자가 쓰이지 않았다고 해서 다라니경이 중국 인쇄물이라는 주장은 약화되지 않는다.

③ 측천무후 즉위 이후 중국의 문서에 쓸 수 없었던 글자가 다라니경에서 쓰인 것이 발견되었다. ➡ (O) 측천무후 즉위 이후 중국의 문서에 쓸 수 없었던 글자가 다라니경에서 쓰였다면 이는 다라니경이 신라에서 인쇄된 것임을 뒷받침할 근거가 되므로 다라니경이 중국 인쇄물이라는 주장을 약화할 수 있다.

④ 705년경에 중국에서 제작된 문서들이 다라니경과 같은 종이를 사용한 것이 발견되었다. ➡ (X) 705년경에 중국에서 다라니경과 같은 종이를 사용한 문서가 제작되었다는 것은 다라니경이 중국 인쇄물이라는 주장을 약화하지 못한다.

⑤ 다라니경의 서체는 705년경부터 751년까지 중국에서 유행하였던 것으로 밝혀졌다. ➡ (X) 다라니경의 서체가 705년경부터 751년까지 중국에서 유행했던 것이라는 사실은 다라니경이 중국 인쇄물이라는 주장을 약화하지 못한다.

22 ④

TOP 1 정답률 33.6%

| **문제 유형** | 비판적 사고 > 판단하기

| **접근 전략** | 언어논리 영역에서 출제되는 수리적 문항은 실제 계산을 하지 않더라도 수학적 감각만 가지고 있으면 풀 수 있는 경우가 많다. 따라서 일단 지문을 보고, 세분화된 계산이 필요한지부터 확인해야 한다. 60분간 긴 지문들을 읽고 25문항을 풀어야 하는 PSAT의 특성상 문항을 정확하게 풀이하는 것도 중요하지만 이와 동시에 풀이 시간을 단축할 수 있는 방안을 빠르게 파악하는 것도 중요하다.

다음 글의 장치 A에 대하여 바르게 판단한 것만을 〈보기〉에서 모두 고르면?

신용카드 거래가 사기 거래일 확률은 1,000분의 1이다. 신용카드 사기를 감별하는 장치 A는 정당한 거래의 99%를 정당한 거래로 판정하지만 1%는 사기 거래로 오판한다. 또한 A는 사기 거래의 99%를 사기 거래로 판정하지만 1%는 정당한 거래로 오판한다. A가 어떤 거래를 사기 거래라고 판단하면, 신용카드 회사는 해당 카드를 정지시켜 후속 거래를 막는다. A에 의해 카드 사용이 정지된 사례가 오판에 의한 카드 정지 사례일 확률이 50%보다 크면, A는 폐기되어야 한다.

〈보기〉

ㄱ. A가 정당한 거래로 판정한 거래는 모두 정당한 거래이다. → (X) A는 사기 거래의 1%를 정당한 거래로 오판하는데, 신용카드 거래가 사기 거래일 확률은 1,000분의 1이므로 정당한 거래로 판정한 거래 가운데 사기 거래가 있을 수 있다.

ㄴ. 무작위로 10만 건의 거래를 검사했을 때, A가 사기 거래를 정당한 거래라고 오판하는 건수는 정당한 거래를 사기 거래라고 오판하는 건수보다 적을 것이다. → (O) A는 사기 거래의 1%를 정당한 거래로 오판하고 정당한 거래의 1%를 사기 거래로 오판한다. 신용카드 거래가 사기 거래일 확률은 1,000분의 1이므로 사기 거래가 정당한 거래로 오판될 확률은 100,000분의 1이고, 정당한 거래가 사기 거래로 오판될 확률은

100,000분의 9990이다. 따라서 정당한 거래를 사기 거래라고 오판하는 건수가 더 많을 것이다.

ㄷ. A는 폐기되어야 한다. → (O) 총 10만 건의 신용카드 거래를 가정할 때 A가 사기 거래를 사기 거래라고 판정할 확률은 100,000분의 990이고, 정당한 거래를 사기 거래로 오판할 확률은 100,000분의 9990이다. 이 둘을 합하면 100,000분의 1,098인데 그중에서 정당한 거래를 사기 거래라고 오판하는 건수가 사기 거래를 사기 거래라고 판단한 건수보다 많으므로 오판에 의한 카드 정지 사례확률이 50%를 넘는다. 즉, A에 의해 카드 사용이 정지된 전체 사례를 1,098로 봤을 때 오판에 의한 카드 정지 사례인 경우가 999로 그 확률이 50%보다 크기 때문에 A는 폐기되어야 한다.

① ㄱ ➡ (X)
② ㄴ ➡ (X)
③ ㄱ, ㄷ ➡ (X)
④ ㄴ, ㄷ ➡ (O)
⑤ ㄱ, ㄴ, ㄷ ➡ (X)

23 ②

정답률 76.7%

| **문제 유형** | 사실적 이해 > 정보 확인

| **접근 전략** | 지문의 세부 내용을 정확히 이해하기만 해도 되는 정보 확인 문제 유형이다. 본 문제에서처럼 여러 명의 인물이 교차되어 나오는 지문에서는 어떤 내용이 어떤 인물에 대한 설명인지 확실히 체크해야 한다. 은근슬쩍 한 인물을 이야기하다 다른 인물을 이야기해 혼선을 주기도 하고, 한 인물에 대해 긍정적으로 평가하는 척하면서 부정적으로 평가하기도 하므로 절대 헷갈리지 않아야 한다. 이를 위해서는 지문에 본인만 알아볼 수 있는 기호를 사용하여 각 인물과 그 인물이 언급한 내용을 표시하며 읽어 나가는 것을 추천한다.

다음 글에서 알 수 없는 것은?

갈릴레오는 『두 가지 주된 세계 체계에 관한 대화』에서 등장인물인 살비아티에게 자신을 대변하는 역할을 맡겼다. 심플리치오는 아리스토텔레스의 자연철학을 대변하는 인물로서 살비아티의 대화 상대역을 맡고 있다. 또 다른 등장인물인 사그레도는 건전한 판단력을 지닌 자로서 살비아티와 심플리치오 사이에서 중재자 역할을 맡고 있다. ▶1문단

이 책의 마지막 부분에서 사그레도는 나흘간의 대화를 마무리하며 코페르니쿠스의 지동설을 옳은 견해로 인정한다. 그리고 그는 그 견해를 지지하는 세 가지 근거를 제시한다. 첫째는 행성의 겉보기 운동과 역행 운동에서, 둘째는 태양이 자전한다는 것과 그 흑점들의 운동에서, 셋째는 조수 현상에서 찾아낸다. ▶2문단

이에 반해 살비아티는 지동설의 근거로서 사그레도가 언급하지 않은 항성의 시차(視差)를 중요하게 다룬다. 살비아티는 지구의 공전을 입증하기 위한 첫 번째 단계로 지구의 공전을 전제로 한 코페르니쿠스의 이론이 행성의 겉보기 운동을 얼마나 간단하고 조화롭게 설명할 수 있는지를 보여 준다. 그런 다음 그는 지구의 공전을 전제로 할 때, 공전 궤도의 두 맞은편 지점에서 관측자에게 보이는 항성의 위치가 달라지는 현상, 곧 항성의 시차를 기하학적으로 설명한다. ▶3문단

그렇다면 사그레도는 왜 이 중요한 사실을 거론하지 않았을까? 그것은 세 번째 날의 대화에서 심플리치오가 아리스토텔레스의 이론을 옹호하면서 지동설에 대한 반박 근거로 공전에 의한 항성의 시차가 관측되지 않음을 지적한 것과 관련이 있다. 당시 갈릴레오는 자신의 망원경을 통해 별의 시차를 관측하지 못했다. 그는 그 이유가 항성이 당시 알려진 것보다 훨씬 멀리 있기 때문이라고 주장하였지만, 반대자들에게 그것은 임기응변적인 가설로 치부될 뿐이었다. 결국 그 작은 각도가 나중에 더 좋은 망원경에 의해 관측되기까지 항성의 시차는 지동설의 옹호자들에게 '불편한 진실'로 남아 있었다. ▶4문단

① 아리스토텔레스의 철학을 따르는 심플리치오는 지구가 공전하지 않음을 주장한다. ➡ (O) 4문단을 통해 심플리치오는 아리스토텔레스의 이론을 옹호하면서 지동설에 대한 반박 근거로 공전에 의한 항성의 시차가 관측되지 않음을 지적했음을 알 수 있다.

② 사그레도는 항성의 시차에 관한 기하학적 예측에 근거하여 코페르니쿠스의 지동설을 받아들인다. ➡ (X) 2문단에 사그레도가 코페르니쿠스의 지동설을 지지하는 세 가지 근거로 제시한 것 가운데 항성의 시차에 관한 기하학적 예측과 관련된 근거는 없다.

③ 사그레도와 살비아티는 둘 다 행성의 겉보기 운동을 근거로 하여 코페르니쿠스의 지동설을 옹호한다. ➡ (O) 2문단에서 사그레도는 행성의 겉보기 운동과 역행 운동에 따라 코페르니쿠스의 지동설을 옹호하였음을. 3문단에서 살비아티는 코페르니쿠스의 이론이 행성의 겉보기 운동을 얼마나 간단하고 조화롭게 설명할 수 있는지를 보여 주며 코페르니쿠스의 지동설을 옹호하였음을 확인할 수 있다.

④ 심플리치오는 관측자에게 항성의 시차가 관측되지 않았다는 사실에 근거하여 코페르니쿠스의 지동설을 반박한다. ➡ (O) 4문단을 통해 심플리치오는 항성의 시차가 관측되지 않음을 지동설에 대한 반박 근거로 사용했음을 알 수 있다.

⑤ 살비아티는 지구가 공전한다면 공전궤도상의 지구의 위치에 따라 항성의 시차가 존재할 수밖에 없다고 예측한다. ➡ (O) 3문단에 따르면 살비아티는 지구의 공전을 전제로 할 때, 공전궤도의 두 맞은편 지점에서 관측자에게 보이는 항성의 위치가 달라지는 현상을 기하학적으로 설명하면서 항성의 시차가 존재할 수밖에 없다고 예측했음을 알 수 있다.

24 ④ | TOP 3 정답률 69.1%

| 문제 유형 | 사실적 이해 > 논리 게임
| 접근 전략 | 제시된 조건들의 내용과 관계를 바탕으로 지시문에서 요구하고 있는 바를 찾는 문제 유형이다. 논리 게임의 경우 보통 해당 진술이 '참'일 때를 가정하는 문항이 자주 출제되는데, 본 문항은 진술 모두를 '거짓'으로 가정하여 풀어야 하는 문제이다. 시간에 쫓기다 보면 지시문을 잘못 읽고 문제를 풀 수 있으니, 부정 지시문의 경우 해당 부분을 눈에 잘 보이게 표시하여 헷갈리지 않도록 하는 것이 좋다.

다음 세 진술이 모두 거짓일 때, 유물 A~D 중에서 전시되는 유물의 총 개수는?

○ A와 B 가운데 어느 하나만 전시되거나, 둘 중 어느 것도 전시되지 않는다.
○ B와 C 중 적어도 하나가 전시되면, D도 전시된다.
○ C와 D 어느 것도 전시되지 않는다.
→ 제시된 조건들을 기호화하면 다음과 같다.
• a: ~A or ~B
• b: B or C → D
• c: ~C & ~D
지문의 진술이 모두 거짓이라고 하였으므로 이를 참으로 바꾸면 다음과 같다.
• a′: A & B
• b′: B or C → ~D
• c′: C or D

① 0개 ➡ (X)
② 1개 ➡ (X)
③ 2개 ➡ (X)
④ 3개 ➡ (O) a′에 따라 A와 B가 전시되고, b′에 따라 D는 전시되지 않는다. c′에 따라 C는 전시된다. 따라서 전시되는 유물은 A, B, C로 총 3개이다.
⑤ 4개 ➡ (X)

25 ① 정답률 89.8%

| 문제 유형 | 비판적 사고 > 논지 강화·약화하기
| 접근 전략 | 논지를 강화 또는 약화하는 사례를 찾는 문제 유형이다. 지문에서 다루고 있는 내용이라도 직접적인 논지에 포함되지 않는 내용을 서술하는 것은 논지를 약화 또는 강화하지 않는다. 따라서 지문에 언급되었다는 것만으로 논지를 약화 또는 강화한다고 오판하지 않도록 주의해야 한다.

다음 글의 A의 가설을 약화하는 것만을 〈보기〉에서 모두 고르면?

얼룩말의 얼룩무늬가 어떻게 생겨났는지는 과학계의 오랜 논쟁거리다. 월러스는 "얼룩말이 물을 마시러 가는 해 질 녘에 보면 얼룩무늬가 위장 효과를 낸다."라고 주장했지만, 다윈은 "눈에 잘 띌 뿐"이라며 그 주장을 일축했다. 검은 무늬는 쉽게 더워져 공기를 상승시키고 상승한 공기가 흰 무늬 부위로 이동하면서 작은 소용돌이가 일어나 체온조절을 돕는다는 가설도 있다. 위험한 체체파리나 사자의 눈에 얼룩무늬가 잘 보이지 않는다거나, 고유의 무늬 덕에 얼룩말들이 자기 무리를 쉽게 찾는다는 견해도 있다. ▶1문단

최근 A는 실험을 토대로 새로운 가설을 제시했다. 그는 얼룩말과 같은 속(屬)에 속하는 검은 말, 갈색 말, 흰 말을 대상으로 몸통에서 반사되는 빛의 특성을 살펴보았다. 검정이나 갈색처럼 짙은 색 몸통에서 반사되는 빛은 수평 편광으로 나타났다. 수평 편광은 물 표면에서 반사되는 빛의 특성이기도 한데, 물에서 짝짓기를 하고 알을 낳는 말파리가 아주 좋아하는 빛이다. 편광이 없는 빛을 반사하는 흰색 몸통에는 말파리가 훨씬 덜 꼬였다. A는 몸통 색과 말파리의 행태 간에 상관관계가 있다고 생각하고, 말처럼 생긴 일정 크기의 모형에 검은색, 흰색, 갈색, 얼룩무늬를 입힌 뒤 끈끈이를 발라 각각에 말파리가 얼마나 꼬이는지를 조사했다. 이틀간의 실험 결과 검은색 말 모형에는 562마리, 갈색에는 334마리, 흰색에 22마리의 말파리가 붙은데 비해 얼룩무늬를 가진 모형에는 8마리가 붙었을 뿐이었다. 이것은 실제 얼룩말의 무늬와 유사한 얼룩무늬가 말파리를 가장 덜 유인한다는 결과였다. A는 이를 바탕으로 얼룩말의 얼룩무늬가 말의 피를 빠는 말파리를 피하는 방향으로 진행된 진화의 결과라는 가설을 제시했다. ▶2문단

〈보기〉

ㄱ. 실제 말에 대한 말파리의 행동반응이 말 모형에 대한 말파리의 행동반응과 다르다는 연구결과 → (O) A는 말의 모형을 토대로 한 실험 결과를 통해 말의 얼룩무늬가 말파리를 피하는 방향으로 진행된 진화의 결과라는 가설을 제시했다. 따라서 말의 모형과 실제 말에 대한 말파리의 행동반응이 다르다는 연구결과는 A의 가설을 약화한다.

ㄴ. 말파리가 실제로 흡혈한 피의 99% 이상이 검은색이나 진한 갈색 몸통을 가진 말의 것이라는 연구결과 → (X) 2문단에서 말 모형 가운데 검은색과 갈색에 많은 말파리가 붙었다고 하였는데 말파리가 실제로 흡혈한 피의 99% 이상이 검은색이나 진한 갈색 몸통을 가진 말의 것이라면 이는 A의 가설을 강화한다.

ㄷ. 얼룩말 고유의 무늬 때문에 초원 위의 얼룩말이 사자 같은 포식자 눈에 잘 띈다는 연구결과 → (X) A가 제시한 얼룩말의 색깔과 말파리 간의 관계에 대한 가설과 얼룩말이 포식자 눈에 잘 띄는 것은 관련이 없으므로 ㄷ은 A의 가설을 약화하지 못한다.

① ㄱ ➡ (O)
② ㄷ ➡ (X)
③ ㄱ, ㄴ ➡ (X)
④ ㄴ, ㄷ ➡ (X)
⑤ ㄱ, ㄴ, ㄷ ➡ (X)

2017 | 제2영역 자료해석(㉯ 책형)

기출 총평

2017년 자료해석 시험은 약간 난도가 높게 출제되어 주어진 시간 내에 얼마나 정확하게 풀어냈는지의 여부가 고득점 여부를 결정했을 것이다. 전체적으로 지금까지 자주 출제되었던 전형적인 문제 유형이 대부분 출제되었으며, 문제에서 묻는 패턴이 유사하여 시험보는 데 당황하지는 않았을 것이다. 2017년 자료해석 시험은 기출문제를 중심으로 정답을 찾기 위해 반드시 필요한 계산과 하지 않아도 될 불필요한 계산을 구분하는 판단 능력이 무엇보다 중요한 시험이었다. 또한 새롭게 주어진 조건이나 규칙을 파악하고 이해하여 선지에 접근하는 전략을 요구하는 문제들이 출제되어 체감 난도가 약간 높게 느껴졌을 것이다. 표 유형의 문제가 다수 출제되었고, 그래프를 분석하거나 해석하는 문제의 비중이 감소하였다. 세부 계산을 요구하는 문제가 감소하였으므로 계산 능력을 키우는 단순한 공부보다는 기출문제를 중심으로 이에 대한 문제 풀이 방법을 이해하고 익숙해지는 연습이 필요함을 느낄 수 있었던 시험이었다. 기출문제를 반복적으로 익혀 시험에서 효율적으로 이용하면 이보다 더 좋은 학습 방법은 없을 것이다. 기출문제를 꼼꼼하게 분석하여 반복적으로 활용하고 이해하는 것이 중요하며, 기본기에 충실하게 공부하도록 해야 한다. 단순 비교 문제, 증감의 방향 일치 여부를 파악하는 문제, 증가율이나 비율의 대소를 판단하는 문제 등은 기출문제를 통해 꼼꼼하게 연습해 두도록 한다.

문항별 정답률 및 선지별 선택률

문번	정답	정답률 (%)	선지별 선택률(%)				
			①	②	③	④	⑤
01	③	89.2	0.6	1.4	89.2	6.1	2.7
02	③	89.5	0.6	2.8	89.5	3.3	3.8
03	⑤	80.6	1.1	1.1	15.0	2.2	80.6
04	⑤	93.1	0.3	0.3	1.9	4.4	93.1
05	①	85.9	85.9	1.1	11.6	0.3	1.1
06	②	96.7	0.8	96.7	0.3	1.7	0.5
07	④	81.5	1.1	0.6	8.0	81.5	8.8
08	③	70.7	0.6	0.0	70.7	25.4	3.3
09	⑤	90.9	3.6	2.8	1.9	0.8	90.9
10	⑤	82.8	5.4	2.5	4.8	4.5	82.8
11	④	81.1	10.2	3.1	0.6	81.1	5.0
12	④	81.1	5.6	3.7	4.5	81.1	5.1
13	②	95.8	0.6	95.8	0.3	1.1	2.2

문번	정답	정답률 (%)	선지별 선택률(%)				
			①	②	③	④	⑤
14	④	93.8	1.7	0.3	2.0	93.8	2.2
15	⑤	78.1	0.2	0.3	2.2	19.2	78.1
16	③	70.8	1.7	17.0	70.8	7.4	3.1
17	④	74.3	5.9	18.7	0.3	74.3	0.8
18	④	52.8	42.5	4.1	0.0	52.8	0.6
19	①	88.8	88.8	6.1	1.1	2.8	1.2
20	①	85.9	85.9	11.8	1.1	1.2	0.0
21	②	87.6	2.3	87.6	3.1	6.2	0.8
22	②	79.3	2.3	79.3	3.4	11.6	3.4
23	②	81.2	5.0	81.2	2.5	9.0	2.3
24	①	70.8	70.8	13.5	7.4	5.4	2.9
25	③	51.3	1.7	36.6	51.3	2.9	7.5

※ 파란색 음영 문항은 해당 회차에서 정답률이 가장 낮은 TOP 3 문항입니다.
※ 정답률 및 선지별 선택률 산정 기준: 약 1년간 누적된 자동채점 & 성적결과분석 서비스의 응시 데이터

출제 비중

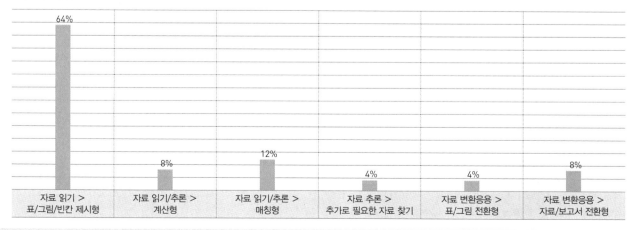

01	③	02	③	03	⑤	04	⑤	05	①
06	②	07	④	08	③	09	⑤	10	⑤
11	④	12	④	13	②	14	④	15	⑤
16	③	17	④	18	④	19	①	20	①
21	②	22	②	23	②	24	①	25	③

01 ③

정답률 89.2%

| 문제 유형 | 자료 읽기 > 표 제시형
| 접근 전략 | 문제에서 별도로 주어지는 각주나 조건을 꼼꼼하게 읽고 이해하도록 한다. 〈표〉에서 구분란이 많은 경우 단위에 유의하도록 한다.

다음 〈표〉는 OECD 주요 국가별 삶의 만족도 및 관련 지표를 나타낸 것이다. 이에 대한 설명으로 옳지 않은 것은?

〈표〉 OECD 주요 국가별 삶의 만족도 및 관련 지표

(단위: 점, %, 시간)

국가 \ 구분	삶의 만족도	장시간 근로자비율	여가·개인 돌봄시간
덴마크	7.6	2.1	16.1
아이슬란드	7.5	13.7	14.6
호주	7.4	14.2	14.4
멕시코	7.4	28.8	13.9
미국	7.0	11.4	14.3
영국	6.9	12.3	14.8
프랑스	6.7	8.7	15.3
이탈리아	6.0	5.4	15.0
일본	6.0	22.6	14.9
한국	6.0	28.1	14.6
에스토니아	5.4	3.6	15.1
포르투갈	5.2	9.3	15.0
헝가리	4.9	2.7	15.0

※ 장시간근로자비율은 전체 근로자 중 주 50시간 이상 근무한 근로자의 비율임

① 삶의 만족도가 가장 높은 국가는 장시간근로자비율이 가장 낮다. ➡ (O) 삶의 만족도가 가장 높은 덴마크는 장시간근로자비율이 2.1%로 가장 낮다.
② 한국의 장시간근로자비율은 삶의 만족도가 가장 낮은 국가의 장시간근로자비율의 10배 이상이다. ➡ (O) 한국의 장시간근로자비율은 28.1%로 삶의 만족도가 가장 낮은 헝가리의 장시간근로자비율인 2.7%의 10배 이상이다.
③ 삶의 만족도가 한국보다 낮은 국가들의 장시간근로자비율의 산술평균은 이탈리아의 장시간근로자비율보다 높다. ➡ (X) 삶의 만족도가 한국보다 낮은 국가는 에스토니아, 포르투갈, 헝가리이다. 이들의 장시간근로자비율의 평균은 $\frac{3.6+9.3+2.7}{3}$ =5.2(%)로, 이탈리아의 5.4%보다 낮다.
④ 여가·개인돌봄시간이 가장 긴 국가와 가장 짧은 국가의 삶의 만족도 차이는 0.3점 이하이다. ➡ (O) 여가·개인돌봄시간이 가장 긴 국가는 덴마크이고, 가장 짧은 국가는 멕시코이다. 덴마크의 삶의 만족도는 7.6점이고 멕시코의 삶의 만족도는 7.4점이므로 둘의 만족도 차이는 0.2점이다.

⑤ 장시간근로자비율이 미국보다 낮은 국가의 여가·개인돌봄 시간은 모두 미국의 여가·개인돌봄시간보다 길다. ➡ (O) 장시간근로자비율이 미국보다 낮은 국가는 덴마크, 프랑스, 이탈리아, 에스토니아, 포르투갈, 헝가리이다. 이들 국가의 여가·개인돌봄시간은 미국보다 길다.

02 ③

정답률 89.5%

| 문제 유형 | 자료 읽기 > 표/빈칸 제시형
| 접근 전략 | 쉽게 채울 수 있는 빈칸은 선지로 가기 전에 채우고 가도 좋다. 하지만 계산 풀이가 너무 오래 걸리는 것은 선지를 풀기 위해 꼭 알아야 하는 빈칸일 경우에만 채워 넣도록 한다.

다음 〈표〉는 A 성씨의 가구 및 인구 분포에 대한 자료이다. 이에 대한 설명으로 옳은 것은?

〈표 1〉 A 성씨의 광역자치단체별 가구 및 인구 분포

(단위: 가구, 명)

광역자치단체 \ 연도 구분		1980 가구	1980 인구	2010 가구	2010 인구
특별시	서울	28	122	73	183
광역시	부산	5	12	11	34
	대구	1	2	2	7
	인천	11	40	18	51
	광주	0	0	9	23
	대전	0	0	8	23
	울산	0	0	2	7
	소계	17	54	50	145
도	경기	( )	124	( )	216
	강원	0	0	7	16
	충북	0	0	2	10
	충남	1	5	6	8
	전북	0	( )	4	13
	전남	0	0	4	10
	경북	1	( )	6	17
	경남	1	( )	8	25
	제주	1	( )	4	12
	소계	35	140	105	327
전체		80	316	228	655

※ 광역자치단체 구분과 명칭은 2010년을 기준으로 함

〈표 2〉 A 성씨의 읍·면·동 지역별 가구 및 인구 분포

(단위: 가구, 명)

지역 \ 연도 구분	1980 가구	1980 인구	2010 가구	2010 인구
읍	10	30	19	46
면	10	56	19	53
동	60	230	190	556
전체	80	316	228	655

※ 읍·면·동 지역 구분은 2010년을 기준으로 함

① 2010년 A 성씨의 전체 가구는 1980년의 3배 이상이다. ➡ (X)
2010년 A 성씨의 전체 가구는 228가구로, 1980년 A 성씨의 전체 가구인 80가구의 3배 미만이다.

② 2010년 경기의 A 성씨 가구는 1980년의 3배 이상이다. ➡ (X)
1980년 경기의 A 성씨 가구는 전체 도의 A 성씨 소계 35가구 가운데 다른 시도의 4가구를 뺀 31가구이다. 2010년 경기의 A 성씨 가구는 전체 도의 A 성씨 소계 105가구 가운데 다른 시도의 41가구를 뺀 64가구이다. 따라서 2010년 경기의 A 성씨 가구는 1980년의 3배 미만이다.

③ 2010년 A 성씨의 동 지역 인구는 2010년 A 성씨의 면 지역 인구의 10배 이상이다. ➡ (O) 2010년 A 성씨의 동 지역 인구는 556명으로 2010년 A 성씨의 면 지역 인구인 53명의 10배 이상이다.

④ 1980년 A 성씨의 인구가 부산보다 많은 광역자치단체는 4곳 이상이다. ➡ (X) 전북은 A 성씨 가구가 0가구이므로 A 성씨 인구도 0명이다. 경북, 경남, 제주의 A 성씨 인구 합이 11명이므로 이 세 지역의 A 성씨 인구는 부산보다 적다. 따라서 1980년 A 성씨의 인구가 부산의 12명보다 많은 광역자치단체는 서울, 인천, 경기로 3곳이다.

⑤ 1980년 대비 2010년의 A 성씨 인구 증가폭이 서울보다 큰 광역자치단체는 없다. ➡ (X) 1980년 대비 2010년의 A 성씨 인구 증가폭이 서울의 183−122=61(명)보다 큰 광역자치단체는 216−124=92(명)인 경기도가 있다.

03 ⑤
정답률 80.6%

| 문제 유형 | 자료 변환응용 > 자료/보고서 전환형
| 접근 전략 | 〈보고서〉의 내용을 작성하는 데 필요한 자료를 찾는 문제는 〈보고서〉의 내용과 일치하지 않는 자료를 찾는 문제와 접근 방법이 다르다. 〈보고서〉의 구체적 수치와 일치하는지는 꼼꼼히 살펴볼 필요는 없고, 〈보고서〉에 담긴 내용인지를 확인하는 수준이면 충분하다.

다음 〈보고서〉는 2016년 A시의 생활체육 참여실태에 관한 것이다. 〈보고서〉의 내용을 작성하는 데 직접적인 근거로 활용되지 않은 자료는?

〈보고서〉

2016년에 A시 시민을 대상으로 생활체육 참여실태에 대해 조사한 결과 생활체육을 '전혀 하지 않음'이라고 응답한 비율은 51.8%로 나타났다. 반면, 주 4회 이상 생활체육에 참여한다고 응답한 비율은 28.6%이었다.

생활체육에 참여하지 않는 이유에 대해서는 '시설부족'이라고 응답한 비율이 30.3%로 가장 높아 공공체육시설을 확충하는 정책이 필요할 것으로 보인다. 2016년 A시의 공공체육시설은 총 388개소로 B시, C시의 공공체육시설 수의 50%에도 미치지 못하는 수준이다. 그러나 A시는 초등학교 운동장을 개방하여 간이운동장으로 활용할 계획이므로 향후 체육시설에 대한 접근성이 더 높아질 것으로 기대된다.

한편, 2016년 A시 생활체육지도자를 자치구별로 살펴보면, 동구 16명, 서구 17명, 남구 16명, 북구 18명, 중구 18명으로 고르게 분포된 것처럼 보인다. 그러나 2016년 북구의 인구가 445,489명, 동구의 인구가 103,016명임을 고려할 때 생활체육지도자 일인당 인구 수는 북구가 24,749명으로 동구 6,439명에 비해 현저히 많아 지역 편중 현상이 존재한다. 따라서 자치구 인구 분포를 고려한 생활체육지도자 양성 전략이 필요해 보인다.

① 연도별 A시 시민의 생활체육 미참여 이유 조사결과
(단위: %)

이유\연도	시설 부족	정보 부재	지도자 부재	동반자 부재	흥미 부족	기타
2012	25.1	20.8	14.3	8.2	9.5	22.1
2013	30.7	18.6	16.4	12.8	9.2	12.3
2014	28.1	17.2	15.1	11.6	11.0	17.0
2015	31.5	18.0	17.2	10.9	12.1	10.3
2016	30.3	15.2	16.0	10.0	10.4	18.1

➡ (O) 〈보고서〉의 2문단에 따르면 2016년에 생활체육에 참여하지 않는 이유에 대해서는 '시설부족'이라고 응답한 비율이 30.3%로 가장 높다. 이를 작성하기 위해서는 해당 자료가 필요하다.

② 2016년 A시 시민의 생활체육 참여 빈도 조사결과

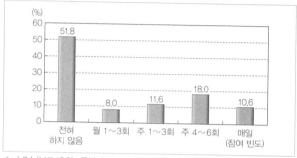

➡ (O) 〈보고서〉의 1문단에 따르면 2016년에 A시 시민을 대상으로 생활체육 참여 실태에 대해 조사한 결과 생활체육을 '전혀 하지 않음'이라고 응답한 비율은 51.8%로 나타난 반면, 주 4회 이상 생활체육에 참여한다고 응답한 비율은 28.6%이었다. 이를 작성하기 위해서는 해당 자료가 필요하다.

③ 2016년 A시의 자치구·성별 인구
(단위: 명)

성별\자치구	동구	서구	남구	북구	중구	합
남자	51,584	155,104	104,891	221,433	197,204	730,216
여자	51,432	160,172	111,363	224,056	195,671	742,694
계	103,016	315,276	216,254	445,489	392,875	1,472,910

➡ (O) 〈보고서〉의 3문단에 따르면 2016년 A시 생활체육지도자를 자치구별로 살펴보면, 동구 16명, 서구 17명, 남구 16명, 북구 18명, 중구 18명으로 고르게 분포된 것처럼 보인다. 그러나 2016년 북구의 인구가 445,489명, 동구의 인구가 103,016명임을 고려할 때 생활체육지도자 1인당 인구 수는 북구가 24,749명으로 동구 6,439명에 비해 현저히 많아 지역 편중 현상이 존재한다. 이를 작성하기 위해서는 해당 자료가 필요하다.

④ 2016년 도시별 공공체육시설 현황
(단위: 개소)

구분\도시	A시	B시	C시	D시	E시
육상 경기장	2	3	3	19	2
간이운동장	313	2,354	751	382	685
체육관	16	112	24	15	16
수영장	9	86	15	4	11
빙상장	1	3	1	1	0
기타	47	193	95	50	59
계	388	2,751	889	471	773

➡ (O) 〈보고서〉의 2문단에 따르면 2016년 A시의 공공체육시설은 총 388개소로 B시, C시의 공공체육시설 수의 50%에 미치지 못한다. 이를 작성하기 위해서는 해당 자료가 필요하다.

⑤ 2016년 생활체육지도자의 도시별 분포

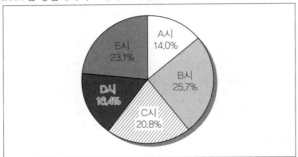

➡ (X) 〈보고서〉에는 2016년 생활체육지도자의 도시별 분포 내용이 나타나 있지 않다. 생활체육지도자의 도시별 분포 비중이 아니라 A시의 자치구별 생활체육지도자 수가 나타나 있는 그래프가 필요하다.

04 ⑤
정답률 93.1%

| 문제 유형 | 자료 읽기 > 표 제시형

| 접근 전략 | 각주가 제시되었다고 바로 각주의 계산식을 이용하여 미리 계산해 놓을 필요는 없다. 선지에서 요구하는 각주의 내용만 확인하면 된다.

다음 〈표〉는 세계 주요 터널화재 사고 A∼F에 관한 자료이다. 이에 대한 설명으로 옳은 것은?

〈표〉 세계 주요 터널화재 사고 통계

구분 사고	터널길이 (km)	화재규모 (MW)	복구비용 (억 원)	복구기간 (개월)	사망자 (명)
A	50.5	350	4,200	6	1
B	11.6	40	3,276	36	39
C	6.4	120	72	3	12
D	16.9	150	312	2	11
E	0.2	100	570	10	192
F	1.0	20	18	8	0

※ 사고비용(억 원)=복구비용(억 원)+사망자(명)×5(억 원/명)

① 터널길이가 길수록 사망자가 많다. ➡ (X) 터널길이는 A가 가장 길지만, 사망자는 E가 가장 많다.

② 화재규모가 클수록 복구기간이 길다. ➡ (X) 화재규모는 A가 가장 크지만, 복구기간은 B가 가장 길다.

③ 사고 A를 제외하면 복구기간이 길수록 복구비용이 크다. ➡ (X) 복구기간은 F가 C보다 길지만, 복구비용은 C가 F보다 크다.

④ 사망자가 가장 많은 사고 E는 사고비용도 가장 크다. ➡ (X) 사고비용은 A가 4,200+(1×5)=4,205(억 원)으로 가장 크다. E는 570+(192×5)=1,530(억 원)이다.

⑤ 사망자가 30명 이상인 사고를 제외하면 화재규모가 클수록 복구비용이 크다. ➡ (O) 사망자가 30명 이상인 B, E를 제외하면 화재규모는 A, D, C, F 순으로 크고, 복구비용도 동일한 순으로 크다.

05 ①
정답률 85.9%

| 문제 유형 | 자료 읽기/추론 > 매칭형

| 접근 전략 | 매칭형 문제는 주어진 〈조건〉을 순서대로 적용하기보다 분명한 답을 구할 수 있는 〈조건〉부터 적용하는 것이 효율적이다.

다음 〈표〉는 2015년 9개 국가의 실질세부담률에 관한 자료이다. 〈표〉와 〈조건〉에 근거하여 A∼D에 해당하는 국가를 바르게 나열한 것은?

〈표〉 2015년 국가별 실질세부담률

구분 국가	독신 가구 실질세부담률(%)		다자녀 가구 실질세 부담률(%)	독신 가구와 다자녀 가구의 실질세부담률 차이(%p)
	2005년 대비 증감(%p)	전년 대비 증감(%p)		
A	55.3	−0.20	−0.28	40.5	14.8
일본	32.2	4.49	0.26	26.8	5.4
B	39.0	−2.00	−1.27	38.1	0.9
C	42.1	5.26	0.86	30.7	11.4
한국	21.9	4.59	0.19	19.6	2.3
D	31.6	−0.23	0.05	18.8	12.8
멕시코	19.7	4.98	0.20	19.7	0.0
E	39.6	0.59	−1.16	33.8	5.8
덴마크	36.4	−2.36	0.21	26.0	10.4

〈조건〉

○ 2015년 독신 가구와 다자녀 가구의 실질세부담률 차이가 덴마크보다 큰 국가는 캐나다, 벨기에, 포르투갈이다.

○ 2015년 독신 가구 실질세부담률이 전년 대비 감소한 국가는 벨기에, 그리스, 스페인이다.

○ 스페인의 2015년 독신 가구 실질세부담률은 그리스의 2015년 독신 가구 실질세부담률보다 높다.

○ 2005년 대비 2015년 독신 가구 실질세부담률이 가장 큰 폭으로 증가한 국가는 포르투갈이다.

	A	B	C	D
①	벨기에	그리스	포르투갈	캐나다

➡ (O) 네 번째 〈조건〉에 따라 2005년 대비 2015년 독신 가구 실질세부담률이 가장 큰 폭으로 증가한 C가 포르투갈이다. 두 번째 〈조건〉에 따라 벨기에, 그리스, 스페인을 제외한 국가들은 2015년 독신 가구 실질세부담률이 전년 대비 증가하였다. A, B, D, E 중 해당하는 국가는 D이므로 D는 캐나다이다. 첫 번째 〈조건〉에 따라 A, B, E 중 2015년 독신 가구와 다자녀 가구의 실질세부담률 차이가 덴마크보다 큰 국가는 A이므로 A는 벨기에이다. 세 번째 〈조건〉에 따라 2015년 독신 가구 실질세부담률이 E가 B보다 크므로 B가 그리스, E가 스페인이다.

②	벨기에	스페인	캐나다	포르투갈	➡ (X)
③	벨기에	스페인	포르투갈	캐나다	➡ (X)
④	캐나다	그리스	스페인	포르투갈	➡ (X)
⑤	캐나다	스페인	포르투갈	벨기에	➡ (X)

| **문제 유형** | 자료 읽기 > 표/빈칸 제시형

| **접근 전략** | 〈표〉가 여러 개일 경우 〈표〉의 제목, 단위, 기간, 범례를 정확히 파악하고, 선지를 풀기 위해 〈표〉를 확인할 때에는 어느 〈표〉를 확인해야 하는지 혼동하면 안 된다. 또 A가 B의 C% 이상이라 하면 ~A는 B의 (100-C)% 미만이라는 것을 생각하면 다양한 경우에서 계산을 간편하게 할 수 있다.

다음 〈표〉는 조선전기(1392~1550년) 홍수재해 및 가뭄재해 발생건수에 대한 자료이다. 이에 대한 〈보기〉의 설명 중 옳은 것만을 모두 고르면?

〈표 1〉 조선전기 홍수재해 발생건수

(단위: 건)

분류기간＼월	1	2	3	4	5	6	7	8	9	10	11	12	합
1392~1450년	0	0	0	0	4	12	8	3	0	0	0	0	27
1451~1500년	0	0	0	0	1	3	4	0	0	0	0	0	( )
1501~1550년	0	0	0	0	5	7	9	15	1	0	0	0	37
계	0	0	0	0	( )	22	21	( )	1	0	0	0	( )

〈표 2〉 조선전기 가뭄재해 발생건수

(단위: 건)

분류기간＼월	1	2	3	4	5	6	7	8	9	10	11	12	합
1392~1450년	0	1	1	5	9	8	9	2	1	0	0	1	37
1451~1500년	0	0	0	5	2	5	4	1	0	0	0	0	17
1501~1550년	0	0	0	4	7	7	6	1	0	0	0	0	( )
계	0	1	1	( )	18	( )	19	4	1	0	0	1	( )

─〈보기〉─

ㄱ. 홍수재해 발생건수는 총 72건이며, 분류기간별로는 1501~1550년에 37건으로 가장 많이 발생했다. →(O)〈표 1〉에서 1451~1500년의 홍수재해 발생건수의 합은 1+3+4=8(건)이고, 나머지 기간의 홍수재해 발생건수의 합은 27+37=64(건)이므로 합은 72건이다. 또한 분류기간별로는 1501~1550년에 37건으로 가장 많이 발생했다.

ㄴ. 홍수재해는 모두 5~8월에만 발생했다. →(X)〈표 1〉에서 1501~1550년 9월에 1건의 홍수재해가 발생했다.

ㄷ. 2~7월의 가뭄재해 발생건수는 전체 가뭄재해 발생건수의 90% 이상을 차지한다. →(O)〈표 2〉에서 1501~1550년의 가뭄재해 발생건수는 4+7+7+6+1=25(건)이고, 1392~1450년의 37건, 1451~1500년의 17건을 합하면 조선전기 총 가뭄재해 발생건수는 79건이다. 1월과 8~12월 가뭄재해 발생건수는 0+4+1+0+0+1=6(건)으로 총 가뭄재해 발생건수 79건의 10% 미만이므로 2~7월 가뭄재해 발생건수는 90% 이상이다.

ㄹ. 매 분류기간마다 가뭄재해 발생건수는 홍수재해 발생건수보다 많다. →(X)1501~1550년 홍수재해 발생건수는 37건으로 가뭄재해 발생건수인 25건보다 많다.

① ㄱ, ㄴ ➡(X)
② ㄱ, ㄷ ➡(O)
③ ㄴ, ㄹ ➡(X)
④ ㄱ, ㄷ, ㄹ ➡(X)
⑤ ㄴ, ㄷ, ㄹ ➡(X)

| **문제 유형** | 자료 읽기 > 표/그림 제시형

| **접근 전략** | 연도별 A와 B의 차이가 커지는지 작아지는지 확인하려면 A가 증가하는 폭과 B가 증가하는 폭을 비교하면 좋다.

다음 〈표〉와 〈그림〉은 2008~2016년 A국의 국세 및 지방세에 관한 자료이다. 이에 대한 설명으로 옳지 않은 것은?

〈표〉 국세 및 지방세 징수액과 감면액

(단위: 조 원)

구분	연도	2008	2009	2010	2011	2012	2013	2014	2015	2016
국세	징수액	138	161	167	165	178	192	203	202	216
	감면액	21	23	29	31	30	30	33	34	33
지방세	징수액	41	44	45	45	49	52	54	54	62
	감면액	8	10	11	15	15	17	15	14	11

〈그림〉 국세 및 지방세 감면율 추이

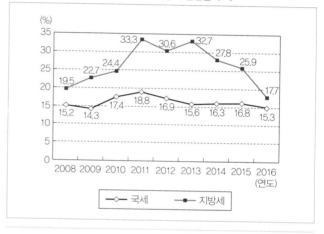

① 감면액은 국세가 지방세보다 매년 많다. ➡(O)〈표〉를 보면 매년 국세 감면액이 지방세 감면액보다 많다.

② 감면율은 지방세가 국세보다 매년 높다. ➡(O)〈그림〉을 보면 매년 감면율은 지방세가 국세보다 높다.

③ 2008년 대비 2016년 징수액 증가율은 국세가 지방세보다 높다.

➡(O) 2008년 대비 2016년 징수액 증가율은 국세가 $\frac{(216-138)}{138} \times 100 ≒ 56.5$(%)

이고, 지방세는 $\frac{(62-41)}{41} \times 100 ≒ 51.2$(%)이다.

④ 국세 징수액과 지방세 징수액의 차이가 가장 큰 해에는 국세 감면율과 지방세 감면율의 차이도 가장 크다. ➡(X) 국세 징수액과 지방세 징수액의 차이는 2016년이 가장 크고, 국세 감면율과 지방세 감면율의 차이는 2016년이 가장 작다.

⑤ 2014~2016년 동안 국세 감면액과 지방세 감면액의 차이는 매년 증가한다. ➡(O) 2014~2016년 동안 국세 감면액 증가폭보다 지방세 감면액 증가폭이 작아 차이가 더 커지고 있다.

| **문제 유형** | 자료 읽기/추론 > 계산형
| **접근 전략** | 방정식은 문제를 간소화하는 데 유용하기 때문에 문제를 풀 때 적당한 방정식을 세워 풀어보는 것도 좋은 방법이다.

다음 〈표〉는 학생 A∼F의 시험점수에 관한 자료이다. 〈표〉와 〈조건〉을 이용하여 학생 A, B, C의 시험점수를 바르게 나열한 것은?

〈표〉 학생 A∼F의 시험점수

(단위: 점)

학생	A	B	C	D	E	F
점수	( )	( )	( )	( )	9	9

〈조건〉

○ 시험점수는 자연수이다.
○ 시험점수가 같은 학생은 A, E, F뿐이다.
○ 산술평균은 8.5점이다.
○ 최댓값은 10점이다.
○ 학생 D의 시험점수는 학생 C보다 4점 높다.

	A	B	C	
①	8	9	5	➡ (X)
②	8	10	4	➡ (X)
③	9	8	6	➡ (O) 두 번째 〈조건〉에 따라 A의 점수는 9점이다.

세 번째 〈조건〉에 따라 B+C+D=24(점)이다. 다섯 번째 〈조건〉에 따라 C의 점수를 x라 하면 D의 점수는 $x+4$이다. 따라서 B+2x=20(점)이다. 그런데 $x+4$는 두 번째 〈조건〉에 따라 9점이 될 수 없으므로 x는 5가 아니다. 또한 x가 4점 이하이면 B가 10점을 넘게 된다. 따라서 C의 점수인 x는 6점이고, B는 8점이다.

	A	B	C	
④	9	10	5	➡ (X)
⑤	9	10	6	➡ (X)

| **문제 유형** | 자료 읽기 > 표/그림 제시형
| **접근 전략** | 〈그림〉을 볼 때 '∼' 표시는 그 값부터 다음 값까지의 숫자 표기를 생략한다는 것이다. 눈에 잘 띄지 않고 문제를 풀 때 잘 보지 않는 부분인데 이것 때문에 정오가 갈리는 경우도 종종 있으므로 유의하도록 한다.

다음 〈그림〉과 〈표〉는 F 국제기구가 발표한 2014년 3월∼2015년 3월 동안의 식량 가격지수와 품목별 가격지수에 대한 자료이다. 이에 대한 설명으로 옳지 않은 것은?

〈그림〉 식량 가격지수

〈표〉 품목별 가격지수

시기	품목	육류	낙농품	곡물	유지류	설탕
2014년	3월	185.5	268.5	208.9	204.8	254.0
	4월	190.4	251.5	209.2	199.0	249.9
	5월	194.6	238.9	207.0	195.3	259.3
	6월	202.8	236.5	196.1	188.8	258.0
	7월	205.9	226.1	185.2	181.1	259.1
	8월	212.0	200.8	182.5	166.6	244.3
	9월	211.0	187.8	178.2	162.0	228.1
	10월	210.2	184.3	178.3	163.7	237.6
	11월	206.4	178.1	183.2	164.9	229.7
	12월	196.4	174.0	183.9	160.7	217.5
2015년	1월	183.5	173.8	177.4	156.0	217.7
	2월	178.8	181.8	171.7	156.6	207.1
	3월	177.0	184.9	169.8	151.7	187.9

※ 기준 연도인 2002년의 가격지수는 100임

① 2015년 3월의 식량 가격지수는 2014년 3월에 비해 15% 이상 하락했다. ➡ (O) 2015년 3월의 식량 가격지수는 2014년 3월에 비해 $\frac{(213.8-173.8)}{213.8}\times100 ≒ 18.7$(%) 하락했다.

② 2014년 4월부터 2014년 9월까지 식량 가격지수는 매월 하락했다. ➡ (O) 〈그림〉을 보면 2014년 4월부터 2014년 9월까지 식량 가격지수는 매월 하락하였다.

③ 2014년 3월에 비해 2015년 3월 가격지수가 가장 큰 폭으로 하락한 품목은 낙농품이다. ➡ (O) 〈표〉를 보면 낙농품 가격지수 하락폭이 268.5−184.9=83.6으로 가장 크다.

④ 육류 가격지수는 2014년 8월까지 매월 상승하다가 그 이후에는 매월 하락했다. ➡ (O) 〈표〉를 보면 육류 가격지수는 2014년 3월 185.5에서 2014년 8월 212.0까지 매월 상승하다가 9월에 211.0으로 하락하고, 2015년 3월까지 177.0으로 하락한다.

⑤ 2002년 가격지수 대비 2015년 3월 가격지수의 상승률이 가장 낮은 품목은 육류이다. ➡ (X) 각주를 보면 기준 연도인 2002년의 가격지수는 100이다. 따라서 2002년 가격지수 대비 2015년 3월 가격지수의 상승률은 2015년 3월 가격지수−100(%)로, 유지류가 51.7%로 가장 낮다.

10 ⑤

정답률 82.8%

|문제 유형| 자료 읽기 > 그림 제시형
|접근 전략| 특이한 형태의 자료에 익숙해지는 것이 중요하다. 문제를 많이 풀어 보는 것도 좋지만 자료해석 기출문제 및 모의고사들을 훑으며 특이한 형태의 자료만 골라서 풀어보며 자료에 익숙해지는 것이 좋다.

A시는 2016년에 폐업 신고한 전체 자영업자를 대상으로 창업교육 이수 여부와 창업부터 폐업까지의 기간을 조사하였다. 다음 〈그림〉은 조사결과를 이용하여 창업교육 이수 여부에 따른 기간별 생존비율을 비교한 자료이다. 이에 대한 설명으로 옳은 것은?

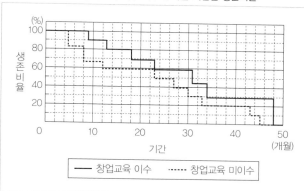

〈그림〉 창업교육 이수 여부에 따른 기간별 생존비율

― 창업교육 이수　‥‥‥ 창업교육 미이수

※ 1) 창업교육을 이수(미이수)한 폐업 자영업자의 기간별 생존비율은 창업교육을 이수(미이수)한 폐업 자영업자 중 생존기간이 해당 기간 이상인 자영업자의 비율임
2) 생존기간은 창업부터 폐업까지의 기간을 의미함

① 창업교육을 이수한 폐업 자영업자 수가 창업교육을 미이수한 폐업 자영업자 수보다 더 많다. ➡ (X) 제시된 자료를 통해 창업교육을 이수하거나 미이수한 폐업 자영업자 수는 알 수 없다.

② 창업교육을 미이수한 폐업 자영업자의 평균 생존기간은 창업교육을 이수한 폐업 자영업자의 평균 생존기간보다 더 길다. ➡ (X) 전 기간에서 창업교육을 미이수한 폐업 자영업자의 생존비율이 창업교육을 이수한 폐업 자영업자의 생존비율보다 낮거나 같다.

③ 창업교육을 이수한 폐업 자영업자의 생존비율과 창업교육을 미이수한 폐업 자영업자의 생존비율의 차이는 창업 후 20개월에 가장 크다. ➡ (X) 창업교육을 이수한 폐업 자영업자의 생존비율과 창업교육을 미이수한 폐업 자영업자의 생존비율의 차이는 창업 후 45~48개월에 가장 크다.

④ 창업교육을 이수한 폐업 자영업자 중 생존기간이 32개월 이상인 자영업자의 비율은 50% 이상이다. ➡ (X) 창업교육을 이수한 폐업 자영업자 중 생존기간이 32개월 이상인 자영업자의 비율은 42% 정도이다.

⑤ 창업교육을 미이수한 폐업 자영업자 중 생존기간이 10개월 미만인 자영업자의 비율은 20% 이상이다. ➡ (O) 창업교육을 미이수한 폐업 자영업자 중 생존기간이 10개월 이상인 폐업 자영업자의 비율은 70%에 미치지 못한다. 따라서 10개월 미만인 폐업 자영업자의 비율은 20% 이상이다.

11 ④

정답률 81.1%

|문제 유형| 자료 읽기 > 표 제시형
|접근 전략| a=$\frac{b}{c}$이면, a×c=b이다. 이항을 자유자재로 하는 훈련이 필요하다. 수치를 비교할 때 모두 계산하려 하지 말고 맨 앞자리부터 훑고 두 번째 자리를 훑는 식으로 비교해 보도록 한다.

다음 〈표〉는 AIIB(Asian Infrastructure Investment Bank)의 지분율 상위 10개 회원국의 지분율과 투표권 비율에 대한 자료이다. 이에 대한 〈보기〉의 설명 중 옳은 것만을 모두 고르면?

〈표〉 지분율 상위 10개 회원국의 지분율과 투표권 비율

(단위: %)

회원국	지역	지분율	투표권 비율
중국	A	30.34	26.06
인도	A	8.52	7.51
러시아	B	6.66	5.93
독일	B	4.57	4.15
한국	A	3.81	3.50
호주	A	3.76	3.46
프랑스	B	3.44	3.19
인도네시아	A	3.42	3.17
브라질	B	3.24	3.02
영국	B	3.11	2.91

※ 1) 회원국의 지분율(%)= $\frac{\text{해당 회원국이 AIIB에 출자한 자본금}}{\text{AIIB의 자본금 총액}}$ × 100
2) 지분율이 높을수록 투표권 비율이 높아짐

〈보기〉

ㄱ. 지분율 상위 4개 회원국의 투표권 비율을 합하면 40% 이상이다. → (O) 지분율 상위 4개 회원국은 중국, 인도, 러시아, 독일이고, 이들의 투표권 비율을 합하면 26.06+7.51+5.93+4.15=43.65(%)로, 40% 이상이다.

ㄴ. 중국을 제외한 지분율 상위 9개 회원국 중 지분율과 투표권 비율의 차이가 가장 큰 회원국은 인도이다. → (O) 중국을 제외한 지분율 상위 9개 회원국 중 지분율과 투표권 비율의 차이는 인도가 8.52−7.51=1.01(%p)로 가장 크다.

ㄷ. 지분율 상위 10개 회원국 중에서, A지역 회원국의 지분율 합은 B지역 회원국의 지분율 합의 3배 이상이다. → (X) A지역 회원국의 지분율 합은 30.34+8.52+3.81+3.76+3.42=49.85(%)이다. B지역 회원국의 지분율 합은 6.66+4.57+3.44+3.24+3.11=21.02(%)이다. 따라서 A지역 회원국의 지분율 합은 B지역 회원국의 지분율 합의 3배 이상이 되지 않는다.

ㄹ. AIIB의 자본금 총액이 2,000억 달러라면, 독일과 프랑스가 AIIB에 출자한 자본금의 합은 160억 달러 이상이다. → (O) AIIB의 자본금 총액×회원국의 지분율×$\frac{1}{100}$=해당 회원국이 AIIB에 출자한 자본금이다. 따라서 2,000억 달러×(0.0457+0.0344)=160억 2천만 달러이므로 160억 달러 이상이다.

① ㄱ, ㄴ ➡ (X)
② ㄴ, ㄷ ➡ (X)
③ ㄷ, ㄹ ➡ (X)
④ ㄱ, ㄴ, ㄹ ➡ (O)
⑤ ㄱ, ㄷ, ㄹ ➡ (X)

12 ④

정답률 81.1%

| 문제 유형 | 자료 읽기/추론 > 매칭형
| 접근 전략 | 변동계수가 3번째로 큰 구가 B 또는 D임을 선지를 통해 미리 확인하도록 한다. 그리고 평균의 크기 순이 아니라 변동계수의 크기 순을 구해야 한다.

다음 〈표〉는 2016년 '갑'시 5개 구 주민의 돼지고기 소비량에 관한 자료이다. 〈조건〉을 이용하여 변동계수가 3번째로 큰 구와 4번째로 큰 구를 바르게 나열한 것은?

〈표〉 5개 구 주민의 돼지고기 소비량 통계

(단위: kg)

구	평균 (1인당 소비량)	표준편차
A	( )	5.0
B	( )	4.0
C	30.0	6.0
D	12.0	4.0
E	( )	8.0

※ 변동계수(%) = $\dfrac{\text{표준편차}}{\text{평균}}$ × 100

─〈조건〉─

○ A구의 1인당 소비량과 B구의 1인당 소비량을 합하면 C구의 1인당 소비량과 같다.
○ A구의 1인당 소비량과 D구의 1인당 소비량을 합하면 E구 1인당 소비량의 2배와 같다.
○ E구의 1인당 소비량은 B구의 1인당 소비량보다 6.0kg 더 많다.

	3번째		4번째	
①	B		A	➡ (X)
②	B		C	➡ (X)
③	B		E	➡ (X)
④	D		A	➡ (O)
⑤	D		C	➡ (X)

④ 〈조건〉에서 A+B=30, A+12=2E, E=B+6이므로 이를 풀면 A=20, B=10, E=16이다. 이때 A~E의 변동계수는 A의 경우 $\dfrac{5}{20}$ × 100=25(%), B의 경우 $\dfrac{4}{10}$ × 100=40(%), C의 경우 $\dfrac{6}{30}$ × 100=20(%), D의 경우 $\dfrac{4}{12}$ × 100≒33.3(%), E의 경우 $\dfrac{8}{16}$ × 100=50(%)이다. 따라서 변동계수가 3번째로 큰 구는 D이고, 4번째로 큰 구는 A이다.

13 ②

정답률 95.8%

| 문제 유형 | 자료 읽기 > 표 제시형
| 접근 전략 | 문제를 풀 때에는 최대한 계산량을 줄일 수 있는 방법을 고려해야 하고, 〈표〉를 빠르게 해석하기 위해 가로축과 세로축의 세부항목, 오른쪽 상단의 단위를 먼저 눈여겨봐야 한다.

다음 〈표〉는 지역별 마약류 단속에 관한 자료이다. 이에 대한 설명으로 옳은 것은?

〈표〉 지역별 마약류 단속 건수

(단위: 건, %)

마약류 지역	대마	마약	향정신성 의약품	합	비중
서울	49	18	323	390	22.1
인천·경기	55	24	552	631	35.8
부산	6	6	166	178	10.1
울산·경남	13	4	129	146	8.3
대구·경북	8	1	138	147	8.3
대전·충남	20	4	101	125	7.1
강원	13	0	35	48	2.7
전북	1	4	25	30	1.7
광주·전남	2	4	38	44	2.5
충북	0	0	21	21	1.2
제주	0	0	4	4	0.2
전체	167	65	1,532	1,764	100.0

※ 1) 수도권은 서울과 인천·경기를 합한 지역임
   2) 마약류는 대마, 마약, 향정신성의약품으로만 구성됨

① 대마 단속 전체 건수는 마약 단속 전체 건수의 3배 이상이다. ➡ (X) 대마 단속 전체 건수는 167건으로 마약 단속 전체 건수인 65건의 3배 미만이다.
② 수도권의 마약류 단속 건수는 마약류 단속 전체 건수의 50% 이상이다. ➡ (O) 수도권의 마약류 단속 건수의 비중은 22.1+35.8=57.9(%)로로 50% 이상이다.
③ 마약 단속 건수가 없는 지역은 5곳이다. ➡ (X) 마약 단속 건수가 없는 지역은 강원, 충북, 제주로 3곳이다.
④ 향정신성의약품 단속 건수는 대구·경북 지역이 광주·전남 지역의 4배 이상이다. ➡ (X) 향정신성의약품 단속 건수는 대구·경북 지역이 138건으로 광주·전남 지역인 38건의 4배 미만이다.
⑤ 강원 지역은 향정신성의약품 단속 건수가 대마 단속 건수의 3배 이상이다. ➡ (X) 강원 지역의 향정신성의약품 단속 건수는 35건으로 대마 단속 건수인 13건의 3배 미만이다.

14 ④

| **문제 유형** | 자료 읽기 > 표/빈칸 제시형
| **접근 전략** | 〈표〉를 따로 그리기보다 문자 옆에 숫자를 쓰면 실수할 확률도 적고, 시간도 절약할 수 있다.

다음 〈표〉는 '갑' 기관의 10개 정책(가~차)에 대한 평가결과이다. '갑' 기관은 정책별로 심사위원 A~D의 점수를 합산하여 총점이 낮은 정책부터 순서대로 4개 정책을 폐기할 계획이다. 폐기할 정책만을 모두 고르면?

〈표〉 정책에 대한 평가결과

심사위원 정책	A	B	C	D
가	●	●	◑	○
나	●	●	◑	●
다	◑	○	●	◑
라	( )	●	◑	( )
마	●	( )	●	◑
바	◑	◑	◑	●
사	◑	◑	●	●
아	◑	●	●	( )
자	◑	◑	( )	●
차	( )	●	◑	○
평균(점)	0.55	0.70	0.70	0.50

※ 정책은 ○(0점), ◑(0.5점), ●(1.0점)으로만 평가됨

① 가, 다, 바, 사 ➡ (X)
② 나, 마, 아, 자 ➡ (X)
③ 다, 라, 바, 사 ➡ (X)
④ 다, 라, 아, 차 ➡ (O) 심사위원별로 평가한 점수의 총점은 A가 5.5점, B가 7점, C가 7점, D가 5점이다. A가 빈칸 이외에 평가한 총 점수는 1.0점이 3개, 0.5점이 5개이므로 5.5점이다. 따라서 A가 평가한 빈칸 두 개는 모두 0점이다. B가 빈칸 이외에 평가한 총 점수는 1.0점이 4개, 0.5점이 4개이므로 6점이다. 따라서 빈칸은 1점이다. 마찬가지로 C가 평가한 빈칸은 1점이고, D가 평가한 빈칸 2개는 모두 0점이다. 이때 각 정책별로 총점이 낮은 순서대로 하위 4개를 정렬하면 1.5점인 라와 차, 2.0점인 다와 아가 선택된다. 따라서 다, 라, 아, 차가 폐기된다.
⑤ 라, 아, 자, 차 ➡ (X)

15 ⑤

| **문제 유형** | 자료 변환응용 > 표/그림 전환형
| **접근 전략** | 문제 자체가 어렵지는 않으나 문제를 푸는 데 시간이 오래 걸리는 문제이다. 개괄적으로 자료의 제목 및 범례와 수치의 대소 위주로 훑어보도록 한다.

다음 〈표〉는 2013~2016년 기관별 R&D 과제 건수와 비율에 관한 자료이다. 〈표〉를 이용하여 작성한 그래프로 옳지 않은 것은?

〈표〉 2013~2016년 기관별 R&D 과제 건수와 비율

(단위: 건, %)

연도 구분 기관	2013		2014		2015		2016	
	과제 건수	비율	과제 건수	비율	과제 건수	비율	과제 건수	비율
기업	31	13.5	80	9.4	93	7.6	91	8.5
대학	47	20.4	423	49.7	626	51.4	526	49.3
정부	141	61.3	330	38.8	486	39.9	419	39.2
기타	11	4.8	18	2.1	13	1.1	32	3.0
전체	230	100.0	851	100.0	1,218	100.0	1,068	100.0

① 연도별 기업 및 대학 R&D 과제 건수

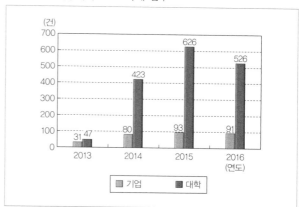

➡ (O) 연도별 기업 및 대학 R&D 과제 건수는 〈표〉에서 확인할 수 있다.

② 연도별 정부 및 전체 R&D 과제 건수

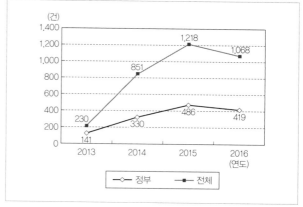

➡ (O) 연도별 정부 및 전체 R&D 과제 건수는 〈표〉에서 확인할 수 있다.

③ 2016년 기관별 R&D 과제 건수 구성비

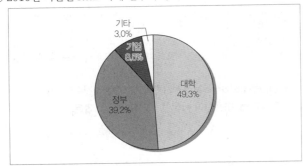

➡ (O) 2016년 기관별 R&D 과제 건수 구성비는 〈표〉에서 확인할 수 있다.

④ 전체 R&D 과제 건수의 전년 대비 증가율(2014~2016년)

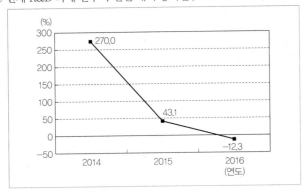

➡ (O) 전체 R&D 과제 건수의 전년 대비 증가율(2014~2016년)은 〈표〉의 수치를 이용하여 구할 수 있고, 〈그림〉의 수치 또한 옳게 작성되었다.

⑤ 연도별 기업 및 정부 R&D 과제 건수의 전년 대비 증가율(2014~2016년)

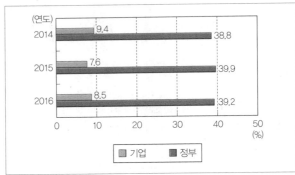

➡ (X) 연도별 기업 및 정부 R&D 과제 건수의 전년 대비 증가율(2014~2016년)이라는 제목으로 단순히 전체 R&D 과제 건수 중 해당 기관이 수행한 과제 건수의 비율을 〈그림〉에 담고 있으므로 적절하지 않다.

---

16 ③

정답률 70.8%

| 문제 유형 | 자료 읽기 > 표/빈칸 제시형
| 접근 전략 | 〈표〉는 대각선을 기준으로 대칭을 이루고 있다. A가 B에게 이긴 경기만큼 B는 A에게 졌다는 것을 생각하자. 두 가지 변수의 합에서 한 가지 변수가 차지하는 비율이 50% 이상인지 미만인지를 구분하는 방법은 다음과 같다. 계산하고자 하는 변수가 다른 한 변수보다 크거나 같으면 50% 이상이고, 그렇지 않으면 50% 미만이다.

다음 〈표〉는 5개 팀으로 구성된 '갑'국 프로야구 리그의 2016 시즌 팀별 상대전적을 시즌 종료 후 종합한 것이다. 이에 대한 설명으로 옳지 않은 것은?

〈표〉 2016 시즌 팀별 상대전적

상대팀 팀	A	B	C	D	E
A	–	(가)	( )	( )	( )
B	6–10–0	–	( )	( )	( )
C	7–9–0	8–8–0	–	8–8–0	( )
D	6–9–1	8–8–0	8–8–0	–	( )
E	4–12–0	8–8–0	6–10–0	10–6–0	–

※ 1) 〈표〉 안의 수는 승리–패배–무승부의 순으로 표시됨. 예를 들어, B팀의 A팀에 대한 전적(6–10–0)은 6승 10패 0무임

2) 팀의 시즌 승률(%)= $\dfrac{\text{해당 팀의 시즌 승리 경기 수}}{\text{해당 팀의 시즌 경기 수}} \times 100$

① (가)에 들어갈 내용은 10–6–0이다. ➡ (O) B팀의 A팀에 대한 전적이 6–10–0이므로 A팀의 B팀에 대한 전적은 10–6–0이다.

② B팀의 시즌 승률은 50% 이하이다. ➡ (O) B팀의 총 승리 경기 수는 6+8+8+8=30(경기)이지만, B팀의 총 패배 경기 수는 10+8+8+8=34(경기)이므로 시즌 승률이 50% 이하이다.

③ 시즌 승률이 50% 이상인 팀은 1팀이다. ➡ (X) A팀의 승리 경기 수는 상대팀이 A팀일 때 패배 경기 수와 같고, 패배 경기 수는 상대팀이 A팀일 때 승리 경기 수와 같다. 따라서 승리 경기 수는 40경기이고, 패배 경기 수는 23경기이므로 승률이 50% 이상이다. C팀의 승리 경기 수는 C팀이 A팀과 B팀을 상대로 이긴 경기 수와 D팀과 E팀이 C팀을 상대로 진 경기 수를 합한 33경기이다. 마찬가지로 계산하면 패배 경기 수는 31경기로 승률이 50% 이상이다. 따라서 시즌 승률이 50% 이상인 팀은 2팀이다.

④ C팀은 E팀을 상대로 승리한 경기가 패배한 경기보다 많다. ➡ (O) E팀은 C팀을 상대로 패배한 경기가 10경기로 승리한 경기 6경기보다 많으므로 C팀은 E팀을 상대로 승리한 경기가 패배한 경기보다 많다.

⑤ 시즌 전체 경기 결과 중 무승부는 1경기이다. ➡ (O) A팀과 D팀 간 1경기만이 무승부이다.

17 ④

| **문제 유형** | 자료 변환응용 > 자료/보고서 전환형

| **접근 전략** | 판매수수료율 상위 5개, 하위 5개에 속하지 않는 상품군의 판매수수료율은 상위 5위 상품군의 판매수수료율보다 낮고, 하위 5위 상품군의 판매수수료율보다 높다는 것에 유의한다. 둘 중 한 가지만 생각하면 답을 구할 수 없다.

다음 〈표〉는 동일한 상품군을 판매하는 백화점과 TV홈쇼핑의 상품군별 2015년 판매수수료율에 대한 자료이다. 이에 대한 〈보고서〉의 설명 중 옳은 것만을 모두 고르면?

〈표 1〉 백화점 판매수수료율 순위

(단위: %)

판매수수료율 상위 5개			판매수수료율 하위 5개		
순위	상품군	판매수수료율	순위	상품군	판매수수료율
1	셔츠	33.9	1	디지털기기	11.0
2	레저용품	32.0	2	대형가전	14.4
3	잡화	31.8	3	소형가전	18.6
4	여성정장	31.7	4	문구	18.7
5	모피	31.1	5	신선식품	20.8

〈표 2〉 TV홈쇼핑 판매수수료율 순위

(단위: %)

판매수수료율 상위 5개			판매수수료율 하위 5개		
순위	상품군	판매수수료율	순위	상품군	판매수수료율
1	셔츠	42.0	1	여행패키지	8.4
2	여성캐주얼	39.7	2	디지털기기	21.9
3	진	37.8	3	유아용품	28.1
4	남성정장	37.4	4	건강용품	28.2
5	화장품	36.8	5	보석	28.7

─────〈보고서〉─────

백화점과 TV홈쇼핑의 전체 상품군별 판매수수료율을 조사한 결과, ㉠백화점, TV홈쇼핑 모두 셔츠 상품군의 판매수수료율이 전체 상품군 중 가장 높았다. → (O) 백화점, TV홈쇼핑 모두 셔츠 상품군의 판매수수료율이 1위이다. 그리고 백화점, TV홈쇼핑 모두 상위 5개 상품군의 판매수수료율이 30%를 넘어섰다. ㉡여성정장 상품군과 모피 상품군의 판매수수료율은 TV홈쇼핑이 백화점보다 더 낮았으며, → (X) 백화점의 여성정장 상품군 판매수수료율은 31.7%, 모피 상품군 판매수수료율은 31.1%이지만, TV홈쇼핑은 순위권 내에 들지 못해 28.7% 초과 36.8% 미만이다. ㉢디지털기기 상품군의 판매수수료율은 TV홈쇼핑이 백화점보다 더 높았다. → (O) 디지털기기 상품군의 판매수수료율은 백화점이 11.0%이고, TV홈쇼핑이 21.9%이므로 TV홈쇼핑이 더 높다. ㉣여행패키지 상품군의 판매수수료율은 백화점이 TV홈쇼핑의 2배 이상이었다. → (O) 여행패키지 상품군의 판매수수료율은 TV홈쇼핑이 8.4%이고, 백화점은 최소 20.8%이므로 2배 이상이다.

① ㉠, ㉡ ➡ (X)
② ㉠, ㉢ ➡ (X)
③ ㉡, ㉣ ➡ (X)
④ ㉠, ㉢, ㉣ ➡ (O)
⑤ ㉡, ㉢, ㉣ ➡ (X)

18 ④

| **문제 유형** | 자료 읽기 > 표 제시형

| **접근 전략** | 10% 증가를 두 번 하면 복리의 효과가 있기 때문에 20% 증가가 아니라 21% 증가임을 혼동하지 않도록 한다.

다음 〈표〉는 A국에서 2016년에 채용된 공무원 인원에 관한 자료이다. 이에 대한 〈보기〉의 설명 중 옳은 것만을 모두 고르면?

〈표〉 A국의 2016년 공무원 채용 인원

(단위: 명)

채용방식 / 공무원구분	공개경쟁채용	경력경쟁채용	합
고위공무원	–	73	73
3급	–	17	17
4급	–	99	99
5급	296	205	501
6급	–	193	193
7급	639	509	1,148
8급	–	481	481
9급	3,000	1,466	4,466
연구직	17	357	374
지도직	–	3	3
우정직	–	599	599
전문경력관	–	104	104
전문임기제	–	241	241
한시임기제	–	743	743
전체	3,952	5,090	9,042

※ 1) 채용방식은 공개경쟁채용과 경력경쟁채용으로만 이루어짐
　 2) 공무원구분은 〈표〉에 제시된 것으로 한정됨

─────〈보기〉─────

ㄱ. 2016년에 공개경쟁채용을 통해 채용이 이루어진 공무원구분은 총 4개이다. → (O) 2016년에 공개경쟁채용을 통해 채용이 이루어진 공무원구분은 5, 7, 9급과 연구직으로 총 4개이다.

ㄴ. 2016년 우정직 채용 인원은 7급 채용 인원의 절반보다 많다. → (O) 2016년 우정직 채용 인원은 599명이고, 7급 채용 인원은 1,148명이다. 따라서 우정직 채용 인원이 7급 채용 인원의 절반(574명)보다 많다.

ㄷ. 2016년에 공개경쟁채용을 통해 채용이 이루어진 공무원구분 각각에서는 공개경쟁채용 인원이 경력경쟁채용 인원보다 많다. → (X) 연구직의 경력경쟁채용 인원은 357명으로 공개경쟁채용 인원인 17명보다 많다.

ㄹ. 2017년부터 공무원 채용 인원 중 9급 공개경쟁채용 인원만을 해마다 전년 대비 10%씩 늘리고 그 외 나머지 채용 인원을 2016년과 동일하게 유지하여 채용한다면, 2018년 전체 공무원 채용 인원 중 9급 공개경쟁채용 인원의 비중은 40% 이하이다. → (O) 2018년 9급 공개경쟁채용 인원은 2016년보다 21% 증가한 3,630명이다. 630명이 증가했으므로 전체 공무원 채용 인원도 630명 증가한 9,672명이다. 따라서 $\frac{3,630}{9,672} \times 100 ≒ 37.5(\%)$이므로 40% 이하이다.

① ㄱ, ㄴ ➡ (X)　　　　② ㄱ, ㄷ ➡ (X)
③ ㄷ, ㄹ ➡ (X)　　　　④ ㄱ, ㄴ, ㄹ ➡ (O)
⑤ ㄴ, ㄷ, ㄹ ➡ (X)

| **문제 유형** | 자료 읽기/추론 > 매칭형 |
| **접근 전략** | 한 가지 요소를 확실히 결정해 주는 〈조건〉이 있다면, 그 〈조건〉부터 먼저 처리하여 경우의 수를 줄이도록 한다. |

다음 〈표〉는 '갑'국 6개 수종의 기건비중 및 강도에 대한 자료이다. 〈조건〉을 이용하여 A와 C에 해당하는 수종을 바르게 나열한 것은?

〈표〉 6개 수종의 기건비중 및 강도

수종	기건비중 (ton/m³)	강도(N/mm²)			
		압축강도	인장강도	휨강도	전단강도
A	0.53	48	52	88	10
B	0.89	64	125	118	12
C	0.61	63	69	82	9
삼나무	0.37	41	45	72	7
D	0.31	24	21	39	6
E	0.43	51	59	80	7

─〈조건〉─

○ 전단강도 대비 압축강도 비가 큰 상위 2개 수종은 낙엽송과 전나무이다.
○ 휨강도와 압축강도 차가 큰 상위 2개 수종은 소나무와 참나무이다.
○ 참나무의 기건비중은 오동나무 기건비중의 2.5배 이상이다.
○ 인장강도와 압축강도의 차가 두 번째로 큰 수종은 전나무이다.

A　　　　C

① 소나무　　　낙엽송 ➡ (O) 네 번째 〈조건〉에 따르면 인장강도와 압축강도의 차가 두 번째로 큰 수종은 전나무이다. 〈표〉를 통해 계산하면 해당 수종은 E이므로 E는 전나무이다. 첫 번째 〈조건〉에 따르면 전단강도 대비 압축강도 비가 큰 상위 2개 수종은 낙엽송과 전나무이다. 〈표〉를 통해 계산하면 해당 수종은 C와 E이고, E가 전나무이므로 C는 낙엽송이다. 세 번째 〈조건〉에 따르면 참나무 기건비중은 오동나무 기건비중의 2.5배 이상이다. 남은 A, B, D를 비교해 보면 B가 D의 2.5배 이상이므로 B는 참나무, D는 오동나무이다. 따라서 남은 A는 소나무이다. 두 번째 〈조건〉은 계산하지 않고 넘어가도 된다.

② 소나무　　　전나무 ➡ (X)
③ 오동나무　　낙엽송 ➡ (X)
④ 참나무　　　소나무 ➡ (X)
⑤ 참나무　　　전나무 ➡ (X)

| **문제 유형** | 자료 읽기 > 표/그림 제시형 |
| **접근 전략** | 어떤 수치가 다른 수치의 몇 배 이상인지 아닌지를 묻는 문제는 앞의 몇 자리만으로 먼저 어림해 보고 그래도 안 되면 계산을 하는 것이 좋다. |

다음 〈표〉와 〈그림〉은 2009~2012년 도시폐기물량 상위 10개국의 도시폐기물량지수와 한국의 도시폐기물량을 나타낸 것이다. 이에 대한 〈보기〉의 설명 중 옳은 것만을 모두 고르면?

〈표〉 도시폐기물량 상위 10개국의 도시폐기물량지수

순위	2009년		2010년		2011년		2012년	
	국가	지수	국가	지수	국가	지수	국가	지수
1	미국	12.05	미국	11.94	미국	12.72	미국	12.73
2	러시아	3.40	러시아	3.60	러시아	3.87	러시아	4.51
3	독일	2.54	브라질	2.85	브라질	2.97	브라질	3.24
4	일본	2.53	독일	2.61	독일	2.81	독일	2.78
5	멕시코	1.98	일본	2.49	일본	2.54	일본	2.53
6	프랑스	1.83	멕시코	2.06	멕시코	2.30	멕시코	2.35
7	영국	1.76	프랑스	1.86	프랑스	1.96	프랑스	1.91
8	이탈리아	1.71	영국	1.75	이탈리아	1.76	터키	1.72
9	터키	1.50	이탈리아	1.73	영국	1.74	영국	1.70
10	스페인	1.33	터키	1.63	터키	1.73	이탈리아	1.40

※ 도시폐기물량지수 = 해당 연도 해당 국가의 도시폐기물량 / 해당 연도 한국의 도시폐기물량

〈그림〉 한국의 도시폐기물량

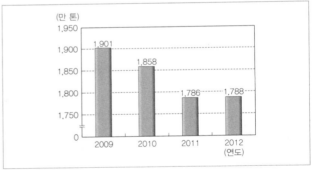

─〈보기〉─

ㄱ. 2012년 도시폐기물량은 미국이 일본의 4배 이상이다. → (O) 2012년 도시폐기물량지수는 미국이 12.73으로 일본의 2.53의 4배 이상이다.

ㄴ. 2011년 러시아의 도시폐기물량은 8,000만 톤 이상이다. → (X) 2011년 러시아의 도시폐기물량은 1,786 × 3.87=6,911.82(만 톤)으로, 8,000만 톤 미만이다.

ㄷ. 2012년 스페인의 도시폐기물량은 2009년에 비해 감소하였다. → (O) 2012년에 스페인은 도시폐기물량지수 순위권 밖이므로 도시폐기물량지수가 1.40 미만이다. 따라서 도시폐기물량은 1,788 × 1.4=2,503.2(만 톤)보다 적다. 2009년 스페인의 도시폐기물량은 1,901 × 1.33=2,528.33(만 톤)으로 2009년에 비해 2012년 스페인의 도시폐기물량은 감소하였다.

ㄹ. 영국의 도시폐기물량은 터키의 도시폐기물량보다 매년 많다. → (X) 2012년 도시폐기물량지수 순위는 터키 8위(1.72), 영국 9위(1.70)로, 터키가 영국보다 도시폐기물량이 많다.

① ㄱ, ㄷ ➡ (O)　　② ㄱ, ㄹ ➡ (X)　　③ ㄴ, ㄷ ➡ (X)
④ ㄱ, ㄴ, ㄹ ➡ (X)　⑤ ㄴ, ㄷ, ㄹ ➡ (X)

| 문제 유형 | 자료 추론 > 추가로 필요한 자료 찾기
| 접근 전략 | 〈보고서〉에 없는 내용은 〈보고서〉에 필요하지 않은 내용이다. 〈표〉와 〈그림〉보다 〈보고서〉에 있는 내용인지 먼저 확인하는 것이 시간을 절약할 수 있다.

다음 〈표〉와 〈그림〉을 이용하여 환경 R&D 예산 현황에 관한 〈보고서〉를 작성하였다. 제시된 〈표〉와 〈그림〉 이외에 〈보고서〉 작성을 위하여 추가로 필요한 자료만을 〈보기〉에서 모두 고르면?

〈표〉 대한민국 정부 부처 전체 및 주요 부처별 환경 R&D 예산 현황

(단위: 억 원)

구분 연도	정부 부처 전체	A부처	B부처	C부처	D부처	E부처
2002	61,417	14,338	18,431	1,734	1,189	1,049
2003	65,154	16,170	17,510	1,963	1,318	1,074
2004	70,827	19,851	25,730	1,949	1,544	1,301
2005	77,996	24,484	28,550	2,856	1,663	1,365
2006	89,096	27,245	31,584	3,934	1,877	1,469
2007	97,629	30,838	32,350	4,277	1,805	1,663
2008	108,423	34,970	35,927	4,730	2,265	1,840
2009	123,437	39,117	41,053	5,603	2,773	1,969
2010	137,014	43,871	44,385	5,750	3,085	2,142
2011	148,902	47,497	45,269	6,161	3,371	2,355

〈그림〉 2009년 OECD 주요 국가별 전체 예산 중
환경 R&D 예산의 비중

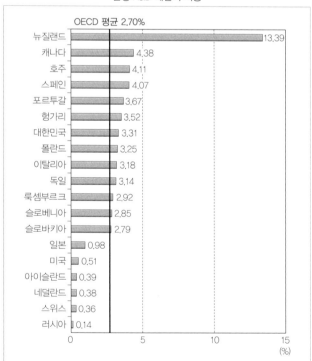

OECD 평균 2.70%

뉴질랜드	13.39
캐나다	4.38
호주	4.11
스페인	4.07
포르투갈	3.67
헝가리	3.52
대한민국	3.31
폴란드	3.25
이탈리아	3.18
독일	3.14
룩셈부르크	2.92
슬로베니아	2.85
슬로바키아	2.79
일본	0.98
미국	0.51
아이슬란드	0.39
네덜란드	0.38
스위스	0.36
러시아	0.14

(%)

〈보고서〉

○ 환경에 대한 중요성이 강조됨에 따라 미국의 환경 R&D 예산은 2002년부터 2011년까지 증가 추세에 있음

○ 대한민국의 2009년 전체 예산 중 환경 R&D 예산의 비중은 3.31%로 OECD 평균 2.70%에 비해 0.61%p 큼

○ 미국의 2009년 전체 예산 중 환경 R&D 예산의 비중은 OECD 평균보다 작았지만, 2010년에는 환경 R&D 예산이 2009년 대비 30% 이상 증가하여 전체 예산 중 환경 R&D 예산의 비중이 커짐

○ 2011년 대한민국 정부 부처 전체의 환경 R&D 예산은 약 14.9조 원 규모로 2002년 이후 연평균 10% 이상의 증가율을 보이고 있음

○ 2011년 대한민국 E부처의 환경 R&D 예산은 정부 부처 전체 환경 R&D 예산의 1.6% 수준으로 정부 부처 중 8위에 해당함

〈보기〉

ㄱ. 2002년부터 2011년까지 미국의 전체 예산 및 환경 R&D 예산 → (○) 미국의 2009년 전체 예산 중 환경 R&D 예산의 비중은 OECD 평균보다 작았지만, 2010년에는 환경 R&D 예산이 2009년 대비 30% 이상 증가하여 전체 예산 중 환경 R&D 예산의 비중이 커진다는 내용과 미국의 환경 R&D 예산은 2002년부터 2011년까지 증가 추세에 있다는 〈보고서〉의 내용은 〈표〉와 〈그림〉을 통해서는 확인할 수 없다. 따라서 2002년부터 2011년까지 미국의 전체 예산 및 환경 R&D 예산 자료가 필요하다.

ㄴ. 2002년부터 2011년까지 뉴질랜드의 부처별, 분야별 R&D 예산 → (✕) 〈보고서〉에 없는 내용이므로 〈보고서〉를 작성하기 위해 추가로 필요한 자료에 해당하지 않는다.

ㄷ. 2011년 대한민국 모든 정부 부처의 부처별 환경 R&D 예산 → (○) 2011년 대한민국 E부처의 환경 R&D 예산은 정부 부처 전체 환경 R&D 예산의 1.6% 수준으로 정부 부처 중 8위에 해당한다는 〈보고서〉의 내용 가운데 순위에 대해서는 〈표〉의 내용만 가지고는 확인할 수 없다. 따라서 2011년 대한민국 모든 정부 부처의 부처별 환경 R&D 예산 자료가 필요하다.

ㄹ. 2010년 대한민국 모든 정부 부처 산하기관의 전체 R&D 예산 → (✕) 〈보고서〉에 없는 내용이므로 〈보고서〉를 작성하기 위해 추가로 필요한 자료에 해당하지 않는다.

① ㄱ, ㄴ ➡ (✕)
② ㄱ, ㄷ ➡ (○)
③ ㄴ, ㄹ ➡ (✕)
④ ㄱ, ㄷ, ㄹ ➡ (✕)
⑤ ㄴ, ㄷ, ㄹ ➡ (✕)

22 ②

정답률 79.3%

| 문제 유형 | 자료 읽기 > 표/빈칸 제시형

| 접근 전략 | 빈칸이 한두 개밖에 없으면 채우고 시작하는 것이 좋다. 빈칸이 여러 개라면 그중 불필요한 빈칸이 있을 수 있으나 한두 개라면 필요할 가능성이 매우 높기 때문이다.

다음 〈표〉는 2012∼2016년 조세심판원의 연도별 사건처리 건수에 관한 자료이다. 이에 대한 〈보기〉의 설명 중 옳은 것만을 모두 고르면?

〈표〉 조세심판원의 연도별 사건처리 건수

(단위: 건)

구분	연도	2012	2013	2014	2015	2016
처리대상 건수	전년 이월 건수	1,854	( )	2,403	2,127	2,223
	당년 접수 건수	6,424	7,883	8,474	8,273	6,003
	소계	8,278	( )	10,877	10,400	8,226
처리 건수	취하 건수	90	136	163	222	163
	각하 건수	346	301	482	459	506
	기각 건수	4,214	5,074	6,200	5,579	4,322
	재조사 건수	27	0	465	611	299
	인용 건수	1,767	1,803	1,440	1,306	1,338
	소계	6,444	7,314	8,750	8,177	6,628

※ 1) 당해 연도 전년 이월 건수=전년도 처리대상 건수−전년도 처리 건수

2) 처리율(%)= $\dfrac{처리 건수}{처리대상 건수} \times 100$

3) 인용률(%)= $\dfrac{인용 건수}{각하 건수+기각 건수+인용 건수} \times 100$

→ 2013년 전년 이월 건수는 2012년 처리대상 건수 8,278 − 처리 건수 6,444=1,834(건)이고, 2013년 처리대상 건수 소계는 1,834+7,883=9,717(건)이다.

─────〈보기〉─────

ㄱ. 처리대상 건수가 가장 적은 연도의 처리율은 75% 이상이다. →(O)

처리대상 건수가 가장 적은 연도는 2016년이다. 2016년의 처리율은 $\dfrac{6,628}{8,226}$

$\times 100 \fallingdotseq 80.6(\%)$이다. 앞의 두 자리만 비교하더라도 $\dfrac{66}{82} > \dfrac{3}{4} = \dfrac{61.5}{82}$ 이다.

ㄴ. 2013∼2016년 동안 취하 건수와 기각 건수의 전년 대비 증감방향은 동일하다. →(X) 2015년 취하 건수는 전년 대비 증가했으나 기각 건수는 전년 대비 감소했다.

ㄷ. 2013년 처리율은 80% 이상이다. →(X) 2013년 처리율은 $\dfrac{7,314}{9,717} \times$

$100 \fallingdotseq 75.3(\%)$로, 80% 미만이다.

ㄹ. 인용률은 2012년이 2014년보다 높다. →(O) 2012년 인용률은

$\dfrac{1,767}{346+4,214+1,767} \times 100 \fallingdotseq 27.9(\%)$, 2014년 인용률은 $\dfrac{1,440}{482+6,200+1,440}$

$\times 100 \fallingdotseq 17.7(\%)$로, 2012년이 2014년보다 높다. 또한 각하 건수와 기각 건수는 모두 증가했는데, 인용 건수는 감소했기 때문에 인용률은 낮아질 수밖에 없다.

① ㄱ, ㄴ ➡ (X) ② ㄱ, ㄹ ➡ (O)
③ ㄴ, ㄷ ➡ (X) ④ ㄱ, ㄷ, ㄹ ➡ (X)
⑤ ㄴ, ㄷ, ㄹ ➡ (X)

23 ②

정답률 81.2%

| 문제 유형 | 자료 읽기 > 표/그림 제시형

| 접근 전략 | 전국 지방의회 의석 수 − 정당별 수도권 지방의회 의석 수=비수도권 지방의회 의석 수이다. ㄴ과 같이 계산 없이 해결 가능한 〈보기〉를 먼저 처리하고, ㄱ과 ㄹ처럼 정확한 값을 요하지 않는 〈보기〉는 비율을 통해 간단히 확인하도록 한다.

다음 〈표〉와 〈그림〉은 '갑'국 정당 A∼D의 지방의회 의석 수에 관한 자료이다. 이에 대한 〈보기〉의 설명 중 옳은 것만을 모두 고르면?

〈표〉 정당별 전국 지방의회 의석 수

(단위: 석)

연도	정당 A	B	C	D	합
2010	224	271	82	39	616
2014	252	318	38	61	669

〈그림〉 정당별 수도권 지방의회 의석 수

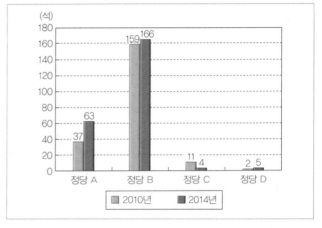

※ 1) '갑'국 지방의회 의원은 정당 A, B, C, D 소속만 있고, 무소속은 없음

2) 전국 지방의회 의석 수=수도권 지방의회 의석 수+비수도권 지방의회 의석 수

3) 정당별 지방의회 의석점유율(%)= $\dfrac{정당별 지방의회 의석 수}{지방의회 의석 수} \times 100$

─────〈보기〉─────

ㄱ. 정당 D의 전국 지방의회 의석점유율은 2014년이 2010년보다 높다.

→(O) 정당 D의 전국 지방의회 의석 수는 2014년에 2010년보다 50% 이상 상승한 반면 전체 전국 지방의회 의석 수는 동기간 10% 미만으로 상승했다. 따라서 정당 D의 전국 지방의회 의석점유율은 2014년이 2010년보다 높다.

ㄴ. 2010년에 비해 2014년 모든 정당의 전국 지방의회 의석 수는 증가하였다. →(X) 정당 C는 82석에서 38석으로 감소하였다.

ㄷ. 2014년 비수도권 지방의회 의석 수는 정당 B가 정당 A보다 많다.

→(X) 2014년 정당 B의 비수도권 지방의회 의석 수는 318 − 166=152(석)이고, 정당 A의 비수도권 지방의회 의석 수는 252 − 63=189(석)이다. 따라서 2014년 비수도권 지방의회 의석 수는 정당 B가 정당 A보다 적다.

ㄹ. 정당 B의 수도권 지방의회 의석점유율은 2014년이 2010년보다 낮다.

→(O) 전체 수도권 지방의회 의석 수는 2010년의 경우 37+159+11+2=209(석)이고, 2014년의 경우 63+166+4+5=238(석)이다. 정당 B의 수도권

지방의회 의석점유율은 2010년의 경우 $\dfrac{159}{209} \times 100 \fallingdotseq 76.1(\%)$, 2014년의 경우

$\dfrac{166}{238} \times 100 \fallingdotseq 69.7(\%)$이다. 따라서 정당 B의 수도권 지방의회 의석점유율은 2014년이 2010년보다 낮다.

① ㄱ, ㄴ ➡ (X)   ② ㄱ, ㄹ ➡ (O)
③ ㄴ, ㄷ ➡ (X)   ④ ㄱ, ㄷ, ㄹ ➡ (X)
⑤ ㄴ, ㄷ, ㄹ ➡ (X)

24 ①

정답률 70.8%

| 문제 유형 | 자료 읽기 > 표 제시형

| 접근 전략 | 어림으로 계산하여 빨리 해결하는 것이 효과적인 문제이다. ㄱ의 경우 지연율이 10%도 안 되는 항공사를 구하려면 앞의 두 자리를 보면 된다. 자릿수가 하나 감소하고 앞의 두 자리도 감소했다면 비교 대상의 10% 미만이다. 이처럼 어림 훈련에 능숙해지면 정확한 값을 구하지 않고도 기준 값과의 크기 비교를 통해 문제를 해결할 수 있다.

다음 〈표〉는 2016년 '갑'국 10개 항공사의 항공기 지연 현황에 대한 자료이다. 이에 대한 〈보기〉의 설명 중 옳은 것만을 모두 고르면?

〈표〉 10개 항공사의 지연사유별 항공기 지연 대수

(단위: 대)

항공사	총 운항 대수	총 지연 대수	지연사유별 지연 대수			
			연결편 접속	항공기 정비	기상 악화	기타
EK	86,592	21,374	20,646	118	214	396
JL	71,264	12,487	11,531	121	147	688
EZ	26,644	4,037	3,628	41	156	212
WT	7,308	1,137	1,021	17	23	76
HO	6,563	761	695	7	21	38
8L	6,272	1,162	1,109	4	36	13
ZH	3,129	417	135	7	2	273
BK	2,818	110	101	3	1	5
9C	2,675	229	223	3	0	3
PR	1,062	126	112	3	5	6
계	214,327	41,840	39,201	324	605	1,710

※ 지연율(%) = $\frac{총\ 지연\ 대수}{총\ 운항\ 대수}$ × 100

〈보기〉

ㄱ. 지연율이 가장 낮은 항공사는 BK항공이다. → (O) 지연율이 10% 미만인 항공사는 BK와 9C이다. 이 중에서 BK의 지연율은 $\frac{110}{2,818}$ × 100 ≒ 3.9(%)로 가장 낮다.

ㄴ. 항공사별 총 지연 대수 중 항공기 정비, 기상 악화, 기타로 인한 지연 대수의 합이 차지하는 비중은 ZH 항공이 가장 높다. → (O) EK, JL, EZ 이외에는 항공기 정비, 기상 악화, 기타로 인한 지연 대수 가운데 기타가 차지하는 비중이 크다. ZH가 EK, JL, EZ 이외에 기타 지연 대수가 많고, 운항 대수도 ZH가 적은 편이므로 EK, JL, EZ 이외의 항공사들 중에서 ZH가 가장 항공기 정비, 기상 악화, 기타로 인한 지연 대수의 합이 차지하는 비중이 크다. EZ는 운항 대수가 ZH보다 8배 이상 많은데 항공기 정비, 기상 악화, 기타로 인한 지연 대수 합이 41+156+212=409(대)에 불과해 ZH의 기타로 인한 지연 대수인 273대의 2배가 되지 않는다. JL도 20배 이상 총 운항 대수가 많은데 항공기 정비, 기상 악화, 기타로 인한 지연 대수의 합이 ZH 기타의 20배 이상이 되지 않으며, EK도 마찬가지이다. 따라서 ZH가 총 지연 대수 중 항공기 정비, 기상 악화, 기타로 인한 지연 대수의 합이 차지하는 비중이 가장 높다.

ㄷ. 기상 악화로 인한 전체 지연 대수 중 EK항공과 JL항공의 기상 악화로 인한 지연 대수 합이 차지하는 비중은 50% 이하이다. → (X) 기상 악화로 인한 전체 지연 대수는 605대인데 EK항공과 JL항공의 기상 악화로 인한 지연 대수 합은 214+147=361(대)로, 50% 초과이다.

ㄹ. 항공기 정비로 인한 지연 대수 대비 기상 악화로 인한 지연 대수 비율이 가장 높은 항공사는 EZ항공이다. → (X) 항공기 정비로 인한 지연 대수 대비 기상 악화로 인한 지연 대수 비율이 가장 높은 항공사는 $\frac{36}{4}$ =9(배)인 8L항공이다.

① ㄱ, ㄴ ➡ (O)   ② ㄱ, ㄷ ➡ (X)
③ ㄴ, ㄹ ➡ (X)   ④ ㄱ, ㄷ, ㄹ ➡ (X)
⑤ ㄴ, ㄷ, ㄹ ➡ (X)

25 ③

TOP 1 정답률 51.3%

| 문제 유형 | 자료 읽기/추론 > 계산형

| 접근 전략 | 강사가 받을 수 있는 시급은 최대 60,000원이며, 시급 차이는 시급 인상분을 구하는 것과 동일한 의미라는 것을 파악하고 문제를 풀어야 한다.

다음 〈표〉는 2015년과 2016년 '갑' 회사의 강사 A~E의 시급과 수강생 만족도에 관한 자료이다. 〈표〉와 〈조건〉에 근거한 설명으로 옳은 것은?

〈표〉 강사의 시급 및 수강생 만족도

(단위: 원, 점)

강사 \ 연도 구분	2015		2016	
	시급	수강생 만족도	시급	수강생 만족도
A	50,000	4.6	55,000	4.1
B	45,000	3.5	45,000	4.2
C	52,000	( )	54,600	4.8
D	54,000	4.9	59,400	4.4
E	48,000	3.2	( )	3.5

〈조건〉

○ 당해 연도 시급 대비 다음 연도 시급의 인상률은 당해 연도 수강생 만족도에 따라 아래와 같이 결정됨. 단, 강사가 받을 수 있는 시급은 최대 60,000원임

수강생 만족도	인상률
4.5점 이상	10% 인상
4.0점 이상 4.5점 미만	5% 인상
3.0점 이상 4.0점 미만	동결
3.0점 미만	5% 인하

① 강사 E의 2016년 시급은 45,600원이다. ➡ (X) 2015년 강사 E의 수강생 만족도가 3.2점이므로 시급이 동결된다. 따라서 2016년 시급은 48,000원이다.

② 2017년 시급은 강사 D가 강사 C보다 높다. ➡ (X) 2017년 시급은 C가 5,460원, D가 2,970원만큼 늘어나는데, 강사 C와 강사 D 모두 60,000원이 넘는다. 따라서 2017년 시급은 강사 C와 강사 D가 같다.

③ 2016년과 2017년 시급 차이가 가장 큰 강사는 C이다. ➡ (O) A는 2,750원, B는 2,250원, C는 5,400원, D는 600원 증가하였으므로 C의 시급 차이가 가장 크다.

④ 강사 C의 2015년 수강생 만족도 점수는 4.5점 이상이다. ➡ (X) 강사 C의 2016년 시급은 2015년의 5%인 2,600원이 인상된 것이므로 강사 C의 2015년 수강생 만족도는 4.0점 이상 4.5점 미만이다.

⑤ 2017년 강사 A와 강사 B의 시급 차이는 10,000원이다. ➡ (X) 2017년 강사 A와 강사 B의 시급은 모두 5% 인상되므로 2017년 강사 A와 강사 B의 시급 차이는 10,500원이다.

2017 | 제3영역 상황판단(⑭ 책형)

기출 총평

규정을 확인하고 해당 규정을 다양한 상황에 적용해야 하는 문항의 출제 비중이 매우 높은 편으로, 과년도의 경우 평균 2~3문항이 출제되었다면 2017년 시험에서는 5문항이 출제되었다. 규정뿐만 아니라 제시문의 형태를 주고 이를 적용해야 하는 문항까지 포함한다면 기준이 되는 글을 제시하고 이를 다양한 상황에 적용하는 문항이 상당히 많이 출제된 것으로 볼 수 있다. 또한 수리퀴즈나 대입비교 문항에서도 기본적으로 규정 형태의 조건이 많이 제시된 것이 특징적인데 이를 통해 상황판단 영역에서는 규정 등을 단순하게 이해 및 암기하는 능력이 아닌 실제로 이를 분석·판단하여 다양한 상황에 적용시킬 수 있는 능력을 판단하고자 함을 알 수 있다. 따라서 수험생들은 기출문제를 통해 해당 유형에 익숙해지는 연습을 반복해야 하고, 이를 바탕으로 풀이 시간을 줄여 효율적으로 시험에 응할 수 있도록 준비해야 할 필요가 있다.

문항별 정답률 및 선지별 선택률

문번	정답	정답률 (%)	선지별 선택률(%)					문번	정답	정답률 (%)	선지별 선택률(%)				
			①	②	③	④	⑤				①	②	③	④	⑤
01	④	97.3	0.3	0.3	0.3	97.3	1.8	14	④	69.7	2.1	25.2	1.2	69.7	1.8
02	⑤	95.2	0.0	0.3	2.1	2.4	95.2	15	②	96.1	0.6	96.1	0.6	2.1	0.6
03	①	81.1	81.1	2.9	6.5	9.1	0.3	16	②	95.8	0.6	95.8	2.1	0.9	0.6
04	①	81.7	81.7	4.4	13.9	0.0	0.0	17	③	67.5	0.9	3.6	67.5	9.6	18.4
05	⑤	95.5	0.9	1.5	0.6	1.5	95.5	18	②	92.2	0.9	92.2	3.3	3.6	0.0
06	④	96.4	1.2	1.2	0.6	96.4	0.6	19	②	66.1	24.5	66.1	8.5	0.3	0.6
07	①	80.3	80.3	1.8	0.0	16.4	1.5	20	④	99.1	0.3	0.0	0.6	99.1	0.0
08	③	92.2	2.7	2.4	92.2	0.6	2.1	21	③	91.3	2.7	3.3	91.3	1.8	0.9
09	⑤	91.7	0.3	0.3	2.1	5.6	91.7	22	③	97.6	0.3	0.0	97.6	2.1	0.0
10	①	92.5	92.5	2.7	0.3	4.5	0.0	23	⑤	91.0	4.8	0.6	1.2	2.4	91.0
11	①	79.2	79.2	17.5	1.2	2.1	0.0	24	⑤	61.3	23.1	4.7	2.8	8.1	61.3
12	③	94.6	0.0	2.7	94.6	0.6	2.1	25	④	80.7	3.4	2.8	7.5	80.7	5.6
13	②	95.5	0.6	95.5	0.6	0.0	3.3								

※ 파란색 음영 문항은 해당 회차에서 정답률이 가장 낮은 TOP 3 문항입니다.
※ 문항별 정답률 산정 기준: 약 1년간 누적된 자동채점 & 성적결과분석 서비스의 응시 데이터

출제 비중

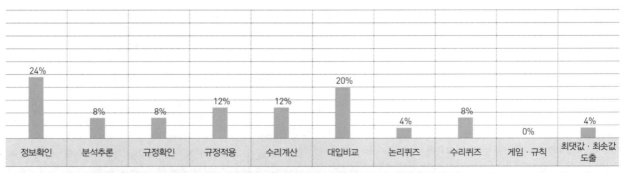

정보확인	분석추론	규정확인	규정적용	수리계산	대입비교	논리퀴즈	수리퀴즈	게임·규칙	최댓값·최솟값 도출
24%	8%	8%	12%	12%	20%	4%	8%	0%	4%

| 제시문형 | 법조문형 | 연산추론형 | 퍼즐형 |

01	④	02	⑤	03	①	04	①	05	⑤
06	④	07	①	08	③	09	⑤	10	①
11	①	12	③	13	②	14	④	15	②
16	②	17	①	18	②	19	③	20	④
21	③	22	③	23	⑤	24	⑤	25	④

01 ④

정답률 97.3%

| 문제 유형 | 제시문형 > 정보확인

| 접근 전략 | 비교적 쉬운 문제이므로 선지에서 제시되는 단어들이 어느 문단에 위치하고 있는지를 빠르게 찾아 시간을 절약하도록 한다.

다음 글을 근거로 판단할 때 옳은 것은?

우리나라는 1948년 7월 17일 공포된 제헌 헌법에서 처음으로 근대적인 지방자치제도의 도입 근거를 마련하였다. 이후 1949년 7월 4일 지방자치법이 제정되어 지방선거를 통해 지방의회를 구성할 수 있게 되었다. 지방자치법의 주요 내용을 살펴보면 다음과 같다. 첫째, 지방자치단체의 종류는 서울특별시와 도, 시·읍·면으로 한다. 둘째, 의결기관과 집행기관을 따로 둔다. 셋째, 지방자치단체장 중 서울특별시장과 도지사는 대통령이 임명하고, 시·읍·면장은 지방의회가 선출한다. 넷째, 지방의회의원은 임기 4년의 명예직으로 한다. 다섯째, 지방의회에는 지방자치단체장에 대한 불신임권을, 지방자치단체장에게는 지방의회해산권을 부여한다. ▶1문단

그러나 실제로 지방자치법에 따른 지방선거는 사회가 불안정하다는 이유로 실시되지 못한 채 연기되었다. 이후 대통령은 1951년 12월 31일 헌법 개정과 함께 갑작스럽게 지방선거 실시를 발표하였다. 이에 따라 전쟁 중인 1952년 4월 25일에 치안 불안 지역과 미수복 지역을 제외한 지역에서 시·읍·면의회 의원선거를 실시하였고, 5월 10일에 서울특별시, 경기도, 강원도 등을 제외한 7개 도에서 도의회 의원선거를 실시하였다. 1953년 5월에는 선거를 치르지 못했던 지역에서 도의회 의원을 선출하는 선거가 실시되었다. ▶2문단

1956년에는 지방자치법을 개정하여 시·읍·면장을 주민직선을 통해 선출하도록 하였다. 이에 따라 같은 해 8월 8일 제2차 시·읍·면의회 의원선거와 동시에 최초로 주민직선에 의한 시·읍·면장 선거가 실시되었다. 그리고 8월 13일에는 서울특별시의회 및 도의회 의원선거가 실시되었다. 4년 뒤인 1960년 12월에는 지방자치법을 다시 개정하고, 서울특별시장 및 도지사도 주민직선제로 선출하도록 하였다. 이에 따라 같은 해 12월 12일에 서울특별시의회 및 도의회 의원선거, 19일에 시·읍·면의회 의원선거, 26일에 시·읍·면장 선거, 29일에 서울특별시장 및 도지사 선거가 실시되었다. ▶3문단

① 1949년 제정 당시 지방자치법에 따르면, 주민들이 지방자치단체장을 직접 선출하도록 되어 있었다. ➡ (X) 1문단에 따르면 1949년 제정 당시 지방자치법은 지방자치단체장 중 서울특별시장과 도지사는 대통령이 임명하고, 시·읍·면장은 지방의회가 선출하도록 되어 있다.

② 1949년 제정 당시 지방자치법에 따르면, 대통령이 시·읍·면장을 지명하도록 되어 있었다. ➡ (X) 1문단에 따르면 1949년 제정 당시 지방자치법은 지방자치단체장 중 시·읍·면장은 지방의회가 선출하도록 되어 있다.

③ 1952년에는 모든 지역에서 지방선거를 통해 지방의회의원이 선출되었다. ➡ (X) 2문단에서 전쟁 중인 1952년 4월 25일에 치안 불안 지역과 미수복 지역을 제외한 지역에서 시·읍·면의회 의원선거를 실시하였다고 하였으므로 모든 지역에서 지방선거가 실시되었다는 설명은 옳지 않다.

④ 1956년에는 지방선거를 통해 시·읍·면장이 처음으로 주민에 의해 직접 선출되었다. ➡ (O) 3문단에 따르면 1956년에는 지방자치법을 개정하여 시·읍·면장을 주민직선을 통해 선출하도록 하였다.

⑤ 1960년 12월에는 전국적으로 두 차례의 지방선거가 실시되었다. ➡ (X) 3문단에 따르면 1960년 12월 12일에 서울특별시의회 및 도의회 의원선거, 19일에 시·읍·면의회 의원선거, 26일에 시·읍·면장 선거, 29일에 서울특별시장 및 도지사 선거가 실시되었다. 따라서 두 차례가 아니라 네 차례 지방선거가 실시되었음을 알 수 있다.

02 ⑤

정답률 95.2%

| 문제 유형 | 제시문형 > 정보확인

| 접근 전략 | '약, 대략' 등 어림을 표현한 문구가 있으면 조심하는 것이 좋다. 정확한 값이 아니더라도 어림을 표현한 문구가 있으면 넓게 정답으로 인정해 주어야 한다.

다음 글을 근거로 판단할 때, 〈보기〉에서 옳은 것만을 모두 고르면?

태어난 아기에게 처음 입히는 옷을 배냇저고리라고 하는데, 보드라운 신생아의 목에 거친 깃이 닿지 않도록 깃 없이 만들어 '무령의(無領衣)'라고도 하였다. 배냇저고리는 대개 생후 삼칠일까지 입혔기 때문에 지역에 따라 '삼저고리', '이레안저고리' 등으로도 불리었다. 보통 저고리를 여미는 고름 대신 무명실 끈을 길게 달아 장수를 기원했는데, 이는 남아, 여아 모두 공통적이었다. 남자아기의 배냇저고리는 재수가 좋다고 하여 시험이나 송사를 치르는 사람이 부적같이 몸에 지니는 풍습이 있었다. ▶1문단

아기가 태어난 지 약 20일이 지나면 배냇저고리를 벗기고 돌띠저고리를 입혔다. 돌띠저고리에는 돌띠라는 긴 고름이 달려 있는데 길이가 길어 한 바퀴 돌려 맬 수 있을 정도이다. 이런 돌띠저고리에는 긴 고름처럼 장수하기를 바라는 의미가 담겨 있다. ▶2문단

백일에는 아기에게 백줄을 누빈 저고리를 입히기도 하였는데, 이는 장수하기를 바라는 의미를 담고 있다. 그리고 첫 생일인 돌에 남자아기에게는 색동저고리를 입히고 복건(幅巾)이나 호건(虎巾)을 씌우며, 여자아기에게는 색동저고리를 입히고 굴레를 씌웠다. ▶3문단

〈보기〉

ㄱ. 배냇저고리는 아기가 태어난 후 약 3주간 입히는 옷이다. → (O) 2문단에서 아기가 태어난 지 약 20일이 지나면 배냇저고리를 벗기고 돌띠저고리를 입혔다고 하였으므로 약 3주간 배냇저고리를 입혔음을 알 수 있다.

ㄴ. 시험을 잘 보기 위해 여자아기의 배냇저고리를 몸에 지니는 풍습이 있었다. → (X) 1문단에 따르면 남자아기의 배냇저고리가 재수가 좋다고 하여 시험이나 송사를 치르는 사람이 부적같이 몸에 지니는 풍습이 있었다.

ㄷ. 돌띠저고리와 백줄을 누빈 저고리에 담긴 의미는 동일하다. → (O) 2문단에서 돌띠저고리에는 긴 고름처럼 장수하기를 바라는 의미가 담겨 있다고 하였고, 3문단에서 백일에 아기에게 백줄을 누빈 저고리를 입히는 것은 장수하기를 바라는 의미를 담고 있다고 하였으므로 둘의 의미는 장수를 기원하는 것으로서 같다.

ㄹ. 남자아기뿐만 아니라 여자아기에게도 첫 생일에는 색동저고리를 입혔다. → (O) 3문단에 따르면 첫 생일인 돌에 남자아기에게는 색동저고리를 입히고 복건이나 호건을 씌우며, 여자아기에게는 색동저고리를 입히고 굴레를 씌웠다. 따라서 남자아기뿐만 아니라 여자아기에게도 첫 생일에는 색동저고리를 입혔음을 알 수 있다.

① ㄴ ➡ (X)
② ㄱ, ㄴ ➡ (X)
③ ㄱ, ㄷ ➡ (X)
④ ㄱ, ㄹ ➡ (X)
⑤ ㄱ, ㄷ, ㄹ ➡ (O)

| **문제 유형** | 제시문형 > 정보확인

| **접근 전략** | 정보확인 유형의 경우 소재는 어려워도 문제는 쉬울 때가 많다. 지진의 강도를 나타내는 리히터 규모와 진도의 개념 및 특징을 파악하며 읽도록 한다.

다음 글을 근거로 판단할 때, 〈보기〉에서 옳은 것만을 모두 고르면?

지진의 강도는 '리히터 규모'와 '진도'로 나타낼 수 있다. 리히터 규모는 미국 지질학자인 찰스 리히터가 지진의 강도를 절대적 수치로 나타내기 위해 제안한 개념이다. 리히터 규모는 지진계에 기록된 지진파의 최대 진폭을 측정하여 수학적으로 계산한 값이며, 지진이 발생하면 각 지진마다 고유의 리히터 규모 값이 매겨진다. 리히터 규모는 지진파의 최대 진폭이 10배가 될 때마다 1씩 증가하는데, 이때 지진에너지는 약 32배가 된다. 리히터 규모는 소수점 아래 한 자리까지 나타내는데, 예를 들어 'M5.6' 또는 '규모 5.6'의 지진으로 표시된다. ▶1문단

진도는 지진이 일어났을 때 어떤 한 지점에서 사람이 느끼는 정도와 건물의 피해 정도 등을 상대적으로 등급화한 수치로, 동일한 지진에 대해서도 각 지역에 따라 진도가 달라질 수 있다. 예를 들어, 어떤 지진이 발생했을 때 발생 지점에서 거리가 멀어질수록 진도는 낮게 나타난다. 또한 진도는 각 나라별 실정에 따라 다른 기준이 채택된다. 우리나라는 12단계의 '수정 메르칼리 진도'를 사용하고 있으며, 진도를 나타내는 수치는 로마 숫자를 이용하여 '진도 Ⅲ'과 같이 표시한다. 표시되는 로마 숫자가 클수록 지진을 느끼는 정도나 피해의 정도가 크다는 것을 의미한다. ▶2문단

〈보기〉

ㄱ. M5.6인 지진을 진도로 표시하면 나라별로 다르게 표시될 수 있다.
→ (O) 2문단에 따르면 동일한 지진에 대해서 각 지역에 따라 진도가 달라질 수 있고, 또한 각 나라별 실정에 따라 다른 기준이 채택된다고 하였으므로 M5.6인 지진을 진도로 표시하면 나라별로 다르게 표시될 수 있음을 알 수 있다.

ㄴ. M4.0인 지진의 지진파 최대 진폭은 M2.0인 지진의 지진파 최대 진폭의 100배이다. → (O) 1문단에 따르면 리히터 규모는 지진파의 최대 진폭이 10배가 될 때마다 1씩 증가한다. M4.0인 지진은 M2.0에 1을 두 번 증가시킨 것이므로 M4.0인 지진의 지진파 최대 진폭은 M2.0인 지진의 지진파 최대 진폭의 10 × 10 = 100(배)이다.

ㄷ. 진도 Ⅱ인 지진이 일어났을 때, 어떤 한 지점에서 사람이 느끼는 정도와 건물의 피해 정도는 진도 Ⅳ인 지진의 2배이다. → (X) 2문단에 따르면 표시되는 로마 숫자가 클수록 지진을 느끼는 정도나 피해의 정도가 크다. 따라서 진도 Ⅱ인 지진이 일어났을 때, 어떤 한 지점에서 사람이 느끼는 정도와 건물의 피해 정도는 정확하게 알 수는 없지만 진도 Ⅱ인 지진보다 진도 Ⅳ인 지진이 일어났을 때 어떤 한 지점에서 사람이 느끼는 정도와 건물의 피해 정도가 더 클 것임을 알 수 있다.

ㄹ. M6.0인 지진의 지진에너지는 M3.0인 지진의 1,000배이다. → (X) 1문단에 따르면 리히터 규모는 지진파의 최대 진폭이 10배가 될 때마다 1씩 증가하는데, 이때 지진에너지는 약 32배가 된다고 하였으므로 따라서 M6.0인 지진의 지진에너지는 M3.0인 지진의 32 × 32 × 32 = 32,768(배)이다.

① ㄱ, ㄴ ➡ (O)
② ㄱ, ㄷ ➡ (X)
③ ㄴ, ㄷ ➡ (X)
④ ㄴ, ㄹ ➡ (X)
⑤ ㄷ, ㄹ ➡ (X)

| **문제 유형** | 제시문형 > 분석추론

| **접근 전략** | 어떤 것이 조건에 부합하는지를 묻는 문제에서는 본문뿐만 아니라 단서, 예외조항을 잘 살펴야 한다. 급하게 풀려고 하다가 단서, 예외조항을 무심코 지나쳐 오답을 고를 수 있으니 주의한다.

다음 〈연구용역 계약사항〉을 근거로 판단할 때, 〈보기〉에서 옳은 것만을 모두 고르면?

〈연구용역 계약사항〉

□ 과업수행 전체회의 및 보고
　○ 참석대상: 발주기관 과업 담당자, 연구진 전원
　○ 착수보고: 계약일로부터 10일 이내
　○ 중간보고: 계약기간 중 2회
　　　- 과업 진척상황 및 중간결과 보고, 향후 연구계획 및 내용 협의
　○ 최종보고: 계약만료 7일 전까지
　○ 수시보고: 연구 수행상황 보고 요청 시, 긴급을 요하거나 특이사항 발생 시 등
　○ 전체회의: 착수보고 전, 각 중간보고 전, 최종보고 전
□ 과업 산출물
　○ 중간보고서 20부, 최종보고서 50부, 연구 데이터 및 관련 자료 CD 1매
□ 연구진 구성 및 관리
　○ 연구진 구성: 책임연구원, 공동연구원, 연구보조원
　○ 연구진 관리
　　　- 연구 수행기간 중 연구진은 구성원을 임의로 교체할 수 없음. 단, 부득이한 경우 사전에 변동사유와 교체될 구성원의 경력 등에 관한 서류를 발주기관에 제출하여 승인을 받은 후 교체할 수 있음
□ 과업의 일반조건
　○ 연구진은 연구과제의 시작부터 종료(최종보고서 제출)까지 과업과 관련된 제반 비용의 지출행위에 대해 책임을 지고 과업을 진행해야 함
　○ 연구진은 용역완료(납품) 후에라도 발주기관이 연구결과와 관련된 자료를 요청할 경우에는 관련 자료를 성실히 제출하여야 함

〈보기〉

ㄱ. 발주기관은 연구용역이 완료된 후에도 연구결과와 관련된 자료를 요청할 수 있다. → (O) 과업의 일반조건 두 번째에 따르면 연구진은 용역완료(납품) 후에라도 발주기관이 연구결과와 관련된 자료를 요청할 경우에는 관련 자료를 성실히 제출하여야 한다고 하였으므로, 발주기관은 연구용역이 완료된 후에도 연구결과와 관련된 자료를 요청할 수 있다.

ㄴ. 과업수행을 위한 전체회의 및 보고 횟수는 최소 8회이다. → (O) 과업수행 전체회의 및 보고 항목에 따르면 보고는 착수보고 1회, 중간보고 2회, 최종보고 1회이므로 수시보고를 제외한 전체보고는 최소 4회이다. 전체회의는 착수보고 전, 각 중간보고 전, 최종보고 전에 이루어지므로 최소 4회이다. 따라서 과업수행을 위한 전체회의 및 보고 횟수는 최소 8회임을 알 수 있다.

ㄷ. 연구진은 연구 수행기간 중 책임연구원과 공동연구원을 변경할 수 없지만 연구보조원의 경우 임의로 교체할 수 있다. → (X) 연구진 구성 및 관리 항목에 따르면 연구진 구성원에는 책임연구원, 공동연구원, 연구보조원이 있고 연구 수행기간 중 연구진은 구성원을 임의로 교체할 수 없으나 단, 부득이한 경우 사전에 변동사유와 교체될 구성원의 경력 등에 관한 서류를 발주기관에 제출하여 승인을 받은 후 교체할 수 있다고 하였으므로 연구보조원을 임의로 교체할 수는 없다.

ㄹ. 중간보고서의 경우 그 출력과 제본비용의 지출행위에 대해 발주기관이 책임을 진다. → (X) 과업의 일반조건 첫 번째에 따르면 연구진은 연구과제의 시작부터 종료(최종보고서 제출)까지 과업과 관련된 제반 비용의 지출행위에 대해 책임을 지고 과업을 진행해야 한다.

① ㄱ, ㄴ ➡ (O)
② ㄱ, ㄷ ➡ (X)
③ ㄱ, ㄹ ➡ (X)
④ ㄴ, ㄷ ➡ (X)
⑤ ㄷ, ㄹ ➡ (X)

05 ⑤

| **문제 유형** | 법조문형 > 규정확인

| **접근 전략** | 규정확인 문제는 정확히 규정 조항과 사례가 일치하는지를 보아야 한다. 비슷한 용어 때문에 혼동하지 않도록 주의한다.

다음 글을 근거로 판단할 때, 〈보기〉에서 규정을 위반한 행위만을 모두 고르면?

제00조(청렴의 의무) ① 공무원은 직무와 관련하여 직접적이든 간접적이든 사례·증여 또는 향응을 주거나 받을 수 없다.
② 공무원은 직무상의 관계가 있든 없든 그 소속 상관에게 증여하거나 소속 공무원으로부터 증여를 받아서는 아니 된다.
제00조(정치운동의 금지) ① 공무원은 정당이나 그 밖의 정치단체의 결성에 관여하거나 이에 가입할 수 없다.
② 공무원은 선거에서 특정 정당 또는 특정인을 지지 또는 반대하기 위한 다음의 행위를 하여서는 아니 된다.
  1. 투표를 하거나 하지 아니하도록 권유 운동을 하는 것
  2. 기부금을 모집 또는 모집하게 하거나, 공공자금을 이용 또는 이용하게 하는 것
  3. 타인에게 정당이나 그 밖의 정치단체에 가입하게 하거나 가입하지 아니하도록 권유 운동을 하는 것
③ 공무원은 다른 공무원에게 제1항과 제2항에 위배되는 행위를 하도록 요구하거나, 정치적 행위에 대한 보상 또는 보복으로서 이익 또는 불이익을 약속하여서는 아니 된다.
제00조(집단행위의 금지) ① 공무원은 노동운동이나 그 밖에 공무 외의 일을 위한 집단행위를 하여서는 아니 된다. 다만, 사실상 노무에 종사하는 공무원은 예외로 한다.
② 제1항 단서에 규정된 공무원으로서 노동조합에 가입된 자가 조합 업무에 전임하려면 소속 장관의 허가를 받아야 한다.

─────〈보기〉─────

ㄱ. 공무원 甲은 그 소속 상관에게 직무상 관계 없이 고가의 도자기를 증여하였다. → (O) 첫 번째 조 제2항에 따르면 공무원은 직무상의 관계가 있든 없든 그 소속 상관에게 증여하거나 소속 공무원으로부터 증여를 받아서는 아니 된다.
ㄴ. 사실상 노무에 종사하는 공무원으로서 노동조합에 가입된 乙은 소속 장관의 허가를 받아 조합 업무에 전임하고 있다. → (X) 세 번째 조 제1항에 따르면 공무원은 노동운동이나 그 밖에 공무 외의 일을 위한 집단행위를 하여서는 아니 되지만 사실상 노무에 종사하는 공무원은 예외로 한다. 동조 제2항에 따르면 사실상 노무에 종사하는 공무원으로서 노동조합에 가입된 자가 조합 업무에 전임하려면 소속 장관의 허가를 받아야 한다. 따라서 乙은 소속 장관의 허가를 받아 조합 업무에 전임할 수 있다.
ㄷ. 공무원 丙은 동료 공무원 丁에게 선거에서 A정당을 지지하기 위한 기부금을 모집하도록 요구하였다. → (O) 두 번째 조 제2항 제2호에 따르면 공무원은 선거에서 특정 정당 또는 특정인을 지지 또는 반대하기 위하여 기부금을 모집 또는 모집하게 하거나, 공공자금을 이용 또는 이용하게 하는 행위를 하여서는 아니되고 동조 제3항에 따르면 공무원은 다른 공무원에게 제1항과 제2항에 위배되는 행위를 하도록 요구하여서는 아니 되므로 공무원 丙의 행위는 규정에 위반된다.

ㄹ. 공무원 戊는 국회의원 선거기간에 B후보를 낙선시키기 위해 해당 지역구 지인들을 대상으로 다른 후보에게 투표하도록 권유 운동을 하였다. → (O) 두 번째 조 제2항 제1호 따르면 공무원은 선거에서 특정 정당 또는 특정인을 지지 또는 반대하기 위하여 투표를 하거나 하지 아니하도록 권유 운동을 하여서는 아니 된다.

① ㄱ, ㄴ ➡ (X)　　　　② ㄴ, ㄷ ➡ (X)
③ ㄷ, ㄹ ➡ (X)　　　　④ ㄱ, ㄴ, ㄹ ➡ (X)
⑤ ㄱ, ㄷ, ㄹ ➡ (O)

06 ④

| **문제 유형** | 제시문형 > 분석추론

| **접근 전략** | 〈상황〉이 정확히 본문의 어떤 부분을 적용하여 해결 가능한지를 잘 살펴보아야 한다. 누가 누구를 상대로 했는지, 어떤 피해를 입었는지, 쟁점이 무엇인지를 잘 파악하는 것이 중요하다.

다음 글과 〈상황〉을 근거로 판단할 때 옳은 것은?

민사소송에서 당사자가 질병, 장애, 연령, 그 밖의 사유로 인한 정신적·신체적 제약으로 소송관계를 분명하게 하기 위하여 필요한 진술을 하기 어려운 경우가 있다. 이때 당사자는 법원의 허가를 받아 진술을 도와주는 사람(진술보조인)과 함께 출석하여 진술할 수 있는데, 이를 '진술보조인제도'라 한다. 이 제도는 말이 어눌하거나 말귀를 잘 알아듣지 못하는 당사자가 재판에서 받을 수 있는 불이익을 방지하기 위하여 그와 의사소통이 잘되는 사람이 법정에 출석하여 당사자를 보조하게 하는 것이다. ▶1문단
진술보조인이 될 수 있는 사람은 당사자의 배우자, 직계 친족, 형제자매, 가족, 그 밖에 동거인으로서 당사자와의 생활관계에 비추어 충분한 자격이 인정되는 경우 등으로 제한된다. 이 제도를 이용하려는 당사자는 1심, 2심, 3심의 각 법원마다 서면으로 진술보조인에 대한 허가신청을 해야 한다. 법원은 이를 허가한 이후에도 언제든지 그 허가를 취소할 수 있다. ▶2문단
법원의 허가를 받은 진술보조인은 변론기일에 당사자 본인과 동석하여 당사자 본인의 진술을 법원과 상대방 당사자, 그 밖의 소송관계인이 이해할 수 있도록 중개하거나 설명할 수 있다. 이때 당사자 본인은 진술보조인의 중개 또는 설명을 즉시 취소할 수 있다. 한편, 진술보조인에 의한 중개 또는 설명의 정확성을 확인하기 위해 진술보조인에게 질문할 수 있는데 그 질문은 법원만이 한다. 진술보조인은 변론에서 당사자의 진술을 조력하는 사람일 뿐이다. 따라서 진술보조인은 당사자를 대신해서 출석하여 진술할 수 없고, 상소의 제기와 같이 당사자만이 할 수 있는 행위도 할 수 없다. ▶3문단

─────〈상황〉─────

甲은 乙을 피고로 하여 A주택의 인도를 구하는 민사소송을 제기하였다. 한편, 乙은 교통사고를 당하여 현재 소송관계를 분명하게 하기 위하여 필요한 진술을 하기 어려운 상태에 있다. 이에 1심 법원은 乙로부터 진술보조인에 대한 허가신청을 받아 乙의 배우자 丙을 진술보조인으로 허가하였다. 1심 변론기일에 乙과 丙은 함께 출석하였다.

① 변론기일에 丙이 한 설명에 대한 정확성을 확인하기 위해 甲은 재판에서 직접 丙에게 질문할 수 있다. ➡ (X) 丙은 진술보조인이고 3문단에 따르면 진술보조인에 의한 중개 또는 설명의 정확성을 확인하기 위해 진술보조인에게 질문할 수 있는데 그 질문은 법원만이 하므로 옳지 않은 설명이다.
② 변론기일에 丙이 한 설명은 乙을 위한 것이므로, 乙은 즉시라 할지라도 그 설명을 취소할 수 없다. ➡ (X) 丙은 진술보조인이고 3문단에 따르면 당사자 본인은 진술보조인의 중개 또는 설명을 즉시 취소할 수 있다.

③ 1심 법원은 丙을 진술보조인으로 한 허가를 취소할 수 없다. ➡ (X)
2문단에 따르면 법원은 진술보조인에 대해 허가한 이후에도 언제든지 그 허가를 취소할 수 있다.

④ 1심 법원이 乙에게 패소판결을 선고한 경우 이 판결에 대해 丙은 상소를 제기할 수 없다. ➡ (O) 마지막 문단에 따르면 진술보조인은 상소의 제기와 같이 당사자만이 할 수 있는 행위를 할 수 없다.

⑤ 2심이 진행되는 경우, 2심 법원에 진술보조인에 대한 허가신청을 하지 않아도 丙의 진술보조인 자격은 그대로 유지된다. ➡ (X) 2문단에 따르면 진술보조인제도를 이용하려는 당사자는 1심, 2심, 3심의 각 법원마다 서면으로 진술보조인에 대한 허가신청을 해야 한다.

07 ①

| 문제 유형 | 법조문형 > 규정적용
| 접근 전략 | 제시된 글과 〈상황〉 모두 규정해석 및 규칙대입이 필요한 문제이다. 법조항에서 제시된 우수현상광고의 요건을 확인하되, 단서조항에서 규정된 예외적 효과를 염두에 둘 필요가 있다.

다음 글과 〈상황〉을 근거로 판단할 때, 〈보기〉에서 옳은 것만을 모두 고르면?

제00조(우수현상광고) ① 광고에 정한 행위를 완료한 자가 수인(數人)인 경우에 그 우수한 자에 한하여 보수(報酬)를 지급할 것을 정하는 때에는 그 광고에 응모기간을 정한 때에 한하여 그 효력이 생긴다.
② 전항의 경우에 우수의 판정은 광고에서 정한 자가 한다. 광고에서 판정자를 정하지 아니한 때에는 광고자가 판정한다.
③ 우수한 자가 없다는 판정은 할 수 없다. 그러나 광고에서 다른 의사표시가 있거나 광고의 성질상 판정의 표준이 정하여져 있는 때에는 그러하지 아니하다.
④ 응모자는 제2항 및 제3항의 판정에 대하여 이의를 제기하지 못한다.
⑤ 수인의 행위가 동등으로 판정된 때에는 각각 균등한 비율로 보수를 받을 권리가 있다. 그러나 보수가 그 성질상 분할할 수 없거나 광고에 1인만이 보수를 받을 것으로 정한 때에는 추첨에 의하여 결정한다.

※ 현상광고: 어떤 목적으로 조건을 붙여 보수(상금, 상품 등)를 지급할 것을 약속한 광고

〈상황〉

A청은 아래와 같은 내용으로 우수논문공모를 위한 우수현상광고를 하였고, 대학생 甲, 乙, 丙 등이 응모하였다.

우수논문공모
○ 논문주제: 청렴한 공직사회 구현을 위한 정책방안
○ 참여대상: 대학생
○ 응모기간: 2017년 4월 3일 ~ 4월 28일
○ 제 출 처: A청
○ 수 상 자: 1명(아래 상금 전액 지급)
○ 상 금: 금 1,000만 원정
○ 특이사항
 - 논문의 작성 및 응모는 단독으로 하여야 한다.
 - 기준을 충족한 논문이 없다고 판정된 경우, 우수논문을 선정하지 않을 수 있다.

〈보기〉

ㄱ. 우수논문의 판정은 A청이 한다. → (O) 제2항에서 우수의 판정은 광고에서 정한 자가 하고 광고에서 판정자를 정하지 아니한 때에는 광고자가 판정한다고 하였다. 광고에서 따로 정한 자가 없으므로 우수논문의 판정은 광고자 A청이 할 것이다.

ㄴ. 우수논문이 없다는 판정이 이루어질 수 있다. → (O) 제3항에서 우수한 자가 없다는 판정은 할 수 없으나 광고에서 다른 의사표시가 있거나 광고의 성질상 판정의 표준이 정하여져 있는 때에는 그러하지 아니하다고 하였다. 광고에서 기준을 충족한 논문이 없다고 판정된 경우, 우수논문을 선정하지 않을 수 있다고 하였으므로 우수논문이 없다는 판정이 이루어질 수 있다.

ㄷ. 甲, 乙, 丙 등은 우수의 판정에 대해 이의를 제기할 수 있다. → (X) 제4항에 따르면 응모자는 판정에 대하여 이의를 제기하지 못한다.

ㄹ. 심사결과 甲과 乙의 논문이 동등한 최고점수로 판정되었다면, 甲과 乙은 500만 원씩 상금을 나누어 받는다. → (X) 제5항에 따르면 수인의 행위가 동등으로 판정된 때에는 각각 균등한 비율로 보수를 받을 권리가 있다. 그러나 보수가 그 성질상 분할할 수 없거나 광고에 1인만이 보수를 받을 것으로 정한 때에는 추첨에 의하여 결정한다. 광고에 따르면 수상자가 1명이므로 甲과 乙 둘 중 1명이 추첨으로 상금을 받는다.

① ㄱ, ㄴ ➡ (O)
② ㄱ, ㄷ ➡ (X)
③ ㄷ, ㄹ ➡ (X)
④ ㄱ, ㄴ, ㄹ ➡ (X)
⑤ ㄴ, ㄷ, ㄹ ➡ (X)

08 ③
정답률 92.2%

| 문제 유형 | 연산추론형 > 대입비교
| 접근 전략 | 선지를 보면 경우의 수를 줄일 수 있으므로, 선지를 본 후 문제를 해결하는 것이 좋다. 15℃가 20℃보다 상품가치가 큰 것을 계산하지 않아도 알 수 있어야 한다. 둘 모두 재배 가능한 상품에 대해서는 계산할 필요가 없고 둘 중 하나만 재배 가능한 식물의 상품가치의 합을 비교하면 어떤 온도가 상품가치의 총합이 가장 큰 온도인지 알 수 있다.

다음 〈상황〉을 근거로 판단할 때, 준석이가 가장 많은 식물을 재배할 수 있는 온도와 상품가치의 총합이 가장 큰 온도는? (단, 주어진 조건 외에 다른 조건은 고려하지 않는다)

〈상황〉

○ 준석이는 같은 온실에서 5가지 식물(A~E)을 하나씩 동시에 재배하고자 한다.
○ A~E의 재배가능 온도와 각각의 상품가치는 다음과 같다.

식물 종류	재배가능 온도(℃)	상품가치(원)
A	0 이상 20 이하	10,000
B	5 이상 15 이하	25,000
C	25 이상 55 이하	50,000
D	15 이상 30 이하	15,000
E	15 이상 25 이하	35,000

○ 준석이는 온도만 조절할 수 있으며, 식물의 상품가치를 결정하는 유일한 것은 온도이다.
○ 온실의 온도는 0℃를 기준으로 5℃ 간격으로 조절할 수 있고, 한 번 설정하면 변경할 수 없다.

370 · 민간경력자 PSAT 14개년 기출문제집 · 분석해설편

	가장 많은 식물을 재배할 수 있는 온도	상품가치의 총합이 가장 큰 온도	
①	15℃	15℃	➡ (X)
②	15℃	20℃	➡ (X)
③	15℃	25℃	➡ (O)

- 가장 많은 식물을 재배할 수 있는 온도: 15℃에서는 A, B, D, E 네 가지, 20℃에서는 A, D, E 세 가지, 25℃에서는 C, D, E 세 가지 식물을 재배할 수 있으므로 가장 많은 식물을 재배할 수 있는 온도는 15℃이다.
- 상품가치의 총합이 가장 큰 온도: 15℃와 25℃를 비교하면 된다. 15℃는 20℃에서 재배 가능한 작물을 모두 재배할 수 있고 그에 추가해 B까지 재배할 수 있기 때문이다. 25℃에서는 C, D, E를 재배할 수 있다. 25℃에서는 재배할 수 없지만 15℃에서는 재배 가능한 A, B의 상품가치 총합은 10,000+25,000=35,000(원)인데 15℃에서는 재배할 수 없지만 25℃에서는 재배 가능한 C의 상품가치는 50,000원이므로 상품가치의 총합이 가장 큰 온도는 25℃이다.

④	20℃	20℃	➡ (X)
⑤	20℃	25℃	➡ (X)

---

09 ⑤

정답률 91.7%

| **문제 유형** | 연산추론형 > 수리계산

| **접근 전략** | 비교적 간단한 문제로, 각 출장이 세종시 출장인지 세종시 이외 출장인지와 차감 조항에 해당하는지만 판단하여 계산하면 된다.

다음 글과 〈상황〉을 근거로 판단할 때, A사무관이 3월 출장여비로 받을 수 있는 총액은?

○ 출장여비 기준
 - 출장여비는 출장수당과 교통비의 합이다.
 1) 세종시 출장
  - 출장수당: 1만 원
  - 교통비: 2만 원
 2) 세종시 이외 출장
  - 출장수당: 2만 원(13시 이후 출장 시작 또는 15시 이전 출장 종료 시 1만 원 차감)
  - 교통비: 3만 원
○ 출장수당의 경우 업무추진비 사용 시 1만 원이 차감되며, 교통비의 경우 관용차량 사용 시 1만 원이 차감된다.

〈상황〉

A사무관 3월 출장내역	출장지	출장 시작 및 종료 시각	비고
출장 1	세종시	14시~16시	관용차량 사용
출장 2	인천시	14시~18시	
출장 3	서울시	09시~16시	업무추진비 사용

① 6만 원 ➡ (X)
② 7만 원 ➡ (X)
③ 8만 원 ➡ (X)
④ 9만 원 ➡ (X)
⑤ 10만 원 ➡ (O) A사무관의 3월 출장여비를 계산하면 다음과 같다.
- 출장 1: 출장지가 세종시이므로 출장수당 1만 원과 교통비 2만 원이 지급되고 관용차량 사용으로 1만 원을 차감해 2만 원이 출장여비이다.

- 출장 2: 출장지가 세종시 이외이므로 출장수당 2만 원에 교통비 3만 원이 지급되나 13시 이후 출장을 시작했으므로 1만 원을 차감한다. 따라서 출장여비는 4만 원이다.
- 출장 3: 출장지가 세종시 이외이므로 출장수당 2만 원에 교통비 3만 원이 지급되나 업무추진비 사용으로 1만 원을 차감해 4만 원이 출장여비이다.
따라서 A사무관의 3월 출장여비 총액은 2+4+4=10(만 원)이다.

---

10 ①

정답률 92.5%

| **문제 유형** | 퍼즐형 > 최댓값·최솟값 도출

| **접근 전략** | 날짜 감각이 있으면 더 쉽게 풀 수 있지만, 날짜 감각이 부족하다면 토-일-월-화-수-목-금-토-일을 써 놓고 화요일 또는 목요일에 일을 나가야 하면 최대 며칠을 쉴 수 있는지 계산해 본다. 연가가 하루밖에 남지 않았다는 점도 꼭 기억하도록 한다.

다음 글과 〈A여행사 해외여행 상품〉을 근거로 판단할 때, 세훈이 선택할 여행지는?

인희: 다음 달 셋째 주에 연휴던데, 그때 여행갈 계획 있어?
세훈: 응, 이번에는 꼭 가야지. 월요일, 수요일, 금요일이 공휴일이잖아. 그래서 우리 회사에서는 화요일과 목요일에만 연가를 쓰면 앞뒤 주말 포함해서 최대 9일 연휴가 되더라고. 그런데 난 연가가 하루밖에 남지 않아서 그렇게 길게는 안 돼. 그래도 이번엔 꼭 해외여행을 갈 거야.
인희: 어디로 갈 생각이야?
세훈: 나는 어디로 가든 상관없는데 여행지에 도착할 때까지 비행기를 오래 타면 너무 힘들더라고. 그래서 편도 총비행시간이 8시간 이내면서 직항 노선이 있는 곳으로 가려고.
인희: 여행기간은 어느 정도로 할 거야?
세훈: 남은 연가를 잘 활용해서 주어진 기간 내에서 최대한 길게 다녀오려고 해. A여행사 해외여행 상품 중에 하나를 정해서 다녀올 거야.

〈A여행사 해외여행 상품〉

여행지	여행기간 (한국시각 기준)	총비행시간 (편도)	비행기 환승 여부
두바이	4박 5일	8시간	직항
모스크바	6박 8일	8시간	직항
방콕	4박 5일	7시간	1회 환승
홍콩	3박 4일	5시간	직항
뉴욕	4박 5일	14시간	직항

① 두바이 ➡ (O) 세훈의 첫 번째 말에 의하면 월, 수, 금요일이 공휴일이고 하루만 연가가 가능해 화요일에 연가를 쓰든 목요일에 쓰든 최대 5일 여행이 가능하다. 따라서 모스크바 여행은 불가능하다. 세훈의 두 번째 말에 따르면 편도 총비행시간이 8시간 이내여야 하므로 뉴욕 여행은 불가능하고 직항 노선이 있어야 하므로 방콕 여행 또한 불가능하다. 세훈의 세 번째 말에 의하면 주어진 기간 내에서 최대한 길게 다녀오고자 하므로 홍콩이 아닌 두바이 여행을 갈 것이다.
② 모스크바 ➡ (X)
③ 방콕 ➡ (X)
④ 홍콩 ➡ (X)
⑤ 뉴욕 ➡ (X)

11 ①

| **문제 유형** | 제시문형 > 정보확인

| **접근 전략** | 〈보기〉를 하나씩 해결하고 바로 선지를 확인하는 것이 시간을 아끼게 할 때가 종종 있다. 이 문제의 경우 ㄱ과 ㄷ이 옳은 내용이면 굳이 ㄹ까지 해결하지 않아도 된다.

다음 글을 근거로 판단할 때, 〈보기〉에서 옳은 것만을 모두 고르면?

주민투표제도는 주민에게 과도한 부담을 주거나 중대한 영향을 미치는 주요사항을 결정하는 과정에서 주민에게 직접 의사를 표시할 수 있는 기회를 주기 위해 2004년 1월 주민투표법에 의해 도입되었다. 주민투표법에서는 주민투표를 실시할 수 있는 권한을 지방자치단체장에게만 부여하고 있다. 한편 중앙행정기관의 장은 지방자치단체장에게 주민투표 실시를 요구할 수 있고, 지방의회와 지역주민은 지방자치단체장에게 주민투표 실시를 청구할 수 있다. ▶1문단

주민이 직접 조례의 제정 및 개폐를 청구할 수 있는 주민발의제도는 1998년 8월 지방자치법의 개정으로 도입되었다. 주민발의는 지방자치단체장에게 청구하도록 되어 있는데, 지방자치단체장은 청구를 수리한 날로부터 60일 이내에 조례의 제정 또는 개폐안을 작성하여 지방의회에 부의하여야 한다. 주민발의를 지방자치단체장에게 청구하려면 선거권이 있는 19세 이상 주민 일정 수 이상의 서명을 받아야 한다. 청구에 필요한 주민의 수는 지방자치단체의 조례로 정하되 인구가 50만 명 이상인 대도시에서는 19세 이상 주민 총수의 100분의 1 이상 70분의 1 이하의 범위 내에서, 그리고 그 외의 시·군 및 자치구에서는 19세 이상 주민 총수의 50분의 1 이상 20분의 1 이하의 범위 내에서 정하도록 하고 있다. ▶2문단

주민소환제도는 선출직 지방자치단체장 또는 지방의회 의원의 위법·부당행위, 직무유기 또는 직권남용 등에 대한 책임을 묻는 제도로, 2006년 5월 지방자치법 개정으로 도입되었다. 주민소환 실시의 청구를 위해서도 주민소환에 관한 법률에 따라 일정 수 이상 주민의 서명을 받아야 한다. 광역자치단체장을 소환하고자 할 때는 선거권이 있는 19세 이상 주민 총수의 100분의 10 이상, 기초자치단체장에 대해서는 100분의 15 이상, 지방의회 지역구의원에 대해서는 100분의 20 이상의 서명을 받아야 주민소환 실시를 청구할 수 있다. ▶3문단

〈보기〉

ㄱ. 주민투표법에서 주민투표를 실시할 수 있는 권한은 지방자치단체장만이 가지고 있다. → (O) 1문단에 따르면 주민투표법에서는 주민투표를 실시할 수 있는 권한을 지방자치단체장에게만 부여하고 있다.

ㄴ. 인구 70만 명인 甲시에서 주민발의 청구를 위해서는 19세 이상 주민 총수의 50분의 1 이상 20분의 1 이하의 범위에서 서명을 받아야 한다. → (X) 2문단에 따르면 주민발의 청구를 하려면 인구가 50만 명 이상인 대도시에서는 19세 이상 주민 총수의 100분의 1 이상 70분의 1 이하의 범위 내에서 서명을 받아야 한다.

ㄷ. 주민발의제도에 근거할 때 주민은 조례의 제정 및 개폐에 관한 사항을 지방의회에 대해 직접 청구할 수 없다. → (O) 2문단에 따르면 주민발의는 지방자치단체장에게 청구하도록 되어 있으므로 주민은 조례의 제정 및 개폐에 관한 사항을 지방의회에 대해 직접 청구할 수 없다.

ㄹ. 기초자치단체인 乙시의 丙시장에 대한 주민소환 실시의 청구를 위해서는 선거권이 있는 19세 이상 주민의 100분의 20 이상의 서명을 받아야 한다. → (X) 3문단에 따르면 기초자치단체장을 소환할 때에는 선거권이 있는 19세 이상 주민 총수의 100분의 15 이상의 서명을 받아야 한다.

① ㄱ, ㄷ ➡ (O)　　　② ㄱ, ㄹ ➡ (X)
③ ㄴ, ㄷ ➡ (X)　　　④ ㄱ, ㄴ, ㄹ ➡ (X)
⑤ ㄴ, ㄷ, ㄹ ➡ (X)

12 ③

| **문제 유형** | 제시문형 > 정보확인

| **접근 전략** | 다양한 용어들이 중첩적으로 나와 자칫 다른 용어를 보고 오답을 고를 수 있으니 주의한다.

다음 글을 근거로 판단할 때 옳은 것은?

파스타(pasta)는 밀가루와 물을 주재료로 하여 만든 반죽을 소금물에 넣고 삶아 만드는 이탈리아 요리를 총칭하는데, 파스타 요리의 가장 중요한 재료인 면을 의미하기도 한다. ▶1문단

파스타는 350여 가지가 넘는 다양한 종류가 있는데, 형태에 따라 크게 롱(long) 파스타와 쇼트(short) 파스타로 나눌 수 있다. 롱 파스타의 예로는 가늘고 기다란 원통형인 스파게티, 넓적하고 얇은 면 형태인 라자냐를 들 수 있고, 쇼트 파스타로는 속이 빈 원통형인 마카로니, 나선 모양인 푸실리를 예로 들 수 있다. ▶2문단

역사를 살펴보면, 기원전 1세기경에 고대 로마시대의 이탈리아 지역에서 라자냐를 먹었다는 기록이 전해진다. 이후 기원후 9~11세기에는 이탈리아 남부의 시칠리아에서 아랍인들로부터 제조 방법을 전수받아 건파스타(dried pasta)의 생산이 처음으로 이루어졌다고 한다. 건파스타는 밀가루에 물만 섞은 반죽으로 만든 면을 말린 것인데, 이는 시칠리아에서 재배된 듀럼(durum) 밀이 곰팡이나 해충에 취약해 장기 보관이 어려웠기 때문에 저장기간을 늘리고 수송을 쉽게 하기 위함이었다. ▶3문단

듀럼 밀은 주로 파스타를 만들 때 사용하는 특수한 품종으로 일반 밀과 여러 가지 측면에서 차이가 난다. 일반 밀이 강수량이 많고 온화한 기후에서 잘 자라는 반면, 듀럼 밀은 주로 지중해 지역과 같이 건조하고 더운 기후에서 잘 자란다. 또한 일반 밀로 만든 하얀 분말 형태의 고운 밀가루는 이스트를 넣어 발효시킨 빵과 같은 제품들에 주로 사용되고, 듀럼 밀을 거칠게 갈아 만든 황색의 세몰라 가루는 파스타를 만드는 데 적합하다. ▶4문단

① 속이 빈 원통형인 마카로니는 롱 파스타의 한 종류이다. ➡ (X) 2문단에 따르면 속이 빈 원통형인 마카로니는 쇼트 파스타의 한 종류이다.

② 건파스타 제조 방법은 시칠리아인들로부터 아랍인들에게 최초로 전수되었다. ➡ (X) 3문단에 따르면 기원후 9~11세기에 이탈리아 남부의 시칠리아에서 아랍인들로부터 제조 방법을 전수받아 건파스타(dried pasta)의 생산이 처음으로 이루어졌다고 한다.

③ 이탈리아 지역에서는 기원전부터 롱 파스타를 먹은 것으로 보인다. ➡ (O) 2문단에서 라자냐가 롱 파스타의 일종임을 알 수 있고 3문단에서 기원전 1세기경에 고대 로마시대의 이탈리아 지역에서 라자냐를 먹었다는 기록이 전해진다고 하였으므로 옳은 설명이다.

④ 파스타를 만드는 데 사용하는 세몰라 가루는 곱게 갈아 만든 흰색의 가루이다. ➡ (X) 4문단에서 듀럼 밀을 거칠게 갈아 만든 황색의 세몰라 가루는 파스타를 만드는 데 적합하다고 하였으므로 세몰라 가루는 황색임을 알 수 있다.

⑤ 듀럼 밀은 곰팡이나 해충에 강해 건파스타의 주재료로 적합하다. ➡ (X) 3문단에 따르면 시칠리아에서 재배된 듀럼(durum) 밀은 곰팡이나 해충에 취약해 장기 보관이 어려웠다.

13 ②

| **문제 유형** | 제시문형 > 정보확인 |

| **접근 전략** | 키워드를 중심으로 제시문의 내용을 이해하여야 하는 문제로서, 기원전 n세기가 기원전 n00~(n00−99)년까지임을 알아 두도록 한다. 연도를 세는 것은 기본적인 상식이므로 PSAT에서 충분히 요구할 수 있는 배경지식이다.

다음 글을 근거로 판단할 때, 〈보기〉에서 옳은 것만을 모두 고르면?

인류 역사상 불공정거래 문제가 나타난 것은 먼 옛날부터이다. 자급자족경제에서 벗어나 물물교환이 이루어지고 상업이 시작된 시점부터 불공정거래 문제가 나타났고, 법을 만들어 이를 규율하기 시작하였다. 불공정거래 문제가 법적으로 다루어진 것으로 알려진 최초의 사건은 기원전 4세기 아테네에서 발생한 곡물 중간상 사건이다. 기원전 388년 겨울, 곡물 수입 항로가 스파르타로부터 위협을 받게 되자 곡물 중간상들의 물량 확보 경쟁이 치열해졌고 입찰가격은 급등하였다. 이에 모든 곡물 중간상들이 담합하여 동일한 가격으로 응찰함으로써 곡물 매입가격을 크게 하락시켰고, 이를 다시 높은 가격에 판매하였다. 이로 인해 그들은 아테네 법원에 형사상 소추되어 유죄 판결을 받았다. 당시 아테네는 곡물 중간상들이 담합하여 일정 비율 이상의 이윤을 붙일 수 없도록 성문법으로 규정하고 있었으며, 해당 규정 위반 시 사형에 처해졌다. ▶1문단

곡물의 공정거래를 규율하는 고대 아테네의 성문법은 로마로 계승되어 더욱 발전되었다. 그리고 로마의 공정거래 관련법은 13세기부터 15세기까지 이탈리아의 우루비노와 피렌체, 독일의 뉘른베르크 등의 도시국가와 프랑스 등 중세 유럽 각국의 공정거래 관련법 제정에까지 영향을 미쳤다. 영국에서도 로마의 공정거래 관련법의 영향을 받아 1353년에 에드워드 3세의 공정거래 관련법이 만들어졌다. ▶2문단

〈보기〉

ㄱ. 인류 역사상 불공정거래 문제는 자급자족경제 시기부터 나타났다.
→ (X) 1문단에 따르면 자급자족경제에서 벗어나 물물교환이 이루어지고 상업이 시작된 시점부터 불공정거래 문제가 나타났다.

ㄴ. 기원전 4세기 아테네의 공정거래 관련법에 규정된 최고형은 벌금형이었다. → (X) 1문단에 따르면 기원전 4세기 당시 아테네는 곡물 중간상들이 담합하여 일정 비율 이상의 이윤을 붙일 수 없도록 성문법으로 규정하고 있었으며, 해당 규정 위반 시 사형에 처해졌다.

ㄷ. 로마의 공정거래 관련법은 영국 에드워드 3세의 공정거래 관련법 제정에 영향을 미쳤다. → (O) 2문단에 따르면 영국에서도 로마의 공정거래 관련법의 영향을 받아 1353년에 에드워드 3세의 공정거래 관련법이 만들어졌다.

ㄹ. 기원전 4세기 아테네 곡물 중간상 사건은 곡물 중간상들이 곡물을 1년 이상 유통하지 않음으로 인해 발생하였다. → (X) 1문단에서 기원전 388년 겨울, 곡물 수입 항로가 스파르타로부터 위협을 받게 되자 곡물 중간상들의 물량 확보 경쟁이 치열해졌고 입찰가격은 급등하여 이에 모든 곡물 중간상들이 담합하여 동일한 가격으로 응찰함으로써 곡물 매입가격을 크게 하락시킨 후 이를 다시 높은 가격에 판매하였다고 하여 곡물 중간상 사건의 내용은 확인할 수 있으나 곡물 중간상 사건이 곡물을 1년 이상 유통하지 않아 발생하였는지는 알 수 없다.

① ㄱ ➡ (X)
② ㄷ ➡ (O)
③ ㄱ, ㄴ ➡ (X)
④ ㄴ, ㄹ ➡ (X)
⑤ ㄷ, ㄹ ➡ (X)

14 ④

| **문제 유형** | 연산추론형 > 대입비교 |

| **접근 전략** | A국과 B국의 대기오염 등급 및 경보기준을 비교하면서 제시문의 내용을 이해하도록 한다. 해당 문제의 경우 많은 조건이 제시되어 있으므로 해당하는 항목을 표시하면서 문제를 해결해 나간다.

다음 글을 근거로 판단할 때, 〈보기〉에서 옳은 것만을 모두 고르면?

A국과 B국은 대기오염 정도를 측정하여 통합지수를 산정하고 이를 바탕으로 경보를 한다.

A국은 5가지 대기오염 물질 농도를 각각 측정하여 대기환경지수를 산정하고, 그 평균값을 통합지수로 한다. 통합지수의 범위에 따라 호흡 시 건강에 미치는 영향이 달라지며, 이를 기준으로 그 등급을 아래와 같이 6단계로 나눈다.

〈A국 대기오염 등급 및 경보기준〉

등급	좋음	보통	민감군에게 해로움	해로움	매우 해로움	심각함
통합지수	0~50	51~100	101~150	151~200	201~300	301~500
경보색깔	초록	노랑	주황	빨강	보라	적갈
행동지침	외부활동 가능		외부활동 자제			

※ 민감군: 노약자, 호흡기 환자 등 대기오염에 취약한 사람

B국은 A국의 5가지 대기오염 물질을 포함한 총 6가지 대기오염 물질의 농도를 각각 측정하여 대기환경지수를 산정하고, 이 가운데 가장 높은 대기환경지수를 통합지수로 사용한다. 다만 오염물질별 대기환경지수 중 101 이상인 것이 2개 이상일 경우에는 가장 높은 대기환경지수에 20을 더하여 통합지수를 산정한다. 통합지수는 그 등급을 아래와 같이 4단계로 나눈다.

〈B국 대기오염 등급 및 경보기준〉

등급	좋음	보통	나쁨	매우 나쁨
통합지수	0~50	51~100	101~250	251~500
경보색깔	파랑	초록	노랑	빨강
행동지침	외부활동 가능		외부활동 자제	

〈보기〉

ㄱ. A국과 B국의 통합지수가 동일하더라도, 각 대기오염 물질의 농도는 다를 수 있다. → (O) A국은 5가지 대기오염 물질 농도를 각각 측정하여 대기환경지수를 산정하지만, B국은 A국의 5가지 대기오염 물질을 포함한 총 6가지 대기오염 물질의 농도를 각각 측정하여 대기환경지수를 산정한다. 따라서 A국과 B국의 통합지수가 동일하더라도, 각 대기오염 물질의 농도는 다를 수 있다.

ㄴ. B국의 통합지수가 180이라면, 6가지 대기오염 물질의 대기환경지수 중 가장 높은 것은 180 미만일 수 없다. → (X) 오염물질별 대기환경지수 중 101 이상인 것이 2개 이상일 경우에는 가장 높은 대기환경지수에 20을 더하여 통합지수를 산정한다. 따라서 대기환경지수가 101 이상인 것이 2개 이상이고 대기환경지수 중 가장 높은 것이 160이라면 B국의 통합지수가 180이 될 수 있으므로 6가지 대기오염 물질의 대기환경지수 중 가장 높은 것이 180 미만일 수 있다.

ㄷ. A국이 대기오염 등급을 '해로움'으로 경보한 경우, 그 정보만으로는 특정 대기오염 물질 농도에 대한 정확한 수치를 알 수 없을 것이다. → (O) A국은 5가지 대기오염 물질 농도를 각각 측정하여 대기환경지수를 산정하고, 그 평균값을 통합지수로 하므로 대기오염 물질 각각의 농도에 대한 정확한 수치는 알 수 없다.

ㄹ. B국 국민이 A국에 방문하여 경보색깔이 노랑인 것을 확인하고 B국의 경보기준을 따른다면, 외부활동을 자제할 것이다. → (O) 〈B국 대기오염 등급 및 경보기준〉에 따르면 노랑일 때 외부활동을 자제하는 것이 행동지침이므로 적절하다.

ㄷ. 술에 취한 상태에서의 자동차 운전으로 2회 적발된 자가 다시 혈중알코올농도 0.15퍼센트 상태의 운전으로 적발된 경우, 6개월 이상 1년 이하의 징역이나 300만 원 이상 500만 원 이하의 벌금에 처해진다. → (X) 제4항 제1호에 따르면 술에 취한 상태에서 자동차를 운전하여 2회 이상 적발된 자가 다시 술에 취한 상태에서 자동차를 운전한 경우 1년 이상 3년 이하의 징역이나 500만 원 이상 1천만 원 이하의 벌금에 처해진다.

① ㄱ, ㄴ ➡ (X)
② ㄱ, ㄷ ➡ (X)
③ ㄴ, ㄹ ➡ (X)
④ ㄱ, ㄷ, ㄹ ➡ (O)
⑤ ㄴ, ㄷ, ㄹ ➡ (X)

① ㄱ ➡ (X)
② ㄴ ➡ (O)
③ ㄱ, ㄷ ➡ (X)
④ ㄴ, ㄷ ➡ (X)
⑤ ㄱ, ㄴ, ㄷ ➡ (X)

15 ②
정답률 96.1%

| 문제 유형 | 법조문형 > 규정적용
| 접근 전략 | 법조문을 보는 연습을 해야 한다. 법조문은 보통 '조, 항, 호, 목' 순으로 되어 있으며, 다른 조항과 결합해 처벌조항을 만드는 경우도 많으니 해당 조항뿐만 아니라 여러 조항을 유기적으로 보는 습관도 길러야 한다.

다음 글을 근거로 판단할 때, 〈보기〉에서 옳은 것만을 모두 고르면?

제00조(술에 취한 상태에서의 운전 금지) ① 누구든지 술에 취한 상태에서 자동차를 운전하여서는 아니 된다.
② 경찰공무원은 제1항을 위반하여 술에 취한 상태에서 자동차를 운전하였다고 인정할 만한 상당한 이유가 있는 경우에는 운전자가 술에 취하였는지를 호흡조사로 측정(이하 '음주측정'이라 한다)할 수 있다. 이 경우 운전자는 경찰공무원의 음주측정에 응하여야 한다.
③ 제1항을 위반하여 술에 취한 상태에서 자동차를 운전한 사람은 다음 각 호의 구분에 따라 처벌한다.
  1. 혈중알코올농도가 0.2퍼센트 이상인 사람은 1년 이상 3년 이하의 징역이나 500만 원 이상 1천만 원 이하의 벌금
  2. 혈중알코올농도가 0.1퍼센트 이상 0.2퍼센트 미만인 사람은 6개월 이상 1년 이하의 징역이나 300만 원 이상 500만 원 이하의 벌금
  3. 혈중알코올농도가 0.05퍼센트 이상 0.1퍼센트 미만인 사람은 6개월 이하의 징역이나 300만 원 이하의 벌금
④ 다음 각 호의 어느 하나에 해당하는 사람은 1년 이상 3년 이하의 징역이나 500만 원 이상 1천만 원 이하의 벌금에 처한다.
  1. 제3항에도 불구하고 제1항을 2회 이상 위반한 사람으로서 다시 술에 취한 상태에서 자동차를 운전한 사람
  2. 술에 취한 상태에 있다고 인정할 만한 상당한 이유가 있는 사람으로서 제2항에 따른 경찰공무원의 음주측정에 응하지 아니한 사람

〈보기〉
ㄱ. 혈중알코올농도 0.05퍼센트의 상태에서 운전하여 1회 적발된 행위는, 술에 취한 상태에서 운전을 하고 있다고 인정할 만한 상당한 이유가 있는 사람이 경찰공무원의 음주측정을 거부하는 행위보다 불법의 정도가 크다. → (X) 제3항 제3호에 따르면 혈중알코올농도가 0.05퍼센트 이상 0.1퍼센트 미만인 상태에서 자동차를 운전한 사람은 6개월 이하의 징역이나 300만 원 이하의 벌금에 처하고, 제4항 제2호의 술에 취한 상태에 있다고 인정할 만한 상당한 이유가 있는 사람으로서 경찰공무원의 음주측정에 응하지 아니한 사람은 1년 이상 3년 이하의 징역이나 500만 원 이상 1천만 원 이하의 벌금에 처하므로 후자가 불법의 정도가 더 큼을 알 수 있다.
ㄴ. 술에 취한 상태에서 자동차를 운전하는 행위는 혈중알코올농도 또는 적발된 횟수에 따라 처벌의 정도가 달라질 수 있다. → (O) 제3항 각 호는 혈중알코올농도에 따라 처벌의 정도를 다르게 하고 있고, 제4항 제1호에서는 2회 이상 위반자를 가중처벌하고 있다.

16 ②
정답률 95.8%

| 문제 유형 | 법조문형 > 규정확인
| 접근 전략 | 법조문을 볼 때 문제에 필요한 정보를 정확하게 찾아내는 연습을 해 두는 것이 좋다.

다음 글을 근거로 판단할 때 옳은 것은?

제00조(성년후견) ① 가정법원은 질병, 장애, 노령, 그 밖의 사유로 인한 정신적 제약으로 사무를 처리할 능력이 지속적으로 결여된 사람에 대하여 본인, 배우자, 4촌 이내의 친족, 검사 또는 지방자치단체의 장의 청구에 의하여 성년후견개시의 심판을 한다.
② 성년후견인은 피성년후견인의 법률행위를 취소할 수 있다.
③ 제2항에도 불구하고 일용품의 구입 등 일상생활에 필요하고 그 대가가 과도하지 아니한 법률행위는 성년후견인이 취소할 수 없다.
제00조(피성년후견인의 신상결정) ① 피성년후견인은 자신의 신상에 관하여 그의 상태가 허락하는 범위에서 단독으로 결정한다.
② 성년후견인이 피성년후견인을 치료 등의 목적으로 정신병원이나 그 밖의 다른 장소에 격리하려는 경우에는 가정법원의 허가를 받아야 한다.
제00조(성년후견인의 선임) ① 성년후견인은 가정법원이 직권으로 선임한다.
② 가정법원은 성년후견인이 선임된 경우에도 필요하다고 인정하면 직권으로 또는 청구권자의 청구에 의하여 추가로 성년후견인을 선임할 수 있다.

① 성년후견인의 수는 1인으로 제한된다. ➡ (X) 세 번째 조 제2항에 따르면 가정법원은 성년후견인이 선임된 경우에도 필요하다고 인정하면 직권으로 또는 청구권자의 청구에 의하여 추가로 성년후견인을 선임할 수 있다. 따라서 성년후견인의 수가 1인으로 제한되는 것은 아니다.
② 지방자치단체의 장은 가정법원에 성년후견개시의 심판을 청구할 수 있다. ➡ (O) 첫 번째 조 제1항에 따르면 가정법원은 본인, 배우자, 4촌 이내의 친족, 검사 또는 지방자치단체의 장의 청구에 의하여 성년후견개시의 심판을 한다.
③ 성년후견인은 피성년후견인이 행한 일용품 구입행위를 그 대가의 정도와 관계없이 취소할 수 없다. ➡ (X) 첫 번째 조 제3항에서는 일용품의 구입 등 일상생활에 필요하고 그 대가가 과도하지 아니한 법률행위는 성년후견인이 취소할 수 없다고 규정하고 있다. 즉 대가가 과도하면 첫 번째 조 제2항에 따라 취소할 수 있다.
④ 가정법원은 성년후견개시의 심판절차에서 직권으로 성년후견인을 선임할 수 없다. ➡ (X) 세 번째 조 제1항에 따르면 성년후견인은 가정법원이 직권으로 선임한다.
⑤ 성년후견인은 가정법원의 허가 없이 단독으로 결정하여 피성년후견인을 치료하기 위해 정신병원에 격리할 수 있다. ➡ (X) 두 번째 조 제2항에 따르면 성년후견인이 피성년후견인을 치료 등의 목적으로 정신병원이나 그 밖의 다른 장소에 격리하려는 경우에는 가정법원의 허가를 받아야 한다.

17 ③

| 문제 유형 | 법조문형 > 규정적용
| 접근 전략 | 먼저 〈상황〉에서 제시된 내용을 정확하게 파악하고, 관련 법조문에 표시한 후 선지를 풀도록 한다.

다음 글과 〈상황〉을 근거로 판단할 때 옳은 것은?

제00조(경계표, 담의 설치권) ① 인접하여 토지를 소유한 자는 공동비용으로 통상의 경계표나 담을 설치할 수 있다. 이 경우 그 비용은 쌍방이 절반하여 부담한다.

② 전항에도 불구하고 토지의 경계를 정하기 위한 측량비용은 토지의 면적에 비례하여 부담한다.

제00조(경계선 부근의 건축) ① 건물을 축조함에는 경계로부터 반미터 이상의 거리를 두어야 한다.

② 인접지소유자는 전항의 규정에 위반한 자에 대하여 건물의 변경이나 철거를 청구할 수 있다. 그러나 건축에 착수한 후 1년을 경과하거나 건물이 완성된 후에는 손해배상만을 청구할 수 있다.

제00조(차면시설의무) 경계로부터 2미터 이내의 거리에서 이웃 주택의 내부를 관망할 수 있는 창이나 마루를 설치하는 경우에는 적당한 차면(遮面)시설을 하여야 한다.

제00조(지하시설 등에 대한 제한) 우물을 파거나 용수, 하수 또는 오물 등을 저치(貯置)할 지하시설을 하는 때에는 경계로부터 2미터 이상의 거리를 두어야 하며, 지하실공사를 하는 때에는 경계로부터 그 깊이의 반 이상의 거리를 두어야 한다.

※ 차면(遮面)시설: 서로 안 보이도록 가리는 시설
※ 저치(貯置): 저축하거나 저장하여 둠

─〈상황〉─

○ 甲과 乙은 1,000m²의 토지를 공동으로 구매하였다. 그리고 다음과 같이 A토지와 B토지로 나누어 A토지는 甲이, B토지는 乙이 소유하게 되었다.

| A토지 (면적 600m²) | B토지 (면적 400m²) |

○ 甲은 A토지와 B토지의 경계에 담을 설치하고, A토지 위에 C건물을 짓고자 한다. 乙은 B토지를 주차장으로만 사용한다.

① 토지의 경계를 정하기 위해 측량을 하는 데 비용이 100만 원이 든다면 甲과 乙이 각각 50만 원씩 부담한다. ➡ (X) 첫 번째 조 제2항에 따르면 토지의 경계를 정하기 위한 측량비용은 토지의 면적에 비례하여 부담하므로 甲이 60만 원, 乙이 40만 원을 부담해야 한다.

② 통상의 담을 설치하는 비용이 100만 원이라면 甲이 60만 원, 乙이 40만 원을 부담한다. ➡ (X) 첫 번째 조 제1항에 따르면 인접하여 토지를 소유한 자는 공동비용으로 통상의 경계표나 담을 설치할 수 있고 이 경우 그 비용은 쌍방이 절반하여 부담하므로 甲과 乙이 각각 50만 원씩 부담한다.

③ 甲이 B토지와의 경계로부터 반미터 이상의 거리를 두지 않고 C건물을 완성한 경우, 乙은 그 건물의 철거를 청구할 수 없다. ➡ (O) 두 번째 조 제2항에 따르면 인접지소유자는 건축에 착수한 후 1년을 경과하거나 건물이 완성된 후에는 손해배상만을 청구할 수 있다.

④ C건물을 B토지와의 경계로부터 2미터 이내의 거리에 축조한다면, 甲은 C건물에 B토지를 향한 창을 설치할 수 없다. ➡ (X) 세 번째 조에 따르면 경계로부터 2미터 이내의 거리에서 이웃 주택의 내부를 관망할 수 있는 창이나 마루를 설치하는 경우에는 적당한 차면(遮面)시설을 하여야 하므로 차면시설을 하면 창을 설치할 수 있다.

⑤ 甲이 C건물에 지하 깊이 2미터의 지하실공사를 하는 경우, B토지와의 경계로부터 2미터 이상의 거리를 두어야 한다. ➡ (X) 네 번째 조에 따르면 지하실공사를 하는 때에는 경계로부터 그 깊이의 반 이상의 거리를 두어야 하므로 B토지와의 경계로부터 1미터 이상의 거리를 두면 된다.

18 ②

| 문제 유형 | 연산추론형 > 수리계산
| 접근 전략 | 〈상황〉에서 제시된 구체적 수치들을 〈조건〉에 대입하여 계산을 하면 자동차의 총유지비용을 구할 수 있다.

다음 〈조건〉과 〈상황〉을 근거로 판단할 때, 甲이 향후 1년간 자동차를 유지하는 데 소요될 총비용은?

─〈조건〉─

1. 자동차 유지비는 연 감가상각비, 연 자동차 보험료, 연 주유비용으로 구성되며 그 외의 비용은 고려하지 않는다.

2. 연 감가상각비 계산 공식
   연 감가상각비 = (자동차 구매비용 – 운행가능기간 종료 시 잔존가치) ÷ 운행가능기간(년)

3. 연 자동차 보험료

(단위: 만 원)

구분		차종		
		소형차	중형차	대형차
보험 가입 시 운전 경력	1년 미만	120	150	200
	1년 이상 2년 미만	110	135	180
	2년 이상 3년 미만	100	120	160
	3년 이상	90	105	140

※ 차량 구매 시 보험 가입은 필수이며 1년 단위로 가입
※ 보험 가입 시 해당 차량에 블랙박스가 설치되어 있으면 보험료 10% 할인

4. 주유비용
   1리터당 10km를 운행할 수 있으며, 리터당 비용은 연중 내내 1,500원이다.

─〈상황〉─

○ 甲은 1,000만 원에 중형차 1대를 구입하여 바로 운행을 시작하였다.
○ 차는 10년 동안 운행가능하며, 운행가능기간 종료 시 잔존가치는 100만 원이다.
○ 자동차 보험 가입 시, 甲의 운전 경력은 2년 6개월이며 차에는 블랙박스가 설치되어 있다.
○ 甲은 매달 500km씩 차를 운행한다.

① 192만 원 ➡ (X)

② 288만 원 ➡ (O)

- 연 감가상각비: $\frac{(1,000 - 100)}{10} = 90$(만 원)

- 연 자동차 보험료: 중형차에 운전경력이 2년 이상 3년 미만이므로 120만 원인데 블랙박스가 설치되어 있어 10%를 할인받을 수 있으므로 108만 원이다.

- 연 주유비용: 매달 500km씩 1년 동안 6,000km를 운행하고 1리터당 10km 운행이 가능하므로 연간 600리터를 사용한다. 리터당 비용은 1,500원이므로 600 × 1,500 = 90(만 원)이다.

따라서 甲이 1년간 자동차를 유지하는 데 소요될 총비용은 288만 원이다.

③ 298만 원 ➡ (X)

④ 300만 원 ➡ (X)

⑤ 330만 원 ➡ (X)

19 ②

| **문제 유형** | 연산추론형 > 대입비교

| **접근 전략** | 어떤 항목을 가지고 경우의 수를 줄일 수 있을지 파악하는 것이 중요하다. 계산이나 복잡한 절차 없이 경우의 수를 제거할 수 있으면 그것부터 먼저 제거하는 것이 좋다.

다음 글을 근거로 판단할 때, 2017학년도 A대학교 ○○학과 입학 전형 합격자는?

○ A대학교 ○○학과 입학 전형
 – 2017학년도 대학수학능력시험의 국어, 수학, 영어 3개 과목을 반영하여 지원자 중 1명을 선발한다.
 – 3개 과목 평균등급이 2등급(3개 과목 등급의 합이 6) 이내인 자를 선발한다. 이 조건을 만족하는 지원자가 여러 명일 경우, 3개 과목 원점수의 합산 점수가 가장 높은 자를 선발한다.
○ 2017학년도 대학수학능력시험 과목별 등급 – 원점수 커트라인

(단위: 점)

과목＼등급	1	2	3	4	5	6	7	8
국어	96	93	88	79	67	51	40	26
수학	89	80	71	54	42	33	22	14
영어	94	89	85	77	69	54	41	28

※ 예를 들어, 국어 1등급은 100~96점, 국어 2등급은 95~93점

○ 2017학년도 A대학교 ○○학과 지원자 원점수 성적

(단위: 점)

지원자	국어	수학	영어
甲	90	96	88
乙	89	89	89
丙	93	84	89
丁	79	93	92
戊	98	60	100

① 甲 ➡ (X)
② 乙 ➡ (○) 甲은 국어 3등급, 수학 1등급, 영어 3등급으로 등급의 합이 6을 넘어 탈락이다. 丁도 국어 4등급, 수학 1등급, 영어 2등급으로 등급의 합이 6을 넘어 탈락이다. 乙을 기준으로 丙은 국어가 4점 높고 수학이 5점 낮아 乙이 총 1점이 높고, 乙을 기준으로 戊는 국어가 9점 높고 수학이 29점 낮고 영어가 11점 높아 乙이 총 9점이 높다. 따라서 乙이 합격한다.
③ 丙 ➡ (X)
④ 丁 ➡ (X)
⑤ 戊 ➡ (X)

20 ④

| **문제 유형** | 연산추론형 > 대입비교

| **접근 전략** | 원칙과 예외를 잘 구분하여 이해할 필요가 있다. 주어진 조건을 적용하여 단가, 사용목적, 사용연한에 해당되지 않는 품목을 소거해 나가면 쉽게 정답을 찾을 수 있다.

다음 글과 〈필요 물품 목록〉을 근거로 판단할 때, ○○부 아동방과후교육 사업에서 허용되는 사업비 지출품목만을 모두 고르면?

○○부는 아동방과후교육 사업을 운영하고 있다. 원칙적으로 사업비는 사용목적이 '사업 운영'인 경우에만 지출할 수 있다. 다만 다음 중 어느 하나에 해당하면 예외적으로 허용된다. 첫째, 품목당 단가가 10만 원 이하로 사용목적이 '서비스 제공'인 경우에 지출할 수 있다. 둘째, 사용연한이 1년 이내인 경우에 지출할 수 있다.

〈필요 물품 목록〉

품목	단가(원)	사용목적	사용연한
인형탈	120,000	사업 운영	2년
프로그램 대여	300,000	보고서 작성	6개월
의자	110,000	서비스 제공	5년
컴퓨터	950,000	서비스 제공	3년
클리어파일	500	상담일지 보관	2년
블라인드	99,000	서비스 제공	5년

① 프로그램 대여, 의자 ➡ (X)
② 컴퓨터, 클리어파일 ➡ (X)
③ 클리어파일, 블라인드 ➡ (X)
④ 인형탈, 프로그램 대여, 블라인드 ➡ (○) 인형탈은 사용목적이 '사업 운영'이므로 허용되고 사용목적이 '서비스 제공'인 것 중 단가가 10만 원 이하인 품목은 블라인드이다. 또한 사용연한이 1년 이내인 것은 프로그램 대여이다. 따라서 인형탈, 프로그램 대여, 블라인드가 아동방과후교육 사업에서 허용된다.
⑤ 인형탈, 의자, 컴퓨터 ➡ (X)

21 ③

| **문제 유형** | 퍼즐형 > 수리퀴즈

| **접근 전략** | 주어진 〈상황〉과 〈표〉를 방정식 형태로 표현하면 짜장면 1그릇의 가격을 쉽게 계산해 낼 수 있다. 이처럼 종종 방정식 문제가 출제되니 방정식 푸는 방법을 숙지해 두는 것이 좋다.

다음 〈상황〉을 근거로 판단할 때, 짜장면 1그릇의 가격은?

〈상황〉

○ A중식당의 각 테이블별 주문 내역과 그 총액은 아래 〈표〉와 같다.
○ 각 테이블에서는 음식을 주문 내역별로 1그릇씩 주문하였다.

〈표〉

테이블	주문 내역	총액(원)
1	짜장면, 탕수육	17,000
2	짬뽕, 깐풍기	20,000
3	짜장면, 볶음밥	14,000

| 4 | 짬뽕, 탕수육 | 18,000 |
| 5 | 볶음밥, 깐풍기 | 21,000 |

① 4,000원 ➡ (X)

② 5,000원 ➡ (X)

③ 6,000원 ➡ (O) 짜장면을 a, 탕수육을 b, 짬뽕을 c, 깐풍기는 d, 볶음밥을 e라 하고 계산하면 다음과 같다.

1: a+b=17,000
2: c+d=20,000
3: a+e=14,000
4: b+c=18,000
5: d+e=21,000

1~5를 모두 더하면 2(a+b+c+d+e)=90,000이고 a+b+c+d+e=45,000임을 알 수 있다. 4와 5에 따르면 b+c+d+e=39,000이므로 a=6,000이다.

따라서 짜장면 1그릇은 6000원이다.

④ 7,000원 ➡ (X)

⑤ 8,000원 ➡ (X)

22 ③

정답률 97.6%

| 문제 유형 | 퍼즐형 > 논리퀴즈

| 접근 전략 | 문제에서 제시되는 조건은 반드시 문제를 해결하는 데 필요한 것일 때가 많다. 혹시라도 한 조건이 답을 좁히는 데 쓸모가 없었고 답이 나오지 않는다면 그 조건을 다시 읽어 보도록 한다.

다음 글과 〈표〉를 근거로 판단할 때, 백설공주의 친구 7명(A~G) 중 왕자의 부하는 누구인가?

○ A~G 중 2명은 왕자의 부하이다.
○ B~F는 모두 20대이다.
○ A~G 중 가장 나이가 많은 사람은 왕자의 부하가 아니다.
○ A~G 중 여자보다 남자가 많다.
○ 왕자의 두 부하는 성별이 서로 다르고, 국적은 동일하다.

〈표〉

친구	나이	성별	국적
A	37살	?	한국
B	28살	?	한국
C	22살	여자	중국
D	?	여자	일본
E	?	?	중국
F	?	?	한국
G	38살	여자	중국

① A, B ➡ (X) 네 번째 조건에 따라 A, B, E, F는 모두 남자이다. 다섯 번째 조건에 따라 왕자의 두 부하는 성별이 서로 달라야 하는데 A와 B는 모두 남자이므로 답이 아니다.

② B, F ➡ (X) 네 번째 조건에 따라 A, B, E, F는 모두 남자이다. 다섯 번째 조건에 따라 왕자의 두 부하는 성별이 서로 달라야 하는데 B와 F는 모두 남자이므로 답이 아니다.

③ C, E ➡ (O) 네 번째 조건에 따라 E는 남자이고, C는 여자이므로 성별이 다르다. 국적은 중국으로 동일하다. 따라서 다섯 번째 조건을 충족한다.

④ D, F ➡ (X) 국적이 동일해야 하는데 D와 F는 국적이 다르므로 답이 아니다.

⑤ E, G ➡ (X) 두 번째 조건과 세 번째 조건에 따라 G가 나이가 가장 많음을 알 수 있고 이에 따라 G는 왕자의 부하가 아님을 알 수 있다.

23 ⑤

정답률 91.0%

| 문제 유형 | 연산추론형 > 대입비교

| 접근 전략 | A의 입사성적(?)을 제외한 상황에서 어떻게 부서배치가 되는지 1차적으로 확인하고, 선지를 통해 ?를 넣어 정오를 판단하면 된다.

다음 글을 근거로 판단할 때, 甲연구소 신입직원 7명(A~G)의 부서배치 결과로 옳지 않은 것은?

甲연구소에서는 신입직원 7명을 선발하였으며, 신입직원들을 각 부서에 배치하고자 한다. 각 부서에서 요구한 인원은 다음과 같다.

정책팀	재정팀	국제팀
2명	4명	1명

신입직원들은 각자 원하는 부서를 2지망까지 지원하며, 1, 2지망을 고려하여 이들을 부서에 배치한다. 먼저 1지망 지원부서에 배치하는데, 요구인원보다 지원인원이 많은 경우에는 입사성적이 높은 신입직원을 우선적으로 배치한다. 1지망 지원부서에 배치되지 못한 신입직원은 2지망 지원부서에 배치되는데, 이때 역시 1지망에 따른 배치 후 남은 요구인원보다 지원인원이 많은 경우 입사성적이 높은 신입직원을 우선적으로 배치한다. 1, 2지망 지원부서 모두에 배치되지 못한 신입직원은 요구인원을 채우지 못한 부서에 배치된다.

신입직원 7명의 입사성적 및 1, 2지망 지원부서는 아래와 같다. A의 입사성적만 전산에 아직 입력되지 않았는데, 82점 이상이라는 것만 확인되었다. 단, 입사성적의 동점자는 없다.

신입직원	A	B	C	D	E	F	G
입사성적	?	81	84	78	96	80	93
1지망	국제	국제	재정	국제	재정	정책	국제
2지망	정책	재정	정책	정책	국제	재정	정책

→ 정책팀 1지망은 F 한 명, 재정팀 1지망은 C, E 두 명인데 이는 부서에서 요구한 인원보다 적으므로 이들은 1지망에 배치된다. 국제팀 1지망은 A, B, D, G인데 국제팀에서는 1명만 요구했으므로 이들 중 입사성적이 가장 높은 자가 국제팀에 배치될 것이다. A는 82점 이상이므로 A와 G 중 한 명이 국제팀에 배치된다. B는 2지망으로 재정팀을 지원했는데 요구인원 내에 들어오므로 재정팀에 배치된다. A, D, G는 모두 2지망으로 정책팀을 지원했는데 이들 중 국제팀에 배치되는 사람을 제외한 두 명 중 입사성적이 높은 사람이 정책팀, 낮은 사람이 재정팀에 배치된다. D는 점수가 가장 낮으므로 재정팀에 배치된다.

① A의 입사성적이 90점이라면, A는 정책팀에 배치된다. ➡ (O) A의 입사성적이 90점이라면 G가 국제팀에 배치되고, A는 D보다 점수가 높으므로 정책팀에 배치된다.

② A의 입사성적이 95점이라면, A는 국제팀에 배치된다. ➡ (O) A의 입사성적이 95점이라면 G보다 A의 점수가 높아 A가 국제팀에 배치된다.

③ B는 재정팀에 배치된다. ➡ (O) B는 1지망에서 떨어지고 2지망으로 재정팀을 지원했는데 요구인원 내에 들어오므로 재정팀에 배치된다.

④ C는 재정팀에 배치된다. ➡ (O) 재정팀 1지망은 C, E인데 부서에서 요구한 인원보다 적으므로 C는 1지망인 재정팀에 배치된다.

⑤ D는 정책팀에 배치된다. ➡ (X) A, D, G 모두 2지망으로 정책팀을 지원했는데 이들 중 국제팀에 배치되는 사람을 제외한 두 명 중 입사성적이 높은 사람이 정책팀, 낮은 사람이 재정팀에 배치된다. D는 점수가 가장 낮으므로 재정팀에 배치된다.

24 ⑤

TOP 1 정답률 61.3%

| 문제 유형 | 연산추론형 > 수리계산
| 접근 전략 | 시간 문제는 시간 감각이 있으면 어렵지 않게 풀겠지만 그렇지 않은 수험생에게는 상당히 까다로운 문제이다. 시간 문제는 그림을 그려서 차근차근 풀면서 익숙해지도록 하는 것이 좋다. 또한 소거법을 이용하여 선지를 좁혀 나가야 한다.

다음 글을 근거로 판단할 때, 재생된 곡의 순서로 옳은 것은?

○ 찬우는 A, B, C, D 4개의 곡으로 구성된 앨범을 감상하고 있다. A는 1분 10초, B는 1분 20초, C는 1분 00초, D는 2분 10초간 재생되며, 각각의 곡 첫 30초가 전주 부분이다.
○ 재생순서는 처음에 설정하여 이후 변경되지 않으며, 찬우는 자신의 선호에 따라 곡당 1회씩 포함하여 설정하였다.
○ 한 곡의 재생이 끝나면 시차 없이 다음 곡이 자동적으로 재생된다.
○ 마지막 곡 재생이 끝나고 나면 첫 곡부터 다시 재생된다.
○ 모든 곡은 처음부터 끝까지 건너뛰지 않고 재생된다.
○ 찬우는 13시 20분 00초부터 첫 곡을 듣기 시작했다.
○ 13시 23분 00초에 C가 재생되고 있었다.
○ A를 듣고 있던 어느 한 시점부터 3분 00초가 되는 때에는 C가 재생되고 있었다.
○ 13시 45분 00초에 어떤 곡의 전주 부분이 재생되고 있었다.

① A-B-C-D ➡ (X) A~D 전체를 재생하는 데 소요되는 시간은 5분 40초, 즉 340초이고 첫 곡을 재생한 시간은 13시 20분 00초이다. 13시 45분 00초에 어떤 곡의 전주 부분이 재생되고 있으려면 첫 곡을 재생한 시간 기준으로 1,500초(=25분×60)가 지난 시점에 어떤 곡이 시작된 후 30초 이내에 있어야 한다. A-B-C-D가 4회 반복되면 1,360초이고 140초가 지난 시점에는 B의 70초 부분이 재생되고 있을 것이므로 전주 부분이 재생되고 있지 않음을 알 수 있다.

② B-A-C-D ➡ (X) A~D 전체를 재생하는 데 소요되는 시간은 5분 40초, 즉 340초이고 첫 곡을 재생한 시간은 13시 20분 00초이다. 13시 45분 00초에 어떤 곡의 전주 부분이 재생되고 있으려면 첫 곡을 재생한 시간 기준으로 1,500초(=25분×60)가 지난 시점에 어떤 곡이 시작된 후 30초 이내에 있어야 한다. B-A-C-D가 4회 반복되면 1,360초이고 140초가 지난 시점에는 A의 60초 부분이 재생되고 있을 것이므로 전주 부분이 재생되고 있지 않음을 알 수 있다.

③ C-A-D-B ➡ (X) C-A-D-B순으로 곡이 재생될 경우 C가 첫 번째 재생 후 두 번째 재생되려면 340초가 걸린다. 그러므로 13시 20분 00초에 C를 듣기 시작하여 13시 23분 00초에 다시 C가 재생되는 것은 불가능함을 알 수 있다.

④ D-C-A-B ➡ (X) D-C-A-B순으로 곡이 재생될 경우 A를 듣고 있던 어느 한 시점부터 3분 00초가 되는 때에 C가 재생되는 것이 불가능하다. 해당 순서대로 곡이 재생된다면 A가 재생되는 시점부터 180초가 지난 시점은 D가 시작된 후 30초 부분이며 A의 마지막 부분에서 180초가 지난 시점도 D가 시작된 후 100초 부분이기 때문이다. 따라서 A곡을 듣고 있던 어느 한 시점부터 3분 00초가 되는 때에는 D가 재생되고 있을 것이다.

⑤ D-C-B-A ➡ (O) 모든 조건을 만족한다.

25 ④

정답률 80.7%

| 문제 유형 | 퍼즐형 > 수리퀴즈
| 접근 전략 | 전체적으로 시간을 계산할 때 궁궐의 가이드투어 시간이 핵심이 됨을 빠르게 파악하여야 한다. 모든 경우의 수를 전부 확인하기보다는 일정한 조건이 필요한 경우의 수부터 해결해 나가면 쉽게 정답에 도달할 수 있다.

다음 〈조건〉과 〈관광지 운영시간 및 이동시간〉을 근거로 판단할 때, 〈보기〉에서 옳은 것만을 모두 고르면?

〈조건〉
○ 하루에 4개 관광지를 모두 한 번씩 관광한다.
○ 궁궐에서는 가이드투어만 가능하다. 가이드투어는 10시와 14시에 시작하며, 시작 시각까지 도착하지 못하면 가이드투어를 할 수 없다.
○ 각 관광에 소요되는 시간은 2시간이며, 관광지 운영시간 외에는 관광할 수 없다.

〈관광지 운영시간 및 이동시간〉

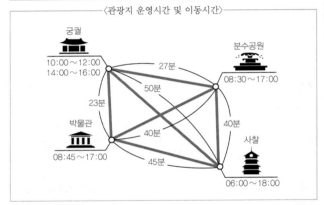

→ 〈관광지 운영시간 및 이동시간〉을 고려할 때 가능한 경우는 다음과 같다.
• 사찰 관광 후 박물관으로 가는 경우: 사찰이 가장 이른 시간에 운영되므로 6시부터 사찰 관광을 시작하면 8시에 사찰 관광이 종료된다. 이후 박물관으로 이동하면 8시 45분부터 박물관 관광이 가능하다. 10시 45분에 박물관 관광이 종료된 후 분수공원으로 이동하면 11시 25분부터 분수공원 관광이 가능하고 13시에 분수공원 관광이 종료된 후 궁궐로 가면 2차 가이드투어를 들을 수 있다.
• 사찰 관광 후 분수공원에 가는 경우: 사찰이 가장 이른 시간에 운영되므로 6시부터 사찰 관광을 시작하면 8시에 사찰 관광이 종료된다. 이후 분수공원으로 이동하면 8시 40분부터 분수공원 관광이 가능하다. 10시 40분에 분수공원 관광이 종료된 후 박물관으로 이동하면 11시 20분부터 박물관 관광이 가능하고 13시 20분에 박물관 관광이 종료된 후 궁궐로 가면 2차 가이드투어를 들을 수 있다.
두 경우 모두 관광 종료 시각은 16시이다. 박물관이나 분수공원을 먼저 가면 궁궐 1차 가이드투어에 참여할 수 없고, 궁궐 2차 가이드투어에 참여하면 사찰 관광을 할 수 없다. 궁궐을 먼저 방문할 경우 각 관광에 소유되는 시간이 2시간이므로 분수공원, 박물관, 사찰 관광시간 6시간과 이동시간을 포함하면 사찰의 종료 시간인 18시를 넘어 4개 관광지를 한 번씩 관광하는 것이 불가능하다.

〈보기〉
ㄱ. 사찰에서부터 관광을 시작해야 한다. → (O) 위 설명에 따르면 사찰에서부터 관광을 시작해야 한다.
ㄴ. 마지막 관광을 종료하는 시각은 16시 30분 이후이다. → (X) 위 설명에 따르면 마지막 관광 종료 시간은 16시이다.
ㄷ. 박물관과 분수공원의 관광 순서가 바뀌어도 무방하다. → (O) 위 설명에 따르면 박물관과 분수공원의 관광 순서가 바뀌어도 무방하다.

① ㄴ ➡ (X) ② ㄷ ➡ (X) ③ ㄱ, ㄴ ➡ (X)
④ ㄱ, ㄷ ➡ (O) ⑤ ㄱ, ㄴ, ㄷ ➡ (X)

에너지 ENERGY

날지 못하면 달려라.
달리지 못하면 걸어라.
그리고 걷지 못하면 기어라.
당신이 무엇을 하든 앞으로 가야 한다는 것만 명심해라.

– 마틴 루터 킹(Martin Luther King)

2016년도 국가공무원 5급 및 7급 민간경력자 일괄채용 필기시험

정답과 분석해설

나의 성적

영역	점수	풀이 시간
언어논리	_____점	_____분
자료해석	_____점	_____분
상황판단	_____점	_____분

합격선

영역	합격 가능권	합격 확실권
언어논리	64~68점	72~76점
자료해석	60~64점	68~72점
상황판단	60~64점	68~72점

풀이 시간

영역	기본	숙련
언어논리	60분	50분
자료해석	60분	50분
상황판단	60분	50분

선발 인원 / 응시 인원 / 경쟁률

선발 인원	응시 인원	경쟁률
257명	6,580명	2.6 : 1

※ 경쟁률은 1차 합격자 선발 기준인 10배수로 산정

취약유형 분석표 제1영역 언어논리

문번	정답	정답률	유형	맞고 틀림
01	④	92.7%	사실적 이해 > 정보 확인	○ △ ×
02	④	92.3%	사실적 이해 > 정보 확인	○ △ ×
03	③	96.2%	사실적 이해 > 정보 확인	○ △ ×
04	⑤	95.8%	비판적 사고 > 빈칸 채우기	○ △ ×
05	①	96.4%	비판적 사고 > 지문에서 추론하기	○ △ ×
06	④	70.5%	사실적 이해 > 논리 게임	○ △ ×
07	④	88.0%	비판적 사고 > 지문에서 추론하기	○ △ ×
08	②	60.1%	비판적 사고 > 논지 강화·약화하기	○ △ ×
09	①	86.8%	비판적 사고 > 판단하기	○ △ ×
10	④	21.3%	비판적 사고 > 판단하기	○ △ ×
11	⑤	98.4%	사실적 이해 > 중심 내용 파악	○ △ ×
12	②	90.5%	사실적 이해 > 정보 확인	○ △ ×
13	②	97.0%	사실적 이해 > 정보 확인	○ △ ×
14	②	96.1%	비판적 사고 > 빈칸 채우기	○ △ ×
15	①	97.3%	비판적 사고 > 유사한 내용·사례 찾기	○ △ ×
16	④	61.6%	비판적 사고 > 빈칸 채우기	○ △ ×
17	②	49.7%	비판적 사고 > 빈칸 채우기	○ △ ×
18	④	87.5%	비판적 사고 > 지문에서 추론하기	○ △ ×
19	⑤	63.1%	비판적 사고 > 판단하기	○ △ ×
20	③	72.9%	비판적 사고 > 판단하기	○ △ ×
21	②	81.0%	비판적 사고 > 지문에서 추론하기	○ △ ×
22	③	77.6%	비판적 사고 > 논리적 결론의 전제·원인 찾기	○ △ ×
23	④	83.8%	사실적 이해 > 논리 게임	○ △ ×
24	⑤	70.0%	비판적 사고 > 논리적 결론의 전제·원인 찾기	○ △ ×
25	②	52.2%	비판적 사고 > 빈칸 채우기	○ △ ×

- 확실히 맞힌 문항 수: _____ 문항
- 헷갈리거나 찍은 문항 수: _____ 문항
- 틀린 문항 수: _____ 문항

취약유형 분석표 제2영역 자료해석

문번	정답	정답률	유형	맞고 틀림
01	①	87.3%	자료 읽기 > 그림 제시형	○ △ ×
02	②	82.6%	자료 읽기/추론 > 계산형	○ △ ×
03	①	85.5%	자료 변환응용 > 자료/보고서 전환형	○ △ ×
04	⑤	91.0%	자료 읽기 > 그림 제시형	○ △ ×
05	④	78.1%	자료 읽기 > 표 제시형	○ △ ×
06	④	84.3%	자료 읽기 > 표 제시형	○ △ ×
07	⑤	78.1%	자료 읽기 > 표/그림 제시형	○ △ ×
08	③	82.6%	자료 읽기 > 표/그림/빈칸 제시형	○ △ ×
09	④	89.1%	자료 읽기/추론 > 매칭형	○ △ ×
10	②	74.1%	자료 읽기 > 표 제시형	○ △ ×
11	⑤	86.2%	자료 읽기 > 표 제시형	○ △ ×
12	③	81.5%	자료 읽기/추론 > 계산형	○ △ ×
13	⑤	86.7%	자료 읽기/추론 > 매칭형	○ △ ×
14	②	92.6%	자료 읽기/추론 > 매칭형	○ △ ×
15	②	85.5%	자료 읽기/추론 > 계산형	○ △ ×
16	③	80.1%	자료 변환응용 > 자료/보고서 전환형	○ △ ×
17	③	83.1%	자료 읽기 > 표/빈칸 제시형	○ △ ×
18	②	85.1%	자료 읽기 > 표 제시형	○ △ ×
19	①	93.2%	자료 읽기 > 그림 제시형	○ △ ×
20	④	60.4%	자료 읽기 > 표 제시형	○ △ ×
21	③	73.9%	자료 읽기 > 그림 제시형	○ △ ×
22	②	71.5%	자료 읽기/추론 > 계산형	○ △ ×
23	⑤	33.7%	자료 읽기 > 표 제시형	○ △ ×
24	①	36.9%	자료 읽기 > 표 제시형	○ △ ×
25	①	71.2%	자료 읽기 > 표 제시형	○ △ ×

취약유형 분석표 제3영역 상황판단

문번	정답	정답률	유형	맞고 틀림
01	④	95.6%	제시문형 > 정보확인	○ △ ×
02	②	93.2%	제시문형 > 정보확인	○ △ ×
03	⑤	83.0%	제시문형 > 정보확인	○ △ ×
04	③	97.4%	제시문형 > 분석추론	○ △ ×
05	④	87.4%	법조문형 > 규정확인	○ △ ×
06	③	75.4%	법조문형 > 규정적용	○ △ ×
07	②	41.2%	제시문형 > 분석추론	○ △ ×
08	①	87.4%	연산추론형 > 수리계산	○ △ ×
09	③	90.8%	퍼즐형 > 논리퀴즈	○ △ ×
10	④	75.2%	퍼즐형 > 게임·규칙	○ △ ×
11	①	97.9%	제시문형 > 정보확인	○ △ ×
12	④	86.3%	제시문형 > 분석추론	○ △ ×
13	④	99.0%	제시문형 > 정보확인	○ △ ×
14	③	90.2%	제시문형 > 정보확인	○ △ ×
15	①	96.9%	법조문형 > 규정확인	○ △ ×
16	⑤	79.1%	제시문형 > 분석추론	○ △ ×
17	⑤	82.6%	연산추론형 > 수리계산	○ △ ×
18	②	87.8%	연산추론형 > 수리계산	○ △ ×
19	①	84.9%	연산추론형 > 대입비교	○ △ ×
20	①	48.6%	퍼즐형 > 게임·규칙	○ △ ×
21	⑤	89.8%	퍼즐형 > 수리퀴즈	○ △ ×
22	③	68.0%	퍼즐형 > 최댓값·최솟값 도출	○ △ ×
23	②	69.0%	퍼즐형 > 수리퀴즈	○ △ ×
24	⑤	71.5%	퍼즐형 > 게임·규칙	○ △ ×
25	④	93.3%	제시문형 > 분석추론	○ △ ×

- 확실히 맞힌 문항 수: _____ 문항
- 헷갈리거나 찍은 문항 수: _____ 문항
- 틀린 문항 수: _____ 문항

- 확실히 맞힌 문항 수: _____ 문항
- 헷갈리거나 찍은 문항 수: _____ 문항
- 틀린 문항 수: _____ 문항

2016 ｜ 제1영역 언어논리(⑤ 책형)

기출 총평

전반부에 출제된 문항들의 지문 난이도는 다소 평이했다. 지문의 내용이나 구조도 쉽게 파악되는 편이고 문제 유형도 복합적이지 않아서 빠르게 문제 풀이가 가능하였을 것이다. 과학 주제의 지문인 경우 용어가 낯설어, 어렵게 느껴지는 것은 어쩔 수 없으므로 이에 대한 대비 전략을 세워 두어야 할 것이다. 논지를 바탕으로 추론할 수 있는 것, 강화·약화하는 사례를 찾는 것 등의 문제에서 지문 독해에 시간이 걸리는 과학 지문들이 종종 등장하는 것을 볼 수 있었다. 평소에 배경지식이 있었다면 도움이 되겠지만 배경지식이 없더라도 용어 간의 상관관계를 파악해 논리적인 구조를 파악하는 방법으로 문제를 풀 수 있으므로, 문제 풀이 훈련을 더 하면 도움이 될 것이다. 문제 유형 면에서는 동일한 현상을 바라보는 다양한 주장을 제시하고 그 주장들의 관계 및 양립 가능성을 묻는 판단하기 유형의 문항들이 눈에 띈다. 일단 지시문을 확인한 후 서로의 의견이 어떻게 다른지 비교·대조하고 이에 대한 적절한 해석을 〈보기〉에서 고르는 과정을 거쳐야 하므로 사실적 이해 영역의 문항보다는 많은 시간이 할애되었을 것이다. 또한 논리 게임 유형이나 논리 게임 풀이 방법을 적용해야 하는 문항 수가 많은 편이었는데, 전체적으로 논리 구조 및 추리 과정은 어렵지 않았다. 그러나 선지를 하나씩 대입해 정답을 찾아야 하는 문제가 있었기 때문에 시간 활용이 중요하게 작용했을 것으로 판단된다. 또한 논리적 전제를 찾는 문항의 난이도는 중상 수준이므로, 이러한 문제 풀이에 시간이 더 투자된다는 점을 염두에 두고 시간 안배를 잘해야 한다. 문항 번호가 뒤로 갈수록 지시문의 형태가 다양하게 나타났으므로, 지시문의 내용을 정확히 파악하고 문제 풀이에 들어가야 한다. 출제자가 의도하는 바가 무엇인지 확인하는 작업이 반드시 전제되어야 함을 잊어서는 안 된다.

문항별 정답률 및 선지별 선택률

문번	정답	정답률 (%)	선지별 선택률(%) ①	②	③	④	⑤
01	④	92.7	0.3	5.9	0.8	92.7	0.3
02	④	92.3	2.8	0.0	4.1	92.3	0.8
03	③	96.2	0.8	0.3	96.2	0.6	2.1
04	⑤	95.8	2.8	0.6	0.4	0.4	95.8
05	①	96.4	96.4	0.9	2.4	0.0	0.3
06	④	70.5	1.7	11.8	5.8	70.5	10.2
07	④	88.0	0.7	8.8	0.8	88.0	1.7
08	②	60.1	3.0	60.1	3.0	23.7	10.2
09	①	86.8	86.8	1.7	2.2	7.4	1.9
10	④	21.3	5.8	4.2	50.7	21.3	18.0
11	⑤	98.4	0.0	0.3	0.3	1.0	98.4
12	③	90.5	1.9	1.6	90.5	1.9	4.1
13	②	97.0	0.4	97.0	0.4	0.8	1.4

문번	정답	정답률 (%)	선지별 선택률(%) ①	②	③	④	⑤
14	②	96.1	0.3	96.1	0.3	2.7	0.6
15	①	97.3	97.3	0.0	0.0	0.3	2.4
16	④	61.6	33.0	1.6	2.2	61.6	1.6
17	②	49.7	38.4	49.7	2.5	3.6	5.8
18	④	87.5	0.6	2.2	4.7	87.5	5.0
19	⑤	63.1	13.5	1.7	12.6	9.1	63.1
20	③	72.9	20.9	1.9	72.9	1.6	2.7
21	②	81.0	1.9	81.0	0.8	15.8	0.5
22	③	77.6	0.7	2.8	77.6	0.9	18.0
23	④	83.8	0.8	6.6	4.6	83.8	4.2
24	⑤	70.0	2.2	0.6	24.7	2.5	70.0
25	②	52.2	13.1	52.2	23.8	5.6	5.3

※ 파란색 음영 문항은 해당 회차에서 정답률이 가장 낮은 TOP 3 문항입니다.
※ 문항별 정답률 산정 기준: 약 1년간 누적된 자동채점 & 성적결과분석 서비스의 응시 데이터

출제 비중

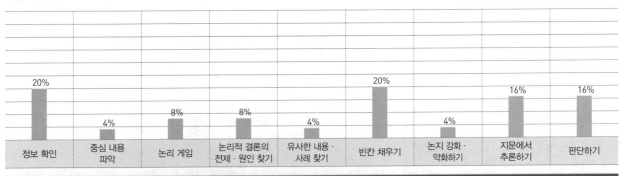

| 정보 확인 20% | 중심 내용 파악 4% | 논리 게임 8% | 논리적 결론의 전제·원인 찾기 8% | 유사한 내용·사례 찾기 4% | 빈칸 채우기 20% | 논지 강화·약화하기 4% | 지문에서 추론하기 16% | 판단하기 16% |

사실적 이해 / 비판적 사고

01	④	02	④	03	③	04	⑤	05	①
06	④	07	④	08	②	09	①	10	④
11	⑤	12	③	13	②	14	②	15	①
16	④	17	④	18	④	19	⑤	20	③
21	②	22	③	23	④	24	④	25	②

01 ④

정답률 92.7%

| 문제 유형 | 사실적 이해 > 정보 확인

| 접근 전략 | 지문의 내용과 부합하는 것을 찾는 문제는 지문과 선지의 내용의 일치여부를 묻는 정보 확인 유형에 속한다. 정보 확인 유형 중에서 본 문제와 같이 내용 부합 여부를 묻는 문제는 난이도가 쉬운 편에 속한다. 쉬운 문제에서 시간을 절약하지 않고 정답률을 높이겠다고 여러 번 보면, 뒷부분 문제 풀이 시 시간이 부족할 수 있으므로 최대한 빨리 정답을 찾고 다음 문제로 넘어가야 한다.

다음 글의 내용과 부합하는 것은?

'청렴(淸廉)'은 현대 사회에서 좁게는 반부패와 동의어로 사용되며 넓게는 투명성과 책임성 등을 포괄하는 통합적 개념으로 사용되고 있다. 유학자들은 청렴을 효제와 같은 인륜의 덕목보다는 하위에 두었지만 군자라면 마땅히 지켜야 할 일상의 덕목으로 중시하였다. 조선의 대표적 유학자였던 이황과 이이는 청렴을 사회 규율이자 개인 처세의 지침으로 강조하였다. 특히 공적 업무에 종사하는 사람이라면 사회 규율로서의 청렴이 개인의 처세와 직결된다는 점에 유념해야 한다고 보았다. ▶1문단

청렴에 대한 논의는 정약용의 『목민심서』에서 본격적으로 나타난다. 정약용은 청렴이야말로 목민관이 지켜야 할 근본적인 덕목이며 목민관의 직무는 청렴이 없이는 불가능하다고 강조하였다. 정약용은 청렴을 당위의 차원에서 주장하는 기존의 학자들과 달리 행위자 자신에게 실질적 이익이 된다는 점을 들어 설득하고자 한다. 그는 청렴은 큰 이득이 남는 장사라고 말하면서, 지혜롭고 욕심이 큰 사람은 청렴을 택하지만 지혜가 짧고 욕심이 작은 사람은 탐욕을 택한다고 설명한다. 정약용은 "지자(知者)는 인(仁)을 이롭게 여긴다."라는 공자의 말을 빌려 "지혜로운 자는 청렴함을 이롭게 여긴다."라고 하였다. 비록 재물을 얻는 데 뜻이 있더라도 청렴함을 택하는 것이 결과적으로는 지혜로운 선택이라고 정약용은 말한다. 목민관의 작은 탐욕은 단기적으로 보면 눈앞의 재물을 취하여 이익을 얻을 수 있겠지만 궁극에는 개인의 몰락과 가문의 불명예를 가져올 수 있기 때문이다. ▶2문단

정약용은 청렴을 지키는 것은 두 가지 효과가 있다고 보았다. 첫째, 청렴은 다른 사람에게 긍정적 효과를 미친다. 목민관이 청렴할 경우 백성을 비롯한 공동체 구성원에게 좋은 혜택이 돌아갈 것이다. 둘째, 청렴한 행위를 하는 것은 목민관 자신에게도 좋은 결과를 가져다준다. 청렴은 그 자신의 덕을 높이는 것일 뿐 아니라 자신의 가문에 빛나는 명성과 영광을 가져다줄 것이다. ▶3문단

① 정약용은 청렴이 목민관이 반드시 지켜야 할 덕목임을 당위론 차원에서 정당화하였다. ➡ (X) 2문단에 따르면 정약용은 청렴을 당위의 차원에서 주장하는 기존의 학자들과 달리 행위자 자신에게 실질적 이익이 된다는 점을 들고 있다.

② 정약용은 탐욕을 택하는 것보다 청렴을 택하는 것이 이롭다는 공자의 뜻을 계승하였다. ➡ (X) 정약용이 공자의 말을 빌려 "지혜로운 자는 청렴함을 이롭게 여긴다."라는 자신의 견해를 강조하였음을 알 수 있지만 정약용이 공자의 뜻을 계승하였는지는 확인할 수 없다.

③ 정약용은 청렴한 사람은 욕심이 작기 때문에 재물에 대한 탐욕에 빠지지 않는다고 보았다. ➡ (X) 2문단에 따르면 정약용은 지혜롭고 욕심이 큰 사람은 청렴을 택하지만 지혜가 짧고 욕심이 작은 사람은 탐욕을 택한다고 설명하였다. 따라서 정약용이 청렴한 사람은 욕심이 작다고 본 이 선지의 설명은 지문의 내용과 부합하지 않는다.

④ 정약용은 청렴이 백성에게 이로움을 줄 뿐 아니라 목민관 자신에게도 이로운 행위라고 보았다. ➡ (O) 3문단에 따르면 정약용은 청렴이 백성을 비롯한 공동체 구성원에게 좋은 혜택이 돌아갈 수 있도록 하고 목민관 자신의 덕을 높이며 가문에 명성과 영광을 가져다주는 등 목민관 자신에게도 좋은 결과를 가져다준다고 말했다.

⑤ 이황과 이이는 청렴을 개인의 처세에 있어 주요 지침으로 여겼으나 사회 규율로는 보지 않았다. ➡ (X) 1문단에 따르면 이황과 이이는 청렴을 사회 규율이자 개인 처세의 지침으로 강조하였다.

02 ④

정답률 92.3%

| 문제 유형 | 사실적 이해 > 정보 확인

| 접근 전략 | 정보 확인 문제 유형의 경우 시간을 절약하기 위해 선지를 먼저 확인하고, 지문을 읽을 때는 선지에서 나온 정보에 밑줄을 그으며 읽어 나가는 것이 효율적이다. 또한 길이가 긴 지문이 제시된 경우 중요한 부분 위주로 속독하는 것도 좋은 방법이다. 어디에 어떤 내용이 있었는지만 기억해도 선지와 비교하여 정답을 찾을 수 있기 때문이다.

다음 글에서 알 수 있는 것은?

중국에서는 기원전 8~7세기 이후 주나라에서부터 청동전이 유통되었다. 이후 진시황이 중국을 통일하면서 화폐를 통일해 가운데 네모난 구멍이 뚫린 원형 청동 엽전이 등장했고, 이후 중국 통화의 주축으로 자리 잡았다. 하지만 엽전은 가치가 낮고 금화와 은화는 아직 주조되지 않았기 때문에 고액 거래를 위해서는 지폐가 필요했다. 결국 11세기경 송나라에서 최초의 법정 지폐인 교자(交子)가 발행되었다. 13세기 원나라에서는 강력한 국가 권력을 통해 엽전을 억제하고 교초(交鈔)라는 지폐를 유일한 공식 통화로 삼아 재정 문제를 해결했다. ▶1문단

아시아와 유럽에서 지폐의 등장과 발달 과정은 달랐다. 우선 유럽에서는 금화가 비교적 자유롭게 사용되어 대중들 사이에서 널리 유통되었다. 반면에 아시아의 통치자들은 금의 아름다움과 금이 상징하는 권력을 즐겼다는 점에서는 서구인들과 같았지만, 비천한 사람들이 화폐로 사용하기에는 금이 너무 소중하다고 여겼다. 대중들 사이에서 유통되도록 금을 방출하면 권력이 약해진다고 본 것이다. 대신에 일찍부터 지폐가 널리 통용되었다. ▶2문단

마르코 폴로는 쿠빌라이 칸이 모든 거래를 지폐로 이루어지게 하는 것을 보고 깊은 인상을 받았다. 사실상 종잇조각에 불과한 지폐가 그렇게 널리 통용되었던 이유는 무엇 때문일까? 칸이 만든 지폐에 찍힌 그의 도장은 금이나 은과 같은 권위가 있었다. 이것은 지폐의 가치를 확립하고 유지하는 데 국가 권력이 핵심 요소라는 사실을 보여 준다. ▶3문단

유럽의 지폐는 그 초기 형태가 민간에서 발행한 어음이었으나, 아시아의 지폐는 처음부터 국가가 발행권을 갖고 있었다. 금속 주화와는 달리 내재적 가치가 없는 지폐가 화폐로 받아들여지고 사용되기 위해서는 신뢰가 필수적이다. 중국은 강력한 왕권이 이 신뢰를 담보할 수 있었지만, 유럽에서 지폐가 사람들의 신뢰를 얻기까지는 그보다 오랜 시간과 성숙된 환경이 필요했다. 유럽의 왕들은 종이에 마음대로 숫자를 적어 놓고 화폐로 사용하라고 강제할 수 없었다. 그래서 서로 잘 아는 일부 동업자들끼리 신뢰를 바탕으로 자체 지폐를 만들어 사용해야 했다. 하지만 민간에서 발행한 지폐는 신뢰 확보가 쉽지 않아 주기적으로 금융 위기를 초래했다. 정부가 나서기까지는 오랜 시간이 걸렸고, 17~18세기에 지폐의 법정화와 중앙은행의 설립이 이루어졌다. 중앙은행은 금을 보관하고 이를 바탕으로 금 태환(兌換)을 보장하는 증서를 발행해 화폐로 사용하기 시작했고, 그것이 오늘날의 지폐로 이어졌다. ▶4문단

① 유럽에서 금화의 대중적 확산은 지폐가 널리 통용되는 결정적인 계기가 되었다. ➡ (X) 2문단에 따르면 유럽에서는 금화가 비교적 자유롭게 사용되어 대중들 사이에서 널리 유통되었다. 하지만 이것 때문에 지폐가 널리 통용되었는지는 알 수 없다.

② 유럽에서는 민간 거래의 신뢰를 기반으로 지폐가 중국에 비해 일찍부터 통용되었다. ➡ (X) 4문단에 따르면 유럽에서 지폐가 사람들의 신뢰를 얻기까지는 오랜 시간과 성숙된 환경이 필요했고 이로 인해 강력한 왕권의 신뢰를 담보했던 중국보다 지폐가 늦게 통용되었음을 알 수 있다.

③ 중국에서 청동으로 만든 최초의 화폐는 네모난 구멍이 뚫린 원형 엽전의 형태였다. ➡ (X) 1문단에 따르면 주나라의 청동전이 네모난 구멍이 뚫린 원형 청동 엽전보다 먼저 유통되었다.

④ 중국에서 지폐 거래의 신뢰를 확보할 수 있었던 것은 강력한 국가 권력이 있었기 때문이다. ➡ (O) 4문단에 따르면 내재적 가치가 없는 지폐가 화폐로 받아들여지고 사용되기 위해서는 신뢰가 필수적인데 중국에서는 강력한 왕권이 신뢰를 담보하였다.

⑤ 아시아와 유럽에서는 금화의 사용을 권력의 상징으로 여겨 금화의 제한적인 유통이 이루어졌다. ➡ (X) 2문단에 따르면 대중들 사이에서 유통되도록 금을 방출하면 권력이 약화된다고 본 아시아와 달리 유럽에서는 금화가 비교적 자유롭게 사용되었다.

---

03 ③ 　　　　　　　　　　　　　　　　정답률 96.2%

다음 글에서 알 수 없는 것은?

광장의 기원은 고대 그리스의 아고라에서 찾을 수 있다. '아고라'는 사람들이 모이는 곳이란 뜻을 담고 있다. 호메로스의 작품에 처음 나오는 이 표현은 물리적 장소만이 아니라 사람들이 모여서 하는 각종 활동과 모임도 의미한다. 아고라는 사람들이 모이는 도심의 한복판에 자리 잡고 그 주변으로 사원, 가게, 공공시설, 사교장 등이 자연스럽게 둘러싸고 있는 형태를 갖는다. 물론 그 안에 분수도 있고 나무도 있어 휴식 공간이 되기는 하지만 그것은 부수적 기능일 뿐이다. 아고라 곧 광장의 주요 기능은 시민들이 모여 행하는 다양한 활동 그 자체에 있다. ▶1문단

르네상스 이후 광장은 유럽의 여러 제후들이 도시를 조성할 때 일차적으로 고려하는 사항이 된다. 광장은 제후들이 권력 의지를 실현하는 데 중요한 역할을 할 수 있었기 때문이다. 이 시기 유럽의 도시에서는 고대 그리스 이후 자연스럽게 발전해 온 광장이 의식적으로 조성되기 시작한다. 도시를 설계할 때 광장의 위치와 넓이, 기능이 제후들의 목적에 따라 결정된다. ▶2문단

『광장』을 쓴 프랑코 만쿠조는 유럽의 역사가 곧 광장의 역사라고 말한다. 그에 따르면, 유럽인들에게 광장은 일상생활의 통행과 회합, 교환의 장소이자 동시에 권력과 그 의지를 실현하는 장이고 프랑스 혁명 이후 근대 유럽에서는 저항하는 대중의 연대와 소통의 장이라는 의미도 갖게 된다. 우리나라의 역사적 경험에서도 광장은 그와 같은 공간이었다. 우리의 마당이나 장터는 유럽과 형태는 다를지라도 만쿠조가 말한 광장의 기능과 의미를 담당해 왔기 때문이다. ▶3문단

이처럼 광장은 인류의 모든 활동이 수렴되고 확산되는 공간이며 문화 마당이고 예술이 구현되는 장이며 더 많은 자유를 향한 열정이 집결되는 곳이다. 특히 근대 이후 광장을 이런 용도로 사용하는 것은 시민의 정당한 권리가 된다. 광장은 권력의 의지가 발현되는 공간이면서 동시에 시민에게는 그것

을 넘어서고자 하는 자유의 열망이 빚어지는 장이다. ▶4문단

① 근대 이후 광장은 시민의 자유에 대한 열망이 모이는 장이었다. ➡ (O) 4문단에 따르면 광장은 더 많은 자유를 향한 열정이 집결하는 곳이며 근대 이후 광장을 이런 용도로 사용하는 것은 시민의 정당한 권리가 된다.

② 고대 그리스의 아고라는 사람들이 모이는 장소 이상의 의미를 갖는다. ➡ (O) 1문단에 따르면 고대 그리스의 아고라는 물리적 장소만이 아니라 사람들이 모여서 하는 각종 활동과 모임도 의미한다.

③ 유럽의 여러 제후들이 광장을 중요시한 것은 거주민의 의견을 반영하기 위해서였다. ➡ (X) 2문단에 따르면 유럽의 여러 제후들이 도시를 건설할 때 광장을 일차적으로 고려한 것은 광장이 제후들의 권력 의지를 실현하는 데 중요한 역할을 할 수 있었기 때문이다. 또한 지문에서는 유럽의 여러 제후들이 거주민의 의견을 반영하려 했다는 내용이 제시되지 않았으므로 본 선지의 내용에 대해서는 알 수 없다.

④ 프랑스 혁명 이후 유럽에서 광장은 저항하는 이들의 소통 공간이라는 의미도 갖는다. ➡ (O) 3문단에 따르면 프랑스 혁명 이후 근대 유럽에서는 광장이 저항하는 대중의 연대와 소통의 장이라는 의미도 갖게 되었다.

⑤ 우리나라의 역사적 경험에서도 광장은 권력과 그 의지를 실현하는 장이자 저항하는 대중의 연대와 소통의 장이었다. ➡ (O) 3문단에 따르면 우리나라의 역사적 경험에서도 광장은 권력과 그 의지를 실현하는 장이고, 저항하는 대중의 연대와 소통의 장이었다.

---

04 ⑤ 　　　　　　　　　　　　　　　　정답률 95.8%

다음 글의 빈칸에 들어갈 내용으로 가장 적절한 것은?

현상의 원인을 찾는 방법들 가운데 최선의 설명을 이용하는 방법이 있다. 우리는 주어진 현상을 일으키는 원인을 찾아 이 원인이 그 현상을 일으켰다고 말함으로써 현상을 설명하곤 한다. 우리는 여러 가지 가능한 설명들 중에서 가장 좋은 설명에 나오는 원인이 현상의 진정한 원인이라고 결론 내릴 수 있다. ▶1문단

지구에 조수 현상이 있는데 이 현상의 원인은 무엇일까? 우리는 조수 현상을 일으킬 수 있는 원인들을 일종의 가설로서 설정할 수 있다. 만일 지구의 물과 달 사이에 중력이나 자기력 같은 인력이 작용한다면, 이런 인력은 지구에 조수 현상을 일으키는 원인일 수 있다. 지구와 달 사이에 유동 물질이 있고 그 물질이 지구를 누른다면, 이런 누름은 지구에 조수 현상을 일으키는 원인일 수 있다. 지구가 등속도로 자전하지 않아 지구 전체가 흔들거린다면, 이런 지구의 흔들거림은 지구에 조수 현상을 일으키는 원인일 수 있다. ▶2문단

우리는 이런 설명들을 견주어 어떤 것이 다른 것보다 낫다는 것을 언제든 주장할 수 있으며, 나은 순으로 줄을 세워 가장 좋은 설명을 찾을 수 있다. 우리는 조수 현상에 대한 설명들로, 지구의 물과 달 사이에 인력 때문에 조수가 생긴다는 설명, 지구와 달 사이의 물질이 지구를 누르기 때문에 조수가 생긴다는 설명, 지구 전체의 흔들거림 때문에 조수가 생긴다는 설명을 갖고 있다. 이 설명들 가운데 지구 전체의 흔들거림 때문에 조수가 생긴다는 설명보다 지구와 달 사이의 물질이 지구를 누르기 때문에 조수가 생긴다는 설명이 더 낫다. ☐☐☐☐☐☐☐☐☐. 따라서 우리는 조수 현상의 원인이 지구의 물과 달 사이에 작용하는 인력이라고 결론 내릴 수 있다. ▶3문단

① 지구 전체의 흔들거림 때문에 조수가 생긴다는 설명보다 지구와 달 사이에 인력 때문에 조수가 생긴다는 설명이 더 낫다 ➡ (×)

② 지구의 물과 달 사이에 인력 때문에 조수가 생긴다는 설명보다 지구 전체의 흔들거림 때문에 조수가 생긴다는 설명이 더 낫다 ➡ (×)

③ 지구와 달 사이의 물질이 지구를 누르기 때문에 조수가 생긴다는 설명보다 지구 전체의 흔들거림 때문에 조수가 생긴다는 설명이 더 낫다 ➡ (×)

④ 지구의 물과 달 사이에 인력 때문에 조수가 생긴다는 설명보다 지구와 달 사이의 물질이 지구를 누르기 때문에 조수가 생긴다는 설명이 더 낫다 ➡ (×)

⑤ 지구와 달 사이의 물질이 지구를 누르기 때문에 조수가 생긴다는 설명보다 지구의 물과 달 사이에 인력 때문에 조수가 생긴다는 설명이 더 낫다 ➡ (○) 1문단에서 여러 가지 가능한 설명들 중에서 가장 좋은 설명에 나오는 원인이 현상의 진정한 원인이라고 결론 내릴 수 있다고 하였다. 따라서 조수 현상의 원인이 지구의 물과 달 사이에 작용하는 인력 때문이라는 결론을 내리려면 지구의 물과 달 사이에 인력 때문에 조수 현상이 생긴다는 설명이 가장 좋은 설명이어야 한다. 그러므로 빈칸 앞 문장에서 양자 비교 결과 낫다고 판단된, 지구와 달 사이의 물질이 지구를 누른다는 설명보다 지구의 물과 달 사이에 인력 때문에 조수가 생긴다는 설명이 더 나으면 조수 현상의 원인이 지구의 물과 달 사이에 작용하는 인력 때문이라고 결론을 내릴 수 있다.

05 ①

|문제 유형| 비판적 사고 > 지문에서 추론하기

|접근 전략| 추론적 사고를 요구하는 문제 유형이다. 이 문제 유형은 지문에 제시된 정보 그대로 선지를 구성하는 정보 확인 문제 유형과 달리 지문의 내용을 압축·요약하거나 다른 말로 바꾸어 선지를 만든다는 점에 유의해야 한다. 또한, 지문의 핵심 내용을 바탕으로 한 문제가 주로 출제된다는 것도 기억해야 한다. 본 지문에서는 '독재형 어머니', '허용형 어머니', '방임형 어머니'로 내용을 분류하여 서술하고 있으므로 분류 기준과 분류된 유형 간 공통점과 차이점에 유의하여 지문을 읽고 문제를 풀어야 한다.

다음 글에서 추론할 수 있는 것만을 〈보기〉에서 모두 고르면?

'독재형' 어머니는 아이가 실제로 어떠한 욕망을 지니고 있는지에 무관심하며, 자신의 욕망을 아이에게 공격적으로 강요한다. 독재형 어머니는 자신의 규칙과 지시에 아이가 순응하기를 기대하며, 그것을 따르지 않을 경우 폭력을 행사하는 경우가 많다. 독재형 어머니 밑에서 자란 아이들은 공격적 성향과 파괴적 성향을 많이 보이는 것이 특징이다. 또한, 어린 시절 받은 학대로 인해 상상이나 판타지 속에 머무르는 시간이 많고, 이것은 심각한 망상으로 나타나기도 한다. ▶1문단

'허용형' 어머니는 오로지 아이의 욕망에만 관심을 지니면서, '아이의 욕망을 내가 채워 주고 싶다'는 식으로 자기 욕망을 형성한다. 허용형 어머니는 자녀가 요구하는 것은 무엇이든 해주기 때문에 이런 어머니 밑에서 양육된 아이들은 자아 통제가 부족하기 쉽다. 따라서 이 아이들은 충동적이고 즉흥적인 성향이 강하며, 도덕적 책임 의식이 결여된 경우가 많다. ▶2문단

한편, '방임형' 어머니의 경우 아이와 정서적으로 차단되어 있기 때문에 아이의 욕망에 무관심할 뿐만 아니라, 아이 입장에서도 어머니의 욕망을 전혀 파악할 수 없다. 방치된 아이들은 자신의 욕망도 모르고 어머니의 욕망도 파악하지 못하기 때문에, 어떤 방식으로든 오직 어머니의 관심을 끄는 것만이 아이의 유일한 욕망이 된다. 이 아이들은 "엄마, 제발 나를 봐 주세요.", "엄마, 내가 나쁜 짓을 해야 나를 볼 것인가요?", "엄마, 내가 정말 잔인한 짓을 할지도 몰라요."라면서 어머니의 관심을 끊임없이 요구한다. ▶3문단

〈보기〉

ㄱ. 허용형 어머니는 방임형 어머니에 비해 아이의 욕망에 높은 관심을 갖는다. → (○) 허용형 어머니는 오로지 아이의 욕망에만 관심을 가지는 반면 방임형 어머니는 아이의 욕망에 무관심하다고 하였으므로 방임형 어머니보다 허용형 어머니가 아이의 욕망에 높은 관심을 갖는다는 것을 알 수 있다.

ㄴ. 허용형 어머니의 아이는 독재형 어머니의 아이보다 도덕적 의식이 높은 경우가 많다. → (×) 허용형 어머니의 아이는 도덕적 책임 의식이 결여된 경우가 많다. 하지만 독재형 어머니의 아이의 도덕적 책임 의식이 어떠한지는 지문에 제시되어 있지 않다. 따라서 독재형 어머니의 아이보다 허용형 어머니의 아이의 도덕적 책임 의식이 높은 경우가 많다고 추론하는 것은 적절하지 않다.

ㄷ. 방임형 어머니의 아이는 독재형 어머니의 아이보다 어머니의 욕망을 더 잘 파악한다. → (×) 3문단에서 방임형 어머니의 아이는 어머니의 욕망을 파악하지 못한다고 하였다. 또한 지문에 제시된 내용만으로 독재형 어머니의 아이들이 어머니의 욕망을 잘 파악하는지 알 수 없다. 따라서 방임형 어머니의 아이가 독재형 어머니의 아이보다 어머니의 욕망을 더 잘 파악한다고 추론하는 것은 적절하지 않다.

① ㄱ ➡ (○)
② ㄴ ➡ (×)
③ ㄱ, ㄷ ➡ (×)
④ ㄴ, ㄷ ➡ (×)
⑤ ㄱ, ㄴ, ㄷ ➡ (×)

06 ④

|문제 유형| 사실적 이해 > 논리 게임

|접근 전략| 논리 게임 문제 유형이지만 난도가 낮은 편이다. 논리 게임 문제 유형의 경우 제시된 조건들이 복잡하게 얽혀 있어 어렵게 느껴지는 문항이 있는 반면, 본 문항처럼 단순해서 쉽게 풀이할 수 있는 경우도 있다. 따라서 논리 게임 유형이라고 겁먹지 말고 자신감을 가지고 풀이에 임하면 된다.

다음을 참이라고 가정할 때, 회의를 반드시 개최해야 하는 날의 수는?

○ 회의는 다음 주에 개최한다.
○ 월요일에는 회의를 개최하지 않는다.
○ 화요일과 목요일에 회의를 개최하거나 월요일에 회의를 개최한다.
○ 금요일에 회의를 개최하지 않으면, 화요일에도 회의를 개최하지 않고 수요일에도 개최하지 않는다.

→ 제시된 조건들을 정리하면 다음과 같다.

· A: ~월
· B: (화 ○ & 목 ○) or 월 ○
· C: ~금 → ~화 & ~수

① 0 ➡ (×)
② 1 ➡ (×)
③ 2 ➡ (×)
④ 3 ➡ (○) A와 B에 따라 화요일과 목요일에 회의를 개최하여야 한다. 화요일에 회의를 개최하므로 C의 대우(화 ○ or 수 ○ → 금 ○)에 따라 금요일도 회의를 개최하여야 한다. 따라서 화요일, 목요일, 금요일은 반드시 회의를 개최하여야 한다.
⑤ 4 ➡ (×)

| **문제 유형** | 비판적 사고 > 지문에서 추론하기 |

접근 전략 | 지문에 제시된 과학 실험 과정과 결과를 통해 선지의 내용을 추론할 수 있는지를 묻고 있는 문제 유형이다. 지문 전체를 정확히 이해하고 실험 결과가 의미하는 바를 찾아야 하므로 체감 난도가 높은 문항이라 할 수 있다. 하지만 추론하기 유형의 경우도 정보 확인하기와 유사하게 지문에 언급된 내용을 기반으로 옳고 그름만 판단할 수 있으면 문제 풀이가 가능하다. 다만, 추론하기 유형의 경우 지문과 선지의 내용이 일대일로 매칭되지 않으므로 지문 내용을 통해 미루어 짐작할 수 있어야 한다.

다음 글에서 추론할 수 있는 것은?

두뇌 연구는 지금까지 뉴런을 중심으로 진행되어 왔다. 뉴런 연구로 노벨상을 받은 카얄은 뉴런이 '생각의 전화선'이라는 이론을 확립하여 사고와 기억 등 두뇌에서 일어나는 모든 현상을 뉴런의 연결망과 뉴런 간의 전기 신호로 설명했다. 그러나 두뇌에는 뉴런 외에도 신경교 세포가 존재한다. 신경교 세포는 뉴런처럼 그 수가 많지만 전기 신호를 전달하지 못한다. 이 때문에 과학자들은 신경교 세포가 단지 두뇌 유지에 필요한 영양 공급과 두뇌 보호를 위한 전기 절연의 역할만을 가진다고 여겼다. ▶1문단

최근 과학자들은 신경교 세포에서 그 이상의 기능을 발견했다. 신경교 세포 중에도 '성상세포'라 불리는 별 모양의 세포는 자신만의 화학적 신호를 가진다는 것이 밝혀졌다. 성상세포는 뉴런처럼 전기를 이용하지는 않지만, '뉴런송신기'라고 불리는 화학물질을 방출하고 감지한다. 과학자들은 이러한 화학적 신호의 연쇄반응을 통해 신경교 세포가 전체 뉴런을 조정한다고 추론했다. ▶2문단

A 연구팀은 신경교 세포가 전체 뉴런을 조정하면서 기억력과 사고력을 향상시킨다고 예상하고서, 이를 확인하기 위해 인간의 신경교 세포를 갓 태어난 생쥐의 두뇌에 주입했다. 쥐가 자라면서 주입된 인간의 신경교 세포도 성장했다. 이 세포들은 쥐의 뉴런들과 완벽하게 결합되어 쥐의 두뇌 전체에 걸쳐 퍼지게 되었다. 심지어 어느 두뇌 영역에서는 쥐의 뉴런의 숫자를 능가하기도 했다. 뉴런과 달리 쥐와 인간의 신경교 세포는 비교적 쉽게 구별된다. 인간의 신경교 세포는 매우 길고 무성한 섬유질을 가지기 때문이다. 쥐에 주입된 인간의 신경교 세포는 그 기능을 그대로 간직한다. 그렇게 성장한 쥐들은 다른 쥐들과 잘 어울렸고, 다른 쥐들의 관심을 끄는 것에 흥미를 보였다. 이 쥐들은 미로를 통과해 치즈를 찾는 테스트에서 더 뛰어났다. 보통의 쥐들은 네다섯 번의 시도 끝에 올바른 길을 배웠지만, 인간의 신경교 세포를 주입받은 쥐들은 두 번 만에 학습했다. ▶3문단

① 인간의 신경교 세포를 쥐에게 주입하면, 쥐의 뉴런은 전기 신호를 전달하지 못할 것이다. ➡ (X) 지문에 제시된 정보만으로는 쥐의 뉴런이 전기 신호를 전달하지 못할 것임을 알 수 없다.

② 인간의 뉴런 세포를 쥐에게 주입하면, 쥐의 두뇌에는 화학적 신호의 연쇄반응이 더 활발해질 것이다. ➡ (X) 지문에서는 인간의 신경교 세포를 쥐에게 주입한 실험의 사례가 제시되고 있다. 따라서 지문에 제시된 정보만으로는 인간의 뉴런 세포를 쥐에게 주입하면 어떻게 되는지 알 수 없다.

③ 인간의 뉴런 세포를 쥐에게 주입하면, 그 뉴런 세포는 쥐의 두뇌 유지에 필요한 영양을 공급할 것이다. ➡ (X) 지문에서는 인간의 신경교 세포를 쥐에게 주입한 실험의 사례를 제시하고 있다. 따라서 지문에 제시된 정보만으로는 인간의 뉴런 세포를 쥐에게 주입하면 어떻게 되는지 알 수 없다.

④ 인간의 신경교 세포를 쥐에게 주입하면, 그 신경교 세포는 쥐의 뉴런을 보다 효과적으로 조정할 것이다. ➡ (O) 2문단의 내용을 통해 과학자들은 신경교 세포가 전체 뉴런을 조정한다고 추론했음을, 3문단의 내용을 통해 쥐에 주입된 인간의 신경교 세포가 그 기능을 그대로 간직하고 그렇게 성장한 쥐들은 다른 쥐들과 잘 어울렸으며, 다른 쥐들의 관심을 끄는 것에 흥미를 보였음을 알 수 있다. 그리고 신경교 세포를 주입한 생쥐는 미로를 통과해 치즈를 찾는 테스트에서 다른 쥐들보다 더 뛰어났다. 따라서 쥐에게 주입한 인간의 신경교 세포는 쥐의 뉴런을 보다 효과적으로 조정함을 알 수 있다.

⑤ 인간의 신경교 세포를 쥐에게 주입하면, 그 신경교 세포는 쥐의 신경교 세포의 기능을 갖도록 변화할 것이다. ➡ (X) 3문단에 따르면 쥐에 주입된 인간의 신경교 세포는 그 기능을 그대로 간직한다.

| **문제 유형** | 비판적 사고 > 논지 강화·약화하기 |

접근 전략 | 제시된 가설을 강화하지 않는, 즉 약화하는 사례를 찾는 문제 유형이다. 가설을 강화 또는 약화할 수 있는 것을 고르는 이 문제는 〈보기〉의 사례에서 〈가설〉의 주장처럼 원인과 결과가 나타나는지를 보고 풀어야 한다.

다음 글의 〈가설〉을 강화하는 사례가 아닌 것만을 〈보기〉에서 모두 고르면?

성염색체만이 개체의 성(性)을 결정하는 요소는 아니다. 일부 파충류의 경우에는 알이 부화되는 동안의 주변 온도에 의해 개체의 성이 결정된다. 예를 들어, 낮은 온도에서는 일부 종은 수컷으로만 발달하고, 일부 종은 암컷으로만 발달한다. 또 어떤 종에서는 낮은 온도와 높은 온도에서 모든 개체가 암컷으로만 발달하는 경우도 있다. 그 사이의 온도에서는 특정 온도에 가까워질수록 수컷으로 발달하는 개체의 비율이 증가하다가 결국 그 특정 온도에 이르러서는 모든 개체가 수컷으로 발달하기도 한다.

다음은 온도와 성 결정 간의 상관관계를 설명하기 위해 제시된 가설이다.

〈가설〉

파충류의 성 결정은 물질 B를 필요로 한다. 물질 B는 단백질 '가'에 의해 물질 A로, 단백질 '나'에 의해 물질 C로 바뀐다. 이때 물질 A와 물질 C의 비율은 단백질 '가'와 단백질 '나'의 비율과 동일하다. 파충류의 알은 단백질 '가'와 '나' 모두를 가지고 있지만 온도에 따라 각각의 양이 달라진다. 암컷을 생산하는 온도에서 배양된 알에서는 물질 A의 농도가 더 높고, 수컷을 생산하는 온도에서 배양된 알에서는 물질 C의 농도가 더 높다. 온도의 차에 의해 알의 내부에 물질 A와 C의 상대적 농도 차이가 발생하고, 이것이 파충류의 성을 결정하는 것이다.

→ 〈가설〉을 시각화하면 다음과 같다.

〈보기〉

ㄱ. 수컷만 생산하는 온도에서 부화되고 있는 알은 단백질 '가'보다 훨씬 많은 양의 단백질 '나'를 가지고 있다. → (O) 〈가설〉에 따르면 수컷을 생산하는 온도에서 배양된 알에서는 물질 C의 농도가 더 높은데 단백질 '나'는 물질 C의 농도를 높이므로 ㄱ은 〈가설〉을 강화한다.

ㄴ. 물질 B의 농도는 수컷만 생산하는 온도에서 부화되고 있는 알보다 암컷만 생산하는 온도에서 부화되고 있는 알에서 더 높다. → (X) 〈가설〉은 물질 A와 물질 C에 따라 수컷만 생산하는 온도와 암컷만 생산하는 온도가 결정된다고 보았는데 물질 B가 수컷만 생산하는 온도를 결정하는 데 영향을 미친다면 〈가설〉은 약화되므로, ㄴ은 〈가설〉을 강화하는 사례가 아니다.

ㄷ. 수컷만 생산하는 온도에서 부화되고 있는 알에 고농도의 물질 A를 투여하여 물질 C보다 그 농도를 높였더니 암컷이 생산되었다. → (O) 물질 A의 농도를 높이자 암컷이 생산되었다는 ㄷ의 사례는 온도의 차이에 의해 물질 A와 물질 C의 농도 차가 발생하고 이를 통해 성이 결정된다는 〈가설〉을 강화한다.

① ㄱ ➡ (X)

② ㄴ ➡ (O)

③ ㄷ ➡ (X)
④ ㄱ, ㄷ ➡ (X)
⑤ ㄴ, ㄷ ➡ (X)

09 ①

| **문제 유형** | 비판적 사고 > 판단하기
| **접근 전략** | 지문의 논지를 비판하는 진술을 찾는 문제 유형이다. 이 유형의 선지는 지문의 논지를 정면으로 반박하는 것이 아니더라도, 지문의 논지와 반대되는 취지의 진술이기만 하면 답이 될 수 있다.

다음 글의 논지를 비판하는 진술로 가장 적절한 것은?

자신의 스마트폰 없이는 도무지 일과를 진행하지 못하는 K의 경우를 생각해 보자. 그의 일과표는 전부 그의 스마트폰에 저장되어 있어서 그의 스마트폰은 적절한 때가 되면 그가 해야 할 일을 알려줄 뿐만 아니라 약속 장소로 가기 위해 무엇을 타고 어떻게 움직여야 할지까지 알려 준다. K는 어릴 때 보통 사람보다 기억력이 매우 나쁘다는 진단을 받았지만 스마트폰 덕분에 어느 동료에게도 뒤지지 않는 업무 능력을 발휘하고 있다. 이와 같은 경우, K는 스마트폰 덕분에 인지 능력이 보강된 것으로 볼 수 있는데, 그 보강된 인지 능력을 K 자신의 것으로 볼 수 있는가? 이 물음에 대한 답은 긍정이다. 즉 우리는 K의 스마트폰이 그 자체로 K의 인지 능력 일부를 실현하고 있다고 보아야 한다. 그런 판단의 기준은 명료하다. 스마트폰의 메커니즘이 K의 손바닥 위나 책상 위가 아니라 그의 두뇌 속에서 작동하고 있다고 가정해 보면 된다. 물론 사실과 다른 가정이지만 만일 그렇게 가정한다면 우리는 필경 K 자신이 모든 일과를 정확하게 기억하고 있고 또 약속 장소를 잘 찾아간다고 평가할 것이다. 이처럼 '만일 K의 두뇌 속에서 일어난다면'이라는 상황을 가정했을 때 그것을 K 자신의 기억이나 판단이라고 인정할 수 있다면, 그런 과정은 K 자신의 인지 능력이라고 평가해야 한다.

① K가 자신이 미리 적어 놓은 메모를 참조해서 기억력 시험 문제에 답한다면 누구도 K가 그 문제의 답을 기억한다고 인정하지 않는다. ➡ (O) 지문의 논지는 스마트폰으로 보강된 인지 능력도 스마트폰을 사용하는 인간의 인지 능력으로 평가해야 한다는 것이므로 메모로 보강된 인지 능력을 누구도 인정하지 않는다는 것은 지문의 논지에 대한 비판이 된다.

② K가 종이 위에 연필로 써가며 253 × 87 같은 곱셈을 할 경우 종이와 연필의 도움을 받은 연산 능력 역시 K 자신의 인지 능력으로 인정해야 한다. ➡ (X) 종이와 연필의 사용으로 보강된 인지 능력을 자신의 인지 능력으로 인정해야 한다는 진술은 스마트폰으로 보강된 인지 능력도 스마트폰을 사용하는 인간의 인지 능력이라고 평가해야 한다는 글의 논지를 지지한다.

③ K가 집에 두고 나온 스마트폰에 원격으로 접속하여 거기 담긴 모든 정보를 알아낼 수 있다면 그는 그 스마트폰을 손에 가지고 있는 것과 다름없다. ➡ (X) 스마트폰의 원격 접속 기능으로 정보를 알아낼 수 있다는 사례는 지문의 논지를 비판하거나 지지하지 못한다.

④ 스마트폰의 모든 기능을 두뇌 속에서 작동하게 하는 것이 두뇌 밖에서 작동하게 하는 경우보다 우리의 기억력과 인지 능력을 향상시키지 않는다. ➡ (X) 스마트폰의 기능이 두뇌 속에서 작동하느냐 안 하느냐는 지문의 논지와 무관한 내용이다.

⑤ 전화번호를 찾으려는 사람의 이름조차 기억이 나지 않을 때에도 스마트폰에 저장된 전화번호 목록을 보면서 그 사람의 이름을 상기하고 전화번호를 알아낼 수 있다. ➡ (X) 스마트폰의 전화번호부 목록을 보면서 이름조차 기억이 나지 않는 사람의 이름과 전화번호를 알아낼 수 있다는 사례는 지문의 논지를 비판하지 못한다.

10 ④

| **문제 유형** | 비판적 사고 > 판단하기
| **접근 전략** | 지문에 논증의 내용이 제시된 경우에는 그 논증의 내용을 간략히 기호화하여 풀이해야 한다. 특히 본 문제처럼 도식화되어 있지 않고, 해당 항목이나 논증들이 밑줄로 표시된 경우에는 무엇을 묻고 있는지조차 한눈에 파악하기 어렵다. 따라서 지문의 내용을 기호화하여 시각적으로 표현하는 작업이 필요하다.

다음 논증에 대한 평가로 적절한 것만을 〈보기〉에서 모두 고르면?

합리적 판단과 윤리적 판단의 관계는 무엇일까? 나는 합리적 판단만이 윤리적 판단이라고 생각한다. 즉, 어떤 판단이 합리적인 것이 아닐 경우 그 판단은 윤리적인 것도 아니라는 것이다. 그 이유는 다음과 같다. 일단 ㉠보편적으로 수용될 수 있는 판단만이 윤리적 판단이다. 즉 개인이나 사회의 특성에 따라 수용 여부에서 차이가 나는 판단은 윤리적 판단이 아니라는 것이다. 그리고 ㉡모든 이성적 판단은 보편적으로 수용될 수 있는 판단이다. 예를 들어, "모든 사람은 죽는다."와 "소크라테스는 사람이다."라는 전제들로부터 "소크라테스는 죽는다."라는 결론으로 나아가는 이성적인 판단은 보편적으로 수용될 수 있는 것이다. 이러한 판단이 나에게는 타당하면서, 너에게 타당하지 않을 수는 없다. 이것은 이성적 판단이 갖는 일반적 특징이다. 따라서 ㉢보편적으로 수용될 수 있는 판단만이 합리적 판단이다. ㉣모든 합리적 판단은 이성적 판단이다라는 것은 부정할 수 없기 때문이다. 결국 우리는 ㉤합리적 판단만이 윤리적 판단이다라는 결론에 도달할 수 있다.

→ 지문의 ㉠∼㉤을 정리하면 다음과 같다.

㉠ 윤리적 판단 → 보편적 판단
㉡ 이성적 판단 → 보편적 판단
㉢ 합리적 판단 → 보편적 판단
㉣ 합리적 판단 → 이성적 판단
㉤ 윤리적 판단 → 합리적 판단

〈보기〉
ㄱ. ㉠은 받아들일 수 없는 것이다. '1 + 1 = 2'와 같은 수학적 판단은 보편적으로 수용될 수 있는 것이지만, 수학적 판단이 윤리적 판단은 아니기 때문이다. → (X) 수용될 수 있는 보편적 판단 가운데 윤리적 판단이 아닌 것이 있다 하더라도 ㉠은 반박되지 않는다. '보편적 판단 → 윤리적 판단'이 거짓이라 하더라도 역 또한 거짓은 아니기 때문이다.
ㄴ. ㉡과 ㉣이 참일 경우 ㉢은 반드시 참이 된다. → (O) 합리적 판단이 이성적 판단(㉣)이고 이성적 판단이 보편적 판단(㉡)이면 합리적 판단이 보편적 판단(㉢)이라는 진술은 참이 된다.
ㄷ. ㉠과 ㉢이 참이라고 할지라도 ㉤이 반드시 참이 되는 것은 아니다. → (O) 윤리적 판단이 보편적 판단(㉠)이고 합리적 판단도 보편적 판단(㉢)이라고 해서 윤리적 판단이 합리적 판단(㉤)임이 도출되는 것은 아니다.

① ㄱ ➡ (X)
② ㄴ ➡ (X)
③ ㄱ, ㄷ ➡ (X)
④ ㄴ, ㄷ ➡ (O)
⑤ ㄱ, ㄴ, ㄷ ➡ (X)

11 ⑤

|문제 유형| 사실적 이해 > 중심 내용 파악

|접근 전략| 중심 내용 파악하기, 즉 주제 찾기 문제 유형이다. 중심 내용 파악하기의 경우, 정보 확인 유형과 풀이 방법을 혼동하지 않도록 주의해야 한다. 정보 확인 유형은 선지의 내용과 지문의 내용을 일대일로 매칭하는 것에 중점을 두어야 하지만 중심 내용 파악 유형은 단순히 지문에 언급되었다는 것만으로는 정답이 되지 않기 때문이다. 또한 중심 내용(주제)이 아닌 것을 매력적 오답으로 제시할 수 있으므로 이에 주의해야 한다.

다음 글의 중심 주제로 가장 적절한 것은?

맹자는 다음과 같은 이야기를 전한다. 송나라의 한 농부가 밭에 나갔다 돌아오면서 처자에게 말한다. "오늘 일을 너무 많이 했다. 밭의 싹들이 빨리 자라도록 하나하나 잡아당겨 줬더니 피곤하구나." 아내와 아이가 밭에 나가보았더니 싹들이 모두 말라 죽어 있었다. 이렇게 자라는 것을 억지로 돕는 일, 즉 조장(助長)을 하지 말라고 맹자는 말한다. 싹이 빨리 자라기를 바란다고 싹을 억지로 잡아 올려서는 안 된다. 목적을 이루기 위해 가장 빠른 효과를 얻고 싶겠지만 이는 도리어 효과를 놓치는 길이다. 억지로 효과를 내려고 했기 때문이다. 싹이 자라기를 바라 싹을 잡아당기는 것은 이미 시작된 과정을 거스르는 일이다. 효과가 자연스럽게 나타날 가능성을 방해하고 막는 일이기 때문이다. 당연히 싹의 성장 가능성은 땅속의 씨앗에 들어 있는 것이다. 개입하고 힘을 쏟고자 하는 대신에 이 잠재력을 발휘할 수 있도록 하는 것이 중요하다. ▶1문단

피해야 할 두 개의 암초가 있다. 첫째는 싹을 잡아당겨서 직접적으로 성장을 이루려는 것이다. 이는 목적성이 있는 적극적 행동주의로서 성장의 자연스러운 과정을 존중하지 않는 것이다. 달리 말하면 효과가 숙성되도록 놔두지 않는 것이다. 둘째는 밭의 가장자리에 서서 자라는 것을 지켜보는 것이다. 싹을 잡아당겨서도 안 되고 그렇다고 단지 싹이 자라는 것을 지켜만 봐서도 안 된다. 그렇다면 무엇을 해야 하는가? 싹 밑의 잡초를 뽑고 김을 매주는 일을 해야 하는 것이다. 경작이 용이한 땅을 조성하고 공기를 통하게 함으로써 성장을 보조해야 한다. 기다리지 못함도 삼가고 아무것도 안 함도 삼가야 한다. 작동 중에 있는 자연스런 성향이 발휘되도록 기다리면서도 전력을 다할 수 있도록 돕는 노력도 멈추지 말아야 한다. ▶2문단

① 인류사회는 자연의 한계를 극복하려는 인위적 노력에 의해 발전해 왔다. ➡ (✕) 1문단에 따르면 맹자는 싹이 자라는 것을 억지로 돕는 일, 즉 인위적 노력을 경계했다.

② 싹이 스스로 성장하도록 그대로 두는 것이 수확량을 극대화하는 방법이다. ➡ (✕) 2문단에 따르면 맹자는 싹이 자라는 것을 지켜만 봐서는 안 된다고 했다.

③ 어떤 일을 진행할 때 가장 중요한 것은 명확한 목적성을 설정하는 것이다. ➡ (✕) 2문단에 따르면 맹자는 목적성이 있는 적극적 행동주의를 피해야 할 것으로 보았다.

④ 자연의 순조로운 운행을 방해하는 인간의 개입은 예기치 못한 화를 초래할 것이다. ➡ (✕) 2문단에 따르면 맹자는 인간의 개입을 전면적으로 부정하지 않았다.

⑤ 잠재력을 발휘하도록 하려면 의도적 개입과 방관적 태도 모두를 경계해야 한다. ➡ (○) 2문단에 따르면 맹자는 억지로 효과를 내려는 의도적 개입과 아무것도 안 하는 방관적 태도 모두를 경계했다.

12 ③

|문제 유형| 사실적 이해 > 정보 확인

|접근 전략| 지문에 제시된 정보들을 사실적으로 이해하고 있는지 확인하는 문제 유형이다. 본 문제에서는 생소한 용어들이 나열되는 지문을 제시하고 선지에서 해당 용어의 뜻을 풀이하고 있다. PSAT는 지식형 시험이 아니기 때문에 용어의 뜻을 모르더라도 지문에 제시된 용어와 선지의 뜻을 매칭시키며 풀이해 나가면 된다. 특히 단시간에 다량의 정보를 처리해야 하는 정보 확인 문제 유형은 선지를 먼저 확인한 후에 지문에서 해당 내용들을 찾는 방법으로 풀이하면 시간을 절약할 수 있다.

다음 글에서 알 수 있는 것은?

우리가 조선의 왕을 부를 때 흔히 이야기하는 태종, 세조 등의 호칭은 묘호(廟號)라고 한다. 왕은 묘호뿐 아니라 시호(諡號), 존호(尊號) 등도 받았으므로 정식 칭호는 매우 길었다. 예를 들어 선조의 정식 칭호는 '선조소경정륜입극성덕홍렬지성대의격천희운현문의무성예달효대왕(宣祖昭敬正倫立極盛德洪烈至誠大義格天熙運顯文毅武聖睿達孝大王)'이다. 이 중 '선조'는 묘호, '소경'은 명에서 내려준 시호, '정륜입극성덕홍렬'은 1590년에 올린 존호, '지성대의격천희운'은 1604년에 올린 존호, '현문의무성예달효대왕'은 신하들이 올린 시호다. ▶1문단

묘호는 왕이 사망하여 삼년상을 마친 뒤 그 신주를 종묘에 모실 때 사용하는 칭호이다. 묘호에는 왕의 재위 당시의 행적에 대한 평가가 담겨 있다. 시호는 왕의 사후 생전의 업적을 평가하여 붙여졌는데, 중국 천자가 내린 시호와 조선의 신하들이 올리는 시호 두 가지가 있었다. 존호는 왕의 공덕을 찬양하기 위해 올리는 칭호이다. 기본적으로 왕의 생전에 올렸지만 경우에 따라서는 '추상존호(追上尊號)'라 하여 왕의 승하 후 생전의 공덕을 새롭게 평가하여 존호를 올리는 경우도 있었다. ▶2문단

왕실의 일원들을 부르는 호칭도 경우에 따라 달랐다. 왕비의 아들은 '대군'이라 부르고, 후궁의 아들은 '군'이라 불렸다. 또한 왕비의 딸은 '공주'라 하고, 후궁의 딸은 '옹주'라 했으며, 세자의 딸도 적실 소생은 '군주', 부실 소생은 '현주'라 불렸다. 왕실에 관련된 다른 호칭으로 '대원군'과 '부원군'도 있었다. 비슷한 듯 보이지만 크게 차이가 있었다. 대원군은 왕을 낳아준 아버지, 즉 생부를 가리키고, 부원군은 왕비의 아버지를 가리키는 말이었다. 조선시대에 선조, 인조, 철종, 고종은 모두 방계에서 왕위를 계승했기 때문에 그들의 생부가 모두 대원군의 칭호를 얻게 되었다. 그런데 이들 중 살아 있을 때 대원군의 칭호를 받은 이는 고종의 아버지 흥선대원군 한 사람뿐이었다. 왕비의 아버지를 부르는 호칭인 부원군은 경우에 따라 책봉된 공신(功臣)에게도 붙여졌다. ▶3문단

① 세자가 왕이 되면 적실의 딸은 옹주로 호칭이 바뀔 것이다. ➡ (✕) 3문단에 따르면 세자가 왕이 되면 적실, 즉 왕비의 딸은 공주로 호칭이 바뀐다.

② 조선시대 왕의 묘호에는 명나라 천자로부터 부여받은 것이 있다. ➡ (✕) 2문단에서 시호에는 중국 천자가 내린 시호와 조선의 신하들이 올리는 시호 두 가지가 있었다는 것만 알 수 있을 뿐 명나라 천자로부터 받은 묘호가 있었는지는 알 수 없다.

③ 왕비의 아버지가 아님에도 부원군이라는 칭호를 받은 신하가 있다. ➡ (○) 3문단 마지막 문장에서 부원군이라는 호칭은 경우에 따라 책봉된 공신에게도 붙여졌다고 하였다.

④ 우리가 조선시대 왕을 지칭할 때 사용하는 일반적인 칭호는 존호이다. ➡ (✕) 1문단에서 우리가 조선의 왕을 부를 때 사용하는 일반적인 칭호는 묘호라고 하였다.

⑤ 흥선대원군은 왕의 생부이지만 고종이 왕이 되었을 때 생존하지 않았더라면 대원군이라는 칭호를 부여받지 못했을 것이다. ➡ (✕) 살아 있을 때 대원군의 칭호를 받은 이는 흥선대원군뿐이었다. 하지만 대원군은 왕의 생부를 가리키는 호칭이므로 고종이 즉위할 때 살아 있지 않았더라도 대원군이라는 칭호를 부여받았을 것임을 알 수 있다.

388 · 민간경력자 PSAT 14개년 기출문제집 · 분석해설편

13 ②
정답률 97.0%

| **문제 유형** | 사실적 이해 〉 정보 확인
| **접근 전략** | 지문에 제시된 정보들을 사실적으로 이해하고 있는지를 평가하는 정보 확인 문제 유형이다. 이 유형의 문제는 지문의 내용을 있는 그대로 파악하는 것이 중요한데 '경제' 소재의 지문은 논리 게임 유형과 유사한 방식으로 읽어 나가는 것이 좋다. 경제학은 'A가 B이면 C이다.'와 같은 원리를 토대로 하여 연역적으로 전개하는 학문이기 때문에 지문의 논리 구조를 잘 따라가기만 해도 문제를 풀 수 있다.

다음 글에서 알 수 있는 것은?

경제학자들은 환경자원을 보존하고 환경오염을 억제하는 방편으로 환경세 도입을 제안했다. 환경자원을 이용하거나 오염물질을 배출하는 제품에 환경세를 부과하면 제품 가격 상승으로 인해 그 제품의 소비가 감소에 따라 환경자원을 아낄 수 있고 환경오염을 줄일 수 있다. ▶1문단

일부에서는 환경세가 소비자의 경제적 부담을 늘리고 소비와 생산의 위축을 가져올 수 있다고 우려한다. 그러나 많은 경제학자들은 환경세 세수만큼 근로소득세를 경감하는 경우 환경보존과 경제성장이 조화를 이룰 수 있다고 본다. ▶2문단

환경세는 환경오염을 유발하는 상품의 가격을 인상시킴으로써 가계의 경제적 부담을 늘려 실질소득을 떨어뜨리는 측면이 있다. 하지만 환경세 세수만큼 근로소득세를 경감하게 되면 근로자의 실질소득이 증대되고, 그 증대 효과는 환경세 부과로 인한 상품가격 상승효과를 넘어설 정도로 크다. 왜냐하면 상품가격 상승으로 인한 경제적 부담은 연금생활자나 실업자처럼 고용된 근로자가 아닌 사람들 사이에도 분산되는 반면, 근로소득세 경감의 효과는 근로자에게 집중되기 때문이다. 근로자의 실질소득 증대는 사실상 근로자의 실질임금을 높이고, 이것은 대체로 노동공급을 증가시키는 경향이 있다. ▶3문단

또한, 환경세가 부과되더라도 노동수요가 늘어날 수 있다. 근로소득세 경감은 기업의 입장에서 노동이 그만큼 저렴해지는 효과가 있다. 더욱이 환경세는 노동자원보다는 환경자원의 가격을 인상시켜 상대적으로 노동을 저렴하게 하는 효과가 있다. 이렇게 되면 기업의 노동수요가 늘어난다. ▶4문단

결국 환경세 세수를 근로소득세 경감으로 재순환시키는 조세구조 개편은 한편으로는 노동의 공급을 늘리고, 다른 한편으로는 노동에 대한 수요를 늘린다. 이것은 고용의 증대를 낳고, 결국 경제 활성화를 가져온다. ▶5문단

① 환경세의 환경오염 억제 효과는 근로소득세 경감에 의해 상쇄된다. ➡ (X) 2문단에 따르면 환경세 세수만큼 근로소득세를 경감하는 경우 환경 보존과 경제성장이 조화를 이룰 수 있다.

② 환경세를 부과하더라도 그만큼 근로소득세를 경감할 경우, 근로자의 실질소득은 늘어난다. ➡ (O) 3문단에 따르면 환경세 세수만큼 근로소득세를 경감하게 되면 근로자의 실질소득은 증대된다.

③ 환경세를 부과할 경우 근로소득세 경감이 기업의 고용 증대에 미치는 효과가 나타나지 않는다. ➡ (X) 5문단에 따르면 환경세 세수를 근로소득세 경감으로 재순환시키는 조세구조 개편은 고용의 증대를 낳는다.

④ 환경세를 부과하더라도 노동집약적 상품의 상대가격이 낮아진다면 기업의 고용은 늘어나지 않는다. ➡ (X) 노동집약적 상품의 상대가격이 낮아지는 경우에 대한 내용은 없다.

⑤ 환경세 부과로 인한 상품가격 상승효과는 근로소득세 경감으로 인한 근로자의 실질소득 상승효과보다 크다. ➡ (X) 3문단에 따르면 환경세 세수만큼 근로소득세를 경감하게 되면 근로자의 실질소득은 증대되고, 그 증대효과는 환경세 부과로 인한 상품가격 상승효과를 넘어설 정도로 크다.

14 ②
정답률 96.1%

| **문제 유형** | 비판적 사고 〉 빈칸 채우기
| **접근 전략** | 지문에 제시된 경제학 사례를 통해 이론을 추론하여 지문 속 빈칸을 채우는 문제 유형이다. '경제학' 소재의 지문은 상승, 하락, 감소, 증가 등의 방향성을 파악하며 읽는 것이 중요하다. 또한 빈칸 채우기 유형의 경우, 지문 전체의 내용을 파악하는 것과 함께 빈칸 주변 내용의 흐름을 중점적으로 파악해야 한다.

다음 글의 ㉠과 ㉡에 들어갈 말을 가장 적절하게 나열한 것은?

아담 스미스의 '보이지 않는 손'이라는 가정은 시장에서 개인의 이익추구 활동을 제한하지 않는 것이 전체 이윤을 극대화하는 최선의 방책임을 보여주는 것으로 간주되었다. 그렇다면 다음의 경우는 어떠한가? ▶1문단

공동 소유의 목초지에 양을 치기에 알맞은 풀이 자라고 있다고 생각해 보자. 일정 넓이의 목초지에 방목할 수 있는 가축 두수에는 일정한 한계가 있기 마련이다. 즉 '수용 한계'가 존재하는 것이다. 그 목초지에 한 마리를 더 방목시킨다고 해서 다른 가축들이 갑자기 죽거나 병에 걸리는 것은 아니다. 하지만 목초지의 수용 한계를 넘어 양을 키울 경우, 목초가 줄어들어 그 목초지에서 양을 키워 얻을 수 있는 전체 생산량이 줄어든다. 나아가 수용 한계를 과도하게 초과할 정도로 사육 두수가 늘어날 경우 목초지 자체가 거의 황폐화된다. ▶2문단

예를 들어 수용 한계가 양 20마리인 공동 목초지에서 4명의 농부가 각각 5마리의 양을 키우고 있다고 해 보자. 그 목초지의 수용 한계에 이미 도달한 상태이지만, 그중 한 농부가 자신의 이익을 늘리고자 방목하는 양의 두수를 늘리려 한다. 그러면 5마리를 키우고 있는 농부들은 목초지의 수용 한계로 인하여 기존보다 이익이 줄어들지만, 두수를 늘린 농부의 경우 그의 이익이 기존보다 조금 늘어난다. 손실을 만회하기 위해 다른 농부들도 사육 두수를 늘리고자 할 것이다. 이러한 상황이 장기화될 경우, [㉠] ▶3문단

이와 같이 아담스미스의 '보이지 않는 손'에 시장을 맡겨 둘 경우 [㉡] 결과가 나타날 것이다. ▶4문단

① ㉠: 농부들의 총이익은 기존보다 증가할 것이다. ➡ (X)
  ㉡: 한 사회의 공공 영역이 확장되는 ➡ (X)

② ㉠: 농부들의 총이익은 기존보다 감소할 것이다. ➡ (O) 2문단에 따르면 목초지의 수용 한계를 넘어 양을 키울 경우, 목초가 줄어들어 그 목초지에서 양을 키워 얻을 수 있는 전체 생산량이 줄어든다. 따라서 3문단에 제시된 상황처럼 모든 농부들이 사육 두수를 늘리게 되면 목초지에서 양을 키워 얻을 수 있는 전체 생산량이 줄어들어 농부들의 총이익은 감소할 것이다.

  ㉡: 한 사회의 전체 이윤이 감소하는 ➡ (O) 1문단에 따르면 아담 스미스의 '보이지 않는 손'이라는 가정은 시장에서 개인의 이익추구 활동을 제한하지 않는 것이 전체 이윤을 극대화하는 최선의 방책임을 보여주는 것으로 간주된다. 그런데 3문단의 사례에서는 개인이 이익추구 활동을 벌이자 전체 이윤이 감소하였고 한 사회의 전체 이윤이 감소하는 결과가 나타나게 되었다.

③ ㉠: 농부들의 총이익은 기존보다 감소할 것이다. ➡ (X)
  ㉡: 한 사회의 전체 이윤이 유지되는 ➡ (X)

④ ㉠: 농부들의 총이익은 기존과 동일하게 될 것이다. ➡ (X)
  ㉡: 한 사회의 전체 이윤이 유지되는 ➡ (X)

⑤ ㉠: 농부들의 총이익은 기존과 동일하게 될 것이다. ➡ (X)
  ㉡: 한 사회의 공공 영역이 보호되는 ➡ (X)

15 ①

| 문제 유형 | 비판적 사고 > 유사한 내용·사례 찾기

| 접근 전략 | 낯선 유형처럼 보이지만 지시문을 자세히 살펴보면 밑줄 친 내용과 유사한 사례 찾기 문제 유형임을 알 수 있다. 또한 선지에 사례가 아닌 용어가 제시되어 있어서 어렵다고 느낄 수 있으나, 지문을 읽어 보면 해당 용어에 대한 정의가 지문의 처음 부분에 모두 나열되어 있음을 확인할 수 있다. 따라서 문제를 풀 때 평소 본인이 알던 용어의 개념을 끌어와서는 안 되고, 지문에 제시된 대로 용어를 해석해야 한다.

다음 글의 ㉠과 ㉡이 모방하는 군집 현상의 특성을 가장 적절하게 짝지은 것은?

다양한 생물체의 행동 원리를 관찰하여 모델링한 알고리즘을 생체모방 알고리즘이라 한다. 날아다니는 새 떼, 야생 동물 떼, 물고기 떼, 그리고 박테리아 떼 등과 같은 생물 집단에서 쉽게 관찰할 수 있는 군집 현상에 관한 연구가 최근 활발히 진행되고 있다. 군집 현상은 무질서한 개체들이 외부 작용 없이 스스로 질서화된 상태로 변해 가는 현상을 총칭하며, 분리성, 정렬성, 확장성, 결합성의 네 가지 특성을 나타낸다. 첫째, 분리성은 각 개체가 서로 일정한 간격을 유지하여 독립적 공간을 확보하는 특성을 의미하고 둘째, 정렬성은 각 개체가 다수의 개체들이 선택하는 경로를 이용하여 자신의 이동 방향을 결정하는 특성을 의미하며 셋째, 확장성은 개체수가 증가해도 군집의 형태를 유지하는 특성을 의미한다. 마지막으로 결합성은 각 개체가 주변 개체들과 동일한 행동을 하는 특성을 의미한다. ▶1문단

㉠알고리즘A는 시력이 없는 개미 집단이 개미집으로부터 멀리 떨어져 있는 먹이를 가장 빠른 경로를 통해 운반하는 행위로부터 영감을 얻어 개발된 알고리즘이다. 개미가 먹이를 발견하면 길에 남아 있는 페로몬을 따라 개미집으로 먹이를 운반하게 된다. 이러한 방식으로 개미 떼가 여러 경로를 통해 먹이를 운반하다 보면 개미집과 먹이와의 거리가 가장 짧은 경로에 많은 페로몬이 쌓이게 된다. 개미는 페로몬이 많은 쪽의 경로를 선택하여 이동하는 특징이 있어 일정 시간이 지나면 개미 떼는 가장 짧은 경로를 통해서 먹이를 운반하게 된다. 이 알고리즘은 통신망 설계, 이동체 경로 탐색, 임무 할당 등의 다양한 최적화 문제에 적용되어 왔다. ▶2문단

→ 알고리즘A는 시력이 없는 개미 집단이 개미집으로부터 멀리 떨어져 있는 먹이를 가장 빠른 경로를 통해 운반하는 행위로부터 영감을 얻어 개발된 알고리즘이다. 지문에 따르면 개미는 페로몬이 많은 쪽의 경로를 선택하여 이동하고 일정 시간이 지나면 개미 떼는 가장 짧은 경로를 통해서 먹이를 운반하게 된다. 1문단에 따르면 각 개체가 다수의 개체들이 선택하는 경로를 이용하여 자신의 이동 방향을 결정하는 특성을 정렬성이라고 한다. 따라서 알고리즘A는 정렬성과 짝짓는 것이 적절하다.

㉡알고리즘B는 반딧불이들이 반짝거릴 때 초기에는 각자의 고유한 진동수에 따라 반짝거리다가 점차 시간이 지날수록 상대방의 반짝거림에 맞춰 결국엔 한 마리의 거대한 반딧불이처럼 반짝거리는 것을 지속하는 현상에서 영감을 얻어 개발된 알고리즘이다. 개체들이 초기 상태에서는 각자 고유의 진동수에 따라 진동하지만, 점차 상호 작용을 통해 그 고유 진동수에 변화가 생기고 결국에는 진동수가 같아지는 특성을 반영한 것이다. 이 알고리즘은 집단 동기화 현상을 효과적으로 모델링하는 데 적용되어 왔다. ▶3문단

→ 알고리즘B는 개체들이 초기 상태에서는 각자 고유의 진동수에 따라 진동하지만, 점차 상호 작용을 통해 그 고유 진동수에 변화가 생기고 결국에는 진동수가 같아지는 특성을 반영한 것이다. 1문단에 따르면 각 개체가 주변 개체들과 동일한 행동을 하는 특성을 결합성이라고 한다. 따라서 알고리즘B는 결합성과 짝짓는 것이 적절하다.

	㉠	㉡
①	정렬성	결합성 ➡ (O)
②	확장성	정렬성 ➡ (X)
③	분리성	결합성 ➡ (X)
④	결합성	분리성 ➡ (X)
⑤	정렬성	확장성 ➡ (X)

16 ④

| 문제 유형 | 비판적 사고 > 빈칸 채우기

| 접근 전략 | 제시된 대화의 내용을 바탕으로 빈칸에 들어갈 전제를 찾는 문제 유형이다. 빈칸 채우기와 논리 게임 유형이 복합된 본 문제는 먼저 빈칸 앞의 갑과 을의 대화를 기호화·시각화한 뒤 선지의 내용을 빈칸에 넣고 결론이 도출되는지 하나씩 검토하여 답을 찾으면 된다.

다음 대화의 ㉠과 ㉡에 들어갈 말을 가장 적절하게 나열한 것은?

갑: A와 B 모두 회의에 참석한다면, C도 참석해.

을: C는 회의 기간 중 해외 출장이라 참석하지 못해.

갑: 그럼 A와 B 중 적어도 한 사람은 참석하지 못하겠네.

을: 그래도 A와 D 중 적어도 한 사람은 참석해.

갑: 그럼 A는 회의에 반드시 참석하겠군.

을: 너는 _____㉠_____고 생각하고 있구나? → 을 2가 A or D라고 하자 갑 3이 A라고 답하였다. 그러나 갑 1과 을 1, 갑 2만으로는 A가 회의에 반드시 참석하는지 알 수 없다. 그런데 D가 회의에 참석하지 않으면 을 2에 의해 A가 반드시 참석해야 한다. 따라서 갑은 D가 회의에 참석하지 않을 것이라 생각하고 있음을 알 수 있다. D가 불참하면 A가 반드시 참석한다는 것이 도출되고, B가 불참하는 것도 갑 2를 통해 A의 참석으로 정해지므로 B와 D가 불참한다는 것이 ㉠에 들어갈 수 있다.

갑: 맞아. 그리고 우리 생각이 모두 참이면, E와 F 모두 참석해.

을: 그래. 그 까닭은 _____㉡_____ 때문이지. → 앞의 대화만으로는 E와 F가 참석하는지 또는 불참하는지를 알 수 없으므로 앞의 대화 중 참인 'A의 참석이나 B, C, D의 불참'일 경우, 'E와 F의 참석'이라는 논리 구조만이 E와 F가 참석하는 것을 보장한다. 따라서 B가 회의에 불참하면 E와 F 모두 참석한다는 내용이 ㉡에 들어가야 한다.

→ 제시된 논리 구조를 기호화하면 다음과 같다.

- 갑 1: A & B → C
- 갑 2: ~A or ~B
- 갑 3: 그러면 A
- 갑 4: 그러면 E & F
- 을 1: ~C
- 을 2: A or D
- 을 3: ㉠
- 을 4: 왜냐하면 ㉡

① ㉠: B와 D가 모두 불참한다
  ㉡: E와 F 모두 회의에 참석하면 B는 불참하기 ➡ (X)

② ㉠: B와 D가 모두 불참한다
  ㉡: E와 F 모두 회의에 참석하면 B도 참석하기 ➡ (X)

③ ㉠: B가 회의에 불참한다
  ㉡: B가 회의에 참석하면 E와 F 모두 참석하기 ➡ (X)

④ ㉠: D가 회의에 불참한다
  ㉡: B가 회의에 불참하면 E와 F 모두 참석하기 ➡ (O)

⑤ ㉠: D가 회의에 불참한다
  ㉡: E와 F 모두 회의에 참석하면 B도 참석하기 ➡ (X)

17 ②

| 문제 유형 | 비판적 사고 > 빈칸 채우기

| 접근 전략 | 보통의 빈칸 채우기 문제와 달리 두 단계의 사고 과정을 거쳐야 풀리는 문제 유형이다. 이 유형은 어려운 편이므로 지문 전체를 정확히 이해하고 분석한 후에 문제를 풀어야 한다.

다음 글의 ㉠과 ㉡에 들어갈 말을 가장 적절하게 짝지은 것은?

칼로리 섭취를 줄이는 소식이 장수의 비결이라는 것을 입증하기 위해 A연구팀은 붉은털원숭이를 대상으로 20년에 걸친 칼로리 섭취를 제한한 연구 결과를 발표하였으며, 그 결과는 예상대로 칼로리 제한군이 대조군에 비해

수명이 긴 것으로 나타났다. ▶1문단

그런데 A 연구팀의 발표 이후, 곧이어 B 연구팀은 붉은털원숭이를 대상으로 25년 동안 비교 연구한 결과를 발표하였으며, 그들의 연구결과는 칼로리 제한군과 대조군의 수명에 별 차이가 없다는 것을 보여주었다. A 연구팀과 다른 결과가 도출된 것에 대해 B 연구팀은 A 연구팀의 실험설계가 잘못되었기 때문이라고 주장했다. 즉 영양분을 정확하게 맞추기 위해 칼로리가 높은 사료를 먹인데다가 대조군은 식사 제한이 없어 사실상 칼로리 섭취량이 높아 건강한 상태가 아니기 때문에 칼로리 제한군이 건강하게 오래 사는 건 당연하다는 것이다. ▶2문단

B 연구팀의 연구결과 발표 이후, A 연구팀은 처음 발표한 연구결과에 대한 후속 연구의 결과를 발표하였다. 처음 연구결과를 발표한 지 5년이 경과하였기 때문에 25년에 걸친 연구결과를 정리한 것이다. 이번 연구결과도 5년 전과 마찬가지로 역시 칼로리 제한군이 더 오래 사는 것으로 나타났다. ▶3문단

이 연구결과를 바탕으로 A 연구팀은 자신들의 결론과 다른 B 연구팀의 연구결과는 B 연구팀이 실험설계를 잘못했기 때문이라고 주장하면서 역공을 펼쳤다. B 연구팀은 대조군에게 마음대로 먹게 하는 대신 정량을 줬는데, 그 양이 보통 원숭이가 섭취하는 칼로리보다 낮기 때문에 사실상 대조군도 칼로리 제한을 약하게라도 한 셈이라는 것이다. 즉 B 연구팀은 칼로리 제한을 심하게 한 집단과 약하게 한 집단을 비교한 셈이었고, 그 결과로 인해 유의미한 차이가 없는 것으로 나타났다는 것이다. ▶4문단

A 연구팀은 자신들의 주장을 입증하기 위해 각지의 연구소에 있는 붉은털원숭이 총 878마리의 체중 데이터를 입수해 자신들의 대조군 원숭이 체중과 B 연구팀의 대조군 원숭이 체중을 비교하였다. 그 결과 총 878마리 붉은털원숭이의 평균 체중은 A 연구팀의 대조군 원숭이의 평균 체중 ⑤ . B 연구팀의 대조군 원숭이의 평균 체중 ⑥ . 따라서 체중과 칼로리 섭취량이 비례한다는 사실에 입각했을 때, 서로의 대조군 설계에 대한 A 연구팀과 B 연구팀의 비판이 모두 설득력이 있는 것으로 밝혀진 셈이다. ▶5문단

	⑤	⑥
①	보다 더 나갔고	보다 덜 나갔다 ➡ (X)
②	보다 덜 나갔고	보다 더 나갔다 ➡ (O)

5문단에 따르면 체중과 칼로리 섭취량이 비례한다는 사실에 입각했을 때, ⑤과 ⑥에 의해 서로의 대조군 설계에 대한 A 연구팀과 B 연구팀의 비판이 모두 설득력이 있는 것으로 밝혀져야 한다. 2문단에 따르면 B 연구팀은 A 연구팀의 대조군의 칼로리 섭취량이 높다고 비판했고, 4문단에 따르면 A 연구팀은 B 연구팀의 대조군의 칼로리 섭취량이 낮다고 비판했다. 따라서 붉은털원숭이의 평균 체중이 A 연구팀의 대조군 원숭이의 평균 체중보다 낮고, B 연구팀의 대조군 원숭이의 평균 체중보다 높다면 A 연구팀과 B 연구팀의 비판이 모두 설득력 있게 된다.

③	과 차이가 없었고	과 차이가 없었다 ➡ (X)
④	보다 더 나갔고	보다 더 나갔다 ➡ (X)
⑤	보다 덜 나갔고	보다 덜 나갔다 ➡ (X)

18 ④

정답률 87.5%

|접근 전략| 비판적 사고 > 지문에서 추론하기

|접근 전략| 지문에 제시된 정보를 바탕으로 적절하게 추론할 수 있는지를 묻는 문제 유형이다. 이때 논리 게임 유형과 유사하게 정보가 나열식으로 구성되어 있으면 정보를 재구성하여 보기 쉽게 분류·도식화한 후 문제를 푸는 것이 효과적이다. 이 문제의 경우 혈당에 관한 정보가 나열식으로 구성되어 있으므로 혈당이 낮아졌을 때와 높아졌을 때로 정보를 재구성하여 문제를 푸는 것이 좋다.

다음 정보를 따를 때 추론할 수 없는 것은?

○ 혈당이 낮아지면 혈중 L의 양이 줄어들고, 혈당이 높아지면 그 양이 늘어난다.

○ 혈중 L의 양이 늘어나면 시상하부 알파 부분에서 호르몬 A가 분비되고, 혈중 L의 양이 줄어들면 시상하부 알파 부분에서 호르몬 B가 분비된다.

○ 시상하부 알파 부분에서 호르몬 A가 분비되면, 시상하부 베타 부분에서 호르몬 C가 분비되고 시상하부 감마 부분의 호르몬 D의 분비가 억제된다.

○ 시상하부 알파 부분에서 호르몬 B가 분비되면, 시상하부 감마 부분에서 호르몬 D가 분비되고 시상하부 베타 부분의 호르몬 C의 분비가 억제된다.

○ 시상하부 베타 부분에서 분비되는 호르몬 C는 물질대사를 증가시키고, 이 호르몬의 분비가 억제될 경우 물질대사가 감소한다.

○ 시상하부 감마 부분에서 분비되는 호르몬 D는 식욕을 증가시키고, 이 호르몬의 분비가 억제될 경우 식욕이 감소한다.

→ 제시된 논증 구조를 정리하면 다음과 같다.

• 혈당이 낮아질 때: 혈중 L의 양이 줄어듦 → 시상하부 알파 부분의 호르몬 B 분비 → 시상하부 감마 부분의 호르몬 D 분비 → 식욕 증가 → 시상하부 베타 부분의 호르몬 C 억제 → 물질대사 감소

• 혈당이 높아질 때: 혈중 L의 양이 늘어남 → 시상하부 알파 부분의 호르몬 A 분비 → 시상하부 베타 부분의 호르몬 C 분비 → 물질대사 증가 → 시상하부 감마 부분의 호르몬 D 억제 → 식욕 감소

① 혈당이 낮아지면, 식욕이 증가한다. ➡ (O)

② 혈당이 높아지면, 식욕이 감소한다. ➡ (O)

③ 혈당이 높아지면, 물질대사가 증가한다. ➡ (O)

④ 혈당이 낮아지면, 시상하부 감마 부분에서 호르몬의 분비가 억제된다. ➡ (X) 논증 구조에 따르면 혈당이 낮아지면 시상하부 감마 부분에서 호르몬 D가 분비된다.

⑤ 혈당이 높아지면, 시상하부 알파 부분과 베타 부분에서 각각 분비되는 호르몬이 있다. ➡ (O)

19 ⑤

정답률 63.1%

|문제 유형| 비판적 사고 > 판단하기

|접근 전략| 〈보기〉에 제시된 사례가 지문의 논지를 강화하는지 또는 약화하는지를 판단하는 문제 유형이다. 본 지문에서는 하나의 사례만을 바탕으로 한 논증의 결론을 제시하고 있다. 따라서 〈보기〉의 사례가 논증의 결론을 강화하는지 또는 약화하는지를 꼼꼼하게 따져 그 평가의 적절성을 판단해야 한다.

다음 논증에 대한 평가로 적절한 것만을 〈보기〉에서 모두 고르면?

집단 내지 국가의 청렴도를 평가하는 잣대로 종종 공공 물품을 사적으로 사용하는 정도가 활용된다. 이와 관련하여 M시의 경우 회사원들이 사내용 물품을 개인적인 용도로 사용하는 정도가 꽤 높은 것으로 밝혀졌다. 이는 M시의 대표적 회사 A에서 직원 200명을 대상으로 회사물품을 사적인 용도로 사용한 적이 있는지를 설문조사해 본 결과에 따른 것이다. 조사 결과 '늘 그랬다'는 직원이 5%, '종종 그랬다'는 직원은 15%, '가끔 그랬다'는 직원은 35%, '어쩌다 한두 번 그랬다'는 직원은 25%, '전혀 그런 적이 없다'는 직원은 10%, 응답을 거부한 직원은 10%였다. 설문조사에 응한 직원들 중에서 가끔이라도 사용한 적이 있다고 답한 직원의 비율이 절반을 넘었다. 따라서 M시의 회사원들은 낮은 청렴도를 가졌다고 평가할 수 있다.

〈보기〉

ㄱ. 설문조사에 응한 회사 A의 직원들 중 회사물품에 대한 사적 사용 정도를 실제보다 축소하여 답한 직원들이 많다는 사실은 위 논증의 결론을 강화한다. → (O) 지문에 따르면 집단 내지 국가의 청렴도를 평가하는 잣대로 종종 공공 물품을 사적으로 사용하는 정도가 활용된다. 그런데 실제로 공공 물품을 사적으로 사용하는 정도가 응답 결과보다 많다는 것은 'M시의 회사원들은 낮은 청렴도를 가졌다고 평가할 수 있다.'라는 논증의 결론을 강화한다.

ㄴ. M시에 있는 또 다른 대표적 회사 B에서 동일한 설문조사를 했는데 회사 A에서와 거의 비슷한 결과가 나왔다는 사실은 위 논증의 결론을 강화한다. → (O) 지문에서는 M시의 A사의 사례만으로 'M시의 회사원들은 낮은 청렴도를 가졌다고 평가할 수 있다.'라는 결론을 내렸다. 따라서 M시의 B사도 공공 물품을 사적으로 사용하는 정도가 많다는 사실은 지문에서 제시하고 있는 논증의 결론을 강화한다.

ㄷ. M시에 있는 대부분의 회사들에 비해 회사 A의 직원들이 회사물품을 사적으로 사용한 정도가 심했던 것으로 밝혀졌다는 사실은 위 논증의 결론을 약화한다. → (O) 지문에서는 M시의 A사의 사례만 가지고 'M시의 회사원들은 낮은 청렴도를 가졌다고 평가할 수 있다.'라고 결론을 내리고 있다. 그런데 M시의 A사만 공공 물품을 사적으로 사용하는 정도가 많으면 지나친 일반화의 오류로 볼 수 있으므로 이는 지문에 제시된 논증의 결론을 약화한다.

① ㄱ ➡ (X)
② ㄷ ➡ (X)
③ ㄱ, ㄴ ➡ (X)
④ ㄴ, ㄷ ➡ (X)
⑤ ㄱ, ㄴ, ㄷ ➡ (O)

20 ③

정답률 72.9%

| 문제 유형 | 비판적 사고 > 판단하기
| 접근 전략 | 지문에 제시된 여러 주장의 관계를 파악하는 문제 유형이다. 지문에서는 동일한 현상을 바라보는 다양한 시각과 주장을 제시하고 있다. 따라서 각각의 주장을 파악하는 것이 우선되어야 하고, 그 후에 그 주장들을 비교해야 한다. 그리고 〈보기〉에 제시된 평가에서 '양립할 수 없다.'란 전면적으로 어떤 경우에도 반대되는 내용이어야 함을, '양립할 수 있다.'란 조건에 따라 반대되지 않는다면 양립할 수 있음을 의미한다는 점에 유의해야 한다.

갑~병의 주장의 관계에 대한 평가로 적절한 것만을 〈보기〉에서 모두 고르면?

갑: 어떠한 경우에도 자살은 옳지 않은 행위이다. 신의 뜻에 어긋날 뿐만 아니라 공동체에 해악을 끼치기 때문이다. 자살은 사회로부터 능력 있는 사람들을 빼앗아가는 행위이다. 물론 그러한 행위는 공동체에 피해를 주는 것이다. 따라서 자살은 죄악이다.

을: 자살하는 사람은 사회에 해악을 끼치는 것이 아니다. 그는 단지 선을 행하는 것을 멈추는 것일 뿐이다. 사회에 선을 행해야 한다는 우리의 모든 의무는 상호성을 함축한다. 즉 나는 사회로부터 혜택을 얻으므로 사회의 이익을 증진시켜야 한다. 그러나 내가 만약 사회로부터 완전히 물러난다면 그러한 의무를 계속 짊어져야 하는 것은 아니다.

병: 인간의 행위는 자신에게만 관련된 것과 타인이 관련된 것으로 구분될 수 있다. 원칙적으로 인간은 타인에게 해가 되지 않는 한 원하는 것은 무엇이든지 행할 수 있다. 다만 타인에게 해악을 주는 행위만이 도덕적 비판의 대상이 된다고 할 수 있다. 이러한 원칙은 자살의 경우에도 적용된다.

〈보기〉

ㄱ. 갑의 주장은 을의 주장과 양립할 수 없다. → (O) 갑은 자살이 공동체에 피해를 주는 행위라고 주장하는 반면 을은 자살하는 사람이 사회에 해악을 끼치는 것은 아니라고 주장하고 있다. 이러한 둘의 주장은 전면적으로 반대되어 양립할 수 없다.

ㄴ. 을의 주장은 병의 주장과 양립할 수 있다. → (O) 을은 자살하는 사람이 사회에 해악을 끼치는 것은 아니라고 주장하고, 병은 타인에게 해악을 주는 행위만이 도덕적 비판의 대상이 된다고 하며 이러한 원칙은 자살의 경우에도

적용된다고 보고 있다. 따라서 자살하는 사람이 타인에게 해악을 주지 않으면 을과 병의 주장은 양립할 수 있다.

ㄷ. 자살이 타인이 아닌 자신에게만 관련된 행위일 경우 병은 갑의 주장에 찬성할 것이다. → (X) 병은 타인에게 해악을 주는 행위만이 도덕적 비판의 대상이 된다고 할 수 있으며 이러한 원칙은 자살의 경우에도 적용된다고 보고 있다. 따라서 자살이 자신에게만 관련된 행위라면 병은 자살이 타인에게 해악을 주지 않는다고 볼 것이다. 그런데 갑은 자살은 사회로부터 능력 있는 사람들을 빼앗아가는 행위, 즉 공동체에 피해를 주는 것이라고 주장하고 있으므로 병은 이에 찬성하지 않을 것이다.

① ㄱ ➡ (X)
② ㄷ ➡ (X)
③ ㄱ, ㄴ ➡ (O)
④ ㄴ, ㄷ ➡ (X)
⑤ ㄱ, ㄴ, ㄷ ➡ (X)

21 ②

정답률 81.0%

| 문제 유형 | 비판적 사고 > 지문에서 추론하기
| 접근 전략 | 지시문이 조금 복잡해 보이지만 지문에서 추론하기 문제 유형이다. 따라서 지문의 전반적인 내용을 먼저 파악하고, (가)~(라)에 대한 세부 내용을 파악해야 한다. 그 후에 〈보기〉의 평가 내용을 매칭시켜 적절한 것을 고르면 된다.

(가)~(라)에 대한 설명으로 적절한 것만을 〈보기〉에서 모두 고르면?

최근 우리 사회에는 인문학 열풍이 불고 있는데, 이 열풍을 바라보는 여러 다른 시각이 존재한다. 다음은 그러한 사례들의 일부이다.

(가) 한 방송국 PD는 인문학 관련 대중 강좌가 인기를 끌고 있는 현상에 대해 교양 있는 삶에 대한 열망을 원인으로 꼽는다. 그는 "직장 내 교육 프로그램은 어학이나 컴퓨터 활용처럼 직능 향상을 위한 것으로, 노동시간의 연장이다. 삶이 온통 노동으로 채워지는 상황에서 정신적 가치에 대한 성찰의 기회를 박탈당한 직장인들의 갈증을 인문학 관련 대중 강좌가 채워 주고 있다."고 한다.

(나) 한 문학평론가는 인문학 열풍이 인문학을 시장 논리와 결부시켜 상품화하고 있다고 본다. 그는 "삶의 가치에 대해 근본적인 문제제기를 함으로써 정치적 시민의 복권을 이루는 것이 인문학의 본질적인 과제 중 하나인데, 인문학이 시장의 영역에 포섭됨으로써 오히려 말랑말랑한 수준으로 전락하고 있다."고 주장한다.

(다) A구청 공무원은 최근 불고 있는 인문학 열풍에 따라 '동네 인문학'이라는 개념을 주민자치와 연결시키고 있다. 그는 "동네 인문학은 동네라는 공간에서 지역 주민들이 담당 강사의 지속적인 지도 아래 자기 성찰의 기회를 얻고, 삶에 대한 지혜를 얻어 동네를 살기 좋은 공동체로 만드는 과정이다."라고 말한다.

(라) B대학에서는 세계적인 기업인, 정치인들 중에 인문학 마니아가 많이 탄생해야 한다는 취지로 CEO 인문학 최고위 과정을 개설했다. 한 교수는 이를 인문학 열풍의 하나로 보고, "진정한 인문학적 성찰을 바탕으로 다양한 학문 분야에 몰두해야 할 대학이 오히려 인문학의 대중화를 내세워 인문학을 상품화한다."고 평가한다.

〈보기〉

ㄱ. (가)의 PD와 (나)의 평론가는 인문학 열풍이 교양 있는 삶에 대한 동경을 지닌 시민들 중심으로 일어난 자발적 현상이라 보고 있다. → (X) (가)의 PD는 삶이 온통 노동으로 채워지는 상황에서 정신적 가치에 대한 성찰의 기회를 박탈당한 직장인들의 갈증을 인문학 관련 대중 강좌가 채워 주고 있다고 말하며 인문학 열풍을 자발적 현상이라 보고 있다. 하지만 (나)의

평론가는 인문학 열풍이 인문학을 시장 논리와 결부시켜 상품화하고 있다고 보고 있다.

ㄴ. (가)의 PD와 (다)의 공무원은 인문학 열풍이 개인의 성찰을 넘어 공동체의 개선에까지 긍정적인 영향을 미친다고 보고 있다. → (X)
(다)의 공무원은 동네 인문학은 동네라는 공간에서 지역 주민들이 담당 강사의 지속적인 지도 아래 자기 성찰의 기회를 얻고, 삶에 대한 지혜를 얻어 동네를 살기 좋은 공동체로 만드는 과정이라고 하며 인문학 열풍을 공동체의 개선에까지 긍정적인 영향을 미치는 것으로 보고 있다. 그러나 (가)의 PD는 공동체와 관련된 이야기를 하고 있지 않다.

ㄷ. (나)의 평론가와 (라)의 교수는 인문학 열풍이 인문학을 상품화한다는 시각에서 이 열풍을 부정적으로 바라보고 있다. → (O) (나)의 평론가는 인문학 열풍이 인문학을 시장 논리와 결부시켜 상품화하고 있다고 보고 있으며, (라)의 교수는 진정한 인문학적 성찰을 바탕으로 다양한 학문 분야에 몰두해야 할 대학이 오히려 인문학의 대중화를 내세워 인문학을 상품화한다고 평가하고 있다. 따라서 (나)와 (라)는 인문학 열풍이 인문학을 상품화한다는 시각에서 이 열풍을 부정적으로 바라보고 있음을 알 수 있다.

① ㄱ ➡ (X)
② ㄷ ➡ (O)
③ ㄱ, ㄴ ➡ (X)
④ ㄴ, ㄷ ➡ (X)
⑤ ㄱ, ㄴ, ㄷ ➡ (X)

의 보편화는 여성의 사회적 권력을 약화시키는 결과를 낳게 된다. ▶3문단

〈보기〉

ㄱ. 그림문자를 쓰는 사회에서는 남성의 사회적 권력이 여성의 그것보다 우월하였다. → (X) 그림문자를 쓰는 사회에서 여성보다 남성의 사회적 권력이 우월하였다는 것은 표음문자 체계의 보편화가 여성의 사회적 권력을 약화하는 결과를 낳게 된다는 지문의 결론과 모순된다.

ㄴ. 표음문자 체계는 기능적으로 분화된 복잡한 의사소통을 가능하도록 하였다. → (X) 표음문자 체계가 기능적으로 분화된 복잡한 의사소통을 가능하도록 하였다는 것은 지문의 밑줄 친 결론과 무관하므로 추가해야 할 전제로 보기 어렵다.

ㄷ. 글을 읽고 이해하는 능력은 사회적 권력에 영향을 미친다. → (O) 3문단에 따르면 표음문자로 구성된 글의 이해는 남성적인 사고 과정을 거친다. 따라서 글을 읽고 이해하는 능력이 사회적 권력에 영향을 미친다면 표음문자 체계의 보편화가 여성의 사회적 권력을 약화하는 결과를 낳게 된다는 지문의 결론을 이끌어 낼 수 있다.

① ㄱ ➡ (X)
② ㄴ ➡ (X)
③ ㄷ ➡ (O)
④ ㄱ, ㄴ ➡ (X)
⑤ ㄴ, ㄷ ➡ (X)

22 ③

정답률 77.6%

| 문제 유형 | 비판적 사고 〉 논리적 결론의 전제·원인 찾기
| 접근 전략 | 논리적 결론의 전제를 찾는 문제 유형이다. 지문에서 밑줄 친 그 결론을 도출하기 위해 추가해야 할 전제를 〈보기〉에서 찾는 것이므로, 밑줄 친 결론을 지지하는 내용을 정답으로 선택하면 된다.

다음 글에서 밑줄 친 결론을 이끌어 내기 위해 추가해야 할 전제만을 〈보기〉에서 모두 고르면?

이미지란 우리가 세계에 대해 시각을 통해 얻는 표상을 가리킨다. 상형문자나 그림문자를 통해서 얻은 표상도 여기에 포함된다. 이미지는 세계의 실제 모습을 아주 많이 닮았으며 그러한 모습을 우리 뇌 속에 복제한 결과이다. 그런데 우리의 뇌는 시각적 신호를 받아들일 때 시야에 들어온 세계를 한꺼번에 하나의 전체로 받아들이게 된다. 즉 대다수의 이미지는 한꺼번에 지각된다. 예를 들어 우리는 새의 전체 모습을 한꺼번에 지각하지 머리, 날개, 꼬리 등을 개별적으로 지각한 후 이를 머릿속에서 조합하는 것이 아니다. ▶1문단

표음문자로 이루어진 글을 읽는 것은 이와는 다른 과정이다. 표음문자로 구성된 문장에 대한 이해는 그 문장의 개별적인 문법적 구성요소들로 이루어진 특정한 수평적 연속에 의존한다. 문장을 구성하는 개별 단어들, 혹은 각 단어를 구성하는 개별 문자들이 하나로 결합되어 비로소 의미 전체가 이해되는 것이다. 비록 이 과정이 너무도 신속하고 무의식적으로 이루어지기는 하지만 말이다. 알파벳을 구성하는 기호들은 개별적으로는 아무런 의미도 가지지 않으며 어떠한 이미지도 나타내지 않는다. 일련의 단어군은 한꺼번에 파악될 수도 있겠지만, 표음문자의 경우 대부분 언어는 개별 구성 요소들이 하나의 전체로 결합되는 과정을 통해 이해된다. ▶2문단

남성적인 사고는, 사고 대상 전체를 구성요소 부분으로 분해한 후 그들 각각을 개별화시키고 이를 다시 재조합하는 과정으로 진행된다. 그에 비해 여성적인 사고는, 분해되지 않은 전체 이미지를 통해서 의미를 이해하는 특징을 지닌다. 그림문자로 구성된 글의 이해는 여성적인 사고 과정을, 표음문자로 구성된 글의 이해는 남성적인 사고 과정을 거친다. 여성은 대체로 여성적 사고를, 남성은 대체로 남성적 사고를 한다는 점을 고려할 때 <u>표음문자 체계</u>

23 ④

정답률 83.8%

| 문제 유형 | 사실적 이해 〉 논리 게임
| 접근 전략 | '반드시 참이라고는 할 수 없는 것'을 고르는 논리 게임 문제 유형이다. 본 문제는 발표마다 토론을 반드시 해야 한다는 것과 시간 계산 시 얼마나 자주, 언제 무엇을 해야 하는지에 대한 예외 조항이나 단서 조항, 조건 조항 등을 꼼꼼히 살피며 선지를 분석해야 한다.

그린 포럼의 일정을 조정하고 있는 A 행정관이 고려해야 할 사항들이 다음과 같을 때, 반드시 참이라고는 할 수 없는 것은?

○ 포럼은 개회사, 발표, 토론, 휴식으로 구성하며, 휴식은 생략할 수 있다.
○ 포럼은 오전 9시에 시작하여 늦어도 당일 정오까지는 마쳐야 한다.
○ 개회사는 포럼 맨 처음에 10분 또는 20분으로 한다.
○ 발표는 3회까지 계획할 수 있으며, 각 발표시간은 동일하게 40분으로 하거나 동일하게 50분으로 한다.
○ 각 발표마다 토론은 10분으로 한다.
○ 휴식은 최대 2회까지 가질 수 있으며, 1회 휴식은 20분으로 한다.

① 발표를 2회 계획한다면, 휴식을 2회 가질 수 있는 방법이 있다.
➡ (O) 포럼은 오전 9시에 시작해 늦어도 당일 정오까지 마쳐야 하므로, 180분을 넘길 수 없다. 개회사 10분+발표 80분+토론 20분+휴식 40분을 하면 150분이며 이는 180분 이내이므로 휴식을 2회 가질 수 있다.

② 발표를 2회 계획한다면, 오전 11시 이전에 포럼을 마칠 방법이 있다. ➡ (O) 개회사 10분+발표 80분+토론 20분을 하면 110분이므로, 2시간 이내에 마칠 수 있다. 따라서 오전 9시 10분 이전에 포럼을 시작하면 11시 이전에 마칠 수 있다.

③ 발표를 3회 계획하더라도, 휴식을 1회 가질 수 있는 방법이 있다.
➡ (O) 개회사 10분+발표 120분+토론 30분+휴식 20분을 하면 180분이고, 이는 180분 이내이므로 휴식을 1회 가질 수 있다.

④ 각 발표를 50분으로 하더라도, 발표를 3회 가질 수 있는 방법이 있다. ➡ (X) 개회사 10분+발표 150분+토론 30분을 하면 190분으로, 180분을 초과한다. 따라서 각 발표를 50분으로 하면 발표를 3회 할 수 없다.

⑤ 각 발표를 40분으로 하고 개회사를 20분으로 하더라도, 휴식을 2회 가질 수 있는 방법이 있다. ➡ (O) 개회사 20분＋발표 40분＋토론 10분＋휴식 40분을 하면 110분이고 이는 180분 이내이므로 휴식을 2회 가질 수 있다.

24 ⑤
정답률 70.0%

| **문제 유형** | 비판적 사고 > 논리적 결론의 전제·원인 찾기
| **접근 전략** | 'ⓐ을 설명하는 가설로 적절한 것은?'이라는 지시문만 보면 선뜻 문제 유형 파악이 안 될 수도 있다. 하지만 지시문 형태만 다를 뿐 논리적 결론의 원인을 찾는 문제 유형이므로 지문에 제시된 연구 사례가 어떤 가설을 지지하고 있는 것인지 판단하여 답을 고르면 된다.

다음 글의 ㉠을 설명하는 가설로 가장 적절한 것은?

한 개체의 발생은 한 개의 세포가 세포분열을 통해 여러 세포로 분열되면서 진행된다. 따라서 한 개체를 구성하는 모든 세포는 동일한 유전자를 가지고 있다. 하지만 발생 과정에서 발현되는 유전자의 차이 때문에 세포는 다른 형태의 세포로 분화된다. 이와 같은 유전자 발현의 차이는 다양한 원인에 의해 이루어지는데 ㉠애기장대 뿌리에서 일어나는 세포 분화를 그 예로 알아보자. ▶1문단

분화가 완료되어 성숙한 애기장대 뿌리의 표면에는 두 종류의 세포가 있는데 하나는 뿌리털세포이고 다른 하나는 털이 없는 분화된 표피세포이다. 하지만 애기장대 뿌리의 표면이 처음부터 이 두 세포 형태를 가지고 있었던 것은 아니다. 발생 과정에서 미분화된 애기장대 뿌리의 중심부에는 피층세포가 서로 나란히 연결되어 원형으로 구성한 한 층의 피층세포층이 있으며, 이 층과 접하여 뿌리의 바깥쪽에 원형으로 미분화된 표피세포로 구성된 한 층의 미분화 표피세포층이 있다. ▶2문단

미분화된 표피세포가 그 안쪽의 피층세포층에 있는 두 개의 피층세포와 접촉하는 경우엔 뿌리털세포로 분화되어 발달하지만, 한 개의 피층세포와 접촉하는 경우엔 분화된 표피세포로 발달한다. 한편 미분화된 표피세포가 서로 다른 형태의 세포로 분화되기 위해서는 유전자 A의 발현에 차이가 있어야 하는데, 미분화된 표피세포에서 유전자 A가 발현되지 않으면 그 세포는 뿌리털세포로 분화되며 유전자 A가 발현되면 분화된 표피세포로 분화된다. ▶3문단

① 미분화 표피세포에서 유전자 A의 발현 조절은 분화될 세포에 뿌리털이 있는지에 따라 결정된다. ➡ (X) 3문단에 따르면 미분화된 표피세포가 서로 다른 형태의 세포로 분화되기 위해서는 유전자 A의 발현에 차이가 있어야 한다. 그런데 미분화된 표피세포에서 유전자 A가 발현되지 않으면 그 세포는 뿌리털세포로 분화되며 유전자 A가 발현되면 분화된 표피세포로 분화된다. 따라서 본 선지는 원인과 결과가 뒤바뀐 것임을 알 수 있다.

② 미분화된 세포가 뿌리털세포나 분화된 표피세포로 분화되는 것은 그 세포가 어느 세포로부터 유래하였는지에 따라 결정된다. ➡ (X) 미분화된 세포가 어떠한 세포로 분화되는지를 결정하는 것은 그 세포가 어느 세포로부터 유래하였는지가 아니라 유전자 A 발현의 차이이다.

③ 미분화 표피세포가 뿌리털세포 또는 분화된 표피세포로 분화되는 것은 미분화 표피세포가 유전자 A를 가지고 있는지에 따라 결정된다. ➡ (X) 미분화된 표피세포가 서로 다른 형태의 세포로 분화되기 위해서는 유전자 A를 가지고 있는지가 아니라 유전자 A의 발현에 차이가 있어야 한다.

④ 미분화 표피세포가 뿌리털세포 또는 분화된 표피세포로 분화가 되는 것은 미분화된 뿌리에서 미분화 표피세포층과 피층세포층의 위치에 의해 결정된다. ➡ (X) 미분화된 표피세포가 서로 다른 형태의 세포로 분화되는 것은 유전자 A의 발현 차이 때문이다. 그리고 주어진 정보만으로는 미분화 표피세포층과 피층세포층의 위치와 분화의 관계를 알 수 없다.

⑤ 미분화 표피세포가 어떤 세포로 분화될 것인지는 각 미분화 표피세포가 발생 중에 접촉하는 피층세포의 수에 따라 조절되는 유전

자 A의 발현에 의해 결정된다. ➡ (O) 3문단에 따르면 미분화된 표피세포가 그 안쪽의 피층세포층에 있는 두 개의 피층세포와 접촉하는 경우에는 뿌리털세포로 분화되어 발달하지만, 한 개의 피층세포와 접촉하는 경우에는 분화된 표피세포로 발달하므로 적절한 내용이다.

25 ②
TOP 3 정답률 52.2%

| **문제 유형** | 비판적 사고 > 빈칸 채우기
| **접근 전략** | 빈칸 채우기 문제 유형은 지문의 전체적인 흐름과 빈칸 주변부의 글의 흐름까지도 함께 보아야 한다. 특히 이 문제의 경우 빈칸 앞뒤 내용을 통해서 빈칸이 앞선 내용을 강화하는 것인지 반박하는 것인지를 파악할 수 있으므로, 이에 주의하며 풀이를 해야 한다.

다음 글의 (가)와 (나)에 들어갈 말을 〈보기〉에서 골라 가장 적절하게 짝지은 것은?

가설과 보조가설로부터 시험 명제 I를 연역적으로 이끌어 냈지만, I가 거짓임이 실험 결과로 밝혀졌다고 해보자. 이 실험 결과를 수용하려면 어느 쪽인가는 수정하여야 한다. 가설을 수정하거나 완전히 폐기할 수도 있고, 아니면 가설은 그대로 유지하면서 보조가설만을 적절히 변경할 수도 있다. 결국 가설이 심각하게 불리한 실험 결과에 직면했을 때조차도 원리상으로는 가설을 유지시킬 수 있는 가능성이 언제나 남아 있는 것이다. ▶1문단

과학사의 예를 하나 생각해 보자. 토리첼리가 대기층의 압력이라는 착상을 도입하기 전에는 단순 펌프의 기능이 자연은 진공을 싫어한다는 가설에 입각하여 설명되었다. 다시 말해 피스톤이 끌려 올라감으로써 펌프통 속에 진공이 생기는데, 자연은 진공을 싫어하기 때문에 그 진공을 채우려고 물이 올라온다는 것이다. 하지만 페리에는 산꼭대기에서 기압계의 수은주가 산기슭에서보다 3인치 이상 짧아진다는 실험 결과를 제시하였다. 파스칼은 이 실험 결과가 자연은 진공을 싫어한다는 가설을 반박한다고 주장하며 다음처럼 말한다. "만일 수은주의 높이가 산기슭에서의 높이보다 산꼭대기에서 짧아지는 현상이 일어난다면, 그것은 공기의 무게와 압력 때문이지 자연이 진공을 싫어하기 때문이 아니라는 결론이 따라 나오네. 왜냐하면 산꼭대기에 압력을 가하는 공기량보다 산기슭에 압력을 가하는 공기량이 훨씬 많으며, 누구도 자연이 산꼭대기에서보다 산기슭에서 진공을 더 싫어한다고 주장할 수는 없기 때문일세." ▶2문단

파스칼의 이런 언급은 진공에 대한 자연의 혐오라는 가설이 구제될 수 있는 실마리를 제공한다. 페리에의 실험 결과는, 자연이 진공을 싫어한다는 가설이 함께 전제하고 있는 보조가설들 가운데 ___(가)___를 반박하는 증거였다. 진공에 대한 자연의 혐오라는 가설과 페리에가 발견한 명백하게 불리한 증거를 수용하기 위해서는 앞의 보조가설 대신 ___(나)___를 보조가설로 끌어들이는 것으로 충분하다. ▶3문단

〈보기〉
ㄱ. 진공에 대한 자연의 혐오 강도는 고도에 구애받지 않는다. → 2문단에 따르면 페리에는 산꼭대기에서 기압계의 수은주가 산기슭에서보다 3인치 이상 짧아진다는 실험 결과를 제시하였고 파스칼은 이 실험 결과가 자연은 진공을 싫어한다는 가설을 반박한다고 주장하였다. 따라서 (가)에는 진공에 대한 자연의 혐오 강도는 고도에 구애받지 않는다는 ㄱ이 들어가야 한다.
ㄴ. 진공에 대한 자연의 혐오가 고도의 증가에 따라 증가한다.
ㄷ. 진공에 대한 자연의 혐오가 고도의 증가에 따라 감소한다. → 1문단에서 가설은 심각하게 불리한 실험 결과에 직면했을 때조차도 원리상으로는 가설을 유지시킬 수 있는 가능성이 언제나 남아 있다고 했으므로 (나)에는 페리에의 실험 결과와 일치하는 보조가설이 들어가야 한다. 따라서 (나)에는 진공에 대한 자연의 혐오가 고도의 증가에 따라 감소한다는 ㄷ이 들어가야 한다.

	(가)	(나)	
①	ㄱ	ㄴ	➡ (X)
②	ㄱ	ㄷ	➡ (O)
③	ㄴ	ㄱ	➡ (X)
④	ㄴ	ㄷ	➡ (X)
⑤	ㄷ	ㄱ	➡ (X)

2016 | 제2영역 자료해석(⑤ 책형)

기출 총평

기존에 출제되어 왔던 기본적인 시험의 구성을 그대로 유지하였으나, 난도가 약간 높게 출제되었다. 〈그림〉과 〈표〉를 제시하는 유형이 다수 출제되었고, 특히 계산형 문제가 어렵게 출제되었다. 회사 부서 간 정보 교환을 나타낸 〈표〉와 〈조건〉을 이용하여 각각에 해당하는 회사를 찾는 문제는 독특한 유형으로 출제되어 눈에 띈다. 또한 2016년 자료해석 시험에서는 계산형 문제의 출제 비중이 높은 편이다. 계산형 문제를 해결하기 위해서는 반드시 필요한 계산과 불필요한 계산을 구분할 수 있는 판단 능력이 중요하다. 즉, 문제 구조를 파악하고 이에 대하여 접근할 수 있는 능력이 필요하다. 단순하게 비교하는 문제뿐만 아니라 숫자의 증감 방향이 일치하는지, 증가율이나 비율의 크고 작음을 판단하는 것, 분수를 비교하는 것 등에 대하여 많은 연습을 통해 단련이 되어 있어야 한다. 선지나 〈보기〉를 차례대로 해결하는 것보다는 간단하거나 또는 판단하기 쉬운 것부터 해결할 수 있는 전략을 길러야 한다. 이를 위해 보다 손쉽게 접근할 수 있는 것이 기출문제이므로, 기출문제에 대한 꼼꼼하고 면밀한 분석이 선행되어 있어야 한다. 기본 이론에 대하여 철저하게 습득하고 기출문제를 통해 자료해석 능력을 터득하는 과정을 반복적으로 익혀 두도록 한다.

문항별 정답률 및 선지별 선택률

문번	정답	정답률(%)	선지별 선택률(%)					문번	정답	정답률(%)	선지별 선택률(%)				
			①	②	③	④	⑤				①	②	③	④	⑤
01	①	87.3	87.3	0.3	0.7	10.8	0.9	14	②	92.6	4.6	92.6	2.2	0.0	0.6
02	②	82.6	5.0	82.6	9.3	2.2	0.9	15	②	85.5	2.5	85.5	0.6	2.2	9.2
03	①	85.5	85.5	8.3	3.1	2.8	0.3	16	③	80.1	8.9	1.6	80.1	5.1	4.3
04	⑤	91.0	0.0	2.5	0.9	5.6	91.0	17	③	83.1	0.6	4.4	83.1	1.9	10.0
05	④	78.1	3.1	10.2	1.5	78.1	7.1	18	②	85.1	3.7	85.1	0.9	8.4	1.9
06	④	84.3	1.9	4.9	2.5	84.3	6.4	19	①	93.2	93.2	5.3	0.9	0.3	0.3
07	⑤	78.1	3.7	2.2	12.0	4.0	78.1	20	④	60.4	15.4	20.8	1.3	60.4	2.1
08	③	82.6	6.6	6.8	82.6	0.6	3.4	21	③	73.9	1.9	6.3	73.9	4.1	13.8
09	④	89.1	3.7	1.6	3.7	89.1	1.9	22	②	71.5	9.1	71.5	6.4	10.7	2.3
10	②	74.1	12.8	74.1	6.2	0.0	6.9	23	⑤	33.7	21.5	9.5	22.9	12.4	33.7
11	⑤	86.2	3.7	0.9	1.5	7.7	86.2	24	①	36.9	36.9	15.0	24.8	15.9	7.4
12	③	81.5	1.3	2.8	81.5	8.2	6.2	25	①	71.2	71.2	2.6	6.4	16.7	3.1
13	⑤	86.7	1.6	3.7	7.4	0.6	86.7								

※ 파란색 음영 문항은 해당 회차에서 정답률이 가장 낮은 TOP 3 문항입니다.
※ 정답률 및 선지별 선택률 산정 기준: 약 1년간 누적된 자동채점 & 성적결과분석 서비스의 응시 데이터

출제 비중

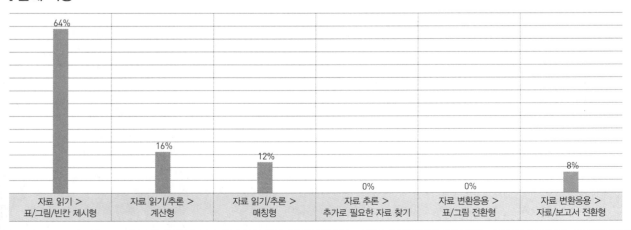

64%	16%	12%	0%	0%	8%
자료 읽기 > 표/그림/빈칸 제시형	자료 읽기/추론 > 계산형	자료 읽기/추론 > 매칭형	자료 추론 > 추가로 필요한 자료 찾기	자료 변환응용 > 표/그림 전환형	자료 변환응용 > 자료/보고서 전환형

01	①	02	②	03	①	04	⑤	05	④
06	④	07	⑤	08	③	09	④	10	②
11	⑤	12	③	13	⑤	14	⑤	15	②
16	③	17	③	18	②	19	①	20	④
21	③	22	②	23	⑤	24	②	25	①

ㄹ. 1인당 GDP 상위 5개 국가의 1인당 의료비 지출액 합은 1인당 GDP 하위 5개 국가의 1인당 의료비 지출액 합의 5배 이상이다. → (X) X축이 1인당 GDP이므로 가장 오른쪽에 있는 국가부터 순서대로 5개국을 보면 A, B, C, E, F국이고, 가장 왼쪽에 있는 국가부터 순서대로 5개국을 보면 D, G, H, I, J국이다. A, B, C, E, F국의 1인당 의료비 지출액 합은 D, G, H, I, J국의 1인당 의료비 지출액 합의 5배가 되지 않는다.

① ㄱ, ㄴ ➡ (O)
② ㄱ, ㄷ ➡ (X)
③ ㄷ, ㄹ ➡ (X)
④ ㄱ, ㄴ, ㄹ ➡ (X)
⑤ ㄴ, ㄷ, ㄹ ➡ (X)

01 ①

정답률 87.3%

|문제 유형| 자료 읽기 > 그림 제시형

|접근 전략| X, Y축을 주고 점을 찍어놓은 다음과 같은 〈그림〉을 볼 때는 선지가 요구하는 값을 중심으로 십자 모양의 선을 그어 사분면을 만들어 사분면 어디에 점이 찍혀 있는지를 보고 풀면 용이하다. 이때 비교 문제는 정확한 값을 구할 수 없으므로 평균을 대략적으로 계산해 보고 대략적으로 계산했을 때도 문제에서 요구한 차이를 초과하여 충족한다면 세밀한 계산을 하지 않아도 된다.

다음 〈그림〉은 국가 A~J의 1인당 GDP와 1인당 의료비 지출액을 나타낸 것이다. 이에 대한 〈보기〉의 설명 중 옳은 것만을 모두 고르면?

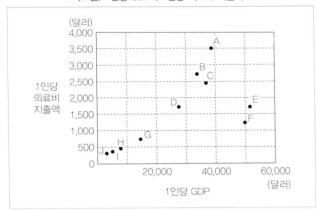

〈그림〉 1인당 GDP와 1인당 의료비 지출액

〈보기〉

ㄱ. 1인당 GDP가 2만 달러 이상인 국가의 1인당 의료비 지출액은 1천 달러 이상이다. → (O) X축의 20,000에서 수직으로 선을 긋고, Y축의 1,000에서 수평으로 선을 그은 후 제1사분면과 제2사분면을 보면 제2사분면에는 점이 없고, 제1사분면에만 점이 있는 것을 확인할 수 있다. 따라서 1인당 GDP가 20,000달러 이상인 모든 국가가 1인당 의료비 지출액이 1,000달러 이상임을 알 수 있다.

ㄴ. 1인당 의료비 지출액이 가장 많은 국가와 가장 적은 국가의 1인당 의료비 지출액 차이는 3천 달러 이상이다. → (O) Y축이 1인당 의료비 지출액이므로 가장 위에 있는 점이 1인당 의료비 지출액이 가장 많다. 따라서 1인당 의료비 지출액이 가장 많은 국가는 A국이고, 1인당 의료비 지출액이 가장 적은 국가는 J국이다. A국은 1인당 의료비 지출액이 3,500달러 선에 걸쳐 있고, J국은 1인당 의료비 지출액이 500달러보다 적으므로 이 둘의 차이는 3,000달러 이상이다.

ㄷ. 1인당 GDP가 가장 높은 국가와 가장 낮은 국가의 1인당 의료비 지출액 차이는 2천 달러 이상이다. → (X) X축이 1인당 GDP이므로 가장 오른쪽에 있는 E국이 1인당 GDP가 가장 높고, 가장 왼쪽에 있는 J국이 1인당 GDP가 가장 낮다. E국의 1인당 의료비 지출액은 2,000달러 미만이므로 이 둘의 차이는 2,000달러 이상이 아니다.

02 ②

정답률 82.6%

|문제 유형| 자료 읽기/추론 > 계산형

|접근 전략| 이수단위를 각각 곱해서 이수단위로 나누는 과정을 생략하고 단순평균으로 구하게 되는 실수를 범하지 않도록 한다.

다음 〈표〉는 과목 등급 산정기준과 과목별 이수단위 및 민수의 과목별 석차에 대한 자료이다. 〈표〉와 〈평균등급 산출 공식〉에 따라 산정한 민수의 4개 과목 평균등급을 M이라 할 때, M의 범위로 옳은 것은?

〈표 1〉 과목 등급 산정기준

등급	과목석차 백분율
1	0% 초과 4% 이하
2	4% 초과 11% 이하
3	11% 초과 23% 이하
4	23% 초과 40% 이하
5	40% 초과 60% 이하
6	60% 초과 77% 이하
7	77% 초과 89% 이하
8	89% 초과 96% 이하
9	96% 초과 100% 이하

※ 과목석차 백분율(%)= $\dfrac{\text{과목석차}}{\text{과목이수인원}} \times 100$

〈표 2〉 과목별 이수단위 및 민수의 과목별 석차

구분 / 과목	이수단위(단위)	석차(등)	이수인원(명)
국어	3	270	300
영어	3	44	300
수학	2	27	300
과학	3	165	300

〈평균등급 산출 공식〉

$$\text{평균등급} = \dfrac{(\text{과목별 등급} \times \text{과목별 이수단위})\text{의 합}}{\text{과목별 이수단위의 합}}$$

① 3 ≤ M < 4 ➡ (X)
② 4 ≤ M < 5 ➡ (O) 각 과목의 과목석차 백분율을 구하면 국어의 경우 90%, 영어의 경우 약 15%, 수학의 경우 9%, 과학의 경우 55%이다. 따라서 각 과목의 등급은

국어 8등급, 영어 3등급, 수학 2등급, 과학 5등급이다. 이를 근거로 평균등급을 계산해

보면 $\dfrac{(3\times8+3\times3+2\times2+3\times5)}{(3+3+2+3)}≒4.73$(등급)으로 4 이상 5 미만이다.

③ 5 ≤ M < 6 ➡ (X)

④ 6 ≤ M < 7 ➡ (X)

⑤ 7 ≤ M < 8 ➡ (X)

03 ①

정답률 85.5%

| 문제 유형 | 자료 변환응용 > 자료/보고서 전환형

| 접근 전략 | 어떤 값의 대략 10%를 약간 넘는 수를 구하려면 맨 마지막 자리 숫자를 뺀 나머지 자리 숫자들에 1을 더하면 된다. ⓒ처럼 모든 값이 같은지를 묻는 문제에서는 값이 다른 한 개만 찾아도 반례를 찾은 것이므로 다른 것까지 같은지 다른지 확인할 필요는 없다.

다음 〈표〉는 2013년과 2014년 '갑'국 국제협력단이 공여한 공적개발 원조액에 관한 자료이다. 이에 대한 〈보고서〉의 내용 중 옳은 것만을 모두 고르면?

〈표 1〉 지원형태별 공적개발원조액

(단위: 백만 원)

지원형태 \ 연도	2013년	2014년
양자	500,139	542,725
다자	22,644	37,827
전체	522,783	580,552

〈표 2〉 지원분야별 공적개발원조액

(단위: 백만 원, %)

지원분야 \ 구분	2013년		2014년	
	금액	비중	금액	비중
교육	153,539	29.4	138,007	23.8
보건	81,876	15.7	97,082	16.7
공공행정	75,200	14.4	95,501	16.5
농림수산	72,309	13.8	85,284	14.7
산업에너지	79,945	15.3	82,622	14.2
긴급구호	1,245	0.2	13,879	2.4
기타	58,669	11.2	68,177	11.7
전체	522,783	100.0	580,552	100.0

〈표 3〉 사업유형별 공적개발원조액

(단위: 백만 원, %)

사업유형 \ 구분	2013년		2014년	
	금액	비중	금액	비중
프로젝트	217,624	41.6	226,884	39.1
개발조사	33,839	6.5	42,612	7.3
연수생초청	52,646	10.1	55,214	9.5
봉사단파견	97,259	18.6	109,658	18.9
민관협력	35,957	6.9	34,595	6.0
물자지원	5,001	1.0	6,155	1.1
행정성경비	42,428	8.1	49,830	8.6
개발인식증진	15,386	2.9	17,677	3.0
국제기구사업	22,643	4.3	37,927	6.5
전체	522,783	100.0	580,552	100.0

〈표 4〉 지역별 공적개발원조액

(단위: 백만 원, %)

지역 \ 구분	2013년		2014년	
	금액	비중	금액	비중
동남아시아	230,758	44.1	236,096	40.7
아프리카	104,940	20.1	125,780	21.7
중남미	60,582	11.6	63,388	10.9
중동	23,847	4.6	16,115	2.8
유럽	22,493	4.3	33,839	5.8
서남아시아	22,644	4.3	37,827	6.5
기타	57,519	11.0	67,507	11.6
전체	522,783	100.0	580,552	100.0

─〈보고서〉─

ⓘ2014년 '갑'국 국제협력단이 공여한 전체 공적개발원조액(이하 원조액)은 전년 대비 10% 이상 증가하여 5,800억 원을 상회하였다. → (O)〈표 1〉을 보면 2014년 공여액이 2013년 공여액의 110%인 522,783+52,279 =575,062(백만 원)을 넘고, 5,800억 원도 넘는다. ⓛ2013년과 2014년 '양자' 지원형태로 공여한 원조액은 매년 전체 원조액의 90% 이상이다. → (O) 〈표 1〉을 보면 2013년 다자 공여액은 전체 공여액의 5%인 26,139백만 원보다도 작아 양자 공적개발원조액이 95% 이상이고, 2014년 다자 공여액은 전체 공여액의 10%인 580억 5,520만 원보다 작아 양자 공적개발원조액이 90% 이상이다. ⓒ지 원분야별 원조액을 살펴보면, '기타'를 제외하고 2013년과 2014년 지 원분야의 원조액 순위는 동일하였다. → (X)〈표 2〉를 보면 2013년 원조액 순위 3위는 산업에너지이고, 2014년 원조액 순위 3위는 공공행정이다. ⓔ2013 년에 비해 2014년에 공적개발원조액 전체에서 차지하는 비중이 낮아 진 사업유형은 모두 3개였다. → (O)〈표 3〉을 보면 프로젝트, 연수생초청, 민 관협력의 비중이 낮아졌다. 지역별 원조액을 살펴보면, 2013년 대비 2014 년 동남아시아에 대한 원조액은 증가한 반면에, 전체 원조액에서 동남 아시아가 차지하는 비중은 감소하였다. ⓜ2014년 지역별 원조액은 '기 타'를 제외하고 살펴보면, 모든 지역에서 각각 전년 대비 증가하였다. → (X)〈표 4〉를 보면 중동 지역의 원조액이 감소하였다.

① ㉠, ㉡, ㉣ ➡ (O)

② ㉠, ㉡, ㉤ ➡ (X)

③ ㉠, ㉢, ㉤ ➡ (X)

④ ㉡, ㉢, ㉣ ➡ (X)

⑤ ㉢, ㉣, ㉤ ➡ (X)

04 ⑤

정답률 91.0%

| **문제 유형** | 자료 읽기 > 그림 제시형

| **접근 전략** | X축과 Y축이 있는 그래프에서 $\frac{Y}{X}$를 비교하려면 간단하게 원점에서 해당 점까지의 기울기를 보면 된다. 기울기가 크면 $\frac{Y}{X}$가 큰 것이고, $\frac{X}{Y}$는 작은 것이다.

다음 〈그림〉은 국가 A~H의 GDP와 에너지사용량에 관한 자료이다. 이에 대한 설명으로 옳지 않은 것은?

〈그림〉 국가 A~H의 GDP와 에너지사용량

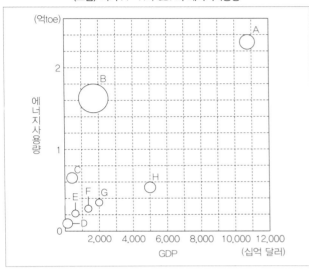

※ 1) 원의 면적은 각 국가 인구수에 정비례함
2) 각 원의 중심좌표는 각 국가의 GDP와 에너지사용량을 나타냄

① 에너지사용량이 가장 많은 국가는 A국이고 가장 적은 국가는 D국이다. ➡ (O) Y축이 에너지사용량인데, A국이 맨 위에 있고 D국이 맨 아래에 있으므로 A국은 에너지사용량이 가장 많고, D국은 에너지사용량이 가장 적다.

② 1인당 에너지사용량은 C국이 D국보다 많다. ➡ (O) 원의 면적은 C국과 D국이 비슷하지만 에너지사용량은 C국이 D국보다 눈에 띄게 많다. 따라서 C국이 D국보다 1인당 에너지사용량이 많다.

③ GDP가 가장 낮은 국가는 D국이고 가장 높은 국가는 A국이다. ➡ (O) X축이 GDP인데 A국이 맨 오른쪽에 있고 D국이 맨 왼쪽에 있으므로 A국은 GDP가 가장 높고, D국은 GDP가 가장 낮다.

④ 1인당 GDP는 H국이 B국보다 높다. ➡ (O) B국이 H국보다 원 크기가 크므로 인구 수가 더 많다. H국이 B국보다 GDP가 더 많으므로 H국이 $\frac{GDP}{인구}$인 1인당 GDP가 더 높다.

⑤ 에너지사용량 대비 GDP는 A국이 B국보다 낮다. ➡ (X) $\frac{GDP}{에너지사용량}$의 역수가 원점으로부터 해당 국가의 원의 중심까지의 기울기이므로 기울기가 작을수록 에너지사용량 대비 GDP가 높다. A국의 기울기가 더 작으므로 A국이 B국보다 에너지사용량 대비 GDP가 높다.

05 ④

정답률 78.1%

| **문제 유형** | 자료 읽기 > 표 제시형

| **접근 전략** | 계산이 필요하지 않은 〈보기〉부터 확인하고, 그다음으로 계산이 적게 필요한 〈보기〉를 확인한다. 〈보기〉의 내용이 정확한 계산을 요하는 것이 아니므로 분모, 분자의 증가율을 통해 옳고 그름을 확인할 수 있다.

다음 〈표〉는 2012~2014년 A국 농축수산물 생산액 상위 10개 품목에 대한 자료이다. 이에 대한 〈보기〉의 설명 중 옳은 것만을 모두 고르면?

〈표〉 A국 농축수산물 생산액 상위 10개 품목

(단위: 억 원)

순위	연도 구분	2012		2013		2014	
		품목	생산액	품목	생산액	품목	생산액
1		쌀	105,046	쌀	85,368	쌀	86,800
2		돼지	23,720	돼지	37,586	돼지	54,734
3		소	18,788	소	31,479	소	38,054
4		우유	13,517	우유	15,513	닭	20,229
5		고추	10,439	닭	11,132	우유	17,384
6		닭	8,208	달걀	10,853	달걀	13,590
7		달걀	6,512	수박	8,920	오리	12,323
8		감귤	6,336	고추	8,606	고추	9,913
9		수박	5,598	감귤	8,108	인삼	9,412
10		마늘	5,324	오리	6,490	감귤	9,065
농축수산물 전체			319,678		350,889		413,643

〈보기〉

ㄱ. 2013년에 비해 2014년에 감귤 생산액 순위는 떨어졌으나 감귤 생산액이 농축수산물 전체 생산액에서 차지하는 비중은 증가하였다.
→ (X) 감귤 생산액 순위는 9위에서 10위로 하락하였다. 감귤 생산액은 2014년에 전년 대비 $\frac{9,065-8,108}{8,108} ≒ 12(\%)$ 증가하였으나, 농축수산물 전체 생산액은 $\frac{413,643-350,889}{350,889} ≒ 18(\%)$ 증가하였으므로 감귤 생산액이 농축수산물 전체 생산액에서 차지하는 비중은 감소하였다.

ㄴ. 쌀 생산액이 농축수산물 전체 생산액에서 차지하는 비중은 매년 감소하였다. → (O) 2013년 쌀 생산액은 전년보다 감소하였으나 농축수산물 전체 생산액은 증가하여 쌀 생산액 비중이 감소하였다. 2014년 쌀 생산액은 전년 대비 $\frac{86,800-85,368}{85,368} ≒ 1.7(\%)$ 증가했으나 농축수산물 전체 생산액은 약 18% 증가하였으므로 쌀 생산액 비중이 감소하였다.

ㄷ. 상위 10위 이내에 매년 포함된 품목은 7개이다. → (X) 상위 10위 이내에 매년 포함된 품목은 쌀, 돼지, 소, 우유, 고추, 닭, 달걀, 감귤로, 8개이다.

ㄹ. 오리 생산액은 매년 증가하였다. → (O) 오리 생산액은 2012년 10위 밖으로 5,324원 미만이고, 2013년의 경우 6,490억 원, 2014년의 경우 1조 2,323억 원으로 매년 증가하였다.

① ㄱ, ㄴ ➡ (X)
② ㄱ, ㄹ ➡ (X)
③ ㄴ, ㄷ ➡ (X)
④ ㄴ, ㄹ ➡ (O)
⑤ ㄷ, ㄹ ➡ (X)

정답률 84.3%

| 문제 유형 | 자료 읽기 > 표 제시형
| 접근 전략 | 20%, 10%, 5%, 0% 가운데 하나를 찾는 것이므로 일일이 계산하지 말고, 대략적으로 얼마 정도 인상되었는지를 확인하면 넷 중 하나를 쉽게 고를 수 있다.

다음 〈표〉는 2013~2016년 '갑'기업 사원 A~D의 연봉 및 성과평가 등급별 연봉인상률에 대한 자료이다. 이에 대한 〈보기〉의 설명으로 옳은 것만을 모두 고르면?

〈표 1〉 '갑'기업 사원 A~D의 연봉

(단위: 천 원)

사원 \ 연도	2013	2014	2015	2016
A	24,000	28,800	34,560	38,016
B	25,000	25,000	26,250	28,875
C	24,000	25,200	27,720	33,264
D	25,000	27,500	27,500	30,250

〈표 2〉 '갑'기업의 성과평가등급별 연봉인상률

(단위: %)

성과평가등급	Ⅰ	Ⅱ	Ⅲ	Ⅳ
연봉인상률	20	10	5	0

※ 1) 성과평가는 해당 연도 연말에 1회만 실시하며, 각 사원은 Ⅰ, Ⅱ, Ⅲ, Ⅳ 중 하나의 성과평가등급을 받음
2) 성과평가등급을 높은 것부터 순서대로 나열하면 Ⅰ, Ⅱ, Ⅲ, Ⅳ의 순임
3) 당해 연도 연봉=전년도 연봉×(1+전년도 성과평가등급에 따른 연봉인상률)

〈보기〉

ㄱ. 2013년 성과평가등급이 높은 사원부터 순서대로 나열하면 D, A, C, B이다. → (X) 2014년 연봉은 전년 대비 A는 20% 인상, B는 0% 인상, C는 5% 인상, D는 10% 인상되었다. 따라서 성과평가등급은 A의 경우 Ⅰ, B의 경우 Ⅳ, C의 경우 Ⅲ, D의 경우 Ⅱ이므로 2013년 성과평가등급이 높은 사원부터 순서대로 나열하면 A, D, C, B 순이다.

ㄴ. 2015년에 A와 B는 동일한 성과평가등급을 받았다. → (O) 2016년 연봉은 A, B 모두 전년 대비 10% 인상되어 성과평가등급은 모두 Ⅱ이다.

ㄷ. 2013~2015년 동안 C는 성과평가에서 Ⅰ등급을 받은 적이 있다. → (O) C의 2014~2016년 사이의 전년 대비 연봉 인상률은 5%, 10%, 20%이므로 2015년에 Ⅰ등급을 받은 적이 있다.

ㄹ. 2013~2015년 동안 D는 성과평가에서 Ⅲ등급을 받은 적이 있다. → (X) D의 2014~2016년 사이의 전년 대비 연봉 인상률은 10%, 0%, 10%로, 성과평가에서 Ⅲ등급을 받은 적이 없다.

① ㄱ, ㄴ ➡ (X)
② ㄱ, ㄷ ➡ (X)
③ ㄱ, ㄹ ➡ (X)
④ ㄴ, ㄷ ➡ (O)
⑤ ㄴ, ㄹ ➡ (X)

정답률 78.1%

| 문제 유형 | 자료 읽기 > 표/그림 제시형
| 접근 전략 | 약간의 계산이 섞여 있어도 어느 정도의 차이가 보이면 바로 감을 잡을 수 있어야 한다. 증가율을 정확히 계산하기 전에 배수를 이용하여 간단하게 해결할 수 있다.

다음 〈표〉와 〈그림〉은 2002년과 2012년 '갑'국의 국적별 외국인 방문객에 관한 자료이다. 이에 대한 설명으로 옳은 것은?

〈표〉 외국인 방문객 현황

(단위: 명)

연도	2002	2012
외국인 방문객 수	5,347,468	9,794,796

〈그림 1〉 2002년 국적별 외국인 방문객 수(상위 10개국)

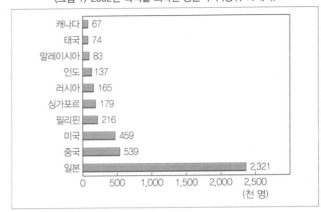

〈그림 2〉 2012년 국적별 외국인 방문객 수(상위 10개국)

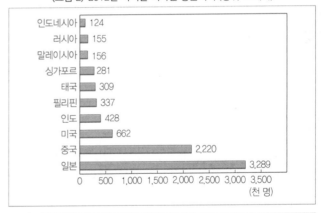

① 미국인, 중국인, 일본인 방문객 수의 합은 2012년이 2002년의 2배 이상이다. ➡ (X) 미국인, 중국인, 일본인 방문객 수의 합은 2002년의 경우 459+539+2,321=3,319(천 명)이고, 2012년의 경우 662+2,220+3,289=6,171(천 명)으로, 2012년 방문객 수의 합은 2002년 방문객 수 합의 2배인 6,638천 명 이하이다.

② 2002년 대비 2012년 미국인 방문객 수의 증가율은 말레이시아인 방문객 수의 증가율보다 높다. ➡ (X) 미국인 방문객 수의 증가폭은 2002년 방문객 수의 50%인 459(천 명)×0.5=229.5(천 명)보다 작은 203천 명으로 증가율이 50% 미만인 반면, 말레이시아인 방문객 수 증가폭은 2002년 방문객 수인 83천 명의 50%인 83×0.5=41.5(천 명)보다 큰 73천 명으로 증가율이 50% 이상이다. 따라서 미국인 방문객 수 증가율이 더 낮다.

③ 전체 외국인 방문객 중 중국인 방문객 비중은 2012년이 2002년의 3배 이상이다. ➡ (X) 2002년의 전체 방문객 대비 중국인 방문객 비중은 10%를 넘는다. 2012년의 중국인 방문객 비중은 9,794,796명의 25%인 $\frac{9,794,796}{4}$ =2,448,699(명)보다 작아 25% 미만이므로 비중이 2.5배 미만으로 증가했다.

④ 2002년 외국인 방문객 수 상위 10개국 중 2012년 외국인 방문객 수 상위 10개국에 포함되지 않은 국가는 2개이다. ➡ (X) 2002년 외국인 방문객 수 상위 10개국 중 2012년 외국인 방문객 수 상위 10개국에 포함되지 않은 국가는 캐나다뿐이다.

⑤ 인도네시아인 방문객 수는 2002년에 비해 2012년에 55,000명
이상 증가하였다. ➡ (O) 인도네시아인 방문객 수는 2012년에 124,000명인
데, 2002년에는 상위 10위 이내가 아니므로 10위 국가인 캐나다의 67,000명보다 작
다. 따라서 인도네시아인 방문객 수는 57,000명 이상 증가하였다.

중 소나무 원목생산량의 비중은 $\frac{38.6}{251.7} \times 100 ≒ 15.3$(%)이다. 2011년 소나무 생
산량 비중은 23.1%이므로 2009년보다 높다.

① ㄱ, ㄴ ➡ (×)　　② ㄱ, ㄷ ➡ (×)　　③ ㄱ, ㄹ ➡ (O)
④ ㄴ, ㄷ ➡ (×)　　⑤ ㄷ, ㄹ ➡ (×)

08 ③
정답률 82.6%

| **문제 유형** | 자료 읽기 > 표/그림/빈칸 제시형
| **접근 전략** | 빈칸이 있다고 무작정 채워 넣으려 하지 말고, 문제를 풀다가 필요할
때만 넣도록 한다. 어림으로 계산이 가능한 선지들은 어림 계산으로 해결함으로
써 계산량을 최소한으로 줄여 시간을 절약하도록 한다.

다음 〈표〉와 〈그림〉은 수종별 원목생산량과 원목생산량 구성비에 관한
자료이다. 이에 대한 〈보기〉의 설명 중 옳은 것만을 모두 고르면?

〈표〉 2006~2011년 수종별 원목생산량
(단위: 만m³)

연도\수종	2006	2007	2008	2009	2010	2011
소나무	30.9	25.8	28.1	38.6	77.1	92.2
잣나무	7.2	6.8	5.6	8.3	12.8	( )
전나무	50.4	54.3	50.4	54.0	58.2	56.2
낙엽송	22.7	23.8	37.3	38.7	50.5	63.3
참나무	41.4	47.7	52.5	69.4	76.0	87.7
기타	9.0	11.8	21.7	42.7	97.9	85.7
전체	161.6	170.2	195.6	( )	372.5	( )

〈그림〉 2011년 수종별 원목생산량 구성비
(단위: %)

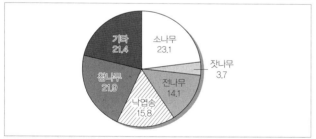

〈보기〉

ㄱ. '기타'를 제외하고 2006년 대비 2011년 원목생산량 증가율이 가장
큰 수종은 소나무이다. → (O) 〈그림〉을 보면 잣나무의 비중이 전나무의
약 $\frac{1}{4}$이므로 2011년 잣나무 원목생산량은 약 14만m³이다. 소나무의 2006년
대비 2011년 원목생산량 증가율은 약 3배인데 낙엽송은 2011년 원목생산량
이 22.7 × 3=68.1(만m³)보다 작아 3배보다 작고 나머지는 2배 정도이므로 소
나무의 2006년 대비 2011년 원목생산량 증가율이 가장 높다.

ㄴ. '기타'를 제외하고 2006~2011년 동안 원목생산량이 매년 증가한
수종은 3개이다. → (×) 2006~2011년 동안 원목생산량이 매년 증가한
수종은 낙엽송과 참나무로, 2개이다.

ㄷ. 2010년 참나무 원목생산량은 2010년 잣나무 원목생산량의 6배 이
상이다. → (×) 2010년 참나무 원목생산량(76.0만m³)은 2010년 잣나무 원
목생산량 12.8만m³의 6배인 76.8만m³보다 작다.

ㄹ. 전체 원목생산량 중 소나무 원목생산량의 비중은 2011년이 2009년
보다 크다. → (O) 2009년 전체 원목생산량은 5개 수종과 기타를 더한
251.7만m³이고, 소나무 생산량은 38.6만m³이므로 2009년 전체 원목생산량

09 ④
정답률 89.1%

| **문제 유형** | 자료 읽기/추론 > 매칭형
| **접근 전략** | 매칭형 문제는 경우의 수를 줄여주는 선지부터 시작하는 것이 수월
하다. 〈조건〉은 굳이 순서대로 보기보다는 가짓수를 많이 줄일 수 있는 것부터 보
면 효율적이다.

다음 〈그림〉은 국가 A~D의 정부신뢰에 관한 자료이다. 〈그림〉과 〈조건〉
에 근거하여 A~D에 해당하는 국가를 바르게 나열한 것은?

〈그림 1〉 국가별 전체 국민 정부신뢰율

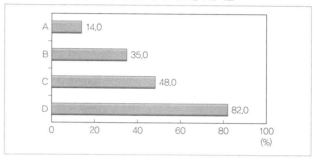

〈그림 2〉 국가별 청년층의 상대적 정부신뢰지수

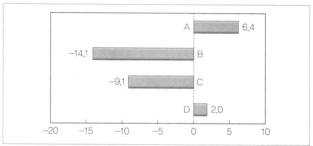

※ 1) 전체 국민 정부신뢰율(%) = $\frac{정부를\ 신뢰한다고\ 응답한\ 응답자\ 수}{전체\ 응답자\ 수} \times 100$

2) 청년층 정부신뢰율(%) = $\frac{정부를\ 신뢰한다고\ 응답한\ 청년층\ 응답자\ 수}{청년층\ 응답자\ 수} \times 100$

3) 청년층의 상대적 정부신뢰지수=전체 국민 정부신뢰율(%)-청년층 정부신뢰율(%)

〈조건〉

○ 청년층 정부신뢰율은 스위스가 그리스의 10배 이상이다.
○ 영국과 미국에서는 청년층 정부신뢰율이 전체 국민 정부신뢰율보다
높다.
○ 청년층 정부신뢰율은 미국이 스위스보다 30%p 이상 낮다.

	A	B	C	D	
①	그리스	영국	미국	스위스	➡ (×)
②	스위스	영국	미국	그리스	➡ (×)
③	스위스	미국	영국	그리스	➡ (×)

④ 그리스 미국 영국 스위스 ➡ (O) 청년층 정부신뢰율은
'전체 국민 정부신뢰율(%) - 청년층의 상대적 정부신뢰지수'로 구할 수 있다. 따라서 국가별 청년층 정부신뢰율은 A국의 경우 14.0 - 6.4 = 7.6(%), B국의 경우 35.0 - (-14.1) = 49.1(%), C국의 경우 48.0 - (-9.1) = 57.1(%), D국의 경우 82.0 - 2.0 = 80.0(%)이다. 첫 번째 〈조건〉에 따라 D국의 청년층 정부신뢰율이 A국이 10배 이상이므로 A국이 그리스, D국이 스위스이다. 세 번째 〈조건〉에 따라 B국과 C국 중 청년층 정부신뢰율이 스위스(D국)보다 30%p 이상 낮은 국가는 B국이므로 B국이 미국, C국이 영국이다.

⑤ 영국 그리스 미국 스위스 ➡ (X)

10 ②

정답률 74.1%

다음 〈표〉는 조사연도별 우리나라의 도시 수, 도시인구 및 도시화율에 대한 자료이다. 이에 대한 〈보기〉의 설명 중 옳은 것만을 모두 고르면?

〈표〉 조사연도별 우리나라의 도시 수, 도시인구 및 도시화율

(단위: 개, 명, %)

조사연도	도시 수	도시인구	도시화율
1910	12	1,122,412	8.4
1915	7	456,430	2.8
1920	7	508,396	2.9
1925	19	1,058,706	5.7
1930	30	1,605,669	7.9
1935	38	2,163,453	10.1
1940	58	3,998,079	16.9
1944	74	5,067,123	19.6
1949	60	4,595,061	23.9
1955	65	6,320,823	29.4
1960	89	12,303,103	35.4
1966	111	15,385,382	42.4
1970	114	20,857,782	49.8
1975	141	24,792,199	58.3
1980	136	29,634,297	66.2
1985	150	34,527,278	73.3
1990	149	39,710,959	79.5
1995	135	39,882,316	82.6
2000	138	38,784,556	84.0
2005	151	41,017,759	86.7
2010	156	42,564,502	87.6

※ 1) 도시화율(%) = $\frac{도시인구}{전체인구}$ × 100

2) 평균도시인구 = $\frac{도시인구}{도시 수}$

〈보기〉

ㄱ. 1949 ~ 2010년 동안 직전 조사연도에 비해 도시 수가 증가한 조사연도에는 직전 조사연도에 비해 도시화율도 모두 증가한다. → (O)
〈표〉에서 1949 ~ 2010년 동안 직전 조사연도에 비해 도시 수가 증가한 조사연도는 1955, 1960, 1966, 1970, 1975, 1985, 2000, 2005, 2010이다. 각각 확인해 보면 모두 도시화율이 증가하였다.

ㄴ. 1949 ~ 2010년 동안 직전 조사연도 대비 도시인구 증가폭이 가장 큰 조사연도에는 직전 조사연도 대비 도시화율 증가폭도 가장 크다.
→ (X) 직전 조사연도 대비 도시인구 증가폭이 가장 큰 조사연도는 1960년이지만 직전 조사연도 대비 도시화율 증가폭이 가장 큰 조사연도는 1975년이다.

ㄷ. 전체인구가 처음으로 4천만 명을 초과한 조사연도는 1970년이다.
→ (O) 전체인구는 $\frac{도시인구}{도시화율}$ × 100으로 구할 수 있다. 1970년에 처음으로 전체인구가 4천만 명을 초과하였다.

ㄹ. 조사연도 1955년의 평균도시인구는 10만 명 이상이다. → (X) 조사연도 1955년의 평균도시인구가 10만 명이 되려면 도시인구가 65 × 100,000 = 6,500,000(명)이 되어야 하는데 도시인구는 이보다 작으므로 평균도시인구는 10만 명 미만이다.

① ㄱ, ㄴ ➡ (X)
② ㄱ, ㄷ ➡ (O)
③ ㄴ, ㄷ ➡ (X)
④ ㄴ, ㄹ ➡ (X)
⑤ ㄱ, ㄷ, ㄹ ➡ (X)

11 ⑤

정답률 86.2%

다음 〈표〉는 지역별, 등급별, 병원유형별 요양기관 수를 나타낸 자료이다. 이에 대한 〈보기〉의 설명 중 옳은 것만을 모두 고르면?

〈표 1〉 지역별, 등급별 요양기관 수

(단위: 개소)

지역 \ 등급	1등급	2등급	3등급	4등급	5등급
서울	22	2	1	0	4
경기	17	2	0	0	1
경상	16	0	0	1	0
충청	5	2	0	0	2
전라	4	2	0	0	1
강원	1	2	0	1	0
제주	2	0	0	0	0
계	67	10	1	2	8

〈표 2〉 병원유형별, 등급별 요양기관 수

(단위: 개소)

병원유형 \ 등급	1등급	2등급	3등급	4등급	5등급	합
상급종합병원	37	5	0	0	0	42
종합병원	30	5	1	2	8	46

〈보기〉

ㄱ. 경상지역 요양기관 중 1등급 요양기관의 비중은 서울지역 요양기관 중 1등급 요양기관의 비중보다 작다. → (X) 경상지역 요양기관 중 1등급 요양기관의 비중은 90% 초과이다. 전체 17개소 가운데 1등급이 아닌 요양기관이 10%인 1.7개소보다 작은 1개소이기 때문이다. 그런데 서울지역 요양기관 중 1등급 요양기관의 비중은 80% 미만이다. 전체 29개소 가운데 1등급이 아닌 요양기관이 20%인 5.8개소보다 큰 7개소이기 때문이다. 따라서 1등급 요양기관의 비중은 경상지역이 서울지역보다 크다.

ㄴ. 5등급 요양기관 중 서울지역 요양기관의 비중은 2등급 요양기관 중 강원지역 요양기관의 비중보다 크다. → (O) 5등급 요양기관 중 서울지역 요양기관의 비중은 $\frac{4}{8} \times 100 = 50(\%)$이고, 2등급 요양기관 중 강원지역 요양기관의 비중은 $\frac{2}{10} \times 100 = 20(\%)$이다.

ㄷ. 1등급 '상급종합병원' 요양기관 수는 5등급을 제외한 '종합병원' 요양기관 수의 합보다 적다. → (O) '상급종합병원'이면서 1등급인 요양기관은 37개소이고, '종합병원'이면서 1~4등급인 요양기관은 전체에서 5등급을 제외한 46-8=38(개소)이다.

ㄹ. '상급종합병원' 요양기관 중 1등급 요양기관의 비중은 1등급 요양기관 중 '종합병원' 요양기관의 비중보다 크다. → (O) '상급종합병원' 요양기관 중 1등급 요양기관의 비중은 $\frac{37}{42} \times 100 ≒ 88.1(\%)$이고 1등급 요양기관 중 '종합병원' 요양기관의 비중은 $\frac{30}{67} \times 100 ≒ 44.8(\%)$이다.

① ㄱ, ㄴ ➡ (X)
② ㄱ, ㄷ ➡ (X)
③ ㄴ, ㄷ ➡ (X)
④ ㄴ, ㄹ ➡ (X)
⑤ ㄴ, ㄷ, ㄹ ➡ (O)

12 ③

정답률 81.5%

|문제 유형| 자료 읽기/추론 > 계산형
|접근 전략| A는 변수이고 B, C는 상수임을 유의하도록 한다. A에 들어갈 값을 모두 더해 식에 넣은 후 총 개수로 나누면 발생지수의 평균을 구할 수 있다.

다음 〈표〉는 2000년 극한기후 유형별 발생일수와 발생지수에 관한 자료이다. 〈표〉와 〈산정식〉에 따라 2000년 극한기후 유형별 발생지수를 산출할 때, 이에 대한 설명으로 옳은 것은?

〈표〉 2000년 극한기후 유형별 발생일수와 발생지수

유형	폭염	한파	호우	대설	강풍
발생일수(일)	16	5	3	0	1
발생지수	5.00	( )	( )	1.00	( )

※ 극한기후 유형은 폭염, 한파, 호우, 대설, 강풍만 존재함

〈산정식〉

극한기후 발생지수 $= 4 \times \left(\frac{A-B}{C-B} \right) + 1$

A=당해 연도 해당 극한기후 유형 발생일수
B=당해 연도 폭염, 한파, 호우, 대설, 강풍의 발생일수 중 최솟값
C=당해 연도 폭염, 한파, 호우, 대설, 강풍의 발생일수 중 최댓값

① 발생지수가 가장 높은 유형은 한파이다. ➡ (X) B와 C는 고정값이므로 A가 높을수록 극한기후 발생지수가 높아진다. 따라서 A가 가장 높은 폭염이 발생지수가 가장 높다.

② 호우의 발생지수는 2.00 이상이다. ➡ (X) 호우의 발생지수는 $4 \times \frac{(3-0)}{(16-0)} + 1 = 1.750$이다.

③ 대설과 강풍의 발생지수의 합은 호우의 발생지수보다 크다. ➡ (O) 대설의 발생지수는 1이고, 강풍의 발생지수는 $4 \times \frac{(1-0)}{(16-0)} + 1 = 1.250$이다. 따라서 대설과 강풍의 발생지수 합은 2.25로 호우의 발생지수 1.75보다 크다.

④ 극한기후 유형별 발생지수의 평균은 3.00 이상이다. ➡ (X) 극한기후 유형별 발생지수의 평균은 $\frac{4 \times (25/16)}{5} + 1 = 2.250$이다.

⑤ 폭염의 발생지수는 강풍의 발생지수의 5배이다. ➡ (X) 폭염의 발생지수는 5로, 강풍의 발생지수인 1.25의 4배이다.

13 ⑤

정답률 86.7%

|문제 유형| 자료 읽기/추론 > 매칭형
|접근 전략| 〈표 1〉, 〈표 2〉, 〈표 3〉을 통해 부서 간 정보교환 형태를 작성한 〈그림〉에서 각 회사에 해당하는 것을 매칭하는 문제이다. 매칭형 문제이므로 선지를 먼저 확인하고 문제를 풀도록 한다.

다음 〈표〉는 '갑', '을', '병' 회사의 부서 간 정보교환을 나타낸 것이다. 〈표〉와 〈조건〉을 이용하여 작성한 각 회사의 부서 간 정보교환 형태가 〈그림〉과 같을 때, 〈그림〉의 (A)~(C)에 해당하는 회사를 바르게 나열한 것은?

〈표 1〉 '갑' 회사의 부서 간 정보교환

부서	a	b	c	d	e	f	g
a		1	1	1	1	1	1
b	1		0	0	0	0	0
c	1	0		0	0	0	0
d	1	0	0		0	0	0
e	1	0	0	0		0	0
f	1	0	0	0	0		0
g	1	0	0	0	0	0	

〈표 2〉 '을' 회사의 부서 간 정보교환

부서	a	b	c	d	e	f	g
a		1	1	0	0	0	0
b	1		0	1	1	0	0
c	1	0		0	0	1	1
d	0	1	0		0	0	0
e	0	1	0	0		0	0
f	0	0	1	0	0		0
g	0	0	1	0	0	0	

〈표 3〉 '병' 회사의 부서 간 정보교환

부서	a	b	c	d	e	f	g
a		1	0	0	0	0	1
b	1		1	0	0	0	0
c	0	1		1	0	0	0
d	0	0	1		1	0	0
e	0	0	0	1		1	0
f	0	0	0	0	1		1
g	1	0	0	0	0	1	

※ '갑', '을', '병' 회사는 각각 a~g의 7개 부서만으로 이루어지며, 부서 간 정보교환이 있으면 1, 없으면 0으로 표시함

─〈조건〉─

○ 점(•)은 부서를 의미한다.
○ 두 부서 간 정보교환이 있으면 두 점을 선(—)으로 직접 연결한다.
○ 두 부서 간 정보교환이 없으면 두 점을 선(—)으로 직접 연결하지 않는다.

─〈그림〉─

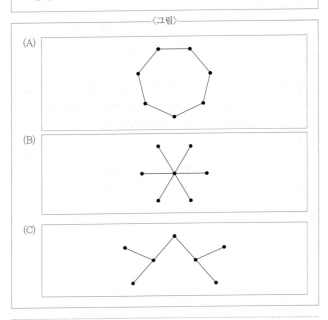

	(A)	(B)	(C)	
①	갑	을	병	➡ (×)
②	갑	병	을	➡ (×)
③	을	갑	병	➡ (×)
④	을	병	갑	➡ (×)
⑤	병	갑	을	➡ (○)

(A)는 모든 부서가 두 개의 부서와 연결되어 있고, (B)는 한 부서가 다른 모든 부서와 연결되어 있으며, (C)는 규칙성을 찾기가 어렵다. '갑' 회사는 a가 모든 부서와 연결되어 있으므로 (B)에 해당하고, '병' 회사는 모든 부서가 두 개의 부서와 연결되어 있으므로 (A)에 해당한다.

14 ② 　　　　　　　　　　　　　　정답률 92.6%

| **문제 유형** | 자료 읽기/추론 > 매칭형 |

접근 전략 | 세 번째 〈조건〉과 같이 해당하는 항목이 하나밖에 없는 〈조건〉을 먼저 파악하는 것이 좋다. 또한 자료의 양이 많으므로 계산이 필요하지 않은 〈조건〉이나 간단한 계산으로 해결되는 〈조건〉부터 확인한다.

다음 〈표〉는 '갑'국의 10대 미래산업 현황에 대한 자료이다. 〈표〉와 〈조건〉을 이용하여 B, C, E에 해당하는 산업을 바르게 나열한 것은?

〈표〉 '갑'국의 10대 미래산업 현황
(단위: 개, 명, 억 원, %)

산업	업체 수	종사자 수	부가가치액	부가가치율
A	403	7,500	788	33.4
기계	345	3,600	2,487	48.3
B	302	22,500	8,949	41.4
조선	103	1,100	282	37.0
에너지	51	2,300	887	27.7
C	48	2,900	4,002	42.4
안전	15	2,100	1,801	35.2
D	4	2,800	4,268	40.5
E	2	300	113	36.3
F	2	100	61	39.1
전체	1,275	45,200	23,638	40.3

※ 부가가치율(%) = $\dfrac{부가가치액}{매출액}$ × 100

─〈조건〉─

○ 의료 종사자 수는 IT 종사자 수의 3배이다.
○ 의료와 석유화학의 부가가치액 합은 10대 미래산업 전체 부가가치액의 50% 이상이다.
○ 매출액이 가장 낮은 산업은 항공우주이다.
○ 철강 업체 수는 지식서비스 업체 수의 2배이다.

	B	C	E	
①	의료	철강	지식서비스	➡ (×)
②	의료	석유화학	지식서비스	➡ (○) 세 번째

〈조건〉에 따르면 매출액이 가장 낮은 산업은 F이므로 F는 항공우주이다. 첫 번째 〈조건〉에 따르면 의료 종사자 수가 IT 종사자 수의 3배이고, 해당하는 산업은 A와 B 또는 E와 F이고 F가 항공우주이므로 A는 IT, B는 의료가 된다. 네 번째 〈조건〉에 따르면 철강 업체 수가 지식서비스 업체 수의 2배이고, 해당하는 산업은 D와 E 또는 D와 F이다. F가 항공우주이므로 D는 철강, E는 지식서비스이다. 따라서 석유화학은 C이다.

③	의료	철강	항공우주	➡ (×)
④	지식서비스	석유화학	의료	➡ (×)
⑤	지식서비스	철강	의료	➡ (×)

| **문제 유형** | 자료 읽기/추론 > 계산형 |

| **접근 전략** | 전체 합이 500이므로 값에 2를 곱하면 백분율을 쉽게 구할 수 있다. 빈칸의 개수가 적고, 덧셈, 뺄셈 등의 간단한 계산으로 해결되는 빈칸이라면 빈칸을 먼저 채워 놓고 〈보기〉로 넘어가도록 한다.

다음 〈표〉는 성인 500명이 응답한 온라인 도박과 오프라인 도박 관련 조사결과이다. 이에 대한 〈보기〉의 설명 중 옳은 것만을 모두 고르면?

〈표〉 온라인 도박과 오프라인 도박 관련 조사결과

(단위: 명)

온라인 \ 오프라인	×	△	○	합
×	250	21	2	( )
△	113	25	6	144
○	59	16	8	( )
합	422	( )	( )	500

※ 1) × : 경험이 없고 충동을 느낀 적도 없음
  2) △ : 경험은 없으나 충동을 느낀 적이 있음
  3) ○ : 경험이 있음

〈보기〉

ㄱ. 온라인 도박 경험이 있다고 응답한 사람은 83명이다. → (O) 온라인 도박 경험이 있다고 응답한 사람은 59+16+8=83(명)이다.

ㄴ. 오프라인 도박에 대해, '경험은 없으나 충동을 느낀 적이 있음'으로 응답한 사람은 전체 응답자의 10% 미만이다. → (X) 오프라인 도박에 대해, '경험은 없으나 충동을 느낀 적이 있음'으로 응답한 사람은 21+25+16=62(명)으로 전체 응답자 500명의 10%인 50명 이상이다.

ㄷ. 온라인 도박 경험이 있다고 응답한 사람 중 오프라인 도박 경험이 있다고 응답한 사람의 비중은 전체 응답자 중 오프라인 도박 경험이 있다고 응답한 사람의 비중보다 크다. → (O) 온라인 도박 경험이 있다고 응답한 사람 중 오프라인 도박 경험이 있다고 응답한 사람의 비중은 $\frac{8}{83} \times 100 ≒ 9.6(\%)$이다. 전체 응답자 중 오프라인 도박 경험이 있다고 응답한 사람의 비중은 $\frac{16}{500} \times 100 = 3.2(\%)$이다.

ㄹ. 온라인 도박에 대해, '경험이 없고 충동을 느낀 적도 없음'으로 응답한 사람은 전체 응답자의 50% 이하이다. → (X) 전체 응답자 중 50%는 250명이므로 온라인 도박에 대해, '경험이 없고 충동을 느낀 적도 없음'으로 응답한 사람은 250+21+2=273(명)으로 250명을 넘으므로 50% 초과이다.

① ㄱ, ㄴ ➡ (X)
② ㄱ, ㄷ ➡ (O)
③ ㄷ, ㄹ ➡ (X)
④ ㄱ, ㄴ, ㄷ ➡ (X)
⑤ ㄱ, ㄷ, ㄹ ➡ (X)

| **문제 유형** | 자료 변환응용 > 자료/보고서 전환형 |

| **접근 전략** | A를 x% 감소시켜 B로 만들었다는 것은 B를 통해 A를 추론하려면 B에 $\frac{100}{(100-x)}$을 곱하면 된다는 의미이다.

사무관 A는 다음 〈표〉와 〈전문가 자문회의〉를 바탕으로 〈업무보고 자료〉를 작성하였다. 〈업무보고 자료〉의 ㉠~㉣ 중 〈표〉와 〈전문가 자문회의〉 내용에 부합하는 것만을 모두 고르면?

〈표〉 산업단지별 유해물질 배출 현황

(단위: kg/톤, 톤/일)

산업단지 \ 구분	배출농도	배출유량
가	1.5	10
나	2.4	5
다	3.0	8
라	1.0	11

〈전문가 자문회의〉

사무관 A: 지금까지 산업단지별 유해물질 배출 현황을 말씀드렸습니다. 향후 환경오염 방지를 위하여 유해물질 배출농도 허용기준을 강화하고자 합니다. 배출농도 허용기준을 현행보다 20% 낮추어 '2.0kg/톤 이하'로 하면 어떨까 합니다.

전문가 1: 현재보다 20% 낮추어 배출농도 허용기준을 강화하면 허용기준을 만족하지 못하는 산업단지가 추가로 생기게 됩니다.

전문가 2: 배출농도 허용기준 강화로 자칫 산업 활동에 위축을 가져오지 않을까 우려됩니다.

전문가 3: 배출 규제 방식을 바꾸면 어떨까 합니다. 허용 기준을 정할 때 배출농도 대신, 배출농도와 배출유량을 곱한 총 배출량을 사용하면 어떨까요?

전문가 1: 배출농도가 높더라도 배출유량이 극히 적다면 유해물질 하루 총 배출량은 적을 수도 있고, 반대로 배출농도는 낮지만 배출유량이 매우 많다면 총 배출량도 많아지겠군요.

전문가 3: 그렇습니다. 배출되는 유해물질의 농도와 양을 종합적으로 고려하자는 것이죠. 유해물질 배출 규제를 개선하려면 총 배출량 허용기준을 '12kg/일 이하'로 정하면 될 것 같습니다.

사무관 A: 제안하신 방식에 대한 문제점은 없을까요?

전문가 2: 배출유량의 정확한 측정이 어렵고 작은 오차라도 결괏값에는 매우 큰 차이를 가져올 수 있습니다.

사무관 A: 전문가 분들의 소중한 의견 감사드립니다.

〈업무보고 자료〉

Ⅰ. 현황 및 추진배경
  □ ㉠현행 유해물질 배출농도 허용기준 적용 시 총 4개 산업단지 중 2곳만 허용기준을 만족함 → (X) 사무관 A의 말에 따르면 현행 배출농도 허용기준은 2.5kg/톤이다. 이보다 배출농도가 낮은 산업단지는 가, 나, 라로, 3곳이다.
  □ 유해물질 배출 규제 개선을 통해 환경오염을 미연에 방지하고 생태계 건강성을 유지하고자 함
Ⅱ. 유해물질 배출 규제 개선(안)
  □ 배출농도 허용기준 강화
    ○ 현행 허용기준보다 20% 낮추는 방안
      − ㉡현행 대비 20%를 낮출 경우 배출농도 허용 기준은

– '2.0kg/톤 이하'로 강화됨 → (○) 사무관 A의 말에 따라 적절하다.

– ⓒ강화된 기준 적용 시 총 4개 산업단지 중 1곳만 배출농도 허용기준을 만족함 → (X) 강화된 기준을 적용할 경우 가, 라의 2곳 산업단지가 배출농도 허용기준을 만족한다.

○ 문제점
– 배출농도 허용기준 강화로 산업 활동 위축이 우려됨

☐ 배출 규제 방식 변경

○ 총 배출량을 기준으로 유해물질 배출 규제
– 총 배출량＝배출농도 × 배출유량
– 총 배출량 허용기준: 12kg/일 이하
– ⓔ새로운 배출 규제 방식 적용 시 총 4개 산업 단지 중 2곳만 허용기준을 만족함 → (○) 총 배출량＝배출농도 × 배출유량이다. 총 배출량은 가의 경우 15kg/일, 나의 경우 12kg/일, 다의 경우 24kg/일, 라의 경우 11kg/일이다. 이 중 12kg/일 이하는 나와 라로, 2곳이다.

○ 문제점
– 배출유량의 정확한 측정이 어렵고 작은 오차라도 결괏값에 큰 영향을 줄 수 있음

① ㉠, ㉡ ➡ (X)
② ㉠, ㉢ ➡ (X)
③ ㉡, ㉣ ➡ (○)
④ ㉠, ㉢, ㉣ ➡ (X)
⑤ ㉡, ㉢, ㉣ ➡ (X)

17 ③

정답률 83.1%

| 문제 유형 | 자료 읽기 > 표/빈칸 제시형
| 접근 전략 | 전·월세 전환율의 식이 복잡하긴 하지만 적절히 필요한 방법으로 이항하여 풀면 문제를 해결할 수 있다.

다음 〈표〉는 임차인 A∼E의 전·월세 전환 현황에 대한 자료이다. 이에 대한 〈보기〉의 설명 중 옳은 것만을 모두 고르면?

〈표〉 임차인 A∼E의 전·월세 전환 현황

(단위: 만 원)

임차인	전세금	월세보증금	월세
A	( )	25,000	50
B	42,000	30,000	60
C	60,000	( )	70
D	38,000	30,000	80
E	58,000	53,000	( )

※ 전·월세 전환율(%)＝$\frac{월세 \times 12}{전세금 - 월세보증금} \times 100$

〈보기〉

ㄱ. A의 전·월세 전환율이 6%라면, 전세금은 3억 5천만 원이다. → (○)
A의 전세금은 $\frac{(50 \times 12 \times 100)}{6}$ ＋25,000＝35,000(만 원)이므로 전세금은 3억 5천만 원이다.

ㄴ. B의 전·월세 전환율은 10%이다. → (X) B의 전·월세 전환율은
$\frac{(60 \times 12)}{(42,000 - 30,000)} \times 100 = 6(\%)$이다.

ㄷ. C의 전·월세 전환율이 3%라면, 월세보증금은 3억 6천만 원이다.
→ (X) C의 월세보증금은 60,000－$\frac{(70 \times 12 \times 100)}{3}$＝32,000(만 원)이므로 월세보증금은 3억 2천만 원이다.

ㄹ. E의 전·월세 전환율이 12%라면, 월세는 50만 원이다. → (○)
$12 = \frac{(월세 \times 12)}{(58,000 - 53,000)} \times 1000$이므로 월세는 50만 원이다.

① ㄱ, ㄴ ➡ (X)
② ㄱ, ㄷ ➡ (X)
③ ㄱ, ㄹ ➡ (○)
④ ㄴ, ㄹ ➡ (X)
⑤ ㄷ, ㄹ ➡ (X)

18 ②

정답률 85.1%

| 문제 유형 | 자료 읽기 > 표 제시형
| 접근 전략 | 어떤 경우에 어림을 해야 하고 어떤 경우에 계산을 해야 하는지 판단하기가 쉽지 않다. 2배, 3배, 4배 등 계산하기 쉬운 값으로 어림해서 비교값이 확연하게 나누어지는 경우 어림을 하는 것이 효과적이다.

다음 〈표〉는 2000∼2013년 동안 세대문제 키워드별 검색 건수에 대한 자료이다. 이에 대한 〈보기〉의 설명 중 옳은 것만을 모두 고르면?

〈표〉 세대문제 키워드별 검색 건수

(단위: 건)

연도	부정적 키워드		긍정적 키워드		전체
	세대갈등	세대격차	세대소통	세대통합	
2000	575	260	164	638	1,637
2001	520	209	109	648	1,486
2002	912	469	218	1,448	3,047
2003	1,419	431	264	1,363	3,477
2004	1,539	505	262	1,105	3,411
2005	1,196	549	413	1,247	3,405
2006	940	494	423	990	2,847
2007	1,094	631	628	1,964	4,317
2008	1,726	803	1,637	2,542	6,708
2009	2,036	866	1,854	2,843	7,599
2010	2,668	1,150	3,573	4,140	11,531
2011	2,816	1,279	3,772	4,008	11,875
2012	3,603	1,903	4,263	8,468	18,237
2013	3,542	1,173	3,809	4,424	12,948

〈보기〉

ㄱ. 부정적 키워드 검색 건수에 비해 긍정적 키워드 검색 건수가 많았던 연도의 횟수는 8번 이상이다. → (○) 부정적 키워드 검색 건수에 비해 긍정적 키워드 검색 건수가 많았던 연도는 긍정적 키워드 검색 건수가 전체 검색 건수의 50% 초과인 2001년, 2002년, 2007∼2013년으로, 9번이다.

ㄴ. '세대소통' 키워드의 검색 건수는 2005년 이후 매년 증가하였다. → (X) 2013년에 '세대소통' 키워드 검색 건수는 전년 대비 감소하였다.

ㄷ. 2001～2013년 동안 전년 대비 전체 검색 건수 증가율이 가장 높은 해는 2002년이다. → (O) 전년 대비 전체 검색 건수 증가율은 2002년 검색 건수가 2001년 검색 건수인 1,486건의 2배인 2,972건보다 많으므로 100% 이상이다. 다른 연도를 보면 검색 건수가 2배 이상 높아진 경우가 없다.

ㄹ. 2002년에 전년 대비 검색 건수 증가율이 가장 낮은 키워드는 '세대소통'이다. → (X) 2002년 '세대소통'은 전년 대비 2배가 되었으나 '세대갈등'은 전년 대비 2배 미만이므로 '세대갈등'의 검색 건수 증가율이 더 낮다.

① ㄱ, ㄴ ➡ (X)
② ㄱ, ㄷ ➡ (O)
③ ㄴ, ㄹ ➡ (X)
④ ㄱ, ㄷ, ㄹ ➡ (X)
⑤ ㄴ, ㄷ, ㄹ ➡ (X)

19 ①

정답률 93.2%

| 문제 유형 | 자료 읽기 > 그림 제시형
| 접근 전략 | 축에서 선을 그어 값을 비교할 때, 격자점에 점이 딱 찍혀 있어 비교가 쉬운 값을 중심으로 선을 긋는 것이 비교하기 쉽다.

다음 〈그림〉은 약품 A～C 투입량에 따른 오염물질 제거량을 측정한 자료이다. 이에 대한 〈보기〉의 설명 중 옳은 것만을 모두 고르면?

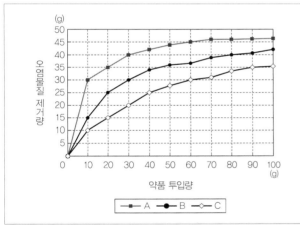

〈그림〉 약품 A～C 투입량에 따른 오염물질 제거량

※ 약품은 혼합하여 투입하지 않으며, 측정은 모든 조건이 동일한 가운데 이루어짐

〈보기〉

ㄱ. 각 약품의 투입량이 20g일 때와 60g일 때를 비교하면, A의 오염물질 제거량 차이가 가장 작다. → (O) X축 값이 20일 때와 60일 때 Y축 값을 비교하면 된다. A의 오염물질 제거량 차이는 10g인데, B의 오염물질 제거량 차이는 약 12.5g, C는 15g으로 A의 오염물질 제거량 차이가 가장 작다.

ㄴ. 각 약품의 투입량이 20g일 때, 오염물질 제거량은 A가 C의 2배 이상이다. → (O) X축 값이 20일 때 Y축의 값은 A가 35g이고, C가 15g이므로 2배 이상 차이가 난다.

ㄷ. 오염물질 30g을 제거하기 위해 필요한 투입량이 가장 적은 약품은 B이다. → (X) Y축 값이 30일 때 X축의 값은 A가 10g, B가 30g, C가 60g이므로 오염물질 30g을 제거하기 위해 필요한 투입량이 가장 적은 약품은 A이다.

ㄹ. 약품 투입량이 같으면 B와 C의 오염물질 제거량 차이는 7g 미만이다. → (X) 약품 투입량이 30g일 때 B와 C의 Y축 차이는 10g으로 오염물질 제거량 차이는 7g 이상이다.

① ㄱ, ㄴ ➡ (O)
② ㄴ, ㄹ ➡ (X)
③ ㄷ, ㄹ ➡ (X)
④ ㄱ, ㄴ, ㄷ ➡ (X)
⑤ ㄴ, ㄷ, ㄹ ➡ (X)

20 ④

TOP 3 정답률 60.4%

| 문제 유형 | 자료 읽기 > 표 제시형
| 접근 전략 | A가 x% 증가하여 B가 되었다면 A는 B에서 $\frac{1}{100+x} \times 100\%$가 감소한 것이다. A와 B의 합에서 A가 전체 합의 50% 이하라면 B는 A보다 커야 한다는 것을 유념하며 문제를 풀도록 한다.

다음 〈표〉는 2009～2012년 A 추모공원의 신규 안치건수 및 매출액 현황을 나타낸 자료이다. 이에 대한 〈보기〉의 설명 중 옳은 것만을 모두 고르면?

〈표〉 A 추모공원의 신규 안치건수 및 매출액 현황

(단위: 건, 만 원)

안치유형	구분	신규 안치건수		매출액	
		2009～2011년	2012년	2009～2011년	2012년
개인단	관내	719	606	291,500	289,000
	관외	176	132	160,000	128,500
부부단	관내	632	557	323,900	330,000
	관외	221	134	291,800	171,000
계		1,748	1,429	1,067,200	918,500

〈보기〉

ㄱ. 2012년 개인단의 신규 안치건수는 2009～2012년 개인단 신규 안치건수 합의 50% 이하이다. → (O) 2012년 개인단의 신규 안치건수는 606+132=738(건)으로 2009～2011년 신규 안치건수 719+176=895(건)보다 작다. 2012년 개인단의 신규 안치건수는 2009～2012년 신규 안치건수의 50% 이하이다.

ㄴ. 2009～2012년 신규 안치건수의 합은 관내가 관외보다 크다. → (O) 개인단, 부부단 모두 2009～2011년, 2012년에서 관내 안치건수가 관외 안치건수보다 크다. 따라서 2009～2012년 신규 안치건수의 합은 관내가 관외보다 크다.

ㄷ. 2012년 부부단 관내와 부부단 관외의 매출액이 2011년에 비해 각각 50%가 증가한 것이라면, 2009～2010년 매출액의 합은 부부단 관내가 부부단 관외보다 작다. → (O) 2012년 매출액이 50% 증가했다면 2011년 매출액은 2012년의 $\frac{2}{3}$이다. 즉, 2011년 부부단 관내 매출액은 220,000만 원이고, 관외 매출액은 114,000만 원이다. 이를 2009～2011년 매출액에서 빼면 2009～2010년 매출액의 합은 부부단 관내는 323,900－220,000=103,900(만 원), 부부단 관외는 291,800－114,000=177,800(만 원)이므로 2009～2010년 매출액 합은 부부단 관내가 부부단 관외보다 작다.

ㄹ. 2009～2012년 4개 안치유형 중 신규 안치건수의 합이 가장 큰 안치유형은 부부단 관내이다. → (X) 개인단 관내 신규 안치건수는 2009～2011년, 2012년 모두 다른 유형보다 크다.

① ㄱ, ㄴ ➡ (X)
② ㄴ, ㄷ ➡ (X)
③ ㄷ, ㄹ ➡ (X)
④ ㄱ, ㄴ, ㄷ ➡ (O)
⑤ ㄱ, ㄷ, ㄹ ➡ (X)

21 ③

정답률 73.9%

| **문제 유형** | 자료 읽기 > 그림 제시형

| **접근 전략** | x%의 y%는 $\frac{xy}{100}$%이다. 각주에 따라 지출액과 수입액이 같으므로 앞의 식을 통해 얻은 %값을 일반적인 액수로 생각하고 풀어도 무방하다.

다음 〈그림〉은 A 자선단체의 수입액과 지출액에 관한 자료이다. 이에 대한 설명 중 옳은 것은?

〈그림 1〉 수입액 구성비

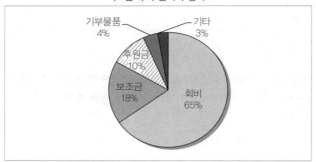

〈그림 2〉 지출액 구성비

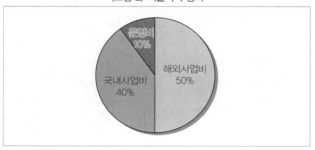

※ A 자선단체의 수입액과 지출액은 항상 같음

〈그림 3〉 국내사업비 지출액 세부 구성비

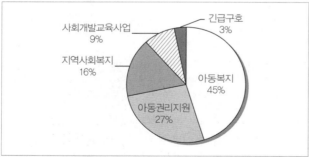

〈그림 4〉 해외사업비 지출액 세부 구성비

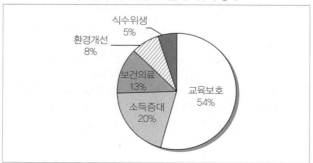

① 전체 수입액 중 후원금 수입액은 국내사업비 지출액 중 아동복지 지출액보다 많다. ➡ (×) 지출액과 수입액은 같고, 후원금은 수입액의 10%이며, 아동복지 지출액은 A 자선단체 전체 지출액의 40%의 45%인 18%이다. 따라서 전체 수입액 중 후원금 수입액은 국내사업비 지출액 중 아동복지 지출액보다 적다.

② 국내사업비 지출액 중 아동권리지원 지출액은 해외사업비 지출액 중 소득증대 지출액보다 적다. ➡ (×) 국내사업비 지출액 중 아동권리지원 지출액은 A 자선단체 전체 지출액의 40%의 27%인 10.8%로, 해외사업비 지출액 중 소득증대 지출액인 A 자선단체 전체 지출액의 50%의 20%인 10%보다 많다.

③ 국내사업비 지출액 중 아동복지 지출액과 해외사업비 지출액 중 교육보호 지출액의 합은 A 자선단체 전체 지출액의 45%이다. ➡ (○) 국내사업비 지출액 중 아동복지 지출액은 A 자선단체 전체 지출액의 40%의 45%인 18%이고, 해외사업비 지출액 중 교육보호 지출액은 A 자선단체 전체 지출액의 50%의 54%인 27%이므로 이를 합하면 45%이다.

④ 해외사업비 지출액 중 식수위생 지출액은 A 자선단체 전체 지출액의 2% 미만이다. ➡ (×) 해외사업비 지출액 중 식수위생 지출액은 50%의 5%로, A 자선단체 전체 지출액의 2.5%이다.

⑤ A 자선단체 전체 수입액이 6% 증가하고 지역사회복지 지출액을 제외한 다른 모든 지출액이 동일하게 유지된다면, 지역사회복지 지출액은 2배 이상이 된다. ➡ (×) 지역사회복지 지출액은 A 자선단체 전체 지출액의 40%의 16%인 6.4%인데 12.4%로 6%p 늘어도 2배에 미치지 못한다.

22 ②

정답률 71.5%

| **문제 유형** | 자료 읽기/추론 > 계산형

| **접근 전략** | 얼마 이상 또는 얼마 이하인지 단정적으로 묻는 선지에서는 최솟값과 최댓값을 활용해 반례를 찾는 것이 중요하다.

다음 〈표〉는 지점 A~E의 지점 간 주행 가능한 도로 현황 및 자동차 '갑'과 '을'의 지점 간 이동정보이다. 〈표〉와 〈조건〉에 근거한 설명으로 옳은 것은?

〈표 1〉 지점 간 주행 가능한 도로 현황

(단위: km)

출발지점 \ 도착지점	B	C	D	E
A	200	*	*	*
B	–	400	200	*
C	*	–	*	200
D	*	*	–	400

※ 1) *는 출발지점에서 도착지점까지 주행 가능한 도로가 없음을 의미함
2) 지점 간 주행 가능한 도로는 1개씩만 존재함

〈표 2〉 자동차 '갑'과 '을'의 지점 간 이동정보

자동차	출발		도착	
	지점	시각	지점	시각
갑	A	10:00	B	( )
	B	( )	C	16:00
을	B	12:00	C	16:00
	C	16:00	E	18:00

※ 최초 출발지점에서 최종 도착지점까지 24시간 이내에 이동함을 가정함

〈표 3〉 제방높이별 저수지 수

(단위: 개소)

제방높이 (m)	10 미만	10 이상 20 미만	20 이상 30 미만	30 이상 40 미만	40 이상	합
저수지 수	2,566	533	99	20	8	3,226

〈보기〉

ㄱ. 관리기관이 자치단체이고 제방높이가 '10 미만'인 저수지 수는 1,600개소 이상이다. → (X) 〈표 1〉을 보면 관리기관이 자치단체인 저수지 수는 2,230개소인데, 〈표 3〉을 보면 제방높이가 '10 미만'인 것을 제외한 저수지의 수 합은 533+99+20+8=660(개소)이다. 2,230개소 중 660개소가 모두 관리기관이 자치단체라고 하면 나머지 1,570개소는 제방높이가 '10 미만'이므로 제방높이가 '10 미만'인 저수지 수가 1,600개소 미만일 수 있다.

ㄴ. 저수용량이 '10만 미만'인 저수지 수는 전체 저수지 수의 80% 이상이다. → (O) 〈표 2〉를 보면 저수용량이 '10만 미만'인 저수지 수는 전체 저수지 수의 $\frac{2,668}{3,226} \times 100 ≒ 82.7$(%)로, 80% 이상이다.

ㄷ. 관리기관이 농어촌공사인 저수지의 개소당 수혜면적은 관리기관이 자치단체인 저수지의 개소당 수혜면적의 5배 이상이다. → (O) 개소당 수혜면적은 $\frac{\text{총 수혜면적}}{\text{저수지 수}}$으로 구할 수 있다. 관리기관이 농어촌공사인 저수지의 개소당 수혜면적은 $\frac{69,912}{996} ≒ 70.2$(ha)이고, 관리기관이 자치단체인 저수지의 개소당 수혜면적은 $\frac{29,371}{2,230} ≒ 13.2$(ha)이다. 농어촌공사는 자치단체의 5배인 13.2 × 5 = 66.0(ha) 이상이다.

ㄹ. 저수용량이 '50만 이상 100만 미만'인 저수지의 저수용량 합은 전체 저수지 총 저수용량의 5% 이상이다. → (O) 저수용량이 '50만 이상 100만 미만'인 저수지의 저수용량 최솟값은 50만m³이고, 저수지 수는 100개소이다. 따라서 저수용량 합의 최솟값은 5,000만m³이다. 이는 총 저수용량 7억 761만 2천m³의 5% 이상이다.

① ㄴ, ㄷ ➡ (X)

② ㄷ, ㄹ ➡ (X)

③ ㄱ, ㄴ, ㄷ ➡ (X)

④ ㄱ, ㄴ, ㄹ ➡ (X)

⑤ ㄴ, ㄷ, ㄹ ➡ (O)

〈조건〉

○ '갑'은 A → B → C, '을'은 B → C → E로 이동하였다.

○ A → B는 A지점에서 출발하여 다른 지점을 경유하지 않고 B지점에 도착하는 이동을 의미한다.

○ 이동 시 왔던 길은 되돌아갈 수 없다.

○ 평균속력은 출발지점부터 도착지점까지의 이동거리를 소요시간으로 나눈 값이다.

○ 자동차의 최고속력은 200km/h이다.

① '갑'은 B지점에서 13:00 이전에 출발하였다. ➡ (X) '갑'은 16:00까지 B → C 400km를 통과해야 한다. 자동차의 최고속력은 200km/h이므로 B에서 14시에 출발해도 도착할 수 있다.

② '갑'이 B지점에서 1시간 이상 머물렀다면 A → B 또는 B → C 구간에서 속력이 120km/h 이상인 적이 있다. ➡ (O) B지점에서 1시간 이상 머물렀다면 '갑'은 5시간 이내에 A → B, B → C 600km를 통과해야 한다. 전 구간에서 120km/h 미만으로 움직이면 600km를 갈 수 없으므로 속력이 120km/h 이상인 구간이 있다.

③ '을'의 경우, B → C 구간의 평균속력보다 C → E 구간의 평균속력이 빠르다. ➡ (X) B → C 구간은 400km, C → E 구간은 200km인데 '을'의 소요시간은 각각 4시간, 2시간이므로 평균속력은 $\frac{400}{4}=100$(km/h), $\frac{200}{2}=100$(km/h)로 같다.

④ B → C 구간의 평균속력은 '갑'이 '을'보다 빠르다. ➡ (X) B → C 구간의 평균속력은 '갑'의 경우 최소 80km/h이다. '갑'은 최고속력이 200km/h이므로 11시에 B에 도착해 5시간 동안 400km를 이동할 수 있기 때문이다. '을'의 B → C 구간의 평균속력은 $\frac{400}{4}=100$(km/h)이다.

⑤ B → C → E 구간보다 B → D → E 구간의 거리가 더 짧다. ➡ (X) B → C → E 구간의 길이는 600km이고, B → D → E 구간 또한 같다.

23 ⑤

TOP 1 정답률 33.7%

| **문제 유형** | 자료 읽기 > 표 제시형

| **접근 전략** | 무엇이 얼마 이상인지를 묻는 문제는 가장 예외적인 상황을 고려해 그 값이 얼마 미만으로 떨어질 수 있는지를 봄으로써 반례를 찾아 해결할 수 있다.

다음 〈표〉는 A지역의 저수지 현황에 대한 자료이다. 이에 대한 〈보기〉의 설명 중 옳은 것만을 모두 고르면?

〈표 1〉 관리기관별 저수지 현황

(단위: 개소, 천m³, ha)

구분 관리기관	저수지 수	총 저수용량	총 수혜면적
농어촌공사	996	598,954	69,912
자치단체	2,230	108,658	29,371
전체	3,226	707,612	99,283

〈표 2〉 저수용량별 저수지 수

(단위: 개소)

저수용량 (m³)	10만 미만	10만 이상 50만 미만	50만 이상 100만 미만	100만 이상 500만 미만	500만 이상 1,000만 미만	1,000만 이상	합
저수지 수	2,668	360	100	88	3	7	3,226

24 ①

TOP 2 정답률 36.9%

| 문제 유형 | 자료 읽기 > 표 제시형

| 접근 전략 | 앞에서부터 두세 자리만 계산하고 뒤의 세 자리는 합해서 대략 1,000이 되면 그 윗자리에 1을 더하는 방식으로 어림을 하는 것도 좋다. 예를 들어, 643+311은 1,000에 가까우니 둘의 앞 자리만 더하고 거기에 1을 더하는 방식을 쓰면 어림이 가능하다.

다음 〈표〉는 2015년 '갑'국 공항의 운항 현황을 나타낸 자료이다. 이에 대한 설명 중 옳은 것은?

〈표 1〉 운항 횟수 상위 5개 공항

(단위: 회)

국내선			국제선		
순위	공항	운항 횟수	순위	공항	운항 횟수
1	AJ	65,838	1	IC	273,866
2	KP	56,309	2	KH	39,235
3	KH	20,062	3	KP	18,643
4	KJ	5,638	4	AJ	13,311
5	TG	5,321	5	CJ	3,567
'갑'국 전체		167,040	'갑'국 전체		353,272

※ 일부 공항은 국내선만 운항함

〈표 2〉 전년 대비 운항 횟수 증가율 상위 5개 공항

(단위: %)

국내선			국제선		
순위	공항	증가율	순위	공항	증가율
1	MA	229.0	1	TG	55.8
2	CJ	23.0	2	AJ	25.3
3	KP	17.3	3	KH	15.1
4	TG	16.1	4	KP	5.6
5	AJ	11.2	5	IC	5.5

① 2015년 국제선 운항 공항 수는 7개 이상이다. ➡ (O) 국제선 운항 횟수 상위 5개 공항의 운항 횟수 합은 273,866+39,235+18,643+13,311+3,567=348,622(회)인데, 총 운항 횟수는 353,272회로, 둘의 차이는 4,650회이다. 5위가 3,567회로 6위는 3,567회 미만 운항을 했을 것이므로 두 개 이상의 공항이 더 있어 7개 이상이 된다.

② 2015년 KP공항의 운항 횟수는 국제선이 국내선의 $\frac{1}{3}$ 이상이다.
➡ (X) KP공항 국제선 운항 횟수 18,643회의 3배인 55,929회보다 KP공항 국내선 운항 횟수가 많다.

③ 전년 대비 국내선 운항 횟수가 가장 많이 증가한 공항은 MA공항이다. ➡ (X) 〈표 1〉에서 운항 횟수를 알 수 없기 때문에 전년 대비 국내선 운항 횟수가 가장 많이 증가한 공항이 MA공항인지 알 수 없다.

④ 국내선 운항 횟수 상위 5개 공항의 국내선 운항 횟수 합은 전체 국내선 운항 횟수의 90% 미만이다. ➡ (X) 국내선 운항 횟수 상위 5개 공항의 운항 횟수 합은 65,838+56,309+20,062+5,638+5,321=153,168(회)이므로 나머지 공항의 운항 횟수 합은 167,040-153,168=13,872(회)이다. 이는 전체 국내선 운항 횟수 합의 10% 미만이므로 국내선 운항 횟수 상위 5개 공항의 국내선 운항 횟수 합은 전체 국내선 운항 횟수의 90% 이상이다.

⑤ 국내선 운항 횟수와 전년 대비 국내선 운항 횟수 증가율 모두 상위 5개 안에 포함된 공항은 AJ공항이 유일하다. ➡ (X) AJ공항뿐 아니라 KP, TG공항 모두 국내선 운항 횟수와 전년 대비 국내선 운항 횟수 증가율 모두 상위 5개 안에 포함된 공항이다.

25 ①

| 문제 유형 | 자료 읽기 > 표 제시형

| 접근 전략 | A가 x% 증가해 B가 되었다면 A는 B에서 $\frac{1}{100+x} \times 100\%$가 감소한 것임을 혼동하지 않도록 한다.

다음 〈표〉는 A~D국 화폐 대비 원화 환율 및 음식가격에 대한 자료이다. 이에 대한 〈보기〉의 설명 중 옳은 것만을 모두 고르면?

〈표 1〉 A~D국 화폐 대비 원화 환율

국가	화폐단위	환율 (원/각 국의 화폐 1단위)
A	a	1,200
B	b	2,000
C	c	200
D	d	1,000

〈표 2〉 A~D국 판매단위별 음식가격

국가	음식 판매단위	햄버거 1개	피자 1조각	치킨 1마리	삼겹살 1인분
A		5a	2a	15a	8a
B		6b	1b	9b	3b
C		40c	30c	120c	30c
D		10d	3d	20d	9d

〈보기〉

ㄱ. 원화 120,000원으로 가장 많은 개수의 햄버거를 구매할 수 있는 국가는 A국이다. → (O) 〈표 2〉의 햄버거의 a, b, c, d에 환율을 넣어 계산하면 각국의 햄버거 가격은 A~D 순으로 6,000원, 12,000원, 8,000원, 10,000원이다. A국의 햄버거가 가장 싸므로 A국에서 가장 많은 개수의 햄버거를 구매할 수 있다.

ㄴ. B국에서 치킨 1마리 가격은 삼겹살 3인분 가격과 동일하다. → (O) B국의 치킨 1마리 가격은 9b이고, 삼겹살 1인분 가격은 3b이므로 삼겹살 3인분 가격인 9b는 치킨 1마리 가격과 같다.

ㄷ. C국의 삼겹살 4인분과 A국의 햄버거 5개는 동일한 액수의 원화로 구매할 수 있다. → (X) C국의 삼겹살 4인분의 가격은 120c이고, A국의 햄버거 5개 가격은 25a이다. a와 c에 각각 환율을 대입하면 C국의 삼겹살 4인분 가격은 24,000원, A국의 햄버거 5개 가격은 30,000원이다.

ㄹ. D국 화폐 대비 원화 환율이 1,000원/d에서 1,200원/d로 상승하면, D국에서 원화 600,000원으로 구매할 수 있는 치킨의 마리 수는 20% 이상 감소한다. → (X) D국의 치킨 가격이 원화 환산으로 20% 상승하면 살 수 있는 치킨은 $\frac{1,200-1,000}{1,200} \times 100 ≒ 16.67\%$ 감소한다.

① ㄱ, ㄴ ➡ (O)
② ㄱ, ㄷ ➡ (X)
③ ㄴ, ㄷ ➡ (X)
④ ㄱ, ㄴ, ㄹ ➡ (X)
⑤ ㄴ, ㄷ, ㄹ ➡ (X)

2016 | 제3영역 상황판단(⑤ 책형)

기출 총평

문항의 유형이 다양한 편이고, 기본적으로 읽어야 할 내용이 많아 분량의 압박감이 크게 느껴지는 시험이었다. 또한 제시문에 도표를 삽입하여 구성한 문항의 출제 비중이 높았는데 글보다는 도표를 이해하는 데 시간이 많이 소요되므로 비교적 난도가 높았던 시험으로 볼 수 있다. 제시문 형태의 문항들은 오히려 제시되는 정보의 양이 많지 않았지만, 다양한 형태의 유형으로 설계되어 상당한 정보량을 제시하는 문항들이 많았다. 하지만 문항 해결에 모든 정보가 활용되는 것은 아니기 때문에 수험생 입장에서 당황하지 말고 선지 혹은 제시된 조건에서 키워드를 찾아내어 정보들에 접근하는 것이 필요하다. 유형이 다양해지더라도 기본적으로 제시문 형태의 출제 빈도가 높은 편이기 때문에 독해 연습에 소홀해서는 안 되며, 제시문 형태의 문항은 모두 맞힌다는 생각으로 전체적인 시험 전략을 세우는 것이 필요하다.

문항별 정답률 및 선지별 선택률

문번	정답	정답률 (%)	선지별 선택률(%)				
			①	②	③	④	⑤
01	④	95.6	1.1	0.3	0.3	95.6	2.7
02	②	93.2	0.7	93.2	1.7	0.3	4.1
03	⑤	83.0	4.8	2.7	6.8	2.7	83.0
04	③	97.4	0.3	0.3	97.4	1.0	1.0
05	④	87.4	1.7	1.1	0.3	87.4	9.5
06	③	75.4	3.4	4.8	75.4	4.8	11.6
07	②	41.2	22.1	41.2	16.6	1.4	18.7
08	①	87.4	87.4	7.8	0.7	1.7	2.4
09	③	90.8	4.1	0.3	90.8	0.7	4.1
10	④	75.2	16.1	3.5	2.4	75.2	2.8
11	①	97.9	97.9	0.0	0.0	1.4	0.7
12	④	86.3	0.7	9.9	1.0	86.3	2.1
13	④	99.0	0.0	0.3	0.0	99.0	0.7

문번	정답	정답률 (%)	선지별 선택률(%)				
			①	②	③	④	⑤
14	③	90.2	2.0	4.1	90.2	1.7	2.0
15	①	96.9	96.9	0.7	1.0	0.7	0.7
16	⑤	79.1	0.7	16.1	1.4	2.7	79.1
17	⑤	82.6	2.4	2.0	5.5	7.5	82.6
18	②	87.8	4.6	87.8	2.2	3.2	2.2
19	①	84.9	84.9	0.3	0.3	11.0	3.5
20	①	48.6	48.6	2.1	4.6	27.3	17.4
21	⑤	89.8	0.4	4.2	3.8	1.8	89.8
22	③	68.0	5.6	12.3	68.0	7.4	6.7
23	②	69.0	11.6	69.0	5.6	8.2	5.6
24	⑤	71.5	4.4	8.9	11.1	4.1	71.5
25	④	93.3	1.8	1.4	0.7	93.3	2.8

※ 파란색 음영 문항은 해당 회차에서 정답률이 가장 낮은 TOP 3 문항입니다.
※ 문항별 정답률 산정 기준: 약 1년간 누적된 자동채점 & 성적결과분석 서비스의 응시 데이터

출제 비중

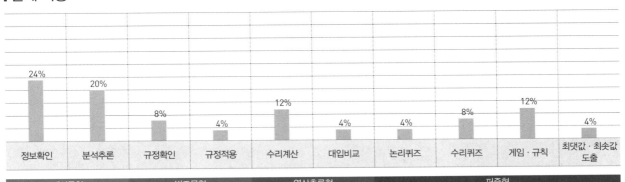

정보확인 24%	분석추론 20%	규정확인 8%	규정적용 4%	수리계산 12%	대입비교 4%	논리퀴즈 4%	수리퀴즈 8%	게임·규칙 12%	최댓값·최솟값 도출 4%
제시문형		법조문형		연산추론형			퍼즐형		

01	④	02	②	03	⑤	04	③	05	④
06	③	07	②	08	①	09	③	10	④
11	①	12	④	13	④	14	③	15	①
16	⑤	17	⑤	18	②	19	①	20	①
21	⑤	22	③	23	②	24	⑤	25	④

01 ④
정답률 95.6%

| 문제 유형 | 제시문형 > 정보확인

| 접근 전략 | 제시문을 토대로 온돌의 구성 및 구조를 이해하고 기능을 확인한다. 특히 각 구조물 간 위치관계를 파악함에 중점을 두도록 한다.

다음 글을 근거로 판단할 때 옳은 것은?

온돌(溫突)은 조선시대 건축에서 가장 일반적으로 사용된 바닥구조로 아궁이, 고래, 구들장, 불목, 개자리, 바람막이, 굴뚝 등으로 구성된다. ▶1문단

아궁이는 불을 때는 곳이고, 고래는 아궁이에서 발생한 열기와 연기가 흐르는 곳이다. 고래는 30cm 정도의 깊이로 파인 여러 개의 골이고, 그 위에 구들장을 올려놓는다. 아궁이에서 불을 지피면 고래를 타고 흐르는 열기와 연기가 구들장을 데운다. 고래 바닥은 아궁이가 있는 아랫목에서 윗목으로 가면서 높아지도록 경사를 주는데, 이는 열기와 연기가 윗목 쪽으로 쉽게 들어갈 수 있도록 하기 위한 것이다. ▶2문단

불목은 아궁이와 고래 사이에 턱이 진 부분으로 불이 넘어가는 고개라는 뜻이다. 불목은 아궁이 바닥과 고래 바닥을 연결시켜서 고래로 가는 열기와 연기를 분산시킨다. 또한 아궁이에서 타고 남은 재가 고래 속으로 들어가지 못하도록 막아준다. 고래가 끝나는 윗목 쪽에도 바람막이라는 턱이 있는데, 이 턱은 굴뚝에서 불어내리는 바람에 의해 열기와 연기가 역류되는 것을 방지한다. ▶3문단

바람막이 뒤에는 개자리라 부르는 깊이 파인 부분이 있다. 개자리는 굴뚝으로 빠져 나가는 열기와 연기를 잔류시켜 윗목에 열기를 유지하는 기능을 한다. 개자리가 깊을수록 열기와 연기를 머금는 용량이 커진다. ▶4문단

① 아궁이는 불목과 개자리 사이에 있을 것이다. ➡ (X) 3문단에 따르면 불목은 아궁이와 고래 사이에 있다. 고래가 끝나는 윗목 쪽에 바람막이가 있고, 바람막이 뒤에 개자리가 있으므로 옳지 않은 설명이다.

② 고래 바닥은 아랫목에서 윗목으로 갈수록 낮아질 것이다. ➡ (X) 2문단에 따르면 고래 바닥은 아궁이가 있는 아랫목에서 윗목으로 가면서 높아지도록 경사를 주었다고 하였다.

③ 개자리가 깊을수록 윗목의 열기를 유지하기 어려울 것이다. ➡ (X) 4문단에 따르면 개자리가 깊을수록 열기와 연기를 머금는 용량이 커지므로 열기를 유지하기 쉬워질 것이다.

④ 불목은 아랫목 쪽에 가깝고, 바람막이는 윗목 쪽에 가까울 것이다. ➡ (O) 3문단에 따르면 불목은 아궁이와 고래 사이에 있으며 고래가 끝나는 윗목 쪽에 바람막이가 있고, 4문단에 따르면 바람막이 뒤에 개자리가 있다. 따라서 아궁이–불목–고래–바람막이–개자리 순으로 위치해 있으므로 불목은 아랫목 쪽에 가깝고, 바람막이는 윗목 쪽에 가까움을 알 수 있다.

⑤ 바람막이는 타고 남은 재가 고래 안에 들어가지 못하도록 하는 기능을 할 것이다. ➡ (X) 3문단에 따르면 타고 남은 재가 고래 안에 들어가지 못하도록 하는 것은 불목의 기능이다.

02 ②
정답률 93.2%

| 문제 유형 | 제시문형 > 정보확인

| 접근 전략 | 제시문을 통해 청백리의 내용과 특징, 선발하는 방법 등을 파악하여 선지의 정오를 판단한다. 쉬운 문제이므로 빠르게 해결하여 시간을 확보하도록 한다.

다음 글을 근거로 판단할 때, 〈보기〉에서 옳은 것만을 모두 고르면?

청백리(淸白吏)는 전통적으로 우리나라를 비롯한 동아시아 유교 문화권에서 청렴결백한 공직자를 지칭할 때 사용하는 말이다. 청백리를 선발하고 표창하는 제도는 중국에서 처음 시작되었다. 우리나라는 중국보다 늦었지만 이미 고려 때부터 이 제도를 도입한 것으로 보인다. 고려 인종 14년(1136년)에 청렴하고 절개 있는 사람들을 뽑아 벼슬을 준 기록이 있다. ▶1문단

조선시대에는 국가에 의해 선발되어 청백리 대장에 이름이 올랐던 사람을 청백리라고 하였다. 정확히 구분하면 청백리는 작고한 사람들에 대한 호칭이었고, 살아있을 때는 염근리(廉謹吏) 또는 염리(廉吏)라고 불렸다. 염근리로 선발된 사람은 청백리 대장에 수록되어 승진이나 보직에서 많은 특혜를 받았고, 죽은 후에는 그 자손들에게 벼슬이 내려지는 등 여러 혜택이 있었다. 반대로 부정부패한 관료는 탐관오리 또는 장리(贓吏)라고 불렸다. 탐관오리로 지목돼 탄핵되었거나 처벌받은 관리는 장리 대장에 수록되어 본인의 관직생활에 불이익을 받는 것은 물론이고, 그 자손들이 과거를 보는 것도 허용되지 않았다. ▶2문단

조선시대에 청백리를 선발하는 방법은 일정하지 않았다. 일반적으로는 청백리를 선발하라는 임금의 지시가 있거나 신하의 건의가 있어 임금이 승낙을 하면 2품 이상의 관리나 감사가 대상자를 예조에 추천하였다. 예조에서 후보자를 뽑아 의정부에 올리면 의정부의 대신들이 심의하여 임금에게 보고하였다. 어떤 때는 사헌부, 사간원 등에서 후보자를 의정부에 추천하기도 하였다. ▶3문단

〈보기〉
ㄱ. 동아시아 유교 문화권에서 청백리를 선발하는 제도는 고려에서 처음 시작되었을 것이다. → (X) 1문단에 따르면 청백리를 선발하는 제도는 중국에서 처음 시작되었다.

ㄴ. 조선시대에 염근리로 선발된 사람은 죽은 후에 청백리라고 불렸을 것이다. → (O) 2문단에 따르면 청백리는 작고한 사람들에 대한 호칭이었고, 살아있을 때는 염근리 또는 염리라고 불렸다.

ㄷ. 조선시대에 관리가 장리 대장에 수록되면 본인은 물론 그 자손까지 영향을 받았을 것이다. → (O) 2문단에 따르면 장리 대장에 수록되면 본인이 관직생활에 불이익을 받는 것은 물론이고, 자손들이 과거를 보는 것도 허용되지 않았다.

ㄹ. 조선시대에 예조의 추천을 받지 못한 사람은 청백리가 될 수 없었을 것이다. → (X) 4문단에 따르면 사헌부, 사간원 등에서 청백리 후보자를 의정부에 추천하기도 하였다.

① ㄱ ➡ (X)
② ㄴ, ㄷ ➡ (O)
③ ㄷ, ㄹ ➡ (X)
④ ㄱ, ㄴ, ㄹ ➡ (X)
⑤ ㄴ, ㄷ, ㄹ ➡ (X)

| **문제 유형** | 제시문형 > 정보확인

| **접근 전략** | 연도, 지명, 모노레일 종류 등을 우선적으로 확인하는 것이 중요하다. 나라별 모노레일의 종류와 사용방식을 비교하여 제시문의 내용을 파악해야 한다.

다음 글을 근거로 판단할 때 옳은 것은?

종래의 철도는 일정한 간격으로 된 2개의 강철레일 위를 강철바퀴 차량이 주행하는 것이다. 반면 모노레일은 높은 지주 위에 설치된 콘크리트 빔(beam) 위를 복렬(複列)의 고무타이어 바퀴 차량이 주행하는 것이다. 빔 위에 다시 레일을 고정하고, 그 위를 강철바퀴 차량이 주행하는 모노레일도 있다. ▶1문단

처음으로 실용화된 모노레일은 1880년경 아일랜드의 밸리뷰니온사(社)에서 건설한 것이었다. 1901년에는 현수 장치를 사용하는 모노레일이 등장하였는데, 이 모노레일은 독일 부퍼탈시(市)의 전철교식 복선으로 건설되어 본격적인 운송수단으로서의 역할을 하였다. 그 후 여러 나라에서 각종 모노레일 개발 노력이 이어졌다. ▶2문단

제2차 세계대전이 끝난 뒤 독일의 알베그사(社)를 창설한 베너그렌은 1952년 1/2.5 크기의 시제품을 만들고, 실험과 연구를 거듭하여 1957년 알베그식(式) 모노레일을 완성하였다. 그리고 1958년에는 기존의 강철레일·강철바퀴 방식에서 콘크리트 빔·고무타이어 방식으로 개량하여 최고 속력이 80km/h에 달하는 모노레일이 등장하기에 이르렀다. ▶3문단

프랑스에서도 1950년 말엽 사페즈사(社)가 독자적으로 사페즈식(式) 모노레일을 개발하였다. 이것은 쌍레일 방식과 공기식 타이어차량 운용 경험을 살려 개발한 현수식 모노레일로, 1960년 오를레앙 교외에 시험선(線)이 건설되었다. ▶4문단

① 콘크리트 빔·고무타이어 방식은 1960년대까지 개발되지 않았다.
➡ (✕) 3문단에 따르면 1958년 콘크리트 빔·고무타이어 방식으로 개량한 모노레일이 등장하였다.

② 독일에서 모노레일이 본격적인 운송수단 역할을 수행한 것은 1950년대부터이다. ➡ (✕) 2문단에 따르면 독일 부퍼탈시(市)의 모노레일은 1901년 등장해 본격적인 운송수단으로서의 역할을 하였다.

③ 주행에 강철바퀴가 이용되느냐의 여부에 따라 종래의 철도와 모노레일이 구분된다. ➡ (✕) 1문단에 따르면 모노레일은 고무타이어 바퀴 차량이 주행하는 것이나, 빔 위에 다시 레일을 고정하고, 그 위를 강철바퀴 차량이 주행하는 모노레일도 있다. 따라서 주행에 강철바퀴가 이용되느냐 여부는 종래의 철도와 모노레일을 구분하는 기준이 될 수 없다.

④ 아일랜드의 밸리뷰니온사는 오를레앙 교외에 전철교식 복선 모노레일을 건설하였다. ➡ (✕) 해당 정보는 제시문에서 찾아볼 수 없다.

⑤ 베너그렌이 개발한 알베그식 모노레일은 오를레앙 교외에 건설된 사페즈식 모노레일 시험선보다 먼저 완성되었다. ➡ (○) 3문단에 따르면 1957년에 알베그식(式) 모노레일이 완성되었고, 4문단에 따르면 1960년 오를레앙 교외에 사페즈식(式) 모노레일 시험선(線)이 건설되었다.

| **문제 유형** | 제시문형 > 분석추론

| **접근 전략** | 각각의 공공누리 마크별로 상이한 '이용조건의 의미'를 빠르게 비교한다. 그리고 해당 문제는 〈사례〉를 먼저 보고 제시문을 보는 것이 좋다. 그림은 4개인데 사례의 마크는 3개이므로 해당되지 않는 내용에 할애하는 시간을 줄일 수 있기 때문이다.

다음 글을 근거로 판단할 때, 〈사례〉의 '공공누리 마크' 이용조건에 부합하는 甲의 행위는?

K국 정부는 공공저작물 이용활성화를 위해 '공공누리'라는 표시기준을 정하였고, 공공저작물을 이용하는 사람이 그 이용조건을 쉽게 확인할 수 있도록 '공공누리 마크'를 만들었다. 그 의미는 아래와 같다.

공공누리 마크	이용조건의 의미
⊙PEN	• 공공저작물을 일정한 조건하에 자유롭게 이용할 수 있다.
출처표시	• 이용하는 공공저작물의 출처를 표시해야 한다. 예컨대 "본 저작물은 ○○공공기관에서 △△년 작성하여 개방한 □□ 저작물을 이용하였음"과 같이 출처를 표시해야 한다.
상업용금지	• 공공저작물의 상업적 이용은 금지되고 비상업적으로만 이용할 수 있다. • 이 마크가 표시되어 있지 않으면, 이용자는 해당 공공저작물을 상업적 및 비상업적으로 이용할 수 있다.
변경금지	• 공공저작물의 변경이 금지된다. 예컨대 공공저작물의 번역·편곡·변형·각색 등이 금지된다. • 이 마크가 표시되어 있지 않으면, 이용자는 해당 공공저작물의 내용이나 형식을 변경하여 이용할 수 있다.

〈사례〉

甲은 환경관련 보고서(이하 '보고서')를 작성하기 위하여 A공공기관이 발간한 『환경백서』에 수록되어 있는 사진(이하 '사진저작물')과 그 설명문을 근거자료로 이용하고자 한다. 『환경백서』에는 다음과 같은 공공누리 마크가 표시되어 있다.

① 출처를 표시하지 않고 사진저작물과 그 설명문을 그대로 보고서에 수록하는 행위 ➡ (✕) 출처표시 마크가 있으므로 출처를 표시해야 한다.

② 사진저작물의 색상을 다른 색상으로 변형하여 이를 보고서에 수록하는 행위 ➡ (✕) 변경금지 마크가 있으므로 색상을 변형할 수 없다.

③ 상업적인 목적으로 보고서를 작성하면서 출처를 표시하고 사진저작물과 그 설명문을 그대로 수록하는 행위 ➡ (○) 상업용금지 마크가 없으므로 상업적인 목적으로 사용해도 되고, 출처를 표시했고 변형을 하지 않았으므로 이용조건에 부합한다.

④ 비상업적인 목적으로 보고서를 작성하면서 사진저작물을 다른 사진과 합성하여 수록하는 행위 ➡ (✕) 변경금지 마크가 있으므로 사진 합성은 이용조건에 부합하지 않는다.

⑤ 출처를 표시하고 사진저작물의 설명문을 영어로 번역하여 그 사진저작물과 번역문을 보고서에 수록하는 행위 ➡ (✕) 변경금지 마크가 있으므로 번역 수록은 이용조건에 부합하지 않는다.

| **문제 유형** | 법조문형 > 규정확인

| **접근 전략** | 〈보기〉의 각 상황에 적용되는 조항을 빠르게 찾아 정오를 판단한다. 법조문 문제는 단서, 예외조항 등을 잘 살피고, 비슷한 언어라도 그 법조문에 완벽히 합치되지 않으면 답이 아님을 인식하고 풀어야 한다.

동산 X를 甲, 乙, 丙 세 사람이 공유하고 있다. 다음 A국의 규정을 근거로 판단할 때, 〈보기〉에서 옳은 것만을 모두 고르면?

제00조(물건의 공유) ① 물건이 지분에 의하여 여러 사람의 소유로 된 때에는 공유로 한다.
② 공유자의 지분은 균등한 것으로 추정한다.
제00조(공유지분의 처분과 공유물의 사용, 수익) 공유자는 자신의 지분을 다른 공유자의 동의 없이 처분할 수 있고 공유물 전부를 지분의 비율로 사용, 수익할 수 있다.
제00조(공유물의 처분, 변경) 공유자는 다른 공유자의 동의 없이 공유물을 처분하거나 변경하지 못한다.
제00조(공유물의 관리, 보존) 공유물의 관리에 관한 사항은 공유자의 지분의 과반수로써 결정한다. 그러나 보존행위는 각자가 할 수 있다.
제00조(지분포기 등의 경우의 귀속) 공유자가 그 지분을 포기하거나 상속인 없이 사망한 때에는 그 지분은 다른 공유자에게 각 지분의 비율로 귀속한다.

─〈보기〉─

ㄱ. 甲, 乙, 丙은 X에 대해 각자 1/3씩 지분을 갖는 것으로 추정된다.
　→ (O) 첫 번째 조 제2항에서 물건의 공유자의 지분은 균등한 것으로 추정한다고 하였으므로 옳은 설명이다.
ㄴ. 甲은 단독으로 X에 대한 보존행위를 할 수 있다. → (O) 네 번째 조에 따르면 보존행위는 공유자 각자가 할 수 있으므로 옳은 설명이다.
ㄷ. 甲이 X에 대한 자신의 지분을 처분하기 위해서는 乙과 丙의 동의를 얻어야 한다. → (X) 두 번째 조에 따르면 공유자는 자신의 지분을 다른 공유자의 동의 없이 처분할 수 있다.
ㄹ. 甲이 상속인 없이 사망한 경우, X에 대한 甲의 지분은 乙과 丙에게 각 지분의 비율에 따라 귀속된다. → (O) 다섯 번째 조에서 공유자가 상속인 없이 사망한 때에는 그 지분은 다른 공유자에게 각 지분의 비율로 귀속한다고 하였으므로 옳은 설명이다.

① ㄱ, ㄴ ➡ (X)　　　② ㄴ, ㄷ ➡ (X)
③ ㄷ, ㄹ ➡ (X)　　　④ ㄱ, ㄴ, ㄹ ➡ (O)
⑤ ㄱ, ㄷ, ㄹ ➡ (X)

| **문제 유형** | 법조문형 > 규정적용

| **접근 전략** | 제시문의 형태로 주어졌으나 실질적으로는 법조문 유형으로서 제시된 글을 보면서 〈사례〉를 단시간에 해결해야 하는 까다로운 문제이다. 이러한 문제에는 과감히 시간을 투자하여야 한다.

다음 글을 근거로 판단할 때, 〈사례〉에서 甲이 乙에게 지급을 청구하여 받을 수 있는 최대 손해배상액은?

채무자가 고의 또는 과실로 인하여 채무의 내용에 따른 이행을 하지 않으면 채권자는 채무자에게 손해배상을 청구할 수 있다. 채권자가 채무불이행을 이유로 채무자로부터 손해배상을 받으려면 손해의 발생사실과 손해액을 증명하여야 하는데, 증명의 어려움을 해소하기 위해 손해배상액을 예정하는 경우가 있다.

손해배상액의 예정은 장래의 채무불이행 시 지급해야 할 손해배상액을 사전에 정하는 약정을 말한다. 채권자와 채무자 사이에 손해배상액의 예정이 있으면 채권자는 실손해과 상관없이 예정된 배상액을 청구할 수 있지만, 실손해액이 예정액을 초과하더라도 그 초과액을 배상받을 수 없다. 그리고 손해배상액을 예정한 사유가 아닌 다른 사유로 발생한 손해에 대해서는 손해배상액 예정의 효력이 미치지 않는다. 따라서 이로 인한 손해를 배상받으려면 별도로 손해의 발생사실과 손해액을 증명해야 한다.

─〈사례〉─

甲과 乙은 다음과 같은 공사도급계약을 체결하였다.

○ 계약당사자: 甲(X건물 소유주) / 乙(건축업자)
○ 계약내용: X건물의 리모델링
○ 공사대금: 1억 원
○ 공사기간: 2015. 10. 1. ~ 2016. 3. 31.
○ 손해배상액의 예정: 공사기간 내에 X건물의 리모델링을 완료하지 못할 경우, 지연기간 1일당 위 공사대금의 0.1%를 乙이 甲에게 지급

그런데 乙의 과실로 인해 X건물 리모델링의 완료가 30일이 지연되었고, 이로 인해 甲은 500만 원의 손해를 입었다. 또한 乙이 고의로 불량자재를 사용하여 부실공사가 이루어졌고, 이로 인해 甲은 1,000만 원의 손해를 입었다. 甲은 각각의 손해발생사실과 손해액을 증명하여 乙에게 손해배상을 청구하였다.

① 500만 원 ➡ (X)
② 800만 원 ➡ (X)
③ 1,300만 원 ➡ (O) 〈사례〉에 따르면 기간 내에 리모델링을 완료하지 못하면 지연기간 1일당 공사대금 1억 원의 0.1%인 10만 원을 지급하기로 사전에 예정되어 있다. 리모델링의 완료가 30일이 지연되었으므로 甲은 10 × 30 = 300(만 원)의 배상액을 청구할 수 있다. 실손해액이 예정액을 초과하더라도 초과액은 받을 수 없다고 하였으므로, 甲의 실손해액이 500만 원이더라도 손해배상예정액인 300만 원만 청구할 수 있고, 초과액인 200만 원은 청구할 수 없다.
이에 더해 부실공사로 인해 입은 손해의 발생사실과 손해액을 증명하였는데 손해배상액을 예정한 사유가 아닌 다른 사유로 발생한 손해에는 손해배상액 예정에 효력이 미치지 않는다고 하였으므로 부실공사에 대한 손해액 1,000만 원도 청구할 수 있다. 따라서 甲이 乙에게 지급을 청구하여 받을 수 있는 최대 손해배상액은 300 + 1,000 = 1,300(만 원)이다.
④ 1,500만 원 ➡ (X)
⑤ 1,800만 원 ➡ (X)

| **문제 유형** | 제시문형 > 분석추론

| **접근 전략** | 직계존속과 직계비속을 정확하게 이해하고 문제에 접근하여야 한다. 직계존속은 부모, (외)조부모, (외)증조부모 등 직계부모 관계를 뜻하며 직계비속은 자녀, (외)손자녀, (외)증손자녀 등 직계자식 관계를 말한다. 현행법과 개정안에 따른 상속분의 차이를 정확하게 계산해 낼 수 있어야 한다.

다음 글과 〈상황〉을 근거로 판단할 때 옳은 것은?

K국의 현행법상 상속인으로는 혈족상속인과 배우자상속인이 있다. 제1순위 상속인은 피상속인의 직계비속이며, 직계비속이 없는 경우 직계존속이 상속인이 된다. 태아는 사산되어 출생하지 못한 경우를 제외하고 상속인이 된다. 배우자는 직계비속과 동순위로 공동상속인이 되고, 직계비속이 없는 경우에 피상속인의 직계존속과 공동상속인이 되며, 피상속인에게 직계비

속과 직계존속이 없으면 단독상속인이 된다. 현행 상속분 규정은 상속재산을 배우자에게 직계존속·직계비속보다 50%를 더 주도록 정하고 있다. 예를 들어 상속인이 배우자(X)와 2명의 자녀(Y, Z)라면, '1.5(X):1(Y):1(Z)'의 비율로 상속이 이루어진다. ▶1문단

그런데 K국에서는 부부의 공동재산 기여분을 보장하기 위한 차원에서 상속법 개정을 추진하고 있다. '개정안'은 상속재산의 절반을 배우자에게 우선 배분하고, 나머지 절반은 현행 규정대로 배분하는 내용을 골자로 한다. 즉, 피상속인이 사망하였을 경우 상속재산의 50%를 그 배우자에게 먼저 배분하고, 이를 제외한 나머지 50%에 대해서는 다시 현행법상의 비율대로 상속이 이루어진다. ▶2문단

〈상황〉

甲은 심장마비로 갑자기 사망하였다. 甲의 유족으로는 어머니 A, 배우자 B, 아들 C, 딸 D가 있고, B는 현재 태아 E를 임신 중이다. 甲은 9억 원의 상속재산을 남겼다.

① 현행법에 의하면, E가 출생한 경우 B는 30% 이하의 상속분을 갖게 된다. ➡ (X) 현행법에 의하면 E가 출생한 경우 직계비속이 3명이 되어 B의 상속비율은 $\frac{1.5}{(1.5+1+1+1)}=\frac{1}{3}$이 되어 33.3%의 상속분을 받게 된다.

② 개정안에 의하면, E가 출생한 경우 B는 6억 원을 상속받게 된다.
➡ (O) 개정안에 의하면 상속재산의 절반은 배우자에게 먼저 배분된다. 나머지 절반은 E가 출생한 경우 직계비속이 3명이 되어 B의 상속비율은 절반의 $\frac{1}{3}$이 된다. 따라서 B의 상속비율은 $\frac{1}{2}+\left(\frac{1}{2}\times\frac{1}{3}\right)=\frac{2}{3}$이다. 상속재산이 9억 원이므로 B는 $9\times\frac{2}{3}=6$(억 원)을 상속받게 된다.

③ 현행법에 의하면, E가 사산된 경우 B는 3억 원을 상속받게 된다.
➡ (X) 현행법에 의하면 E가 사산된 경우 상속인이 되지 못한다. 따라서 직계비속은 2명으로 B의 상속비율은 $\frac{1.5}{(1.5+1+1)}=\frac{3}{7}$이다. 상속재산이 9억 원이므로 B는 $9\times\frac{3}{7}$ $=\frac{27}{7}$(억 원)으로 약 3억 9000만 원을 상속받게 된다.

④ 개정안에 의하면, E가 사산된 경우 B는 4억 원을 상속받게 된다.
➡ (X) 개정안에 의하면 상속재산의 절반은 배우자에게 먼저 배분된다. 이것만 해도 4억 5천만 원이므로 4억 원이 넘는다.

⑤ 개정안에 의하면, E의 사산 여부에 관계없이 B가 상속받게 되는 금액은 현행법에 의할 때보다 50% 증가한다. ➡ (X) E가 출생한 경우 B는 현행법에 의하면 3억 원, 개정안에 의하면 6억 원을 상속받고, E가 사산된 경우에는 현행법에 의하여 $\frac{27}{7}$억 원, 개정안에 의하면 $\frac{45}{7}$억 원을 상속받으므로 개정안에 의할 때 E의 사산 여부에 관계없이 B가 상속받게 되는 금액이 현행법에 의할 때보다 50% 증가한다고 할 수 없다.

08 ①

정답률 87.4%

|문제 유형| 연산추론형 > 수리계산

|접근 전략| 소괄호와 중괄호 계산순서에 유의하도록 한다. 또한 여러 규칙이 제시될 때는 각각의 규칙을 먼저 정확히 이해하려 하지 말고, 선지에서 해당 규칙을 적용하면서 규칙의 내용을 이해하는 것이 시간을 절약할 수 있는 방법이다.

다음 〈설명〉을 근거로 〈수식〉을 계산한 값은?

〈설명〉

연산자 A, B, C, D는 다음과 같이 정의한다.
A: 좌우에 있는 두 수를 더한다. 단, 더한 값이 10 미만이면 좌우에 있는 두 수를 곱한다. (예: 2 A 3 = 6)

B: 좌우에 있는 두 수 가운데 큰 수에서 작은 수를 뺀다. 단, 두 수가 같거나 뺀 값이 10 미만이면 두 수를 곱한다.
C: 좌우에 있는 두 수를 곱한다. 단, 곱한 값이 10 미만이면 좌우에 있는 두 수를 더한다.
D: 좌우에 있는 두 수 가운데 큰 수를 작은 수로 나눈다. 단, 두 수가 같거나 나눈 값이 10 미만이면 두 수를 곱한다.

※ 연산은 '( )', '{ }'의 순으로 한다.

〈수식〉

$$\{(1\ A\ 5)\ B\ (3\ C\ 4)\}\ D\ 6$$

① 10 ➡ (O) 〈설명〉을 근거로 〈수식〉을 계산해 보면 1 A 5는 1+5가 10 미만이므로 둘을 곱한 50이다. 3 C 4는 둘을 곱한 값이 12로 10 이상이므로 12이다. 5 B 12는 12−5가 10 미만이므로 5와 12를 곱한 60이다. 60 D 6은 60÷6=10이다.
② 12 ➡ (X)
③ 90 ➡ (X)
④ 210 ➡ (X)
⑤ 360 ➡ (X)

09 ③

정답률 90.8%

|문제 유형| 퍼즐형 > 논리퀴즈

|접근 전략| 주어진 규칙을 이해하고 이를 〈상황〉에 적용하여 해결하는 문제이다. 펼친 손가락 개수가 적혀 있으므로 따로 모양을 볼 필요가 없다는 점에 유의한다.

다음 글과 〈상황〉을 근거로 판단할 때, 〈보기〉에서 옳은 것만을 모두 고르면?

A국 사람들은 아래와 같이 한 손으로 1부터 10까지의 숫자를 표현한다.

숫자	1	2	3	4	5
펼친 손가락 개수	1개	2개	3개	4개	5개
펼친 손가락 모양					
숫자	6	7	8	9	10
펼친 손가락 개수	2개	3개	2개	1개	2개
펼친 손가락 모양					

〈상황〉

A국에 출장을 간 甲은 A국의 언어를 하지 못하여 물건을 살 때 상인의 손가락을 보고 물건의 가격을 추측한다. A국 사람의 숫자 표현법을 제대로 이해하지 못한 甲은 상인이 금액을 표현하기 위해 펼친 손가락 1개당 1원씩 돈을 지불하려고 한다. (단, 甲은 하나의 물건을 구매하며, 물건의 가격은 최소 1원부터 최대 10원까지라고 가정한다)

〈보기〉

ㄱ. 물건의 가격과 甲이 지불하려는 금액이 일치했다면, 물건의 가격은 5원 이하이다. → (O) 1~5까지만 숫자와 펼친 손가락 개수가 같으므로 옳은 설명이다.

ㄴ. 상인이 손가락 3개를 펼쳤다면, 물건의 가격은 최대 7원이다.
→ (O) 펼친 손가락 개수가 3개인 것은 3과 7이므로 옳은 설명이다.

ㄷ. 물건의 가격과 甲이 지불하려는 금액이 8원 만큼 차이가 난다면, 물건의 가격은 9원이거나 10원이다. → (O) 숫자와 펼친 손가락 개수가 8 차이나는 것은 9와 10뿐이다.

ㄹ. 甲이 물건의 가격을 초과하는 금액을 지불하려는 경우가 발생할 수 있다. → (X) 펼친 손가락 개수가 표현하는 숫자보다 큰 경우는 없으므로 옳지 않은 설명이다.

① ㄱ, ㄴ ➡ (X)
② ㄷ, ㄹ ➡ (X)
③ ㄱ, ㄴ, ㄷ ➡ (O)
④ ㄱ, ㄷ, ㄹ ➡ (X)
⑤ ㄴ, ㄷ, ㄹ ➡ (X)

10 ④   정답률 75.2%

| 문제 유형 | 퍼즐형 > 게임·규칙

| 접근 전략 | 조건이 여러 개 나오는 경우 순서대로 적용하지 말고 경우의 수를 줄일 수 있는 것부터 골라야 한다. 이때 각 선수는 하나의 라운드에만 출전할 수 있음에 유의한다.

다음 글을 근거로 판단할 때, 사자바둑기사단이 선발할 수 있는 출전선수 조합의 총 가짓수는?

○ 사자바둑기사단과 호랑이바둑기사단이 바둑시합을 한다.
○ 시합은 일대일 대결로 총 3라운드로 진행되며, 한 명의 선수는 하나의 라운드에만 출전할 수 있다.
○ 호랑이바둑기사단은 1라운드에는 甲을, 2라운드에는 乙을, 3라운드에는 丙을 출전시킨다.
○ 사자바둑기사단은 각 라운드별로 이길 수 있는 확률이 0.6 이상이 되도록 7명의 선수(A~G) 중 3명을 선발한다.
○ A~G가 甲, 乙, 丙에 대하여 이길 수 있는 확률은 다음 〈표〉와 같다.

〈표〉

선수	甲	乙	丙
A	0.42	0.67	0.31
B	0.35	0.82	0.49
C	0.81	0.72	0.15
D	0.13	0.19	0.76
E	0.66	0.51	0.59
F	0.54	0.28	0.99
G	0.59	0.11	0.64

① 18가지 ➡ (X)
② 17가지 ➡ (X)
③ 16가지 ➡ (X)

④ 15가지 ➡ (O) 각 라운드별로 이길 수 있는 확률이 0.6 이상이 되도록 선수를 선발한다고 하였으므로 사자바둑기사단에서 1라운드에 출전 가능한 선수는 C와 E, 2라운드에 출전 가능한 선수는 A, B, C, 3라운드에 출전 가능한 선수는 D, F, G이다.
3라운드 출전 가능 선수는 1, 2라운드와 겹치지 않으므로 1, 2라운드 선수 조합의 가짓수×3=전체 출전선수 조합의 가짓수가 된다.
1, 2라운드 선수 조합은 C-A, C-B, E-A, E-B, E-C의 5가지가 가능하고 이에 따라 출전선수 조합의 총 가짓수는 5×3=15(가지)가 된다.

⑤ 14가지 ➡ (X)

11 ①   정답률 97.9%

| 문제 유형 | 제시문형 > 정보확인

| 접근 전략 | 제시문은 어려운데 선지를 쉽게 구성한 문제도 종종 있다. 따라서 제시문이 어렵다고 생각될 경우에는 선지를 먼저 확인하여 핵심 키워드를 인지한 후 그 키워드 위주로 제시문을 읽는 방법이 도움이 되기도 한다.

다음 글을 근거로 판단할 때 옳은 것은?

2009년 미국의 설탕, 옥수수 시럽, 기타 천연당의 1인당 연평균 소비량은 140파운드로 독일, 프랑스보다 50%가 많았고, 중국보다는 9배가 많았다. 그런데 설탕이 비만을 야기하고 당뇨병 환자의 건강에 해롭다는 인식이 확산되면서 사카린과 같은 인공감미료의 수요가 증가하였다. ▶1문단

세계 최초의 인공감미료인 사카린은 1879년 미국 존스 홉킨스 대학에서 화학물질의 산화반응을 연구하다가 우연히 발견됐다. 당도가 설탕보다 약 500배 정도 높은 사카린은 대표적인 인공감미료로 체내에서 대사되지 않고 그대로 배출된다는 특징이 있다. 그런데 1977년 캐나다에서 쥐를 대상으로 한 사카린 실험 이후 유해성 논란이 촉발되었다. 사카린을 섭취한 쥐가 방광암에 걸렸기 때문이다. 그러나 사카린의 무해성을 입증한 다양한 연구결과로 인해 2001년 미국 FDA는 사카린을 다시 안전한 식품첨가물로 공식 인정하였고, 현재도 설탕의 대체재로 사용되고 있다. ▶2문단

아스파탐은 1965년 위궤양 치료제를 개발하던 중 우연히 발견된 인공감미료로 당도가 설탕보다 약 200배 높다. 그러나 아스파탐도 발암성 논란이 끊이지 않았다. 미국 암협회가 안전하다고 발표했지만 이탈리아의 한 과학자가 쥐를 대상으로 한 실험에서 아스파탐이 암을 유발한다고 결론 내렸기 때문이다. ▶3문단

① 사카린과 아스파탐은 설탕보다 당도가 높고, 사카린은 아스파탐보다 당도가 높다. ➡ (O) 2문단에 따르면 사카린의 당도는 설탕보다 약 500배 정도 높고, 3문단에 따르면 아스파탐의 당도는 설탕보다 약 200배 높다. 따라서 사카린의 당도가 아스파탐의 당도보다 높다.

② 사카린과 아스파탐은 모두 설탕을 대체하기 위해 거액을 투자해 개발한 인공감미료이다. ➡ (X) 2문단과 3문단에 따르면 사카린은 화학물질의 산화반응 연구 과정에서, 아스파탐은 위궤양 치료제를 개발하던 중 우연히 발견되었다.

③ 사카린은 유해성 논란으로 현재 미국에서는 더 이상 식품첨가물로 사용되지 않을 것이다. ➡ (X) 2문단에 따르면 2001년 미국 FDA는 사카린을 다시 안전한 식품첨가물로 공식 인정하였고, 현재도 설탕의 대체재로 사용되고 있다.

④ 2009년 기준 중국의 설탕, 옥수수 시럽, 기타 천연당의 1인당 연평균 소비량은 20파운드 이상이었을 것이다. ➡ (X) 1문단에 따르면 2009년 기준 미국의 설탕, 옥수수 시럽, 기타 천연당의 1인당 연평균 소비량은 140파운드로 중국보다 9배 많았다. 따라서 중국의 설탕, 옥수수 시럽, 기타 천연당의 1인당 연평균 소비량은 20파운드 미만이다.

⑤ 아스파탐은 암 유발 논란에 휩싸였지만, 2001년 미국 FDA로부터 안전한 식품첨가물로 처음 공식 인정받았다. ➡ (X) 2001년 미국 FDA로부터 안전한 식품첨가물로 인정받은 것은 사카린이고 아스파탐이 안전한 식품첨가물로 공식 인정받았는지는 알 수 없다.

12 ④

| **문제 유형** | 제시문형 > 분석추론
| **접근 전략** | 제시문을 통해 조선시대 지방행정제도와 기관의 장에 대해 이해하고 이로부터 알 수 있는 사실을 객관적으로 추론해야 한다.

다음 글을 근거로 판단할 때, 〈보기〉에서 옳은 것만을 모두 고르면?

조선시대 지방행정제도는 기본적으로 8도(道) 아래 부(府), 대도호부(大都護府), 목(牧), 도호부(都護府), 군(郡), 현(縣)을 두는 체제였다. 이들 지방행정기관은 6조(六曹)를 중심으로 한 중앙행정기관의 지시를 받았으나 중앙행정기관의 완전한 하부 기관은 아니었다. 지방행정기관도 중앙행정기관과 같이 왕에 직속되어 있었기 때문에 중앙행정기관과 의견이 다르거나 쟁의가 있을 때는 왕의 재결을 바로 품의(稟議)할 수 있었다. ▶1문단

지방행정기관의 장으로는 도에 관찰사(觀察使), 부에 부윤(府尹), 대도호부에 대도호부사(大都護府使), 목에 목사(牧使), 도호부에 도호부사(都護府使), 군에 군수(郡守), 그리고 현에 현감(縣監)을 두었다. 관찰사는 도의 행정·군사·사법에 관한 전반적인 사항을 다스리고, 관내의 지방행정기관장을 지휘·감독하는 일을 하였다. 제도 시행 초기에 관찰사는 순력(巡歷)이라 하여 일정한 사무소를 두지 않고 각 군·현을 순례하면서 지방행정을 감시하였으나, 나중에는 고정된 근무처를 가지게 되었다. 관찰사를 제외한 지방행정기관장은 수령(首領)으로 통칭되었는데, 이들 역시 행정업무와 함께 일정한 수준의 군사·사법업무를 같이 담당하였다. ▶2문단

중앙에서는 파견한 지방행정기관장에 대한 관리와 감독을 철저히 했다. 권력남용 등의 부조리나 지방세력과 연합하여 독자세력으로 발전하는 것을 막기 위한 조치였다. 일례로 관찰사의 임기를 360일로 제한하여 지방토호나 지방영주로 변질되는 것을 막고자 하였다. ▶3문단

─────────〈보기〉─────────

ㄱ. 조선시대 지방행정기관은 왕의 직속기관이었을 것이다. → (○) 1문단에 따르면 조선시대 지방행정기관도 중앙행정기관과 같이 왕에 직속되어 있었다.

ㄴ. 지방행정기관의 우두머리라는 의미에서 관찰사를 수령이라고 불렀을 것이다. → (X) 2문단에서 관찰사를 제외한 지방행정기관장이 수령으로 통칭되었다고 하였으므로 옳지 않다.

ㄷ. 군수와 현감은 행정업무뿐만 아니라 군사업무와 사법업무도 담당했을 것이다. → (○) 2문단에 따르면 군수와 현감을 포함한 수령들 역시 행정업무와 함께 일정한 수준의 군사·사법업무를 담당하였다.

ㄹ. 관찰사의 임기를 제한한 이유 중 하나는 지방세력과 연합하여 독자세력으로 발전하는 것을 막으려는 것이었다. → (○) 3문단에서 권력남용 등의 부조리나 지방세력과 연합하여 독자세력으로 발전하는 것을 막기 위하여 관찰사의 임기를 360일로 제한하였음을 알 수 있다.

────────────────────────

① ㄱ, ㄴ ➡ (X)
② ㄱ, ㄹ ➡ (X)
③ ㄴ, ㄷ ➡ (X)
④ ㄱ, ㄷ, ㄹ ➡ (○)
⑤ ㄴ, ㄷ, ㄹ ➡ (X)

13 ④

| **문제 유형** | 제시문형 > 정보확인
| **접근 전략** | '베일'에 관한 제시문이다. 나라별 베일 사용의 목적과 의미를 파악하여 선지를 해결한다.

다음 글을 근거로 판단할 때 옳은 것은?

이슬람권 국가에서는 여성들이 베일을 쓴 모습을 흔히 볼 수 있다. 그런데 이슬람교 경전인 코란이 여성의 정숙함을 강조하지만, 베일로 얼굴을 감싸는 것을 의무로 규정하고 있는 것은 아니다. 겸허한 태도를 지키고 몸의 윤곽, 그것도 얼굴이 아니라 상반신을 베일로 가리라고 충고할 뿐이다. 베일로 얼굴을 감싸는 관습은 코란에 따른 의무라기보다는, 예전부터 존재했던 겸허와 존중의 표시였다. ▶1문단

날씨가 더운 나라의 여성들도 베일을 착용하였는데, 남성에 대한 순종의 의미보다 햇볕이나 사막의 뜨거운 모래바람으로부터 얼굴을 보호하려는 것이 목적이었다. 이란의 반다르 에아바스에 사는 수니파 여성들은 얼굴 보호를 위해 자수 장식이 있는 두꺼운 면직물로 된 붉은색 마스크를 썼다. 이것도 이슬람 전통이 정착되기 전부터 존재했을 가능성이 크다. 사우디아라비아의 베두인족 여성들은 은과 진주로 장식한 천이나 가죽 소재의 부르카로 얼굴 전체를 감쌌다. 부르카 위에 다시 커다란 검은색 베일을 쓰기도 했다. ▶2문단

외부 침입이 잦은 일부 지역에서 베일은 낯선 이방인의 시선으로부터 자신을 보호하는 수단으로 사용됐다. 북아프리카의 투아레그족 남자들이 리탐이라고 부르는 남색의 면직물로 된 큰 베일을 썼던 것이 그 예이다. 전설에 따르면 전쟁에서 패하고 돌아온 투아레그족 남자들이 수치심 때문에 머리에 감았던 터번으로 얼굴을 가리고 다녔는데, 그 뒤로는 타인의 시선으로부터 자신을 보호하기 위해 계속해서 얼굴을 감싸게 되었다고 한다. ▶3문단

① 베일은 여성만 착용하는 것으로 남성에 대한 겸허의 의미를 담고 있었을 것이다. ➡ (X) 3문단에서 북아프리카의 투아레그족 남자들은 리탐이라고 부르는 베일을 썼다고 했으므로 여성만 착용한 것이 아님을 알 수 있고 또한 2문단에서 베일 착용이 남성에 대한 순종의 의미보다 햇볕이나 사막의 뜨거운 모래바람으로부터 얼굴을 보호하려는 것이 목적이었음을 알 수 있다.

② 반다르 에아바스 지역의 수니파 여성들은 은으로 장식한 가죽으로 얼굴을 감쌌을 것이다. ➡ (X) 2문단에 따르면 이란의 반다르 에아바스에 사는 수니파 여성들은 얼굴 보호를 위해 자수 장식이 있는 두꺼운 면직물로 된 붉은색 마스크를 썼다.

③ 이슬람권 여성이 베일로 얼굴을 감싸는 것은 코란의 의무규정으로부터 시작되었을 것이다. ➡ (X) 1문단에 따르면 코란이 베일로 감싸는 것을 의무로 규정하고 있는 것은 아니다.

④ 타인의 시선으로부터 자신을 보호하는 것도 사람들이 베일을 쓰는 이유 중 하나였을 것이다. ➡ (○) 3문단에서 말하는 전설에 따르면 전쟁에서 패하고 돌아온 투아레그족 남자들이 수치심 때문에 머리에 감았던 터번으로 얼굴을 가리고 다녔는데, 그 뒤로는 타인의 시선으로부터 자신을 보호하기 위해 계속해서 얼굴을 감싸게 되었다고 한다.

⑤ 사우디아라비아 베두인족 여성의 부르카와 북아프리카 투아레그족의 리탐은 모두 가죽 소재로 만들었을 것이다. ➡ (X) 3문단에 따르면 리탐은 면직물 소재이다.

14 ③

정답률 90.2%

|문제 유형 | 제시문형 > 정보확인

|접근 전략 | 용어가 여러 개 나오고 서로가 서로를 포함하거나 포함하지 않는 관계는 머릿속에서 생각만으로 해결하는 것이 쉽지 않다. 이 경우 표를 그리거나 식을 쓰면 풀이에 효과적이다.

다음 글을 근거로 판단할 때 옳은 것은?

아파트를 분양받을 경우 전용면적, 공용면적, 공급면적, 계약면적, 서비스면적이라는 용어를 자주 접하게 된다. ▶1문단

전용면적은 아파트의 방이나 거실, 주방, 화장실 등을 모두 포함한 면적으로, 개별 세대 현관문 안쪽의 전용 생활공간을 말한다. 다만 발코니 면적은 전용면적에서 제외된다. ▶2문단

공용면적은 주거공용면적과 기타공용면적으로 나뉜다. 주거공용면적은 세대가 거주를 위하여 공유하는 면적으로 세대가 속한 건물의 공용계단, 공용복도 등의 면적을 더한 것을 말한다. 기타공용면적은 주거공용면적을 제외한 지하층, 관리사무소, 노인정 등의 면적을 더한 것이다. ▶3문단

공급면적은 통상적으로 분양에 사용되는 용어로 전용면적과 주거공용면적을 더한 것이다. 계약면적은 공급면적과 기타공용면적을 더한 것이다. 서비스면적은 발코니 같은 공간의 면적으로 전용면적과 공용면적에서 제외된다. ▶4문단

→ 제시된 글의 여러 용어들의 관계를 정리하면 다음과 같다. 또한 서비스면적(발코니 같은 공간의 면적)은 전용면적과 공용면적에서 제외되므로, 계약면적은 전용면적, 주거공용면적, 기타공용면적의 합이다.

계약면적		
공급면적		기타공용면적
전용면적	공용면적	
전용면적	주거공용면적	기타공용면적

① 발코니 면적은 계약면적에 포함된다. ➡ (X) 4문단에 따르면 발코니 면적은 서비스면적으로 전용면적과 공용면적에서 제외되므로 계약면적에 포함되지 않는다.

② 관리사무소 면적은 공급면적에 포함된다. ➡ (X) 3문단에 따르면 관리사무소 면적은 기타공용면적이고 4문단에 따르면 공급면적은 전용면적과 주거공용면적을 더한 것이므로 관리사무소 면적은 이에 포함되지 않는다.

③ 계약면적은 전용면적, 주거공용면적, 기타공용면적을 더한 것이다. ➡ (O) 4문단에 따르면 계약면적은 공급면적과 기타공용면적의 합인데 공급면적은 전용면적과 주거공용면적을 더한 것이므로 옳다.

④ 공용계단과 공용복도의 면적은 공급면적에 포함되지 않는다. ➡ (X) 3문단에 따르면 공용계단과 공용복도의 면적은 주거공용면적이므로 공급면적에도 포함된다.

⑤ 개별 세대 내 거실과 주방의 면적은 주거공용면적에 포함된다. ➡ (X) 2문단에 따르면 전용면적이 아파트의 거실, 주방을 포함하므로 공용면적에 해당하는 주거공용면적에 포함되지 않는다.

15 ①

정답률 96.9%

|문제 유형 | 법조문형 > 규정확인

|접근 전략 | 주어진 규정을 바탕으로 선지를 해결하는 문제로서 어렵지 않은 문제이다.

다음 A국의 규정을 근거로 판단할 때 옳은 것은?

제00조 ① 법령 등을 제정·개정 또는 폐지(이하 "입법"이라 한다)하려는 경우에는 해당 입법안을 마련한 행정청은 이를 예고하여야 한다. 다만, 다음 각 호의 어느 하나에 해당하는 경우에는 예고를 하지 아니할 수 있다.

1. 신속한 국민의 권리 보호 또는 예측 곤란한 특별한 사정의 발생 등으로 입법이 긴급을 요하는 경우
2. 상위 법령 등의 단순한 집행을 위한 경우
3. 예고함이 공공의 안전 또는 복리를 현저히 해칠 우려가 있는 경우

② 법제처장은 입법예고를 하지 아니한 법령안의 심사 요청을 받은 경우에 입법예고를 하는 것이 적당하다고 판단할 때에는 해당 행정청에 입법예고를 권고하거나 직접 예고할 수 있다.

제00조 ① 행정청은 입법안의 취지, 주요 내용 또는 전문(全文)을 관보·공보나 인터넷·신문·방송 등을 통하여 널리 공고하여야 한다.

② 행정청은 입법예고를 할 때에 입법안과 관련이 있다고 인정되는 중앙행정기관, 지방자치단체, 그 밖의 단체 등이 예고사항을 알 수 있도록 예고사항을 통지하거나 그 밖의 방법으로 알려야 한다.

③ 행정청은 예고된 입법안의 전문에 대한 열람 또는 복사를 요청받았을 때에는 특별한 사유가 없으면 그 요청에 따라야 하며, 복사에 드는 비용을 복사를 요청한 자에게 부담시킬 수 있다.

① 행정청은 신속한 국민의 권리 보호를 위해 입법이 긴급을 요하는 경우 입법예고를 하지 않을 수 있다. ➡ (O) 첫 번째 조 제1항 제1호에 따라 입법예고를 하지 않을 수 있다.

② 행정청은 예고된 입법안 전문에 대한 복사 요청을 받은 경우 복사에 드는 비용을 부담하여야만 한다. ➡ (X) 두 번째 조 제3항에 따라 행정청은 복사에 드는 비용을 복사를 요청한 자에게 부담시킬 수 있다.

③ 행정청은 법령의 단순한 집행을 위해 그 하위 법령을 개정하는 경우 입법예고를 하여야만 한다. ➡ (X) 첫 번째 조 제1항 제2호에 따라 입법예고를 하지 않을 수 있다.

④ 법제처장은 입법예고를 하지 않은 법령안의 심사를 요청받은 경우 그 법령안의 입법예고를 직접 할 수 없다. ➡ (X) 첫 번째 조 제2항에 따라 법제처장은 입법예고를 하지 아니한 법령안의 심사 요청을 받은 경우에 입법예고를 하는 것이 적당하다고 판단할 때에는 해당 행정청에 입법예고를 권고하거나 직접 예고할 수 있다.

⑤ 행정청은 법령을 폐지하는 경우 입법예고를 하지 않는다. ➡ (X) 첫 번째 조 제1항에 따라 법령 등을 폐지하려는 경우 행정청은 이를 예고하여야 한다.

16 ⑤

정답률 79.1%

|문제 유형 | 제시문형 > 분석추론

|접근 전략 | 용어가 어렵더라도 정확한 기준에 따라 분류를 하고 어느 분류에 사례가 해당하는지만 판단하면 되므로 침착하게 문제를 풀도록 한다. 부동산과 동산을 구분하고 소유권취득의 방법과 여부에 대해 파악한다.

다음 글을 근거로 판단할 때 옳은 것은?

토지와 그 정착물을 부동산이라 하고, 부동산 이외의 물건을 동산이라 한다. 계약(예: 매매, 증여 등)에 의하여 부동산의 소유권을 취득하려면 양수인(예: 매수인, 수증자) 명의로 소유권이전등기를 마쳐야 한다. 반면에 상속·공용징수(강제수용)·판결·경매나 그 밖의 법률규정에 의하여 부동산의 소유권을 취득하는 경우에는 등기를 필요로 하지 않는다. 다만 등기를 하지 않으면 그 부동산을 처분하지 못한다. 한편 계약에 의하여 동산의 소유권을 취득하려면 양도인(예: 매도인, 증여자)이 양수인에게 그 동산을 인도하여야 한다.

① 甲이 자신의 부동산 X를 乙에게 1억 원에 팔기로 한 경우, 乙이 甲에게 1억 원을 지급할 때 부동산 X의 소유권을 취득한다. ➡ (X) 소유권이전등기를 마쳐야 소유권을 취득한다.

② 甲의 부동산 X를 경매를 통해 취득한 乙이 그 부동산을 丙에게 증여하고 인도하면, 丙은 소유권이전등기 없이 부동산 X의 소유권을 취득한다. ➡ (X) 증여도 계약에 해당되어 소유권이전등기를 해야 소유권을 취득한다.

③ 甲이 점유하고 있는 자신의 동산 X를 乙에게 증여하기로 한 경우, 甲이 乙에게 동산 X를 인도하지 않더라도 乙은 동산 X의 소유권을 취득한다. ➡ (×) 증여도 계약의 일종인데 계약으로 동산의 소유권을 취득하려면 양도인이 양수인에게 그 동산을 인도해야 한다.

④ 甲의 상속인으로 乙과 丙이 있는 경우, 乙과 丙이 상속으로 甲의 부동산 X에 대한 소유권을 취득하려면 乙과 丙 명의로 소유권이전등기를 마쳐야 한다. ➡ (×) 상속 시에는 등기를 필요로 하지 않는다.

⑤ 甲과의 부동산 X에 대한 매매계약에 따라 乙이 甲에게 매매대금을 지급하였더라도 乙 명의로 부동산 X에 대한 소유권이전등기를 마치지 않은 경우, 乙은 그 소유권을 취득하지 못한다. ➡ (○) 계약 시 소유권이전등기를 마쳐야 소유권을 취득한다.

---

17 ⑤
정답률 82.6%

| 문제 유형 | 연산추론형 > 수리계산
| 접근 전략 | 곱셈과 나눗셈을 적절히 하면 어렵지 않게 답을 구할 수 있는 문제이므로 원자력발전소, 사용후핵연료봉 같은 생소한 소재에 당황하지 않도록 하자.

다음 글을 근거로 판단할 때, A에 해당하는 숫자는?

□ △△원자력발전소에서 매년 사용후핵연료봉(이하 '폐연료봉'이라 한다)이 50,000개씩 발생하고, 이를 저장하기 위해 발전소 부지 내 2가지 방식(습식과 건식)의 임시저장소를 운영

1. 습식저장소
   - 원전 내 저장수조에서 물을 이용하여 폐연료봉의 열을 냉각시키고 방사선을 차폐하는 저장방식으로 총 100,000개의 폐연료봉 저장 가능

2. 건식저장소
   ○ X 저장소
      - 원통형의 커다란 금속 캔에 폐연료봉을 저장하는 방식으로 총 300기의 캐니스터로 구성되고, 한 기의 캐니스터는 9층으로 이루어져 있으며, 한 개의 층에 60개의 폐연료봉 저장 가능
   ○ Y 저장소
      - 기체로 열을 냉각시키고 직사각형의 콘크리트 내에 저장함으로써 방사선을 차폐하는 저장방식으로 이 방식을 이용하여 저장소 내에 총 138,000개의 폐연료봉 저장 가능

□ 현재 습식저장소는 1개로 저장용량의 50%가 채워져 있고, 건식저장소 X, Y는 각각 1개로 모두 비어 있는 상황

□ 따라서 발생하는 폐연료봉의 양이 항상 일정하다고 가정하면, △△원자력발전소에서 최대 (A)년 동안 발생하는 폐연료봉을 현재의 임시저장소에 저장 가능

① 3 ➡ (×)
② 4 ➡ (×)
③ 5 ➡ (×)
④ 6 ➡ (×)
⑤ 7 ➡ (○) 습식저장소에는 100,000개, 건식 X 저장소에는 300 × 9 × 60 = 162,000(개), Y 저장소에는 138,000개의 폐연료봉이 저장 가능하다. 현재 습식저장소는 저장용량의 50%가 채워져 있다고 하였으므로 50,000개까지 저장이 가능하고, 건식저장소에는 162,000 + 138,000 = 300,000(개)가 저장이 가능하므로 총 350,000개가 저장 가능하다. △△원자력발전소에서는 사용후핵연료가 매년 50,000개씩 발생하므로 7년 동안 발생하는 폐연료봉을 현재의 임시저장소에 저장할 수 있다.

---

18 ②
정답률 87.8%

| 문제 유형 | 연산추론형 > 수리계산
| 접근 전략 | 도형의 외접과 내접을 이해하여 〈상황〉에 대입한다. 내접하는 정사각형의 넓이가 외접하는 정사각형 넓이의 절반임에 유의한다.

다음 글과 〈상황〉을 근거로 판단할 때, 甲이 둘째 딸에게 물려주려는 땅의 크기는?

한 도형이 다른 도형과 접할 때, 안쪽에서 접하는 것을 내접, 바깥쪽에서 접하는 것을 외접이라고 한다. 이를테면 한 개의 원이 다각형의 모든 변에 접할 때, 그 다각형은 원에 외접한다고 하며 원은 다각형에 내접한다고 한다. 한편 원이 한 다각형의 각 꼭짓점을 모두 지날 때 그 원은 다각형에 외접한다고 하며, 다각형은 원에 내접한다고 한다. 정다각형은 반드시 내접원과 외접원을 가지게 된다.

〈상황〉

甲은 죽기 전 자신이 가진 가로와 세로가 각각 100m인 정사각형의 땅을 다음과 같이 나누어 주겠다는 유서를 작성하였다.
"내 전 재산인 정사각형의 땅에 내접하는 원을 그리고, 다시 그 원에 내접하는 정사각형을 그린다. 그 내접하는 정사각형에 해당하는 땅을 첫째 딸에게 주고, 나머지 부분은 둘째 딸에게 물려준다."

① 4,000m² ➡ (×)
② 5,000m² ➡ (○)

〈상황〉에서 표현한 도형을 그리면 다음과 같다.

내접하는 정사각형의 넓이는 외접하는 정사각형의 넓이의 절반이다. 가로와 세로가 각각 100m인 정사각형의 땅의 넓이는 10,000m²이므로 甲이 첫째 딸에게 나누어 주는 땅의 넓이는 100 × 100 ÷ 2 = 5,000(m²)이고 나머지 5,000m²를 둘째 딸에게 물려준다.

③ 6,000m² ➡ (×)
④ 7,000m² ➡ (×)
⑤ 8,000m² ➡ (×)

---

19 ①
정답률 84.9%

| 문제 유형 | 연산추론형 > 대입비교
| 접근 전략 | 가중치가 모두 같으므로 평균이라고 생각하며 풀어도 무방하다.

다음 글과 〈평가 결과〉를 근거로 판단할 때, 〈보기〉에서 옳은 것만을 모두 고르면?

X국에서는 현재 정부 재정지원을 받고 있는 복지시설(A~D)을 대상으로 다섯 가지 항목(환경개선, 복지관리, 복지지원, 복지성과, 중장기 발전계획)에 대한 종합적인 평가를 진행하였다.

평가점수의 총점은 각 평가항목에 대해 해당 시설이 받은 점수와 해당 평가항목별 가중치를 곱한 것을 합산하여 구하고, 총점 90점 이상은 1등급, 80점 이상 90점 미만은 2등급, 70점 이상 80점 미만은 3등급, 70점 미만은 4등급으로 한다.

평가 결과, 1등급 시설은 특별한 조치를 취하지 않으며, 2등급 시설은 관리 정원의 5%를, 3등급 이하 시설은 관리 정원의 10%를 감축해야 하고, 4등급을 받으면 정부의 재정지원도 받을 수 없다.

평가항목(가중치)	A시설	B시설	C시설	D시설
환경개선(0.2)	90	90	80	90
복지관리(0.2)	95	70	65	70
복지지원(0.2)	95	70	55	80
복지성과(0.2)	95	70	60	60
중장기 발전계획(0.2)	90	95	50	65

〈평가 결과〉 (표 제목)

〈보기〉

ㄱ. A시설은 관리 정원을 감축하지 않아도 된다. → (O) A시설은 전 항목 모두 90점 이상이므로 총점이 90점을 넘어 1등급이 된다. 따라서 관리 정원을 감축하지 않아도 된다.

ㄴ. B시설은 관리 정원을 감축해야 하나 정부의 재정지원은 받을 수 있다. → (O) B시설은 총점 79점으로 3등급이다. 따라서 정원의 10%를 감축해야 하지만 재정지원을 받지 못하는 것은 4등급부터이므로 정부의 재정지원은 받을 수 있다.

ㄷ. 만약 평가항목에서 환경개선의 가중치를 0.3으로, 복지성과의 가중치를 0.1로 바꾼다면 C시설은 정부의 재정지원을 받을 수 있다. → (X) 가중치 변경 시 총점은 $(80 \times 0.3)+(60 \times 0.1)+\{(65+55+50) \times 0.2\}=64$(점)으로 4등급이어서 정부의 재정지원을 받을 수 없다.

ㄹ. D시설은 관리 정원을 감축해야 하고 정부의 재정지원도 받을 수 없다. → (X) D시설의 총점은 $(90+70+80+60+65) \times 0.2=73$(점)으로 3등급이어서 관리 정원을 감축해야 하지만 정부의 재정지원은 받을 수 있다.

① ㄱ, ㄴ → (O)
② ㄴ, ㄹ → (X)
③ ㄷ, ㄹ → (X)
④ ㄱ, ㄴ, ㄷ → (X)
⑤ ㄱ, ㄷ, ㄹ → (X)

20 ①

TOP 2 정답률 48.6%

| 문제 유형 | 퍼즐형 > 게임·규칙

| 접근 전략 | 선택할 수 있는 번호가 네 개뿐이므로 경우의 수를 모두 세어도 시간이 많이 걸리지 않는다. 문제를 빠르게 풀 방법이 생각나지 않는다면 이렇게 경우의 수가 적은 문제는 일일이 대입하여 풀어 보는 것도 나쁘지 않다.

다음 글을 근거로 판단할 때, 〈보기〉에서 옳은 것만을 모두 고르면?

甲과 乙이 '사냥게임'을 한다. 1, 2, 3, 4의 번호가 매겨진 4개의 칸이 아래와 같이 있다.

1	2	3	4

여기에 甲은 네 칸 중 괴물이 위치할 연속된 두 칸을 정하고, 乙은 네 칸 중 화살이 명중할 하나의 칸을 정한다. 甲과 乙은 동시에 자신들이 정한 칸을 말한다. 그 결과 화살이 괴물이 위치하는 칸에 명중하면 乙이 승리하고, 명중하지 않으면 甲이 승리한다.

예를 들면 甲이 ①②, 乙이 ① 또는 ②를 선택한 경우 괴물이 화살에 맞은 것으로 간주하여 乙이 승리한다. 만약 甲이 ①②, 乙이 ③ 또는 ④를 선택했다면 괴물이 화살을 피한 것으로 간주하여 甲이 승리한다.

〈보기〉

ㄱ. 괴물이 위치할 칸을 甲이 무작위로 정할 경우 乙은 ①보다는 ②를 선택하는 것이 승리할 확률이 높다. → (O) 甲은 ①②, ②③, ③④를 선택할 수 있는데 ②를 선택해 승리할 확률이 2/3이고 ①을 선택해 승리할 확률이 1/3이므로 ②를 선택하는 것이 승리 확률이 높다.

ㄴ. 화살이 명중할 칸을 乙이 무작위로 정할 경우 甲은 ②③보다는 ③④를 선택하는 것이 승리할 확률이 높다. → (X) 화살이 명중할 칸을 乙이 무작위로 정하면 ②③이나 ③④ 둘 중 어느 것을 선택하든 甲이 이길 수 있는 확률은 1/2로 동일하다.

ㄷ. 이 게임에서 甲이 선택할 수 있는 대안은 3개이고 乙이 선택할 수 있는 대안은 4개이므로 乙이 이기는 경우의 수가 더 많다. → (X) 乙이 ① 또는 ④를 선택했을 때 乙이 승리하는 경우는 1가지, 甲이 승리하는 경우는 2가지이고 乙이 ②나 ③을 선택했을 때 乙이 승리하는 경우는 2가지, 甲이 승리하는 경우는 1가지이다. 따라서 甲과 乙의 이기는 경우의 수는 동일하다.

① ㄱ → (O)
② ㄴ → (X)
③ ㄷ → (X)
④ ㄱ, ㄴ → (X)
⑤ ㄱ, ㄷ → (X)

21 ⑤

정답률 89.8%

| 문제 유형 | 퍼즐형 > 수리퀴즈

| 접근 전략 | 수리적 감각이 필요하며 거꾸로 추론하는 것까지 해야 해 쉬운 문제가 아니다. 시간이 너무 부족하면 체크해 놓고 패스한 후 나중에 해결하는 것도 하나의 방법이다.

다음 글을 근거로 판단할 때, 1단계에서 甲이 나눈 두 묶음의 구슬 개수로 옳은 것은?

甲은 아래 세 개의 단계를 순서대로 거쳐 16개의 구슬을 네 묶음으로 나누었다. 네 묶음의 구슬 개수는 각각 1개, 5개, 5개, 5개이다.

○ 1단계: 16개의 구슬을 두 묶음으로 나누어, 한 묶음의 구슬 개수가 다른 묶음의 구슬 개수의 n배(n은 자연수)가 되도록 했다.

○ 2단계: 5개 이상의 구슬이 있던 한 묶음에서 다른 묶음으로 5개의 구슬을 옮겼다.

○ 3단계: 두 묶음을 각각 두 묶음씩으로 다시 나누어 총 네 묶음이 되도록 했다.

① 8개, 8개 → (X)
② 11개, 5개 → (X)
③ 12개, 4개 → (X)
④ 14개, 2개 → (X)
⑤ 15개, 1개 → (O) 3단계 → 2단계로 변환하면 3단계에서는 1개 한 주머니와 5개 세 주머니가 있었으므로 2단계에서는 6개, 10개의 주머니가 있음을 알 수 있다. 2단계 → 1단계로 변환하려면 두 가지 경우의 수가 있는데 15개, 1개에서 5개를 다른 쪽으로 보내는 경우와 11개, 5개에서 5개를 다른 쪽으로 보내는 경우가 있다. 11은 5의 배수가 아니므로 15개, 1개가 1단계에서의 각 주머니의 구슬 개수이다.

22 ③

| **문제 유형** | 퍼즐형 > 최댓값·최솟값 도출
| **접근 전략** | 배달가능 최소금액에 유의하도록 한다. 이는 배달료를 뺀 금액이라는 것을 기억해야 한다.

다음 글을 근거로 판단할 때 옳지 않은 것은?

甲은 〈가격표〉를 참고하여 〈조건〉에 따라 동네 치킨 가게(A~D)에서 치킨을 배달시켰다.

―〈조건〉―

조건 1. 프라이드치킨, 양념치킨, 간장치킨을 한 마리씩 주문한다.
조건 2. 동일한 가게에 세 마리를 주문하지 않는다.
조건 3. 주문금액(치킨 가격 + 배달료)의 총 합계가 최소가 되도록 한다.

〈가격표〉

(단위: 원)

동네 치킨 가게	치킨 가격(마리당 가격)			배달료	배달가능 최소금액
	프라이드 치킨	양념 치킨	간장 치킨		
A	7,000	8,000	9,000	0	10,000
B	7,000	7,000	10,000	2,000	5,000
C	5,000	8,000	8,000	1,000	7,000
D	8,000	8,000	8,000	1,000	5,000

※ 배달료는 가게당 한 번만 지불한다.

→ 프라이드치킨을 C가게가 아닌 다른 곳에서 주문하면 최소 2,000원이 더 드는데 배달료나 양념치킨, 간장치킨 가격 절감액으로 2,000원을 만들 수가 없다. 간장치킨도 C가게가 가장 싼 곳 중 하나이고, 양념치킨도 B가게보다 1,000원 비싸지만 B가게는 배달료가 1,000원 더 비싸서 프라이드치킨을 C가게가 아닌 다른 곳에서 주문하면 반드시 비용이 올라간다. 따라서 프라이드치킨은 C가게에서 주문한다.
C가게의 배달가능 최소금액이 7,000원이므로 반드시 하나를 C가게에서 더 주문하여야 하는데 〈조건 2〉 때문에 세 개 모두 C가게에서 주문할 수는 없다. 그러므로 나머지 하나만 다른 가게에서 주문하는데 A가게의 배달가능 최소금액이 10,000원이라 A가게에서 치킨을 주문할 수 없다. C가게에서 양념치킨을 주문하면 D가게에서 간장치킨을 주문하여야 가장 싸고 그 가격의 합은 5,000+8,000+8,000+1,000+1000=23,000(원)이다. C가게에서 간장치킨을 주문하면 B가게에서 양념치킨을 주문하나 D가게에서 양념치킨을 주문하나 치킨 가격+배달료는 9,000원으로 같다. 그때 총 주문금액은 5,000+8,000+1,000+9,000=23,000(원)이다. 전자와 후자의 값이 같으므로 세 조합 모두 주문이 가능하다.

① A가게에는 주문하지 않았다. ➡ (O) 위의 설명에 따르면 A가게에서 주문하지 않는다.
② 총 주문금액은 23,000원이다. ➡ (O) 위의 설명에 따르면 총 주문금액은 23,000원이다.
③ 주문이 가능한 경우의 조합은 총 네 가지이다. ➡ (X) 주문이 가능한 경우의 조합은 총 세 가지이다.
④ B가게가 휴업했더라도 총 주문금액은 달라지지 않는다. ➡ (O) B가게가 휴업해도 D가게에서 양념치킨을 시키면 된다.
⑤ '조건 2'를 고려하지 않는다면 총 주문금액은 22,000원이다. ➡ (O) C가게에서 모두 주문이 가능하면 5,000+8,000+8,000+1,000=22,000(원)이 총 주문금액이다.

23 ②

| **문제 유형** | 퍼즐형 > 수리퀴즈
| **접근 전략** | 경우의 수를 공부한 지 오래된 수험생들은 당황할 수 있다. 그러나 경우의 수가 두 가지이고 그렇게 둘 중 하나를 선택할 수 있는 독립된 변수들이 n개인 경우에는 2의 n제곱이 경우의 수라는 것 정도만 알아도 된다.

다음 글을 근거로 판단할 때, 〈보기〉에서 옳은 것만을 모두 고르면?

○ 'ㅇㅇ코드'는 아래 그림과 같이 총 25칸(5×5)으로 이루어져 있으며, 각 칸을 흰색으로 채우거나 검정색으로 채우는 조합에 따라 다른 코드가 만들어진다.

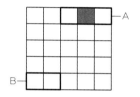

○ 상단 오른쪽의 3칸(A)은 항상 '흰색 – 검정색 – 흰색'으로 ㅇㅇ코드의 고유 표시를 나타낸다.
○ 하단 왼쪽의 2칸(B)은 코드를 제작한 지역을 표시하는 것으로 전 세계를 총 4개의 지역으로 분류하고, 甲지역은 '흰색 – 흰색'으로 표시한다.

※ 코드를 회전시키는 경우는 고려하지 않는다.

―〈보기〉―

ㄱ. 甲지역에서 만들 수 있는 코드 개수는 100만 개를 초과한다. → (O) A와 B를 제외하고 남은 칸이 20개인데 모두 흰색 또는 검은색을 다른 칸과 독립적으로 선택할 수 있으므로 경우의 수는 2^{20}=1,048,576이다. 즉 100만 개를 초과한다.
ㄴ. 甲지역에서 만들 수 있는 코드와 다른 지역에서 만들 수 있는 코드는 최대 20칸이 동일하다. → (X) 甲지역은 B뿐이므로 23칸은 다른 지역에서 만들 수 있는 코드와 동일할 수 있다. 또 B도 검정색과 흰색, 흰색과 검정색의 지역코드를 가지는 지역이 존재하여 1칸이 흰색으로 甲지역의 코드와 동일할 수 있다. 따라서 甲지역에서 만들 수 있는 코드와 다른 지역에서 만들 수 있는 코드는 최대 24칸이다.
ㄷ. 각 칸을 기존의 흰색과 검정색뿐만 아니라 빨간색과 파란색으로도 채울 수 있다면, 만들 수 있는 코드 개수는 기존보다 100만 배 이상 증가한다. → (O) A와 B를 제외하고 남은 칸이 20개인데 모두 흰색 또는 검정색, 빨간색, 파란색 네 개를 다른 칸과 독립적으로 선택할 수 있으므로 경우의 수는 4^{20}인 1,048,576×1,048,576으로 ㄱ의 코드 개수 2^{20}보다 100만 배 이상 증가한다.
ㄹ. 만약 상단 오른쪽의 3칸(A)도 다른 칸과 마찬가지로 코드 만드는 것에 사용토록 개방한다면, 만들 수 있는 코드 개수는 기존의 6배로 증가한다. → (X) 2^3=8배만큼 경우의 수가 증가한다.

① ㄱ, ㄴ ➡ (X)
② ㄱ, ㄷ ➡ (O)
③ ㄴ, ㄹ ➡ (X)
④ ㄱ, ㄷ, ㄹ ➡ (X)
⑤ ㄴ, ㄷ, ㄹ ➡ (X)

24 ⑤

| **문제 유형** | 퍼즐형 > 게임·규칙 |
| **접근 전략** | 제시된 〈조건〉 중에서 제일 확실한 조건을 우선적으로 찾아내 적용하는 것이 해당 문제의 핵심이다. 실제 그림을 그리며 풀어 보도록 한다. |

다음 〈조건〉을 따를 때, 5에 인접한 숫자를 모두 더한 값은? (단, 숫자가 인접한다는 것은 숫자가 쓰인 칸이 인접함을 의미한다)

〈조건〉

○ 1~10까지의 자연수를 모두 사용하여, 〈숫자판〉의 각 칸에 하나의 자연수를 쓴다. 단, 6과 7은 〈숫자판〉에 쓰여 있다.
○ 1은 소수와만 인접한다.
○ 2는 모든 홀수와 인접한다.
○ 3에 인접한 숫자를 모두 더하면 16이 된다.
○ 5는 가장 많은 짝수와 인접한다.
○ 10은 어느 짝수와도 인접하지 않는다.

※ 소수: 1과 자신만을 약수로 갖는 자연수

〈숫자판〉

① 22 ➡ (X)
② 23 ➡ (X)
③ 24 ➡ (X)
④ 25 ➡ (X)
⑤ 26 ➡ (O)

세 번째 〈조건〉의 2에 대한 설명에 따르면, 2는 모든 홀수와 인접하므로 주변에 5개의 숫자판을 인접하고 있는 곳만 해당이 된다. 그리고 7과 반드시 인접해야 하기 때문에, 이 조건을 만족하는 숫자판은 F이고 B, C, E, G가 홀수가 들어간 숫자판임을 알 수 있다.

여섯 번째 〈조건〉의 10에 대한 설명에 따르면, 10은 다른 짝수와 인접하지 않아야 한다. B, C, E, G가 홀수가 들어간 숫자판이기 때문에 짝수가 들어갈 수 있는 숫자판은 A, D, H이다. 그런데 10은 어느 짝수와도 인접하지 않으므로 이 조건을 만족하는 숫자판은 A이다.

다섯 번째 〈조건〉의 5에 대한 설명에 따르면, 5는 가장 많은 짝수와 인접한다. 숫자판 B, C, G, E가 각각 인접한 짝수 숫자판을 계산해보면, B는 A와 F, C는 D, F, H, E는 F, G는 F, H이다. 따라서 C가 세 개의 짝수 숫자판과 인접했으므로 5는 C에 해당한다.

두 번째 〈조건〉의 1에 대한 설명에 따르면, 1은 소수인 2, 3, 5, 7과만 인접할 수 있다. 홀수가 들어갈 수 있는 숫자판 중에서 짝수와 인접한 G는 제외되고, 10과 인접한 B도 제외된다. 따라서 1은 숫자판 E에 들어갈 수 있다.

네 번째 〈조건〉의 3에 대한 설명에 따르면, 인접한 숫자판의 숫자를 모두 더하면 16이 되어야 한다. 홀수가 들어갈 수 있는 숫자판 B와 G 중에서 B는 인접한 숫자판 숫자의 합이 16이 넘으므로 3은 G에 들어간다. G 주변의 숫자를 더하면 E(1)+F(2)+C(5)+H=16이 되어야 하므로, H에 들어갈 숫자는 8이고, D에 들어갈 숫자는 4, B에 들어갈 숫자는 9이다.

이를 바탕으로 5에 해당하는 C 주변의 숫자판 B, F, G, H, D의 값을 더하면, 9+2+3+8+4=26이다.

25 ④

| **문제 유형** | 제시문형 > 분석추론 |
| **접근 전략** | 〈평가기준〉과 〈선정결과〉를 바탕으로 선지를 해결한다. 동점 시 우선 선정기준과 선정제외 대상에 유의하여 추론하는 것이 중요하다. |

다음 글을 근거로 판단할 때 옳지 않은 것은?

○○군에서는 관내 임업인 중 정부 보조금 지원 대상자를 선정하기 위하여 〈평가기준〉을 홈페이지에 게시하였다. 이에 임업인 甲, 乙, 丙, 丁이 관련 서류를 완비하여 보조금 지원을 신청하였으며, ○○군은 평가를 거쳐 〈선정결과〉를 발표하였다.

〈평가기준〉

구분	평가항목	배점기준		배점	평가자료
1	보조금 수급 이력	없음		40	정부 보유자료
		있음	3백만 원 미만	26	
			3백만 원 이상	10	
2	임산물 판매규모	2천만 원 이상		30	2015년 연간 판매액 증빙자료
		1천만 원 이상 2천만 원 미만		25	
		5백만 원 이상 1천만 원 미만		19	
		5백만 원 미만		12	
3	전문임업인	해당		10	군청 보유자료
		해당 없음		5	
4	임산물 관련 교육 이수	해당		10	이수증, 수료증
		해당 없음		5	
5	2015년 산림청 통계조사 표본농가	해당		10	산림청 보유자료
		해당 없음		7	

☐ 선정기준: 평가기준에 따른 총점이 가장 높은 임업인 1인
☐ 임업인이 제출해야 할 서류
　○ 2번 항목: 2015년 임산물 판매 영수증, 세금계산서
　○ 4번 항목: 이수증 또는 수료증
☐ 선정제외 대상: 보조금을 부당하게 사용하였거나 관련 법령을 위반한 자
☐ 동점 시 우선 선정기준
　1. 보조금 수급 이력 점수가 높은 자
　2. 임산물 판매규모 점수가 높은 자
　3. 연령이 높은 자

〈선정결과〉

항목 임업인	1	2	3	4	5	총점	선정 여부
甲	40	25	10	5	7	87	×
乙	40	19	5	10	10	84	×
丙	40	19	10	5	10	84	○
丁	26	30	5	10	7	78	×

① 甲은 관련 법령을 위반한 적이 있을 것이다. ➡ (○) 甲은 총점이 가장 높고, 보조금 수급 이력 점수가 40점으로서 보조금 수급 이력도 없는데도 탈락했으므로 관련 법령을 위반한 적이 있음을 알 수 있다.

② 甲과 丁은 2015년 산림청통계조사 표본농가에 포함되지 않았을 것이다. ➡ (○) 甲과 丁은 2015년 산림청통계조사 표본농가에서 7점을 받았으므로 2015년 산림청통계조사 표본농가에 포함되지 않았음을 알 수 있다.

③ 乙이 관련 법령위반 경력이 없다면, 丙은 乙보다 연령이 높을 것이다. ➡ (○) 동점 시 우선 선정기준에 따르면 乙과 丙은 보조금 수급 이력 점수도 40점으로 같고 임산물 판매규모 점수도 같고 둘 다 법령을 위반한 적도 없는데 丙이 선정되었으므로 丙이 乙보다 연령이 높을 것이다.

④ 丁은 300만 원 이상에 해당되는 보조금 수급 이력 서류를 제출하였을 것이다. ➡ (×) 丁의 보조금 수급 이력 점수는 26점이므로 300만 원 미만 보조금 수급 이력 서류를 제출했음을 알 수 있다.

⑤ 乙과 丁은 임산물 관련 교육 이수 사실 증명을 위해 이수증이나 수료증을 제출하였을 것이다. ➡ (○) 乙과 丁은 임산물 관련 교육 이수에서 10점을 받았으므로 옳은 설명이다.

2015년도 국가공무원 5급 및 7급 민간경력자 일괄채용 필기시험

정답과 분석해설

취약유형 분석표 제1영역 언어논리

문번	정답	정답률	유형	맞고 틀림
01	②	88.8%	사실적 이해 > 정보 확인	○ △ ×
02	③	80.2%	비판적 사고 > 논리적 결론의 전제·원인 찾기	○ △ ×
03	④	93.0%	비판적 사고 > 판단하기	○ △ ×
04	③	97.9%	비판적 사고 > 지문에서 추론하기	○ △ ×
05	①	63.7%	사실적 이해 > 논리 게임	○ △ ×
06	③	28.8%	사실적 이해 > 논리 게임	○ △ ×
07	①	57.5%	사실적 이해 > 논리 게임	○ △ ×
08	②	70.5%	비판적 사고 > 빈칸 채우기	○ △ ×
09	①	61.3%	비판적 사고 > 판단하기	○ △ ×
10	⑤	87.2%	비판적 사고 > 지문에서 추론하기	○ △ ×
11	②	55.0%	사실적 이해 > 정보 확인	○ △ ×
12	④	97.6%	사실적 이해 > 정보 확인	○ △ ×
13	⑤	85.5%	사실적 이해 > 중심 내용 파악	○ △ ×
14	①	96.7%	비판적 사고 > 판단하기	○ △ ×
15	④	77.7%	사실적 이해 > 논리 게임	○ △ ×
16	④	71.5%	사실적 이해 > 논리 게임	○ △ ×
17	③	81.8%	비판적 사고 > 논리적 결론의 전제·원인 찾기	○ △ ×
18	⑤	53.6%	비판적 사고 > 판단하기	○ △ ×
19	②	94.9%	비판적 사고 > 논리적 결론의 전제·원인 찾기	○ △ ×
20	②	36.5%	비판적 사고 > 지문에서 추론하기	○ △ ×
21	⑤	96.5%	사실적 이해 > 정보 확인	○ △ ×
22	②	89.7%	사실적 이해 > 논리 게임	○ △ ×
23	⑤	89.1%	비판적 사고 > 판단하기	○ △ ×
24	②	83.4%	비판적 사고 > 빈칸 채우기	○ △ ×
25	①	93.0%	비판적 사고 > 논지 강화·약화하기	○ △ ×

나의 성적

영역	점수	풀이 시간
언어논리	_____점	_____분
자료해석	_____점	_____분
상황판단	_____점	_____분

합격선

영역	합격 가능권	합격 확실권
언어논리	60~64점	68~72점
자료해석	64~68점	72~76점
상황판단	60~64점	68~72점

풀이 시간

영역	기본	숙련
언어논리	60분	50분
자료해석	60분	50분
상황판단	60분	50분

※2015년도 선발 인원 / 응시 인원 미공개

- 확실히 맞힌 문항 수: _____ 문항
- 헷갈리거나 찍은 문항 수: _____ 문항
- 틀린 문항 수: _____ 문항

취약유형 분석표 제2영역 자료해석

문번	정답	정답률	유형	맞고 틀림
01	②	88.5%	자료 읽기 > 그림 제시형	○ △ ×
02	②	94.2%	자료 읽기 > 표/빈칸 제시형	○ △ ×
03	④	88.4%	자료 변환응용 > 자료/보고서 전환형	○ △ ×
04	⑤	89.2%	자료 읽기 > 표 제시형	○ △ ×
05	①	91.2%	자료 읽기/추론 > 매칭형	○ △ ×
06	④	79.7%	자료 읽기 > 표 제시형	○ △ ×
07	②	86.3%	자료 읽기 > 표 제시형	○ △ ×
08	①	94.9%	자료 읽기/추론 > 매칭형	○ △ ×
09	③	87.4%	자료 읽기 > 표 제시형	○ △ ×
10	①	72.1%	자료 읽기 > 표 제시형	○ △ ×
11	⑤	92.6%	자료 읽기 > 표 제시형	○ △ ×
12	①	89.9%	자료 추론 > 추가로 필요한 자료 찾기	○ △ ×
13	④	88.2%	자료 읽기 > 표/그림/빈칸 제시형	○ △ ×
14	③	85.8%	자료 읽기 > 표 제시형	○ △ ×
15	②	90.9%	자료 읽기 > 표 제시형	○ △ ×
16	④	89.2%	자료 읽기 > 표 제시형	○ △ ×
17	③	93.2%	자료 변환응용 > 표/그림 전환형	○ △ ×
18	⑤	86.2%	자료 읽기 > 표/빈칸 제시형	○ △ ×
19	④	87.2%	자료 읽기 > 표 제시형	○ △ ×
20	⑤	80.7%	자료 읽기 > 표/빈칸 제시형	○ △ ×
21	③	83.3%	자료 변환응용 > 자료/보고서 전환형	○ △ ×
22	④	58.2%	자료 읽기 > 표 제시형	○ △ ×
23	⑤	59.3%	자료 읽기/추론 > 매칭형	○ △ ×
24	①	60.4%	자료 읽기 > 표 제시형	○ △ ×
25	③	62.2%	자료 읽기 > 표 제시형	○ △ ×

취약유형 분석표 제3영역 상황판단

문번	정답	정답률	유형	맞고 틀림
01	③	86.0%	제시문형 > 정보확인	○ △ ×
02	②	95.8%	제시문형 > 정보확인	○ △ ×
03	④	92.8%	제시문형 > 정보확인	○ △ ×
04	④	90.4%	제시문형 > 분석추론	○ △ ×
05	⑤	80.3%	제시문형 > 분석추론	○ △ ×
06	⑤	53.1%	법조문형 > 규정적용	○ △ ×
07	③	82.8%	제시문형 > 분석추론	○ △ ×
08	③	63.3%	퍼즐형 > 게임·규칙	○ △ ×
09	①	78.0%	연산추론형 > 수리계산	○ △ ×
10	②	70.7%	제시문형 > 분석추론	○ △ ×
11	①	97.0%	제시문형 > 정보확인	○ △ ×
12	①	94.7%	제시문형 > 정보확인	○ △ ×
13	⑤	97.0%	제시문형 > 분석추론	○ △ ×
14	①	87.5%	제시문형 > 분석추론	○ △ ×
15	④	94.3%	연산추론형 > 대입비교	○ △ ×
16	②	56.1%	법조문형 > 규정확인	○ △ ×
17	②	73.4%	법조문형 > 규정적용	○ △ ×
18	②	48.5%	연산추론형 > 수리계산	○ △ ×
19	④	79.2%	제시문형 > 정보확인	○ △ ×
20	①	87.2%	퍼즐형 > 수리퀴즈	○ △ ×
21	⑤	89.7%	연산추론형 > 대입비교	○ △ ×
22	③	65.3%	퍼즐형 > 수리퀴즈	○ △ ×
23	③	63.8%	연산추론형 > 수리계산	○ △ ×
24	⑤	33.2%	퍼즐형 > 논리퀴즈	○ △ ×
25	④	65.9%	퍼즐형 > 논리퀴즈	○ △ ×

- 확실히 맞힌 문항 수: _____ 문항
- 헷갈리거나 찍은 문항 수: _____ 문항
- 틀린 문항 수: _____ 문항

- 확실히 맞힌 문항 수: _____ 문항
- 헷갈리거나 찍은 문항 수: _____ 문항
- 틀린 문항 수: _____ 문항

2015 | 제1영역 언어논리(⑳ 책형)

기출 총평

체감 난도가 높게 느껴지는 문항들이 많았다. 논리 게임형 유형이 다수 출제되었기 때문이다. 다양한 논리 게임형 유형의 문항이 1/4 가까이 출제되었는데, 표를 만들거나 벤 다이어그램을 그리거나 논리 구조를 도식화해야 하는 등 다양한 방법을 동원해야 풀이가 가능한 문제들이었다. 따라서 평소에 논리 게임 유형의 문항을 자주 접한 응시자의 경우 능숙하게 문제를 풀었겠지만, 이에 익숙하지 않은 경우라면 시간만 소비하고 문제 풀이는 제대로 하지 못하는 상황에 처했을 수도 있다. 이처럼 특정 유형의 문항이 이렇게 집중적으로 출제되는 경우를 대비해 각 유형별 문제 풀이 연습을 많이 해 두어야 할 것이다. 이전의 기출 회차와 다르게 눈에 띄는 유형이 있는데, 전체 흐름과 맞지 않는 한 곳을 찾아 적절하게 수정한 것을 찾는 문제이다. 이 유형은 다소 새롭게 느껴질 수 있지만 전체 내용의 흐름을 파악하며 지문을 읽다가 해당 부분이 나오면 선지와 대조해 보는 작업을 통해 문제 풀이를 진행하면 되기 때문에, 사실적 이해 영역의 난이도 수준이라고 보면 된다. 이러한 평가를 종합해 보면 언어논리 시험에서 중요한 것은 지시문을 잘 읽어야 한다는 점임을 알 수 있다. 지문에서 추론하기 유형이라면 합리적인 추론 과정을 통해 얻은 결론을 찾아야 하고, 중심 내용 파악 유형이라면 지문 전체 내용을 포괄하는 내용을 찾아야 한다. 그리고 판단하기 유형이라면 지문에 등장하는 여러 견해들의 차이를 분석하고 이에 대해 적절하게 평가한 항목을 골라야 한다. 지시문이 특정 대상을 지시할 때는 어느 유형에 속하는 문항인지를 빠르게 판단해야 문제 풀이 시간을 절약할 수 있을 것이다.

문항별 정답률 및 선지별 선택률

문번	정답	정답률 (%)	선지별 선택률(%)				
			①	②	③	④	⑤
01	②	88.8	0.8	88.8	0.8	8.7	0.9
02	③	80.2	0.7	3.6	80.2	14.8	0.7
03	④	93.0	0.0	2.4	3.4	93.0	1.2
04	③	97.9	0.7	0.7	97.9	0.0	0.7
05	①	63.7	63.7	1.8	30.0	1.2	3.3
06	③	28.8	0.9	1.9	28.8	61.4	7.0
07	①	57.5	57.5	14.3	12.1	4.3	11.8
08	②	70.5	1.8	70.5	11.6	14.6	1.5
09	①	61.3	61.3	2.1	33.8	2.1	0.7
10	⑤	87.2	0.6	1.0	8.8	2.4	87.2
11	②	55.0	3.3	55.0	34.4	4.8	2.5
12	④	97.6	0.9	0.0	0.3	97.6	1.2
13	⑤	85.5	10.0	0.3	1.8	2.4	85.5

문번	정답	정답률 (%)	선지별 선택률(%)				
			①	②	③	④	⑤
14	①	96.7	96.7	1.5	1.5	0.0	0.3
15	④	77.7	1.0	13.0	3.7	77.7	4.6
16	④	71.5	1.2	16.1	2.7	71.5	8.5
17	③	81.8	12.8	1.2	81.8	2.7	1.5
18	⑤	53.6	7.6	11.0	11.7	16.1	53.6
19	②	94.9	0.9	94.9	0.9	1.8	1.5
20	②	36.5	2.8	36.5	18.5	3.6	38.6
21	⑤	96.5	0.3	0.3	1.4	1.5	96.5
22	②	89.7	1.8	89.7	3.0	4.6	0.9
23	⑤	89.1	0.8	7.6	0.6	1.9	89.1
24	②	83.4	0.3	83.4	14.9	0.7	0.7
25	①	93.0	93.0	1.5	1.0	3.0	1.5

※ 파란색 음영 문항은 해당 회차에서 정답률이 가장 낮은 TOP 3 문항입니다.
※ 정답률 및 선지별 선택률 산정 기준: 약 1년간 누적된 자동채점 & 성적결과분석 서비스의 응시 데이터

출제 비중

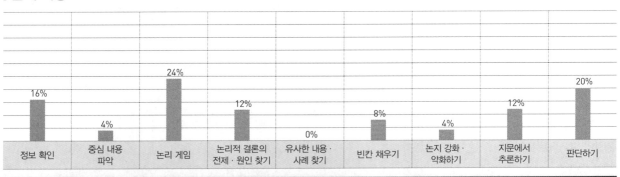

정보 확인	중심 내용 파악	논리 게임	논리적 결론의 전제 · 원인 찾기	유사한 내용 · 사례 찾기	빈칸 채우기	논지 강화 · 약화하기	지문에서 추론하기	판단하기
16%	4%	24%	12%	0%	8%	4%	12%	20%

사실적 이해 | 비판적 사고

01	②	02	③	03	④	04	③	05	①
06	③	07	①	08	②	09	①	10	⑤
11	②	12	④	13	⑤	14	①	15	④
16	④	17	③	18	⑤	19	③	20	②
21	⑤	22	②	23	⑤	24	②	25	①

01 ②

정답률 88.8%

| **문제 유형** | 사실적 이해 > 정보 확인

| **접근 전략** | 지문의 정보를 〈보기〉에서 확인하는 문제 유형이다. 이 유형은 선지 또는 〈보기〉와 지문을 하나씩 매칭시켜 나가면서 답을 찾아야 한다. 짧은 시간 내에 주어진 문제를 모두 풀기 위해서는 평소에 기본적인 독해 연습, 각 문단의 중심 내용을 찾는 연습을 해 두어야 한다.

다음 글에서 알 수 있는 것만을 〈보기〉에서 모두 고르면?

공직의 기강은 상령하행(上令下行)만을 일컫는 것이 아니다. 법으로 규정된 직분을 지켜 위에서 명령하고 아래에서 따르되, 그 명령이 공공성에 기반한 국가 법제를 벗어나지 않았을 때 기강은 바로 설 수 있다. 만약 명령이 법 바깥의 사적인 것인데 그것을 수행한다면 이는 상령하행의 원칙을 잘못 이해한 것이다. 무릇 고위의 상급자라 하더라도 그가 한 개인으로서 하급자를 반드시 복종하게 할 권위가 있는 것은 아니다. 권위는 오직 그 명령이 국가의 법제를 충실히 따랐을 때 비로소 갖춰지는 것이다. ▶1문단

조선시대에는 6조의 수장인 판서가 공적인 절차와 내용에 따라 무엇을 행하라 명령하는데 아랫사람이 시행하지 않으면 사안의 대소에 관계없이 아랫사람을 파직하였다. 그러나 판서가 공적인 절차를 벗어나 법 외로 사적인 명령을 내리면 비록 미관말직이라 해도 이를 따르지 않는 것이 올바른 것으로 인정되었다. 이처럼 공적인 것에 반드시 복종하는 것이 기강이요, 사적인 것에 복종하지 않는 것도 기강이다. 만약 세력에 압도되고 이욕에 이끌려, 부당하게 직무의 분한(分限)을 넘나들며 간섭하고 간섭받게 된다면 공적인 지휘 체계는 혼란에 빠지고 기강은 무너질 것이다. 그러므로 기강을 확립할 때, 그 근간이 되는 상령하행과 공적 직분의 엄수는 둘이 아니라 하나이다. 공직의 기강은 곧 국가의 동맥이니, 이 맥이 찰나라도 끊어지면 어떤 지경에 이를 것인가? 공직자들은 깊이 생각해 보아야 할 것이다. ▶2문단

─────〈보기〉─────
ㄱ. 상급자의 직위가 높아야만 명령의 권위가 갖춰진다. → (X) 1문단에서 고위의 상급자라 하더라도 그가 한 개인으로서 하급자를 반드시 복종하게 할 권위가 있는 것은 아니며 권위는 오직 그 명령이 국가의 법제를 충실히 따랐을 때 갖춰진다고 하였다.

ㄴ. 조선시대에는 상령하행이 제대로 준수되지 않았다. → (X) 2문단에 따르면 조선시대에는 6조의 수장인 판서가 공적인 절차를 벗어나 법 외로 사적인 명령을 내리면 비록 미관말직이라 해도 이를 따르지 않는 것이 올바른 것으로 인정되었다. 그러나 공적인 것에는 반드시 복종하여 상령하행을 준수했다. 따라서 상령하행이 제대로 준수된 것으로 볼 수 있다.

ㄷ. 하급자가 상급자의 명령을 언제나 수행해야 하는 것은 아니다. → (O) 1문단에서 상급자의 명령이 법 바깥의 사적인 것이라면 하급자는 그것을 수행하지 않아도 된다고 하였다.
──────────────

① ㄱ ➡ (X)
② ㄷ ➡ (O)
③ ㄱ, ㄴ ➡ (X)
④ ㄴ, ㄷ ➡ (X)
⑤ ㄱ, ㄴ, ㄷ ➡ (X)

02 ③

정답률 80.2%

| **문제 유형** | 비판적 사고 > 논리적 결론의 전제·원인 찾기

| **접근 전략** | 지문의 말미에 이어질 내용으로 적절한 것을 찾는 유형의 문제이다. 이런 유형을 풀기 위해서는 지문의 전반적인 흐름과 내용을 이해하고, 특히 지문의 끝부분에서 내용이 반전되는지, 예를 제시하는지, 주장의 근거를 드는지 등의 특성을 파악해야 한다. 본 문제의 경우 지문의 소재가 생소하여 글을 이해하는 데에 다소 어려울 수 있으나, 단어 하나하나에 집중하기보다 지문의 전반적인 흐름을 파악하는 데에 중점을 두고 지문을 읽어 나가야 한다.

문맥상 다음 글에 이어질 내용으로 가장 적절한 것은?

테레민이라는 악기는 손을 대지 않고 연주하는 악기이다. 이 악기를 연주하기 위해 연주자는 허리 높이쯤에 위치한 상자 앞에 선다. 연주자의 오른손은 상자에 수직으로 세워진 안테나 주위에서 움직인다. 오른손의 엄지와 집게손가락으로 고리를 만들고 손을 흔들면서 나머지 손가락을 하나씩 펴면 안테나에 손이 닿지 않고서도 음이 들린다. 이때 들리는 음은 피아노 건반을 눌렀을 때 나는 것처럼 정해진 음이 아니고 현악기를 연주하는 것과 같은 연속음이며, 소리는 손과 손가락의 움직임에 따라 변한다. 왼손은 손가락을 펼친 채로 상자에서 수평으로 뻗은 안테나 위에서 서서히 오르내리면서 소리를 조절한다. ▶1문단

오른손으로는 수직 안테나와의 거리에 따라 음고(音高)를 조절하고 왼손으로는 수평 안테나와의 거리에 따라 음량을 조절한다. 따라서 오른손과 수직 안테나는 음고를 조절하는 회로에 속하고 왼손과 수평 안테나는 음량을 조절하는 또 다른 회로에 속한다. 이 두 회로가 하나로 합쳐지면서 두 손의 움직임에 따라 음고와 음량을 변화시킬 수 있다. ▶2문단

어떻게 테레민에서 다른 음고의 음이 발생되는지 알아보자. 음고를 조절하는 회로는 가청주파수 범위 바깥의 주파수를 갖는 서로 다른 두 개의 음파를 발생시킨다. 이 두 개의 음파 사이에 존재하는 주파수의 차잇값에 의해 가청주파수를 갖는 새로운 진동이 발생하는데 그것으로 소리를 만든다. 가청주파수 범위 바깥의 주파수 중 하나는 고정된 주파수를 갖고 다른 하나는 연주자의 손 움직임에 따라 주파수가 바뀐다. 이렇게 발생한 주파수의 변화에 의해 진동이 발생되고 이 진동의 주파수는 가청주파수 범위 내에 있기 때문에 그 진동을 증폭시켜 스피커로 보내면 소리가 들린다. ▶3문단

① 수직 안테나에 손이 닿으면 소리가 발생하는 원리 ➡ (X) 1문단에 따르면 테레민은 손을 대지 않고 연주하는 악기이다.
② 왼손의 손가락의 모양에 따라 음고가 바뀌는 원리 ➡ (X) 2문단에 따르면 오른손으로 음고를 조절하고 왼손으로는 음량을 조절한다.
③ 수평 안테나와 왼손 사이의 거리에 따라 음량이 조절되는 원리 ➡ (O) 2문단에서 오른손으로 음고를 조절하고 왼손으로는 음량을 조절한다고 말한 뒤 3문단에서 음고를 조절하는 원리를 상세하게 설명하였다. 따라서 다음 문단에서는 음량을 조절하는 원리를 설명하는 것이 적절하다.
④ 음고를 조절하는 회로에서 가청주파수의 진동이 발생하는 원리 ➡ (X) 3문단에서 이미 설명한 내용이다.
⑤ 오른손 손가락으로 가상의 피아노 건반을 눌러 음량을 변경하는 원리 ➡ (X) 2문단에 따르면 오른손으로 음고를 조절하고 왼손으로는 음량을 조절한다.

03 ④

| **문제 유형** | 비판적 사고 > 판단하기

| **접근 전략** | 지문의 내용 중에서 흐름과 맞지 않는 곳을 찾아 적절히 수정하였는지 평가하는 문제 유형이다. 이런 유형의 문제를 풀기 위해서는 밑줄로 표시된 부분이 지문의 전체 흐름에 위배되지 않는지를 파악하며 읽어 나가야 한다. 그리고 밑줄 친 부분을 선지에서 제시하고 있는 내용으로 바꾸어 보고 지문의 흐름과 맥락에 어울리는지를 판단하면 된다.

다음 글의 전체 흐름과 맞지 않는 한곳을 ⊙~⑩에서 찾아 수정하려고 할 때, 가장 적절한 것은?

소아시아 지역에 위치한 비잔틴 제국의 수도 콘스탄티노플이 이슬람교를 신봉하는 오스만인들에 의해 함락되었다는 소식이 인접해 있는 유럽 지역에까지 전해지자 그곳 교회의 한 수도원 서기는 "⊙지금까지 이보다 더 끔찍했던 사건은 없었으며, 앞으로도 결코 없을 것이다."라고 기록했다. 1453년 5월 29일 화요일, 해가 뜨자마자 오스만 제국의 군대는 난공불락으로 유명한 케르코포르타 성벽의 작은 문을 뚫고 진군하기 시작했다. 해가 질 무렵, 약탈당한 도시에 남아 있는 모든 것들은 그들의 차지가 되었다. 비잔틴 제국의 86번째 황제였던 콘스탄티노스 11세는 서쪽 성벽 아래에 있는 좁은 골목에서 전사하였다. 이것으로 ⓛ1,100년 이상 존재했던 소아시아 지역의 기독교도 황제가 사라졌다. ▶1문단

잿빛 말을 타고 화요일 오후 늦게 콘스탄티노플에 입성한 술탄 메흐메드 2세는 우선 성소피아 대성당으로 갔다. 그는 이 성당을 파괴하는 대신 이슬람 사원으로 개조하라는 명령을 내렸고, 우선 그 성당을 철저하게 자신의 보호하에 두었다. 또한 학식이 풍부한 그리스 정교회 수사에게 격식을 갖추어 공석 중인 총대주교직을 수여하고자 했다. 그는 이슬람 세계를 위해 ⓒ기독교의 제단뿐만 아니라 그 이상의 것들도 활용했다. 역대 비잔틴 황제들이 제정한 법을 그가 주도하고 있던 법제화의 모델로 이용하였던 것이다. 이러한 행위들은 ⓔ단절을 추구하는 정복왕 메흐메드 2세의 의도에서 비롯된 것이라고 할 수 있다. ▶2문단

그는 자신이야말로 지중해를 '우리의 바다'라고 불렀던 로마 제국의 진정한 계승자임을 선언하고 싶었던 것이다. 일례로 그는 한때 유럽과 아시아를 포함한 지중해 전역을 지배했던 제국의 정통 상속자임을 선언하면서, 의미심장하게도 자신의 직함에 '룸 카이세리', 즉 로마의 황제라는 칭호를 추가했다. 또한 그는 패권 국가였던 로마의 옛 명성을 다시 찾기 위한 노력의 일환으로 로마 사람의 땅이라는 뜻을 지닌 루멜리아에 새로 수도를 정했다. 이렇게 함으로써 그는 ⓜ오스만 제국이 유럽으로 확대될 것이라는 자신의 확신을 보여 주었다. ▶3문단

① ⊙을 '지금까지 이보다 더 영광스러운 사건은 없었으며'로 고친다. ➡ (X) 여기서 ⊙을 말한 수도원 서기는 기독교 교회의 서기라고 추론할 수 있다. 또 2문단의 '이 성당을 파괴하는 대신'이라는 표현을 통해 비잔틴 제국이 가톨릭 국가였음을 알 수 있다. 따라서 교회의 수도원 서기에게 이슬람교를 신봉하는 오스만인들에 의한 콘스탄티노플 함락은 끔찍한 일이었을 것이다.

② ⓛ을 '1,100년 이상 존재했던 소아시아 지역의 이슬람 황제가 사라졌다'로 고친다. ➡ (X) 이슬람교를 신봉하는 오스만인들에 의해 비잔틴 제국이 함락당했는데 이슬람 황제가 사라졌다는 것은 문맥에 맞지 않는다.

③ ⓒ을 '기독교의 제단뿐만 아니라 그 이상의 것들도 파괴했다'로 고친다. ➡ (X) 2문단에 따르면 술탄 메흐메드 2세는 성소피아 대성당을 파괴하는 대신 이슬람 사원으로 개조하라는 명령을 내렸고, 그 성당을 철저하게 자신의 보호하에 두었다. 이를 통해 기독교의 제단 등을 파괴했다고 고치는 것은 적절하지 않음을 알 수 있다.

④ ⓔ을 '연속성을 추구하는 정복왕 메흐메드 2세의 의도에서 비롯된 것'으로 고친다. ➡ (O) 3문단에 따르면 술탄 메흐메드 2세는 자신이 로마 제국의 진정한 계승자임을 선언하고 싶어 했다. 또한 그가 자신의 직함에 로마의 황제라는 칭호를 추가한 것 등으로 미루어 보아 단절보다는 연속성을 추구했음을 알 수 있다.

⑤ ⓜ을 '오스만 제국이 아시아로 확대될 것이라는 자신의 확신을 보여 주었다'로 고친다. ➡ (X) 술탄 메흐메드 2세는 로마의 옛 명성을 되찾고자 하였으므로 유럽을 아시아로 고치는 것은 어색하다.

04 ③

| **문제 유형** | 비판적 사고 > 지문에서 추론하기

| **접근 전략** | 지문에서 제시하고 있는 것을 <보기>에서 고르는 문제 유형이다. 본 문제에서는 지문의 특정 부분에 밑줄을 표시하고, 발문에서 '철학의 여인의 논지에 따를 때'라는 조건까지 제시하고 있다. 따라서 제시된 조건과 밑줄에 집중해서 문제를 빠르게 풀면 된다.

다음 '철학의 여인'의 논지를 따를 때, ⊙으로 적절한 것만을 <보기>에서 모두 고르면?

다음은 철학의 여인이 비탄에 잠긴 보에티우스에게 건네는 말이다.

"나는 이제 네 병의 원인을 알겠구나. 이제 네 병의 원인을 알게 되었으니 ⊙너의 건강을 회복할 수 있는 방법을 찾을 수 있게 되었다. 그 방법은 병의 원인이 되는 잘못된 생각을 바로잡아 주는 것이다. ▶1문단

너는 너의 모든 소유물을 박탈당했다고, 사악한 자들이 행복을 누리게 되었다고, 네 운명의 결과가 불의하게도 제멋대로 바뀌었다는 생각으로 비탄에 빠져 있다. 그런데 그런 생각은 잘못된 전제에서 비롯된 것이다. 네가 눈물을 흘리며 너 자신이 추방당하고 너의 모든 소유물들을 박탈당했다고 생각하는 것은 행운이 네게서 떠났다고 슬퍼하는 것과 다름없는데, 그것은 네가 운명의 본모습을 모르기 때문이다. 그리고 사악한 자들이 행복을 가졌다고 생각하는 것이나 사악한 자가 선한 자보다 더 행복을 누린다고 한탄하는 것은 네가 실로 만물의 목적이 무엇인지 모르고 있기 때문이다. 다시 말해 만물의 궁극적인 목적이 선을 지향하는 데 있다는 것을 모르고 있기 때문이다. 또한 너는 세상이 어떤 통치 원리에 의해 다스려지는지 잊어버렸기 때문에 제멋대로 흘러가는 것이라고 믿고 있다. 그러나 만물의 목적에 따르면 악은 결코 선을 이길 수 없으며 사악한 자들이 행복할 수는 없다. 따라서 세상은 결국에는 불의가 아닌 정의에 의해 다스려지게 된다. 그럼에도 불구하고 너는 세상의 통치 원리가 정의와는 거리가 멀다고 믿고 있다. 이는 그저 병의 원인일 뿐 아니라 죽음에 이르는 원인이 되기도 한다. 그러나 다행스럽게도 자연은 너를 완전히 버리지는 않았다. 이제 너의 건강을 회복할 수 있는 작은 불씨가 생명의 불길로 타올랐으니 너는 조금도 두려워할 필요가 없다." ▶2문단

<보기>

ㄱ. 만물의 궁극적인 목적이 선을 지향하는 데 있다는 것을 아는 것 → (O) 철학의 여인의 말에 따르면 병의 원인은 만물의 궁극적인 목적이 선을 지향하는 데 있다는 것을 모르고 있기 때문이다. 따라서 만물의 궁극적인 목적이 선을 지향하는 데 있다는 것을 안다면 건강을 회복할 수 있을 것이다.

ㄴ. 세상이 제멋대로 흘러가는 것이 아니라 정의에 의해 다스려진다는 것을 깨닫는 것 → (O) 철학의 여인의 말에 따르면 병의 원인은 세상의 통치 원리가 정의와는 거리가 멀다고 믿는 것이다. 따라서 세상이 제멋대로 흘러가는 것이 아니라 정의에 의해 다스려진다는 것을 깨닫는다면 건강을 회복할 수 있을 것이다.

ㄷ. 자신이 박탈당했다고 여기는 모든 것들, 즉 재산, 품위, 권좌, 명성 등을 되찾을 방도를 아는 것 → (X) 철학의 여인의 말에 따르면 모든 소유물을 박탈당했다는 생각은 잘못된 전제에서 비롯된 잘못된 생각이다. 철학의 여인은 병의 원인이 되는 잘못된 생각을 바로잡아야 건강을 회복할 수 있다고 하였는데 자신이 박탈당했다고 여기는 것들을 되찾을 방법을 아는 것은 잘못된 생각을 바로잡는 것에 해당하지 않는다.

① ㄱ ➡ (X)
② ㄴ ➡ (X)
③ ㄱ, ㄴ ➡ (O)
④ ㄴ, ㄷ ➡ (X)
⑤ ㄱ, ㄴ, ㄷ ➡ (X)

05 ①

정답률 63.7%

| 문제 유형 | 사실적 이해 > 논리 게임

| 접근 전략 | 논증의 결론을 바탕으로 숨은 전제를 추리하는 논리 게임 문제 유형이다. 주로 상황판단에서 출제되는 것과 유사한 유형의 문제로 볼 수 있다. 다만, 상황판단보다는 복잡성이 덜하므로 어렵지 않게 풀 수 있다.

A사무관의 추론이 올바를 때, 다음 글의 빈칸에 들어갈 진술로 적절한 것만을 〈보기〉에서 모두 고르면?

A사무관은 인사과에서 인사고과를 담당하고 있다. 그는 올해 우수 직원을 선정하여 표창하기로 했으니 인사고과에서 우수한 평가를 받은 직원을 후보자로 추천하라는 과장의 지시를 받았다. 평가 항목은 대민봉사, 업무역량, 성실성, 청렴도이고 각 항목은 상(3점), 중(2점), 하(1점)로 평가한다. A사무관이 추천한 표창 후보자는 갑돌, 을순, 병만, 정애 네 명이며, 이들이 받은 평가는 다음과 같다.

	대민봉사	업무역량	성실성	청렴도
갑돌	상	상	상	하
을순	중	상	하	상
병만	하	상	상	중
정애	중	중	중	상

A사무관은 네 명의 후보자에 대한 평가표를 과장에게 제출하였다. 과장은 "평가 점수 총합이 높은 순으로 선발한다. 단, 동점자 사이에서는 ☐☐☐☐☐" 라고 하였다. A사무관은 과장과의 면담 후 이들 중 세 명이 표창을 받게 된다고 추론하였다.

→ 표에 적힌 평가를 환산해서 후보자별 합을 구하면 갑돌은 10, 을순, 병만, 정애는 모두 9점이다. 따라서 갑돌이 표창을 받게 되고, 나머지 세 명 중 두 명이 표창을 받아야 한다.

〈보기〉

ㄱ. 두 개 이상의 항목에서 상의 평가를 받은 후보자를 선발한다. → (O)
을순, 병만, 정애 중에 두 개 이상의 항목에서 '상'의 평가를 받은 후보는 '을순'과 '병만' 두 명이다. 평가 점수의 총합이 높은 '갑돌' 외에 동점자 중 두 명이 표창을 받을 수 있으므로 ㄱ은 옳은 내용이다.

ㄴ. 청렴도에서 하의 평가를 받은 후보자를 제외한 나머지 후보자를 선발한다. → (X) 청렴도 '하'는 '을순, 병만, 정애' 중 아무도 없으므로 세 명 모두 표창을 받게 되어 옳지 않다.

ㄷ. 하의 평가를 받은 항목이 있는 후보자를 제외한 나머지 후보자를 선발한다. → (X) '을순, 병만, 정애' 중 '하' 항목이 없는 사람은 '정애'뿐이므로 세 명 중 한 명만 표창을 받게 되어 옳지 않다.

① ㄱ ➡ (O)
② ㄷ ➡ (X)
③ ㄱ, ㄴ ➡ (X)
④ ㄴ, ㄷ ➡ (X)
⑤ ㄱ, ㄷ ➡ (X)

06 ③

TOP 1 정답률 28.8%

| 문제 유형 | 사실적 이해 > 논리 게임

| 접근 전략 | 제시된 조건을 바탕으로 참과 거짓을 가리는 논리 게임 유형의 문제이다. 먼저 지문에 줄글 형태로 제시된 조건들을 기호화하여 한눈에 파악할 수 있게 정리한 후 명제 간 역, 이, 대우 등을 활용해 참, 거짓을 따져야 한다.

다음 글의 내용이 참일 때, 반드시 참인 것은?

도덕성에 결함이 있는 어떤 사람도 공무원으로 채용되지 않는다. 업무 능력을 검증받았고 인사추천위원회의 추천을 받았으며 공직관이 투철한, 즉 이 세 조건을 모두 만족하는 지원자는 누구나 올해 공무원으로 채용된다. 올해 공무원으로 채용되는 사람들 중에 봉사정신이 없는 사람은 아무도 없다. 공직관이 투철한 철수는 올해 공무원 채용 시험에 지원하여 업무 능력을 검증 받았다.

→ 제시된 조건들을 정리하면 다음과 같다.
• a: 도덕성 결함 → ~공무원
• b: 업무 능력 & 인사추천위원회 추천 & 공직관 투철 → 공무원
• c: 공무원 → 봉사정신
• 철수: 공직관 투철 & 업무능력 검증

① 만일 철수가 도덕성에 결함이 없다면, 그는 올해 공무원으로 채용된다. ➡ (X) a는 충족하지만 b를 충족하지 못한다.

② 만일 철수가 봉사정신을 갖고 있다면, 그는 올해 공무원으로 채용된다. ➡ (X) c가 참이라고 해서 c의 '역'이 반드시 참인지는 알 수 없다.

③ 만일 철수가 도덕성에 결함이 있다면, 그는 인사추천위원회의 추천을 받지 않았다. ➡ (O) 본 선지의 '대우'는 '인사추천위원회 추천 → 도덕성 결함 없음'이고 이것이 참이면 본 선지도 참이다. b에 따라 철수가 인사추천위원회 추천을 받았다면 공무원이 되는데, a의 '대우'에 따르면 공무원은 도덕성에 결함이 없으므로 본 선지는 참이다.

④ 만일 철수가 올해 공무원으로 채용된다면, 그는 인사추천위원회의 추천을 받았다. ➡ (X) b가 참이라고 해서 b의 '역'이 반드시 참인지는 알 수 없으므로 공무원이 되었다고 반드시 인사추천위원회의 추천을 받았는지는 알 수 없다.

⑤ 만일 철수가 올해 공무원으로 채용되지 않는다면, 그는 도덕성에 결함이 있고 또한 봉사정신도 없다. ➡ (X) a가 참이라고 해서 a의 '역'이 참인지는 알 수 없고 c가 참이라고 해서 c의 '이'가 반드시 참인지는 알 수 없으므로 공무원으로 채용되지 않았다고 도덕성에 결함이 있고 봉사정신이 없는지는 알 수 없다.

07 ①

정답률 57.5%

| 문제 유형 | 사실적 이해 > 논리 게임

| 접근 전략 | 새로운 논리를 주고 그 논리를 바르게 적용할 수 있는지 묻는 유형의 문제이다. 〈보기〉의 항목이 〈원칙〉으로 제시된 논리의 어느 원칙에 해당하는지 판단하며 풀이해야 한다.

다음 〈원칙〉을 바르게 적용한 것만을 〈보기〉에서 모두 고르면?

〈원칙〉

○ 문장 X가 참일 경우 문장 Y는 반드시 참이지만 그 역은 성립하지 않는다면, 문장 Y의 확률은 문장 X의 확률보다 높다.
○ 문장 X의 확률이 문장 Y의 확률보다 낮다면, 문장 X가 담고 있는 정보의 양은 문장 Y가 담고 있는 정보의 양보다 많다.

<보기>

ㄱ. "정상적인 주사위를 던질 때 3이 나올 것이다"는 "정상적인 동전을 던질 때 앞면이 나올 것이다"보다 더 많은 정보를 담고 있다. → (O) 주사위에서 3이 나올 확률은 1/6이고, 동전의 앞면이 나올 확률은 1/2이므로 전자의 확률이 더 낮다. 따라서 두 번째 원칙에 따라 전자가 더 많은 정보를 담고 있다.

ㄴ. "월성 원자력 발전소에 문제가 생기거나 고리 원자력 발전소에 문제가 생긴다"는 "월성 원자력 발전소에 문제가 생긴다"보다 더 많은 정보를 담고 있다. → (X) "월성 원자력 발전소에 문제가 생긴다"가 참이면 "월성 원자력 발전소에 문제가 생기거나 고리 원자력 발전소에 문제가 생긴다" 또한 참이지만 그 역은 성립하지 않는다. 따라서 첫 번째 원칙에 따라 "월성 원자력 발전소에 문제가 생기거나 고리 원자력 발전소에 문제가 생긴다"의 확률이 더 높게 된다. 그러면 두 번째 원칙에 따라 "월성 원자력 발전소에 문제가 생긴다"가 더 많은 정보를 담고 있게 된다.

ㄷ. "내년 예산에서는 국가균형발전 예산, 복지 예산, 에너지절감 관련 기술개발 예산이 모두 늘어난다"는 "내년 예산에서는 국가균형발전 예산, 에너지절감 관련 기술 개발 예산이 모두 늘어난다"보다 더 적은 정보를 담고 있다. → (X) "내년 예산에서는 국가균형발전 예산, 복지 예산, 에너지절감 관련 기술개발 예산이 모두 늘어난다"가 참이면 "내년 예산에서는 국가균형발전 예산, 에너지절감 관련 기술개발 예산이 모두 늘어난다" 또한 참이고, 그 역은 성립하지 않는다. 따라서 첫 번째 원칙에 따라 전자의 확률이 더 낮고, 두 번째 원칙에 따라 전자가 담고 있는 정보의 양이 더 많다.

① ㄱ ➡ (O)
② ㄴ ➡ (X)
③ ㄱ, ㄷ ➡ (X)
④ ㄴ, ㄷ ➡ (X)
⑤ ㄱ, ㄴ, ㄷ ➡ (X)

08 ②
정답률 70.5%

| 문제 유형 | 비판적 사고 > 빈칸 채우기

| 접근 전략 | 빈칸 채우기 문제 유형을 문제를 풀 때는 지문 전체의 주제, 빈칸 앞뒤 문단의 중심 내용을 파악해야 하고, 특히 빈칸의 바로 앞과 뒤에 쓰인 접속사가 순접인지 역접인지 등을 유심히 확인해야 한다. 본 문제의 경우, 빈칸 주변에 접속사가 쓰이지 않았으므로, 빈칸 앞뒤 문단의 중심 내용을 파악하고 뒤에 이어지는 부연 설명을 통해 빈칸에 들어갈 내용을 추론해야 한다.

다음 글의 빈칸에 들어갈 내용으로 가장 적절한 것은?

다른 사람의 증언은 얼마나 신뢰할 만할까? 증언의 신뢰성은 두 가지 요인에 의해서 결정된다. 첫 번째 요인은 증언하는 사람이다. 만약 증언하는 사람이 거짓말을 자주 해서 신뢰하기 어려운 사람이라면 그의 말의 신뢰성은 떨어질 수밖에 없다. 두 번째 요인은 증언 내용이다. 만약 증언 내용이 우리의 상식과 상당히 동떨어져 있어 보인다면 증언의 신뢰성은 떨어질 수밖에 없다. 그렇다면 이 두 요인이 서로 대립하는 경우는 어떨까? 가령 매우 신뢰할 만한 사람이 기적이 일어났다고 증언하는 경우에 우리는 그 증언을 얼마나 신뢰해야 하는가? ▶1문단

이 질문에는 _____는 원칙을 적용해서 답할 수 있다. 이 원칙을 기적에 대한 증언에 적용시키기 위해서는 먼저 기적에 대해서 생각해 볼 필요가 있다. 기적이란 자연법칙을 위반한 사건이다. 여기서 자연법칙이란 지금까지 우주의 전체 역사에서 일어났던 모든 사건들이 따랐던 규칙이다. 그렇다면 자연법칙을 위반하는 사건 즉 기적은 아직까지 한 번도 일어나지 않은 사건이다. 한편 우리는 충분히 신뢰할 만한 사람이 자신의 의지와 무관하게 거짓을 말하는 경우를 이따금 관찰할 수 있다. 따라서 그런 사건이 일어날 확

률은 매우 신뢰할 만한 사람이 거짓 증언을 할 확률보다 작을 수밖에 없다. 결국 우리는 기적이 일어났다는 증언을 신뢰해서는 안 된다. ▶2문단

① 어떤 사람이 참인 증언을 할 확률이 그 증언 내용이 실제로 일어날 확률보다 작은 경우에만 증언을 신뢰해야 한다 ➡ (X)

② 어떤 사람이 거짓 증언을 할 확률이 그 증언 내용이 실제로 일어날 확률보다 작은 경우에만 증언을 신뢰해야 한다 ➡ (O) 1문단에서는 증언의 신뢰성이 증언하는 사람, 증언 내용을 통해 결정된다고 본다. 2문단에서는 두 요인이 서로 대립할 때는 빈칸의 원칙을 적용해야 한다고 하면서 그 원칙의 예시를 제시하고 있다. 2문단에 따르면 기적이라는 사건이 일어날 확률은 매우 신뢰할 만한 사람이 거짓 증언을 할 확률보다 작을 수밖에 없으므로 기적이 일어났다는 증언을 신뢰해서는 안 된다고 본다. 이를 통해 거짓 증언을 할 확률이 증언 내용이 참일 확률보다 낮아야 증언을 신뢰할 수 있다는 원칙을 추론할 수 있다.

③ 어떤 사람이 거짓 증언을 할 확률이 그 증언 내용이 실제로 일어나지 않을 확률보다 작은 경우에만 증언을 신뢰해야 한다 ➡ (X)

④ 어떤 사람이 제시한 증언 내용이 일어날 확률이 그것이 일어나지 않을 확률보다 더 큰 경우에만 그 증언을 신뢰해야 한다 ➡ (X)

⑤ 어떤 사람이 제시한 증언 내용이 일어날 확률이 그것이 일어나지 않을 확률보다 더 작은 경우에만 그 증언을 신뢰해야 한다 ➡ (X)

09 ①
정답률 61.3%

| 문제 유형 | 비판적 사고 > 판단하기

| 접근 전략 | 본 문제는 판단하기 문제 유형이지만 〈보기〉의 문장들을 분석해 보면 논지 강화·약화하기 유형으로도 볼 수 있다. 지문에서 세 팀의 연구결과를 제시하고 있으므로 각 팀의 연구 결과와 연구들 간의 관계 파악이 우선 이루어져야 한다. 그다음에는 〈연구결과〉와 〈보기〉가 일치하는지 매칭하며 문제를 풀이하면 된다.

다음 글의 〈연구결과〉에 대한 평가로 적절한 것만을 〈보기〉에서 모두 고르면?

콩 속에는 식물성 단백질과 불포화 지방산 등 건강에 이로운 물질들이 풍부하다. 약콩, 서리태 등으로 불리는 검은 콩 껍질에는 황색 콩 껍질에서 발견되지 않는 특수한 항암 물질이 들어 있다. 검은 콩은 항암 효과는 물론 항산화 작용 및 신장 기능과 시력 강화에도 좋은 것으로 알려져 있다.

A~C팀은 콩의 효능을 다음과 같이 연구했다.

〈연구결과〉

○A팀 연구진: 콩 속 제니스틴의 성인병 예방 효능을 실험을 통해 세계 최초로 입증했다. 또한 제니스틴은 발암 물질에 노출된 비정상 세포가 악성 종양 세포로 진행되지 않도록 억제하는 효능을 갖고 있다는 사실을 흰쥐 실험을 통해 밝혔다. 암이 발생하는 과정은 세포 내의 유전자가 손상되는 개시 단계와 손상된 세포의 분열이 빨라지는 촉진 단계로 나뉘는데 제니스틴은 촉진 단계에서 억제효과가 있다는 것이다.

○B팀 연구진: 200명의 여성을 조사해 본 결과, 매일 흰 콩 식품을 섭취한 사람은 한 달에 세 번 이하로 섭취한 사람에 비해 폐암에 걸릴 위험이 절반으로 줄었다.

○C팀 연구진: 식이요법으로 원형탈모증을 완치할 수 있을 것으로 보고 원형탈모증을 가지고 있는 쥐에게 콩기름에서 추출된 화합물을 투여해 효과를 관찰하는 실험을 했다. 실험 결과 콩기름에서 추출된 화합물을 각각 0.1ml, 0.5ml, 2.0ml씩 투여한 쥐에서 원형탈모증 완치율은 각각 18%, 39%, 86%를 기록했다.

<보기>

ㄱ. A팀의 연구결과는 콩이 암의 발생을 억제하는 효과가 있다는 것을 뒷받침한다. → (O) A팀 연구진은 흰쥐 실험을 통해 콩 속 제니스틴이 발암물질에 노출된 비정상 세포가 악성 종양 세포로 진행되지 않도록 억제하는 효능을 갖고 있다는 사실을 밝혔다. 따라서 해당 연구결과는 콩이 암의 발생을 억제하는 효과가 있다는 것을 뒷받침할 수 있다.

ㄴ. C팀의 연구결과는 콩기름 함유가 높은 음식을 섭취할수록 원형탈모증 발생률이 높게 나타난다는 것을 뒷받침한다. → (X) C팀의 실험 연구결과를 통해 콩기름 함유가 높은 음식을 섭취하면 원형탈모증 완치율이 높아진다는 것을 알 수 있지만 원형탈모증 발생률은 알 수 없다.

ㄷ. 세 팀의 연구결과는 검은 콩이 성인병, 폐암의 예방과 원형탈모증 치료에 효과가 있다는 것을 뒷받침한다. → (X) B팀 연구진이 행한 폐암 연구는 흰 콩과 관련이 있으며 검은 콩과 폐암의 관계는 세 연구팀의 연구결과로 알 수 없다.

① ㄱ ➡ (O)
② ㄴ ➡ (X)
③ ㄱ, ㄷ ➡ (X)
④ ㄴ, ㄷ ➡ (X)
⑤ ㄱ, ㄴ, ㄷ ➡ (X)

10 ⑤

정답률 87.2%

| 문제 유형 | 비판적 사고 > 지문에서 추론하기

| 접근 전략 | 추론하기 유형의 경우, 지문의 내용과 선지의 내용이 일대일로 매칭되지 않아 정보 확인 유형보다 어렵다고 느낄 수 있다. 하지만 추론하기 유형의 경우도 정보 확인 유형과 유사하게 지문에 언급된 내용을 기반으로 옳고 그름만 판단할 수 있으면 문제 풀이가 가능하다. 다만, 추론하기 유형의 경우 논리적 사고 과정을 바탕으로 내용을 미루어 짐작하고, 답이 아닌 것을 확실히 소거해 나가며 문제를 풀어야 한다.

다음 글에서 추론할 수 있는 것은?

조선이 임진왜란 중 필사적으로 보존하고자 한 서적은 바로 조선왕조실록이다. 실록은 원래 서울의 춘추관과 성주·충주·전주 4곳의 사고(史庫)에 보관되었으나, 임진왜란 이후 전주 사고의 실록만 온전한 상태였다. 전란이 끝난 후 단 1벌 남은 실록을 다시 여러 벌 등서하자는 주장이 제기되었다. 우여곡절 끝에 실록 인쇄가 끝난 것은 1606년이었다. 재인쇄 작업의 결과 원본을 포함해 모두 5벌의 실록을 갖추게 되었다. 원본은 강화도 마니산에 봉안하고 나머지 4벌은 서울의 춘추관과 평안도 묘향산, 강원도의 태백산과 오대산에 봉안했다. ▶1문단

이 5벌 중에서 서울 춘추관의 것은 1624년 이괄의 난 때 불에 타 없어졌고, 묘향산의 것은 1633년 후금과의 관계가 악화되자 전라도 무주의 적상산에 사고를 새로 지어 옮겼다. 강화도 마니산의 것은 1636년 병자호란 때 청군에 의해 일부 훼손되었던 것을 현종 때 보수하여 숙종 때 강화도 정족산에 다시 봉안했다. 결국 내란과 외적 침입으로 인해 5곳 가운데 1곳의 실록은 소실되었고, 1곳의 실록은 장소를 옮겼으며, 1곳의 실록은 손상을 입었던 것이다. ▶2문단

정족산, 태백산, 적상산, 오대산 4곳의 실록은 그 후 안전하게 지켜졌다. 그러나 일본이 다시 여기에 손을 대었다. 1910년 조선 강점 이후 일제는 정족산과 태백산에 있던 실록을 조선총독부로 이관하고 적상산의 실록은 구황궁 장서각으로 옮겼으며 오대산의 실록은 일본 동경제국대학으로 반출했다. 일본으로 반출한 것은 1923년 관동대지진 때 거의 소실되었다. 정족산과 태백산의 실록은 1930년에 경성제국대학으로 옮겨져 지금까지 서울대학교에 보존되어 있다. 한편 장서각의 실록은 6·25전쟁 때 북으로 옮겨져 현재 김일성종합대학에 소장되어 있다. ▶3문단

→ 지문을 정리하면 다음과 같다.

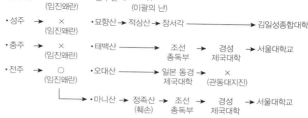

① 재인쇄하였던 실록은 모두 5벌이다. ➡ (X) 1문단에 따르면 재인쇄 작업의 결과 원본을 포함해 모두 5벌의 실록을 갖추게 되었으므로 재인쇄한 실록은 4벌임을 추론할 수 있다.

② 태백산에 보관하였던 실록은 현재 일본에 있다. ➡ (X) 3문단에 따르면 정족산과 태백산의 실록은 1930년에 경성제국대학으로 옮겨져 지금까지 서울대학교에 보존되어 있다.

③ 현재 한반도에 남아 있는 실록은 모두 4벌이다. ➡ (X) 3문단에 따르면 정족산과 태백산의 실록은 1930년에 경성제국대학으로 옮겨져 지금까지 서울대학교에 보존되어 있고, 장서각의 실록은 북의 김일성종합대학에 있다. 따라서 북한 땅까지 한반도로 보면 한반도에 남아 있는 실록은 모두 3벌이다.

④ 적상산에 보관하였던 실록은 일부가 훼손되었다. ➡ (X) 적상산에 보관하였던 실록은 구황궁 장서각으로 옮겼다가 6·25전쟁 때 북으로 다시 옮겼다는 것만 알 수 있을 뿐 그것의 훼손 여부는 알 수 없다.

⑤ 현존하는 가장 오래된 실록은 서울대학교에 있다. ➡ (O) 1문단에 따르면 임진왜란 이후 전주 사고의 실록만 온전한 상태였는데 그 원본은 강화도 마니산에 봉안했다. 2문단에 따르면 강화도 마니산의 것은 1636년 병자호란 때 청군에 의해 일부 훼손되었던 것을 현종 때 보수하여 숙종 때 강화도 정족산에 다시 봉안했다. 3문단에 따르면 정족산의 실록은 1930년에 경성제국대학으로 옮겨져 지금까지 서울대학교에 보존되어 있다. 따라서 서울대학교에 보관된 정족산 실록이 가장 오래된 실록임을 알 수 있다.

11 ②

정답률 55.0%

| 문제 유형 | 사실적 이해 > 정보 확인

| 접근 전략 | 본 문제는 지시문만 봤을 때는 추론하기 문제 유형인 것 같지만 사실적 이해의 정보 확인 유형에 속하는 문제이다. 따라서 <보기>의 내용을 먼저 파악하고, 해당 내용이 지문의 내용과 일치 또는 상충하는지를 찾으며 문제를 풀면 된다.

다음 글의 내용과 상충하는 것만을 <보기>에서 모두 고르면?

벼슬에 나아감과 물러남의 도리에 밝은 옛 군자는 조금이라도 관직에 책임을 다하지 못하거나 의리의 기준으로 보아 직책을 더 이상 수행할 수 없을 경우, 반드시 몸을 이끌고 급히 물러났습니다. 그들도 임금을 사랑하는 정(情)이 있기에 차마 물러나기 어려웠을 터이나, 정 때문에 주저하여 자신이 물러나야 할 때를 놓치지는 않았으니, 이는 정보다는 의리를 지키지 않을 수 없었기 때문입니다. ▶1문단

임금과 어버이는 일체이므로 모두 죽음으로 섬겨야 할 대상입니다. 그러나 부자관계는 천륜이어서 자식이 어버이를 봉양하는 데 한계가 없지만, 군신관계는 의리로 합쳐진 것이라, 신하가 임금을 받드는 데 한계가 있습니다. 한계가 없는 경우에는 은혜가 항상 의리에 우선하므로 관계를 떠날 수 없지만, 한계가 있는 경우에는 때때로 의리가 은혜보다 앞서기도 하므로 떠날 수 있는 상황이 생기는 것입니다. 의리의 문제는 사람과 때에 따라 같지 않습니다. 여러 공들의 경우는 벼슬에 나가는 것이 의리가 되지만 나에게 여러 공들처럼 하도록 요구해서는 안 되며, 내 경우는 물러나는 것이 의리가 되니 여러 공들에게 나처럼 하도록 바라서도 안 됩니다. ▶2문단

ㄱ. 부자관계에서는 은혜가 의리보다 중요하다. → (O) 2문단에 따르면 부자관계는 천륜이어서 자식이 어버이를 봉양하는 데 한계가 없지만, 군신관계는 의리로 합쳐진 것이라 신하가 임금을 받드는 데 한계가 있고, 한계가 없는 경우에는 은혜가 항상 의리에 우선한다. 따라서 한계가 없는 부자관계에서 은혜가 의리보다 중요하다는 설명은 옳다.

ㄴ. 군신관계에서 의리가 은혜에 항상 우선하는 것은 아니다. → (O) 2문단에 따르면 군신관계는 의리로 합쳐진 것이라 신하가 임금을 받드는 데 한계가 있고, 한계가 있는 경우에는 때때로 의리가 은혜보다 앞서기도 한다고 하였다. 이는 은혜가 의리보다 앞서는 경우도 있을 수 있음을 말해 주는 것이다.

ㄷ. 군신관계에서 신하들이 임금에 대해 의리를 실천하는 방식은 누구에게나 동일하다. → (X) 2문단에서 의리의 문제는 사람과 때에 따라 같지 않다고 하였다.

① ㄱ ➡ (X)
② ㄷ ➡ (O)
③ ㄱ, ㄴ ➡ (X)
④ ㄴ, ㄷ ➡ (X)
⑤ ㄱ, ㄴ, ㄷ ➡ (X)

12 ④

정답률 97.6%

| 문제 유형 | 사실적 이해 > 정보 확인

| 접근 전략 | 지문과 선지 내용의 일치·불일치 여부를 확인하는 문제 유형이다. 본 문제처럼 철학 분야의 지문이 제시되어 단시간에 다량의 정보를 처리해야 하는 정보 확인 유형의 문제는 선지를 먼저 확인한 후에 지문에서 해당 내용들을 찾아내는 방법으로 풀이하면 시간을 절약할 수 있다.

다음 글의 내용과 부합하지 않는 것은?

고대 철학자인 피타고라스는 현이 하나 달린 음향 측정 기구인 일현금을 사용하여 음정 간격과 수치 비율이 대응하는 원리를 발견하였다. 이를 바탕으로 피타고라스는 모든 것이 숫자 또는 비율에 의해 표현될 수 있다고 주장하였다. ▶1문단

그를 신봉한 피타고라스주의자들은 수와 기하학의 규칙이 무질서하게 보이는 자연과 불가해한 가변성의 세계에 질서를 부여한다고 믿었다. 즉 피타고라스주의자들은 자연의 온갖 변화는 조화로운 규칙으로 환원될 수 있다고 믿었다. 이는 피타고라스주의자들이 물리적 세계가 수학적 용어로 분석될 수 있다는 현대 수학자들의 사고에 단초를 제공한 것이라고 할 수 있다. ▶2문단

그러나 피타고라스주의자들은 현대 수학자들과는 달리 수에 상징적이고 심지어 신비적인 의미를 부여했다. 피타고라스주의자들은 '기회', '정의', '결혼'과 같은 추상적인 개념을 특정한 수의 가상적 특징, 즉 특정한 수에 깃들어 있으리라고 추정되는 특징과 연계시켰다. 또한 이들은 여러 물질적 대상에 수를 대응시켰다. 예를 들면 고양이를 그릴 때 다른 동물과 구별되는 고양이의 뚜렷한 특징을 드러내려면 특정한 개수의 점이 필요했다. 이때 점의 개수는 곧 고양이를 가리키는 수가 된다. 이것은 세계에 대한 일종의 원자적 관점과도 관련된다. 이 관점에서는 단위(unity), 즉 숫자 1은 공간상의 한 물리적 점으로 간주되기 때문에 물리적 대상들은 수 형태인 단위 점들로 나타낼 수 있다. 이처럼 피타고라스주의자들은 수를 실재라고 여겼는데 여기서 수는 실재와 무관한 수가 아니라 실재를 구성하는 수를 가리킨다. ▶3문단

피타고라스의 사상이 수의 실재성이라는 신비주의적이고 형이상학적인 관념에 기반하고 있다는 점은 틀림없다. 그럼에도 불구하고 피타고라스주의자들은 자연을 이해하는 데 있어 수학이 중요하다는 점을 알아차린 최초의 사상가들임이 분명하다. ▶4문단

① 피타고라스는 음정 간격을 수치 비율로 나타낼 수 있다는 것을 발견하였다. ➡ (O) 1문단에 따르면 피타고라스는 일현금을 사용하여 음정 간격과 수치 비율이 대응하는 원리를 발견하였다.

② 피타고라스주의자들은 자연을 이해하는 데 있어 수학의 중요성을 인식하였다. ➡ (O) 4문단에서 피타고라스주의자들을 자연을 이해하는 데 있어 수학이 중요하다는 점을 알아차린 최초의 사상가들이라고 하였다.

③ 피타고라스주의자들은 물질적 대상뿐만 아니라 추상적 개념 또한 수와 연관시켰다. ➡ (O) 3문단에 따르면 피타고라스주의자들은 '기회', '정의', '결혼'과 같은 추상적인 개념을 특정한 수의 가상적 특징, 즉 특정한 수에 깃들어 있으리라고 추정되는 특징과 연계시켰다.

④ 피타고라스주의자들은 물리적 대상을 원자적 관점에서 실재와 무관한 단위 점으로 나타낼 수 있다고 믿었다. ➡ (X) 3문단에 따르면 피타고라스주의자들은 여러 물질적 대상에 수를 대응시켰고 이 수를 실재라고 여겼는데 여기서 수는 실재와 무관한 수가 아니라 실재를 구성하는 수를 가리킨다.

⑤ 피타고라스주의자들은 수와 기하학적 규칙을 통해 자연의 변화를 조화로운 규칙으로 환원할 수 있다고 믿었다. ➡ (O) 2문단에 따르면 피타고라스주의자들은 자연의 온갖 변화는 조화로운 규칙으로 환원될 수 있다고 믿었다.

13 ⑤

정답률 85.5%

| 문제 유형 | 사실적 이해 > 중심 내용 파악

| 접근 전략 | 중심 내용 파악, 즉 주제 찾기 문제 유형은 정보 확인 유형과 풀이 방법을 혼동하지 않도록 주의해야 한다. 선지의 내용과 지문의 내용을 일일이 매칭하는 것에 중점을 두어야 하는 정보 확인 유형과 달리 중심 내용 파악 유형의 경우는 지문에 언급된 내용이라도 정답이 아닐 수 있기 때문이다. 특히 중심 내용 파악 유형은 전체 문단을 포괄하는 내용이 아니라 한 문단의 일부 내용만을 담고 있는 선지는 정답이 될 수 없으므로 주의해야 한다.

다음 글의 핵심 내용으로 가장 적절한 것은?

1948년에 제정된 대한민국 헌법은 공동체의 정치적 문제는 기본적으로 국민의 의사에 의해 결정된다는 점을 구체적인 조문으로 명시하고 있다. 그러나 이러한 공화제적 원리는 1948년에 이르러 갑작스럽게 등장한 것이 아니다. 이미 19세기 후반부터 한반도에서는 이와 같은 원리가 공공 영역의 담론 및 정치적 실천 차원에서 표명되고 있었다. ▶1문단

공화제적 원리는 1885년부터 발행되기 시작한 근대적 신문인 『한성주보』에서도 어느 정도 언급된 바 있지만 특히 1898년에 출현한 만민공동회에서 그 내용이 명확하게 드러난다. 독립협회를 중심으로 촉발되었던 만민공동회는 민회를 통해 공론을 형성하고 이를 국정에 반영하고자 했던 완전히 새로운 형태의 정치운동이었다. 이것은 전통적인 집단상소나 민란과는 전혀 달랐다. 이 민회는 자치에 대한 국민의 자각을 기반으로 공동생활의 문제들을 협의하고 함께 행동해 나가려 하였다. 이것은 자신들이 속한 정치공동체에 대한 소속감과 연대감을 갖지 않고서는 불가능한 현상이었다. 즉 만민공동회는 국민이 스스로 정치적 주체가 되고자 했던 시도였다. 전제적인 정부가 법을 통해 제한하려 했던 정치 참여를 국민들이 스스로 쟁취하여 정치체제를 변화시키고자 하였던 것이다. ▶2문단

19세기 후반부터 한반도에 공화제적 원리가 표명되고 있었다는 사례는 이뿐만이 아니다. 당시 독립협회가 정부와 함께 개최한 관민공동회에서 발표한 「헌의6조」를 살펴보면 제3조에 "예산과 결산은 국민에게 공표할 일"이라고 명시하고 있는 것을 확인할 수 있다. 이것은 오늘날의 재정운용의 기본원칙으로 여겨지는 예산공개의 원칙과 정확하게 일치하는 것으로 국민과 함께 협의하여 정치를 하여야 한다는 공화주의 원리를 보여 주고 있다. ▶3문단

① 만민공동회는 전제 정부의 법적 제한에 맞서 국민의 정치 참여를 쟁취하고자 했다. ➡ (X) 2문단에서 언급하고 있는 만민공동회에 대한 지엽적

인 설명일 뿐 1문단과 3문단에서 설명하고 있는 공화제에 대한 내용이 포함되어 있지 않기 때문에 핵심 내용으로 보기 어렵다.

② 한반도에서 예산공개의 원칙은 19세기 후반 관민공동회에서 처음으로 표명되었다. ➡ (X) 지문 전체에서 중요하게 다루고 있는 공화제에 대한 내용이 포함되어 있지 않기 때문에 핵심 내용으로 보기 어렵다.

③ 예산과 결산이라는 용어는 관민공동회가 열렸던 19세기 후반에 이미 소개되어 있었다. ➡ (X) 3문단에서 언급한 「헌의6조」에 대한 설명일 뿐 핵심 내용은 아니다.

④ 만민공동회를 통해 대한민국 헌법에 공화제적 원리를 포함시키는 것이 결정되었다. ➡ (X) 만민공동회는 19세기 후반부터 한반도에 공화제적 원리가 표명되고 있었다는 사례 중 하나일 뿐이므로 핵심 내용으로 보기 어렵다.

⑤ 한반도에서 공화제적 원리는 이미 19세기 후반부터 담론 및 실천의 차원에서 표명되고 있었다. ➡ (O) 1문단에서 19세기 후반부터 공화제적 원리가 표명되고 있었음을 제시하고, 2문단에서는 공화제적 원리를 표명하는 예로 만민공동회를, 3문단에서는 공화제적 원리를 표명하는 예로 관민공동회의 「헌의6조」를 들고 있다. 따라서 공화제적 원리가 19세기 후반부터 표명되고 있었다는 내용을 담고 있는 본 선지가 지문의 핵심 내용이다.

14 ①

정답률 96.7%

| **문제 유형** | 비판적 사고 > 판단하기

| **접근 전략** | 동일한 사회 현상에 대한 대조적 견해를 제시하고 그 견해들을 올바르게 평가할 수 있는지를 묻고 있는 문제이다. 우선 지문에서 A와 B의 견해를 명확히 파악하고, 그러한 견해가 〈보기〉와 매칭되는지를 비교하며 문제를 풀이하면 된다. 이때 지문에 언급되지 않은 내용을 추측해서 답을 고르지 않도록 주의해야 한다.

다음 글의 A와 B의 견해에 대한 평가로 올바른 것만을 〈보기〉에서 모두 고르면?

여성의 사회 활동이 활발한 편에 속하는 미국에서조차 공과대학에서 여학생이 차지하는 비율은 20%를 넘지 않는다. 독일대학의 경우도 전기 공학이나 기계 공학 분야의 여학생 비율이 2.3%를 넘지 않는다. 우리나라 역시 공과대학의 여학생 비율은 15%를 밑돌고 있고, 여교수의 비율도 매우 낮다. ▶1문단

여성주의자들 중 A는 기술에 각인된 '남성성'을 강조함으로써 이 현상을 설명하려고 한다. 그에 따르면, 지금까지의 기술은 자연과 여성에 대한 지배와 통제를 끊임없이 추구해 온 남성들의 속성이 반영된, 본질적으로 남성적인 것이다. 이에 반해 여성은 타고난 출산 기능 때문에 자연에 적대적일 수 없고 자연과 조화를 추구한다고 한다. 남성성은 공격적인 태도로 자연을 지배하려 하지만, 여성성은 순응적인 태도로 자연과 조화를 이루려 한다. 때문에 여성성은 자연을 지배하는 기술과 대립할 수밖에 없다. 이에 따라 A는 여성성에 바탕을 둔 기술을 적극적으로 개발해야만 비로소 여성과 기술의 조화가 가능해진다고 주장한다. ▶2문단

다른 여성주의자 B는 여성성과 남성성 사이에 근본적인 차이가 존재하지 않는다고 주장한다. 그는 여성에게 주입된 성별 분업 이데올로기와 불평등한 사회 제도에 의해 여성의 능력이 억눌리고 있다고 생각한다. 그에 따르면, 여성은 '기술은 남성의 것'이라는 이데올로기를 어릴 적부터 주입받게 되어 결국 기술 분야 진출을 거의 고려하지 않게 된다. 설령 소수의 여성이 기술 분야에 어렵게 진출하더라도 남성에게 유리한 각종 제도의 벽에 부딪치면서 자신의 능력을 사장시키게 된다. 이에 따라 B는 여성과 기술의 관계에 대한 인식을 제고하는 교육을 강화하고 여성의 기술 분야 진출과 승진을 용이하게 하는 제도적 장치를 마련해야 한다고 주장한다. 그래야만 기술 분야에서 여성이 겪는 소외를 극복하고 여성이 자기 능력을 충분히 발휘할 수 있는 여건이 만들어질 수 있다고 보기 때문이다. ▶3문단

〈보기〉

ㄱ. A에 따르면 여성과 기술의 조화를 위해서는 자연과 조화를 추구하는 기술을 개발해야 한다. → (O) 2문단에 따르면 A는 여성성은 순응적인 태도로 자연과 조화를 이루려 한다고 보고, 이에 따라 A는 여성성에 바탕을 둔 기술을 적극적으로 개발해야만 비로소 여성과 기술의 조화가 가능해진다고 주장한다.

ㄴ. B에 따르면 여성이 남성보다 기술 분야에 많이 참여하지 않는 것은 신체적인 한계 때문이다. → (X) 3문단에 따르면 B는 여성성과 남성성 사이에 근본적인 차이가 존재하지 않는다고 주장했다. 또한 여성과 남성의 신체적 한계에 대해서는 언급하지 않았다.

ㄷ. A와 B에 따르면 한 사람은 남성성과 여성성을 동시에 갖고 있다. → (X) A는 남성성과 여성성을 명확히 구분하고 있고, B는 여성성과 남성성 사이에 근본적인 차이가 존재하지 않는다고 했을 뿐 한 사람이 둘을 동시에 갖고 있는지는 언급하지 않았다.

① ㄱ ➡ (O)
② ㄴ ➡ (X)
③ ㄱ, ㄷ ➡ (X)
④ ㄴ, ㄷ ➡ (X)
⑤ ㄱ, ㄴ, ㄷ ➡ (X)

15 ④

정답률 77.7%

| **문제 유형** | 사실적 이해 > 논리 게임

| **접근 전략** | 지문에 제시된 정보를 바탕으로 선지의 참과 거짓을 가리는 논리 게임 유형의 문제이다. 선지 내용의 참과 거짓을 가리기 위해서는 먼저 지문의 내용을 표나 기호로 시각화하여 한눈에 파악할 수 있게 정리하는 것이 필요하다. 줄글로 제시된 내용을 시각화하면 정확도를 높이고 혼란을 줄일 수 있다.

다음 글의 내용이 참일 때, 반드시 참인 것은?

A교육청은 관할지역 내 중학생의 학력 저하가 심각한 수준에 달했다고 우려하고 있다. A교육청은 이러한 학력 저하의 원인이 스마트폰의 사용에 있다고 보고 학력 저하를 방지하기 위한 방안을 마련하기로 하였다. 자료 수집을 위해 A교육청은 B중학교를 조사하였다. 조사 결과에 따르면, B중학교에서 스마트폰을 가지고 등교하는 학생들 중에서 국어 성적이 60점 미만인 학생이 20명, 영어 성적이 60점 미만인 학생이 20명이었다. ▶1문단

B중학교에 스마트폰을 가지고 등교하지만 학교에 있는 동안은 사용하지 않는 학생들 중에 영어 성적이 60점 미만인 학생은 없다. 그리고 B중학교에서 방과 후 보충 수업을 받아야 하는 학생 가운데 영어 성적이 60점 이상인 학생은 없다. ▶2문단

→ 제시된 내용을 표로 정리하면 다음과 같다.

	스마트폰 O	스마트폰 O / 사용 X	방과 후 보충 수업
국어 60점 미만	20명	–	–
영어 60점 미만	20명	X	–
영어 60점 이상	–	–	X

① 이 조사의 대상이 된 B중학교 학생은 적어도 40명 이상이다. ➡ (X) 학생 정원이 20명이고, 20명 모두가 국어 성적이 60점 미만이고, 영어 성적 또한 60점 미만일 수 있다.

② B중학교 학생인 성열이의 영어 성적이 60점 미만이라면, 성열이는 방과 후 보충 수업을 받아야 할 것이다. ➡ (X) 마지막 문장에 따르면 '방과 후 보충 수업 → 영어 성적 60점 미만'이다. 이 명제의 역이 반드시 참은 아니므로 영어 성적이 60점 미만이라고 반드시 방과 후 보충 수업을 받아야 한다고 단정할 수 없다.

③ B중학교 학생인 대석이의 국어 성적이 60점 미만이라면, 대석이는 학교에 있는 동안에 스마트폰을 사용할 것이다. ➡ (X) 지문 내용을 통해 참인지 거짓인지 알 수 없다.

④ 스마트폰을 가지고 등교하더라도 학교에 있는 동안은 사용하지 않는 B중학교 학생 가운데 방과 후 보충 수업을 받아야 하는 학생은 없다. ➡ (O) 2문단의 내용은 '스마트폰을 가지고 등교하지만 학교에 있는 동안에는 사용 X → 영어 성적 60점 이상', '보충 → ~영어 성적 60점 이상 ⟺ 영어 성적 60점 이상 → ~보충'으로 정리할 수 있다. 따라서 스마트폰을 가지고 등교하지만 학교에 있는 동안은 사용하지 않는 학생은 방과 후 보충 수업을 받지 않아도 됨을 추론할 수 있다.

⑤ B중학교에서 스마트폰을 가지고 등교하는 학생들 가운데 학교에 있는 동안은 스마트폰을 사용하지 않는 학생은 적어도 20명 이상이다. ➡ (X) 지문의 내용을 통해 참인지 거짓인지 알 수 없는 내용이다.

16 ④
정답률 71.5%

| **문제 유형** | 사실적 이해 > 논리 게임
| **접근 전략** | 지문에 제시된 내용들을 바탕으로 〈보기〉의 참과 거짓을 가리는 논리 게임 유형의 문제이다. 전형적인 논리 게임 문제이므로 지문의 내용을 표나 기호로 시각화하여 한눈에 파악할 수 있게 정리한 다음 〈보기〉의 내용을 삼단논법의 기본 원칙을 적용해 풀이하면 된다.

다음 글의 내용이 참일 때, 반드시 참인 것만을 〈보기〉에서 모두 고르면?

지혜로운 사람은 정열을 갖지 않는다. 정열을 가진 사람은 고통을 피할 수 없다. 정열은 고통을 수반하기 때문이다. 그런데 사랑을 원하는 사람은 정열을 가진 사람이다. 정열을 가진 사람은 행복하지 않다. 지혜롭지 않은 사람은 사랑을 원하면서 동시에 고통을 피하고자 한다. 그러나 지혜로운 사람만이 고통을 피할 수 있다.

→ 제시된 내용을 정리하면 다음과 같다.
• a: 지혜 → ~정열
• b: 정열 → 고통
• c: 사랑 원함 → 정열
• d: 정열 → ~행복
• e: ~지혜 → 사랑 원함 and 고통
• f: 지혜 → ~고통

〈보기〉
ㄱ. 지혜로운 사람은 행복하다. → (X) a와 'c의 대우'를 통해 '지혜 → ~정열 → ~사랑 원함'까지는 찾을 수 있으나 지혜로운 사람이 행복한지는 지문의 내용만으로 알 수 없다.
ㄴ. 사랑을 원하는 사람은 행복하지 않다. → (O) c와 d를 통해 '사랑 원함 → 정열 → ~행복'을 이끌어 낼 수 있다. 따라서 ㄴ은 반드시 참이다.
ㄷ. 지혜로운 사람은 사랑을 원하지 않는다. → (O) a와 'c의 대우'를 통해 '지혜 → ~정열 → ~사랑 원함'을 이끌어 낼 수 있다. ㄷ은 반드시 참이다.

① ㄱ ➡ (X)
② ㄴ ➡ (X)
③ ㄱ, ㄷ ➡ (X)
④ ㄴ, ㄷ ➡ (O)
⑤ ㄱ, ㄴ, ㄷ ➡ (X)

17 ③
정답률 81.8%

| **문제 유형** | 비판적 사고 > 논리적 결론의 전제·원인 찾기
| **접근 전략** | 논리적 전제를 찾기 위해 논리 게임의 풀이 방법을 적용해야 할 문항으로 난도가 높은 문제이다. 본 문항을 해결하기 위해서는 지문의 내용을 구조화하여 어떤 것이 빠졌는지를 보아야 한다. 이때 시간이 많이 소요될 수 있으니 선지의 내용이 필요조건으로 들어가면 어떻게 되는지 확인하는 방식으로 문제를 풀어도 된다.

다음 글의 내용이 참일 때, 밑줄 친 결론을 이끌어 내기 위해 추가해야 할 전제로 적절한 것은?

A팀이 제작하는 운영체제를 C팀의 전산 시스템에 설치하면 C팀의 보안 시스템에 오류를 발생시킨다. B팀이 제작하는 전원 공급 장치는 5%의 결함률이 있다. 즉 B팀이 제작하는 전원 공급 장치 중 5%의 제품은 결함이 있고 나머지는 결함이 없다. C팀의 전산 시스템에는 반드시 B팀이 제작한 전원 공급 장치를 장착한다. 만일 C팀의 보안 시스템에 오류가 있거나 전원 공급 장치에 결함이 있다면, C팀의 전산 시스템에는 오류가 발생한다. 그러므로 C팀의 전산 시스템에는 반드시 오류가 발생한다.

→ 제시된 내용을 정리하면 다음과 같다.
• A팀 제작의 운영체제를 C팀에 설치 → C팀 보안 시스템 오류 → C팀 전산 시스템 오류
• 전원 공급 장치 결함 → C팀 전산 시스템 오류

① A팀이 제작하는 운영체제를 B팀의 전산 시스템에 설치한다. ➡ (X)
② A팀이 제작하는 운영체제를 C팀의 전산 시스템에 설치하지 않는다. ➡ (X)
③ B팀이 제작하여 C팀에 제공하는 전원 공급 장치에 결함이 있다. ➡ (O) A팀 제작 운영체제를 C팀에 설치했거나 전원 공급 장치에 결함이 있음을 제시해야 C팀 전산 시스템에 반드시 오류가 발생한다는 것을 입증할 수 있다. 따라서 C팀이 제공받는 전원 공급 장치에 결함이 있다는 본 선지의 내용이 전제로 추가되어야 한다.
④ B팀에서 제작한 결함이 없는 95%의 전원 공급 장치를 C팀의 전산 시스템에 장착한다. ➡ (X)
⑤ C팀의 전산 시스템 오류는 다른 결함요인에 의해서도 발생한다. ➡ (X)

18 ⑤
TOP 3 정답률 53.6%

| **문제 유형** | 비판적 사고 > 판단하기
| **접근 전략** | 주어진 논증에 대한 평가를 제시하고 그 적절성을 묻는 문항이다. 전제와 결론의 관계를 파악해야 할 때는 벤 다이어그램을 그려 보면 그 상관관계를 한눈에 볼 수 있으므로, 제시된 논증을 정리하여 벤 다이어그램을 그리고 각 선지가 어느 경우에 해당하는지를 찾아 평가의 적절성을 판단하는 것도 하나의 방법이다.

다음 논증에 대한 평가로 적절한 것은?

전제1: 절대빈곤은 모두 나쁘다.
전제2: 비슷하게 중요한 다른 일을 소홀히 하지 않고도 우리가 막을 수 있는 절대빈곤이 존재한다.
전제3: 우리가 비슷하게 중요한 다른 일을 소홀히 하지 않고도 나쁜 일을 막을 수 있다면, 우리는 그 일을 막아야 한다.
결론: 우리가 막아야 하는 절대빈곤이 존재한다.

→ 제시된 내용을 정리하면 다음과 같다.
• 전제1: 절대빈곤 → 나쁨
• 전제2: 어떤 절대빈곤 → 소홀히 하지 않고 막을 수 있음

• 전제3: 소홀히 하지 않고 막을 수 있음 & 나쁜 일 → 막아야 함

① 모든 전제가 참이라고 할지라도 결론은 참이 아닐 수 있다. ➡ (X) '어떤 절대빈곤 → 나쁘고, 소홀히 하지 않고 막을 수 있음 → 막아야 함'을 통해 '어떤 절대빈곤 → 막아야 함'이라는 결론이 도출된다. 따라서 모든 전제가 참이면 결론은 반드시 참이 된다.

② 전제1을 논증에서 뺀다고 하더라도, 전제2와 전제3만으로 결론이 도출될 수 있다. ➡ (X) 전제3에 따르면 나쁜 일이어야 막는데, 전제1이 없으면 어떤 절대빈곤이 나쁘다는 것을 밝힐 수 없으므로 전제1이 필요하다.

③ 비슷하게 중요한 다른 일을 소홀히 해도 막을 수 없는 절대빈곤이 있다면, 결론은 도출되지 않는다. ➡ (X) 비슷하게 중요한 다른 일을 소홀히 해도 막을 수 없는 절대빈곤이 있더라도 우리가 막아야 하는 절대빈곤이 존재한다는 결론은 도출될 수 있다.

④ 절대빈곤을 막는 일에 비슷하게 중요한 다른 일을 소홀히 하게 되는 경우가 많다면, 결론은 도출되지 않는다. ➡ (X) 결론은 '어떤 절대빈곤 → 우리가 막아야 함'이므로 절대빈곤을 막는 일에 비슷하게 중요한 다른 일을 소홀히 하게 되는 경우가 많다고 하더라도 우리가 막아야 하는 절대빈곤이 존재한다는 결론은 도출된다.

⑤ 비슷하게 중요한 다른 일을 소홀히 하지 않고도 막을 수 있는 나쁜 일이 존재한다는 것을 전제로 추가하지 않아도, 주어진 전제만으로 결론은 도출될 수 있다. ➡ (O) 우리가 막아야 하는 절대빈곤이 있다는 것은 전제2를 통해 도출할 수 있으므로 다른 전제를 추가하지 않아도 된다.

19 ②
정답률 94.9%

|문제 유형| 비판적 사고 > 논리적 결론의 전제·원인 찾기
|접근 전략| 제시된 실험 결과를 바탕으로 그것의 가설을 찾는 문제 유형이다. 실험을 소재로 한 지문을 읽을 때는 실험에서 변수와 상수가 무엇인지를 잘 살펴보아야 한다. 어떤 조건이 같고, 어떤 조건이 달라졌을 때 결과값이 다르게 나오는지에 주목하여 문제를 풀면 된다.

다음 글의 실험 결과를 가장 잘 설명하는 가설은?

상추씨를 임의로 (가)~(라)군으로 나눈 후, (가)군에는 적색광을 1분간 조사(照射)했다. (나)군에는 (가)군과 같이 처리한 후 근적외선을 4분간 추가로 조사했다. (다)군에는 (나)군과 같이 처리한 후 적색광을 1분간 추가로 조사했다. (라)군에는 (다)군과 같이 처리한 후 근적외선을 2분간 추가로 조사했다. 광선의 조사가 끝난 각 군의 상추씨들은 바로 암실로 옮겨졌다. 다음 날 상추씨의 발아율을 측정해 보니, (가)군과 (다)군의 발아율은 80% 이상이었으며, (나)군은 2%, (라)군은 3%로 나타났다. 처음부터 암실에 두고 광선을 전혀 조사하지 않은 대조군의 발아율은 3%였다.

→ 제시된 내용을 표로 정리하면 다음과 같다.

	(가)군	(나)군	(다)군	(라)군
적색광 1분	○	○	○	○
근적외선 4분		○	○	○
적색광 1분 추가			○	○
근적외선 2분 추가				○
발아율(%)	80% 이상	2%	80% 이상	3%

① 상추씨의 발아율을 높이려면 근적외선을 조사해야 한다. ➡ (X) 근적외선을 조사하지 않은 (가)군의 발아율이 높게 나온 것을 통해 근적외선 조사가 상추씨의 발아율을 높이는 데 큰 영향을 주지 않음을 알 수 있다.

② 상추씨의 발아율을 높이려면 적색광을 마지막에 조사해야 한다. ➡ (O) 실험 결과를 보면 발아율이 높은 (가)와 (다)는 (나), (라)와 달리 적색광을 마지

막에 조사하였다. 따라서 '상추씨의 발아율을 높이려면 적색광을 마지막에 조사해야 한다.'가 지문의 실험 결과를 가장 잘 설명하는 가설이 된다.

③ 상추씨의 발아율을 높이려면 적색광과 근적외선을 번갈아 조사해야 한다. ➡ (X) 적색광과 근적외선을 번갈아 조사한 (라)군의 발아율이 높지 않은 실험 결과를 통해 적색광과 근적외선을 번갈아 조사하는 것이 상추씨의 발아율을 높이는 데 큰 영향을 주지 않음을 알 수 있다.

④ 상추씨의 발아율을 높이려면 근적외선의 효과가 적색광의 효과를 상쇄해야 한다. ➡ (X) 적색광만 조사한 (가)군의 발아율이 높게 나타난 것을 통해 상추씨의 발아율을 높이려면 적색광의 효과가 필요함을 알 수 있다.

⑤ 상추씨의 발아율을 높이려면 적색광을 조사한 횟수가 근적외선을 조사한 횟수보다 더 적어야 한다. ➡ (X) 근적외선을 조사한 횟수보다 적색광을 조사한 횟수가 더 많은 (다)군이 그렇지 않은 (나)보다 상추씨의 발아율이 더 높고, 적색광을 한 번 조사한 (가)군과 두 번 조사한 (다)군의 상추씨 발아율에 큰 차이가 없는 것을 통해 적색광을 조사한 횟수는 상추씨의 발아율에 큰 영향을 주지 않음을 알 수 있다.

20 ②
TOP 2 정답률 36.5%

|문제 유형| 비판적 사고 > 지문에서 추론하기
|접근 전략| 지문을 읽고 추론할 수 있는 내용을 고르는 문제 유형이다. 추론하기 유형의 경우 정보 확인 유형과 유사하게 지문에 언급된 내용을 기반으로 옳고 그름만 판단할 수 있으면 문제 풀이가 가능하다. 다만, 추론하기 유형의 경우 지문에 직접적으로 제시되어 있지 않더라도 합리적으로 추론이 가능한 내용을 고를 수 있어야 한다.

다음 글에서 추론할 수 있는 것만을 〈보기〉에서 모두 고르면?

의학이나 공학, 혹은 과학에서는 다양한 검사법을 사용한다. 가령, 의학에서 사용되는 HIV 감염 여부에 대한 진단은 HIV 항체 검사법에 크게 의존한다. 흔히 항체 검사법의 결과는 양성 반응과 음성 반응으로 나뉜다. HIV 양성 반응이라는 것은 HIV에 감염되었다는 검사 결과가 나왔다는 것을 말하며, HIV 음성 반응이라는 것은 HIV에 감염되지 않았다는 검사 결과가 나왔다는 것을 말한다. ▶1문단

이런 검사법의 품질은 어떻게 평가되는가? 가장 좋은 검사법은 HIV에 감염되었을 때는 언제나 양성 반응이 나오고, HIV에 감염되지 않았을 때는 언제나 음성 반응이 나오는 것이라고 할 수 있다. 하지만 여러 기술적 한계 때문에 그런 검사법을 만들기는 쉽지 않다. 많은 검사법은 HIV에 감염되었다고 하더라도 음성 반응이 나올 가능성, HIV에 감염되지 않아도 양성 반응이 나올 가능성을 가지고 있다. 이 두 가지 가능성이 높은 검사법은 좋은 검사법이라고 말할 수 없을 것이다. ▶2문단

반면 HIV에 감염되었을 때 양성 반응이 나올 확률과 HIV에 감염되지 않았을 때 음성 반응이 나올 확률이 매우 높은 검사법은 비교적 좋은 품질을 가지고 있다고 말할 수 있다. 통계학자들은 전자에 해당하는 확률을 '민감도'라고 부르며, 후자에 해당하는 확률을 '특이도'라고 부른다. 민감도는 '참 양성 비율'이라고 불리기도 하며, 이는 실제로 감염된 사람들 중 양성 반응을 보인 사람들의 비율이다. 마찬가지로 특이도는 '참 음성 비율'이라고 불리기도 하며, 이는 실제로는 감염되지 않은 사람들 중 음성 반응을 보인 사람들의 비율로 정의된다. 물론 '거짓 양성 비율'은 실제로 병에 걸리지 않은 사람들 중 양성 반응을 보인 사람들의 비율을 뜻하며, '거짓 음성 비율'은 실제로 병에 걸린 사람들 중 음성 반응을 보인 사람들의 비율을 가리킨다. ▶3문단

〈보기〉

ㄱ. 어떤 검사법의 민감도가 높을수록 그 검사법의 특이도도 높다. → (X) HIV에 감염되었을 때 양성 반응이 나올 확률인 민감도와 HIV에 감염되지 않았을 때 음성 반응이 나올 확률인 특이도는 독립적이며, 둘 사이에 반드시 비례 관계가 성립하는 것은 아니다.

ㄴ. 어떤 검사법의 특이도가 100%라면 그 검사법의 거짓 양성 비율은 0%이다. → (O) 특이도가 100%라면 HIV에 감염되지 않았을 때 음성 반응이 나올 확률이 100%라는 것인데 거짓 양성 비율은 실제로 병에 걸리지 않은 사람들 중 양성 반응을 보인 사람들의 비율을 뜻하므로 특이도가 100%일 때 거짓 양성 비율은 0%이다.

ㄷ. 민감도가 100%인 HIV 항체 검사법을 이용해 어떤 사람을 검사한 결과 양성 반응이 나왔다면 그 사람이 HIV에 감염되었을 확률은 100%이다. → (X) 민감도가 100%라 해도 '감염자 → 양성'이 성립하는 것이지 그 역인 '양성 → 감염자'가 반드시 참인 것은 아니므로 ㄷ은 옳지 않다.

① ㄱ ➡ (X)
② ㄴ ➡ (O)
③ ㄷ ➡ (X)
④ ㄱ, ㄴ ➡ (X)
⑤ ㄴ, ㄷ ➡ (X)

---

21 ⑤

정답률 96.5%

| 문제 유형 | 사실적 이해 > 정보 확인

| 접근 전략 | 지문과 선지 내용의 일치, 불일치를 묻는 정보 확인 문제 유형이다. PSAT 시험에서 정보 확인 유형이 어렵게 느껴지는 이유는 지문의 정보 배열 순서가 선지와 다르기 때문이다. 따라서 정보 확인 유형 문제는 선지를 먼저 확인한 후에 지문을 읽어 나가면서 오답인 선지를 소거하는 것이 효율적이다.

다음 글의 내용과 부합하지 않는 것은?

정보화로 인해 폭발적으로 늘어난 큰 규모의 정보를 활용하는 빅데이터 분석이 샘플링과 설문조사 전문가들의 작업을 대체하고 있다. 이제 연구에 필요한 정보는 사람들이 평소대로 행동하는 동안 자동적으로 수집된다. 그 결과 샘플링과 설문지 사용에서 기인하는 편향이 사라졌다. 또한 휴대전화 통화정보로 드러나는 인맥이나 트위터를 통해 알 수 있는 사람들의 정서처럼 전에는 수집이 불가능했던 정보의 수집이 가능해졌다. 그리고 가장 중요한 점은 샘플을 추출해야 할 필요성이 사라졌다는 사실이다. ▶1문단

네트워크 이론에 관한 세계적인 권위자 바라바시는 전체 인구의 규모에서 사람들 간의 소통을 연구하고 싶었다. 그래서 유럽의 한 국가 전체 인구의 1/5을 고객으로 하고 있는 무선통신 사업자로부터 4개월 치의 휴대전화 통화 내역을 제공받아 네트워크 분석을 행하였다. 그렇게 큰 규모로 통화기록을 분석하자 다른 방식으로는 결코 밝혀낼 수 없었을 사실을 알아냈다. ▶2문단

흥미롭게도 그가 발견한 사실은 더 작은 규모의 연구 결과들과 상반된 것이었다. 그는 한 커뮤니티 내에서 링크를 많이 가진 사람을 네트워크로부터 제거하면 네트워크의 질은 저하되지만, 기능이 상실되는 수준은 아님을 발견하였다. 반면 커뮤니티 외부와 링크를 많이 가진 사람을 네트워크에서 제거하면 갑자기 네트워크가 와해되어 버렸다. 구조가 허물어지는 것처럼 말이다. 이것은 기존 연구를 통해서는 예상할 수 없었던 중요한 결과였다. 네트워크 구조의 안정성이라는 측면에서 봤을 때, 친한 친구를 많이 가진 사람보다 친하지 않은 사람들과 연락을 많이 하는 사람이 훨씬 더 중요할 거라고 누가 생각이나 해보았겠는가? 이것은 사회나 그룹 내에서 중요한 것이 동질성보다는 다양성일 수 있다는 점을 시사한다. ▶3문단

사실 기존의 통계학적 샘플링은 만들어진 지 채 100년도 되지 않는 통계 기법으로서 기술적 제약이 있던 시대에 개발된 것이다. 이제 더 이상 그런 제약들은 그때와 같은 정도로 존재하지는 않는다. 빅데이터 시대에 무작위 샘플을 찾는 것은 자동차 시대에 말채찍을 드는 것과 같다. 특정한 경우에는 여전히 샘플링을 사용할 수 있겠지만 더 이상 샘플링이 사회현상 분석의 주된 방법일 수는 없다. 우리는 이제 샘플이 아닌 전체를 분석할 수 있게 되었기 때문이다. ▶4문단

① 빅데이터 분석이 설문조사 전문가들의 작업을 대체하고 있다.
➡ (O) 1문단에서 빅데이터 분석이 샘플링과 설문조사 전문가들의 작업을 대체하고 있다고 하였다.

② 샘플링 기법은 현재보다 기술적 제약이 컸던 시대의 산물이다.
➡ (O) 4문단에서 기존의 통계학적 샘플링은 만들어진 지 채 100년도 되지 않는 통계 기법으로서 기술적 제약이 있던 시대에 개발된 것이라고 하였다.

③ 샘플링이나 설문지를 사용하는 연구의 경우에는 어느 정도의 편향이 발생한다. ➡ (O) 1문단에서 빅데이터 분석 결과 샘플링과 설문지 사용에서 기인하는 편향이 사라졌다고 한 것을 통해 알 수 있다.

④ 빅데이터 시대에 샘플링은 더 이상 사회현상 연구의 주된 방법으로 간주되지 않게 되었다. ➡ (O) 4문단에서 더 이상 샘플링이 사회현상 분석의 주된 방법일 수는 없다고 하였다.

⑤ 바라바시의 연구에 의하면 커뮤니티 외부와 링크를 많이 가진 사람을 네트워크에서 제거해도 네트워크가 와해되지는 않는다.
➡ (X) 3문단에 따르면 바라바시는 커뮤니티 외부와 링크를 많이 가진 사람을 네트워크에서 제거하면 갑자기 네트워크가 와해되어 버린다는 사실을 발견했다.

---

22 ②

정답률 89.7%

| 문제 유형 | 사실적 이해 > 논리 게임

| 접근 전략 | 지문에 제시된 여러 조건을 활용·적용하여 문제에서 요구하는 바, 즉 지원자들의 최대 인원을 찾아야 하는 문항이다. 4명의 지원자와 네 가지 자질이 주어져 있으므로 이를 표로 정리한 후 지문에서 제시한 다섯 가지의 조건에 따라 채용 여부를 판단하면 된다.

다음 글의 내용이 참일 때, A부처의 공무원으로 채용될 수 있는 지원자들의 최대 인원은?

금년도 공무원 채용 시 A부처에서 요구되는 자질은 자유민주주의 가치확립, 건전한 국가관, 헌법가치 인식, 나라 사랑이다. A부처는 이 네 가지 자질 중 적어도 세 가지 자질을 지닌 사람을 채용할 것이다. 지원자는 갑, 을, 병, 정이다. 이 네 사람이 지닌 자질을 평가했고 다음과 같은 정보가 주어졌다.

○ 갑이 지닌 자질과 정이 지닌 자질 중 적어도 두 개는 일치한다.
○ 헌법가치 인식은 병만 가진 자질이다.
○ 만약 지원자가 건전한 국가관의 자질을 지녔다면, 그는 헌법가치 인식의 자질도 지닌다.
○ 건전한 국가관의 자질을 지닌 지원자는 한 명이다.
○ 갑, 병, 정은 자유민주주의 가치확립이라는 자질을 지니고 있다.
→ 제시된 자료를 정리하면 다음과 같다.

	갑	을	병	정
자유민주주의 가치확립	O	?	O	O
건전한 국가관	X	X	O	X
헌법가치 인식	X	X	O	X
나라 사랑	O	?	?	O

① 0명 ➡ (X)

② 1명 ➡ (O) 2, 4번째 조건에 의해 건전한 국가관과 헌법가치 인식의 자질 유무가 드러나고, 5번째 조건에 의해 자유민주주의 가치확립의 자질 유무가 확정된다. 1번째 조건에 의해 나라 사랑 자질 여부도 결정된다. 제시된 자료를 정리한 내용 중 '?'로 표시한 부분에 모두 'O'가 들어간다고 해도 병 1명만 세 가지 자질을 지닌다. 즉, 채용될 수 있는 인원은 병 1명이다.

③ 2명 ➡ (X)
④ 3명 ➡ (X)

⑤ 4명 ➡ (X)

23 ⑤

| 문제 유형 | 비판적 사고 > 판단하기
| 접근 전략 | 공직자 임용 기준에 대한 세 주장과 그에 대한 평가를 제시하고 그것의 적절성을 묻는 문항이다. 여러 사람의 의견이 제시되었고 표면적으로 다른 이야기를 하고 있다고 해서 세 주장을 완전히 대립되는 견해라고 생각하면 안 된다. 아무리 다른 입장이라도 공통적으로 인정하고 있는 부분이 있을 수 있는데, 그 부분을 공략해 오답을 많이 만들어 내기 때문에 특히 유의해야 한다.

다음 A~C의 주장에 대한 평가로 적절한 것만을 〈보기〉에서 모두 고르면?

A: 정당에 대한 충성도와 공헌도를 공직자 임용 기준으로 삼아야 한다. 이는 전쟁에서 전리품은 승자에게 속한다는 국제법의 규정에 비유할 수 있다. 즉 주기적으로 실시되는 대통령 선거에서 승리한 정당이 공직자 임용의 권한을 가져야 한다. 이러한 임용 방식은 공무원에 대한 정치 지도자의 지배력을 강화시켜 지도자가 구상한 정책 실현을 용이하게 할 수 있다.

B: 공직자 임용 기준은 개인의 능력·자격·적성에 두어야 하며 공개경쟁 시험을 통해 공무원을 선발하는 것이 좋다. 그러면 신규 채용 과정에서 공개와 경쟁의 원칙이 준수되기 때문에 정실 개입의 여지가 줄어든다. 공개경쟁 시험은 무엇보다 공직자 임용에서 기회균등을 보장하여 우수한 인재를 임용함으로써 행정의 능률을 높일 수 있고 공무원의 정치적 중립을 통하여 행정의 공정성이 확보될 수 있다는 장점을 가지고 있다. 또한 공무원의 신분보장으로 행정의 연속성과 직업적 안정성도 강화될 수 있다.

C: 사회를 구성하는 모든 지역 및 계층으로부터 인구 비례에 따라 공무원을 선발하고, 그들을 정부 조직 내의 각 직급에 비례적으로 배치함으로써 정부 조직이 사회의 모든 지역과 계층에 가능한 한 공평하게 대응하도록 구성되어야 한다. 공무원들은 가치중립적인 존재가 아니다. 그들은 자신의 출신 집단의 영향을 받은 가치관과 신념을 가지고 정책 결정과 정책 집행에 깊숙이 개입하고 있으며, 이 과정에서 자신의 견해나 가치를 반영하고자 노력한다.

─────〈보기〉─────

ㄱ. 공직자 임용의 정치적 중립성을 보장할 필요성이 대두된다면, A의 주장은 설득력을 얻는다. → (X) 당에 대한 충성도와 공헌도를 공직자 임용 기준으로 삼아야 한다는 A의 주장은 공직자 임용의 정치적 중립성을 보장할 필요성이 대두된다면 그 설득력이 약화될 것이다.

ㄴ. 공직자 임용과정의 공정성을 높일 필요성이 부각된다면, B의 주장은 설득력을 얻는다. → (O) 공직자 임용과정의 공정성을 높일 필요성이 부각된다면, 공직자 임용 기준을 개인의 능력·자격·적성에 두어야 하며 공개경쟁 시험을 통해 공무원을 선발해야 신규 채용 과정에서 공개와 경쟁의 원칙이 준수되기 때문에 정실 개입의 여지가 줄어든다는 B의 주장은 설득력이 강화된다.

ㄷ. 인구의 절반을 차지하는 비수도권 출신 공무원의 비율이 1/4에 그쳐 지역 편향성을 완화할 필요성이 제기된다면, C의 주장은 설득력을 얻는다. → (O) 지역 편향성을 완화할 필요성이 제기된다면 사회를 구성하는 모든 지역 및 계층으로부터 인구 비례에 따라 공무원을 선발해야 한다는 C의 주장은 그 설득력이 강화된다.

① ㄱ ➡ (X)
② ㄴ ➡ (X)
③ ㄷ ➡ (X)
④ ㄱ, ㄷ ➡ (X)
⑤ ㄴ, ㄷ ➡ (O)

24 ②

| 문제 유형 | 비판적 사고 > 빈칸 채우기
| 접근 전략 | 본 문제는 빈칸 채우기 유형이지만 유비추론을 통해 문제를 풀어야 한다. 특히 A기술을 액체와 배수관에 빗대어 설명하고 있으므로 유추를 통해 각각에 대응하는 것이 무엇인지 찾아야 한다.

다음 ㉠과 ㉡에 들어갈 말을 바르게 나열한 것은?

이동통신이 유선통신에 비하여 어려운 점은 다중 경로에 의해 통신채널이 계속적으로 변화하여 통신 품질이 저하된다는 것이다. 다중 경로는 송신기에서 발생한 신호가 수신기에 어떠한 장애물을 거치지 않고 직접적으로 도달하기도 하고 장애물을 통과하거나 반사하여 간접적으로 도달하기도 하기 때문에 발생한다. 이 다중 경로 때문에 송신기에서 발생한 신호가 안테나에 도달할 때 신호들마다 시간 차이가 발생한다. 이렇게 하나의 송신 신호가 시시각각 수신기에 다르게 도달하기 때문에 이동통신 채널은 일반적으로 유선통신 채널에 비해 빈번히 변화한다. 일반적으로 거쳐 오는 경로가 길수록 수신되는 진폭은 작아지고 지연 시간도 길어지게 된다. 다중 경로를 통해 전파가 전송되어 오면 각 경로의 거리 및 전송 특성 등의 차이에 의해 수신기에 도달하는 시간과 신호 세기의 차이가 발생한다. ▶1문단

시간에 따라 변화하는 이동통신의 품질을 극복하기 위해 개발된 것이 A기술이다. 이 기술을 사용하면 하나의 송신기로부터 전송된 하나의 신호가 다중 경로를 통해 안테나에 수신된다. 이때 안테나에 수신된 신호들 중 일부 경로를 통해 수신된 신호의 크기가 작더라도 나머지 다른 경로를 통해 수신된 신호의 크기가 크면 수신된 신호들 중 가장 큰 것을 선택하여 안정적인 송수신을 이루려는 것이 A기술이다. A기술은 마치 한 종류의 액체를 여러 배수관에 동시에 흘려보내 가장 빨리 나오는 배수관의 액체를 선택하는 것에 비유할 수 있다. 여기서 액체는 [㉠]에 해당하고, 배수관은 [㉡]에 해당한다. ▶2문단

	㉠	㉡	
①	송신기	안테나	➡ (X)
②	신호	경로	➡ (O)

A기술을 사용하면 하나의 송신기로부터 전송된 하나의 신호가 다중 경로를 통해 안테나에 수신된다. 이때 안테나에 수신된 신호들 중 일부 경로를 통해 수신된 신호의 크기가 작더라도 나머지 다른 경로를 통해 수신된 신호의 크기가 크면 수신된 신호들 중 가장 큰 것을 선택하여 안정적인 송수신을 이루려는 것이 A기술이다. 송신기로부터 전송되는 것은 신호이고, 흘려보내는 것은 액체이므로 액체는 신호와 유사한 성격을 갖는다. 배수관은 액체를 흘려보내는 통로인데, 신호를 흘려보내는 통로는 다중 경로이므로 배수관은 경로와 유사한 성격을 가진다. 따라서 ㉠에는 신호, ㉡에는 경로가 들어가야 한다.

	㉠	㉡	
③	신호	안테나	➡ (X)
④	안테나	경로	➡ (X)
⑤	안테나	신호	➡ (X)

| **문제 유형** | 비판적 사고 > 논지 강화·약화하기

| **접근 전략** | 글의 결론을 지지하는 진술을 찾을 수 있는지 평가하기 위한 문제 유형이다. 논지를 지지하지 않는 진술을 고르는 문제에서는 논지를 강화하는 진술 이외의 것을 모두 정답으로 고르지 않도록 주의해야 한다. 논지를 지지하지도 반박하지도 않는, 논지와 무관한 진술이 있을 수 있기 때문이다. 우선은 지문을 읽고 결론을 파악한 후 선지를 읽어 나가며 결론을 지지하는 내용의 선지를 소거하면 된다. 그런데도 정답이 도출되지 않으면 결론을 지지 또는 약화하지도 않는 선지를 소거하면 정답을 찾을 수 있다.

다음 글의 결론을 지지하지 않는 것은?

지구와 태양 사이의 거리와 지구가 태양 주위를 도는 방식은 인간의 생존에 유리한 여러 특징을 지니고 있다. 인간을 비롯한 생명이 생존하려면 행성은 액체 상태의 물을 포함하면서 너무 뜨겁거나 차갑지 않아야 한다. 이를 위해 행성은 태양과 같은 별에서 적당히 떨어져 있어야 한다. 이 적당한 영역을 '골디락스 영역'이라고 한다. 또한 지구가 태양의 중력장 주위를 도는 타원 궤도는 충분히 원에 가깝다. 따라서 연중 태양에서 오는 열에너지가 비교적 일정하게 유지될 수 있다. 만약 태양과의 거리가 일정하지 않았다면 지구는 여름에는 바다가 모두 끓어 넘치고 겨울에는 거대한 얼음 덩어리가 되는 불모의 행성이었을 것이다. ▶1문단

우리 우주에 작용하는 근본적인 힘의 세기나 물리법칙도 인간을 비롯한 생명의 탄생에 유리하도록 미세하게 조정되어 있다. 예를 들어 근본적인 힘인 강한 핵력이나 전기력의 크기가 현재 값에서 조금만 달랐다면, 별의 내부에서 탄소처럼 무거운 원소는 만들어질 수 없었고 행성도 만들어질 수 없었을 것이다. 최근 들어 물리학자들은 이들 힘을 지배하는 법칙이 현재와 다르다면 우주는 구체적으로 어떤 모습이 될지 컴퓨터 모형으로 계산했다. 그 결과를 보면 강한 핵력의 강도가 겨우 0.5% 다르거나 전기력의 강도가 겨우 4% 다를 경우에도 탄소나 산소는 우주에서 합성되지 않는다. 따라서 생명 탄생의 가능성도 사라진다. 결국 강한 핵력이나 전기력을 지배하는 법칙들을 조금이라도 건드리면 우리가 존재할 가능성은 사라지는 것이다. ▶2문단

결론적으로 지구 주위 환경뿐만 아니라 보편적 자연법칙까지도 인류와 같은 생명이 진화해 살아가기에 알맞은 범위 안에 제한되어 있다고 할 수 있다. 만일 그러한 제한이 없었다면 태양계나 지구가 탄생할 수 없었을 뿐만 아니라 생명 또한 진화할 수 없었을 것이다. 우리가 아는 행성이나 생명이 탄생할 가능성을 열어두면서 물리법칙을 변경할 수 있는 폭은 매우 좁다. ▶3문단

① 탄소가 없는 상황에서도 생명은 자연적으로 진화할 수 있다. ➡
(X) 2문단에 따르면 탄소나 산소가 우주에서 합성되지 않는다면 생명 탄생의 가능성도 사라진다. 이는 생명 탄생에 탄소가 필수적이라는 것을 암묵적으로 전제하고 있다. 그런데 탄소가 없는 상황에서도 생명이 자연적으로 진화할 수 있다면 이것이 반박되고, 이에 따라 지구 주위 환경뿐만 아니라 보편적 자연법칙까지도 인류와 같은 생명이 진화해 살아가기에 알맞은 범위 안에 제한되어 있다고 할 수 있다는 결론까지도 약화된다.

② 중력법칙이 현재와 조금만 달라도 지구는 태양으로 빨려 들어간다. ➡ (O) 지문의 결론은 지구 주위 환경뿐만 아니라 보편적 자연법칙까지도 인류와 같은 생명이 진화해 살아가기에 알맞은 범위 안에 제한되어 있다는 것인데 선지 ②~⑤ 모두 지금의 지구가 최적의 환경에 놓여 있음을 지지한다.

③ 원자핵의 질량이 현재보다 조금 더 크다면 우리 몸을 이루는 원소는 합성되지 않는다. ➡ (O)

④ 별 주위의 '골디락스 영역'에 행성이 위치할 확률은 매우 낮지만 지구는 그 영역에 위치한다. ➡ (O)

⑤ 핵력의 강도가 현재와 약간만 달라도 별의 내부에서 무거운 원소가 거의 전부 사라진다. ➡ (O)

2015 | 제2영역 자료해석(앤 책형)

기출 총평

평이한 수준의 난도로 출제되었다. 대부분의 문제가 단순하게 비교하거나 비율 및 증가율을 비교하는 곱셈과 분수를 파악하는 문제가 출제되었다. 〈조건〉이나 정보를 분석하는 계산을 하는 유형이나 순위 문제, 매칭형 문제도 일부 출제되었고, 기본 개념이 충실하게 되어 있다면 어려움 없이 해결할 수 있었을 것이다. 추가로 필요한 자료 찾기, 자료/보고서 전환형 문제는 수치를 꼼꼼하게 비교하고 계산하는 것이 아니라 키워드를 중심으로 확인하는 정도로 파악하면 되는 문제여서 어렵지 않게 출제되었다. 다만, 각주를 꼼꼼하게 해석할 수 있어야 고득점을 얻을 수 있는 문제가 출제되었다. 문제를 해결하는 데 있어 중요한 핵심 정보를 제공하는 각주를 올바르게 해석하는 것이 무엇보다 중요한 시험이었다. 전반적으로 기출문제와 비교하여 특별하게 새롭거나 어려운 유형 없이 무난하게 출제되었다. 비교하는 문제나 계산형 문제는 개개인의 계산 능력을 파악하기 위한 것이 아니라 대부분은 필요한 계산과 하지 말아야 할 불필요한 계산을 구분하는 판단 능력을 요구하는 문제이다. 따라서 문제 구조를 파악하고 이에 접근하는 전략이 중요하다. 기본 이론을 철저하게 습득하고 기출문제를 통해 문제에서 요구하는 자료해석 능력을 터득하는 것이 가장 중요하다.

문항별 정답률 및 선지별 선택률

문번	정답	정답률(%)	선지별 선택률(%)				
			①	②	③	④	⑤
01	②	88.5	1.0	88.5	3.7	1.0	5.8
02	②	94.2	1.0	94.2	3.1	1.4	0.3
03	④	88.4	3.1	1.0	1.7	88.4	5.8
04	⑤	89.2	6.1	1.0	1.4	2.3	89.2
05	①	91.2	91.2	1.4	4.1	2.7	0.6
06	④	79.7	3.1	3.1	7.8	79.7	6.3
07	②	86.3	4.8	86.3	3.8	3.4	1.7
08	①	94.9	94.9	3.4	1.0	0.0	0.7
09	③	87.4	2.4	0.7	87.4	5.8	3.7
10	①	72.1	72.1	13.9	1.4	10.2	2.4
11	⑤	92.6	1.3	0.0	1.3	4.8	92.6
12	①	89.9	89.9	2.7	2.7	4.4	0.3
13	④	88.2	5.1	1.0	0.6	88.2	5.1

문번	정답	정답률(%)	선지별 선택률(%)				
			①	②	③	④	⑤
14	③	85.8	6.8	1.0	85.8	2.4	4.0
15	②	90.9	2.0	90.9	3.0	0.0	4.1
16	④	89.2	4.0	0.3	1.7	89.2	4.8
17	③	93.2	0.7	2.0	93.2	3.4	0.7
18	⑤	86.2	4.7	2.0	0.7	6.4	86.2
19	④	87.2	3.4	5.1	2.7	87.2	1.6
20	⑤	80.7	0.3	6.8	10.2	2.0	80.7
21	③	83.3	1.0	13.3	83.3	1.0	1.4
22	④	58.2	6.8	29.5	1.7	58.2	3.8
23	⑤	59.3	14.3	14.3	6.4	5.7	59.3
24	①	60.4	60.4	4.9	4.9	8.3	21.5
25	③	62.2	18.8	1.4	62.2	5.9	11.7

※ 파란색 음영 문항은 해당 회차에서 정답률이 가장 낮은 TOP 3 문항입니다.
※ 정답률 및 선지별 선택률 산정 기준: 약 1년간 누적된 자동채점 & 성적결과분석 서비스의 응시 데이터

출제 비중

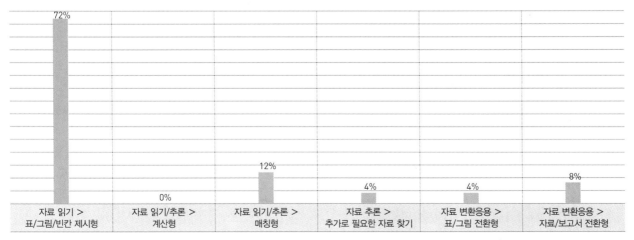

01	②	02	②	03	④	04	⑤	05	①
06	④	07	②	08	①	09	③	10	①
11	⑤	12	①	13	④	14	③	15	②
16	①	17	③	18	⑤	19	④	20	⑤
21	③	22	④	23	⑤	24	①	25	③

01 ②
정답률 88.5%

| 문제 유형 | 자료 읽기 > 그림 제시형

| 접근 전략 | 특정 평균을 정해 놓고 그 이상인지 이하인지 구하는 문제는 가평균을 이용하면 풀이시간을 절약할 수 있다.

다음 〈그림〉은 보육 관련 6대 과제별 성과 점수 및 추진 필요성 점수를 나타낸 것이다. 이에 대한 〈보기〉의 설명 중 옳은 것만을 모두 고르면?

〈그림 1〉 보육 관련 6대 과제별 성과 점수

(단위: 점)

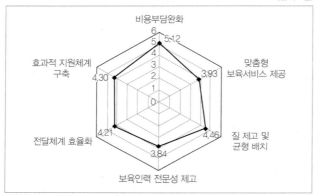

〈그림 2〉 보육 관련 6대 과제별 추진 필요성 점수

(단위: 점)

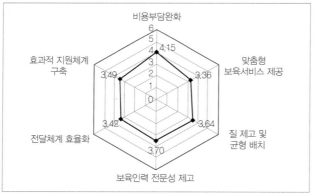

─〈보기〉─

ㄱ. 성과 점수가 가장 높은 과제와 가장 낮은 과제의 점수 차이는 1.00점보다 크다. → (O) 성과 점수가 가장 높은 과제는 '비용부담완화'이고, 성과 점수가 가장 낮은 과제는 '보육인력 전문성 제고'이다. '비용부담완화'의 성과 점수는 5.12점이고, '보육인력 전문성 제고'의 성과 점수는 3.84점이므로 1점 이상 차이가 난다.

ㄴ. 성과 점수와 추진 필요성 점수의 차이가 가장 작은 과제는 '보육인

력 전문성 제고' 과제이다. → (O) '보육인력 전문성 제고'의 성과 점수는 3.84점이고, 추진 필요성 점수는 3.70점으로 0.14점 차이로 점수의 차이가 가장 작다.

ㄷ. 6대 과제의 추진 필요성 점수 평균은 3.70점 이상이다. → (X) 3.7점을 기준으로 보았을 때 합차를 계산하면 0.45 − 0.34 − 0.06 − 0.28 − 0.21 = −0.44(점)으로 음수이므로 추진 필요성 점수 평균은 3.70점 미만이다.

① ㄴ ➡ (X)

② ㄱ, ㄴ ➡ (O)

③ ㄱ, ㄷ ➡ (X)

④ ㄴ, ㄷ ➡ (X)

⑤ ㄱ, ㄴ, ㄷ ➡ (X)

02 ②
정답률 94.2%

| 문제 유형 | 자료 읽기 > 표/빈칸 제시형

| 접근 전략 | 2014년의 각하 건수가 다른 연도의 각하 건수보다 매우 많기 때문에 인용률을 정확하게 계산하지 않더라도 건수를 비교함으로써 선지를 해결할 수 있다.

다음 〈표〉는 행정심판위원회 연도별 사건처리현황에 관한 자료이다. 이에 대한 〈보기〉의 설명 중 옳은 것만을 모두 고르면?

〈표〉 행정심판위원회 연도별 사건처리현황

(단위: 건)

구분 연도	접수	심리·의결				취하·이송
		인용	기각	각하	소계	
2010	31,473	4,990	24,320	1,162	30,472	1,001
2011	29,986	4,640	23,284	( )	28,923	1,063
2012	26,002	3,983	19,974	1,030	24,987	1,015
2013	26,255	4,713	18,334	1,358	24,405	1,850
2014	26,014	4,131	19,164	( )	25,270	744

※ 1) 당해 연도에 접수된 사건은 당해 연도에 심리·의결 또는 취하·이송됨

2) 인용률(%) = $\frac{인용\ 건수}{심리·의결\ 건수}$ × 100

─〈보기〉─

ㄱ. 인용률이 가장 높은 해는 2013년이다. → (O) 2013년이 인용 건수가 두 번째로 높은데 심리·의결 건수는 가장 낮다. 인용 건수가 제일 많은 2010년과 비교해 보더라도 심리·의결 건수가 2013년이 적은 반면, 인용 건수 차이는 크지 않고, 2011년, 2012년, 2014년은 인용 건수가 더 적고, 심리·의결 건수는 더 많다. 따라서 2013년에 인용률이 가장 높다.

ㄴ. 취하·이송 건수는 매년 감소하였다. → (X) 2011년과 2013년 모두 전년 대비 취하·이송 건수가 증가하였다.

ㄷ. 각하 건수가 가장 적은 해는 2011년이다. → (O) 2011년의 각하 건수는 28,923 − 23,284 − 4,640 = 999(건)이고, 2014년은 인용과 기각을 다 더해도 약 23,000건에 불과하므로 각하가 1,000건을 넘는다. 따라서 2011년 각하 건수가 가장 적다.

ㄹ. 접수 건수와 심리·의결 건수의 연도별 증감방향은 동일하다. → (X) 2013년에는 접수 건수는 증가하였고, 심리·의결 건수는 감소하였다.

① ㄱ, ㄴ ➡ (X)　　　② ㄱ, ㄷ ➡ (O)　　　③ ㄷ, ㄹ ➡ (X)

④ ㄱ, ㄷ, ㄹ ➡ (X)　　⑤ ㄴ, ㄷ, ㄹ ➡ (X)

03 ④   정답률 88.4%

| **문제 유형** | 자료 변환응용 > 자료/보고서 전환형 |

| **접근 전략** | 〈그림〉 자료는 빠르게 훑어보고 특징을 파악하는 것이 중요하다. 예를 들어, 〈그림 2〉의 경우 2010년 한국과 일본의 그래프 차이가 가장 적다는 것을 파악할 수 있어야 한다. |

다음 〈표〉와 〈그림〉은 2000∼2010년 3개국(한국, 일본, 미국)의 3D 입체영상 및 CG 분야 특허출원에 관한 자료이다. 이를 바탕으로 작성된 〈보고서〉의 내용 중 옳은 것만을 모두 고르면?

〈표〉 2000∼2010년 3개국 3D 입체영상 및 CG 분야 특허출원 현황

(단위: 건)

분야 국가	3D 입체영상	CG
한국	1,155	785
일본	3,620	2,380
미국	880	820
3개국 전체	5,655	3,985

〈그림 1〉 연도별 3D 입체영상 분야 3개국 특허출원 추이

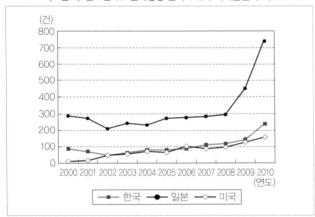

〈그림 2〉 연도별 CG 분야 3개국 특허출원 추이

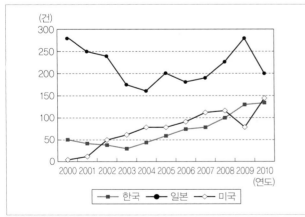

〈보고서〉

3D 입체영상 및 CG 분야에 대한 특허출원 경쟁은 한국, 일본, 미국을 중심으로 전개되고 있다. 일본이 기술개발을 선도하고 있는 ㉠ 3D 입체영상 분야의 경우 2000∼2010년 일본 특허출원 건수는 3개국 전체 특허출원 건수의 60% 이상을 차지하였다. → (O) $\frac{3,620}{5,655} \times 100 ≒ 64(\%)$ 로, 60% 이상이다. 하지만 2006년 이후부터 한국에서 관련 기술에 대한 연구가 활발히 진행되어 특허출원 건수가 증가하고 있다. 그 결과 ㉡ 3D 입체영상 분야에서 2007∼2010년 동안 한국 특허출원 건수는 매년 미국 특허출원 건수를 초과하였다. → (O) 〈그림 1〉을 보면 2007년 이후로 한국의 그래프가 미국의 그래프보다 위에 있다.

CG 분야에서도, 2000∼2010년 3개국 전체 특허출원 건수 대비 일본 특허출원 건수가 차지하는 비중이 가장 높았으며, 그다음으로 미국, 한국 순으로 나타났다. 이를 연도별로 살펴보면 ㉢ 2003년 이후 CG 분야에서 한국 특허출원 건수는 매년 미국 특허출원 건수보다 적지만, → (X) 〈그림 2〉를 보면 2009년에는 한국 특허출원 건수가 미국보다 많다. 관련 기술의 특허출원이 매년 증가하는 추세를 보이고 있다. 한편, ㉣ 2000∼2010년 동안 한국과 일본의 CG 분야 특허출원 건수의 차이는 2010년에 가장 작았다. → (O) 〈그림 2〉에서 한국과 일본의 그래프를 비교해 보면 그래프의 차가 2010년에 가장 작다.

① ㉠, ㉡ ➡ (X)

② ㉠, ㉢ ➡ (X)

③ ㉢, ㉣ ➡ (X)

④ ㉠, ㉡, ㉣ ➡ (O)

⑤ ㉡, ㉢, ㉣ ➡ (X)

04 ⑤   정답률 89.2%

| **문제 유형** | 자료 읽기 > 표 제시형 |

| **접근 전략** | 모든 연도를 계산해야 하거나 계산이 복잡한 자료보다 단순 수치 비교를 통해 확인할 수 있는 선지를 먼저 확인하도록 한다. |

다음 〈표〉는 2005∼2012년 A기업의 콘텐츠 유형별 매출액에 관한 자료이다. 이에 대한 설명으로 옳지 않은 것은?

〈표〉 2005∼2012년 A기업의 콘텐츠 유형별 매출액

(단위: 백만 원)

콘텐츠 유형 연도	게임	음원	영화	SNS	전체
2005	235	108	371	30	744
2006	144	175	355	45	719
2007	178	186	391	42	797
2008	269	184	508	59	1,020
2009	485	199	758	58	1,500
2010	470	302	1,031	308	2,111
2011	603	411	1,148	104	2,266
2012	689	419	1,510	341	2,959

① 2007년 이후 매출액이 매년 증가한 콘텐츠 유형은 영화뿐이다.

➡ (O) 게임은 2010년, 음원은 2008년, SNS는 2009년과 2011년에 전년 대비 매출액이 감소하였다.

② 2012년에 전년 대비 매출액 증가율이 가장 큰 콘텐츠 유형은 SNS이다. ➡ (O) SNS는 2012년에 전년 대비 매출액이 3배 이상 증가하였다.

③ 영화 매출액은 매년 전체 매출액의 40% 이상이다. ➡ (O) 영화의 앞 두 자리와 전체의 앞 두 자리를 보면 영화의 앞 두 자리가 전체의 45~50%이므로 영화 매출액은 매년 전체 매출액의 40% 이상이다.

④ 2006~2012년 동안 콘텐츠 유형별 매출액이 각각 전년보다 모두 증가한 해는 2012년뿐이다. ➡ (O) 2006년과 2010년에는 게임, 2008년에는 음원, 2006년에는 영화, 2007년과 2009년, 2011년에는 SNS가 전년보다 매출액이 감소하였다. 2012년에만 콘텐츠 유형별 매출액이 각각 전년보다 모두 증가했다.

⑤ 2009~2012년 동안 매년 게임 매출액은 음원 매출액의 2배 이상이다. ➡ (X) 2010년 음원의 매출액 × 2=604(백만 원)으로 게임 470백만 원보다 매출액이 높다. 2011년과 2012년도 마찬가지이다. 따라서 2010~2012년의 게임 매출액은 음원 매출액의 2배 미만이므로 옳지 않다.

05 ①

정답률 91.2%

| 문제 유형 | 자료 읽기/추론 > 매칭형
| 접근 전략 | 〈조건〉의 내용을 먼저 파악하도록 한다. 그리고 〈표〉의 값을 주어진 〈조건〉에 대입하여 순차적으로 값을 구해야 한다.

다음 〈표〉는 탄소포인트제 가입자 A~D의 에너지 사용량 감축률 현황을 나타낸 자료이다. 아래의 〈지급 방식〉에 따라 가입자 A~D가 탄소포인트를 지급받을 때, 탄소포인트를 가장 많이 지급받는 가입자와 가장 적게 지급받는 가입자를 바르게 나열한 것은?

〈표〉 가입자 A~D의 에너지 사용량 감축률 현황

(단위: %)

에너지 사용유형	가입자 A	B	C	D
전기	2.9	15.0	14.3	6.3
수도	16.0	15.0	5.7	21.1
가스	28.6	26.1	11.1	5.9

〈지급 방식〉

○ 탄소포인트 지급 기준

(단위: 포인트)

에너지 사용유형	에너지 사용량 감축률 5% 미만	5% 이상 10% 미만	10% 이상
전기	0	5,000	10,000
수도	0	1,250	2,500
가스	0	2,500	5,000

○ 가입자가 지급받는 탄소포인트=전기 탄소포인트+수도 탄소포인트+가스 탄소포인트
  예) 가입자 D가 지급받는 탄소포인트=5,000+2,500+2,500=10,000

	가장 많이 지급받는 가입자	가장 적게 지급받는 가입자
①	B	A	➡ (O)

〈지급 방식〉에 따라 각각의 탄소포인트를 계산해 보면 A의 탄소포인트는 2,500+5,000=7,500(포인트), B의 탄소포인트는 10,000+2,500+5,000=17,500(포인트), C의 탄소포인트는 10,000+1,250+5,000=16,250(포인트), D의 탄소포인트는 5,000+2,500+2,500=10,000(포인트)이다. 따라서 가장 많이 지급받는 가입자는 B이고, 가장 적게 지급받는 가입자는 A이다.

②	B	C	➡ (X)
③	B	D	➡ (X)
④	C	A	➡ (X)
⑤	C	D	➡ (X)

06 ④

정답률 79.7%

| 문제 유형 | 자료 읽기 > 표 제시형
| 접근 전략 | 성별 백분율의 합은 100인데, 인구는 200명, 300명이므로 남성의 비율값에는 2, 여성의 비율값에는 3을 곱하여 문제를 풀도록 한다.

다음 〈표〉는 A, B, C 세 구역으로 구성된 '갑'시 거주구역별, 성별 인구 분포에 관한 자료이다. '갑'시의 남성 인구는 200명, 여성 인구는 300명일 때 이에 대한 〈보기〉의 설명 중 옳은 것만을 모두 고르면?

〈표〉 '갑'시 거주구역별, 성별 인구분포

(단위: %)

성별 \ 거주구역	A	B	C	합
남성	15	55	30	100
여성	42	30	28	100

〈보기〉

ㄱ. A구역 남성 인구는 B구역 여성 인구의 절반이다. → (X) A구역 남성 인구는 15×2=30(명), B구역 여성 인구는 30×3=90(명)으로 A구역 남성 인구가 B구역 여성 인구의 절반이 되지 않는다.

ㄴ. C구역 인구보다 A구역 인구가 더 많다. → (O) A구역 남성과 여성 인구의 합은 (15×2)+(42×3)=156(명)으로 C구역 남성과 여성 인구의 합인 (30×2)+(28×3)=144(명)보다 많다.

ㄷ. C구역은 여성 인구보다 남성 인구가 더 많다. → (X) C구역의 여성 인구는 28×3=84(명)이고, 남성 인구는 30×2=60(명)이다.

ㄹ. B구역 남성 인구의 절반이 C구역으로 이주하더라도, C구역 인구는 '갑'시 전체 인구의 40% 이하이다. → (O) '갑'시 전체 인구는 500명이므로 전체 인구의 40%는 200명이다. B구역 남성 인구는 55×2=110(명)인데, 그 중 절반인 55명이 C구역으로 이주하면 C구역의 인구는 144+55=199(명)으로, 200명 이하이다.

① ㄱ, ㄴ ➡ (X)
② ㄱ, ㄷ ➡ (X)
③ ㄴ, ㄷ ➡ (X)
④ ㄴ, ㄹ ➡ (O)
⑤ ㄷ, ㄹ ➡ (X)

| **문제 유형** | 자료 읽기 > 표 제시형

| **접근 전략** | A가 B의 25% 이상인지를 구할 때에는 무조건 $\frac{A}{B}$로 계산하기보다 A에 4를 곱하여 B보다 큰지를 확인하는 것이 수월하다.

다음 〈표〉는 '갑'국의 2013년 복지종합지원센터, 노인복지관, 자원봉사자, 등록노인 현황에 관한 자료이다. 이에 대한 〈보기〉의 설명 중 옳은 것만을 모두 고르면?

〈표〉 복지종합지원센터, 노인복지관, 자원봉사자, 등록노인 현황

(단위: 개소, 명)

구분 / 지역	복지종합지원센터	노인복지관	자원봉사자	등록노인
A	20	1,336	8,252	397,656
B	2	126	878	45,113
C	1	121	970	51,476
D	2	208	1,388	69,395
E	1	164	1,188	59,050
F	1	122	1,032	56,334
G	2	227	1,501	73,825
H	3	362	2,185	106,745
I	1	60	529	27,256
전국	69	4,377	30,171	1,486,980

〈보기〉

ㄱ. 전국의 노인복지관, 자원봉사자 중 A지역의 노인복지관, 자원봉사자의 비중은 각각 25% 이상이다. → (O) A지역의 노인복지관 수는 1,336개로, 1,336 × 4 = 5,344(개소)이므로 A지역의 노인복지관의 비중은 25% 이상이다. 또 A지역의 자원봉사자 수는 8,252명으로 8,252 × 4 = 33,008(명)이므로, A지역의 자원봉사자의 비중은 25% 이상이다.

ㄴ. A~I지역 중 복지종합지원센터 1개소당 노인복지관 수가 100개소 이하인 지역은 A, B, D, I이다. → (X) D지역 복지종합지원센터 1개소당 노인복지관 수는 $\frac{208}{2}$ = 104(개소)이다.

ㄷ. A~I지역 중 복지종합지원센터 1개소당 자원봉사자 수가 가장 많은 지역과 복지종합지원센터 1개소당 등록노인 수가 가장 많은 지역은 동일하다. → (O) 복지종합지원센터 수가 20개소인 A의 복지종합지원센터 1개소당 자원봉사자 수는 400명이고, 2개소인 B, D, G와 3개소인 H 모두 복지종합지원센터 1개소당 자원봉사자 수는 1,000명 이하이다. 따라서 복지종합지원센터 수가 1개소인 지역 중 자원봉사자 수가 가장 많은 E가 복지종합지원센터 1개소당 자원봉사자 수가 가장 많다. E의 등록노인 수는 59,050명으로 복지종합지원센터 수가 1개소인 지역 중 등록노인 수가 가장 많고, A, B, D, G, H지역은 등록노인 수가 E의 등록노인 수보다 작다.

ㄹ. 노인복지관 1개소당 자원봉사자 수는 H지역이 C지역보다 많다. → (X) H의 노인복지관 수는 C의 약 3배이지만 자원봉사자 수는 2배를 조금 넘는 수준이다.

① ㄱ, ㄴ ➡ (X)
② ㄱ, ㄷ ➡ (O)
③ ㄱ, ㄹ ➡ (X)
④ ㄴ, ㄷ ➡ (X)
⑤ ㄴ, ㄹ ➡ (X)

| **문제 유형** | 자료 읽기/추론 > 매칭형

| **접근 전략** | 매칭형 문제에서는 〈조건〉을 모두 다 사용하지 않고도 정답을 구할 수 있다면, 모든 조건을 활용하지 않아도 된다.

다음 〈표〉는 '갑'국의 8개국 대상 해외직구 반입동향을 나타낸 자료이다. 다음 〈조건〉의 설명에 근거하여 〈표〉의 A~D에 해당하는 국가를 바르게 나열한 것은?

〈표〉 '갑'국의 8개국 대상 해외직구 반입동향

(단위: 건, 천 달러)

반입 방법 연도 / 국가	목록통관		EDI 수입		전체	
	건수	금액	건수	금액	건수	금액
2013 미국	3,254,813	305,070	5,149,901	474,807	8,404,714	779,877
중국	119,930	6,162	1,179,373	102,315	1,299,303	108,477
독일	71,687	3,104	418,403	37,780	490,090	40,884
영국	82,584	4,893	123,001	24,806	205,585	29,699
프랑스	172,448	6,385	118,721	20,646	291,169	27,031
일본	53,055	2,755	138,034	21,028	191,089	23,783
뉴질랜드	161	4	90,330	4,082	90,491	4,086
호주	215	14	28,176	2,521	28,391	2,535
2014 미국	5,659,107	526,546	5,753,634	595,206	11,412,741	1,121,752
(A)	170,683	7,798	1,526,315	156,352	1,696,998	164,150
독일	170,475	7,662	668,993	72,509	839,468	80,171
프랑스	231,857	8,483	336,371	47,456	568,228	55,939
(B)	149,473	7,874	215,602	35,326	365,075	43,200
(C)	87,396	5,429	131,993	36,963	219,389	42,392
뉴질랜드	504	16	108,282	5,283	108,786	5,299
(D)	2,089	92	46,330	3,772	48,419	3,864

〈조건〉

○ 2014년 중국 대상 해외직구 반입 전체 금액은 같은 해 독일 대상 해외직구 반입 전체 금액의 2배 이상이다.

○ 2014년 영국과 호주 대상 EDI 수입 건수 합은 같은 해 뉴질랜드 대상 EDI 수입 건수의 2배보다 작다.

○ 2014년 호주 대상 해외직구 반입 전체 금액은 2013년 호주 대상 해외직구 반입 전체 금액의 10배 미만이다.

○ 2014년 일본 대상 목록통관 금액은 2013년 일본 대상 목록통관 금액의 2배 이상이다.

	A	B	C	D
①	중국	일본	영국	호주

➡ (O) 세 번째 〈조건〉에 따르면 2014년 해외직구 반입 전체 금액이 2013년 해외직구 반입 전체 금액의 10배 미만인 국가는 D뿐이다. 따라서 D는 호주이다. 두 번째 〈조건〉에 따르면 2014년 호주와 한 국가의 EDI 수입 건수의 합이 뉴질랜드의 EDI 수입 건수의 2배보다 작은 것은 C뿐이다. 따라서 C는 영국이다. 첫 번째 〈조건〉에 따르면 2014년 독일 대상 해외직구 반입 전체 금액은 80,171천 달러이고, 이 금액의 두 배 이상인 곳은 A뿐이다. 따라서 A는 중국이다.

	A	B	C	D
②	중국	일본	호주	영국

➡ (X)

③ 중국   영국   일본   호주 ➡ (X)
④ 일본   영국   중국   호주 ➡ (X)
⑤ 일본   중국   호주   영국 ➡ (X)

ㄹ. 개인 서비스용 로봇 시장 규모는 각 분야에서 매년 증가했다. → (X)
〈표 2〉를 보면 교육 분야의 시장 규모는 436백만 달러 → 279백만 달러 → 231 백만 달러로 매년 감소하였다.

① ㄱ, ㄴ ➡ (X)
② ㄱ, ㄹ ➡ (X)
③ ㄴ, ㄷ ➡ (O)
④ ㄴ, ㄹ ➡ (X)
⑤ ㄷ, ㄹ ➡ (X)

09 ③   정답률 87.4%

| 문제 유형 | 자료 읽기 > 표 제시형

| 접근 전략 | a가 b의 x% 이하인지를 구해야 하는 경우, b의 x%를 구하기 쉽다면 b의 x%와 a를 비교하는 것이 보다 수월하게 문제를 풀 수 있다.

다음 〈표〉는 로봇 시장 현황과 R&D 예산의 분야별 구성비에 대한 자료이다. 이에 대한 〈보기〉의 설명 중 옳은 것만을 모두 고르면?

〈표 1〉 용도별 로봇 시장 현황(2013년)

구분 용도	시장 규모 (백만 달러)	수량(천 개)	평균단가 (천 달러/개)
제조용	9,719	178	54.6
전문 서비스용	3,340	21	159.0
개인 서비스용	1,941	4,000	0.5
전체	15,000	4,199	3.6

〈표 2〉 분야별 로봇 시장 규모(2011~2013년)

(단위: 백만 달러)

용도	분야	2011년	2012년	2013년
제조용	제조	8,926	9,453	9,719
전문 서비스용	건설	879	847	883
	물류	166	196	216
	의료	1,356	1,499	1,449
	국방	748	818	792
개인 서비스용	가사	454	697	799
	여가	166	524	911
	교육	436	279	231

※ 로봇의 용도 및 분야는 중복되지 않음

〈표 3〉 로봇 R&D 예산의 분야별 구성비(2013년)

(단위: %)

분야	제조	건설	물류	의료	국방	가사	여가	교육	합계
구성비	21	13	3	22	12	12	14	3	100

──〈보기〉──

ㄱ. 2013년 전체 로봇 시장 규모 대비 제조용 로봇 시장 규모의 비중은 70% 이상이다. → (X) 〈표 1〉을 보면 9,719백만 달러는 15,000백만 달러의 70%인 10,500백만 달러보다 작다.

ㄴ. 2013년 전문 서비스용 로봇 평균단가는 제조용 로봇 평균단가의 3배 이하이다. → (O) 〈표 1〉을 보면 전문 서비스용 로봇 평균단가는 159.0천 달러/개로 제조용 로봇 평균단가의 3배인 54.6 × 3 = 163.8(천 달러/개)에 미치지 못한다.

ㄷ. 2013년 전체 로봇 R&D 예산 대비 전문 서비스용 로봇 R&D 예산의 비중은 50%이다. → (O) 〈표 2〉를 보면 전문 서비스용 로봇은 건설, 물류, 의료, 국방 분야이다. 〈표 3〉을 보면 해당 분야 예산의 구성비는 13+3+22 +12=50(%)이다.

10 ①   정답률 72.1%

| 문제 유형 | 자료 읽기 > 표 제시형

| 접근 전략 | $\frac{a}{a+b}$ 를 비교하기 위해서는 $\frac{a}{b}$ 를 비교하면 된다. $\frac{a}{a+b}$ 가 크면 $\frac{a}{b}$ 도 크다.

다음 〈표〉는 A발전회사의 연도별 발전량 및 신재생에너지 공급 현황에 관한 자료이다. 이에 대한 〈보기〉의 설명 중 옳은 것만을 모두 고르면?

〈표〉 A발전회사의 연도별 발전량 및 신재생에너지 공급 현황

구분	연도	2012년	2013년	2014년
	발전량(GWh)	55,000	51,000	52,000
신재생 에너지	공급의무율(%)	1.4	2.0	3.0
	자체공급량(GWh)	75	380	690
	인증서구입량(GWh)	15	70	160

※ 1) 공급의무율(%) = $\frac{\text{공급의무량}}{\text{발전량}}$ × 100

2) 이행량(GWh) = 자체공급량 + 인증서구입량

──〈보기〉──

ㄱ. 공급의무량은 매년 증가한다. → (O) 공급의무량 = 발전량 × 공급의무율 × $\frac{1}{100}$ 이다. 2013년 발전량은 전년 대비 10% 이하로 감소하는데 공급의무율은 40% 이상 증가하므로 2013년 공급의무량은 전년 대비 증가하였다. 또한 2014년은 발전량, 공급의무율 모두 전년 대비 증가하므로 공급의무량은 매년 증가하였다.

ㄴ. 2012년 대비 2014년 자체공급량의 증가율은 2012년 대비 2014년 인증서구입량의 증가율보다 작다. → (O) 2014년 자체공급량은 2012년 자체공급량 75GWh의 10배인 750GWh보다 작으나 인증서구입량은 같은 기간 10배 이상 증가했다.

ㄷ. 공급의무량과 이행량의 차이는 매년 증가한다. → (X) 공급의무량은 2012년의 경우 $\frac{55,000 \times 1.4}{100}$ = 770(GWh), 2013년의 경우 $\frac{51,000 \times 2.0}{100}$ = 1,020(GWh), 2014년의 경우 $\frac{52,000 \times 3.0}{100}$ = 1,560(GWh)이다. 이행량은 2012년의 경우 75+15=90(GWh), 2013년의 경우 380+70=450(GWh), 2014년의 경우 690+160=850(GWh)이다. 따라서 공급의무량과 이행량의 차이는 2012년의 경우 770-90=680(GWh), 2013년의 경우 1,020-450 =570(GWh)으로 2013년에 전년보다 감소했다.

ㄹ. 이행량에서 자체공급량이 차지하는 비중은 매년 감소한다. → (X)
2012년에는 인증서구입량의 5배가 자체공급량이지만, 2013년에는 인증서구
입량의 5배인 350GWh보다 자체공급량인 380GWh이 더 크므로 비중은 증가
했다.

① ㄱ, ㄴ ➡ (O)
② ㄱ, ㄷ ➡ (X)
③ ㄷ, ㄹ ➡ (X)
④ ㄱ, ㄴ, ㄹ ➡ (X)
⑤ ㄴ, ㄷ, ㄹ ➡ (X)

11 ⑤

| **문제 유형** | 자료 읽기 > 표 제시형
| **접근 전략** | 항목이 많은 〈표〉에서 순위를 매길 때는 먼저 첫째 자릿수부터 확인
하고, 점점 더 아래 자릿수로 내려가며 값을 비교하는 식으로 문제를 푸는 것이
좋다.

다음 〈표〉는 2012년 지역별 PC 보유율과 인터넷 이용률에 관한 자료
이다. 이에 대한 〈보기〉의 설명 중 옳은 것만을 모두 고르면?

〈표〉 2012년 지역별 PC 보유율과 인터넷 이용률

(단위: %)

지역 \ 구분	PC 보유율	인터넷 이용률
서울	88.4	80.9
부산	84.6	75.8
대구	81.8	75.9
인천	87.0	81.7
광주	84.8	81.0
대전	85.3	80.4
울산	88.1	85.0
세종	86.0	80.7
경기	86.3	82.9
강원	77.3	71.2
충북	76.5	72.1
충남	69.9	69.7
전북	71.8	72.2
전남	66.7	67.8
경북	68.8	68.4
경남	72.0	72.5
제주	77.3	73.6

〈보기〉

ㄱ. PC 보유율이 네 번째로 높은 지역은 인터넷 이용률도 네 번째로 높다.
→ (X) PC 보유율이 네 번째로 높은 지역은 경기이다. 경기의 인터넷 이용률은
울산 다음으로 두 번째로 높다.
ㄴ. 경남보다 PC 보유율이 낮은 지역의 인터넷 이용률은 모두 경남의
인터넷 이용률보다 낮다. → (O) 경남보다 PC 보유율이 낮은 지역은 충
남, 전북, 전남, 경북이다. 이 지역의 인터넷 이용률은 모두 72.5%인 경남보다
낮다.

ㄷ. 울산의 인터넷 이용률은 인터넷 이용률이 가장 낮은 지역의 1.3배
이상이다. → (X) 울산의 인터넷 이용률은 85.0%으로 인터넷 이용률이 가
장 낮은 지역인 전남의 67.8%의 1.3배인 88.14%보다 작다.
ㄹ. PC 보유율보다 인터넷 이용률이 높은 지역은 전북, 전남, 경남이다.
→ (O) 전북, 전남, 경남은 PC 보유율보다 인터넷 이용률이 높다.

① ㄱ, ㄴ ➡ (X)
② ㄱ, ㄷ ➡ (X)
③ ㄱ, ㄹ ➡ (X)
④ ㄴ, ㄷ ➡ (X)
⑤ ㄴ, ㄹ ➡ (O)

12 ①

| **문제 유형** | 자료 추론 > 추가로 필요한 자료 찾기
| **접근 전략** | 이 유형의 경우 자료를 가공하든, 계산하든 해당 자료를 통해 구할 수
있는 값이면 추가로 필요한 자료가 아니라는 점에 유의하며 문제를 풀어야 한다.

사무관 A는 다음 〈표〉와 추가적인 자료를 이용하여 과학기술 논문 발표
현황에 관한 〈보고서〉를 작성하였다. 추가로 필요한 자료만을 〈보기〉에
서 모두 고르면?

〈표〉 우리나라 SCI 과학기술 논문 발표현황

(단위: 편, %)

연도	2007	2008	2009	2010	2011	2012	2013
발표 수	29,565	34,353	37,742	41,481	45,588	49,374	51,051
세계 점유율	2.23	2.40	2.50	2.62	2.68	2.75	2.77

─────〈보고서〉─────

최근 우리나라는 과학기술 분야의 연구에 많은 투자를 하고 있다.
2013년도 우리나라 SCI 과학기술 논문 발표 수는 51,051편으로 전년
대비 약 3.40% 증가했다. 우리나라 SCI 과학기술 논문 발표 수의 세계
점유율은 2007년 2.23%에서 매년 증가하여 2013년 2.77%가 되었다.
이는 2007년 이후 기초·원천기술연구에 대한 투자규모의 지속적인 확
대로 SCI 과학기술 논문 발표 수가 꾸준히 증가하고 있는 것으로 분석
된다. 2013년의 논문 1편당 평균 피인용횟수는 4.55회로 SCI 과학기
술 논문 발표 수 상위 50개 국가 중 32위를 기록했다.

─────〈보기〉─────

ㄱ. 2007년 이후 우리나라 기초·원천기술연구 투자규모 현황 → (O)
2007년 이후 기초·원천기술연구에 대한 투자규모의 지속적인 확대라는 부분
을 입증하는 데 필요하다.
ㄴ. 2009~2013년 연도별 SCI 과학기술 논문 발표 수 상위 50개 국가
의 논문 1편당 평균 피인용횟수 → (O) 2013년의 논문 1편당 평균 피인
용횟수는 4.55회로 SCI 과학기술 논문 발표수 상위 50개 국가 중 32위를 기록
했다는 부분을 입증하는 데 필요하다.
ㄷ. 2007년 이후 세계 총 SCI 과학기술 학술지 수 → (X) 〈보고서〉에서 과
학기술 학술지 수에 관한 내용은 찾아볼 수 없다.
ㄹ. 2009~2013년 우리나라 SCI 과학기술 논문 발표 수의 전년 대비
증가율 → (X) 〈표〉를 통해 전년 대비 올해 발표 수 증가율을 계산하면 알 수
있는 정보이다.

① ㄱ, ㄴ ➡ (O)
② ㄱ, ㄷ ➡ (X)
③ ㄴ, ㄷ ➡ (X)
④ ㄴ, ㄹ ➡ (X)
⑤ ㄷ, ㄹ ➡ (X)

① ㄱ, ㄴ ➡ (X)
② ㄱ, ㄷ ➡ (X)
③ ㄴ, ㄷ ➡ (X)
④ ㄴ, ㄹ ➡ (O)
⑤ ㄷ, ㄹ ➡ (X)

13 ④　　　　　　　　　　정답률 88.2%

| **문제 유형** | 자료 읽기 > 표/그림/빈칸 제시형
| **접근 전략** | 〈표〉에 있는 빈칸 중 반드시 계산을 해야 알 수 있는 부분과 계산을 하지 않아도 파악이 가능한 부분을 빠르게 확인한 다음 문제를 풀도록 한다.

다음 〈표〉와 〈그림〉은 A~E국의 국민부담률, 재정적자 비율 및 잠재적 부담률과 공채의존도를 나타낸 자료이다. 이에 대한 〈보기〉의 설명 중 옳은 것만을 모두 고르면?

〈표〉 국민부담률, 재정적자 비율 및 잠재적 부담률

(단위: %)

구분 \ 국가	A	B	C	D	E
국민부담률	38.9	34.7	49.3	( )	62.4
사회보장부담률	( )	8.6	10.8	22.9	24.6
조세부담률	23.0	26.1	( )	29.1	37.8
재정적자 비율	8.8	9.9	6.7	1.1	5.1
잠재적 부담률	47.7	( )	56.0	53.1	( )

※ 1) 국민부담률(%)=사회보장부담률+조세부담률
　 2) 잠재적 부담률(%)=국민부담률+재정적자 비율

〈그림〉 공채의존도

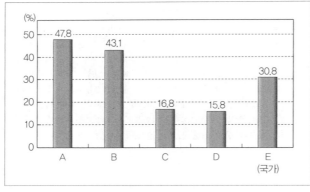

─────〈보기〉─────
ㄱ. 잠재적 부담률이 가장 높은 국가의 조세부담률이 가장 높다. → (X)
　잠재적 부담률이 가장 높은 국가는 잠재적 부담률이 62.4+5.1=67.5(%)인 E이
　다. 그러나 조세부담률은 C가 49.3-10.8=38.5(%)로 가장 높다.
ㄴ. 공채의존도가 가장 낮은 국가의 국민부담률이 두 번째로 높다. →
　(O) 공채의존도가 가장 낮은 국가는 D로, D의 국민부담률은 22.9+29.1=52
　(%)이다. 따라서 E 다음으로 두 번째로 높다.
ㄷ. 사회보장부담률이 가장 높은 국가의 공채의존도가 가장 높다. →
　(X) 사회보장부담률이 가장 높은 국가는 E이지만 〈그림〉에서 보면 공채의존
　도는 A가 가장 높다.
ㄹ. 잠재적 부담률이 가장 낮은 국가는 B이다. → (O) B의 잠재적 부담률
　은 34.7+9.9=44.6(%)으로 A~E국 중 가장 낮다.

14 ③　　　　　　　　　　정답률 85.8%

| **문제 유형** | 자료 읽기 > 표 제시형
| **접근 전략** | 지수로는 값을 구할 수 없다는 것을 명심하도록 한다.

다음 〈표〉는 2013년 A시 '가'~'다' 지역의 아파트 실거래 가격지수를 나타낸 자료이다. 이에 대한 설명으로 옳은 것은?

〈표〉 2013년 A시 '가'~'다' 지역의 아파트 실거래 가격지수

월 \ 지역	가	나	다
1	100.0	100.0	100.0
2	101.1	101.6	99.9
3	101.9	103.2	100.0
4	102.6	104.5	99.8
5	103.0	105.5	99.6
6	103.8	106.1	100.6
7	104.0	106.6	100.4
8	105.1	108.3	101.3
9	106.3	110.7	101.9
10	110.0	116.9	102.4
11	113.7	123.2	103.0
12	114.8	126.3	102.6

※ N월 아파트 실거래 가격지수= $\dfrac{\text{해당 지역의 N월 아파트 실거래 가격}}{\text{해당 지역의 1월 아파트 실거래 가격}}$ × 100

① '가' 지역의 12월 아파트 실거래 가격은 '다' 지역의 12월 아파트 실거래 가격보다 높다. ➡ (X) 아파트 실거래 가격지수로 아파트 실거래 가격을 구할 수 없다.
② '나' 지역의 아파트 실거래 가격은 다른 두 지역의 아파트 실거래 가격보다 매월 높다. ➡ (X) 아파트 실거래 가격지수로 아파트 실거래 가격을 구할 수 없다.
③ '다' 지역의 1월 아파트 실거래 가격과 3월 아파트 실거래 가격은 같다. ➡ (O) 아파트 실거래 가격지수가 같으므로 아파트 실거래 가격이 동일하다는 것을 알 수 있다.
④ '가' 지역의 1월 아파트 실거래 가격이 1억 원이면 '가' 지역의 7월 아파트 실거래 가격은 1억 4천만 원이다. ➡ (X) 7월 아파트 실거래 가격지수가 104.00l므로 1월 아파트 실거래 가격이 1억 원이면 7월 아파트 실거래 가격은 1억 원×1.04=1억 400만 원이다.
⑤ 2013년 7~12월 동안 아파트 실거래 가격이 각 지역에서 매월 상승하였다. ➡ (X) '다' 지역의 2013년 12월 아파트 실거래 가격지수는 전월 대비 감소하였다.

15 ②

정답률 90.9%

| 문제 유형 | 자료 읽기 > 표 제시형

| 접근 전략 | 주어진 소재에 당황하지 말자. 에탄올 주입량과 같은 용어를 사용했으나, 〈표〉의 수치만 비교하면 되는 간단한 문제이다.

다음 〈표〉는 쥐 A~E의 에탄올 주입량별 렘(REM)수면시간을 측정한 결과이다. 이에 대한 〈보기〉의 설명 중 옳은 것을 모두 고르면?

〈표〉 에탄올 주입량별 쥐의 렘수면시간

(단위: 분)

에탄올 주입량(g) \ 쥐	A	B	C	D	E
0.0	88	73	91	68	75
1.0	64	54	70	50	72
2.0	45	60	40	56	39
4.0	31	40	46	24	24

〈보기〉

ㄱ. 에탄올 주입량이 0.0g일 때 쥐 A~E 렘수면시간 평균은 에탄올 주입량이 4.0g일 때 쥐 A~E 렘수면시간 평균의 2배 이상이다. → (O) 평균 렘수면시간은 에탄올 주입량이 0.0g일 때 $\frac{88+73+91+68+75}{5}=79$(분), 4.0g일 때 $\frac{31+40+46+24+24}{5}=33$(분)이다.

ㄴ. 에탄올 주입량이 2.0g일 때 쥐 B와 쥐 E의 렘수면시간 차이는 20분 이하이다. → (X) 에탄올 주입량이 2.0g일 때 쥐 B의 렘수면시간은 60분이고, 쥐 E는 39분으로 20분 이상 차이가 난다.

ㄷ. 에탄올 주입량이 0.0g일 때와 에탄올 주입량이 1.0g일 때의 렘수면시간 차이가 가장 큰 쥐는 A이다. → (O) 에탄올 주입량이 0.0g일 때와 1.0g일 때 렘수면시간 차이가 가장 큰 쥐는 88-64=24(분) 차이가 나는 A이다.

ㄹ. 쥐 A~E는 각각 에탄올 주입량이 많을수록 렘수면시간이 감소한다. → (X) 쥐 B와 D는 에탄올 주입량이 1.0g일 때보다 2.0g일 때 렘수면시간이 더 길어지고, 쥐 C는 에탄올 주입량이 2.0g일 때보다 4.0g일 때 렘수면시간이 더 길어진다.

① ㄱ, ㄴ ➡ (X)　② ㄱ, ㄷ ➡ (O)　③ ㄴ, ㄷ ➡ (X)
④ ㄴ, ㄹ ➡ (X)　⑤ ㄷ, ㄹ ➡ (X)

16 ④

정답률 89.2%

| 문제 유형 | 자료 읽기 > 표 제시형

| 접근 전략 | A가 B의 90% 이상인지를 묻는 문제는 (B-A)가 B의 10% 미만인지를 확인하여 더 수월하게 해결할 수 있다.

다음 〈표〉는 2004~2013년 5개 자연재해 유형별 피해금액에 관한 자료이다. 이에 대한 〈보기〉의 설명 중 옳은 것을 모두 고르면?

〈표〉 5개 자연재해 유형별 피해금액

(단위: 억 원)

연도 \ 유형	2004	2005	2006	2007	2008	2009	2010	2011	2012	2013
태풍	3,416	1,385	118	1,609	9	0	1,725	2,183	8,765	17
호우	2,150	3,520	19,063	435	581	2,549	1,808	5,276	384	1,581
대설	6,739	5,500	52	74	36	128	663	480	204	113
강풍	0	93	140	69	11	70	2	0	267	9
풍랑	0	0	57	331	0	241	70	3	0	0
전체	12,305	10,498	19,430	2,518	637	2,988	4,268	7,942	9,620	1,720

〈보기〉

ㄱ. 2004~2013년 강풍 피해금액 합계는 풍랑 피해금액 합계보다 작다. → (O) 2004~2013년 강풍 피해금액의 합은 93+140+69+11+70+2+267+9=661(억 원)이고, 풍랑 피해금액의 합은 57+331+241+70+3=702(억 원)이다. 따라서 강풍 피해금액의 합이 더 작다.

ㄴ. 2012년 태풍 피해금액은 2012년 5개 자연재해 유형 전체 피해금액의 90% 이상이다. → (O) 2012년 태풍 피해금액은 8,765억 원이고, 2012년 태풍 이외의 4개 자연재해 피해금액의 합은 9,620-8,765=855(억 원)이다. 이는 총 피해금액 9,620억 원의 10%인 962억 원보다 작으므로 태풍 피해금액은 총 피해금액의 90% 이상이다.

ㄷ. 피해금액이 매년 10억 원보다 큰 자연재해 유형은 호우뿐이다. → (X) 피해금액이 매년 10억 원보다 큰 자연재해 유형은 호우와 대설이다.

ㄹ. 피해금액이 큰 자연재해 유형부터 순서대로 나열하면 2010년과 2011년의 순서는 동일하다. → (O) 2010년 자연재해별 피해금액이 큰 순서대로 나열하면 호우, 태풍, 대설, 풍랑, 강풍이고, 2011년 또한 동일하다.

① ㄱ, ㄴ ➡ (X)
② ㄱ, ㄷ ➡ (X)
③ ㄷ, ㄹ ➡ (X)
④ ㄱ, ㄴ, ㄹ ➡ (O)
⑤ ㄴ, ㄷ, ㄹ ➡ (X)

17 ③

정답률 93.2%

| 문제 유형 | 자료 변환응용 > 표/그림 전환형

| 접근 전략 | 작성한 그래프로 옳지 않은 것을 고르는 문제는 그래프를 너무 자세히 들여다보게 되면 시간이 너무 많이 소요된다. 해당 유형에서는 시간을 절약하기 위해 거시적으로 보는 연습을 해야 한다.

다음 〈표〉는 2009~2014년 건설공사 공종별 수주액 현황을 나타낸 것이다. 이를 이용하여 작성한 그래프로 옳지 않은 것은?

〈표〉 건설공사 공종별 수주액 현황

(단위: 조 원, %)

구분 \ 연도	전체	전년 대비 증감률	토목	전년 대비 증감률	건축	전년 대비 증감률	주거용	비주 거용
2009	118.7	-1.1	54.1	31.2	64.6	-18.1	39.1	25.5
2010	103.2	-13.1	41.4	-23.5	61.8	-4.3	31.6	30.2
2011	110.7	7.3	38.8	-6.3	71.9	16.3	38.7	33.2
2012	99.8	-9.8	34.0	-12.4	65.8	-8.5	34.3	31.5
2013	90.4	-9.4	29.9	-12.1	60.5	-8.1	29.3	31.2
2014	107.4	18.8	32.7	9.4	74.7	23.5	41.1	33.6

① 건축 공종의 수주액

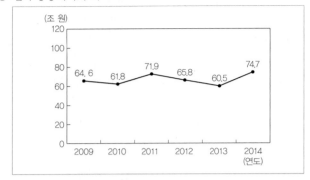

➡ (O) 〈표〉의 건축 공종의 수주액과 〈그림〉의 수치가 일치한다.

② 토목 공종의 수주액 및 전년 대비 증감률

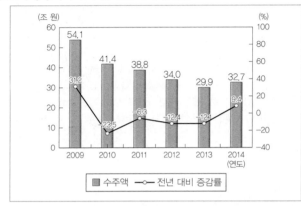

➡ (O) 〈표〉의 토목 공종의 수주액 및 전년 대비 증감률과 〈그림〉의 수치가 일치한다.

③ 건설공사 전체 수주액의 공종별 구성비

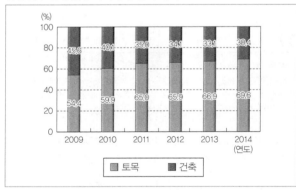

➡ (X) 〈표〉를 보면 건축 수주액이 토목 수주액보다 많은데, 〈그림〉은 반대로 되어 있다.

④ 건축 공종 중 주거용 및 비주거용 수주액

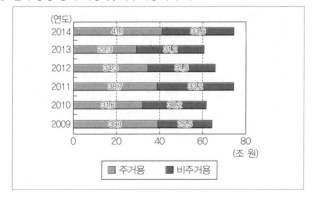

➡ (O) 〈표〉의 건축의 2009~2014년의 값과 일치한다.

⑤ 건설공사 전체 및 건축 공종 수주액의 전년 대비 증감률

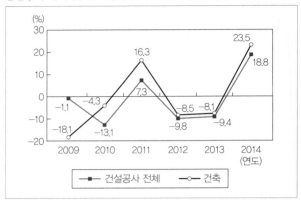

➡ (O) 〈표〉의 전체의 전년 대비 증감률, 건축의 전년 대비 증감률과 일치한다.

18 ⑤
정답률 86.2%

| 문제 유형 | 자료 읽기 > 표/빈칸 제시형
| 접근 전략 | 빈칸을 모두 채우고 시작하는 것보다 필요한 빈칸만 계산하며 푸는 것이 풀이 시간을 절약할 수 있다.

다음 〈표〉는 2010~2014년 A시의회의 발의 주체별 조례발의 현황에 관한 자료이다. 이에 대한 설명으로 옳지 않은 것은?

〈표〉 A시의회 발의 주체별 조례발의 현황

(단위: 건)

발의 주체 연도	단체장	의원	주민	합
2010	527	( )	23	924
2011	( )	486	35	1,149
2012	751	626	39	( )
2013	828	804	51	1,683
2014	905	865	( )	1,824
전체	3,639	3,155	202	( )

※ 조례발의 주체는 단체장, 의원, 주민으로만 구성됨

① 2012년 조례발의 건수 중 단체장발의 건수가 50% 이상이다.
➡ (O) 2012년 조례발의 건수는 751+626+39=1,416(건)인데 단체장발의 건수의 2배는 751×2=1,502(건)이다. 따라서 2012년 조례발의 건수 중 단체장발의 건수는 50% 이상이다.

② 2011년 단체장발의 건수는 2013년 의원발의 건수보다 적다.
➡ (O) 2011년 단체장발의 건수는 1,149－486－35=628(건)으로 2013년 의원발의 건수인 804건보다 적다.

③ 주민발의 건수는 매년 증가하였다. ➡ (O) 2014년 주민발의 건수는 1,824－905－865=54(건)으로 2010~2014년 동안 주민발의 건수는 매년 증가하였다.

④ 2014년 의원발의 건수는 2010년과 2011년 의원발의 건수의 합보다 많다. ➡ (O) 2014년 의원발의 건수는 865건으로 2010년 의원발의 건수인 924－527－23=374(건)과 2011년 의원발의 건수인 486건을 더한 860건보다 많다.

⑤ 2014년 조례발의 건수는 2012년 조례발의 건수의 1.5배 이상이다.
➡ (X) 2014년 조례발의 건수는 1,824건으로 2012년 조례발의 건수의 1.5배인 (751+626+39)×1.5=2,124(건)보다 적다.

19 ④ 정답률 87.2%

| 문제 유형 | 자료 읽기 > 표 제시형

| 접근 전략 | 두 수의 차가 100 이상 나는지 또는 1,000 이상 나는지와 같이 앞 두 자릿수만 봐도 판별이 가능한 것은 앞 두 자릿수만 보고 바로 비교하도록 한다.

다음 〈표〉는 섬유수출액 상위 10개국과 한국의 섬유수출액 현황에 대한 자료이다. 이에 대한 〈보기〉의 설명 중 옳은 것만을 모두 고르면?

〈표 1〉 상위 10개국의 섬유수출액 현황(2010년)

(단위: 억 달러, %)

구분 순위	국가	섬유	원단	의류	전년 대비 증가율
1	중국	2,424	882	1,542	21.1
2	이탈리아	1,660	671	989	3.1
3	인도	241	129	112	14.2
4	터키	218	90	128	12.7
5	방글라데시	170	13	157	26.2
6	미국	169	122	47	19.4
7	베트남	135	27	108	28.0
8	한국	126	110	16	21.2
9	파키스탄	117	78	39	19.4
10	인도네시아	110	42	68	20.2
	세계 전체	6,085	2,570	3,515	14.6

〈표 2〉 한국의 섬유수출액 현황(2006~2010년)

(단위: 억 달러, %)

구분 연도	2006	2007	2008	2009	2010
섬유	177(5.0)	123(2.1)	121(2.0)	104(2.0)	126(2.1)
원단	127(8.2)	104(4.4)	104(4.2)	90(4.4)	110(4.3)
의류	50(2.5)	19(0.6)	17(0.5)	14(0.4)	16(0.5)

※ 괄호 안의 숫자는 세계 전체의 해당 분야 수출액에서 한국의 해당 분야 수출액이 차지하는 비중으로, 소수점 아래 둘째 자리에서 반올림한 값임

〈보기〉

ㄱ. 2010년 한국과 인도의 섬유수출액 차이는 100억 달러 이상이다. → (O) 〈표 1〉을 보면 인도의 섬유수출액은 241억 달러, 한국의 섬유수출액은 126억 달러로 100억 달러 이상 차이가 난다.

ㄴ. 2010년 세계 전체의 섬유수출액은 2006년의 2배 이하이다. → (O)

세계수출액 $\times \dfrac{\text{한국의 수출비중}}{100}$ = 한국의 수출액이므로 $\dfrac{\text{한국의 수출액}}{(\text{한국의 수출비중}/100)}$

= 세계수출액이다. 2006년 세계수출액은 $\dfrac{177}{0.05}$ = 3,540(억 달러)이다. 따라서 2010년 세계 전체의 섬유수출액 6,085억 달러는 2006년의 2배 이하이다.

ㄷ. 2010년 한국 원단수출액의 전년 대비 증가율과 의류수출액의 전년 대비 증가율의 차이는 10%p 이상이다. → (X) 〈표 2〉에서 보면, 한국 원단수출액은 2009년에 비해 2010년에 $\dfrac{(110-90)}{90} \times 100 ≒ 22.2(\%)$ 증가하였고, 의류수출액은 같은 기간 $\dfrac{(16-14)}{14} \times 100 ≒ 14.3(\%)$ 증가하여 둘의 차이가 10%p보다 작다.

ㄹ. 2010년 중국의 의류수출액은 세계 전체 의류수출액의 50% 이하이다. → (O) 2010년 중국의 의류수출액의 2배인 1,542 × 2 = 3,084(억 달러)보다 세계 전체 의류수출액(3,515억 달러)이 더 많다.

① ㄱ, ㄴ ➡ (X)
② ㄱ, ㄷ ➡ (X)
③ ㄷ, ㄹ ➡ (X)
④ ㄱ, ㄴ, ㄹ ➡ (O)
⑤ ㄴ, ㄷ, ㄹ ➡ (X)

20 ⑤ 정답률 80.7%

| 문제 유형 | 자료 읽기 > 표/빈칸 제시형

| 접근 전략 | 숫자의 감각을 키우는 것이 중요하다. 어떤 수의 1.5배 정도에 해당하는 수라는 것을 바로 눈으로 보고 파악할 수 있어야 한다.

다음 〈표〉는 2014년 '갑'국 지방법원(A~E)의 배심원 출석 현황에 관한 자료이다. 이에 대한 〈보기〉의 설명 중 옳은 것만을 모두 고르면?

〈표〉 2014년 '갑'국 지방법원(A~E)의 배심원 출석 현황

(단위: 명)

구분 지방법원	소환인원	송달불능자	출석취소 통지자	출석의무자	출석자
A	1,880	533	573	( )	411
B	1,740	495	508	( )	453
C	716	160	213	343	189
D	191	38	65	88	57
E	420	126	120	174	115

※ 1) 출석의무자 수 = 소환인원 − 송달불능자 수 − 출석취소통지자 수

2) 출석률(%) = $\dfrac{\text{출석자 수}}{\text{소환인원}} \times 100$

3) 실질출석률(%) = $\dfrac{\text{출석자 수}}{\text{출석의무자 수}} \times 100$

〈보기〉

ㄱ. 출석의무자 수는 B지방법원이 A지방법원보다 많다. → (X) B지방법원 출석의무자 수는 1,740 − 495 − 508 = 737(명)이고, A지방법원의 출석의무자 수는 1,880 − 533 − 573 = 774(명)으로 A지방법원의 출석의무자 수가 B지방법원의 출석의무자 수보다 많다.

ㄴ. 실질출석률은 E지방법원이 C지방법원보다 낮다. → (X) E지방법원의 실질출석률은 $\dfrac{115}{174} \times 100 ≒ 66.1(\%)$로, C지방법원의 실질출석률 $\dfrac{189}{343} \times 100 ≒ 55.1(\%)$보다 높다.

ㄷ. D지방법원의 출석률은 25% 이상이다. → (O) D지방법원의 출석률은 $\dfrac{57}{191} \times 100 ≒ 29.8(\%)$이므로 25% 이상이다.

ㄹ. A~E지방법원 전체 소환인원에서 A지방법원의 소환인원이 차지하는 비율은 35% 이상이다. → (O) A~E지방법원 전체 소환인원 합은 1,880 + 1,740 + 716 + 191 + 420 = 4,947(명)인데 A지방법원 소환인원은 1,880명이므로 이는 전체 소환인원의 $\dfrac{1,880}{4,947} \times 100 ≒ 38.0(\%)$이다.

① ㄱ, ㄴ ➡ (X) ② ㄱ, ㄷ ➡ (X) ③ ㄴ, ㄷ ➡ (X)
④ ㄴ, ㄹ ➡ (X) ⑤ ㄷ, ㄹ ➡ (O)

| **문제 유형** | 자료 변환응용 > 자료/보고서 전환형

| **접근 전략** | 내용 작성에 직접적인 근거로 활용됐는지를 찾는 문제는 구체적인 계산이 필요 없이 〈보고서〉에 해당 자료의 수치가 제대로 되어 있는지 매칭만 해도 답을 구할 수 있는 문제가 대부분이다.

다음은 2011~2014년 주택건설 인허가 실적에 대한 〈보고서〉이다. 〈보고서〉의 내용을 작성하는 데 직접적인 근거로 활용되지 않은 자료는?

〈보고서〉

○ 2014년 주택건설 인허가 실적은 전국 51.5만 호(수도권 24.2만 호, 지방 27.3만 호)로 2013년(44.1만 호) 대비 16.8% 증가하였다. 이는 당초 계획(37.4만 호)에 비하여 증가한 것이지만, 2014년의 인허가 실적은 2011년 55.0만 호, 2012년 58.6만 호, 2013년 44.1만 호 등 3년 평균(2011~2013년, 52.6만 호)에 미치지 못하였다.

○ 2014년 아파트의 인허가 실적(34.8만 호)은 2013년 대비 24.7% 증가하였다. 아파트 외 주택의 인허가 실적(16.7만 호)은 2013년 대비 3.1% 증가하였으나, 2013년부터 도시형생활주택 인허가 실적이 감소하면서 3년 평균(2011~2013년, 18.9만 호) 대비 11.6% 감소하였다.

○ 2014년 공공부문의 인허가 실적(6.3만 호)은 일부 분양물량의 수급 조절에 따라 2013년 대비 21.3% 감소하였으며, 3년 평균(2011~2013년, 10.2만 호) 대비로는 38.2% 감소하였다. 민간부문(45.2만 호)은 2013년 대비 25.2% 증가하였으며, 3년 평균(2011~2013년, 42.4만 호) 대비 6.6% 증가하였다.

○ 2014년의 소형(60m² 이하), 중형(60m² 초과 85m² 이하), 대형(85m² 초과) 주택건설 인허가 실적은 2013년 대비 각각 1.2%, 36.4%, 4.9% 증가하였고, 2014년 85m² 이하 주택건설 인허가 실적의 비중은 2014년 전체 주택건설 인허가 실적의 약 83.5%이었다.

① 지역별 주택건설 인허가 실적 및 증감률

(단위: 만 호, %)

구분	2013년	3년 평균 (2011~ 2013)	2014년		
				전년 대비 증감률	3년 평균 대비 증감률
전국	44.1	52.6	51.5	16.8	−2.1
수도권	19.3	24.5	24.2	25.4	−1.2
지방	24.8	28.1	27.3	10.1	−2.8

➡ (O) 〈보고서〉 1문단의 인허가 실적과 같다.

② 2011~2013년 지역별 주택건설 인허가 실적

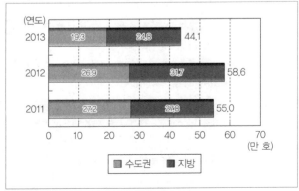

➡ (O) 〈보고서〉 1문단의 주택건설 인허가 실적과 같다.

③ 공공임대주택 공급 실적 및 증감률

(단위: 만 호, %)

구분	2013년	3년 평균 (2011~ 2013)	2014년		
				전년 대비 증감률	3년 평균 대비 증감률
영구·국민	2.7	2.3	2.6	−3.7	13.0
공공	3.1	2.9	3.6	16.1	24.1
매입·전세	3.8	3.4	3.4	−10.5	0.0

➡ (X) 〈보고서〉에는 없는 내용이다.

④ 유형별 주택건설 인허가 실적 및 증감률

(단위: 만 호, %)

구분	2013년	3년 평균 (2011~ 2013)	2014년		
				전년 대비 증감률	3년 평균 대비 증감률
아파트	27.9	33.7	34.8	24.7	3.3
아파트 외	16.2	18.9	16.7	3.1	−11.6

➡ (O) 〈보고서〉 2문단에 나타나 있다.

⑤ 건설 주체별·규모별 주택건설 인허가 실적 및 증감률

(단위: 만 호, %)

구분		2013년	3년 평균 (2011~ 2013)	2014년		
					전년 대비 증감률	3년 평균 대비 증감률
건설 주체	공공부문	8.0	10.2	6.3	−21.3	−38.2
	민간부문	36.1	42.4	45.2	25.2	6.6
규모	60m² 이하	17.3	21.3	17.5	1.2	−17.8
	60m² 초과 85m² 이하	18.7	21.7	25.5	36.4	17.5
	85m² 초과	8.1	9.6	8.5	4.9	−11.5

➡ (O) 〈보고서〉 3문단의 공공부문, 민간부문 인허가 실적, 4문단의 소형, 중형, 대형 인허가 실적과 같다.

22 ④

| 문제 유형 | 자료 읽기 > 표 제시형

| 접근 전략 | 식의 이항을 자유롭게 할 수 있어야 한다. 이항 시 부호와 분모, 분자를 조심하도록 한다. 계산하기 너무 어려운 숫자들끼리의 비교의 경우 A가 B의 n배 이상인지를 묻는 문제에서는 A보다 약간 큰 계산하기 쉬운 값, B보다 약간 작은 계산하기 쉬운 값을 구해 비교해 보도록 한다.

다음 〈표〉는 '갑'국의 주택보급률 및 주거공간 현황에 대한 자료이다. 이에 대한 〈보기〉의 설명 중 옳은 것만을 모두 고르면?

〈표〉 '갑'국의 주택보급률 및 주거공간 현황

연도	가구 수 (천 가구)	주택 보급률(%)	주거공간	
			가구당 (m²/가구)	1인당 (m²/인)
2000	10,167	72.4	58.5	13.8
2001	11,133	86.0	69.4	17.2
2002	11,928	96.2	78.6	20.2
2003	12,491	105.9	88.2	22.9
2004	12,995	112.9	94.2	24.9

※ 1) 주택보급률(%)= $\frac{주택 수}{가구 수}$ × 100

2) 가구당 주거공간(m²/가구)= $\frac{주거공간 총면적}{가구 수}$

3) 1인당 주거공간(m²/인)= $\frac{주거공간 총면적}{인구 수}$

〈보기〉

ㄱ. 주택 수는 매년 증가하였다. → (O) 주택 수는 $\frac{가구 수 × 주택보급률}{100}$ 로 구할 수 있다. 가구 수와 주택보급률 모두 매년 증가하였으므로 주택 수 또한 매년 증가하였다.

ㄴ. 2003년 주택을 두 채 이상 소유한 가구 수는 2002년보다 증가하였다. → (X) 주택보급률만 가지고 주택을 소유한 가구 수가 증가하였는지는 알 수 없다.

ㄷ. 2001~2004년 동안 1인당 주거공간의 전년 대비 증가율이 가장 큰 해는 2001년이다. → (O) 1인당 주거공간의 전년 대비 증가폭이 2001년에 가장 크고, 분모인 전년도 1인당 주거공간이 가장 작으므로 2001년의 전년 대비 1인당 주거공간 증가율이 가장 높다.

ㄹ. 2004년 주거공간 총면적은 2000년 주거공간 총면적의 2배 이상이다. → (O) 가구당 주거공간 × 가구 수=주거공간 총면적이다. 주거공간 총면적은 2000년의 경우 58.5 × 10,167=594,769.5(천m²)이고, 2004년의 경우 94.2 × 12,995=1,224,129(천m²)이다. 따라서 주거공간 총면적은 2004년이 2000년의 2배 이상이다.

① ㄱ, ㄴ ➡ (X)
② ㄱ, ㄷ ➡ (X)
③ ㄴ, ㄹ ➡ (X)
④ ㄱ, ㄷ, ㄹ ➡ (O)
⑤ ㄴ, ㄷ, ㄹ ➡ (X)

23 ⑤

| 문제 유형 | 자료 읽기/추론 > 매칭형

| 접근 전략 | 손실비를 손실로 착각하여 백분율로 혼동하지 않도록 한다. 각주를 보고 손실비의 의미를 확실히 알고 문제를 풀어야 한다.

다음 〈정보〉와 〈표〉는 2014년 A~E기업의 기본생산능력과 초과생산량 및 1~3월 생산이력에 관한 자료이다. 이에 근거하여 기본생산능력이 가장 큰 기업과 세 번째로 큰 기업을 바르게 나열한 것은?

〈정보〉

○ 각 기업의 기본생산능력(개/월)은 변하지 않는다.
○ A기업의 기본생산능력은 15,000개/월이고 C기업과 E기업의 기본생산능력은 동일하다.
○ B, C, D기업의 경우 2014년 1~3월 동안 초과생산량이 발생하지 않았다.
○ E기업의 경우 2014년 3월에 기본생산능력에 해당하는 생산량 이외에 기본생산능력의 20%에 해당하는 초과생산량이 발생하였다.
○ 생산 참여기업의 월 생산량=기본생산능력에 해당하는 월 생산량+월 초과생산량

〈표〉 2014년 1~3월 생산이력

구분	1월	2월	3월
생산 참여기업	B, C	B, D	C, E
손실비	0.0	0.5	0.0
총생산량(개)	23,000	17,000	22,000

※ 해당 월 총생산량 = 해당 월 '생산 참여기업의 월 생산량'의 합 × (1 − 손실비)

	가장 큰 기업	세 번째로 큰 기업	
①	A	B	➡ (X)
②	A	D	➡ (X)
③	B	D	➡ (X)
④	D	A	➡ (X)
⑤	D	B	➡ (O)

세 번째 〈정보〉에 따라 B, C, D기업의 경우 초과생산량이 발생하지 않았으므로 1월의 생산량은 각 기업의 기본생산능력의 합이고 2월은 손실비만 고려하면 된다. 따라서 B+C=23,000(개/월)−(1)이고, (B+D) × 0.5=17,000(개/월)−(2)이다. 네 번째 〈정보〉에 따라 E기업의 3월 초과생산량은 기본생산능력의 20%이므로 C+1.2E=22,000(개/월)−(3)이다. 두 번째 〈정보〉에 따라 C=E이므로 이를 (3)에 대입하면 C=E=10,000(개/월)이다. 이를 (1)에 대입하면 B=13,000(개/월)이고, (2)에 대입하면 D=21,000(개/월)이다. 두 번째 〈정보〉에 따라 A=15,000(개/월)이다. 따라서 기본생산능력이 가장 큰 기업은 D, 세 번째로 큰 기업은 B이다.

|문제 유형| 자료 읽기 > 표 제시형
|접근 전략| 〈표〉와 각주를 확인하여 선지의 각 내용을 판단하는 문제이다. 숫자가 복잡하므로 계산이 필요한 부분부터 계산하는 방식으로 풀이함으로써 시간을 절약하도록 한다.

다음 〈표〉는 '가'국의 PC와 스마트폰 기반 웹 브라우저 이용에 대한 설문조사를 바탕으로, 2013년 10월~2014년 1월 동안 매월 이용률 상위 5종 웹 브라우저의 이용률 현황을 정리한 자료이다. 이에 대한 설명으로 옳은 것은?

〈표 1〉 PC 기반 웹 브라우저
(단위: %)

조사시기 웹 브라우저 종류	2013년			2014년
	10월	11월	12월	1월
인터넷 익스플로러	58.22	58.36	57.91	58.21
파이어폭스	17.70	17.54	17.22	17.35
크롬	16.42	16.44	17.35	17.02
사파리	5.84	5.90	5.82	5.78
오페라	1.42	1.39	1.33	1.28
상위 5종 전체	99.60	99.63	99.63	99.64

※ 무응답자는 없으며, 응답자는 1종의 웹 브라우저만을 이용한 것으로 응답함

〈표 2〉 스마트폰 기반 웹 브라우저
(단위: %)

조사시기 웹 브라우저 종류	2013년			2014년
	10월	11월	12월	1월
사파리	55.88	55.61	54.82	54.97
안드로이드 기본 브라우저	23.45	25.22	25.43	23.49
크롬	6.85	8.33	9.70	10.87
오페라	6.91	4.81	4.15	4.51
인터넷 익스플로러	1.30	1.56	1.58	1.63
상위 5종 전체	94.39	95.53	95.68	95.47

※ 무응답자는 없으며, 응답자는 1종의 웹 브라우저만을 이용한 것으로 응답함

① 2013년 10월 전체 설문조사 대상 스마트폰 기반 웹 브라우저는 10종 이상이다. ➡ (O) 스마트폰 기반 웹 브라우저 상위 5종 전체의 비율이 94.39%인데 5위인 인터넷 익스플로러의 비율이 1.30%이므로 6위 이후의 비율이 1.30%라 하더라도 최소한 5개가 있어야 나머지 5.61%를 채울 수 있다.

② 2014년 1월 이용률 상위 5종 웹 브라우저 중 PC 기반 이용률 순위와 스마트폰 기반 이용률 순위가 일치하는 웹 브라우저는 없다. ➡ (X) 크롬은 PC기반 웹 브라우저, 스마트폰 기반 웹 브라우저 둘 다 3위이다.

③ PC 기반 이용률 상위 5종 웹 브라우저의 이용률 순위는 매월 동일하다. ➡ (X) 2013년 12월은 다른 월과 달리 PC 기반 이용률 2위와 3위가 바뀌어 파이어폭스가 3위이고, 크롬이 2위이다.

④ 스마트폰 기반 이용률 상위 5종 웹 브라우저 중 2013년 10월과 2014년 1월 이용률의 차이가 2%p 이상인 것은 크롬뿐이다. ➡ (X) 오페라도 2013년 10월과 2014년 1월 이용률의 차이가 6.91 − 4.51 = 2.4(%p)로, 2%p 이상 차이가 난다.

⑤ 스마트폰 기반 이용률 상위 3종 웹 브라우저 이용률의 합은 매월 90% 이상이다. ➡ (X) 2013년 10월의 경우 94.39 − 1.30 − 6.85 = 86.24(%)로, 90% 미만이다. 나머지 월도 90% 미만이다.

|문제 유형| 자료 읽기 > 표 제시형
|접근 전략| 계산을 최대한 줄이기 위해 분모와 분자의 크기 비교를 통해 하나가 다른 하나보다 변동률이 눈에 띄게 크면 계산하지 않아도 대소 비교를 할 수 있다.

다음 〈표〉는 조선 후기 이후 인구 현황에 대한 자료이다. 이에 대한 〈보기〉의 설명 중 옳은 것만을 모두 고르면?

〈표 1〉 지역별 인구분포(1648년)
(단위: 천 명, %)

구분	전체	한성	경기	충청	전라	경상	강원	황해	평안	함경
인구	1,532	96	81	174	432	425	54	55	146	69
비중	100.0	6.3	5.3	11.4	28.2	27.7	3.5	3.6	9.5	4.5

〈표 2〉 지역별 인구지수

지역 연도	한성	경기	충청	전라	경상	강원	황해	평안	함경
1648	100	100	100	100	100	100	100	100	100
1753	181	793	535	276	391	724	982	868	722
1789	197	793	499	283	374	615	1,033	888	1,009
1837	213	812	486	253	353	589	995	584	1,000
1864	211	832	505	251	358	615	1,033	598	1,009
1904	200	831	445	216	261	559	695	557	1,087

※ 1) 인구지수 = $\dfrac{\text{해당 연도 해당 지역 인구}}{\text{1648년 해당 지역 인구}} \times 100$

2) 조선 후기 이후 전체 인구는 9개 지역 인구의 합임

〈보기〉

ㄱ. 1753년 강원 지역 인구는 1648년 전라 지역 인구보다 많다. → (X) 1753년 강원 지역 인구는 54 × 7.24 = 390.96(천 명)으로 전라도의 432천 명보다 적다.

ㄴ. 1789년 대비 1837년 인구 감소율이 가장 큰 지역은 평안이다. → (O) 지역별 인구지수의 감소율과 같다. 1789년 대비 1837년 지역별 인구지수가 감소한 곳은 충청, 전라, 경상, 강원, 황해, 평안, 함경으로, 이 중 평안의 감소율이 압도적으로 높다.

ㄷ. 1864년 인구가 가장 많은 지역은 경상이다. → (O) 1864년 경상의 인구지수는 358인데 경상보다 인구지수가 더 높은 곳이 경기, 충청, 강원, 황해, 평안, 함경을 보면 경기, 강원, 황해, 함경은 1648년 인구가 두 자릿수에 불과하여 4배 이상 차이가 나는데 인구지수는 4배 미만으로 차이가 나므로 경상이 1864년 인구가 더 많다. 경상보다 1648년 인구가 더 많은 전라의 경우 1648년 인구 차이는 약 2% 정도에 불과한데 지역별 인구지수가 100 이상 작아 1864년 경상이 인구가 더 많다.

ㄹ. 1904년 전체 인구 대비 경기 지역 인구의 비중은 함경 지역 인구의 비중보다 크다. → (X) 1904년 경기 지역 인구는 8.31 × 81 = 673.11(천 명)이고, 1904년 함경 지역 인구는 10.87 × 69 = 750.03(천 명)이다. 따라서 경기 지역의 인구가 함경 지역의 인구보다 적으므로 전체 인구 대비 비중도 경기 지역이 함경 지역보다 작다.

① ㄱ, ㄴ ➡ (X)
② ㄱ, ㄹ ➡ (X)
③ ㄴ, ㄷ ➡ (O)
④ ㄱ, ㄷ, ㄹ ➡ (X)
⑤ ㄴ, ㄷ, ㄹ ➡ (X)

기출 총평

전체적으로 법조문의 내용이 어렵고 용어 자체에서 어려움을 겪는 수험생들이 많았을 것으로 추측된다. 제시된 법조문의 길이도 긴 편이었기 때문에 수험생 입장에서는 시간을 안배하는 것에도 어려움을 겪었을 것이다. 다른 문항의 유형에서도 내용 자체의 어려움을 느낄 수 있는 요소들이 많았기 때문에 전반적인 체감 난도가 높았을 것으로 보이고, 특히 시간에 쫓겨 문항을 푸는 경우가 종종 있었을 것으로 보인다. 따라서 제시된 법조문의 개념을 빠르게 이해하기 위해서는 기본적인 배경지식이 필요하기도 하지만, 해당 문항에서 제시되는 다양한 상황이나 선지 등을 통해 키워드를 빠르게 정리하는 것이 필요하다. 핵심 키워드를 바탕으로 법조문을 큰 조항 중심으로 분류하고 선지를 소거하는 것이 시간을 절약하는 전략이 될 수 있을 것이다.

문항별 정답률 및 선지별 선택률

문번	정답	정답률 (%)	선지별 선택률(%) ①	②	③	④	⑤
01	③	86.0	2.7	4.2	86.0	2.3	4.8
02	②	95.8	1.5	95.8	0.0	1.9	0.8
03	④	92.8	0.8	1.8	3.8	92.8	0.8
04	④	90.4	2.7	6.1	0.4	90.4	0.4
05	⑤	80.3	1.2	5.0	2.7	10.8	80.3
06	⑤	53.1	4.2	13.2	25.6	3.9	53.1
07	③	82.8	2.0	6.0	82.8	4.4	4.8
08	③	63.3	4.0	6.4	63.3	12.4	13.9
09	①	78.0	78.0	9.0	5.1	6.7	1.2
10	②	70.7	5.0	70.7	8.5	3.5	12.3
11	①	97.0	97.0	1.0	0.8	0.8	0.4
12	①	94.7	94.7	1.5	0.8	2.6	0.4
13	⑤	97.0	0.4	0.4	0.8	1.4	97.0

문번	정답	정답률 (%)	선지별 선택률(%) ①	②	③	④	⑤
14	①	87.5	87.5	1.1	1.9	9.1	0.4
15	④	94.3	0.8	2.3	1.8	94.3	0.8
16	②	56.1	1.2	56.1	32.8	3.4	6.5
17	②	73.4	4.7	73.4	5.1	12.1	4.7
18	②	48.5	20.4	48.5	23.8	4.2	3.1
19	④	79.2	2.8	2.0	12.0	79.2	4.0
20	①	87.2	87.2	0.4	0.8	8.6	3.0
21	⑤	89.7	0.8	0.4	6.3	2.8	89.7
22	③	65.3	7.6	8.8	65.3	13.9	4.4
23	③	63.8	7.3	3.3	63.8	12.6	13.0
24	⑤	33.2	39.0	11.5	6.1	10.2	33.2
25	④	65.9	6.5	8.2	12.5	65.9	6.9

※ 파란색 음영 문항은 해당 회차에서 정답률이 가장 낮은 TOP 3 문항입니다.
※ 문항별 정답률 산정 기준: 약 1년간 누적된 자동채점 & 성적결과분석 서비스의 응시 데이터

출제 비중

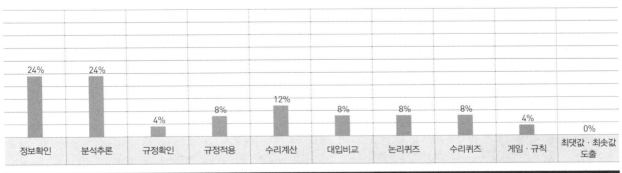

정보확인	분석추론	규정확인	규정적용	수리계산	대입비교	논리퀴즈	수리퀴즈	게임·규칙	최댓값·최솟값 도출
24%	24%	4%	8%	12%	8%	8%	8%	4%	0%

제시문형	법조문형	연산추론형	퍼즐형

01	③	02	②	03	④	04	④	05	⑤
06	⑤	07	③	08	③	09	①	10	②
11	①	12	①	13	④	14	①	15	④
16	②	17	②	18	②	19	④	20	①
21	⑤	22	③	23	③	24	⑤	25	④

01 ③

정답률 86.0%

|문제 유형| 제시문형 > 정보확인
|접근 전략| 역사 문제는 연도를 잘 보아야 한다. 연도 순서대로 역사가 진행된다는 것에 유념하며 어떤 것이 언제 일어날 수 없는지 확인해 보아야 한다.

다음 글을 근거로 판단할 때 옳은 것은?

1896년 『독립신문』 창간을 계기로 여러 가지의 애국가 가사가 신문에 게재되기 시작했는데, 어떤 곡조에 따라 이 가사들을 노래로 불렸는지는 명확하지 않다. 다만 대한제국이 서구식 군악대를 조직해 1902년 '대한제국 애국가'라는 이름의 국가(國歌)를 만들어 나라의 주요 행사에 사용했다는 기록은 남아 있다. 오늘날 우리가 부르는 애국가의 노랫말은 외세의 침략으로 나라가 위기에 처해 있던 1907년을 전후하여 조국애와 충성심을 북돋우기 위하여 만들어졌다. ▶1문단

1935년 해외에서 활동 중이던 안익태는 오늘날 우리가 부르고 있는 국가를 작곡하였다. 대한민국 임시정부는 이 곡을 애국가로 채택해 사용했으나 이는 해외에서만 퍼져 나갔을 뿐, 국내에서는 광복 이후 정부 수립 무렵까지 애국가 노랫말을 스코틀랜드 민요에 맞춰 부르고 있었다. 그러다가 1948년 대한민국 정부가 수립된 이후 현재의 노랫말과 함께 안익태가 작곡한 곡조의 애국가가 정부의 공식 행사에 사용되고 각급 학교 교과서에도 실리면서 전국적으로 애창되기 시작하였다. ▶2문단

애국가가 국가로 공식화되면서 1950년대에는 대한뉴스 등을 통해 적극적으로 홍보가 이루어졌다. 그리고 「국기게양 및 애국가 제창 시의 예의에 관한 지시(1966)」 등에 의해 점차 국가의례의 하나로 간주되었다. ▶3문단

1970년대 초에는 공연장에서 본공연 전에 애국가가 상영되기 시작하였다. 이후 1980년대 중반까지 주요 방송국에서 국기강하식에 맞춰 애국가를 방송하였다. 주요 방송국의 국기강하식 방송, 극장에서의 애국가 상영 등은 1980년대 후반 중지되었으며 음악회와 같은 공연 시 애국가 연주도 이때 자율화되었다. ▶4문단

오늘날 주요 행사 등에서 애국가를 제창하는 경우에는 부득이한 경우를 제외하고 4절까지 제창하여야 한다. 애국가는 모두 함께 부르는 경우에는 전주곡을 연주한다. 다만, 약식절차로 국민의례를 행할 때 애국가를 부르지 않고 연주만 하는 의전행사(외국에서 하는 경우 포함)나 시상식·공연 등에서는 전주곡을 연주해서는 안 된다. ▶5문단

① 1940년에 해외에서는 안익태가 만든 애국가 곡조를 들을 수 없었다. ➡ (X) 2문단에 따르면 1935년 안익태가 작곡한 애국가는 해외에서만 퍼져 나갔다고 하였으므로 1940년에 해외에서 안익태가 만든 애국가 곡조를 들을 수 있었음을 알 수 있다.

② 1990년대 초반에는 국기강하식 방송과 극장에서의 애국가 상영이 의무화되었다. ➡ (X) 4문단에 따르면 국기강하식 방송과 극장에서의 애국가 상영 등은 1980년대 후반 중지되었다.

③ 오늘날 우리가 부르는 애국가의 노랫말은 1896년 『독립신문』에 게재되지 않았다. ➡ (O) 1문단에 따르면 오늘날 우리가 부르는 애국가의 노

랫말은 1907년을 전후하여 만들어졌으므로 1896년 『독립신문』에 애국가의 노랫말은 게재되지 않았다.

④ 시상식에서 애국가를 부르지 않고 연주만 하는 경우에는 전주곡을 연주할 수 있다. ➡ (X) 5문단에 따르면 연주만 하는 의전행사나 시상식·공연 등에서는 전주곡을 연주해서는 안 된다.

⑤ 안익태가 애국가 곡조를 작곡한 해로부터 대한민국 정부 공식 행사에 사용될 때까지 채 10년이 걸리지 않았다. ➡ (X) 2문단에 따르면 애국가 곡조가 작곡된 해는 1935년이고, 애국가가 정부의 공식 행사에 사용된 것은 1948년 이후이므로 13년이 걸렸다.

02 ②

정답률 95.8%

|문제 유형| 제시문형 > 정보확인
|접근 전략| 난도가 낮은 문제라 하더라도 방심해서는 안 된다. 제시문에 답이 그대로 있더라도 정3품에 대한 설명인지 정4품 이하에 대한 설명인지는 외워서 풀기 쉽지 않으므로 제시문을 꼼꼼히 읽고 실수를 방지하는 것이 중요하다.

다음 글을 근거로 판단할 때, 〈보기〉에서 옳은 것만을 모두 고르면?

조선시대 복식은 신분과 직업에 따라 다르게 규정되었다. 상민들은 흰색 두루마기만 입을 수 있었던 데 비해 중인들은 청색 도포를 입고 다녔다. 조선시대 백관들의 공복(公服) 규정에 따르면, 중인의 경우 정3품은 홍포(紅袍)에 복두(幞頭)를 쓰고, 협지금(劦枝金)띠를 두르고 흑피화(黑皮靴)를 신었다. 4품 이하는 청포(靑袍)에 흑각(黑角)띠를 둘렀고, 7품 이하는 녹포(綠袍)에 흑의화(黑衣靴)를 신었다. ▶1문단

여자들의 복장은 남편의 벼슬이나 본가의 신분에 따라 달랐다. 조선 후기로 오면서 서울의 높은 양반집 여자들은 외출할 때 남자들과 내외하기 위해 장옷을 썼는데 중인 이하의 여자들은 장옷 대신 치마를 썼다. 또 양반집 여자들은 치마를 왼쪽으로 여며 입었는데 상민이 그렇게 입으면 망신을 당하고 쫓겨났다고 한다. ▶2문단

조선시대 공복에는 아청(鴉靑), 초록, 목홍(木紅) 등의 색을 사용했다. 『경국대전』에 따르면 1470년대에는 경공장에서 청색 물을 들이는 장인이 30여 명에 달할 만큼 청색 염색이 활발했다. 남색 역시 많이 사용되었다. 『임원십육지』에 따르면 6~7월에 쪽잎을 따서 만든 즙으로 남색 물을 들였다. 쪽잎으로 만든 남색 염료는 햇빛에 강해 색이 잘 변하지 않는 성질이 있어서 세계적으로 많이 사용되었다. 이 염료는 조선 초기까지는 사용이 드물었으나 조선 중기에 염료의 으뜸으로 등장했다가 합성염료의 출현으로 다시 왕좌에서 물러나게 되었다. ▶3문단

〈보기〉

ㄱ. 조선 후기에 중인 여자들은 외출할 때 장옷을 썼다. → (X) 2문단에서 중인 이하의 여자들은 장옷 대신 치마를 썼음을 알 수 있다.

ㄴ. 1470년대에 청색 염색이 활발했음을 보여주는 기록이 『경국대전』에 남아 있다. → (O) 3문단에서 『경국대전』에 따르면 1470년대에는 경공장에서 청색 물을 들이는 장인이 30여 명에 달할 만큼 청색 염색이 활발하였다고 하였으므로 옳은 설명이다.

ㄷ. 조선시대 정3품에 해당하는 중인들은 규정에 따라 청포에 흑각띠를 두르고 흑피화를 신었다. → (X) 1문단에 따르면 정3품은 홍포에 복두를 쓰고, 협지금띠를 두르고 흑피화를 신었다.

ㄹ. 조선에서는 합성염료의 출현 이후에도 초봄에 쪽잎을 따서 만든 남색 염료가 합성염료보다 더 많이 사용되었다. → (X) 3문단에 따르면 쪽잎으로 만든 남색 염료는 햇빛에 강해 색이 잘 변하지 않는 성질이 있어서 조선 중기에 염료의 으뜸으로 등장했다가 합성염료의 출현 이후 왕좌에서 물러나게 되었으므로 조선에서 합성염료 출현 이후에도 쪽잎을 따서 만든 남색 염료가 합성염료보다 더 많이 사용되었다고 보기는 어렵다.

① ㄱ ➡ (X)　　　　　② ㄴ ➡ (O)
③ ㄱ, ㄷ ➡ (X)　　　　④ ㄴ, ㄹ ➡ (X)
⑤ ㄷ, ㄹ ➡ (X)

03 ④

| **문제 유형** | 제시문형 > 정보확인 |

접근 전략 | '최상, 그 다음, 최하'의 개념이 여러 선지를 푸는 데 활용된다. 여러 번 제시문을 확인하는 것이 번거롭다면 표를 그리거나 메모를 해 두면서 문제를 해결하는 것도 좋다.

다음 글을 근거로 판단할 때 옳은 것은?

　청렴은 수령의 본분으로 모든 선(善)의 원천이며 모든 덕(德)의 근본이다. 청렴하지 않으면서 수령 노릇을 잘한 자는 없다. 『상산록』에 이런 말이 있다. "청렴에는 세 등급이 있다. 최상은 봉급 외에 아무것도 먹지 않고, 먹고 남은 것은 가져가지 않으며, 낙향할 때는 한 필의 말로 조촐하게 가니 이것이 '아주 옛날'의 청렴한 관리다. 그 다음은 봉급 외에는 명분이 바른 것만 먹고 바르지 않은 것은 먹지 않으며, 먹고 남은 것은 집으로 보내니 이것이 '조금 옛날'의 청렴한 관리다. 최하는 이미 규례(規例)가 된 것이라면 명분이 바르지 않아도 먹지만 규례가 되어 있지 않은 것은 먹지 않으며, 향임(鄕任)의 자리를 팔지 않고, 송사(訟事)와 옥사(獄事)를 팔아 먹지 않으며, 조세를 더 부과하여 나머지를 착복하지 않으니 이것이 '오늘날'의 청렴한 관리다. 최상이 진실로 좋지만 그럴 수 없다면 그 다음도 좋다. 최하는 옛날 같으면 형벌에 처했을 것이니 선을 좋아하고 악을 부끄럽게 여기는 사람은 결코 그렇게 하지 않을 것이다." ▶1문단

　하지만 청렴하다 하여도 과격한 행동과 각박한 정사(政事)는 인정에 맞지 않기 때문에 내치는 바이니 군자가 따를 바가 못 된다. 북제(北齊)의 수령이었던 고적사문은 성질이 꼿꼿하고 모질어 국가의 봉급도 받지 않았다. 사소한 잘못도 용서치 않고 모두 귀양을 보내고 선처를 호소하는 친척들까지 잡아 때려 원성만 더해 갔다. 임금이 이를 듣고 고적사문의 포악함이 사나운 맹수보다 더하다며 그를 파면했다. ▶2문단

※ 규례(規例): 일정한 규칙과 정해진 관례
※ 향임(鄕任): 좌수, 별감 등 향청의 직책

① 정사가 각박할지라도 청렴한 수령은 군자가 따를 만한 수령이다. ➡ (X) 2문단에서 청렴하다 하여도 과격한 행동과 각박한 정사는 인정에 맞지 않기 때문에 내치는 바이니 군자가 따를 바가 못 된다고 하였다.

② 『상산록』에 따르면 청렴에는 세 등급이 있는데 '조금 옛날'의 청렴한 관리가 최상이다. ➡ (X) 1문단에서 최상은 봉급 외에 아무것도 먹지 않고, 먹고 남은 것은 가져가지 않으며, 낙향할 때는 한 필의 말로 조촐하게 가니 이것이 '아주 옛날'의 청렴한 관리라고 하였다.

③ 『상산록』에 따르면 명분과 관계없이 규례가 된 것만 먹는 수령은 '오늘날'과 '아주 옛날' 모두 청렴한 관리로 여겨졌다. ➡ (X) 1문단에 따르면 이미 규례가 된 것이라면 명분이 바르지 않아도 먹지만 규례가 되어 있지 않은 것은 먹지 않는 수령은 최하로서 '오늘날'의 청렴한 관리이다.

④ 『상산록』은 '오늘날'의 청렴한 관리보다 '아주 옛날'의 청렴한 관리가 상대적으로 더 청렴하다고 평가했다. ➡ (O) 1문단에 따르면 최상은 '아주 옛날'의 청렴한 관리이고 최하는 '오늘날'의 청렴한 관리이다. 그리고 최상이 진실로 좋은 것이라고 하였다.

⑤ 북제의 고적사문은 『상산록』의 청렴 등급으로 볼 때 '조금 옛날'의 청렴한 관리에 해당하므로 모범이 될 만한 수령이다. ➡ (X) 2문단에 따르면 청렴하다 하여도 과격한 정사는 인정에 맞지 않기 때문에 내치는 바이니 군자가 따를 바가 못 된다고 하였고, 북제의 고적사문을 그 예로 들고 있으므로 모범이 될 만한 수령이라 할 수 없다.

04 ④

| **문제 유형** | 제시문형 > 분석추론 |

접근 전략 | 모든 선지를 재산등록 의무자 → 등록대상 친족의 범위 → 등록대상 재산순으로 보지 말고 셋 중 하나라도 해당되지 않는 것이 보이면 과감하게 오답으로 인지하고 다음 선지를 보는 것이 시간 절약에 도움이 된다. 예를 들어, 연간 1천만 원 미만의 소득이 있는 지식재산권은 등록대상 재산이 아니므로 나머지 두 요건을 볼 필요가 없는 것이다.

다음 글을 근거로 판단할 때, 재산등록 의무자(A～E)의 재산등록 대상으로 옳은 것은?

　재산등록 및 공개 제도는 재산등록 의무자가 본인, 배우자 및 직계존·비속의 재산을 주기적으로 등록·공개하도록 하는 제도이다. 이 제도는 재산등록 의무자의 재산 및 변동사항을 국민에게 투명하게 공개함으로써 부정이 개입될 소지를 사전에 차단하여 공직 사회의 윤리성을 높이기 위해 도입되었다.

○ 재산등록 의무자: 대통령, 국무총리, 국무위원, 지방자치단체장 등 국가 및 지방자치단체의 정무직 공무원, 4급 이상의 일반직·지방직 공무원 및 이에 상당하는 보수를 받는 별정직 공무원, 대통령령으로 정하는 외무공무원 등
○ 등록대상 친족의 범위: 본인, 배우자, 본인의 직계존·비속. 다만, 혼인한 직계비속인 여성, 외증조부모, 외조부모 및 외손자녀, 외증손자녀는 제외한다.
○ 등록대상 재산: 부동산에 관한 소유권·지상권 및 전세권, 자동차·건설기계·선박 및 항공기, 합명회사·합자회사 및 유한회사의 출자 지분, 소유자별 합계액 1천만 원 이상의 현금·예금·증권·채권·채무, 품목당 5백만 원 이상의 보석류, 소유자별 연간 1천만 원 이상의 소득이 있는 지식재산권

※ 직계존속: 부모, 조부모, 증조부모 등 조상으로부터 자기에 이르기까지 직계로 이어 내려온 혈족
※ 직계비속: 자녀, 손자, 증손 등 자기로부터 아래로 직계로 이어 내려가는 혈족

① 시청에 근무하는 4급 공무원 A의 동생이 소유한 아파트 ➡ (X) 시청에 근무하는 4급 공무원은 재산등록 의무자에 해당하나. 그의 동생은 직계존·비속이 아니므로 등록대상 친족이 아니다.

② 시장 B의 결혼한 딸이 소유한 1,500만 원의 정기예금 ➡ (X) 시장은 지방자치단체장으로 재산등록 의무자이지만 시장의 결혼한 딸은 혼인한 직계비속인 여성에 해당하여 등록대상 친족의 범위에 포함되지 않는다.

③ 도지사 C의 아버지가 소유한 연간 600만 원의 소득이 있는 지식재산권 ➡ (X) 도지사는 지방자치단체장으로 재산등록 의무자에 해당하며 도지사의 아버지는 직계존속으로 등록대상 친족의 범위에 포함된다. 하지만 연간 1천만 원 이상의 소득이 있는 지식재산권만 등록대상 재산에 해당하므로 연간 600만 원의 소득이 있는 지식재산권은 재산등록 대상에 해당하지 않는다.

④ 정부부처 4급 공무원 상당의 보수를 받는 별정직 공무원 D의 아들이 소유한 승용차 ➡ (O) D는 4급 이상의 별정직 공무원이므로 재산등록 의무자에 해당하며, 그의 아들은 직계비속이므로 등록대상 친족이고, 자동차는 등록대상 재산이므로 재산등록 대상에 해당한다.

⑤ 정부부처 4급 공무원 E의 이혼한 전처가 소유한 1,000만 원 상당의 다이아몬드 ➡ (X) 정부부처 4급 공무원은 재산등록 의무자에 해당하나 이혼한 전처는 등록대상 친족에 해당하지 않는다.

문제 유형 | 제시문형 > 분석추론
| 접근 전략 | 해당 문제의 경우 단위가 조 수준이어서 나누기를 할 때 단위가 헷갈리기 쉽다. 큰 단위일수록 0의 개수를 잘 세어 자릿수를 하나 빼먹거나 더하는 일이 없도록 조심해야 한다.

문제 유형 | 법조문형 > 규정적용
| 접근 전략 | 규정 문제를 어렵게 생각하는 것은 딱딱한 법률용어 때문인데 오히려 규정 문제는 제시문에 답이 그대로 적시되어 있어 법률용어에 익숙해지기만 하면 쉽게 해결할 수 있는 유형 중 하나이다.

다음 글을 근거로 판단할 때, 〈보기〉에서 옳은 것만을 모두 고르면?

방사선은 원자핵이 분열하면서 방출되는 것으로 우리의 몸속을 비집고 들어오며 인체를 구성하는 분자들에 피해를 준다. 인체에 미치는 방사선 피해 정도는 'rem'이라는 단위로 표현된다. 1rem은 몸무게 1g당 감마선 입자 5천만 개가 흡수된 양으로 사람의 몸무게를 80kg으로 가정하면 4조 개의 감마선 입자에 해당한다. 감마선은 방사선 중에 관통력이 가장 강하다. 체르노빌 사고 현장에서 소방대원의 몸에 흡수된 감마선 입자는 각종 보호 장구에도 불구하고 400조 개 이상이었다. ▶**1문단**

만일 우리 몸이 방사선에 100rem 미만으로 피해를 입는다면 별다른 증상이 없다. 이처럼 가벼운 손상은 몸이 스스로 짧은 시간에 회복할 뿐만 아니라, 정상적인 신체 기능에 거의 영향을 미치지 않는다. 이 경우 '문턱효과'가 있다고 한다. 일정량 이하 바이러스가 체내에 들어오는 경우 우리 몸이 스스로 바이러스를 제거하여 질병에 걸리지 않는 것도 문턱효과의 예라 할 수 있다. 방사선에 200rem 정도로 피해를 입는다면 머리카락이 빠지기 시작하고, 몸에 기운이 없어지고 구역질이 난다. 항암 치료로 방사선 치료를 받는 사람에게 이런 증상이 나타나는 것을 본 적이 있을 것이다. 300rem 정도라면 수혈이나 집중적인 치료를 받지 않는 한 방사선 피폭에 의한 사망 확률이 50%에 달하고, 1,000rem 정도면 한 시간 내에 행동불능 상태가 되어 어떤 치료를 받아도 살 수 없다. ▶**2문단**

※ 모든 감마선 입자의 에너지는 동일하다.

―――〈보기〉―――

ㄱ. 몸무게 120kg 이상인 사람은 방사선에 300rem 정도로 피해를 입은 경우 수혈이나 치료를 받지 않아도 사망할 확률이 거의 없다.
　→ (X) 2문단에 따르면 몸무게와 관계없이 방사선 300rem 정도로 피해를 입은 경우라면 수혈이나 집중적인 치료를 받지 않는 한 방사선 피폭에 의한 사망 확률이 50%에 달한다.

ㄴ. 몸무게 50kg인 사람이 500조 개의 감마선 입자에 해당하는 방사선을 흡수한 경우 머리카락이 빠지기 시작하고 구역질을 할 것이다.
　→ (O) 몸무게 50kg인 사람이 500조 개의 감마선 입자에 해당하는 방사선을 흡수했다면 1g당 100억 개의 감마선 입자를 흡수한 것으로서 이는 200rem에 해당한다. 2문단에 따르면 200rem 정도 방사선 피해를 입었다면 머리카락이 빠지기 시작하고, 몸에 기운이 없어지고 구역질이 날 것이다.

ㄷ. 인체에 유입된 일정량 이하의 유해 물질이 정상적인 신체 기능에 거의 영향을 주지 않으면서 우리 몸에 의해 자연스럽게 제거되는 경우 문턱효과가 있다고 할 수 있다. → (O) 2문단에 따르면 가벼운 손상은 몸이 스스로 짧은 시간에 회복할 뿐만 아니라, 정상적인 신체 기능에 거의 영향을 미치지 않는다고 하는데 이 경우 '문턱효과'가 있다고 한다.

ㄹ. 체르노빌 사고 현장에 투입된 몸무게 80kg의 소방대원 A가 입은 방사선 피해는 100rem 이상이었다. → (O) 1문단에 따르면 체르노빌 사고 현장에서 소방대원의 몸에 흡수된 감마선 입자는 각종 보호 장구에도 불구하고 400조 개 이상이었다고 하였으므로 소방대원의 몸무게가 80kg이었다면 1g당 50억 개 이상의 감마선 입자가 흡수된 것으로서 100rem 이상의 방사선 피해를 입었다고 볼 수 있다.

① ㄱ, ㄴ ➡ (X)　　　② ㄴ, ㄷ ➡ (X)
③ ㄱ, ㄴ, ㄹ ➡ (X)　　④ ㄱ, ㄷ, ㄹ ➡ (X)
⑤ ㄴ, ㄷ, ㄹ ➡ (O)

다음 글과 〈상황〉을 근거로 판단할 때 옳은 것은?

제00조(국회의 정기회) 정기회는 매년 9월 1일에 집회한다. 그러나 그날이 공휴일인 때에는 그 다음 날에 집회한다.
제00조(국회의 임시회) ① 임시회의 집회요구가 있을 때에는 의장은 집회기일 3일 전에 공고한다. 이 경우 둘 이상의 집회요구가 있을 때에는 집회일이 빠른 것을 공고하되, 집회일이 같은 때에는 그 요구서가 먼저 제출된 것을 공고한다.
② 국회의원 총선거 후 최초의 임시회는 의원의 임기개시 후 7일째에 집회한다.
제00조(연간 국회운영기본일정 등) ① 의장은 국회의 연중 상시운영을 위하여 각 교섭단체대표의원과의 협의를 거쳐 매년 12월 31일까지 다음 연도의 국회운영기본일정을 정하여야 한다. 다만, 국회의원 총선거 후 처음 구성되는 국회의 당해 연도의 국회운영기본일정은 6월 30일까지 정하여야 한다.
② 제1항의 연간 국회운영기본일정은 다음 각 호의 기준에 따른다.
　1. 매 짝수월(8월·10월 및 12월을 제외한다) 1일(그날이 공휴일인 때에는 그 다음 날)에 임시회를 집회한다. 다만, 국회의원 총선거가 있는 월의 경우에는 그러하지 아니하다.
　2. 정기회의 회기는 100일, 제1호의 규정에 의한 임시회의 회기는 매회 30일을 초과할 수 없다.

―――〈상황〉―――

○ 국회의원 총선거는 4년마다 실시하며, 그 임기는 4년이다.
○ 제△△대 국회의원 총선거는 금년 4월 20일(수)에 실시되며 5월 30일부터 국회의원의 임기가 시작된다.

① 제△△대 국회의 첫 번째 임시회는 4월 27일에 집회한다. ➡ (X) 두 번째 조 제2항에 따르면 국회의원 총선거 후 최초의 임시회는 의원의 임기개시 후 7일째에 집회한다. 국회의원 임기는 5월 30일부터 시작되므로 옳지 않다.
② 올해 국회의 정기회는 9월 1일에 집회하여 12월 31일에 폐회한다. ➡ (X) 세 번째 조 제2항 제2호에 따르면 정기회의 회기는 100일을 초과할 수 없으므로 옳지 않다.
③ 내년도 국회의 회기는 정기회와 임시회의 회기를 합하여 연간 130일을 초과할 수 없다. ➡ (X) 세 번째 조 제2항 제2호에 따르면 정기회의 회기는 100일, 임시회의 회기는 매회 30일을 초과할 수 없고 동조 동항 제1호에 따르면 2, 4, 6월에 임시회를 집회하므로 내년도 국회의 회기는 연간 130일이 아니라 190일을 초과할 수 없다.
④ 내년 4월 30일에 임시회의 집회요구가 있을 때에는 국회의장의 임시회 집회공고 없이 5월 1일에 임시회가 집회된다. ➡ (X) 두 번째 조 제1항에 따르면 임시회의 집회요구가 있을 때는 의장은 집회기일 3일 전에 공고한다.
⑤ 제△△대 국회의 의장은 각 교섭단체대표의원과의 협의를 거쳐 내년도 국회운영기본일정을 올해 12월 31일까지 정해야 한다. ➡ (O) 세 번째 조 제1항에 따르면 의장은 국회의 연중 상시운영을 위하여 각 교섭단체대표의원과의 협의를 거쳐 매년 12월 31일까지 다음 연도의 국회운영기본일정을 정하여야 한다.

| **문제 유형** | 제시문형 > 분석추론 |

| 접근 전략 | 제시문의 난도는 높지만 문제를 푸는 데 핵심적으로 필요한 내용은 최후의 합헌결정을 선고한 날의 다음 날로 소급하여 형벌조항의 효력이 상실된다는 것과 교도소에서 복역했다면 형사보상금이 인정된다는 것이다. 선지를 확인한 후 어떤 내용이 필요한지 정확히 체크해야 한다

다음 글과 〈상황〉을 근거로 판단할 때 옳은 것은?

헌법재판소가 위헌으로 결정한 법률 또는 법률조항은 그 위헌결정이 있는 날부터 효력을 상실한다. 그러나 위헌으로 결정된 형벌에 관한 법률 또는 법률조항(이하 '형벌조항'이라고 함)은 소급하여 그 효력을 상실한다. 이는 죄형법정주의 원칙에 의할 때, 효력이 상실된 형벌조항에 따라 유죄의 책임을 지는 것은 타당하지 않다는 점을 고려한 것이다. ▶1문단

그러나 위헌인 형벌조항에 대해서 일률적으로 해당 조항의 제정 시점까지 소급효를 인정하는 것은 문제가 있다. 왜냐하면 헌법재판소가 기존에 어느 형벌조항에 대해서 합헌결정을 하였지만 그 후 시대 상황이나 국민의 법감정 등 사정변경으로 위헌결정을 한 경우, 해당 조항의 제정 시점까지 소급하여 그 효력을 상실하게 하여 과거에 형사처벌을 받은 사람들까지도 재심을 청구할 수 있게 하는 것은 부당하기 때문이다. 따라서 위헌으로 결정된 형벌조항에 대해서 종전에 합헌결정이 있었던 경우에는 그 결정이 선고된 날의 다음 날로 소급하여 효력을 상실하는 것으로 규정함으로써 그 소급효를 제한한다. 이러한 소급효 제한의 취지로 인해 동일한 형벌조항에 대해서 헌법재판소가 여러 차례 합헌결정을 한 때에는 최후에 합헌결정을 선고한 날의 다음 날로 소급하여 그 형벌조항의 효력이 상실되는 것으로 본다. ▶2문단

한편, 헌법재판소의 위헌결정이 내려진 형벌조항에 근거하여 유죄의 확정판결을 받은 사람은 '무죄임을 확인해 달라'는 취지의 재심청구가 인정된다. 또한 그 유죄판결로 인해 실형을 선고받고 교도소에서 복역하였던 사람은 구금 일수에 따른 형사보상금 청구가 인정되며, 벌금형을 선고받아 이를 납부한 사람도 형사보상금 청구가 인정된다. ▶3문단

※ 소급효: 법률이나 판결 등의 효력이 과거 일정 시점으로 거슬러 올라가서 미치는 것

〈상황〉

1953. 9. 18.에 제정된 형법 제241조의 간통죄에 대해서, 헌법재판소는 1990. 9. 10., 1993. 3. 31., 2001. 10. 25., 2008. 10. 30.에 합헌결정을 하였지만, 2015. 2. 26.에 위헌결정을 하였다. 다음과 같이 형사처벌을 받았던 甲, 乙, 丙은 재심청구와 형사보상금 청구를 하였다.

甲: 2007. 10. 1. 간통죄로 1년의 징역형이 확정되어 1년간 교도소에서 복역하였다.
乙: 2010. 6. 1. 간통죄로 징역 1년과 집행유예 2년을 선고받고, 교도소에서 복역한 바 없이 집행유예기간이 경과되었다.
丙: 2013. 8. 1. 간통죄로 1년의 징역형이 확정되어 1년간 교도소에서 복역하였다.

※ 집행유예: 유죄판결을 받은 사람에 대하여 일정 기간 형의 집행을 유예하고, 그 기간을 무사히 지나면 형의 선고는 효력을 상실하는 것으로 하여 실형을 과하지 않는 제도

① 甲의 재심청구는 인정되나 형사보상금 청구는 인정되지 않는다.
➡ (X) 甲은 최후의 합헌결정일인 2008. 10. 30. 이전에 징역형이 확정되었으므로 재심청구 대상이 되지 않고 형사보상금 청구 또한 인정되지 않는다.
② 乙의 재심청구와 형사보상금 청구는 모두 인정된다. ➡ (X) 乙은 교도소에서 복역한 바가 없어 형사보상금 청구가 불가능하다.
③ 乙의 재심청구는 인정되나 형사보상금 청구는 인정되지 않는다. ➡ (O)
乙은 교도소에서 복역한 바가 없어 형사보상금 청구가 불가능하나. 최후의 합헌결정일인 2008. 10. 30. 이후에 징역형이 확정되어 재심청구가 가능하다.

④ 丙의 재심청구와 형사보상금 청구는 모두 인정되지 않는다. ➡ (X)
丙은 최후의 합헌결정일인 2008. 10. 30. 이후에 징역형이 확정되어 재심청구가 가능하고 교도소에서 복역하였으므로 형사보상금 청구도 가능하다.
⑤ 丙의 재심청구는 인정되나 형사보상금 청구는 인정되지 않는다.
➡ (X) 丙은 최후의 합헌결정일인 2008. 10. 30. 이후에 징역형이 확정되어 재심청구가 가능하고 교도소에서 복역하였으므로 형사보상금 청구도 가능하다.

| **문제 유형** | 퍼즐형 > 게임·규칙 |

| 접근 전략 | 창의력과 사고력을 요하는 문제이다. 1경기부터 10경기까지 순서대로 파악하기보다는 10경기부터 확인하는 것이 효율적일 수도 있다. 또한 부전승이 있음에도 주의한다.

다음 〈규칙〉을 근거로 판단할 때, 〈보기〉에서 옳은 것만을 모두 고르면?

〈규칙〉

○ △△배 씨름대회는 아래와 같은 대진표에 따라 진행되며, 11명의 참가자는 추첨을 통해 동일한 확률로 A부터 K까지의 자리 중에서 하나를 배정받아 대회에 참가한다.

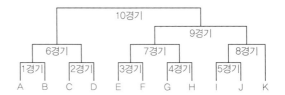

○ 대회는 첫째 날에 1경기부터 시작되어 10경기까지 순서대로 매일 하루에 한 경기씩 쉬는 날 없이 진행되며, 매 경기에서는 무승부 없이 승자와 패자가 가려진다.
○ 각 경기를 거듭할 때마다 패자는 제외시키면서 승자끼리 겨루어 최후에 남은 두 참가자 간에 우승을 가리는 승자 진출전 방식으로 대회를 진행한다.

〈보기〉

ㄱ. 이틀 연속 경기를 하지 않으면서 최소한의 경기로 우승할 수 있는 자리는 총 5개이다. → (X) 9경기와 10경기는 이틀 연속 이루어지므로 E~K까지의 7자리는 이틀 연속으로 경기가 이루어지는 자리이다. 따라서 이틀 연속 경기를 하지 않으면서 최소한의 경기로 우승할 수 있는 자리는 A~D인 4개이다.
ㄴ. 첫 번째 경기에 승리한 경우 두 번째 경기 전까지 3일 이상을 경기 없이 쉴 수 있는 자리에 배정될 확률은 50% 미만이다. → (X) A~F 모두 첫 번째 경기 이후 두 번째 경기까지 3일 이상 경기 없이 쉴 수 있는 시간이 있다. 따라서 11자리 중 6자리가 3일 이상을 경기 없이 쉴 수 있는 자리에 해당하므로 그 확률은 $\frac{6}{11} > 0.50$이다.
ㄷ. 총 4번의 경기를 치러야 우승할 수 있는 자리에 배정될 확률이 총 3번의 경기를 치르고 우승할 수 있는 자리에 배정될 확률보다 높다. → (O) A~D와 K 5자리는 총 3번 경기를 치러야 우승할 수 있고, 나머지 6자리는 총 4번 경기를 치러야 우승할 수 있다. 따라서 총 4번의 경기를 치러야 하는 곳에 배정될 확률이 더 크다.

① ㄱ ➡ (X)   ② ㄴ ➡ (X)
③ ㄷ ➡ (O)   ④ ㄱ, ㄷ ➡ (X)
⑤ ㄴ, ㄷ ➡ (X)

| **문제 유형** | 연산추론형 > 수리계산

| **접근 전략** | 복잡하게 보여도 제시된 순서대로 계산만 잘하면 되는 문제이다. 돈은 0이 많이 붙으므로 0의 개수를 잘 확인하여 계산할 때 자릿수를 틀리지 않도록 하며 특히 가산기준에 유의하며 문제를 해결해야 한다.

다음 글과 〈상황〉을 근거로 판단할 때, 甲과 乙의 최대 배상금액으로 모두 옳은 것은?

A국의 층간소음 배상에 대한 기준은 아래와 같다.
○ 층간소음 수인(受忍)한도
 – 주간 최고소음도: 55dB(A)
 – 야간 최고소음도: 50dB(A)
 – 주간 등가소음도: 40dB(A)
 – 야간 등가소음도: 35dB(A)
○ 층간소음 배상 기준금액: 수인한도 중 하나라도 초과 시

피해기간	피해자 1인당 배상 기준금액
6개월 이내	500,000원
6개월 초과~1년 이내	650,000원
1년 초과~2년 이내	800,000원

○ 배상금액 가산기준
 (1) 주간 혹은 야간에 최고소음도와 등가소음도가 모두 수인한도를 초과한 경우에는 30% 이내에서 가산
 (2) 최고소음도 혹은 등가소음도가 주간과 야간에 모두 수인한도를 초과한 경우에는 30% 이내에서 가산
 (3) 피해자가 환자, 1세 미만 유아, 수험생인 경우에는 해당 피해자 개인에게 20% 이내에서 가산
○ 둘 이상의 가산기준에 해당하는 경우 기준금액을 기준으로 각각의 가산금액을 산출한 후 합산
예) 피해기간은 3개월이고, 주간의 최고소음도와 등가소음도가 수인한도를 모두 초과하였고, 피해자가 1인이며 환자인 경우 최대 배상금액:
 $500,000원 + (500,000원 \times 0.3) + (500,000원 \times 0.2)$

※ 등가소음도: 변동하는 소음의 평균치

〈상황〉
○ 아파트 위층에 사는 甲이 10개월 전부터 지속적으로 소음을 발생시키자, 아래층 부부는 문제를 제기하였다. 소음을 측정한 결과 주간과 야간 모두 최고소음도는 수인한도를 초과하지 않았으나, 주간 등가소음도는 45dB(A)였으며, 야간 등가소음도는 38dB(A)였다. 아래층 피해자 부부는 모두 가산기준 (3)에 해당되지 않는다.
○ 아파트 위층에 사는 乙이 1년 6개월 전부터 야간에만 지속적으로 소음을 발생시키자, 아래층에 사는 가족은 문제를 제기하였다. 야간에 소음을 측정한 결과 등가소음도는 42dB(A)였으며, 최고소음도는 52dB(A)이었다. 아래층 피해자 가족은 4명이며, 그중 수험생 1명만 가산기준 (3)에 해당된다.

	甲	乙
①	1,690,000원	4,320,000원	➡ (O)

• 甲: 피해기간 10개월=650,000(원), 등가소음도가 주간과 야간에 모두 수인한도를 초과하였으므로 최대 30% 가산[650,000 × 0.3 = 195,000(원)]하고, 피해자가 2인이므로 甲의 최대 배상금액은 (650,000 + 195,000) × 2 = 1,690,000(원)이다.

• 乙: 피해기간 1년 6개월=800,000(원), 야간에 최고소음도와 등가소음도가 모두 수인한도를 초과하였으므로 최대 30% 가산(800,000 × 0.3=240,000(원)], 피해자 1인이 수험생이므로 피해자 1인에 대해 최대 20% 가산[800,000 × 0.2=160,000(원)]을 한다. 피해자 수는 4명이므로 乙의 최대 배상금액은 [(800,000+240,000) × 4]+160,000=4,320,000(원)이다.

②	1,690,000원	4,160,000원	➡ (X)
③	1,690,000원	3,840,000원	➡ (X)
④	1,300,000원	4,320,000원	➡ (X)
⑤	1,300,000원	4,160,000원	➡ (X)

| **문제 유형** | 제시문형 > 분석추론

| **접근 전략** | 각주, 예외사항 및 각종 조건에 조심해야 한다. 문제를 빨리 풀다 보면 놓칠 수 있으니 작은 글씨나 빼먹기 쉬운 단서들은 밑줄을 쳐 두는 것도 좋다.

○○시의 〈버스정류소 명칭 관리 및 운영계획〉을 근거로 판단할 때 옳은 것은? (단, 모든 정류소는 ○○시 내에 있다)

〈버스정류소 명칭 관리 및 운영계획〉
□ 정류소 명칭 부여기준
 ○ 글자 수: 15자 이내로 제한
 ○ 명칭 수: 2개 이내로 제한
  – 정류소 명칭은 지역대표성 명칭을 우선으로 부여
  – 2개를 병기할 경우 우선순위대로 하되, ·으로 구분

우선순위	지역대표성 명칭			특정법인(개인) 명칭	
	1	2	3	4	5
명칭	고유지명	공공기관, 공공시설	관광지	시장, 아파트, 상가, 빌딩	기타(회사, 상점 등)

□ 정류소 명칭 변경 절차
 ○ 자치구에서 명칭 부여기준에 맞게 홀수달 1일에 신청
  – 홀수달 1일에 하지 않은 신청은 그다음 홀수달 1일 신청으로 간주
 ○ 부여기준에 적합한지를 판단하여 시장이 승인 여부를 결정
 ○ 관련기관은 정류소 명칭 변경에 따른 정비를 수행
 ○ 관련기관은 정비결과를 시장에게 보고

명칭 변경 신청 (자치구) ▶ 명칭 변경 승인 (시장) ▶ 명칭 변경에 따른 정비 (관련기관) ▶ 정비결과 보고 (관련기관)

홀수달 1일 신청 　　 신청일로부터 5일 이내 　　 승인일로부터 7일 이내 　　 정비완료일로부터 3일 이내

※ 단, 주말 및 공휴일도 일수(日數)에 산입하며, 당일(신청일, 승인일, 정비완료일)은 일수에 산입하지 않는다.

① 자치구가 7월 2일에 정류소 명칭 변경을 신청한 경우, ○○시의 시장은 늦어도 7월 7일까지는 승인 여부를 결정해야 한다. ➡ (X)
홀수달 1일에 하지 않은 신청은 그다음 홀수달 1일 신청으로 간주하므로 시장은 9월 1일로부터 5일 이내인 9월 6일까지 승인 여부를 결정해도 된다.

② 자치구가 8월 16일에 신청한 정류소 명칭 변경이 승인될 경우, 늦어도 9월 16일까지는 정비결과가 시장에게 보고된다. ➡ (O)
홀수달 1일에 하지 않은 신청은 그다음 홀수달 1일 신청으로 간주하므로 9월 1일로부터 5일 이내인 9월 6일까지 시장은 명칭 변경 승인을 할 것이고, 이로부터 7일 이내인 9월 13일까지는 정비가 되어야 하며, 이로부터 3일 이내인 16일까지는 정비결과가 시장에게 보고되어야 한다.

기랄드는 x를 (1), x^2을 (2), x^3을 (3)과 같이 사용했다.
즉, $x^3 + 21x^2 + 4 = 0$을

$$1(3) + 21(2) + 4 = 0$$

이라고 쓴 것이다.

헤리옷은 $x^3 + 3x = 0$을

$$xxx + 3 \cdot x = 0$$

과 같이 표현했다.

─────────────〈보기〉─────────────

ㄱ. 카르다노는 cub⁹ p : 4reb⁹ p : 2 aeqlis 0이라고 썼을 것이다. → (O)
cub⁹는 x^3, p:는 +, reb⁹는 x, aeqlis는 =이므로 이를 표시하면 $x^3 + 4x + 2 = 0$이다.

ㄴ. 스테빈은 1③ + 4① + 2 egales á 0이라고 썼을 것이다. → (O) 스테빈
방식에 따르면 1③은 x^3, 4①은 $4x$, egales á는 =이므로 이를 표시하면
$x^3 + 4x + 2 = 0$이다.

ㄷ. 기랄드는 1(2) + 4(1) + 2 = 0이라고 썼을 것이다. → (X) 1(2)은 x^2이
므로 옳지 않다.

ㄹ. 헤리옷은 $xxx + 4 \cdot x + 2 = 0$이라고 썼을 것이다. → (O) x의 개수만큼
x의 승수가 결정되는 것으로 추정할 수 있으므로 $xxx + 4 \cdot x + 2$는 $x^3 + 4x + 2$
를 표현한 것임을 알 수 있다.

─────────────────────────────────

① ㄱ, ㄷ ➡ (X)
② ㄴ, ㄹ ➡ (X)
③ ㄱ, ㄴ, ㄷ ➡ (X)
④ ㄱ, ㄴ, ㄹ ➡ (O)
⑤ ㄴ, ㄷ, ㄹ ➡ (X)

16 ②
정답률 56.1%

| 문제 유형 | 법조문형 > 규정확인

| 접근 전략 | 법조문도 상당히 길고 처리해야 할 정보도 많다. 이 문제의 핵심은
절대정화구역과 상대정화구역을 구분하는 것으로, 법조문이 길다고 하여 이 부분
을 망각해서는 안 된다. 또 괄호의 단서, 예외조항을 잘 보아야 한다.

다음 글을 근거로 판단할 때, 〈표〉의 ㉠～㉣에 들어갈 기호로 모두 옳은 것은?

법 제○○조(학교환경위생 정화구역) 시·도의 교육감은 학교환경위생정화
구역(이하 '정화구역'이라 한다)을 절대정화구역과 상대정화구역으로 구분하
여 설정하되, 절대정화구역은 학교출입문으로부터 직선거리로 50미터까지
인 지역으로 하고, 상대정화구역은 학교경계선으로부터 직선거리로 200미
터까지인 지역 중 절대정화구역을 제외한 지역으로 한다.

법 제△△조(정화구역에서의 금지시설) ① 누구든지 정화구역에서는 다음
각 호의 어느 하나에 해당하는 시설을 하여서는 아니 된다.
1. 도축장, 화장장 또는 납골시설
2. 고압가스·천연가스·액화석유가스 제조소 및 저장소
3. 폐기물수집장소
4. 폐기물처리시설, 폐수종말처리시설, 축산폐수배출시설
5. 만화가게(유치원 및 대학교의 정화구역은 제외한다)
6. 노래연습장(유치원 및 대학교의 정화구역은 제외한다)
7. 당구장(유치원 및 대학교의 정화구역은 제외한다)
8. 호텔, 여관, 여인숙
② 제1항에도 불구하고 대통령령으로 정하는 구역에서는 제1항의 제2호, 제
3호, 제5호부터 제8호까지에 규정된 시설 중 교육감이 학교환경위생정화위
원회의 심의를 거쳐 학습과 학교보건위생에 나쁜 영향을 주지 아니한다고 인
정하는 시설은 허용될 수 있다.

대통령령 제□□조(제한이 완화되는 구역) 법 제△△조 제2항에서 '대통령령
으로 정하는 구역'이란 법 제○○조에 따른 상대정화구역(법 제△△조 제1항
제7호에 따른 당구장시설을 하는 경우에는 정화구역 전체)을 말한다.

〈표〉

시설 \ 구역	초·중·고등학교		유치원·대학교	
	절대정화구역	상대정화구역	절대정화구역	상대정화구역
폐기물처리시설	×	×	×	×
폐기물수집장소	×	△	×	△
당구장	㉠		㉢	
만화가게		㉡		
호텔				㉣

×: 금지되는 시설
△: 학교환경위생정화위원회의 심의를 거쳐 허용될 수 있는 시설
○: 허용되는 시설

	㉠	㉡	㉢	㉣
①	△	○	○	△ ➡ (X)
②	△	△	○	△ ➡ (O)

• ㉠: △ 초·중·고등학교의 정화구역에 당구장은 허용되지 않으나 학교환경위생정
화위원회의 심의를 거쳐 정화구역 전체에 허용될 수 있다.

• ㉡: △ 초·중·고등학교의 절대정화구역에서 만화가게는 허용되지 않으나 상대정
화구역에서는 학교환경위생정화위원회의 심의를 거쳐 허용될 수 있다.

• ㉢: ○ 당구장은 금지시설이나 유치원·대학교의 정화구역에서 당구장은 금지시설
예외에 해당되므로 허용된다.

• ㉣: △ 호텔은 금지시설이나, 상대정화구역에서는 학교환경위생정화위원회의 심의
를 거쳐 허용될 수 있는 시설이다.

	㉠	㉡	㉢	㉣
③	×	△	○	△ ➡ (X)
④	×	△	△	× ➡ (X)
⑤	×	×	△	× ➡ (X)

17 ②
정답률 73.4%

| 문제 유형 | 법조문형 > 규정적용

| 접근 전략 | 의견별로 공무원의 경과실과 중과실에 따른 손해배상책임 인정 여부
를 확인한다. 책임의 주체를 기준으로 구분하면 구조적으로 정리가 가능하다.

다음 글을 근거로 판단할 때 옳은 것은?

헌법 제29조 제1항은 "공무원의 직무상 불법행위로 손해를 받은 국민은
법률이 정하는 바에 의하여 국가 또는 공공단체에 정당한 배상을 청구할 수
있다. 이 경우 공무원 자신의 책임은 면제되지 아니한다."라고 규정하고 있
다. 대법원은 이 헌법 조항의 의미에 대하여 다음과 같이 판단하였다.

[다수의견] 헌법 제29조 제1항은 공무원의 직무상 불법행위로 인하여 국가
등이 배상책임을 진다고 할지라도 그 때문에 공무원 자신의 민·형사책임이
나 징계책임이 면제되지 아니한다는 원칙을 규정한 것이나, 그 조항 자체로
피해자에 대한 공무원 개인의 구체적인 손해배상책임의 범위까지 규정한 것
으로 보기는 어렵다. 따라서 공무원이 직무수행 중 불법행위로 국민에게 손
해를 입힌 경우에 국가 또는 공공단체가 국가배상책임을 부담하는 외에 공무
원 개인도 고의 또는 중과실이 있는 경우에는 피해자에게 불법행위로 인한
손해배상책임을 진다고 할 것이다. 그러나 공무원에게 경과실만 있는 경우
에는 공무원 개인은 피해자에게 손해배상책임을 부담하지 아니한다고 해석
하여야 한다.

[별개의견] 헌법 제29조 제1항의 공무원의 책임은 직무상 불법행위를 한 그 공무원 개인의 불법행위책임임이 분명하다. 여기에서 말하는 불법행위의 개념은 법적인 일반 개념으로서, 그것은 고의 또는 과실로 인한 위법행위로 타인에게 손해를 가한 것을 의미하고, 이때의 과실은 중과실과 경과실을 구별하지 않는다. 따라서 공무원의 경과실로 인한 직무상 불법행위의 경우에도, 국가 또는 공공단체의 책임은 물론, 공무원 개인의 피해자에 대한 손해배상 책임도 면제되지 아니한다고 해석하는 것이, 우리 헌법의 관계 규정의 연혁에 비추어 그 명문에 충실한 것일 뿐만 아니라 헌법의 기본권 보장 정신과 법치주의의 이념에도 부응한다.

[반대의견] 헌법 제29조 제1항의 규정은 직무상 불법행위를 한 공무원 개인의 피해자에 대한 손해배상책임이 면제되지 아니한다는 것을 규정한 것으로 볼 수는 없고, 이는 다만 직무상 불법행위를 한 공무원의 국가 또는 공공단체에 대한 내부적 책임 등이 면제되지 아니한다는 취지를 규정한 것으로 보아야 한다. 따라서 공무원이 직무상 불법행위를 한 경우에 국가 또는 공공단체만이 피해자에 대하여 국가배상법에 의한 손해배상책임을 부담할 뿐, 공무원 개인은 고의 또는 중과실이 있는 경우에도 피해자에 대하여 손해배상책임을 부담하지 않는 것으로 보아야 한다.

① 공무원의 경과실로 인한 직무상 불법행위로 국민에게 손해가 발생한 경우, 공무원 개인이 피해자에게 배상책임을 지지 않는다는 것이 [다수의견]과 [별개의견]의 일치된 입장이다. ➡ (×) [다수의견] 은 공무원에게 경과실이 있을 때 공무원 개인은 피해자에게 손해배상책임을 부담하지 아니한다고 하나, [별개의견]은 공무원의 경과실이 있을 때 공무원 개인의 피해자에 대한 손해배상책임이 면제되지 아니한다고 해석한다.

② 공무원의 경과실로 인한 직무상 불법행위로 국민에게 손해가 발생한 경우, 국가 또는 공공단체가 피해자에게 배상책임을 진다는 점에서는 [다수의견], [별개의견], [반대의견]의 입장이 모두 일치한다. ➡ (O) [다수의견], [별개의견], [반대의견]의 입장 모두 국가 또는 공공단체의 국가배상책임을 인정한다.

③ 공무원이 직무상 불법행위로 국민에게 손해배상책임을 지는 데 있어서, [다수의견]과 [반대의견]은 모두 경과실과 중과실을 구분하지 않는다. ➡ (×) [반대의견]은 공무원의 과실이 경과실일 때와 중과실일 때를 구분하지 않고 모두 공무원의 피해자에 대한 손해배상책임을 부정한다. 하지만 [다수의견]은 공무원에게 중과실이 있는 경우에는 피해자에게 손해배상책임을 지나, 경과실이 있을 때에는 피해자에게 손해배상책임을 부담하지 아니한다고 보아 경과실과 중과실을 구분한다.

④ 공무원의 중과실로 인한 직무상 불법행위로 국민에게 손해가 발생한 경우, 피해자에 대해서뿐만 아니라 국가 또는 공공단체에 대한 공무원의 책임도 면제된다는 것이 [반대의견]의 입장이다. ➡ (×) [반대의견]은 공무원의 국가 또는 공공단체에 대한 내부적 책임 등은 면제되지 않는다고 본다.

⑤ 공무원의 고의 또는 중과실로 인한 직무상 불법행위로 국민에게 손해가 발생한 경우, 공무원 개인이 피해자에게 배상책임을 진다는 점에서는 [다수의견], [별개의견], [반대의견]의 입장이 모두 일치한다. ➡ (×) [반대의견]은 공무원의 고의 또는 중과실이 있더라도 공무원의 피해자에 대한 손해배상책임을 부정한다.

18 ②

| 문제 유형 | 연산추론형 > 수리계산
| 접근 전략 | 빛의 조도를 구하는 식을 도출해 낸 뒤에 〈상황〉에 대입시켜 관리대상주택을 찾는다.

다음 글과 〈상황〉을 근거로 판단할 때, 주택(A~E) 중 관리대상주택의 수는?

○○나라는 주택에 도달하는 빛의 조도를 다음과 같이 예측한다.

1. 각 조명시설에서 방출되는 광량은 그림에 표시된 값이다.
2. 위 그림에서 1칸의 거리는 2이며, 빛의 조도는 조명시설에서 방출되는 광량을 거리로 나눈 값이다.
3. 여러 조명시설로부터 동시에 빛이 도달할 경우, 각 조명시설로부터 주택에 도달한 빛의 조도를 예측하여 단순 합산한다.
4. 주택에 도달하는 빛은 그림에 표시된 세 개의 조명시설에서 방출되는 빛 외에는 없다고 가정한다.

―――〈상황〉―――

빛공해로부터 주민생활을 보호하기 위해, 주택에서 예측된 빛의 조도가 30을 초과할 경우 관리대상주택으로 지정한다.

① 1채 ➡ (×)
② 2채 ➡ (O) 빛의 조도는 조명시설에서 방출되는 광량을 거리로 나눈 값이다. 1칸당 거리는 2이므로 각각의 조명시설이 주택에 미치는 조도를 표시하면 다음과 같다.

구분	A주택	B주택	C주택	D주택	E주택
첫 번째 조명시설(36)	$\frac{36}{2}=18$	$\frac{36}{2}=18$	$\frac{36}{4}=9$	$\frac{36}{8}=4.5$	$\frac{36}{12}=3$
두 번째 조명시설(24)	$\frac{24}{8}=3$	$\frac{24}{4}=6$	$\frac{24}{2}=12$	$\frac{24}{2}=12$	$\frac{24}{6}=4$
세 번째 조명시설(48)	$\frac{48}{12}=4$	$\frac{48}{8}=6$	$\frac{48}{6}=8$	$\frac{48}{2}=24$	$\frac{48}{2}=24$
합계	25	30	29	40.5	31

따라서 조도가 30을 초과하는 D주택과 E주택 2채가 관리대상주택이다.

③ 3채 ➡ (×)
④ 4채 ➡ (×)
⑤ 5채 ➡ (×)

19 ④

정답률 79.2%

| **문제 유형** | 제시문형 > 정보확인

| **접근 전략** | 시대에 따른 상평통보의 중량 및 가치를 확인하고 중량단위 등의 계산을 정확히 하는 것에 중점을 둔다. 또한 가끔 한 번씩 출제되는 옳지 않은 것을 고르는 문제임에 유의해야 한다.

다음 글을 근거로 판단할 때 옳지 않은 것은?

1678년 영의정 허적(許積)의 제의로 상평통보(常平通寶)가 주조·발행되어 널리 유통된 이유는 다음과 같다. 첫째, 국내적으로 조정이 운영하는 수공업이 쇠퇴하고 민간이 운영하는 수공업이 발전함으로써 국내 시장의 상품교류가 확대되고, 1645년 회령지방을 시초로 국경무역이 활발해짐에 따라 화폐의 필요성이 제기되었기 때문이다. 둘째, 임진왜란 이후 국가 재정이 궁핍하였으나 재정 지출은 계속해서 증가함에 따라 재원 마련의 필요성이 있었기 때문이다. ▶1문단

1678년에 발행된 상평통보는 초주단자전(初鑄單字錢)이라 불리는데, 상평통보 1문(개)의 중량은 1전 2푼이고 화폐 가치는 은 1냥을 기준으로 400문으로 정하였으며 쌀 1되가 4문이었다. ▶2문단

1679년 조정은 상평통보의 규격을 변경하였다. 초주단자전을 대신하여 당이전(當二錢) 또는 절이전(折二錢)이라는 대형전을 주조·발행하였는데, 중량은 2전 5푼이었고 은 1냥에 대한 공인 교환율도 100문으로 변경하였다. ▶3문단

1678년부터 1680년까지 상평통보 주조·발행량은 약 6만 관으로 추정되고 있다. 당이전의 화폐 가치는 처음에는 제대로 유지되었지만 조정이 부족한 재원을 마련하기 위해 발행을 증대하면서 1689년에 이르러서는 은 1냥이 당이전 400~800문이 될 정도로 그 가치가 폭락하였다. 1681년부터 1689년까지의 상평통보 주조·발행량은 약 17만 관이었다. ▶4문단

1752년에는 훈련도감, 어영청, 금위영 등 중앙의 3개 군사 부서와 지방의 통영에서도 중형상평통보(中型常平通寶)를 주조·발행하도록 하였다. 중형상평통보의 액면 가치는 당이전과 동일하지만 중량이 약 1전 7푼(1757년에는 1전 2푼)으로 당이전보다 줄어들고 크기도 축소되었다. ▶5문단

※ 상평통보 묶음단위: 1관 = 10냥 = 100전 = 1,000문

※ 중량단위: 1냥 = 10전 = 100푼 = 1,000리 = $\frac{1}{16}$ 근

① 초주단자전, 당이전, 중형상평통보 중 가장 무거운 것은 당이전이다. ➡ (O) 초주단자전의 중량은 1전 2푼. 당이전은 2전 5푼. 중형상평통보는 1전 7푼이므로 당이전이 가장 무겁다.

② 은을 기준으로 환산할 때 상평통보의 가치는 경우에 따라 $\frac{1}{4}$ 이하로 떨어지기도 하였다. ➡ (O) 3문단과 4문단에 따르면 당이전 또는 절이전의 가치는 은 1냥에 대해 100문이었는데 1689년에 이르러서는 은 1냥이 400~800문이 될 정도로 당이전의 가치가 폭락하였다고 하였으므로 그 가치가 $\frac{1}{4}$ 이하로 떨어졌을을 알 수 있다.

③ 1678년부터 1689년까지 주조·발행된 상평통보는 약 2억 3,000만 문으로 추정된다. ➡ (O) 4문단에 따르면 1678년부터 1680년까지 상평통보 주조·발행량은 약 6만 관. 1681년부터 1689년까지의 상평통보 주조·발행량은 약 17만 관이었으므로 둘을 합하면 약 23만 관이고, 1관은 1,000문이므로 약 2억 3천만 문이 주조·발행되었음을 알 수 있다.

④ 1678년을 기준으로 은 1근은 같은 해에 주조·발행된 상평통보 4,600문의 가치를 가진다. ➡ (X) 2문단에 따르면 상평통보의 화폐가치는 은 1냥을 기준으로 400문이고 은 1근은 은 16냥이므로 상평통보 6,400문의 가치를 가진다.

⑤ 상품교류 및 무역 활성화뿐만 아니라 국가 재정상 필요에 따라 상평통보가 주조·발행되었다. ➡ (O) 1문단에 따르면 상평통보는 상품교류의 확대 및 국경무역의 활성화, 임진왜란 이후 재원 마련의 필요성에 의해 주조·발행되었다.

20 ①

정답률 87.2%

| **문제 유형** | 퍼즐형 > 수리퀴즈

| **접근 전략** | 제시된 기준에 따라 패스워드의 점수를 계산하여 가장 안전한 패스워드를 찾아낸다. 감점하는 경우에 특히 유의하여 계산을 하도록 한다.

다음 글을 근거로 판단할 때, 사용자 아이디 KDHong의 패스워드로 가장 안전한 것은?

○ 패스워드를 구성하는 문자의 종류는 4가지로, 알파벳 대문자, 알파벳 소문자, 특수문자, 숫자이다.

○ 세 가지 종류 이상의 문자로 구성된 경우, 8자 이상의 패스워드는 10점, 7자 이하의 패스워드는 8점을 부여한다.

○ 두 가지 종류 이하의 문자로 구성된 경우, 10자 이상의 패스워드는 10점, 9자 이하의 패스워드는 8점을 부여한다.

○ 동일한 문자가 연속되어 나타나는 패스워드는 2점을 감점한다.

○ 아래 〈키보드〉 가로열상에서 인접한 키에 있는 문자가 연속되어 나타나는 패스워드는 2점을 감점한다.

　예) ^_6과 &_7은 인접한 키로, 6과 7뿐만 아니라 ^와 7도 인접한 키에 있는 문자이다.

○ 사용자 아이디 전체가 그대로 포함된 패스워드는 3점을 감점한다.

○ 점수가 높을수록 더 안전한 패스워드이다.

※ 특수문자는 !, @, #, $, %, ^, &, *, (,)뿐이라고 가정한다.

① 10H&20Mzw ➡ (O) 네 가지 종류의 문자로 구성된 패스워드이고 8자 이상이므로 10점이며 따로 감점 사유는 없다. 참고로 10점이 문자 구성으로 받을 수 있는 가장 높은 점수이므로 가장 안전한 패스워드이다.

② KDHong! ➡ (X) 세 가지 종류의 문자로 구성된 패스워드이고 7자 이하이므로 8점이다. 또한 사용자 아이디 전체가 그대로 포함되어 3점이 감점된다. 따라서 총점은 5점이다.

③ asjpeblove ➡ (X) 한 가지 종류의 문자로 구성된 패스워드이고 10자 이상이므로 10점이다. a와 s는 인접하였는데 연속해서 사용했으므로 2점이 감점된다. 따라서 총점은 8점이다.

④ SeCuRiTy* ➡ (X) 세 가지 종류의 문자로 구성된 패스워드이고 8자 이상이므로 10점이다. T와 y는 인접하였는데 연속해서 사용했으므로 2점이 감점된다. 따라서 총점은 8점이다.

⑤ 1249dhqtgml ➡ (X) 두 가지 종류의 문자로 구성된 패스워드이고 10자 이상이므로 10점이다. 1과 2는 인접하였는데 연속해서 사용했으므로 2점이 감점된다. 따라서 총점은 8점이다.

21 ⑤

다음 〈정렬 방법〉을 근거로 판단할 때, 〈정렬 대상〉에서 두 번째로 위치를 교환해야 하는 두 수로 옳은 것은?

〈정렬 방법〉

아래는 정렬되지 않은 여러 개의 서로 다른 수를 작은 것에서 큰 것 순으로 정렬하는 방법이다.
(1) 가로로 나열된 수 중 가장 오른쪽의 수를 피벗(pivot)이라 하며, 나열된 수에서 제외시킨다.
 예) 나열된 수가 5, 3, 7, 1, 2, 6, 4라고 할 때, 4가 피벗이고 남은 수는 5, 3, 7, 1, 2, 6이다.
(2) 피벗보다 큰 수 중 가장 왼쪽의 수를 찾는다.
 예) 5, 3, 7, 1, 2, 6에서는 5이다.
(3) 피벗보다 작은 수 중 가장 오른쪽의 수를 찾는다.
 예) 5, 3, 7, 1, 2, 6에서는 2이다.
(4) (2)와 (3)에서 찾은 두 수의 위치를 교환한다.
 예) 5와 2를 교환하여(첫 번째 위치 교환) 2, 3, 7, 1, 5, 6이 된다.
(5) 피벗보다 작은 모든 수가 피벗보다 큰 모든 수보다 왼쪽에 위치할 때까지 (2)~(4)의 과정을 반복한다.
 예) 2, 3, 7, 1, 5, 6에서 7은 피벗 4보다 큰 수 중 가장 왼쪽의 수이며, 1은 피벗 4보다 작은 수 중 가장 오른쪽의 수이다. 이 두 수를 교환하면(두 번째 위치 교환) 2, 3, 1, 7, 5, 6이 되어, 피벗 4보다 작은 모든 수는 피벗 4보다 큰 모든 수보다 왼쪽에 있다.
 ⋮
 (후략)

〈정렬 대상〉

15, 22, 13, 27, 12, 10, 25, 20

① 15와 10 ➡ (X)
② 20과 13 ➡ (X)
③ 22와 10 ➡ (X)
④ 25와 20 ➡ (X)
⑤ 27과 12 ➡ (O) 가장 오른쪽의 수인 20이 피벗이므로 이를 제외하고 피벗 20보다 큰 수 중 가장 왼쪽의 수는 22이고 피벗 20보다 작은 수 중 가장 오른쪽의 수는 10이므로 22와 10을 교환한다. 따라서 15, 10, 13, 27, 12, 22, 25가 된다. 여기서 피벗 20보다 큰 수 중 가장 왼쪽의 수인 27과 피벗보다 작은 수 중 가장 오른쪽의 수인 12가 두 번째로 위치가 교환됨을 알 수 있다.

22 ③

다음 글을 근거로 판단할 때, 〈보기〉에서 옳은 것만을 모두 고르면?

거짓말 탐지기는 진술 내용의 참, 거짓을 판단하는 장치이다. 거짓말 탐지기의 정확도(%)는 탐지 대상이 되는 진술이 참인 것을 참으로, 거짓인 것을 거짓으로 옳은 판단을 내릴 확률을 의미하며, 참인 진술과 거짓인 진술 각각에 대하여 동일한 정확도를 나타낸다. 甲이 사용하는 거짓말 탐지기의 정확도는 80%이다.

〈보기〉

ㄱ. 탐지 대상이 되는 진술이 총 100건이라면, 甲의 거짓말 탐지기는 20건에 대하여 옳지 않은 판단을 내릴 가능성이 가장 높다. → (O) 거짓인 것이든 참인 것이든 거짓말 탐지기는 100건의 20%인 20건에 대해 옳지 않은 판단을 내릴 가능성이 가장 높다.
ㄴ. 탐지 대상이 되는 진술 100건 가운데 참인 진술이 20건이라면, 甲의 거짓말 탐지기가 이 100건 중 참으로 판단하는 것은 총 32건일 가능성이 가장 높다. → (O) 탐지 대상이 되는 진술 100건 가운데 참인 진술이 20건이라면, 참인 진술이 참으로 판단될 확률은 80%이므로 총 20건 중 16건이 참으로 판단되며, 거짓인 진술이 참으로 판단될 확률은 20%이므로 총 80건 중 16건이 참으로 판단된다. 따라서 거짓말 탐지기가 이 100건 중 참으로 판단하는 것은 총 32건일 가능성이 가장 높다.
ㄷ. 탐지 대상이 되는 진술 100건 가운데 참인 진술이 10건인 경우, 甲이 사용하는 거짓말 탐지기의 정확도가 높아진다면 이 100건 중 참으로 판단하는 진술이 많아진다. → (X) 참인 진술이 10건이면 $\frac{정확도}{100}$가 a라 했을 때 참으로 판단되는 수는 $10a + 90(1-a) = 90 - 80a$이다. 따라서 a가 높아질수록 참으로 판단되는 수는 줄어든다. 실제 참 10건 중 참인 진술로 판명되는 건수는 10a이고, 실제 거짓 90건 중 참인 진술로 판명되는 건수는 90(1−a)이기 때문이다.
ㄹ. 거짓말 탐지기의 정확도가 90%이고 탐지 대상이 되는 진술 100건 가운데 참인 진술이 10건인 경우, 탐지기가 18건을 참으로 판단했다면 그중 거짓인 진술이 9건일 가능성이 가장 높다. → (O) 참인 진술이 10건이면 $\frac{정확도}{100}$가 a라 했을 때 참으로 판단되는 수는 $10a + 90(1-a)$ $= 90 - 80a$이다. $90 - 80a = 18$이면 $80a = 72$이므로 a = 0.9이다. 따라서 거짓인 진술 90건 중에 참으로 판단되는 수는 90 × 0.1 = 9(건)이다.

① ㄱ, ㄴ ➡ (X)
② ㄱ, ㄷ ➡ (X)
③ ㄱ, ㄴ, ㄹ ➡ (O)
④ ㄱ, ㄷ, ㄹ ➡ (X)
⑤ ㄴ, ㄷ, ㄹ ➡ (X)

23 ③

정답률 63.8%

| **문제 유형** | 연산추론형 > 수리계산

| **접근 전략** | 대도시 5개 경기장의 관중 합이 최대 9만 명이므로 그 이상이라고 설명하는 선지는 모두 오답임을 빠르게 추론해 내는 것이 중요하다.

다음 글을 근거로 판단할 때 옳은 것은?

ㅇㅇ리그는 10개의 경기장에서 진행되는데, 각 경기장은 서로 다른 도시에 있다. 또 이 10개 도시 중 5개는 대도시이고 5개는 중소도시이다. 매일 5개 경기장에서 각각 한 경기가 열리며 한 시즌당 각 경기장에서 열리는 경기의 횟수는 10개 경기장 모두 동일하다.

대도시의 경기장은 최대수용인원이 3만 명이고, 중소도시의 경기장은 최대수용인원이 2만 명이다. 대도시 경기장의 경우는 매 경기 60%의 좌석 점유율을 나타내고 있는 반면 중소도시 경기장의 경우는 매 경기 70%의 좌석 점유율을 보이고 있다. 특정 경기장의 관중수는 그 경기장의 좌석 점유율에 최대수용인원을 곱하여 구한다.

① ㅇㅇ리그의 1일 최대 관중수는 16만 명이다. ➡ (X) 매일 5개 경기장에서 각각 한 경기가 열리는데 모두 대도시 경기장이라 가정하면 최대수용인원 3(만 명) × 0.6 × 5 = 9이므로 최대 9만 명이 1일 최대 관중수이다.

② 중소도시 경기장의 좌석 점유율이 10%p 높아진다면 대도시 경기장 한 곳의 관중수보다 중소도시 경기장 한 곳의 관중수가 더 많아진다. ➡ (X) 중소도시 경기장의 좌석 점유율이 10%p 높아진다면 대도시 경기장 한 곳의 관중수는 3만(명) × 0.6 = 1만 8천(명)이고 중소도시 경기장 한 곳의 관중수는 2만(명) × 0.8 = 1만 6천(명)이므로 대도시 경기장 한 곳의 관중수가 더 많다.

③ 내년 시즌부터 4개의 대도시와 6개의 중소도시에서 경기가 열린다면 ㅇㅇ리그의 한 시즌 전체 누적 관중수는 올 시즌 대비 2.5% 줄어든다. ➡ (O) 한 시즌당 각 경기장에서 열리는 경기의 횟수는 똑같으므로 모두 1번씩 경기가 열렸다면 올 시즌 총 관중수는 [3만(명) × 0.6 × 5] + [2만(명) × 0.7 × 5] = 16만(명)이다. 내년 시즌부터 4개의 대도시와 6개의 중소도시에서 경기가 열린다면 최대 관중수는 [3만(명) × 0.6 × 4] + [2만(명) × 0.7 × 6] = 15만 6천(명)이 될 것이므로 4천 명이 감소하여 올 시즌 대비 누적 관중수가 2.5% 줄어들게 된다.

④ 대도시 경기장의 좌석 점유율이 중소도시 경기장과 같고 최대수용인원은 그대로라면, ㅇㅇ리그의 1일 평균 관중수는 11만 명을 초과하게 된다. ➡ (X) 한 시즌당 각 경기장에서 열리는 경기의 횟수는 10개 경기장 모두 동일하고 매일 5개 경기장에서 각각 한 경기가 열린다고 하였으므로 이틀 동안 대도시에서 다섯 경기, 중소도시에서 다섯 경기를 하게 된다. 대도시 경기장의 좌석 점유율이 중소도시 경기장과 같게 70%가 된다면 대도시 경기장 관중수는 3만(명) × 0.7 × 5 = 10만 5천(명), 중소도시 경기장 관중수는 2만(명) × 0.7 × 5 = 7만(명)이므로 이틀간의 총 관중수는 17만 5천 명이다. 따라서 ㅇㅇ리그의 1일 평균 관중수는 8만 7천 5백 명이므로 11만 명을 초과하지 않는다.

⑤ 중소도시 경기장의 최대수용인원이 대도시 경기장과 같고 좌석 점유율은 그대로라면, ㅇㅇ리그의 1일 평균 관중수는 11만 명을 초과하게 된다. ➡ (X) 중소도시 경기장의 최대수용인원이 대도시 경기장과 같아진다면 중소도시 경기장 관중수는 3만 명 × 0.7 × 5 = 10만 5천 명, 대도시 경기장 관중수는 3만 명 × 0.6 × 5 = 9만 명이므로 이틀간의 총 관중수는 19만 5천 명이고 따라서 ㅇㅇ리그의 1일 평균 관중수는 9만 7천 5백만 명이므로 11만 명을 초과하지 않는다.

24 ⑤

TOP 1 정답률 33.2%

| **문제 유형** | 퍼즐형 > 논리퀴즈

| **접근 전략** | 날짜 문제는 사람마다 느끼는 난이도 편차가 크므로 달력을 그려 보는 것도 하나의 해결 방법이다. 네 번째 월요일보다 네 번째 금요일이 이전의 날일 수도 있다는 것을 생각해야 한다.

다음 글을 근거로 판단할 때 ㅇㅇ년 8월 1일의 요일은?

ㅇㅇ년 7월의 첫날 甲은 자동차 수리를 맡겼다. 甲은 그달 마지막 월요일인 네 번째 월요일에 자동차를 찾아가려 했으나, 사정이 생겨 그달 마지막 금요일인 네 번째 금요일에 찾아갔다.

※ 날짜는 양력 기준

① 월요일 ➡ (X)
② 화요일 ➡ (X)
③ 수요일 ➡ (X)
④ 목요일 ➡ (X)
⑤ 금요일 ➡ (O) 7월은 31일까지 있다. 네 번째 월요일과 네 번째 금요일이 그달의 마지막 월요일, 금요일인 방법을 생각해 보자. 31일까지 날짜가 있다면 5번의 요일이 있는 요일은 3개이고 이는 연속적이다. 나머지 4개는 4번의 요일이 있고, 이 또한 연속적이다. 월~금 사이에 3일이 연속되는 요일은 월화수, 화수목, 수목금으로 3개, 금~월 사이에 3일이 연속된 요일은 금토일, 토일월로 2개가 있다. 따라서 화, 수, 목 3일을 5번의 요일이 있는 요일로만 만들면 월요일과 금요일을 4번의 요일이 있도록 만들 수 있다. 이에 따르면 31일은 목요일이 되고, 8월 1일은 금요일이다.

25 ④

정답률 65.9%

| **문제 유형** | 퍼즐형 > 논리퀴즈

| **접근 전략** | 네모 탁자이면 한 사람이 어디에 있는지는 관계가 없다. 앉아 있는 순서가 중요한 것이다. 따라서 한 사람을 특정 위치에 고정시켜 놓고 다른 사람을 배치시키면 문제에 쉽게 접근할 수 있다.

다음 〈조건〉을 근거로 판단할 때, 초록 모자를 쓰고 있는 사람과 A 입장에서 왼편에 앉은 사람으로 모두 옳은 것은?

─────〈조건〉─────

○ A, B, C, D 네 명이 정사각형 테이블의 각 면에 한 명씩 둘러앉아 있다.
○ 빨강, 파랑, 노랑, 초록 색깔의 모자 4개가 있다. A, B, C, D는 이 중 서로 다른 색깔의 모자 하나씩을 쓰고 있다.
○ A와 B는 여자이고 C와 D는 남자이다.
○ A 입장에서 왼편에 앉은 사람은 파란 모자를 쓰고 있다.
○ B 입장에서 왼편에 앉은 사람은 초록 모자를 쓰고 있지 않다.
○ C 맞은편에 앉은 사람은 빨간 모자를 쓰고 있다.
○ D 맞은편에 앉은 사람은 노란 모자를 쓰고 있지 않다.
○ 노란 모자를 쓴 사람과 초록 모자를 쓴 사람 중 한 명은 남자이고 한 명은 여자이다.

	초록 모자를 쓰고 있는 사람	A 입장에서 왼편에 앉은 사람	
①	A	B	➡ (X)
②	A	D	➡ (X)
③	B	C	➡ (X)
④	B	D	➡ (O)

첫 번째 〈조건〉에 따라 A~D 네 명이 정사각형 테이블의 각 면에 한 명씩 둘러앉아 있다. 따라서 A를 맨 아래에 고정시켜도 문제를 푸는 데 지장이 없으므로 A를 맨 아래에 둔다. 세 번째 〈조건〉과 네 번째 〈조건〉, 여섯 번째 〈조건〉에 따라 표기하면 다음과 같다.

이에 따르면 C는 위쪽과 왼쪽 둘 중 하나에 배치되므로 경우의 수를 나누어 풀어 본다. 이때 여섯 번째 〈조건〉에 따라 C의 맞은 편에 앉은 사람은 빨간 모자를 쓰고 있다. 〈그림 1〉을 가지고 먼저 풀어 보도록 한다.

〈그림 1〉

여덟 번째 〈조건〉과 세 번째 〈조건〉을 조합하면 빨간 모자를 쓴 사람과 파란 모자를 쓴 사람 중 한 명은 남자이고, 한 명은 여자이다. 파란 모자를 쓴 사람이 남자이므로 빨간 모자를 쓴 사람은 여자이다. 세 번째 〈조건〉에 따라 A와 B가 여자인데 A는 이미 정해졌으므로 빨간 모자를 쓴 사람은 B이다. 그렇다면 맨 위의 사람은 D이다. 일곱 번째 〈조건〉에 따르면 D 맞은편에 앉은 A는 노란 모자를 쓰고 있지 않다. 남은 모자는 노란 모자와 초록 모자뿐이므로 D가 노란 모자를 쓴 사람이고 A는 초록 모자를 쓰고 있다. 하지만 이 경우 다섯 번째 〈조건〉과 모순된다. B 왼편에 앉은 A가 초록 모자를 쓰고 있기 때문이다.

따라서 〈그림 2〉로 문제를 풀어야 한다.

〈그림 2〉

여덟 번째 〈조건〉과 세 번째 〈조건〉을 조합하면 빨간 모자를 쓴 사람과 파란 모자를 쓴 사람 중 한 명은 남자이고, 한 명은 여자이다. A가 여자이므로 A의 왼편에 앉은 파란색 모자를 쓴 사람은 남자이다. 세 번째 〈조건〉에 따라 C도 남자이다. 그러면 남은 오른쪽은 B이고 B는 여자임을 알 수 있다. 이를 그림으로 표현하면 다음과 같다.

일곱 번째 〈조건〉에 따르면 D 맞은편에 앉은 사람은 노란 모자를 쓰고 있지 않으므로 C가 노란 모자를 쓰고 있고 B는 초록 모자를 쓰고 있음을 알 수 있다.

⑤	C	B	➡ (X)

걱정을 해서
걱정이 없어지면
걱정이 없겠네.

− 티베트 속담

2014년 8월 23일 시행

2014년도 국가공무원 5급 민간경력자 일괄채용 필기시험

정답과 분석해설

나의 성적

영역	점수	풀이 시간
언어논리	_____점	_____분
자료해석	_____점	_____분
상황판단	_____점	_____분

합격선

영역	합격 가능권	합격 확실권
언어논리	64~68점	72~76점
자료해석	64~68점	72~76점
상황판단	64~68점	72~76점

풀이 시간

영역	기본	숙련
언어논리	60분	50분
자료해석	60분	50분
상황판단	60분	50분

※2014년도 선발 인원 / 응시 인원 미공개

취약유형 분석표　제1영역 언어논리

문번	정답	정답률	유형	맞고 틀림
01	③	83.2%	사실적 이해 > 정보 확인	○ △ ×
02	⑤	82.8%	사실적 이해 > 정보 확인	○ △ ×
03	②	87.7%	사실적 이해 > 정보 확인	○ △ ×
04	①	57.7%	사실적 이해 > 정보 확인	○ △ ×
05	②	90.2%	비판적 사고 > 논리적 결론의 전제 · 원인 찾기	○ △ ×
06	①	63.5%	사실적 이해 > 정보 확인	○ △ ×
07	③	72.0%	비판적 사고 > 유사한 내용 · 사례 찾기	○ △ ×
08	⑤	88.3%	사실적 이해 > 논리 게임	○ △ ×
09	①	93.6%	비판적 사고 > 유사한 내용 · 사례 찾기	○ △ ×
10	⑤	56.2%	사실적 이해 > 논리 게임	○ △ ×
11	③	93.6%	사실적 이해 > 중심 내용 파악	○ △ ×
12	④	88.5%	사실적 이해 > 정보 확인	○ △ ×
13	④	90.4%	사실적 이해 > 정보 확인	○ △ ×
14	②	91.5%	사실적 이해 > 정보 확인	○ △ ×
15	①	94.7%	사실적 이해 > 중심 내용 파악	○ △ ×
16	④	81.0%	사실적 이해 > 정보 확인	○ △ ×
17	②	76.6%	비판적 사고 > 지문에서 추론하기	○ △ ×
18	③	84.5%	비판적 사고 > 논리적 결론의 전제 · 원인 찾기	○ △ ×
19	②	70.9%	비판적 사고 > 유사한 내용 · 사례 찾기	○ △ ×
20	③	87.6%	비판적 사고 > 빈칸 채우기	○ △ ×
21	⑤	80.2%	비판적 사고 > 판단하기	○ △ ×
22	④	73.9%	비판적 사고 > 논지 강화 · 약화 하기	○ △ ×
23	③	78.7%	비판적 사고 > 판단하기	○ △ ×
24	④	80.6%	비판적 사고 > 판단하기	○ △ ×
25	⑤	68.8%	비판적 사고 > 빈칸 채우기	○ △ ×

- 확실히 맞힌 문항 수: _____ 문항
- 헷갈리거나 찍은 문항 수: _____ 문항
- 틀린 문항 수: _____ 문항

취약유형 분석표 제2영역 자료해석

문번	정답	정답률	유형	맞고 틀림
01	②	90.5%	자료 읽기/추론 > 매칭형	○△✕
02	④	94.8%	자료 읽기 > 표 제시형	○△✕
03	⑤	92.5%	자료 읽기 > 표 제시형	○△✕
04	③	72.1%	자료 변환응용 > 표/그림 전환형	○△✕
05	④	83.3%	자료 읽기 > 표 제시형	○△✕
06	②	95.2%	자료 읽기/추론 > 계산형	○△✕
07	④	86.1%	자료 변환응용 > 자료/보고서 전환형	○△✕
08	③	67.2%	자료 읽기 > 표 제시형	○△✕
09	⑤	61.9%	자료 읽기 > 표 제시형	○△✕
10	②	65.2%	자료 읽기 > 표 제시형	○△✕
11	④	94.8%	자료 읽기/추론 > 계산형	○△✕
12	⑤	77.8%	자료 읽기 > 표/빈칸 제시형	○△✕
13	②	86.2%	자료 읽기 > 표 제시형	○△✕
14	①	88.9%	자료 읽기 > 그림 제시형	○△✕
15	③	89.3%	자료 읽기 > 표/그림 제시형	○△✕
16	④	81.7%	자료 변환응용 > 자료/보고서 전환형	○△✕
17	①	81.3%	자료 읽기 > 그림 제시형	○△✕
18	①	86.9%	자료 변환응용 > 표/그림 전환형	○△✕
19	②	80.2%	자료 변환응용 > 자료/보고서 전환형	○△✕
20	⑤	94.8%	자료 읽기 > 표 제시형	○△✕
21	⑤	67.2%	자료 읽기/추론 > 매칭형	○△✕
22	②	78.4%	자료 읽기/추론 > 계산형	○△✕
23	③	67.1%	자료 읽기 > 표 제시형	○△✕
24	③	53.1%	자료 읽기 > 표 제시형	○△✕
25	①	60.5%	자료 읽기 > 그림 제시형	○△✕

- 확실히 맞힌 문항 수: ＿＿＿＿＿＿＿ 문항
- 헷갈리거나 찍은 문항 수: ＿＿＿＿＿ 문항
- 틀린 문항 수: ＿＿＿＿＿＿＿＿ 문항

취약유형 분석표 제3영역 상황판단

문번	정답	정답률	유형	맞고 틀림
01	④	95.1%	제시문형 > 정보확인	○△✕
02	①	89.8%	제시문형 > 정보확인	○△✕
03	②	97.6%	제시문형 > 정보확인	○△✕
04	④	96.7%	제시문형 > 분석추론	○△✕
05	③	91.8%	제시문형 > 분석추론	○△✕
06	②	97.1%	제시문형 > 분석추론	○△✕
07	③	97.6%	법조문형 > 규정적용	○△✕
08	③	82.4%	제시문형 > 분석추론	○△✕
09	④	63.4%	법조문형 > 규정확인	○△✕
10	②	95.9%	퍼즐형 > 논리퀴즈	○△✕
11	②	97.6%	제시문형 > 분석추론	○△✕
12	①	81.0%	제시문형 > 분석추론	○△✕
13	⑤	95.1%	제시문형 > 분석추론	○△✕
14	④	97.2%	제시문형 > 정보확인	○△✕
15	①	97.6%	제시문형 > 분석추론	○△✕
16	①	61.2%	연산추론형 > 대입비교	○△✕
17	⑤	96.0%	제시문형 > 분석추론	○△✕
18	②	89.5%	법조문형 > 규정확인	○△✕
19	⑤	94.8%	연산추론형 > 수리계산	○△✕
20	⑤	91.1%	연산추론형 > 대입비교	○△✕
21	①	89.1%	연산추론형 > 수리계산	○△✕
22	③	91.4%	퍼즐형 > 최댓값·최솟값 도출	○△✕
23	③	78.8%	퍼즐형 > 최댓값·최솟값 도출	○△✕
24	⑤	63.4%	퍼즐형 > 수리퀴즈	○△✕
25	④	73.4%	퍼즐형 > 수리퀴즈	○△✕

- 확실히 맞힌 문항 수: ＿＿＿＿＿＿＿ 문항
- 헷갈리거나 찍은 문항 수: ＿＿＿＿＿ 문항
- 틀린 문항 수: ＿＿＿＿＿＿＿＿ 문항

2014 | 제1영역 언어논리(Ⓐ 책형)

기출 총평

난이도 중하에 해당하는 문제가 대부분이었으나, 과년도에 비해 난이도 상에 해당하는 문제도 다수 출제되었다. 상대적으로 쉬운 편에 속하는 문항들은 대부분 정보 확인 유형의 문제들이었다. 지문의 내용을 그대로 인용해 제시한 선지들도 있지만 의미상 유사한 다른 어휘를 사용해 지문의 내용을 재진술한 선지들도 있으므로, 지문 속의 정보를 충분히 이해하고 이를 활용하여 오답인 선지를 소거해 나가야 한다. 논리 게임 유형의 경우에는 지문의 내용을 도식화한 후 선지나 〈보기〉의 모든 항목을 직접 대입하여 타당한지를 따져 봐야 하는 문제가 다수 출제되어 시간을 비교적 많이 투자해야 했을 것으로 보인다. 논지 강화·약화하기 유형은 지문의 내용이 생소한 데다가 지문의 전체 내용과 더불어 특정 부분의 내용까지 파악한 후 〈보기〉에 적용해야 답을 찾을 수 있는, 복합적인 풀이 과정을 요하는 높은 난도의 문제가 여럿 눈에 띄었다. 이처럼 복잡한 문제를 풀 때 한 번 흐름을 놓치면 어디에서 잘못 이해했는지를 몰라 처음부터 다시 읽어야 하는 실수를 범할 수 있다. 따라서 해당 유형의 문항은 지시문을 읽을 때부터 집중해서 논지를 정확하게 파악할 필요가 있다. 비판적 사고 영역에서는 지문에서 추론할 수 있는 내용의 선지인지의 여부를 파악하는 문제, 전제와 논거·결론이 무엇인지 파악하고 제시된 조건들 간의 지지 또는 반박 관계를 판단할 것을 요구하는 문제 등 다양한 유형의 문제들이 고루 출제되었다.

문항별 정답률 및 선지별 선택률

문번	정답	정답률(%)	선지별 선택률(%)				
			①	②	③	④	⑤
01	③	83.2	11.9	2.1	83.2	1.4	1.4
02	⑤	82.8	2.1	0.8	1.3	13	82.8
03	②	87.7	10.1	87.7	0.0	1.8	0.4
04	①	57.7	57.7	2.1	16.2	18.7	5.3
05	②	90.2	6.3	90.2	0.0	2.1	1.4
06	①	63.5	63.5	3.9	6.0	8.4	18.2
07	③	72.0	0.7	1.8	72.0	24.5	1.0
08	⑤	88.3	3.2	3.9	2.1	2.5	88.3
09	①	93.6	93.6	0.7	2.5	2.1	1.1
10	⑤	56.2	2.5	18.1	18.9	4.3	56.2
11	③	93.6	0.0	0.4	93.6	4.9	1.1
12	④	88.5	0.8	1.1	8.8	88.5	0.8
13	④	90.4	0.4	1.8	7.0	90.4	0.4

문번	정답	정답률(%)	선지별 선택률(%)				
			①	②	③	④	⑤
14	②	91.5	2.5	91.5	0.0	4.6	1.4
15	①	94.7	94.7	0.0	1.4	2.5	1.4
16	④	81.0	0.4	2.5	12.2	81.0	3.9
17	②	76.6	7.8	76.6	2.8	8.9	3.9
18	③	84.5	0.7	2.7	84.5	2.2	9.9
19	②	70.9	1.5	70.9	3.9	20.9	2.8
20	③	87.6	0.4	0.4	87.6	6.3	5.3
21	⑤	80.2	3.9	4.9	8.1	2.9	80.2
22	④	73.9	7.4	6.7	8.1	73.9	3.9
23	③	78.7	0.4	2.8	78.7	6.4	11.7
24	④	80.6	2.5	9.5	1.4	80.6	6.0
25	⑤	68.8	2.2	6.5	16.3	6.2	68.8

※ 파란색 음영 문항은 해당 회차에서 정답률이 가장 낮은 TOP 3 문항입니다.
※ 정답률 및 선지별 선택률 산정 기준: 약 1년간 누적된 자동채점 & 성적결과분석 서비스의 응시 데이터

출제 비중

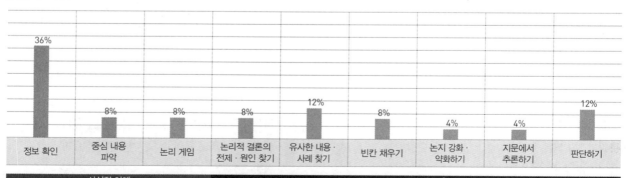

정보 확인	중심 내용 파악	논리 게임	논리적 결론의 전제·원인 찾기	유사한 내용·사례 찾기	빈칸 채우기	논지 강화·약화하기	지문에서 추론하기	판단하기
36%	8%	8%	8%	12%	8%	4%	4%	12%

사실적 이해 / 비판적 사고

01	③	02	⑤	03	②	04	①	05	②
06	①	07	③	08	⑤	09	①	10	⑤
11	③	12	④	13	④	14	②	15	①
16	④	17	②	18	③	19	②	20	③
21	⑤	22	④	23	③	24	④	25	⑤

01 ③

정답률 83.2%

| **문제 유형** | 사실적 이해 > 정보 확인

| **접근 전략** | 정보 확인 유형은 지문과 선지의 내용을 단순히 매칭시키면 답을 찾을 수 있기 때문에 전반적인 난이도는 쉬운 편인데, 지문과 선지의 내용을 대조하며 풀이하되 지문 내용을 통해 확실히 알 수 없는 것을 추측해 문제를 풀지 않도록 주의해야 한다. 그리고 긴 지문은 다량의 정보를 담고 있기 때문에 시간을 효율적으로 활용하기 위해 선지를 먼저 읽고 지문에서 선지의 키워드를 찾아 확인하는 방식으로 문제를 푸는 것이 좋다.

다음 글의 내용과 부합하는 것은?

화랑도는 군사력 강화와 인재 양성을 위해 신라 진흥왕대에 공식화되었다. 화랑도는 신라가 삼국을 통일하기까지 국가가 필요로 하는 많은 인재를 배출하였다. 화랑도 내에는 여러 무리가 있었는데 각 무리는 화랑 한 명과 자문 역할의 승려 한 명 그리고 진골 이하 평민에 이르는 천 명 가까운 낭도들로 이루어졌다. 화랑은 이 무리의 중심인물로 진골 귀족 가운데 낭도의 추대를 받아 선발되었다. 낭도들은 자발적으로 화랑도에 가입하였으며 연령은 대체로 15세에서 18세까지였다. 수련 기간 동안 무예는 물론 춤과 음악을 익혔고, 산천 유람을 통해 심신을 단련하였다. 수련 중인 낭도들은 유사시에 군사 작전에 동원되기도 하였고, 수련을 마친 낭도들은 정규 부대에 편입되어 정식 군인이 되었다. ▶1문단

화랑도는 불교의 미륵 신앙과 결부되어 있었다. 진골 출신만이 될 수 있었던 화랑은 도솔천에서 내려온 미륵으로 여겨졌고 그 집단 자체가 미륵을 숭상하는 무리로 일컬어졌다. 화랑 김유신이 거느린 무리를 당시 사람들은 '용화향도'라고 불렀다. 용화라는 이름은 미륵이 인간세계에 내려와 용화수 아래에서 설법을 한다는 말에서 유래했으며, 향도는 불교 신앙 단체를 가리키는 말이다. ▶2문단

화랑도가 크게 활동하던 시기는 골품제라는 신분제도가 확립되고 확산되어 가던 시기였는데 화랑도는 신분 계층 사회에서 발생하기 쉬운 알력이나 갈등을 조정하는 데도 부분적으로 기여하였다. 이는 화랑도가 여러 신분 계층으로 구성되어 있으면서도 그 집단 자체가 하나의 목적과 가치를 공유하여 구성원 상호 간의 결속이 긴밀하게 이루어졌기 때문이다. ▶3문단

① 평민도 화랑이 될 수 있었다. ➡ (X) 1문단에 따르면 화랑도 내에는 여러 무리가 있었는데 그 무리의 중심인물인 화랑은 진골 귀족 가운데 낭도의 추대를 받아 선발되었다. 즉, 화랑은 진골 출신만 될 수 있었다.

② 화랑도의 본래 이름은 용화향도였다. ➡ (X) 2문단에 따르면 화랑도 가운데 화랑 김유신이 거느린 무리를 당시 사람들이 '용화향도'라고 불렀다.

③ 미륵이라고 간주되는 화랑은 여러 명이 있었다. ➡ (O) 1문단에 따르면 화랑도 내에는 여러 무리가 있었는데 각 무리는 화랑 한 명과 자문 역할의 승려 한 명 그리고 진골 이하 평민에 이르는 천 명 가까운 낭도들로 이루어졌다. 그런데 2문단에 따르면 진골 출신만이 될 수 있었던 화랑은 도솔천에서 내려온 미륵으로 여겨졌다. 이를 통해 화랑도의 여러 무리 가운데 각각의 무리마다 미륵으로 여겨졌던 화랑이 한 명씩 있었음을 알 수 있다.

④ 낭도는 화랑의 추천을 거쳐 화랑도에 가입하였다. ➡ (X) 1문단에 따르면 낭도들은 자발적으로 화랑도에 가입하였다.

⑤ 화랑도는 신라의 신분제도를 해체하는 데 기여하였다. ➡ (X) 3문단에 따르면 화랑도는 신분 계층 사회에서 발생하기 쉬운 알력이나 갈등을 조정하는 데도 부분적으로 기여하였다. 이로 미루어 볼 때 화랑도가 신분제도를 해체하는 데 기여했다고 보기 어렵다.

02 ⑤

정답률 82.8%

| **문제 유형** | 사실적 이해 > 정보 확인

| **접근 전략** | 정보 확인 유형의 경우 지문의 내용이 선지의 번호 순서대로 제시되지 않을 때가 있다. 따라서 선지를 먼저 읽고 지문을 읽되, 선지에서 언급된 내용이 나오면 그 부분을 꼼꼼히 읽으면서 내용의 부합 여부를 판단해야 한다. 본 지문은 설명적 어구가 많이 사용되었으며 호흡이 긴 만연체의 문장들로 구성되어 있기 때문에 집중력을 가지고 지문을 독해해야 한다.

다음 글의 내용과 부합하는 것은?

금군이란 왕과 왕실 및 궁궐을 호위하는 임무를 띤 특수 부대였다. 금군의 임무는 크게 국왕의 신변을 보호하는 시위 임무와 왕실 및 궁궐을 지키는 입직 임무로 나누어지는데, 시위의 경우 시립, 배종, 의장의 임무로 세분된다. 시립은 궁내의 행사 때 국왕의 곁에 서서 국왕의 신변을 보호하는 것이고, 배종은 어가가 움직일 때 호위하는 것이며, 의장은 왕이 참석하는 중요한 의식에서 병장기와 의복을 갖추고 격식대로 행동하는 것을 말한다. ▶1문단

조선 전기에 금군은 내금위, 겸사복, 우림위의 세 부대로 구성되었다. 이들 세 부대를 합하여 금군삼청이라 하였으며 왕의 친병으로 가장 좋은 대우를 받았다. 내금위는 1407년에 조직되었다. 190명의 인원으로 편성하였는데 왕의 가장 가까이에서 임무를 수행하였으므로 무예는 물론 왕의 신임이 중요한 선발 기준이었다. 이들은 주로 양반 자제들로 편성되었으며, 금군 중에서 가장 우대를 받았다. 1409년에는 50인으로 구성된 겸사복이 만들어졌는데, 금군 중 최고 정예 부대였다. 서얼과 양민에 이르기까지 두루 선발되었고 특별히 함경도, 평안도 지역 출신이 우대되었다. 겸사복은 기병이 중심이며 시립과 배종을 주로 담당하였다. 우림위는 1492년에 궁성 수비를 목적으로 서얼 출신 50인으로 편성되었다. 내금위와 겸사복의 다수가 변방으로 파견되자 이를 보충하기 위한 목적과 함께 서얼 출신의 관직 진출을 열어 주기 위한 목적도 가지고 있었다. 이들은 겸사복이나 내금위보다는 낮은 대우를 받았다. 하지만 중앙군 소속의 갑사보다는 높은 대우를 받았다. ▶2문단

① 양민은 원칙상 금군이 될 수 없었다. ➡ (X) 2문단에서 금군 중 겸사복은 서얼과 양민에 이르기까지 두루 선발되었다고 했으므로 본 선지의 내용은 지문과 부합하지 않는다.

② 갑사는 금군보다 높은 대우를 받았다. ➡ (X) 2문단에서 금군의 하나인 우림위는 중앙군 소속의 갑사보다 높은 대우를 받았다고 했으므로 본 선지의 내용은 지문과 부합하지 않는다.

③ 우림위가 겸사복보다 먼저 만들어졌다. ➡ (X) 2문단에 따르면 겸사복은 1409년에 만들어졌고 우림위는 1492년에 만들어졌다.

④ 내금위 병사들의 무예가 가장 뛰어났다. ➡ (X) 2문단에서 무예가 내금위 선발의 중요한 기준이었다고 한 것만으로 내금위 병사들의 무예가 가장 뛰어났다고 단정하기는 어려우며, 겸사복이 금군 중 최고 정예 부대였다고 한 것을 통해 본 선지의 내용은 지문의 내용과 부합하지 않음을 알 수 있다.

⑤ 어가 호위는 겸사복의 주요 임무 중 하나였다. ➡ (O) 2문단에 따르면 겸사복은 시립과 배종을 주로 담당하였는데 배종은 어가가 움직일 때 호위하는 것을 가리킨다. 따라서 어가 호위는 겸사복의 주요 임무 중 하나였음을 알 수 있다.

03 ②

| **문제 유형** | 사실적 이해 > 정보 확인

| **접근 전략** | 정보 확인 문제 유형에서는 다양한 방법을 활용해 오답을 만든다. 이 문제에서는 영화와 소설을 대립시켜 마치 영화나 소설에 있을 법한 요소나 특성을 매력적 오답으로 만들어 제시하고 있다. 본 문제 유형에서는 지문에 언급되지 않은 내용은 답이 될 수 없다는 점에 유의해야 이런 함정에 빠지지 않을 수 있다.

다음 글에서 알 수 있는 것은?

소설과 영화는 둘 다 '이야기'를 '전달'해 주는 예술 양식이다. 그래서 역사적으로 소설과 영화는 매우 가까운 관계였다. 초기 영화들은 소설에서 이야기의 소재를 많이 차용했으며, 원작 소설을 각색하여 영화의 시나리오로 만들었다. ▶1문단

하지만 소설과 영화는 인물, 배경, 사건과 같은 이야기 구성 요소들을 공유하고 있다 하더라도 이야기를 전달하는 방법에 뚜렷한 차이를 보인다. 예컨대 어떤 인물의 내면 의식을 드러낼 때 소설은 문자 언어를 통해 표현하지만, 영화는 인물의 대사나 화면 밖의 목소리를 통해 전달하거나 혹은 연기자의 표정이나 행위를 통해 암시적으로 표현한다. 또한 소설과 영화의 중개자는 각각 서술자와 카메라이기에 그로 인한 서술 방식의 차이도 크다. 가령 1인칭 시점의 원작 소설과 이를 각색한 영화를 비교해 보면, 소설의 서술자 '나'의 경우 영화에서는 화면에 인물로 등장해야 하므로 이들의 서술 방식은 달라진다. ▶2문단

이처럼 원작 소설과 각색 영화 사이에는 이야기가 전달되는 방식에서 큰 차이가 발생한다. 소설은 시공간의 얽매임을 받지 않고 풍부한 재현이나 표현의 수단을 가지고 있지만, 영화는 모든 것을 직접적인 감각성에 의존한 영상과 음향으로 표현해야 하기 때문에 재현이 어려운 심리적 갈등이나 내면 묘사, 내적 독백 등을 소설과 다른 방식으로 나타내야 하는 것이다. 요컨대 소설과 영화는 상호 유사한 성격을 지니고 있으면서도 각자 독자적인 예술 양식으로서의 특징을 지니고 있다. ▶3문단

① 영화는 소설과 달리 인물의 내면 의식을 직접적으로 표현하지 못한다. ➡ (X) 2문단에 따르면 어떤 인물의 내면 의식을 드러낼 때 소설은 문자 언어를 통해 표현하지만 영화는 인물의 대사나 화면 밖의 목소리를 통해 전달하거나 혹은 연기자의 표정이나 행위를 통해 암시적으로 표현한다. 이는 소설과 영화의 이야기 전달 방법의 차이일 뿐 이것만으로 영화가 인물의 내면 의식을 직접적으로 표현하지 못한다고 단정할 수는 없다.

② 소설과 영화는 매체가 다르므로 두 양식의 이야기 전달 방식도 다르다. ➡ (O) 2문단에 따르면 소설과 영화는 인물, 배경, 사건과 같은 이야기 구성 요소들을 공유하고 있다 하더라도 이야기를 전달하는 방법에 뚜렷한 차이를 보인다.

③ 매체의 표현 방식에도 진보가 있는데 영화가 소설보다 발달된 매체이다. ➡ (X) 3문단 마지막 문장에서 소설과 영화가 각자 독자적인 양식으로서의 특징을 지니고 있다고 하였으므로 영화가 소설보다 발달된 매체라고 할 수 없다.

④ 소설과 달리 영화는 카메라의 촬영 기술과 효과에 따라 주제가 달라진다. ➡ (X) 지문을 통해 알 수 없는 내용이다.

⑤ 문자가 영상의 기초가 되므로 영화도 소설처럼 문자 언어적 표현 방식에 따라 화면이 구성된다. ➡ (X) 3문단에 따르면 소설은 시공간의 얽매임을 받지 않고 풍부한 재현이나 표현의 수단을 가지고 있지만, 영화는 모든 것을 직접적인 감각성에 의존한 영상과 음향으로 표현해야 한다. 따라서 영화는 소설과 다른 방식으로 화면이 구성된다는 것을 알 수 있다.

04 ①

| **문제 유형** | 사실적 이해 > 정보 확인

| **접근 전략** | 정보 확인 문제 유형에서 대립되는 견해가 제시되는 경우 두 견해 사이의 차이점을 찾는 것만큼 공통점을 찾는 것도 중요하다. 두 견해를 완전히 대립되는 것으로 보아 공통점을 간과하면 매력적인 오답에 매료되어 함정에 빠질 수 있기 때문이다. 또한 부정 지시문의 경우 선지 4개는 지문의 내용과 부합하므로 선지에 제시된 내용을 지문 독해에 활용할 수 있다는 점도 기억할 필요가 있다.

다음 글의 내용과 부합하지 않는 것은?

오늘날 대부분의 경제 정책은 경제의 규모를 확대하거나 좀 더 공평하게 배분하는 것을 도모한다. 하지만 뉴딜 시기 이전의 상당 기간 동안 미국의 경제 정책은 성장과 분배의 문제보다는 '자치(self-rule)에 가장 적절한 경제 정책은 무엇인가?'의 문제를 중시했다. ▶1문단

그 시기에 정치인 A와 B는 거대화된 자본 세력에 대해 서로 다르게 대응하였다. A는 거대 기업에 대항하기 위해 거대 정부로 맞서기보다 기업 담합과 독점을 무너뜨려 경제 권력을 분산시키는 것을 대안으로 내세웠다. 그는 산업 민주주의를 옹호했는데 그 까닭은 그것이 노동자들의 소득을 증진시키기 때문이 아니라 자치에 적합한 시민의 역량을 증진시키기 때문이었다. 반면 B는 경제 분산화를 꾀하기보다 연방 정부의 역량을 증가시켜 독점자본을 통제하는 노선을 택했다. 그에 따르면, 민주주의가 성공하기 위해서는 거대 기업에 대응할 만한 전국 단위의 정치권력과 시민 정신이 필요하기 때문이었다. 이렇게 A와 B의 경제 정책에는 차이점이 있지만, 둘 다 경제 정책이 자치에 적합한 시민 도덕을 장려하는 경향을 지녀야 한다고 보았다는 점에서는 일치한다. ▶2문단

하지만 뉴딜 후반기에 시작된 성장과 분배 중심의 정치경제학은 시민 정신 중심의 정치경제학을 밀어내게 된다. 실제로 1930년대 대공황 이후 미국의 경제 회복은 시민의 자치 역량과 시민 도덕을 육성하는 경제 구조 개혁보다는 케인스 경제학에 입각한 중앙정부의 지출 증가에서 시작되었다. 그에 따라 미국은 자치에 적합한 시민 도덕을 강조할 필요가 없는 경제 정책을 펼쳐나갔다. 또한 모든 가치에 대한 판단은 시민 도덕에 의지하는 것이 아니라 개인이 알아서 해야 하는 것이며 국가는 그 가치관에 중립적이어야만 공정한 것이라는 자유주의 철학이 우세하게 되었다. 모든 이들은 자신이 추구하는 가치와 상관없이 일정 정도의 복지 혜택을 받을 권리를 가지게 되었다. 하지만 공정하게 분배될 복지 자원을 만들기 위해 경제 규모는 확장되어야 했으며, 정부는 거대화된 경제권력들이 망하지 않도록 국민의 세금을 투입하여 관리하기 시작했다. 그리고 시민들은 자치하는 자 즉 스스로 통치하는 자가 되기보다 공정한 분배를 받는 수혜자로 전락하게 되었다. ▶3문단

① A는 시민의 소득 증진을 위하여 경제권력을 분산시키는 방식을 택하였다. ➡ (X) 2문단에서 A는 경제권력을 분산시키는 것을 대안으로 내세우긴 했지만 그 까닭은 그것이 노동자들의 소득을 증진시키기 때문이 아니라 자치에 적합한 시민의 역량을 증진시키기 때문이었다.

② B는 거대 기업을 규제할 수 있는 전국 단위의 정치권력이 필요하다는 입장이다. ➡ (O) 2문단에 따르면 B는 경제 분산화를 꾀하기보다 연방 정부의 역량을 증가시켜 독점자본을 통제하는 노선을 택했다. 그에 따르면, 민주주의가 성공하기 위해서는 거대 기업에 대응할 만한 전국 단위의 정치권력과 시민 정신이 필요하기 때문이었다.

③ A와 B는 시민 자치 증진에 적합한 경제정책이 필요하다는 입장이다. ➡ (O) 2문단 마지막 문장에 따르면 A와 B의 입장은 둘 다 경제 정책이 자치에 적합한 시민 도덕을 장려하는 경향을 지녀야 한다고 보았다는 점에서 일치한다.

④ A와 B의 정치경제학은 모두 1930년대 미국의 경제 위기 해결에 주도적 역할을 하지 못하였다. ➡ (O) 3문단에 따르면 뉴딜 후반기에 시작된 성장과 분배 중심의 정치경제학은 시민 정신 중심의 정치경제학을 밀어내게 된다. 1930년대 대공황 이후 미국의 경제 회복은 시민의 자치 역량과 시민 도덕을 육성하는 경제 구조 개혁보다는 케인스 경제학에 입각한 중앙정부의 지출 증가에서 시작되

었다. 이를 통해 A와 B의 정치경제학이 1930년대 경제 위기 해결에 주도적 역할을 하지 못했음을 알 수 있다.

⑤ 케인스 경제학에 기초한 정책은 시민의 자치 역량을 육성하기 위한 경제 구조 개혁 정책이 아니었다. ➡ (○) 3문단에 따르면 미국은 자치에 적합한 시민 도덕을 강조할 필요가 없는 케인스 경제학에 기반한 경제 정책을 펼쳐 나갔다.

---

05 ②

정답률 90.2%

| **문제 유형** | 비판적 사고 > 논리적 결론의 전제·원인 찾기
| **접근 전략** | 언어논리 영역에서는 지문의 독해와 이해 능력을 평가하기 위해 구조를 파악하기 어려운 지문이 출제될 가능성이 높다. 본 지문도 한눈에 글의 구조를 파악하기 어려운 지문이다. 장황하게 '이론 P'에 대해 설명하고 그것을 반박한다는 말도 없이 '이론 P'를 뒷받침하는 근거들을 비판하고 있다. 이처럼 구조를 파악하기 어려운 지문이 제시될 것에 대비해 평소 지문을 빠르게 읽고 핵심을 정확히 파악하는 연습을 꾸준히 할 필요가 있다.

다음 글의 결론으로 가장 적절한 것은?

이론 P에 따르면 복지란 다른 시민의 기본권을 침해하지 않는 한, 각 시민이 갖고 있는 현재의 선호들만 만족시키는 것이다. 현재 선호만을 만족시켜야 한다고 주장하는 근거는 크게 두 가지이다. 첫째, 지금은 사라진 그 어떤 과거 선호들보다 현재의 선호가 더 강력하다는 것이다. 둘째, 어떤 사람이 지금 선호하지 않는 것을 그에게 지금 제공하는 것은 그에게 만족의 기쁨을 주지 못한다는 사실이다. 만일 이 근거들이 약점을 갖고 있다면 우리는 이론 P를 받아들일 이유가 없다. ▶1문단

첫째 근거에 대해 이런 반론을 제기할 수 있다. 현재 선호와 과거 선호의 강력함을 현재 시점에서 비교하는 것은 공정하지 않다. 시간에서 벗어나 둘을 비교한다면 현재의 선호보다 더 강력했던 과거 선호가 있을 수 있다. 예컨대 10년 전 김 씨가 자신의 고향인 개성에 방문하기를 바랐던 것이 일생에서 가장 강력한 선호였을 수 있다. 둘째 근거에 대해서는 이런 반론을 제기할 수 있다. 선호하는 시점과 만족하는 시점은 대부분의 경우 시간차가 존재한다. 만일 사람들의 선호가 자주 바뀐다면 그들의 현재 선호가 그것이 만족되는 시점까지 지속하리라는 보장이 없다. 이것이 사실이라면 정부가 시민의 현재 선호를 만족시키려고 노력하는 것은 낭비를 낳는다. 이처럼 현재 선호만을 만족시켜야 한다는 주장을 뒷받침하는 근거들은 허점이 많다. ▶2문단

① 사람들의 선호는 시간이 지남에 따라 변하기 때문에 그의 현재 선호도 만족시킬 수 없다. ➡ (X) 2문단에 사람들의 선호가 자주 바뀐다면 그들의 현재 선호가 그것이 만족되는 시점까지 지속하리라는 보장이 없다고 언급되어 있다. 하지만 이를 통해 그들의 현재 선호를 만족시킬 수 없는지를 단정지을 수는 없다.

② 복지를 시민의 현재 선호를 만족시키는 것으로 보는 이론은 받아들이기 어렵다. ➡ (○) 1문단에서는 복지를 시민이 갖고 있는 현재의 선호들만 만족시키는 것으로 보는 이론 P를 소개한 뒤, 2문단에서는 현재 선호만을 만족시켜야 한다는 주장을 뒷받침하는 근거들에는 허점이 많다고 하며 이론 P를 비판하고 있다. 따라서 1문단의 내용을 비판하는 본 선지가 글의 결론으로 적절하다.

③ 어느 선호가 더 강렬한 선호인지를 결정하는 것은 중요하지 않다. ➡ (X) 2문단에서는 1문단의 과거의 선호보다 현재의 선호가 더 강력하다는 것에 대해 반론을 제기할 뿐, 어느 선호가 더 강렬한 선호인지 결정하는 것은 중요하지 않다는 것이 아니다. 왜냐하면 2문단에서 시간에서 벗어나 현재의 선호와 과거의 선호를 비교한다면 현재의 선호보다 더 강렬했던 과거 선호가 있을 수 있음을 언급하고 있기 때문이다.

④ 복지 문제에서 과거 선호를 만족시키는 것도 중요하다. ➡ (X) 2문단에 따르면 시간에서 벗어나 둘을 비교한다면 현재의 선호보다 더 강렬했던 과거 선호가 있을 수 있다. 하지만 과거 선호를 만족시키는 것이 중요하다는 것을 이끌어 낼 만한 내용은 지문에 제시되지 않았다.

⑤ 복지가 무엇인지 정의하는 것은 불가능하다. ➡ (X) 지문에서는 이론 P를 반박하고 있을 뿐 복지가 무엇인지 정의하는 것이 불가능하다고 하지는 않았다.

---

06 ①

TOP 3 정답률 63.5%

| **문제 유형** | 사실적 이해 > 정보 확인
| **접근 전략** | 본 문제는 기존의 내용 일치·불일치의 정보 확인 문제 유형보다는 한 단계 높은 수준의 사실적 이해 문제 유형이다. 지문 내용을 그대로 가져와서 선지를 구성하지 않으므로 이에 주의해야 한다. 특히 과학 지문이 제시된 경우는 관련 배경지식을 바탕으로 오답을 구성하므로 정답을 고를 때 반드시 지문에서 그 근거를 찾아야 한다.

다음 글에서 알 수 있는 것은?

우리에게 입력된 감각 정보는 모두 저장되는 것이 아니라 극히 일부분만 특정한 메커니즘을 통해 단기간 또는 장기간 저장된다. 신경과학자들은 장기 또는 단기기억의 저장 장소가 뇌의 어디에 존재하는지 연구해 왔고, 그 결과 두 기억은 모두 대뇌피질에 저장된다는 것을 알아냈다. ▶1문단

여러 감각 기관을 통해 입력된 감각 정보는 대부분 대뇌피질에서 인식된다. 인식된 일부 정보는 해마와 대뇌피질 간에 이미 형성되어 있는 신경세포 간 연결이 일시적으로 변화하는 과정에서 단기기억으로 저장된다. 해마와 대뇌피질 간 연결의 일시적인 변화가 대뇌피질 내에서 새로운 연결로 교체되어 영구히 지속되면 그 단기기억은 장기기억으로 저장된다. 해마는 입력된 정보를 단기기억으로 유지하고 또 새로운 장기기억을 획득하는 데 필수적이지만, 기존의 장기기억을 유지하거나 변형하는 부위는 아니다. ▶2문단

걷기, 자전거 타기와 같은 운동 기술은 반복을 통해서 학습되고, 일단 학습되면 잊혀지기 어렵다. 자전거 타기와 같은 기술에 관한 기억은 뇌의 성장과 발달에서 보이는 신경세포들 간에 새로운 연결이 이루어지는 메커니즘을 통해서 장기기억이 된다. 반면에 전화번호, 사건, 장소를 단기기억할 때는 새로운 연결이 생기는 대신 대뇌피질과 해마 간에 이미 존재하는 신경세포의 연결을 통한 신호 강도가 높아지고 그 상태가 수분에서 수개월까지 유지됨으로써 가능하다. 이처럼 신경세포 간 연결 신호의 강도가 상당 기간 동안 증가된 상태로 유지되는 '장기 상승 작용' 현상은 해마 조직에서 처음 밝혀졌으며, 이 현상에는 흥분성 신경 전달 물질인 글루탐산의 역할이 중요하다는 것이 추가로 밝혀졌다. ▶3문단

① 방금 들은 전화번호를 받아 적기 위한 기억에는 신경세포 간 연결의 장기 상승 작용이 중요하다. ➡ (○) 3문단에 따르면 전화번호를 단기기억할 때는 신경세포의 연결을 통한 신호 강도가 높아지고 그 상태가 수분에서 수개월까지 유지되어야 한다. 이처럼 신경세포 간 연결 신호의 강도가 상당 기간 동안 증가된 상태로 유지되는 현상을 '장기 상승 작용'이라고 한다. 따라서 방금 들은 전화번호를 받아 적기 위한 기억에는 장기 상승 작용이 중요함을 알 수 있다.

② 해마가 손상되면 이미 습득한 자전거 타기와 같은 운동 기술을 실행할 수 없게 된다. ➡ (X) 3문단에 따르면 자전거 타기는 장기기억에 해당됨을 알 수 있다. 2문단에 따르면 해마는 입력된 정보를 단기기억으로 유지하고 또 새로운 장기기억을 획득하는 데 필수적이지만, 기존의 장기기억을 유지하거나 변형하는 부위는 아니다.

③ 장기기억은 대뇌피질에 저장되지만 단기기억은 해마에 저장된다. ➡ (X) 1문단에 따르면 신경과학자들은 장기 또는 단기기억의 저장 장소가 뇌의 어디에 존재하는지 연구해 왔고, 그 결과 두 기억 모두 대뇌피질에 저장된다는 것을 알아냈다.

④ 새로운 단기기억은 이전에 저장되었던 장기기억에 영향을 준다. ➡ (X) 지문에 제시된 내용만으로는 알 수 없다.

⑤ 글루탐산은 신경세포 간의 새로운 연결의 형성을 유도한다. ➡ (X) 3문단에 따르면 글루탐산은 신경세포 간의 새로운 연결 형성을 유도하는 것이 아니라 신경세포 간 연결 신호의 강도를 유지하는 역할을 한다.

07 ③

다음 글의 ㉠을 〈보기〉에 올바르게 적용한 것은?

뇌의 특정 부위에 활동이 증가하면 산소를 수송하는 헤모글로빈의 비율이 그 부위에 증가한다. 헤모글로빈이 많이 공급된 부위는 주변에 비해 높은 자기 신호 강도를 갖는다. 우리는 피실험자가 지각, 운동, 언어, 기억, 정서 등 다양한 수행 과제에 관여하는 때와 그렇지 않을 때의 두뇌 각 부위의 자기 신호 강도를 비교 측정함으로써, 각 수행 과제를 관장하는 두뇌 영역을 추정할 수 있다. 이 방법을 '기능자기공명영상법' 즉 'fMRI'라 한다. 이 영상법을 이해하는 데 중요한 논리 중에 하나는 ㉠차감법이다. 피실험자가 과제 P를 수행할 때 두뇌의 자기 신호 강도 양상을 X라고 하자. 그 피실험자가 다른 사정이 같고 과제 P를 수행하지 않을 때 두뇌의 자기 신호 강도 양상을 Y라고 하자. 여기서 과제 P를 수행하지 않는다는 말, 예컨대 오른손으로 도구를 사용하는 과제를 수행하지 않는다는 말은 도구를 사용하지 않을 뿐만 아니라 오른손도 움직이지 않는다는 뜻이다. 이제 수행 과제 P를 관장하는 두뇌 영역을 알고 싶다면 우리는 양상 X에서 양상 Y를 차감하면 될 것이다.

〈보기〉

피실험자가 누워 아무 동작도 하지 않는 상태를 '알파'라고 하자. 그가 알파 상태에 있을 때 두뇌의 자기 신호 강도 양상은 A이다. 그가 알파 상태에서 벗어나 단순히 왼손만을 움직일 때 두뇌의 자기 신호 강도 양상은 B이다. 그가 알파 상태에서 벗어나 단순히 오른손만 움직일 때 두뇌의 자기 신호 강도 양상은 C이다. 그가 알파 상태에서 벗어나 왼손으로 도구를 사용하는 것만 할 때 두뇌의 자기 신호 강도 양상은 D이다.

① 피실험자가 손으로 도구를 사용하지도 않고 단순한 손동작도 하지 않을 때 두뇌의 자기 신호 강도는 0이다. ➡ (X) 피실험자가 아무 동작도 하지 않았다면 이는 알파 상태이므로 두뇌의 자기 신호 강도는 A이다. A가 0인지 아닌지는 제시된 정보만으로 알 수 없다.

② 왼손의 단순한 움직임을 관장하는 두뇌 영역을 알고 싶다면 양상 C에서 양상 B를 차감하면 된다. ➡ (X) 왼손을 움직일 때 나타나는 신호 강도 양상은 B이고, 아무 동작도 하지 않는 알파 상태에 있을 때 두뇌의 자기 신호 강도 양상은 A이다. 따라서 왼손의 단순한 움직임을 관장하는 두뇌 영역을 알고 싶다면 B에서 A를 차감해야 한다.

③ 오른손의 단순한 움직임을 관장하는 두뇌 영역을 알고 싶다면 양상 C에서 양상 A를 차감하면 된다. ➡ (O) 오른손을 움직일 때 두뇌의 신호 강도 양상은 C이고, 오른손을 움직이지 않았을 때 나타나는 신호 강도 양상은 A이다. 따라서 오른손의 단순한 움직임을 관장하는 두뇌 영역을 알고 싶다면 C에서 A를 차감해야 한다.

④ 왼손으로 도구를 사용하는 과제를 관장하는 두뇌 영역을 알고 싶다면 양상 D에서 양상 B를 차감하면 된다. ➡ (X) 왼손으로 도구를 사용할 때 두뇌의 신호 강도 양상은 D이고, 아무 동작도 하지 않는 알파 상태에 있을 때 두뇌의 자기 신호 강도 양상은 A이다. 따라서 왼손으로 도구를 사용하여 과제를 관장하는 두뇌 영역을 알고 싶다면 D에서 A를 차감하면 된다.

⑤ 도구를 사용하는 과제를 관장하는 두뇌 영역을 알고 싶다면 양상 C에서 양상 D를 차감하면 된다. ➡ (X) 본 선지에서는 왼손과 오른손이 도구를 사용하는 두뇌 영역을 알고자 했지만, 〈보기〉에서 오른손으로 도구를 사용할 때 나타나는 양상을 제시하지 않았기 때문에 ㉠을 적용할 수 없다.

08 ⑤

다음을 참이라고 가정할 때, 반드시 참인 것만을 〈보기〉에서 모두 고르면?

○ A, B, C, D 중 한 명의 근무지는 서울이다.
○ A, B, C, D는 각기 다른 한 도시에서 근무한다.
○ 갑, 을, 병 각각의 두 진술 중 하나는 참이고 다른 하나는 거짓이다.
○ 갑은 "A의 근무지는 광주이다."와 "D의 근무지는 서울이다."라고 진술했다.
○ 을은 "B의 근무지는 광주이다."와 "C의 근무지는 세종이다."라고 진술했다.
○ 병은 "C의 근무지는 광주이다."와 "D의 근무지는 부산이다."라고 진술했다.

→ 갑은 A의 근무지를, 을은 B의 근무지를, 병은 C의 근무지를 광주라고 하였다. 셋의 앞 진술이 모두 거짓이면 나머지 뒤의 세 진술이 참인데 D의 근무지는 서울이라는 갑의 진술과 D의 근무지는 부산이라는 병의 진술이 모순되므로 세 진술 중 하나는 거짓이다. 또 을이 B의 근무지는 광주라고 한 것이 참이라면 마찬가지로 D의 근무지는 서울이라는 갑의 진술과 D의 근무지는 부산이라는 병의 진술이 모순되므로 B의 근무지는 광주가 아니다. 따라서 A의 근무지가 광주이거나, C의 근무지가 광주이다.

• A의 근무지가 광주일 경우: 을과 병의 오른쪽 진술이 참이므로 C의 근무지는 세종이고, D의 근무지는 부산이다. 그리고 첫 번째 조건에 따라 B의 근무지는 서울이 된다.

• C의 근무지가 광주일 경우: 갑과 을의 오른쪽 진술이 참이므로 D의 근무지는 서울이고, C의 근무지는 세종이다. 이는 C의 근무지가 광주라는 것과 모순되므로 옳지 않다.

〈보기〉

ㄱ. A의 근무지는 광주이다. → (O)
ㄴ. B의 근무지는 서울이다. → (O)
ㄷ. C의 근무지는 세종이다. → (O)

① ㄱ ➡ (X)
② ㄷ ➡ (X)
③ ㄱ, ㄴ ➡ (X)
④ ㄴ, ㄷ ➡ (X)
⑤ ㄱ, ㄴ, ㄷ ➡ (O)

09 ①

다음 글의 ㉠의 사례로 보기 어려운 것은?

디지털 이미지는 사용자가 가장 손쉽게 정보를 전달할 수 있는 멀티미디어 객체이다. 일반적으로 디지털 이미지는 화소에 의해 정보가 표현되는데, M × N개의 화소로 이루어져 있다. 여기서 M과 N은 가로와 세로의 화소 수

② ㄴ ➡ (○)

③ ㄱ, ㄷ ➡ (X)

④ ㄴ, ㄷ ➡ (X)

⑤ ㄱ, ㄴ, ㄷ ➡ (X)

18 ③

정답률 84.5%

| **문제 유형** | 비판적 사고 > 논리적 결론의 전제·원인 찾기
| **접근 전략** | 지문에서 결론을 도출하기 위해 필요한 전제를 찾는 문제 유형이다. 이러한 유형의 문제는 지문의 내용을 도식화한 후 〈보기〉에 제시된 전제들을 하나씩 추가하면서 결론을 이끌어 낼 수 있는지를 판단해 보아야 한다.

복지사 A의 결론을 이끌어 내기 위해 추가해야 할 두 전제를 〈보기〉에서 고르면?

복지사 A는 담당 지역에서 경제적 곤란을 겪고 있는 아동을 찾아 급식 지원을 하는 역할을 담당하고 있다. 갑순, 을순, 병순, 정순이 급식 지원을 받을 후보이다. 복지사 A는 이들 중 적어도 병순은 급식 지원을 받게 된다고 결론 내렸다. 왜냐하면 갑순과 정순 중 적어도 한 명은 급식 지원을 받는데, 갑순이 받지 않으면 병순이 받기 때문이었다.

〈보기〉
ㄱ. 갑순이 급식 지원을 받는다.
ㄴ. 을순이 급식 지원을 받는다.
ㄷ. 을순이 급식 지원을 받으면, 갑순은 급식 지원을 받지 않는다.
ㄹ. 을순과 정순 둘 다 급식 지원을 받지 않으면, 병순이 급식 지원을 받는다.

① ㄱ, ㄴ ➡ (X)

② ㄱ, ㄹ ➡ (X)

③ ㄴ, ㄷ ➡ (○) 지문의 논리 구조를 보면 '갑순 X → 병순 ○'이므로 '병순 ○'를 결론으로 내기 위해서는 '갑순 X'라는 전제가 필요하다. '갑순 X'가 언급된 것은 ㄷ뿐인데, ㄷ은 '을순 ○'가 있어야 '갑순 X'가 참이 된다. '을순 ○'는 ㄴ이므로 ㄴ과 ㄷ이 전제로 추가되면 병순이 급식 지원을 받게 된다는 결론이 도출된다.

④ ㄴ, ㄹ ➡ (X)

⑤ ㄷ, ㄹ ➡ (X)

19 ②

정답률 70.9%

| **문제 유형** | 비판적 사고 > 유사한 내용·사례 찾기
| **접근 전략** | 밑줄 친 ㉠이 의미하는 바, 즉 ㉠과 유사한 내용을 찾는 문제 유형이다. 본 문제에서는 가설을 입증하는 근거들을 통해 그 가설의 내용을 역으로 추론해야 하므로 근거가 어떤 것을 입증하려고 하는지를 잘 보아야 한다. 그리고 근거 설명 이전에 나오는 실험의 배경에 대한 설명 내용도 잘 살펴야 한다.

다음 글의 ㉠으로 가장 적절한 것은?

골란드는 자신의 가설을 검증하기 위해서 20가구가 소유한 488곳의 밭에서 나온 연간 작물 수확량을 수십 년 동안 조사했다. 그는 수십 년간 각 밭들의 1m²당 연간 수확량 자료를 축적했다. 이 방대한 자료를 토대로 그는 한 가구가 경작할 전체 면적은 매년 동일하지만, 경작할 밭들을 한곳에 모아 놓았을 경우와 여러 곳으로 분산시켰을 경우에, 그 가구의 총 수확량이 어떻게 달라질지 계산해 보았다. 그 가구가 경작할 밭들이 여러 곳으로 따로 떨어져 있을수록 경작 및 추수 노동이 많이 들기 때문에, 단위면적당 연간 수확량의 수십 년간 평균은 낮아졌다. ▶1문단

골란드가 Q라고 명명한 3인 가구를 예로 들어 보자. Q가 경작할 밭의 총 면적을 감안하여, Q가 당해에 기아를 피하려면 1m²당 연간 334g 이상의 감자를 수확해야 했다. 그들이 한 구역에 몰려 있는 밭들에 감자를 심었다고 가정할 경우, 1m²당 연간 수확량의 수십 년간 평균은 상당히 높게 나왔다. 하지만 이와 같은 방식으로 경작할 경우, 1m²당 연간 수확량이 334g 미만으로 떨어진 해들이 자료가 수집된 전체 기간 중 1/3이 넘는 것으로 계산되었다. 어떤 해는 풍작으로 많이 수확하지만 어떤 해는 흉작으로 1m²당 연간 수확량이 334g 미만으로 떨어진다는 말이다. 총 면적은 동일하게 유지하면서 6군데로 분산된 밭들에서 경작했을 때도 기아의 위험에서 완전히 자유롭지 않았다. 하지만 7군데 이상으로 분산했을 때 수확량은 매년 1m²당 연간 371g 이상이었다. 골란드는 구성원이 Q와 다른 가구들의 경우에도 같은 방식으로 추산해 보았다. 경작할 밭들을 몇 군데로 분산시켜야 기아를 피할 최소 수확량이 보장되는지에 대해서는 가구마다 다른 값들이 나왔지만, 연간 수확량들의 패턴은 Q의 경우와 크게 다르지 않았다. 이로써 골란드는 ㉠자신의 가설이 통계 자료들에 의해 뒷받침된다는 것을 보일 수 있었다. ▶2문단

① 넓은 면적을 경작하는 것은 기아의 위험에서 벗어나는 데 도움이 되지 못한다. ➡ (X) 지문의 논지와 무관한 내용이다.

② 경작하는 밭들을 일정 군데 이상으로 분산시킨다면 기아의 위험을 피할 수 있다. ➡ (○) 2문단에 따르면 한 구역에 몰려 있는 밭의 1m²당 감자 생산량 평균이 7군데 이상으로 분산했을 때 1m²당 감자 생산량 평균보다는 높으나, 한 구역에 몰려 있으면 1/3의 기간에는 연간 수확량이 334g 미만으로 떨어져 기아를 피할 최소 수확량이 나오지 않는다. 그런데 7군데 이상으로 분산하면 수확량은 매년 1m²당 연간 371g 이상이어서 기아를 피할 수 있었다. 따라서 경작하는 밭들을 일정 군데 이상으로 분산시킨다면 기아의 위험을 피할 수 있다는 것이 ㉠의 가설임을 알 수 있다.

③ 경작할 밭들을 몇 군데로 분산시켜야 단위면적당 연간 수확량이 최대가 되는지는 가구마다 다르다. ➡ (X) 주된 내용이 아닌 지엽적인 내용으로 답이 될 수 없다.

④ 경작하는 밭들을 여러 군데로 분산시킬수록 단위면적당 연간 수확량의 평균이 증가하여 기아의 위험이 감소한다. ➡ (X) 1문단에 따르면 경작할 밭들을 여러 군데로 분산시킬수록 경작 및 추수 노동이 많이 들기 때문에 단위면적당 연간 수확량의 평균이 감소하므로 옳지 않은 내용이다.

⑤ 경작하는 밭들을 여러 군데로 분산시킬수록 단위면적당 연간 수확량의 최댓값은 증가하여 기아의 위험이 감소한다. ➡ (X) 경작하는 밭들을 여러 곳으로 분산시킬 때의 단위면적당 연간 수확량의 최댓값을 알 수 없으므로 옳지 않다.

20 ③

정답률 87.6%

| **문제 유형** | 비판적 사고 > 빈칸 채우기
| **접근 전략** | 빈칸에 들어갈 내용을 찾는 문제 유형이다. 본 문제에서는 제시된 조건들을 바탕으로 이끌어 낸 결론의 전제 부분을 빈칸으로 처리하였다. 따라서 지문에서 결론을 도출하기 위해 필요한 조건들을 찾아 정리한 이후 선지를 읽으며 문제를 풀어야 한다. 시간이 충분하다면 각 선지의 문장을 빈칸에 대입하여 그 적절성 여부를 판단하는 것이 좋다.

다음 빈칸에 들어갈 말로 가장 적절한 것은?

A국 정부는 유전 관리 부서 업무에 적합한 민간경력자 전문관을 한 명 이상 임용하려고 한다. 그런데 지원자들 중 갑은 경쟁국인 B국에 여러 번 드나든 기록이 있다. 그래서 정보 당국은 갑의 신원을 조사했다. 조사 결과 갑이 부적격 판정을 받는다면, 그는 전문관으로 임용되지 못할 것이다. 한편, A국 정부는 임용 심사에서 지역과 성별을 고려한 기준도 적용한다. 동일 지역 출신인 두 사람 이상을 임용하지 않는다. 그리고 적어도 여성 한 명을 임용해야 한다. 이번 임용 시험에 응시한 여성은 갑과 을 둘밖에 없다. 또한 지원자들

중에서 병과 을이 동일 지역 출신이므로, 만약 병이 임용된다면 을은 임용될수 없다. 그런데 [   ] 따라서 병은 전문관으로 임용되지 못할 것이다.

① 갑이 전문관으로 임용될 것이다. ➡ (X)
② 을이 전문관으로 임용되지 못할 것이다. ➡ (X)
③ 갑은 조사 결과 부적격 판정을 받을 것이다. ➡ (O) 을과 병은 지역이 같은데 지역이 같으면 동시에 임용될 수 없으므로 을이 임용되면 병이 임용되지 못한다. 따라서 병이 임용되지 못한다는 결론을 도출하려면 을이 임용된다는 전제가 필요하다. 갑과 을이 여성인데 적어도 여성 한 명을 임용해야 하므로 갑이 임용되지 못하면 을이 임용된다. 따라서 갑이 임용되지 않는다는 전제가 필요한데 이를 위해서는 갑이 조사 결과 부적격 판정을 받으면 된다. 따라서 본 선지는 빈칸에 들어갈 전제로 적절하다.
④ 병이 전문관으로 임용된다면, 갑도 전문관으로 임용될 것이다. ➡ (X)
⑤ 갑이 조사 결과 적격 판정을 받는다면, 갑이 전문관으로 임용될 것이다. ➡ (X)

21 ⑤

정답률 80.2%

|문제 유형| 비판적 사고 > 판단하기
|접근 전략| 특정 주장을 강화 또는 약화하는 근거들과 그것들의 관계를 분석하는 문제 유형이다. 이때 중요한 것은 주장을 직접 적시하지 않더라도 제시된 근거들을 통해 주장하는 바가 무엇인지 파악할 수 있어야 한다는 점이다. 본 문제의 지문에서 '병'은 난자 기증에 금전적 대가 지불을 해야 한다고 직접적으로 주장하지는 않았으나, 금전적 대가 지불을 하지 않을 때의 부작용을 제시하였다. 따라서 '병'은 난자 기증에 금전적 대가 지불을 해야 한다고 주장하는 것으로 볼 수 있다.

다음 갑~정의 주장에 대한 분석으로 적절한 것을 〈보기〉에서 모두 고르면?

북미 지역의 많은 불임 여성들이 체외수정을 시도하고 있다. 그런데 젊은 여성들의 난자를 사용한 체외수정의 성공률이 높기 때문에 젊은 여성의 난자에 대한 선호도가 높다. 처음에는 젊은 여성들이 자발적으로 난자를 기증하였지만, 이러한 자발적인 기증만으로는 수요를 감당할 수가 없게 되었다. 이 시점에 난자 제공에 대한 금전적 대가 지불에 대해 논란이 제기되었다.
갑: 난자 기증은 상업적이 아닌 이타주의적인 이유에서만 이루어져야 한다. 난자만이 아니라 정자를 매매하거나 거래하는 것도 불법화해야 한다는 데 동의한다. 물론 상업적인 대리모도 금지해야 한다.
을: 인간은 각자 본연의 가치가 있으므로 시장에서 값을 매길 수 없다. 또한 인간관계를 상업화하거나 난자 등과 같은 신체의 일부를 금전적인 대가 지불의 대상으로 만들어선 안 된다.
병: 불임 부부가 아기를 가질 기회를 박탈해선 안 된다. 그런데 젊은 여성들이 자발적으로 난자를 기증하는 것을 기대하기가 어렵다. 난자 기증은 여러 가지 부담을 감수해야 하기에 보상 없이 이루어지기에는 한계가 있다. 결과적으로 난자 제공에 대한 금전적 대가 지불을 허용하지 않을 경우에 난자를 얻을 수 없을 것이고, 불임 여성들은 원하는 아기를 가질 수 없게 될 것이다.
정: 난자 기증은 정자 기증과 근본적으로 다르다. 난자를 채취하는 것은 정자를 얻는 것보다 훨씬 복잡하고 어려운 일이며 위험을 감수해야 할 경우도 있다. 예컨대, 과배란을 유도하기 위해 여성들은 한 달 이상 매일 약을 먹어야 한다. 그다음에는 가늘고 긴 바늘을 난소에 찔러 난자를 뽑아내는 과정을 거쳐야 한다. 한 여성 경험자는 난소에서 난자를 뽑아낼 때마다 '누가 그 부위를 발로 차는 것 같은' 느낌을 받았다고 보고하였다. 이처럼 난자 제공은 고통과 위험을 감수해야 하는 일이다.

〈보기〉
ㄱ. 을은 갑의 주장을 지지한다. → (O) 인간관계를 상업화하거나 난자 등과 같은 신체의 일부를 금전적인 대가 지불의 대상으로 만들어선 안 된다고 주장하는 을은 난자 기증이 상업적으로 이루어져서는 안 된다는 갑의 주장을 지지한다.
ㄴ. 정의 주장은 병의 주장을 지지하는 근거로 사용될 수 있다. → (O) 병은 난자 기증은 여러 가지 부담을 감수해야 하기 때문에 상업적으로 이루어지지 않으면 불임 여성들이 원하는 아기를 가질 수 없다고 주장한다. 따라서 난자 기증은 고통과 위험을 감수해야 하는 일이므로 자발적 기증을 기대하기 어렵다는 정의 주장은 병의 주장을 뒷받침하는 근거로 활용될 수 있다.
ㄷ. 난자 제공에 대한 금전적 대가 지불에 대해서 을의 입장과 병의 입장은 양립불가능하다. → (O) 을은 난자 기증에 대한 금전적인 대가 지불을 반대하는 입장이고, 병은 찬성하는 입장이므로 둘의 입장은 양립불가능하다.

① ㄱ ➡ (X)
② ㄷ ➡ (X)
③ ㄱ, ㄴ ➡ (X)
④ ㄴ, ㄷ ➡ (X)
⑤ ㄱ, ㄴ, ㄷ ➡ (O)

22 ④

정답률 73.9%

|문제 유형| 비판적 사고 > 논지 강화·약화하기
|접근 전략| 지문의 입장을 파악하고 그 입장을 지지하는 내용을 찾는 문제 유형이다. 본 문제는 지문의 구조가 복잡하고 어렵지만, 지문에서는 '생계경제'라는 개념을 비판하고 있으므로 '생계경제'라는 개념을 비판할 수 있는 내용이 지문의 입장을 강화하는 내용이 된다는 것만 이해하면 문제를 푸는 데 큰 어려움이 없을 것이다.

다음 글의 입장을 강화하는 내용으로 가장 적절한 것은?

고대사회를 정의하는 기준 중의 하나로 '생계경제'가 사용되곤 한다. 생계경제 사회란 구성원들이 겨우 먹고살 수 있는 정도의 식량만을 확보하고 있어서 식량 자원이 줄어들게 되면 자동적으로 구성원 전부를 먹여 살릴 수 없게 되고, 심하지 않은 가뭄이나 홍수 등의 자연재해에 의해서도 유지가 어렵게 될 수 있는 사회를 의미한다. 그러므로 고대사회에서의 삶은 근근이 버텨 가는 것이고, 그 생활은 기아와의 끊임없는 투쟁이다. 왜냐하면 그 사회에서는 기술적인 결함과 그 이상의 문화적인 결함으로 인해 잉여 식량을 생산할 수 없기 때문이다. ▶1문단
고대사회에 대한 이러한 견해보다 더 뿌리 깊은 오해도 없다. 소위 생계경제의 성격을 지닌 것으로 간주되는 많은 고대사회들, 예를 들어 남아메리카에서는 종종 공동체의 연간 필요 소비량에 맞먹는 잉여 식량을 생산했다는 점에 주의를 기울일 필요가 있다. 기아와의 끊임없는 투쟁을 의미하는 생계경제가 고대사회를 특징짓는 개념이라면 오히려 프롤레타리아가 기아에 허덕이던 19세기 유럽 사회야말로 고대사회라고 할 수 있을 것이다. 사실상 생계경제라는 개념은 서구의 근대적인 이데올로기의 영역에 속하는 것으로 결코 과학적 개념도구가 아니다. 민족학을 위시한 근대 과학이 이토록 터무니없는 기만에 희생되어 왔다는 것은 역설적이며, 더군다나 산업 국가들이 이른바 저발전 세계에 대한 전략의 방향을 잡는 데 기여했다는 사실은 두렵기까지 하다. ▶2문단

① 고대사회가 경제적으로 풍요로웠던 것은 생계경제 체제 때문이었다. ➡ (X) 지문은 생계경제라는 개념을 부정적으로 보는 입장이므로 생계경제를 긍정적인 것으로 보는 본 선지는 지문의 입장을 강화하는 내용으로 볼 수 없다.
② 산업사회로 이행하면서 경제적 잉여가 발생하였고 계급이 형성

되었다. ➡ (X) 지문에서는 남아메리카의 예를 들며 고대사회에서도 잉여 식량을 생산했음에 주목하고 있으므로 산업사회로의 이행기에 경제적 잉여가 발생했다고 보는 선지의 입장은 지문의 입장을 강화하지 못한다.

③ 자연재해나 전쟁으로 인해 고대사회는 항상 불안정한 상황에 처해 있었다. ➡ (X) 자연재해나 전쟁으로 인해 항상 불안정한 상황에 처해 있었다는 것은 생계경제의 개념에 따른 내용이므로 생계경제라는 개념을 부정적으로 보는 지문의 입장과 배치된다.

④ 고대사회에서 존재하였던 축제는 경제적인 잉여를 해소하는 기제로 작용했다. ➡ (O) 고대사회에서 존재하였던 축제가 경제적인 잉여를 해소하는 기제로 작용했다면, 고대사회는 구성원들이 겨우 먹고살 수 있는 정도의 식량만을 확보하고 있었다는 생계경제의 개념이 반박되므로 생계경제라는 개념을 부정적으로 보는 지문의 입장을 강화할 수 있다.

⑤ 유럽의 산업 국가들에 의한 문명화 과정을 통해 저발전된 아프리카의 생활 여건이 개선되었다. ➡ (X) 본 선지의 내용은 산업 국가들이 저발전 세계에 대한 전략의 방향을 잡는 데 생계경제 개념이 기여했다는 사실은 두렵기까지 하다며 생계경제 개념을 비판하는 지문의 입장을 약화한다.

③ 호수나 강에는 인간의 생존을 위협하는 수인성 바이러스가 광범위하게 퍼져 있었으며 인간의 피부에 그에 대한 방어력이 없다는 사실은 가설 A를 약화한다. ➡ (O) 호수나 강에 인간의 생존을 위협하는 수인성 바이러스가 광범위하게 퍼져 있었으며 인간의 피부에 그에 대한 방어력이 없다는 사실은 인간이 물속에서 살지 못했을 것이라는 가설의 근거가 되므로 인간이 진화 초기에 수상생활을 시작하였다는 가설 A를 약화한다.

④ 열대 아프리카 지역에서 고대로부터 내려온 전통 생활을 유지하고 있는 주민들이 옷을 거의 입지 않는다는 사실은 가설 B를 강화한다. ➡ (X) 열대 아프리카 지역에서 고대로부터 내려온 전통 생활을 유지하고 있는 주민들이 옷을 거의 입지 않는다는 사실은 의복이나 다른 수단들을 활용할 수 있었을 때 비로소 털이 없어지는 진화가 가능하다는 가설 B를 약화한다.

⑤ 피부를 보호할 수 있는 옷이나 다른 수단을 만들 수 있는 인공물들이 사용된 시기는 인류 진화의 마지막 단계에 한정된다는 사실은 가설 B를 강화한다. ➡ (X) 진화론에서는 인류 진화 초기에 털이 없어졌다고 했으므로 피부를 보호할 수 있는 옷이나 다른 수단을 만들 수 있는 인공물들이 사용된 시기가 인류 진화의 마지막 단계에 한정된다는 사실은 가설 B를 약화한다.

23 ③   정답률 78.7%

|문제 유형| 비판적 사고 > 판단하기

|접근 전략| 지문에 제시된 가설을 강화 또는 약화하는 사례를 찾는 문제 유형이다. 이 문제에서는 가설을 직접 강화하거나 약화하는 것뿐 아니라 논지를 뒷받침하는 전제들을 강화 또는 약화하는 것도 논지에 영향을 미치는 사례에 해당한다는 점에 유의하며 답을 골라야 한다.

다음 글의 가설 A, B에 대한 평가로 가장 적절한 것은?

진화론에서는 인류 진화 계통의 초기인 약 700만 년 전에 인간에게 털이 거의 없어졌다고 보고 있다. 털이 없어진 이유에 대해서 학자들은 해부학적, 생리학적, 행태학적 정보들을 이용하는 한편 다양한 상상력까지 동원해서 이와 관련된 진화론적 시나리오들을 제안해 왔다. ▶1문단

가설 A는 단순하게 고안되어 1970년대 당시 많은 사람들이 고개를 끄덕였던 설명으로, 현대적 인간의 출현을 무자비한 폭력과 투쟁의 산물로 설명하던 당시의 모든 가설을 대체할 수 있을 정도로 매력적으로 보였다. 이 가설에 따르면 인간은 진화 초기에 수상생활을 시작하였다. 인간 선조들은 수영을 하고 물속에서 아기를 키우는 등 즐거운 활동을 하기 위해서 수상생활을 하였다. 오랜 물속 생활로 인해 고대 초기 인류들은 몸의 털이 거의 없어졌다. 그 대신 피부 아래에 지방층이 생겨났다. ▶2문단

그 이후에 나타난 가설 B는 인간의 피부에 털이 없으면 털에 사는 기생충들이 감염시키는 질병이 줄어들기 때문에 생존과 생식에 유리하다고 주장하였다. 털은 따뜻하여 이나 벼룩처럼 질병을 일으키는 체외 기생충들이 살기에 적당하기 때문에 신체에 털이 없으면 그러한 병원체들이 자리 잡기 어렵다는 것이다. 이 가설에 따르면 인간이 자신을 더 효과적으로 보호할 수 있는 의복이나 다른 수단들을 활용할 수 있었을 때 비로소 털이 없어지는 진화가 가능하다. 옷이 기생충에 감염되면 벗어서 씻어 내면 간단한데, 굳이 영구적인 털로 몸을 덮을 필요가 있겠는가? ▶3문단

① 인간 선조들의 화석이 고대 호수 근처에서 가장 많이 발견되었다는 사실은 가설 A를 약화한다. ➡ (X) 인간 선조들의 화석이 고대 호수 근처에서 가장 많이 발견되었다는 사실은 인간이 진화 초기에 수상생활을 시작하였다는 가설 A를 지지한다.

② 털 없는 신체나 피하 지방 같은 현대 인류의 해부학적 특징들을 고래나 돌고래 같은 수생 포유류들도 가지고 있다는 사실은 가설 A를 약화한다. ➡ (X) 털 없는 신체나 피하 지방 같은 현대 인류의 해부학적 특징들을 고래나 돌고래 같은 수생 포유류들도 가지고 있다는 사실은 인간이 진화 초기에 수상생활을 시작하였다는 가설 A를 지지한다.

24 ④   정답률 80.6%

|문제 유형| 비판적 사고 > 판단하기

|접근 전략| 지문에 제시된 '도덕적 딜레마 논증'을 적절하게 비판할 수 있는지를 평가하는 문항이다. 이 문제를 풀기 위해서는 지문을 통해 '도덕적 딜레마 논증'이 무엇인지 파악하고, <보기>의 적절성을 판단해야 한다. 또한 '도덕적 딜레마 논증'은 앞의 두 가지 전제가 모두 참임을 전제하므로 두 가지 전제 가운데 하나라도 반박되면 그 도덕적 딜레마가 해소된다는 점을 이해하고 <보기>를 분석해야 한다.

다음 글의 '도덕적 딜레마 논증'에 대한 비판으로 적절한 것만을 <보기>에서 모두 고르면?

1890년대에 이르러 어린이를 의료 실험 대상에서 배제시켜야 한다는 주장이 대두되었다. 그 주장의 핵심적인 근거는 어린이가 의료 실험과 관련하여 제한적인 동의능력만을 가지고 있다는 것이었다. 여기서 동의능력이란, 충분히 자율적인 존재가 제안된 실험의 특성이나 위험성 등에 대한 적절한 정보를 인식하고 그것에 기초하여 그 실험을 자발적으로 받아들일 수 있는 능력을 일컫는다. 그렇기 때문에 어린이를 실험 대상으로 하는 연구는 항상 도덕적 논란을 불러일으켰고, 1962년 이후 미국에서는 어린이에 대한 실험이 거의 시행되지 않았다. 이러한 상황에서 1968년 미국의 소아 약물학자 셔키는 다음과 같은 '도덕적 딜레마 논증'을 제시하였다. 어린이를 실험 대상에서 배제시키면, 어린이 환자 집단에 대해 충분한 실험을 하지 않은 약품들로 어린이를 치료하게 되어 어린이를 더욱 커다란 위험에 몰아넣게 된다. 따라서 어린이를 실험 대상에서 배제시키는 것은 도덕적으로 올바르지 않다. 반면, 어린이를 실험 대상에서 배제시키지 않으면, 제한적인 동의능력만을 가진 존재를 실험 대상에 포함시키게 된다. 제한된 동의능력만을 가진 이를 실험 대상에 포함시키는 것은 도덕적으로 올바르지 않다. 따라서 어린이를 실험 대상에 포함시키는 것은 도덕적으로 올바르지 않다. 우리의 선지는 어린이를 실험 대상에서 배제시키거나 배제시키지 않는 것뿐이다. 결국 어떠한 선택을 하든 도덕적인 잘못을 저지를 수밖에 없다.

─────────〈보기〉─────────

ㄱ. 어린이를 실험 대상으로 하는 연구는 그 위험성의 여부와는 상관없이 모두 거부되어야 한다. 왜냐하면 적합한 사전 동의 없이 행해지는 어떠한 실험도 도덕적 잘못이기 때문이다. → (X) 어린이를 실험 대상으로 하는 연구가 모두 거부되어야 한다는 것은 지문의 도덕적 딜레마 논증 중 어린이를 실험 대상에 포함시키는 것은 도덕적으로 올바르지 않다는 것을 지지한다. 두 논리 중 하나를 비판해야 딜레마가 해소되는데, 하나를 지지하므로 딜레마가 해소되지 못한다.

ㄴ. 동물실험이나 성인에 대한 임상 실험을 통해서도 어린이 환자를 위한 안전한 약물을 만들어낼 수 있다. 따라서 어린이를 실험 대상에 포함시키지 않더라도 어린이 환자가 안전하게 치료받지 못하는 위험에 빠지지 않을 수 있다. → (O) 지문의 도덕적 딜레마 논증 중 어린이를 실험 대상에서 배제시키면, 어린이 환자 집단에 대해 충분한 실험을 하지 않은 약물들로 어린이를 치료하게 되어 어린이를 더욱 커다란 위험에 몰아넣게 된다는 전제를 반박하여 도덕적 딜레마가 해소된다.

ㄷ. 부모나 법정 대리인을 통해 어린이의 동의능력을 적합하게 보완할 수 있다. 어린이의 동의능력이 부모나 법정 대리인에 의해 적합하게 보완된다면 어린이를 실험 대상에 포함시켜도 도덕적 잘못이 아닐 수 있다. 따라서 이런 경우의 어린이를 실험 대상에 포함시켜도 도덕적 잘못이 아닐 수 있다. → (O) 지문의 도덕적 딜레마 논증 중 어린이를 실험 대상에서 배제시키지 않으면, 제한적인 동의능력만을 가진 존재를 실험 대상에 포함시키게 된다는 전제를 반박하여 도덕적 딜레마가 해결된다.

① ㄱ ➡ (X)
② ㄴ ➡ (X)
③ ㄱ, ㄷ ➡ (X)
④ ㄴ, ㄷ ➡ (O)
⑤ ㄱ, ㄴ, ㄷ ➡ (X)

25 ⑤

정답률 68.8%

| 문제 유형 | 비판적 사고 > 빈칸 채우기
| 접근 전략 | 매우 복잡해 보이지만 빈칸 채우기 유형의 문제이며, 선지를 통해 빈칸을 채우는 것이 아니라, 지문의 ⑦~⑩을 통해 빈칸을 채우는 문제이다. 문맥상 사례를 통해 반박하고자 하는 내용이 무엇인지 찾고, 그것이 거짓이 될 때 어떤 결론을 반박할 수 있는지를 파악하면 문제를 해결할 수 있다.

다음 글의 (가)와 (나)에 들어가기에 가장 적절한 것을 ⑦~⑩ 중 골라 알맞게 짝지은 것은?

일반적으로 결정론은 도덕적 책임과 양립할 수 없는 것으로 간주된다. 그 이유는 다음과 같다. ⑦결정론이 참일 경우 우리의 실제 행동과는 다른 행동을 할 가능성이 없다. 그런데 ⓒ우리에게 실제로 행한 것과는 다른 행동을 할 가능성이 있을 경우에만 우리는 행동의 자유를 가진 존재이다. 또한 ⓒ우리가 행동의 자유를 가진 존재가 아니라면, 우리는 도덕적 책임을 가질 필요가 없다. 따라서 ⓔ결정론이 참일 경우 우리는 행동의 자유를 가진 존재가 아니다. 결론적으로, ⑩결정론이 참일 경우 우리는 도덕적 책임을 가지는 존재가 아니다. 이런 주장에 대해서 철학자 A는 다음 〈사례〉를 통해 (가) 가 거짓이라고 보임으로써 (나) 를 반박하였다.

→ 지문의 내용을 구조화하면 다음과 같다.
• 결정론 '참' → 실제 행동과 다른 행동 가능성 X → 행동의 자유를 가지지 못함 → 도덕적 책임 X

〈사례〉

차를 운전하고 있던 어느 날, 나는 우회전을 하기 위해서 차의 핸들을 오른쪽으로 돌리는 행동을 하였다. 이런 행동 이후, 오른쪽으로 움직인 나의 차는 길을 가는 행인을 치는 사고를 일으켰다. 당연히 나는 그 행인을 다치게 만든 것에 대해 도덕적 책임을 느꼈다. 내가 핸들을 오른쪽으로 돌리는 행동이 그 사고를 야기했기 때문이다. 그러나 사실 내 차의 핸들은 오른쪽으로 돌리기 직전에 망가져서 핸들이 오른쪽으로 돌아갈 수밖에 없었고, 그 사고는 일어날 수밖에 없었다. 이와 더불어 여러 다른 사정으로 나에게는 다른 행동의 가능성이 전혀 없었으며, 이에 나에겐 행동의 자유가 존재하지 않았던 것이다. 나는 이런 사실을

모른 채 핸들을 오른쪽으로 돌리는 행동을 하였고 내 차는 오른쪽으로 움직였다. 그 핸들은 내 행동에 따라 움직였고, 내 차도 핸들에 아무런 문제가 없었을 경우와 같이 움직인 뒤 행인을 쳤던 것이다. 그렇기 때문에 내 차의 핸들이 망가져 있다는 사실을 알고 난 후에도 나는 행인을 친 것에 대한 도덕적 책임을 가져야 한다는 것을 당연하게 생각했다.

| (가) | (나)
① ⑦ | ⑩ ➡ (X)
② ⓒ | ⑩ ➡ (X)
③ ⓒ | ⑩ ➡ (X)
④ ⓒ | ⑩ ➡ (X)
⑤ ⓒ | ⑩ ➡ (O) 〈사례〉의 내용은 핸들이 고장 나 사고가 일어난 경우, 즉 행동의 자유가 존재하지 않았어도 사고가 난 것에 대해 도덕적 책임을 져야 한다는 것이다. 이는 ⓒ을 거짓으로 만들어 '결정론 참 → 도덕적 책임 X'라는 ⑩을 반박하는 것이다.

2014 | 제2영역 자료해석(Ⓐ 책형)

기출 총평

평이한 수준의 난도로 출제되었다. 1번 문항부터 매칭형 문제가 출제된 것이 독특하고, 〈조건〉과 수행 순서에 따라 항아리에 남아 있는 물을 구하는 문제는 참신한 유형으로 출제되었다. 표 제시형 문제와 그림 제시형 문제가 다수 출제되었고, 뒷부분에 출제된 매칭형 문제와 계산형 문제, 그림 제시형 문제는 난도가 높게 출제되었다. 또한 문제를 해결하는 데 있어 각주의 역할이 무엇보다 중요하였다. 중요한 핵심 정보를 제공하는 각주를 올바르게 해석하여 이에 따라 자료를 재구성할 수 있어야 고득점을 얻을 수 있다. 익숙하지 않은 자료와 수식에서 주어진 정보를 활용하여 문제에서 요구하는 것을 해결해 가는 능력이 가장 중요하다. 즉, 핵심 개념에 대해 정확하게 이해하고, 직관적으로 활용할 수 있는 능력이 합격의 당락을 가르는 중요한 포인트이다. 문제를 순서대로만 해결하려고 하지 말고 시간 부족에 따른 어려움을 겪을 가능성을 고려하여 쉬운 문제부터 해결해 가는 방법도 효율적이다. 자료해석 시험에서는 숫자 자체에 대한 익숙함과 문제 해결 능력, 그리고 항목 간의 다른 점에 집중하는 것 등의 능력이 요구된다. 따라서 평소에 이에 대한 집중을 향상시키면 이러한 훈련만으로도 고득점이 가능하다. 또한 자료해석 시험은 과거의 문제와 동일한 유형으로 출제되는 경향이 강하므로 기출문제를 분석하여 이에 대하여 충분히 연습한다면 큰 결실을 얻을 수 있을 것이다.

문항별 정답률 및 선지별 선택률

문번	정답	정답률 (%)	선지별 선택률(%)					문번	정답	정답률 (%)	선지별 선택률(%)				
			①	②	③	④	⑤				①	②	③	④	⑤
01	②	90.5	0.4	90.5	7.5	1.2	0.4	14	①	88.9	88.9	1.6	1.2	3.2	5.1
02	④	94.8	1.6	1.2	1.6	94.8	0.8	15	③	89.3	1.6	2.4	89.3	2.0	4.7
03	⑤	92.5	0.4	0.8	0.8	5.5	92.5	16	④	81.7	0.4	9.6	4.8	81.7	3.5
04	③	72.1	2.8	2.0	72.1	0.8	22.3	17	①	81.3	81.3	11.2	6.8	0.0	0.7
05	④	83.3	2.0	12.3	0.8	83.3	1.6	18	①	86.9	86.9	0.0	1.2	0.8	11.1
06	②	95.2	1.6	95.2	1.6	1.2	0.4	19	②	80.2	2.8	80.2	0.4	16.3	0.3
07	④	86.1	2.8	4.4	4.0	86.1	2.7	20	⑤	94.8	1.2	0.4	1.2	2.4	94.8
08	③	67.2	1.6	3.6	67.2	13.6	14.0	21	⑤	67.2	7.6	4.0	11.2	10.0	67.2
09	⑤	61.9	2.0	15.0	8.5	12.6	61.9	22	②	78.4	1.2	78.4	3.2	6.8	10.4
10	②	65.2	20.1	65.2	10.7	1.1	2.9	23	③	67.1	6.1	3.7	67.1	11.0	12.1
11	④	94.8	0.8	0.8	1.2	94.8	2.4	24	③	53.1	10.6	28.2	53.1	4.5	3.6
12	⑤	77.8	0.0	4.4	6.7	11.1	77.8	25	①	60.5	60.5	2.8	9.7	17.7	9.3
13	②	86.2	1.6	86.2	3.2	1.6	7.4								

※ 파란색 음영 문항은 해당 회차에서 정답률이 가장 낮은 TOP 3 문항입니다.
※ 정답률 및 선지별 선택률 산정 기준: 약 1년간 누적된 자동채점 & 성적결과분석 서비스의 응시 데이터

출제 비중

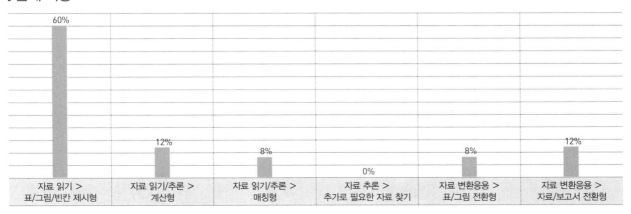

60%	자료 읽기 > 표/그림/빈칸 제시형
12%	자료 읽기/추론 > 계산형
8%	자료 읽기/추론 > 매칭형
0%	자료 추론 > 추가로 필요한 자료 찾기
8%	자료 변환응용 > 표/그림 전환형
12%	자료 변환응용 > 자료/보고서 전환형

01 ②

정답률 90.5%

| 문제 유형 | 자료 읽기/추론 > 매칭형

| 접근 전략 | 여러 〈조건〉이 주어지는 문제는 〈조건〉을 순서대로 풀기보다 경우의 수를 줄일 수 있는 〈조건〉부터 해결하는 것이 효율적이다.

다음 〈표〉와 〈정보〉는 2014년 1월 전국 4개 도시에 각각 위치한 '갑' 회사의 공장(A~D)별 실제 가동시간과 가능 가동시간에 관한 자료이다. 이에 근거하여 공장 A와 D가 위치한 도시를 바르게 나열한 것은?

〈표〉 공장별 실제 가동시간 및 가능 가동시간

(단위: 시간)

구분 \ 공장	A	B	C	D
실제 가동시간	300	150	250	300
가능 가동시간	400	200	300	500

※ 실가동률(%) = $\frac{실제\ 가동시간}{가능\ 가동시간} \times 100$

〈정보〉

○ 광주와 인천 공장의 가능 가동시간 합은 서울과 부산 공장의 가능 가동시간 합보다 크다.
○ 부산과 광주 공장의 실제 가동시간 합은 서울과 인천 공장의 실제 가동시간 합보다 작다.
○ 서울과 부산 공장의 실가동률은 같다.
○ 인천 공장의 가능 가동시간이 가장 길다.

A가 위치한 도시	D가 위치한 도시	
① 서울	부산	➡ (X)
② 서울	인천	➡ (O) 세 번째 〈정보〉를

보면 실가동률이 같은 두 개는 A와 B이다. 따라서 A와 B에는 서울 또는 부산이 들어가야 한다. 네 번째 〈정보〉에 따르면 가능 가동시간이 가장 긴 D가 인천이다. 따라서 C는 광주이다. 두 번째 〈정보〉를 보면 A가 서울, B가 부산일 때 부산과 광주 공장의 실제 가동시간의 합은 서울과 인천 공장의 실제 가동시간의 합보다 작다. 따라서 A는 서울이다.

③ 부산	인천	➡ (X)
④ 부산	광주	➡ (X)
⑤ 광주	인천	➡ (X)

02 ④

정답률 94.8%

| 문제 유형 | 자료 읽기 > 표 제시형

| 접근 전략 | 빠른 시간에 게임의 규칙을 이해해야 한다. 자신의 1순위에 안건이 없으면 2순위, 2순위에도 없으면 3순위에 투표한다는 것을 고려해야 한다.

다음 〈표〉는 4개 안건(A~D)에 대한 심사위원(갑, 을, 병)의 선호를 나타낸 자료이다. 이 안건들 중 서로 다른 두 안건을 임의로 상정하고 위 3명의 심사위원이 한 표씩 투표하여 다수결 원칙에 따라 하나의 안건을 채택한다고 할 때, 〈보기〉의 설명 중 옳은 것만을 모두 고르면?

〈표〉 4개 안건에 대한 심사위원의 선호

선호순위 \ 심사위원	갑	을	병
1순위	C	A	B
2순위	B	B	C
3순위	D	C	A
4순위	A	D	D

※ 각 심사위원은 상정된 두 안건 중 자신의 선호순위가 더 높은 안건에 반드시 투표함

〈보기〉

ㄱ. A 안건과 C 안건이 상정되면 C 안건이 채택된다. → (O) 갑의 1순위는 C 안건이고, 을의 1순위는 A 안건이므로 각각 1순위에 투표한다. 병의 1순위는 B 안건이므로 2순위인 C 안건에 투표할 것이다. 따라서 C 안건이 2표를 받아 다수결 원칙에 따라 C 안건이 채택된다.

ㄴ. B 안건은 어떠한 다른 안건과 함께 상정되어도 항상 채택된다. → (O) 병은 B 안건이 어느 안건과 상정되더라도 B 안건에 투표하므로 갑과 을 중 적어도 한 명이 B 안건에 투표하면 B 안건이 채택된다. A 안건과 상정하면 갑이 B 안건에 투표하고, C 안건과 상정하면 을이 B 안건에 투표하고, D 안건과 상정하면 갑과 을 모두 B 안건에 투표하므로 B 안건은 항상 채택된다.

ㄷ. C 안건이 상정되어 채택되는 경우는 모두 3가지이다. → (X) C 안건이 상정되는 경우의 수는 A 안건−C 안건, B 안건−C 안건, D 안건−C 안건으로 3가지이다. B 안건이 C 안건과 상정되면 B 안건이 채택되므로 3가지 모두 채택되는 경우는 아니다.

ㄹ. D 안건은 어떠한 다른 안건과 함께 상정되어도 항상 채택되지 못한다. → (O) D 안건은 3순위 또는 4순위인데 A~C 안건 모두 1~2순위에 2개씩 배치되어 있으므로 D 안건이 채택될 방법은 없다.

① ㄱ, ㄴ	➡ (X)
② ㄱ, ㄷ	➡ (X)
③ ㄴ, ㄹ	➡ (X)
④ ㄱ, ㄴ, ㄹ	➡ (O)
⑤ ㄴ, ㄷ, ㄹ	➡ (X)

03 ⑤

정답률 92.5%

|문제 유형| 자료 읽기 > 표 제시형

|접근 전략| 대소 비교가 가능하다면 풀 수 있는 문제이다. 이러한 문제에서는 내용을 빠르게 확인하여 최대한 풀이 시간을 절약하도록 한다.

다음 〈표〉는 A지역 유치원 유형별 교지면적과 교사면적에 대한 자료이다. 이에 대한 설명으로 옳지 않은 것은?

〈표〉 A지역 유치원 유형별 교지면적과 교사면적

(단위: m²)

구분	유치원 유형	국립	공립	사립
교지 면적	유치원당	255.0	170.8	1,478.4
	원아 1인당	3.4	6.1	13.2
교사 면적	유치원당	562.5	81.2	806.4
	원아 1인당	7.5	2.9	7.2

① 원아 1인당 교지면적은 사립이 공립의 2배 이상이다. ➡ (O) 원아 1인당 교지면적은 사립의 경우 13.2m²이고, 공립의 경우 6.1m²이다. 따라서 원아 1인당 교지면적은 사립이 공립의 2배를 넘는다.

② 유치원당 교사면적이 가장 큰 유형부터 순서대로 나열하면 사립, 국립, 공립 순이다. ➡ (O) 유치원당 교사면적은 사립의 경우 806.4m², 국립의 경우 562.5m², 공립의 경우 81.2m²이므로 사립, 국립, 공립 순이다.

③ 유치원당 교지면적이 유치원당 교사면적보다 작은 유치원 유형은 국립뿐이다. ➡ (O) 국립의 경우 유치원당 교사면적이 562.5m²이고, 유치원당 교지면적이 255.0m²이므로 유치원당 교지면적이 유치원당 교사면적보다 작다.

④ 유치원당 교지면적은 사립이 국립의 5.5배 이상이고 유치원당 교사면적은 사립이 국립의 1.4배 이상이다. ➡ (O) 유치원당 교지면적은 사립의 경우 1,478.4m²이고, 국립의 경우 255.0m²이다. 따라서 유치원당 교지면적은 사립이 국립의 $\frac{1,478.4}{255.0}$ ≒ 5.8(배)이다. 유치원당 교사면적은 사립의 경우 806.4m²이고, 국립의 경우 562.5m²이다. 따라서 유치원당 교사면적은 사립이 국립의 $\frac{806.4}{562.5}$ ≒ 1.43(배)이다.

⑤ 유치원당 교지면적과 원아 1인당 교사면적은 국립이 사립보다 모두 작다. ➡ (X) 원아 1인당 교사면적은 사립이 7.2m²로 국립의 7.5m²보다 작다.

04 ③

정답률 72.1%

|문제 유형| 자료 변환응용 > 표/그림 전환형

|접근 전략| 대부분 큰 단위에서 오류가 있을 것이므로 수를 크게 보고 판단하는 연습이 필요하다.

다음 〈표〉는 농산물 도매시장의 품목별 조사단위당 가격에 대한 자료이다. 이를 이용하여 작성한 그래프로 옳지 않은 것은?

〈표〉 품목별 조사단위당 가격

(단위: kg, 원)

구분	품목	조사 단위	조사단위당 가격		
			금일	전일	전년 평균
곡물	쌀	20	52,500	52,500	47,500
	찹쌀	60	180,000	180,000	250,000
	검정쌀	30	120,000	120,000	106,500
	콩	60	624,000	624,000	660,000
	참깨	30	129,000	129,000	127,500
채소	오이	10	23,600	24,400	20,800
	부추	10	68,100	65,500	41,900
	토마토	10	34,100	33,100	20,800
	배추	10	9,500	9,200	6,200
	무	15	8,500	8,500	6,500
	고추	10	43,300	44,800	31,300

① 쌀, 찹쌀, 검정쌀의 조사단위당 가격

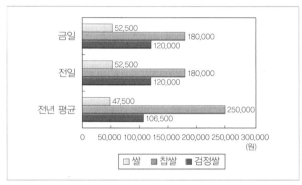

➡ (O) 〈표〉와 〈그림〉에서 제시되는 쌀, 찹쌀, 검정쌀의 조사단위당 가격의 수치가 일치한다.

② 채소의 조사단위당 전일가격 대비 금일가격 등락액

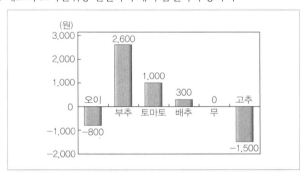

➡ (O) 〈표〉에서 '금일 조사단위당 가격-전일 조사단위당 가격'으로 계산한 값과 일치한다.

③ 채소 1kg당 금일가격

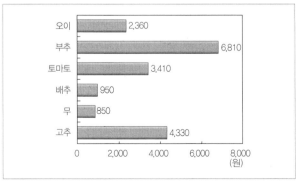

➡ (X) 〈표〉에서 무의 조사단위는 15kg이므로 15kg당 금일가격이 8,500원임을 보

여 준다. 즉, 무의 1kg당 금일가격은 $\frac{8,500}{15}$ 늑 566.7(원)이므로 〈표〉를 이용하여 작성

한 그래프로 옳지 않다.

④ 곡물 1kg당 금일가격

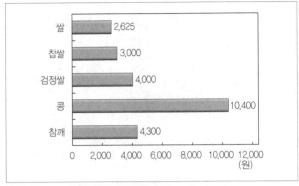

➡ (O) 〈표〉에서 $\frac{\text{금일 조사단위당 가격}}{\text{조사단위}}$ 으로 계산한 값과 일치한다.

⑤ 채소의 조사단위당 전년 평균가격 대비 금일가격 비율

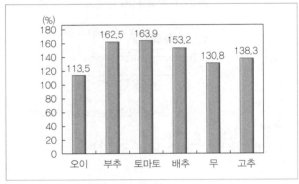

➡ (O) 〈표〉에서 $\frac{\text{금일 조사단위당 가격}}{\text{전년 평균 조사단위당 가격}} \times 100$ 으로 계산한 값과 일치한다.

---

05 ④

| 문제 유형 | 자료 읽기 > 표 제시형

| 접근 전략 | 앞 자릿수에서 큰 차이가 나면 뒤의 자릿수까지 계산하지 않아도 문제를 해결할 수 있다. 예를 들어, 재배면적은 1,145,095ha인데 앞의 114만 가지고 15%를 계산하기 위해 1.5를 곱하면 약 171이다. 따라서 피해면적의 앞 자릿수는 147이므로 더 이상 계산하지 않아도 옳고 그름을 판별할 수 있다.

다음 〈표〉는 어느 해 전국 농경지(논과 밭)의 가뭄 피해 현황에 대한 자료이다. 이에 대한 〈보기〉의 설명 중 옳은 것만을 모두 고르면?

〈표 1〉 지역별 논 가뭄 피해 현황

(단위: ha)

지역	재배면적	피해면적	피해 발생기간
충북	65,812	1,794	7.26.~7.31.
충남	171,409	106	7.15.~7.31.
전북	163,914	52,399	7.15.~8.9.
전남	221,202	59,953	7.11.~8.9.
경북	157,213	5,071	7.13.~7.31.
경남	130,007	25,235	7.12.~8.9.

대구	1,901	106	7.25.~7.26.
광주	10,016	3,226	7.18.~7.31.
기타	223,621	0	–
전체	1,145,095	147,890	7.11.~8.9.

〈표 2〉 지역별 밭 가뭄 피해 현황

(단위: ha)

지역	재배면적	피해면적	피해 발생기간
전북	65,065	6,212	7.19.~7.31.
전남	162,924	33,787	7.19.~7.31.
경북	152,137	16,702	7.19.~7.31.
경남	72,686	6,756	7.12.~7.31.
제주	65,294	8,723	7.20.~7.31.
대구	4,198	42	7.25.~7.26.
광주	5,315	5	7.24.~7.31.
기타	347,316	0	–
전체	874,935	72,227	7.12.~7.31.

─〈보기〉─

ㄱ. 논 가뭄 피해면적이 가장 큰 지역은 밭 가뭄 피해면적도 가장 크다.
→ (O) 〈표 1〉을 보면 논 가뭄 피해면적이 가장 큰 지역은 전남이고, 〈표 2〉에서 밭 가뭄 피해면적이 가장 큰 지역도 전남이다.

ㄴ. 논 가뭄 피해 발생기간이 가장 긴 지역과 밭 가뭄 피해 발생기간이 가장 긴 지역은 같다. → (X) 논 가뭄 피해 발생기간이 가장 긴 지역은 전남이고, 밭 가뭄 피해 발생기간이 가장 긴 지역은 경남이다.

ㄷ. 전체 논 재배면적 대비 전체 논 가뭄 피해면적 비율은 15% 이하이다.
→ (O) 앞 자리를 보면 재배면적의 앞 자리 114에 1.5를 곱하면 171인데 피해면적의 앞 자리는 147이므로 피해면적은 재배면적의 15%에 미치지 못한다.

ㄹ. 밭 재배면적 대비 밭 가뭄 피해면적 비율은 경북이 경남보다 크다.
→ (O) 경북은 경남보다 약 2배 정도 밭 재배면적이 많은데 밭 가뭄 피해면적은 2배보다 훨씬 크므로 경북의 밭 재배면적 대비 밭 피해면적 비율이 더 크다.

① ㄱ, ㄴ ➡ (X)
② ㄱ, ㄷ ➡ (X)
③ ㄴ, ㄹ ➡ (X)
④ ㄱ, ㄷ, ㄹ ➡ (O)
⑤ ㄴ, ㄷ, ㄹ ➡ (X)

---

06 ②

| 문제 유형 | 자료 읽기/추론 > 계산형

| 접근 전략 | 선지를 보면 % 단위를 묻는 것이 아니라 L 단위를 묻고 있으므로 〈그림〉의 % 단위를 L 단위로 환산하여 풀어야 한다.

다음 〈그림〉과 같이 3개의 항아리가 있다. 이를 이용하여 아래 〈조건〉을 만족시키면서 〈수행순서〉의 모든 단계를 완료한 후, '10L 항아리'에 남아 있는 물의 양을 구하면?

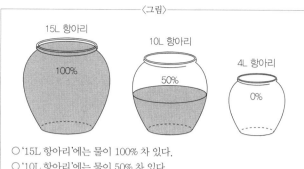

〈그림〉

15L 항아리

10L 항아리

4L 항아리

100%

50%

0%

○ '15L 항아리'에는 물이 100% 차 있다.
○ '10L 항아리'에는 물이 50% 차 있다.
○ '4L 항아리'는 비어 있다.

─〈조건〉─

○ 한 항아리에서 다른 항아리로 물을 부을 때, 주는 항아리가 완전히
비거나 받는 항아리가 가득 찰 때까지 물을 붓는다.
○ 〈수행순서〉 각 단계에서 물의 손실은 없다.

─〈수행순서〉─

1단계: '15L 항아리'의 물을 '4L 항아리'에 붓는다.
2단계: '15L 항아리'의 물을 '10L 항아리'에 붓는다.
3단계: '4L 항아리'의 물을 '15L 항아리'에 붓는다.
4단계: '10L 항아리'의 물을 '4L 항아리'에 붓는다.
5단계: '4L 항아리'의 물을 '15L 항아리'에 붓는다.
6단계: '10L 항아리'의 물을 '15L 항아리'에 붓는다.

① 4L ➡ (X)
② 5L ➡ (O) 15L 항아리에는 물이 15L 들어 있고, 10L 항아리에는 물이 5L 들어 있으며, 4L 항아리에는 물이 없다. 각각 15L 항아리, 10L 항아리, 4L 항아리에 들어 있는 물의 양을 순서대로 쓰면, 1단계의 경우 11L, 5L, 4L, 2단계의 경우 6L, 10L, 4L, 3단계의 경우 10L, 10L, 0L, 4단계의 경우 10L, 6L, 4L, 5단계의 경우 14L, 6L, 0L, 6단계의 경우 15L, 5L, 0L이다. 따라서 10L 항아리에는 물이 5L 들어 있다.
③ 6L ➡ (X)
④ 7L ➡ (X)
⑤ 8L ➡ (X)

07 ④
정답률 86.1%

|문제 유형| 자료 변환응용 > 자료/보고서 전환형
|접근 전략| 〈표〉를 통해 구할 수 없는 값은 오답이다. 자신의 배경지식을 이용하거나 추측하지 말고 〈표〉의 수치만을 가지고 답을 도출할 수 있어야 한다.

다음 〈표〉는 2013년 '갑' 국의 수도권 집중 현황에 관한 자료이다. 〈보고서〉의 내용 중 〈표〉의 자료에서 도출할 수 있는 것은?

〈표〉 수도권 집중 현황

구분		전국(A)	수도권(B)	$\left(\dfrac{B}{A}\right)\times100$(%)
인구 및 주택	인구(천 명)	50,034	24,472	48.9
	주택 수(천 호)	17,672	8,173	46.2

산업	지역 총 생산액 (십억 원)	856,192	408,592	47.7
	제조업체 수(개)	119,181	67,799	56.9
	서비스업체 수(개)	765,817	370,015	48.3
금융	금융예금액 (십억 원)	592,721	407,361	68.7
	금융대출액 (십억 원)	699,430	469,374	67.1
기능	4년제 대학 수(개)	175	68	38.9
	공공기관 수(개)	409	345	84.4
	의료기관 수(개)	54,728	26,999	49.3

─〈보고서〉─

○ 전국 대비 수도권 인구 비중은 48.9%이다. ㉠ 수도권 인구밀도는 전국 인구밀도의 2배 이상이고, → (X) 수도권과 전국의 면적을 알 수 없으므로 인구밀도= $\dfrac{인구}{면적}$ 를 구할 수 있다. ㉡ 수도권 1인당 주택면적은 전국 1인당 주택면적보다 작다. → (X) 주택면적을 알 수 없으므로 $\dfrac{주택면적}{인구}$ 을 구할 수 없다.
○ 산업측면에서 ㉢ 수도권 제조업과 서비스업 생산액이 전국 제조업과 서비스업 생산액에서 차지하는 비중은 각각 50% 이상이다. → (X) 제조업 및 서비스업 생산액을 알 수 없다.
○ 수도권 금융예금액은 전국 금융예금액의 65% 이상을 차지하고, ㉣ 수도권 1인당 금융대출액은 전국 1인당 금융대출액보다 많다. → (O) 전체 금융대출액의 67.1%는 수도권에서 대출한 금액인데, 인구의 48.9%만 수도권에 있으므로 수도권의 1인당 금융대출액이 전국 1인당 금융대출액보다 많다.
○ 전국 대비 수도권의 의료기관 수 비중은 49.3%이고 공공기관 수 비중은 84.4%이다. ㉤ 4년제 대학 재학생 수는 수도권이 비수도권보다 적다. → (X) 4년제 대학 재학생 수를 알 수 없다.

① ㉠ ➡ (X)
② ㉡ ➡ (X)
③ ㉢ ➡ (X)
④ ㉣ ➡ (O)
⑤ ㉤ ➡ (X)

08 ③
정답률 67.2%

|문제 유형| 자료 읽기 > 표 제시형
|접근 전략| 분수를 일일이 계산하여 수를 비교하는 것은 시간이 많이 소요된다. 분모의 증가율과 분자의 증가율을 통해 분자의 증가율 > 분모의 증가율이면 더 큰 수라는 것을 알고 있으면 효율적으로 문제를 해결할 수 있다.

다음 〈표〉는 2006~2010년 '갑'국 연구개발비에 관한 자료이다. 이에 대한 설명으로 옳은 것은?

〈표〉 연도별 연구개발비

구분 \ 연도	2006	2007	2008	2009	2010
연구개발비(십억 원)	27,346	31,301	34,498	37,929	43,855
전년 대비 증가율(%)	13.2	14.5	10.2	9.9	15.6

공공부담 비중(%)	24.3	26.1	26.8	28.7	28.0
인구 만 명당 연구 개발비(백만 원)	5,662	6,460	7,097	7,781	8,452

※ 연구개발비＝공공부담 연구개발비＋민간부담 연구개발비

① 연구개발비의 공공부담 비중은 매년 증가하였다. ➡ (X) 2010년 연구개발비의 공공부담 비중은 28.0%로 전년도의 28.7%보다 감소하였다.

② 전년에 비해 인구 만 명당 연구개발비가 가장 많이 증가한 해는 2010년이다. ➡ (X) 2010년에는 인구 만 명당 연구개발비가 전년 대비 671백만 원 증가했으나 2007년에는 전년 대비 798백만 원 증가했다.

③ 2009년에 비해 2010년 '갑'국 인구는 증가하였다. ➡ (O)

$\frac{\text{연구개발비}}{\text{인구 만 명당 연구개발비}} = \frac{\text{인구}}{10,000}$ 이다. 2009년 연구개발비는 전년 대비 9.9% 증가했으나 인구 만 명당 연구개발비는 9%보다 작게 증가해 분자의 증가율이 더 커 분수의 값이 증가했다. 따라서 $\frac{\text{인구}}{10,000}$ 가 증가하였으므로 인구는 증가하였다.

④ 전년 대비 연구개발비 증가액이 가장 작은 해는 2009년이다. ➡ (X) 전년 대비 연구개발비 증가액은 2008년에 34,498－31,301＝3,197(십억 원)으로 가장 작다.

⑤ 연구개발비의 전년 대비 증가율이 가장 작은 해와 연구개발비의 민간부담 비중이 가장 큰 해는 같다. ➡ (X) 연구개발비의 전년 대비 증가율이 가장 작은 해는 2009년이고, 연구개발비의 민간부담 비중이 가장 큰 해는 2006년이다.

09 ⑤

TOP 3 정답률 61.9%

| 문제 유형 | 자료 읽기 > 표 제시형
| 접근 전략 | 어림으로 보더라도 수의 차이가 확연하게 난다면 정확한 값을 계산하기보다는 어림 계산으로 답을 구해 보도록 한다.

다음 〈표〉는 2001 ~ 2012년 '갑'국 식품산업 매출액 및 생산액 추이에 대한 자료이다. 이에 대한 〈보기〉의 설명 중 옳은 것만을 모두 고르면?

〈표〉 '갑'국 식품산업 매출액 및 생산액 추이

(단위: 십억 원, %)

연도 \ 구분	식품산업 매출액	식품산업 생산액	제조업 생산액 대비 식품산업 생산액 비중	GDP 대비 식품산업 생산액 비중
2001	30,781	27,685	17.98	4.25
2002	36,388	35,388	21.17	4.91
2003	23,909	21,046	11.96	2.74
2004	33,181	30,045	14.60	3.63
2005	33,335	29,579	13.84	3.42
2006	35,699	32,695	14.80	3.60
2007	37,366	33,148	13.89	3.40
2008	39,299	36,650	14.30	3.57
2009	44,441	40,408	15.16	3.79
2010	38,791	34,548	10.82	2.94
2011	44,448	40,318	11.58	3.26
2012	47,328	43,478	12.22	3.42

〈보기〉

ㄱ. 2012년 제조업 생산액은 2001년 제조업 생산액의 4배 이상이다.
→ (X) 2012년에 식품산업 생산액은 2001년보다 2배보다 적게 증가했고, 제조업 생산액 대비 식품산업 생산액 비중도 2배보다 적게 감소했다. 제조업 생산액＝$\frac{\text{식품산업 생산액}}{\text{제조업 생산액 대비 식품산업 생산액 비중}} × 100$인데 분모가 2배 미만으로 감소하고 분자도 2배 미만으로 증가하면 4배가 될 수 없다.

ㄴ. 2005년 이후 식품산업 매출액의 전년 대비 증가율이 가장 큰 해는 2009년이다. → (X) 2011년 식품산업 매출액이 2009년보다 많고, 2010년 식품산업 매출액이 2008년보다 적으므로 2011년 식품산업 매출액의 전년 대비 증가율은 2009년보다 크다.

ㄷ. GDP 대비 제조업 생산액 비중은 2012년이 2007년보다 크다.
→ (O) GDP 대비 제조업 생산액 비중은 $\frac{\text{GDP 대비 식품산업 생산액 비중}}{\text{제조업 생산액 대비 식품산업 생산액 비중}} × 100$으로 구할 수 있다. 분자인 GDP 대비 식품산업 생산액 비중은 2012년에 증가했고, 분모인 제조업 생산액 대비 식품산업 생산액 비중은 2012년에 감소했으므로 GDP 대비 제조업 생산액 비중은 증가했다.

ㄹ. 2008년 '갑'국 GDP는 1,000조 원 이상이다. → (O) GDP는 $\frac{\text{식품산업 생산액}}{\text{GDP 대비 식품산업 생산액 비중}} × 100$으로 구할 수 있다. 2008년 '갑'국 GDP는 $\frac{36,650}{3.57} × 100 ≒ 1,026,611$(십억 원)으로, 1,000조 원 이상이다.

① ㄱ, ㄴ ➡ (X)
② ㄱ, ㄷ ➡ (X)
③ ㄱ, ㄹ ➡ (X)
④ ㄴ, ㄹ ➡ (X)
⑤ ㄷ, ㄹ ➡ (O)

10 ②

정답률 65.2%

| 문제 유형 | 자료 읽기 > 표 제시형
| 접근 전략 | 전세가격 지수와 전세수급 동향 지수가 어떤 의미인지 각주만 제대로 이해할 수 있다면 계산하지 않더라도 풀 수 있는 문제이다.

다음 〈표〉는 2013년 11월 7개 도시의 아파트 전세가격 지수 및 전세수급 동향 지수에 대한 자료이다. 이에 관한 〈보기〉의 설명 중 옳은 것만을 모두 고르면?

〈표〉 아파트 전세가격 지수 및 전세수급 동향 지수

도시 \ 지수	면적별 전세가격 지수			전세수급 동향 지수
	소형	중형	대형	
서울	115.9	112.5	113.5	114.6
부산	103.9	105.6	102.2	115.4
대구	123.0	126.7	118.2	124.0
인천	117.1	119.8	117.4	127.4
광주	104.0	104.2	101.5	101.3
대전	111.5	107.8	108.1	112.3
울산	104.3	102.7	104.1	101.0

※ 1) 2013년 11월 전세가격 지수＝$\frac{\text{2013년 11월 평균 전세가격}}{\text{2012년 11월 평균 전세가격}} × 100$

2) 전세수급 동향 지수는 각 지역 공인중개사에게 해당 도시의 아파트 전세공급 상황에 대해 부족·적당·충분 중 하나를 선택하여 응답하게 한 후, '부족' 이라고 응답한 비율에서 '충분'이라고 응답한 비율을 빼고 100을 더한 값임
    예) '부족' 응답비율 30%, '충분' 응답비율 50%인 경우 전세수급 동향 지수는
    (30-50)+100=80
3) 아파트는 소형. 중형. 대형으로만 구분됨

〈보기〉

ㄱ. 2012년 11월에 비해 2013년 11월 7개 도시 모두에서 아파트 평균 전세가격이 상승하였다. → (O) 〈표〉에서 값이 100 이하인 것이 하나도 없으므로 모든 면적별 전세가격 지수가 모든 지역에서 상승했다. 따라서 2013년 11월 7개 도시 모두에서 아파트 평균 전세가격이 상승하였다.

ㄴ. 중형 아파트의 2012년 11월 대비 2013년 11월 평균 전세가격 상승액이 가장 큰 도시는 대구이다. → (X) 전세가격 지수만 가지고는 전세가격이 얼마인지 알 수 없으므로 전세가격 상승액을 구할 수 없다.

ㄷ. 각 도시에서 아파트 전세공급 상황에 대해 '부족'이라고 응답한 공인중개사는 '충분'이라고 응답한 공인중개사보다 많다. → (O) 모든 지역에서 전세수급 동향 지수가 100보다 높으므로 각주 2)에 따라 '충분'이라고 응답한 비율보다 '부족'이라고 응답한 비율이 높다.

ㄹ. 광주의 공인중개사 중 60% 이상이 광주의 아파트 전세공급 상황에 대해 '부족'이라고 응답하였다. → (X) '부족'-'충분'+100=101.30이므로 '부족'-'충분'=1.3(%p)이다. '부족'이 60% 이상이면 '충분'은 40% 이하가 되어 '부족'-'충분'≥20(%p)가 된다.

① ㄱ, ㄴ ➡ (X)
② ㄱ, ㄷ ➡ (O)
③ ㄴ, ㄷ ➡ (X)
④ ㄴ, ㄹ ➡ (X)
⑤ ㄷ, ㄹ ➡ (X)

11 ④

정답률 94.8%

|문제 유형| 자료 읽기/추론 > 계산형

|접근 전략| 문제에서 묻고 있는 것이 무엇인지만 파악했다면 바로 풀 수 있는 문제이다. 하반기에 대해서만 물었으므로 하반기만 계산하도록 한다.

다음 〈표〉와 〈정보〉는 어느 상담센터에서 2013년에 실시한 상담가 유형별 가족상담건수에 관한 자료이다. 이에 근거할 때, 2013년 하반기 전문상담가에 의한 가족상담건수는?

〈표〉 2013년 상담가 유형별 가족상담건수

(단위: 건)

상담가 유형	가족상담건수
일반상담가	120
전문상담가	60

※ 가족상담은 일반상담가에 의한 가족상담과 전문상담가에 의한 가족상담으로만 구분됨

〈정보〉

○ 2013년 가족상담의 30%는 상반기에, 70%는 하반기에 실시되었다.
○ 2013년 일반상담가에 의한 가족상담의 40%는 상반기에, 60%는 하반기에 실시되었다.

① 38 ➡ (X)
② 40 ➡ (X)

③ 48 ➡ (X)
④ 54 ➡ (O) 전체 가족상담건수는 180건이다. 이 중 180 × 0.7=126(건)은 하반기에 진행된다. 일반상담가에 의한 가족상담건수는 120건인데 이 중 120 × 0.6=72(건)은 하반기에 진행된다. 따라서 하반기에 진행되는 가족상담 126건 중 72건을 제외한 54건은 전문상담가에 의해 이루어진다.
⑤ 56 ➡ (X)

12 ⑤

정답률 77.8%

|문제 유형| 자료 읽기 > 표/빈칸 제시형

|접근 전략| 반례가 하나만 있으면 되므로 모든 빈칸을 채우지 않아도 된다. 서류검증+현장검증=전체라는 계산식을 통해 두 요소의 증감 정도와 방향을 파악하면 나머지 한 요소의 증감을 확인할 수 있다.

다음 〈표〉는 '갑'국의 2008~2013년 연도별 산업 신기술검증 현황에 대한 자료이다. 이에 대한 설명으로 옳은 것은?

〈표〉 산업 신기술검증 연간건수 및 연간비용

(단위: 건, 천만 원)

구분	연도	2008	2009	2010	2011	2012	2013
서류검증	건수	755	691	( )	767	725	812
	비용	54	( )	57	41	102	68
현장검증	건수	576	650	630	691	( )	760
	비용	824	1,074	1,091	( )	2,546	1,609
전체	건수	1,331	1,341	1,395	1,458	1,577	1,572
	비용	878	1,134	1,148	1,745	2,648	( )

※ 신기술검증은 서류검증과 현장검증으로만 구분됨

① 산업 신기술검증 전체비용은 매년 증가하였다. ➡ (X) 서류검증 비용은 2013년에 102천만 원 → 68천만 원으로 감소하였고, 현장검증 비용도 2013년에 2,546천만 원 → 1,609천만 원으로 감소하였다. 즉, 서류검증 비용과 현장검증 비용 모두 2013년에 감소하여 산업 신기술검증 전체비용이 전년보다 감소하였다.

② 서류검증 건수는 매년 현장검증 건수보다 많다. ➡ (X) 2012년 현장검증 건수는 1,577-725=852(건)으로 서류검증 건수 725건보다 많다.

③ 서류검증 건당 비용은 2008년에 가장 크다. ➡ (X) 2008년보다 2012년에 서류검증 건수는 적은데 비용은 더 크므로 서류검증 건당 비용은 2012년이 2008년보다 높다.

④ 전년에 비해 현장검증 비용이 감소한 연도는 2개이다. ➡ (X) 2011년 서류검증 비용은 전년보다 감소하였는데 전체 신기술검증 비용은 전년보다 증가했으므로 '전체 신기술검증 비용-서류검증 비용'인 현장검증 비용은 전년보다 증가했다. 2012년은 서류검증 비용 증가폭인 61보다 전체 신기술검증 비용 증가폭이 훨씬 크므로 현장검증 비용이 전년보다 증가했다. 따라서 2013년만 전년 대비 현장검증 비용이 감소하였다.

⑤ 전년에 비해 현장검증 건수가 감소한 해에는 전년에 비해 서류검증 건수가 증가하였다. ➡ (O) 2012년 현장검증 건수는 1,577-725=852(건)으로 전년 대비 현장검증 건수가 증가했다. 전년에 비해 현장검증 건수가 감소한 해는 2010년과 2013년이다. 2010년의 전체 신기술검증 건수는 증가한 반면 현장검증 건수는 감소했으므로 '전체 신기술검증 건수-현장검증 건수'인 서류검증 건수는 전년 대비 증가했다. 2013년 서류검증은 725건에서 812건으로 증가했다.

13 ②

| **문제 유형** | 자료 읽기 > 표 제시형

| **접근 전략** | a가 b의 n% 이상인지 이하인지를 묻는 문제는 $\frac{a}{b}$를 해서 $\frac{n}{100}$ 보다 큰지 작은지 구하는 것보다 $\left(\frac{n}{100}\right) \times b$가 a보다 큰지 작은지를 확인하는 것이 더 수월하게 계산할 수 있다.

다음 〈표〉는 지난 1개월간 패밀리레스토랑 방문경험이 있는 20~35세 여성 113명을 대상으로 연령대별 방문횟수와 직업을 조사한 자료이다. 이에 대한 설명으로 옳은 것은?

〈표 1〉 응답자의 연령대별 방문횟수 조사결과

(단위: 명)

방문횟수 \ 연령대	20~25세	26~30세	31~35세	합
1회	19	12	3	34
2~3회	27	32	4	63
4~5회	6	5	2	13
6회 이상	1	2	0	3
계	53	51	9	113

〈표 2〉 응답자의 직업 조사결과

(단위: 명)

직업	응답자
학생	49
회사원	43
공무원	2
전문직	7
자영업	9
가정주부	3
계	113

※ 복수응답과 무응답은 없음

① 전체 응답자 중 20~25세 응답자가 차지하는 비율은 50% 이상이다. ➡ (X) 〈표 1〉에서 전체 응답자 중 20~25세 응답자가 차지하는 비율은 $\frac{53}{113} \times 100 = 46.9(\%)$이다.

② 26~30세 응답자 중 4회 이상 방문한 응답자 비율은 15% 미만이다. ➡ (O) 〈표 1〉에서 26~30세 응답자 중 4회 이상 방문한 응답자 비율은 $\frac{(5+2)}{51} \times 100 = 13.7(\%)$이다.

③ 31~35세 응답자의 1인당 평균 방문횟수는 2회 미만이다. ➡ (X) 최대 방문횟수를 기준으로 보면 $\frac{(1 \times 3 + 3 \times 4 + 5 \times 2)}{9} = \frac{25}{9} = 2.8(회)$이다.

④ 전체 응답자 중 직업이 학생 또는 공무원인 응답자 비율은 50% 이상이다. ➡ (X) 〈표 2〉에서 전체 응답자 중 직업이 학생 또는 공무원인 응답자 비율은 $\frac{(49+2)}{113} \times 100 = 45.1(\%)$이다.

⑤ 전체 응답자 중 20~25세인 전문직 응답자 비율은 5% 미만이다. ➡ (X) 전문직이라고 응답한 사람이 모두 20~25세라면 전체 응답자 중 20~25세인 전문직 응답자 비율은 $\frac{7}{113} \times 100 = 6.2(\%)$이다.

14 ①

| **문제 유형** | 자료 읽기 > 그림 제시형

| **접근 전략** | 해당 문제의 경우 증가율을 계산하여 풀 수 있지만, 수치적 감각을 이용해 빠르게 판별할 수 있는 문제이다. 직접 계산하는 방법을 최소화하여 시간을 절약하도록 한다.

다음 〈그림〉은 2013년 전국 지역별, 월별 영상회의 개최실적에 관한 자료이다. 이에 대한 설명으로 옳지 않은 것은?

〈그림 1〉 전국 지역별 영상회의 개최건수

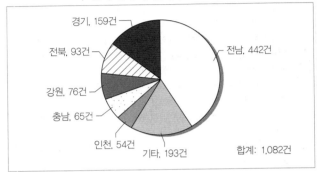

〈그림 2〉 전국 월별 영상회의 개최건수

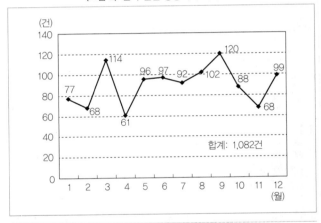

① 전국 월별 영상회의 개최건수의 전월 대비 증가율은 5월이 가장 높다. ➡ (X) 〈그림 2〉를 보면 3월의 전월 대비 전국 월별 영상회의 개최건수 증가 폭은 46건으로 5월의 35건보다 크나. 분모인 2월과 4월의 전국 월별 영상회의는 7건밖에 차이가 나지 않는다. 따라서 전국 월별 영상회의 개최건수의 전월 대비 증가율은 3월이 가장 높다.

② 전국 월별 영상회의 개최건수를 분기별로 비교하면 3/4분기에 가장 많다. ➡ (O) 〈그림 2〉를 보면 1/4분기 전국 월별 영상회의 개최건수는 259건, 2/4분기는 254건, 3/4분기는 314건, 4/4분기는 255건으로, 3/4분기 월별 영상회의 개최건수가 가장 많다.

③ 영상회의 개최건수가 가장 많은 지역은 전남이다. ➡ (O) 〈그림 1〉에서 전남이 442건으로 영상회의 개최건수가 가장 많다.

④ 인천과 충남이 모든 영상회의를 9월에 개최했다면 9월에 영상회의를 개최한 지역은 모두 3개이다. ➡ (O) 9월 영상회의 개최건수는 120건이다. 이 중 119건을 인천과 충남에서 개최했다면 1건만 남는데, 그것은 다른 지역에서 해야 한다. 따라서 3개 지역이 9월에 영상회의를 개최했을 것이다.

⑤ 강원, 전북, 전남의 영상회의 개최건수의 합은 전국 영상회의 개최건수의 50% 이상이다. ➡ (O) 강원, 전북, 전남의 영상회의 개최건수의 합은 442+76+93=611(건)으로, 이는 전체 영상회의 개최건수인 1,082건의 50%인 541건보다 크다.

490 · 민간경력자 PSAT 14개년 기출문제집 · 분석해설편

15 ③

정답률 89.3%

| 문제 유형 | 자료 읽기 > 표/그림 제시형

| 접근 전략 | 〈보기〉에서 각 전산장비의 가격에 대해 묻고 있으므로 가격을 계산해 놓는 것이 좋다. 제시된 〈그림〉은 전산장비 가격이 아닌 전산장비 유지비를 보여 주므로 전산장비의 가격은 $\dfrac{연간유지비}{연간유지비\ 비율} \times 100$으로 계산해야 한다.

다음 〈그림〉과 〈표〉는 전산장비(A~F) 연간유지비와 전산장비 가격 대비 연간유지비 비율을 나타낸 자료이다. 이에 대한 설명으로 옳은 것은?

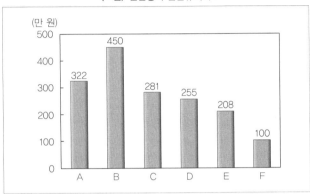

〈그림〉 전산장비 연간유지비

〈표〉 전산장비 가격 대비 연간유지비 비율

(단위: %)

전산장비	A	B	C	D	E	F
비율	8.0	7.5	7.0	5.0	4.0	3.0

① B의 연간유지비가 D의 연간유지비의 2배 이상이다. ➡ (X) 〈그림〉에 따르면 B의 연간유지비는 450만 원으로 D의 연간유지비인 255만 원의 2배인 510만 원보다 작다.

② 가격이 가장 높은 전산장비는 A이다. ➡ (X) 전산장비 가격은 A의 경우 $\dfrac{322}{0.08}=4,025$(만 원)이고, B의 경우 $\dfrac{450}{0.075}=6,000$(만 원), C의 경우 $\dfrac{281}{0.07}≒4,014$(만 원), D의 경우 $\dfrac{255}{0.05}=5,100$(만 원), E의 경우 $\dfrac{208}{0.04}=5,200$(만 원), F의 경우 $\dfrac{100}{0.03}≒3,333$(만 원)이다. 따라서 B의 가격이 가장 높다.

③ 가격이 가장 낮은 전산장비는 F이다. ➡ (O) F의 가격은 약 3,333만 원으로 가격이 가장 낮다.

④ C의 가격은 E의 가격보다 높다. ➡ (X) C의 가격은 4,014만 원이고, E의 가격은 5,200만 원이다. 따라서 C의 가격은 E의 가격보다 낮다.

⑤ A를 제외한 전산장비는 가격이 높을수록 연간유지비도 더 높다. ➡ (X) E의 가격은 D보다 높으나, 〈그림〉에서 E보다 D의 전산장비 연간유지비가 더 높다.

16 ④

정답률 81.7%

| 문제 유형 | 자료 변환응용 > 자료/보고서 전환형

| 접근 전략 | 작성하는 데 활용된 자료인지를 묻는 문제는 세부 수치를 바꿔 일치·불일치를 확인하는 것이 아니므로 〈표〉의 수치들을 꼼꼼히 확인하기보다는 해당 자료가 필요한지를 확인하도록 한다.

다음 〈보고서〉는 자동차 오염물질 및 배출가스 관리여건에 관한 것이다. 〈보고서〉를 작성하는 데 활용되지 않은 자료는?

─〈보고서〉─

우리나라는 국토면적에 비해 자동차 수가 많아 자동차 배기오염물질 관리에 많은 어려움이 있다. 국내 자동차 등록대수는 매년 꾸준히 증가하여 2008년 1,732만 대를 넘어섰다. 운송수단별 수송분담률에서도 자동차가 차지하는 비중은 2008년 75% 이상이다. 한편 2008년 자동차 1대당 인구는 2.9명으로 미국에 비해 2배 이상이다.

국내 자동차 등록현황을 사용 연료별로 살펴보면 휘발유 차량이 가장 많고 다음으로 경유, LPG 차량 순이다. 최근 국내 휘발유 가격 대비 경유 가격이 상승하였다. 그 여파로 국내에서 경유 차량의 신규 등록이 휘발유 차량에 비해 줄어드는 추세를 보이고 있다. 이런 추세는 OECD 선진국에서 경유 차량이 일반화되는 현상과 대비된다.

자동차 등록대수의 빠른 증가는 대기오염은 물론이고 지구온난화를 야기하는 자동차 배기가스 배출량에 큰 영향을 미치고 있다. 2007년 기준으로 국내 대기오염물질 배출량 중 자동차 배기가스가 차지하는 비중은 일산화탄소(CO) 67.5%, 질소산화물(NO_x) 41.7%, 미세먼지(PM_{10}) 23.5%이다. 특히 질소산화물은 태양광선에 의해 광화학반응을 일으켜 오존을 발생시키고 호흡기질환 등을 유발하므로 이에 대한 저감 대책이 필요하다.

① 연도별 국내 자동차 등록현황

(단위: 천 대)

연도	2002	2003	2004	2005	2006	2007	2008
등록대수	14,586	14,934	15,397	15,895	16,428	16,794	17,325

➡ (O) 〈보고서〉의 "국내 자동차 등록대수는 매년 꾸준히 증가하여 2008년 1,732만 대를 넘어섰다."라는 내용을 작성하기 위해서는 연도별 국내 자동차 등록현황 자료가 필요하다.

② 2007년 국내 주요 대기오염물질 배출량

(단위: 천 톤/년)

구분	배출량	자동차 배기가스(비중)
일산화탄소(CO)	809	546(67.5%)
질소산화물(NO_x)	1,188	495(41.7%)
이산화황(SO_2)	403	1(0.2%)
미세먼지(PM_{10})	98	23(23.5%)
휘발성유기화합물(VOCs)	875	95(10.9%)
암모니아(NH_3)	309	10(3.2%)
계	3,682	1,170(31.8%)

➡ (O) 〈보고서〉의 "2007년 기준으로 국내 대기오염물질 배출량 중 자동차 배기가스가 차지하는 비중은 일산화탄소(CO) 67.5%, 질소산화물(NO_x) 41.7%, 미세먼지(PM_{10}) 23.5%이다."라는 내용을 작성하기 위해서는 2007년 국내 주요 대기오염물질 배출량 자료가 필요하다.

③ 2008년 국내 운송수단별 수송분담률

(단위: 백만 명, %)

구분	자동차	지하철	철도	항공	해운	합
수송인구	9,798	2,142	1,020	16	14	12,990
수송분담률	75.4	16.5	7.9	0.1	0.1	100.0

➡ (O) 〈보고서〉의 "운송수단별 수송분담률에서도 자동차가 차지하는 비중은 2008년 75% 이상이다."라는 내용을 작성하기 위해서는 2008년 국내 운송수단별 수송분담률 자료가 필요하다.

④ 2008년 OECD 국가의 자동차 연료별 상대가격

(휘발유 기준)

구분	휘발유	경유	LPG
OECD 회원국 전체	100	86	45
OECD 선진국	100	85	42
OECD 비선진국	100	87	54
OECD 산유국	100	86	50
OECD 비산유국	100	85	31

➡ (X) 〈보고서〉에는 외국 국가들의 자동차 연료별 연료 상대가격은 나타나 있지 않으므로 필요 없는 자료이다.

⑤ 2008년 국가별 자동차 1대당 인구

(단위: 명)

국가	한국	일본	미국	독일	프랑스
자동차 1대당 인구	2.9	1.7	1.2	1.9	1.7

➡ (O) 〈보고서〉의 "2008년 자동차 1대당 인구는 2.9명으로 미국에 비해 2배 이상이다."라는 내용을 작성하기 위해서는 2008년 국가별 자동차 1대당 인구 자료가 필요하다.

17 ①

정답률 81.3%

| **문제 유형** | 자료 읽기 > 그림 제시형
| **접근 전략** | 해당 문제에서 〈그림〉은 하단의 막대그래프가 2011년, 상단의 막대그래프가 2012년이다. 일반적인 경우로 혼동하여 오답을 고르는 일이 없도록 한다.

다음 〈그림〉은 2011년과 2012년 A대학 학생들의 10개 소셜미디어 이용률에 관한 설문조사 자료이다. 이에 대한 〈보기〉의 설명 중 옳은 것만을 모두 고르면?

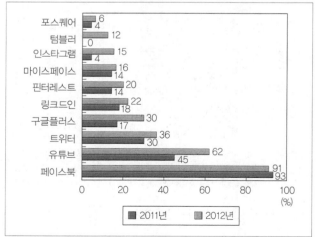

〈그림〉 소셜미디어 이용률

※ 1) 제시된 소셜미디어 외 다른 소셜미디어는 없는 것으로 가정함
　2) 각 소셜미디어 이용률은 전체 응답자 중 해당 소셜미디어를 이용한다고 응답한 학생의 비율임

〈보기〉

ㄱ. 2011년과 2012년 모두 이용률이 가장 높은 소셜미디어는 페이스북이다. → (O) 페이스북의 경우 2011년과 2012년 모두 막대그래프 길이가 가장 길다.

ㄴ. 2012년 소셜미디어 이용률 상위 5개 순위는 2011년과 다르다.
　→ (O) 링크드인은 2011년에는 4위이고, 2012년에는 5위이다.

ㄷ. 2011년에 비해 2012년 이용률이 가장 큰 폭으로 증가한 소셜미디어는 구글플러스이다. → (X) 유튜브의 경우 이용률이 17%p 증가하여 가장 많이 증가하였다.

ㄹ. 2011년에 비해 2012년 이용률이 감소한 소셜미디어는 1개이다.
　→ (O) 페이스북의 경우 2011년에 비해 2012년 이용률이 감소하였다.

ㅁ. 2011년 이용률이 50% 이상인 소셜미디어는 유튜브와 페이스북이다.
　→ (X) 2011년 유튜브 이용률은 45%이다.

① ㄱ, ㄴ, ㄹ ➡ (O)
② ㄱ, ㄴ, ㅁ ➡ (X)
③ ㄱ, ㄷ, ㄹ ➡ (X)
④ ㄴ, ㄷ, ㅁ ➡ (X)
⑤ ㄷ, ㄹ, ㅁ ➡ (X)

18 ①

정답률 86.9%

| **문제 유형** | 자료 변환응용 > 표/그림 전환형
| **접근 전략** | 화살표의 의미를 알고 있어야 한다. 화살표 →는 시작에서 끝점까지 이동하는 것을 의미하고, 화살표 ↔는 양방향 이동을 뜻한다.

다음 〈표〉는 2013년 수도권 3개 지역의 지역 간 화물 유동량에 대한 자료이다. 이를 이용하여 작성한 그림으로 옳지 않은 것은?

〈표〉 2013년 수도권 3개 지역 간 화물 유동량

(단위: 백만 톤)

도착 지역 출발 지역	서울	인천	경기	합
서울	59.6	8.5	0.6	68.7
인천	30.3	55.3	0.7	86.3
경기	78.4	23.0	3.2	104.6
계	168.3	86.8	4.5	-

※ 수도권 외부와의 화물 이동은 고려하지 않음

① 수도권 출발 지역별 경기 도착 화물 유동량

(단위: 백만 톤)

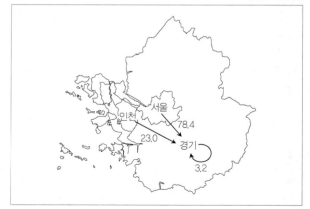

➡ (X) 〈표〉에서 서울에서 출발해 경기로 도착한 화물 유동량은 0.6백만 톤인데, 〈그림〉의 화살표는 78.4백만 톤으로 나타나 있다.

② 수도권 3개 지역별 도착 화물 유동량

(단위: 백만 톤)

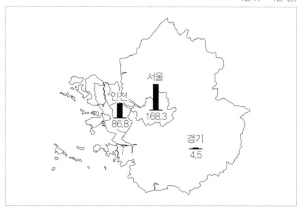

➡ (○)〈표〉의 가장 아래쪽에 제시된 각 도착 지역별 화물 유동량 계와 일치한다.

③ 수도권 3개 지역의 상호 간 화물 유동량

(단위: 백만 톤)

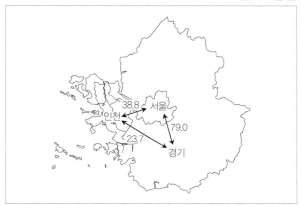

※ '상호 간 화물 유동량'은 두 지역 간 출발 화물 유동량과 도착 화물 유동량의 합임

➡ (○) 서울에서 출발해 인천으로 도착하는 화물 8.5백만 톤과 인천에서 출발해 서울로 도착하는 화물 30.3백만 톤을 합하면 38.8백만 톤으로 서울 ↔ 인천에 기재된 값과 같다. 나머지 화살표의 값도 〈표〉와 동일하다.

④ 수도권 3개 지역별 출발 화물 유동량

(단위: 백만 톤)

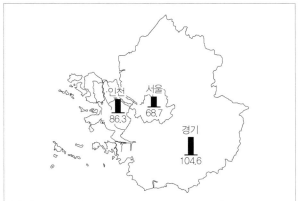

➡ (○)〈표〉의 가장 오른쪽에 제시된 각 출발 지역별 화물 유동량 계와 일치한다.

⑤ 인천 도착 화물 유동량의 수도권 출발 지역별 비중

(단위: %)

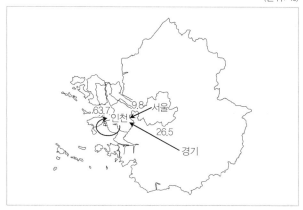

➡ (○) 인천으로 도착하는 화물 유동량의 계는 86.8백만 톤인데 서울 출발은 이의

약 9.8%$\left(\frac{8.5}{86.8} \times 100\right)$, 인천 출발은 약 63.7%$\left(\frac{55.3}{86.8} \times 100\right)$, 경기 출발은 약

26.5%$\left(\frac{23.0}{86.8} \times 100\right)$로 〈그림〉과 일치한다.

19 ②

정답률 80.2%

| 문제 유형 | 자료 변환응용 > 자료/보고서 전환형

| 접근 전략 | 빠른 속도로 여러 숫자를 보며 어떤 숫자가 가장 큰지, 어떤 숫자가 가장 작은지 파악하는 연습이 필요하다. 10개 이상의 숫자들을 놓고 가장 큰 숫자, 가장 작은 숫자를 빨리 고르는 훈련을 해보는 것도 좋다.

다음 〈표〉는 11개 전통 건축물에 대해 조사한 자료이다. 이에 대한 〈보고서〉의 설명 중 옳은 것만을 모두 고르면?

〈표〉 11개 전통 건축물의 공포양식과 주요 구조물 치수

(단위: 척)

명칭	현 소재지	공포양식	기둥 지름	처마 서까래 지름	부연	
					폭	높이
숭례문	서울	다포	1.80	0.60	0.40	0.50
관덕정	제주	익공	1.50	0.50	0.25	0.30
봉정사 화엄강당	경북	주심포	1.50	0.55	0.40	0.50
문묘 대성전	서울	다포	1.75	0.55	0.35	0.45
창덕궁 인정전	서울	다포	2.00	0.70	0.40	0.60
남원 광한루	전북	익공	1.40	0.60	0.55	0.55
화엄사 각황전	전남	다포	1.82	0.70	0.50	0.60
창의문	서울	익공	1.40	0.50	0.30	0.40
장곡사 상대웅전	충남	주심포	1.60	0.60	0.40	0.60
무량사 극락전	충남	다포	2.20	0.80	0.35	0.50
덕수궁 중화전	서울	다포	1.70	0.70	0.40	0.50

─〈보고서〉─

　문화재연구소는 11개 전통 건축물의 공포양식과 기둥 지름, 처마서까래 지름, 그리고 부연의 치수를 조사하였다. 건축물 유형은 궁궐, 사찰, 성문, 누각 등으로 구분된다.
　⊙11개 전통 건축물을 공포양식별로 구분하면 다포양식 6개, 주심포양식 2개, 익공양식 3개이다. → (○) 공포양식의 항목을 보면 다포가 6

개, 주심포가 2개, 익공이 3개이다. 건축물의 현 소재지는 서울이 5곳으로 가장 많다.

ⓒ11개 전통 건축물의 기둥 지름은 최소 1.40척, 최대 2.00척이고, 처마서까래 지름은 최소 0.50척, 최대 0.80척이다. → (X) 기둥 지름의 항목을 보면 최댓값은 무량사 극락전의 2.20척이다. 각 건축물의 기둥 지름 대비 처마서까래 지름 비율은 0.30보다 크고 0.50보다 작다.

ⓒ11개 전통 건축물의 부연은 폭이 최소 0.25척, 최대 0.55척이고 높이는 최소 0.30척, 최대 0.60척으로, 모든 건축물의 부연은 높이가 폭보다 크다. → (X) 남원 광한루의 부연의 폭과 높이는 0.55척으로 같다. ⓔ기둥 지름 대비 부연 폭의 비율은 0.15보다 크고 0.40보다 작다. → (O)

기둥 지름 대비 부연 폭은 최댓값인 남원 광한루가 $\frac{0.55}{1.40}$ ≒ 0.39로 0.4보다 작고,

최솟값이 무량사 극락전이 $\frac{0.35}{2.20}$ ≒ 0.16으로 0.15보다 크다.

① ㄱ, ㄴ ➡ (X)
② ㄱ, ㄹ ➡ (O)
③ ㄴ, ㄷ ➡ (X)
④ ㄱ, ㄷ, ㄹ ➡ (X)
⑤ ㄴ, ㄷ, ㄹ ➡ (X)

20 ⑤

정답률 94.8%

| 문제 유형 | 자료 읽기 > 표 제시형
| 접근 전략 | 어림잡아 확인할 수 있는 문제는 아니지만 〈표〉의 수치를 정확하게 확인하고, 각주의 내용을 제대로 파악한다면 쉽게 답을 찾을 수 있다.

다음 〈표〉는 대학 졸업생과 산업체 고용주를 대상으로 12개 학습성과 항목별 보유도와 중요도를 설문조사한 자료이다. 이에 대한 설명으로 옳지 않은 것은?

〈표〉 학습성과 항목별 보유도 및 중요도 설문결과

학습성과 항목	대학 졸업생		산업체 고용주	
	보유도	중요도	보유도	중요도
기본지식	3.7	3.7	4.1	4.2
실험능력	3.7	4.1	3.7	4.0
설계능력	3.2	3.9	3.5	4.0
문제해결능력	3.3	3.0	3.3	3.8
실무능력	3.6	3.9	4.1	4.0
협업능력	3.3	3.9	3.7	4.0
의사전달능력	3.3	3.9	3.8	3.8
평생교육능력	3.5	3.4	3.3	3.3
사회적 영향	3.1	3.6	3.2	3.3
시사지식	2.6	3.1	3.0	2.5
직업윤리	3.1	3.3	4.0	4.1
국제적 감각	2.8	3.7	2.8	4.0

※ 1) 보유도는 대학 졸업생과 산업체 고용주가 각 학습성과 항목에 대해 대학 졸업생이 보유하고 있다고 생각하는 정도를 조사하여 평균한 값임
2) 중요도는 대학 졸업생과 산업체 고용주가 각 학습성과 항목에 대해 중요하다고 생각하는 정도를 조사하여 평균한 값임
3) 값이 클수록 보유도와 중요도가 높음

① 대학 졸업생의 보유도와 중요도 간의 차이가 가장 큰 학습성과 항목과 산업체 고용주의 보유도와 중요도 간의 차이가 가장 큰 학습성과 항목은 모두 '국제적 감각'이다. ➡ (O) 대학 졸업생의 보유도와 중요도 간의 차이가 가장 큰 학습성과 항목은 0.9 차이인 '국제적 감각'이다. 산업체 고용주의 보유도와 중요도 간의 차이가 가장 큰 학습성과 항목 또한 1.2 차이인 '국제적 감각'이다.

② 대학 졸업생 설문결과에서 중요도가 가장 높은 학습성과 항목은 '실험능력'이다. ➡ (O) 대학 졸업생 설문결과에서 중요도 항목 중 '실험능력'이 4.1로 가장 높다.

③ 산업체 고용주 설문결과에서 중요도가 가장 높은 학습성과 항목은 '기본지식'이다. ➡ (O) 산업체 고용주 설문결과에서 중요도 항목 중 '기본지식'이 4.2로 가장 높다.

④ 대학 졸업생 설문결과에서 보유도가 가장 낮은 학습성과 항목은 '시사지식'이다. ➡ (O) 대학 졸업생 설문결과에서 보유도 항목 중 '시사지식'이 2.6으로 가장 낮다.

⑤ 학습성과 항목 각각에 대해 대학 졸업생 보유도와 산업체 고용주 보유도 차이를 구하면, 그 값이 가장 큰 학습성과 항목은 '실무능력'이다. ➡ (X) '직업윤리'로 0.9 차이가 난다.

21 ⑤

정답률 67.2%

| 문제 유형 | 자료 읽기/추론 > 매칭형
| 접근 전략 | 병해충에 감염되면 비감염된 것과 건강성 평가점수가 40점 차이 나므로 다른 걸로 뒤집기 어렵다는 것을 파악하고 들어가야 한다. 또 매칭형의 이점을 살려 하나만 특정할 수 있으면 선지에서 그것을 고른 후 다른 하나는 좁아진 경우의 수를 가지고 계산하는 것이 좋다.

다음 〈표〉와 〈그림〉은 묘목(A~E)의 건강성을 평가하기 위한 자료이다. 아래의 〈평가방법〉에 따라 묘목의 건강성 평가점수를 계산할 때, 평가점수가 두 번째로 높은 묘목과 가장 낮은 묘목을 바르게 나열한 것은?

〈표〉 묘목의 활착률과 병해충 감염여부

구분 \ 묘목	A	B	C	D	E
활착률	0.7	0.7	0.7	0.9	0.8
병해충 감염여부	감염	비감염	비감염	감염	비감염

〈그림〉 묘목의 줄기길이와 뿌리길이

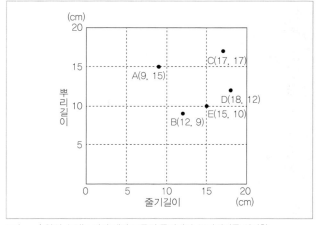

※ (,) 안의 수치는 각각 해당 묘목의 줄기길이, 뿌리길이를 의미함

〈평가방법〉

○ 묘목의 건강성 평가점수

$$= 활착률 \times 30 + \frac{뿌리길이}{줄기길이} \times 30 + 병해충\ 감염여부 \times 40$$

○ '병해충 감염여부'는 '감염'이면 0, '비감염'이면 1을 부여함

	두 번째로 높은 묘목	가장 낮은 묘목	
①	B	A	➡ (X)
②	C	A	➡ (X)
③	C	D	➡ (X)
④	E	A	➡ (X)
⑤	E	D	➡ (O) 비감염된 B, C, E

가 감염된 A, D보다 평가점수가 높을 것이다. A의 건강성 평가점수에서 D의 건강성

평가점수를 빼면 $(0.7 - 0.9) \times 30 + \left(\frac{15}{9} - \frac{12}{18}\right) \times 30$인데 이는 양수이다. 따라서 A보

다 D의 건강성 평가점수가 더 낮아 가장 건강성 평가점수가 낮은 묘목은 D이다.

C의 건강성 평가점수의 경우 B와 C가 활착률은 같으나 C의 $\frac{뿌리길이}{줄기길이}$가 $\frac{17}{17}$로 B의

$\frac{9}{12}$보다 크다. B의 건강성 평가점수에서 E의 건강성 평가점수를 빼면 $(0.7 - 0.8) \times$

$30 + \left(\frac{9}{12} - \frac{10}{15}\right) \times 30$으로 음수이고, E의 건강성 평가점수가 B보다 더 크다. 따라서

C가 평가점수 1위이고, E가 2위이다.

---

22 ②

정답률 78.4%

| 문제 유형 | 자료 읽기/추론 > 계산형

| 접근 전략 | 기호의 대소 관계를 비교할 수 있는 세 번째, 네 번째, 다섯 번째 〈조건〉을 이용하여 각 기호가 무엇을 의미하는지를 먼저 찾아야 한다.

다음 〈표〉는 3개 기업(A~C)의 반기별 수익률에 관한 자료이다. 다음 〈조건〉을 근거로 하여 △와 □에 해당하는 숫자를 바르게 나열한 것은?

〈표〉 기업의 반기별 수익률

(단위: %)

기업	상반기	하반기
A	☆△□	☆○△
B	□☆○	□△☆
C	○□☆	○△☆

〈조건〉

○ 각 기호는 서로 다른 한 자리 자연수를 나타낸다.
○ 수익률 중 가장 높은 값은 532이다.
○ A의 수익률은 상반기보다 하반기에 높다.
○ B의 수익률은 하반기보다 상반기에 높다.
○ C의 수익률은 상반기보다 하반기에 높다.

	△	□	
①	1	2	➡ (X)
②	2	1	➡ (O) 세 번째 〈조건〉에 따라 ○>△이다. 네 번째 〈조건〉에 따라

☆>△이다. 다섯 번째 〈조건〉에 따라 △>□이다. 따라서 ○, ☆>△>□이다. 두 번째 〈조건〉에 따라 C의 하반기가 가장 높다고 가정했을 때 ○△☆=532여야 하는데, ☆>△이므로 모순이다. 따라서 A 하반기가 수익률이 가장 높아 ☆○△=532 이다. △>□이므로 △=2, □=10이다.

	△	□	
③	2	3	➡ (X)
④	3	1	➡ (X)
⑤	3	2	➡ (X)

---

23 ③

정답률 67.1%

| 문제 유형 | 자료 읽기 > 표 제시형

| 접근 전략 | 해병대의 비중이 20%밖에 되지 않고 월지급액도 가장 적으므로 ④의 경우 계산을 하지 않더라도 풀 수 있다.

다음 〈표〉는 '갑'국의 2013년 11월 군인 소속별 1인당 월지급액에 대한 자료이다. 이에 대한 설명으로 옳지 않은 것은?

〈표〉 2013년 11월 군인 소속별 1인당 월지급액

(단위: 원, %)

소속 구분	육군	해군	공군	해병대
1인당 월지급액	105,000	120,000	125,000	100,000
군인 수 비중	30	20	30	20

※ 1) '갑'국 군인의 소속은 육군, 해군, 공군, 해병대로만 구분됨
2) 2013년 11월, 12월 '갑'국의 소속별 군인 수는 변동 없음

① 2013년 12월에 1인당 월지급액이 모두 동일한 액수만큼 증가한다면, 전월 대비 1인당 월지급액 증가율은 해병대가 가장 높다.
➡ (O) 증가폭이 동일하다면 전월 월지급액이 가장 적은 해병대가 증가율이 가장 높다.

② 2013년 12월에 1인당 월지급액이 해군 10%, 해병대 12% 증가한다면, 해군의 전월 대비 월지급액 증가분은 해병대의 전월 대비 월지급액 증가분과 같다. ➡ (O) 해군의 경우 12,000원, 해병대의 경우 12,000원이 증가하여 동일하다.

③ 2013년 11월 '갑'국 전체 군인의 1인당 월지급액은 115,000원이다.
➡ (X) 2013년 11월 '갑'국 전체 군인의 1인당 월지급액은 $\frac{(105,000 \times 30 + 120,000 \times 20 + 125,000 \times 30 + 100,000 \times 20)}{100} = 113,000$(원)이다.

④ 2013년 11월 육군, 해군, 공군의 월지급액을 모두 합하면 해병대 월지급액의 4배 이상이다. ➡ (O) 해병대의 경우 군인 수 비중이 20%이고, 1인당 월지급액이 가장 적으므로 해병대 월지급액은 총 월지급액의 20% 미만이다. 따라서 2013년 11월 육군, 해군, 공군의 월지급액을 모두 합하면 해병대 월지급액의 4배 이상이다.

⑤ 2013년 11월 공군과 해병대의 월지급액 차이는 육군과 해군의 월지급액 차이의 2배 이상이다. ➡ (O) '갑'국 군인을 x라 하면, 2013년 11월 공군과 해병대의 월지급액 차이는 $(125,000 \times 30x) - (100,000 \times 20x) = 1,750,000x$(원)이고, 육군과 해군의 월지급액 차이는 $(105,000 \times 30x) - (120,000 \times 20x) = 750,000x$(원)이다. 따라서 2013년 11월 공군과 해병대의 월지급액 차이는 육군과 해군의 월지급액 차이의 $\frac{1,750,000x}{750,000x} ≒ 2.3$(배)이다.

24 ③

| 문제 유형 | 자료 읽기 > 표 제시형

| 접근 전략 | 〈표〉로 알 수 없다는 것만 파악하면 계산하지 않아도 풀 수 있으므로 풀이 시간을 절약할 수 있다.

다음 〈표〉는 농산물을 유전자 변형한 GMO 품목 가운데 전 세계에서 승인받은 200개 품목의 현황에 관한 자료이다. 이에 대한 설명으로 옳은 것은?

〈표〉 승인받은 GMO 품목 현황

(단위: 개)

구분	승인 국가 수	전 세계 승인 품목			국내 승인 품목		
		합	A유형	B유형	합	A유형	B유형
콩	21	20	18	2	11	9	2
옥수수	22	72	32	40	51	19	32
면화	14	35	25	10	18	9	9
유채	11	22	19	3	6	6	0
사탕무	13	3	3	0	1	1	0
감자	8	21	21	0	4	4	0
알팔파	8	3	3	0	1	1	0
쌀	10	4	4	0	0	0	0
아마	2	1	1	0	0	0	0
자두	1	1	1	0	0	0	0
치커리	1	3	3	0	0	0	0
토마토	4	11	11	0	0	0	0
파파야	3	2	2	0	0	0	0
호박	2	2	2	0	0	0	0

※ 전 세계 승인 품목은 국내 승인 품목을 포함함

① 승인 품목이 하나 이상인 국가는 모두 120개이다. ➡ (X) 〈표〉를 통해서는 알 수 없다.

② 국내에서 92개, 국외에서 108개 품목이 각각 승인되었다. ➡ (X) 국내 승인 품목과 국외 승인 품목이 중복될 수 있으므로 국외에서 정확히 몇 개 품목이 승인되었는지는 알 수 없다.

③ 전 세계 승인 품목 중 국내에서 승인되지 않은 품목의 비율은 50% 이상이다. ➡ (O) 전 세계 승인 품목의 합은 200개인데 국내 승인 품목은 11＋51＋18＋6＋1＋4＋1＝92(개)이므로 국내에서 승인되지 않은 품목은 108개이다. 이는 전 세계 승인 품목 합의 50%를 넘는다.

④ 옥수수, 면화의 국내 승인 품목은 각각 B유형이 A유형보다 많다. ➡ (X) 국내 승인 품목 중 면화는 A유형과 B유형의 수가 같다.

⑤ 옥수수, 면화, 감자의 전 세계 승인 품목은 각각 B유형이 20개 이상이다. ➡ (X) 전 세계 승인 품목 중 감자는 B유형이 0개이다.

25 ①

| 문제 유형 | 자료 읽기 > 그림 제시형

| 접근 전략 | 그래프의 가로축과 세로축의 순위가 동일하므로 원점에서부터 대각선을 그어 놓으면 수월하게 문제를 풀 수 있다. 가로축이 2012년 평균연봉 순위를 나타내고, 세로축이 2013년 평균연봉 순위를 나타내므로 대각선 위쪽은 순위가 하락한 것이고, 대각선 아래쪽은 순위가 상승한 것이다.

다음 〈그림〉은 2012~2013년 16개 기업(A~P)의 평균연봉 순위와 평균연봉비에 관한 자료이다. 이에 대한 〈보기〉의 설명 중 옳은 것만을 모두 고르면?

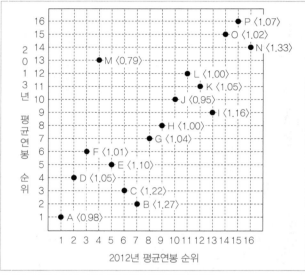

〈그림〉 16개 기업 평균연봉 순위와 평균연봉비

※ 1) 〈 〉 안의 수치는 해당 기업의 평균연봉비를 나타냄

$$평균연봉비 = \frac{2013년 \ 평균연봉}{2012년 \ 평균연봉}$$

2) 점의 좌표는 해당 기업의 2012년과 2013년 평균연봉 순위를 의미함

─〈보기〉─

ㄱ. 2012년에 비해 2013년 평균연봉 순위가 상승한 기업은 7개이다. → (O) 대각선 아래의 기업은 B, C, G, H, I, K, N 기업으로, 총 7개이다.

ㄴ. 2012년 대비 2013년 평균연봉 순위 하락폭이 가장 큰 기업은 평균연봉 감소율도 가장 크다. → (O) 대각선에서 위쪽으로 가장 먼 기업은 M 기업으로, 평균연봉 감소율이 (1－0.79)×100＝21(%)로 가장 크다.

ㄷ. 2012년 대비 2013년 평균연봉 순위 상승폭이 가장 큰 기업은 평균연봉 증가율도 가장 크다. → (X) 2012년 대비 2013년 평균연봉 순위 상승폭이 가장 큰 기업은 대각선에서 아래쪽으로 가장 멀리 떨어진 B 기업이고, 평균연봉 증가율이 가장 큰 기업은 평균연봉비가 가장 큰 N 기업이다.

ㄹ. 2012년에 비해 2013년 평균연봉이 감소한 기업은 모두 평균연봉 순위도 하락하였다. → (X) J 기업은 순위가 2012년, 2013년 모두 10위로 동일하나 평균연봉비는 0.95로 평균연봉이 하락하였다.

ㅁ. 2012년 평균연봉 순위 10위 이내 기업은 모두 2013년에도 10위 이내에 있다. → (X) 2012년 평균연봉 순위 10위 지점으로부터 세로선을 그어 왼쪽 점들을 모두 보면 된다. 왼쪽에 있는 M 기업은 2013년 13위로 하락하였다.

① ㄱ, ㄴ ➡ (O)   ② ㄱ, ㄷ ➡ (X)   ③ ㄱ, ㄴ, ㅁ ➡ (X)
④ ㄴ, ㄷ, ㄹ ➡ (X)   ⑤ ㄷ, ㄹ, ㅁ ➡ (X)

2014 | 제3영역 상황판단(Ⓐ 책형)

기출 총평

2014년 상황판단 시험까지도 여전히 상대적으로 난도가 낮은 제시문형의 문제가 주로 출제되었다. 하지만 과년도 시험에 비해 수리계산이나 논리퀴즈와 같은 문항들의 비중이 점차 많아지고 있으므로 해당 유형에 대한 연습과 이해가 반드시 필요하다. 계산을 해야 하는 문항들의 경우 고도의 계산능력을 요구하는 것이 아니라, 직무 상황에서 발생할 수 있는 수준의 계산 능력을 묻고 있기 때문에 지나치게 두려움을 갖고 접근할 필요는 없다. 다만, 수험생의 입장에서는 해당 유형이 생소하게 느껴질 수 있으므로 시간을 안배하는 측면에서 어려움을 겪었을 가능성이 있다. 상황판단이라는 영역의 특성상 이러한 유형의 문항들이 점차 늘어날 수 있고, 또 다른 유형의 문항들이 출제될 수 있다는 점을 기억하면서 제시문이나 규정이 제시된 문항에서 고득점을 노리는 전략이 필요하다.

문항별 정답률 및 선지별 선택률

문번	정답	정답률 (%)	선지별 선택률(%)				
			①	②	③	④	⑤
01	④	95.1	0.0	0.8	1.2	95.1	2.9
02	①	89.8	89.8	6.1	0.8	0.4	2.9
03	②	97.6	0.4	97.6	0.8	0.4	0.8
04	④	96.7	2.0	0.0	0.0	96.7	1.3
05	③	91.8	2.0	0.0	91.8	2.9	3.3
06	②	97.1	1.7	97.1	0.0	0.0	1.2
07	③	97.6	0.0	1.2	97.6	0.4	0.8
08	③	82.4	6.6	5.3	82.4	2.4	3.3
09	④	63.4	12.8	18.9	2.9	63.4	2.0
10	②	95.9	2.0	95.9	0.8	0.8	0.5
11	②	97.6	0.8	97.6	0.4	0.4	0.8
12	①	81.0	81.0	2.0	16.2	0.4	0.4
13	⑤	95.1	0.8	2.1	1.2	0.8	95.1

문번	정답	정답률 (%)	선지별 선택률(%)				
			①	②	③	④	⑤
14	④	97.2	0.4	0.8	0.4	97.2	1.2
15	①	97.6	97.6	0.0	0.8	0.0	1.6
16	①	61.2	61.2	33.2	0.4	2.4	2.8
17	⑤	96.0	0.0	0.8	0.4	2.8	96.0
18	②	89.5	7.7	89.5	0.8	0.4	1.6
19	⑤	94.8	0.4	3.6	0.4	0.8	94.8
20	⑤	91.1	0.0	2.0	1.6	5.3	91.1
21	①	89.1	89.1	1.2	0.8	5.7	3.2
22	③	91.4	1.2	5.4	91.4	1.6	0.4
23	③	78.8	0.8	17.0	78.8	1.7	1.7
24	⑤	63.4	17.3	11.5	1.6	6.2	63.4
25	④	73.4	6.0	2.1	8.6	73.4	9.9

※ 파란색 음영 문항은 해당 회차에서 정답률이 가장 낮은 TOP 3 문항입니다.
※ 문항별 정답률 산정 기준: 약 1년간 누적된 자동채점 & 성적결과분석 서비스의 응시 데이터

출제 비중

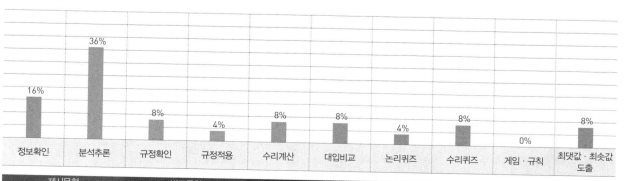

정보확인	분석추론	규정확인	규정적용	수리계산	대입비교	논리퀴즈	수리퀴즈	게임·규칙	최댓값·최솟값 도출
16%	36%	8%	4%	8%	8%	4%	8%	0%	8%
제시문형		법조문형		연산추론형				퍼즐형	

01	④	02	①	03	②	04	④	05	③
06	②	07	③	08	③	09	④	10	②
11	②	12	①	13	⑤	14	④	15	①
16	①	17	⑤	18	②	19	⑤	20	⑤
21	①	22	③	23	③	24	⑤	25	④

01 ④

정답률 95.1%

|문제 유형| 제시문형 > 정보확인

|접근 전략| 알 수 있는 것을 묻는 것이 아니라 옳은 것을 묻는 문제에서는 논리적 추론을 요구할 수 있다. ㄹ은 글에 직접적으로 나타나지 않았지만 제시된 문장을 가지고 추론해야 하는 내용이다.

다음 글을 근거로 판단할 때, 〈보기〉에서 옳은 것만을 모두 고르면?

우리나라는 건국헌법 이래 문화국가의 원리를 헌법의 기본원리로 채택하고 있다. 우리 현행 헌법은 전문에서 '문화의 …(중략)… 영역에 있어서 각인(各人)의 기회를 균등히' 할 것을 선언하고 있을 뿐 아니라, 문화국가를 실현하기 위하여 보장되어야 할 정신적 기본권으로 양심과 사상의 자유, 종교의 자유, 언론·출판의 자유, 학문과 예술의 자유 등을 규정하고 있다. 개별성·고유성·다양성으로 표현되는 문화는 사회의 자율영역을 바탕으로 한다고 할 것이고, 이들 기본권은 견해와 사상의 다양성을 그 본질로 하는 문화국가원리의 불가결의 조건이라고 할 것이다. ▶1문단

문화국가원리는 국가의 문화국가실현에 관한 과제 또는 책임을 통하여 실현되므로 국가의 문화정책과 밀접한 관계를 맺고 있다. 과거 국가절대주의 사상의 국가관이 지배하던 시대에는 국가의 적극적인 문화간섭정책이 당연한 것으로 여겨졌다. 이와 달리 오늘날에는 국가가 어떤 문화현상에 대하여도 이를 선호하거나 우대하는 경향을 보이지 않는 불편부당의 원칙이 가장 바람직한 정책으로 평가받고 있다. 오늘날 문화국가에서의 문화정책은 그 초점이 문화 그 자체에 있는 것이 아니라 문화가 생겨날 수 있는 문화풍토를 조성하는 데 두어야 한다. ▶2문단

문화국가원리의 이러한 특성은 문화의 개방성 내지 다원성의 표지와 연결되는데, 국가의 문화육성의 대상에는 원칙적으로 모든 사람에게 문화창조의 기회를 부여한다는 의미에서 모든 문화가 포함된다. 따라서 엘리트문화뿐만 아니라 서민문화, 대중문화도 그 가치를 인정하고 정책적인 배려의 대상으로 하여야 한다. ▶3문단

〈보기〉

ㄱ. 우리나라 건국헌법에서는 문화국가원리를 채택하지 않았다. → (X)
1문단에 따르면 우리나라는 건국헌법 이래 문화국가의 원리를 헌법의 기본원리로 채택하고 있다.

ㄴ. 문화국가원리에 의하면 엘리트문화는 정부의 정책적 배려대상이 아니다. → (X) 3문단에서 문화국가원리의 구현을 위해서는 엘리트문화뿐만 아니라 서민문화, 대중문화도 그 가치를 인정하고 정책적인 배려의 대상으로 하여야 한다고 하였다.

ㄷ. 다양한 문화가 생겨날 수 있는 문화풍토를 조성하는 정책은 문화국가원리에 부합한다. → (O) 2문단에서 오늘날 문화국가에서의 문화정책은 그 초점이 문화 그 자체에 있는 것이 아니라 문화가 생겨날 수 있는 문화풍토를 조성하는 데 두어야 한다고 하였으므로 옳은 설명이다.

ㄹ. 국가절대주의 사상의 국가관이 지배하던 시대에는 국가가 특정 문화만을 선호하여 지원할 수 있었다. → (O) 2문단에서 과거 국가절대주의 사상의 국가관이 지배하던 시대에는 국가의 적극적인 문화간섭정책이 당연

한 것으로 여겨졌다고 하였으므로 국가가 특정 문화만을 선호하여 지원할 수 있었다고 볼 수 있다.

① ㄱ ➡ (X)
② ㄴ ➡ (X)
③ ㄱ, ㄷ ➡ (X)
④ ㄷ, ㄹ ➡ (O)
⑤ ㄱ, ㄷ, ㄹ ➡ (X)

02 ①

정답률 89.8%

|문제 유형| 제시문형 > 정보확인

|접근 전략| 한자어가 많아 당황하기 쉬우나 제시문에서 한자어에 대해 풀이를 해 주고 있으므로 걱정할 필요는 없다. 해당 문제에서는 '진경'의 의미를 파악하는 것이 핵심이다.

다음 글을 근거로 판단할 때, 〈보기〉에서 옳은 것만을 모두 고르면?

진경산수화(眞景山水畵)는 18세기 초반에 우리 실경(實景)을 많이 그렸던 겸재 정선(鄭敾)의 산수화를 대표로 하여, 이후 18세기 후반에 계속 그려진 우리 산천이 담긴 산수화를 지칭하는 말이다. 여기에서 사용된 '진경(眞景)'과 달리 '진경(眞境)'은 이전 시대의 기록에도 많이 나타나지만, 그 의미는 선경(仙境)의 뜻으로만 사용되었다. 여기에 새 의미를 부여한 사람은 실학자 이익이고, 경계 '경(境)'자 대신에 경치 '경(景)'자를 쓴 사람은 강세황이다. 실학자 이익은 실재하는 경물이라는 의미로서 진경(眞境)을 사용하였으며, 우리 산수를 실제로 마주 대하는 사실정신을 강조하여 선경의 탈속성(脫俗性)을 제거하였다. 이것이 18세기 후반 강세황에 의해 적극 수용되어 진경(眞景)이란 말로 자리 잡게 된 것이다. ▶1문단

실재하는 경치를 그린 예는 고려시대나 조선시대 초·중기에도 있었다. 그러나 우리 회화에서 '진경산수화'가 새로운 회화영역으로서 본격적으로 발전한 것은 중국의 남종화(南宗畵) 양식에 바탕을 두고 우리나라에 실재하는 경관을 특유의 화풍으로 그린 겸재 정선에게서 비롯되었다. 사전적 해석으로 진경(眞景)은 '실재하는 풍경'이라는 뜻의 실경(實景)을 말한다. 그러나 진(眞)이라는 한자는 『설문해자(說文解字)』에 따르면 '선인이 변형해 놓고 하늘에 오른 땅'이라는 뜻을 지닌다. 이로 보아 진경(眞景)은 실경으로서의 단순한 경치뿐만 아니라 선경(仙境)의 의미, 즉 이상세계까지 내포하고 있음을 알 수 있다. 그러므로 진경(眞景)이라는 말을 조선 후기의 맥락에서 이해하자면 참된 경치, 마음 속 경치를 포함하며 경치의 본질 혹은 진실까지 포함한 넓은 개념으로 보면 된다. 따라서 진경산수화는 실경을 바탕으로 작가가 경치를 보고 느낀 감동과 환희까지 투영한 그림으로 보면 될 것이다. ▶2문단

〈보기〉

ㄱ. 진경산수화는 중국 남종화 양식의 영향을 받았다. → (O) 2문단에 따르면 '진경산수화'는 중국의 남종화 양식에 바탕을 두고 우리나라에 실재하는 경관을 특유의 화풍으로 그린 겸재 정선에게서 비롯되었다.

ㄴ. 진경산수화는 이익에 의해 본격적으로 발전하기 시작하였다. → (X) 2문단에서 '진경산수화'가 새로운 회화영역으로서 본격적으로 발전한 것은 중국의 남종화 양식에 바탕을 두고 우리나라에 실재하는 경관을 특유의 화풍으로 그린 겸재 정선에게서 비롯되었다고 하였으므로 이익이 아닌 겸재 정선에 의해 진경산수화가 발전되기 시작하였음을 알 수 있다.

ㄷ. 진경산수화는 작가가 현실세계와 무관한 이상세계를 상상하여 그린 그림이다. → (X) 2문단에 따르면 진경(眞景)은 실경으로서의 단순한 경치뿐만 아니라 선경(仙境)의 의미, 즉 이상세계까지 내포하고 있음을 알 수 있다고 하였다. 따라서 현실세계를 바탕으로 함을 알 수 있다.

ㄹ. 선경(仙境)의 탈속성을 제거한 의미인 진경(眞景)이란 단어는 18세기 초반에 이미 정착되어 있었다. → (X) 1문단에 따르면 실학자 이익이 실재하는 경물이라는 의미로서 진경(眞境)을 사용하였고 우리 산수를 실제로 마주 대하는 사실정신을 강조하여 선경의 탈속성(脫俗性)을 제거하였으며 이것이 18세기 후반 강세황에 의해 적극 수용되어 '진경(眞景)'이라는 말로 자리잡게 된 것이라고 하였으므로 진경(眞景)이란 단어는 18세기 후반에 정착되었음을 알 수 있다.

① ㄱ ➡ (O)
② ㄱ, ㄴ ➡ (X)
③ ㄴ, ㄷ ➡ (X)
④ ㄷ, ㄹ ➡ (X)
⑤ ㄱ, ㄷ, ㄹ ➡ (X)

03 ②

정답률 97.6%

| **문제 유형** | 제시문형 > 정보확인
| **접근 전략** | 핵심 단어를 중심으로 내용을 정리하면 쉽게 접근할 수 있다. 즉 해당 문제는 자전거의 역사와 종류, 특징을 키워드 위주로 파악하여 선지의 정오를 판단하여야 한다.

다음 글을 근거로 판단할 때 옳은 것은?

최초의 자전거는 1790년 시브락 백작이 발명한 '셀레리페르'라는 것이 정설이다. 이후 1813년 만하임의 드라이스 폰 자이에르브론 남작이 '드레지엔'을 선보였다. 방향 전환이 가능한 핸들이 추가된 이 자전거는 1817년 파리 티볼리 정원의 구불구불한 길을 단번에 통과한 후 인기를 끌었다. 19세기 중엽에는 '벨로시페드'라는 자전거가 등장했는데, 이 자전거는 앞바퀴 쪽에 달려 있는 페달을 밟아 이동이 가능했다. 이 페달은 1861년 에르네스트 미쇼가 드레지엔을 수리하다가 아이디어를 얻어 발명한 것이었다. ▶1문단

자전거가 인기를 끌자, 1868년 5월 생클루드 공원에서는 처음으로 자전거 스피드 경주가 열렸다. 이 대회의 우승은 제임스 무어가 차지했다. 그는 다음 해 열린 파리─루앙 간 최초의 도로 사이클 경주에서도 우승했다. ▶2문단

이로부터 상당한 시일이 흐른 후 금속제 자전거가 등장했다. 1879년에는 큰 기어와 뒷바퀴 사이에 체인이 달린 자전거가, 그리고 1885년에는 안전 커버가 부착되고 두 바퀴의 지름이 똑같은 자전거가 발명되었다. 1888년에는 스코틀랜드의 수의사 던롭이 공기 타이어를 고안했으며, 이후 19세기 말 유럽의 길거리에는 자전거가 붐비기 시작했다. ▶3문단

① 18세기에 발명된 셀레리페르는 핸들로 방향을 전환할 수 있었다.
➡ (X) 1문단에 따르면 최초의 자전거는 1790년 시브락 백작이 발명한 '셀레리페르'이고 이후 1813년 만하임의 드라이스 폰 자이에르브론 남작이 방향 전환이 가능한 핸들이 추가된 '드레지엔'을 선보였다. 따라서 셀레리페르는 핸들로 방향을 전환할 수 없었음을 알 수 있다.

② 벨로시페드의 페달은 드레지엔의 수리과정에서 얻은 아이디어를 바탕으로 발명되었다. ➡ (O) 1문단에 따르면 19세기 중엽 '벨로시페드'라는 자전거가 등장했는데, 이 자전거는 앞바퀴 쪽에 달려 있는 페달을 밟아 이동이 가능했다. 이 페달은 1861년 에르네스트 미쇼가 드레지엔을 수리하다가 아이디어를 얻어 발명한 것이라고 하였으므로 옳은 설명이다.

③ 대중적으로 자전거의 인기가 높아지자 19세기 초에 도로 사이클 경주가 개최되었다. ➡ (X) 2문단에 따르면 1868년 5월 생클루드 공원에서 처음으로 자전거 스피드 경주가 열렸고 다음 해 파리─루앙 간 최초의 도로 사이클 경주가 열렸다. 즉 최초의 도로 사이클 경주는 1869년, 19세기 후반에 개최되었다.

④ 최초의 자전거 스피드 경주에 사용된 자전거는 두 바퀴의 지름이 같았다. ➡ (X) 3문단에 따르면 1885년에 안전 커버가 부착되고 두 바퀴의 지름이 똑같은 자전거가 발명되었으나 처음으로 자전거 스피드 경주가 열린 해는 1868년이다.

⑤ 공기 타이어가 부착된 자전거가 체인을 단 자전거보다 먼저 발명되었다. ➡ (X) 3문단에 따르면 1879년에 큰 기어와 뒷바퀴 사이에 체인이 달린 자전거가 발명되었고 1888년에 스코틀랜드의 수의사 던롭이 공기 타이어를 고안했다고 하였으므로 체인을 단 자전거가 공기 타이어가 부착된 자전거보다 먼저 발명되었음을 알 수 있다.

04 ④

정답률 96.7%

| **문제 유형** | 제시문형 > 분석추론
| **접근 전략** | 제시문에서 주어진 스위스의 언어적, 정치제도적 특징을 파악한 후 이로부터 알 수 있는 사실들을 합리적으로 추론한다. 이때 스위스가 연방국가로서 직접민주주의 제도를 취하고 있음을 기억하면서 문제를 해결하는 것이 중요하다.

다음 글을 근거로 추론할 때, 〈보기〉에서 옳은 것만을 모두 고르면?

스위스에는 독일어, 프랑스어, 이탈리아어, 레토로만어 등 4개 언어가 공식어로 지정되어 있다. 스위스는 '칸톤'이라 불리는 20개의 주(州)와 6개의 '할프칸톤(半州)'으로 구성되어 있으며, 이들 지방자치단체들 간의 사회적·경제적 격차는 그다지 심하지 않고 완벽에 가까운 사회보장제도가 시행되고 있다. ▶1문단

연방국가인 스위스의 정치제도적 특징은 직접민주주의(국민발의와 국민투표)에 있다. 직접민주주의 제도를 통해 헌법이나 법률의 개정을 제안하거나 연방정부 또는 연방의회가 이미 인준한 헌법이나 법률조항을 거부하기도 한다. 안건도 매우 다양하여 출산보험 도입, 신예전투기 도입, 외국인의 귀화절차와 난민권, 알프스 산맥의 철도터널 신설, 쥐라 주의 독립문제 등을 대상으로 삼았다. 더 나아가 외교정책도 다루어졌는데 1986년에는 유엔가입 여부를 국민투표에 부쳤고, 그 결과 의회가 가결한 유엔가입안을 부결시킨 적이 있다. ▶2문단

연방정부는 7인의 연방장관(4대 정당 대표와 3대 언어권 대표)으로 구성되며 모든 안건은 이들이 만장일치 혹은 압도적 다수로 결정한다. 따라서 국가수반이나 행정부의 수반은 없는 것과 다름없다. 이러한 제도는 타협이 이루어질 때까지 많은 시간이 소요되므로 시급한 문제의 처리나 위급상황 발생 시에는 문제점이 나타날 수 있다. ▶3문단

〈보기〉
ㄱ. 스위스 국민은 어느 주에 살더라도 사회보장을 잘 받을 수 있을 것이다. → (O) 1문단에 따르면 스위스는 지방자치단체들 간의 사회적·경제적 격차가 그다지 심하지 않고 완벽에 가까운 사회보장제도가 시행되고 있다.

ㄴ. 스위스에서는 연방정부에서 결정된 사항을 국민투표에 부칠 수 없을 것이다. → (X) 2문단에서 스위스는 직접민주주의 제도를 통해 연방정부 또는 연방의회가 이미 인준한 헌법이나 법률조항을 거부하기도 한다고 하였고 1986년 유엔가입 여부를 국민투표에 부쳐, 그 결과 의회가 가결한 유엔가입안을 부결시킨 적도 있다고 하였으므로 옳지 않은 설명이다.

ㄷ. 스위스는 독일, 프랑스, 이탈리아 등 강대국 사이에 위치하고 있기 때문에 국가수반은 강력한 리더십을 발휘할 것이다. → (X) 3문단에 따르면 스위스의 국가수반이나 행정부의 수반은 없는 것과 다름없다고 하였으므로 옳지 않은 설명이다.

ㄹ. 스위스에서는 연방정부의 의사결정 방식으로 인해 국가의 중요 안건을 신속하게 결정하기 어려울 수 있다. → (O) 3문단에 따르면 연방정부의 만장일치 혹은 압도적 다수결의 의사결정 방식은 타협이 이루어질 때까지 많은 시간이 소요되므로 시급한 문제의 처리나 위급상황 발생 시에는 문제점이 나타날 수 있다.

① ㄱ ➡ (X)
② ㄴ ➡ (X)
③ ㄱ, ㄷ ➡ (X)
④ ㄱ, ㄹ ➡ (O)
⑤ ㄷ, ㄹ ➡ (X)

05 ③

정답률 91.8%

| 문제 유형 | 제시문형 > 분석추론

| 접근 전략 | 반드시 예외조항, 단서조항을 주의해야 한다. 이 문제도 이러한 부분만 제대로 확인하면 쉽게 풀 수 있다.

다음 글을 근거로 판단할 때, 〈보기〉에서 옳은 것만을 모두 고르면?

□ 사업개요
　1. 사업목적
　　○ 취약계층 아동에게 맞춤형 통합서비스를 제공하여 아동의 건강한 성장과 발달을 도모하고, 공평한 출발 기회를 보장함으로써 건강하고 행복한 사회구성원으로 성장할 수 있도록 지원함
　2. 사업대상
　　○ 0세~만 12세 취약계층 아동
　　　※ 0세는 출생 이전의 태아와 임산부를 포함
　　　※ 초등학교 재학생이라면 만 13세 이상도 포함
□ 운영계획
　1. 지역별 인력구성
　　○ 전담공무원: 3명
　　○ 아동통합서비스 전문요원: 4명 이상
　　　※ 아동통합서비스 전문요원은 대상 아동 수에 따라 최대 7명까지 배치 가능
　2. 사업예산
　　○ 시·군·구별 최대 3억 원(국비 100%) 한도에서 사업환경을 반영하여 차등지원
　　　※ 단, 사업예산의 최대 금액은 기존사업지역 3억 원, 신규사업지역 1억 5천만 원으로 제한

─────────〈보기〉─────────

ㄱ. 임신 6개월째인 취약계층 임산부는 사업대상에 해당되지 않는다. → (Ⅹ) 사업개요의 2. 사업대상에서 0세는 출생 이전의 태아와 임산부를 포함한다고 하였으므로 임신 6개월째인 취약계층 임산부는 사업대상에 해당한다.

ㄴ. 내년 초등학교 졸업을 앞둔 만 14세 취약계층 학생은 사업대상에 해당한다. → (○) 사업개요의 2. 사업대상에서 초등학교 재학생이라면 만 13세 이상도 포함한다고 했으므로 내년 초등학교 졸업을 앞둔 만 14세 취약계층 학생은 사업대상에 해당한다.

ㄷ. 대상 아동 수가 많은 지역이더라도 해당 사업의 전담공무원과 아동통합서비스 전문요원을 합한 인원은 10명을 넘을 수 없다. → (○) 운영계획의 1. 지역별 인력구성을 보면 전담공무원은 3명, 아동통합서비스 전문요원은 대상 아동 수에 따라 최대 7명까지 배치가 가능하므로 해당 사업의 전담공무원과 아동통합서비스 전문요원을 합한 인원은 최대 10명이다.

ㄹ. 해당 사업을 신규로 추진하고자 하는 △△시는 사업예산을 최대 3억 원까지 국비로 지원받을 수 있다. → (Ⅹ) 운영계획의 2. 사업예산에 따르면 신규사업지역 사업예산의 최대 금액은 1억 5천만 원이다.

① ㄱ, ㄴ ➡ (Ⅹ)
② ㄱ, ㄹ ➡ (Ⅹ)
③ ㄴ, ㄷ ➡ (○)
④ ㄴ, ㄹ ➡ (Ⅹ)
⑤ ㄷ, ㄹ ➡ (Ⅹ)

06 ②

정답률 97.1%

| 문제 유형 | 제시문형 > 분석추론

| 접근 전략 | 법의 폐지에 관하여 제시된 4가지 경우의 내용을 정확하게 파악하여 〈보기〉와 짝짓도록 한다.

다음 글의 (가)~(라)와 〈보기〉의 ㄱ~ㄹ을 옳게 짝지은 것은?

법의 폐지란 법이 가진 효력을 명시적·묵시적으로 소멸시키는 것을 말한다. 여기에는 4가지 경우가 있다.
(가) 법에 시행기간(유효기간)을 두고 있는 때에는 그 기간의 종료로 당연히 그 법은 폐지된다. 이렇게 일정기간 동안만 효력을 발생하도록 제정된 법을 '한시법'이라 한다.
(나) 신법에서 구법의 규정 일부 또는 전부를 폐지한다고 명시적으로 정한 때에는 그 규정은 당연히 폐지된다. 이러한 경우에 신법은 구법을 대신하여 효력을 갖는다.
(다) 동일 사항에 관하여 구법과 서로 모순·저촉되는 신법이 제정되면 그 범위 내에서 구법은 묵시적으로 폐지된다. 이처럼 신법은 구법을 폐지한다. 그러나 특별법은 일반법에 우선하여 적용되므로 신일반법은 구특별법을 폐지하지 못한다.
(라) 처음부터 일정한 조건의 성취, 목적의 달성을 위하여 제정된 법은 그 조건의 성취, 목적의 달성이나 소멸로 인해 당연히 폐지된다.

─────────〈보기〉─────────

ㄱ. A법에는 "공포 후 2014년 12월 31일까지 시행한다"고 규정되어 있다. → 2014년 12월 31일이라는 유효기간을 두고 있으므로 (가)와 연결된다.

ㄴ. "B법의 제00조는 폐지한다"는 규정을 신법C에 두었다. → 신법C에서 구법B의 규정 일부를 폐지한다고 명시적으로 정했으므로 (나)와 연결된다.

ㄷ. D법으로 규율하고자 했던 목적이 완전히 달성되었다. → D법으로 규율하고자 했던 목적이 완전히 달성되었다고 설명하므로 목적의 달성을 언급하는 (라)와 연결된다.

ㄹ. 동일 사항에 대하여, 새로 제정된 E법(일반법)에 F법(특별법)과 다른 규정이 있는 경우에는 F법이 적용된다. → 신일반법인 E법이 구특별법인 F법을 폐지하지 못하므로 (다)와 연결된다.

	(가)	(나)	(다)	(라)	
①	ㄱ	ㄴ	ㄷ	ㄹ	➡ (Ⅹ)
②	ㄱ	ㄴ	ㄹ	ㄷ	➡ (○)
③	ㄴ	ㄱ	ㄷ	ㄹ	➡ (Ⅹ)
④	ㄴ	ㄹ	ㄱ	ㄷ	➡ (Ⅹ)
⑤	ㄷ	ㄹ	ㄴ	ㄱ	➡ (Ⅹ)

07 ③

정답률 97.6%

| 문제 유형 | 법조문형 > 규정적용

| 접근 전략 | 규정 문제는 괄호와 조건을 잘 보아야 한다. 빠르게 문제를 풀다 보면 괄호 속의 예외를 잊거나 조건을 혼동하는 경우가 종종 있기 때문이다.

다음 글을 근거로 판단할 때, 스프링클러설비를 설치해야 하는 곳은?

스프링클러설비를 설치해야 하는 곳은 다음과 같다.
1. 종교시설(사찰·제실·사당은 제외한다), 운동시설(물놀이형 시설은 제외한다)로서 수용인원이 100명 이상인 경우에는 모든 층
2. 판매시설, 운수시설 및 창고시설 중 물류터미널로서 다음의 어느 하나에 해당하는 경우에는 모든 층

○ 층수가 3층 이하인 건축물로서 바닥면적 합계가 6,000m² 이상인 것
○ 층수가 4층 이상인 건축물로서 바닥면적 합계가 5,000m² 이상인 것
3. 다음의 어느 하나에 해당하는 경우에는 모든 층
○ 의료시설 중 정신의료기관, 노인 및 어린이시설로서 해당 용도로 사용되는 바닥면적의 합계가 600m² 이상인 것
○ 숙박이 가능한 수련시설로서 해당 용도로 사용되는 바닥면적의 합계가 600m² 이상인 것
4. 기숙사(교육연구시설·수련시설 내에 있는 학생 수용을 위한 것을 말한다) 또는 복합건축물로서 연면적 5,000m² 이상인 경우에는 모든 층
5. 교정 및 군사시설 중 다음의 어느 하나에 해당하는 경우에는 해당 장소
○ 보호감호소, 교도소, 구치소, 보호관찰소, 갱생보호시설, 치료감호시설, 소년원의 수용거실
○ 경찰서 유치장

① 경찰서 민원실 ➡ (X) 제5호 교정 및 군사시설 규정에 언급되어 있지 않다.
② 수용인원이 500명인 사찰의 모든 층 ➡ (X) 제1호에서 종교시설로서 수용인원이 100명 이상인 경우에는 모든 층에 스프링클러를 설치해야 한다고 하였으나 사찰은 제외된다.
③ 연면적 15,000m²인 5층 복합건축물의 모든 층 ➡ (O) 제4호의 연면적 5,000m² 이상의 복합건축물에 해당하므로 모든 층에 스크링클러를 설치해야 한다.
④ 2층 건축물로서 바닥면적 합계가 5,000m²인 물류터미널의 모든 층 ➡ (X) 제2호의 층수가 3층 이하인 건축물로서 바닥면적 합계가 6,000m² 이상인 것에 해당하지 않는다.
⑤ 외부에서 입주한 편의점의 바닥면적을 포함한 바닥면적 합계가 500m²인 정신의료기관의 모든 층 ➡ (X) 제3호의 의료시설 중 정신의료기관, 노인 및 어린이시설로서 해당 용도로 사용되는 바닥면적의 합계가 600m² 이상인 것에 해당하지 않는다.

08 ③

정답률 82.4%

| 문제 유형 | 제시문형 > 분석추론

| 접근 전략 | 연대납세의무와 같은 용어 정도는 해석이 가능해야 한다. A와 B가 연대납세의무를 진다는 것은 A도 납세의무가 있고, B도 납세의무가 있다는 것을 의미한다.

다음 글을 근거로 판단할 때, 〈보기〉에서 옳은 것만을 모두 고르면?

□ 증여세의 납세의무자는 누구이며 부과대상은 무엇입니까?
○ 증여세는 타인으로부터 재산을 무상으로 받은 사람, 즉 수증자가 원칙적으로 납세의무를 부담합니다.
○ 또한 법인 아닌 사단·재단, 비영리법인은 증여세 납세의무를 부담합니다. 다만 증여받은 재산에 대해 법인세가 과세되는 영리법인은 증여세 납부의무가 없습니다.
○ 수증자가 국내거주자이면 증여받은 '국내외 모든 재산', 수증자가 국외거주자이면 증여받은 '국내소재 재산, 국외 예금과 국외 적금'이 증여세 부과대상입니다.

□ 증여자가 예외적으로 수증자와 함께 납세의무를 부담하는 경우도 있습니까?
○ 수증자가 국외거주자인 경우, 증여자는 연대납세의무를 부담합니다.
○ 또한 수증자가 다음 중 어느 하나에 해당하는 경우에도 증여자는 연대납세의무를 부담합니다.
 − 수증자의 주소 또는 거소가 분명하지 아니한 경우로서 조세채권의 확보가 곤란한 경우
 − 수증자가 증여세를 납부할 능력이 없다고 인정되는 경우로서 체납처분을 하여도 조세채권의 확보가 곤란한 경우

─────〈보기〉─────

ㄱ. 甲이 국내거주자 장남에게 자신의 강릉소재 빌딩(시가 10억 원 상당)을 증여한 경우, 甲은 원칙적으로 증여세를 납부할 의무가 있다. → (X) 첫 번째 질문의 첫 번째 답변에 따르면 증여세는 원칙적으로 수증자가 부담한다고 하였고, 두 번째 질문의 답변에도 해당되지 않으므로 甲이 아닌 甲의 장남이 증여세를 납부해야 한다.
ㄴ. 乙이 평생 모은 재산 10억 원을 국내소재 사회복지법인인 丙(비영리법인)에게 기부한 경우, 丙은 증여세를 납부할 의무가 있다. → (O) 첫 번째 질문의 두 번째 답변에 따르면 비영리법인은 증여세 납세의무를 부담한다. 따라서 수증자인 丙은 증여세를 납부할 의무가 있다.
ㄷ. 丁이 자신의 국외 예금(10억 원 상당)을 해외에 거주하고 있는 아들에게 증여한 경우, 丁은 연대납세의무를 진다. → (O) 두 번째 질문의 첫 번째 답변에 따르면 丁이 해외에 거주하고 있는 아들에게 증여한 경우라면 수증자가 국외거주자인 것이므로 증여자인 丁은 연대납세의무를 진다.
ㄹ. 戊로부터 10억 원을 증여받은 국내거주자 己가 현재 파산상태로 인해 체납처분을 하여도 조세채권의 확보가 곤란한 경우, 己는 증여세 납부의무가 없다. → (X) 두 번째 질문의 두 번째 답변에 따르면 수증자가 증여세를 납부할 능력이 없어 조세채권의 확보가 곤란한 경우 수증자와 증여자가 연대납세의무를 부담할 뿐 수증자의 증여세 납부의무가 소멸되는 것은 아니므로 己에게 증여세 납부의무가 없다고 보기는 어렵다.

① ㄱ, ㄴ ➡ (X)
② ㄱ, ㄷ ➡ (X)
③ ㄴ, ㄷ ➡ (O)
④ ㄴ, ㄹ ➡ (X)
⑤ ㄷ, ㄹ ➡ (X)

09 ④

TOP 2 정답률 63.4%

| 문제 유형 | 법조문형 > 규정확인

| 접근 전략 | 보통 법조문형 문제는 'a가 b한다.'라는 구조가 일반적인데, 해당 문제의 경우 'a가 b의 심의를 거쳐 c를 한다.', 'a가 b에게 c를 권고한다.'처럼 중간 과정이 있으므로 중간 과정에서 매개가 되는 주체가 누구인지를 잘 보고 문제를 풀어야 한다.

다음 글을 근거로 판단할 때 옳은 것은?

제00조(국민공천배심원단) ① 공정하고 투명한 국회의원 후보자 선발을 위하여 국민공천배심원단을 둔다.
② 국민공천배심원단은 국회의원 후보자 중 비전략지역 후보자를 제외한 전략지역 및 비례대표 후보자를 심사대상으로 한다.
제00조(지역구 국회의원 후보자의 확정) ① 지역구 국회의원 후보자는 공천위원회의 추천을 받아 최고위원회의 의결로 확정한다.
② 공천위원회는 후보자의 적격여부에 대한 심사를 거쳐 단수 후보자를 최고위원회에 추천하거나 복수의 후보자를 선정한다.
③ 공천위원회는 제2항에 따라 선정된 복수의 후보자를 대상으로 여론조사를 실시하여 결정된 단수 후보자를 최고위원회에 추천한다.
④ 국민공천배심원단은 공천위원회에서 추천한 전략지역 후보자에 대해 적격여부를 심사하여 부적격하다고 판단할 경우, 재적 3분의 2 이상의 의결로 최고위원회에 재의요구를 권고할 수 있다.
제00조(비례대표 국회의원 후보자 확정) 비례대표 국회의원 후보자는 공천위원회에서 지역 및 직역별로 공모를 실시한 후 후보자와 그 순위를 정하고, 국민공천배심원단의 심사를 거쳐 최고위원회의 의결로 확정한다.

① 국민공천배심원단은 비례대표 국회의원 후보자를 최종적으로 확정한다. ➡ (X) 세 번째 조에 따르면 비례대표 국회의원 후보자는 공천위원회에서 지역 및 직역별로 공모를 실시한 후 후보자와 그 순위를 정하고, 국민공천배심원단의 심사를 거쳐 최고위원회의 의결로 확정한다. 즉 국민공천배심원단은 심사만 할 뿐 확정은 최고위원회가 한다.

② 국민공천배심원단은 전략지역 국회의원 후보자를 추천할 수 있다. ➡ (X) 두 번째 조 제4항에 따르면 국민공천배심원단은 전략지역 후보자에 대해 최고위원회에 재의요구를 권고할 수 있을 뿐 직접 전략지역 국회의원 후보자를 추천할 수는 없다.

③ 국민공천배심원단은 공천위원회가 추천한 비전략지역 국회의원 후보자에 대해 재의를 요구할 수 있다. ➡ (X) 두 번째 조 제4항에 따라 국민공천배심원단은 전략지역 후보자에 대해서만 재의요구를 권고할 수 있을 뿐이고 비전략지역 후보 관련 규정은 없다.

④ 최고위원회는 공천위원회의 추천을 받아 비전략지역 국회의원 후보자를 의결로 확정한다. ➡ (O) 두 번째 조 제1항에 따르면 지역구 국회의원 후보자는 공천위원회의 추천을 받아 최고위원회의 의결로 확정한다고 하였으므로 전략지역, 비전략지역 모두 공천위원회의 추천을 받아 최고위원회의 의결로 국회의원 후보자를 확정한다.

⑤ 전략지역 국회의원 후보자에 대하여 최고위원회에 재의요구를 권고할 수 있는 국민공천배심원단의 의결정족수는 재적 3분의 1 이상이다. ➡ (X) 두 번째 조 제4항에 따르면 국민공천배심원단은 공천위원회에서 추천한 전략지역 후보자에 대해 적격여부를 심사하여 부적격하다고 판단할 경우, 재적 3분의 2 이상의 의결로 최고위원회에 재의요구를 권고할 수 있다.

10 ②
정답률 95.9%

| 문제 유형 | 퍼즐형 > 논리퀴즈

| 접근 전략 | 〈보기〉를 먼저 보고, 〈보기〉의 조건에 해당하는 것이 있는지 없는지를 확인하면 시간을 절약할 수 있다.

다음 숫자 배열 (가)~(다)의 공통적인 특성만을 〈보기〉에서 모두 고르면?

(가) 2, 3, 6, 7, 8
(나) 1, 4, 5, 6, 9
(다) 6, 5, 8, 3, 9

〈보기〉

ㄱ. 홀수 다음에 홀수가 연이어 오지 않는다. → (X) (다)에서 3 이후에 9가 연이어 온다.

ㄴ. 짝수 다음에 짝수가 연이어 오지 않는다. → (O) (가)~(다) 모두 짝수 뒤에 짝수가 연이어 오지 않는다.

ㄷ. 동일한 숫자는 반복하여 사용되지 않는다. → (O) (가)~(다) 모두 동일한 수가 반복하여 사용되지 않았다.

ㄹ. 어떤 숫자 바로 다음에는 그 숫자의 배수가 오지 않는다. → (X) (가)에서는 3 다음에 6, (다)에서 3 다음에 9가 온다.

① ㄱ, ㄴ ➡ (X)
② ㄴ, ㄷ ➡ (O)
③ ㄴ, ㄹ ➡ (X)
④ ㄷ, ㄹ ➡ (X)
⑤ ㄱ, ㄷ, ㄹ ➡ (X)

11 ②
정답률 97.6%

| 문제 유형 | 제시문형 > 분석추론

| 접근 전략 | 감자와 옥수수가 유럽에 보급된 배경을 중심으로 제시문을 파악하고 이를 바탕으로 〈보기〉를 해결한다.

다음 글을 근거로 판단할 때, 〈보기〉에서 옳은 것만을 모두 고르면?

1493년 콜럼버스에 의해 에스파냐에 소개된 옥수수는 16세기 초에는 카스티야, 안달루시아, 카탈류냐, 포르투갈에서 재배되었고, 그 후에 프랑스, 이탈리아, 판노니아, 발칸 지역 등으로 보급되었다. 그러나 이 시기에는 옥수수를 휴경지에 심어 사료로 사용하거나 가끔 텃밭에서 재배하는 정도였다. 따라서 옥수수는 주곡의 자리를 차지하지 못했다. ▶1문단

감자는 1539년 페루에서 처음 눈에 띄었다. 이 무렵 에스파냐를 통해 이탈리아에 전해진 감자는 '타르투폴로'라는 이름을 가지게 되었다. 감자를 식용으로 사용한 초기 기록 중 하나는 1573년 세비야 상그레 병원의 물품 구입 목록이다. 이후 독일과 영국에서 감자를 식용으로 사용한 사례가 간혹 있었지만, 18세기에 이르러서야 주곡의 자리를 차지하였다. ▶2문단

한편 18세기 유럽에서는 인구가 크게 증가하였고, 정치, 경제, 문화 등 모든 면에서 활기가 넘쳤다. 늘어난 인구를 부양하는 데 감자와 옥수수 보급이 기여하는 바가 컸다. 18세기 기록을 보면 파종량 대 수확량은 호밀의 경우 1대 6인데 비해 옥수수는 무려 1 대 80이었다. 그렇지만 감자와 옥수수는 하층민의 음식으로 알려졌고, 더욱이 구루병, 결핵, 콜레라 등을 일으킨다는 믿음 때문에 보급에 큰 어려움이 있었다. 그러나 대규모 기근을 계기로 감자와 옥수수는 널리 보급되었다. 굶어죽기 직전의 상황에서 전통적인 미각을 고집할 이유가 없었으니, 감자와 옥수수 같은 고수확작물 재배의 증가는 필연적이었다. ▶3문단

〈보기〉

ㄱ. 유럽에는 감자보다 옥수수가 먼저 들어왔을 것이다. → (O) 1문단에서 1493년 콜럼버스에 의해 옥수수가 에스파냐에 소개되었다고 하였고, 2문단에서 감자는 1539년 페루에서 처음 눈에 띄어 에스파냐를 통해 이탈리아에 전해졌다고 하였으므로 옥수수가 감자보다 빨리 유럽에 들어온 것을 알 수 있다.

ㄴ. 유럽에서 감자와 옥수수를 처음으로 재배한 곳은 이탈리아였다. → (X) 1문단에 따르면 옥수수는 16세기 초 카스티야, 안달루시아, 카탈류냐, 포르투갈에서 재배되었고, 그 후에 프랑스, 이탈리아, 판노니아, 발칸 지역 등으로 보급되었다. 또한 2문단에서 감자는 페루에서 처음 눈에 띄어 에스파냐를 통해 이탈리아에 전해졌다고 했으나 유럽에서 감자를 처음으로 재배한 곳이 이탈리아인지는 알 수 없다.

ㄷ. 18세기에는 옥수수의 파종량 대비 수확량이 호밀보다 10배 이상 높았을 것이다. → (O) 3문단에서 18세기 기록을 보면 파종량 대 수확량은 호밀의 경우 1 대 6인데 비해 옥수수는 무려 1 대 80이었다고 하였으므로 파종량 대비 수확량은 옥수수가 호밀보다 10배 이상 높음을 알 수 있다.

ㄹ. 감자와 옥수수는 인구 증가와 기근으로 유럽 전역에 확산되어 16세기에 주곡의 자리를 차지하였다. → (X) 2문단에 따르면 감자는 18세기에 이르러서야 주곡의 자리를 차지하였다.

① ㄱ, ㄴ ➡ (X)
② ㄱ, ㄷ ➡ (O)
③ ㄴ, ㄹ ➡ (X)
④ ㄱ, ㄷ, ㄹ ➡ (X)
⑤ ㄴ, ㄷ, ㄹ ➡ (X)

12 ①

정답률 81.0%

| **문제 유형** | 제시문형 > 분석추론
| **접근 전략** | 한자어가 많아 당황할 수 있으나 각각의 한자어들의 의미를 모두 알 필요는 없고, 〈보기〉에서 선지를 보면서 필요한 한자어의 의미만 확인해도 충분하다.

다음 글을 근거로 추론할 때, 〈보기〉에서 옳은 것만을 모두 고르면?

작위 등급을 5개로 하는 오등작제(五等爵制)는 중국 주나라와 당나라의 제도를 따른 것이다. 오등작제의 작위는 높은 순부터 공(公), 후(侯), 백(伯), 자(子), 남(男)으로 불렸다. 작위를 받으면 봉건귀족으로 인정되며 나라에서 주는 식읍(食邑)을 받기도 했다. ▶1문단

왕족이나 공신을 작위에 봉하는 봉작제(封爵制)는 고려 때 처음 들여왔다. 왕족은 공·후·백의 삼등작제를 사용한 것으로 보인다. 이와 달리 비왕족에 대해서는 오등작제를 사용하였다. 비왕족에 대한 오등작제가 제도적으로 완성된 것은 고려 문종 때로, 국공(國公)은 식읍 3,000호에 품계는 정2품으로, 군공(郡公)은 2,000호에 종2품으로, 현후(縣侯)는 식읍 1,000호, 현백(縣伯)은 700호, 개국자(開國子)는 500호에 품계는 셋 모두 정5품으로, 현남(縣男)은 300호에 종5품으로 하였다. 그러나 제도가 정한 대로 식읍을 주는 것은 아니었고 실제 받는 식읍은 달랐다. ▶2문단

조선 개국 후인 1401년 조선 태종은 명나라와의 관계를 고려하여 왕족인 공(公)을 부원대군(府院大君)으로, 공신인 후(侯)와 백(伯)을 각각 군(君)과 부원군(府院君)으로 바꾸도록 했다. 이후 1897년 조선이 대한제국으로 격상되었지만 여전히 군(君)으로 봉했다. ▶3문단

〈보기〉

ㄱ. 조선 태종시대의 공신은 부원군 작위를 받을 수 있었을 것이다.
   → (O) 3문단에서 조선 개국 후인 1401년 조선 태종은 명나라와의 관계를 고려하여 왕족인 공을 부원대군으로, 공신인 후와 백을 각각 군과 부원군으로 바꾸도록 했다고 하였으므로 조선 태종시대의 공신은 부원군 작위를 받을 수 있었음을 알 수 있다.

ㄴ. 고려 문종 때 완성된 봉작제에 따르면 현후와 현백이 받는 품계는 달랐을 것이다. → (X) 2문단에 따르면 현후와 현백이 받는 품계는 모두 정5품으로 같았을 것이다.

ㄷ. 고려 문종 때 완성된 봉작제에 따라 종5품 품계와 식읍 300호로 정해진 현남 작위에 봉해진 사람은 왕족이었을 것이다. → (X) 2문단에서는 비왕족에 대한 오등작제를 소개하고 있다. 따라서 이에 해당하는 종5품 품계와 식읍 300호로 정해진 현남은 비왕족임을 알 수 있다.

① ㄱ ➡ (O)   ② ㄴ ➡ (X)
③ ㄱ, ㄴ ➡ (X)   ④ ㄱ, ㄷ ➡ (X)
⑤ ㄴ, ㄷ ➡ (X)

13 ⑤

정답률 95.1%

| **문제 유형** | 제시문형 > 분석추론
| **접근 전략** | 제시문을 근거로 추론하는 문제로서 해당 문제의 경우 워낙 길이가 짧아 해결하기에 어렵지 않았을 것이다. 검은 후추와 흰 후추의 특성과 피페린 함유량에 따른 매운맛의 정도만 파악하면 빠르게 풀어낼 수 있는 문제이다.

다음 글을 근거로 판단할 때, 〈보기〉에서 옳은 것만을 모두 고르면?

사람들은 검은 후추와 흰 후추를 서로 다른 종류라고 생각한다. 그런데 사실 검은 후추는 열매가 완전히 익기 전에 따서 건조시킨 것이다. 그래서 검은 후추열매의 외관은 주름져 있다. 반대로 흰 후추는 열매가 완전히 익었을 때 따서 따뜻한 물에 담가 과피와 과육을 제거한 것이다. ▶1문단

맛을 잘 아는 미식가는 후추를 가능하면 사용하기 직전에 갈아서 쓰곤 한다. 왜냐하면 후추는 통후추 상태로는 향미가 오랫동안 보존되지만 갈아놓으면 향미를 빨리 잃기 때문이다. 그 때문에 일반 가정의 식탁에도 후추 분쇄기가 놓이게 되었다. ▶2문단

후추는 열매에 들어있는 피페린이라는 성분 때문에 매운맛이 난다. 피페린을 5~8% 함유하고 있는 검은 후추는 피페린의 함유량이 더 적은 흰 후추보다 매운맛이 강하다. 반면 흰 후추는 매운맛은 덜하지만 더 향기롭다. ▶3문단

〈보기〉

ㄱ. 피페린이 4% 함유된 후추는 7% 함유된 후추보다 더 매울 것이다.
   → (X) 3문단에서 피페린을 5~8% 함유하고 있는 검은 후추가 피페린의 함유량이 더 적은 흰 후추보다 매운맛이 강하다고 하였으므로 피페린 함유량이 많을수록 더 매울 것임을 알 수 있다.

ㄴ. 흰 후추를 얻기 위해서는 후추열매가 완전히 익기 전에 수확해야 한다. → (X) 1문단에 따르면 흰 후추는 열매가 완전히 익었을 때 따서 따뜻한 물에 담가 과피와 과육을 제거한 것이다.

ㄷ. 더 매운 후추 맛을 원하는 사람은 흰 후추보다 검은 후추를 선택할 것이다. → (O) 3문단에서 피페린을 5~8% 함유하고 있는 검은 후추는 피페린의 함유량이 더 적은 흰 후추보다 매운맛이 강하다고 하였으므로 더 매운 후추 맛을 원하는 사람은 흰 후추보다 검은 후추를 선택할 것이다.

ㄹ. 일반적으로 후추는 사용 직전에 갈아 쓰는 것이 미리 갈아놓은 것보다 향미가 더 강할 것이다. → (O) 2문단에 따르면 맛을 잘 아는 미식가는 후추를 가능하면 사용하기 직전에 갈아서 쓰는데 이는 후추가 통후추 상태로는 향미가 오랫동안 보존되지만 갈아놓으면 향미를 빨리 잃기 때문이다. 따라서 후추를 사용 직전에 갈아 쓰는 것이 미리 갈아놓은 것보다 향미가 더 강할 것이다.

① ㄱ, ㄴ ➡ (X)   ② ㄱ, ㄷ ➡ (X)
③ ㄱ, ㄹ ➡ (X)   ④ ㄴ, ㄷ ➡ (X)
⑤ ㄷ, ㄹ ➡ (O)

14 ④

정답률 97.2%

| **문제 유형** | 제시문형 > 정보확인
| **접근 전략** | 옳지 않은 것을 묻는 문제가 간혹 출제되는데 옳은 것을 고르는 실수를 하지 않도록 한다.

다음 글을 근거로 판단할 때 옳지 않은 것은?

우리는 영국의 빅토리아시대에 보도된 불량식품에 관한 기사들을 읽을 때 경악하게 된다. 대도시의 빈곤층이 주식으로 삼았던 빵이나 그들이 마셨던 홍차도 불량식품 목록에서 예외가 아니었기 때문이다. 이는 유럽대륙이나 북아메리카에서도 흔히 볼 수 있었던 일로, 식품과 의약품의 성분에 관한 법률이 각국 의회에서 통과되어 이에 대한 제재가 이루어질 때까지 계속되었다. 예컨대 초콜릿의 경우 그 수요가 늘어나자 악덕 생산업자나 상인들의 좋은 표적이 되었다. 1815년 왕정복고 후 프랑스에서는 흙, 완두콩 분말, 감자 전분 등을 섞어 만든 초콜릿이 판매될 정도였다. ▶1문단

마침내 각국 정부는 대책을 세우게 되었다. 1850년 발간된 의학 잡지『란세트』는 식품 분석을 위한 영국 위생위원회가 창설된다고 발표하였다. 이 위생위원회의 활동으로 그때까지 의심스러웠던 초콜릿의 첨가물이 명확히 밝혀지게 되었다. 그 결과 초콜릿 견본 70개 가운데 벽돌가루를 이용해 적갈색을 낸 초콜릿이 39개에 달한다는 사실이 밝혀졌다. 또한 대부분의 견본은 감자나 칡에서 뽑은 전분 등을 함유하고 있었다. 이후 영국에서는 1860년 식품의약품법이, 1872년 식품첨가물법이 제정되었다. ▶2문단

① 북아메리카에서도 불량식품 문제는 있었다. ➡ (O) 1문단에 따르면 불량식품 문제는 유럽대륙이나 북아메리카에서도 흔히 볼 수 있었던 일이다.

② 영국 위생위원회는 1850년 이후 창설되었다. ➡ (O) 2문단에 따르면 1850년 발간된 의학 잡지 『란세트』는 식품 분석을 위한 영국 위생위원회가 창설된다고 발표하였다. 따라서 의학 잡지 『란세트』가 발간되고 나서 영국 위생위원회가 창설되었을 것이므로 영국 위생위원회는 1850년 이후 창설되었음을 알 수 있다.

③ 영국의 빅토리아시대에 기사로 보도된 불량식품 중에는 홍차도 있었다. ➡ (O) 1문단의 '우리는 영국의 빅토리아시대에 보도된 불량식품에 관한 기사들을 읽을 때 경악하게 된다. 대도시의 빈곤층이 주식으로 삼았던 빵이나 그들이 마셨던 홍차도 불량식품 목록에서 예외가 아니었기 때문이다.' 부분에서 확인할 수 있다.

④ 영국에서는 식품의약품법이 제정된 지 채 10년도 되지 않아 식품첨가물법이 제정되었다. ➡ (X) 2문단에 따르면 영국에서는 1860년 식품의약품법이, 1872년 식품첨가물법이 제정되었다. 둘은 12년 차이이다.

⑤ 영국 위생위원회의 분석 대상에 오른 초콜릿 견본 중 벽돌 가루가 들어간 것의 비율이 50%를 넘었다. ➡ (O) 2문단에서 초콜릿 견본 70개 가운데 벽돌가루를 이용해 적갈색을 낸 초콜릿이 39개에 달한다는 사실이 밝혀졌다고 하였고, 이는 70개의 50%인 35개보다 많다.

15 ①
정답률 97.6%

| 문제 유형 | 제시문형 > 분석추론

| 접근 전략 | 자료를 주고 일치·불일치를 묻는 문제는 낯설게 느껴질 수 있다. 하지만 푸는 방법은 크게 다르지 않다. 〈사업설명서〉를 파악하는 데 시간을 낭비하지 말고 〈보기〉의 내용을 먼저 읽어 필요한 정보만 파악하는 것이 효과적이다.

다음 〈사업설명서〉를 근거로 판단할 때, 〈보기〉에서 옳은 것만을 모두 고르면?

〈사업설명서〉

총지원금		2013년	14,000백만 원	2014년	13,000백만 원
지원 인원		2013년	3,000명	2014년	2,000명
사업 개요	시작연도	1998년			
	추진경위	IMF 대량실업사태 극복을 위해 출발			
	사업목적	실업자에 대한 일자리 제공으로 생활안정 및 사회 안전망 제공			
	모집시기	연간 2회(5월, 12월)			
근로 조건	근무조건	월 소정 근로시간	112시간 이하	주당 근로일수	5일
	4대 사회보험 보장여부	국민연금 ○	건강보험 ○	고용보험 ○	산재보험 ○
참여자	주된 참여자	청년 (35세 미만)	중장년 (50~64세) ○	노인 (65세 이상)	여성 · 장애인
	기타	우대요건	저소득층, 장기실업자, 여성가장 등 취업취약계층 우대	취업 취약계층 목표비율 70%	

〈보기〉

ㄱ. 2014년에는 2013년보다 총지원금은 줄었지만 지원 인원 1인당 평균 지원금은 더 많아졌다. → (O) 〈사업설명서〉를 보면 2013년보다 2014년에 총지원금은 14,000백만 원에서 13,000백만 원으로 10%도 채 감소하지 않았으나 지원 인원은 3,000명에서 2,000명으로 약 33.3% 감소하였다. 따라서 2014년이 지원 인원 1인당 평균 지원금이 더 큼을 알 수 있다.

ㄴ. 저소득층, 장기실업자, 여성가장이 아니라면 이 사업에 참여할 수 없다. → (X) 저소득층, 장기실업자, 여성가장은 〈사업설명서〉의 참여자 항목의 기타에서 우대요건에 해당할 뿐이다. 이들 외의 사람들을 이 사업의 참여에 금지하는지는 표에서 알 수 없다.

ㄷ. 이 사업참여자들은 4대 사회보험을 보장받지 못한다. → (X) 〈사업설명서〉의 근로조건 항목에서 4대 사회보험 모두를 보장하고 있음을 알 수 있다.

ㄹ. 이 사업은 청년층이 주된 참여자이다. → (X) 〈사업설명서〉의 참여자 항목을 보면 이 사업의 주된 참여자는 중장년임을 알 수 있다.

① ㄱ ➡ (O)
② ㄱ, ㄴ ➡ (X)
③ ㄴ, ㄷ ➡ (X)
④ ㄷ, ㄹ ➡ (X)
⑤ ㄱ, ㄷ, ㄹ ➡ (X)

16 ①
TOP 1 정답률 61.2%

| 문제 유형 | 연산추론형 > 대입비교

| 접근 전략 | C 평가의 대상일 경우 B 평가도 받는 관계라는 것을 알면 풀이 시간을 단축할 수 있다. B 평가와 C 평가의 설명을 보면서 둘이 포함 관계임을 인식해야 한다.

다음 글을 근거로 판단할 때, 〈사례〉의 甲과 乙 사업이 각각 받아야 하는 평가의 수는?

○ A 평가

평가의 대상은 총사업비가 500억 원 이상인 사업 중 중앙정부의 재정지원(국비) 규모가 300억 원 이상인 신규사업으로 건설공사가 포함된 사업, 정보화·국가연구개발사업, 사회복지·보건·교육·노동·문화·관광·환경보호·농림·해양수산·산업·중소기업 분야의 사업이다.

단, 법령에 따라 설치하거나 추진하여야 하는 사업, 공공청사 신·증축사업, 도로·상수도 등 기존 시설의 단순개량 및 유지보수사업, 재해예방 및 복구지원 등으로 시급한 추진이 필요한 사업은 평가 대상에서 제외된다.

※ 법령: 국회에서 제정한 법률과 행정부에서 제정한 명령(대통령령·총리령·부령)을 의미한다.

○ B 평가

신규사업의 시행이 환경에 미치는 영향을 미리 조사·예측·평가하는 것이다. 평가 대상은 도시개발사업, 도로건설사업, 철도건설사업(도시철도 포함), 공항건설사업이다.

○ C 평가

대량의 교통수요를 유발할 우려가 있는 신규사업을 시행할 경우, 미리 주변지역의 교통체계에 미치는 제반 영향을 분석·평가하여 이에 따른 대책을 강구하는 평가이다. 평가의 대상은 다음과 같다.

종류	기준
도시개발사업	부지면적 10만m² 이상
철도건설사업	정거장 1개소 이상, 총길이 5km 이상

〈사례〉

甲 사업: ○○광역시가 시행주체가 되어 추진하는 부지면적 12만 5천㎡
에 보금자리주택을 건설하는 신규 도시개발사업으로, 총사업
비 520억 원 중 100억 원을 국비로, 420억 원을 시비로 조달함
→ 국비 규모가 300억 원 미만이므로 A 평가는 받지 않으나 도시개발사
업이므로 B 평가를 받아야 한다. 또한 부지면적이 12만 5천㎡이므로 부
지면적 10만㎡ 이상인 도시개발사업에 해당하여 C 평가도 받아야 한다.
따라서 2개의 평가를 받는다.

乙 사업: 최근 국회에서 제정한 '△△광역시 철도건설특별법률'에 따라
△△광역시에 정거장 7개소, 총길이 18km의 철도를 건설하
는 신규사업으로, 총사업비 4,300억 원을 전액 국비로 지원
받음 → 법령에 따라 설치하는 사업이므로 A 평가는 받지 않으나 정거
장 1개소 이상, 총길이 5km 이상인 철도건설사업에 해당하여 B 평가와
C 평가 모두 받아야 한다. 따라서 2개의 평가를 받는다.

	甲 사업	乙 사업	
①	2	2	➡ (O)
②	2	3	➡ (X)
③	3	1	➡ (X)
④	3	2	➡ (X)
⑤	3	3	➡ (X)

17 ⑤

정답률 96.0%

| 문제 유형 | 제시문형 > 분석추론
| 접근 전략 | 재화와 서비스의 뜻은 기본적으로 알아 두는 것이 좋다.

다음 글을 근거로 판단할 때, 〈사례〉의 甲～丁 중에서 사업자등록을
하여야 하는 사람만을 모두 고르면?

다음 요건을 모두 갖춘 경우 사업자등록을 하여야 한다.
○ 사업자이어야 한다.
사업자란 사업목적이 영리이든 비영리이든 관계없이 사업상 독립적으로
재화 또는 용역을 공급하는 사람(법인 포함)을 말한다.
○ 계속성·반복성을 가져야 한다.
재화나 용역을 계속적이고 반복적으로 공급하여야 한다. 계속적이고 반복
적인 공급이란 시간을 두고 여러 차례에 걸쳐 이루어지는 것을 말한다.
○ 독립성을 가져야 한다.
사업의 독립성이란 사업과 관련하여 재화 또는 용역을 공급하는 주체가
다른 사업자에게 고용되거나 종속되지 않은 경우를 말한다.

〈사례〉

○ 용돈이 필요하여 자신이 사용하던 200만 원 가치의 카메라 1대를 인
터넷 중고매매 카페에 매물로 1회 등록한 甲 → (X) 甲은 계속성·반복
성이 없다.
○ 자사의 제품을 판매하기 위해 열심히 일하는 영업사원 乙 → (X) 乙
은 다른 사업자에게 고용되어 있어 독립성이 없다.
○ 결식 어린이 돕기 성금 모금을 위하여 자원봉사자들이 직접 만든 공
예품을 8년째 판매하고 있는 비영리법인 丙 → (O) 丙은 자원봉사자들
이 직접 만든 공예품을 8년째 판매하고 있으므로 계속성이 있고 공예품이라는
재화를 공급하고 있기도 하고 다른 사업자에게 고용되거나 종속되지 않아 독립
성도 있다.

○ 자신이 개발한 발명품을 10년 동안 직접 판매하면서 생활비 정도를
벌고 있는 丁 → (O) 丁은 자신이 개발한 발명품을 10년 동안 판매하고 있으
므로 계속성이 있고 발명품이라는 재화를 공급하고 있기도 하고 다른 사업자에
게 고용되거나 종속되지 않아 독립성도 있다.

① 甲, 乙 ➡ (X)
② 甲, 丙 ➡ (X)
③ 乙, 丙 ➡ (X)
④ 乙, 丁 ➡ (X)
⑤ 丙, 丁 ➡ (O)

18 ②

정답률 89.5%

| 문제 유형 | 법조문형 > 규정확인
| 접근 전략 | 개발부담금에 관한 법규정을 정확하게 이해하여 〈보기〉를 해결해야
한다. 이때 개발부담금 징수권과 환급청구권의 소멸시효와 중단사유, 진행시점을
각각 검토하여 이를 바탕으로 선지를 판단한다.

다음 글을 근거로 판단할 때, 〈보기〉에서 옳은 것만을 모두 고르면?

제00조 ① 개발부담금을 징수할 수 있는 권리(개발부담금 징수권)와 개발부담
금의 과오납금을 환급받을 권리(환급청구권)는 행사할 수 있는 시점부터 5년
간 행사하지 아니하면 소멸시효가 완성된다.
② 제1항에 따른 개발부담금 징수권의 소멸시효는 다음 각 호의 어느 하나의
사유로 중단된다.
 1. 납부고지
 2. 납부독촉
 3. 교부청구
 4. 압류
③ 제2항에 따라 중단된 소멸시효는 다음 각 호의 어느 하나에 해당하는 기
간이 지난 시점부터 새로이 진행한다.
 1. 고지한 납부기간
 2. 독촉으로 재설정된 납부기간
 3. 교부청구 중의 기간
 4. 압류해제까지의 기간
④ 제1항에 따른 환급청구권의 소멸시효는 환급청구권 행사로 중단된다.

※ 개발부담금이란 개발이익 중 국가가 부과·징수하는 금액을 말한다.
※ 소멸시효는 일정한 기간 권리자가 권리를 행사하지 않으면 권리가 소멸하는 것
을 말한다.

〈보기〉

ㄱ. 개발부담금 징수권의 소멸시효는 고지한 납부기간이 지난 시점부
터 중단된다. → (X) 제3항 제1호에 따르면 제2항에 따라 중단된 소멸시효
는 새로이 진행된다.
ㄴ. 국가가 개발부담금을 징수할 수 있는 때로부터 3년간 징수하지 않
으면 개발부담금 징수권의 소멸시효가 완성된다. → (X) 제1항에 따
르면 개발부담금 징수권은 행사할 수 있는 시점부터 5년간 행사하지 아니하면
소멸시효가 완성된다.
ㄷ. 국가가 개발부담금을 징수할 수 있는 날로부터 2년이 경과한 후 납
부의무자에게 납부고지하면, 개발부담금 징수권의 소멸시효가 중
단된다. → (O) 제1항에 따르면 개발부담금 징수권은 행사할 수 있는 날로
부터 5년 이내에 행사하면 되고, 제2항 제1호에 따르면 납부고지 시 개발부담
금 징수권의 소멸시효는 중단된다.

ㄹ. 납부의무자가 개발부담금을 기준보다 많이 납부한 경우, 그 환급을 받을 수 있는 때로부터 환급청구권을 3년간 행사하지 않으면 소멸시효가 완성된다. → (X) 제1항에 따르면 환급청구권은 5년간 행사하지 아니하면 소멸시효가 완성된다.

① ㄱ ➡ (X)
② ㄷ ➡ (O)
③ ㄱ, ㄹ ➡ (X)
④ ㄴ, ㄷ ➡ (X)
⑤ ㄴ, ㄹ ➡ (X)

19 ⑤

정답률 94.8%

| **문제 유형** | 연산추론형 > 수리계산

| **접근 전략** | 주어진 공식을 〈사례〉에 적용하여 甲국과 乙국의 선거구에서 필요한 최소 득표율을 구해 낸다. 어렵지 않은 공식이므로 빠르게 문제를 해결하여 시간을 절약하는 것이 중요하다.

다음 글을 근거로 판단할 때, 〈사례〉의 甲국과 乙국의 한 선거구에서 당선에 필요한 최소 득표율은?

○ 민주주의 국가는 대표를 선출하기 위한 다양한 형태의 선거제도를 운용하고 있다. 이 중 '제한 투표제'는 한 선거구에서 여러 명의 대표를 선출하는 제도이다. 이 제도에서 유권자는 해당 선거구의 의석수보다 적은 수의 표를 갖게 된다. 예를 들어 한 선거구에서 4명의 대표를 선출한다면, 유권자에게 4표보다 적은 2표 혹은 3표를 부여하여 투표하도록 하는 제도이다.
○ 학자 A는 이 같은 선거제도에서 당선에 필요한 최소 득표율을 다음 공식으로 구할 수 있다고 주장한다.

$$최소\ 득표율(\%) = \frac{유권자\ 1인당\ 투표수}{유권자\ 1인당\ 투표수 + 선거구당\ 의석수} \times 100$$

──────〈사례〉──────
○ 甲국: 한 선거구에서 3명의 의원을 선출하며, 유권자는 2표를 행사한다.
○ 乙국: 한 선거구에서 5명의 의원을 선출하며, 유권자는 3표를 행사한다.

	甲국	乙국	
①	20%	32.5%	➡ (X)
②	20%	37.5%	➡ (X)
③	40%	27.5%	➡ (X)
④	40%	32.5%	➡ (X)
⑤	40%	37.5%	➡ (O)

甲국의 경우 유권자 1인당 투표수는 2표, 선거구당 의석수는 3석이고, 乙국의 경우 유권자 1인당 투표수는 3표, 선거구당 의석수는 5석이다. 따라서 甲국과 乙국의 최소 득표율을 구하면 다음과 같다.

• 甲국: $\frac{2}{2+3} \times 100 = 40(\%)$

• 乙국: $\frac{3}{3+5} \times 100 = 37.5(\%)$

20 ⑤

정답률 91.1%

| **문제 유형** | 연산추론형 > 대입비교

| **접근 전략** | 표를 새로 그리지 말고 기존의 〈현황〉 표 옆에 작게 글씨를 쓰며 풀거나 도형이나 알아볼 수 있는 약자 등을 써 시간을 절약하도록 한다. 그리고 '초과-미만, 이상-이하'의 조건이 등장하면 이들을 혼용하여 오답 선지를 구성하는 경우가 많으므로 범위 설정에 항상 유의하도록 한다.

다음 〈기준〉과 〈현황〉을 근거로 판단할 때, 지방자치단체 A~D 중 중점관리대상만을 모두 고르면?

──────〈기준〉──────
○ 지방재정위기 사전경보지표

(단위: %)

지표 경보 구분	통합재정 수지적자 비율	예산대비 채무비율	채무 상환비 비율	지방세 징수액 비율	금고잔액 비율	공기업 부채비율
주의	25 초과 50 이하	25 초과 50 이하	12 초과 25 이하	25 이상 50 미만	10 이상 20 미만	400 초과 600 이하
심각	50 초과	50 초과	25 초과	25 미만	10 미만	600 초과

○ 중점관리대상 지방자치단체 지정기준
 – 6개의 사전경보지표 중 '심각'이 2개 이상이면 중점관리대상으로 지정
 – '주의' 2개는 '심각' 1개로 간주

〈현황〉

(단위: %)

지표 지방 자치단체	통합재정 수지적자 비율	예산대비 채무비율	채무 상환비 비율	지방세 징수액 비율	금고잔액 비율	공기업 부채비율
A	30	20	15	60	30	250
B	40	30	10	40	15	350
C	15	20	6	45	17	650
D	60	30	30	55	25	150

① A, C ➡ (X)
② A, D ➡ (X)
③ B, C ➡ (X)
④ B, D ➡ (X)
⑤ B, C, D ➡ (O) 〈현황〉의 지표 왼쪽에서부터 순서대로 사전경보를 쓰면 다음과 같다.

• A: 주의, X, 주의, X, X, X → 주의 2개=심각 1개
• B: 주의, 주의, X, 주의, 주의, X → 주의 4개=심각 2개
• C: X, X, X, 주의, 주의, 심각 → 주의 2개, 심각 1개=심각 2개
• D: 심각, 주의, 심각, X, X, X → 주의 1개, 심각 2개

따라서 심각이 2개 이상인 B, C, D가 중점관리대상이다.

21 ①

정답률 89.1%

| **문제 유형** | 연산추론형 > 수리계산 |

│접근 전략│ 문제를 이해하는 데 약간의 시간이 걸릴 수는 있으나 전체적으로 어려지는 않은 문제로, 제시문에서 주어진 Broca 보정식과 체질량 지수를 이용하여 정확하게 계산하지 않고 대략적으로 수치만 도출하여도 해결할 수 있는 문제이다.

다음 글을 근거로 판단할 때, 신장 180cm, 체중 85kg인 甲의 비만 정도를 옳게 짝지은 것은?

과다한 영양소 섭취와 적은 체내 에너지 소비로 인한 에너지 대사의 불균형으로 지방이 체내에 지나치게 축적되어 체중이 과다해지는 것을 비만이라 한다.

비만 정도를 측정하는 방법은 Broca 보정식과 체질량 지수를 이용하는 것이 대표적이다. Broca 보정식은 신장과 체중을 이용하여 비만 정도를 측정하는 간단한 방법이다. 이 방법에 의하면 신장(cm)에서 100을 뺀 수치에 0.9를 곱한 수치가 '표준체중(kg)'이며, 표준체중의 110% 이상 120% 미만의 체중을 '체중과잉', 120% 이상의 체중을 '비만'이라고 한다.

한편 체질량 지수는 체중(kg)을 '신장(m)'의 제곱으로 나눈 값을 의미한다. 체질량 지수에 따른 비만 정도는 다음 〈표〉와 같다.

〈표〉

체질량 지수	비만 정도
18.5 미만	저체중
18.5 이상~23.0 미만	정상
23.0 이상~25.0 미만	과체중
25.0 이상~30.0 미만	경도비만
30.0 이상~35.0 미만	중등도비만
35.0 이상	고도비만

	Broca 보정식	체질량 지수	
①	체중과잉	경도비만	➡ (O)

- Broca 보정식에 따른 甲의 비만 정도: $(180-100) \times 0.9 = 72(kg)$가 표준체중이고, 85kg은 72kg의 110% 이상 120% 미만에 해당하므로 '체중과잉'이다.
- 체질량 지수에 따른 甲의 비만 정도: 신장(m)의 제곱은 $(1.8)^2 m = 3.24 m$이고 체중은 85kg이므로 $\frac{85}{3.24} = 26.2$로서 '경도비만'이다.

②	표준체중	정상	➡ (X)
③	비만	과체중	➡ (X)
④	체중과잉	정상	➡ (X)
⑤	비만	경도비만	➡ (X)

22 ③

정답률 91.4%

| **문제 유형** | 퍼즐형 > 최댓값·최솟값 도출 |

│접근 전략│ 문제에 제시된 시설별 이용 소요시간을 통하여 가장 오랜 시간이 소요되는 사람이 누구인지를 파악하고, 이를 기준으로 출발 가능한 버스 시간을 찾으면 된다. 단, 여섯 사람이 모두 동시에 이동해야 한다는 점에 유의한다.

다음 글과 〈표〉를 근거로 판단할 때, 여섯 사람이 서울을 출발하여 대전에 도착할 수 있는 가장 이른 예정시각은? (단, 다른 조건은 고려하지 않는다)

아래 여섯 사람은 서울 출장을 마치고 같은 고속버스를 타고 함께 대전으로 돌아가려고 한다. 고속버스터미널에는 은행, 편의점, 화장실, 패스트푸드점, 서점 등이 있다.

다음은 고속버스터미널에 도착해서 나눈 대화내용이다.

가은: 버스표를 사야 하니 저쪽 은행에 가서 현금을 찾아올게.
나중: 그럼 그 사이에 난 잠깐 저쪽 편의점에서 간단히 먹을 김밥이라도 사올게.
다동: 그럼 난 잠깐 화장실에 다녀올게. 그리고 저기 보이는 패스트푸드점에서 햄버거라도 사와야겠어. 너무 배고프네.
라민: 나는 버스에서 읽을 책을 서점에서 사야지. 그리고 화장실도 들러야겠어.
마란: 그럼 난 여기서 바솜이랑 기다리고 있을게.
바솜: 지금이 오전 11시 50분이니까 다들 각자 볼일 마치고 빨리 돌아와.

각 시설별 이용 소요시간은 은행 30분, 편의점 10분, 화장실 20분, 패스트푸드점 25분, 서점 20분이다.

〈표〉

서울 출발 시각	대전 도착 예정시각	잔여좌석 수
12:00	14:00	7
12:15	14:15	12
12:30	14:30	9
12:45	14:45	5
13:00	15:00	10
13:20	15:20	15
13:40	15:40	6
14:00	16:00	8
14:15	16:15	21

① 14:15 ➡ (X)
② 14:45 ➡ (X)
③ 15:00 ➡ (O) 각각의 인물의 소요시간을 정리하면 다음과 같다.

- 가은 – 은행: 30분
- 나중 – 편의점: 10분
- 다동 – 화장실+패스트푸드점: 45분
- 라민 – 서점+화장실: 40분

이 중 가장 오랜 시간이 소요되는 사람은 다동으로, 45분이 걸리므로 12시 35분부터 서울을 출발할 수 있다. 이후 가장 출발이 빠른 버스는 12시 45분 출발 버스이지만 잔여좌석이 5석이므로 여섯 사람이 동시에 출발할 수 없어 다음 버스인 13시 출발 버스를 이용할 것이다. 따라서 대전 도착 예정시각은 15시이다.

④ 15:20 ➡ (X)
⑤ 16:15 ➡ (X)

23 ③

| **문제 유형** | 퍼즐형 > 최댓값·최솟값 도출

| **접근 전략** | 7개의 화장 단계를 통해 甲이 가질 수 있는 최대 매력 지수를 도출한다. 필수적으로 해야 하는 기본적인 화장 단계는 생략해서는 안 되므로 이를 제외한 나머지 단계에서 최대 매력 지수를 얻을 수 있는 경우를 찾아낸다.

다음 글을 근거로 판단할 때, 〈표〉의 화장 단계 중 7개만을 선택하였을 경우 甲의 최대 매력 지수는?

○ 아침마다 화장을 하고 출근하는 甲의 목표는 매력 지수의 합을 최대한 높이는 것이다.
○ 화장 단계별 매력 지수와 소요 시간은 아래의 〈표〉와 같다.
○ 20분 만에 화장을 하면 지각하지 않고 정시에 출근할 수 있다.
○ 회사에 1분 지각할 때마다 매력 지수가 4점씩 깎인다.
○ 화장은 반드시 '로션 바르기 → 수분크림 바르기 → 선크림 바르기 → 피부화장하기'순으로 해야 하며, 이 4개 단계는 생략할 수 없다.
○ 피부화장을 한 후에 눈썹 그리기, 눈화장하기, 립스틱 바르기, 속눈썹 붙이기를 할 수 있으며, 이 중에서는 어떤 것을 선택해도 상관없다.
○ 동일 화장 단계는 반복하지 않으며, 2개 이상의 화장 단계는 동시에 할 수 없다.

〈표〉

화장 단계	매력 지수(점)	소요 시간(분)
로션 바르기	2	1
수분크림 바르기	2	1
선크림 바르기	6	1.5
피부화장하기	20	7
눈썹 그리기	12	3
눈화장하기	25	10
립스틱 바르기	10	0.5
속눈썹 붙이기	60	15

① 53점 ➡ (X)
② 61점 ➡ (X)
③ 76점 ➡ (O) 甲이 생략할 수 없는 4개 단계는 '로션 바르기 → 수분크림 바르기 → 선크림 바르기 → 피부화장하기'로서 매력 지수는 30점, 소요 시간은 총 10.5분이다. 기본 4개 화장 단계를 제외한 나머지에서 3개 단계를 선택해야 하므로 경우의 수를 따져보면 다음과 같다.

화장 단계	매력 지수(점)	소요 시간(분)
기본 4개 단계, 눈썹 그리기, 눈화장하기, 립스틱 바르기	30+12+25+10−(4×4) =61(점)	10.5+3+10+0.5=24 → 4(분) 지각
기본 4개 단계, 눈썹 그리기, 눈화장하기, 속눈썹 붙이기	30+12+25+60−(18.5×4) =53(점)	10.5+3+10+15=38.5 → 18.5(분) 지각
기본 4개 단계, 눈썹 그리기, 립스틱 바르기, 속눈썹 붙이기	30+12+10+60−(9×4) =76(점)	10.5+3+0.5+15=29 → 9(분) 지각
기본 4개 단계, 눈화장하기, 립스틱 바르기, 속눈썹 붙이기	30+25+10+60−(16×4) =61(점)	10.5+10+0.5+15=36 → 16(분) 지각

따라서 甲은 '로션 바르기 → 수분크림 바르기 → 선크림 바르기 → 피부화장하기 → 눈썹 그리기 → 립스틱 바르기 → 속눈썹 붙이기'의 7개 단계를 선택하였을 때 매력 지수가 76점으로 가장 높다.

④ 129점 ➡ (X)
⑤ 137점 ➡ (X)

24 ⑤

| **문제 유형** | 퍼즐형 > 수리퀴즈

| **접근 전략** | 다양한 무게의 짐 12개를 10kg까지 넣을 수 있는 상자에 각각 어떻게 분배할 수 있는지를 제시된 방법 두 가지를 사용하여 판단하는 문제이다. 두 가지 방법 모두 상자에 꼭 10kg까지 반드시 채워야 하는 것은 아니라는 점에 주의하도록 한다.

다음 글을 근거로 판단할 때, 〈보기〉에서 옳은 것만을 모두 고르면? (단, 다른 조건은 고려하지 않는다)

다양한 무게의 짐 12개를 아래의 방법에 따라 최소 개수의 상자에 넣으려고 한다. 각각의 짐 무게는 아래와 같고, 좌측부터 순서대로 도착했다. 하나의 짐을 분리하여 여러 상자에 나누어 넣을 수 없으며, 포장된 상자에는 짐을 추가로 넣을 수 없다.

6, 5, 5, 4, 2, 3, 6, 5, 4, 5, 7, 8 (단위: kg)

방법 1. 도착한 순서대로 짐을 상자에 넣는다. 짐을 상자에 넣어 10kg이 넘을 경우, 그 짐을 넣지 않고 상자를 포장한다. 그 후 짐을 다음 상자에 넣는다.
방법 2. 모든 짐을 무게순으로 재배열한 후 무거운 짐부터 순서대로 상자에 넣는다. 짐을 상자에 넣어 10kg이 넘을 경우, 그 짐을 넣지 않고 상자를 포장한다. 그 후 짐을 다음 상자에 넣는다.

→ • 방법 1: (6), (5, 5), (4, 2, 3), (6), (5, 4), (5), (7), (8)
   • 방법 2: (8), (7), (6), (6), (5, 5), (5, 5), (4, 4), (3, 2)

〈보기〉

ㄱ. 방법 1과 방법 2의 경우, 필요한 상자의 개수가 다르다. → (X) 방법 1과 방법 2 모두 8개의 상자를 필요로 한다.
ㄴ. 방법 1의 경우, 10kg까지 채워지지 않은 상자들에 들어간 짐의 무게의 합은 50kg이다. → (O) (6)+(4+2+3)+(6)+(5+4)+(5)+(7)+(8)=50(kg)이다.
ㄷ. 방법 2의 경우, 10kg이 채워진 상자의 수는 2개이다. → (O) (5, 5) 상자 2개이다.

① ㄴ ➡ (X)
② ㄷ ➡ (X)
③ ㄱ, ㄴ ➡ (X)
④ ㄱ, ㄷ ➡ (X)
⑤ ㄴ, ㄷ ➡ (O)

| **문제 유형** | 퍼즐형 > 수리퀴즈 |

| 접근 전략 | 난도 높은 문제이다. 2개의 행사장 출입구를 통해 총 400명의 인원이 입장할 때 한 바퀴를 도는 인원과 반 바퀴를 도는 관람객 수를 정확하게 파악해야 한다.

다음 글을 근거로 판단할 때, B 전시관 앞을 지나가거나 관람한 총인원은?

○ 전시관은 A → B → C → D 순서로 배정되어 있다. 〈행사장 출입구〉는 아래 그림과 같이 두 곳이며 다른 곳으로는 출입이 불가능하다.

○ 관람객은 〈행사장 출입구〉 두 곳 중 한 곳으로 들어와서 시계 반대 방향으로 돌며, 모든 관람객은 4개의 전시관 중 2개의 전시관만을 골라 관람한다.

○ 자신이 원하는 2개의 전시관을 모두 관람하면 그 다음 만나게 되는 첫 번째 〈행사장 출입구〉를 통해 나가기 때문에, 관람객 중 일부는 반 바퀴를, 일부는 한 바퀴를 돌게 되지만 한 바퀴를 초과해서 도는 관람객은 없다.

○ 〈행사장 출입구〉 두 곳을 통해 행사장에 입장한 관람객 수의 합은 400명이며, 이 중 한 바퀴를 돈 관람객은 200명이고 D 전시관 앞을 지나가거나 관람한 인원은 350명이다.

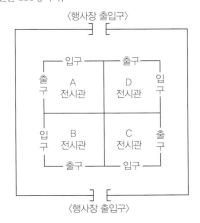

① 50명 ➡ (×)

② 100명 ➡ (×)

③ 200명 ➡ (×)

④ 250명 ➡ (O) 한 바퀴를 돈 관람객이 200명이므로 반 바퀴를 돈 관람객은 200명이다. 따라서 (북쪽 출입문 → 남쪽 출입문으로 나간 관람객 수)+(남쪽 출입문 → 북쪽 출입문으로 나간 관람객 수)=200(명)이고, (북쪽 출입문 → 북쪽 출입문으로 나간 관람객 수)+(남쪽 출입문 → 남쪽 출입문으로 나간 관람객 수)=200(명)이다. D 전시관 앞을 지나가거나 관람한 인원의 합은 (남쪽 출입문 → 북쪽 출입문으로 나간 관람객 수)+(북쪽 출입문 → 북쪽 출입문으로 나간 관람객 수)+(남쪽 출입문 → 남쪽 출입문으로 나간 관람객 수)이고 이는 350명이라 하였으므로, (남쪽 출입문 → 북쪽 출입문으로 나간 관람객 수)는 150명이고, (북쪽 출입문 → 남쪽 출입문으로 나간 관람객 수)는 50명임을 알 수 있다. B 전시관 앞을 지나가거나 관람한 인원의 합은 (북쪽 출입문 → 남쪽 출입문으로 나간 관람객 수)+(북쪽 출입문 → 북쪽 출입문으로 나간 관람객 수)+(남쪽 출입문 → 남쪽 출입문으로 나간 관람객 수)이므로 50+200=250(명)이 B 전시관 앞을 지나가거나 관람하였다.

⑤ 350명 ➡ (×)

2013년도 국가공무원 5급 민간경력자 일괄채용 필기시험

정답과 분석해설

취약유형 분석표 제1영역 언어논리

문번	정답	정답률	유형	맞고 틀림
01	⑤	91.7%	사실적 이해 > 정보 확인	○△×
02	①	95.1%	사실적 이해 > 정보 확인	○△×
03	②	80.2%	비판적 사고 > 지문에서 추론하기	○△×
04	⑤	84.0%	비판적 사고 > 지문에서 추론하기	○△×
05	③	94.7%	사실적 이해 > 정보 확인	○△×
06	⑤	74.2%	사실적 이해 > 정보 확인	○△×
07	①	88.2%	비판적 사고 > 지문에서 추론하기	○△×
08	①	76.9%	비판적 사고 > 판단하기	○△×
09	④	47.9%	사실적 이해 > 논리 게임	○△×
10	③	75.0%	비판적 사고 > 논리적 결론의 전제 · 원인 찾기	○△×
11	①	68.7%	사실적 이해 > 정보 확인	○△×
12	④	89.6%	사실적 이해 > 정보 확인	○△×
13	④	95.7%	비판적 사고 > 지문에서 추론하기	○△×
14	①	87.2%	비판적 사고 > 지문에서 추론하기	○△×
15	②	69.9%	비판적 사고 > 유사한 내용 · 사례 찾기	○△×
16	③	86.9%	사실적 이해 > 정보 확인	○△×
17	②	69.5%	비판적 사고 > 지문에서 추론하기	○△×
18	⑤	61.2%	비판적 사고 > 지문에서 추론하기	○△×
19	①	58.3%	비판적 사고 > 논리적 결론의 전제 · 원인 찾기	○△×
20	③	91.9%	비판적 사고 > 유사한 내용 · 사례 찾기	○△×
21	④	61.7%	비판적 사고 > 논지 강화 · 약화하기	○△×
22	④	77.3%	비판적 사고 > 유사한 내용 · 사례 찾기	○△×
23	②	89.0%	비판적 사고 > 판단하기	○△×
24	⑤	93.8%	비판적 사고 > 논지 강화 · 약화하기	○△×
25	⑤	87.2%	비판적 사고 > 판단하기	○△×

- 확실히 맞힌 문항 수: _____ 문항
- 헷갈리거나 찍은 문항 수: _____ 문항
- 틀린 문항 수: _____ 문항

나의 성적

영역	점수	풀이 시간
언어논리	_____점	_____분
자료해석	_____점	_____분
상황판단	_____점	_____분

합격선

영역	합격 가능권	합격 확실권
언어논리	64~68점	72~76점
자료해석	68~72점	76~80점
상황판단	64~68점	72~76점

풀이 시간

영역	기본	숙련
언어논리	60분	50분
자료해석	60분	50분
상황판단	60분	50분

※2013년도 선발 인원 / 응시 인원 미공개

취약유형 분석표 제2영역 자료해석

문번	정답	정답률	유형	맞고 틀림
01	②	96.6%	자료 읽기 > 표/그림 제시형	○ △ ×
02	②	89.9%	자료 읽기/추론 > 매칭형	○ △ ×
03	⑤	96.6%	자료 변환응용 > 표/그림 전환형	○ △ ×
04	①	94.1%	자료 읽기/추론 > 매칭형	○ △ ×
05	④	89.8%	자료 읽기 > 표 제시형	○ △ ×
06	①	91.6%	자료 읽기 > 표 제시형	○ △ ×
07	⑤	85.2%	자료 읽기 > 표/그림/빈칸 제시형	○ △ ×
08	③	92.0%	자료 읽기/추론 > 계산형	○ △ ×
09	①	82.6%	자료 읽기 > 표/그림 제시형	○ △ ×
10	②	79.2%	자료 읽기 > 표 제시형	○ △ ×
11	③	96.6%	자료 읽기 > 그림 제시형	○ △ ×
12	③	93.5%	자료 읽기/추론 > 매칭형	○ △ ×
13	③	85.0%	자료 읽기 > 그림 제시형	○ △ ×
14	④	66.1%	자료 읽기 > 그림 제시형	○ △ ×
15	②	99.1%	자료 읽기/추론 > 매칭형	○ △ ×
16	②	96.1%	자료 읽기 > 표 제시형	○ △ ×
17	⑤	91.0%	자료 읽기 > 표 제시형	○ △ ×
18	④	89.2%	자료 읽기 > 그림 제시형	○ △ ×
19	⑤	93.6%	자료 읽기 > 그림 제시형	○ △ ×
20	④	94.0%	자료 추론 > 추가로 필요한 자료 찾기	○ △ ×
21	①	87.4%	자료 변환응용 > 자료/보고서 전환형	○ △ ×
22	③	92.6%	자료 변환응용 > 표/그림 전환형	○ △ ×
23	①	93.0%	자료 읽기/추론 > 매칭형	○ △ ×
24	②	89.6%	자료 읽기 > 그림 제시형	○ △ ×
25	④	66.8%	자료 읽기/추론 > 계산형	○ △ ×

- 확실히 맞힌 문항 수: _____ 문항
- 헷갈리거나 찍은 문항 수: _____ 문항
- 틀린 문항 수: _____ 문항

취약유형 분석표 제3영역 상황판단

문번	정답	정답률	유형	맞고 틀림
01	③	80.0%	제시문형 > 정보확인	○ △ ×
02	①	98.2%	제시문형 > 정보확인	○ △ ×
03	②	96.4%	제시문형 > 정보확인	○ △ ×
04	⑤	91.3%	제시문형 > 정보확인	○ △ ×
05	⑤	87.8%	법조문형 > 규정확인	○ △ ×
06	⑤	89.5%	제시문형 > 분석추론	○ △ ×
07	③	94.5%	제시문형 > 분석추론	○ △ ×
08	④	87.3%	연산추론형 > 대입비교	○ △ ×
09	①	96.8%	퍼즐형 > 게임·규칙	○ △ ×
10	⑤	64.3%	연산추론형 > 대입비교	○ △ ×
11	④	94.9%	제시문형 > 정보확인	○ △ ×
12	⑤	94.0%	제시문형 > 정보확인	○ △ ×
13	①	98.6%	제시문형 > 분석추론	○ △ ×
14	④	74.5%	법조문형 > 규정적용	○ △ ×
15	②	98.0%	법조문형 > 규정적용	○ △ ×
16	①	69.6%	연산추론형 > 대입비교	○ △ ×
17	④	47.2%	법조문형 > 규정확인	○ △ ×
18	④	95.8%	제시문형 > 정보확인	○ △ ×
19	④	52.4%	퍼즐형 > 최댓값·최솟값 도출	○ △ ×
20	③	79.7%	연산추론형 > 대입비교	○ △ ×
21	①	88.2%	퍼즐형 > 수리퀴즈	○ △ ×
22	②	58.8%	퍼즐형 > 게임·규칙	○ △ ×
23	②	67.5%	법조문형 > 규정적용	○ △ ×
24	③	62.7%	퍼즐형 > 논리퀴즈	○ △ ×
25	④	33.0%	연산추론형 > 대입비교	○ △ ×

- 확실히 맞힌 문항 수: _____ 문항
- 헷갈리거나 찍은 문항 수: _____ 문항
- 틀린 문항 수: _____ 문항

2013 | 제1영역 언어논리(⑩ 책형)

기출 총평

난이도 중~하에 해당하는 문제가 다수 출제되었다. 지문과 선지의 일치 여부를 묻는 정보 확인 유형의 문항이 전체 문항의 30%가량 출제되었는데, 대부분 지문을 읽으면서 동시에 선지의 내용을 직접적으로 대조해 가부를 확인할 수 있는 문제들이다. 선지에서 단어 하나를 바꾸거나 주어와 서술어의 어휘를 서로 다른 것으로 연결해 함정을 만든 문항들도 있었지만 난이도는 쉬운 편이다. 따라서 지문의 내용만 제대로 이해했다면 사실적 이해 영역의 문항들은 쉽게 정답을 찾을 수 있었을 것이다. 그리고 지문의 내용을 바탕으로 추론할 수 있는 내용을 찾는 문항도 전체 문항의 30%가량을 차지했다. 지문의 전체 맥락을 파악하고 요약 및 정리할 수 있는 능력, 세부 내용을 유추할 수 있는 능력, 결론을 도출할 수 있는 능력 등이 요구되는 문제들이었다. 전체 문항 중 빈도수가 높은 이 문제 유형에 대비하기 위해서는 평소 빠르게 읽으면서 핵심 내용을 파악하는 연습을 꾸준히 해야 한다. 또한 지문의 내용을 바탕으로 유사한 사례를 찾거나 논지를 강화·약화하는 논거를 찾는 문항들도 출제되었는데, 지문 내용은 쉽더라도 문제 유형을 이해하고 논리 구조를 파악해야 하는 과정으로 인해 소모적이었을 것으로 보인다.

문항별 정답률 및 선지별 선택률

문번	정답	정답률 (%)	선지별 선택률(%)				
			①	②	③	④	⑤
01	⑤	91.7	2.0	5.5	0.0	0.8	91.7
02	①	95.1	95.1	0.8	0.6	0.8	2.7
03	②	80.2	2.3	80.2	7.2	8.0	2.3
04	⑤	84.0	0.8	0.8	11.7	2.7	84.0
05	③	94.7	0.0	0.0	94.7	5.3	0.0
06	⑤	74.2	0.4	17.4	3.5	4.5	74.2
07	①	88.2	88.2	1.9	5.7	0.4	3.8
08	①	76.9	76.9	0.4	21.9	0.4	0.4
09	④	47.9	41.4	1.9	6.5	47.9	2.3
10	③	75.0	2.3	0.8	75.0	6.9	15.0
11	①	68.7	68.7	3.2	10.4	15.4	2.3
12	④	89.6	0.4	4.2	2.7	89.6	3.1
13	④	95.7	1.0	1.9	0.6	95.7	0.8

문번	정답	정답률 (%)	선지별 선택률(%)				
			①	②	③	④	⑤
14	①	87.2	87.2	5.0	6.2	0.4	1.2
15	②	69.9	2.3	69.9	0.4	24.3	3.1
16	③	86.9	9.7	0.5	86.9	0.8	2.1
17	②	69.5	9.3	69.5	16.2	2.3	2.7
18	⑤	61.2	0.4	1.2	24.8	12.4	61.2
19	①	58.3	58.3	1.2	30.9	8.1	1.5
20	③	91.9	0.8	4.3	91.9	3.0	0.0
21	④	61.7	0.8	6.7	10.7	61.7	20.1
22	④	77.3	5.9	2.4	3.9	77.3	10.5
23	②	89.0	1.2	89.0	0.4	8.6	0.8
24	⑤	93.8	2.7	0.4	2.0	1.1	93.8
25	⑤	87.2	1.2	0.0	9.3	2.3	87.2

※ 파란색 음영 문항은 해당 회차에서 정답률이 가장 낮은 TOP 3 문항입니다.
※ 정답률 및 선지별 선택률 산정 기준: 약 1년간 누적된 자동채점 & 성적결과분석 서비스의 응시 데이터

출제 비중

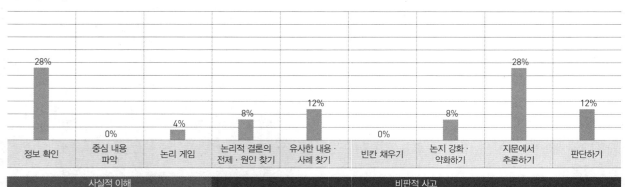

정보 확인	중심 내용 파악	논리 게임	논리적 결론의 전제·원인 찾기	유사한 내용· 사례 찾기	빈칸 채우기	논지 강화· 약화하기	지문에서 추론하기	판단하기
28%	0%	4%	8%	12%	0%	8%	28%	12%

사실적 이해 / 비판적 사고

01	⑤	02	①	03	②	04	⑤	05	③
06	⑤	07	①	08	①	09	④	10	③
11	①	12	④	13	④	14	①	15	②
16	③	17	②	18	⑤	19	①	20	③
21	④	22	④	23	②	24	⑤	25	⑤

01 ⑤
정답률 91.7%

| **문제 유형** | 사실적 이해 > 정보 확인

| **접근 전략** | 지문에 제시된 정보와 선지 내용의 일치 여부를 따지는 문제 유형이다. 따라서 지문과 선지의 내용의 일치 여부를 확인하면서 소거법으로 문제를 풀면 된다. 이때 주의할 것은 지문 안에 포함된 내용만 일치하는 것으로 보고, 지문의 내용을 다른 상황에 적용해 추측하는 것은 과감히 제외해야 한다는 점이다. 즉, 지문에 나온 내용만 사실로 보고 선지와 대조해 나가야 한다.

다음 글의 내용과 부합하는 것은?

중세 동아시아 의학의 특징은 강력한 중앙권력의 주도 아래 통치수단의 방편으로서 활용되었다는 점이다. 권력자들은 최상의 의료 인력과 물자를 독점적으로 소유함으로써 의료를 충성에 대한 반대급부로 삼았다. 이러한 특징은 국가 간의 관계에서도 나타나 중국의 황제는 조공국에게 약재를 하사함으로써 위세와 권위를 과시했다. 고려의 국왕 또한 가부장적 이데올로기에 입각하여 의료를 신민 지배의 한 수단으로 삼았다. 국왕은 일 년 중 정해진 날에 종4품 이상의 신료에게 약재를 내렸는데, 이를 납약(臘藥)이라 하였다. 납약은 중세 국가에서 약재가 일종의 위세품(威勢品)으로 작용하였음을 잘 보여주는 사례이다. ▶1문단

역병이 유행하면 고려의 국왕은 이에 상응하는 약재를 분배하였다. 1018년 개경에 유행성 열병인 장역(瘴疫)이 유행하자 현종은 관의(官醫)에게 병에 걸린 문무백관의 치료를 명령하고 필요한 약재를 하사하였다. 하층 신민에 대해서는 혜민국과 구제도감 등 다양한 의료 기관을 설립하여 살피게 했다. 전염병이 유행하면 빈민들의 희생이 컸기에 소극적이나마 빈민을 위한 의료대책을 시행하지 않을 수 없었다. 1110년과 1348년 전염병이 유행하였을 때에는 개경 시내에 빈민의 주검이 많이 방치되어 있었고, 이는 전염병이 유행하게 되는 또 다른 요인이 되었다. 이들 빈민 환자를 한곳에 모아 관리해야 할 필요성에서 빈민의료가 시작되었다. 그러나 혜민국은 상설 기관이 아니라 전염병 유행과 같은 비상시에 주로 기능하는 임시 기관이었다. 애민(愛民) 정책 아래 만들어진 이들 기관의 실상은 치료보다 통치를 위한 격리를 목적으로 하였다. ▶2문단

① 고려는 역병을 예방하기 위해 혜민국을 설치하였다. ➡ (X) 2문단에 '혜민국은 상설 기관이 아니라 전염병 유행과 같은 비상시에 주로 기능하는 임시 기관이었다.'라고 나와 있으므로, 혜민국이 역병을 예방하기 위해 설치한 기관이 아님을 알 수 있다.

② 고려 국왕은 병든 문무백관의 치료를 위해 납약을 하사하였다. ➡ (X) 1문단에 따르면 중세 국가에서 납약은 일종의 위세품으로서 국왕이 일 년 중 정해진 날에 종4품 이상의 신료에게 하사하는 것이었다. 따라서 병든 문무백관의 치료를 위한 것이 아니었음을 알 수 있다.

③ 가부장적 이데올로기는 고려시대 전염병의 발병률 감소에 기여하였다. ➡ (X) 1문단에서 고려의 국왕이 가부장적 이데올로기에 입각하여 의료를 신민 지배의 한 수단으로 삼았음을 알 수 있지만, 지문에서 가부장적 이데올로기와 고려시대 전염병 발병률의 연관성은 찾을 수 없다.

④ 중세 동아시아 의학은 상·하층 신민의 질병을 치료하기 위한 목

적으로 발전하였다. ➡ (X) 1문단의 내용을 통해 중세 동아시아 의학은 중앙권력의 주도 아래 통치 수단의 방편으로 활용되었음을, 즉 의료 인력과 물자를 독점하여 이를 조공국이나 신료들에게 하사함으로써 그 위세와 권위를 과시하였음을 알 수 있다. 하지만 상·하층 신민의 질병을 치료하기 위한 목적으로 발전하였다는 내용은 드러나 있지 않다.

⑤ 중세 동아시아의 권력자는 의료 인력과 약재를 독점하여 신료의 충성을 유도하였다. ➡ (O) 1문단의 '권력자들은 최상의 의료 인력과 물자를 독점적으로 소유함으로써 의료를 충성에 대한 반대급부로 삼았다.'를 통해 중세 동아시아의 권력자는 의료 인력과 약재를 독점하여 신료의 충성을 유도했음을 알 수 있다.

02 ①
정답률 95.1%

| **문제 유형** | 사실적 이해 > 정보 확인

| **접근 전략** | 지문을 읽고 지문에 제시된 정보와 선지의 내용이 불일치하는 것을 고르는 문제 유형이다. 따라서 정답을 제외한 나머지 선지는 지문의 내용과 부합한다는 점을 고려해, 선지를 먼저 읽고 대략의 내용을 파악한 후에 지문을 읽어 나가야 시간을 절약할 수 있다.

다음 글의 내용과 부합하지 않는 것은?

컴퓨터 매체에 의존한 전자 심의가 민주정치의 발전을 가져올 수 있을까? 이 질문에 답하는 데 도움이 될 만한 실험들이 있었다. 한 실험에 따르면, 전자 심의에서는 시각적 커뮤니케이션이 없었지만 토론이 지루해지지 않았고 오히려 대면 심의에서는 드러나지 않았던 내밀한 내용들이 쉽게 표출되었다. 이것으로 미루어 보건대, 인터넷은 소극적이고 내성적인 사람들이 자신의 의견을 적극 표출하도록 만들 수 있다는 장점이 있다. 하지만 다른 실험은 대면 심의 집단이 질적 판단을 요하는 복합적 문제를 다루는 경우 전자 심의 집단보다 우월하다는 결과를 보여 주었다. ▶1문단

이런 관점에서 보면 전자 심의는 소극적인 시민들의 생활에 숨어 있는 다양한 의견들을 표출하기에 적합하며, 대면 심의는 책임감을 요하는 정치적 영역의 심의에 더 적합하다고 볼 수 있다. 정치적 영역의 심의는 복합적 성격의 쟁점, 도덕적 갈등 상황, 그리고 최종 판단의 타당성 여부가 불확실한 문제들과 깊이 관련되어 있기 때문이다. 어려운 정치적 결정일수록 참여자들 사이에 타협과 협상을 필요로 하는데, 그 타협은 일정 수준의 신뢰 등 '사회적 자본'이 확보되어 있을 때 용이해진다. 정치적 사안을 심의하려면 토론자들이 서로 간에 신뢰하고 있을 뿐 아니라 심의 결과에 대해 책임의식을 느끼고 있어야 하고, 이런 바탕 위에서만 이성적 심의나 분별력 있는 심의가 가능하다. 하지만 이것은 인터넷 공간에서는 확보되기 어려운 것으로 보인다. ▶2문단

① 인터넷을 통한 전자 심의는 내밀한 내용이 표출된다는 점에서 신뢰를 증진시킬 수 있다. ➡ (X) 1문단에 전자 심의에서는 대면 심의에서 드러나지 않았던 내밀한 내용들이 쉽게 표출되었다고 하였다. 하지만 2문단 마지막 부분에서 정치적 사안을 심의하려면 일정 수준의 신뢰가 확보되어야 하는데, 인터넷 공간에서는 그것이 확보되기 어려운 것으로 보인다고 하였다. 따라서 전자 심의가 내밀한 내용을 표출한다는 것은 맞지만, 신뢰를 증진시킬 수 있다는 내용은 지문의 내용과 부합하지 않는다.

② 질적 판단을 요하는 복합적 문제를 다루는 데에는 대면 심의 집단이 우월한 경우가 있다. ➡ (O) 1문단의 마지막 문장에 '대면 심의 집단이 질적 판단을 요하는 복합적 문제를 다루는 경우 전자 심의 집단보다 우월하다는 결과를 보여주었다.'라고 나와 있으므로 본 선지는 지문의 내용과 부합한다.

③ 인터넷은 소극적이고 내성적인 사람들이 자신의 의견을 표출하도록 만들 수 있다는 장점이 있다. ➡ (O) 2문단의 첫째 문장에서 전자 심의는 소극적인 시민들의 생활에 숨어 있는 다양한 의견들을 표출하기에 적합하다고 하였다.

④ 정치적 사안을 심의하려면 토론자들이 서로 신뢰하고 심의 결과

에 대해 책임의식을 느껴야 한다. ▶ (○) 2문단에서 '정치적 사안을 심의하려면 토론자들이 서로 간에 신뢰하고 있을 뿐 아니라 심의 결과에 대해 책임의식을 느끼고 있어야' 한다고 했다.

⑤ 불확실성이 개입된 복합적 문제에 대한 정치적 결정에서는 참여자들 사이에 타협과 협상이 필요하다. ▶ (○) 2문단에서 '정치적 영역의 심의는 복합적 성격의 쟁점, 도덕적 갈등 상황, 그리고 최종 판단의 타당성 여부가 불확실한 문제들과 깊이 관련되어' 있으며, '어려운 정치적 결정일수록 참여자들 사이에 타협과 협상을 필요로' 한다고 언급하였다.

03 ② 정답률 80.2%

| **문제 유형** | 비판적 사고 > 지문에서 추론하기 |
| **접근 전략** | 지문에 제시된 정보를 바탕으로 세부적인 내용의 옳고 그름을 추론하는 문제 유형이다. 내용의 일치 여부를 묻는 문항은 지문 내용과 선지 내용을 흐름에 따라 직접적으로 일대일 대조하여 일치 여부를 판단하면 된다. 반면 세부 내용을 추론하는 문항은 지문의 내용을 모두 읽은 후에 요약·정리된 문장들을 보고 그 진위 여부를 판단해야 한다. 따라서 본 문제에서는 지문을 읽으면서 '문명'과 '문화'에 대한 각 시대별 학자들의 입장을 비교하여 정리해야 한다.

다음 글에서 추론할 수 있는 것은?

원래 '문명'은 진보 사관을 지닌 18세기 프랑스 계몽주의자들이 착안한 개념으로, 무엇보다 야만성이나 미개성에 대비된 것이었다. 그러나 독일 낭만주의자들은 '문화'를 민족의 혼이나 정신적 특성으로 규정하면서, 문명을 물질적인 것에 국한시키고 비하했다. 또한 문화는 상류층의 고상한 취향이나 스타일 혹은 에티켓 등 지식인층의 교양을 뜻하기도 했다. 아놀드를 포함해서 빅토리아 시대의 지성인들은 대체로 이런 구분을 받아들였다. 그래서 문명이 외적이며 물질적인 것이라면, 문화는 내적이며 정신과 영혼의 차원에 속하는 것이었다. 따라서 문명이 곧 문화를 동반하는 것은 아니었다. 아놀드는 그 당시 산업혁명이 진행 중인 도시의 하층민과 그들의 저급한 삶을 비판적으로 바라보았다. 이를 치유하기 위해 그는 문화라는 해결책을 제시하였다. 그에 따르면 문화는 인간다운 능력의 배양에서 비롯되는 것이다. ▶1문단

한편 19세기 인문주의자들은 문화라는 어휘를 광범위한 의미에서 동물과 대비하여 인간이 후천적으로 습득한 지식이나 삶의 양식을 총체적으로 지칭하는 데 사용하였다. 인류학의 토대를 마련한 타일러도 기본적으로 이를 계승하였다. 그는 문화를 "인간이 사회 집단의 구성원으로서 습득한 지식, 믿음, 기술, 도덕, 법, 관습 그리고 그 밖의 능력이나 습관으로 구성된 복합체"라고 정의하였다. 그는 독일 낭만주의자들의 문화와 문명에 대한 개념적 구분을 배격하고, 18세기 프랑스 계몽주의자들이 야만성이나 미개성과 대비하기 위해 착안한 문명이라는 개념을 받아들였다. 즉 문화와 문명이 별개의 것이 아니라, 문명은 단지 문화가 발전된 단계로 본 것이다. 이것은 아놀드가 가졌던 문화에 대한 규범적 시각에서 탈피하여 원시적이든 문명적이든 차별을 두지 않고 문화의 보편적 실체를 확립했다는 점에서 의의가 있다. ▶2문단

① 독일 낭만주의자들의 시각에 따르면 문명은 문화가 발전된 단계이다. ▶ (×) 1문단에 따르면 독일 낭만주의자들은 문화를 민족의 혼이나 정신적 특성으로 규정하면서, 문명을 물질적인 것에 국한시키고 비하했다. 문명을 문화가 발전된 단계로 본 것은 19세기 인문학의 토대를 마련한 타일러임을 2문단에서 알 수 있다.

② 타일러의 시각에 따르면 원시적이고 야만적인 사회에서도 문화는 존재한다. ▶ (○) 2문단의 마지막에서 타일러가 원시적이든 문명적이든 차별을 두지 않고 문화의 보편적 실체를 확립했다고 한 것을 통해 그가 원시적이고 야만적인 사회에서도 문화는 존재한다고 보았음을 추론할 수 있다.

③ 프랑스 계몽주의자들의 시각에 따르면 문화와 문명은 본질적으로 다른 것이다. ▶ (×) 1문단을 통해 18세기 프랑스 계몽주의자들이 야만성이나 미개성과 대비하기 위해 문명이라는 개념을 착안했음을 알 수 있다. 문화와 문명이 본질적으로 다르다고 보고 개념적으로 구분한 것은 독일 낭만주의자들이다.

④ 아놀드의 시각에 따르면 문화의 다양성은 집단이 발전해 온 단계가 다른 데서 비롯된다. ▶ (×) 아놀드를 포함한 빅토리아 시대의 지성인들은 대부분 문화를 상류층의 교양으로 보았다. 또한 아놀드는 산업혁명 당시 도시의 하층민과 그들의 저급한 삶을 비판적으로 바라보며, 이를 치유하기 위한 방법으로 문화라는 해결책을 제시했는데 이것만으로는 집단이 발전해 온 단계가 다른 데서 문화의 다양성이 비롯된다는 점을 추론할 수 없다.

⑤ 타일러의 시각에 따르면 문명은 고귀한 정신적 측면이 강조된다는 점에서 보편적 실체라고 할 수 없다. ▶ (×) 1문단에서 독일 낭만주의자들이 문화를 민족의 혼이나 정신적 특성으로 규정하면서, 문명이 아닌 문화를 내적이며 정신과 영혼의 차원에 속하는 것으로 지칭했음을 알 수 있다. 그러나 타일러는 이러한 독일 낭만주의자들의 시각을 배격하고 문명을 문화가 발전된 단계로 보았다.

04 ⑤ 정답률 84.0%

| **문제 유형** | 비판적 사고 > 지문에서 추론하기 |
| **접근 전략** | 지문에 제시된 정보를 바탕으로 세부적인 내용의 옳고 그름을 추론하는 문제 유형이다. 따라서 선지를 볼 때 지문의 내용을 통해 논리적으로 도출할 수 있는 결론인가를 판단해야 한다. 특히 지문에 언급되지 않은 내용에 대해 추측하여 사실일 것이라고 판단하지 않도록 주의해야 한다.

다음 글에서 추론할 수 있는 것은?

나균은 1,600개의 제 기능을 하는 정상 유전자와 1,100개의 제 기능을 하지 못하는 화석화된 유전자를 가지고 있다. 이에 반해 분류학적으로 나균과 가까운 종인 결핵균은 4,000개의 정상 유전자와 단 6개의 화석화된 유전자를 가지고 있다. 이는 화석화된 유전자의 비율이 결핵균보다 나균에서 매우 높다는 것을 보여준다. 왜 이런 차이가 날까? ▶1문단

결핵균과 달리 나균은 오로지 숙주세포 안에서만 살 수 있기 때문에 수많은 대사과정을 숙주에 의존한다. 숙주세포의 유전자들이 나균의 유전자가 수행해야 하는 온갖 일을 도맡아 해주다 보니, 나균이 가지고 있던 많은 유전자의 기능이 필요 없게 되었다. 이에 따라 세포 내에 기생하는 기생충과 병균처럼 나균에서도 유전자 기능의 대량 상실이 일어나게 되었다. ▶2문단

유전자의 화석화는 후손의 진화 방향에 중요한 영향을 미친다. 기능을 상실하기 시작한 유전자는 복합적인 결함을 일으키기 때문에, 한번 잃은 기능은 돌이킬 수 없게 된다. 즉 유전자 기능의 상실은 일방통행이다. 유전자의 화석화와 기능 상실은 특정 계통의 진화 방향에 제약을 가하는 것이다. 이는 아주 오랜 시간이 흘러 새로운 환경에 적응하기 위해 화석화된 유전자의 기능이 필요하다고 하더라도 이 유전자의 기능을 잃어버린 좋은 그 기능을 다시 회복할 수 없다는 것을 의미한다. ▶3문단

① 결핵균은 과거에 숙주세포 없이는 살 수 없었을 것이다. ▶ (×) 지문의 내용만으로는 결핵균이 과거에 숙주세포 없이 살 수 없었는지를 도출해 낼 수 없다. 다만 2문단에서 결핵균과 달리 나균은 오로지 숙주세포 안에서만 살 수 있기 때문에 수많은 대사과정을 숙주에 의존한다고 했으므로, 숙주세포와 관계있는 것은 결핵균이 아니라 나균임을 알 수 있다.

② 현재의 나균과 달리 기생충에서는 유전자의 화석화가 일어나지 않았을 것이다. ▶ (×) 2문단에서 세포 내에 기생하는 기생충과 병균처럼 나균에서도 유전자 기능의 대량 상실이 일어나게 되었다고 한 것을 통해, 기생충에서도 유전자의 화석화가 일어났음을 알 수 있다.

③ 숙주세포 유전자의 화석화는 나균 유전자의 소멸과 밀접한 관련이 있을 것이다. ▶ (×) 나균이 숙주세포에 기생하면서 유전자의 화석화가 진행되는 것이지, 숙주세포의 유전자가 화석화된다고 하지는 않았다.

④ 어떤 균의 화석화된 유전자는 이 균이 새로운 환경에 적응하는 데 기능할 것이다. ▶ (×) 3문단에서 유전자의 화석화와 기능 상실은 특정 계통의 진화 방향에 제약을 가하는 것이라고 했고, 유전자의 기능은 한번 잃어버리면 다시 회복할 수 없다고 하였다. 따라서 화석화된 유전자는 새로운 환경에 적응하는 데에 아무

런 기능도 할 수 없음을 알 수 있다.

⑤ 화석화된 나균 유전자의 대부분은 나균이 숙주세포에 의존하는 대사과정과 관련된 유전자일 것이다. ➡ (○) 2문단에서 나균은 오로지 숙주세포 안에서만 살 수 있으며 수많은 대사과정을 숙주에 의존하기 때문에 유전자 기능의 대량 상실이 일어난다고 한 것을 통해 알 수 있다.

05 ③

| **문제 유형** | 사실적 이해 > 정보 확인

| **접근 전략** | 지문과 선지 내용의 일치 여부를 묻는 문제 유형이다. 이 문제의 선지를 보면 주어 또는 서술어 부분에 다른 내용을 넣어 오답을 만들었다는 것을 알 수 있다. 또한 지문에 언급된 내용이지만 어휘 하나를 비틀어 오답을 생성하였으므로, 지문과 선지의 내용 모두 앞뒤의 맥락을 확인하여 꼼꼼히 살펴보아야 한다.

다음 글에서 알 수 있는 것은?

조선의 수령은 그가 다스리는 군현의 행정권과 사법권을 독점하는 존재로서 막강한 권력을 행사하였다. 수령은 범죄의 유형이나 정도에 상관없이 태형 50대 이하의 처벌은 언제나 실행할 수 있고 경우에 따라서는 최고 형벌인 사형도 내릴 수 있는 사법권을 가지고 있었다. ▶1문단

수령이 사법권을 행사할 때에는 법전의 규정에 따라 신중하게 실행할 것이 요구되었다. 하지만 이러한 원칙은 어디까지나 법전 속 문구에 지나지 않았다. 실제로 수령 중에는 죄인을 마음대로 처벌하는 남형(濫刑)이나 법규 이상으로 혹독하게 처벌하는 혹형(酷刑), 죄인을 함부로 죽이는 남살(濫殺)을 행사하는 이들이 많았다. 예를 들어 고령현감에 재직 중이던 김수묵은 자신을 모함했다는 이유로 향리 이진신을 비롯한 가족 3명을 잔혹하게 곤장으로 죽였다. 그는 그들의 숨이 끊어질 때까지 형벌을 가했지만 어떤 문책도 당하지 않았다. 오히려 해이해진 기강을 단속하여 백성을 잘 다스린다는 평가를 받는 수령들은 남형이나 혹형, 남살을 일삼는 경우가 많았다. ▶2문단

그런데 수령의 남형이나 혹형, 남살보다 더 큰 문제는 하급 관속이 백성들에게 사적인 형벌을 마구 휘둘렀던 데 있었다. 특히 도적 체포와 치안 유지를 위해 백성들과 직접 접촉을 했던 포교, 포졸, 관교 등의 비리나 폭력이 심각하였다. 범죄자를 잡는다거나 치안을 유지한다는 명목으로 이들이 죄 없는 백성들에 대해 자행한 불법적인 폭력은 수령의 과도한 사법권 행사와 함께 사회 불안을 조장하는 주요 요소였다. ▶3문단

① 포교의 비리보다 포졸의 비리가 더 많았다. ➡ (×) 하급 관속인 포교, 포졸, 관교 등의 비리나 폭력이 심각하였다는 것은 알 수 있지만 포교보다 포졸의 비리가 더 많았는지에 대해서는 알 수 없다.

② 법적으로 허용된 수령의 처벌권은 50대 이하의 태형에 국한되었다. ➡ (×) 1문단에서 수령은 경우에 따라서 최고 형벌인 사형도 내릴 수 있는 사법권을 가지고 있었다는 것을 통해 처벌권이 50대 이하의 태형에 국한되지 않았음을 알 수 있다.

③ 남형, 혹형, 남살을 일삼는 수령들이 유능하다는 평가를 받기도 하였다. ➡ (○) 2문단을 보면 수령 중에서 실제로 남형, 혹형, 남살을 행사하는 이들이 많았다는 내용이 있다. 그리고 2문단 마지막에서 '오히려 해이해진 기강을 단속하여 백성을 잘 다스린다는 평가를 받는 수령들은 남형이나 혹형, 남살을 일삼는 경우가 많았다.'라고 한 것을 통해 남형, 혹형, 남살을 일삼는 수령들이 오히려 유능하다는 평가를 받기도 했음을 알 수 있다.

④ 법전에 규정된 수령의 사법권은 사회 불안을 조장하는 주요 요소였다. ➡ (×) 2문단의 첫 번째 문장 '수령이 사법권을 행사할 때에는 법전의 규정에 따라 신중하게 실행할 것이 요구되었다.'를 통해 법전의 규정 자체가 사회 불안을 조장한 것은 아니었음을 추론할 수 있다. 또한 3문단에 하급 관속들의 불법적인 폭력과 수령의 과도한 사법권 행사가 사회 불안 조장의 주요 요소였음이 제시되어 있다.

⑤ 백성에게 비리와 폭력을 일삼는 하급 관속들은 법규에 따라 처벌되었다. ➡ (×) 3문단에 하급 관속들이 백성들에게 사적인 형벌을 마구 휘둘렀다

는 내용은 있으나 그들이 법규에 따라 처벌되었다는 내용은 제시되지 않았다.

06 ⑤

| **문제 유형** | 사실적 이해 > 정보 확인

| **접근 전략** | 지문의 내용과 선지의 정보가 부합하지 않는 것을 찾는 문제 유형이다. 따라서 선지 중 정답을 제외한 나머지는 지문의 내용과 일치한다는 점을 고려하여, 선지를 먼저 읽고 지문의 내용을 추측한 후에 지문을 읽는 것이 좋다. 이 지문의 경우 서두에서 공영방송의 세 번의 위기에 대해 서술할 것임을 언급했고, 각 문단의 첫 문장에 각각의 위기 원인을 직접적으로 제시하였다. 이렇듯 두괄식 구조는 전체적인 흐름을 파악하기 쉬우므로 각 문단을 읽으면서 관련된 내용이 나오면 바로 해당 선지를 찾아 대조해야 한다.

다음 글에서 알 수 없는 것은?

공영(公營)방송은 세 번의 위기를 겪었다. 첫 번째는 사영(私營)방송의 등장이었다. 서유럽에서 방송은 1920년대 탄생 초기부터 공영으로 운영되는 것이 일반적이었는데 1950년대 이후 사영방송이라는 경쟁자가 나타나게 된 것이다. 그러나 이러한 사영방송의 등장은 공영방송에 '위협'이 되었을 뿐, 진정한 '위기'를 불러오지는 않았다. 경제적으로 꾸준히 발전하던 이 시기에 공영방송은 사영방송과 함께 시장을 장악했다. ▶1문단

두 번째 위기는 케이블 TV 등 다채널 방송의 등장이었다. 서구에서는 1980년대, 한국에서는 1990년대 후반에 시작한 다채널 서비스의 등장은 공영방송의 존재에 큰 회의를 품게 하였다. 다채널 방송은 공영방송이 제공해 온 차별적인 장르들, 즉 뉴스, 다큐멘터리, 어린이 프로그램들을 훨씬 더 전문적인 내용으로, 더 많은 시간 동안 제공하게 되었다. 공영방송은 양질의 프로그램 제작을 위해 상대적으로 더 많은 재원을 필요로 하게 되었고, 이를 위해 수신료 인상이 필요했지만, 시청자들은 이에 동의하지 않았다. 그러나 이러한 위기에도 불구하고 공영방송은 어느 정도의 시청률을 유지한 채 주류 방송으로서의 지위를 굳건히 지켜냈다. ▶2문단

최근 들어 디지털융합형 미디어의 발전이라는 세 번째 위기가 시작되었다. 이는 채널 제공 경쟁자가 늘어나는 것이 아니라 수용자의 미디어 소비 패턴 자체를 바꾸는 변화이기 때문에 훨씬 더 위협적이다. 디지털 미디어에 익숙한 젊은 시청자들은 채널을 통해 제공하는 일방향 서비스에 의존적이지 않다. 개별 국가의 정체성 형성을 담당하던 공영방송은 유튜브와 팟캐스트 등 국경을 넘나드는 새로운 플랫폼에 속수무책인 상황에 처하게 되었다. ▶3문단

① 공영방송은 일방향 서비스를 제공해 왔다. ➡ (○) 3문단 중간 부분에서 디지털 미디어에 익숙한 젊은 시청자들은 채널을 통해 제공하는 일방향 서비스에 의존적이지 않다며 디지털융합형 미디어와 상대되는 개념의 공영방송에 대해 언급했다. 따라서 공영방송이 채널을 통해 일방향 서비스를 제공해 왔음을 알 수 있다.

② 공영방송은 국가의 정체성과 관련되는 개념이다. ➡ (○) 3문단의 마지막 문장을 통해 공영방송이 개별 국가의 정체성 형성을 담당했음을 알 수 있다.

③ 다채널 방송 중에서는 공영방송의 프로그램과 동일한 장르의 채널도 존재하였다. ➡ (○) 2문단에서 공영방송이 제공해 온 여러 장르들을 다채널 방송에서 더 전문적으로 더 많은 시간 동안 제공하게 되었다고 한 것을 통해 공영방송과 다채널 방송의 프로그램에 동일한 장르가 존재했음을 알 수 있다.

④ 새로운 플랫폼이 탄생하기 전에 공영방송이 주류방송의 위치를 차지하고 있었다. ➡ (○) 2문단에서 '이러한 위기에도 불구하고 공영방송은 어느 정도의 시청률을 유지한 채 주류방송으로서의 지위를 굳건히 지켜냈다.'라고 하였고, 3문단에서는 공영방송이 새로운 플랫폼에 속수무책인 상황에 처하게 되었다고 했다. 이를 통해 새로운 플랫폼 이전의 공영방송은 주류방송으로서의 자리를 차지하고 있었음을 알 수 있다.

⑤ 다채널 방송으로 경쟁 환경이 조성되면서 시청자들이 양질의 공영방송 프로그램을 즐기게 되었다. ➡ (×) 2문단에 다채널 방송의 등장으로 공영방송은 양질의 프로그램 제작이 필요하게 되었고, 재원 조달을 위해 수신료

인상이 필요했지만 시청자들은 이에 동의하지 않았다는 내용이 나와 있다. 하지만 다채널 방송의 등장으로 조성된 경쟁 구도가 양질의 공영방송 시청으로 이어졌는지는 알 수 없다.

07 ①
정답률 88.2%

| **문제 유형** | 비판적 사고 > 지문에서 추론하기

| **접근 전략** | 〈보기〉의 항목이 지문을 통해 유추할 수 있는 내용인지의 여부를 파악하는 문제 유형이다. 따라서 지문의 내용을 바탕으로 논리적으로 도출할 수 있는 내용을 〈보기〉에서 골라야 한다. 문제의 외형적 구조만 다를 뿐 지문과 선지를 일대일로 대조해 가며 푸는 유형과 문제 풀이 방식은 동일하다고 볼 수 있다.

다음 글에서 추론할 수 있는 것만을 〈보기〉에서 모두 고르면?

아기를 키우다 보면 정확히 확인해야 할 것이 정말 많다. 육아 훈수를 두는 주변 사람들이 많은데 어디까지 믿어야 할지 헷갈리는 때가 대부분이다. 특히 아기가 먹는 음식에 관한 것이라면 난감하기 그지없다. 이럴 때는 전문가의 답을 들어 보는 것이 우리가 선택할 수 있는 최상책이다. ▶1문단

A박사는 아기 음식에 대한 권위자다. 미국 유명 어린이 병원의 진료 부장인 그의 저서에는 아기의 건강과 성장 등에 관한 200여 개 속설이 담겨 있고, 그것들이 왜 잘못된 것인지가 설명되어 있다. 다음은 A박사의 설명 중 대표적인 두 가지이다. ▶2문단

속설에 따르면 어떤 아기는 모유에 대해 알레르기 반응을 보인다. 하지만 이것은 사실이 아니다. 엄마의 모유에 대해서 알레르기 반응을 일으키는 아기는 없다. 이는 생물학적으로 불가능한 이야기이다. 어떤 아기가 모유를 뱉어낸다고 해서 알레르기가 있는 것은 아니다. A박사에 따르면 이러한 생각은 착각일 뿐이다. ▶3문단

또 다른 속설은 당분을 섭취하면 아기가 흥분한다는 것이다. 하지만 이것도 사실이 아니다. 아기는 생일 케이크의 당분 때문이 아니라 생일이 좋아서 흥분하는 것인데 부모가 이를 혼동하는 것이다. 이는 대부분의 부모가 믿고 있어서 정말로 부수기 어려운 속설이다. 당분을 섭취하면 흥분한다는 어떤 연구 결과도 보고된 바가 없다. ▶4문단

──────〈보기〉──────

ㄱ. 엄마가 갖지 않은 알레르기는 아기도 갖지 않는다. → (X) 3문단에서는 '엄마의 모유에 대해서 알레르기 반응을 일으키는 아기는 없다.'라며 모유에 대한 아기의 알레르기 반응에 대해서만 언급했을 뿐, 엄마의 알레르기와 아기의 알레르기의 관계에 대해서 언급한 것은 아니다. 따라서 ㄱ은 지문의 내용만으로 추론할 수 없다.

ㄴ. 아기의 흥분된 행동과 당분 섭취 간의 인과적 관계는 확인된 바 없다. → (O) 4문단에서 당분을 섭취하면 아기가 흥분한다는 속설은 사실이 아니라고 한 것을 통해 아기의 흥분된 행동과 당분 섭취 간에는 인과 관계가 성립하지 않는다는 것을 알 수 있다.

ㄷ. 육아에 관한 주변 사람들의 훈수는 모두 비과학적인 속설에 근거하고 있다. → (X) 1문단에는 육아 훈수를 두는 주변 사람들의 말을 어디까지 믿어야 할지 헷갈린다고만 제시되어 있을 뿐, 이러한 훈수들이 비과학적이라고 하지 않았다. 따라서 모든 속설을 비과학적이라고 볼 수는 없으므로 ㄷ은 올바른 추론이 아니다.

① ㄴ ➡ (O)
② ㄷ ➡ (X)
③ ㄱ, ㄴ ➡ (X)
④ ㄱ, ㄷ ➡ (X)
⑤ ㄱ, ㄴ, ㄷ ➡ (X)

08 ①
정답률 76.9%

| **문제 유형** | 비판적 사고 > 판단하기

| **접근 전략** | 지문을 통해 추론할 수 있는 내용은 논증을 강화하고, 지문을 통해 추론할 수 없거나 어긋나는 내용은 논증을 약화한다. 본 문항에서는 〈보기〉의 ㄴ과 ㄷ이 지문을 통해 추론할 수 있는 내용(논증 강화)인지, ㄱ이 지문에 어긋나는 내용(논증 약화)인지를 확인해야 한다. 기본적으로 논리 명제의 참과 거짓을 판별할 수 있어야 하고, 명제의 역, 이, 대우를 도출하여 각각의 명제가 참인지 거짓인지를 판단할 수 있어야 한다.

다음 논증에 대한 평가로 적절한 것만을 〈보기〉에서 모두 고르면?

눈이나 귀에는 각각 고유의 기능이 있다. 그 기능을 잘 수행하는 상태가 훌륭한 상태이고, 그 기능을 잘 수행하지 못하는 상태가 나쁜 상태이다. 혼이나 정신은 다스리는 기능을 한다. 혼이나 정신도 눈이나 귀와 마찬가지로 훌륭한 상태에서 고유의 기능을 가장 잘 수행한다. 따라서 훌륭한 상태의 혼은 잘 다스리지만 나쁜 상태에 있는 혼은 잘못 다스린다. ▶1문단

올바름 혹은 도덕적임은 혼이나 정신의 훌륭한 상태이지만, 올바르지 못함은 혼이나 정신의 나쁜 상태이다. 올바른 혼과 정신을 가진 사람은 훌륭하게 살지만, 그렇지 못한 사람은 잘못 산다. 또한 훌륭하게 사는 사람, 즉 도덕적인 사람은 행복할 것이며, 행복한 것은 그에게 이익을 준다. 따라서 도덕적인 것은 이익이 되는 것이다. ▶2문단

──────〈보기〉──────

ㄱ. 도덕적으로 살고 있음에도 불행한 사람이 존재한다는 것은 이 논증을 약화한다. → (O) 2문단에서 도덕적인 사람은 행복할 것이라고 했으므로, 도덕적으로 살고 있는데도 불행한 사람이 있다면 이 지문의 논증은 약화된다. 따라서 ㄱ은 적절한 평가이다.

ㄴ. 도덕적으로 살지 않는 것은 이익이 되지 않는다는 주장이 이 논증으로부터 추론된다. → (X) 지문의 논증에 따르면 도덕적인 것은 이익이 된다. 그러나 이 명제의 '이'에 해당하는 '도덕적으로 살지 않는 것은 이익이 되지 않는다.'는 참인지 알 수 없다. 따라서 ㄴ은 지문의 논증으로부터 추론할 수 없다.

ㄷ. 눈이나 귀가 고유의 기능을 잘 수행하더라도 눈이나 귀를 도덕적이라고 하지 않는 것은 이 논증을 강화한다. → (X) 1문단에서 눈이나 귀, 혼이나 정신이 고유의 기능을 잘 수행하면 훌륭한 상태라고 했고, 2문단에서는 올바름 혹은 도덕적임은 혼이나 정신의 훌륭한 상태라고 했다. 그러나 눈이나 귀를 도덕적인 것과 연관 지어 말할 수 있는지는 알 수 없다. 따라서 ㄷ은 지문의 논증과 무관하다.

① ㄱ ➡ (O)
② ㄷ ➡ (X)
③ ㄱ, ㄴ ➡ (X)
④ ㄴ, ㄷ ➡ (X)
⑤ ㄱ, ㄴ, ㄷ ➡ (X)

09 ④
TOP 1 정답률 47.9%

| **문제 유형** | 사실적 이해 > 논리 게임

| **접근 전략** | 결론의 참과 거짓 여부를 판단하는 논리 게임 문제 유형이다. 논리 게임 문제는 각각의 논증을 기호화해서 정리하면 내용 파악과 타당성 검토를 쉽게 할 수 있다. 문제를 풀 때는 명제가 참이라면 해당 명제의 대우도 참이라는 점, '또는'으로 연결된 명제의 경우, 하나가 부정되면 다른 하나는 긍정되어야 하고 반대로 하나가 긍정되면 다른 하나는 부정되어야 한다는 점을 염두에 두어야 한다.

전제가 참일 때 결론이 반드시 참인 논증을 펼친 사람만을 모두 고르면?

영희: 갑이 A부처에 발령을 받으면, 을은 B부처에 발령을 받아. 그런데 을이 B부처에 발령을 받지 않았어. 그러므로 갑은 A부처에 발령을 받지 않았어.

철수: 갑이 A부처에 발령을 받으면, 을도 A부처에 발령을 받아. 그런데 을이 B부처가 아닌 A부처에 발령을 받았어. 따라서 갑은 A부처에 발령을 받았어.

현주: 갑이 A부처에 발령을 받지 않거나, 을과 병이 C부처에 발령을 받아. 그런데 갑이 A부처에 발령을 받았어. 그러므로 을과 병 모두 C부처에 발령을 받았어.

→ 제시된 조건들을 정리하면 다음과 같다.

• 영희
  – 전제 1: 갑 A부처 발령 O → 을 B부처 발령 O
  – 전제 2: 을 B부처 발령 X
  – 결론: 갑 A부처 발령 X

'을 B부처 발령 X → 갑 A부처 발령 X'는 전제 1의 '대우'이므로, 영희의 논증은 참이다.

• 철수
  – 전제 1: 갑 A부처 발령 O → 을 A부처 발령 O
  – 전제 2: 을 A부처 발령 O
  – 결론: 갑 A부처 발령 O

'을 A부처 발령 O → 갑 A부처 발령 O'는 전제 1의 '역'이므로, 철수의 논증은 반드시 참인지 알 수 없다.

• 현주
  – 전제 1: 갑 A부처 발령 X (or) 을과 병 모두 C부처 발령 O
  – 전제 2: 갑 A부처 발령 O
  – 결론: 을과 병 모두 C부처 발령 O

전제 1에 따르면 둘 중 하나는 부합해야 하므로, 전제 2에 의해서 결론 '을과 병 모두 C부처 발령 O'는 참이 된다.

① 영희 ➡ (X)
② 철수 ➡ (X)
③ 영희, 철수 ➡ (X)
④ 영희, 현주 ➡ (O)
⑤ 철수, 현주 ➡ (X)

---

10 ③
정답률 75.0%

| **문제 유형** | 비판적 사고 > 논리적 결론의 전제·원인 찾기

| **접근 전략** | 정해진 결론을 도출하기 위해 필요한 전제를 찾는 문제 유형이다. 이 유형의 문제를 풀 때는 결론 앞에 제시된 지문의 내용을 도식화하거나 중심 내용을 표로 정리해서 논증의 흐름을 파악하는 것이 좋다. 결론 도출에 필요한 전제 조건들이 충분히 갖춰졌는지, 예외 사항은 없는지 등도 확인해야 한다.

다음 밑줄 친 결론을 이끌어 내기 위해 추가해야 할 전제는?

A국은 현실적으로 실행 가능한 대안만을 채택하는 합리적인 국가이다. A국의 외교는 B원칙의 실현을 목표로 하고 있으며 앞으로도 이 목표는 변하지 않는다. 그러나 문제는 B원칙을 실현하는 방안이다. B원칙을 실현하기 위해서는 적어도 하나의 전략이 실행되어야 한다. 최근 외교전문가들 간에 뜨거운 토론의 대상이 되었던 C전략은 B원칙을 실현하기에 충분한 방안으로 평가된다. 그러나 C전략의 실행을 위해서는 과다한 비용이 소요되기 때문에, A국이 C전략을 실행하는 것은 현실적으로 불가능하다. 한편 일부 전문가가 제시했던 D전략은 그 자체로는 B원칙을 실현하기에 충분하지 않다. 하지만 금년부터 A국 외교정책의 기조로서 일관성 있게 실행될 E정책과 더불어 D

전략이 실행될 경우, B원칙은 실현될 것이다. 뿐만 아니라 E정책하에서 D전략의 실행 가능성도 충분하다. 그러므로 A국의 외교정책에서 D전략이 채택될 것은 확실하다.

→ 제시된 내용을 정리하면 다음과 같다.

• A국: 현실적으로 실행 가능한 대안만을 채택함, B원칙 실현이 목표임
• B원칙: 실현하기 위해서 적어도 하나의 전략이 실행되어야 함
• C전략: B원칙을 실현하기 위해 충분한 방안이지만, 과다한 비용 때문에 현실적으로 실행 불가능함
• D전략: E정책과 같이 실행될 경우 B원칙을 실현할 수 있음
• 결론: D전략 채택이 확실함

① D전략은 C전략과 목표가 같다. ➡ (X) D전략과 C전략의 목표가 같다고 해서 D전략이 채택되는 것은 아니므로, 본 선지는 추가해야 할 전제가 아니다.

② A국의 외교정책상 C전략은 B원칙에 부합한다. ➡ (X) C전략이 B원칙에 부합한다면 D전략이 채택되지 않을 수도 있으므로 본 선지는 추가해야 할 전제가 아니다.

③ C전략과 D전략 이외에 B원칙을 실현할 다른 전략은 없다. ➡ (O) D전략이 채택되려면 B원칙을 실현할 전략으로 우선 C전략과 D전략만 고려되어야 한다. B원칙을 실현할 수 있는 제3의 다른 대안이 있을 경우 전적으로 D전략을 채택할 수 없기 때문이다. 따라서 B원칙을 실현할 전략으로 C전략과 D전략 외에 다른 전략이 없다는 전제를 추가하면 C전략과 D전략만을 고려 대상에 놓게 되고, C전략이 실행 불가능할 경우 D전략의 채택이 확실시된다.

④ B원칙의 실현을 위해 C전략과 D전략은 함께 실행될 수 없다. ➡ (X) B원칙의 실현을 위해 적어도 하나의 전략이 실행되어야 한다고 했다. C전략과 D전략 외에 다른 전략을 쓸 수도 있으므로 본 선지는 추가해야 할 전제가 아니다.

⑤ B원칙의 실현을 위해 C전략과 E정책은 함께 실행될 수 없다. ➡ (X) E정책과 더불어 D전략이 실행될 경우 B원칙이 실현될 것이다. E정책과 C전략이 함께 실행될 수 없다고 해도 C전략과 D전략 외에 다른 전략을 쓸 수도 있으므로 본 선지는 추가해야 할 전제가 아니다.

---

11 ①
정답률 68.7%

| **문제 유형** | 사실적 이해 > 정보 확인

| **접근 전략** | 지문의 내용과 선지를 대조하면서 세부 내용에 대한 설명이 적절한지 판단하는 문제 유형이다. 먼저 선지의 내용이 지문 전체의 내용과 부합하는지의 여부를 확인한 후 해당 내용과 관련된 부분을 지문에서 찾아 대조하면 된다.

다음 글의 내용과 부합하는 것은?

1876년 개항 이후 제당업은 많은 변화를 거치며 지금에 이르렀다. 처음 조선에 수입되기 시작한 영국 자본계 정제당은 1905년 러일전쟁 이후 일본 정부가 정책적으로 지원한 일본의 정제당으로 교체되었다. 한말에는 일본제품이 유입되는 여러 경로가 있었으나 1907년에 '대일본제당(大日本製糖)'으로 단일화되었다. 제1차 세계대전 발발 후에도 세계적으로 설탕 시세가 고가를 유지하자 대일본제당은 제당업의 장래를 밝게 전망했다. 1920년대 후반 세계적인 설탕 가격 하락과 일본 내 과잉 공급으로 제당회사 간의 경쟁이 과열되었다. 이에 당업연합회는 설탕 가격 하락을 막기 위해 강력한 카르텔로 전환하여 가격 통제를 강화하였다. ▶1문단

대일본제당은 조선총독부의 후원 아래 독점적 제당회사인 대일본제당 조선지점을 설립하고, 1920년부터 원료비 절감을 위해 평안남도와 황해도 일대에 사탕무를 재배하기 시작하였다. 하지만 생산성이 매우 낮아 국제적인 경쟁력이 없는 것으로 판명되었다. 이에 대일본제당 조선지점은 1922년부터 원료당을 수입해 가공하는 정제당업으로 전환하여, 저렴한 자바 원료당을 조선에 독점적으로 공급하면서 생산 기반을 구축하였다. 또한 상품 시장인 만주와 지리적으로 근접한 이점을 활용하여 운송비를 절감함으로써 1930년대 후반까지 호황을 누렸다. ▶2문단

해방 후 한국은 일제 강점기의 제당업 생산체제와 단절되어 공급량이 줄었음에도 불구하고 설탕 소비는 계속 증가하였다. 사업 기회를 포착한 설탕 무역업자들이 정부로부터 생산 설비를 위한 자금을 지원받고, 미국이 원조하는 원료당의 배정에서도 특혜를 받으며 제당업에 뛰어들었다. 더구나 설탕은 가격 통제 대상이 아니었기 때문에 제당회사들은 설탕 가격을 담합하여 높은 가격을 유지했다. 제당회사들 간 과잉 투자로 후발업체가 도태되는 상황이 벌어져도 국내 설탕 가격은 하락하지 않았다. ▶3문단

① 개항 이후 제당업 성장의 배경에는 정책적 지원과 특혜가 있었다. ➡ (O) 1문단에서 개항 이후 조선에 수입되던 영국 자본계 정제당이 일본 정부의 정책적 지원으로 일본의 정제당으로 교체되었고, 대일본제당으로 유입 경로가 단일화되어 가격이 통제되었다고 했다. 그리고 3문단에서 해방 후 설탕 무역업자들은 정부로부터 자금을 지원받고 원료당 배정에도 특혜를 받으며 제당업에 뛰어들었다고 한 것을 통해, 정책적 지원과 특혜를 바탕으로 제당업이 성장했음을 알 수 있다.
② 제1차 세계대전으로 인한 설탕 수급 불균형은 국제적인 설탕 가격 폭락을 초래하였다. ➡ (X) 1문단에서 제1차 세계대전 발발 후에도 세계적으로 설탕 시세가 고가를 유지했다고 하였으므로, 본 선지는 지문의 내용과 부합하지 않는다.
③ 대일본제당 조선지점은 설탕의 운송비를 절감하기 위해 정제당업으로 전환하였다. ➡ (X) 2문단에서 대일본제당은 원료비 절감을 위해 평안남도와 황해도 일대에 사탕무를 재배하기 시작했으나 생산성이 매우 낮아 경쟁력이 없자 원료당을 수입해 가공하는 정제당업으로 전환하였다고 했다. 따라서 운송비 절감을 위해 정제당업으로 전환한 것은 아니었음을 알 수 있다.
④ 대일본제당은 조선을 설탕의 상품 시장이자 원료 공급지로 개발하여 큰 이득을 거두었다. ➡ (X) 2문단에 따르면 대일본제당이 조선에 설탕을 독점적으로 공급하면서 생산 기반을 구축한 것은 맞다. 따라서 조선이 설탕의 상품 시장 역할을 했음을 알 수 있다. 그러나 대일본제당이 1920년에 평안남도와 황해도 일대에 사탕무를 재배한 후 생산성이 매우 낮아 정제당업으로 전환하였다는 내용을 통해 조선을 원료 공급지로 개발하여 이득을 거두지는 못했음을 알 수 있다.
⑤ 해방 후 설탕에 대한 수요가 증가하자 정부는 제당회사들의 설탕 가격 담합을 단속하였다. ➡ (X) 설탕은 가격 통제 대상이 아니었기 때문에 제당회사들은 설탕 가격을 담합하여 높은 가격을 유지했다는 3문단의 내용을 통해 정부의 단속이 있었던 것은 아님을 알 수 있다.

12 ④

|문제 유형| 사실적 이해 > 정보 확인
|접근 전략| 지문과 선지의 직접적인 대조를 통해 내용의 일치 여부를 확인하는 문제 유형이다. 이 유형 문제는 지문을 읽으면서 각 문단의 중심 내용을 옆에 메모하거나 핵심어에 표시를 해 두면 지문을 다 읽은 후 선지의 내용을 확인할 때 시간을 절약할 수 있다.

다음 글의 내용과 부합하지 않는 것은?

2007년부터 시작되어 역사상 유례없는 전 세계의 동시 불황을 촉발시킨 금융 위기로 신자유주의의 권위는 흔들리기 시작했고, 향후 하나의 사조로서 신자유주의는 더 이상 주류적 지위를 유지하지 못하고 퇴조해 갈 것이 거의 확실하다. 경제정책으로서의 신자유주의 역시 앞으로 대부분의 국가에서 예전과 같은 지지를 받기는 어려울 것이다. ▶1문단
세계 각국은 금융 위기로부터의 탈출과 함께 조속한 경기 회복을 위한 대책을 강구하는 데 총력을 기울일 것이다. 이 과정에서 기존의 경제 시스템을 각국의 실정에 부합하도록 전환하기 위한 다양한 모색도 활발해질 것으로 보인다. 국가별로 내부 시스템의 전환을 위한 모색이 방향을 잡아감에 따라 새로운 국제 경제 질서에 대한 논의도 동시에 진행될 것이다. ▶2문단
그렇다면 각국은 내부 경제 시스템의 전환과 위기 탈출을 위해 어떤 선택을 할 수 있을까? 물론 모든 문제를 해결하는 보편적 해법은 없다. 변형된 신

자유주의부터 1929년 대공황 이후 약 40년간 세계 경제를 지배했던 케인스주의, 신자유주의의 이식 정도가 낮아서 금융 위기의 충격을 덜 받고 있는 북유럽 모델, 그리고 남미에서 실험되고 있는 21세기 사회주의까지 대단히 폭넓은 선택지를 두고 생존을 위한 실험이 시작될 것이다. ▶3문단
그렇다면 우리나라는 신자유주의 이후의 모델을 어디서부터 모색할 것인가? 해답은 고전적 문헌 속이나 기상천외한 이론에 있지 않다. 경제는 오늘과 내일을 살아가는 수많은 사람들의 삶의 틀을 규정하는 문제이기 때문이다. 새로운 모색은 현재 벌어지고 있는 세계적 금융 위기의 현실과 경제 침체가 고용대란으로 이어질 가능성마저 보이고 있는 우리 경제의 현실에서 이루어져야 한다. ▶4문단

① 신자유주의의 권위는 세계적 불황을 촉발시킨 금융 위기로 인해 위협받고 있다. ➡ (O) 1문단의 첫째 문장에서 전 세계의 동시 불황을 촉발시킨 금융 위기로 신자유주의의 권위가 흔들리기 시작했고 향후 퇴조해 갈 것이 거의 확실하다고 하였으므로 본 선지는 지문의 내용과 부합한다.
② 우리는 신자유주의의 후속 모델을 현재의 세계적 금융 위기의 현실에서 찾아야 한다. ➡ (O) 4문단의 마지막 문장에서 새로운 모색은 현재 벌어지고 있는 세계적 금융 위기의 현실과 경제 침체가 고용대란으로 이어질 가능성마저 보이고 있는 우리 경제의 현실에서 이루어져야 한다고 하였으므로 본 선지는 지문 내용과 부합한다.
③ 신자유주의의 이식 정도가 낮은 북유럽에서는 금융 위기에 의한 충격을 상대적으로 덜 받고 있다. ➡ (O) 3문단에 '신자유주의의 이식 정도가 낮아서 금융 위기의 충격을 덜 받고 있는 북유럽 모델'이라는 언급이 있으므로 본 선지는 지문 내용과 부합한다.
④ 각국은 경제 위기를 극복하기 위해 새로운 단일 경제체제를 공동 개발하는 방안을 활발히 논의하고 있다. ➡ (X) 2문단에서 세계 각국은 금융 위기로부터 탈출하고 경기 회복을 강구하기 위해 기존의 경제 시스템을 각국의 실정에 부합하도록 전환하기 위한 다양한 모색을 할 것이라고 했다. 이는 국가별 내부 시스템의 전환 모색이지 단일 경제체제를 공동 개발하는 방안은 아니므로 본 선지는 지문 내용과 부합하지 않는다.
⑤ 경기 회복 대책 수립 과정에서 기존의 경제 시스템을 새로운 시스템으로 전환하는 방안이 활발하게 검토될 것이다. ➡ (O) 2문단에서 세계 각국은 경기 회복을 위한 대책을 강구하는 과정에서 기존의 경제 시스템을 각국의 실정에 부합하도록 전환하기 위한 다양한 모색을 할 것이라고 했으므로 본 선지는 지문 내용과 부합한다.

13 ④

|문제 유형| 비판적 사고 > 지문에서 추론하기
|접근 전략| 지문의 내용 이해에 더해 추론 능력을 추가로 요구하는 문제 유형이다. 제시된 지문에서는 어휘를 분석하여 의미를 따져 보고 각 지역마다 다양하게 나타나는 방언의 예를 서술하고 있다. 구체적인 예를 제시하여 어휘의 의미를 설명하는 지문이므로 지문의 전체적 흐름을 감안하면서 논리적 내용의 관계를 바탕으로 추론하면 쉽게 답을 찾을 수 있다.

다음 글에서 추론할 수 없는 것은?

언뜻 보아서는 살쾡이와 고양이를 구별하기 힘들다. 살쾡이가 고양잇과의 포유동물이어서 고양이와 흡사하기 때문이다. 그래서인지 '살쾡이'란 단어는 '고양이'와 연관이 있다. '살쾡이'의 '쾡이'가 '괭이'와 연관이 있는데, '괭이'는 '고양이'의 준말이기 때문이다. ▶1문단
'살쾡이'는 원래 '삵'에 '괭이'가 붙어서 만들어진 단어이다. '삵'은 그 자체로 살쾡이를 뜻하는 단어였다. 살쾡이의 모습이 고양이와 비슷해도 단어 '삵'은 '고양이'와는 아무런 연관이 없다. 그런데도 '삵'에 고양이를 뜻하는 '괭이'가 덧붙게 되었다. 그렇다고 '살쾡이'가 '삵과 고양이', 즉 '살쾡이와 고양이'란 의미를 가지는 것은 아니다. 단지 '삵'에 비해 '살쾡이'가 후대에 생겨난 단

어일 뿐이다. '호랑이'란 단어도 이런 식으로 생겨났다. '호랑이'는 '호'(虎, 범)와 '랑'(狼, 이리)으로 구성되어 있으면서도 '호랑이와 이리'란 뜻을 가진 것이 아니라 그 뜻은 역시 '범'인 것이다. ▶2문단

'살쾡이'는 '삵'과 '괭이'가 합쳐져 만들어진 단어이기 때문에 '삵괭이' 또는 '삭괭이'로도 말하는 지역이 있으며, '삵'의 'ㄱ' 때문에 뒤의 '괭이'가 된소리인 '꽹이'가 되어 '삭꽹이' 또는 '살꽹이'로 말하는 지역도 있다. 그리고 '삵'에 거센소리가 발생하여 '살쾡이'로 발음하는 지역도 있다. 주로 서울 지역에서 '살쾡이'로 발음하기 때문에 '살쾡이'를 표준으로 삼았다. 반면에 북한의 사전에서는 '살쾡이'를 찾을 수 없고 '살괭이'만 찾을 수 있다. 남한에서 '살괭이'를 '살쾡이'의 방언으로 처리한 것과는 다르다. ▶3문단

① '호랑이'는 '호'(虎, 범)보다 나중에 형성되었다. ➡ (O) 2문단에서 '삵'에 비해 '살쾡이'가 후대에 생겨난 단어라고 설명하면서 '호랑이'라는 단어도 이런 식으로 생겨났다고 했다. 따라서 '호랑이'는 '호'(虎, 범)보다 나중에 형성되었다고 볼 수 있다.

② 두 단어가 합쳐져 하나의 대상을 지시할 수 있다. ➡ (O) '삵'과 '괭이'의 두 단어가 합쳐져 '살쾡이'가 되었지만, 이는 삵과 고양이를 의미하지 않고 '삵'이라는 하나의 대상만 지시한다. '호랑이'도 '호(범)'와 '랑(이리)'으로 구성되어 있지만 '범(호랑이)'만을 가리킨다.

③ '살쾡이'가 남·북한 사전 모두에 실려 있는 것은 아니다. ➡ (O) 3문단에서 '살쾡이'는 북한의 사전에서 찾을 수 없고 '살괭이'만 찾을 수 있다고 하였다. 따라서 '살쾡이'를 표준어로 삼은 남한의 사전에만 '살쾡이'가 실려 있음을 알 수 있다.

④ '살쾡이'는 가장 광범위하게 사용되기 때문에 표준어로 정해졌다. ➡ (X) 3문단에 '살쾡이'를 표준어로 삼은 이유에 대해서 '주로 서울 지역에서 '살쾡이'로 발음하기 때문'이라고 명시적으로 나와 있다. 이 어휘가 가장 광범위하게 사용되는지는 지문의 내용만으로 알 수 없다.

⑤ '살쾡이'의 방언이 다양하게 나타나는 것은 지역의 발음 차이 때문이다. ➡ (O) 3문단의 전반부에서 발음의 차이로 각 지역마다 '살쾡이'의 방언이 다양하게 있음을 설명하고 있다.

14 ①

정답률 87.2%

| **문제 유형** | 비판적 사고 > 지문에서 추론하기

| **접근 전략** | 지문에 제시된 정보가 담고 있는 이면적 정보를 찾는 문제 유형이다. 본 문제 지문의 1문단에서는 세포가 표적세포로 신호를 전달하는 세 가지의 방법에 대해 언급하였는데, 그중 두 번째 방법인 측분비 방법은 2문단에 자세히 설명되어 있고 세 번째 방법인 내분비 방법은 3문단에 설명되어 있다. 익숙하지 않은 단어들이 있기는 하지만, 내용 구조는 간단한 편이므로 1문단의 내용만 정확히 파악하면 쉽게 풀 수 있는 문항이다.

다음 글에서 추론할 수 있는 것만을 〈보기〉에서 모두 고르면?

하나의 세포가 표적세포로 신호를 전달하는 방법에는 여러 종류가 있다. 이 중 직접 결합 방법은 세포가 표적세포와 직접 결합하여 신호를 전달하는 방법이다. 또한 측분비 방법은 세포가 신호 전달 물질을 분비하여 근접한 거리에 있는 표적세포에 신호를 전달하는 방법이다. 그리고 내분비 방법은 세포가 신호 전달 물질의 일종인 호르몬을 분비하여 이 물질이 순환계를 통해 비교적 먼 거리를 이동한 후 표적세포에 신호를 전달하는 방법이다. ▶1문단

동물의 면역세포에서 분비되는 신호 전달 물질은 세포 사이에 존재하는 공간을 통해 확산되어 근거리에 위치한 표적세포에 작용한다. 특정 면역세포가 히스타민을 분비하여 알레르기 반응을 일으키는 것이 대표적인 예이다. 신경세포 사이의 신호 전달은 신경세포에서 분비되는 신경전달물질에 의해 일어난다. 신경전달물질은 세포 사이에 존재하는 공간을 통해 확산되어 근거리에 있는 표적세포에 작용한다. ▶2문단

내분비샘 세포에서 분비된 호르몬은 모세혈관으로 확산되어 혈액을 따라 이동하고 표적세포의 근처에 도달했을 때 혈관으로부터 빠져나와 표적세포에 작용한다. 따라서 표적세포에서 반응을 일으키는 데 걸리는 시간은 호르

몬이 신경전달물질보다 더 오래 걸린다. ▶3문단

〈보기〉

ㄱ. 신경전달물질에 의한 신호 전달은 측분비 방법을 통해 이루어진다. → (O) 1문단에 '측분비 방법은 세포가 신호 전달 물질을 분비하여 근접한 거리에 있는 표적세포에 신호를 전달하는 방법이다.'라고 나와 있으며 2문단에 '신경세포 사이의 신호 전달은 신경세포에서 분비되는 신경전달물질에 의해 일어난다.'라고 나와 있다.

ㄴ. 내분비 방법이 측분비 방법보다 표적세포에서 더 빠른 반응을 일으킨다. → (X) 3문단의 마지막 문장에 '표적세포에서 반응을 일으키는 데 걸리는 시간은 호르몬이 신경전달물질보다 더 오래 걸린다.'라고 언급되어 있다. 이를 통해 호르몬에 의한 내분비 방법이 신호 전달 물질에 의한 측분비 방법보다 반응 속도가 느림을 알 수 있다.

ㄷ. 하나의 세포가 표적세포로 신호를 전달하기 위해서는 신호 전달 물질의 분비가 필수적이다. → (X) 하나의 세포가 표적세포로 신호를 전달하는 방법 중에는 표적세포와 직접 결합하여 신호를 전달하는 직접 결합 방법과 호르몬을 분비하여 전달하는 내분비 방법도 있다. 따라서 신호 전달 물질의 분비가 필수적인 것은 아니다.

① ㄱ ➡ (O)
② ㄷ ➡ (X)
③ ㄱ, ㄴ ➡ (X)
④ ㄴ, ㄷ ➡ (X)
⑤ ㄱ, ㄴ, ㄷ ➡ (X)

15 ②

정답률 69.9%

| **문제 유형** | 비판적 사고 > 유사한 내용·사례 찾기

| **접근 전략** | 제시된 개요를 보고 각 항목에 맞는 구체적인 사례를 찾는 문제 유형이다. 이 유형의 문제를 풀기 위해서는 개요에 언급된 항목과 어울리는 하위 내용을 찾아야 한다. 먼저 〈개요〉의 전체 구조를 파악한 후, 〈보기〉에 나온 구체적인 사례를 하나씩 확인하면서 각각을 상위 항목으로 묶어 어느 부분에 속하게 될 지를 따져 보면 된다.

다음 〈개요〉에 따라 보고서를 작성할 때, 현황 분석 부분에 들어갈 내용만을 〈보기〉에서 모두 고르면?

〈개요〉

Ⅰ. 서론: 정책 제안 배경
Ⅱ. 본론: 현황 분석과 정책 방안
　1. 현황 분석
　　○ 연말정산 자동계산 프로그램 사용 방법의 복잡성과 그에 대한 설명 부재로 인해 이용자 불만 증가
　　○ 연말정산 기간 중 세무서에 연말정산 자동계산 프로그램 사용 방법에 관한 상담 수요 폭증
　2. 정책 방안
　　○ 문제점을 개선한 프로그램 개발과 활용 매뉴얼 보급
　　○ 연말정산 자동 상담 시스템 개발
Ⅲ. 결론: 예상되는 효과 전망

〈보기〉

ㄱ. 연말정산 자동 상담 시스템을 개발할 경우 15%의 이용자 불만 감소 효과가 전망된다. → (X) 예상되는 효과 전망은 '결론' 부분에 들어갈 내용이다.

ㄴ. 연말정산 기간을 정확하게 알지 못해 마감 기한이 지나서 세무서를 방문하는 사람이 전년 대비 15% 증가하였다. → (X) 〈개요〉에 나온

현황 분석 부분을 보면 연말정산 자동계산 프로그램의 사용 방법과 관련된 것만 언급되어 있다. 따라서 연말정산 기간에 대한 내용을 보고서에 포함시키는 것은 적절하지 않다.
- ㄷ. 연말정산 기간 중 세무서 전체 월 평균 상담 건수는 약 128만 건으로 평상시 11만 건보다 크게 증가했는데, 그 이유는 연말정산 자동계산 프로그램 사용 방법에 관한 문의 전화가 폭주했기 때문이다. → (O) ㄷ의 내용은 현황 분석 부분의 두 번째 항목인 '연말정산 기간 중 세무서에 연말정산 자동계산 프로그램 사용 방법에 관한 상담 수요 폭증'의 구체적인 예로 제시할 수 있다.

① ㄱ ➡ (X)
② ㄷ ➡ (O)
③ ㄱ, ㄴ ➡ (X)
④ ㄴ, ㄷ ➡ (X)
⑤ ㄱ, ㄴ, ㄷ ➡ (X)

16 ③
정답률 86.9%

| **문제 유형 |** 사실적 이해 > 정보 확인
| **접근 전략 |** 사실적 이해 능력을 평가하기 위한 정보 확인 문제 유형이다. 제시된 지문에서는 영국의 식민지 시기의 미국 남부와 북부 지역의 사회 형성이 전혀 다른 성향을 띠었음을 서술하고 있다. 따라서 남부와 북부 이주민의 특징과 지향하는 바의 차이를 중심으로 지문의 내용을 파악해야 한다. 〈보기〉의 항목도 그 둘의 차이를 중심으로 한 종합적인 내용들이 제시되어 있다.

다음 글에서 알 수 있는 것만을 〈보기〉에서 모두 고르면?

영국의 식민지였던 시기의 미국 남부와 북부 지역에서는 사회 형성과 관련하여 전혀 다른 상황이 전개되었다. 가난한 형편을 면하기 위해 남부로 이주한 영국 이주민들은 행실이 방정하지 못하고 교육도 받지 못한 하층민이었다. 이들 중에는 황금에 눈이 먼 모험가와 투기꾼 기질이 강한 사람들도 있었다. 반면에 뉴잉글랜드 해안에 정착한 북부 이주민들은 모두 영국에서 경제적으로 여유 있던 사람으로서, 새 보금자리인 아메리카에서 빈부귀천의 차이가 없는 특이한 사회 유형을 만들어냈다. 적은 인구에도 불구하고 그들은 거의 예외 없이 훌륭한 교육을 받았으며, 상당수는 뛰어난 재능과 업적으로 유럽 대륙에도 이미 널리 알려져 있었다. ▶1문단

북부 이주민들을 아메리카로 이끈 것은 순수한 종교적 신념과 새로운 사회에 대한 열망이었다. 그들은 청교도라는 별칭을 가진 교파에 속한 이들로, 스스로를 '순례자'로 칭했을 만큼 엄격한 규율을 지켰다. 이들의 종교적 교리는 민주공화이론과 일치했다. 뉴잉글랜드의 이주자들이 가족을 데리고 황량한 해안에 상륙하자마자 맨 먼저 한 일은 자치를 위한 사회 규약을 만드는 일이었다. 유럽인들이 전제적인 신분질서에 얽매여 있는 동안, 뉴잉글랜드에서는 평등한 공동사회가 점점 모습을 드러냈다. 반면에 남부 이주민들은 부양가족이 없는 모험가들로서 기존의 사회 체계를 기반으로 자신들의 사회를 건설하였다. ▶2문단

〈보기〉
- ㄱ. 북부 이주민은 종교 규율과 사회 규약을 중시했다. → (O) 2문단에서 북부 이주민들은 스스로를 '순례자'로 칭했을 만큼 엄격한 규율을 지켰으며, 뉴잉글랜드 해안에 도착하자마자 자치를 위한 사회 규약을 만들었다고 한 것을 통해 알 수 있다.
- ㄴ. 남·북부 이주민 사이에 이주 목적의 차이가 있었다. → (O) 1문단에서 남부로 이주한 이주민들은 하층민으로, 이들 중에는 황금을 쫓아온 모험가들과 투기꾼들이 많다고 했다. 이에 반해 2문단에서는 북부 이주민들이 순수한 종교적 신념과 새로운 사회에 대한 열망 때문에 아메리카로 이주했음을 언급한 것을 통해 남·북부 이주민들의 이주 목적이 서로 달랐음을 알 수 있다.

- ㄷ. 북부 이주민은 남부 이주민보다 영국의 사회 체계를 유지하려는 성향이 강했다. → (X) 2문단 후반부에 '유럽인들이 전제적인 신분질서에 얽매여 있는 동안, 뉴잉글랜드에서는 평등한 공동사회가 점점 모습을 드러냈다. 반면에 남부 이주민들은 부양가족이 없는 모험가들로서 기존의 사회 체계를 기반으로 자신들의 사회를 건설하였다.'고 나와 있다. 이로 보아, 북부 이주민이 만든 사회는 기존 사회 체계와 달랐지만 남부 이주민은 기존의 체계를 유지했음을 알 수 있다.

① ㄱ ➡ (X)
② ㄷ ➡ (X)
③ ㄱ, ㄴ ➡ (O)
④ ㄴ, ㄷ ➡ (X)
⑤ ㄱ, ㄴ, ㄷ ➡ (X)

17 ②
정답률 69.5%

| **문제 유형 |** 비판적 사고 > 지문에서 추론하기
| **접근 전략 |** 지문에서 추론할 수 있는 내용을 찾는 문제 유형이다. 이 유형에서 지문에 없는 내용을 그럴 듯하게 서술한 것은 답이 될 수 없다. 또한 대상들 사이의 관계를 파악할 때는 지문에 명시적으로 제시된 범위 안에서 이해해야 한다. 주어진 지문의 필자는 흡연이 폐암의 주요 원인이라는 주장은 가설이며, 이 가설을 증명하는 것은 아직 충분하지 않다고 했으므로 이 범주를 벗어난 내용이 오답이 된다.

다음 글에서 추론할 수 있는 것만을 〈보기〉에서 모두 고르면?

20세기 초만 해도 전체 사망자 중 폐암으로 인한 사망자의 비율은 극히 낮았다. 그러나 20세기 중반에 들어서면서, 이 병으로 인한 사망률은 크게 높아졌다. 이러한 변화를 우리는 어떻게 설명할 수 있을까? 여러 가지 가설이 가능한 것으로 보인다. 예를 들어 자동차를 이용하면서 운동 부족으로 사람들의 폐가 약해졌을지도 모른다. 또는 산업화 과정에서 증가한 대기 중의 독성 물질이 도시 거주자들의 폐에 영향을 주었을지도 모른다. ▶1문단

하지만 담배가 그 자체로 독인 니코틴을 함유하고 있다는 것이 사실로 판명되면서, 흡연이 폐암으로 인한 사망의 주요 요인이라는 가설은 다른 가설들보다 더 그럴듯해 보이기 시작한다. 담배 두 갑에 들어 있는 니코틴이 화학적으로 정제되어 혈류 속으로 주입된다면, 그것은 치사량이 된다. 이러한 가설을 지지하는 또 다른 근거는 담배 연기로부터 추출된 타르를 쥐의 피부에 바르면 쥐가 피부암에 걸린다는 사실에 기초해 있다. 이미 18세기 이후 영국에서는 타르를 함유한 그을음 속에서 일하는 굴뚝 청소부들이 다른 사람들보다 피부암에 더 잘 걸린다는 것이 정설이었다. ▶2문단

이러한 증거들은 흡연이 폐암의 주요 원인이라는 가설을 뒷받침해 주지만, 그것들만으로 이 가설을 증명하기에는 충분하지 않다. 의학자들은 흡연과 폐암을 인과적으로 연관시키기 위해서는 훨씬 더 많은 증거가 필요하다는 점을 깨닫고, 수십 가지 연구를 수행하고 있다. ▶3문단

〈보기〉
- ㄱ. 화학적으로 정제된 니코틴은 폐암을 유발한다. → (X) 2문단에서는 '담배 두 갑에 들어 있는 니코틴이 화학적으로 정제되어 혈류 속으로 주입된다면, 그것은 치사량이 된다.'라고만 하였을 뿐, 화학적으로 정제된 니코틴이 폐암을 유발한다고는 하지 않았다.
- ㄴ. 19세기에 타르와 암의 관련성이 이미 보고되어 있었다. → (O) 2문단 후반부에서 18세기 이후 영국에서는 타르를 함유한 그을음 속에서 일하는 굴뚝 청소부들이 다른 사람에 비해 피부암에 더 잘 걸린다는 것이 정설이었음을 말하고 있다. 이를 통해 타르와 암이 관련 있다는 것이 보고되었음을 알 수 있다.

ㄷ. 니코틴이 타르와 동시에 신체에 흡입될 경우 폐암 발생률은 급격히 증가한다. → (X) 니코틴이 화학적으로 정제되어 혈류 속에 주입되면 치사량이 된다는 점과 타르를 쥐의 피부에 바르면 쥐가 피부암에 걸린다는 점이 언급되어 있으나, 이 둘이 동시에 신체에 흡입될 경우에 폐암 발생률이 어떠한지를 추론할 만한 단서는 제시되어 있지 않다.

① ㄱ ➡ (X)
② ㄴ ➡ (O)
③ ㄱ, ㄴ ➡ (X)
④ ㄴ, ㄷ ➡ (X)
⑤ ㄱ, ㄴ, ㄷ ➡ (X)

② ㄴ ➡ (X)
③ ㄱ, ㄷ ➡ (X)
④ ㄴ, ㄷ ➡ (X)
⑤ ㄱ, ㄴ, ㄷ ➡ (O)

18 ⑤

TOP 3 정답률 61.2%

| 문제 유형 | 비판적 사고 > 지문에서 추론하기
| 접근 전략 | 제시된 정보를 통해 지문에 직접 드러나 있지 않은 내용을 추론하는 문제 유형이다. 제시된 지문에서는 통설로 알고 있는 과학 현상에 대해 인식의 오류가 있음을 지적하고 그 안에 숨어 있는 과학 원리를 구체적인 실험을 예로 들어 설명하고 있다. 따라서 핵심인 '잠열'의 개념을 이해하고, 2문단에 제시된 실험의 과정 및 결과를 파악할 수 있어야 한다. 그리고 지문의 세부 내용을 해석한 〈보기〉 항목들의 적절성 여부를 각각 판단해 보면 된다.

다음 글에서 추론할 수 있는 것만을 〈보기〉에서 모두 고르면?

빌케와 블랙은 얼음이 녹는점에 있다 해도 이를 완전히 물로 녹이려면 상당히 많은 열이 필요함을 발견하였다. 당시 널리 퍼진 속설은 얼음이 녹는점에 이르면 즉시 녹는다는 것이었다. 빌케는 쌓여 있는 눈에 뜨거운 물을 끼얹어 녹이는 과정에서 이 속설에 오류가 있음을 알게 되었다. 눈이 녹는점에 있음에도 불구하고 많은 양의 뜨거운 물은 눈을 조금밖에 녹이지 못했기 때문이다. ▶1문단

블랙은 1757년에 이 속설의 오류를 설명할 수 있는 실험을 수행하였다. 블랙은 따뜻한 방에 두 개의 플라스크 A와 B를 두었는데, A에는 얼음이, B에는 물이 담겨 있었다. 얼음과 물은 양이 같고 모두 같은 온도, 즉 얼음의 녹는점에 있었다. 시간이 지남에 따라 B에 있는 물의 온도는 계속해서 올라갔다. 하지만 A에서는 얼음이 녹으면서 생긴 물과 녹고 있는 얼음의 온도가 녹는점에서 일정하게 유지되었는데 이 상태는 얼음이 완전히 녹을 때까지 지속되었다. 얼음을 녹이는 데 필요한 열량은 같은 양의 물의 온도를 녹는점에서 화씨 140도까지 올릴 수 있는 정도의 열량과 같았다. 블랙은 이 열이 실제로 온도계에 변화를 주지 않기 때문에 이를 '잠열(潛熱)'이라 불렀다. ▶2문단

〈보기〉

ㄱ. A의 온도계로는 잠열을 직접 측정할 수 없었다. → (O) 얼음을 녹이는 데 필요한 열인 잠열은 실제로 온도계에 변화를 주지 않기 때문에 얼음이 있던 A의 온도계로는 잠열을 직접 측정할 수 없었다는 것은 적절한 추론이다.
ㄴ. 얼음이 녹는점에 이르러도 완전히 녹지 않는 것은 잠열 때문이다. → (O) 얼음이 녹는점에 있어도 완전히 녹을 때까지는 열이 필요한데, 블랙은 이 열을 '잠열'이라고 불렀다. 따라서 얼음이 녹는점에 이르러도 즉시 모두 녹지 않는 것은 잠열 때문이라고 할 수 있다.
ㄷ. A의 얼음이 완전히 물로 바뀔 때까지, A의 얼음물 온도는 일정하게 유지된다. → (O) 2문단에서 시간이 지남에 따라 A에서는 얼음이 녹으면서 생긴 물과 녹고 있는 얼음의 온도가 녹는점에서 일정하게 유지되었으며 이 상태가 얼음이 완전히 녹을 때까지 지속되었다고 했으므로, ㄷ은 적절한 추론이다.

① ㄱ ➡ (X)

19 ①

TOP 2 58.3%

| 문제 유형 | 비판적 사고 > 논리적 결론의 전제·원인 찾기
| 접근 전략 | 결론을 도출하기 위해 필요한 전제를 찾는 문제 유형이다. 이 문제는 논증의 형식으로 되어 있으므로 일단 각 문장을 화살표나 OX 등으로 도식화해서 논리의 흐름을 파악하는 것이 우선되어야 한다. 그리고 반드시 이끌어 내야 하는 결론을 고정한 후에, 역으로 추론을 해 보면 추가해야 할 전제를 찾을 수 있다.

다음 밑줄 친 결론을 이끌어 내기 위해 추가해야 할 전제는?

만약 국제적으로 테러가 증가한다면, A국의 국방비 지출은 늘어날 것이다. 그런데 A국 앞에 놓인 선택은 국방비 지출을 늘리지 않거나 증세 정책을 실행하는 것이다. 그러나 A국이 증세 정책을 실행한다면, 세계 경제는 반드시 침체한다. 그러므로 세계 경제는 결국 침체하고 말 것이다.

→ 제시된 조건들을 정리하면 다음과 같다.
• 전제 1: 국제적 테러 증가 O → A국의 국방비 지출 증가 O
• 전제 2: A국은 국방비 지출 증가 X (or) 증세 정책 실행 O
• 전제 3: A국이 증세 정책 실행 O → 세계 경제 침체

결론: 세계 경제 침체

① 국제적으로 테러가 증가한다. ➡ (O) 세계 경제가 침체한다는 결론을 이끌어 내려면 전제 3에 의해 A국이 증세 정책을 실행해야 한다. 증세 정책을 실행한다는 것은 전제 2에 의해 A국의 국방비 지출이 증가했음을 보여 준다. 이는 전제 1에 의해 국제적 테러가 증가했다는 전제하에 가능하다.
② A국이 감세 정책을 실행한다. ➡ (X) A국이 증세 정책을 실행했을 경우에 반드시 세계 경제가 침체한다. 따라서 감세 정책을 실행한다는 것은 정반대의 경우이다.
③ A국의 국방비 지출이 늘어나지 않는다. ➡ (X) 전제 2에 의해 A국의 국방비 지출이 증가하지 않으면 증세 정책은 실행되지 않는다. 그러면 전제 3에 따라 결론을 이끌어 낼 수 없다.
④ 만약 A국이 증세 정책을 실행한다면, A국의 국방비 지출은 늘어날 것이다. ➡ (X) 증세 정책의 실행과 국방비 지출 증가의 문제는 A국의 선택의 문제일 뿐이며, 둘 사이의 인과 관계는 지문의 내용만으로 파악할 수 없다.
⑤ 만약 A국의 국방비 지출이 늘어난다면, 국제적으로 테러는 증가하지 않을 것이다. ➡ (X) 전제 1에 의해 국제적 테러가 증가하면 A국의 국방비 지출이 증가한다는 것을 알 수 있지만, 국방비 지출이 증가했을 때 국제적 테러의 증가 여부는 알 수 없다.

20 ③

정답률 91.9%

| 문제 유형 | 비판적 사고 > 유사한 내용·사례 찾기
| 접근 전략 | 지문에 제시된 논리의 오류가 무엇인지 파악한 후, 선지가 해당 사례로 적절한지를 판단하는 문제 유형이다. 지문은 '증거의 없음'을 '없음의 증거'로 오인하는 오류에 대해 설명하고 있다. 지금까지 조사한 것에서 해당 증거가 나오지 않았다고 '없음'으로 단정할 수는 없다는 것이다. 따라서 선지의 사례가 증거가 나오지 않았다고 해당 사실을 없는 것으로 단정 짓는 사례인지 아닌지를 파악하면 된다.

다음 글에 제시된 논리적 오류의 사례로 적절하지 않은 것은?

흔히 주변에서 암 검진 결과 암의 징후가 없다는 판정을 받은 후 암이 발

견되면 검진이 엉터리였다고 비난하는 것을 본다. 우리 몸의 세포들을 모두 살펴보지 않은 이상 암세포가 없다고 결론지을 수 없다는 것은 논리적으로 명확한데 말이다. 우리는 1,000마리의 까마귀를 관찰하여 모두 까맣다고 해서 까맣지 않은 까마귀가 없다고 단정할 수는 없다고 학교에서 배웠다. 하지만 교실에서 범하지 않는 논리적 오류를 실생활에서는 흔히 범하곤 한다. 예를 들어, 1960년대에 의사들은 모유가 분유에 비해 이점이 있다는 증거를 찾지 못하였다. 그러자 당시 의사들은 모유가 특별한 이점이 없다고 결론지었다. 그 결과, 많은 사람들이 대가를 치러야만 했다. 수십 년이 지난 후에, 유아기에 모유를 먹지 않은 사람들은 특정 암을 비롯하여 여러 가지 질병에 걸릴 위험성이 높다는 사실이 밝혀진 것이다. 이와 같이 우리는 '증거의 없음'을 '없음의 증거'로 오인하곤 한다.

① 다양한 물질의 전기 저항을 조사한 결과 전기 저항이 0인 경우는 없었다. 따라서 전기 저항이 0인 물질은 없다. ➡ (O) 다양한 물질들을 조사했지만, 조사하지 않은 영역에서 전기 저항이 0인 물질이 있을 수도 있다. 모든 물질을 조사한 것은 아니므로, 전기 저항이 0인 물질은 없다고 단정할 수 없다. 따라서 본 선지의 사례는 '증거의 없음'을 '없음의 증거'로 오인하는 사례에 해당한다.

② 어떤 사람이 술과 담배를 즐겼지만 몸에 어떤 이상도 발견되지 않았다. 따라서 그 사람에게는 술과 담배가 무해하다. ➡ (O) 술과 담배로 인한 어떤 신체 이상도 발견되지 않았다고 해서 그 사람에게 술과 담배가 무해하다고 단정하는 것은 '증거의 없음'을 '없음의 증거'로 오인하는 사례로 적절하다.

③ 경찰은 어떤 피의자가 확실한 알리바이가 있다는 것을 확인했다. 따라서 그 피의자는 해당 범죄 현장에 있지 않았다. ➡ (X) 어떤 피의자에게 확실한 알리바이가 있음을 확인한 것은 그 피의자가 범죄 현장에 있지 않았다는 증거가 되므로, 이는 '증거의 없음'을 '없음의 증거'로 오인하는 사례가 아니다.

④ 주변에서 빛을 내는 것을 조사해보니 열 발생이 동반되지 않는 것이 없었다. 그러므로 열을 내지 않는 발광체는 없다. ➡ (O) 조사 결과 발광체가 모두 열 발생을 동반했다고 모든 발광체가 열을 낸다고 단정할 수는 없다. 모든 대상을 조사한 것은 아니므로, 본 선지의 사례는 '증거의 없음'을 '없음의 증거'로 오인하는 사례에 해당한다.

⑤ 현재까지 수많은 노력에도 불구하고 외계 지적 생명체는 발견되지 않았다. 그러므로 외계 지적 생명체는 존재하지 않는다. ➡ (O) 지금까지의 관찰 결과, 외계 지적 생명체가 발견되지 않았으므로 그 대상이 존재하지 않는다고 하는 것은 '증거의 없음'을 '없음의 증거'로 오인하는 사례로 적절하다.

---

21 ④

정답률 61.7%

| **문제 유형** | 비판적 사고 > 논지 강화·약화하기

| **접근 전략** | 지문의 핵심 주장을 파악하고 그 주장을 강화하는 진술을 고르는 문제 유형이다. 지문에서 핵심이 되는 문장은 '같은 이름을 가지고 있지만 아인슈타인의 이론 속에서 변수들이 가리키는 물리적 대상이 뉴턴 이론 속에서 변수들이 가리키는 물리적 대상과 같은 것은 아니다.'이다. 즉, 뉴턴의 역학 법칙이 상대성 이론에서 도출되었다고 둘을 같은 법칙으로 보면 안 된다는 것이다. 결국 뉴턴 역학 이론과 상대성 이론이 다루는 변수의 정의가 다르면 같은 법칙이라고 할 수 없다는 것이 지문의 핵심 주장이다. 따라서 이러한 주장을 뒷받침해 줄 수 있는 선지를 찾으면 된다.

다음 글의 핵심 주장을 강화하는 진술로 가장 적절한 것은?

뉴턴의 역학 이론은 아인슈타인의 상대성 이론으로부터 도출되는가? 상대성 이론의 핵심 법칙들을 나타내고 있는 진술들 E_1, E_2, ... E_i, ... E_n의 집합을 생각해보자. 이 진술들은 공간적 위치, 시간, 질량 등을 나타내는 변수들을 포함하고 있다. 그리고 이 집합으로부터 관찰에 의해서 확인할 수 있는 것들을 포함하여 상대성 이론의 다양한 진술들을 도출할 수 있다. 그리고 변수들의 범위를 제약하는 진술들을 이용하면 상대성 이론이 어떤 특수한 경우에 적용될 때 성립하는 법칙들도 도출할 수 있다. 가령, 물체의 속도가 광

속에 비하여 현저하게 느린 경우에는 계산을 통하여 뉴턴의 운동 법칙, 만유인력 법칙 등과 형태가 같은 진술들 N_1, N_2, ... N_i, ... N_m을 도출할 수 있다. ▶1문단

이런 점에서 몇몇 제약 조건을 붙임으로써 뉴턴의 역학은 아인슈타인의 상대성 이론으로부터 도출되는 것으로 보인다. 그렇지만 N_i는 상대성 이론의 특수 경우에 해당하는 법칙일 뿐이지 뉴턴 역학의 법칙들이 아니다. E_i에서 공간적 위치, 시간, 질량 등을 나타냈던 변수들이 N_i에서도 나타난다. 여기서 우리는 N_i에 있는 변수들이 가리키는 것은 뉴턴 이론의 공간적 위치, 시간, 질량 등이 아니라 아인슈타인 이론의 공간적 위치, 시간, 질량 등이라는 것을 주의해야 한다. 같은 이름을 가지고 있지만, 아인슈타인의 이론 속에서 변수들이 가리키는 물리적 대상이 뉴턴 이론 속에서 변수들이 가리키는 물리적 대상과 같은 것은 아니다. 따라서 N_i에 등장하는 변수들에 대한 정의를 바꾸지 않는다면, N_i는 뉴턴의 법칙에 속할 수 없다. 그것은 단지 아인슈타인 상대성 이론의 특수 사례일 뿐이다. ▶2문단

① 뉴턴 역학보다 상대성 이론에 의해 태양계 행성들의 공전 궤도를 더 정확히 계산할 수 있다. ➡ (X) 태양계 행성들의 공전 궤도를 더 정확히 계산할 수 있는 것이 뉴턴의 역학 이론인지 상대성 이론인지에 대한 언급이 없으므로 지문에 제시된 내용만으로는 알 수 없다. 따라서 본 선지의 진술은 지문의 핵심 주장을 강화하지도 약화하지도 않는다.

② 어떤 물체의 속도가 광속보다 훨씬 느릴 때 그 물체의 운동의 기술에서 뉴턴 역학과 상대성 이론은 서로 양립 가능하다. ➡ (X) 지문에서는 뉴턴 역학 이론과 상대성 이론이 다루는 변수의 정의가 다르면 같은 법칙으로 볼 수 없다는 것을 주장하고 있으므로 두 이론이 양립 가능하다는 진술은 지문의 핵심 주장과 상반된다.

③ 일상적으로 만나는 물체들의 운동을 상대성 이론을 써서 기술하면 뉴턴 역학이 내놓는 것과 동일한 결론에 도달한다. ➡ (X) 변수에 대한 정의가 달라지면 두 법칙은 서로 다른 결론에 도달할 것이므로 적절하지 않은 진술이다.

④ 뉴턴 역학에 등장하는 질량은 속도와 무관하지만 상대성 이론에 등장하는 질량은 에너지의 일종이므로 속도에 의존하여 변할 수 있다. ➡ (O) '질량'이라는 같은 이름을 가지고 있지만 뉴턴 역학에 등장하는 질량과 상대성 이론에 등장하는 질량은 그 정의가 다름을 알 수 있다. 따라서 이 선지의 내용은 지문의 핵심 주장을 강화한다.

⑤ 매우 빠르게 운동하는 우주선(cosmic ray)의 구성 입자의 반감기가 길어지는 현상은 상대성 이론으로는 설명되지만 뉴턴 역학으로는 설명되지 않는다. ➡ (X) 지문의 핵심 주장은 각 이론에서 다루고 있는 변수의 정의가 달라지면 같은 법칙으로 볼 수 없다는 것이다. 따라서 특정한 물리적 현상을 어떤 이론으로 설명할 수 있는지 여부를 따지는 것은 지문의 핵심 주장과 관계 없는 내용이므로 본 선지의 진술은 지문의 핵심 주장을 강화하거나 약화하지 못한다.

---

22 ④

정답률 77.3%

| **문제 유형** | 비판적 사고 > 유사한 내용·사례 찾기

| **접근 전략** | 대화 내용을 바탕으로 특정 인물의 견해와 유사한 사례를 찾는 문제 유형이다. 철학 분야의 다소 생소한 개념이 등장하는 지문이므로, 배경지식을 가지고 있다면 문제 풀이에 더 유리할 수 있다. 하지만 관련 지식이 없더라도 지문을 바탕으로 세부 내용의 적절성 여부를 판단할 수 있다. 소크라테스의 진술에서 같은 범주 안에 들어가는 것은 무엇이고 상반된 것으로 구분해야 하는 것은 무엇인지 파악하며 지문을 읽으면 선지의 진위를 판단할 수 있다.

다음 글을 통해 알 수 있는 소크라테스의 견해가 아닌 것은?

소크라테스: 그림에다 적합한 색과 형태들을 모두 배정할 수도 있고, 어떤 것들은 빼고 어떤 것들은 덧붙일 수도 있는 것이네. 그런데 적합한 색이나 형태들을 모두 배정하는 사람은 좋은 그림과 상

(像)을 만들어 내지만, 덧붙이거나 빼는 사람은 그림과 상을 만들어 내기는 하나 나쁜 것을 만들어 내는 것이겠지?

크라튈로스: 그렇습니다.

소크라테스: 같은 이치에 따라서 적합한 음절이나 자모를 모두 배정한다면 이름이 훌륭하겠지만, 조금이라도 빼거나 덧붙인다면 훌륭하지는 않겠지?

크라튈로스: 하지만 음절과 자모를 이름에 배정할 때 우리가 어떤 자모를 빼거나 덧붙인다면, 우리는 이름을 쓰기는 했지만 틀리게 쓴 것이 아니고 아예 쓰지 못한 것입니다.

소크라테스: 그런 식으로 보아서는 우리가 제대로 살펴보지 못한 것이네.

크라튈로스: 왜 그렇죠?

소크라테스: 수(數)의 경우에는 자네 말이 적용되는 것 같네. 모든 수는 자신과 같거나 자신과 다른 수일 수밖에 없으니까. 이를테면 10에서 어떤 수를 빼거나 더하면 곧바로 다른 수가 되어 버리지. 그러나 이것은 상 일반에 적용되는 이치는 아니네. 오히려 정반대로 상은, 그것이 상이려면, 상이 묘사하는 대상의 성질 모두를 상에 배정해서는 결코 안 되네. 예컨대 어떤 신이 자네가 가진 모든 것의 복제를 자네 곁에 놓는다고 해보세. 이때 크라튈로스와 크라튈로스의 상이 있는 것일까, 아니면 두 크라튈로스가 있는 것일까?

크라튈로스: 제가 보기에는 두 크라튈로스가 있을 것 같습니다.

소크라테스: 그렇다면 상이나 이름에 대해서는 다른 종류의 이치를 찾아야 하며, 무엇이 빠지거나 더해지면 더 이상 상이 아니라고 해서는 안 된다는 것을 알겠지? 상은 상이 묘사하는 대상과 똑같은 성질을 갖지 못한다는 것을 깨닫지 않았나?

① 어떤 사물과 완전히 일치하는 복제물은 상이 아니다. ➡ (O) 소크라테스는 네 번째 진술에서 어떤 것이 상이려면 상이 묘사하는 대상의 성질 모두를 상에 배정해서는 안 된다고 했다. 따라서 어떤 사물과 완전히 일치하는 복제물은 상이 아님을 알 수 있다.

② 훌륭한 이름에 자모 한둘을 더하거나 빼더라도 그것은 여전히 이름이다. ➡ (O) 소크라테스의 다섯 번째 진술에서 무엇이 빠지거나 더해지면 더 이상 상이 아니라고 해서는 안 된다고 했으므로, 이름에 자모를 조금 더하거나 빼더라도 여전히 이름임을 알 수 있다.

③ 훌륭한 상에 색이나 형태를 조금 더하거나 빼더라도 그것은 여전히 상이다. ➡ (O) 소크라테스의 다섯 번째 진술에서 무엇이 빠지거나 더해지면 더 이상 상이 아니라고 해서는 안 된다고 한 것을 바탕으로 상에 색이나 형태를 조금 더하거나 빼더라도 여전히 상임을 알 수 있다.

④ 이름에 자모를 더하거나 빼는 것과 수에 수를 더하거나 빼는 것은 같은 이치를 따른다. ➡ (X) 소크라테스의 네 번째 진술에서 수의 경우는 상 일반에 적용되는 이치와 정반대라고 했다. 따라서 수를 더하거나 빼는 것은 이름에 자모를 더하거나 빼는 것과 같은 이치를 따르는 것이 아님을 알 수 있다.

⑤ 이름에 자모를 더하거나 빼는 것과 상에 색이나 형태를 더하거나 빼는 것은 같은 이치를 따른다. ➡ (O) 소크라테스의 다섯 번째 진술에서 상이나 이름에서 무엇을 덧붙이거나 빼는 것은 같은 이치를 따른다는 것을 알 수 있다.

23 ②

정답률 89.0%

| **문제 유형** | 비판적 사고 > 판단하기

| **접근 전략** | 동일한 대상에 대해 서로 다른 견해를 제시하고 있는 두 개의 지문을 읽고 이에 대해 적절하게 평가한 것을 고르는 문제 유형이다. 주장을 강화한다는 말은 뒷받침 내용으로 적절하다는 의미이고, 주장을 약화한다는 것은 뒷받침 내용으로 적절하지 않다는 뜻이다. 따라서 〈보기〉에서 제시한 연구 결과가 어떤 지문의 주장을 뒷받침하기에 적절한 내용인지를 판단해야 한다.

(가)와 (나)에 대한 평가로 적절한 것만을 〈보기〉에서 모두 고르면?

(가) 어린 시절 과학 선생님에게 가을에 단풍이 드는 까닭을 물어본 적이 있다면, 단풍은 "나무가 겨울을 나려고 잎을 떨어뜨리다 보니 생기는 부수적인 현상"이라는 답을 들었을 것이다. 보통 때는 초록빛을 내는 색소인 엽록소가 카로틴, 크산토필 같은 색소를 가리므로 우리는 잎에서 다른 빛깔을 보지 못한다. 가을이 오면, 잎을 떨어뜨리고자 잎자루 끝에 떨켜가 생기면서 가지와 잎 사이의 물질 이동이 중단된다. 이에 따라 엽록소가 파괴되면서 감춰졌던 다른 색소들이 자연스럽게 드러나서 잎이 노랗거나 주홍빛을 띠게 된다. 요컨대 단풍은 나무가 월동 준비 과정에서 우연히 생기는 부산물이다.

(나) 생물의 내부를 들여다보면 화려한 색은 거의 눈에 띄지 않는다. 물론 척추동물의 몸속에 흐르는 피는 예외이다. 상처가 난 당사자에게 피의 강렬한 색이 사태의 시급성을 알려 준다면, 피의 붉은 색깔은 특정한 목적을 가지고 진화적으로 출현했다고 볼 수 있다. 마찬가지로 타는 듯한 가을 단풍은 나무가 해충에 보내는 경계 신호라고 볼 수 있다. 진딧물처럼 겨울을 나기 위해 가을에 적당한 나무를 골라서 알을 낳는 곤충들을 향해 나무가 자신의 경계 태세가 얼마나 철저한지 알려 주는 신호가 가을 단풍이라는 것이다. 단풍의 색소를 만드는 데는 적지 않은 비용이 따르므로, 오직 건강한 나무만이 진하고 뚜렷한 가을 빛깔을 낼 수 있다. 진딧물은 이러한 신호들에 반응해서 가장 형편없이 단풍이 든 나무에 내려앉는다. 휘황찬란한 단풍은 나무와 곤충이 진화하면서 만들어 낸 적응의 결과물이다.

〈보기〉

ㄱ. 단풍이 드는 나무 중에서 떨켜를 만들지 않는 종이 있다는 연구 결과는 (가)의 주장을 강화한다. → (X) (가)에서는 가을이 오면 잎을 떨어뜨리고자 잎자루 끝에 떨켜가 생기면서 가지와 잎 사이의 물질 이동이 중단되고, 이에 따라 엽록소가 파괴되면서 감춰졌던 다른 색소들이 자연스럽게 드러난다고 했다. 따라서 떨켜를 만들지 않았는데 단풍이 드는 종에 대한 연구 결과는 (가)의 주장을 약화한다.

ㄴ. 식물의 잎에서 주홍빛을 내는 색소가 가을에 새롭게 만들어진다는 연구 결과는 (가)의 주장을 강화한다. → (X) '보통 때는 초록빛을 내는 색소인 엽록소가 카로틴, 크산토필 같은 색소를 가리므로 우리는 잎에서 다른 빛깔을 보지 못한다.'라는 내용과 '엽록소가 파괴되면서 감춰졌던 다른 색소들이 자연스럽게 드러나서 잎이 노랗거나 주홍빛을 띠게 된다.'라는 내용을 통해 식물의 잎에서 주홍빛을 내는 색소는 새롭게 만들어지는 것이 아니라 감춰졌던 것이 자연스럽게 드러나는 것임을 알 수 있다. 따라서 ㄴ의 진술은 (가)의 주장을 약화한다.

ㄷ. 가을에 인위적으로 어떤 나무의 단풍색을 더 진하게 만들었더니 그 나무에 알을 낳는 진딧물의 수가 줄었다는 연구 결과는 (나)의 주장을 강화한다. → (O) '진딧물처럼 겨울을 나기 위해 가을에 적당한 나무를 골라서 알을 낳는 곤충들을 향해 나무가 자신의 경계 태세가 얼마나 철저한지 알려 주는 신호가 가을 단풍'이라는 내용과 '진딧물은 이러한 신호들에 반응해서 가장 형편없이 단풍이 든 나무에 내려앉는다.'라는 내용을 통해 단풍색이 더 진하면 진딧물의 수가 줄어들 것임을 알 수 있다. 따라서 ㄷ의 진술은 (나)의 주장을 강화한다.

① ㄱ ➡ (X)

② ㄷ ➡ (O)

③ ㄱ, ㄴ ➡ (X)

④ ㄴ, ㄷ ➡ (X)

⑤ ㄱ, ㄴ, ㄷ ➡ (X)

24 ⑤

정답률 93.8%

| 문제 유형 | 비판적 사고 > 논지 강화·약화하기

| 접근 전략 | 밑줄 친 부분의 주장을 강화하는 구체적인 사례를 찾는 문제 유형이다. 이 유형의 문제를 해결하려면 먼저 지문을 읽으며 핵심어의 개념과 지시 대상들 간의 관계를 파악해야 한다. 즉, 트랜스 지방은 무엇이며 그로 인해 어떠한 결과가 나타나는지를 확인해야 한다. 그리고 〈보기〉에 제시된 각 사례들의 인과 관계를 논리적으로 이해해야 한다. 본 지문에서 〈보기〉의 사례들과 직접적으로 관계된 부분은 3문단 후반부와 4문단의 내용 정도이다. 따라서 2문단이나 3문단의 전반부에 등장하는 과학 용어들을 이해하려고 너무 애쓸 필요는 없다. 지문을 읽을 때는 용어 하나하나에 집착하지 말고 전체 내용을 개관한 후, 필요한 부분만 발췌 독하는 방법도 필요하다.

다음 글의 밑줄 친 주장을 강화하는 사례만을 〈보기〉에서 모두 고르면?

최근에 트랜스 지방은 그 건강상의 위해 효과 때문에 주목받고 있다. 우리가 즐겨 먹는 많은 식품에는 트랜스 지방이 숨어 있다. 그렇다면 트랜스 지방이란 무엇일까? ▶1문단

지방에는 불포화 지방과 포화 지방이 있다. 식물성 기름의 주성분인 불포화 지방은 포화 지방에 비하여 수소의 함유 비율이 낮고 녹는점도 낮아 상온에서 액체인 경우가 많다. ▶2문단

불포화 지방은 그 안에 존재하는 이중 결합에서 수소 원자들의 결합 형태에 따라 시스(cis)형과 트랜스(trans)형으로 나뉘는데 자연계에 존재하는 대부분의 불포화 지방은 시스형이다. 그런데 조리와 보존의 편의를 위해 액체 상태인 식물성 기름에 수소를 첨가하여 고체 혹은 반고체 상태로 만드는 과정에서 트랜스 지방이 만들어진다. 그래서 대두, 땅콩, 면실유를 경화시켜 얻은 마가린이나 쇼트닝은 트랜스 지방의 함량이 높다. 또한 트랜스 지방은 식물성 기름을 고온으로 가열하여 음식을 튀길 때도 발생한다. 따라서 튀긴 음식이나 패스트푸드에는 트랜스 지방이 많이 들어 있다. ▶3문단

트랜스 지방은 포화 지방인 동물성 지방처럼 심혈관계에 해롭다. 트랜스 지방은 혈관에 나쁜 저밀도지방단백질(LDL)의 혈중 농도를 증가시키는 한편 혈관에 좋은 고밀도지방단백질(HDL)의 혈중 농도는 감소시켜 혈관벽을 딱딱하게 만들어 심장병이나 동맥경화를 유발하고 악화시킨다. ▶4문단

〈보기〉

ㄱ. 쥐의 먹이에 함유된 트랜스 지방 함량을 2% 증가시키자 쥐의 심장병 발병률이 25% 증가하였다. → (○) 4문단에 트랜스 지방이 심장병을 유발하고 악화시킨다는 언급이 있다. 따라서 트랜스 지방 함량을 증가시키자 심장병 발병률이 증가했다는 실험 결과는 밑줄 친 주장을 강화한다.

ㄴ. 사람들이 마가린을 많이 먹는 지역에서 마가린의 트랜스 지방 함량을 낮추자 동맥경화의 발병률이 1년 사이에 10% 감소하였다. → (○) 3문단에는 마가린에 트랜스 지방의 함량이 높다는 것과 이 트랜스 지방이 동맥경화를 유발하고 악화시킨다는 것을 제시하고 있다. 따라서 마가린의 트랜스 지방 함량을 감소시키자 동맥경화의 발병률이 감소했다는 진술은 밑줄 친 주장을 강화한다.

ㄷ. 성인 1,000명에게 패스트푸드를 일정 기간 지속적으로 섭취하게 한 후 검사해 보니, HDL의 혈중 농도가 섭취 전에 비해 20% 감소하였다. → (○) 3문단에서는 튀긴 음식이나 패스트푸드에 트랜스 지방이 많이 들어 있다는 것을, 4문단에서는 트랜스 지방이 혈관에 좋은 고밀도지방단백질(HDL)의 혈중 농도를 감소시킨다는 점을 제시하고 있다. 따라서 패스트푸드를 지속적으로 섭취한 사람의 HDL 혈중 농도가 전에 비해 감소했다는 진술은 밑줄 친 주장을 강화한다.

① ㄱ ➡ (X)
② ㄴ ➡ (X)
③ ㄱ, ㄷ ➡ (X)
④ ㄴ, ㄷ ➡ (X)
⑤ ㄱ, ㄴ, ㄷ ➡ (○)

25 ⑤

정답률 87.2%

| 문제 유형 | 비판적 사고 > 판단하기

| 접근 전략 | 여러 개의 논증을 제시한 후 각 논증 간의 관계를 묻는 유형이므로 논증들 간의 공통점과 차이점을 파악해야 한다. 그런 다음 그 내용들을 바탕으로 각 논증들의 관계, 즉 양립 가능한지 불가능한지의 여부를 판단하여 답을 찾으면 된다.

갑~병의 논증에 대한 분석으로 적절한 것만을 〈보기〉에서 모두 고르면?

갑: 절대적으로 확실한 지식은 존재하지 않는다. 왜냐하면 그런 지식으로 인도해 줄 방법은 없기 때문이다. 첫째, 사람의 감각은 믿을 수가 없으며, 실제 외부세계의 본질에 대해서 아무것도 말해 주지 않는다. 둘째, 확실한 것으로 받아들여지는 논리적 방법도, 주어진 사실에 바탕을 두고 그것을 전제로 해서 새로운 사실을 결론짓는 것이므로, 결국 불확실한 것에 바탕을 두었을 따름이다.

을: 정상적인 감각기관을 통하여 얻어낸 감각 경험은 믿을 만하고, 우리는 이 감각 경험에 기초한 판단이 참인지 아닌지를 가릴 수 있다. 그러므로 감각 경험을 통해서 우리는 절대적으로 확실한 지식을 얻게 된다.

병: 나는 인간의 경험에 의존한 방법이나 이성적 추론을 통한 방법은 의심이 가능하며 믿을 수 없다고 생각했었다. 하지만 이런 의심을 거듭한 결과 나는 놀라운 결론에 이르렀다. 그것은 모든 것을 의심한다고 하더라도 의심할 수 없는 것이 있다는 사실이다. 그것은 바로 의심하는 내가 있다는 것이다. 결국 나는 거듭 의심하는 방법을 사용하여 절대적으로 확실한 지식을 발견하였다.

〈보기〉

ㄱ. 갑의 결론은 을의 결론과 양립 불가능하다. → (○) 갑과 을은 상반된 결론을 제시하고 있다. 갑은 사람의 감각을 믿을 수 없는 것으로 보고 있는 반면, 을은 감각 경험을 믿을 만한 것으로 판단하고 있기 때문이다. 따라서 이 둘의 결론은 양립 불가능하므로 ㄱ은 갑과 을의 논증에 대한 분석으로 적절하다.

ㄴ. 갑의 결론은 병의 결론과 양립 불가능하다. → (○) 갑은 사람의 감각과 논리적 방법에 의해 주어진 사실 모두를 불확실한 것으로 본다. 전제로 주어진 모든 것이 확실하지 않다고 보는 것이다. 이에 반해 병은 믿을 수 없는 것들 중에서 의심하고 있는 나의 존재는 절대적으로 확실한 지식이라고 결론 내리고 있다. 따라서 갑과 병의 결론은 양립할 수 없으므로, ㄴ의 진술은 적절하다.

ㄷ. 을과 병은 모두 절대적으로 확실한 지식이 있다고 주장한다. → (○) 을은 감각 경험을 통해 얻은 판단이 참인지 아닌지를 가릴 수 있으므로 절대적으로 확실한 지식을 얻을 수 있다고 했다. 그리고 병은 거듭 의심하는 방법을 사용하여 절대적으로 확실한 지식을 발견하였다고 했다. 이처럼 을과 병은 공통적으로 확실한 지식이 있다고 주장하고 있으므로, ㄷ의 진술은 적절하다.

① ㄱ ➡ (X)
② ㄴ ➡ (X)
③ ㄱ, ㄷ ➡ (X)
④ ㄴ, ㄷ ➡ (X)
⑤ ㄱ, ㄴ, ㄷ ➡ (○)

2013 | 제2영역 자료해석(⑩ 책형)

기출 총평

2013년 자료해석 시험은 평이한 수준으로 출제되었으나, 2011년과 2012년의 자료해석 시험에 비해 제시되는 자료의 양이 많아졌으며, 다양한 응용형 문제가 출제되었다. 또 계산형과 빈칸 제시형 유형이 복합적으로 연계되어 출제되었고, 매칭형 문제의 출제 비중이 다소 높아졌다. 주식의 이론 가격과 시장 가격의 관계를 나타낸 자료를 통해 해당 월 가격 괴리율을 구하는 문제와 각 개인의 근로소득과 금융소득을 통해 소득세산출액을 파악하여 비교하는 문제는 고난도로 출제되었다. 자료해석 시험은 제한된 시간 안에 문제를 정확하게 푸는 것이 관건이다. 시간 내에 먼저 넘겨야 할 문제와 풀어야 할 문제, 넘겨야 할 선지와 먼저 해결해야 할 선지를 판단하는 것이 가장 중요한 전략이다. 문제당 소요 시간과 난도를 빠르게 판단하고 문제에서 묻는 핵심을 정확하게 파악하는 것이 무엇보다 중요하며, 함정을 예측하여 피해가는 것도 효율적인 전략이 될 수 있다. 시험에서는 대략적인 계산으로 파악할 수 있어야 하지만, 평소에는 눈으로만 대충 계산하거나 푸는 방법만 숙지하고 정확한 답을 도출하지 않는 습관은 지양하는 것이 좋다.

문항별 정답률 및 선지별 선택률

문번	정답	정답률 (%)	선지별 선택률(%) ①	②	③	④	⑤
01	②	96.6	1.7	96.6	0.0	1.7	0.0
02	②	89.9	6.3	89.9	0.8	0.0	3.0
03	⑤	96.6	0.4	0.0	2.1	0.9	96.6
04	①	94.1	94.1	0.8	3.0	0.4	1.7
05	④	89.8	1.3	6.8	0.9	89.8	1.2
06	①	91.6	91.6	1.3	1.3	3.4	2.4
07	⑤	85.2	0.4	5.5	7.2	1.7	85.2
08	③	92.0	1.7	2.5	92.0	2.5	1.3
09	①	82.6	82.6	5.5	0.4	10.6	0.9
10	②	79.2	3.4	79.2	6.4	0.8	10.2
11	③	96.6	0.4	2.1	96.6	0.0	0.9
12	③	93.5	3.0	0.0	93.5	0.9	2.6
13	③	85.0	3.4	3.9	85.0	5.2	2.5

문번	정답	정답률 (%)	선지별 선택률(%) ①	②	③	④	⑤
14	④	66.1	8.2	0.9	22.3	66.1	2.5
15	②	99.1	0.9	99.1	0.0	0.0	0.0
16	②	96.1	1.3	96.1	0.9	0.4	1.3
17	⑤	91.0	1.3	0.0	2.1	5.6	91.0
18	④	89.2	0.9	6.0	3.0	89.2	0.9
19	⑤	93.6	0.9	3.0	0.4	2.1	93.6
20	④	94.0	0.9	3.9	0.9	94.0	0.3
21	①	87.4	87.4	3.9	1.3	1.7	5.7
22	③	92.6	0.9	3.0	92.6	2.2	1.3
23	①	93.0	93.0	2.6	0.9	0.9	2.6
24	②	89.6	3.0	89.6	6.9	0.0	0.5
25	④	66.8	3.1	3.1	4.9	66.8	22.1

※ 파란색 음영 문항은 해당 회차에서 정답률이 가장 낮은 TOP 3 문항입니다.
※ 정답률 및 선지별 선택률 산정 기준: 약 1년간 누적된 자동채점 & 성적결과분석 서비스의 응시 데이터

출제 비중

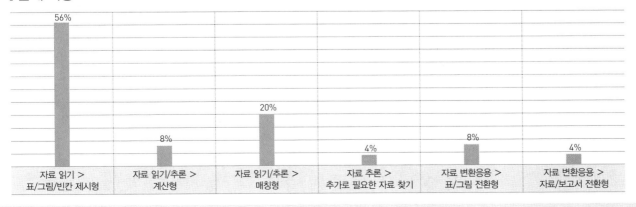

자료 읽기 > 표/그림/빈칸 제시형	자료 읽기/추론 > 계산형	자료 읽기/추론 > 매칭형	자료 추론 > 추가로 필요한 자료 찾기	자료 변환응용 > 표/그림 전환형	자료 변환응용 > 자료/보고서 전환형
56%	8%	20%	4%	8%	4%

01	②	02	②	03	⑤	04	①	05	④
06	①	07	⑤	08	③	09	①	10	②
11	③	12	③	13	③	14	④	15	②
16	②	17	⑤	18	④	19	⑤	20	④
21	①	22	③	23	①	24	②	25	④

01 ② 정답률 96.6%

|문제 유형| 자료 읽기 > 표/그림 제시형
|접근 전략| 제시된 〈표〉와 〈그림〉에 나타난 수치를 보고 〈보기〉의 선지의 옳고 그름을 판단하는 문제이다. 발생 건수의 전년 대비 증가율은 해당 연도가 아닌 이전 연도의 발생 건수를 기준으로 해서 계산해야 한다.

다음 〈표〉와 〈그림〉은 2001~2008년 동안 A국의 비행단계별, 연도별 항공기사고 발생 건수에 대한 자료이다. 이에 대한 〈보기〉의 설명 중 옳은 것만을 모두 고르면?

〈표〉 비행단계별 항공기사고 발생 건수(2001~2008년)
(단위: 건, %)

단계	발생 건수	비율
지상이동	4	6.9
이륙	2	3.4
상승	7	12.1
순항	22	37.9
접근	6	10.3
착륙	17	29.4
계	58	100.0

〈그림〉 연도별 항공기사고 발생 건수

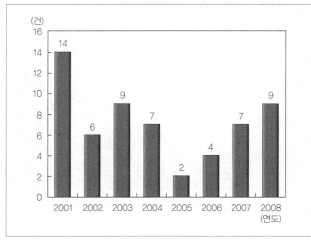

──────〈보기〉──────

ㄱ. 2005년 이후 항공기사고 발생 건수는 매년 증가하였다. → (O) 〈그림〉에서 2005년 이후 항공기사고 발생 건수는 2건 → 4건 → 7건 → 9건으로 매년 증가하였다.

ㄴ. 비행단계별 항공기사고 발생 건수가 많은 것부터 순서대로 나열하면 순항, 착륙, 접근, 상승 순이다. → (X) 〈표〉에서 비행단계별 항공기사고 발생 건수가 많은 것부터 순서대로 나열하면 순항(22건), 착륙(17건), 상승(7건), 접근(6건), 지상이동(4건), 이륙(2건) 순이다.

ㄷ. 순항단계와 착륙단계의 항공기사고 발생 건수의 합은 총 항공기사고 발생 건수의 60% 이상이다. → (O) 순항단계의 항공기사고 발생 건수는 22건이고, 착륙단계의 항공기사고 발생 건수는 17건이다. 따라서 총 항공기사고 발생 건수 중 순항단계와 착륙단계의 항공기사고 발생 건수의 합이 차지하는 비율은 $\frac{(22+17)}{58} \times 100 ≒ 67.2(\%)$이다.

ㄹ. 2006~2008년 동안 항공기사고 발생 건수의 전년 대비 증가율은 매년 100% 이상이다. → (X) 항공기사고 발생 건수의 전년 대비 증가율은 2006년의 경우 $\frac{(4-2)}{2} \times 100 = 100(\%)$, 2007년의 경우 $\frac{(7-4)}{4} \times 100 = 75(\%)$, 2008년의 경우 $\frac{(9-7)}{7} \times 100 ≒ 28.6(\%)$이다.

① ㄱ, ㄴ ➡ (X)
② ㄱ, ㄷ ➡ (O)
③ ㄴ, ㄹ ➡ (X)
④ ㄱ, ㄷ, ㄹ ➡ (X)
⑤ ㄴ, ㄷ, ㄹ ➡ (X)

02 ② 정답률 89.9%

|문제 유형| 자료 읽기/추론 > 매칭형
|접근 전략| 〈보기〉의 설명을 통해 〈그림 1〉과 〈그림 2〉에 나타난 A~D국에 해당하는 국가를 찾는 문제이다. 〈보기〉에서 특허출원 건수와 상표출원 건수를 구분하여 설명하고 있으므로 특허출원 건수는 〈그림 1〉을 통해, 상표출원 건수는 〈그림 2〉를 통해 파악할 수 있다.

다음 〈그림〉은 2006~2010년 A~D국의 특허 및 상표출원 건수에 대한 자료이다. 이에 대한 〈보기〉의 설명을 이용하여 A~D에 해당하는 국가를 바르게 나열한 것은?

〈그림 1〉 연도별·국가별 특허출원 건수

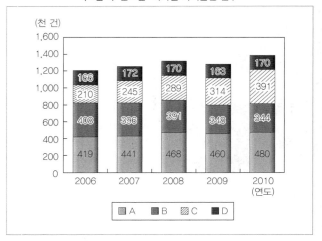

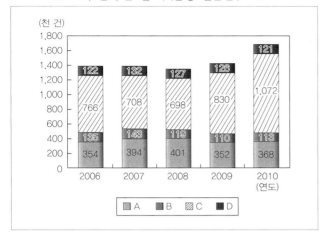

〈그림 2〉 연도별·국가별 상표출원 건수

(천 건)

A B C D

〈보기〉

○ 2006년 대비 2010년 특허출원 건수 증가율이 가장 높은 국가는 중국이다. →〈그림 1〉에서 2006년 대비 2010년 특허출원 건수 증가율은 A국의 경우 $\frac{(480-419)}{419} \times 100 ≒ 14.6(\%)$, B국의 경우 $\frac{(344-408)}{408} \times 100 ≒ -15.7(\%)$, C국의 경우 $\frac{(391-210)}{210} \times 100 ≒ 86.2(\%)$, D국의 경우 $\frac{(170-166)}{166} \times 100 ≒ 2.4(\%)$로, C국이 가장 높다. 따라서 C국은 중국에 해당한다.

○ 2007년 대비 2010년 특허출원 건수가 가장 큰 폭으로 감소한 국가는 일본이다. →〈그림 1〉에서 2007년 대비 2010년 특허출원 건수가 감소한 국가는 B, D국이다. B국의 경우 52천 건 감소(=344천 건 - 396천 건), D국의 경우 2천 건 감소(=170천 건 - 172천 건)로, B국이 가장 큰 폭으로 감소하였다. 따라서 B국은 일본에 해당한다.

○ 2007년 이후 한국의 상표출원 건수는 매년 감소하였다. →〈그림 2〉에서 A국과 D국 중 2007년 이후 상표출원 건수가 매년 감소하고 있는 국가는 D국이다. 즉, D국의 경우 2007년 이후 상표출원 건수가 132천 건 → 127천 건 → 126천 건 → 121천 건으로 매년 감소하였다. 따라서 D국은 한국, A국은 미국에 해당한다.

○ 2010년 상표출원 건수는 미국이 일본보다 10만 건 이상 많다. → 2010년 상표출원 건수는 B국인 일본의 경우 113천 건이고, A국인 미국의 경우 368천 건이다. 따라서 2010년 상표출원 건수는 미국이 일본보다 255천 건 (=368천 건 - 113천 건)만큼 많다.

	A	B	C	D	
①	한국	일본	중국	미국	➡ (X)
②	미국	일본	중국	한국	➡ (O)
③	중국	한국	미국	일본	➡ (X)
④	중국	미국	한국	일본	➡ (X)
⑤	미국	중국	일본	한국	➡ (X)

|문제 유형| 자료 변환응용 > 표/그림 전환형

|접근 전략| 〈표〉에 나타난 수치를 이용하여 나타낸 〈그림〉을 찾는 문제이다. 수치를 그대로 옮겨 표현한 〈그림〉도 있지만, 단위를 변경하여 표현한 〈그림〉도 있으므로 단위 표시에 유의하도록 한다.

다음 〈표〉와 〈그림〉은 2010년 대전광역시 행정구역별 교통 관련 현황 및 행정구역도이다. 이를 이용하여 작성한 그래프로 옳지 않은 것은?

〈표〉 2010년 대전광역시 행정구역별 교통 관련 현황

구분 행정구역	전체	동구	중구	서구	유성구	대덕구
인구(천 명)	1,506	249	265	500	285	207
가구 수(천 가구)	557	99	101	180	102	75
주차장 확보율(%)	81.5	78.6	68.0	87.2	90.5	75.3
승용차 보유대수(천 대)	569	84	97	187	116	85
가구당 승용차 보유대수(대)	1.02	0.85	0.96	1.04	1.14	1.13
승용차 통행발생량 (만 통행)	179	28	32	61	33	25
화물차 수송도착량에 대한 화물차 수송발생량 비율(%)	51.5	46.8	36.0	30.1	45.7	91.8

※ 승용차 1대당 통행발생량(통행) = $\frac{승용차\ 통행발생량}{승용차\ 보유대수}$

〈그림〉 대전광역시 행정구역도

① 행정구역별 인구

(단위: 천 명)

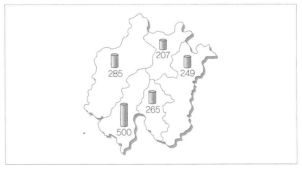

➡ (O)〈표〉에서 행정구역별 인구는 동구의 경우 249천 명, 중구의 경우 265천 명, 서구의 경우 500천 명, 유성구의 경우 285천 명, 대덕구의 경우 207천 명이다. 이는 〈그림〉과 일치한다.

② 행정구역별 주차장 확보율

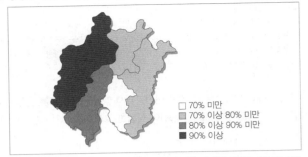

凡例:
□ 70% 미만
▨ 70% 이상 80% 미만
▩ 80% 이상 90% 미만
■ 90% 이상

➡ (O) 〈표〉에서 행정구역별 주차장 확보율은 동구의 경우 78.6%, 중구의 경우 68.0%, 서구의 경우 87.2%, 유성구의 경우 90.5%, 대덕구의 경우 75.3%이다. 즉, 중구는 70% 미만에, 동구와 대덕구는 70% 이상 80% 미만에, 서구는 80% 이상 90% 미만에, 유성구는 90% 이상에 해당한다. 이는 〈그림〉과 일치한다.

③ 행정구역별 가구당 승용차 보유대수
(단위: 대)

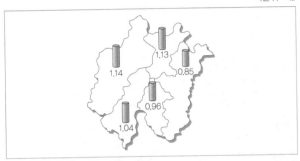

1.14 1.13 0.85
0.96
1.04

➡ (O) 〈표〉에서 행정구역별 가구당 승용차 보유대수는 동구의 경우 0.85대, 중구의 경우 0.96대, 서구의 경우 1.04대, 유성구의 경우 1.14대, 대덕구의 경우 1.13대이다. 이는 〈그림〉과 일치한다.

④ 행정구역별 화물차 수송도착량에 대한 화물차 수송발생량 비율

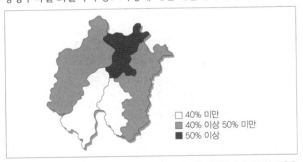

凡例:
□ 40% 미만
▨ 40% 이상 50% 미만
■ 50% 이상

➡ (O) 〈표〉에서 행정구역별 화물차 수송도착량에 대한 화물차 수송발생량 비율은 동구의 경우 46.8%, 중구의 경우 36.0%, 서구의 경우 30.1%, 유성구의 경우 45.7%, 대덕구의 경우 91.8%이다. 즉, 중구와 서구는 40% 미만에, 동구와 유성구는 40% 이상 50% 미만에, 대덕구는 50% 이상에 해당한다. 이는 〈그림〉과 일치한다.

⑤ 행정구역별 승용차 1대당 통행발생량
(단위: 통행)

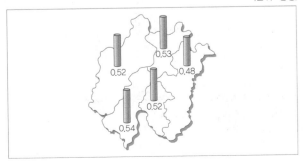

0.53
0.52   0.48
0.52
0.54

➡ (X) 〈표〉에서 행정구역별 승용차 1대당 통행발생량은 동구의 경우 약 3.3통행 $\left(= \frac{28만\ 통행}{84천\ 대} \right)$, 중구의 경우 약 3.3통행 $\left(= \frac{32만\ 통행}{97천\ 대} \right)$, 서구의 경우 약 3.3통행 $\left(= \frac{61만\ 통행}{187천\ 대} \right)$, 유성구의 경우 약 2.8통행 $\left(= \frac{33만\ 통행}{116천\ 대} \right)$, 대덕구의 경우 약 2.9통행 $\left(= \frac{25만\ 통행}{85천\ 대} \right)$이다. 이는 〈그림〉과 일치하지 않는다.

04 ①
정답률 94.1%

| 문제 유형 | 자료 읽기/추론 > 매칭형
| 접근 전략 | 〈보기〉에서 〈표〉에 나타나 있지 않은 세목은 상속세, 자산재평가세, 부가가치세, 증권거래세이다. 이를 통해 A~D는 각각 상속세, 자산재평가세, 부가가치세, 증권거래세 중 하나에 해당함을 알 수 있다.

다음 〈표〉는 어느 나라의 세목별 징수세액에 대한 자료이다. 이에 대한 〈보기〉의 설명을 이용하여 A~D에 해당하는 세목을 바르게 나열한 것은?

〈표〉 세목별 징수세액
(단위: 억 원)

연도 세목	1989	1999	2009
소득세	35,569	158,546	344,233
법인세	31,079	93,654	352,514
A	395	4,807	12,207
증여세	1,035	4,205	12,096
B	897	10,173	10,163
C	52,602	203,690	469,915
개별소비세	12,570	27,133	26,420
주세	8,930	20,780	20,641
전화세	2,374	11,914	11,910
D	4,155	13,537	35,339

〈보기〉

○ 1989년 징수세액이 5,000억 원보다 적은 세목은 상속세, 자산재평가세, 전화세, 증권거래세, 증여세이다. → 〈표〉에서 1989년 징수세액이 5,000억 원보다 적은 세목은 A, 증여세, B, 전화세, D이다. 따라서 A, B, D는 각각 상속세, 자산재평가세, 증권거래세 중 하나이고, C는 부가가치세이다.

○ 1989년에 비해 1999년에 징수세액이 10배 이상 증가한 세목은 상속세와 자산재평가세이다. → 〈표〉에서 A~D 중 1989년에 비해 1999년에 징수세액이 10배 이상 증가한 세목은 A와 B이다. 따라서 A와 B는 각각 상속세와 자산재평가세 중 하나이다. C가 부가가치세이므로 D는 증권거래세이다.

○ 1999년에 비해 2009년에 징수세액이 증가한 세목은 법인세, 부가가치세, 상속세, 소득세, 증권거래세, 증여세이다. → 〈표〉에서 1999년에 비해 2009년에 징수세액이 증가한 세목은 소득세, 법인세, A, 증여세, C, D이다. C가 부가가치세, D가 증권거래세이므로 A는 상속세에 해당한다. 따라서 B는 자산재평가세이다.

	A	B	C	D	
①	상속세	자산재평가세	부가가치세	증권거래세	➡ (O)
②	상속세	증권거래세	자산재평가세	부가가치세	➡ (X)
③	자산재평가세	상속세	부가가치세	증권거래세	➡ (X)
④	자산재평가세	부가가치세	상속세	증권거래세	➡ (X)
⑤	증권거래세	상속세	부가가치세	자산재평가세	➡ (X)

05 ④

| 문제 유형 | 자료 읽기 > 표 제시형
| 접근 전략 | 〈표〉에서 지워진 자료는 전일 순위와 비교하여 추론할 수 있다. 〈표〉에서 제시된 순위의 숫자가 작을수록 순위가 높음을 의미한다는 점에 유의하도록 한다.

다음 〈표〉는 어느 노래의 3월 24~27일 음원차트별 순위에 대한 자료 중 일부가 지워진 것이다. 이에 대한 설명으로 옳은 것은?

〈표〉 음원차트별 순위

날짜	음원차트					평균 순위
	A	B	C	D	E	
3월 24일	□(↑)	6(↑)	□(↑)	4(↑)	2(↑)	4.2
3월 25일	6(↑)	2(↑)	2(−)	2(↑)	1(↑)	2.6
3월 26일	7(↓)	6(↓)	5(↓)	6(↓)	5(↓)	5.8
3월 27일	□(−)	□(↑)	□(□)	7(↓)	□(−)	6.0

※ 1) □는 지워진 자료를 의미하며, ( ) 안의 ↑는 전일 대비 순위 상승, ↓는 전일 대비 순위 하락, −는 전일과 순위가 동일함을 의미함
　2) 순위의 숫자가 작을수록 순위가 높음을 의미함
　3) 평균 순위 = $\dfrac{5개\ 음원차트별\ 순위의\ 합}{5}$

① 평균 순위가 가장 높았던 날은 5개 음원차트별 순위가 전일 대비 모두 상승하였다. ➡ (X) 〈표〉에서 평균 순위가 가장 높았던 날은 3월 25일이다. 3월 25일의 경우 A, B, D, E 음원차트는 전일 대비 순위가 상승하였으나, C 음원차트는 전일과 순위가 동일하였다.

② 3월 24일 A 음원차트에서의 순위는 8위였다. ➡ (X) 〈표〉에서 3월 25일 C 음원차트는 전일과 순위가 동일하므로 3월 24일 C 음원차트의 순위는 2위이다.

3월 24일 평균 순위 4.2 = $\dfrac{(A\ 음원차트\ 순위 + 6 + 2 + 4 + 2)}{5}$ 이므로 3월 24일 A 음원차트의 순위는 7위이다.

③ 5개 음원차트별 순위가 전일 대비 모두 하락한 날은 평균 순위가 가장 낮았다. ➡ (X) 〈표〉에서 5개 음원차트별 순위가 전일 대비 모두 하락한 날은 3월 26일이고, 평균 순위가 가장 낮은 날은 3월 27일이다.

④ 3월 27일 C 음원차트에서는 순위가 전일 대비 하락하였다. ➡ (O)
3월 27일 A 음원차트와 E 음원차트는 전일과 순위가 동일하므로 A 음원차트의 순위는 7위, E 음원차트의 순위는 5위이다.

3월 27일 평균 순위 6.0 = $\dfrac{(7 + B\ 음원차트\ 순위 + C\ 음원차트\ 순위 + 7 + 5)}{5}$ 이므로 (B 음원차트 순위 + C 음원차트 순위) = 11위이다. 3월 27일 B 음원차트 순위는 전일 대비 순위가 상승하였으므로 3월 26일 B 음원차트 순위인 6위보다 작아야 한다. 따라서 3월 27일 C 음원차트 순위는 6위 이상이므로 이는 전일 대비 순위가 하락한 것이다.

⑤ 평균 순위는 매일 하락하였다. ➡ (X) 평균 순위는 숫자가 작을수록 순위가 높다. 3월 25일 평균 순위는 3월 24일 평균 순위보다 숫자가 작으므로 순위가 상승한 것이다.

06 ①

| 문제 유형 | 자료 읽기 > 표 제시형
| 접근 전략 | 〈표〉에 나타난 실질 성장률을 연도별로, 도시별로 비교·분석하는 문제이다. 각 도시의 연도별 실질 성장률뿐만 아니라 도시별 실질 성장률을 비교하고 있으므로 제시된 〈표〉를 정확하게 분석하는 것이 중요하다.

다음 〈표〉는 2000~2007년 7개 도시 실질 성장률에 대한 자료이다. 이에 대한 설명으로 옳은 것은?

〈표〉 7개 도시 실질 성장률

(단위: %)

연도 도시	2000	2001	2002	2003	2004	2005	2006	2007
서울	9.0	3.4	8.0	1.3	1.0	2.2	4.3	4.4
부산	5.3	7.9	6.7	4.8	0.6	3.0	3.4	4.6
대구	7.4	1.0	4.4	2.6	3.2	0.6	3.9	4.5
인천	6.8	4.9	10.7	2.4	3.8	3.7	6.8	7.4
광주	10.1	3.4	9.5	1.6	1.5	6.5	6.5	3.7
대전	9.1	4.6	8.1	7.4	1.6	2.6	3.4	3.2
울산	8.5	0.5	15.8	2.6	4.3	4.6	1.9	4.6

① 2005년 서울, 부산, 광주의 실질 성장률은 각각 2004년의 2배 이상이다. ➡ (O) 〈표〉에서 2004년 실질 성장률은 서울의 경우 1.0%, 부산의 경우 0.6%, 광주의 경우 1.5%이고, 2005년 실질 성장률은 서울의 경우 2.2%, 부산의 경우 3.0%, 광주의 경우 6.5%이다. 따라서 2005년 서울, 부산, 광주의 실질 성장률은 각각 2004년 실질 성장률의 2배 이상이다.

② 2004년과 2005년 실질 성장률이 가장 높은 도시는 동일하다. ➡ (X) 2004년 실질 성장률이 가장 높은 도시는 울산이고, 2005년 실질 성장률이 가장 높은 도시는 광주이다.

③ 2001년 각 도시의 실질 성장률은 2000년에 비해 감소하였다. ➡ (X) 서울, 대구, 인천, 광주, 대전, 울산의 경우 2001년 실질 성장률이 2000년에 비해 감소하였으나, 부산의 경우 2001년 실질 성장률이 2000년에 비해 증가하였다.

④ 2002년 대비 2003년 실질 성장률이 5%p 이상 감소한 도시는 모두 3개이다. ➡ (X) 2002년 대비 2003년 실질 성장률은 서울의 경우 −6.7%p, 부산의 경우 −1.9%p, 대구의 경우 −1.8%p, 인천의 경우 −8.3%p, 광주의 경우 −7.9%p, 대전의 경우 −0.7%p, 울산의 경우 −13.2%p이다. 2002년 대비 2003년 실질 성장률이 5%p 이상 감소한 도시는 서울, 인천, 광주, 울산으로 4개이다.

⑤ 2000년 실질 성장률이 가장 높은 도시가 2007년에는 실질 성장률이 가장 낮았다. ➡ (X) 2000년 실질 성장률이 가장 높은 도시는 광주이고, 2007년 실질 성장률이 가장 낮은 도시는 대전이다.

2013 제2영역 자료해석 • 529

| 문제 유형 | 자료 읽기 > 표/그림/빈칸 제시형

| 접근 전략 | 〈그림〉에서 2010년 양파 재배면적이 4,500ha이므로 이는 〈표〉의 빈칸인 2010년 양파 재배면적 소계란에 들어갈 수 있다. 2010년 양파 재배면적 소계인 4,500ha를 통해 2010년 울산의 양파 재배면적은 344ha, 2011년 양파 재배면적 소계인 5,100ha를 통해 2011년 울산의 양파 재배면적은 160ha임을 알 수 있다.

다음 〈그림〉은 2006～2010년 동남권의 양파와 마늘 재배면적 및 생산량 추이를 나타낸 것이고, 〈표〉는 2010년, 2011년 동남권의 양파와 마늘 재배면적의 지역별 분포를 나타낸 것이다. 이에 대한 설명으로 옳은 것은?

〈그림〉 동남권의 양파와 마늘 재배면적 및 생산량 추이

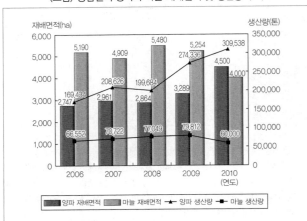

〈표〉 동남권의 양파와 마늘 재배면적의 지역별 분포

(단위: ha)

재배작물	지역	연도	
		2010	2011
양파	부산	56	40
	울산	( )	( )
	경남	4,100	4,900
	소계	( )	5,100
마늘	부산	24	29
	울산	42	66
	경남	3,934	4,905
	소계	4,000	5,000

※ 동남권은 부산, 울산, 경남으로만 구성됨

① 2006～2010년 동안 동남권의 마늘 생산량은 매년 증가하였다.
➡ (X) 〈그림〉에서 동남권의 마늘 생산량의 경우 2006～2009년에는 매년 증가하였으나, 2010년에는 감소하였다.

② 2006～2010년 동안 동남권의 단위 재배면적당 양파 생산량은 매년 증가하였다. ➡ (X) 〈그림〉에서 동남권의 단위 재배면적당 양파 생산량은

2006년의 경우 $\frac{169,434}{2,747}$ ≒ 61.7(톤/ha), 2007년의 경우 $\frac{208,626}{2,961}$ ≒ 70.5(톤/ha),

2008년의 경우 $\frac{199,684}{2,864}$ ≒ 69.7(톤/ha), 2009년의 경우 $\frac{274,336}{3,289}$ ≒ 83.4(톤/ha),

2010년의 경우 $\frac{309,538}{4,500}$ ≒ 68.8(톤/ha)이다. 따라서 2008년, 2010년에는 전년 대비 감소하였다.

③ 2011년 울산의 양파 재배면적은 전년에 비해 증가하였다. ➡ (X)
울산의 양파 재배면적은 2010년의 경우 344ha이고, 2011년의 경우 160ha이다. 따라서 2011년 울산의 양파 재배면적은 전년에 비해 감소하였다.

④ 2006～2011년 동안 동남권의 마늘 재배면적은 양파 재배면적보다 매년 크다. ➡ (X) 2006～2009년에는 동남권의 마늘 재배면적이 양파 재배면적보다 크나, 2010년과 2011년에는 동남권의 마늘 재배면적이 양파 재배면적보다 작다.

⑤ 2011년 동남권의 단위 재배면적당 마늘 생산량이 2010년과 동일하다면 2011년 동남권의 마늘 생산량은 75,000톤이다. ➡ (O)

2010년 동남권의 단위 재배면적당 마늘 생산량은 $\frac{60,000톤}{4,000ha}$ =15(톤/ha)이다. 2011

년 동남권의 단위 재배면적당 마늘 생산량이 2010년과 동일하다면 15(톤/ha)=

$\frac{2011년 동남권의 마늘 생산량}{5,000ha}$ 이므로 2011년 동남권의 마늘 생산량은 75,000톤이다.

| 문제 유형 | 자료 읽기/추론 > 계산형

| 접근 전략 | 〈평가점수와 평가등급의 결정방식〉을 통해 〈표〉의 빈칸을 채워 선지의 옳고 그름을 판단하면 된다. '가'의 평가 점수는 400점, '라'의 성실성점수는 70점, '아'의 성실성점수는 85점, '자'의 평가 점수는 375점, '차'의 체력점수는 80점이다.

다음 〈표〉는 '갑'사 공채 지원자에 대한 평가 자료이다. 이 〈표〉와 〈평가점수와 평가등급의 결정방식〉에 근거한 설명으로 옳지 않은 것은?

〈표〉 '갑'사 공채 지원자 평가 자료

(단위: 점)

지원자 \ 구분	창의성점수	성실성점수	체력점수	최종 학위	평가점수
가	80	90	95	박사	( )
나	90	60	80	학사	310
다	70	60	75	석사	300
라	85	( )	50	학사	255
마	95	80	60	학사	295
바	55	95	65	학사	280
사	60	95	90	석사	355
아	80	( )	85	박사	375
자	75	90	95	석사	( )
차	60	70	( )	학사	290

─〈평가점수와 평가등급의 결정방식〉─

○ 최종학위점수는 학사 0점, 석사 1점, 박사 2점임
○ 지원자 평가점수＝창의성점수＋성실성점수＋체력점수×2＋최종
　학위점수×20
○ 평가등급 및 평가점수

평가등급	평가점수
S	350점 이상
A	300점 이상 350점 미만
B	300점 미만

① '가'의 평가점수는 400점으로 지원자 중 가장 높다. ➡ (O) '가'의 평
　가점수는 창의성점수 80＋성실성점수 90＋체력점수 95×2＋박사 2×20＝400(점)
　으로, 지원자 중에서 가장 높다.
② '라'의 성실성점수는 '다'보다 높지만 '마'보다는 낮다. ➡ (O) 성실
　성점수는 '다'의 경우 60점, '라'의 경우 70점, '마'의 경우 80점이다. 따라서 '라'의 성실
　성점수는 '다'보다 높고, '마'보다 낮다.
③ '아'의 성실성점수는 '라'와 같다. ➡ (X) '라'의 성실성점수는 70점이고,
　'아'의 성실성점수는 85점이다.
④ S등급인 지원자는 4명이다. ➡ (O) 평가점수가 350점 이상인 지원자는
　'가', '사', '아', '자'로, 4명이다.
⑤ '차'는 체력점수를 원래 점수보다 5점 더 받으면 A등급이 된다.
　➡ (O) '차'가 체력점수를 원래 점수보다 5점 더 받으면 '차'의 체력점수는 85점이다.
　'차'의 체력점수가 85점인 경우 '차'의 평가점수는 창의성점수 60＋성실성점수 70＋
　체력점수 85×2＋학사 0×20＝300(점)으로, A등급이 된다.

09 ①　　　　　　　　　　　　　　　　　정답률 82.6%

|문제 유형| 자료 읽기 > 표/그림 제시형
|접근 전략| 제시된 〈표〉와 〈그림〉에 나타난 품목별 항만 수출 실적과 A항만 처리
분담률의 변화를 분석하는 문제이다. 해당 항만 처리 분담률을 구하는 공식을 통
해 〈그림 1〉과 〈그림 2〉에 나타난 변화를 정확하게 분석하는 것이 중요하다.

다음 〈표〉와 〈그림〉은 1991년과 2010년의 품목별 항만 수출 실적 및
A항만 처리 분담률에 대한 자료이다. 이에 대한 〈보기〉의 설명 중 옳은
것만을 모두 고르면?

〈표〉 품목별 항만 수출 실적

(단위: 백만 달러)

| 품목 | 1991년 | | 2010년 | |
	총 항만 수출액	A항만 수출액	총 항만 수출액	A항만 수출액
전기·전자	16,750	10,318	110,789	19,475
기계류	6,065	4,118	52,031	23,206
자동차	2,686	537	53,445	14,873
광학·정밀기기	766	335	37,829	11,415
플라스틱제품	1,863	1,747	23,953	11,878
철강	3,287	766	21,751	6,276
계	31,417	17,821	299,798	87,123

〈그림 1〉 1991년 품목별 A항만 처리 분담률

(단위: %)

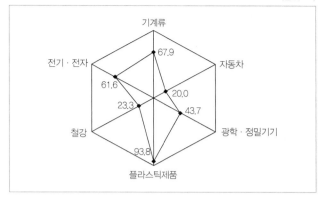

〈그림 2〉 2010년 품목별 A항만 처리 분담률

(단위: %)

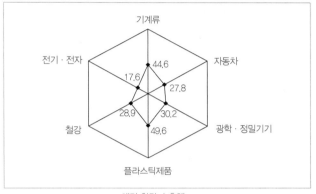

※ 해당 항만 처리 분담률(%)＝ $\frac{\text{해당 항만 수출액}}{\text{총 항만 수출액}}$ ×100

─〈보기〉─

ㄱ. 품목별 총 항만 수출액과 A항만 수출액은 1991년 대비 2010년에
　각각 증가하였다. → (O) 〈표〉에서 1991년 대비 2010년 총 항만 수출액은
　모든 품목에서 증가하였고, 1991년 대비 2010년 A항만 수출액은 모든 품목에
　서 증가하였다.
ㄴ. A항만 처리 분담률이 1991년 대비 2010년에 감소한 품목은 모두 4
　개이다. → (O) 1991년 대비 2010년 A항만 처리 분담률의 변화는 〈그림 1〉
　과 〈그림 2〉를 통해 알 수 있다. 1991년 대비 2010년에 A항만 처리 분담률이
　감소한 품목은 기계류, 광학·정밀기기, 플라스틱제품, 전기·전자로, 4개이다.
ㄷ. 1991년 대비 2010년의 A항만 수출액 증가율이 가장 큰 품목은 자
　동차이다. → (X) 1991년 대비 2010년의 A항만 수출액 증가율은 전기·
　전자의 경우 $\frac{(19,475-10,318)}{10,318}$ ×100 ≒ 88.7(%), 기계류의 경우
　$\frac{(23,206-4,118)}{4,118}$ ×100 ≒ 463.5(%), 자동차의 경우 $\frac{(14,873-537)}{537}$ ×100
　≒ 2,669.6(%), 광학·정밀기기의 경우 $\frac{(11,415-335)}{335}$ ×100 ≒ 3,307.5(%),
　플라스틱제품의 경우 $\frac{(11,878-1,747)}{1,747}$ ×100 ≒ 579.9(%), 철강의 경우
　$\frac{(6,276-766)}{766}$ ×100 ≒ 719.3(%)이다. 따라서 1991년 대비 2010년의 A항만
　수출액 증가율이 가장 큰 품목은 광학·정밀기기이다.

ㄹ. 플라스틱제품의 A항만 처리 분담률은 1991년 대비 2010년에 70% 이상 감소하였다. → (X) 플라스틱제품의 A항만 처리 분담률은 1991년의 경우 93.8%, 2010년의 경우 49.6%이다. 따라서 1991년 대비 2010년 플라스틱제품의 A항만 처리 분담률은 $\frac{(49.6-93.8)}{93.8} \times 100 ≒ -47.1(\%)$로, 약 47.1% 감소하였다.

① ㄱ, ㄴ ➡ (O)
② ㄱ, ㄹ ➡ (X)
③ ㄷ, ㄹ ➡ (X)
④ ㄱ, ㄴ, ㄷ ➡ (X)
⑤ ㄴ, ㄷ, ㄹ ➡ (X)

10 ②

| 문제 유형 | 자료 읽기 > 표 제시형
| 접근 전략 | 〈표〉의 시설유형별 에너지 효율화 시장규모의 현황을 통해 시설유형별 에너지 효율화 시장규모와 연도별 에너지 효율화 시장규모의 변화를 분석하는 문제이다.

다음 〈표〉는 시설유형별 에너지 효율화 시장규모의 현황 및 전망에 대한 자료이다. 이에 대한 설명으로 옳은 것은?

〈표〉 시설유형별 에너지 효율화 시장규모의 현황 및 전망
(단위: 억 달러)

연도 시설유형	2010	2011	2012	2015 (예상)	2020 (예상)
사무시설	11.3	12.8	14.6	21.7	41.0
산업시설	20.8	23.9	27.4	41.7	82.4
주거시설	5.7	6.4	7.2	10.1	18.0
공공시설	2.5	2.9	3.4	5.0	10.0
전체	40.3	46.0	52.6	78.5	151.4

① 2010~2012년 동안 '주거시설' 유형의 에너지 효율화 시장 규모는 매년 15% 이상 증가하였다. ➡ (X)'주거시설' 유형의 에너지 효율화 시장규모는 2010년 대비 2011년에 $\frac{(6.4-5.7)}{5.7} \times 100 ≒ 12.3(\%)$ 증가하였고, 2011년 대비 2012년에 $\frac{(7.2-6.4)}{6.4} \times 100 = 12.5(\%)$ 증가하였다.

② 2015년 전체 에너지 효율화 시장규모에서 '사무시설' 유형이 차지하는 비중은 30% 이하일 것으로 전망된다. ➡ (O)2015년 전체 에너지 효율화 시장규모에서 '사무시설' 유형이 차지하는 비중은 $\frac{21.7}{78.5} \times 100 ≒ 27.6(\%)$로, 30% 이하일 것으로 전망된다.

③ 2015~2020년 동안 '공공시설' 유형의 에너지 효율화 시장규모는 매년 30% 이상 증가할 것으로 전망된다. ➡ (X) 〈표〉에서는 2015년과 2020년의 예상 수치가 제시되어 있다. 따라서 2015~2020년 동안 매년 30% 이상 증가할 것인지는 알 수 없다.

④ 2011년 '산업시설' 유형의 에너지 효율화 시장규모는 전체 에너지 효율화 시장규모의 50% 이하이다. ➡ (X) 2011년 '산업시설' 유형의 에너지 효율화 시장규모가 전체 에너지 효율화 시장규모에서 차지하는 비중은 $\frac{23.9}{46.0} \times 100 ≒ 52.0(\%)$이다.

⑤ 2010년 대비 2020년 에너지 효율화 시장규모의 증가율이 가장 높을 것으로 전망되는 시설유형은 '산업시설'이다. ➡ (X) 2010년 대비 2020년 에너지 효율화 시장규모의 증가율은 '사무시설'의 경우 $\frac{(41.0-11.3)}{11.3} \times 100 ≒ 262.8(\%)$, '산업시설'의 경우 $\frac{(82.4-20.8)}{20.8} \times 100 ≒ 296.2(\%)$, '주거시설'의 경우 $\frac{(18.0-5.7)}{5.7} \times 100 ≒ 215.8(\%)$, '공공시설'의 경우 $\frac{(10.0-2.5)}{2.5} \times 100 = 300(\%)$이다. 따라서 2010년 대비 2020년 에너지 효율화 시장규모의 증가율이 가장 높을 것으로 전망되는 시설유형은 '공공시설'이다.

11 ③

| 문제 유형 | 자료 읽기 > 그림 제시형
| 접근 전략 | 〈그림 1〉과 〈그림 2〉를 통해 연도별 미혼남과 미혼녀의 인원 수 변화를 파악하고, 미혼남녀의 직업별 분포를 분석하는 문제이다. 〈그림 1〉을 통해 미혼남과 미혼녀 각각의 인원 수 변화를 파악할 수 있고, 〈그림 2〉를 통해 미혼남녀의 직업별 분포를 파악할 수 있다.

다음 〈그림〉은 어느 도시의 미혼남과 미혼녀의 인원 수 추이 및 미혼남녀의 직업별 분포를 나타낸 자료이다. 이에 대한 설명으로 옳지 않은 것은?

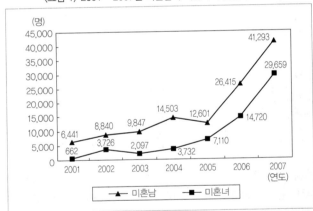

〈그림 1〉 2001~2007년 미혼남과 미혼녀의 인원 수 추이

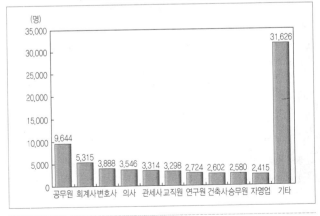

〈그림 2〉 2007년 미혼남녀의 직업별 분포

① 2004년 이후 미혼녀 인원 수는 매년 증가하였다. ➡ (O) 〈그림 1〉에서 2004년 이후 미혼녀 인원 수는 3,732명 → 7,110명 → 14,720명 → 29,659명으로 매년 증가하였다.

② 2007년 미혼녀 인원 수는 2006년의 2배 이상이다. ➡ (O)〈그림 1〉에서 2006년 미혼녀 인원 수는 14,720명이고, 2007년 미혼녀 인원 수는 29,659명이다. 따라서 2007년 미혼녀 인원 수는 2006년의 2배를 넘는다.

③ 2007년 미혼녀와 미혼남의 인원 수 차이는 2006년의 2배 이상이다. ➡ (X)〈그림 1〉에서 미혼녀와 미혼남의 인원 수 차이는 2006년의 경우 26,415 − 14,720 = 11,695(명)이고, 2007년의 경우 41,293 − 29,659 = 11,634(명)이다. 따라서 2007년 미혼녀와 미혼남의 인원 수 차이는 2006년의 2배 이상이 되지 않는다.

④ 2007년 미혼남녀의 직업별 분포에서 공무원 수는 변호사 수의 2배 이상이다. ➡ (O)〈그림 2〉에서 미혼남녀의 공무원 수는 9,644명이고, 변호사 수는 3,888명으로, 공무원 수는 변호사 수의 2배를 넘는다.

⑤ 2007년 미혼남녀의 직업별 분포에서 회계사 수는 승무원 수의 2배 이상이다. ➡ (O)〈그림 2〉에서 미혼남녀의 회계사 수는 5,315명이고, 승무원 수는 2,580명으로, 회계사 수는 승무원 수의 2배를 넘는다.

12 ③

정답률 93.5%

| 문제 유형 | 자료 읽기/추론 > 매칭형

| 접근 전략 |〈그림 1〉의 분기별 매출액과〈그림 2〉의 분기별 매출액의 영업팀별 비중을 통해 영업팀별 각 분기에 해당하는 매출액을 더하여 연매출액을 구할 수 있다.

다음〈그림〉은 2011년 영업팀 A~D의 분기별 매출액과 분기별 매출액에서 영업팀 A~D의 매출액이 차지하는 비중에 대한 자료이다. 이를 근거로 A~D 중 2011년 연매출액이 가장 많은 영업팀과 가장 적은 영업팀을 순서에 상관없이 바르게 짝지은 것은?

〈그림 1〉 영업팀 A~D의 분기별 매출액

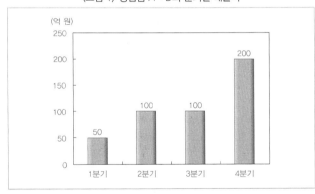

〈그림 2〉 분기별 매출액의 영업팀별 비중

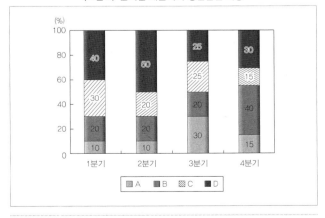

① A, B ➡ (X)
② A, C ➡ (X)
③ A, D ➡ (O) 2011년 연매출액은 A의 경우 (50억 원×10%)+(100억 원×10%)+(100억 원×30%)+(200억 원×15%)=75(억 원), B의 경우 (50억 원×20%)+(100억 원×20%)+(100억 원×20%)+(200억 원×40%)=130(억 원), C의 경우 (50억 원×30%)+(100억 원×20%)+(100억 원×25%)+(200억 원×15%)=90(억 원), D의 경우 (50억 원×40%)+(100억 원×50%)+(100억 원×25%)+(200억 원×30%)=155(억 원)이다. 따라서 2011년 연매출액이 가장 많은 영업팀은 D이고, 가장 적은 영업팀은 A이다.
④ B, C ➡ (X)
⑤ C, D ➡ (X)

13 ③

정답률 85.0%

| 문제 유형 | 자료 읽기 > 그림 제시형

| 접근 전략 |〈그림 1〉의 월별 학교폭력 신고 건수와〈그림 2〉의 주요 신고자 유형별 비율을 통해 주요 신고자 유형별 학교폭력 신고 건수를 파악할 수 있다.

다음〈그림〉은 2012년 1~4월 동안 월별 학교폭력 신고에 대한 자료이다. 이에 대한 설명으로 옳은 것은?

〈그림 1〉 월별 학교폭력 신고 건수

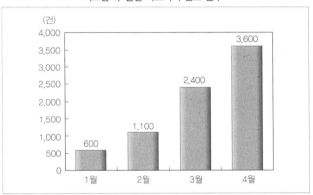

〈그림 2〉 월별 학교폭력 주요 신고자 유형별 비율

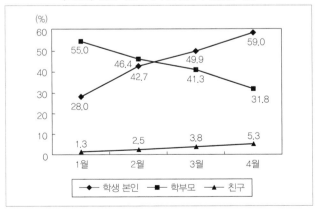

① 1월에 학부모의 학교폭력 신고 건수는 학생 본인의 학교폭력 신고 건수의 2배 이상이다. ➡ (X)〈그림 2〉에서 1월에 학부모의 학교폭력 신고 비율은 55.0%이고, 학생 본인의 학교폭력 신고 비율은 28.0%이다. 따라서 1월에 학부모의 학교폭력 신고 건수는 학생 본인의 학교폭력 신고 건수의 2배를 넘지 않는다.

② 학부모의 학교폭력 신고 건수는 매월 감소하였다. ➡ (X) 학부모의 학교폭력 신고 건수는 1월의 경우 600×55.0%=330(건), 2월의 경우 1,100×

46.4%=510.4(건), 3월의 경우 2,400×41.3%=991.2(건), 4월의 경우 3,600×
31.8%=1,144.8(건)이다. 따라서 학부모의 학교폭력 신고 건수는 매월 증가하였다.

③ 2~4월 중에서 전월 대비 학교폭력 신고 건수 증가율이 가장 높
은 달은 3월이다. ➡ (O) 전월 대비 학교폭력 신고 건수 증가율은 2월의 경우
$\frac{(1,100-600)}{600}×100≒83.3(\%)$, 3월의 경우 $\frac{(2,400-1,100)}{1,100}×100≒118.2(\%)$, 4월
의 경우 $\frac{(3,600-2,400)}{2,400}×100=50(\%)$이다. 따라서 전월 대비 학교폭력 신고 건수
증가율이 가장 높은 달은 3월이다.

④ 학생 본인의 학교폭력 신고 건수는 1월이 4월의 10% 이상이다.
➡ (X) 학생 본인의 학교폭력 신고 건수는 1월의 경우 600×28.0%=168(건), 4월
의 경우 3,600×59.0%=2,124(건)이다. 따라서 학생 본인의 학교폭력 신고 건수는
1월이 4월의 10%보다 적다.

⑤ 학교폭력 발생 건수는 매월 증가하였다. ➡ (X) 제시된 자료는 학교폭
력 발생 건수가 아닌 학교폭력 신고 건수를 보여 주고 있다. 따라서 제시된 자료를 통
해 학교폭력 발생 건수가 매월 증가하였는지는 알 수 없다.

14 ④

TOP 1 정답률 66.1%

| 문제 유형 | 자료 읽기 > 그림 제시형
| 접근 전략 | 〈그림 1〉과 〈그림 2〉에 나타난 운동종목에 따른 남자 국가대표선수의
평균 연령 및 평균 신장과 여자 국가대표선수의 평균 연령 및 평균 신장을 비교하
여 분석하는 문제이다.

다음 〈그림〉은 6가지 운동종목별 남자 및 여자 국가대표선수의 평균
연령과 평균 신장에 대한 자료이다. 이에 대한 〈보기〉의 설명 중 옳지
않은 것만을 모두 고르면?

〈그림 1〉 남자 국가대표선수의 평균 연령과 평균 신장

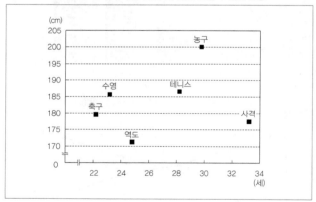

〈그림 2〉 여자 국가대표선수의 평균 연령과 평균 신장

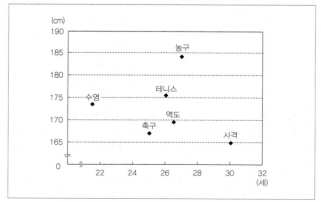

〈보기〉

ㄱ. 평균 연령이 높은 순서대로 나열하면, 남자 국가대표선수의 종목
순서와 여자 국가대표선수의 종목 순서는 동일하다. → (X) 평균 연
령이 높은 순서대로 종목을 나열하면, 남자 국가대표선수의 경우 사격 > 농
구 > 테니스 > 역도 > 수영 > 축구 순이고, 여자 국가대표선수의 경우 사
격 > 농구 > 역도 > 테니스 > 축구 > 수영 순이다.

ㄴ. 평균 신장이 큰 순서대로 나열하면, 남자 국가대표선수의 종목 순
서와 여자 국가대표선수의 종목 순서는 동일하다. → (X) 평균 신장
이 큰 순서대로 종목을 나열하면, 남자 국가대표선수의 경우 농구 > 테니
스 > 수영 > 축구 > 사격 > 역도 순이고, 여자 국가대표선수의 경우 농
구 > 테니스 > 수영 > 역도 > 축구 > 사격 순이다.

ㄷ. 종목별로 볼 때, 남자 국가대표선수의 평균 연령은 해당 종목 여자
국가대표선수의 평균 연령보다 높다. → (X) 농구, 테니스, 수영, 사격
의 경우 남자 국가대표선수의 평균 연령이 여자 국가대표선수의 평균 연령보
다 높고, 축구와 역도의 경우 여자 국가대표선수의 평균 연령이 남자 국가대표
선수의 평균 연령보다 높다.

ㄹ. 종목별로 볼 때, 남자 국가대표선수의 평균 신장은 해당 종목 여자
국가대표선수의 평균 신장보다 크다. → (O) 농구, 테니스, 수영, 축구,
사격, 역도 모두 남자 국가대표선수의 평균 신장이 여자 국가대표선수의 평균
신장보다 크다.

① ㄱ, ㄴ ➡ (X)
② ㄴ, ㄹ ➡ (X)
③ ㄷ, ㄹ ➡ (X)
④ ㄱ, ㄴ, ㄷ ➡ (O)
⑤ ㄱ, ㄷ, ㄹ ➡ (X)

15 ②

정답률 99.1%

| 문제 유형 | 자료 읽기/추론 > 매칭형
| 접근 전략 | 〈표 1〉과 〈표 2〉에 나타난 국가별 출생률과 인구자연증가율의 연도별
변화를 파악하는 문제이다. 〈표 1〉을 통해 출생률을, 〈표 2〉를 통해 인구자연증가
율을 파악하여 국가별로 비교 분석할 수 있어야 한다.

다음 〈표〉는 1991~2000년 5개국의 국가별 인구변동에 대한 자료이다.
이를 근거로 〈보기〉의 A~C에 해당하는 국가를 바르게 나열한 것은?

〈표 1〉 국가별 출생률

(단위: 명)

연도 국가	1991	1992	1993	1994	1995	1996	1997	1998	1999	2000
아프가니스탄	48.3	50.7	52.6	53.2	51.6	50.8	48.9	47.1	49.7	41.8
아랍에미리트	49.8	47.5	43.6	38.6	33.0	30.5	29.5	27.9	21.0	18.7
보스니아 헤르체고비나	37.1	34.7	31.1	25.1	21.3	19.6	18.2	17.1	12.6	6.5
르완다	47.3	49.6	51.2	52.4	52.9	52.8	50.4	45.2	43.9	35.8
라이베리아	48.0	49.5	50.3	49.6	48.1	47.4	47.2	47.3	49.1	47.5

〈표 2〉 국가별 인구자연증가율

(단위: 명)

연도 국가	1991	1992	1993	1994	1995	1996	1997	1998	1999	2000
아프가니스탄	16.6	20.3	22.7	25.2	25.6	26.8	25.9	24.4	28.0	23.8
아랍에미리트	27.0	26.8	26.3	26.3	23.1	23.1	25.5	25.1	18.3	16.1
보스니아 헤르체고비나	24.2	24.1	22.2	17.6	14.4	13.1	11.4	10.0	5.6	−9.0
르완다	24.0	27.3	29.8	31.6	32.4	32.6	31.7	27.8	−0.7	14.8
라이베리아	20.8	24.0	26.5	27.8	28.5	29.3	30.5	31.5	21.2	32.2

───────〈보기〉───────

1991년 이후 인구자연증가율이 매년 감소한 나라는 (A)이고, 1999년 출생률이 가장 높은 나라는 (B)이다. 1991년 이후 출생률이 매년 감소한 나라는 (C)와 보스니아 헤르체고비나이다.

	A	B	C	
①	보스니아 헤르체고비나	라이베리아	아랍에미리트	➡ (X)
②	보스니아 헤르체고비나	아프가니스탄	아랍에미리트	➡ (O)

〈표 2〉에서 1991년 이후 인구자연증가율을 보면 아프가니스탄의 경우 1992년 증가, 아랍에미리트의 경우 1994년 동일, 보스니아 헤르체고비나의 경우 매년 감소, 르완다의 경우 1992년 증가, 라이베리아의 경우 1992년 증가하였다. 따라서 1991년 이후 인구자연증가율이 매년 감소한 나라는 보스니아 헤르체고비나로, A는 보스니아 헤르체고비나이다. 〈표 1〉에서 1999년 출생률은 아프가니스탄의 경우 49.7명, 아랍에미리트의 경우 21.0명, 보스니아 헤르체고비나의 경우 12.6명, 르완다의 경우 43.9명, 라이베리아의 경우 49.1명으로, 1999년 출생률이 가장 높은 나라는 아프가니스탄이므로, B는 아프가니스탄이다. 〈표 1〉에서 1991년 이후 출생률을 보면 아프가니스탄의 경우 1992년 증가, 아랍에미리트의 경우 매년 감소, 보스니아 헤르체고비나의 경우 매년 감소, 르완다의 경우 1992년 증가, 라이베리아의 경우 1992년 증가하였다. 따라서 1991년 이후 출생률이 매년 감소한 나라는 아랍에미리트와 보스니아 헤르체고비나로 C는 아랍에미리트이다.

③	보스니아 헤르체고비나	아프가니스탄	르완다	➡ (X)
④	아랍에미리트	라이베리아	아프가니스탄	➡ (X)
⑤	아랍에미리트	라이베리아	르완다	➡ (X)

---

16 ②

정답률 96.1%

|문제 유형| 자료 읽기 > 표 제시형

|접근 전략| 아내와 남편 각각의 금요일과 토요일의 양육활동유형별 참여시간을 비교하거나, 각 요일에 참여시간이 가장 많았던 양육활동유형을 파악하는 문제이다.

다음 〈표〉는 2013년 어느 금요일과 토요일 A씨 부부의 전체 양육활동유형 9가지에 대한 참여시간을 조사한 자료이다. 이에 대한 설명으로 옳지 않은 것은?

〈표〉 금요일과 토요일의 양육활동유형별 참여시간

(단위: 분)

유형	금요일		토요일	
	아내	남편	아내	남편
위생	48	4	48	8
식사	199	4	234	14
가사	110	2	108	9
정서	128	25	161	73
취침	55	3	60	6
배설	18	1	21	2
외출	70	5	101	24
의료간호	11	1	10	1
교육	24	1	20	3

① 토요일에 남편의 참여시간이 가장 많았던 양육활동유형은 정서활동이다. ➡ (O) 토요일에 남편의 양육활동유형별 참여시간은 정서 > 외출 > 식사 > 가사 > 위생 > 취침 > 교육 > 배설 > 의료간호 순이다.

② 아내의 총 양육활동 참여시간은 금요일에 비해 토요일에 감소하였다. ➡ (X) 아내의 총 양육활동 참여시간은 금요일의 경우 48+199+110+128+55+18+70+11+24=663(분), 토요일의 경우 48+234+108+161+60+21+101+10+20=763(분)이다. 따라서 아내의 총 양육활동 참여시간은 금요일에 비해 토요일에 증가하였다.

③ 남편의 양육활동 참여시간은 금요일에는 총 46분이었고, 토요일에는 총 140분이었다. ➡ (O) 남편의 양육활동 참여시간은 금요일의 경우 4+4+2+25+3+1+5+1+1=46(분), 토요일의 경우 8+14+9+73+6+2+24+1+3=140(분)이다.

④ 금요일에 아내는 식사, 정서, 가사, 외출활동의 순으로 양육활동 참여시간이 많았다. ➡ (O) 금요일에 아내의 양육활동유형별 참여시간은 식사 > 정서 > 가사 > 외출 > 취침 > 위생 > 교육 > 배설 > 의료간호 순이다.

⑤ 아내의 양육활동유형 중 금요일에 비해 토요일에 참여시간이 가장 많이 감소한 것은 교육활동이다. ➡ (O) 아내의 양육활동유형 중 금요일에 비해 토요일에 참여시간이 감소한 것은 가사, 의료간호, 교육이다. 가사의 경우 2분, 의료간호의 경우 1분, 교육의 경우 4분이 감소하였다.

문제 유형	자료 읽기 > 표 제시형

| 접근 전략 | 회주철과 덕타일주철의 파손원인별 파손 건수를 비교하거나, 주철 수도관 유형별 총 파손 건수에서 특정 파손원인별 파손 건수가 차지하는 비율을 구하는 문제이다.

다음 〈표〉는 A시 주철 수도관의 파손원인별 파손 건수에 대한 자료이다. 이에 대한 설명으로 옳지 않은 것은?

〈표〉 A시 주철 수도관의 파손원인별 파손 건수

(단위: 건)

파손원인	주철 수도관 유형		합
	회주철	덕타일주철	
시설노후	105	71	176
부분 부식	1	10	11
수격압	51	98	149
외부충격	83	17	100
자연재해	1	1	2
재질불량	6	3	9
타공사	43	22	65
부실시공	1	4	5
보수과정 실수	43	6	49
계	334	232	566

※ 파손원인의 중복은 없음

① 덕타일주철 수도관의 파손 건수가 50건 이상인 파손원인은 2가지이다. ➡ (O) 덕타일주철 수도관의 파손 건수가 50건 이상인 파손원인은 '시설노후'(71건)와 '수격압'(98건)이다.

② 회주철 수도관의 총 파손 건수가 덕타일주철 수도관의 총 파손 건수보다 많다. ➡ (O) 회주철 수도관의 총 파손 건수는 334건이고, 덕타일주철 수도관의 총 파손 건수는 232건이다. 따라서 회주철 수도관의 총 파손 건수가 덕타일주철 수도관의 총 파손 건수보다 많다.

③ 주철 수도관의 파손원인별 파손 건수에서 '자연재해' 파손 건수가 가장 적다. ➡ (O) 주철 수도관의 파손원인별 파손 건수는 '자연재해' 파손 건수가 2건으로 가장 적다.

④ 주철 수도관의 '시설노후' 파손 건수가 주철 수도관의 총 파손 건수에서 차지하는 비율은 30% 이상이다. ➡ (O) 주철 수도관의 총 파손 건수는 566건이고, 주철 수도관의 '시설노후' 파손 건수는 176건이다. 따라서 주철 수도관의 '시설노후' 파손 건수가 주철 수도관의 총 파손 건수에서 차지하는 비율은 $\frac{176}{566} \times 100 ≒ 31.1$(%)로, 30% 이상이다.

⑤ 회주철 수도관의 '보수과정 실수' 파손 건수가 회주철 수도관의 총 파손 건수에서 차지하는 비율은 10% 미만이다. ➡ (X) 회주철 수도관의 총 파손 건수는 334건이고, 회주철 수도관의 '보수과정 실수' 파손 건수는 43건이다. 따라서 회주철 수도관의 '보수과정 실수' 파손 건수가 회주철 수도관의 총 파손 건수에서 차지하는 비율은 $\frac{43}{334} \times 100 ≒ 12.9$(%)로, 10% 이상이다.

문제 유형	자료 읽기 > 그림 제시형

| 접근 전략 | 〈그림〉에 나타난 2011년 국내 원목 벌채와 이용의 흐름을 통해 원목 벌채량 중 목재로 이용된 양과 목재로 이용되지 않은 양을 파악하고, 목재로 이용된 원목에서 용도별 벌채량을 파악해야 한다.

다음 〈그림〉은 2011년 국내 원목 벌채와 이용의 흐름에 대한 자료이다. 이에 대한 설명으로 옳은 것은?

〈그림〉 2011년 국내 원목 벌채와 이용의 흐름

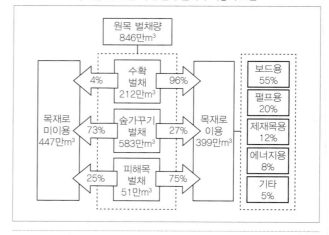

① 원목 벌채량 중 목재로 이용된 양이 목재로 미이용된 양보다 많았다. ➡ (X) 원목 벌채량 중 목재로 이용된 양은 399만m³이고, 목재로 미이용된 양은 447만m³이다. 따라서 원목 벌채량 중 목재로 이용된 양이 목재로 미이용된 양보다 적었다.

② '숲가꾸기 벌채'로 얻은 원목이 목재로 이용된 원목에서 차지하는 비율이 가장 높았다. ➡ (X) '수확 벌채'로 얻은 원목의 경우 212만m³ × 96%=2,035,200(m³)가 목재로 이용되었고, '숲가꾸기 벌채'로 얻은 원목의 경우 583만m³ × 27%=1,574,100(m³)가 목재로 이용되었으며, '피해목 벌채'로 얻은 원목의 경우 51만m³ × 75%=382,500(m³)가 목재로 이용되었다. 따라서 '수확 벌채'로 얻은 원목이 목재로 이용된 원목에서 차지하는 비율이 가장 높았다.

③ 보드용으로 이용된 원목의 양은 200만m³보다 적었다. ➡ (X) 보드용으로 이용된 원목의 양은 399만m³ × 55%=2,194,500(m³)로, 200만m³보다 많았다.

④ '수확 벌채'로 얻은 원목 중 적어도 일부는 보드용으로 이용되었다. ➡ (O) '수확 벌채'로 얻은 원목 중 목재로 이용된 양은 2,035,200m³이다. 보드용을 제외한 용도로 이용된 원목의 양은 목재로 이용된 원목의 100−55=45(%)이므로 399만m³ × 45%=1,795,500(m³)이다. 따라서 보드용을 제외한 용도를 모두 '수확 벌채'로 얻은 원목으로 이용한다고 하여도 '수확 벌채'로 얻은 원목이 남으므로 '수확 벌채'로 얻은 원목 중 적어도 일부는 보드용으로 이용되었다.

⑤ '피해목 벌채'로 얻은 원목 중 목재로 미이용된 양은 10만m³보다 적었다. ➡ (X) '피해목 벌채'로 얻은 원목의 경우 51만m³ × 25%=127,500(m³)가 목재로 미이용되었다.

| **문제 유형** | 자료 읽기 > 그림 제시형 |

| **접근 전략** | 〈그림 1〉을 통해서는 연도별 전국 직장어린이집 수를 알 수 있고, 〈그림 2〉를 통해서는 2010년 지역별 직장어린이집 수를 알 수 있다. 〈그림 1〉을 통해 2010년 전국 직장어린이집 수가 401개임을 알 수 있으므로 이를 바탕으로 〈그림 2〉에서 2010년 지역별 직장어린이집 수가 전국 직장어린이집 수에서 차지하는 비중을 파악할 수 있다.

다음 〈그림〉은 우리나라의 직장어린이집 수에 대한 자료이다. 이에 대한 설명으로 옳은 것은?

〈그림 1〉 2000~2010년 전국 직장어린이집 수

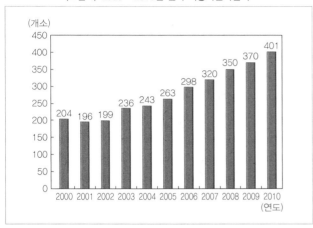

〈그림 2〉 2010년 지역별 직장어린이집 수

(단위: 개소)

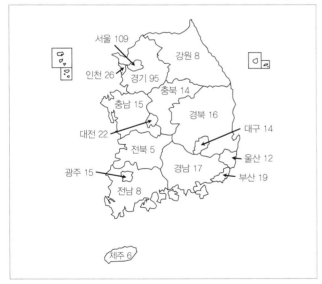

① 2000~2010년 동안 전국 직장어린이집 수는 매년 증가하였다.
➡ (X) 〈그림 1〉에서 전국 직장어린이집 수는 2001년에 감소하였다가 이후 매년 증가하였다.

② 2006년 대비 2008년 전국 직장어린이집 수는 20% 이상 증가하였다. ➡ (X) 전국 직장어린이집 수는 2006년의 경우 298개이고, 2008년의 경우 350개이다. 따라서 2006년 대비 2008년 전국 직장어린이집 수는 $\frac{(350-298)}{298} \times 100 ≒ 17.4(\%)$ 증가하였다.

③ 2010년 인천 지역 직장어린이집 수는 2010년 전국 직장어린이집 수의 5% 이하이다. ➡ (X) 〈그림 1〉에서 2010년 전국 직장어린이집 수는 401개이고, 〈그림 2〉에서 2010년 인천 지역 직장어린이집 수는 26개이다. 따라서 인천 지역 직장어린이집 수는 2010년 전국 직장어린이집 수의 $\frac{26}{401} \times 100 ≒ 6.5(\%)$ 이다.

④ 2000~2010년 동안 전국 직장어린이집 수의 전년 대비 증가율이 10% 이상인 연도는 2003년뿐이다. ➡ (X) 〈그림 1〉에서 2001년에 전년 대비 전국 직장어린이집 수는 감소하였다. 전국 직장어린이집 수의 전년 대비 증가율은 2002년의 경우 $\frac{(199-196)}{196} \times 100 ≒ 1.5(\%)$, 2003년의 경우 $\frac{(236-199)}{199} \times 100 ≒ 18.6(\%)$, 2004년의 경우 $\frac{(243-236)}{236} \times 100 ≒ 3.0(\%)$, 2005년의 경우 $\frac{(263-243)}{243} \times 100 ≒ 8.2(\%)$, 2006년의 경우 $\frac{(298-263)}{263} \times 100 ≒ 13.3(\%)$, 2007년의 경우 $\frac{(320-298)}{298} \times 100 ≒ 7.4(\%)$, 2008년의 경우 $\frac{(350-320)}{320} \times 100 ≒ 9.4(\%)$, 2009년의 경우 $\frac{(370-350)}{350} \times 100 ≒ 5.7(\%)$, 2010년의 경우 $\frac{(401-370)}{370} \times 100 ≒ 8.4(\%)$이다. 따라서 2000~2010년 동안 전국 직장어린이집 수의 전년 대비 증가율이 10% 이상인 연도는 2003년과 2006년이다.

⑤ 2010년 서울과 경기 지역 직장어린이집 수의 합은 2010년 전국 직장어린이집 수의 절반 이상이다. ➡ (O) 〈그림 1〉에서 2010년 전국 직장어린이집 수는 401개이고, 〈그림 2〉에서 2010년 서울과 경기 지역 직장어린이집 수의 합은 109＋95＝204(개)이다. 따라서 2010년 서울과 경기 지역 직장어린이집 수의 합은 2010년 전국 직장어린이집 수의 $\frac{204}{401} \times 100 ≒ 50.9(\%)$이다.

| **문제 유형** | 자료 추론 > 추가로 필요한 자료 찾기 |

| **접근 전략** | 〈보고서〉의 내용을 통해 제시된 〈표 1〉과 〈표 2〉 외에 필요한 자료를 찾는 문제이다. 〈보고서〉에서 〈표 1〉과 〈표 2〉를 통해 알 수 있는 내용은 제외하고 그 외의 내용을 파악하면 된다.

다음 〈표〉를 이용하여 〈보고서〉를 작성하였다. 제시된 〈표〉 이외에 〈보고서〉를 작성하기 위해 추가로 필요한 자료만을 〈보기〉에서 모두 고르면?

〈표 1〉 연도별 세수 상위 세무서

(단위: 억 원)

구분	1위		2위		3위	
	세무서	세수	세무서	세수	세무서	세수
2005년	남대문	70,314	울산	70,017	영등포	62,982
2006년	남대문	83,158	영등포	74,291	울산	62,414
2007년	남대문	105,637	영등포	104,562	울산	70,281
2008년	남대문	107,933	영등포	88,417	울산	70,332
2009년	남대문	104,169	영등포	86,193	울산	64,911

(단위: 억 원)

구분	1위		2위		3위	
	세무서	세수	세무서	세수	세무서	세수
2005년	영주	346	영덕	354	홍성	369
2006년	영주	343	영덕	385	홍성	477
2007년	영주	194	영덕	416	거창	549
2008년	영주	13	해남	136	영덕	429
2009년	해남	166	영덕	508	홍성	540

〈보고서〉

2009년 세수 1위 세무서는 10조 4,169억 원(국세청 세입의 약 7%)을 거두어들인 남대문세무서이다. 한편, 2위와 3위는 각각 영등포세무서(8조 6,193억 원), 울산세무서(6조 4,911억 원)로 2006년 이후 순위 변동이 없었다.

2009년 세수 최하위 세무서는 해남세무서(166억 원)로 남대문세무서 세수 규모의 0.2%에도 못 미치는 수준인 것으로 나타났다. 서울지역에서는 도봉세무서의 세수 규모가 2,862억 원으로 가장 적은 것으로 나타났다.

국세청 세입은 1966년 국세청 개청 당시 700억 원에서 2009년 154조 3,305억 원으로 약 2,200배 증가하였으며, 전국 세무서 수는 1966년 77개에서 1997년 136개로 증가하였다가 2009년 107개로 감소하였다.

〈보기〉

ㄱ. 1966~2009년 연도별 국세청 세입액 → (O) 〈보고서〉에서는 국세청 세입이 1966년 국세청 개청 당시 700억 원에서 2009년 154조 3,305억 원으로 약 2,200배 증가하였다고 작성되어 있다. 이는 1966~2009년 연도별 국세청 세입액을 나타낸 자료를 통해 파악할 수 있다.

ㄴ. 2009년 국세청 세입총액의 세원별 구성비 → (X) 〈보고서〉에서는 세입 총액의 세원별 구성비에 대한 내용은 작성되어 있지 않다.

ㄷ. 2009년 서울 소재 세무서별 세수 규모 → (O) 〈보고서〉에서는 2009년 서울지역에서 도봉세무서의 세수 규모가 2,862억 원으로 가장 적은 것으로 나타났다고 작성되어 있다. 이는 2009년 서울 소재 세무서별 세수 규모를 나타낸 자료를 통해 파악할 수 있다.

ㄹ. 1966~2009년 연도별 전국 세무서 수 → (O) 〈보고서〉에서는 전국 세무서 수가 1966년 77개에서 1997년 136개로 증가하였다가 2009년 107개로 감소하였다고 작성되어 있다. 이는 1966~2009년 연도별 전국 세무서 수를 나타낸 자료를 통해 파악할 수 있다.

① ㄱ, ㄴ ➡ (X)
② ㄱ, ㄹ ➡ (X)
③ ㄴ, ㄷ ➡ (X)
④ ㄱ, ㄷ, ㄹ ➡ (O)
⑤ ㄴ, ㄷ, ㄹ ➡ (X)

21 ①

|문제 유형| 자료 변환응용 > 자료/보고서 전환형

|접근 전략| 제시된 자료가 〈보고서〉의 내용과 부합하는지 부합하지 않은지를 판단하는 문제이다. 각각의 자료를 통해 〈보고서〉의 내용의 진위 여부를 파악하면 된다.

다음은 1995년과 2007년 도시근로자가구당 월평균 소비지출액 및 교통비지출액 현황에 대한 〈보고서〉이다. 〈보고서〉의 내용과 부합하지 않는 자료는?

〈보고서〉

○ 도시근로자가구당 월평균 소비지출액은 1995년 1,231천 원에서 2007년 2,349천 원으로 증가하였다.
○ 도시근로자가구당 월평균 교통비지출액은 1995년 120.3천 원에서 2007년 282.4천 원으로 증가하였다.
○ 도시근로자가구당 월평균 교통비지출액 비중이 큰 세부 항목부터 순서대로 나열하면, 1995년에는 자동차구입(29.9%), 연료비(21.9%), 버스(18.3%), 보험료(7.9%), 택시(7.1%)의 순이었으나, 2007년에는 연료비(39.0%), 자동차구입(23.3%), 버스(12.0%), 보험료(6.2%), 정비 및 수리비(3.7%)의 순으로 변동되었다.
○ 사무직 도시근로자가구당 월평균 교통비지출액은 1995년 151.8천 원에서 2007년 341.4천 원으로 증가하였으며, 생산직 도시근로자가구당 월평균 교통비지출액은 1995년 96.3천 원에서 2007년 233.1천 원으로 증가하였다.
○ 1995년과 2007년 도시근로자가구당 월평균 교통비지출액 비중의 차이는 소득 10분위가 소득 1분위보다 작았다.

① 소득분위별 도시근로자가구당 월평균 교통비지출액 현황

(단위: 천 원, %)

소득 분위	소비지출액 (A)		교통비지출액 (B)		교통비지출액 비중 $\left(\dfrac{B}{A} \times 100\right)$	
	1995년	2007년	1995년	2007년	1995년	2007년
1분위	655.5	1,124.8	46.1	97.6	7.0	8.7
2분위	827.3	1,450.6	64.8	149.2	7.8	10.3
3분위	931.1	1,703.2	81.4	195.8	8.7	11.5
4분위	1,028.0	1,878.7	91.8	210.0	8.9	11.2
5분위	1,107.7	2,203.2	108.4	285.0	9.8	12.9
6분위	1,191.8	2,357.9	114.3	279.3	9.6	11.8
7분위	1,275.0	2,567.6	121.6	289.1	9.5	11.3
8분위	1,441.4	2,768.8	166.1	328.8	11.5	11.9
9분위	1,640.0	3,167.2	181.4	366.4	11.1	11.6
10분위	2,207.0	4,263.7	226.7	622.5	10.3	14.6

➡ (X) 제시된 자료에서 1995년과 2007년 도시근로자가구당 월평균 교통비지출액 비중의 차이는 소득 1분위의 경우 1.7%p(=8.7−7.0%), 소득 10분위의 경우 4.3%p(=14.6−10.3%)로, 소득 10분위가 소득 1분위보다 크다. 이는 〈보고서〉의 다섯 번째 내용과 부합하지 않는다.

② 도시근로자가구당 월평균 교통비지출액 현황

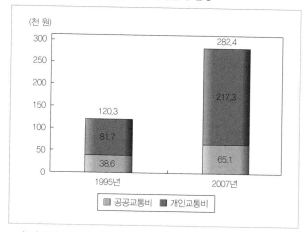

(천 원)

	1995년	2007년
공공교통비	38.6	65.1
개인교통비	81.7	217.3
합계	120.3	282.4

공공교통비 개인교통비

➡ (O) 제시된 자료에서 도시근로자가구당 월평균 교통비지출액은 1995년의 경우 120.3천 원, 2007년의 경우 282.4천 원이다. 이는 〈보고서〉의 두 번째 내용과 부합한다.

③ 세부항목별 도시근로자가구당 월평균 교통비지출액 현황

(단위: 원, %)

| 세부항목 | 1995년 | | 2007년 | |
	지출액	비중	지출액	비중
버스	22,031	18.3	33,945	12.0
지하철 및 전철	3,101	2.6	9,859	3.5
택시	8,562	7.1	9,419	3.3
기차	2,195	1.8	2,989	1.1
자동차임차료	212	0.2	346	0.1
화물운송료	1,013	0.8	3,951	1.4
항공	1,410	1.2	4,212	1.5
기타공공교통	97	0.1	419	0.1
자동차구입	35,923	29.9	65,895	23.3
오토바이구입	581	0.5	569	0.2
자전거구입	431	0.4	697	0.3
부품 및 관련용품구입	1,033	0.9	4,417	1.6
연료비	26,338	21.9	110,150	39.0
정비 및 수리비	5,745	4.8	10,478	3.7
보험료	9,560	7.9	17,357	6.2
주차료	863	0.7	1,764	0.6
통행료	868	0.7	4,025	1.4
기타개인교통	310	0.2	1,902	0.7

➡ (O) 제시된 자료에서 도시근로자가구당 월평균 교통비지출액 비중은 1995년의 경우 자동차구입(29.9%) > 연료비(21.9%) > 버스(18.3%) > 보험료(7.9%) > 택시(7.1%) 순이고, 2007년의 경우 연료비(39.0%) > 자동차구입(23.3%) > 버스(12.0%) > 보험료(6.2%) > 정비 및 수리비(3.7%) 순이다. 이는 〈보고서〉의 세 번째 내용과 부합한다.

④ 직업형태별 도시근로자가구당 월평균 교통비지출액 현황

(단위: 천 원)

직업형태	교통비	1995년	2000년	2005년	2006년	2007년
사무직	공공	39.8	54.1	62.5	64.4	67.0
	개인	112.0	190.5	240.9	254.1	274.4
	소계	151.8	244.6	303.4	318.5	341.4
생산직	공공	37.7	52.3	61.5	61.7	63.6
	개인	58.6	98.6	124.1	147.2	169.5
	소계	96.3	150.9	185.6	208.9	233.1

➡ (O) 제시된 자료에서 사무직 도시근로자가구당 월평균 교통비지출액은 1995년의 경우 151.8천 원, 2007년의 경우 341.4천 원이다. 생산직 도시근로자가구당 월평균 교통비지출액은 1995년의 경우 96.3천 원, 2007년의 경우 233.1천 원이다. 이는 〈보고서〉의 네 번째 내용과 부합한다.

⑤ 연도별 도시근로자가구당 월평균 소비지출액 현황

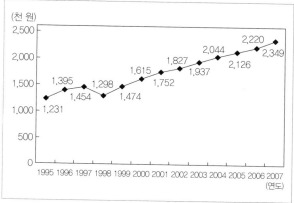

(천 원)

1995: 1,231, 1996: 1,395, 1997: 1,454, 1998: 1,298, 1999: 1,474, 2000: 1,615, 2001: 1,752, 2002: 1,827, 2003: 1,937, 2004: 2,044, 2005: 2,126, 2006: 2,220, 2007: 2,349 (연도)

➡ (O) 제시된 자료에서 도시근로자가구당 월평균 소비지출액은 1995년의 경우 1,231천 원, 2007년의 경우 2,349천 원이다. 이는 〈보고서〉의 첫 번째 내용과 부합한다.

22 ③

정답률 92.6%

|문제 유형| 자료 변환응용 > 표/그림 전환형
|접근 전략| 〈표 1〉과 〈표 2〉를 이용하여 작성할 수 있는 자료를 파악하는 문제이다. 각 국가별 전체 인구 및 성별 인구가 제시되어 있지 않으므로 국가별 흡연율은 파악할 수 없음에 유의하도록 한다.

다음 〈표〉는 4개 국가의 여성과 남성의 흡연율과 기대수명에 대한 자료이다. 이를 이용하여 작성한 그래프로 옳지 않은 것은?

〈표 1〉 여성과 남성의 흡연율

(단위: %)

| 연도 성별 국가 | 1980 | | 1990 | | 2000 | | 2010 | |
	여성	남성	여성	남성	여성	남성	여성	남성
덴마크	44.0	57.0	42.0	47.0	29.0	33.5	20.0	20.0
일본	14.4	54.3	9.7	53.1	11.5	47.4	8.4	32.2
영국	37.0	42.0	30.0	31.0	26.0	28.0	20.7	22.3
미국	29.3	37.4	22.8	28.4	17.3	21.2	13.6	16.7

〈표 2〉 여성과 남성의 기대수명

(단위: 세)

연도 / 성별 / 국가	1980 여성	1980 남성	1990 여성	1990 남성	2000 여성	2000 남성	2010 여성	2010 남성
덴마크	77.3	71.2	77.8	72.0	79.2	74.5	81.4	77.2
일본	78.8	73.3	81.9	75.9	84.6	77.7	86.4	79.6
영국	76.2	70.2	78.5	72.9	80.3	75.5	82.6	78.6
미국	77.4	70.0	78.8	71.8	79.3	74.1	81.1	76.2

① 국가별 여성의 흡연율

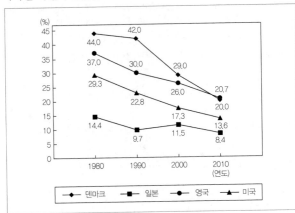

➡ (O) 〈표 1〉에서 1980~2010년 동안 여성의 흡연율은 덴마크의 경우 44.0% → 42.0% → 29.0% → 20.0%, 일본의 경우 14.4% → 9.7% → 11.5% → 8.4%, 영국의 경우 37.0% → 30.0% → 26.0% → 20.7%, 미국의 경우 29.3% → 22.8% → 17.3% → 13.6%이다. 이는 〈그림〉과 일치한다.

② 국가별 여성과 남성의 흡연율 차이

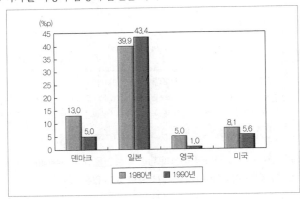

➡ (O) 〈표 1〉에서 1980년의 여성과 남성의 흡연율 차이는 덴마크의 경우 13.0%p(=57.0%−44.0%), 일본의 경우 39.9%p(=54.3%−14.4%), 영국의 경우 5.0%p(=42.0%−37.0%), 미국의 경우 8.1%p(=37.4%−29.3%)이다. 1990년의 여성과 남성의 흡연율 차이는 덴마크의 경우 5.0%p(=47.0%−42.0%), 일본의 경우 43.4%p(=53.1%−9.7%), 영국의 경우 1.0%p(=31.0%−30.0%), 미국의 경우 5.6%p(=28.4%−22.8%)이다. 이는 〈그림〉과 일치한다.

③ 국가별 흡연율

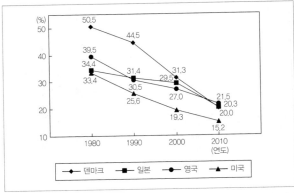

➡ (X) 〈표 1〉에서 국가별 전체 여성 및 전체 남성 인구, 전체 인구가 제시되어 있지 않으므로 국가별 전체 흡연율은 파악할 수 없다.

④ 국가별 여성과 남성의 기대수명 차이

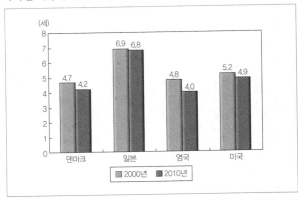

➡ (O) 〈표 2〉에서 2000년 여성과 남성의 기대수명 차이는 덴마크의 경우 4.7세(=79.2세−74.5세), 일본의 경우 6.9세(=84.6세−77.7세), 영국의 경우 4.8세(=80.3세−75.5세), 미국의 경우 5.2세(=79.3세−74.1세)이다. 2010년 여성과 남성의 기대수명 차이는 덴마크의 경우 4.2세(=81.4세−77.2세), 일본의 경우 6.8세(=86.4세−79.6세), 영국의 경우 4.0세(=82.6세−78.6세), 미국의 경우 4.9세(=81.1세−76.2세)이다. 이는 〈그림〉과 일치한다.

⑤ 일본 남성과 미국 남성의 흡연율과 기대수명

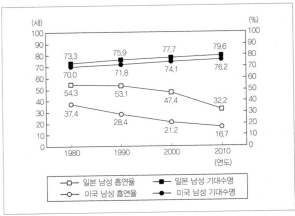

➡ (O) 〈표 1〉에서 1980~2010년 동안 일본 남성의 흡연율은 54.3% → 53.1% → 47.4% → 32.2%이고, 미국 남성의 흡연율은 37.4% → 28.4% → 21.2% → 16.7%이다. 〈표 2〉에서 1980~2010년 동안 일본 남성의 기대수명은 73.3세 → 75.9세 → 77.7세 → 79.6세이고, 미국 남성의 기대수명은 70.0세 → 71.8세 → 74.1세 → 76.2세이다. 이는 〈그림〉과 일치한다.

| **문제 유형** | 자료 읽기/추론 > 매칭형 |

접근 전략 | 〈표 1〉에 나타난 지급유형별, 아동월령별 양육수당 월 지급금액을 바탕으로 〈표 2〉의 신청가구 각각에 해당하는 자녀의 지급유형별, 아동월령별에 따른 양육수당을 계산하는 문제이다. 양육수당 신청일 현재 90일 이상 해외에 체류하고 있는 아동인 G는 양육수당 지급대상에서 제외된다는 점에 유의하도록 한다.

다음 〈표〉는 '갑'국의 2012년 지급유형별·아동월령별 양육수당 월 지급금액과 신청가구별 아동 현황에 대한 자료이다. 이 〈표〉와 〈2012년 양육수당 지급조건〉에 근거하여 2012년 5월분의 양육 수당이 많은 가구부터 순서대로 바르게 나열한 것은?

┌─────〈2012년 양육수당 지급조건〉─────┐

○ 만 5세 이하 아동을 양육하고 있는 가구를 대상으로 함
○ 양육수당 신청시점의 지급유형 및 아동월령에 따라 양육수당 지급함
○ 양육수당 신청일 현재 90일 이상 해외에 체류하고 있는 아동은 지급대상에서 제외함
○ 가구별 양육수당은 수급 가능한 모든 자녀의 양육수당을 합한 금액임
○ 양육수당은 매월 15일에 신청받아 해당 월 말일에 지급함

〈표 1〉 지급유형별·아동월령별 양육수당 월 지급금액

(단위: 만 원)

아동월령 지급유형	12개월 이하	12개월 초과 24개월 이하	24개월 초과 36개월 이하	36개월 초과 48개월 이하	48개월 초과 60개월 이하
일반	20.0	15.0	10.0	10.0	10.0
농어촌	20.0	17.7	15.6	12.9	10.0
장애아동	22.0	20.5	18.0	16.5	15.0

〈표 2〉 신청가구별 아동 현황(2012년 5월 15일 현재)

신청 가구	자녀 구분	자녀 아동월령 (개월)	지급 유형	비고
가	A	22	일반	
나	B	16	농어촌	
	C	2	농어촌	
다	D	23	장애아동	
라	E	40	일반	
	F	26	일반	
마	G	58	일반	2011년 1월부터 해외 체류 중
	H	35	일반	
	I	5	일반	

① 나 - 마 - 다 - 라 - 가 ➡ (○) 2012년 5월분의 양육수당은 '가'의 경우 15만 원, '나'의 경우 17.7+20=37.7(만 원), '다'의 경우 20.5만 원, '라'의 경우 10.0+10.0=20(만 원), '마'의 경우 0(G는 90일 이상 해외에 체류하고 있는 아동으로 지급대상에서 제외함)+10.0+20.0=30(만 원)이다. 따라서 2012년 5월분의 양육수당은 나 > 마 > 다 > 라 > 가 순이다.

② 나 - 마 - 라 - 다 - 가 ➡ (X)
③ 다 - 라 - 나 - 마 - 가 ➡ (X)
④ 마 - 나 - 라 - 가 - 다 ➡ (X)
⑤ 마 - 나 - 다 - 라 - 가 ➡ (X)

| **문제 유형** | 자료 읽기 > 그림 제시형 |

접근 전략 | 〈그림〉에서 주식의 이론가격과 시장가격을 통해 가격 괴리율을 판단하는 문제이다. 〈그림〉의 대각선은 이론가격과 시장가격이 같을 때이므로 가격 괴리율이 0%임을 알 수 있다.

다음 〈그림〉은 1~7월 동안 A사 주식의 이론가격과 시장가격의 관계에 대한 자료이다. 이에 대한 〈보기〉의 설명 중 옳은 것만을 모두 고르면?

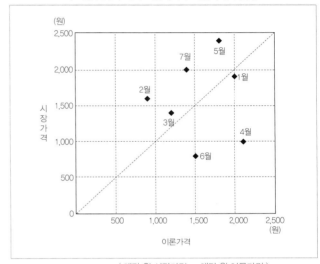

〈그림〉 A사 주식의 이론가격과 시장가격의 관계

$$※ \text{해당 월 가격 괴리율(%)} = \left(\frac{\text{해당 월 시장가격} - \text{해당 월 이론가격}}{\text{해당 월 이론가격}} \right) \times 100$$

┌─────〈보기〉─────┐

ㄱ. 가격 괴리율이 0% 이상인 달은 4개이다. → (○) 가격 괴리율이 0% 이상인 경우는 해당 월 시장가격이 해당 월 이론가격보다 큰 경우이다. 〈그림〉에서 시장가격이 이론가격보다 큰 달은 2월, 3월, 5월, 7월이다.

ㄴ. 전월 대비 이론가격이 증가한 달은 3월, 4월, 7월이다. → (X) 전월 대비 이론가격은 2월의 경우 감소, 3월의 경우 증가, 4월의 경우 증가, 5월의 경우 감소, 6월의 경우 감소, 7월의 경우 감소하였다. 따라서 전월 대비 이론가격이 증가한 달은 3월, 4월이다.

ㄷ. 전월 대비 가격 괴리율이 증가한 달은 3개 이상이다. → (○) 〈그림〉에서 대각선은 가격 괴리율 0%, 반시계 방향으로의 이동은 가격 괴리율의 증가를, 시계 방향으로의 이동은 가격 괴리율의 감소를 의미한다. 전월 대비 가격 괴리율은 2월의 경우 증가, 3월의 경우 감소, 4월의 경우 감소, 5월의 경우 증가, 6월의 경우 감소, 7월의 경우 증가하였다. 따라서 전월 대비 가격 괴리율이 증가한 달은 2월, 5월, 7월이다.

ㄹ. 전월 대비 시장가격이 가장 큰 폭으로 증가한 달은 6월이다. → (X) 〈그림〉의 세로축의 시장가격의 변화폭을 통해 전월 대비 시장가격의 증감폭을 파악할 수 있다. 전월 대비 시장가격은 2월의 경우 감소, 3월의 경우 감소, 4월의 경우 감소, 5월의 경우 증가, 6월의 경우 감소, 7월의 경우 증가하였다. 따라서 6월의 경우 전월 대비 시장가격이 감소하였다.

① ㄱ, ㄴ ➡ (X)
② ㄱ, ㄷ ➡ (○)
③ ㄷ, ㄹ ➡ (X)
④ ㄱ, ㄴ, ㄹ ➡ (X)
⑤ ㄴ, ㄷ, ㄹ ➡ (X)

| **문제 유형** | 자료 읽기/추론 > 계산형

| **접근 전략** | 〈소득세 결정기준〉을 통해 〈표〉에 나타난 개인별 연소득에 따른 소득세산출액을 계산하는 문제이다. 근로소득과 금융소득의 세율이 다르고, 금융소득만 있는 D의 경우 금융소득 중 5천만 원을 초과하는 부분이 과세표준에 해당함을 유의하도록 한다.

다음 〈표〉는 '갑'국 개인 A~D의 연소득에 대한 자료이고, 개인별 소득세산출액은 〈소득세 결정기준〉에 따라 계산한다. 이를 근거로 A~D 중 소득세산출액이 가장 많은 사람과 가장 적은 사람을 바르게 나열한 것은?

〈표〉 개인별 연소득 현황

(단위: 만 원)

개인	근로소득	금융소득
A	15,000	5,000
B	25,000	0
C	20,000	0
D	0	30,000

※ 1) 근로소득과 금융소득 이외의 소득은 존재하지 않음
 2) 모든 소득은 과세대상이고, 어떤 종류의 공제·감면도 존재하지 않음

─〈소득세 결정기준〉─

○ 5천만 원 이하의 금융소득에 대해서는 15%의 '금융소득세'를 부과함
○ 과세표준은 금융소득 중 5천만 원을 초과하는 부분과 근로소득의 합이고, 〈과세표준에 따른 근로소득세율〉에 따라 '근로소득세'를 부과함
○ 소득세산출액은 '금융소득세'와 '근로소득세'의 합임

〈과세표준에 따른 근로소득세율〉

(단위: %)

과세표준	세율
1,000만 원 이하분	5
1,000만 원 초과 5,000만 원 이하분	10
5,000만 원 초과 1억 원 이하분	15
1억 원 초과 2억 원 이하분	20
2억 원 초과분	25

○ 예를 들어, 과세표준이 2,500만 원인 사람의 '근로소득세'는 다음과 같음

1,000만 원×5%+(2,500만 원−1,000만 원)×10%=200만 원

	가장 많은 사람	가장 적은 사람	
①	A	B	➡ (×)
②	A	D	➡ (×)
③	B	A	➡ (×)
④	D	A	➡ (○)

소득세산출액은 A의 경우 (1,000만 원×5%)+(4,000만 원×10%)+(5,000만 원×15%)+(5,000만 원×20%)+(5,000만 원×15%)=2,950(만 원), B의 경우 (1,000만 원×5%)+(4,000만 원×10%)+(5,000만 원×15%)+(1억 원×20%)+(5,000만 원×25%)=4,450(만 원), C의 경우 (1,000만 원×5%)+(4,000만 원×10%)+(5,000만 원×15%)+(1억 원×20%)=3,200(만 원), D의 경우 (1,000만 원×5%)+(4,000만 원×10%)+(5,000만 원×15%)+(1억 원×20%)+(5,000만 원×25%)+(5,000만 원×15%)=5,200(만 원)이다. 따라서 소득세산출액이 가장 많은 사람은 D이고, 가장 적은 사람은 A이다.

| ⑤ | D | C | ➡ (×) |

2013 | 제3영역 상황판단(⑪ 책형)

기출 총평

2013년 상황판단 시험은 2012년에 비해 문제 유형이 다양해지고 보다 많은 판단 능력을 요구하는 문항들이 출제되었다. 이는 수험생들이 기출문제의 유형에 익숙해졌기 때문에 상황판단 능력을 보다 세밀하게 측정하기 위한 시도로 보인다. 특히 제시문의 길이가 길고, 이에 대해 적용하거나 분석해야 할 상황까지 따로 판단해야 하는 문항의 경우에는 수험생들이 길이와 분량에 대해 익숙하지 않아 많은 시간을 소요했을 것으로 예상된다. 반면에 규정이나 제시문을 따로 제시하지 않고, 다양한 규칙 및 상황에 대한 대화를 통해 유추하여 해결해야 하는 유형은 보다 복합적이고 다각적인 측면에서의 판단 능력이 요구된다고 볼 수 있으며, 이번 시험에서는 4문항이나 출제되었다는 점이 특징적이다. 따라서 짧은 글부터 시작하여 다양한 길이의 글을 읽으며 독해력을 꾸준히 향상시키는 것이 중요하다.

문항별 정답률 및 선지별 선택률

문번	정답	정답률 (%)	선지별 선택률(%)				
			①	②	③	④	⑤
01	③	80.0	6.8	1.8	80.0	10.0	1.4
02	①	98.2	98.2	1.4	0.0	0.4	0.0
03	②	96.4	2.4	96.4	0.0	0.8	0.4
04	⑤	91.3	2.3	2.7	0.5	3.2	91.3
05	⑤	87.8	0.4	1.8	8.6	1.4	87.8
06	⑤	89.5	5.5	1.8	0.5	2.7	89.5
07	③	94.5	1.4	1.4	94.5	2.2	0.5
08	④	87.3	4.5	0.5	5.9	87.3	1.8
09	①	96.8	96.8	0.4	1.4	1.4	0.0
10	⑤	64.3	20.5	8.6	1.8	4.8	64.3
11	④	94.9	0.9	0.5	0.0	94.9	3.7
12	⑤	94.0	4.2	0.9	0.0	0.9	94.0
13	①	98.6	98.6	0.5	0.0	0.9	0.0

문번	정답	정답률 (%)	선지별 선택률(%)				
			①	②	③	④	⑤
14	③	74.5	18.0	0.5	74.5	6.5	0.5
15	②	98.0	1.0	98.0	0.0	1.0	0.0
16	①	69.6	69.6	19.6	4.7	2.8	3.3
17	④	47.2	41.2	3.8	3.2	47.2	4.6
18	②	95.8	0.9	95.8	0.5	1.9	0.9
19	④	52.4	2.8	28.3	13.2	52.4	3.3
20	③	79.7	14.2	1.9	79.7	3.3	0.9
21	①	88.2	88.2	6.6	0.9	0.5	3.8
22	②	58.8	5.2	58.8	5.7	25.1	5.2
23	②	67.5	19.4	67.5	8.7	3.9	0.5
24	③	62.7	23.0	4.8	62.7	8.1	1.4
25	④	33.0	24.1	30.0	9.0	33.0	3.9

※ 파란색 음영 문항은 해당 회차에서 정답률이 가장 낮은 TOP 3 문항입니다.
※ 문항별 정답률 산정 기준: 약 1년간 누적된 자동채점 & 성적결과분석 서비스의 응시 데이터

출제 비중

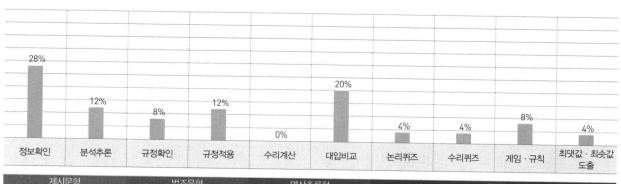

정보확인	분석추론	규정확인	규정적용	수리계산	대입비교	논리퀴즈	수리퀴즈	게임 · 규칙	최댓값 · 최솟값 도출
28%	12%	8%	12%	0%	20%	4%	4%	8%	4%

제시문형	법조문형	연산추론형	퍼즐형

01	③	02	①	03	②	04	①	05	⑤
06	⑤	07	③	08	④	09	①	10	⑤
11	④	12	⑤	13	①	14	⑤	15	②
16	①	17	④	18	②	19	④	20	③
21	①	22	②	23	③	24	③	25	④

01 ③

정답률 80.0%

| 문제 유형 | 제시문형 > 정보확인

| 접근 전략 | 제시문의 정보를 바탕으로 선지의 내용을 판단하는 문항이다. 글의 정보를 파악할 때는 문단에 따라 전달하려는 내용을 분석해 보고, 각 문단의 내용을 정리하는 능력이 필요하다. 선지에서 제시된 용어들을 중심으로 제시문을 읽어 가며 선지의 내용과 비교하며 읽을 수 있다면, 시간을 단축할 수 있다는 점에서 효율적인 독해가 가능하다.

다음 글을 근거로 판단할 때 옳은 것은?

승정원은 조선시대 왕명 출납을 관장하던 관청으로 오늘날 대통령 비서실에 해당한다. 조선시대 대부분의 관청이 왕 – 의정부 – 육조 – 일반 관청이라는 계통 속에 포함된 것과는 달리 승정원은 국왕 직속 관청이었다. ▶1문단

승정원에는 대통령 비서실장 격인 도승지를 비롯하여 좌승지, 우승지, 좌부승지, 우부승지, 동부승지를 각각 1인씩 두었는데, 이를 통칭 6승지라 부른다. 이들은 모두 같은 품계인 정3품 당상관이었으며, 6승지 아래에는 각각 정7품 주서 2인이 있었다. 통상 6승지는 분방(分房)이라 하여 부서를 나누어 업무를 담당하였는데, 도승지가 이방, 좌승지가 호방, 우승지가 예방, 좌부승지가 병방, 우부승지가 형방, 동부승지가 공방 업무를 맡았다. 이는 당시 중앙부처 업무 분담이 크게 육조(이조, 호조, 예조, 병조, 형조, 공조)로 나누어져 있었고, 경국대전 구성이 6전 체제로 되어 있던 것과도 맥을 같이 한다. ▶2문단

한편 6명의 승지가 동등하게 대우받는 것은 아니었다. 같은 승지라 하더라도 도승지는 다른 나머지 승지들과 대우가 달랐고, 좌승지·우승지와 좌부승지·우부승지·동부승지의 관청 내 위계질서 역시 현격한 차이가 있었다. 관청 청사에 출입할 때도 위계를 준수하여야 했고, 도승지가 4일에 한 번 숙직하는 반면 하위인 동부승지는 연속 3일을 숙직해야만 하였다. ▶3문단

주서는 고려 이래의 당후관(堂後官)을 개칭한 것으로 승정원을 통과한 모든 공사(公事)와 문서를 기록하는 것이 그 임무였다. 주서를 역임한 직후에는 성균관 전적이나 예문관 한림 등을 거쳐, 뒤에는 조선시대 청직(淸職)으로 불리는 홍문관·사간원·사헌부 등의 언관으로 진출하였다가 승지를 거쳐 정승의 자리에 이르는 사람이 많았다. 따라서 주서의 자격 요건은 엄격하였다. 반드시 문과 출신자여야 하였고, 인물이 용렬하거나 여론이 좋지 않은 등 개인적인 문제가 있거나 출신이 분명하지 않은 경우에는 주서에 임명될 수 없었다. ▶4문단

① 승정원 내에는 총 2명의 주서가 있었다. ➡ (X) 2문단에서 주서는 6승지 아래 각각 2명씩 있었다고 하였으므로 승정원 내에는 총 12명의 주서가 있었을 것이다.

② 승정원 도승지와 동부승지의 품계는 달랐다. ➡ (X) 2문단에서 도승지를 비롯한 통칭 6승지는 품계가 모두 정3품임을 알 수 있다.

③ 양반자제로서 무과 출신자는 주서로 임명될 수 없었다. ➡ (O) 4문단에서 주서는 반드시 문과 출신자여야 함을 알 수 있다.

④ 좌부승지는 병조에 소속되어 병방 업무를 담당하였다. ➡ (X) 2문단에서 좌부승지가 병방 업무를 맡았다고 하였으나 1문단에 따르면 승정원은 국왕 직속 관청임을 알 수 있다.

⑤ 홍문원·사간원 등의 언관이 승진한 후 승정원 주서를 역임하는 사례가 많았다. ➡ (X) 4문단에서 주서를 역임한 후에 홍문원·사간원·사헌부 등의 언관으로 진출함을 알 수 있다.

02 ①

정답률 98.2%

| 문제 유형 | 제시문형 > 정보확인

| 접근 전략 | 해당 선지의 내용에서 핵심어들을 먼저 파악하고 이를 바탕으로 제시문을 읽은 후 선지의 내용을 비교해야 한다. 그리고 해당 선지의 내용이 옳지 않은 것부터 소거해 나가면서 그 내용을 비교하는 것이 시간을 줄일 수 있는 방법이다.

다음 글을 근거로 판단할 때, 〈보기〉에서 옳은 것만을 모두 고르면?

'피카레스크 소설'은 스페인만이 가진 독특한 문학 장르로 하류층의 삶을 소재로 해서 매우 현실적인 내용을 숨김없이 표현한다. 피카레스크 소설에서는 주인공을 '피카로'로 지칭하는데, 피카로는 장난꾸러기, 악동, 악당 등을 뜻하는 스페인어이다. 피카레스크 소설에서 주인공인 피카로는 항상 '나'의 시점에서 자신의 경험을 생생하게 서술한다. 주인공은 뚜렷한 직업이 없는 소년으로 구걸과 도둑질을 일삼으면서 양심의 가책 없이 다른 사람을 희생시켜 살아가다가 오히려 자신의 계략에 희생당하는 인물이다. ▶1문단

피카레스크 소설은 그 배경이 된 시대의 사회상, 특히 여러 계층의 사람들이 살아가는 모습을 생생하게 그려냄으로써 사실주의적 경향을 극명하게 보여준다. 피카레스크 소설은 다른 유럽 국가들에도 큰 영향을 끼쳐서 18, 19세기에 사실주의 소설이 발전하는 데 이바지했다. ▶2문단

피카레스크 소설 중 가장 대표적인 작품으로는 1554년에 쓰여진 작가 미상의 『라사리요 데 토르메스』가 있다. 이 소설은 출판되자마자 커다란 성공을 거두었으나, 그 속에 담긴 반(反)교회, 반(反)교권주의적인 내용 때문에 종교 재판소로부터 출판을 금지당하기도 했다. 한편 이 작품은 역사적·문화적 관점에서뿐만 아니라 심리학적 견지에서도 우수한 작품으로 평가받고 있으며 세계문학사상 최초의 근대 풍속소설로 꼽히고 있다. ▶3문단

〈보기〉

ㄱ. 피카레스크 소설을 통해 그 배경이 된 시대의 생활상을 파악할 수 있다. → (O) 2문단에서 피카레스크 소설은 그 배경이 된 시대의 사회상을 생생하게 그려냄을 알 수 있다.

ㄴ. 피카레스크 소설 속에서 주인공은 자신의 경험을 1인칭 시점에서 이야기한다. → (O) 1문단에서 피카레스크 소설에서 주인공인 피카로는 항상 '나'의 시점에서 자신의 경험을 생생하게 서술한다고 하였으므로 피카레스크 소설 속에서 주인공은 자신의 경험을 1인칭 시점에서 이야기함을 알 수 있다.

ㄷ. 피카레스크 소설은 주인공이 행복한 삶을 영위하는 것으로 결말지어진다. → (X) 1문단에서 피카레스크 소설의 주인공은 다른 사람을 희생시켜 살아가다가 오히려 자신의 계략에 희생당하는 인물임을 알 수 있다.

ㄹ. 『라사리요 데 토르메스』는 종교 재판소의 금지로 인해 출판되지도 못한 채 구전으로만 전해져 내려왔다. → (X) 3문단에서 『라사리요 데 토르메스』는 출판되자마자 커다란 성공을 거두었음을 알 수 있다. 즉 출판되었으나 이후 종교 재판소로부터 출판을 금지당한 것이다.

① ㄱ, ㄴ ➡ (O)
② ㄱ, ㄷ ➡ (X)
③ ㄴ, ㄹ ➡ (X)
④ ㄷ, ㄹ ➡ (X)
⑤ ㄴ, ㄷ, ㄹ ➡ (X)

03 ②

|문제 유형| 제시문형 > 정보확인

|접근 전략| 해당 문제는 〈보기〉를 먼저 읽고 각 〈보기〉에 언급된 건축 관련 용어들을 중심으로 글을 읽어 가면 간단하게 해결할 수 있다.

다음 글을 근거로 판단할 때, 〈보기〉에서 옳은 것만을 모두 고르면?

건축은 자연으로부터 인간을 보호하기 위한 인위적인 시설인 지붕을 만들기 위한 구축술(構築術)에서 시작되었다고 할 수 있다. 우리가 중력의 법칙이 작용하는 곳에 살고 있는 이상 지붕은 모든 건축에서 고려해야 할 필수적인 요소이다. 건축은 바닥과 벽 그리고 지붕의 세 요소로 이루어진다. 하지만 인류 최초의 건축 바닥은 지면이었고 별도의 벽은 없었다. 빨형이나 삼각형 단면 구조에 의해 이루어지는 지붕이 벽의 기능을 하였을 뿐이다. ▶1문단

그러나 지붕만 있는 건축으로는 넓은 공간을 만들 수 없다. 천장도 낮아서 공간의 효율성이 떨어지고 불편했다. 따라서 공간에 대한 욕구가 커지고 건축술이 발달하면서 건축은 점차 수직으로 선 구조체가 지붕을 받치는 구조로 발전하였다. 그로 인해 지붕의 처마는 지면에서 떨어질 수 있게 되었고, 수직의 벽도 출현하게 되었다. 수직 벽체의 출현은 건축의 발달 과정에서 획기적인 전환이었다. 이후 수직 벽체는 건축구조에서 가장 중요한 부분의 하나가 되었고, 그것을 만드는 재료와 방법에 따라서 다양한 구조와 형태의 건축이 출현하였다. ▶2문단

흙을 사용하여 수직 벽체를 만드는 건축 방식에는 항토(夯土)건축과 토담, 전축(塼築) 등의 방식이 있다. 항토건축은 거푸집을 대고 흙 또는 흙에 강회(생석회)와 짚여물 등을 섞은 것을 넣고 다져 벽을 만든 것이다. 토담 방식은 햇볕에 말려 만든 흙벽돌을 쌓아올려 벽을 만든 것이다. 그리고 전축은 흙벽돌을 고온의 불에 구워 만든 전돌을 이용해 벽을 만든 것이다. ▶3문단

항토건축은 기단이나 담장, 혹은 성벽을 만드는 구조로 사용되었을 뿐 대형 건축물의 구조방식으로는 사용되지 않았고, 토담 방식으로 건물을 지은 예는 많지 않았다. 한편 전축은 전탑, 담장, 굴뚝 등에 많이 활용되었고 조선 후기에는 화성(華城)의 건설에 이용되었다. 여름철에 비가 많고 겨울이 유난히 추운 곳에서는 수분의 침투와 동파를 막기 위해서 높은 온도에서 구워낸 전돌을 사용해야 했는데, 경제적인 부담이 커서 대량생산을 할 수 없었다. ▶4문단

〈보기〉

ㄱ. 수직 벽체를 만들게 됨에 따라서 지붕만 있는 건축물보다는 더 넓은 공간의 건축물을 지을 수 있게 되었다. → (O) 2문단에서 지붕만 있는 건축으로는 넓은 공간을 만들 수 없었고 이에 따라 공간에 대한 욕구가 커지고 건축술이 발달하면서 점차 수직으로 선 구조체가 지붕을 받치는 구조로 발전하였다고 하였으므로 수직 벽체를 만들게 됨에 따라서 지붕만 있는 건축물보다는 더 넓은 공간의 건축물을 지을 수 있게 되었음을 알 수 있다.

ㄴ. 항토건축 방식은 대형 건축물의 수직 벽체로 활용되었을 뿐 성벽에는 사용되지 않았다. → (X) 4문단에서 항토건축은 기단이나 담장, 성벽을 만드는 구조로 사용되었을 뿐 대형 건축물의 구조방식으로는 사용되지 않았음을 알 수 있다.

ㄷ. 토담 방식은 흙을 다져 전체 벽을 만든 것으로 당시 대부분의 건축물에 활용되었다. → (X) 4문단에서 토담 방식으로 건물을 지은 예가 많지 않음을 알 수 있다.

ㄹ. 화성의 건설에 이용된 전축은 높은 온도에서 구워낸 전돌을 사용한 것이다. → (O) 3문단에서 전축이 흙벽돌을 고온의 불에 구워 만든 전돌을 이용한 것임을 알 수 있고, 4문단에서 전축이 화성의 건설에 이용되었음을 알 수 있다.

① ㄱ, ㄴ ➡ (X)
② ㄱ, ㄹ ➡ (O)
③ ㄴ, ㄷ ➡ (X)
④ ㄱ, ㄷ, ㄹ ➡ (X)
⑤ ㄴ, ㄷ, ㄹ ➡ (X)

04 ⑤

정답률 91.3%

|문제 유형| 제시문형 > 정보확인

|접근 전략| 전문심리위원제도의 특징과 활용에 대해 정확히 이해하고 각 상황별로 전문심리위원에 적용되는 내용들을 비교하며 선지의 옳고 그름을 판단하면 쉽게 정답을 찾을 수 있다.

다음 글을 근거로 판단할 때 옳은 것은?

첨단산업·지적소유권·건축공사·국제금융·파생상품 등 전문적 지식이 요구되는 민사소송사건에서는 전문심리위원제도를 활용할 수 있다. 이는 증거조사·화해 등 소송절차의 원활한 진행을 위한 것으로, 법원이 당해 사건의 관계전문가를 전문심리위원으로 재판절차에 참여시키고 그로부터 전문적 지식에 관해 조언을 받을 수 있도록 한 제도이다. 전문심리위원이 재판에 참여하면 당사자의 허위 진술을 방지할 수 있으며, 그의 전문지식을 통해 사안을 밝힐 수 있기 때문에 감정을 할 때 소요되는 값비싼 감정료를 절감할 수 있는 등의 장점이 있다. ▶1문단

법원은 직권 또는 당사자의 신청에 따른 결정으로 1인 이상의 전문심리위원을 지정한다. 전문심리위원은 당해 소송절차에서 설명 또는 의견을 기재한 서면을 제출하거나, 변론기일 또는 변론준비기일에 출석하여 설명을 하거나 의견을 제시하는 등으로 재판절차에 참여한다. 그러나 전문심리위원은 증인이나 감정인이 아니기 때문에 그의 설명이나 의견은 증거자료가 아니다. 한편 전문심리위원이 당사자, 증인 또는 감정인 등 소송관계인에게 질문하기 위해서는 재판장의 허가를 얻어야 한다. 또한 전문심리위원은 재판부의 구성원이 아니므로 판결 내용을 정하기 위한 판결의 합의나 판결문 작성에는 참여할 수 없다. ▶2문단

법원은 상당한 이유가 있는 때에는 직권 또는 당사자의 신청에 의해 전문심리위원의 지정결정을 취소할 수 있다. 다만 당사자의 합의로 그 지정결정을 취소할 것을 신청한 때에는 법원은 그 결정을 취소하여야 한다. 한편 전문심리위원의 공정성을 확보하기 위해서, 전문심리위원이 당사자의 배우자가 되거나 친족이 된 경우 또는 그가 당해 사건에 관하여 증언이나 감정을 한 경우 등에는 법원이 그에 대한 별도의 조치를 하지 않더라도 그는 당연히 이후의 재판절차에 참여할 수 없게 된다. ▶3문단

① 소송당사자의 동의가 있으면 전문심리위원은 당사자에게 직접 질문할 수 있다. ➡ (X) 2문단에서 전문심리위원이 당사자에게 질문하기 위해서는 재판장의 허가를 얻어야 함을 알 수 있다. 소송당사자의 동의 여부는 요건이 아니다.

② 전문심리위원은 판결 내용을 결정하기 위해 진행되는 판결의 합의에 참여할 수 있다. ➡ (X) 2문단에서 전문심리위원은 판결 내용을 정하기 위한 판결의 합의나 판결문 작성에는 참여할 수 없음을 알 수 있다.

③ 전문심리위원이 변론에서 행한 설명 또는 의견은 증거자료에 해당하기 때문에 법원은 그의 설명 또는 의견에 의거하여 재판하여야 한다. ➡ (X) 2문단에서 전문심리위원의 설명이나 의견은 증거자료가 아님을 알 수 있다.

④ 소송당사자가 합의하여 전문심리위원 지정결정의 취소를 신청한 경우일지라도 법원은 상당한 이유가 있으면 그 지정결정을 취소하지 않아도 된다. ➡ (X) 3문단에서 당사자의 합의로 지정결정을 취소할 것을 신청한 때에는 법원은 그 결정을 취소하여야 한다고 하였다.

⑤ 전문심리위원이 당해 사건에서 증언을 하였다면, 법원의 전문심리위원 지정결정 취소가 없더라도 그는 전문심리위원으로서 이후의 재판절차에 참여할 수 없게 된다. ➡ (O) 3문단에서 전문심리위원이 당해 사건에 관하여 증언을 한 경우에는 법원이 별도의 조치를 하지 않더라도 이후의 재판절차에 참여할 수 없게 됨을 알 수 있다.

05 ⑤

|문제 유형| 법조문형 > 규정확인

|접근 전략| 법령 문제는 법령의 단서나 예외 부분, 그리고 법령 행사의 주체, 법령 적용의 대상을 신경 써서 풀어야 한다. 해당 문제의 경우 재외동포, 재외국민, 외국국적동포 등의 개념을 정확하게 이해하고 구분할 수 있어야 문제를 실수 없이 풀 수 있다. 특히 재외동포에 재외국민과 외국국적동포가 포함된다는 것에 유의한다.

다음 글을 근거로 판단할 때 옳은 것은?

법 제00조(정의) 이 법에서 "재외동포"란 다음 각 호의 어느 하나에 해당하는 자를 말한다.

1. 대한민국의 국민으로서 외국의 영주권(永住權)을 취득한 자 또는 영주할 목적으로 외국에 거주하고 있는 자(이하 "재외국민"이라 한다)
2. 대한민국의 국적을 보유하였던 자(대한민국정부 수립 전에 국외로 이주한 동포를 포함한다) 또는 그 직계비속(直系卑屬)으로서 외국국적을 취득한 자 중 대통령령으로 정하는 자(이하 "외국국적동포"라 한다)

시행령 제00조(재외국민의 정의) ① 법 제00조 제1호에서 "외국의 영주권을 취득한 자"라 함은 거주국으로부터 영주권 또는 이에 준하는 거주목적의 장기체류자격을 취득한 자를 말한다.
② 법 제00조 제1호에서 "영주할 목적으로 외국에 거주하고 있는 자"라 함은 해외이주자로서 거주국으로부터 영주권을 취득하지 아니한 자를 말한다.
제00조(외국국적동포의 정의) 법 제00조 제2호에서 "대한민국의 국적을 보유하였던 자(대한민국정부 수립 이전에 국외로 이주한 동포를 포함한다) 또는 그 직계비속으로서 외국국적을 취득한 자 중 대통령령이 정하는 자"란 다음 각 호의 어느 하나에 해당하는 자를 말한다.

1. 대한민국의 국적을 보유하였던 자(대한민국정부 수립 이전에 국외로 이주한 동포를 포함한다. 이하 이 조에서 같다)로서 외국국적을 취득한자
2. 부모의 일방 또는 조부모의 일방이 대한민국의 국적을 보유하였던 자로서 외국국적을 취득한 자

① 대한민국 국민은 재외동포가 될 수 없다. ➡ (X) 법 제1호에 따르면 대한민국 국민으로서 외국의 영주권을 취득한 자 또는 영주할 목적으로 외국에 거주하고 있는 자는 재외동포에 해당한다.

② 재외국민이 되기 위한 필수 요건은 거주국의 영주권 취득이다. ➡ (X) 법 제1호에 따르면 재외국민은 대한민국의 국민으로서 외국의 영주권을 취득한 자 또는 영주할 목적으로 외국에 거주하고 있는 자이고 시행령 첫 번째 조 제2항에 의하면 해외이주자로서 거주국으로부터 영주권을 취득하지 아니한 자도 재외국민에 해당하므로 거주국의 영주권 취득이 재외국민의 필수 요건에 해당하지 않음을 알 수 있다.

③ 할아버지가 대한민국 국적을 보유하였던 미국 국적자는 재외국민이다. ➡ (X) 재외동포는 재외국민과 외국국적동포로 분류되며 시행령 두 번째 조 제2호에 따르면 조부모의 일방이 대한민국 국적을 보유했던 자로서 외국국적을 취득한 자는 외국국적동포이다. 따라서 할아버지가 대한민국 국적을 보유하였던 미국 국적자는 재외국민이 아니라 외국국적동포이다.

④ 대한민국 국민으로서 회사업무를 위해 중국출장 중인 사람은 외국국적동포이다. ➡ (X) 법 제2호에서 대한민국 국적을 보유했던 자 또는 그 직계비속으로서 외국국적을 취득한 자 중 대통령령으로 정하는 자를 외국국적동포라고 함을 알 수 있다. 그리고 시행령 두 번째 조에서 외국국적동포는 외국국적을 취득한 자에 해당함을 알 수 있다. 대한민국 국민이 중국에 출장 중인 경우는 중국의 국적을 취득한 것이 아니므로 외국국적동포가 아니다.

⑤ 과거에 대한민국 국적을 보유하였던 자로서 현재 브라질 국적을 취득한 자는 외국국적동포이다. ➡ (O) 법 제2호와 시행령 두 번째 조 제1호에서 대한민국 국적을 보유했던 자로서 외국국적을 취득한 자를 외국국적동포라고 함을 알 수 있다. 따라서 과거에 대한민국 국적을 보유했다가 현재 브라질 국적을 취득한 자는 외국국적동포로 볼 수 있으므로 옳은 설명이다.

06 ⑤

|문제 유형| 제시문형 > 분석추론

|접근 전략| 제시된 내용을 바탕으로 해당 내용과 관련 부분들을 비교하여 정답을 찾는 문항이다. 역사적 사건이 벌어진 해에 해당하는 사실들을 비교할 수 있어야 하고, 〈A 사건〉이 어떤 근대 문물과 관련이 된 것인지를 정확하게 추론할 수 있어야 한다. 또한 〈A 사건〉 당시에는 유효하지 않은 역사적 사실들이 무엇인지를 파악해야 해당 문항을 정확하게 해결할 수 있다.

다음 〈근대 문물의 수용 연대〉를 근거로 판단할 때, 〈A 사건〉이 발생한 해에 볼 수 있었던 광경으로 옳게 추론한 것은?

〈근대 문물의 수용 연대〉

신문	한성순보(1883년 개간/1884년 폐간)
교통	철도: 경인선(1899년), 경부선(1905년) 전차: 서대문~청량리(1898년)
의료	광혜원(1885년), 세브란스 병원(1904년)
건축	독립문(1897년), 명동성당(1898년)
전기 통신	전신(1885년), 전등(1887년 경복궁 내), 전화(1896년)

〈A 사건〉

경복궁 내에 여러 가지 기계가 설치되었다. 궁내의 큰 마루와 뜰에 등롱(燈籠) 같은 것이 설치되어 서양인이 기계를 움직이자 연못의 물이 빨아 올려져 끓는 소리와 우렛소리와 같은 시끄러운 소리가 났다. 그리고 얼마 있지 않아 가지 모양의 유리에 휘황한 불빛이 대낮같이 점화되어 모두가 놀라움을 금치 못했다. 궁궐에 있는 궁인들이 이 최초의 놀라운 광경을 구경하기 위해 내전 안으로 몰려들었다.

→ 〈A 사건〉은 경복궁 내에 설치된 등롱(燈籠) 같은 것에서 휘황한 불빛이 대낮같이 점화된 사건이다. 〈근대 문물의 수용 연대〉를 통해 경복궁 내에서 전등이 점화된 것임을 알 수 있으므로 1887년에 일어난 일이라고 추론할 수 있다.

① 광혜원에서 전화를 거는 의사 ➡ (X) 전화는 1896년에 수용된 것이다.

② 독립문 준공식을 보고 있는 군중 ➡ (X) 독립문은 1897년에 준공된 것이다.

③ 서대문에서 청량리 구간의 전차를 타는 상인 ➡ (X) 서대문에서 청량리 구간의 전차가 개설된 것은 1898년이다.

④ 〈A 사건〉을 보도한 한성순보를 읽고 있는 관리 ➡ (X) 한성순보는 1884년에 폐간되어 1887년에는 볼 수 없었다.

⑤ 전신을 이용하여 어머니께 소식을 전하는 아들 ➡ (O) 전신은 1885년에 수용되었으므로 1887년에 전신으로 소식을 전하는 것이 가능하였다.

| **문제 유형** | 제시문형 > 분석추론 |

| **접근 전략** | 암의 종류에 따라 건강검진을 받아야 하는 시기와 주기, 그리고 가족력과 같은 변수들이 존재하는 경우에 달라지는 기준들을 정확하게 적용해야 하는 문제이다. 다양한 변수가 있지만 정기검진의 주기는 내용요소로 다루어지지 않았기 때문에 상대적으로 문항을 해결하는 데 크게 어렵지는 않을 것이다. |

다음 글을 근거로 판단할 때, 〈보기〉의 甲~丁이 권장 시기에 맞춰 정기검진을 받는다면 첫 정기검진까지의 기간이 가장 적게 남은 사람부터 순서대로 나열한 것은? (단, 甲~丁은 지금까지 건강검진을 받은 적이 없다)

암 검진은 암을 조기 발견하여 생존율을 높일 수 있기 때문에 매우 중요하다. 일반적으로 권장하는 정기검진의 시작 시기와 주기는 위암은 만 40세부터 2년 주기, 대장암은 만 50세부터 1년 주기, 유방암은 만 40세부터 2년 주기 등이다. 폐암은 흡연자인 경우 만 40세부터 1년 주기로, 비흡연 여성도 만 60세부터 검진을 받아야 한다. 간경변증을 앓고 있는 사람이거나 B형 또는 C형 간염 바이러스 보균자는 만 30세부터 6개월 간격으로 간암 정기검진을 받아야 한다. ▶1문단

그런데 많은 암환자들이 가족력을 가지고 있는 것으로 알려져 있다. 우리나라 암 사망 원인 1위인 폐암은 부모나 형제자매 가운데 해당 질병을 앓은 사람이 있으면 발병 확률이 일반인의 1.95배가 된다. 대장암 환자의 30%도 가족력이 있다. 부모나 형제자매 중에 한 명의 대장암 환자가 있으면 발병 확률은 일반인의 2~3배가 되고, 두 명이 있으면 그 확률은 4~6배로 높아진다. 우리나라 여성들이 많이 걸리는 유방암도 가족력이 큰 영향을 미친다. 따라서 가족력이 있으면 대장암은 검진 시기를 10년 앞당겨야 하며, 유방암도 검진 시기를 15년 앞당기고 검사 주기도 1년으로 줄여야 한다. ▶2문단

〈보기〉

ㄱ. 매운 음식을 자주 먹는 만 38세 남성 甲의 위암 검진 → 1문단에서 위암은 만 40세부터 정기검진을 시작해야 함을 알 수 있다. 甲은 가족력이 있지 않은 만 38세이므로 첫 위암 정기검진까지 남은 기간은 2년이다.

ㄴ. 대장암 가족력이 있는 만 33세 남성 乙의 대장암 검진 → 1문단에서 대장암은 만 50세부터 정기검진을 해야 함을 알 수 있지만 2문단에서 가족력이 있는 경우에는 10년을 앞당긴 만 40세부터 시작해야 한다고 하였다. 乙은 대장암 가족력이 있는 만 33세이므로 첫 대장암 정기검진까지 남은 기간은 7년이다.

ㄷ. 유방암 가족력이 있는 만 25세 여성 丙의 유방암 검진 → 1문단에서 유방암은 만 40세부터 정기검진을 해야 함을 알 수 있지만 2문단에서 가족력이 있는 경우에는 15년을 앞당긴 만 25세부터 시작해야 한다고 하였다. 丙은 유방암 가족력이 있는 만 25세이므로 당해에 첫 정기검진을 시작해야 한다.

ㄹ. 흡연자인 만 36세 여성 丁의 폐암 검진 → 1문단에서 폐암의 경우 흡연자는 만 40세부터 정기검진을 시작해야 함을 알 수 있다. 丁은 흡연을 하는 만 36세이므로 첫 폐암 정기검진까지 남은 기간은 4년이다.

① 甲, 乙, 丙, 丁 ➡ (X)
② 甲, 丙, 丁, 乙 ➡ (X)
③ 丙, 甲, 丁, 乙 ➡ (O)
④ 丙, 丁, 乙, 甲 ➡ (X)
⑤ 丁, 乙, 丙, 甲 ➡ (X)

| **문제 유형** | 연산추론형 > 대입비교 |

| **접근 전략** | 조건을 제시하고 그 조건에 따라 해당 내용의 적용을 살펴본 후에 계산한 값을 바탕으로 비교하는 문항의 경우에는 정확한 계산은 물론이고 제시된 조건들을 꼼꼼하게 살펴보아야 한다. 우선순위를 정하는 방법과 〈조건〉에 대해 설명하고 있지만, 〈조건〉에 제시된 각각의 대안이 갖고 있는 평가기준 점수의 합을 먼저 구해야 한다. 이를 바탕으로 선지에서 제시된 2순위와 4순위에 해당하지 않는 항목을 찾아 소거하고 나서 나머지 대안을 통해 정답을 찾으면 보다 효율적으로 문제를 해결할 수 있다. |

다음 글과 〈조건〉을 근거로 판단할 때, 2순위와 4순위가 옳게 짝지어진 것은?

심야에 오토바이 폭주족들이 굉음을 내고 도로를 질주하여 주민들이 잠을 잘 수가 없다는 민원이 경찰청에 끊임없이 제기되고 있다. 경찰청은 이 문제를 해결하기 위해 대책을 논의하였다. 그 결과 안전그물 설치, 전담반 편성, CCTV 설치, 처벌 강화, 시민자율방범의 5가지 대안을 마련하였고, 그 대안별 우선순위를 알고자 한다.

〈조건〉

평가기준 / 대안	(ㄱ) 안전그물 설치	(ㄴ) 전담반 편성	(ㄷ) CCTV 설치	(ㄹ) 처벌 강화	(ㅁ) 시민자율 방범
효과성	8	5	5	9	4
기술적 실현가능성	7	2	1	6	3
경제적 실현가능성	6	1	3	8	1
행정적 실현가능성	6	6	5	5	5
법적 실현가능성	6	5	5	5	5

○ 우선순위는 각 대안별 평가기준 점수의 합계가 높은 순으로 정한다.
○ 합계점수가 같은 경우에는 법적 실현가능성 점수가 높은 대안이 우선순위가 높고, 법적 실현가능성 점수도 같은 경우에는 효과성 점수, 효과성 점수도 같은 경우에는 행정적 실현가능성 점수, 행정적 실현가능성 점수도 같은 경우에는 기술적 실현가능성 점수가 높은 대안순으로 우선순위를 정한다.

<u>2순위</u>   <u>4순위</u>
① ㄱ   ㄴ   ➡ (X)
② ㄴ   ㄹ   ➡ (X)
③ ㄹ   ㄴ   ➡ (X)
④ ㄹ   ㄷ   ➡ (O) (ㄱ)~(ㅁ)의 평가기준 점수의 합은 각각 33, 19, 19, 33, 18이다. (ㅁ)은 5순위이고, 2순위는 (ㄱ)과 (ㄹ) 중에서, 4순위는 (ㄴ)과 (ㄷ) 중에서 찾아내야 한다. 〈조건〉에서 합계점수가 같은 경우에는 법적 실현가능성 점수가 높은 대안이 우선순위가 높다고 했으므로 (ㄱ)의 6점이 (ㄹ)의 5점보다 높아 1순위는 (ㄱ)이고 2순위는 (ㄹ)이다. (ㄴ)과 (ㄷ)은 법적 실현가능성 점수가 같아 〈조건〉에 의해 효과성 점수를 살펴보아야 하는데, 이 점수도 같다. 이때는 행정적 실현가능성을 살펴보아야 하고 (ㄴ)의 6점이 (ㄷ)의 5점보다 높으므로 3순위는 (ㄴ), 4순위는 (ㄷ)임을 알 수 있다.
⑤ ㄹ   ㅁ   ➡ (X)

09 ①

| **문제 유형** | 퍼즐형 > 게임·규칙 |

| **접근 전략** | 제시된 규칙에 따라 결과를 산출하고 이에 대한 크기를 비교하는 문항이다. 〈규칙〉과 〈결과〉의 대입을 통해서 계산이 가능한 값을 모두 골라내고, 이를 바탕으로 소거할 수 있는 선지를 먼저 소거하는 것이 좋다. |

다음 〈규칙〉과 〈결과〉에 근거하여 판단할 때, 甲과 乙 중 승리한 사람과 甲이 사냥한 동물의 종류 및 수량으로 가능한 조합은?

〈규칙〉

○ 이동한 거리, 채집한 과일, 사냥한 동물 각각에 점수를 부여하여 합계 점수가 높은 사람이 승리하는 게임이다.
○ 게임시간은 1시간이며, 주어진 시간 동안 이동을 하면서 과일을 채집하거나 사냥을 한다.
○ 이동거리 1미터당 1점을 부여한다.
○ 사과는 1개당 5점, 복숭아는 1개당 10점을 부여한다.
○ 토끼는 1마리당 30점, 여우는 1마리당 50점, 사슴은 1마리당 100점을 부여한다.

〈결과〉

○ 甲의 합계 점수는 1,590점이다. 甲은 과일을 채집하지 않고 사냥에만 집중하였으며, 총 1,400미터를 이동하는 동안 모두 4마리의 동물을 잡았다.
○ 乙은 총 1,250미터를 이동했으며, 사과 2개와 복숭아 5개를 채집하였다. 또한 여우를 1마리 잡고 사슴을 2마리 잡았다.

	승리한 사람	甲이 사냥한 동물의 종류 및 수량
①	甲	토끼 3마리와 사슴 1마리 ➡ (○)

乙은 1,250미터를 이동했으므로 이동거리 점수가 1,250점이고, 사과 2개와 복숭아 5개를 채집하였다고 하였으므로 (2×5)+(5×10)=60(점). 여우 1마리를 잡고 사슴 2마리를 잡았으므로 (1×50)+(2×100)=250(점)을 부여받아 이 점수를 모두 합하면 1,250+60+250=1,560(점)이다. 이는 甲의 총점인 1,590점보다 낮으므로 승리한 사람은 甲임을 알 수 있다. 甲은 1,400미터를 이동했으므로 이동거리 점수는 1,400점이다.

甲의 총점에서 이동거리 점수를 뺀 190점이 동물 4마리를 통해 얻은 점수이므로 동물 4마리로 190점이 가능한 조합을 찾아내야 한다. 토끼 3마리와 사슴 1마리를 사냥할 때의 점수가 (3×30)+(1×100)=190(점)이다.

②	甲	토끼 2마리와 여우 2마리	➡ (✕)
③	乙	토끼 3마리와 여우 1마리	➡ (✕)
④	乙	토끼 2마리와 여우 2마리	➡ (✕)
⑤	乙	토끼 1마리와 사슴 3마리	➡ (✕)

10 ⑤

| **문제 유형** | 연산추론형 > 대입비교 |

| **접근 전략** | 단순한 계산 문항으로 보일 때에는 제한된 조건들을 정확하게 숙지하고, 이에 따라 결과의 값이 어떻게 달라지는지를 주의해서 접근해야 한다. 소수점으로 계산이 되는 경우에는 구체적인 값을 구하려 하기보다는 대략적인 값을 구해 선지를 판단하는 것이 전체 시험 시간 운용에 도움이 된다. |

다음 〈규칙〉을 근거로 판단할 때, '도토리'와 '하트'를 각각 가장 많이 획득할 수 있는 꽃은?

〈규칙〉

○ 게임 시작과 동시에 주어지는 12개의 물방울을 가지고 1시간 동안 한 종류만의 꽃을 선택하여 재배·수확을 반복한다.
○ 12개의 물방울은 재배·수확이 끝나면 자동 충전된다.
○ 꽃을 1회 재배·수확하기 위해서는 꽃 종류별로 각각 일정한 '재배·수확시간'과 '물방울'이 필요하다.
○ 재배·수확된 꽃은 '도토리'나 '하트' 중 어느 하나를 선택하여 교환할 수 있다.
○ 이외의 조건은 고려하지 않는다.

구분	재배·수확 시간(회당)	물방울 (송이당)	도토리 (송이당)	하트 (송이당)
나팔꽃	3분	2개	2개	1개
무궁화	5분	4개	3개	5개
수선화	10분	2개	5개	10개
장미	12분	6개	10개	15개
해바라기	20분	4개	25개	20개

예) 나팔꽃 1송이를 재배·수확하는 데 필요한 물방울은 2개이므로 12개의 물방울로 3분 동안 6송이의 나팔꽃을 재배·수확하여 도토리 12개 또는 하트 6개로 교환할 수 있다.

	도토리	하트	
①	해바라기	수선화	➡ (✕)
②	해바라기	해바라기	➡ (✕)
③	무궁화	장미	➡ (✕)
④	나팔꽃	해바라기	➡ (✕)
⑤	나팔꽃	수선화	➡ (○)

12개의 물방울을 가지고 나팔꽃 6송이, 무궁화 3송이, 수선화 6송이, 장미 2송이, 해바라기 3송이를 재배·수확할 수 있다. 이를 도토리와 하트를 획득할 수 있는 값에 곱하고, 다시 재배 및 수확에 걸리는 시간으로 나누면 분당 획득할 수 있는 도토리와 하트의 수를 구할 수 있다.

구분	도토리	하트
나팔꽃	$\dfrac{12개}{3분}=4(개)$	$\dfrac{6개}{3분}=2(개)$
무궁화	$\dfrac{9개}{5분}=1.8(개)$	$\dfrac{15개}{5분}=3(개)$
수선화	$\dfrac{30개}{10분}=3(개)$	$\dfrac{60개}{10분}=6(개)$
장미	$\dfrac{20개}{12분}≒1.7(개)$	$\dfrac{30개}{12분}=2.5(개)$
해바라기	$\dfrac{75개}{20분}=3.75(개)$	$\dfrac{60개}{20분}=3(개)$

나팔꽃은 도토리를 분당 4개, 수선화는 하트를 분당 6개 획득할 수 있으므로 각각 도토리와 하트를 가장 많이 획득할 수 있는 꽃이다.

548 · 민간경력자 PSAT 14개년 기출문제집 · 분석해설편

11 ④

| **문제 유형** | 제시문형 > 정보확인

| **접근 전략** | 목련의 종류와 그에 따른 다양한 특징들에 대해서 정리할 수 있어야 한다. 특히 우리나라 원산의 목련과 백목련, 일본목련의 차이를 구분하는 것이 중요하다.

다음 글을 근거로 판단할 때, 〈보기〉에서 옳은 것만을 모두 고르면?

목련은 연꽃처럼 생긴 꽃이 나무에 달린다고 하여 목련(木蓮)이라 한다. 우리나라 원산(原産)의 목련을 포함한 대부분의 목련은 찬바람이 채 가시지도 않은 이른 봄에 잎이 돋아나는 것을 기다릴 새도 없이 어른 주먹만 한 흰 꽃을 먼저 피우는데, 성급하게 핀 꽃치고는 그 자태가 우아하고 향기 또한 그윽하다. ▶1문단

주위에 흔히 보이는 목련은 대개가 중국에서 들어온 백목련이다. 우리나라 원산의 목련은 꽃잎이 좁고 얇으며 꽃잎이 뒤로 젖혀질 만큼 활짝 핀다. 또 꽃잎 안쪽에 붉은 선이 있고 꽃받침이 뚜렷하게 구분된다. 반면 백목련은 꽃받침이 꽃잎처럼 변해 버려 구분하기 어려우며 꽃이 다 피어도 절반 정도밖에 벌어지지 않는다는 점에서 우리나라 원산의 목련과 다르다. ▶2문단

이외에도 일본에서 들여온 일본목련이 있다. 우리나라 원산의 목련과는 달리 잎이 핀 다음에 꽃이 피고, 잎과 꽃의 크기가 훨씬 크기 때문에 이 둘을 구별하는 데 어려움은 없다. 하지만 엉뚱하게도 일본목련을 우리나라에서 자라는 늘푸른나무인 후박나무로 잘못 알고 있는 경우가 많다. 일본인들은 일본목련을 그들 말로 '호오노끼'라 부르면서 한자로는 '후박(厚朴)'이라고 표기한다. 그런데 일본목련을 수입해 올 때 일본어의 한자이름만 보고 그대로 '후박나무'로 번역해 버린 탓에 이 같은 혼란이 생긴 것이다. ▶3문단

〈보기〉

ㄱ. 백목련은 중국에서, 일본목련은 일본에서 들여왔다. → (O) 2문단에서 백목련은 중국에서 들여온 것임을, 3문단에서 일본목련은 일본에서 들여온 것임을 알 수 있다.

ㄴ. 백목련과 우리나라 원산의 목련은 꽃이 벌어지는 정도로 구별 가능하다. → (O) 2문단에서 백목련은 꽃이 다 피어도 절반 정도밖에 벌어지지 않는다는 점에서 우리나라 원산의 목련과 다르다고 하였으므로 꽃이 벌어지는 정도로 백목련과 우리나라 원산의 목련을 구별할 수 있음을 알 수 있다.

ㄷ. 우리나라 원산의 목련은 꽃이 핀 다음에 잎이 핀다. → (O) 3문단에서 일본목련은 우리나라 원산의 목련과는 달리 잎이 핀 다음에 꽃이 핀다고 하였으므로 우리나라 원산의 목련은 꽃이 핀 다음에 잎이 핀다고 추론할 수 있다.

ㄹ. 우리나라의 늘푸른나무인 후박나무와 일본의 호오노끼는 같은 나무이다. → (X) 3문단에서 일본목련을 우리나라에서 자라는 늘푸른나무인 후박나무로 잘못 알고 있는 경우가 많다고 하였고 이는 일본목련을 수입해 올 때 일본어의 한자이름만 보고 그대로 후박나무로 번역해 버린 탓에 혼란이 생긴 것이라고 하였다.

① ㄱ, ㄹ ➡ (X)

② ㄴ, ㄷ ➡ (X)

③ ㄴ, ㄹ ➡ (X)

④ ㄱ, ㄴ, ㄷ ➡ (O)

⑤ ㄱ, ㄷ, ㄹ ➡ (X)

12 ⑤

| **문제 유형** | 제시문형 > 정보확인

| **접근 전략** | 본 문항을 정확하게 풀기 위해서는 스마트 엔트리 서비스가 무엇인지를 먼저 파악하고 적용대상과 범위를 이해해야 한다. 또한 서비스의 이용방법이나 비용 등을 꼼꼼하게 확인한 후에 선지의 내용과 비교함으로써 해당 문제를 해결하도록 한다.

다음 글을 근거로 판단할 때 옳은 것은?

'스마트 엔트리 서비스(Smart Entry Service)'는 대한민국 자동출입국심사 시스템의 명칭으로, 사전에 여권정보와 바이오정보(지문, 안면)를 등록한 후 스마트 엔트리 서비스 게이트에서 이를 활용하여 출입국심사를 진행하는 첨단 시스템이다. 이 서비스 이용자는 출입국심사관의 대면심사를 대신하여 자동출입국심사대를 이용해 약 12초 이내에 출입국심사를 마칠 수 있다. ▶1문단

17세 이상의 주민등록증을 발급받은 대한민국 국민 및 국내체류 중인 등록외국인은 스마트 엔트리 서비스에 가입할 수 있다. 단, 복수국적인 대한민국 국민은 외국여권으로는 가입할 수 없다. 미국인의 경우 한·미 자동출입국심사서비스 상호이용 프로그램에 따라 국내체류 중인 등록외국인이 아니어도 가입이 가능하다. ▶2문단

스마트 엔트리 서비스 가입 희망자는 자동판독이 가능한 전자여권을 소지하여야 한다. 그리고 바이오정보로 본인 여부를 확인할 수 있도록 지문정보 취득 및 얼굴사진 촬영이 가능해야 한다. 따라서 지문의 상태가 좋지 않아 본인확인이 어려운 경우에는 가입이 제한된다. 대한민국 국민과 국내체류 중인 등록외국인은 스마트 엔트리 서비스 가입을 위한 수수료가 면제되고, 한·미 자동출입국심사서비스 상호이용 프로그램을 통해 스마트 엔트리 서비스에 가입하려는 미국인은 100달러의 수수료를 지불해야 한다. ▶3문단

가입 후, 스마트 엔트리 서비스 이용 중에 여권 또는 개인정보가 변경된 경우에는 등록센터를 방문하여 변경사항을 수정하여야 하며, 심사대에서 지문인식이 불가능한 경우에는 등록센터를 방문하여 지문을 재등록하여야 한다. 스마트 엔트리 서비스에 가입한 사람은 출입국 시 스마트 엔트리 서비스 게이트 또는 일반심사대에서 심사를 받을 수 있고, 스마트 엔트리 서비스 게이트를 이용하는 경우에는 출입국심사인 날인이 생략된다. ▶4문단

① 복수국적인 대한민국 국민은 스마트 엔트리 서비스에 가입할 수 없다. ➡ (X) 2문단에서 복수국적인 대한민국 국민은 외국여권으로는 가입할 수 없다고 하였을 뿐, 아예 서비스에 가입할 수 없는 것은 아니다.

② 외국인의 경우 국내체류 중인 등록외국인 외에는 스마트 엔트리 서비스 가입이 불가능하다. ➡ (X) 2문단에서 미국인의 경우 국내체류 중인 등록외국인이 아니어도 스마트 엔트리 서비스에 가입이 가능함을 알 수 있다.

③ 스마트 엔트리 서비스에 가입한 자는 출입국 시 항상 스마트 엔트리 서비스 게이트에서 심사를 받아야 한다. ➡ (X) 4문단에서 스마트 엔트리 서비스에 가입한 사람은 출입국 시 스마트 엔트리 서비스 게이트 또는 일반심사대에서 심사를 받을 수 있음을 알 수 있다.

④ 한·미 자동출입국심사서비스 상호이용 프로그램을 통해 스마트 엔트리 서비스에 가입하려는 대한민국 국민은 100달러를 수수료로 지불해야 한다. ➡ (X) 3문단에서 대한민국 국민과 국내체류 중인 등록외국인은 스마트 엔트리 서비스 가입을 위한 수수료가 면제됨을 알 수 있다.

⑤ 스마트 엔트리 서비스 가입 후 여권을 재발급받아 여권정보가 변경된 경우, 이 서비스를 계속 이용하기 위해서는 등록센터를 방문하여 여권정보를 수정하여야 한다. ➡ (O) 4문단에서 스마트 엔트리 서비스 이용 중에 여권 또는 개인정보가 변경된 경우에는 등록센터를 방문하여 변경사항을 수정해야 함을 알 수 있다.

다음 글을 근거로 판단할 때 옳은 것은?

일반적으로 간단한 과학 기술 원리를 적용하여 저소득층의 기본적인 욕구를 충족시키는 제품을 개발하는 데 사용되는 기술을 '적정 기술' 혹은 '따뜻한 기술'이라고 한다. 이와 같은 적정 기술의 기원은 작고 지역적이며 시골의 필요를 충족시키고자 했던 간디의 물레에서 찾아볼 수 있다. ▶1문단

그러나 적정 기술이 반드시 첨단 기술을 배제하는 것은 아니다. 최근 영국에서는 최첨단 나노 기술을 적용하여 미세한 바이러스 입자까지 걸러내는 정수필터를 개발하였다. 이 정수필터를 장착한 물통은 2만 5천 리터의 물을 정수할 수 있는데, 이를 통해 하루에 단돈 0.5센트로 4명의 가족이 3년간 마실 수 있는 물을 확보할 수 있다. 어쩌면 이 물통의 보급이 아프리카에 우물을 파는 것보다 훨씬 적은 비용으로 더 많은 사람들에게 혜택을 줄 수 있을 것이다. ▶2문단

이러한 적정 기술은 세계의 빈곤 문제를 해결할 수 있는 하나의 대안이 될 수도 있다. 현재 세계의 지도자들이 논의하고 있는 불균형 발전의 문제는 충분히 의제화되어 있기도 하고, 그 원인에 대해서도 어느 정도 규명이 이루어지고 있다. 그러나 이러한 논의들은 하루 1달러 미만으로 매 순간 절망 속에서 살아가는 14억 인구가 당장 오늘의 생계유지와 더 나은 미래를 위해 무엇을 어떻게 해야 할 것인가에 관해서는 구체적이고 명확한 방안을 제시하지 못하고 있다. 하지만 적정 기술은 이러한 문제해결에 획기적인 수준에는 미치지 못하더라도 상당한 수준의 기여를 할 수 있다. ▶3문단

지금도 많은 과학자 혹은 공학자들이 연구실과 작업현장에서 수많은 적정 기술을 개발하여 이를 적용한 제품을 만들어 내고 있다. 그러나 문제는 대부분의 제품들이 온라인상이나 보고책자상에만 존재하고 있으며, 실용화되어 널리 쓰이고 있는 제품을 찾아보기가 매우 힘들다는 점이다. 대부분의 제품 개발자들은 다국적 기업에 비해 사업 규모나 유통 인프라가 매우 영세하여, 제품을 꼭 필요로 하는 사람들에게 구매의 기회조차 제공해 주지 못하기 때문이다. ▶4문단

---

① 적정 기술은 실제 활용의 측면에서 해결해야 할 과제가 있다. ➡ (O)
4문단에서 적정 기술이 실용화되어 널리 쓰이고 있는 제품을 찾아보기가 매우 힘들다고 하였으므로 적정 기술은 실제 활용의 측면에서 해결해야 할 과제가 있음을 알 수 있다.

② 적정 기술은 기술력이 앞선 다국적 기업에 의해 전적으로 개발되고 있다. ➡ (X) 4문단에서 대부분의 제품 개발자들은 다국적 기업에 비해 사업 규모나 유통 인프라가 매우 영세하다고 하였으므로 적정 기술을 다국적 기업만 전적으로 개발하고 있는 것이 아님을 알 수 있다.

③ 첨단 기술은 단순하지 않기 때문에 적정 기술 개발에 적용되지 않는다. ➡ (X) 2문단에서 적정 기술이 반드시 첨단 기술을 배제하는 것은 아님을 알 수 있다.

④ 적정 기술은 빈곤과 불균형 문제의 해결보다는 현상과 원인을 규명한다는 점에서 더 의미가 있다. ➡ (X) 3문단에서 불균형 발전의 문제는 충분히 의제화되어 있기도 하고 그 원인에 대해서도 어느 정도 규명이 이루어지고 있으나 구체적이고 명확한 방안을 제시하지는 못하고 있다고 하였다. 그러나 이러한 상황에서 적정 기술은 세계의 빈곤 문제를 해결할 수 있는 하나의 대안이 될 수도 있고, 이러한 문제해결에 상당한 수준의 기여를 하고 있다고 하였으므로, 현상과 원인을 규명한다기보다는 빈곤과 불균형 문제해결 방안으로서 적정 기술이 제시된 것으로 보는 것이 적절하다.

⑤ 적정 기술은 자선의 목적으로 소외 지역에 무상 공급하는 제품에 적용되는 기술로 국한된다. ➡ (X) 1문단에서 적정 기술이 일반적으로 간단한 과학 기술 원리를 적용하여 저소득층의 기본적인 욕구를 충족시키는 제품을 개발하는 것이라고는 하였으나 자선의 목적으로 소외 지역에 무상 공급하는 제품에 적용되는 기술로 국한되는 것은 아니다.

다음 글을 근거로 판단할 때, A ~ E 중 유통이력 신고의무가 있는 사람은?

甲국의 유통이력관리제도는 사회안전 및 국민보건을 위해 관세청장이 지정하는 수입물품(이하 "지정물품"이라 한다)에 대해 유통단계별 물품 거래내역(이하 "유통이력"이라 한다)을 추적·관리하는 제도이다. 유통이력에 대한 신고의무가 있는 사람은 수입자와 유통업자이며, 이들이 지정물품을 양도(판매, 재판매 등)한 경우 유통이력을 관세청장에게 신고하여야 한다. 지정물품의 유통이력 신고의무는 아래 〈표〉의 시행일자부터 발생한다.

○ 수입자: 지정물품을 수입하여 세관에 신고하는 자
○ 유통업자: 수입자로부터 지정물품을 양도받아 소매업자 또는 최종소비자에게 양도하는 자(도매상 등)
○ 소매업자: 지정물품을 최종소비자에게 판매하는 자
○ 최종소비자: 지정물품의 형체를 변형해서 사용하는 자를 포함하는 최종단계 소비자(개인, 식당, 제조공장 등)

〈표〉 유통이력신고 대상물품

시행일자	지정물품
2009.8.1.	공업용 천일염, 냉동복어, 안경테
2010.2.1.	황기, 백삼, 냉동고추, 뱀장어, 선글라스
2010.8.1.	구기자, 당귀, 곶감, 냉동송어, 냉동조기
2011.3.1.	건고추, 향어, 활낙지, 지황, 천궁, 설탕
2012.5.1.	산수유, 오미자
2013.2.1.	냉동옥돔, 작약, 황금

※ 위의 〈표〉에서 제시되지 않은 물품은 신고의무가 없는 것으로 간주한다.

---

① 수입한 선글라스를 2009년 10월 안경전문점에 판매한 안경테 도매상 A ➡ (X) 선글라스는 2010년 2월 1일부터 유통이력신고 대상물품에 해당한다. A는 2009년 10월에 판매하였으므로 신고의무가 없다.

② 당귀를 수입하여 2010년 5월 동네 한약방에 판매한 한약재 전문 수입자 B ➡ (X) 당귀는 2010년 8월 1일부터 유통이력신고 대상물품에 해당한다. B는 2010년 5월에 판매하였으므로 신고의무가 없다.

③ 구기자를 수입하여 2012년 2월 건강음료 제조공장에 판매한 식품 수입자 C ➡ (O) 구기자는 2010년 8월 1일부터 유통이력신고 대상물품에 해당한다. C는 2012년 2월에 제조공장에 판매하였으므로 신고대상 기간에 해당하고, C는 신고의무가 있는 수입자에 해당한다.

④ 도매상으로부터 수입 냉동복어를 구입하여 만든 매운탕을 2011년 1월 소비자에게 판매한 음식점 주인 D ➡ (X) 냉동복어는 2009년 8월 1일부터 유통이력신고 대상물품에 해당한다. D는 냉동복어를 구입하여 2011년 1월에 소비자에게 판매하였으므로 신고대상 기간에 해당하지만, D는 지정물품의 형체를 변형해서 사용하는 자인 최종소비자이므로 신고의무가 없다.

⑤ 수입자로부터 냉동옥돔을 구입하여 2012년 8월 음식점에 양도한 도매상 E ➡ (X) 냉동옥돔은 2013년 2월 1일부터 유통이력신고 대상물품에 해당한다. E는 2012년 8월에 양도하였으므로 신고의무가 없다.

15 ②
정답률 98.0%

| 문제 유형 | 법조문형 > 규정적용
| 접근 전략 | 법령 문제는 제일 먼저 법령 행사의 주체 및 법령 적용 대상을 파악하는 것이 중요하다. 해당 문제에서는 인공임신중절수술의 허용 한계에 대해 정확하게 파악하고 각각의 상황에 따라 적용이 가능한지 여부를 판단해야 한다.

다음 글을 근거로 판단할 때, 〈보기〉에서 인공임신중절수술이 허용되는 경우만을 모두 고르면?

법 제00조(인공임신중절수술의 허용한계) ① 의사는 다음 각 호의 어느 하나에 해당되는 경우에만 본인과 배우자(사실상의 혼인관계에 있는 사람을 포함한다. 이하 같다)의 동의를 받아 인공임신중절수술을 할 수 있다.
 1. 본인이나 배우자가 대통령령으로 정하는 우생학적(優生學的) 또는 유전학적 정신장애나 신체질환이 있는 경우
 2. 본인이나 배우자가 대통령령으로 정하는 전염성 질환이 있는 경우
 3. 강간 또는 준강간(準强姦)에 의하여 임신된 경우
 4. 법률상 혼인할 수 없는 혈족 또는 인척 간에 임신된 경우
 5. 임신의 지속이 보건의학적 이유로 모체의 건강을 심각하게 해치고 있거나 해칠 우려가 있는 경우
② 제1항의 경우에 배우자의 사망·실종·행방불명, 그 밖에 부득이한 사유로 동의를 받을 수 없으면 본인의 동의만으로 그 수술을 할 수 있다.
③ 제1항의 경우 본인이나 배우자가 심신장애로 의사표시를 할 수 없을 때에는 그 친권자나 후견인의 동의로, 친권자나 후견인이 없을 때에는 부양의무자의 동의로 각각 그 동의를 갈음할 수 있다.

시행령 제00조(인공임신중절수술의 허용한계) ① 법 제00조에 따른 인공임신중절수술은 임신 24주일 이내인 사람만 할 수 있다.
② 법 제00조 제1항 제1호에 따라 인공임신중절수술을 할 수 있는 우생학적 또는 유전학적 정신장애나 신체질환은 연골무형성증, 낭성섬유증 및 그 밖의 유전성 질환으로서 그 질환이 태아에 미치는 위험성이 높은 질환으로 한다.
③ 법 제00조 제1항 제2호에 따라 인공임신중절수술을 할 수 있는 전염성 질환은 풍진, 톡소플라즈마증 및 그 밖에 의학적으로 태아에 미치는 위험성이 높은 전염성 질환으로 한다.

〈보기〉
ㄱ. 태아에 미치는 위험성이 높은 연골무형성증의 질환이 있는 임신 20주일 임산부와 그 남편이 동의한 경우 → (O) 법 제1항에서 본인과 배우자의 동의를 받아 인공임신중절수술을 할 수 있다고 하였고 시행령 제2항에서 인공임신중절수술을 할 수 있는 질환으로 연골무형성증이 제시되어 있으며 시행령 제1항에서 임신 24주일 이내인 사람만 수술을 할 수 있다고 하였다. 따라서 태아에 미치는 위험성이 높은 연골무형성증의 질환이 있는 임신 20주일 임산부와 그 남편이 동의한 경우라면 인공임신중절수술이 허용된다.
ㄴ. 풍진을 앓고 있는 임신 28주일 임산부가 동의한 경우 → (X) 시행령 제3항에서 인공임신중절수술을 할 수 있는 전염성 질환으로 풍진이 제시되어 있지만, 시행령 제1항에서 임신 24주일 이내인 사람만 수술을 할 수 있음을 알 수 있다. 따라서 풍진을 앓고 있는 임신 28주일 임산부는 인공임신중절수술을 할 수 없다.
ㄷ. 남편이 실종 중인 상황에서 임신중독증으로 생명이 위험한 임신 20주일 임산부가 동의한 경우 → (O) 법 제1항 제5호에서 임신의 지속이 보건의학적 이유로 모체의 건강을 심각하게 해치고 있거나 해칠 우려가 있는 경우 인공임신중절수술을 할 수 있다고 하였고, 법 제2항에서 배우자의 실

종과 같은 부득이한 사유로 동의를 받을 수 없으면 본인의 동의만으로 그 수술을 할 수 있다고 하였다. 시행령 제1항에 따르면 임신 24주일 이내인 사람은 수술을 할 수 있으므로 남편이 실종 중인 상황에서 임신중독증으로 생명이 위험한 임신 20주일 임산부가 동의한 경우라면 인공임신중절수술이 허용된다.
ㄹ. 남편이 실업자가 되어 도저히 아이를 키울 수 없다고 판단한 임신 16주일 임산부와 그 남편이 동의한 경우 → (X) 시행령 제1항에서 임신 24주일 이내인 사람만 인공임신중절수술을 할 수 있음이 제시되어 있고, 법 제1항에서 본인과 배우자의 동의를 받아 인공임신중절수술을 할 수 있음이 제시되어 있다. 하지만 남편이 실업자가 된 경우는 인공임신중절수술을 허용할 수 있는 조건으로 제시된 상황이 아니므로 허용되지 않는다.

① ㄱ, ㄴ ➡ (X)   ② ㄱ, ㄷ ➡ (O)
③ ㄴ, ㄹ ➡ (X)   ④ ㄱ, ㄷ, ㄹ ➡ (X)
⑤ ㄴ, ㄷ, ㄹ ➡ (X)

16 ①
정답률 69.6%

| 문제 유형 | 연산추론형 > 대입비교
| 접근 전략 | 수리계산 문제는 단순 계산의 결과를 정확하게 비교할 수 있어야 한다. 해당 문제는 냉동캡슐에 들어 있는 기간 동안 신체적인 나이가 더해지지 않는다는 점에 유의해야 하고, 甲, 乙, 丙 각각이 냉동캡슐에 들어간 시기와 나온 시기를 바탕으로 정답을 도출해 낼 수 있어야 한다.

다음 〈상황〉과 〈대화〉를 근거로 판단할 때, 〈보기〉에서 옳은 것만을 모두 고르면?

〈상황〉
　지구와 거대한 운석이 충돌할 것으로 예상되자, A국 정부는 인류의 멸망을 막기 위해 甲, 乙, 丙 세 사람을 각각 냉동캡슐에 넣어 보존하기로 했다. 운석 충돌 후 시간이 흘러 지구에 다시 사람이 살 수 있는 환경이 조성되자, 3개의 냉동캡슐은 각각 다른 시점에 해동이 시작되어 하루 만에 완료되었다. 그 후 甲, 乙, 丙 세 사람은 2120년 9월 7일 한 자리에 모여 다음과 같은 〈대화〉를 나누었다.

〈대화〉
甲: 나는 2086년에 태어났습니다. 19살에 냉동캡슐에 들어갔고, 캡슐에서 해동된 지는 정확히 7년이 되었어요.
乙: 나는 2075년생입니다. 26살에 냉동캡슐에 들어갔고, 캡슐에서 해동된 것은 지금으로부터 1년 5개월 전입니다.
丙: 난 2083년 5월 17일에 태어났어요. 21살이 되기 두 달 전에 냉동캡슐에 들어갔고, 해동된 건 일주일 전이에요.

※ 이들이 밝히는 나이는 만 나이이며, 냉동되어 있는 기간은 나이에 산입되지 않는다.

〈보기〉
ㄱ. 甲, 乙, 丙이 냉동되어 있던 기간은 모두 다르다. → (O) 甲은 2086년에 태어나 19살이 되던 2105년에 냉동이 시작되어 2120년 9월 7일 기준으로 7년 전인 2113년 9월 7일 해동되었으므로 냉동되었던 기간은 약 8년이다. 乙은 2075년에 태어나 26살이 되던 해인 2101년에 냉동이 시작되어 2120년 9월 7일 기준으로 1년 5개월 전인 2119년 4월 7일 무렵까지 약 18년 정도 냉동되었다. 丙은 2083년 5월 17일에 태어나 21살이 되기 두 달 전인 2104년 3월 17일 무렵에 냉동이 시작되어 2120년 9월 7일 기준으로 일주일 전인 2120년 8월 31일까지 약 16년 5개월 정도 냉동되었다.

ㄴ. 대화를 나눈 시점에 甲이 丙보다 나이가 어리다. → (X) 甲은 19살에 냉동이 되었다가 7년 전에 해동되었으므로 현재 26살이다. 丙은 21살이 되기 두 달 전에 냉동이 되었다가 일주일 전에 해동되었으므로 아직 20살이다. 甲이 丙보다 나이가 많으므로 옳지 않은 설명이다.

ㄷ. 가장 이른 연도에 냉동캡슐에 들어간 사람은 甲이다. → (X) 甲은 2086년에 태어나 19살이 된 2105년에 냉동이 시작되었고, 乙은 2075년에 태어나 26살이 되던 해인 2101년에, 丙은 2083년 5월 17일에 태어나 21살이 되기 두 달 전인 2104년 3월 17일 무렵에 냉동캡슐에 들어갔다. 따라서 가장 먼저 냉동캡슐에 들어간 사람은 乙이므로 옳지 않은 설명이다.

① ㄱ ➡ (O)
② ㄱ, ㄴ ➡ (X)
③ ㄱ, ㄷ ➡ (X)
④ ㄴ, ㄷ ➡ (X)
⑤ ㄱ, ㄴ, ㄷ ➡ (X)

17 ④

TOP 2 정답률 47.2%

| **문제 유형** | 법조문형 > 규정확인

| **접근 전략** | 맥아음료에 대한 관세와 주세의 부과기준 및 각각의 관세율과 주세율을 정확하게 적용할 수 있어야 하고, 관세율과 주세율이 둘 다 적용되는지에 대해서도 살펴보아야 한다.

다음 글을 근거로 판단할 때, 〈보기〉에서 옳지 않은 것만을 모두 고르면?

맥아음료 중 일정 비율을 초과한 알코올을 함유하고 있는 것을 맥주라고 한다. 수입 맥아음료에 대한 관세율 및 주세율은 다음과 같다.
○ 관세의 부과기준 및 관세율
  가. 알코올을 함유하지 않은 맥아음료(알코올 함유량 100분의 0.5 이하 포함): 8%
  나. 맥주(알코올 함유량 100분의 0.5 초과): 30%
○ 주세의 부과기준 및 주세율
  알코올 함유량이 100분의 1 이상인 맥주: 72%

─────────〈보기〉─────────
ㄱ. 알코올 함유량이 1%인 수입 맥아음료는 30%의 관세와 72%의 주세를 모두 납부해야 한다. → (O) 알코올 함유량이 1%인 수입 맥아음료는 알코올 함유량 100분의 0.5를 초과하여 맥주로 분류되므로 관세 30%를 납부해야 한다. 그리고 알코올 함유량이 100분의 1 이상인 맥주는 주세를 72% 납부해야 하므로 알코올 함유량이 1%인 수입 맥아음료는 30%의 관세와 72%의 주세를 모두 납부해야 한다.

ㄴ. 주세 납부 대상이지만 관세는 내지 않아도 되는 수입 맥아음료가 있다. → (X) 주세 납부 대상인 맥아음료는 알코올 함유량이 100분의 1 이상인 맥주이다. 알코올 함유량이 100분의 1 이상이면 관세 부과기준인 알코올 함유량 100분의 0.5 초과에도 해당하므로 관세도 납부해야 한다. 즉 주세 납부 대상이면서 관세는 내지 않아도 되는 수입 맥아음료는 존재할 수 없다.

ㄷ. 알코올 함유량이 0.8%인 수입 맥아음료는 8%의 관세를 납부해야 한다. → (X) 알코올 함유량이 0.8%인 수입 맥아음료는 30%의 관세를 납부해야 한다.

① ㄱ ➡ (X)
② ㄴ ➡ (X)
③ ㄱ, ㄷ ➡ (X)
④ ㄴ, ㄷ ➡ (O)
⑤ ㄱ, ㄴ, ㄷ ➡ (X)

18 ②

정답률 95.8%

| **문제 유형** | 제시문형 > 정보확인

| **접근 전략** | 화장품의 궁합에 대해 묻는 문항으로, 어떤 화장품 조합이 긍정적인 작용을 하는지 부정적인 작용을 하는지를 정확하게 파악해야 한다. 또한 화장품의 기능과 성분의 조합에 따라 기능이 어떻게 달라지는지를 파악하는 것도 필요하다.

다음 글을 근거로 판단할 때, 〈보기〉에서 같이 사용하면 부작용을 일으키는 화장품의 조합만을 모두 고르면?

화장품 간에도 궁합이 있다. 같이 사용하면 각 화장품의 효과가 극대화되거나 보완되는 경우가 있는 반면 부작용을 일으키는 경우도 있다. 요즘은 화장품에 포함된 모든 성분이 표시되어 있으므로 기본 원칙만 알고 있으면 제대로 짝을 맞춰 쓸 수 있다.
○ 트러블의 원인이 되는 묵은 각질을 제거하고 외부 자극으로부터 피부 저항력을 키우는 비타민 B 성분이 포함된 제품을 트러블과 홍조 완화에 탁월한 비타민 K 성분이 포함된 제품과 함께 사용하면, 양 성분의 효과가 극대화되어 깨끗하고 건강하게 피부를 관리하는 데 도움이 된다.
○ 일반적으로 세안제는 알칼리성 성분이어서 세안 후 피부는 약알칼리성이 된다. 따라서 산성에서 효과를 발휘하는 비타민 A 성분이 포함된 제품을 사용할 때는 세안 후 약산성 토너로 피부를 정리한 뒤 사용해야 한다. 한편 비타민 A 성분이 포함된 제품은 오래된 각질을 제거하는 기능도 있다. 그러므로 각질관리 제품과 같이 사용하면 과도하게 각질이 제거되어 피부에 자극을 주고 염증을 일으킨다.
○ AHA 성분은 각질 결합을 느슨하게 해 묵은 각질이나 블랙헤드를 제거하고 모공을 축소시키지만, 피부의 수분을 빼앗고 탄력을 떨어뜨리며 자외선에 약한 특성도 함께 지니고 있다. 따라서 AHA 성분이 포함된 제품을 사용할 때는 보습 및 탄력관리에 유의해야 하며 자외선 차단제를 함께 사용해야 한다.

─────────〈보기〉─────────
ㄱ. 보습기능이 있는 자외선 차단제와 AHA 성분이 포함된 모공축소 제품 → (X) 세 번째 원칙에서 AHA 성분이 포함된 제품을 사용할 때는 보습 및 탄력관리에 유의해야 하며 자외선 차단제를 함께 사용하는 것이 필요함을 알 수 있다.

ㄴ. 비타민 A 성분이 포함된 주름개선 제품과 비타민 B 성분이 포함된 각질관리 제품 → (O) 두 번째 원칙에서 비타민 A 성분이 포함된 제품은 오래된 각질을 제거하는 기능이 있기 때문에 각질관리 제품과 같이 사용하면 피부에 자극을 주고 염증을 일으키는 부작용이 있음을 알 수 있다.

ㄷ. 비타민 B 성분이 포함된 로션과 비타민 K 성분이 포함된 영양크림 → (X) 첫 번째 원칙에서 비타민 B 성분이 포함된 제품을 비타민 K 성분이 포함된 제품과 함께 사용하면, 양 성분의 효과가 극대화되어 깨끗하고 건강하게 피부를 관리하는 데 도움이 됨을 알 수 있다.

① ㄱ ➡ (X)
② ㄴ ➡ (O)
③ ㄷ ➡ (X)
④ ㄱ, ㄴ ➡ (X)
⑤ ㄴ, ㄷ ➡ (X)

19 ④

| 문제 유형 | 퍼즐형 > 최댓값·최솟값 도출

| 접근 전략 | 〈축제안내문〉을 읽고 이에 따라 주어진 〈조건〉에 맞게 단순 계산을 통해 답을 찾는 문항이다. 공연을 볼 수 있는 날짜를 계산하는 것이므로, 각 공연의 날짜와 상황에 따라 공연을 볼 수 있는지 여부를 판단할 수 있어야 한다.

다음 〈축제 안내문〉과 〈조건〉을 근거로 판단할 때, 甲이 공연을 볼 수 있는 최대 일수는?

〈축제 안내문〉

○ 공연장소: A도시 예술의 전당
○ 축제기간: 4월 1일부터 4월 14일까지
○ 공연시간: 오후 7시(공연 시작 이후 공연장 입장은 불가합니다)
○ 참고사항: 모든 곡은 〈작품별 공연개시일〉에 표시된 날부터 연속하여 총 3일 동안 공연되고, 브루크너의 곡은 하루만 공연됩니다.

〈작품별 공연개시일〉

4/1(월)	4/2(화)	4/3(수)	4/4(목)	4/5(금)	4/6(토)	4/7(일)
• 드보르작 – 교향곡 제9번	• 쇼팽 – 즉흥 환상곡	• 브람스 – 바이올린 협주곡	• 파가니니 – 바이올린 협주곡 제1번	• 시벨리우스 – 교향시 〈핀란디아〉 서곡	• 바흐 – 요한 수난곡	• 브람스 – 교향곡 제3번
• 베르디 – 리골레토 서곡	• 드보르작 – 교향곡 제8번	• 생상스 – 교향곡 제1번	• 베토벤 – 전원 교향곡	• 닐센 – 오페라 〈사울과 다윗〉	• 베를리오즈 – 환상 교향곡	• 멘델스존 – 엘리야

4/8(월)	4/9(화)	4/10(수)	4/11(목)	4/12(금)	4/13(토)	4/14(일)
• 베를리오즈 – 로마의 카니발 서곡	• 비발디 – 사계 중 봄	• 슈만 – 사육제	• 브람스 – 교향곡 제11번	• 바흐 – 브란덴 브르크 협주곡	• 브루크너 – 교향곡 제6번	• 브루크너 – 교향곡 제9번
• 라벨 – 볼레로	• 바그너 – 탄호이저 서곡	• 브람스 – 교향곡 제2번	• 헨델 – 스페인 칸타타	• 쇼팽 – 야상곡	• 브루크너 – 교향곡 제3번	

〈조건〉

○ 甲은 매주 토요일 오후 2시에 B도시를 출발하여 주말을 A도시에서 보내고, 월요일 아침에 B도시로 돌아간다.
○ 甲은 레슨이 있는 날을 제외하고 평일에는 B도시에서 오전 9시부터 오후 6시까지 수업을 듣는다.
○ 레슨은 A도시에서 매주 수요일 오후 2시에 시작하여 오후 6시에 종료된다.
○ 레슨 장소에서 예술의 전당까지 이동시간은 30분이며, B도시에서 예술의 전당까지 이동시간은 3시간이다.
○ 甲은 베토벤 또는 브람스의 곡이 최소한 1곡이라도 공연되는 날짜에만 공연을 본다.

① 2일 ➡ (×)
② 3일 ➡ (×)
③ 4일 ➡ (×)
④ 5일 ➡ (○) 첫 번째, 네 번째 〈조건〉을 통해 甲은 토요일 저녁과 일요일 저녁에 있는 공연을 볼 수 있음을 알 수 있다. 그리고 세 번째, 네 번째 〈조건〉을 통해 수요일은 레슨이 A도시에서 6시에 종료되고, 레슨 장소에서 예술의 전당까지는 30분이 소요되므로 수요일 공연도 볼 수 있음을 알 수 있다. 마지막 〈조건〉의 내용으로부터 베토벤

또는 브람스의 곡이 최소한 1곡이라도 있어야 함을 알 수 있는데 〈작품별 공연개시일〉에 따르면 이에 해당하는 공연은 4/3(수), 4/4(목), 4/7(일), 4/10(수), 4/11(목) 총 5일이다. 목요일 공연은 목요일부터 시작해서 연속하여 총 3일 공연이 되기 때문에 토요일까지 공연이 되므로 甲이 공연을 볼 수 있는 최대 일수는 4/3(수), 4/6(토), 4/7(일), 4/10(수), 4/13(토)의 5일임을 알 수 있다.

⑤ 6일 ➡ (×)

20 ③

| 문제 유형 | 연산추론형 > 대입비교

| 접근 전략 | 상황판단 영역에서 계산을 해야 하는 문항들은 조건들이 생각보다 복잡하지 않게 제시되어 있다. 처음부터 해당되는 각 상황들을 모두 판단해서 값을 구하려고 하지 않아도, 주어진 〈상황〉을 정확하게 파악하다 보면 자연스럽게 접근이 가능하다. 해당 문제의 경우 승점제의 적용에 따라 각 팀의 순위가 달라지므로 계산하는 과정에서 주의를 기울여야 한다.

다음 〈상황〉에서 기존의 승점제와 새로운 승점제를 적용할 때, A팀의 순위로 옳게 짝지어진 것은?

〈상황〉

○ 대회에 참가하는 팀은 총 13팀이다.
○ 각 팀은 다른 모든 팀과 한 번씩 경기를 한다.
○ A팀의 최종성적은 5승 7패이다.
○ A팀과의 경기를 제외한 12팀 간의 경기는 모두 무승부이다.
○ 기존의 승점제는 승리 시 2점, 무승부 시 1점, 패배 시 0점을 부여한다.
○ 새로운 승점제는 승리 시 3점, 무승부 시 1점, 패배 시 0점을 부여한다.

	기존의 승점제	새로운 승점제	
①	8위	1위	➡ (×)
②	8위	8위	➡ (×)
③	13위	1위	➡ (○) 기존의 승점제에 의하면, A팀의

승점은 (5승 × 2점) + (7패 × 0점) = 10(점)에 해당한다. 나머지 팀들은 A팀과의 승부 외에 모두 무승부를 기록했으므로 7팀은 1승 11무, 5팀은 11무 1패이다. 1승 11무를 기록한 7팀의 승점은 (1승 × 2점) + (11무 × 1점) = 13(점), 11무 1패를 기록한 5팀의 승점은 (11무 × 1점) + (1패 × 0점) = 11(점)이다. 따라서 A팀의 승점이 13팀 중에 가장 낮으므로 13위에 해당한다. 하지만 새로운 승점제를 도입하면, A팀의 승점은 (5승 × 3점) + (7패 × 0점) = 15(점)에 해당하고, 1승씩 거둔 7팀의 승점은 (1승 × 3점) + (11무 × 1점) = 14(점), 1패씩 거둔 5팀의 승점은 (11무 × 1점) + (1패 × 0점) = 11(점)이다. 따라서 A팀의 승점이 13팀 중에 가장 높으므로 1위에 해당한다.

④	13위	5위	➡ (×)
⑤	13위	13위	➡ (×)

21 ①

|문제 유형| 퍼즐형 > 수리퀴즈
|접근 전략| 숫자를 표현하는 규칙을 바탕으로 각 숫자가 어떤 문자로 표기되는지 찾아야 하는 문항이다. 숫자가 반복되거나 자릿수가 달라짐에 따라 어떤 규칙에 의거해서 표기하는지를 정확하게 파악해야 하고, 이를 바탕으로 다양한 숫자들의 문자 표기를 확인해 보아야 한다.

다음 글을 근거로 판단할 때, 〈보기〉의 빈칸에 들어가는 것을 옳게 짝지은 것은?

A국에서는 1~49까지 숫자를 셀 때 다음과 같은 명칭과 규칙을 사용한다. 1~5는 아래와 같이 표현한다.

$$1 \rightarrow tai$$
$$2 \rightarrow lua$$
$$3 \rightarrow tolu$$
$$4 \rightarrow vari$$
$$5 \rightarrow luna$$

6에서 9까지의 수는 위 명칭에 '새로운'이라는 뜻을 가진 'o'를 앞에 붙여 쓰는데, 6은 otai(새로운 하나), 7은 olua(새로운 둘), 8은 otolu(새로운 셋), …(으)로 표현한다.

10은 5가 두 개 더해진 것이므로 '두 개의 다섯'이란 뜻에서 lualuna(2 × 5), 15는 '세 개의 다섯'이란 뜻에서 toluluna(3 × 5), 20은 variluna(4 × 5), …(으)로 표현한다. 즉, 5를 포함하는 두 개 숫자의 곱이다.

11부터는 '더하기'라는 뜻을 가진 'i'를 중간에 넣고, 그 다음에 1~4 사이의 숫자 하나를 순서대로 넣어서 표현한다. 따라서 11은 lualuna i tai(2 × 5 + 1), 12는 lualuna i lua(2 × 5 + 2), …, 16은 toluluna i tai(3 × 5 + 1), 17은 toluluna i lua(3 × 5 + 2), …(으)로 표현한다.

─〈보기〉─

ㄱ. 30은 (   )로 표현한다. → A국의 규칙에 의하면 30은 (6 × 5)를 의미한다고 볼 수 있고, 6은 otai이고 5는 luna이므로 30을 표현하는 문자는 otailuna이다.

ㄴ. ovariluna i tolu는 숫자 (   )이다. → A국의 규칙에 의하면 ovariluna는 ovari를 뜻하는 수와 luna를 뜻하는 수가 곱해진 것임을 알 수 있다. ovari는 새로운 넷을 의미하는 9이고, luna는 5이다. i는 더하기의 의미이고, tolu는 3이므로 ovariluna i tolu를 수식화하면 (9 × 5) + 3 = 48이다.

	ㄱ		ㄴ	
①	otailuna		48	➡ (O)
②	otailuna		23	➡ (X)
③	lualualuna		48	➡ (X)
④	tolulualuna		17	➡ (X)
⑤	tolulualuna		23	➡ (X)

22 ②

|문제 유형| 퍼즐형 > 게임·규칙
|접근 전략| 정해진 규칙에 따라 이동하는 방향과 방식을 파악하여 해결하는 문항이다. 점이 1회 이동할 수 있는 규칙을 찾아 제시된 움직임 이외에 다른 움직임을 가정하지 말아야 한다. 또한 움직이지 못하거나 제한이 되는 구역을 파악함으로써 첫 번째 움직임 이후에 갈 수 없는 곳을 정확하게 찾아낼 수 있어야 한다.

다음 〈그림〉처럼 ⓟ가 1회 이동할 때는 선을 따라 한 칸 움직인 지점에서 우측으로 45도 꺾어서 한 칸 더 나아가는 방식으로 움직인다. 하지만 ⓟ가 이동하려는 경로상에 장애물(☒)이 있으면 움직이지 못한다. 〈보기〉 A~E에서 ⓟ가 3회 이하로 이동해서 위치할 수 있는 곳만을 옳게 묶은 것은?

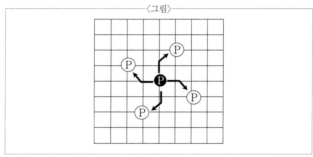

〈그림〉

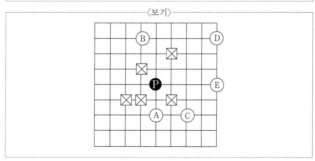

〈보기〉

① A, B ➡ (X)

② B, D ➡ (O) ⓟ는 첫 번째 움직임을 총 4가지 방향으로 할 수 있는데, 〈보기〉에서 ⓟ가 위쪽으로 움직인다면 이동하는 경로상에 장애물(☒)이 있으므로 이동할 수 없다. 따라서 첫 번째 움직임은 3가지 방향으로 제한된다. 오른쪽으로 첫 번째 움직임을 취하면 C 바로 위에 위치하고, 여기서 위쪽으로 움직임을 두 번 취하면 D에 도착한다. ⓟ가 만약 첫 번째 움직임을 아래쪽으로 취하면 A 바로 왼쪽에 위치하고, 이후의 움직임으로 A나 C에 도달할 수 없다. ⓟ가 만약 첫 번째 움직임을 왼쪽으로 취하고, 두 번째 움직임을 위쪽으로 취하면 B에 도달한다. 따라서 3회 이하로 도달할 수 있는 위치는 B와 D임을 알 수 있다.

③ A, C, E ➡ (X)

④ B, D, E ➡ (X)

⑤ C, D, E ➡ (X)

23 ②

| **문제 유형** | 법조문형 > 규정적용

| **접근 전략** | 정당의 회계보고와 관련한 내용으로, 공직선거가 있는 경우와 없는 경우를 명확히 구분할 수 있어야 한다. 이를 바탕으로 정당의 회계보고 기간을 확인하고 제시된 〈상황〉에 적용하여 회계보고의 여부를 비교하면 쉽게 문항을 해결할 수 있다.

다음 글과 〈상황〉을 근거로 판단할 때, 甲국 A정당 회계책임자가 2011년 1월 1일부터 2012년 12월 31일까지 중앙선거관리위원회에 회계보고를 한 총 횟수는?

법 제00조 정당 회계책임자는 중앙선거관리위원회에 다음 각 호에 정한 대로 회계보고를 하여야 한다.

1. 공직선거에 참여하지 아니한 연도

매년 1월 1일부터 12월 31일까지의 정치자금 수입과 지출에 관한 회계보고는 다음 연도 2월 15일에 한다.

2. 공직선거에 참여한 연도

가. 매년 1월 1일부터 선거일 후 20일까지의 정치자금 수입과 지출에 관한 회계보고는 당해 선거일 후 30일(대통령선거는 40일)에 한다.

나. 당해 선거일 후 21일부터 당해 연도 12월 31일까지의 정치자금 수입과 지출에 관한 회계보고는 다음 연도 2월 15일에 한다.

─────〈상황〉─────

○ 甲국의 A정당은 위 법에 따라 정치자금 수입과 지출에 관한 회계보고를 했다.

○ 甲국에서는 2010년에 공직선거가 없었고, 따라서 A정당은 공직선거에 참여하지 않았다.

○ 甲국에서는 2011년 12월 5일에 대통령선거를, 2012년 3월 15일에 국회의원 총선거를 실시하였고, 그 밖의 공직선거는 없었다.

○ 甲국의 A정당은 2011년 대통령선거에 후보를 공천해 참여하였고, 2012년 국회의원 총선거에도 후보를 공천해 참여하였다.

① 3회 ➡ (X)

② 4회 ➡ (O) 甲국의 A정당은 2011년과 2012년 공직선거에 모두 후보자를 공천해 참여하였으므로 두 해는 공직선거에 참여한 연도의 적용을 받는다. 2011년 12월 5일에 대통령선거가 있었으므로 법 제2호 가목에 의해 선거일 후 40일이 지난 2012년 1월 14일에 회계보고를 해야 하고 2012년에는 3월 15일에 국회의원 총선거가 있었으므로 법 제2호 가목에 의해 선거일 후 30일이 지난 2012년 4월 14일에 회계보고를 해야 한다. 또한 법 제2호 나목에서 당해 선거일 후 21일부터 당해 연도 12월 31일까지의 정치자금 수입과 지출에 관한 회계보고는 다음 연도 2월 15일에 한다고 하였으므로 2011년 대통령선거일 후 21일부터 12월 31일까지에 대한 회계보고는 2012년 2월 15일에, 2012년 국회의원 총선거 후 21일부터 12월 31일까지에 대한 회계보고는 2013년 2월 15일에 각각 함을 알 수 있다. 하지만 문제에서 2012년 12월 31일까지 회계보고를 하는 횟수를 물었으므로 2013년 2월 15일은 제외된다. 2010년에는 공직선거가 없었기 때문에 법 제1호에 의해 2011년 2월 15일에 회계보고를 한다. 따라서 2011년 1월 1일부터 2012년 12월 31일까지 甲국 정당 회계책임자는 2011년 2월 15일, 2012년 1월 14일, 2012년 2월 15일, 2012년 4월 14일, 총 4번 회계보고를 함을 알 수 있다.

③ 5회 ➡ (X)

④ 6회 ➡ (X)

⑤ 7회 ➡ (X)

24 ③

| **문제 유형** | 퍼즐형 > 논리퀴즈

| **접근 전략** | 논리적인 규칙을 바탕으로 다양한 나라의 사람들이 모였을 때 통역이 필요한 경우를 판단해야 한다. 여러 언어들을 사용할 수 있는 사람이 누구인지를 먼저 파악하고 문항에 접근하면 보다 수월하게 해결할 수 있다.

다음 글을 근거로 판단할 때, 〈보기〉에서 옳은 것만을 모두 고르면?

8개 국가의 장관이 회담을 위해 ○○에 모였다. 각국의 장관은 자신이 사용하는 언어로 의사소통을 하려고 한다. 그런데 회담이 갑자기 개최되어 통역관을 충분히 확보하지 못한 상황이다. 따라서 의사소통을 위해서는 여러 단계의 통역을 거칠 수도 있고, 2개 이상의 언어를 사용하는 장관이 통역관의 역할을 겸할 수도 있다.

현재 회담에 참여하는 장관과 배석 가능한 통역관은 다음과 같다.

장관	사용언어
A	네팔어
B	영어
C	우즈베크어, 러시아어
D	카자흐어, 러시아어
E	영어, 스와힐리어
F	에스파냐어
G	스와힐리어
H	한국어

통역관	통역 가능한 언어
甲	한국어, 우즈베크어
乙	영어, 네팔어
丙	한국어, 에스파냐어
丁	한국어, 영어, 스와힐리어

─────〈보기〉─────

ㄱ. A장관이 F장관과 의사소통을 하기 위해서는 최소한 3명의 통역관이 배석하여야 한다. → (O) A장관은 네팔어를 할 수 있고, F장관은 에스파냐어를 할 수 있다. 다른 장관 중에 두 언어를 사용하는 장관이 없으므로 통역관이 반드시 필요하다. 네팔어를 할 수 있는 통역관 乙은 영어를 추가로 할 수 있고, 에스파냐어를 할 수 있는 통역관 丙은 한국어를 추가로 할 수 있다. 두 통역관이 다시 통역을 하기 위해서는 한국어와 영어를 모두 할 수 있는 통역관 丁이 필요하다.

ㄴ. 통역관이 丁밖에 없다면 H장관은 최대 3명의 장관과 의사소통을 할 수 있다. → (O) 통역관 丁은 한국어, 영어, 스와힐리어를 할 수 있고, H장관은 한국어만 할 수 있다. 다른 장관 중에 한국어를 할 수 있는 장관이 없으므로, 영어와 스와힐리어 중에 하나를 할 수 있는 장관과 대화를 할 수 있다. B장관이 영어, E장관이 영어와 스와힐리어, G장관이 스와힐리어를 할 수 있으므로 총 3명의 장관과 의사소통이 가능하다.

ㄷ. 통역관 丁이 없으면 G장관은 어느 장관과도 의사소통을 할 수 없다. → (X) 통역관 丁이 없더라도 G장관은 스와힐리어를 사용하는 E장관을 통해 다른 장관과 의사소통이 가능하다.

ㄹ. 8명의 장관과 4명의 통역관이 모두 회담에 참석하면 모든 장관들은 서로 의사소통이 가능하다. → (O) 8명의 장관이 사용하고 있는 언어 중에 통역관이 할 수 없는 언어는 러시아어와 카자흐어이다. 이 두 언어는 C장관과 D장관이 할 수 있고, C장관은 추가로 우즈베크어를 할 수 있다. 통역관 甲이 우즈베크어를 할 수 있기 때문에 이를 통해 다른 장관들과 의사소통이 가능하다.

① ㄱ, ㄴ ➡ (X)
② ㄱ, ㄷ ➡ (X)
③ ㄱ, ㄴ, ㄹ ➡ (O)
④ ㄱ, ㄷ, ㄹ ➡ (X)
⑤ ㄴ, ㄷ, ㄹ ➡ (X)

① ㄱ ➡ (X)
② ㄴ ➡ (X)
③ ㄷ ➡ (X)
④ ㄱ, ㄴ ➡ (O)
⑤ ㄴ, ㄷ ➡ (X)

25 ④

TOP 1 정답률 33.0%

|**문제 유형**| 연산추론형 > 대입비교

|**접근 전략**| 구체적인 수치를 바탕으로 여러 상황들에 대해 비교하며 해결해야 하는 문항은 상황이 제시되기 전과 이후에 달라지는 계산 값에 유의하며 접근해야 한다. 비율을 제시하며 두 가지 이상의 상황을 비교하는 경우에는 전체 값을 임의로 설정하고 이를 바탕으로 가상의 값을 통해 크기를 비교하며 문항을 해결하면 보다 빠르게 정답에 접근할 수 있다.

다음 글을 근거로 판단할 때, 〈보기〉에서 옳은 것만을 모두 고르면?

　전 세계 벼 재배면적의 90%가 아시아에 분포한다. 현재 벼를 재배하는 면적을 나라별로 보면, 인도가 4,300헥타르로 가장 넓고, 중국이 3,300헥타르로 그다음을 잇고 있으며, 인도네시아, 방글라데시, 베트남, 타이, 미얀마, 일본의 순으로 이어지고 있다. A국은 일본 다음이다. ▶1문단

　반면 쌀을 가장 많이 생산하고 있는 나라는 중국으로 전 세계 생산량의 30%를 차지하고 있으며, 그다음이 20%를 생산하는 인도이다. 단위면적당 쌀 생산량을 보면 A국이 헥타르당 5.0톤으로 가장 많고 일본이 헥타르당 4.5톤이다. A국의 단위면적당 쌀 생산량은 인도의 3배에 달하는 수치로 현재 A국의 단위면적당 쌀 생산능력은 세계에서 제일 높다. ▶2문단

〈보기〉

ㄱ. 중국의 단위면적당 쌀 생산량은 인도의 약 2배이다. → (O) 중국과 인도의 쌀 생산량이 전 세계 생산량의 30%와 20%를 차지하고 있다고 하였으므로 전 세계 생산량을 임의의 값 100,000톤으로 가정하고, 이에 따라 두 나라의 쌀 생산량을 중국은 30,000톤, 인도는 20,000톤으로 설정하면 단위면적당 쌀 생산량은 각각 $\dfrac{30,000톤}{3,300헥타르}$ =약 9.1, $\dfrac{20,000톤}{4,300헥타르}$ =약 4.6임을 알 수 있다. 따라서 중국의 단위면적당 쌀 생산량은 인도의 약 2배라고 볼 수 있다.

ㄴ. 일본의 벼 재배면적이 A국보다 400헥타르가 크다면, 일본의 연간 쌀 생산량은 A국보다 많다. → (O) A국의 재배면적이 X헥타르라고 하면 A국의 쌀 생산량은 5X이고 일본의 쌀 생산량은 4.5 × (X+400), 즉 4.5X+1,800이다. 만약 선지 내용과 반대로 A국의 쌀 생산량이 일본보다 같거나 많다고 가정하면 5X≥4.5X+1,800이 성립해야 하는데, 그렇게 되기 위해서는 X≥3,600헥타르이어야 한다. 하지만 A국의 재배면적이 중국의 재배면적인 3,300헥타르보다 클 수는 없으므로 조건에 모순된다. 따라서 일본의 벼 재배면적이 A국보다 400헥타르가 크다면, 일본의 연간 쌀 생산량은 A국보다 많다.

ㄷ. 인도의 연간 쌀 생산량은 11,000톤 이상이다. → (X) 2문단에서 A국의 단위면적당 쌀 생산량은 5.0톤으로 인도의 3배에 달하는 수치라고 하였으므로, 인도의 단위면적당 쌀 생산량이 $\dfrac{5}{3}$ 톤임을 알 수 있고 1문단에서 인도의 벼를 재배하는 면적은 4,300헥타르라고 하였으므로 인도의 연간 쌀 생산량이 $\dfrac{5}{3}$ × 4,300=약 7,166.7(톤)임을 알 수 있다. 따라서 인도의 연간 쌀 생산량은 11,000톤 이하이다.

나쁜 날씨란 없다.
서로 다른 종류의 좋은 날씨가 있을 뿐이다.

– 영국 속담

2012년도 국가공무원 5급 민간경력자 일괄채용 필기시험

정답과 분석해설

취약유형 분석표 제1영역 언어논리

문번	정답	정답률	유형	맞고 틀림
01	②	96.2%	사실적 이해 > 정보 확인	○ △ ×
02	②	93.1%	비판적 사고 > 지문에서 추론하기	○ △ ×
03	④	92.7%	사실적 이해 > 정보 확인	○ △ ×
04	③	71.6%	사실적 이해 > 정보 확인	○ △ ×
05	④	60.8%	비판적 사고 > 빈칸 채우기	○ △ ×
06	①	87.0%	비판적 사고 > 판단하기	○ △ ×
07	③	78.5%	비판적 사고 > 지문에서 추론하기	○ △ ×
08	③	85.1%	사실적 이해 > 논리 게임	○ △ ×
09	②	89.2%	비판적 사고 > 지문에서 추론하기	○ △ ×
10	⑤	92.7%	비판적 사고 > 판단하기	○ △ ×
11	①	91.2%	사실적 이해 > 정보 확인	○ △ ×
12	③	96.5%	비판적 사고 > 지문에서 추론하기	○ △ ×
13	④	71.4%	비판적 사고 > 지문에서 추론하기	○ △ ×
14	⑤	91.6%	비판적 사고 > 빈칸 채우기	○ △ ×
15	①	88.9%	비판적 사고 > 지문에서 추론하기	○ △ ×
16	⑤	97.3%	사실적 이해 > 정보 확인	○ △ ×
17	④	83.5%	비판적 사고 > 빈칸 채우기	○ △ ×
18	②	89.3%	사실적 이해 > 논리 게임	○ △ ×
19	①	94.2%	비판적 사고 > 논지 강화·약화하기	○ △ ×
20	⑤	88.9%	비판적 사고 > 지문에서 추론하기	○ △ ×
21	①	93.9%	비판적 사고 > 지문에서 추론하기	○ △ ×
22	①	94.3%	비판적 사고 > 판단하기	○ △ ×
23	⑤	92.0%	비판적 사고 > 빈칸 채우기	○ △ ×
24	④	84.3%	사실적 이해 > 논리 게임	○ △ ×
25	③	63.1%	비판적 사고 > 논지 강화·약화하기	○ △ ×

나의 성적

영역	점수	풀이 시간
언어논리	_____점	_____분
자료해석	_____점	_____분
상황판단	_____점	_____분

합격선

영역	합격 가능권	합격 확실권
언어논리	72~76점	80~84점
자료해석	64~68점	72~76점
상황판단	64~68점	72~76점

풀이 시간

영역	기본	숙련
언어논리	60분	50분
자료해석	60분	50분
상황판단	60분	50분

※2012년도 선발 인원 / 응시 인원 미공개

- 확실히 맞힌 문항 수: _____ 문항
- 헷갈리거나 찍은 문항 수: _____ 문항
- 틀린 문항 수: _____ 문항

취약유형 분석표 제2영역 자료해석

문번	정답	정답률	유형	맞고 틀림
01	①	86.1%	자료 읽기 > 그림 제시형	○ △ ×
02	①	95.4%	자료 변환응용 > 자료/보고서 전환형	○ △ ×
03	④	100.0%	자료 변환응용 > 자료/보고서 전환형	○ △ ×
04	③	79.0%	자료 변환응용 > 자료/보고서 전환형	○ △ ×
05	②	80.7%	자료 읽기 > 표 제시형	○ △ ×
06	③	86.6%	자료 읽기 > 표/그림 제시형	○ △ ×
07	④	94.1%	자료 읽기 > 표 제시형	○ △ ×
08	②	94.1%	자료 읽기 > 표 제시형	○ △ ×
09	⑤	88.9%	자료 읽기 > 표/빈칸 제시형	○ △ ×
10	⑤	83.1%	자료 읽기/추론 > 계산형	○ △ ×
11	③	94.5%	자료 변환응용 > 표/그림 전환형	○ △ ×
12	③	68.1%	자료 읽기 > 표 제시형	○ △ ×
13	②	95.0%	자료 변환응용 > 자료/보고서 전환형	○ △ ×
14	⑤	92.5%	자료 읽기 > 그림 제시형	○ △ ×
15	②	88.7%	자료 읽기/추론 > 계산형	○ △ ×
16	④	88.7%	자료 읽기 > 그림 제시형	○ △ ×
17	②	95.8%	자료 읽기 > 그림 제시형	○ △ ×
18	④	89.5%	자료 읽기 > 표 제시형	○ △ ×
19	④	84.5%	자료 읽기/추론 > 계산형	○ △ ×
20	④	75.6%	자료 읽기/추론 > 매칭형	○ △ ×
21	⑤	92.4%	자료 읽기/추론 > 매칭형	○ △ ×
22	①	79.9%	자료 읽기 > 표 제시형	○ △ ×
23	②	71.5%	자료 읽기 > 표 제시형	○ △ ×
24	⑤	57.6%	자료 읽기/추론 > 계산형	○ △ ×
25	①	41.4%	자료 읽기 > 그림 제시형	○ △ ×

취약유형 분석표 제3영역 상황판단

문번	정답	정답률	유형	맞고 틀림
01	⑤	74.8%	제시문형 > 정보확인	○ △ ×
02	①	79.7%	제시문형 > 정보확인	○ △ ×
03	①	76.9%	법조문형 > 규정적용	○ △ ×
04	②	68.0%	연산추론형 > 대입비교	○ △ ×
05	③	96.8%	퍼즐형 > 논리퀴즈	○ △ ×
06	④	73.4%	제시문형 > 분석추론	○ △ ×
07	①	80.5%	퍼즐형 > 논리퀴즈	○ △ ×
08	④	90.5%	퍼즐형 > 게임·규칙	○ △ ×
09	④	66.5%	퍼즐형 > 최댓값·최솟값 도출	○ △ ×
10	②	67.0%	퍼즐형 > 논리퀴즈	○ △ ×
11	④	97.7%	제시문형 > 정보확인	○ △ ×
12	①	77.8%	제시문형 > 정보확인	○ △ ×
13	④	97.8%	법조문형 > 규정확인	○ △ ×
14	⑤	91.0%	법조문형 > 규정확인	○ △ ×
15	⑤	77.5%	제시문형 > 정보확인	○ △ ×
16	⑤	94.1%	제시문형 > 정보확인	○ △ ×
17	①	87.4%	연산추론형 > 대입비교	○ △ ×
18	①	95.9%	퍼즐형 > 논리퀴즈	○ △ ×
19	③	76.1%	퍼즐형 > 게임·규칙	○ △ ×
20	③	69.7%	연산추론형 > 수리계산	○ △ ×
21	①	45.0%	제시문형 > 분석추론	○ △ ×
22	④	89.0%	연산추론형 > 수리계산	○ △ ×
23	⑤	78.9%	연산추론형 > 수리계산	○ △ ×
24	②	77.8%	제시문형 > 분석추론	○ △ ×
25	③	77.5%	퍼즐형 > 게임·규칙	○ △ ×

- 확실히 맞힌 문항 수: _____ 문항
- 헷갈리거나 찍은 문항 수: _____ 문항
- 틀린 문항 수: _____ 문항

- 확실히 맞힌 문항 수: _____ 문항
- 헷갈리거나 찍은 문항 수: _____ 문항
- 틀린 문항 수: _____ 문항

2012 | 제1영역 언어논리(⑩ 책형)

┃기출 총평

난이도 상에 해당하는 문항이 없을 정도로 전반적인 난이도는 평이했다. 전체 문항의 70% 이상이 난이도 중에 해당하는데, 지시문의 형태를 보고 문제 유형을 빠르게 파악하면서 시간 배분을 현명하게 해야 했다. 문제 유형 면에서는 정보 확인 유형과 지문에서 추론하기 유형이 다수 출제되었다. 사실적 이해 영역에서는 지문과 선지의 내용을 단순 대조하는 정보 확인 문항과 문단별 중심 내용을 파악해 선지의 가부를 판단하는 문항이 전체 문항의 20%가량 출제되었다. 사실적 이해 영역의 문제는 대부분 난이도 하에 해당하므로, 빠르게 내용을 확인하고 답을 확정지어 시간 절약을 해야 했다. 비판적 사고 영역에서는 지문을 바탕으로 추론할 수 있는 선지를 고르는 문항이 다수 출제되었다. 지문의 내용은 어렵지만 선지의 문장들이 쉽게 제시되거나, 구체적인 표 및 그림들이 내용 파악에 도움을 주는 경우가 많아서 크게 시간 투자를 하지 않아도 되는 문항들이 대부분이었다. 빈칸을 채우는 유형은 지문의 논리적 흐름을 파악하는 것이 중요했다. 빈칸 앞에 제시된 논지의 흐름에 따라 뒤에 이어지는 논거를 찾아야 했다. 문제 풀이에 어려움을 느낄 경우에는 선지를 하나씩 대입해 가장 적절한 것을 고르면 된다. 이외에도 논지를 강화 또는 약화하는 논거를 찾는 문항이나 〈보기〉에 제시된 평가 내용들이 적절한지를 판단하는 문항 등이 출제되었다. 이 유형은 지문의 세부 내용을 이해하여 논리적 구조를 파악하고 〈보기〉나 선지에 제시된 견해의 입장이 지문의 논지에 부합하는지를 따져 보면 된다.

┃문항별 정답률 및 선지별 선택률

문번	정답	정답률(%)	선지별 선택률(%)				
			①	②	③	④	⑤
01	②	96.2	0.8	96.2	0.0	0.0	3.0
02	②	93.1	3.8	93.1	0.8	1.5	0.8
03	④	92.7	1.1	0.8	5.0	92.7	0.4
04	③	71.6	4.2	12.6	71.6	10.7	0.9
05	④	60.8	7.3	17.7	11.2	60.8	3.0
06	①	87.0	87.0	2.7	4.6	3.4	2.3
07	③	78.5	15.3	2.3	78.5	0.4	3.5
08	③	85.1	6.5	6.9	85.1	1.1	0.4
09	②	89.2	2.3	89.2	3.5	1.2	3.8
10	⑤	92.7	2.7	0.4	3.4	0.8	92.7
11	①	91.2	91.2	1.1	2.7	1.9	3.1
12	③	96.5	0.8	0.4	96.5	1.5	0.8
13	④	71.4	1.1	27.1	0.0	71.4	0.4

문번	정답	정답률(%)	선지별 선택률(%)				
			①	②	③	④	⑤
14	⑤	91.6	0.8	1.5	1.9	4.2	91.6
15	①	88.9	88.9	3.8	0.8	0.0	6.5
16	⑤	97.3	0.8	1.1	0.0	0.8	97.3
17	④	83.5	2.7	1.9	9.2	83.5	2.7
18	②	89.3	0.4	89.3	3.1	2.7	4.5
19	①	94.2	94.2	1.2	1.6	1.6	1.4
20	⑤	88.9	0.4	9.5	0.8	0.4	88.9
21	①	93.9	93.9	1.1	1.9	2.3	0.8
22	①	94.3	94.3	3.1	2.6	0.0	0.0
23	⑤	92.0	2.3	1.1	1.9	2.7	92.0
24	④	84.3	0.8	1.6	6.2	84.3	7.1
25	③	63.1	9.6	0.8	63.1	1.9	24.6

※ 파란색 음영 문항은 해당 회차에서 정답률이 가장 낮은 TOP 3 문항입니다.
※ 정답률 및 선지별 선택률 산정 기준: 약 1년간 누적된 자동채점 & 성적결과분석 서비스의 응시 데이터

┃출제 비중

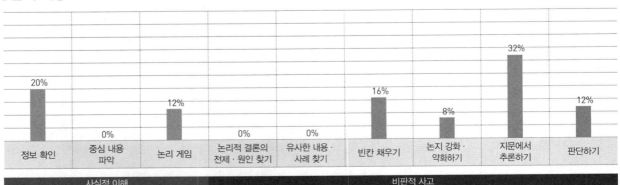

정보 확인	중심 내용 파악	논리 게임	논리적 결론의 전제·원인 찾기	유사한 내용·사례 찾기	빈칸 채우기	논지 강화·약화하기	지문에서 추론하기	판단하기
20%	0%	12%	0%	0%	16%	8%	32%	12%
사실적 이해				비판적 사고				

01	②	02	②	03	④	04	③	05	④
06	①	07	③	08	③	09	②	10	⑤
11	①	12	②	13	④	14	⑤	15	①
16	⑤	17	④	18	②	19	①	20	⑤
21	①	22	①	23	⑤	24	④	25	③

01 ②
정답률 96.2%

| 문제 유형 | 사실적 이해 > 정보 확인

| 접근 전략 | 지문과 선지 내용의 일치 여부를 확인하는 문제 유형이다. 지문에서는 음악이 고대부터 수 또는 수학과 밀접하게 관련되어 있었음과 음악이 수학적 질서를 통해 그 가치를 효과적으로 드러낸다는 의견을 서술하고 있다. 따라서 인과의 관계가 뒤집어져 있거나, 단어 하나를 바꿔서 지문의 내용과 다른 선지를 구성한 경우가 없는지 확인하며 소거법으로 문제를 풀면 된다.

다음 글의 내용과 부합하는 것은?

우리는 음악을 일반적으로 감정의 예술로 이해한다. 아름다운 선율과 화음은 듣는 사람들의 마음속으로 파고든다. 그래서인지 음악을 수(數) 또는 수학(數學)과 연결시키기 어렵다고 생각하는 경우가 많다. 하지만 음악 작품은 다양한 화성과 리듬으로 구성되고, 이들은 3도 음정, 1도 화음, 3/4박자, 8분 음표처럼 수와 관련되어 나타난다. 음악을 구성하는 원리로 수학의 원칙과 질서 등이 활용되는 것이다. ▶1문단

고대에도 음악과 수, 음악과 수학의 관계는 음악을 설명하는 중요한 사고의 틀로 작동했다. 중세 시대의 「아이소 리듬 모테트」와 르네상스 시대 오케겜의 「36성부 카논」은 서양 전통 음악 장르에서 사용되는 작곡 기법도 수의 비율 관계로 설명할 수 있다는 것을 보여 준다. 음정과 음계는 수학적 질서를 통해 음악의 예술적 특성과 음악의 미적 가치를 효과적으로 전달했다. 20세기에 들어와 음악과 수, 음악과 수학의 관계는 더욱 밀접해졌다. 피보나치 수열을 작품의 중심 모티브로 연결한 바르톡, 건축가 르 코르뷔지에와의 공동 작업으로 건축적 비례를 음악에 연결시킨 제나키스의 현대 음악 작품들은 좋은 사례이다. 12음 기법과 총렬음악, 분석 이론의 일종인 집합론을 활용한 현대 음악 이론에서도 음악과 수, 음악과 수학의 밀접한 관계는 잘 드러난다. ▶2문단

① 수학을 통해 음악을 설명하려는 경향은 현대에 생겨났다. ➡ (X)
2문단 첫 부분에서 '고대에도 음악과 수, 음악과 수학의 관계는 음악을 설명하는 중요한 사고의 틀로 작동했다.'라고 했으므로, 음악과 수학의 관계를 설명하려는 경향은 고대부터 있었음을 알 수 있다.

② 음악의 미적 가치는 수학적 질서를 통해 드러날 수 있다. ➡ (O)
2문단 중반부에서 '음정과 음계는 수학적 질서를 통해 음악의 예술적 특성과 음악의 미적 가치를 효과적으로 전달했다.'라고 했으므로, 본 선지의 설명은 지문의 내용과 부합한다.

③ 건축학 이론은 현대 음악의 특성을 건축설계에 반영한다. ➡ (X)
2문단 후반부에서 제나키스의 현대 음악 작품들은 건축적 비례를 음악에 연결시킨 사례라고 했다. 건축학 이론이 현대 음악의 특성을 건축설계에 반영했는지는 알 수 없다.

④ 음악은 감정의 예술이 아니라 감각의 예술로 이해해야 한다. ➡ (X)
지문에서는 사람들이 음악을 감정의 예술로 이해하기 때문에 음악을 수 또는 수학과 연결시키기 어렵다고 생각한다고만 하였을 뿐 음악을 감각의 예술로 이해해야 한다고는 하지 않았다.

⑤ 수의 상징적 의미는 음악의 수학적 질서를 통해 구체화된다. ➡ (X)
1문단 마지막에서 음악을 구성하는 원리로 수학의 원칙과 질서 등이 활용된다고 했을

뿐, 수의 상징적 의미가 음악을 통해 구체화된다고 하지는 않았다.

02 ②
정답률 93.1%

| 문제 유형 | 비판적 사고 > 지문에서 추론하기

| 접근 전략 | 지시문에서는 '추론'이라는 용어를 사용했지만 선지의 내용을 보면 내용 일치, 불일치 문제 유형에 가깝다는 것을 알 수 있다. '눈, 우박, 얼음의 생성'에 대한 고대 그리스 철학자의 주장을 담고 있는 지문이므로 '철학자의 주장으로부터 추론할 수 없는 것'은 곧 지문의 내용을 통해 알 수 없는 것을 말한다. 따라서 1문단에 나온 구름의 압축 원인 두 가지와 얼음의 형성 원인 및 요소를 파악해야 한다.

다음 글의 철학자의 주장으로부터 추론할 수 없는 것은?

어떤 고대 그리스 철학자는 눈, 우박, 얼음의 생성에 대해 다음과 같이 주장했다. 특정한 구름이 바람에 의해 강력하고 지속적으로 압축될 때 그 구름에 구멍이 있다면, 작은 물 입자들이 구멍을 통해서 구름 밖으로 배출된다. 그리고 배출된 물은 하강하여 더 낮은 지역에 있는 구름 내부의 극심한 추위 때문에 동결되어 눈이 된다. 또는 습기를 포함하고 있는 구름들이 옆에 나란히 놓여서 서로 압박할 때, 이를 통해 압축된 구름 속에서 물이 동결되어 배출되면서 눈이 된다. 구름은 물을 응고시켜서 우박을 만드는데, 특히 봄에 이런 현상이 빈번하게 생긴다. ▶1문단

얼음은 물에 있던 둥근 모양의 입자가 밀려나가고 이미 물 안에 있던 삼각형 모양의 입자들이 함께 결합하여 만들어진다. 또는 밖으로부터 들어온 삼각형 모양의 물 입자가 함께 결합하여 둥근 모양의 물 입자를 몰아내고 물을 응고시킬 수도 있다. ▶2문단

① 구름의 압축은 바람에 의해 발생하는 경우도 있고, 구름들의 압박에 의해 발생하는 경우도 있다. ➡ (O) 1문단에서 구름은 바람에 의해 강력하고 지속적으로 압축된다고 했다. 또한 구름들이 옆에 나란히 놓여서 서로 압박할 때 이를 통해 구름이 압축된다고 했다.

② 날씨가 추워지면 둥근 모양의 물 입자가 삼각형 모양의 물 입자로 변화한다. ➡ (X) 2문단에서는 물에 있던 둥근 모양의 입자가 밀려나가고 물 안에 있거나 밖으로부터 들어온 삼각형 모양의 입자들이 결합하여 얼음이 만들어진다고 했다. 둥근 모양의 입자가 삼각형 모양의 입자로 변화하는 것은 아니다.

③ 물에는 둥근 모양의 입자뿐 아니라 삼각형 모양의 입자도 있다. ➡ (O) 2문단의 내용을 통해 물 안에는 둥근 모양의 입자와 삼각형 모양의 입자들이 있음을 알 수 있다.

④ 봄에는 구름이 물을 응고시키는 경우가 자주 발생한다. ➡ (O) 1문단 마지막 문장에서 봄에 구름이 물을 응고시켜 우박을 만드는 현상이 빈번하게 생긴다고 했다.

⑤ 얼음에는 삼각형 모양의 물 입자들이 결합되어 있다. ➡ (O) 2문단에서 얼음은 이미 물 안에 있던 삼각형 모양의 입자들이 함께 결합하여 만들어진다고 했다.

03 ④
정답률 92.7%

| 문제 유형 | 사실적 이해 > 정보 확인

| 접근 전략 | 지문에서는 미국의 사회 규범과 제도가 소득 불균형을 심화시켰다고 볼 수 있다는 논지를 서두에서 밝힌 뒤 이를 노동조합의 역사를 통해 설명하고 있다. 주의할 것은 2문단 후반부에서 노동조합의 몰락 원인에 대한 일반적인 견해가 틀렸음을 언급하면서, 그 이후에 내용의 전환이 일어난다는 점이다. 따라서 선지에 이와 관련된 함정이 숨어 있을 거라는 예상을 하고 지문과 선지를 읽어야 한다.

다음 글의 내용과 부합하지 않는 것은?

1970년대 이후 미국의 사회 규범과 제도는 소득 불균형을 심화시켰고 그런 불균형을 묵과했다고 볼 수 있다. 그 예로 노동조합의 역사를 보자. 한때 노동조합은 소득 불균형을 제한하는 역할을 하였고, 노동조합이 몰락하자 불균형을 억제하던 힘이 사라졌다. ▶1문단

제조업이 미국경제를 주도할 때 노동조합도 제조업 분야에서 가장 활발했다. 그러나 지금 미국경제를 주도하는 것은 서비스업이다. 이와 같은 산업구조의 변화는 기술의 발전이 주된 요인이지만 많은 제조업 제품을 주로 수입에 의존하게 된 것이 또 다른 요인이다. 이러한 사실에 기초하여 노동조합의 몰락은 산업구조의 변화가 그 원인이라는 견해가 지배적이었다. 그러나 노동조합이 전반적으로 몰락한 주요 원인을 제조업 분야의 쇠퇴에서 찾는 이러한 견해는 틀린 것으로 판명되었다. ▶2문단

1973년 전체 제조업 종사자 중 39%였던 노동조합원의 비율이 2005년에는 13%로 줄어들었을 뿐더러, 새롭게 부상한 서비스업 분야에서도 조합원들을 확보하지 못했다. 예를 들어 대표적인 서비스 기업인 월마트는 제조업에 비해 노동조합이 생기기에 더 좋은 조건을 갖추고 있었다. 월마트 직원들이 더 높은 임금과 더 나은 복리후생 제도를 요구할 수 있는 노동조합에 가입되어 있었더라면, 미국의 중산층은 수십만 명 더 늘어났을 것이다. 그런데도 월마트에는 왜 노동조합이 없는가? ▶3문단

1960년대에는 노동조합을 인정하던 기업과 이에 관련된 이해집단들이 1970년대부터는 노동조합을 공격하기 시작했다. 1970년대 말과 1980년대 초에는, 노동조합을 지지하는 노동자 20명 중 적어도 한 명이 불법적으로 해고되었다. 1970년대 중반 이후 기업들은 보수적 성향의 정치적 영향력에 힘입어서 노동조합을 압도할 수 있게 되었다. 소득의 불균형에 강력하게 맞섰던 노동조합이 축소된 것이다. 이처럼 노동조합의 몰락은 정치와 기업이 결속한 결과이다. ▶4문단

① 1973년부터 2005년 사이에 미국 제조업에서는 노동조합원의 비율이 감소하였다. ➡ (O) 3문단 첫째 문장에 제조업의 노동조합원 비율이 1973년에는 39%였다가 2005년에는 13%로 줄어들었다고 나와 있다. 따라서 그 비율이 감소했음을 알 수 있다.

② 1970년대 중반 이후 노동조합의 몰락에는 기업뿐 아니라 보수주의적 정치도 일조하였다. ➡ (O) 4문단에서 1970년대 중반 이후 기업들은 보수적 성향의 정치적 영향력에 힘입어서 노동조합을 압도할 수 있게 되었다고 한 것을 통해 보수주의적 정치도 노동조합의 몰락에 일조하였음을 알 수 있다.

③ 미국에서 제조업 상품의 수입의존도 상승은 서비스업이 경제를 주도하는 산업 분야가 되는 요인 중 하나였다. ➡ (O) 2문단에서 미국 경제를 서비스업이 주도하게 된 것은 기술의 발전이 주된 요인이지만 많은 제조업 제품을 주로 수입에 의존하게 된 것도 또 다른 요인이라고 했다.

④ 미국 제조업 분야 내에서의 노동조합 가입률 하락은 산업구조의 변화로 인한 서비스업의 성장 때문이다. ➡ (X) 2문단 후반부를 보면 산업구조의 변화가 노동조합 몰락의 원인이라는 견해가 지배적이었으나, 그 주요 원인을 제조업 분야의 쇠퇴에서 찾는 견해는 틀린 것으로 판명되었다고 나와 있다. 그리고 이를 뒷받침하는 내용이 3, 4문단에 이어진다. 따라서 서비스업의 성장 때문에 제조업 분야 내 노동조합 가입률이 하락했다는 것은 지문의 내용과 부합하지 않는다.

⑤ 1970년대 말 이후 미국 기업이 노동조합을 지지하는 노동자들에게 행한 조치 중에는 합법적이지 못한 경우도 있었다. ➡ (O) 4문단에서 '1970년대 말과 1980년대 초에는, 노동조합을 지지하는 노동자 20명 중 적어도 한 명이 불법적으로 해고되었다.'라고 한 것을 통해 미국 기업이 합법적이지 못한 조치를 취했음을 알 수 있다.

04 ③

정답률 71.6%

| **문제 유형** | 사실적 이해 > 정보 확인

| **접근 전략** | 지문에서는 왕세자의 대표적인 의례가 무엇인지를 서두에서 언급하고 이를 순서대로 설명하고 있다. 따라서 글의 흐름에 따라 지문을 읽어 나가면 선지의 가부를 쉽게 파악할 수 있다. 다만 선지의 내용이 의례 4개에 모두 해당하는 것인지, 특정 의례에 해당하는 것인지를 판단할 수 있어야 한다.

다음 글에서 알 수 없는 것은?

왕세자는 다음 왕위를 계승할 후계자로서 왕세자의 위상을 높이는 각종 통과의례를 거쳐야 했다. 책봉례(册封禮), 입학례(入學禮), 관례(冠禮), 가례(嘉禮)가 대표적인 의례이다. 책봉례는 왕세자가 왕의 후계자가 되는 가장 중요한 공식 의식으로, 왕이 왕세자로 책봉한다는 임명서를 수여하고 왕세자가 이를 하사받는 의식이다. 왕세자의 책봉을 위해 책례도감을 설치하였는데, 책례도감에서는 의장과 물품을 준비하고, 행사가 끝나면 책례도감의궤를 작성하였다. 왕세자는 적장자 세습 원칙에 따라 왕비 소생의 장자가 책봉되어야 하는 것이 원칙이었다. 그러나 실제로 조선시대를 통틀어 적장자로서 왕위에 오른 왕은 문종, 단종, 연산군, 인종, 현종, 숙종, 순종 이렇게 일곱 명에 불과했다. 적장자로 태어나 왕세자로 책봉은 되었지만 왕위에 오르지 못한 왕세자도 여러 명이었다. 덕종, 순회세자, 소현세자, 효명세자, 양녕대군, 연산군의 장자 등이 그들이다. ▶1문단

책봉례 후 왕세자는 조선시대 최고 교육기관인 성균관에서 입학례를 치렀다. 성균관에 입학하는 사대부 자녀와 마찬가지로 대성전에 있는 공자의 신위에 잔을 올리고, 명륜당에서 스승에게 예를 행하고 가르침을 받는 의식을 거쳐야 했다. 왕세자의 신분으로 입학례를 처음 치른 사람은 문종으로 8세가 되던 해에 성균관 입학례를 치렀다. 왕세자 입학례는 '차기의 태양'인 왕세자를 위한 중요한 통과의례였기에 기록화로 남겨졌다. 입학례 이후에 거행되는 관례는 왕세자가 성인이 되는 통과의례이다. 이것은 오늘날의 성년식과 같다. 관례를 치르면 상투를 틀고 관을 쓰기 때문에 관례라 하였다. 일반 사대부의 자녀는 보통 혼례를 치르기 전 15세에서 20세에 관례를 치르지만, 왕세자는 책봉된 후인 8세에서 12세 정도에 관례를 치렀다. 관례를 치르고 어엿한 성인이 된 왕세자는 곧이어 가례, 즉 혼례를 행하였다. 혼례식은 관례를 행한 직후에 이루어졌다. 관례가 8세에서 12세 정도에 이루어진 만큼 혼례식은 10세에서 13세 정도에 거행되었다. 왕이나 왕세자의 혼례식 전 과정은 가례도감의궤로 남겨졌다. ▶2문단

① 왕이 된 왕세자가 모두 적장자는 아니었다. ➡ (O) 1문단에 실제로 조선시대를 통틀어 적장자로서 왕위에 오른 왕은 일곱 명에 불과했다고 나와 있다. 따라서 왕이 된 왕세자 중에는 적장자가 아닌 경우도 있었음을 알 수 있다.

② 사대부 자녀도 입학례, 관례, 혼례의 통과의례를 거칠 수 있었다. ➡ (O) 2문단에서 왕세자의 입학례, 관례, 혼례를 설명할 때 사대부 자녀의 경우와 비교하고 있는 것을 통해 사대부 자녀들도 입학례, 관례, 혼례의 통과의례를 거쳤음을 알 수 있다.

③ 왕세자의 통과의례가 거행될 때마다 행사의 내용을 의궤로 남겼다. ➡ (X) 책봉례는 책례도감의궤를 작성하였음이 1문단 중반부에 나와 있고 가례는 가례도감의궤로 남겨졌음이 2문단 마지막 문장에 나와 있지만, 입학례와 관례의 경우에는 의궤로 남겼는지에 대한 내용이 언급되어 있지 않아 알 수 없다.

④ 왕세자의 대표적 통과의례 중 성인이 된 후 치른 의례는 가례였다. ➡ (O) 2문단에 보면 관례를 치른 왕세자는 성인이 되고 곧이어 가례를 행한다고 나와 있다. 따라서 성인이 된 후 치르는 의례는 가례가 맞다.

⑤ 왕세자의 통과의례는 대개 책봉례, 입학례, 관례, 가례의 순서로 거행되었다. ➡ (O) '책봉례 후', '입학례 이후에', '관례를 행한 직후에'라는 말을 통해 왕세자의 통과의례가 책봉례, 입학례, 관례, 가례의 순서대로 치러졌음을 알 수 있다.

05 ④

TOP 1 정답률 60.8%

| 문제 유형 | 비판적 사고 > 빈칸 채우기

| 접근 전략 | 지문에 제시된 세 조건의 원인과 결과 부분에 구체적인 대상을 대입하여 설명한 것이 〈보기〉의 항목들이다. 먼저 ㄱ을 보고 (다)의 설명과 어울리는 내용임을 파악하면, 정답 선택의 폭이 선지 ④와 ⑤로 좁혀진다. 이런 방식으로 정답 선택의 폭을 좁힌 다음 ㄴ과 ㄷ을 나머지 두 빈칸에 직접 대입해 보면 문제를 쉽게 해결할 수 있다.

(가)~(다)에 들어갈 예시를 〈보기〉에서 골라 알맞게 짝지은 것은?

첫째, 필요조건으로서 원인은 "어떤 결과의 원인이 없었다면 그 결과도 없다"는 말로 표현할 수 있다. 예를 들어 ┌(가)┐ 만일 원치 않는 결과를 제거하고자 할 때 그 결과의 원인이 필요조건으로서 원인이라면, 우리는 그 원인을 제거하여 결과가 일어나지 않게 할 수 있다.

둘째, 충분조건으로서 원인은 "어떤 결과의 원인이 있었다면 그 결과도 있다"는 말로 표현할 수 있다. 예를 들어 ┌(나)┐ 만일 특정한 결과를 원할 때 그것의 원인이 충분조건으로서 원인이라면, 우리는 그 원인을 발생시켜 그것의 결과가 일어나게 할 수 있다.

셋째, 필요충분조건으로서 원인은 "어떤 결과의 원인이 없다면 그 결과는 없고, 동시에 그 원인이 있다면 그 결과도 있다"는 말로 표현할 수 있다. 예를 들어 ┌(다)┐ 필요충분조건으로서 원인의 경우, 원인을 일으켜서 그 결과를 일으키고 원인을 제거해서 그 결과를 제거할 수 있다.

〈보기〉

ㄱ. 물체 속도 변화의 원인은 물체에 힘을 가하는 것이다. 물체에 힘이 가해지면 물체의 속도가 변하고, 물체에 힘이 가해지지 않는다면 물체의 속도는 변하지 않는다. → (다) 물체에 힘을 가하는 것은 원인이고, 물체의 속도 변화는 결과이다. 물체에 힘을 가하면 물체의 속도가 변하고 힘을 가하지 않으면 속도가 변하지 않는다는 것은 필요충분조건으로서의 원인에 해당한다. 따라서 ㄱ은 필요충분조건으로서의 원인의 예시가 된다.

ㄴ. 뇌염모기에 물리는 것은 뇌염 발생의 원인이다. 뇌염모기에 물린다고 해서 언제나 뇌염에 걸리는 것은 아니다. 하지만 뇌염모기에 물리지 않으면 뇌염은 발생하지 않는다. 그래서 원인에 해당하는 뇌염모기를 박멸한다면 뇌염 발생을 막을 수 있다. → (가) 원인에 해당하는 뇌염모기를 박멸하여 뇌염 발생을 막을 수 있다는 것은 원인을 제거하여 결과가 일어나지 않게 하는 것과 같다. 따라서 뇌염모기에 물리는 것은 필요조건으로서의 원인에 해당한다. 따라서 ㄴ은 (가)에 들어가야 한다.

ㄷ. 콜라병이 총알에 맞는 것은 콜라병이 깨지는 원인이다. 콜라병을 깨뜨리는 원인은 콜라병을 맞히는 총알 이외에도 다양하다. 누군가 던진 돌도 콜라병을 깨뜨릴 수 있다. 하지만 콜라병이 총알에 맞는다면 그것이 깨지는 것은 분명하다. → (나) 콜라병을 깨뜨리는 원인이 총알 외에도 다양하다는 것과 콜라병이 총알에 맞는다면 그것이 깨지는 것이 분명하다는 것은 충분조건으로서의 원인에 해당한다. 따라서 ㄷ은 충분조건으로서의 원인을 보여 주는 예시라 할 수 있다.

	(가)	(나)	(다)	
①	ㄱ	ㄴ	ㄷ	➡ (X)
②	ㄱ	ㄷ	ㄴ	➡ (X)
③	ㄴ	ㄱ	ㄷ	➡ (X)
④	ㄴ	ㄷ	ㄱ	➡ (O)
⑤	ㄷ	ㄴ	ㄱ	➡ (X)

06 ①

정답률 87.0%

| 문제 유형 | 비판적 사고 > 판단하기

| 접근 전략 | 지문 전체에서 제기하고 있는 물음이 무엇인지 파악한 후, 1문단에 제시된 몰리눅스의 물음이 2문단에 나온 경험론자 및 생득론자의 견해 중 어디에 속하는지를 파악해야 한다. 그리고 3문단의 마지막에 보면 연구결과가 나오는데, 이것이 둘 중 어느 쪽의 입장을 강화하는지 판단하면 된다. 그런 다음 이 두 항목이 모두 맞는 경우의 선지를 고르면 된다.

다음 글에 서술된 연구결과에 대한 판단으로 가장 적절한 것은?

320여 년 전 아일랜드의 윌리엄 몰리눅스가 제기했던 이른바 '몰리눅스의 물음'에 답하기 위한 실험이 최근 이루어졌다. 몰리눅스는 철학자 로크에게 보낸 편지에서 다음과 같이 물었다. "태어날 때부터 시각장애인인 사람이 둥근 공 모양과 정육면체의 형태 등을 단지 손으로 만져서 알게 된 후 어느 날 갑자기 눈으로 사물을 볼 수 있게 된다면, 그 사람은 손으로 만져보지 않고도 눈앞에 놓인 물체가 공 모양인지 주사위 모양인지 알아낼 수 있을까요?"
▶1문단

경험론자들은 인간이 아무것도 적혀 있지 않은 '빈 서판' 같은 마음을 가지고 태어나며 모든 관념과 지식은 경험에 의해 형성된다고 주장한 반면, 생득론자들은 인간이 태어날 때 이미 외부의 정보를 처리하는 데 필요한 관념들을 가지고 있다고 주장했다. 만일 인간의 정신 속에 그런 관념들이 존재한다면, 눈으로 보든 손으로 만지든 상관없이 사람들은 해당되는 관념을 찾아낼 것이다. 따라서 몰리눅스의 물음이 명확히 답변될 수 있다면 이런 양편의 주장에 대한 적절한 판정이 내려질 것이다. ▶2문단

2003년에 인도의 한 연구팀이 뉴델리의 슈로프 자선안과 병원과 협력하여 문제의 실험을 수행하였다. 실험은 태어날 때부터 시각장애인이었다가 수술을 통해 상당한 시력을 얻게 된 8세부터 17세 사이의 남녀 환자 6명을 대상으로 진행되었다. 연구자들은 수술 후 환자의 눈에서 붕대를 제거한 후 주변이 환히 보이는지 먼저 확인하고, 레고 블록 같은 물건을 이용해서 그들이 세밀한 시각 능력을 충분히 회복했음을 확인했다. 또 그들이 여전히 수술 이전 수준의 촉각 능력을 갖고 있음도 확인했다. 이제 연구자들은 일단 환자의 눈을 가리고 특정한 형태의 물체를 손으로 만지게 한 뒤, 서로 비슷하지만 뚜렷이 구별될 만한 두 물체를 눈앞에 내놓고 조금 전 만졌던 것이 어느 쪽인지 말하도록 했다. 환자가 촉각을 통해 인지한 형태와 시각만으로 인지한 형태를 성공적으로 연결할 수 있는지를 시험한 것이다. 그런데 이 실험에서 각 환자들이 답을 맞힌 비율은 50%, 즉 둘 중 아무것이나 마구 고른 경우와 거의 차이가 없었다. 한편 환자들은 눈으로 사물을 읽는 법을 빠르게 배우는 것으로 나타났다. 연구팀은 그들이 대략 한 주 안에 정상인과 똑같이 시각만으로 사물의 형태를 정확히 읽을 수 있게 되었다고 보고하였다. 이로 인해 경험론자들과 생득론자들의 견해 중 한 입장이 강화되었다. ▶3문단

① 몰리눅스의 물음에 부정적인 답변이 나와 경험론자들의 견해가 강화되었다. ➡ (O) 몰리눅스의 물음은 손으로 만져서 알게 된 것과 눈으로 사물을 봐서 알게 된 것을 일치시킬 수 있는지에 대한 것이다. 즉 경험과 무관하게 외부의 정보를 처리할 수 있는지에 대한 궁금증인 것이다. 그런데 마지막 문단 후반부에 서술된 연구결과에서 시각과 촉각을 일치시킨 비율이 50%였음을 알 수 있다. 이는 몰리눅스의 물음에 대한 부정적인 답변에 해당하고, 이는 경험론자들의 견해를 강화하고 생득론자들의 견해를 약화한다.

② 몰리눅스의 물음에 부정적인 답변이 나와 생득론자들의 견해가 강화되었다. ➡ (X) 생득론자들의 견해는 약화되었다.

③ 몰리눅스의 물음에 긍정적인 답변이 나와 경험론자들의 견해가 강화되었다. ➡ (X) 몰리눅스의 물음에 부정적인 답변이 나왔다.

④ 몰리눅스의 물음에 긍정적인 답변이 나와 생득론자들의 견해가 강화되었다. ➡ (X) 몰리눅스의 물음에 부정적인 답변이 나왔고, 생득론자들의 견해는 약화되었다.

⑤ 몰리눅스의 물음에 긍정적인 답변이 나왔지만, 어느 견해를 강화

할 수 있는지는 판명되지 않았다. ➡ (X) 몰리눅스의 물음에 부정적인 답 변이 나왔고, 이로 인해 경험론자들의 견해가 강화되었다.

07 ③

정답률 78.5%

| **문제 유형** | 비판적 사고 > 지문에서 추론하기

| **접근 전략** | 지문에서 '추론'이라는 용어를 사용했지만 깊이 있는 추론적 사고를 요구하고 있지는 않다. 지문과 선지를 보면 곧 지문 내용을 바탕으로 선지 내용의 가부를 확인하는 문제 유형임을 알 수 있다. 따라서 지문에 언급된 대상들 간의 차이를 파악하면 문제를 쉽게 풀 수 있다. 특히 본 문제는 지문의 내용에 비해서 선지의 문장이 짧고 간단하여, 의학박사, 의사, 약점사의 역할만 이해해도 문제 해결이 가능하다.

다음 글에서 추론할 수 있는 것은?

고려시대에 지방에서 의료를 담당했던 사람으로는 의학박사, 의사, 약점사가 있었다. 의학박사는 지방에 파견된 최초의 의관으로서, 12목에 파견되어 지방의 인재들을 뽑아 의학을 가르쳤다. 반면 의사는 지방 군현에 주재하면서 약재 채취와 백성의 치료를 담당하였다. 의사는 의학박사만큼 교육에 종사하기는 어려웠지만 의학교육의 일부를 담당했다. 의학박사에 비해 관품이 낮은 의사들은 실력이 뒤지거나 경력이 부족했으며 행정업무를 병행하기도 하였다. ▶1문단

한편 지방 관청에는 약점이 설치되었고, 그곳에 약점사를 배치하였다. 약점사는 향리들 중에서 임명하였는데, 향리가 없는 개경과 서경을 제외한 전국의 모든 고을에 있었다. 약점은 약점사들이 환자들을 치료하는 공간이자 약재의 유통 공간이었다. 지방 관청에는 향리들의 관청인 읍사가 있었다. 큰 고을은 100여 칸, 중간 크기 고을은 10여 칸, 작은 고을은 4~5칸 정도의 규모였다. 약점도 읍사 건물의 일부를 사용하였다. 약점사들이 담당한 여러 일 중 가장 중요한 것은 인삼, 생강, 백자인 등 백성들이 공물로 바치는 약재를 수취하고 관리하여 중앙정부에 전달하는 일이었다. 약점사는 국왕이 하사한 약재들을 관리하는 일과 환자들을 치료하는 일도 담당하였다. 지방마다 의사를 두지는 못하였으므로 의사가 없는 지방에서는 의사의 업무 모두를 약점사가 담당했다. ▶2문단

① 의사들 가운데 실력이 뛰어난 사람이 의학박사로 임명되었다.
➡ (X) 1문단의 내용을 통해 의사는 의학박사에 비해 관품이 낮고 실력이나 경력이 부족했다는 것은 알 수 있지만, 의사들 가운데 실력이 뛰어난 사람이 의학박사로 임명되었는지는 알 수 없다.

② 약점사의 의학 실력은 의사들보다 뛰어났다. ➡ (X) 1문단에서 의학박사와 의사의 실력이나 경력 차이에 대해 언급했지만, 약점사와 의사의 의학 실력 차이에 대해서는 언급하지 않았다.

③ 약점사가 의학교육을 담당할 수도 있었다. ➡ (O) 의사는 의학교육의 일부를 담당하거나 행정업무를 병행하기도 했다는 언급이 1문단에 있고, 2문단 마지막에 보면 의사가 없는 지방에서는 약점사가 의사의 업무 모두를 담당했다는 언급이 있다. 따라서 약점사가 의사의 업무인 의학교육을 담당할 수도 있었음을 알 수 있다.

④ 의사는 향리들 중에서 임명되었다. ➡ (X) 2문단 앞부분의 내용을 통해 향리들 중에서 임명된 것은 의사가 아니라 약점사임을 알 수 있다.

⑤ 의사들의 진료 공간은 약점이었다. ➡ (X) 2문단에 따르면, 지방 관청에 설치된 약점은 의사가 아닌 약점사들이 환자들을 치료하는 공간이자 약재의 유통 공간이었다.

08 ③

정답률 85.1%

| **문제 유형** | 사실적 이해 > 논리 게임

| **접근 전략** | 각각의 논증에서 전제가 참일 때 결론이 반드시 참인 경우를 찾는 문제 유형이다. 전제와 결론을 차례대로 간단하게 도식화하고 해당 명제의 역, 이, 대우를 따져서 참과 거짓을 판별하면 된다.

다음 (가)~(마) 각각의 논증에서 전제가 모두 참일 때, 결론이 반드시 참인 것을 모두 고르면?

(가) 삼촌은 우리를 어린이대공원에 데리고 간다고 약속했다. 삼촌이 이 약속을 지킨다면, 우리는 어린이대공원에 갈 것이다. 우리는 어린이대공원에 갔다. 따라서 삼촌이 이 약속을 지킨 것은 확실하다. → (X) (가)의 논증을 정리하면 다음과 같다.
• 전제 1: 삼촌이 약속을 지킴 → 우리는 어린이대공원에 감
• 전제 2: 우리는 어린이대공원에 감
• 결론: 삼촌이 약속을 지킴
(가)의 전제 2와 결론은 '우리는 어린이대공원에 감 → 삼촌이 약속을 지킴'인데, 이는 전제 1의 '역'에 해당하므로 반드시 참은 아니다.

(나) 내일 비가 오면, 우리는 박물관에 갈 것이다. 내일 날씨가 좋으면, 우리는 소풍을 갈 것이다. 내일 비가 오거나 날씨가 좋을 것이다. 따라서 우리는 박물관에 가거나 소풍을 갈 것이다. → (O) (나)의 논증을 정리하면 다음과 같다.
• 전제 1: 내일 비가 옴 → 우리는 박물관에 감
• 전제 2: 내일 날씨가 좋음 → 우리는 소풍을 감
• 전제 3: 내일 비가 옴 (or) 내일 날씨가 좋음
• 결론: 우리는 박물관에 감 (or) 우리는 소풍을 감
(나)의 전제 3에서 전제 1과 전제 2 둘 중에 하나는 반드시 참이라고 하였으므로, 결론도 반드시 참임을 알 수 있다.

(다) 영희는 학생이다. 그녀는 철학도이거나 과학도임이 틀림없다. 그녀는 과학도가 아니라는 것이 밝혀졌다. 따라서 그녀는 철학도이다. → (O) (다)의 논증을 정리하면 다음과 같다.
• 전제 1: 영희는 학생임
• 전제 2: 영희는 철학도임 (or) 영희는 과학도임
• 전제 3: 영희는 과학도가 아님
• 결론: 영희는 철학도임
(다)의 전제 2에 따라 영희는 철학도와 과학도 둘 중에 하나이어야 하므로 전제 3에 의해 하나가 부정되면 다른 하나는 참일 수밖에 없다. 따라서 결론은 반드시 참이다.

(라) 그가 나를 싫어하지 않는다면, 나를 데리러 올 것이다. 그는 나를 싫어한다. 따라서 그는 나를 데리러 오지 않을 것이다. → (X) (라)의 논증을 정리하면 다음과 같다.
• 전제 1: 그가 나를 싫어하지 않음 → 그가 나를 데리러 옴
• 전제 2: 그는 나를 싫어함
• 결론: 그가 나를 데리러 오지 않음
(라)의 전제 2와 결론은 '그는 나를 싫어함 → 그가 나를 데리러 오지 않음'인데, 이는 전제 1의 '이'에 해당하므로 반드시 참은 아니다.

(마) 그가 유학을 간다면, 그는 군대에 갈 수 없다. 그가 군대에 갈 수 없다면, 결혼을 미루어야 한다. 그가 결혼을 미룬다면, 그녀와 헤어지게 될 것이다. 따라서 그녀와 헤어지지 않으려면, 그는 군대에 가서는 안 된다. → (X) (마)의 논증을 정리하면 다음과 같다.
• 전제 1: 유학을 감 → 군대에 못 감
• 전제 2: 군대에 못 감 → 결혼을 미룸
• 전제 3: 결혼을 미룸 → 그녀와 헤어짐
• 결론: 군대에 못 감 → 그녀와 헤어지지 않음
(마)의 전제 1, 2, 3을 연결하면 '유학을 감 → 군대에 못 감 → 결혼을 미룸 → 그녀와 헤어짐'인데, 여기에서 도출할 수 있는 것은 '군대에 못 감 → 그녀와 헤어짐'이다. 따라서 결론은 반드시 참이 아니다.

① (가), (나) ➡ (X)
② (가), (라) ➡ (X)
③ (나), (다) ➡ (O)
④ (나), (마) ➡ (X)
⑤ (다), (마) ➡ (X)

09 ②
정답률 89.2%

| 문제 유형 | 비판적 사고 > 지문에서 추론하기

| 접근 전략 | 그림을 바탕으로 지문의 내용을 파악하여 해당 논리 구조를 새로운 사례에 적용해 보는 문제 유형이다. 지문 내용과 그림을 통해 유전자 B의 경우 결여되어도 다른 유전자가 대신 발현되지 않는다는 점을 파악한 후 〈보기〉의 각 항목의 내용을 그림에 대입해 보면 쉽게 답을 도출할 수 있다.

다음 글로부터 옳게 추론한 것을 〈보기〉에서 모두 고르면?

정상적인 애기장대의 꽃은 바깥쪽에서부터 안쪽으로 꽃받침, 꽃잎, 수술 그리고 암술을 가지는 구조로 되어 있다. 이 꽃의 발생에 미치는 유전자의 영향에 대한 연구를 통해 유전자 A는 단독으로 꽃받침의 발생에 영향을 주고, 유전자 A와 B는 함께 작용하여 꽃잎의 발생에 영향을 준다는 것을 알아냈다. 그리고 유전자 B와 C는 함께 작용하여 수술의 발생에 영향을 미치며, 유전자 C는 단독으로 암술의 발생에 영향을 미치는 것을 알아냈다. 또한, 돌연변이로 유전자 A가 결여된다면 유전자 A가 정상적으로 발현하게 될 꽃의 위치에 유전자 C가 발현하고, 유전자 C가 결여된다면 유전자 C가 정상적으로 발현하게 될 꽃의 위치에 유전자 A가 발현한다는 것을 알아냈다.

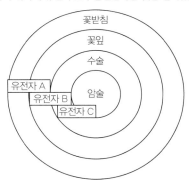

〈정상적인 애기장대 꽃 모형〉

─〈보기〉─

ㄱ. 유전자 A가 결여된 돌연변이 애기장대는 가장 바깥쪽으로부터 암술, 수술, 수술 그리고 암술의 구조를 가질 것이다. → (O) 유전자 C만 있는 위치에는 암술이, 유전자 B와 C가 있는 위치에는 수술이 발생한다. 유전자 A가 결여된 위치에는 유전자 C가 발현하므로, 바깥쪽부터 암술, 수술, 수술, 암술의 구조가 될 것임을 알 수 있다. 따라서 ㄱ은 옳게 추론한 내용이다.

ㄴ. 유전자 B가 결여된 돌연변이 애기장대는 가장 바깥쪽으로부터 꽃받침, 암술, 암술 그리고 꽃받침의 구조를 가질 것이다. → (X) 유전자 B가 결여되면 유전자 A와 유전자 C가 각각 2개 층을 독점하게 되므로 바깥쪽부터 꽃받침, 꽃받침, 암술, 암술의 구조를 갖게 될 것이다. 따라서 ㄴ은 틀린 추론이다.

ㄷ. 유전자 C가 결여된 돌연변이 애기장대는 가장 바깥쪽으로부터 꽃받침, 꽃잎, 꽃잎 그리고 꽃받침의 구조를 가질 것이다. → (O) 유전자 A만 있는 위치에는 꽃받침이, 유전자 A와 B가 있는 위치에는 꽃잎이 발생한다. 유전자 C가 결여된 위치에는 유전자 A가 발현하므로, 바깥쪽부터 꽃받침, 꽃잎, 꽃잎, 꽃받침의 구조가 될 것임을 알 수 있다. 따라서 ㄷ은 옳게 추론한 내용이다.

ㄹ. 유전자 A와 B가 결여된 돌연변이 애기장대는 수술과 암술만 존재하는 구조를 가질 것이다. → (X) 유전자 A와 B가 결여되면 유전자 C만 발현되므로, 암술만 존재하는 구조를 가질 것이다. 따라서 ㄹ은 틀린 추론이다.

① ㄱ, ㄴ ➡ (X)
② ㄱ, ㄷ ➡ (O)
③ ㄴ, ㄷ ➡ (X)
④ ㄴ, ㄹ ➡ (X)
⑤ ㄷ, ㄹ ➡ (X)

10 ⑤
정답률 92.7%

| 문제 유형 | 비판적 사고 > 판단하기

| 접근 전략 | 지문의 연구보고서는 게임 시간과 학업 성적의 상관관계에 대해서만 서술하고 있다. 즉, '1시간 이내로 게임을 하면 성적이 상위권으로 유지된다.'라는 것이다. 따라서 '게임 시간'과 '학업 성적' 외의 다른 변인을 제시할 경우, 지문과의 상관성은 사라지며 적절한 변인을 제공해도 결과에 변화가 없다면 이 연구의 결론을 약화할 수 있다는 점을 염두에 두고 문제를 풀어야 한다.

다음 글에 대한 평가로 적절한 것은?

김 과장은 아들 철수가 최근 출시된 '디아별로' 게임에 몰두한 나머지 학업을 소홀히 하고 있다는 것을 알았다. 그러던 중 컴퓨터 게임과 학업 성적에 대한 다음과 같은 연구 결과를 접하게 되었다. 그 연구 결과에 의하면, 하루 1시간 이내로 게임을 하는 아이들은 1시간 이상 게임을 하는 아이들보다 성적이 높았고 상위권에 속했으나, 하루 1시간 이상 게임을 하는 아이들의 경우 게임을 더 오래 하는 아이들이 성적이 더 낮은 것으로 나타났다. 연구보고서는 아이들이 게임을 하는 시간을 부모가 1시간 이내로 통제한다면, 아이들의 학교 성적이 상위권에서 유지될 것이라고 결론을 내리고 있다.

① 게임을 하는 시간보다 책 읽는 시간이 더 많은 아이들이 그렇지 않은 아이들보다 성적이 더 높았다면, 이는 위 글의 결론을 강화한다. ➡ (X) 지문에서는 게임 시간과 학업 성적의 관계에 대한 연구 결과만을 다루고 있다. 책 읽는 시간은 새로운 변인이므로 지문의 결론과는 어떠한 상관관계도 파악할 수 없다.

② 하루 1시간 이상 3시간 이내 게임을 하던 아이들의 게임 시간을 줄였으나 성적이 오르지 않았다면, 이는 위 글의 결론을 강화한다. ➡ (X) 게임 시간을 줄였으나 성적이 오르지 않았다면 이는 지문의 결론을 약화한다.

③ 하루에 게임을 하는 시간을 1시간 이내로 줄인 아이들이 여분의 시간을 책 읽는 데 썼다면, 이는 위 글의 결론을 약화한다. ➡ (X) 지문에서는 게임 시간과 학업 성적의 관계에 대한 연구 결과만을 다루고 있다. 책 읽는 시간은 새로운 변인이므로 지문의 결론과는 어떠한 상관관계도 파악할 수 없다.

④ 평균 이하의 성적을 보이는 아이들이 대부분 하루에 3시간 이상씩 게임을 하였다면, 이는 위 글의 결론을 약화한다. ➡ (X) 3시간 이상 게임을 한 학생들의 성적이 평균 이하였다는 것은 지문의 결론을 강화한다.

⑤ 아이들의 게임 시간을 하루 1시간 이상으로 늘려도 성적에 변화가 없었다면, 이는 위 글의 결론을 약화한다. ➡ (O) 지문의 연구보고서에서는 게임을 1시간 이내로 했을 때 성적이 상위권에 속하고, 게임을 오래 할수록 성적이 낮게 나타난다고 결론을 내렸다. 따라서 게임 시간을 1시간 이상으로 늘렸는데도 결과에 변화가 없다면, 이는 지문의 결론을 약화한다.

11 ①

| 문제 유형 | 사실적 이해 > 정보 확인

| 접근 전략 | 1문단에서 핵심 용어의 개념을 설명한 뒤 이어 경제 주체들이 선호하는 대상이 무엇인지 서술한 글이다. 선지에서 공통적으로 등장하고 있는, 소비자와 판매자, 대안재와 대체재의 관계를 지문의 마지막 문단에서 다루고 있으므로 마지막 문단을 집중해서 읽고 이와 부합하지 않는 선지를 소거해 나가면 빠르게 정답을 찾을 수 있다.

다음 글의 내용과 부합하는 것은?

대체재와 대안재의 구별은 소비자뿐만 아니라 판매자에게도 중요하다. 형태는 달라도 동일한 핵심 기능을 제공하는 제품이나 서비스는 각각 서로의 대체재가 될 수 있다. 대안재는 기능과 형태는 다르나 동일한 목적을 충족하는 제품이나 서비스를 의미한다. ▶1문단

사람들은 회계 작업을 위해 재무 소프트웨어를 구매하여 활용하거나 회계사를 고용해 처리하기도 한다. 회계 작업을 수행한다는 측면에서, 형태는 다르지만 동일한 기능을 갖고 있는 두 방법 중 하나를 선택할 수 있다. ▶2문단

이와는 달리 형태와 기능이 다르지만 같은 목적을 충족시켜 주는 제품이나 서비스가 있다. 여가 시간을 즐기고자 영화관 또는 카페를 선택해야 하는 상황을 보자. 카페는 물리적으로 영화관과 유사하지도 않고 기능도 다르다. 하지만 이런 차이에도 불구하고 사람들은 여가 시간을 보내기 위한 목적으로 영화관 또는 카페를 선택한다. ▶3문단

소비자들은 구매를 결정하기 전에 대안적인 상품들을 놓고 저울질한다. 일반 소비자나 기업 구매자 모두 그러한 의사결정 과정을 갖는다. 그러나 어떤 이유에서인지 우리가 파는 사람의 입장이 됐을 때는 그런 과정을 생각하지 못한다. 판매자들은 고객들이 대안 산업군 전체에서 하나를 선택하게 되는 과정을 주목하지 못한다. 반면에 대체재의 가격 변동, 상품 모델의 변화, 광고 캠페인 등에 대한 새로운 정보는 판매자들에게 매우 큰 관심거리이므로 그들의 의사결정에 중요한 역할을 한다. ▶4문단

① 판매자들은 대안재보다 대체재 관련 정보에 민감하게 반응한다.
➡ (O) 마지막 문단에서 소비자들은 구매를 결정하기 전에 대안적인 상품들을 놓고 저울질하는데, 판매자가 되었을 때는 이를 생각하지 못한다는 것과 판매자들은 대체재에 대한 새로운 정보에 관심을 갖는다는 점을 제시하고 있다. 따라서 판매자들이 대안재보다 대체재 관련 정보에 민감하게 반응한다는 것은 지문 내용과 부합한다.

② 판매자들은 소비자들의 대안재 선택 과정을 잘 이해한다. ➡ (X)
마지막 문단에서 판매자들은 고객들이 대안 산업군 전체에서 하나를 선택하게 되는 과정을 주목하지 못한다고 한 것을 통해 판매자들이 소비자들의 대안재 선택 과정을 제대로 이해하지 못하고 있음을 알 수 있다.

③ 재무 소프트웨어와 회계사는 서로 대안재의 관계에 있다. ➡ (X)
2문단에서 재무 소프트웨어와 회계사는 형태는 다르지만 동일한 기능을 제공하므로 각각 서로의 대체재가 된다고 하였다.

④ 소비자들은 대안재보다 대체재를 선호하는 경향이 있다. ➡ (X)
마지막 문단에서 소비자들이 구매 결정 전에 대안재를 놓고 고민한다고 한 것을 통해 소비자들은 대체재가 아닌 대안재를 선호하는 경향이 있음을 알 수 있다.

⑤ 영화관과 카페는 서로 대체재의 관계에 있다. ➡ (X) 3문단의 내용을 통해 영화관과 카페는 형태와 기능이 다르지만 같은 목적을 충족시켜주는 대안재 관계에 있음을 알 수 있다.

---

12 ③

| 문제 유형 | 비판적 사고 > 지문에서 추론하기

| 접근 전략 | 조선시대 궁궐의 구성 요소를 공간 배치의 순서대로 설명한 글이다. 다소 낯선 명칭들이 등장하지만, 각 명칭이 지시하는 대상이 무엇인지만 명확하게 인지하면 큰 어려움이 없이 지문의 내용을 이해할 수 있다. 또한 공간의 위치를 남쪽에서 북쪽으로 이동하면서 순서대로 설명하고 있기 때문에 머릿속으로 각 건물의 배치도를 그리면서 지문을 읽으면 좀 더 쉽고 빠르게 내용을 파악할 수 있다.

다음 글에서 추론할 수 없는 것은?

조선시대의 궁궐은 남쪽에서 북쪽에 걸쳐 외전(外殿), 내전(內殿), 후원(後苑)의 순서로 구성되었다. 공간배치상 가장 앞쪽에 배치된 외전은 왕이 의례, 외교, 연회 등 정치행사를 공식적으로 치르는 공간이며, 그 중심은 정전(正殿) 혹은 법전(法殿)이라고 부르는 건물이었다. 정전은 회랑(回廊)으로 둘러싸여 있는데, 그 회랑으로 둘러싸인 넓은 마당이 엄격한 의미에서 조정(朝庭)이 된다. ▶1문단

내전은 왕과 왕비의 공식 활동과 일상적인 생활이 이루어지는 공간으로서 위치상으로 궁궐의 중앙부를 차지할 뿐만 아니라 그 기능에서도 궁궐의 핵심을 이루는 곳이다. 그 가운데서도 왕이 일상적으로 기거하는 연거지소(燕居之所)는 왕이 가장 많은 시간을 보내는 곳이다. 주요 인물들을 만나 정치 현안에 대해 의견을 나누는 곳으로 실질적인 궁궐의 핵심이라 할 수 있다. 왕비의 기거 활동 공간인 중궁전은 중전 또는 중궁이라고도 불렸는데 궁궐 중앙부의 가장 깊숙한 곳에 위치한다. 동궁은 차기 왕위 계승자인 세자의 활동 공간으로 내전의 동편에 위치한다. 세자도 동궁이라 불리기도 하였는데, 그 이유는 다음 왕위를 이을 사람이기에 '떠오르는 해'라는 상징적 의미를 가졌기 때문이다. 내전과 동궁 일대는 왕, 왕비, 세자와 같은 주요 인물의 공간이다. 그들을 시중드는 사람들의 기거 활동 공간은 내전의 뒤편에 배치되었다. 이 공간은 내전의 연장으로 볼 수 있고, 뚜렷한 명칭이 따로 있지는 않았다. ▶2문단

후원은 궁궐의 북쪽 산자락에 있는 원유(苑囿)를 가리킨다. 위치 때문에 북원(北苑)으로 부르거나, 아무나 들어갈 수 없는 금단의 구역이기에 금원(禁苑)이라고도 불렸다. 후원은 일차적으로는 휴식 공간이었다. 또한 부차적으로는 내농포(內農圃)라는 소규모 논을 두고 왕이 직접 농사를 체험하며 농민들에게 권농(勸農)의 모범을 보이는 실습장의 기능도 가지고 있었다. ▶3문단

① 내농포는 금원에 배치되었다. ➡ (O) 마지막 문단에서 내농포는 왕이 직접 농사를 체험하는 소규모 논으로 후원, 즉 금원에 위치해 있다고 한 것을 통해 추론할 수 있는 내용이다.

② 내전에서는 국왕의 일상생활과 정치가 병행되었다. ➡ (O) 2문단을 보면 내전은 왕과 왕비의 공식 활동과 일상적인 생활이 이루어지는 공간일 뿐만 아니라 왕이 주요 인물들을 만나 정치 현안에 대해 의견을 나누는 곳이라고 언급되어 있다. 이를 통해 본 선지의 내용을 추론할 수 있다.

③ 궁궐 남쪽에서 공간적으로 가장 멀리 위치한 곳은 중궁전이다.
➡ (X) 3문단의 내용을 통해 궁궐 남쪽에서 공간적으로 가장 멀리 위치한 곳은 궁궐의 북쪽 산자락에 있는 원유, 즉 후원임을 알 수 있다. 또한 2문단의 내용을 통해 중궁전은 궁궐 중앙부의 가장 깊숙한 곳에 위치해 있음을 확인할 수 있다.

④ 외국 사신을 응대하는 국가의 공식 의식은 외전에서 거행되었다.
➡ (O) 지문의 첫째 문단에서 외전은 왕이 의례, 외교, 연회 등 정치 행사를 공식적으로 치르는 공간이라고 설명하였다.

⑤ 동궁은 세자가 활동하는 공간의 이름이기도 하고 세자를 가리키는 별칭이기도 하였다. ➡ (O) 2문단에서 동궁은 세자의 활동 공간을 가리키는 말이라고 하였다. 또한 이어지는 내용을 통해 '떠오르는 해'라는 상징적 의미 때문에 다음 왕위를 이을 사람인 세자를 동궁이라고 부르기도 했음을 알 수 있다.

---

13 ④

| **문제 유형** | 비판적 사고 > 지문에서 추론하기

| **접근 전략** | 과학 지문은 핵심 용어들의 상관관계를 파악하며 읽어야 한다. 따라서 본 지문의 경우 주로 논의되고 있는 TNT와 초코칩 과자의 관계를 우선적으로 파악해야 한다. 표를 통해 동일한 양을 기준으로 했을 때 TNT보다 초코칩 과자의 에너지 크기가 훨씬 크다는 것을 파악한 후, 그럼에도 불구하고 초코칩 과자를 폭발 용도로 사용할 수 없는 이유를 후반부에서 찾으면 된다.

다음 글에서 추론할 수 없는 것은?

아래 표는 각각의 물체가 1g당 가지고 있는 에너지를 표시한 것이다.

구분	1g당 에너지 (단위: kcal)	TNT에 대한 에너지 상댓값
컴퓨터 충전기	0.1	0.15
TNT	0.65	1
초코칩 과자	5	8
우라늄-235	2천만	3천만

TNT(trinitrotoluene)와 초코칩 과자 모두는 원자들로 구성된다. 이들 원자 사이에는 힘이 작용하며 이 힘에는 에너지가 저장되어 있다. 이런 에너지를 화학적 에너지라고 부른다. 화학적 에너지는 우리에게 놀라운 사건을 보여줄 수 있다. TNT의 폭발이란, 원자들 사이의 힘이 원자들을 아주 빠른 속도로 밀어내는 것이다. 마치 용수철을 압축했다 놓으면 용수철이 갑자기 팽창하는 것과 같다. ▶1문단

위의 표에서 가장 놀라운 사실은 초코칩 과자에 저장된 에너지가 같은 질량의 TNT보다 8배나 많다는 것이다. 어떻게 이것이 가능한가? 왜 우리는 TNT 대신에 초코칩 과자로 건물을 날려 버릴 수 없는 것인가? ▶2문단

파괴하는 용도로 TNT가 유용한 이유는 TNT가 아주 빠르게 에너지를 방출하기 때문이다. 이 과정에서 발생하는 열은 매우 고온이므로, TNT는 순식간에 기체 상태로 팽창하여 주변에 있는 물체들을 밀면서 부수어 버린다. 1g의 TNT가 가지고 있는 에너지를 방출하는 데 걸리는 시간은 1백만분의 1초이다. 이런 갑작스런 에너지 방출은 매우 단단한 물질도 파괴할 수 있다. 에너지가 방출되는 빠르기를 '일률'이라 한다. ▶3문단

초코칩 과자가 같은 질량의 TNT보다 더 많은 에너지를 갖고 있지만, 물질 대사라는 화학 과정을 거쳐서 훨씬 더 느리게 에너지를 방출한다. 위에서 음식물을 산으로 섞거나 장에서 효소로 섞는 소화 과정은 화학적 변화들을 필요로 한다. 마지막으로 소화된 산물인 포도당은 세포 내에서, 폐에서 얻어지고 혈액 세포에 의해 운반된 산소와 반응하여 에너지를 생산하는 데 쓰인다. ▶4문단

① 우라늄-235는 같은 질량의 초코칩 과자나 TNT보다 훨씬 많은 에너지를 갖고 있다. ➡ (O) 표를 통해 1g당 2천만의 에너지를 가진 우라늄-235가 TNT나 초코칩 과자에 비해 훨씬 많은 에너지를 갖고 있음을 알 수 있다.

② 동일한 양의 에너지를 저장하는 데 필요한 질량은 컴퓨터 충전기가 TNT보다 더 크다. ➡ (O) 제시된 표는 양을 기준으로 물체가 가지고 있는 에너지를 표시한 것이다. TNT가 컴퓨터 충전기보다 많은 에너지를 가지고 있으므로 에너지를 기준으로 동일한 양의 에너지를 저장하기 위해 각 물체가 필요로 하는 양을 표시하면, TNT에 비해 컴퓨터 충전기가 더 많은 양을 필요로 할 것임을 알 수 있다.

③ 어떤 물체에 화학적 에너지가 많이 저장되어 있다고 해서 빠르게 방출되는 것은 아니다. ➡ (O) 2문단에서는 초코칩 과자에 저장된 에너지가 같은 질량의 TNT보다 8배나 많은데도 초코칩 과자로 폭발을 일으킬 수 없는 것에 의문을 제기하고 있다. 이에 대해 3문단에서는 TNT가 아주 빠르게 에너지를 방출해 단단한 물질도 파괴할 수 있다고 했고, 4문단에서는 물질 대사라는 화학 과정을 거치는 초코칩 과자가 TNT보다 훨씬 느리게 에너지를 방출한다고 했다. 이를 통해 화학적 에너지가 많이 저장되어 있다고 해서 빠르게 방출되는 것은 아님을 알 수 있다.

④ 초코칩 과자를 에너지로 전환하더라도 일률이 낮아서 그 에너지는 같은 질량의 TNT가 가진 에너지보다 적다. ➡ (X) TNT는 일률이 높아서 폭발이 가능한 것이고, 초코칩 과자는 일률이 낮아서 파괴할 수 없는 것일 뿐 에너지의 양이 달라지는 것은 아니다.

⑤ 초코칩 과자가 물질 대사를 통해 에너지를 방출하는 데 걸리는 시간은 TNT가 에너지를 방출하는 데 걸리는 시간보다 길다. ➡ (O) 마지막 문단에서 '초코칩 과자가 같은 질량의 TNT보다 더 많은 에너지를 갖고 있지만, 물질 대사라는 화학 과정을 거쳐서 훨씬 더 느리게 에너지를 방출한다.'라고 한 것을 통해 TNT보다 초코칩 과자가 에너지를 방출하는 데 걸리는 시간이 더 길다는 것을 알 수 있다.

14 ⑤

| **문제 유형** | 비판적 사고 > 빈칸 채우기

| **접근 전략** | 문맥상 각 문단의 내용과 어울리는 평가의 내용을 찾는 문제 유형이다. 먼저 글을 읽으면서 각 문단의 중심 내용이 무엇인지 파악해야 한다. 또한 각 문단의 마지막에 이어질 문장을 찾아야 하므로, 빈칸 앞에 위치한 문장의 내용과 자연스럽게 연결되는 내용을 찾아야 한다.

다음 글의 문맥상 (가)~(라)에 들어가기에 가장 적절한 것을 〈보기〉에서 골라 알맞게 짝지은 것은?

플라톤은 아테네에서 진행되던 민주주의에 대해 탐탁하지 않게 생각했다. 플라톤은 지혜를 갖춘 전문가가 정치를 담당해야 한다고 보았다. 자격을 갖춘 능력 있는 소수를 뒷전으로 밀어내고 무능하고 무책임한 다수 대중에게 권력을 이양하는 민주주의의 정치 게임에 플라톤은 분노했다. 특히 플라톤은 궤변으로 떠들어대는 무능한 민주주의 정치 지도자들을 비판했다. ▢(가) ▶1문단

이랬던 플라톤이 자신의 마지막 저서인 『법률』에서는 대중에게 적정한 수준에서 자유를 허용하는 체제, 즉 왕정과 민주정의 요소를 고루 내포한 혼합 체제의 필요성을 역설했다. 일정 정도의 자유와 정치 참여를 대중들에게 허용하면, 그들은 국가에 애착을 느끼고 필요하다면 자신을 희생하기도 한다고 플라톤은 강조했다. 대중들의 정치 참여가 국가의 발전 가능성을 높여 준다고 생각한 것이다. ▢(나) ▶2문단

그렇다고 해서 플라톤이 전적으로 민주주의에 투항한 것은 결코 아니다. 『법률』의 경우에도 여전히 민주주의를 찬양하는 대목보다 그것을 강경하게 비판하는 대목이 더 많이 눈에 띈다. 민주정과 왕정의 혼합 체제를 지향하기는 했지만, 플라톤에게 민주주의는 중심적 요소가 아닌 부차적 요소에 지나지 않았다. 플라톤이 지향한 혼합 체제는 대중들의 승인을 받은 귀족주의에 가까운 것이었다. 그에게 대중이란 주권자일 수는 있어도 결코 지배자가 될 수는 없는 존재였다. ▢(다) ▶3문단

플라톤이 대중들의 정치 참여를 어느 정도 수용하면서도 민주주의를 인정하지 않았던 것은 의미심장한 대목이다. 해석하기에 따라, 플라톤의 태도는 대중들을 정치의 주인인 것처럼 착각하게 만든 후 그들의 충성을 끌어내고, 정치적 실권은 실상 소수 엘리트들에게 넘겨주는 '사이비' 민주주의 체제를 가능하게 한 것처럼 보이기 때문이다. ▢(라) ▶4문단

〈보기〉

ㄱ. 생각해보면 이는 일인 독재 정치 체제보다 더욱 기만적인 정치 체제일 수 있다. → 4문단의 마지막 부분에 플라톤의 태도에 대한 비판이 나온다. 대중들을 착각하게 해 그들의 충성만 끌어내고, 실제로 정치적 실권은 소수 엘리트에게 넘겨주는 사이비 민주주의 체제는 대중을 기만하는 정치 체제라고 할 수 있다. 따라서 ㄱ은 (라)에 들어가야 한다.

ㄴ. 이것을 액면 그대로 받아들이면 플라톤이야말로 참여 민주주의의 원조격이 아닐 수 없다. → (나)의 앞 문장에서는 대중들의 정치 참여가 국가의 발전 가능성을 높여준다고 했으므로, 플라톤이 참여 민주주의를 지지했

음을 드러내는 ㄴ의 내용이 이어지는 것이 적절하다.

- ㄷ. 민주주의를 내세우지만 동시에 대중들의 정치 참여를 제한하는 것이 플라톤 정치 이론의 실체이다. → 3문단의 첫째 문장에서 플라톤이 전적으로 민주주의를 지지하지는 않음을 언급하면서 플라톤이 지향한 혼합 체제에서는 대중들이 주권자일 수는 있어도 지배자가 될 수 없다고 하였다. 이는 대중의 정치 참여를 제한하는 것이다. 따라서 ㄷ은 (다)에 들어가야 한다.
- ㄹ. 플라톤은 민주주의를 이끄는 정치인들의 실체가 수술을 요하는 환자에게 메스 대신 비타민을 내미는 엉터리 의사와 같다고 생각했다. → (가)의 마지막에 플라톤이 무능한 민주주의 정치 지도자들을 비판했다는 내용이 나오므로, 플라톤이 민주주의 정치인들을 무능한 의사에 비유한 ㄹ은 (가)에 들어가기에 적절한 내용이다.

	(가)	(나)	(다)	(라)	
①	ㄱ	ㄹ	ㄴ	ㄷ	➡ (X)
②	ㄴ	ㄱ	ㄹ	ㄷ	➡ (X)
③	ㄴ	ㄹ	ㄱ	ㄷ	➡ (X)
④	ㄹ	ㄱ	ㄷ	ㄴ	➡ (X)
⑤	ㄹ	ㄴ	ㄷ	ㄱ	➡ (O)

15 ①
정답률 88.9%

| **문제 유형** | 비판적 사고 > 지문에서 추론하기 |

접근 전략 | 선지의 내용을 지문의 해당 부분에서 찾아 직접 대조하여 내용을 추론하는 문제 유형이다. 지문의 난도도 낮고 문제 풀이 방식도 비교적 간단한 문항이므로 뒤에 어려운 문제가 나올 것에 대비해 최대한 빠른 시간 안에 문제를 풀이해야 한다.

다음 글에서 추론할 수 없는 것은?

목조 건축물에서 골조 구조의 가장 기본적인 양식은 기둥과 보가 결합된 것으로서 두 기둥 사이에 보를 연결한 구조이다. 두 개의 기둥 사이에 보를 연결하여 건물의 한 단면이 형성되고 이런 연결을 계속 반복하여 공간을 만들어 갈 수 있다. 이런 구조는 기둥에 대해 수직으로 작용하는 하중에는 강하지만 수평으로 가해지는 하중에는 취약하다. 따라서 기둥과 보 사이에 가새를 넣어 주어야 하며, 이를 통해 견고한 구조가 실현된다. ▶1문단

가새는 보와 기둥 사이에 대각선을 이루며 연결하는 부재(部材)이다. 기둥과 보 그리고 가새가 서로 연결되어 삼각형 형태를 이루면 목조 건축물의 골조는 더 안정된 구조를 이룰 수 있다. 이러한 삼각형 형태 때문에 보에 가해지는 수평 하중이 가새를 통해 기둥으로 전달된다. 대부분의 가새는 하나의 보와 이 보의 양 끝에 수직으로 연결된 두 기둥에 설치되므로 마주보는 짝으로 구성된다. 가새는 보에 가해지는 수직 하중의 일부도 기둥으로 전달하는 역할을 한다. 그러나 가새의 크기와 그것이 설치될 위치를 설계할 때에는 수평 하중의 영향만을 고려한다. ▶2문단

① 가새는 수직 하중에 약한 구조를 보완한다. ➡ (X) 1문단에서 기둥과 보가 결합된 구조는 수평으로 가해지는 하중에는 취약하므로, 이를 보완하기 위해 가새를 넣어 준다고 했다. 따라서 가새는 수직 하중이 아니라 수평 하중에 약한 구조를 보완하는 역할을 한다는 것을 알 수 있다.

② 가새는 수직 하중의 일부를 기둥으로 보낸다. ➡ (O) 2문단 마지막 부분의 내용을 통해 가새가 보에 가해지는 수직 하중의 일부를 기둥으로 전달하는 역할을 한다는 것을 알 수 있다.

③ 가새는 목조 골조 구조의 안정성을 향상시킨다. ➡ (O) 1문단에서 목조 골조 구조의 기본적인 양식은 기둥과 보가 결합된 형태인데, 이는 가새를 통해 견고한 구조가 실현된다고 한 것을 통해 가새가 목조 골조 구조의 안정성을 향상시킴을

④ 가새를 얼마나 크게 할지, 어디에 설치할지를 설계할 경우에 수평 하중의 영향만을 생각한다. ➡ (O) 2문단 마지막에서 가새의 크기와 위치를 설계할 때는 수평 하중의 영향만을 고려한다고 한 것을 통해 알 수 있다.

⑤ 가새는 대부분 하나의 보를 받치는 두 개의 기둥 각각에 설치되므로 한 쌍으로 이루어진다. ➡ (O) 2문단에서 '대부분의 가새는 하나의 보와 이 보의 양 끝에 수직으로 연결된 두 기둥에 설치되므로 마주보는 짝으로 구성된다.' 라고 한 것을 통해 가새가 한 쌍으로 이루어짐을 알 수 있다.

16 ⑤
정답률 97.3%

| **문제 유형** | 사실적 이해 > 정보 확인 |

접근 전략 | 지문의 세부 내용을 확인하는 문제 유형이다. 제시된 지문에서는 1930년대와 1950년대의 영국 왕실 의례의 차이점을 바탕으로 영국 왕실 의례의 부활이 대중에게 미친 영향을 서술하고 있다. 따라서 이를 중심으로 지문을 꼼꼼하게 읽은 후 지문에서 언급하지 않은 내용이 선지에 나온 경우를 제외하고 나면 수월하게 정답을 찾을 수 있다.

다음 글에서 알 수 있는 것은?

1937년 영국에서 거행된 조지 6세의 대관식에 귀족들은 대부분 자동차를 타고 왔다. 대관식에 동원된 마차는 단 세 대밖에 없었을 정도로 의례에서 마차가 차지하는 비중이 작아졌다. 당시 마차에 관련된 서적에서 나타나듯이, 대귀족 가문들조차 더 이상 호화로운 마차를 사용하지 않았다. 당시 마차들은 조각이 새겨진 황금빛 왕실 마차와 같이 순전히 의례용으로 이용되는 경우를 제외하고는 거의 사용되지 않은 채 방치되었다. ▶1문단

제2차 세계대전 이후 전투기와 탱크와 핵폭탄이 세계를 지배하면서, 대중은 급격한 과학 기술의 발전에 두려움과 어지러움을 느끼게 되었다. 이런 배경에서 영국 왕실의 의례에서는 말과 마차와 검과 깃털 장식 모자의 장엄한 전통이 정치적으로 부활했다. 1953년 엘리자베스 2세의 대관식은 전통적인 방식으로 성대하게 치러졌다. 대관식에 참여한 모든 외국 왕족과 국가 원수를 마차에 태웠고, 이때 부족한 일곱 대의 마차를 한 영화사에서 추가로 임대할 정도였다. ▶2문단

왕실의 고풍스러운 의례가 전파로 송출되기 시작하면서, 급변하는 사회를 혼란스러워하던 대중은 전통적 왕실 의례에서 위안을 찾았다. 국민의 환호와 열광 속에 화려한 마차를 타고 개선로를 통과하는 군주에게는 어수선한 시대의 안정적 구심점이라는 이미지가 부여되었다. 군주는 전후 경제적 피폐와 정치적 혼란의 양상을 수습하고 국가의 질서를 재건하는 상징적 존재로 부상하였다. ▶3문단

① 1953년 영국 왕실의 의전 행사 방식은 1937년의 그것과 같았다. ➡ (X) 1937년의 대관식에는 대부분의 귀족들이 자동차를 타고 왔고, 전통적인 방식으로 치러진 1953년의 대관식에서는 모든 외국 왕족과 국가 원수를 마차에 태웠으므로 두 행사는 그 방식이 달랐음을 알 수 있다.

② 영국 왕실 의례는 영국의 지역 간 통합에 순기능으로 작동했다. ➡ (X) 3문단에 따르면 영국의 전통적 왕실 의례는 군주에게 어수선한 시대의 안정적 구심점이라는 이미지를 부여했다. 지역 간 통합에 순기능으로 작동했다는 내용은 제시되지 않았다.

③ 영화는 영국 왕실 의례가 대중에 미치는 영향력을 잘 보여 주었다. ➡ (X) 영화가 아니라 전파로 송출된 왕실 의례가 대중에게 어떤 영향을 미쳤는지를 알 수 있다.

④ 시대의 변화에 따라 영국 왕실 의례의 장엄함과 섬세함은 왕실 외부로 알려지지 않게 되었다. ➡ (X) 제2차 세계대전 이후 영국 왕실 의례의 장엄한 전통은 정치적으로 부활했고 그 이후 대관식의 장면들은 전파로 송출되어 외부에 알려졌다.

⑤ 제2차 세계대전 이후 전통적 영국 왕실 의례의 부활은 대중들에

게 위안과 안정을 주는 역할을 하였다. ➡ (O) 제2차 세계대전 이후 급격한 과학 기술의 발전에 두려움과 어지러움을 느끼게 된 대중은 1953년 전통적 방식으로 치러진 엘리자베스 2세의 대관식을 통해 위안을 찾았다.

17 ④

정답률 83.5%

|문제 유형| 비판적 사고 > 빈칸 채우기
|접근 전략| 질문과 대답의 흐름을 통해 갑의 견해에 나타나는 논리적 구조를 찾을 수 있어야 한다. 갑의 대답에 이어지는 을의 반응이 '너의 대답은 모순이야.'이므로, 앞서 나온 갑의 '훌륭한 예술'에 대한 정의와 을이 제기한 질문 사이에 모순이 발생해야 한다. 따라서 결론을 부정하면 모순이 일어난다는 것을 바탕으로 답을 찾으면 된다.

(가), (나)에 들어갈 말을 올바르게 짝지은 것은?

갑: 예술가의 작업이란, 자신이 경험한 감정을 타인도 경험할 수 있도록 색이나 소리와 같이 감각될 수 있는 여러 형태로 표현하는 것이지.

을: 그렇다면 훌륭한 예술과 그렇지 못한 예술을 구별하는 기준은 무엇이지?

갑: 그것이야 예술가가 해야 할 작업을 성공적으로 수행하면 훌륭한 예술이고, 그런 작업에 실패한다면 훌륭하지 못한 예술이지. 즉 예술가가 경험한 감정이 잘 전달되어 감상자도 그런 감정을 느끼게 되는 예술을 훌륭한 예술이라고 할 수 있어.

을: 예술가가 느낀 감정 중에서 천박한 감정이 있을까? 아니면 예술가가 느낀 감정은 모두 고상하다고 할 수 있을까?

갑: 물론 여느 사람과 마찬가지로 예술가 역시 천박한 감정을 가질 수 있지. 만약 어떤 예술가가 남의 고통을 보고 고소함을 느꼈다면 이는 천박한 감정이라고 해야 할 텐데, 예술가라고 해서 모두 천박한 감정을 갖지 않는다고 할 수는 없어.

을: 그렇다면 천박한 감정을 느낀 예술가가 그 감정을 표현하여 감상자 역시 그런 감정을 느낀다면, 그런 예술이 훌륭한 예술인가?

갑: [(가)]

을: 너의 대답은 모순이야. 왜냐하면 네 대답은 [(나)] 때문이야.

	(가)	(나)
①	그렇다.	훌륭한 예술에 대한 너의 정의와 앞뒤가 맞지 않기

➡ (X) 천박한 느낌을 표현한 예술가와 이를 통해 천박한 감정을 느낀 감상자의 경우를 보고 훌륭한 예술이라고 평가한다면, 이는 훌륭한 예술에 대한 갑의 정의와 모순되지 않는다. 따라서 을이 '너의 대답은 모순이야.'라고 반응할 수 없는 상황이 된다. 이는 선지 ②와 ③에도 해당되는 내용이다.

② 그렇다.　예술가의 작업에 대한 너의 정의와 앞뒤가 맞지 않기

➡ (X)

③ 그렇다.　예술가가 느낀 감정이 모두 고상하지는 않다는 너의 주장과 앞뒤가 맞지 않기

➡ (X) 갑은 예술가 역시 천박한 감정을 가질 수 있다고만 하였을 뿐 예술가가 느낀 감정이 모두 고상하지 않다고 한 것은 아니다. 따라서 본 선지의 내용은 (나)에 들어갈 수 없다.

④ 아니다.　훌륭한 예술에 대한 너의 정의와 앞뒤가 맞지 않기

➡ (O) 천박한 감정을 느낀 예술가가 그 감정을 표현하여 감상자 역시 그런 감정을 느낀 경우를 천박하기 때문에 훌륭한 예술이 아니라고 한다면, 이는 '예술가가 경험한 감정이 잘 전달되어 감상자도 그런 감정을 느끼게 되는 예술을 훌륭한 예술'이라고 한 갑의 정의에 모순된다.

⑤ 아니다.　예술가가 느낀 감정이 모두 고상하지는 않다는 너의 주장과 앞뒤가 맞지 않기

➡ (X) 천박한 감정을 느낀 예술가가 그 감정을 표현하여 감상자 역시 그런 감정을 느낀 경우를 훌륭한 예술이 아니라고 한 것은 예술가도 천박한 감정을 가질 수 있다는 갑의 의견과 모순되지 않는다.

18 ②

정답률 89.3%

|문제 유형| 사실적 이해 > 논리 게임
|접근 전략| 각 논증을 기호화해서 정리하면 내용을 쉽게 파악할 수 있고 참, 거짓의 여부도 빠르게 검토할 수 있다. 또한 제시된 조건을 분석해 도출할 수 있는 결론을 찾기보다 각 선지의 내용이 제시된 조건을 통해 찾을 수 있는지를 따져 보며 문제를 풀면 시간을 절약할 수 있다.

사무관 A, B, C, D, E는 다음 조건에 따라 회의에 참석할 예정이다. 반드시 참이라고는 할 수 없는 것은?

○ A가 회의에 참석하면, B도 참석한다.
○ A가 참석하면 E도 참석하고, C가 참석하면 E도 참석한다.
○ D가 참석하면, B도 참석한다.
○ C가 참석하지 않으면, B도 참석하지 않는다.
→ 제시된 조건들을 정리하면 다음과 같다.
• 조건 1: A 참석 → B 참석
• 조건 2: A 참석 → E 참석, C 참석 → E 참석
• 조건 3: D 참석 → B 참석
• 조건 4: C 참석× → B 참석×

① A가 참석하면, C도 참석한다. ➡ (O) 조건 1과 조건 4에 의해 참이 된다. 조건 4의 대우 명제는 'B 참석 → C 참석'이므로 'A 참석 → B 참석 → C 참석'임을 알 수 있다.

② A가 참석하면, D도 참석한다. ➡ (X) 조건 1과 조건 2에 의해 A가 참석하면 B와 E가 참석한다는 것은 알 수 있으나 D의 참석 여부는 알 수 없다.

③ C가 참석하지 않으면, D도 참석하지 않는다. ➡ (O) 조건 3과 조건 4에 의해 참이 된다. 조건 3의 대우 명제는 'B 참석× → D 참석×'이므로, 'C 참석× → B 참석× → D 참석×'임을 알 수 있다.

④ D가 참석하면, C도 참석한다. ➡ (O) 조건 3과 조건 4에 의해 참이 된다. 조건 4의 대우 명제는 'B 참석 → C 참석'이므로, 'D 참석 → B 참석 → C 참석'임을 알 수 있다.

⑤ E가 참석하지 않으면, B도 참석하지 않는다. ➡ (O) 조건 2와 조건 4에 의해 참이 된다. 조건 2의 대우 명제는 'E 참석× → C 참석×'이므로 'E 참석× → C 참석× → B 참석×'임을 알 수 있다.

19 ①

정답률 94.2%

|문제 유형| 비판적 사고 > 논지 강화·약화하기
|접근 전략| 밑줄 친 핵심 용어의 개념을 이해하는 것이 선결 과제이다. 그리고 이를 뒷받침할 수 있는 진술을 〈보기〉에서 찾으면 된다. 문제의 구조만 다를 뿐, 지문의 내용을 적절하게 서술한 세부 내용을 찾는 문제와 그 풀이 방법이 동일하다. 따라서 〈보기〉에서 지문의 내용을 잘 정리한 항목 두 개를 찾으면 된다.

다음 글의 밑줄 친 원리를 지지하는 진술을 〈보기〉에서 모두 고르면?

배리 반스와 데이빗 블루어 등이 주도한 강한 프로그램의 원리를 과학의 영역에 적용하면, 자연과학자들의 활동과 인문학자나 사회과학자들의 활동이 동일한 방식으로 설명되어야 한다. 그리고 자연과학과 인문·사회과학의

영역에서 동일한 설명방식을 사용하기 위해 수정해야 할 부분은 사회과학의 탐구에 대한 견해가 아니라 자연과학의 탐구에 대한 견해이다. 즉 강한 프로그램의 원리에 의하면, 우리는 자연과학이 제공하는 믿음이 특정 전문가 집단의 공동체적 활동에 의해 생산된다는 점에 유의해야 한다. 이런 공동체들은 저마다 특수한 역사와 사회적 특성을 갖고 있으며 또 그렇게 형성된 집단 내부의 의사결정 구조를 가지고 있다. 어떤 문제가 우선적으로 탐구되어야 할 중요한 문제인지, 그 문제를 어떤 방식으로 풀어야 옳은지 등에 대한 판단도 역시 이런 사회적 맥락 속에서 이루어진다. 그렇다면 주어진 문제에 대한 답으로 제안되는 이론들 가운데 어떤 것이 채택되고 당대의 정설로 자리 잡게 되는지도 마찬가지라는 것을 알 수 있다.

〈보기〉

ㄱ. 자연과학자들의 탐구조차도 과학자들의 공동체에서 이루어지는 활동의 산물이다. → (O) 지문 중반부에서 '우리는 자연과학이 제공하는 믿음이 특정 전문가 집단의 공동체적 활동에 의해 생산된다는 점에 유의해야 한다.'라고 한 것을 통해 자연과학자들의 탐구는 과학자 공동체에 의한 활동의 산물임을 알 수 있다.

ㄴ. 어떤 연구 주제가 중요한지, 어떤 이론을 선택할지 등은 사회적 맥락 속에서 결정된다. → (O) 지문 후반부에서 어떤 문제가 우선적으로 탐구되어야 할 중요한 문제인지, 주어진 문제에 대한 답으로 제안되는 이론들 가운데 어떤 것이 채택되는지 등의 판단은 사회적 맥락 속에서 이루어진다고 했으므로 적절한 진술이다.

ㄷ. 자연과학 이론은 사회과학 이론보다 더 객관적 사실에 근거하여 형성된다. → (X) 자연과학 이론이 사회과학 이론보다 더 객관적인지 여부는 지문에 언급되어 있지 않다.

ㄹ. 전문 학술지에 발표되는 논문의 수로 분야별 생산성을 평가하자면 자연과학 분야의 연구들이 학문의 발전을 선도하고 있다. → (X) 지문에는 전문 학술지의 논문 수에 대한 언급이 없을 뿐만 아니라, 자연과학 분야의 연구들이 학문의 발전을 선도한다는 내용도 나타나 있지 않다.

① ㄱ, ㄴ ➡ (O)
② ㄱ, ㄷ ➡ (X)
③ ㄴ, ㄷ ➡ (X)
④ ㄴ, ㄹ ➡ (X)
⑤ ㄷ, ㄹ ➡ (X)

20 ⑤
정답률 88.9%

| 문제 유형 | 비판적 사고 > 지문에서 추론하기

| 접근 전략 | 발문에서는 흄이 반대하는 주장을 찾을 것을 요구하고 있는데 지문을 보면 흄이 반대하는 주장은 곧 집을 수리한 사람의 주장임을 알 수 있다. 따라서 집을 수리한 사람의 주장에 해당되는 선지를 고르면 된다.

다음 글을 토대로 할 때, 흄이 반대하는 주장은?

의무와 합의의 관계에 대한 데이빗 흄의 생각이 시험대에 오르는 일이 발생했다. 흄은 집을 한 채 갖고 있었는데, 이 집을 자신의 친구에게 임대해 주었고, 그 친구는 이 집을 다시 다른 사람에게 임대했다. 이렇게 임대받은 사람은 집을 수리해야겠다고 생각했고, 흄과 상의도 없이 사람을 불러 일을 시켰다. 집을 수리한 사람은 일을 끝낸 뒤 흄에게 청구서를 보냈다. 흄은 집수리에 합의한 적이 없다는 이유로 지불을 거절했다. 그는 집을 수리할 사람을 부른 적이 없었다. 사건은 법정 공방으로 이어졌다. 집을 수리한 사람은 흄이 합의한 적이 없다는 사실을 인정했다. 그러나 집은 수리해야 하는 상태였기에 수리를 마쳤다고 그는 말했다. 집을 수리한 사람은 단순히 '그 일은 꼭 필요했다'고 주장했다. 흄은 "그런 논리라면, 에든버러에 있는 집을 전부 돌아다니면서 수리할 곳이 있으면 집주인과 합의도 하지 않은 채 수리를 해 놓

고 지금처럼 자기는 꼭 필요한 일을 했으니 집수리 비용을 달라고 하지 않겠는가"라고 주장했다.

① 공정한 절차를 거쳐 집수리에 대한 합의에 이르지 못했다면 집수리 비용을 지불할 의무는 없다. ➡ (X) 흄의 주장대로라면 집수리에 대한 합의가 있었고 필요한 집수리를 했을 경우에는 비용을 지불한 의무가 생긴다. 하지만 집수리 이전에 합의가 없었거나 필요한 집수리가 이뤄지지 않았을 경우에는 비용 지불의 의무는 발생하지 않는다. 따라서 본 선지는 흄이 찬성하는 주장이다.

② 집수리에 대한 합의가 없었다면 필요한 집수리를 했더라도 집수리 비용을 지불할 의무는 없다. ➡ (X) 흄이 찬성하는 주장이다.

③ 집수리에 대한 합의가 있었더라도 필요한 집수리를 하지 않았다면, 집수리 비용을 지불할 의무는 없다. ➡ (X) 흄이 찬성하는 주장이다.

④ 집수리에 대한 합의가 있었고 필요한 집수리를 했다면, 집수리 비용을 지불할 의무가 생겨난다. ➡ (X) 흄이 찬성하는 주장이다.

⑤ 집수리에 대한 합의가 없었더라도 필요한 집수리를 했다면, 집수리 비용을 지불할 의무가 생겨난다. ➡ (O) 집수리에 대해 합의한 적은 없으나 집수리가 필요한 상태였기 때문에 수리를 했다는 것은 집을 수리한 사람의 주장이다. 이에 대해 흄은 합의의 필요성을 주장하고 있으므로 본 선지는 흄이 반대하는 주장이다.

21 ①
정답률 93.9%

| 문제 유형 | 비판적 사고 > 지문에서 추론하기

| 접근 전략 | 1문단에서 설명하고자 하는 용어들의 개념을 제시하고, 이어지는 문단에서 용어들 간의 관계를 구체적인 사례를 통해 제시하고 있다. 이를 바탕으로 용어들을 표의 각 항목에 대입하면, 사유재는 a에 속하고 공공재는 d에, 영화 관람은 c에, 무료 도로는 b에 해당함을 알 수 있다.

다음 글로부터 추론한 내용으로 가장 적절한 것은?

많은 재화나 서비스는 경합성과 배제성을 지닌 '사유재'이다. 여기서 경합성이란 한 사람이 어떤 재화나 서비스를 소비하면 다른 사람의 소비를 제한하는 특성을 의미하며, 배제성이란 공급자에게 대가를 지불하지 않으면 그 재화를 소비하지 못하는 특성을 의미한다. 반면 '공공재'란 사유재와는 반대로 비경합적이면서도 비배제적인 특성을 가진 재화나 서비스를 말한다.
▶1문단

그러나 우리 주위에서는 이렇듯 순수한 사유재나 공공재와는 또 다른 특성을 지닌 재화나 서비스도 많이 찾아볼 수 있다. 예를 들어 영화 관람이라는 소비 행위는 비경합적이지만 배제가 가능하다. 왜냐하면 영화는 사람들과 동시에 즐길 수 있으나 대가를 지불하지 않고서는 영화관에 입장할 수 없기 때문이다. 마찬가지로 케이블 TV를 즐기기 위해서는 시청료를 지불해야 한다. ▶2문단

비배제적이지만 경합적인 재화들도 찾아낼 수 있다. 예를 들어 출퇴근 시간대의 무료 도로를 생각해보자. 자가용으로 집을 출발해서 직장에 도달하는 동안 도로에 진입하는 데에 요금을 지불하지 않으므로 도로의 소비는 비배제적이다. 하지만 출퇴근 시간대의 체증이 심한 도로는 내가 그 도로에 존재함으로 인해서 다른 사람의 소비를 제한하게 된다. 따라서 출퇴근 시간대의 도로 사용은 경합적인 성격을 갖는다. ▶3문단

이상의 내용을 아래의 표에 분류해 보면 다음과 같다.

경합성 \ 배제성	배제적	비배제적
경합적	a	b
비경합적	c	d

① 체증이 심한 유료 도로 이용은 a에 해당한다. ➡ (O) 체증이 심한 무

료 도로는 경합적이면서 비배제적이지만 체증이 심한 유료 도로는 돈을 지불하지 않고는 도로에 진입할 수 없기 때문에 배제적인 특성을 지니게 된다. 따라서 a에 해당한다.

② 케이블 TV시청은 b에 해당한다. ➡ (X) 2문단에서 케이블 TV는 영화 관람과 마찬가지라고 했으므로, c에 해당함을 알 수 있다.

③ 사먹는 아이스크림과 같은 사유재는 b에 해당한다. ➡ (X) 사유재는 경합성과 배제성을 지니므로 a에 해당한다.

④ 국방 서비스와 같은 공공재는 c에 해당한다. ➡ (X) 비경합적이면서 비배제적인 특성을 가진 공공재는 d에 해당한다.

⑤ 영화 관람이라는 소비 행위는 d에 해당한다. ➡ (X) 비경합적이지만 배제가 가능한 영화 관람은 c에 해당한다.

① 갑, 을 ➡ (O)
② 을, 정 ➡ (X)
③ 갑, 을, 병 ➡ (X)
④ 갑, 병, 정 ➡ (X)
⑤ 을, 병, 정 ➡ (X)

---

22 ①
정답률 94.3%

| **문제 유형 |** 비판적 사고 > 판단하기
| **접근 전략 |** 여러 개의 논증을 제시하고 각 논증 간의 관계를 묻는 문제이므로 각각의 논증들 간의 공통점과 차이점을 파악해야 한다. 그리고 그 내용들을 바탕으로 제시된 논증들을 양립 가능한 것과 불가능한 것으로 구분하여 〈보기〉의 항목들의 적절성 여부를 판단하면 된다.

다음 (가)~(라)의 주장 간의 관계를 바르게 파악한 사람을 〈보기〉에서 모두 고르면?

(가) 도덕성의 기초는 이성이지 동정심이 아니다. 동정심은 타인의 고통을 공유하려는 선한 마음이지만, 그것은 일관적이지 않으며 때로는 변덕스럽고 편협하다.

(나) 인간의 동정심은 신뢰할 만하지 않다. 예컨대, 같은 종류의 불행을 당했다고 해도 내 가족에 대해서는 동정심이 일어나지만 모르는 사람에 대해서는 동정심이 생기지 않기도 한다.

(다) 도덕성의 기초는 이성이 아니라 오히려 동정심이다. 즉 동정심은 타인의 곤경을 자신의 곤경처럼 느끼며 타인의 고난을 위로해 주고 싶은 욕구이다. 타인의 고통을 나의 고통처럼 느끼고, 그로부터 타인의 고통을 막으려는 행동이 나오게 된다. 이렇게 동정심은 도덕성의 원천이 된다.

(라) 동정심과 도덕성의 관계에서 중요한 문제는 어떻게 동정심을 함양할 것인가의 문제이지, 그 자체로 도덕성의 기초가 될 수 있는지 없는지의 문제가 아니다. 동정심은 전적으로 신뢰할 만한 것은 아니며 때로는 왜곡될 수도 있다. 그렇다고 그 때문에 도덕성의 기반에서 동정심을 완전히 제거하는 것은 도덕의 풍부한 원천을 모두 내다 버리는 것과 같다. 오히려 동정심이나 공감의 능력은 성숙하게 함양해야 하는 도덕적 소질에 가까운 것이다.

〈보기〉
갑: (가)와 (다)는 양립할 수 없는 주장이다. → (O) (가)는 도덕성의 기초를 이성으로 보고 있고, (다)는 도덕성의 기초를 동정심으로 보고 있으므로 (가)와 (다)는 양립할 수 없다.

을: (나)는 (가)를 지지하는 관계이다. → (O) (나)는 (가)와 같이 인간의 동정심을 신뢰하고 있지 않으므로, (나)는 (가)를 지지한다.

병: (가)와 (라)는 동정심의 도덕적 역할을 전적으로 부정하고 있다. → (X) (가)는 동정심의 도덕적 역할을 전적으로 부정하고 있으나, (라)는 동정심을 성숙하게 함양해야 하는 도덕적 소질에 가깝다고 보았다.

정: (나)와 (라)는 모순관계이다. → (X) (나)는 동정심을 신뢰할 만하지 않은 것으로 보고 있는 데 반해, (라)는 동정심이 전적으로 신뢰할 만하지는 않지만 이를 완전히 제거하는 것은 도덕의 풍부한 원천을 모두 버리는 것과 같다고 보고 있다. 즉 (라)는 (나)의 입장을 일부 인정하면서 다른 견해를 제시하고 있으므로 둘을 모순관계로 보는 것은 적절하지 않다.

---

23 ⑤
정답률 92.0%

| **문제 유형 |** 비판적 사고 > 빈칸 채우기
| **접근 전략 |** 논증의 타당성을 입증하기 위해서 결론에 필요한 전제를 빈칸으로 제시하고 찾는 문제 유형이다. 지문에 제시된 전제를 도식화한 뒤 결론을 성립시키기 위해 반드시 필요한 요소를 찾으면 되는데 제시된 논증의 구조는 '실천적 지혜가 있는 사람 → 덕을 아는 사람 (and) 실행에 옮기는 사람 (and) 자제력이 있는 사람'이다.

다음 논증이 타당하기 위해서 괄호 안에 들어갈 진술로 가장 적절한 것은?

실천적 지혜가 있는 사람은 덕이 있는 성품을 가진 사람이다. 그런데 덕을 아는 것만으로 실천적 지혜가 있는 사람이 될 수는 없다. 실천적 지혜가 있는 사람은 덕을 알 뿐만 아니라 그것을 실행에 옮기는 사람이다. 그리고 그런 사람이 실천적 지혜가 있다고 할 수 있다. 그런데 (   ) 따라서 실천적 지혜가 있는 사람은 자제력도 있다.

① 자제력이 없는 사람은 성품이 나약한 사람이다. ➡ (X) 주어진 논증에서는 성품이 나약한 사람에 대해 언급하지 않았다.

② 덕이 있는 성품을 가진 사람도 자제력이 없을 수 있다. ➡ (X) 덕을 아는 것과 자제력이 있는 것은 실천적 지혜가 있는 사람의 필수 조건이지만 각 요인들의 관계는 알 수 없다.

③ 덕이 있는 성품을 가진 사람은 실천적 지혜가 있는 사람이다. ➡ (X) 덕을 아는 것만으로 실천적 지혜가 있는 사람이 되는 것은 아니라고 했다.

④ 자제력이 없는 사람은 올바른 선택을 따르지 않는 사람이다. ➡ (X) 주어진 논증에서는 올바른 선택에 대해 언급하지 않았다.

⑤ 자제력이 없는 사람은 아는 덕을 실행에 옮기는 사람이 아니다. ➡ (O) 선지로 제시된 명제의 대우는 '덕을 실행에 옮기는 사람 → 자제력이 있는 사람'으로 '실천적 지혜가 있는 사람은 자제력도 있다.'라는 결론을 얻기 위해 반드시 필요한 전제에 해당한다.

---

24 ④
정답률 84.3%

| **문제 유형 |** 사실적 이해 > 논리 게임
| **접근 전략 |** 참, 거짓 여부를 판별하는 논리 게임 문제 유형이다. 이 유형은 지문의 내용을 도식화해서 인접 관계를 표시하면 참과 거짓을 쉽게 판별할 수 있다. 24번은 지문에 제시된 조건들을 바탕으로 각 구역들이 어떤 구역들과 인접한지를 파악해 그림을 그린 후 그것을 보면서 선지의 참, 거짓을 판별하면 된다.

다음 내용이 참일 때, 반드시 참이라고는 할 수 없는 것은?

어떤 국가에 7개 행정구역 A, B, C, D, E, F, G가 있다.
○ A는 C 이외의 모든 구역들과 인접해 있다.
○ B는 A, C, E, G와만 인접해 있다.
○ C는 B, E와만 인접해 있다.
○ D는 A, G와만 인접해 있다.
○ E는 A, B, C와만 인접해 있다.
○ F는 A와만 인접해 있다.

○G는 A, B, D와만 인접해 있다.

각 구역은 4개 정책 a, b, c, d 중 하나만 추진할 수 있고, 각 정책은 적어도 한 번씩은 추진된다. 또한 다음 조건을 만족해야 한다.
○인접한 구역끼리는 같은 정책을 추진해서는 안 된다.
○A, B, C는 각각 a, b, c 정책을 추진한다.
→ 정책이 확정된 A, B, C를 중심으로 다른 4개 구역을 배치해 보면 아래와 같은 도식을 만들 수 있다. A, B, C는 각각 a, b, c 정책을 추진하고, 인접한 구역끼리는 같은 정책을 추진해서는 안 된다는 전제하에 E가 d 정책을 추진한다는 것까지 참임을 알 수 있다.

① E는 d 정책을 추진할 수 있다. ➡ (O) A, B, C와 인접해 있는 E는 인접한 구역끼리는 같은 정책을 추진해서는 안 된다는 조건 때문에 d 정책을 추진할 수밖에 없으므로 ①은 반드시 참이다.
② F는 b나 c나 d 중 하나의 정책만 추진할 수 있다. ➡ (O) A와 인접해 있는 F는 a 정책을 제외하고 b, c, d 정책 중 하나를 추진할 것이므로 ②는 반드시 참이다.
③ D가 d 정책을 추진하면, G는 c 정책만 추진할 수 있다. ➡ (O) A, B와 인접해 있는 G는 c나 d 정책을 추진할 수 있는데, 인접한 D가 d 정책을 추진한다면 G는 c 정책을 추진할 수밖에 없으므로 ③은 반드시 참이다.
④ E가 d 정책을 추진하면, G는 c 정책만 추진할 수 있다. ➡ (X) E와 G는 인접해 있지 않기 때문에 서로 영향을 주지 않는다. E는 A, B, C와 인접해 있기 때문에 d 정책을 추진할 수밖에 없고, G는 A, B와 인접해 있기 때문에 c나 d 정책을 추진할 수 있다. 따라서 ④는 반드시 참이라고 할 수 없다.
⑤ G가 d 정책을 추진하면, D는 b 혹은 c 정책만 추진할 수 있다. ➡ (O) G는 A, B와 인접해 있으므로 c나 d 정책을 추진할 수 있는데 그중 d 정책을 추진하면, A와 G에 인접한 D는 b나 c 정책만 추진할 수 있다. 따라서 ⑤는 반드시 참이다.

25 ③

TOP 2 정답률 63.1%

| **문제 유형** | 비판적 사고 > 논지 강화·약화하기

| **접근 전략** | 지문에 의해 반박될 수 있는 주장을 〈보기〉에서 고르는 문제 유형으로, 지문의 내용과 상반되는 경우를 찾으면 된다. 본 지문에서는 신약의 효능이나 독성을 검사할 때 하는 동물 실험의 실효성에 대해 의문을 제기한 뒤 그에 대한 근거로 동물에게 안정적이었으나 사람에게는 치명적인 경우, 또는 그 반대의 경우를 구체적인 사례로 제시하고 있다. 따라서 동물 실험을 찬성하거나 동물 실험을 전적으로 반대하는 내용이 아닌 것을 〈보기〉에서 고르면 된다.

다음 글에 의해 반박될 수 있는 주장을 〈보기〉에서 모두 고르면?

신약의 효능이나 독성을 검사할 때 동물 실험을 하는 것이 일반적이다. 이때 반드시 짚고 넘어가야 할 문제가 있다. 그것은 동물 실험 결과를 인간에게 적용할 수 있는가 하는 문제이다. 동물과 인간의 생리적 특성이 달라 동물 실험의 결과를 인간에게 적용할 수 없는 경우가 있기 때문이다. 따라서 임상 시험에 들어가기 전 동물 실험을 통해 효능이나 독성 검사를 하는 것이 과연 얼마나 의미가 있는지에 대한 물음이 제기되고 있다. ▶1문단

이와 관련한 대표적인 사례인 '탈리도마이드 사건'을 살펴보자. 탈리도마이드는 1954년 독일 회사가 합성해 4년 후부터 안정제로 판매되기 시작했다. 동물 실험 결과 이 약은 그 안전성을 인정받았다. 생쥐에게 엄청난 양(몸무게 1kg당 10g 정도까지 실험)을 투여해도 생명에 지장이 없었다. 그래서 입덧으로 고생하는 임신부들까지 이를 복용했고, 그 결과 1959년부터 1961년 사이에 팔다리가 형성되지 않은 기형아가 1만여 명이나 태어났다. 반대의

사례도 있는데, 항생제로 지금까지 널리 사용되는 페니실린은 일부 설치류에게 치명적인 독성을 나타낸다. ▶2문단

이에 따라 기존에 동물 실험이나 임상 시험에서 독성이 나타나 후보 목록에서 제외되었던 물질이 최근 들어 재조명되는 사례가 늘고 있다. 동물에게 독성이 나타나더라도 사람에게 독성이 없는 것으로 판명되거나, 일부 사람에게는 독성이 나타나더라도 이에 내성이 있는 사람에게는 투여 가능한 경우도 있기 때문이다. ▶3문단

〈보기〉

ㄱ. 동물 실험 결과, 안전하다고 판단된 약물은 사람에게도 안전하다.
→ (O) 지문에서는 동물 실험에 대해 근본적인 의문을 제기하며 동물 실험에서 안전했다고 해서 사람에게도 안전하다는 보장은 할 수 없음을 주장하고 있다. 따라서 ㄱ은 지문에 의해 반박될 수 있다.
ㄴ. 어떤 약물이 사람에게 안전하다면, 동물에게도 안전하다. → (O) 2문단에서 페니실린의 경우 사람에게는 안전하지만 일부 설치류에게는 치명적인 독성을 나타낸다고 하였으므로 ㄴ은 지문에 의해 반박될 수 있다.
ㄷ. 신약 개발을 위한 임상 시험에서 독성이 나타난 물질은 어느 누구에게도 투여해서는 안 된다. → (O) 신약 개발을 위한 임상 시험인 동물 실험에서 독성이 나타났지만 최근 들어 재조명되는 사례가 늘고 있다는 내용이 3문단에 나온다. 이처럼 동물에게 독성이 나타나더라도 사람에게는 독성이 없는 것으로 판명되는 경우가 있으므로 ㄷ은 지문에 의해 반박될 수 있다.
ㄹ. 내성이 있는 사람에게 부작용이 나타난 약물은 모든 사람에게 부작용이 나타난다. → (X) 3문단에서 일부 사람에게는 독성이 나타나더라도 이에 내성이 있는 사람에게는 투여 가능한 경우도 있다는 것을 알 수 있지만, 내성이 있는 사람에게 나타난 부작용이 모든 사람에게 나타나는지에 대해서는 지문의 내용만으로 알 수 없다.

① ㄱ, ㄷ ➡ (X)
② ㄴ, ㄹ ➡ (X)
③ ㄱ, ㄴ, ㄷ ➡ (O)
④ ㄴ, ㄷ, ㄹ ➡ (X)
⑤ ㄱ, ㄴ, ㄷ, ㄹ ➡ (X)

2012 | 제2영역 자료해석(㉮ 책형)

기출 총평

평이한 수준의 난도로 출제되었다. 정밀한 수준의 어림셈이 요구되는 문제가 많이 출제되지 않았고, 제한 시간 내에 풀기 어려운 문제도 많이 출제되지 않았다. 다만, 계산의 정도가 쉬운 편은 아니어서 적정한 수준의 난도가 유지되었고, 단순 계산이 필요한 문제도 다소 시간이 걸리는 문제가 출제되었다. 또한 2011년 자료해석 시험과 유사한 출제 경향을 보이며 출제되었다. 〈표〉와 〈그림〉을 제시하는 문제가 다수 출제되었고, 그래프를 분석하는 문제가 눈에 띈다. 평이한 수준의 문제에서 고난도의 문제를 순서대로 배치하여 정형화된 문제 배치 순서를 따르고, 좌표평면, 원그래프, 막대그래프, 선그래프 등 다양한 형태의 자료를 제시하고 있다. 자료를 〈보고서〉로 전환하는 문제와 매칭형 문제는 문제 풀이 시간이 다른 문제들에 비해 적게 들기 때문에 빠르게 확인하고 넘어가야 한다. 2011년 자료해석 시험과 2012년 자료해석 시험을 비교하여 공통된 유형을 파악하는 것이 중요하다. 이것이 바로 기출문제 학습의 시작이다. 선지나 〈보기〉도 순서대로 풀어야 한다는 고정관념에서 탈피하여 문제 해결을 위해 먼저 풀어야 하는 것을 선별할 수 있는 능력이 필요하다. 이를 위해 다양한 유형의 문제를 많이 접해 보는 연습을 하는 것이 무엇보다 중요하다.

문항별 정답률 및 선지별 선택률

문번	정답	정답률 (%)	선지별 선택률(%)					문번	정답	정답률 (%)	선지별 선택률(%)				
			①	②	③	④	⑤				①	②	③	④	⑤
01	①	86.1	86.1	1.7	9.2	0.8	2.2	14	⑤	92.5	0.8	0.4	1.7	4.6	92.5
02	①	95.4	95.4	0.4	2.6	0.8	0.8	15	②	88.7	4.2	88.7	4.2	2.5	0.4
03	④	100.0	0.0	0.0	0.0	100.0	0.0	16	④	88.7	1.7	0.0	1.7	88.7	7.9
04	③	79.0	2.9	4.2	79.0	2.5	11.4	17	②	95.8	0.4	95.8	0.8	1.7	1.3
05	②	80.7	0.8	80.7	1.3	14.3	2.9	18	④	89.5	5.4	0.8	2.9	89.5	1.4
06	③	86.6	2.5	3.4	86.6	2.9	4.6	19	③	84.5	10.1	2.0	84.5	1.7	1.7
07	④	94.1	1.7	1.7	1.7	94.1	0.8	20	④	75.6	1.3	2.2	17.9	75.6	3.0
08	②	94.1	0.0	94.1	1.3	2.1	2.5	21	⑤	92.4	0.8	3.8	1.3	1.7	92.4
09	⑤	88.9	2.6	1.7	3.0	3.8	88.9	22	①	79.9	79.9	1.3	12.6	1.2	5.0
10	⑤	83.1	1.3	5.9	3.0	6.7	83.1	23	②	71.5	22.2	71.5	1.3	4.6	0.4
11	③	94.5	0.8	1.7	94.5	0.4	2.6	24	⑤	57.6	6.8	8.1	7.6	19.9	57.6
12	③	68.1	0.8	0.8	68.1	0.8	29.5	25	①	41.4	41.4	14.3	3.4	12.2	28.7
13	②	95.0	0.8	95.0	0.4	3.3	0.5								

※ 파란색 음영 문항은 해당 회차에서 정답률이 가장 낮은 TOP 3 문항입니다.
※ 정답률 및 선지별 선택률 산정 기준: 약 1년간 누적된 자동채점 & 성적결과분석 서비스의 응시 데이터

출제 비중

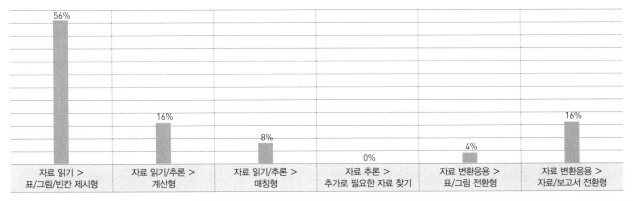

01	①	02	①	03	④	04	③	05	②
06	③	07	④	08	②	09	⑤	10	⑤
11	③	12	③	13	②	14	⑤	15	②
16	④	17	②	18	④	19	③	20	④
21	⑤	22	①	23	②	24	⑤	25	①

01 ①

정답률 86.1%

| **문제 유형** | 자료 읽기 > 그림 제시형

| **접근 전략** | 〈그림〉에 제시된 지점별 폭－수심비의 연도별 변화를 파악하는 문제이다. 〈그림〉에서 폭－수심비가 가장 높은 지점이 폭－수심비의 최댓값이 되고, 가장 낮은 지점이 폭－수심비의 최솟값이 된다.

다음 〈그림〉은 A강의 지점별 폭－수심비의 변화를 나타낸 것이다. 이에 대한 〈보기〉의 설명 중 옳은 것을 모두 고르면?

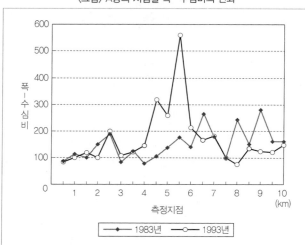

〈그림〉 A강의 지점별 폭－수심비의 변화

※ 폭－수심비는 전체 10km 측정구간 중 하류지점부터 매 500m마다의 측정지점에서 폭과 수심을 측정하여 계산한 결과임

─〈보기〉─

ㄱ. 1993년 폭－수심비 최댓값은 500보다 크다. → (O)〈그림〉에서 1993년 폭－수심비 최댓값은 500을 넘는다.

ㄴ. 1983년과 1993년의 폭－수심비 차이가 가장 큰 측정지점은 6.5km 지점이다. → (X)〈그림〉에서 1983년과 1993년의 폭－수심비 차이가 가장 큰 측정지점은 5.5km 지점이다.

ㄷ. 1983년 폭－수심비 최댓값과 최솟값의 차이는 300보다 크다. → (X)〈그림〉에서 1983년 폭－수심비 최댓값은 약 290 정도이고, 최솟값은 약 90 정도이므로 폭－수심비 최댓값과 최솟값의 차이는 300보다 작다.

① ㄱ ➡ (O)
② ㄴ ➡ (X)
③ ㄱ, ㄷ ➡ (X)
④ ㄴ, ㄷ ➡ (X)
⑤ ㄱ, ㄴ, ㄷ ➡ (X)

02 ①

정답률 95.4%

| **문제 유형** | 자료 변환응용 > 자료/보고서 전환형

| **접근 전략** | 〈보고서〉의 내용에 부합하는 자료를 찾는 문제이다. 제시된 자료를 통해 〈보고서〉의 내용과 일치하는지를 파악하면 된다. 〈그림〉을 확인할 때에는 단위뿐만 아니라 그래프의 위치도 확인하는 것이 좋다.

다음은 2007~2010년 우리나라 국민건강영양조사 결과에 관한 〈보고서〉이다. 〈보고서〉에 제시된 내용과 부합하지 않는 것은?

─〈보고서〉─

○ 2010년 19세 이상 성인의 비만율은 남성 36.3%, 여성 24.8%였고, 30세 이상 성인 중 남성의 경우 30대의 비만율이 가장 높았으며, 여성의 경우 60대의 비만율이 가장 높았다.

○ 2007~2010년 동안 19세 이상 성인 남성의 현재흡연율과 월평균음주율은 각각 매년 증가하였다. 같은 기간 동안 19세 이상 성인 남성과 여성의 간접흡연노출률도 각각 매년 증가하였다.

① 19세 이상 성인의 현재흡연율

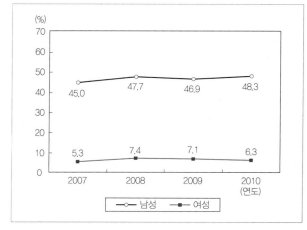

➡ (X) 제시된 자료에서 19세 이상 성인 남성의 현재흡연율은 2007년의 경우 45.0%, 2008년의 경우 47.7%, 2009년의 경우 46.9%, 2010년의 경우 48.3%로, 증가 → 감소 → 증가하였다. 이는 〈보고서〉의 두 번째 내용과 부합하지 않는다.

② 30세 이상 성인의 연령대별 비만율(2010년)

(단위: %)

30대		40대		50대		60대		70대 이상	
남성	여성	남성	여성	남성	여성	남성	여성	남성	여성
42.3	19.0	41.2	26.7	36.8	33.8	37.8	43.3	24.5	34.4

➡ (O) 제시된 자료에서 남성의 연령대별 비만율은 30대의 경우 42.3%, 40대의 경우 41.2%, 50대의 경우 36.8%, 60대의 경우 37.8%, 70대 이상의 경우 24.5%로, 30대의 비만율이 가장 높다. 여성의 연령대별 비만율은 30대의 경우 19.0%, 40대의 경우 26.7%, 50대의 경우 33.8%, 60대의 경우 43.3%, 70대 이상의 경우 34.4%로, 60대의 비만율이 가장 높다. 이는 〈보고서〉의 첫 번째 내용과 부합한다.

③ 19세 이상 성인의 월평균음주율

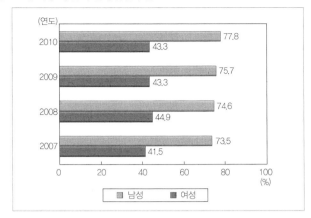

➡ (O) 제시된 자료에서 19세 이상 성인 남성의 월평균음주율은 2007년의 경우 73.5%, 2008년의 경우 74.6%, 2009년의 경우 75.7%, 2010년의 경우 77.8%로, 매년 증가하였다. 이는 〈보고서〉의 두 번째 내용과 부합한다.

④ 19세 이상 성인의 비만율

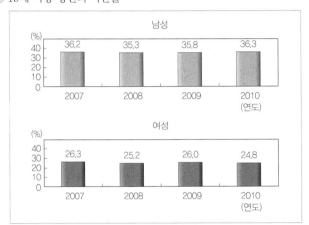

➡ (O) 제시된 자료에서 2010년 19세 이상 성인의 비만율은 남성의 경우 36.3%, 여성의 경우 24.8%이다. 이는 〈보고서〉의 첫 번째 내용과 부합한다.

⑤ 19세 이상 성인의 간접흡연노출률

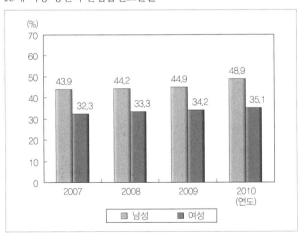

➡ (O) 제시된 자료에서 19세 이상 성인 남성의 간접흡연노출률은 2007년의 경우 43.9%, 2008년의 경우 44.2%, 2009년의 경우 44.9%, 2010년의 경우 48.9%로 매년 증가하였다. 19세 이상 성인 여성의 간접흡연노출률은 2007년의 경우 32.3%, 2008년의 경우 33.3%, 2009년의 경우 34.2%, 2010년의 경우 35.1%로 매년 증가하였다. 이는 〈보고서〉의 두 번째 내용과 부합한다.

|문제 유형| 자료 변환응용 > 자료/보고서 전환형
|접근 전략| 제시된 〈그림〉과 〈표〉를 통해 분석한 자료를 〈보고서〉의 내용과 대조하면서 빈칸을 채우는 문제이다. 〈그림 1〉~〈그림 3〉뿐만 아니라 〈표〉의 내용을 통해 A~D에 해당하는 내용을 파악하면 된다.

다음은 〈그림〉과 〈표〉를 참고하여 작성한 외국인 관광객의 우리나라 지역축제 만족도와 이미지에 관한 〈보고서〉이다. 〈보고서〉의 A~D에 들어갈 내용을 바르게 짝지은 것은?

〈보고서〉

우리나라 지역축제를 방문한 외국인 관광객을 대상으로 축제 만족도와 이미지를 5점 척도로 설문조사하였다.

외국인 관광객의 우리나라 지역축제에 대한 '전반적 만족도'는 평균 4.61점으로 만족 수준이 높았다. 우리나라 지역축제에 대해 '만족'('매우 만족'+'약간 만족')한다는 응답이 전체의 96.1%로 나타났으며, '보통'은 3.0%, '불만족'('매우 불만족'+'약간 불만족')은 (A)에 불과하였다.

외국인 관광객의 부문별 만족도를 성별로 살펴보면, (B) 부문만이 여성의 만족도가 남성의 만족도보다 높게 나타났으며, 그 외 부문은 남성의 만족도가 더 높은 것으로 나타났다.

연령대별로 살펴보면, '전반적 만족도'는 '50대 이상', '40대', '20대', '10대', '30대' 순으로 높았고, '음식', '쇼핑', '안내정보서비스' 부문에서는 (C) 연령대가 모든 연령대 중 가장 높은 만족도를 보였다.

외국인 관광객의 우리나라 지역축제에 대한 항목별 이미지를 성별로 분석해 본 결과, 남성은 여성에 비해 '다양하다'와 '역동적이다'는 이미지를 더 강하게 인식하는 반면, 여성은 남성에 비해 (D)의 이미지를 더 강하게 인식하고 있는 것으로 나타났다.

※ 5점 척도 값이 클수록 만족도가 높거나 이미지가 강한 것을 나타냄

〈그림 1〉 외국인 관광객의 지역축제에 대한 '전반적 만족도' 응답분포

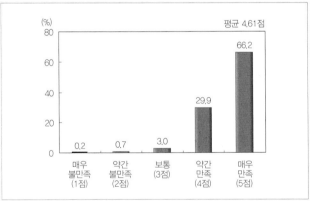

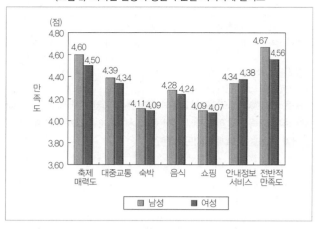

〈그림 2〉 외국인 관광객 성별 부문별 지역축제 만족도

〈그림 3〉 외국인 관광객 성별 지역축제에 대한 이미지

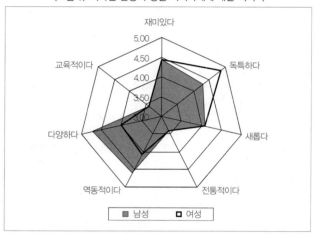

〈표〉 외국인 관광객 연령대별 부문별 지역축제 만족도

(단위: 점)

부문 \ 연령대	10대	20대	30대	40대	50대 이상	평균
축제 매력도	4.45	4.56	4.45	4.78	4.58	4.55
대중교통	4.37	4.34	4.41	4.65	4.60	4.36
숙박	4.42	4.07	4.09	4.45	4.43	4.10
음식	4.39	4.26	4.16	4.41	4.63	4.26
쇼핑	4.33	4.03	4.15	4.20	4.43	4.08
안내정보서비스	4.56	4.38	4.15	4.32	4.62	4.36
전반적 만족도	4.45	4.64	4.44	4.70	4.83	4.61

	A	B	C	D	
①	0.7%	대중교통	40대	재미있다	➡ (×)
②	0.7%	숙박	20대	새롭다	➡ (×)
③	0.9%	안내정보서비스	20대	독특하다	➡ (×)
④	0.9%	안내정보서비스	50대 이상	독특하다	➡ (○)

〈그림 1〉에서 외국인 관광객이 우리나라 지역축제에 대한 '전반적 만족도'가 '불만족'('매우 불만족'+'약간 불만족')인 경우는 0.2+0.7=0.9(%)이다. 따라서 A는 '0.9%'이다. 〈그림 2〉에서 외국인 관광객의 부문별 만족도를 보면 '안내정보서비스' 부문의 경우만 여성의 만족도가 남성의 만족도보다 높게 나타났고, 그 외 부문은 남성의 만

족도가 여성의 만족도보다 높게 나타났다. 따라서 B는 '안내정보서비스'이다. 〈표〉에서 '음식', '쇼핑', '안내정보서비스' 부문에서는 50대 이상 연령대가 가장 높은 만족도를 보이고 있다. 따라서 C는 '50대 이상'이다. 〈그림 3〉에서 외국인 관광객의 우리나라 지역축제에 대한 이미지는 여성의 경우 남성보다 '독특하다'의 이미지가 더 강하게 나타나고 있다. 따라서 D는 '독특하다'이다.

⑤	0.9%	대중교통	50대 이상	재미있다	➡ (×)

04 ③

정답률 79.0%

|문제 유형| 자료 변환응용 > 자료/보고서 전환형
|접근 전략| 〈그림 1〉, 〈그림 2〉, 〈표〉를 바탕으로 작성한 〈보고서〉의 내용의 진위 여부를 판단하는 문제이다. 〈보고서〉의 내용을 파악할 수 있는 자료를 바탕으로 분석하면 된다.

다음 〈그림〉과 〈표〉는 2011~2014년 소셜네트워크 서비스 이용자 및 소셜광고 시장에 관한 자료이다. 이를 바탕으로 작성한 〈보고서〉의 내용 중 옳지 않은 것은?

〈그림 1〉 세계 소셜네트워크 서비스 이용자 현황 및 전망

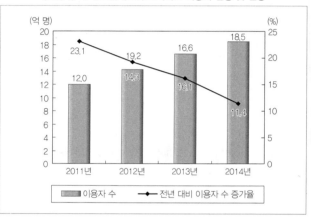

〈그림 2〉 세계 소셜광고 시장 현황 및 전망

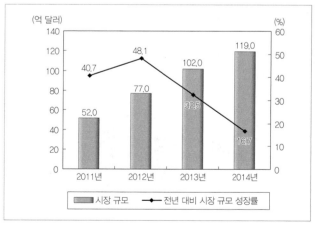

11 ③ 정답률 94.5%

| **문제 유형** | 자료 변환응용 > 표/그림 전환형 |

| **접근 전략** | 〈표〉의 내용을 꺾은선 그래프, 막대 그래프, 원그래프 등 다양한 유형으로 표현하는 것을 묻고 있다. 〈표〉의 단위와 다양한 유형의 그래프의 단위를 반드시 확인하도록 한다.

다음 〈표〉는 2007~2009년 방송사 A~D의 방송심의규정 위반에 따른 제재 현황을 나타낸 것이다. 이 〈표〉를 이용하여 작성한 그래프로 옳지 않은 것은?

〈표〉 방송사별 제재 건수

(단위: 건)

연도	2007		2008		2009	
방송사 \ 제재	법정제재	권고	법정제재	권고	법정제재	권고
A	21	1	12	36	5	15
B	25	3	13	29	20	20
C	12	1	8	25	14	20
D	32	1	14	30	24	34
전체	90	6	47	120	63	89

※ 제재는 법정제재와 권고로 구분됨

① 방송사별 법정제재 건수 변화

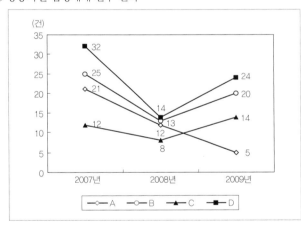

➡ (O) 제시된 자료에서 연도별 법정제재 건수는 A 방송사의 경우 21건 → 12건 → 5건, B 방송사의 경우 25건 → 13건 → 20건, C 방송사의 경우 12건 → 8건 → 14건, D 방송사의 경우 32건 → 14건 → 24건이다. 이는 〈표〉의 내용과 일치한다.

② 연도별 방송사 전체의 법정제재 및 권고 건수

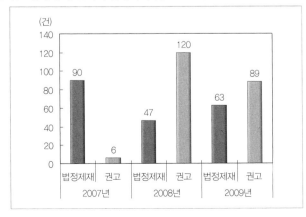

➡ (O) 제시된 자료에서 연도별 방송사 전체의 법정제재 건수는 2007년의 경우 90건, 2008년의 경우 47건, 2009년의 경우 63건이고, 연도별 방송사 전체의 권고 건수는 2007년의 경우 6건, 2008년의 경우 120건, 2009년의 경우 89건이다. 이는 〈표〉의 내용과 일치한다.

③ 2007년 법정제재 건수의 방송사별 구성비

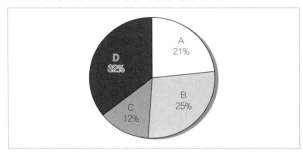

➡ (X) 〈표〉에서 제시된 2007년 법정제재 건수의 전체 합은 90건이다. 즉, 전체 합이 100건이라면 각각의 방송사별 법정제재 건수를 백분율(%)로 변환하여 옳은 자료가 될 수 있으나, 전체 합이 90건이므로 제시된 자료는 〈표〉의 내용과 일치하지 않는다.

④ 2008년 방송사별 법정제재 및 권고 건수

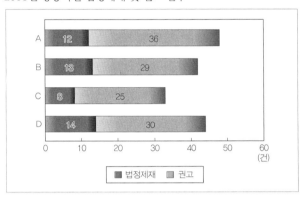

➡ (O) 제시된 자료에서 2008년 법정제재 건수는 A 방송사의 경우 12건, B 방송사의 경우 13건, C 방송사의 경우 8건, D 방송사의 경우 14건이고, 2008년 권고 건수는 A 방송사의 경우 36건, B 방송사의 경우 29건, C 방송사의 경우 25건, D 방송사의 경우 30건이다. 이는 〈표〉의 내용과 일치한다.

⑤ 2008년과 2009년 방송사별 권고 건수

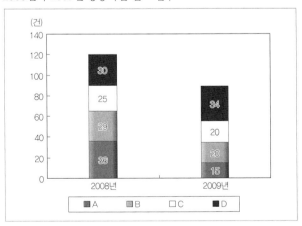

➡ (O) 제시된 자료에서 2008년 권고 건수는 A 방송사의 경우 36건, B 방송사의 경우 29건, C 방송사의 경우 25건, D 방송사의 경우 30건이고, 2009년 권고 건수는 A 방송사의 경우 15건, B 방송사의 경우 20건, C 방송사의 경우 20건, D 방송사의 경우 34건이다. 이는 〈표〉의 내용과 일치한다.

12 ③

| **문제 유형** | 자료 읽기 > 표 제시형

| **접근 전략** | 〈표〉에서 학급의 체육점수 산술평균은 $\dfrac{(\text{각 점수}\times\text{학생 수})\text{의 합}}{\text{학생 수}}$ 을 통해 구할 수 있고, 전체 학생 중 중앙에 위치한 학생은 앞뒤로 27명을 둔 28번째 학생이다.

다음 〈표〉는 어느 학급 전체 학생 55명의 체육점수 분포이다. 이에 대한 〈보기〉의 설명 중 옳은 것을 모두 고르면?

〈표〉 체육점수 분포

점수(점)	1	2	3	4	5	6	7	8	9	10
학생 수(명)	1	0	5	10	23	10	5	0	1	0

※ 점수는 1점 단위로 1~10점까지 주어짐

〈보기〉

ㄱ. 전체 학생을 체육점수가 낮은 학생부터 나열하면 중앙에 위치한 학생의 점수는 5점이다. → (O) 전체 학생 수가 55명이므로 중앙값은 앞뒤로 27명이 있는 28번째 학생이다. 4점까지 받은 학생이 총 16명, 5점까지 받은 학생이 총 39명이므로 28번째 학생은 5점에 속할 것이다.

ㄴ. 4~6점을 받은 학생 수는 전체 학생 수의 86% 이상이다. → (X) 4~6점을 받은 학생 수는 10+23+10=43(명)으로, 이는 전체 학생 수의 $\dfrac{43}{55}\times100\fallingdotseq78.2(\%)$이다.

ㄷ. 학급의 체육점수 산술평균은 전체 학생이 받은 체육점수 중 최고점과 최저점을 제외하고 구한 산술평균과 다르다. → (X) 학급의 체육점수 산술평균은 $\dfrac{(1\times1)+(2\times0)+(3\times5)+(4\times10)+(5\times23)+(6\times10)+(7\times5)+(8\times0)+(9\times1)+(10\times0)}{55}$ =5(점)이고, 전체 학생이 받은 체육점수 중 최고점과 최저점을 제외하고 구한 산술평균은 $\dfrac{\{(2\times0)+(3\times5)+(4\times10)+(5\times23)+(6\times10)+(7\times5)+(8\times0)\}}{53}$=5(점) 으로 두 값은 동일하다. 다만, 해당 분포는 1~9점의 구간을 볼 때 5점을 중심으로 좌우가 정확하게 대칭을 이루고 있다. 따라서 이 분포의 산술평균은 정확히 가운데 지점에서 형성되고, 이러한 대칭 구조는 최저점(1점)과 최고점(9점)을 제외하더라도 산술평균이 동일하므로 직접 계산하지 않아도 문제를 해결할 수 있다.

ㄹ. 학급에서 가장 많은 학생이 받은 체육점수는 5점이다. → (O) 학급에서 가장 많은 학생이 받은 체육점수는 23명이 받은 5점이다.

① ㄱ ➡ (X)
② ㄴ ➡ (X)
③ ㄱ, ㄹ ➡ (O)
④ ㄴ, ㄷ ➡ (X)
⑤ ㄱ, ㄷ, ㄹ ➡ (X)

13 ②

| **문제 유형** | 자료 변환응용 > 자료/보고서 전환형

| **접근 전략** | 〈보고서〉의 내용을 파악할 수 있는 자료를 찾는 문제이다. 〈보고서〉에서는 국내 IPTV 서비스 매출액에 대한 언급은 나타나 있지 않다. 자료를 파악할 때 단위를 반드시 확인하도록 한다.

다음 〈보고서〉는 방송통신정책환경에 관한 내용이다. 〈보고서〉를 작성하는 데 직접적인 근거로 활용되지 않은 것은?

〈보고서〉

2009년 세계 지역별 통신서비스 시장 매출액의 합계는 1조 3,720억 달러에 달하였으며, 2012년에는 1조 4,920억 달러일 것으로 추정된다. 2010년 세계 통신서비스 형태별 가입자 수를 살펴보면, 이동전화 서비스 가입자 수는 세계 인구의 79%에 해당하는 51억 6,700만 명으로 가장 많았고, 그다음으로는 유선전화, 인터넷, 브로드밴드 순서로 가입자가 많았다.

한편 우리나라의 경우 2008~2010년 GDP에서 정보통신 기술(ICT) 산업이 차지하는 비중은 매년 증가하여 2010년에는 11.2%였다. 2010년 4사분기 국내 IPTV 서비스 가입자 수는 308만 6천 명이고, Pre-IPTV와 IPTV 서비스 가입자 수의 합계는 365만 9천 명이다.

① 국내 Pre-IPTV와 IPTV 서비스 가입자 수 추이

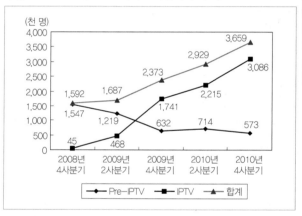

➡ (O) 〈보고서〉에서 2010년 4사분기 국내 IPTV 서비스 가입자 수는 308만 6천 명이고, Pre-IPTV와 IPTV 서비스 가입자 수의 합계는 365만 9천 명이라고 되어 있다. 이는 제시된 자료를 통해 파악할 수 있다.

② 국내 IPTV 서비스 매출액

(단위: 억 원)

구분	2009년	2010년	2011년
매출액	807	4,168	5,320

➡ (X) 〈보고서〉에서는 국내 IPTV 서비스 매출액이 아닌 세계 지역별 통신서비스 시장 매출액이 나타나 있다. 따라서 제시된 자료는 〈보고서〉를 작성하는 데 활용되지 않았다.

③ 2010년 세계 통신서비스 형태별 가입자 수

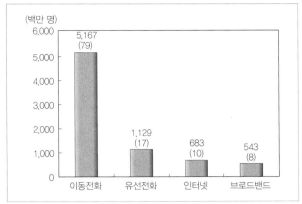

※ (　　) 안의 숫자는 세계 인구 수 대비 비율(%)임

➡ (O) 〈보고서〉에서는 2010년 세계 통신서비스 형태별 가입자 수의 경우 이동전화 서비스 가입자 수가 세계 인구의 79%에 해당하는 51억 6,700만 명으로 가장 많았고 그다음으로는 유선전화, 인터넷, 브로드밴드 순서로 가입자가 많았다고 되어 있다. 이는 제시된 자료를 통해 파악할 수 있다.

④ 세계 지역별 통신서비스 시장 매출액

(단위: 십억 달러)

지역 \ 연도	2009	2010	2011	2012
북미	347	349	352	355
유럽	416	413	415	421
아시아/태평양	386	399	419	439
남미	131	141	152	163
중동/아프리카	92	99	107	114
합계	1,372	1,401	1,445	1,492

※ 2012년 자료는 추정치임

➡ (O) 〈보고서〉에서는 2009년 세계 지역별 통신서비스 시장 매출액의 합계가 1조 3,720억 달러에 달하고, 2012년에는 1조 4,920억 달러일 것으로 추정된다고 되어 있다. 이는 제시된 자료를 통해 파악할 수 있다.

⑤ 우리나라 GDP 대비 ICT산업 비중

(단위: %)

구분 \ 연도	2008	2009	2010
GDP 성장률	2.3	0.2	6.1
ICT산업 성장률	6.8	5.3	14.0
GDP 대비 ICT산업 비중	9.9	10.4	11.2

※ 백분율(%)은 소수점 아래 둘째 자리에서 반올림한 값임

➡ (O) 〈보고서〉에서는 우리나라의 경우 2008~2010년 GDP에서 정보통신기술(ICT) 산업이 차지하는 비중이 매년 증가하여 2010년에는 11.2%였다고 되어 있다. 이는 제시된 자료를 통해 파악할 수 있다.

14 ⑤

정답률 92.5%

|문제 유형| 자료 읽기 > 그림 제시형

|접근 전략| 〈그림〉에서 대각선에 가까울수록 수요예측 오차가 작음을 알 수 있다. 대각선의 왼쪽은 실제수요가 수요예측치보다 큰 경우이고, 대각선의 오른쪽은 실제수요가 수요예측치보다 작은 경우이다.

다음 〈그림〉은 2011년 어느 회사에서 판매한 전체 10가지 제품 유형(A~J)의 수요예측치와 실제수요의 관계를 나타낸 자료이다. 이에 대한 설명 중 옳은 것은?

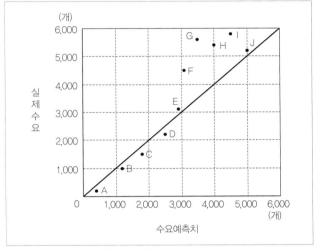

〈그림〉 제품유형별 수요예측치와 실제수요

※ 수요예측 오차=|수요예측치−실제수요|

① 수요예측 오차가 가장 작은 제품유형은 G이다. ➡ (X) G는 수요예측 오차가 가장 큰 제품유형이다.

② 실제수요가 큰 제품유형일수록 수요예측 오차가 작다. ➡ (X) 실제수요가 클수록 수요예측 오차가 작다고 단정할 수 없다. 예를 들어 F는 E보다 실제수요가 크지만 수요예측 오차도 크다.

③ 수요예측치가 가장 큰 제품유형은 실제수요도 가장 크다. ➡ (X) 수요예측치가 가장 큰 제품유형은 J이고, 실제수요가 가장 큰 제품유형은 I이다.

④ 실제수요가 3,000개를 초과한 제품유형 수는 전체 제품유형 수의 50% 이하이다. ➡ (X) 실제수요가 3,000개를 초과한 제품유형은 E, F, G, H, I, J로, 6개이다. 따라서 이는 전체 제품유형 수(10개)의 60%에 해당한다.

⑤ 실제수요가 3,000개 이하인 제품유형은 각각 수요예측치가 실제수요보다 크다. ➡ (O) 실제수요가 3,000개 이하인 제품유형은 A, B, C, D이다. A, B, C, D의 경우 수요예측치가 실제수요보다 크다.

15 ②

| **문제 유형** | 자료 읽기/추론 > 계산형
| **접근 전략** | 제시된 〈산식〉을 이용하여 선지에 나타난 각 조합의 이용객 선호도를 계산하여 이용객 선호도가 세 번째로 큰 조합을 고르면 된다. 즉, 선지의 조합을 각각 계산하여 그중 세 번째로 큰 조합을 고르면 된다.

다음 〈표〉는 피트니스 클럽의 입장료 및 사우나 유무에 대한 선호도 조사 결과이다. 〈표〉와 〈산식〉을 이용하여 이용객 선호도를 구할 때, 입장료와 사우나 유무의 조합 중 이용객 선호도가 세 번째로 큰 조합은?

〈표 1〉 입장료 선호도 조사 결과

입장료	선호도
5,000원	4.0점
10,000원	3.0점
20,000원	0.5점

〈표 2〉 사우나 유무 선호도 조사 결과

사우나	선호도
유	3.3점
무	1.7점

〈산식〉

이용객 선호도＝입장료 선호도＋사우나 유무 선호도

	입장료	사우나 유무	
①	5,000원	유	➡ (X)
②	5,000원	무	➡ (O) 입장료 및 사우나 유무에 따른 피트니스

클럽의 이용객 선호도를 정리하면 다음과 같다.

입장료	사우나	선호도
5,000원	유	4.0+3.3=7.3(점)
	무	4.0+1.7=5.7(점)
10,000원	유	3.0+3.3=6.3(점)
	무	3.0+1.7=4.7(점)
20,000원	유	0.5+3.3=3.8(점)
	무	0.5+1.7=2.2(점)

따라서 이용객 선호도가 세 번째로 큰 조합은 입장료가 5,000원이고 사우나가 없는 조합이다.

③	10,000원	유	➡ (X)
④	10,000원	무	➡ (X)
⑤	20,000원	유	➡ (X)

16 ④

| **문제 유형** | 자료 읽기 > 그림 제시형
| **접근 전략** | 〈그림〉에 나타난 국가별 1인당 GDP와 자살률을 비교하여 분석하는 문제이다. 제시된 〈그림〉에서 1인당 GDP와 자살률 간에는 뚜렷한 상관관계를 찾아볼 수 없으므로 각 선지의 내용을 〈그림〉에서 각각 파악하면 된다.

다음 〈그림〉은 20개 국가(A~T)의 1인당 GDP와 자살률의 관계를 나타낸 것이다. 이에 대한 설명 중 옳은 것은?

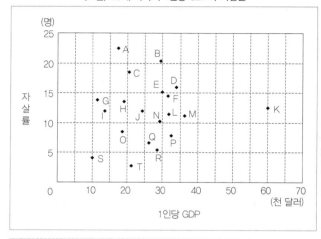

〈그림〉 20개 국가의 1인당 GDP와 자살률

① 1인당 GDP가 가장 낮은 국가는 자살률도 가장 낮다. ➡ (X) 1인당 GDP가 가장 낮은 국가는 S국이고, 자살률이 가장 낮은 국가는 T국이다.

② 1인당 GDP가 4만 달러 이상인 국가의 자살률은 10명 미만이다. ➡ (X) 1인당 GDP가 4만 달러 이상인 국가는 K국이다. K국의 자살률은 10명을 넘는다.

③ 자살률이 가장 높은 국가와 가장 낮은 국가의 자살률 차이는 15명 이하이다. ➡ (X) 자살률이 가장 높은 국가는 A국(약 23명)이고, 자살률이 가장 낮은 국가는 T국(약 3명)이다. A국과 T국의 자살률 차이는 약 20명쯤으로 15명을 넘는다.

④ 자살률이 가장 높은 국가의 1인당 GDP는 자살률이 두 번째로 높은 국가의 1인당 GDP의 50% 이상이다. ➡ (O) 자살률이 가장 높은 국가는 A국이고, 자살률이 두 번째로 높은 국가는 B국이다. A국의 1인당 GDP는 약 17천 달러이고, B국의 1인당 GDP는 약 30천 달러이다. 따라서 A국의 1인당 GDP는 B국의 1인당 GDP의 50%를 넘는다.

⑤ C국보다 자살률과 1인당 GDP가 모두 낮은 국가의 수는 C국보다 자살률과 1인당 GDP가 모두 높은 국가의 수와 같다. ➡ (X) C국보다 자살률과 1인당 GDP가 모두 낮은 국가는 G국, H국, I국, O국, S국으로 5개국이고, C국보다 자살률과 1인당 GDP가 모두 높은 국가는 B국으로 1개국이다.

| **문제 유형** | 자료 읽기 > 그림 제시형
| **접근 전략** | 〈그림〉에 나타난 각 음료의 항목별 소비자평가 결과를 분석하는 문제이다. 8개 항목에 대한 소비자평가 결과를 바탕으로 각 음료의 순위를 파악하여 비교해 보면 된다.

다음 〈그림〉은 A~D 음료의 8개 항목에 대한 소비자평가 결과를 나타낸 것이다. 이에 대한 설명 중 옳은 것은?

〈그림〉 A~D 음료의 항목별 소비자평가 결과

(단위: 점)

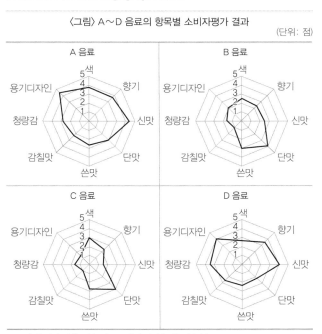

※ 1점이 가장 낮은 점수이고 5점이 가장 높은 점수임

① C 음료는 8개 항목 중 '쓴맛'의 점수가 가장 높다. ➡ (X) C 음료는 8개 항목 중 '단맛'의 점수가 가장 높다.

② '용기디자인'의 점수는 A 음료가 가장 높고, C 음료가 가장 낮다.
➡ (O) '용기디자인'의 점수는 A 음료 > D 음료 > B 음료 > C 음료 순이다.

③ A 음료는 B 음료보다 7개 항목에서 각각 높은 점수를 받았다.
➡ (X) '용기디자인', '색', '향기', '신맛', '감칠맛', '청량감'의 6개 항목 점수는 A 음료가 B 음료보다 높고, '단맛', '쓴맛'의 2개 항목 점수는 B 음료가 A 음료보다 높다.

④ 소비자평가 결과의 항목별 점수의 합은 B 음료가 D 음료보다 크다. ➡ (X) '단맛'과 '쓴맛'을 합해 B 음료가 D 음료보다 2점 가량 높다. '용기디자인'에서 D 음료가 B 음료보다 2점 가량 높고, 나머지 모든 항목에서도 D 음료가 B 음료보다 점수가 높다. 따라서 소비자평가 결과의 항목별 점수의 합은 B 음료가 D 음료보다 작다.

⑤ A~D 음료 간 '색'의 점수를 비교할 때 점수가 가장 높은 음료는 '단맛'의 점수를 비교할 때에도 점수가 가장 높다. ➡ (X) '색'의 점수는 A 음료 > C 음료 > D 음료 > B 음료 순이고, '단맛'의 점수는 B 음료 = C 음료 > A 음료 > D 음료 순이다. 따라서 '색'의 점수가 가장 높은 음료는 A 음료이고, '단맛'의 점수가 가장 높은 음료는 B 음료와 C 음료이다.

| **문제 유형** | 자료 읽기 > 표 제시형
| **접근 전략** | 〈표〉에 나타난 프로 스포츠종목별 경기장 수용규모와 관중수용률을 비교하는 문제이다. 관중수용률과 연간 경기장 수용규모를 통해 연간 관중 수를 구할 수 있다.

다음 〈표〉는 2006~2011년 어느 나라 5개 프로 스포츠종목의 연간 경기장 수용규모 및 관중수용률을 나타낸 것이다. 이에 대한 설명 중 옳은 것은?

〈표〉 프로 스포츠종목의 연간 경기장 수용규모 및 관중수용률

(단위: 천 명, %)

종목 \ 구분	연도	2006	2007	2008	2009	2010	2011
야구	수용규모	20,429	20,429	20,429	20,429	19,675	19,450
	관중수용률	30.6	41.7	53.3	56.6	58.0	65.7
축구	수용규모	40,255	40,574	40,574	37,865	36,952	33,314
	관중수용률	21.9	26.7	28.7	29.0	29.4	34.9
농구	수용규모	5,899	6,347	6,354	6,354	6,354	6,653
	관중수용률	65.0	62.8	66.2	65.2	60.9	59.5
핸드볼	수용규모	3,230	2,756	2,756	2,756	2,066	2,732
	관중수용률	26.9	23.5	48.2	43.8	34.1	52.9
배구	수용규모	5,129	5,129	5,089	4,843	4,409	4,598
	관중수용률	16.3	27.3	24.6	30.4	33.4	38.6

※ 관중수용률(%) = $\dfrac{\text{연간 관중 수}}{\text{연간 경기장 수용규모}} \times 100$

① 축구의 연간 관중 수는 매년 증가한다. ➡ (X) 연간 관중 수는 $\dfrac{\text{연간 경기장 수용규모} \times \text{관중수용률}}{100}$로 구할 수 있다. 축구의 연간 관중 수는 2006년의 경우 $\dfrac{40,255 \times 21.9}{100} ≒ 8,816$(천 명), 2007년의 경우 $\dfrac{40,574 \times 26.7}{100} ≒ 10,833$(천 명), 2008년의 경우 $\dfrac{40,574 \times 28.7}{100} ≒ 11,645$(천 명), 2009년의 경우 $\dfrac{37,865 \times 29.0}{100} ≒ 10,981$(천 명), 2010년의 경우 $\dfrac{36,952 \times 29.4}{100} ≒ 10,864$(천 명), 2011년의 경우 $\dfrac{33,314 \times 34.9}{100} ≒ 11,627$(천 명)이다. 따라서 축구의 연간 관중 수는 증가 → 증가 → 감소 → 감소 → 증가하였다.

② 관중수용률은 농구가 야구보다 매년 높다. ➡ (X) 2006~2010년까지 농구가 야구보다 관중수용률이 높으나, 2011년의 경우 농구가 야구보다 관중수용률이 낮다.

③ 관중수용률이 매년 증가한 종목은 3개이다. ➡ (X) 관중수용률이 매년 증가한 종목은 야구와 축구로, 2개이다.

④ 2009년 연간 관중 수는 배구가 핸드볼보다 많다. ➡ (O) 2009년 연간 관중 수는 배구의 경우 $\dfrac{4,843 \times 30.4}{100} ≒ 1,472$(천 명)이고, 핸드볼의 경우 $\dfrac{2,756 \times 43.8}{100} ≒ 1,207$(천 명)으로, 배구가 핸드볼보다 많다.

⑤ 2007~2011년 동안 연간 경기장 수용규모의 전년 대비 증감 방향은 농구와 핸드볼이 동일하다. ➡ (X) 2007~2011년 동안 연간 경기장 수용규모의 전년 대비 증감 방향은 농구의 경우 증가 → 증가 → 정체 → 정체 → 증가이고, 핸드볼의 경우 감소 → 정체 → 정체 → 감소 → 증가이다.

19 ③ 정답률 84.5%

| **문제 유형** | 자료 읽기/추론 > 계산형 |

접근 전략 〈그림 1〉을 통해 2010~2011년 동안 변리사 A와 변리사 B의 전체 특허출원 건수를, 〈그림 2〉를 통해 연도별 변리사 A와 변리사 B의 전체 특허출원 건수를, 〈그림 3〉을 통해 연도별 변리사 A의 전체 특허출원 건수를 파악할 수 있다.

다음 〈그림〉은 2010~2011년 동안 변리사 A와 B의 특허출원 건수에 대한 자료이다. 2011년 변리사 B의 특허출원 건수는 2010년 변리사 B의 특허출원 건수의 몇 배인가? (단, 특허출원은 변리사 A 또는 B 단독으로만 이루어진다)

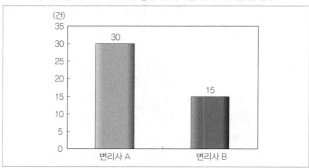

〈그림 1〉 2010~2011년 동안 변리사별 전체 특허출원 건수

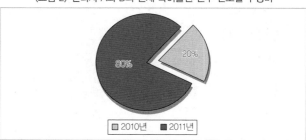

〈그림 2〉 변리사 A와 B의 전체 특허출원 건수 연도별 구성비

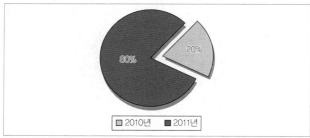

〈그림 3〉 변리사 A의 전체 특허출원 건수 연도별 구성비

① 2배 ➡ (×)

② 3배 ➡ (×)

③ 4배 ➡ (○) 〈그림 1〉에서 2010~2011년 동안 전체 특허출원 건수는 30+15=45(건)이고, 〈그림 2〉에서 변리사 A와 B의 전체 특허출원 건수는 2010년의 경우 45×20%=9(건)이며, 2011년의 경우 45×80%=36(건)이다. 2010~2011년 동안 변리사 A의 전체 특허출원 건수는 30건이므로 〈그림 3〉에서 2010년의 변리사 A의 전체 특허출원 건수는 30×20%=6(건)이고, 2011년 변리사 A의 전체 특허출원 건수는 30×80%=24(건)이다. 따라서 2010년의 변리사 B의 전체 특허출원 건수는 3건(=9건-6건)이고, 2011년의 변리사 B의 전체 특허출원 건수는 12건(=36건-24건)으로, 2011년 변리사 B의 특허출원 건수는 2010년 변리사 B의 특허출원 건수의 4배이다.

④ 5배 ➡ (×)

⑤ 6배 ➡ (×)

---

20 ④ 정답률 75.6%

| **문제 유형** | 자료 읽기/추론 > 매칭형 |

접근 전략 해당 사분기 매출액 증감계수와 직전 사분기 매출액을 통해 해당 사분기 매출액을 구해야 한다. 〈그림 1〉과 〈그림 2〉를 통해 직전 사분기 매출액과 해당 사분기 매출액 증감계수를 파악할 수 있다.

다음 〈그림〉은 2011년 어느 회사 사원 A~C의 매출에 관한 자료이다. 2011년 4사분기의 매출액이 큰 사원부터 나열하면?

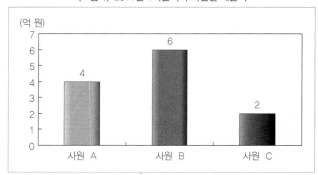

〈그림 1〉 2011년 1사분기의 사원별 매출액

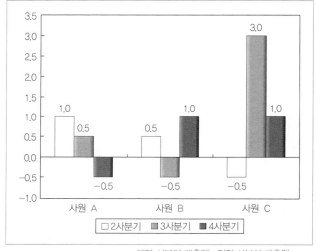

〈그림 2〉 2011년 2~4사분기 사원별 매출액 증감계수

※ 해당 사분기 매출액 증감계수 = $\dfrac{\text{해당 사분기 매출액} - \text{직전 사분기 매출액}}{\text{직전 사분기 매출액}}$

① A, B, C ➡ (×)

② A, C, B ➡ (×)

③ B, A, C ➡ (×)

④ B, C, A ➡ (○) 해당 사분기 매출액은 (해당 사분기 매출액 증감계수+1)×직전 사분기 매출액으로 구할 수 있다. 사원 A의 해당 사분기 매출액은 2011년 2사분기의 경우 (1.0+1)×4=8(억 원), 2011년 3사분기의 경우 (0.5+1)×8=12(억 원), 2011년 4사분기의 경우 (-0.5+1)×12=6(억 원)이다. 사원 B의 해당 사분기 매출액은 2011년 2사분기의 경우 (0.5+1)×6=9(억 원), 2011년 3사분기의 경우 (-0.5+1)×9=4.5(억 원), 2011년 4사분기의 경우 (1.0+1)×4.5=9(억 원)이다. 사원 C의 해당 사분기 매출액은 2011년 2사분기의 경우 (-0.5+1)×2=1(억 원), 2011년 3사분기의 경우 (3.0+1)×1=4(억 원), 2011년 4사분기의 경우 (1.0+1)×4=8(억 원)이다. 따라서 2011년 4사분기의 매출액은 사원 B > 사원 C > 사원 A 순이다.

⑤ C, A, B ➡ (×)

21 ⑤

| **문제 유형** | 자료 읽기/추론 > 매칭형

| **접근 전략** | 〈보기〉의 내용을 통해 〈표〉를 분석하여 A~F에 해당하는 화재장소를 파악하는 문제이다. 〈보기〉의 순서대로 〈표〉를 분석하기보다는 〈보기〉의 내용에서 중복되는 화재장소를 파악하여 선택을 좁혀 나가도록 한다.

다음 〈표〉는 2010년과 2011년 주요 화재장소별 화재건수를 나타낸 것이다. 〈보기〉를 이용하여 A~F를 구할 때 A, C, F에 해당하는 화재장소를 바르게 짝지은 것은?

〈표〉 주요 화재장소별 화재건수

(단위: 건)

구분	계	A	B	C	D	E	F
2011년 8월	2,200	679	1,111	394	4	4	8
2010년 8월	2,535	785	1,265	471	1	7	6
2011년 1~8월	24,879	7,140	11,355	3,699	24	49	2,612
2010년 1~8월	23,447	6,664	10,864	4,206	21	75	1,617

〈보기〉

○ 2011년 8월에 전년 동월 대비 화재건수가 증가한 화재장소는 위험물보관소와 임야이다. → 2010년 8월 대비 2011년 8월에 화재건수가 증가한 화재장소는 D와 F이다. 따라서 D와 F는 각각 위험물보관소와 임야 중 하나이다.

○ 2011년 1~8월 동안 화재건수가 많은 상위 두 곳은 사무실과 주택이다. → 2011년 1~8월 동안 화재건수는 B>A>C>F>E>D 순이다. 따라서 A와 B는 각각 사무실과 주택 중 하나이다.

○ 2011년 1~8월 동안 화재건수가 100건이 넘지 않는 화재장소는 위험물보관소와 선박이다. → 2011년 1~8월 동안 화재건수가 100건이 넘지 않는 화재장소는 D와 E이다. 따라서 D와 E는 각각 위험물보관소와 선박 중 하나이다. 〈보기〉의 첫 번째 내용에서 D와 F는 각각 위험물보관소와 임야 중 하나에 해당하므로 D는 위험물보관소, E는 선박, F는 임야에 해당한다.

○ 2011년 1~8월 동안 주택과 차량에서 발생한 화재건수의 합은 사무실에서 발생한 화재건수보다 적다. → 〈보기〉에서 A~F는 각각 사무실, 주택, 차량, 위험물보관소, 선박, 임야 중 하나이다. A와 B는 각각 사무실과 주택 중 하나이고, D는 위험물보관소, E는 선박, F는 임야에 해당하므로 C는 차량에 해당한다. 2011년 1~8월 동안 A와 차량에서 발생한 화재건수의 합은 7,140+3,699=10,839(건)이고, B에서 발생한 화재건수는 11,355건으로, A와 차량에서 발생한 화재건수의 합이 B에서 발생한 화재건수보다 적다. 따라서 A는 주택, B는 사무실에 해당한다.

	A	C	F	
①	사무실	선박	위험물보관소	➡ (X)
②	사무실	차량	임야	➡ (X)
③	주택	선박	임야	➡ (X)
④	주택	선박	위험물보관소	➡ (X)
⑤	주택	차량	임야	➡ (O)

22 ①

| **문제 유형** | 자료 읽기 > 표 제시형

| **접근 전략** | 〈표〉에 나타난 금융서비스 제공방식별 업무처리 건수 비중을 통해 연도별 업무처리 건수 비중을 비교하거나 금융서비스 제공방식별 업무처리 건수 비중을 비교하는 문제이다. 〈표〉에는 연도별 전체 업무처리 건수가 제시되어 있지 않고, 금융서비스 제공방식별 업무처리 금액이 제시되어 있지 않음에 유의하도록 한다.

다음 〈표〉는 2007~2011년 A국의 금융서비스 제공방식별 업무 처리 건수 비중 현황이다. 이에 대한 〈보기〉의 설명 중 옳은 것을 모두 고르면?

〈표〉 금융서비스 제공방식별 업무처리 건수 비중 현황

(단위: %)

구분 연도	대면거래	비대면거래			합
		CD/ATM	텔레뱅킹	인터넷뱅킹	
2007	13.6	38.0	12.2	36.2	100.0
2008	13.8	39.5	13.1	33.6	100.0
2009	13.7	39.3	12.6	34.4	100.0
2010	13.6	39.8	12.4	34.2	100.0
2011	12.2	39.1	12.4	36.3	100.0

〈보기〉

ㄱ. 2011년의 비대면거래 건수 비중은 2009년 대비 1.5%p 증가하였다. → (O) 비대면거래 건수 비중은 CD/ATM+텔레뱅킹+인터넷뱅킹 비중으로 계산할 수 있지만, 대면거래 건수 비중+비대면거래 건수 비중=100(%)이므로 비대면거래 건수 비중은 100−대면거래 건수 비중으로 구할 수 있다. 2009년 비대면거래 건수 비중은 100−13.7=86.3(%)이고, 2011년 비대면거래 건수 비중은 100−12.2=87.8(%)이다. 따라서 2009년 대비 2011년 비대면거래 건수 비중은 1.5%p(=87.8%−86.3%) 증가하였다.

ㄴ. 2008~2011년 동안 대면거래 건수는 매년 감소하였다. → (X) 2008~2011년 동안 대면거래 건수 비중은 13.8% → 13.7% → 13.6% → 12.2%로 매년 감소하였으나, 연도별 전체 업무처리 건수를 알 수 없으므로 2008~2011년 동안 대면거래 건수가 매년 감소하였다고 단정할 수 없다.

ㄷ. 2007~2011년 동안 매년 비대면거래 중 업무처리 건수가 가장 적은 제공방식은 텔레뱅킹이다. → (O) 2007~2011년 동안 매년 비대면거래 중 텔레뱅킹의 업무처리 건수 비중이 가장 낮다. 따라서 2007~2011년 동안 매년 비대면거래 중 텔레뱅킹의 업무처리 건수가 가장 적다.

ㄹ. 2007~2011년 중 대면거래 금액이 가장 많았던 연도는 2008년이다. → (X) 제시된 자료를 통해서는 대면거래 금액을 알 수 없으므로 2007~2011년 중 대면거래 금액이 가장 많았던 연도를 파악할 수 없다.

① ㄱ, ㄷ ➡ (O)
② ㄱ, ㄹ ➡ (X)
③ ㄴ, ㄷ ➡ (X)
④ ㄴ, ㄹ ➡ (X)
⑤ ㄷ, ㄹ ➡ (X)

23 ②

| **문제 유형** | 자료 읽기 > 표 제시형
| **접근 전략** | 〈표〉의 하단 부분 내용을 통해 〈표〉에 제시되어 있는 A~C가 무엇을 의미하는지를 파악하는 것이 중요하다. 〈표〉에는 전체 화물차 대수가 나타나 있지 않으므로 분야별 전체 에너지 효율성을 파악할 수 없음에 유의하도록 한다.

다음 〈표〉는 2008~2010년 동안 도로화물운송업의 분야별 에너지 효율성에 관한 자료이다. 이에 대한 〈보기〉의 설명 중 옳은 것을 모두 고르면?

〈표〉 도로화물운송업의 분야별 에너지 효율성

(단위: 리터, 톤·km, 톤·km/리터)

분야 구분 연도	일반화물			개별화물			용달화물		
	A	B	C	A	B	C	A	B	C
2008	4,541	125,153	27.6	1,722	37,642	21.9	761	3,714	4.9
2009	4,285	110,269	25.7	1,863	30,232	16.2	875	4,576	5.2
2010	3,970	107,943	27.2	1,667	18,523	11.1	683	2,790	4.1

※ 1) 도로화물운송업의 분야는 일반화물, 개별화물, 용달화물로 구분됨

2) A: 화물차 1대당 월평균 에너지 사용량(리터)

B: 화물차 1대당 월평균 화물운송실적(톤·km)

C: 화물차 1대당 월평균 에너지 효율성(톤·km/리터)=$\frac{B}{A}$

〈보기〉

ㄱ. 2008년 화물차 1대당 월평균 에너지 사용량이 가장 적은 분야는 용달화물이다. → (O) 〈표〉에서 화물차 1대당 월평균 에너지 사용량은 A로 구분되어 있다. 2008년 일반화물의 A는 4,541리터, 개별화물의 A는 1,722리터, 용달화물의 A는 761리터이다. 따라서 2008년 화물차 1대당 월평균 에너지 사용량이 가장 적은 분야는 용달화물이다.

ㄴ. 2009년 화물운송실적이 가장 큰 분야는 일반화물이다. → (X) 〈표〉에서 화물차 1대당 월평균 화물운송실적은 B로 구분되어 있다. 2009년 일반화물의 B는 110,269톤·km, 개별화물의 B는 30,232톤·km, 용달화물의 B는 4,576톤·km이다. 그러나 제시된 〈표〉에서는 화물차 대수가 제시되어 있지 않으므로 2009년에 일반화물의 화물운송실적이 가장 크다고 단정할 수 없다.

ㄷ. 2010년 화물차 1대당 월평균 에너지 효율성이 큰 분야부터 나열하면 일반화물, 개별화물, 용달화물이다. → (O) 〈표〉에서 화물차 1대당 월평균 에너지 효율성은 C로 구분되어 있다. 2010년 C의 크기는 일반화물 > 개별화물 > 용달화물 순이다. 따라서 2010년 화물차 1대당 월평균 에너지 효율성이 큰 순서는 일반화물 > 개별화물 > 용달화물 순이다.

ㄹ. 각 분야의 화물차 1대당 월평균 에너지 효율성은 매년 증가하였다. → (X) 〈표〉에서 화물차 1대당 월평균 에너지 효율성은 C로 구분되어 있다. 연도별 화물차 1대당 월평균 에너지 효율성은 일반화물의 경우 27.6톤·km/리터 → 25.7톤·km/리터 → 27.2톤·km/리터로 감소하다가 증가하였고, 개별화물의 경우 21.9톤·km/리터 → 16.2톤·km/리터 → 11.1톤·km/리터로 매년 감소하였으며, 용달화물의 경우 4.9톤·km/리터 → 5.2톤·km/리터 → 4.1톤·km/리터로 증가하다가 감소하였다. 따라서 각 분야의 화물차 1대당 월평균 에너지 효율성이 매년 증가하였다고 볼 수 없다.

① ㄱ, ㄴ ➡ (X)
② ㄱ, ㄷ ➡ (O)
③ ㄱ, ㄹ ➡ (X)
④ ㄴ, ㄷ ➡ (X)
⑤ ㄴ, ㄹ ➡ (X)

24 ⑤

| **문제 유형** | 자료 읽기/추론 > 계산형
| **접근 전략** | 제시된 〈산식〉을 통해 〈표〉의 빈칸을 먼저 채워야 〈보기〉의 내용의 진위 여부를 파악할 수 있다. 5일이동평균을 구하는 계산식을 통해 해당거래일의 일별 주가를 구할 수 있고, 일별 주가를 통해 5일이동평균을 구할 수 있다.

다음 〈표〉는 어느 해 주식 거래일 8일 동안 A사의 일별 주가와 〈산식〉을 활용한 5일이동평균을 나타낸 것이다. 이에 대한 〈보기〉의 설명 중 옳은 것을 모두 고르면?

〈표〉 주식 거래일 8일 동안 A사의 일별 주가 추이

(단위: 원)

거래일	일별 주가	5일이동평균
1	7,550	-
2	7,590	-
3	7,620	-
4	7,720	-
5	7,780	7,652
6	7,820	7,706
7	7,830	( )
8	( )	7,790

〈산식〉

5일이동평균

= $\frac{\text{해당 거래일 포함 최근 거래일 5일 동안의 일별 주가의 합}}{5}$

예) 6거래일의 5일이동평균

= $\frac{7,590+7,620+7,720+7,780+7,820}{5}=7,706$

〈보기〉

ㄱ. 일별 주가는 거래일마다 상승하였다. → (X) 〈표〉에서 8거래일의 5일이동평균을 통해 8거래일의 일별 주가를 구할 수 있다. $\frac{(7,720+7,780+7,820+7,830+8\text{거래일 일별 주가})}{5}=7,790(원)$이므로 8거래일 일별 주가는 7,800원이다. 거래일별 일별 주가는 7,550원 → 7,590원 → 7,620원 → 7,720원 → 7,780원 → 7,820원 → 7,830원 → 7,800원으로 상승하다가 하락하였다.

ㄴ. 5거래일 이후 5일이동평균은 거래일마다 상승하였다. → (O) 〈표〉에서 7거래일의 5일이동평균은 $\frac{(7,620+7,720+7,780+7,820+7,830)}{5}=7,754(원)$이다. 따라서 5거래일 이후 5일이동평균은 7,652원 → 7,706원 → 7,754원 → 7,790원으로 상승하였다.

ㄷ. 2거래일 이후 일별 주가가 직전거래일 대비 가장 많이 상승한 날은 4거래일이다. → (O) 2거래일의 경우 1거래일에 비해 일별 주가가 40원 증가, 3거래일의 경우 2거래일에 비해 일별 주가가 30원 증가, 4거래일의 경우 3거래일에 비해 일별 주가가 100원 증가, 5거래일의 경우 4거래일에 비해 일별 주가가 60원 증가, 6거래일의 경우 5거래일에 비해 일별 주가가 40원 증가, 7거래일의 경우 6거래일에 비해 10원 증가, 8거래일의 경우 7거래일에 비해 30원 감소하였다. 따라서 2거래일 이후 일별 주가가 직전거래일 대비 가장 많이 상승한 날은 4거래일이다.

ㄹ. 5거래일 이후 해당거래일의 일별 주가와 5일이동평균 간의 차이는 거래일마다 감소하였다. → (O) 해당거래일의 일별 주가와 5일이동평균 간의 차이는 5거래일의 경우 7,780-7,652=128(원), 6거래일의 경우 7,820-

7,706=114(원), 7거래일의 경우 7,830-7,754=76(원), 8거래일의 경우 7,800-7,790=10(원)이다. 따라서 5거래일 이후 해당거래일의 일별 주가와 5일이동평균 간의 차이는 거래일마다 감소하였다.

① ㄱ, ㄴ ➡ (X)
② ㄴ, ㄷ ➡ (X)
③ ㄷ, ㄹ ➡ (X)
④ ㄱ, ㄴ, ㄷ ➡ (X)
⑤ ㄴ, ㄷ, ㄹ ➡ (O)

25 ①

TOP 1 정답률 41.4%

|문제 유형| 자료 읽기 > 그림 제시형

|접근 전략| 〈그림 1〉은 산업별 외국기업 국내 투자건수의 비율을 보여 주고 있고, 〈그림 2〉는 산업 중에서 국내 서비스업에 대한 외국기업의 투자건수와 총투자금액을 보여 주고 있다. 〈그림 1〉의 국내 서비스업에 대한 외국기업 국내 투자건수 비율과 〈그림 2〉의 국내 서비스업에 대한 외국기업의 투자건수를 통해 연도별 전체 외국기업 국내 투자건수를 구할 수 있어야 한다.

다음 〈그림〉은 2008~2011년 외국기업의 국내 투자 현황에 대한 자료이다. 이에 대한 설명 중 옳은 것은?

〈그림 1〉 외국기업 국내 투자건수의 산업별 비율

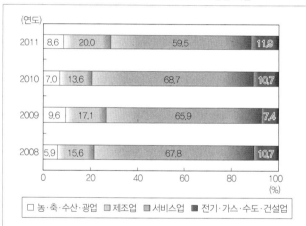

※ 비율은 소수점 아래 둘째 자리에서 반올림한 값임

〈그림 2〉 외국기업의 국내 서비스업 투자건수 및 총투자금액

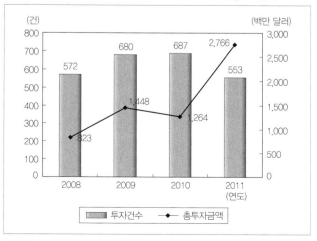

① 외국기업 국내 투자건수는 2010년이 2009년보다 적다. ➡ (O)
〈그림 1〉의 외국기업 국내 서비스 투자건수의 비율과 〈그림 2〉의 외국기업 국내 서비스업 투자건수를 통해 외국기업 국내 투자건수를 구할 수 있다. 외국기업 국내 서비스 투자건수의 비율은 $\frac{\text{외국기업의 국내 서비스업 투자건수}}{\text{외국기업의 국내 투자건수}}×100$이므로 외국기업의 국내 투자건수는 $\frac{\text{외국기업의 국내 서비스업 투자건수}}{\text{외국기업 국내 서비스 투자건수의 비율}}×100$으로 구할 수 있다. 〈그림 1〉에서 외국기업의 국내 서비스업 투자건수의 비율은 2009년의 경우 65.9%, 2010년의 경우 68.7%이고, 〈그림 2〉에서 외국기업의 국내 서비스업 투자건수는 2009년의 경우 680건, 2010년의 경우 687건이다. 외국기업의 국내 투자건수는 2009년의 경우 $\frac{680}{65.9}×100≒1,032$(건)이고, 2010년의 경우 $\frac{687}{68.7}×100=1,000$(건)이다. 따라서 외국기업 국내 투자건수는 2009년보다 2010년이 적다.

② 2008년 외국기업의 국내 농·축·수산·광업에 대한 투자건수는 60건 이상이다. ➡ (X) 외국기업의 국내 농·축·수산·광업에 대한 투자건수의 비율은 $\frac{\text{외국기업의 국내 농·축·수산·광업에 대한 투자건수}}{\text{외국기업의 국내 투자건수}}×100$으로 구할 수 있다. 따라서 외국기업의 국내 농·축·수산·광업에 대한 투자건수는 $\frac{\text{(외국기업의 국내 투자건수 × 외국기업의 국내 농·축·수산·광업에 대한 투자건수의 비율)}}{100}$로 구할 수 있다. 2008년의 외국기업 국내 투자건수는 $\frac{572}{67.8}×100≒844$(건)이고, 2008년 외국기업의 국내 농·축·수산·광업에 대한 투자건수의 비율은 5.9%이다. 따라서 2008년 외국기업의 국내 농·축·수산·광업에 대한 투자건수는 $\frac{(844×5.9)}{100}≒50$(건)이다.

③ 외국기업 국내 투자건수 중 제조업이 차지하는 비율은 매년 증가하였다. ➡ (X) 〈그림 1〉에서 외국기업 국내 투자건수 중 제조업이 차지하는 비율은 15.6% → 17.1% → 13.6% → 20.0%로 증가 → 감소 → 증가하였다.

④ 외국기업 국내 투자건수 중 각 산업이 차지하는 비율의 순위는 매년 동일하다. ➡ (X) 외국기업 국내 투자건수 중 각 산업이 차지하는 비율의 순위는 2008년의 경우 서비스업>제조업>전기·가스·수도·건설업>농·축·수산·광업 순이고, 2009년의 경우 서비스업>제조업>농·축·수산·광업>전기·가스·수도·건설업 순이며, 2010년의 경우 서비스업>제조업>전기·가스·수도·건설업>농·축·수산·광업 순이고, 2011년의 경우 서비스업>제조업>전기·가스·수도·건설업>농·축·수산·광업 순이다. 따라서 2009년의 경우 외국기업 국내 투자건수 중 각 산업이 차지하는 비율의 순위가 2008년, 2010년, 2011년과 다르다.

⑤ 외국기업의 국내 서비스업 투자건당 투자금액은 매년 증가하였다. ➡ (X) 외국기업의 국내 서비스업 투자건당 투자금액은 $\frac{\text{총투자금액}}{\text{투자건수}}$으로 구할 수 있다. 〈그림 2〉에서 외국기업의 국내 서비스업 투자건당 투자금액은 2008년의 경우 $\frac{823}{572}≒1.44$(백만 달러), 2009년의 경우 $\frac{1,448}{680}≒2.13$(백만 달러), 2010년의 경우 $\frac{1,264}{687}≒1.84$(백만 달러), 2011년의 경우 $\frac{2,766}{553}≒5.00$(백만 달러)이다. 따라서 외국기업의 국내 서비스업 투자건당 투자금액은 증가 → 감소 → 증가하였다.

2012 | 제3영역 상황판단(⑩ 책형)

기출 총평

전체적인 난도는 중간 정도이고, 높은 난도의 문항이 약 20% 정도 출제된 것으로 파악된다. 제시된 조건을 바탕으로 계산의 결과까지 비교해야 하는 문항들이 난도가 높았고 선지에서 판단해야 하는 기준들도 두 가지 이상의 내용 요소로 구성된 경우가 있었다. 계산이 포함되지 않은 문항이 14문항, 계산이 포함된 문항이 11문항으로 구성되어 있으며 계산이 포함되지 않은 문항의 경우는 읽어 내야 할 정보가 많고 해당 정보를 파악해서 선지와 정확하게 비교하지 않으면 오답을 고르게끔 까다롭게 설계된 문항이 많았다. 따라서 글의 내용을 정확하게 읽어 내는 훈련을 반복하고, 단순한 계산의 실수로 인해 문항을 틀리는 일이 없도록 주의해야 할 필요가 있다. 특히 수리계산 문항의 경우는 사소한 차이로 인해 정답의 정오가 갈리기 때문에 주의하고 집중해서 문항을 풀어 가는 연습을 틈틈이 하는 것이 고득점의 비결이 될 것이다.

문항별 정답률 및 선지별 선택률

문번	정답	정답률 (%)	선지별 선택률(%) ①	②	③	④	⑤
01	⑤	74.8	5.0	10.4	3.6	6.2	74.8
02	①	79.7	79.7	0.9	8.1	9.9	1.4
03	①	76.9	76.9	19.0	1.8	1.4	0.9
04	②	68.0	3.2	68.0	0.8	26.6	1.4
05	③	96.8	1.8	0.5	96.8	0.9	0.0
06	④	73.4	9.0	16.6	0.5	73.4	0.5
07	①	80.5	80.5	3.2	0.9	14.9	0.5
08	③	90.5	0.9	0.5	90.5	0.9	7.2
09	④	66.5	1.8	0.9	22.2	66.5	8.6
10	②	67.0	6.5	67.0	8.8	15.8	1.9
11	④	97.7	0.5	0.0	0.9	97.7	0.9
12	②	77.8	4.0	77.8	10.0	5.9	2.3
13	④	97.8	1.4	0.4	0.0	97.8	0.4

문번	정답	정답률 (%)	선지별 선택률(%) ①	②	③	④	⑤
14	⑤	91.0	4.0	1.4	3.2	0.4	91.0
15	⑤	77.5	12.2	6.7	1.8	1.8	77.5
16	⑤	94.1	0.5	3.6	0.9	0.9	94.1
17	①	87.4	87.4	1.4	0.9	9.9	0.4
18	①	95.9	95.9	1.8	1.8	0.5	0.0
19	③	76.1	15.2	5.5	76.1	1.4	1.8
20	③	69.7	11.3	9.0	69.7	9.0	1.0
21	①	45.0	45.0	10.5	21.4	11.8	11.3
22	④	89.0	1.8	2.8	4.6	89.0	1.8
23	⑤	78.9	0.9	1.4	16.0	2.8	78.9
24	②	77.8	0.9	77.8	9.7	6.5	5.1
25	③	77.5	5.0	4.6	77.5	7.4	5.5

※ 파란색 음영 문항은 해당 회차에서 정답률이 가장 낮은 TOP 3 문항입니다.
※ 문항별 정답률 산정 기준: 약 1년간 누적된 자동채점 & 성적결과분석 서비스의 응시 데이터

출제 비중

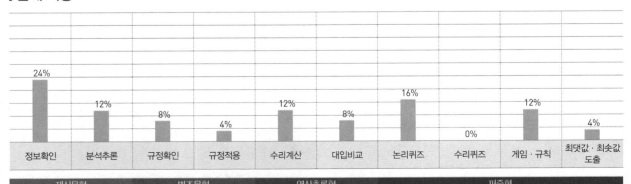

정보확인	분석추론	규정확인	규정적용	수리계산	대입비교	논리퀴즈	수리퀴즈	게임·규칙	최댓값·최솟값 도출
24%	12%	8%	4%	12%	8%	16%	0%	12%	4%

제시문형	법조문형	연산추론형	퍼즐형

01	⑤	02	①	03	①	04	②	05	③
06	④	07	①	08	③	09	④	10	②
11	④	12	②	13	④	14	⑤	15	⑤
16	⑤	17	①	18	①	19	③	20	③
21	①	22	④	23	⑤	24	②	25	③

01 ⑤

정답률 74.8%

| 문제 유형 | 제시문형 > 정보확인

| 접근 전략 | 제시문의 정보를 바탕으로 선지의 내용을 판단하는 문항이다. 글의 정보를 파악할 때는 문단에 따라 전달하려는 내용을 분석해 보고, 각 문단의 내용을 정리하는 능력이 필요하다. 건강보험의 적용을 받을 수 있는 조건을 모두 갖추고 있는지를 판단할 수 있어야 하고, 예외로 적용되는 경우도 잘 살펴보아야 한다. 또한 적용을 받는 대상의 상황에 따라서도 적용 범위가 달라질 수 있기 때문에 〈보기〉에서 제시하고 있는 조건을 정확히 파악하는 것이 중요하다.

甲, 乙, 丙, 丁은 A국의 건강보험 가입자이다. 다음 글을 근거로 판단할 때, 〈보기〉에서 옳지 않은 것을 모두 고르면?

A국의 건강보험공단(이하 '공단'이라 한다)이 제공하는 건강보험의 급여는 현물급여와 현금급여로 나눌 수 있다. 현물급여는 지정된 요양기관(병·의원)을 통하여 가입자 및 피부양자에게 직접 의료서비스를 제공하는 것으로, 요양급여와 건강검진이 있다. 요양급여는 가입자 및 피부양자의 질병·부상·출산 등에 대한 지정된 요양기관의 진찰, 처치·수술 기타의 치료, 재활, 입원, 간호 등을 말한다. 또한 공단은 질병의 조기 발견과 그에 따른 요양급여를 제공하기 위하여 가입자 및 피부양자에게 2년마다 1회 무료로 건강검진을 실시한다. ▶1문단

현금급여는 가입자 또는 피부양자가 긴급하거나 기타 부득이한 사유로 인하여 지정된 요양기관 이외의 의료기관에서 질병·부상·출산 등에 대하여 요양을 받은 경우와 요양기관 외의 장소에서 출산을 한 경우, 공단이 그 요양급여에 상당하는 금액을 가입자 또는 피부양자에게 요양비로 지급하는 것을 말한다. 이러한 요양비를 지급받기 위하여 요양을 제공받은 자는 요양기관이 발행한 요양비용명세서나 요양내역을 기재한 영수증 등을 공단에 제출하여야 한다. 또한 본인부담액보상금도 현금급여에 해당한다. 이는 전체 보험가입자의 보험료 수준별로 하위 50%는 연간 200만 원, 중위 30%는 연간 300만 원, 상위 20%는 연간 400만 원의 진료비를 초과하는 경우, 그 초과액을 공단이 부담하는 제도이다. ▶2문단

〈보기〉

ㄱ. 甲의 피부양자는 작년에 이어 올해도 질병의 조기 발견을 위해 공단이 지정한 요양기관으로부터 건강검진을 무료로 받을 수 있다. → (X) 가입자 및 피부양자가 질병의 조기 발견을 위해 공단이 지정한 요양기관으로부터 건강검진을 무료로 받을 수 있는 것은 맞지만, 이는 2년마다 1회 무료로 제공되는 사항이다. 甲의 피부양자는 작년에 공단이 지정한 요양기관으로부터 건강검진을 무료로 받았기 때문에 올해는 무료로 받을 수 없다.

ㄴ. 乙이 갑작스러운 진통으로 인해 자기 집에서 출산한 경우, 공단으로부터 요양비를 지급받을 수 있다. → (O) 2문단에 따르면 긴급하거나 기타 부득이한 사유로 인해 지정된 요양기관 외의 장소에서 출산을 한 경우에는 공단이 그 요양급여에 상당하는 금액을 지급한다는 것을 알 수 있다. 乙에게는 갑작스러운 진통이라는 긴급한 사유가 발생했고, 이로 인해 지정된 요양기관 외의 장소인 집에서 출산했기 때문에 공단으로부터 요양비를 지급받을 수 있다.

ㄷ. 丙이 혼자 섬으로 낚시를 갔다가 다리를 다쳐 낚시터에서 그 마을 주민으로부터 치료를 받은 경우, 공단으로부터 요양비를 지급받을 수 있다. → (X) 2문단에 따르면 가입자가 긴급하거나 기타 부득이한 사유로 지정된 요양기관 이외의 의료기관에서 질병 등에 대해 요양을 받은 경우에는 공단으로부터 요양비를 지급받을 수 있다. 丙은 섬에서 다리를 다쳤다는 부득이한 사유로 치료를 받았지만, 의료기관이 아닌 마을 주민으로부터 치료를 받은 것이기 때문에 요양비 지급이 불가능하다.

ㄹ. 상위 10% 수준의 보험료를 내고 있는 丁이 진료비로 연간 400만 원을 지출한 경우, 진료비의 일부를 공단으로부터 지원받을 수 있다. → (X) 본인부담액보상금도 현금급여에 해당하며 이때는 보험가입자의 수준별로 공단이 부담하는 금액이 달라진다. 丁은 상위 10% 수준의 보험료를 내고 있는데, 상위 20%는 연간 400만 원의 진료비를 초과하는 경우에 그 초과액을 공단이 부담한다. 따라서 丁이 진료비로 연간 400만 원을 지출했다면 초과하는 금액이 없으므로 진료비의 일부를 공단으로부터 지원받을 수 없다.

① ㄱ, ㄴ ➡ (X)
② ㄴ, ㄷ ➡ (X)
③ ㄷ, ㄹ ➡ (X)
④ ㄱ, ㄴ, ㄹ ➡ (X)
⑤ ㄱ, ㄷ, ㄹ ➡ (O)

02 ①

정답률 79.7%

| 문제 유형 | 제시문형 > 정보확인

| 접근 전략 | 짧은 글을 읽고 이에 해당하는 내용을 찾는 문항은 독해를 빠르게 하는 능력이 우선적으로 요구된다. 하지만 선지에 나와 있는 내용들을 바탕으로 제시문에서 해당 지점들과 비교하며 읽는 방법도 있을 수 있다. 이때 선지의 내용을 모두 판단하려 하기보다는 키워드 위주로 정리하고 정리된 키워드와 제시문의 내용을 비교하는 방법이 보다 효율적으로 내용의 옳고 그름을 판단할 수 있다.

다음 글을 근거로 판단할 때 옳은 것은?

한복(韓服)은 한민족 고유의 옷이다. 삼국시대의 사람들은 저고리, 바지, 치마, 두루마기를 기본적으로 입었다. 저고리와 바지는 남녀 공용이었으며, 상하귀천에 관계없이 모두 저고리 위에 두루마기를 덧입었다. 삼국시대 이후인 남북국시대에는 서민과 귀족이 모두 우리 고유의 두루마기인 직령포(直領袍)를 입었다. 그런데 귀족은 직령포를 평상복으로만 입었고, 서민과 달리 의례와 같은 공식적인 행사에는 입지 않았다. 고려시대에는 복식 구조가 크게 변했다. 특히 귀족층은 중국옷을 그대로 받아들여 입었지만, 서민층은 우리 고유의 복식을 유지하여, 복식의 이중 구조가 나타났다. 조선시대에도 한복의 기본 구성은 지속되었다. 중기나 후기에 들어서면서 한복 디자인은 한층 단순해졌고, 띠 대신 고름을 매기 시작했다. 조선 후기에는 마고자와 조끼를 입기 시작했는데, 조끼는 서양 문물의 영향을 받은 것이었다. ▶1문단

한편 조선시대 관복에는 여러 종류가 있었다. 곤룡포(袞龍袍)는 임금이 일반 집무를 볼 때 입었던 집무복[상복: 常服]으로, 그 흉배(胸背)에는 금색실로 용을 수놓았다. 문무백관의 상복도 곤룡포와 모양은 비슷했다. 그러나 무관 상복의 흉배에는 호랑이를, 문관 상복의 흉배에는 학을 수놓았다. 무관들이 주로 대례복으로 입었던 구군복(具軍服)은 무관 최고의 복식이었다. 임금도 전쟁 시에는 구군복을 입었는데, 임금이 입었던 구군복에만 흉배를 붙였다. ▶2문단

※ 흉배는 왕을 비롯한 문무백관이 입던 관복의 가슴과 등에 덧붙였던 사각형의 장식품이다.

① 남북국시대의 서민들은 직령포를 공식적인 행사에도 입었다. ➡ (O)
1문단에서 남북국시대에는 서민과 귀족이 모두 직령포를 입었지만, 서민과 달리 귀족은 공식적인 행사에서는 입지 않았다고 했으므로 서민들은 직령포를 공식적인 행사에서도 입었음을 알 수 있다.

② 고려시대에는 복식 구조가 크게 변하여 모든 계층에서 중국옷을 그대로 받아들여 입는 현상이 나타났다. ➡ (X) 1문단에서 고려시대에는 복식 구조가 크게 변했는데, 귀족층은 중국옷을 그대로 받아들여 입었지만 서민층은 우리 고유의 복식을 유지하여 복식의 이중 구조가 나타났다고 했으므로, 모든 계층에서 중국옷을 그대로 받아들여 입었다고 판단할 수 없다.

③ 조선시대 중기에 들어서면서 고름을 매기 시작했고, 후기에는 서양 문물의 영향으로 인해 마고자를 입기 시작했다. ➡ (X) 1문단에서 조선 중기나 후기에 들어서면서 띠 대신 고름을 매기 시작했음을 알 수 있고, 후기에는 서양 문물의 영향을 받아 조끼를 입었다고 했으므로 서양 문물의 영향으로 인해 마고자를 입었다고 판단할 수 없다.

④ 조선시대 무관이 입던 구군복의 흉배에는 호랑이가 수놓아져 있었다. ➡ (X) 마지막 문장에 따르면 임금이 입었던 구군복에만 흉배를 붙였다고 하였으므로 무관이 입던 구군복에 호랑이 흉배가 수놓아져 있었다고 판단할 수 없다.

⑤ 조선시대 문관의 경우 곤룡포와 비슷한 모양의 상복에 호랑이가 수놓아진 흉배를 붙였다. ➡ (X) 2문단에서 무관과 문관 모두 상복이 곤룡포 모양과 비슷했지만 무관 상복에는 호랑이 흉배를, 문관 상복에는 학 흉배를 수놓았다고 하였다.

---

03 ①

정답률 76.9%

| 문제 유형 | 법조문형 > 규정적용
| 접근 전략 | 다양한 조건이 제시되고 이에 해당하는 부분들을 찾아 옳고 그름을 판단하는 문항은 각 조건의 기준들을 명확하게 이해하는 것이 중요하다. 특히 부칙으로 제시되는 각 조건까지 만족하는지 판단해야 하므로 조건들을 꼼꼼하게 살피도록 한다.

다음 글에 근거할 때, 〈보기〉의 甲, 乙 각각의 부양가족 수가 바르게 연결된 것은? (단, 위 각 세대 모든 구성원은 주민등록표상 같은 주소에 등재되어 있고 현실적으로 생계를 같이하고 있다)

부양가족이란 주민등록표상 부양의무자와 세대를 같이하는 사람으로서 해당 부양의무자의 주소에서 현실적으로 생계를 같이하는 다음 중 어느 하나에 해당하는 사람을 말한다.
1. 배우자
2. 본인 및 배우자의 60세(여성인 경우에는 55세) 이상의 직계존속과 60세 미만의 직계존속 중 장애의 정도가 심한 사람
3. 본인 및 배우자의 20세 미만의 직계비속과 20세 이상의 직계비속 중 장애의 정도가 심한 사람
4. 본인 및 배우자의 형제자매 중 장애의 정도가 심한 사람
※ '장애의 정도가 심한 사람'이란 다음 중 어느 하나에 해당하는 사람을 말한다.
가. 장애등급 제1급부터 제6급까지
나. 상이등급 제1급부터 제7급까지
다. 장해등급 제1급부터 제6급까지

〈보기〉

ㄱ. 부양의무자 甲은 배우자, 75세 아버지, 15세 자녀 1명, 20세 자녀 1명, 장애 6급을 가진 39세 처제 1명과 함께 살고 있다. → 부양가족에 해당하는 사람은 배우자, 본인 및 배우자의 60세 이상의 직계존속과 60세 미만의 직계존속 중 장애의 정도가 심한 사람, 본인 및 배우자의 20세 미만의 직계비속과 20세 이상의 직계비속 중 장애의 정도가 심한 사람, 본인 및 배우자의 형제자매 중 장애의 정도가 심한 사람이다. 이때 장애의 정도는 제1급부터 제6급까지 해당된다. 이에 따르면 甲의 경우 배우자, 75세 아버지, 15세 자

녀 1명, 장애 6급을 가진 처제 1명이 부양가족에 해당하고 20세 자녀 1명은 20세 미만의 직계비속이 아니기 때문에 부양가족에 해당하지 않는다. 따라서 甲의 부양가족은 총 4명이다.

ㄴ. 부양의무자 乙은 배우자, 58세 장인과 56세 장모, 16세 조카 1명, 18세 동생 1명과 함께 살고 있다. → 부양가족에 해당하는 사람은 배우자, 본인 및 배우자의 60세 이상의 직계존속과 60세 미만의 직계존속 중 장애의 정도가 심한 사람, 본인 및 배우자의 20세 미만의 직계비속과 20세 이상의 직계비속 중 장애의 정도가 심한 사람, 본인 및 배우자의 형제자매 중 장애의 정도가 심한 사람이다. 이때 배우자의 직계존속이 여성인 경우에는 55세 이상도 부양가족에 해당이 된다. 乙의 경우 배우자, 56세 장모가 부양가족에 해당하지만 58세 장인은 배우자의 60세 이상의 직계존속에 해당하지 않고, 16세 조카 1명은 직계존속, 직계비속, 형제자매 그 어디에도 속하지 않으며 18세 동생 1명은 장애가 없기 때문에 부양가족에 해당하지 않는다. 따라서 乙의 부양가족은 총 2명이다.

	甲	乙
①	4명	2명 ➡ (O)
②	4명	3명 ➡ (X)
③	5명	2명 ➡ (X)
④	5명	3명 ➡ (X)
⑤	5명	4명 ➡ (X)

---

04 ②

정답률 68.0%

| 문제 유형 | 연산추론형 > 대입비교
| 접근 전략 | 제시된 조건에 따라 구체적으로 수행된 경우까지 일치하는지를 판단하는 문제는 우선 각 조건에 따른 구분을 명확히 해야 하며 구분된 조건들을 바탕으로 수행된 결과물까지 정확하게 나타나는지를 비교할 수 있어야 한다. 이를 바탕으로 각 조건들을 적용한 내용이 적합한지를 판단하도록 한다.

다음 〈표〉를 근거로 할 때, 〈보기〉에서 옳은 것을 모두 고르면?

〈표〉 원산지 표시방법

구분	표시방법
(가) 돼지고기, 닭고기, 오리고기	육류의 원산지 등은 국내산과 수입산으로 구분하고, 다음 항목의 구분에 따라 표시한다. 1) 국내산의 경우 괄호 안에 '국내산'으로 표시한다. 다만 수입한 돼지를 국내에서 2개월 이상 사육한 후 국내산으로 유통하거나, 수입한 닭 또는 오리를 국내에서 1개월 이상 사육한 후 국내산으로 유통하는 경우에는 '국내산'으로 표시하되, 괄호 안에 축산물명 및 수입국가명을 함께 표시한다. [예시] 삼겹살(국내산), 삼계탕 국내산(닭, 프랑스산), 훈제오리 국내산(오리, 일본산) 2) 수입산의 경우 수입국가명을 표시한다. [예시] 삼겹살(독일산) 3) 원산지가 다른 돼지고기 또는 닭고기를 섞은 경우 그 사실을 표시한다. [예시] 닭갈비(국내산과 중국산을 섞음)
(나) 배달을 통하여 판매·제공되는 닭고기	1) 조리한 닭고기를 배달을 통하여 판매·제공하는 경우, 그 조리한 음식에 사용된 닭고기의 원산지를 포장재에 표시한다. 2) 1)에 따른 원산지 표시는 위 (가)의 기준에 따른다. [예시] 찜닭(국내산), 양념치킨(브라질산)

※ 수입국가명은 우리나라에 축산물을 수출한 국가명을 말한다.

〈보기〉

ㄱ. 국내산 돼지고기와 프랑스산 돼지고기를 섞은 돼지갈비를 유통할 때, '돼지갈비(국내산과 프랑스산을 섞음)'로 표시한다. → (O) 원산지 표시방법 (가)의 3)을 보면 원산지가 다른 돼지고기 또는 닭고기를 섞은 경우 그 사실을 표시한다는 것을 알 수 있다. 국내산 돼지고기와 프랑스산 돼지고기를 섞은 돼지갈비가 유통되는 것이므로 그 사실을 표시해야 하고, 이와 관련한 예시를 바탕으로 '돼지갈비(국내산과 프랑스산을 섞음)'로 표시한다.

ㄴ. 덴마크산 돼지를 수입하여 1개월간 사육한 후 그 삼겹살을 유통할 때, '삼겹살 국내산(돼지, 덴마크산)'으로 표시한다. → (X) 원산지 표시방법 (가)의 1)을 보면 수입한 돼지를 국내에서 2개월 이상 사육한 후 국내산으로 유통하는 경우에는 '국내산'으로 표시하되, 괄호 안에 축산물명 및 수입국가명을 함께 표시함을 알 수 있다. 덴마크산 돼지를 수입하여 1개월간 사육한 것으로, 2개월이 되지 않았기 때문에 '국내산'으로 표시할 수 없다.

ㄷ. 중국산 훈제오리를 수입하여 2개월 후 유통할 때, '훈제오리 국내산(오리, 중국산)'으로 표시한다. → (X) 원산지 표시 방법 (가)의 2)를 보면 국내에서 사육하지 않고 수입한 경우 수입산으로 분류되므로 국내산으로 표시하면 안 된다.

ㄹ. 국내산 닭을 이용하여 양념치킨으로 조리한 후 배달 판매할 때, '양념치킨(국내산)'으로 표시한다. → (O) 원산지 표시방법 (나)의 1)을 보면 조리한 닭고기를 배달을 통해 판매·제공하는 경우에는 그 조리한 음식에 사용된 닭고기의 원산지를 포장재에 표시한다고 하였고 (나)의 2)에서 이 경우 원산지 표시는 (가)의 기준에 따른다고 하였으므로 국내산 닭을 이용하여 양념치킨으로 조리한 후 배달 판매할 때, '양념치킨(국내산)'으로 표시한다.

① ㄱ, ㄴ ➡ (X)
② ㄱ, ㄹ ➡ (O)
③ ㄴ, ㄷ ➡ (X)
④ ㄱ, ㄷ, ㄹ ➡ (X)
⑤ ㄴ, ㄷ, ㄹ ➡ (X)

05 ③

정답률 96.8%

| 문제 유형 | 퍼즐형 > 논리퀴즈

| 접근 전략 | 상황과 조건을 바탕으로 해당되는 내용을 고르는 경우에는 문항에서 묻고 있는 조건을 우선적으로 파악하는 것이 중요하다. 상황을 먼저 파악하고 그에 따른 조건과 해당 내용을 판단해야 하는지, 조건을 먼저 파악하고 상황과 해당 내용을 판단해야 하는지에 대하여 순서를 정하고 이에 따라 제시된 내용들을 소거해 나가면서 문항을 해결하는 것이 시간을 단축시키는 방법이 될 수 있다.

다음의 〈커피의 종류〉, 〈은희의 취향〉 및 〈오늘 아침의 상황〉으로 판단할 때, 오늘 아침에 은희가 주문할 커피는?

〈커피의 종류〉

에스프레소	카페 아메리카노
 - 에스프레소	 - 에스프레소 - 따뜻한 물
카페 라떼	**카푸치노**
 - 에스프레소 - 데운 우유	 - 에스프레소 - 데운 우유 - 우유거품
카페 비엔나	**카페 모카**
 - 에스프레소 - 따뜻한 물 - 휘핑크림	 - 에스프레소 - 초코시럽 - 데운 우유 - 휘핑크림

〈은희의 취향〉

○ 배가 고플 때에는 데운 우유가 들어간 커피를 마신다.
○ 다른 음식과 함께 커피를 마실 때에는 데운 우유를 넣지 않는다.
○ 스트레스를 받으면 휘핑크림이나 우유거품을 추가한다.
○ 피곤하면 휘핑크림이 들어간 경우에 한하여 초코시럽을 추가한다.

〈오늘 아침의 상황〉

출근을 하기 위해 지하철을 탄 은희는 꽉 들어찬 사람들 사이에서 스트레스를 받으며 내리기만을 기다리고 있었다. 목적지에 도착한 은희는 커피를 마시며 기분을 달래기 위해 커피전문점에 들렀다. 아침식사를 하지 못해 배가 고프고 고된 출근길에 피곤하지만, 시간 여유가 없어 오늘 아침은 커피만 마실 생각이다. 그런데 은희는 요즘 체중이 늘어 휘핑크림은 넣지 않기로 하였다.

→ 〈오늘 아침의 상황〉에 따르면 은희는 배가 고프기 때문에 〈은희의 취향〉에 따라 데운 우유가 들어간 커피를 마시고 지하철에서 스트레스를 받았기 때문에 휘핑크림이나 우유거품을 추가한다. 그런데 은희는 요즘 체중이 늘어 휘핑크림은 넣지 않기로 하였다고 하였으므로 우유거품을 추가해야 한다.

① 카페 라떼 ➡ (X) 카페 라떼에는 데운 우유는 들어 있지만 우유거품이 없다.
② 카페 아메리카노 ➡ (X) 카페 아메리카노에는 데운 우유와 우유거품이 들어가 있지 않다.
③ 카푸치노 ➡ (O) 카푸치노에는 데운 우유와 우유거품이 들어 있으므로 오늘 아침에 은희가 주문할 커피는 카푸치노임을 알 수 있다.
④ 카페 모카 ➡ (X) 카페 모카에는 휘핑크림이 들어가 있고 휘핑크림이 들어간 경우에 한하여 추가하는 초코시럽도 들어가 있다.
⑤ 카페 비엔나 ➡ (X) 카페 비엔나에는 데운 우유는 들어가 있지 않고 휘핑크림이 들어가 있다.

06 ④

정답률 73.4%

| 문제 유형 | 제시문형 > 분석추론

| 접근 전략 | 외적 준거를 제시하고 이 조건을 바탕으로 해당 내용의 사실 관계가 일치하는지를 추론하는 문항은 제시된 근거의 논리 관계를 정확하게 파악할 필요가 있다. 중간에 생략된 논리 과정이 선지에서 판별 지점으로 제시되는 경우에는 준거에서 충분히 설명이 가능한지를 판단할 수 있어야 한다. 특히 논리적 연결 관계의 순서와 내용을 정확하게 연결하여 해당 부분을 판단하는 것이 중요하다.

다음 글을 근거로 판단할 때, 〈보기〉에서 옳은 것을 모두 고르면?

○ A학자는 청소년들이 폭력성이 강한 드라마를 자주 보면 폭력성향이 강해지고, 이것이 청소년 폭력행위의 증가로 이어진다고 주장한다. 따라서 텔레비전에서 폭력성이 강한 드라마가 방영되는 것에 대해 심각한 우려를 표명하고 있다.
○ B학자는 폭력성이 강한 드라마가 일부 청소년들 사이에서 인기가 높고, 청소년들의 폭력행위도 늘어나고 있다는 사실을 인식하고 있다. 하지만 폭력성향이 강한 청소년들은 폭력을 일삼는 드라마에 더 끌리는 경향이 있을 뿐, 이를 시청한다고 해서 청소년 폭력행위가 증가하는 것은 아니라고 주장한다.

ㄱ. A의 주장에 따르면, 텔레비전에서 폭력물을 방영하는 것을 금지한다면 청소년 폭력행위는 줄어들 것이다. → (O) A학자는 청소년들이 폭력성이 강한 드라마를 자주 보면 폭력성향이 강해지고 이것이 청소년 폭력행위의 증가로 이어진다고 주장한다. 이를 바탕으로 텔레비전에서 폭력물을 방영하는 것을 금지하면 청소년 폭력행위가 줄어들 것으로 추론할 수 있다.

ㄴ. A의 주장에 따르면, 남성 청소년들은 여성 청소년들보다 폭력물에서 보이는 세계가 현실이라고 믿는 경향이 더 강하다. → (X) A학자는 청소년의 폭력성에 대해서 주장을 표명하고 있지만 남성 청소년들과 여성 청소년들에 대해 비교하고 있지는 않다.

ㄷ. B의 주장에 따르면, 폭력물을 자주 본다는 것은 강한 폭력성향의 원인이 아니라 결과이다. → (O) B학자는 폭력성향이 강한 청소년들이 폭력성이 강한 드라마에 더 끌리는 경향이 있는 것이고, 이를 시청한다고 해서 폭력행위가 증가하는 것은 아니라고 주장한다. 이를 바탕으로 폭력성이 강한 드라마의 시청으로 인해 강한 폭력성향이 나타나는 것이 아니라, 폭력성향에 따른 결과가 폭력성이 강한 드라마의 시청으로 이어지는 것으로 보고 있음을 추론할 수 있다.

ㄹ. A와 B의 주장에 따르면, 청소년 폭력성향과 폭력물 시청은 상관관계가 있다. → (O) A학자는 청소년들이 폭력성이 강한 드라마를 자주 보면 폭력성향이 강해진다고 주장하고, B학자는 폭력성향이 강한 청소년들이 폭력성이 강한 드라마에 더 끌리는 경향이 있다고 주장하고 있다. 따라서 두 학자 모두 청소년 폭력성향과 폭력물 시청에 상관관계가 있다고 보고 있음을 알 수 있다.

① ㄱ ➡ (X)
② ㄱ, ㄷ ➡ (X)
③ ㄴ, ㄹ ➡ (X)
④ ㄱ, ㄷ, ㄹ ➡ (O)
⑤ ㄴ, ㄷ, ㄹ ➡ (X)

07 ①

| 문제 유형 | 퍼즐형 > 논리퀴즈

| 접근 전략 | 암호문을 해독하여 문자를 찾는 문제로서 제시된 〈암호표〉를 정확하게 이해하고 〈암호표〉를 해독하여 문자를 변환해야 한다. 〈암호표〉의 조건에 따라 문자가 변환되는 규칙을 바탕으로 원래의 문자와 변환된 문자를 찾는 과정도 해당 문항을 해결하는 데 중요한 요소이다. 각 순서와 규칙만 정확하게 지킨다면 큰 어려움 없이 해결할 수 있다.

다음 글에 근거할 때, 〈보기〉의 암호문을 해석하여 찾아낸 원문으로 옳은 것은?

아래의 〈암호표〉를 이용하여 암호문을 만드는 방법은 다음과 같다. 암호문은 암호화하고자 하는 원문의 알파벳과 암호 변환키의 알파벳을 조합하여 만든다. 먼저 원문 알파벳을 표의 맨 왼쪽 줄에서 찾고, 암호 변환키의 알파벳을 표의 맨 위쪽 줄에서 찾아 그 교차점에 있는 알파벳을 암호문으로 한다.

〈암호표〉

→ 암호 변환키

↓원문		A	B	C	D	E	F	G	H	I	J	K	L	M	N
	A	A	B	C	D	E	F	G	H	I	J	K	L	M	N
	B	B	C	D	E	F	G	H	I	J	K	L	M	N	A
	C	C	D	E	F	G	H	I	J	K	L	M	N	A	B
	D	D	E	F	G	H	I	J	K	L	M	N	A	B	C
	E	E	F	G	H	I	J	K	L	M	N	A	B	C	D
	F	F	G	H	I	J	K	L	M	N	A	B	C	D	E
	G	G	H	I	J	K	L	M	N	A	B	C	D	E	F
	H	H	I	J	K	L	M	N	A	B	C	D	E	F	G
	I	I	J	K	L	M	N	A	B	C	D	E	F	G	H
	J	J	K	L	M	N	A	B	C	D	E	F	G	H	I
	K	K	L	M	N	A	B	C	D	E	F	G	H	I	J
	L	L	M	N	A	B	C	D	E	F	G	H	I	J	K
	M	M	N	A	B	C	D	E	F	G	H	I	J	K	L
	N	N	A	B	C	D	E	F	G	H	I	J	K	L	M

〈예시〉

원문	F	A	C	E
암호 변환키	C	E	G	I
암호문	H	E	I	M

〈보기〉

암호 변환키	BHEMGI
암호문	IBNMIE

① HIJACK ➡ (O) 제시문에서 암호문을 만드는 규칙을 살펴보면, 원문의 알파벳은 〈암호표〉의 맨 왼쪽 줄에서 찾고 암호 변환키의 알파벳은 〈암호표〉의 맨 위쪽 줄에서 찾아 교차하는 알파벳이 암호문임을 알 수 있다. 이 규칙을 거꾸로 적용하면 암호 변환키인 BHEMGI는 암호문과 원문의 교차점이다. 따라서 〈암호표〉의 맨 위쪽 줄에서 B를 찾고 세로줄에서 암호문에 해당하는 I를 찾으면 맨 왼쪽 줄의 알파벳인 H가 도출되고 동일한 방식으로 HEMGI에 적용하면, IJACK가 원문임을 알 수 있다.

② HIDDEN ➡ (X) 원문이 HIDDEN이고 암호 변환키가 BHEMGI라면, H와 B의 교차점은 I, I와 H의 교차점은 H, D와 E의 교차점은 H, D와 M의 교차점은 B, E와 G의 교차점은 K, N과 I의 교차점은 H이므로 암호문은 IHBKH이다.

③ HANDLE ➡ (X) 원문이 HANDLE이고 암호 변환키가 BHEMGI라면, H와 B의 교차점은 I, A와 H의 교차점은 H, N과 E의 교차점은 D, D와 M의 교차점은 B, L과 G의 교차점은 D, E와 I의 교차점은 M이므로 암호문은 IHDBDM이다.

④ JINGLE ➡ (X) 원문이 JINGLE이고 암호 변환키가 BHEMGI라면, J와 B의 교차점은 K, I와 H의 교차점은 B, N과 E의 교차점은 D, G와 M의 교차점은 E, L과 G의 교차점은 D, E와 I의 교차점은 M이므로 암호문은 KBDEDM이다.

⑤ JACKIE ➡ (X) 원문이 JACKIE이고 암호 변환키가 BHEMGI라면, J와 B의 교차점은 K, A와 H의 교차점은 H, C와 E의 교차점은 G, K와 M의 교차점은 I, I와 G의 교차점은 A, E와 I의 교차점은 M이므로 암호문은 KHGIAM이다.

08 ③

│문제 유형│ 퍼즐형 > 게임·규칙

│접근 전략│ 주어진 조건에 따라 계산을 해야 하는 문항은 구체적으로 명시되지 않은 상황에 대한 계산을 정확하게 할 수 있어야 한다. 특히 두 상황의 계산 결괏값을 바탕으로 크기를 비교하는 문제는 발생할 수 있는 경우의 수를 잘 살피는 것이 중요하며 각 상황에서 발생 가능한 최댓값과 최솟값을 먼저 설정할 수 있다면, 그 값을 바탕으로 다른 상황에서의 결괏값과 비교하면서 문항을 해결하도록 한다.

甲과 乙이 아래 〈조건〉에 따라 게임을 할 때 옳지 않은 것은?

〈조건〉

○ 甲과 乙은 다음과 같이 시각을 표시하는 하나의 시계를 가지고 게임을 한다.

| 0 | 9 | : | 1 | 5 |

○ 甲, 乙 각자가 일어났을 때, 시계에 표시된 4개의 숫자를 합산하여 게임의 승패를 결정한다. 숫자의 합이 더 작은 사람이 이기고, 숫자의 합이 같을 때에는 비긴다.
○ 甲은 반드시 오전 6시에서 오전 6시 59분 사이에 일어나고, 乙은 반드시 오전 7시에서 오전 7시 59분 사이에 일어난다.

① 甲이 오전 6시 정각에 일어나면, 반드시 甲이 이긴다. ➡ (○) 〈조건〉에서 시계에 표시된 4개의 숫자를 합산하여 승패를 결정한다고 했으므로, 甲이 오전 6시 정각에 일어나면 합산한 값은 6이다. 〈조건〉에서 乙은 반드시 오전 7시에서 오전 7시 59분 사이에 일어난다고 했으므로, 乙이 일어난 시간의 합산한 값 중에서 최솟값은 오전 7시 정각에 일어난 값인 7이다. 숫자의 합이 더 작은 사람이 이긴다고 했으므로 합산한 값이 작은 甲이 이긴다.

② 乙이 오전 7시 59분에 일어나면, 반드시 乙이 진다. ➡ (○) 乙이 오전 7시 59분에 일어난다면 4개의 숫자 합산값이 최대가 되며 이때 합산한 값은 21이다. 동일한 조건으로 甲의 경우에 적용해 보면, 오전 6시 59분에 일어날 때가 각 자릿수가 최댓값인데, 이때 합산한 값은 20이므로 甲은 어떠한 시간에 일어나더라도 乙의 합산한 값보다 작은 값이 되어 반드시 甲이 이긴다.

③ 乙이 오전 7시 30분에 일어나고, 甲이 오전 6시 30분 전에 일어나면 반드시 甲이 이긴다. ➡ (×) 乙이 오전 7시 30분에 일어나면 4개의 숫자를 합산한 값은 10이다. 이때 甲이 오전 6시 30분에 일어나면 4개의 숫자를 합산한 값이 9가 되므로 甲이 이기게 되지만, 그 이전 시간인 오전 6시 29분에 일어나면 4개의 숫자를 합산한 값이 17이 되므로 지게 된다. 따라서 乙이 오전 7시 30분에 일어나고, 甲이 오전 6시 30분 전에 일어난다고 하여 반드시 甲이 이긴다고는 할 수 없다.

④ 甲과 乙이 정확히 1시간 간격으로 일어나면, 반드시 甲이 이긴다. ➡ (○) 甲과 乙이 정확히 1시간 간격으로 일어나게 되면, 분에 해당하는 세 번째 자릿수와 네 번째 자릿수는 두 사람이 항상 동일하다. 〈조건〉에 따르면 첫 번째 자릿수와 두 번째 자릿수의 합산한 값은 항상 甲은 6, 乙은 7에 해당하여 甲이 1만큼 적으므로 반드시 甲이 이기게 된다.

⑤ 甲과 乙이 정확히 50분 간격으로 일어나면, 甲과 乙은 비긴다. ➡ (○) 甲과 乙이 정확히 50분 간격으로 일어나는 경우 乙이 가장 먼저 일어나는 시간인 오전 7시를 기준으로 甲이 일어나는 시간을 계산해야 한다. 이에 따르면 甲이 일어나는 시간은 6시 10분이 되고, 두 사람이 일어난 시간의 4개의 숫자를 합산한 값은 동일하다. 이 값의 증가는 甲이 일어날 수 있는 시간 중 가장 늦은 시간인 6시 59분까지 甲이 일어나는 시간이 1분 늦어질 때마다 乙이 일어나는 시간도 1분 단위로 늦어지기 때문에 뒤의 두 자리 숫자는 항상 甲이 1만큼, 앞의 두 자리 숫자는 항상 乙이 1만큼 크므로 4개의 숫자를 합산한 값은 변하지 않고, 甲과 乙은 비기게 된다.

09 ④

│문제 유형│ 퍼즐형 > 최댓값·최솟값 도출

│접근 전략│ 제한된 조건에 따라 경우의 수를 계산해서 각각 발생하는 값의 크기를 비교하는 문항은 다양한 조합에 따른 경우의 수를 판단할 수 있어야 한다. 작물을 1회 재배할 수 있는 기간과 얻을 수 있는 소득, 재배 가능 시기 등을 종합적으로 판단하고 선지에 제시된 가격의 합이 가능한지를 거꾸로 적용해 보는 것도 도움이 된다.

다음 글에 근거할 때, 甲이 내년 1월 1일부터 12월 31일까지 아래 작물 (A~D)만을 재배하여 최대로 얻을 수 있는 소득은?

甲은 각 작물별 재배 기간과 재배 가능 시기를 고려하여 작물 재배 계획을 세우고자 한다. 아래 〈표〉의 네 가지 작물 중 어느 작물이든 재배할 수 있으나, 동시에 두 가지 작물을 재배할 수는 없다. 또한 하나의 작물을 같은 해에 두 번 재배할 수도 없다.

〈표〉 작물 재배 조건

작물	1회 재배 기간	재배 가능 시기	1회 재배로 얻을 수 있는 소득
A	4개월	3월 1일~11월 30일	800만 원
B	5개월	2월 1일~11월 30일	1,000만 원
C	3개월	3월 1일~11월 30일	500만 원
D	3개월	2월 1일~12월 31일	350만 원

① 1,500만 원 ➡ (×)
② 1,650만 원 ➡ (×)
③ 1,800만 원 ➡ (×)
④ 1,850만 원 ➡ (○) 작물의 재배 가능 시기를 살펴보면, A는 9개월, B는 10개월, C는 9개월, D는 11개월이다. 이에 따라 각 작물의 1회 재배 기간을 합산해 보면서 재배 가능 시기를 따져 보면 A와 B를 재배, A·C·D를 재배, B·C·D를 재배하는 세 가지 경우의 수가 있음을 알 수 있다. A와 B를 재배하면 총 9개월이 필요하고 남은 기간 동안 재배할 수 있는 작물이 없기 때문에 두 작물만 재배할 수 있다. 이때 얻을 수 있는 소득은 800만 원+1,000만 원=1,800(만 원)이다. A와 C를 재배하면 총 7개월이 걸려 D까지 세 개의 작물 재배가 가능하므로 이때 얻을 수 있는 소득은 800만 원+500만 원+350만 원=1,650(만 원)이다. B와 C를 함께 재배하면 총 8개월이 걸리고, D를 추가로 재배하게 되면 11개월이 필요하다. 이때 얻을 수 있는 소득은 1,000만 원+500만 원+350만 원=1,850(만 원)이다. A~D를 모두 재배하는 것은 불가능하므로 최대로 얻을 수 있는 소득은 1,850만 원임을 알 수 있다.
⑤ 2,150만 원 ➡ (×)

| **문제 유형** | 퍼즐형 > 논리퀴즈 |

접근 전략 | 제시된 〈조건〉에 따라 경우의 수를 계산해야 하는 문제는 〈조건〉에 제시된 항목을 정확하게 파악하는 것이 중요하다. 경우의 수가 가장 적게 계산되는 부분부터 시작해 다양한 발생 가능성을 살펴보면서 〈조건〉에 따라 해결하면 된다.

다음은 9개 구역으로 이루어진 〈A지역〉과 그 지역을 구성하는 〈구역 유형별 유권자 수〉이다. A지역을 〈조건〉에 따라 유권자 수가 동일한 3개의 선거구로 나누려고 할 때 가능한 경우의 수는?

〈A지역〉

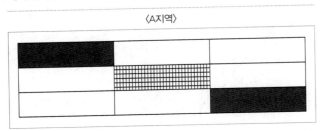

〈구역 유형별 유권자 수〉

	10명
	30명
	60명

─〈조건〉─

같은 선거구에 속하는 구역들은 사각형의 한 변이 적어도 그 선거구에 속하는 다른 한 구역의 사각형의 한 변과 맞닿아 있어야 한다.

① 1가지 ➡ (×)
② 2가지 ➡ (○) 〈A지역〉을 유권자 수가 동일한 3개의 선거구로 나누려 하는 것이므로, 총 유권자 수를 먼저 구해야 한다. 10명 구역이 6개, 30명 구역이 1개, 60명 구역이 2개이므로 모두 합하면 총 210명이고 따라서 3개의 선거구는 각각 70명씩으로 구성됨을 알 수 있다. 9개 구역의 유권자 수를 동일하게 70명으로 구성하기 위해서는 유권자 수가 60명인 구역 2개는 각각 유권자 수가 10명인 구역과 합쳐야 하고, 유권자 수가 30명인 구역 1개는 유권자 수가 10명인 구역 4개와 합쳐야 한다. 〈조건〉에 의하면, 새롭게 구성되는 선거구의 구역들은 사각형의 한 변이 적어도 그 선거구에 속하는 다른 한 구역의 사각형의 한 변과 맞닿아야 하므로, 유권자 수가 60명인 구역은 각각 맞닿아 있는 유권자 수가 10명인 2개의 구역과 합쳐질 수 있다. 따라서 경우의 수는 60명 구역마다 2개씩 발생하므로 4가지이다.

그런데 왼쪽 상단에 있는 60명 구역이 오른쪽 10명 구역과 합쳐지고, 오른쪽 하단에 있는 60명 구역이 위쪽 10명 구역과 합쳐지면 오른쪽 상단에 있는 10명 구역은 선거구에 속하는 다른 구역의 사각형과 맞닿은 변이 없게 된다. 또한 왼쪽 상단에 있는 60명 구역이 아래쪽 10명 구역과 합쳐지고, 오른쪽 하단에 있는 60명 구역이 왼쪽 10명 구역과 합쳐져도 왼쪽 하단에 있는 10명 구역이 선거구에 속하는 다른 구역의 사각형과 맞닿은 변이 없게 된다. 따라서 왼쪽 상단에 있는 60명 구역에서 두 가지 10명 구역 중에 어떤 것을 선택하느냐에 따라 오른쪽 하단에 있는 60명 구역에서 선택할 수 있는 경우의 수는 1가지씩만 존재하게 되므로, 총 2가지 방법이 가능하다는 것을 알 수 있다.

③ 3가지 ➡ (×)
④ 4가지 ➡ (×)
⑤ 5가지 ➡ (×)

| **문제 유형** | 제시문형 > 정보확인 |

접근 전략 | 협정의 절차와 과정을 제시하고 있는 글은 해당 절차와 과정을 제시문을 통해 정확하게 이해할 필요가 있다. 각 절차마다 제한된 조건들을 꼼꼼하게 점검해 보고, 진행의 주체 혹은 절차가 진행되기까지 필요한 기간 등을 정확하게 살펴보아야 한다. 또한 제시문에서 언급하지 않은 내용이 선지로 제시되는 경우에는 임의로 판단해서는 안 된다는 점을 주의해야 한다.

A국은 B국을 WTO협정 위반을 이유로 WTO 분쟁해결기구에 제소하였다. 다음 글을 근거로 판단할 때 옳은 것은?

일반적으로 상대 회원국의 조치가 WTO협정에 어긋난다고 판단하는 회원국은 먼저 상대 회원국과 '외교적 교섭'을 하고, 그래도 해결 가능성이 보이지 않으면 WTO 분쟁해결기구에 제소한다. WTO 회원국 간의 분쟁은 분쟁해결기구에 의하여 처리되는데, 분쟁해결절차는 크게 '협의', '패널', '상소'로 이루어진다. WTO에 제소한 이후에도 양국은 우호적인 해결을 위하여 비공개로 60일간의 협의를 가진다. 그 협의를 통해 분쟁이 해결되지 않은 경우, WTO에 제소한 국가가 패널설치를 요구하면 분쟁해결기구는 이를 설치한다. ▶1문단

분쟁해결기구는 충분한 자질을 갖춘 정부인사 또는 비정부인사를 패널위원으로 위촉하여야 하며, 분쟁당사국 국민은 분쟁당사국 사이에 별도의 합의가 없는 한 패널위원이 될 수 없다. 패널은 별도의 합의가 없으면 3인으로 구성된다. 패널은 분쟁사실, 관련 규정 적용가능성과 분쟁해결에 대한 제안을 수록한 패널보고서를 분쟁해결기구에 제출하고, 분쟁당사국이 분쟁해결기구에 상소의사를 통보하지 않는 한 패널보고서는 회원국 전체에 회람된 날로부터 60일 이내에 분쟁해결기구에서 채택된다. ▶2문단

상소기구는 패널보고서에서 다루어진 법률문제와 패널이 내린 법률해석만을 대상으로 심의한다. 상소기구보고서는 분쟁당사국의 참여 없이 작성되는데, 패널에서의 법률적 조사결과나 결론을 확정, 변경 또는 파기할 수 있다. ▶3문단

① 협의는 A국, B국 및 제3자가 공개적으로 진행한다. ➡ (×) 1문단에서 양국이 우호적인 해결을 위해 비공개로 60일간의 협의를 갖는다는 것을 알 수 있다. A국과 B국이 협의를 진행하는 것은 맞지만, 제3자가 진행하거나 공개적으로 진행하는 것은 아니다.

② 패널위원은 원칙적으로 A국과 B국의 국민을 포함한 3인이다. ➡ (×) 2문단에서 분쟁당사국 국민은 분쟁당사국 사이에 별도의 합의가 없는 한 패널위원이 될 수 없음을 알 수 있다. 따라서 A국과 B국의 국민은 원칙적으로는 패널위원이 될 수 없다.

③ 패널보고서와 상소기구보고서는 분쟁당사국과 합의하여 작성된다. ➡ (×) 3문단에서 상소기구보고서는 분쟁당사국의 참여 없이 작성된다는 것을 알 수 있다. 따라서 분쟁당사국과 합의하여 상소기구보고서를 작성하는 것은 아니므로 옳지 않다.

④ A국은 협의를 통해 분쟁이 해결되지 않으면 분쟁해결기구에 패널설치를 요구할 수 있다. ➡ (○) 1문단에서 협의를 통해 분쟁이 해결되지 않은 경우에는 WTO에 제소한 국가가 패널설치를 요구할 수 있음을 알 수 있다. 그러므로 A국은 협의를 통해 분쟁이 해결되지 않으면 분쟁해결기구에 패널설치를 요구할 수 있다.

⑤ B국이 패널보고서를 회람한 후 60일 이내에 상소의사를 통보하더라도 분쟁해결기구는 패널보고서를 채택하여야 한다. ➡ (×) 2문단에 따르면 패널보고서는 분쟁당사국이 분쟁해결기구에 상소의사를 통보하지 않는 한 패널보고서가 회원국 전체에 회람된 날로부터 60일 이내에 분쟁해결기구에서 채택된다. B국이 60일 이내에 상소의사를 통보하면 분쟁해결기구는 패널보고서를 채택하지 않을 것이다.

12 ②

| **문제 유형** | 제시문형 > 정보확인

| **접근 전략** | 제시문의 내용을 근거로 하여 역사적으로 존재했던 제도에 대해 판단하는 글은 먼저 해당 제도의 내용과 특징을 정확하게 이해하는 것이 필요하다. 제도에서 규정하고 있는 내용에 담긴 의미들이 제시된 경우에는 그 의미를 파악해야 하고, 제도를 개선하기 위해 마련된 장치 등이 있을 경우에는 해당 장치들을 정확하게 이해하고 적용해야 한다. 제도의 내용과 일치하지 않는 내용이 제시되는 경우에는 어느 부분에서 잘못된 내용인지 파악하며 선지를 골라내는 것이 문제를 해결하는 관건이 된다.

다음은 신라시대의 골품제도에 관한 어느 사학자의 주장이다. 이를 근거로 판단할 때, 〈보기〉에서 옳지 않은 것을 모두 고르면?

신라시대의 신분제도인 골품제도는 왕족을 대상으로 한 골제(骨制)와 그 외의 사람을 대상으로 한 두품제(頭品制)로 구성되었다. 골족(骨族)은 성골(聖骨)과 진골(眞骨)로 구분되었으며, 성골은 골족 가운데서도 왕이 될 수 있는 최고의 신분이었다. 진골 역시 왕족으로서 신라 지배계층의 핵심을 이루면서 모든 정치적 실권을 장악하고 있었다. ▶1문단

두품층은 6두품에서 1두품까지 있었는데 숫자가 클수록 신분이 높았고, 6두품에서 4두품까지는 상위 신분층이었다. 이 가운데 6두품은 진골에 비해 관직 진출 및 신분상의 제약이 강했지만, 전체적으로는 득난(得難)으로 불릴 정도로 귀성(貴姓)이었다. 5두품과 4두품에 대한 기록은 거의 전해지지 않으나, 국가기관의 잡다한 실무는 이들에 의해 이루어졌던 것으로 보인다. 골품에 따른 신분 등급은 고정된 것이 아니어서, 진골의 신분이었다가도 경우에 따라서는 한 등급 강등되어 6두품이 되는 사례도 있었다. 한편 3두품 이하에 대한 기록은 없는데, 아마도 율령반포 초기에 일반 평민의 신분을 삼분(三分)하였다가 현실적으로 구분할 필요성이 거의 없게 되자 소멸된 것으로 보인다. ▶2문단

골품제도에서 가장 큰 특징은 신분에 따라 맡을 수 있는 관등에 상한이 있었다는 점이다. 신라 17개 관등 가운데 제1관등인 이벌찬(伊伐湌)에서 제5관등인 대아찬(大阿湌)까지는 진골만이 맡을 수 있었고, 두품층은 대아찬 이상의 관등에 올라갈 수 없었다. 6두품에서 4두품까지는 제6관등인 아찬(阿湌)에서 제17관등인 조위(造位)까지의 관직을 가질 수 있었다. 두품층은 골품제의 신분에 따라 관등이 제한되는 것에 불만이 많았다. 이를 무마하기 위해 상한 관등에 몇 개의 관등을 더 세분해서 두는 중위제(重位制)가 실시되었으나, 골품제 자체의 신분제적 성격이 변화하지는 않았다. ▶3문단

〈보기〉

ㄱ. 4두품은 상위 신분층에 해당하였지만 5두품보다는 낮은 신분층이었다. → (O) 2문단에서 두품층은 숫자가 클수록 신분이 높았고, 6두품에서 4두품까지는 상위 신분층이었음을 알 수 있다.

ㄴ. 진골이 오를 수 있는 최고 관등은 이벌찬이었다. → (O) 3문단에서 신분에 따라 맡을 수 있는 관등에 상한이 있었다는 것과 진골은 제1관등인 이벌찬에서 제5관등인 대아찬까지 맡을 수 있었음을 알 수 있다.

ㄷ. 골품제도에 불만을 지닌 사람을 위한 제도가 마련되기도 하였다. → (O) 3문단에서 두품층이 골품제의 신분에 따라 관등이 제한되는 것에 불만이 많았고, 이를 무마하기 위해 상한 관등에 몇 개의 관등을 더 세분해서 두는 중위제가 실시되었음을 알 수 있다.

ㄹ. 성골·진골은 왕족이었기 때문에 신분이 강등되는 경우는 없었다. → (X) 2문단에서 진골의 신분이었다가도 경우에 따라서는 한 등급 강등되어 6두품이 되는 사례도 있었음을 알 수 있다.

① ㄱ ➡ (X)
② ㄹ ➡ (O)
③ ㄱ, ㄴ ➡ (X)
④ ㄴ, ㄷ ➡ (X)
⑤ ㄷ, ㄹ ➡ (X)

13 ④

| **문제 유형** | 법조문형 > 규정확인

| **접근 전략** | 〈약관〉의 규정에 따라 적용 여부를 살펴보고 각 규정에 해당하는 자격 여부를 꼼꼼히 살펴보아야 한다. 특히 발문의 내용을 정확하게 이해하여, 〈약관〉의 규정에서 해당되는 내용을 중심으로 독해를 해야 시간을 단축할 수 있다. 그리고 발문에서 묻고 있는 상황에 대해 〈약관〉의 내용과 선지를 비교하면서 해당 내용이 적용되는지 여부를 판단해야 한다. 이와 함께 〈약관〉에서 규정하고 있는 다양한 개념 정의에 대해서도 주의 깊게 살펴본다면 큰 어려움 없이 해결할 수 있는 문제이다.

다음 〈약관〉의 규정에 근거할 때, 신용카드사용이 일시정지 또는 해지될 수 없는 경우는?

〈약관〉

제00조(회원의 종류) ① 회원은 본인회원과 가족회원으로 구분합니다.
② 본인회원이란 이 약관을 승인하고 당해 신용카드 회사(이하 '카드사'로 약칭함)에 신용카드(이하 '카드'로 약칭함)의 발급을 신청하여 카드사로부터 카드를 발급받은 분을 말합니다.
③ 가족회원이란 본인회원이 지정하고 대금의 지급 및 기타 카드사용에 관한 책임을 본인회원이 부담할 것을 승낙한 분으로서, 이 약관을 승인하고 카드사로부터 카드를 발급받은 분을 말합니다.

제00조(카드사용의 일시정지 또는 해지) ① 카드사는 다음 각 호의 1에 해당되는 회원에게 그 사유와 그로 인한 카드사용의 일시정지 또는 카드사와 회원 사이의 카드이용계약(이하 '계약'으로 약칭함)의 해지를 통보할 수 있습니다.
1. 입회신청서의 기재사항을 허위로 작성한 경우
2. 카드사용 대금을 3회 연속하여 연체한 경우
3. 이민, 구속, 사망 등으로 회원의 채무변제가 불가능하거나 현저히 곤란하다고 판단되는 경우
② 회원은 카드사에 언제든지 카드사용의 일시정지 또는 해지를 통보할 수 있습니다.
③ 본인회원은 가족회원의 동의 없이 가족회원의 카드사용의 일시정지 또는 해지를 통보할 수 있습니다.
④ 제1항부터 제3항의 일시정지 또는 해지는 상대방에게 통보한 때 그 효력이 발생합니다.

제00조(카드사의 의무 등) ① 회원이 최종 사용일로부터 1년 이상 카드를 사용하지 않은 경우 카드사는 전화, 서면, 전자우편(e-mail), 단문메시지서비스(SMS), 자동응답시스템(ARS) 등으로 회원의 계약 해지 의사를 확인하여야 합니다.
② 제1항에 의해 회원이 전화, 서면, 전자우편, 단문메시지서비스, 자동응답시스템 등으로 해지의사를 밝히면 그 시점에 계약이 해지됩니다.

① 본인회원인 A가 가족회원인 딸 B의 동의 없이 B의 카드사용 해지를 카드사에 통보한 경우 ➡ (O) 〈약관〉의 두 번째 조 제3항에서 본인회원은 가족회원의 동의 없이 가족회원의 카드사용의 일시정지 또는 해지를 통보할 수 있음을 알 수 있다. 따라서 A는 가족회원인 딸 B의 동의 없이 B의 카드사용 해지를 카드사에 통보할 수 있다.

② 가족회원인 C가 자신의 카드사용의 일시정지를 카드사에 통보한 경우 ➡ (O) 〈약관〉의 두 번째 조 제2항에서 회원은 카드사에 언제든지 카드사용의 일시정지 또는 해지를 통보할 수 있음을 알 수 있고, 〈약관〉의 첫 번째 조 제1항에서 회원은 본인회원과 가족회원으로 구분됨을 알 수 있다. 따라서 가족회원인 C는 회원에 해당이 되므로 자신의 카드사용의 일시정지를 통보할 수 있다.

③ 카드사가 최근 1년간 카드사용 실적이 없는 회원 D에게 전화로 계약 해지의사를 묻자, D가 해지의사를 밝힌 경우 ➡ (○) 〈약관〉의 세 번째 조항에서 회원이 최종 사용일로부터 1년 이상 카드를 사용하지 않은 경우에 카드사는 회원의 해지의사를 확인해야 하고, 이때 회원이 전화 등으로 해지의사를 밝히면 그 시점에 계약이 해지됨을 알 수 있다. 따라서 최근 1년간 카드사용 실적이 없는 D에게 전화로 계약 해지의사를 묻자 D가 해지의사를 밝힌 것이라면 카드사용 해지가 될 수 있다.

④ 카드사가 회원 E에게 2회의 카드사용 대금 연체 사실을 통보한 경우 ➡ (✕) 〈약관〉의 두 번째 조 제1항 제2호에서 카드사용 대금을 3회 연속하여 연체한 경우에 카드사는 카드이용계약의 해지를 통보할 수 있음을 알 수 있다. E는 카드사용 대금을 2회 연체했으므로 카드사용이 일시정지 또는 해지될 수 없다.

⑤ 입회신청서를 허위로 기재한 회원 F에게 카드사가 그 사실과 카드사용의 일시정지를 통보한 경우 ➡ (○) 〈약관〉의 두 번째 조 제1항 제1호에서 입회신청서의 기재사항을 허위로 작성한 경우에 카드사용의 일시정지 또는 해지를 통보할 수 있음을 알 수 있다. F는 입회신청서를 허위로 기재했으므로 카드사는 일시정지를 통보할 수 있다.

14 ⑤

| **문제 유형** | 법조문형 > 규정확인

| **접근 전략** | 법조문 문제는 법률의 적용을 받는 대상과 그에 따라 조치할 수 있는 기간을 구분해서 이해할 수 있어야 한다. 그리고 이를 바탕으로 선지의 내용을 구분하여 비교함으로써 해당 내용의 옳고 그름을 판단하는 것이 문항을 해결하는 데 효율적이다. 특히 선지에서 적용을 받는 대상은 모두 해당되는 대상으로 설정하고 조치할 수 있는 기간을 다르게 하여 선지를 판단하게 하는 문항이 많이 출제되므로 이러한 연습과 훈련을 반복하는 것이 필요하다.

다음 A국의 법률을 근거로 할 때, ○○장관의 조치로 옳지 않은 것은?

제00조(출국의 금지) ① ○○장관은 다음 각 호의 어느 하나에 해당하는 사람에 대하여는 6개월 이내의 기간을 정하여 출국을 금지할 수 있다.
1. 형사재판에 계류 중인 사람
2. 징역형이나 금고형의 집행이 끝나지 아니한 사람
3. 1천만 원 이상의 벌금이나 2천만 원 이상의 추징금을 내지 아니한 사람
4. 5천만 원 이상의 국세·관세 또는 지방세를 정당한 사유 없이 그 납부기한까지 내지 아니한 사람
② ○○장관은 범죄 수사를 위하여 출국이 적당하지 아니하다고 인정되는 사람에 대하여는 1개월 이내의 기간을 정하여 출국을 금지할 수 있다. 다만 다음 각 호에 해당하는 사람은 그 호에서 정한 기간으로 한다.
1. 소재를 알 수 없어 기소중지결정이 된 사람 또는 도주 등 특별한 사유가 있어 수사진행이 어려운 사람: 3개월 이내
2. 기소중지결정이 된 경우로서 체포영장 또는 구속영장이 발부된 사람: 영장 유효기간 이내

① 사기사건으로 인해 유죄판결을 받고 현재 고등법원에서 항소심이 진행 중인 甲에 대하여 5개월간 출국을 금지할 수 있다. ➡ (○) 제1항 제1호에서 ○○장관은 형사재판에 계류 중인 사람을 6개월 이내의 기간을 정하여 출국을 금지할 수 있음을 알 수 있다. 甲은 사기사건으로 인해 유죄판결을 받고 현재 고등법원에서 항소심이 진행 중이므로 형사재판에 계류 중임을 알 수 있고, 이에 따라 6개월 이내의 기간인 5개월간 출국을 금지할 수 있다.

② 추징금 2천 5백만 원을 내지 않은 乙에 대하여 3개월간 출국을 금지할 수 있다. ➡ (○) 제1항 제3호에서 2천만 원 이상의 추징금을 내지 아니한 사람을 6개월 이내의 기간을 정하여 출국을 금지할 수 있음을 알 수 있다. 乙은 2천 5백만 원의 추징금을 내지 않았으므로 대상자에 해당하고 6개월 이내의 기간인 3개월간 출국을 금지할 수 있다.

③ 소재를 알 수 없어 기소중지결정이 된 강도사건 피의자 丙에 대하여 2개월간 출국을 금지할 수 있다. ➡ (○) 제2항 제1호에서 소재를 알 수 없어 기소중지결정이 된 사람은 3개월 이내의 기간에서 출국을 금지할 수 있음을 알 수 있다. 丙은 소재를 알 수 없어 기소중지결정이 된 강도사건의 피의자이므로 대상자에 해당함을 알 수 있고, 3개월 이내의 기간인 2개월간 출국을 금지할 수 있다.

④ 징역 2년을 선고받고 그 집행이 끝나지 않은 丁에 대하여 3개월간 출국을 금지할 수 있다. ➡ (○) 제1항 제2호에서 징역형의 집행이 끝나지 아니한 사람을 6개월 이내의 기간을 정하여 출국을 금지할 수 있음을 알 수 있다. 丁은 징역 2년을 선고받고 그 집행이 끝나지 않았으므로 대상자에 해당함을 알 수 있고, 6개월 이내의 기간인 3개월간 출국을 금지할 수 있다.

⑤ 정당한 사유 없이 2천만 원의 지방세를 납부기한까지 내지 않은 戊에 대하여 4개월간 출국을 금지할 수 있다. ➡ (✕) 제1항 제4호에서 5천만 원 이상의 지방세를 정당한 사유 없이 그 납부기한까지 내지 아니한 사람을 6개월 이내의 기간을 정하여 출국을 금지할 수 있음을 알 수 있다. 戊는 정당한 사유 없이 2천만 원의 지방세를 납부기한까지 내지 않기 때문에 출국을 금지할 수 있는 대상자에 해당하지 않는다.

15 ⑤

| **문제 유형** | 제시문형 > 정보확인

| **접근 전략** | 긴 글을 근거로 〈보기〉의 내용을 판단하는 문제는 〈보기〉에 제시된 내용들을 먼저 읽으며 핵심어를 간추린 후에 긴 글에서 해당 내용을 판단하는 것이 시간을 효율적으로 활용하는 방법이 될 수 있다. 특히 여러 이론들을 소개하고 있는 글인 경우에는 각 이론에서 주장하고 있는 내용들이 무엇인지 정리해 보고, 이를 〈보기〉와 비교하여 옳고 그름을 판단하면서 소거하는 방법이 효율적인 문항 해결 방법이라고 할 수 있다.

다음 글에 근거할 때, 〈보기〉에서 옳지 않은 것을 모두 고르면?

청소년 비행의 원인을 설명하는 이론에는 다음과 같은 세 가지가 있다. A이론에서는 자기통제력이라는 내적 성향이 유년기의 문제행동, 청소년 비행뿐만 아니라 성인의 범죄도 설명할 수 있는 중요한 원인 중 하나라고 본다. 자기통제력은 부모의 양육에 의해 어릴 때 형성되는 것으로, 목표 달성을 위해 충동을 조절할 수 있는 능력, 유혹에 저항하는 능력, 만족을 지연할 수 있는 능력 등을 말한다. ▶1문단

B이론에서는 청소년의 연령에 따라 비행의 원인이 다르다고 주장하면서 부모의 양육 방법뿐만 아니라 비행친구와의 접촉 여부에 대해서도 주목한다. 이 이론은 청소년 시기를 초기(11∼13세), 중기(14∼16세), 후기(17∼19세)로 구분하고, 초기에는 부모의 양육 방법 차이가 청소년 비행에 영향을 크게 미치지만 중기를 거쳐 후기에 이를수록 그 영향력은 작아진다고 주장한다. 반면 비행친구와의 접촉이 청소년 비행에 미치는 영향력의 정도는 상대적으로 초기보다는 중기를 거쳐 후기에 이를수록 커진다고 한다. ▶2문단

C이론 역시 부모의 양육 방법이 청소년 비행에 영향을 미치는 요인 중 하나라고 본다. 그런데 위의 이론들과 달리 C이론은 비행청소년을 '초기 진입자(early-starter)'와 '후기 진입자(late-starter)'로 구분하여 설명한다. 전자는 어려서부터 부모의 부적절한 양육 등으로 인해 문제성향과 문제행동을 보이는 청소년들을 지칭한다. 반면 후자는 어려서는 문제성향을 보이지는 않았으나, 성장 과정에서 비행친구와 접촉하면서 모방 등을 통해 청소년기에 일시적으로 비행을 저지르는 비행청소년들을 말한다. ▶3문단

〈보기〉

ㄱ. A이론에서는 자기통제력이라는 내적 성향이 청소년 비행을 설명하는 주요 요인이라고 본다. → (○) 1문단에서 A이론은 자기통제력이라는 내적 성향이 유년기의 문제행동, 청소년 비행뿐만 아니라 성인의 범죄도 설명할 수 있는 중요한 원인 중 하나라고 보고 있음을 알 수 있다.

ㄴ. B이론에서는 청소년 비행에 있어 청소년의 연령과 비행친구의 영향력 간에는 반비례의 관계가 있다고 본다. → (X) 2문단의 B이론은 청소년 시기를 연령에 따라 초기, 중기, 후기로 구분하고, 비행친구와의 접촉이 청소년 비행에 미치는 영향력의 정도는 상대적으로 초기보다는 중기를 거쳐 후기에 이를수록 커진다고 본다. 따라서 청소년의 연령과 비행친구의 영향력 간에 비례의 관계가 있다고 볼 수 있다.

ㄷ. C이론에서는 모범생인 청소년도 고교시절 비행친구를 사귀게 되면, 성인이 되어서도 지속적으로 비행을 저지를 가능성이 높다고 본다. → (X) 3문단의 C이론에서는 어려서 문제성향을 보이지는 않았으나, 성장 과정에서 비행친구와 접촉하면서 모방 등을 통해 청소년기에 '일시적으로' 비행을 저지르는 비행청소년들을 후기 진입자로 규정하고 있다. 따라서 모범생인 청소년들은 후기 진입자로 볼 수 있으며, 후기 진입자는 고교시절 비행친구를 사귀게 되더라도, 성인이 되어서 비행을 지속적으로 저지를 가능성이 낮다고 볼 수 있다.

① ㄱ ➡ (X)
② ㄴ ➡ (X)
③ ㄱ, ㄴ ➡ (X)
④ ㄱ, ㄷ ➡ (X)
⑤ ㄴ, ㄷ ➡ (O)

16 ⑤
정답률 94.1%

| **문제 유형** | 제시문형 > 정보확인

| **접근 전략** | 법률 조항에 대한 제시문은 일단 용어가 어렵고 해석하기 힘든 경우가 많다. 그리고 문장이 일상생활에서 사용하는 형태보다 어색한 경우가 대부분이다. 이러한 점들로 인해 글을 독해하는 과정에서부터 어려움을 겪을 수 있는데, 오히려 용어가 어려운 경우에는 제시된 용어들을 하나의 덩어리로 인지하고 접근하는 방법이 좋다.

다음 글을 근거로 판단할 때 옳지 않은 것은?

법원은 증인신문기일에 증인을 신문하여야 한다. 법원으로부터 증인출석요구를 받은 증인은 지정된 일시·장소에 출석할 의무가 있다. 증인의 출석을 확보하기 위해서 증인이 질병·관혼상제·교통기관의 두절·천재지변 등의 정당한 사유 없이 출석하지 않은 경우, 그 증인에 대해서는 아래의 일정한 제재가 뒤따른다. ▶1문단

첫째, 법원은 정당한 사유 없이 출석하지 아니한 증인에게 이로 말미암은 소송비용을 부담하도록 명하고, 500만 원 이하의 과태료를 부과하는 결정을 할 수 있다. 법원은 과태료결정을 한 이후 증인의 증언이나 이의 등에 따라 그 결정 자체를 취소하거나 과태료를 감할 수 있다. ▶2문단

둘째, 증인이 과태료결정을 받고도 정당한 사유 없이 출석하지 아니한 경우, 법원은 증인을 7일 이내의 감치(監置)에 처하는 결정을 할 수 있다. 감치결정이 있으면, 법원공무원 또는 국가경찰공무원이 증인을 교도소, 구치소, 경찰서 유치장에 유치(留置)함으로써 이를 집행한다. 증인이 감치의 집행 중에 증언을 한 때에는 법원은 바로 감치결정을 취소하고 그 증인을 석방하여야 한다. ▶3문단

셋째, 법원은 정당한 사유 없이 출석하지 아니한 증인을 구인(拘引)하도록 명할 수 있다. 구인을 하기 위해서는 법원에 의한 구속영장 발부가 필요하다. 증인을 구인하면 법원에 그를 인치(引致)하며, 인치한 때부터 24시간 내에 석방하여야 한다. 또한 법원은 필요한 경우에 인치한 증인을 교도소, 구치소, 경찰서 유치장에 유치할 수 있는데, 그 유치기간은 인치한 때부터 24시간을 초과할 수 없다. ▶4문단

※ 감치(監置): 법원의 결정에 의하여 증인을 경찰서 유치장 등에 유치하는 것
유치(留置): 사람이나 물건을 어떤 사람이나 기관의 지배하에 두는 것
구인(拘引): 사람을 강제로 잡아 끌고 가는 것
인치(引致): 사람을 강제로 끌어 가거나 끌어 오는 것

① 증인 甲이 정당한 사유 없이 출석하지 아니한 경우, 법원은 구속영장을 발부하여 증인을 구인할 수 있다. ➡ (O) 4문단에서 법원은 정당한 사유 없이 출석하지 아니한 증인을 구인하도록 명할 수 있고, 이를 위해 법원에 의한 구속영장 발부가 필요하다고 하였으므로 甲이 정당한 사유 없이 출석하지 아니하였다면 법원은 구속영장을 발부하여 증인을 구인할 수 있다.

② 과태료결정을 받은 증인 乙이 증인신문기일에 출석하여 증언한 경우, 법원은 과태료결정을 취소할 수 있다. ➡ (O) 2문단에서 법원은 정당한 사유 없이 출석하지 아니한 증인에게 과태료를 부과하는 결정을 할 수 있고, 이후에 증인의 증언이나 이의 등에 따라 그 결정 자체를 취소하거나 과태료를 감할 수 있다고 하였으므로 乙이 과태료결정을 받은 후에 증인신문기일에 출석하여 증언한다면, 법원은 과태료결정을 취소할 수 있다.

③ 증인 丙을 구인한 경우, 법원은 증인신문을 마치지 못하더라도 인치한 때부터 24시간 이내에 그를 석방하여야 한다. ➡ (O) 4문단에서 증인을 구인하면 법원에 그를 인치하며, 인치한 때부터 24시간 내에 석방하여야 함을 알 수 있다. 즉 丙이 구인되었다면, 증인신문을 마치지 못하더라도 24시간 이내에 석방하여야 한다.

④ 7일의 감치결정을 받고 교도소에 유치 중인 증인 丁이 그 유치 후 3일이 지난 때에 증언을 했다면, 법원은 그를 석방하여야 한다. ➡ (O) 3문단에 따르면 7일 이내의 감치에 처해진 증인이 감치의 집행 중에 증언을 하게 되면 법원은 바로 감치결정을 취소하고 그 증인을 석방해야 한다. 따라서 丁이 감치결정 중에 증언을 했다면, 법원은 그를 석방해야 한다.

⑤ 감치결정을 받은 증인 戊에 대하여, 법원공무원은 그를 경찰서 유치장에 유치할 수 없다. ➡ (X) 3문단에서 증인에 대한 감치결정이 있으면, 법원공무원 또는 국가경찰공무원이 증인을 교도소, 구치소, 경찰서 유치장에 유치함으로써 이를 집행한다고 하였으므로 감치결정을 받은 증인 戊에 대하여, 법원공무원은 그를 경찰서 유치장에 유치할 수 있다.

17 ①
정답률 87.4%

| **문제 유형** | 연산추론형 > 대입비교

| **접근 전략** | 제시된 〈조건〉과 〈기준〉에 맞게 계산을 하고 그 값에 따라 비교하는 문항은 단순 계산 문제인 경우가 많으므로 어렵지 않게 해결할 수 있다. 하지만 값을 구하는 과정에서 기준이 다르게 적용되는 경우들이 있을 수 있으므로 그 부분을 유념해야 하고, 기준이 같거나 다름에 따라 결괏값이 달라져 답이 달라질 수 있기 때문에 주의해야 할 필요가 있다.

甲이 다음의 〈조건〉과 〈기준〉에 근거할 때 구입할 컴퓨터는?

〈조건〉

항목 컴퓨터	램 메모리 용량 (Giga Bytes)	하드 디스크 용량 (Tera Bytes)	가격 (천 원)
A	4	2	500
B	16	1	1,500
C	4	3	2,500
D	16	2	2,500
E	8	1	1,500

〈기준〉

○ 컴퓨터를 구입할 때, 램 메모리 용량, 하드 디스크 용량, 가격을 모두 고려한다.
○ 램 메모리와 하드 디스크 용량이 크면 클수록, 가격은 저렴하면 저렴할수록 선호한다.

○ 각 항목별로 가장 선호하는 경우 100점, 가장 선호하지 않는 경우 0점, 그 외의 경우 50점을 각각 부여한다. 단, 가격은 다른 항목보다 중요하다고 생각하여 2배의 점수를 부여한다.
○ 각 항목별 점수의 합이 가장 큰 컴퓨터를 구입한다.

① A ➡ (O) 〈기준〉에서 컴퓨터를 구입할 때, 램 메모리 용량, 하드 디스크 용량, 가격을 모두 고려한다고 했고, 램 메모리와 하드 디스크는 용량이 크면 클수록, 가격은 저렴할수록 선호함을 알 수 있다. 이때 가장 선호하는 경우 100점, 가장 선호하지 않는 경우 0점, 그 외의 경우는 50점을 부여하지만, 가격은 2배의 점수를 부여한다는 점이 특징적이다. 이 〈기준〉에 맞추어 〈조건〉에 적용해 보면, 램 메모리 용량은 B와 D가 가장 크므로 각각 100점, A와 C가 가장 작으므로 각각 0점, E는 그 외의 경우이므로 50점이다. 하드 디스크 용량은 C가 가장 크므로 100점, B와 E가 가장 작으므로 0점, A와 D가 그 외의 경우이므로 각각 50점이다. 가격은 A가 가장 저렴하므로 200점, C와 D가 가장 비싸므로 각각 0점, B와 E는 그 외의 경우이므로 각각 100점이다. 각 컴퓨터별로 이 값을 합산하면, A는 250점, B는 200점, C는 100점, D는 150점, E는 150점이므로 A가 각 항목별 점수의 합이 가장 크다. 따라서 甲이 구입할 컴퓨터는 A이다.

② B ➡ (X)
③ C ➡ (X)
④ D ➡ (X)
⑤ E ➡ (X)

18 ①

정답률 95.9%

| 문제 유형 | 퍼즐형 > 논리퀴즈
| 접근 전략 | 〈보기〉에 제시된 숫자들의 배열이 각 자릿수마다 동일한 경우와 달라지는 경우에 따라 사칙연산의 결과를 비교하는 문제이기 때문에 숫자 배열 조건들을 잘 살펴보고 계산하면 쉽게 해결할 수 있다.

甲은 키보드를 이용해 숫자를 계산하는 과정에서 키보드의 숫자 배열을 휴대폰의 숫자 배열로 착각하고 숫자를 입력하였다. 휴대폰과 키보드의 숫자 배열이 다음과 같다고 할 때, 〈보기〉에서 옳은 것을 모두 고르면?

〈휴대폰의 숫자 배열〉

1	2	3
4	5	6
7	8	9
@	0	#

〈키보드의 숫자 배열〉

7	8	9
4	5	6
1	2	3
	0	.

─── 〈보기〉 ───
ㄱ. '46 × 5'의 계산 결과는 옳게 산출되었다. → (O) 〈휴대폰의 숫자 배열〉과 〈키보드의 숫자 배열〉에서 4, 5, 6은 위치가 동일하다. 따라서 46 × 5의 계산 결과는 동일하므로 옳게 산출되었다.
ㄴ. '789 + 123'의 계산 결과는 옳게 산출되었다. → (O) 〈휴대폰의 숫자 배열〉에서 7, 8, 9는 〈키보드의 숫자 배열〉에서 1, 2, 3과 같고, 〈휴대폰의 숫자 배열〉에서 1, 2, 3은 〈키보드의 숫자 배열〉에서 7, 8, 9와 같다. 배열 순서도 동일하기 때문에 789와 123의 순서가 앞뒤로 바뀐 상태에서 더하기 사칙연산의 계산 결과는 동일하므로 옳게 산출되었다.
ㄷ. '159 + 753'의 계산 결과는 옳게 산출되었다. → (O) 〈휴대폰의 숫자 배열〉에서 1, 5, 9는 〈키보드의 숫자 배열〉에서 7, 5, 3과 같고, 〈휴대폰의 숫자 배열〉에서 7, 5, 3은 〈키보드의 숫자 배열〉에서 1, 5, 9와 같다. 배열 순서도 동일하기 때문에 159와 753의 순서가 앞뒤로 바뀐 상태에서 더하기 사칙연산의 계산 결과는 동일하므로 옳게 산출되었다.

ㄹ. '753 + 951'의 계산 결과는 옳게 산출되었다. → (X) 〈휴대폰의 숫자 배열〉에서 7, 5, 3은 〈키보드의 숫자 배열〉에서 1, 5, 9와 같고, 〈휴대폰의 숫자 배열〉에서 9, 5, 1은 〈키보드의 숫자 배열〉에서 3, 5, 7과 같다. 753과 951의 더하기 계산 결과는 159와 357의 더하기 계산 결과와 다르기 때문에 계산 결과가 옳지 않게 산출되었다.
ㅁ. '789 - 123'의 계산 결과는 옳게 산출되었다. → (X) 〈휴대폰의 숫자 배열〉에서 7, 8, 9는 〈키보드의 숫자 배열〉에서 1, 2, 3과 같고, 〈휴대폰의 숫자 배열〉에서 1, 2, 3은 〈키보드의 숫자 배열〉에서 7, 8, 9와 같다. 789에서 123을 뺀 계산 결과는 123에서 789를 뺀 계산 결과와 다르기 때문에 계산 결과가 옳지 않게 산출되었다.

① ㄱ, ㄴ, ㄷ ➡ (O) ② ㄱ, ㄴ, ㄹ ➡ (X)
③ ㄱ, ㄷ, ㅁ ➡ (X) ④ ㄴ, ㄷ, ㄹ ➡ (X)
⑤ ㄴ, ㄹ, ㅁ ➡ (X)

19 ③

정답률 76.1%

| 문제 유형 | 퍼즐형 > 게임·규칙
| 접근 전략 | 이동한 거리에 따라 평균속력을 묻는 문항은 각 경우에 따른 시간이 고정되어 제시되는 경우가 많다. 따라서 이동한 거리의 값을 구하면 크기를 비교할 수 있기 때문에 속력을 구체적으로 계산할 필요는 없다. 또한 원과 같은 형태의 이동 거리를 구할 때는 원주율을 대입해서 계산해야 하는데, 이때도 구체적인 값을 구하지 않고 통용되는 표기인 π로 설정하고 계산하더라도 각 결괏값을 비교할 수 있다. 주의해야 할 점은 원점으로부터의 거리를 계산할 때, 제시된 숫자에 현혹되지 말고 정확하게 원점으로부터 거리를 계산해야 한다는 것이다.

甲, 乙, 丙, 丁이 다음과 같은 경기를 하였을 때, 평균속력이 가장 빠른 사람부터 순서대로 나열한 것은?

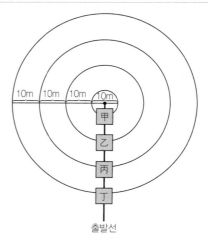

○ 甲, 乙, 丙, 丁은 동심원인 위의 그림과 같이 일직선상의 출발선에서 경기를 시작한다.
○ 甲, 乙, 丙, 丁은 위의 경기장에서 각자 자신에게 정해진 원 위를 10분 동안 걷는다.
○ 甲, 乙, 丙, 丁은 정해진 원 이외의 다른 원으로 넘어갈 수 없다.
○ 甲, 乙, 丙, 丁이 10분 동안에 각자 걸었던 거리는 다음과 같다.

甲	乙	丙	丁
7바퀴	5바퀴	3바퀴	1바퀴

① 乙, 丙, 甲, 丁 ➡ (X)

② 丙, 乙, 丁, 甲 ➡ (X)

③ 乙＝丙, 甲＝丁 (O) 이동 거리는 원의 둘레로, '원의 둘레＝2 × 원의 반지름 × 원주율(π)'이다. 甲이 한 바퀴 걸은 동심원은 반지름 5m이므로 한 바퀴의 이동 거리는 2 × 5 × π＝10π(m)이고, 총 7바퀴를 걸었으므로 총 이동 거리는 10π × 7＝70π(m)이다. 乙이 한 바퀴 걸은 동심원은 반지름 15m이므로 한 바퀴의 이동 거리는 2 × 15 × π＝30π(m)이고, 총 5바퀴를 걸었으므로 총 이동 거리는 30π × 5＝150π(m)이다. 丙이 한 바퀴 걸은 동심원은 반지름 25m이므로 한 바퀴의 이동 거리는 2 × 25 × π ＝50π(m)이고, 총 3바퀴를 걸었으므로 총 이동 거리는 50π × 3＝150π(m)이다. 丁이 한 바퀴 걸은 동심원은 반지름 35m이므로 한 바퀴의 이동 거리는 2 × 35 × π＝70π(m) 이고, 총 1바퀴를 걸었으므로 총 이동 거리는 70π × 1＝70π(m)이다. 네 사람의 평균 속력은 각각의 이동 거리를 걸었던 시간인 10분으로 나누면 되고, 이동 거리가 긴 사람일수록 평균속력이 빠르다고 볼 수 있다. 따라서 평균속력이 가장 빠른 사람부터 순서대로 나열한 것은 乙＝丙, 甲＝丁이다.

④ 甲, 丁＝乙, 丙 ➡ (X)

⑤ 甲, 丁, 乙, 丙 ➡ (X)

20 ③

정답률 69.7%

| **문제 유형** | 연산추론형 > 수리계산

| **접근 전략** | 일상생활에서 쉽게 볼 수 있는 안내문에 따라 지불해야 할 요금을 계산하는 문제는 각각 제시된 요금 기준에 따라 금액이 달라진다. 특히 여러 가지 상황에 따라 지불해야 하는 금액이 달라지고, 시간이나 기간에 따라 적용되는 기준이 달라진다는 점에 유의해야 한다. 그리고 분 단위로 요금을 징수하는 기준이 제시되는 경우에는 계산해야 하는 총 시간을 분 단위로 나누어 계산해야 하고, 남는 시간에 대한 기준들도 정확하게 파악하고 계산할 수 있어야 한다.

甲은 ○○주차장에 4시간 45분간 주차했던 차량의 주차 요금을 정산하려고 한다. 이 주차장에서는 총 주차 시간 중 최초 1시간의 주차 요금을 면제하고, 다음의 〈주차 요금 기준〉에 따라 요금을 부과한다. 甲이 지불해야 할 금액은?

〈주차 요금 기준〉

구분	총 주차 시간	
	1시간 초과～3시간인 경우	3시간 초과인 경우
요금	30분마다 500원	• 1시간 초과～3시간: 30분마다 500원 • 3시간 초과: 30분마다 2,000원

※ 주차 요금은 30분 단위로 부과되고, 잔여시간이 30분 미만일 경우 30분으로 간주한다.

① 5,000원 ➡ (X)

② 9,000원 ➡ (X)

③ 10,000원 ➡ (O) 甲은 4시간 45분을 주차했고, 최초 1시간은 주차 요금이 면제되므로 총 3시간 45분에 대한 주차 요금을 지불해야 한다. 〈주차 요금 기준〉의 3시간 초과인 경우에 해당이 되므로 이에 따른 요금을 계산해야 하며 1시간 초과～3시간까지는 30분마다 500원이 부과된다고 하였으므로, 甲의 경우는 2시간이 해당된다. 2시간은 30분이 4번 반복되는 것이므로, 500 × 4＝2,000(원)이 부과되며 나머지 1시간 45분은 3시간 초과인 경우로서 30분마다 2,000원씩을 지불해야 한다. 1시간 45분은 30분이 3번 반복되고 15분이 남는데 이때 남은 15분은 단서 조항에서 30분으로 간주한다고 했으므로 30분이 4번 반복된 경우와 동일한 금액을 지불해야 하므로, 2,000 × 4＝8,000(원)이 부과된다. 따라서 甲이 지불해야 할 금액은 두 금액을 합한 10,000원이다.

④ 11,000원 ➡ (X)

⑤ 20,000원 ➡ (X)

21 ①

TOP 1 정답률 45.0%

| **문제 유형** | 제시문형 > 분석추론

| **접근 전략** | 근무자의 급여 등에 관한 조항은 근무자의 근무 기간 등에 따라 다양한 조건들이 설정되어 있기 때문에 각 조건들을 꼼꼼하게 비교해 볼 수 있어야 한다. 이를 근거로 선지에 제시된 근무자들의 근무 기간에 따라 해당 회사의 급여 및 각종 수당이 지급되는 범위 등을 살펴보아야 하며 이때 기간을 설정하는 기준도 살펴보아야 하지만, 지급하는 시기도 점검해야 함에 유의한다.

A회사의 월차 및 월차수당에 관한 다음 글에 근거할 때 옳지 않은 것은?

○ 어느 월(月)에 12일 이상 근무한 근로자에게 1일의 유급휴일을 부여하며, 이를 '월차'라 한다. 월차는 발생 다음 월부터 같은 해 말일까지 사용할 수 있으며, 합산하여 사용할 수도 있다. 다만 해당 연도의 월차는 그 다음 해로 이월되지 않는다.

○ 해당 연도 마지막 월까지 사용하지 않은 월차는 그해 마지막 월의 급여 지급일에 월차 1일당 1일분의 급여로 지급하는데, 이를 '월차수당'이라 한다. 근로자가 퇴직하는 경우, 퇴직일까지 사용하지 않은 월차는 퇴직일에 월급여와 함께 월차수당으로 지급한다. 다만 매년 12월 또는 퇴직한 월의 근무로 인해 발생한 월차는 유급휴일로 사용할 수 없고, 월차수당으로만 지급한다.

※ '월'은 매월 1일부터 말일까지이며, '월급여'는 매월 말일에 지급한다.

① 甲이 7월 20일에 퇴직한다면 7월 말일에 월급여와 월차수당을 함께 지급받는다. ➡ (X) 두 번째 규정에서 근로자가 퇴직하는 경우, 퇴직일까지 사용하지 않은 월차는 퇴직일에 월급여와 함께 월차수당으로 지급함을 알 수 있다. 甲은 7월 20일에 퇴직하므로, 월급여와 월차수당을 지급받을 수 있지만 7월 말일이 아닌 퇴직일인 7월 20일에 지급받는다.

② 乙이 6월 9일에 퇴직한다면 6월의 근무로 발생한 6월분의 월차수당을 받을 수 없을 것이다. ➡ (O) 첫 번째 규정에서 어느 월(月)에 12일 이상 근무한 근로자에게 1일의 유급휴일을 부여하며, 이를 '월차'라 함을 알 수 있다. 乙이 6월 9일에 퇴직하게 되면 6월에는 12일 이상 근무한 것이 아니기 때문에 6월에는 월차가 발생하지 않으므로 6월분의 월차수당을 받을 수 없다.

③ 丙이 3월 12일 입사하여 같은 해 7월 20일에 퇴직할 때까지 결근 없이 근무하였다면 최대 4일의 월차를 사용할 수 있다. ➡ (O) 丙은 3월 12일에 입사했고 같은 해 7월 20일 퇴직할 때까지 결근이 없었으므로 3~7월에 해당하는 총 5일의 월차가 발생한다. 하지만 두 번째 규정에서 퇴직한 월의 근무로 인해 발생한 월차는 유급휴일로 사용할 수 없고, 월차수당으로만 지급한다고 했으므로 丙은 최대 4일의 월차를 사용할 수 있다.

④ 1월 초부터 같은 해 12월 말까지 결근 없이 근무한 근로자 丁은 최대 11일의 월차를 사용할 수 있다. ➡ (O) 丁은 1월 초부터 같은 해 12월 말까지 결근 없이 근무했으므로 총 12일의 월차가 발생한다. 하지만 두 번째 규정에서 매년 12월의 근무로 인해 발생한 월차는 유급휴일로 사용할 수 없고, 월차수당으로만 지급한다고 했으므로 丁은 최대 11일의 월차를 사용할 수 있다.

⑤ 9월 20일에 입사하여 같은 해 12월 31일까지 매월 발생된 월차를 한 번도 사용하지 않고 결근 없이 근무한 戊는 최대 3일분의 월차수당을 받을 수 있다. ➡ (O) 戊는 9월은 12일 이상 근무하지 않았기 때문에 월차가 발생하지 않고, 10~12월 근무한 것에 대한 3일분의 월차만 발생한다. 그리고 두 번째 규정에서 근로자가 퇴직일까지 사용하지 않은 월차는 퇴직일에 월급여와 함께 월차수당으로 지급한다고 했으므로 월차를 한 번도 사용하지 않은 戊는 최대 3일분의 월차수당을 받을 수 있다.

22 ④
정답률 89.0%

| 문제 유형 | 연산추론형 > 수리계산
| 접근 전략 | 제시된 시간의 조건과 차량의 배차 간격을 바탕으로 해결해야 하는 문제로 시간 단위와 분 단위의 교차를 유의해서 계산해야 한다. 특히 특정 시간에 출발하는 차량이 어느 차량인지 운행 시간대를 각 차량의 배차 간격으로 나누어서 운행의 가능 여부를 판단할 수 있어야 한다. 이 과정에서 차량의 운행 시간대와 운행 요일 등에 따른 배차 간격을 정확하게 파악하고, 이를 바탕으로 〈보기〉에 제시된 차량의 운행 가능 여부를 비교하여 판단하는 것이 중요하다. 단순해 보이지만 조건에 따라 계산해야 하는 부분들이 있기 때문에 실수를 하지 않도록 주의한다.

다음 글을 근거로 판단할 때, 〈보기〉에서 옳은 것을 모두 고르면?

○ 첫차는 06:00에 출발하며, 24:00 이내에 모든 버스가 운행을 마치고 종착지에 들어온다.
○ 버스의 출발지와 종착지는 같고 한 방향으로만 운행되며, 한 대의 버스가 1회 운행하는 데 소요되는 총 시간은 2시간이다. 이때 교통체증 등의 도로 사정은 고려하지 않는다.
○ 출발지를 기준으로 시간대별 배차 간격은 아래와 같다. 예를 들면 평일의 경우 버스 출발지를 기준으로 한 버스 출발 시간은 …, 11:40, 12:00, 12:30, …순이다.

구분	A시간대 (06:00~12:00)	B시간대 (12:00~14:00)	C시간대 (14:00~24:00)
평일	20분	30분	40분
토요일	30분	40분	60분
일요일 (공휴일)	40분	60분	75분

〈보기〉

ㄱ. 공휴일인 어린이날에는 출발지에서 13:00에 버스가 출발한다.
→ (O) 공휴일은 B시간대에 60분마다 버스를 운영하므로 어린이날에는 출발지에서 13:00에 버스가 출발한다.

ㄴ. 막차는 출발지에서 반드시 22:00 이전에 출발한다. → (O) 버스의 운행 소요 시간은 2시간이고, 24시 이내에 모든 버스가 운행을 마치고 종착지에 들어온다. 따라서 가장 마지막에 출발하는 버스는 22:00 이전에 출발해야 함을 알 수 있다.

ㄷ. 일요일에 막차가 종착지에 도착하는 시간은 23:20이다. → (X) 일요일 C시간대는 14시부터 75분 간격으로 출발을 하므로 막차의 출발 시각은 21:30이다. 운행시간이 2시간이므로 종착지에 도착하는 시간은 23:20이 아니라 23:30이다.

ㄹ. 출발지에서 09:30에 버스가 출발한다면, 이 날은 토요일이다.
→ (O) A시간대에 30분의 배차 간격을 갖는 요일은 토요일이다. 9:30에 버스가 출발하는 것은 토요일만 가능하므로 옳은 설명이다.

① ㄱ, ㄴ ➡ (X)
② ㄱ, ㄷ ➡ (X)
③ ㄷ, ㄹ ➡ (X)
④ ㄱ, ㄴ, ㄹ ➡ (O)
⑤ ㄴ, ㄷ, ㄹ ➡ (X)

23 ⑤
정답률 78.9%

| 문제 유형 | 연산추론형 > 수리계산
| 접근 전략 | 연도별로 세금 등의 증가액이나 감소액을 계산해서 비교하는 문항은 기준이 되는 연도를 먼저 파악하는 것이 매우 중요하다. 기준이 되는 연도에 따라 증가액이나 감소액의 크기가 달라지기 때문이다. 그리고 조건으로 제시된 다양한 계산 방식을 정확하게 이해하고 접근해야 정확한 값을 산출해 낼 수 있다. 〈보기〉로 제시된 각 선지들의 정오를 판별하는 것이 아니라 해당 내용을 바탕으로 모든 값을 산출해야 하기 때문에 더욱 정확성을 요구하는 문항이라 볼 수 있다.

다음 글과 〈사례〉에 근거할 때, 〈보기〉의 금액으로 바르게 연결된 것은?

감세에 따른 세수 감소 총액을 계산하는 방식은 다음과 같은 두 가지가 사용될 수 있다.
○ A방식: 감세안이 시행된 해부터 매년 전년도와 비교했을 때, 발생하는 감소분을 누적적으로 합계하는 방식
○ B방식: 감세안이 시행된 해의 직전 연도를 기준연도로 하여 기준연도와 비교했을 때, 매년 발생하는 감소분을 누적적으로 합계하는 방식

〈사례〉

정부는 경기활성화를 위해 감세안을 만들어 2013년부터 시행하고자 한다. 감세 효과 파악을 위해 2015년까지 감세안에 따른 세수 변화 규모를 추산했다.

〈연도별 세수 총액〉

연도	세수 총액(단위: 원)
2012	42조 5,000억
2013	41조 8,000억
2014	41조 4,000억
2015	41조 3,000억

〈보기〉

ㄱ. A방식에 따라 계산한 2013년의 세수 감소액은? → A방식은 감세안이 시행된 해부터 매년 전년도와 비교함을 알 수 있고, 〈사례〉에서 감세안을 2013년부터 시행하고자 하고 있기 때문에 비교해야 할 기준연도는 2012년이다. 이와 비교하여 발생하는 감소분을 누적적으로 합계한다고 했고 2013년의 세수 감소액은 두 연도의 차이이므로 42조 5,000억 원에서 41조 8,000억 원을 뺀 7,000억 원이다.

ㄴ. B방식에 따라 계산한 2014년까지의 세수 감소 총액은? → B방식은 감세안이 시행된 해의 직전 연도를 기준연도로 하고 이 기준연도와 비교해야 함을 알 수 있다. 〈사례〉에 근거하여 2014년까지의 세수 감소 총액을 B방식으로 계산하려면 감세안이 시행된 2013년의 직전 연도인 2012년이 기준이 되며 이 기준연도와 비교하여 매년 발생하는 감소분을 누적적으로 합계해야 하므로, 2014년까지의 세수 감소 총액은 2014년의 감소분과 2013년의 감소분을 합한 금액이 된다. 각각의 감소분은 1조 1,000억 원과 7,000억 원이므로 감소 총액은 1조 8,000억 원이다.

ㄷ. A방식, B방식에 따라 각각 계산한 2015년까지의 세수 감소 총액의 차이는? → A방식에 따른 2015년까지의 세수 감소 총액은 2013년의 감소분 7,000억 원, 2014년의 감소분 4,000억 원, 2015년의 감소분 1,000억 원의 합인 1조 2,000억 원이다. B방식에 따른 2015년까지의 세수 감소 총액은 2013년의 감소분 7,000억 원, 2014년의 감소분 1조 1,000억 원, 2015년의 감소분 1조 2,000억 원의 합인 3조 원이다. 따라서 두 방식에 따른 세수 감소 총액의 차이는 1조 8,000억 원이다.

	ㄱ	ㄴ	ㄷ
①	3,000억 원	1조 1,000억 원	1조 2,000억 원 ➡ (X)
②	3,000억 원	1조 8,000억 원	1조 8,000억 원 ➡ (X)
③	7,000억 원	1조 1,000억 원	1조 2,000억 원 ➡ (X)
④	7,000억 원	1조 8,000억 원	1조 2,000억 원 ➡ (X)
⑤	7,000억 원	1조 8,000억 원	1조 8,000억 원 ➡ (O)

24 ②

정답률 77.8%

| 문제 유형 | 제시문형 > 분석추론

| 접근 전략 | 도식화된 그림을 보면서 제시된 상황을 해석하고 이해하는 문항을 해결하려면 일단 도식화된 그림을 읽어 낼 수 있어야 한다. 읽어 내기 위한 방법을 제시하고 있기 때문에 해당 내용을 바탕으로 도식의 의미들을 파악하면 선지를 판단하는 데 큰 어려움을 겪지 않는다. 이를 바탕으로 계산을 해야 하는 경우에는 도식에서 이루어지는 수의 이동과 흐름을 정확히 파악해야 하는데, 수식이 제시된 경우에는 그 수식이 선지를 판별하는 기능을 하는 경우가 많으므로 정확히 계산해야 한다.

다음 글에 근거할 때, 〈보기〉에서 옳게 추론한 것을 모두 고르면?

○ LOFI(Little Out From Inside)는 한 지역 내에서 생산된 제품이 그 지역 내에서 소비된 비율을 의미한다. LOFI가 75% 이상이면 해당 지역은 독립적인 시장으로 본다.

○ A도, B도, C도, D도에는 각각 자도(自道)소주인 a소주, b소주, c소주, d소주를 생산하는 회사가 도별로 1개씩만 있다. 각 회사는 소주를 해당 도 내에서만 생산하지만, 판매는 다른 도에서도 할 수 있다.

○ 다음 그림은 전체 지역의 지난 1년간 도별 소주 생산량과 각 도 사이의 물류량을 표시한 것이다. 동그라미 안의 숫자는 각 도별 소주 생산량을 의미하고, 화살표는 이동의 방향을 나타낸다. 그리고 화살표 옆의 숫자는 소주의 이동량을 의미한다. 예를 들어 A도에서 B도를 향한 화살표의 40은 a소주의 이동량을 나타낸다.

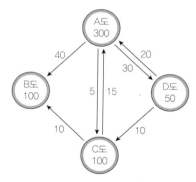

○ 다만 D도의 d소주가 A도를 거쳐 B도에서 판매되는 것과 같이 2번 이상의 이동은 일어날 수 없다. 또한 1년간 생산된 소주는 그해에 모두 소비된다고 가정한다. 이 경우 자도소주의 LOFI를 구하는 공식은 다음과 같다.

$$\text{LOFI}_{\text{자도소주}}(\%) = \frac{\text{해당 도내 자도소주 소비량}}{\text{해당 도의 자도소주 생산량}} \times 100$$

〈보기〉

ㄱ. A도에서는 소주의 생산량보다 소비량이 더 많다. → (X) 도식화된 그림에서 동그라미 안의 숫자는 소주 생산량을 의미하고, 화살표는 소주의 이동 방향을 나타냄을 알 수 있다. A도는 300의 소주를 생산하고, B도로 40, C도로 5, D도로 30이 이동하여 225의 소주가 남는다. 그리고 C도로부터 15, D도로부터 20, 총 35가 유입되어 2600이 A도 소주의 소비량임을 알 수 있다. 따라서 소주의 생산량보다 소비량이 더 적다.

ㄴ. A도와 B도가 하나의 도라면, 그 도는 독립적인 시장으로 볼 수 있다. → (O) A도와 B도가 하나의 도라면 소주의 생산량은 300+100=4000이 된다. 자도소주 소비량의 경우 A도와 B도가 하나의 도이므로 A도에서 B도로 이동하는 이동량은 고려하지 않고 A도에서 C도로 5, A도에서 D도로 30만큼 이동하는 것을 고려할 때 365임을 알 수 있다. 이를 통해 LOFI를 계산하면 $\frac{365}{400} \times 100 = 91.25(\%)$이고, LOFI가 75% 이상일 때 독립적인 시장으로 본다고 하였으므로 A도와 B도가 하나의 도라면, 그 도는 독립적인 시장으로 볼 수 있다.

ㄷ. C도는 독립적인 시장으로 볼 수 없다. → (X) C도의 생산량은 100, 소비량은 C도에서 A, B도로 각각 15, 10 이동하므로 (100−10−15)=75임을 알 수 있다. 이를 토대로 LOFI를 계산해 보면 $\frac{75}{100} \times 100 = 75(\%)$이므로 C도는 독립적인 시장으로 볼 수 있다.

① ㄱ ➡ (X)

② ㄴ ➡ (O)

③ ㄷ ➡ (X)

④ ㄱ, ㄴ ➡ (X)

⑤ ㄴ, ㄷ ➡ (X)

25 ③

정답률 77.5%

| 문제 유형 | 퍼즐형 > 게임·규칙

| 접근 전략 | 정해진 규칙에 따라 게임을 진행하고 이에 관련된 순서나 해당되는 사람을 찾아내는 문항을 해결하려면 제시된 규칙을 정확하게 이해해야 한다. 규칙을 단순하게 제시하는 경우도 있지만, 조금씩 다른 표현을 통해 규칙을 제시하는 경우가 있다. 이때는 다른 형태의 표현이 의미하는 내용을 정확하게 이해하여 규칙에 적용할 수 있어야 하고, 이에 따라 문항에서 묻고 있는 내용을 해결해야 한다.

5명(A∼E)이 다음 규칙에 따라 게임을 하고 있다. 4 → 1 → 1의 순서로 숫자가 호명되어 게임이 진행되었다면 네 번째 술래는?

○ A → B → C → D → E순으로 반시계방향으로 동그랗게 앉아 있다.

○ 한 명의 술래를 기준으로, 술래는 항상 숫자 3을 배정받고, 반시계방향으로 술래 다음 사람이 숫자 4를, 그 다음 사람이 숫자 5를, 술래 이전 사람이 숫자 2를, 그 이전 사람이 숫자 1을 배정받는다.

○ 술래는 1∼5의 숫자 중 하나를 호명하고, 호명된 숫자에 해당하는 사람이 다음 술래가 된다. 새로운 술래를 기준으로 다시 위의 조건에 따라 숫자가 배정되며 게임이 반복된다.

○ 첫 번째 술래는 A다.

① A ➡ (X)

② B ➡ (X)

③ C ➡ (O) 게임 규칙에 의하면 A가 첫 번째 술래이므로 3, 반시계방향으로 술래 다음 사람인 B가 4, 그다음 사람인 C가 5, 술래 이전 사람인 E는 2, 그 이전 사람인 D는 1을 배정받는다. 이를 바탕으로 A∼E가 배정받은 숫자를 나열하면 3 → 4 → 5 → 1 → 2가 된다. 문항에서 술래로 호명된 두 번째 사람이 숫자 4를 가진 사람이므로 B가 두 번째 술래이고, 이에 따라 숫자의 배열은 2 → 3 → 4 → 5 → 1이 되며 다시 1이 호명되었으므로 세 번째 술래는 E가 되고, 이에 따라 숫자의 배열은 4 → 5 → 1 → 2 → 3이 된다. 그리고 다시 1이 호명되었으므로 네 번째 술래는 1을 갖고 있는 C가 됨을 알 수 있다.

④ D ➡ (X)

⑤ E ➡ (X)

2011년 8월 27일 시행

2011년도 국가공무원 5급 민간경력자 일괄채용 필기시험

정답과 분석해설

취약유형 분석표 제1영역 언어논리

문번	정답	정답률	유형	맞고 틀림
01	①	84.2%	사실적 이해 > 정보 확인	○ △ ×
02	④	96.7%	사실적 이해 > 정보 확인	○ △ ×
03	③	93.8%	사실적 이해 > 정보 확인	○ △ ×
04	①	34.4%	사실적 이해 > 정보 확인	○ △ ×
05	⑤	97.4%	사실적 이해 > 정보 확인	○ △ ×
06	③	88.6%	사실적 이해 > 정보 확인	○ △ ×
07	④	94.9%	비판적 사고 > 지문에서 추론하기	○ △ ×
08	③	99.6%	비판적 사고 > 유사한 내용·사례 찾기	○ △ ×
09	②	83.4%	사실적 이해 > 논리 게임	○ △ ×
10	③	82.7%	비판적 사고 > 논지 강화·약화하기	○ △ ×
11	⑤	80.9%	사실적 이해 > 정보 확인	○ △ ×
12	④	70.8%	사실적 이해 > 정보 확인	○ △ ×
13	⑤	94.1%	비판적 사고 > 빈칸 채우기	○ △ ×
14	③	75.3%	사실적 이해 > 정보 확인	○ △ ×
15	②	71.2%	사실적 이해 > 정보 확인	○ △ ×
16	②	89.3%	사실적 이해 > 중심 내용 파악	○ △ ×
17	④	93.7%	비판적 사고 > 지문에서 추론하기	○ △ ×
18	②	98.5%	비판적 사고 > 논지 강화·약화하기	○ △ ×
19	②	71.1%	사실적 이해 > 논리 게임	○ △ ×
20	②	90.4%	비판적 사고 > 지문에서 추론하기	○ △ ×
21	⑤	87.8%	사실적 이해 > 정보 확인	○ △ ×
22	④	89.3%	비판적 사고 > 판단하기	○ △ ×
23	①	79.7%	비판적 사고 > 판단하기	○ △ ×
24	④	53.5%	비판적 사고 > 판단하기	○ △ ×
25	①	88.0%	사실적 이해 > 정보 확인	○ △ ×

나의 성적

영역	점수	풀이 시간
언어논리	____점	____분
자료해석	____점	____분
상황판단	____점	____분

합격선

영역	합격 가능권	합격 확실권
언어논리	72~76점	80~84점
자료해석	68~72점	76~80점
상황판단	64~68점	72~76점

풀이 시간

영역	기본	숙련
언어논리	60분	50분
자료해석	60분	50분
상황판단	60분	50분

※2011년도 선발 인원 / 응시 인원 미공개

- 확실히 맞힌 문항 수: _____ 문항
- 헷갈리거나 찍은 문항 수: _____ 문항
- 틀린 문항 수: _____ 문항

취약유형 분석표 제2영역 자료해석

문번	정답	정답률	유형	맞고 틀림
01	④	95.3%	자료 읽기 > 그림 제시형	○△×
02	①	89.2%	자료 읽기 > 표/빈칸 제시형	○△×
03	②	52.2%	자료 변환응용 > 표/그림 전환형	○△×
04	⑤	89.7%	자료 읽기 > 표 제시형	○△×
05	②	60.5%	자료 읽기 > 표 제시형	○△×
06	④	64.4%	자료 읽기 > 표 제시형	○△×
07	④	89.3%	자료 읽기 > 표 제시형	○△×
08	⑤	89.7%	자료 읽기 > 표/그림 제시형	○△×
09	①	90.1%	자료 읽기 > 그림 제시형	○△×
10	③	92.5%	자료 읽기/추론 > 매칭형	○△×
11	①	92.9%	자료 읽기 > 표/빈칸 제시형	○△×
12	③	88.1%	자료 읽기 > 표 제시형	○△×
13	④	90.9%	자료 읽기 > 표 제시형	○△×
14	③	91.3%	자료 읽기 > 표 제시형	○△×
15	⑤	94.0%	자료 변환응용 > 자료/보고서 전환형	○△×
16	②	90.1%	자료 읽기 > 표/그림 제시형	○△×
17	⑤	66.7%	자료 읽기 > 표/그림 제시형	○△×
18	②	94.0%	자료 변환응용 > 자료/보고서 전환형	○△×
19	④	80.6%	자료 추론 > 추가로 필요한 자료 찾기	○△×
20	①	87.3%	자료 읽기/추론 > 매칭형	○△×
21	③	63.9%	자료 읽기 > 표 제시형	○△×
22	④	66.4%	자료 읽기 > 표/빈칸 제시형	○△×
23	③	67.3%	자료 읽기 > 표 제시형	○△×
24	②	46.2%	자료 변환응용 > 자료/보고서 전환형	○△×
25	①	59.7%	자료 변환응용 > 표/그림 전환형	○△×

- 확실히 맞힌 문항 수: _____ 문항
- 헷갈리거나 찍은 문항 수: _____ 문항
- 틀린 문항 수: _____ 문항

취약유형 분석표 제3영역 상황판단

문번	정답	정답률	유형	맞고 틀림
01	③	75.2%	제시문형 > 정보확인	○△×
02	④	94.5%	제시문형 > 정보확인	○△×
03	④	83.9%	법조문형 > 규정확인	○△×
04	⑤	89.8%	법조문형 > 규정확인	○△×
05	④	60.9%	법조문형 > 규정확인	○△×
06	②	97.5%	퍼즐형 > 수리퀴즈	○△×
07	④	92.4%	연산추론형 > 대입비교	○△×
08	①	69.8%	법조문형 > 규정적용	○△×
09	④	85.2%	제시문형 > 분석추론	○△×
10	①	66.2%	법조문형 > 규정확인	○△×
11	①	95.7%	제시문형 > 정보확인	○△×
12	⑤	93.1%	제시문형 > 정보확인	○△×
13	③	97.4%	제시문형 > 정보확인	○△×
14	④	83.3%	법조문형 > 규정확인	○△×
15	①	72.6%	법조문형 > 규정확인	○△×
16	②	93.6%	퍼즐형 > 논리퀴즈	○△×
17	④	95.3%	퍼즐형 > 최댓값·최솟값 도출	○△×
18	⑤	91.0%	법조문형 > 규정적용	○△×
19	②	82.8%	제시문형 > 분석추론	○△×
20	③	70.2%	연산추론형 > 수리계산	○△×
21	⑤	79.8%	제시문형 > 분석추론	○△×
22	④	58.4%	퍼즐형 > 논리퀴즈	○△×
23	⑤	63.9%	법조문형 > 규정적용	○△×
24	②	54.4%	퍼즐형 > 게임·규칙	○△×
25	③	49.1%	법조문형 > 규정적용	○△×

- 확실히 맞힌 문항 수: _____ 문항
- 헷갈리거나 찍은 문항 수: _____ 문항
- 틀린 문항 수: _____ 문항

2011 | 제1영역 언어논리(㉮ 책형)

기출 총평

난이도 중에 해당하는 문항이 대부분이었다. 이는 사실적 이해 영역의 문항이 전체 문항의 절반 정도를 차지했기 때문이다. 사실적 이해 영역의 문제 풀이는 지문의 세부 내용과 중심 내용을 파악하는 과정에 집중해야 한다는 특징이 있다. 지문의 내용과 선지의 문장을 대조하여 가부를 결정하는 문항들은 대부분 선지에 함정을 두기 때문에 지문에 언급되지 않은 내용은 과감히 제외할 필요가 있다. 또한 문제 유형이 어렵지 않은 대신, 지문이 다소 어려운 주제로 제시되므로 낯선 용어가 등장할 때는 논리적 흐름에 맞게 용어들 사이의 상관관계를 파악하는 것이 중요하다. 그 외에도 지문의 논리에 대해 적절히 평가한 선지를 고르거나 지문의 내용을 바탕으로 추론할 수 있는 선지를 고르는 문항이 출제되었다. 지문에 제시된 논지의 결론으로 적절한 것을 고를 때는 인과 관계가 어긋나 있거나 지나친 일반화로 확대 해석하여 지문 내용으로부터 거리가 먼 선지들은 모두 오답이므로 제외시켜야 한다. 또한 지문의 논지에 대한 반박을 찾거나 논지를 약화하는 견해를 찾는 문항들도 있었는데, 모든 문항이 반드시 참인 것을 찾는 유형은 아니므로 지시문을 잘 읽고 문제 풀이를 해야 한다.

문항별 정답률 및 선지별 선택률

문번	정답	정답률 (%)	선지별 선택률(%) ①	②	③	④	⑤
01	①	84.2	84.2	11.4	1.1	0.0	3.3
02	④	96.7	0.4	0.4	1.5	96.7	1.0
03	③	93.8	3.3	0.4	93.8	1.1	1.4
04	①	34.4	34.4	2.6	28.9	33	1.1
05	⑤	97.4	0.7	0.4	0.0	1.5	97.4
06	③	88.6	4.0	4.8	88.6	1.5	1.1
07	④	94.9	2.2	2.2	0.4	94.9	0.3
08	③	99.6	0.4	0.0	99.6	0.0	0.0
09	②	83.4	3.0	83.4	1.5	3.7	8.4
10	③	82.7	5.5	4.1	82.7	1.8	5.9
11	⑤	80.9	0.7	1.5	16.2	0.7	80.9
12	④	70.8	0.0	6.6	18.5	70.8	4.1
13	⑤	94.1	0.0	0.0	0.4	5.5	94.1

문번	정답	정답률 (%)	선지별 선택률(%) ①	②	③	④	⑤
14	③	75.3	1.8	21.0	75.3	0.4	1.5
15	②	71.2	1.5	71.2	22.5	0.0	4.8
16	②	89.3	0.4	89.3	0.7	8.1	1.5
17	④	93.7	3.0	2.2	0.7	93.7	0.4
18	②	98.5	0.0	98.5	0.4	0.4	0.7
19	②	71.1	4.8	71.1	12.6	3.7	7.8
20	②	90.4	0.0	90.4	1.9	0.7	7.0
21	⑤	87.8	2.2	3.3	3.0	3.7	87.8
22	④	89.3	1.5	1.9	3.7	89.3	3.6
23	①	79.7	79.7	3.0	3.0	10.3	4.0
24	④	53.5	5.6	4.1	29	53.5	7.8
25	①	88.0	88.0	5.2	6.0	0.4	0.4

※ 파란색 음영 문항은 해당 회차에서 정답률이 가장 낮은 TOP 3 문항입니다.
※ 정답률 및 선지별 선택률 산정 기준: 약 1년간 누적된 자동채점 & 성적결과분석 서비스의 응시 데이터

출제 비중

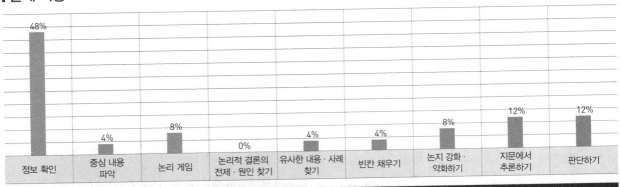

정보 확인	중심 내용 파악	논리 게임	논리적 결론의 전제·원인 찾기	유사한 내용·사례 찾기	빈칸 채우기	논지 강화·약화하기	지문에서 추론하기	판단하기
48%	4%	8%	0%	4%	4%	8%	12%	12%

사실적 이해   비판적 사고

01	①	02	④	03	③	04	①	05	⑤
06	③	07	④	08	③	09	②	10	②
11	⑤	12	④	13	⑤	14	③	15	②
16	②	17	④	18	②	19	②	20	②
21	⑤	22	④	23	①	24	④	25	①

01 ①

정답률 84.2%

| **문제 유형** | 사실적 이해 > 정보 확인

| **접근 전략** | 지문에 나오는 내용을 〈보기〉의 항목과 대조해 세부 내용의 일치 여부를 확인하는 문제 유형이다. 지문에 언급된 용어라도 논리적으로 지문의 맥락에 맞지 않는 문장 구조로 오답을 구성할 수 있기 때문에 이를 잘 선별해야 한다.

다음 글의 내용과 부합하는 것을 〈보기〉에서 모두 고르면?

조선정부가 부과하던 세금 중에서 농민들을 가장 고통스럽게 했던 것은 공물(貢物)이었다. 공물은 지방의 특산물을 세금으로 바치는 것이다. 하지만 그 지방에서 생산되지 않는 물품을 바치도록 함으로써 공물을 준비하는 데 많은 어려움이 있었다. 이에 따라 공물을 대신 납부하고 농민들에게 대가를 받는 방납(防納)이 성행하였는데, 방납 과정에서 관료와 결탁한 상인들이 높은 대가를 농민들에게 부담시켰으므로 농민들의 부담은 가중되었다. ▶1문단

임진왜란과 병자호란을 거치는 동안 농촌경제는 파탄이 났고 정부는 재정적자에 시달렸다. 이러한 체제 위기를 수습하기 위한 대책으로 마련된 것이 대동법(大同法)이다. 대동법은 특산물 대신 쌀을 바치도록 하고, 과세 기준도 호(戶)에서 토지로 바꾸었다. 이에 따라 방납으로 인한 폐단이 줄어들고, 토지가 많은 양반들의 부담이 늘어난 반면 농민들의 부담은 감소되었다. ▶2문단

대동법의 시행과 더불어 동전으로 세금을 납부하는 대전납(代錢納)의 추세도 확대되었다. 대전납의 실시로 화폐의 수요가 급속히 늘어나 상평통보와 같은 동전이 다량으로 주조되었다. 체제 수호를 위해 실시된 대동법과 조세금납화는 상품화폐경제의 발달을 촉진하면서 상업이 성장할 수 있는 여건을 제공하였다. ▶3문단

1894년 갑오개혁을 계기로 조선에서는 현물인 쌀 대신에 금속 화폐인 동전으로 조세를 납부하는 것이 전면화되었다. 토지에 부과되던 원래의 세금 액수에 따라 납세액이 정해져 내야 하는 세금은 전에 비해 큰 차이가 없었다. 하지만 조세 수취 과정에서 발생했던 여러 잡세(雜稅)들은 없어지게 되었다. 갑오개혁에 부정적이었던 한말의 지사 황현(黃玹)조차 갑오정권의 조세금납화 정책에 대해 긍정적인 평가를 한 것은 "새로 개정된 신법이 반포되자 백성들은 모두 발을 구르고 손뼉을 치며 기뻐하여, 서양법을 따르든 일본법을 따르든 그들이 다시 태어난 듯 희색을 감추지 못하였"기 때문이었다. ▶4문단

〈보기〉

ㄱ. 백성들은 조세금납 전면화를 환영하였다. → (O) 4문단의 마지막에서 갑오정권의 조세금납화 정책이 반포되자 백성들이 모두 기뻐하며 희색을 감추지 못했다고 하였으므로 ㄱ은 지문 내용과 부합한다.

ㄴ. 대동법 시행에 따라 방납과 잡세가 사라졌다. → (X) 2문단에서는 대동법의 시행 이후 방납으로 인한 폐단이 줄었다고 했을 뿐 방납이 사라졌다고 하지는 않았다. 또한 4문단의 내용을 통해 여러 잡세들이 없어지게 된 것은 갑오개혁 이후 전면화된 조세금납화 때문임을 알 수 있다. 따라서 ㄴ은 지문 내용과 부합하지 않는다.

ㄷ. 일본법과 서양법에 따라 조세금납화가 처음 시행되었다. → (X) 체제 수호를 위해 대동법과 함께 시행된 조세금납화가 일본법이나 서양법에 따라 시행되었다는 내용은 지문에 제시되어 있지 않다. 따라서 ㄷ은 지문 내용과 부합한다고 볼 수 없다.

ㄹ. 대동법 시행에 따라 양반과 농민의 부담이 모두 감소되었다. → (X) 2문단에서 대동법의 시행으로 인해 농민들의 부담은 감소되었으나, 토지가 많은 양반들의 부담은 늘어났다고 하였다. 따라서 ㄹ은 지문 내용과 부합하지 않는다.

① ㄱ ➡ (O)

② ㄱ, ㄷ ➡ (X)

③ ㄴ, ㄹ ➡ (X)

④ ㄷ, ㄹ ➡ (X)

⑤ ㄱ, ㄴ, ㄷ ➡ (X)

02 ④

정답률 96.7%

| **문제 유형** | 사실적 이해 > 정보 확인

| **접근 전략** | 선지와 지문 내용의 일치 또는 불일치 여부를 판단하는 것에서 더 나아가 세부 내용과 관련된 추론을 할 수 있는지 확인하는 문제 유형이다. 지문의 핵심 용어인 '공여국'과 '수혜국'의 입장을 이해하고, 개발원조의 결과가 어땠는지에 대한 필자의 해석을 파악해야 문제 풀이가 가능하다.

다음 글에서 알 수 있는 것은?

1950년대 이후 부국이 빈국에 재정지원을 하는 개발원조 계획이 점차 시행되었다. 하지만 그 결과는 그다지 좋지 못했다. 부국이 개발협력에 배정하는 액수는 수혜국의 필요가 아니라 공여국의 재량에 따라 결정되었고, 개발지원의 효과는 보잘것없었다. 원조에도 불구하고 빈국은 대부분 더욱 가난해졌다. 개발원조를 받아도 라틴 아메리카와 아프리카의 많은 나라들이 부채에 시달리고 있다. ▶1문단

공여국과 수혜국 간에는 문화 차이가 있기 마련이다. 공여국은 개인주의적 문화가 강한 반면 수혜국은 집단주의적 문화가 강하다. 공여국 쪽에서는 실제 도움이 절실한 개인들에게 우선적으로 혜택이 가기를 원하지만, 수혜국 쪽에서는 자국의 경제 개발에 필요한 부문에 개발원조를 우선 지원하려고 한다. ▶2문단

개발협력의 성과는 두 사회 성원의 문화 간 상호 이해 정도에 따라 결정된다는 것이 최근 분명해졌다. 자국민 말고는 어느 누구도 그 나라를 효율적으로 개발할 수 없다. 그러므로 외국 전문가는 현지 맥락을 고려하여 자신의 기술과 지식을 이전해야 한다. 원조 내용도 수혜국에서 느끼는 필요와 우선순위에 부합해야 효과적이다. 이 일은 문화 간 이해와 원활한 의사소통을 필요로 한다. ▶3문단

① 공여국은 수혜국의 문화 부문에 원조의 혜택이 돌아가기를 원한다. ➡ (X) 2문단에는 공여국 쪽에서 실제 도움이 절실한 개인들에게 우선적으로 혜택이 가기를 원한다고만 하였을 뿐, 수혜국의 문화 부문에 혜택이 돌아가기를 원한다는 내용은 제시되어 있지 않다.

② 수혜국은 자국의 빈민에게 원조의 혜택이 우선적으로 돌아가기를 원한다. ➡ (X) 2문단의 마지막에 수혜국 쪽에서는 자국의 경제 개발에 필요한 부문에 개발원조를 우선 지원하려고 한다는 언급이 있는데 이는 빈민에게 혜택을 우선적으로 제공하는 것이 아니다.

③ 수혜국의 집단주의적 경향은 공여국의 개발원조계획 참여를 저조하게 만든다. ➡ (X) 수혜국의 집단주의적 경향이 강한 것은 맞지만, 이것이 공여국의 개발원조계획 참여를 저조하게 만들었는지는 지문의 내용만으로 알 수 없다.

④ 개발원조에서 공여국과 수혜국이 생각하는 지원의 우선순위는 일치하지 않는다. ➡ (O) 2문단의 '공여국 쪽에서는 실제 도움이 절실한 개인들에게 우선적으로 혜택이 가기를 원하지만, 수혜국 쪽에서는 자국의 경제 개발에 필요한 부문에 개발원조를 우선 지원하려고 한다.'를 통해 개발원조에서 공여국과 수혜국이 생각하는 지원의 우선순위가 일치하지 않음을 확인할 수 있다.

⑤ 라틴 아메리카와 아프리카의 많은 나라들이 시달리고 있는 부채 위기는 원조정책에 기인한다. ➡ (X) 1문단에서 개발원조를 받았는데도 라틴 아메리카와 아프리카의 많은 나라들이 여전히 부채에 시달리고 있다고는 했지만, 이 부채위기가 원조정책에 기인한 것은 아니다.

03 ③
정답률 93.8%

| 문제 유형 | 사실적 이해 > 정보 확인
| 접근 전략 | 지문에 등장하는 핵심 용어의 개념에 대한 설명으로 적절한 것을 〈보기〉에서 찾는 문제 유형이다. 지문의 핵심 용어는 '겸애'인데 1문단에서 해당 용어에 대해 오해할 수 있음을 지적하고 있으므로, 이와 관련하여 '겸애'의 개념을 잘못 이해한 내용을 찾아 소거하면서 문제를 풀면 된다.

다음 글의 내용과 부합하는 것을 〈보기〉에서 모두 고르면?

묵자(墨子)의 '겸애(兼愛)'는 '차별이 없는 사랑' 그리고 '서로 간의 사랑'을 의미한다. 얼핏 묵자의 이런 겸애는 모든 사람이 평등한 지위에서 서로를 존중하고 사랑하는 관계를 뜻하는 듯 보이지만, 이는 겸애를 잘못 이해한 것이다. 겸애는 "남의 부모를 나의 부모처럼 여기고, 남의 집안을 내 집안처럼 여기고, 남의 국가를 나의 국가처럼 여기는 것"이다. 그것은 '나'와 '남'이라는 관점의 차별을 지양하자는 것이지 사회적 위계질서를 철폐하자는 것이 아니다. 겸애는 정치적 질서나 위계적 구조를 긍정한다는 특징을 지니고 있다. 이런 의미에서 묵자의 겸애는 평등한 사랑이라기보다 불평등한 위계질서 속에서의 사랑이라고 규정할 수 있다. ▶1문단

또 겸애의 개념에는 일종의 공리주의적 요소가 들어 있다. 즉 묵자에게 있어 누군가를 사랑한다는 것은 그 사람을 현실적으로 이롭게 하겠다는 의지를 함축한다. 겸애는 단지 아끼고 사랑하는 마음이나 감정을 넘어선다. 묵자가 살았던 전국시대에 민중의 삶은 고통 그 자체였다. 묵자는 "굶주린 자가 먹을 것을 얻지 못하고, 추운 자가 옷을 얻지 못하며, 수고하는 자가 휴식을 얻지 못하는 것, 이 세 가지가 백성들의 커다란 어려움이다."라고 했다. 군주의 겸애는 백성을 향한 사랑의 마음만으로 결코 완성될 수 없다. 군주는 굶주린 백성에게 먹을 것을 주어야 하고, 추운 자에게 옷을 주어야 하며, 노동이나 병역으로 지친 자는 쉬게 해 주어야 한다. 이처럼 백성에게 요긴한 이익을 베풀 수 있는 사람이 바로 군주다. 이런 까닭에 묵자는 "윗사람을 높이 받들고 따라야 한다."는 이념을 세울 수 있었다. 군주는 그런 이익을 베풀 수 있는 재력과 힘을 지니고 있었기 때문이다. ▶2문단

〈보기〉

ㄱ. 이웃의 부모를 자기 부모처럼 여기는 것은 겸애이다. → (O) 1문단에서 겸애는 '남의 부모를 나의 부모처럼 여기'는 것이라고 하였으므로 ㄱ은 지문의 내용과 부합한다.

ㄴ. 묵자의 겸애에는 상대방에게 실질적인 이익을 베푸는 것이 함축되어 있다. → (O) 2문단에서 묵자의 겸애는 그 사람을 현실적으로 이롭게 하겠다는 의지의 함축이라고 했으므로 ㄴ은 지문의 내용과 부합한다.

ㄷ. 겸애는 군주와 백성이 서로를 사랑하고 섬기게 함으로써 만민평등이라는 이념의 실현을 촉진한다. → (X) 1문단에서 겸애는 모든 사람이 평등한 지위에 있다는 것이 아니라 정치적 질서나 위계적 구조를 긍정한다는 특징이 있다고 했다. 즉, 겸애는 사회적 위계질서를 철폐하는 것이 아니라고 했다. 따라서 겸애는 군주와 백성의 위계가 사라진 만민평등의 이념과 관련이 없으므로 ㄷ은 지문 내용과 부합하지 않는다.

① ㄱ ➡ (X)
② ㄴ ➡ (X)
③ ㄱ, ㄴ ➡ (O)
④ ㄱ, ㄷ ➡ (X)
⑤ ㄱ, ㄴ, ㄷ ➡ (X)

04 ①
TOP 1 정답률 34.4%

| 문제 유형 | 사실적 이해 > 정보 확인
| 접근 전략 | 지문의 내용과 상충하는 것을 찾는 문제 유형이다. 따라서 지문 내용과 부합하지 않는 것을 찾으면 된다. 이때 지문에 언급되지 않은 내용은 상충 여부를 판단할 수 없으므로 답이 될 수 없다는 점을 염두에 두어야 한다.

다음 글의 내용과 상충하는 것을 〈보기〉에서 모두 고르면?

17, 18세기에 걸쳐 각 지역 양반들에 의해 서원이나 사당 건립이 활발하게 진행되었다. 서원이나 사당 대부분은 일정 지역의 유력 가문이 주도하여 자신의 지위를 유지하고 지역 사회에서 영향력을 행사하는 구심점으로 건립·운영되었다. ▶1문단

이러한 경향은 향리층에게도 파급되어 18세기 후반에 들어서면 안동, 충주, 원주 등에서 향리들이 사당을 신설하거나 중창 또는 확장하였다. 향리들이 건립한 사당은 양반들이 건립한 것에 비하면 얼마 되지 않는다. 하지만 향리들에 의한 사당 건립은 향촌사회에서 향리들의 위세를 짐작할 수 있는 좋은 지표이다. ▶2문단

향리들이 건립한 사당은 그 지역 향리 집단의 공동노력으로 건립한 경우도 있지만, 대부분은 향리 일족 내의 특정한 가계(家系)가 중심이 되어 독자적으로 건립한 것이었다. 이러한 사당은 건립과 운영에 있어서 향리 일족 내의 특정 가계의 이해를 반영하고 있는데, 대표적인 것으로 경상도 거창에 건립된 창충사(彰忠祠)를 들 수 있다. ▶3문단

창충사는 거창의 여러 향리 가운데 신씨가 중심이 되어 세운 사당이다. 영조 4년(1728) 무신란(戊申亂)을 진압하다가 신씨 가문의 다섯 향리가 죽는데, 이들을 추모하기 위해 무신란이 일어난 지 50년이 되는 정조 2년(1778)에 건립되었다. 처음에는 죽은 향리의 자손들이 힘을 모아 사적으로 세웠으나, 10년 후인 정조 12년에 국가에서 제수(祭需)를 지급하는 사당으로 승격하였다. ▶4문단

원래 무신란에서 죽은 향리 중 신씨는 일곱 명이며, 이들의 공로는 모두 비슷하였다. 하지만 두 명의 신씨는 사당에 모셔지지 않았고, 관직이 추증되지도 않았다. 창충사에 모셔진 다섯 명의 향리는 모두 그 직계 자손의 노력에 의한 것이었고, 국가로부터의 포상도 이들의 노력에 의한 것이었다. 반면 두 명의 자손들은 같은 신씨임에도 불구하고 가세가 빈약하여 향촌사회에서 조상을 모실 만큼 힘을 쓸 수 없었다. 향리사회를 주도해 가는 가계는 독점적인 위치를 확고하게 구축하려고 노력하였으며, 사당의 건립은 그러한 노력의 산물이었다. ▶5문단

〈보기〉

ㄱ. 창충사는 양반 가문이 세운 사당이다. → (X) 3문단에서 향리들이 건립한 대표적인 사당으로 창충사를 들고 있다. 따라서 창충사는 양반 가문이 세운 사당이 아니므로, ㄱ은 지문 내용과 상충한다.

ㄴ. 양반보다 향리가 세운 사당이 더 많다. → (X) 2문단에 향리들이 건립한 사당은 양반들이 건립한 것에 비하면 얼마 되지 않는다고 나와 있다. 따라서 ㄴ은 지문 내용과 상충한다.

ㄷ. 양반뿐 아니라 향리가 세운 서원도 존재하였다. → 지문에는 향리가 세운 사당에 대한 언급만 있을 뿐 서원에 대한 내용은 제시되어 있지 않다. 따라서 ㄷ은 지문과의 관련성을 찾기 어려우므로 지문 내용과의 상충 여부를 판단할 수 없다.

ㄹ. 창충사에 모셔진 신씨 가문의 향리는 다섯 명이다. → (O) 마지막 문

단에서 창충사에 모셔진 향리가 다섯 명이라고 했으므로, 이는 지문의 내용과 부합한다.

① ㄱ, ㄴ ➡ (O)
② ㄱ, ㄹ ➡ (X)
③ ㄷ, ㄹ ➡ (X)
④ ㄱ, ㄴ, ㄷ ➡ (X)
⑤ ㄴ, ㄷ, ㄹ ➡ (X)

05 ⑤

정답률 97.4%

| **문제 유형** | 사실적 이해 > 정보 확인

| **접근 전략** | 인간이 사회를 구성하는 이유에 대해 고찰한 내용을 담고 있는 지문이다. 지문의 서두에서 일반적으로 예상할 수 있는 답변을 부정한 후에 필자의 논거를 펼치고 있으므로 선지에서 지문의 중심 내용을 찾으면 그것이 지문의 내용과 부합하는 것이 된다.

다음 글의 내용과 부합하는 것은?

인간이 서로 협력하지 않을 수 없게 하는 힘은 무엇인가? 사회는 타인과 어울리고 싶어 하는 끊임없는 충동이나 노동의 필요 때문에 생겨나지 않았다. 인간이 협력하고 단합하는 원인은 다름 아닌 폭력의 경험이다. 사회란 공동체의 구성원들끼리 공동의 보호를 위해 만든 예방조치이다. 사회가 구성되면 모든 것이 허용되는 시절은 끝나게 된다. 무제약적으로 자유를 추구하던 시절이 끝나게 되는 것이다. ▶1문단

행동을 제한하는 규약이 없다면 도처에 수시로 간섭이나 침해가 이뤄질 수밖에 없다. 결국 살아남기 위한 투쟁이 불가피해진다. 그런데 이 말은 누구나 항상 폭력을 행사하고 무법천지의 상태를 만든다는 뜻이 아니라, 누구나 언제든지 의도적이건 의도적이지 않건 간에 주먹질을 할 가능성이 열려 있다는 뜻이다. 만인에 대한 만인의 투쟁 상태는 끊임없는 유혈 사태가 아니라 그런 사태가 일어날 가능성으로 인한 지속적인 불안감에서 비롯된다. 사회를 구성하는 동기와 근거는 바로 인간이 서로에 대해 느끼는 공포와 불안이다. ▶2문단

모든 인간은 신체를 갖고 있다는 점에서 동등하다. 사람들은 상처를 받을 수 있기 때문에, 그리고 자신의 몸에 발생할지도 모르는 고통의 가능성을 너무나 두려워하기 때문에 각종 계약을 맺어야 할 필요성을 느낀다. 상대방으로부터 안전을 확보하기 위해 서로 손을 잡고, 서로 관계를 맺음으로써 스스로를 보존한다. 결국 사회의 탄생은 인간이라는 존재의 육체적 속성에 뿌리를 두고 있다. 사회가 생겨난 근원은 신체상의 고통이다. 그래서 인간은 자신의 대인기피증을 완화하며 동시에 자신의 신체를 방어하기 위해 다양한 사회 형태를 고안했다. ▶3문단

① 인간이 계약을 통해 고안해 낸 다양한 사회 형태는 상호 간의 폭력에 대한 불안을 완화시키지 못한다. ➡ (X) 3문단에서 사람들은 폭력에 의한 고통의 가능성을 두려워하기 때문에 각종 계약을 맺는다고만 했을 뿐 이렇게 고안된 다양한 사회 형태가 폭력에 대한 불안을 완화시키는지에 대해서는 추가로 언급하지 않았다.
② 인간 행동에 대한 지나친 규제는 타인에 대한 간섭과 침해를 발생시켜 투쟁을 불가피하게 만든다. ➡ (X) 2문단에서 행동을 제한하는 규제가 없으면 수시로 간섭이나 침해가 이루어지고 만인에 대한 만인의 투쟁 상태가 될 것이라고 하였다.
③ 인간이 사회를 구성하는 원인은 공동체를 통해 타인과 어울리고 싶어 하는 충동 때문이다. ➡ (X) 1문단의 처음 부분에서 인간이 협력하고 단합하는 원인은 타인과 어울리고 싶어 하는 끊임없는 충동이나 노동의 필요 때문이 아니라 폭력의 경험이라고 했다.

④ 인간이 계약을 맺어 공동체를 만든 이유는 자유를 제약 없이 누리기 위해서이다. ➡ (X) 1문단에서 사회란 공동체의 구성원들끼리 공동의 보호를 위해 만든 예방조치라고 했다. 또한 마지막 문단에서는 사회가 생겨난 근원이 신체상의 고통이라고 했다. 즉, 인간은 자유를 제약 없이 누리기 위해서가 아니라 자신의 신체를 방어하기 위해 공동체를 형성한 것이다.
⑤ 인간은 타인의 침해로 인한 신체적 고통을 피하기 위해 계약을 맺는다. ➡ (O) 3문단에서 인간은 자신의 신체에 발생할지도 모르는 고통의 가능성을 두려워하기 때문에 상대방으로부터 안전을 확보하기 위해 각종 계약을 맺는다고 하였으므로 본 선지는 지문의 내용과 부합한다.

06 ③

정답률 88.6%

| **문제 유형** | 사실적 이해 > 정보 확인

| **접근 전략** | 로크가 쓴 『시민 정부론』의 내용을 전반부와 후반부로 나누어 서술한 지문이다. 로크의 견해에 부합하지 않는 선지를 찾는 문제이므로 로크의 견해가 서술되어 있는 부분의 내용을 찾아 선지의 내용과 대조해 보면 된다.

다음 글을 통해 알 수 있는 로크의 견해가 아닌 것은?

18세기 양대 시민혁명인 미국혁명과 프랑스혁명에 직·간접적으로 크게 영향을 미친 시민사상은 존 로크의 정치사상이다. 로크는 명예혁명을 이론적으로 옹호하기 위해 『시민 정부론』을 썼다. 이 책의 전반부에서 로크는 구세력인 왕당파의 정치 이론인 왕권신수설과 가족국가관을 논박하고 있다. 동서양을 막론하고 왕의 지배권은 신이 내린 것으로 여겨졌는데, 이는 지배를 정당화하는 수단이 되었고 동시에 왕에게 신성성을 부여했다. 또한 왕을 가장에 비유하여 어버이의 모습으로 내세움으로써 신민을 복종시켰고, 권력기구로서의 국가의 속성을 은폐했다. 로크는 이와 같은 종래 왕당파의 낡은 왕권 신격화 이론과 가부장제 사상을 부정했다. ▶1문단

책의 후반부는 왕권과 국가라는 권력기구가 왜 만들어졌는가, 그리고 어떠해야 하는가에 대해 쓰고 있다. 로크는 국가가 생겨나기 이전의 상태를 자연 상태라고 했다. 인간은 사교성이 있어서 서로 협조할 수 있으며, 이성을 지녀서 자연법을 인식할 수 있다. 실정법이 만들어지기 이전의 자연법은 생명, 자유 및 재산에 대한 권리인 천부인권을 내용으로 한다. 자연 상태에서 각 개인은 이 자연법의 질서에 따라 권리를 누려 왔다. 그런데 사회가 점점 복잡해지고 분업화되었다. 이 과정에서 화폐의 유통을 통해 많은 재물을 축적한 사람들과 그렇지 못한 사람들이 나누어지면서 갈등이 생겨나게 되었다. 이 갈등은 각자의 선의로 해결될 수 없기 때문에 사람들은 사회계약을 통해 권력기구를 만들기로 합의한다. 이렇게 만들어진 권력기구는 입법권을 담당하는 국회와 집행권을 담당하는 왕으로 구성된다. 이 권력기구의 목적은 신민의 자연권인 천부인권 보장에 있으므로, 만일 정부권력자가 본래의 약속을 어기고 신민의 인권을 침해·유린하면 신민들은 저항권을 행사하여 새로운 정부를 수립할 수 있다. ▶2문단

① 왕은 신성한 사람이 아니며, 신은 왕에게 통치권을 부여하지 않았다. ➡ (O) 1문단의 내용을 통해 로크가 왕의 지배권을 신이 내린 것으로 여기는 왕권신수설을 부정했음을 알 수 있다.
② 신민들의 자발적인 합의로 구성된 권력기구라 하더라도 해체될 수 있다. ➡ (O) 2문단 마지막에 사회계약을 통해 만든 권력기구의 정부권력자가 신민의 인권을 침해하거나 유린하면 신민들은 저항권을 행사하여 새로운 정부를 수립할 수 있다고 나와 있다.
③ 인간은 자연 상태에서 자유를 지키기 위해 분업화와 분권화를 추진했다. ➡ (X) 2문단에서 자연 상태의 개인은 자연법의 질서에 따라 권리를 누려 왔는데, 사회가 복잡해지고 분업화되면서 사회계약을 통해 권력기구를 만들기로 합의했다고 한 것을 통해 자유 수호를 위해 분업화와 분권화를 추진한 것이 아님을 알 수 있다.

④ 실정법이 만들어지기 이전에 인간은 자연법에 따라 천부인권을 누릴 수 있었다. ➡ (O) 2문단 전반부를 보면 실정법이 만들어지기 이전의 자연법은 천부인권을 내용으로 한다고 나와 있다.

⑤ 인간은 복잡화된 사회에서 발생하는 갈등을 해결하기 위해서 권력기구를 만들었다. ➡ (O) 2문단에서 사회가 점점 복잡해지고 분업화되면서 재물의 소유 여부로 인한 갈등이 생겨났고, 이를 해결하기 위해 사람들이 권력기구를 만들기로 합의했음을 언급하고 있다.

---

07 ④

정답률 94.9%

다음 글에서 이끌어 낼 수 있는 것은?

인종차별주의는 사람을 인종에 따라 구분하고 이에 근거해 한 인종 집단의 이익이 다른 인종 집단의 이익보다 더 중요하다고 본다. 그 결과로 한 인종 집단의 구성원은 다른 인종 집단의 구성원보다 더 나은 대우를 받게 된다. 특정 종교에 대한 편견이나 민족주의도 이와 다르지 않다. 그러나 여기에는 심각한 문제가 있다. 왜냐하면 특정 집단들 사이의 차별 대우가 정당화되기 위해서는 그 집단들 사이에 합당한 차이가 있어야 하는데 그렇지 않기 때문이다. 인종차별주의, 종교적 편견, 민족주의에서는 합당한 차이를 찾을 수 없다. 물론 차별 대우가 정당화되는 경우는 있다. 예를 들어 국가에서 객관적인 평가를 통해 대학마다 차별적인 지원을 하기로 결정했다고 가정해보자. 이 결정은 대학들 사이의 합당한 차이를 통해 정당화될 수 있다. 만약 어떤 대학이 국가에서 제시한 평가 기준에 부합하는 조건을 갖추고 있고 다른 대학은 그렇지 못하다면, 이에 근거해 국가의 차별적 지원은 정당화될 수 있다. 그렇지만 인종차별주의, 종교적 편견, 민족주의에 따른 차별 대우는 이렇게 정당화될 수 없다. 합당한 차이를 찾을 수 없기 때문이다.

① 특정 집단이 다른 집단보다 더 큰 이익을 획득해서는 안 된다. ➡ (X) 지문에서는 국가에서 제시한 평가 기준에 부합하는 조건을 갖추고 있는지의 여부에 따라 대학마다 차별적 지원을 하는 것처럼 합당한 차이가 있다면 특정 집단이 더 큰 이익을 획득할 수도 있다고 했다.

② 특정 집단 내에서 구성원들 사이의 차별 대우는 정당화될 수 없다. ➡ (X) 지문에서는 특정 집단 내에서 구성원들이 받는 차별 대우에 대해서는 언급하지 않았다.

③ 특정 집단에 속한 구성원들은 다른 집단 구성원들의 이익을 고려해야 한다. ➡ (X) 특정 집단 구성원이 다른 집단의 구성원보다 더 나은 대우를 받게 된다는 내용은 있지만, 여기에서 다른 집단 구성원들의 이익을 고려해야 한다는 내용은 도출할 수 없다.

④ 특정 집단들 사이의 차별 대우가 정당화되기 위해서는 합당한 차이가 있어야 한다. ➡ (O) 특정 집단들 사이의 차별 대우가 정당화되기 위해서는 객관적인 평가를 기준으로 대학마다 차별적인 지원을 하는 것과 같이 그 집단들 사이에 합당한 차이가 있어야 한다고 했다.

⑤ 특정 집단에 속한 구성원들 사이에 합당한 차이가 있더라도 차별 대우를 정당화해서는 안 된다. ➡ (X) 지문에서는 특정 집단 내에서 구성원들이 받는 차별 대우에 대해서는 언급하지 않았다.

---

08 ③

정답률 99.6%

다음 글의 ㉠에 해당하는 것은?

시각도란 대상물의 크기가 관찰자의 눈에 파악되는 상대적인 각도이다. 대상의 윤곽선으로부터 관찰자 눈의 수정체로 선을 확장시킴으로써 시각도를 측정할 수 있는데, 대상의 위아래 또는 좌우의 최외각 윤곽선과 수정체가 이루는 두 선 사이의 예각이 시각도가 된다. 시각도는 대상의 크기와 대상에서 관찰자까지의 거리 두 가지 모두에 의존하며, 대상이 가까울수록 그 시각도가 커진다. 따라서 ㉠다른 크기의 대상들이 동일한 시각도를 만들어 내는 사례들이 생길 수 있다. ▶1문단

작은 원이 관찰자에게 가까이 위치하도록 하고, 큰 원이 멀리 위치하도록 해서 두 원이 1도의 시각도를 유지하도록 하는 실험을 한다고 가정해보자. 이 실험에서 눈과 원의 거리를 가늠할 수 있게 하는 모든 정보를 제거하면 두 원의 크기가 같다고 판단된다. 즉 두 원은 관찰자의 망막에 동일한 크기의 영상을 낳기 때문에 다른 정보가 없는 한 동일한 크기의 원으로 인식된다. 왜냐하면 관찰자의 크기 지각이 대상의 실제 크기에 의해 결정되지 않고 관찰자의 망막에 맺힌 영상의 크기에 의해 결정되기 때문이다. ▶2문단

① 어떤 물체의 크기가 옆에 같이 놓인 연필의 크기를 통해 지각된다. ➡ (X) 동일한 거리에 있는 두 대상의 서로 다른 크기를 지각하는 사례이다.

② 고공을 날고 있는 비행기에서 지상에 있는 사물은 매우 작게 보인다. ➡ (X) 서로 다른 두 대상이 제시되지 않았으므로 ㉠의 사례에 해당하지 않는다.

③ 가까운 화분의 크기가 멀리 떨어진 고층 빌딩과 같은 크기로 지각된다. ➡ (O) 가까이 있는 화분과 멀리 있는 빌딩과 같이 크기와 거리가 다른 두 대상이 같은 크기로 지각되는 것은 다른 크기의 대상들이 동일한 시각도를 만들어 내는 사례에 해당한다.

④ 차창 밖으로 보이는 집의 크기를 이용해 차와 집과의 거리를 지각한다. ➡ (X) 대상의 크기를 기준으로 대상과의 거리를 지각하는 사례이다.

⑤ 빠르게 달리는 차 안에서 보면 가까이 있는 물체는 멀리 있는 물체에 비해 빠르게 지나간다. ➡ (X) 속도의 개념은 대상의 크기와 대상과의 거리가 요인이 되는 시각도와는 상관없는 사례이다.

---

09 ②

정답률 83.4%

A, B, C, D 네 개의 국책 사업 추진 여부를 두고, 정부가 다음과 같은 기본 방침을 정했다고 하자. 이를 따를 때 반드시 참이라고는 할 수 없는 것은?

○ A를 추진한다면, B도 추진한다.
○ C를 추진한다면, D도 추진한다.
○ A나 C 가운데 적어도 한 사업은 추진한다.

→ 제시된 조건들을 기호화하면 다음과 같다.

• 조건 1: A → B

- 조건 2: C → D
- 조건 3: A or C

① 적어도 두 사업은 추진한다. ➡ (O) 조건 3에 의해 A 또는 C를 추진할 것이므로, A가 추진된다면 B도 추진될 것이고 C가 추진된다면 D도 추진될 것이다. 따라서 적어도 두 사업은 추진한다는 것은 반드시 참이다.

② A를 추진하지 않기로 결정한다면, 추진하는 사업은 정확히 두 개이다. ➡ (X) A가 추진되지 않으면 C가 추진될 것이고, 조건 2에 의해 C가 추진된다면 D도 추진될 것이다. 그러나 조건 1의 '이'에 해당하는 '~A → ~B'가 반드시 참은 아니므로, B는 추진될 수도 있고 안 될 수도 있다. 따라서 추진하는 사업은 두 개 또는 세 개가 되므로 정확히 두 개의 사업을 추진한다는 것은 반드시 참이라고 할 수 없다.

③ B를 추진하지 않기로 결정한다면, C는 추진한다. ➡ (O) 조건 1의 '대우'인 '~B → ~A'가 참이므로, B가 추진되지 않으면 A도 추진되지 않을 것이다. A가 추진되지 않으면 조건 3에 의해 C가 추진될 것이다.

④ C를 추진하지 않기로 결정한다면, B는 추진한다. ➡ (O) C를 추진하지 않으면 조건 3에 의해 A가 추진될 것이고, 조건 1에 의해 B도 추진될 것이다.

⑤ D를 추진하지 않기로 결정한다면, 다른 세 사업의 추진 여부도 모두 정해진다. ➡ (O) D가 추진되지 않으면 조건 2의 '대우'인 '~D → ~C'에 의해 C도 추진되지 않을 것이다. C가 추진되지 않으면 조건 3에 의해 A가 추진될 것이고, 조건 1에 의해 B도 추진될 것이다. 따라서 다른 세 사업의 추진 여부가 모두 정해진다는 것은 반드시 참이다.

10 ③
정답률 82.7%

|문제 유형| 비판적 사고 > 논지 강화·약화하기
|접근 전략| 지문의 내용에 대한 반박을 찾는 문제 유형이다. 따라서 지문에 제시된 논지를 약화하는 내용을 〈보기〉에서 고르면 된다. 지문의 내용과 같은 입장이거나 지문의 내용과 관련성이 적은 내용을 우선적으로 소거한 후 남아 있는 내용들이 지문의 논지를 약화하는지를 꼼꼼히 따져 보면 된다.

다음 글에 나오는 답변에 대한 반박으로 적절한 것을 〈보기〉에서 모두 고르면?

물음: 신이 어떤 행위를 하라고 명령했기 때문에 그 행위가 착한 것인가, 아니면 오히려 그런 행위가 착한 행위이기 때문에 신이 그 행위를 하라고 명령한 것인가?

답변: 여러 경전에서 신은 우리에게 정직할 것을 명령한다. 우리가 정직해야 하는 이유는 단지 신이 정직하라고 명령했기 때문이다. 따라서 한 행위가 착한 행위가 되기 위해서는 신이 그 행위를 하라고 명령해야 한다. 다시 말해 만일 신이 어떤 행위를 하라고 명령하지 않는다면, 그 행위는 착한 것이 아니다.

〈보기〉

ㄱ. 만일 신이 우리에게 정직하라고 명령하지 않았다면, 정직한 것은 착한 행위도 못된 행위도 아니다. 정직함을 착한 행위로 만드는 것은 바로 신의 명령이다. → (X) 신의 명령 때문에 착한 행위가 된다는 내용이므로, 지문의 답변과 같은 입장이다.

ㄴ. 만일 신이 이산화탄소 배출량을 줄이기 위해 재생에너지를 쓰라고 명령하지 않았다면 그 행위는 착한 행위가 될 수 없을 것이다. 하지만 신이 그렇게 명령한 적이 없더라도 그 행위는 착한 행위이다. → (O) 지문의 답변은 어떤 행위가 착한 행위인 것은 신이 그렇게 하라고 명령했기 때문이라는 입장이다. 그러나 이산화탄소 배출량을 줄이기 위해 재생에너지를 쓰는 것은 그 행위 자체로 착한 행위이므로 지문의 답변에 대한 반박이 될 수 있다.

ㄷ. 장기 기증은 착한 행위이다. 하지만 신이 장기 기증을 하라고 명령

했다는 그 어떤 증거나 문서도 존재하지 않으며 신이 그것을 명령했다고 주장하는 사람도 없다. → (O) 신이 장기 기증을 하라고 명령한 것을 증명할 수 없지만, 장기 기증은 그 행위 자체로 착한 행위이므로 지문의 답변에 대한 반박이 될 수 있다.

ㄹ. 어떤 사람은 원수를 죽이는 것이 신의 명령이라고 말하고 다른 사람은 원수를 죽이는 것이 신의 명령이 아니라고 말한다. 사람들이 신의 명령이라고 말한다고 해서 그것이 정말로 신의 명령인 것은 아니다. → (X) 지문의 답변은 신의 명령과 착한 행위의 관계에 대한 답변이다. 그런데 ㄹ은 어떤 행위가 신의 명령인지 아닌지 입증할 수 없다는 내용이므로 지문의 답변에 대해 찬성하는 것도 아니고 반대하는 것도 아니다.

① ㄷ ➡ (X)
② ㄹ ➡ (X)
③ ㄴ, ㄷ ➡ (O)
④ ㄱ, ㄴ, ㄹ ➡ (X)
⑤ ㄱ, ㄴ, ㄷ, ㄹ ➡ (X)

11 ⑤
정답률 80.9%

|문제 유형| 사실적 이해 > 정보 확인
|접근 전략| 지문과 선지 내용의 일치 여부를 따지는 문제 유형이다. 고려시대의 철소에 대해 설명하고 있는 지문이므로 철소와 그중 하나인 명학소에 대한 설명을 이해하면 세부 내용의 정오를 쉽게 분별하여 답을 찾을 수 있다.

다음 글에서 알 수 있는 것은?

고려시대에 철제품 생산을 담당한 것은 철소(鐵所)였다. 철소는 기본적으로 철산지나 그 인근의 채광과 제련이 용이한 곳에 설치되었다. 철소 설치에는 몇 가지 요소가 갖추어져야 유리하였다. 철소는 철광석을 원활하게 공급받을 수 있고, 철을 제련하는 데 필수적인 숯의 공급이 용이해야 하며, 채광, 선광, 제련 기술을 가진 장인 및 채광이나 숯을 만드는 데 필요한 노동력이 존재해야 했다. 또한 철 제련에 필요한 물이 풍부하게 있는 곳이어야 했다. ▶1문단

망이와 망소이가 반란을 일으킨 공주의 명학소는 철소였다. 하지만 다른 철소와 달리 그곳에서 철이 생산된 것은 아니었다. 철산지는 인근의 마현이었다. 명학소는 제련에 필요한 숯을 생산하고, 마현으로부터 가져온 철광석을 가공하여 철제품을 생산하는 곳이었다. 마현에서 채취된 철광석은 육로를 통해 명학소로 운반되었고, 이곳에서 생산된 철제품은 명학소의 갑천을 통해 공주로 납부되었다. 갑천의 풍부한 수량은 철제품을 운송하는 수로로 적합했을 뿐 아니라, 제련에 필요한 물을 공급하는 데에도 유용하였다. ▶2문단

하지만 명학소민의 입장에서 보면, 마현에서 철광석을 채굴하고 선광하여 명학소로 운반하는 작업, 철광석 제련에 필요한 숯을 생산하는 작업, 철제품을 생산하는 작업, 생산된 철제품을 납부하는 작업에 이르기까지 감당할 수 없는 과중한 부담을 지고 있었다. 이는 일반 군현민의 부담뿐만 아니라 다른 철소민의 부담과 비교해 보아도 훨씬 무거운 것이었다. 더군다나 명종 무렵에는 철 생산이 이미 서서히 한계를 드러내고 있었음에도 할당된 철제품의 양은 줄어들지 않았다. 이러한 것이 복합되어 망이와 망소이의 반란이 일어난 것이다. ▶3문단

① 모든 철소에서 철이 생산되었다. ➡ (X) 2문단의 처음 부분에서 공주의 명학소는 철소였으나 다른 철소와 달리 철이 생산된 것은 아니라고 했다.
② 명학소에서는 숯이 생산되지 않았다. ➡ (X) 2문단 중반에 보면 명학소는 제련에 필요한 숯을 생산했다고 나와 있다.

③ 망이와 망소이는 철제품 생산 기술자였다. ➡ (X) 3문단에 따르면 철제품 생산으로 인한 과중한 부담 때문에 명학소에서 반란이 일어난 것은 맞지만, 망이와 망소이가 철제품 생산 기술자인지는 지문에 나타나 있지 않다.

④ 명학소민은 다른 철소민보다 부담이 적었다. ➡ (X) 3문단에 따르면 명학소민은 다른 철소민의 부담과 비교할 때 훨씬 무거운 부담을 지고 있었다.

⑤ 풍부한 물은 명학소에 철소를 설치하는 데 이점이었다. ➡ (O) 2문단의 마지막 부분에 갑천의 풍부한 수량은 철제품을 운송하고 제련하는 데에 유용했다고 나와 있다.

---

12 ④

TOP 3 정답률 70.8%

| 문제 유형 | 사실적 이해 > 정보 확인

| 접근 전략 | 유토피아의 설계와 관련하여 인간이 세상을 대하는 서로 다른 태도 세 가지에 대해 서술한 지문이다. 세 가지 태도의 기본 입장을 이해하고 서로 비교하여 그 차이를 파악한 다음 선지에 나온 핵심 용어를 지문에서 찾아 글의 흐름에 따라 가부를 따지면 된다. 단, 지문의 내용이 선지에 그대로 제시되지 않고 다른 말로 바꿔 제시된다는 점을 유의해야 한다.

다음 글에서 알 수 있는 것은?

유토피아는 우리가 살고 있는 세계와는 다른 '또 다른 세계'이며, 나아가 전적으로 인간의 지혜로 설계된 세계이다. 유토피아를 설계하는 사람은, 완전히 뜯어고쳐야 할 만큼 이 세상이 잘못되어 있다고 생각한다. 또한 그는 새 세계를 만들고 관리할 능력이 인간에게 있다고 믿는다. 어떤 사람이 유토피아를 꿈꾸고 설계하는지 않는지는 그 사람이 세상을 대하는 태도와 밀접하게 연관되어 있다. ▶1문단

인간이 세상을 대하는 태도는 다음 세 가지로 나눌 수 있다. 첫째, 산지기의 태도이다. 산지기의 주요 임무는, 인위적인 간섭을 최소화하면서 맡겨진 땅을 지키는 것이다. 이른바 땅의 자연적 균형을 유지하는 것이 그의 목적이다. 신의 설계에 담긴 지혜와 조화, 질서를 인간이 다 이해할 수는 없으나, 삼라만상이 적재적소에 놓여 있는 신성한 존재의 사슬이라는 것이 산지기의 신념이다. ▶2문단

둘째, 정원사의 태도이다. 정원사는 자기가 끊임없이 보살피고 노력하지 않으면 이 세상이 무질서해질 것이라고 여긴다. 그는 우선 바람직한 배치도를 머리에 떠올린 후 정원을 그 이미지에 맞추어 개조한다. 그는 적합한 종류의 식물을 키우고 잡초들은 뽑아 버림으로써 자신이 생각해 놓은 대로 대지를 디자인한다. ▶3문단

셋째, 사냥꾼의 태도이다. 사냥꾼은 사물의 전체적인 균형에 대해서는 무관심하다. 사냥꾼이 하는 유일한 일은 사냥감으로 자기 자루를 최대한 채우는 것이다. 사냥이 끝난 후에 숲에 동물들이 남아 있도록 할 의무가 자기에게 있다고 생각하지 않는다. ▶4문단

① 유토피아는 인간이 지향하고 신이 완성한다. ➡ (X) 1문단에서 유토피아는 전적으로 인간의 지혜로 설계되며, 새 세계를 만들고 관리할 능력이 인간에게 있다고 한 것을 통해 신이 유토피아를 완성하는 것이 아님을 알 수 있다.

② 정원사는 세상에 대한 인간의 적극적 개입을 지양한다. ➡ (X) 3문단에서 정원사는 정원을 개조하고 디자인한다고 했는데 이는 세상에 대한 인간의 적극적 개입을 지향하는 것이다.

③ 산지기는 인간과 자연이 조화되는 유토피아를 설계한다. ➡ (X) 인간과 자연이 조화되는 유토피아를 설계하는 것은 정원사이다. 2문단에서 산지기의 목적은 인위적인 간섭을 최소화하고 자연적 균형을 유지하는 데 있다고 하였다.

④ 사냥꾼은 세상을 바꾸는 일보다 이용하는 데에 관심이 있다. ➡ (O) 마지막 문단에서 사냥꾼은 전체적인 균형에는 무관심하고 자기 자루를 사냥감으로 채우는 것에 유일한 목적이 있다고 했는데 이는 세상을 이용하는 데에 관심이 있는 것으로 볼 수 있다.

⑤ 신이 부여한 정연한 질서가 세계에 있다는 믿음은 세 태도 중 둘에서 나타난다. ➡ (X) 신이 부여한 질서가 있다고 믿는 것은 산지기뿐이다.

---

13 ⑤

정답률 94.1%

| 문제 유형 | 비판적 사고 > 빈칸 채우기

| 접근 전략 | 빈칸에 들어갈 말을 순서대로 적절하게 나열한 것을 찾는 문제 유형이다. 각 문단에 제시된 빈칸의 앞뒤 문맥을 살펴본 후, 뒤에 이어지는 문장들을 한마디로 정리할 수 있는 핵심어를 찾아야 문제를 해결할 수 있다. 먼저 (가)의 답을 찾은 후, 선지에서 답이 아닌 것을 제외한다. 그런 다음 가능한 답안대로 지문에 해당 용어를 대입해 내용이 자연스럽게 전개되는지 판단하는 순서로 문제를 풀면 빠르고 정확하게 답을 찾을 수 있다.

다음 글의 문맥상 (가)~(라)에 가장 적절한 말을 〈보기〉에서 골라 알맞게 짝지은 것은?

심각한 수준의 멸종 위기에 처한 생태계를 보호하기 위해 생물다양성 관련 정책이 시행되고 있다. 먼저 보호지역 지정은 생물다양성을 보존하는 데 반드시 필요한 정책 수단이다. 이 정책 수단은 각국에 의해 빈번히 사용되었다. 그러나 보호지역의 숫자는 생물다양성의 보존과 지속가능한 이용 정책의 성공 여부를 피상적으로 알려주는 지표에 지나지 않으며, [(가)] 없이는 생물다양성의 감소를 막을 수 없다. 세계자연보전연맹에 따르면, 보호지역으로 지정되었음에도 실제로는 최소한의 것도 실시되지 않는 곳이 많다. 보호지역 관리에 충분한 인력을 투입하는 것은 보호지역 수를 늘리는 것만큼이나 필요하다. ▶1문단

[(나)]은(는) 민간시장에서 '생물다양성 관련 제품과 서비스'가 갖는 가치와 사회 전체 내에서 그것이 갖는 가치 간의 격차를 해소하기 위해 도입된다. 이를 통해 생태계 훼손에 대한 비용 부담은 높이고 생물다양성의 보존, 강화, 복구 노력에 대해서는 보상을 한다. 상품으로서의 가치와 공공재로서의 가치 간의 격차를 좁히는 데에 원칙적으로 이 제도만큼 적합한 것이 없다. ▶2문단

생물다양성을 증가시키는 유인책 중에서 [(다)]의 효과가 큰 편이다. 시장 형성이 마땅치 않아 이전에는 무료로 이용할 수 있었던 것에 대해 요금을 부과함으로써 생태계의 무분별한 이용을 억제하는 것이 이 제도의 골자이다. 최근 이 제도의 도입 사례가 증가하고 있으며 앞으로도 늘어날 전망이다. ▶3문단

생물다양성 친화적 제품 시장에 대한 전망에는 관련 정보를 지닌 소비자들이 [(라)]을(를) 선택할 것이라는 가정이 전제되어야 한다. 친환경 농산물, 무공해 비누, 생태 관광 등에 대한 인기가 증대되고 있는 현상은 소비자들이 친환경 제품이나 서비스에 더 비싼 값을 지불할 수도 있다는 사실을 보여 주는 사례이다. ▶4문단

〈보기〉
ㄱ. 생태계 사용료
ㄴ. 경제 유인책
ㄷ. 생물다양성 보호 제품
ㄹ. 보호조치

	(가)	(나)	(다)	(라)	
①	ㄱ	ㄴ	ㄹ	ㄷ	➡ (X)
②	ㄴ	ㄱ	ㄹ	ㄷ	➡ (X)
③	ㄴ	ㄹ	ㄷ	ㄱ	➡ (X)
④	ㄹ	ㄱ	ㄷ	ㄴ	➡ (X)
⑤	ㄹ	ㄴ	ㄱ	ㄷ	➡ (O)

(가)의 뒤에 '보호지역으로 지정되었음에도 실제로는 최소한의 것도 실시되지 않는 곳이 많다. 보호지역 관리에 충분한 인력을 투입하는 것'이 필요하다는 문장이 있으므로, (가)에는 '보호조치(ㄹ)'가 들어가야 한다는 것을 알 수 있다. 그다음 2문단에 생물다양성 제품과 서비스의 가치에 대한 내용이 나왔으므로, (나)에는 '경제 유인책(ㄴ)'이 들어가야 함을 알 수 있다. 그리고 3문단에 요금 부과에 대한 내용이 있으므

로, (다)는 '생태계 사용료(ㄱ)'와 관련 있음을 알 수 있다. 마지막으로 친환경 제품에 대한 4문단의 내용을 바탕으로 (라)에는 '생물다양성 보호 제품(ㄷ)'이 들어가야 함을 알 수 있다.

14 ③

| 문제 유형 | 사실적 이해 > 정보 확인

| 접근 전략 | 지문과 선지 내용의 일치 여부를 확인하는 문제 유형이다. 이 문제의 경우 문제 유형 자체는 어렵지 않으나 지문의 내용을 이해하는 데에 많은 시간을 할애해야 한다. 경제 지문은 용어의 해석뿐 아니라 핵심 용어들의 상관관계도 파악해야 한다. 따라서 국내 벤처버블 발생과 관련해 이에 영향을 미친 요인들과 그로 인해 제정된 법이나 정책의 세부 내용을 이해해야 문제를 풀 수 있다.

다음 글에서 알 수 있는 것은?

국내에서 벤처버블이 발생한 1999~2000년 동안 한국뿐 아니라 미국, 유럽 등 전 세계 주요 국가에서 벤처버블이 나타났다. 미국 나스닥의 경우 1999년 초 이후에 주가가 급상승하여 2000년 3월을 전후해서 정점에 이르렀는데, 이는 한국의 주가 흐름과 거의 일치한다. 또한 한국에서는 1998년 5월부터 외국인의 종목별 투자한도를 완전 자유화하였는데, 외환위기 이후 해외투자를 유치하기 위한 이런 주식시장의 개방은 주가 상승에 영향을 미쳤다. 외국인 투자자들은 벤처버블이 정점에 이르렀던 1999년 12월에 벤처기업으로 구성되어 있는 코스닥 시장에서 투자금액을 이전 달의 1조 4천억 원에서 8조 원으로 늘렸으며, 투자비중도 늘렸다. ▶1문단

또한 벤처버블 당시 국내에서는 인터넷이 급속히 확산되고 있었다. 초고속 인터넷 서비스는 1998년 첫해에 1만 3천 가구에 보급되었지만 1999년에는 34만 가구로 확대되었다. 또한 1997년 163만 명이던 인터넷 이용자는 1999년에 천만 명으로 폭발적으로 증가하였다. 이처럼 초고속 인터넷의 보급과 인터넷 사용인구의 급증은 뚜렷한 수익모델이 없는 업체라 할지라도 인터넷을 활용한 비즈니스를 내세우면 투자자들 사이에서 높은 잠재력을 가진 기업으로 인식되는 효과를 낳았다. ▶2문단

한편 1997년 8월에 시행된 벤처기업 육성에 관한 특별 조치법은 다음과 같은 상황으로 인해 제정되었다. 법 제정 당시 우리 경제는 혁신적 기술이나 비즈니스 모델에 의한 성장보다는 설비확장에 토대한 외형성장에 주력해 왔다. 그러나 급격한 임금상승, 공장용지와 물류 및 금융 관련 비용 부담 증가, 후발국가의 추격 등은 우리 경제가 하루빨리 기술과 지식을 경쟁력의 기반으로 하는 구조로 변화해야 할 필요성을 높였다. 게다가 1997년 말 외환위기로 30대 재벌의 절반이 부도 또는 법정관리에 들어가게 되면서 재벌을 중심으로 하는 경제성장 방식의 한계가 지적되었고, 이에 따라 우리 경제는 고용창출과 경제성장을 주도할 새로운 기업군을 필요로 하게 되었다. 이로 인해 시행된 벤처기업 육성 정책은 벤처기업에 세제 혜택은 물론, 기술개발, 인력공급, 입지공급까지 다양한 지원을 제공하면서 벤처기업의 폭증에 많은 영향을 주게 되었다. ▶3문단

① 해외 주식시장의 주가 상승은 국내 벤처버블 발생의 주요 원인이 되었다. ➡ (X) 1문단에서는 1999년 초 이후 미국 나스닥의 주가 급상승 흐름이 한국의 주가 흐름과 거의 일치한다고만 했을 뿐. 해외 주식시장의 주가 상승이 국내 벤처버블 발생의 주요 원인이라고 하지 않았다. 1문단 후반부에서는 국내 외국인의 종목별 투자한도를 완전 자유화하면서 주식시장이 개방되었고, 이후 외국인 투자자들이 벤처기업에 투자비중을 늘렸다고 했다.

② 벤처버블은 한국뿐 아니라 전 세계 모든 국가에서 거의 비슷한 시기에 발생했다. ➡ (X) 1문단에서 1999~2000년 동안 한국뿐 아니라 미국, 유럽 등 전 세계 주요 국가에서 벤처버블이 나타났다고 하였으나 거의 비슷한 시기에 전 세계 모든 국가에서 벤처버블이 발생했다고 하지는 않았다.

③ 국내의 벤처기업 육성책 실행은 한국 경제구조 변화의 필요성과 관련을 맺고 있다. ➡ (O) 외형성장에 주력해 왔던 한국 경제는 기술과 지식

을 경쟁력의 기반으로 하는 구조로 변화해야 할 필요성이 높아진 데다 재벌 중심의 경제성장 방식의 한계가 지적되자 새로운 기업군이 필요하게 되었고 이에 따라 벤처기업 육성 정책이 시행되었다. 따라서 국내의 벤처기업 육성책은 한국 경제구조 변화의 필요성과 관련이 있음을 알 수 있다.

④ 국내 초고속 인터넷 서비스 확대는 벤처기업을 활성화시켰으나 대기업 침체의 요인이 되었다. ➡ (X) 2문단에서는 초고속 인터넷의 보급과 인터넷 사용인구의 급증이 이 분야에 투자자들이 몰려들게 된 원인이라고 하였다. 그러나 이것이 대기업 침체의 요인이 되었는지는 지문에 제시된 내용만으로 알 수 없다.

⑤ 외환위기는 새로운 기업과 일자리 창출의 필요성을 불러왔고 해외 주식을 대규모로 매입하는 계기가 되었다. ➡ (X) 3문단에 따르면 외환위기로 인해 한국 경제는 고용창출과 경제성장을 주도할 새로운 기업군을 필요로 하게 되었고 이는 벤처기업 육성 정책의 시행이라는 결과로 이어졌다. 해외 주식을 대규모로 매입하는 계기가 된 것은 아니다.

15 ②

| 문제 유형 | 사실적 이해 > 정보 확인

| 접근 전략 | 지문의 내용을 바탕으로 알 수 있는 것을 <보기>에서 고르는 문제 유형이다. 이때 <보기>의 항목들은 지문의 내용과 직접적인 대조를 통해 가부를 바로 확인할 수 있는 것들이 대부분이다. 즉, 어휘 하나만을 바꿔서 지문의 내용을 그대로 가져온 문장도 있고, 지문의 세부 내용과 의미는 같으나 다르게 표현하여 내용의 일치를 확인해야 하는 문장들도 있다.

다음 글에서 알 수 있는 것을 <보기>에서 모두 고르면?

1964년 1월에 열린 아랍 정상회담의 결정에 따라 같은 해 5월 팔레스타인 사람들은 팔레스타인 해방기구(PLO)를 조직했다. 아랍연맹은 팔레스타인 해방기구를 팔레스타인의 유엔 대표로 인정하였으며, 팔레스타인 해방기구는 아랍 전역에 흩어진 난민들을 무장시켜 해방군을 조직했다. 바야흐로 주변 아랍국가들의 지원에 의지하던 팔레스타인 사람들이 자기 힘으로 영토를 되찾기 위해 총을 든 것이다. 그러나 팔레스타인 해방기구의 앞길이 순탄한 것은 결코 아니었다. 아랍국가 중 군주제 국가들은 이스라엘과 정면충돌할까 두려워 팔레스타인 해방기구를 자기 영토 안에 받아들이지 않으려 했고, 소련과 같은 사회주의 국가들과 이집트, 시리아만이 팔레스타인 해방기구를 지원했다. ▶1문단

1967년 6월 5일에 이스라엘의 기습공격으로 제3차 중동전쟁이 시작되었다. 이 '6일 전쟁'에서 아랍연합군은 참패했고, 이집트는 시나이반도를 빼앗겼다. 참패 이후 팔레스타인 해방기구의 온건한 노선을 비판하며 여러 게릴라 조직들이 탄생하였다. 팔레스타인 해방인민전선(PFLP)을 비롯한 수많은 게릴라 조직들은 이스라엘은 물론이고 제국주의에 봉사하는 아랍국가들의 집권층, 그리고 미국을 공격 목표로 삼았다. 1970년 9월에 아랍민족주의와 비동맹운동의 기수였던 이집트 대통령 나세르가 사망함으로써 팔레스타인 해방운동은 더욱 불리해졌다. 왜냐하면 사회주의로 기울었던 나세르와 달리 후임 대통령 사다트는 국영기업을 민영화하고 친미 정책을 시행했기 때문이다. ▶2문단

〈보기〉

ㄱ. 팔레스타인 해방기구는 자신들의 힘으로 잃어버린 영토를 회복하려 하였다. → (O) 1문단의 '팔레스타인 해방기구는 아랍 전역에 흩어진 난민들을 무장시켜 해방군을 조직했다. 바야흐로 주변 아랍국가들의 지원에 의지하던 팔레스타인 사람들이 자기 힘으로 영토를 되찾기 위해 총을 든 것이다.'에서 알 수 있는 내용이다.

ㄴ. 중동전쟁으로 인해 이집트에는 팔레스타인 해방운동을 지지했던 정권이 무너지고 반 아랍민족주의 정권이 들어섰다. → (X) 1970년 9월에 이집트에 반 아랍민족주의 정권이 들어선 것은 중동전쟁 때문이 아니라 이집트 대통령 나세르가 사망했기 때문이다.

ㄷ. 팔레스타인 해방기구와 달리 강경 노선을 취하는 게릴라 조직들은 아랍권 내 세력들도 공격 대상으로 삼았다. → (O) 중동전쟁 참패 이후 강경 노선을 취하는 게릴라 조직들은 이스라엘뿐 아니라 제국주의에 봉사하는 아랍국가들의 집권층, 그리고 미국을 공격 목표로 삼았다고 했다.

ㄹ. 사회주의에 경도된 아랍민족주의는 군주제를 부정했기 때문에 아랍의 군주제 국가들이 팔레스타인 해방기구를 꺼려했다. → (X) 1문단의 마지막 부분을 통해 아랍국가 중 군주제 국가들이 팔레스타인 해방기구를 꺼려한 것은 아랍민족주의가 군주제를 부정했기 때문이 아니라 이스라엘과 정면충돌할까 봐 두려웠기 때문임을 알 수 있다.

① ㄱ, ㄴ ➡ (X)
② ㄱ, ㄷ ➡ (O)
③ ㄱ, ㄴ, ㄷ ➡ (X)
④ ㄴ, ㄷ, ㄹ ➡ (X)
⑤ ㄱ, ㄴ, ㄷ, ㄹ ➡ (X)

16 ②

정답률 89.3%

| 문제 유형 | 사실적 이해 > 중심 내용 파악
| 접근 전략 | 지문의 핵심 논지를 찾는 문제 유형이다. 이 유형의 문제를 효과적으로 해결하기 위해서는 지문의 구조를 빠르게 파악해야 한다. 1문단에서는 동물의 가축화를 옹호하는 입장에 대해 근거를 들어 서술하고 있고 2문단 처음 부분에서는 이것이 과연 정당한 것인가에 대한 의문을 던지고 있다. 따라서 지문의 핵심 논지는 2문단 후반부에서 찾아야 한다.

다음 글의 핵심 논지로 가장 적절한 것은?

폴란은 동물의 가축화를 '노예화 또는 착취'로 바라보는 시각은 잘못이라고 주장한다. 그에 따르면, 가축화는 '종들 사이의 상호주의'의 일환이며 정치적이 아니라 진화론적 현상이다. 그는 "소수의, 특히 운이 좋았던 종들이 다원식의 시행착오와 적응과정을 거쳐, 인간과의 동맹을 통해 생존과 번성의 길을 발견한 것이 축산의 기원"이라고 말한다. 예컨대 이러한 동맹에 참여한 소, 돼지, 닭은 번성했지만 그 조상뻘 되는 동물들 중에서 계속 야생의 길을 걸었던 것들은 쇠퇴했다는 것이다. 지금 북미 지역에 살아남은 늑대는 1만 마리 남짓인데 개들은 5천만 마리나 된다는 것을 통해 이 점을 다시 확인할 수 있다. 이로부터 폴란은 '그 동물들의 관점에서 인간과의 거래는 엄청난 성공'이었다고 주장한다. 그래서 스티븐 울프는 "인도주의에 근거한 채식주의 옹호론만큼 설득력 없는 논변도 없다. 베이컨을 원하는 인간이 많아지는 것은 돼지에게 좋은 일이다."라고 주장하기도 한다. ▶1문단

그런데 어떤 생명체가 태어나도록 하는 것이 항상 좋은 일인가? 어떤 돼지가 깨끗한 농장에서 태어나 쾌적하게 살다가 이른 죽음을 맞게 된다면, 그 돼지가 태어나도록 하는 것이 좋은 일인가? 좋은 일이라고 한다면 돼지를 잘 기르는 농장에서 나온 돼지고기를 먹는 것은 그 돼지에게 나쁜 일이 아니라는 말이 된다. 아무도 고기를 먹지 않는다면 그 돼지는 태어날 수 없기 때문이다. 하지만 그 돼지를 먹기 위해서는 먼저 그 돼지를 죽여야 한다. 그렇다면 그 살해는 정당해야 한다. 폴란은 자신의 주장이 갖는 이런 함축에 불편함을 느껴야 한다. 이러한 불편함을 폴란은 해결하지 못할 것이다. ▶2문단

① 종 다양성을 보존하기 위한 목적으로 생명체를 죽이는 일은 지양해야 한다. ➡ (X) 2문단의 마지막에서 생명체를 태어나게 하고 먹기 위해 그 생명체를 죽이는 행위에 대해서 불편함을 느껴야 한다고 했지만 이런 행위들은 종 다양성을 보존하기 위한 목적이 아니라 종의 생존과 번성을 목적으로 동물이 가축화됨으로써 생긴 일들이다.

② 생명체를 죽이기 위해서 그 생명체를 태어나게 하는 일은 정당화되기 어렵다. ➡ (O) '어떤 돼지가 깨끗한 농장에서 태어나 쾌적하게 살다가 이

른 죽음을 맞게 된다면, 그 돼지가 태어나도록 하는 것이 좋은 일인가?'라는 질문을 던진 후 돼지를 먹기 위해서 먼저 돼지를 죽여야 하는 것은 정당화될 수 없다고 답하고 있으므로 본 선지의 내용이 지문의 핵심 논지가 된다.

③ 어떤 생명체가 태어나서 쾌적하게 산다면 그 생명체를 태어나게 하는 것은 좋은 일이다. ➡ (X) 지문에서는 먹기 위해서 태어나게 하는 행위에 대해 의문을 제기하고 있다.

④ 가축화에 대한 폴란의 진화론적 설명이 기초하는 '종들 사이의 상호주의'는 틀린 정보에 근거한다. ➡ (X) 지문에서는 '종들 사이의 상호주의'의 결과로 소, 돼지, 닭 등이 번성했으며 북미 지역에 개들이 5천만 마리나 살아남았다는 견해를 반박하고 있다. 즉 종들 사이의 상호주의가 틀린 정보에 근거하는 것은 아니다.

⑤ 어떤 생명체를 태어나게 해서 그 생명체가 속한 종의 생존과 번성에 도움을 준다면 이는 좋은 일이다. ➡ (X) 1문단에 나온 폴란의 입장으로 지문의 핵심 논지와 상반되는 견해이다.

17 ④

정답률 93.7%

| 문제 유형 | 비판적 사고 > 지문에서 추론하기
| 접근 전략 | 지문의 내용을 바탕으로 선지의 내용을 추론하는 문제 유형이다. 선지의 문장들은 모두 지문에서 한 번씩 언급된 용어들로 구성되어 있으므로 이 중에서 인과 관계가 어긋나 있거나 지나친 일반화로 확대 해석한 경우를 먼저 소거한 뒤 나머지 선지에서 정답을 골라야 한다.

다음 글에서 이끌어 낼 수 있는 것은?

현대의 과학사가들과 과학사회학자들은 지금 우리가 당연시하는 과학과 비과학의 범주가 오랜 시간에 걸쳐 구성된 범주임을 강조하면서 과학자와 대중이라는 범주의 형성에 연구의 시각을 맞출 것을 주장한다. 특히 과학 지식에 대한 구성주의자들은 과학과 비과학의 경계, 과학자와 대중의 경계 자체가 처음부터 고정된 경계가 아니라 오랜 역사적 투쟁을 통해서 만들어진 문화적 경계라는 점을 강조한다. ▶1문단

과학자와 대중을 가르는 가장 중요한 기준은 문화적 능력이라고 할 수 있는데 이것은 과학자가 대중과 구별되는 인지 능력이나 조작 기술을 가지고 있다는 것을 의미한다. 부르디외의 표현을 빌자면, 과학자들은 대중이 결여한 '문화 자본'을 소유하고 있다는 것이다. 이러한 문화 자본 때문에 과학자들과 대중 사이에 불연속성이 생겨난다. 여기서 중요한 것은 이러한 불연속성의 형태와 정도이다. ▶2문단

예를 들어 수리물리학, 광학, 천문학 등의 분야는 대중과 유리된 불연속성의 정도가 상대적으로 컸다. 고대부터 16세기 코페르니쿠스에 이르는 천문학자들이나 17세기 과학혁명 당시의 수리물리학자들은 그들의 연구가 보통의 교육을 받은 사람들을 대상으로 한 것이 아니고, 그들과 같은 작업을 하고 전문성을 공유하고 있던 사람들만을 위한 것이라는 점을 분명히 했다. 갈릴레오에 따르면 자연이라는 책은 수학의 언어로 쓰여 있으며 따라서 이 언어를 익힌 사람만이 자연의 책을 읽어낼 수 있다. 반면 유전학이나 지질학 등은 20세기 중반 전까지 대중 영역과 일정 정도의 연속성을 가지고 있었고 거기서 영향을 받았던 것이 사실이다. 특히 20세기 초 유전학은 멘델 유전학의 재발견을 통해 눈부시게 발전할 수 있었는데 이러한 발전은 실제로 오랫동안 동식물을 교배하고 품종개량을 해왔던 육종가들의 기여 없이는 불가능했다. ▶3문단

① 과학과 비과학의 경계는 존재하지 않는다. ➡ (X) 1문단에서부터 과학과 비과학의 경계가 존재한다는 점을 언급하고 있다.

② 과학자들은 과학혁명 시기에 처음 '문화 자본'을 획득했다. ➡ (X) 2문단에서 부르디외의 표현을 빌려 과학자가 '문화 자본'을 소유하고 있음을 드러내고 있는데, 이러한 문화 자본이 언제 획득되었는지에 대해서는 언급하지 않았다.

③ 과학과 비과학을 가르는 보편적 기준은 수학 언어의 유무이다.

➡ (X) 과학과 비과학을 가르는 가장 중요한 기준은 문화적 능력, 즉 인지 능력이나 조작 기술인데 수리물리학, 광학, 천문학 등의 분야에서는 수학 언어가 그 문화적 능력에 해당한다고 하였다. 즉, 수학 언어는 특정 분야에서만 적용되는 기준이지 보편적 기준은 아니다.

④ 과학자와 대중의 불연속성은 동일한 정도로 나타나지 않는다.
➡ (O) 2문단에서 문화 자본 때문에 과학자들과 대중 사이에 불연속성이 생겨난다고 한 뒤 3문단에서 불연속성의 형태와 정도가 다르게 나타나는 사례를 제시하고 있다. 즉, 수리물리학, 광학, 천문학은 불연속성의 정도가 상대적으로 컸지만, 유전학이나 지질학 등은 대중 영역과 일정 정도 연속성을 가지고 있음을 언급하고 있다. 따라서 과학과 대중의 불연속성이 동일한 정도로 나타나지 않음을 알 수 있다.

⑤ 과학과 비과학의 경계는 수리물리학에서 가장 먼저 생겨났다.
➡ (X) 고대부터 16세기 코페르니쿠스에 이르는 시기의 천문학자들이 과학과 비과학의 경계를 분명히 했다는 것을 통해 17세기의 수리물리학에서 과학과 비과학의 경계가 가장 먼저 생겨난 것이 아님을 알 수 있다.

18 ②
정답률 98.5%

다음 글의 밑줄 친 주장을 강화하는 사례로 가장 적절한 것은?

어떤 집단의 특성을 드러내고, 집단들 사이의 특성을 비교하기 위해 흔히 사용되고 있는 것이 평균값이다. 이는 우리가 일상적으로 '평균 연령', '평균 신장', '평균 점수' 등의 용어를 자주 사용하고 있는 데에서 잘 드러난다. 예를 들어 우리는 어떤 지역 사람들의 평균 수명이 다른 지역 사람들의 평균 수명보다 월등하게 높다는 것을 이유로 '장수마을'이라는 명칭을 붙이기도 하고, 이 지역 사람들은 대체로 오래 살 것이라 생각한다. 이렇게 평균값을 사용하여 어떤 집단의 특성을 드러내는 것은 편리하고 유용한 방식이라고 할 수 있다. 그러나 어떤 속성에 대한 평균값만으로 그 속성에 관한 집단의 실상을 드러내는 데에는 한계가 있다.

① A지역 사람들은 대학진학률이 높지만, B지역 사람들은 취업률이 높다. ➡ (X) 두 개의 평균값에 대한 서술일 뿐 평균값과 대조되는 실상의 모습을 보여 주는 사례는 아니다.

② C지역의 평균 소득은 매우 높지만, 그 지역 사람들 대부분은 빈곤하다. ➡ (O) 평균 소득은 높지만 실제 지역 주민들이 빈곤하다면, 평균값이 집단의 실상을 모두 대변해 주지 못하는 경우가 되므로 밑줄 친 주장을 강화하는 사례에 해당된다.

③ D지역 사람들의 평균 신장은 크지만, 그 지역 사람들 대부분은 뚱뚱하지 않다. ➡ (X) 평균 신장과 체형(또는 비만 정도)은 서로 다른 특성이므로, 평균값이 집단의 실상을 드러내는 데에 한계가 있다는 점을 보여 주지 못한다.

④ E지역 사람들의 평균 수명은 짧지만, F지역 사람들의 평균 수명은 그렇지 않다. ➡ (X) 두 개의 평균값에 대한 서술일 뿐 평균값과 대조되는 실상의 모습을 보여 주는 사례는 아니다.

⑤ G지역의 평균 기온은 25도 내외지만, 그 지역 사람들 대부분은 수영을 하지 못한다. ➡ (X) 평균 기온과 수영 가능 여부는 서로 다른 특성이므로, 평균값이 집단의 실상을 드러내는 데에 한계가 있다는 점을 보여 주지 못한다.

19 ②
정답률 71.1%

다음 조건에 따라 A, B, C, D, E, F, G 일곱 도시를 인구 순위대로 빠짐없이 배열하려고 한다. 추가로 필요한 정보는?

○ 인구가 같은 도시는 없다.
○ C시의 인구는 D시의 인구보다 적다.
○ F시의 인구는 G시의 인구보다 적다.
○ C시와 F시는 인구 순위에서 바로 인접해 있다.
○ B시의 인구가 가장 많고, E시의 인구가 가장 적다.
○ C시의 인구는 A시의 인구와 F시의 인구를 합친 것보다 많다.

→ 제시된 조건들을 정리하면 다음과 같다.
· 조건 1: 인구가 모두 다름
· 조건 2: C < D
· 조건 3: F < G
· 조건 4: C와 F는 인접
· 조건 5: B는 1위 (and) E는 7위
· 조건 6: C > A+F
따라서 B > (G?) > D > (G?) > C > F > A > E

① A시의 인구가 F시의 인구보다 많다. ➡ (X) 조건 4와 조건 6에 의해 A시의 인구가 F시보다 적음을 알 수 있다.

② C시와 D시는 인구 순위에서 바로 인접해 있다. ➡ (O) G시의 인구가 D시보다 많은지 또는 적은지를 알 수 없는 상황에서 C시와 D시의 인구 순위가 인접해 있다면 G시의 인구 순위는 2위로 확정된다. 따라서 일곱 도시를 인구 순위대로 빠짐없이 배열하려면 이 정보가 추가로 필요하다.

③ C시의 인구는 G시의 인구보다 적다. ➡ (X) 조건 3과 조건 4에 의해 C시 인구가 G시 인구보다 적음을 알 수 있다.

④ D시의 인구는 F시의 인구보다 많고 B시의 인구보다 적다. ➡ (X) 조건 2와 조건 4에 의해 D시의 인구가 F시의 인구보다 많음을 알 수 있고, 조건 5에 의해 B시의 인구보다는 적음을 알 수 있다.

⑤ G시의 인구가 A시의 인구보다 많다. ➡ (X) 조건 3, 조건 4, 조건 6에 의해 A시의 인구가 F시의 인구보다 적고, F시의 인구가 G시의 인구보다 적음을 알 수 있다.

20 ②
정답률 90.4%

다음 글의 의사들이 오류를 범한 까닭으로 가장 적절한 것은?

로젠햄 교수의 연구원들은 몇몇 정신병원에 위장 입원했다. 연구원들은 병원의 의사들이 자신을 어떻게 대하는지 알아보았다. 그들은 모두 완벽하게 정상이었으며 정신병자인 것처럼 가장하지 않고 정상적으로 행동했음에도 불구하고, 다만 그들이 병원에 입원해 있다는 사실 하나만으로 그들에게 정신적인 문제가 있는 것으로 간주되었다. 다시 말해 이 가짜 환자들의 모든

행위가 입원 당시의 서류에 적혀 있는 정신병의 증상으로 해석되고 있었다. 연구원들이 자신은 환자가 아니라고 주장하는 것조차 오히려 정신병의 일종으로 해석되었다. 진짜 환자 중 한 명이 그들에게 이런 주의를 주었다. "절대로 의사에게 다 나았다는 말을 하지 마세요. 안 믿을 테니까요." 의사들 중 연구원들의 정체를 알아차린 사람은 한 명도 없었지만 진짜 환자들은 오히려 이들이 가짜 환자라는 사실을 간파하였다. ▶1문단

의사들은 한 행동이 정신병 증상인지 아닌지를 판정하는 기준에 대한 가설을 세우고, 이 가설하에서 모든 행동을 이해하려고 들었다. 모든 행위가 그 가설에 맞는 방식으로 해석되었다. 하지만 그 가설을 통해 사람들의 모든 행동을 나름대로 해석할 수 있다고 해서 그 가설이 옳다는 것이 증명된 것은 아니다. 누군가 '어미 코끼리는 소형 냉장고에 통째로 들어간다'라는 가설을 세웠다고 해보자. 우리는 이 가설이 참이 되는 상황과 거짓이 되는 상황을 명료하게 판정할 수 있다. 가령 우리가 어미 코끼리를 냉장고에 직접 넣어 본다고 해보자. 우리는 그때 벌어진 상황이 어미 코끼리가 통째로 냉장고에 들어가 있는 상황인지 그렇지 않은 상황인지 잘 판별할 수 있다. 이럴 수 있는 가설이 좋은 가설이다. 의사들이 세웠던 가설은 좋은 가설이 갖는 이런 특성을 갖지 못했기 때문에 의사들은 가짜 환자들을 계속 알아볼 수 없었다. ▶2문단

① 의사들은 자신의 가설이 옳다는 것을 자각하지 못했다. ➡ (X) 의사들은 가설이 옳다는 것을 자각하지 못한 것이 아니라, 가설에 오류가 있음을 자각하지 못했다.

② 의사들의 가설은 진위 여부가 명료하게 판별되지 않는 가설이었다. ➡ (O) 2문단에서 참이 되는 상황과 거짓이 되는 상황을 명료하게 판정할 수 있는 가설이 좋은 가설이라고 하였는데 의사들이 세웠던 가설은 좋은 가설이 갖는 특성을 갖지 못했다. 따라서 의사들의 가설은 그 진위를 명료하게 판별할 수 없는 가설이었음을 알 수 있다.

③ 의사들의 가설은 정신병이 치료될 수 있다는 사실을 반영하지 않았다. ➡ (X) 의사들이 세운 가설은 정신병의 증상인지 아닌지를 판정하는 기준에 대한 것으로 정신병 치료와는 별개의 문제이다.

④ 의사들은 자신의 가설이 정신병자의 주장과 부합되어야 한다는 점을 알지 못했다. ➡ (X) 의사들은 가설에 의해 가짜 환자들을 판별해 내지 못했고 오히려 진짜 환자들이 가짜 환자들을 간파했다는 내용이 있기는 하지만 이는 의사들의 가설이 환자들의 주장과 부합되어야 한다는 점을 언급하기 위한 것이 아니다.

⑤ 의사들은 자신의 가설이 정상인의 행동을 해석하지 못한다는 점을 인정하지 못했다. ➡ (X) 의사들의 가설은 정신병 증상의 진위 여부를 판정하는 것과 관계가 있을 뿐 정상인의 행동을 해석하는 것과는 아무 관계가 없다.

21 ⑤
정답률 87.8%

| 문제 유형 | 사실적 이해 > 정보 확인
| 접근 전략 | 지문의 내용과 부합하는 선지를 찾는 문제 유형이다. 따라서 지문의 논지에 어긋나는 선지를 먼저 소거하고 지문에 언급되지 않은 선지를 제외한 후, 지문의 내용을 뒷받침할 수 있는 내용의 선지를 찾으면 된다.

다음 글의 내용과 양립할 수 있는 것은?

자본주의 초기 독일에서 종교적 소수집단인 가톨릭이 영리활동에 적극적으로 참여하지 않았다는 것은 다음과 같은 일반적 인식과 배치된다. 민족적, 종교적 소수자는 자의건 타의건 정치적으로 영향력 있는 자리에서 배제되기 때문에 영리활동에 몰두하는 경향이 있다. 이 소수자 중 뛰어난 재능을 가진 자들은 관직에서 실현할 수 없는 공명심을 영리활동으로 만족시키려 한다. 이는 19세기 러시아와 프러시아 동부지역의 폴란드인들, 그 이전 루이 14세 치하 프랑스의 위그노 교도들, 영국의 비국교도들과 퀘이커 교도들, 그리고 2천 년 동안 이방인으로 살아온 유태인들에게 적용되는 것이다. 그러나 독일 가톨릭의 경우에는 그러한 경향이 전혀 없거나 뚜렷하게 나타나지 않는다. 이는 다른 유럽국가들의 프로테스탄트가 종교적 이유로 박해를 받을 때조차

적극적인 경제활동으로 사회의 자본주의 발전에 기여했던 것과 대조적이다. 이러한 현상은 독일을 넘어 유럽사회에 일반적인 현상이었다. 프로테스탄트는 정치적 위상이나 수적 상황과 무관하게 자본주의적 영리활동에 적극적으로 참여하는 뚜렷한 경향을 보였다. 반면 가톨릭은 어떤 사회적 조건에 처해 있든 간에 이러한 경향을 나타내지 않았고 현재도 그러하다.

① 소수자이든 다수자이든 유럽의 종교집단은 사회의 자본주의 발전에 기여하지 못했다. ➡ (X) 프로테스탄트는 적극적인 경제활동으로 사회의 자본주의에 기여했다는 내용이 있으므로 유럽의 종교집단 모두가 사회의 자본주의 발전에 기여하지 못했다고 할 수 없다.

② 독일에서 가톨릭은 정치 영역에서 배제되었기 때문에 영리활동에 적극적으로 참여하였다. ➡ (X) 지문의 처음 부분에 독일에서 종교적 소수집단인 가톨릭이 영리활동에 적극적으로 참여하지 않았다는 내용이 제시되어 있다.

③ 독일 가톨릭의 경제적 태도는 모든 종교적 소수집단에 폭넓게 나타나는 보편적인 경향이다. ➡ (X) 자본주의 초기에 대부분의 종교적 소수자가 영리활동에 몰두한 것과 달리 독일의 가톨릭은 영리활동에 적극적으로 참여하지 않았으므로 독일 가톨릭의 경제적 태도는 보편적인 경향이라고 할 수 없다.

④ 프로테스탄트와 가톨릭에 공통적인 금욕적 성격은 두 종교집단이 사회에서 소수자이든 다수자이든 동일한 경제적 행동을 하도록 추동했다. ➡ (X) 지문에서 두 종교집단의 금욕적 성격이 경제적 행동을 하도록 추동했다는 언급은 찾을 수 없다.

⑤ 종교집단에 따라 경제적 태도에 차이가 나타나는 원인은 특정 종교집단이 처한 정치적, 사회적 상황이 아니라 종교 내적인 특성에 있다. ➡ (O) 경제활동에 대한 가톨릭의 태도는 사회적 조건과 상관없이 나타난다고 했으므로 본 선지의 내용은 지문의 내용과 양립할 수 있다.

22 ④
정답률 89.3%

| 문제 유형 | 비판적 사고 > 판단하기
| 접근 전략 | 지문에 제시된 주장의 논리상 한계를 지적한 선지를 찾는 문제 유형이다. 따라서 지문의 주장이 무엇인지 정확하게 파악한 후 그 주장이나 주장의 전제를 반박하는 선지를 골라야 한다. 이 문제에서는 지문의 주장에 대한 전제가 직접적으로 드러나 있지 않으므로 숨은 전제를 찾아야 문제를 해결할 수 있다.

다음 글의 주장에 대한 반박으로 가장 적절한 것은?

1880년 조지 풀맨은 미국 일리노이주에 풀맨 마을을 건설했다. 이 마을은 그가 경영하는 풀맨 공장 노동자들을 위해 기획한 공동체이다. 이 마을의 소유자이자 경영자인 풀맨은 마을의 교회 수 및 주류 판매 여부 등을 결정했다. 1898년 일리노이 최고법원은 이런 방식의 마을 경영이 민주주의 정신과 제도에 맞지 않는다고 판결하고, 풀맨에게 공장 경영과 직접 관련되지 않은 정치적 권한을 포기할 것을 명령했다. 이 판결이 보여주는 것은 민주주의 사회에서 소유권을 인정하는 것이 자동적으로 정치적 권력에 대한 인정을 함축하지 않는다는 점이다. 즉 풀맨이 자신의 마을에서 모든 집과 가게를 소유하는 것은 적법하지만, 그가 노동자들의 삶을 통제하며 그 마을에서 민주적 자치의 방법을 배제했기 때문에 결과적으로 민주주의 정신을 위배했다는 것이다. ▶1문단

이 결정은 분명히 미국 민주주의 정신에 부합한다. 하지만 문제는 미국이 이와 비슷한 다른 사안에는 동일한 민주주의 정신을 적용하지 않았다는 것이다. 미국은 누군가의 소유물인 마을에서 노동자들이 민주적 결정을 하지 못하게 하는 소유자의 권력을 제지한 반면, 누군가의 소유물인 공장에서 노동자들이 민주적 의사결정을 도입하고자 하는 것에는 반대했다. 만약 미국의 민주주의 정신에 따라 마을에서 재산 소유권과 정치적 권력을 분리하라고 명령할 수 있다면, 공장 내에서도 재산 소유권과 정치적 권력은 분리되어야 한다고 명령할 수 있어야 한다. 공장 소유주의 명령이 공장 내에서 절대적 정치 권력이 되어서는 안 된다는 것이다. 하지만 미국은 공장 내에서 소유주의 명

령이 공장 운영에 대한 노동자의 민주적 결정을 압도하는 것을 묵인한다. 공장에서도 민주적 원리가 적용되어야만 미국의 민주주의가 일관성을 가진다. ▶2문단

① 미국의 경우 마을 운영과 달리 공장 운영에 관한 법적 판단은 주 법원이 아닌 연방 법원에서 다루어야 한다. ➡ (✕) 법적 판단에 대한 권한이 어느 법원에 있는지는 새로운 문제 제기일 뿐, 지문의 주장을 반박하는 것은 아니다.

② 대부분의 미국 자본가들은 풀맨 마을과 같은 마을을 경영하지 않으므로 미국의 민주적 가치를 훼손하지 않는다. ➡ (✕) 지문에서는 풀맨 마을에 초점을 맞추고 그 안에서 민주적 원리를 어떻게 적용해야 할지에 대한 논의를 하고 있으므로 풀맨 마을 이외의 상황을 고려할 필요는 없다.

③ 미국이 내세우는 민주적 가치는 모든 시민이 자신의 거주지 안에서 자유롭게 살 수 있는 권리를 가장 우선시한다. ➡ (✕) 미국의 민주적 가치에 대한 설명일 뿐, 지문의 주장에 대한 반박 내용은 아니다.

④ 마을 운영이 정치적 문제에 속하는 것과 달리 공장 운영은 경제적 문제에 속하므로 전적으로 소유주의 권한에 속한다. ➡ (○) 지문에서는 미국의 민주적 원리가 마을에 적용되려면, 공장 내에서도 적용되어야 한다고 주장하고 있다. 따라서 마을 운영과 공장 운영은 서로 다른 영역의 문제라는 지적은 지문의 주장에 대한 적절한 반박이 될 수 있다.

⑤ 공장에서 이루어지고 있는 소유와 경영의 분리는 공장뿐 아니라 마을 공동체 등 사회의 다른 영역에도 적용되어야 한다. ➡ (✕) 재산 소유권과 정치적 권력의 분리는 마을 운영에만 적용되었을 뿐 공장에서는 이뤄지지 않았으므로 본 선지는 지문의 내용을 잘못 해석한 것이다.

23 ①
정답률 79.7%

| 문제 유형 | 비판적 사고 > 판단하기
| 접근 전략 | 논증에 대한 반박으로 적절하지 않은 것을 고르는 문제 유형이다. 따라서 제시된 논증의 논리상 오류를 찾아 이를 반박하는 선지를 골라야 한다. 지문의 논증은 높은 수준의 합리적 사람이 선호하는 쾌락이 실제로 더 가치 있는 쾌락이라는 점을 주장하고 있다. 이 논증에는 '높은 수준의 합리적 사람이 존재하는가', '높은 수준의 합리적 사람이 있다고 해도 그 사람이 선택한 쾌락이 최고의 가치라고 할 수 있는가' 등을 반박으로 제기할 수 있다.

다음 글에 나타난 논증에 대한 반박으로 적절하지 않은 것은?

쾌락과 관련된 사실에 대해서 충분한 정보를 갖고, 오랜 시간 숙고하여 자신의 선호를 합리적으로 판별할 수 있는 사람을 높은 수준의 합리적 사람이라고 한다. 이런 사람은 가치 수준이 다른 두 종류의 쾌락에 대해서 충분히 판단할 만한 위치에 있다. 그리하여 높은 수준의 합리적 사람이 선호하는 쾌락은 실제로 더 가치 있는 쾌락이다. 예컨대 그가 호떡 한 개를 먹고 느끼는 쾌락보다 수준 높은 시 한 편이 주는 쾌락을 선호한다면 시 한 편이 주는 쾌락이 더 가치 있다. 그것이 더 가치가 있는 것은 높은 수준의 합리적 사람이 더 선호하기 때문이다. 이런 방법으로 우리는 높은 수준의 합리적 사람이 선호하는 것을 통해서 쾌락의 가치 서열을 정할 수 있다. 나아가 우리는 최고 가치에 도달할 수 있다. 가령 높은 수준의 합리적 사람이 그 어떤 쾌락보다도 행복을 선호한다면, 이는 행복이 최고 가치라는 것을 뜻한다. 따라서 우리는 최고 가치가 무엇인지 알 수 있다.

① 대부분의 사람은 시 한 편과 호떡 한 개 중에서 호떡을 선택한다. ➡ (✕) 높은 수준의 합리적 사람과 대조되는 일반인의 선택을 제시하는 내용으로 높은 수준의 합리적 사람의 존재에 대한 긍정이 될 수 있다. 따라서 본 선지의 내용은 지문의 논증에 대한 반박이라고 볼 수 없다.

② 높은 수준의 합리적 개인들 사이에서도 쾌락의 선호가 다를 수 있다. ➡ (○) 높은 수준의 합리적 개인은 한 명이 아니라 여러 명일 수 있다. 더 가치

있는 것은 높은 수준의 합리적 사람이 선호하기 때문인데, 그 사람들의 쾌락의 선호가 다르다면 지문의 논증에 오류가 생길 수 있다. 따라서 본 선지의 내용은 지문의 논증에 대한 반박으로 적절하다.

③ 높은 수준의 합리적 사람이 행복을 최고 가치로 여긴다고 해서 행복이 최고 가치인 것은 아니다. ➡ (○) 지문의 논증에서는 어떤 쾌락이 더 가치 있는 것은 높은 수준의 합리적 사람이 더 선호하기 때문이라고 했다. 본 선지의 내용은 지문의 논증 자체에 의문을 제기한 것이므로 반박 내용으로 적절하다.

④ 자신의 선호를 판별할 수 있는 높은 수준의 합리적 능력을 지닌 사람들은 실제로 존재하지 않는다. ➡ (○) 높은 수준의 합리적 사람의 존재에 대해 의문을 제기하고 있으므로 지문의 논증에 대한 반박으로 적절하다.

⑤ 충분한 정보를 갖고 있고 오랜 시간 숙고한다 하더라도 질적 가치의 위계를 정할 수 있는 사람은 없다. ➡ (○) 쾌락의 가치 서열을 정하는 것에 대해 의문을 제기하는 것은 지문의 논증에 대한 반박으로 적절하다.

24 ④
TOP 2 정답률 53.5%

| 문제 유형 | 비판적 사고 > 판단하기
| 접근 전략 | 지문의 논지에 대한 평가로 적절한 것을 찾는 문제 유형이다. 선지에서는 특정한 서술 내용을 제시한 후 이것이 지문의 논지를 강화하는지 또는 약화하는지를 평가하고 있다. 따라서 지문의 논지를 먼저 파악한 후에 선지의 주장이 지문의 논지에 부합하는 내용인지 반박하는 내용인지 여부를 따지는 사고의 과정을 거쳐야 한다.

다음 글의 논지에 대한 평가로 가장 적절한 것은?

팝아트는 대중문화를 찬양한다. 팝아트는 모든 사람이 늘 알고 있는 것을 예술로 변용시킨다. 나아가 팝아트는 순수 미술의 종언을 선언한다. 이것은 전통적 철학의 종언을 선언하는 분석철학과 유사하다. 분석철학이 플라톤에서부터 시작해 하이데거에 이르는 철학 전체와 맞섰다면, 팝아트는 일상생활의 편에서 지금까지의 미술 전체에 맞선다. ▶1문단

그런데 순수 미술의 종언 이후에 예술은 어떠한 양상으로 전개되는가? 더 이상 미술이나 예술은 없는 것인가? 아니다. 어떤 목표를 추구했던 순수 미술의 역사가 종언을 고한 이후에 더 이상 일상에서 분리된 순수함이 강요될 필요는 없다. 이제 모든 것이 가능하며, 그 어떠한 것이라도 예술이 될 수 있다. 따라서 이러한 종언 이후의 예술작품은 더 이상 어떤 예술적 본질을 구현하는 것이 아니다. 가령 무엇을 모방 혹은 표현하는 본질적 기능을 수행하거나 미적 형식을 구현하기 때문에 어떤 것이 예술작품이 되는 것은 아니다. 더 이상 모든 예술작품에 공통적인 단 하나의 순수한 본질, 즉 가시적(可視的)인 어떤 본질은 요구되지 않는다. ▶2문단

그렇다면 예술작품에 고유한 미적 가치가 사라진 오늘날 예술작품의 기준이 무엇인가? 평범한 소변기를 「샘」이라는 제목으로 전시한 뒤샹의 예술작품은 외관상 실재 소변기와 식별 불가능하다. 그럼에도 뒤샹의 소변기는 예술작품이 된다. 분명히 뒤샹의 작품은 소변기가 갖고 있는 성질과 다른 무엇을 갖고 있어야 한다. 그것은 순수 미술이 추구했던 미적인 본질이 아니다. 그것은 오히려 뒤샹이 소변기에 부여하는 어떤 의미이다. 뒤샹의 소변기는 더 이상 소변기가 아니라 대담함, 뻔뻔함, 불경스러움, 재치 등을 담고 있는 의미 대상이다. 뒤샹의 소변기는 비가시적(非可視的) 의미 대상이기 때문에 한갓 일상적 대상이 아니라 예술작품이 되는 것이다. 따라서 미적 본질이 없기 때문에 그 어떤 일상 사물도 예술작품이 될 수 있고, 그럼에도 예술작품과 일상 사물이 구분된다는 것은 부정되지 않는다. ▶3문단

① 예술작품에 고유한 미적 본질이 없다는 것은 이 글의 논지를 약화시킨다. ➡ (✕) 지문에서는 오늘날의 예술작품에 고유한 미적 가치가 없음을 말하고 있으므로 예술작품에 고유한 미적 본질이 없다는 본 선지의 내용은 지문의 논지를 강화한다.

② 소변기가 고유한 미적 가치를 갖고 있다는 것은 이 글의 논지를 강화시킨다. ➡ (X) 3문단에 따르면 소변기는 순수 미술이 추구했던 미적인 본질은 아니지만 뒤샹이 부여한 어떤 의미, 비가시적 의미가 부여된 것이다. 따라서 소변기가 고유한 미적 가치를 갖고 있다는 것은 지문의 논지를 약화한다.

③ 분석철학과 팝아트가 서로 다른 영역이라는 것은 이 글의 논지를 약화시킨다. ➡ (X) 분석철학과 팝아트가 서로 다른 영역이라는 점은 중요하지 않다. 지문에서는 팝아트가 미술 전체에 맞선 것이 분석철학이 철학 전체에 맞선 것과 유사하다고 했는데 이 둘의 영역 차이는 지문의 논지를 약화하거나 강화하지 않는다.

④ 순수 미술 대상과 일상적 대상이 명백하게 다르다는 것은 이 글의 논지를 약화시킨다. ➡ (O) 3문단에서 미적 본질이 없기 때문에 일상 사물도 예술작품이 될 수 있다고 했으므로 이 둘이 명백하게 다르다는 것은 지문의 논지를 약화한다.

⑤ 가시적 본질이 예술과 비예술의 구분 기준이 된다는 것은 이 글의 논지를 강화시킨다. ➡ (X) 지문에서는 비가시적 본질이 예술과 비예술의 구분 기준이 된다고 하였으므로 가시적 본질로 인해 예술이 구분된다는 본 선지의 내용은 지문의 논지를 약화한다.

25 ①

정답률 88.0%

|문제 유형| 사실적 이해 > 정보 확인
|접근 전략| 지문에서는 소리가 두 귀에 도달하는 시간의 차이, 두 귀에 들리는 크기의 차이, 두 고막에 도달하는 음색의 차이를 단서로 음원의 위치를 파악할 수 있음을 설명하고 있다. 따라서 선지를 먼저 읽고 관련 내용이 설명된 지문의 문단을 찾아 읽으면서 선지 내용의 옳고 그름을 빠르게 분석·판단해야 한다.

다음 글에서 알 수 있는 것은?

소리를 내는 것, 즉 음원의 위치를 판단하는 일은 복잡한 과정을 거친다. 사람의 청각은 '청자의 머리와 두 귀가 소리와 상호작용하는 방식'을 단서로 음원의 위치를 파악한다. ▶1문단

음원의 위치가 정중앙이 아니라 어느 한쪽으로 치우쳐 있으면, 소리가 두 귀 중에서 어느 한쪽에 먼저 도달한다. 왼쪽에서 나는 소리는 왼쪽 귀가 먼저 듣고, 오른쪽에서 나는 소리는 오른쪽 귀가 먼저 듣는다. 따라서 소리가 두 귀에 도달하는 데 걸리는 시간차를 이용하면 소리가 오는 방향을 알아낼 수 있다. 소리가 두 귀에 도달하는 시간의 차이는 음원이 정중앙에서 한쪽으로 치우칠수록 커진다. ▶2문단

양 귀를 이용해 음원의 위치를 알 수 있는 또 다른 단서는 두 귀에 도달하는 소리의 크기 차이이다. 왼쪽에서 나는 소리는 왼쪽 귀에 더 크게 들리고, 오른쪽에서 나는 소리는 오른쪽 귀에 더 크게 들린다. 이런 차이는 머리가 소리 전달을 막는 장애물로 작용하기 때문이다. 하지만 이런 차이는 소리에 섞여 있는 여러 음파들 중 고주파에서만 일어나고 저주파에서는 일어나지 않는다. 따라서 소리가 저주파로만 구성되어 있는 경우 소리의 크기 차이를 이용한 위치 추적은 효과적이지 않다. ▶3문단

또 다른 단서는 음색의 차이이다. 고막에 도달하기 전에 소리는 머리와 귓바퀴를 지나는데 이때 머리와 귓바퀴의 굴곡은 소리를 변형시키는 필터 역할을 한다. 이 때문에 두 고막에 도달하는 소리의 음색 차이가 생겨난다. 이러한 차이를 통해 음원의 위치를 파악할 수 있다. ▶4문단

① 다른 조건이 같다면 고주파로만 구성된 소리가 저주파로만 구성된 소리보다 음원의 위치를 파악하기 쉽다. ➡ (O) 3문단의 '하지만 이런 차이는 소리에 섞여 있는 여러 음파들 중 고주파에서만 일어나고 저주파에서는 일어나지 않는다.'를 통해 다른 조건이 같다면 고주파로만 구성된 소리를 파악하기 더 쉽다는 것을 알 수 있다.

② 두 귀에 도달하는 소리의 시간차가 클수록 청자와 음원의 거리는 멀다. ➡ (X) 2문단의 '소리가 두 귀에 도달하는 데 걸리는 시간차를 이용하면 소리가 오는 방향을 알아낼 수 있다.'를 통해 시간차는 음원이 정중앙에서 어느 한쪽으로 치우친 정도에 영향을 받는다는 것을 알 수 있지만 청자와 음원의 거리가 먼지는 알 수 없다.

③ 저주파로만 구성된 소리의 경우 그 음원의 위치를 파악할 수 없다. ➡ (X) 음원의 위치는 소리가 두 귀에 도달하는 시간의 차이나 음색의 차이로도 파악할 수 있으므로 저주파로만 구성된 소리라고 해서 음원의 위치를 파악할 수 없는 것은 아니다.

④ 머리가 소리를 막지 않는다면 음원의 위치를 파악할 수 없다. ➡ (X) 머리가 소리를 막지 않는다면 소리의 크기 차이로 음원의 위치를 파악할 수 없다. 하지만 시간차나 음색의 차이로 음원의 위치는 파악할 수 있다.

⑤ 두 귀에 도달하는 소리의 음색 차이는 음원에서 발생한다. ➡ (X) 마지막 문단의 내용을 통해 두 귀에 도달하는 소리의 음색 차이는 소리가 고막에 도달하기 전에 머리와 귓바퀴를 거치기 때문에 일어나는 것임을 알 수 있다. 즉 음색의 차이는 음원에서 발생하는 것이 아니다.

2011 | 제2영역 자료해석(㉾ 책형)

기출 총평

평이한 수준의 난도로 출제되었으며. 적정한 난도를 유지하기 위해 단형적인 문제와 가벼운 아이디어 위주의 문제로 자료의 양이 많지 않게 출제되었다. 〈표〉와 차트에 대한 이해를 묻는 문제. 수치를 계산하는 문제 등이 출제되었는데. 특히 계산형 문제는 수학적 지식과 함께 연산 과정을 거쳐 정답을 찾는 문제가 출제되었다. 또 〈표〉와 〈그림〉을 제시하는 문제가 다수 출제되었고. 〈표〉나 〈보고서〉 자료를 그래프 자료로 변환시키는 문제의 경우에도 시간은 다소 소요되지만 충분히 해결할 수 있는 문제 수준으로 출제되었다. 제시된 자료가 실생활에서 익숙하지 않은 용어를 사용하고 있어서 처음 문제를 접했을 때에는 어렵게 느껴질 수도 있겠지만 문제의 핵심을 파악하여 차근차근 해결하면 그리 어렵게 느껴지지 않았을 것이다. 수치 계산형 문제의 경우에는 정확한 계산을 요구하기보다는 대략적인 수치를 비교하여 파악하는 문제가 출제되므로 꼼꼼하게 계산할 필요는 없다. 선지나 〈보기〉를 순서대로 풀기보다는 쉽게 해결할 수 있는 것부터 푸는 것도 방법이다. 즉. 자료해석 문제를 해결하기 위해서는 문제를 접근하는 방식과 선지를 파악하는 것이 가장 중요한 전략이 될 수 있다.

문항별 정답률 및 선지별 선택률

문번	정답	정답률 (%)	선지별 선택률(%)					문번	정답	정답률 (%)	선지별 선택률(%)				
			①	②	③	④	⑤				①	②	③	④	⑤
01	④	95.3	2.0	1.2	1.2	95.3	0.3	14	③	91.3	1.2	0.8	91.3	1.2	5.5
02	①	89.2	89.2	2.8	2.4	2.0	3.6	15	⑤	94.0	1.2	3.2	0.8	0.8	94.0
03	②	52.2	0.8	52.2	6.3	3.2	37.5	16	②	90.1	5.2	90.1	1.2	1.5	2.0
04	⑤	89.7	2.4	1.2	4.3	2.4	89.7	17	⑤	66.7	12.7	2.4	12.2	6.0	66.7
05	②	60.5	3.6	60.5	2.8	30.0	3.1	18	②	94.0	2.8	94.0	0.8	0.8	1.6
06	④	64.4	0.0	18.6	10.3	64.4	6.7	19	④	80.6	12.7	1.2	0.8	80.6	4.7
07	④	89.3	0.4	0.8	9.5	89.3	0.0	20	①	87.3	87.3	11.5	0.4	0.4	0.4
08	⑤	89.7	5.9	2.0	0.8	1.6	89.7	21	③	63.9	2.3	6.0	63.9	17.9	9.9
09	①	90.1	90.1	0.0	8.7	0.4	0.8	22	④	66.4	10.8	9.6	7.6	66.4	5.6
10	③	92.5	0.4	1.2	92.5	0.4	5.5	23	③	67.3	6.9	8.9	67.3	5.2	11.7
11	①	92.9	92.9	1.1	0.0	2.0	4.0	24	②	46.2	4.0	46.2	0.4	48.6	0.8
12	③	88.1	0.4	2.8	88.1	5.5	3.2	25	①	59.7	59.7	12.1	14.5	11.7	2.0
13	④	90.9	1.6	2.4	0.8	90.9	4.3								

※ 파란색 음영 문항은 해당 회차에서 정답률이 가장 낮은 TOP 3 문항입니다.
※ 정답률 및 선지별 선택률 산정 기준: 약 1년간 누적된 자동채점 & 성적결과분석 서비스의 응시 데이터

출제 비중

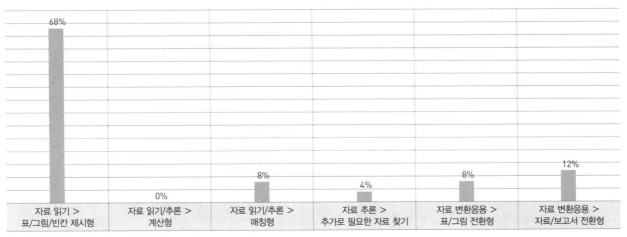

68%

0%

8%

4%

8%

12%

| 자료 읽기 > 표/그림/빈칸 제시형 | 자료 읽기/추론 > 계산형 | 자료 읽기/추론 > 매칭형 | 자료 추론 > 추가로 필요한 자료 찾기 | 자료 변환응용 > 표/그림 전환형 | 자료 변환응용 > 자료/보고서 전환형 |

01	④	02	①	03	②	04	⑤	05	②
06	④	07	④	08	⑤	09	①	10	③
11	①	12	③	13	④	14	③	15	⑤
16	②	17	⑤	18	②	19	④	20	①
21	③	22	④	23	③	24	②	25	①

01 ④

정답률 95.3%

| 문제 유형 | 자료 읽기 > 그림 제시형

| 접근 전략 | 제시된 〈그림〉에 나타난 프로그램의 주간 시청률을 분석하는 문제이다. A사가 조사한 시청률은 가로축으로, B사가 조사한 시청률은 세로축으로 확인할 수 있다.

다음 〈그림〉은 A사와 B사가 조사한 주요 TV 프로그램의 2011년 7월 넷째 주 주간 시청률을 나타낸 자료이다. 이에 대한 〈보기〉의 설명 중 옳은 것을 모두 고르면?

〈그림〉 주요 TV 프로그램의 주간 시청률(2011년 7월 넷째 주)

(단위: %)

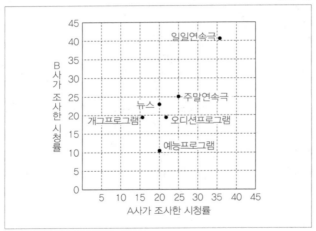

─〈보기〉─

ㄱ. B사가 조사한 일일연속극 시청률은 40% 미만이다. → (X) B사가 조사한 일일연속극 시청률은 40%를 넘는다.

ㄴ. A사가 조사한 시청률과 B사가 조사한 시청률 간의 차이가 가장 큰 것은 예능프로그램이다. → (O) A사가 조사한 시청률과 B사가 조사한 시청률이 같은 지점을 이어 선으로 나타낸 y=x의 그래프에서 멀리 떨어져 있을수록 A사와 B사가 조사한 시청률의 차이가 큰 것이다. 이 선에서 가장 멀리 떨어져 있는 프로그램은 예능프로그램이다.

ㄷ. 오디션프로그램의 시청률은 B사의 조사결과가 A사의 조사결과보다 높다. → (X) 오디션프로그램의 시청률의 경우 A사의 조사결과는 약 22%이고, B사의 조사결과는 약 19%이다. 따라서 오디션프로그램의 시청률은 B사의 조사결과가 A사의 조사결과보다 낮다.

ㄹ. 주말연속극의 시청률은 A사의 조사결과가 B사의 조사결과보다 높다. → (X) 주말연속극의 시청률의 경우 A사의 조사결과와 B사의 조사결과는 25%로 같다.

ㅁ. A사의 조사에서는 오디션프로그램이 뉴스보다 시청률이 높으나 B사의 조사에서는 뉴스가 오디션프로그램보다 시청률이 높다. → (O) A사의 조사에서 오디션프로그램의 시청률은 약 22%이고, 뉴스의 시청률은 20%로, 오디션프로그램의 시청률이 뉴스의 시청률보다 높다. B사의 조사에서 오디션프로그램의 시청률은 약 19%이고, 뉴스의 시청률은 약 23%로, 뉴스의 시청률이 오디션프로그램의 시청률보다 높다.

① ㄱ, ㄷ ➡ (X)
② ㄱ, ㅁ ➡ (X)
③ ㄴ, ㄹ ➡ (X)
④ ㄴ, ㅁ ➡ (O)
⑤ ㄴ, ㄷ, ㄹ ➡ (X)

02 ①

정답률 89.2%

| 문제 유형 | 자료 읽기 > 표/빈칸 제시형

| 접근 전략 | 〈표〉에서 각각의 계산식을 통해 빈칸을 채운 후 선지의 진위 여부를 파악하는 문제이다. 액면이자를 제외하고는 모두 전년도의 수치와 연관되어 계산해야 하므로 3차 연도의 빈칸을 먼저 채운 후 4차 연도의 빈칸을 채워야 한다.

다음 〈표〉는 '갑'기업의 사채발행차금 상각 과정을 나타낸 것이다. 이에 대한 설명으로 옳지 않은 것은?

〈표〉 사채발행차금 상각 과정

(단위: 백만 원)

구분	연도	1차 연도	2차 연도	3차 연도	4차 연도
	이자비용(A) [=(전년도 E) × 0.1]	–	900	( )	( )
	액면이자(B)	–	600	600	600
사채 발행 차금	상각액(C) [=(당해 연도 A) – (당해 연도 B)]	–	300	( )	( )
	미상각잔액(D) [=(전년도 D) – (당해 연도 C)]	3,000	2,700	( )	( )
	사채장부가액(E) [=(전년도 E) + (당해 연도 C)]	9,000	9,300	( )	9,993

※ 1차 연도의 미상각잔액(3,000백만 원)과 사채장부가액(9,000백만 원)은 주어진 값임

① 3차 연도의 사채장부가액은 96억 원 이하이다. ➡ (X) 3차 연도 이자비용은 2차 연도 사채장부가액 9,300 × 0.1 =930(백만 원)이다. 3차 연도 상각액은 3차 연도 이자비용 930 – 3차 연도 액면이자 600 =330(백만 원)이므로 3차 연도 사채장부가액은 2차 연도 사채장부가액 9,300+3차 연도 상각액 330 =9,630(백만 원)이다. 따라서 3차 연도의 사채장부가액은 96억 원을 넘는다.

② 3차 연도, 4차 연도의 상각액은 전년도 대비 매년 증가한다. ➡ (O) 2차 연도 상각액은 300백만 원이고, 3차 연도 상각액은 3차 연도 이자비용 930 – 액면이자 600 =330(백만 원)이다. 4차 연도 이자비용은 3차 연도 사채장부가액 9,630 × 0.1 =963(백만 원)이므로 4차 연도 상각액은 4차 연도 이자비용 963 – 4차 연도 액면이자 600 =363(백만 원)이다. 따라서 3차 연도, 4차 연도의 상각액은 전년도 대비 매년 증가한다.

③ 3차 연도, 4차 연도의 이자비용은 전년도 대비 매년 증가한다. ➡ (O) 2차 연도의 이자비용은 900백만 원, 3차 연도의 이자비용은 930백만 원, 4차 연도의 이자비용은 963백만 원이다. 따라서 3차 연도, 4차 연도의 이자비용은 전년도 대비 매년 증가한다.

④ 3차 연도, 4차 연도의 미상각잔액은 전년도 대비 매년 감소한다.
➡ (O) 2차 연도 미상각잔액은 2,700백만 원, 3차 연도 미상각잔액은 2차 연도 미상각잔액 2,700 − 3차 연도 상각액 330=2,370(백만 원)이고, 4차 연도 미상각잔액은 3차 연도 미상각잔액 2,370 − 4차 연도 상각액 363=2,007(백만 원)이다. 따라서 3차 연도, 4차 연도의 미상각잔액은 전년도 대비 매년 감소한다.

⑤ 3차 연도 대비 4차 연도의 사채장부가액 증가액은 4차 연도의 상각액과 일치한다. ➡ (O) 3차 연도 사채장부가액은 2차 연도 사채장부가액 9,300+3차 연도 상각액 330=9,630(백만 원)이고, 4차 연도 사채장부가액은 3차 연도 사채장부가액 9,630+4차 연도 상각액 363=9,993(백만 원)이다. 3차 연도 대비 4차 연도의 사채장부가액 증가액은 9,993 − 9,630=363(백만 원)으로, 이는 4차 연도 상각액 363백만 원과 같다.

03 ②
TOP 2 정답률 52.2%

| 문제 유형 | 자료 변환응용 > 표/그림 전환형
| 접근 전략 | 〈표 1〉을 통해 국가별 남성의 암 발생률을, 〈표 2〉를 통해 국가별 여성의 암 발생률을 알 수 있다. 암 발생률의 구성비는 전체 암 발생률에서 해당 암 발생률이 차지하는 비중을 의미함을 알아두도록 한다.

다음 〈표〉는 성별에 따른 2008년도 국가별 암 발생률에 대한 자료이다. 이에 근거하여 정리한 것 중 옳지 않은 것은?

〈표 1〉 국가별 암 발생률(남자)

(단위: 명)

한국		일본		미국		영국	
위	63.8	위	46.8	전립선	83.8	전립선	62.1
폐	46.9	대장	41.7	폐	49.5	폐	41.6
대장	45.9	폐	38.7	대장	34.1	대장	36.2
간	38.9	전립선	22.7	방광	21.1	방광	13.0
전립선	23.0	간	17.6	림프종	16.3	림프종	12.0
기타	95.7	기타	79.8	기타	130.2	기타	115.9
계	314.2	계	247.3	계	335.0	폐	280.8

※ 암 발생률: 특정기간 동안 해당 집단의 인구 10만 명당 새롭게 발생한 암 환자 수

〈표 2〉 국가별 암 발생률(여자)

(단위: 명)

한국		일본		미국		영국	
갑상선	68.6	유방	42.7	유방	76.0	유방	87.9
유방	36.8	대장	22.8	폐	36.2	대장	23.7
위	24.9	위	18.2	대장	25.0	폐	23.5
대장	24.7	폐	13.3	자궁체부	16.5	난소	12.8
폐	13.9	자궁경부	9.8	갑상선	15.1	자궁체부	11.1
기타	72.7	기타	60.8	기타	105.6	기타	90.5
계	241.6	계	167.6	계	274.4	계	249.5

① 성별에 따른 국가별 암 발생률의 계

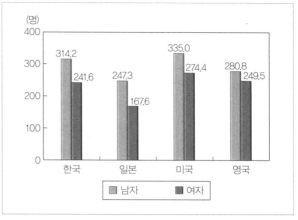

➡ (O) 〈표 1〉에서 남성의 암 발생률은 한국의 경우 314.2명, 일본의 경우 247.3명, 미국의 경우 335.0명, 영국의 경우 280.8명이다. 〈표 2〉에서 여성의 암 발생률은 한국의 경우 241.6명, 일본의 경우 167.6명, 미국의 경우 274.4명, 영국의 경우 249.5명이다. 이는 〈그림〉과 일치한다.

② 국가별 여성 유방암 발생자 수

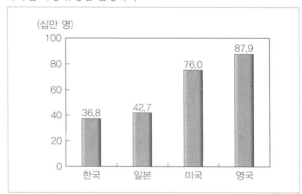

➡ (X) 〈표 2〉에서는 국가별 여성의 암 발생률이 나타나 있다. 여성의 암 발생률은 여성 인구 10만 명당 새롭게 발생한 암 환자 수를 의미한다. 하지만 〈표 2〉에서는 여성 전체 인구가 제시되어 있지 않으므로 암 발생자 수는 알 수 없다.

③ 한국의 성별 암 발생률

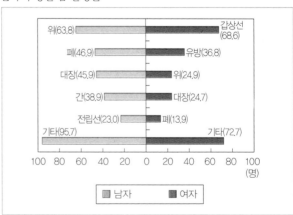

➡ (O) 〈표 1〉에서 한국 남성의 암 발생률은 위 63.8명, 폐 46.9명, 대장 45.9명, 간 38.9명, 전립선 23.0명, 기타 95.7명이다. 〈표 2〉에서 한국 여성의 암 발생률은 갑상선 68.6명, 유방 36.8명, 위 24.9명, 대장 24.7명, 폐 13.9명, 기타 72.7명이다. 이는 〈그림〉과 일치한다.

④ 한국과 일본의 암 발생률(남자)

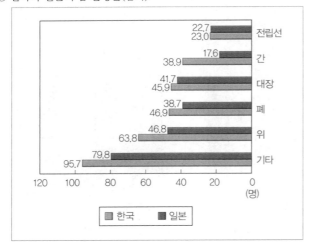

➡ (O) 〈표 1〉에서 한국 남성의 암 발생률은 전립선 23.0명, 간 38.9명, 대장 45.9명, 폐 46.9명, 위 63.8명, 기타 95.7명이고, 일본 남성의 암 발생률은 전립선 22.7명, 간 17.6명, 대장 41.7명, 폐 38.7명, 위 46.8명, 기타 79.8명이다. 이는 〈그림〉과 일치한다.

⑤ 한국 여성의 암 발생률의 구성비

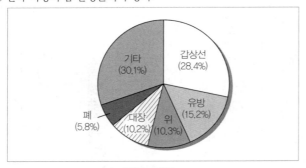

➡ (O) 암 발생률의 구성비는 $\frac{\text{해당 암 발생률}}{\text{전체 암 발생률}} \times 100$으로 구할 수 있다. 〈표 2〉에서 한국 여성의 암 발생률의 구성비는 갑상선의 경우 $\frac{68.6}{241.6} \times 100 ≒ 28.4(\%)$, 유방의 경우 $\frac{36.8}{241.6} \times 100 ≒ 15.2(\%)$, 위의 경우 $\frac{24.9}{241.6} \times 100 ≒ 10.3(\%)$, 대장의 경우 $\frac{24.7}{241.6} \times 100 ≒ 10.2(\%)$, 폐의 경우 $\frac{13.9}{241.6} \times 100 ≒ 5.8(\%)$, 기타의 경우 $\frac{72.7}{241.6} \times 100 ≒ 30.1(\%)$이다. 이는 〈그림〉과 일치한다.

---

 04 ⑤   정답률 89.7%

| **문제 유형** | 자료 읽기 > 표 제시형

| **접근 전략** | 〈표〉에 제시된 연도별 훈련인원과 훈련지원금을 실업자와 재직자의 경우로 구분하여 파악하는 문제이다. 1인당 훈련지원금은 $\frac{\text{훈련지원금}}{\text{훈련인원}}$으로 구할 수 있으므로 이를 이용하여 실업자와 재직자의 1인당 훈련지원금을 비교 분석할 수 있어야 한다.

다음 〈표〉는 2006년부터 2010년까지 정부지원 직업훈련 현황에 대한 자료이다. 이에 대한 〈보기〉의 설명 중 옳은 것을 모두 고르면?

〈표〉 연도별 정부지원 직업훈련 현황

(단위: 천 명, 억 원)

구분	연도	2006년	2007년	2008년	2009년	2010년
훈련 인원	실업자	102	117	113	153	304
	재직자	2,914	3,576	4,007	4,949	4,243
	계	3,016	3,693	4,120	5,102	4,547
훈련 지원금	실업자	3,236	3,638	3,402	4,659	4,362
	재직자	3,361	4,075	4,741	5,597	4,669
	계	6,597	7,713	8,143	10,256	9,031

〈보기〉

ㄱ. 실업자 훈련인원과 실업자 훈련지원금의 연도별 증감 방향은 서로 일치한다. → (X) 실업자 훈련인원은 102천 명 → 117천 명 → 113천 명 → 153천 명 → 304천 명으로, 증가 → 감소 → 증가 → 증가하였다. 실업자 훈련지원금은 3,236억 원 → 3,638억 원 → 3,402억 원 → 4,659억 원 → 4,362억 원으로, 증가 → 감소 → 증가 → 감소하였다. 따라서 실업자 훈련인원과 실업자 훈련지원금의 연도별 증감 방향은 서로 일치하지 않는다.

ㄴ. 훈련지원금 총액은 2009년에 1조 원을 넘어 최고치를 기록하였다. → (O) 2009년 훈련지원금 총액은 10,256억 원으로 다른 연도에 비해 가장 많다.

ㄷ. 2006년 대비 2010년 실업자 훈련인원의 증가율은 실업자 훈련지원금 증가율의 7배 이상이다. → (X) 2006년 대비 2010년 실업자 훈련인원의 증가율은 $\frac{(304-102)}{102} \times 100 ≒ 198.0(\%)$이고, 2006년 대비 2010년 실업자 훈련지원금 증가율은 $\frac{(4,362-3,236)}{3,236} \times 100 ≒ 34.8(\%)$이다. 따라서 2006년 대비 2010년 실업자 훈련인원의 증가율은 실업자 훈련지원금 증가율의 7배가 되지 않는다.

ㄹ. 훈련인원은 매년 실업자가 재직자보다 적었다. → (O) 2006~2010년 실업자 훈련인원은 재직자 훈련인원보다 적다. 따라서 훈련인원은 매년 실업자가 재직자보다 적었다.

ㅁ. 1인당 훈련지원금은 매년 실업자가 재직자보다 많았다. → (O) 실업자와 재직자의 훈련인원은 2006~2009년에는 재직자가 실업자의 약 30배이고, 2010년에는 약 15배이다. 반면, 훈련지원금은 재직자와 실업자가 2배 차이가 나지 않으므로 1인당 훈련지원금 = $\frac{\text{훈련지원금}}{\text{훈련인원}}$은 실업자가 재직자보다 많다.

---

① ㄱ, ㄴ, ㄷ ➡ (X)
② ㄱ, ㄷ, ㄹ ➡ (X)
③ ㄱ, ㄹ, ㅁ ➡ (X)
④ ㄴ, ㄷ, ㅁ ➡ (X)
⑤ ㄴ, ㄹ, ㅁ ➡ (O)

05 ②

|문제 유형| 자료 읽기 > 표 제시형

|접근 전략| 회원기금원금을 연도별로 비교할 뿐만 아니라 특정 연도의 회원기금원금 및 회원 수를 비교하는 복합적인 문제이다. 제시된 회원급여저축총액과 회원급여저축원금을 통해 누적이자총액을 구할 수 있다.

다음 〈표〉는 '갑' 공제회의 회원기금원금, 회원 수 및 1인당 평균 계좌 수, 자산 현황에 관한 자료이다. 이에 대한 〈보기〉의 설명 중 옳지 않은 것을 모두 고르면?

〈표 1〉 공제회 회원기금원금(연말 기준)

(단위: 억 원)

연도 원금구분	2005년	2006년	2007년	2008년	2009년	2010년
회원급여 저축원금	19,361	21,622	21,932	22,030	23,933	26,081
목돈수탁원금	7,761	7,844	6,270	6,157	10,068	12,639
계	27,122	29,466	28,202	28,187	34,001	38,720

〈표 2〉 공제회 회원 수 및 1인당 평균 계좌 수(연말 기준)

(단위: 명, 개)

연도 구분	2005년	2006년	2007년	2008년	2009년	2010년
회원 수	166,346	169,745	162,425	159,398	162,727	164,751
1인당 평균 계좌 수	65.19	64.27	58.02	61.15	67.12	70.93

〈표 3〉 2010년 공제회 자산 현황(연말 기준)

(단위: 억 원, %)

구분	금액(비중)
회원급여저축총액	37,952(46.8)
차입금	17,976(22.1)
보조금 등	7,295(9.0)
안정기금	5,281(6.5)
목돈수탁원금	12,639(15.6)
계	81,143(100.0)

※ 회원급여저축총액=회원급여저축원금+누적이자총액

〈보기〉

ㄱ. 회원기금원금은 매년 증가하였다. → (X) 〈표 1〉에서 회원기금원금은 27,122억 원 → 29,466억 원 → 28,202억 원 → 28,187억 원 → 34,001억 원 → 38,720억 원으로 증가 → 감소 → 감소 → 증가 → 증가하였다.

ㄴ. 공제회의 회원 수가 가장 적은 해에 목돈수탁원금도 가장 적다. → (O) 〈표 2〉에서 공제회 회원 수가 가장 적은 해는 2008년이고, 〈표 1〉에서 목돈수탁원금이 가장 적은 해도 2008년이다. 따라서 공제회의 회원 수가 가장 적은 해에 목돈수탁원금도 가장 적다.

ㄷ. 2010년에 회원급여저축총액에서 누적이자총액이 차지하는 비중은 50% 이상이다. → (X) 회원급여저축총액은 회원급여저축원금+누적이자총액으로 구할 수 있다. 〈표 3〉에서 2010년 회원급여저축총액은 37,952억 원이고, 〈표 1〉에서 2010년 회원급여저축원금은 26,081억 원이므로 2010년 누적이자총액은 37,952 - 26,081 = 11,871(억 원)이다. 따라서 2010년에 회원급여저축총액에서 누적이자총액이 차지하는 비중은 $\frac{11,871}{37,952} \times 100 ≒ 31.3(\%)$이다.

ㄹ. 1인당 평균 계좌 수가 가장 많은 해에 회원기금원금도 가장 많다.

→ (O) 〈표 2〉에서 1인당 평균 계좌 수가 가장 많은 해는 2010년이고, 〈표 1〉에서 회원기금원금이 가장 많은 해는 2010년이다. 따라서 1인당 평균 계좌 수가 가장 많은 해에 회원기금원금도 가장 많다.

① ㄱ, ㄴ ➡ (X)
② ㄱ, ㄷ ➡ (O)
③ ㄴ, ㄷ ➡ (X)
④ ㄴ, ㄹ ➡ (X)
⑤ ㄱ, ㄷ, ㄹ ➡ (X)

06 ④

|문제 유형| 자료 읽기 > 표 제시형

|접근 전략| 〈표〉를 통해 각각의 친환경 농산물 생산량이 친환경 농산물 총생산량에서 차지하는 비율을 파악하는 문제이다. 〈표〉 하단의 내용을 통해 저농약 신규 인증이 중단된 시기와 저농약 인증 자체가 폐지된 시기를 구분해서 선지를 풀어야 한다.

다음 〈표〉는 2004년부터 2010년까지 친환경 농산물 생산량에 대한 자료이다. 이에 대한 설명 중 옳은 것은?

〈표〉 친환경 농산물 생산량 추이

(단위: 백 톤)

구분	2004년	2005년	2006년	2007년	2008년	2009년	2010년
유기 농산물	1,721	2,536	2,969	4,090	7,037	11,134	15,989
무농약 농산물	6,312	9,193	10,756	14,345	25,368	38,082	54,687
저농약 농산물	13,766	20,198	23,632	22,505	18,550	—	—
계	21,799	31,927	37,357	40,940	50,955	49,216	70,676

※ 1) 모든 친환경 농산물은 유기, 무농약, 저농약 중 한 가지 인증을 받아야 함
2) 단, 2007년 1월 1일부터 저농약 신규 인증은 중단되며, 2009년 1월 1일부터 저농약 인증 자체가 폐지됨

① 저농약 신규 인증 중단 이후 친환경 농산물 총생산량은 매년 감소하였다. ➡ (X) 저농약 신규 인증 중단 시기는 2007년 1월 1일이다. 2007년 1월 1일 이후 친환경 농산물 총생산량은 40,940백 톤 → 50,955백 톤 → 49,216백 톤 → 70,676백 톤으로 증가 → 감소 → 증가하였다.

② 저농약 인증 폐지 전 저농약 농산물 생산량은 매년 친환경 농산물 총생산량의 절반 이상을 차지하였다. ➡ (X) 저농약 인증 폐기 시기는 2009년 1월 1일이다. 2009년 1월 1일 전까지 저농약 농산물 생산량이 친환경 농산물 총생산량에서 차지하는 비율은 2004년의 경우 $\frac{13,766}{21,799} \times 100 ≒ 63.1(\%)$, 2005년의 경우 $\frac{20,198}{31,927} \times 100 ≒ 63.3(\%)$, 2006년의 경우 $\frac{23,632}{37,357} \times 100 ≒ 63.3(\%)$, 2007년의 경우 $\frac{22,505}{40,940} \times 100 ≒ 55.0(\%)$, 2008년의 경우 $\frac{18,550}{50,955} \times 100 ≒ 36.4(\%)$이다. 따라서 저농약 인증 폐지 전 저농약 농산물 생산량은 2004~2007년까지 친환경 농산물 총생산량의 절반 이상을 차지하였으나, 2008년에는 절반이 되지 않았다.

③ 저농약 신규 인증 중단 이후 매년 무농약 농산물 생산량은 친환경 농산물 총생산량의 50% 이상을 차지하였다. ➡ (X) 저농약 신규 인증 중단 시기는 2007년 1월 1일이다. 2007년 1월 1일 이후 무농약 농산물 생산량이 친환경 농산물 총생산량에서 차지하는 비율은 2007년의 경우 $\frac{14,345}{40,940} \times 100 ≒$

2011 제2영역 자료해석 • 623

35.0(%), 2008년의 경우 $\frac{25,368}{50,955} \times 100 = 49.8$(%), 2009년의 경우 $\frac{38,082}{49,216} \times$

100 = 77.4(%), 2010년의 경우 $\frac{54,687}{70,676} \times 100 = 77.4$(%)이다. 따라서 저농약 신규

인증 중단 이후 2009년과 2010년에 무농약 농산물 생산량이 친환경 농산물 총생산량의 50%를 넘지만, 2007년과 2008년에는 50%를 넘지 않는다.

④ 2005년 이후 전년에 비해 친환경 농산물 총생산량이 처음으로 감소한 시기는 저농약 인증이 폐지된 해이다. ➡ (O) 저농약 인증이 폐지된 해는 2009년이고, 2005년 이후 전년에 비해 친환경 농산물 총생산량이 처음으로 감소한 시기는 2009년이다. 따라서 2005년 이후 전년에 비해 친환경 농산물 총생산량이 처음으로 감소한 시기와 저농약 인증이 폐지된 해는 같다.

⑤ 2005년 이후 전년에 비해 무농약 농산물 생산량의 증가폭이 가장 큰 시기는 2008년이다. ➡ (X) 전년 대비 무농약 농산물 생산량의 증가폭은 2005년의 경우 9,193 − 6,312 = 2,881(백 톤), 2006년의 경우 10,756 − 9,193 = 1,563(백 톤), 2007년의 경우 14,345 − 10,756 = 3,589(백 톤), 2008년의 경우 25,368 − 14,345 = 11,023(백 톤), 2009년의 경우 38,082 − 25,368 = 12,714(백 톤), 2010년의 경우 54,687 − 38,082 = 16,605(백 톤)이다. 따라서 2005년 이후 전년에 비해 무농약 농산물 생산량의 증가폭이 가장 큰 시기는 2010년이다.

07 ④ 　　　　　　　　　　　　　　　　　　　　　정답률 89.3%

| 문제 유형 | 자료 읽기 > 표 제시형
| 접근 전략 | 〈표〉는 양성평등정책에 대한 성별 의견뿐만 아니라 연령별 의견을 보여 주고 있다. 같은 연령대라면 성별에 따른 의견을 비교할 것이고, 같은 성별이라면 연령별에 따른 의견을 비교할 것임을 추론할 수 있다.

다음 〈표〉는 양성평등정책에 대한 의견을 성별 및 연령별로 정리한 자료이다. 이에 대한 〈보기〉의 설명 중 옳은 것을 모두 고르면?

〈표〉 양성평등정책에 대한 성별 및 연령별 의견

(단위: 명)

구분	30세 미만		30세 이상	
	여성	남성	여성	남성
찬성	90	78	60	48
반대	10	22	40	52
계	100	100	100	100

─〈보기〉─

ㄱ. 30세 미만 여성이 30세 이상 여성보다 양성평등정책에 찬성하는 비율이 높다. → (O) 양성평등정책에 찬성하는 사람은 30세 미만 여성인 경우 90명이고, 30세 이상 여성인 경우 60명이다. 전체 인원 수가 100명으로 동일하므로 양성평등정책에 찬성하는 비율은 30세 미만 여성이 30세 이상 여성보다 높다.

ㄴ. 30세 이상 여성이 30세 이상 남성보다 양성평등정책에 찬성하는 비율이 높다. → (O) 양성평등정책에 찬성하는 사람은 30세 이상 여성의 경우 60명이고, 30세 이상 남성의 경우 48명이다. 전체 인원 수가 100명으로 동일하므로 양성평등정책에 찬성하는 비율은 30세 이상 여성이 30세 이상 남성보다 높다.

ㄷ. 양성평등정책에 찬성하는 비율의 성별 차이는 연령별 차이보다 크다. → (X) 양성평등정책에 찬성하는 여성의 경우 90+60 = 150(명)이고, 남성의 경우 78+48 = 126(명)이므로 양성평등정책에 찬성하는 성별 차이는 150 − 126 = 24(명)이다. 양성평등정책에 찬성하는 30세 미만의 경우 90+78 = 168(명)이고, 30세 이상의 경우 60+48 = 108(명)이므로 양성평등정책에 찬성하는 연령별 차이는 168 − 108 = 60(명)이다. 전체 인원 수가 200명으로 동일하므로 양성평등정책에 찬성하는 비율의 성별 차이는 연령별 차이보다 작다.

ㄹ. 남성의 절반 이상이 양성평등정책에 찬성하고 있다. → (O) 전체 남성 인구는 100+100 = 200(명)이고, 양성평등정책에 찬성하는 남성은 78+48 = 126(명)이다. 따라서 $\frac{126}{200} \times 100 = 63$(%)로, 남성의 절반 이상이 양성평등정책에 찬성하고 있다.

① ㄱ, ㄷ ➡ (X)
② ㄴ, ㄹ ➡ (X)
③ ㄱ, ㄴ, ㄷ ➡ (X)
④ ㄱ, ㄴ, ㄹ ➡ (O)
⑤ ㄴ, ㄷ, ㄹ ➡ (X)

08 ⑤ 　　　　　　　　　　　　　　　　　　　　　정답률 89.7%

| 문제 유형 | 자료 읽기 > 표/그림 제시형
| 접근 전략 | 〈표〉는 교통사고 발생건수를 연도별로 보여 주고 있고, 〈그림〉은 2010년 교통사고 발생건수와 월별 구성비를 보여 주고 있다. 특히, 〈그림〉의 2010년 교통사고 발생건수의 월별 구성비와 〈표〉의 2010년 교통사고 발생건수를 통해 2010년 월별 교통사고 발생건수를 구할 수 있다.

다음 〈표〉와 〈그림〉은 어느 지역의 교통사고 발생건수에 대한 자료이다. 이에 대한 〈보기〉의 설명 중 옳은 것을 모두 고르면?

〈표〉 연도별 교통사고 발생건수 현황

(단위: 천 건)

구분 \ 연도	2006년	2007년	2008년	2009년	2010년
전체교통사고	231	240	220	214	213
음주교통사고	25	31	25	26	30

〈그림〉 2010년 교통사고 발생건수의 월별 구성비

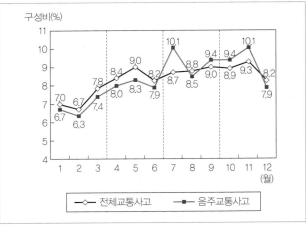

※ 전체(음주)교통사고 발생건수의 월별 구성비(%)

$= \frac{\text{해당 월 전체(음주)교통사고 발생건수}}{\text{해당 연도 전체(음주)교통사고 발생건수}} \times 100$

─〈보기〉─

ㄱ. 2008년 이후 전체교통사고 발생건수는 매년 감소하였다. → (O) 〈표〉에서 2008년 이후 전체교통사고 발생건수는 2008년의 경우 220천 건, 2009년의 경우 214천 건, 2010년의 경우 213천 건으로 매년 감소하였다.

ㄴ. 2010년 음주교통사고 발생건수는 2006년 대비 30% 이상 증가하였다. → (X) 〈표〉에서 음주교통사고 발생건수는 2006년의 경우 25천 건,

2010년의 경우 30천 건이다. 따라서 2006년 대비 2010년 음주교통사고 발생

건수는 $\frac{(30-25)}{25} \times 100 = 20$(%) 증가하였다.

ㄷ. 전체교통사고 발생건수 중 음주교통사고 발생건수의 비중은 2010년에 가장 높았다. → (O) 전체교통사고 발생건수 중 음주교통사고 발생건수의 비중은 2006년의 경우 $\frac{25}{231} \times 100 ≒ 10.8$(%), 2007년의 경우 $\frac{31}{240} \times 100 ≒ 12.9$(%), 2008년의 경우 $\frac{25}{220} \times 100 ≒ 11.4$(%), 2009년의 경우 $\frac{26}{214} \times 100 ≒ 12.1$(%), 2010년의 경우 $\frac{30}{213} \times 100 ≒ 14.1$(%)이다. 따라서 전체교통사고 발생건수 중 음주교통사고 발생건수의 비중은 2010년에 가장 높았다.

ㄹ. 2010년 음주교통사고의 분기별 발생건수는 3사분기(7, 8, 9월)에 가장 많았다. → (O) 음주교통사고의 분기별 발생건수는 분기별 구성비에 비례한다. 1사분기 음주교통사고 구성비는 6.7+6.3+7.4=20.4(%), 2사분기 음주교통사고 구성비는 8.0+8.3+7.9=24.2(%), 3사분기 음주교통사고 구성비는 10.1+8.5+9.4=28.0(%), 4사분기 음주교통사고 구성비는 9.4+10.1+7.9=27.4(%)이다. 따라서 2010년 음주교통사고의 분기별 구성비가 3사분기에 28.0%로 가장 높으므로 발생건수 또한 3사분기에 가장 많다.

① ㄱ, ㄹ ➡ (X)
② ㄴ, ㄷ ➡ (X)
③ ㄴ, ㄹ ➡ (X)
④ ㄱ, ㄴ, ㄷ ➡ (X)
⑤ ㄱ, ㄷ, ㄹ ➡ (O)

09 ①

정답률 90.1%

|문제 유형| 자료 읽기 > 그림 제시형

|접근 전략| 원의 면적을 비교하여 직원 수를 비교할 수 있어야 하고, 원의 중심 좌표 위치를 통해 총자산과 당기순이익을 파악해야 하는 문제이다. 총자산순이익률이 $\frac{당기순이익}{총자산}$으로 계산되므로 이는 원점에서 그은 각 원의 중심 좌표까지의 직선의 기울기를 통해 파악할 수 있음을 알아두도록 한다.

다음 〈그림〉은 국내 7개 시중은행의 경영통계(총자산, 당기순이익, 직원수)를 나타낸 그림이다. 이에 대한 〈보기〉의 설명으로 옳은 것을 모두 고르면?

〈그림〉 국내 7개 시중은행의 경영통계

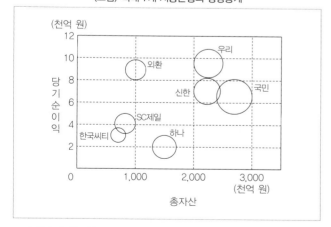

※ 1) 원의 면적은 직원 수와 정비례함
　　2) 직원 수는 한국씨티은행(3,000명)이 가장 적고, 국민은행(18,000명)이 가장 많음
　　3) 각 원의 중심 좌표는 총자산(X축)과 당기순이익(Y축)을 각각 나타냄

〈보기〉

ㄱ. 직원 1인당 총자산은 한국씨티은행이 국민은행보다 많다. → (O)
직원 1인당 총자산은 $\frac{총자산}{직원 수}$로 구할 수 있다. 직원 수는 한국씨티은행이 3,000명이고 국민은행이 18,000명으로, 국민은행이 한국씨티은행의 6배이다. 총자산은 국민은행이 한국씨티은행의 6배가 되지 않는다. 따라서 직원 1인당 총자산은 한국씨티은행이 국민은행보다 많다.

ㄴ. 총자산순이익률(= $\frac{당기순이익}{총자산}$)이 가장 낮은 은행은 하나은행이고, 가장 높은 은행은 외환은행이다. → (O) 총자산순이익률은 〈그림〉의 원점에서 해당 시중은행의 원의 중심 좌표를 이은 직선의 기울기를 통해 파악할 수 있다. 즉, 원점에서 해당 시중은행의 원의 중심 좌표를 이은 직선의 기울기가 클수록 총자산순이익률이 높다. 따라서 총자산순이익률이 가장 높은 은행은 외환은행이고, 가장 낮은 은행은 하나은행이다.

ㄷ. 직원 1인당 당기순이익은 신한은행이 외환은행보다 많다. → (X)
직원 1인당 당기순이익은 $\frac{당기순이익}{직원 수}$으로 구할 수 있다. 원의 면적은 직원 수와 정비례하므로 직원 수는 신한은행이 외환은행보다 많다. 당기순이익은 외환은행이 신한은행보다 많다. 따라서 직원 1인당 당기순이익은 신한은행이 외환은행보다 적다.

ㄹ. 당기순이익이 가장 많은 은행은 우리은행이고, 가장 적은 은행은 한국씨티은행이다. → (X) 당기순이익은 각 원의 중심의 Y좌표를 통해 파악할 수 있다. 따라서 당기순이익이 가장 많은 은행은 우리은행이고, 가장 적은 은행은 하나은행이다.

① ㄱ, ㄴ ➡ (O)
② ㄱ, ㄹ ➡ (X)
③ ㄴ, ㄷ ➡ (X)
④ ㄷ, ㄹ ➡ (X)
⑤ ㄱ, ㄴ, ㄹ ➡ (X)

10 ③

| **문제 유형** | 자료 읽기/추론 > 매칭형

| **접근 전략** | 〈보고서〉의 내용을 통해 〈표〉에 나타난 비율을 비교하여 A~F에 해당하는 기관을 바르게 연결하는 문제이다. 〈보고서〉의 내용을 읽으면서 각각의 기관을 매칭하여 선지에 제시된 나열을 하나씩 지워가면 어렵지 않게 해결할 수 있다.

다음 〈표〉는 6개 기관(가~바)에서 제시한 2011년 경제 전망을 나타낸 자료이다. 〈보고서〉의 설명을 바탕으로 〈표〉의 A~F에 해당하는 기관을 바르게 짝지은 것은?

〈표〉 기관별 2011년 경제 전망

(단위: %)

기관	경제 성장률	민간소비 증가율	설비투자 증가율	소비자물가 상승률	실업률
A	4.5	4.1	6.5	3.5	3.5
B	4.2	4.1	8.5	3.2	3.6
C	4.1	3.8	7.6	3.2	3.7
D	4.1	3.9	5.2	3.1	3.7
E	3.8	3.6	5.1	2.8	3.5
F	5.0	4.0	7.0	3.0	3.4

〈보고서〉

'가' 기관과 '나' 기관은 2011년 실업률을 동일하게 전망하였으나, '가' 기관이 '나' 기관보다 소비자물가 상승률을 높게 전망하였다. → 2011년 실업률을 동일하게 전망한 기관은 A와 E 또는 C와 D이다. A는 E보다 소비자물가 상승률을 높게 전망하였고, C는 D보다 소비자물가 상승률을 높게 전망하였다. 따라서 '가' 기관은 A와 C 중 하나이고, '나' 기관은 E와 D 중 하나이다. 한편, '마' 기관은 '나' 기관보다 민간소비 증가율이 0.5%p 더 높을 것으로 전망하였으며, '다' 기관은 경제 성장률을 6개 기관 중 가장 높게 전망하였다. → '나' 기관은 E와 D 중 하나이다. E보다 민간소비 증가율이 0.5%p 더 높을 것으로 전망한 기관은 A와 B이고, D보다 민간소비 증가율이 0.5%p 더 높을 것으로 전망한 기관은 없다. 따라서 A와 B 중 하나는 '마' 기관에 해당하고, E는 '나' 기관에 해당한다. 경제 성장률을 6개 기관 중 가장 높게 전망한 기관은 F이므로 F는 '다' 기관에 해당한다. E가 '나' 기관에 해당하므로 실업률을 동일하게 전망한 기관인 A는 '가' 기관에 해당하고, '나' 기관보다 민간소비 증가율이 0.5%p 더 높을 것으로 전망한 B는 '마' 기관에 해당한다. 설비투자 증가율을 7% 이상으로 전망한 기관은 '다', '라', '마' 3개 기관이었다. → 설비투자 증가율을 7% 이상으로 전망한 기관은 B, C, F이다. B는 '마' 기관에, F는 '다' 기관에 해당하므로 C는 '라' 기관에 해당한다.

	A	B	C	D	E	F	
①	가	라	마	나	바	다	➡ (X)
②	가	마	다	라	나	바	➡ (X)
③	가	마	라	바	나	다	➡ (O)
④	다	라	나	가	바	마	➡ (X)
⑤	마	라	가	나	바	다	➡ (X)

11 ①

| **문제 유형** | 자료 읽기 > 표/빈칸 제시형

| **접근 전략** | 〈표〉에서 합은 개별입지+계획입지로 구할 수 있다. 전국 합계에서 각 지역의 지식산업센터 수가 차지하는 비율을 구하거나, 각 지역별 지식산업센터 수를 비교하는 문제이다.

다음 〈표〉는 국내 입지별 지식산업센터 수에 대한 자료이다. 이에 대한 설명 중 옳지 않은 것은?

〈표〉 국내 입지별 지식산업센터 수

(단위: 개)

지역	구분	개별입지	계획입지	합
서울		54	73	127
6대 광역시	부산	3	6	9
	대구	2	2	4
	인천	7	11	( )
	광주	0	2	2
	대전	( )	4	6
	울산	1	0	1
경기		100	( )	133
강원		1	0	1
충북		0	0	0
충남		0	1	1
전북		0	1	1
전남		1	1	2
경북		2	0	2
경남		2	15	( )
제주		0	0	0
전국 합계		175	149	324

※ 지식산업센터가 조성된 입지는 개별입지와 계획입지로 구분됨

① 국내 지식산업센터는 60% 이상이 개별입지에 조성되어 있다.
➡ (X) 전국 합계 지식산업센터 수는 324개이고, 개별입지에 조성된 지식산업센터 수는 175개이다. 따라서 국내 지식산업센터는 약 54.0%($=\frac{175}{324} \times 100$)가 개별입지에 조성되어 있다.

② 수도권(서울, 인천, 경기)의 지식산업센터 수는 전국 합계의 80%가 넘는다. ➡ (O) 서울, 인천, 경기의 지식산업센터 수는 127+18+133=278(개)이고, 전국 합계 지식산업센터 수는 324개이다. 따라서 수도권(서울, 인천, 경기)의 지식산업센터 수는 전국 합계의 약 85.8%($=\frac{278}{324} \times 100$)이다.

③ 경기지역의 지식산업센터는 계획입지보다 개별입지에 많이 조성되어 있다. ➡ (O) 경기지역의 지식산업센터 중 계획입지에 조성된 지식산업센터 수는 33개이고, 개별입지에 조성된 지식산업센터 수는 100개이다. 따라서 경기지역의 지식산업센터는 계획입지보다 개별입지에 많이 조성되어 있다.

④ 동남권(부산, 울산, 경남)의 지식산업센터 수는 대경권(대구, 경북)의 4배 이상이다. ➡ (O) 부산, 울산, 경남의 지식산업센터 수는 9+1+17=27(개)이고, 대구, 경북의 지식산업센터 수는 4+2=6(개)이다. 따라서 동남권(부산, 울산, 경남)의 지식산업센터 수는 대경권(대구, 경북)의 4배를 넘는다.

⑤ 6대 광역시 중 계획입지에 조성된 지식산업센터 수가 개별입지에 조성된 지식산업센터 수보다 적은 지역은 울산광역시뿐이다.
➡ (O) 6대 광역시 중 울산은 계획입지에 조성된 지식산업센터 수가 개별입지에 조성된 지식산업센터 수보다 적고, 부산, 대구, 인천, 광주, 대전은 계획입지에 조성된 지식산업센터 수가 개별입지에 조성된 지식산업센터 수와 같거나 많다.

12 ③

|문제 유형| 자료 읽기 > 표 제시형

|접근 전략| 〈표〉는 약물종류별 완치 환자 수, 성별 완치 환자 수, 질병 가~다에 따른 완치 환자 수를 보여 준다. 전체 환자 수는 실험에 참가한 120명이고, 〈표〉의 숫자는 완치된 환자 수를 나타낸 것임을 혼동하지 않도록 한다.

다음 〈표〉는 약물 투여 후 특정기간이 지나 완치된 환자 수에 관한 자료이다. 이에 대한 〈보기〉의 설명 중 옳은 것을 모두 고르면?

〈표〉 약물종류별, 성별, 질병별 완치 환자의 수

(단위: 명)

약물종류		약물 A		약물 B		약물 C		약물 D	
성별		남	여	남	여	남	여	남	여
질병	가	2	3	2	4	1	2	4	2
	나	3	4	6	4	2	1	2	5
	다	6	3	4	6	5	3	4	6
계		11	10	12	14	8	6	10	13

※ 1) 세 가지 질병(가~다) 중 한 가지 질병에만 걸린 환자를 각 질병별로 40명씩, 총 120명을 선정하여 실험함

2) 각 질병별 환자 40명을 무작위로 10명씩 4개 집단으로 나눠, 각 집단에 네 가지 약물(A~D) 중 하나씩 투여함

〈보기〉

ㄱ. 완치된 전체 남성 환자 수가 완치된 전체 여성 환자 수보다 많다. → (X) 완치된 전체 남성 환자 수는 11+12+8+10=41(명)이고, 완치된 전체 여성 환자 수는 10+14+6+13=43(명)이다. 따라서 완치된 전체 남성 환자 수가 완치된 전체 여성 환자 수보다 적다.

ㄴ. 네 가지 약물 중 완치된 환자 수가 많은 약물부터 나열하면 B, D, A, C이다. → (O) 완치된 환자 수는 약물 A의 경우 21명(=11+10), 약물 B의 경우 26명(=12+14), 약물 C의 경우 14명(=8+6), 약물 D의 경우 23명(=10+13)이다. 따라서 완치된 환자 수는 약물 B > 약물 D > 약물 A > 약물 C 순이다.

ㄷ. '다' 질병의 경우 완치된 환자 수가 가장 많다. → (O) 완치된 환자 수는 '가' 질병의 경우 20명(=2+3+2+4+1+2+4+2), '나' 질병의 경우 27명(=3+4+6+4+2+1+2+5), '다' 질병의 경우 37명(=6+3+4+6+5+3+4+6)이다. 따라서 완치된 환자 수가 가장 많은 질병은 '다'이다.

ㄹ. 전체 환자 수 대비 약물 D를 투여받고 완치된 환자 수의 비율은 25% 이상이다. → (X) 전체 환자 수 대비 약물 D를 투여 받고 완치된 환자 수의 비율은 $\frac{\text{약물 D 완치 환자 수}}{\text{전체 환자 수}} \times 100$으로 구할 수 있다. 전체 환자 수는 120명, 약물 D를 투여 받고 완치된 환자 수는 23명(=10+13)이므로 전체 환자 수 대비 약물 D를 투여 받고 완치된 환자 수의 비율은 $\frac{23}{120} \times 100 ≒ 19.2(\%)$이다.

① ㄱ ➡ (X)

② ㄱ, ㄷ ➡ (X)

③ ㄴ, ㄷ ➡ (O)

④ ㄴ, ㄹ ➡ (X)

⑤ ㄷ, ㄹ ➡ (X)

13 ④

|문제 유형| 자료 읽기 > 표 제시형

|접근 전략| 〈표〉에는 소득에 따른 X재화의 구매량과 전년 대비 소득변화율 및 전년 대비 X재화 구매량 변화율이 나타나 있다. 〈정보〉에 나타난 소득탄력성을 구하는 공식을 통해 연도별 X재화의 특성을 파악할 수 있다.

다음 〈표〉는 소비자 '갑'의 연도별 소득 및 X재화의 구매량에 대한 자료이다. 아래의 〈정보〉를 활용한 〈보기〉의 설명 중 옳은 것을 모두 고르면?

〈표〉 '갑'의 연도별 소득 및 X재화의 구매량

연도	소득 (천 원)	X재화 구매량 (개)	전년 대비 소득변화율 (%)	X재화의 전년 대비 구매량 변화율 (%)
2000년	8,000	5	–	–
2001년	12,000	10	50.0	100.0
2002년	16,000	15	33.3	50.0
2003년	20,000	18	25.0	20.0
2004년	24,000	20	20.0	11.1
2005년	28,000	19	16.7	−5.0
2006년	32,000	18	14.3	−5.3

〈정보〉

○ X재화의 소득탄력성 = $\frac{\text{X재화의 전년 대비 구매량 변화율}}{\text{전년 대비 소득변화율}}$

○ 정상재: 소득이 증가할 때 구매량이 증가하는 재화로 소득탄력성이 0보다 크다. 특히 소득탄력성이 1보다 큰 정상재는 사치재라 한다.

○ 열등재: 소득이 증가할 때 구매량이 감소하는 재화로 소득탄력성이 0보다 작다.

〈보기〉

ㄱ. 2000~2004년 동안 '갑'의 소득과 X재화 구매량은 각각 매년 증가하였다. → (O) 2000~2004년 동안 '갑'의 소득은 8,000천 원 → 12,000천 원 → 16,000천 원 → 20,000천 원 → 24,000천 원으로 매년 증가하였고, X재화 구매량 또한 5개 → 10개 → 15개 → 18개 → 20개로 매년 증가하였다.

ㄴ. 2001년 '갑'의 X재화의 전년 대비 구매량 증가율은 전년 대비 소득 증가율보다 크다. → (O) 2001년 '갑'의 X재화의 전년 대비 구매량 증가율은 100%이고, 전년 대비 소득증가율은 50%이다. 따라서 2001년 '갑'의 X재화의 전년 대비 구매량 증가율은 전년 대비 소득증가율보다 크다.

ㄷ. 2004년에 X재화는 '갑'에게 사치재이다. → (X) 사치재는 소득탄력성이 1보다 큰 정상재이다. 2004년 X재화의 전년 대비 구매량 변화율은 $\frac{(20-18)}{18} \times 100 ≒ 11.1(\%)$이므로 2004년 X재화의 소득탄력성은 $\frac{11.1}{20.0} ≒ 0.56$이다. 따라서 2004년 X재화는 '갑'에게 사치재에 해당하지 않는다.

ㄹ. 2006년에 X재화는 '갑'에게 열등재이다. → (O) 열등재는 소득이 증가할 때 구매량이 감소하는 재화이다. 2006년 '갑'의 소득이 전년 대비 증가하였는데 X재화 구매량은 감소하였으므로 2006년 X재화는 '갑'에게 열등재이다.

① ㄱ, ㄴ ➡ (X)

② ㄱ, ㄷ ➡ (X)

③ ㄷ, ㄹ ➡ (X)

④ ㄱ, ㄴ, ㄹ ➡ (O)

⑤ ㄴ, ㄷ, ㄹ ➡ (X)

14 ③

정답률 91.3%

|문제 유형| 자료 읽기 > 표 제시형
|접근 전략| 〈표 1〉에서는 조업방법에 따른 어업생산량을 비교하거나 연도별 어업생산량을 비교할 수 있고, 〈표 2〉에서는 어종별 양식어획량을 비교하거나 총양식어획량에서 어종별 양식어획량이 차지하는 비율을 구할 수 있다.

다음 〈표〉는 조업방법별 어업생산량과 어종별 양식어획량에 대한 자료이다. 이에 대한 설명 중 옳지 않은 것은?

〈표 1〉 조업방법별 어업생산량

(단위: 만 톤)

조업방법 \ 연도	2005년	2006년	2007년	2008년	2009년
해면어업	109.7	110.9	115.2	128.5	122.7
양식어업	104.1	125.9	138.6	138.1	131.3
원양어업	55.2	63.9	71.0	66.6	60.5
내수면어업	2.4	2.5	2.7	2.9	3.0
계	271.4	303.2	327.5	336.1	317.5

※ 조업방법은 해면어업, 양식어업, 원양어업, 내수면어업으로 이루어짐

〈표2〉 어종별 양식어획량

(단위: 백만 마리)

어종 \ 연도	2005년	2006년	2007년	2008년	2009년
조피볼락	367	377	316	280	254
넙치류	97	94	97	98	106
감성돔	44	50	48	46	35
참돔	53	32	26	45	37
숭어	33	35	30	26	29
농어	20	17	13	15	14
기타 어류	28	51	39	36	45
계	642	656	569	546	520

① 총어업생산량의 전년 대비 증가율은 2007년이 2008년보다 크다.
➡ (O) 총어업생산량의 전년 대비 증가율은 2007년의 경우 $\frac{(327.5-303.2)}{303.2} \times 100 ≒ 8.0(\%)$이고, 2008년의 경우 $\frac{(336.1-327.5)}{327.5} \times 100 ≒ 2.6(\%)$이다. 따라서 총어업생산량의 전년 대비 증가율은 2007년이 2008년보다 크다.

② 2005년부터 2009년까지 어업생산량이 매년 증가한 조업방법은 내수면어업이다. ➡ (O) 〈표 1〉에서 2005~2009년까지 어업생산량은 내수면어업만 매년 증가하였다.

③ 2005년부터 2009년까지 연도별 총양식어획량에서 조피볼락이 차지하는 비율은 매년 50% 이상이다. ➡ (X) 〈표 2〉에서 총양식어획량에서 조피볼락이 차지하는 비율은 2005년의 경우 $\frac{367}{642} \times 100 ≒ 57.2(\%)$, 2006년의 경우 $\frac{377}{656} \times 100 ≒ 57.5(\%)$, 2007년의 경우 $\frac{316}{569} \times 100 ≒ 55.5(\%)$, 2008년의 경우 $\frac{280}{546} \times 100 ≒ 51.3(\%)$, 2009년의 경우 $\frac{254}{520} \times 100 ≒ 48.8(\%)$이다.

④ 기타 어류를 제외하고, 2009년 양식어획량이 전년 대비 감소한 어종 중 감소율이 가장 작은 어종은 농어이다. ➡ (O) 〈표 2〉에서 기타 어류를 제외하고 2009년 양식어획량이 전년 대비 감소한 어종은 조피볼락, 감성돔, 참돔, 농어이다. 전년 대비 2009년 양식어획량 감소율은 조피볼락의 경우

$\frac{(254-280)}{280} \times 100 ≒ -9.3(\%)$, 감성돔의 경우 $\frac{(35-46)}{46} \times 100 ≒ -23.9(\%)$, 참돔의 경우 $\frac{(37-45)}{45} \times 100 ≒ -17.8(\%)$, 농어의 경우 $\frac{(14-15)}{15} \times 100 ≒ -6.7(\%)$이다.
따라서 전년 대비 2009년 양식어획량 감소율이 가장 작은 어종은 농어이다.

⑤ 기타 어류를 제외하고, 양식어획량이 많은 어종을 순서대로 나열하면, 2005년의 순서와 2009년의 순서는 동일하다. ➡ (O) 〈표 2〉에서 기타 어류를 제외하고 양식어획량이 많은 어종을 순서대로 나열하면 2005년의 경우 조피볼락 > 넙치류 > 참돔 > 감성돔 > 숭어 > 농어 순이고, 2009년의 경우 조피볼락 > 넙치류 > 참돔 > 감성돔 > 숭어 > 농어 순이다. 따라서 기타 어류를 제외하고 양식어획량이 많은 어종 순서는 2005년과 2009년이 동일하다.

15 ⑤

정답률 94.0%

|문제 유형| 자료 변환응용 > 자료/보고서 전환형
|접근 전략| 〈보고서〉의 내용을 먼저 읽기보다는 선지에 제시된 자료의 제목을 먼저 확인하고 자료의 제목과 관련 있는 내용이 〈보고서〉에 나타났는지를 확인해 보도록 한다. 외국인 입국자와 내국인의 해외 출국을 혼동하지 않도록 주의한다.

다음은 우리나라의 2011년 2월 출입국 현황에 대한 〈보고서〉이다. 다음 중 〈보고서〉의 작성에 사용되지 않은 자료는?

〈보고서〉

연평도 포격 사건 이후 안전에 대한 불안감, 구제역 등 악재의 영향이 계속되어 2011년 2월 외국인 입국자 수는 전년 동월 대비 약 4.4%의 낮은 증가에 그쳐 667,089명을 기록하였다. 한편 2011년 2월 국내 거주 외국인의 해외 출국자 수는 전년 동월에 비해 큰 변화가 없었다.
외국인의 입국 현황을 국가별로 살펴보면 태국, 말레이시아, 베트남 등으로부터의 입국자 수는 전년 동월 대비 증가하였으나, 대만으로부터의 입국자 수는 감소했다. 목적별로 살펴보면 승무원, 유학·연수, 기타 목적이 전년 동월 대비 각각 13.5%, 19.6%, 38.3% 증가하였으나, 업무와 관광 목적은 각각 2.3%, 3.5% 감소하였다. 또한 성별로는 남성이 335,215명, 여성은 331,874명이 입국하여 남녀 입국자 수는 비슷한 수준이었다.

① 연도별 2월 외국인 입국자 수

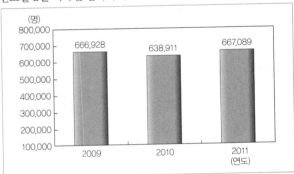

➡ (O) 〈보고서〉에서 2011년 2월 외국인 입국자 수가 667,089명을 기록하였다고 작성되어 있다. 이는 〈그림〉을 통해 파악할 수 있다.

② 2011년 2월의 전년 동월 대비 국가별 외국인 입국자 수 증감률

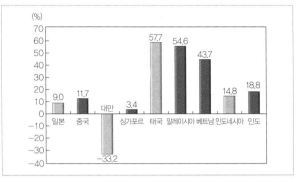

➡ (O) 〈보고서〉에서 2011년 2월에 태국, 말레이시아, 베트남 등으로부터의 입국자 수는 전년 동월 대비 증가하였으나, 대만으로부터의 입국자 수는 감소하였다고 작성되어 있다. 이는 〈그림〉을 통해 파악할 수 있다.

③ 2011년 2월 목적별 외국인 입국현황

입국목적	입국자(명)	전년 동월 대비 증감률(%)
관광	430,922	−3.5
업무	18,921	−2.3
유학·연수	42,644	19.6
승무원	70,118	13.5
기타	104,484	38.3

➡ (O) 〈보고서〉에서는 전년 동월 대비 2011년 2월 목적별 입국 증가률은 승무원의 경우 13.5%, 유학·연수의 경우 19.6%, 기타의 경우 38.3%, 업무의 경우 −2.3%, 관광의 경우 −3.5%라고 작성되어 있다. 이는 〈표〉를 통해 파악할 수 있다.

④ 2011년 2월 성별 외국인 입국자 수

➡ (O) 〈보고서〉에서는 2011년 2월 남성 입국자 수는 335,215명이고, 여성 입국자 수는 331,874명이라고 작성되어 있다. 이는 〈그림〉을 통해 파악할 수 있다.

⑤ 2011년 2월 내국인의 해외 출국현황

방문국가	출국자(명)	전년 동월 대비 증감률(%)
일본	2,415,362	52.2
중국	4,076,400	27.5
대만	216,901	29.4
태국	815,970	32.0
말레이시아	264,052	16.2
싱가포르	360,652	32.6
필리핀	740,622	48.7
인도네시아	299,336	17.1
베트남	495,902	36.9

➡ (X) 〈보고서〉에서는 2011년 2월 내국인의 해외 출국 현황에 대한 내용이 작성되어 있지 않다. 따라서 제시된 〈표〉는 〈보고서〉의 작성에 사용되지 않았다.

---

16 ②

정답률 90.1%

|문제 유형| 자료 읽기 > 표/그림 제시형
|접근 전략| 〈그림〉은 A은행의 영업수익을 이자수익과 비이자수익으로 구분하여 보여 주고 있고, 〈표〉는 주요 은행의 총자산 대비 영업수익 비율과 총자산 대비 이자수익 비율을 보여 주고 있다. 〈보기〉의 선지를 〈그림〉을 통해 확인해야 할지, 〈표〉를 통해 확인해야 할지를 파악하는 것이 중요하다.

다음 〈그림〉과 〈표〉는 A은행의 영업수익 추이와 2008년 주요 은행의 영업수익 현황에 대한 자료이다. 이에 대한 〈보기〉의 설명 중 옳은 것을 모두 고르면?

〈그림〉 A은행의 영업수익 추이

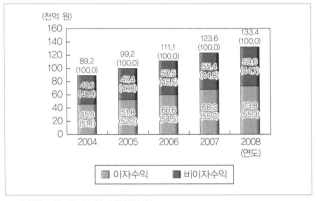

※ 1) 영업수익=이자수익+비이자수익
   2) 괄호 안은 연도별 영업수익에서 차지하는 구성비(%)임

〈표〉 2008년 주요 은행의 영업수익 현황

(단위: %)

구분 \ 은행	A	B	C	D	E	시중은행 평균
총자산 대비 영업수익 비율	5.2	12.8	8.6	4.7	5.6	7.2
총자산 대비 이자수익 비율	2.9	6.1	5.0	2.2	4.1	5.2

〈보기〉

ㄱ. 2008년 총자산 대비 이자수익 비율은 A은행이 B은행의 절반에 미치지 못한다. → (O) 〈표〉에서 2008년 총자산 대비 이자수익 비율은 A은행의 경우 2.9%, B은행의 경우 6.1%이다. 따라서 A은행은 B은행의 약 $47.5\%\left(=\dfrac{2.9}{6.1}\times100\right)$로 절반에 미치지 못한다.

ㄴ. 2008년 총자산 대비 비이자수익 비율은 A은행이 시중 은행 평균에 미치지 못한다. → (X) 영업수익은 이자수익+비이자수익으로 구할 수 있으므로 총자산 대비 비이자수익 비율은 총자산 대비 영업수익 비율−총자산 대비 이자수익 비율로 구할 수 있다. 〈표〉에서 2008년 총자산 대비 비이자수익 비율은 A은행의 경우 5.2−2.9=2.3(%)이고, 시중은행의 평균의 경우 7.2−5.2=2.0(%)이다. 따라서 2008년 총자산 대비 비이자수익 비율은 A은행이 시중은행 평균보다 높다.

ㄷ. 2005년부터 2008년까지 A은행 영업수익의 전년 대비 증가율은 매년 10%를 상회하였다. → (X) 〈그림〉에서 전년 대비 영업수익의 증가율은 2005년의 경우 $\dfrac{(99.2-89.2)}{89.2}\times100 ≒ 11.2(\%)$, 2006년의 경우 $\dfrac{(111.1-99.2)}{99.2}\times100 ≒ 12.0(\%)$, 2007년의 경우 $\dfrac{(123.6-111.1)}{111.1}\times$

$100 ≒ 11.3(\%)$, 2008년의 경우 $\dfrac{(133.4 - 123.6)}{123.6} × 100 ≒ 7.9(\%)$이다. 따라서 2005년부터 2007년까지 A은행 영업수익의 전년 대비 증가율은 10%를 넘었으나, 2008년에는 10%가 되지 않는다.

ㄹ. A은행은 영업수익에서 이자수익이 차지하는 비중이 2004년에 비해 2008년에 3.0%p 이상 증가하였다. → (O) A은행은 영업수익에서 이자수익이 차지하는 비중이 2004년에 비해 2008년에 약 4.2%p (=55.3% − 51.1%) 증가하였다.

① ㄱ, ㄷ ➡ (X)
② ㄱ, ㄹ ➡ (O)
③ ㄴ, ㄷ ➡ (X)
④ ㄴ, ㄹ ➡ (X)
⑤ ㄷ, ㄹ ➡ (X)

17 ⑤

정답률 66.7%

| **문제 유형** | 자료 읽기 > 표/그림 제시형
| **접근 전략** | 〈표〉는 연도별 복무기관에 따른 공익근무요원 수를 나타내고 있는데, 이를 전체 공익근무요원 수에서 복무기관별 공익근무요원 수가 차지하는 비중을 나타낸 것이 〈그림〉이다. 〈보기〉의 선지에서 비중이 나왔다고 〈그림〉을 통해서만 파악해서는 안 된다.

다음 〈표〉와 〈그림〉은 복무기관별 공익근무요원 현황에 대한 자료이다. 이에 대한 〈보기〉의 설명 중 옳은 것을 모두 고르면?

〈표〉 복무기관별 공익근무요원 수 추이

(단위: 명)

연도 복무기관	2004년	2005년	2006년	2007년	2008년	2009년
중앙정부기관	6,536	5,283	4,275	4,679	2,962	5,872
지방자치단체	19,514	14,861	10,935	12,335	11,404	12,837
정부산하단체	6,135	4,875	4,074	4,969	4,829	4,194
기타 기관	808	827	1,290	1,513	4,134	4,719
계	32,993	25,846	20,574	23,496	23,329	27,622

〈그림〉 공익근무요원의 복무기관별 비중

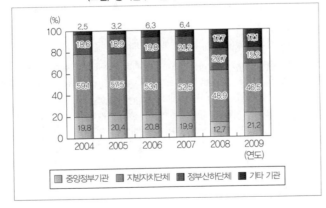

〈보기〉

ㄱ. 전체 공익근무요원 수 중 기타 기관에 복무하는 공익근무요원 수가 차지하는 비중은 매년 증가하였다. → (X) 〈그림〉에서 전체 공익근무요원 중 기타 기관에 복무하는 공익근무요원 수가 차지하는 비중은 2.5% → 3.2% → 6.3% → 6.4% → 17.7% → 17.1%로, 증가하다가 감소하였다.

ㄴ. 2005년부터 2009년까지 중앙정부기관에 복무하는 공익근무요원 수의 증감방향은 전체 공익근무요원 수의 증감방향과 일치한다. → (O) 〈표〉에 따르면 2005~2009년 중앙정부기관에 복무하는 공익근무요원 수의 증감방향은 '감소 → 감소 → 증가 → 감소 → 증가'이고, 전체 공익근무요원 수의 증감방향은 '감소 → 감소 → 증가 → 감소 → 증가'이므로 2005년부터 2009년까지 중앙정부기관에 복무하는 공익근무요원 수의 증감방향과 전체 공익근무요원 수의 증감방향은 일치한다.

ㄷ. 정부산하단체에 복무하는 공익근무요원 수는 2004년 대비 2009년에 30% 이상 감소하였다. → (O) 〈표〉에서 정부산하단체에 복무하는 공익근무요원 수는 2004년의 경우 6,135명, 2009년의 경우 4,194명이다. 2004년 대비 2009년 정부산하단체에 복무하는 공익근무요원 감소율은 $\dfrac{(4,194 - 6,135)}{6,135} × 100 ≒ -31.6(\%)$이다. 따라서 정부산하단체에 복무하는 공익근무요원 수는 2004년 대비 2009년에 30% 이상 감소하였다.

ㄹ. 기타 기관을 제외하고, 2005년 공익근무요원 수의 전년 대비 감소율이 가장 큰 복무기관은 지방자치단체이다. → (O) 기타 기관을 제외하고 2005년 공익근무요원 수의 전년 대비 감소율은 중앙정부기관의 경우 $\dfrac{(5,283 - 6,536)}{6,536} × 100 ≒ -19.2(\%)$, 지방자치단체의 경우 $\dfrac{(14,861 - 19,514)}{19,514}$ $× 100 ≒ -23.8(\%)$, 정부산하단체의 경우 $\dfrac{(4,875 - 6,135)}{6,135} × 100 ≒ -20.5(\%)$로, 지방자치단체가 가장 크다.

① ㄱ, ㄴ ➡ (X)
② ㄱ, ㄹ ➡ (X)
③ ㄴ, ㄷ ➡ (X)
④ ㄷ, ㄹ ➡ (X)
⑤ ㄴ, ㄷ, ㄹ ➡ (O)

18 ②

정답률 94.0%

| **문제 유형**| 자료 변환응용 > 자료/보고서 전환형

| **접근 전략**| 〈보고서〉의 밑줄 친 부분을 파악할 수 있는 〈그림〉을 파악하는 것이 중요하다. 선호도 평가는 네 가지 속성에 의거하여 측정하였으므로 각 속성을 혼동하지 않고 〈보고서〉의 내용의 진위 여부를 파악하도록 한다.

다음 〈그림〉은 외식업체 구매담당자들의 공급업체 유형별 신선편이 농산물 속성에 대한 선호도 평가 결과이다. 이를 바탕으로 작성된 〈보고서〉의 내용 중 옳은 것을 모두 고르면?

〈그림 1〉 공급업체 유형별 신선편이농산물의 가격적정성·품질 선호도 평가

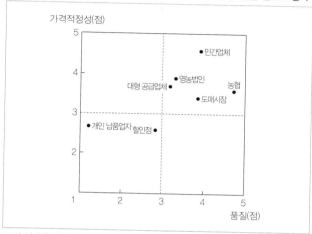

※ 1) 점선은 각 척도(1~5점)의 중간값을 표시함
　2) 각 속성별로 축의 숫자가 클수록 선호도가 높음을 의미함

〈그림 2〉 공급업체 유형별 신선편이농산물의 위생안전성·공급력 선호도 평가

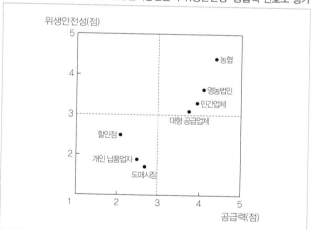

〈보고서〉

소비자의 제품 구입 의도는 제품에 대한 선호도에 의해 결정되므로 개별 속성에 대한 소비자의 인식을 파악하는 것이 중요하다. 신선편이 농산물의 주된 소비자인 외식업체 구매담당자들을 대상으로 신선편이 농산물의 네 가지 속성(가격적정성, 품질, 위생안전성, 공급력)에 의거하여 공급업체 유형별 선호도를 측정하였다. 그 결과를 바탕으로 두 가지 속성씩(가격적정성·품질, 위생안전성·공급력) 짝지어 공급업체들에 대한 선호도 분포를 2차원 좌표평면에 표시하였다.

이를 보면, ㉠외식업체 구매담당자들은 가격적정성과 품질 속성에서 각각 민간업체를 농협보다 선호하였다. → (X) 〈그림 1〉에서 가격적정성 속성에서는 민간업체가 농협보다 선호도가 높았고, 품질 속성에서는 농협이 민

간업체보다 선호도가 높았다. ㉡네 가지 모든 속성에서 척도 중간값(3점) 이상의 평가를 받은 공급업체 유형은 총 네 개였고, → (O) 〈그림 1〉과 〈그림 2〉에서 척도 중간값 이상의 평가를 받은 영역은 좌표평면 오른쪽 상단에 해당하는 영역이다. 따라서 가격적정성, 품질, 위생안전성, 공급력 모든 속성에서 척도 중간값인 3점 이상의 평가를 받은 공급업체 유형은 대형 공급업체, 민간업체, 영농법인, 농협으로, 총 네 개이다. ㉢특히 농협은 가격적정성, 품질, 공급력 속성에서 가장 선호도가 높았다. → (X) 〈그림 1〉에서 농협은 품질 속성에서 가장 선호도가 높았으나, 가격적정성 속성에서는 가장 선호도가 높았다고 볼 수 없다. 〈그림 2〉에서 농협은 위생안전성과 공급력 속성에서 가장 선호도가 높았다. 따라서 농협은 품질, 공급력, 위생안전성 속성에서 가장 선호도가 높았다. ㉣할인점은 공급력 속성에서 가장 낮은 선호도를 보인 공급업체 유형으로 나타났다. → (O) 〈그림 2〉에서 공급력 속성에서 가장 낮은 선호도를 보인 공급업체 유형은 할인점이다. ㉤개인 납품업자는 네 가지 속성 각각에서 가장 낮은 선호도를 보였다. → (X) 〈그림 1〉에서 개인 납품업자는 품질 속성에서만 가장 선호도가 낮은 것을 확인할 수 있다. 가격적정성 속성의 경우 할인점의 선호도가 가장 낮고, 〈그림 2〉에 따르면 위생안전성 속성에서는 도매시장이, 공급력 속성에서는 할인점의 선호도가 가장 낮다.

① ㉠, ㉢ ➡ (X)
② ㉡, ㉣ ➡ (O)
③ ㉠, ㉢, ㉤ ➡ (X)
④ ㉡, ㉢, ㉣ ➡ (X)
⑤ ㉡, ㉣, ㉤ ➡ (X)

19 ④

정답률 80.6%

| **문제 유형**| 자료 추론 > 추가로 필요한 자료 찾기

| **접근 전략**| 〈보고서〉를 작성하기 위해 제시된 〈표〉 이외의 추가 자료를 찾는 문제이다. 〈표〉의 내용을 분석하여 〈보고서〉를 파악하지 말고, 〈보기〉의 자료를 이용하여 설명한 내용이 〈보고서〉에 있는지를 먼저 파악하도록 한다.

윤 사무관은 〈표〉를 비롯한 몇 가지 자료를 이용하여 세계 에너지 수요에 관한 〈보고서〉를 작성하였다. 제시된 〈표〉 이외에 추가로 이용한 자료를 〈보기〉에서 모두 고르면?

〈표〉 세계 에너지 수요 현황 및 전망

(단위: QBtu, %)

지역	구분 연도	현황			전망			연평균 증가율 (2015~ 2035년)
		1990년	2000년	2010년	2015년	2025년	2035년	
OECD	북미	101	120	121	126	138	149	0.9
	유럽	70	81	81	84	89	92	0.5
	아시아/ 오세아니아	27	37	38	39	43	45	0.8
		198	238	240	249	270	286	0.7
비 OECD	유럽	67	50	51	55	63	69	1.3
	아시아/ 오세아니아	58	122	133	163	222	277	3.5
	아프리카	10	14	14	17	21	24	2.1
	중남미	15	23	23	28	33	38	1.8
		150	209	221	263	339	408	2.8
전체		348	447	461	512	609	694	1.8

〈보고서〉

전 세계 에너지 수요는 2010년 461QBtu(Quadrillion British thermal units)에서 2035년 694QBtu로 50% 이상 증가할 것으로 전망된다. 이 기간 동안 국제 유가와 천연가스 가격 상승이 예측되어 장기적으로 에너지 수요를 다소 둔화시키는 요인으로 작용하겠으나, 비OECD 국가들의 높은 경제성장률과 인구증가율로 인해 세계 에너지 수요 증가율은 높은 수준을 유지할 것이다.

OECD 국가들의 에너지 수요는 2015~2035년 기간 중 연평균 0.7%씩 증가할 것으로 전망되어 2035년에는 2010년 수준에 비해 19.2% 늘어날 것으로 예상된다. 반면, 같은 기간 비OECD 국가들의 에너지 수요는 연평균 2.8%씩 증가하여 2035년에는 2010년 수준에 비해 84.6%나 늘어날 것으로 예상된다.

비OECD 국가들 중에서도 중국과 인도의 경제성장률이 가장 높게 전망되고 있으며, 두 국가의 2035년 에너지 수요는 2010년 수준보다 두 배 이상으로 증가하여 전 세계 에너지 수요의 25%를 점유할 것으로 예측되고 있다. 한편 전 세계에서 미국의 에너지 수요가 차지하는 비중은 2010년 22%에서 2035년 17%로 줄어들 것으로 보인다.

〈보기〉

ㄱ. 1990~2035년 국제 유가와 천연가스 가격 현황 및 전망 → (O)
〈보고서〉에서는 2010년에서 2035년까지 국제 유가와 천연가스 가격 상승이 예측된다고 작성되어 있다. 따라서 1990~2035년 국제 유가와 천연가스 가격 현황 및 전망에 대한 자료는 추가 자료로 필요하다.

ㄴ. 1990~2035년 국가별 경제성장률 현황 및 전망 → (O) 〈보고서〉에서는 2010년에서 2035년까지 비OECD 국가들의 경제성장률이 높을 것이라고 보고 이 중 중국과 인도의 경제성장률이 가장 높게 전망되고 있다고 작성되어 있다. 따라서 1990~2035년 국가별 경제성장률 현황 및 전망에 대한 자료는 추가 자료로 필요하다.

ㄷ. 1990~2035년 국가별 인구증가율 현황 및 전망 → (O) 〈보고서〉에서는 2010년에서 2035년까지 비OECD 국가들의 인구증가율이 높을 것이라고 작성되어 있다. 따라서 1990~2035년 국가별 인구증가율 현황 및 전망에 대한 자료는 추가 자료로 필요하다.

ㄹ. 1990~2035년 국가별 에너지 생산 현황 및 전망 → (X) 〈보고서〉에서는 국가별 에너지 수요에 대한 내용이 작성되어 있다. 따라서 1990~2035년 국가별 에너지 생산 현황 및 전망에 대한 자료는 추가 자료로 필요하지 않다.

① ㄱ, ㄴ ➡ (X)
② ㄱ, ㄹ ➡ (X)
③ ㄷ, ㄹ ➡ (X)
④ ㄱ, ㄴ, ㄷ ➡ (O)
⑤ ㄴ, ㄷ, ㄹ ➡ (X)

20 ①

| 문제 유형 | 자료 읽기/추론 > 매칭형
| 접근 전략 | 〈그림〉은 2010년 대비 2030년 지역별, 부문별로 석유수요의 증감규모를 나타내고 있으므로 오른쪽으로 막대그래프가 나타나면 석유수요가 증가한 것을, 왼쪽으로 막대그래프가 나타나면 석유수요가 감소한 것을 의미한다. 〈보기〉의 설명을 순서대로 확인하지 않아도 된다. 〈보기〉의 설명 중 〈그림〉을 통해 빨리 파악할 수 있는 설명을 먼저 확인하면 된다.

다음 〈그림〉은 남미, 인도, 중국, 중동 지역의 2010년 대비 2030년 부문별 석유수요의 증감규모를 예측한 자료이다. 〈보기〉의 설명을 참고하여 A~D에 해당하는 지역을 바르게 나열한 것은?

〈그림〉 2010년 대비 2030년 지역별, 부문별 석유수요의 증감규모

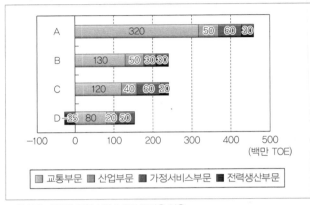

※ 주어진 네 부문 이외 석유수요의 증감은 없음

〈보기〉

○ 인도와 중동의 2010년 대비 2030년 전체 석유수요 증가규모는 동일하다. → 〈그림〉에서 2010년 대비 2030년 전체 석유수요 증가규모가 동일한 지역은 B와 C이다. 따라서 인도와 중동은 각각 B와 C 중 하나이다.

○ 2010년 대비 2030년에 전체 석유수요 증가규모가 가장 큰 지역은 중국이다. → 〈그림〉에서 2010년 대비 2030년에 전체 석유수요 증가규모가 가장 큰 지역은 A이다. 따라서 중국은 A에 해당한다.

○ 2010년 대비 2030년에 전력생산부문의 석유수요 규모가 감소하는 지역은 남미이다. → 〈그림〉에서 2010년 대비 2030년 전력생산부문의 석유수요 증감규모는 A와 B의 경우 30백만 TOE, C의 경우 20백만 TOE, D의 경우 −25백만 TOE이다. 즉, 2010년 대비 2030년에 전력생산부문의 석유수요 규모가 감소한 지역은 D이다. 따라서 남미는 D에 해당한다.

○ 2010년 대비 2030년에 교통부문의 석유수요 증가규모가 해당 지역 전체 석유수요 증가규모의 50%인 지역은 중동이다. → A와 D의 국가를 구했으므로 B와 C만 비교하면 된다. B의 경우 전체 석유수요 증가규모가 130+50+30+30=240(백만 TOE)이고, 교통부문 석유수요 증가규모는 130백만 TOE이므로 50%를 넘는다. C의 경우 전체 석유수요 증가규모가 120+40+60+20=240(백만 TOE)이고, 교통부문 석유수요 증가규모는 120백만 TOE이므로 50%이다. 따라서 C가 중동이고, 남은 B는 인도이다.

	A	B	C	D	
①	중국	인도	중동	남미	➡ (O)
②	중국	중동	인도	남미	➡ (X)
③	중국	인도	남미	중동	➡ (X)
④	인도	중국	중동	남미	➡ (X)
⑤	인도	중국	남미	중동	➡ (X)

21 ③

정답률 63.9%

|문제 유형| 자료 읽기 > 표 제시형

|접근 전략| 〈보기〉에서 2009년 외국인 소유 토지면적과 관련된 선지가 있으므로 〈표〉에 나타난 2010년 외국인 소유 토지면적과 전년 대비 증감면적을 통해 2009년 외국인 소유 토지면적을 구해 놓도록 한다.

다음 〈표〉는 2010년 지역별 외국인 소유 토지면적에 대한 자료이다. 이에 대한 〈보기〉의 설명 중 옳은 것을 모두 고르면?

〈표〉 2010년 지역별 외국인 소유 토지면적

(단위: 천㎡)

지역	면적	전년 대비 증감면적
서울	3,918	332
부산	4,894	−23
대구	1,492	−4
인천	5,462	−22
광주	3,315	4
대전	1,509	36
울산	6,832	37
경기	38,999	1,144
강원	21,747	623
충북	10,215	340
충남	20,848	1,142
전북	11,700	289
전남	38,044	128
경북	29,756	603
경남	13,173	530
제주	11,813	103
계	223,717	5,262

〈보기〉

ㄱ. 2009년 외국인 소유 토지면적이 가장 큰 지역은 경기이다. → (X)
2009년 외국인 소유 토지면적은 2010년 외국인 소유 토지면적−전년 대비 증감면적으로 구할 수 있다. 2009년 외국인 소유 토지면적은 서울의 경우 3,918−332=3,586(천㎡), 부산의 경우 4,894−(−23)=4,917(천㎡), 대구의 경우 1,492−(−4)=1,496(천㎡), 인천의 경우 5,462−(−22)=5,484(천㎡), 광주의 경우 3,315−4=3,311(천㎡), 대전의 경우 1,509−36=1,473(천㎡), 울산의 경우 6,832−37=6,795(천㎡), 경기의 경우 38,999−1,144=37,855(천㎡), 강원의 경우 21,747−623=21,124(천㎡), 충북의 경우 10,215−340=9,875(천㎡), 충남의 경우 20,848−1,142=19,706(천㎡), 전북의 경우 11,700−289=11,411(천㎡), 전남의 경우 38,044−128=37,916(천㎡), 경북의 경우 29,756−603=29,153(천㎡), 경남의 경우 13,173−530=12,643(천㎡), 제주의 경우 11,813−103=11,710(천㎡)이다. 따라서 2009년 외국인 소유 토지면적이 가장 큰 지역은 전남이다.

ㄴ. 2010년 외국인 소유 토지면적의 전년 대비 증가율이 가장 큰 지역은 서울이다. → (O) 2010년 외국인 소유 토지면적의 전년 대비 증가율은 $\frac{전년 대비 증감면적}{전년도 면적} \times 100$으로 구할 수 있다. 2010년 외국인 소유 토지면적의 전년 대비 증가율은 서울의 경우 $\frac{332}{3,586} \times 100 ≒ 9.3(\%)$, 경기의 경우 $\frac{1,144}{37,855} \times 100 ≒ 3.0(\%)$, 강원의 경우 $\frac{623}{21,124} \times 100 ≒ 2.9(\%)$, 충북의 경우

$\frac{340}{9,875} \times 100 ≒ 3.4(\%)$, 충남의 경우 $\frac{1,142}{19,706} \times 100 ≒ 5.8(\%)$, 전북의 경우 $\frac{289}{11,411} \times 100 ≒ 2.5(\%)$, 전남의 경우 $\frac{128}{37,916} \times 100 ≒ 0.3(\%)$, 경북의 경우 $\frac{603}{29,153} \times 100 ≒ 2.1(\%)$, 경남의 경우 $\frac{530}{12,643} \times 100 ≒ 4.2(\%)$, 제주의 경우 $\frac{103}{11,710} \times 100 ≒ 0.9(\%)$이다. 따라서 2010년 외국인 소유 토지면적의 전년 대비 증가율이 가장 큰 지역은 서울이다.

ㄷ. 2010년에 외국인 소유 토지면적이 가장 작은 지역이 2009년에도 외국인 소유 토지면적이 가장 작다. →(X) 2009년에 외국인 소유 토지면적이 가장 작은 지역은 대전이고, 2010년에 외국인 소유 토지면적이 가장 작은 지역은 대구이다. 따라서 2009년 외국인 소유 토지면적이 가장 작은 지역과 2010년 외국인 소유 토지면적이 가장 작은 지역은 일치하지 않는다.

ㄹ. 2009년 외국인 소유 토지면적이 세 번째로 큰 지역은 경북이다. → (O) 2009년 외국인 소유 토지면적이 가장 큰 지역은 전남, 두 번째로 큰 지역은 경기, 세 번째로 큰 지역은 경북이다.

① ㄱ, ㄷ ➡ (X)
② ㄴ, ㄷ ➡ (X)
③ ㄴ, ㄹ ➡ (O)
④ ㄱ, ㄴ, ㄹ ➡ (X)
⑤ ㄴ, ㄷ, ㄹ ➡ (X)

22 ④

정답률 66.4%

|문제 유형| 자료 읽기 > 표/빈칸 제시형

|접근 전략| 〈표〉는 A~J지역의 영유아 인구 수, 보육시설 정원, 보육시설 현원을 보여 주고 있다. 〈표〉 하단의 계산식을 통해 〈보기〉의 설명이 옳은지 옳지 않은지를 파악해야 한다.

다음 〈표〉는 어느 국가의 지역별 영유아 인구 수, 보육시설 정원 및 현원에 관한 자료이다. 이에 대한 〈보기〉의 설명 중 옳은 것을 모두 고르면?

〈표〉 지역별 영유아 인구 수, 보육시설 정원 및 현원

(단위: 천 명)

지역\구분	영유아 인구 수	보육시설 정원	보육시설 현원
A	512	231	196
B	152	71	59
C	86	( )	35
D	66	28	24
E	726	375	283
F	77	49	38
G	118	67	52
H	96	66	51
I	188	109	84
J	35	28	25

※ 1) 보육시설 공급률(%)= $\frac{보육시설 정원}{영유아 인구 수} \times 100$

2) 보육시설 이용률(%)= $\frac{보육시설 현원}{영유아 인구 수} \times 100$

3) 보육시설 정원충족률(%)= $\frac{보육시설 현원}{보육시설 정원} \times 100$

ㄱ. A지역의 보육시설 공급률과 보육시설 이용률의 차이는 10%p 미만이다. → (O) A지역 보육시설 공급률은 $\frac{231}{512} \times 100 ≒ 45.1(\%)$, A지역 보육시설 이용률은 $\frac{196}{512} \times 100 ≒ 38.3(\%)$이다. 따라서 A지역의 보육시설 공급률과 보육시설 이용률의 차이는 약 6.8%p(= 45.1% − 38.3%)로 10%p 미만이다.

ㄴ. 영유아 인구 수가 10만 명 이상인 지역 중 보육시설 공급률이 50% 미만인 지역은 2곳이다. → (O) 영유아 인구 수가 10만 명 이상인 지역은 A, B, E, G, I이다. 보육시설 공급률은 A지역의 경우 $\frac{231}{512} \times 100 ≒ 45.1(\%)$, B지역의 경우 $\frac{71}{152} \times 100 ≒ 46.7(\%)$, E지역의 경우 $\frac{375}{726} \times 100 ≒ 51.7(\%)$, G지역의 경우 $\frac{67}{118} \times 100 ≒ 56.8(\%)$, I지역의 경우 $\frac{109}{188} \times 100 ≒ 58.0(\%)$이다. 따라서 영유아 인구 수가 10만 명 이상인 지역 중 보육시설 공급률이 50% 미만인 지역은 A, B지역으로 2곳이다.

ㄷ. 영유아 인구 수가 가장 많은 지역과 가장 적은 지역 간 보육시설 이용률의 차이는 40%p 이상이다. → (X) 영유아 인구 수가 가장 많은 지역은 E지역이고, 영유아 인구 수가 가장 적은 지역은 J지역이다. E지역의 보육시설 이용률은 $\frac{283}{726} \times 100 ≒ 39.0(\%)$, J지역의 보육시설 이용률은 $\frac{25}{35} \times 100 ≒ 71.4(\%)$이다. 따라서 E지역과 J지역의 보육시설 이용률 차이는 약 32.4%p(= 71.4% − 39.0%)로, 40%p 미만이다.

ㄹ. C지역의 보육시설 공급률이 50%라고 가정하면 이 지역의 보육시설 정원충족률은 80% 이상이다. → (O) C지역의 보육시설 정원은 $\frac{(보육시설 공급률 \times 영유아 인구 수)}{100}$로 구할 수 있다. C지역의 보육시설 공급률이 50%라면 C지역의 보육시설 정원은 $\frac{(50 \times 86)}{100} = 43$(천 명)이다. 따라서 C지역 보육시설 정원충족률은 $\frac{35}{43} \times 100 ≒ 81.4(\%)$로, 80% 이상이다.

① ㄱ, ㄴ ➡ (X)
② ㄱ, ㄷ ➡ (X)
③ ㄷ, ㄹ ➡ (X)
④ ㄱ, ㄴ, ㄹ ➡ (O)
⑤ ㄴ, ㄷ, ㄹ ➡ (X)

23 ③ 정답률 67.3%

| 문제 유형 | 자료 읽기 > 표 제시형

| 접근 전략 | 〈표〉는 식품 사업부와 외식 사업부의 부서 간 및 부서 내 전출과 전입 직원 수를 보여 준다. 전출과 전입의 합계가 각각 75명이므로 기업 내 전체 전출·입 직원 수가 75명임을 파악할 수 있다.

다음 〈표〉는 2010년 1월 1일자 '갑'기업의 팀(A~F)간 전출·입으로 인한 직원 이동에 관한 자료이다. 이에 대한 〈보기〉의 설명 중 옳은 것을 모두 고르면?

〈표〉 '갑'기업의 팀별 전출·입 직원 수

(단위: 명)

전입부서	식품 사업부				외식 사업부				전출 합계
전출부서	A팀	B팀	C팀	소계	D팀	E팀	F팀	소계	
식품 사업부 A팀	–	4	2	6	0	4	3	7	13
식품 사업부 B팀	8	–	0	8	2	1	1	4	12
식품 사업부 C팀	0	3	–	3	3	0	4	7	10
식품 사업부 소계	8	7	2	17	5	5	8	18	35
외식 사업부 D팀	0	2	4	6	–	0	3	3	9
외식 사업부 E팀	6	1	7	14	2	–	4	6	20
외식 사업부 F팀	2	3	0	5	1	5	–	6	11
외식 사업부 소계	8	6	11	25	3	5	7	15	40
전입합계	16	13	13	42	8	10	15	33	75

※ 1) '갑'기업은 식품 사업부와 외식 사업부로만 구성됨
2) 〈표〉 읽기 예시: A팀에서 전출하여 B팀으로 전입한 직원 수는 4명임

〈보기〉

ㄱ. 전출한 직원보다 전입한 직원이 많은 팀들의 전입 직원 수의 합은 기업 내 전체 전출·입 직원 수의 70%를 초과한다. → (O) 전출한 직원보다 전입한 직원이 많은 팀은 A팀, B팀, C팀, F팀으로, 이 팀들의 전입 직원 수의 합은 16+13+13+15=57(명)이다. 기업 내 전체 전출·입 직원 수는 75명이므로 전출한 직원보다 전입한 직원이 많은 팀들의 전입 직원 수의 합이 기업 내 전체 전출·입 직원 수에서 차지하는 비율은 $\frac{57}{75} \times 100 = 76(\%)$로, 70%를 넘는다.

ㄴ. 직원이 가장 많이 전출한 팀에서 전출한 직원의 40%는 직원이 가장 많이 전입한 팀에 배치되었다. → (X) 직원이 가장 많이 전출한 팀은 E팀이고, 직원이 가장 많이 전입한 팀은 A팀이다. E팀에서 전출하여 A팀으로 전입한 직원 수는 6명이다. 따라서 E팀의 경우 전출한 직원의 30%(= $\frac{6}{20} \times 100$)가 A팀에 배치되었다.

ㄷ. 식품 사업부에서 외식 사업부로 전출한 직원 수는 외식 사업부에서 식품 사업부로 전출한 직원 수보다 많다. → (X) 식품 사업부에서 외식 사업부로 전출한 직원 수는 18명이고, 외식 사업부에서 식품 사업부로 전출한 직원 수는 25명이다. 따라서 식품 사업부에서 외식 사업부로 전출한 직원 수가 외식 사업부에서 식품 사업부로 전출한 직원 수보다 적다.

ㄹ. 동일한 사업부 내에서 전출·입한 직원 수는 기업 내 전체 전출·입 직원 수의 50% 미만이다. → (O) 동일한 사업부 내에서 전출·입한 직원 수는 식품 사업부의 경우 17명, 외식 사업부의 경우 15명이다. 기업 내 전체 전출입 직원 수는 75명이므로 동일한 사업부 내 전출·입한 직원 수가 기업 내 전체 전출·입 직원 수에서 차지하는 비율은 $\frac{(17+15)}{75} \times 100 ≒ 42.7(\%)$로, 50% 미만이다.

① ㄱ, ㄴ ➡ (X)
② ㄱ, ㄷ ➡ (X)
③ ㄱ, ㄹ ➡ (O)
④ ㄴ, ㄷ ➡ (X)
⑤ ㄷ, ㄹ ➡ (X)

24 ②

| 문제 유형 | 자료 변환응용 > 자료/보고서 전환형
| 접근 전략 | 〈표 1〉, 〈표 2〉, 〈표 3〉을 바탕으로 작성된 〈보고서〉 내용의 진위 여부를 파악하는 문제이다. 〈보고서〉의 밑줄 친 부분을 〈표 1〉~〈표 3〉 중 어느 자료를 통해 파악할 수 있는지를 빠르게 판단할 수 있어야 한다.

다음 〈표〉는 A국에 출원된 의약품 특허출원에 관한 자료이다. 이를 바탕으로 작성된 〈보고서〉의 내용 중 옳은 것을 모두 고르면?

〈표 1〉 의약품별 특허출원 현황

(단위: 건)

연도 구분	2008년	2009년	2010년
완제의약품	7,137	4,394	2,999
원료의약품	1,757	797	500
기타 의약품	2,236	1,517	1,220
계	11,130	6,708	4,719

〈표 2〉 의약품별 특허출원 중 다국적기업 출원 현황

(단위: 건)

연도 구분	2008년	2009년	2010년
완제의약품	404	284	200
원료의약품	274	149	103
기타 의약품	215	170	141
계	893	603	444

〈표 3〉 완제의약품 특허출원 중 다이어트제 출원 현황

(단위: 건)

연도 구분	2008년	2009년	2010년
출원건수	53	32	22

─〈보고서〉─

㉠2008년부터 2010년까지 의약품의 특허출원은 매년 감소하였다. → (O) 〈표 1〉에서 의약품의 특허출원 건수는 2008년의 경우 11,130건, 2009년의 경우 6,708건, 2010년의 경우 4,719건으로, 매년 감소하였다. 그러나 기타 의약품이 전체 의약품 특허출원에서 차지하는 비중은 매년 증가하여 ㉡2010년 전체 의약품 특허 출원의 30% 이상이 기타 의약품 특허출원이었다. → (X) 〈표 1〉에서 2010년 전체 의약품 특허출원 건수는 4,719건이고, 기타 의약품 특허출원 건수는 1,220건이다. 기타 의약품 특허출원 건수가 전체 의약품 특허출원 건수에서 차지하는 비율은 $\frac{1,220}{4,719} \times 100 ≒ 25.9(\%)$로, 30% 미만이다.

다국적기업의 의약품 특허출원 현황을 보면, 원료의약품에서 다국적기업 특허출원이 차지하는 비중이 다른 의약품에 비해 매년 높아 ㉢2010년 원료의약품 특허출원의 20% 이상이 다국적기업 특허출원이었다. → (O) 〈표 1〉에서 2010년 원료의약품 특허출원 건수는 500건이고, 〈표 2〉에서 2010년 원료의약품 특허출원 중 다국적기업 특허출원 건수는 103건이다. 따라서 2010년 원료의약품 다국적기업 특허출원 건수가 전체 원료의약품 특허출원 건수에서 차지하는 비율은 $\frac{103}{500} \times 100 = 20.6(\%)$로, 2010년 원료의약품 특허출원의 20% 이상이 다국적기업 특허출원이었다. 한편, ㉣2010년 다국적기업에서 출원한 완제의약품 특허출원 중 다이어트제 특허출원은 11%였다. → (X) 〈표 3〉을 통해 2010년 완제의약품 특허출원 중 다이어트제 특허출원 건수를 파악

할 수 있다. 그러나 〈표 2〉는 다국적기업에서 출원한 완제의약품 특허출원 건수가 아닌 완제의약품 특허출원에서 다국적기업 출원 건수를 보여 주고 있으므로, 2010년 다국적기업에서 출원한 완제의약품 특허출원 건수 중 다이어트제 특허출원 건수가 차지하는 비율은 알 수 없다.

① ㉠, ㉡ ➡ (X)
② ㉠, ㉢ ➡ (O)
③ ㉡, ㉣ ➡ (X)
④ ㉠, ㉢, ㉣ ➡ (X)
⑤ ㉡, ㉢, ㉣ ➡ (X)

25 ①

| 문제 유형 | 자료 변환응용 > 표/그림 전환형
| 접근 전략 | 〈표〉에 빈칸으로 나타난 8~12월의 단순이동평균을 〈표〉 하단에 제시된 계산 방법을 이용하여 계산하고, 이를 〈그림〉으로 옳게 나타낸 것을 찾는 문제이다. 단순이동평균은 $\frac{해당 월 직전 6개월간 판매고의 합}{6}$으로 계산할 수 있다.

다음 〈표〉는 A회사의 2010년 월별 상품 판매고에 대한 자료이다. 2010년 7월부터 12월까지의 단순이동평균을 나타낸 그래프로 옳은 것은?

〈표〉 A회사의 2010년 월별 상품 판매고

(단위: 백만 원)

월	판매고	단순이동평균
1월	330	–
2월	410	–
3월	408	–
4월	514	–
5월	402	–
6월	343	–
7월	438	401.2
8월	419	( )
9월	374	( )
10월	415	( )
11월	451	( )
12월	333	( )

※ 단순이동평균은 해당 월 직전 6개월간 판매고의 평균을 말함. 예를 들어, 2010년 7월의 단순이동평균(401.2)은 2010년 1월부터 6월까지 판매고의 평균임

①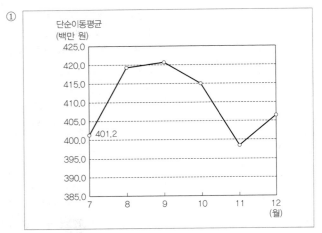

➡ (O) 단순이동평균은

8월의 경우 $\frac{(410+408+514+402+343+438)}{6}$ ≒ 419.2(백만 원),

9월의 경우 $\frac{(408+514+402+343+438+419)}{6}$ ≒ 420.7(백만 원),

10월의 경우 $\frac{(514+402+343+438+419+374)}{6}$ = 415(백만 원),

11월의 경우 $\frac{(402+343+438+419+374+415)}{6}$ = 398.5(백만 원),

12월의 경우 $\frac{(343+438+419+374+415+451)}{6}$ ≒ 406.7(백만 원)이다.

이는 〈그림〉과 일치한다.

②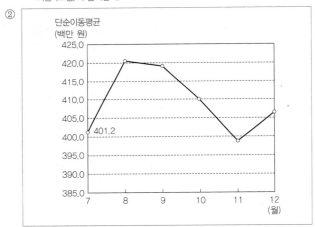

➡ (X)

③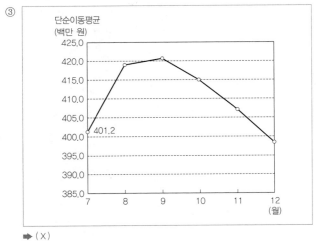

➡ (X)

④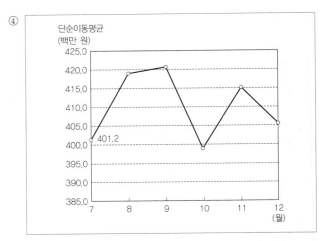

➡ (X)

⑤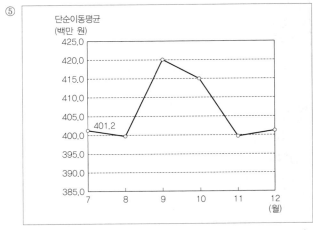

➡ (X)

2011 | 제3영역 상황판단(⑩ 책형)

기출 총평

민간경력자 채용시험의 성격에 맞게 규정을 먼저 제시하고 그 규정에 맞는 상황을 판단하는 문항이 9문항, 즉 절반 가까이 출제된 시험이었다. 제시문을 읽고 단순 사실을 이해하고 판단하는 문항이 더 적게 출제된 것을 고려해 보면 전체적으로 직무 상황에 근접한 직무 능력을 묻는 문항 위주로 출제된 것으로 판단된다. 규정을 적용하고 각 상황에 따른 적용의 가능과 불가능을 판단하는 것은 공직을 경험하지 않은 수험생들에게는 조금 익숙하지 않은 출제 유형일 수 있다. 따라서 〈보기〉에 제시된 상황에서 키워드를 추출하고, 이에 따라 규정의 적용이 가능한지를 정확하고 빠르게 판단하는 능력이 필요하다고 볼 수 있다. 특히 읽기 과정에서 자신이 빠뜨린 내용이 무엇인지를 다시 확인하고 점검하는 활동이 필수적인데, 이 과정을 여러 차례 반복해서 유형을 익힌다면, 실전에서는 문항을 풀어가는 데 크게 어려움이 없을 것이다.

문항별 정답률 및 선지별 선택률

문번	정답	정답률(%)	선지별 선택률(%)				
			①	②	③	④	⑤
01	③	75.2	2.9	10.5	75.2	0.5	10.9
02	④	94.5	0.0	1.3	4.2	94.5	0.0
03	④	83.9	14.8	0.0	0.5	83.9	0.8
04	⑤	89.8	0.4	1.3	5.5	3.0	89.8
05	④	60.9	12.8	7.7	17.0	60.9	1.6
06	②	97.5	0.0	97.5	1.7	0.8	0.0
07	④	92.4	3.8	1.7	1.3	92.4	0.8
08	②	69.8	6.4	69.8	3.8	1.7	18.3
09	④	85.2	8.0	4.2	0.8	85.2	1.8
10	①	66.2	66.2	6.0	5.6	4.3	17.9
11	①	95.7	95.7	3.9	0.0	0.4	0.0
12	⑤	93.1	0.0	3.9	2.6	0.4	93.1
13	③	97.4	0.4	1.4	97.4	0.4	0.4

문번	정답	정답률(%)	선지별 선택률(%)				
			①	②	③	④	⑤
14	④	83.3	13.2	0.0	2.2	83.3	1.3
15	①	72.6	72.6	1.0	2.1	22.2	2.1
16	②	93.6	3.8	93.6	0.4	0.4	1.8
17	④	95.3	1.7	0.9	0.4	95.3	1.7
18	⑤	91.0	2.1	2.1	1.8	3.0	91.0
19	②	82.8	5.2	82.8	2.6	2.6	6.8
20	③	70.2	3.9	8.8	70.2	11.8	5.3
21	⑤	79.8	2.6	2.6	9.6	5.4	79.8
22	④	58.4	17.3	18.6	4.4	58.4	1.3
23	⑤	63.9	7.4	3.0	3.5	22.2	63.9
24	②	54.4	9.7	54.4	7.5	10.2	18.2
25	③	49.1	22.5	15.5	49.1	4.9	8.0

※ 파란색 음영 문항은 해당 회차에서 정답률이 가장 낮은 TOP 3 문항입니다.
※ 문항별 정답률 산정 기준: 약 1년간 누적된 자동채점 & 성적결과분석 서비스의 응시 데이터

출제 비중

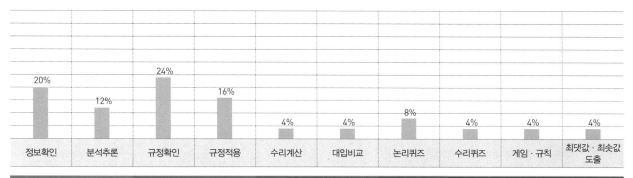

제시문형		법조문형		연산추론형		퍼즐형			
정보확인 20%	분석추론 12%	규정확인 24%	규정적용 16%	수리계산 4%	대입비교 4%	논리퀴즈 8%	수리퀴즈 4%	게임·규칙 4%	최댓값·최솟값 도출 4%

01	③	02	④	03	④	04	⑤	05	④
06	②	07	④	08	②	09	④	10	①
11	①	12	⑤	13	④	14	④	15	①
16	②	17	④	18	④	19	②	20	⑤
21	⑤	22	④	23	⑤	24	②	25	③

기출문제편 PDF 제공

④ 정부는 녹색성장을 위해 규제정책을 포기하고 시장친화정책을 도입해야 한다. ➡ (X) 2문단에서 정부는 신재생에너지의 공급을 위한 다양한 규제정책도 도입해야 한다고 하였으나 시장친화정책의 도입에 대해서는 언급되지 않았다. 따라서 규제정책을 포기하고, 시장친화정책을 도입해야 한다고 보기 어렵다.

⑤ 산업파급효과가 큰 에너지 분야보다 예산 대비 보급효과가 큰 에너지 분야에 대한 지원이 시급하다. ➡ (X) 2문단에서 정부는 산업파급효과가 큰 에너지 분야와 더불어 예산 대비 보급효과가 큰 에너지 분야에 대한 지원을 강화하기 위한 정책을 개발해야 한다고 하였다. 따라서 어느 한쪽의 에너지 분야에 대한 지원이 시급하다고 보기는 어렵다.

01 ③

정답률 75.2%

|문제 유형| 제시문형 > 정보확인

|접근 전략| 제시문의 정보를 바탕으로 선지의 내용을 판단하는 문항이다. 글의 정보를 파악할 때는 문단에 따라 전달하려는 내용을 분석해 보고, 각 문단의 내용을 정리하는 능력이 필요하다. 각종 수치와 종류 등이 나열되어 있는 글은 선지에서 각 정보들이 어떻게 구성되어 있는지를 꼼꼼하게 점검해야 하며, 제시문의 내용을 바탕으로 추론을 해야 하는 경우에는 해당 제시문에서 근거로 삼을 만한 내용들을 찾아서 비교해 보는 것이 중요하다.

다음 글에 부합하는 것은?

녹색성장에서 중요시되고 있는 것은 신재생에너지 분야이다. 유망 산업으로 주목받고 있는 신재생에너지 분야는 국가의 성장동력으로 집중 육성될 필요가 있다. 우리 정부가 2030년까지 전체 에너지 중 신재생에너지의 비율을 11%로 확대하려는 것은 탄소배출량 감축과 성장동력 육성이라는 두 마리 토끼를 잡기 위한 전략이다. 우리나라에서 신재생에너지란 수소, 연료전지, 석탄 가스화 복합발전 등의 신에너지와 태양열, 태양광, 풍력, 바이오, 수력, 지열, 폐기물 등의 재생가능에너지를 통칭해 부르는 용어이다. 2007년을 기준으로 신재생에너지의 구성비를 살펴보면 폐기물이 77%, 수력이 14%, 바이오가 6.6%, 풍력이 1.4%, 기타가 1%이었으며, 이들 신재생에너지가 전체 에너지에서 차지하는 비율은 2.4%에 불과했다. ▶1문단

따라서 정부는 '에너지 및 자원 사업 특별회계'와 '전력 기금'으로 신재생에너지 기술개발 지원사업을 확대할 필요가 있다. 특히 산업파급효과가 큰 태양광, 연료전지, 풍력 분야에 대한 국산화 지원과 더불어 예산 대비 보급효과가 큰 바이오 연료, 폐기물 연료 분야에 대한 지원을 강화하기 위한 정책도 개발되어야 한다. 이러한 지원정책과 함께 정부는 신재생에너지의 공급을 위한 다양한 규제정책도 도입해야 할 것이다. ▶2문단

① 환경보전을 위해 경제성장을 제한하고 삶의 질을 높여야 한다. ➡ (X) 1문단에서 녹색성장에서 중요시되고 있는 것은 신재생에너지 분야이며, 이 분야를 국가의 성장동력으로 집중 육성해야 할 필요가 있다고만 언급하고 있을 뿐 환경보전을 위해 경제성장을 제한하고 삶의 질을 높여야 한다는 내용은 찾아볼 수 없다.

② 신에너지가 전체 에너지에서 차지하는 비율은 재생가능에너지보다 크다. ➡ (X) 1문단에 따르면 신에너지는 수소, 연료전지, 석탄 가스화 복합발전임을 알 수 있고, 재생가능에너지는 태양열, 태양광, 풍력, 바이오, 수력, 지열, 폐기물 등임을 알 수 있다. 이 두 에너지를 통칭하는 신재생에너지의 구성비에서 재생가능에너지인 폐기물이 77%에 해당하므로 재생가능에너지가 신에너지보다 전체 에너지에서 차지하는 비율이 높음을 알 수 있다.

③ 2007년을 기준으로 폐기물을 이용한 에너지가 전체 에너지에서 차지하는 비율은 매우 낮다. ➡ (O) 1문단에서 2007년 기준 폐기물은 신재생에너지의 77%를 차지하고 신재생에너지가 전체 에너지에서 차지하는 비율은 2.4%에 불과하다고 하였으므로 폐기물을 이용한 에너지가 전체 에너지에서 차지하는 비율은 0.77 × 0.024 × 100 = 1.848(%)로 매우 낮다고 볼 수 있다.

02 ④

정답률 94.5%

|문제 유형| 제시문형 > 정보확인

|접근 전략| 제시된 내용을 바탕으로 선지와 관련된 부분들을 이해하고 비교하여 정답을 골라내는 문항이다. 훈민정음의 창제 원리에 대해 정확하게 내용을 파악하고 이와 관련한 선지들을 서로 비교해 가며 정답과 오답을 판별해야 한다. 이때 각각의 전문적인 내용들을 전부 이해하려고 할 필요는 없고, 제시된 정보들만 정확히 읽어 낼 수 있으면 문항을 풀어가는 데 어려움이 없다.

다음 글을 근거로 판단할 때, 옳지 않은 것은?

훈민정음이란 우리말의 표기체계인 한글의 본래 이름이다. 한글의 제자원리에 대해 훈민정음 《제자해(制字解)》에는 "정음 28자는 각각 그 모양을 본떠 만들었다."고 기술되어 있는데, 이것을 『주역』의 천지인(天地人) 삼재(三才)와 음양오행원리로 설명할 수 있다. 즉 중성의 기본 모음자 'ㆍ'는 하늘의 둥근 모양을, 'ㅡ'는 땅의 평평한 모양을, 'ㅣ'는 사람이 서 있는 모양을 각각 본뜬 것이다. 하늘과 땅이 한 번 더 분화하면 사계절 모음이 나온다. 입안을 자연스레 오므리면 하늘 소리 'ㆍ'가, 입술을 둥글게 오므리면 겨울소리 'ㅗ'가 되고, 환하게 펴면 봄소리 'ㅏ'가 되니, 모두 양에 해당한다. 땅소리 'ㅡ'를 쭉 내밀면 여름소리 'ㅜ'가 되고, 어둡게 하면 가을소리 'ㅓ'가 되니, 모두 음에 해당한다. 음양오행상으로 봄은 목, 여름은 화, 가을은 금, 겨울은 수이다. ▶1문단

자음 역시 오행설의 원리에 따라 만든 것이다. 기본 자음을 각각 오행에 대입하였으며, 나머지 자음은 이 기본자에 획을 더하여 만든 것이다. 오음(五音)은 오행의 상생순서에 따라 나온다. 축축하고 둥근 목구멍에서 물소리[水] 'ㅇ'이 나오면 뒤이어 혀뿌리에서 힘찬 나무소리[木] 'ㄱ'이 나오고, 이어서 혓바닥을 나불대는 불소리[火] 'ㄴ'이 나오면, 입술이 합해져서 흙소리[土] 'ㅁ'이 된다. 마지막으로 이빨에 부딪혀 나는 쇳소리[金] 'ㅅ'이 된다. ▶2문단

① 기본 자음은 ㄱ, ㄴ, ㅁ, ㅅ, ㅇ이다. ➡ (O) 2문단에서 기본 자음인 오음이 ㅇ, ㄱ, ㄴ, ㅁ, ㅅ임을 알 수 있다.

② 중성의 기본 모음자는 삼재에 근거하여 만든 것이다. ➡ (O) 1문단에 따르면 훈민정음은 천지인 삼재와 음양오행원리로 설명할 수 있고, 중성의 기본 모음자는 하늘과 땅과 사람의 모양을 본뜬 것임을 알 수 있다.

③ 오행의 상생순서는 수 → 목 → 화 → 토 → 금이다. ➡ (O) 2문단에서 오행의 상생순서가 수 → 목 → 화 → 토 → 금임을 알 수 있다.

④ 자음 ㅇ과 모음 ㅓ는 계절상으로 겨울에 해당한다. ➡ (X) 2문단에 따르면 축축하고 둥근 목구멍에서 물소리 'ㅇ'이 나온다고 하였고, 1문단에 따르면 음양오행상으로 겨울은 수라고 하였으므로 'ㅇ'은 계절상으로 겨울에 해당한다. 그러나 1문단에서 땅소리 'ㅡ'를 어둡게 하면 가을소리 'ㅓ'가 된다고 하였으므로 'ㅓ'는 계절상으로 가을에 해당한다.

⑤ 한글 자음은 자음의 기본자와 그 기본자에 획을 더한 것으로 구성되어 있다. ➡ (O) 2문단에서 기본 자음은 각각 오행에 대입한 것이고, 나머지 자음은 이 기본자에 획을 더하여 만든 것이라고 하였다.

03 ④

| **문제 유형** | 법조문형 > 규정확인

| **접근 전략** | 규정에 근거하여 주어진 대상을 분류한 후 적용되는 대상을 판단하는 문제이다. 규정에서 정의를 내리고 있는 개념에 대한 이해가 우선적으로 이루어져야 하고, 개념에 대해 추가로 설명하는 부분들에 대해서도 꼼꼼하게 짚어야 문항을 정확하게 해결할 수 있다. 제시된 규정과 추가 설명된 부분들이 골고루 선지로 활용되기 때문에 판단의 근거를 규정 안에서 명확하게 찾아내는 것이 중요하다.

다음 규정을 근거로 판단할 때, '차'에 해당하는 것을 〈보기〉에서 모두 고르면?

제00조(정의) 이 법에서 사용하는 용어의 정의는 다음과 같다.
1. '차'라 함은 다음의 어느 하나에 해당하는 것을 말한다.
   가. 자동차
   나. 건설기계
   다. 원동기장치자전거
   라. 자전거
   마. 사람 또는 가축의 힘이나 그 밖의 동력에 의하여 운전되는 것. 다만, 철길이나 가설된 선에 의하여 운전되는 것과 유모차 및 보행보조용 의자차는 제외한다.
2. '자동차'라 함은 철길이나 가설된 선에 의하지 아니하고 원동기를 사용하여 운전되는 차(견인되는 자동차도 자동차의 일부로 본다)를 말한다.
3. '원동기장치자전거'라 함은 다음 각 목의 어느 하나에 해당하는 차를 말한다.
   가. 이륜자동차 가운데 배기량 125cc 이하의 이륜자동차
   나. 배기량 50cc 미만(전기를 동력으로 하는 경우에는 정격출력 0.59kw 미만)의 원동기를 단 차

―――――〈보기〉―――――

ㄱ. 경운기 → (O) 제1호 마목에서 사람 또는 가축의 힘이나 그 밖의 동력에 의해 운전되는 것이 '차'에 해당됨을 알 수 있다. 경운기는 동력에 의해 운전되는 것이므로 '차'에 해당된다.
ㄴ. 자전거 → (O) 제1호 라목에서 자전거는 '차'에 해당됨을 알 수 있다.
ㄷ. 유모차 → (X) 제1호 마목에 따르면 유모차 및 보행보조용 의자차는 '차'에서 제외된다.
ㄹ. 기차 → (X) 제1호 마목에 따르면 철길이나 가설된 선에 의하여 운전되는 것은 '차'에서 제외된다.
ㅁ. 50cc 스쿠터 → (O) 제3호 가목에서 배기량 125cc 이하의 이륜자동차를 '원동기장치자전거'라 함을 알 수 있고, 제1호 다목에서 '원동기장치자전거'는 '차'에 해당함을 알 수 있다.

① ㄱ, ㄴ ➡ (X)
② ㄴ, ㄷ ➡ (X)
③ ㄷ, ㄹ ➡ (X)
④ ㄱ, ㄴ, ㅁ ➡ (O)
⑤ ㄴ, ㄹ, ㅁ ➡ (X)

04 ⑤

| **문제 유형** | 법조문형 > 규정확인

| **접근 전략** | 각 조건들을 명확하게 이해하고 파악하는 것이 중요하다. 특히 기준이 되는 수치에 대해 정확하게 선지와 비교할 수 있어야 하고, 각 상황마다 주체들이 할 수 있는 일과 할 수 없는 일을 구분해서 이해하는 것이 필요하다. 각 규정의 조항이 서로 복합적으로 얽혀서 상황들이 제시되는 경우도 있기 때문에 해당 상황이 여러 조항들을 충분히 만족하고 있는지도 꼼꼼하게 살펴보도록 한다.

다음 규정을 근거로 판단할 때, 〈보기〉에서 옳은 것을 모두 고르면?

제00조 ① 의회의 정기회는 법률이 정하는 바에 의하여 매년 1회 집회되며, 의회의 임시회는 대통령 또는 의회재적의원 4분의 1 이상의 요구에 의하여 집회된다.
② 정기회의 회기는 100일을, 임시회의 회기는 30일을 초과할 수 없다.
③ 대통령이 임시회의 집회를 요구할 때에는 기간과 집회요구의 이유를 명시하여야 한다.
제00조 의회는 헌법 또는 법률에 특별한 규정이 없는 한 재적의원 과반수의 출석과 출석의원 과반수의 찬성으로 의결한다. 가부동수(可否同數)인 때에는 부결된 것으로 본다.
제00조 의회에 제출된 법률안 및 기타의 의안은 회기 중에 의결되지 못한 이유로 폐기되지 아니한다. 다만, 의회의원의 임기가 만료된 때에는 그러하지 아니하다.
제00조 부결된 안건은 같은 회기 중에 다시 발의 또는 제출하지 못한다.

―――――〈보기〉―――――

ㄱ. 甲의원이 임시회의 기간과 이유를 명시하여 집회요구를 하는 경우 임시회가 소집된다. → (X) 첫 번째 조 제1항에서 임시회는 대통령 또는 의회재적의원 4분의 1 이상의 요구에 의해 집회됨을 알 수 있다.
ㄴ. 정기회와 임시회 회기의 상한일수는 상이하나 의결정족수는 특별한 규정이 없는 한 동일하다. → (O) 첫 번째 조 제2항에서 정기회의 회기와 임시회의 회기는 각각 100일과 30일로 다름을 알 수 있고, 두 번째 조에서 의회는 헌법 또는 법률에 특별한 규정이 없는 한 재적위원 과반수 출석과 출석의원 과반수의 찬성으로 의결함을 알 수 있다.
ㄷ. 乙의원이 제출한 의안이 계속해서 의결되지 못한 상태에서 乙의원의 임기가 만료되면 이 의안은 폐기된다. → (O) 세 번째 조에서 의안은 회기 중에 의결되지 못하더라도 폐기되지 않지만, 의회의원의 임기가 만료된 때에는 폐기됨을 알 수 있다.
ㄹ. 임시회에서 丙의원이 제출한 의안이 표결에서 가부동수인 경우, 丙의원은 동일 회기 중에 그 의안을 다시 발의할 수 없다. → (O) 두 번째 조에서 가부동수인 때에는 부결된 것으로 본다는 것을 알 수 있고, 네 번째 조에서 부결된 안건은 같은 회기 중에 다시 발의 또는 제출하지 못한다고 하였으므로 丙의원은 동일 회기 중에 그 의안을 다시 발의할 수 없다.

① ㄱ, ㄴ ➡ (X)
② ㄱ, ㄷ ➡ (X)
③ ㄴ, ㄹ ➡ (X)
④ ㄱ, ㄷ, ㄹ ➡ (X)
⑤ ㄴ, ㄷ, ㄹ ➡ (O)

05 ④

정답률 60.9%

| 문제 유형 | 법조문형 > 규정확인

| 접근 전략 | 조문을 제시하고 해당 조문의 내용이 구체적인 사례에 적용되는지 판단하는 문항은 조문의 내용을 꼼꼼하게 살피는 것이 중요하다. 이때 조문의 내용이 많기 때문에 구체적인 사례를 먼저 읽으면서 해당 사례에서 중요하게 다루어지는 핵심어들을 표시하고, 해당 핵심어들이 관련된 조문을 꼼꼼하게 읽는 것이 시간을 효율적으로 사용하는 방법이 될 수 있다. 또한 각 조항마다 단서 조건들이 제시되는 경우가 많기 때문에 해당 사례가 단서 조건과 관련이 있는지를 반드시 확인해야 하고, 이 조건에 따라 정답의 여부를 판단할 수 있어야 한다.

다음 규정을 근거로 판단할 때, 〈보기〉에서 옳지 않은 것을 모두 고르면? (단, 각 회사는 상시 5명 이상의 근로자를 사용하고 있음을 전제로 한다)

제00조(해고 등의 제한) 사용자는 근로자에게 정당한 이유 없이 해고, 휴직, 정직, 전직, 감봉, 그 밖의 징벌(懲罰)을 하지 못한다.

제00조(경영상 이유에 의한 해고의 제한) ① 사용자가 경영상 이유에 의하여 근로자를 해고하려면 긴박한 경영상의 필요가 있어야 한다. 이 경우 경영 악화를 방지하기 위한 사업의 양도·인수·합병은 긴박한 경영상의 필요가 있는 것으로 본다.

② 제1항의 경우에 사용자는 해고를 피하기 위한 노력을 다하여야 하며, 합리적이고 공정한 해고의 기준을 정하고 이에 따라 그 대상자를 선정하여야 한다. 이 경우 남녀의 성을 이유로 차별하여서는 아니 된다.

③ 사용자는 제2항에 따른 해고를 피하기 위한 방법과 해고의 기준 등에 관하여 그 사업 또는 사업장에 근로자의 과반수로 조직된 노동조합이 있는 경우에는 그 노동조합(근로자의 과반수로 조직된 노동조합이 없는 경우에는 근로자의 과반수를 대표하는 자를 말한다)에 해고를 하려는 날의 50일 전까지 통보하고 성실하게 협의하여야 한다.

④ 사용자가 제1항부터 제3항까지의 규정에 따른 요건을 갖추어 근로자를 해고한 경우에는 정당한 이유가 있는 해고를 한 것으로 본다.

제00조(해고의 예고) 사용자는 근로자를 해고(경영상 이유에 의한 해고를 포함한다)하려면 적어도 30일 전에 예고를 하여야 하고, 30일 전에 예고를 하지 아니하였을 때에는 30일분 이상의 통상임금을 지급하여야 한다. 다만, 천재·사변, 그 밖의 부득이한 사유로 사업을 계속하는 것이 불가능한 경우 또는 근로자가 고의로 사업에 막대한 지장을 초래하거나 재산상 손해를 끼친 경우에는 그러하지 아니하다.

제00조(해고사유 등의 서면통지) ① 사용자는 근로자를 해고하려면 해고사유와 해고시기를 서면으로 통지하여야 한다.

② 근로자에 대한 해고는 제1항에 따라 서면으로 통지하여야 효력이 있다.

〈보기〉

ㄱ. 부도위기에 직면한 甲회사가 근로자의 과반수로 조직된 노동조합이 있음에도 불구하고, 그 노동조합과 협의하지 않고 전체 근로자의 절반을 정리해고한 경우, 그 해고는 정당한 이유가 있는 해고이다. → (X) 두 번째 조 제3항에 따르면 근로자의 과반수로 조직된 노동조합이 있는 경우에는 그 노동조합에 해고를 하려는 날의 50일 전까지 통보하고 성실하게 협의하여야 하고 동조 제4항에서는 사용자가 규정에 따른 요건을 갖추어 근로자를 해고한 경우에만 정당한 이유가 있는 해고를 한 것으로 본다고 하였으므로 이를 준수하지 않고 근로자를 해고한 경우에는 정당한 이유가 있는 해고라고 볼 수 없다.

ㄴ. 乙회사가 무단결근을 이유로 근로자를 해고하면서 그 사실을 구두로 통지한 경우, 그 해고는 효력이 있는 해고이다. → (X) 네 번째 조 제2항에 따르면 근로자에 대한 해고는 서면으로 통지하여야 효력이 있다.

ㄷ. 丙회사가 고의는 없었으나 부주의로 사업에 막대한 지장을 초래한 근로자를 예고 없이 즉시 해고한 경우에는, 그 근로자에게 30일분 이상의 통상임금을 지불하지 않아도 된다. → (X) 세 번째 조에서 사용자가 근로자를 해고할 때 30일 전에 예고를 하지 않으면 30일분 이상의 통상임금을

지급해야 함을 알 수 있다. 이때 사업을 계속하는 것이 불가능한 경우 또는 근로자가 고의로 사업에 막대한 지장을 초래하거나 재산상 손해를 끼친 경우에는 지급하지 않아도 되는데, 丙회사에서 해고한 근로자는 고의가 없이 부주의로 사업에 막대한 지장을 초래한 것이므로 회사는 30일분 이상의 통상임금을 지불해야 한다.

ㄹ. 丁회사가 고의로 사업에 막대한 지장을 초래한 근로자를 해고하면서 그 사실을 서면으로 통지하지 않은 경우, 그 해고는 효력이 없다. → (O) 네 번째 조 제2항에서 근로자에 대한 해고는 서면으로 통지해야 효력이 있음을 알 수 있다.

① ㄱ, ㄴ ➡ (X)
② ㄱ, ㄹ ➡ (X)
③ ㄷ, ㄹ ➡ (X)
④ ㄱ, ㄴ, ㄷ ➡ (O)
⑤ ㄴ, ㄷ, ㄹ ➡ (X)

06 ②

정답률 97.5%

| 문제 유형 | 퍼즐형 > 수리퀴즈

| 접근 전략 | 입체도형의 면적을 구하고 이를 이용하는 문항은 입체도형이 변화함에 따라 면적이 어떻게 줄어들고 늘어나는지를 정확하게 파악하는 것이 중요하다. 기본적으로 도형의 면적을 구하는 공식만 알면 어렵지 않게 접근할 수 있는 문제이므로 제시된 각 조건들을 반영해서 문항을 해결하면 된다.

두 개의 직육면체 건물이 아래와 같다고 할 때, (나)건물을 페인트칠하는 작업에 필요한 페인트는 최소 몇 통인가? (단, 사용되는 페인트통의 용량은 동일하다)

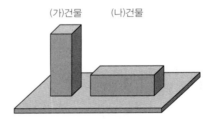

(가)건물   (나)건물

○ (가)건물 밑면은 정사각형이며, 높이는 밑면 한 변 길이의 2배이다.
○ (나)건물은 (가)건물을 그대로 눕혀놓은 것이다.
○ 페인트는 각 건물의 옆면 4개와 윗면에 (가)와 (나)건물 모두 같은 방식으로 칠한다.
○ (가)건물을 페인트칠하는 작업에는 최소 36통의 페인트가 필요했다.

① 30통 ➡ (X)
② 32통 ➡ (O) (가)건물은 직육면체 건물이고, 밑면이 정사각형이므로 윗면도 정사각형이다. 또한 높이는 밑면 한 변 길이의 2배라고 하였으므로 옆면의 면적은 윗면의 면적보다 2배 크다. 여섯 면 중에 밑면을 제외한 다섯 면이 페인트칠 대상이고, 옆면 4개는 윗면의 2배가 4개 모인 것이므로 8개의 윗면 넓이라고 볼 수 있다. 여기에 윗면의 넓이를 더하면 총 9개의 윗면 넓이가 되고, 이때 사용한 페인트가 총 36통이었으므로 하나의 윗면 넓이를 칠하기 위해 필요한 페인트가 4통임을 알 수 있다. (나)건물은 (가)건물의 밑면이 옆면이 되고, (가)건물의 옆면 중에 하나가 밑면이 되었으므로 칠해야 할 넓이가 (가)건물에 비해서 윗면 넓이 하나만큼 적다. 즉 총 8개의 윗면 넓이만큼 페인트가 필요하므로 4통 × 8면 = 32(통)의 페인트가 필요하다.
③ 36통 ➡ (X)
④ 42통 ➡ (X)
⑤ 45통 ➡ (X)

07 ④

정답률 92.4%

| 문제 유형 | 연산추론형 > 대입비교

| 접근 전략 | 제시된 조건을 바탕으로 계산을 하고 이 값들을 비교하는 문항은 선지에 제시된 내용을 정확히 이해하고 이에 맞게 계산을 하는 것이 중요하다. 생산성 유형별로 생산량과 생산성이 달라지는 것을 비교하는 것이기 때문에 선지에서 제시한 내용이 무엇인지를 이해해야 한다.

다음 〈조건〉을 근거로 판단할 때, 〈보기〉에서 옳은 것을 모두 고르면?

─────〈조건〉─────

○ 생산성 유형별로 일일 근로시간과 생산량은 다음과 같다.

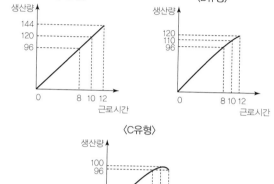

○ 일일 기본 근로시간은 8시간이고, 일일 최대 4시간까지 초과근무할 수 있다.

○ 생산성 = $\dfrac{생산량}{근로시간}$ 이다.

─────〈보기〉─────

ㄱ. 기본 근로시간만 근무할 때, 세 가지 유형의 일일 생산성은 같다. → (○) 〈조건〉에 따르면 일일 기본 근로시간은 8시간이고, 생산성은 생산량을 근로시간으로 나눈 값이다. A유형, B유형, C유형 모두 근로시간이 8시간일 때 생산량은 96으로 동일하므로 생산성은 모두 같다.

ㄴ. 초과근무 시간이 증가함에 따라 B유형의 생산성은 하락하지 않으나, C유형의 생산성은 하락한다. → (X) B유형에서는 근로시간이 10시간일 때 생산성은 $\dfrac{110}{10}=110$이고, 12시간일 때 생산성은 $\dfrac{120}{12}=100$이므로 생산성이 하락하고 C유형에서도 10시간일 때 생산성은 $\dfrac{100}{10}=100$이고, 12시간일 때 생산성은 $\dfrac{96}{12}=80$이므로 생산성이 하락한다.

ㄷ. B유형 근로자가 이틀 동안 10시간씩 근무하는 경우의 총생산량은 첫째 날 12시간, 둘째 날 8시간 근무하는 경우의 총생산량보다 많다. → (○) B유형 근로자가 이틀 동안 10시간씩 근무하는 경우의 총생산량은 110+110=2200이고 첫째 날 12시간, 둘째 날 8시간 근무하는 경우의 총생산량은 120+96=2160이므로 이틀 동안 10시간씩 근무하는 경우의 총생산량이 더 많다.

ㄹ. 초과근무 시 최초 두 시간 동안의 생산성은 A유형 > B유형 > C유형 순으로 나타난다. → (○) 초과근무 시 최초 두 시간 동안의 생산성은 $\dfrac{(근로시간이\ 10시간일\ 때\ 생산량 - 근로시간이\ 8시간일\ 때\ 생산량)}{2}$ 로 도출할 수 있다. 그런데 근로시간이 8시간일 때 생산량이 96으로 모두 동일하므로 근로시간이 10시간일 때 생산량이 클수록 초과근무 시 최초 두 시간 동안의 생산성이 크다고 할 수 있다. 근로시간이 10시간일 때 생산량은 A유형 > B유형 > C유형 순이므로 초과근무 시 최초 두 시간 동안의 생산성 역시 A유형 > B유형 > C유형 순이다.

① ㄱ, ㄴ ➡ (X) ② ㄱ, ㄷ ➡ (X)
③ ㄴ, ㄹ ➡ (X) ④ ㄱ, ㄷ, ㄹ ➡ (○)
⑤ ㄴ, ㄷ, ㄹ ➡ (X)

08 ②

정답률 69.8%

| 문제 유형 | 법조문형 > 규정적용

| 접근 전략 | 제시된 법령을 이해하고 그 근거에 따라 해당 조항의 적용을 살펴보아야 한다. 법령에서 소개되고 있는 용어의 개념을 선지에서 다른 말로 바꾸어 제시하거나, 구체적인 상황이나 사례로 바꾸어 보여 주는 경우가 많기 때문에 이에 대한 대처도 중요하다. 또한 범주화를 통해서 법령의 적용 여부를 빠르게 판단할 수 있기 때문에 선지에서 사례로 제시한 상황들을 법령 내용에 따라 범주화하거나 분류하는 능력이 필요하다.

다음 글을 근거로 판단할 때, 위계에 의한 공무집행방해죄에 해당하는 것을 〈보기〉에서 모두 고르면?

A. 직무를 집행하는 공무원에 대하여 폭행 또는 협박한 자, 공무원에 대하여 그 직무상의 행위를 강요 또는 저지하거나 그 직(職)을 사퇴하게 할 목적으로 폭행 또는 협박한 자는 '공무집행방해죄'로 처벌된다. 여기서 직무란 공무원의 직무인 이상 그 종류 및 성질을 가리지 않는다. 다만 공무원의 직무는 적법한 것이어야 한다.

B. 위계(僞計)로써 공무원의 직무집행을 방해하는 자는 '위계에 의한 공무집행방해죄'로 처벌된다. 위계에 의한 공무집행방해죄도 공무집행방해죄와 마찬가지로 공무원의 적법한 직무집행의 보호를 그 목적으로 하지만, 그 행위수단이 '위계'라는 점에서 '폭행 또는 협박'을 그 행위수단으로 하는 공무집행방해죄와 구별된다. 여기에서 위계라 함은 사람을 착오에 빠지게 하는 기망이나 유혹 등 널리 사람의 판단을 그르치게 하는 술책을 말한다. 위계의 상대방에는 직무를 집행하는 공무원 외에 제3자도 포함된다. 따라서 제3자를 기망하여 공무원의 직무를 방해하는 경우도 당해 죄를 구성한다.

─────〈보기〉─────

ㄱ. 시험감독자를 속이고 국가시행의 자동차운전면허시험에 타인을 대리하여 응시한 경우 → (○) B에서 폭행 또는 협박 없이 사람을 착오에 빠지게 하는 기망 등으로 사람의 판단을 그르치게 하는 것을 위계라 함을 알 수 있다. 위계의 상대방에는 직무를 집행하는 공무원 외에 제3자도 포함되며 국가시행의 자동차운전면허시험에 타인을 대리하여 응시한 것은 기망으로 판단을 그르치게 한 경우에 해당하므로 위계에 의한 공무집행방해죄에 해당한다고 볼 수 있다.

ㄴ. 수산업협동조합 조합장이 조합관련 비리를 수사하고 있는 해양경찰서 경찰공무원에게 전화로 폭언하며 협박한 경우 → (X) A에 따르면 직무를 집행하는 공무원에 대하여 폭행 또는 협박한 경우는 공무집행방해죄가 성립되고, 이때 직무란 공무원의 직무인 이상 그 종류 및 성질을 가리지 않는다. 수산업협동조합 조합장이 조합관련 비리를 수사하는 직무 수행중인 경찰공무원에게 폭언을 하며 협박한 것이므로 위계에 의한 공무집행방해죄가 아닌 공무집행방해죄에 해당된다.

ㄷ. 출입국관리공무원이 甲회사의 사업장 관리자를 기망하여 그 사업장에 진입한 후, 불법체류자 단속업무를 실시한 경우 → (X) 공무집행방해죄가 되기 위해서는 기망을 당한 사람이 공무원이어야 한다. 그러나 이는 공무원이 아닌 사람(甲회사의 사업장 관리자)을 공무원이 기망한 것이므로 범죄가 성립하지 않는다.

ㄹ. 타인의 소변을 자신의 소변인 것으로 속여 수사기관에 건네주어 필로폰 음성반응이 나오게 한 경우 → (O) B에서 폭행 또는 협박 없이 사람을 착오에 빠지게 하는 기망 등으로 직무를 집행하는 공무원의 판단을 그르치게 하는 것을 위계라 함을 알 수 있고, 공무원의 직무를 방해하게 되면 죄를 구성함을 알 수 있다. 타인의 소변을 자신의 소변으로 속여 필로폰 음성반응이 나오게 한 경우는 기망행위로 공무원의 직무를 방해한 것이므로 위계에 의한 공무집행방해죄에 해당한다고 볼 수 있다.

① ㄱ, ㄴ ➡ (X) ② ㄱ, ㄹ ➡ (O)
③ ㄴ, ㄷ ➡ (X) ④ ㄷ, ㄹ ➡ (X)
⑤ ㄱ, ㄷ, ㄹ ➡ (X)

09 ④

정답률 85.2%

| **문제 유형** | 제시문형 > 분석추론

| **접근 전략** | 두 사람의 견해를 바탕으로 옳고 그름을 추론하는 문항이다. 추론이 필요한 문항은 반드시 제시문의 내용을 근거로 삼아야 한다. 일반적으로 알려져 있는 상식이나 혹은 자신이 알고 있다고 생각하는 내용이 선지로 등장하더라도 해당 내용과 제시문의 내용을 서로 비교하여 살펴봄으로써 문항에서 요구하는 판단을 정확하게 할 수 있어야 한다. 또한 제시문에 등장하는 견해들을 통해 주장하는 내용을 정리해 두면 선지와 비교하여 정답과 오답을 판단하는 것이 훨씬 수월해진다.

다음 글을 읽고 〈보기〉에서 옳게 추론한 것을 모두 고르면?

甲: 한 사회에서 무엇이 옳은가는 그 사회의 도덕률에 의해 결정됩니다. 그런데 서로 다른 사회에는 서로 다른 도덕률이 존재하기 마련입니다. 이는 결국 어떤 특정 사회의 규칙이 다른 사회의 규칙보다 더 좋다고 판단할 수 있는 객관적인 기준이 없다는 것을 의미합니다. 또한 우리 사회의 도덕률이라고 해서 특별한 지위를 갖고 있는 것은 아니며, 많은 도덕률 중의 하나일 뿐임을 의미합니다. 무엇보다도 다른 사회 구성원의 행위를 우리 사회의 잣대로 판단하려 하는 것은 오만한 태도임을 기억해야 합니다. 따라서 우리는 다른 문화의 관습에 대해 관용적이고 개방적인 태도를 취해야 합니다.

乙: 甲의 입장을 받아들이는 경우 다음과 같은 문제가 발생할 수 있습니다. 첫째, 우리는 더 이상 다른 사회의 관습이 우리 사회의 관습보다 도덕적으로 열등하다고 말할 수 없을 것입니다. 둘째, 다른 사회의 규칙을 비판하는 것이 허용되지 않을 뿐만 아니라 우리 사회의 규칙을 비판하는 것 또한 허용되지 않을 것입니다. 셋째, 어쩌면 가장 심각한 문제는 우리가 보편적 도덕과 도덕적 진보에 관한 일체의 믿음을 갖지 못하게 된다는 것입니다. 따라서 무조건적인 관용은 결코 바람직하지 않습니다.

〈보기〉

ㄱ. 甲은 일부 이슬람 국가에서 여성들에게 운전면허증을 발급하지 않는 관습을 다른 국가가 비판하는 것이 옳지 않다고 주장할 것이다. → (O) 甲은 어떤 특정 사회의 규칙이 다른 사회의 규칙보다 더 좋다고 판단할 수 있는 객관적인 기준이 없다고 본다.

ㄴ. 乙은 싱가포르 정부가 절도죄로 체포된 자에게 태형(笞刑)을 가한 일을 야만적인 행위라며 비난한 미국 정부의 행동을 정당하다고 옹호할 것이다. → (O) 乙은 다른 사회의 규칙을 비판하는 것이 허용되지 않는

것을 문제라고 생각한다. 따라서 乙은 미국 정부가 싱가포르 정부에 대해 비난하는 것이 정당하다고 볼 것이다.

ㄷ. 甲은 다른 사회의 문화에 대한 상대주의적 태도가 자국 문화의 절대적 우월성에 대한 믿음으로 이어질 것으로 본다. → (X) 甲은 다른 사회 구성원의 행위를 우리 사회의 잣대로 판단하려 하는 것은 오만한 태도이므로 다른 문화의 관습에 대해 관용적이고 개방적인 태도를 지녀야 한다고 주장한다. 따라서 甲은 다른 사회의 문화에 대한 상대주의적 태도가 자국 문화의 절대적 우월성에 대한 믿음으로 이어진다고 보지 않을 것이다.

ㄹ. 乙은 서로 다른 문화를 가진 사회들 간에 도덕적 수준의 차이가 존재할 수 있다고 본다. → (O) 乙은 甲의 주장에 대해 우리 사회의 관습보다 도덕적으로 열등하다고 말할 수 없게 된다는 것과, 보편적 도덕과 도덕적 진보에 관한 일체의 믿음을 갖지 못하게 된다는 문제점을 지적하고 있다. 따라서 乙은 서로 다른 문화를 가진 사회들 간에 도덕적 수준의 차이가 존재할 수 있다고 보고 있음을 알 수 있다.

① ㄱ, ㄴ ➡ (X) ② ㄱ, ㄷ ➡ (X)
③ ㄷ, ㄹ ➡ (X) ④ ㄱ, ㄴ, ㄹ ➡ (O)
⑤ ㄴ, ㄷ, ㄹ ➡ (X)

10 ①

정답률 66.2%

| **문제 유형** | 법조문형 > 규정확인

| **접근 전략** | 제시된 규정을 바탕으로 각 조건들을 만족하고 있는지 판단하는 문항이다. 각 선지의 상황마다 규정의 조건을 정확하게 적용하고 있는지를 비교해야 하고, 단서 조건이나 범위의 적용이 달라지는 경우를 꼼꼼하게 살펴야 한다. 또한 기간이나 일정 수준 이상의 인원수를 요구하는 경우에는 해당 사례들이 이 기준을 지키고 있는지도 판단하고 비교할 수 있어야 한다.

다음 규정을 근거로 판단할 때, 〈보기〉에서 옳은 것을 모두 고르면?

제00조(성립) ① 정당은 중앙당이 중앙선거관리위원회에 등록함으로써 성립한다.
② 제1항의 등록에는 다음 각 호의 요건을 구비하여야 한다.
1. 정당은 5개 이상의 시·도당을 가져야 한다.
2. 시·도당은 각 1,000명 이상의 당원을 가져야 한다.
제00조(창당준비위원회) 정당의 창당활동은 발기인으로 구성하는 창당준비위원회가 한다.
제00조(창당준비위원회의 활동범위) ① 중앙당창당준비위원회는 중앙선거관리위원회에의 결성신고일부터 6월 이내에 한하여 창당활동을 할 수 있다.
② 중앙당창당준비위원회가 제1항의 기간 이내에 중앙당의 창당등록신청을 하지 아니한 때에는 그 기간만료일의 다음 날에 그 창당준비위원회는 소멸된 것으로 본다.
제00조(발기인) 창당준비위원회는 중앙당의 경우에는 200명 이상의, 시·도당의 경우에는 각 100명 이상의 발기인으로 구성한다.
제00조(등록신청) 창당준비위원회가 창당준비를 완료한 때에는 그 대표자는 관할 선거관리위원회에 정당의 등록을 신청하여야 한다.
제00조(등록의 취소) ① 정당이 다음 각 호의 어느 하나에 해당하는 때에는 당해 선거관리위원회는 그 등록을 취소한다.
1. 정당성립의 등록에 필요한 시·도당 수 및 시·도당의 당원수의 요건을 구비하지 못하게 된 때. 다만, 요건의 흠결이 공직선거의 선거일 전 3월 이내에 생긴 때에는 선거일 후 3월까지, 그 외의 경우에는 요건 흠결 시부터 3월까지 그 취소를 유예한다.
2. 의회의원 총선거에 참여하여 의석을 얻지 못하고 유효투표총수의 100분의 2 이상을 득표하지 못한 때

ㄱ. 2010년 2월 1일, 정치인 甲은 5개 시·도에서 600명의 발기인으로 구성된 창당준비위원회를 결성하고 신고한 뒤, 이들 시·도에서 총 4,000명의 당원을 모집하였고, 같은 해 7월 30일 중앙선거관리위원회에 등록을 신청하여 정당으로 성립되었다. → (X) 첫 번째 조 제2항 제2호에서 시·도당은 각 1,000명 이상의 당원을 가져야 함을 알 수 있다. 甲은 5개 시·도에서 총 4,000명의 당원을 모집하였으므로 규정에 미달하였다.

ㄴ. 2010년 3월 15일, 정치인 乙은 중앙당 300명, 5개 시·도에서 각각 150명의 발기인으로 창당준비위원회를 결성하고 신고한 뒤, 이들 시·도에서 각 2,000명씩 총 10,000명의 당원을 모집한 후, 같은 해 9월 30일 중앙선거관리위원회에 등록을 신청하여 정당으로 성립되었다. → (X) 세 번째 조 제1항에서 중앙당창당준비위원회는 중앙선거관리위원회에의 결성신고일부터 6월 이내에 한하여 창당활동을 할 수 있다고 하였고 동조 제2항에서는 이 기간 이내에 창당등록신청을 하지 아니하면 그 기간만료일의 다음 날에 창당준비위원회는 소멸된다고 하였다. 따라서 乙은 2010년 3월 15일에 창당준비위원회의 결성을 신고했으므로 같은 해 9월 15일 이내에 창당등록신청을 했어야 한다.

ㄷ. 중앙선거관리위원회에 등록되어 활동해오던 정당 丙은 의회의원 총선거를 2개월 앞둔 시점에서 2개 도의 당원수가 각각 2,000명에서 절반으로 줄어 선거 1개월 후에 등록이 취소되었다. → (X) 여섯 번째 조 제1항 제1호에서 정당성립의 등록에 필요한 당원수의 요건을 구비하지 못하면 그 등록을 취소할 수 있지만, 요건의 흠결이 공직선거일 전 3월 이내에 생긴 때에는 선거 후 3월까지 취소를 유예함을 알 수 있다.

ㄹ. 중앙선거관리위원회에 등록되어 활동해오던 정당 丁은 최근에 실시되었던 의회의원 총선거에 참여하여 한 명의 후보도 당선시키지 못하였으나, 유효투표총수인 1,000만 표 중 25만 표를 획득함으로써 등록이 유지되었다. → (O) 여섯 번째 조 제1항 제2호에서 의회의원 총선거에 참여하여 의석을 얻지 못하고 유효투표총수의 100분의 2 이상을 득표하지 못하면 등록이 취소됨을 알 수 있다. 정당 丁은 한 명의 후보도 당선시키지 못하였으나, 1,000만 표 중 25만 표를 획득하여 유효투표총수의 100분의 2 이상을 득표하였으므로 등록이 유지된다.

① ㄹ ➡ (O)
② ㄱ, ㄴ ➡ (X)
③ ㄴ, ㄷ ➡ (X)
④ ㄷ, ㄹ ➡ (X)
⑤ ㄱ, ㄴ, ㄹ ➡ (X)

11 ①

정답률 95.7%

| **문제 유형** | 제시문형 > 정보확인

| **접근 전략** | 정보를 전달하는 글은 해당 정보를 정확하게 이해하고 선지의 내용과 비교하며 문항을 해결해야 한다. 각종 통계 자료 등이 제시된 경우에는 해당 자료의 내용이 선지와 어떤 부분에서 비교가 가능한지를 살펴보아야 한다. 그리고 제시된 정보들의 진위를 판단하도록 선지가 구성되므로, 선지에 제시된 정보들을 지문에서 정확하게 찾아낼 수 있는지를 근거로 하여 옳고 그름을 판단해야 한다.

다음 글을 근거로 판단할 때 옳은 것은?

소나무재선충은 매개충의 몸 안에 서식하다가 새순을 갉아 먹을 때 상처 부위를 통하여 나무에 침입한다. 침입한 재선충은 빠르게 증식하여 수분과 양분의 이동통로를 막아 소나무를 죽게 한다. 소나무재선충병에 걸린 나무는 치료약이 없어 잎이 붉은 색으로 변하면서 100% 고사한다. 주로 감염되는 수종은 소나무, 해송 및 잣나무 등이다. ▶1문단

소나무재선충병은 1988년 부산 금정산에서 처음 발생한 이후 계속 피해가 증가하여 총 67개의 시·군·구에서 발생하였다. 그러나 「소나무재선충병 방제특별법」이 시행된 2007년부터 피해가 급격히 감소하고 있는 추세이다. 피해 면적은 2000년 1,677ha에서 2006년 최대 7,871ha로 급증하였는데 정부의 방역대책으로 2010년에는 3,547ha로 감소하였다. 감염목의 수도 2000년에 2만 8천 그루에서 2005년 최대 51만 그루로 급증하였지만 2010년에는 1만 6천 그루로 감소하였다. 정부는 2009년에 산림병해충 예찰·방제단을 조직하여 능동적 예찰·방제체계를 구축하였고, 2013년 완전방제를 목표로 선제적 완전방제 대책을 추진하고 있다. ▶2문단

소나무재선충병을 예방하기 위해서는 외관상 건강한 소나무에 아바멕틴 나무주사를 2년에 1회 실시한다. 소나무 잎의 상태를 육안으로 관찰하여 이상 징후가 있는 나무는 대상목에서 제외한다. 나무주사 방법 외에도 지상과 항공에서 약제를 살포하는 방법을 통해 방제를 할 수 있는데, 5월에서 8월 사이에 3~5회 정도 실시해야 한다. ▶3문단

① 소나무재선충병에 대처하기 위해서는 무엇보다도 사전예방이 중요하다. ➡ (O) 1문단에서 소나무재선충병에 걸린 나무는 치료약이 없다고 하였으므로 사전예방이 가장 중요하다고 할 수 있다.

② 소나무재선충은 2005년에 가장 넓은 지역에서 가장 많은 수목을 감염시켰다. ➡ (X) 2문단에서 피해 면적이 2006년에 7,871ha로 최대로 급증했음을 알 수 있다. 2005년에는 감염목의 수가 최대로 급증하였다.

③ 소나무재선충병은 소나무에서만 발생하기 때문에 이 수종에 대한 관리가 매우 중요하다. ➡ (X) 1문단에서 소나무재선충병에 감염되는 수종은 소나무, 해송 및 잣나무 등이라고 하였다.

④ 나무주사를 놓기 직전에 소나무의 상태를 파악하기 위한 별도의 화학실험을 해야 한다. ➡ (X) 3문단에서 소나무 잎의 상태를 육안으로 관찰하여 이상 징후가 있는 나무는 나무주사 대상목에서 제외한다는 것은 알 수 있지만, 별도의 화학실험을 해야 한다는 내용은 찾아볼 수 없다.

⑤ 소나무재선충으로 인해 잎이 붉은색으로 변색된 소나무도 나무주사를 통해서 소생시킬 수가 있다. ➡ (X) 1문단에서 소나무재선충병에 걸린 나무는 치료약이 없어 잎이 붉은 색으로 변하면서 100% 고사함을 알 수 있다. 따라서 소생이 불가능하다.

12 ⑤

정답률 93.1%

| **문제 유형** | 제시문형 > 정보확인

| **접근 전략** | 제시문에 두 가지 이상의 입장이 정리되어 나오는 경우에는 문항에서 묻고 있는 내용을 정확하게 인지하는 것이 가장 중요하다.

다음 글을 근거로 판단할 때, 적극적 다문화주의 정책에 해당하는 것을 〈보기〉에서 모두 고르면?

한 사회 내의 소수집단을 위한 정부의 정책 가운데 다문화주의 정책은 크게 소극적 다문화주의 정책과 적극적 다문화주의 정책으로 구분할 수 있다. 소극적 다문화주의 정책은 소수집단과 그 구성원들에 대한 차별적인 대우를 철폐하는 것이다. 한편 적극적 다문화주의 정책은 이와 다른 정책을 그 내용으로 하는데, 크게 다음 네 가지로 구성된다. 첫째, 소수집단의 고유한 관습과 규칙이 일반 법체계에 수용되도록 한다. 둘째, 소수집단의 원활한 사회진출을 위해 특별한 지원을 제공한다. 셋째, 소수집단의 정치참여의 기회를 확대시킨다. 넷째, 일정한 영역에서 소수집단에게 자치권을 부여한다.

ㄱ. 교육이나 취업에서 소수집단 출신에게 불리한 차별적인 규정을 폐지한다. → (X) 소극적 다문화주의 정책은 소수집단과 그 구성원들에 대한 차별적인 대우를 철폐하는 것이다. 교육이나 취업에서 차별적인 규정을 폐지하는 것은 소극적 다문화주의 정책에 해당한다.

ㄴ. 의회의원 비례대표선거를 위한 각 정당명부에서 소수집단 출신 후보자의 공천비율을 확대한다. → (O) 소수집단의 정치참여의 기회를 확대하는 것은 적극적 다문화주의 정책에 해당한다. 정당명부에서 소수집단 출신 후보자의 공천비율을 확대하는 것은 소수집단의 정치참여 기회를 확대하는 것으로 볼 수 있다.

ㄷ. 공무원 시험이나 공공기관 입사 시험에서 소수집단 출신에게 가산점을 부여한다. → (O) 소수집단의 원활한 사회진출을 위해 특별한 지원을 제공하는 것은 적극적 다문화주의 정책에 해당한다. 시험 등에서 소수집단 출신에게 가산점을 부여하는 것은 원활한 사회진출을 위해 특별한 지원을 제공하는 것으로 볼 수 있다.

ㄹ. 특정 지역의 다수 주민을 이루는 소수집단에게 그 지역의 치안유지를 위한 자치경찰권을 부여한다. → (O) 일정한 영역에서 소수집단에게 자치권을 부여하는 것은 적극적 다문화주의 정책에 해당한다. 자치경찰권을 부여하여 소수집단에게 그 지역의 치안유지를 맡기는 것은 소수집단에게 자치권을 부여한 것으로 볼 수 있다.

① ㄱ, ㄷ ➡ (X)　　　② ㄴ, ㄷ ➡ (X)
③ ㄴ, ㄹ ➡ (X)　　　④ ㄱ, ㄴ, ㄹ ➡ (X)
⑤ ㄴ, ㄷ, ㄹ ➡ (O)

13 ③

채식주의자의 유형	음식	
① 과식주의자	호두를 으깨어 얹은 모든 생과일	➡ (O)

과식주의자는 견과류와 과일 등 열매 부분만 먹음을 알 수 있다. 호두를 으깨어 얹은 모든 생과일은 견과류와 과일의 열매 부분에 해당한다.

② 우유 채식주의자	단호박 치즈오븐구이	➡ (O)

우유 채식주의자는 식물로부터 나온 것과 계란을 제외한 유제품은 먹음을 알 수 있다. 단호박은 식물로부터 나온 것이고, 치즈는 계란을 제외한 유제품에 해당한다.

③ 난류 채식주의자	치즈계란토스트	➡ (X)

난류 채식주의자는 식물로부터 나온 것과 유제품을 제외한 계란은 먹음을 알 수 있다. 치즈는 유제품에 해당하므로 난류 채식주의자가 먹지 않는 음식이다.

④ 유란 채식주의자	생크림을 곁들인 삶은 계란	➡ (O)

유란 채식주의자는 식물로부터 나온 것과 유제품과 계란 및 우유도 먹음을 알 수 있다. 생크림과 계란은 유란 채식주의자가 먹을 수 있는 음식에 해당한다.

⑤ 생선 채식주의자 및 준채식주의자	연어훈제구이	➡ (O)

생선 채식주의자가 먹을 수 있는 것은 식물로부터 나온 것과 유제품, 계란, 우유, 생선이다. 준채식주의자는 생선 채식주의자가 먹는 음식에 더하여, 육류도 그 양을 줄여가며 먹는다. 연어훈제구이는 생선에 해당하고, 생선 채식주의자와 준채식주의자가 공통으로 먹을 수 있는 음식이다.

| **문제 유형** | 제시문형 > 정보확인

| **접근 전략** | 특정 개념이나 정의를 분류하고, 이에 따라 그 특성을 연결하는 문항은 분류된 것의 특성을 정확하게 이해하고 있어야 각 선지를 연결할 수 있고, 옳고 그름을 판별할 수 있다.

다음 글을 근거로 판단할 때, 연결이 서로 잘못된 것은? (단, 음식에서 언급되지 않은 재료는 고려하지 않는다)

채식주의자 중에는 육류와 함께 계란, 유제품(치즈, 버터, 생크림 등) 및 생선조차 먹지 않는 사람이 있는가 하면 때때로 육식을 하는 채식주의자도 있다. 또한 채식이라고 하면 채소와 과일 등을 생각하기 쉽지만, 여기서 말하는 채식에는 곡물도 포함된다.

아래 표는 채식주의자의 유형별 특성을 분류한 것이다.

채식주의자의 유형	특성
과식(果食)주의자	모든 식물의 잎이나 뿌리는 섭취하지 않고, 오직 견과류나 과일 등 열매 부분만을 먹는다.
순수 채식주의자	동물로부터 얻은 모든 것을 먹지 않고, 식물로부터 나온 것만을 먹는다.
우유 채식주의자	순수 채식주의자가 먹는 음식에 더하여, 유제품은 먹되 계란은 먹지 않는다.
난류(卵類) 채식주의자	순수 채식주의자가 먹는 음식에 더하여, 계란은 먹되 유제품은 먹지 않는다.
유란(乳卵) 채식주의자	순수 채식주의자가 먹는 음식에 더하여, 유제품과 계란도 먹으며, 우유도 먹는다.
생선 채식주의자	유란 채식주의자가 먹는 음식에 더하여, 생선도 먹는다.
준(準)채식주의자	생선 채식주의자가 먹는 음식에 더하여, 육류도 그 양을 줄여가며 먹는다.

14 ④

| **문제 유형** | 법조문형 > 규정확인

| **접근 전략** | 각 선지에 해당하는 사례들이 규정에 적용되는지에 대해 묻고 있다. 규정에서 제시하고 있는 직급의 범위와 근무기간, 근무 경력과 관련 분야 자격증 등을 정확하게 이해하고 각 사례와 비교할 수 있어야 문제 해결이 가능하다. 또한 각 조건을 충족시키더라도 결격사유 등에 의해 해당 규정이 적용되지 않을 수 있다는 점에 유의하며 문제를 해결하여야 한다.

다음 규정을 근거로 판단할 때, 〈보기〉에서 옳은 것을 모두 고르면?

제00조(감사) ① 감사는 총회에서 선임한다.
② 감사는 감사업무를 총괄하며, 감사결과를 총회에 서면으로 보고하여야 한다.
제00조(감사의 보조기구) ① 감사는 직무수행을 위하여 감사인과 직원으로 구성된 보조기구를 둔다.
② 단체장은 다음 각 호의 어느 하나에 해당하는 자를 감사인으로 임명할 수 있다.
  1. 4급 이상으로 그 근무기간이 1년 이상이 경과된 자로서, 계약심사·IT·회계·인사분야 업무에서 3년 이상 근무한 경력이 있는 자
  2. 공인회계사(CPA), 공인내부감사사(CIA) 또는 정보시스템감사사(CISA) 자격증을 갖고 있는 직원
③ 제2항에도 불구하고 다음 각 호의 결격사유 중 어느 하나에 해당하는 자는 감사인이 될 수 없다.
  1. 형사처벌을 받은 자
  2. 징계 이상의 처분을 받은 날로부터 3년이 경과되지 않은 자
④ 감사가 당해 감사업무에 필요하다고 인정할 때에는 소관부서장과 협의하여 그 소속 직원으로 하여금 감사업무를 수행하게 할 수 있다.

ㄱ. 계약심사 업무를 4년간 담당한 5급 직원 甲은 원칙적으로 감사인으로 임명될 수 있다. →(X) 두 번째 조 제2항 제1호에서 4급 이상으로 근무 기간이 1년 이상 경과된 자 중에서 계약심사 등의 업무에서 3년 이상 근무한 경력이 있는 자가 감사인으로 임명될 수 있음을 알 수 있다. 甲은 계약심사 업무를 4년 담당했지만 5급 직원이기 때문에 원칙적으로 감사인에 임명될 수 없다.

ㄴ. 정보시스템감사사 자격증을 가지고 있고 규정에 정한 결격사유가 없는 경력 2년의 5급 직원 乙은 감사인으로 임명될 수 있다. →(O) 두 번째 조 제2항 제2호에서 정보시스템감사사 자격증을 갖고 있는 직원은 감사인으로 임명될 수 있음을 알 수 있다. 乙은 결격사유가 없고 정보시스템감사사 자격증을 갖고 있기 때문에 감사인으로 임명될 수 있다.

ㄷ. 2년 전 징계를 받은 적이 있고 공인내부감사사 자격증을 가지고 있는 직원 丙은 감사인으로 임명될 수 있다. →(X) 두 번째 조 제2항 제2호에서 공인내부감사사 자격증을 갖고 있는 직원은 감사인으로 임명될 수 있음을 알 수 있지만, 동조 제3항 제2호에 따르면 징계 이상의 처분을 받은 날로부터 3년이 경과되지 않은 자는 감사인이 될 수 없다. 丙은 공인내부감사사 자격증을 갖고 있지만, 징계를 받고 3년이 경과되지 않았기 때문에 감사인으로 임명될 수 없다.

ㄹ. 감사는 인사부서장과 협의하여, 계약심사 업무를 2년간 담당하고 현재 인사부서에서 일하고 있는 5급 직원 丁으로 하여금 감사업무를 수행하게 할 수 있다. →(O) 두 번째 조 제4항에서 감사가 당해 감사업무에 필요하다고 인정할 때에는 소관부서장과 협의하여 그 소속 직원으로 하여금 감사업무를 수행하게 할 수 있음을 알 수 있다. 丁은 원칙적으로 감사인으로 임명될 수는 없지만, 감사가 감사업무에 필요하다고 인정하여 丁의 소관부서장인 인사부서장과 협의하면 감사업무를 수행할 수 있다.

① ㄱ, ㄴ ➡ (X)　　② ㄱ, ㄷ ➡ (X)
③ ㄴ, ㄷ ➡ (X)　　④ ㄴ, ㄹ ➡ (O)
⑤ ㄷ, ㄹ ➡ (X)

15 ①

정답률 72.6%

|문제 유형| 법조문형 > 규정확인
|접근 전략| 규정에서 제시된 기준에 따라 상황을 판단해야 하는 문항은 각 기준에 따라 달라지는 변수를 정확하게 파악하는 것이 중요하다. 의회에서 사안에 대해 의결할 수 있는 상황을 묻고 있으며 각각의 사안에 따라 의결할 수 있는 출석의 기준과 찬성의 기준이 다르다. 의결을 할 수 있는 정족수가 어느 경우에 가장 큰지에 대해서도 판단할 수 있어야 한다.

다음 규정을 근거로 판단할 때, 〈보기〉에서 옳은 것을 모두 고르면?

제00조 ① 의회는 다음 각 호의 사유를 제외하고는 재적의원 과반수의 출석과 출석의원 과반수의 찬성으로 안건을 의결한다. 가부동수(可否同數)인 때에는 부결된 것으로 한다.
1. 국무총리 또는 국무위원의 해임 건의
2. 국무총리·국무위원·행정각부의 장·헌법재판소재판관·법관에 대한 탄핵소추
3. 대통령에 대한 탄핵소추
4. 헌법개정안
5. 의회의원 제명
6. 대통령이 재의를 요구한 법률안에 대한 재의결
② 제1항 제1호와 제2호는 재적의원 과반수의 찬성으로 의결한다.
③ 제1항 제3호, 제4호, 제5호는 재적의원 3분의 2 이상의 찬성으로 의결한다.
④ 제1항 제6호는 재적의원 과반수의 출석과 출석의원 3분의 2 이상의 찬성으로 의결한다.

ㄱ. 탄핵소추의 대상에 따라 탄핵소추를 의결하는 데 필요한 정족수가 다르다. →(O) 제2항, 제3항을 보면, 탄핵소추의 대상에 따라 탄핵소추를 의결하는 데 필요한 정족수가 다름을 알 수 있다.

ㄴ. 의회 재적의원 과반수의 찬성이 있더라도 의회는 직접 국무위원을 해임시킬 수 없다. →(O) 제1항에서 의회는 국무위원 해임 건의를 할 수 있음을 알 수 있고, 제2항에서 국무위원의 해임을 건의할 수 있는 인원이 재적의원 과반수의 찬성임을 알 수 있다. 그러나 의회는 국무위원의 해임을 건의는 할 수 있지만 직접 해임시킬 수 있는 것은 아니다.

ㄷ. 의회의 의결정족수 중 대통령이 재의를 요구한 법률안을 의회가 재의결하는 데 필요한 의결정족수가 가장 크다. →(X) 제3항에 따르면 대통령에 대한 탄핵소추, 헌법개정안, 의회의원 제명 등의 안건은 재적의원 3분의 2 이상의 찬성으로 의결되는 반면 제4항에 따르면 대통령이 재의를 요구한 법률안에 대한 재의결은 재적의원 과반수의 출석과 출석의원 3분의 2 이상의 찬성으로 의결되므로 대통령이 재의를 요구한 법률안을 의회가 재의결하는 데 필요한 의결정족수가 가장 큰 것은 아님을 알 수 있다.

ㄹ. 헌법개정안을 의회에서 의결하기 위해서는 의회 재적의원 과반수의 출석과 출석의원 과반수의 찬성을 요한다. →(X) 제1항 제4호의 헌법개정안을 의결하기 위해서는 제3항에 따라 재적의원 3분의 2 이상의 찬성을 요한다.

① ㄱ, ㄴ ➡ (O)　　② ㄴ, ㄷ ➡ (X)
③ ㄷ, ㄹ ➡ (X)　　④ ㄱ, ㄴ, ㄷ ➡ (X)
⑤ ㄴ, ㄷ, ㄹ ➡ (X)

16 ②

정답률 93.6%

|문제 유형| 퍼즐형 > 논리퀴즈
|접근 전략| 가장 적합한 조건의 상황을 찾아내는 문항으로, 조건에 따라 풀어 가면 어렵지 않게 해결할 수 있다. 세 가지 조건에 따라 가장 생존가능성이 높은 비행기 좌석을 찾는 문제이기 때문에 하나의 조건을 만족하지 못하는 경우부터 하나씩 소거해 가면 답을 찾을 수 있다.

다음 글을 근거로 판단할 때, 〈비행기 좌석표〉의 주어진 5개 좌석 중 생존가능성이 가장 높은 좌석은?

A국 항공담당 부처는 비행기 화재사고 시 좌석에 따른 생존가능성을 조사하였다. 그 결과 다음과 같이 좌석의 조건에 따라 생존가능성이 다르게 나타났다.
○ 각 비상구에서 앞뒤로 두 번째 열 이내에 앉은 승객은 그렇지 않은 승객에 비해 생존할 가능성이 높다.
○ 복도(통로)측 좌석 승객이 창측 승객보다 생존할 가능성이 높다.
○ 기내의 가운데 열을 기준으로 앞쪽과 뒤쪽으로 나누어 볼 때 앞쪽 승객이 뒤쪽 승객보다 생존할 가능성이 높다.

〈비행기 좌석표〉

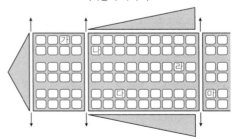

※ 화살표는 비상구를 나타내며, 그림의 왼쪽이 비행기의 앞쪽 방향이다. 또한 비행기 좌석은 총 15열이다.

① 가 ➡ (X)
② 나 ➡ (O) 첫 번째 조건에서 각 비상구 앞뒤로 두 번째 열 이내에 앉은 승객의 생존 가능성이 더 높다고 하였으므로 '가, 나, 라, 마'의 생존가능성이 '다'보다 높음을 알 수 있다. 두 번째 조건에서는 복도측 좌석 승객이 창측 승객보다 생존할 가능성이 더 높다고 하였으므로 '나, 라, 마'의 생존가능성이 '가'보다 높음을 알 수 있다. 세 번째 조건에서 가운데 열을 기준으로 앞쪽 승객의 생존가능성이 더 높다고 하였으므로 '나, 라, 마' 중에 가장 앞쪽 승객인 '나'의 생존가능성이 가장 높다.
③ 다 ➡ (X)
④ 라 ➡ (X)
⑤ 마 ➡ (X)

17 ④

정답률 95.3%

| 문제 유형 | 퍼즐형 > 최댓값·최솟값 도출
| 접근 전략 | 여론 조사결과 등과 같은 설문 조사의 결과를 근거로 순위를 매기는 문항은 순위를 매기는 방식이 어떻게 달라지느냐에 따라 그 결괏값이 달라진다. 따라서 해당 기준들을 정확하게 숙지한 상태에서 순위 매기는 방식을 적용할 수 있어야 한다.

다음 글을 근거로 판단할 때, 〈보기〉에서 옳은 것을 모두 고르면?

최근 가창력이 뛰어난 가수들이 매주 공연을 한 뒤, 청중 투표를 통해 탈락자를 결정하는 프로그램이 인기를 얻고 있다. 100명의 청중평가단이 가수 4명의 공연을 보고, 본인의 선호에 따라 가장 마음에 드는 가수 1명에게 투표를 한다. 이 결과를 토대로 득표수가 가장 적은 사람이 탈락하는 방식이다.

그러나 기존 투표방식에 문제가 있다는 지적이 계속되자, 제작진은 가수 4명의 공연이 끝난 뒤 청중평가단에게 선호도에 따라 1위부터 4위까지의 순위를 매겨 제출하도록 하였다. 그 결과는 다음 표와 같다.

〈선호도 조사결과〉

(단위: 명)

선호순위 가수	1	2	3	4
A	10	50	30	10
B	20	30	20	30
C	30	10	20	40
D	40	10	30	20

※ 위 표의 청중평가단 선호순위는 어떤 투표방식하에서도 동일하며, 청중평가단은 그 선호순위에 따라 투표한다.

〈보기〉

ㄱ. 기존의 탈락자 선정방식은 청중평가단 선호도의 1순위만을 반영하기 때문에 다수의 청중평가단이 2순위로 선호하는 가수도 탈락할 수 있다. → (O) 〈선호도 조사결과〉를 바탕으로, 청중평가단 선호도의 1순위만 반영하면 1순위로 선호하는 청중평가단은 가장 적지만 2순위로 선호하는 청중평가단은 50명으로 가장 많은 A가 탈락한다.

ㄴ. 가장 선호하는 가수 한 명에게만 투표하는 기존의 방식을 그대로 적용하게 되면 탈락자는 A가 된다. → (O) 〈선호도 조사결과〉에서 청중평가단 선호 1순위가 가장 많은 사람은 40표를 받은 D이고, 가장 적게 받은 A이므로 탈락자는 A가 된다.

ㄷ. 4순위 표가 가장 많은 사람을 탈락시킬 경우, 탈락자는 C가 된다. → (O) 〈선호도 조사결과〉에서 청중평가단 선호도의 4순위 표가 가장 많은 사람은 40표를 얻은 C이다.

ㄹ. 가장 선호하는 가수 두 명의 이름을 우선순위 없이 적어서 제출하는 방식으로 투표할 경우, 최저득표자는 A가 된다. → (X) 두 명의 이름을 우선순위 없이 적어서 제출하게 되면 〈선호도 조사결과〉의 1순위와 2순위 청중평가단 인원이 합쳐지게 된다. 이를 바탕으로 계산하면 A는 60표, B는 50표, C는 40표, D는 50표이므로 A가 최다득표자가 되고, 최저득표자는 C가 된다.

① ㄱ, ㄴ ➡ (X)
② ㄱ, ㄹ ➡ (X)
③ ㄷ, ㄹ ➡ (X)
④ ㄱ, ㄴ, ㄷ ➡ (O)
⑤ ㄴ, ㄷ, ㄹ ➡ (X)

18 ⑤

정답률 91.0%

| 문제 유형 | 법조문형 > 규정적용
| 접근 전략 | 정부포상 대상자 추천의 제한요건이 기간, 처벌 종류, 횟수, 벌금 금액에 따라 달라지기 때문에 이러한 변인들을 파악하고 있어야 한다.

정부포상 대상자 추천의 제한요건에 관한 다음 규정을 근거로 판단할 때, 2011년 8월 현재 정부포상 대상자로 추천을 받을 수 있는 자는?

1) 형사처벌 등을 받은 자
   가) 형사재판에 계류 중인 자
   나) 금고 이상의 형을 받고 그 집행이 종료된 후 5년을 경과하지 아니한 자
   다) 금고 이상의 형의 집행유예를 받은 경우 그 집행유예의 기간이 완료된 날로부터 3년을 경과하지 아니한 자
   라) 금고 이상의 형의 선고유예를 받은 경우에는 그 기간 중에 있는 자
   마) 포상추천일 전 2년 이내에 벌금형 처벌을 받은 자로서 1회 벌금액이 200만 원 이상이거나 2회 이상의 벌금형 처분을 받은 자
2) 공정거래관련법 위반 법인 및 그 임원
   가) 최근 2년 이내 3회 이상 고발 또는 과징금 처분을 받은 법인 및 그 대표자와 책임 있는 임원(단, 고발에 따른 과징금 처분은 1회로 간주)
   나) 최근 1년 이내 3회 이상 시정명령 처분을 받은 법인 및 그 대표자와 책임 있는 임원

① 금고 1년 형을 선고받아 복역한 후 2009년 10월 출소한 자 ➡ (X) 규정 1)-나)에 따르면 금고 이상의 형을 받고 그 집행이 종료된 후 5년을 경과하지 아니한 자는 정부포상 대상자로 추천받을 수 없다. 따라서 금고 1년 형을 선고받고 복역한 후 2009년 10월 출소한 자는 2011년 8월을 기준으로 5년이 경과하지 않았기 때문에 추천이 제한된다.

② 2011년 8월 현재 형사재판에 계류 중인 자 ➡ (X) 규정 1)-가)에서 형사재판에 계류 중인 자는 정부포상 대상자로 추천받을 수 없음을 알 수 있다.

③ 2010년 10월 이후 현재까지, 공정거래관련법 위반으로 3회 시정명령 처분을 받은 기업의 대표자 ➡ (X) 규정 2)-나)에 따르면 공정거래관련법 위반으로 최근 1년 이내 3회 이상 시정명령 처분을 받은 법인 및 대표자는 정부포상 대상자로 추천받을 수 없다.

④ 2010년 1월, 교통사고 후 필요한 구호조치를 하지 않아 500만 원의 벌금형 처분을 받은 자 ➡ (X) 규정 1)-마)에서 포상추천일 전 2년 이내에 벌금형 처벌을 받은 자로서 1회 벌금액이 200만 원 이상이면 정부포상 대상자 추천을 받을 수 없음을 알 수 있다. 2010년 1월에 500만 원의 벌금형을 받았다면 2011년 8월 기준으로 2년 이내이므로 추천이 제한된다.

⑤ 2009년 7월 이후 현재까지, 공정거래관련법 위반으로 고발에 따른 과징금 처분을 2회 받은 기업 ➡ (O) 규정 2)-가)에서 공정거래관련법 위반으로 최근 2년 이내 3회 이상 고발 또는 과징금 처분을 받은 법인은 정부포상 대상자 추천을 받을 수 없음을 알 수 있다. 2009년 7월 이후에 과징금 처분을 2회 받은 기업은 2011년 8월 기준으로 2년 이내에 2회 처분을 받은 것이므로 정부포상 대상자 추천을 받을 수 있다.

19 ②
정답률 82.8%

| **문제 유형** | 제시문형 > 분석추론

| **접근 전략** | 권한의 전제조건이 충족된 경우를 묻는 문항은 각 전제조건에 따라 적용의 대상이 달라지는 것에 유의해야 한다. 국제형사재판소에서 다루는 중대범죄의 종류 4가지와 재판관할권에 대해 판단하고 전제조건을 충족하는지에 따라 범죄에 대한 재판관할권의 행사 가능 여부가 달라짐에 유의하도록 한다.

다음 글을 근거로 판단할 때, 국제형사재판소(ICC)가 재판관할권을 행사하기 위한 전제조건이 충족된 경우를 〈보기〉에서 모두 고르면?

네덜란드의 헤이그에 위치한 국제형사재판소(International Criminal Court, 이하 'ICC'라 한다)는 4대 중대범죄인 대량학살, 인도주의(人道主義)에 반하는 범죄, 전쟁범죄, 침략범죄에 대한 개인의 책임을 묻고자 '국제형사재판소에 관한 로마규정'(이하 '로마규정'이라 한다)에 따라 2002년 7월 1일 설립되었다. 로마규정에 의하면 ICC는 위의 4대 중대범죄에 대해 재판관할권을 가진다. ▶1문단

ICC가 재판관할권을 행사하기 위해서는 다음의 전제조건이 충족되어야 한다. 즉, 범죄가 발생한 국가가 범죄발생 당시 ICC 재판관할권을 인정하고 있던 국가이거나, 범죄 가해자의 현재 국적이 ICC 재판관할권을 인정한 국가이어야 한다. ▶2문단

〈보기〉

ㄱ. ICC 재판관할권을 인정하지 않은 A국 정부는 자국 국민 甲이 ICC 재판관할권을 인정하고 있던 B국에서 인도주의에 반하는 범죄를 저지르고 자국으로 도망쳐 오자 그를 체포했지만, 범죄인 인도협정이 체결되어 있지 않다는 이유로 甲의 인도를 요구하는 B국의 요청을 거부했다. → (O) 2문단에 따르면 ICC 재판관할권을 인정하고 있던 국가에서 인도주의에 반하는 범죄가 발생하면 ICC가 재판관할권을 행사할 수 있다. 甲은 범죄 당시 ICC 재판관할권을 인정하고 있던 B국에서 인도주의에 반하는 범죄를 저질렀으므로 ICC에서 재판관할권을 행사할 수 있다.

ㄴ. ICC 재판관할권을 인정하지 않고 있는 C국의 국민인 乙은 ICC 재판관할권을 현재까지 인정하지 않고 있는 D국에 주둔 중인 E국의 군인들을 대상으로 잔혹한 전쟁범죄를 저질렀다. 위 전쟁범죄 발생 당시 E국은 ICC 재판관할권을 인정하고 있었다. → (X) 2문단에 따르면 범죄가 발생한 국가가 범죄발생 당시 ICC 재판관할권을 인정하고 있던 국가이거나 혹은 인정하고 있는 국가의 국민이 가해자가 되어 범죄를 저지르면 ICC 재판관할권을 행사할 수 있다. 乙은 ICC 재판관할권을 인정하지 않는 국가의 국민이고, 범죄가 발생한 국가 D국도 ICC 재판관할권을 인정하지 않고 있으므로 ICC가 재판관할권을 행사할 수 없다.

ㄷ. ICC 재판관할권을 인정해오던 F국은 최근 자국에서 발생한 인도주의에 반하는 범죄를 저지른 민병대 지도자 丙을 국제사회의 압력에 밀려 체포했지만, 별다른 이유를 제시하지 않은 채 丙에 대한 기소와 재판을 차일피일 미루고 있다. → (O) 2문단에 따르면 범죄가 발생한 국가가 범죄발생 당시 ICC 재판관할권을 인정하고 있던 국가이거나 혹은 인정하고 있는 국가의 국민이 가해자가 되어 인도주의에 반하는 범죄를 저지르면 ICC 재판관할권을 행사할 수 있다. 丙은 재판관할권을 인정하고 있던 국가에서 범죄를 저지른 것이므로 ICC에서 재판관할권을 행사할 수 있다.

ㄹ. 현재까지 ICC 재판관할권을 인정하지 않고 있는 G국의 대통령 丁은 자국에서 소수민족을 대량학살하였다. 그 후 丁이 학살당한 소

수민족의 모국인 H국을 방문하던 중 ICC 재판관할권을 인정하는 H국 정부는 丁을 체포하였다. → (X) 2문단에 따르면 범죄가 발생한 국가가 범죄발생 당시 ICC 재판관할권을 인정하고 있던 국가이거나 혹은 인정하고 있는 국가의 국민이 대량학살의 범죄를 저지르면 ICC 재판관할권을 행사할 수 있는데 丁은 자국에서 대량학살을 일으킨 것이고 G국은 ICC 재판관할권을 인정하지 않고 있는 국가이므로 ICC가 재판관할권을 행사할 수 없다.

① ㄱ, ㄴ ➡ (X)   　② ㄱ, ㄷ ➡ (O)
③ ㄱ, ㄹ ➡ (X)   　④ ㄴ, ㄹ ➡ (X)
⑤ ㄷ, ㄹ ➡ (X)

20 ③
정답률 70.2%

| **문제 유형** | 연산추론형 > 수리계산

| **접근 전략** | 세금이 부과되는 다양한 상황에 대한 세율의 적용을 각각 정확하게 이해할 수 있어야 한다. 부동산을 매매하거나 상속하는 경우 공시지가와 시가의 차이가 발생하는 경우에 반영이 되는 가격이 무엇인지 알아야 하고, 특정 세금이 부과되지 않는 경우에 대해서도 정확하게 파악하고 있어야 한다.

A국에서는 부동산을 매매·상속 등의 방법으로 취득하는 사람은 취득세, 농어촌특별세, 등록세, 지방교육세를 납부하여야 한다. 다음 글을 근거로 할 때, 자경농민인 甲이 공시지가 3억 5천만 원의 농지를 상속받아 주변 농지의 시가 5억 원으로 신고한 경우, 甲이 납부하여야 할 세금액은? (단, 신고불성실가산세, 상속세, 증여세 등은 고려하지 않는다)

〈부동산 취득 시 납부하여야 할 세금의 산출방법〉

○ 취득세는 부동산 취득 당시 가액에 2%의 세율을 곱하여 산정한다. 다만 자경농민이 농지를 상속으로 취득하는 경우에는 취득세가 비과세된다. 그리고 농어촌특별세는 결정된 취득세액에 10%의 세율을 곱하여 산정한다.

○ 등록세는 부동산 취득 당시 가액에 0.8%의 세율을 곱하여 산정한다. 다만 자경농민이 농지를 취득하는 때 등록세의 세율은 상속의 경우 취득가액의 0.3%, 매매의 경우 1%이다. 그리고 지방교육세는 결정된 등록세액에 20%의 세율을 곱하여 산정한다.

○ 부동산 취득 당시 가액은 취득자가 신고한 가액과 공시지가(시가표준액) 중 큰 금액으로 하며, 신고 또는 신고가액의 표시가 없는 때에는 공시지가를 과세표준으로 한다.

① 75만 원 ➡ (X)
② 126만 원 ➡ (X)
③ 180만 원 ➡ (O) 甲은 자경농민인 상태에서 농지를 상속받았고, 상속 등의 방법으로 부동산을 취득하는 사람은 취득세, 농어촌특별세, 등록세, 지방교육세 등을 납부해야 함을 알 수 있다. 〈부동산 취득 시 납부하여야 할 세금의 산출방법〉의 첫 번째 조건에 의하면 자경농민이 농지를 상속으로 취득하는 경우에는 취득세가 비과세된다. 따라서 甲은 취득세와 취득세의 10%로 산출되는 농어촌특별세를 내지 않아도 된다. 〈부동산 취득 시 납부하여야 할 세금의 산출방법〉의 두 번째 조건에 의하면 자경농민이 상속으로써 농지를 취득할 때 등록세의 세율은 취득가액의 0.3%이고, 지방교육세는 결정된 등록세액에 20%의 세율을 곱하여 산정함을 알 수 있다. 이때 취득가액은 〈부동산 취득 시 납부하여야 할 세금의 산출방법〉의 세 번째 조건에 의하면 취득자가 신고한 가액과 공시지가 중 큰 금액으로 한다고 하였으므로 甲의 경우 3억 5천만 원과 5억 원 중에서 큰 금액인 5억 원이 취득가액임을 알 수 있다. 이를 기준으로 등록세를 계산하면 5억 원의 0.3%인 150만 원이고, 지방교육세는 150만 원의 20%인 30만 원으로 이 둘을 합하면 180만 원이다. 甲은 취득세와 농어촌특별세를 내지 않아도 되므로 납부해야 할 세금액은 총 180만 원이다.

④ 280만 원 ➡ (X)
⑤ 1,280만 원 ➡ (X)

21 ⑤

정답률 79.8%

| **문제 유형** | 제시문형 > 분석추론

| **접근 전략** | 세부적인 내용을 꼼꼼하게 파악하여 옳은 선지를 고르는 문제로, 역사적 사실을 기반으로 구성되었지만 배경지식보다는 제시문에 제시된 내용을 바탕으로 문항을 해결할 수 있어야 한다.

다음 글을 근거로 판단할 때, 〈보기〉에서 옳게 추론한 것을 모두 고르면?

종묘는 역대 왕들의 신위를 모시는 곳이었다. 『예기』에 따르면 조선은 원칙적으로 5묘제를 실시하도록 되어 있었다. 5묘제란 건국시조와 현재왕의 직계 선왕 4대의 신위를 종묘의 정전에 모시고 그 외 신위는 없애는 것을 말한다. 처음 종묘를 건축했을 당시 태조는 자신의 4대조(목조 – 익조 – 탁조 – 환조)까지 왕으로 추존(追尊)하고, 서쪽을 상석으로 하여 제1실에 목조를, 제2실에 익조의 신위를 모셨다. 태조가 승하하고 그의 신위가 종묘의 정전에 모셔지면서 비로소 5묘제가 시작되었다. ▶1문단

세종은 제2대 정종이 승하하자 그 신위를 정전에 모시고, 5묘제로 모실 수 없는 첫 신위를 별도의 사당인 영녕전을 지어 그곳에 옮겨 모셨다. 그런 의미에서 조선왕조는 『예기』의 5묘제를 그대로 지키지 않은 셈이다. 한편 후대로 가면서 태종, 세종과 같이 위대한 업적을 남긴 왕의 신위를 그대로 정전에 두기 위해 건물을 일렬로 잇대어 증축하였다. 그 밖의 신주는 영녕전으로 옮겨 모셨다. 그 결과 종묘의 정전에는 19위의 왕과 30위의 왕후 신주가 모셔졌으며, 영녕전에는 정전에서 옮겨진 15위의 왕과 17위의 왕후 신주가 모셔졌다. ▶2문단

신주의 봉안 순서는 정전의 경우 서쪽을 상석으로 하고, 제1실에 태조의 신위를 봉안한 이후, 그 신위는 옮겨지지 않았다. 영녕전에는 추존조(追尊祖)인 4왕(목조 – 익조 – 탁조 – 환조)을 정중앙에 모시고, 정전과 마찬가지로 서쪽을 상석으로 하여 차례대로 모셨다. ▶3문단

※ 조선의 왕은 태조 – 정종 – 태종 – 세종 – 문종… 순이었다.
※ 신위(神位): 신령이 의지할 자리
　 신주(神主): 죽은 사람의 위(位)를 베푸는 나무패

〈보기〉

ㄱ. 정전에는 총 49위의 신주가 모셔져 있을 것이다. → (O) 2문단에서 종묘의 정전에는 19위의 왕과 30위의 왕후 신주가 모셔졌다고 하였다.

ㄴ. 영녕전 서쪽 제1실에 익조의 신위가 모셔져 있을 것이다. → (X) 3문단에서 영녕전에는 추존조인 4왕 목조, 익조, 탁조, 환조를 정중앙에 모시고 서쪽을 상석으로 하여 차례대로 모셨다고 하였으므로 서쪽 제1실에는 목조의 신위가 모셔져 있을 것이다.

ㄷ. 시대가 지남에 따라 정전은 동쪽으로 증축되었을 것이다. → (O) 2문단과 3문단에 따르면 후대로 가면서 위대한 업적을 남긴 왕의 신위를 그대로 정전에 두기 위해 건물을 일렬로 잇대어 증축하였다고 하였고 서쪽을 상석으로 하여 차례대로 모셨다고 하였으므로 정전은 동쪽으로 증축되었을 것이라 추론할 수 있다.

ㄹ. 종묘를 건축했을 당시 정전 서쪽 제3실에는 탁조의 신위를 모셨을 것이다. → (O) 1문단에서 처음 종묘를 건축했을 당시 목조, 익조, 탁조, 환조를 추존하면서 서쪽을 상석으로 하여 제1실에 목조, 제2실에 익조를 모셨음을 알 수 있다. 탁조가 세 번째이므로 제3실에 신위를 모셨을 것이다.

① ㄱ, ㄴ ➡ (X)
② ㄴ, ㄹ ➡ (X)
③ ㄷ, ㄹ ➡ (X)
④ ㄱ, ㄴ, ㄷ ➡ (X)
⑤ ㄱ, ㄷ, ㄹ ➡ (O)

22 ④

TOP 3 정답률 58.4%

| **문제 유형** | 퍼즐형 > 논리퀴즈

| **접근 전략** | 제시된 조건을 바탕으로 경우의 수를 비교하는 문제는 주어진 조건대로 잘 읽어 가며 풀면 크게 어렵지 않다. 축구대회에서 각 팀들의 승점을 계산할 때 승점이 동일한 경우에 어떻게 순위를 가리는지를 정확하게 이해하는 것이 중요하다.

다음 글을 근거로 판단할 때, 〈보기〉에서 옳은 것을 모두 고르면?

○○축구대회에는 모두 32개 팀이 참가하여 한 조에 4개 팀씩 8개 조로 나누어 경기를 한다. 각 조의 4개 팀이 서로 한 번씩 경기를 하여 승점 – 골득실차 – 다득점 – 승자승 – 추첨의 순서에 의해 각 조의 1, 2위 팀이 16강에 진출한다. 각 팀은 16강에 오르기까지 총 3번의 경기를 치르게 되며, 매 경기마다 승리한 팀은 승점 3점을 얻게 되고, 무승부를 기록한 팀은 승점 1점, 패배한 팀은 0점을 획득한다.

그중 1조에 속한 A, B, C, D팀은 현재까지 각 2경기씩 치렀으며, 그 결과는 A : B = 4 : 1, A : D = 1 : 0, B : C = 2 : 0, C : D = 2 : 1이었다. 아래의 표는 그 결과를 정리한 것이다. 내일 각 팀은 16강에 오르기 위한 마지막 경기를 치르는데, A팀은 C팀과, B팀은 D팀과 경기를 갖는다.

〈마지막 경기를 남겨 놓은 각 팀의 전적〉

	승	무	패	득/실점	승점
A팀	2	0	0	5/1	6
B팀	1	0	1	3/4	3
C팀	1	0	1	2/3	3
D팀	0	0	2	1/3	0

〈보기〉

ㄱ. A팀이 C팀과의 경기에서 이긴다면, A팀은 B팀과 D팀의 경기 결과에 상관없이 16강에 진출한다. → (O) A팀이 C팀과의 경기에서 이기면 A팀과 C팀의 승점은 각각 9점과 3점이 된다. B팀이 D팀과의 경기에서 이기더라도 승점이 6점이 되므로 A팀의 승점이 가장 높아 16강에 무조건 진출하게 된다.

ㄴ. A팀이 C팀과 1 : 1로 비기고 B팀이 D팀과 0 : 0으로 비기면 A팀과 B팀이 16강에 진출한다. → (O) A팀과 C팀이 1 : 1로 비기면 두 팀의 승점은 각각 7점과 4점이고, B팀과 D팀이 0 : 0으로 비기면 두 팀의 승점은 각각 4점과 1점이다. B팀과 C팀의 승점이 같기 때문에 골득실차를 비교해야 하는데, 두 팀의 골득실차는 모두 −1로 같고 다득점 또한 3점으로 같으므로 승자승 비교를 해야 한다. B : C = 2 : 0으로 B팀이 C팀을 이겼으므로 B팀이 조 2위가 되어 A팀과 B팀이 16강에 진출한다.

ㄷ. C팀과 D팀이 함께 16강에 진출할 가능성은 전혀 없다. → (O) C팀이 경기에서 이기더라도 A팀은 승점 6점이고, D팀은 경기에서 이기더라도 승점이 3점이 된다. A팀은 C팀과의 경기 결과에 상관없이 D팀보다 항상 승점이 높으므로 C팀과 D팀이 함께 16강에 올라갈 수 없다.

ㄹ. D팀은 마지막 경기의 결과에 관계없이 16강에 진출할 수 없다. → (X) D팀이 마지막 경기에서 이기고, C팀이 마지막 경기에서 지면 B, C, D팀의 승점이 3점으로 같아진다. 현재 팀별 골득실차는 각각 −1, −1, −2이다. D팀은 승리하면 최소 +1이 되고, 상대팀인 B팀은 최소 −1이 된다. C팀도 경기에서 지면 최소 −1이 된다. 이 값을 계산하면 최종 경기 후의 팀별 골득실차는 각각 −2, −2, −1이 되어 D팀의 골득실차가 가장 적어서 16강에 진출할 수도 있다.

① ㄱ, ㄴ ➡ (X)
② ㄱ, ㄹ ➡ (X)
③ ㄷ, ㄹ ➡ (X)
④ ㄱ, ㄴ, ㄷ ➡ (O)
⑤ ㄴ, ㄷ, ㄹ ➡ (X)

23 ⑤ 정답률 63.9%

다음 규정과 서울에서 대전으로 출장을 다녀온 〈甲의 지출내역〉에 근거하였을 때, 甲이 정산받는 여비의 총액은?

제00조(여비의 종류) 여비는 운임·숙박비·식비·일비 등으로 구분한다.
 1. 운임: 여행 목적지로 이동하기 위해 교통수단을 이용함에 있어 소요되는 비용을 충당하기 위한 여비
 2. 숙박비: 여행 중 숙박에 소요되는 비용을 충당하기 위한 여비
 3. 식비: 여행 중 식사에 소요되는 비용을 충당하기 위한 여비
 4. 일비: 여행 중 출장지에서 소요되는 교통비 등 각종 비용을 충당하기 위한 여비
제00조(운임의 지급) ① 운임은 철도운임·선박운임·항공운임으로 구분한다.
② 국내 철도운임은 [별표 1]에 따라 지급한다.
제00조(일비·숙박비·식비의 지급) ① 국내 여행자의 일비·숙박비·식비는 [별표 1]에 따라 지급한다.
② 일비는 여행일수에 따라 지급한다.
③ 숙박비는 숙박하는 밤의 수에 따라 지급한다. 다만, 출장기간이 2일 이상인 경우에 지급액은 출장기간 전체의 총액 한도 내 실비로 계산한다.
④ 식비는 여행일수에 따라 지급한다.

[별표 1] 국내 여비 지급표
(단위: 원)

철도운임	선박운임	항공운임	일비 (1일당)	숙박비 (1박당)	식비 (1일당)
실비 (일반실)	실비 (2등급)	실비	20,000	실비 (상한액: 40,000)	20,000

〈甲의 지출내역〉
(단위: 원)

항목	1일차	2일차	3일차
KTX 운임(일반실)	20,000		20,000
대전 시내 버스요금	5,000	10,000	2,000
대전 시내 택시요금			10,000
식비	10,000	30,000	10,000
숙박비	45,000	30,000	

① 182,000원 ➡ (×)
② 187,000원 ➡ (×)
③ 192,000원 ➡ (×)
④ 230,000원 ➡ (×)
⑤ 235,000원 ➡ (○) 규정에서 여비로 지급할 수 있는 종류는 운임, 숙박비, 식비, 일비이다. 운임은 철도운임, 선박운임, 항공운임으로 구분되기 때문에 〈甲의 지출내역〉에서 버스요금과 택시요금은 지급되지 않는다. 철도운임은 일반실 실비로 지급되므로 KTX 일반실을 이용한 왕복 40,000원은 여비로 지급된다. 숙박비는 숙박하는 밤의 수에 따라 지급되고, 출장 기간이 2일 이상인 경우에 출장기간 전체의 총액 한도 내에서

실비로 계산되므로 상한액 40,000 × 2＝80,000(원) 이내에서 실비로 지급된다. 甲이 숙박비로 사용한 금액은 45,000＋30,000＝75,000(원)이므로 모두 지급된다. 식비와 일비는 여행일수에 따라 지급되므로 식비로 20,000 × 3＝60,000(원)이 지급되고 일비로 20,000 × 3＝60,000(원)이 지급된다. 따라서 甲은 이 금액을 모두 합한 40,000＋75,000＋60,000＋60,000＝235,000(원)을 지급받을 수 있다.

24 ② TOP 2 정답률 54.4%

A, B, C, D 네 팀이 참여하여 체육대회를 하고 있다. 다음 〈순위 결정 기준〉과 각 팀의 현재까지 〈득점 현황〉에 근거하여 판단할 때, 항상 옳은 추론을 〈보기〉에서 모두 고르면?

〈순위 결정 기준〉
○ 각 종목의 1위에게는 4점, 2위에게는 3점, 3위에게는 2점, 4위에게는 1점을 준다.
○ 각 종목에서 획득한 점수를 합산한 총점이 높은 순으로 종합 순위를 결정한다.
○ 총점에서 동점이 나올 경우에는 1위를 한 종목이 많은 팀이 높은 순위를 차지한다.
 – 만약 1위 종목의 수가 같은 경우에는 2위 종목이 많은 팀이 높은 순위를 차지한다.
 – 만약 1위 종목의 수가 같고, 2위 종목의 수도 같은 경우에는 공동 순위로 결정한다.

〈득점 현황〉

종목명 \ 팀명	A	B	C	D
가	4	3	2	1
나	2	1	3	4
다	3	1	2	4
라	2	4	1	3
마	?	?	?	?
합계	?	?	?	?

※ 종목별 순위는 반드시 결정되고, 동순위는 나오지 않는다.

〈보기〉
ㄱ. A팀이 종목 마에서 1위를 한다면 종합 순위 1위가 확정된다. →(×)
 A팀이 종목 마에서 1위를 하면 점수가 15점이고, D팀이 2위를 하면 점수가 15점이 된다. 두 팀이 동점인 경우에는 〈순위 결정 기준〉에 따라 1위를 한 종목이 많은 팀이 높은 순위를 차지한다. A팀은 종목 마를 포함해서 두 종목 1위, D팀도 두 종목 1위이다. 이때는 〈순위 결정 기준〉에 따라 2위를 한 종목이 많은 팀이 높은 순위를 차지하는데 A팀은 한 종목 2위, D팀은 종목 마를 포함해서 두 종목 2위이므로 D팀이 종합 순위 1위가 된다.

ㄴ. B팀이 종목 마에서 C팀에게 순위에서 뒤지면 종합 순위에서도 C팀에게 뒤지게 된다. → (X) 종목 라까지 B팀과 C팀의 점수는 각각 9점과 8점이다. 종목 마에서 B팀이 C팀보다 순위가 한 순위 뒤지면 두 팀의 점수는 같아진다. 총점이 동점인 상황에서 C팀이 종목 마에서 2위 이하를 하게 되면 B팀이 1위를 한 종목이 더 많기 때문에 B팀이 종합 순위에서 앞서게 된다.

ㄷ. C팀은 종목 마의 결과와 관계없이 종합 순위에서 최하위가 확정되었다. → (X) C팀이 종목 마에서 1위를 하면 점수가 12점이 되고, B팀이 종목 마에서 3위 이하를 하면 얻을 수 있는 최대 점수는 11점으로 이때 최하위는 B팀이 된다.

ㄹ. D팀이 종목 마에서 2위를 한다면 종합 순위 1위가 확정된다. → (O) D팀이 종목 마에서 2위를 하면 점수가 15점이 되고 만약 D팀을 제외하고 현재까지 가장 총점이 높은 A팀이 종목 마에서 1위를 하면 점수가 15점이 되어 동점이 된다. 두 팀이 동점인 경우에는 〈순위 결정 기준〉에 따라 1위를 한 종목이 많은 팀이 높은 순위를 차지한다. A팀은 종목 마를 포함해서 두 종목 1위, D팀도 두 종목 1위이다. 이때는 〈순위 결정 기준〉에 따라 2위를 한 종목이 많은 팀이 높은 순위를 차지한다. A팀은 한 종목 2위, D팀은 종목 마를 포함해서 두 종목 2위이므로 D팀이 종합 순위 1위가 된다.

① ㄱ ➡ (X)
② ㄹ ➡ (O)
③ ㄱ, ㄴ ➡ (X)
④ ㄴ, ㄷ ➡ (X)
⑤ ㄷ, ㄹ ➡ (X)

25 ③

| 문제 유형 | 법조문형 > 규정적용

| 접근 전략 | 〈관세 관련 규정〉을 바탕으로 실제 외국의 물건을 구매한 사람이 부담해야 하는 금액을 계산하는 문제로, 환율이 적용되는 방법이 달라지거나 각종 비용의 포함 여부 및 다른 금액으로 대체되는 경우들을 정확하게 살펴보아야 한다. 또한 규정에 제시된 조건들을 바탕으로 금액을 정확하게 계산해야 하는 등 다양한 상황에서 집중력을 잃지 말아야 하는 문제이다.

다음 〈관세 관련 규정〉에 따를 때, 甲이 전자기기의 구입으로 지출한 총 금액은?

───〈관세 관련 규정〉───

○ 물품을 수입할 경우 과세표준에 품목별 관세율을 곱한 금액을 관세로 납부해야 한다. 단, 과세표준이 15만 원 미만이고, 개인이 사용할 목적으로 수입하는 물건에 대해서는 관세를 면제한다.

○ 과세표준은 판매자에게 지급한 물품가격, 미국에 납부한 세금, 미국 내 운송료, 미국에서 한국까지의 운송료를 합한 금액을 원화로 환산한 금액으로 한다. 단, 미국에서 한국까지의 운송료는 실제 지불한 운송료가 아닌 다음의 〈국제선편요금〉을 적용한다.

〈국제선편요금〉

중량	0.5kg ～ 1kg 미만	1kg ～ 1.5kg 미만
금액(원)	10,000	15,000

○ 과세표준 환산 시 환율은 관세청장이 정한 '고시환율'에 따른다. (현재 고시환율: ₩1,100/$)

───〈甲의 구매 내역〉───

한국에서 甲은 개인이 사용할 목적으로 미국 소재 인터넷 쇼핑몰에서 물품가격과 운송료를 지불하고 전자기기를 구입했다.

○ 전자기기 가격: $120
○ 미국에서 한국까지의 운송료: $30
○ 지불 시 적용된 환율: ₩1,200/$
○ 전자기기 중량: 0.9kg
○ 전자기기에 적용되는 관세율: 10%
○ 미국 내 세금 및 미국 내 운송료는 없다.

① 142,000원 ➡ (X)
② 156,200원 ➡ (X)
③ 180,000원 ➡ (O) 〈관세 관련 규정〉에 의하면 과세표준에 품목별 관세율을 곱한 금액을 관세로 납부해야 하는데, 과세표준은 판매자가 지급한 물품가격과 미국에 납부한 세금, 미국 내 운송료 및 미국에서 한국까지의 운송료를 합한 금액을 원화로 환산한 금액을 의미한다. 이때 미국에서 한국까지의 운송료는 실제 지불한 운송료가 아니라 〈국제선편요금〉을 적용한다는 점에 주의해야 한다. 즉 甲의 과세표준 계산 시 미국에서 한국까지의 운송료를 실제 지불한 금액인 $30로 계산해서는 안 된다는 것이다. 전자기기의 무게가 0.9kg이므로 미국에서 한국까지의 운송료는 〈국제선편요금〉에 의해 10,000원이 책정되고 과세표준 환산 시 환율은 달러당 1,100원을 적용하므로 甲의 과세표준은 120 × 1,100=132,000(원)과 운송료 10,000원을 합한 142,000원이다. 과세표준이 15만 원 미만이고, 甲은 개인이 사용할 목적으로 전자기기를 구입한 것이므로 관세는 면제된다. 따라서 甲이 실제로 전자기기 구입을 위해 지출한 총 금액은 전자기기 가격 $120와 운송료 $30를 더한 가격에 지불 시 적용된 환율인 달러당 1,200원을 곱하면 된다. 즉 甲이 전자기기의 구입으로 지출한 총 금액은 (120+30) × 1,200 =180,000(원)이다.

④ 181,500원 ➡ (X)
⑤ 198,000원 ➡ (X)

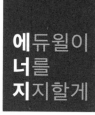

내가 꿈을 이루면
나는 누군가의 꿈이 된다.

– 이도준

여러분의 작은 소리
에듀윌은 크게 듣겠습니다.

본 교재에 대한 여러분의 목소리를 들려주세요.
공부하시면서 어려웠던 점, 궁금한 점,
칭찬하고 싶은 점, 개선할 점, 어떤 것이라도 좋습니다.

에듀윌은 여러분께서 나누어 주신 의견을
통해 끊임없이 발전하고 있습니다.

에듀윌 도서몰 book.eduwill.net
- 부가학습자료 및 정오표: 에듀윌 도서몰 → 도서자료실
- 교재 문의: 에듀윌 도서몰 → 문의하기 → 교재(내용, 출간) / 주문 및 배송

2025 에듀윌 민간경력자 PSAT 14개년 기출문제집

발 행 일	2024년 8월 29일 초판
편 저 자	안바라, 임현아, 윤은주, 기노혁, 김매실, 이슬비, 박상현, 이연우
펴 낸 이	양형남
펴 낸 곳	(주)에듀윌
등록번호	제25100–2002–000052호
주 소	08378 서울특별시 구로구 디지털로34길 55
	코오롱싸이언스밸리 2차 3층

* 이 책의 무단 인용 · 전재 · 복제를 금합니다.

www.eduwill.net
대표전화 1600-6700